Praxiskommentar Kartellvergaberecht

Praxiskommentar
Kartellvergaberecht

Der 4. Teil des GWB und VgV

Herausgegeben von
Oliver Hattig, Rechtsanwalt, Hattig und Dr. Leupolt Rechtsanwälte, Köln
Thomas Maibaum, Rechtsanwalt, Leinemann & Partner Rechtsanwälte, Berlin; Justitiar der Bundesarchitektenkammer e.V.

Weitere Bearbeiter:
Hans-Werner Behrens, Vorsitzender der 1. Vergabekammer des Bundes beim Bundeskartellamt, Bonn;
Ingeborg Diemon-Wies, Vorsitzende der Vergabekammer bei der Bezirksregierung Münster;
Norbert Dippel, Rechtsanwalt, Abteilungsleiter Recht und Vergabe, HIL Heeresinstandsetzungslogistik GmbH, Bonn;
Katja Gnittke, Rechtsanwältin, WMRC Rechtsanwälte, Berlin;
Harald Hetman, Leitender Ministerialrat, Finanzministerium des Landes Nordrhein-Westfalen, Düsseldorf;
Dr. Thomas Kirch, Rechtsanwalt, Leinemann & Partner Rechtsanwälte, Berlin;
Johannes-Ulrich Pöhlker, Leitender Verwaltungsdirektor beim Hessischen Städte- und Gemeindebund e.V., Mühlheim am Main;
Dr. Stefan Rude, Rechtsanwalt, Fachanwalt für Bau- und Architektenrecht, WMRC Rechtsanwälte, Berlin;
Maria Vavra, Vorsitzende Richterin am Oberlandesgericht München, Vergabesenat

Kommentierung der VgV:
Dr. Michael Beurskens, LL.M., Privatdozent, Akademischer Rat a.Z., Heinrich-Heine-Universität, Düsseldorf

2. Auflage 2014

Bibliografische Information der Deutschen Nationalbibliothek
Die Deutsche Nationalbibliothek verzeichnet diese Publikation in der Deutschen Nationalbibliografie; detaillierte bibliografische Daten sind im Internet über http://dnb.d-nb.de abrufbar

Zitiervorschlag:
Bearbeiter, in: Hattig/Maibaum, PK Kartellvergaberecht, § 97 GWB Rn. 1 bzw. § 1 VgV Rn.1 bzw. Einl. Rn. 1

Bundesanzeiger Verlag GmbH
Amsterdamer Straße 192
50735 Köln

Internet: www.bundesanzeiger-verlag.de
Weitere Informationen finden Sie auch in unserem Themenportal unter www.betrifft-vergabe.de

Beratung und Bestellung:
Tel.: +49 221 97668-240
Fax: +49 221 97668-271
E-Mail: vergabe@bundesanzeiger.de

ISBN (Print): 978-3-8462-0134-3

© 2014 Bundesanzeiger Verlag GmbH, Köln
Alle Rechte vorbehalten. Das Werk einschließlich seiner Teile ist urheberrechtlich geschützt. Jede Verwertung außerhalb der Grenzen des Urheberrechtsgesetzes bedarf der vorherigen Zustimmung des Verlags. Dies gilt auch für die fotomechanische Vervielfältigung (Fotokopie/Mikrokopie) und die Einspeicherung und Verarbeitung in elektronischen Systemen. Hinsichtlich der in diesem Werk ggf. enthaltenen Texte von Normen weisen wir darauf hin, dass rechtsverbindlich allein die amtlich verkündeten Texte sind.
Herstellung: Günter Fabritius
Satz: Cicero Computer GmbH, Bonn
Druck und buchbinderische Verarbeitung: Appel & Klinger Druck und Medien GmbH, Schneckenlohe

Printed in Germany

Vorwort

Seit Erscheinen der ersten Auflage des Praxiskommentars sind das Kartellvergaberecht – die §§ 97 bis 129b GWB – und die Vergabeverordnung u.a. durch das Gesetz zur Änderung des Vergaberechts für die Bereiche Verteidigung und Sicherheit und – nach mehreren vorangegangenen Änderungen – zuletzt vor allem durch die Siebte Verordnung zur Änderung der Vergabeverordnung erneut erheblich geändert worden. Mit der Renaissance der Tariftreue- und Vergabegesetze der Bundesländer kommen daneben auch „von den Rändern her" ganz neue Herausforderungen auf die Anwender zu. Im Zentrum der Modernisierungsbemühungen wirft zugleich die grundlegende Reform des europäischen Vergaberechts ihre langen Schatten voraus: Mit der formalen Verabschiedung der novellierten EU-Vergaberichtlinien und der gänzlich neuen Richtlinie zu Konzessionsvergaben ist im ersten Quartal des Jahres 2014 zu rechnen. Die Richtlinien müssen anschließend voraussichtlich bis Anfang des Jahres 2016 in nationales Recht umgesetzt werden. Schon heute lässt sich absehen, dass hierzu weitreichende Anpassungen des deutschen Vergaberechts erforderlich sind. Die Umsetzung eröffnet verschiedene Möglichkeiten für die zukünftige Struktur des deutschen Vergaberechts.

Der deutsche Gesetzgeber steht damit wieder vor der Frage: Umsetzung im bestehenden (Kaskaden-)System oder eine Reform des deutschen Vergaberechts an Haupt und Gliedern? Letztere wird nach wie vor kontrovers beurteilt. Nicht für alle Anwender würde mit einem neuen Aufbau eine substantielle Vereinfachung von System und Struktur des deutschen Vergaberechts einhergehen. Die Wirtschaft hat sich jedenfalls überwiegend dafür ausgesprochen, das Kaskadensystem beizubehalten. Das federführende Bundeswirtschaftsministerium ließ gleichwohl Ende 2013 die Absicht verlauten, die vier EU-Vergaberichtlinien auf nationaler Ebene in vier Rechtsverordnungen umzusetzen. Grundsätzliches könnte demnach im GWB selbst geregelt werden, darunter würden dann vier Verordnungen folgen: neben der Vergabeverordnung für die Bereiche Verteidigung und Sicherheit und der Sektorenverordnung die neue Verordnung für Konzessionsvergaben sowie eine einheitliche Verordnung für die Vergaben von Liefer-, Dienst- und Bauleistungen. Richten wird über diese Umsetzungspläne – wie auch über die fällige Einführung eines einheitlichen Rechtsschutzsystems bei Auftragsvergaben unterhalb der Schwellenwerte – die Politik.

Wie immer im Vergaberecht: Bewegung von allen Seiten also.

Öffentliche Auftraggeber und private Bieter müssen somit auch in Zukunft mit einer Rechtsmaterie umgehen, deren Dynamik ungebrochen ist. Ohnehin eine unübersichtliche, detailfixierte und komplizierte Materie, ist das Vergaberecht seit jeher in besonderem Maße von der Rechtsprechung geprägt. Fast vier Jahre nach Erscheinen der freundlich aufgenommenen ersten Auflage ist eine zweite Auflage des Praxiskommentars daher überfällig.

Der Praxiskommentar erläutert das GWB-Vergaberecht und die Vorschriften der Vergabeverordnung – letztere schon in der seit dem 25.10.2013 geltenden Neufassung durch die Siebte VgV-Änderungsverordnung. Nach wie vor konzentriert sich die Kommentierung in erster Linie auf die Auswertung der einschlägigen Rechtsprechung, um dem Vergabepraktiker eine aktuelle und verlässliche Grundlage für eine rechtssichere Gestaltung der Vergabeverfahren und für ein erfolgreiches Nachprüfungsverfahren an die Hand zu geben. Die vergaberechtliche Literatur wird diesem Ansatz entsprechend nur ergänzend berücksichtigt.

Dem bleibenden Anspruch des Kommentars „aus der Praxis für die Praxis" folgend, wird auch in der zweiten Auflage besonderes Augenmerk auf eine verständliche und anschauliche Darstellung gelegt, die durch Praxishinweise und Anwendungs- bzw. Rechtsprechungsbeispiele ergänzt wird. Für den Anspruch der besonderen Praxisnähe steht nach wie vor auch das Autorenteam selbst, das aus versierten Praktikern aus allen Bereichen des Vergaberechts – Auftraggebern wie Bietern, Justiz, Anwaltschaft und Wissenschaft – besteht.

Herausgeber und Autoren hoffen, dem Leser auch mit der zweiten Auflage des Praxiskommentars eine wertvolle Arbeitshilfe im Umgang mit dem Kartellvergaberecht und der Vergabeverordnung zu übergeben und würden sich freuen, wenn auch diese Neuauflage freundlich aufgenommen wird.

Vorwort

Frau Rechtsanwältin Gertrud Vorbuchner danken die Herausgeber für das wiederum engagierte und umsichtige Lektorat. Anregungen, Hinweise und Kritik nehmen wir gerne unter hattig@hattig-leupolt.de oder maibaum@bak.de entgegen.

Köln/Berlin, im Dezember 2013

Oliver Hattig
Thomas Maibaum

Inhaltsübersicht

Vorwort	V
Bearbeiterverzeichnis	XI
Abkürzungsverzeichnis	XIII
Allgemeines Literaturverzeichnis	XIX
Einleitung	1

Gesetz gegen Wettbewerbsbeschränkungen (GWB)

Vierter Teil
Vergabe öffentlicher Aufträge

Erster Abschnitt
Vergabeverfahren

§ 97	Allgemeine Grundsätze	37
§ 98	Auftraggeber	95
§ 99	Öffentliche Aufträge	133
Vorbemerkung zu §§ 100 bis 100c GWB		177
§ 100	Anwendungsbereich	178
§ 100a	Besondere Ausnahmen für nicht sektorspezifische und nicht verteidigungs- und sicherheitsrelevante Aufträge	203
§ 100b	Besondere Ausnahmen im Sektorenbereich	207
§ 100c	Besondere Ausnahmen in den Bereichen Verteidigung und Sicherheit	215
§ 101	Arten der Vergabe	222
§ 101a	Informations- und Wartepflicht	246
§ 101b	Unwirksamkeit	271

Zweiter Abschnitt
Nachprüfungsverfahren

I. Nachprüfungsbehörden

§ 102	Grundsatz	295
§ 103	(weggefallen)	310
§ 104	Vergabekammern	311
§ 105	Besetzung, Unabhängigkeit	324
§ 106	Einrichtung, Organisation	335
§ 106a	Abgrenzung der Zuständigkeit der Vergabekammern	339

II. Verfahren vor der Vergabekammer

§ 107	Einleitung, Antrag	349
§ 108	Form	399
§ 109	Verfahrensbeteiligte, Beiladung	412
§ 110	Untersuchungsgrundsatz	422
§ 110a	Aufbewahrung vertraulicher Unterlagen	438
§ 111	Akteneinsicht	442
§ 112	Mündliche Verhandlung	453
§ 113	Beschleunigung	463
§ 114	Entscheidung der Vergabekammer	473
§ 115	Aussetzung des Vergabeverfahrens	500
§ 115a	Ausschluss von abweichendem Landesrecht	512

Inhaltsübersicht

III. Sofortige Beschwerde

§ 116	Zulässigkeit, Zuständigkeit	514
§ 117	Frist, Form	534
§ 118	Wirkung	543
§ 119	Beteiligte am Beschwerdeverfahren	565
§ 120	Verfahrensvorschriften	568
§ 121	Vorabentscheidung über den Zuschlag	577
§ 122	Ende des Vergabeverfahrens nach Entscheidung des Beschwerdegerichts	581
§ 123	Beschwerdeentscheidung	583
§ 124	Bindungswirkung und Vorlagepflicht	597

Dritter Abschnitt
Sonstige Regelungen

§ 125	Schadensersatz bei Rechtsmissbrauch	606
§ 126	Anspruch auf Ersatz des Vertrauensschadens	619
§ 127	Ermächtigungen	649
§ 127a	Kosten für Gutachten und Stellungnahmen nach der Sektorenverordnung; Verordnungsermächtigung	657
§ 128	Kosten des Verfahrens vor der Vergabekammer	662
§ 129	Korrekturmechanismus der Kommission	681
§ 129a	Unterrichtungspflichten der Nachprüfungsinstanzen	685
§ 129b	Regelung für Auftraggeber nach dem Bundesberggesetz	686
Anlage	(zu § 98 Nr. 4)	693

Verordnung über die Vergabe öffentlicher Aufträge (Vergabeverordnung – VgV)

Abschnitt 1
Vergabebestimmungen

§ 1	Zweck der Verordnung	695
§ 2	Anwendungsbereich	698
§ 3	Schätzung des Auftragswertes	705
§ 4	Vergabe von Liefer- und Dienstleistungsaufträgen	713
§ 5	Vergabe freiberuflicher Leistungen	720
§ 6	Vergabe von Bauleistungen	721
§§ 6a bis 13	(aufgehoben)	723
§ 14	Bekanntmachungen	724
§ 15	(weggefallen)	726
§ 16	Ausgeschlossene Personen	726
§ 17	Melde- und Berichtspflichten	729
§§ 18 bis 22	(aufgehoben)	730

Abschnitt 2
Übergangs- und Schlussbestimmungen

§ 23	Übergangsbestimmungen	731
§ 24	(Inkrafttreten, Außerkrafttreten)	732

Inhaltsübersicht

Anlage 1	....	733
Anlage 2	Daten zur Berechnung der über die Lebensdauer von Straßenfahrzeugen anfallenden externen Kosten (entspricht dem Anhang zur Richtlinie 2009/33/EG)	736
Anlage 3	Methode zur Berechnung der über die Lebensdauer von Straßenfahrzeugen anfallenden Betriebskosten	737

Anhang 739
Anhang 1	Gesetz gegen Wettbewerbsbeschränkungen (GWB) [Auszug]	741
Anhang 2	Verordnung über die Vergabe öffentlicher Aufträge (Vergabeverordnung – VgV)	756
Anhang 3	Kosten des Nachprüfungsverfahrens vor der Vergabekammer	766
Anhang 4	Geschäftsordnung der Vergabekammern des Bundes	768

Stichwortverzeichnis 771

Bearbeiterverzeichnis

Hans-Werner Behrens
Vorsitzender der 1. Vergabekammer des Bundes beim Bundeskartellamt, Bonn

§§ 108, 110a, 111 GWB

Dr. Michael Beurskens, LL.M.
Privatdozent, Akademischer Rat a.Z., Institut für Unternehmensrecht, Heinrich-Heine-Universität Düsseldorf

VgV

Ingeborg Diemon-Wies
Vorsitzende der Vergabekammer bei der Bezirksregierung Münster

§§ 102, 104–106a, 109, 110, 114, 129a GWB

Norbert Dippel
Rechtsanwalt, Abteilungsleiter Recht und Vergabe, HIL Heeresinstandsetzungslogistik GmbH, Bonn

§ 98, Vor §§ 100–100c GWB, §§ 100–100c GWB

Katja Gnittke
Rechtsanwältin, WMRC Rechtsanwälte, Berlin

§ 99 GWB (zusammen mit *Dr. Stefan Rude*)

Oliver Hattig
Rechtsanwalt, Hattig und Dr. Leupolt Rechtsanwälte, Köln

Einleitung (zusammen mit *Harald Hetman*); §§ 101a, 101b, 107 Abs. 3, 115a, 125–127a, 129, 129b GWB

Harald Hetman
Leitender Ministerialrat, Finanzministerium des Landes Nordrhein-Westfalen, Düsseldorf

Einleitung (zusammen mit *Oliver Hattig*)

Dr. Thomas Kirch
Rechtsanwalt, Leinemann & Partner Rechtsanwälte, Berlin

§§ 107 Abs. 1 und 2, 116–120, 123 GWB

Thomas Maibaum
Rechtsanwalt, Leinemann & Partner Rechtsanwälte, Berlin; Justitiar der Bundesarchitektenkammer e.V.

§§ 97, 101 GWB

Johannes-Ulrich Pöhlker
Leitender Verwaltungsdirektor, Referent beim Hessischen Städte- und Gemeindebund e.V., Mühlheim am Main

§§ 112, 113, 115, 121, 122 GWB

Dr. Stefan Rude
Rechtsanwalt, Fachanwalt für Bau- und Architektenrecht, WMRC Rechtsanwälte, Berlin

§ 99 GWB (zusammen mit *Katja Gnittke*)

Maria Vavra
Vorsitzende Richterin am Oberlandesgericht München, Vergabesenat

§§ 124, 128 GWB

Abkürzungsverzeichnis

a.A.	anderer Ansicht
a.E.	am Ende
a.F.	alte Fassung
ABl.	Amtsblatt
ABl. EG	Amtsblatt der Europäischen Gemeinschaft
Abs.	Absatz
abw.	abweichend
AEG	Allgemeines Eisenbahngesetz
AEntG	Arbeitnehmer-Entsendegesetz
AEUV	Vertrag über die Arbeitsweise der Europäischen Union
AG	Aktiengesellschaft
AktG	Aktiengesetz
allg.	allgemein
Alt.	Alternative
Anh.	Anhang
Anm.	Anmerkung
Art.	Artikel
Aufl.	Auflage
BAG	Bundesarbeitsgericht
BAnz.	Bundesanzeiger
BauGB	Baugesetzbuch
BauR	Baurecht (Zeitschrift)
BayObLG	Bayerisches Oberstes Landesgericht
BayVBl.	Bayerische Verwaltungsblätter
BB	Betriebs-Berater (Zeitschrift)
Bd.	Band
Begr.	Begründung
Beschl.	Beschluss
BFH	Bundesfinanzhof
BGB	Bürgerliches Gesetzbuch
BGBl.	Bundesgesetzblatt
BGH	Bundesgerichtshof
BGHZ	Entscheidungen des Bundesgerichtshofs in Zivilsachen
BHO	Bundeshaushaltsordnung
BMF	Bundesministerium der Finanzen
BMU	Bundesministerium für Umwelt, Naturschutz und Reaktorsicherheit
BMWi	Bundesministerium für Wirtschaft und Technologie
BRat	Bundesrat
BR-Drucks.	Bundesrats-Drucksache
BReg	Bundesregierung
BSG	Bundessozialgericht
bspw.	beispielsweise
BT-Drucks.	Bundestags-Drucksache
Buchst.	Buchstabe
BVerfG	Bundesverfassungsgericht
BVerfGE	Entscheidungen des Bundesverfassungsgerichts
BVerwG	Bundesverwaltungsgericht
BVerwGE	Entscheidungen des Bundesverwaltungsgerichts
bzw.	beziehungsweise

Abkürzungsverzeichnis

c.i.c.	culpa in contrahendo
ca.	circa
CPV	Common Procurement Vocabulary
d.h.	das heißt
DB	Der Betrieb (Zeitschrift)
DÖV	Die Öffentliche Verwaltung (Zeitschrift)
DRiG	Deutsches Richtergesetz
DVA	Deutscher Vergabe- und Vertragsausschuss für Bauleistungen
DVAL	Deutscher Vergabe- und Vertragsausschuss für Lieferungen und Dienstleistungen
DVBl.	Deutsches Verwaltungsblatt
E	Entwurf
e.V.	eingetragener Verein
EG	Europäische Gemeinschaft
EGV	Vertrag zur Gründung der Europäischen Gemeinschaft
Einl.	Einleitung
end.	endgültig
EStG	Einkommensteuergesetz
etc.	et cetera
EU	Europäische Union
EuG	Europäisches Gericht erster Instanz
EuGH	Europäischer Gerichtshof
EuGHE	Sammlung der Rechtsprechung des Gerichtshofs der Europäischen Gemeinschaften
EuR	Europarecht (Zeitschrift)
EuZW	Europäische Zeitschrift für Wirtschaftsrecht
evtl.	eventuell
EWG	Europäische Wirtschaftsgemeinschaft
EWR	Europäischer Wirtschaftsraum
f., ff.	folgende, fortfolgende
FStrPrivFinG	Fernstraßenbauprivatfinanzierungsgesetz
GA	Generalanwalt
GbR	Gesellschaft bürgerlichen Rechts
GemS-OGB	Gemeinsamer Senat der obersten Gerichtshöfe des Bundes
Gen	Genossenschaft
GesR	Gesellschaftsrecht
GG	Grundgesetz
ggf.	gegebenenfalls
GKG	Gerichtskostengesetz
GKV	Gesetzliche Krankenversicherung
GKV-OrgWG	Gesetz zur Weiterentwicklung der Organisationsstrukturen in der gesetzlichen Krankenversicherung
GmbH	Gesellschaft mit beschränkter Haftung
GmbHG	Gesetz betreffend die Gesellschaften mit beschränkter Haftung
GMBl.	Gemeinsames Ministerialblatt
GO	Gemeindeordnung; Geschäftsordnung
GPA	General Procurement Agreement
grds.	grundsätzlich
GRUR	Gewerblicher Rechtsschutz und Urheberrecht (Zeitschrift)
GVBl.	Gesetz- und Verordnungsblatt
GVG	Gerichtsverfassungsgesetz
GWB	Gesetz gegen Wettbewerbsbeschränkungen

Abkürzungsverzeichnis

h.L.	herrschende Lehre
h.M.	herrschende Meinung
HGB	Handelsgesetzbuch
HGrG	Haushaltsgrundsätzegesetz
Hs.	Halbsatz
i.d.F.	in der Fassung
i.S.d.	im Sinne des/der
i.S.v.	im Sinne von
i.V.m.	in Verbindung mit
IBR	Immobilien- und Baurecht (Zeitschrift)
ILO	International Labour Organization
insb.	insbesondere
KG	Kammergericht; Kommanditgesellschaft
krit.	kritisch
KrW-/AbfG	Gesetz zur Förderung der Kreislaufwirtschaft und Sicherung der umweltverträglichen Beseitigung von Abfällen (Kreislaufwirtschafts- und Abfallgesetz)
KrWG	Gesetz zur Förderung der Kreislaufwirtschaft und Sicherung der umweltverträglichen Bewirtschaftung von Abfällen (Kreislaufwirtschaftsgesetz)
LG	Landgericht
LHO	Landeshaushaltsordnung
lit.	litera
LKV	Landes- und Kommunalverwaltung (Zeitschrift)
LSG	Landessozialgericht
LT-Drucks.	Landtags-Drucksache
LuftSiG	Luftsicherheitsgesetz
LuftVZO	Luftverkehrs-Zulassungs-Ordnung
m.w.N.	mit weiteren Nachweisen
MedR	Medizinrecht (Zeitschrift)
n.F.	neue Fassung
NJW	Neue Juristische Wochenschrift
Nr.	Nummer
NRW	Nordrhein-Westfalen
NVwZ	Neue Zeitschrift für Verwaltungsrecht
NZBau	Neue Zeitschrift für Baurecht und Vergaberecht
OHG	offene Handelsgesellschaft
OLG	Oberlandesgericht
OLGE	Entscheidungssammlung der Oberlandesgerichte
OLGR	Oberlandesgericht-Report
ÖPP	Öffentlich-Private Partnerschaft
OVG	Oberverwaltungsgericht
PBefG	Personenbeförderungsgesetz
PM	Pressemitteilung
PPP	Public Private Partnership
RegE	Regierungsentwurf
RettDG LSA	Rettungsdienstgesetz des Landes Sachsen-Anhalt
RG	Reichsgesetz
RL	Richtlinie
Rn.	Randnummer
Rs.	Rechtssache

Abkürzungsverzeichnis

Rspr.	Rechtsprechung
RVG	Rechtsanwaltsvergütungsgesetz
S.	Satz, Seite
s.	siehe
SektVO	Verordnung über die Vergabe von Aufträgen im Bereich des Verkehrs, der Trinkwasserversorgung und der Energieversorgung (Sektorenverordnung)
SGB	Sozialgesetzbuch
SKR	Sektorenkoordinierungsrichtlinie
Slg.	Sammlung der Rechtsprechung des Europäischen Gerichtshofs
SoFFin	Finanzmarktstabilisierungsfonds
SpkG	Sparkassengesetz
SPNV	Schienenpersonennahverkehr
StGB	Strafgesetzbuch
SÜG	Gesetz über die Voraussetzungen und das Verfahren von Sicherheitsüberprüfungen des Bundes (Sicherheitsüberprüfungsgesetz)
TVgG NRW	Tariftreue- und Vergabegesetz Nordrhein-Westfalen
UA	Unterabsatz
usw.	und so weiter
UWG	Gesetz gegen den unlauteren Wettbewerb
v.H.	vom Hundert
Var.	Variante
VergabeR	Vergaberecht (Zeitschrift)
VGH	Verwaltungsgerichtshof
vgl.	vergleiche
VgRÄG	Vergaberechtsänderungsgesetz
VgV	Vergabeverordnung
VK	Vergabekammer
VKR	Vergabekoordinierungsrichtlinie
VO	Verordnung
VOB	Vergabe- und Vertragsordnung für Bauleistungen
VOF	Vergabeordnung für freiberufliche Leistungen
VOL	Vergabe- und Vertragsordnung für Leistungen
Vorbem.	Vorbemerkung
VR	Verwaltungsrundschau (Zeitschrift)
VSA	Allgemeine Verwaltungsvorschrift des Bundesministeriums des Innern zum materiellen Schutz von Verschlusssachen (VS-Anweisung)
VSVgV	Vergabeverordnung für die Bereiche Verteidigung und Sicherheit zur Umsetzung der Richtlinie 2009/81/EG des Europäischen Parlaments und des Rates vom 13. Juli 2009 über die Koordinierung der Verfahren zur Vergabe bestimmter Bau-, Liefer- und Dienstleistungsaufträge in den Bereichen Verteidigung und Sicherheit und zur Änderung der Richtlinien 2004/17/EG und 2004/18/EG (Vergabeverordnung Verteidigung und Sicherheit)
VV	Vergütungsverzeichnis
VVaG	Versicherungsverein auf Gegenseitigkeit
VwGO	Verwaltungsgerichtsordnung
VwKostG	Verwaltungskostengesetz
VwVfG	Verwaltungsverfahrensgesetz
VwVG	Verwaltungs-Vollstreckungsgesetz
VwZG	Verwaltungszustellungsgesetz

Abkürzungsverzeichnis

WTO	World Trade Organization
WUW	Wirtschaft und Wettbewerb (Zeitschrift)
z.B.	zum Beispiel
z.T.	zum Teil
ZfBR	Zeitschrift für deutsches und internationales Bau- und Vergaberecht
ZHR	Zeitschrift für das gesamte Handels- und Wirtschaftsrecht
Ziff.	Ziffer
ZIP	Zeitschrift für Wirtschaftsrecht
ZPO	Zivilprozessordnung
zust.	zustimmend
ZuStVO NpV	Zuständigkeitsverordnung Nachprüfungsverfahren
zutr.	zutreffend

Allgemeines Literaturverzeichnis

Bauer, Vergaberechtswidrige Verträge aus zivilrechtlicher Sicht – Unter besonderer Berücksichtigung des Art. 2d der Rechtsmittelrichtlinie 2007/66/EG und dessen Umsetzung in deutsches Recht durch § 101b GWB, 2013

Bechtold, GWB Kartellgesetz, Gesetz gegen Wettbewerbsbeschränkungen (§§ 1–96, 130, 131), Kommentar, 7. Aufl. 2013

Beck'scher VOB- und Vergaberechts-Kommentar, Band: Vergaberecht – GWB, VgV, VOB Teil A, hrsg. von Dreher/Motzke, 2. Aufl.

Blaufuß/Heiermann/Kullack/Zeiss, juris PraxisKommentar Vergaberecht – GWB/VgV/VOB/A, 2. Aufl. 2008 (zit. *Bearbeiter*, in: jurisPK-VergabeR)

Boesen, Vergaberecht, Kommentar zum 4. Teil des GWB, 2000

Byok/Jaeger, Kommentar zum Vergaberecht, Erläuterungen zu den vergaberechtlichen Vorschriften des GWB und der VgV, 3. Aufl. 2011 (zit. *Bearbeiter*, in: Byok/Jaeger)

Daub/Eberstein, Kommentar zur VOL/B, 5. Aufl. 2003

Dreher/Motzke, Beck'scher Vergaberechtskommentar, 2. Aufl. 2013 (nur online)

Dreher/Stockmann, Kartellvergaberecht, Auszug aus Immenga/Mestmäcker, Wettbewerbsrecht – 4. Aufl., Kommentar, 2008 (zit. *Bearbeiter*, in: Dreher/Stockmann)

Fonari/Führ/Stamm, Sozialstandards in der öffentlichen Beschaffung, 2008

Greb/Müller, Kommentar zur SektVO, 2010

Heiermann/Riedl/Rusam, Handkommentar zur VOB – VOB Teile A und B, SektVO, VSVgV, Rechtsschutz im Vergabeverfahren, 13. Aufl. 2013 (zit. *Bearbeiter*, in: Heiermann/Riedl/Rusam)

Heuvels/Höß/Kuß/Wagner, Vergaberecht, Gesamtkommentar zum Recht der öffentlichen Auftragsvergabe (GWB 4. Teil, VgV, VOB/A, VOL/A, VOL/A-EG, VOF, SektVO), 2013

Immenga/Mestmäcker, Wettbewerbsrecht, Bd. 2: GWB – Kommentar zum Deutschen Kartellrecht, 4. Aufl. 2007 (zit. *Bearbeiter*, in: Immenga/Mestmäcker)

Ingenstau/Korbion, VOB – Teile A und B, Kommentar, 18. Aufl. 2013 (zit. Ingenstau/Korbion/*Bearbeiter*)

Kaufhold, Die Vergabe freiberuflicher Leistungen ober- und unterhalb der Schwellenwerte, Handlungsanleitungen mit Praxisbeispielen: VOF, GWB, VgV, SektVO, Länderregelungen, 2. Aufl. 2011

Kaufhold/Mayerhofer/Reichl, Die VOF im Vergaberecht, Gesamtüberblick und Kommentar, 2002

Kulartz/Kus/Portz, Kommentar zum GWB-Vergaberecht, 2. Aufl. 2009 (zit. Kulartz/Kus/Portz/*Bearbeiter*)

Leinemann, Das neue Vergaberecht, Erläuterung des GWB, der SektVO und der VgV 2009 mit VOB/A, VOB/B, VOL/A und VOF jeweils Ausgabe 2009, Kommentar, 2. Aufl. 2010

Leinemann, Die Vergabe öffentlicher Aufträge, 5. Aufl. 2011

Müller-Wrede (Hrsg.), Kompendium des Vergaberechts, Systematische Darstellung unter Berücksichtigung des EU-Vergaberechts, Handbuch, 2. Aufl. 2013

Müller-Wrede (Hrsg.), GWB-Vergaberecht, Kommentierung zum 4. Teil des Gesetzes gegen Wettbewerbsbeschränkungen, 2009 (zit. Müller-Wrede/*Bearbeiter*)

Münchener Kommentar zum Europäischen und Deutschen Wettbewerbsrecht (Kartellrecht), Bd. 3: Beihilfenrecht und Vergaberecht, hrsg. von Montag/Säcker, 2011

Allgemeines Literaturverzeichnis

Pünder/Schellenberg (Hrsg.), Vergaberecht – GWB, VgV, SektVO, VOL/A, VOB/A, VOF, Haushaltsrecht, Öffentliches Preisrecht, Handkommentar, 2011

Reidt/Stickler/Glahs, Vergaberecht, Kommentar, 3. Aufl. 2011

Weyand, ibr-online-Kommentar Vergaberecht (Stand 26.11.2012)

Weyand, Vergaberecht, Praxiskommentar zu GWB, VgV, SektVO, VSVgV, VOB/A 2012, VOL/A, VOF mit sozialrechtlichen Vorschriften, 4. Aufl. 2013

von Wietersheim, Vergaberecht, 2013

Willenbruch/Bischoff, Kompaktkommentar Vergaberecht, 2008 (zit. *Bearbeiter*, in: Willenbruch/Bischoff)

Willenbruch/Wieddekind, Kompaktkommentar Vergaberecht, 2. Aufl. 2011

Ziekow, Öffentliches Wirtschaftsrecht, 2007

Ziekow/Völlink, Vergaberecht – GWB, VgV, SektVO, VSVgV, VOB/A, VOL/A, VOF, VO (EG) Nr. 1370/2007, Kommentar, 2. Aufl. 2013

Einleitung

Übersicht

- A. Ursache und Ziel der vergaberechtlichen Vorschriften ... 1–9
  - I. Definition „Vergaberecht" ... 1
  - II. Sinn und Zweck der vergaberechtlichen Regelungen ... 2–9
    1. Bedeutung des Öffentlichen Auftragswesens ... 2–3
    2. Ursprung: Haushaltsrecht; Ziel: wirtschaftlicher Einkauf ... 4
    3. Wirtschaftslenkende Funktion – fairer, transparenter Wettbewerb ... 5
    4. „Vergabefremde" Aspekte ... 6–9
- B. Entwicklung des Vergaberechts ... 10–198
  - I. Erste EU-rechtliche Grundlagen ... 10–14
  - II. Entwicklung des deutschen Vergaberechts bis 2004 ... 15–49
    1. Die haushaltsrechtliche Lösung ... 16–17
    2. Das Kartellvergaberecht ... 18–24
    3. Die Systematik des Vergaberechts ... 25–29
        - a) Das Kaskadenprinzip ... 26–28
        - b) Das Schubladenprinzip ... 29
    4. Kritik an der Systematik unter besonderer Berücksichtigung der Beschlüsse des Bundesrates ... 30–49
        - a) Position des Bundesrates ... 30–33
        - b) Materiell-rechtliche Kritikpunkte ... 34–38
        - c) Verfassungsrechtliche Bedenken ... 39–49
  - III. Evaluierung des Kartellvergaberechts 2002 bis 2004 ... 50–53
  - IV. Das Legislativpaket der EU ... 54–73
    1. Zusammenfassung der EU-Richtlinien ... 54–55
    2. Schwellenwerte ... 56
    3. Zentrale Beschaffungsstellen ... 57
    4. Technische Spezifikationen ... 58
    5. Gewichtung der Zuschlagskriterien ... 59
    6. Berücksichtigung von sozialen und umweltbezogenen Aspekten ... 60
    7. Der Wettbewerbliche Dialog ... 61
    8. Rahmenvereinbarungen ... 62–67
    9. Förderung des elektronischen Geschäftsverkehrs ... 68–73
        - a) Möglichkeiten der Fristverkürzung ... 69–71
        - b) Dynamische Beschaffungsverfahren und elektronische Auktion ... 72–73
  - V. Reformbemühungen der Bundesregierung 2004 ... 74–81
    1. Ziele ... 75
    2. Inhalt ... 76–79
    3. Kritik ... 80–81
  - VI. Umsetzung des Legislativpakets der EU 2005 bis 2006 ... 82
  - VII. Eckpunkte der zweiten Stufe der Vergaberechtsreform ... 83–87
  - VIII. Entwicklung des Rechtsschutzes ... 88–122
    1. Effizienz der bestehenden Rechtsschutzmöglichkeiten ... 89–92
    2. Rechtsschutz unterhalb der Schwellenwerte ... 93–103
        - a) Entwicklung der Rechtsprechung ... 95–101
        - b) Leitlinien der EU für Vergabeverfahren unterhalb der Schwellenwerte ... 102–103
    3. Reform der EU-Rechtsmittelrichtlinien 2007 ... 104–122
        - a) Ziele der Reform ... 104–106
        - b) Stillhaltefrist und Suspensiveffekt ... 107–116
        - c) Rechtsschutzmöglichkeiten gegen De-facto-Vergaben ... 117–120
        - d) Fristen zur Geltendmachung der Unwirksamkeit ... 121–122
  - IX. Vergaberechtsreform 2008 bis 2010 ... 123–159
    1. Zielkonflikt ... 123–125
    2. Inhalt des Gesetzentwurfes der Bundesregierung ... 126
    3. Stellungnahme des Bundesrates ... 127
    4. Die Beratungen im Bundestag ... 128–131
    5. Ergebnis ... 132–135
    6. Kritik ... 136–141
    7. Sektorenverordnung (SektVO) ... 142–151
    8. VOB, VOL und VOF; Vergabeverordnung (VgV) ... 152–159
  - X. Die Entwicklung des Vergaberechts seit 2010 ... 160–197
    1. Das nationale Vergaberecht ... 160–172
        - a) Allgemeines ... 161–162
        - b) Vergaberecht für die Bereiche Verteidigung und Sicherheit ... 163–164
        - c) Änderungen der Vergabeverordnung ... 165–167
        - d) Tariftreue- und Vergabegesetze der Bundesländer ... 168–172
    2. Die Modernisierung des EU-Vergaberechts ... 173–197
        - a) Das Legislativpaket zur Modernisierung des Vergaberechts ... 174–178
        - b) Wesentliche Ziele der Reform der EU-Vergaberichtlinien ... 179–180
        - c) Wesentliche Inhalte der neuen EU-Vergaberichtlinie ... 181–190
        - d) Die neue EU-Richtlinie über die Vergabe von Konzessionen ... 191–195
        - e) Umsetzung der neuen EU-Richtlinien in deutsches Vergaberecht ... 196–197

A. Ursache und Ziel der vergaberechtlichen Vorschriften

I. Definition „Vergaberecht"

Unter Vergaberecht ist die Gesamtheit der Regelungen zu verstehen, die ein öffentlicher Auftraggeber beim Einkauf von Waren und Leistungen zu beachten hat. Einerseits unterliegt die öffentliche Hand während der Durchführung des Vergabeprozesses öffentlich-rechtlichen Bindungen, andererseits führt das Verfahren zu eindeutig dem Zivilrecht zuzuordnenden Verträgen (Kauf-, Miet-, Werk-, Werklieferungsverträge). Hieraus ergibt sich ein Spannungsverhältnis, das für die Rechtspraxis von großer Bedeutung ist.

Einleitung

II. Sinn und Zweck der vergaberechtlichen Regelungen

1. Bedeutung des Öffentlichen Auftragswesens

2   Befasst man sich zum ersten Mal mit der Materie, könnte man sich die Frage stellen, warum der öffentliche Einkauf überhaupt spezieller Regeln bedarf. Die **Grundsätze der Wirtschaftlichkeit und Sparsamkeit** sind bereits im **Haushaltsrecht** verankert. Bei deren Beachtung müsste das fachkundige Personal der Bedarfs- bzw. Beschaffungs- oder Vergabestelle (wie auch als Privatperson) die benötigten Leistungen im Sinne des jeweiligen Arbeitgebers einkaufen können. Stattdessen sieht es sich einem schwer überschaubaren Regelungswerk gegenüber: Da gibt es die einschlägigen Richtlinien der EU, den 4. Teil des GWB, die Vergabeverordnung (VgV), die Sektorenverordnung (SektVO), die Vergabeverordnung für die Bereiche Verteidigung und Sicherheit (VSVgV), die Vergabe- und Vertragsordnung für Bauleistungen (VOB), die Vergabe- und Vertragsordnung für Leistungen – ausgenommen Bauleistungen – (VOL) und die Vergabeordnung für freiberufliche Leistungen (VOF); ferner gibt es noch die Preisverordnung sowie eine Vielzahl landesrechtlicher Bestimmungen (nahezu flächendeckend Tariftreue- und Vergabegesetze, hinzu kommen Korruptionsbekämpfungsgesetze, ergänzende Rechtsverordnungen und Erlasse auch zum Mittelstands- und Umweltschutz etc.). Daraus wird deutlich, dass der wirtschaftliche Einkauf nicht das einzige Ziel des Gesetzgebers ist. Dem Vergaberecht wird vielmehr in erheblichem Umfang auch eine **wirtschaftslenkende und ordnungspolitische Funktion** zugemessen.

3   Die Bedeutung des öffentlichen Auftragswesens wird deutlich, wenn man sich dessen Volumen vor Augen führt. Nach der offiziellen Statistik der EU zum öffentlichen Auftragswesen (Public Procurement Indicators 2011) werden 19,7 % des Bruttoinlandsproduktes der EU-Mitgliedsländer für die Beschaffung der öffentlichen Hand ausgegeben. Insgesamt geben die 27 EU-Mitgliedstaaten 2.407 Mrd. € aus.

Die nachfolgende Tabelle (Quelle: EU-Kommission) zeigt die Entwicklung der öffentlichen Aufträge (in Mrd. €) oberhalb der EU-Schwellenwerte.

	2006	2007	2008	2009	2010
Belgien	48,24	50,33	54,25	57,53	59,16
Bulgarien	n/a	4,96	7,05	6,54	6,62
Tschechische Republik	28,86	30,60	37,73	36,29	37,53
Dänemark	33,62	34,57	36,99	39,26	41,15
Deutschland	384,21	408,69	430,35	458,32	478,69
Estland	2,25	2,80	3,03	2,88	2,77
Irland	23,55	27,00	28,84	25,51	25,01
Griechenland	23,84	27,49	28,52	29,25	24,86
Spanien	153,10	169,51	173,39	179,97	171,01
Frankreich	318,66	327,88	340,63	356,71	364,73
Italien	213,18	227,86	235,93	252,25	252,47
Zypern	1,51	1,43	1,57	1,79	1,83
Lettland	2,30	4,14	3,62	3,77	3,60
Litauen	4,13	4,69	5,26	4,45	4,95
Luxemburg	4,87	5,00	5,52	5,88	6,40
Ungarn	20,29	20,53	21,46	21,15	22,54
Malta	0,76	0,77	0,79	0,80	0,84
Niederlande	142,81	151,49	162,33	173,71	180,30
Österreich	50,88	53,55	59,26	62,40	65,76

Einleitung

	2006	2007	2008	2009	2010
Polen	49,80	56,32	66,68	62,06	72,63
Portugal	26,61	30,46	30,73	33,96	36,23
Rumänien	n/a	28,07	32,52	30,20	32,58
Slowenien	4,83	5,26	5,95	6,14	6,17
Slowakei	11,71	12,96	14,09	15,12	15,61
Finnland	27,51	29,46	32,40	34,04	34,94
Schweden	56,42	59,43	61,30	59,27	68,77
Großbritannien	386,26	403,63	375,59	373,32	389,84
Total EU 27	2.035,56	2.178,87	2.255,81	2.332,57	2.406,98

n/a = not available = nicht verfügbar.
Tabelle 1: Total expenditure on works, goods and services, Public Procurement Indicators (2011)

Angesichts dieses Volumens ist es nachvollziehbar, dass auf allen staatlichen Ebenen (Kommunen, Länder, Bund) ein Rechtsrahmen für erforderlich gehalten wird, um den wirtschaftlichen Einkauf zu sichern und wirtschaftsschädliche Verhaltensweisen zu verhindern oder zumindest zu erschweren.

2. Ursprung: Haushaltsrecht; Ziel: wirtschaftlicher Einkauf

Ursprünglich wurde das Vergaberecht als Bestandteil des Haushaltsrechts angesehen. § 30 HGrG und darauf aufbauend § 55 BHO (und die entsprechenden Vorschriften der Länder) statuieren nach wie vor den **Grundsatz der öffentlichen Ausschreibung** bei der Vergabe öffentlicher Aufträge. Im Vordergrund der Regelung steht zunächst der **sparsame Umgang mit den öffentlichen Mitteln**. Durch die Förderung des Wettbewerbs soll der möglichst wirtschaftliche Einkauf gewährleistet werden. Hinsichtlich des bei der Auftragsvergabe einzuhaltenden Verfahrens werden die Auftraggeber im Regelfall zur Anwendung der Vergabe- und Vertragsordnungen verpflichtet („einheitliche Richtlinien", vgl. z.B. Ziff. 2.2 der Allgemeinen Verwaltungsvorschriften (VV) zu § 55 Abs. 2 BHO). Im Detail sind die Regelungen allerdings in den Ländern und Kommunen durchaus unterschiedlich (z.B. hinsichtlich der Wertgrenzen, bis zu denen ohne weitere Begründung beschränkte Ausschreibungen oder freihändige Vergaben zulässig sind).

3. Wirtschaftslenkende Funktion – fairer, transparenter Wettbewerb

Ziel des Vergaberechts ist aber nicht nur, den möglichst günstigen Einkauf der öffentlichen Hand sicherzustellen. Neben dem Gebot der Wirtschaftlichkeit sind in § 97 Abs. 1 und 2 GWB **Transparenz und Chancengleichheit** als tragende Grundprinzipien niedergelegt. Die Beachtung dieser Prinzipien und die Einhaltung der vergaberechtlichen Vorschriften sind ein wirksames Mittel, um Korruption und anderes, den freien und fairen Wettbewerb beeinträchtigendes Verhalten (verbotene Preisabsprache, Dumping) zu bekämpfen. Ein freier und fairer Wettbewerb unterstützt die Wirtschaftlichkeit des Einkaufs der öffentlichen Hand und stärkt die Chancen leistungsfähiger, innovativer Unternehmen.

4. „Vergabefremde" Aspekte

Außerdem wurde das Vergabewesen alsbald als Instrument entdeckt, um **weitergehende politische Ziele** zu verfolgen oder zu unterstützen. Als Beispiele seien die Förderung des Umweltschutzes, der Lehrlingsausbildung, der Frauenförderung oder auch der Beschäftigung von Langzeitarbeitslosen erwähnt. Diese früher sog. **vergabefremden Aspekte** (s. hierzu auch Rn. 60, 123 ff., 168 ff., 176 sowie 185 ff.) stehen seit langem in der Kritik, weil sie mit dem eigentlichen Ziel der Auftragsvergabe, nämlich dem wirtschaftlichen Einkauf, kaum etwas zu tun haben und diesen zum Teil sogar erschweren, weil die Berücksichtigung dieser vielfältigen Faktoren zu höheren Preisen führen kann.

Um einen „Wildwuchs" dieser vergabefremden Aspekte zu verhindern, hat der Gesetzgeber in § 97 Abs. 4 GWB solche weitergehenden Anforderungen an die Bieter unter Gesetzesvorbehalt gestellt.

Einleitung

Die Bevorzugung bestimmter Bieter durch Erlasse einzelner Bundes- oder Landesministerien wird damit verhindert. Die Berücksichtigung von geschützten Beschäftigungsverhältnissen behinderter Menschen sowie Umwelt- und Arbeitsschutzbelangen bei der Auftragsvergabe wurden im sog. **Legislativpaket der EU** (vgl. Art. 19, 23 und 27 der Vergabekoordinierungsrichtlinie [Richtlinie 2004/18/EG] vom 31.3.2004, ABl. EU Nr. L 134 vom 30.4.2004, S. 114) ausdrücklich erwähnt (vgl. dazu auch die Mitteilung der Kommission über die Auslegung des gemeinschaftlichen Vergaberechts und die Möglichkeiten zur Berücksichtigung sozialer Belange bei der Vergabe öffentlicher Aufträge, KOM/2001/0566 endg., ABl. EU Nr. C 333 vom 28.11.2001, S. 0027–0041, und Interpretierende Mitteilung der Kommission über das auf das Öffentliche Auftragswesen anwendbare Gemeinschaftsrecht und die Möglichkeiten zur Berücksichtigung von Umweltbelangen bei der Vergabe öffentlicher Aufträge, KOM/2001/0274 endg., ABl. EU Nr. C 333 vom 28.11.2001, S. 0012–0026).

8   Mit der Neuregelung des Gesetzes zur Modernisierung des Vergaberechts vom 20.4.2009 (BGBl. I S. 790) wurde durch die Neufassung des § 97 Abs. 4 Satz 2 GWB die Möglichkeit geschaffen, an die Auftragnehmer für die Auftragsausführung zusätzliche leistungsbezogene Anforderungen zu stellen, die insbesondere **soziale, umweltbezogene oder innovative Aspekte** betreffen. Diese Anforderungen müssen im sachlichen Zusammenhang mit dem Auftragsgegenstand stehen und sich aus der Leistungsbeschreibung ergeben. Vor allem die Bundesländer haben in ihren Tariftreue- und/oder Vergabegesetzen die Möglichkeit genutzt, die Berücksichtigung derartiger „strategischer Ziele" (wie sie die neuere Terminologie bezeichnet) gesetzlich – mehr oder weniger verbindlich – vorzugeben (s. dazu auch Rn. 168 ff.). Auch die neue **EU-Vergaberichtlinie**, die voraussichtlich im ersten Quartal 2014 verabschiedet werden soll, hat sich der weiteren Öffnung des Vergaberechts für gesellschaftliche Ziele und für die anderen Politikziele der Strategie 2020, z.B. in den Bereichen Soziales, Umwelt und Innovation, soweit eine Verbindung mit dem Auftragsgegenstand besteht, verpflichtet (s. Rn. 176, 185).

9   Den **Schutz mittelständischer Interessen** hat der deutsche Gesetzgeber in § 97 Abs. 3 GWB ausdrücklich als Ziel des Vergaberechts formuliert und ihn somit aus dem Kreis der „vergabefremden Aspekte" herausgelöst. Dies ist gerechtfertigt, weil dadurch der Monopolisierung bestimmter Märkte entgegengewirkt und effektiver Wettbewerb gefördert wird. Dies wirkt sich wiederum positiv auf die Angebote aus. Diese sog. **Mittelstandsklausel** hat im Rahmen der letzten Vergaberechtsreform im Jahre 2009 eine deutliche Verschärfung erfahren (s. auch Rn. 126 und 137 ff.).

B. Entwicklung des Vergaberechts

I. Erste EU-rechtliche Grundlagen

10   Die wirtschaftspolitische Bedeutung des fairen Wettbewerbs und freien Handels wurde auf europäischer Ebene bereits sehr früh erkannt und als Grundprinzipien in den EG-Vertrag mit aufgenommen: freier Warenverkehr in Art. 28 EG-Vertrag (= Art. 34 AEUV) bzw. freier Dienstleistungsverkehr in Art. 43 und 49 EG-Vertrag (= Art. 49 und Art. 56 AEUV), Freizügigkeit der Arbeitnehmer in Art. 39 EG-Vertrag (= Art. 45 AEUV) und Diskriminierungsverbot in Art. 12 EG-Vertrag (= Art. 18 AEUV).

11   Jedoch wurde alsbald deutlich, dass diese doch sehr allgemein gehaltenen Verpflichtungen nicht ausreichten, um den Unternehmen den Weg zu den öffentlichen Beschaffungsmärkten in den Mitgliedstaaten zu eröffnen. Daher wurden bereits in den 70er Jahren erste Vergabekoordinierungsrichtlinien erlassen. Zu Beginn der 90er Jahre wurden diese Richtlinien grundlegend überarbeitet, die Dienstleistungsrichtlinie sowie die Sektorenrichtlinie neu geschaffen. Damit wurden auch die privatrechtlich organisierten Versorgungsunternehmen in den Bereichen Wasser, Energie, Telekommunikation und Verkehr von den europäischen Vergaberegeln erfasst. Seitdem galten die

- **Richtlinie 93/36/EWG** des Rates vom 14. Juni 1993 über die Koordinierung der Verfahren zur Vergabe öffentlicher Lieferaufträge (ABl. Nr. L 199 vom 9.8.1993, S. 1);
- **Richtlinie 93/37/EWG** des Rates vom 14. Juni 1993 zur Koordinierung der Verfahren zur Vergabe öffentlicher Bauaufträge (ABl. Nr. L 199 vom 9.8.1993, S. 54–83);

Einleitung

- **Richtlinie 93/38/EWG** des Rates vom 14. Juni 1993 zur Koordinierung der Auftragsvergabe durch Auftraggeber im Bereich der Wasser-, Energie- und Verkehrsversorgung sowie im Telekommunikationssektor (ABl. Nr. L 199 vom 9.8.1993, S. 84);
- **Richtlinie 92/50/EWG** des Rates vom 18. Juni 1992 über die Koordinierung der Verfahren zur Vergabe öffentlicher Dienstleistungsaufträge (ABl. Nr. L 209 vom 24.7.1992, S. 1).

Diese Richtlinien sollten sicherstellen, dass öffentliche Aufträge diskriminierungsfrei vergeben und die zur Verfügung stehenden Mittel möglichst wirtschaftlich verwendet werden.

Um zu gewährleisten, dass die Bieter die ihnen durch diese Regelungen eingeräumten Rechte gegenüber den Auftraggebern durchsetzen können, erließ die EU **Rechtsmittelrichtlinien**, welche die Mitgliedstaaten verpflichteten, formelle Verfahren einzuführen, mit denen die Einhaltung der vergaberechtlichen Vorschriften nachgeprüft werden kann:

- **Richtlinie 92/13/EWG** des Rates vom 25. Februar 1992 zur Koordinierung der Rechts- und Verwaltungsvorschriften für die Anwendung der Gemeinschaftsvorschriften über die Auftragsvergabe durch Auftraggeber im Bereich der Wasser-, Energie- und Verkehrsversorgung sowie im Telekommunikationssektor (ABl. Nr. L 76 vom 23.3.1992, S. 14);
- **Richtlinie 89/665/EWG** des Rates vom 21. Dezember 1989 zur Koordinierung der Rechts- und Verwaltungsvorschriften für die Anwendung der Nachprüfungsverfahren im Rahmen der Vergabe öffentlicher Liefer- und Bauaufträge (ABl. Nr. L 395 vom 30.12.1989, S. 33).

Mit Erlass der **Richtlinie 97/52/EG** und **Richtlinie 98/4/EG** passte die Europäische Gemeinschaft ihre Vorschriften zur Koordinierung der Verfahren zur Vergabe öffentlicher Liefer-, Bau- und Dienstleistungsaufträge an die Bestimmungen des Beschaffungsübereinkommens der Welthandelsorganisation (Government Procurement Agreement der WTO) an.

II. Entwicklung des deutschen Vergaberechts bis 2004

Die EU-Richtlinien gelten jedoch in den Mitgliedstaaten nicht unmittelbar. Sie bedürfen vielmehr nach Art. 288 AEUV (ex-Art. 249 EG-Vertrag) der **Umsetzung in innerstaatliches Recht**. Nur wenn diese Umsetzung nicht fristgerecht erfolgt, besteht eine unmittelbare Anwendungsverpflichtung, soweit die Vorschriften hinreichend bestimmt sind.

1. Die haushaltsrechtliche Lösung

In der Bundesrepublik erfolgte die Umsetzung des EU-Rechts zunächst in der Weise, dass für die Vergabeverfahren oberhalb der EU-Schwellenwerte die Verdingungsordnungen VOL/A und VOB/A um die 2. Abschnitte (sog. a-Paragrafen) ergänzt wurden. Diese Umsetzung im Rahmen von Verwaltungsvorschriften erschien der EU-Kommission allerdings nicht ausreichend. Daraufhin wurde durch das „Zweite Gesetz zur Änderung des Haushaltsgrundsätzegesetzes" vom 26.11.1993 (BGBl. I S. 1928) erstmals eine gesetzliche Grundlage für das Vergaberecht geschaffen. Der neu eingeführte § 57a HGrG bestimmte den Adressatenkreis und enthielt die Ermächtigungsgrundlage für die am 1.3.1994 in Kraft getretene **Vergabeverordnung** (VgV) vom 22.2.1994 (BGBl. I S. 321). Hinsichtlich der materiellen Regelungen des Vergabeverfahrens verwies diese auf die Abschnitte 2 bis 4 der ebenfalls novellierten VOL und VOB, die damit insoweit materiellen Gesetzescharakter bekamen. Das sog. **Kaskadenmodell** war geboren (s. Rn. 26 ff. sowie § 1 VgV Rn. 3, 5, 10).

Hinsichtlich des Rechtsschutzes wurde mit den §§ 57b und 57c HGrG ein **zweistufiges verwaltungsinternes Nachprüfungsverfahren** eingeführt. Um den zügigen Abschluss der Vergabeverfahren nicht zu gefährden, sollte jedoch vermieden werden, den Bietern individuelle, gerichtlich durchsetzbare Ansprüche zu gewähren. Die Vergabeprüfstellen und Vergabeüberwachungsausschüsse hatten zwar die Möglichkeit, das angegriffene Vergabeverfahren auszusetzen. Da die nicht berücksichtigten Bieter aber in der Regel erst nach der Zuschlagserteilung über den Ausgang des Verfahrens informiert wurden, hatten sie kaum die Möglichkeit, die Rechtmäßigkeit des Verfahrens überprüfen zu lassen, bevor endgültige Tatsachen geschaffen wurden. Eine nachträgliche Aufhebung des Zuschlags kam nämlich nicht in Betracht. Der mit dem Zuschlag zustande gekommene

Einleitung

Vertrag war bindend („pacta sunt servanda"). Aus Sicht der EU-Kommission stellte diese Lösung keinen effektiven Rechtsschutz dar, da die Bieter letztlich nicht gerichtlich die ihnen zugewiesenen Rechte durchsetzen konnten, sondern auf Schadensersatzansprüche verwiesen wurden. Sie leitete daher ein Vertragsverletzungsverfahren ein. In seinem Urteil vom 11.8.1995 (C-433/93) gegen die Bundesrepublik Deutschland stellte der EuGH klar, dass die EU-Richtlinien Bewerbern und Bietern Rechtspositionen einräumen, auf die sie sich gegenüber dem Auftraggeber berufen können müssen. Die Wirtschaftsteilnehmer müssten die Möglichkeit haben, sich gegenüber dem Auftraggeber auf diese Rechte zu berufen und sie ggf. vor den nationalen Gerichten geltend machen zu können. Das sei durch die deutsche Umsetzung der Richtlinien jedoch gerade nicht gewährleistet. Diese Rechtsprechung wiederum führte zu mehreren Vertragsverletzungsverfahren gegen die Bundesrepublik und in deren Folge zur Abkehr von der haushaltsrechtlichen Lösung.

2. Das Kartellvergaberecht

18 Eine umfassende Reform des Vergaberechts trat am 1.1.1999 in Kraft. Mit dem „Gesetz zur Änderung der Rechtsgrundlagen für die Vergabe öffentlicher Aufträge (Vergaberechtsänderungsgesetz – VgRÄG) vom 26.8.1998 (BGBl. I S. 2512) wurde ein Vierter Teil in das Gesetz gegen Wettbewerbsbeschränkungen (GWB) eingeführt. Dieser enthält zunächst die wichtigsten materiellen Grundsätze für die Durchführung der Vergabeverfahren (§ 97 GWB) sowie die Definitionen des Öffentlichen Auftraggebers (§ 98 GWB) und des Öffentlichen Auftrags (§ 99 GWB).

19 In § 100 Abs. 1 GWB wird der Anwendungsbereich des Gesetzes auf die Aufträge beschränkt, deren Auftragswert die sog. EU-Schwellenwerte erreichen. Einige Bereiche werden in § 100 Abs. 2 GWB dem Anwendungsbereich des Gesetzes entzogen, da diese auch in den EU-Richtlinien von deren Geltungsbereich ausgenommen werden. Für die nicht erfassten Vergabeverfahren gelten jedoch nach wie vor die jeweiligen haushaltsrechtlichen Bestimmungen.

20 § 101 GWB beschreibt die Vergabearten (offenes Verfahren, nicht offenes Verfahren und Verhandlungsverfahren) und bestimmt in seinem Abs. 5 Satz 1 das offene Verfahren als Regelfall. Diese Regelung entspricht dem § 30 HGrG, geht aber über die Vorgaben der EU-Richtlinien hinaus, da diese das offene Verfahren und das nicht offene Verfahren gleichrangig nebeneinander stellen. Dies ist damit begründet, dass dem nicht offenen Verfahren zwingend ein EU-weiter Teilnahmewettbewerb vorausgehen muss und auf diese Weise die gleiche Transparenz geschaffen wird wie beim offenen Verfahren. Die Sektorenauftraggeber nach § 98 Nr. 4 GWB können zwischen den Vergabearten frei wählen (Ausnahme: Verhandlungsverfahren ohne vorherige Bekanntmachung).

21 Den größten Umfang des 4. Teils des GWB nehmen die Bestimmungen über den **Rechtsschutz** ein. In den §§ 102 bis 106 GWB werden Einrichtung, Besetzung und Organisation der **Nachprüfungsbehörden** und die Weisungsunabhängigkeit der Mitglieder der Vergabekammer geregelt. Die §§ 107 bis 115 GWB regeln das **Verfahren vor der Vergabekammer**. Dabei sind von besonderer Bedeutung:

- Die Vergabekammer wird nur auf Antrag tätig (§ 107 Abs. 1 GWB);
- Schriftform und Begründungszwang (§ 108 GWB). Der Antragsteller muss darlegen, dass eine Verletzung seiner Rechte stattgefunden hat, ihm deshalb ein Schaden droht und er die Rechtsverletzung gegenüber der Vergabestelle gerügt hat (§ 107 Abs. 2 und 3 GWB);
- der Untersuchungsgrundsatz (§ 110 GWB);
- das Recht der Beteiligten auf Akteneinsicht, soweit nicht Betriebs- oder Geschäftsgeheimnisse der Wettbewerber betroffen sind (§ 111 GWB);
- der Beschleunigungsgrundsatz (§ 113 GWB), d.h. Entscheidung innerhalb von fünf Wochen;
- der Suspensiveffekt (§ 115 GWB), d.h. nach Zustellung des Nachprüfungsantrags darf die Vergabestelle keinen Zuschlag erteilen.

22 Die §§ 116 bis 124 GWB regeln das **Verfahren der zweiten Instanz** vor dem zuständigen Oberlandesgericht. Hier sind besonders zu erwähnen:

Einleitung

- die Notfrist von zwei Wochen für die Einlegung und Begründung der Beschwerde (§ 117 Abs. 1 GWB);
- der Anwaltszwang (§§ 117 Abs. 3, 120 GWB);
- die aufschiebende Wirkung gegenüber der Entscheidung der Vergabekammer (§ 118 GWB);
- die Möglichkeit der Vorabentscheidung über den Zuschlag (§ 121 GWB);
- die Bindungswirkung der Zivilgerichtsbarkeit an die Entscheidungen der Vergabekammern und Oberlandesgerichte, wenn wegen des Verstoßes gegen Vergabevorschriften Schadensersatz begehrt wird (§ 124 GWB).

Der Dritte Abschnitt (§§ 125 bis 129 GWB) enthält sonstige Reglungen wie

- Schadensersatzansprüche der anderen Verfahrensbeteiligten bei rechtsmissbräuchlicher Antragstellung oder sofortiger Beschwerde;
- Ersatz des Vertrauensschadens von Unternehmen bei Verstoß gegen Schutzvorschriften (nur negatives Interesse);
- Verordnungsermächtigungen der Bundesregierung sowie
- die Kostenregelung.

Die auf § 127 GWB beruhende Vergabeverordnung (VgV) vom 9.1.2001 (BGBl. I S. 110) verpflichtete in ihren §§ 4 bis 6 und 7 die Auftraggeber, bei Vergabeverfahren oberhalb der EU-Schwellenwerte

- bei der Vergabe von Bauaufträgen die Abschnitte 2 bis 4 des Teils A der Vergabe- und Vertragsordnung für Bauleistungen (VOB/A),
- bei der Vergabe von Liefer- und Dienstleistungsaufträgen die Abschnitte 2 bis 4 des Teils A der Verdingungsordnung für Leistungen (VOL/A) und
- bei der Vergabe von freiberuflichen Leistungen die Verdingungsordnung für freiberufliche Leistungen (VOF)

anzuwenden. Mit dieser Regelung war den Forderungen des europäischen Rechts Genüge getan. Der größte Teil der materiellen vergaberechtlichen Regelungen blieb aber nach wie vor den Verdingungsordnungen (heute: Vergabe- und Vertragsordnungen) überlassen.

3. Die Systematik des Vergaberechts

Es wurde jedoch bald Kritik an diesem System geübt. Insgesamt war festzustellen, dass sowohl auf Auftraggeber- als auch auf Auftragnehmerseite eine erhebliche Unzufriedenheit mit dem deutschen Vergaberecht bestand. Noch heute gilt: Jemand, der sich erstmals mit diesem Rechtsgebiet befasst und juristisch nicht vorgebildet ist, kann diese Systematik kaum durchschauen, da es in Deutschland – anders als z.B. in Österreich – kein einheitliches Vergabegesetz gibt. Die Verfahren oberhalb und unterhalb der EU-Schwellenwerte unterscheiden sich nicht nur in ihrem materiellen Gehalt, sondern auch in ihrem Rechtscharakter.

a) Das Kaskadenprinzip

Die Vorschriften, die für die Vergabeverfahren **oberhalb** der EU-Schwellenwerte gelten, haben Gesetzesrang. Sie haben bieterschützenden Charakter (§ 97 Abs. 7 GWB) und gewähren effektiven Rechtsschutz.

Unterhalb der Schwellenwerte existieren als gesetzliche Vorschriften lediglich § 30 HGrG und § 55 BHO (sowie die Vorschriften der entsprechenden Landeshaushaltsordnungen), die den Grundsatz der öffentlichen Ausschreibung statuieren. Die nähere Spezifizierung erfolgt durch die Verwaltungsvorschriften, die ihrerseits auf die Abschnitte 1 der Vergabe- und Vertragsordnung für Leistungen – ausgenommen Bauleistungen – (VOL) und die Vergabe- und Vertragsordnung für Bauleistungen (VOB) verweisen.

Einleitung

28 Vielfach sind die Auftraggeber hier nicht einmal aufgrund haushaltsrechtlicher Vorschriften zur Anwendung der Abschnitte 1 von VOB und VOL gezwungen. So ist z.B. den Kommunen in einigen Bundesländern nach den Bestimmungen des kommunalen Haushaltsrechts die Anwendung der VOL unterhalb der Schwellenwerte nur empfohlen.

Vergabeverfahren oberhalb der EU-Schwellenwerte	Vergabeverfahren unterhalb der EU-Schwellenwerte
§§ 97 Abs. 6, 127 GWB ↓ §§ 4 bis 6 VgV ↓ VOL/A und VOB/A, jeweils Abschnitt 2, VOF	§ 30 HGrG ↓ Verwaltungsvorschrift zu § 55 BHO ↓ VOL/A und VOB/A, jeweils Abschnitt 1

b) Das Schubladenprinzip

29 Neben dem Kaskadenprinzip existiert noch das sog. Schubladenprinzip. Dieses soll sicherstellen, dass für den jeweiligen Anwendungsbereich ein eigenes materielles Regelwerk besteht. So gibt es für Lieferungen und Dienstleistungen, Bauleistungen und freiberufliche Leistungen jeweils unterschiedliche Vergabe- und Vertragsordnungen. VOL/A und VOB/A verfügen über jeweils gesonderte Abschnitte für Verfahren unterhalb und oberhalb der Schwellenwerte. Bis zum Inkrafttreten der Sektorenverordnung (SektVO) am 24.9.2009 wurde außerdem noch zwischen den sog. klassischen (oder staatlichen) Auftraggebern (Abschnitte 2) und Sektorenauftraggebern, die an das Haushaltsrecht gebunden sind (Abschnitte 3), und solchen, die es nicht sind (Abschnitte 4), unterschieden. Die VOF gilt nur für die Vergabe freiberuflicher Leistungen oberhalb der EU-Schwellenwerte. Für solche unterhalb der EU-Schwellenwerte gibt es keine einheitlichen Verfahrensregelungen. Diese Aufträge können vorbehaltlich etwaiger haushaltsrechtlicher Bestimmungen entsprechend den Erläuterungen zu § 1 zweiter Spiegelstrich der VOL/A grundsätzlich freihändig an geeignete Bewerber vergeben werden.

4. Kritik an der Systematik unter besonderer Berücksichtigung der Beschlüsse des Bundesrates

a) Position des Bundesrates

30 Diese Systematik des Vergaberechts wurde und wird vielfach kritisiert. Insbesondere der Bundesrat hat mehrfach eine grundlegende Reform des Vergaberechts gefordert.

31 Bereits in seinem Beschluss vom 25.4.1997 (BR-Drucks. 82/97) hat er darauf hingewiesen, dass er seine Zustimmung zur Verordnung zur Änderung der Vergabeverordnung in der Erwartung gibt, dass diese nur in einem überschaubaren Übergangszeitraum gültig sein und mit einer gesetzlichen Neuregelung des Vergabewesens wieder aufgehoben werden wird. Gleichzeitig stellte er grundsätzliche Forderungen für eine künftige Neuregelung auf:

1. Sie soll den Forderungen nach Aufgabenabbau und Deregulierung entsprechen.
2. Die grundgesetzlich verankerten Mitwirkungsrechte des Bundesrates – auch bezüglich des Zustandekommens des materiellen Vergaberechts – müssen beachtet werden.
3. Der einschlägige innerstaatliche Rechtsrahmen ist möglichst eindeutig zu gestalten. Verweise auf andere normative Texte sind einzuschränken und alle einschlägigen Bestimmungen in einem einzigen Text zusammenzufassen.
4. Das neu zu konzipierende Regelwerk sollte sich weitestgehend auf die Umsetzung von Gemeinschaftsrecht in deutsches Recht beschränken.

32 In der BR-Drucks. 646/97 vom 7.11.1997 nahm der Bundesrat auf diese Entschließung Bezug und wiederholte seine Forderungen. Zur Begründung führte er aus: „Die Verdingungsordnungen sind nach Aufbau und Inhalt unübersichtlich geworden. Sie erfüllen nur eingeschränkt die Anforderungen, die an gesetzliche Normen zu stellen sind."

Einleitung

In der Drucks. 455/00 (Beschluss) vom 10.11.2000 weist der Bundesrat ausdrücklich darauf hin, dass er seine Zustimmung zur Verordnung über die Vergabe öffentlicher Aufträge und damit zu den Neufassungen der Verdingungsordnungen nur erteilt hat, um weitergehende nachteilige Folgen im Hinblick auf das von der Kommission der Europäischen Gemeinschaften eingeleitete Vertragsverletzungsverfahren zu vermeiden. Er nimmt mit Bedauern zur Kenntnis, dass durch die nicht fristgerechte Umsetzung der EU-Richtlinien 97/52/EG und 98/4/EG wiederum ein Zeitdruck entstanden ist, der eine Berücksichtigung seiner früheren Entschließungen verhindert, und dies außerdem zur Folge hat, dass das neue Regelwerk systematische Brüche und Unstimmigkeiten aufweist. Mit der weiterhin geforderten Vereinheitlichung und Vereinfachung des Vergaberechts würde auch der Forderung des Bundesrates nach Einhaltung der verfassungsrechtlich verankerten Mitwirkungsrechte der Länder und der demokratischen Legitimation der materiellen vergaberechtlichen Bestimmungen entsprochen. „Der Bundesrat fordert die Bundesregierung auf, das Legislativpaket der Kommission der Europäischen Gemeinschaften zur Novellierung der EG-Vergaberichtlinien zum Anlass zu nehmen, der Forderung des Bundesrates nachzukommen." 33

b) Materiell-rechtliche Kritikpunkte

Die mehrfach wiederholte Kritik des Bundesrates gründete sich auf verschiedene materiell-rechtliche Überlegungen: 34

Das System von Gesetz, Vergabeverordnung und Verdingungs- bzw. heute: Vergabe- und Vertragsordnungen, deren Unterteilung in VOB und VOL – diese ihrerseits jeweils gegliedert in verschiedene Abschnitte – sowie die VOF, die einige der bereits in der Vergabeverordnung enthaltenen Regelungen wiederholt, erschließt sich zwar den Spezialisten, nicht aber unbedingt den Bietern. Von diesen erwartet man aber, dass sie die jeweils geltenden Verfahrensregeln kennen. Wie sonst sollten sie im Nachprüfungsverfahren eine Rechtsverletzung durch die Nichtbeachtung von Verfahrensvorschriften geltend machen oder die Zulässigkeitsvoraussetzung der unverzüglichen Rüge nach § 107 Abs. 3 GWB erfüllen können? Etliche Vorschriften existieren mehrfach. Sie erscheinen wort- oder zumindest inhaltsgleich sowohl im GWB, in der Vergabeverordnung, jeweils in den verschiedenen Abschnitten der VOB und VOL sowie in der VOF. Auf diese Weise konnte eine inhaltlich gleiche Regelung bis zu sieben Mal die Vorschriftensammlungen füllen. Das verwundert insbesondere, wenn man bedenkt, dass sie auf EU-Vorschriften und Grundprinzipien zurückzuführen sind, die für Lieferungen, Bau- und Dienstleistungen identisch sind. Somit ist die Zahl der Vorschriften wesentlich größer, als sie sein müsste. 35

Überdies erscheint die Frage nicht unberechtigt, ob und in welchem Umfang im Baubereich andere Vorschriften gelten *müssen* als im Lieferbereich. Versteht es der mittelständische Schreiner, dass der Submissionstermin öffentlich ist, wenn er Einbaumöbel liefert, er bei der Angebotsöffnung aber nicht anwesend sein kann, wenn er Schreibtische anbietet? Selbst wenn man zu dem Ergebnis käme, dass einige der abweichenden Regelungen sachlich geboten sind, würde es der Übersichtlichkeit und Rechtsvereinfachung dienen, wenn es gelänge, einen allgemeingültigen Teil zu schaffen und Sonderregelungen einem Besonderen Teil vorzubehalten. Die Vereinheitlichung der Vergabevorschriften, die auf europäischer Ebene erfolgt ist, sollte u.E. auch im nationalen Bereich möglich sein. 36

Auch darf bezweifelt werden, ob es einer VOF bedarf. Das EU-Recht, dessen Umsetzung die VOF dient, kennt keine Sonderregelungen für die Vergabe freiberuflicher Leistungen, sondern nur Dienstleistungen, die im Vorhinein eindeutig und erschöpfend beschreibbar sind (und die demgemäß regelmäßig im offenen oder nichtoffenen Verfahren zu vergeben sind), und solche, die es nicht sind. Für Letztere ist das Verhandlungsverfahren der Regelfall. Soweit der Gesetzgeber spezifische Bestimmungen für die Vergabe freiberuflicher Leistungen für erforderlich hält, könnte er dies z.B. auch im Besonderen Teil eines Vergabegesetzes regeln. 37

Ein weiterer Grund für die Verwirrung der Anwender lag früher überdies darin, dass in den Abschnitten 2 und 3 der VOB/A und VOL/A die Basisparagrafen zusätzlich zu den a- bzw. b- Paragrafen galten, es sei denn, sie widersprachen ihnen (z.B. § 1a Abs. 1 VOL/A). Ob ein solcher Widerspruch vor- 38

Einleitung

lag, war für den juristisch nicht vorgebildeten Anwender oftmals nicht leicht zu entscheiden. Er konnte sich z.B. fragen, ob der Ausnahmekatalog, der nach § 3 Nr. 4 VOL/A 2006 im Unterschwellenbereich eine freihändige Vergabe rechtfertigt, nicht auch oberhalb der Schwellenwerte Anwendung finden könnte. Wenn nicht, warum war dann der entsprechende Basisparagraf hier noch abgedruckt? Ähnlich unklar waren auch die Regelungen zur sog. ex-post-Transparenz (§§ 27, 27a VOL/A 2006). Ein Teil dieser Unklarheiten wurde durch die Neufassung von VOL und VOB im Jahr 2009 beseitigt (Rn. 152 ff.).

c) Verfassungsrechtliche Bedenken

39   Ein wesentlicher Grund für die vielfach gleichen, im Detail aber doch unterschiedlichen Regelungen für den Baubereich einerseits und den Liefer- und Dienstleistungsbereich andererseits dürfte darin bestehen, dass unterschiedliche Gremien für die Rechtssetzung zuständig sind.

40   Die VOB wird im Deutschen Vergabe- und Vertragsausschuss für Bauleistungen (**DVA**), die VOL im Deutschen Vergabe- und Vertragsausschuss für Lieferungen und Dienstleistungen (**DVAL**) erarbeitet. Ihren rechtlich verbindlichen Charakter bekommen diese Regelungen durch die Verweise in der Vergabeverordnung bzw. im Haushaltsrecht. Auch dies wurde in den zitierten Beschlüssen mehrfach vom Bundesrat kritisiert, der auch grundsätzliche Bedenken gegen das bisherige Zustandekommen der vergaberechtlichen Regelungen geltend macht:

41   Nach Art. 76 Abs. 1 GG werden Gesetzesvorlagen beim Bundestag durch die Bundesregierung, aus der Mitte des Bundestages oder durch den Bundesrat eingebracht. Zur Ausfüllung gesetzlicher Regelungen können nach Art. 80 GG die Bundesregierung, ein Bundesminister oder die Landesregierungen zum Erlass von Rechtsverordnungen ermächtigt werden, wobei deren Inhalt sowie Zweck und Ausmaß der Ermächtigung im Gesetz bestimmt werden muss.

42   In §§ 97 Abs. 6 und 127 GWB hat der Gesetzgeber die Bundesregierung ermächtigt, mit Zustimmung des Bundesrates nähere Bestimmungen über das bei der Vergabe einzuhaltende Verfahren usw. zu treffen. Die auf dieser Ermächtigung beruhende Vergabeverordnung regelt dies jedoch nicht unmittelbar. Vielmehr verweisen die §§ 4 bis 6 VgV auf die Abschnitte 2 der VOL/A und VOB/A sowie die VOF. Diese Vorschriften werden aber nicht durch den gesetzlich dazu ermächtigten Verordnungsgeber geschaffen, sondern vom DVA und DVAL.

43   In diesen Ausschüssen sind der Bund, die Länder, die kommunalen Spitzenverbände sowie die Spitzenorganisationen der Wirtschaft und der Technik in paritätischer Zusammensetzung vertreten. Die Mitgliederliste des DVA, Stand Mai 2004, zählt 69 Institutionen auf. Alle ordentlichen Mitglieder haben eine Stimme. Generell sieht die Satzung einvernehmliche Entscheidungen vor; ist diese nicht zu erreichen, genügt eine 3/4-Mehrheit der anwesenden ordentlichen Mitglieder. Wenn man sieht, dass z.B. Mecklenburg-Vorpommern mit vier, Schleswig-Holstein mit drei verschiedenen Ministerien, Nordrhein-Westfalen und Baden-Württemberg mit zweien und Bayern aber nur mit einem in der Mitgliederliste (vgl. dazu http://www.bmvbs.de/-,1532.4158/Deutscher-Vergabe-und-Vertrags.htm) geführt werden, kann man sich durchaus fragen, warum dies so ist; jedenfalls erscheint diese Stimmenverteilung deutlich anders als im Bundesrat.

44   Auch im DVAL ist nach Ziff. I.3 seiner Satzung eine einheitliche Meinungsbildung anzustreben. „Ist diese ausnahmsweise nicht zu erreichen, so muss auch für die Mitglieder, die eine abweichende Meinung vertreten, eine tragbare, abgewogene Regelung gesucht werden." Diese Regelung dient sicherlich der allgemeinen Akzeptanz; wir wagen aber zu behaupten, dass sie nicht gerade innovationsfördernd ist. Dieses faktische Einstimmigkeitsprinzip dürfte zügige Reaktionen auf Änderungen der rechtlichen oder technologischen Rahmenbedingungen (zu denken ist hier z.B. an die schon mit dem Legislativpaket ermöglichten inversen Auktionen oder dynamischen Beschaffungsverfahren) nicht begünstigt haben. Dies wird durch die zum Teil sehr langwierigen Beratungen bestätigt, wobei festzustellen ist, dass in der Vergangenheit der DVA regelmäßig schneller Ergebnisse präsentieren konnte als der DVAL. Der Grund hierfür könnte darin liegen, dass die Interessen der Beteiligten im Baubereich homogener sind als im Bereich der Lieferungen und sonstigen Dienstleistungen.

Einleitung

Letztlich ist festzustellen, dass der vom GWB ermächtigte Verordnungsgeber – also die Bundes- und Landesregierungen – nur sehr eingeschränkte Möglichkeiten haben, auf die Fortentwicklung des materiellen Vergaberechts maßgeblichen Einfluss zu nehmen. Konnten sich z.B. die Länder bei den Beratungen im DVA oder DVAL nicht durchsetzen, haben sie bislang nur die Möglichkeit, entweder der Verweisungsvorschrift in der Vergabeverordnung insgesamt die Zustimmung zu verweigern oder einen Maßgabebeschluss zu fassen, der die Zustimmung unter der Bedingung erteilt, dass bestimmte Änderungen vorgenommen werden. Hiervon haben die Länder wegen des regelmäßig bei der Umsetzung des EU-Rechts bestehenden Zeitdrucks abgesehen. 45

Die bisherige Rechtssetzung in den Vergabe- und Vertragsausschüssen mag in den Zeiten gerechtfertigt gewesen sein, als das Vergabewesen Ausfluss des Haushaltsrechts und verwaltungsintern z.B. in Erlassen oder Verwaltungsvorschriften geregelt war. Hier war es sinnvoll und wertvoll, ein Gremium zu haben, in dem Auftraggeber und Auftragnehmer gemeinsam eine Grundlage schufen, die im Wesentlichen bei allen Beteiligten bundesweit anerkannt war. Über Jahre hinaus wurden dort für alle mehr oder weniger verbindliche, in jedem Fall aber allgemein akzeptierte Regelungen getroffen. 46

Mit der zunehmenden Verrechtlichung des Vergabewesens hat sich nach unserer Auffassung die Situation aber grundlegend geändert. Für die Rechtssetzung stellt das Grundgesetz ein bestimmtes Verfahren zur Verfügung. Demgegenüber ist die faktische Normierung durch die Vergabe- und Vertragsausschüsse demokratisch nicht legitimiert. 47

Das heißt nicht, dass Gesetz- und Verordnungsgeber auf den im DVA und DVAL versammelten Sachverstand verzichten und deren Bedürfnisse nicht berücksichtigen sollte. So hat auch der Bundesrat in seiner Entschließung Drucks. 455/00 die Bundesregierung ausdrücklich aufgefordert, bei der Erarbeitung der neuen Vorschriften die bisher in den Vergabe- und Vertragsausschüssen vertretenen Kreise der Wirtschaft so weit wie möglich einzubinden. Auch die Bundesregierung hat in dem Eckpunktepapier vom 12.5.2004 ausgeführt: „Die partnerschaftliche Zusammenarbeit zwischen Auftraggebervertretern und Auftragnehmervertretern der Wirtschaft wird fortgesetzt." Dies kann im Rahmen von Arbeitsgruppen, Beteiligungs- und Anhörungsverfahren geschehen. Die Entscheidung über den materiellen Regelungsgehalt muss aber letztlich der Gesetz- oder Verordnungsgeber selbst treffen. 48

Es ist nicht verwunderlich, dass dies von den beteiligten Interessenverbänden der Wirtschaft anders gesehen wird (s. dazu z.B. http://www.bdi-online.de/de/fachabteilungen/1727.htm). Nur zur Klarstellung möchten wir darauf hinweisen, dass sich unsere Kritik nur auf das Zustandekommen des materiellen Vergaberechts bezieht, nicht aber auf die VOL/B sowie die VOB/B und C. In diesen Bereichen erscheint ein einvernehmliches Erarbeiten von allgemeinen Vertragsbedingungen und Standards äußerst sinnvoll. 49

III. Evaluierung des Kartellvergaberechts 2002 bis 2004

Nicht nur der Bundesrat hat Kritik am zum damaligen Zeitpunkt bestehenden Vergaberecht geäußert. Das Bundesministerium für Wirtschaft und Arbeit führte Anfang 2002 eine Fragebogenaktion durch, um die Erfahrungen der Praxis mit dem damals bestehenden Vergaberecht zu evaluieren. Der Auswertung lagen mehr als 1.200 ausgefüllte Fragebögen zugrunde. 64 % der Antworten kamen von den Auftraggebern, 15 % von Wirtschaftsunternehmen, die restlichen von den Angehörigen der Vergabekammern, Vergabesenate, der Anwaltschaft etc. Im Herbst 2003 legte die Bundesregierung einen Bericht über die Erfahrungen mit dem Vergaberechtsänderungsgesetz (VgRÄG) vom 26.8.1998 vor (BT-Drucks. 15/2034). Darin stellt sie fest, dass sich die mit dem VgRÄG vorgenommenen Änderungen und der neu eingeführte Rechtsschutz grundsätzlich bewährt haben. Die Regelungen hätten zu größerer Sorgfalt geführt, und zwar sowohl bei den Auftraggebern hinsichtlich Vorbereitung und Durchführung der Verfahren als auch bei den Unternehmen hinsichtlich der Bewerbungen. Der neu eingeführte Rechtsschutz habe nicht, wie zunächst befürchtet, zu Investitionshemmnissen geführt. Allerdings konnte auch keine Steigerung des Wettbewerbs oder der Wirtschaftlichkeit festgestellt werden. 50

Einleitung

51 Darüber hinaus weist der Bericht darauf hin, dass insbesondere seitens des Mittelstandes **Kritik an der Unübersichtlichkeit und Komplexität** der materiellen Vergabevorschriften geübt werde. Die Unübersichtlichkeit der Vergaberegeln führe zunehmend zu Verfahrensfehlern und erhöhe den Aufwand, sich an Vergabeverfahren zu beteiligen. Aber auch die öffentlichen Auftraggeber sähen sich angesichts des Risikos von Rechtsschutzverfahren oftmals nicht in der Lage, Vergabeverfahren ohne den Rat ausgewiesener Vergaberechtsexperten durchzuführen. Kaskaden- und Schubladenprinzip seien wenig praktikabel. Es werde daher vorgeschlagen, in einem Gesetzeswerk (GWB) die verfahrensrechtlichen und materiellen, das Ausschreibungsverfahren regelnden Bestimmungen sowie in einer Vergabeverordnung die bisherigen Vergabe- und Vertragsordnungen (VOB/A, VOL/A und VOF) zusammenzufassen. Es sollte ein gemeinsames Regelwerk für die Vergabe von Bau-, Liefer- und Dienstleistungsaufträgen geschaffen und dabei nach Verfahren oberhalb und unterhalb der Schwellenwerte unterschieden werden. Die besonderen Bestimmungen für den Sektorenbereich sollten ebenfalls zusammengefasst werden. Die Berechtigung gesonderter Regelungen für freiberufliche Leistungen wurde in dem Bericht in Zweifel gezogen. Der Mittelstand forderte, den Grundsatz der losweisen Vergabe zu stärken und das wirtschaftlichste Angebot aufgrund vorher festgelegter Wertungskriterien zu ermitteln.

52 Ende 2003 legte ein vom Bundesministerium für Wirtschaft und Arbeit eingesetztes Expertengremium **verschiedene Modelle einer Neugestaltung des Vergaberechts** vor. Übereinstimmend wurde ein grundsätzlicher Bedarf nach Vereinfachung und Verschlankung der Vergabeverfahrensregelungen festgestellt und Modifizierungen des Rechtsschutzes für wünschenswert erachtet. Uneinigkeit bestand hinsichtlich der Frage, wie weitgehend auch die Struktur des Vergaberechts verändert werden sollte. In seiner Stellungnahme vom 12.3.2004 (BR-Drucks. 851/03) zum Bericht der Bundesregierung forderte der Bundesrat, dass „bei der Neuordnung des Vergaberechts unter Wahrung der unterschiedlichen Anforderungen an die Beschaffungsgegenstände und rechtsstaatlicher Rechtsetzung ein einheitliches System angestrebt werden sollte".

53 Auch die im Jahre 2004 von der Wegweiser GmbH in Abstimmung mit dem forum vergabe e.V. und den Auftragsberatungsstellen durchgeführte Umfrage bei Verwaltungen und Unternehmen stellte einen erheblichen Reformbedarf fest. Die Vergabepraktiker sprachen sich mehrheitlich insbesondere für eine Zusammenfassung und Vereinheitlichung der Vorschriften, für eine Verschlankung des Vergaberechts und eine Abschaffung des Schubladenprinzips aus.

IV. Das Legislativpaket der EU
1. Zusammenfassung der EU-Richtlinien

54 Etwa zur selben Zeit, in der sich in Deutschland die Überzeugung durchsetzte, dass das Vergaberecht einer grundsätzlichen Überarbeitung bedurfte, verabschiedete das Europäische Parlament und der Rat das sog. **Legislativpaket**, mit dem das europäische Vergaberecht vereinheitlicht und modernisiert wurde:

– **Richtlinie 2004/17/EG** des Europäischen Parlaments und des Rates vom 31. März 2004 zur Koordinierung der Zuschlagserteilung durch Auftraggeber im Bereich der Wasser-, Energie- und Verkehrsversorgung sowie der Postdienste (ABl. EU Nr. L 134 vom 30.4.2004, S. 1) – „**Sektorenkoordinierungsrichtlinie**";

– **Richtlinie 2004/18/EG** des Europäischen Parlaments und des Rates vom 31. März 2004 über die Koordinierung der Verfahren zur Vergabe öffentlicher Bauaufträge, Lieferaufträge und Dienstleistungsaufträge (ABl. EU Nr. L 134 vom 30.4.2004, S. 114) – „**Vergabekoordinierungsrichtlinie**".

55 Auf europäischer Ebene gelang, was in Deutschland bislang nicht möglich erscheint, nämlich die sog. klassischen Richtlinien für die Vergabe von Bau-, Liefer- und Dienstleistungsaufträgen in einer Richtlinie zusammenzufassen.

Einleitung

2. Schwellenwerte

Die für die Anwendung der Richtlinie bedeutenden Schwellenwerte (vgl. hierzu im Einzelnen § 2 VgV) wurden erhöht (Art. 7 der Richtlinie 2004/18/EG) und werden seither alle zwei Jahre (zum Ende ungerader Kalenderjahre) durch die EU-Kommission überprüft, um sie gegebenenfalls an mögliche Kursschwankungen des Euro gegenüber dem Sonderziehungsrecht entsprechend dem WTO-Abkommen anzupassen (Erwägungsgrund 17 der Richtlinie 2004/18/EG). Nachdem die Schwellenwerte zunächst seit dem Inkrafttreten der Richtlinie gesunken waren (z.B. für Bauaufträge von 6.242.000 € zuerst auf 5.278.000 €, dann auf 5.150.000 € und schließlich auf 4.485.000 €), sind die Schwellenwerte danach wieder leicht gestiegen. Die letzte Änderung der Schwellenwerte durch die EU-Kommission erfolgte zum Jahreswechsel 2013/2014 (s. Verordnung (EU) Nr. 1336/2013 der Kommission vom 13. Dezember 2013, ABl. EU Nr. L 335 vom 14.12.2013, S. 17). Ab **1.1.2014** gelten damit folgende EU-Schwellenwerte:

56

– für Bauaufträge: 5.186.000 € (bis zum 31.12.2013: 5 Mio. €);
– für Liefer- und Dienstleistungsaufträge der obersten oder oberen Bundesbehörden sowie vergleichbarer Bundeseinrichtungen: 134.000 € (bis zum 31.12.2013: 130.000 €);
– für sonstige Liefer- und Dienstleistungsaufträge: 207.000 € (bis zum 31.12.2013: 200.000 €);
– für verteidigungs- und sicherheitsrelevante Liefer- und Dienstleistungsaufträge: 414.000 € (bis zum 31.12.2013: 400.000 €);
– im Sektorenbereich: 414.000 € (bis zum 31.12.2013: 400.000 €).

3. Zentrale Beschaffungsstellen

In Art. 11 der Richtlinie 2004/18/EG wurden **zentrale Beschaffungsstellen** ausdrücklich zugelassen.

57

4. Technische Spezifikationen

Die Bestimmungen über die **technischen Spezifikationen** (Art. 23 der Richtlinie 2004/18/EG) wurden wesentlich erweitert. Wenn der Auftraggeber auf technische Normen oder technische Zulassungen Bezug nimmt, ist er verpflichtet, das Angebot zu akzeptieren, wenn der Bieter in geeigneter Weise nachweist, dass das Angebot dieser Spezifikation entspricht. Dies kann eine technische Beschreibung oder der Prüfbericht einer anerkannten Stelle sein. Außerdem enthält die Norm Vorschriften über die Verwendung der Spezifikationen von Umweltzeichen. Die Umsetzung in deutsches Recht erfolgte durch § 8 EG VOL/A und § 7 EG VOB/A.

58

5. Gewichtung der Zuschlagskriterien

Wenn, wie in Deutschland, der Zuschlag auf das wirtschaftlich günstigste Angebot zu erteilen ist (z.B. § 21 EG Abs. 1 VOL/A, § 16 Abs. 6 Nr. 3 Satz 2 VOB/A), ist die **Gewichtung der Zuschlagskriterien** entweder in der Bekanntmachung, spätestens aber in den Vergabeunterlagen anzugeben (Art. 53 der Richtlinie 2004/18/EG). Dies kann auch durch eine angemessene Marge erfolgen. Die Angabe der Zuschlagskriterien in absteigender Reihenfolge ist nur dann zulässig, wenn „die Gewichtung aus nachvollziehbaren Gründen nicht angegeben werden" kann. Dies dürfte in der Praxis kaum vorkommen. Die Vorschrift wurde durch die Novellierung des § 25a VOL/A 2006 und § 25a VOB/A 2006 in deutsches Recht umgesetzt.

59

6. Berücksichtigung von sozialen und umweltbezogenen Aspekten

EU-rechtlich ist die Berücksichtigung von sozialen und umweltbezogenen Aspekten ausdrücklich zugelassen worden (Art. 26, 27 der Richtlinie 2004/18/EG). Wichtig ist, darauf hinzuweisen, dass diese Kriterien auftragsbezogen sein müssen. Materiell-rechtlich stellen die genannten Vorschriften jedoch keine wirkliche Neuregelung dar, da die Kommission auf die Möglichkeiten der Berücksichtigung dieser Kriterien bereits in der Vergangenheit in ihren einschlägigen amtlichen Mitteilungen hingewiesen hatte:

60

Einleitung

- Mitteilung der Kommission über die Auslegung des gemeinschaftlichen Vergaberechts und die Möglichkeiten zur Berücksichtigung sozialer Belange bei der Vergabe öffentlicher Aufträge (KOM/2001/0566 endg., ABl. Nr. C 333 vom 28.11.2001, S. 27) sowie
- Interpretierende Mitteilung der Kommission über das auf das Öffentliche Auftragswesen anwendbare Gemeinschaftsrecht und die Möglichkeiten zur Berücksichtigung von Umweltbelangen bei der Vergabe öffentlicher Aufträge (KOM/2001/0274 endg., ABl. Nr. C 333 vom 28/11/2001, S. 12).

7. Der Wettbewerbliche Dialog

61 Als neue Vergabeart wurde mit Art. 29 der Richtlinie 2004/18/EG der Wettbewerbliche Dialog eingeführt. Diese für besonders komplexe Verfahren vorgesehene Vergabeart wurde durch das sog. ÖPP-Beschleunigungsgesetz vom 1.9.2005 (BGBl. I S. 2676) in § 101 Abs. 5 GWB eingeführt. Die nähere Ausgestaltung des Verfahrens war früher in § 6a VgV a.F. geregelt, nunmehr finden sich die entsprechenden Regelungen in § 3 EG Abs. 7 VOB/A und § 3 EG Abs. 7 VOL/A.

8. Rahmenvereinbarungen

62 Mit Art. 32 der Richtlinie 2004/18/EG wurden erstmals die Rahmenvereinbarungen für die sog. **klassischen Auftraggeber** geregelt. Bis zu deren Inkrafttreten fand sich eine Bestimmung hierüber lediglich in den Sektorenrichtlinien.

63 Bei den Rahmenvereinbarungen handelt es sich nicht um eine Vergabeart. Rahmenvereinbarungen werden nach den allgemeinen Verfahrensvorschriften (also im Regelfall im offenen Verfahren) vergeben. Die ausführlichen Bestimmungen wirken sich aber auf die Durchführung der Verfahren aus.

64 Unterschieden werden Rahmenvereinbarungen, in denen alle Bedingungen bereits festgelegt werden (**Rahmenverträge**), und solche, in denen noch nicht alle Bedingungen festgelegt wurden (**Rahmenvereinbarung i.e.S.**). Beide Arten der Rahmenvereinbarung können sowohl mit nur einem Wirtschaftsteilnehmer oder auch mit mehreren (mindestens drei) abgeschlossen werden.

65 Alle Arten der Rahmenvereinbarung setzen ein **Mindestmaß an Bestimmtheit** voraus. So müssen die Parteien der Rahmenvereinbarung von Anfang an feststehen. Eine spätere Erweiterung kommt weder auf Seiten des Auftraggebers noch auf der der Auftragnehmer in Betracht. Öffnungsklauseln, nach denen andere Auftraggeber diese Rahmenvereinbarung nach eigenem Ermessen nutzen können, sind also nicht mehr zulässig.

66 Die **Laufzeit** der Rahmenvereinbarung ist regelmäßig auf vier Jahre begrenzt.

67 § 4 Abs. 1 Satz 2 VOL/A und § 4 EG Abs. 1 Satz 2 VOL/A schreiben darüber hinaus vor, dass das in Aussicht genommene **Auftragsvolumen** so genau wie möglich zu ermitteln und zu beschreiben ist. Eine abschließende Festlegung ist allerdings nicht erforderlich. Daraus ist zu folgern, dass früher übliche Rahmenverträge, in denen das Auftragsvolumen in keiner Weise bestimmt war, nicht (mehr) zulässig sind. Aufgrund dieser Vorschrift sind seitens der Vergabestelle vor der Ausschreibung zwar genauere Mengenermittlungen erforderlich. Dieser Aufwand zahlt sich aber dadurch aus, dass auf diese Weise den Bewerbern verlässlichere Kalkulationsgrundlagen geliefert werden, was letztlich auch zu günstigeren Konditionen führt.

9. Förderung des elektronischen Geschäftsverkehrs

68 Des Weiteren enthielt das Legislativpaket eine Reihe von Vorschriften, die dem Zweck dienen, den elektronischen Geschäftsverkehr zu fördern.

a) Möglichkeiten der Fristverkürzung

69 Nach Art. 36 Abs. 3, Art. 38 Abs. 5 und 6 der Richtlinie 2004/18/EG können die **Angebotsfristen um sieben Tage verkürzt** werden, wenn die Bekanntmachung auf elektronischen Weg dem Amt für amtliche Veröffentlichungen der EU übermittelt werden. Diese Vorschriften wurden durch Neufassung des § 18a VOB/A 2006 (= § 10 EG VOB/A) bzw. § 18a VOL/A 2006 (= § 12 EG VOL/A) in deutsches Recht umgesetzt.

Einleitung

Um diese Fristverkürzungsmöglichkeit nutzen zu können, reicht jedoch keine Übersendung per Telefax oder E-Mail. Vielmehr muss für die Bekanntmachung entweder das von SIMAP kostenlos zur Verfügung gestellte **Online-Formular** genutzt werden oder die veröffentlichende Stelle übergibt die Veröffentlichung über eine **XML-Schnittstelle**. Dazu ist aber eine Zertifizierung als OJS-eSender erforderlich (Näheres unter http://simap.eu.int/index_de.html).

Eine **weitere Fristverkürzung um fünf Tage** ist möglich, wenn die Vergabeunterlagen frei, direkt und vollständig zum Download im Internet zur Verfügung gestellt werden.

b) Dynamische Beschaffungsverfahren und elektronische Auktion

Außerdem stellen die EU-Richtlinien den Mitgliedstaaten als neue Verfahrensarten das dynamische Beschaffungsverfahren (Art. 33) und die elektronische Auktion (Art. 54) zur Verfügung.

Soweit die Richtlinien 2004/18/EG und 2004/17/EG zwingende Regelungen enthielten, waren sie bis zum 31.1.2006 in nationales Recht umzusetzen.

V. Reformbemühungen der Bundesregierung 2004

Angesichts dieses enormen Reformdrucks beschloss die Bundesregierung im Mai 2004 erste Eckpunkte für eine Vergaberechtsnovelle. Im Herbst 2004 wurde ein Arbeitsentwurf des Bundesministeriums für Wirtschaft und Arbeit vorgelegt, mit dem sowohl das Legislativpaket der EU umgesetzt als auch dem dargestellten Reformbedarf Rechnung getragen werden sollte.

1. Ziele

Darin wurde folgende Zielsetzung formuliert:

„Das Gesetz dient zum einen der Umsetzung der Richtlinien 2004/17/EG und 2004/18/EG, die bis 31. Januar 2006 in nationales Recht umzusetzen sind, und zum anderen der Verschlankung des Vergaberechts. Das deutsche Vergaberecht soll vereinfacht werden und eine transparentere, wettbewerbs-, investitions- und mittelstandsfreundlichere Ausgestaltung erhalten. Auf überflüssige Vorschriften soll verzichtet und es sollen Verfahrenserleichterungen vorgenommen werden. Die Korruption soll durch weitgehende Transparenz bekämpft werden. An der grundsätzlichen Einordnung des Vergaberechts in das Wettbewerbs- und Haushaltsrecht soll festgehalten werden. Der Rechtsschutz soll in der bewährten Form fortbestehen und nicht auf Aufträge unterhalb der EU-Auftragswerte ausgedehnt werden. Investitionshemmnisse sollen abgebaut werden. Dabei ist darauf zu achten, dass die Verfahren einfacher und anwenderfreundlicher und nicht komplizierter und bürokratischer werden. Mit dem Gesetz sollen auch die vergaberechtlichen Bedingungen für öffentlich-private-Partnerschaften verbessert werden."

2. Inhalt

Dazu sollten die materiellen vergaberechtlichen Regelungen in einer neuen Vergabeverordnung zusammengefasst werden. VOL, VOB und VOF sollten entfallen. Für Bauvergaben unterhalb der EU-Schwellenwerte sollte jedoch eine „abgespeckte" VOB erhalten bleiben. Die Verfahrensarten sollten oberhalb und unterhalb der EU-Schwellenwerte angeglichen, das nichtoffene Verfahren mit vorgeschaltetem Teilnahmewettbewerb in Übereinstimmung mit dem EU-Recht dem offenen Verfahren gleichgestellt werden.

Die damals vorgesehenen Änderungen des GWB beschränkten sich in erster Linie auf Klarstellungen zum Anwendungsbereich, eine Regelung der sog. Inhouse-Vergaben sowie die Einführung einer Nichtigkeitsfolge bei rechtswidrigen sog. De-facto-Vergaben.

Einige Vorschriften, die sich bis dahin in der Vergabeverordnung befanden (z.B. die Regelungen zur Vorinformation der nichtberücksichtigten Bieter, zur Zuständigkeit der Vergabekammern und zu Statistikpflichten), sollten in das GWB aufgenommen werden, um zu erreichen, dass die künftige Verordnung nur die Verfahrensvorschriften für die Vergabeverfahren enthielt. Die Grundstruktur der Nachprüfungsverfahren und die Zuständigkeiten der Vergabekammern und Oberlandesgerichte

Einleitung

sollten erhalten bleiben. Die damals vorgeschlagenen Änderungen im Rechtsschutz verfolgten den Zweck, die Effizienz der Nachprüfungsverfahren zu erhöhen.

79 Als wirksames Mittel im Kampf gegen Korruption und Wirtschaftskriminalität war vorgesehen, ein zentrales, bundesweit einheitliches Register über Unternehmen zu schaffen, die wegen Unzuverlässigkeit ausgeschlossen wurden (Korruptionsregister). Öffentliche Auftraggeber sollten verpflichtet werden, einen Ausschluss wegen Unzuverlässigkeit der Registerbehörde zu melden und vor der Auftragsvergabe anzufragen, ob das für den Auftrag in Frage kommende Unternehmen bereits anderswo von der Vergabe eines Auftrags ausgeschlossen worden ist.

3. Kritik

80 Dieser Entwurf des Bundes wurde zwar in seinem Ansatz überwiegend begrüßt. Im Detail gab es jedoch sowohl von Seiten der Auftraggeber als auch der Wirtschaft erhebliche Kritik. So wurde seitens der Wirtschaft das Ende der Normerarbeitung im DVA und DVAL gerügt. Seitens der Länder und der Wissenschaft wurde als wesentlicher Systembruch kritisiert, dass die VOB/A unterhalb der Schwellenwerte erhalten bleiben sollte. Welchen Inhalt diese haben sollte, blieb offen. Es wurde jedoch nicht zu Unrecht die Gefahr gesehen, dass sich die Regeln für Bauvergaben unterhalb der Schwellenwerte (immerhin 90 % der Verfahren) infolge der gesetzgeberischen Vernachlässigung abweichend vom übrigen Bereich entwickeln würden.

81 Dadurch, dass in den einzelnen Vorschriften sowohl Sachverhalte für den Bau-, Liefer- und Dienstleistungsbereich als auch für die sog. klassischen Auftraggeber wie auch für die Sektorenauftraggeber zusammengefasst waren, wurden sie sehr schwer lesbar. Hier wäre es aus Sicht der Kritiker ratsamer gewesen, entsprechend dem üblichen Gesetzesaufbau zunächst einen Allgemeinen Teil voranzustellen und etwaige Spezialitäten – soweit erforderlich – in einem Besonderen Teil zu regeln. Ein weiterer wesentlicher Kritikpunkt aus Auftraggebersicht bestand darin, dass die Verfahren unterhalb der Schwellenwerte zwar transparenter, für die Vergabestellen aber unverhältnismäßig aufwändig geworden wären. Als Beispiel wurde insoweit der vorgesehene Wegfall der beschränkten Ausschreibung genannt. Folge wäre gewesen, dass schon bei relativ geringfügigen Auftragswerten ein Teilnahmewettbewerb hätte durchgeführt werden müssen.

VI. Umsetzung des Legislativpakets der EU 2005 bis 2006

82 Wegen des vorzeitigen Endes der Legislaturperiode und der Neuwahl des Bundestages wurde der Gesetzentwurf nicht weiter beraten. Die neue Bundesregierung hatte hinsichtlich der Reform des Vergaberechts offensichtlich andere Vorstellungen. Um den größten Reformdruck zu beseitigen, wurde mit dem „Gesetz zur Beschleunigung der Umsetzung von Öffentlich Privaten Partnerschaften und zur Verbesserung gesetzlicher Rahmenbedingungen für Öffentlich Private Partnerschaften (ÖPP-Beschleunigungsgesetz)" vom 1.9.2005 (BGBl. I S. 2676) der Wettbewerbliche Dialog eingeführt, mit der „Dritten Verordnung zur Änderung der Vergabeverordnung" vom 23.10.2006 (BGBl. I S. 2334) wurden die Schwellenwerte für EU-Verfahren angepasst sowie auf die Neufassungen der VOB/A, VOL/A und VOF verwiesen. Optionale Neuregelungen des Legislativpakets wurden weitgehend ausgeklammert. Beispielhaft sei auf die „inverse Auktion" und die „dynamischen Beschaffungsverfahren" hingewiesen.

VII. Eckpunkte der zweiten Stufe der Vergaberechtsreform

83 Hinsichtlich der bis dahin noch immer ausstehenden „großen Reform" hatte die Bundesregierung am 28.6.2006 einen Beschluss gefasst, in dem sie anerkannte, dass das Vergaberecht zu unübersichtlich sei, insbesondere den kleinen und mittelständischen Unternehmen die Durchführung der Verfahren erschwere, der Korruptionsprävention schade, die Anfälligkeit für Rechtsstreitigkeiten fördere und den Drang begünstige, sich den Vergabevorschriften zu entziehen.

84 Um den wirtschaftlichen Einkauf durch wettbewerbliche und transparente Vergabeverfahren wieder besser erfüllen können, wurde der Bundesminister für Wirtschaft und Technologie gebeten, bis Ende 2006 einen Gesetzentwurf zur Vereinfachung und Modernisierung des deutschen Vergabe-

Einleitung

rechts im bestehenden Rechtssystem vorzulegen. Hier war u.E. bereits ein Widerspruch begründet, weil eine Novellierung „im bestehenden System" bedeutet, das Kaskaden- und Schubladensystem beizubehalten. Wie gezeigt, stellt dies jedoch eine wesentliche Ursache für die Unübersichtlichkeit des Regelungssystems dar (Rn. 30 ff.).

Die nächste Forderung ging dahin, die **Transparenz** bei allen Vergabearten zu erhöhen. Hier war nicht klar, ob es sich um eine Steigerung der Transparenz **vor** der Zuschlagserteilung oder eine sog. **ex-post-Transparenz** handeln sollte, die den Bewerbern wenig helfen würde. Da die geltenden Transparenzregelungen mit dem EU-Recht in Einklang standen, war auch hier ein Widerspruch zur dritten Forderung auszumachen, nach der die EU-Vorgaben lediglich 1:1 umgesetzt und über das EU-Recht hinausgehende, strengere Verpflichtungen für den Auftraggeber nicht statuiert werden sollten. 85

Nach einer weiteren Forderung sollten künftig unterschiedliche **Rechtsbegriffe** für **gleiche Sachverhalte** in den Vergabeordnungen vermieden werden. Hier war darauf zu achten, dass es sich wirklich um gleiche Sachverhalte handelt. Denkt man z.B. an die Bezeichnung der Vergabearten, ist festzustellen, dass die Bezeichnungen der Verfahren oberhalb und unterhalb der EU-Schwellenwerte aus gutem Grund unterschiedlich sind, weil sich sowohl die Voraussetzungen als auch die Durchführung der Verfahren durchaus unterscheiden. 86

Die Vergaberegeln sollten insgesamt auf das notwendige Maß beschränkt und überflüssige bürokratische Vorgaben gestrichen werden. Außerdem erwartete die Bundesregierung, dass die Vergabeausschüsse die Vergabeordnungen **substanziell vereinfachen**. Als ein weiteres Ziel der Vergaberechtsreform bestimmte die Bundesregierung, das künftige Vergaberecht **mittelstandsgerecht** auszugestalten. Schließlich sollten die **Rechtsschutzverfahren** auf ihre Effizienz überprüft werden. 87

VIII. Entwicklung des Rechtsschutzes

Die Reformüberlegungen des Gesetzgebers betrafen bislang fast ausschließlich die Durchführung der Vergabeverfahren, nicht jedoch den Rechtsschutz, der den maßgeblichen Teil der Regelungen des GWB einnimmt. 88

1. Effizienz der bestehenden Rechtsschutzmöglichkeiten

Angesichts der bislang durchweg positiven Bewertung der bestehenden Regelungen und der hohen Qualität der Entscheidungen der Vergabekammern wurde hierfür kein Bedarf gesehen. Die **Entwicklung des vergaberechtlichen Rechtsschutzes** in den vergangenen vier Jahren ergibt sich aus nachfolgender, vom „forum vergabe e.V." auf dessen Homepage (www.forum-vergabe.de) veröffentlichter Tabelle: 89

Vergabekammer	2009	2010	2011	2012
gesamt	1.275	1.065	989	893
nicht zugestellt, § 110 Abs. 2 GWB	6,2 %	6,5 %	4,4 %	9,2 %
unzulässig	6,7 %	6,7 %	7,1 %	7,6 %
nicht zugestellt und unzulässig (Summe)	12,9 %	13,1 %	11,5 %	16,8 %
Sachentscheidung	34,7 %	33,1 %	35,2 %	37,3 %
Rücknahme	37,0 %	34,2 %	33,7 %	33,3 %
Antragsgegner siegt	18,5 %	19,3 %	18,3 %	22,1 %
Sieg Antragsgegner + Rücknahmen	55,5 %	53,5 %	52,0 %	55,3 %
Antragsteller siegt	16,2 %	13,7 %	16,9 %	15,2 %
sonstige Erledigungen	16,2 %	15,3 %	18,6 %	17,5 %

Einleitung

Vergabekammer	2009	2010	2011	2012
Beschwerde zum OLG	16,5 %	16,4 %	18,2 %	19,0 %
Anträge nach § 115 GWB gesamt	47	20	22	9
Anträge nach § 115 GWB erfolgreich	2	1	10	0
Anträge nach § 115 GWB Erfolgsquote	4,3 %	5,0 %	45,5 %	0,0 %
Verlängerung Entscheidungsfrist	38,0 %	43,2 %	42,3 %	44,8 %

OLG	2009	2010	2011	2012
gesamt Eingang	199	226	241	184
erledigt	167	192	208	206
von Antragsteller	76,9 %	70,8 %	73,9 %	70,7 %
von Antragsgegner	16,6 %	18,1 %	23,2 %	24,5 %
von Beigeladenen	10,1 %	14,2 %	10,0 %	11,4 %
erfolgreich	20,4 %	21,4 %	17,3 %	24,3 %
überwiegend erfolgreich	5,4 %	5,2 %	3,4 %	5,8 %
Rücknahme	34,7 %	36,5 %	32,7 %	28,2 %
Vergleich	0,6 %	0,5 %	2,4 %	0,0 %
zurückgewiesen	29,3 %	32,3 %	31,3 %	40,8 %
Rücknahmen und Rückweisungen	64,0 %	68,8 %	63,9 %	68,9 %
Anträge nach § 118 GWB erfolgreich	38,1 %	36,1 %	34,4 %	36,7 %

90 Während 2009 die Zahl der Nachprüfungsverfahren im Vergleich zum Vorjahr noch deutlich angestiegen war (1.275 Nachprüfungsanträge bei den Vergabekammern im Vergleich zu 1.158 Nachprüfungsanträgen im Jahre 2008), hat sich dieser Trend in der Folgezeit nicht durchgesetzt. Die Zahl der 2010 eingeleiteten Nachprüfungsverfahren sank im Vergleich zum Vorjahr wieder. Im Jahr 2010 wurden insgesamt 1.065 Nachprüfungsanträge gestellt, die geringste Anzahl seit dem Jahre 2001. In den Jahren 2011 und 2012 ging die Zahl der Nachprüfungsanträge noch weiter zurück: auf 989 Anträge im Jahre 2011 bzw. auf 893 Anträge im Jahre 2012. Insgesamt lässt sich daher feststellen, dass sich die Zahl der Nachprüfungsverfahren nach einem stetigen Anwachsen und ihrem Höhepunkt im Jahr 2004 etwa auf eine Zahl um 1.000 Anträge pro Jahr einzupendeln scheint.

91 Die Erfolgsquote ist für die Auftraggeberseite deutlich höher als für die Antragsteller. Addiert man in den jeweiligen Jahren die unzulässigen Anträge sowie die Antragsrücknahmen und die Sachentscheidungen zugunsten der Antragsgegner, ergibt sich, dass letztlich bis etwa zu 2/3 der Verfahren in der ersten Instanz zugunsten der Auftraggeber enden. Auch in den Beschwerdeverfahren sind die Auftraggeber durchweg erfolgreicher als die Antragsteller. Darüber hinaus lassen sich aber keine eindeutigen Entwicklungstrends zu Gunsten oder zu Lasten einer Seite erkennen. Auch lässt sich aus den Daten nicht eindeutig schließen, dass sich die Qualität der Vergabeverfahren seit Einführung des formalisierten Rechtsschutzes deutlich verbessert hätte.

92 Positiv zu werten ist, dass die Entscheidungen der Vergabekammern weit überwiegend akzeptiert werden. Das spricht für deren Qualität ebenso, wie die geringe Zahl der Verfahren, die in der zweiten Instanz zu einer Änderung der erstinstanzlichen Entscheidungen geführt haben (im Jahre 2007 waren z.B. lediglich 32 Verfahren überwiegend erfolgreich).

Einleitung

2. Rechtsschutz unterhalb der Schwellenwerte

Trotz dieser allgemein positiven Einschätzung verstärkte sich im Zuge der damals anstehenden Reform der Druck auf den Gesetzgeber, sich alsbald auch der Novellierung der Bestimmungen über den Rechtsschutz anzunehmen. Insbesondere hinsichtlich der Frage des Rechtsschutzes bei Vergabeverfahren unterhalb der EU-Schwellenwerte bestand dringender Klärungsbedarf. 93

Der Gesetzgeber ging jedoch davon aus, dass solche Regelungen unnötig seien. Insbesondere wegen der zu vermutenden Verzögerungen wollte er für die Verfahren mit geringerem Auftragswert keinen formalisierten Rechtsschutz zur Verfügung stellen. Die Kontrolle der Vergabestellen im Wege der Dienstaufsicht erschien ausreichend. Auch wurde argumentiert, weitergehender Rechtsschutz führe aufgrund der damit verbundenen Verfahrensdauer zu Investitionshemmnissen. 94

a) Entwicklung der Rechtsprechung

Verständlicherweise reichte das den Bietern jedoch nicht aus. Teilweise wurden von Seiten der Bieter mit Erfolg Zivilgerichte bemüht, um Schadensersatzansprüche durchzusetzen. In anderen Fällen konnte Rechtsschutz über den Verwaltungsrechtsweg erlangt werden. Letzteres wurde damit begründet, dass das Vergabeverfahren in zwei Abschnitte zu unterteilen sei (sog. **Zwei-Stufen-Theorie**): Der erste Abschnitt, nämlich die Durchführung des Verfahrens bis zur Zuschlagsentscheidung, beruhe auf öffentlich-rechtlichen Vorschriften. Begehre der Bieter Primärrechtsschutz, um die Zuschlagsentscheidung zu seinem Nachteil zu verhindern, sei der Verwaltungsrechtsweg gegeben. Die zweite Stufe, die mit dem Zuschlag beginne, also den Abschluss und die Abwicklung des Vertrages betreffe, unterfalle dem Zivilrecht. 95

In seiner viel beachteten Grundsatzentscheidung vom 13.6.2006 hat das BVerfG (1 BvR 1160/03) entschieden, dass der Gleichheitssatz des Art. 3 Abs. 1 GG staatliche Stellen bei der Vergabe öffentlicher Aufträge bindet. Es hat die bestehenden Rechtsschutzmöglichkeiten für ausreichend erachtet. Es verletze nicht den Gleichheitssatz (Art. 3 Abs. 1 GG), dass der Gesetzgeber den Rechtsschutz gegen Vergabeentscheidungen unterhalb der Schwellenwerte anders gestaltet hat als den gegen Vergabeentscheidungen, welche die Schwellenwerte übersteigen. 96

Damit hielt man die Diskussion zunächst für beendet. Dieser Eindruck trog jedoch. Das OVG NRW hat in Ansehung dieser Entscheidung in seinem Beschluss vom 12.1.2007 (15 E 1/07) dargelegt, dass der Verwaltungsrechtsweg gegeben ist, wenn vor Erteilung des Zuschlags Primärrechtsschutz gegen die Vergabe solcher Aufträge begehrt wird, auf die gemäß § 100 GWB die §§ 97 ff. GWB nicht anwendbar sind. Dieser Entscheidung hat das BVerwG widersprochen und in seinem Beschluss vom 2.5.2007 abschließend entschieden, dass für den **Primärrechtsschutz** in Vergabeverfahren, die den EU-Schwellenwert nicht erreichen, nicht der Verwaltungsrechtsweg gegeben sei, sondern der **Zivilrechtsweg** (BVerwG vom 2.5.2007, 6 B 10.07/OVG 15 E 1/07). Maßgeblich für die Entscheidung über den Rechtsweg sei die Natur des Rechtsverhältnisses. Die ausschreibende Stelle sei dem Bieter nicht übergeordnet. Es sei unstreitig, dass bei der Vergabe öffentlicher Aufträge privatrechtliche Verträge auf der Ebene der Gleichordnung geschlossen werden. Dass die öffentliche Hand im Vergabeverfahren öffentlich-rechtlichen Bindungen unterliege, sei ohne Bedeutung, da sie immer zur Gleichbehandlung verpflichtet sei. Auch das Haushaltsrecht ändere an dieser Auffassung nichts, da dieses die Verwaltung nur im Innenverhältnis, nicht aber gegenüber Dritten bindet. 97

Durch diese Rechtsprechung sah sich die damalige Bundesregierung zunächst bestätigt, keine Regelung für den Rechtsschutz im Unterschwellenbereich zu schaffen. Allerdings setzte in der Folgezeit ein deutlicher Trend in der **Rechtsprechung** dahingehend ein, dass auch de lege lata ein Primärrechtsschutz bei Auftragsvergaben unterhalb der EU-Schwellenwerte besteht. Grundlage für einen entsprechenden **Unterlassungsanspruch** sind die §§ 241 Abs. 2, 311 Abs. 2 BGB. Der Rechtsschutz ist dabei nicht auf Fälle von Willkür oder bewusst diskriminierendes Verhalten des öffentlichen Auftraggebers beschränkt (OLG Düsseldorf vom 13.1.2010, 27 U 1/09). Von einem Unternehmen, das bei der Auftragsvergabe nicht berücksichtigten worden ist, kann durch einstweilige Verfügung die Untersagung des Zuschlags an einen Mitbewerber verlangt werden (OLG Stuttgart vom 9.8.2010, 2 W 37/10). Dieser **Trend zu einer deutlich bieterfreundlicheren Spruchpraxis** hat 98

Einleitung

sich mit zunehmender Zeit noch verstärkt (vgl. etwa OLG Saarbrücken vom 13.6.2012, 1 U 357/11; LG Bad Kreuznach vom 20.4.2012, 2 O 77/12; OLG Düsseldorf vom 19.10.2011, 27 W 1/11; LG Chemnitz vom 16.7.2012, 4 O 1131/12). Der vergaberechtliche Rechtsschutz ist demnach zumindest nicht mehr auf reine Willkürmaßnahmen der öffentlichen Hand beschränkt und damit nicht mehr nahezu aussichtslos. Auch der BGH (vom 30.8.2011, X ZR 55/10) hat zudem mittlerweile ausdrücklich klargestellt, dass auch im **Unterschwellenbereich** ein **grenzüberschreitendes Interesse an der Auftragsvergabe** bestehen kann. Dies hat zur Folge, dass die Grundfreiheiten des europäischen Primärrechts sowie die daraus abgeleiteten Gebote der Gleichbehandlung, Verhältnismäßigkeit und Transparenz durch die Auftraggeber zu wahren sind. Das grenzüberschreitende Interesse („**Binnenmarktrelevanz**") ist dabei nach den konkreten Marktverhältnissen zu prognostizieren (s. auch Rn. 103).

99 Die letzte Bundesregierung hatte in ihrem **Koalitionsvertrag vom 26.10.2009** für die 17. Legislaturperiode überdies angekündigt, dass zu der (damals anstehenden) Reform des Vergaberechts auch ein wirksamer Rechtsschutz bei Unterschwellenaufträgen gehören werde. Das Bundeswirtschaftsministerium hatte hierzu ein Diskussionspapier veröffentlicht, in dem vier verschiedene Modelle für ein Rechtsschutzsystem bei Auftragsvergaben unterhalb der EU-Schwellenwerte diskutiert wurden. Verwirklicht wurde dieses Vorhaben letztlich nicht. Es bleibt abzuwarten, ob sich die neue Bundesregierung dieses Themas noch einmal annehmen wird. Von verschiedener Seite wird jedoch ohnehin bezweifelt, ob der Bund über die Gesetzgebungskompetenz für eine bundeseinheitliche Regelung des Rechtsschutzes bei Auftragsvergaben unterhalb der EU-Schwellenwerte verfügt.

100 Einzelne **Bundesländer** sehen in ihren Vergabegesetzen mittlerweile einen Rechtsschutz für nichtberücksichtigte Bieter bei Auftragsvergaben unterhalb der EU-Schwellenwerte vor. So hat sich z.B. **Thüringen** im „Thüringer Gesetz über die Vergabe öffentlicher Aufträge (Thüringer Vergabegesetz – ThürVgG)" vom 18.4.2011 (GVBl. Thüringen 2011 Nr. 4 vom 28.4.2011, S. 69 011 ff.) für ausdrückliche Regelungen zum Rechtsschutz unterhalb der Schwellenwerte entschieden (vgl. § 19 ThürVgG) und dabei explizit die Vergabekammer für zuständig erklärt (§ 19 Abs. 3 ThürVgG). In **Sachsen** gibt es im „Gesetz über die Vergabe öffentlicher Aufträge im Freistaat Sachsen (Sächsisches Vergabegesetz – SächsVergabeG)" vom 14.2.2013 (SächsGVBl. vom 13.3.2013, S. 109) für Beschaffungen unterhalb der Schwellenwerte ein verwaltungsinternes „Nachprüfungsverfahren" (§ 8 Abs. 2 SächsVergG), wobei es allerdings ausdrücklich keinen Anspruch auf ein Tätigwerden der „Nachprüfungsbehörde" gibt (§ 8 Abs. 2 Satz 3 SächsVergG). Auch **Sachsen-Anhalt** hat mit dem „Gesetz über die Vergabe öffentlicher Aufträge in Sachsen-Anhalt (Landesvergabegesetz – LVG LSA)" vom 19.11.2012 (GVBl. LSA 2012, S. 536) eine Informationspflicht vor Zuschlagserteilung und eine Nachprüfungsmöglichkeit auch für Aufträge unterhalb der Schwellenwerte eingeführt. Diesem Beispiel ist **Hessen** mit dem Hessischen Vergabegesetz vom 25.3.2013 (GVBl. 6/2013 S. 121) gefolgt.

101 Derartige Landesgesetze könnten durchaus **Vorbildwirkung** für eine bundeseinheitliche Regelung entfalten. Eine einheitliche Regelung wäre auch mit Blick auf die EU-rechtlichen Vorgaben (s. dazu Rn. 102 f.) angezeigt, um dem angestrebten Ziel eines transparenten, wirksamen und einheitlichen Rechtsschutzes unterhalb der Schwellenwerte näher zu kommen.

b) Leitlinien der EU für Vergabeverfahren unterhalb der Schwellenwerte

102 In diesem Zusammenhang ist insbesondere auch die „**Mitteilung der Kommission zu Auslegungsfragen** in Bezug auf das Gemeinschaftsrecht, das für die Vergabe öffentlicher Aufträge gilt, die nicht oder nur teilweise unter die Vergaberichtlinien fallen" (Mitteilung der Kommission vom 23.6.2006, ABl. Nr. C 179/2 vom 1.8.2006) von Bedeutung. In dieser interpretierenden Mitteilung fordert die EU-Kommission unter Bezugnahme auf den EG-Vertrag und die Rechtsprechung des EuGH auch für Vergabeverfahren **unterhalb der Schwellenwerte** ein Mindestmaß an **Transparenz** sowie die **Möglichkeit eines effektiven Rechtsschutzes**. Gegen diese Mitteilung hat die Bundesrepublik Deutschland Klage vor dem Europäischen Gericht (EuG) erhoben. Dieser Klage haben sich insgesamt sechs weitere Mitgliedstaaten und das Europäische Parlament angeschlossen.

Einleitung

Die Kläger waren der Auffassung, dass die EU-Kommission durch diese Mitteilung ihre Kompetenzen überschritten habe, da sie darin neue, verbindliche Regelungen für einen Bereich träfe, der nach dem Willen des Europäischen Gesetzgebers den Nationalstaaten vorbehalten bleiben soll. Die Kommission war demgegenüber der Ansicht, dass die Mitteilung keinerlei Regelungen treffe, sondern lediglich die bestehende Rechtslage im Lichte der Rechtsprechung des EuGH erläutere.

Mit Urteil vom 20.5.2010 (T-258/06) hat sich das EuG der Sichtweise der Kommission angeschlossen und die Klage als unzulässig zurückgewiesen.

In seinem Urteil stellt das EuG fest, dass die **Binnenmarktrelevanz** in jedem Einzelfall zu prüfen sei. Dabei komme es insbesondere auf den Auftragswert, den Auftragsgegenstand, die etwaigen Besonderheiten des jeweiligen Marktes sowie den Ort der Leistungserbringung an. Wenn Binnenmarktrelevanz gegeben sei, müsse die Auftragsvergabe unter Einhaltung der gemeinschaftsrechtlichen Grundanforderungen erfolgen. Dabei verlange der Grundsatz der Transparenz die Veröffentlichung einer hinreichend zugänglichen Bekanntmachung vor der Auftragsvergabe. Das Kontaktieren einer bestimmten Zahl potenzieller Bieter (wie bei einer beschränkten Ausschreibung ohne vorausgehenden Teilnahmewettbewerb) sei nicht ausreichend. In Ausnahmefällen könne jedoch hiervon abgewichen werden (Rn. 138 ff. des Urteils).

Konkret seien folgende Grundsätze zu beachten:

– Diskriminierungsfreie Beschreibung des Auftragsgegenstandes;
– gleicher Zugang für Wirtschaftsteilnehmer aus allen Mitgliedstaaten;
– gegenseitige Anerkennung der Diplome, Prüfungszeugnisse und von sonstigen Befähigungsnachweisen;
– angemessene Fristen, die Unternehmen aus anderen Mitgliedstaaten die Möglichkeit geben, eine fundierte Einschätzung vorzunehmen und ein Angebot abgeben zu können;
– transparenter und objektiver Ansatz, der allen Teilnehmern die Möglichkeit gibt, sich im Voraus über die geltenden Verfahrensregeln zu informieren. Diese Regeln müssen für alle in gleichem Maße gelten (z.B. Kenntnis der Zuschlagskriterien und ihrer relativen Gewichtung).

Die Begrenzung der Zahl der Teilnehmer müsse transparent, diskriminierungsfrei und aufgrund objektiver Kriterien erfolgen.

Auch aus der Ankündigung der Kommission, im Falle der Nichtbefolgung des vorgesehenen Verfahrens ein Vertragsverletzungsverfahren einzuleiten, ergäbe sich keine verbindliche Regelung. Eine solche könne lediglich aus der Entscheidung des Gerichts folgen.

Zu der Frage, ob entsprechend der Ziff. 2.3.3 der Mitteilung auch für Verfahren unterhalb der EU-Schwellenwerte ein formalisierter, effektiver Rechtsschutz gewährleistet werden müsse, äußert sich das Gericht nicht ausdrücklich (vgl. aber die in Rn. 98 zitierte nationale Rechtsprechung). Lediglich im Rahmen der Ausführungen zur Transparenzpflicht (Rn. 77 des Urteils) verweist es auf die Rechtsprechung des EuGH, nach der die Nachprüfung ermöglicht werden muss, „ob die Vergabeverfahren unparteiisch durchgeführt wurden".

Die Anwendung der grundlegenden Vorschriften und der allgemeinen Grundsätze des Vertrages auf die Verfahren zur Vergabe von Aufträgen, deren Wert unterhalb der EU-Schwellenwerte liegt, setzt nach der Rechtsprechung des EuGH voraus, dass an diesen Aufträgen ein **eindeutiges grenzüberschreitendes Interesse** besteht (EuGH vom 23.12.2009, C-376/08; vgl. auch EuG vom 29.5.2013, T-384/10 und vom 20.5.2010, T-258/06; im Ergebnis ebenso etwa OLG Düsseldorf vom 7.3.2012, VII-Verg 78/11). Es ist grundsätzlich Sache des öffentlichen Auftraggebers, ein etwaiges grenzüberschreitendes Interesse an einem Auftrag zu prüfen, dessen geschätzter Wert unter dem in den Gemeinschaftsvorschriften vorgesehenen Schwellenwert liegt (EuG vom 29.5.2013, T-384/10 und vom 20.5.2010, T-258/06; vgl. auch OLG Düsseldorf vom 7.3.2012, VII-Verg 78/11). Dies richtet sich nach dem Volumen des zu vergebenden Auftrags und den jeweiligen Marktgegebenheiten (vgl. hierzu zuletzt EuG vom 29.5.2013, T-384/10).

103

Einleitung

3. Reform der EU-Rechtsmittelrichtlinien 2007
a) Ziele der Reform

104 Wesentlichen Einfluss auf den künftigen Regelungsgehalt des GWB hatte jedoch die Reform der EU-Rechtsmittelrichtlinien (**Richtlinie 2007/66/EG** des Europäischen Parlaments und des Rates vom 11. Dezember 2007 zur Änderung der Richtlinien 89/665/EWG und 92/13/EWG des Rates im Hinblick auf die Verbesserung der Wirksamkeit der Nachprüfungsverfahren bezüglich der Vergabe öffentlicher Aufträge, ABl. EU Nr. L 335 vom 20.12.2007, S. 31; vgl. dazu ausführlich *Schwab/Seidel*, VergabeR 2007, 699 ff.). Die Mitgliedstaaten mussten diese Richtlinien bis spätestens zum 20.12.2009 in nationales Recht umsetzen.

105 **Ziel** der Richtlinie ist es, die Rechte abgelehnter Bieter zu stärken und sicherzustellen, dass öffentliche Aufträge an das Unternehmen mit dem besten Angebot vergeben werden. Durch die Verbesserung der Nachprüfungsverfahren soll es außerdem für die Unternehmen interessanter werden, sich EU-weit an Ausschreibungen zu beteiligen. Die Rechtsmittelrichtlinien gelten für alle öffentlichen Aufträge, die den Richtlinien 2004/17/EG und 2004/18/EG unterfallen.

106 Wesentliche Neuerungen dieser Richtlinie sind die Einführung

– einer Stillhaltefrist vor der Auftragserteilung
– eines Suspensiveffektes bei Nachprüfungsverfahren
– von Rechtsschutzmöglichkeiten gegen sog. De-facto-Vergaben sowie
– von Sanktionsmöglichkeiten bei Rechtsverstößen.

b) Stillhaltefrist und Suspensiveffekt

107 Nach der 2007 novellierten Richtlinie müssen die Vergabestellen die nicht berücksichtigten Bieter über ihre beabsichtigte Entscheidung informieren. Der Zuschlag darf erst nach Ablauf einer **Mindest-Stillhaltefrist von zehn Tagen** erteilt werden, wenn die Information der Bieter per Telefax oder auf elektronischem Weg erfolgt. Werden andere Kommunikationsmittel verwendet (z.B. der Postweg), beträgt die **Mindestfrist 15 Tage**. Als Fristbeginn gilt der Tag, der auf die Absendung der Mitteilung folgt. Der Mitteilung ist eine Zusammenfassung der Gründe für die Ablehnung des Angebots bzw. der Bewerbung beizufügen. Außerdem ist das Ende der Stillhaltefrist genau anzugeben. Damit soll den Bietern bzw. Bewerbern die Möglichkeit gegeben werden, zu prüfen, ob sie ein Nachprüfungsverfahren einleiten wollen.

108 **Antragsbefugt** sind betroffene Bieter (alle, die noch nicht endgültig aus dem Verfahren ausgeschieden sind) oder Bewerber (alle Bewerber, die nicht erfahren konnten, dass sie ausgeschieden sind).

109 Wenn ein Nachprüfungsantrag gestellt wird, hat dies einen unmittelbaren **Suspensiveffekt** zur Folge, d.h., die Vergabestelle darf den **Zuschlag nicht erteilen**.

110 Verstößt sie gegen dieses Verbot, ist der geschlossene Vertrag **unwirksam**. Nach den EU-Richtlinien bleibt es jedoch den Mitgliedstaaten überlassen, ob sie eine rückwirkende Unwirksamkeit vom Zeitpunkt der Zuschlagserteilung (bzw. des Vertragsschlusses) vorsehen (ex tunc) oder ab dem Zeitpunkt der Entscheidung der Nachprüfungsbehörde (ex nunc). Nur bei **zwingenden Gründen des Allgemeininteresses** kann von der Unwirksamkeit abgesehen werden. Dies kann nur angenommen werden, wenn die Unwirksamkeit in Ausnahmesituationen unverhältnismäßige Folgen hätte. Wirtschaftliche Interessen in unmittelbarem Zusammenhang mit dem betreffenden Auftrag dürfen jedoch nicht als zwingende Gründe gelten (Art. 2d Abs. 3 der Richtlinie 2007/66/EG).

111 Wenn von der Unwirksamkeit abgesehen wird, müssen aber **alternative Sanktionen** (z.B. Bußgelder oder Verkürzung der Vertragslaufzeit) verhängt werden. Diese müssen wirksam, abschreckend und verhältnismäßig sein. Die Gewährung von **Schadensersatz** allein genügt nicht. Auf diese Weise soll ein effektiver Rechtsschutz der Bieter sichergestellt werden.

Einleitung

Der Einhaltung dieser Frist bedarf es nicht, | **112**

- wenn nach den Richtlinien 2004/17/EG und 2004/18/EG keine vorherige Veröffentlichung erforderlich ist, insbesondere in Fällen äußerster Dringlichkeit,
- wenn es nur einen betroffenen Bieter gibt und diesem auch der Zuschlag erteilt werden soll sowie
- bei Aufträgen, die auf Rahmenverträgen oder dynamischen Beschaffungsverfahren beruhen.

Allerdings muss die Möglichkeit bestehen, nachträglich überprüfen zu lassen, ob eine freihändige Vergabe rechtmäßig war. Erweist sie sich als rechtswidrig, hat dies die Unwirksamkeit des Vertrages zur Folge. | **113**

Für Aufträge, die auf der Grundlage von Rahmenvereinbarungen oder im Rahmen dynamischer Beschaffungssysteme vergeben werden, bei denen es auf eine zügige Abwicklung und Effizienz besonders ankommt, sieht die Richtlinie einen speziellen Nachprüfungsmechanismus vor. Bei dieser Art von Aufträgen können die Mitgliedstaaten die Stillhalteverpflichtung durch ein dem Vertragsabschluss nachgelagertes Nachprüfungsverfahren ersetzen. | **114**

Für Deutschland ergab sich aus dieser Regelung nur ein verhältnismäßig geringfügiger Anpassungsbedarf, da § 13 VgV a.F. bereits die Nichtigkeit des Vertrages vorsah, wenn der Zuschlag ohne Einhaltung der Informationspflicht oder vor Ablauf der 14-tägigen Stillhaltefrist erteilt wird. Lediglich die Frist war damit den Vorgaben der Rechtsmittelrichtlinie anzupassen (vgl. jetzt § 101a Sätze 3, 4 GWB). | **115**

Die Nachprüfungseinrichtungen müssen die Möglichkeit erhalten, Maßnahmen zu ergreifen, um Verstöße zu beseitigen, rechtswidrige Vergabeentscheidungen aufzuheben sowie gegebenenfalls Schadensersatz zuzuerkennen. Der Ersatz des sog. negativen Interesses ist in Deutschland in § 126 GWB geregelt. | **116**

c) Rechtsschutzmöglichkeiten gegen De-facto-Vergaben

Demgegenüber stellen die Regelungen zur sog. De-facto-Vergabe für Deutschland eine Neuerung dar. Von De-facto-Vergaben spricht man, wenn die Vergabestelle den Auftrag ohne Durchführung eines an sich notwendigen (EU-weiten) Vergabeverfahrens direkt vergibt. In seinem Urteil vom 11.1.2005 (C-26/03 – „Stadt Halle") hatte der EuGH festgestellt, dass in einer solchen unzulässigen Direktvergabe ein schwerwiegender Verstoß gegen das Gemeinschaftsrecht zu sehen ist, gegen den ein Nachprüfungsverfahren möglich sein muss. Auch die rechtswidrige Direktvergabe hat grundsätzlich die Unwirksamkeit des Vertrages zur Folge (s. jetzt § 101b Abs. 1 Nr. 2 GWB). | **117**

In diesem Zusammenhang sei beispielsweise auf die Entscheidung des EuGH vom 18.7.2007 hingewiesen (Rs. C-503/04 – „Kommission ./. Deutschland, Müllentsorgungsvertrag der Stadt Braunschweig"): Diesem Urteil ging ein Vertragsverletzungsverfahren wegen der Müllentsorgungsverträge Bockhorn und Braunschweig voraus, in denen der EuGH die Bundesrepublik Deutschland aufgefordert hatte, die vergaberechtswidrig zustande gekommenen Müllentsorgungsverträge zu beenden. Die Stadt Braunschweig kam dieser Verpflichtung nicht nach. Die Bundesregierung vertrat die Auffassung, dass hierzu keine Verpflichtung bestehe, da der benachteiligte Bieter Schadensersatz geltend machen könne. Außerdem könnten rechtskräftig geschlossene Verträge nach dem Grundsatz „pacta sunt servanda" nicht einseitig beendet werden. Diese Argumentation ließ der EuGH nicht gelten. Er stellte fest, dass ein Mitgliedstaat sich nicht auf seine interne Rechtsordnung berufen könne, um einen noch viele Jahre dauernden Verstoß gegen das Gemeinschaftsrecht zu rechtfertigen. – Eine Fehleinschätzung der Rechtslage kann somit für den Auftraggeber weitreichende Folgen haben. | **118**

Um eine höhere Rechtssicherheit für die Vergabestellen zu schaffen, geben die neuen Rechtsmittelrichtlinien den Mitgliedstaaten die Möglichkeit, eine sog. **ex-ante-Transparenz** einzuführen: Ist die Vergabestelle davon überzeugt, dass sie den Auftrag zu Recht ohne ein wettbewerbliches Verfahren direkt vergeben darf (z.B. dass ein zulässiges „Inhouse-Geschäft" vorliegt), kann sie dieses vorab bekannt machen und eine Stillhaltefrist einhalten. Wird innerhalb dieser Frist kein Nachprüfungsver- | **119**

Einleitung

fahren eingeleitet, kann nach Ablauf der Frist die Rechtswidrigkeit nicht mehr geltend gemacht werden.

120 Nach Sinn und Zweck der Richtlinien soll „die Effektivität dieser Fristen" aus Gründen der Rechtssicherheit auch in anderen Verfahren respektiert werden (Erwägungsgrund 27 Satz 3). Ob die Kommission dieser Erwägung im Hinblick auf Vertragsverletzungsverfahren nach Art. 258 AEUV (ex-Art. 226 EG-Vertrag) folgen oder dieses Instrument unabhängig von den Rechtsmittelrichtlinien nutzen wird, bleibt abzuwarten.

d) Fristen zur Geltendmachung der Unwirksamkeit

121 Im Interesse der Rechtssicherheit sehen die neuen Rechtsmittelrichtlinien außerdem Fristen für die Geltendmachung der Unwirksamkeit vergaberechtswidrig zustande gekommener Verträge vor. Wurde

– der Auftrag erteilt, ohne dass eine Bekanntmachung veröffentlicht wurde (rechtswidrige freihändige oder De-facto-Vergaben),

– gegen den Suspensiveffekt verstoßen oder

– von der Ausnahmeregelung für Rahmenvereinbarungen oder dynamische Beschaffungsverfahren Gebrauch gemacht,

können die Mitgliedstaaten vorsehen, dass der Nachprüfungsantrag vor Ablauf von mindestens 30 Tagen ab Bekanntmachung der Auftragserteilung im Amtsblatt der Europäischen Union oder ab der individuellen Information der betroffenen Bieter bzw. Bewerber gestellt werden muss. Zusätzlich kann eine Maximalfrist vorgesehen werden. Diese beträgt mindestens sechs Monate, gerechnet ab dem Tag, der auf den Vertragsschluss folgt (vgl. § 101b Abs. 2 GWB).

122 Die Umsetzung dieser Rechtsmittelrichtlinien war Gegenstand der Vergaberechtsreform, die 2008 den parlamentarischen Raum erreichte.

IX. Vergaberechtsreform 2008 bis 2010

1. Zielkonflikt

123 Inhaltlich war der Reformansatz in der Bundesregierung lange Zeit umstritten. Besonders schwer viel die Einigung bei der Frage, ob und inwieweit die Vorschriften der Art. 26 und 27 der Richtlinie 2004/18/EG zur Berücksichtigung von sozialen und umweltbezogenen Belangen (vgl. Rn. 60) in nationales Recht übernommen werden sollen.

124 Auf der einen Seite wurde vertreten, dass diese Vorschriften nicht benötigt werden, da die genannten Kriterien, solange sie auftragsbezogen sind, auch bisher schon berücksichtigt werden konnten. Eine Änderung der Rechtslage, auf die der Gesetzgeber reagieren müsse, sei insofern nicht erfolgt. Außerdem würden sog. **vergabefremde Kriterien** allgemein kritisch gesehen, da sie mit dem wirtschaftlichen Einkauf der öffentlichen Hand nichts zu tun hätten und die Vergabestellen vor schwer überwindbare Hindernisse stellen, wenn im Rahmen der Wertung verschiedene dieser Kriterien berücksichtigt werden sollten.

125 Auf der anderen Seite sprach für Aufnahme der Regelung ins GWB, dass dies der Klarstellung diene. Die öffentliche Hand müsse bei ihrem Einkauf vorbildlich handeln. Angesichts der Marktmacht des Staates würden die Märkte positiv beeinflusst. Bei entsprechender Nachfrage würden die Anbieter darauf reagieren. Außerdem werde deutlich, dass die Berücksichtigung dieser Kriterien gerade für die öffentliche Hand wirtschaftliche Bedeutung habe. Ein etwaiger höherer Einkaufspreis könne durch volkswirtschaftliche Kostenvermeidung auf anderer Seite mehr als ausgeglichen werden.

2. Inhalt des Gesetzentwurfes der Bundesregierung

126 Nach langem Ringen einigte sich die Bundesregierung schließlich auf den **„Entwurf eines Gesetzes zur Modernisierung des Vergaberechts"**. Dieser enthielt im Wesentlichen folgende Regelungen:

- Verschärfung der Mittelstandsklausel in § 97 Abs. 3 GWB. Danach sind alle Leistungen in der Menge aufgeteilt (Teillose) und getrennt nach Art oder Fachgebiet (Fachlose) zu vergeben. Mehrere Lose dürfen nur zusammen vergeben werden, wenn wirtschaftliche oder technische Gründe dies erfordern.
- Übernahme der Regelungen des Art. 26 der Richtlinie 2004/18/EG und des Art. 38 der Richtlinie 2004/17/EG. Für die Ausführung des Auftrags können zusätzliche Anforderungen gestellt werden, die insbesondere soziale, umweltbezogene oder innovative Aspekte betreffen, wenn sie in sachlichem Zusammenhang mit dem Auftragsgegenstand stehen und sich aus der Leistungsbeschreibung ergeben (§ 97 Abs. 4 GWB).
- Herausnahme der Kooperation öffentlicher Auftraggeber und der Inhouse-Vergabe aus dem Begriff des öffentlichen Auftrags (§ 99 Abs. 1 GWB).
- Stärkere Betonung des Beschaffungszwecks bei der Definition des öffentlichen Auftrags, des Bauauftrags und der Baukonzession, insbesondere um der Rechtsprechung entgegenzuwirken, nach der Grundstücksveräußerungen durch Kommunen in bestimmten Fällen dem Vergaberecht unterliegen (vgl. u.a. OLG Düsseldorf vom 13.6.2007, VII-Verg 2/07).
- Streichung der Telekommunikation aus § 98 Nr. 4 GWB und dem Ausnahmekatalog des § 100 Abs. 2 GWB, da in diesem Bereich inzwischen ein entwickelter Markt existiert.
- Umsetzung der EU-Rechtsmittelrichtlinie (Rn. 104 ff.) und Übernahme der Regelung zur Vorabinformation und der Wartepflicht des § 13 VgV in §§ 101a und 101b GWB.
- Änderungen beim Rechtsschutz
  - Verschärfung der Rügepflicht
  - Stärkere Berücksichtigung der Auftraggeberinteressen im Rahmen der Interessenabwägung zur Voraberteilung des Zuschlags
  - Verdoppelung der Mindestgebühr
  - Verpflichtung zur Kostentragung bei Rücknahme des Antrags.

3. Stellungnahme des Bundesrates

Im ersten Durchgang fand dieser Entwurf beim Bundesrat wenig Gegenliebe. Obwohl das Bundesratsplenum nicht allen Ausschussempfehlungen gefolgt ist (z.B. zur Mittelstandsklausel und den sog. vergabefremden Aspekten), enthielt die Stellungnahme des Bundesrates 34 Positionen, in denen Änderungen oder zumindest eine nochmalige Prüfung des Gesetzentwurfes gefordert wurden (BR-Drucks. 349/08 vom 4.7.2008). Erwähnt seien beispielsweise:

- Freistellung der interkommunalen Kooperation vom Vergaberecht,
- Einführung eines bundesweiten Registers über schwere Verfehlungen von Bietern (Korruptionsregister),
- Ablehnung elektronischer Auktionen und dynamischer Beschaffungsverfahren,
- Einführung eines Sonderkündigungsrechts bei Feststellung eines Vergaberechtsverstoßes durch den EuGH,
- Streichung der VOF und Integration des Regelungsgehalts in die VOL,
- Verschiedene Änderungen im Bereich des Rechtsschutzes (z.B. Beibehaltung der Mindestgebühr von 2.500 €).

4. Die Beratungen im Bundestag

Die Bundesregierung nahm sich davon jedoch nicht viel an und gab den Gesetzentwurf im Wesentlichen unverändert in die Beratungen des Bundestages (**BT-Drucks. 16/10117** vom 13.8.2008). Auch dort war der Gesetzentwurf kein Selbstläufer. Nach der Anhörung in den Ausschüssen beschloss der Bundestag aufgrund von Anträgen der Regierungsfraktionen mehrere Änderungen.

Einleitung

129 So erhielt die Mittelstandsklausel in § 97 Abs. 3 GWB eine weitere Verschärfung. Es wurde ein ergänzender Satz 3 angefügt, der Auftragnehmer verpflichtet, ihrerseits bei der Vergabe von Unteraufträgen mittelständische Interessen besonders zu berücksichtigen und Lose zu bilden.

130 Die beabsichtigte Herausnahme der Kooperation öffentlicher Auftraggeber aus dem Begriff des öffentlichen Auftrags (§ 99 Abs. 1 GWB) wurde gestrichen und der Verdoppelung der Mindestgebühr eine Absage erteilt.

131 Weitere Änderungsanträge der Fraktion DIE GRÜNEN (Einführung eines bundesweiten Korruptionsregisters), der FDP (bundesweit einheitliches Präqualifizierungssystem für Leistungen) und der Linken (Entschließungsantrag „Tariftreue europarechtlich absichern") fanden keine Mehrheit.

5. Ergebnis

132 Im zweiten Durchgang im Bundesrat wurde das Gesetz nur noch im federführenden Wirtschaftsausschuss und im Innenausschuss behandelt. Während sich der Wirtschaftsausschuss für die Zustimmung zu dem Gesetz aussprach, beantragte der Innenausschuss die Anrufung des Vermittlungsausschusses mit dem Ziel, eine Regelung aufzunehmen, die die interkommunalen Kooperationen von der Anwendung des Kartellvergaberechts freistellt.

133 Letztlich stimmte der Bundesrat in seiner 854. Sitzung am 13.2.2009 jedoch dem vom Bundestag am 19.12.2008 verabschiedeten Gesetz zu.

134 Außerdem fasste er eine Entschließung, in der die Zielsetzung des Gesetzes grundsätzlich begrüßt und die Notwendigkeit seines raschen Inkrafttretens anerkennt werden. Unabhängig davon bat der Bundesrat die Bundesregierung, sich auf europäischer Ebene für die Freistellung der interkommunalen Zusammenarbeit und anderen innerstaatlichen Kooperationen einzusetzen, da diese unter das innerstaatliche Organisationsrecht fallen und keinen Beschaffungsvorgang darstellen. Er forderte die Bundesregierung auf, dies im Rahmen der nächsten Novellierung des GWB durch die Aufnahme einer entsprechenden Regelung in § 99 GWB klarzustellen.

135 Am 23.4.2009 wurde das **Gesetz zur Modernisierung des Vergaberechts vom 20.4.2009** im Bundesgesetzblatt verkündet (**BGBl. I S. 790**). Nach seinem Art. 4 trat es am Tag nach der Verkündung in Kraft.

6. Kritik

136 Insgesamt lässt sich sagen, dass das ursprünglich beabsichtigte Ziel, das deutsche Vergaberecht zu vereinfachen und zu verschlanken, mit dem Gesetz zur Modernisierung des Vergaberechts nur unvollkommen erreicht wurde. Die dargestellten Kritikpunkte (Rn. 30 bis 53) bestehen im Wesentlichen fort. Zwar sind einige Klarstellungen und Verbesserungen erfolgt. Von einer umfassenden Reform, die allseits für notwendig gehalten wird, ist jedoch nur wenig zu spüren. Im Gegenteil, an vielen Stellen ist es – zumindest für die Vergabestellen – schwieriger geworden, ihrer eigentlichen Aufgabe, nämlich wirtschaftlich einzukaufen, gerecht zu werden. Zu vielfältig sind die zu berücksichtigenden Interessen.

137 Als **Beispiel** für eine missglückte Formulierung sei die **Mittelstandsklausel** in § 97 Abs. 3 GWB erwähnt: Hiernach sind Leistungen „in der Menge aufgeteilt (Teillose) und getrennt nach Art oder Fachgebiet (Fachlose) zu vergeben. Mehrere Teil- oder Fachlose dürfen zusammen vergeben werden, wenn wirtschaftliche oder technische Gründe dies erfordern". Bei wörtlicher Interpretation bedeutet dies, dass in jedem Fall zunächst Fach- und Teillose zu bilden sind, denn nur dann können sie zusammengefasst werden.

138 Dies erscheint nicht in jedem Fall praktikabel und sachgerecht. Je nach Auftragsgegenstand kann entweder die eine oder die andere Art der Losbildung sinnvoll sein oder auch eine Kombination von beiden. Auch gibt es Bereiche, in denen keine mittelständischen Unternehmen die benötigten Leistungen anbieten. In anderen Fällen wäre eine Losbildung extrem ungünstig und würde zu völlig unwirtschaftlichen Ergebnissen führen (z.B. große IT-Projekte, deren Ziel gerade eine einheitliche Ausstattung und ein zentral gesteuerter Roll-out ist). Dasselbe gilt bei ÖPP-Projekten oder freiberuflichen Leistungen. (Aus gutem Grund sieht die VOF daher im Gegensatz zur VOB und VOL bislang keine Regelungen zur losweisen Vergabe vor.) Der Gesetzgeber war sich dieser Problematik sehr wohl bewusst. Seine sich aus der Begründung ergebende Absicht, auch weiterhin Gesamtvergaben zu ermöglichen, findet sich jedoch im Wortlaut der Norm nicht wieder. Inzwischen wurde der Normgehalt jedoch durch die Rechtsprechung der Nachprüfungsinstanzen präzisiert.

So hat die Vergabekammer des Saarlandes z.B. festgestellt, dass der Wortlaut des § 97 Abs. 3 GWB „für die praktische Anwendung nicht sehr viel hergibt" (VK Saarland vom 7.9.2009, 3 VK 01/2009). Bei der Auslegung der Vorschrift geht sie davon aus, dass § 97 Abs. 3 GWB zwar den Grundsatz der losweisen Vergabe festschreibe. Dies kollidiere jedoch mit § 97 Abs. 5 GWB und der dort formulierten Forderung, den Zuschlag auf das wirtschaftlichste Angebot zu erteilen. Primäres Ziel der öffentlichen Beschaffung sei der wirtschaftliche Einkauf der öffentlichen Hand und die sparsame Verwendung von Steuergeldern. Ein absoluter Anspruch sei vom Gesetzgeber ausweislich der Gesetzesmaterialien nicht gewollt und könne mit Blick auf das europäische Recht sowie den sonstigen vergaberechtlichen Kontext auch nicht gewollt sein. **139**

Dieser Auslegung schließt sich auch die Vergabekammer Münster an (VK Münster vom 7.10.2009, VK 18/09). Ebenso wie die Berücksichtigung vergabefremder Aspekte gemäß § 97 Abs. 4 GWB stelle auch die Mittelstandsklausel in § 97 Abs. 3 GWB eine Ausnahme vom Grundsatz der Wirtschaftlichkeit der Beschaffung dar, deren Voraussetzungen im Einzelfall geprüft werden müssten. Als Ausnahmevorschrift zu § 97 Abs. 5 GWB sei § 97 Abs. 3 GWB eng auszulegen (zur Mittelstandsklausel vgl. etwa auch OLG Düsseldorf vom 11.1.2012, VII-Verg 52/11). **140**

So sehr die Entscheidungen vom Ergebnis her zu begrüßen sind, so erscheint es doch bedauerlich, dass die Rechtsprechung den juristischen Grundsatz, dass die Auslegung beim Wortlaut beginnt, hintanstellen muss, um unpräzise Formulierungen des Gesetzgebers auszugleichen. **141**

7. Sektorenverordnung (SektVO)

Als positiv zu vermerken ist, dass mit der **„Verordnung über die Vergabe von Aufträgen im Bereich des Verkehrs, der Trinkwasserversorgung und der Energieversorgung (Sektorenverordnung – SektVO)"** vom 23.9.2009 (BGBl. I S. 3110) erste Schritte zur Abkehr vom Kaskadenprinzip eingeleitet wurden. **142**

Ziel der Sektorenverordnung ist die weitergehende Umsetzung der EU-Richtlinie 2004/17/EG, die die Mindeststandards für die Durchführung von Verfahren zur Vergabe von Aufträgen der öffentlichen und privaten Auftraggeber in den Bereichen Verkehr, Trinkwasser- und Energieversorgung sowie Postdienste oberhalb der EU-Schwellenwerte regelt. **143**

Die bis zum 31.1.2006 durchzuführende Umsetzung der zwingenden EU-rechtlichen Regelungen in nationales Recht erfolgte zunächst im Rahmen der Vergabeverordnung sowie in den Abschnitten 3 und 4 der Verdingungsordnungen VOL/A und VOB/A. Diese Vorschriften werden mit der SektVO in einem Regelwerk zusammengefasst und um einige optionale Regelungen erweitert. So enthält die Verordnung auch einige auf der EU-Richtlinie basierende Spezialbestimmungen, wie die Einführung eines neuen elektronischen Verfahrens und die Befreiungsmöglichkeit von der Anwendung der Sektorenvergaberegeln, wenn tatsächlicher Wettbewerb vorliegt. **144**

Für den von der Richtlinie auch umfassten **Postbereich** erfolgte keine Umsetzung. Nach dem Auslaufen des Briefmonopols wurde davon ausgegangen, dass kein Unternehmen mehr bestehe, das die in der Richtlinie vorgegebenen Voraussetzungen eines Auftraggebers im Postbereich erfülle. **145**

Mit Art. 2 der „Verordnung zur Neuregelung der für die Vergabe von Aufträgen im Bereich des Verkehrs, der Trinkwasserversorgung und der Energieversorgung anzuwendenden Regeln" vom 23.9.2009 (BGBl. I S. 3110) wurden die entbehrlich gewordenen Vorschriften der Vergabeverordnung aufgehoben. Damit verloren auch die Abschnitte 3 und 4 der VOB/A und VOL/A ihre Rechtsgrundlage. **146**

Eine Unterscheidung zwischen Sektorenauftraggebern, die zusätzlich haushaltsrechtliche Bestimmungen einzuhalten haben, und solchen, bei denen das nicht der Fall ist, findet seither nicht mehr **147**

Einleitung

statt. Insgesamt dient die Regelung der **Rechtsklarheit**. Durch die Zusammenfassung der Regelungen in eine Vorschrift wird außerdem eine **Verschlankung des Vergaberechts** erreicht.

148 Die Verordnung der Bundesregierung bedurfte jedoch der Zustimmung des Bundesrates. Dieser hat in seiner 860. Sitzung am 10.7.2009 beschlossen, der Verordnung nur nach Maßgabe verschiedener Änderungen zuzustimmen.

149 Neben einigen redaktionellen Klarstellungen verlangte der Bundesrat auch inhaltliche Änderungen. So sollte im Rahmen der Eignungsprüfung statt der Vorlage von Nachweisen nicht nur auf die Eintragung in das Verzeichnis des Vereins für Präqualifikation von Bauunternehmen e.V. verwiesen werden können, sondern auch auf ein von einer obersten Bundes- oder Landesbehörde zugelassenes Lieferantenverzeichnis.

150 Außerdem fasste der Bundesrat eine Entschließung, in der er die Bundesregierung bat, darauf hinzuwirken, dass die EU-Kommission die erforderlichen Daten sammele und veröffentliche, die erforderlich sind, um Gleichwertigkeit von Bescheinigungen von Stellen aus anderen Mitgliedstaaten (z.B. Gleichwertigkeit von Prüfberichten anerkannter Stellen oder Vergleichbarkeit von Straftatbeständen, die zum Ausschluss von Unternehmen führen) beurteilen zu können. Unter dem Gesichtspunkt der effizienten Bearbeitung sei den Vergabestellen die jeweilige individuelle Ermittlung nicht zumutbar. Dies solle bei der Stelle geschehen, bei der die Informationen aus allen Mitgliedstaaten zusammenlaufen. Hilfsweise müsse dies durch die Bundesregierung geschehen.

151 Die Sektorenverordnung wurde als Art. 1 der „Verordnung zur Neuregelung der für die Vergabe von Aufträgen im Bereich des Verkehrs, der Trinkwasserversorgung und der Energieversorgung anzuwendenden Regeln" am 23.9.2009 verkündet (BGBl. I S. 3110) und trat am 24.9.2009 in Kraft.

8. VOB, VOL und VOF; Vergabeverordnung (VgV)

152 Die Überarbeitung der **VOB** wurde in der Sitzung des Hauptausschusses Allgemeines des Deutschen Vergabe- und Vertragsausschusses für Bauleistungen (**HAADVA**) am 8.6.2009 abgeschlossen. Am 31.7.2009 hat das Bundesministerium für Verkehr, Bau und Stadtentwicklung die Novellierung der Vergabe- und Vertragsordnung für Bauleistungen (VOB Teile A und B) bekannt gegeben, gleichzeitig aber erklärt, dass sie von den öffentlichen Auftraggebern noch nicht anzuwenden sei.

153 Die Neufassung der **VOL/A** wurde am 11.11.2009 durch den **DVAL** beschlossen und am 29.12.2009 im Bundesanzeiger veröffentlicht (BAnz. 2009, Nr. 196a).

154 Bei den Neufassungen von VOB und VOL fällt auf, dass die VOB/A zunächst bei der bis dahin geltenden Struktur geblieben war (Abschnitt 1 enthält die Basisparagrafen, Abschnitt 2 die Basisparagrafen und zusätzlich für die Verfahren, die dem EU-Recht unterliegen, die a-Paragrafen). Demgegenüber gelang es dem DVAL, in den neu gefassten Abschnitten 1 und 2 jeweils getrennte, in sich geschlossene Regelungen für den Ober- und Unterschwellenbereich zu schaffen und so für mehr Rechtsklarheit zu sorgen. Die Anwender müssen seither nicht mehr prüfen, ob der jeweilige a-Paragraf ergänzend oder statt des Basisparagrafen gilt. Inzwischen ist auch die VOB/A diesem Beispiel gefolgt.

155 Inhaltlich sollen nur kurz einige wesentliche Neuerungen der letzten großen Novelle erwähnt werden:

– Um die Kosten, die bei den Unternehmen durch das Beibringen von Eignungsnachweisen entstehen, und den bürokratischen Aufwand zu reduzieren, sehen VOL und VOF seitdem vor, bei der Eignungsprüfung zunächst nur Eigenerklärungen zu verlangen. Die Forderung von anderen Nachweisen ist zu begründen (§ 6 Abs. 3 VOL/A bzw. § 7 EG Abs. 1 Satz 2 und 3 VOL/A). Diese Nachweise sind in einer abschließenden Liste zusammenzustellen (§ 8 Abs. 3 VOL/A bzw. § 9 EG Abs. 4 VOL/A). Ähnliches wird im VOB-Bereich durch das Präqualifizierungsverfahren erreicht.

– In der VOL wird verlangt, dass Bekanntmachungen in Internetportalen zentral über die Suchfunktion des Internetportals www.bund.de ermittelt werden können (§ 12 Abs. 1 VOL/A). Damit wird für die Unternehmen die Recherche nach öffentlichen Ausschreibungen und Teilnahmewettbewerben deutlich erleichtert.

Einleitung

- In bestimmten Fällen sind beschränkte Ausschreibungen nur noch mit Teilnahmewettbewerb zulässig (§ 3 Abs. 3 VOL/A).
- Das dynamische elektronische Verfahren wird geregelt (§ 5 VOL/A und § 5 EG VOL/A).
- Die Neufassung der VOB sieht erstmals für den Bereich unterhalb der EU-Schwellenwerte Wertgrenzen für freihändige Vergaben und beschränkte Ausschreibungen vor. Im Gegenzug wird für beschränkte Ausschreibungen eine ex-ante-Transparenz eingeführt. Es bleibt abzuwarten, ob der Versuch, damit bundeseinheitliche Grenzwerte zu erzielen, zum Erfolg führen wird oder die Bundesländer und Kommunen angesichts der sich ergebenden Abgrenzungsprobleme bei ihren eigenen haushaltsrechtlichen Vorgaben bleiben.

Im Übrigen enthalten die Neufassungen von VOB, VOL und VOF eine Vielzahl von strukturellen und materiellen Änderungen, die überwiegend die Anwenderfreundlichkeit erhöhen. Eine weitergehende inhaltliche Auseinandersetzung ist den Kommentaren zu diesen Regelwerken vorbehalten.

156 Offen war jedoch nach Abschluss der Reformarbeiten, wann die Vorschriften **in Kraft treten** konnten. Da die Vergabeverordnung statische Verweisungen auf VOB, VOL und VOF enthält, bedurfte es für den Oberschwellenbereich zu deren Inkrafttreten einer Änderung der VgV. Im Unterschwellenbereich enthalten die haushaltsrechtlichen Bestimmungen teilweise dynamische Verweisungen (so in Nordrhein-Westfalen und Rheinland-Pfalz). Das hätte in diesen Fällen zur Folge, dass die Neufassungen von VOB und VOL im Unterschwellenbereich gleichzeitig mit ihrer Veröffentlichung automatisch in Kraft träten, während im Oberschwellenbereich noch die alten Fassungen Gültigkeit hätten. Dieses Chaos wäre den Vergabestellen (und auch den Bietern) kaum zuzumuten gewesen. Es wäre daher sinnvoller gewesen, mit der Veröffentlichung der Neufassungen bis zur Verabschiedung der neuen VgV zu warten. Da dies jedoch nicht geschehen ist, sahen sich Rheinland-Pfalz und Nordrhein-Westfalen veranlasst, jeweils einen klarstellenden Erlass zu veröffentlichen (vgl. Gem. RdErl. vom 11.11.2009, 34-48.07.01/01-169/09, MBl. NRW Nr. 30 vom 25.11.2009). Diese legen dar, dass sich die dynamischen Verweisungen in ihrem Haushaltsrecht jeweils nur auf die Fassungen beziehen, die mit der jeweils geltenden Fassung der VgV für anwendbar erklärt werden. Der vorläufige Abschluss der Vergaberechtsreform hing also vom Inkrafttreten der Änderung der Vergabeverordnung ab.

157 Das Bundeskabinett hatte dem Entwurf zur Änderung der **Vergabeverordnung** am 27.1.2010 zugestimmt und ihn an den Bundesrat weitergeleitet. Neben einer deutlichen Straffung der VgV waren demnach folgende wesentliche Änderungen enthalten:

- Die ab dem 1.1.2010 geltenden EU-Schwellenwerte werden aufgenommen.
- Die Regelungen zum „Wettbewerblichen Dialog" (§ 6a VgV) können entfallen, weil sie in die Abschnitte 2 von VOB/A (§ 3a) und VOL/A (§ 3 EG) übernommen wurden, so dass alle Vergabearten an zentralen Stellen geregelt sind.
- Die Energieeffizienzrichtlinie des Europäischen Parlaments und des Rates (Richtlinie 2006/32/EG, ABl. Nr. L 114 vom 5.4.2006, S. 64) werden umgesetzt. Beim Erwerb technischer Geräte und Ausrüstungen sind in der Leistungsbeschreibung Angaben zum Energieverbrauch zu machen. In geeigneten Fällen kann von den Bietern eine Analyse der Lebenszykluskosten verlangt werden. Der Energieverbrauch wird ausdrücklich als Zuschlagskriterium zugelassen.

158 In die Ausschussberatungen des Bundesrates wurden insgesamt 16 Änderungsvorschläge eingebracht (BR-Drucks. 40/1/10), die neben einigen inhaltlichen Änderungsvorschlägen primär redaktioneller Art waren. Zudem empfahl der federführende Wirtschaftsausschuss dem Bundesrat, eine Entschließung zu fassen. Der Bundesrat möge feststellen, dass die bisher betriebene Modernisierung des EU-Vergaberechts im deutschen Recht unzureichend sei. Die in den früheren Entschließungen des Bundesrates aufgestellten Erwartungen in Bezug auf Harmonisierung, Erforderlichkeit und Anwenderfreundlichkeit seien noch nicht erreicht worden. Bei den von den Vergabe- und Vertragsausschüssen erarbeiteten Regelwerken bestehe noch Nachbesserungsbedarf. Mit der Maßgabe, dass 12 dieser Änderungsvorschläge umgesetzt werden, hat der Bundesrat mit Beschluss vom 26.3.2010 der Änderungsverordnung zugestimmt. Der o.a. Entschließungsantrag fand jedoch keine Mehrheit.

Einleitung

159 Auf Grundlage dieses Maßgabebeschlusses war eine erneute Befassung des Bundeskabinetts erforderlich. Dieses hat in seiner Sitzung am 28.4.2010 den Änderungswünschen des Bundesrates zugestimmt. Art. 3 der Änderungsverordnung sieht ein Inkrafttreten am Tag nach der Verkündung im Bundesgesetzblatt vor. Diese ist am 10.6.2010 erfolgt. Die Neufassung der **VgV** trat **am 11.6.2010 in Kraft** und mit ihr die überarbeiteten, bereits zuvor veröffentlichten Fassungen von **VOB, VOL und VOF**. Mit dem Inkrafttreten der reformierten VgV, VOL/A, VOB/A und VOF am 11.6.2010 war die dritte Stufe der Vergaberechtsreform abgeschlossen.

X. Die Entwicklung des Vergaberechts seit 2010

1. Das nationale Vergaberecht

160 Zur Entwicklung der vergaberechtlichen **Rechtsprechung** seit dem Jahre 2010 vgl. etwa *Byok*, NJW 2011, 975, *ders.*, NJW 2012, 1124 und *ders.*, NJW 2013, 1488.

a) Allgemeines

161 Die vergaberechtlichen **Erleichterungen des Konjunkturpakets II** (Anhebung der Schwellenwerte für beschränkte Ausschreibungen und freihändige Vergabe zur Beschleunigung öffentlicher Investitionen) hat die Bundesregierung – anders als zahlreiche Landesgesetzgeber – nicht über den Befristungstermin des 31.12.2010 hinaus verlängert. Bedenken gegen diese Erleichterungen hatte insbesondere auch der Bundesrechnungshof geäußert (vgl. u.a. Bundesrechnungshof, „Bericht nach § 99 BHO über die Auswirkungen der Vergabeerleichterungen des Konjunkturpakets II auf die Beschaffung von Bauleistungen und freiberufliche Leistungen bei den Bauvorhaben des Bundes" vom 9.2.2012, abrufbar unter www.bundesrechnungshof.de/de/veroeffentlichungen/sonderberichte).

162 Die vom Gesetzgeber zunächst geplante Einführung eines **Rechtsschutzregimes unterhalb der EU-Schwellenwerte** (s. Rn. 99 ff.) wurde (noch) nicht verwirklicht.

b) Vergaberecht für die Bereiche Verteidigung und Sicherheit

163 Am 14.12.2011 ist das **Gesetz zur Änderung des Vergaberechts für die Bereiche Verteidigung und Sicherheit** vom 7.12.2011 (BGBl. I S. 2570) in Kraft getreten. Es nimmt weitreichende Anpassungen des 4. Teils des GWB vor. Mit dem Gesetz ist die **Richtlinie 2009/81/EG über die Vergabe in den Bereichen Verteidigung und Sicherheit** in nationales Recht umgesetzt worden. Ziel der Richtlinie ist eine bessere Koordinierung der Vergabeverfahren unter besonderer Beachtung der Versorgungs- und Informationssicherheit sowie der Sicherheitsinteressen der Mitgliedstaaten. Dadurch sollen schrittweise ein europäischer Markt für Verteidigungs- und Sicherheitsausrüstungen mit gleichen Wettbewerbsbedingungen für Anbieter aus den europäischen Mitgliedstaaten aufgebaut und nationale Beschaffungsmärkte zugunsten von Anbietern aus anderen europäischen Mitgliedstaaten geöffnet werden. Bei der Umsetzung wurden u.a. spezielle Definitionen in § 99 GWB aufgenommen, § 100 GWB neu strukturiert und die bestehenden Bestimmungen um eine spezielle Ausnahmeregelung in § 100c GWB ergänzt. Neben den besonderen Maßgaben für die Vergabe öffentlicher Aufträge ergeben sich aus dem Vergaberecht für die Bereiche Verteidigung und Sicherheit auch besondere Vorgaben für die Nachprüfungsverfahren. Dies gilt insbesondere für den Umgang mit vertraulichen Informationen, z.B. im Zusammenhang mit der Aufbewahrung von Unterlagen, der Bearbeitung von Anträgen auf Akteneinsicht, der mündlichen Verhandlung und der Abfassung der Entscheidungen (vgl. § 110a GWB).

164 Ein weiterer Umsetzungsschritt folgte mit der **Vergabeverordnung für die Bereiche Verteidigung und Sicherheit** (VSVgV), die am 19.7.2012 in Kraft trat (BGBl. I S. 1509). Die VSVgV regelt die Verfahrensvorschriften für das Vergabeverfahren zu verteidigungs- und sicherheitsrelevanten Beschaffungen öffentlicher Auftraggeber im Einzelnen und ist anzuwenden, sobald der Wert des öffentlichen Auftrags den maßgeblichen europäischen Schwellenwert erreicht oder überschreitet. Die VSVgV findet uneingeschränkt auf die Vergabe von Liefer- und Dienstleistungsaufträgen durch öffentliche Auftraggeber Anwendung. Für die Vergabe von Bauaufträgen gelten die Regelungen der VSVgV nur eingeschränkt. Für Bauaufträge wird weitgehend auf den neuen 3. Abschnitt der Vergabe- und Vertragsordnung für Bauleistungen, Teil A (VOB/A – VS), verwiesen.

c) Änderungen der Vergabeverordnung

Die VgV wurde nach Abschluss der letzten Vergaberechtsnovelle zunächst zweimal im Jahre 2011 geändert. Mit der ersten Änderung, die zugleich die SektVO betraf, wurden Vorgaben der Richtlinie 2009/33/EG über die Förderung sauberer und energieeffizienter Straßenfahrzeuge durch die Verordnung zur Änderung der Vergabeverordnung sowie der Sektorenverordnung vom 9.5.2011 (BGBl. I S. 800) in das nationale Recht umgesetzt. Nach § 4 Abs. 7 VgV a.F. sowie § 7 Abs. 5 SektVO müssen seither bei der Beschaffung von **Straßenverkehrsfahrzeugen** zwingend auch **Energieverbrauch** und **Umweltauswirkungen** berücksichtigt werden. Auch mit der „Vierten Verordnung zur Änderung der Verordnung über die Vergabe öffentlicher Aufträge" wurde das Ziel einer möglichst ressourcenschonenden und umweltfreundlichen Beschaffung verfolgt. Öffentliche Auftraggeber müssen demnach bei der Beschaffung energieverbrauchsrelevanter Waren, technischer Geräte und/oder Ausrüstungen höchste Anforderungen an das Leistungsniveau der Energieeffizienz stellen. **165**

Mit der „Fünften Verordnung zur Änderung der Verordnung über die Vergabe öffentlicher Aufträge" vom 14.3.2012 (BGBl. I S. 488) wurden die **Schwellenwerte angepasst**. Zudem wurde die VgV noch einmal redaktionell geändert (vgl. Sechste Verordnung zur Änderung der Verordnung über die Vergabe öffentlicher Aufträge vom 12.7.2012, BGBl. I S. 1508; mit Geltung ab 19.7.2012). **166**

Durch die „Siebte Verordnung zur Änderung der Verordnung über die Vergabe öffentlicher Aufträge" vom 15.10.2013 (BGBl. I S. 3854) wurden die jeweils geltenden Schwellenwerte durch eine **dynamische Verweisung** auf die entsprechenden Regelungen in der EU-Vergaberichtlinie bestimmt. Damit wurde die bis dahin erforderliche Überführung der Änderungen der EU-Schwellenwerte durch die Kommission überflüssig gemacht. Gleichzeitig wurden in den §§ 4 und 5 VgV besondere Regelungen zu den **Zuschlagskriterien** für nachrangige Dienstleistungen i.S.d. Anhang I Teil B der VgV geschaffen (s. hierzu § 4 VgV Rn. 10 ff. und § 5 VgV Rn. 2). Dies stellt eine systemwidrige Durchbrechung der Kaskade dar (§ 1 VgV Rn. 7). Die 7. VgV ÄnderungsVO wurde am 24.10.2013 im Bundesgesetzblatt verkündet und ist am 25.10.2013 in Kraft getreten. **167**

d) Tariftreue- und Vergabegesetze der Bundesländer

Seit dem Jahr 2010 haben die **Tariftreue- und Vergabegesetze** der Bundesländer eine regelrechte Renaissance erlebt. Mittlerweile haben nahezu alle Bundesländer eigene Tariftreue- und Vergabegesetze erlassen (eine aktuelle Übersicht findet sich unter www.abst.de), die in unterschiedlicher Regelungsdichte und -tiefe einen **vergabespezifischen Mindestlohn** einführen, zugleich aber auch viel weitergehende Regelungen enthalten. **168**

Als Vorreiter dieses Trends sei hier nur das **Tariftreue- und Vergabegesetz Nordrhein-Westfalen** genannt, das am 1.5.2012 in Kraft getreten ist. Kernstück des Gesetzes ist der vergabespezifische Mindestlohn von 8,62 €, den der nordrhein-westfälische Gesetzgeber im Einklang mit den im Rahmen der Rüffert-Entscheidung des EuGH (vom 3.4.2008, Rs. C-346/06) festgesetzten europarechtlichen Grenzen für Tariftreueerklärungen ansieht. Ergänzt werden die Regelungen zum vergaberechtlichen Mindestlohn durch zwei Rechtsverordnungen: **169**

– die Verordnung zur Durchführung des § 4 Absatz 2 in Verbindung mit § 21 Absatz 2 Satz 3 Tariftreue- und Vergabegesetz Nordrhein-Westfalen (Vergabe-Tarif-Feststellungsausschuss-Verordnung – VgTarifFAVO) vom 23.4.2012 (GV. NRW. 2012, S. 175) und

– die Verordnung zur Durchführung des § 4 Absatz 3 in Verbindung mit § 21 Absatz 3 Tariftreue- und Vergabegesetz Nordrhein-Westfalen (Vergabe-Mindestentgeltausschuss-Verordnung – VgMinAVO) vom 23.4.2012 (GV. NRW. 2012, S. 176).

Die Frage der EU-Rechtskonformität des im TVgG-NRW festgesetzten Mindestlohns hat die VK Arnsberg zwischenzeitlich dem EuGH vorgelegt (VK Arnsberg vom 26.9.2013, VK 18/13).

Einleitung

Daneben gibt das Gesetz die verbindliche Beachtung von Aspekten des **Umweltschutzes** und der **Energieeffizienz**, von **sozialen Aspekten**, von Aspekten der **Frauenförderung** sowie die Beachtung vergaberechtlicher Grundsätze unterhalb des EU-Schwellenwertes vor.

170 Am 18.12.2012 hat die Landesregierung Nordrhein-Westfalen zudem die **Rechtsverordnung zum Tariftreue- und Vergabegesetz** vorgelegt (Verordnung zur Regelung von Verfahrensanforderungen in den Bereichen umweltfreundliche und energieeffiziente Beschaffung, Berücksichtigung sozialer Kriterien und Frauenförderung sowie Förderung von Vereinbarkeit von Beruf und Familie bei der Anwendung des Tariftreue- und Vergabegesetzes Nordrhein-Westfalen – Verordnung Tariftreue- und Vergabegesetz Nordrhein-Westfalen, RVO TVgG NRW vom 14.5.2013, GV. NRW. 2013, S. 254). Die Verordnung konkretisiert die Verfahrensanforderungen der §§ 17 bis 19 des Tariftreue- und Vergabegesetzes Nordrhein-Westfalen zu Aspekten des Umweltschutzes und der Energieeffizienz, zur Berücksichtigung von sozialen Kriterien sowie von Maßnahmen der Frauenförderung und der Förderung der Vereinbarkeit von Beruf und Familie (Nachhaltigkeitsaspekte) in den unterschiedlichen Phasen des Vergabeverfahrens.

171 Um den Problemen bei der Anwendung von Gesetz und Verordnung entgegenzuwirken, hat das Ministerium für Wirtschafte, Energie, Industrie, Mittelstand und Handwerk des Landes Nordrhein-Westfalen ergänzend einen **Leitfaden** und eine **FAQ-Liste** veröffentlicht (beides zu finden unter http://www.vergabe.nrw.de/wirtschaft/Tariftreue-_und_Vergabegesetz_des_Landes_NRW_-_Wirtschaft/index.html). Trotz dieser Arbeitshilfen bestehen in Einzelfällen nach wie vor Schwierigkeiten in der praktischen Anwendung der Vorschriften. Von Seiten der Wirtschaftsunternehmen werden insbesondere die unterschiedlichen Regelungen in den Bundesländern beklagt, die nicht nur unterschiedliche vergaberechtliche Mindestlöhne vorschreiben, sondern auch darüber hinaus jeweils andere Bedingungen an die Bewerbungen und Angebote stellen, was sich in entsprechender Vielzahl von Eigenerklärungen und Vordrucken niederschlägt.

172 Die (europa- wie verfassungsrechtlich durchaus zweifelhaften) Landesgesetze konnten das Licht der Vergaberechtswelt vor allem deshalb erblicken, weil der Bund zu den „anderen oder weitergehenden Anforderungen" i.S.d. § 97 Abs. 4 GWB geschwiegen hat. Ob dies auch zukünftig so bleiben wird, ist zumindest unsicher. Denn im Koalitionsvertrag der neuen Bundesregierung heißt es zur „Tariftreue im Vergaberecht": „Auf Länderebene bestehen bereits Vergabegesetze, welche die Vergabe öffentlicher Aufträge von der Einhaltung allgemeinverbindlicher Tarifverträge abhängig machen. Wir werden eine europarechtskonforme **Einführung vergleichbarer Regelungen auch auf Bundesebene** prüfen. Im Ergebnis dürfen damit keine bürokratischen Hürden aufgebaut werden."

2. Die Modernisierung des EU-Vergaberechts

173 Das europäische Vergaberecht war in den letzten Jahren bestimmt von den Arbeiten zur Modernisierung der bestehenden Richtlinien 2004/18/EG und 2004/17/EG und den Arbeiten zur Schaffung einer einheitlichen Richtlinie für die Konzessionsvergabe. Die aktuell anstehende Reform der EU-Vergaberichtlinien ist die umfassendste Reform des EU-Vergaberechts seit 2004.

a) Das Legislativpaket zur Modernisierung des Vergaberechts

174 Nachdem im Jahre 2010 hinsichtlich der geplanten Richtlinie zu Konzessionsvergaben und im Jahre 2011 hinsichtlich der Modernisierung der bestehenden Richtlinien Konsultationen durchgeführt worden waren, legte die Europäische Kommission im Dezember 2011 mit dem **Legislativpaket zur Modernisierung des Vergaberechts** Vorschläge für überarbeitete Richtlinien vor (KOM(2011) 895 endgültig, KOM(2011) 896 endgültig und KOM(2011) 897 endgültig, jeweils vom 20.12.2011).

175 Das Legislativpaket umfasst **drei Richtlinienentwürfe:** Zwei betreffen die Modernisierung des geltenden Rechtsrahmens für öffentliche Aufträge, die allgemeine Vergaberichtlinie (Richtlinie 2004/18/EG) sowie die Sektorenrichtlinie für Vergaben in den Bereichen Wasser-, Energie- und Verkehrsversorgung sowie Postdienste (Richtlinie 2004/17/EG). Der dritte Richtlinienentwurf verrechtlicht die bislang nur teilweise geregelte Vergabe von Konzessionen (s. Rn. 191 ff.).

Einleitung

Mit der Modernisierung der Richtlinien 2004/18/EG und 2004/17/EG strebt die Europäische Kommission die Vereinfachung und Flexibilisierung des Vergaberechts an. Weitere **Ziele** sind die weitere Öffnung des Vergaberechts für gesellschaftliche Ziele und für die anderen Politikziele der Strategie 2020, z.B. in den Bereichen Soziales, Umwelt und Innovation, soweit eine Verbindung mit dem Auftragsgegenstand besteht. Daneben soll die Durchsetzung des Vergaberechts in den Mitgliedstaaten verbessert werden. Zu den **wesentlichen Neuerungen** zählen insbesondere die Förderung des Verhandlungsverfahrens, die Einführung vereinfachter Verfahren für regionale und lokale Auftraggeber sowie die Verkürzung der Fristen in Vergabeverfahren. Für Sozialleistungen soll nach dem Willen der EU-Kommission künftig ein erhöhter Schwellenwert gelten. Die bisherige Differenzierung zwischen privilegierten und nicht privilegierten Dienstleistungen soll hingegen aufgegeben werden.

176

Die Richtlinienvorschläge wurden 2012 im Rat der Europäischen Union verhandelt und die Arbeitsstände in verschiedenen Kommissionspapieren niedergelegt. Die Bundesregierung hat das Reformvorhaben der Europäischen Kommission im Wesentlichen begrüßt. In den seit Anfang 2012 tagenden Ratsarbeitsgruppen hat die Bundesregierung insbesondere angemahnt, dass es durch die Neuregelungen auch tatsächlich zu einer **Vereinfachung des Vergaberechts** kommen sollte. Zusätzliche bürokratische Pflichten für die öffentlichen Auftraggeber sollten aus Sicht der Bundesregierung vermieden werden. Die Bundesregierung konnte im Rat teils deutliche Vereinfachungen der Vorschriften erreichen. Diese betreffen insbesondere auch das Kapitel zu Aufsichtspflichten über die Vergabestellen („Governance"), das bei Umsetzung in seiner ursprünglichen Fassung mit einem erheblichen bürokratischen Mehraufwand für die Mitgliedstaaten verbunden gewesen wäre.

177

Mit Datum vom 11.1.2013 und vom 7.2.2013 haben der Berichterstatter für das Thema Modernisierung der bestehenden Richtlinien und der Berichterstatter für das Thema Konzessionsrichtlinie des zuständigen Ausschusses für Binnenmarkt und Verbraucherschutz des Europäischen Parlaments (IMCO) jeweils einen Bericht für die Behandlung im Plenum vorgelegt. Seit Anfang März 2013 lief das Trilog-Verfahren zu dem Richtlinien-Paket. Am 25.6.2013 wurde eine Einigung im **Trilog-Verfahren** zwischen Europäischem Parlament, dem Rat und der EU-Kommission erzielt. Das Richtlinienpaket weist einen Umfang von immerhin insgesamt knapp 750 Seiten (einschließlich der Erwägungsgründe und der Anhänge) auf. Voraussichtlich Ende Januar 2014 werden die neuen EU-Richtlinien im Europäischen Parlament behandelt. Anfang Februar 2014 könnte dann der Rat die endgültige Beschlussfassung verabschieden, die dann spätestens im April 2014 in Kraft treten würde. Für die allgemeinen Regelungen blieben dann zwei Jahre Zeit zur Umsetzung.

178

b) Wesentliche Ziele der Reform der EU-Vergaberichtlinien
Die Ziele der Reform der EU-Vergaberichtlinien lassen sich wie folgt zusammenfassen:

179

- Einfachere und flexiblere Vergabeverfahren und damit ein Mehr an Verfahrenseffizienz,
- Bürokratieabbau,
- mehr Rechtssicherheit, insbesondere durch die Kodifizierung der EuGH-Rechtsprechung,
- Möglichkeit zur stärkeren Berücksichtigung strategischer Ziele (insbesondere: Umwelt und Soziales) bei öffentlichen Auftragsvergaben sowie
- Förderung von kleinen und mittleren Unternehmen (KMU).

Die einzelnen Ziele stehen durchaus in einem Spannungsverhältnis zueinander („**Zielkonflikt**"). Bürokratieabbau bzw. einfachere und flexiblere Vergabeverfahren lassen sich nur schwer mit der ebenfalls beabsichtigten verstärkten Berücksichtigung der sog. strategischen Ziele (früher: „vergabefremde Aspekte") vereinbaren.

180

c) Wesentliche Inhalte der neuen EU-Vergaberichtlinie
In Art. 11 der EU-Vergaberichtlinie und Art. 15 der Konzessionsrichtlinie wird erstmals die EuGH-Rechtsprechung zur **Inhouse-Vergabe** und zur **horizontalen Zusammenarbeit** kodifiziert. Die Neuregelungen gehen dabei in einigen Punkten über die bisherige EuGH-Rechtsprechung hinaus. Zunächst darf an der auftragsausführenden juristischen Person weiterhin kein privates Unternehmen beteiligt sein. Eine Ausnahme besteht aber künftig dann, wenn eine private Beteiligung – wie etwa bei bestimmten Wasserverbänden in Deutschland – gesetzlich ausdrücklich gefordert ist. Eine

181

Einleitung

horizontale Vergaberechtsfreiheit der innerstaatlichen und damit auch interkommunalen Kooperation setzt nach dem neuen EU-Vergaberecht voraus, dass

- die Vereinbarung ausschließlich zwischen öffentlichen Auftraggebern geschlossen wird,
- die Zusammenarbeit zur Ausführung öffentlicher Dienste erfolgt,
- die Umsetzung der Vereinbarung nur durch Überlegungen im Zusammenhang mit dem öffentlichen Interesse bestimmt wird,
- die beteiligten öffentlichen Auftraggeber weniger als 20 Prozent ihrer Tätigkeit auf dem offenen Markt ausüben und
- keine privaten Dritte beteiligt sind.

Die Richtlinienregelung folgt damit der EuGH-Rechtsprechung vom 13.6.2013, Rs. C-386/11.

182 In der Richtlinie wird die bisherige **Unterscheidung zwischen den sog. A- und B-Dienstleistungen** aufgegeben. Der Grund liegt vor allem darin, dass nach Auffassung der Kommission selbst bislang als nicht-prioritär eingestufte Dienstleistungen – wie z.B. Rechts- oder Hoteldienstleistungen – einen besonders hohen Prozentsatz an grenzüberschreitenden Geschäften ausmachen (Erwägungsgrund 10 des Richtlinienentwurfs der Kommission, RL-E KOM (2011) 896 endg., Erwägungsgrund 16 RL-E KOM (2011) 895 endg.). Demgegenüber wird der Bereich der Notfallrettungsdienste – anders als der reine Krankentransport – von der Geltung des Vergaberechts ebenso ausgenommen wie der Bereich der – kommunalen – Kreditaufnahme. Auch für **soziale Dienstleistungen** gilt die Vergaberichtlinie zukünftig nur eingeschränkt. Dienstleistungen, die im Wesentlichen dem Sozial-, Gesundheits- oder Bildungswesen zuzuordnen sind, unterfallen erst ab einem Schwellenwert von 750.000 € und nur eingeschränkt dem EU-Vergaberecht. Hierdurch soll den öffentlichen Auftraggebern in diesem Bereich ein größerer Spielraum bei der Auswahl der Auftragnehmer eingeräumt werden. Hinzu kommt, dass der grenzüberschreitende Charakter dieser sozialen Leistungen nach Auffassung der Kommission als gering einzuschätzen ist (Erwägungsgrund 11 RL-E KOM (2011) 896 endg. und Erwägungsgrund 17 RL-E KOM (2011) 895 endg.).

183 **Subzentrale Auftraggeber** und damit in Deutschland alle Beschaffungsstellen außerhalb der zentralen Beschaffungsstellen des Bundes (Bundesregierung und ihre Ministerien etc.) haben künftig bei Vergabeverfahren mit vorgeschalteten Teilnahmewettbewerben, also bei nicht offenen und Verhandlungsverfahren mit vorheriger Bekanntmachung, die Möglichkeit, im Wege einer reinen Vorinformation zum Wettbewerb aufzurufen. Im Anschluss an den erfolgten Aufruf zum Wettbewerb (Vorinformation) und damit vor dem eigentlichen Angebotsverfahren ist dann keine separate Auftragsbekanntmachung mehr erforderlich.

184 Die **elektronische Kommunikation** und damit auch die **e-Vergabe** sollen gemäß Art. 19 der Vergaberichtlinie mit einer Umsetzungsfrist von 54 Monaten nach Inkrafttreten der Richtlinie verbindlich eingeführt werden.

185 Ein wesentliches Ziel der Richtlinie ist die **Stärkung der sog. strategischen Ziele**. Bestimmte soziale Gesichtspunkte, Umweltaspekte und arbeitsrechtliche Verpflichtungen können als vertragliche Ausführungsbedingungen bei der Beschaffung von Leistungen vorgegeben werden (vgl. Art. 15 Abs. 2 der Vergaberichtlinie, Art. 26a Abs. 2 der Konzessionsrichtlinie). Die damit vorgesehene Option („kann"), etwa zur Berücksichtigung der ILO-Kernarbeitsnormen bei der Auftragsvergabe, setzt nach wie vor einen Auftragsbezug voraus. **Gütezeichen** können als technische Spezifikation vorgesehen werden (Art. 41 der Vergaberichtlinie).

186 Der Anwendungsbereich des **Verhandlungsverfahrens** wird ausgedehnt (Art. 24 der EU-Vergaberichtlinie), dies soll den Handlungsspielraum der Vergabestellen erweitern. Das Verhandlungsverfahren kann danach künftig auch bei der gleichzeitigen Planung und Ausführung von Bauarbeiten sowie dann angewandt werden, wenn die „Wesensart, Komplexität und die Risiken" der Bau-, Liefer- oder Dienstleistungen es erfordern. Als neue Vergabeart wird zudem die „Innovationspartnerschaft" (Art. 29 der EU-Vergaberichtlinie) als kleiner Bruder des „Wettbewerblichen Dialogs" eingeführt.

Zukünftig können die Auftraggeber bei offenen Verfahren die **Prüfungsreihenfolge von Eignungs- und Zuschlagskriterien** nach näherer Maßgabe der Mitgliedstaaten selbst bestimmen (Art. 54 Abs. 3 der Vergaberichtlinie). Daneben wird die Rolle von **Eigenerklärungen** der Bieter anstelle von Eignungsnachweisen gestärkt (Art. 57 der EU-Vergaberichtlinie). Dies entspricht der bereits geltenden deutschen Rechtslage (vgl. § 7 EG Abs. 1 Satz 2 und 3 VOL/A). Nach Art. 66 Abs. 2 EU-Vergaberichtlinie kann zukünftig bei der Vergabe von Dienstleistungen und der Konzeption von Bauarbeiten die **Organisation, Qualität und Erfahrung des Personals als Zuschlagskriterium** dann Berücksichtigung finden, wenn die Qualität des Personals erheblichen Einfluss auf das Niveau der Auftragsausführung haben kann. Diese Änderung entspricht der teilweise bereits durch die „Siebte Verordnung zur Änderung der Verordnung über die Vergabe öffentlicher Aufträge" vom 15.10.2013 (BGBl. I S. 3854) vorgenommenen Rechtsänderungen im nationalen Recht (vgl. hierzu § 4 VgV Rn. 10 ff.).

187

Hinsichtlich des als Nachweis der finanziellen Leistungsfähigkeit zu fordernden **Mindestumsatzes** eines Bieters sieht Art. 56 der EU-Vergaberichtlinie vor, dass dieser nicht das Zweifache des geschätzten Auftragswertes übersteigen darf.

188

Art. 55 Abs. 4 der EU-Vergaberichtlinie und Art. 36 Abs. 7 der Konzessionsrichtlinie regeln erstmals die Voraussetzungen für eine von einem Wirtschaftsteilnehmer zur Wiedererlangung seiner Zuverlässigkeit notwendigen „**Selbstreinigung**". Danach muss der Wirtschaftsteilnehmer zum Nachweis seiner „Selbstreinigung" darlegen, dass er einen Ausgleich für jeglichen durch eine Straftat oder Verfehlung begangenen Schaden gezahlt oder sich zur Zahlung einer Entschädigung verpflichtet hat. Zusätzlich ist der Unternehmer verpflichtet, die Tatsachen und Umstände seiner Verfehlung umfassend durch eine aktive Zusammenarbeit mit den Behörden aufzuklären. Schließlich ist der jeweilige Wirtschaftsteilnehmer zu seiner „Selbstreinigung" gehalten, konkrete technische, organisatorische und personelle Maßnahmen zu ergreifen, die geeignet sind, weitere Straftaten oder Verfehlungen zu vermeiden.

189

Die neue Vergaberichtlinie definiert in Umsetzung der einschlägigen EuGH-Rechtsprechung (EuGH vom 19.6.2008, Rs. C-454/06, „pressetext" und EuGH vom 13.4.2010, Rs. C-91/08, „Wall") erstmals die Voraussetzungen für **„wesentliche Vertragsänderungen"** und damit die **Grenzziehung zwischen Ausschreibungspflicht und Ausschreibungsfreiheit**. Nach Art. 72 der neuen EU-Vergaberichtlinie ist u.a. dann keine neue Ausschreibung erforderlich, wenn ein Vertrag geändert wird und die Änderungen in den ursprünglichen Auftragsunterlagen in Form klarer, präziser und eindeutig formulierter Klauseln vorgesehen sind. Das Gleiche gilt bei bestimmten zusätzlichen Leistungen, die an den ursprünglichen Auftragnehmer vergeben werden, wenn diese zur Auftragsdurchführung erforderlich sind, weil ein Wechsel des Vertragspartners aus technischen oder ökonomischen Gründen nicht möglich ist und erhebliche Nachteile bzw. Mehrkosten mit sich bringt. Zusätzlich wird vorausgesetzt, dass die Preiserhöhung nicht höher als 50 Prozent des ursprünglichen Auftragswertes beträgt. Auch eine unvorhersehbare und notwendige Vertragsänderung muss grundsätzlich dann nicht ausgeschrieben werden, wenn sie den Gesamtcharakter des Vertrages nicht beeinträchtigt. Bei einem bloßen Auftragnehmerwechsel in Form einer Gesamt- oder Teilrechtsnachfolge nach einer Übernahme, nach einer Fusion oder auch infolge einer Insolvenz besteht grundsätzlich keine Ausschreibungspflicht. Nach der „De-Minimis-Regel" in Art. 72 RL-E besteht ohnehin immer dann keine Ausschreibungspflicht, wenn der Wert der Vertragsänderung unterhalb des EU-Schwellenwertes liegt und bei Dienstleistungen und Lieferleistungen weniger als 10 Prozent bzw. bei Bauleistungen weniger als 15 Prozent des ursprünglichen Auftragswertes ausmacht. Dabei darf sich der Gesamtcharakter des Auftrags nicht verändern.

190

d) Die neue EU-Richtlinie über die Vergabe von Konzessionen

Mit dem **Richtlinienvorschlag der Europäischen Kommission zur Vergabe von Konzessionen** vom Dezember 2011 wird rechtliches Neuland beschritten. Bislang ist nur die Vergabe von Baukonzessionen in einer Richtlinie einheitlich geregelt; für Dienstleistungskonzessionen ergeben sich

191

Einleitung

aus dem europäischen Primärrecht allgemeine Vorgaben vor allem zur Sicherstellung von Transparenz und Gleichbehandlung.

192 Ziel der europäischen Initiative ist es, **mehr Rechtssicherheit bei der Konzessionsvergabe** und einen **verbesserten Marktzugang** für europäische Unternehmen zu schaffen. Darüber hinaus soll die Richtlinie einen Beitrag zur **Korruptionsbekämpfung** leisten. Konzessionen sind begrifflich dadurch gekennzeichnet, dass bei diesen nicht der Auftraggeber ein Entgelt für eine zu erbringende Leistung an den Auftragnehmer (Konzessionär) zahlt, sondern der Konzessionär selbst das wirtschaftliche Risiko der Konzession trägt. Im Gegenzug hat er aber das Recht zur Nutzung des Werkes und damit zur Refinanzierung der von ihm erbrachten Leistung durch die jeweiligen Nutzer. Konzessionen sind meist Investitionen mit großem wirtschaftlichem Potenzial. Bei den Kommunen reicht die Bandbreite der Konzessionen über die Stadtmöblierung, das Betreiben von Parkplätzen durch private Unternehmen, die Schulspeisung bei Ganztagsschulen durch sog. Caterer über die Alttextilsammlung durch Dritte bis hin zur Breitband- und Wasserversorgung. Es ist daher wichtig, dass diese in einem transparenten, von Wettbewerb geprägten und rechtlich überprüfbaren Verfahren vergeben werden. Die Anforderungen an die Vergabeverfahren zur Konzessionsvergabe sind dabei insgesamt weniger streng und formal als diejenigen aus den Vergaberichtlinien.

193 Konzessionen sind künftig unabhängig vom Dienstleistungs- oder Baubereich ab einem **Schwellenwert von 5 Mio. €** EU-weit ausschreibungspflichtig. Zwar ist in der Konzessionsrichtlinie kein spezifisches Vergabeverfahren vorgegeben. Jedoch wird die Einhaltung gewisser Verfahrensgarantien in der neuen Richtlinie geregelt.

194 Die **Wasserversorgung** („Wasser ist als Lebensmittel ein hohes Gut") ist nach Protesten der kommunalen Spitzenverbände und des Verbandes kommunaler Unternehmen (VKU) sowie einer in insgesamt acht EU-Staaten erfolgreichen EU-Bürgerinitiative am 26.6.2013 durch EU-Kommissar *Barnier* aus der EU-Richtlinie ausgenommen worden. Bereits vorher war der **Notfallrettungsdienst** (anders: reiner Krankentransport) ebenfalls ausgenommen worden. Insgesamt werden aber künftig die von der Richtlinie erfassten Konzessionen dem vergaberechtlichen Rechtsschutz unterstellt.

195 Vergaberechtliche **Nachprüfungsverfahren** sind daher im Bereich der Konzessionsvergaben zukünftig möglich.

e) Umsetzung der neuen EU-Richtlinien in deutsches Vergaberecht

196 Derzeit kann noch nicht abgesehen werden, auf welche Weise die Umsetzung der neuen EU-Vergaberichtlinien erfolgen wird. Es ist erneut eine Umsetzung im bestehenden System möglich; die Bundesregierung könnte jedoch auch die „Gunst der Stunde" nutzen, um das deutsche Vergaberecht in System und Struktur zu vereinfachen. Erste Äußerungen aus dem BMWi von Ende 2013 deuten darauf hin. Demnach ist von Seiten des Ministeriums beabsichtigt, die vier europäischen Richtlinien auf nationaler Ebene in vier Rechtsverordnungen umzusetzen: Grundsätzliches könnte im GWB selbst geregelt werden, darunter würden dann vier Verordnungen (Vergaben im Sicherheits- und Verteidigungsbereich, Sektorenverordnung, Verordnung für Konzessionen sowie eine einheitliche Verordnung für Vergaben von Liefer-, Dienst- und Bauleistungen) folgen. Ob dieser Vorschlag auch in die Tat umgesetzt wird, müsse politisch entschieden werden, hieß es aus dem Ministerium.

197 Die Umsetzung bietet die Chance, die komplexe Struktur des deutschen Vergaberechts, das traditionell auf unterschiedlichste Regelungsorte verteilt ist, aufzubrechen. Teile der Wirtschaft fordern jedoch weiterhin eine Umsetzung im bestehenden Kaskadensystem. Im Koalitionsvertrag der neuen Bundesregierung für die 18. Legislaturperiode heißt es im Übrigen zum Vergaberecht unter anderem (S. 117): „Große öffentliche Bauvorhaben müssen in puncto Baukosten und Termintreue wieder verlässlicher werden. Die eigens eingerichtete ‚Reformkommission Großprojekte' wird 2015 hierzu Vorschläge vorlegen. Auf dieser Basis werden wir prüfen, welche Änderungen im Planungsrecht, im Vergaberecht, im Haushaltsrecht und in weiteren Anwendungsgebieten vorgenommen werden sollen." Das Vergaberecht steht damit wieder einmal vor neuen Herausforderungen.

Gesetz gegen Wettbewerbsbeschränkungen (GWB)

In der Fassung der Bekanntmachung vom 26.6.2013 (BGBl. I S. 1750, ber. S. 3245)

(BGBl. III 703-5)

zuletzt geändert durch Gesetz zur Strukturreform des Gebührenrechts des Bundes vom 7.8.2013

(BGBl. I S. 3154)

– Auszug –

Vierter Teil
Vergabe öffentlicher Aufträge

Erster Abschnitt
Vergabeverfahren

§ 97 Allgemeine Grundsätze

(1) Öffentliche Auftraggeber beschaffen Waren, Bau- und Dienstleistungen nach Maßgabe der folgenden Vorschriften im Wettbewerb und im Wege transparenter Vergabeverfahren.

(2) Die Teilnehmer an einem Vergabeverfahren sind gleich zu behandeln, es sei denn, eine Benachteiligung ist auf Grund dieses Gesetzes ausdrücklich geboten oder gestattet.

(3) [1]Mittelständische Interessen sind bei der Vergabe öffentlicher Aufträge vornehmlich zu berücksichtigen. [2]Leistungen sind in der Menge aufgeteilt (Teillose) und getrennt nach Art oder Fachgebiet (Fachlose) zu vergeben. [3]Mehrere Teil- oder Fachlose dürfen zusammen vergeben werden, wenn wirtschaftliche oder technische Gründe dies erfordern. [4]Wird ein Unternehmen, das nicht öffentlicher Auftraggeber ist, mit der Wahrnehmung oder Durchführung einer öffentlichen Aufgabe betraut, verpflichtet der Auftraggeber das Unternehmen, sofern es Unteraufträge an Dritte vergibt, nach den Sätzen 1 bis 3 zu verfahren.

(4) [1]Aufträge werden an fachkundige, leistungsfähige sowie gesetzestreue und zuverlässige Unternehmen vergeben. [2]Für die Auftragsausführung können zusätzliche Anforderungen an Auftragnehmer gestellt werden, die insbesondere soziale, umweltbezogene oder innovative Aspekte betreffen, wenn sie im sachlichen Zusammenhang mit dem Auftragsgegenstand stehen und sich aus der Leistungsbeschreibung ergeben. [3]Andere oder weitergehende Anforderungen dürfen an Auftragnehmer nur gestellt werden, wenn dies durch Bundes- oder Landesgesetz vorgesehen ist.

(4a) Auftraggeber können Präqualifikationssysteme einrichten oder zulassen, mit denen die Eignung von Unternehmen nachgewiesen werden kann.

(5) Der Zuschlag wird auf das wirtschaftlichste Angebot erteilt.

(6) Die Bundesregierung wird ermächtigt, durch Rechtsverordnung mit Zustimmung des Bundesrates nähere Bestimmungen über das bei der Vergabe einzuhaltende Verfahren zu treffen, insbesondere über die Bekanntmachung, den Ablauf und die Arten der Vergabe, über die Auswahl und Prüfung der Unternehmen und Angebote, über den Abschluss des Vertrages und sonstige Fragen des Vergabeverfahrens.

(7) Die Unternehmen haben Anspruch darauf, dass der Auftraggeber die Bestimmungen über das Vergabeverfahren einhält.

§ 97 GWB

Übersicht

A. **Allgemeines**	1–58
I. Überblick	1–33
1. Inhalt der Regelung	1–4
2. Anwendungsbereich	5
3. EU-rechtliche Grundlagen	6–10
4. Funktion der Rechtsgrundsätze	11–15
a) Rechtssetzung und Auslegung	11–12
b) Rechtsfortbildung: Schaffung neuer Regeln und Begründung neuer Rechtspflichten in ungeregelten Bereichen	13–15
5. Exkurs: Rechtsgrundsätze des Gemeinschaftsrechts im Unterschwellenbereich	16–33
a) Die neuere Rechtsprechung des EuGH: Rechtspflichten außerhalb des umfassend durch die Vergaberichtlinien geregelten Bereichs	17–19
b) Einschränkung der Rechtspflichten auf Grundlage von Verhältnismäßigkeitserwägungen	20–21
c) Die Kommissionsmitteilung zu Rechtspflichten bei nicht sekundärrechtlich geregelten Vergaben	22–30
d) Auswirkungen auf Auftragsvergaben unterhalb der Schwellenwerte	31–33
II. Die allgemeinen Grundsätze des Vergaberechts in ihrer gesetzlichen Konkretisierung	34–52
1. Die Grundsätze in den Vergabe- und Vertragsordnungen	34–48
a) Überblick	34–37
b) Auftragskategoriebezogene Spezifika	38–45
c) Die Umsetzung der Vergaberechtsgrundsätze in „operative" Regelungen der Vergabe- und Vertragsordnungen	46–48
2. Die Grundsätze des Vergaberechts im GWB, in der VgV, VSVgV und SektVO	49–52
III. Die Grundsätze des Vergaberechts in der Rechtsprechung	53–58
B. **Wettbewerbsgrundsatz, Transparenzgrundsatz (Abs. 1)**	59–91
I. Wettbewerbsgrundsatz	60–77
1. Einführung	60
2. Der Wettbewerbsgrundsatz in der Rechtsprechung	61–77
a) Wettbewerbsbeschränkende Abreden, Geheimwettbewerb und Mehrfachbieter	61–67
b) Kommunale Unternehmen als Teilnehmer am Wettbewerb	68–69
c) Beihilfen	70–71
d) Vertragslaufzeiten	72
e) Regionalpräferenzen, Ortsansässigkeit	73–74
f) Wettbewerbsgrundsatz und Grundsatz des Zuschlags auf das wirtschaftlichste Angebot	75–77
II. Transparenzgrundsatz	78–91
1. Einführung	78–80
2. Der Transparenzgrundsatz in der Rechtsprechung	81–91
a) Leistungsbeschreibung	81–84
b) Wertung von Angeboten/Zuschlagskriterien	85–87
c) Dokumentation	88–91
C. **Gleichbehandlungsgrundsatz (Abs. 2)**	92–120
I. Einführung	92–96
II. Der Gleichbehandlungsgrundsatz in der Rechtsprechung	97–120
1. Nationalität	97–98
2. Leistungsbeschreibung	99–101
3. Produktneutralität	102–103
4. Information der Teilnehmer	104
5. Ausschluss von Angeboten	105–112
6. Wertung von Angeboten	113–116
7. Scheinaufhebung	117–120
D. **Berücksichtigung mittelständischer Interessen (Abs. 3)**	121–143
I. Einführung	121–130
II. Der Grundsatz der Berücksichtigung mittelständischer Interessen in der Rechtsprechung	131–143
1. Losvergabe	131–139
2. Gesamtvergabe	140–143
E. **Eignung der Unternehmen, zusätzliche Anforderungen (Abs. 4)**	144–175
I. Eignung der Unternehmen (Abs. 4 Satz 1)	145–163
1. Einführung	145–155
a) Bedeutung der Eignungskriterien	145–146
b) Rechtsnatur der Eignungskriterien	147
c) Eignungsnachweise als Formerfordernisse	148–149
d) Eigenerklärungen	150–151
e) Gesetzestreue	152–153
f) Eignungsprüfung und Verhältnismäßigkeitsgrundsatz	154–155
2. Der Grundsatz der Vergabe an geeignete Unternehmen in der Rechtsprechung	156–163
a) „Mehr an Eignung"	156–158
b) Beurteilungsspielraum	159
c) Anforderungen an die Formulierung	160
d) „Gesetzestreue"/Tarifverträge	161
e) „Newcomer"	162
f) Losverfahren	163
II. Zusätzliche Anforderungen (Abs. 4 Satz 2)	164–173
1. Einführung	164–171
a) Zusätzliche Anforderungen	166
b) Inhalt der Leistungsbeschreibung	167–169
aa) Umweltbezogene und innovative Aspekte	167
bb) Soziale Aspekte	168–169
c) Zusammenhang mit dem Auftragsgegenstand	170–171
2. Zusätzliche Anforderungen in der Rechtsprechung	172–173
a) Tariftreue (altes Recht)	172
b) Tariftreue (neues Recht)	173
III. Durch Bundes- oder Landesgesetz vorgesehene zusätzliche Anforderungen (Abs. 4 Satz 3)	174–175
F. **Präqualifikationssysteme (Abs. 4a)**	176–183
I. Zweck	177
II. Funktionsweise	178–182
1. Überblick	178–179
2. Zulassung	180
3. Einrichtung	181–182
III. Präqualifikation versus Eigenerklärung	183
G. **Zuschlagskriterium des wirtschaftlichsten Angebots (Abs. 5)**	184–188
I. Wirtschaftlichkeit	185
II. Zuschlagsentscheidung	186
III. Anspruch auf Zuschlagserteilung	187–188
H. **Verordnungsermächtigung (Abs. 6)**	189–193
I. **Subjektive Rechte (Abs. 7)**	194–198

A. Allgemeines

I. Überblick

1. Inhalt der Regelung

In der Vorschrift des § 97 sind unter dem Titel „Allgemeinen Grundsätze" ganz unterschiedliche Aspekte zusammengefasst worden. Die Vorschrift enthält sowohl die fundamentalen materiellen **Vergaberechtsgrundsätze** des Wettbewerbs, der Transparenz und der Gleichbehandlung (Abs. 1 und 2) als auch weitere, so die Grundsätze der vornehmlichen Berücksichtigung mittelständischer Interessen (Abs. 3), der Vergabe an geeignete Unternehmen (Abs. 4 Satz 1), des Zuschlags auf das wirtschaftlichste Angebot (Abs. 5) ebenso wie die Ermächtigung des Bundesgesetzgebers zur näheren Ausgestaltung des Vergabeverfahrens (Abs. 6) und die Statuierung subjektiver Rechte der Unternehmen auf Einhaltung der Bestimmungen über das Vergabeverfahren (Abs. 7). Neu eingefügt wurden im Rahmen der Modernisierung des Vergaberechts im Jahr 2009 insbesondere eine ausdrückliche Rechtsgrundlage für die Berücksichtigung sozialer, umweltbezogener und innovativer Aspekte (Abs. 4 Satz 2) als auch eine generelle Zulassung von Präqualifikationssystemen (Abs. 4a).

Den einzelnen Rechtsgrundsätzen in § 97 kommen völlig unterschiedliche Funktionen zu. Sie enthalten teils generelle Vorgaben für die formale und inhaltliche Ausgestaltung des Vergabeverfahrens – dieses muss **transparent und wettbewerblich** ausgestaltet werden –, teils aber auch inhaltliche Maßgaben wie die Grundsätze der **Vergabe von Aufträgen an geeignete Unternehmen**, der **Gleichbehandlung** und den des **Zuschlags auf das wirtschaftlichste Angebot**, die letztlich die Zielsetzung des Wettbewerbsgrundsatzes, nämlich die wirtschaftliche Beschaffung, in konkretisierter Form verfolgen. Hier überschneiden und ergänzen sich die Vergaberechtsgrundsätze, mitunter entstehen allerdings Widersprüche, welche die Rechtsanwendung erschweren. Exemplarisch zeigt sich dies an dem Spannungsfeld zwischen wirtschaftlicher Beschaffung und Durchsetzung sozialpolitischer Aspekte.

Die Vorgabe zur **besonderen Berücksichtigung mittelständischer Interessen** (Abs. 3) und die Möglichkeit zur Berücksichtigung nicht unmittelbar auf die wirtschaftliche Beschaffung ausgerichteter „vergabefremder" Aspekte (vgl. Abs. 4 Satz 2) dienen in erster Linie allgemeinpolitischen Zielsetzungen, die für sich betrachtet keinen unmittelbaren Bezug zum Vergaberecht aufweisen, dieses aber für ihre Ziele instrumentalisieren. Diese Aspekte provozieren Widersprüche zu anderen Grundsätzen, so etwa wenn eine Tarifbindung zur Verteuerung der Beschaffung führt. In derartigen Fällen relativieren sich die Grundsätze des § 97 untereinander, was die Beschaffung verkomplizieren kann und den Rechtsanwender in der Praxis mitunter vor nicht immer einfach zu lösende Probleme stellt. Dass der Staat heute bei fiskalischem Handeln vielfältigen nicht-monetären Bindungen unterliegt, ist Ergebnis einer wachsenden Kohärenz der Rechtsordnung und deshalb nicht nur legitim, sondern auch rechtspolitisch geboten. Dies zeigt sich z.B. an den erweiterten Möglichkeiten zum Ausschluss von Produkten, die außerhalb der Bundesrepublik Deutschland unter Verstoß gegen fundamentale Grundsätze des (nationalen, europäischen und internationalen) Rechts, wie etwa das Verbot ausbeuterischer Kinderarbeit, hergestellt worden sind. Mittelbar haben jedoch auch diese sog. **vergabefremden Aspekte** einen durchaus ernst zu nehmenden beschaffungspolitischen Hintergrund. Der Schutz mittelständischer Strukturen beispielsweise dient nicht als Selbstzweck, sondern zur Aufrechterhaltung eines funktionierenden Marktes und damit zur Gewährleistung der Versorgungssicherheit.

Die Aufnahme der Zulassung von **Präqualifikationssystemen** (Abs. 4a) in die Grundsätze des § 97 verwundert, da es sich um eine spezifische operative Regelung zur Reduzierung des Verfahrensaufwands handelt. Demgegenüber fügen sich die **Einräumung subjektiver Rechte** hinsichtlich der Einhaltung der Vorschriften des Vergabeverfahrens (Abs. 7) und die Entscheidung des Gesetzgebers zur **Delegation** (Abs. 6) der näheren Ausgestaltung des Vergaberechts an den Verordnungsgeber eher in die Vorschrift des § 97 ein.

2. Anwendungsbereich

5 Der Anwendungsbereich der allgemeinen Rechtsgrundsätze in § 97 ergibt sich aus den Folgevorschriften der §§ 98 bis 100 GWB. Sie gelten dort, wo öffentliche Auftraggeber (§ 98 GWB) öffentliche Aufträge (§ 99 GWB) vergeben, welche die auf Grundlage des § 100 Abs. 1 GWB durch Rechtsverordnung bestimmten Auftragswerte („Schwellenwerte") erreichen oder übersteigen (die Schwellenwerte in der VgV, der VSVgV und der SektVO werden regelmäßig aufgrund von Änderungen durch EU-Verordnung – im Wege einer sog. dynamischen Verweisung – angepasst, zuletzt nach der EU-Verordnung Nr. 1251/2011 der Kommission vom 30.11.2011 zur Änderung der Richtlinie 2004/17/EG, 2004/18/EG und 2009/81/EG des Europäischen Parlaments und des Rates im Hinblick auf die Schwellenwerte für Auftragsvergabeverfahren, ABl. EU L 319 vom 2.12.2011, S. 43) und die nicht ausdrücklich nach § 100 Abs. 2 GWB ausgenommen sind. Im Unterschwellenbereich entfalten sie deshalb keinerlei unmittelbare normative Wirkung. Anderes gilt allerdings für die mit den zentralen Grundsätzen des § 97 inhaltlich weit gehend deckungsgleichen Vergabegrundsätzen, die nach der Rechtsprechung des EuGH aus den Grundfreiheiten des primären Gemeinschaftsrechts abzuleiten sind. Aber nicht nur deshalb bedarf das Gemeinschaftsrecht hier einer näheren Betrachtung. Dieses prägt heute ganz erheblich auch das Verständnis der Rechtsgrundsätze in § 97.

3. EU-rechtliche Grundlagen

6 Die zentralen Rechtsgrundsätze des § 97 lassen sich unmittelbar auf das europäische Recht zurückführen, auch wenn sie in leicht abweichender inhaltlicher Ausgestaltung bereits im früheren deutschen Vergaberecht der Verdingungsordnungen verwurzelt sind. Hierzu rechnen in erster Linie die Prinzipien der **Gleichbehandlung**, der **Transparenz** und des **Wettbewerbs**. Art. 2 der Vergabekoordinierungsrichtlinie (Richtlinie 2004/18/EG) lautet (ebenso inhaltlich Art. 10 der Sektorenkoordinierungsrichtlinie [Richtlinie 2004/17/EG]):

„Die öffentlichen Auftraggeber behandeln alle Wirtschaftsteilnehmer gleich und nichtdiskriminierend und gehen in transparenter Weise vor."

7 In Erwägungsgrund 2 der Vergabekoordinierungsrichtlinie heißt es:

„Die Vergabe von Aufträgen in den Mitgliedstaaten auf Rechnung des Staates, der Gebietskörperschaften und anderer Einrichtungen des öffentlichen Rechts ist an die Einhaltung der im Vertrag niedergelegten Grundsätze gebunden, insbesondere des Grundsatzes des freien Warenverkehrs, des Grundsatzes der Niederlassungsfreiheit und des Grundsatzes der Dienstleistungsfreiheit sowie der davon abgeleiteten Grundsätze wie z.B. des Grundsatzes der Gleichbehandlung, des Grundsatzes der Nichtdiskriminierung, des Grundsatzes der gegenseitigen Anerkennung, des Grundsatzes der Verhältnismäßigkeit und des Grundsatzes der Transparenz. Für öffentliche Aufträge, die einen bestimmten Wert überschreiten, empfiehlt sich indessen die Ausarbeitung von auf diesen Grundsätzen beruhenden Bestimmungen zur gemeinschaftlichen Koordinierung der nationalen Verfahren für die Vergabe solcher Aufträge, um die Wirksamkeit dieser Grundsätze und die Öffnung des öffentlichen Beschaffungswesens für den Wettbewerb zu garantieren (…)."

8 Während die Grundsätze des Wettbewerbs, der Gleichbehandlung und der Transparenz unmittelbar in § 97 aufgenommen wurden, finden sich der Grundsatz der Verhältnismäßigkeit und der gegenseitigen Anerkennung erst auf einer anderen Stufe des Vergaberechts, nämlich der der Vergabe- und Vertragsordnungen, der VSVgV und der SektVO.

9 So enthalten z.B. alle Vergabe- und Vertragsordnungen eine Regelung, nach der der öffentliche Auftraggeber zum Nachweis der Eignung von Unternehmen nur Unterlagen und Angaben fordern darf, die durch den Gegenstand des Auftrags gerechtfertigt sind (§ 6 Abs. 3 VOL/A, § 6 EG Abs. 7 VOB/A, § 5 Abs. 1 VOF). Diese verfahrensbezogene Konkretisierung des **Verhältnismäßigkeitsgrundsatzes** geht auf eine Regelung im sekundären Gemeinschaftsrecht zurück. Art. 44 Abs. 2 der Vergabekoordinierungsrichtlinie lautet: „(…) Der Umfang der Informationen (…) sowie die für einen bestimmten Auftrag gestellten Mindestanforderungen an die Leistungsfähigkeit müssen mit dem Auftragsgegenstand zusammenhängen und ihm angemessen sein (…)". Diese Formulierung ist

wesentlich präziser und lässt – anders als die Regelungen in den Vergabe- und Vertragsordnungen – auf Anhieb erkennen, worum es dem Gemeinschaftsgesetzgeber geht, nämlich um die Unterbindung überzogener Eignungskriterien, die eine sachlich nicht begründete Einengung des Wettbewerbs bewirken.

Der **Grundsatz der gegenseitigen Anerkennung** findet sich z.B. in Regelungen der Vergabe- und Vertragsordnungen wieder, die hinsichtlich der Prüfung der Eignung von Bewerbern und Bietern die Verpflichtung zur Anerkennung gleichwertiger Bescheinigungen von Stellen aus anderen Mitgliedstaaten anordnen (s. etwa § 7 EG Abs. 10 VOL/A). 10

4. Funktion der Rechtsgrundsätze

a) Rechtssetzung und Auslegung

Die Rechtsgrundsätze des Vergaberechts erfüllen unterschiedliche Funktionen. Zunächst determinieren sie den Spielraum des Gesetzgebers bei der Schaffung von Regeln, indem sie zu beachtende Zielsetzungen vorgeben. Der Gesetzgeber muss mithin bei jeder beabsichtigten Regelung prüfen, ob diese auch mit den Vergaberechtsgrundsätzen vereinbar ist. 11

Daneben bilden die Grundsätze den wesentlichen Auslegungsmaßstab für die weiteren spezifischen oder normenhierarchisch nachgeordneten Regelungen des Vergaberechts. Die Rechtsgrundsätze des § 97 sind ihrerseits – ebenso wie die in den Vergabe- und Vertragsordnungen formulierten Rechtsgrundsätze – stets **gemeinschaftsrechtskonform auszulegen**. Daraus folgt beispielsweise, dass die Zulassung der Einrichtung von Präqualifikationssystemen für den Nachweis der Eignung von Unternehmen durch Auftraggeber nach Abs. 4a vom Gesetzgeber nicht so ausgestaltet werden darf, dass sie faktisch zu einem Ausschluss von Unternehmen aus anderen Mitgliedstaaten führt. Dies wäre wegen der Dauer des Eintragungsverfahrens dann zu erwarten, wenn die Eintragung in eine Präqualifikationsliste als zwingende Voraussetzung für die Teilnahme an einem Vergabeverfahren vorausgesetzt würde. Um den gemeinschaftsrechtlichen Vorgaben nachzukommen, hat der Gesetzgeber deshalb den Nachweis der Eignung alternativ auch durch die Erbringung von Einzelnachweisen zugelassen (s. § 6 EG Abs. 3 Nr. 2 VOB/A). 12

b) Rechtsfortbildung: Schaffung neuer Regeln und Begründung neuer Rechtspflichten in ungeregelten Bereichen

Darüber hinaus hat die Rechtsprechung aus den Grundsätzen immer wieder auch eigenständige neue Regeln abgeleitet, wie z.B. Beschränkungen der **Vertragslaufzeit** oder die Pflicht zur **Prüfung kommunalwirtschaftsrechtlicher Anforderungen** für den Fall der Teilnahme juristischer Personen des öffentlichen Rechts an Vergabeverfahren (kritisch *Burgi*, NZBau 2008, 29 ff.). 13

In diesen Kontext fällt letztlich auch die Entwicklung hinsichtlich der Anwendung der Vergaberechtsgrundsätze auf **nachrangige** (auch: „**nichtprioritäre**") **Dienstleistungen**. Nach dem Willen des Gesetzgebers unterliegt eine Reihe von Dienstleistungen – so z.B. die Rechtsberatung, die Arbeitsvermittlung und der Berufsausbildung – nur einem sehr beschränkten Vergaberegime. Zu beachten sind hier lediglich Vorgaben bezüglich der Aufgabenbeschreibung und der ex-post-Transparenz, d.h. der Bekanntmachung über vergebene Aufträge. Die von den Vergabevorschriften weitgehend ausgenommenen Leistungen sind in den Anhängen I B der VOL/A und VOF ausdrücklich aufgeführt. Nach der Rechtsprechung sind die in § 97 niedergelegten vergaberechtlichen Grundprinzipien wie das **Diskriminierungsverbot** (Abs. 2) und das **Transparenzgebot** (Abs. 1) bei der Vergabe nachrangiger Dienstleistungen gleichwohl zu beachten und unterliegen der Nachprüfung nach den §§ 102 ff. GWB (vgl. OLG Brandenburg vom 15.5.2007, Verg W 2/07; nachfolgend VK Brandenburg vom 3.4.2008, VK 4/08; BGH vom 8.2.2011, X ZB 4/10 betreffend nichtprioritäre Dienstleistungen nach Kategorie 18 des Anhangs zur VOL/A; OLG Düsseldorf vom 2.1.2012, VII-Verg 70/11). Beide Grundsätze gelten danach in allen nach dem 4. Teil des GWB durchzuführenden Vergabeverfahren, mithin auch für die Fallkonstellation von Dienstleistungsaufträgen i.S.d. Anhangs I B der Richtlinie 2004/18/EG. 14

15 Aus den Grundsätzen werden dann schließlich auch ganz **konkrete Rechtspflichten abgeleitet**, die von der Rechtsprechung ursprünglich für den Bereich der umfassend geregelten Leistungen entwickelt worden waren: Öffentliche Auftraggeber haben deshalb z.B. den Bietern bzw. Bewerbern aufgrund des Gleichbehandlungs- und Transparenzgebotes neben den Zuschlagskriterien auch Unterkriterien, Gewichtungskriterien und eine Bewertungsmatrix jedenfalls dann bekannt zu geben, wenn sie im Voraus, d.h. vor Veröffentlichung der Bekanntmachung und Übersendung der Vergabeunterlagen, aufgestellt wurden (zu diesen Rechtspflichten s. EuGH vom 12.12.2002, Rs. C-470/99). Die Reichweite der Grundsätze des § 97 ist nach der oben zitierten nationalen Rechtsprechung größer als die der vom EuGH entwickelten Vergaberechtsgrundsätze. Diese greifen unmittelbar erst nämlich dann, wenn an Aufträgen über nichtprioritäre Leistungen ein eindeutiges grenzüberschreitendes Interesse besteht (s. EuGH vom 13.11.2007, Rs. C-507/03 – „Kommission ./. Irland" Rn. 33; s. ferner die in Rn. 17 ff. aufgeführte mittlerweile ständige Rechtsprechung).

5. Exkurs: Rechtsgrundsätze des Gemeinschaftsrechts im Unterschwellenbereich

16 Auch der EuGH hat die aus den Grundfreiheiten des EG-Vertrages entwickelten Rechtsgrundsätze nicht lediglich als Auslegungsmaßstab für das sekundäre Gemeinschaftsrecht herangezogen, sondern darüber hinausgehend konkrete Rechtspflichten auch für vom Sekundärrecht nicht erfasste Sachverhalte entwickelt. Diese wurden in zahlreichen Judikaten in den vergangenen Jahren zunehmend präzisiert.

a) Die neuere Rechtsprechung des EuGH: Rechtspflichten außerhalb des umfassend durch die Vergaberichtlinien geregelten Bereichs

17 In dem bereits zitierten Verfahren „Kommission ./. Irland" (EuGH vom 13.11.2007, Rs. C-507/03) ging es hauptsächlich um die Frage, welche Vorgaben sich dem Primärrecht im Hinblick auf die **Transparenz** von Vergabeverfahren entnehmen lassen. Im Besonderen ging es um die Verpflichtungen, die sich aus den Grundfreiheiten und den allgemeinen Rechtsgrundsätzen für nichtprioritäre Dienstleistungen ableiten lassen. Das europäische Sekundärrecht (in dem Verfahren war noch die Dienstleistungskoordinierungsrichtlinie 92/50/EG anzuwenden) verpflichtet bei derartigen Dienstleistungen lediglich zur Beachtung der Bestimmungen über technische Spezifikationen sowie zur expost-Transparenz vergebener Aufträge in Form einer Mitteilung an die Kommission. In dem Verfahren waren Postdienstleistungen ohne vorherige Ausschreibung vergeben worden. Hierin sah die Kommission einen Verstoß gegen die Grundfreiheiten der Art. 43 und 49 EG-Vertrag sowie gegen das Transparenz- und das Gleichheitsgebot. Die Generalanwältin *Stix-Hackl* ging in ihren Schlussanträgen vom 14.9.2006 davon aus, dass für nichtprioritäre Dienstleistungen ergänzend eine Verpflichtung zur Transparenz (im vorliegenden Fall: Verpflichtung zur Bekanntmachung einer Ausschreibung) aus dem Primärrecht abgeleitet werden kann. Der EuGH folgte diesen Schlussanträgen nicht. Zwar betont er, dass die Vergabe öffentlicher Aufträge den fundamentalen Regeln des Gemeinschaftsrechts unterworfen bleibe, insbesondere den Grundsätzen des EG-Vertrages im Bereich des Niederlassungsrechts und der Dienstleistungsfreiheit. Die sich aus Art. 43 und 49 EG-Vertrag ergebenen Grundsätze könnten jedoch nur ergänzend angewendet werden, wenn an diesen nichtprioritären Aufträgen ein eindeutiges grenzüberschreitendes Interesse besteht.

18 In seiner Entscheidung „SECAP" und „Santorso" (vom 15.5.2008, Rs. C-147/06 und Rs. C-148/06) machte der EuGH erneut deutlich, dass das Gemeinschaftsrecht im Falle der sog. **Binnenmarktrelevanz** eines Auftrags auf das nationale Recht ausstrahlt. Im Ausgangsverfahren ging es um die Frage, ob eine italienische Vorschrift, die bei öffentlichen Bauaufträgen mit einem Wert unterhalb der EG-Schwellenwerte den automatischen Ausschluss von als ungewöhnlich niedrig angesehenen Angeboten vorsieht, mit dem Gemeinschaftsrecht vereinbar ist. Der EuGH hatte zu klären, ob die Grundprinzipien des Gemeinschaftsrechts, die auch für die Vergabe öffentlicher Aufträge gelten und in Art. 30 Abs. 4 der Richtlinie 93/37/EG eine spezifische Ausprägung erfahren haben, einer nationalen Regelung entgegensteht, die bei Auftragsvergabe **unterhalb der Schwellenwerte** den öffentlichen Auftraggeber im Fall von mehr als fünf gültigen Angeboten zwingt, solche, die als ungewöhnlich niedrig anzusehen sind, automatisch auszuschließen, ohne dem Auftraggeber die Möglichkeit zu lassen, die Angebote zu überprüfen, indem er die betroffenen Bieter zu entsprechenden Erläuterungen auffordert. Der EuGH stellte insofern klar, dass **Unterschwellenvergaben nicht vom Anwendungsbereich des Gemeinschaftsrechts ausgenommen** sind. Vielmehr seien nach ständiger Rechtsprechung (des Gerichtshofs) zur Vergabe von Aufträgen die Auftraggeber trotzdem verpflichtet, die **grundlegenden Vorschriften des EG-Vertrages** einzuhalten. Die Anwendung der grundlegenden Vorschriften und der allgemeinen Grundsätze des Vertrages auf die Verfahren zur Vergabe von Aufträgen, deren Wert unter dem Schwellenwert für die Anwendung der Gemeinschaftsrichtlinien liegt, setze jedoch (gemäß der Rechtsprechung des Gerichtshofs) voraus, dass an diesen Aufträgen ein **eindeutiges grenzüberschreitendes Interesse** bestehe. Ein Bauauftrag könne z.B. ein solch grenzüberschreitendes Interesse wecken aufgrund seines geschätzten Wertes in Verbindung mit seinen technischen Merkmalen oder dem für die Durchführung der Arbeiten vorgesehenen Ort, der für ausländische Wirtschaftsteilnehmer interessant sein könnte.

In einer weiteren Entscheidung wiederholte der EuGH seine Auffassung, nach der die Anwendung der grundlegenden Vorschriften und der allgemeinen Grundsätze des EG-Vertrages auf die Verfahren zur Vergabe von Aufträgen, deren Wert unter dem Schwellenwert für die Anwendung der Gemeinschaftsrichtlinien liegt, voraussetzt, dass an diesen Aufträgen ein eindeutiges grenzüberschreitendes Interesse besteht (EuGH vom 23.12.2009, Rs. C-376/08). 19

b) Einschränkung der Rechtspflichten auf Grundlage von Verhältnismäßigkeitserwägungen

Fasst man die EuGH-Rechtsprechung zusammen, ergeben sich – in erster Linie als Folge des fortentwickelten Transparenzgrundsatzes – insbesondere für Vergabeverfahren im Bereich unterhalb der Schwellenwerte durchaus **konkrete Rechtspflichten**. Es darf aber nicht übersehen werden, dass der EuGH auch die berechtigten Interessen des Auftraggebers der Handhabbarkeit der Vergaberegeln nicht aus dem Auge verloren hat. In der zitierten Entscheidung „SECAP" (EuGH vom 15.5.2008, Rs. C-147/06) findet sich eine sachgerechte **Einschränkung der Auftraggeberpflichten:** Selbst wenn ein eindeutiges grenzüberschreitendes Interesse besteht, kann nach Auffassung des EuGH ein automatischer Ausschluss bestimmter Angebote wegen ihres ungewöhnlich niedrigen Preises zulässig sein, wenn eine **übermäßig hohe Zahl von Angeboten** die Anwendung einer entsprechenden Vorschrift rechtfertigt. In einem solchen Fall könnte der betroffene öffentliche Auftraggeber nämlich gezwungen sein, so viele Angebote einer kontradiktorischen Prüfung zu unterziehen, dass dies seine administrativen Möglichkeiten übersteigen oder durch die Verzögerung, die durch diese Prüfung einträte, die Verwirklichung des Projektes gefährden würde. Unter diesen Umständen kann eine nationale oder eine örtliche Regelung oder der öffentliche Auftraggeber selbst einen angemessenen Schwellenwert für den automatischen Ausschluss von ungewöhnlich niedrigen Angeboten zu Recht vorsehen (EuGH vom 15.5.2008, Rs. C-147/06 und Rs. C-148/06 Rn. 32 f.). 20

Der dahinter stehende Gedanke ist dem deutschen unterhalb der Schwellenwerte geltenden Vergaberecht durchaus nicht fremd. Auch hier wird dem Umstand Rechnung getragen, dass eine uneingeschränkte Öffnung des Zugangs zum Verfahren mitunter unverhältnismäßig sein kann. So heißt es beispielsweise in § 3 Abs. 4 Buchst. b VOL/A: „Eine Beschränkte Ausschreibung ohne Teilnahmewettbewerb ist zulässig, wenn die Öffentliche Ausschreibung für den Auftraggeber oder die Bewerber einen Aufwand verursachen würde, der zu dem erreichten Vorteil oder dem Wert der Leistung im Missverhältnis stehen würde." Zumindest für Aufträge, an denen ein grenzüberschreitendes Interesse besteht, ist dieser Regelungsansatz fragwürdig. Der EuGH lässt, wie oben dargestellt, nämlich keine Einschränkung der Transparenz, sondern lediglich eine Korrektur des Ergebnisses des Teilnahmewettbewerbs (nachträgliche Reduzierung der Anzahl zugelassener Teilnehmer) zu. Vor diesem Hintergrund ist der gänzliche Verzicht auf den Teilnahmewettbewerb potentiell mit dem Risiko von Vertragsverletzungsverfahren gegen die Bundesrepublik Deutschland behaftet. 21

c) Die Kommissionsmitteilung zu Rechtspflichten bei nicht sekundärrechtlich geregelten Vergaben

22 Die Kommission der Europäischen Gemeinschaften hat diese (mittlerweile ständige) Rechtsprechung des EuGH bereits im Jahr 2006 aufgegriffen und am 23.6.2006 eine „**Mitteilung zu Auslegungsfragen** in Bezug auf das Gemeinschaftsrecht, das für die Vergabe öffentlicher Aufträge gilt, die nicht oder nur teilweise unter die Vergaberichtlinien fallen", veröffentlicht. Zielsetzung dieser Kommissionsmitteilung war es, die EU-Mitgliedstaaten für die Entwicklung des Vergaberechts in der Rechtsprechung des EuGH zu sensibilisieren und so die Märkte für öffentliche Aufträge mit kleinerem Volumen verstärkt einem europäischen Wettbewerb zu öffnen.

23 In der Mitteilung wird festgehalten, dass Unterschwellenaufträge vielfach direkt an lokale Anbieter ohne jede Ausschreibung vergeben werden, obwohl diese nach Auffassung der Kommission beachtliche Gestaltungsmöglichkeiten im Binnenmarkt bieten. Die Kommission erläutert, dass die Binnenmarktregeln des EG-Vertrages auch für Aufträge gelten, die nicht unter die Vergaberichtlinien fallen. In diesem Zusammenhang führt sie an, dass der EuGH eine Reihe von bei der Auftragsvergabe zu beachtenden Grundanforderungen (u.a. eine Transparenzpflicht bei der Auftragsvergabe) entwickelt habe, die sich direkt aus den Vorschriften und Grundsätzen des EG-Vertrages ableiten. Die Kommission weist allerdings einschränkend darauf hin, dass diese Grundanforderungen nur für Aufträge mit einer sog. **Binnenmarktrelevanz** gelten (und geht insofern auch mit der zeitlich nachfolgenden Rechtsprechung des EuGH konform). Die Entscheidung, inwieweit ein Auftrag möglicherweise für Wirtschaftsteilnehmer eines anderen Mitgliedstaates von Interesse sein könnte, obliegt nach Auffassung der Kommission den einzelnen Auftraggebern.

24 Die Kommissionsmitteilung ist unterschiedlich beurteilt worden. Umstritten war insbesondere, ob das Dokument lediglich eine Interpretation des ohnehin geltenden Primärrechts ist oder ob es faktisch ein den Richtlinien vergleichbares Vergaberecht unterhalb der Schwellenwerte schafft (Monatsinfo 5/2006, S. 93, forum vergabe e.V.).

25 Die Bundesregierung hat am 14.9.2006 Klage gegen die Kommissionsmitteilung erhoben und deren **Nichtigkeitserklärung** begehrt (EuG vom 20.5.2010, T-258/06). Sie hat geltend gemacht, dass der Kommission die **Zuständigkeit für den Erlass** der streitgegenständlichen Mitteilung fehle. Die angegriffene Mitteilung enthalte **neue Vergaberegeln**, die über die sich aus dem bestehenden Gemeinschaftsrecht ergebenen Verpflichtungen hinausgehen. Diese Elemente würden rechtsverbindliche Wirkungen für die Mitgliedstaaten erzeugen. Die Beklagte schaffe mit der Mitteilung eine De-facto-Gesetzgebung, mit der sie die Vorschriften des EG-Vertrages umgehe. Im Wesentlichen möchte die Klägerin deutlich machen, dass die **Gestaltung der Transparenz**, d.h. die **Vorschriften zur Bekanntmachung bei öffentlichen Aufträgen unterhalb der Schwellenwerte einschließlich des Rechtsschutzes, Sache der Mitgliedstaaten** bleiben müsse. Ein eigenständiges Vergaberechtsregelwerk lasse sich für diesen Bereich weder aus den Grundfreiheiten des EG-Vertrages noch aus der Rechtsprechung des EuGH ableiten. Die von der Kommission angeführten Entscheidungen „Telaustria" (EuGH vom 7.12.2000, Rs. C-324/98), „Coname" (EuGH vom 21.7.2005, Rs. C-231/03) und „Parking Brixen" (EuGH vom 13.10.2005, Rs. C-458/03) seien nicht einschlägig, da sie Dienstleistungskonzessionen beträfen und nicht auf Auftragsvergaben unterhalb der Schwellenwerte übertragbar seien. Auch die beiden anderen in der Kommissionsentscheidung genannten EuGH-Entscheidungen zu Auftragsvergaben unterhalb der Schwellenwerte – der Beschluss „Vestergaard" (EuGH vom 3.12.2001, Rs. C-59/00) und das Urteil „Kommission ./. Frankreich" (EuGH vom 20.10.2005, Rs. C-264/03) – könnten keine Verpflichtung zu einer umfassenden vorherigen Bekanntmachung begründen. Der Gerichtshof habe sich im Beschluss „Vestergaard" in keiner Weise zu einem etwaigen Transparenzerfordernis geäußert, sondern lediglich für diesen Fall das **Diskriminierungsverbot** für anwendbar erklärt (Rs. C-59/00, Rn. 20 und 24). Auch das Urteil „Kommission ./. Frankreich" beziehe sich insbesondere auf das Diskriminierungsverbot und gerade nicht auf das Transparenzgebot (Rs. C-264/03, Rn. 32 und 33).

26 Die Bundesrepublik Deutschland hat weiter gerügt, dass die Beklagte durch die Schaffung von rechtsverbindlichen Regelungen gegen das **institutionelle Gleichgewicht** zwischen dem Rat, dem

Europäischen Parlament und der Kommission verstoßen habe (zweiter Klagegrund). Nach Auffassung der Klägerin ist die europäische Gesetzgebung eine Angelegenheit des europäischen Gesetzgebers, des Rates sowie des Europäischen Parlaments, nicht aber der EU-Kommission. Hilfsweise wurde vorgetragen, dass ein **Verstoß gegen den Grundsatz der Rechtssicherheit** vorliege (dritter Klagegrund). Die Kommission habe die Rechtsgrundlage nicht ausdrücklich genannt und damit gegen die Begründungspflicht nach Art. 253 EG-Vertrag verstoßen.

In der **Klageerwiderung** legte die Kommission zunächst die Gründe für die Ausarbeitung der Mitteilung dar. Die Anwendung der Vorschriften und Grundsätze des EG-Vertrages auf öffentliche Aufträge außerhalb des Anwendungsbereichs der Vergaberichtlinien sei in den letzten Jahren mehrfach Gegenstand von Entscheidungen des Gerichtshofs gewesen. Es habe sich gezeigt, dass die Mitgliedstaaten bei der Anwendung dieser Vorschriften und Grundsätze in der Praxis auf Schwierigkeiten gestoßen seien. Dies habe zu einer Erhöhung der Zahl an Vertragsverletzungsverfahren betreffend die Vergabe von öffentlichen Aufträgen außerhalb des Anwendungsbereichs der Richtlinien geführt. Bei verschiedenen Gelegenheiten hätten daher einzelne Mitgliedstaaten und Interessenvertreter die Kommission um Leitlinien zur Anwendung der sich aus dieser Rechtsprechung ableitenden Grundsätze gebeten. 27

Die Kommission hielt die Klage insgesamt für unbegründet, da Gegenstand einer Nichtigkeitsklage nach Art. 230 EG-Vertrag nur Akte mit verbindlichen Rechtswirkungen für Dritte sein könnten. Im Falle der angegriffenen Kommissionsmitteilung zu den Unterschwellenvergaben handele es sich jedoch offensichtlich um einen **unverbindlichen Rechtsakt**. Gegenstand der Mitteilung sei lediglich die Erläuterung der Rechte und Pflichten, die sich aus den Vorschriften des Gemeinschaftsrechts, ggf. unter Berücksichtigung der einschlägigen Rechtsprechung des Gerichtshofs, ergeben. Zwar könne nach Ansicht der Kommission die angefochtene Mitteilung das Verhalten einzelner Mitgliedstaaten, nationaler Behörden und Wirtschaftsteilnehmer beeinflussen. Hierin liege aber eine rein tatsächliche und keine rechtliche Wirkung der Kommissionsmitteilung. Zur Verdeutlichung des unverbindlichen Charakters der Mitteilung verweist die Kommission auch auf deren Wortlaut: „Die Kommission erläutert ihr Verständnis der Rechtsprechung des EuGH und stellt bewährte Verfahren vor, um die Mitgliedstaaten darin zu unterstützen, die Möglichkeiten des Binnenmarktes voll ausschöpfen zu können. Diese Mitteilung führt keine neuen rechtlichen Regeln ein. Es ist jedoch zu beachten, dass die Auslegung des Gemeinschaftsrechts letztendlich in jedem Fall Sache des EuGH ist." 28

Der Klage Deutschlands vor dem EuGH sind Frankreich, Polen, die Niederlande, Österreich, das Europäische Parlament, Griechenland, Großbritannien und Nordirland als Streithelfer beigetreten. Das Europäische Parlament kritisierte bereits 2006 im Kontext der Positionierung zu PPP und Konzessionen die Mitteilung der Kommission zur Vergabe unterhalb der Schwellenwerte. Es unterstrich, dass die Mitgliedstaaten für die Umsetzung der Grundsätze des Primärrechts verantwortlich wären und die Schaffung von Regelungen auf EU-Ebene Vorrecht des Rates und des Parlamentes sei (Monatsinfo 3/2007, S. 58, forum vergabe e.V.). 29

Das EuG hat die Klage der Bundesrepublik Deutschland mit Urteil vom 20.5.2010 (T-258/06) schließlich als unzulässig abgewiesen. In der Urteilsbegründung geht das EuG allerdings auch dezidiert auf die Inhalte der Kommissionsmitteilung ein, wobei die bisherige Rechtsprechung des EuGH zu den Vergaberechtspflichten im Unterschwellenbereich nochmals bekräftigt wird. Insbesondere wird festgestellt, dass die Transparenzpflicht und das Verbot der Diskriminierung aus Gründen der Staatsangehörigkeit verlangen, dass auch Unterschwellenaufträge bei einer Binnenmarktrelevanz bekannt zu machen sind, insoweit wird das Verbot jeder direkten oder indirekten Diskriminierung von potentiellen Bietern aus anderen Mitgliedstaaten erneut hervorgehoben. 30

d) Auswirkungen auf Auftragsvergaben unterhalb der Schwellenwerte

Der von der Kommission noch einmal ausdrücklich an die Mitgliedstaaten kommunizierten Entwicklung der Rechtsprechung des EuGH wurde zunächst partiell durch Erlasse auf Grundlage des Landeshaushaltsrechts Rechnung getragen, die insbesondere die Transparenz von Auftragsvergaben unterhalb der Schwellenwerte erhöhen sollen. So hat z.B. das Nordrhein-Westfälische Innenministe- 31 rium nach Veröffentlichung der Kommissionsmitteilung in den Vergaberechtsgrundsätzen für Gemeinden darauf hingewiesen, dass bei Nichtberücksichtigung dieser Transparenzerfordernisse bei Auftragsvergaben mit Auftragswerten oberhalb einer Grenze von 10 % der EU-Schwellenwerte nicht auszuschließen sei, dass die Kommission Vergaben beanstande (Runderlass des Innenministeriums vom 22.3.2006, 34-48.07.01/01-2178/05, Ministerialblatt für das Land Nordrhein-Westfalen vom 5.4.2006, S. 222).

Die in der Folge zu beobachtende Änderung der Vergabepraxis wurde jedoch durch die im Zuge der Wirtschaftskrise erfolgte Lockerung der Vergaberegeln auf Grundlage des Konjunkturpakets II wenige Jahre später geradezu ins Gegenteil verkehrt. Insbesondere die hierdurch geschaffenen zusätzlichen Möglichkeiten zur Durchführung beschränkter Ausschreibungen ohne Teilnahmewettbewerb und freihändiger Vergaben (s. z.B. Rundschreiben des BMWi, IB3-260500/37 vom 29.1.2009 sowie Erlass des BMVBS B15-81636/1, Januar 2009) haben zu erheblichen Transparenzdefiziten geführt, was schon aus korruptionspräventiven Gesichtspunkten heraus problematisch ist. Auch die Wirtschaftsverbände haben seinerzeit eine Fortgeltung der hohen Schwellenwerte aus dem Konjunkturpaket II über den 31.12.2010 hinaus mit der Begründung abgelehnt, dass dies dauerhaft den Wettbewerb und die Transparenz der Auftragsvergabe einschränke (PM vom 13.10.2009, abrufbar unter www.bak.de, Stichwort „Vergabe"). Dessen ungeachtet sind die erhöhten Wertgrenzen für freihändige Vergaben und beschränkte Ausschreibungen auch nach Auslaufen der Modifizierung der Vergaberegeln für den Unterschwellenbereich durch das Konjunkturpaket II zum Ende des Jahres 2010 in einigen Bundesländern verlängert worden (s. z.B. die Wertgrenzen bei Ausschreibungen nach der Änderungsverordnung zur Schleswig-Holsteinischen Vergabeverordnung [SHVgVO], die bis zum 31.12.2013 verlängert wurden, s. GVOBl. SH vom 20.12.2012; eine aktuelle Übersicht zu den vergaberechtlichen Wertgrenzen findet sich unter www.abst.de).

32 Nach wie vor ist der **Nutzen dieser Maßnahmen** nicht unumstritten: In der im Auftrag des Bundesministeriums für Wirtschaft und Technologie durchgeführten Evaluierung der Vereinfachungsmaßnahmen bei der Vergabe von Aufträgen über Liefer- und Dienstleistungen nach dem Konjunkturpaket II (Abschlussbericht zur Studie im Auftrag des Bundesministeriums für Wirtschaft und Technologie, www.bmwi.de/BMWi/Navigation/Service/Publikationen) werden positive Effekte hinsichtlich der Verfahrensdauer und der Verfahrenskosten hervorgehoben. Die Evaluation der Vergabeerleichterungen im Rahmen des Konjunkturpakets II für den Bausektor hat allerdings bestätigt, dass die öffentliche Ausschreibung die wirtschaftlichsten Ergebnisse erzielt (Bundesministerium für Verkehr, Bau und Stadtentwicklung, www.bmvbs.de/BauenUndWohnen/Bauwesen/Bauauftragsvergabe). Nach Transparency International führt die Vorgehensweise der Bundesländer zu einer Aushebelung des Vergaberechts im Unterschwellenbereich, zu weniger Wettbewerb und Transparenz und fördert Korruption. Die **Wertgrenzenerlasse** und deren Verlängerung werden daher von dieser Seite nach wie vor uneingeschränkt abgelehnt (www.transparency.de/positionspapiervergaberecht).

33 Es ist zu bezweifeln, dass die krisenbedingte Kulanz der Europäischen Kommission lange fortdauert. Hiervon ist nicht nur vor dem Hintergrund der ablehnenden Entscheidung des EuG über die Klage gegen die Kommissionsmitteilung zu Vergaben, die nicht unter die Vergaberichtlinien fallen (Rn. 29), auszugehen. Auch nach der deutschen Rechtsprechung ist der Spielraum wesentlich enger geworden. Der BGH hat mittlerweile ausdrücklich darauf hingewiesen, dass öffentliche Auftraggeber nach der ständigen Rechtsprechung des Gerichtshofs der Europäischen Union das Primärrecht der Europäischen Union im Unterschwellenbereich zu beachten haben, sofern ein **grenzüberschreitendes Interesse** am Auftrag zu bejahen ist (BGH vom 30.8.2011, X ZR 55/10). Zur Beurteilung der Frage, ob an einem öffentlichen Auftrag ein grenzüberschreitendes Interesse besteht, ist nach dem BGH eine Prognose darüber anzustellen, ob der Auftrag nach den konkreten Marktverhältnissen, d.h. mit Blick auf die angesprochenen Branchenkreise und ihre Bereitschaft, Aufträge ggf. in Anbetracht ihres Volumens und des Ortes der Auftragsdurchführung auch grenzüberschreitend auszuführen, für ausländische Anbieter interessant sein könnte. Diese Vorgabe ist mithin im Unterschwellenbereich zwingend zu berücksichtigen, pauschale Einschränkungen der hiernach zu

berücksichtigenden Transparenzpflichten durch Wertgrenzenerlassregelungen sind insoweit auch nach der nationalen Vergaberechtsprechung unzulässig.

II. Die allgemeinen Grundsätze des Vergaberechts in ihrer gesetzlichen Konkretisierung

1. Die Grundsätze in den Vergabe- und Vertragsordnungen

a) Überblick

Obgleich sich in den vergangenen Jahren eine geradezu ausufernde Kasuistik zu den Grundsätzen des Vergaberechts entwickelt hat, sind diese für die Praxis zuallererst in ihrer gesetzlichen Ausprägung in den Vergabe- und Vertragsordnungen relevant. Diese Regelwerke greifen die Vergaberechtsgrundsätze des GWB auf teils unterschiedliche Weise auf, präzisieren sie hinsichtlich der Erfordernisse der jeweiligen Auftragskategorie (Liefer- und Dienstleistungen, Bauleistungen und freiberufliche Leistungen) und formulieren sie dann spezifisch aus. 34

Die unterschiedlichen Ausformulierungen der Grundsätze sind allerdings nicht ausschließlich mit Blick auf die Eigenheiten bestimmter Auftragskategorien erfolgt, sondern teils immer noch historische Relikte des Gesetzgebungsverfahrens, an dem unterschiedliche Urheber (in erster Linie der DVA und der DVAL) parallel, aber nicht ausreichend koordiniert Regelungen formuliert haben. Ein weiterer Grund für die Inhomogenität der Vergaberechtsgrundsätze auf Ebene der Vergabe- und Vertragsordnungen ist die **Zweiteilung des Vergaberechts** in einen „nationalen" Teil (die Basisvorschriften jeweils im 1. Abschnitt von VOL/A und VOB/A) sowie einen von den europäischen Vergaberichtlinien determinierten Teil (die Vorschriften des 2. Abschnitts der VOL/A und der VOB/A, die VOF sowie die SektVO und die VSVgV). Die bereits lange vor der Umsetzung der europäischen Vergaberichtlinien existenten „nationalen" Vergaberegelungen respektive die dort aufgestellten Grundsätze wurden mehrfach überarbeitet und auf unterschiedliche Weise an das europäische Recht angepasst. Der damit einhergehende Verlust an Rechtsklarheit ist dem Vergabepraktiker nur schwer zuzumuten. 35

Die Regelungen der „Grundsätze" in den Vergabe- und Vertragsordnungen übernehmen ausschnittweise ausdrücklich die Grundsatzregelungen des § 97, modifizieren diese oder leiten aus ihnen völlig neue Grundsätze ab. Dies zeigt schon ein erster Vergleich der Regelungen aus VOL/A, VOB/A und VOF: 36

Übersicht: „Grundsätze" der Vergabe in den Vergabe- und Vertragsordnungen im Vergleich 37

§ 2 EG VOL/A („Grundsätze")	§ 2 EG VOB/A („Grundsätze")	§ 2 VOF („Grundsätze")
(1) Aufträge werden in der Regel im Wettbewerb und im Wege transparenter Vergabeverfahren an fachkundige, leistungsfähige und zuverlässige (geeignete) Unternehmen zu angemessenen Preisen vergeben. Dabei darf kein Unternehmen diskriminiert werden.	(1) 1. Bauaufträge werden an fachkundige, leistungsfähige sowie gesetzestreue und zuverlässige Unternehmen zu angemessenen Preisen in transparenten Vergabeverfahren vergeben. 2. Der Wettbewerb soll die Regel sein. Wettbewerbsbeschränkende und unlautere Verhaltensweisen sind zu bekämpfen. (2) Bei der Vergabe von Bauleistungen darf kein Unternehmen diskriminiert werden.	(1) Aufträge werden an fachkundige, leistungsfähige und zuverlässige Unternehmen vergeben. Dabei darf kein Unternehmen diskriminiert werden.

§ 2 EG VOL/A ("Grundsätze")	§ 2 EG VOB/A ("Grundsätze")	§ 2 VOF ("Grundsätze")
		(2) Die Teilnehmer an einem Vergabeverfahren sind gleich zu behandeln, es sei denn, eine Benachteiligung ist auf Grund des Vierten Teils des Gesetzes gegen Wettbewerbsbeschränkungen (GWB) ausdrücklich geboten oder gestattet.
	§ 5 EG ("Einheitliche Vergabe, Vergabe nach Losen") (1) Bauaufträge sollen so vergeben werden, dass eine einheitliche Ausführung und zweifelsfreie umfassende Haftung für Mängelansprüche erreicht wird; sie sollen daher in der Regel mit den zur Leistung gehörigen Lieferungen vergeben werden.	
(2) Mittelständische Interessen sind bei der Vergabe öffentlicher Aufträge vornehmlich zu berücksichtigen. Leistungen sind in der Menge aufgeteilt (Teillose) und getrennt nach Art oder Fachgebiet (Fachlose) zu vergeben. Mehrere Teil- oder Fachlose dürfen zusammen vergeben werden, wenn wirtschaftliche oder technische Gründe dies erfordern.	(2) Mittelständische Interessen sind bei der Vergabe öffentlicher Aufträge vornehmlich zu berücksichtigen. Leistungen sind in der Menge aufgeteilt (Teillose) und getrennt nach Art oder Fachgebiet (Fachlose) zu vergeben. Mehrere Teil- oder Fachlose dürfen zusammen vergeben werden, wenn wirtschaftliche oder technische Gründe dies erfordern. Wird ein Unternehmen, das nicht öffentlicher Auftraggeber ist, mit der Wahrnehmung oder Durchführung einer öffentlichen Aufgabe betraut, verpflichtet der Auftraggeber das Unternehmen, sofern es Unteraufträge an Dritte vergibt, nach den Sätzen 1 bis 3 zu verfahren.	(4) Kleinere Büroorganisationen und Berufsanfänger sollen angemessen beteiligt werden.
(3) Die Durchführung von Vergabeverfahren lediglich zur Markterkundung und zum Zwecke von Ertragsberechnungen ist unzulässig.	(4) Die Durchführung von Vergabeverfahren zum Zwecke der Markterkundung ist unzulässig.	
(4) Bei der Vergabe sind die Vorschriften über die Preise bei öffentlichen Aufträgen zu beachten.		
	(3) Es ist anzustreben, die Aufträge so zu erteilen, dass die ganzjährige Bautätigkeit gefördert wird.	

§ 2 EG VOL/A („Grundsätze")	§ 2 EG VOB/A („Grundsätze")	§ 2 VOF („Grundsätze")
	(5) Der Auftraggeber soll erst dann ausschreiben, wenn alle Vergabeunterlagen fertig gestellt sind und wenn innerhalb der angegebenen Fristen mit der Ausführung begonnen werden kann.	
		(3) Aufträge sollen unabhängig von Ausführungs- und Lieferinteressen vergeben werden.

b) Auftragskategoriebezogene Spezifika

Sowohl die **VOL/A** als auch die **VOB/A** enthalten ein Verbot der Durchführung von Vergabeverfahren zum Zwecke der **Markterkundung**, s. § 2 EG Abs. 3 VOL/A (fast identisch § 2 EG Abs. 4 VOB/A). Dieser Grundsatz soll Marktteilnehmer vor **Scheinausschreibungen** schützen, die ein öffentlicher Auftraggeber ohne konkrete Vergabeabsicht durchführt, z.B. zu dem Zweck der Einholung von Preislisten oder Kostenanschlägen. Der Grundsatz beruht auf der Erwägung, dass die Markterkundung in den Pflichtenbereich der Auftraggeber gehört und derartige Vorleistungen nicht den Bietern aufgebürdet werden dürfen. Dies ist konsequent, da die Scheinausschreibung auch mit dem Verbot unlauterer geschäftlicher Handlungen gemäß § 3 UWG respektive dem Verbot irreführender geschäftlicher Handlungen gemäß § 5 UWG nicht zu vereinbaren ist. 38

Die hingegen zumindest grundsätzlich als zulässig angesehene **Parallelausschreibung** dürfte nach der Verschärfung der Mittelstandsregelung in Abs. 3 an Bedeutung verlieren. In der Praxis wird die Parallelausschreibung nämlich bislang genutzt, um dieselbe Leistung als Generalunternehmervergabe und als Fach- bzw. Teillosvergabe auszuschreiben. Auf diesem Wege soll die Entscheidungsbasis für die Ermittlung des wirtschaftlich günstigsten Angebots verbreitert werden. Die Möglichkeiten zur Abweichung von der Teil- bzw. Fachlosvergabe sind durch die Regelung in Abs. 3 Satz 2, die durch das Gesetz zur Modernisierung des Vergaberechts vom 20.4.2009 (BGBl. I S. 790) zugunsten einer Gesamtvergabe verschärft wurde, eingeschränkt. 39

Nach § 2 EG Abs. 3 VOB/A ist anzustreben, die Aufträge so zu erteilen, dass die **ganzjährige Bautätigkeit gefördert** wird. Dieser bauspezifische Grundsatz ist nicht lediglich arbeitsmarktpolitisch motiviert, sondern soll auch durch eine gleichmäßige Auslastung der Humanressourcen der Bauunternehmen die Baukosten senken und damit einen mittelbaren Beitrag zur wirtschaftlichen Beschaffung leisten. Die Regelung ist allerdings schon ihrer Formulierung nach – „Es ist anzustreben (...)" – eher programmatischer Natur. 40

Nach einer weiteren bauspezifischen Regelung in § 2 EG Abs. 5 VOB/A soll der Auftraggeber erst dann ausschreiben, wenn alle Vergabeunterlagen fertig gestellt sind und wenn innerhalb der angegebenen Fristen mit der Ausführung begonnen werden kann. Hiermit sollen in erster Linie **Verzögerungen im Verfahrensablauf unterbunden** werden, was etwa mit Blick auf Bindefristen für Preisangebote von großer praktischer Bedeutung ist. 41

Auch die **VOF** enthält auftragsspezifische Grundsätze. Nach § 2 Abs. 3 VOF sollen Aufträge **unabhängig von Ausführungs- und Lieferinteressen vergeben** werden. Damit soll im Interesse der wirtschaftlichen Leistungserbringung die Neutralität des Dienstleisters gewährleistet werden. Im Bereich der Architektenleistungen bedeutet dies z.B., dass der Leistungserbringer nicht in geschäftliche Beziehungen zu Bauprodukteherstellern oder Bauunternehmen verflochten sein darf, die negativen Einfluss auf die Unabhängigkeit seiner Tätigkeit haben können, d.h. seine (auch berufsrechtlich verankerte) Stellung als unabhängiger Treuhänder des Bauherrn beeinträchtigen. 42

Gleichermaßen ist der **Grundsatz der Mittelstandsförderung** des Abs. 3 hier auf die besonderen Bedürfnisse bei der **Vergabe freiberuflicher Leistungen** – in der Praxis spielen hier vor allem Architekten- und Ingenieurleistungen eine Rolle – zugeschnitten worden. Zumindest die Teillosvergabe 43 macht hier nämlich nur bedingt Sinn: Eine generelle Aufteilung eines solchen Auftrags in einzelne Leistungsphasen würde dem geordneten Ablauf eines Bauvorhabens entgegenstehen, erhebliche zusätzliche Schnittstellen und Kosten produzieren und Rechtsprobleme vom Urheberrecht bis zum Haftungsrecht aufwerfen. Aber auch die Aufteilung eines Auftrags zur Entwicklung von Software in Einzelsegmente ist oft nicht zielführend. Aus diesem Grund liegen bei VOF-Vergaben regelmäßig wirtschaftliche oder technische Gründe vor, die nach Abs. 3 Satz 3 eine **Ausnahme von der Teillosvergabe** zulassen. Architekten- und Ingenieurleistungen sind nach der gesetzlichen Definition unterschiedliche Leistungen (s. § 3 Abs. 7 VgV, der nur Auftragsteilungen „derselben" freiberuflichen Leistung erfasst) und werden in der Regel separat vergeben. Dies entspricht letztlich auch dem Gebot der **Fachlosvergabe**, welches eine Zusammenfassung dieser Leistungen in einem Generalplanerauftrag nur unter den in Abs. 3 Satz 3 genannten Voraussetzungen zulässt.

44 Der Gesetzgeber hat den Schwerpunkt der mittelstandsfreundlichen Vergabe nach Abs. 3 Satz 1 deshalb in § 2 Abs. 4 VOF sachgerecht dahingehend abgeändert, dass **kleinere Büroorganisationen und Berufsanfänger angemessen beteiligt** werden sollen. Diese Regelung wird im Schrifttum allerdings eher als Programmsatz und nicht als verbindlicher Vergabegrundsatz gewertet (vgl. *Kaufhold/Mayerhofer/Reichl*, Die VOF im Vergaberecht, § 4 Rn. 16). Die Vergabekammer Niedersachsen (vom 25.9.2006, VgK-19/2006) ist dieser Auffassung gefolgt und hat insoweit festgestellt, es handle sich um einen allgemeinen Hinweis darauf, dass die öffentliche Hand auch kleineren Büroorganisationen und Newcomern eine Chance geben soll. Andererseits folge daraus nicht, dass bei besonders schwierigen und komplexen Planungen, für die große Erfahrungen erforderlich sind, Berufsanfänger oder kleinere Büroorganisationen „angemessen" zu berücksichtigen sind. Das Wort „angemessen" beziehe sich auf die gesamte Vergabepraxis eines Auftraggebers, wenn nicht sogar auf die Gesamtaufträge der öffentlichen Auftraggeber in einer Periode. Dabei könne es auch nicht darauf ankommen, im Detail nachzurechnen, ob und inwieweit überhaupt kleinere Büros im konkreten Vergabeverfahren zum Zuge gekommen sind.

45 Schon diese notwendige Diversifizierung der Vergaberechtsgrundsätze verdeutlicht die Vorzüge eines im Kaskadensystem ausdifferenzierten Vergaberechts, das dem Anwender die Beachtung von für die jeweils gegenständliche Auftragskategorie sachbezogenen Grundsätzen vorschreibt. Kritisch zu sehen sind hingegen die unterschiedlichen Formulierungen der Vergabe- und Vertragsordnungen zu den weiteren Vergaberechtsgrundsätzen, die untereinander keine abweichenden Regelungsgehalte intendieren, sondern lediglich die Vorgaben des § 97 auf unterschiedliche Weise repetieren. Derartige individualistische **Formulierungsunterschiede** dienen nicht der Rechtsklarheit, sondern führen zu überflüssiger Verunsicherung bei der Anwendung des Vergaberechts.

c) Die Umsetzung der Vergaberechtsgrundsätze in „operative" Regelungen der Vergabe- und Vertragsordnungen

46 Die Vergabe- und Vertragsordnungen enthalten die aus Sicht des Gesetzgebers erforderlichen spezifischen normativen Vorgaben für ein den Grundsätzen des Vergaberechts entsprechendes Vergabeverfahren. Die einzelnen Vorschriften lassen sich teils unmittelbar den Vergaberechtsgrundsätzen des § 97 zuordnen, teils verfolgen sie deren Ziele nur mittelbar und im Zusammenspiel mit anderen Vorschriften. Regelungsdichte und -intensität sind unterschiedlich und gehen teilweise auch inhaltlich über die Anforderungen der europäischen Vergaberichtlinien hinaus (so enthalten z.B. § 11 EG VOL/A und § 9 EG VOB/A umfassende Vertragsbedingungen).

47 Die Umsetzung der Grundsätze des § 97 wird in den Vergabeordnungen in den meisten Einzelregelungen unmittelbar deutlich. So bestimmt etwa § 3 EG VOL/A („Arten der Vergabe"), dass die Vergabe von Aufträgen im offenen Verfahren erfolgt und nur in begründeten Ausnahmefällen ein nicht offenes Verfahren, ein Verhandlungsverfahren oder ein wettbewerblicher Dialog zulässig ist. Die **Verfahrenshierarchie** wird also ganz maßgeblich von den allgemeinen Grundsätzen des Wettbewerbs, der Transparenz und der Gleichbehandlung geprägt, denen das offene Verfahren am ehesten gerecht wird, was den Gesetzgeber zu einer entsprechenden Grundsatzregelung zur **Verfahrenswahl** bereits auf der Stufe des GWB veranlasst hat (s. § 101 Abs. 7 GWB). Die Grundsätze spie-

geln sich ebenso in dezidierten **Fristenregelungen**, die eine Verkürzung nur in gesetzlich definierten Ausnahmefällen zulassen, wider, vgl. z.B. § 10 EG VOB/A. Die Auswahl der Teilnehmer erfolgt anhand objektiver (und damit nichtdiskriminierender) Kriterien, um den oben genannten Grundsätzen gerecht zu werden (s. z.B. §§ 6 und 7 EG VOL/A). Die Vergabe- und Vertragsordnungen enthalten auch klare **Bekanntmachungsregelungen** zur Gewährleistung der Transparenz des Verfahrens (s. z.B. § 15 EG VOL/A). Der Zuschlag erfolgt in den Vergabe- und Vertragsordnungen sowie in der SektVO und der VSVgV in Übereinstimmung mit Abs. 5 auf das wirtschaftlichste Angebot. Schließlich enthalten die Vergabe- und Vertragsordnungen präzise Vorgaben über die **Dokumentation** des Verfahrens (s. z.B. § 24 EG VOL/A).

Die allgemeinen Vergaberechtsgrundsätze des § 97 ziehen sich mithin wie ein roter Faden durch die Vergabeordnungen, sie sind Vorgabe und Maßstab für die inhaltlichen und formalen Anforderungen an die Ausgestaltung des Vergabeverfahrens. 48

2. Die Grundsätze des Vergaberechts im GWB, in der VgV, VSVgV und SektVO

Die Rechtsgrundsätze des § 97 spielen in den weiteren Vorschriften des 4. Teils des GWB („Vergabe öffentlicher Aufträge"), in der VgV, der VSVgV und der SektVO eine unterschiedliche Rolle. 49

Das **GWB** regelt neben dem persönlichen Anwendungsbereich (§ 98 GWB) und dem sachlichen Anwendungsbereich (§§ 99, 100 GWB), den Arten der Vergabe (§ 101 GWB) in erster Linie das Nachprüfungsverfahren (Zweiter Abschnitt des 4. Teils, §§ 102 bis 124 GWB). Eine direkte Verbindung zu den zentralen Vergaberechtsgrundsätzen weist § 101 Abs. 7 Satz 1 GWB (Vorrang des offenen Verfahrens) auf. Mittelbar sichern aber auch weitere Vorschriften im 4. Teil des GWB die Beachtung der Grundsätze ab, so etwa § 101a GWB („Informations- und Wartepflicht") i.V.m. der Rechtsfolgenregelung des § 101b GWB („Unwirksamkeit") zur Sicherung des Wettbewerbs und der Gleichbehandlung ebenso wie der wirtschaftlichen Beschaffung und § 110 Abs. 2 Satz 3 GWB hinsichtlich der Dokumentation des Vergabeverfahrens in einer Vergabeakte zur Erhöhung der Verfahrenstransparenz. Das Nachprüfungsverfahren insgesamt dient letztlich der Durchsetzung der Grundsätze in der Vergabepraxis, indem es eine effektive Beseitigung von Verstößen gewährleistet. 50

In der **VgV** ist nach der Änderung des Vergaberechts nur noch eine Regelung enthalten, die als unmittelbare Umsetzung von Rechtsgrundsätzen aus § 97 anzusehen ist: § 16 VgV schließt Personen von der Mitwirkung an Entscheidungen des Auftraggebers aus, die bestimmte Beziehungen zur Bieter- bzw. Bewerberseite haben, da hierdurch insbesondere eine Beeinträchtigung des Wettbewerbs und der Gleichbehandlung zu befürchten ist. 51

Die **SektVO** enthält demgegenüber wie die Vergabe- und Vertragsordnungen zahlreiche Vorschriften, die als unmittelbare Umsetzung der Vergaberechtsgrundsätze betrachtet werden können. Dies ist darauf zurückzuführen, dass mit der SektVO die früher in den Abschnitten 3 und 4 der VOL/A und der VOB/A geregelten Sektorenaufträge aus den Vergabe- und Vertragsordnungen herausgelöst und in einer eigenständigen Rechtsverordnung umfassend geregelt wurden. Die SektVO erfüllt im Gesamtsystem des Vergaberechts deshalb eine Funktion, die eher mit den Vergabe- und Vertragsordnungen VOL, VOB und VOF als mit der VgV vergleichbar ist. Gleiches gilt im Ergebnis für die **VSVgV**, welche ebenfalls als eigenständige und – von Ausnahmen in Bezug auf die Vergabe von Bauaufträgen abgesehen – in sich abgeschlossene Vergabeordnung klassifiziert werden kann. 52

III. Die Grundsätze des Vergaberechts in der Rechtsprechung

Trotz der teilweise hohen Regelungsdichte der Vergabe- und Vertragsordnungen hat sich im Vergaberecht bis heute eine erstaunlich umfangreiche Rechtsprechung entwickelt, die sich keineswegs nur auf Fragen der Auslegung des anzuwendenden Rechts beschränkt hat. Teils sind im Wege der Rechtsfortbildung völlig neuartige Rechtspflichten, wie z.B. die Begrenzung von Vertragslaufzeiten, entwickelt worden (Rn. 72), teils sind unter Rückgriff auf die Rechtsgrundsätze Regelungen aus den Vergabe- und Vertragsordnungen in einer Weise weiterentwickelt worden, dass sie inhaltlich als eine Art parallele Regelungsebene in das geschriebene Recht hineinwirken. Die Ausformung der Inhalte der Grundsätze durch die Rechtsprechung übt hierdurch erheblichen Einfluss auf die Rechtsetzung 53 aus. Die Evolution der Vergabevorschriften lässt sich häufig als ein Hinterhereilen hinter der Rechtsprechung charakterisieren, wie das Beispiel der in den Vergabe- und Vertragsordnungen (und nun auch in der SektVO und der VSVgV) geregelten **Dokumentationspflicht** zeigt:

54 Hinsichtlich der Voraussetzungen an die **Abfassung des Vergabevermerks** lautete noch die einschlägige Vorschrift der VOL Fassung 2006:

„Über die Vergabe ist ein Vermerk zu fertigen, der die einzelnen Stufen des Verfahrens, die Maßnahmen, die Feststellung sowie die Begründung der einzelnen Entscheidungen enthält."

55 Die Rechtsprechung hat es jedoch darüber hinausgehend für erforderlich gehalten, dass der Vergabevorgang fortlaufend und zeitnah (verfahrensbegleitend) dokumentiert wird, da ein erst im Anschluss an das Verfahren gefertigter Vergabevermerk den Anforderungen des Transparenzgrundsatzes nicht gerecht wird (s. nur OLG Düsseldorf vom 17.3.2004, VII-Verg 1/04; VK Arnsberg vom 8.8.2006, VK 21/06). Dem ist der Gesetzgeber schließlich im Jahr 2009 gefolgt. § 24 EG Abs. 1 VOL/A lautet nunmehr:

„Das Vergabeverfahren ist von Anbeginn fortlaufend zu dokumentieren, so dass die einzelnen Stufen des Verfahrens, die einzelnen Maßnahmen sowie die Begründung der einzelnen Entscheidungen festgehalten werden." (Ebenso inhaltlich die neu gefassten Dokumentationsregelungen in § 20 EG VOB/A und § 12 VOF.)

56 Die Präzisierung der Dokumentationspflichten wurde ebenfalls konsequent in die SektVO aufgenommen. Diese bestimmt in § 32 Abs. 1:

„Auftraggeber sind verpflichtet, sachdienliche Unterlagen über jede Auftragsvergabe zeitnah zu erstellen und die Entscheidungen über die Auswahl der Unternehmen und die Auftragsvergabe, die Wahl des Verhandlungsverfahrens ohne vorherige Bekanntmachung und die Nichtanwendung der Vergabevorschriften nachvollziehbar zu dokumentieren."

57 Es zeigt sich, dass die Berücksichtigung der Rechtsprechung für die rechtssichere Anwendung des Vergaberechts unabdingbar ist. Die Kommentierung konzentriert sich nachfolgend auf für die Praxis besonders relevante und auch häufig streitbefangene Bereiche des Vergabeverfahrens, in denen den allgemeinen Grundsätzen des Vergaberechts mangels klarer oder umfassender Normierung des Verfahrens besonderes Gewicht zukommt.

58 Die von der Rechtsprechung behandelten Sachverhalte lassen sich häufig nicht ausschließlich unter einen konkreten Vergaberechtsgrundsatz subsumieren. Die Grundsätze überschneiden und ergänzen sich gegenseitig, bedingen einander und werfen zuweilen Widersprüche auf. Bereits oben wurde beispielhaft auf mögliche Konflikte zwischen dem Grundsatz der wirtschaftlichen Beschaffung und der Berücksichtigung „vergabefremder" Aspekte hingewiesen (Rn. 3). Die Zuordnung der Entscheidungen zu den nachfolgend behandelten einzelnen Grundsätzen muss deshalb nach Maßgabe der jeweiligen **Schwerpunkte** erfolgen.

B. Wettbewerbsgrundsatz, Transparenzgrundsatz (Abs. 1)

59 Nach Abs. 1 beschaffen öffentliche Auftraggeber Waren, Bau- und Dienstleistungen nach Maßgabe der Vorschriften des 4. Teils des GWB im Wettbewerb und im Wege transparenter Vergabeverfahren.

I. Wettbewerbsgrundsatz

1. Einführung

60 Der Wettbewerbsgrundsatz wird nicht durchgehend als Grundsatz mit eigenständiger materieller Bedeutung verstanden, sondern als das integrierende Ziel des Vergaberechts, das durch die einzelnen Grundsätze und Regelungen verwirklicht wird (*Ziekow*, Öffentliches Wirtschaftsrecht, 2007, § 9 Rn. 44). Gleichwohl hat die Rechtsprechung aus dem Wettbewerbsgrundsatz für die unterschiedlichsten Sachverhalte konkrete **Verhaltenspflichten abgeleitet**, sei es isoliert oder im Zusammen-

spiel mit Regelungen, welche den Grundsatz (in der Regel auf der Ebene der Vergabe- und Vertragsordnungen) **konkretisieren**. Insbesondere wurde dabei eine Reihe von wettbewerbswidrigen Vergabepraktiken identifiziert, die sich nicht schon als evident wettbewerbswidrig aufdrängen, wie etwa nach § 298 StGB strafbare wettbewerbsbeschränkende Absprachen bei Ausschreibungen oder korruptives Verhalten, sondern auch allgemeine Verhaltensweisen, die den Wettbewerb beeinträchtigen.

Die auf Grundlage des GWB erlassenen Vergaberegeln lassen nur wenige Einschränkungen des Wettbewerbsgrundsatzes zu. Dies ist etwa dann der Fall, wenn nur die Vergabe an einen ganz bestimmten Interessenten in Betracht kommt, wenn auf dessen Seite beispielsweise ausschließliche Urheber- oder Patentrechte liegen. Auch die Zulassung von Verfahren ohne vorherigen Teilnahmewettbewerb verkürzt den Wettbewerb nicht unerheblich und ist deshalb nur ausnahmsweise unter im Gesetz abschließend aufgeführten Umständen zulässig. Dies gilt auch hinsichtlich der Beschleunigung des Verfahrens durch Fristverkürzungen, die ebenfalls den Zugang zum Verfahren erschweren.

Sind unlautere oder sonstige wettbewerbswidrige Verhaltensweisen (im Sinne des UWG) geeignet, die Chancen von Mitbewerbern zu beeinträchtigen, kann dies im Nachprüfungsverfahren angegriffen werden. Abs. 1 hat **bieterschützende Wirkung** (BGH vom 1.2.2005, X ZB 27/04).

2. Der Wettbewerbsgrundsatz in der Rechtsprechung

a) Wettbewerbsbeschränkende Abreden, Geheimwettbewerb und Mehrfachbieter

Der Begriff der **wettbewerbsbeschränkenden Abrede** i.S.d. § 19 EG Abs. 3 Buchst. f VOL/A ist mit Blick auf den das gesamte Vergabeverfahren beherrschenden Wettbewerbsgrundsatz (Abs. 1; § 2 EG Abs. 1 Satz 1 VOL/A) **weit auszulegen** und deshalb nicht auf gesetzeswidriges Verhalten beschränkt, sondern umfasst auch alle sonstigen Absprachen und Verhaltensweisen eines Bieters, die mit dem vergaberechtlichen Wettbewerbsgebot unvereinbar sind (OLG Düsseldorf vom 4.2.2013, VII-Verg 31/12). Danach ist es mit dem vergaberechtlichen Wettbewerbsprinzip schlechterdings unvereinbar, wenn ein Bieter an der Ausschreibung teilnimmt, dem (ganz oder teilweise) das Angebot oder zumindest die Angebotsgrundlagen eines Mitbewerbers um den Zuschlag bekannt sind. Maßgeblich ist dabei, dass durch diesen Verstoß gegen die Grundsätze des **Geheimwettbewerbs** ein echter Bieterwettbewerb verhindert wird. Das ist nach der Rechtsprechung schon bei **Kenntnis von wesentlichen Teilen des Angebots** des Mitbieters der Fall, wobei eine Kenntnis von über 50 % mehr als ausreichend ist (OLG München vom 11.8.2008, Verg 16/08). Unter welchen Umständen von einer solchen Kenntnis auszugehen ist und Angebote deshalb auszuschließen sind, bedarf nach der Rechtsprechung einer differenzierten Betrachtung:

61

aa) In eine **erste Kategorie** lassen sich die Fälle einordnen, in denen **klare Hinweise auf die Kenntnis** eines Bieters vom Inhalt eines Konkurrenzangebots vorliegen.

62

Dies ist etwa dann der Fall, wenn die Angebote zweier miteinander kooperierender Unternehmen hinsichtlich des größten Teils der Preispositionen völlig übereinstimmen oder wenn sie in sonstiger Hinsicht nicht zu übersehende Indizien dahin gehend aufweisen, dass die Angebote in wechselseitiger Kenntnis zumindest erheblicher Kalkulationsbestandteile des anderen Angebots kalkuliert und abgegeben wurden. In diesen Fällen sind die Bieter schon mit Abgabe ihres Angebots gehalten nachzuweisen, dass der **Geheimwettbewerb** bei der Angebotserstellung trotzdem gewährleistet war (vgl. OLG Düsseldorf vom 27.7.2006, VII-Verg 23/06). Im zitierten Fall hat das OLG die Rechtmäßigkeit des Ausschlusses von zwei Bietern bestätigt, bei denen sich der eine mit einem eigenen Angebot und zugleich als Nachunternehmer des anderen Bieters beteiligt hat. Hinzu kam, dass die beiden Bieter konzernverbundene Unternehmen i.S.v. § 36 Abs. 2 GWB waren, der eine Bieter über keine eigene Geschäftsstruktur verfügte und die Angebote identische Rechtschreibfehler enthielten. Über die personellen, geschäftlichen und rechtlichen Verbindungen der Unternehmen hinaus kamen auch noch räumliche und infrastrukturelle Verflechtungen sowie konkrete Übereinstimmungen bei den Angeboten hinzu. In einem solchen Fall, so das OLG, sei jedenfalls zu vermuten, dass Kontakte in Bezug auf die Angebotsinhalte stattgefunden haben und der Geheimwettbewerb nicht mehr gewahrt ist. Bei einer derartigen Sachlage obliege es dem Bieter, nachvollziehbar darzulegen und nachzuweisen, dass aufgrund (und ggf. welcher) besonderer Vorkehrungen der Geheimwettbewerb bei der Angebotserstellung ausnahmsweise gewährleistet war. Verdichte sich die Indizienkette derart zuungunsten eines Bieters, müsse dieser bereits mit seinem Angebot diejenigen besonderen Umstände und Vorkehrungen bei der Angebotserstellung und -abgabe aufzeigen und nachweisen, die ausnahmsweise einem Angebotsausschluss entgegenstünden. Denn der Auftraggeber sei in einer derartigen Sachlage zu Aufklärungsmaßnahmen zwar berechtigt, aber nicht verpflichtet. Vielmehr könne das Angebot dann ohne Weiteres ausgeschlossen werden.

Gleiches gilt nach einer weiteren Entscheidung des OLG Düsseldorf für Bieter, die ein eigenes Angebot unterbreiten und zugleich als Mitglied einer sich ebenfalls an der Ausschreibung beteiligenden Bietergemeinschaft auftreten („**Mehrfachbewerbungen**"; OLG Düsseldorf vom 13.9.2004, VI-W (Kart) 24/04). Auch diese müssten zur Verhinderung des Ausschlusses bereits mit dem jeweiligen Angebot die Umstände dartun, die einen Verstoß gegen den Geheimwettbewerb ausschließen, da ihnen der den Verstoß gegen den Geheimwettbewerb indizierende Umstand bei Angebotslegung bekannt sei.

63 bb) In eine **weitere Kategorie** fallen Angebote, bei denen lediglich aufgrund äußerer Umstände wie **Konzernverbundenheit Indizien für die Möglichkeit der Kenntnis** eines Bieters von Konkurrenzangeboten vorliegen.

In einem derartigen **Zweifelsfall** besteht regelmäßig zwar eine **Vermutung der wechselseitigen Kenntnis** von Angeboten, gleichwohl ist ein Ausschluss von Angeboten nur unter besonderen Voraussetzungen zulässig. Hinsichtlich der Rechtsfolgen wird dabei auf die Frage, ob und zu welchem Zeitpunkt eine Widerlegung der Vermutung durch betroffene Bieter erforderlich ist, abgestellt. Im Einzelnen ist hier Folgendes zu berücksichtigen:

Der **Vermutungstatbestand** greift nicht erst ein, wenn die Vergabestelle inhaltliche Übereinstimmungen in den Angeboten oder personelle, räumliche und infrastrukturelle Verflechtungen festgestellt hat (OLG Düsseldorf vom 13.4.2011, VII-Verg 4/11; a.A. *Verfürth*, in: Kulartz/Marx/Portz/Prieß, VOL/A, § 16 Rn. 140). Ob derartige Verflechtungen oder auch eine abgestimmte Konzernstrategie im Einzelfall existierten, kann nach zutreffender Auffassung des Gerichts die Vergabestelle, die im Regelfall keine spezifischen Kenntnisse über Unternehmensinterna habe, weder anhand des Inhalts der Angebote noch sonstiger allgemein zugänglicher Informationen erkennen und beurteilen. Maßgeblich wird deshalb darauf abgestellt, dass bei der Angebotslegung durch verbundene Unternehmen allein im Hinblick auf die zwischen ihnen durch die Konzernverbundenheit bestehenden möglichen Schnittstellen und Berührungspunkte eine im Vergleich zur Angebotslegung voneinander vollkommen unabhängiger Unternehmen objektiv erhöhte Gefahr von Verstößen gegen den Geheimhaltungswettbewerb durch abgestimmtes Verhalten besteht.

64 Eine **unwiderlegbare Vermutung** des Inhalts, dass Angebote verbundener Unternehmen für denselben Auftrag infolge der typischerweise bestehenden gesellschaftsrechtlichen, personellen und organisatorischen Verflechtungen stets voneinander beeinflusst worden sind, existiert allerdings nicht (OLG Düsseldorf vom 13.4.2011, VII-Verg 4/11; s. auch zum Sonderfall einer Verbindung zwischen Auftraggeber und Bieter VK Sachsen vom 15.2.2011, 1/SVK/052-10: „Eine Konzernzugehörigkeit bzw. gesellschaftsrechtliche Verbundenheit eines Bieters mit dem Auftraggeber impliziert noch nicht zwangsläufig wettbewerbsverletzende Verhaltensweisen. Vielmehr ist jeweils im Einzelfall zu prüfen, ob eine Verletzung des Gleichbehandlungsgrundsatzes bzw. des Diskriminierungsverbotes greifbar ist." [Leitsatz]). Einem systematischen, zwingenden Ausschluss verbundener Unternehmen steht nach Auffassung des OLG nicht nur das sich aus dem Wettbewerbsgrundsatz ergebende Interesse an der Beteiligung möglichst vieler Bieter an einer Ausschreibung entgegen. Ein derartiger Automatismus verstieße auch gegen den Grundsatz der Verhältnismäßigkeit, da verbundenen Unternehmen damit die Möglichkeit genommen würde nachzuweisen, dass zwischen ihnen keine Gefahr einer Beeinträchtigung der Transparenz und Verfälschung des Wettbewerbs besteht. Die bloße Feststellung der Verbundenheit zweier oder mehrerer sich um den Auftrag bewerbender Unternehmen berechtige und verpflichte die Vergabestelle somit noch nicht dazu, diese Unterneh-

men von dem Vergabeverfahren auszuschließen. Vielmehr habe die Vergabestelle, nachdem sie Kenntnis von der Verbundenheit erlangt hat, zu prüfen und zu würdigen, ob der Inhalt der von den verbundenen Unternehmen abgegebenen Angebote durch die sich aus der Verbundenheit ergebenden Verflechtungen und Abhängigkeiten beeinflusst worden ist, wobei die Feststellung eines wie auch immer gearteten Einflusses für den Ausschluss dieser Unternehmen genüge.

Diese Auffassung entspricht der insoweit ergangenen Rechtsprechung des EuGH: Dieser hat eine Regelung zum **automatischen Ausschluss** von Unternehmen, die auf einer unwiderlegbaren Vermutung beruht, dass Angebote verbundener Unternehmen für denselben Auftrag stets voneinander beeinflusst worden seien, als **unzulässig** eingestuft. Dieses verstößt auch nach Auffassung des EuGH gegen den **Grundsatz der Verhältnismäßigkeit**, da diesen Unternehmen damit keine Möglichkeit gegeben wird, nachzuweisen, dass in ihrem Fall keine tatsächliche Gefahr besteht, dass es zu einer Praxis kommt, die geeignet ist, die Transparenz zu beeinträchtigen und den Wettbewerb zwischen den Bietern zu verfälschen (EuGH vom 19.5.2009, Rs. C-538/07 – „Assitur"; s. auch EuGH vom 3.3.2005, Rs. C-21/03 und C-34/03 – „Fabricom", Slg. 2005, I-1559, Rn. 33 und 35; EuGH vom 16.12.2008, Rs. C-213/07 – „Michaniki", Rn. 62).

Die **Widerlegung dieser Vermutung** obliegt, so das OLG Düsseldorf, den betreffenden Unternehmen. Abweichend von der üblichen Verteilung der Darlegungs- und Beweislast hätten sie diejenigen Umstände und Vorkehrungen aufzuzeigen und nachzuweisen, die die Unabhängigkeit und Vertraulichkeit der Angebotserstellung gewährleisten. Der Grundsatz, dass der Auftraggeber den zum Angebotsausschluss führenden Sachverhalt sicher festzustellen und gegebenenfalls nachzuweisen hat, könne in einer derartigen Konstellation keine Geltung beanspruchen. Die Umstände und Vorkehrungen, die die Unabhängigkeit und Vertraulichkeit der Angebotserstellung trotz der Verbundenheit gewährleisten sollen, stammten ausschließlich aus der Sphäre und dem Verantwortungsbereich der betroffenen Unternehmen. Es sei daher geboten, ihnen die Darlegung und den Nachweis aufzubürden, dass infolge besonderer von ihnen veranlasster Umstände das Verhältnis der Unternehmen den Inhalt der Angebote nicht beeinflusst hat. Hinsichtlich des **Zeitpunkts** der Darlegung kann nicht verlangt werden, dass ein Bieter, für den nach Angebotsprüfung durch den Auftraggeber die – widerlegbare – Vermutung einer wettbewerbsbeschränkenden Verhaltensweise besteht, die zur Entkräftung dieser Vermutung geeigneten tatsächlichen Umstände bereits mit seinem Angebot darzulegen hat. Dies würde nicht nur eine Kenntnis der die Vermutung begründenden Umstände voraussetzen, sondern auch eine zutreffende Prognose der künftigen Beanstandungen des Auftraggebers. Eine solche Anforderung würde gegen den Grundsatz der Verhältnismäßigkeit verstoßen, weil für die Unternehmen damit typischerweise keine reale Möglichkeit eröffnet wird nachzuweisen, dass in ihrem Fall keine tatsächliche Gefahr für eine Wettbewerbsverfälschung besteht (OLG Naumburg vom 2.8.2012, 2 Verg 3/12). Erkennt der Auftraggeber somit bei der Sichtung der Angebote oder durch entsprechende Rüge eines Bieters, dass sich verbundene Unternehmen mit Angeboten an der Ausschreibung beteiligt haben, so kann ein Ausschluss der Angebote nicht allein darauf gestützt werden, dass in den Angeboten Darlegungen zu den Umständen und Maßnahmen, die die Einhaltung des Geheimwettbewerbs sicherstellen sollen, fehlen.

Die insofern auch vom EuGH in seiner Entscheidung vom 19.5.2009 (Rs. C-538/07) ausdrücklich vorgesehene **Prüfungspflicht durch den Auftraggeber** umfasst eine Aufforderung an die betroffenen Unternehmen, die sich aus der Verbundenheit ergebenden Bedenken an der Einhaltung des Geheimwettbewerbs durch entsprechende Einlassungen und Erörterungen auszuräumen. Maßstab der einer Kontrolle durch die Nachprüfungsinstanzen unterliegenden inhaltlichen Prüfung ist, ob der Auftraggeber sich angesichts der Darlegungen der Unternehmen davon überzeugen kann, dass effektive Vorkehrungen und Maßnahmen wechselseitige Kenntnis und Einflussnahme auf die Angebotsinhalte ausschließen.

Insoweit reicht es im Regelfall **nicht** aus, dass Unternehmen durch entsprechende Erklärungen der mit der Angebotserstellung befassten Mitarbeiter **versichern**, Vertraulichkeit gewahrt zu haben. Auch kann die Überzeugung des Auftraggebers, Unabhängigkeit und Vertraulichkeit der Angebotserstellung seien gewährleistet, grundsätzlich nicht allein auf Vertraulichkeitsverpflichtungen der mit der Angebotserstellung befassten Mitarbeiter durch die Unternehmensleitung sowie der Abgabe entsprechender Erklärungen durch die betreffenden Mitarbeiter gestützt werden. Zur Widerlegung des Vermutungstatbestands reicht es nicht, dass die verbundenen Unternehmen versichern, sich im Rahmen der konkreten Ausschreibung wettbewerbskonform verhalten zu haben. Vielmehr obliegt ihnen die **Darstellung derjenigen strukturellen Umstände**, die einen **Wettbewerbsverstoß** bereits **im Ansatz effektiv verhindern**.

66 Erforderlich sind konkrete Ausführungen zu den strukturellen Bedingungen der Angebotserstellung, insbesondere dazu, ob und in welcher Form die Konzernmutter Einfluss auf das Ausschreibungsverhalten nimmt und die Unternehmen einer entsprechenden Konzernstrategie unterworfen sind, ob und auf welchen Unternehmensebenen Abstimmungen vorgenommen werden, ob und ggf. welche organisatorischen und personellen Verflechtungen bestehen und ob die Unternehmen räumlich getrennt agieren.

Für die vom Auftraggeber anzuwendende Prüfungstiefe bei der Verifizierung und Kontrolle entsprechender Eigenerklärungen verbundener Unternehmen gilt, dass ebenso wie bei der Kontrolle von Eigenerklärungen zu Eignungsmerkmalen (OLG Düsseldorf vom 2.12.2009, VII-Verg 39/09) die Anforderungen an den Grad der Erkenntnissicherheit nicht nur an den vergaberechtlichen Grundsätzen der Transparenz und Diskriminierungsfreiheit, sondern auch am Interesse des öffentlichen Auftraggebers an einer zügigen Umsetzung von Beschaffungsabsichten und einem raschen Abschluss von Vergabeverfahren zu messen sind. Die aus dem auch im Vergaberecht geltenden Grundsatz von Treu und Glauben abzuleitenden Zumutbarkeitsgrenzen für Überprüfungs- und Kontrollpflichten gelten auch bei der Prüfung, ob es zu wettbewerbswidrigem Verhalten gekommen ist.

Für die Überzeugungsbildung des Auftraggebers, dass verbundene Unternehmen nicht gegen den Geheimwettbewerb verstoßen, sondern voneinander unabhängige und unbeeinflusste Angebote gelegt haben, ist demnach nicht erforderlich, dass der öffentliche Auftraggeber sämtliche in Betracht kommenden Erkenntnisquellen ausschöpft, um die gemachten Angaben zu verifizieren. Vielmehr darf er seine Entscheidung auf eine methodisch vertretbar erarbeitete, befriedigende Erkenntnislage stützen und von einer Überprüfung von Eigenerklärungen absehen, soweit diese konkrete, plausible und nachvollziehbare Darlegungen, wie die Vertraulichkeit und Unabhängigkeit der Angebotserstellung effektiv gewährleistet werden, enthalten (OLG Düsseldorf vom 13.4.2011, VII-Verg 4/11).

67 Somit ist bei Mehrfachbewerbungen und bei Angeboten verbundener Unternehmen grundsätzlich nur dann ein automatischer Ausschluss zulässig, wenn diese Kenntnis über die Parallelangebote hatten und nicht gleichzeitig mit der Abgabe ihres Angebots dargelegt haben, wieso im konkreten Fall kein Verstoß gegen den Grundsatz des Geheimwettbewerbs in Betracht kommt.

b) Kommunale Unternehmen als Teilnehmer am Wettbewerb

68 Die Frage der Zulässigkeit der Beteiligung kommunaler Unternehmen am Wettbewerb beantwortet nicht nur das Vergaberecht, sondern auch das **Kommunalverfassungsrecht**. Die Fragestellung spielt im Vergaberecht immer wieder eine Rolle, da die wirtschaftliche Betätigung von Kommunen heute kein Ausnahmefall mehr ist und dabei nicht immer die in den Kommunalverfassungen oder Gemeindeordnungen gezogenen Grenzen beachtet werden. Die vergaberechtliche Fragestellung geht hier in erster Linie dahin, ob die **Verletzung eines gesetzlichen Marktzutrittsverbots** durch das Unternehmen als **Verstoß gegen den vergaberechtlichen Wettbewerbsgrundsatz** anzusehen ist. Diese Frage ist von der Rechtsprechung bislang bejaht worden.

69 Das OLG Düsseldorf hat hierzu in einem Beschluss vom 13.8.2008 (VII-Verg 42/07; s. auch nachfolgend VK Münster vom 9.10.2009, VK 19/09) umfassend Stellung genommen:

> „a) § 107 GO NRW (…) ist sowohl vom öffentlichen Auftraggeber als auch im Vergabenachprüfungsverfahren zu beachten. (…) Allerdings enthält die kommunalwirtschaftsrechtliche Norm des § 107 GO keine Bestimmungen über das Vergabeverfahren, und können Gegenstand eines Vergabenachprüfungsverfahrens zulässigerweise nur solche Beanstandungen sein, mit denen der Antragsteller behauptet, der öffentliche Auftraggeber habe „in einem Vergabeverfahren"

(§ 104 Abs. 2 S. 1 GWB) gegen „Bestimmungen über das Vergabeverfahren" (§ 97 Abs. 7 GWB) verstoßen und ihn, den Antragsteller, „durch Nichtbeachtung von Vergabevorschriften" in Rechten verletzt (§ 107 Abs. 2 S. 1 GWB). Außerhalb des Vergabeverfahrens und des Anwendungsbereichs vergaberechtlicher Vorschriften liegende Rechtsverstöße sind im Vergabenachprüfungsverfahren grundsätzlich nicht zu überprüfen (vgl. Senat, Beschl. v. 22.5.2002 – Verg 6/02, NZBau 2002, 583 = OLGR Düsseldorf 2003, 147 = VergabeR 2002, 668, 669 f. = WuW/E Verg 658). Die vergaberechtlichen Anknüpfungsnormen bilden in Fällen der vorliegenden Art indes § 97 Abs. 1 GWB und – da Dienstleistungen vergeben werden sollen – § 2 Nr. 1 Abs. 2 VOL/A (nicht anders sind im Übrigen auch § 2 Nr. 1 S. 2 und 3 VOB/A zu verstehen). Nach § 97 Abs. 1 GWB haben öffentliche Auftraggeber („oberhalb" der Schwellenwerte) Waren, Bau- und Dienstleistungen „im Wettbewerb" zu beschaffen. Gemäß § 2 Nr. 1 Abs. 2 VOL/A sind im Vergabeverfahren „wettbewerbsbeschränkende und unlautere Verhaltensweisen" vom öffentlichen Auftraggeber „zu bekämpfen". Die genannten Vorschriften geben – und zwar eine jede für sich – nicht nur einen Programmsatz und ein Grundprinzip des Vergaberechts wider, sondern sie enthalten auch den konkreten, an den öffentlichen Auftraggeber gerichteten Normanwendungsbefehl, bei der Vergabe eines öffentlichen Auftrags jede nur denkbare Wettbewerbsbeschränkung zu unterbinden. Dieses Verständnis entspricht auch der Forderung des höherrangigen europäischen Rechts, wonach die Mitgliedstaaten im Sinn einer höchstmöglichen Wirksamkeit der EG-Vergaberechtsvorschriften (effet utile) das öffentliche Beschaffungswesen für den Wettbewerb zu öffnen haben (vgl. den Erwägungsgrund 2 der einschlägigen Richtlinie 2004/18/EG, ABl. EG Nr. L 134, 114 v. 30.4.2004). Dass sich bei EG-rechtskonformer Auslegung auch die allgemeinen vergaberechtlichen Prinzipien dazu eignen, konkrete, an den öffentlichen Auftraggeber gerichtete Verhaltenspflichten hervorzubringen (kritisch insofern Burgi, NZBau 2008, 29, 33 f.), ergibt sich aus den Entscheidungen des Gerichtshofs der Europäischen Gemeinschaften (vgl. Urt. v. 20.10.2005 – C-264/03, VergabeR 2006, 54 – Kommission ./. Französische Republik; Urt. v. 21.7.2005 – C-231/03, NZBau 2005, 592, 593 – Coname; Urt. v. 13.10.2005 – C-458/03, NZBau 2005, 644, 647 f. – Parking Brixen; Urt. v. 27.10.2005 – C-234/03, EuZW 2006, 189 = VergabeR 2006, 63 = WuW/E Verg 1171 – Contse; Urt. v. 3.12.2001 – C-59/00, WuW/E Verg 1167 – Bent Mousten Vestergaard; Urt. v. 7.12.2000 – C-324/98, NZBau 2001, 148, 151 – Telaustria). Die wettbewerbsrechtliche Prüfung durch die Vergabestelle und die Vergabenachprüfungsinstanzen hat sich – so hat dies zu Recht auch die Vergabekammer gesehen – infolgedessen auch darauf zu erstrecken, ob sich die Beigeladene als ein durch den RVR beherrschtes Unternehmen, für das die durch § 107 GO NRW gesetzten kommunalrechtlichen Schranken gelten, ohne einen Rechtsverstoß am Vergabeverfahren überhaupt beteiligen darf (vgl. Senat, Beschl. v. 17.6.2002 – Verg 18/02, NZBau 2002, 627, 628 f. – DAR).

b) Diesem vom Senat in der Vergangenheit bereits eingenommenen Standpunkt (vgl. Beschl. v. 12.1.2000 – Verg 3/99, NZBau 2000, 155, 156 – Awista; Beschl. v. 17.6.2002 – Verg 18/02, NZBau 2002, 626, 628 f. – DAR) ist das Oberverwaltungsgericht für das Land Nordrhein-Westfalen durch den Beschluss vom 1.4.2008 (15 B 122/08) in einem obiter dictum entgegengetreten. Seiner Auffassung zufolge unterliegen Auslegungsfragen im Zusammenhang mit den durch § 107 GO NRW angeordneten Beschränkungen einer Bietertätigkeit, mithin einer wirtschaftlichen Betätigung von Kommunen, Kommualverbänden (wie dem RVR) oder deren Unternehmen primär der Entscheidung der Verwaltungsgerichte und hat sich der vergaberechtliche Rechtsschutz auf eine Prüfung offenkundiger Rechtsverstöße zu beschränken. Insoweit ist zwar der Aussage zuzustimmen, dass zur Auslegung des § 107 GO NRW in erster Linie die Verwaltungsgerichte berufen sind. Davon abgesehen hat das Oberverwaltungsgericht seiner Entscheidung aber einen verengten Wettbewerbsbegriff zugrundegelegt und damit die Beurteilung systemwidrig auf eine im Ergebnis rein lauterkeitsrechtliche Betrachtung der Sachlage verkürzt. Hingegen folgt aus § 97 Abs. 1 GWB und § 2 Nr. 1 Abs. 2 VOL/A, dass der öffentliche Auftraggeber – und mit ihm die Vergabenachprüfungsinstanzen – nicht nur gegen unlautere, sondern gerade auch gegen wettbewerbsbeschränkende Verhaltensweisen vorzugehen hat. Eine Wettbewerbsbeschränkung durch Aufnahme einer der Kommune nach § 107 GO NRW an sich untersagten

Tätigkeit lässt sich nicht mit dem Hinweis auf eine vom Marktzutritt der öffentlichen Hand tatsächlich ausgehende und vom Gesetz sogar erwünschte Belebung des Wettbewerbs verneinen (so aber OVG NRW, Beschl. v. 1.4.2008 – 15 B 122/08, BA 6 im Anschluss an BGH, Urt. v. 25.4.2002 – I ZR 250/00, NJW 2002, 2645, 2647 = NZBau 2002, 516 = VergabeR 2002, 467 = VerwRundschau 2002, 426 – Elektroarbeiten sowie BGH, Urt. v. 26.9.2002 – I ZR 293/99, NJW 2003, 586 – Altautoverwertung). Denn der Begriff der Wettbewerbsbeschränkung umfasst im nationalen wie im EG-Recht in einem denkbar weit zu verstehenden Sinn jede Verhinderung, Einschränkung oder Verfälschung des Wettbewerbs (vgl. den Wortlaut von Art. 81 Abs. 1 EG und § 1 GWB, auch wenn diese Normen andere Ziele als die vergaberechtlichen Vorschriften verfolgen). Der Wettbewerb als ein zentrales Element der Beschaffungstätigkeit der öffentlichen Hand soll gegen jegliche, von welcher Seite auch immer drohende Beeinträchtigung geschützt werden. Demzufolge ist der öffentliche Auftraggeber im Vergabeverfahren verpflichtet, einen echten, unverfälschten Wettbewerb herzustellen und bis zur Zuschlagserteilung aufrechtzuerhalten. Der Wettbewerb ist umfassend zu schützen. Demnach sind auch Verhaltensweisen zu unterbinden, die zwar nicht gegen Vorschriften des UWG, wohl aber gegen solche anderer Gesetze verstoßen und dadurch den Wettbewerb im vorgenannten Sinn stören. Die umfassende Durchsetzung des Wettbewerbsprinzips liegt nicht nur im Interesse des öffentlichen Auftraggebers, sondern auch der am Auftrag interessierten Unternehmen. Das Wettbewerbsgebot schützt folglich auch die Bieter und Bewerber im Vergabeverfahren (vgl. Senat, Beschl. v. 17.6.2002 – Verg 18/02, NZBau 2002, 626, 629 – DAR m.w.N.).

Eine in diesem Sinn gegen das Vergaberecht verstoßende Wettbewerbsverfälschung und -verzerrung stellt es dar, wenn ein Unternehmen der öffentlichen Hand kraft eines gesetzlichen Verbots (hier § 107 GW NRW) eine für den Wettbewerb relevante Tätigkeit auf einem bestimmten Markt gar nicht aufnehmen darf, dies aber dennoch unternimmt und darin vom öffentlichen Auftraggeber durch die Auftragsvergabe auch noch unterstützt wird. Als Wettbewerbsverstoß ist in solchen Fällen die Verletzung des gesetzlichen Marktzutrittsverbots durch das Unternehmen anzusehen. Denn ein Unternehmen, das sich kraft einer gesetzlichen Anordnung nicht auf dem betreffenden Markt betätigen darf, stört und verfälscht massiv den Wettbewerb, wenn es gleichwohl in eine Konkurrenz zu anderen Wirtschaftsteilnehmern tritt und ihnen durch den Zuschlag der Auftrag sogar entzogen zu werden droht (vgl. Senat, a.a.O. 628). Diesem wettbewerbswidrigen Zustand kann vom öffentlichen Auftraggeber – ohne dass ihm dabei ein Ermessen zuzuerkennen ist – nur durch einen Ausschluss des betreffenden Unternehmens vom Vergabeverfahren abgeholfen werden (vgl. Senat, a.a.O. 634). Umgekehrt können – was unmittelbar schon aus dem Wettbewerbsprinzip abzuleiten ist (so auch Glahs/Külpmann, VergabeR 2002, 555, 565) – am Auftrag interessierte Wirtschaftsteilnehmer vom öffentlichen Auftraggeber die Beachtung des Markteintrittsverbots verlangen. Dies beruht auf der Erkenntnis, dass § 107 GO NRW (insbesondere hinsichtlich der Voraussetzung, dass ein dringender öffentlicher Zweck die wirtschaftliche oder nichtwirtschaftliche Betätigung erfordert) ein drittschützender, m.a.W. ein bieter- und bewerberschützender Charakter zuzumessen ist. Das ist sowohl vom Senat (vgl. Beschl. v. 17.6.2002 – Verg 18/02, NZBau 2002, 626, 630 – DAR) als auch vom Oberverwaltungsgericht für das Land Nordrhein-Westfalen (vgl. Beschl. v. 13.8.2003 – 15 B 1137/03, NVwZ 2003, 1520, 1521 f.; Beschl. v. 12.10.2004 – 15 B 1873/04, NVwZ 2005, 1211; Beschl. v. 12.10.2004 – 1889/04, NZBau 2005, 167) nach Auswertung der Gesetzesmaterialien in der Vergangenheit bejaht und ausführlich begründet worden (kritisch insoweit Ennuschat, WRP 2008, 883, 885 f.; Antweiler, NVwZ 2003, 1466, 1467 f., beide m.w.N.). Auf die Gründe jener den Verfahrensbeteiligten bekannten Entscheidungen wird Bezug genommen. Der Senat hält daran fest.

c) Mit seiner Auslegung setzt sich der Senat in keinen Widerspruch zu den Urteilen des Bundesgerichtshofs vom 25.4.2002 (I ZR 250/00, NJW 2002, 2645 = NZBau 2002, 516 = VergabeR 2002, 467 = VerwRundschau 2002, 426 – Elektroarbeiten) und vom 26.9.2002 (I ZR 293/99, NJW 2003, 586 – Altautoverwertung). In jenen Entscheidungen hat der Bundesgerichtshof die Aufnahme einer gewerblichen Tätigkeit durch Kommunen ausschließlich einer lauterkeitsrechtlichen Beurteilung unterzogen und befunden, dass – solange der Verstoß gegen das Gemeindewirtschaftsrecht lediglich den Marktzutritt (das „Ob") betreffe und nicht das Marktverhalten (das „Wie"), m.a.W. die Art und Weise einer Beteiligung der öffentlichen Hand am Wettbewerb, in Rede stehe – Unterlassungsansprüche nach § 3 (§ 1 a.F.) in Verbindung mit § 4 Nr. 11 UWG ausscheiden. Nicht entschieden hat der Bundesgerichtshof jedoch, wie die Aufnahme einer vom Kommunalwirtschaftsrecht untersagten Tätigkeit durch eine Gemeinde unter wettbewerbsrechtlichen Gesichtspunkten zu behandeln ist. § 3 UWG einerseits sowie die §§ 97 Abs. 1 GWB und 2 Nr. 1 Abs. 2 VOL/A andererseits haben verschiedene Regelungsinhalte und -zwecke. So stützt sich auch die Ansicht des Senats gerade nicht auf eine Anwendung des UWG (die Annahme eines „Erst-recht-Schlusses" durch das OVG für das Land Nordrhein-Westfalen ist von daher verfehlt, vgl. Beschl. v. 1.4.2008 – 15 B 122/08, BA 7), sondern auf eine selbständige Anwendung des vergaberechtlichen Wettbewerbsprinzips, das in den genannten Normen des GWB und der VOL/A Ausdruck gefunden hat, in Verbindung mit dem durch § 107 GO NRW normierten Marktzutrittsverbot (vgl. Senat, Beschl. v. 17.6.2002 – Verg 18/02, NZBau 2002, 626, 631 – DAR). Einer dahingehenden Überprüfung, und zwar der Frage, ob sich eine Gemeinde oder ein Kommunalunternehmen ohne einen Wettbewerbsverstoß an einem Vergabeverfahren beteiligen darf, dürfen sich die Vergabenachprüfungsinstanzen auch in Ansehung des vom Oberverwaltungsgericht für das Land Nordrhein-Westfalen in Anspruch genommenen „Primats" der Verwaltungsgerichtsbarkeit nicht entziehen. Die wettbewerbsrechtliche Beurteilung obliegt sowohl nach der Systematik als auch nach dem Wortlaut und Zweck des GWB den Vergabenachprüfungsinstanzen. Sofern sich dabei die Vorfrage stellt, ob die Bietertätigkeit der öffentlichen Hand die durch § 107 GO NRW errichteten gesetzlichen Schranken überschreitet, und sie deshalb wettbewerbswidrig ist, ist in einem Nachprüfungsverfahren darüber zu entscheiden, wobei sich diese Prüfung nicht lediglich – so aber das Oberverwaltungsgericht – auf offensichtliche Rechtsverstöße beschränken darf (ebenso Hertwig, NZBau 2008, 355, 357 f.; Glahs/Külpmann, VergabeR 2002, 555, 565). Es ist darauf hinzuweisen, dass die Vergabenachprüfungsinstanzen auf dahingehende Beanstandungen im Rahmen ihrer Prüfungskompetenz typischerweise auch sonst über die Zulässigkeit einer Beteiligung am Wettbewerb zu befinden haben. Dies betrifft zum Beispiel die Zulässigkeit einer Teilnahme sog. öffentlicher Einrichtungen im Sinne der §§ 7 Nr. 6 VOL/A, 8 Nr. 6 VOB/A am Vergabeverfahren sowie die Beteiligung von Unternehmen, die im Verdacht stehen, das Gebot des Geheimwettbewerbs verletzt (vgl. Senat, Beschl. v. 16.9.2003 – Verg 52/903, VergabeR 2003, 690) oder unerlaubte Beihilfen empfangen zu haben (vgl. § 25a Nr. 2 VOL/A, § 25a Nr. 2 VOB/A). Nach alledem hat das Oberverwaltungsgericht eine sachlich nicht gebotene Zuständigkeitsabgrenzung getroffen, die zu einer dem Bieterrechtsschutz abträglichen Aufspaltung des Rechtsweges führte. Der Hinweis des Oberverwaltungsgerichts auf das Gebot einer Konzentration und Beschleunigung der Vergabenachprüfungsverfahren ist – zumal sich in vergleichbaren Fällen nach den Beobachtungen des Senats die Verfahrensdauer noch nie als ein ernsthaftes Problem dargestellt hat – ungeeignet, die Prüfungsbefugnis der Vergabenachprüfungsinstanzen konstitutiv zu begrenzen. Als genauso wenig überzeugend erweist sich das Gegenargument, die öffentlichen Auftraggeber und die Vergabenachprüfungsinstanzen würden unter Zugrundelegung der Rechtsauffassung des Senats einer uferlosen und nicht mehr beherrschbaren Prüfung kommunalwirtschaftsrechtlicher Beschränkungen ausgesetzt, weil sie dann gegebenenfalls auch „spanisches Gemeinderecht" zu überprüfen hätten (vgl. Hertwig, NZBau 2008, 355, 358 – „katalanisches Gemeinderecht"). Indes können in anderen Mitgliedstaaten ansässige Wirtschaftsteilnehmer von einem Vergabeverfahren auch dann nicht ausgeschlossen werden, wenn ihnen das jeweilige nationale Recht eine Teilnahme daran untersagt. Wirtschaftsteilnehmer aus anderen Mitgliedstaaten unterliegen hinsichtlich ihrer Beteiligung an Vergabeverfahren nur den in den Vergaberichtlinien vorgesehenen Beschränkungen (so auch Hertwig, a.a.O.). Die Vergaberichtlinien enthalten jedoch keine § 107 GO NRW vergleichbaren Restriktionen. Infolgedessen werden deutsche kommunale Unternehmen gegenüber ausländischen Unternehmen zwar schlechter behandelt. Die Inländerdiskriminierung ist unter den rechtlichen Gesichtspunkten der Berufsausübungsfreiheit (Art. 12 GG) und der Gleichbehandlung (Art. 3 Abs. 1 GG) derzeit jedoch hinzunehmen (vgl. EuGH Slg. 1994, I-2715 Rn. 9; 1986, 3238, 3376; BGH GRUR 1985, 886; offen gelassen von BGH WRP 1996, 284, 285).

d) Eine die Kompetenz der Vergabenachprüfungsinstanzen auf eine Prüfung offensichtlicher Rechtsverstöße zurücksetzende Ansicht ist bei dem gebotenen EG-rechtskonformen Verständnis der nationalen Vergaberechtsnormen überdies mit Art. 1 Abs. 1 der Rechtsmittelrichtlinie 89/665/EWG (ABl. EG Nr. L 395 v. 30.12.1989, 33, geändert durch die Richtlinie 92/50/EWG, ABl. EG Nr. L 209 v. 24.7.1992, 1) und Art. 1 Abs. 1 der neuen Rechtsmittelrichtlinie (NZBau, Beilage zu Heft 12/2007) nicht zu vereinbaren. Danach haben die Mitgliedstaaten sicherzustellen, dass die Entscheidungen der Vergabebehörden bei Auftragsvergaben „oberhalb" der Schwellenwerte von den am Auftrag interessierten Unternehmen wirksam und möglichst rasch nachgeprüft werden können. Dies ist, hätten die betroffenen Unternehmen – so die Auffassung des Oberverwaltungsgerichts für das Land Nordrhein-Westfalen – gegen eine Wettbewerbsteilnahme des öffentlichen Unternehmens lediglich einen Einwirkungsanspruch gegen den Gewährsträger, der vor den Verwaltungsgerichten geltend zu machen ist, indes nicht sicherzustellen. Denn mit einem solchen Rechtsbehelf können die betroffenen Unternehmen – anders als im Vergabenachprüfungsverfahren – nicht unmittelbar in das Vergabeverfahren eingreifen und es anhalten. Infolgedessen besteht die Gefahr, dass die Entscheidung des Verwaltungsgerichts oder die Einwirkung zu spät erfolgen, der Zuschlag unwiderruflich bereits erteilt worden ist und der Rechtsschutz deswegen leerläuft. Die Verwaltungsgerichte – und noch viel weniger die Kommunalaufsicht, auf deren Einschreiten ein Rechtsanspruch nicht besteht (vgl. OVG Münster, Beschl. v. 13.11.1997 – 15 A 4816/97; Burgi, NZBau 2003, 539, 542 m.w.N.) – sind mithin nicht in der Lage, den EG-rechtlich gebotenen Rechtsschutz zu gewährleisten.

e) Nicht anders verhält es sich, als die rechtliche Leistungsfähigkeit eines Bieters oder Bewerbers nach § 97 Abs. 4 GWB, § 25 Nr. 2 Abs. 1 VOL/A (a.F.) durch ein kommunalwirtschaftsrechtliches Betätigungsverbot in Frage gestellt sein kann. Auch in solchen Fällen sind die Vergabenachprüfungsinstanzen – anders als das Oberverwaltungsgericht für das Land Nordrhein-Westfalen meint (Beschl. v. 1.4.2008 – 15 B 122/08, BA 8 f.) – keineswegs auf eine Überprüfung offensichtlicher Leistungshindernisse beschränkt, sondern ist die Rechtslage von ihnen vollumfänglich zu überprüfen (vgl. auch Senat, Beschl. v. 31.3.2003 – Verg 10/03; Beschl. v. 28.5.2003 – Verg 10/03, NZBau 2004, 175 – Starmed; Beschl. v. 21.2.2005 – VII-Verg 91/04, GRGR 2006, 224 = WuW/E Verg 1055 – Heckler & Koch). Dies hat auch in einem Fall zu gelten, in dem das Leistungshindernis einer Rechtssphäre angehört, die nicht der primären Zuständigkeit der ordentlichen Gerichtsbarkeit unterliegt."

Die Betätigung kommunaler Unternehmen kann jedoch auch mit Blick auf gewährte Beihilfen vergaberechtlich problematisch sein (s. Rn. 70 f.).

c) Beihilfen

70 Bereits nach der früheren Rechtslage vor Einführung der neuen Vergabe- und Vertragsordnungen im Jahr 2010 ließ sich den vergaberechtlichen Vorschriften eine Verpflichtung des öffentlichen Auftraggebers nicht entnehmen, solche Bieter im Interesse eines fairen und unbeeinflussten Bieterwettbewerbs vom Vergabeverfahren auszuschließen, die staatliche Fördermittel erhalten. Dies hatte bereits 2002 das OLG Düsseldorf in einer ausführlich begründeten Entscheidung festgestellt (s. OLG Düsseldorf vom 26.7.2002, Verg 22/02; s. auch EuGH vom 7.12.2000, Rs. C-94/99; ebenso VK Bund vom 6.6.2007, VK 1-38/07). Etwas anderes ergibt sich – so zuletzt noch die Vergabekammer des Bundes (vom 20.8.2008, VK 1-111/08) – auch nicht aus dem Wettbewerbsgrundsatz des Abs. 1. Der **Wettbewerbsgrundsatz** verpflichtet danach den öffentlichen Auftraggeber, bei seiner Vergabeentscheidung die Grundsätze des fairen Wettbewerbs zu beachten und Bieter, die sich im Vergabeverfahren wettbewerbswidrig verhalten oder die sich aufgrund wettbewerbswidriger Praktiken Vorteile im Vergabeverfahren verschaffen, auszuschließen. Er umfasst aber **nicht** die Pflicht der Vergabestelle, ohne Rücksicht auf eine Wettbewerbswidrigkeit die **Gewährung staatlicher Fördermittel** auf ihre (formelle oder materielle) **Europarechtskonformität** zu überprüfen und im Falle der Europarechtswidrigkeit das Angebot von der Wertung auszuschließen oder gar durch eine Erhöhung des Angebotspreises zu korrigieren. Für eine derart weitgehende Prüfungspflicht der Vergabestelle enthalten weder die Bestimmungen des Vergaberechts der §§ 97 ff. GWB noch die VOL/A irgendeinen Anhaltspunkt.

Dieser Rechtsprechung ist der Gesetzgeber in seiner Neufassung der Vergabe- und Vertragsordnungen im Jahr 2009 auch mit der VOL/A gefolgt (die VOB/A enthielt eine entsprechende Regelung bereits in der Fassung 2006). Nach der aktuellen Regelung der § 19 EG Abs. 7 VOL/A, § 16 EG Abs. 8 VOB/A können Angebote, die aufgrund einer staatlichen Beihilfe ungewöhnlich niedrig sind, allein aus diesem Grund nur dann **zurückgewiesen** werden, wenn der Bieter nach Aufforderung innerhalb einer vom Auftraggeber festzulegenden ausreichenden **Frist** nicht **nachweisen** kann, dass die betreffende **Beihilfe rechtmäßig gewährt** wurde. Auftraggeber, die unter diesen Umständen ein Angebot zurückweisen, müssen die Kommission der Europäischen Gemeinschaften darüber unterrichten. Die **Unterrichtungspflicht** ist im Vergaberecht allerdings ein Fremdkörper. Sie dient dem Ziel, die Kommission als Wettbewerbsbehörde bei der Verfolgung unzulässiger staatlicher Beihilfen zu unterstützen. 71

Nach der Rechtsprechung ist daher beispielsweise gegen eine Beteiligung freiwilliger Hilfsorganisationen an Ausschreibungen vergaberechtlich grundsätzlich nichts einzuwenden, auch wenn diese – anders als sich ebenfalls bewerbende gewerbliche Unternehmen – über ehrenamtlich tätige Sanitäts- und Rettungskräfte verfügen und bei Ausrüstung, Krankentransport- und Rettungsfahrzeugen sowie bei den Kosten vom Staat bekanntermaßen finanziell unterstützt werden (OLG Düsseldorf vom 2.5.2012, VII-Verg 68/11).

d) Vertragslaufzeiten

Unzulässig ist zunächst aus wettbewerbsrechtlichen Gründen der Abschluss unbefristeter Verträge (EuGH vom 25.3.2010, Rs. C-451/08; s. auch OLG Düsseldorf vom 7.12.2011, VII-Verg 79/11). Für Rahmenverträge ergeben sich Begrenzungen der Vertragslaufzeit auch aus den Vergaberichtlinien sowie den entsprechenden Regelungen zur Umsetzung in das deutsche Recht (s. z.B. Art. 32 Abs. 2 UA 4 der Richtlinie 2004/18/EG bzw. § 4 EG Abs. 7 VOL/A). 72

Als unvereinbar mit dem Wettbewerbsgrundsatz des Abs. 1 werden in einem Beschluss der VK Arnsberg (vom 21.2.2006, VK 29/05) auch **sachlich nicht hinreichend begründete lange Vertragslaufzeiten** eingestuft. Die Vergabekammer verweist insofern auf die Regelungen der Vergabekoordinierungsrichtlinie, nach der Rahmenverträge und Rahmenvereinbarungen auf **vier Jahre** zu beschränken sind (Art. 32 Abs. 2 U 4 der Richtlinie 2004/18/EG). Die Vergabekammer weist zunächst darauf hin, dass die Vorschrift seit dem 1.2.2006 auch im nationalen Vergaberecht entsprechend gelte. Aber auch vor diesem Zeitpunkt seien Rahmenverträge so zu befristen gewesen, dass der Wettbewerb nicht über Gebühr gestört war, denn damals wie heute dürften Rahmenvereinbarungen nicht missbraucht werden, den Wettbewerb zu verhindern, einzuschränken oder zu verfälschen (§ 4 Nr. 3 VOL/A-SKR). Eine so langfristige Festlegung im Rahmen eines Vertrages sei wettbewerblich mithin ohne stichhaltigen Grund nicht hinnehmbar. Die von der Antragstellerin insoweit vorgetragenen Begründungen bezüglich der Rechtfertigung der 30jährigen Laufzeit sah die Vergabekammer nicht als stichhaltig an. Die Antragsgegnerin habe die lange Laufzeit zum einen damit begründet, dass diese bei derartigen Dienstleistungsaufträgen üblich seien, und zum anderen mit Finanzierungsvorteilen, ohne diese genauer beziffern zu können. Hinsichtlich der bisweilen langen Laufzeiten wie bei Abfallbeseitigungsanlagen etc. würden diese in aller Regel mit dem großen Investitionsvolumen begründet, das der Bieter erbringen müsse; dieses müsse sich für ihn amortisieren. Im zu entscheidenden Fall war die erforderliche Infrastruktur bereits vorhanden und der Bieter investierte eigentlich gar nichts selbst, da er über die Gesellschaft bzw. die Abtretung der Gebührenansprüche der Stadt die Bauaufträge unmittelbar durch die kooperierende Bank finanzierte. Es gab deshalb nach Auffassung der Vergabekammer keine typische Vorleistung des Bieters, für die er ein nennenswertes Risiko übernahm. Lange Vertragslaufzeiten können also durchaus gerechtfertigt sein, wenn entsprechende **sachliche Gründe** wie z.B. **hohe Investitionsvolumina** vorliegen.

e) Regionalpräferenzen, Ortsansässigkeit

73 Der **Wettbewerbsgrundsatz** und in der Regel auch der **Gleichbehandlungsgrundsatz** können durch die Gewährung von Regionalpräferenzen oder das Erfordernis der Ortsansässigkeit verletzt sein. Derartige Relikte aus der Zeit vor Umsetzung der gemeinschaftsrechtlichen Vergaberegeln sind immer wieder Gegenstand von Nachprüfungsverfahren. In der Praxis wird die **„Ortsansässigkeit"**, die nach allgemeiner Rechtsprechung ein **vergabefremdes Kriterium** darstellt (VK Bund vom 10.5.2001, VK 1-11/01; VK Sachsen vom 31.1.2007, 1/SVK/124-06; VK Sachsen vom 19.11.2001, 1/SVK/119-01), durch zuweilen fadenscheinig begrifflich abgewandelte Erfordernisse ersetzt.

74 Mit der Auswahl des Wertungskriteriums **„Anfahrtszeit vom Bürositz zur Baustelle"** wird z.B. die Ortsansässigkeit abgefragt und bewertet (s. hierzu VK Südbayern vom 17.6.2009, Z3-3-3194-1-22-05/09). Damit wird gegen das Wettbewerbsprinzip und den Gleichbehandlungsgrundsatz gemäß Abs. 1, 2 verstoßen. Grundsätzlich ist der Begriff der räumlichen Nähe zur Baustelle nicht zu verwechseln mit der erforderlichen **„Präsenz vor Ort"**. Die Berücksichtigung der Entfernung stellt eine lokale Beschränkung des Wettbewerbs und somit einen Verstoß gegen das Diskriminierungsverbot (Abs. 2) dar (VK Sachsen vom 31.1.2007, 1/SVK/124-06; VK Sachsen vom 3.12.2004, 1/SVK/104-04, 1/SVK/104-04G; VK Brandenburg vom 21.7.2004, VK 35/04, 38/04). Nach Auffassung des OLG München ist es zwar nicht zu beanstanden, wenn der Auftraggeber von den Teilnehmern Angaben über die Erreichbarkeit und Präsenz im Bedarfsfall verlangt und das Angebot eines Jour fixe bei der Auswahl positiv bewertet (OLG München vom 28.4.2006, Verg 6/06; VK Sachsen vom 31.1.2007, 1/SVK/124-06); allerdings ist bei dem Kriterium „Präsenz vor Ort" im Rahmen eines VOF-Verfahrens für die Wertung nach Ausführungsphasen zu unterscheiden. Grad und Umfang der örtlichen Präsenz sind an der Erforderlichkeit für die Auftragsausführung zu messen. Insbesondere ist darzulegen, warum eine Kommunikation mittels der modernen Medien nicht ausreichend und in welchem zeitlichen Rahmen eine Anwesenheit erforderlich ist (VK Nordbayern vom 1.2.2008, 21.VK-3194-53/07).

f) Wettbewerbsgrundsatz und Grundsatz des Zuschlags auf das wirtschaftlichste Angebot

75 Die Rechtsprechung hat sich mit der Frage auseinandersetzen müssen, ob sachlich gerechtfertigte Abweichungen vom Grundsatz des Zuschlags auf das wirtschaftlichste Angebot nicht als unzulässige Wettbewerbsbeeinträchtigung anzusehen sind. Das LSG Nordrhein-Westfalen (vom 3.9.2009, L 21 KR 51/09 SFB) hat keinen Verstoß gegen das Wettbewerbsprinzip darin gesehen, dass der Abschluss von **Rahmenrabattverträgen mit drei Vertragspartnern** vorgesehen war, die den Auftraggebern unterschiedlich hohe Rabatte einräumen werden. Bedenken könnten sich insoweit aus der Tatsache ergeben, dass somit allen drei Rabattvertragspartnern die Regelung des § 129 Abs. 1 Satz 3 SGB V zugute kommt, obwohl nur einer der drei den höchsten Rabatt (und somit das preiswerteste Produkt) angeboten hat. Das LSG hat hierzu im Beschluss vom 26.3.2009 (L 21 KR 26/09 SFB) die Auffassung vertreten, das Wettbewerbsprinzip nötige den Auftraggeber nicht dazu, Rahmenverträge mit mehr als einem pharmazeutischen Unternehmer abzuschließen. Zur Begründung hat es ausgeführt:

> „Es würde den (gewollten) Wettbewerb unter den pharmazeutischen Unternehmern massiv behindern, könnten (z.B.) drei Bieter mit den insgesamt wirtschaftlichsten Angeboten in gleichem Umfang die Versicherten der AG mit Arzneimitteln versorgen. Der Anreiz, das wirtschaftlichste Angebot abzugeben, würde beeinträchtigt und die Spekulation, mit dem zweit- oder gar drittwirtschaftlichsten Angebot weiter an der Versorgung der Versicherten teilhaben zu können, befördert. Eine derartige Folge lässt sich mit § 3a Nr. 4 Abs. 2 VOL/A nicht begründen."

76 Das LSG Nordrhein-Westfalen betont in einem nachfolgenden Beschluss vom 3.9.2009, daran festzuhalten, dass es vergaberechtlich zulässig sei, **Rahmenrabattverträge mit nur einem Vertragspartner** zu schließen. Es hält jedoch die Auffassung, die Einbeziehung mehrerer Vertragspartner behindere massiv den Wettbewerb, in dieser Absolutheit nicht aufrecht. Diese möge da zutreffen, wo das Interesse des Auftraggebers ausschließlich darauf gerichtet sei, ein möglichst preisgünstiges Produkt zu erhalten. Wo allerdings weitere Kriterien für den Auftraggeber wesentlich sind, wie etwa

die Gesichtspunkte der Lieferfähigkeit (Verfügbarkeit) sowie der Einräumung von Auswahlmöglichkeiten unter den Produkten verschiedener Hersteller, müsse dies anders beurteilt werden. In diesen Fällen habe der Auftraggeber gar keine andere Möglichkeit, als diese Ziele durch den Abschluss von Verträgen mit mehreren Partnern zu erreichen. In diesen beispielhaft aufgeführten Fällen sei es deshalb auch unter Berücksichtigung des Wettbewerbsprinzips gerechtfertigt, nicht nur den Bieter mit dem günstigsten Gebot, sondern auch die nachfolgenden Gebote zu berücksichtigen, weil nur auf diese Weise sofortige Verfügbarkeit und die Berücksichtigung anderer sachlich gerechtfertigter Gesichtspunkte, wie der der Akzeptanz eines Arzneimittels durch den Versicherten oder die Verträglichkeit (bei unterschiedlichen Trägerstoffen derselben Wirkstoffe), gewährleistet sind.

Der Fall zeigt, dass die Grundsätze des Vergaberechts Ausnahmen zulassen, wenn hinreichende sachliche Gründe vorliegen. 77

II. Transparenzgrundsatz

1. Einführung

Der Transparenzgrundsatz hat ausdrücklich erst durch die **Umsetzung der europäischen Vergaberichtlinien** Aufnahme im deutschen Vergaberecht gefunden. Seither sind „**transparente Vergabeverfahren**" eine zentrale Vorgabe für die öffentliche Beschaffung. Das bedeutet aber keineswegs, dass der Transparenzgedanke ein Novum wäre, das erst durch die Übernahme europäischer Vergabestandards den Weg in das deutsche Vergaberecht gefunden hätte. Bereits vorher erhielt das **deutsche Haushaltsrecht** die Verpflichtung zur öffentlichen Ausschreibung und damit eine klare Vorgabe zumindest für die ex-ante-Transparenz von Vergabeverfahren. Dieser nach wie vor geltende Vergaberechtsgrundsatz aus dem Haushaltsrecht wurde seinerzeit aus ganz überwiegend wirtschaftlichen Erwägungen formuliert. Untersuchungen der Rechnungshöfe haben regelmäßig aufs Neue belegt, dass die Nutzung weniger transparenter Vergabeverfahren, wie etwa der beschränkten Ausschreibung, in der Regel zu teureren Beschaffungen führt (s. z.B. Hochbau des Bundes, Wirtschaftlichkeit bei Baumaßnahmen, Empfehlungen des Präsidenten des Bundesrechnungshofes als Bundesbeauftragter für Wirtschaftlichkeit in der Verwaltung für das wirtschaftliche Planen und Ausführen von Hochbaumaßnahmen des Bundes, 2. Aufl. 2003). Dies ist an erster Stelle darauf zurückzuführen, dass der mit intransparenten Verfahren zwangsläufig verbundene Mangel an Wettbewerb auch zu schlechteren Preisen führt und zudem Manipulationen und Preisabsprachen begünstigt. Aus diesem Grund lassen sich auch bei intransparenten Vergabeverfahren die meisten **Korruptionsfälle** verzeichnen. Konsequent sehen deshalb die spezifischen Vergabevorschriften in VOL/A und VOB/A (die VOF ist insoweit als berechtigte Ausnahme zu werten) vor, dass der Rückgriff auf die beschränkte Ausschreibung und die freihändige Vergabe nur in klar definierten engen Ausnahmefällen zulässig ist. 78

Für die öffentliche Ausschreibung sowie teilweise auch für den Sonderfall der beschränkten öffentlichen Ausschreibung mit vorherigem Teilnahmewettbewerb bestehen zahlreiche Mechanismen, die den größten Teil denkbarer Transparenzlücken schließen. Hierzu gehören in erster Linie die Regelungen zur klaren und eindeutigen Leistungsbeschreibung, die Veröffentlichungspflichten, die Vorschriften über den Eröffnungstermin und die vorab festgelegten und bekannt gemachten Zuschlagskriterien ebenso wie die Dokumentationspflichten durch die Vergabestelle. 79

In der Rechtsprechung gehört der Umfang der Transparenzpflichten zu den Aspekten, die ständigen Klärungs- und Präzisierungsbedarf durch die Rechtsprechung erfordern. 80

2. Der Transparenzgrundsatz in der Rechtsprechung

a) Leistungsbeschreibung

Der Maßstab, dem die Vergabestelle unter dem Gesichtspunkt der Transparenz hinsichtlich ihrer Forderungen nach der Vorlage von Erklärungen der Bieter und von Eignungsnachweisen genügen muss, ergibt sich aus § 8 EG VOL/A, § 7 EG VOB/A, § 6 VOF. Diese Bestimmungen sind Ausdruck des 81

82 Die Verpflichtung des Auftraggebers, durch **klare Angaben** für ein einheitliches Verständnis der Bieter zu sorgen, beschränkt sich nicht auf die Leistungsbeschreibung, sondern erstreckt sich auf die **Gesamtheit der Vergabeunterlagen**. Die Forderung nach einer Leistungsbeschreibung, die eindeutig und so erschöpfend ist, dass alle Bewerber sie im gleichen Sinne verstehen müssen, macht deutlich, dass das Verständnis eines vergaberechtlich versierten Volljuristen nicht ohne weiteres maßgeblich ist. Denn dem Bieter kann nicht angesonnen werden, sich bei der Bearbeitung jeder Ausschreibung juristischen Rates zu versichern. Vielmehr kommt es entscheidend darauf an, wie ein **fachkundiger Bieter** die **Ausschreibungsbedingungen versteht**. Ein Bieter muss nach dem **objektiven Empfängerhorizont** hinreichend klar und eindeutig aus der Bekanntmachung und/oder dem Leistungsverzeichnis den objektivierten Willen des Auftraggebers erkennen können (VK Baden-Württemberg vom 7.2.2013, 1 VK 01/13). So verstößt etwa ein Vorbehalt des Auftraggebers, durch den Abruf von Einzelaufträgen einseitig Leistungsmengen und -zeiten abzuändern, gegen die Forderung einer eindeutigen Leistungsbeschreibung (OLG Brandenburg vom 29.1.2013, Verg W 8/12). Dabei sind entsprechend §§ 133, 157 BGB auch Treu und Glauben und die Verkehrssitte von Bedeutung. Die Bindung eines Auftraggebers an von ihm begründete Vertrauenstatbestände kann dabei so weit gehen, dass er objektiv vorliegende Ausschlussgründe nicht beachten darf, wenn er sich damit in Widerspruch zu seiner ständigen Vergabepraxis setzt (vgl. OLG Düsseldorf vom 20.3.2003 und 28.5.2003, Verg 8/03; OLG Düsseldorf vom 23.7.2003, VII-Verg 24/03; vgl. auch OLG Düsseldorf vom 18.10.2006, VII-Verg 35/06; zuletzt noch VK Bund vom 26.5.2008, VK 2-49/08).

83 Von herausragender Bedeutung ist demnach die **ex-ante-Transparenz**. Sie soll es den Bietern anhand der Vergabeunterlagen ermöglichen, ein für sie selbst betriebswirtschaftlich sinnvolles, aber andererseits in der Konkurrenzsituation auch chancenreiches Angebot zu unterbreiten. Der Bieter muss demnach möglichst genau wissen, **welche Leistungen verlangt** werden (vgl. OLG Rostock vom 8.3.2006, 17 Verg 16/05) und ob er sich an dem Verfahren auf der Grundlage seiner unternehmerischen, rechtlichen und sonstigen faktischen Voraussetzungen in Form einer Angebotsabgabe beteiligen kann. Die Entscheidung über eine sinnvolle Beteiligungsmöglichkeit ist im offenen Verfahren entweder schon in der Phase der Kenntnisnahme von der allgemeinen Leistungs- bzw. Aufgabenbeschreibung aus der Bekanntmachung heraus zu treffen oder spätestens in der Phase nach der Übersendung der Vergabeunterlagen (VK Mecklenburg-Vorpommern vom 11.8.2009, 3 VK 3/09).

84 Die Pflicht zur eindeutigen Leistungsbeschreibung wirkt sich auch auf die Zulässigkeit von **Nebenangeboten** aus: Wenn der öffentliche Auftraggeber entgegen § 9 EG Abs. 5 Satz 3 VOL/A keine ausreichenden Mindestanforderungen für Nebenangebote in den Vergabeunterlagen genannt hat, sind sämtliche Nebenangebote von der Wertung auszuschließen (VK Nordbayern vom 5.2.2013, 21.VK-3194-34/12). Ungeklärt ist bislang noch, ob eine Vergabestelle Nebenangebote zulassen darf, wenn als einziges Wertungskriterium der Preis vorgesehen ist (BGH vom 23.1.2013, X ZB 8/11).

b) Wertung von Angeboten/Zuschlagskriterien

85 Einmal veröffentlichte Zuschlagskriterien stehen nicht mehr zur Disposition des öffentlichen Auftraggebers. Die Schutzzwecke „Transparenz des Vergabeverfahrens" und „Gleichbehandlung der Bieter" sind nur dann gewahrt, wenn die Bieter die Zuschlagskriterien und deren Gewichtung auf jeden Fall vor der Erstellung ihrer Angebote kennen und berücksichtigen können. Dies ist explizit in den Vergabeordnungen vorgegeben, s. § 19 EG Abs. 8 VOL/A, § 16 EG Abs. 7 VOB/A: Nur die Kriterien, die in den Vergabeunterlagen genannt worden sind, sind bei der Angebotswertung zu berücksichtigen. Dies beinhaltet auch, dass der öffentliche Auftraggeber die Kriterien, die er bekanntgemacht hat, auch tatsächlich anwenden muss (VK Bund vom 29.8.2007, VK 3-88/07). Mit Beschluss vom 24.1.2008 (Rs. C-532/06) hat der EuGH festgestellt, dass im Licht des Grundsatzes der Gleich-

behandlung der Wirtschaftsteilnehmer und der sich daraus ergebenden Verpflichtung zur Transparenz der öffentliche Auftraggeber im Rahmen eines Vergabeverfahrens **nicht nachträglich Gewichtungskoeffizienten** und **Unterkriterien** für die in den Vergabeunterlagen oder in der Vergabebekanntmachung genannten Zuschlagskriterien festlegen darf.

Die höchstrichterliche Rechtsprechung (vgl. EuGH vom 24.11.2005, Rs. C-331/04) hat den Zeitpunkt, **wann** der **komplette Wertungsmodus abschließend festgelegt** werden muss, jedoch bislang nicht explizit bestimmt; bereits 2001 hatte das OLG Frankfurt (vom 10.4.2001, 11 Verg 1/01) allerdings inhaltlich eine Vergabekammerentscheidung bestätigt, nach der bereits das Anschreiben zur Aufforderung einer Angebotsabgabe nach § 10a VOB/A a.F. die maßgeblichen Zuschlagskriterien in der ihr zuerkannten Gewichtung enthalten muss. Der EuGH hat in einer weiteren Entscheidung (vom 24.1.2008, Rs. C-532/06) eine **Ausnahme** für den Fall anerkannt, dass sowohl die Zuschlagskriterien und deren Gewichtungskoeffizienten als auch die Unterkriterien für diese Zuschlagskriterien vorab festgelegt und in den Vergabeunterlagen veröffentlicht werden und der Auftraggeber im Nachhinein, kurz vor der Öffnung der Umschläge, Gewichtungskoeffizienten für die Unterkriterien festlegt. Der EuGH hat in vorgenannter Entscheidung jedoch drei Regeln aufgestellt, die bei der Auslegung der nationalen Rechtsnormen aus gemeinschaftsrechtlicher Sicht zwingend zu beachten sind: Erstens darf die Vergabestelle im Rahmen einer Entscheidung, welcher Wertungsmodus für die bekannt gegebenen Zuschlagskriterien oder deren Unterkriterien maßgebend sein soll, nicht die Zuschlagskriterien selbst abändern; zweitens darf die nachträglich zum Wertungsmodus getroffene Entscheidung der Vergabestelle keine Gesichtspunkte enthalten, die, wenn sie bei der Vorbereitung der Angebote bekannt gewesen wären, diese Vorbereitung hätten beeinflussen können, und drittens darf der Wertungsmodus nicht unter der Berücksichtigung von Umständen erlassen werden, die einen Bieter zu diskriminieren geeignet sind (s. zuletzt auch VK Bund vom 24.5.2012, VK 3-45/12).

86

Von der Vergabestelle stets zu beachten ist das Gebot der Gleichbehandlung und Transparenz, und zwar sowohl zum **Zeitpunkt** der **Angebotserstellung** als auch zum Zeitpunkt der **Angebotswertung**. In seinem o.g. Beschluss hat der EuGH diese Regeln nochmals bekräftigt. In den Gründen hat er hervorgehoben, dass in jedem Vergabeverfahren die potenziellen Bieter in die Lage versetzt werden müssen, in angemessener Weise von den maßgeblichen Kriterien und Bedingungen Kenntnis zu nehmen und ihre Angebote hieran auszurichten.

87

In der Praxis wird die Bewertung regelmäßig auf Grundlage einer **Matrix** durchgeführt, in der den Zuschlagskriterien und ggf. den Unterkriterien Prozentpunkte zugeordnet werden. Dies objektiviert die Entscheidung und erleichtert das Verfahren (s. dazu ausf. mit Beispielen *Leinemann*, Die Vergabe öffentlicher Aufträge, 5. Aufl. 2011, Rn. 791 ff.). Die Verwendung einer Matrix ist ferner aus Gründen der Rechtssicherheit hinsichtlich der bestehenden Dokumentationspflichten anzuraten.

c) Dokumentation

Die Anforderungen an die Dokumentation des Vergabeverfahrens haben sich in den vergangenen Jahren zunehmend verschärft. Nach den auf Grundlage des GWB erlassenen Vergabevorschriften (s. § 24 EG VOL/A und § 12 VOF) ist das Vergabeverfahren **von Anbeginn fortlaufend** zu dokumentieren, so dass die einzelnen Stufen des Verfahrens, die einzelnen Maßnahmen sowie die Begründung der einzelnen Entscheidungen festgehalten werden. Die VOB/A spricht statt von „**fortlaufend**" von „**zeitnah**". Diese nicht unwesentlichen Ergänzungen sind eine Reaktion des Gesetzgebers auf die Vergaberechtsprechung zum Transparenzgrundsatz (zuletzt VK Südbayern vom 17.6.2009, Z3-3-3194-1-22-05/09 und VK Lüneburg vom 17.8.2009, VgK-36/09). Es war bereits 2004 festgestellt worden, dass es nicht ausreichend ist, dass der Vergabevermerk erst nach Abschluss des Vergabeverfahrens und bei Zuschlagserteilung vorliegt. Vielmehr musste nach Auffassung der Rechtsprechung bereits damals die Dokumentation aus Gründen der Transparenz und Überprüfbarkeit laufend fortgeschrieben werden (OLG Düsseldorf vom 17.3.2004, VII-Verg 1/04; OLG München vom 17.1.2008, Verg 15/07; VK Bund vom 6.6.2007, VK 1-38/07; VK Lüneburg vom 11.2.2009, VgK-56/2008; zahlr. weitere Nachweise bei *Weyand*, Vergaberecht, § 97 GWB Rn. 203).

88

Die Bieter haben danach ein subjektives Recht auf **ausreichende Dokumentation des Vergabeverfahrens und der wesentlichen Entscheidungen im Vergabeverfahren**. Das Vergabeverfahren ist in all seinen wesentlichen Entscheidungen **zeitnah, lückenlos, laufend und nachvollziehbar** zu dokumentieren (so bereits VK Südbayern vom 29.7.2008, Z3-3-3194-1-18-05/08). Wie sich zeigt, werden aus dem Transparenzgrundsatz aber auch noch weitere Erfordernisse (insbesondere in Bezug auf die Nachvollziehbarkeit) abgeleitet:

89 Der Regelinhalt des **Vergabevermerks** ist **umfassend** angelegt. Dort muss das gesamte Verfahren auch in den Einzelheiten dokumentiert sein, so dass der Vergabevermerk einen **erheblichen Detaillierungsgrad** aufzuweisen hat (VK Bund vom 13.7.2005, VK 2-75/05). Aufgrund dieser hohen inhaltlichen Anforderungen an die Dokumentation reichen insbesondere **formelhafte Begründungen** für die Entscheidungen des Auftraggebers **nicht** aus (VK Hessen vom 12.2.2008, 69d-VK-01/2008; VK Hessen vom 25.8.2006, 69d-VK 37/2006; VK Schleswig-Holstein vom 20.1.2009, VK-SH 17/08; VK Schleswig-Holstein vom 11.1.2006, VK-SH 28/05; VK Rheinland-Pfalz vom 4.5.2005, VK 20/05). Denn ohne entsprechende Dokumentation ist es nicht möglich, zu kontrollieren, ob der **Beurteilungsspielraum fehlerfrei** ausgeübt wurde (VK Bund vom 26.1.2005, VK 3-224/04). Vor allem ist immer dann eine ausführlichere Begründung notwendig, wenn mehrere Gesichtspunkte, z.B. bei der Wertung im Rahmen der Auftragserteilung, gegeneinander abgewogen werden müssen (OLG Frankfurt vom 28.11.2006, 11 Verg 4/06 – instruktiver Fall; OLG Frankfurt vom 16.8.2006, 11 Verg 3/06; VK Hessen vom 12.2.2008, 69d-VK-01/2008). Es bedarf hierzu keiner umfassenden Ausführlichkeit, es muss jedoch ohne weitere Erläuterung nachvollziehbar sein, aus welchen Gründen der Auftraggeber sich für ein bestimmtes Angebot entschieden oder einen bestimmten Bieter für ungeeignet gehalten hat (VK Baden-Württemberg vom 26.9.2008, 1 VK 33/08; VK Brandenburg vom 21.2.2007, 2 VK 58/06; VK Düsseldorf vom 9.4.2003, VK-8/2003-B; VK Lüneburg vom 8.5.2006, VgK-07/2006; VK Lüneburg vom 5.7.2005, VgK-26/2005; VK Lüneburg vom 23.2.2004, 203-VgK-01/2004; VK Lüneburg vom 10.3.2003, 203-VgK-01/2003; VK Saarland vom 23.4.2007, 3 VK 2/2007, 3 VK 3/2007; VK Saarland vom 9.3.2007, 3 VK 1/2007; VK Sachsen vom 24.2.2005, 1/SVK/004-05). Dem ist beispielsweise gemäß VK Brandenburg (vom 12.11.2008, VK 35/08) dann Genüge geleistet, „wenn sich in der Akte die Bewertungsbögen der einzelnen Mitglieder befinden, aus denen sich ergibt, mit welcher Punktzahl jedes einzelne Leistungsmerkmal bewertet worden ist".

90 Eine **fehlende Dokumentation wesentlicher Schritte** bis zur Vergabeentscheidung ist **rechtsfehlerhaft** und führt zu einer Nichtvollziehbarkeit der getroffenen Entscheidung (VK Arnsberg vom 8.1.2013, VK-18/12).

91 Auch im **Verhandlungsverfahren** sind Auswahlentscheidung und differenzierte Bewertung der Angebote transparent und nachvollziehbar zu gestalten. Insoweit muss im Nachgang nachvollziehbar sein, in welcher Hinsicht die Angebote besser oder schlechter zu bewerten waren. Dies kann im Regelfall nur gelingen, wenn der Auftraggeber im Vorfeld einen **Bewertungsmaßstab** aufstellt. Um sich selbst die Entscheidung bei der Auswahl des späteren Auftragnehmers zu erleichtern und Willkürvorwürfen vorzubeugen, kann es sich für den Auftraggeber auch im Verhandlungsverfahren empfehlen, vorab eine **Bewertungsskala (Matrix)** aufzustellen. Durch eine Punktebewertung der einzelnen Auftragskriterien im Rahmen einer Bewertungsskala mit der jeweiligen Zuordnung zu den Bewerbern wird darüber hinaus auch die Aufnahme in den Vergabevermerk gemäß § 18 VOF transparenter und damit letztlich auch nachvollziehbarer. Eine lediglich „vergleichende" Bewertung unabhängig von jedweden fixierten Wertungsmaßstäben ist vergaberechtswidrig (VK Sachsen vom 8.1.2010, 1/SVK/059-09).

C. Gleichbehandlungsgrundsatz (Abs. 2)

I. Einführung

92 Nach Abs. 2 sind die Teilnehmer an einem Vergabeverfahren gleich zu behandeln, es sei denn, eine Benachteiligung ist auf Grund dieses Gesetzes ausdrücklich geboten oder gestattet. Der EuGH hat

die **Gebote der Gleichbehandlung und Chancengleichheit** bereits in den neunziger Jahren als **zentrale Vergaberechtsgrundsätze** aus dem Diskriminierungsverbot des EG-Vertrages abgeleitet (EuGH vom 25.4.1996, Rs. C-87/94).

Vorkehrungen zur Sicherung der Chancengleichheit hat bereits der Gemeinschaftsgesetzgeber durch zahlreiche Bestimmungen in den Vergaberichtlinien getroffen, welche u.a. dezidierte Vorschriften über Form und Inhalte der Information der Bewerber und Bieter, Teilnahmebedingungen und Wertungskriterien enthalten. Die zur Umsetzung des Gemeinschaftsrechts in der Bundesrepublik Deutschland erlassenen Rechtsvorschriften gehen teilweise über die unmittelbaren Vorgaben des sekundären Gemeinschaftsrechts hinaus; auch hier hat die Rechtsprechung durch richterliche Rechtsfortbildung des (auch gemeinschaftsrechtlichen) Gleichbehandlungsgrundsatzes Geburtshilfe für neue Rechtsvorschriften geleistet. Historisch prominentes Beispiel ist hierfür die sog. **Flughafenentscheidung** des OLG Brandenburg vom 3.8.1999 (6 Verg 1/99), mit der in Fortentwicklung des Gleichbehandlungsgrundsatzes und des hiermit verknüpften Neutralitätsgebots Regeln für Interessenkollisionen entwickelt wurden, die anschließend vom Gesetzgeber aufgegriffen und in die Regelung des § 16 VgV aufgenommen worden sind. 93

Die vergleichbare, wenn auch etwas anders gelagerte und früher kontrovers betrachtete **Beteiligung von Projektanten und Sachverständigen** am Vergabeverfahren war bereits vorher Regelungsgegenstand der Verdingungs- bzw. Vergabe- und Vertragsordnungen. Diesen Personen wurde seinerzeit wegen ihres notwendigen Informationsvorsprungs pauschal die Teilnahme an der Vergabe untersagt, bis der EuGH die Zulässigkeit eines zwingenden Ausschlusses verneinte und klarstellte, dass die potenzielle Wettbewerbsverfälschung durch einen Informationsausgleich kompensiert werden könne (EuGH vom 3.3.2005, Rs. C-21/03). Dem hat der Gesetzgeber zunächst durch eine entsprechende Ergänzung der VgV (§ 4 Abs. 5, eingefügt durch das ÖPP-Beschleunigungsgesetz vom 1.9.2005, BGBl. I S. 2676) Rechnung getragen. Die Regelung wurde bei der Neufassung der VgV im Jahr 2010 gestrichen und findet sich nun unmittelbar in den Vergabe- und Vertragsordnungen. § 6 EG Abs. 7 VOL/A, § 6 EG Abs. 7 VOB/A, § 4 Abs. 5 VOF lauten: „Hat ein Bieter oder Bewerber vor Einleitung des Vergabeverfahrens den Auftraggeber beraten oder sonst unterstützt, so hat der Auftraggeber sicherzustellen, dass der Wettbewerb durch die Teilnahme des Bieters oder Bewerbers nicht verfälscht wird." Zur Frage personeller Verflechtungen zwischen Projektanten und Bietern s. OLG Düsseldorf vom 16.10.2003, VII-Verg 57-03 und VK Thüringen vom 29.11.2002, 216-4004.20-015/02-SON. 94

Der Auftraggeber ist also gehalten, die Tätigkeit der Projektanten und Sachverständigen genau zu dokumentieren und die Bewerber/Bieter im anschließenden Verfahren umfassend zu informieren. Aus pragmatischen Erwägungen wäre allerdings sinnvoller, Projektanten und Sachverständige von vornherein den Verzicht an der Teilnahme am Verfahren erklären zu lassen. 95

Das gemeinschaftsrechtliche Verbot der Diskriminierung aufgrund der **Staatsangehörigkeit** sowie die auf dieser Grundlage entwickelte EuGH-Rechtsprechung zur generellen Unzulässigkeit **nationaler wie regionaler Präferenzregelungen** (s. nur EuGH vom 3.6.1992, Rs. C-360/89) sind auch in das deutsche Vergaberecht eingeflossen (s. z.B. § 6 EG Abs. 1 Nr. 1 VOB/A, wonach der Wettbewerb nicht auf Unternehmen beschränkt werden darf, die in bestimmten Regionen oder Orten ansässig sind), haben aber gleichwohl massiv Eingang in die deutsche Rechtsprechung gefunden (in derartigen Fällen kann auch regelmäßig von einer Verletzung des Wettbewerbsgrundsatzes ausgegangen werden, s. Rn. 73 f.). 96

II. Der Gleichbehandlungsgrundsatz in der Rechtsprechung

1. Nationalität

Die Berücksichtigung der Nationalität als weiteres **Eignungskriterium** ist wegen Verstoßes gegen den Gleichbehandlungsgrundsatz von vornherein unzulässig und stünde in diametralem Gegensatz zum Grundanliegen des europäischen Vergaberechts, nämlich der Herstellung des Binnenmarkts auch für den Sektor des öffentlichen Auftragswesens. Der Auftraggeber darf als öffentlicher Auf- 97 traggeber vielmehr zur Vermeidung unzulässiger Diskriminierungen i.S.d. Abs. 2 bei der Prüfung der Eignung gerade nicht auf die **Herkunft der Bieter** abstellen.

98 Auch als **Zuschlagskriterium** wäre die Berücksichtigung der Nationalität rechtswidrig. Die Zuschlagsentscheidung darf entsprechend der im Vergabeverfahren bekannt gemachten Kriterien allein auf das wirtschaftlichste Angebot ergehen. Analog zu den bei der Eignung aufgestellten Überlegungen dürfen die Kriterien, die für die Bewertung der Wirtschaftlichkeit vom Auftraggeber aufgestellt werden, keinesfalls in sich diskriminierend sein. Dies wäre aber der Fall, wenn inländische Unternehmen allein aufgrund dieser Tatsache bei der Wertung Pluspunkte erzielen könnten. Das hinter der gemeinschaftsrechtlich angeordneten Pflicht zur europaweiten Ausschreibung stehende Ziel würde mit an den Inlandsaspekt anknüpfenden Wertungskriterien konterkariert (VK Bund vom 12.11.2009, VK 3-208/09).

2. Leistungsbeschreibung

99 Die Leistungsbeschreibung bildet das Kernstück der gesamten Ausschreibung. Sie ist wesentlicher Bestandteil des mit dem besten Bieter abzuschließenden zivilrechtlichen Vertrages. Ein zentrales Prinzip ist im Rahmen der Leistungsbeschreibung jenes der **Chancengleichheit**. Eine eindeutige Leistungsbeschreibung, die alle Bieter im gleichen Sinne verstehen können, ist am Ende des Verfahrens auch die Voraussetzung für die Wertung von vergleichbaren Angeboten (BGH vom 24.4.1997, VII ZR 106/95). Die Leistungsbeschreibung dient auch der Transparenz des Vergabeverfahrens (s. Rn. 81 ff.).

100 Eine Leistungsbeschreibung muss **eindeutig und erschöpfend** formuliert sein (s. nur § 8 EG Abs. 1 VOL/A, § 7 EG Abs. 1 VOB/A). „Eindeutig" heißt, dass aus der Sicht eines objektiven Erklärungsempfängers – bei Anlegung eines professionellen Sorgfaltsmaßstabes – auch ohne intensive Auslegungsbemühungen klar sein muss, welche Leistungen und in welcher Form von ihm gefordert werden (VK Bund vom 23.11.2009, VK 3-199/09). „Erschöpfend" bedeutet, dass keine Restbereiche verbleiben dürfen, die seitens der Vergabestelle nicht schon klar umrissen sind (OLG Saarbrücken vom 29.9.2004, 1 Verg 6/04 m.w.N.). Der Auftraggeber muss also den Bietern alle Angaben und Daten mitteilen, die für eine sachgerechte Kalkulation einerseits und für eine Vergleichbarkeit und Wertbarkeit der Angebote andererseits erforderlich sind (VK Bund vom 29.3.2006, VK 3-15/06). Hierdurch soll sichergestellt werden, dass alle Bieter die Leistungsbeschreibung im gleichen Sinne verstehen und einwandfrei ihre Preise ermitteln können.

101 **Mindestbedingungen**, die die Vergabestelle bei Zulassung von **Nebenangeboten** aufzustellen und auch konkret zu beschreiben hat, müssen sicherstellen, dass die eingereichten Nebenangebote taugliche – gleichwertige – Lösungen anbieten, die der gewünschten Leistung, dem Beschaffungsbedarf des Auftraggebers, entsprechen. Unter „Mindestanforderungen" sind dabei allein leistungsbezogene, also sachlich-technische Vorgaben zu verstehen (vgl. OLG Koblenz vom 31.5.2006, 1 Verg 3/06; OLG München vom 5.7.2005, Verg 09/05). Damit fallen aber unter Mindestanforderungen grundsätzlich auch Nachweise hinsichtlich der Genehmigungsfähigkeit und damit der technischen Vergleichbarkeit mit dem Hauptangebot. Letztlich kann allerdings diese Frage dahingestellt bleiben, denn sowohl bei Annahme einer Mindestanforderung als auch bei einer „normalen", gleichwohl formalen Anforderung an die Nebenangebote, ist der Auftraggeber an einmal festgelegte Anforderungen dieser Art zwingend gebunden, er darf auf diese weder schlicht verzichten noch sie in irgendeiner Weise abändern (zu Mindestanforderungen vgl. ausdrücklich BGH 17.2.1999, X ZR 101/97), will er nicht die maßgeblichen vergaberechtlichen Grundsätze der Transparenz und Gleichbehandlung verletzen (OLG Frankfurt am Main vom 7.8.2007, 11 Verg 3/07 und 11 Verg 4/07).

3. Produktneutralität

102 Das den Gleichbehandlungsgrundsatz flankierende **Gebot der Produktneutralität** gemäß § 8 EG Abs. 7 VOL/A soll sicherstellen, dass eine Leistungsbeschreibung die Herstellung von Chancengleichheit im Vergabewettbewerb gewährleistet. Ziel ist es, dass alle Bieter die gleiche Ausgangsposition haben (vgl. OLG Saarbrücken vom 9.11.2005, 1 Verg 4/05; OLG Celle vom 2.9.2004, 13 Verg

11/04). Die Chancengleichheit bedingt, dass hinsichtlich bestimmter Erzeugnisse, Produkte, Verfahren, Hersteller etc. nur zurückhaltend Gebrauch gemacht werden darf. Daher gilt der Grundsatz der Produktneutralität (vgl. *Noch*, in: Müller-Wrede, VOL/A, § 8 Rn. 206). Gemäß § 8 EG Abs. 7 VOL/A dürfen bestimmte Erzeugnisse oder Verfahren sowie bestimmte Ursprungsorte und Bezugsquellen nur dann ausdrücklich vorgeschrieben werden, wenn dies durch die Art der zu vergebenden Leistung gerechtfertigt ist. Darüber hinaus darf gemäß § 8 EG Abs. 7 VOL/A die Beschreibung technischer Merkmale nicht die Wirkung haben, dass bestimmte Unternehmen oder Erzeugnisse bevorzugt oder ausgeschlossen werden, es sei denn, dass eine solche Beschreibung durch die zu vergebende Leistung gerechtfertigt ist.

Die **Reichweite der Zulässigkeit der Angabe von bestimmten Erzeugnissen, Verfahren, Produktnamen und Herstellerbezeichnungen** hängt maßgeblich von dem Leistungsgegenstand ab, aber auch von der Verwendung am konkreten Einsatzort (vgl. OLG Frankfurt vom 28.10.2003, 11 Verg 9/03). Als maßgeblich zugrunde zu legen ist dabei der Auftraggeberwille in Bezug auf den konkreten Auftragsgegenstand, den Einsatzort und den individuellen Verwendungszweck (vgl. *Noch*, in: Müller-Wrede, VOL/A, § 8 Rn. 211 ff. m.w.N.). Dabei trägt § 8 EG Abs. 7 VOL/A dem Umstand Rechnung, dass Leistungsbeschreibungen auch in sehr subtiler Weise zu einer verbotenen Bevorzugung bestimmter Unternehmen oder Erzeugnisse führen können. Dabei können sich bei der Beschreibung technischer Merkmale sehr schnell diskriminierend wirkende Passagen einschleichen, ohne dass die Vergabestelle dies beabsichtigt hat oder merkt (vgl. VK Lüneburg vom 16.11.2009, VgK-62/09).

Für eine **sachliche Rechtfertigung** bedarf es objektiver, in der Sache selbst liegender Gründe, die sich z.B. aus der besonderen Aufgabenstellung des Auftraggebers, aus technischen oder gestalterischen Anforderungen oder auch aus der Nutzung der Sache ergeben können. Dem Auftraggeber steht hierbei ein – letztlich in der Privatautonomie wurzelndes – Beurteilungsermessen zu, dessen Ausübung im Ergebnis nur darauf kontrolliert werden kann, ob seine Entscheidung sachlich vertretbar ist (OLG Düsseldorf vom 14.4.2005, VII-Verg 93/04; VK Bund vom 1.10.2009, VK 3-172/09). 103

Wenn ein Auftraggeber ein bestimmtes Produkt haben will, muss er dies eingehend, ggf. hinsichtlich jedes technisch relevanten Details begründen, z.B. auf der Basis eines Gesamtkonzeptes, bautechnischen Gutachten oder anderer Erkenntnisse. Die ordnungsgemäße Betätigung des Ermessens muss erkennbar und nachvollziehbar bleiben (VK Arnsberg vom 25.5.2009, VK 08/09).

4. Information der Teilnehmer

Aus dem Gleichbehandlungsgebot folgt insbesondere, dass der Auftraggeber für die Angebotsabgabe **gleiche zeitliche und inhaltliche Vorgaben** machen muss; er muss den Bietern daher die gleichen Informationen zukommen lassen und ihnen die Chance geben, innerhalb gleicher Frist und mit gleichen Anforderungen Angebote abzugeben. 104

Stellt die Vergabestelle beispielsweise eine Machbarkeitsstudie nicht allen Bietern zur Angebotserstellung zur Verfügung, verstößt die Beteiligung des Verfassers gegen das Diskriminierungs-, Wettbewerbs- und Gleichbehandlungsgebot des § 97 (VK Südbayern vom 28.7.2006, Z3-3-3194-1-17-05/06).

Eine Abs. 2 verletzende Ungleichbehandlung vergleichbarer Sachverhalte liegt jedoch grundsätzlich nicht vor, wenn der Auftraggeber nur mit demjenigen Bieter, der darum nachgesucht hat, innerhalb der Angebotsfrist eine Ortsbesichtigung durchführt. Das Ersuchen um einen Ortstermin stellt nicht nur ein formales Unterscheidungskriterium der Sachverhalte dar, sondern rechtfertigt auch bei wertender Betrachtung grundsätzlich die unterschiedlichen Verhaltensweisen. Denn der **Wunsch (nur) eines Bieters nach einer Ortsbegehung** kann vielfältige Ursachen haben, die bei den anderen Bietern nicht zutreffen, und muss den Auftraggeber daher nicht notwendig zu der Annahme veranlassen, dass allen Bietern nur nach einer Ortsbesichtigung eine sachgerechte Angebotserstellung möglich sei. So ist denkbar, dass bei gleichem Angebotsinhalt einige Bieter eine Besichtigung für sinnvoll halten, während andere sich in der Lage sehen, die Machbarkeit des Projektes oder zumindest ihr (Kalkulations-)Risiko allein anhand der vorliegenden Angaben hinreichend zu beurteilen.

Ferner können die Angebotsinhalte im Einzelnen differieren, mit der Folge, dass nur für manche Ausführungsarten die Kenntnis der Örtlichkeit objektiv erheblich ist, während dies bei anderen nicht der Fall ist. Schließlich kann das Verlangen nach einem Ortstermin dazu dienen, lediglich ein Alternativangebot vorzubereiten, so dass er für andere Bieter von vornherein keinen relevanten Informationsgewinn brächte, jedoch wohl aus Gründen des Geheimwettbewerbs die Möglichkeit der Durchführung nur eines Ortstermins ausgeschlossen wäre, was zu einem erheblichen organisatorischen Mehraufwand auf Seite des Auftraggebers führen würde. Danach ist es grundsätzlich Sache eines jeden Bieters, sein Bedürfnis nach weiteren Informationen selbst zu verfolgen und um einen Ortstermin zu bitten (der freilich zwecks Gleichbehandlung nach Abs. 2 gewährt werden muss, wenn auch anderen Bietern eine solche Gelegenheit gegeben wird). Ein Bieter kann daher nicht geltend machen, dass auch er ein Informationsbedürfnis gehabt habe, jedoch die Bitte um eine Ortsbesichtigung als rechtlich ausgeschlossen habe ansehen müssen. Ausnahmsweise dürfte eine Ungleichbehandlung durch Nichteinladung auch der übrigen Bieter zur Ortsbesichtigung dann anzunehmen sein, wenn der Auftraggeber aus der Anfrage eines Bieters erkennen muss, dass eine sachgerechte Angebotsabgabe überhaupt nur nach einer Ortsbesichtigung möglich ist (KG Berlin vom 13.3.2008, 2 Verg 18/07). Die Möglichkeit zu **Anfragen im Vorfeld der Angebotsabgabe** liegt auf der Hand und wird auch in den Vergabe- und Vertragsordnungen vorausgesetzt (z.B. § 12 EG Abs. 7 VOB/A, § 12 EG Abs. 7 VOL/A, § 7 Abs. 3 VOF). Die Fragen und Antworten sind dabei allen Teilnehmern zu kommunizieren.

5. Ausschluss von Angeboten

105 Da der öffentliche Auftraggeber sich durch die Ausschreibung dem Gleichbehandlungsgebot unterworfen hat, darf er auch deshalb nur solche Angebote werten, die die geforderten Erklärungen enthalten (BGH vom 18.2.2003, X ZB 43/02):

„Der Ausschlusstatbestand des § 25 Nr. 1 Abs. 1 b) VOB/A Abschnitt 2 (a.F.) ist daher auch nicht etwa erst dann gegeben, wenn das betreffende Angebot im Ergebnis nicht mit den anderen abgegebenen Angeboten verglichen werden kann. Ein transparentes, auf Gleichbehandlung aller Bieter beruhendes Vergabeverfahren ist nur zu erreichen, wenn lediglich in jeder sich aus den Verdingungsunterlagen ergebenden Hinsicht vergleichbare Angebote gewertet werden (vgl. Senatsurteil vom 7.1.2003, XZR 50/01, Umdruck Seite 10 ff.). Dies erfordert, dass hinsichtlich jeder Position der Leistungsbeschreibung alle zur Kennzeichnung der insoweit angebotenen Leistungen geeigneten Parameter bekannt sind, deren Angabe den Bieter nicht unzumutbar belastet, aber ausweislich der Ausschreibungsunterlagen gefordert war, so dass sie als Umstände ausgewiesen sind, die für die Vergabeentscheidung relevant sein sollen."

106 Diese Auslegung des Gleichbehandlungsgebotes des Abs. 2 ist sinngemäß auf die Ausschreibung im Bereich der VOL/A anzuwenden (VK Arnsberg vom 22.12.2008, VK 27/08). Die Vergabe- und Vertragsordnungen mildern jedoch jetzt den zwingenden Ausschluss-Automatismus bei unvollständigen Angeboten ab: Nach § 16 EG Abs. 1 Nr. 3 Satz 1 VOB/A „verlangt der Auftraggeber" fehlende Erklärungen oder Nachweise von denjenigen Bietern nach, deren Angebot nicht nach § 16 EG Abs. 1 Nr. 1 oder 2 VOB/A ausgeschlossen werden. § 19 EG Abs. 2 Satz 1 VOL/A stellt das Nachfordern von Erklärungen und Nachweisen, die auf Anforderungen des Auftraggebers bis zum Ablauf der Angebotsfrist nicht vorgelegt wurden, in das Ermessen des Auftraggebers; sie können bis zum Ablauf einer zu bestimmenden Nachfrist nachgefordert werden. Auch die VOF räumt dem Auftraggeber die Möglichkeit ein, das Nachreichen von Erklärungen und Nachweisen nach Ablauf der Bewerbungsfrist innerhalb einer gesetzten Nachfrist zuzulassen, § 5 Abs. 3 VOF.

107 Das **Fehlen eines ausdrücklichen Ausschlusstatbestandes** (hier: in § 11 VOF a.F.) führt nicht dazu, dass zwingende und fakultative Ausschlussgründe von der Vergabestelle selbst in der Ausschreibung konstitutiv begründet werden müssen. Vielmehr folgt der zwingende Ausschluss formal fehlerhafter Angebote im VOF-Verfahren aus dem in Abs. 2 enthaltenen Gleichbehandlungs- und Transparenzgebot als tragender Grundlage des Vergaberechts. Eines ausdrücklichen Hinweises in den Vergabeunterlagen auf diese sich aus der Reichweite und Bedeutung der maßgeblichen vergaberechtlichen Prinzipien ergebende Konsequenz bedarf es nicht. Das Gleichbehandlungsgebot ist unmittelbarer Ausdruck des Art. 3 GG und des Art. 12 EG-Vertrag und damit fundamentaler Prinzipien des Verfassungs- sowie des Europäischen Gemeinschaftsrechts (vgl. *Hailbronner*, in: Byok/Jaeger, Vergaberecht, § 97 GWB Rn. 204). Das aus dem Wesen der EU-Vergaberichtlinie abzuleitende Gleichbehandlungsgebot (vgl. EuGH vom 18.10.2001, Rs. C-19/00 – „SIAC Construction") verbietet insbesondere jede Bevorzugung von Unternehmen, etwa durch Berücksichtigung von Angeboten, die den vom Auftraggeber festgelegten Voraussetzungen nicht entsprechen (vgl. EuGH vom 25.4.1996, Rs. C-87/94 – „Kommission ./. Belgien"). Das in Abs. 1 enthaltene Gebot der Transparenz ist die logische Fortsetzung des Gleichbehandlungsgrundsatzes. Indem Auftraggeber Transparenz schaffen, gewährleisten sie unverfälschten Wettbewerb und ermöglichen so die Verwirklichung der Gleichbehandlung (vgl. *Dreher*, in: Dreher/Stockmann, Kartellvergaberecht, § 97 GWB Rn. 7). Verzichtet die Vergabestelle gegenüber einzelnen Bietern auf die Einhaltung bestimmter bekannt gemachter Standards, ohne die Anforderungen an alle Angebote in transparenter und diskriminierungsfreier Weise geändert zu haben, verstößt sie gegen das Transparenzgebot.

Dem durch das Gleichbehandlungs- und Transparenzgebot begründeten Ausschluss unvollständiger Angebote im VOF-Verfahren steht der **Grundsatz der weitgehend freien Verhandelbarkeit von Angeboten freiberuflicher Leistungen** nicht entgegen. Nach der Rechtsprechung des BGH sind auch im Verhandlungsverfahren nach der VOB/A, dessen Wesensmerkmal die Verhandlung des Auftraggebers mit den Bietern über den Auftragsinhalt ist, die Anforderungen der Ausschreibungsunterlagen an die Angebote verbindlich (vgl. BGH vom 1.8.2006, X ZR 115/04). Der vom BGH für ein Verhandlungsverfahren nach der VOB/A aus dem Gleichheits- und Transparenzgebot abgeleitete Grundsatz der Verbindlichkeit von Anforderungen, der den Ausschluss von Angeboten, die diese Anforderungen nicht erfüllen, zur Folge hat, beansprucht Geltung auch in einem Verhandlungsverfahren nach der VOF. Dass dort über freiberufliche Leistungen verhandelt wird, vermag unterschiedliche Rechtsfolgen bei der Behandlung unvollständiger Angebote nicht zu rechtfertigen (OLG Düsseldorf vom 21.10.2009, VII-Verg 28/09 und VK Saarland vom 12.12.2009, 1 VK 12/2009, die den formalen Ausschluss aus § 10 VOF i.V.m. § 97 ableiten). **108**

Grundsätzlich ist jeder Bieter verpflichtet, damit sein Angebot gewertet werden kann, die in der Leistungsbeschreibung vorgesehenen **Preise vollständig** und mit dem Betrag anzugeben, der für die betreffende Leistung beansprucht wird (BGH vom 24.5.2005, X ZR 243/02). Ein transparentes, gemäß Abs. 2 auf Gleichbehandlung aller Bieter beruhendes Vergabeverfahren ist nur zu erreichen, wenn in jeder sich aus den Vergabeunterlagen ergebenden Hinsicht und grundsätzlich ohne weiteres vergleichbare Angebote abgegeben werden. Angebote, die gemäß § 21 Nr. 1 Abs. 1 VOB/A (a.F.) geforderte **Erklärungen und Preise nicht** enthalten, sind nach § 25 Nr. 1 Abs. 1 Buchst. b VOB/A **zwingend von der Vergabe auszuschließen** (BGH vom 24.5.2005, X ZR 243/02; VK Bund vom 29.9.2008, VK 3-125/08). **109**

Ein Angebot kann wegen **unzulässiger Änderung der Vergabeunterlagen** ausgeschlossen werden, wenn der Bieter in Abweichung zu den Vorgaben des Auftraggebers in den Vergabeunterlagen prozentual festgelegte sog. **„Zahlungsmeilensteine"** mit klar definierten Zahlungszielen in sein Angebot aufnimmt. Ein Angebot kann ebenfalls wegen unzulässiger Änderung der Vergabeunterlagen ausgeschlossen werden, wenn die in den Vergabeunterlagen niedergelegten Haftungsbedingungen dadurch relativiert werden, dass der Bieter erklärt, dass er bezüglich der Haftungsbedingungen von den „marktüblichen Regelungen" ausgehe (vgl. VK Lüneburg vom 27.8.2009, VgK-35/09). **110**

Der BGH hat in einer Entscheidung, welche **Preisnachlässe** betraf, die **nicht an der in den Vergabeunterlagen festgelegten Stellen aufgeführt** worden waren, ausgeführt, dass ein transparentes, gemäß Abs. 2 auf der Gleichbehandlung aller Bieter beruhendes Vergabeverfahren nur erreicht werden könne, wenn in jeder sich aus den Vergabeunterlagen ergebender Hinsicht und grundsätzlich ohne weiteres vergleichbare Angebote abgegeben werden. Dazu gehöre nicht nur, dass das Angebot bei Meidung des nach § 25 Nr. 1 Abs. 1 Buchst. b VOB/A 2006 in der Regel zwingenden Ausschlusses von der Wertung die erforderlichen Erklärungen enthält, sondern auch, dass die geforderten Erklärungen an denjenigen Stellen der Angebote abgegeben werden, an denen sie den **111**

Ausschreibungsunterlagen zufolge abzugeben sind. Preisnachlässe ohne Bedingungen, die nicht an der in den Vergabeunterlagen festgelegten Stelle aufgeführt sind, seien daher gemäß § 25 Nr. 5 Satz 2 VOB/A 2006 von der Wertung auszuschließen, auch wenn sie als solche klar und unmissverständlich angegeben worden seien (BGH vom 20.1.2009, X ZR 113/07).

112 Unter dem Gesichtspunkt des Gleichbehandlungsgebotes aller Bieter ist das in § 25 Nr. 1 Abs. 2 VOL/A 2006 (der inhaltlich weitgehend § 19 EG Abs. 3 VOL/A entspricht) für die Ausschlussentscheidung vorgesehene Ermessen auf Null reduziert. Das Gleichheits- und Transparenzgebot, das sich aus § 97 ergibt, erfordert, dass **alle Bieter die geforderten Angaben dem Angebot beifügen** müssen (BGH vom 18.2.2003, X ZB 43/02). Eine Gleichbehandlung ist nur gewährleistet, soweit die Angebote die geforderten Erklärungen enthalten. Wenn auch die genannte Rechtsprechung für die VOB/A ergangen ist, kann für die VOL/A nichts anderes gelten (OLG Rostock vom 16.1.2008, 17 Verg 3/07).

6. Wertung von Angeboten

113 Berücksichtigt die Vergabestelle bei der Beurteilung des wirtschaftlichsten Angebots nicht alle bekannt gegebenen **Wertungskriterien**, so hat sie den Transparenz- und den Gleichbehandlungsgrundsatz nach Abs. 1 und 2 nicht beachtet (VK Nordbayern vom 9.1.2006, 21.VK-3194-42/05).

114 Die Vergabestelle ist auch an die von ihr in den Vergabeunterlagen bekannt gegebenen **Zuschlagskriterien** gebunden. § 25a Nr. 1 Abs. 2 VOL/A (jetzt § 19 EG Abs. 8 VOL/A) stellt – so die VK Nordbayern (vom 10.12.2009, 21.VK-3194-53/09) – eine Ausformung der tragenden Grundsätze des Vergabeverfahrens dar, nämlich des Transparenzgebotes und insbesondere des Willkürverbotes nach Abs. 1 und 2.

115 Sinn und Zweck der Pflicht zur vorherigen Bekanntgabe der Zuschlagskriterien ist, dass der Bewerberkreis vorhersehen können soll, worauf es dem Auftraggeber in besonderem Maße ankommt, um dies bei der Angebotserstellung berücksichtigen zu können. Der Auftraggeber soll dabei einerseits auf seinen Bedarf besonders ausgerichtete Angebote erhalten, andererseits bei der Auswahl nicht manipulieren können (OLG Frankfurt am Main vom 20.12.2000, 11 Verg 1/00). Die Manipulationsmöglichkeit läge jedoch auf der Hand, wenn der Auftraggeber die Auswahl nach Gutdünken treffen könnte und sich entweder an seine Wertungskriterien nicht halten müsste oder sie nach Öffnen der Angebote und Kenntnisnahme von deren Inhalt ändern dürfte (*Weyand*, ibr-online-Kommentar Vergaberecht, Stand 12.10.2009, § 25 VOB/A, 108.4.1 m.w.N.). Es ist daher vergaberechtswidrig, ein als Zuschlagskriterium angekündigtes Merkmal nach Kenntnisnahme der Angebote wieder fallen zu lassen (VK Nordbayern vom 10.12.2009, 21.VK-3194-53/09).

116 Nicht nur bei der Angebotswertung im Einzelnen, sondern auch bei der **Organisation des Wertungsprozesses** steht dem Auftraggeber ein nur **eingeschränkt überprüfbarer Spielraum** zu (OLG Düsseldorf vom 2.3.2005, VII-Verg 70/04; OLG Düsseldorf vom 23.3.2005, VII-Verg 68/04; OLG Düsseldorf vom 27.7.2005, VII-Verg 108/04). Bei einer bundesweiten Massenausschreibung mit einer großen Anzahl von Losen ist es von vornherein gar nicht möglich, dass alle Angebote unter völlig identischen Bedingungen bewertet werden, nicht einmal von identischen Bewertern. Außerdem können der Gleichheitsgrundsatz und das Willkürverbot nur so weit reichen, wie auch der Wettbewerb im konkreten Fall reicht. Da nur die Angebote der Bieter, die zu einem Los abgegeben wurden, in Konkurrenz zueinander stehen, muss somit lediglich sichergestellt sein, dass in Bezug auf das jeweilige Einzellos eine gleichförmige und willkürfreie Behandlung der hierzu abgegebenen Angebote gewährleistet ist. Der Auftraggeber darf daher den Wertungsprozess so organisieren, dass nur die Angebote auf dasselbe Los von denselben Bewertern beurteilt werden (OLG Düsseldorf vom 2.3.2005, VII-Verg 70/04; OLG Düsseldorf vom 23.3.2005, VII-Verg 68/04; OLG Düsseldorf vom 27.7.2005, VII-Verg 108/04; VK Bund vom 23.7.2007, VK 3-76/07).

7. Scheinaufhebung

Eine nur **scheinbare Aufgabe der Vergabeabsicht** liegt dann vor, wenn der öffentliche Auftraggeber seinen Vergabewillen nicht wirklich ernsthaft aufgegeben, sondern unter Missbrauch seiner Gestaltungsmöglichkeiten nur den Schein einer Aufhebung gesetzt hat, um etwa auf diesem Wege dem ihm genehmen Bieter den Auftrag zuzuschieben (OLG Düsseldorf vom 19.11.2003, VII-Verg 59/03). In Wirklichkeit verfolgt der Auftraggeber sein Ziel, die Leistung in gleicher Form zu beschaffen, fort, nur nicht im ursprünglichen Vergabeverfahren. 117

Ein **Beispiel** hierfür ist der Fall, dass der öffentliche Auftraggeber eine öffentliche Ausschreibung nach Abgabe der Angebote ausdrücklich aufhebt, um dann in unmittelbaren zeitlichen Zusammenhang den inhaltlich unveränderten oder nicht nennenswert veränderten Auftrag im Verhandlungsverfahren an einen der Bieter zu vergeben, so dass letztlich eine Fortsetzung ein und desselben, in Wahrheit nicht aufgehobenen Vergabeverfahrens angenommen werden muss, in dem den übrigen aussichtsreichen Bietern bei rechtzeitigem Nachprüfungsantrag selbstverständlich Primärrechtsschutz hätte gewährt werden können und müssen (vgl. etwa OLG Naumburg vom 17.5.2006, 1 Verg 3/061; VK Schleswig-Holstein vom 4.2.2008, VK-SH 28-07; VK Sachsen vom 18.8.2006, 1/SVK/077-06). 118

Die Frage, ob ein von der Vergabebestelle weiterverfolgtes Vorhaben mit dem ausgeschriebenen identisch ist, ist nach wirtschaftlichen und technischen, nicht hingegen nach formellen Kriterien zu beurteilen (OLG Dresden vom 10.7.2003, W Verg 16/02). Entscheidend ist, dass es für eine Annahme einer missbräuchlichen Scheinaufhebung einer subjektiven Komponente oder eines Handelns des Antragsgegners bedarf, das darauf schließen lässt, dass sachfremde, nicht am Grundsatz des fairen, transparenten und chancengleichen Vergabeverfahrens i.S.d. Abs. 1, 2 orientierte Erwägungen, um etwa den Auftrag gezielt einem bestimmten Bieter zu erteilen, vorliegen (OLG Düsseldorf vom 19.11.2003, VII-Verg 59/03; allgemein: OLG München vom 12.7.2005, Verg 8/05; VK Bund vom 28.6.2007, VK 2-60/07; VK Schleswig-Holstein vom 23.10.2009, VK-SH 14/09). 119

Fehlende Haushaltsmittel können ein schwerwiegender und damit ausreichender Grund i.S.d. Abs. 7 i.V.m. § 17 EG Abs. 1 Nr. 3 VOB/A sein, wenn nicht absehbar ist, wann und in welcher Höhe weitere Mittel zur Verfügung stehen werden und welche Änderungen erforderlich sein werden (VK Arnsberg vom 13.2.2013, VK-20/12). Der BGH hat bereits in seiner frühen Rechtsprechung (vom 8.9.1998, X ZR 99/96; vom 5.11.2002, X ZR 232/00) die für eine Auftragserteilung fehlenden Haushaltsmittel als Aufhebungsgrund ausdrücklich anerkannt. Er hat eine Berufung des Auftraggebers auf diesen Grund nur dann für ausgeschlossen gehalten (mit der Folge, dass dem betroffenen Bieter Ersatzansprüche wegen negativen Schadens zustehen können), wenn der Auftraggeber den Kostenbedarf nicht mit der gebotenen Sorgfalt ermittelt hat (s. auch OLG Düsseldorf vom 8.6.2011, VII-Verg 55/10). 120

D. Berücksichtigung mittelständischer Interessen (Abs. 3)

I. Einführung

Nach Abs. 3 sind mittelständische Interessen bei der Vergabe öffentlicher Aufträge vornehmlich zu berücksichtigen. Leistungen sind in der Menge aufgeteilt (Teillose) und getrennt nach Art oder Fachgebiet (Fachlose) zu vergeben. Mehrere Teil- oder Fachlose dürfen zusammen vergeben werden, wenn wirtschaftliche oder technische Gründe dies erfordern. Wird ein Unternehmen, das nicht öffentlicher Auftraggeber ist, mit der Wahrnehmung oder Durchführung einer öffentlichen Aufgabe betraut, verpflichtet der Auftraggeber das Unternehmen, sofern es Unteraufträge an Dritte vergibt, nach den Sätzen 1 bis 3 zu verfahren. 121

Bei dem Grundsatz zur Berücksichtigung mittelständischer Interessen handelt es sich um eine Vorgabe des Gesetzgebers, mit der nicht mehr unmittelbar die im Haushaltsrecht wurzelnde beschaffungsrechtliche Zielsetzung des wirtschaftlichen Einkaufs, sondern allgemeine **wirtschaftspolitische Ziele** verfolgt werden. Der Grundsatz weist daher Konfliktpotenzial insbesondere mit dem Wettbewerbs- und dem Gleichbehandlungsgrundsatz auf. Zumindest vom **Gleichbehandlungs-** 122

grundsatz sind nach Abs. 2 Abweichungen möglich, die das Gesetz gestattet. Abweichungen vom **Wettbewerbsgrundsatz** sind demgegenüber ausdrücklich nicht vorgesehen. Das Problem relativiert sich allerdings dadurch, dass die Sätze 2 und 3 des Abs. 3 die Regelung in Satz 1 mit der Verpflichtung zur Losvergabe konkretisieren und der Grundsatz seine Wirkung deshalb in erster Linie im Vorfeld des Vergabeverfahrens im engeren Sinn, nämlich im Stadium der Definition des Auftrags, entfaltet. Darüber hinaus wird die Zugehörigkeit eines Unternehmens zum Mittelstand für sich genommen nicht als zulässiges Vergabekriterium angesehen (*Leinemann*, Das neue Vergaberecht, 2010, S. 16 m.w.N.).

123 Der Gesetzgeber hat mit der Novellierung des Vergaberechts im Jahr 2009 den Grundsatz zur Berücksichtigung mittelständischer Interessen verschärft und den Anwendungsbereich erweitert. Im Entwurf eines Gesetzes zur Modernisierung des Vergaberechts (BT-Drucks. 16/10117 vom 13.8.2008, S. 5) war zunächst nur nachfolgende Änderung des Abs. 3 vorgesehen:

„Mittelständische Interessen sind bei der Vergabe öffentlicher Aufträge vornehmlich zu berücksichtigen. Leistungen sind in der Menge aufgeteilt (Teillose) und getrennt nach Art oder Fachgebiet (Fachlose) zu vergeben. Mehrere Teil- oder Fachlose dürfen zusammen vergeben werden, wenn wirtschaftliche oder technische Gründe dies erfordern."

124 Die alte Fassung des Abs. 3 lautete:

„Mittelständische Interessen sind vornehmlich durch Teilung der Aufträge in Fach- und Teillose angemessen zu berücksichtigen."

125 Mit der Neuformulierung wurde zum einen klargestellt, dass mittelständische Interessen nicht mehr „angemessen", sondern **„vornehmlich"** zu berücksichtigen sind und dass zum anderen die **Losvergabe** nicht mehr nur prioritäres Mittel zur Umsetzung des Grundsatzes bleiben sollten, sondern dass diese selbst zum **Grundsatz** erhoben wird. Begründet hat der Gesetzgeber dies wie folgt (BT-Drucks. 16/10117, S. 15):

„Der bisherige § 97 Abs. 3 verpflichtet jeden Auftraggeber bei der Vergabe eines Auftrags oberhalb der EG-Schwellenwerte mittelständische Interessen angemessen zu berücksichtigen. Dies soll bislang vornehmlich durch Teilung der Aufträge in Fach- und Teillose geschehen. Trotz dieser Regelung beklagen mittelständische Unternehmen die vielfach wenig mittelstandsgerechte Ausgestaltung der Auftragsvergaben. Bündelung von Nachfragemacht und Zusammenfassung teilbarer Leistungen seien zunehmende Praxis. Auch scheint die Zunahme elektronischer Beschaffungsformen diese Tendenz zu befördern. Gerade bei der öffentlichen Auftragsvergabe, die vielfach mit einer marktstarken Stellung eines Auftraggebers einhergeht, ist es im Interesse der vorwiegend mittelständisch strukturierten Wirtschaft geboten, auf mittelständische Interessen bei der Ausgestaltung der Vergabeverfahren besonders zu achten, um so die Nachteile der mittelständischen Wirtschaft gerade bei der Vergabe großer Aufträge mit einem Volumen, das die Kapazitäten mittelständischer Unternehmen überfordern könnte, auszugleichen. Die Mittelstandsklausel des § 97 Abs. 3 wird daher in ihrer Wirkung verstärkt. Dies soll dadurch verwirklicht werden, dass eine Losvergabe stattzufinden hat. Nur in begründeten Ausnahmefällen kann davon abgewichen werden, wenn wirtschaftliche oder technische Gründe dies erfordern. Verfahren öffentliche Auftraggeber nach dieser Vorschrift, so haben sie aktenkundig zu begründen, dass die gesetzlichen Voraussetzungen erfüllt sind. Für die Vergaben der Aufträge unterhalb der EG-Schwellenwerte erwartet die Bundesregierung mit der Verstärkung des § 97 Abs. 3 eine Vorbildwirkung für die Erarbeitung der Regelungen in den Verdingungsausschüssen bzw. des Vergabe- und Vertragsausschusses."

126 Letzterem wurde zumindest insoweit Rechnung getragen, dass in § 2 EG Abs. 4 VOL/A die Sätze 1 bis 3 des § 97 Abs. 3 übernommen und in der VOB/A auf eine Mittelstandsklausel verzichtet wurde mit der Folge, dass § 97 Abs. 3 unmittelbar Anwendung findet.

127 Die Formulierung des Grundsatzes impliziert – und dies ist tatsächlich eine gravierende Änderung der früheren Rechtslage – eine **Umkehrung der bisherigen Ausgangssituation des Auftraggebers:** Musste dieser früher prüfen, ob ein Auftrag in Lose zerlegt werden kann, muss er heute prü-

fen, ob im konkreten Fall die **Einzellose**, aus denen der Auftrag nun per definitionem besteht, **ausnahmsweise zusammengefasst** werden dürfen. Materiell dürfte dies wegen der Fortexistenz einer (wenn auch verlagerten) Zumutbarkeitsgrenze für die losweise Vergabe, die nach wie vor wirtschaftliche und technische Gründe für eine Abweichung zulässt, nicht viel ändern. Die Vorgehensweise der Vergabestelle muss sich aber an diesem **Neuansatz** orientieren; die Begründung für Abweichungen erfolgt nun von einem neuen Ausgangspunkt und muss sich so auch in der Dokumentation des Verfahrens wiederfinden lassen. Die in Ausübung des hier bestehenden Beurteilungsspielraums getroffenen Abwägungsentscheidungen sind also detailliert wiederzugeben.

Im weiteren Gesetzgebungsverfahren wurde Abs. 3 dann noch ein weiterer Satz (Satz 4) hinzugefügt. Zur Begründung wurde Folgendes ausgeführt (BT-Drucks. 16/11428 vom 17.12.2008, Beschlussempfehlung und Bericht des Ausschusses für Wirtschaft und Technologie, 9. Ausschuss): 128

> „Die Losvergabe verlangt keine marktunübliche Trennung der Aufträge in Einzelteile. Die Aufteilung in Fachlose braucht selbstverständlich von vorneherein nur so zu erfolgen, wie dies marktüblich ist. Marktunüblich wäre es beispielsweise, Fenster in Rahmen, Scheiben, Griffe und Beschläge zu trennen. Marktüblich ist die Aufteilung von Autobahnen in Streckenabschnitte. Computer können marktüblich getrennt nach Rechner, Eingabegeräten und Monitor beschafft werden. Um mittelstandfreundliche Auftragsvergabe auch im Rahmen einer Öffentlich-Privaten-Zusammenarbeit sicherzustellen, muss, sofern das Unternehmen Unteraufträge vergibt, diese Unterauftragsvergabe mit erfasst werden. Zu diesem Zweck wird der ursprüngliche Auftraggeber verpflichtet, entsprechende vertragliche Regelungen zu treffen."

Die Begründung lässt den Schluss zu, dass hier lediglich eine ÖPP-spezifische Zusatzregelung aufgenommen werden sollte. Der Gesetzeswortlaut erfasst hingegen eindeutig **alle Formen von Generalübernehmer- und Generalplanerverträgen**. Diese widersprechen allerdings ihrer Natur nach selbst dem Grundsatz der Losvergabe, so dass die Auswirkungen in der Praxis gering bleiben dürften. In der VOB/A ist die funktionale Ausschreibung – die gleichzeitige Ausschreibung von Entwurf und Bauausführung (§ 7 EG Abs. 13 VOB/A, Leistungsbeschreibung mit Leistungsprogramm) – zwar bereits als Ausnahmefall eingeordnet, es ist jedoch zweifelhaft, ob der aktuelle Gesetzeswortlaut noch mit den Vorgaben des neuen Abs. 3 kompatibel ist. In der VOB/A heißt es: 129

> „Wenn es nach Abwägen aller Umstände zweckmäßig ist, abweichend von Absatz 9 (Anm. des Verfassers: Abs. 9 definiert die Regel der Leistungsbeschreibung mit Leistungsverzeichnis) zusammen mit der Bauausführung auch den Entwurf für die Leistung dem Wettbewerb zu unterstellen, um die technisch, wirtschaftlich und gestalterisch beste sowie funktionsgerechteste Lösung der Bauaufgabe zu ermitteln, kann die Leistung durch ein Leistungsprogramm dargestellt werden."

Die Zulässigkeit der Funktionalausschreibung richtet sich danach in der VOB/A nach Zweckmäßigkeitserwägungen und nicht, wie **Abs. 3 Satz 3** es verlangt, nach der **wirtschaftlichen oder technischen** Erforderlichkeit einer solchen Abweichung vom Grundsatz der Fachlosvergabe. Als Fachlose sind hier die Leistungen der Architekten und Ingenieure auf der einen und die der Bauausführung auf der anderen Seite anzusehen (im Bereich der Bauleistungen wiederum sind als Fachlose solche anzusehen, die von einem bestimmten Handwerks- oder Gewerbezweig ausgeführt werden und die damit einem bestimmten Fachgebiet zugeordnet werden können). Mit der Novellierung des Abs. 3 ist damit der **Grundsatz der Trennung von Planung und Ausführung** gestärkt worden, die VOB/A muss hier als nachbesserungsbedürftig angesehen werden. 130

II. Der Grundsatz der Berücksichtigung mittelständischer Interessen in der Rechtsprechung

1. Losvergabe

Die Rechtsprechung zu Abs. 3 konzentriert sich weitgehend auf den Fall der **Losvergabe**. Bereits unter der alten Rechtslage wurden aus dem Grundsatz Regeln abgeleitet, die auch heute noch gelten. So entschied z.B. die VK Sachsen im Jahr 2003, dass eine Losbildung ihr Ziel verfehlt, wenn im 131

Ergebnis mittlere Unternehmen keine praktische Möglichkeit zur Beteiligung am Wettbewerb haben (VK Sachsen vom 7.2.2003, 1/SVK/007-03). Nach dem OLG Düsseldorf besteht die Pflicht, bei einer Losvergabe die Lose so zuzuschneiden, dass der Forderung nach Berücksichtigung mittelständischer Interessen hinreichend genügt wird (OLG Düsseldorf vom 8.9.2004, VII-Verg 38/04). Diese Regeln werden nach wie vor zur Begründung von Entscheidungen herangezogen (s. z.B. VK Nordbayern vom 19.5.2009, 21.VK-3194-14/09).

132 Es knüpfen sich hieran die Fragen an, **wie Lose aufzuteilen** sind und was unter einem **mittelständischen Unternehmen** zu verstehen ist. Die VK Bund (vom 9.1.2008, VK 3-145/07) sieht den wettbewerblichen Belangen insbesondere der kleinen und mittleren Unternehmen Rechnung getragen, wenn die Größe der Lose so bemessen ist, dass sich auch kleine und mittlere Unternehmen als solche – und nicht nur als Teil einer Bietergemeinschaft – an der Ausschreibung beteiligen können. Bei einer Betriebsgröße von 20 bis 25 Mitarbeitern ist nach Auffassung der VK Bund durchaus von einem mittelständischen Unternehmen auszugehen, was sie durchaus nachvollziehbar begründet:

> „Zwar gibt es keine allgemeingültige und abschließende Definition des Begriffs „Mittelstand". Nach der Empfehlung der Europäischen Kommission betreffend die Definition von kleinen und mittleren Unternehmen vom 3.4.1996 (in: Amtsblatt der Europäischen Gemeinschaften, L 107 vom 30.4.1996) gelten aber als „klein" solche Unternehmen, die nicht mehr als 49 Beschäftigte und nicht mehr als 7 Mio. € Jahresumsatz haben. Der Begriff des wirtschaftlichen Mittelstands wird sogar wesentlich weiter gefasst. Wenn die Erbringung der Leistung mit lediglich 25 Mitarbeitern bei der vom der AG gewählten Losgröße möglich bleibt, so ist damit mittelständischen Interessen hinreichend Genüge getan. Eine Aufteilung in Kleinstlose, die allen gegenwärtigen Anbietern auf dem Markt die Beteiligung an der Ausschreibung ermöglicht, war in Anbetracht der in § 5 Nr. 1 Satz 2 VOL/A geforderten Vermeidung einer unwirtschaftlichen Zersplitterung nicht gefordert."

133 Die Losbildung soll das Volumen der zu vergebenden einzelnen Aufträge verringern, damit nicht nur Großunternehmen Angebote abgeben können (vgl. VK Bund vom 27.9.2011, VK-2-100/11 [Rn. 62] m.w.N.). Eine allgemein geltende **quantitative Grenze für eine Teillosbildung** lässt sich aus dem Gesetz nicht entnehmen. Sie wird – fallspezifisch – aus der Leistungsfähigkeit des für einen Auftrag relevanten (s. Rn. 134 f.) bzw. des im konkreten regionalen Markt anzutreffenden „Mittelstands" abzuleiten sein. Dem – auch im Auftraggeberinteresse liegenden – Ziel einer Optimierung des Vergabewettbewerbs (Abs. 1) dient es, wenn die Auftrags-(teil-)größe so gewählt wird, dass sich möglichst viele Unternehmen um das „beste" Angebot bewerben können. Zur gesetzlich gewollten Mittelstandsförderung reicht es nicht aus, lediglich auf die Möglichkeit zur Bildung von Bietergemeinschaften oder Arbeitsgemeinschaften zu verweisen (OLG Düsseldorf vom 8.9.2004, VII-Verg 38/04, NZBau 2004, 688). Vielmehr muss generell verlangt werden, dass sich aus der betreffenden Branche ein mittelständisches Unternehmen auch außerhalb einer Bietergemeinschaft um den Auftrag bewerben kann. Die genannte Anforderung wird verfehlt, wenn sich für einen Auftrag oder auch ein Gebietslos lediglich eine Arbeitsgemeinschaft bewirbt bzw. wenn ein mittelständisches Einzelunternehmen nicht mehr in der Lage ist, auch nur eines der Gebietslose zu bedienen (OLG Düsseldorf vom 21.3.2012, VII-Verg 92/11 [Rn. 27, 31] sowie vom 21.7.2010, VII-Verg 19/10).

134 Unklar ist – zunächst –, ob bei der Berücksichtigung mittelständischer Interessen von einem **Mittelstandsbegriff** auszugehen ist, der durch die Struktur des jeweiligen Marktes geprägt ist. Das OLG Karlsruhe verneint dies in seinem Beschluss vom 6.4.2011 (15 Verg 3/11) und führt dazu aus:

> „Für die Bestimmung kann nicht auf die Struktur des jeweiligen Marktes abgestellt werden (…). Denn der Begriff des Mittelstands ist ein allgemein gebräuchlicher volkswirtschaftlicher Begriff, der kleine und mittlere Unternehmen im Unterschied zu (den Kleinstunternehmen und) den Großunternehmen – bzw. nach Leitung und Verantwortlichkeit des Eigentümers (sog. Familienunternehmen) – beschreibt, ohne eine exakte Abgrenzung vorzunehmen. (…) Die EU-Kommission definiert – zum Zweck der Zuteilung von Fördermitteln – die kleinen und mittleren Unternehmen nach Umsatz und Anzahl der Mitarbeiter: weniger als 250 Mitarbeiter und Jahresumsatz bis 50 Mio. € bzw. Bilanzsumme bis 43 Mio. € (Empfehlung 2003/361/EG vom 6.5.2003,

ABl. Nr. L 124,36). Dafür, dass in § 97 Abs. 3 Satz 1 GWB (…) der Mittelstandsbegriff nicht in dem gebräuchlichen Sinn zu verstehen ist, sondern eigenständig zu definieren ist, gibt es keine Anhaltspunkte. (…)"

Demgegenüber will das OLG Düsseldorf – gerade wegen des Ziels einer wettbewerblichen Vergabe – die konkreten Marktverhältnisse berücksichtigt wissen, insbesondere hinsichtlich der Frage, ob sich an der Ausschreibung mittelständische Unternehmen beteiligen können (OLG Düsseldorf vom 21.7.2010, VII-Verg 19/10 sowie vom 21.3.2012, VII-Verg 92/11; vgl. auch VK Bund vom 4.32009, VK 2-202/08 u.a.; *Dreher*, NZBau 2005, 427 f.). Das soll hinsichtlich der Fachlosvergabe auch zu der Frage gelten, ob sich „für die betreffende Tätigkeit ein eigener Markt herausgebildet" hat (OLG Düsseldorf vom 11.1.2012, VII-Verg 52/11, NZBau 2012, 324).

Mit der Einfügung der Mittelstandsklausel in die Grundsätze des GWB ist der Gesetzgeber keinen Umsetzungspflichten aus dem europäischen Recht nachgekommen, sondern hat eine **autonome wirtschaftspolitische Entscheidung** zur besonderen Förderung mittelständischer Strukturen geschaffen. Insofern ist es fragwürdig, sich bei der Auslegung dieses Grundsatzes an den vom OLG Karlsruhe herangezogenen Kriterien (s. Rn. 134) zu orientieren. Vielmehr ist zur effektiven Anwendung des Mittelstandsgrundsatzes erforderlich, auf die Gegebenheiten des nationalen Marktes abzustellen und im Einzelfall zu untersuchen, wie die zu vergebenden Leistungen im betreffenden Markt angeboten werden. **135**

Eine **wirtschaftlich oder/und technisch** unsinnige **Atomisierung von Aufträgen** ist auch nach der Neufassung des Abs. 3 nicht geboten, dies entspricht im Ergebnis auch der zutreffenden Begründung des Gesetzgebers (Rn. 128). **136**

Die VK Nordbayern unterstreicht, dass eine für den Mittelstand angemessene Losteilung durch ein Zulassen von **Bietergemeinschaften** und der Möglichkeit eines Einsatzes von **Nachunternehmen** nicht ersetzt werden kann. Mittlere Unternehmen müssen nach dem Normzweck des Abs. 3 (Grundsatz der Losaufteilung) in geeigneten Fällen in die Lage versetzt werden, sich eigenständig zu bewerben (so bereits OLG Düsseldorf vom 4.3.2004, VII-Verg 8/04). Nach § 5 Nr. 1 VOL/A 2006 (a.F. der Regelung zur Losvergabe) hat der Auftraggeber in jedem Falle, in dem dies nach Art und Umfang der Leistung zweckmäßig ist, diese in Lose zu zerlegen, damit sich auch kleine und mittlere Unternehmen um Lose bewerben können. Die einzelnen Lose müssen so bemessen sein, dass eine unwirtschaftliche Zersplitterung vermieden wird. Daraus folgt, dass der Auftraggeber grundsätzlich verpflichtet ist, eine Leistung in zweckmäßige Lose aufzuteilen. Diese Verpflichtung findet dort ihre Grenze, wo Art und Umfang des Loses unwirtschaftliche Angebote erwarten lassen (VK Nordbayern vom 19.5.2009, 21.VK-3194-14/09). **137**

Die Neuregelung der Losvergabe in § 2 EG Abs. 2 VOL/A verschiebt diese Grenze nur unwesentlich, da **mehrere Teil- oder Fachlose** auch danach **zusammen vergeben** werden dürfen, wenn wirtschaftliche oder technische Gründe dies erfordern. Wann dies der Fall ist, muss der Auftraggeber durch Ausübung seines ihm zustehenden Beurteilungsspielraums überprüfen. Dabei muss jeweils eine Zumutbarkeitsgrenze für die wirtschaftlichen oder technischen Nachteile definiert werden, die wegen der Verpflichtung zur vornehmlichen Berücksichtigung mittelständischer Interessen in Abs. 3 Satz 1 hinzunehmen sind. Nicht außer Acht gelassen werden darf, dass dieser Grundsatz seinerseits mit dem Grundsatz der wirtschaftlichen Beschaffung in Abs. 5 in Einklang gebracht werden muss. Die bisherige Rechtsprechung liefert hierfür zumindest Orientierungspunkte. Dass auch nach der neuen Rechtslage durchaus noch Spielraum für die Zusammenfassung von Losen besteht, zeigt eine Entscheidung der VK Saarland (vom 7.9.2009, 3 VK 01/2009), die hierzu Folgendes ausführt: **138**

> „§ 97 Abs. 3 GWB soll (in der ab 24.4.2009 gültigen Fassung) durch seine Neuformulierung grundsätzlich den Mittelstand stärken, bedarf aber der Auslegung und einer praktischen Anwendung bezogen auf das konkrete Ausschreibungsprojekt: Der in § 97 Abs. 3 Satz 2 GWB vorgesehene Zwang zur losweisen Vergabe kollidiert mit § 97 Abs. 5 GWB. Primäres Ziel der öffentlichen Beschaffung ist der wirtschaftliche Einkauf der öffentlichen Hand und die sparsame Verwendung von Steuergeldern. Die Aufteilung in Fachlose braucht von vorneherein nur zu

erfolgen, wenn dies marktüblich ist. Die Gesamtvergabe kann von Anfang an ins Auge gefasst werden, wenn berechtigte wirtschaftliche und technische Gründe dafür sprechen. Der Grundsatz des Mittelstandschutzes und der Chancengleichheit kleinerer Unternehmen stößt da an seine Grenzen, wo der öffentliche Auftraggeber zumindest solche eigenen Interessen nicht zu opfern braucht, die er nur in Gestalt einer Gesamtvergabe zu erreichen vermag. Der Auftraggeber hat dabei die Interessen des Mittelstands mit seinem eigenen Interesse an einer wirtschaftlichen Vergabe abzuwägen.

Dem Bieter steht kein absoluter Anspruch auf losweise Vergabe zu; er hat lediglich einen Anspruch darauf, dass der Auftraggeber von dem ihm auf Grund der Allgemeinen Grundsätze des § 97 GWB eingeräumten Beurteilungs- und Ermessensspielraum in ermessensfehlerfreier Weise Gebrauch macht.

Bei der Beurteilung der Vorschrift des § 97 Abs. 3 GWB zur losweisen Vergabe sind auch parallel zu dem streitgegenständlichen Ausschreibungsverfahren stattfindende weitere Ausschreibungsverfahren zu beachten, sofern diese gemeinsam mit dem streitgegenständlichen Verfahren der Realisierung eines Gesamtvorhabens dienen."

139 Von einer **Losvergabe** kann der Auftraggeber nach **Abs. 3 Satz 3 absehen**, wenn dies für ihn **unwirtschaftlich** ist. Dabei ist nicht nur allein maßgeblich, welchen prozentualen Anteil des Gesamtauftrags der auf das betreffende Los entfallende Auftrag einnimmt. Vielmehr ist auch und vor allem darauf abzustellen, wie viele Lose der Auftraggeber bereits gebildet hat und welcher Auftragswert auf ein zusätzliches Los entfallen würde. Ein öffentlicher Auftraggeber kann deshalb von der Ausschreibung von Losen absehen, weil die gesonderte Wertung des Loses, der Vertragsschluss und die gesonderte Abwicklung des Vertrages im Verhältnis zu einer Gesamtausschreibung erfahrungsgemäß zu unverhältnismäßigem Aufwand führen und damit unwirtschaftlich i.S.d. Abs. 3 Satz 3 sind. Der zusätzliche Aufwand ist umso eher als unverhältnismäßig anzusehen, je mehr Lose der Auftraggeber ohnehin schon gebildet hat und je kleiner ein zusätzliches Los (absolut gesehen) ist. Ausgehend von diesen Grundsätzen hat das OLG Düsseldorf den Aufwand für ein zusätzliches Los von insgesamt vier Losen mit einem Anteil von 6 Prozent an dem Gesamtvolumen als nicht unverhältnismäßig angesehen (OLG Düsseldorf vom 11.1.2012, VII-Verg 52/11). Die erkennende Kammer hat bei einem Anteil von ca. 0,7 Prozent bis 1 Prozent eine unwirtschaftliche Zersplitterung angenommen (VK Schleswig-Holstein vom 7.9.2012, VK-SH 23/12).

Im Zusammenhang mit dem Zuschnitt der Lose muss der Auftraggeber eine abwägende Entscheidung zwischen den – sich widersprechenden – Zielen der Mittelstandsförderung (Abs. 3) und der wirtschaftlichen Vergabe (Abs. 1, 3) treffen. Ein Bieter kann insoweit keinen „Wunschzuschnitt" von Losen beanspruchen, der exakt auf sein Unternehmen passt. Er kann nur die Überprüfung beanspruchen, ob der Auftraggeber den Vorgaben des Abs. 3 durch die Bildung von Losen insgesamt ausreichend entsprochen hat (in diesem Sinne: OLG Schleswig vom 30.10.2012, 1 Verg 5/12).

Die Entscheidung des Auftraggebers für eine Loslimitierung ist nur beschränkt überprüfbar (OLG Düsseldorf vom 17.1.2013, VII-Verg 35/12).

2. Gesamtvergabe

140 Die Entwicklung der Rechtsprechung auf der Grundlage des § 97 Abs. 3 GWB a.F. und später der Neufassung deutet darauf hin, dass das neue Recht zu keinen erheblichen Änderungen der Vergabepraxis führen muss.

Auf der Grundlage des § 97 Abs. 3 GWB a.F. hat das OLG Düsseldorf (vom 22.10.2009, VII-Verg 25/09) Folgendes festgestellt:

„Zwar sind die Regeln über die Losvergabe auch als eine Ausprägung des vergaberechtlichen Wettbewerbs- und Wirtschaftlichkeitsgebots zu verstehen (§ 97 Abs. 1 und 5 GWB; vgl. Senat, Beschl. v. 11.7.2007 – VII-Verg 10/07). Ungeachtet der offen zu lassenden Frage, ob demnach auch einem nicht mittelständischen Unternehmen aus den vergaberechtlichen Prinzipien des Wettbewerbs und der Wirtschaftlichkeit der Auftragsvergabe ein Anspruch auf eine Losaufteilung zugestanden werden kann, ist ein dahingehender Anspruch jedenfalls aber zu verneinen, wenn auch nach den §§ 97 Abs. 3 GWB (a.F.), 5 Nr. 1 Satz 1 VOL/A eine Losvergabe nicht beansprucht werden kann. (…) § 5 Nr. 1 Satz 1 VOL/A unterstellt die losweise Vergabe trotz des in § 97 Abs. 3 GWB (a.F.) errichteten grundsätzlichen Gebots zu einer Losaufteilung dem (durch das Erfordernis des Mittelstandsschutzes geleiteten) Ermessen des öffentlichen Auftraggebers („zweckmäßig"). Bei der Abwägung der für und gegen eine Losvergabe sprechenden Gesichtspunkte darf sich der Auftraggeber für eine Gesamtvergabe entscheiden, wenn dafür anerkennenswerte und überwiegende Gründe festzustellen sind. Solche Gründe können vielgestaltiger, insbesondere wirtschaftlicher oder technischer Natur sein. Sie rechtfertigen einen Verzicht auf eine Losaufteilung, wenn die damit für den Auftraggeber verbundenen Nachteile bei vertretbarer prognostischer, d.h. auf den Zeitraum der Auftragsausführung bezogener, Sicht überwiegen (vgl. auch Senat, Beschl. v. 11.7.2007 – VII-Verg 10/07 m.w.N.). Demgegenüber dient eine Losvergabe nicht dem Zweck, mit der Ausschreibung einen bestimmten Markt, erst recht bestimmte Anbieter, zu bedienen. Vorderstes Ziel des Vergaberechts ist, dem öffentlichen Auftraggeber zur Deckung seines Bedarfs einen wirtschaftlichen und rationalen Einkauf zu ermöglichen (so auch VK Bund vom 8.1.2004, VK 1-117/03, BA11)."

141 Die gleiche Richtung verfolgt die VK Münster (vom 7.10.2009, VK 18/09), die Folgendes ausführt:

„Wenn sowohl der Wirtschaftlichkeitsgesichtspunkt als auch die Mittelstandsförderung miteinander in Einklang zu bringen sind, bedeutet dies nicht, dass der öffentliche Auftraggeber zwingend seine eigenen Interessen gegenüber den Interessen des Mittelstandes zurückstellen muss. Er muss seine eigenen Interessen nicht „opfern", sondern nur im Rahmen seines Ermessens sachgerecht begründen. Der Grundsatz des Mittelstandsschutzes und der Chancengleichheit kleinerer Unternehmen stößt da an seine Grenzen, wo der öffentliche Auftraggeber wirtschaftlich und funktional nachvollziehbare Interessen an einer Gesamtvergabe hat."

142 Die neue Rechtslage scheint an der sachorientierten Betrachtungsweise der Rechtsprechung nichts zu ändern. Nach Ansicht der VK Bund (vom 4.11.2009, VK 3-190/09) steht auch nach der Vergaberechtsnovelle 2009 dem Auftraggeber im Rahmen der Interessensabwägung der Gründe, die für eine Gesamtvergabe sprechen, ein **Beurteilungsspielraum** zu (vgl. zur alten GWB-Fassung: OLG Düsseldorf vom 8.9.2004, VII-Verg 38/04). Eine Überprüfung dieser Ausnahmegründe kann nach Auffassung der VK Bund nur dahingehend stattfinden, ob der Auftraggeber bei seiner Einschätzung die rechtlichen Grenzen des ihm insofern zustehenden Beurteilungsspielraums überschritten hat. Hierzu äußert sich die Vergabekammer wie folgt:

„Dies wäre dann der Fall, wenn der Auftraggeber bei seiner Entscheidung mittelständische Interessen gänzlich unberücksichtigt gelassen, ihr einen unzutreffenden Sachverhalt zugrunde gelegt oder sachwidrige Erwägungen in seine Überlegungen hätte einfließen lassen. (…) Zwar könnten aus wirtschaftlichen oder technischen Gründen bestehende Schwierigkeiten, die nach Art und Ausmaß typischerweise, also nicht bezogen auf das konkrete Projekt, mit der Vergabe von Fachlosen verbunden sind, eine Gesamtvergabe nicht rechtfertigen. An sich plausible Gründe, wie etwa die reine Entlastung des Auftraggebers von der Koordinierung, der Vorzug, nur einen Vertragspartner zu haben, oder die einfachere Durchsetzung von Gewährleistungsansprüchen sind nicht geeignet, einen Ausnahmefall zu (OLG Düsseldorf, Beschluss vom 11.7.2007, Verg 10/07; Kus, in: Kularz/Kus/Portz, GWB-Vergaberecht, 2. Aufl., § 97 Rn. 84)."

143 Die Vergabekammer lässt hier im Ergebnis die Gesamtvergabe zu, da sie nach Maßgabe der oben genannten Regeln als sachgerecht anzusehen war und ganz offensichtlich die Grenzen des Beurteilungsspielraums nicht überschritten waren.

Liegen hierfür **sachlich nachvollziehbare Gründe** vor, ist der Auftraggeber also nicht gehindert, sich für eine Gesamtvergabe zu entscheiden. Dies kann beispielsweise der Fall sein, wenn die mit einer Gesamtvergabe bezweckten Synergieeffekte durch eine Losaufteilung fast vollständig verloren gehen (OLG Düsseldorf vom 4.2.2013, VII-Verg 31/12).

E. Eignung der Unternehmen, zusätzliche Anforderungen (Abs. 4)

144 Nach Abs. 4 werden Aufträge an fachkundige, leistungsfähige sowie gesetzestreue und zuverlässige Unternehmen vergeben. Für die Auftragsausführung können zusätzliche Anforderungen an Auftragnehmer gestellt werden, die insbesondere soziale, umweltbezogene oder innovative Aspekte betreffen, wenn sie im sachlichen Zusammenhang mit dem Auftragsgegenstand stehen und sich aus der Leistungsbeschreibung ergeben. Andere oder weitergehende Anforderungen dürfen an Auftragnehmer nur gestellt werden, wenn dies durch Bundes- oder Landesgesetz vorgesehen ist.

I. Eignung der Unternehmen (Abs. 4 Satz 1)

1. Einführung

a) Bedeutung der Eignungskriterien

145 Abs. 4 Satz 1 stellt zur Beurteilung der Eignung von Unternehmen (hierunter sind auch Einzelunternehmer zu verstehen) zur Teilhabe an öffentlichen Aufträgen auf die **vier Kriterien Fachkunde, Leistungsfähigkeit, Gesetzestreue und Zuverlässigkeit** ab.

Dass nur geeignete Unternehmen zur Teilnahme am Vergabeverfahren zugelassen werden, ist eine Selbstverständlichkeit. Die Objektivierung der Teilnahmevoraussetzungen dient der Gewährleistung von Wettbewerb, Transparenz und Chancengleichheit und geht insoweit auch auf das Gemeinschaftsrecht zurück: Die in den Erwägungsgründen der Vergaberichtlinien enthaltenen Programmsätze fordern insofern die Festlegung nichtdiskriminierender Kriterien, anhand derer die öffentlichen Auftraggeber die Bewerber auswählen können, sowie die Mittel, mit denen die Wirtschaftsteilnehmer nachweisen können, dass sie diesen Kriterien genügen (s. nur Erwägungsgrund 39 der Vergabekoordinierungsrichtlinie). Die Eignungskriterien einschließlich der aus ihnen abgeleiteten konkreten Einzelkriterien und korrespondierende Nachweismöglichkeiten sind daher bereits in der Vergabekoordinierungs- und in der Sektorenkoordinierungsrichtlinie dezidiert, wenn auch nicht bis ins Detail, geregelt und auf Ebene der Vergabe- und Vertragsordnungen lückenlos in das deutsche Recht übernommen worden. Diese begrenzen den Teilnehmerkreis nach sachlichen Gesichtspunkten und machen die Teilnahmechancen für Unternehmer vorauseshbarer. In der **Vergabepraxis** kommt schon deshalb den in der Grundsatzregelung des Abs. 4 Abs. 1 Satz 1 genannten Einzelkriterien **keine nennenswerte Bedeutung** zu.

146 Bei **Bietergemeinschaften** ist die Eignungsprüfung differenziert durchzuführen. Nicht in jedem Fall müssen alle Mitgliedsunternehmen sämtliche Eignungskriterien erfüllen. Hinsichtlich der Fachkunde und Leistungsfähigkeit kommt es daher auf die der Bietergemeinschaft insgesamt zur Verfügung stehenden Fähigkeiten an. Etwas anderes gilt für die Zuverlässigkeit. Diese ist von jedem einzelnen Mitgliedsunternehmen nachzuweisen (VK Niedersachsen vom 10.7.2012, VgK-21/2012).

b) Rechtsnatur der Eignungskriterien

147 Bei den vier in Abs. 4 Satz 1 genannten Eignungskriterien handelt es sich um **unbestimmte Rechtsbegriffe**, bei deren Anwendung ein Beurteilungsspielraum besteht. Dieser ist nur einer eingeschränkten Kontrolle durch die Nachprüfungsinstanzen zugänglich, da die Prüfung der Eignung eines Unternehmens ein wertender Vorgang ist, in den zahlreiche Einzelumstände einfließen (KG Berlin vom 27.11.2008, 2 Verg 4/08; OLG Düsseldorf vom 5.10.2005, VII-Verg 55/05; OLG Düsseldorf vom 22.9.2005, Verg 48/05; OLG Düsseldorf vom 22.9.2005, VII-Verg 50/05; OLG München vom 21.4.2006, Verg 8/06; VK Sachsen vom 17.7.2007, 1/SVK/046-07).

c) Eignungsnachweise als Formerfordernisse

148 Da sich der öffentliche Auftraggeber durch die Ausschreibung dem Gleichbehandlungsgebot unterworfen hat, darf er auch nur solche Angebote werten, die die geforderten Erklärungen enthalten (BGH vom 18.2.2003, X ZB 43/02). Ein transparentes, auf Gleichbehandlung beruhendes Verfahren gebietet nach wohl vorherrschender Auffassung den **Ausschluss** von einem Vergabeverfahren, wenn **geforderte Unterlagen nicht vorgelegt** werden (OLG Düsseldorf vom 28.4.2008, Verg 1/08; OLG Koblenz vom 13.2.2006, 1 Verg 1/06).

Auch die weniger strenge Auffassung (OLG Dresden vom 31.3.2004, WVerg 2/04), nach der grundsätzlich eine Ermessensentscheidung zulässig ist, gelangt zum Ergebnis, dass ein Angebot unberücksichtigt zu bleiben hat, wenn es sich bei der fehlenden Unterlage um eine wettbewerbserhebliche Unterlage handelt. Diese Rechtsgrundsätze, die im Rahmen unvollständiger Angebote entwickelt wurden, gelten uneingeschränkt auch für Teilnahmewettbewerbe hinsichtlich der dort geforderten Erklärungen und Nachweise (VK Baden-Württemberg vom 30.9.2008, 1 VK 34/08). Die Nichtvorlage von Eignungsnachweisen führt mithin grundsätzlich zum Ausschluss vom Vergabeverfahren. 149

In der Praxis hat dies dazu geführt, dass immer wieder Unternehmen wegen formaler Mängel ausgeschlossen wurden, wenn etwa versehentlich nicht beigefügte Unterlagen nicht mehr innerhalb der Bewerbungsfrist nachgereicht werden konnten. Diesem Problem wirken die drei Vergabe- und Vertragsordnungen in ihrer jeweiligen Neufassung (unterschiedlich effizient) entgegen:
Nach § 5 Abs. 3 VOF können fehlende Erklärungen und Nachweise, die bis zum Ablauf der Bewerbungsfrist nicht vorgelegt wurden, auf Anforderung der Auftraggeber bis zum Ablauf einer zu bestimmenden Nachfrist nachgereicht werden. Ähnliche Regelungen enthalten auch die VOB/A (§ 16 EG Abs. 1 Nr. 3) sowie die VOL/A (§ 19 EG Abs. 2).

Der Auftraggeber muss sicherstellen, dass **Bonitätsbewertungen einer Wirtschaftsauskunftsdatei** nicht ungeprüft und ohne jede Korrekturmöglichkeit zur Grundlage der Eignungsbewertung werden. Dass Auftraggeber sich auf eine von anderen Stellen durchgeführte Eignungsprüfung beschränken, ist ausdrücklich nur im Rahmen der **Präqualifikation** vorgesehen (VK Baden-Württemberg vom 9.4.2013, 1 VK 08/13).

d) Eigenerklärungen

Immerhin dürfte die Möglichkeit der Beschränkung der formalen Nachweispflicht durch die nun in alle Vergabe- und Vertragsordnungen aufgenommene Zulassung von Eigenerklärungen das Problem etwas entschärfen. Bestimmte Eignungskriterien sind nach der Reform der Vergabe- und Vertragsordnungen sogar grundsätzlich nur noch in Form von **Eigenerklärungen** vorzulegen, s. etwa § 5 Abs. 2 VOF: „Grundsätzlich sind als Nachweise nach Absatz 4 Buchstabe c und Absatz 5 Buchstabe b bis f und h sowie nach § 4 Absatz 9 Eigenerklärungen zu verlangen. Die Forderung von darüber hinausgehenden Unterlagen und Angaben haben die Auftraggeber in der Dokumentation zu begründen." Diese Vereinfachung des Verfahrens dient der Entbürokratisierung des Vergabeverfahrens, wie auch der Begründung des Gesetzgebers zur Änderung der VgV (hinsichtlich der Inkraftsetzung der Neufassungen der Vergabe- und Vertragsordnungen) zu entnehmen ist (BR-Drucks. 40/10 vom 27.1.2010, S. 2 f.): 150

> „Die Verordnung hilft zudem, über die Verweisungsbefehle der §§ 4 bis 6 zur Anwendung der Vergabe- und Vertragsordnungen VOB, VOF und VOL, die in ihren novellierten Fassungen Verfahrensabläufe vereinfachen und für Unternehmen die Teilnahme am Vergabeverfahren über die Erleichterung bei deren Eignungsnachweisführung verbessern, Bürokratie abzubauen. Dies geschieht in VOF und VOL/A vor allem durch die grundsätzliche Forderung, bei der Eignungsprüfung der Bewerber/Bieter zunächst Eigenerklärungen zu verlangen. Hierdurch wird der Bürokratieaufwand für öffentliche Auftraggeber und Auftragnehmer erheblich reduziert. Zudem sorgen Umstrukturierungen der Regelwerke für mehr Anwenderfreundlichkeit und damit für effiziente und Kosten sparende Verfahren."

Die neue grundsätzliche Beschränkung von Nachweispflichten auf Eigenerklärungen in VOL/A und VOF ist die zweifellos beste Idee des Gesetzgebers bisher zur Entbürokratisierung des Vergabeverfahrens. Die konkrete Umsetzung ist aber insofern überraschend, als sie sich nicht nur auf den Teilnahmewettbewerb bezieht, sondern **bis zum Zeitpunkt des Vertragsschlusses gilt**. In der ersten 151

Stufe des Vergabeverfahrens ist die Entlastungswirkung angesichts oft hoher Teilnehmerzahlen zweifellos erheblich. Für einen Verzicht auf die Vorlage von Nachweisen durch den ausgewählten Teilnehmer oder Bieter vor Vertragsschluss lässt sich das Argument der Vermeidung von Bürokratieaufwand aber kaum noch heranziehen, in jedem Fall provoziert der Verzicht ernstzunehmende Glaubwürdigkeitsverluste hinsichtlich der Objektivität der Auftraggeberseite und der Fairness im Vergabewettbewerb, wie der Rechtsstreit um die Vergabe von Planungsleistungen für den Wiederaufbau des Berliner Schlosses gezeigt hat (anders als VOL/A und VOF die VOB/A: dort kann der Auftraggeber zwar auch vorsehen, dass für einzelne Angaben Eigenerklärungen ausreichend sind. Diese sind aber von den Bietern, deren Angebote in die engere Wahl kommen, durch entsprechende Bescheinigungen der zuständigen Stellen zu bestätigen, § 6 Abs. 3 VOB/A). Eine Unvereinbarkeit der Beschränkung der Nachweispflichten auf Eigenerklärungen insbesondere mit Abs. 4 hat das erkennende OLG Düsseldorf (vom 2.12.2009, VII-Verg 39/09) hier allerdings nicht gesehen:

> „Für die Entscheidung, ob Bewerber oder ein Bieter auf Grund seiner Eigenerklärungen als geeignet bzw. ungeeignet zu beurteilen ist, ist demnach nicht erforderlich, dass der öffentliche Auftraggeber sämtliche in Betracht kommenden Erkenntnisquellen ausschöpft, um die gemachten Angaben zu verifizieren (vgl. auch Senat, Beschl. v. 24.5.2007, VII-Verg 12/07). Vielmehr darf er seine Entscheidung auf eine methodisch vertretbar erarbeitete, befriedigende Erkenntnislage stützen und von einer Überprüfung von Eigenerklärungen absehen, wenn und soweit sich keine objektiv begründeten, konkreten Zweifel an der Richtigkeit ergeben. Nur in diesem Fall ist er gehalten, weitere Nachforschungen anzustellen und gegebenenfalls von neuem in die Eignungsprüfung einzutreten. Ansonsten ist die Entscheidung des öffentlichen Auftraggebers über die Eignung eines Bewerbers (oder Bieters) bereits dann hinzunehmen, wenn sie unter Berücksichtigung der schon bei Aufstellung der Prognose aufgrund zumutbarer Aufklärung gewonnenen Erkenntnisse (noch) vertretbar erscheint (Scharen, GRUR 2009, 345, 348)."

Bei der **Abgabe von Eigenerklärungen** können **Fehler** unterlaufen. In einem vom OLG München entschiedenen Fall war eine ehrenwörtliche Erklärung hinsichtlich des Vorliegens von Teilnahmehindernissen Gegenstand des Verfahrens. Das Gericht hat insofern festgestellt, dass die Ausfüllung der Erklärung eine zumindest **laienhafte Subsumtion** bezüglich der Frage erfordert, ob ein Teilnahmehindernis nach § 4 Abs. 2 RPW vorliegt. Diese Frage sei, wie das vorliegende Verfahren zeige, gar nicht leicht zu beantworten, denn mit der Feststellung eines Verwandtschaftsverhältnisses alleine sei noch keine ausreichende Antwort möglich, wenn die europarechtskonforme Auslegung zu berücksichtigen sei (OLG München vom 11.4.2013, Verg 02/13).

e) Gesetzestreue

152 Im Zuge der Neufassung des 4. Teils des GWB ist die Definition der Eignungskriterien in Abs. 4 Satz 1 durch das Merkmal **„gesetzestreu"** ergänzt worden. Die Aufnahme des Begriffs „gesetzestreu" soll ausweislich der Beschlussempfehlung des Ausschusses für Wirtschaft und Technologie klarer machen, was im Gesetz gemeint ist. Im Einzelnen heißt es dort (BT-Drucks. 16/11428 vom 17.12.2008, Beschlussempfehlung und Bericht des Ausschusses für Wirtschaft und Technologie, 9. Ausschuss):

> „Nur das Unternehmen, das die deutschen Gesetze einhält, wird zum Wettbewerb um öffentliche Aufträge zugelassen. Die Aufzählung der Gesamtheit der einzuhaltenden Regeln im Gesetz ist weder möglich noch nötig. Es geht um alle Regeln, an die sich alle Unternehmen, die eine entsprechende Tätigkeit ausüben, halten müssen. Das gilt selbstverständlich auch und gerade für so wichtige Grundregeln wie die Kernarbeitsnormen der Internationalen Arbeitsorganisation. Sie sind zwingender Bestandteil unserer Rechtsordnung. Zu den von allen Unternehmen einzuhaltenden Regeln gehören auch für allgemein-verbindlich erklärte Tarifverträge. Auch wenn dies keine formellen Gesetze sind, so sind es doch allgemeinverbindliche gesetzesähnliche Rechtsakte, denen sich kein Unternehmen entziehen darf."

153 Die Änderung hat mit Blick auf die bisherige Auslegung der Kriterien des Abs. 4 Satz 1 keine erheblichen Auswirkungen, sie hat eher **klarstellenden** und appellativen Charakter. Nach der Rechtspre-

chung ist nämlich nur der Bieter zuverlässig, der seinen gesetzlichen Verpflichtungen nachgekommen ist und aufgrund der Erfüllung früherer Verträge eine einwandfreie Ausführung erwarten lässt. Dabei ist sowohl auf persönliche als auch auf sachliche Umstände ebenso wie auf die Besonderheiten des jeweiligen Geschäftszweiges abzustellen (s. nur OLG München vom 21.4.2006, Verg 08/06). Als überflüssig kann man die Ergänzung dennoch nicht ansehen, da sich die Prüfung der Gesetzestreue in der Praxis ganz vorwiegend auf die in den Eignungsvorschriften in den Vergabe- und Vertragsordnungen genannten Einzelgesetze fokussiert hat (z.B. Zahlung von Steuern oder Sozialbeiträgen, Anmeldung zur Sozialversicherung). Maßstäbe für die Anwendung dieses neuen Kriteriums in der Praxis wird seinerseits der Verhältnismäßigkeitsgrundsatz liefern müssen.

f) Eignungsprüfung und Verhältnismäßigkeitsgrundsatz

Der **Verhältnismäßigkeitsgrundsatz** ist in Bezug auf die Eignungskriterien noch in einem völlig anderen Zusammenhang von Bedeutung. In der Praxis ist zu beobachten, dass insbesondere bei der Vergabe freiberuflicher Leistungen häufig Eignungskriterien aufgestellt werden, die mit Blick auf den konkreten Auftrag überzogen erscheinen und erkennbar den Hauptzweck verfolgen, die Teilnehmerzahl zu reduzieren. Die insoweit anzutreffenden Anforderungen an die **Fachkunde** (d.h. das Vorhandensein der Kenntnisse, Erfahrungen und Fertigkeiten, die es einem Unternehmen ermöglichen, einen Auftrag ordnungsgemäß durchzuführen) und **Leistungsfähigkeit** (d.h. das Verfügen über die personellen, technischen, kaufmännischen und finanziellen Voraussetzungen für die fach- und fristgerechte Auftragsausführung) müssen nach den Vorgaben des Gemeinschaftsgesetzgebers „mit dem Auftragsgegenstand zusammenhängen und ihm angemessen sein" (s. Art. 44 Abs. 2 Satz 2 Vergabekoordinierungsrichtlinie). 154

Diese Vorgabe ist erst durch die jüngste Novelle des Vergaberechts ausdrücklich in die VOB/A (§ 6 EG Abs. 5 Nr. 1 VOB/A) und VOL/A (§ 7 EG Abs. 1 VOL/A) aufgenommen worden, nachdem das oben beschriebene Problem bereits in einer Kommissionsmitteilung aufgegriffen worden war. In der VOF war diese Regelung bereits enthalten (in der Neufassung s. § 5 Abs. 1 VOF). In der Mitteilung der Kommission (KOM(2008) 394 endgültig vom 25.6.2008, „Vorfahrt für KMU in Europa") heißt es: „Die Mitgliedstaaten werden ersucht, die Vergabebehörden an ihre Pflicht zu erinnern, keine unangemessen hohen Qualifikationen und finanziellen Anforderungen aufzuerlegen." Es bleibt abzuwarten, welche Konsequenzen die Praxis hieraus (hoffentlich) ziehen wird. 155

2. Der Grundsatz der Vergabe an geeignete Unternehmen in der Rechtsprechung

a) „Mehr an Eignung"

Der BGH hat insoweit klargestellt, dass die Eignungsprüfung im System der VOB/A bei öffentlicher Ausschreibung bzw. beim offenen Verfahren dazu dient, die Unternehmen zu ermitteln, die zur Erbringung der konkret nachgefragten Bauleistung nach Fachkunde, Leistungsfähigkeit und Zuverlässigkeit generell in Betracht kommen, und die unzureichend qualifizierten Bieter auszusondern. Sie dient dabei nicht der Ermittlung qualitativer Unterschiede zwischen den einzelnen Bewerbern. Wie der BGH bereits in seinem Urteil vom 8.9.1998 (X ZR 109/96) entschieden hat, ist es mit dem System der Wertungsvorschriften insbesondere nicht zu vereinbaren, unterschiedliche Eignungsgrade von Bietern bei der Entscheidung über den Zuschlag im Rahmen der Wirtschaftlichkeitsprüfung in der Weise zu berücksichtigen, dass dem Angebot eines für geeignet befundenen Bieters dasjenige eines Konkurrenten maßgeblich wegen dessen höher eingeschätzter Eignung vorgezogen wird. Der BGH sieht keine Notwendigkeit, von dieser Rechtsprechung abzuweichen. Dass, so der BGH, Eignung und Wirtschaftlichkeit unabhängig voneinander zu prüfen sind, hat Gründe, die in der Natur der Sache liegen. Die Eignungsprüfung ist eine **unternehmensbezogene Untersuchung**, mit der **prognostiziert** werden soll, ob ein Unternehmen nach seiner **personellen, sachlichen und finanziellen Ausstattung** zur Ausführung des Auftrags in der Lage sein wird. Die Wirtschaftlichkeitsprüfung bezieht sich dagegen nicht auf die konkurrierenden Unternehmen, sondern auf ihre Angebote. Bewertet werden mit Gesichtspunkten wie dem Preis, der Ausführungsfrist, Betriebs- und Folgekosten, der Gestaltung, Rentabilität oder dem technischem Wert **Eigenschaften der angebotenen Leistung**, nicht aber des Anbieters (§ 16 EG Abs. 6 Nr. 3 Satz 2 VOB/A). 156

Maibaum

157 Dem Anliegen öffentlicher Auftraggeber, eine besondere Eignung der Bewerber zu berücksichtigen, kann nach dem System der VOB/A, wie der Senat bereits ausgeführt hat, durch Wahl der Vergabeart Rechnung getragen werden, also insbesondere durch Durchführung einer beschränkten Ausschreibung bzw. eines nicht offenen Verfahrens nach öffentlichem Teilnahmewettbewerb (§ 3 Abs. 4 VOB/A; § 101 Abs. 3 GWB), sofern die Voraussetzungen dafür vorliegen (BGH vom 15.4.2008, X ZR 129/06); vgl. jetzt auch § 4 Abs. 2 Sätze 2 bis 4 VgV und § 5 Abs. 1 Sätze 2 bis 4 VgV, die nunmehr – seit Inkrafttreten der 7. VgV-ÄnderungsVO zum 25.10.2013 – unter bestimmten Voraussetzungen die Berücksichtigung von Organisation, Qualifikation und Erfahrung des bei der Auftragsdurchführung eingesetzten Personals bei der Ermittlung des wirtschaftlichsten Angebots ermöglichen.

158 Zur Frage des **Verhältnisses von Eignungs- und Wirtschaftlichkeitsprüfung** hat sich die VK Bund (vom 4.11.2009, VK 3-190/09) auf der oben zitierten BGH-Rechtsprechung aufbauend wie folgt geäußert:

„Die Eignungsprüfung nach § 25 Nr. 2 VOL/A ist von der Wirtschaftlichkeitsprüfung zu trennen (vgl. BGH, Urteil vom 15. April 2008, X ZR 129/06). So dient die Eignungsprüfung beim offenen Verfahren dazu, die Unternehmen zu ermitteln, die zur Erbringung der konkret nachgefragten Leistung nach Fachkunde, Leistungsfähigkeit und Zuverlässigkeit generell in Betracht kommen, und umgekehrt die unzureichend qualifizierten Bieter auszusondern. Die Wirtschaftlichkeitsprüfung bezieht sich hingegen nicht auf die konkurrierenden Unternehmen, sondern allein auf ihre Angebote. Bewertet werden hierbei neben Kriterien wie dem Preis weitere Aspekte der angebotenen Leistung (vgl. dazu beispielhaft die Aufzählung in § 25a Nr. 1 Abs. 1 VOL/A), nicht aber Eigenschaften des Anbieters. Mit dem System der Wertungsvorschriften ist es daher nicht zu vereinbaren, unterschiedliche Eignungsgrade von Bietern bei der Entscheidung über den Zuschlag im Rahmen der Wirtschaftlichkeitsprüfung in der Weise zu berücksichtigen, dass dem Angebot eines für geeignet befundenen Bieters dasjenige eines Konkurrenten maßgeblich wegen dessen höher eingeschätzter Eignung vorgezogen wird (BGH, a.a.O). Als Zuschlagskriterien sind daher solche Kriterien ausgeschlossen, die nicht der Ermittlung des wirtschaftlich günstigsten Angebots dienen, sondern im Wesentlichen bzw. in erster Linie mit der Beurteilung der fachlichen Eignung der Bieter für die Ausführung des betreffenden Auftrags zusammenhängen (vgl. OLG Düsseldorf, Beschluss vom 14. Januar 2009, Verg 59/08; EuGH, Urteil vom 24. Januar 2008, C-532/06 – Lianakis; Wilke, in: Kulartz/Marx/Portz/Prieß, Kommentar zur VOL/A, 2007, § 25 Rn. 158, 160 f.)."

b) Beurteilungsspielraum

159 Die VK Lüneburg (vom 4.9.2009, VgK-37/2009) hat sich ausführlich mit der Frage nach Inhalt und Reichweite des bei der Eignungsprüfung bestehenden Beurteilungsspielraums befasst. Hierzu führt sie Folgendes aus:

„Gemäß § 25 Nr. 2 Abs. 2 VOB/A (a.F.) sind Aufträge unter ausschließlicher Verantwortung des Auftraggebers im leistungsbezogenen Wettbewerb an fachkundige, leistungsfähige und zuverlässige Bewerber zu vergeben. Ebenso wie nach den entsprechenden Regelungen in § 25 Nr. 2 Abs. 1 VOL/A und § 13 VOF sind also bei der Auswahl der Bewerbungen, die für den Zuschlag in Betracht kommen, nur Bewerber zu berücksichtigen, die für die Erfüllung der vertraglichen Pflichten die erforderliche Fachkunde, Leistungsfähigkeit und Zuverlässigkeit besitzen. Diese Regelung deckt sich grundsätzlich mit der entsprechenden Regelung in § 97 Abs. 4 1. Halbsatz GWB. Bei den Begriffen der Fachkunde, Leistungsfähigkeit und Zuverlässigkeit handelt es sich um unbestimmte Rechtsbegriffe (vgl. BayObLG vom 3.7.2002, Verg 13/02). Da die Prüfung der Eignung eines Unternehmens ein wertender Vorgang ist, in den zahlreiche Einzelumstände einfließen, ist davon auszugehen, dass diese Begriffe den Auftraggebern einen Beurteilungsspielraum einräumen, der nur einer eingeschränkten Kontrolle durch die Nachprüfungsinstanzen zugänglich ist. Die Vergabekammer kann im Rahmen eines Nachprüfungsverfahrens die Entscheidung der Vergabestelle über die Eignung eines Unternehmens folglich nur daraufhin überprüfen, ob die rechtlichen Grenzen dieses Beurteilungsspielraums überschritten sind (vgl.

Weyand, Vergaberecht, GWB § 97 Rdnr. 396 m.w.N.; OLG München, Beschluss vom 21.4.2006, Az. Verg 8/06; OLG Düsseldorf, Beschluss vom 5.10.2005, Az. VII-Verg 55/05). Eine Überschreitung des Beurteilungsspielraums ist regelmäßig (nur) anzunehmen, wenn

- das vorgeschriebene Vergabeverfahren nicht eingehalten wird,
- nicht von einem zutreffend und vollständig ermittelten Sachverhalt ausgegangen wird,
- sachwidrige Erwägungen einbezogen werden oder
- wenn der sich im Rahmen der Beurteilungsermächtigung haltende Beurteilungsmaßstab nicht zutreffend angewendet wird (vgl. OLG Celle, Beschluss vom 11.3.2004, Az. 13 Verg 3/04; OLG Düsseldorf, Beschluss vom 4.9.2002, Az. Verg 37/02). Ein Beurteilungsfehler liegt insbesondere auch dann vor, wenn der Auftraggeber von dem ihm eingeräumten Beurteilungsspielraum gar keinen Gebrauch macht, weil er diesen nicht mit einer eigenen Abwägungsentscheidung ausfüllt (vgl. VK Brandenburg, Beschluss vom 25.9.2002, Az. VK 45/02).

Während es sich etwa bei den Ausschlussgründen des § 25 Nr. 1 Abs. 1 VOB/A noch um relativ schnell feststellbare, eher objektiv einzustufenden Merkmale von Bietern handelt, so stellt die Überprüfung der Eignungskriterien Fachkunde, Leistungsfähigkeit und Zuverlässigkeit gemäß § 25 Nr. 1 Abs. 2 VOB/A oder § 25 Nr. 1 VOL/A deutlich höhere Anforderungen an die Prüfung. Letztlich bewegt sich der Prüfungsrahmen dabei auf einem gerade auch an der Überzeugung der Vergabestelle orientierten Maßstab (vgl. Noch, in: Müller-Wrede, VOL/A, 1. Auflage, § 25 Rdnr. 52). Dabei ist grundsätzlich nicht zu beanstanden, wenn ein Auftraggeber – wie im vorliegenden Fall – bei der Prüfung der Fachkunde, Leistungsfähigkeit und Zuverlässigkeit eines Bieters neben den nach § 8 Nr. 3 VOB/A geforderten Nachweisen auch auf eigene Erfahrungen aus früheren, abgeschlossenen Vertragsverhältnissen zurückgreift (vgl. Daub/Eberstein, VOL/A, 5. Auflage, § 2 Rdnr. 30). Vorherige negative Erfahrungen des Auftraggebers mit einem Bewerber bei der Abwicklung von Vertragsverhältnissen können daher von besonderer Bedeutung für die Versagung der Zuverlässigkeit sein (vgl. Harr, in: Willenbruch/Bischoff, Kompaktkommentar Vergaberecht, § 13 VOF Rdnr. 6; VK Düsseldorf, Beschluss vom 11.1.2006, Az. 50/2005; VK Sachsen, Beschluss vom 10.8.2005, Az. 88/05).

Es ist danach grundsätzlich zulässig, dass ein Auftraggeber bei der Prüfung der Zuverlässigkeit eines Bieters/Bewerbers auch auf eigene Erfahrungen aus früheren, abgeschlossenen Vertragsverhältnissen zurückgreift. Die in Betracht kommenden Erfahrungen können sich dabei auf ein vertragswidriges Verhalten oder eine Schlechterfüllung des Bewerbers bei der Vertragsausführung beziehen (vgl. OLG Düsseldorf, Beschluss vom 16.3.2005, Az. Verg 5/05).

Bei Berücksichtigung solcher Erfahrungen ist der Auftraggeber allerdings verpflichtet, eine umfassende Abwägung aller in Betracht kommenden Gesichtspunkte unter angemessener Berücksichtigung des Umfangs, der Intensität, des Ausmaßes und des Grades der Vertragsverletzung vorzunehmen. Die Vertragsverletzungen müssen gerade die Zuverlässigkeit für die nunmehr ausgeschriebene Leistung in Frage stellen (vgl. OLG Düsseldorf, Beschluss vom 28.8.2001, Az. Verg 27/01).

Hat ein Auftraggeber etwa mehrfach mit einem Bieter oder Bewerber die Erfahrung gemacht, dass dieser bei der Ausführung eines Auftrags vertragliche Pflichten verletzt oder sonstige Obliegenheiten außer Acht gelassen hat, kann dies die Annahme der Unzuverlässigkeit und den Ausschluss des Bewerbers rechtfertigen. Es kann aber auch zulässig sein, aus Vertragsverletzungen und Schlechterfüllungen im Rahmen eines kleinen Auftrags auf die Unzuverlässigkeit für die Durchführung eines größeren Auftrags zu schließen, sofern der Auftraggeber nach sorgfältiger Prüfung zu einem solchen Schluss gelangt und er seine diesbezügliche Prüfung und die Ergebnisse in einer den Anforderungen des § 30 VOB/A genügenden Weise im Vergabevermerk dokumentiert."

c) Anforderungen an die Formulierung

160 Die VK Arnsberg (vom 28.1.2009, VK 35/08) hat für den Fall der Verwendung nicht ausdrücklich in einer Vergabeordnung bezeichneten Eignungskriterien unter Heranziehung der Grundsätze in Abs. 4 ausgeführt, dass der Auftraggeber zum einen an die in der Bekanntmachung verwandte **Formulierung gebunden** ist. Zum anderen gehen danach Unklarheiten in der Formulierung eindeutig zu Lasten des Auftraggebers. Auch andere Bieter ggf. aus dem europäischen Ausland müssen die Anforderung eindeutig verstehen können, ohne an vorausgegangenen Ausschreibungen teilgenommen zu haben.

d) „Gesetzestreue"/Tarifverträge

161 Das in Abs. 4 Satz 1 enthaltene Eignungskriterium „Gesetzestreue" ist von der VK Bund (vom 9.9.2009, VK 3-163/09) positiv zur Beantwortung der Frage herangezogen worden, ob im Rahmen der Eignungsprüfung eine **Tariftreuerklärung** verlangt werden darf. Die Vergabekammer hat hierzu Folgendes ausgeführt:

> „Nach § 97 Abs. 4 Satz 1 werden Aufträge an fachkundige, leistungsfähige sowie gesetzestreue und zuverlässige Unternehmen vergeben. Bei der Prüfung des Eignungskriteriums Zuverlässigkeit hat der Auftraggeber mit Blick auf den Zeitraum der Ausführung der ausgeschriebenen Leistung eine Prognoseentscheidung darüber zu treffen, ob von dem betreffenden Auftragnehmer eine einwandfreie und vertragsgemäße, insbesondere auch gesetzestreue, Auftragsausführung zu erwarten ist. Die Verpflichtung zur Einhaltung der gesetzlichen Vorschriften ist durch das Merkmal der Gesetzestreue nunmehr durch den Gesetzgeber ausdrücklich herausgestellt worden (Kulartz, in: Kulartz/Kus/Portz, Kommentar zum GWB-Vergaberecht, 2. Aufl. 2009, § 97 GWB Rn. 105). Zuverlässig ist daher nur ein Bieter, der seinen gesetzlichen Verpflichtungen nachkommt (und auch zukünftig nachkommen wird). So wollte der Gesetzgeber mit der aktuellen Vergaberechtsnovelle klarstellen, dass eine Bindung an für allgemein verbindlich erklärte Tarifverträge im Anwendungsbereich der Entsenderichtlinie im Einklang mit der Rechtsprechung des EuGH zur Tariftreue steht (Urteil v. 3. April 2008, Rs. C-346/06 – Rüffert) und im Vergabeverfahren beachtlich ist (Beschlussempfehlung und Bericht des Ausschusses für Wirtschaft und Technologie, BT-Drucks. 16/11428 v. 17.12.2008, S. 48 f. sowie Begründung des Gesetzentwurfs der Bundesregierung, S. 8 f., BT-Drucks. 16/10117 v. 13.8.2008; Kirch/Leinemann, Vergaberecht 2009, 414 ff.; Steiff, Vergaberecht 2009, 290, 296). Damit ist es zur Erfüllung des Tatbestandmerkmals „gesetzestreu" ausreichend, dass ein Mindestlohn nach dem im AEntG vorgesehenen Verfahren bundesweit für verbindlich erklärt wurde. Es ist insoweit nicht notwendig, dass der Mindestlohn durch ein formelles Gesetz vorgesehen wird (vgl. zur alten Rechtslage: OLG Düsseldorf, Beschl. v. 29. Juli 2009, Verg 18/09, und 5. Mai 2008, Verg 5/08).
>
> Dies steht auch im Einklang mit dem europäischen Vergaberecht: Nach Erwägungsgrund 34 der Richtlinie 2004/18/EG über die Koordinierung der Verfahren zur Vergabe öffentlicher Bauaufträge, Lieferaufträge und Dienstleistungsaufträge sind die im Bereich der Arbeitsbedingungen und der Sicherheit am Arbeitsplatz geltenden nationalen und gemeinschaftlichen Gesetze, Regelungen und Tarifverträge während der Ausführung eines öffentliche Auftrags anwendbar, sofern derartige Vorschriften mit dem Gemeinschaftsrecht vereinbar sind. Für Dienstleistungen enthalte insoweit die Entsenderichtlinie 96/71/EG die Mindestbedingungen, die im Aufnahmeland in Bezug auf die entsandten Arbeitnehmer einzuhalten sind. Enthalte das nationale Recht entsprechende Bestimmungen, so könne die Nichteinhaltung dieser Verpflichtungen als eine schwere Verfehlung oder als ein Delikt betrachtet werden, das die berufliche Zuverlässigkeit des Wirtschaftsteilnehmers in Frage stelle und dessen Ausschluss vom Verfahren zur Vergabe eines öffentlichen Auftrags zur Folge haben könne.
>
> Die Entsenderichtlinie ist in nationales Recht mit dem Gesetz über zwingende Arbeitsbedingungen für grenzüberschreitend entsandte und für regelmäßig im Inland beschäftigte Arbeitnehmer und Arbeitnehmerinnen (Arbeitnehmer-Entsendegesetz vom 20. April 2009, BGBl. I S. 799) für verschiedene Branchen (s. § 4 AEntG) umgesetzt worden. So finden für diese Branchen nach

§ 3 i.V.m. § 4 AEntG die Rechtsnormen eines bundesweiten Tarifvertrags zwischen einem Arbeitgeber mit Sitz im Ausland und seinen im räumlichen Geltungsbereich des Tarifvertrags beschäftigten Arbeitnehmern zwingend Anwendung, wenn der Tarifvertrag für allgemeinverbindlich erklärt ist oder eine Rechtsverordnung nach § 7 AEntG vorliegt. Sie finden daher auch Anwendung in einem Auftragsverhältnis mit einem öffentlichen Auftraggeber. Die Bindung an zwingende Regelungen auf der Grundlage des AEntG ist daher im Vergabeverfahren über eine Verpflichtungserklärung im Rahmen der Eignungsprüfung abfragbar und darf somit der Eignungsprüfung zu Grunde gelegt werden."

e) „Newcomer"

Es wurde bereits darauf hingewiesen, dass die Anforderungen an die Eignungskriterien dem Verhältnismäßigkeitsgrundsatz genügen müssen (vgl. Rn. 154). Die Rechtsprechung zum sog. Newcomer ist diesbezüglich allerdings zurückhaltend und sieht keine Ansatzpunkte, aus vergaberechtlichen Grundsätzen Privilegien abzuleiten. So ist nach der VK Brandenburg das Angebot eines Bieters zwingend wegen fehlender Eignung nach § 25 Nr. 2 Abs. 1 VOL/A 2006 auszuschließen, wenn die vom Auftraggeber geforderten Erklärungen über Umsätze, Referenzen und Bilanzen der letzten drei Geschäftsjahre nicht mit dem Angebot vorgelegt werden. Dies gilt auch für sog. Newcomer (VK Brandenburg vom 30.5.2005, 1 VK 27/05). 162

Das BayObLG (vom 9.3.2004, Verg 20/03) sieht allerdings aus wettbewerblichen Erwägungen **Grenzen** für die Forderung von Eignungsnachweisen:

„Der öffentliche Auftraggeber darf zum Nachweis der Fachkunde die Vorlage einer Referenzliste verlangen. Die Vergabevorschriften nehmen demzufolge in Kauf, dass der Marktzutritt für öffentliche Aufträge für „Newcomer" erschwert wird (vgl. OLG Düsseldorf IBR 2002, 212; OLG Dresden WuW 2003, 106). Eine Grenze für geforderte Eignungsnachweise dürfte zwar dort zu ziehen sein, wo eine Einreichung solcher Nachweise für sog. Newcomer unmöglich ist mit der Folge, dass diese von vornherein vom Wettbewerb ausgeschlossen wären und keine Chance auf den Zuschlag hätten. Dies würde weiter dazu führen, dass ein einmal etablierter Bieterkreis exklusiv bleiben und ein Wettbewerb im Verhältnis zu Dritten nicht mehr stattfinden würde."

f) Losverfahren

Bei einer Vielzahl von Teilnehmern wird mitunter zur Reduzierung der Bewerberzahl auf Losverfahren zurückgegriffen. Dies ist nur ausnahmsweise zulässig. Bei einem Losverfahren handelt es sich um kein objektives, auftragsbezogenes Kriterium. Vielmehr handelt es sich um eine Auswahl der Bewerber nach dem Zufallsprinzip (VK Bund vom 14.6.2007, VK 1-50/07). Obwohl das Auswahlmittel des Loses aufgrund seines zufallsbestimmten Charakters arithmetische Gleichheit und damit formale Gerechtigkeit herstellt, fehlt es ihm am den Prinzipien des Vergaberechts entsprechenden Leistungs- und Eignungsbezug. Eine Reduzierung der Bewerberzahl durch Losentscheid ist daher nur zulässig, wenn der öffentliche Auftraggeber unter den eingegangenen Bewerbungen eine rein objektive Auswahl nach qualitativen Kriterien unter gleich qualifizierten Bewerbern nicht mehr nachvollziehbar durchführen kann (OLG Rostock vom 1.8.2003, 17 Verg 7/03; VK Baden-Württemberg vom 2.3.2012, 1 VK 04/12). 163

II. Zusätzliche Anforderungen (Abs. 4 Satz 2)

1. Einführung

Abs. 4 Satz 2 ist eine Neuerung, die auf die Novellierung des 4. Teils des GWB im Jahr 2009 zurückgeht. Seither können für die Auftragsausführung zusätzliche Anforderungen an Auftragnehmer gestellt werden, die insbesondere soziale, umweltbezogene oder innovative Aspekte betreffen, wenn sie im sachlichen Zusammenhang mit dem Auftragsgegenstand stehen und sich aus der Leistungsbeschreibung ergeben. 164

Der Gesetzgeber weist in der Begründung der Neuregelung darauf hin, dass bereits nach der seit 1998 geltenden Rechtslage öffentliche Auftraggeber bei der Vergabe öffentlicher Aufträge nicht 165 nur die Wirtschaftlichkeit eines Angebots im engeren Sinne, sondern auch im weiteren Sinne soziale, umweltbezogene, innovative oder sonstige politische Aspekte berücksichtigen konnten (BT-Drucks. 16/10117 vom 13.8.2008, S. 16).

a) Zusätzliche Anforderungen

166 Mit der Regelung des Abs. 4 wird an dieser Rechtslage festgehalten. Gleichzeitig enthält Abs. 4 eine weitere Kategorie von Anforderungen. Diese sind an die Ausführung des Auftrags geknüpft („**ausführungsbezogene Leistungsanforderungen**"; s. hierzu *Leinemann*, Die Vergabe öffentlicher Aufträge, 5. Aufl. 2011, Rn. 43 m.w.N.) und beinhalten zugleich konkrete Verhaltensanweisungen an das ausführende Unternehmen für die Ausführung des Auftrags. Damit soll an die Formulierung des Art. 26 der Richtlinie 2004/18/EG (VKR) und des Art. 38 der Richtlinie 2004/17/EG (SKR) angeknüpft und klargestellt werden, dass die öffentlichen Auftraggeber vom Unternehmen ein bestimmtes Verhalten während der Ausführung des Auftrags verlangen können, auch wenn das Unternehmen sich ansonsten am Markt anders verhält (BT-Drucks. 16/10117 vom 13.8.2008, S. 16).

b) Inhalt der Leistungsbeschreibung

aa) Umweltbezogene und innovative Aspekte

167 Diese zusätzlichen Anforderungen an Auftragnehmer für die Ausführung des Auftrags stellen Leistungsanforderungen dar und sind daher Gegenstand der **Leistungsbeschreibung**. Sie müssen allen Wettbewerbern zu Beginn des Vergabeverfahrens bekannt gemacht werden. In der Leistungsbeschreibung kann der öffentliche Auftraggeber durch Spezifizierung des Auftragsgegenstandes z.B. Innovations- oder Umweltschutzaspekte berücksichtigen wie die Begrenzung des Schadstoffausstoßes von Dienstkraftfahrzeugen oder die Brennstoffzellentechnologie. Durch die Beschreibung der Leistung als „Strom aus erneuerbaren Energiequellen" oder „Recyclingpapier" können dem Auftragnehmer auch mittelbar bestimmte Produktionsverfahren bei der Ausführung des Auftrags vorgegeben werden (BT-Drucks. 16/10117 vom 13.8.2008, S. 16 f.).

bb) Soziale Aspekte

168 Die Anforderungen des öffentlichen Auftraggebers können z.B. die Beschäftigung von Auszubildenden oder Langzeitarbeitslosen, bezogen auf den konkreten Auftrag, betreffen. Sie können eine angemessene Bezahlung zur Sicherstellung der Qualifikation von Wachpersonal fordern. Ebenso steht es einem öffentlichen Auftraggeber frei, die Pflasterung öffentlicher Plätze aus Steinen zu verlangen, die im Ausland unter Einhaltung der Kernarbeitsnormen der Internationalen Arbeitsorganisation hergestellt wurden. Damit kann der öffentliche Auftraggeber die Vorgabe der Einhaltung der ILO-Kernarbeitsnormen bei Importen für die gesamte Lieferkette bis in das Ursprungsland erstrecken (vgl. BT-Drucks. 16/10117 vom 13.8.2008, S. 16).

169 Nicht ganz gelungen ist die Regelung des Abs. 4 Satz 2 insofern, als deren Publizitätserfordernisse ohne ersichtlichen Grund von denen der Richtlinien (Vergabekoordinierungs- und Sektorenkoordinierungsrichtlinie) abweichen (s. hierzu *Varga*, VergabeR 2009, 539 f.; *Steiff*, VergabeR 2009, 299 f.) und damit für den Bereich der sozialen Aspekte ein Problem aufwerfen, da das GWB voraussetzt, dass sich die zusätzlichen Anforderungen aus der **Leistungsbeschreibung** ergeben. Die Richtlinien stellen demgegenüber richtigerweise auf die Bekanntmachung oder die Vergabeunterlagen ab, da wegen der gemeinschaftsrechtlichen Definition der Leistungsbeschreibung (Bestimmung durch Technische Normen oder durch Leistungs- und Funktionsanforderungen) kein Raum für soziale Anforderungen bleibt. Hier wird man Abs. 4 Satz 2 gemeinschaftsrechtskonform dahingehend auslegen müssen, dass die zusätzlichen Anforderungen der Leistungsbeschreibung **als Annex beizufügen** sind.

c) Zusammenhang mit dem Auftragsgegenstand

Abs. 4 Satz 2 Hs. 2 setzt wie die Regelungen der betreffenden EG-Richtlinien voraus, dass die zusätzlichen Anforderungen für die Auftragsausführung **im sachlichen Zusammenhang mit dem Auftragsgegenstand** stehen. Mit diesem Erfordernis wird sichergestellt, dass allgemeine Anforderungen an die Unternehmens- oder Geschäftspolitik ohne konkreten Bezug zum Auftrag (z.B. allgemeine Ausbildungsquoten, Quotierungen von Führungspositionen zugunsten der Frauenförderung, generelle Beschäftigung von Langzeitarbeitslosen) nach wie vor dem Landes- oder Bundesgesetzgeber vorbehalten bleiben (BT-Drucks. 16/10117 vom 13.8.2008, S. 16 f.). 170

Diese Regelung gibt den Auftraggebern Rechtssicherheit, wenn sie zusätzlich zu Fachkunde, Leistungsfähigkeit, Gesetzestreue und Zuverlässigkeit weitere Anforderungen stellen wollen, wie z.B. eine angemessene Bezahlung zur Sicherstellung der Qualifikation von Wach- oder Fahrdienstpersonal oder das Verbot von Kinderarbeit in der Lieferkette. Damit ergänzt Abs. 4 Satz 2 die Regelung in Fällen, in denen es einen für allgemeinverbindlich erklärten Tarifvertrag nicht gibt oder die jeweilige Tätigkeit nicht in den Anwendungsbereich eines Tarifvertrages fällt. Diese zusätzlichen Anforderungen dürfen sich allerdings nicht auf die Geschäftspolitik des Unternehmens generell, sondern nur auf das Verhalten bei der Ausführung des konkreten Auftrags beziehen. Im Klartext heißt das beispielsweise: Von einem Unternehmen, das den Fahrdienst für den Bundestag betreibt, kann künftig verlangt werden, dass es die Mitarbeiter angemessen bezahlt, die mit der Ausführung dieses Fahrdienstes beschäftigt sind. Dabei kann eine untere Grenze der Entlohnung vorgesehen werden. Unabhängig davon können auch weitere Qualitäts- und Sicherheitsanforderungen gestellt werden, soweit sie im Zusammenhang mit dem Auftragsgegenstand stehen. Die Anforderungen an die Bezahlung der Mitarbeiter dürfen als Folge des Rüffert-Urteils nicht über einen auf der Basis der Entsenderichtlinie und des Entsendegesetzes festgelegten Mindestlohn hinausgehen, wenn es diesen „Entsendegesetz-Lohn" gibt (Baubereich, Gebäudereinigung, Briefzustellung) (BT-Drucks. 16/11428 vom 17.12.2008, Beschlussempfehlung und Bericht des Ausschusses für Wirtschaft und Technologie, 9. Ausschuss). 171

2. Zusätzliche Anforderungen in der Rechtsprechung

a) Tariftreue (altes Recht)

Zu Abs. 4 a.F. hatte das OLG Düsseldorf noch entschieden, Tariftreueforderungen fügten sich nicht ohne weiteres in den Prüfungskanon der Fachkunde, Leistungsfähigkeit und Zuverlässigkeit ein, vielmehr handele es sich um weitergehende Anforderungen, deren Zulässigkeit sich nach § 97 Abs. 4 2. Hs. a.F. richte. Danach müsse ein formelles Bundes- oder Landesgesetz unmittelbar die Tarifregelung treffen; ein für allgemeinverbindlich erklärter Tarifvertrag und Verordnungen wie die BriefArbbV stellten keine solchen gesetzlichen Regelungen dar (vgl. OLG Düsseldorf vom 29.7.2009, VII-Verg 18/09; ferner OLG Düsseldorf vom 5.5.2008, VII-Verg 5/08). 172

b) Tariftreue (neues Recht)

Nach neuem Recht ist dagegen davon auszugehen, dass Tariftreueforderungen auch dann erhoben werden dürfen, wenn die Geltung des Tarifvertrages nicht unmittelbar durch ein formelles Bundes- oder Landesgesetz angeordnet wird. Aus den Materialien zur Neufassung des Abs. 4 ergibt sich mit hinreichender Deutlichkeit der Wille des Gesetzgebers klarzustellen, dass eine Bindung an für allgemeinverbindlich erklärte Tarifverträge im Anwendungsbereich der Entsenderichtlinie im Einklang mit der Rechtsprechung des EuGH zur Tariftreue steht (EuGH vom 3.4.2008, Rs. C-346/06 – „Rüffert") und im Vergabeverfahren beachtlich ist (vgl. Beschlussempfehlung und Bericht des Ausschusses für Wirtschaft und Technologie, BT-Drucks. 16/11428 vom 17.12.2008, S. 48 f. sowie Begr. RegE, BT-Drucks. 16/10117 vom 13.8.2008, S. 8 f.; vgl. ferner *Kirch/Leinemann*, VergabeR 2009, 414 ff.; *Steiff*, VergabeR 2009, 290, 296; sowie VK Bund vom 9.9.2009, VK 3-163/09 – nicht bestandskräftig). Durch die Einfügung des Begriffs der Gesetzestreue in Abs. 4 Satz 1 n.F. sollte dies besonders hervorgehoben werden. Soweit das OLG Düsseldorf zum alten Recht festgestellt hat, die Motive des Gesetzgebers widersprächen nicht der Annahme, die Tarifregelung müsse unmittelbar 173 in einem formellen Bundes- oder Landesgesetz getroffen worden sein (OLG Düsseldorf vom 29.4.2009, VII-Verg 76/08 m.w.N.), kann diese Einschätzung für das neue Recht nicht aufrechterhalten werden. Dementsprechend ist eine in einem anderen, nach neuem Recht zu beurteilenden Verfahren erhobene Forderung nach Abgabe einer Erklärung, durch die sich die Bieter verpflichteten, die in ihrem Unternehmen eingesetzten Arbeitnehmer im Auftragsfall nicht unter den für sie jeweils geltenden Mindestentgelt-Regelungen auf der Grundlage des AEntG zu entlohnen, von der 3. Vergabekammer des Bundes unter Berufung auf Abs. 4 Satz 1 als vergaberechtskonform eingestuft worden (vgl. VK Bund vom 9.9.2009, VK 3-163/09; VK Bund vom 29.9.2009, VK 1-167/09).

Die Vorgabe, dass die sich um einen Auftrag bewerbenden Bieter grundsätzlich und unabhängig von dem konkret in Aussicht gestellten Vertragsschluss Tariflöhne zahlen, die nicht auf einem für allgemeinverbindlich erklärten Tarifvertrag beruhen, wird nicht von Abs. 4 Satz 2 erfasst. Zulässig könnte danach ausschließlich die Forderung sein, dass der Bieter bei der Durchführung des ausgeschriebenen Auftrags die zur Leistungserbringung eingesetzten Mitarbeiter nach bestimmten Tarifen entlohnt (OLG Düsseldorf vom 30.12.2010, VII-Verg 24/10).

III. Durch Bundes- oder Landesgesetz vorgesehene zusätzliche Anforderungen (Abs. 4 Satz 3)

174 Nach Abs. 4 Satz 3 dürfen andere oder weitergehende Anforderungen an Auftragnehmer nur gestellt werden, wenn dies durch Bundes- oder Landesgesetz vorgesehen ist. Auch wenn diese Regelung auf den ersten Blick zur Implementierung vergabefremder Aspekte in das Vergaberecht einzuladen scheint, ist ihre praktische Bedeutung doch ausgesprochen gering. Die Befugnis des Gesetzgebers ist hier nämlich nicht nur durch (in erster Linie) den gemeinschaftsrechtlichen Grundsatz der Gleichbehandlung und Nichtdiskriminierung beschränkt. Der Gemeinschaftsgesetzgeber hat auch bereits in den Vergaberichtlinien (Vergabekoordinierungs- und Sektorenkoordinierungsrichtlinie) das Potenzial denkbarer vergabefremder Regelungen weitgehend ausgeschöpft, wie insbesondere die Umsetzung des Art. 26 der Vergabekoordinierungsrichtlinie und des Art. 38 der Sektorenkoordinierungsrichtlinie durch Abs. 4 Satz 2 zeigt. Mit der dort erfolgten Erweiterung der Berücksichtigung politischer Nebenziele ist allerdings auch der Bedarf nach entsprechenden gesetzlichen Zusatzregelungen gesunken. Das Scheitern des niedersächsischen Tariftreuegesetzes vor dem EuGH (s. bereits die oben zitierte Rechtssache „Rüffert", EuGH vom 3.4.2008, Rs. C-346/06) verdeutlicht, wie gering der Spielraum hier ist.

175 Bundesgesetzliche Regelungen finden sich in den §§ 141, 143 SGB IX, nach denen **Werkstätten behinderter Menschen** und **Blindenwerkstätten** bei der Auftragsvergabe besonders zu berücksichtigen sind. Diese Privilegierung geht aber ihrerseits auf einen im sekundären Gemeinschaftsrecht geregelten Ausnahmetatbestand zurück (vgl. nur Art. 19 VKR: „Die Mitgliedstaaten können im Rahmen von Programmen für geschützte Beschäftigungsverhältnisse vorsehen, dass nur geschützte Werkstätten an den Verfahren zur Vergabe öffentlicher Aufträge teilnehmen oder solche Aufträge ausführen dürfen, sofern die Mehrheit der Arbeitnehmer Behinderte sind, die aufgrund der Art oder der Schwere ihrer Behinderung keine Berufstätigkeit unter normalen Bedingungen ausüben können.").

F. Präqualifikationssysteme (Abs. 4a)

176 Nach Abs. 4a können Auftraggeber Präqualifikationssysteme einrichten oder zulassen, mit denen die Eignung von Unternehmen nachgewiesen werden kann. Derartige Präqualifikationssysteme wurden ausdrücklich erstmals vom Gemeinschaftsgesetzgeber durch die Neufassung der Vergaberichtlinien (s. nur Art. 52 Vergabekoordinierungsrichtlinie) zugelassen und in der Bundesrepublik Deutschland anschließend zunächst in die VOB/A (Ausgabe 2006 vom 20.3.2006) aufgenommen.

I. Zweck

Das Präqualifikationssystem ist eine Reaktion auf die bürokratische reguläre Eignungsprüfung, in deren Rahmen von Teilnehmern in aller Regel eine Vielzahl von Einzelnachweisen beigebracht werden muss, die die Vergabestelle anschließend mit einem erheblichen Aufwand überprüfen muss. Das kleinteilige reguläre System ist fehleranfällig und erhöht das Verfahrensrisiko für Auftraggeber wie Auftragnehmer. Im Rahmen der Präqualifikation werden die auftragsunabhängigen Eignungskriterien gebündelt (deshalb hieß es z.B. bereits in § 8 Nr. 3 Abs. 2 VOB/A a.F.: „Auf den konkreten Auftrag bezogene zusätzliche Nachweise können verlangt werden.").

177

II. Funktionsweise

1. Überblick

Unternehmen können sich freiwillig einer vorgelagerten, auftragsunabhängigen Prüfung durch eine **Präqualifizierungsstelle** unterziehen. Die auf diese Weise erworbene **(befristete) Präqualifizierung** wird anschließend auf einer Liste veröffentlicht, die von Auftraggebern eingesehen werden kann. Sie liefert damit für Vergabeverfahren einen weitreichenden, aber nicht umfassenden und auch regelmäßig zu aktualisierenden Eignungsnachweis.

178

Einzelheiten zur Funktionsweise eines Präqualifikationssystems können der Leitlinie des Bundesministeriums für Verkehr, Bau und Stadtentwicklung für die Durchführung eines Präqualifizierungsverfahrens entnommen werden (**Leitlinie für die Durchführung eines PQ-Verfahrens** vom 25.10.2012, www.bmvbs.de).

Die Regelung differenziert zwischen zwei Alternativen: Zum einen können Auftraggeber selbst Präqualifikationssysteme einrichten, zum anderen können sie Präqualifikationssysteme zulassen.

179

2. Zulassung

Die Zulassung von Präqualifikationssystemen bedeutet, dass öffentliche Auftraggeber für die Eignungsprüfung die Präqualifikation eines Unternehmens durch ein (bereits vorhandenes) Präqualifikationssystem anerkennen. Dies ist mittlerweile bei Vergabeverfahren nach der VOB/A und der VOL/A möglich.

180

3. Einrichtung

Abs. 4a stellt darüber hinaus klar, dass Auftraggeber auch eigene Präqualifikationssysteme einrichten können. Von einer solchen Möglichkeit hatte z.B. die Deutsche Bahn AG bereits auf der insoweit bereits vor der Neufassung des § 97 bestehenden Rechtsgrundlage des § 8b Nr. 5 VOB/A a.F. Gebrauch gemacht.

181

Es ist darauf hinzuweisen, dass Präqualifikationssysteme nicht genutzt werden können, um „closed shops" für die Teilnahme an Vergabeverfahren zu schaffen. Präqualifikationssysteme dürfen immer nur **parallel** zu der Möglichkeit der Forderung von **Einzelnachweisen** genutzt werden. Dies ergibt sich generell aus dem Wettbewerbs- und dem Gleichbehandlungsgrundsatz. Würden nämlich alle deutschen Auftraggeber nur noch die Präqualifikation über ein eigenes Präqualifikationssystem zulassen, wären Unternehmen in der Situation, sich in Hinblick auf die Dauer des Präqualifikationsverfahrens und die demgegenüber knappen Teilnahmefristen vorsorglich bei einer unüberschaubaren Anzahl öffentlicher Auftraggeber eintragen zu lassen, um überhaupt noch an der öffentlichen Auftragsvergabe partizipieren zu können. In § 6 EG Abs. 3 Nr. 2 Satz 2 VOB/A ist deshalb ausdrücklich vorgesehen, dass die in der Präqualifikation enthaltenen Angaben von Bewerbern oder Bietern auch durch Einzelnachweise erbracht werden können. Für Wirtschaftsteilnehmer aus anderen Mitgliedstaaten wird dies auch in Art. 52 Abs. 5 Vergabekoordinierungsrichtlinie klargestellt, nach dem eine solche Eintragung oder Zertifizierung den Wirtschaftsteilnehmern aus anderen Mitgliedstaaten nicht zur Bedingung für ihre Teilnahme an einer öffentlichen Ausschreibung gemacht werden kann. Die öffentlichen Auftraggeber sind verpflichtet, gleichwertige Bescheinigungen von Stellen in anderen Mitgliedstaaten und auch andere gleichwertige Nachweise anzuerkennen.

182

III. Präqualifikation versus Eigenerklärung

183 Im Verfahren zur Novellierung des Vergaberechts verbanden sich mit der Initiative zur Aufnahme des Abs. 4a in die Grundsätze des § 97 noch hohe Erwartungen: „Die Aufnahme der Möglichkeit für öffentliche Auftraggeber, Präqualifikationssysteme einzurichten oder zuzulassen, dient der Verfahrensvereinfachung und -beschleunigung beim Nachweis der Eignung nach § 97 Abs. 4 Satz 1 GWB." (BT-Drucks. 16/11428 vom 17.12.2008, Beschlussempfehlung und Bericht des Ausschusses für Wirtschaft und Technologie, 9. Ausschuss). Die Einführung des Präqualifikationssystems durch den Bundesgesetzgeber im Jahr 2009 ist gleichwohl kritisch zu bewerten, da es sich bei dem System seinerseits um ein bürokratisches und kostenträchtiges Instrument handelt, welches zudem nach Einführung des neuen Eigenerklärungssystems weitgehend obsolet geworden ist (zum Eigenerklärungssystem s. Rn. 150 ff.). Die Entlastungseffekte der Eigenerklärung stehen dem Präqualifikationssystem in keiner Weise nach und sind insbesondere für Auftragnehmer mit weitaus weniger Aufwand und keinerlei Kosten verbunden. Dieser Erkenntnisprozess auf Bundesebene spiegelt sich auch in der Begründung zur Neufassung der VgV wider, in welcher die Eigenerklärung als probates Mittel zur Vereinfachung des Verfahrens gewürdigt wird (s. BR-Drucks. 40/10 vom 27.1.2010, S. 12).

G. Zuschlagskriterium des wirtschaftlichsten Angebots (Abs. 5)

184 Nach Abs. 5 wird der Zuschlag auf das wirtschaftlichste Angebot erteilt. Damit hat der Gesetzgeber eine klare Entscheidung zwischen den Optionen des sekundären Gemeinschaftsrechts getroffen, welche als Kriterien für die Zuschlagsentscheidung sowohl den niedrigsten Preis als auch die Wirtschaftlichkeit (Zuschlag auf das „wirtschaftlich günstigste Angebot") zulassen, vgl. Art. 53 Abs. 1 Vergabekoordinierungsrichtlinie und Art. 55 Abs. 1 Sektorenkoordinierungsrichtlinie.

I. Wirtschaftlichkeit

185 Wirtschaftlichkeit wird gemeinhin als „günstigste Relation zwischen dem verfolgten Zweck und den einzusetzenden Mitteln" definiert, wobei es darauf ankommt, „ein bestimmtes Ergebnis mit möglichst geringem Einsatz von Mitteln oder mit einem bestimmten Einsatz von Mitteln das bestmögliche Ergebnis" zu erzielen (so bereits Ministerialblatt des Bundesministeriums der Finanzen 1973, S. 252). Die aus dem Haushaltsrecht stammende Definition ist allerdings im Kontext des Kartellvergaberechts zu verstehen: Dieses lässt, wie Abs. 3 zeigt, auch eine Einbeziehung von (vergabefremden) Kriterien zu, welche die Wirtschaftlichkeit der Beschaffung zumindest potenziell negativ beeinflussen. So verbindet sich mit der Forderung nach der Einhaltung von Tariflöhnen regelmäßig der Verzicht auf Preisvorteile, die Unternehmen durch Einsatz von Billigarbeitskräften weitergeben könnten; Gleiches gilt potenziell für das Ausweichen auf teurere, aber ökologischere Produkte. Im Haushaltsrecht hat man dieses **„Mehrpreisproblem"** im Umweltbereich vorwiegend mit den mittelbar erzielbaren volkswirtschaftliche Kosteneinsparungen (mit Blick auf die volkswirtschaftlichen Folgekosten der Umweltverschmutzung) und im sozialen Bereich insbesondere mit Zielvorgaben höherrangigen Rechts begründet (s. *Maibaum*, in: Fonari/Führ/Stamm, Sozialstandards in der öffentlichen Beschaffung, 2008, S. 28 f.). Im GWB-Vergaberecht bedarf es nach ausdrücklicher Aufnahme derartiger Aspekte in die Grundsätze keiner rechtlichen Hilfskonstruktion mehr, um die generelle **Zulässigkeit von Mehrpreisen** zu rechtfertigen.

II. Zuschlagsentscheidung

186 Die Verpflichtung zum Zuschlag auf das wirtschaftlich günstigste Angebot unterwirft schon ihrem Wortlaut nach nicht die öffentliche Beschaffung an sich, sondern die **Zuschlagsentscheidung** dem Vorbehalt der Wirtschaftlichkeit. Dies bedeutet nicht zwangsläufig, dass der Zuschlag sich nicht ausnahmsweise am Kriterium des niedrigsten Preises orientieren darf: Bei gleichwertigen Angeboten ist dies durchaus möglich, allerdings liegt in der Praxis eine Gleichwertigkeit selten vor. In Betracht kommt der **Preis** als **alleiniges Wirtschaftlichkeits- und damit Zuschlagskriterium** jedenfalls

dann, wenn streng standardisierte Produkte oder genau definierte Leistungen beschafft werden (s. etwa OLG Naumburg vom 5.12.2008, 1 Verg 9/08). Gerade weil dem Preis bei der öffentlichen Beschaffung wegen des dort auf Ebene des Haushaltsrechts neben dem Wirtschaftlichkeitsgrundsatz verankerten Sparsamkeitsgrundsatzes schon immer eine besondere Bedeutung zugekommen ist, muss man in Abs. 5 ein Korrektiv dieser Praxis sehen. Der Zuschlag auf das Angebot mit dem niedrigsten Preis hat sich nämlich immer wieder retrospektiv als unwirtschaftliche Beschaffung entpuppt. Eine regelmäßige Einbeziehung von Lebenszykluskosten ist erst im Umfeld des ÖPP-Beschleunigungsgesetzes vom 1.9.2005 (BGBl. I S. 2676) verstärkt ins Bewusstsein der Vergabepraxis gerückt.

III. Anspruch auf Zuschlagserteilung

Bedeutsam für die Praxis ist, ob Abs. 5 einen Anspruch auf den Zuschlag auf das wirtschaftlichste Angebot begründet. Grundsätzlich wird ein dahingehender **Kontrahierungszwang verneint**, da auch für die öffentliche Hand Vertragsfreiheit besteht. In der Regel werden Verfahren in solchen Fällen vom Auftraggeber durch Aufhebung beendet. Für den Fall der Aufhebung sind in die Vergabe- und Vertragsordnungen allerdings Vorschriften über die Aufhebung des Verfahrens aufgenommen worden. Nach § 17 EG VOB/A kann die Ausschreibung aufgehoben werden, wenn kein Angebot eingegangen ist, das den Ausschreibungsbedingungen entspricht, die Vergabeunterlagen grundlegend geändert werden müssen oder andere schwerwiegende Gründe bestehen (ebenso § 20 EG VOL/A; § 11 Abs. 7 VOF stellt lediglich fest, dass das Verfahren auch mit Verzicht auf die Auftragserteilung endet). | 187

Nach der Rechtsprechung darf ein öffentlicher Auftraggeber eine Ausschreibung grundsätzlich auch dann aufheben, wenn ihm ein Grund zur Aufhebung i.S.v. § 17 EG VOB/A fehlt, er aber einen sachlichen Grund hat, der die Aufhebung der Ausschreibung als Ultima ratio erscheinen lässt, z.B. bei Wegfall des Beschaffungsbedarfs. Bei Fortbestehen der Beschaffungsabsicht und Nichtvorliegen eines zulässigen Aufhebungsgrundes ist wegen der Vertragsfreiheit des Auftraggebers aber auch diese rechtswidrige Aufhebung des Vergabeverfahrens durch die Vergabestelle „wirksam". Es besteht keine Zuschlagspflicht des Auftraggebers (OLG München vom 28.8.2012, Verg 11/12). Ein solches Verhalten des Auftraggebers kann allerdings Schadensersatzansprüche aus § 280 Abs. 1 i.V.m. § 241 Abs. 2 und § 311 Abs. 2 Nr. 1 BGB nach sich ziehen, da die Unternehmen nach Abs. 7 Anspruch darauf haben, dass der Auftraggeber die Bestimmungen über das Vergabeverfahren einhält (BGH vom 9.6.2011, X ZR 143/10). | 188

H. Verordnungsermächtigung (Abs. 6)

Nach Abs. 6 wird die Bundesregierung ermächtigt, durch Rechtsverordnung mit Zustimmung des Bundesrates nähere Bestimmungen über das bei der Vergabe einzuhaltende Verfahren zu treffen, insbesondere über die Bekanntmachung, den Ablauf und die Arten der Vergabe, über die Auswahl und Prüfung der Unternehmen und Angebote, über den Abschluss des Vertrages und sonstige Fragen des Vergabeverfahrens. | 189

Von dieser Ermächtigung hat die Bundesregierung mit Erlass der | 190

- Verordnung über die Vergabe öffentlicher Aufträge **(Vergabeverordnung – VgV)** in der Fassung der Bekanntmachung vom 11.2.2003 (BGBl. I S. 169), die zuletzt durch Art. 1 der Siebten Verordnung zur Änderung der Verordnung über die Vergabe öffentlicher Aufträge vom 15.10.2013 (BGBl. I S. 3854) mit Wirkung zum 25.10.2013 geändert worden ist; ferner
- Verordnung über die Vergabe von Aufträgen im Bereich des Verkehrs, der Trinkwasserversorgung und der Energieversorgung **(Sektorenverordnung – SektVO)** vom 23.9.2009 (BGBl. I S. 3110), die zuletzt durch Art. 7 des Gesetzes vom 25.7.2013 (BGBl. I S. 2722) geändert worden ist; sowie
- Vergabeverordnung für die Bereiche Verteidigung und Sicherheit zur Umsetzung der Richtlinie 2009/81/EG des Europäischen Parlaments und des Rates vom 13. Juli 2009 über die Koordinierung der Verfahren zur Vergabe bestimmter Bau-, Liefer- und Dienstleistungsaufträge in den Bereichen Verteidigung und Sicherheit und zur Änderung der Richtlinien 2004/17/EG und

§ 97 GWB Abschnitt 1 · Vergabeverfahren

2004/18/EG (**Vergabeverordnung Verteidigung und Sicherheit – VSVgV**) vom 12.7.2012 (BGBl. I S. 1509), zuletzt geändert durch Art. 8 des Gesetzes vom 25.7.2013 (BGBl. I S. 2722), Gebrauch gemacht.

191 In der 2009 erlassenen SektVO wird der **Sektorenbereich** (die Vergabe von Aufträgen, die im Zusammenhang mit Tätigkeiten auf dem Gebiet der Trinkwasserversorgung, der Energieversorgung oder des Verkehrs [Sektorentätigkeiten] vergeben werden) nunmehr umfassend geregelt. Die Sektorentätigkeiten waren vorher in den Abschnitten 3 und 4 der VOL/A und der VOB/A geregelt.

Die im Jahr 2012 erlassene VSVgV regelt die **Vergabe verteidigungs- und sicherheitsrelevanter Aufträge**; für den Bereich der Bauaufträge verweist sie partiell auf die Vorschriften des 3. Abschnitts der VOB/A Fassung 2012.

192 Die Regeln für die sog. **klassischen öffentlichen Auftraggeber** finden sich nach wie vor überwiegend in den Vergabe- und Vertragsordnungen VOL/A, VOB/A und VOF. Die VgV enthält nach der Vergaberechtsnovelle 2010 neben den statischen Verweisungen auf die Vergabe- und Vertragsordnungen nur noch Regelungen, die für alle Beschaffungen nach den Vergabe- und Vertragsordnungen Gültigkeit haben.

193 Weitere Verordnungsermächtigungen enthält § 127 GWB (s. dort).

I. Subjektive Rechte (Abs. 7)

194 Nach Abs. 7 haben Unternehmen Anspruch darauf, dass der Auftraggeber die Bestimmungen über das Vergabeverfahren einhält. Mit der Vorschrift korrespondieren die Regelungen über das Nachprüfungsverfahren in §§ 107 ff. GWB, mit denen ein effektives Rechtsschutzsystem eingeführt worden ist.

195 Aus § 107 Abs. 2 GWB ergibt sich allerdings eine Einschränkung des Anspruchs auf Einhaltung der Vergabebestimmungen: Die **Antragsbefugnis** besteht danach nur dann, wenn das Unternehmen ein Interesse am Auftrag hat, eine Verletzung in seinen Rechten durch Nichtbeachtung von Vergabevorschriften geltend macht und wenn es darlegen kann, dass ihm durch die behauptete Verletzung der Vergabevorschrift ein Schaden entstanden ist oder zu entstehen droht.

196 Der Schutz des Unternehmens reicht deshalb nur so weit, als eine bestimmte vergaberechtliche Vorschrift gerade auch den Schutz des potenziellen Auftraggebers bezweckt, dieser mithin ein **subjektives Recht** auf Einhaltung der Vorschrift geltend machen kann. Nach der hieraus entwickelten **Schutznormlehre** hat eine Vergaberechtsbestimmung dann Schutznormcharakter, wenn sie zumindest auch den Zweck hat, den Betroffenen zu begünstigen und es ihm ermöglichen soll, sich auf diese Begünstigung zu berufen, um so einen ihm sonst drohenden Schaden oder sonstigen Nachteil zu verhindern (s. *Weyand*, Praxiskommentar Vergaberecht, § 97 Rn. 821). Abs. 7 ist **weit auszulegen**. Der überwiegenden Anzahl der vergaberechtlichen Vorschriften ist zumindest eine mittelbare Schutzwirkung dieser Art zuzusprechen, da sie sich auf die Publizität des Verfahrens einschließlich der Fristenregelungen sowie die Auswahl der Bieter und die Bewertung der Angebote beziehen. Lediglich reine Ordnungsvorschriften dürften hier ausscheiden.

197 Wenn das Vorliegen eines subjektiven Rechts auf Einhaltung der Vergabebestimmungen bejaht worden ist, stellt sich allerdings noch die Frage, **wie weit** die **Schutzwirkung** der Vorschrift reicht, wie nachfolgender von der VK Nordbayern (vom 16.4.2008, 21.VK-3194-14/08) entschiedene Beispielsfall belegt:

„Die Berücksichtigung mittelständischer Interessen (§ 97 Abs. 3 GWB) stellt zwar keinen bloßen Programmsatz dar, jedoch ist die Geltendmachung als subjektives Recht durch das Gebot wirtschaftlicher Beschaffungen eingeschränkt. Daraus folgt, dass mittelständische Unternehmen zwar ein subjektives Recht auf Beachtung der Losvergabe geltend machen können. Jedoch besitzt ein Bieter keinen uneingeschränkten Anspruch auf Losvergabe."

198 Die Verletzung vergaberechtlicher Vorschriften kann **Schadensersatzansprüche** auslösen (BGH vom 9.6.2011, X ZR 143/10) (s. auch Rn. 188).

§ 98 Auftraggeber

Öffentliche Auftraggeber im Sinne dieses Teils sind:

1. Gebietskörperschaften sowie deren Sondervermögen,
2. andere juristische Personen des öffentlichen und des privaten Rechts, die zu dem besonderen Zweck gegründet wurden, im Allgemeininteresse liegende Aufgaben nichtgewerblicher Art zu erfüllen, wenn Stellen, die unter Nummer 1 oder 3 fallen, sie einzeln oder gemeinsam durch Beteiligung oder auf sonstige Weise überwiegend finanzieren oder über ihre Leitung die Aufsicht ausüben oder mehr als die Hälfte der Mitglieder eines ihrer zur Geschäftsführung oder zur Aufsicht berufenen Organe bestimmt haben. Das Gleiche gilt dann, wenn die Stelle, die einzeln oder gemeinsam mit anderen die überwiegende Finanzierung gewährt oder die Mehrheit der Mitglieder eines zur Geschäftsführung oder Aufsicht berufenen Organs bestimmt hat, unter Satz 1 fällt,
3. Verbände, deren Mitglieder unter Nummer 1 oder 2 fallen,
4. natürliche oder juristische Personen des privaten Rechts, die auf dem Gebiet der Trinkwasser- oder Energieversorgung oder des Verkehrs tätig sind, wenn diese Tätigkeiten auf der Grundlage von besonderen oder ausschließlichen Rechten ausgeübt werden, die von einer zuständigen Behörde gewährt wurden, oder wenn Auftraggeber, die unter Nummern 1 bis 3 fallen, auf diese Personen einzeln oder gemeinsam einen beherrschenden Einfluss ausüben können; besondere oder ausschließliche Rechte sind Rechte, die dazu führen, dass die Ausübung dieser Tätigkeiten einem oder mehreren Unternehmen vorbehalten wird und dass die Möglichkeit anderer Unternehmen, diese Tätigkeit auszuüben, erheblich beeinträchtigt wird. Tätigkeiten auf dem Gebiet der Trinkwasser- und Energieversorgung sowie des Verkehrs sind solche, die in der Anlage aufgeführt sind,
5. natürliche oder juristische Personen des privaten Rechts sowie juristische Personen des öffentlichen Rechts, soweit sie nicht unter Nummer 2 fallen, in den Fällen, in denen sie für Tiefbaumaßnahmen, für die Errichtung von Krankenhäusern, Sport-, Erholungs- oder Freizeiteinrichtungen, Schul-, Hochschul- oder Verwaltungsgebäuden oder für damit in Verbindung stehende Dienstleistungen und Auslobungsverfahren von Stellen, die unter Nummern 1 bis 3 fallen, Mittel erhalten, mit denen diese Vorhaben zu mehr als 50 vom Hundert finanziert werden,
6. natürliche oder juristische Personen des privaten Rechts, die mit Stellen, die unter die Nummern 1 bis 3 fallen, einen Vertrag über eine Baukonzession abgeschlossen haben, hinsichtlich der Aufträge an Dritte.

Literatur: *Dietlein*, Der Begriff des „funktionalen" Auftraggebers nach § 98 Nr. 2 GWB, NZBau 2002, 136; *Pietzcker*, Die neue Gestalt des Vergaberechts, ZHR 162 (1988), 427; *Schlette*, Der Begriff des „öffentlichen Auftraggebers" im EG-Vergaberecht, EuR 2000, 119; *Ziekow*, Der funktionelle Auftraggeberbegriff des § 98 Nr. 2 GWB, VergabeR 2003, 483; *Ziekow*, Die vergaberechtliche Auftraggebereigenschaft konzernverbundener Unternehmen, NZBau 2004, 181.

Übersicht

A. Grundsätzliches	1–3
B. Entstehungsgeschichte	4–15
I. Der Wandel vom institutionellen zum funktionalen Auftraggeberbegriff	4–9
II. Das Gesetz zur Modernisierung des Vergaberechts	10–15
C. Gebietskörperschaften und deren Sondervermögen (Nr. 1)	16–21
I. Gebietskörperschaften	17–18
II. Sondervermögen	19–21
D. Andere juristische Personen des öffentlichen und des privaten Rechts (Nr. 2)	22–126
I. Allgemeines	22–27
II. Eigene Rechtspersönlichkeit	28–35
III. Besonderer Gründungszweck	36–63
1. Gründungszweck	37–44
a) Maßgeblicher Zeitpunkt	37
b) Änderung der Zwecksetzung	38–41
c) Mischfunktion	42–44
2. Allgemeininteresse	45–55

3. Nichtgewerblichkeit	56–63
IV. Überwiegende staatliche Finanzierung oder sonstige staatliche Beherrschung	64–92
1. Finanzierung	65–78
a) „Überwiegende" Finanzierung	65–67
b) Betrachtungszeitraum	68
c) Finanzierungsart	69–71
d) Betrachtungsgegenstand	72–76
e) Prüfungsreihenfolge	77–78
2. Beherrschung	79–92
a) Leitungsaufsicht	80–84
b) Bestimmung der Organbesetzung	85–90
c) Konstellation der Nr. 2 Satz 2	91–92
V. Einzelfälle der Entscheidungspraxis zu Nr. 2	93–120
1. Deutsche Bahn AG	93–95
2. Gesetzliche Krankenkassen	96–101
3. Landesversicherungsanstalten	102
4. Messegesellschaften	103–109
5. Öffentlich-rechtliche Rundfunkanstalten	110
6. Rotes Kreuz	111
7. Sparkassen und Banken	112–116
8. Wohnungsbaugesellschaften	117–119
9. Weitere Einzelfälle	120
VI. Exkurs: Öffentliche Auftraggeber und verbundene Unternehmen	121–126
1. Muttergesellschaft ist öffentlicher Auftraggeber	122–124
2. Tochtergesellschaft ist öffentlicher Auftraggeber	125
3. Schwestergesellschaft ist öffentlicher Auftraggeber	126
E. Verbände, deren Mitglieder unter Nr. 1 oder 2 fallen (Nr. 3)	127–130
F. Sektorenauftraggeber (Nr. 4)	131–188
I. Grundsätzliches	131–135
II. Natürliche oder juristische Personen des privaten Rechts	136–137
III. Sektorentätigkeiten	138–168
1. Grundsätzliches	138–140
2. Trinkwasserversorgung	141–150
3. Elektrizitäts- und Gasversorgung	151–155
4. Wärmeversorgung	156–159
5. Verkehr	160–168
a) Flughäfen	161–163
b) Häfen	164–167
c) Schienen- und Busverkehr	168
IV. Besondere „Staatsnähe"	169–182
1. Gewährung besonderer oder ausschließlicher Rechte	170–179
2. Beherrschender Einfluss	180–182
V. Konkurrenzen	183–188
G. Natürliche oder juristische Personen des privaten Rechts sowie juristische Personen des öffentlichen Rechts im Bereich öffentlich geförderter Projekte (Nr. 5)	189–213
I. Natürliche oder juristische Personen des privaten Rechts sowie juristische Personen des öffentlichen Rechts	191–192
II. Geförderte Baumaßnahmen sowie in Zusammenhang stehende Dienstleistungen	193–202
1. Grundsätzliches	193–195
2. Tiefbaumaßnahmen	196
3. Errichtung bestimmter Bauwerke	197–202
III. Zusammenhängende Dienstleistungen und Auslobungsverfahren	203–204
IV. Mehr als 50%-Finanzierung	205–212
V. Finanzierung durch Auftraggeber gemäß Nr. 1 bis 3	213
H. Natürliche und juristische Personen des privaten Rechts als Baukonzessionäre (Nr. 6)	214–219

A. Grundsätzliches

1 § 98 definiert abschließend den Begriff des **öffentlichen Auftraggebers** und damit den **subjektiven Anwendungsbereich** des Vergaberechts (zum sachlichen Anwendungsbereich s. § 99). Stellen, die unter eine der in Nr. 1 bis 6 aufgezählten Fallgruppen fallen, sind **öffentliche Auftraggeber** und müssen per Gesetz das Vergaberecht (4. Teil des GWB nebst dazugehörige Verordnungen) anwenden. Demgegenüber definiert § 99 GWB den Begriff des **öffentlichen Auftrags** und damit den **objektiven Anwendungsbereich** des Vergaberechts, der durch die Ausnahmevorschriften der §§ 100 bis 100c GWB wiederum eingeschränkt wird.

2 Der genauen Subsumtion unter eine der sechs Fallgruppen des § 98 kommt in der Praxis – neben dem Umstand, dass dadurch überhaupt erst eine Verpflichtung zur Anwendung des Vergaberechts begründet wird – noch eine weitere Bedeutung zu: Die Strenge der zu befolgenden Regelungen variiert nach der Art des Auftraggebers. So haben etwa sog. Sektorenauftraggeber mitunter andere Bestimmungen bzw. nur in eingeschränktem Maße die Regelungen zu beachten, die ein sog. institutioneller Auftraggeber i.S.d. Nr. 1 anzuwenden hat.

3 Bei Auftragsvergaben **unterhalb der europäischen Schwellenwerte** erfolgt die Bindung an den 1. Abschnitt der Vergabe- und Vertragsordnungen VOL/A bzw. VOB/A über haushaltsrechtliche Bestimmungen. Als Ausfluss des Grundsatzes der wirtschaftlichen und sparsamen Mittelverwendung schreiben diese vor, dass dem Abschluss von Verträgen über Lieferungen und Leistungen eine öffentliche Ausschreibung vorangehen muss, sofern nicht die Natur des Geschäfts oder besondere Umstände eine Ausnahme rechtfertigen (s. z.B. § 55 BHO oder § 55 LHO NRW). Verwaltungsinterne Ausführungsvorschriften zu den Haushaltsordnungen schreiben die Anwendung des 1. Abschnitts der VOL/A bzw. VOB/A vor. Die Anwendung der vergaberechtlichen Bestimmungen hängt somit nicht vom Begriff des öffentlichen Auftraggebers, sondern von der **haushaltsrechtlichen Bindung** ab. Diese Unterscheidung kann beispielsweise bei gemischtwirtschaftlichen Unternehmen relevant sein, die als öffentlicher Auftraggeber i.S.d. Nr. 2 zwar an das Vergaberecht gebunden sind. Da sie aufgrund etwaiger Minderheitsbeteiligungen der öffentlichen Hand nicht an das Haushaltsrecht gebunden sind, müssen sie für Auftragsvergaben unterhalb der Schwellenwerte aber nicht die VOL/A bzw. VOB/A 1. Abschnitt anwenden.

B. Entstehungsgeschichte
I. Der Wandel vom institutionellen zum funktionalen Auftraggeberbegriff

Ursprünglich wurde der Begriff des öffentlichen Auftraggebers **institutionell** bestimmt. Zur Anwendung des Vergaberechts war lediglich die Institution Staat mit seinen sämtlichen Untergliederungen (Gebietskörperschaften, sonstige Körperschaften und Einrichtungen des öffentlichen Rechts) verpflichtet. Dies resultierte u.a. aus dem Umstand, dass das Vergaberecht ehemals im Haushaltsrecht verankert war. Als eine Folge dieses Begriffsverständnisses waren privatrechtlich organisierte Gesellschaften, wie z.B. eine Stadtwerke GmbH, keine öffentlichen Auftraggeber und somit vom Anwendungsbefehl des Vergaberechts befreit. Die „Flucht ins Privatrecht" war somit oftmals gleichzeitig eine „Flucht aus der Bindung an das Vergaberecht". 4

Die Baukoordinierungsrichtlinie (Richtlinie 71/305/EWG des Rates vom 26.7.1971 über die Koordinierung der Verfahren zur Vergabe öffentlicher Bauaufträge, ABl. EG Nr. L 185 vom 16.8.1971, S. 5) aus dem Jahr 1971 folgte grundsätzlich noch dem institutionellen Begriffsverständnis des öffentlichen Auftraggebers. Im Vergleich der Mitgliedstaaten der Europäischen Gemeinschaft untereinander führte dies zu sachwidrigen Unterschieden. So waren diejenigen Mitgliedstaaten – zumindest partiell – faktisch vom Anwendungsbereich des Vergaberechts freigestellt, die ihre Aufgabenerfüllung durch privatrechtlich organisierte Gesellschaften wahrnehmen. Im Gegensatz dazu mussten diejenigen Staaten das Vergaberecht voll anwenden, die bei ihrer Aufgabenerfüllung auf öffentlich-rechtliche Organisationsformen zurückgriffen. 5

Diese Unterscheidung war nach einer grundlegenden Entscheidung des EuGH im Jahre 1988 nicht länger haltbar. Demnach ist der **Begriff** des öffentlichen Auftraggebers **funktional** zu verstehen (EuGH vom 20.9.1988, Rs. 31/87 – „Gebroeders Beentjes BV ./. Niederländischer Staat" Rn. 11): 6

> „Der in dieser Bestimmung verwendete Begriff des Staates ist im funktionellen Sinne zu verstehen. Das Ziel der Richtlinie [Anm.: Baukoordinierungsrichtlinie 71/305/EWG], die die tatsächliche Verwirklichung der Niederlassungsfreiheit und des freien Dienstleistungsverkehrs auf dem Gebiet der öffentlichen Bauaufträge anstrebt, wäre gefährdet, wenn sie allein deswegen unanwendbar wäre, weil ein öffentlicher Bauauftrag von einer Einrichtung vergeben wird, die geschaffen wurde, um ihr durch Gesetz zugewiesene Aufgaben zu erfüllen, die jedoch nicht förmlich in die staatliche Verwaltung eingegliedert ist."

In späteren Entscheidungen verweist der EuGH ausdrücklich darauf, dass der Begriff **„Einrichtung des öffentlichen Rechts"** als **„Begriff des Gemeinschaftsrechts in der gesamten Gemeinschaft autonom und einheitlich auszulegen"** sei (EuGH vom 13.1.2005, C-84/03 – „Kommission ./. Königreich Spanien" Rn. 27 m.w.N.) und bestätigte die funktionelle Auslegung (z.B. EuGH vom 10.11.1998, Rs. C-360/96 – „Gemeente Arnhem ./. BFI Holding" Rn. 62; EuGH vom 12.12.2002, Rs. C-470/99 – „Universale Bau ./. Entsorgungsbetrieb Simmering" Rn. 53). 7

Der europäische Richtliniengeber hat diesen Wandel berücksichtigt, den Begriff des öffentlichen Auftraggebers in der Folge erweitert (zur Geschichte s. *Pietzcker*, ZHR 162 (1988), 427, 444; *Schlette*, EuR 2000, 119) und diese Definition der 2004 in Kraft getretenen Vergabekoordinierungsrichtlinie (Richtlinie 2004/18/EG des Europäischen Parlaments und des Rates vom 31. März 2004 über die Koordinierung der Verfahren zur Vergabe öffentlicher Bauaufträge, Lieferaufträge und Dienstleistungsaufträge, ABl. EG Nr. L 134 vom 30.4.2004, S. 114) zugrunde gelegt. Art. 1 Abs. 9 der Vergabekoordinierungsrichtlinie bestimmt den Begriff des öffentlichen Auftraggebers: 8

„Öffentliche Auftraggeber" sind der Staat, die Gebietskörperschaften, die Einrichtungen des öffentlichen Rechts und die Verbände, die aus einer oder mehreren dieser Körperschaften oder Einrichtungen des öffentlichen Rechts bestehen.

Als Einrichtung des „öffentlichen Rechts" gilt jede Einrichtung, die

a) zu dem besonderen Zweck gegründet wurde, im Allgemeininteresse liegende Aufgaben nicht gewerblicher Art zu erfüllen,

b) Rechtspersönlichkeit besitzt und

c) überwiegend vom Staat, von Gebietskörperschaften oder von anderen Einrichtungen des öffentlichen Rechts finanziert wird, hinsichtlich ihrer Leistung der Aufsicht durch Letztere unterliegt oder deren Verwaltungs-, Leitungs- oder Aufsichtsorgan mehrheitlich aus Mitgliedern besteht, die vom Staat, von den Gebietskörperschaften oder von anderen Einrichtungen des öffentlichen Rechts ernannt worden sind.

9 Einrichtungen des öffentlichen Rechts im Sinne der zitierten Vergaberichtlinie und damit öffentliche Auftraggeber können somit **auch privatrechtlich organisierte Stellen** sein. Dem funktionalen Begriffsverständnis trägt auch die nationale Umsetzung der Richtlinienbestimmung Rechnung.

II. Das Gesetz zur Modernisierung des Vergaberechts

10 Mit dem Gesetz zur Modernisierung des Vergaberechts vom 20.4.2009 (BGBl. I S. 790) wurden keine wesentlichen Änderungen des Auftraggeberbegriffs vorgenommen. Die Änderungen beschränken sich auf folgende Regelungen:

11 Bei **Nr. 4** wurden die Sektorenauftraggeber im Bereich der Telekommunikation gestrichen, da in diesem Bereich ein entwickelter Wettbewerb besteht.

12 Außerdem wurde eine Legaldefinition zum Begriff der besonderen oder ausschließlichen Rechte eingefügt: „Besondere oder ausschließliche Rechte sind Rechte, die dazu führen, dass die Ausübung dieser Tätigkeiten einem oder mehreren Unternehmen vorbehalten wird und dass die Möglichkeit anderer Unternehmen, diese Tätigkeit auszuüben, erheblich beeinträchtigt wird." Laut Gesetzesbegründung soll damit in Übereinstimmung mit der Sektorenkoordinierungsrichtlinie klargestellt werden, dass Privatunternehmen dann keine Sektorenauftraggeber im vergaberechtlichen Sinne sind, wenn sie zwar im Sektorenbereich tätig sind, aber hierzu keine besonderen oder ausschließlichen Rechte in Anspruch nehmen.

13 Des Weiteren wurde eine spezielle **„Anlage zu § 98 Nr. 4 GWB"** eingefügt, die die erfassten Sektorentätigkeiten näher erläutert: „Tätigkeiten auf dem Gebiet der Trinkwasser- und Energieversorgung sowie des Verkehrs sind solche, die in der Anlage aufgeführt sind." (s. hierzu Rn. 131 ff.).

14 In **Nr. 5** wird ausdrücklich klargestellt, dass auch „juristische Personen des öffentlichen Rechts, soweit sie nicht unter Nummer 2 fallen" erfasst sind. Hierdurch wurde eine Regelungslücke dahingehend geschlossen, dass neben privaten Personen auch juristische Personen des öffentlichen Rechts Fördermittel erhalten können. In **Nr. 6** wurde die Legaldefinition der Baukonzession gestrichen, da diese in § 99 Abs. 6 GWB eingefügt wurde.

15 Seit dem Gesetz zur Modernisierung des Vergaberechts wurde § 98 nicht mehr geändert.

C. Gebietskörperschaften und deren Sondervermögen (Nr. 1)

16 Nach Nr. 1 zählen **Gebietskörperschaften** sowie deren **Sondervermögen** zum Kreis der öffentlichen Auftraggeber. Die Zuordnung dürfte in der Praxis aufgrund des klaren Rahmens kaum Schwierigkeiten bereiten. Diese öffentlichen Auftraggeber waren schon als sog. **institutionelle Auftraggeber** durch das Haushaltsrecht zur Anwendung des Vergaberechts verpflichtet.

I. Gebietskörperschaften

Gebietskörperschaften werden üblicherweise als Körperschaften des öffentlichen Rechts definiert, deren Hoheitsbereich durch einen räumlich abgegrenzten Teil des Staatsgebietes bestimmt wird.

17

Zu den **Gebietskörperschaften** zählen die Bundesrepublik Deutschland, die Bundesländer (für Bürgerschaft der Freien und Hansestadt Hamburg: VK Hamburg vom 13.4.2007, Vgk FB 1/07) sowie Städte und Gemeinden. Gebietskörperschaften handeln nach außen durch ihre Behörden. Überwiegend werden auch Landkreise zu den öffentlichen Auftraggebern nach Nr. 1 gezählt (VK Lüneburg vom 21.8.2009, VgK 43/2009; *Zeiss*, in: jurisPK-VergabeR, § 98 GWB Rn. 12; Reidt/Stickler/Glahs/ *Diehr*, Vergaberecht, § 98 Rn. 12). Teilweise werden diese wegen der in Nr. 3 explizit erfassten Verbände der Gebietskörperschaften auch darunter subsumiert (Byok/Jaeger/*Werner*, Vergaberecht, § 98 Rn. 17). Wegen der identischen Rechtsfolgen muss diese Frage nicht entschieden werden.

18

II. Sondervermögen

Sondervermögen sind unselbständige, aufgrund einer Rechtsnorm gegründete besondere Vermögensmassen. Charakteristisch ist, dass diese Sondervermögen gebildet werden, um einzelne, genau abgegrenzte Aufgaben zu erfüllen, und sie zu diesem Zweck auch vom übrigen Vermögen der Gebietskörperschaft getrennt geführt werden. Die wirtschaftliche Verselbständigung drückt sich z.B. in der Aufstellung eigener Haushalts- und Wirtschaftspläne aus.

19

Die in der Praxis wohl häufigste Form von Sondervermögen sind die kommunalen, **rechtlich unselbständigen Eigenbetriebe** der Gebietskörperschaften (VK Hessen vom 12.2.2008, 69d-VK-01/ 2008) und die **nicht rechtsfähigen Anstalten**. Mangels rechtlicher Selbständigkeit werden sie vergaberechtlich den Gebietskörperschaften zugerechnet, denen sie angeschlossen sind. Damit ist die Gebietskörperschaft selbst der verpflichtete Auftraggeber.

20

Beispiele für das **Bundessondervermögen** sind das Bundeseisenbahnvermögen oder der Fond Deutsche Einheit.

In der Praxis zunehmend relevant ist die Zusammenfassung von Eigenbetrieben mehrerer Gebietskörperschaften im Rahmen **interkommunaler Kooperationen** in Konsortien oder Zweckverbänden. Unter dem vergaberechtlichen Blickwinkel ist entscheidend, ob das betreffende Konsortium über eine eigene Rechtspersönlichkeit verfügt. Ist dies nicht der Fall, wird es als unselbständige Verwaltungseinheit der entsprechenden Gebietskörperschaft zugerechnet. Auftraggeber ist in diesem Fall die Gebietskörperschaft (s. hierzu Byok/Jaeger/*Werner*, Vergaberecht, § 98 Rn. 22).

21

D. Andere juristische Personen des öffentlichen und des privaten Rechts (Nr. 2)

I. Allgemeines

Nr. 2 wirft mit seiner komplexen Definition der funktionalen Auftraggeber die in der Praxis wohl größten Anwendungs- und Abgrenzungsprobleme auf. Die Vorschrift wurde bereits mit dem Vergaberechtsänderungsgesetz 1999 eingefügt und blieb seitdem unverändert; mit der Einfügung wurde Art. 1 Buchst. b 2. UA der Richtlinie 93/37/EWG des Rates vom 9. August 1993 über die Koordinierung der Verfahren zur Vergabe öffentlicher Bauaufträge (ABl. EG 1993 Nr. L 199/54) bzw. der Richtlinie 93/36/EWG des Rates vom 14. Juni 1993 über die Koordinierung der Verfahren zur Vergabe öffentlicher Lieferaufträge (ABl. EG 1993 Nr. L 199/1) umgesetzt.

22

Demnach sind öffentliche Auftraggeber – verkürzt formuliert –

23

- juristische Personen des öffentlichen und des privaten Rechts (eigene Rechtspersönlichkeit; s. Rn. 28 ff.),
- die zu dem besonderen Zweck gegründet wurden, im Allgemeininteresse liegende Aufgaben nichtgewerblicher Art zu erfüllen (besonderer Gründungszweck; s. Rn. 36 ff.),

24 Die vorstehenden Voraussetzungen müssen **kumulativ** vorliegen (EuGH vom 16.10.2003, C-283/00 – „Kommission ./. Königreich Spanien" Rn. 69). Nr. 2 erfasst mithin einerseits juristische Personen des Privatrechts, die öffentliche Aufgaben wahrnehmen, schließt es aber andererseits nicht aus, dass juristische Personen des öffentlichen Rechts erwerbswirtschaftlich handeln und daher nicht als öffentlicher Auftraggeber gelten (OLG Rostock vom 15.6.2005, 17 Verg 3/05). In der Praxis zeichnet sich die Entwicklung ab, die einzelnen Tatbestandsmerkmale eher **weit auszulegen**.

25 Die **Eigenschaft** des öffentlichen Auftraggebers nach Nr. 2 kann sich im laufenden Vergabeverfahren auch **verändern**. Entfallen bestimmte Tatbestandsmerkmale durch die tatsächliche Entwicklung (z.B. Änderung der wahrgenommenen Aufgaben oder Fortschreiten der materiellen Privatisierung), bemisst sich die vergaberechtliche Wertung anhand des zum Zeitpunkt der konkreten Vergabehandlung vorliegenden Sachverhalts (Kulartz/Kus/Portz/*Eschenbruch*, GWB-Vergaberecht, § 98 GWB Rn. 92).

26 Bei **Auslegungsschwierigkeiten** kann zunächst auf den Anhang III der Vergabekoordinierungsrichtlinie, auf den die Legaldefinition des öffentlichen Auftraggebers nach Art. 1 Abs. 9 Satz 3 der Richtlinie verweist, zurückgegriffen werden. Dieser enthält ein **nicht erschöpfendes Verzeichnis** der Einrichtungen des öffentlichen Rechts, die die entsprechenden Vorgaben der Vergabekoordinierungsrichtlinie erfüllen. In Bezug auf Deutschland sind **Einrichtungen des öffentlichen Rechts** im Sinne der Richtlinie:

III. DEUTSCHLAND

1. Kategorien

Juristische Personen des öffentlichen Rechts

Die bundes-, landes- und gemeindeunmittelbaren Körperschaften, Anstalten und Stiftungen des öffentlichen Rechts, insbesondere in den folgenden Bereichen:

1.1 Körperschaften

– wissenschaftliche Hochschulen und verfasste Studentenschaften

– berufsständische Vereinigungen (Rechtsanwalts-, Notar-, Steuerberater, Wirtschaftsprüfer-, Architekten-, Ärzte- und Apothekerkammern),

– Wirtschaftsvereinigungen (Landwirtschafts-, Handwerks-, Industrie- und Handelskammern, Handwerksinnungen, Handwerkerschaften),

– Sozialversicherungen (Krankenkassen, Unfall- und Rentenversicherungsträger),

– Kassenärztliche Vereinigungen,

– Genossenschaften und Verbände.

1.2 Anstalten und Stiftungen

Die der staatlichen Kontrolle unterliegen und im Allgemeininteresse tätig werdende Einrichtungen nichtgewerblicher Art, insbesondere in den Bereichen:

– rechtsfähige Bundesanstalten,

– Versorgungsanstalten und Studentenwerke,

– Kultur-, Wohlfahrts- und Hilfsstiftungen.

2. Juristische Personen des Privatrechts

Die der staatlichen Kontrolle unterliegenden und im Allgemeininteresse tätig werdenden Einrichtungen nicht gewerblicher Art, einschließlich der kommunalen Versorgungsunternehmen:

– Gesundheitswesen (Krankenhäuser, Kurmittelbetriebe, medizinische Forschungseinrichtungen, Untersuchungs- und Tierkörperbeseitigungsanstalten),

- Kultur (öffentliche Bühnen, Orchester, Museen, Bibliotheken, Archive, zoologische und botanische Gärten),
- Soziales (Kindergärten, Kindertagesheime, Erholungseinrichtungen, Kinder- und Jugendheime, Freizeiteinrichtungen, Gemeinschafts- und Bürgerhäuser, Frauenhäuser, Altersheime, Obdachlosenunterkünfte),
- Sport (Schwimmbäder, Sportanlagen und -einrichtungen),
- Sicherheit (Feuerwehren und Rettungsdienste),
- Bildung (Umschulungs-, Aus-, Fort- und Weiterbildungseinrichtungen, Volksschulen),
- Wissenschaft, Forschung und Entwicklung (Großforschungseinrichtungen, wissenschaftliche Gesellschaften und Vereine, Wissenschaftsförderung),
- Entsorgung (Straßenreinigung, Abfall- und Abwasserbeseitigung),
- Bauwesen und Wohnungswirtschaft (Stadtplanung, Stadtentwicklung, Wohnungsunternehmen, soweit im Allgemeininteresse tätig, Wohnraumvermittlung),
- Wirtschaft (Wirtschaftsförderungsgesellschaften),
- Friedhofs- und Bestattungswesen,
- Zusammenarbeit mit den Entwicklungsländern (Finanzierung, technische Zusammenarbeit, Entwicklungshilfe, Ausbildung).

Den vorstehend aufgezählten Einrichtungen und Kategorien von Einrichtungen kommt jedoch lediglich eine **Indizwirkung** zu (BayObLG vom 24.5.2004, Verg 6/04). Es wird widerlegbar vermutet, dass dort gelistete Einrichtungen öffentliche Auftraggeber nach Nr. 2 sind (KG Berlin vom 6.2.2003, 2 Verg 1/03). Mangels konstitutiver Wirkung der Aufzählung ist eine detaillierte Prüfung im Einzelfall unumgänglich (Byok/Jaeger/*Werner*, Vergaberecht, § 98 Rn. 27). 27

II. Eigene Rechtspersönlichkeit

Die Vergabekoordinierungsrichtlinie gibt vor, dass die „öffentliche Einrichtung" „Rechtspersönlichkeit" besitzen muss. Der deutsche Gesetzgeber hat diese Voraussetzung umgesetzt, indem öffentliche Auftraggeber i.S.d. Nr. 2 juristische Personen des öffentlichen oder des privaten Rechts sein müssen. 28

Zu den **juristischen Personen des öffentlichen Rechts** zählen 29

- Körperschaften,
- Stiftungen und
- Anstalten

des öffentlichen Rechts.

Eigenbetriebe fallen mangels eigener Rechtspersönlichkeit nicht unter Nr. 2. Sie werden jedoch als rechtlich unselbständiger Teil einer Gebietskörperschaft – mittelbar – von Nr. 1 erfasst, wobei als öffentlicher Auftraggeber lediglich die sie tragende Gebietskörperschaft anzusehen ist. 30

Die Klärung der Frage, ob es sich um eine juristische Person des öffentlichen Rechts handelt, dürfte in der Praxis kaum Schwierigkeiten bereiten, zumal viele Einzelfälle in dem Anhang III der Vergabekoordinierungsrichtlinie (Rn. 26) aufgezählt sind. 31

Zu den **juristischen Personen des privaten Rechts** zählen 32

- der eingetragene BGB-Verein (e.V.),
- die Gesellschaft mit beschränkter Haftung (GmbH),
- die Aktiengesellschaft (AG),
- die Kommanditgesellschaft auf Aktien (KGaA),

- der Versicherungsverein auf Gegenseitigkeit (VVaG) und
- die eingetragene Genossenschaft (Gen).

33 Die Frage, ob **Vorstadien** der angeführten juristischen Personen des Privatrechts ebenfalls eine Rechtspersönlichkeit i.S.d. vergaberechtlichen Auftraggeberbegriffs zukommt, ist nicht explizit geregelt. Zu denken wäre beispielsweise an eine Beschaffung durch eine avisierte GmbH, noch bevor diese in das Handelsregister eingetragen wurde. Dieser **Vorgründungs-GmbH** kommt ebenso wie der **Vor-AG** nach h.M. eine Rechtsnatur sui generis zu. Sie sind nach h.M. keine juristischen Personen. Dennoch wird in diesen Fällen in vergaberechtlicher Hinsicht eine Rechtspersönlichkeit unterstellt, wenn diese Vorstadien lediglich Durchgangsstadien auf dem Weg zu der eigentlichen Gesellschaft – also beispielsweise der GmbH oder der AG – darstellen (VK Bund vom 12.12.2004, VK 1-83/02 [für den Fall der Vor-GmbH]; Byok/Jaeger/*Werner*, Vergaberecht, § 98 Rn. 35; Reidt/Stickler/Glahs/*Diehr*, Vergaberecht, § 98 Rn. 22). Begründet wird dies mit dem **funktionalen Auftraggeberbegriff**. Demnach kommt es lediglich darauf an, dass eine juristische Person nach dem nationalen Recht schon vor der formalen Gründung Beschaffungsvorgänge vornehmen kann, weshalb sie – bei Vorliegen der übrigen Voraussetzungen – auch an das Vergaberecht zu binden ist (Reidt/Stickler/Glahs/*Diehr*, Vergaberecht, § 98 Rn. 22).

34 Ebenfalls schwierig ist die Frage zu beantworten, ob die folgenden Personengesellschaften zu den juristischen Personen i.S.d. Nr. 2 zu zählen sind:
- Offene Handelsgesellschaft (OHG),
- Kommanditgesellschaft (KG) und
- Gesellschaft des bürgerlichen Rechts (GbR).

35 Einerseits könnte man formal darauf verweisen, dass diese keine eigene Rechtspersönlichkeit besitzen, weshalb sie auch nicht als öffentlicher Auftraggeber zu qualifizieren sind (für den Fall einer KG: VÜA Brandenburg vom 9.5.1996, VÜA 3/96, WuW/E Verg AL 39). Die heute wohl h.M. bezieht die Personengesellschaften in den Regelungsbereich der Nr. 2 mit ein. Begründet wird dies entweder mit einer weiten Auslegung des Wortlautes der Vorschrift oder im Wege der analogen Anwendung (VK Münster vom 24.6.2002, VK 03/02; vgl. u.a. *Zeiss*, in: jurisPK-VergabeR, § 98 GWB Rn. 41 f.). Im Ergebnis ist dieser Auffassung zu folgen. Richtig ist, dass der Begriff „Einrichtung des privaten Rechts", so wie dieser in der Vergabekoordinierungsrichtlinie aufgenommen wurde und im Bereich des EG-Rechts Anwendung findet, nicht auf die juristischen Personen des Privatrechts, die in der Bundesrepublik Deutschland vorhanden sind, unmittelbar übertragen und beschränkt werden kann. Personengesellschaften können nach außen handeln, indem sie Aufträge im eigenen Namen und auf eigene Rechnung vergeben, weil sie **teilrechtsfähige Rechtsgebilde** (vgl. für die OHG und KG: § 124 Abs. 1 HGB bzw. § 161 Abs. 2 HGB i.V.m. § 124 Abs. 1 HGB) sind (zur Rechtsfähigkeit der BGB-Gesellschaft: BGH vom 29.1.2001, II ZR 331/00). Insofern können sie die sich aus dem Vergaberecht erwachsenen Rechte und Pflichten selbständig tragen und sind somit gleichzustellen mit den juristischen Personen des Privatrechts und den Einrichtungen des öffentlichen Rechts im Sinne der EG-Richtlinien (VK Münster vom 24.6.2002, VK 03/02). Gleiches gilt für die unechten Vor-GmbH bzw. Vorgründungsgesellschaften, die regelmäßig die Rechtsnatur der OHG haben (s. Byok/Jaeger/*Werner*, Vergaberecht, § 98 Rn. 36 ff.). Würde man die Personenhandelsgesellschaften vom Anwendungsbereich der Nr. 2 ausschließen, könnten öffentliche Auftraggeber durch die Wahl einer entsprechenden Gesellschaftsform die Anwendung des Vergaberechts umgehen, was der praktischen Wirksamkeit sowie der marktöffnenden Wirkung der Vergabekoordinierungsrichtlinie offensichtlich widersprechen würde. Gleiches gilt für die GbR (OLG Celle vom 14.9.2006, 13 Verg 3/06).

III. Besonderer Gründungszweck

36 Das zweite Merkmal der öffentlichen Auftraggeber nach Nr. 2 ist der besondere Gründungszweck. Die juristische Person muss
- zu dem besonderen Zweck gegründet worden sein,

- im Allgemeininteresse liegende Aufgaben
- nichtgewerblicher Art

zu erfüllen. Die drei vorstehenden Voraussetzungen müssen **kumulativ** vorliegen (EuGH vom 15.5.2003, Rs. C-214/00).

1. Gründungszweck

a) Maßgeblicher Zeitpunkt

Nach dem Wortlaut der Vorschrift ist zunächst auf den Gründungszweck abzustellen. Ausgangspunkt einer etwaigen Prüfung ist somit die **Sachlage bei Gründung** der juristischen Person des öffentlichen oder des privaten Rechts. Ohne Bedeutung ist, in welcher Form der Geschäftszweck festgelegt wurde (EuGH vom 10.11.1998, C-360/96 – „Gemeente Arnhem" Rn. 63). Dieser kann sich beispielsweise aus der Satzung, dem Gesellschaftsvertrag, einer Verwaltungsrichtlinie, einem Gesetz oder einem Verwaltungsakt ergeben.

b) Änderung der Zwecksetzung

Lag dieser Zweck – Verfolgen von im Allgemeininteresse liegender Aufgaben nichtgewerblicher Art – zum Gründungszeitpunkt nicht vor, wird aber später eine **Änderung der Zwecksetzung** vorgenommen, ist wie folgt zu unterscheiden:

aa) Wird die Einrichtung im weiteren Verlauf durch eine **formal dokumentierte** Änderung der Zweckbestimmung mit einem entsprechenden Zweck betraut, so genügt dies ebenfalls für die Geltung der Nr. 2. Dies folgt aus dem Sinn der Vorschrift. Sie soll Einrichtungen wegen ihrer Zwecksetzung und ihrer zugleich vorhandenen Staatsgebundenheit erfassen. Dies wäre gefährdet, wenn die Vorschrift nicht auch dann Anwendung fände, wenn der Einrichtung erst nach ihrer Gründung im Allgemeininteresse liegende Aufgaben nichtgewerblicher Art zur Erledigung zugewiesen werden (VK Bund vom 8.6.2006, VK 2-114/05; OLG Düsseldorf vom 9.4.2003, Verg 66/02; Byok/Jaeger/*Werner*, Vergaberecht, § 98 Rn. 42). Gleiches gilt im Umkehrschluss, wenn die entsprechende Zweckverfolgung später entfällt, beispielsweise eine Gesellschaft zur sozialen Wohnungsbauförderung später gewerblichen Wohnungsbau betreibt (OLG Karlsruhe vom 17.4.2008, 8 U 228/06).

bb) Umstritten ist, ob auch die spätere **rein faktische Wahrnehmung** von derartigen Aufgaben ausreicht, ohne dass eine entsprechende formale Beschlussfassung oder formale Änderung des Gesellschaftszweckes erfolgt. Eine Ansicht lässt die rein tatsächliche Zweckänderung ausreichen und begründet dies mit der andernfalls bestehenden Gefahr einer Umgehung des Vergaberechts (*Zeiss*, in: jurisPK-VergabeR, § 98 GWB Rn. 54; Reidt/Stickler/Glahs/*Diehr*, Vergaberecht, § 98 Rn. 28). Die ablehnende Position verlangt demgegenüber eine formale Änderung der Zwecksetzung und verweist zur Begründung teilweise auf die ansonsten bestehende Rechtsunsicherheit (*Dietlein*, NZBau 2002, 136, 138; *Marx*, in: Beck'scher VOB- und Vergaberechts-Kommentar, 2001, § 98 GWB Rn. 13). Eine vermittelnde Position stellt darauf ab, dass die Übernahme der im Allgemeininteresse liegenden Aufgaben nichtgewerblicher Art **objektiv feststellbar** sein muss. Dementsprechend ist eine formale Änderung des Gesellschaftsvertrages nicht nötig, wenn sich die Änderung der Zwecksetzung aus konkreten Vereinbarungen ableiten lässt (EuGH vom 12.12.2003, C-470/99 – „Universale Bau GmbH" Rn. 62 f.; Byok/Jaeger/*Werner*, Vergaberecht, § 98 Rn. 42).

Der vermittelnden Position ist zu folgen. Im Sinne der Rechtssicherheit muss die dauerhafte und nicht nur gelegentliche Übernahme von im Allgemeininteresse liegender Aufgaben nichtgewerblicher Art in Verträgen, Vereinbarungen etc. dokumentiert sein. In der Praxis dürften die meisten Fälle der tatsächlichen Wahrnehmung derartiger Aufgaben entsprechend dokumentiert sein, da eine Übernahme ohne eine Dokumentation in Verträgen, Vereinbarungen etc. kaum vorstellbar ist. Andernfalls bestünde die Gefahr der Umgehung des Vergaberechts. Diese Ansicht wird ebenfalls von der Rechtsprechung vertreten (OLG Düsseldorf vom 9.4.2003, Verg 66/02; VK Sachsen-Anhalt vom 8.3.2003, VK Hal 03/03).

§ 98 GWB Abschnitt 1 · Vergabeverfahren

c) Mischfunktion

42 Wenn die Einrichtung eine **Mischfunktion** ausübt, d.h. sowohl im Allgemeininteresse liegende Aufgaben nichtgewerblicher Art wahrnimmt als auch rein gewerbliche Tätigkeiten ausübt, kommt es nicht auf den Tätigkeitsschwerpunkt an. Entscheidend ist, dass die Einrichtung überhaupt mit Tätigkeiten i.S.d. Nr. 2 betraut wurde (EuGH vom 22.5.2003, C-18/01 – „Korhonen" Rn. 58; EuGH vom 10.11.1998, C-360/96 – „Gemeente Arnhem" Rn. 55; OLG Düsseldorf vom 9.4.2003, Verg 66/02). Dieser u.U. auch nur sehr geringe Geschäftsanteil „*infiziert*" die Einrichtung als solche und macht sie insgesamt zum öffentlichen Auftraggeber (EuGH vom 15.1.1998, C-44/96 – „Mannesmann ./. Österreichische Staatsdruckerei" Rn. 34; EuGH vom 10.4.2008, C-393/06 – „Wienstrom II"). Der Umfang dieser Betätigung ist für die Geltung des Vergaberechts unerheblich (OLG Düsseldorf vom 9.4.2003, Verg 66/02).

43 Angesichts der klaren Positionierung des EuGH verbleibt praktisch kein Raum mehr, die Infektionstheorie in Fällen abzulehnen, in denen der Anteil der im Allgemeininteresse liegenden Aufgaben lediglich eine untergeordnete Rolle spielt (zum Streitstand s. *Wieddekind*, in: Willenbruch/Wieddekind, Vergaberecht, § 98 Rn. 32). Jedwede Aufweichung der Infektionstheorie würde die Grenze zwischen Marktteilnehmern verwischen, die sich voll dem Wettbewerb stellen, und solchen, die zumindest partiell durch die Erfüllung im Allgemeininteresse liegender Aufgaben nicht denselben Marktmechanismen unterworfen sind. Außerdem dürfte es insbesondere vor dem Hintergrund der zumindest partiellen Anwendung der Nichtigkeitsfolge des § 101b GWB auf Fälle der De-facto-Vergabe zwingend geboten sein, klare und praktikable Abgrenzungen zwischen öffentlichen Auftraggebern und anderen Marktteilnehmern zu ziehen. Insoweit wäre es vorzugswürdig, die Infektionstheorie streng anzuwenden (im Ergebnis ebenso: *Wieddekind*, in: Willenbruch/Wieddekind, Vergaberecht, § 98 Rn. 32). Etwaige Bagatellfälle könnten durch organisatorische und rechtliche Verselbständigung derjenigen Teile gelöst werden, die Aufgaben nach Nr. 2 wahrnehmen.

44 Abgrenzungsschwierigkeiten bei der Wahrnehmung von **Mischaufgaben** können sich insbesondere dann ergeben, wenn die betreffende Einrichtung in unterschiedliche Unternehmensbereiche gegliedert ist. Dann ist es möglich, dass nur bestimmte Unternehmensbereiche für sich genommen entsprechende Aufgaben i.S.d. Nr. 2 wahrnehmen und die übrigen rein gewerblich tätig sind. Eine partielle Aufteilung von Unternehmen in Bestandteile, die öffentlicher Auftraggeber sind, und solche, denen diese Eigenschaft nicht zukommt, setzt aber grundsätzlich immer voraus, dass die betreffenden Einrichtungen selbständige juristische Personen sind.

2. Allgemeininteresse

45 Nr. 2 fordert, dass die Einrichtung gegründet worden sein muss, um im Allgemeininteresse liegende Aufgaben nicht gewerblicher Art zu erfüllen. Der Aufgabenbereich besteht somit aus **zwei selbständigen Tatbestandsmerkmalen**, nämlich „im Allgemeininteresse liegend" und der Nichtgewerblichkeit (EuGH vom 22.5.2003, C-18/01 – „Korhonen" Rn. 40).

46 Das Merkmal „**Allgemeininteresse**" wurzelt im funktionalen Auftraggeberbegriff (Rn. 6). Nach der Rechtsprechung des EuGH handelt es sich um einen autonomen Begriff des Gemeinschaftsrechts, dessen Auslegung in den Mitgliedstaaten einheitlich erfolgen müsse (EuGH vom 16.10.2003, C-283/00 – „SIEPSA"). Bei institutionellen Auftraggebern, also dem Staat und Gebietskörperschaften (Rn. 4), wäre dieses Merkmal grundsätzlich entbehrlich, da ihnen ein Handeln im Allgemeininteresse unterstellt werden kann. Demgegenüber schafft es bei juristischen Personen des Privatrechts – neben den anderen Voraussetzungen der Nr. 2 – die Legitimation dafür, sie unter dem vergaberechtlichen Blickwinkel zum Kreis der öffentlichen Auftraggeber zu zählen. Das Aufgabenprofil grenzt sie somit maßgeblich von den anderen Wirtschaftsteilnehmern ab und rechtfertigt eine Bindung an das Vergaberecht.

47 Eine **Definition**, was unter den Begriff des Allgemeininteresses fällt, lässt sich weder dem Europarecht (zum europarechtlichen Begriffshintergrund s. *Dreher*, in: Immenga/Mestmäcker, Wettbewerbsrecht, Bd. 2, § 98 GWB Rn. 64 f.) noch dem deutschen Recht entnehmen. Begriffsvergleiche

oder -gleichsetzungen mit dem „öffentlichen Interesse" führen aufgrund des ebenfalls nicht klar umrissenen Begriffsinhalts nicht weiter.

Andere Ansätze, wie beispielsweise die Abgrenzung des Allgemeininteresses im Gegensatz zum Individualinteresse, weisen zwar in die richtige Richtung, sind aber in Grenzfragen nur schwer praktikabel (vgl. Byok/Jaeger/*Werner*, Vergaberecht, § 98 Rn. 48). 48

Letztlich wird eine Abgrenzung anhand der von der Rechtsprechung entwickelten Kriterien zu treffen sein: 49

Zum einen sind die zu erfüllenden Aufgaben solche, die eng mit der **öffentlichen Ordnung des Staates** sowie seinem **institutionellen Funktionieren** verknüpft sind und die deshalb unter staatlichem Einfluss stehen. Entsprechende Anhaltspunkte hierfür lassen sich aus der Rechtsprechung des EuGH – insbesondere aus den folgenden Entscheidungen – ableiten: 50

- „Die Druckprodukte, die die Staatsdruckerei herzustellen hat [Anm. d. Verf.: u.a. Ausweispapiere], sind eng mit der öffentlichen Ordnung und dem institutionellen Funktionieren des Staates verknüpft und verlangen eine Versorgungsgarantie …" (EuGH vom 15.1.1998, C-44/96 – „Mannesmann ./. Österreichische Staatsdruckerei" Rn. 24)
- „Das Abholen und die Behandlung von Haushaltsabfällen ist unbestreitbar eine im Allgemeininteresse liegende Aufgabe. Sie kann möglicherweise durch das Angebot von Dienstleistungen der Müllabfuhr, das zur Gänze oder zum Teil private Unternehmer den Bürgern machen, nicht in dem Maß erfüllt werden, das aus Gründen der öffentlichen Gesundheit und des Umweltschutzes für erforderlich gehalten wird. Daher gehört sie zu denjenigen Aufgaben, die ein Staat von Behörden wahrnehmen lassen kann oder auf die er einen entscheidenden Einfluß behalten möchte." (EuGH vom 10.11.1998, C-360/96 – „Gemeente Arnhem" Rn. 52)
- „… diese Tätigkeit [Anm. d. Verf.: das Leichen- und Bestattungswesen] (steht) im Zusammenhang mit der öffentlichen Ordnung, da der Staat ein offenkundiges Interesse daran hat, die Ausstellung von Bescheinigungen wie Geburts- und Sterbeurkunden genau zu überwachen." (EuGH vom 27.2.2003, C-373/00 – „Truley" Rn. 52)

Weitere Entscheidungen weiten den Anwendungsbereich noch aus. Sie zählen sogar solche Aufgaben dem Allgemeininteresse zu, die **allgemeine positive Folgewirkungen** für die Wirtschaft oder Arbeitsplatzansiedlungen haben. 51

„Tätigkeiten wie die der Beklagten [Anm. d. Verf.: Einrichtung eines Zentrums für technologische Entwicklung] können nämlich als im Allgemeininteresse liegende Aufgaben angesehen werden, wenn sie eine Impulswirkung für den Handel und die wirtschaftliche und soziale Entwicklung der betreffenden Gebietskörperschaft haben, wobei die Ansiedlung von Unternehmen auf dem Gebiet einer Gebietskörperschaft für diese häufig positive Auswirkungen im Hinblick auf die Schaffung von Arbeitsplätzen, die Erhöhung der Steuereinnahmen und die Steigerung von Angebot und Nachfrage bei Waren und Dienstleistungen hat." (EuGH vom 22.5.2003, C-18/01 – „Korhonen" Rn. 45)

Im Allgemeininteresse liegende Aufgaben sind somit solche, welche **hoheitliche Befugnisse**, die Wahrnehmung der Belange des Staates und damit letztlich Aufgaben betreffen, welche der Staat selbst erfüllen oder bei denen er einen entscheidenden Einfluss behalten möchte (BayObLG vom 10.9.2002, Verg 23/02). In eine ähnliche Richtung weist der von *Ziekow* entwickelte Ansatz, der diejenigen Bereiche dem Allgemeininteresse zurechnet, die sich einer vollständigen materiellen Privatisierung entziehen. Wenn der Staat das „Ob" oder das „Wie" der Aufgabenerfüllung nicht vollständig aus seinem Aufgabenbereich entlasse, so sei die Aufgabe der Sphäre des Staates zuzurechnen und unterfalle Nr. 2 (s. hierzu *Ziekow*, VergabeR 2003, 483, 490; EuGH vom 10.4.2008, C-393/06 – „Fernwärme Wien" Rn. 40). 52

Der bloße Umstand, dass die im Allgemeininteresse liegenden Aufgaben auch von Privatunternehmen erfüllt werden können bzw. erfüllt werden, ist nach der Rechtsprechung des EuGH unerheblich (EuGH vom 10.4.2008, C-393/06 – „Fernwärme Wien" Rn. 40). In der Praxis besteht hinsichtlich 53

§ 98 GWB Abschnitt 1 · Vergabeverfahren

des Vorliegens des Allgemeininteresses ein gewichtiger Unterschied dahingehend, ob die Auftraggebereigenschaft einer juristischen Person des privaten Rechts oder einer des öffentlichen Rechts überprüft werden soll:

- Bei juristischen Personen des öffentlichen Rechts besteht eine **Vermutung**, dass diese im Allgemeininteresse liegende Aufgaben wahrnimmt. Begründet wird diese Vermutung damit, dass Handlungen öffentlich-rechtlicher Rechtsträger grundsätzlich auf die Verfolgung öffentlicher Zwecke begrenzt sind (BayObLG vom 10.9.2002, Verg 23/02; vgl. *Dietlein*, NZBau 2002, 136, 138 f.).
- Bei juristischen Personen des Privatrechts gilt diese Vermutung nicht. Es muss somit im Einzelfall nachgewiesen werden, ob die wahrgenommene Aufgabe im Allgemeininteresse liegt.

54 Wurde festgestellt, dass eine Einrichtung im Allgemeininteresse liegende Aufgaben wahrnimmt, ist sie bei Vorliegen der übrigen Voraussetzungen als öffentlicher Auftraggeber zu qualifizieren. Demgegenüber ist es unerheblich, ob darüber hinaus auch noch weitere Aufgaben wahrgenommen werden (EuGH vom 10.11.1998, C-360/96 – „Gemeente Arnhem").

55 In der Rechtsprechung wurden beispielsweise die folgenden Tätigkeiten als **im Allgemeininteresse liegend anerkannt**:

- Wahrnehmung von Aufgaben der gesetzlichen **Krankenkassen** (VK Bund vom 26.5.2009, VK 2-30/09; BayObLG vom 25.4.2004, Verg 6/04; VK Lüneburg vom 21.9.2004, 203-VgK-42/2004)
- Tätigkeiten im Bereich des **Zivil- und Katastrophenschutzes** (für den Fall des Bayerischen Roten Kreuzes: VK Südbayern vom 13.8.2002, 120.3-3194.1-31-07/02; BayObLG vom 10.9.2003, Verg 23/02)
- Herstellung von **Vordrucken für die öffentliche Verwaltung** und die sicherheitstechnische Ausstattung staatlicher Pass-, Personalausweis- sowie sonstiger Ausweisdokumente, von Führerscheinen und Fahrzeugpapieren, Postwertzeichen, Steuerzeichen und Banknoten (VK Bund vom 18.10.1999, VK 1-2/99)
- Betrieb einer **Wohnungsbaugesellschaft**, wenn zu ihrem Geschäftskreis auch die Beachtung und Verwirklichung allgemeiner wohnungs- und siedlungspolitischer Belange und Zwecke gehört (KG Berlin vom 12.4.2000, KartVerg 9/99)
- Wahrnehmung der Aufgaben einer **Industrie- und Handelskammer** (VK Leipzig vom 22.2.2000, 1/SVK/4-00)
- Betrieb einer **Sparkasse** (OLG Rostock vom 1.6.2005, 17 Verg 3/05)
- unmittelbare **Deckung des Sachbedarfs der Streitkräfte** (OLG Düsseldorf vom 30.4.2003, Verg 67/02)
- Unterhalten von **Krankenhäusern** und **Altenheimen** (VK Stuttgart vom 10.8.2000, 1 VK 17/00)
- Anbieten von **Glücksspielmöglichkeiten** für die Bevölkerung zur Kanalisierung des Spieltriebs (VK Stuttgart vom 19.4.2005, 1 VK 11/05)
- Bewirtschaftung der **Hallen- und Freizeitbäder** (VK Sachsen vom 9.11.2006, 1/SVK/095-06)
- Versorgung der Bevölkerung mit Frischware aus Gartenbau und Landwirtschaft durch einen Großmarkt (VK Bremen vom 23.8.2001, VK 3/01)
- Koordinierung und Steuerung von Unternehmen, die sich nach ihrem jeweiligen Unternehmensgegenstand mit Veranstaltungen aller Art, insbesondere auf dem Gebiet des Tourismus, des **Kongress-**, **Ausstellungs-** und **Messewesens**, der Gastronomie, der Unterhaltung, der Kultur, des Sports und der sonstigen **Freizeitgestaltung** befassen (VK Bremen vom 25.9.2001, VK 5/01)
- Betrieb von **Busbahnhöfen**, **Parkleitsystemen** und **Tiefgaragen** (VK Münster vom 17.7.2001, Verg 14/01)
- Betrieb **öffentlicher Verkehrsmittel** (BayObLG vom 5.11.2002, Verg 22/02).

3. Nichtgewerblichkeit

Weiteres Tatbestandsmerkmal öffentlicher Auftraggeber nach Nr. 2 ist, dass sie im Allgemeininteresse liegende Aufgaben **nichtgewerblicher Art** erbringen. Dabei handelt es sich um einen Begriff des Gemeinschaftsrechts, der in der gesamten Gemeinschaft eine einheitliche und **autonome Auslegung** erhalten muss (EuGH vom 16.10.2003, C-283/00 – „Kommission ./. Königreich Spanien" Rn. 79). Anleihen an den Begriff der Gewerblichkeit im deutschen Gewerbe-, Steuer- oder Handelsrecht sind vor dem Hintergrund der unterschiedlichen Bedeutungsinhalte nicht möglich.

56

Ebenso wenig ist ein isoliertes Abstellen auf die **Gewinnerzielungsabsicht** zur Eingrenzung der Nichtgewerblichkeit zielführend. Insoweit muss berücksichtigt werden, dass privatrechtlich organisierte Auftraggeber, z.B. in der Rechtsform einer GmbH oder AG, eigentlich immer mit Gewinnerzielungsabsicht handeln. Gleichwohl geht es gerade um die Erfassung derjenigen privatrechtlichen Auftraggeber, die trotz Gewinnerzielungsabsicht sich nicht sämtlichen Marktmechanismen stellen. Der Vergabesenat des OLG Düsseldorf hat diesbezüglich entschieden, dass eine Gewinnerzielungsabsicht die Anwendung der Nr. 2 nicht ausschließt (OLG Düsseldorf vom 30.4.2003, Verg 67/02 – „Kampfstiefel").

57

Im Allgemeininteresse liegende Aufgaben können nach Ansicht des EuGH sowohl gewerblicher als auch nichtgewerblicher Art sein (EuGH vom 10.11.1998, C-360/96 – „Gemeente Arnhem" Rn. 32 ff.). Der Begriff „im Allgemeininteresse liegender Aufgaben nichtgewerblicher Art" beschränkt den Kreis der relevanten Aufgaben auf diejenigen, die nicht sämtlichen Marktmechanismen ausgesetzt sind. Die zumindest partielle **Entkoppelung von Marktmechanismen** rechtfertigt die Einstufung als öffentlicher Auftraggeber. In diesen Fällen besteht nämlich die Gefahr, dass sich Auftraggeber bei ihren Beschaffungsvorgängen auch von anderen als von wirtschaftlichen – z.B. von arbeitsmarktpolitischen oder sozialen – Überlegungen leiten lassen.

58

Eine Begriffsbestimmung der „Aufgaben nichtgewerblicher Art" hat sich an dem Zweck des Vergaberechts zu orientieren. Nachfrager auf dem Markt sollen an spezielle Vorschriften gebunden werden, um aufgrund ihrer Staatlichkeit bzw. spezifischen Staatsnähe bestehende **marktbezogene Sonderstellungen** auszugleichen.

59

Eine marktbezogene Sonderstellung kann grundsätzlich verneint werden, wenn die Einrichtung in einem entwickelten Wettbewerb zu anderen Marktteilnehmern steht. Der entwickelte Wettbewerb ist ein **Indiz** dafür, dass es sich nicht um eine im Allgemeininteresse liegende Aufgabe nichtgewerblicher Art handelt (EuGH vom 10.5.2001, C-233/99 und C-266/99 – „Ente Fiera" Rn. 38; EuGH vom 10.11.1998, C-360/96 – „Gemeente Arnhem" Rn. 49). Auf der anderen Seite schließt auch das Vorliegen eines entwickelten Wettbewerbs nicht aus, dass sich der Auftraggeber von anderen als wirtschaftlichen Entscheidungskriterien leiten lässt (Reidt/Stickler/Glahs/*Diehr*, Vergaberecht, § 98 Rn. 43). Entscheidend ist vielmehr, ob dem Marktteilnehmer eine risikolose Sonderstellung eingeräumt wird (VK Düsseldorf vom 16.5.2011, VK-12/2011).

60

Der EuGH grenzt teilweise die Nichtgewerblichkeit **negativ** ab. Er hält es für **„wenig wahrscheinlich"**, dass eine Einrichtung Aufgaben nichtgewerblicher Art erfüllt, wenn die folgenden drei Hauptmerkmale erfüllt sind (s. hierzu: EuGH vom 16.10.2003, C-283/00 – „Kommission ./. Königreich Spanien" Rn. 82; EuGH vom 22.5.2003, C-18/01 – „Korhonen" Rn. 51; ähnlich BayObLG vom 10.9.2002, Verg 23/02: „… dass die Tätigkeit nicht primär der Gewinnerzielung dient, sie nicht nachfragebezogen ausgeübt wird und nicht dem Wettbewerb ausgesetzt ist"):

61

– Tätigkeit erfolgt unter „normalen Marktbedingungen". Dazu können u.a. zählen:
  – das Anbieten von Waren oder Dienstleistungen auf dem Markt
  – die Nachfragebezogenheit des Angebots (s. hierzu auch *Dreher*, in: Immenga/Mestmäcker, Wettbewerbsrecht, Bd. 2, § 98 GWB Rn. 76)
  – die wettbewerbliche Preisgestaltung
  – das Fehlen von Wettbewerbsvorteilen durch spezifische Sonderstellungen, die sich aus der Staatsbezogenheit des Aufgabenträgers ergeben

- Vorliegen von Gewinnerzielungsabsicht
- Bestehen einer Verlusttragungspflicht. Diese würde beispielsweise dann fehlen, wenn der Staat im Falle eines Defizits die Kosten der Leistungserbringung übernehmen würde.

62 Letztlich wird die Frage, ob eine Einrichtung sämtlichen Marktmechanismen – zumindest potenziell – ausgesetzt ist, nicht abschließend abstrakt zu klären sein und damit auch immer eine **Einzelfalluntersuchung** erfordern. Der EuGH (vom 10.4.2008, C-393/06 – „Fernwärme Wien" Rn. 41) führt hierzu aus:

63 „Zur Klärung der Frage, ob die Aufgaben, die von der im Ausgangsverfahren in Rede stehenden Einrichtung erfüllt werden, nichtgewerblicher Art sind, (sind) alle erheblichen rechtlichen und tatsächlichen Gesichtspunkte wie etwa die Umstände, die zur Gründung der betreffenden Einrichtung geführt haben, und die Voraussetzungen, unter denen sie ihre Tätigkeit ausübt, zu berücksichtigen. Dabei ist insbesondere zu prüfen, ob die fragliche Einrichtung ihre Tätigkeit unter Wettbewerbsbedingungen ausübt."

IV. Überwiegende staatliche Finanzierung oder sonstige staatliche Beherrschung

64 Neben der Rechtspersönlichkeit und dem besonderen Gründungszweck ist als drittes Merkmal eines öffentlichen Auftraggebers nach Nr. 2 ein **spezifischer staatlicher Bezug** erforderlich. Dieser ist nach dem Wortlaut gegeben, wenn Stellen, die unter Nr. 1 oder 3 fallen, die betreffenden Einrichtungen überwiegend finanzieren, die Leitungsaufsicht ausüben oder die Mehrzahl der Organe der Einrichtung bestimmen. Nach dem Wortlaut der Vorschrift ist es somit auch möglich, dass verschiedene öffentliche Auftraggeber nach Nr. 1 oder 3 gemeinsam den entsprechenden Auftraggeber nach Nr. 2 finanzieren oder beherrschen.

1. Finanzierung

a) „Überwiegende" Finanzierung

65 Nach dem Wortlaut der Nr. 2 Satz 1 muss die juristische Person von öffentlichen Auftraggebern i.S.d. Nr. 1 bis 3 durch Beteiligung oder auf sonstige Weise „überwiegend" finanziert werden.

66 Nach Ansicht des EuGH ist auch der Begriff „Finanzierung durch den Staat" funktionell auszulegen (EuGH vom 13.12.2007, C-337/06 – „Rundfunkanstalten" Rn. 40).

67 Eine **überwiegende** Finanzierung ist unstreitig dann gegeben, wenn **mehr als die Hälfte** der Finanzmittel von den entsprechenden öffentlichen Auftraggebern stammt (EuGH vom 3.10.2000, C-380/98 – „University of Cambridge" Rn. 33).

b) Betrachtungszeitraum

68 Der relevante Betrachtungszeitraum ist das Wirtschaftsjahr, in dem der Auftraggeber den entsprechenden Auftrag vergeben möchte. Am Anfang des entsprechenden Wirtschaftsjahres muss somit anhand belastbarer und nachvollziehbarer Prognosen geprüft werden, ob eine überwiegende Finanzierung i.S.d. Nr. 2 gegeben ist. Aus Gründen der Rechtssicherheit gilt die Einschätzung dann für ein Jahr (*Ziekow*, VergabeR 2003, 483, 499), selbst wenn sich die Finanzierungsbeiträge im weiteren Verlauf signifikant verändern (EuGH vom 3.10.2000, C-380/98 – „University of Cambridge" Rn. 40 ff.). Somit ist eine nach der Auftragsvergabe erfolgte Veränderung der Einstufung als öffentlicher Auftraggeber aufgrund der veränderten Finanzierungslage möglich, hinsichtlich der rechtlichen Beurteilung der Ausschreibungspflichtigkeit von Verträgen in dem betreffenden Wirtschaftsjahr aber unerheblich. Sollte der Auftraggeber aufgrund seiner Prognosen zu dem Schluss kommen, dass er nicht überwiegend öffentlich finanziert wird, sollte er dies ausführlich und belastbar dokumentieren. Ansonsten läuft er im Falle der Nachprüfung einer sog. De-facto-Vergabe in ein mitunter unkalkulierbares Risiko, nicht zuletzt auch wegen der Nichtigkeitsfolge des § 101b GWB.

c) Finanzierungsart

Entscheidend für die Finanzierung ist die Bereitstellung von Finanzmitteln als solche. Dabei kommt es auf die Art der Finanzierung nicht an. Insbesondere ist nicht gefordert, dass die betreffende Einrichtung direkt vom Staat oder einer anderen staatlichen Stelle finanziert wird. Denn mit der Finanzierung, gleich in welcher Form, kann eine Abhängigkeit des Rechtsträgers von der finanzierenden Stelle begründet werden (vgl. BayObLG vom 10.9.2002, Verg 23/02). 69

Damit sind zunächst Geldzahlungen, z.B. in Form von verlorenen Zuschüssen oder auch von Zwangsbeiträgen (vgl. VK Bund vom 20.12.1999, VK 1-29/99), sowie die pekuniär messbare mittelbare Beteiligung, z.B. durch Aktien oder sonstige Wertpapiere (Byok/Jaeger/*Werner*, Vergaberecht, § 98 Rn. 64), erfasst. Darüber hinaus kann der Finanzierungsbeitrag auch in der Zurverfügungstellung von Personal und Liegenschaften liegen (OLG Düsseldorf vom 30.4.2003, Verg 67/02). Auch sonstige Beihilfen, wie z.B. staatliche Darlehen, die zu nicht marktgerechten Konditionen vergeben werden, können eine Finanzierung i.S.d. Nr. 2 sein (vgl. Reidt/Stickler/Glahs/*Stickler*, Vergaberecht, § 98 Rn. 53). 70

Ob die Finanzierung **mittelbar oder unmittelbar** erfolgt, ist unerheblich. Der EuGH hat beispielsweise eine mittelbare Finanzierung der öffentlich-rechtlichen Rundfunkanstalten (EuGH vom 13.12.2007, C-337/06 – „Rundfunkanstalten") oder der Krankenkassen (EuGH, Urt. v. 11.6.2009, C-300/07, Rn. 48 ff., 57 – „Oymanns") durch die staatliche Gebührenerhebung anerkannt. Dabei wird man allerdings nur dann von einer staatlichen Finanzierung ausgehen können, wenn die fragliche Gebühr/der Beitragssatz dem Grunde und der Höhe nach durch den Staat festgelegt wird oder wenn zumindest der Rahmen für die Gebührenhöhe staatlicherseits so eng beschrieben wird, dass die betreffende juristische Person nur noch einen sehr eingeschränkten Spielraum hat (OLG Düsseldorf vom 5.10.2011, VII-Verg 38/11). Dementsprechend reicht es für die Annahme einer staatlichen Finanzierung nicht aus, dass beispielsweise eine Ärztekammer befugt ist, Gebühren zu erheben, wenn die Höhe der zu erhebenden Beiträge und der Umfang der zu finanzierenden Leistungen nicht genau definiert sind (EuGH, Schlussanträge vom 30.1.2013, C-526/11 SchlussA). 71

d) Betrachtungsgegenstand

Die Finanzierung muss sich dabei auf die betreffende **Einrichtung** als solche beziehen und darf sich nicht auf ein spezielles Aufgabengebiet beschränken (VK Nordbayern vom 23.7.2009, 21.VK-3194-25/09). Entscheidend hierfür ist, ob die mitunter verschiedenen Finanzierungsbeiträge der Auftraggeber nach Nr. 1 oder 3 mit oder ohne spezifische Gegenleistung des in Frage stehenden Auftraggebers erbracht werden. Dies folgt aus dem funktionalen Auftraggeberbegriff: Die Einstufung als öffentlicher Auftraggeber soll deshalb erfolgen, weil die betreffende Einrichtung als solche durch den „Staat" finanziert wird und deshalb seiner „Sphäre" zuzurechnen ist (vgl. BayObLG vom 10.9.2002, Verg 23/02). 72

Dementsprechend sind „nur die Leistungen, die als Finanzhilfe **ohne spezifische Gegenleistung** die Tätigkeiten der betreffenden Einrichtung finanzieren oder unterstützen", im Sinne einer öffentlichen Finanzierung relevant (EuGH vom 3.10.2000, C-380/98 – „University of Cambridge" Rn. 21; OLG Düsseldorf vom 30.4.2003, Verg 67/02 stellt darauf ab, dass die Mittelbereitstellung „außerhalb des Leistungsaustauschs" erfolgt). Finanzierungsmittel, die aufgrund einer spezifischen Gegenleistung erbracht werden, d.h. bei denen die vertragliche Erbringung der Leistung von einer Gegenleistung abhängt, bleiben somit grundsätzlich außer Betracht (EuGH vom 3.10.2000, C-380/98 – „University of Cambridge" Rn. 23). Dementsprechend wurde beispielsweise die öffentliche Auftraggebereigenschaft des Bayerischen Roten Kreuzes abgelehnt, weil zwar die Erfüllung bestimmter Aufgaben (z.B. Rettungsdienst) zumindest teilweise finanziert werde, nicht aber die Organisation als solche (BayObLG vom 10.9.2002, Verg 23/02). 73

Ob eine Finanzierung mit oder ohne Gegenleistung vorliegt, kann im Einzelfall schwer abzugrenzen sein. 74

Ohne spezifische Gegenleistung ist eine Finanzierung dann, wenn beispielsweise ein Aufwendungs- oder Kostenersatz staatlicherseits für nicht anderweitig gedeckte Aufwendungen der Ein- 75 richtung bezahlt wird. Hierunter fallen beispielsweise auch **Forschungsfördermittel für Hochschulen** (EuGH vom 3.10.2000, C-380/98 – „University of Cambridge" Rn. 22 f.) oder **Rundfunkgebühren**, da diese unabhängig von der Nutzung der Rundfunkgeräte erhoben werden (EuGH vom 13.12.2007, C-337/06 – „Rundfunkanstalten" Rn. 45). Der EuGH sieht beispielsweise auch die **Krankenkassenbeiträge** als Zahlung ohne spezifische Gegenleistung an, weil sich die Höhe der Beiträge allein nach der Leistungsfähigkeit jedes Versicherten richte; andere Gesichtspunkte, wie etwa das Alter des Versicherten, sein Gesundheitszustand oder die Zahl der Mitversicherten, spielen hierbei keine Rolle (EuGH vom 11.6.2009, C-300/07 – „Krankenkassen" Rn. 53).

76 Demgegenüber liegt eine **spezifische Gegenleistung** vor, wenn die Leistung beispielsweise im Rahmen eines Auftrags erbracht wurde. Im Ergebnis kann sich ein Unternehmen gänzlich durch Aufträge der öffentlichen Hand „finanzieren". Solange dem eine entsprechende Gegenleistung gegenübersteht, wird es nicht selbst zum öffentlichen Auftraggeber (VK Bund vom 8.6.2006, VK 2-114/05). Dies ist beispielsweise bei Unternehmen der Fall, die ihre Leistungen ausschließlich gegenüber dem Staat erbringen (Rüstungsbereich, Autobahnbau etc.). Eine Ausnahme von dieser Betrachtung besteht dann, wenn in Umgehungsabsicht als Gegenleistung im Verhältnis zum öffentlichen Finanzierungsbeitrag eine wertmäßig weitaus geringere Leistung erbracht würde und so eine verdeckte Bezuschussung der Einrichtung vorläge (VK Stuttgart vom 10.8.2000, 1 VK 17/00).

e) Prüfungsreihenfolge

77 Die Prüfung, ob eine überwiegende Finanzierung in dem aufgezeigten Sinne vorliegt, erfolgt in drei Schritten (vgl. Reidt/Stickler/Glahs/*Diehr*, Vergaberecht, § 98 Rn. 51; *Zeiss*, in: jurisPK-VergabeR, § 98 GWB Rn. 83):

- Erster Schritt: Ermittlung sämtlicher Finanzmittel der Einrichtung, z.B. Eigenkapital, stille Beteiligungen, eingebrachte Sachmittel, Einnahmen aus gewerblicher Tätigkeit (EuGH vom 3.10.2000, C-380/98 – „University of Cambridge" Rn. 22 f.).
- Zweiter Schritt: Ermittlung derjenigen Finanzmittel, die ohne spezifische Gegenleistung von öffentlichen Auftraggebern nach Nr. 1 und 2 des § 98 an die betreffende Einrichtung gezahlt bzw. auf sonstige Weise erbracht wurden.
- Dritter Schritt: Abzug der im Rahmen des zweiten Schrittes ermittelten Finanzmittel von den Gesamtmitteln.

78 Liegt der nunmehr ermittelte Wert unter der Hälfte des Gesamtvolumens, liegt eine überwiegende öffentliche Finanzierung i.S.d. Nr. 2 vor. Eine weitergehende konkrete Einflussnahme ist neben der Finanzierung nicht nötig.

2. Beherrschung

79 Neben der öffentlichen Finanzierung greift Nr. 2 auch dann ein, wenn Stellen, die unter Nr. 1, 2 oder 3 fallen,
- über die Leitung des Auftraggebers die Aufsicht ausüben oder
- mehr als die Hälfte der Mitglieder eines ihrer zur Geschäftsführung oder zur Aufsicht berufenen Organe bestimmt haben.

a) Leitungsaufsicht

80 Hinsichtlich der vorstehend genannten ersten Alternative muss die **Aufsicht** eine Qualität erreicht haben, die hinsichtlich der Intensität der Verbindung mit der öffentlichen Hand, derjenigen der überwiegenden Finanzierung oder auch der Einsetzung der Leitungs- bzw. Aufsichtsorgane gleichkommt (EuGH vom 27.2.2003, C-373/00 – „Truley" Rn. 69). Dabei müssen sämtliche tatsächlichen Einflussmöglichkeiten des bzw. der öffentlichen Auftraggeber auf die betreffende Einrichtung geprüft werden. Im Einzelnen gilt:

81 **Prüfungsgegenstand** sind die tatsächlichen Einwirkungsmöglichkeiten auf die betreffende Einrichtung an sich und nicht auf die einzelnen von ihr übernommenen Aufgaben (BayObLG vom

10.9.2002, Verg 23/02). Ausreichend ist die Aufsichts- bzw. Einwirkungsmöglichkeit. Nicht erforderlich ist, dass diese auch tatsächlich ausgeübt wird bzw. wurde (*Ziekow*, VergabeR 2003, 483, 501). Dies gilt schon aus Gründen der Rechtssicherheit. Andernfalls würde die Einstufung als öffentlicher Auftraggeber davon abhängen, ob die Leitungsaufsicht aktuell ausgeübt wird oder nicht. Darüber hinaus würden Umgehungsmöglichkeiten eröffnet, wenn der aufsichtsausübende öffentliche Auftraggeber durch Untätigkeit oder schwer beweisbare Einflussnahmen die Einstufung der betreffenden Einrichtung als öffentlicher Auftraggeber verhindern könnte.

Prüfungsmaßstab ist dabei nach der in der Rechtsprechung und Literatur geläufigen Formel, ob die Aufsicht über die Leitung der betreffenden Einrichtung von öffentlichen Auftraggebern dazu genutzt werden kann, deren Geschäfte im Bereich der Vergabe öffentlicher Aufträge zu beeinflussen (vgl. EuGH vom 27.2.2003, C-373/00 – „Truley" Rn. 70; EuGH vom 1.2.2001, C-237/99 – „Kommission ./. Französische Republik" Rn. 48; OLG Düsseldorf vom 30.4.2003, Verg 67/02; BayObLG vom 10.9.2002, Verg 23/02). Nur wenn dies der Fall ist, ist eine vergaberechtliche Gleichsetzung der Einrichtung mit den sie kontrollierenden öffentlichen Auftraggebern gerechtfertigt. Entsprechend der deutschen Kategorisierung kann demnach die folgende **Faustformel** abgeleitet werden: 82

– Die **Finanzkontrolle durch die Rechnungshöfe** begründet keine Leitungsaufsicht bzw. vergaberechtliche Staatsgebundenheit. Die Rechnungshöfe kontrollieren zwar die Geschäftsführungspolitik einschließlich des Bereichs der Auftragsvergabe. Im System der Gewaltenteilung verfolgen sie aber keine eigenen politischen Interessen. Ihre Aufgabe ist es gerade, als neutraler Sachwalter darauf aufmerksam zu machen, wenn Aufträge politisch beeinflusst nach anderen als nach wirtschaftlichen Kriterien vergeben werden (VK Hamburg vom 25.7.2007, VK BSU 8/07; zustimmend Reidt/Stickler/Glahs/*Diehr*, Vergaberecht, § 98 Rn. 57).

– Eine **Rechtsaufsicht** ist keine Leitungsaufsicht i.S.d. Nr. 2, soweit sie lediglich eine nachprüfende Kontrolle der Geschäftstätigkeit erlaubt (EuGH vom 27.2.2003, C-373/00 – „Truley" Rn. 70; EuGH vom 1.2.2001, C-237/99 – „Kommission ./. Französische Republik" Rn. 55; OLG Düsseldorf vom 23.5.2007, VII-Verg 50/06). Die rein nachträgliche Kontrolle eröffnet keine Einflussmöglichkeiten auf die dann schon getroffenen vergaberelevanten Entscheidungen der Einrichtung durch die kontrollierenden öffentlichen Auftraggeber. Eine vergaberechtliche Gleichsetzung der Einrichtung mit den öffentlichen Auftraggebern ist somit nicht geboten.

– Wird die **Fachaufsicht** über eine Einrichtung durch öffentliche Auftraggeber ausgeübt, begründet dies unstreitig eine Leitungsaufsicht i.S.d. Nr. 2. Mit der Fachaufsicht kann in die laufenden Geschäfte der Einrichtung – auch in Bezug auf die Vergabe von Aufträgen – eingegriffen werden, wobei nicht nur Rechtmäßigkeitsgesichtspunkte sondern auch Zweckmäßigkeitserwägungen angestellt werden können (Byok/Jaeger/*Werner*, Vergaberecht, § 98 Rn. 76; *Zeiss*, in: jurisPK-VergabeR, § 98 GWB Rn. 93). Die öffentlichen Auftraggeber, die die Leitungsaufsicht ausüben, können somit Beschaffungsvorgänge der betreffenden Einrichtung beeinflussen, weshalb der Einrichtung selbst die Eigenschaft als öffentlicher Auftraggeber zukommt.

Der EuGH hat in seiner Rechtsprechung darüber hinausgehend Kriterien entwickelt, deren Kategorisierung nach Fach- und Rechtsaufsicht nicht hilfreich ist. Entscheidend für eine Beherrschung ist vielmehr, ob eine **laufende Kontrolle** durch den öffentlichen Auftraggeber stattfindet und im Bedarfsfall **Einwirkungsmöglichkeiten** auf die Geschäfte der betreffenden Einrichtung bestehen. So hat der EuGH entschieden, dass eine Beherrschung vorliegt, wenn die Rechtsaufsicht mit Eingriffs- und Einstandsrechten verbunden ist. In dem zu entscheidenden Fall ging es u.a. darum, dass der französische Wohnungsbauminister das Recht hatte, die Wohnungsbaugesellschaft aufzulösen, die Geschäfte auf einen Verwalter zu übertragen oder die Wohnungsgesellschaft anzuweisen, den Wohnungsbestand zu veräußern (EuGH vom 1.2.2001, C-237/99 – „Kommission ./. Französische Republik" Rn. 52). In der Rechtssache „Truley" hat der EuGH festgestellt, dass eine Aufsicht über die Leitung vorliegt, wenn 83

– zum einen die öffentliche Hand nicht nur die Jahresabschlüsse der betreffenden Einrichtung kontrolliert, sondern auch ihre laufende Verwaltung im Hinblick auf ihre ziffernmäßige Richtigkeit, Ordnungsmäßigkeit, Sparsamkeit, Wirtschaftlichkeit und Zweckmäßigkeit, und

– zum anderen die öffentliche Hand berechtigt ist, die Betriebsräume und Anlagen dieser Einrichtung zu besichtigen und über das Ergebnis dieser Prüfung einer Gebietskörperschaft zu berichten, die über eine andere Gesellschaft das Kapital der in Rede stehenden Einrichtung hält.

84 Die Aufsicht kommt demnach einer Beherrschung gleich, wenn sie sich nicht lediglich auf eine nachträgliche Rechtmäßigkeitskontrolle erstreckt, sondern eine **„aktive Kontrolle"** der laufenden Geschäfte vorgenommen werden kann (EuGH vom 27.2.2003, C-373/00 – „Truley" Rn. 73).

b) Bestimmung der Organbesetzung

85 Eine Beherrschung der betreffenden Einrichtung durch öffentliche Auftraggeber gemäß Nr. 1 oder 3 ist nach Nr. 2 auch dann gegeben, wenn diese mehr als die Hälfte der Mitglieder der zur Geschäftsführung oder zur Aufsicht berufenen Organe der Einrichtung bestimmt haben.

86 Die Regelung bezieht sich auf **gesetzliche** (z.B. Geschäftsführer, Vorstand, Aufsichtsrat) oder **gesellschaftsvertragliche** (z.B. Aufsichtsrat einer PPP) oder aufgrund anderer **vertraglicher Grundlage** institutionalisierte **Organe** (z.B. fachlicher Beirat) (vgl. VK Münster vom 24.6.2002, VK 3/0). Abzustellen ist jedoch nur auf diejenigen Organe, welche die Geschäftsführungstätigkeit der betreffenden Einrichtung tatsächlich bestimmen oder zumindest beeinflussen können (Reidt/Stickler/Glahs/*Diehr*, Vergaberecht, § 98 Rn. 62). Dies folgt schon aus dem Zweck der Vorschrift: Die betreffende Einrichtung soll an das Vergaberecht gebunden werden, weil öffentliche Auftraggeber durch die Organbestimmung die Möglichkeit haben, die Geschäftstätigkeit der Einrichtung in Bezug auf die Vergabe von Aufträgen zu beeinflussen (EuGH vom 1.2.2001, C-237/99 – „Kommission ./. Frankreich" Rn. 48). Diese Gefahr ist bei bloß beratenden Organen nicht gegeben.

87 Die Bestimmung der Organe durch die öffentlichen Auftraggeber muss **tatsächlich** erfolgt sein. Allein die Möglichkeit der Berufung genügt demnach nicht. Unerheblich ist, ob die Bestimmung der Organe in Übereinstimmung mit den gesetzlichen oder gesellschaftsvertraglichen Regelungen erfolgt ist.

88 Ebenso unerheblich ist es, ob die durch öffentliche Auftraggeber bestimmten Organe einem Weisungsrecht der öffentlichen Auftraggeber unterliegen, solche Weisungen erhalten oder deren Interessen verpflichtet sind (*Ziekow*, VergabeR 2003, 483, 502).

89 Grundsätzlich müssen **mehr als die Hälfte** der Organmitglieder durch öffentliche Auftraggeber nach Nr. 1 oder 3 der Vorschrift bestimmt worden sein. Eine Ausnahme besteht dann, wenn ein Aufsichtsrat der Mitbestimmung unterliegt. Dann ist die Bezugsgröße nicht der gesamte Aufsichtsrat, sondern nur die Summe derjenigen Aufsichtsratsmitglieder, die nicht durch die Arbeitnehmer bestellt werden (Reidt/Stickler/Glahs/*Diehr*, Vergaberecht, § 98 Rn. 62).

90 Für den regelmäßigen Fall, dass neben dem Aufsichtsorgan noch eine Geschäftsführung besteht, reicht es aus, wenn die öffentlichen Auftraggeber nach Nr. 1 oder 3 mehr als die Hälfte eines der beiden Organe bestimmt haben.

c) Konstellation der Nr. 2 Satz 2

91 Mit der umständlichen Formulierung der **Nr. 2 Satz 2** werden auch diejenigen Fälle erfasst, in denen ein öffentlicher Auftraggeber i.S.d. Nr. 2 Satz 1 bei einem anderen Auftraggeber die überwiegende Finanzierung gewährt oder die Mehrheit der Mitglieder eines Geschäftsführungs- oder Aufsichtsorgans bestimmt.

92 Der Wortlaut der Vorschrift erfasst die Variante der Ausübung der Leitung über die Aufsicht dieser Auftraggeber nicht. Nach einhelliger Auffassung ist die Vorschrift jedoch richtlinienkonform dahingehend auszulegen, dass auch diese Variante mit erfasst ist.

V. Einzelfälle der Entscheidungspraxis zu Nr. 2

1. Deutsche Bahn AG

Im Rahmen des Gesamtkonzerns nimmt die Deutsche Bahn AG seit dem 1.1.1999 lediglich noch die Funktion einer Holding wahr. Hinsichtlich der Einstufung als öffentlicher Auftraggeber ist nach der Spruchpraxis der Nachprüfungsinstanzen wie folgt zu differenzieren: 93

Die **DB Netz AG** betreibt das Schienennetz zur Versorgung der Öffentlichkeit und erfüllt somit eine im Allgemeininteresse liegende Aufgabe (Art. 87e Abs. 4 GG) nichtgewerblicher Art, die auch keinem Wettbewerb ausgesetzt ist. Sie ist öffentlicher Auftraggeber nach Nr. 2 (VK Bund vom 11.3.2004, VK 1-151/03; OLG Düsseldorf vom 30.11.2009, VII-Verg 41/09). 94

Die DB AG sowie die **übrigen Tochterunternehmen**, die zwar Verkehrsaktivitäten betreiben, dabei aber im Wettbewerb mit anderen Unternehmen stehen, sind dagegen als Sektorenauftraggeber nach Nr. 4 einzustufen (VK Bund vom 11.3.2004, VK 1-151/03; s. auch *Wieddekind*, in: Willenbruch/Wieddekind, Vergaberecht, § 98 Rn. 32). Dieses Ergebnis korrespondiert auch mit Anhang IV der Sektorenkoordinierungsrichtlinie. Dort sind für Deutschland aufgelistet: 95

– „Deutsche Bahn AG.
– Andere Unternehmen, die Schienenverkehrsleistungen für die Öffentlichkeit gemäß § 2 Absatz 1 des Allgemeinen Eisenbahngesetzes vom 27. Dezember 1993, zuletzt geändert am 21. Juni 2002, ausführen."

2. Gesetzliche Krankenkassen

Der EuGH hat mit Urteil vom 11.6.2009 (C-300/07) am Beispiel der AOK entschieden, dass die gesetzlichen Krankenkassen öffentliche Auftraggeber i.S.d. Art. 1 Abs. 9 UA 2 Buchst. c erster Fall der Vergabekoordinierungsrichtlinie sind (entspricht Nr. 2). 96

Der EuGH stellte darauf ab, dass die Krankenkassen durch Gesetz zu dem besonderen Zweck gegründet wurden, Aufgaben im Zusammenhang mit der Gesundheit der Bevölkerung zu erfüllen, die im Allgemeininteresse liegen. Weiterhin seien diese Aufgaben nichtgewerblicher Art, da die genannten Kassen ihre Leistungen nicht in Gewinnerzielungsabsicht erbringen (EuGH vom 11.6.2009, C-300/07, Rn. 49). Die überwiegende Finanzierung sei durch die Zahlung der Krankenkassenbeiträge gegeben. 97

Die Entscheidung des EuGH korrespondiert auch mit der Aufnahme der Krankenkassen in Anhang III der Vergabekoordinierungsrichtlinie (Entscheidung der Kommission vom 9.12.2008 zur Änderung der Anhänge der Vergaberichtlinien, ABl. 2008 L 349, 1, 91). Die Vergabekammer des Bundes ist dieser Entscheidung gefolgt (VK Bund vom 26.5.2009, VK 2-30/09). 98

Bis dahin war die Entscheidungspraxis zu der Frage, ob gesetzliche Krankenkassen öffentliche Auftraggeber i.S.d. Nr. 2 sind, uneinheitlich: 99

– Der Vergabesenat des BayObLG hat entschieden, dass die AOK Bayern keine öffentliche Auftraggeberin i.S.d. Nr. 2 sei (BayObLG vom 25.4.2004, Verg 6/04).
– Demgegenüber hat die VK Lüneburg (vom 21.9.2004, 203-VgK-42/2004) dem BayObLG explizit widersprochen und die gesetzlichen Krankenkassen als öffentliche Auftraggeber nach Nr. 2 eingestuft. Diese Ansicht wird von der Vergabekammer bei der Finanzbehörde Hamburg (VK Hamburg vom 21.4.2004, VgK FB 1/04) und der 1. Vergabekammer des Bundes (VK Bund vom 5.9.2001, VK 1-23/01) geteilt.

Streitentscheidende Tatbestandsvoraussetzung der Nr. 2 ist die Frage, ob die gesetzlichen Krankenkassen durch öffentliche Auftraggeber gemäß Nr. 1 oder 3 finanziert werden. Das BayObLG verneint dies mit dem Hinweis, dass die Finanzierung durch die Beiträge der Solidargemeinschaft und sonstige Einnahmen (vgl. § 220 Abs. 1 Satz 1 SGB V) erfolge und somit nicht durch Auftraggeber i.S.d. Nr. 1 oder 3 (BayObLG vom 25.4.2004, Verg 6/04). Diese Begründung war schon damals abzulehnen. Wie die VK Lüneburg zutreffend ausführt, berücksichtigt diese Ansicht nicht, dass es sich bei den gesetzlichen Krankenkassen nicht etwa um freiwillige Mitgliedsbeiträge, sondern um eine 100 durch Zwangsmitgliedschaft staatlich vorgeschriebene Finanzierung handelt. Innerhalb der Pflichtversicherungsgrenze hat der Versicherte zwar die Wahl zwischen mehreren Krankenkassen, er kann sich aber nicht der Krankenversicherung selbst und den damit verbundenen Pflichtbeiträgen entziehen (VK Lüneburg vom 21.9.2004, 203-VgK-42/2004). Folglich handelt es sich um eine staatlich abgesicherte Finanzierung der Krankenkassen, weshalb eine öffentliche Finanzierung „auf sonstige Weise" i.S.d. Nr. 2 gegeben ist (*Wieddekind*, in: Willenbruch/Wieddekind, Vergaberecht, § 98 Rn. 68).

101 Darüber hinaus lag es nahe, auch die bestehenden Aufsichtsbefugnisse über Krankenkassen als für eine Beherrschung i.S.d. Nr. 2 ausreichend anzusehen. Wie das BVerfG ausgeführt hat, ist den Krankenkassen eine Selbstverwaltung im Sinne eines Freiraums für eigenverantwortliches Handeln nur in außerordentlich bescheidenem Umfang eingeräumt. Die staatliche Regelungsdichte sei derart hoch, dass den Sozialversicherungsträgern eine eigenverantwortliche Gestaltung des Satzungs-, Organisations-, Beitrags- und Leistungsrechts weitgehend verwehrt ist (BVerfG vom 9.6.2004, 2 BvR 1248/03, 2 BvR 1249/03). Darüber hinaus besteht ein Selbsteintrittsrecht des Staates (§ 37 Abs. 1 Satz 1 SGB IV) sowie die Möglichkeit, die Krankenkassen bei dauerhafter Leistungsunfähigkeit zu schließen (§ 146a SGB V). Dies zusammengenommen legt die Annahme nahe, dass die vom EuGH in der Entscheidung „Truley" aufgestellten Voraussetzungen für eine Beherrschung vorliegen.

3. Landesversicherungsanstalten

102 Der Vergabesenat des BayObLG hat entschieden, dass die Landesversicherungsanstalt für Ober- und Mittelfranken öffentliche Auftraggeberin i.S.d. Nr. 2 ist (BayObLG vom 21.10.2004, Verg 17/04). Im Einzelnen:

– Die Landesversicherungsanstalt sei zu dem besonderen Zweck gegründet worden, im Allgemeininteresse liegende Aufgaben zu erfüllen. Dies ergebe sich aus § 9 SGB VI und § 33 SGB VI. Danach erbringt die Landesversicherungsanstalt als gesetzliche Rentenversicherung Leistungen zur medizinischen Rehabilitation, zur Teilhabe am Arbeitsleben und Rentenleistungen unterschiedlicher Ausprägung.

– Die Leistungserbringung sei auch nichtgewerblich. Als gesetzliche Rentenversicherung erbringe sie ihre Leistungen nicht in Gewinnerzielungsabsicht. Nach § 153 Abs. 1 SGB VI werden die Ausgaben eines Kalenderjahres durch die Einnahmen des gleichen Kalenderjahres und, soweit erforderlich, durch Entnahmen aus der Schwankungsreserve gedeckt. Damit gehe es lediglich um die Ausgabendeckung und nicht um die Gewinnerzielung. Darüber hinaus bestehe kein entwickelter Wettbewerb zwischen den Rentenversicherungsträgern.

– Schließlich sei die Landesversicherungsanstalt auch staatlich beherrscht: Ihr Selbstverwaltungsrecht sei eng begrenzt. Die grundsätzlichen Entscheidungen treffe der Staat. Nur im Rahmen der Ausführung der vorgegebenen finanziellen und rechtlichen Spielräume könne die Anstalt selbständig tätig werden. Dies ergebe sich aus einer Zusammenschau der Einzelregelungen, die dem Staat eine ständige beherrschende Stellung und Kontrolle ermöglichen.

4. Messegesellschaften

103 Umstritten ist, ob Messegesellschaften „öffentliche Auftraggeber" sind. Der EuGH hat dies in der Entscheidung Mailänder Messe „Ente Fierra" verneint (EuGH vom 10.5.2001, C-223/99 und C-266/99 – „Ente Fierra"). Nach dem Tenor der Entscheidung ist eine Einrichtung,

– deren Zweck in der Durchführung von Tätigkeiten besteht, die darauf gerichtet sind, Messeveranstaltungen, Ausstellungen und sonstige vergleichbare Vorhaben auszurichten,

– die keine Gewinnerzielungsabsicht verfolgt, deren Geschäftsführung aber an Leistungs-, Effizienz- und Wirtschaftlichkeitskriterien auszurichten ist, und

– die in einem wettbewerblich geprägten Umfeld tätig wird,

keine Einrichtung des öffentlichen Rechts i.S.d. Dienstleistungskoordinierungsrichtlinie (s. Art. 1 Buchst. b UA 2 der Richtlinie 92/50/EWG).

104 Dieses Ergebnis wird noch gestützt von einer „Erläuternden Mitteilung der Kommission", die den gewerblichen Charakter der Veranstaltung von Messen und Ausstellungen bestätigt (Erläuternde Mitteilung der Kommission über die Anwendung der Regeln des Binnenmarktes auf das Messe- und Ausstellungswesen, ABl. EG 1998 Nr. C 143/2).

105 Daraus wird man jedoch noch nicht *per se* folgern können, dass Messegesellschaften keine öffentlichen Auftraggeber sind. Vielmehr legt die genaue Prüfung, die der EuGH vorgenommen hat, bevor er die gewerbliche Tätigkeit bejaht hat, nahe, dass diese Prüfung in jedem **Einzelfall** vorzunehmen ist.

106 Hinsichtlich der einzelnen Prüfungsmerkmale der Nr. 2 wird man eine Tätigkeit **im Allgemeininteresse** im Regelfall bejahen können. Indem der Ausrichter solcher Veranstaltungen Hersteller und Händler an einem Ort zusammenbringt, handelt er nicht nur im besonderen Interesse dieser Personengruppen, denen damit ein Ort zur Förderung des Absatzes ihrer Erzeugnisse und Waren zur Verfügung gestellt wird, sondern er verschafft auch den Verbrauchern, die diese Veranstaltungen besuchen, Informationen, die es ihnen ermöglichen, ihre Wahl unter optimalen Bedingungen zu treffen. Der daraus resultierende Impuls für den Handel kann als „im Allgemeininteresse liegend" angesehen werden (EuGH vom 10.5.2001, C-223/99 und C-266/99 – „Ente Fierra" Rn. 34), Messebetreiber können auch unter den Begriff der Wirtschaftsförderungsgesellschaften des Anhangs III der Vergabekoordinierungsrichtlinie gefasst werden, was ebenfalls ein Indiz für deren Eigenschaft als öffentlicher Auftraggeber ist.

107 Streitentscheidend dürfte im Regelfall die Frage sein, ob die Tätigkeit **„nichtgewerblicher Art"** ist, was der EuGH in dem konkreten Fall mit den aufgezeigten Argumenten verneint hat. Zutreffend ist, dass Messegesellschaften untereinander konkurrieren und ihre Leistung damit in einem wettbewerblich geprägten Umfeld erbringen. Allerdings genügt dies für sich genommen noch nicht für die Annahme einer gewerblichen Aufgabe (Rn. 56 ff.). Der EuGH hat deshalb ergänzend darauf abgestellt, dass die Geschäftsführung laut Satzung ihre Tätigkeit an Leistungs-, Wirtschaftlichkeits- und Effizienzgesichtspunkten auszurichten hat. Zusätzlich stellte der EuGH darauf ab, dass von öffentlicher Seite in Bezug auf die **Mailänder Messe** kein Mechanismus besteht, der etwaige finanzielle Verluste ausgleicht, so dass die Gesellschaft selbst das wirtschaftliche Risiko tragen müsse. Dementsprechend dürfte anders zu urteilen sein, wenn – was nicht selten der Fall ist – die öffentliche Hand Ausgleichsregelungen für eventuelle Verluste des Messebetriebs vorsieht oder sonstige Finanzmittel zur Finanzierung der Messegesellschaft zuschießt.

108 Dementsprechend wurde die **Messe Berlin GmbH** als öffentlicher Auftraggeber angesehen (KG Berlin vom 27.7.2006, 2 Verg 5/06). Tragende Gründe hierfür waren, dass das Land Berlin
– dieses Unternehmen mit 99,7 % der Geschäftsanteile beherrscht,
– seine Existenz durch Zuwendungen beständig finanziert,
– um dadurch den Geschäftsbetrieb der Messegesellschaft unabhängig von der betriebswirtschaftlichen Rentabilität des Unternehmens sicherzustellen, und deshalb die Messe Berlin GmbH nicht das wirtschaftliche Risiko für ihre geschäftliche Betätigung trägt, so wie es ein von Privaten finanziertes Unternehmen zu tragen hätte, und
– das Land sich der Messe aus Gründen des Allgemeinwohls bedient.

109 Auch im Hinblick auf die Erbringung von Dienstleistungen im Zusammenhang mit der **Hamburger Messe** wurde die Eigenschaft als öffentlicher Auftraggeber i.S.d. Nr. 2 bejaht (OLG Hamburg vom 25.1.2007, 1 Verg 5/06).

5. Öffentlich-rechtliche Rundfunkanstalten

110 Nach einem Urteil des EuGH sind Rundfunkanstalten als öffentliche Auftraggeber i.S.d. Nr. 2 anzusehen. Insbesondere bejahte der EuGH die überwiegende Finanzierung durch den Staat aufgrund der Grundlage der Rundfunkgebühren (EuGH vom 13.12.2007, C-337/06 – „Rundfunkanstalten"). Für die überwiegende Finanzierung sei nicht entscheidend, dass damit keine Belastung der öffentlichen Haushalte einhergehe. Abzustellen sei vielmehr darauf, dass die Gebühr ihre Grundlage in ei-

nem staatlichen Akt – dem Rundfunkstaatsvertrag – habe und deren Höhe durch eine förmliche Entscheidung des Landesparlaments und der Landesregierung festgesetzt werde.

6. Rotes Kreuz

111 Der Vergabesenat des BayObLG hat entschieden, dass das Bayerische Rote Kreuz – zumindest zum Entscheidungszeitpunkt im Jahr 2002 – kein öffentlicher Auftraggeber i.S.d. Nr. 2 ist. Der Vergabesenat erkannte zwar, dass das Bayerische Rote Kreuz im Allgemeininteresse liegende Aufgaben nichtgewerblicher Art i.S.d. Nr. 2 wahrnimmt. Letztlich verneinte der Senat jedoch die Qualifizierung als öffentlicher Auftraggeber mit der Begründung, dass die Einrichtung nicht vollständig oder überwiegend durch eine der in Nr. 1 genannten Gebietskörperschaften finanziert werde (BayObLG vom 10.9.2002, Verg 23/02).

7. Sparkassen und Banken

112 Bislang war umstritten, ob Sparkassen und andere öffentlich-rechtliche Kreditinstitute als öffentliche Auftraggeber anzusehen sind.

113 Unzweifelhaft dürfte der Geschäftszweck der Sparkassen regelmäßig als im **Allgemeininteresse** liegend anzusehen sein. Beispielsweise definiert § 2 SpkG NRW den „Unternehmenszweck, öffentlicher Auftrag" der Sparkassen dahingehend, dass sie der geld- und kreditwirtschaftlichen Versorgung der Bevölkerung und der Wirtschaft, insbesondere des Geschäftsgebietes und ihres Gewährträgers dienen. Des Weiteren gehöre beispielsweise die Förderung des Sparsinns und der Vermögensbildung der Bevölkerung zu den Unternehmenszwecken. Darüber hinaus dienen die Sparkassen der Kreditversorgung des Mittelstandes sowie der wirtschaftlich schwächeren Bevölkerungskreise.

114 Umstritten war jedoch die Frage, ob die Sparkassen **gewerblich oder nichtgewerblich** tätig werden. Bislang wurde zumeist unter Hinweis auf die **Gewährträgerhaftung** und die Anstaltslast darauf verwiesen, dass die Sparkassen nichtgewerblich tätig seien (VK Münster vom 24.6.2002, VK 03/02; Amtlicher Leitsatz: „Westdeutsche Landesbank Girozentrale ist öffentlicher Auftraggeber im Sinne von § 98 Nr. 2 GWB, weil sie nicht nur nach Rentabilitätsgesichtspunkten geführt wird und weil ihre Funktionsfähigkeit durch die Gewährträgerhaftung sichergestellt ist"). Gemäß § 6 SpkG NRW a.F. haftete die Gemeinde oder der Gemeindeverband als Gewährträger unbeschränkt für die Verbindlichkeiten der Sparkasse. Damit müssten etwaige Defizite durch den Gewährträger ausgeglichen werden. Dementsprechend konnte man die Verlusttragungspflicht, die starkes Indiz für die Annahme einer nichtgewerblichen Tätigkeit ist, verneinen.

115 Die Gewährträgerhaftung wurde jedoch als Ergebnis der sog. **Brüsseler Verständigung** zum **18.7.2005** abgeschafft. Ab diesem Zeitpunkt müssen die Sparkassen die mit ihrer Tätigkeit verbundenen Risiken in vollem Umfang tragen. Zwar bestehen für Altverpflichtungen noch bestimmte Übergangsfristen, wobei die Gewährträgerhaftung in bestimmten Fällen fortbesteht. Dies stellt aber lediglich eine Besitzstandswahrung im Interesse des Gläubigerschutzes für Altgeschäfte dar. Sie führen aber nicht zu einer Übertragung der Verlusttragungspflicht für Geschäfte ab dem 18.7.2005. Insofern spricht viel dafür, die Sparkassen mit dem Wegfall der Gewährträgerhaftung nicht mehr als öffentliche Auftraggeber anzusehen (OLG Rostock vom 15.6.2005, 17 Verg 3/05; ebenso: Reidt/Stickler/Glahs/*Diehr*, Vergaberecht, § 98 Rn. 73).

116 Ein Sonderfall kann dann auftreten, wenn **private Banken** staatliche Zuwendungen auf der Grundlage des Finanzmarktstabilisierungsgesetzes erhalten haben. Die staatlichen Hilfsmaßnahmen waren dabei an Bedingungen gekoppelt, die u.a. Einflussmöglichkeiten des SoFFin (Sonderfonds Finanzmarktstabilisierung) auf diese Kreditinstitute vorsahen. Ob dies aber ausreichend ist, um diese als staatlich finanziert und beherrscht anzusehen, ist im Einzelfall zu entscheiden (ausf. hierzu *Wieddekind*, in: Willenbruch/Wieddekind, Vergaberecht, § 98 Rn. 53).

8. Wohnungsbaugesellschaften

Kommunale oder sonstige staatliche Wohnungsbaugesellschaften erfüllen **im Allgemeininteresse** liegende Aufgaben, soweit sie im Bereich des sozialen Wohnungsbaus tätig sind und damit auch die zur Wohnungsbauförderung erlassenen gesetzlichen Bestimmungen beachten müssen (KG Berlin vom 6.2.2003, 2 Verg 1/03; VK Schleswig-Holstein vom 3.11.2004, VK-SH 28/04). Die beiden zitierten Entscheidungen gehen aber explizit davon aus, dass sich die Gemeinwohlorientiertheit der Wohnungsbaugesellschaften zukünftig wandeln kann. 117

Die Erfüllung der Aufgabe ist auch **nichtgewerblich**, weil es sich bei der sozialen Wohnraumförderung um eine politische Aufgabe handelt, deren Erfüllung der Staat nicht vollständig dem freien Spiel der Marktkräfte überlässt, sondern auf deren Erfüllung er Einfluss behalten will, um eventuell auftretenden, politisch nicht mehr hinnehmbaren Missständen unabhängig von Gewinnmaximierungserwägungen gegensteuern zu können (KG Berlin vom 6.2.2003, 2 Verg 1/03). Dabei kommt es nicht darauf an, dass soziale Wohnraumförderung auch im Wettbewerb mit privat beherrschten Unternehmen stattfindet, welche ebenfalls staatliche Förderung in Anspruch nehmen. Denn deren Wettbewerbsteilnahme hängt ab von den Möglichkeiten, Gewinne zu erzielen. Dagegen kann sich ein von der öffentlichen Hand getragenes Unternehmen nicht durch rein wirtschaftliche Überlegungen der sozialen Wohnraumförderung entziehen (VK Berlin vom 2.6.2009, VK B 2 12/09). 118

Darüber hinaus sind im Allgemeininteresse tätige Wohnungsunternehmen auch in Anhang III der Vergabekoordinierungsrichtlinie aufgeführt, was ebenfalls ein Indiz dafür ist, dass diese als öffentliche Auftraggeber anzusehen sind. 119

Dagegen dürft es von dem konkreten Einzelfall abhängen, ob die entsprechende Wohnungsbaugesellschaft staatlichen Einflussmöglichkeiten ausgesetzt ist, so dass damit eine Klassifizierung als öffentlicher Auftraggeber i.S.d. Nr. 2 gerechtfertigt werden kann.

9. Weitere Einzelfälle

In folgenden Fällen wurde das Vorliegen eines öffentlichen Auftraggebers nach Nr. 2 bejaht. Zu beachten ist jedoch, dass die jeweiligen Besonderheiten des Einzelfalles einer Verallgemeinerung entgegenstehen können. 120

- Abfallentsorgungsunternehmen (EuGH vom 10.11.1998, C-360/96 – „BFI Holding"; VK Baden-Württemberg vom 18.3.2004, 1 VK 7/04)
- Absatzförderungsfond (VK Bund vom 20.12.1999, VK 1-29/99)
- Bau- und Liegenschaftsbetrieb NRW (OLG Düsseldorf vom 8.9.2004, VII-Verg 38/04)
- Bestattungswesen (EuGH vom 27.2.2003, C-373/00 – „Truley")
- Betreiber öffentlicher Bäder (VK Nordbayern vom 15.2.2002, 320.VK-3194-02/02)
- Kommunale Datenverarbeitungszentrale (OLG Celle vom 14.9.2006, 13 Verg 3/06)
- Deutsche Gesellschaft zum Bau und Betrieb von Endlagern für Abfallstoffe (OLG Düsseldorf vom 21.10.2009, VII-Verg 28/09 unter Hinweis auf OLG Düsseldorf vom 18.7.2007, VII-Verg 16/07)
- Deutsche Welle (VK Bund vom 3.4.2006, VK 2-14/06)
- Druckerei für amtliche Dokumente (EuGH vom 15.1.1998, C-44/96 – „Österreichische Staatsdruckerei")
- Förderbank des Landes Baden-Württemberg (VK Baden-Württemberg vom 6.6.2001, 1 VK 6/01)
- Großmarktbetreiber (OLG Bremen vom 22.10.2001, Verg 2/2001)
- Handwerkskammer (VK Nordbayern vom 23.1.2003, 320.VK-3194-47/02)
- Kläranlagenbetrieb (EuGH vom 12.12.2002, C-470/99 – „Universale Bau AG")
- Krankenhaus (zur regionalen medizinischen Schwerpunkt- und Unfallversorgung sowie als Akademisches Lehrkrankenhaus in der Rechtsform einer gemeinnützigen Gesellschaft mit beschränkter Haftung) (OLG Naumburg vom 17.2.2004, 1 Verg 15/03)

- Kurbetriebsgesellschaft mbH (VK Lüneburg vom 26.4.2007, VgK-16/2007)
- Landesversicherungsanstalt für Ober- und Mittelfranken (BayObLG vom 21.10.2004, Verg 17/04)
- LH Bundeswehr Bekleidungsgesellschaft mbH (LHBw) (OLG Düsseldorf vom 30.4.2003, Verg 67/02)
- Gesellschaft, die sich u.a. mit dem Melde- und Registrierwesen im Bereich der landwirtschaftlichen Nutztiere befasst (VK Schleswig-Holstein vom 12.2.2010, VK-SH 27/09)
- Messegesellschaften (VK Schleswig-Holstein vom 12.2.2010, VK-SH 27/09)
- Betreiber eines Parkleitsystems (VK Münster vom 17.7.2001, VK 14/01)
- Soziale Wohnungsunternehmen (VK Berlin vom 2.6.2009, VK B 2 12/09)
- Städtereinigung GmbH (OLG Dresden vom 9.3.2004, 20 U 1544/03)
- Sparkassen (OLG Dresden vom 9.3.2004, 20 U 1544/03)
- Tiefgaragenbetreiber (VK Münster vom 17.7.2001, VK 14/01)
- Universitätsklinikum (VK Düsseldorf vom 30.10.2006, VK-44/2006-B)
- Wasser- und Bodenverband i.S.d. Wasserverbandsgesetzes (VK Düsseldorf vom 19.4.2007, VK-10/2007-B)
- Wirtschaftsförderungsgesellschaft (VK Bremen vom 25.6.2003, VK 10/03).

VI. Exkurs: Öffentliche Auftraggeber und verbundene Unternehmen

121 Grundsätzlich gilt nach der Rechtsprechung des EuGH die Einstufung als öffentlicher Auftraggeber für die gesamte jeweilige Rechtsperson. Eine vergaberechtliche Aufteilung der Rechtsperson in diejenigen Teile, die die Voraussetzungen des öffentlichen Auftraggebers nach Nr. 2 erfüllen und deshalb an das Vergaberecht gebunden sind, und solche, die nicht an das Vergaberecht gebunden sind, ist somit nicht möglich. In der Praxis ist eine gewichtige Motivation für die Umstrukturierung von Gesellschaften die Frage, ob damit bestimmte Bereiche aus dem Zwang zur Anwendung des Vergaberechts entlassen werden können. Fraglich ist, ob und inwieweit die Eigenschaft als öffentlicher Auftraggeber auf etwaig verbundene Unternehmen ausstrahlt bzw. diese **„infiziert"**. Denkbar sind dabei drei Fälle:

- die Muttergesellschaft ist öffentlicher Auftraggeber;
- die Tochtergesellschaft ist öffentlicher Auftraggeber;
- die Schwestergesellschaft ist öffentlicher Auftraggeber.

1. Muttergesellschaft ist öffentlicher Auftraggeber

122 Früher wurde teilweise in der Literatur vertreten, dass Tochterunternehmen öffentlicher Auftraggeber grundsätzlich dem Vergaberecht unterfallen (Byok/Jaeger/*Werner*, Vergaberecht, 2. Aufl., § 98 Rn. 411 unter Verweis auf VÜA Bund vom 17.11.1998, 1 VÜ 15/98). Zur Begründung wird die enge Verbindung zwischen Mutter- und Tochterunternehmen angeführt. Die **Ausgründung** dürfe als „gesellschaftsrechtlicher Kunstgriff" nicht dazu führen, sich der Anwendung des Vergaberechts zu entziehen.

123 Dieser Ansicht wird nicht gefolgt. Der EuGH hat die Ausgründung einer gewerblich tätigen Gesellschaft ausdrücklich als rechtlich zulässige Möglichkeit angesehen (EuGH vom 15.1.1998, C-44/96 – „Österreichische Staatsdruckerei" Rn. 38 ff.). Weder die Vergabekoordinierungsrichtlinie noch die Formulierung des § 98 lassen erkennen, dass es neben der Erfüllung der jeweiligen Tatbestandsmerkmale eine Zurechnung bzw. Infizierung mit der Eigenschaft des öffentlichen Auftraggebers über die Grenzen der jeweiligen juristischen Person hinaus geben soll. Im Gegenteil: Das Abstellen auf die eigene Rechtspersönlichkeit in § 98 sowie in der Rechtsprechung des EuGH (vom 16.10.2003, C-283/00 – „Kommission ./. Königreich Spanien" Rn. 69) ist ein Indiz dafür, dass für jede Rechtspersönlichkeit einzeln die Voraussetzungen des öffentlichen Auftraggebers geprüft und vorliegen müssen.

Nach der Rechtsprechung des EuGH genügt der Umstand nicht, „daß ein Unternehmen, das zu einer Gruppe oder zu einem Konzern gehört, eine Einrichtung des öffentlichen Rechts ist, ... um alle Konzernunternehmen als öffentliche Auftraggeber anzusehen (EuGH vom 10.11.1998, C- 360/96 – „Arnheem" Rn. 57). Damit wird die Anwendung des Vergaberechts auch nicht umgangen. Sinn des Vergaberechts ist es nicht, Marktteilnehmer möglichst umfassend, sondern nur bei Vorliegen einer staatlich begründeten Sonderstellung an das Vergaberecht zu binden. Die Fälle, in denen diese Sonderstellung unterstellt wird, sind in § 98 aufgezählt. In Bezug auf Tochterunternehmen dürfte in der Praxis vor allem die Frage bedeutsam sein, ob diese durch das Mutterunternehmen i.S.d. Nr. 2 beherrscht werden. Ist dies nicht der Fall, kann auch eine „Mutter-Tochter-Beziehung" dieses Tatbestandsmerkmal nicht ersetzen. Allein die Eigenschaft als Tochterunternehmen eines öffentlichen Auftraggebers macht dieses somit nicht selbst zum öffentlichen Auftraggeber (*Ziekow*, NZBau 2004, 181, 185).

2. Tochtergesellschaft ist öffentlicher Auftraggeber

Verwirklicht die Tochtergesellschaft die Tatbestandsmerkmale des öffentlichen Auftraggeberbegriffs, zeitigt dies für sich genommen ebenfalls keine Auswirkungen auf die vergaberechtliche Stellung der Muttergesellschaft. Dies folgt aus dem Grundsatz, dass die Eigenschaft des öffentlichen Auftraggebers bei jeder Rechtspersönlichkeit separat vorliegen muss. Jenseits der Tatbestandsmerkmale des § 98 wäre hierfür nur Raum, wenn eine Umgehung des Vergaberechts durch die Umstrukturierung vorläge. Dies ist jedoch nicht der Fall: Entledigt sich die Muttergesellschaft bestimmter Aufgabenbereiche, die ihre Eigenschaft als öffentlicher Auftraggeber begründet haben, und verlagert diese auf die Tochter, begründet dies – bei Vorliegen der übrigen Voraussetzungen – die Eigenschaft als öffentlicher Auftraggeber bei der Tochter. Es ist somit ausreichend gesichert, dass die vergaberechtlich relevanten Aufträge entsprechend den vergaberechtlichen Bestimmungen vergeben werden. Ein Interesse, darüber hinaus die Mutter aufgrund der gesellschaftsrechtlichen Verbindungen an das Vergaberecht zu binden, besteht nicht.

3. Schwestergesellschaft ist öffentlicher Auftraggeber

Ist die Schwestergesellschaft öffentlicher Auftraggeber, kann dies der verbundenen Gesellschaft ebenfalls nicht zugerechnet werden, wie sich aus dem vorstehend aufgezeigten Grundsatz der Einzelprüfung der betreffenden Rechtsperson ergibt.

E. Verbände, deren Mitglieder unter Nr. 1 oder 2 fallen (Nr. 3)

Nach Nr. 3 sind auch Verbände öffentliche Auftraggeber, deren Mitglieder unter Nr. 1 oder 2 fallen. Der praktisch bedeutsamste Anwendungsfall dürfte im Bereich der kommunalen Zweckverbände (z.B. Müllentsorgung), darüber hinaus aber auch bei Kommunal-, Schul- oder Planungsverbänden sowie bei Arbeitgeberverbänden oder Gewerkschaften liegen.

Ein weiterer Anwendungsfall liegt in der **gemeinsamen Beschaffung** mehrerer Auftraggeber nach Nr. 1 und 2. Vergeben beispielsweise Bund und Länder gemeinsam einen Auftrag, so handeln diese als Verband (OLG Brandenburg vom 3.8.1999, 6 Verg 1/99).

Ob die Verbände eine öffentlich-rechtliche oder eine privatrechtliche Rechtsform haben, spielt keine Rolle (*Dreher*, in: Immenga/Mestmäcker, Wettbewerbsrecht, Bd. 2, § 98 GWB Rn. 156).

Sollten diese Verbände rechtlich selbständige Rechtssubjekte sein, werden sie oftmals selbst die Tatbestandsvoraussetzungen der Nr. 2 erfüllen; diese Norm gilt vorrangig. **Nr. 3** stellt lediglich einen **Auffangtatbestand** dar, der eingreift, wenn die Verbände nicht eigene Auftraggeberqualität haben (VK Düsseldorf vom 18.4.2002, VK 5/2002).

F. Sektorenauftraggeber (Nr. 4)

I. Grundsätzliches

131 Durch Nr. 4 werden auch die sog. **Sektorenauftraggeber** vom Begriff des öffentlichen Auftraggebers erfasst und somit den Vergaberegeln unterworfen. Nach Nr. 4 sind tatbestandliche Voraussetzungen:

- Es muss sich um eine natürliche oder juristische Personen des privaten Rechts handeln.
- Diese muss auf dem Gebiet der
    - Trinkwasserversorgung oder
    - Energieversorgung oder
    - des Verkehrs

    tätig sein.
- Schließlich
    - muss sie die vorgenannte Tätigkeit entweder auf der Grundlage von besonderen oder ausschließlichen Rechten ausüben, die von einer zuständigen Behörde gewährt wurden, oder
    - müssen Auftraggeber, die unter Nr. 1 bis 3 fallen, auf diese Personen einzeln oder gemeinsam einen beherrschenden Einfluss ausüben können.

132 Als Grund für die Bindung der Sektorenauftraggeber an das europäische Vergaberegime führen die Erwägungsgründe 2 und 3 der Sektorenkoordinierungsrichtlinie (Richtlinie 2004/17/EG) zunächst die Vielzahl von Möglichkeiten an, über die einzelstaatliche Behörden verfügen, um das Verhalten der Auftraggeber zu beeinflussen, so u.a. durch die Beteiligung an deren Kapital und die Vertretung in deren Verwaltungs-, Geschäftsführungs- oder Aufsichtsorganen (Erwägungsgrund 2). Ein weiterer wichtiger Grund sei die Abschottung der entsprechenden Märkte, was darauf zurückzuführen sei, dass die Mitgliedstaaten für die Versorgung, die Bereitstellung oder das Betreiben von Netzen, mit denen die betreffenden Dienstleistungen erbracht werden, besondere oder ausschließliche Rechte gewähren (Erwägungsgrund 3).

133 Entscheidend kommt es somit auf die **Gewährung der ausschließlichen Rechte** bzw. die Möglichkeit der Ausübung eines **beherrschenden Einflusses** durch öffentliche Auftraggeber an. Insbesondere im Hinblick auf die erste Alternative ist dies im Vergleich zu den öffentlichen Auftraggebern nach Nr. 1 bis 3 bemerkenswert, da auch Unternehmen dem Vergaberegime unterworfen werden, die bis auf die Einräumung der Rechte von der öffentlichen Hand unabhängig sind.

134 Mit dem Gesetz zur Modernisierung des Vergaberechts vom 20.4.2009 (BGBl. I S. 790) wurde der Begriff **„Telekommunikation"** aus dem Katalog der Sektorenauftraggeber gestrichen. Der Gesetzgeber begründete dies mit der erreichten Liberalisierung im Telekommunikationsbereich (BT-Drucks. 16/10117, S. 17; s. auch Erwägungsgrund 5 der Sektorenkoordinierungsrichtlinie).

135 Laut Gesetzesbegründung wurde ausdrücklich von der Möglichkeit, **Postdienste** als Sektorentätigkeit aufzunehmen, kein Gebrauch gemacht. Begründet wurde dies mit dem erreichten Liberalisierungsstand im Postbereich (BT-Drucks. 16/10117, S. 17).

II. Natürliche oder juristische Personen des privaten Rechts

136 Nach dem Wortlaut der Nr. 4 wird zunächst vorausgesetzt, dass es sich bei dem jeweiligen Sektorenauftraggeber um eine natürliche oder juristische Person des öffentlichen Rechts handelt. Durch diese Formulierung wird – anders als in Nr. 2 – klargestellt, dass auch natürliche Personen und damit auch Gesamthandsgemeinschaften wie die KG oder die GmbH & Co. KG erfasst sind. Auf eine Teilrechtsfähigkeit von Personenzusammenschlüssen kommt es im Anwendungsbereich der Sektorenkoordinierungsrichtlinie nicht an (Kulartz/Kus/Portz/*Eschenbruch*, GWB-Vergaberecht, § 98 GWB Rn. 270); ansonsten kann auf die Ausführung bei Nr. 2 verwiesen werden (Rn. 35).

Nach Art. 2 Abs. 2 der Sektorenkoordinierungsrichtlinie gilt die Richtlinie für öffentliche Auftraggeber oder öffentliche Unternehmen. Wenn sie keine öffentlichen Auftraggeber oder keine öffentlichen Unternehmen sind, aber eine der benannten Sektorentätigkeit auf der Grundlage von besonderen oder ausschließlichen Rechten ausüben, die von einer zuständigen Behörde eines Mitgliedstaates gewährt wurden, findet die Richtlinie ebenfalls Anwendung. Nach der Sektorenkoordinierungsrichtlinie werden somit auch öffentliche Auftraggeber von ihrem Anwendungsbereich erfasst. Das in Nr. 4 enthaltene Tatbestandsmerkmal **„des privaten Rechts"** kann somit bei richtlinienkonformer Auslegung kein Ausschlusskriterium sein (Kulartz/Kus/Portz/*Eschenbruch*, GWB-Vergaberecht, § 98 GWB Rn. 267). Dies korrespondiert auch mit dem Anwendungsbereich nach § 1 SektVO. Hiernach gilt die SektVO für Auftraggeber nach Nr. 1 bis 4.

III. Sektorentätigkeiten

1. Grundsätzliches

Grundlegende Voraussetzung der Sektorenauftraggeber ist, dass eine entsprechende **Sektorentätigkeit** ausgeübt wird.

Zur Präzisierung der Tätigkeiten auf dem Gebiet der Trinkwasser- oder Energieversorgung oder des Verkehrs wurden im Rahmen des Gesetzes zur Modernisierung des Vergaberechts 2009 die einzelnen Tätigkeiten in einer **Anlage zu § 98 Nr. 4 GWB** aufgeführt; früher erfolgte dies in dem mittlerweile aufgehobenen § 8 VgV (a.F.). Das bedeutet nicht, dass die Sektorentätigkeiten allein auf Nr. 4 beschränkt sind; auch die Nr. 1 bis 3 können Sektorentätigkeiten umfassen. Die Nr. 4 erwähnt lediglich ausdrücklich die Sektorentätigkeiten (BT-Drucks. 16/10117, S. 17).

Der **Katalog** der in Nr. 4 aufgezählten Sektoren ist **abschließend**. Daher ist eine Ausweitung auf andere Sektoren, die ähnlich monopolistisch strukturiert sind, nicht möglich (*Zeiss*, in: jurisPK-VergabeR, § 98 GWB Rn. 143 – unter ausdrücklicher Nennung der Duale System Deutschland AG oder der Toll Collect GmbH).

2. Trinkwasserversorgung

Nach **Nr. 1 Hs. 1** der Anlage zu § 98 Nr. 4 GWB gehört zu einer Tätigkeit auf dem Gebiet der Trinkwasserversorgung das **Bereitstellen und Betreiben fester Netze** zur **Versorgung der Allgemeinheit** im Zusammenhang mit der **Gewinnung**, dem **Transport** oder der **Verteilung von Trinkwasser** sowie die Versorgung dieser Netze mit Trinkwasser.

Die Bestimmung stellt somit wesentlich auf den **Betrieb des Netzes** ab. Damit kommt es auf das Eigentum an dem Netz nicht an. Erfasst werden somit auch Betreiber, die das Eigentum an dem Netz veräußert und dann beispielsweise im Rahmen eines Cross-Border-Leasings zurückgemietet haben. Auf der anderen Seite fällt die bloße Vermietung eines Leistungsnetzes nicht unter den Begriff der Bereitstellung oder des Betriebs fester Netze für die Allgemeinheit. Ausschlaggebend hierfür ist, dass der Vermieter das Netz einer Gesellschaft zur Nutzung vermietet und er es damit nicht zur Versorgung der Allgemeinheit zur Verfügung stellt (Kulartz/Kus/Portz/*Eschenbruch*, GWB-Vergaberecht, § 98 GWB Rn. 278).

Das Kriterium **„zur Versorgung der Allgemeinheit"** grenzt diejenigen Fälle aus, in denen das Trinkwasser lediglich einem beschränkten Kreis von Nutzern zur Verfügung gestellt wird (z.B. Bäderbetrieb oder Getränkeproduktion).

„Feste Netze" im Sinne der Vorschrift sind Einrichtungen, die mit dem Erdboden fest verbunden sind. Ob diese Leitungen über- oder unterirdisch geführt werden, ist unbeachtlich (*Zeiss*, in: jurisPK-VergabeR, § 8 VgV Rn. 8).

Nr. 1 Hs. 2 der Anlage zu § 98 Nr. 4 GWB erfasst auch die **Ableitung und Klärung von Abwässern** oder **Wasserbauvorhaben** sowie Vorhaben auf dem Gebiet der **Bewässerung** und der **Entwässerung**. Der Begriff „Ableitung und Klärung von Abwässern" erfasst nicht die allgemeine Abwasseraufbereitung. Aufgrund des Zusammenhangs mit der Trinkwasserversorgung ist vielmehr lediglich die Behandlung eigener Abwässer zum Zwecke der Trinkwasseraufbereitung gemeint

(Müller-Wrede/*Diehl*, GWB-Vergaberecht, § 98 GWB Rn. 141 m.w.N.). Unter den Begriff der Wasserbauvorhaben fällt beispielsweise der Bau von Stauseen, Talsperren und Rückhaltebecken. Mit den Vorhaben auf dem Gebiet der Be- und Entwässerung wird vor allem die Nutzbarmachung des Bodens zur landwirtschaftlichen Nutzung oder zum Zwecke des Tagebaus erfasst.

146 Zusätzlich zur Wahrnehmung einer der vorgenannten Tätigkeiten müssen aber zwei weitere Voraussetzungen vorliegen: Zum einen muss diese Tätigkeit mit der Trinkwasserversorgung **„im Zusammenhang"** stehen. Die isolierte Wahrnehmung einer der vorgenannten Aufgaben ohne gleichzeitige Verbindung mit der Trinkwasserversorgung, z.B. durch eine eigens dafür gegründete bzw. abgespaltene Gesellschaft, unterfällt somit nicht dem Begriff der Trinkwasserversorgung. Zum anderen muss die zur Trinkwasserversorgung bestimmte Wassermenge mehr als **20 Prozent** der mit dem Vorhaben oder den Bewässerungs- oder Entwässerungsanlagen zur Verfügung gestellten Gesamtwassermenge ausmachen.

147 Bei Auftraggebern nach § 98 Nr. 4 GWB ist es keine Tätigkeit der Trinkwasserversorgung, sofern die Gewinnung von Trinkwasser für die Ausübung einer anderen Tätigkeit als der Trinkwasser- oder Energieversorgung oder des Verkehrs erforderlich ist, die Lieferung an das öffentliche Netz nur vom Eigenverbrauch des Auftraggebers nach Nr. 4 abhängt und unter Zugrundelegung des Mittels der letzten drei Jahre einschließlich des laufenden Jahres nicht mehr als 30 Prozent der gesamten Trinkwassergewinnung des Auftraggebers nach Nr. 4 ausmacht (**Nr. 1 Hs. 3** der Anlage zu § 98 Nr. 4 GWB).

148 Ein wichtiger Anhaltspunkt, ob es sich um einen Sektorenauftraggeber im Bereich der Trinkwasserversorgung handelt, ist die Nennung in dem **Auftraggeberverzeichnis** nach Art. 8 der Sektorenkoordinierungsrichtlinie. Zu beachten ist, dass die Aufzählung nicht abschließend ist und sie keine konstitutive Wirkung entfaltet.

149 Für Deutschland sind in Anhang III der Sektorenkoordinierungsrichtlinie folgende **Auftraggeber** auf dem Gebiet der Trinkwasserversorgung benannt:
 – Stellen, die gemäß den Eigenbetriebsverordnungen oder -gesetzen der Länder Wasser gewinnen oder verteilen (Kommunale Eigenbetriebe);
 – Stellen, die gemäß den Gesetzen über die Kommunale Gemeinschaftsarbeit oder Zusammenarbeit der Länder Wasser gewinnen oder verteilen;
 – Stellen, die gemäß dem Gesetz über Wasser- und Bodenverbände vom 12. Februar 1991, zuletzt geändert am 15. Mai 2002, Wasser gewinnen;
 – Regiebetriebe, die aufgrund der Kommunalgesetze, insbesondere der Gemeindeverordnungen der Länder, Wasser gewinnen oder verteilen;
 – Unternehmen nach dem Aktiengesetz vom 6. September 1965, zuletzt geändert am 19. Juli 2002, oder dem GmbH-Gesetz vom 20. April 1892, zuletzt geändert am 19. Juli 2002, oder mit der Rechtsstellung einer Kommanditgesellschaft, die aufgrund eines besonderen Vertrages mit regionalen oder lokalen Behörden Wasser gewinnen oder verteilen.

150 Selbst wenn die Auftraggebereigenschaft im Bereich der Trinkwasserversorgung zu bejahen ist, ist selbstverständlich weiter zu prüfen, ob ein **Ausnahmetatbestand i.S.d. § 100 Abs. 2 GWB** vorliegt. Im Bereich der Trinkwasserversorgung könnten insbesondere die Tatbestände der Buchst. f sowie der Buchst. o bis s betroffen sein.

3. Elektrizitäts- und Gasversorgung

151 Die Definition der Tätigkeiten auf dem Gebiet der Elektrizitäts- und Gasversorgung gleicht der der Trinkwasserversorgung, weshalb hinsichtlich der einzelnen Merkmale auf die dortigen Ausführungen verwiesen wird (Rn. 141 ff.).

152 Nach **Nr. 2 Hs. 1** der Anlage zu § 98 Nr. 4 GWB gehört zu einer Tätigkeit im Bereich der Elektrizitäts- und Gasversorgung das **Bereitstellen und Betreiben fester Netze** zur **Versorgung der Allge-**

meinheit im Zusammenhang mit der **Erzeugung**, dem **Transport** oder der **Verteilung von Strom** oder der **Gewinnung von Gas** sowie die **Versorgung dieser Netze mit Strom oder Gas**.

Nr. 2 Hs. 2 der Anlage zu § 98 Nr. 4 GWB enthält wieder eine Einschränkung. Demnach gilt die Tätigkeit von Auftraggebern nach § 98 Nr. 4 GWB nicht als eine Tätigkeit der Elektrizitäts- und Gasversorgung, sofern die Erzeugung von Strom oder Gas für die Ausübung einer anderen Tätigkeit als der Trinkwasser- oder Energieversorgung oder des Verkehrs erforderlich ist, die Lieferung von Strom oder Gas an das öffentliche Netz nur vom Eigenverbrauch abhängt, bei der Lieferung von Gas auch nur darauf abzielt, diese Erzeugung wirtschaftlich zu nutzen. Weitere Voraussetzung ist jedoch, dass unter Zugrundelegung des Mittels der letzten drei Jahre einschließlich des laufenden Jahres bei der Lieferung von Strom nicht mehr als **30 Prozent der gesamten Energieerzeugung** des Auftraggebers nach § 98 Nr. 4 GWB ausmacht, bei der Lieferung von Gas nicht mehr als **20 Prozent des Umsatzes** des Auftraggebers nach § 98 Nr. 4 GWB.

153

Das Auftraggeberverzeichnis nach Anhang II der Sektorenkoordinierungsrichtlinie zählt für den Bereich der Auftraggeber in den Sektoren **Erzeugung, Fortleitung oder Abgabe von Elektrizität** für Deutschland auf:

154

„Gebietskörperschaften, Einrichtungen des öffentlichen Rechts oder deren Verbände oder staatlich beherrschte Unternehmen, die andere mit Elektrizität versorgen oder ein Netz für die allgemeine Versorgung betreiben, gemäß § 2 Absatz 3 des Gesetzes über die Elektrizitäts- und Gasversorgung (Energiewirtschaftsgesetz) vom 24. April 1998, zuletzt geändert am 10. November 2001."

Anhang I der Sektorenkoordinierungsrichtlinie benennt als Auftraggeber in den Sektoren **Fortleitung oder Abgabe von Gas und Wärme** für Deutschland:

155

„Gebietskörperschaften, Einrichtungen des öffentlichen Rechts oder deren Verbände oder staatlich beherrschte Unternehmen, die andere mit Gas oder Wärme versorgen oder ein Netz für die allgemeine Versorgung betreiben, gemäß § 2 Absatz 3 des Gesetzes über die Elektrizitäts- und Gasversorgung (Energiewirtschaftsgesetz) vom 24. April 1998, zuletzt geändert am 10. November 2001."

4. Wärmeversorgung

Auch die Definition der Tätigkeiten auf dem Gebiet der Wärmeversorgung gleicht strukturell der Definition der Trinkwasserversorgung, weshalb hinsichtlich der einzelnen Merkmale auf die dortigen Ausführungen verwiesen wird (Rn. 141 ff.).

156

Nach **Nr. 3 Hs. 1** der Anlage zu § 98 Nr. 4 GWB ist der Grundtatbestand das **Bereitstellen** und **Betreiben fester Netze** zur **Versorgung der Allgemeinheit** im Zusammenhang mit der **Erzeugung**, dem **Transport** oder der **Verteilung von Wärme** sowie die **Versorgung dieser Netze mit Wärme**.

157

Entsprechend der Grundstruktur der vorstehenden Definitionen liegt keine Tätigkeit der Wärmeversorgung vor, sofern die Erzeugung von Wärme durch Auftraggeber nach § 98 Nr. 4 GWB sich **zwangsläufig aus der Ausübung einer anderen Tätigkeit** als auf dem Gebiet der Trinkwasser- oder Energieversorgung oder des Verkehrs ergibt und die Lieferung an das öffentliche Netz nur darauf abzielt, diese **Erzeugung wirtschaftlich zu nutzen**. Dies gilt jedoch nur, wenn diese Wärmeerzeugung unter Zugrundelegung des Mittels der letzten drei Jahre einschließlich des laufenden Jahres nicht mehr als **20 Prozent des Umsatzes** des Auftraggebers nach § 98 Nr. 4 GWB ausmacht (**Nr. 3 Hs. 2** der Anlage zu § 98 Nr. 4 GWB).

158

Die Anlage I, in der die Auftraggeber in den Sektoren **Fortleitung oder Abgabe von Gas und Wärme** für Deutschland benannt sind, wurde oben zitiert (Rn. 155).

159

5. Verkehr

160 Die Definition der Verkehrstätigkeiten in **Nr. 4** der Anlage zu § 98 Nr. 4 GWB unterscheidet grundsätzlich drei Arten, nämlich Flughäfen, Häfen sowie Schienen- und Busverkehr.

a) Flughäfen

161 In der Anlage zu § 98 Nr. 4 GWB ist der Bereich der **Flughäfen** wie folgt definiert:

„Die Bereitstellung und der Betrieb von Flughäfen zum Zwecke der Versorgung von Beförderungsunternehmen im Luftverkehr durch Flughafenunternehmen, die insbesondere eine Genehmigung nach § 38 Abs. 2 Nr. 1 der Luftverkehrs-Zulassungs-Ordnung in der Fassung der Bekanntmachung vom 10. Juli 2008 (BGBl. I S. 1229) erhalten haben oder einer solchen bedürfen;"

162 Die Verweisung auf § 38 LuftVZO ist in mehrfacher Hinsicht problematisch. Zunächst sind von dieser Genehmigung ausschließlich inländische Verkehrsflughäfen erfasst. Auch Anhang X der Sektorenkoordinierungsrichtlinie erfasst für Deutschland lediglich „Flughäfen im Sinne des § 38 Absatz 2 Nr. 1 der Luftverkehrs-Zulassungs-Ordnung vom 19. Juni 1964, zuletzt geändert am 21. August 2002". Wie die Verwendung des Begriffes „insbesondere" im Gesetzestext verdeutlicht, ist der Anwendungsbereich aber nicht darauf begrenzt. In Übereinstimmung mit der Definition in Art. 7 der Sektorenkoordinierungsrichtlinie sind sämtliche Tätigkeiten zur Nutzung eines geografisch abgegrenzten Gebietes zum Zwecke der Bereitstellung von Flughäfen für Beförderungsunternehmen im Luftverkehr erfasst.

163 Weiterhin ist zu berücksichtigen, dass pro Verkehrsflughafen lediglich eine Genehmigung nach § 38 LuftVZO erteilt wird. Wird der Flughafenbetrieb aufgespalten, kann der Betrieb von Flughafeninfrastruktureinrichtungen Dritten übertragen werden, die selbst nicht Inhaber der Genehmigung nach § 38 LuftVZO sind. Damit würde sich die Anwendung des Vergaberechts für die entsprechende Tätigkeit nach der jeweiligen Organisationsform richten. Ausgehend von der Regelung in der Sektorenrichtlinie ist darauf abzustellen, ob eine Tätigkeit zur Nutzung eines geografisch abgegrenzten Gebietes zum Zwecke der Bereitstellung von Flughäfen ausgeübt wird. Adressat ist somit der Flughafenbetreiber. Schaltet dieser einen Dritten ein, um bestimmte Dienstleistungen zu erbringen, z.B. den Betrieb eines Parkhauses, wird der Dritte nicht zum Sektorenauftraggeber (s. hierzu Kulartz/Kus/Portz/*Eschenbruch*, GWB-Vergaberecht, § 98 GWB Rn. 296).

b) Häfen

164 Die Anlage zu § 98 Nr. 4 GWB erfasst die Bereitstellung und den **Betrieb von Häfen** oder anderen Verkehrsendeinrichtungen zum Zwecke der Versorgung von Beförderungsunternehmen im See- oder Binnenschiffsverkehr.

165 Anhang IX der Sektorenkoordinierungsrichtlinie zählt hierzu:

– Häfen, die ganz oder teilweise den territorialen Behörden (Länder, Kreise, Gemeinden) unterstehen;

– Binnenhäfen, die der Hafenordnung gemäß den Wassergesetzen der Länder unterliegen.

166 Weiterhin wird von der Anlage zu § 98 Nr. 4 GWB erfasst:

„das Erbringen von Verkehrsleistungen, die Bereitstellung oder das Betreiben von Infrastruktureinrichtungen zur Versorgung der Allgemeinheit im Eisenbahn-, Straßenbahn- oder sonstigen Schienenverkehr, mit Seilbahnen sowie mit automatischen Systemen, im öffentlichen Personenverkehr im Sinne des Personenbeförderungsgesetzes auch mit Kraftomnibussen und Oberleitungsbussen."

Anhang IV der Sektorenkoordinierungsrichtlinie listet für Deutschland die folgenden **Auftraggeber** auf: 167

– Deutsche Bahn AG.
– Andere Unternehmen, die Schienenverkehrsleistungen für die Öffentlichkeit gemäß § 2 Absatz 1 des Allgemeinen Eisenbahngesetzes vom 27. Dezember 1993, zuletzt geändert am 21. Juni 2002, ausführen.

c) Schienen- und Busverkehr

Im Bereich der städtischen Eisenbahn-, Straßenbahn-, Oberleitungsbus- oder Busdienste sind in Anhang V der Sektorenkoordinierungsrichtlinie als Auftraggeber gelistet: 168

– Unternehmen, die genehmigungspflichtige Verkehrsleistungen im öffentlichen Personennahverkehr im Sinne des Personenbeförderungsgesetzes vom 21. März 1961, zuletzt geändert am 21. August 2002, erbringen.

IV. Besondere „Staatsnähe"

Neben der Ausübung einer der in Nr. 4 benannten Sektorentätigkeiten muss noch zwingend eine besondere Staatsnähe gegeben sein, die die Eigenschaft als Sektorenauftraggeber begründet. Diese kann in der Gewährung besonderer oder ausschließlicher Rechte bzw. in der Beherrschung durch andere öffentliche Auftraggeber liegen. 169

1. Gewährung besonderer oder ausschließlicher Rechte

Voraussetzung ist zunächst, dass die Sektorentätigkeiten auf der Grundlage von besonderen oder ausschließlichen Rechten, die von einer zuständigen Behörde gewährt wurden, ausgeübt werden. Anders als bei der Ausübung des beherrschenden Einflusses durch öffentliche Auftraggeber ist hier nicht die direkte Einflussnahme der Grund für die Unterwerfung unter das Vergaberechtsregime. Entscheidend ist vielmehr, dass diese Unternehmen nicht dem freien Spiel der Marktkräfte unterliegen, da ihnen durch die Gewährung der ausschließlichen oder besonderen Rechte durch den Staat eine **marktbezogene Sonderstellung** eingeräumt wurde (Byok/Jaeger/*Werner*, Vergaberecht, § 98 Rn. 91). 170

Gemäß Art. 2 Abs. 3 der Sektorenkoordinierungsrichtlinie sind **„besondere oder ausschließliche Rechte"** im Sinne dieser Richtlinie Rechte, „die von einer zuständigen Behörde eines Mitgliedstaats mittels Rechts- oder Verwaltungsvorschriften gewährt wurden und dazu führen, dass die Ausübung einer der in den Artikeln 3 bis 7 genannten Tätigkeiten einem oder mehreren Unternehmen vorbehalten wird und dass die Möglichkeit anderer Unternehmen, diese Tätigkeit auszuüben, erheblich beeinträchtigt wird". 171

Mit dem Gesetz zur Modernisierung des Vergaberechts ist darauf aufbauend erstmals eine **Legaldefinition in Nr. 4** aufgenommen worden. Demnach sind „besondere oder ausschließliche Rechte" diejenigen Rechte, „die dazu führen, dass die Ausübung dieser Tätigkeit einem oder mehreren Unternehmen vorbehalten wird und dass die Möglichkeit anderer Unternehmen, diese Tätigkeit auszuüben, erheblich beeinträchtigt wird". 172

Bei den Sonderrechten kommt es nicht darauf an, auf welcher Grundlage sie geschaffen wurden. Sie können von der zuständigen Behörde durch **Gesetz** (z.B. EnWG oder Landesstraßengesetze), durch **Verwaltungsakt** oder durch **öffentlich-rechtlichen oder privatrechtlichen Vertrag** verliehen werden. Auch im Rahmen von **Maut- oder Betreibermodellen** können Unternehmen besondere oder ausschließliche Rechte verliehen werden, so z.B. das Recht zur Gebührenerhebung nach dem FStrPrivFinG (*Zeiss*, in: jurisPK-VergabeR, § 98 GWB Rn. 151 ff.). 173

Das ausschließliche Recht unterscheidet sich vom besonderen Recht dadurch, dass bei dem erstgenannten eine echte Monopolstellung eingeräumt wird, wohingegen mehrere Unternehmen Träger besonderer Rechte sein können. Dementsprechend liegt ein **ausschließliches Recht** vor, wenn in einem geografisch abgegrenzten Bereich eine Tätigkeit nur von **einem einzigen Unternehmen** 174 ausgeführt werden darf. Ein **besonderes Recht** liegt vor, wenn zwar der Marktzugang staatlich reglementiert wird, dieser aber nicht auf ein einziges, sondern auf **mehrere Unternehmen** beschränkt ist (Müller-Wrede/*Diehl*, GWB-Vergaberecht, § 98 GWB Rn. 128). Letztlich ist somit entscheidend, dass einem oder mehreren Unternehmen durch die Gewährung des ausschließlichen oder besonderen Rechts eine Sonderstellung eingeräumt und dabei der Wettbewerb völlig oder weitgehend ausgeschaltet wird.

175 Anhaltspunkte, was inhaltlich unter einem besonderen oder ausschließlichen Recht zu verstehen ist, ergeben sich auch aus dem Erwägungsgrund 25 der Sektorenkoordinierungsrichtlinie:

176 Die Definition des Art. 2 Abs. 3 der Sektorenkoordinierungsrichtlinie

„hat zur Folge, dass es für sich genommen noch kein besonderes und ausschließliches Recht im Sinne dieser Richtlinie darstellt, wenn ein Auftraggeber zum Bau eines Netzes oder der Einrichtung von Flughafen- bzw. Hafenanlagen Vorteil aus Enteignungsverfahren oder Nutzungsrechten ziehen kann oder Netzeinrichtungen auf, unter oder über dem öffentlichen Wegenetz anbringen darf. Auch die Tatsache, dass ein Auftraggeber ein Netz mit Trinkwasser, Elektrizität, Gas oder Wärme versorgt, das seinerseits von einem Auftraggeber betrieben wird, der von einer zuständigen Behörde des betreffenden Mitgliedstaats gewährte besondere oder ausschließliche Rechte genießt, stellt für sich betrachtet noch kein besonderes und ausschließliches Recht im Sinne der vorliegenden Richtlinie dar. Räumt ein Mitgliedstaat einer begrenzten Zahl von Unternehmen in beliebiger Form, auch über Konzessionen, Rechte auf der Grundlage objektiver, verhältnismäßiger und nicht diskriminierender Kriterien ein, die allen interessierten Kreisen, die sie erfüllen, die Möglichkeit zur Inanspruchnahme solcher Rechte bietet, so dürfen diese ebenso wenig als besondere oder ausschließliche Rechte betrachtet werden".

177 Dementsprechend ist die Einräumung bestimmter **Enteignungsmöglichkeiten** für sich genommen noch nicht ausreichend, um von der Gewährung eines besonderen oder ausschließlichen Rechts auszugehen. Entscheidend ist, ob grundsätzlich jedes interessierte Unternehmen von dieser gesetzlichen Möglichkeit Gebrauch machen kann oder ob tatsächlich nur ein bzw. eine definierte Anzahl von Unternehmen ein entsprechendes Verfahren anstrengen kann. Da hierbei auch die faktischen Gegebenheiten zu berücksichtigen sind, ist dies eine Entscheidung im Einzelfall.

178 Gleiches gilt für das **Gebrauchsrecht an öffentlichen Wegen**. Soweit die entsprechende Regelung sämtlichen interessierten Unternehmen die Möglichkeit eröffnet, das öffentliche Wegenetz z.B. zur Verlegung von Versorgungsleitungen zu nutzen, besteht keine marktbezogene Sonderstellung.

179 Die Gewährung der besonderen oder ausschließlichen Rechte ist somit von den bloßen **Erlaubnisvorbehalten** z.B. auf der Grundlage des Gewerberechts **abzugrenzen**. Soweit die Genehmigung von allgemein definierten Tatbestandsvoraussetzungen in sachlicher und personeller Hinsicht abhängt und nach der Genehmigung lediglich noch eine Rechtsaufsicht stattfindet, werden keine derartigen Rechte begründet (Kulartz/Kus/Portz/*Eschenbruch*, GWB-Vergaberecht, § 98 GWB Rn. 314). Erst wenn die Begrenzung der Anzahl der zu erteilenden Genehmigungen in einem geografischen Bereich wesentliches Entscheidungskriterium ist, kann dies besondere oder ausschließliche Rechte begründen.

2. Beherrschender Einfluss

180 Voraussetzung ist weiterhin, dass Auftraggeber, die unter Nr. 1 bis 3 fallen, auf die im Sektorenbereich tätige Person „einzeln oder gemeinsam einen beherrschenden Einfluss ausüben können". Wann dieser „beherrschende Einfluss" vorliegt, ist vom Gesetzgeber nicht legaldefiniert.

181 Bei der gebotenen richtlinienkonformen Auslegung ist eine Anlehnung an die Vermutungsregel des Art. 2 Abs. 1 Buchst. b der Sektorenkoordinierungsrichtlinie geboten (Kulartz/Kus/Portz/*Eschenbruch*, GWB-Vergaberecht, § 98 GWB Rn. 303; Müller-Wrede/*Diehl*, GWB-Vergaberecht, § 98 GWB Rn. 134; Byok/Jaeger/*Werner*, Vergaberecht, § 98 Rn. 94 f.). Demnach wird vermutet, „dass der Auf-

traggeber einen beherrschenden Einfluss auf ein Unternehmen ausübt, wenn er unmittelbar oder mittelbar

- die Mehrheit des gezeichneten Kapitals des Unternehmens hält oder
- über die Mehrheit der mit den Anteilen am Unternehmen verbundenen Stimmrechte verfügt oder
- mehr als die Hälfte der Mitglieder des Verwaltungs-, Leitungs- oder Aufsichtsorgans des Unternehmens ernennen kann".

Vereinzelt wird darauf hingewiesen, dass diese Vermutung widerlegbar ist. Dazu müsste nachgewiesen werden, dass trotz des Vorliegens der vorstehenden Merkmale kein unternehmerischer Einfluss auf die unternehmerischen Entscheidungen, insbesondere auch der Vergabeentscheidungen, ausgeübt wird. Dieser Nachweis dürfte in der Praxis nur schwer zu führen sein (s. hierzu Kulartz/Kus/Portz/*Eschenbruch*, GWB-Vergaberecht, § 98 GWB Rn. 306 f.). **182**

V. Konkurrenzen

In der Praxis sind oftmals Sektorenauftragnehmer nach Nr. 4 gleichzeitig öffentliche Auftraggeber nach Nr. 1 bis 3. Die Frage, ob sich die anzuwendenden Regeln nach der Eigenschaft des Sektorenauftraggebers oder der des öffentlichen Auftraggebers nach Nr. 1 bis 3 richten, ist jedoch erheblich, gelten doch für die Sektorenauftraggeber die oftmals weiteren Regelungen, wie beispielsweise die freie Wahl der Verfahrensart. **183**

In der Vergangenheit wurde zunächst als h.M. davon ausgegangen, dass die strengeren Bestimmungen, die an die Eigenschaft des öffentlichen Auftraggebers nach Nr. 1 bis 3 gebunden sind, zwingend und vorrangig zur Anwendung kommen. Beispielsweise sollte ein im Sektorenbereich tätiges kommunales Versorgungsunternehmen in der Rechtsform einer GmbH, das sowohl Nr. 2 als auch Nr. 4 unterfällt, die für Auftraggeber nach Nr. 2 geltenden Bestimmungen beachten (BayObLG vom 5.11.2002, Verg 22/02). Nach dieser früher vertretenen Ansicht sollte die Eigenschaft als öffentlicher Auftraggeber nach Nr. 1 bis 3 als **lex specialis** Vorrang vor der Eigenschaft als Sektorenauftraggeber haben (Byok/Jaeger/*Werner*, Vergaberecht, § 98 Rn. 98 m.w.N.). **184**

In seiner grundlegenden Entscheidung **„Fernwärme Wien"** hat der EuGH (vom 10.4.2008, C-93/06) entschieden, dass ein Sektorenauftraggeber das in der Sektorenkoordinierungsrichtlinie vorgesehene Verfahren nur für die Vergabe von Aufträgen im Zusammenhang mit Tätigkeiten anwenden muss, die er in einem oder mehreren der in den Art. 3 bis 7 der Richtlinie genannten Sektoren ausübt (s. Leitsatz 1). Damit unterliegen **Aufträge im Sektorenbereich** den dafür geltenden speziellen Regeln der Sektorenkoordinierungsrichtlinie. Ob der entsprechende Sektorenauftraggeber gleichzeitig noch Auftraggeber i.S.d. Nr. 1 bis 3 ist, muss dementsprechend hinsichtlich der sektorenspezifischen Aufträge nicht mehr geprüft werden. **185**

Sollten von dem Sektorenauftraggeber, der gleichzeitig öffentlicher Auftraggeber gemäß Nr. 1 bis 3 ist, Aufträge vergeben werden, die **nicht der Sektorentätigkeit** zugeordnet werden können, finden darauf die weiteren Regelungen für Sektorenauftraggeber keine Anwendung. Stattdessen ist bei der Vergabe dieser Aufträge das strengere, für die öffentlichen Auftraggeber der Nr. 1 bis 3 des § 98 geltende Vergaberechtsregime anzuwenden. Der EuGH führt zur Begründung aus, dass sich die Sektorenkoordinierungsrichtlinie (Richtlinie 2004/17/EG) und die allgemeine Vergabekoordinierungsrichtlinie (Richtlinie 2004/18/EG) sowohl bezüglich der von ihren Bestimmungen betroffenen Einrichtungen als auch hinsichtlich ihres Wesens und ihres Anwendungsbereichs erheblich unterscheiden. Die durch die Sektorenkoordinierungsrichtlinie geschaffene Koordinierung erstrecke sich nicht auf alle Bereiche wirtschaftlicher Tätigkeiten, sondern betreffe speziell festgelegte Sektoren. Dies komme auch darin zum Ausdruck kommt, dass diese Richtlinie gemeinhin „Sektorenrichtlinie" genannt werde. Der Anwendungsbereich der Richtlinie 2004/18/EG umfasse dagegen nahezu alle Sektoren des wirtschaftlichen Lebens, was ihre übliche Bezeichnung als „allgemeine Richtlinie" rechtfertige. Vor diesem Hintergrund sei bereits festzustellen, dass die allgemeine Geltung der Richtlinie 2004/18/EG und die eingeschränkte Geltung der Richtlinie 2004/17/EG eine enge Auslegung der Bestimmungen der letztgenannten Richtlinie erforderlich mache. Weiter führt der EuGH aus: **186**

> "Die Grenzen zwischen den Anwendungsbereichen dieser beiden Richtlinien werden auch durch ausdrückliche Bestimmungen gezogen. So gilt die Richtlinie 2004/17 nach ihrem Art. 20 Abs. 1 nicht für Aufträge, die die Auftraggeber zu anderen Zwecken als der Durchführung der Tätigkeiten vergeben, die sie in den in den Art. 3 bis 7 der Richtlinie beschriebenen Sektoren ausüben. Das Pendant dieser Bestimmung in der Richtlinie 2004/18 ist Art. 12 Abs. 1, wonach diese Richtlinie nur für diejenigen öffentlichen Aufträge nicht gilt, die von öffentlichen Auftraggebern, die eine oder mehrere Tätigkeiten gemäß den Art. 3 bis 7 der Richtlinie 2004/17 ausüben, vergeben werden und die der Durchführung dieser Tätigkeiten dienen.
>
> Der Anwendungsbereich der Richtlinie 2004/17 ist somit eng begrenzt, was ausschließt, dass die dort festgelegten Verfahren über diesen Anwendungsbereich hinaus erstreckt werden."

187 Ausdrücklich stellt der EuGH fest, dass die genannten Bestimmungen im Rahmen der Sektorenkoordinierungsrichtlinie keinen Raum für den als **„Infektionstheorie"** bezeichneten Ansatz ließen, der in der Folge des Urteils „Mannesmann Anlagenbau ./. Austria u.a." entwickelt wurde. Dieses Urteil wurde vom EuGH im Rahmen der Richtlinie 93/37/EWG des Rates vom 14. Juni 1993 zur Koordinierung der Verfahren zur Vergabe öffentlicher Bauaufträge (ABl. Nr. L 199, S. 54) erlassen, d.h. in einem Bereich, der gegenwärtig in den Anwendungsbereich der Richtlinie 2004/18/EG fällt. Eine Infektion etwaiger nicht sektorenspezifischer Unternehmenstätigkeiten durch die sektorenspezifischen Bereiche ist damit ausgeschlossen.

188 Daraus folgt auch, dass private Sektorenauftraggeber, die nicht gleichzeitig öffentlicher Auftraggeber nach Nr. 1 bis 3 sind, außerhalb ihrer Sektorentätigkeit nicht an das Vergaberecht gebunden sind.

G. Natürliche oder juristische Personen des privaten Rechts sowie juristische Personen des öffentlichen Rechts im Bereich öffentlich geförderter Projekte (Nr. 5)

189 Nach Nr. 5 sind natürliche oder juristische Personen des privaten Rechts sowie juristische Personen des öffentlichen Rechts öffentliche Auftraggeber, soweit sie zur Verwirklichung bestimmter Bauvorhaben von anderen öffentlichen Auftraggebern nach Nr. 1 bis 3 zu mehr als 50 Prozent finanziert werden.

190 Nr. 5 führt somit zu einer Anwendung des Vergaberechts für konkrete Projekte.

I. Natürliche oder juristische Personen des privaten Rechts sowie juristische Personen des öffentlichen Rechts

191 Die Eigenschaft des öffentlichen Auftraggebers nach Nr. 5 setzt zunächst voraus, dass es sich um eine natürliche Person oder um eine juristischen Person des privaten oder öffentlichen Rechts handelt (s. hierzu Rn. 23 ff.).

192 Im Rahmen des Gesetzes zur Modernisierung des Vergaberechts vom 20.4.2009 (BGBl. I S. 790) wurde lediglich ein Passus eingefügt, wonach auch „juristische Personen des öffentlichen Rechts, soweit sie nicht unter Nummer 2 fallen", als öffentliche Auftraggeber anzusehen sind. Die Gesetzesbegründung stellt dabei auf Art. 8 der Vergabekoordinierungsrichtlinie ab. Dieser „verlangt die Anwendung der Vergaberegeln auf bestimmte, zu mehr als 50 Prozent mit öffentlichen Mitteln geförderte Bauvorhaben. Öffentliche Mittel können nicht nur natürliche oder juristische Personen des privaten Rechts erhalten, sondern auch juristische Personen des öffentlichen Rechts. Fallen diese juristischen Personen des öffentlichen Rechts unter § 98 Nr. 2, müssen sie bereits deshalb die Vergaberegeln anwenden. Sind sie aber nicht zugleich Auftraggeber nach Nummer 2, müssen sie für den Fall der zu mehr als 50 Prozent mit öffentlichen Mitteln geförderten Bauvorhaben von Nummer 5 erfasst werden".

II. Geförderte Baumaßnahmen sowie in Zusammenhang stehende Dienstleistungen

1. Grundsätzliches

Nr. 5 enthält einen Katalog der geförderten Baumaßnahmen bzw. der damit im Zusammenhang stehenden Dienstleistungen und Auslobungsverfahren. Erfasst sind

- Tiefbaumaßnahmen und
- die Errichtung folgender Bauwerke:
  - Krankenhäuser,
  - Sport-, Erholungs- oder Freizeiteinrichtungen,
  - Schul-, Hochschul- oder
  - Verwaltungsgebäude.

Ebenso erfasst ist die Vergabe damit sachlich zusammenhängender Dienstleistungen und die Durchführung entsprechender Auslobungsverfahren.

Der vorstehende Katalog ist nach h.M. **ausschließlich** und **abschließend** (s. die Nachweise bei BayObLG vom 29.10.2004, Verg 22/04). Eine Erweiterung beispielsweise im Hinblick auf den Wohnungsbau oder Gewerberäume ist damit nicht möglich (*Zeiss*, in: jurisPK-VergabeR, § 98 GWB Rn. 170).

2. Tiefbaumaßnahmen

Nr. 5 gilt generell für Tiefbaumaßnahmen, unabhängig davon, ob sie der Verwirklichung von Projekten z.B. des Eisenbahn-, Wasser-, Straßen- oder Kanalisationsbaus dienen. Inhaltlich erfasst werden sämtliche Tiefbaumaßnahmen, so z.B. der allgemeine Tiefbau, das Erstellen von Fundamenten einschließlich Pfahlgründung, Brunnen- und Schachtbau sowie Grundbohrungen. Eine Auslegungshilfe enthält Anhang I der Vergabekoordinierungsrichtlinie.

3. Errichtung bestimmter Bauwerke

Zunächst muss es sich um eines der aufgezählten Vorhaben handeln. Dabei ist zu beachten, dass der Gesetzestext oftmals Oberbegriffe verwendet, die dann entsprechend richtlinienkonform auszulegen sind. Überwiegend werden die Begriffe **weit ausgelegt** (Kularz/Kus/Portz/*Eschenbruch*, GWB-Vergaberecht, § 98 GWB Rn. 342 ff.).

Vom Begriff „**Krankenhäuser**" sind demnach auch medizinische Einrichtungen, wie z.B. Reha-Kliniken und medizinische Kurbetriebe, erfasst. Bei Altersheimen und Behinderteneinrichtungen ist danach zu differenzieren, ob die medizinische Betreuung und Versorgung im Vordergrund steht oder ob primär die Unterbringung bezweckt ist und die medizinische Versorgung lediglich eine untergeordnete Rolle spielt (vgl. *Wieddekind*, in: Willenbruch/Wieddekind, Vergaberecht, § 98 Rn. 105).

Die Begriffe „**Sport-, Erholungs- oder Freizeiteinrichtungen**" werden überwiegend weit ausgelegt. Die Abgrenzung untereinander ist oftmals schwierig, prinzipiell aber auch nicht nötig, weil z.B. ein sog. Spaß- und Freizeitbad entweder Sport- oder Freizeiteinrichtung ist; von Nr. 5 ist es in jedem Fall erfasst. Zu den Sporteinrichtungen zählen z.B. Sportstadien und -hallen, Sportplätze sowie Schwimmbäder. Zu den Erholungseinrichtungen können Infrastrukturmaßnahmen, wie z.B. der Ausbau von Naherholungszentren oder auch die Anlage von Parks, gehören. Unter den Begriff der Freizeiteinrichtungen werden auch kulturelle Einrichtungen wie z.B. Museen, Bibliotheken, Theater und Opernhäuser gefasst (Reidt/Stickler/Glahs/*Diehr*, Vergaberecht, § 98 Rn. 125).

Vom Oberbegriff „**Schulgebäude**" werden sämtliche Gebäude erfasst, die im Rahmen des Dualen Schulsystems zu Ausbildungszwecken genutzt werden (BayObLG vom 29.10.2004, Verg 22/04). Neben den Grund-, Haupt- und Realschulen sowie Gymnasien und Gesamtschulen werden auch Förder- und Berufsschulen erfasst. Zu den **Hochschulgebäuden** zählen neben den eigentlichen Lehr- und Forschungsgebäuden auch Studentenwohnheime. Da es auf die Zwecksetzung des Gebäudes ankommt, ist es unerheblich, ob es sich um einen privaten oder öffentlichen Träger handelt (Müller-Wrede/*Diehl*, GWB-Vergaberecht, § 98 GWB Rn. 169). Teilweise werden auch **Kindergärten** unter den Begriff der Schulgebäude gefasst (*Zeiss*, in: jurisPK-VergabeR, § 98 GWB Rn. 180). Dies dürfte aber jedenfalls dann zu weit gehen, wenn in dem jeweiligen Kindergarten nicht die vorschulische Ausbildung, sondern die Unterbringung und Versorgung im Vordergrund stehen.

201 Der Begriff **„Verwaltungsgebäude"** dürfte ebenfalls weit zu fassen sein. Unerheblich ist, ob die betreffende Verwaltungsaufgabe in privater oder öffentlicher Rechtsform wahrgenommen wird.

202 Die **Errichtung** eines Bauwerkes ist nicht auf den Neubau beschränkt. Vielmehr ist der Begriff ebenfalls weit auszulegen. Darunter fallen auch der Teilneubau sowie Sanierungs- und Renovierungsmaßnahmen (VK Düsseldorf vom 9.4.2003, VK-8/2003-B). Somit ist z.B. der im Rahmen der Konversion erfolgte Umbau vorhandener Kasernengebäude in Universitätsgebäude bzw. Freizeiteinrichtungen erfasst.

III. Zusammenhängende Dienstleistungen und Auslobungsverfahren

203 Stehen Dienstleistungsaufträge oder Auslobungsverfahren im Zusammenhang mit der Vergabe von Bauaufträgen der vorstehend beschriebenen Art, werden sie ebenfalls von Nr. 5 erfasst. Die Bestimmung geht zurück auf Art. 8 Buchst. b der Vergabekoordinierungsrichtlinie, wonach diese Anwendung findet auf die Vergabe von „Dienstleistungsaufträgen, die zu mehr als 50 % von öffentlichen Auftraggebern direkt subventioniert werden und deren geschätzter Wert ohne MwSt mindestens 249.000 EUR beträgt, wenn diese Aufträge mit einem Bauauftrag im Sinne des Buchstabens a verbunden sind". Buchst. a betrifft die zu mehr als 50 % von öffentlichen Auftraggebers geförderten Bauaufträge, die ihrerseits oberhalb des Schwellenwertes von 6.242.000 € liegen. Zu den ab 1.1.2014 geltenden Schwellenwerten s. § 2 VgV Rn. 6 und 20 ff.

204 Um eine Umgehung der Vorschrift zu verhindern, sind geringe zeitliche Abstände zwischen der Vergabe der Bauleistung und der damit im Zusammenhang stehenden Dienstleistung unerheblich (Reidt/Stickler/Glahs/*Diehr*, Vergaberecht, § 98 Rn. 125). Entscheidend kommt es vielmehr darauf an, die Dienstleistung im Rahmen eines **als Einheit zu sehenden Bauprojektes** vergeben wird.

IV. Mehr als 50 %-Finanzierung

205 Nr. 5 setzt weiter voraus, dass das betreffende Vorhaben von Stellen, die unter Nr. 1 bis 3 fallen, zu mehr als **50 % finanziert** werden.

206 Sprachlich besteht hier ein Unterschied zur Baukoordinierungsrichtlinie, die statt „finanzieren" von „subventionieren" spricht. Die Baukoordinierungsrichtlinie aus dem Jahr 1986 verwendete zunächst ebenfalls den Begriff „finanzieren", wohingegen später bewusst die Formulierung „subventionieren" aufgenommen wurde (s. hierzu *Dreher*, in: Immenga/Mestmäcker, Wettbewerbsrecht, Bd. 2, § 98 GWB Rn. 197). Im Rahmen der gebotenen richtlinienkonformen Auslegung ist somit entsprechend der absolut h.M. der Begriff „finanzieren" im Sinne von „subventionieren" zu verstehen (Reidt/Stickler/Glahs/*Diehr*, Vergaberecht, § 98 Rn. 127). Wann eine entsprechende Subventionierung vorliegt, kann dabei nach den gleichen Maßstäben beurteilt werden wie im **europäischen Beihilfenrecht** (Art. 107 AEUV, ex-Art. 87 EG-Vertrag). Eine Subventionierung läge demnach vor, wenn dem Auftraggeber von staatlichen Stellen eine Vergünstigung gewährt wird, für die er keine gleichwertige Gegenleistung erbringt (*Zeiss*, in: jurisPK-VergabeR, § 98 GWB Rn. 174).

207 Da die Subventionierung oftmals schrittweise mit dem Baufortschritt einhergeht, kann es auf die tatsächliche Auszahlung des subventionierten Anteils bei der Frage der Auftraggebereigenschaft nach Nr. 5 nicht ankommen. Ausreichend ist vielmehr, dass im Rahmen der Gesamtkalkulation des Bauprojektes entsprechende **Subventionsmittel veranschlagt** wurden (VK Hamburg vom 27.9.2006, VK BSU 3/06). Dies gilt auch, wenn noch **kein entsprechender Fördermittelbescheid** ergangen ist, aber der Auftraggeber voraussichtlich Mittel erhalten wird, mit denen das Vorhaben zu mehr als 50 % finanziert werden wird (VK Hamburg vom 27.9.2006, VK BSU 3/06). Unzweifel-

haft ist von einer Finanzierung i.S.d. Nr. 5 auszugehen, wenn ein entsprechender Fördermittelbescheid ergangen ist (vgl. VK Bund vom 3.7.2007, VK 2-45/07, VK 2-57/07).

Bezugsgröße für die Beurteilung, ob eine **50 %-Finanzierung** vorliegt, ist der jeweilige Gesamtwert des Bauauftrags. Die aus dem Subventionsrecht stammende Betrachtung z.B. der förderfähigen Kosten ist in diesem Zusammenhang nicht relevant. Finanzieren bzw. subventionieren mehrere öffentliche Auftraggeber i.S.d. Nr. 1 bis 3 ein Vorhaben, sind die jeweiligen Anteile zu addieren. 208

Bei der Frage, ob tatsächlich eine Finanzierung bzw. Subventionierung vorliegt, ist entsprechend der oben angeführten Anlehnung an das Beihilfenrecht (Rn. 206) wie folgt zu entscheiden: 209

Zuschüsse: Handelt es sich um verlorene Zuschüsse, sind diese in vollem Umfang als Finanzierung i.S.d. Nr. 5 zu berücksichtigen. Sind es demgegenüber nicht verlorene, d.h. zurückzuzahlende Zuschüsse, ist zu prüfen, ob eine gleichwertige Gegenleistung vorliegt. Wird z.B. ein zurückzuzahlender Zuschuss marktüblich verzinst und auch sonst zu marktüblichen Konditionen vergeben, liegt keine Finanzierung vor. 210

„**Mittelbare Finanzierung**" durch **Miete** oder **Leasing:** Mieten öffentliche Auftraggeber nach Nr. 1 bis 3 die zu errichtenden Gebäude vom Bauherrn an oder leasen diese, kann darin eine mittelbare Finanzierung des Bauvorhabens gesehen werden. Besonders zu berücksichtigen ist jedoch, dass der Mieter eine Gegenleistung für seinen Mietzins erhält, nämlich die Nutzung des angemieteten Gebäudes. Auch hier stellt sich wieder die Frage, ob Leistung und Gegenleistung in einem angemessenen wirtschaftlichen Verhältnis stehen. Im Hinblick auf die Anmietung als solche ist gesondert zu berücksichtigen, dass diese u.U. nicht nach § 100 Abs. 5 Nr. 2 GWB von der Anwendung des Vergaberechts ausgenommen sein kann, wenn z.B. der Mieter seine Vorstellungen bauherrengleich in das entsprechende Bauvorhaben einbringt. 211

Kredite: Bei Krediten ist danach zu differenzieren, ob der Kreditgewährung marktübliche Konditionen zugrunde liegen oder nicht. Im ersten Fall liegt keine Finanzierung i.S.d. Nr. 5 vor (s. Byok/Jaeger/*Werner*, Vergaberecht, § 98 Rn. 104). Die Marktüblichkeit der Konditionen kann sich dabei sowohl auf den Mietzins als auch auf die übrigen Faktoren, wie z.B. auf das übernommene Bonitätsrisiko oder Rückzahlungsmodalitäten, beziehen. 212

V. Finanzierung durch Auftraggeber gemäß Nr. 1 bis 3

Die Eigenschaft als öffentlicher Auftraggeber gemäß Nr. 5 setzt voraus, dass die Finanzierung bestimmter Bauvorhaben durch öffentliche Auftraggeber gemäß Nr. 1 bis 3 erfolgt. Hintergrund dieser Regelung ist, dass diese klassischen Auftraggeber die Pflicht zur Anwendung des Vergaberechts nicht dadurch umgehen können, dass sie die Vorhabenrealisierung auf Dritte verlagern und dann finanzieren. 213

H. Natürliche und juristische Personen des privaten Rechts als Baukonzessionäre (Nr. 6)

Nach Nr. 6 sind natürliche oder juristische Personen des privaten Rechts in bestimmten Fällen öffentliche Auftraggeber, soweit sie Drittaufträge im Rahmen einer mit einem öffentlichen Auftraggeber nach Nr. 1 bis 3 vereinbarten Baukonzession vergeben. 214

Durch das Gesetz zur Modernisierung des Vergaberechts vom 20.4.2009 (BGBl. I S. 790) wurde die ehemals enthaltene Legaldefinition der Baukonzession gestrichen und in § 99 Abs. 6 GWB aufgenommen. Demnach ist eine **Baukonzession** ein „Vertrag über die Durchführung eines Bauauftrags, bei dem die Gegenleistung für die Bauarbeiten statt in einem Entgelt in dem befristeten Recht auf Nutzung der baulichen Anlage, gegebenenfalls zuzüglich der Zahlung eines Preises besteht" (zum Begriff der Baukonzession s. § 99 Rn. 166 ff.). 215

Erfasst werden nur Konzessionsverträge, bei denen die Leistung an den öffentlichen Auftraggeber erbracht wird. Der Auftraggeber muss dabei auf Seiten der Güternachfrage auftreten; der Vertrag muss seinen Beschaffungszwecken dienen (BayObLG vom 19.10.2000, Verg 9/009). Nr. 6 regelt dabei nicht den Fall der Konzessionsvergabe durch den Konzessionsgeber an den Baukonzessionär. Die 216

Konzessionsgeber sind nach dem Wortlaut der Vorschrift Stellen, die unter die Nr. 1 bis 3 fallen. Erfasst werden vielmehr die Baukonzessionsnehmer, soweit sie im Rahmen des Konzessionsvertrages Bauaufträge an Dritte vergeben (sog. **Drittvergabe**).

217 Nach dem Wortlaut der Nr. 6 („abgeschlossen haben") wird der Abschluss eines Konzessionsvertrages vorausgesetzt. Vertragsgestaltungen, die die Drittauftragsvergabe dem Abschluss des Konzessionsvertrages vorverlagern, um so die Ausschreibungspflicht zu umgehen, dürften mit dem Makel der Umgehungsabsicht und somit der rechtlichen Angreifbarkeit behaftet sein.

218 Vorliegen muss eine Baukonzession. Bei **gemischten Verträgen** kann es zu Abgrenzungsschwierigkeiten zu der nicht dem Vergaberecht unterfallenden Dienstleistungskonzession kommen. Der EuGH stellt bei der **Abgrenzung von Bau- und Lieferaufträgen** im Wesentlichen auf den Schwerpunkt der Leistung ab. Zu prüfen ist, ob die durchzuführenden Bauarbeiten gegenüber dem Hauptgegenstand von untergeordneter Bedeutung sind (EuGH vom 19.4.1994, C-331/92 – „Gestión Hotelera International"). Diese Auslegungsgrundsätze gelten auch bei Konzessionsverträgen (OLG Brandenburg vom 3.8.1999, 6 Verg 1/99). Sähe man das anders, läge es in der Hand des jeweiligen Auftraggebers, durch eine entsprechend gewählte Vertragskonstellation sich dem Vergaberecht zu entziehen.

219 Die **Dienstleistungskonzession** fällt nicht unter Nr. 6. Eine Dienstleistungskonzession liegt vor, wenn die von dem Konzessionär zu erbringenden Leistungen anderer Art sind als Bauleistungen. Wie sich aus Art. 17 der Richtlinie 204/18/EG und Art. 18 der Richtlinie 2004/17/EG ergibt, bestehen für deren Vergabe keine spezifischen gemeinschaftsrechtlichen Regelungen. Bei der Vergabe von Dienstleistungskonzessionen sind allerdings die Grundregeln des EG-Vertrages zu beachten (Reidt/Stickler/Glahs/*Diehr*, Vergaberecht, § 98 Rn. 132 m.w.N.).

§ 99 Öffentliche Aufträge

(1) Öffentliche Aufträge sind entgeltliche Verträge von öffentlichen Auftraggebern mit Unternehmen über die Beschaffung von Leistungen, die Liefer-, Bau- oder Dienstleistungen zum Gegenstand haben, Baukonzessionen und Auslobungsverfahren, die zu Dienstleistungsaufträgen führen sollen.

(2) ¹Lieferaufträge sind Verträge zur Beschaffung von Waren, die insbesondere Kauf oder Ratenkauf oder Leasing, Miet- oder Pachtverhältnisse mit oder ohne Kaufoption betreffen. ²Die Verträge können auch Nebenleistungen umfassen.

(3) Bauaufträge sind Verträge über die Ausführung oder die gleichzeitige Planung und Ausführung eines Bauvorhabens oder eines Bauwerkes für den öffentlichen Auftraggeber, das Ergebnis von Tief- oder Hochbauarbeiten ist und eine wirtschaftliche oder technische Funktion erfüllen soll, oder einer dem Auftraggeber unmittelbar wirtschaftlich zugutekommenden Bauleistung durch Dritte gemäß den vom Auftraggeber genannten Erfordernissen.

(4) Als Dienstleistungsaufträge gelten die Verträge über die Erbringung von Leistungen, die nicht unter Absatz 2 oder Absatz 3 fallen.

(5) Auslobungsverfahren im Sinne dieses Teils sind nur solche Auslobungsverfahren, die dem Auftraggeber auf Grund vergleichender Beurteilung durch ein Preisgericht mit oder ohne Verteilung von Preisen zu einem Plan verhelfen sollen.

(6) Eine Baukonzession ist ein Vertrag über die Durchführung eines Bauauftrags, bei dem die Gegenleistung für die Bauarbeiten statt in einem Entgelt in dem befristeten Recht auf Nutzung der baulichen Anlage, gegebenenfalls zuzüglich der Zahlung eines Preises besteht.

(7) Verteidigungs- oder sicherheitsrelevante Aufträge sind Aufträge, deren Auftragsgegenstand mindestens eine der in den nachfolgenden Nummern 1 bis 4 genannten Leistungen umfasst:

1. die Lieferung von Militärausrüstung im Sinne des Absatzes 8, einschließlich dazugehöriger Teile, Bauteile oder Bausätze;
2. die Lieferung von Ausrüstung, die im Rahmen eines Verschlusssachenauftrags im Sinne des Absatzes 9 vergeben wird, einschließlich der dazugehörigen Teile, Bauteile oder Bausätze;
3. Bauleistungen, Lieferungen und Dienstleistungen in unmittelbarem Zusammenhang mit der in den Nummern 1 und 2 genannten Ausrüstung in allen Phasen des Lebenszyklus der Ausrüstung;
4. Bau- und Dienstleistungen speziell für militärische Zwecke oder Bau- und Dienstleistungen, die im Rahmen eines Verschlusssachenauftrags im Sinne des Absatzes 9 vergeben wird.

(8) Militärausrüstung ist jede Ausrüstung, die eigens zu militärischen Zwecken konzipiert oder für militärische Zwecke angepasst wird und zum Einsatz als Waffe, Munition oder Kriegsmaterial bestimmt ist.

(9) Ein Verschlusssachenauftrag ist ein Auftrag für Sicherheitszwecke,

1. bei dessen Erfüllung oder Erbringung Verschlusssachen nach § 4 des Gesetzes über die Voraussetzungen und das Verfahren von Sicherheitsüberprüfungen des Bundes oder nach den entsprechenden Bestimmungen der Länder verwendet werden oder
2. der Verschlusssachen im Sinne der Nummer 1 erfordert oder beinhaltet.

(10) ¹Ein öffentlicher Auftrag, der sowohl den Einkauf von Waren als auch die Beschaffung von Dienstleistungen zum Gegenstand hat, gilt als Dienstleistungsauftrag, wenn der Wert

der Dienstleistungen den Wert der Waren übersteigt. ²Ein öffentlicher Auftrag, der neben Dienstleistungen Bauleistungen umfasst, die im Verhältnis zum Hauptgegenstand Nebenarbeiten sind, gilt als Dienstleistungsauftrag.

(11) Für einen Auftrag zur Durchführung mehrerer Tätigkeiten gelten die Bestimmungen für die Tätigkeit, die den Hauptgegenstand darstellt.

(12) ¹Ist für einen Auftrag zur Durchführung von Tätigkeiten auf dem Gebiet der Trinkwasser- oder Energieversorgung, des Verkehrs oder des Bereichs der Auftraggeber nach dem Bundesberggesetz und von Tätigkeiten von Auftraggebern nach § 98 Nummer 1 bis 3 nicht feststellbar, welche Tätigkeit den Hauptgegenstand darstellt, ist der Auftrag nach den Bestimmungen zu vergeben, die für Auftraggeber nach § 98 Nummer 1 bis 3 gelten. ²Betrifft eine der Tätigkeiten, deren Durchführung der Auftrag bezweckt, sowohl eine Tätigkeit auf dem Gebiet der Trinkwasser- oder Energieversorgung, des Verkehrs oder des Bereichs der Auftraggeber nach dem Bundesberggesetz als auch eine Tätigkeit, die nicht in die Bereiche von Auftraggebern nach § 98 Nummer 1 bis 3 fällt, und ist nicht feststellbar, welche Tätigkeit den Hauptgegenstand darstellt, so ist der Auftrag nach denjenigen Bestimmungen zu vergeben, die für Auftraggeber mit einer Tätigkeit auf dem Gebiet der Trinkwasser- und Energieversorgung sowie des Verkehrs oder des Bundesberggesetzes gelten.

(13) ¹Ist bei einem Auftrag über Bauleistungen, Lieferungen oder Dienstleistungen ein Teil der Leistung verteidigungs- oder sicherheitsrelevant, wird dieser Auftrag einheitlich gemäß den Bestimmungen für verteidigungs- und sicherheitsrelevante Aufträge vergeben, sofern die Beschaffung in Form eines einheitlichen Auftrags aus objektiven Gründen gerechtfertigt ist. ²Ist bei einem Auftrag über Bauleistungen, Lieferungen oder Dienstleistungen ein Teil der Leistung verteidigungs- oder sicherheitsrelevant und fällt der andere Teil weder in diesen Bereich noch unter die Vergaberegeln der Sektorenverordnung oder der Vergabeverordnung, unterliegt die Vergabe dieses Auftrags nicht dem Vierten Teil dieses Gesetzes, sofern die Beschaffung in Form eines einheitlichen Auftrags aus objektiven Gründen gerechtfertigt ist.

Literatur: *Hausmann/Mutschler-Siebert*, Nicht mehr als eine Klarstellung – interkommunale Kooperationen nach dem EuGH-Urteil Stadtreinigung Hamburg, VergabeR 2010, 427; *Scherer-Leydecker*, Verteidigungs- und sicherheitsrelevante Aufträge – Eine neue Auftragskategorie im Vergaberecht, NZBau 2012, 533; *Stickler/Feske*, Die In-House-Vergabe von ÖSPV-Dienstleistungen nach der VO (EG) 1370/07, VergabeR 2010, 1.

Übersicht

A. **Allgemeines**	1–3
I. Regelungsgehalt	1
II. Gesetzgebungsgeschichte	2
III. Gemeinschaftsrechtliche Vorgaben	3
B. **Begriff des öffentlichen Auftrags (Abs. 1)**	4–108
I. Voraussetzungen	5–19
1. Vertragspartner	5–6
2. Vertrag	7–12
a) Vereinbarung zur Leistung	7
b) Öffentlich-rechtliche Verträge	8
c) Form	9
d) Interimsvergaben	10–12
3. Beschaffungszweck	13–14
a) Einkaufstätigkeit	13
b) Subunternehmeraufträge öffentlicher Auftraggeber	14
4. Entgeltlichkeit	15–17
5. Vertragsgegenstand (Liefer-, Bau- oder Dienstleistungen; Baukonzessionen; Auslobungsverfahren, die zu Dienstleistungsaufträgen führen sollen)	18–19
II. Vertragsänderungen	20–44
1. Allgemeines	20
2. Wert der Vertragsänderung	21
3. Laufzeitverlängerung	22–26
4. Änderung des Vertragsinhalts	27–42
a) Auftragserweiterungen und -reduzierungen	28–29
b) Änderungen der Art und Weise der Auftragsdurchführung	30–33
c) Änderung der Preisgestaltung	34
d) Ausübung vertraglicher Gestaltungsrechte	35
e) Wegfall der Geschäftsgrundlage	36
f) Die Bedeutung von Anpassungsklauseln	37–38
g) VOB/B und VOL/B	39–42
5. Austausch des Vertragspartners	43–44
III. Inhouse-Geschäft	45–72
1. Grundsätze	45–48
2. Kontrolle wie über eine eigene Dienststelle	49–59
a) Beteiligungsquote	49–50
b) Beherrschung durch mehrere öffentliche Auftraggeber	51–54
c) Kontrolle	55–56
d) Kontrolle im Konzern	57–59
3. Tätigkeit im Wesentlichen für den Auftraggeber	60–66

a) Qualitative und quantitative Umstände	60	
b) Umsatzanteile	61	
c) Umsätze von Tochtergesellschaften	62	
d) Umsätze auf Basis von Konzessionen, insbesondere mit Privatpersonen	63–65	
e) Pflichtenübertragung nach § 16 Abs. 2 KrW-/AbfG	66	
4. Veräußerung von Geschäftsanteilen/Gesellschaftsgründung	67–70	
5. Inhouse-Geschäfte nach der Verordnung (EG) Nr. 1370/07	71	
6. Inhouse-Geschäfte im Sektorenbereich	72	
IV. Innerstaatliche Kooperation	73–82	
1. Kommunale Gemeinschaftsarbeit	73–79	
2. Kombination der Grundsätze zur kommunalen Zusammenarbeit und Inhouse-Vergabe	80	
3. Zusammenarbeit anderer staatlicher Stellen	81	
4. Kooperationen bei Vergabeverfahren	82	
V. Rekommunalisierung	83	
VI. Abgrenzungsfragen/Beispiele	84–108	
1. Rettungsdienstleistungen	84–92	
2. Verträge im Gesundheitswesen: Beschaffung durch Krankenkassen	93–103	
a) Allgemeines	93	
b) Rabattverträge	94–97	
c) Praxisbedarf und Impfstoffe	98	
d) Hilfsmittel	99	
e) Parenterale Zubereitungen	100	
f) Hausarztzentrierte Versorgung	101	
g) Integrierte Versorgung	102	
h) Bestimmung einer Schiedsperson	103	
3. Maßnahmenplanung: Leistungen nach SGB II und SGB III	104	
4. ÖPNV/SPNV	105–108	
C. Lieferaufträge (Abs. 2)	109–116	
D. Bauaufträge (Abs. 3)	117–147	
I. Allgemeines	117–125	
II. Verträge	126–127	
III. Wirtschaftliches Interesse des Auftraggebers	128–132	
IV. Bauverpflichtung	133–136	
V. Planung und Ausführung	137	
VI. Bauvorhaben (1. Var.) und Bauwerk (2. Var.)	138–141	
VII. Bauleistung durch Dritte (3. Var.)	142–147	
E. Dienstleistungsaufträge (Abs. 4)	148–162	
I. Auffangtatbestand	148–152	
II. Abgrenzung zur Dienstleistungskonzession	153–162	
1. Allgemeines	153	
2. Gegenleistung: Recht zur Nutzung und Zuzahlung	154–158	
3. Übernahme des wirtschaftlichen Risikos	159–162	
F. Auslobungsverfahren (Abs. 5)	163–165	
G. Baukonzessionen (Abs. 6)	166–172	
H. Verteidigungs- oder sicherheitsrelevante Aufträge (Abs. 7)	173–174	
I. Militärausrüstung (Abs. 8)	175–176	
J. Verschlusssachenauftrag (Abs. 9)	177–180	
K. Einordnung von gemischten Verträgen (Abs. 10)	181–203	
I. Allgemeines	181–182	
II. Abgrenzung zwischen Liefer- und Dienstleistungsaufträgen (Abs. 10 Satz 1)	183–186	
1. Abgrenzung nach Wert	183	
2. Beispiele	184–186	
III. Abgrenzung zwischen Bau- und Dienstleistungsaufträgen (Abs. 10 Satz 2)	187–203	
1. Abgrenzung nach dem Schwerpunkt des Vertrages	187–191	
2. Beispiele	192–197	
3. Abgrenzung zwischen Bau- und Lieferleistungen	198–201	
4. Verträge mit nicht ausschreibungspflichtigen Teilen	202	
5. Abgrenzung von Anhang I A und Anhang I B der VOL/A	203	
L. Auftrag, der der Durchführung mehrerer Tätigkeiten dient (Abs. 11)	204–207	
M. Tätigkeiten, die auch dem Sektorenbereich unterfallen (Abs. 12)	208–213	
I. Allgemeines	208–210	
II. Hauptgegenstand kann nicht festgestellt werden (Abs. 12 Satz 1)	211–212	
III. Tätigkeit im Sektorenbereich und Tätigkeit, die nicht dem Vergaberecht unterfällt (Abs. 12 Satz 2)	213	
N. Einheitlicher Auftrag bei teilweiser verteidigungs- oder sicherheitsrelevanter Leistung (Abs. 13)	214–215	

A. Allgemeines

I. Regelungsgehalt

§ 99 bestimmt gemeinsam mit § 98 GWB, der den Begriff des öffentlichen Auftraggebers definiert, maßgeblich den Anwendungsbereich des Vergaberechts. Abs. 1 definiert den öffentlichen Auftrag. Erfasst sind entgeltliche Verträge zwischen öffentlichen Auftraggebern und Unternehmen über die Beschaffung von Leistungen. Im Einzelnen sind dies Liefer-, Bau- oder Dienstleistungen, Baukonzessionen und Auslobungsverfahren, die zu Dienstleistungsaufträgen führen sollen. Diese Unterfälle des öffentlichen Auftrags werden in den Abs. 2 bis 6 näher beschrieben. Maßgeblich ist diese Differenzierung beispielsweise dafür, welche Vergabe- und Vertragsordnung (VOL/A, VOB/A, VOF) anwendbar ist und welcher Schwellenwert für eine europaweite Ausschreibung gilt. Abs. 7 bis 9 enthalten die Definition für verteidigungs- und sicherheitsrelevante Aufträge, für die die Sonderregelungen in § 100c GWB gelten. Abs. 10 bis 13 betreffen Abgrenzungsfragen bei gemischten Verträgen und Aufträgen mit mehreren (Sektoren-)Tätigkeiten.

II. Gesetzgebungsgeschichte

2 § 99 wurde durch das Gesetz zur Modernisierung des Vergaberechts vom 20.4.2009 (BGBl. I S. 790) teilweise geändert. Eingefügt wurde eine Klarstellung zu Bauaufträgen in Abs. 3 und die Regelung in Abs. 8. Im Gesetzgebungsverfahren wurde intensiv über explizite Regelungen zur kommunalen Gemeinschaftsarbeit und zum Inhouse-Geschäft diskutiert, die jedoch nicht umgesetzt wurden (BR-Drucks. 35/1/09 vom 30.1.2009, BT-Drucks. 16/10117 vom 13.8.2008). Mit dem Gesetz zur Änderung des Vergaberechts für die Bereiche Verteidigung und Sicherheit vom 7.12.2011 (BGBl. I S. 2570) wurden die Abs. 7 bis 9 neu eingefügt. Die Regelungen in den nachfolgenden Absätzen blieben inhaltlich unverändert. Die Aufnahme der Regelung zu Aufträgen zur Durchführung mehrerer Tätigkeiten in einen eigenständigen Absatz 11 (Abs. 8 Satz 1 a.F.), die vorher gemeinsam mit den Regelungen zur Abgrenzung von Sektorentätigkeiten und Tätigkeiten nach dem Bundesberggesetz (Abs. 8 Satz 2 und 3 a.F.) in Abs. 8 (a.F.) enthalten war, dient der Klarheit.

III. Gemeinschaftsrechtliche Vorgaben

3 Europarechtlich finden Abs. 1 bis 4 und Abs. 6 und 7 ihre Entsprechungen in Art. 1 Abs. 2 bis 4 der Vergabekoordinierungsrichtlinie (Richtlinie 2004/18/EG) und Art. 1 Abs. 1, 2 und 3 der Sektorenkoordinierungsrichtlinie (Richtlinie 2004/17/EG). Auslobungsverfahren (Wettbewerbe), die in Abs. 5 geregelt sind, sind in Art. 1 Abs. 10 der Sektorenkoordinierungsrichtlinie definiert. Die Umsetzung der Richtlinie 2009/81/EG führte zu Abs. 7 bis 9.

Mit dem Gesetz zur Änderung des Vergaberechts für die Bereiche Verteidigung und Sicherheit vom 7.12.2011 (BGBl. I S. 2570) wurden die Vorgaben der Richtlinie 2009/81/EG in nationales Recht umgesetzt. Die Richtlinie gibt erstmals spezifische Regelungen dafür vor, wie Einkäufe des Staates in den Bereichen Verteidigung und Sicherheit ab bestimmten Schwellenwerten abzuwickeln sind. Erfasst werden Liefer- und Dienstleistungen sowie der Baubereich. Die Richtlinienvorgaben gelten für klassische und für Sektorenauftraggeber. Die Richtlinie 2009/81/EG, deren Umsetzung dieses Gesetz dient, bestimmt, nach welchen Regeln die Vergabe verteidigungs- und sicherheitsrelevanter Aufträge zu erfolgen hat. Der Anwendungsbereich für diese speziellen Vergaberegelungen wird in Abs. 7 definiert. Die Vorgaben hierzu ergeben sich aus Art. 1 Nr. 6, 7 und Art. 2 der Richtlinie.

B. Begriff des öffentlichen Auftrags (Abs. 1)

4 Voraussetzung für einen öffentlichen Auftrag ist ein entgeltlicher Vertrag zwischen einem öffentlichen Auftraggeber und einem Unternehmen.

I. Voraussetzungen

1. Vertragspartner

5 Vertragspartner eines öffentlichen Auftrags sind jeweils ein (oder mehrere) **öffentliche Auftraggeber** auf der einen und ein (oder mehrere) **Unternehmen** auf der anderen Seite. Wer öffentlicher Auftraggeber ist, regelt § 98 GWB.

6 Der **Unternehmensbegriff** in Abs. 1 ist weit zu verstehen. Die Vergabekoordinierungsrichtlinie und die Sektorenkoordinierungsrichtlinie verwenden den Begriff **„Wirtschaftsteilnehmer"**, der nach Art. 1 Abs. 8 bzw. Art. 1 Abs. 7 sowohl Unternehmer als auch Lieferanten und Dienstleistungserbringer erfasst. Es können „natürliche oder juristische Personen sowie öffentliche Einrichtungen" sein, die ihre Leistungen auf dem Markt anbieten. Dazu zählen insbesondere auch öffentliche Auftraggeber (EuGH vom 13.6.2013, Rs. C-386/11) und öffentliche Unternehmen, wenn sie auf einem auch privaten Unternehmen zugänglichen Markt agieren. Öffentliche Unternehmen wie z.B. Hochschulen, die nicht ständig auf dem Markt tätig sind, sind nicht von vornehnerein von der Teilnahme am Vergabeverfahren ausgeschlossen (EuGH vom 23.12.2009, Rs. C-305/08; vgl. aber die Regelungen in § 6 Abs. 1 Nr. 3 VOB/A und § 6 EG Abs. 1 Nr. 3 VOB/A, nach denen z.B. Justizvollzugsanstalten zum Wettbewerb mit privaten Unternehmen nicht zugelassen sind).

2. Vertrag

a) Vereinbarung zur Leistung

Der Begriff des **Vertrages** setzt zwei übereinstimmende Willenserklärungen und eine Bindung zur Leistung voraus. So dürfte ein bloßer „letter of intent" den Anwendungsbereich des Vergaberechts noch nicht eröffnen. Eine Rahmenvereinbarung hingegen ist als öffentlicher Auftrag anzusehen, wenn auf ihrer Grundlage beschafft werden soll (z.B. OLG Düsseldorf vom 1.8.2012, Verg 15/12).

b) Öffentlich-rechtliche Verträge

Abs. 1 beschränkt den öffentlichen Auftrag nicht auf privatrechtliche Verträge. Der Abschluss eines öffentlich-rechtlichen Vertrages steht der Anwendbarkeit des Vergaberechts nicht entgegen (z.B. VK Sachsen vom 26.3.2008, 1 SVK/005-08). Der Anwendungsbereich des Vergaberechts und damit der Begriff des öffentlichen Auftrags sind gemeinschaftsrechtlich geprägt. Die Unterscheidung zwischen öffentlich-rechtlichen und privatrechtlichen Verträgen ist hingegen eine Unterscheidung nach deutschem Recht. Auf die Einordnung nach nationalem Recht kommt es für das Vorliegen eines öffentlichen Auftrags nicht an (EuGH vom 12.7.2001, Rs. C-399/98). Auch öffentlich-rechtliche Verträge können demnach öffentliche Aufträge sein, wenn sie der Beschaffung dienen. Maßgeblich ist immer der konkrete Vertragsinhalt (BGH vom 1.12.2008, X ZB 31/08). Relevant wird dies z.B. bei kommunalen Kooperationen (Rn. 73 ff.) oder Rettungsdienstleistungen (Rn. 84 ff.).

c) Form

Während Art. 1 Abs. 2 Buchst. a der Vergabekoordinierungs- bzw. Sektorenkoordinierungsrichtlinie auf schriftlich geschlossene Verträge verweist, enthält § 99 GWB eine solche Formvorgabe nicht. Auch mündliche Verträge sind schon aus Umgehungsgesichtspunkten Gegenstand des Vergaberechts.

 Für die Wirksamkeit eines Vertrages können sich aus allgemeinen Vorgaben, wie z.B. § 311b BGB bei Grundstücksgeschäften oder § 2 GmbHG für die Satzung einer GmbH, Formerfordernisse ergeben. Diese betreffen die zivilrechtliche Wirksamkeit des Vertrages, nicht aber die Ausschreibungspflicht.

d) Interimsvergaben

In der Praxis stellt sich immer wieder die Frage, wie mit einer sog. Interimsvergabe umzugehen ist. Gemeint sind Beauftragungen, die nur den Zeitraum für die Durchführung eines ordnungsgemäßen Vergabeverfahrens überbrücken sollen. Eine derartige zeitlich beschränkte Vergabe wird notwendig, wenn es sich z.B. um Ver- und Entsorgungsleistungen handelt, die kontinuierlich erbracht werden müssen, die vergaberechtskonforme Beschaffung aber zeitlich nicht mehr möglich ist.

Das Vergaberecht enthält für Interimsvergaben keine Sonderregelungen. Rechtlich ist also auch für Leistungen, die z.B. nach einem Vergabeverfahren, in dem nur auszuschließende Angebote abgegeben wurden, oder nach einer Entscheidung einer Nachprüfungsinstanz, die den Auftraggeber zur (Neu-)Ausschreibung verpflichtet, bis zum Abschluss des Vergabeverfahrens an den derzeitigen Auftragnehmer oder den erfolgreichen Bieter aus dem aufgehobenen Vergabeverfahren vergeben werden, das Vergaberecht anwendbar. Eine Interimsvergabe stellt sich nicht als ein nach den §§ 115, 118 GWB verbotener Zuschlag dar, wenn die ausgeschriebene Leistung nur teilweise vergeben wird und die Interimsvergabe deshalb einen anderen Gegenstand hat als das in einem Nachprüfungsverfahren angehaltene Vergabeverfahren (OLG Brandenburg vom 6.3.2012, Verg W 16/11).

Im Einzelfall kann ein Verhandlungsverfahren ohne Teilnahmewettbewerb nach § 3 EG Abs. 3 Buchst. a, Abs. 4 Buchst. a oder d VOL/A begründet werden (vgl. z.B. VK Arnsberg vom 21.12.2009, VK 41/09; VK Lüneburg vom 3.7.2009, VgK 30/2009). Nach Auffassung des OLG Hamburg (vom 8.7.2008, 1 Verg 1/08) sind die Unternehmen, die sich an einem vorangegangenen Vergabeverfahren beteiligt haben, auch an dem Verfahren zur Beauftragung im Zwischenzeitraum zu beteiligen. Eine Interimsvergabe kann nur den Zeitraum umfassen, der für die Durchführung eines Vergabeverfahrens notwendig ist (VK Sachsen-Anhalt vom 4.1.2012, 2 VK LSA 27/11: absolut notwendiger Zeitraum maximal ein Jahr; OLG Dresden vom 25.1.2008, WVerg 10/07: bis zu einem halben Jahr; VK Arnsberg vom 25.8.2008, VK 14/08: bis zu einem Jahr).

 Auch für Interimsvergaben gilt das Vergaberecht. Dem Auftraggeber bleibt bei Leistungen der Daseinsvorsorge, die kontinuierlich erbracht werden müssen, häufig zur Sicherstellung der Leistung kaum eine andere Handlungsoption, als freihändig zu vergeben. Eine gegen die Interimsvergabe angerufene Vergabekammer kann indes nur (erneut) die Verpflichtung zur Durchführung eines Vergabeverfahrens aussprechen und dies auch nur dann, wenn der Auftragswert der Interimsvergabe den Schwellenwert übersteigt (OLG Brandenburg vom 6.3.2012, Verg W 16/11). Das Risiko liegt also im Wesentlichen bei den Kosten des Nachprüfungsverfahrens. Bei der vertraglichen Gestaltung der Interimsbeauftragung sollte allerdings die Laufzeit möglichst flexibel gestaltet werden. Ansprüche bei vorzeitiger Beendigung sollten ausgeschlossen werden.

3. Beschaffungszweck

a) Einkaufstätigkeit

13 Abs. 1 enthält seit der Neufassung durch das Gesetz zur Modernisierung des Vergaberechts den ausdrücklichen Hinweis, dass ein Auftrag der **Beschaffung** dient. Der Vertrag muss der Einkaufstätigkeit der öffentlichen Hand zuzuordnen sein. Der öffentliche Auftraggeber muss – jedenfalls bei Auftragsvergabe im Rahmen der gesetzlichen Krankenversicherung – nicht auch Empfänger der Lieferung oder Leistung sein. Nach dem Recht der gesetzlichen Krankenversicherung sind Lieferungen und Leistungen zur Versorgung der Versicherten bestimmt (OLG Düsseldorf vom 1.8.2012, VII-Verg 15/12 unter Berufung auf EuGH vom 11.6.2009, Rs. C-300/07). Auf die Bezeichnung der Vereinbarung kommt es nicht an. So sind auch Verträge, die den Verkauf von Altpapier betreffen, in der Regel als öffentlicher Auftrag anzusehen, weil hier die Verpflichtung zur Behandlung, Sortierung und weiteren Entsorgung des Altpapiers enthalten ist (vgl. KG vom 19.4.2012, Verg 7/11); zum Problem der Entgeltlichkeit s. Rn. 15.

Ob es notwendig ist, dass die Beschaffung einem **öffentlichen Interesse** dient, ist zweifelhaft. Aus Sicht des Vergaberechts ist die Frage, welchem Ziel die Beschaffung dient, nicht erheblich. Ob der Auftraggeber beschafft und was er beschafft, ist seine Entscheidung. Deshalb können auch Einkaufstätigkeiten, die nicht unmittelbar den Pflichtaufgaben der öffentlichen Hand dienen, öffentliche Aufträge sein. Die Entscheidung des OLG München, die Einräumung eines exklusiven Bierlieferungsrechts einer Brauerei an einen Festwirt auf der vom öffentlichen Auftraggeber ausgelegten Festwoche nicht dem Vergaberecht zu unterwerfen, ist daher kritisch zu sehen (OLG München vom 19.1.2012, Verg 17/11).

Nicht erfasst sind Organisationsentscheidungen und -zuweisungen innerhalb der öffentlichen Hand, Hoheitsakte (in der Regel auch Verwaltungsakte und Beleihungen) und Verkäufe.

Entscheidend ist das Merkmal „Beschaffungszweck" insbesondere für Abgrenzungsfragen bei Grundstücksgeschäften (Rn. 122 ff.) und der Kooperation öffentlicher Auftraggeber untereinander (Rn. 73 ff.).

b) Subunternehmeraufträge öffentlicher Auftraggeber

14 Das OLG Düsseldorf hatte argumentiert, dass Unteraufträge, die öffentliche Auftraggeber (weiter-)vergeben, wenn sie selbst als Bieter an öffentlichen Ausschreibungen (im konkreten Fall: einer Ausschreibung der Dualen System Deutschland GmbH (DSD)) teilnehmen, mangels eigenen Beschaffungsbedarfs des Auftraggebers nicht als öffentlicher Auftrag einzuordnen sind (OLG Düsseldorf vom 28.4.2004, VII-Verg 2/04). Dem hat der EuGH eine Absage erteilt (EuGH vom 18.11.2004, Rs. C-126/03). Dies bedeutet für öffentliche Unternehmen, die am Markt teilnehmen, aber insgesamt als öffentliche Auftraggeber anzusehen sind (vgl. § 98 Rn. 22 ff.), eine erhebliche Erschwernis. Zum einen ist der Zeitraum der Angebotsfrist nicht immer ausreichend, um eine eigene Ausschreibung für die Nachunternehmer durchzuführen. Zum anderen ist zu diesem Zeitpunkt noch gar nicht bekannt, ob sie den Auftrag erhalten werden. Die Ausschreibung der Nachunternehmerleistungen müsste also unter einen entsprechenden Vorbehalt gestellt werden.

 Öffentliche Auftraggeber, die selbst am Markt tätig sind und sich an Vergabeverfahren beteiligen, sind auch bei der Suche nach Unterauftragnehmern verpflichtet, ein Vergabeverfahren durchzuführen. Dies stellt sie bei der Abfassung ihrer Angebote, insbesondere bei der Angabe der Unterauftragnehmer, vor besondere Probleme. Nach der Rechtsprechung des BGH ist die **Forderung der Angabe der Subunternehmer** im Angebot im Einzelfall **unverhältnismäßig** (BGH vom 10.6.2008, X ZR 78/07). Eine solche Forderung kann und sollte daher gerügt werden. Die Ausschreibung zur Suche nach Subunternehmern ihrerseits muss unter den Vorbehalt der Zuschlagserteilung im Vergabeverfahren gestellt werden.

4. Entgeltlichkeit

Voraussetzung für einen öffentlichen Auftrag ist nach Abs. 1 die Entgeltlichkeit des Vertrages. Entgeltlichkeit liegt vor, wenn der öffentliche Auftraggeber sich durch ein **Austauschgeschäft** zu einer geldwerten Gegenleistung für die Leistung des Unternehmens verpflichtet (BGH vom 1.12.2008, X ZB 31/08). Der Entgeltbegriff umfasst **jede Art von Vergütung**, die einen **geldwerten Vorteil** bedeutet (OLG Naumburg vom 3.11.2005, 1 Verg 9/05). Die Bezeichnung als Kostenerstattung oder Selbstkostenerstattung steht der Einordnung als Entgelt nicht entgegen (OLG Frankfurt vom 7.9.2004, 11 Verg 14/04 und 12/04). Dabei können auch überlassene Nutzungen, zum Tausch überlassene Gegenstände (EuGH vom 18.1.2007, Rs. C-220/05 – „Roanne"), der Verkauf eines Grundstücks unter Wert (OLG Schleswig vom 15.3.2013, 1 Verg 4/12) oder der Erlass von Anschlussbeiträgen (EuGH vom 12.7.2001, Rs. C-399/98 – „Teatro alla Bicocca") als Entgelt angesehen werden. Zahlungen von Dritten können die Entgeltlichkeit des Vertrages ebenfalls begründen (EuGH vom 18.1.2007, Rs. C-220/05 – „Roanne"). Bei Rettungsdienstleistungen sind die von den Kostenträgern oder Privatzahlern zu erbringenden Leistungen die geldwerte Gegenleistung (OLG Naumburg vom 22.12.2011, 2 Verg 10/11). Das OLG Düsseldorf hat die Überlassung des Altpapiers, wenn der Preis, den der Bieter an den öffentlichen Auftraggeber zahlt, deutlich unter dem Marktwert des Altpapiers liegt, als Entgelt angesehen (OLG Düsseldorf vom 12.1.2004, VII-Verg 71/03; BGH vom 1.2.2005, X ZB 27/04). Die Vergütung besteht nicht nur in dem beim Auftragnehmer tatsächlich verbleibenden Anteil am Erlös, sondern auch in dem Ausgleich der vom Auftragnehmer aufgewendeten Kosten für die zu erbringenden Leistungen, z.B. auch für Unterauftragnehmer (KG vom 19.4.2012, Verg 7/11).

Das Merkmal der Entgeltlichkeit dient vor allem der **Abgrenzung** zu **Konzessionen** (zur Dienstleistungskonzession s. Rn. 153 ff., zur Baukonzession s. Rn. 166 ff.). Bei einer Konzession liegt die Gegenleistung statt in einem Entgelt in dem befristeten Recht auf Nutzung.

Im Einzelfall problematisch kann an dieser Stelle auch die **Abgrenzung** zu **Zuwendungen** und **Beihilfen** sein, die als solche nicht dem Entgeltbegriff unterfallen. Merkmal einer Beihilfe ist, dass keine Kompensation durch eine Gegenleistung erfolgt. In der Regel dienen Beihilfen und Zuwendungen nicht der Beschaffung und stellen kein Entgelt für eine Gegenleistung dar. Gibt der öffentliche Auftraggeber lediglich Zuschüsse dafür, dass ein anderer etwas beschafft, was nicht Gegenstand öffentlicher Aufgaben ist, liegt kein Auftrag vor (OLG München vom 25.3.2011, Verg 4/11). Wenn das Zuwendungsverhältnis allerdings eine Verpflichtung zur Leistungserbringung beinhaltet, kann dies im Einzelfall auch anders gewertet werden (s. dazu Rn. 105 im ÖPNV/SPNV-Bereich).

5. Vertragsgegenstand (Liefer-, Bau- oder Dienstleistungen; Baukonzessionen; Auslobungsverfahren, die zu Dienstleistungsaufträgen führen sollen)

18 Gegenstand eines öffentlichen Auftrags sind nach Abs. 1
   – Liefer-, Bau- oder Dienstleistungen,
   – Baukonzessionen und
   – Auslobungsverfahren, die zu Dienstleistungsaufträgen führen sollen.

19 Die **Abgrenzung** der einzelnen Vertragstypen ist u.a. für die maßgeblichen Schwellenwerte und die Anwendbarkeit der einschlägigen Vergabe- und Vertragsordnungen (VOL/A für Dienstleistungen und Lieferleistungen; VOF für freiberufliche Dienstleistungen; VOB/A für Bauleistungen) relevant. Innerhalb der VOL/A gibt es zum Teil Sonderregelungen für Dienst- und Lieferleistungen (z.B. § 3 EG Abs. 4 Buchst. b, e, f, g VOL/A). Die Zuordnung zum Bau- oder Dienstleistungsbereich ist auch für Konzessionen wichtig. Baukonzessionen unterliegen besonderen Regelungen. Auf **Dienstleistungskonzessionen** ist das GWB-Vergaberecht nicht anwendbar. Vergaberechtlich gibt es keine **Lieferkonzession**.

II. Vertragsänderungen

1. Allgemeines

20 In der Praxis sehr relevant ist die Frage, ob auch die Verlängerung und die Änderung bereits bestehender Verträge dem Vergaberecht unterfallen. Dies ist dann der Fall, wenn die Änderung einer **Neuvergabe gleichkommt**. Die Änderung muss also **wesentlich** sein. Nach Auffassung des EuGH liegt eine solche wesentliche Änderung vor, wenn
   – die Änderung Bedingungen einführt, die einen anderen Bieterkreis angesprochen hätten oder die Annahme eines anderen als des ursprünglich bezuschlagten Angebots erlaubt hätten,
   – der Auftrag wesentlich erweitert wird oder
   – das wirtschaftliche Gleichgewicht in einer im Ursprungsvertrag nicht vorgesehenen Art und Weise zugunsten des Auftragnehmers geändert wird (EuGH vom 19.6.2008, Rs. C-454/06).

2. Wert der Vertragsänderung

21 Immer wieder wird in der Diskussion darauf abgestellt, welchen Wert die Vertragsänderung hat. Erreichen die wirtschaftlichen Auswirkungen der Vertragsänderung den **Schwellenwert** für die Durchführung eines europaweiten Vergabeverfahrens, kann dies bei der Abwägung für die Wesentlichkeit der Vertragsänderung sprechen. Auch die Schwellen für die Möglichkeit der Durchführung eines Verhandlungsverfahrens ohne vorherige öffentliche Bekanntmachung in § 3 EG Abs. 4 Buchst. f VOL/A oder § 3 EG Abs. 5 Nr. 5 VOB/A können bei der Betrachtung herangezogen werden.

3. Laufzeitverlängerung

22 Eine Verlängerung der Laufzeit eines Vertrages, ohne dass dies im Ursprungsvertrag angelegt ist, kommt einer Neuvergabe für den weiteren Zeitraum gleich (OLG Düsseldorf vom 21.7.2010, VII Verg 19/10). Sie ist als öffentlicher Auftrag anzusehen. Dies gilt jedenfalls dann, wenn der Wert der Verlängerung den einschlägigen Schwellenwert überschreitet (Müller-Wrede/*Kaelble*, GWB-Vergaberecht, § 99 GWB Rn. 47).

23 Anders ist dies, wenn der Vertrag so ausgestaltet ist, dass er sich **automatisch verlängert**, wenn eine Kündigung nicht ausgesprochen wird. Bei dem bloßen **Verzicht auf eine Kündigung** besteht keine Verpflichtung zur Neuausschreibung (KG vom 19.4.2012, Verg 7/11; OLG Celle vom 4.5.2001, 13 Verg 5/00). Nach Auffassung des Kammergerichts gilt dies auch dann, wenn der Auftraggeber zur Kündigung des vergaberechtswidrigen Vertrages verpflichtet war und ist (KG vom 19.4.2012, Verg 7/11). Ist eine Kündigung allerdings bereits ausgeübt worden, ist die einvernehmliche Aufhebung der Kündigung als Abschluss eines Vertrages anzusehen, der durchaus als öffentlicher Auftrag angesehen wird (OLG Düsseldorf vom 8.5.2002, Verg 8-15/01). Dies gilt auch, wenn

Kündigung und Rücknahme der Kündigung vor Ablauf der Kündigungsfrist stattfinden (OLG Naumburg vom 26.7.2012, 2 Verg 2/12; anders wohl VK Bund vom 26.2.2010, VK 1-7/10; LSG NRW vom 22.7.2010, L 21 SF 77/10).

Die Ausübung einer im Ursprungsvertrag angelegten **einseitigen Verlängerungsoption** (Beispiel: „Der Auftraggeber hat das Recht, eine Verlängerung um ein Jahr bis zum … zu verlangen, wenn er dies bis zum … schriftlich gegenüber dem Auftragnehmer erklärt.") dürfte dem Vergaberecht ebenfalls nicht unterfallen. Dies gilt aber nur dann, wenn im Zusammenhang mit der Ausübung der Verlängerungsoption keine inhaltlichen Änderungen an dem Vertrag vereinbart werden. 24

Um größere Flexibilität zu erreichen, sollten Auftraggeber, sofern eine Laufzeitverlängerung in Betracht kommt, den Vertrag so ausgestalten, dass er sich automatisch verlängert, wenn eine Kündigung nicht ausgesprochen wird. In diesem Fall ist die Verlängerung ohne Durchführung eines erneuten Vergabeverfahrens möglich. Dies ist bereits bei der Ausschreibung des Ursprungsvertrages zu berücksichtigen und in die Vergabebekanntmachung aufzunehmen.

Fraglich ist, ob vergaberechtlich der Abschluss **unbefristeter Verträge** zulässig ist. Dadurch werden Leistungen dauerhaft dem Wettbewerb entzogen. Der EuGH entnahm dem Gemeinschaftsrecht bisher keine zwingende Befristung der Vertragsverhältnisse. Bislang gibt es keine allgemeine Regelung, die die Vertragsdauer auf eine bestimmte Zeit beschränken würde. Im Urteil vom 25.3.2010 führt der EuGH allerdings in einem Nebensatz aus, dass unbefristete Verträge unzulässig seien (EuGH vom 25.3.2010, Rs. C-451/08). Besondere Beschränkungen ergeben sich aus § 46 Abs. 2 Satz 1 EnWG (für Wegenutzungsverträge zwischen Gemeinden und Energieversorgungsunternehmen: 20 Jahre) und Art. 4 Abs. 3 der Verordnung Nr. 1370/07 (für Busverkehrsdienste: 10 Jahre; für Personenverkehrsdienste mit der Eisenbahn oder andere schienengestützte Verkehrsträger: 15 Jahre). Dem Grundsatz des freien Dienstleistungsverkehrs hat der EuGH entnommen, dass eine Vertragslaufzeit von 20 Jahren mit 10 Jahren Verlängerungsoption für Seeverkehrsdienstleistungen (EuGH vom 9.3.2006, Rs. C-323/03 – „Seekabotage Ria von Vigo") unangemessen lang ist. Die Vergabekammer Arnsberg sieht den Abschluss eines Abwasserbeseitigungsvertrages für 25 Jahre als Verstoß gegen den Wettbewerbsgrundsatz an (VK Arnsberg vom 21.2.2006, VK 29/05). 25

Das Vergaberecht enthält keine allgemeine Vorgabe für die Dauer des Vertrages. Der Auftraggeber ist aber schon aufgrund wirtschaftlicher Erwägungen gehalten, die Vertragsdauer an dem konkreten Auftrag, den notwendigen Investitionen und Abschreibungszeiträumen auszurichten. Anders ist das bei **Rahmenvereinbarungen**: Nach § 4 EG Abs. 7 VOL/A darf die Laufzeit einer Rahmenvereinbarung vier Jahre nicht überschreiten (vgl. auch OLG Düsseldorf vom 11.1.2012, Verg 57/11). 26

4. Änderung des Vertragsinhalts

Grundsätzlich gilt, dass jede wesentliche Änderung, insbesondere eine solche, die im Zusammenhang mit einer Laufzeitverlängerung steht, Anknüpfungspunkt für das Vergaberecht sein kann. 27

a) Auftragserweiterungen und -reduzierungen

Auftragserweiterungen sind in der Regel als Neuvergabe anzusehen (z.B. OLG Düsseldorf vom 21.7.2010, VII Verg 19/10). Etwas anderes gilt, wenn sie schon im Ursprungsvertrag (Optionen, Eventualpositionen) angelegt sind. 28

Auch die Reduzierung des Auftrags kann wesentliches Gewicht erhalten, wenn sie im Zusammenhang mit Preisanpassungen und/oder einem Kündigungsverzicht steht (OLG Düsseldorf vom 8.5.2002, VII Verg 8-15/01). 29

b) Änderungen der Art und Weise der Auftragsdurchführung

30 Die Änderung der Art und Weise der Auftragsdurchführung kann im Einzelfall einer Neuvergabe gleichkommen.

31 Diese Frage hat die Gerichte vor allem bei **Entsorgungsaufträgen** beschäftigt. Das Hinzukommen einer Abfallfraktion beim Einsammeln und Befördern ist eine wesentliche Erweiterung (OLG Düsseldorf vom 12.11.2004, VII Verg 71/03). Die Einführung der blauen Tonne für Altpapier gegenüber einer Bündelsammlung ist jedenfalls dann ausschreibungspflichtig, wenn sie einen Mehrbedarf an Personal und Fahrzeugen und eine Mehrvergütung auslöst, die als solche den Schwellenwert übersteigt (OLG Celle vom 29.10.2009, 13 Verg 8/09; VK Brandenburg vom 17.6.2008, VK 13/08). Die Einführung einer Wertstofftonne für Verpackungen und stoffgleiche Nichtverpackungen ist als wesentliche Änderung anzusehen, wenn sie zu den Schwellenwert übersteigenden wirtschaftlichen Auswirkungen führt. Dies gilt nach Auffassung des OLG Düsseldorf auch dann, wenn die Sammlung stoffgleicher Nichtverpackungen bereits Gegenstand des ursprünglichen Auftrags war, diese aber über die Restabfallbehälter gemeinsam mit Restabfall gesammelt wurden (OLG Düsseldorf vom 28.7.2011, VII-Verg 20/11).

32 Im Zusammenhang mit der Lieferung von **Impfstoffen** ist die Zulassung von anderen Produkten, die nicht Gegenstand der Ausschreibung gewesen sind und weder hinsichtlich der Zulassung noch der Darreichungsform den Vergabebedingungen entsprochen haben, für den Zeitraum von Lieferhindernissen als wesentliche Vertragsänderung angesehen worden (VK Bund vom 12.11.2012, VK 1-109/12).

33 Bei einem Beförderungsvertrag kann eine **Fahrplanänderung** zu einer wesentlichen Vertragsänderung führen (VK Südbayern vom 31.1.2012, Z3-3-3194-1-32-10/11).

c) Änderung der Preisgestaltung

34 Änderungen in der Preisgestaltung betreffen in der Regel das Wesen des Vertrages. Sie bergen nach Auffassung des EuGH das Risiko der Intransparenz und Ungleichbehandlung (EuGH vom 19.6.2008, Rs. C-454/06). Insbesondere nachträgliche Preiserhöhungen zugunsten des Auftragnehmers führen das wirtschaftliche Ergebnis des Vergabeverfahrens im Vertragsverhältnis nicht fort. Weniger problematisch sind Preisreduzierungen zugunsten des Auftraggebers. Nicht als Neuvergabe anzusehen ist die Anwendung von Preisanpassungs- und Wertsicherungsklauseln, die in den Verträgen bereits vorgesehen sind.

d) Ausübung vertraglicher Gestaltungsrechte

35 Die Ausübung vertraglicher Gestaltungsrechte steht einer Neuvergabe nicht gleich. Nach Zuschlagserteilung ist auch ein einmal ausgeschriebener Vertrag ein Vertrag, der gelebt wird. Vertragliche Gestaltungsrechte wie Minderung, Wandelung, Kündigung etc. ergeben sich aus dem Vertrag selbst oder aus dem Gesetz. Ihre Ausübung ist in der Regel eine Reaktion auf eine Schlechterfüllung einer Vertragspartei. Sie kommt einer Neuvergabe nicht gleich.

e) Wegfall der Geschäftsgrundlage

36 § 313 Abs. 1 BGB enthält Grundsätze zum Wegfall der Geschäftsgrundlage. Die vergaberechtliche Relevanz von Vertragsanpassungen auf dieser Basis ist umstritten. Die EU-Kommission hält Vertragsänderungen, die nicht im Ursprungsvertrag vorbehalten sind, ausnahmsweise für „annehmbar", wenn sie durch ein unvorhergesehenes Ereignis erforderlich werden oder aus Gründen der öffentlichen Ordnung, Sicherheit oder Gesundheit gerechtfertigt sind (Grünbuch zur ÖPP, Kom (2004) 327 end., Rn. 49; Mitteilung zu IÖPP, C (2007) 6661, Fn. 38). Haben sich Umstände, die zur Grundlage des Vertrages geworden sind, nach Vertragsschluss schwerwiegend verändert und hätten die Parteien den Vertrag nicht oder mit anderem Inhalt geschlossen, wenn sie diese Veränderung vorausgesehen hätten, kann nach § 313 BGB eine Anpassung verlangt werden, wenn ein Festhalten am Vertrag einer Partei nicht zumutbar ist. In Ausnahmefällen können **Mengenangaben** oder Angaben zu Mengen beeinflussenden Faktoren zur Geschäftsgrundlage erhoben werden. Der beiderseitige

f) Die Bedeutung von Anpassungsklauseln

Änderungen, die bereits im Ursprungsvertrag angelegt sind, bergen nach der Rechtsprechung des EuGH weniger die Gefahr eines Verstoßes gegen Transparenz und Gleichbehandlung. Viele Verträge enthalten Anpassungsklauseln, deren Auswirkungen bei Vertragsänderungen eine Rolle spielen. 37

Wenn bestimmte Anpassungsmöglichkeiten im Ursprungsvertrag bereits angelegt sind und sich daraus klar ergibt, unter welchen Umständen der Vertrag wie geändert werden soll, liegt im Regelfall keine vergabebedeutsame wesentliche Vertragsänderung vor. Daraus kann aber nicht geschlossen werden, dass bei Vorliegen einer Anpassungsklausel wesentliche Vertragsänderungen von vornherein ausscheiden (OLG Düsseldorf vom 28.7.2011, Verg 20/11). Ganz allgemein gehaltene Anpassungsklauseln, wie z.B. **salvatorische Klauseln**, führen in der Regel nicht dazu, dass das Vergaberecht keine Anwendung findet (OLG Celle vom 29.10.2009, 13 Verg 8/09; etwas abweichend OLG Brandenburg vom 15.7.2010, Verg W 4/09). Allgemein gehaltenen Anpassungsklauseln, die Vertragsänderungen in das freie Ermessen des Auftraggebers stellen, kommt bei der Abwägung, ob eine wesentliche Änderung vorliegt, nur wenig Bedeutung zu (OLG Düsseldorf vom 28.7.2011, Verg 20/11; so auch *Gnittke/Rude*, VergabeNavigator 2012, 5). 38

Welche Rolle Anpassungsklauseln zukommt, ist im **Einzelfall** zu prüfen. Auch bei Anpassungsklauseln ist eine wesentliche Vertragsänderung nicht von vornherein ausgeschlossen. Je unbestimmter die Anpassungsklausel ist, desto weniger kann auf sie eine vergaberechtsneutrale Vertragsänderung gestützt werden.

g) VOB/B und VOL/B

Bei Verträgen, die dem Vergaberecht unterfallen, werden regelmäßig die VOB/B bzw. die VOL/B vereinbart. Beide Regelwerke sehen das Recht des Auftraggebers, Anpassungen der Leistung zu verlangen, vor. Dieses Recht führt, wenn die Grundlagen der Preisermittlung betroffen sind, zu einem Recht des Auftragnehmers, einen neuen Preis unter Berücksichtigung der **Mehr- und Minderkosten** zu vereinbaren. Teilweise werden darauf gestützte Änderungen als nicht vom Vergaberecht erfasst angesehen (*Polster*, VergabeR 2012, 282, 286 m.w.N.). Dies ist aber, weil die Rechte des Auftraggebers nach VOL/B und VOB/B sehr weitgehend sind, im Lichte der Rechtsprechung zu Anpassungsklauseln mit Vorsicht zu betrachten. 39

Das OLG Celle (vom 29.10.2009, 13 Verg 8/09) reduziert die Anwendung von § 2 VOL/B von vornherein auf **qualitative Änderungen** in der Sache selbst. Dazu zählen z.B. andere Ausführungstermine oder andere Orte der Leistungserbringung. Es seien von vornherein keine wesentlichen Vertragsänderungen erfasst. 40

§ 2 Abs. 3 Nr. 1 VOB/B enthält allerdings Regelungen zu **Mengenabweichungen** und ein Recht auf Preisanpassung bei Überschreitungen des Mengenansatzes, die über 10 v.H. hinausgehen. § 2 Abs. 1 Nr. 3 VOB/B beinhaltet einen Anspruch auf Erhöhung der Einheitspreise bei Unterschreitung des Mengenansatzes um über 10 %. Diese Preisanpassung dürfte vergaberechtlich regelmäßig nicht relevant sein, weil es sich weiterhin um das gleiche Bauwerk handelt und z.B. nur die Menge der Ziegel oder Fliesen verändert wird. 41

§ 2 Abs. 5 VOB/B regelt eine Preisanpassungspflicht, wenn durch die Änderung des Bauentwurfs oder durch Anordnungen des Auftraggebers die Grundlagen des Preises für eine im Vertrag vorgesehene Leistung geändert werden. Derartige Änderungen können durchaus vergaberechtlich relevant sein. 42

5. Austausch des Vertragspartners

43 Der Austausch eines Vertragspartners ist als wesentliche Änderung eines Vertrages anzusehen (VK Münster vom 26.5.2009, VK 7/09), auch wenn er zivilrechtlich als Schuldübernahme und Abtretung so ausgestaltet wird, dass der öffentliche Auftraggeber den zwischen altem und neuem Auftragnehmer getroffenen Vereinbarungen nur zustimmt. In diesen Fällen liegt ein neuer öffentlicher Auftrag mit dem neuen Vertragspartner vor (VK Bund vom 29.6.2005, VK 3-52/05). Dies gilt auch dann, wenn der Vertragspartner aufgrund von Insolvenz oder nach Kündigung ausgetauscht werden soll und beispielsweise der zweitplatzierte Bieter aus dem ursprünglichen Vergabeverfahren beauftragt wird. Anders kann dies beurteilt werden, wenn der Eintritt eines Dritten bereits im Ursprungsvertrag angelegt war. Der EuGH nimmt dies zum einen an, wenn eine entsprechende (Unter-)Beauftragung schon im Vertrag vorgesehen war. Zum anderen kommt es in Betracht, wenn es sich um eine reine konzernrechtliche Neuorganisation handelt, bei der der Auftrag auf eine 100%ige Tochtergesellschaft übergeht, zwischen bisherigem Auftragnehmer und Tochtergesellschaft ein Gewinn- und Verlustausgleichsvertrag besteht und eine Haftungserklärung ebenso abgegeben wurde wie eine Erklärung, dass sich an der Gesamtleistung nichts ändert (EuGH vom 19.6.2008, Rs. C-454/06).

44 Ein **Wechsel des Nachunternehmers** kann, auch wenn diese Möglichkeit im Vertrag vorgesehen ist, in Ausnahmefällen eine Änderung der wesentlichen Bestandteile eines Vertrages darstellen, wenn die Heranziehung eines Nachunternehmers anstelle eines anderen unter Berücksichtigung der besonderen Merkmale der betreffenden Leistung ein ausschlaggebendes Element für den Abschluss des Vertrages war (EuGH vom 13.4.2010, Rs. C-91/08; vgl. auch OLG Frankfurt vom 29.1.2013, 11 U 33/12). Auch der **Wegfall der Inhouse-Fähigkeit** des Auftragnehmers kann eine wesentliche Veränderung begründen (OLG Düsseldorf vom 28.7.2011, Verg 20/11).

III. Inhouse-Geschäft

1. Grundsätze

45 Unter dem Stichwort „Inhouse-Geschäft" wird die Frage diskutiert, ob der öffentliche Auftraggeber auch dann zur Durchführung eines Vergabeverfahrens verpflichtet ist, wenn er mit der Leistung ein Unternehmen beauftragen möchte, an dem er selbst beteiligt ist.

46 Die Rechtsprechung hat bereits früh nach dem Inkrafttreten der vergaberechtlichen Regelungen im GWB klargestellt, dass ein Vertrag im Sinne des Vergaberechts voraussetzt, dass **zwei unterschiedliche Rechtssubjekte** Partner der Vertrages sind (EuGH vom 18.11.1999, Rs. C-107/98; EuGH vom 19.12.2012, Rs. C-159/11). Dies ist bei einer Vergabe „im eigenem Haus" nicht der Fall. Das Vergaberecht regelt die Frage des „Wie" der öffentlichen Auftragsvergabe, greift jedoch nicht in die innere Organisation der Vergabestelle ein. Ein Vertrag liegt nicht vor, wenn die Aufgabenwahrnehmung durch eine rechtlich unselbständige Abteilung der Vergabestelle erfolgt. Wenn keine rechtliche Personenverschiedenheit vorliegt, ist das Vergaberecht nicht anwendbar, ohne dass es auf die im Folgenden beschriebenen Voraussetzungen eines Inhouse-Geschäfts ankäme (VK Südbayern vom 8.3.2013, Z3-3-3194-1-02-01/13).

47 Maßgeblich bestimmt wird die Rechtsfrage, unter welchen Voraussetzungen **Tochtergesellschaften** vergaberechtsfrei beauftragt werden dürfen, durch die Rechtsprechung des EuGH. Grundlegend ist immer noch das Urteil des EuGH in der Sache **„Teckal"** (EuGH vom 18.11.1999, Rs. C-107/98). Danach ist eine sog. **vergaberechtsfreie Inhouse-Beauftragung zulässig**, wenn

– der Auftraggeber über die auftragnehmende Einrichtung eine ähnliche Kontrolle ausübt wie über seine eigenen Dienststellen und

– die Tätigkeiten der Einrichtung im Wesentlichen für den öffentlichen Auftraggeber erbracht werden.

48 Diese Kriterien, die der EuGH in Bezug auf die Anforderungen der Lieferkoordinierungsrichtlinie (Richtlinie 93/36/EWG) und später auch der Dienstleistungsrichtlinie (Richtlinie 92/50/EWG) aufgestellt hat, wurden vom BGH bestätigt (BGH vom 12.6.2001, X ZB 10/01). In der Folgezeit hat die Rechtsprechung die Voraussetzungen eines Inhouse-Geschäfts konkretisiert.

2. Kontrolle wie über eine eigene Dienststelle

a) Beteiligungsquote

Umstritten war lange die Bedeutung des Kriteriums der Beteiligungsquote insbesondere bei sog. **gemischt-wirtschaftlichen Gesellschaften**. Dies sind Tochtergesellschaften, an denen neben der öffentlichen Hand auch ein oder mehrere private Mitgesellschafter beteiligt sind. Klassische Konstellation ist eine GmbH mit 51 %iger Beteiligung einer Kommune und 49 %iger Beteiligung eines Privaten in der Entsorgungswirtschaft.

49

Maßgeblich ist die Entscheidung des EuGH vom 11.1.2005 (Rs. C-26/03). Danach ist ein Inhouse-Geschäft bei einer Beteiligung privater Unternehmen grundsätzlich ausgeschlossen. Jede auch noch so geringe Beteiligung eines privaten Unternehmens schließt ein Inhouse-Geschäft aus. Daraus folgt, dass die Auftragsvergabe ohne Ausschreibung an gemischt-wirtschaftliche Gesellschaften, an denen neben der Kommune auch private Anteilseigner beteiligt sind, ausgeschlossen ist. Auch Verträge mit Kommunalversicherern, bei denen Mitglieder auch sonstige wirtschaftliche Vereinigungen sein können, die sich nicht vollständig in öffentlicher Hand befinden, unterliegen dem Vergaberecht (BGH vom 3.7.2008, I ZR 145/05). Diskussionen über die Beteiligungsquote oder die Gestaltung von Beherrschungsverträgen sind obsolet.

50

b) Beherrschung durch mehrere öffentliche Auftraggeber

Nicht ausgeschlossen hingegen ist eine gemeinsame Beherrschung einer Tochtergesellschaft durch mehrere öffentliche Auftraggeber (EuGH vom 10.9.2009, Rs. C-573/07; EuGH vom 19.4.2007, Rs. C-295/05; EuGH vom 13.11.2008, Rs. C-324/07 – „Coditel"). Eine Gesellschaft, an der z.B. mehrere Kommunen beteiligt sind, kann deshalb von den einzelnen öffentlichen Anteilseignern im Rahmen eines Inhouse-Geschäfts beauftragt werden, wenn sie die Gesellschaft gemeinsam beherrschen und die notwendige Kontrolle gemeinsam ausüben. Es ist nicht erforderlich, dass der Auftraggeber selbst die Mehrheit der Anteile hält. Eine **Minderheitsbeteiligung** reicht aus, selbst wenn diese geringfügig ist (OLG Düsseldorf vom 30.1.2013, Verg 56/12). Das OLG Düsseldorf führt instruktiv aus:

51

> „Nach ständiger Rechtsprechung des EuGH ist das Kontrollkriterium erfüllt, wenn die betreffende Einrichtung einer Kontrolle unterliegt, die es dem öffentlichen Auftraggeber ermöglicht, auf ihre Entscheidungen einzuwirken. Hierbei muss die Möglichkeit gegeben sein, sowohl auf die strategischen Ziele als auch auf die wichtigen Entscheidungen dieser Einrichtung ausschlaggebenden Einfluss zu nehmen (vgl. EuGH, Urteil vom 13.10.2005, C-458/03 – Parking Brixen, Rn. 65; Urteil vom 13.11.2008, C-324/07 – Coditel Brabant, Rn. 28; Urteil vom 10.09.2009, C-573/07 – Sea, Rn. 65). Mit anderen Worten muss der öffentliche Auftraggeber in der Lage sein, eine strukturelle und funktionelle Kontrolle über diese Einrichtung auszuüben (EuGH, Urteil vom 29.11.2012, C-182 und 183/11 Econord, Rn. 27). Die Kontrolle muss wirksam sein (EuGH, Urteil vom 13.11.2008, C-324/07 – Coditel Brabant, Rn. 46). Bei Einschaltung einer von mehreren öffentlichen Stellen gemeinsam gehaltenen Einrichtung kann die Kontrolle wie über die eigenen Dienststellen von diesen Stellen gemeinsam ausgeübt werden, ohne dass es notwendig wäre, dass diese Kontrolle von jeder von ihnen einzeln ausgeübt wird (vgl. EuGH, Urteil vom 13.11.2008, C-324/07 – Coditel Brabant, Rn. 47 und 50; Urteil vom 10.09.2009, C-573/07 – Sea, Rn. 59; zum Vorstehenden insgesamt EuGH, Urteil vom 29.11.2012, C-182 und 183/11 – Econord, Rn. 27). So hat der EuGH im Fall Teckal die Beteiligung von 45 Einrichtungen an dem Auftragnehmer und einen Anteil der Gemeinde Viano von nur 0,9 % für das Kontrollkriterium genügen lassen (zum Sachverhalt vgl. Schlussanträge – Opinion of Advocate General Cosmas – vom 01.07.1999, Rn. 61). Danach reicht auch eine Minderheitsbeteiligung der Antragsgegnerin an der B... GmbH von nur 0,94 % für eine Kontrolle aus. Eine gemeinsame Kontrolle wird – [...] – nicht dadurch verhindert, dass die beteiligten gesetzlichen Krankenkassen im Wettbewerb zueinander stehen. Ein Wettbewerb besteht zwar um die Gewinnung von Mitgliedern. Im Übrigen haben die gesetzlichen Krankenkassen aber in vielerlei Hinsicht gleichgerichtete Interessen, zu deren Erreichen sie zusammenwirken können. Das zeigt der Zusammenschluss zur streitge-

52

genständlichen Arbeitsgemeinschaft, mit der die Beteiligten auf der Grundlage des § 94 Abs. 1a SGB X eine umfassende und intensive Zusammenarbeit in den Bereichen der Informationstechnologie sowie für IT-nahe Dienstleistungen anstreben (Präambel der Vereinbarung über die Errichtung einer IT-Allianz vom 14.05.2008)."

53 Es ist nicht erforderlich, dass jede Stelle ein individuelles Kontrollrecht über die Einrichtung hat. Die ausgeübte Kontrolle darf jedoch nicht nur auf der Kontrollbefugnis der öffentlichen Stelle beruhen, die Minderheitsaktionärin der betreffenden Einrichtung ist. Wenn ein öffentlicher Auftraggeber nicht die geringste Möglichkeit einer Beteiligung an der Kontrolle über die Einrichtung hat, kann eine Umgehung vorliegen (EuGH vom 29.11.2012, Rs. C-182/11 und Rs. C-183/11).

54 Die gleichen Grundsätze gelten für einen **Zweckverband** oder eine **gemeinsame Anstalt des öffentlichen Rechts** (vgl. dazu auch OLG Düsseldorf vom 21.6.2006, VII-Verg 17/06; Stellungnahme der EU-Kommission vom 13.4.2004, 2000/4433/C 1202, die allerdings argumentativ auf eine Aufgabenübertragung abstellen; vgl. dazu Rn. 74 f.).

c) Kontrolle

55 Weitere Voraussetzung ist, dass auch die Ausgestaltung des Gesellschaftsvertrages eine tatsächliche Kontrolle wie über eine eigene Dienststelle ermöglicht. Die Kontrolle muss einer Kontrolle über eine eigene Dienststelle aber nur vergleichbar sein (BayObLG vom 24.1.2001, Verg 18/01; BGH vom 3.7.2008, I ZR 145/05). Für eine fehlende Kontrolle können sprechen:

– die Natur der Gesellschaftsform (AG),
– die Ausweitung des Gesellschaftszwecks,
– die vorgesehene Öffnung der Gesellschaft für Fremdkapital,
– die Ausweitung des geografischen Tätigkeitsbereichs und
– der Umfang der dem Verwaltungsrat übertragenen Vollmachten, die ohne Kontrolle des öffentlichen Anteilseigners ausgeübt werden können (EuGH vom 13.10.2005, Rs. C-458/03, Rn. 67).

56 Bei einer GmbH dürfte eine Kontrolle regelmäßig möglich sein, wenn nicht die genannten Besonderheiten bestehen. Über die Gesellschafterversammlung ermöglicht das GmbH-Recht eine umfassende Kontrolle der Geschäftsführung, weil § 37 GmbHG den Geschäftsführer uneingeschränkt den Weisungen der Gesellschafter unterwirft und diese gemäß § 46 GmbHG den Geschäftsführer jederzeit abberufen können. Bei der Aktiengesellschaft ist die Kontrolle schon aufgrund der Rechtsform hingegen regelmäßig fraglich (EuGH vom 13.10.2005, Rs. C-458/03; EuGH vom 6.4.2006, Rs. C-410/04; EuGH vom 11.5.2006, Rs. C-340/04). Für Hochschulen in Nordrhein-Westfalen hat das OLG Düsseldorf in der Entscheidung vom 22.5.2013 (VII-Verg 16/12) aufgrund der Verselbständigung durch das Hochschulfreiheitsgesetz (keine Fachaufsicht, Verantwortung für Finanz-, Personal- und Organisationsentscheidungen, Entlassung aus dem Regime der LHO etc.) eine Kontrolle durch das Land und damit ein Inhouse-Geschäft verneint.

d) Kontrolle im Konzern

57 Die Kontrolle kann auch über ein anderes Unternehmen vermittelt werden. Nach Auffassung des EuGH schließt die **Zwischenschaltung** einer privatrechtlich organisierten Gesellschaft als Holding die Kontrolle der Enkelgesellschaft nicht aus (EuGH vom 11.5.2006, Rs. C-340/04). Eine vergaberechtsfreie Inhouse-Beauftragung von Enkelgesellschaften ist möglich, solange auf jeder Stufe die Voraussetzungen einer Beherrschung gegeben sind und die Enkelgesellschaft im Wesentlichen für den Auftraggeber tätig wird (VK Arnsberg vom 5.8.2003, VK 2-13/2003). Im Einzelfall ist zu überprüfen, ob die tatsächliche Kontrolle auch bei der Zwischenschaltung von Gesellschaften noch gegeben ist. Eine gemischt-wirtschaftliche Gesellschaft als Tochter zwischen Mutter und Enkel scheidet aus (BGH vom 3.7.2008, I ZR 145/05).

58 Ob in einem konkreten Fall eine Kontrolle wie über eine eigene Dienststelle gegeben ist, hängt von einer **Gesamtschau** aller maßgeblichen Umstände im Einzelfall ab (OLG Düsseldorf vom 30.1.2013, Verg 56/12 unter Berufung auf EuGH vom 13.10.2005, Rs. C-458/03 – „Parking Brixen", Rn. 65

und vom 11.5.2006, Rs. C-340/04 – „Carbotermo", Rn. 36). Zwischengeschaltete Gesellschaften können eine Beherrschung durch den öffentlichen Auftraggeber erschweren und sie ausschließen, etwa wenn – wie im Fall Carbotermo – den Verwaltungsräten einer Aktiengesellschaft nach italienischem Recht umfassende Befugnisse zur ordentlichen und außerordentlichen Leitung der Gesellschaft zukommen (vgl. EuGH vom 11.5.2006, Rs. C-340/04 – „Carbotermo", Rn. 38–40; vgl. auch OLG Düsseldorf vom 28.7.2011, VII-Verg 20/11). Eine Marktausrichtung von zwischengeschalteten Gesellschaften steht einem Inhouse-Geschäft nur dann entgegen, wenn diese Marktausrichtung die Kontrolle der Gesellschaft als nicht gesichert erscheinen lässt (OLG Düsseldorf vom 28.7.2011, VII-Verg 20/11).

Dies gilt auch in **horizontaler Hinsicht**. Solange kein Privater beteiligt ist und alle beteiligten Gesellschaften im Wesentlichen füreinander tätig sind, ist eine vergabefreie Inhouse-Beauftragung auch zwischen Schwestergesellschaften und „Cousinen" zulässig und erfasst auch Beauftragungen der Mutter durch die Tochter. Vorsichtig aber das OLG Düsseldorf, das die Zulässigkeit von Schwester-Schwester-Beauftragungen ausdrücklich offen lässt und ausführt, dazu sei ggf. der EuGH im Rahmen eines Vorabentscheidungsersuchens zu befragen (OLG Düsseldorf vom 22.5.2013, VII-Verg 16/12).   59

3. Tätigkeit im Wesentlichen für den Auftraggeber

a) Qualitative und quantitative Umstände

In der Praxis bereitet die Abgrenzung dessen, was als **wesentlich** anzusehen ist, häufig Schwierigkeiten. Fest steht, dass eine etwaige Tätigkeit für andere Auftraggeber rein nebensächlich sein muss. Zu ermitteln ist dies nach **qualitativen** und **quantitativen** Umständen des Einzelfalles (EuGH vom 11.5.2006, Rs. C-340/04). Einer strengen Grenzziehung anhand von Prozentwerten hat der EuGH eine Absage erteilt. Qualitative Umstände können insbesondere die Stellung der Gesellschaft am Markt, wie z.B. die wettbewerbliche Situation gegenüber Mitbewerbern oder die Anzahl der Aufträge, die für andere Auftraggeber ausgeführt werden, sein. Qualitative Gesichtspunkte ermöglichen auch eine Berücksichtigung der Art der Tätigkeiten und der Art der Auftraggeber.   60

b) Umsatzanteile

Umsatzanteile werden in der Rechtsprechung immer wieder bei der Betrachtung der Wesentlichkeit herangezogen. Der EuGH hat eine Tätigkeit im Wesentlichen für den Auftraggeber als erfüllt angesehen, wenn das Tochterunternehmen insgesamt 90 % seiner Tätigkeiten für den oder die öffentlichen Auftraggeber erbringt, die ihre Anteile innehaben (EuGH vom 19.4.2007, Rs. C-295/05; zweifelnd BGH vom 3.7.2008, I ZR 145/05). Das OLG Celle hat ein Inhouse-Geschäft bereits ausgeschlossen, wenn die Tochtergesellschaft 7,5 % ihres Umsatzes aus Geschäften mit dritten Auftragnehmern erzielt (OLG Celle vom 29.10.2009, 13 Verg 8/09). Berücksichtigt werden müssen bei dieser Bewertung **sämtliche Umsätze** der Tochtergesellschaft.   61

c) Umsätze von Tochtergesellschaften

Nach Auffassung des OLG Celle sind auch die **Umsätze von 100 %igen Tochtergesellschaften** der im Rahmen eines Inhouse-Geschäfts zu beauftragenden Gesellschaft zu berücksichtigen, wenn für Mutter und Tochter ein gemeinsamer konsolidierter Abschluss vorliegt, der Geschäftsbericht die Ertragslage beider Gesellschaften zusammenfasst und gruppeninterne Vorgänge eliminiert und die Tochter nur mit personeller und sachlicher Ausstattung der Mutter arbeitsfähig ist (OLG Celle vom 29.10.2009, 13 Verg 8/09; nach Auffassung des OLG Düsseldorf vom 28.7.2011, VII-Verg 20/11 müsste diese Frage dem EuGH zur Klärung vorgelegt werden).   62

> Die Praxis kommunaler Tochtergesellschaften, zur Herstellung der Inhouse-Fähigkeit allein Tätigkeiten für den Auftraggeber zu erbringen und für das gewerbliche Geschäft eine eng angebundene Tochtergesellschaft zu gründen, ist kritisch zu sehen. Möglich ist es, eine gewerblich tätige Gesellschaft als Schwestergesellschaft der Inhouse-Gesellschaft anzusiedeln, um die Inhouse-Fähigkeit der Tochter sicherzustellen.

d) Umsätze auf Basis von Konzessionen, insbesondere mit Privatpersonen

63 Schwierig zu beurteilen sind auch Umsätze, die z.B. im Rahmen der **Stromversorgung direkt** mit den **Bürgern** erwirtschaftet werden. Berücksichtigt werden muss der Umsatz, den das fragliche Unternehmen aufgrund von Vergabeentscheidungen der kontrollierenden Körperschaft erzielt, und zwar einschließlich des Umsatzes, der in Ausführung solcher Entscheidungen mit Dritten erzielt wird, ohne dass die Person des Begünstigten von Bedeutung wäre – sei es der öffentliche Auftraggeber selbst oder der Nutzer der Leistungen. Es kommt nicht darauf an, wer das betreffende Unternehmen vergütet (OLG Frankfurt vom 30.8.2011, 11 Verg 3/11 in Anlehnung an EuGH vom 11.5.2006, Rs. C-340/4 – „Carbotermo"). Umsätze, die auf Grundlage von Konzessionen mit Dritten erzielt werden, können also dem Auftraggeber zugerechnet werden. Erforderlich ist der Zusammenhang zwischen der Rechtsbeziehung, die der öffentliche Auftraggeber mit dem Auftragnehmer eingegangen ist, und dem erwirtschafteten Umsatz. Nach der Rechtsprechung des EuGH ist es unerheblich, wo die Leistungen erbracht werden und von wem sie vergütet werden. Danach können u.U. auch Leistungen an unbeteiligte Personen einbezogen werden, beispielsweise an Privathaushalte (vgl. *Schröder*, NVwZ 2011, 776, 778).

64 Die mit im Hoheitsgebiet ansässigen Haushaltskunden erzielten Erlöse kommunaler Unternehmen sind als **Umsätze zugunsten der Kommune** zu berücksichtigen, wenn ein Vertragsverhältnis mit der Kommune die Tätigkeit für die Haushalte begründet. Ob allein der Gesellschaftszweck als **Kausalitätszusammenhang** ausreicht, erscheint fraglich. In den Fällen, in denen ein Anschluss- und Benutzungszwang für ein bestimmtes Netz gegeben ist, spricht einiges für die Annahme einer Kausalität und damit einer Zurechnung von Umsätzen mit den Anschlusspflichtigen an die Körperschaft, die den Anschluss und Benutzungszwang eingerichtet hat (so z.B. bei bestimmten Fernwärmenetzen).

65 In der Interpretation der EuGH-Rechtsprechung wird zum Teil zwischen **marktgängigen** und **marktfernen Leistungen** unterschieden. Bei Leistungen, bei denen der Privatkunde den Anbieter frei wählen kann, wird eine Zurechnung verneint (*Wagner-Cardenal/Scharf*, NZBau 2011, 271, 274). Dann sind Leistungen, bei denen der Privatkunde frei wählen kann, wie z.B. bei der Stromversorgung, nicht zurechenbar. Das OLG Frankfurt (vom 30.8.2011, 11 Verg 3/11) und das OLG Hamburg (vom 14.12.2010, 1 Verg 5/10) stellen auf den Wettbewerb nach der Liberalisierung im Strom- und Gasmarkt ab. Möglicherweise muss aber auch berücksichtigt werden, ob die in Rede stehenden Umsätze zu einer Verselbständigung und Markttätigkeit des beauftragten Unternehmens führen können. Dies kann bei Privatkunden durchaus differenziert zu beurteilen sein (vgl. *Gnittke/Hansmann*, VergabeR 2012, 363, 375).

e) Pflichtenübertragung nach § 16 Abs. 2 KrW-/AbfG

66 Das OLG Düsseldorf hat die Umsätze, die aus der **Pflichtenübertragung nach § 16 Abs. 2 KrW-/AbfG** stammen, als Fremdumsatz angesehen (OLG Düsseldorf vom 12.1.2004, VII-Verg 71/03). Die Möglichkeit der Pflichtenübertragung ist in den Neuregelungen des Kreislaufwirtschaftsgesetzes (KrWG) entfallen, so dass sich die vergaberechtliche Betrachtung dieser Frage entbehrlich macht.

4. Veräußerung von Geschäftsanteilen/Gesellschaftsgründung

67 Im Zusammenhang mit Inhouse-Geschäften taucht regelmäßig die Frage auf, ob auch bereits die Gründung einer gemeinsamen Tochtergesellschaft mit einem privaten Unternehmen dem Vergaberecht unterfällt. An den gleichen Maßstäben ist die Veräußerung von Gesellschaftsanteilen von 100 %igen Tochtergesellschaften zu messen.

68 Die bloße Veräußerung von Gesellschaftsanteilen oder die Gründung einer gemischt-wirtschaftlichen Gesellschaft stellen keine Beschaffung des öffentlichen Auftraggebers dar, so dass sie als solche vergaberechtlich nicht relevant sind (OLG Brandenburg vom 3.8.2001, Verg 3/01; VK Thüringen vom 23.2.2007, 360-4003.20-62/2007-001-G).

Ausschreibungspflichten ergeben sich aber dann, wenn die Gründung der Gesellschaft oder die Veräußerung von Geschäftsanteilen im Zusammenhang mit einer Beauftragung der Gesellschaft steht (EuGH vom 13.11.2008, Rs. C-324/2007; EuGH vom 10.12.2005, Rs. C-29/04). Der Verkauf von Gesellschaftsanteilen kann als vergaberechtlich relevanter Beschaffungsvorgang eingeschätzt werden, wenn die Gesellschaft nach noch erforderlichen Zwischenschritten öffentliche Aufträge vergeben würde (VK Niedersachsen vom 26.11.2012, VgK-40/12). Dies gilt auch dann, wenn eine alleinige Tochtergesellschaft beauftragt wird, aber während der Vertragslaufzeit eine Privatisierung beabsichtigt ist (EuGH vom 6.4.2006, Rs. C-410/04 – „ANAV/Bari").

Ist eine Privatisierung zunächst nicht beabsichtigt, sind die Gründung und Beauftragung der Inhouse-Gesellschaft kein öffentlicher Auftrag – allerdings ist die Veräußerung von Anteilen an der beauftragten Gesellschaft an Private vom Vergaberecht erfasst. Dies gilt nach hier vertretener Auffassung unabhängig von einem zeitlichen oder sachlichen Zusammenhang zwischen Gründung/Beauftragung und Veräußerung allein aufgrund des durch den Auftrag implizierten Beschaffungsverhältnisses und der Inhouse-Kriterien (vgl. EuGH vom 19.6.2008, Rs. C-454/06; *Dreher*, in: Immenga/Mestmäcker, Wettbewerbsrecht, Bd. 2, § 99 GWB Rn. 86). Die Entscheidung des OLG Naumburg (vom 29.4.2010, 1 Verg 2/10), die unter Berufung auf die Rechtsprechung des EuGH in der Sache Rs. C-454/06 (Urteil vom 19.6.2008) die Veräußerung von Gesellschaftsanteilen an einer zunächst inhousefähigen Eigengesellschaft als vergaberechtlich nicht relevante Änderung des Gesellschafterbestands ansieht, ist deshalb kritisch zu bewerten. Sie setzt aber nach dem konkreten Sachverhalt – und ist deshalb im Ergebnis wohl richtig – voraus, dass vor der Beauftragung der Gesellschaft, an der der Auftraggeber selbst beteiligt war, eine öffentliche Ausschreibung stattgefunden hat. In diesen Fällen ist das Beteiligungsunternehmen nicht anders zu behandeln als ein privates Unternehmen, bei dem ein Wechsel unter den Gesellschaftern vergaberechtlich ebenfalls nicht relevant wäre. Darüber hinausgehend anzunehmen, ein späterer Gesellschafterwechsel könne auch dann nicht mehr angegriffen werden, wenn die ursprüngliche Gesellschaft ohne Durchführung eines Vergabeverfahrens im Rahmen eines vermeintlichen Inhouse-Geschäfts ohne Vergabeverfahren beauftragt wurde, betrachtet die Fragestellung allerdings zu formal. Wirtschaftlich ist in diesem Fall der neue Gesellschafter an dem Auftrag beteiligt, ohne dass ein Vergabeverfahren durchgeführt wurde, das überhaupt Anknüpfungsmöglichkeiten für die Rechtsprechung zur „Unwesentlichkeit" von Vertragsänderungen bietet.

5. Inhouse-Geschäfte nach der Verordnung (EG) Nr. 1370/07

Art. 5 Abs. 2 der Verordnung (EG) Nr. 1370/07 über öffentliche Personenverkehrsdienste auf Schiene und Straße und zur Aufhebung der Verordnungen (EWG) Nr. 1191/69 und (EWG) Nr. 1107/70 des Rates regelt Ausnahmen von der in der Verordnung statuierten Verpflichtung zur Durchführung eines wettbewerblichen Verfahrens bei der Vergabe an ein internes Unternehmen, die denen des Inhouse-Geschäfts angenähert sind, aber auch auf das Zuständigkeitsgebiet der örtlich zuständigen Behörde abstellen.

Nach Art. 5 Abs. 1 Satz 3 der Verordnung (EG) Nr. 1370/2007 gilt Abs. 2 allerdings nicht, wenn es sich um Aufträge im Sinne der Vergabekoordinierungs- oder Sektorenkoordinierungsrichtlinie – also öffentliche Aufträge – handelt. Da es sich bei Inhouse-Geschäften nicht um öffentliche Aufträge handelt, sind diese nur nach Maßgabe des Art. 5 Abs. 2 ff. der Verordnung (EG) Nr. 1370/2007 zulässig. Sie können gemäß Art. 5 Abs. 7 der Verordnung (EG) Nr. 1370/2007 einer Nachprüfung unterzogen werden (OLG Düsseldorf vom 2.3.2011, VII Verg 48/10; etwas unklar zum Anwendungsbereich OLG München vom 22.6.2011, Verg 6/11).

6. Inhouse-Geschäfte im Sektorenbereich

Für den Sektorenbereich enthält § 100b Abs. 6 bis 9 GWB besondere Ausnahmetatbestände vom Anwendungsbereich des Vergaberechts für die Vergabe an verbundene und gemeinsame Unternehmen, die über den Ausnahmetatbestand des Inhouse-Geschäfts hinausgehen.

IV. Innerstaatliche Kooperation

1. Kommunale Gemeinschaftsarbeit

73 Die Gesetze über die kommunale Gemeinschaftsarbeit der einzelnen Bundesländer ermöglichen Kooperationen zwischen Kommunen. Kooperationen können privatrechtlich ausgestaltet sein. Die Landesgesetze stellen den Kommunen aber auch spezifische Instrumente, nämlich das der Zweckvereinbarung (öffentlich-rechtliche Vereinbarung), des Zweckverbandes oder einer gemeinsamen Anstalt des öffentlichen Rechts, zur Verfügung. Für die Gründung und Beauftragung von gemeinsamen Gesellschaften, Zweckverbänden und Anstalten des öffentlichen Rechts ist häufig der Ausnahmetatbestand des Inhouse-Geschäfts gegeben.

74 Der Bereich der **Zweckvereinbarungen** ist gesondert zu betrachten. Zu unterscheiden ist zunächst zwischen mandatierenden und delegierenden Zweckvereinbarungen. **Mandatierende** Vereinbarungen haben die bloße Aufgabenerfüllung durch eine andere Kommune zum Gegenstand; die Verantwortung verbleibt beim ursprünglichen Aufgabenträger (z.B. § 23 Abs. 2 Satz 1 GKG NRW). Bei **delegierenden** Vereinbarungen liegt eine Aufgabenübertragung vor. Bei der delegierenden Vereinbarung übernimmt die übernehmende Kommune die Aufgabe in die eigene Verantwortung und die übertragende Kommune wird von der Aufgabe befreit (z.B. § 23 Abs. 1 Satz 2 GKG NRW).

75 Die deutsche Rechtsprechung hat in der Vergangenheit Ausschreibungspflichten zumindest für sog. mandatierende (OLG Düsseldorf vom 5.5.2004, VII-Verg 78/03; OLG Frankfurt vom 7.9.2004, 11 Verg 11/04), aber zum Teil auch für delegierende Zweckvereinbarungen angenommen (OLG Naumburg vom 3.1.2005, 1 Verg 9/05; OLG Naumburg vom 2.3.2006, 1 Verg 1/06).

76 Der EuGH hat klargestellt, dass eine generelle Freistellung von Kooperationsvereinbarungen zwischen Kommunen vergaberechtlich nicht in Betracht kommt, und auf die Grundsätze des Inhouse-Geschäfts (Rn. 45 ff.) verwiesen (EuGH vom 13.1.2005, Rs. C-84/03). Im Urteil vom 9.6.2009 (Rs. C-480/06) hat der EuGH auch eine Zusammenarbeit mit anderen öffentlichen Stellen ohne die Durchführung von Vergabeverfahren, die auch Dritten die Möglichkeit geben, ein Angebot abzugeben, anerkannt, wenn

– eine Zusammenarbeit von Gebietskörperschaften bei der Wahrnehmung einer ihnen allen obliegenden Aufgabe vereinbart wird,

– im Vertrag die Aufgabenerfüllung sichergestellt wird,

– die Umsetzung dieser Zusammenarbeit nur durch Überlegungen und Erfordernisse bestimmt wird, die mit der Erfüllung einer allen beteiligten Körperschaften obliegenden öffentlichen Aufgabe zusammenhängen,

– gegenseitige Verpflichtungen der Gebietskörperschaften bestehen und

– der Grundsatz der Gleichbehandlung der Interessenten gewährleistet ist, so dass kein privates Unternehmen besser gestellt wird als seine Mitbewerber (EuGH vom 9.6.2009, Rs. C-480/06; EuGH vom 19.12.2012, Rs. C-159/11; EuGH vom 13.6.2013, Rs. C-386/11).

Ausgeschlossen ist die Beteiligung Privater. Typisch ist die Vereinbarung von Rechten und Pflichten, die über ein bloßes Auftraggeber-Auftragnehmer-Verhältnis hinausgehen (z.B. Beistand im Notfall), und die Begrenzung auf Kostenerstattung.

77 Eine Zusammenarbeit von Gebietskörperschaften bei der Wahrnehmung einer ihnen allen obliegenden öffentlichen Aufgabe – im entschiedenen Fall der Abfallentsorgung – ist danach ohne Ausschreibungsverfahren möglich, selbst wenn sie auf Grundlage privatrechtlicher Verträge erfolgt. Das Gemeinschaftsrecht schreibt den öffentlichen Stellen für die gemeinsame Wahrnehmung ihrer öffentlichen Aufgaben keine spezielle Rechtsform vor (EuGH vom 9.6.2009, Rs. C-480/06). Teilweise wird dem Urteil des EuGH entnommen, dass die Kooperation auf eine gewisse Dauer angelegt sein muss (so *Gruneberg/Jänicke/Kröcher*, ZfBR 2009, 754). Dies ergibt sich aus dem Urteil aber nicht zwingend. Der EuGH stellt auf die gemeinsame Erfüllung von Aufgaben ab. Dies ist je nach der Natur der Aufgabe auch bei einer Kooperation für eine kürzere Dauer denkbar (so auch *Hausmann/Mutschler-Siebert*, VergabeR 2010, 427, 431).

Nach der Entscheidung des EuGH vom 9.6.2009 (Rs. C-480/06) sind die Spielräume für kommunale Kooperationen weiter geworden. Der Fokus der Überprüfung, ob Vergaberecht Anwendung findet, liegt nicht mehr so sehr bei der Rechtsform der Kooperation (Aufgabenübertragung oder nicht), sondern bei ihrem Inhalt (gemeinsame Erfüllung öffentlicher Aufgaben).

Teilweise wird bei der Voraussetzung „Wahrnehmung einer allen beteiligten Kommunen obliegenden Aufgabe" darauf abgestellt, dass die einzelne öffentliche Einrichtung die Aufgabe kraft Gesetzes auch tatsächlich hat und die gemeinsame Aufgabe jedem Vertragspartner einzeln obliegen müsse (VK Baden-Württemberg vom 31.1.2012, 1 VK 66/11). Eine Grenze dürfte auch da erreicht sein, wenn der zur Leistung verpflichtete Kooperationspartner zugleich auf dem freien Markt Umsätze erzielt und das vereinbarte Entgelt allgemeine Fixkosten aus diesen Geschäften mitabdeckt (OLG München vom 21.2.2013, Verg 21/12). **78**

Das Vergaberecht kann Anwendung finden, wenn im Wege einer **delegierenden Vereinbarung Hilfsgeschäfte** (z.B. Reinigungsleistungen) übertragen werden. Das OLG Düsseldorf hatte diese Frage dem EuGH vorgelegt (OLG Düsseldorf vom 6.7.2011, VII Verg 39/11). Aus Sicht des Gerichts spricht einiges dafür, das Vergaberecht anzuwenden, da bei derartigen Hilfsgeschäften die vertragliche Beziehung wirtschaftlich einer Beschaffung sehr ähnlich ist. Der EuGH stellt in seiner Entscheidung vom 13.6.2013 (Rs. C-386/11) darauf ab, dass der in Rede stehende Vertrag nicht die Vereinbarung einer Zusammenarbeit privater oder öffentlicher Einrichtungen zur Wahrnehmung einer gemeinsamen Gemeinwohlaufgabe zum Gegenstand habe. Es bleibt offen, ob schon die Gemeinwohlaufgabe fehlt oder ob das Element der Zusammenarbeit fehlt. **79**

Eine Ausnahme einer Kooperation vom Vergaberecht scheidet auch dann aus, wenn einem Kooperationspartner der Rückgriff auf Dritte gestattet ist, da diese Dritten dann gegenüber den übrigen auf dem Markt tätigen Unternehmen begünstigt werden könnten (EuGH vom 13.6.2013, Rs. C-386/11).

2. Kombination der Grundsätze zur kommunalen Zusammenarbeit und Inhouse-Vergabe

Es ist nicht ausgeschlossen, die dargestellten Voraussetzungen eines Inhouse-Geschäfts (Rn. 45 ff.) mit den Möglichkeiten kommunaler Zusammenarbeit so zu kombinieren, dass eine Eigengesellschaft eines kommunalen Partners mit anderen Kommunen im Sinne der Rechtsprechung zu kommunaler Gemeinschaftsarbeit zusammenarbeitet. Die Reichweite der Entscheidung des EuGH vom 9.6.2009 (Rs. C-180/06) ist aber nicht abschließend geklärt. Teilweise wird vorausgesetzt, dass eine Zusammenarbeit im Wesentlichen öffentliche Aufgaben betrifft (so OLG Düsseldorf vom 28.7.2011, VII Verg 20/11). Richtiger dürfte der Ansatz sein, dass sich die kommunale Zusammenarbeit auf die Erfüllung von Tätigkeiten für die an der kommunalen Zusammenarbeit beteiligten Kommunen bezieht und hier die Wesentlichkeitskriterien des Inhouse-Geschäfts ohne inhaltliche Bewertung des Gegenstands der Zusammenarbeit zugrunde zu legen sind. Der Tätigkeit der Kommunen sind bereits durch das Gemeindewirtschaftsrecht Grenzen gesetzt, die einen Bezug zu einer Gemeinwohlaufgabe sicherstellen. **80**

3. Zusammenarbeit anderer staatlicher Stellen

Die rechtlichen Erwägungen zu kommunalen Kooperationen gelten nicht nur für Kooperationen zwischen Kommunen, sondern auch für die Zusammenarbeit zwischen anderen staatlichen Stellen. Sie erfassen z.B. Kooperationen zwischen den Ländern, dem Bund und den Ländern oder auch verschiedenen Sozialversicherungsträgern nach dem Sozialgesetzbuch. **81**

4. Kooperationen bei Vergabeverfahren

In der Praxis findet eine Kooperation zwischen Auftraggebern auch bezogen auf die Beschaffung selbst statt. Vergaberechtlich sind derartige Kooperationen (Durchführung gemeinsamer Vergabe- **82** verfahren) möglich; sie dürfen allerdings aus kartellrechtlichen Gründen nicht zu einer Wettbewerbsbeeinträchtigung führen und sind an § 1 GWB zu messen.

V. Rekommunalisierung

83   Beschließt eine Kommune, Leistungen, die sie bislang im Rahmen von Vergabeverfahren an Dritte vergeben hat, in Zukunft selbst durchzuführen – sei es auch durch einen Eigenbetrieb oder eine eigene Gesellschaft –, spricht man von Rekommunalisierung. Rekommunalisierung als solche ist kein vergaberechtsrelevanter Sachverhalt. Führt die Kommune die Leistungen selbst durch, liegt kein öffentlicher Auftrag vor.

VI. Abgrenzungsfragen/Beispiele

1. Rettungsdienstleistungen

84   Die Einordnung von Verträgen oder anderen Rechtsakten über die Erbringung von Rettungsdienstleistungen (Notfallrettungen und qualifizierter Krankentransport) als öffentlicher Auftrag i.S.d. § 99 war bis zu einer klärenden Entscheidung des BGH (vom 1.12.2008, X ZB 32/08) und des EuGH (vom 29.4.2010, Rs. C-160/08) für die Praxis unsicher. Weitere Klärung brachte eine Entscheidung des EuGH (vom 10.3.2011, Rs. C-274/09) zum sog. **bayerischen Konzessionsmodell**.

85   Die Organisation des Rettungsdienstwesens ist in den Bundesländern unterschiedlich geregelt. Das betrifft insbesondere die Vergütung von Rettungsdienstleistungen, die teilweise nicht unmittelbar durch den Auftraggeber, sondern durch Dritte erfolgt, was die Einordnung als Dienstleistungskonzession nahelegen kann. In einigen Bundesländern werden die rettungsdienstlichen Leistungen durch den öffentlichen Auftraggeber unmittelbar gegenüber den Rettungsdiensten vergütet (sog. **Submissionsmodell**). Der öffentliche Auftraggeber vereinbart seinerseits in Verhandlungen mit den Sozialversicherungsträgern das Benutzungsentgelt, welches er dann den Rettungsdienstleistern zahlt. Im sog. **Konzessionsmodell** vereinbart der Auftragnehmer mit einer anderen öffentlichen Stelle (dem Sozialversicherungsträger) das Benutzungsentgelt, erhält seine Vergütung also von einem Dritten.

86   Der BGH bejahte einen ausschreibungspflichtigen Dienstleistungsauftrag über Rettungsdienstleistungen nach dem Submissionsmodell (BGH vom 1.12.2008, X ZB 32/08). Zunächst steht für den BGH einer Einordnung des Auftrags als Dienstleistungsauftrag nicht entgegen, dass mit dem Vertrag auch die Übertragung einer öffentlichen Aufgabe verbunden sein könnte. Ein solcher Inhalt der Vereinbarung ändert nämlich nichts daran, dass sich der Vertrag über Leistungen verhält, zu denen ein Dritter aufgrund der vertraglichen Vereinbarung verpflichtet sein soll, was nach der Rechtsprechung des BGH bereits zur Anwendung von Abs. 1 führt (BGH vom 1.2.2005, X ZB 27/04).

87   Unerheblich ist nach dem BGH auch, ob es sich bei der Übertragung von Rettungsdienstleistungen um einen **öffentlich-rechtlichen Vertrag** handelt. Denn Abs. 1 unterscheidet nicht nach der Rechtsnatur des abzuschließenden Vertrages (Rn. 8). Er weist Rechtsgeschäfte allein deshalb dem GWB-Vergaberegime zu, weil der öffentliche Auftraggeber Leistungen durch einen Dritten für wünschenswert oder notwendig erachtet und dies zum Anlass nimmt, deren Erbringung auf vertraglichem Weg und nicht in anderer Weise, etwa durch einen Beleihungsakt (vgl. hierzu *Burgi*, NVwZ 2007, 383), sicherzustellen (vgl. BGH vom 12.6.2001, X ZB 10/01).

88   Auf die kontrovers diskutierte Frage, ob die betroffenen Tätigkeiten **dauernd** oder **zeitweise** mit der Ausübung öffentlicher Gewalt verbunden sind, so dass durch sie nach der Vorgabe von Art. 45, 55 EG-Vertrag weder die Niederlassungsfreiheit noch die Dienstleistungsfreiheit in den Mitgliedstaaten berührt wird, entschied der EuGH (vom 29.4.2010, Rs. C-160/08), dass diese Vorschriften hier keine Anwendung finden, weil keine Ausübung hoheitlicher Gewalt vorliegt. Nach dem BGH kommt es darauf nicht an. Die sich aus Art. 45, 55 EG-Vertrag ergebende sog. **Bereichsausnahme** beschränkt sich nach dem Wortlaut von Art. 45 EG-Vertrag und dessen Zweck darauf, die Mitgliedstaaten in die Lage zu versetzen, Ausländer von den dort genannten Tätigkeiten im Inland fernzuhalten (EuGH vom 21.6.1974, 2/74 – Rn. 44); der nationale Gesetzgeber muss diese Möglichkeit

nicht nutzen. Die Reichweite des Vergaberegimes bestimmt sich mithin nach nationalem Recht. Dieses sieht jedoch eine Ausnahme der Vergabe von Rettungsdienstleistungen vom GWB-Vergaberegime nicht vor. Abs. 1 stellt allein darauf ab, dass die Leistung Gegenstand eines entgeltlichen Vertrages zwischen öffentlichem Auftraggeber und Unternehmen werden soll. § 100 Abs. 2 GWB benennt daneben einen allgemein als abschließend angesehenen Katalog von Verträgen, für die das GWB-Vergaberegime nicht gelten soll, ohne darin Aufträge über Rettungsdienstleistungen aufgenommen zu haben.

Die Geltung des GWB-Vergaberegimes auch für die Vergabe von Rettungsdienstleistungen und das dabei einzuhaltende Verfahren kann auch nicht als mit dem Zweck des Gesetzes unvereinbar angesehen werden. Die Vorschriften dienen dazu, unter Wahrung von Transparenz und Gleichbehandlung am Auftrag Interessierter der öffentlichen Hand zu ermöglichen und sie anzuhalten, möglichst unter Nutzung vorhandenen Wettbewerbs das wirtschaftlichste Angebot zu erhalten und wahrzunehmen. Dieser Zweck kann ohne weiteres auch für die hier interessierenden Verträge Geltung beanspruchen, so der BGH. Insoweit besteht mit dem BGH ein wesentlicher Unterschied zu Verträgen, die nach seiner Rechtsprechung der Regelung des Abs. 1 nicht unterfallen, obwohl auch sie in den Ausnahmekatalog des § 100 Abs. 2 GWB nicht aufgenommen sind, nämlich zu Inhouse-Verträgen. 89

Der BGH (vom 1.12.2008, X ZB 32/08) ging in seinem Fall auch **nicht** von einer **Dienstleistungskonzession** aus. Der Leistungserbringer sollte nicht in die Lage versetzt werden, von dem Benutzer oder dessen Krankenkasse eine Vergütung zu verlangen, sondern die Vergütung ausschließlich durch Geldzahlung des Aufgabenträgers erhalten. Die zu erbringende jährliche Vergütung sollte zudem für die gesamte Laufzeit des Vertrages mit der Möglichkeit einer Anpassung im Falle wesentlicher tatsächlicher Veränderungen festgelegt sein. Demgemäß sollte der Leistungserbringer kein Betriebs- oder Vergütungsrisiko tragen. Er hatte ausschließlich die öffentliche Hand als Schuldner. 90

Nachdem der BGH damit für das sog. Submissionsmodell eine Klärung herbeigeführt hat, stand sie für die Vergabepflichtigkeit im Rahmen des Konzessionsmodells noch aus. Das OLG München (vom 2.7.2009, Verg 5/09) legte dem EuGH deswegen u.a. die Frage vor, ob allein die Wahl des anderen Verhandlungsweges dazu führen kann, dass einmal die Rettungsdienstleistung als Dienstleistungsauftrag ausgeschrieben werden muss, und im anderen Fall als Dienstleistungskonzession nicht, obwohl sich auch beim Bayerischen Modell (Konzessionsmodell) auf der anderen Verhandlungsseite öffentliche Auftraggeber befinden und die Lage des Auftragnehmers sich in beiden Fällen nicht unterscheidet, weil er das Benutzungsentgelt nicht frei bestimmen kann. Der EuGH (vom 10.3.2011, Rs. C-274/09) entschied daraufhin, dass ein Vertrag über Rettungsdienstleistungen durchaus als vertragliche **Dienstleistungskonzession** zu qualifizieren sein kann, wenn folgende Merkmale gegeben sind: 91

1. Die Vergütung des ausgewählten Wirtschaftsteilnehmers wird vollumfänglich durch Personen sichergestellt, die von dem öffentlichen Auftraggeber, der den Vertrag vergeben hat, verschieden sind.

2. Der Wirtschaftsteilnehmer ist insbesondere aufgrund des Umstands, dass die Höhe der Benutzungsentgelte für die betreffenden Dienstleistungen vom Ergebnis jährlicher Verhandlungen mit Dritten abhängt und er keine Gewähr für die vollständige Deckung der angefallenen Kosten hat, einem, wenn auch nur erheblich eingeschränkten, Betriebsrisiko ausgesetzt.

Als problematisch haben sich landesrechtliche Modelle erwiesen, die nicht eindeutig dem Konzessionsmodell zuzuordnen sind. Das galt etwa für das bis 2012 geregelte **Genehmigungsmodell** in **Sachsen-Anhalt**, zu dem es widersprüchliche Entscheidungen des OLG Naumburg (vom 22.12.2011, 2 Verg 10/11) und des OVG Sachsen-Anhalt (vom 22.2.2012, 3 L 259/10) gab. Das RettDG LSA 2013 ist insoweit klarer auf das Konzessionsmodell zugeschnitten. 92

> Bei der Vergabe von Rettungsdienstleistungen sind in besonderem Maße **landesrechtliche Besonderheiten** zu beachten. Die Vorgaben der Fachgesetze sind in Einklang mit dem Vergaberecht zu bringen. Anschaulich zum Verwaltungsvergaberecht bezüglich Rettungsdienstleistungen s. OVG Lüneburg vom 12.11.2012, 13 ME 231/12.

2. Verträge im Gesundheitswesen: Beschaffung durch Krankenkassen

a) Allgemeines

93 Nach etlichen Änderungen im Bereich der Sozialgesetzgebung und verstärktem Kostendruck im Gesundheitswesen sind Beschaffungen durch Krankenkassen Gegenstand vielfältiger Auseinandersetzungen vor den Nachprüfungsinstanzen. § 69 Abs. 2 SGB V zielt darauf ab, dass das Vergaberecht anwendbar ist, wenn die allgemeinen Voraussetzungen erfüllt sind.

> Bei der Beschaffung durch Krankenkassen sind regelmäßig die **Entgeltlichkeit** der Verträge (Rn. 15 ff.) und die **Abgrenzung zur Konzession** (Rn. 153 ff.) gesondert zu prüfen, weil die Entscheidung über den Abruf über die Leistungen aus den Vereinbarungen nicht von den Krankenkassen, sondern von den Versicherten, Vertragsärzten und Apothekern getroffen wird.

b) Rabattverträge

94 Rabattverträge nach § 130a Abs. 8 SGB V sind Verträge (ausgestaltet als Rahmenvereinbarungen), mit denen die Krankenkassen für bestimmte Arzneimittel bzw. Wirkstoffe mit Herstellern Rabatte vom Apothekenverkaufspreis für eine bestimmte Laufzeit vereinbaren. Die Abgabe der von den Ärzten verordneten Arzneimittel durch die Apotheken richtet sich nach den allgemeinen gesetzlichen und kollektivvertraglichen Regelungen, die insbesondere die Substitutionspflicht nach § 129 Abs. 1 Satz 3 SGB V enthalten.

95 Gegen das Vorliegen eines öffentlichen Auftrags spricht nicht, dass in der Regel keine Abnahmemenge garantiert wird und dass die Arzneimittel nicht den Krankenkassen selbst übergeben werden (vgl. OLG Düsseldorf vom 19.12.2007, VII-Verg 51/07). Grundsätzlich entscheiden die Ärzte durch ihre Verordnung, welches Medikament beschafft wird. Die von den Vertragsärzten getroffenen Verordnungen müssen den Kassen im Rahmen ihrer Sachleistungspflicht (§ 2 Abs. 2 Satz 1 SGB V, §§ 72 Abs. 1 Satz 1, 73 Abs. 2 Nr. 7 SGB V) zugerechnet werden (LSG Nordrhein-Westfalen vom 10.9.2009, L 21 KR 53/09 SFB). Die Vergabekammern und Gerichte sind sich insoweit einig, dass jedenfalls dann ein öffentlicher Auftrag i.S.d. Vergaberechts vorliegt, wenn die Krankenkasse zusichert, keine weiteren Rabattverträge über vergleichbare Arzneimittel auszuschreiben (**Exklusivität**), und die **Substitutionspflicht des Apothekers** nach § 129 Abs. 1 Satz 3 SGB V besteht (LSG Nordrhein-Westfalen vom 3.9.2009, L 21 KR 51/09 SFB; LSG Nordrhein-Westfalen vom 10.9.2009, L 21 KR 53/09 SFB; LSG Baden-Württemberg vom 28.10.2008, L 11 KR 4810/08 ER-B; OLG Düsseldorf vom 19.12.2007, VII-Verg 51/07; VK Bund vom 15.11.2007, VK 2-102/07; VK Bund vom 26.5.2009, VK 2-30/09). Die Exklusivitätsvereinbarung und die Pflicht des Apothekers nach § 129 Abs. 1 Satz 3 SGB V, ein Medikament auszuwählen, für das ein Rabattvertrag besteht (Substitutionspflicht), zusammengenommen, führen zu einer tatsächlichen **Nachfragesteuerung** zugunsten des Ausschreibungsgewinners (LSG Baden-Württemberg vom 28.12.2008, L 11 KR 4810/08 ER-B).

96 Streit besteht darüber, inwiefern die **Vereinbarung einer Exklusivität** (und Nachfragesteuerung hierdurch) tatsächlich Voraussetzung für die Annahme eines öffentlichen Auftrags ist (vgl. LSG Baden-Württemberg vom 28.12.2008, L 11 KR 4810/08 ER-B; LSG Nordrhein-Westfalen vom 10.9.2009, L 21 KR 53/09 SFB; VK Bund vom 18.2.2009, VK 3-158/08; VK Bund vom 26.5.2009, VK 2-30/09; VK Bund vom 15.8.2008, VK 3-107/08). Umstritten ist, ob das Vergaberecht dann keine Anwendung findet, wenn es an einer Auswahlentscheidung fehlt. Bloße Zulassungen unterfallen nicht dem Vergaberecht. Wenn jedes geeignete Unternehmen ohne Probleme einen Vertrag mit dem Auftraggeber schließen kann, fehlt es an einer Auswahl des Auftraggebers mit den dann damit verbundenen Problemen der Diskriminierung unter den Bietern; es entfällt ein Wettbewerbsvorteil. Nach Auffassung des OLG Düsseldorf besteht ein solcher Wettbewerbsvorteil, der zur Anwendbarkeit des Vergaberechts führt, aber bereits dann, wenn ein Unternehmen die Bedingungen des Rabattvertrages bestimmt und andere Unternehmen nur beitreten können und wenn Unternehmen, die die Voraussetzungen für die Lieferung der Medikamente erst schaffen müssen, vom Rabattvertrag nicht erfasst wurden (OLG Düsseldorf vom 11.1.2012, VII-Verg 59/11).

Auch als Rahmenverträge bezeichnete Verträge, die mit möglichst vielen Unternehmen geschlossen werden können, können als Rahmenvereinbarungen dem Vergaberecht unterfallen (OLG Düsseldorf vom 11.1.2012, Verg 57/11). 97

c) Praxisbedarf und Impfstoffe

Die gleichen Erwägungen wie bei der Vereinbarung von Rabatten zwischen Krankenkassen und Arzneimittelherstellern führen auch zur Annahme eines öffentlichen Auftrags bei Rabattverträgen zur **Belieferung von Vertragsarztpraxen mit Medikamenten** (VK Baden-Württemberg vom 30.12.2008, 1 VK 51/08; VK Bund vom 15.8.2008, VK 3-107/08). Bei der Beschaffung von **Praxisbedarf** und **Impfstoffen** ist die Rechtslage vergleichbar. Letztlich entscheiden hier die Ärzte, inwiefern sie tatsächlich vom Ausschreibungsgewinner beziehen. Allerdings sind auch die Ärzte an den Grundsatz der Wirtschaftlichkeit und damit an den günstigsten Vertragspartner der Kassen gebunden. Inwieweit die Therapie- und Heilmittelfreiheit zu anderen Ergebnissen führen kann, kann im Einzelfall diskutiert werden. 98

d) Hilfsmittel

Nach § 127 SGB V können die Krankenkassen die Lieferung von Hilfsmitteln ausschreiben, müssen dies aber nicht. Die Regelung im SGB V kann jedoch den Tatbestand eines öffentlichen Auftrags nicht eingrenzen. Nach § 127 Abs. 2a SGB V haben alle Leistungserbringer einen gesetzlichen Anspruch auf Marktzugang. Dies kann der Einordnung als öffentlicher Auftrag entgegenstehen (LSG Nordrhein-Westfalen vom 14.4.2010, L 21 KR 69/09 SFB). Konstitutiver Bestandteil eines öffentlichen Auftrags sei eine Sonderstellung des Vertragspartners (Auftragnehmer) im Wettbewerb, die in diesen Fällen durch eine Auswahlentscheidung der Krankenkassen und die daraus resultierende Exklusivität begründet werde. Ein Krankenhaus, das die Koordinierung der Versorgung seiner Patienten mit Heil- und Hilfsmitteln im Rahmen des Entlassungsmanagements ausschreibt, beschafft sich damit eine Dienstleistung, nicht die Heil- und Hilfsmittelversorgung selbst (OLG Brandenburg vom 21.6.2011, Verg W 9/11). 99

e) Parenterale Zubereitungen

Besondere Regelungen enthält das SGB V in § 129 Abs. 5 Satz 3 für die Herstellung und Abgabe von parenteralen Zubereitungen aus Fertigarzneimitteln in der Onkologie durch Apotheken. Die Bedingungen hierfür werden in einem Vertrag zwischen den Spitzenverbänden der Krankenkassen und der Apotheker festgelegt. Die Versorgung kann auch durch Verträge zwischen Krankenkassen und Apotheken festgelegt werden. Die Vergabekammer Berlin hat den Kooperationsvertrag zur Herstellung und Lieferung von Zytostatika zwischen einem Krankenhaus und öffentlichen Apotheken nicht als entgeltlich angesehen, wenn die Bezahlung der Zytostatika ausschließlich von den Krankenkassen bzw. Privatpatienten erfolgt (VK Berlin vom 9.2.2009, VK-B1-28/08). 100

f) Hausarztzentrierte Versorgung

Diskutiert wird auch die Anwendung des Vergaberechts bei Verträgen zur hausarztzentrierten Versorgung nach § 73b SGB V (*Stolz/Kraus*, MedR 2010, 86; *Weiner*, GesR 2010, 237). Das LSG Nordrhein-Westfalen hat die Annahme eines öffentlichen Auftrags verneint (LSG Nordrhein-Westfalen vom 3.11.2010, L 21 SF 208/10Verg). Das Gericht stützt dies darauf, dass aufgrund der Vorgaben im SGB V keine Auswahlentscheidung des öffentlichen Auftraggebers vorliege, da die Krankenkassen verpflichtet seien, mit Gemeinschaften von Ärzten, die mindestens die Hälfte der an der hausärztlichen Versorgung teilnehmenden Allgemeinärzte des Bezirks der kassenärztlichen Vereinigung vertreten, einen Vertrag abzuschließen. Ob die Auswahlentscheidung tatsächlich ein Tatbestandsmerkmal des § 99 GWB ist, sei hier dahingestellt. Für das Vorliegen eines öffentlichen Auftrags trotz der Verpflichtung zum Vertragsschluss spricht, dass die Zusammenschlüsse von Allgemeinärzten erst gebildet werden (so *Csaki/Freundt*, NZS 2011, 766, 770 mit einer vertieften Auseinandersetzung mit den Vorgaben der Vergabekoordinierungsrichtlinie). Das OLG Düsseldorf sieht in einem Vertrag zur hausarztzentrierten Versorgung einen Dienstleistungsauftrag. Dass die konkrete Auswahlentscheidung nur durch den Versicherten selbst getroffen wird und der Vertragsschluss zwischen Kranken- 101 kassen und Leistungserbringern grundsätzlich keine Gewähr dafür bietet, dass Versicherte die Leistung überhaupt in Anspruch nehmen, rechtfertige keine andere Bewertung. Dies ergebe sich daraus, dass die abgeschlossenen Versorgungsverträge bereits eine erste Auswahlentscheidung bezüglich der Leistungserbringer beinhalten und daher die Inanspruchnahme durch die Versicherten bestimmbar und steuerbar wird (OLG Düsseldorf vom 3.8.2011, VII Verg 6/11).

g) Integrierte Versorgung

102 Wenn eine Krankenkasse im Rahmen der integrierten Versorgung einen Leistungserbringer mit Lieferungen beauftragt, unterliegt der Lieferauftrag ebenfalls dem Vergaberecht (OLG Düsseldorf vom 1.8.2012, VII Verg 15/12).

h) Bestimmung einer Schiedsperson

103 Kein öffentlicher Auftrag liegt in der bloßen Bestimmung einer Schiedsperson nach § 73b Abs. 4a Satz 2 SGB V (LSG Nordrhein-Westfalen vom 11.10.2010, L 11 KA 61/10 B ER).

3. Maßnahmenplanung: Leistungen nach SGB II und SGB III

104 Besonderheit der Ausgestaltung von Leistungen (Maßnahmenplanung, Arbeitsmarktleistungen) nach dem SGB II und SGB III ist in einigen Fällen das sog. **sozialrechtliche Dreiecksverhältnis:** Staat als Leistungsträger, Bedürftiger als Leistungsempfänger und Dritter als Leistungserbringer. Die Problematik ist mit der der Ausschreibungspflicht bei Rettungsdienstleistungen (Rn. 84 ff.) und Rabattverträgen (Rn. 94 ff.) vergleichbar. Relevant ist die Abgrenzung zu Konzessionen (OLG Düsseldorf vom 22.9.2004, Verg 44/04; OLG Düsseldorf vom 8.9.2004, Verg 35/04) und Zuwendungen (insbesondere § 16f SGB II). Diese erfolgt für die jeweilige Maßnahme (ausschreibungspflichtig sind z.B. in der Regel Maßnahmen nach § 45 SGB III).

4. ÖPNV/SPNV

105 Auch bei Leistungen des **öffentlichen Personennahverkehrs** stellt sich regelmäßig die Frage nach der Ausschreibungspflicht. Für die Abgrenzung eines öffentlichen Auftrags von einer Dienstleistungskonzession ist die Gesamtbetrachtung aller Umstände notwendig. Wenn neben dem Nutzungsrecht eine Zuzahlung vorgesehen ist, hängt die Einordnung der Dienstleistungskonzession davon ab, ob die Zuzahlung bloßen Zuschusscharakter hat oder ob die aus dem Nutzungsrecht möglichen Einkünfte als alleiniges Entgelt bei Weitem keine äquivalente Gegenleistung darstellen (BGH vom 8.2.2011, X ZB 4/10). Bei Vorliegen eines Vertrages, bei dem der Auftraggeber einen Anspruch auf Erbringung der Verkehrsleistung hat, liegt ein entgeltlicher Vertrag vor, der unter den Begriff des öffentlichen Auftrags fällt.

106 Auch die Erbringung von Leistungen durch **Eisenbahnverkehrsunternehmen** unterliegt dem Vergaberecht. Diese sind nicht infolge der Regelung des § 15 Abs. 2 AEG vom Geltungsbereich des GWB ausgenommen (BGH vom 8.2.2011, X ZB 4/10).

107 Bei sog. **Verkehrsfinanzierungsverträgen** hingegen erhält das Verkehrsunternehmen lediglich Zuwendungen und erbringt seine Leistungen auf der Grundlage einer Genehmigung (§ 13 PBefG). Aber auch hier ist von einem entgeltlichen Vertrag auszugehen, wenn das Unternehmen die Leistungen im Vertrauen auf eine nachträgliche Finanzierungszusage erbringt und das Verkehrsunternehmen nicht das Einnahmenrisiko trägt (*Stickler/Feske*, VergabeR 2010, 1, 3 ff.).

108 Für Leistungen im **Schienenpersonennahverkehr** gelten besondere Regelungen (vgl. § 4 Abs. 3 VgV).

C. Lieferaufträge (Abs. 2)

109 **Lieferaufträge** sind Verträge zur Beschaffung von Waren (vgl. **Abs. 2 Satz 1**). Wie die Verträge zivilrechtlich einzuordnen sind, ist unerheblich. Die Beschaffung kann insbesondere, aber nicht nur durch **Kauf** oder **Ratenkauf** oder **Leasing**, **Miet- oder Pachtverhältnisse** mit oder ohne Kaufoption erfolgen (vgl. Abs. 2 Satz 1).

Die Verträge können dabei auch **Nebenleistungen**, wie etwa das Verlegen, Anbringen, Installieren oder Inbetriebnehmen, umfassen (vgl. **Abs. 2 Satz 2**). Die Nebenleistungen müssen aber untergeordnet bleiben, sonst kann ein Dienstleistungs- (Rn. 148 ff.) oder ein Bauauftrag (Rn. 117 ff.) vorliegen. **110**

Der Begriff der **Ware** ist weit auszulegen (Müller-Wrede/*Kaelble*, GWB-Vergaberecht, § 99 GWB Rn. 133). Umfasst sind grundsätzlich alle beweglichen Gegenstände, die Bestandteil eines Handelsgeschäfts sein können, unabhängig von ihrem Aggregatzustand, etwa auch Gas, Strom, Wärme oder Software. Ein Vertragsarztsitz ist aber beispielsweise keine Ware i.S.d. § 99 (OLG Düsseldorf vom 22.12.2010, VII-Verg 41/10). Ob Immobilien oder Rechte an Immobilien auch Waren sind, kann dahinstehen, da § 100 Abs. 5 GWB ihre Beschaffung vom Vergaberechtsregime ausnimmt. **111**

Der EuGH (vom 11.6.2009, Rs. C-300/07) hat darauf hingewiesen, dass sich der Begriff **„öffentliche Lieferaufträge"** in der Vergabekoordinierungsrichtlinie auf Geschäfte wie beispielsweise Kauf und Miete bezieht, die weiter nicht spezifizierte „Waren" betreffen, ohne dass danach unterschieden würde, ob die fraglichen Waren **standardmäßig** oder für den **Einzelfall**, d.h. nach den konkreten Wünschen und Bedürfnissen des Kunden, hergestellt werden. Der Warenbegriff, auf den diese Vorschrift allgemein abstellt, soll folglich auch ein Anfertigungsverfahren einschließen, unabhängig davon, ob die betreffende Ware den Verbrauchern bereits in fertigem Zustand zur Verfügung gestellt oder nach deren Anforderungen hergestellt wird. Bei der Überlassung von Waren, die individuell nach den Bedürfnissen des jeweiligen Kunden hergestellt und angepasst werden und über deren Nutzung die jeweiligen Kunden individuell zu beraten sind, ist die Anfertigung der genannten Waren damit dem Auftragsteil der Lieferung und nicht der Dienstleistung zuzuordnen. **112**

Abgrenzungsprobleme zwischen **Liefer- und Bauauftrag** treten auf, wenn die Ware zum **Einbau in ein Bauwerk** bestimmt ist. Das GWB enthält im Gegensatz zu dem Verhältnis Liefervertrag/Dienstleistungsvertrag und Dienstleistung/Bauleistung keine Regelungen dazu, wie Bauverträge von Lieferverträgen abzugrenzen sind. Mit dem OLG München (vom 5.11.2009, VII Verg 15/09) ist zunächst darauf abzustellen, dass die Bauleistung eine Arbeitsleistung am Bauwerk voraussetzt. Danach kann auch die Lieferung von Gegenständen, die der Auftragnehmer den konkreten baulichen Verhältnissen anzupassen, vor Ort einzubauen oder zu montieren hat, eine Bauleistung sein. Auf der anderen Seite ist die bloße Lieferung von Baustoffen oder Bauteilen ohne individuelle, auf das Bauvorhaben bezogene Be- und Verarbeitung, die keinen funktionalen Zusammenhang zu der Erstellung des Bauwerkes haben, ein reiner Lieferauftrag. Der Einbau elektrotechnischer und elektronischer Anlagen stellt dann keine Bauleistung dar, wenn die technische Anlage lediglich in dem Bauwerk untergebracht ist, das Bauwerk aber auch ohne sie nach seiner Zweckbestimmung funktionsfähig ist; umgekehrt handelt es sich um eine Bauleistung, wenn der Einbau der Anlagen für den bestimmungsgemäßen Bestand der baulichen Anlage bzw. für ein funktionsfähiges Bauwerk erforderlich und von wesentlicher Bedeutung ist. Dabei ist auf die Zweckbestimmung des jeweiligen Bauwerks abzustellen (OLG Brandenburg vom 29.3.2012, Verg W 2/12). Enthält der Vertrag Elemente einer Bau- und einer Lieferleistung, muss sich der Charakter der geschuldeten Leistung wie nach Abs. 10 bei der Abgrenzung der anderen Auftragsarten grundsätzlich nach dem **Schwerpunkt der geschuldeten Leistung** richten. Dies entspricht auch der Rechtsprechung des EuGH (vom 21.2.2008, Rs. C-412/04). Es ist daher festzustellen, auf welchem Gebiet der Schwerpunkt der Arbeiten liegt. **113**

Arzneimittelrabattverträge (s. auch Rn. 94 ff.) können ebenfalls Lieferaufträge i.S.d. Abs. 2 sein, auch wenn die Beschaffung dabei nicht unmittelbar zwischen Kostenträger und Arzneimittelhersteller erfolgt und lediglich die Gewährung von Rabatten auf die zu Lasten der gesetzlichen Krankenversicherung (GKV) abgegebenen Arzneimittel vereinbart wird. **114**

Grundsätzlich vom Vergaberecht nicht erfasst ist der **Kauf von Unternehmensanteilen** durch öffentliche Auftraggeber (VK Saarland vom 24.10.2008, 3 VK 2/2008). Etwas anderes kann sich dann ergeben, wenn es bei dem Unternehmenskauf um die Sachwerte des Unternehmens geht und daher ein Sachkauf stattfindet. Es kann daher durchaus auf die Unterscheidung zwischen Share-Deal und Asset-Deal ankommen. Im Übrigen soll ein Beschaffungsbezug bestehen, wenn der Auftragge- **115** ber das Unternehmen gerade wegen der Dienstleistung oder Produkte erwirbt, die das Unternehmen anbietet (Müller-Wrede/*Kaelble*, GWB-Vergaberecht, § 99 GWB Rn. 84).

116 **Beispiele:** Lieferaufträge sind neben der Lieferung von Handelswaren jeglicher Art
- Abfallbehälterlieferung (OLG Celle vom 24.5.2007, 13 Verg 4/07)
- Arzneimittelrabattverträge (LSG Nordrhein-Westfalen vom 10.9.2009, L 21 KR 53/09 SFB)
- Schulbücherlieferung (VK Schleswig-Holstein vom 10.7.2006, VK-HS 15/06)
- Softwarelieferung (EuGH vom 15.10.2009, Rs. C-275/08)
- Stromlieferung (EuGH vom 4.12.2003, Rs. C-448/01)
- Wärmelieferung (VK Hessen vom 19.3.2009, 69d-VK-06/2009)

D. Bauaufträge (Abs. 3)

I. Allgemeines

117 Die Definition des Bauauftrags in Abs. 3 enthält drei Varianten. Bauaufträge sind danach Verträge über die Ausführung oder die gleichzeitige Planung und Ausführung

- eines Bauvorhabens (**1. Var.**) oder

- eines Bauwerkes für den öffentlichen Auftraggeber, das Ergebnis von Tief- oder Hochbauarbeiten ist und eine wirtschaftliche oder technische Funktion erfüllen soll (**2. Var.**), oder

- einer dem Auftraggeber unmittelbar wirtschaftlich zugutekommenden Bauleistung durch Dritte gemäß den vom Auftraggeber genannten Erfordernissen (**3. Var.**).

118 Abs. 3 benennt somit die Merkmale eines Bauauftrags, die die **Leistung des Auftragnehmers** bzw. ihren Nutzen für den Auftraggeber betreffen. Um die Gegenleistung des Auftraggebers geht es hier nicht. Diese besteht entweder in einem Entgelt oder in einem befristeten Recht des Auftragnehmers auf Nutzung der baulichen Anlage (Baukonzession, Abs. 6; s. Rn. 166 ff.). Die beiden Varianten der Gegenleistung des Auftraggebers (Entgelt oder Konzession) können mit den drei Varianten der Leistungen des Auftragnehmers aus Abs. 3 kombiniert werden.

119 Ein Bauauftrag kann auch die Merkmale **mehrerer Varianten** erfüllen. Auf eine Abgrenzung der Varianten untereinander kommt es letztlich nicht an. In der Praxis bedeutsam sind aufgrund der unterschiedlichen Schwellenwerte und Vergabe- und Vertragsordnungen die Abgrenzungen von Bauaufträgen zu Liefer- (Rn. 113 ff.) und Dienstleistungsaufträgen (Rn. 148 ff.). Umstritten ist die Abgrenzung zwischen Bauaufträgen und vergaberechtsfreien Grundstücksveräußerungen (Rn. 122, 146).

120 Mit der **Definition des Bauauftrags** in Abs. 3 wird weitgehend die Vorgabe aus Art. 1 Abs. 2 Buchst. b der Vergabekoordinierungsrichtlinie umgesetzt. „Öffentliche Bauaufträge" sind danach öffentliche Aufträge über entweder die Ausführung oder gleichzeitig die Planung und die Ausführung von Bauvorhaben im Zusammenhang mit einer der in Anhang I zur Richtlinie genannten Tätigkeiten oder eines Bauwerkes oder die Erbringung einer Bauleistung durch Dritte, gleichgültig mit welchen Mitteln, gemäß den vom öffentlichen Auftraggeber genannten Erfordernissen. Ein „**Bauwerk**" ist das Ergebnis einer Gesamtheit von Tief- oder Hochbauarbeiten, das seinem Wesen nach eine wirtschaftliche oder technische Funktion erfüllen soll. Zu den Besonderheiten der deutschen Sprachfassung des Art. 1 Abs. 2 Buchst. b der Vergabekoordinierungsrichtlinie s. EuGH vom 25.3.2010, Rs. C-451/08.

Alle Arbeiten im Zusammenhang mit der **Neuerrichtung** eines Bauwerks sind Bauarbeiten. Auch **Änderungen** und die **Beseitigung** einer baulichen Anlage sind regelmäßig aus Bauleistungen anzusehen, weil sie ohne Eingriff in die Substanz nicht vorstellbar sind.

Dagegen kann beim Begriff „**Instandhaltung**" zwischen reinen Maßnahmen zur Erhaltung eines für den bestimmungsgemäßen Gebrauch geeigneten Zustands (Soll-Zustand) und der Instandsetzung als Maßnahme zur Wiederherstellung des Soll-Zustands unterschieden werden. Maßgebend für die Einordnung als Bauarbeiten ist, inwieweit in nennenswertem Umfang in die Substanz eines Bauwerks eingegriffen wird (instruktiv: VK Berlin vom 13.5.2011, VK B 2-7/11).

Seit 2009 muss die Bauleistung nach dem Wortlaut des Abs. 3 für den öffentlichen Auftraggeber erfolgen oder ihm in der dritten Variante (Rn. 142 ff.) unmittelbar wirtschaftlich zugutekommen. **121**

Der Gesetzgeber hat diese Änderungen der Definition des Bauauftrags vor allem im Hinblick auf die Rechtsprechung des OLG Düsseldorf (vom 2.10.2008, VII Verg 25/08 m.w.N.) zur Vergabepflichtigkeit von **Grundstücksveräußerungen** vorgenommen. Der Verkauf von bebauten oder unbebauten Grundstücken stellt für sich genommen zwar keinen vergabepflichtigen Vorgang dar. Wird der Verkauf des Grundstücks von der öffentlichen Stelle jedoch mit Anforderungen an die Bebauung des Grundstücks verbunden, wird die Frage nach der Ausschreibungspflichtigkeit aufgeworfen. Das OLG Düsseldorf weitete den Anwendungsbereich des Vergaberechts stark aus; es prägte damit die Diskussion zu Bauaufträgen und Baukonzessionen für einige Zeit (dazu ausführlich Kulartz/Kus/Portz/*Eschenbruch*, GWB-Vergaberecht, § 99 GWB Rn. 18 ff.) und stieß auf vielfache Kritik und Ablehnung (*Amelung*, Anm. zu OLG Düsseldorf vom 14.5.2008, VII-Verg 27/08, VergabeR 2008, 664; *Amelung/Dörn*, Anm. zu OLG Düsseldorf vom 13.6.2007, VII-Verg 2/07, VergabeR 2007, 644; *Bambring/Vogt*, NJW 2008, 1855; *Burgi*, NVwZ 2008, 929; *Grotelüschen/Lübben*, VergabeR 2008, 169; *Horn*, VergabeR 2008, 158; *Losch*, Anm. zu OLG Düsseldorf vom 6.2.2008, VII-Verg 37/07, VergabeR 2008, 239; *Jasper/Seidel*, NZBau 2008, 427; *Pietzcker*, NZBau 2008, 293; *Reidt*, VergabeR 2008, 11; *Rosenkötter/Fritz*, NZBau 2007, 559; *Schabel*, Anm. zu OLG Düsseldorf vom 12.12.2007, VII-Verg 30/07, VergabeR 2008, 103; *Vetter/Bergmann*, NVwZ 2008, 133; *Ziekow*, VergabeR 2008, 151). In der Rechtsprechung haben sich das OLG Bremen (vom 13.3.2008, Verg 5/07 – „Windpark"), das OLG Karlsruhe (vom 13.6.2008, 15 Verg 3/08) und die Vergabekammer des Landes Brandenburg (vom 15.2.2008, VK 2/08) den Auffassungen des OLG Düsseldorf im Wesentlichen angeschlossen. Vom OLG München (vom 4.4.2008, Verg 4/08), von der Vergabekammer Baden-Württemberg (vom 7.3.2008, 1 VK 1/08) und Vergabekammer Darmstadt (vom 5.3.2008, 69d-VK-06/2008) sind Zweifel geäußert worden. Die Kritik betraf vor allem die Fragen, ob auf das Element einer **körperlichen Beschaffung** der Bauleistung für den öffentlichen Auftraggeber verzichtet werden darf und nicht stattdessen zu fordern ist, dass die Bauleistung dem öffentlichen Auftraggeber unmittelbar wirtschaftlich zugutekommen muss, und zudem, ob einer öffentlichen **Baukonzession** nicht das (bis zur GWB-Reform ungeschriebene) Merkmal einer Befristung des Nutzungsrechts innewohnt. **122**

Diese Kritik bewog das OLG Düsseldorf in seinem Vorlagebeschluss vom 2.10.2008 (VII-Verg 25/08 – „Husaren-Kaserne Sontra") dazu, zahlreiche der in diesem Zusammenhang diskutierten Fragen dem EuGH zur Beantwortung vorzulegen. Mit seinen Antworten auf die Vorlagefragen schränkte der EuGH (vom 25.3.2010, Rs. C-451/08) die Anwendung des GWB-Vergaberechtsregime auf Grundstücksveräußerungen mit städtebaulichem Bezug auf das gebotene Maß ein, so dass sich die Diskussion danach wieder beruhigte (OLG Düsseldorf vom 9.6.2010, VII-Verg 9/10). **123**

Ungeachtet dessen gilt jedoch für Grundstücksverkäufe wie für andere Verträge, dass die Eigenschaft als öffentlicher Auftrag sich allein nach den jeweiligen Leistungen und Gegenleistungen im konkreten Vertragsverhältnis richtet. Bauaufträge können deshalb weiterhin im Gewande eines Grundstückskaufvertrages oder eines Mietvertrages daherkommen. Bauaufträge können auch bei einer Gesamtschau verschiedener Verträge anzunehmen sein. Eine Verknüpfung zwischen einem Grundstückskaufvertrag und einem Bauauftrag ist aber nur möglich, wenn zwischen beiden Verträgen ein inhaltlicher und zeitlicher Zusammenhang besteht. Dann sind sie als vergaberechtliche Einheit zu betrachten (OLG Düsseldorf vom 27.10.2010, VII Verg 25/08). **124**

Beispiele: Bauaufträge können neben den klassischen Bauaufträgen je nach Ausgestaltung sein: **125**
– Erschließungsvertrag mit Kostenbeteiligung der öffentlichen Hand (EuGH vom 12.7.2001, Rs. C-399/98)

- Mietvertrag mit Bauerrichtungsverpflichtung des Vermieters (EuGH vom 29.10.2009, Rs. C-536/07 – „Kölner Messehallen", vgl. OLG Schleswig vom 1.4.2010, 1 Verg 5/09)
- Pachtvertrag mit Errichtungsverpflichtung des Pächters

II. Verträge

126 An den Bauauftrag sind die allgemeinen Anforderungen nach Abs. 1 zu stellen. Bauaufträge sind zunächst einmal Verträge. Das OLG Düsseldorf (vom 4.3.2009, Verg 67/08; s.a. OLG Schleswig vom 15.3.2013, 1 Verg 4/12) erinnerte daran im Hinblick auf die Aufstellung eines Bebauungsplans. Auch wenn der Begriff des Bauauftrags aufgrund seiner Verankerung im EU-Recht nicht im Sinne der §§ 145 ff. BGB auszulegen sein sollte, so setzt er doch das Einvernehmen zumindest zweier Personen über – hier – die Erbringung von Bauleistungen voraus (vgl. EuGH vom 12.7.2001, Rs. C-399/98 – „Teatro alla Bicocca" Rn. 63 ff.). Der **Erlass eines Bebauungsplans** ist – auch bei weitestgehender Auslegung – kein Vertrag. Der Bebauungsplan ergeht als Satzung (§ 10 Abs. 1 BauGB). Ob und mit welchem Inhalt ein Bebauungsplan aufgestellt wird, kann nicht Gegenstand eines Vertrages oder sonstiger Abreden sein (§ 1 Abs. 3 BauGB). Der Eigentümer (oder sonstige Dritte) haben keinen Anspruch auf Erstellung eines Bebauungsplans oder dessen Inhalt, er hängt damit auch nicht mittelbar vom Willen des Eigentümers ab; die Mitwirkungsrechte der Betroffenen sollen lediglich der Tatsachenermittlung sowie der Verschaffung von Gehör dienen und damit eine sachgerechte Planung ermöglichen. Der Bebauungsplan wird auch nicht dadurch zu einem „Vertrag", dass er den Rahmen für einen möglicherweise abzuschließenden Erschließungsvertrag (§ 124 BauGB) setzt.

127 Auf die **Bezeichnung** des Vertrages oder seine **Einordnung nach nationalem Recht** kommt es **nicht** an. Maßgeblich sind die im Vertrag festgelegten Pflichten des Auftragnehmers. Ein Bauauftrag kann auch ein Mietvertrag mit Bauerrichtungsverpflichtung sein (EuGH vom 29.10.2009, Rs. C-536/07 – „Kölner Messehallen"). Zu diesem Fall führte das Gericht aus, dass der Hauptvertrag zwar offiziell als „Mietvertrag" bezeichnet wurde und tatsächlich Elemente eines Mietvertrages enthielt. Allerdings war bei Vertragsschluss mit der Errichtung der fraglichen Bauwerke noch nicht einmal begonnen worden. Folglich konnte der Vertrag nicht unmittelbar die Anmietung von Immobilien zum Ziel haben. Vorrangiges Ziel dieses Vertrages konnte daher denknotwendig nur die Errichtung der betreffenden Bauwerke sein, die anschließend der Stadt im Wege einer als „Mietvertrag" bezeichneten vertraglichen Beziehung zur Verfügung zu stellen waren. Ferner wurden die betreffenden Bauwerke gemäß den sehr detaillierten und von der Stadt im Hauptvertrag deutlich formulierten Spezifikationen errichtet. Aus diesem Vertrag und seinen Anlagen ging hervor, dass die betreffenden Spezifikationen in Form einer genauen Beschreibung der zu errichtenden Gebäude, ihrer Beschaffenheit und ihrer Ausstattung weit über die üblichen Vorgaben eines Mieters für eine neue Immobilie einer gewissen Größe hinausgehen. Vorrangiges Ziel des Hauptvertrages war somit der Bau der fraglichen Messehallen gemäß den von der Stadt genannten Erfordernissen.

III. Wirtschaftliches Interesse des Auftraggebers

128 Die Prüfung, ob ein Rechtsverhältnis ein Bauauftrag i.S.d. GWB ist, setzt bei der Leistung des Vertragspartners des öffentlichen Auftraggebers an und bei der Frage, welchen Nutzen der Auftraggeber von ihr hat. Nach Abs. 3 (3. Var.) muss die Bauleistung dem öffentlichen Auftraggeber **unmittelbar wirtschaftlich zugutekommen**. Nach der Gesetzesbegründung (BT-Drucks. 16/10117, S. 14) sollen damit die aus der Rechtsprechung des OLG Düsseldorf (vom 13.6.2007, VII-Verg 2/07 – „Flugplatz Ahlhorn"; vom 12.12.2007, VII-Verg 30/07 – „Wuppertal"; vom 6.2.2008, VII-Verg 37/07 – „Oer-Erkenschwick") resultierenden rechtlichen Unklarheiten beseitigt und der einem Bauauftrag immanente Beschaffungscharakter deutlicher hervorgehoben werden. Denn ein Bauauftrag setzt, so die Gesetzesbegründung, einen eigenen Beschaffungsbedarf des Auftraggebers voraus, wobei allein die Verwirklichung einer von dem Planungsträger angestrebten städtebaulichen Entwicklung nicht als einzukaufende Leistung ausreicht. Vergaberecht betrifft danach prinzipiell nicht die Aufga-

benebene einer staatlichen Institution, sondern lediglich die Ebene der Ressourcenbeschaffung zur Bewältigung der Aufgaben der Institution (BT-Drucks. 16/10117, S. 14).

Die Bauleistung des Auftragnehmers muss sich demnach auf Bauvorhaben und Bauwerke für den Auftraggeber beziehen oder diesem in der 3. Variante unmittelbar wirtschaftlich zugutekommen. Bereits der entgeltliche Charakter des Vertrages impliziert, so der EuGH, dass der öffentliche Auftraggeber, der einen öffentlichen Bauauftrag vergeben hat, gemäß diesem Auftrag eine Leistung gegen eine Gegenleistung erhält. Die Leistung besteht in der Erbringung der Bauleistungen, die der öffentliche Auftraggeber erhalten möchte (EuGH vom 12.7.2001, Rs. C-399/98 – „Ordine degli Architetti u.a."; EuGH vom 18.1.2007, Rs. C-220/05 – „Auroux u.a."). Eine solche Leistung muss nach ihrer Natur sowie nach dem System und den Zielen der Vergabekoordinierungsrichtlinie ein **unmittelbares wirtschaftliches Interesse** für den öffentlichen Auftraggeber bedeuten (EuGH vom 25.3.2010, Rs. C-451/08). Dieses wirtschaftliche Interesse ist zunächst eindeutig dann gegeben, wenn vorgesehen ist, dass der öffentliche Auftraggeber **Eigentümer der Bauleistung oder des Bauwerkes** wird, die bzw. das Gegenstand des Auftrags ist. Regelmäßig wird die Bauleistung des Auftragnehmers dem Auftraggeber damit einen unmittelbaren wirtschaftlichen Nutzen bringen. Der Auftraggeber beschafft für sich eine Bauleistung oder ein Bauwerk und deckt damit seinen eigenen Bedarf. Der ganz überwiegende Teil der Bauaufträge ist in dieser Hinsicht unproblematisch als Bauauftrag einzuordnen.

129

Ein wirtschaftliches Interesse wird vom EuGH des Weiteren auch dann angenommen, wenn im Vertrag vorgesehen ist, dass der öffentliche Auftraggeber über einen **Rechtstitel** verfügen soll, der die **Verfügbarkeit** der Bauwerke im Hinblick auf ihre öffentliche Zweckbestimmung sicherstellt. Das kann etwa ein Mietvertrag über das Bauwerk sein. Das wirtschaftliche Interesse kann ferner in **wirtschaftlichen Vorteilen**, die der öffentliche Auftraggeber aus der zukünftigen Nutzung oder Veräußerung des Bauwerkes ziehen kann, in seiner finanziellen Beteiligung an der Erstellung des Bauwerkes oder in den Risiken, die er im Fall eines wirtschaftlichen Fehlschlags des Bauwerkes trägt, bestehen (EuGH vom 25.3.2010, Rs. C-451/08). Eine finanzielle Beteiligung kann auch in einem **Kaufpreisnachlass**, insbesondere in einem **Verkauf des Grundstücks unter Marktwert** liegen (OLG Düsseldorf vom 9.6.2010, Verg 9/10). Das OLG Düsseldorf orientiert sich in der genannten Entscheidung bei der Bestimmung des Marktwerts an der „Mitteilung der Kommission betreffend Elemente staatlicher Beihilfe bei Verkäufen von Bauten oder Grundstücken durch die öffentliche Hand" (ABl. EG C 209/1997 vom 10.7.1997, S. 3). Diese Mitteilung beziehe sich zwar nicht auf die vergaberechtliche Problematik, sei aber dennoch hilfreich (s.a. OLG Schleswig vom 15.3.2013, 1 Verg 4/12).

130

Der öffentliche Auftraggeber muss aber nicht Eigentümer des gesamten Bauwerkes oder eines Teils davon sein oder werden. Es kann auch Dritten zur Verfügung gestellt werden. Für einen öffentlichen Bauauftrag ist es nicht erforderlich, dass die Leistung die Form der Beschaffung eines gegenständlichen oder körperlichen Objekts annimmt (EuGH vom 25.3.2010, Rs. C-451/08).

131

Ein unmittelbares wirtschaftliches Interesse an der Bauleistung liegt aber nicht mehr vor, wenn mit den Bauleistungen ein nur im **allgemeinen Interesse** liegendes öffentliches Ziel erfüllt werden soll, für dessen Beachtung der öffentliche Auftraggeber zu sorgen hat. Die bloße Ausübung von städtebaulichen Regelungszuständigkeiten im Hinblick auf die Verwirklichung des allgemeinen Interesses ist nach der Rechtsprechung des EuGH (vom 25.3.2010, Rs. C-451/08) weder auf den Erhalt einer vertraglichen Leistung noch auf die Befriedigung des unmittelbaren wirtschaftlichen Interesses des öffentlichen Auftraggebers gerichtet. Die bloße Verfolgung städtebaulicher Interessen, etwa zur städtebaulichen Entwicklung oder Kohärenz eines kommunalen Ortsteils, durch die Verwaltung oder ein bloß immaterieller Nutzen reicht also für die Annahme eines Bauauftrags nicht aus. Das OLG München (vom 27.9.2011, Verg 15/11) verneinte ein unmittelbares wirtschaftliches Interesse des öffentlichen Auftraggebers, wenn bei der Veräußerung eines Grundstücks mit Bauverpflichtung zu einem günstigeren Preis im Rahmen der Wohnraumförderung für den Erwerber keine weitere Verpflichtung verbunden ist, die dem öffentlichen Auftraggeber einen Zugriff auf das Bauwerk oder

132

dessen Entstehung ermöglicht, oder in denen der öffentliche Auftraggeber von keiner ihn selbst unmittelbar treffenden Aufgabe entlastet wird.

IV. Bauverpflichtung

133 Gemeinsame Grundvoraussetzung aller Varianten des Bauauftrags ist die Verpflichtung des Auftragnehmers zur Ausführung von Bauleistungen. Die **Bauverpflichtung** kann im Vertrag allerdings sehr unterschiedlich ausgestaltet sein und von einer direkten Verpflichtung zur Ausführung bestimmter Bauleistungen (wie im klassischen Bauauftrag) bis zu Regelungen reichen, die den Auftragnehmer bloß indirekt beeinflussen sollen, eine Bauleistung zu erbringen, etwa indem sie im Falle der Nichterfüllung Kündigungsmöglichkeiten oder Schadensersatzansprüche begründen.

134 Das Erfordernis einer Verpflichtung ergibt sich in erster Linie und ganz grundlegend aus der Vergabekoordinierungsrichtlinie selbst, die den öffentlichen Bauauftrag als entgeltlichen Vertrag definiert. Diesem Begriff liegt bereits die Vorstellung zugrunde, dass ein Austausch von Leistungen stattfindet zwischen dem öffentlichen Auftraggeber, der einen Preis bezahlt (oder alternativ ein Nutzungsrecht einräumt), und dem Auftragnehmer, der Arbeiten oder Werke realisieren soll. Mit dem Vertragsschluss verpflichtet sich der Auftragnehmer, Bauleistungen durchzuführen oder durchführen zu lassen. Es spielt dabei keine Rolle, ob der Auftragnehmer die Leistungen mit eigenen Mitteln oder unter Inanspruchnahme von Subunternehmern erbringt (EuGH vom 25.3.2010, Rs. C-451/08).

135 Auch das OLG Düsseldorf (vom 2.10.2008, VII-Verg 25/08) wollte ausweislich seines Vorlagebeschlusses nicht das Merkmal einer durch den öffentlichen Bauauftrag (oder die öffentliche Baukonzession) direkt oder indirekt begründeten **Realisierungsverpflichtung** (Bauverpflichtung) des Auftragnehmers aufgeben.

136 Demgegenüber ergibt sich für den EuGH aus der Rechtsverbindlichkeit der Verpflichtung bereits, dass ihre Erfüllung **einklagbar** sein muss, wobei sich die Modalitäten aus dem nationalen Recht ergeben. Etwas unklar beantwortet der EuGH damit die Frage, ob tatsächlich die **Bauleistung als solche** einklagbar sein muss oder ob es ausreicht, dass eine **Sanktion als wirtschaftliche Kompensation bei Nichterfüllung** der Bauverpflichtung (Schadensersatz, Vertragsstrafe etc.) einklagbar sein muss. Zutreffend ist die zweite Variante, wenn auch indirekte Verpflichtungen zur Erbringung von Bauleistungen für einen Bauauftrag ausreichen. Hingegen wird die bloße Vereinbarung eines Rücktrittsrechts nicht ausreichen, um eine Einklagbarkeit zu bejahen, weil es regelmäßig nicht zu einer Kompensation der Nichterfüllung der Bauleistung führt (zur Einklagbarkeit von Verpflichtungen aus einem Durchführungsvertrag nach § 12 BauGB s. OLG Schleswig vom 15.3.2013, 1 Verg 4/12).

V. Planung und Ausführung

137 In allen Varianten des Bauauftrags kann die Ausführung der Bauleistung **gemeinsam** mit ihrer **Planung** vergeben werden. Ein Vertrag über isolierte Planungsleistungen ist hingegen ein Dienstleistungsauftrag (vgl. OLG München vom 5.4.2012, Verg 3/12).

Die Schwellenwerte für Dienstleistungsaufträge sind geringer als diejenigen für Bauaufträge. Wenn Planungsleistungen mit Ausführungsleistungen verbunden werden, gelten die Regeln der Bauauftragsvergabe und damit die höheren Schwellenwerte.

VI. Bauvorhaben (1. Var.) und Bauwerk (2. Var.)

138 In der ersten Variante des Bauauftrags geht es um die Planung und Ausführung eines Bauvorhabens. In der Vergabekoordinierungsrichtlinie wird hinsichtlich der damit verbundenen Tätigkeiten auf Anhang I verwiesen, in der einzelne Bauleistungen aufgeführt sind. In der zweiten Variante geht es um die Planung und Ausführung eines Bauwerkes, das Ergebnis von Tief- oder Hochbauarbeiten ist und eine wirtschaftliche oder technische Funktion erfüllen soll.

Der Unterschied dieser Varianten wird darin gesehen, dass der Bauauftrag in der zweiten Variante **auf Vollendung eines Bauwerkes angelegt** ist. Demgegenüber bezieht sich die erste Variante auf bloße Tätigkeiten, an deren Ende **keine fertige Sache** stehen muss. Eine **Abgrenzung** der Varianten ist aber nicht erforderlich. Zusammenfassend gilt, dass unter den Begriff des öffentlichen Bauauftrags zum einen die Durchführung bestimmter Arbeiten der in Anhang I der Vergabekoordinierungsrichtlinie aufgelisteten Arten und zum anderen die Realisierung von Bauwerken oder Bauleistungen fallen. Mit anderen Worten umfasst der Begriff sowohl Bautätigkeiten, unabhängig davon, ob an ihrem Ende eine endgültige und/oder fertige Sache steht, als auch – gegebenenfalls auch durch Dritte verrichtete – Tätigkeiten zur Herstellung bestimmter „vollendeter" Sachen.

139

Es besteht Einigkeit darüber, dass in der Frage, was zu einer Bauleistung gehört, grundsätzlich eine **weite Auslegung** geboten ist, bei der wesentlich auf die **funktionale Einheit** abzustellen ist, die durch die Bautätigkeit entstehen soll (vgl. etwa OLG Dresden vom 2.11.2004, 1/SVK/083/04 m.w.N.). Entscheidend ist danach, dass alles, was zur Herstellung eines funktionsfähigen Bauwerkes notwendig ist, vom Begriff des Bauauftrags erfasst wird. Für den vergaberechtlichen Begriff des Bauauftrags kommt es mithin nicht darauf an, dass die Leistung nach deutschem Zivilrecht als Werkvertragsleistung einzustufen wäre; auch eine Werklieferung oder ein schlichter Kauf kann wegen des funktionsbedingten Zusammenhangs der zu beschaffenden Gegenstände mit dem damit auszustattenden Gebäude als Bestandteil der Bauleistung anzusehen sein.

140

Es ist auch irrelevant, ob der Ausstattungsgegenstand **wesentlicher Bestandteil** des Gebäudes zu werden bestimmt ist; selbst die Beschaffung bloßer Zubehörteile i.S.d. §§ 90 ff. BGB kann vergaberechtlich zur Ausführung eines Bauwerkes gehören, sofern sie nur zur Herbeiführung von dessen Funktionsfähigkeit erforderlich ist; irgendwelche Einbaumaßnahmen, mit denen eine feste Verbindung zwischen Ausstattungsgegenständen und Gebäude geschaffen wird, sind zur Bejahung einer Bauleistung mithin nicht zwingend erforderlich (OLG Dresden vom 2.11.2004, 1 SVK/083/04 [Erstausstattung einer Berufsschule mit Maschinen und Werkzeugen]). Der Gesichtspunkt des – notwendigen – Funktionszusammenhangs macht daher auch solche Beschaffungen, die sich bei isolierter Betrachtung als Lieferauftrag darstellen mögen, zum Bestandteil einer Bauleistung.

141

VII. Bauleistung durch Dritte (3. Var.)

Die dritte Variante des Bauauftrags betrifft Verträge über die Planung und Ausführung einer dem Auftraggeber unmittelbar wirtschaftlich zugutekommenden Bauleistung durch Dritte gemäß den vom Auftraggeber genannten Erfordernissen.

142

In dieser Variante wird nicht vorausgesetzt, dass der Auftragnehmer (oder Baukonzessionär) durch den Auftrag unmittelbar zu Bauleistungen verpflichtet wird oder Bauleistungen den Gegenstand des Auftrags bilden (OLG Düsseldorf vom 2.10.2008, VII-Verg 25/08; *Burgi*, NVwZ 2008, 929, 932). Es handelt sich um einen **Auffangtatbestand**. Er soll die praktische Wirksamkeit der Vergabekoordinierungsrichtlinie auch in Fällen sicherstellen, bei denen ein Bauwerk erstellt wird, das zwar einer öffentlichen Zweckbestimmung unterliegt, der öffentliche Auftraggeber jedoch nicht selbst als Bauherr auftritt, sondern vielmehr das Vorhaben im Auftrag und auf Rechnung des Auftragnehmers von einem – von diesem verschiedenen – Dritten ausgeführt werden soll (*Boesen*, Vergaberecht, § 99 GWB Rn. 136 f. m.w.N.). Diese Variante umfasst etwa Kauf-, Miet- oder Leasingverträge sowie Bauträgermodelle (vgl. *Boesen*, Vergaberecht, § 99 GWB Rn. 142 ff.; Kulartz/Kus/Portz/*Eschenbruch*, GWB-Vergaberecht, § 99 GWB Rn. 175; *Hailbronner*, in: Byok/Jaeger, Vergaberecht, § 99 GWB Rn. 485, jew. m.w.N.).

143

Der Vertrag muss allerdings **Erfordernisse** benennen, nach denen Dritte die Bauleistung erbringen sollen. Mit den Erfordernissen benennt der öffentliche Auftraggeber Vorgaben an die Bauleistungen und legt die Anforderungen fest, die das Werk erfüllen soll. Er muss Maßnahmen ergreifen, um die Merkmale der Bauleistung zu definieren, oder zumindest einen entscheidenden Einfluss auf ihre Konzeption ausüben (EuGH vom 25.3.2010, Rs. C-451/08). Die Erfordernisse müssen auf die Ausführung des individuellen Bauwerkes bezogen sein und darauf einen inhaltlichen Einfluss nehmen, z.B. Vorgaben betreffend die Art und Weise der Bebauung und ihrer Anbindung an die Umgebung

144

oder an die Gestaltung der Fassaden und Außenanlagen (vgl. OLG Düsseldorf vom 6.2.2008, VII-Verg 37/07 – „Oer-Erkenschwick").

145 Eine Herstellung nach vom öffentlichen Auftraggeber gebilligten Plänen kann genügen, wenn der Auftraggeber diese zuvor geprüft und sich zu eigen gemacht hat (OLG Düsseldorf vom 6.2.2008, VII Verg 37/07). Dabei wiederum genügt es nicht, wenn der Auftraggeber die vorgelegten Baupläne nur prüft oder lediglich in Ausübung seiner städtebaulichen Regelungszuständigkeiten eine Entscheidung trifft (EuGH vom 25.3.2010, Rs. C-451/08). Dabei kommt es nicht darauf an, ob elementare oder weniger wichtige Erfordernisse gestellt werden (OLG Düsseldorf vom 12.12.2007, VII-Verg 30/07 – „Wuppertal-Vohwinkel"; kritisch Kulartz/Kus/Portz/*Eschenbruch*, GWB-Vergaberecht, § 99 GWB Rn. 197). Auch an den Konkretisierungsgrad von Vorgaben des öffentlichen Auftraggebers werden keine hohen Anforderungen gerichtet (OLG Düsseldorf vom 13.6.2007, VII-Verg 2/07 – „Flugplatz Ahlhorn"). Hingegen scheiden nicht bauwerks-, sondern rein nutzungsbezogene (oder sozialpolitisch motivierte) Erfordernisse sowie solche, die lediglich auf einer Anwendung öffentlich-rechtlicher Bauvorschriften beruhen oder dem Auftragnehmer (oder Baukonzessionär) die Einhaltung der Festsetzungen eines bestehenden Bebauungsplans aufgeben, aus dem Anwendungsbereich der Norm aus.

146 Schwierigkeiten ergeben sich bei der Einordnung eines Vertrages als Bauauftrag, wenn sich die vom Auftraggeber genannten Erfordernisse nicht aus dem zu beurteilenden Vertrag selbst, sondern erst **aus weiteren Verträgen oder Umständen** ergeben. Wie weit eine Einbeziehung weiterer Umstände reichen kann, zeigt das OLG Düsseldorf in seinem Vorlagefall auf, bei dem die Veräußerung eines Grundstücks ohne Bauverpflichtung als öffentlicher Bauauftrag eingeordnet wird, weil der Verkauf mit der Gemeinde abgestimmt wurde und die Gemeinde mit dem Käufer zeitversetzt einen Durchführungsvertrag nach § 12 BauGB abschließen will. Beides sei als vergaberechtliche Einheit zu bewerten, denn die Interessen von Verkäufer und Gemeinde seien gebündelt, aufeinander abgestimmt und aneinander gekoppelt worden. Hinsichtlich dieser Fallgestaltung verweist das OLG Düsseldorf auf die Entscheidung des EuGH in der Rechtssache **Mödling** (EuGH vom 10.11.2005, Rs. C-29/04). Danach muss bei **funktionaler Betrachtung** – sofern dies die besonderen Umstände des Falles gebieten – eine **Zusammenschau verschiedener, sachlich und zeitlich zusammenhängender Vertragsschlüsse** unter Berücksichtigung der **Gesamtheit der Verträge und ihrer Zielsetzung** stattfinden. Die Verpflichtung des öffentlichen Auftraggebers, eine Ausschreibung vorzunehmen, ist dann nicht – wie im Normalfall – allein anhand der rein zeitlichen Abfolge des Geschehens zu überprüfen. Würde die Prüfung isoliert nur auf die Veräußerung des Grundstücks bezogen, aber unberücksichtigt gelassen, dass die Kommune dem Erwerber alsbald danach einen Bauauftrag erteilen will, beeinträchtigte dies die praktische Wirksamkeit der Richtlinie und könnte das Vergaberecht allzu leicht umgangen werden (vgl. auch OLG Düsseldorf vom 13.6.2007, VII-Verg 2/07 – „Flugplatz Ahlhorn"). Unabhängig von einem engen zeitlichen Zusammenhang zwischen dem Grundstücksgeschäft und einem öffentlichen Bauauftrag stellt das OLG Düsseldorf (vom 13.6.2007, VII-Verg 2/07) darauf ab, ob im Sinn einer Zielsetzung die Erteilung eines öffentlichen Bauauftrags von vorneherein bezweckt war und die Beteiligten zwischen den Verträgen eine gewollte sachliche Verknüpfung vorgenommen haben. In einem solchen Fall will das Gericht das Grundstücksgeschäft und den öffentlichen Bauauftrag vergaberechtlich als eine Einheit bewerten, was dazu führt, dass beide Vertragsschlüsse dem Vergaberechtsregime unterliegen. Der EuGH (vom 25.3.2010, Rs. C-451/08) hält zwar die Einordnung eines zweistufigen Vergabeverfahrens als vergaberechtliche Einheit grundsätzlich für möglich und für vernünftig. Im konkreten Fall des OLG Düsseldorf bestätigten die Umstände eine solche Bewertung jedoch nicht, so der EuGH, weil keiner der Beteiligten verbindliche Pflichten zur Erbringung von Bauleistungen eingegangen sei. Mittlerweile hat auch das OLG Düsseldorf (vom 27.10.2010, VII-Verg 25/08) die vergaberechtliche Einheit verneint.

147 Die Bauleistungen durch Dritte müssen dem Auftraggeber unmittelbar wirtschaftlich zugutekommen (Rn. 128 ff.). Das kann etwa bei kommunalen Grundstücksveräußerungen mit Bauverpflichtung der Fall sein, wenn dadurch Parkkapazitäten, die bislang von der Kommune vorgehalten wurden, ersetzt werden sollen (vgl. VK Düsseldorf vom 28.1.2010, VK 37/2009-B).

E. Dienstleistungsaufträge (Abs. 4)

I. Auffangtatbestand

Dienstleistungsaufträge sind in § 99 als **Auffangtatbestand** formuliert. Als Dienstleistungsaufträge gelten Verträge über die Erbringung von Leistungen, die nicht unter Abs. 2 (Lieferaufträge) oder Abs. 3 (Bauaufträge) fallen. 148

Maßgeblich ist der **Leistungsinhalt**. So ist z.B. die Koordinierung der Versorgung der Patienten mit Heil- und Hilfsmitteln durch Einsatz von sog. **Hilfsmittelkoordinatoren** eine Dienstleistung, sofern die Teil- und Hilfsmittelversorgung selbst nicht Gegenstand der zu vergebenen Leistungen ist (OLG Brandenburg vom 21.6.2011, Verg W 9/11). 149

Die Einordnung als Dienstleistungsauftrag richtet sich nicht nach den zivilrechtlichen Kategorien des Bürgerlichen Gesetzbuches (BGB). Der Dienstleistungsauftrag umfasst typischerweise auch Werkverträge i.S.d. §§ 631 ff. BGB. Auch ein Pachtvertragsmodell kann ein rechtliches Mittel sein, um Dienstleistungen zu beschaffen (OLG Düsseldorf vom 9.1.2013, VII-Verg 26/12). 150

Unterschieden werden muss bei Dienstleistungen zwischen solchen nach Anhang I Teil A und Anhang I Teil B zur VOL/A. Während für Leistungen nach Anhang I Teil A, wie z.B. Postdienstleistungen, Datenverarbeitungen oder Gebäudereinigungen, die VOL/A in ihrer Gesamtheit gilt, sind Leistungen nach Anhang I Teil B nur bestimmte vergaberechtliche Regelungen anwendbar. Diese sog. **nachrangigen Dienstleistungen**, wie z.B. **Eisenbahn, Rechtsberatung, Unterrichtswesen und Berufsausbildung**, unterliegen nur eingeschränkten Regelungen. Dienstleistungen werden in der Regel nach VOL/A vergeben. Nur freiberufliche Dienstleistungen unterfallen den Regeln der VOF, sofern es sich um Aufgabenstellungen handelt, deren Lösung nicht vorab und eindeutig und erschöpfend beschrieben werden kann. 151

Beispiele: Dienstleistungsaufträge sind: 152
– Abfalltransportleistungen (OLG Brandenburg vom 15.5.2007, Verg W 2/07)
– Abfallentsorgung (OLG Düsseldorf vom 9.4.2003, Verg 66/02)
– Abschleppaufträge (VK Arnsberg vom 25.11.2009, VK 29/09)
– Altpapierverwertung (OLG Rostock vom 6.3.2009, 17 Verg 1/09)
– Gebäudereinigung (OLG Düsseldorf vom 14.1.2009, Verg 59/08)
– Instandhaltungsarbeiten mit geringem Instandsetzungsanteil (VK Berlin vom 2.6.2009, VK-B2-12/09)
– Managementleistungen eines EFRE-Risikokapitalfonds (OLG Brandenburg vom 18.2.2010, Verg W 2/10)
– Managementleistungen, wie z.B. kaufmännische Betriebsführung (OLG Naumburg vom 26.7.2012, 2 Verg 2/12)
– Postdienstleistungen (OLG Naumburg vom 2.7.2009, 1 Verg 2/09; KG vom 19.4.2012, Verg 7/11)
– Rettungsdienstleistungen (BGH vom 1.12.2008, X ZB 31/05)
– Versicherungsleistungen (BGH vom 3.7.2008, I ZR 145/05)
– SPNV-Leistungen (BGH vom 8.2.2011, X ZB 4/10)

II. Abgrenzung zur Dienstleistungskonzession

1. Allgemeines

Dienstleistungsaufträge müssen des Weiteren von **Dienstleistungskonzessionen abgegrenzt** werden, weil Rechtsprechung und Schrifttum diese im Einklang mit dem Gemeinschaftsrecht (s. Art. 17 der Vergabekoordinierungsrichtlinie) von der Geltung der §§ 97 ff. GWB ausnehmen (BGH vom 8.2.2011, X ZB 4/10 und vom 23.1.2012, X ZB 5/11; OLG Brandenburg vom 28.8.2012, Verg W 19/11; OLG München vom 2.7.2009, Verg 5/09; OLG Düsseldorf vom 23.5.2007, VII-Verg 50/06; Kulartz/Kus/Portz/*Eschenbruch*, GWB-Vergaberecht, § 99 GWB Rn. 237; s. auch weiterführend *Vavra*, VergabeR 2010, 351). Die Aufnahme der Definition der Baukonzession in § 99 sollte 153 nach den Gesetzesmaterialien (BT-Drucks. 16/10117, S. 14) auch verdeutlichen, dass die Dienstleistungskonzessionen nicht in den Anwendungsbereich des GWB fallen. Das gilt auch, wenn der Vertrag untergeordnete Bauleistungen enthält (OLG Brandenburg vom 28.8.2012, Verg W 19/11).

> Die Vergabe der Konzession unterliegt gleichwohl den Grundregeln des AEUV bzw. EG-Vertrages im Allgemeinen sowie dem Gleichbehandlungsgrundsatz, dem Verbot der Diskriminierung aus Gründen der Staatsangehörigkeit und der daraus folgenden Transparenzpflicht im Besonderen (vgl. nur EuGH vom 13.10.2005, Rs. C-458/03 – „Parkhaus Brixen"; EuGH vom 13.11.2008, Rs. C-324/07 – „Coditel Brabant"; EuGH vom 13.4.2010, Rs. C-91/08). Entsprechend sind aber auch die Ausnahmeregelungen der Inhouse-Vergabe anwendbar. Rechtsstreitigkeiten über die Vergabe von Dienstleistungskonzessionen werden bei Vergabe durch privatrechtlichen Vertrag vor den ordentlichen Gerichten, bei Vergabe in Formen des öffentlichen Rechts vor den Verwaltungsgerichten ausgetragen (BGH vom 23.1.2012, X ZB 5/11). Unter Umständen ist auch Rechtsschutz durch die GWB-Nachprüfungsinstanzen möglich, nämlich dann, wenn der ausgeschriebene Auftrag die Merkmale einer Dienstleistungskonzession erfüllt, jedoch nur die Ausschreibung eines Dienstleistungsauftrags gesetzlich zulässig ist (OLG Düsseldorf vom 19.10.2011, VII-Verg 51/11).

2. Gegenleistung: Recht zur Nutzung und Zuzahlung

154 Gemäß Art. 1 Abs. 4 der Vergabekoordinierungsrichtlinie ist eine „Dienstleistungskonzession" ein Vertrag, der von einem öffentlichen Dienstleistungsauftrag insoweit abweicht, als die Gegenleistung für die Erbringung der Dienstleistungen ausschließlich in dem Recht zur Nutzung der Dienstleistung oder in diesem Recht zuzüglich der Zahlung eines Preises besteht.

155 Daraus geht hervor, dass der **Unterschied** zwischen einem Dienstleistungsauftrag und einer Dienstleistungskonzession in der **Gegenleistung für die Erbringung der Dienstleistungen** liegt: Der **Dienstleistungsauftrag** umfasst eine Gegenleistung, die vom öffentlichen Auftraggeber unmittelbar an den Dienstleistungserbringer gezahlt wird (vgl. EuGH vom 13.10.2005, Rs. C-458/03 – „Parkhaus Brixen"), während im Fall einer **Dienstleistungskonzession** die Gegenleistung für die Erbringung der Dienstleistungen in dem Recht zur Nutzung der Dienstleistung besteht, sei es ohne oder zuzüglich der Zahlung eines Preises.

156 Bei der **Alttextilienentsorgung** im Rahmen einer gewerblichen Sammlung ist das OLG Düsseldorf davon ausgegangen, dass dem Entsorger durch die öffentliche Hand kein geldwerter Vorteil gewährt wird, da die Alttextilien ausschließlich durch die Bürger überlassen werden (OLG Düsseldorf vom 7.3.2012, VII Verg 78/11).

157 Der Begriff **„Zuzahlung eines Preises"** ist unter vergaberechtlichen Gesichtspunkten **weit** zu verstehen. Es kommt lediglich darauf an, dass der Konzessionär zusätzlich zum Verwertungsrecht geldwerte Zuwendungen erhält. Wenn neben dem Recht zur Nutzung der Dienstleitung zusätzlich ein Preis gezahlt wird, kann je nach den Umständen des Einzelfalls zweifelhaft sein, ob der jeweilige Vertrag trotz dieser Zuzahlung als Dienstleistungskonzession einzuordnen und nicht als Dienstleistungsauftrag zu bewerten ist. Ist eine Zuzahlung vorgesehen, kann der Vertrag jedenfalls dann nicht als Dienstleistungskonzession gelten, wenn die zusätzliche Vergütung oder (Aufwands-) Entschädigung ein solches Gewicht hat, dass ihr bei wertender Betrachtung kein bloßer Zuschusscharakter mehr beigemessen werden kann. Dies ist insbesondere in Fällen anzunehmen, in denen der Vertragspartner des öffentlichen Auftraggebers durch die Zahlungen in einem Maße gesichert ist, dass mit der Übernahme der Dienstleistung für ihn kein wesentliches Vertragsrisiko im Sinne der BGH-Rechtsprechung einhergeht (s. dazu Rn. 159 ff.).

Wann eine Zuzahlung im Vordergrund steht und überwiegt, lässt sich wegen der Unterschiedlichkeit der möglichen Fallgestaltungen ebenso wenig einheitlich durch eine rechnerische Quote festlegen, wie sich auch sonst eine schematische Lösung verbietet. Es bedarf auch insoweit stets einer Berücksichtigung aller Umstände des Einzelfalls. Dazu kann insbesondere gehören, dass der Konzessionär bei Nutzung der Dienstleistung monopolistisch oder sonst aus einer überlegenen Position heraus am Markt agieren kann bzw. inwieweit er dem Risiko ausgesetzt ist, seine Leistung im Wettbewerb mit Konkurrenten absetzen zu müssen. Ist Letzteres der Fall, kann es im Einzelfall unbedenklich sein, wenn der Auftraggeber die gleichwohl bestehende Bereitschaft zur Übernahme der Dienstleistung mit einer Zuzahlung prämiert, die vergleichsweise höher ausfällt, als sie unter monopolistisch geprägten Marktstrukturen angemessen wäre (BGH vom 8.2.2011, X ZB 4/10).

Dagegen kann es für eine Einordnung als Dienstleistungsauftrag sprechen, wenn Dienstleistungen in einem von öffentlichen **Zuschüssen** bzw. staatlichen **Beihilfen** geprägten geschäftlichen Verkehr erbracht werden sollen und diese einen wesentlichen Teil der Gegenleistung ausmachen (BGH vom 8.2.2011, X ZB 4/10). **158**

3. Übernahme des wirtschaftlichen Risikos

Entscheidendes Merkmal einer **Dienstleistungskonzession** ist auch, dass der **Konzessionär** (weitgehend) das **wirtschaftliche Risiko der Nutzung** trägt (EuGH vom 13.10.2005, Rs. C-458/03 – „Parkhaus Brixen"). Trägt der Auftraggeber weiterhin das volle Risiko und setzt er den Dienstleistungserbringer nicht den Risiken des Marktes aus, handelt es sich bei dem betreffenden Vorgang um einen Dienstleistungsauftrag (EuGH vom 27.10.2005, Rs. C-234/03). Maßgeblich ist hier die **Entgeltlichkeit**. Wenn der Konzessionär als Entgelt ausschließlich einen vorher festgelegten Preis erhält, liegt ein echter Dienstleistungsauftrag vor, der als solcher dem Vergaberecht unterfällt. Das Gleiche gilt, wenn der Auftraggeber dem Auftragnehmer, z.B. einem Verkehrsunternehmen für den Streckenbetrieb im Eisenbahnverkehr, jährlich einen Zuschuss zahlt, der sämtliche Gesamtkosten auch für den Fall abdeckt, dass der Auftragnehmer keine Einnahmen erzielt. Das mit dem Betrieb verbundene wirtschaftliche Risiko bleibt dann beim Auftraggeber. **159**

Der EuGH ist in seiner Entscheidung vom 10.9.2009 (Rs. C-206/08 – „Eurawasser") näher auf die Frage der **Übernahme des wirtschaftlichen Risikos** eingegangen. Der Auftraggeber muss das mit der Dienstleistung verbundene wirtschaftliche Risiko ganz oder zu einem wesentlichen Teil auf den Auftragnehmer übertragen, weil andernfalls die Gegenleistung nicht im Recht zur Nutzung der Dienstleistung besteht. Dabei muss es sich jedoch nicht um ein erhebliches Risiko handeln. In bestimmten Bereichen der Daseinsfürsorge sind Regelungen, die eine Begrenzung wirtschaftlicher Risiken bewirken, üblich. Das steht der Vergabe von Konzessionen nicht entgegen, weil von einer Behörde, die eine Konzession vergibt, nicht zu verlangen ist, dass sie für einen schärferen Wettbewerb und ein höheres wirtschaftliches Risiko sorgt, als sie in dem betreffenden Sektor aufgrund der dort geltenden Regelungen existieren. Zudem hat der öffentliche Auftraggeber selbst keinen Einfluss auf die öffentlich-rechtliche Ausgestaltung der Dienstleistung und kann daher keine Risikofaktoren einführen und übertragen, die durch diese Ausgestaltung ausgeschlossen sind. Der Annahme einer Dienstleistungskonzession steht danach nicht entgegen, dass das wirtschaftliche Risiko des öffentlichen Auftraggebers, wenn er die betreffende Dienstleistung selbst erbringt, erheblich eingeschränkt ist, etwa durch einen Anschluss- und Benutzungszwang der Nutzer. Er muss dann aber dieses eingeschränkte Risiko vollständig oder zumindest zu einem wesentlichen Teil auf den Auftragnehmer übertragen. **160**

Charakteristisch für die Dienstleistungskonzession ist zudem die **Übertragung der Verantwortlichkeit für die Nutzung**. Sie hat üblicherweise Tätigkeiten zum Inhalt, die nach ihrer Natur, ihrem Gegenstand und nach den Vorschriften, denen sie unterliegen, in den Verantwortungsbereich des öffentlichen Auftraggebers fallen und die Gegenstand von ausschließlichen und besonderen Rechten sein können. Für die Abgrenzung zwischen Dienstleistungskonzession und Dienstleistungsauftrag ist es allerdings unerheblich, ob die Übertragung der betreffenden Dienstleistung als Pflichtaufgabe der öffentlichen Hand auf Dritte öffentlich-rechtlich zulässig ist (OLG Jena vom 11.12.2009, 9 Verg 2/08). **161**

162 **Beispiele:** Dienstleistungskonzessionen sind:
- Kantinenbewirtschaftung (VK Brandenburg vom 27.5.2009, VK 21/09)
- Pacht und Betrieb einer Test- und Rennstrecke (OLG Brandenburg vom 30.5.2008, Verg W 5/08)
- Tierkörperbeseitigung (OLG Brandenburg vom 12.1.2010, Verg W 7/09)
- Bewirtschaftung von Werbeflächen (EuGH vom 13.4.2010, Rs. C-91/08)
- Alttextilienentsorgung (OLG Düsseldorf vom 7.3.2012, VII-Verg 78/11)
- Breitbandkabelversorgung von Endkunden (OLG München vom 25.3.2011, Verg 4/11)
- Abwasserbeseitigung (OLG Brandenburg vom 28.8.2012, Verg W 19/11)
- Errichtung und Betrieb einer Autobahnraststätte mit Tankstelle (OLG Karlsruhe vom 6.2.2013, 15 Verg 11/12)

F. Auslobungsverfahren (Abs. 5)

163 Nach Abs. 1 gelten als öffentliche Aufträge auch Auslobungsverfahren, die erst zu Dienstleistungsaufträgen führen sollen. Erfasst sind jedoch nur solche Auslobungsverfahren, die dem Auftraggeber auf Grund vergleichender Beurteilung durch ein Preisgericht mit oder ohne Verteilung von Preisen zu einem Plan verhelfen sollen. Es geht hier also um **Wettbewerbe**, wie auch aus Art. 1 Abs. 11 Buchst. a der Vergabekoordinierungsrichtlinie deutlich wird. Sie sollen dazu dienen, dem öffentlichen Auftraggeber insbesondere auf den Gebieten der Raumplanung, der Stadtplanung, der Architektur und des Bauwesens oder der Datenverarbeitung einen Plan oder eine Planung zu verschaffen, deren Auswahl durch ein Preisgericht erfolgt.

164 Das Gesetz **definiert** Auslobungsverfahren einschränkend und kennzeichnet sie durch die Absicht des Auftraggebers, sich einen Plan beschaffen zu wollen und zwar auf Grund vergleichender Beurteilung durch ein Preisgericht. Praxisrelevantes Beispiel sind **Architektenwettbewerbe** (vgl. OLG Düsseldorf vom 25.10.2005, VII 67/05, Verg 67/05).

165 Auf die Verteilung eines Preises soll es nach dem Gesetz nicht ankommen. Nicht maßgeblich ist auch, ob nach den zivilrechtlichen Maßstäben aus §§ 657 ff. BGB eine Auslobung vorliegt. Genauso wenig ist die Benennung des Preisgerichtes entscheidend. Vielmehr geht es um die **Funktion**, die es ausübt, nämlich für den Auftraggeber eine **vergleichende Beurteilung** vorzunehmen (vgl. VK Düsseldorf vom 29.5.2006, VK 24/2006-F zum sog. kooperativen Workshop-Verfahren mit einer Empfehlungskommission).

G. Baukonzessionen (Abs. 6)

166 Eine Baukonzession wird **definiert** als ein Vertrag über die Durchführung eines Bauauftrags, bei dem die Gegenleistung für die Bauarbeiten statt in einem Entgelt in dem befristeten Recht auf Nutzung der baulichen Anlage, gegebenenfalls zuzüglich der Zahlung eines Preises besteht (Abs. 6). Die Definition folgt weitgehend der Vorgabe in Art. 1 Abs. 3 der Vergabekoordinierungsrichtlinie, wo allerdings der Unterschied zum Bauauftrag etwas klarer herausgestellt wird.

167 Öffentliche Baukonzessionen sind danach Verträge, die von öffentlichen Bauaufträgen nur insoweit abweichen, als die Gegenleistung für die Bauleistungen ausschließlich in dem Recht zur Nutzung des Bauwerkes oder in diesem Recht zuzüglich der Zahlung eines Preises besteht. Die Baukonzession ist somit kein Gegenstück zu einem Bauauftrag nach Abs. 3, sondern lediglich eine Variante bei der **Vergütung des Auftragnehmers**. Sie besteht in einem **Nutzungsrecht** und **nicht** in einem **Entgelt**. Die Übertragung des Nutzungsrechts ersetzt das einen Bauauftrag ansonsten kennzeichnende Entgelt als Gegenleistung des Auftraggebers für die Bauleistung des Auftragnehmers. Es kann ausgeübt werden durch Selbstnutzung des errichteten Bauwerkes oder durch Vermietung oder Verpachtung an Dritte (vgl. EuGH vom 18.1.2007, Rs. C-220/05 – „Commune de Roanne"; OLG Düsseldorf vom 13.6.2007, VII-Verg 2/07 – „Flugplatz Ahlhorn").

Die Abgrenzung zwischen den Gegenleistungsvarianten bei einem Bauauftrag hat nicht die gleiche Bedeutung wie bei Dienstleistungsauftrag und Dienstleistungskonzession, weil auch Baukonzessionen anders als Dienstleistungskonzessionen als öffentliche Aufträge gemäß Abs. 1 dem GWB-Vergaberechtsregime unterworfen sind. 168

Die **Befristung des Nutzungsrechts** an der baulichen Anlage in Abs. 6 ist eine Einschränkung gegenüber der Formulierung des Konzessionsbegriffes in der Vergabekoordinierungsrichtlinie. Damit wird das Ziel verfolgt, Grundstücksveräußerungen vom Vergaberechtsregime auszunehmen, weil sie dem künftigen Eigentümer regelmäßig ein unbefristetes Nutzungsrecht verleihen (vgl. VK Schleswig-Holstein vom 17.8.2012, VK-SH 17/12). Ausweislich der Gesetzesbegründung (BT-Drucks. 16/10117, S. 14) sollte aber nur klarstellend bestimmt werden, dass bei einer Baukonzession das Nutzungsrecht befristet ist. Hierdurch soll verdeutlicht werden, dass das Konzessionsverhältnis ein Rechtsverhältnis darstellt, das auf eine gewisse Zeitdauer ausgelegt ist. 169

Grund für diese Klarstellung war die Rechtsprechung des OLG Düsseldorf zur Ausschreibungspflicht städtebaulicher Verträge (Rn. 122). Neben dem Bauauftragsbegriff stellte auch der „weite Baukonzessionsbegriff" eine wichtige Grundlage der Entscheidungen des OLG Düsseldorf dar. Nach dessen Auslegung sollte auch die Veräußerung vom Baukonzessionsbegriff mit umfasst sein. Wesenstypisch für das Institut der Baukonzession sei aber, so die Gesetzesbegründung, die Übertragung eines Rechts, das dem Konzessionsgeber nur für einen bestimmten Zeitraum zustehe. Es handele sich um ein Vertragsverhältnis, in dessen Verlauf der Konzessionsnehmer von seinem Nutzungsrecht Gebrauch mache. Die Veräußerung gehöre damit nicht zur Rechtsfigur der Konzession. Dem folgen der EuGH (vom 25.3.2010, Rs. C-451/08) und der Generalanwalt (Schlussanträge vom 17.11.2009, C-451/08), der es für ausgeschlossen hält, dass von einer Baukonzession ausgegangen werden könne, wenn dem „Konzessionär" das Eigentumsrecht an den realisierten Bauwerken verschafft werde. Unter anderem führt er an, dass das wirtschaftliche Risiko, das die öffentliche Baukonzession nach der Richtlinie kennzeichne, bei genauer Betrachtung eine unmittelbare Folge auch der Befristetheit der Konzession selbst sei. Mit einem unbefristeten Recht an den zu realisierenden Sachen könne dagegen ein wirtschaftliches Risiko grundsätzlich stets ausgeschlossen werden, weil über die Zeit hinweg etwaigen schwierigen Zeiten bei der Bewirtschaftung der Güter immer begegnet werden könne. Der Ansicht der Kommission, der Erwerber trage das Risiko, ob die Behörden seine Baupläne billigten oder nicht, trat der EuGH entgegen. Das Risiko stünde dann in Verbindung mit den städtebaulichen Regelungszuständigkeiten und nicht mit der sich aus der Konzession ergebenden Vertragsbeziehung. Folglich wäre das Risiko nicht mit der Nutzung verbunden (EuGH vom 25.3.2010, Rs. C-451/08). 170

Ebenso wie für eine Dienstleistungskonzession (Rn. 153 ff.) wird auch für die Baukonzession vorausgesetzt, dass der Auftragnehmer mit dem Nutzungsrecht an seiner Leistung ein **Nutzungsrisiko** übernimmt (OLG München vom 5.4.2012, Verg 3/12). Zwar kann der Auftraggeber zuzüglich zur Übertragung des Nutzungsrechts einen Preis zahlen. Wenn diese Zahlung das Risiko für den Auftragnehmer aber weitgehend minimiert, geht der Charakter einer Konzession verloren und es liegt ein Bauauftrag vor (zur erforderlichen Risikoverteilung s. die Rechtsprechung zur Dienstleistungskonzession in Rn. 159 ff.). 171

Beispiel: 172
– Gestaltung eines Hochschulcampus (OLG München vom 5.4.2012, Verg 3/12)

H. Verteidigungs- oder sicherheitsrelevante Aufträge (Abs. 7)

Abs. 7 definiert verteidigungs- und sicherheitsrelevante Aufträge. Damit werden die Gegenstände öffentlicher Aufträge nach Abs. 1 (Liefer-, Bau- oder Dienstleistungen) nicht um einen anderen Gegenstand erweitert. Vielmehr werden bestimmte Liefer-, Bau- oder Dienstleistungen als verteidigungs- oder sicherheitsrelevant definiert, weil für sie besondere Regelungen gelten sollen. Damit wird zum einen klargestellt, dass der Vierte Teil des GWB auch für Aufträge gilt, deren Auftragsgegenstand hier genannte Leistungen umfasst. Zum anderen kann bei der Umsetzung der speziellen 173

Vorgaben für die Vergabe verteidigungs- und sicherheitsrelevanter Aufträge an die hier gefasste Definition angeknüpft werden (s. etwa § 1 VSVgV und § 1 VS VOB/A). Die Vergabe von Aufträgen, die nicht unter die Definition verteidigungs- oder sicherheitsrelevanter Aufträge fallen, richtet sich – vorbehaltlich der Ausnahmetatbestände im Vierten Teil des GWB – nach den allgemeinen Vergaberegeln.

174 Verteidigungs- oder sicherheitsrelevante Aufträge sind nach Abs. 7 Aufträge, deren Auftragsgegenstand mindestens eine Leistung umfasst, die in den Nr. 1 bis 4 des Abs. 7 genannt ist. Es handelt sich um:

– die Lieferung von Militärausrüstung i.S.d. Abs. 8, einschließlich dazugehöriger Teile, Bauteile oder Bausätze (**Nr. 1**);

– die Lieferung von Ausrüstung, die im Rahmen eines Verschlusssachenauftrags i.S.d. Abs. 9 vergeben wird, einschließlich der dazugehörigen Teile, Bauteile oder Bausätze (**Nr. 2**);

– Bauleistungen, Lieferungen und Dienstleistungen in unmittelbarem Zusammenhang mit der in den Nr. 1 und 2 genannten Ausrüstung in allen Phasen des Lebenszyklus der Ausrüstung (**Nr. 3**);

– Bau- und Dienstleistungen speziell für militärische Zwecke oder Bau- und Dienstleistungen, die im Rahmen eines Verschlusssachenauftrags i.S.d. Abs. 9 vergeben wird (**Nr. 4**).

I. Militärausrüstung (Abs. 8)

175 Abs. 8 ergänzt die Definition verteidigungs- oder sicherheitsrelevanter Aufträge in Abs. 7 Nr. 1 um die **Definition** der Militärausrüstung. Militärausrüstung ist danach jede Ausrüstung, die eigens zu militärischen Zwecken konzipiert oder für militärische Zwecke angepasst wird und zum Einsatz als Waffe, Munition oder Kriegsmaterial bestimmt ist.

176 Die Definition folgt aus Art. 1 Nr. 6 der Richtlinie 2009/81/EG. Hierunter fallen insbesondere die Arten von Produkten, die in der vom Rat in der Entscheidung 255/58 vom 15.4.1958 angenommen Liste von Waffen, Munition und Kriegsmaterial aufgeführt sind. Diese Liste ist nach der Gesetzesbegründung (BT-Drucks. 17/7275, S. 13) generisch und unter Berücksichtigung der sich weiterentwickelnden Technologie, Beschaffungspolitik und militärischen Anforderungen, die die Entwicklung neuer Produktarten nach sich ziehen, **weit auszulegen**. Der Begriff der Militärausrüstung kann daher auch Produkte umfassen, die zwar ursprünglich für zivile Zwecke konzipiert wurden, später aber für militärische Zwecke angepasst werden, um als Waffen, Munition oder Kriegsmaterial eingesetzt zu werden (vgl. Erwägungsgrund 10 der Richtlinie 2009/81/EG; vgl. dazu und zur alten Rechtslage EuGH vom 7.6.2012, Rs. C-615/10 – „Dual-Use-Güter"). Er umfasst demgegenüber nicht Ausrüstung, die sowohl für zivile Zwecke als auch für militärische Zwecke geeignet ist, aber nicht eigens für die militärischen Zwecke angepasst wurde.

J. Verschlusssachenauftrag (Abs. 9)

177 Abs. 9 ergänzt die Definition verteidigungs- oder sicherheitsrelevanter Aufträge in Abs. 7 um die **Definition** des Verschlusssachenauftrags, wobei die Definition der Verschlusssache selbst in anderen Gesetzen erfolgt. Ein Verschlusssachenauftrag ist danach ein Auftrag für Sicherheitszwecke,

– bei dessen Erfüllung oder Erbringung Verschlusssachen nach § 4 des Gesetzes über die Voraussetzungen und das Verfahren von Sicherheitsüberprüfungen des Bundes (Sicherheitsüberprüfungsgesetz – SÜG) oder nach den entsprechenden Bestimmungen der Länder entweder verwendet werden (Nr. 1) oder

– der solche Verschlusssachen erfordert oder beinhaltet (Nr. 2) (s. z.B. VK Bund vom 26.10.2012, VK 3-117/12).

178 Die Definition eines vom Anwendungsbereich der Richtlinie erfassten Verschlusssachenauftrags folgt aus Art. 1 Nr. 8 der Richtlinie 2009/81/EG.

Für die Bestimmung einer **Verschlusssache** ist im nationalen Recht auf § 4 SÜG zurückzugreifen. Nach § 4 Abs. 1 SÜG sind Verschlusssachen im öffentlichen Interesse geheimhaltungsbedürftige Tatsachen, Gegenstände oder Erkenntnisse, unabhängig von ihrer Darstellungsform. Sie werden entsprechend ihrer Schutzbedürftigkeit von einer amtlichen Stelle oder auf deren Veranlassung eingestuft. § 4 Abs. 2 SÜG definiert diese Einstufungen. Als Verschlusssachenauftrag gelten damit nach § 4 Abs. 4 SÜG auch Aufträge, bei denen Verschlusssachen der Geheimhaltungsstufe VS-NUR FÜR DEN DIENSTGEBRAUCH verwendet werden, wenn die Kenntnisnahme durch Unbefugte für die Interessen der Bundesrepublik Deutschland oder eines ihrer Länder nachteilig sein kann. In den Bundesländern gibt es entsprechende Bestimmungen zu Verschlusssachen.

179

Auftraggeber auf Bundes-, Landes-, aber auch kommunaler Ebene können in den verschiedensten Bereichen, wie z.B. polizeiliche Tätigkeiten, Grenzschutz oder Kriseneinsätze, mit der Vergabe von sicherheitsrelevanten Aufträgen betraut sein.

180

K. Einordnung von gemischten Verträgen (Abs. 10)

I. Allgemeines

Abs. 10 regelt die Einordnung von gemischten (auch zusammengesetzten oder typengemischten) Verträgen. Da der öffentliche Auftraggeber in der Gestaltung seiner Verträge frei ist, hat er selbstverständlich auch die Möglichkeit, Bauleistungs-, Dienstleistungs- und Lieferleistungselemente in einem Vertrag miteinander zu verknüpfen. Abs. 10 regelt, welchem Vertragstyp ein gemischter Vertrag vergaberechtlich zugeordnet wird.

181

Besondere Bedeutung kommt dieser Abgrenzung bei **ÖPP-Verträgen** zu, die klassischerweise Bauleistungs-, Dienstleistungs- und Lieferleistungselemente miteinander verknüpfen. Dem ist es auch geschuldet, dass die Regelung, die nunmehr in Abs. 10 enthalten ist, durch das ÖPP-Beschleunigungsgesetz vom 1.9.2005 (BGBl. I S. 2676) in Abs. 6 Eingang gefunden hat. Durch das Gesetz zur Modernisierung des Vergaberechts vom 20.4.2009 (BGBl. I S. 790) ist diese Regelung in Abs. 10 inhaltlich unverändert übernommen worden.

182

II. Abgrenzung zwischen Liefer- und Dienstleistungsaufträgen (Abs. 10 Satz 1)

1. Abgrenzung nach Wert

Nach Abs. 10 Satz 1 gilt ein öffentlicher Auftrag, der sowohl den Einkauf von Waren als auch die Beschaffung von Dienstleistungen zum Gegenstand hat, als Dienstleistungsauftrag, wenn der Wert der Dienstleistungen den Wert der Waren übersteigt. Die **Abgrenzung** erfolgt nach dem **quantitativ zu ermittelnden Schwerpunkt** im Einzelfall. Aufgrund des einheitlichen Schwellenwertes für Dienstleistungen und Lieferleistungen ist die Abgrenzung vor allem dann relevant, wenn bei einer Einordnung als Dienstleistung das Vorliegen einer Dienstleistungskonzession dazu führen würde, dass der Anwendungsbereich des Vergaberechts nicht eröffnet ist. Die Abgrenzung und Wertbestimmung erfolgen im Einzelfall.

183

2. Beispiele

Bei einem gemischten öffentlichen Auftrag, der die **Lieferung von Arzneimitteln** betrifft, ist Folgendes zu berücksichtigen: Bei der Zurverfügungstellung von Waren, die individuell nach den Bedürfnissen des jeweiligen Kunden hergestellt und angepasst werden und über deren Nutzung die jeweiligen Kunden individuell zu beraten sind, ist die Anfertigung der genannten Waren im Auftragsteil der „Lieferung" für die Berechnung des Wertes des jeweiligen Bestandteils zuzuordnen (EuGH vom 11.6.2009, Rs. C-300/07). Vorgelagert ist die Frage, ob und welche Verpflichtungen des Auftraggebers gegenüber Dritten mit dem Auftrag erfüllt werden sollen. Liegt die Hauptleistung darin, Hilfsmittel aus einem Poolbestand des Auftraggebers, der bereits dem Auftraggeber gehört, an Versicherte auszuliefern, die Versicherten in die Benutzung einzuweisen, das Hilfsmittel nach Beendigung des Gebrauchs abzuholen und abschließend bis zur nächsten Bedarfsanforderung einzulagern, handelt es sich um eine Dienstleistung (VK Bund vom 14.9.2007, VK 1-101/07).

184

185 Die Lieferung von aus den ausgeschriebenen Wirkstoffen bestehenden Medikamenten als Bestandteile eines **Rabattvertrages** wird als Lieferauftrag angesehen. Dass der Preis nur indirekt durch Rückvergütung auf den Apothekenverkaufspreis geregelt ist, ist ebenso unerheblich wie die Frage, wer die Ware wie körperlich liefert und aushändigt und wie und wann und an wen das Eigentum an den Medikamenten übergeht (OLG Düsseldorf vom 19.12.2007, VII-Verg 48/07).

186 Die Vergabekammer Lüneburg hat eine **medizinische Kooperation**, deren Bestandteil die Lieferung eines Kernspintomographen beinhaltete, als Dienstleistungsauftrag angesehen, weil es sich im Wesentlichen um die Erfüllung eines radiologischen Versorgungsauftrags handelte und der Kernspintomograph unterstützend der ordnungsgemäßen Erbringung der medizinischen Leistung diente und auch finanziell die Erbringung medizinisch-radiologischer Dienstleistungen die Kooperationsbeziehung dominierte (VK Lüneburg vom 17.8.2009, VgK-36/09).

III. Abgrenzung zwischen Bau- und Dienstleistungsaufträgen (Abs. 10 Satz 2)

1. Abgrenzung nach dem Schwerpunkt des Vertrages

187 Anders als bei der Abgrenzung zwischen Liefer- und Dienstleistungsaufträgen erfolgt die Abgrenzung zwischen Bau- und Dienstleistungsaufträgen (vgl. auch EuGH vom 21.2.2008, Rs. C-412/04, der auf Verträge abstellt, die zugleich Elemente eines öffentlichen Bauauftrags und Elemente eines öffentlichen Auftrags anderer Art aufweisen) nach Abs. 10 Satz 2 nach dem **Schwerpunkt des Vertrages**.

188 Die Abgrenzung erfolgt nach einer Analyse der kennzeichnenden und in den Vergabeunterlagen dokumentierten rechtlichen sowie wirtschaftlichen Gesamtumstände, nach der der Schwerpunkt des Auftrags zu ermitteln ist (OLG Düsseldorf vom 18.10.2006, Verg 35/06). Nur dann, wenn die Bauleistungen im Verhältnis zum Hauptgegenstand Nebenarbeiten sind, gilt der Auftrag als Dienstleistungsauftrag. Dies bedeutet, dass in der Regel bei einem im Vertrag enthaltenen Bauanteil ein Bauauftrag vorliegt. Dies gilt auch dann, wenn der Wert des Dienstleistungsanteils den Wert des Bauauftragsanteils übersteigt (EuGH vom 21.2.2008, Rs. C-412/04). Ein reiner Instandsetzungsanteil von 25 % rechtfertigt allerdings noch nicht die Annahme eines Bauauftrags (OLG Düsseldorf vom 18.10.2006, Verg 37/06).

189 Wenn der Vertrag zugleich Elemente eines öffentlichen Bauauftrags und Elemente eines öffentlichen Auftrags anderer Art aufweist, bestimmt der **Hauptgegenstand** des Vertrages, welche vergaberechtlichen Regelungen anzuwenden sind. Der Hauptgegenstand ist im Rahmen einer objektiven Prüfung des Gesamtvorhabens zu bestimmen, auf das sich der Vertrag bezieht. Dabei ist auf die wesentlichen vorrangigen Verpflichtungen abzustellen, die den Auftrag als solchen prägen, und nicht auf Verpflichtungen bloß untergeordneter oder ergänzender Art, die zwingend aus dem eigentlichen Gegenstand des Vertrages folgen; der jeweilige Wert der dabei erbrachten Einzelleistungen ist nur ein Kriterium unter anderen, das bei der Ermittlung des Hauptgegenstandes zu berücksichtigen ist (EuGH vom 21.2.2008, Rs. C-412/04).

190 Dem jeweiligen Wertanteil kommt dabei lediglich eine Orientierungs- und Kontrollfunktion zu (OLG Düsseldorf vom 18.10.2006, Verg 35/06). So werden ÖPP-Projekte in der Regel als Bauaufträge angesehen, auch wenn aufgrund der langen Laufzeit der Dienstleistungselemente der Dienstleistungsanteil wertmäßig den Bauleistungsanteil übersteigt. Bei einem Auftrag zur Wartung, Störungs- und Schadensbeseitigung der öffentlichen Straßenbeleuchtungsanlagen wird die Wartung in der Regel als Dienstleistung angesehen, während die Störungs- und Schadensbeseitigung zumindest anteilig als Bauleistung einzuordnen ist, wenn sie z.B. Erdarbeiten erforderlich macht. Ist für eine routinemäßige Überprüfung der Beleuchtungsanlagen eine Reinigung o.Ä. gefordert und bleiben Reparaturen, die Erdarbeiten und neue Beleuchtungskörper notwendig machen, die Ausnahme, wird wirtschaftlich und vom tatsächlichen Charakter der Leistung her ein Dienstleistungsauftrag im Vordergrund stehen (vgl. VK Berlin vom 13.5.2011, VK B 2-7/11).

Die Abgrenzungsregel in Abs. 10 Satz 2 ist auch für die **Abgrenzung** von **Bau- und Dienstleistungskonzessionen** entscheidend (Müller-Wrede/*Kaelble*, GWB-Vergaberecht, § 99 GWB Rn. 162; EuGH vom 6.5.2010, Rs. C-145/08 und C-149/08).

2. Beispiele

In seinen Schlussanträgen vom 29.4.2009 (Rs. C-145/08) hat der Generalanwalt beim EuGH einen Vertrag, mit dem ein öffentlicher Auftraggeber einem Auftragnehmer die Verwaltung und die unternehmerische Verwertung eines **Kasinounternehmens** überträgt (Dienstleistungselement) und sich der Auftragnehmer zur Durchführung eines Entwicklungsplans verpflichtet, der in der Modernisierung der Räumlichkeiten des Kasinos besteht (Bauleistungselemente), als Dienstleistungsauftrag angesehen, wenn das Bauleistungselement gegenüber dem Dienstleistungselement von untergeordneter Bedeutung ist. Im Urteil vom 6.5.2010 hat der EuGH dann aber darauf abgestellt, dass sowohl der Bauleistungs- als auch der Dienstleistungsanteil in dem konkreten Fall Teil eines Gesamtvertrages sind, dessen Hauptgegenstand die Anteilsveräußerung war (EuGH vom 6.5.2010, Rs. C-145/08).

Das OLG Karlsruhe (vom 6.2.2013, 15 Verg 11/12) hat die Einordnung des Baus und des Betriebs einer **Rast- und Tankstelle** auf einer Rastanlage als Dienstleistungskonzession nicht beanstandet: Hauptgegenstand seien die ausgeschriebenen Dienstleistungen; der Bau von Rast-und Tankstelle sei im Verhältnis untergeordnet; aufgrund der Laufzeit des Betriebs sei das Investitionsvolumen für den Bau verhältnismäßig gering: Der Bau müsse nur errichtet werden, damit der Konzessionär die Versorgungsleistungen erbringen kann.

Bei der Ausschreibung u.a. von **Brandmeldeanlagen**, **Videoüberwachungsanlagen**, deren Einbau als Bauleistung anzusehen ist, zusammen mit ihrer Wartung, Prüfung und Instandsetzung überwiegt nach Auffassung des OLG Düsseldorf (vom 18.10.2006, VII-Verg 35/06) das Dienstleistungselement.

Die Neubeschaffung und Installation eines **Telefonsystems** für Gebäude der Landesregierung und des Landtages, bei der der Lieferanteil etwa bei 86 %, der Anteil für Tiefbau, Trockenbau, Putzarbeiten bei 14 % liegt, wurde von der Vergabekammer des Landes Brandenburg als Bauauftrag angesehen. Das Hauptinteresse des Auftraggebers und der sachliche Schwerpunkt des Vertrages lagen nicht auf der Warenbeschaffung und deren Verlegen oder Anbringen als Nebenleistung, sondern in der Herstellung eines Zustandes, in dem die Regierungs- und Landtagsgebäude über einen erneuerten TK-Anlagen-Verbund verfügen, so wie es zu ihrem Gebrauch zum Zwecke der Verwaltungstätigkeit erforderlich ist. Hierzu sei eine Installation unter Einsatz bauhandwerklicher Leistungen notwendig (VK Brandenburg vom 26.11.2003, VK 73/03).

Bei der Verlegung, Instandhaltung und Reparatur von **Rohrleitungen** stellt die Vergabekammer des Landes Berlin entscheidend darauf ab, ob in die Bausubstanz eingegriffen wird. Wenn der Wert des Bauanteils dann noch nur etwa einem Drittel des Auftragswertes entspricht, liegt ein Dienstleistungsauftrag vor (VK Berlin vom 2.6.2009, VK-B 2-12/09).

Bei einem Vertrag über **Aushub und Ausfüllarbeiten** beinhaltet der Vertrag mit der Entsorgung von Ausfüllmaterial auch Dienstleistungselemente, die die Einordnung des Vertrages als Bauauftrag nicht infrage stellen, weil sie nicht die den Auftrag eigenen Leistungen ausmachen und auch wertmäßig nicht den überwiegenden Teil betreffen (OLG Düsseldorf vom 11.2.2009, VII-Verg 69/08).

3. Abgrenzung zwischen Bau- und Lieferleistungen

Eine Regelung zur Abgrenzung zwischen Bau- und Lieferleistungen enthält Abs. 10 nicht. Dies ist zu bedauern. Es wäre ohne weiteres möglich gewesen, für diese Abgrenzung in Abs. 10 einen Satz 3 anzufügen. Nach Art. 2 Abs. 2 Buchst. c der Vergabekoordinierungsrichtlinie gilt ein öffentlicher Auftrag, der neben der Lieferung von Waren als Nebenarbeiten das Verlegen und Anbringen erfasst, als Lieferauftrag.

Inhaltlich wird man bei der Abgrenzung zwischen Bau- und Lieferleistungsaufträgen eher nach dem Hauptgegenstand des Vertrages und nicht allein nach dem Wert vorgehen, so dass die Erwägungen zu Satz 2 hier entsprechend gelten (OLG München vom 5.11.2009, Verg 15/09). Bauaufträge enthalten typischerweise Lieferelemente, die dem Bauauftrag untergeordnet sind.

200 So sieht dies auch die Rechtsprechung. Die **Montage von Maschinen und Anlagen** ist einem Bauauftrag zuzuordnen, wenn sie für ein funktionsfähiges Bauwerk erforderlich ist (VK Sachsen vom 12.7.2007, 1/SVK/049/07). Ist Gegenstand des Auftrags die Schaffung von **Richtfunkanbindungen** und fordert die Bauleistung die Errichtung von Richtfunkstationen, ist die technische Ausrüstung erforderlich, um den vorgesehenen Zweck der Richtfunkstation zu erfüllen. Ein solcher Auftrag ist deshalb Bauauftrag (OLG Brandenburg vom 25.5.2010, Verg W 15/09).

201 Die Lieferung von **Beleuchtung**, ohne dass eine individuelle Bearbeitung vorgesehen ist, ist nach Auffassung des OLG München (vom 28.9.2005, Verg 19/05) keine Bauleistung.

4. Verträge mit nicht ausschreibungspflichtigen Teilen

202 Enthalten Verträge ausschreibungspflichtige und nicht ausschreibungspflichtige Anteile, ist nach dem EuGH (vom 6.5.2010, Rs. C-145/08) zu prüfen, ob die einzelnen Teile untrennbar miteinander verbunden sind, und wenn ja, ob der Vertrag in seiner Gesamtheit wegen seines Hauptgegenstandes in den Anwendungsbereich der Vergaberichtlinien fällt. Ein gemischter Vertrag, dessen Hauptgegenstand der Erwerb von 49% des Kapitals eines öffentlichen Unternehmens und dessen Nebengegenstand die Erbringung von Dienst- und Bauleistungen betrifft, fällt danach nicht in seiner Gesamtheit unter das Vergaberecht. Demgegenüber entschied das OLG Karlsruhe (vom 15.10.2008, 15 Verg 9/08), dass über die Zusammensetzung von einzelnen Teilleistungen einzelne Leistungen nicht dem Vergaberechtsregime entzogen werden können.

5. Abgrenzung von Anhang I A und Anhang I B der VOL/A

203 Die Einordnung in eine nicht prioritäre oder prioritäre Dienstleistung bei zusammengesetzten Leistungen ist im GWB nicht explizit geregelt. Geregelt ist dies in § 4 Abs. 5 VgV. Die Abgrenzung erfolgt entsprechend der gemeinschaftsrechtlichen Vorgaben in Art. 21 der Vergabekoordinierungsrichtlinie und Art. 32 der Sektorenkoordinierungsrichtlinie (Abgrenzung nach Wert).

L. Auftrag, der der Durchführung mehrerer Tätigkeiten dient (Abs. 11)

204 Nach Abs. 11 gelten für einen Auftrag, der mehrere Tätigkeiten – gemeint sind Tätigkeiten von Auftraggebern nach § 98 Nr. 1, 2 und 3 GWB und Sektorentätigkeiten sowie solche von Auftraggebern nach § 129b GWB – erfasst, die Bestimmungen für die Tätigkeit des Hauptgegenstandes. Was Sektorentätigkeiten sind, ergibt sich aus der Anlage zu § 98 Nr. 4 GWB. Tätigkeiten von Auftraggebern nach § 98 Nr. 1, 2 und 3 GWB definiert § 99 nicht. Dies ist konsequent, da grundsätzlich keine Einschränkungen bezüglich der Ausschreibungspflicht durch diese Auftraggeber im Hinblick auf die Tätigkeiten gelten, führt bei der Abgrenzung aber zu systematischen Schwierigkeiten.

> Vorzunehmen ist eine **Negativabgrenzung:** Alle Tätigkeiten, die keine Sektorentätigkeiten oder Tätigkeiten von Auftraggebern nach dem Bundesberggesetz sind, sind Tätigkeiten von Auftraggebern nach § 98 Nr. 1, 2 und 3 GWB, soweit sie nicht vollständig dem Vergaberecht entzogen sind (so auch Müller-Wrede/*Kaelble*, GWB-Vergaberecht, § 99 GWB Rn. 166).

205 Die Gesetzesbegründung zu der ursprünglich in Abs. 8 enthaltenen Regelung stellt als Beispielsfall den Bau eines Gebäudes für die Stadtverwaltung, in dem auch einige Räume für die Verwaltung des kommunalen Stadtwerkes vorgesehen sind, dar. In diesem Fall sei Hauptgegenstand der Tätigkeit die Gewährleistung der Stadtverwaltung und damit eine Tätigkeit eines Auftraggebers nach § 98 Nr. 1 GWB, so dass die Regelungen für die Vergabe von Bauaufträgen durch die Stadt als Auftraggeber nach § 98 Nr. 1 GWB anzuwenden sind (BT-Drucks. 16/10117, S. 18 f.).

Im Umkehrschluss heißt dies aber auch, dass in den Fällen, in denen die Sektorentätigkeit übergeordnet ist, nach den Regelungen für den Sektorenbereich vergeben werden kann, selbst wenn der Auftraggeber gleichzeitig Auftraggeber nach § 98 Nr. 2 GWB ist (z.B. kommunales Stadtwerk). Dies kann im Einzelfall eine erheblich höhere Freiheit z.B. bei der Beauftragung verbundener Unternehmen oder gemeinschaftlicher Unternehmen nach § 100b GWB bedeuten.

 Die Abgrenzungsregelung geht nicht so weit, dass Auftraggeber nach § 98 Nr. 2 GWB, die gleichzeitig Sektorenauftraggeber sind, Aufträge so miteinander verknüpfen können, dass klassische öffentliche Aufträge, die nicht dem Sektorenbereich zuzuordnen sind, den strengeren Regelungen für Auftraggeber nach § 98 Nr. 1, 2 und 3 GWB entzogen sind. Eine Abgrenzung findet nur bezogen auf *einen* Auftrag statt, der mehrere Tätigkeiten erfasst. Der Auftraggeber kann nicht willkürlich Gegenstände aus verschiedenen Tätigkeitsbereichen zu einem Auftrag zusammenfassen. So kann eine kommunale Stadtwerke GmbH, die gleichzeitig Trinkwasserversorgung (Sektorenbereich) und Abwasserentsorgung durchführt, Gegenstände, die beide Bereiche betreffen, nur im Einzelfall verknüpfen. Dies mag für den Bau eines Verwaltungsgebäudes möglich sein. Dienstleistungen, die die Trinkwasserversorgung und Abwasserversorgung betreffen, dürften dagegen in der Regel jeweils als getrennte Aufträge anzusehen sein, so dass das jeweils maßgebliche Recht Anwendung findet, ohne dass überhaupt eine Abgrenzung nach Abs. 11 stattfindet.

M. Tätigkeiten, die auch dem Sektorenbereich unterfallen (Abs. 12)
I. Allgemeines

Die Regelung wurde durch das Gesetz zur Modernisierung des Vergaberechts vom 20.4.2009 (BGBl. I S. 790) neu eingeführt und beruht auf Art. 9 der Sektorenkoordinierungsrichtlinie. Die Abgrenzung zwischen „herkömmlichen" Aufträgen und Sektorenaufträgen kann im Einzelfall für die Frage, nach welchen Regeln ausgeschrieben werden muss, entscheidend sein. Öffentliche Aufträge von Auftraggebern nach § 98 Nr. 1, 2 und 3 GWB werden nach den allgemeinen Regelungen im GWB, der VgV und der jeweils maßgeblichen Vergabe- und Vertragsordnung vergeben. Für den Sektorenbereich gilt abschließend die Sektorenverordnung, die größere Freiheiten vorsieht und das Verhandlungsverfahren als Regelverfahren ansieht. Es ergeben sich außerdem besondere Schwellenwerte und weitergehende Ausnahmen vom Vergaberecht nach § 100 Abs. 1 GWB und § 100b GWB.

Schwierigkeiten bereitet die Abgrenzung, da manche Auftraggeber gleichzeitig als Auftraggeber nach § 98 Nr. 2 und Nr. 4 GWB anzusehen sind (zur Abgrenzung vgl. § 98 Rn. 183 ff.) und durchaus Auftraggeber nach § 98 Nr. 1 bis 3 GWB auch auf Sektorenbereichen tätig sind. Die Regelungen für den Sektorenbereich knüpfen nicht an den Typ des Auftraggebers, sondern an die Sektorentätigkeit an (Tätigkeiten auf dem Gebiet der Trinkwasser- oder Energieversorgung oder des Verkehrs).

Die in Bezug genommenen Auftraggeber nach dem Bundesberggesetz sind nach § 129b GWB nur sehr beschränkt an das Vergaberecht gebunden.

II. Hauptgegenstand kann nicht festgestellt werden (Abs. 12 Satz 1)

Wenn eine Haupttätigkeit nicht festgestellt werden kann, gelten die Regelungen, die für die Auftraggeber nach § 98 Nr. 1 bis 3 GWB gelten. Die Gesetzesbegründung nennt als Beispiel, dass das zu bauende Verwaltungsgebäude von der Stadt und dem kommunalen Stadtwerk im gleichen Umfang genutzt werden soll. In diesem Fall sind die strengeren vergaberechtlichen Regelungen für Auftraggeber nach § 98 Nr. 1 bis 3 GWB aufzuwenden (BT-Drucks. 16/10117, S. 19).

Der Maßstab strengeres Recht dürfte auch für den von Abs. 12 nicht explizit geregelten Fall eines Auftrags, der Sektorentätigkeiten und den Bereich des § 129b GWB betrifft und dessen Hauptgegenstand sich nicht feststellen lässt, gelten (Müller-Wrede/*Kaelble*, GWB-Vergaberecht, § 99 GWB Rn. 168).

III. Tätigkeit im Sektorenbereich und Tätigkeit, die nicht dem Vergaberecht unterfällt (Abs. 12 Satz 2)

213 Abs. 12 Satz 2 regelt Fälle, in denen eine Sektorentätigkeit betroffen ist, und eine Tätigkeit, für die keinerlei Vergaberegeln gelten. Ausweislich der Gesetzesbegründung ist dies beispielsweise der Fall bei dem Bau eines Gebäudes für die Verwaltung des kommunalen Stadtwerkes und als Sitz eines privaten Unternehmens. In den Fällen, in denen ein Hauptgegenstand nicht festgestellt werden kann, soll das Recht für Sektorentätigkeiten gelten. Betrifft die Tätigkeit anstatt der Durchführung einer Sektorentätigkeit die Durchführung einer Tätigkeit des Bundesberggesetzes, gelten die Regelungen für die Auftraggeber nach § 129b GWB (BT-Drucks. 16/10117, S. 19).

N. Einheitlicher Auftrag bei teilweiser verteidigungs- oder sicherheitsrelevanter Leistung (Abs. 13)

214 Der neue Abs. 13 setzt Art. 3 der Richtlinie 2009/81/EG um, damit bei Aufträgen, die nur **teilweise** verteidigungs- oder sicherheitsrelevant sind, eine Abgrenzung hinsichtlich der anzuwendenden Vergabebestimmungen erfolgen kann. Hierbei wird ausweislich der Gesetzesbegründung (BT-Drucks. 17/7275, S. 14) aufgrund der besonderen Sensibilität verteidigungs- und sicherheitsrelevanter Aufträge nicht nach dem Hauptgegenstand des Auftrags abgegrenzt. Stattdessen kann der Auftraggeber die jeweils weniger strengen Anforderungen anwenden, wenn die Vergabe eines einheitlichen Auftrags aus objektiven Gründen gerechtfertigt ist. Dadurch soll gewährleistet werden, dass beispielsweise ein Auftrag, der Verschlusssachen umfasst, auch dann nach den Bestimmungen für verteidigungs- und sicherheitsrelevante Aufträge vergeben werden kann, wenn dieser Auftragsgegenstand nur den kleineren Teil des Auftrags ausmacht.

215 Gemäß Abs. 13 Satz 2 findet der Vierte Teil des GWB keine Anwendung, wenn ein Teil eines Auftrags zwar nach den besonderen Bestimmungen für die Vergabe verteidigungs- und sicherheitsrelevanter Aufträge vergeben werden könnte, ein anderer Teil des Auftrags aber aufgrund von Ausnahmevorschriften ganz aus dem Anwendungsbereich des GWB herausfällt. Diese Vorschrift wird beispielsweise für Fälle relevant, in denen (kleinere) Auftragsteile so sensibel sind, dass sie nach Art. 346 Abs. 1 AEUV ganz vom europäischen Vergaberecht ausgenommen sind, während ein anderer, möglicherweise umfangreicherer Teil den Vergabebestimmungen für verteidigungs- und sicherheitsrelevante Aufträge unterliegen würde. Ist in einem solchen Fall die Vergabe eines einheitlichen Auftrags aus objektiven Gründen gerechtfertigt, gilt der Vierte Teil des GWB nicht (BT-Drucks. 17/7275, S. 14).

Vorbemerkung zu §§ 100 bis 100c GWB

Mit dem am 14.12.2011 in Kraft getretenen Gesetz zur Änderung des Vergaberechts für die Bereiche Verteidigung und Sicherheit vom 7.12.2011 (BGBl. I S. 2570) wurden umfangreiche Änderungen an Struktur und Inhalt der Bestimmungen des § 100 GWB a.F. vorgenommen. Hierdurch wurde die Richtlinie 2009/81/EG (Verteidigungsvergaberichtlinie) umgesetzt. Im Zuge der Umsetzung wurden zusätzlich die sog. **Ausnahmetatbestände** in vier unterschiedliche Kategorien aufgeteilt und in eigenständige Vorschriften überführt (BT-Drucks. 17/7275 vom 5.10.2011, S. 14): 1

– **§ 100 GWB** regelt in den Absätzen 3 bis 6 die für alle Aufträge geltenden Ausnahmen. Die Ausnahmetatbestände des § 100 Abs. 8 GWB finden nur Anwendung für die Vergabe von Aufträgen, die nicht nach § 99 Abs. 7 GWB verteidigungs- oder sicherheitsrelevant sind.
– **§ 100a GWB** regelt die Ausnahmetatbestände für nicht sektorspezifische und nicht verteidigungs- und sicherheitsrelevante Aufträge.
– **§ 100b GWB** betrifft die Ausnahmetatbestände im Sektorenbereich.
– **§ 100c GWB** regelt die Ausnahmetatbestände der verteidigungs- und sicherheitsrelevanten Aufträge.

Die bislang übersichtlich in einer Norm aufgelisteten Bestimmungen sind nunmehr aufgesplittert, teilweise ineinander verschränkt und unübersichtlich angeordnet. Insbesondere im Bereich der Aufträge mit verteidigungs- oder sicherheitsrelevanten Bezügen gibt es Dopplungen, die eine Fülle von Abgrenzungsschwierigkeiten nach sich ziehen können (beispielsweise enthält § 100 Abs. 7 GWB einen Verweis auf den Einsatz der Streitkräfte, dieser findet sich auch in § 100 Abs. 8 GWB und in § 100c Abs. 3 GWB). 2

§ 100 Anwendungsbereich

(1) ¹Dieser Teil gilt für Aufträge, deren Auftragswert den jeweils festgelegten Schwellenwert erreicht oder überschreitet. ²Der Schwellenwert ergibt sich für Aufträge, die

1. von Auftraggebern im Sinne des § 98 Nummer 1 bis 3, 5 und 6 vergeben werden und nicht unter Nummer 2 oder 3 fallen, aus § 2 der Vergabeverordnung,
2. von Auftraggebern im Sinne des § 98 Nummer 1 bis 4 vergeben werden und Tätigkeiten auf dem Gebiet des Verkehrs, der Trinkwasser- oder Energieversorgung umfassen, aus § 1 der Sektorenverordnung,
3. von Auftraggebern im Sinne des § 98 vergeben werden und verteidigungs- oder sicherheitsrelevant im Sinne des § 99 Absatz 7 sind, aus der nach § 127 Nummer 3 erlassenen Verordnung.

(2) Dieser Teil gilt nicht für die in den Absätzen 3 bis 6 und 8 sowie die in den §§ 100a bis 100c genannten Fälle.

(3) Dieser Teil gilt nicht für Arbeitsverträge.

(4) Dieser Teil gilt nicht für die Vergabe von Aufträgen, die Folgendes zum Gegenstand haben:

1. Schiedsgerichts- und Schlichtungsleistungen oder
2. Forschungs- und Entwicklungsdienstleistungen, es sei denn, ihre Ergebnisse werden ausschließlich Eigentum des Auftraggebers für seinen Gebrauch bei der Ausübung seiner eigenen Tätigkeit und die Dienstleistung wird vollständig durch den Auftraggeber vergütet.

(5) Dieser Teil gilt ungeachtet ihrer Finanzierung nicht für Verträge über

1. den Erwerb von Grundstücken oder vorhandenen Gebäuden oder anderem unbeweglichen Vermögen,
2. Mietverhältnisse für Grundstücke oder vorhandene Gebäude oder anderes unbewegliches Vermögen oder
3. Rechte an Grundstücken oder vorhandenen Gebäuden oder anderem unbeweglichen Vermögen.

(6) Dieser Teil gilt nicht für die Vergabe von Aufträgen,

1. bei denen die Anwendung dieses Teils den Auftraggeber dazu zwingen würde, im Zusammenhang mit dem Vergabeverfahren oder der Auftragsausführung Auskünfte zu erteilen, deren Preisgabe seiner Ansicht nach wesentlichen Sicherheitsinteressen der Bundesrepublik Deutschland im Sinne des Artikels 346 Absatz 1 Buchstabe a des Vertrages über die Arbeitsweise der Europäischen Union widerspricht,
2. die dem Anwendungsbereich des Artikels 346 Absatz 1 Buchstabe b des Vertrages über die Arbeitsweise der Europäischen Union unterliegen.

(7) Wesentliche Sicherheitsinteressen im Sinne des Absatzes 6, die die Nichtanwendung dieses Teils rechtfertigen, können betroffen sein beim Betrieb oder Einsatz der Streitkräfte, bei der Umsetzung von Maßnahmen der Terrorismusbekämpfung oder bei der Beschaffung von Informationstechnik oder Telekommunikationsanlagen.

(8) Dieser Teil gilt nicht für die Vergabe von Aufträgen, die nicht nach § 99 Absatz 7 verteidigungs- oder sicherheitsrelevant sind und

1. in Übereinstimmung mit den inländischen Rechts- und Verwaltungsvorschriften für geheim erklärt werden,
2. deren Ausführung nach den in Nummer 1 genannten Vorschriften besondere Sicherheitsmaßnahmen erfordert,

3. bei denen die Nichtanwendung des Vergaberechts geboten ist zum Zweck des Einsatzes der Streitkräfte, zur Umsetzung von Maßnahmen der Terrorismusbekämpfung oder bei der Beschaffung von Informationstechnik oder Telekommunikationsanlagen zum Schutz wesentlicher nationaler Sicherheitsinteressen,
4. die vergeben werden auf Grund eines internationalen Abkommens zwischen der Bundesrepublik Deutschland und einem oder mehreren Staaten, die nicht Vertragsparteien des Übereinkommens über den Europäischen Wirtschaftsraum sind, für ein von den Unterzeichnerstaaten gemeinsam zu verwirklichendes und zu tragendes Projekt, für das andere Verfahrensregeln gelten,
5. die auf Grund eines internationalen Abkommens im Zusammenhang mit der Stationierung von Truppen vergeben werden und für die besondere Verfahrensregeln gelten oder
6. die auf Grund des besonderen Verfahrens einer internationalen Organisation vergeben werden.

Übersicht

A. Allgemeines	1–2
B. Öffentliche Aufträge oberhalb der Schwellenwerte (Abs. 1)	3–34
I. Zweiteilung des Vergaberechts	3–6
II. Schwellenwerte	7–11
1. Differenzierung nach Auftraggebern und Festsetzung	7–8
2. Schwellenwerte für Auftraggeber i.S.d. § 98 Nr. 1 bis 3, 5 und 6 (Abs. 1 Satz 2 Nr. 1)	9
3. Schwellenwerte für Sektorenauftraggeber (Abs. 1 Satz 2 Nr. 2)	10
4. Schwellenwerte für verteidigungs- und sicherheitsrelevante Aufträge (Abs. 1 Satz 2 Nr. 3)	11
III. Schätzung der Auftragswerte	12–16
IV. Verfahren bei Unterschreiten der Schwellenwerte	17–34
1. Europarechtliche Verfahrensanforderungen	18–26
2. Rechtsbindungen im nationalen Recht	27–29
3. Rechtsschutzmöglichkeiten bei Unterschreiten des Schwellenwertes	30–34
C. Allgemeiner Verweis auf Ausnahmefälle (Abs. 2)	35–39
D. Arbeitsverträge (Abs. 3)	40–44
E. Schiedsgerichts- und Schlichtungsleistungen; Forschungs- und Entwicklungsdienstleistungen (Abs. 4)	45–53
I. Schiedsgerichts- und Schlichtungsleistungen (Abs. 4 Nr. 1)	46–48
II. Forschungs- und Entwicklungsdienstleistungen (Abs. 4 Nr. 2)	49–53
F. Grundstücksgeschäfte (Abs. 5)	54–65
G. Schutz der wesentlichen Sicherheitsinteressen der Bundesrepublik Deutschland i.S.d. Art. 346 AEUV (Abs. 6)	66–83
I. Verhältnis der staatlichen Sicherheitsinteressen zum EU-Vergaberecht	66–67
II. Wesentliche Sicherheitsinteressen i.S.d. Art. 346 Abs. 1 Buchst. a AEUV (Abs. 6 Nr. 1)	68–73
III. Wesentliche Sicherheitsinteressen i.S.d. Art. 346 Abs. 1 Buchst. b AEUV (Abs. 6 Nr. 2)	74–83
H. Beispielsfälle für wesentliche Sicherheitsinteressen (Abs. 7)	84–92
I. Verteidigungs- oder sicherheitsrelevante Aufträge i.S.v. § 99 Abs. 7 GWB (Abs. 8)	93–127
I. EU-rechtlicher Hintergrund	93
II. Geheimschutz (Abs. 8 Nr. 1)	94–101
III. Besondere Sicherheitsmaßnahmen (Abs. 8 Nr. 2)	102–108
IV. Einsatz der Streitkräfte etc. (Abs. 8 Nr. 3)	109–112
V. Internationale Abkommen (Abs. 8 Nr. 4)	113–119
VI. Truppenstationierungsabkommen (Abs. 8 Nr. 5)	120–123
VII. Internationale Organisationen (Abs. 8 Nr. 6)	124–127

A. Allgemeines

Die Anwendbarkeit des **Kartellvergaberechts** (4. Teil des GWB = §§ 97 bis 129b GWB) hängt davon ab, dass in subjektiver Hinsicht ein öffentlicher Auftraggeber – definiert in § 98 GWB – seinen Bedarf deckt und es sich dabei in objektiver Hinsicht um einen öffentlichen Auftrag i.S.d. § 99 GWB i.V.m. § 100 handelt (s. *Marx*, in: Beck'scher VOB- und Vergaberechts-Kommentar, 2001, § 100 GWB Rn. 1). Die (amtliche) Überschrift des § 100 („Anwendungsbereich") ist somit nicht zutreffend bzw. irreführend (*Ziekow*, VergabeR 2007, 711). Die Vorschrift des § 100 enthält vielmehr in zweifacher Hinsicht Einschränkungen (Byok/Jaeger/*Hailbronner*, Vergaberecht, § 100 Rn. 1; *Ziekow*, VergabeR 2007, 711 ff.) des in § 99 GWB festgelegten sachlichen Anwendungsbereichs des 4. Teils des GWB:

1

- **Abs. 1** bestimmt, dass das Vergaberecht lediglich ab bestimmten **Wertgrenzen** – den sog. **Schwellenwerten** – zur Anwendung kommt.
- In **Abs. 2** werden bestimmte Vertragsarten (z.B. Arbeitsverträge), Auftragsgegenstände (z.B. Forschungs- und Entwicklungsdienstleistungen) oder auch Aufträge unter bestimmten Bedingungen (z.B. Vorliegen schutzwürdiger Sicherheitsinteressen) vom Anwendungsbereich des Vergaberechts ausgenommen (sog. **Bereichsausnahmen**).

2 Greift eine der beiden Einschränkungen, ist das Vergabeverfahren dem Primärrechtsschutz durch die Nachprüfungsinstanzen entzogen.

B. Öffentliche Aufträge oberhalb der Schwellenwerte (Abs. 1)
I. Zweiteilung des Vergaberechts

3 Nach Abs. 1 findet der 4. Teil des GWB nur Anwendung, wenn die Auftragswerte bestimmte Wertgrenzen – die **Schwellenwerte** – erreichen oder überschreiten. Dadurch wird eine **Zweiteilung des Vergaberechts** begründet, die sich nach dem Über- oder Unterschreiten des Schwellenwertes richtet. Grund hierfür ist die Überlegung, dass bei geringerwertigen Aufträgen kein wirtschaftliches Interesse an einem grenzüberschreitenden Handel besteht (sog. **Binnenmarktrelevanz**). Weiterhin stünde der Aufwand für eine europaweite Vergabe in einem deutlichen Missverhältnis zum Wert des Auftragsgegenstands.

4 **Oberhalb der Schwellenwerte** findet das europarechtlich geprägte und im 4. Teil des GWB (§§ 97 bis 129b GWB) verankerte **Kartellvergaberecht** Anwendung. Neben der Pflicht zur europaweiten Ausschreibung dürfte die praktisch wichtigste Folge in der Gewährung des europarechtlich geforderten effektiven Rechtsschutzes vor den Vergabekammern und Vergabesenaten liegen. Nur im Anwendungsbereich des Vergaberechts der §§ 97 ff. GWB vermitteln die vergaberechtlichen Bestimmungen subjektive und damit **einklagbare Rechte**. Bieter und Bewerber haben so die Möglichkeit, im laufenden Vergabeverfahren einzugreifen und die Einhaltung der vergaberechtlichen Bestimmungen zu erzwingen (**Primärrechtsschutz**).

5 Wurden die **Schwellenwerte nicht erreicht**, ist der Anwendungsbereich des Vergaberechts selbst dann nicht eröffnet, wenn die Vergabestelle (irrtümlich) eine europaweite Vergabe durchführt. Es kann in diesem Fall zwar eine Selbstbindung der Vergabestelle hinsichtlich der Einhaltung der Vergabevorschriften bestehen, der Zugang zum Nachprüfungsverfahren ist allerdings nicht eröffnet (vgl. nur OLG Stuttgart vom 12.8.2002, 2 Verg 9/02).

6 Unterhalb der Schwellenwerte schreiben lediglich die **haushaltsrechtlichen Bestimmungen** (z.B. § 55 BHO) oder die entsprechenden Regelungen der Länder und Gemeinden (z.B. § 55 LHO NRW, § 25 GemHVO NRW) vor, dass dem Abschluss von Verträgen über Lieferungen und Leistungen eine öffentliche Ausschreibung vorangehen muss, sofern nicht die Natur des Geschäfts oder besondere Umstände eine Ausnahme rechtfertigen. Die Anwendung des 1. Abschnitts der VOL/A bzw. VOB/A erfolgt auf der Grundlage verwaltungsinterner Anordnungen bzw. Anweisungen. Der Bieter oder Bewerber kann in diesem Fall nicht auf Einhaltung der VOL/A bzw. VOB/A klagen, weil die Regelungssystematik lediglich **verwaltungsinterne Wirkung** entfaltet und verwaltungsextern kein subjektives Recht verleiht.

II. Schwellenwerte
1. Differenzierung nach Auftraggebern und Festsetzung

7 Abs. 1 Satz 1 bestimmt zunächst, dass der 4. Teil des GWB nur für diejenigen Aufträge gilt, die den jeweils festgelegten Schwellenwert erreichen oder überschreiten. Daran schließt sich ein im Rahmen der letzten Gesetzesnovelle von 2011 neu gefasster Satz 2 an, der Bestimmungen zu den Schwellenwerten enthält. Er fasst verschiedene Vorgaben zu den Schwellenwerten aus der Vergabeverordnung (VgV), der Sektorenverordnung (SektVO) sowie der Vergabeverordnung Verteidigung und Sicherheit (VSVgV) durch Verweise zusammen. Diese Regelung dient der Klarstellung, wo die in Satz 1

§ 100 Anwendungsbereich **GWB § 100**

in Bezug genommenen Schwellenwerte aufzufinden sind. Weiterhin ist die Aufschlüsselung in den Nr. 1 bis 3 erforderlich, um festzulegen, welche Auftraggeber sich bei welchen Auftragsgegenständen auf die Ausnahmen in den durch das Gesetz zur Änderung des Vergaberechts für die Bereiche Verteidigung und Sicherheit vom 7.12.2011 (BGBl. I S. 2570) neu eingefügten §§ 100a bis 100c GWB berufen können. Hierfür ist zu unterscheiden zwischen

– klassischen Auftraggebern bei der Vergabe nicht sektorspezifischer und nicht verteidigungs- und sicherheitsrelevanter Aufträge (Nr. 1),
– Auftraggebern nach § 98 Nr. 1 bis 4 GWB bei der Ausführung von Sektorentätigkeiten (Nr. 2) und
– Auftraggebern bei der Vergabe verteidigungs- oder sicherheitsrelevanter Aufträge (Nr. 3; s. hierzu BT-Drucks. 17/7275 vom 5.10.2011, S. 14).

Gemeinschaftsrechtlich werden die Schwellenwerte durch die **EU-Kommission** festgesetzt. Nach Art. 78 der Vergabekoordinierungsrichtlinie (RL 2004/18/EG), Art. 69 der Sektorenkoordinierungsrichtlinie (RL 2004/17/EG) und Art. 68 der Verteidigungsvergaberichtlinie (RL 2009/81/EG) überprüft die Kommission diese Schwellenwerte alle zwei Jahre. Im Rahmen der vorletzten Änderung wurden die EU-Schwellenwerte durch die Verordnung (EU) Nr. 1251/2011 der Kommission leicht erhöht (Verordnung vom 30. November 2011 zur Änderung der Richtlinien 2004/17/EG, 2004/18/EG und 2009/81/EG des Europäischen Parlaments und des Rates im Hinblick auf die Schwellenwerte für Auftragsvergabeverfahren, ABl. EU L 319 vom 2.12.2011, S. 43). Mit der entsprechenden Fünften Verordnung zur Änderung der Verordnung über die Vergabe öffentlicher Aufträge vom 14.3.2012 (BGBl. I S. 488) wurden die Werte in § 2 VgV aufgenommen. Seit deren Inkrafttreten am 22.3.2012 galten die erhöhten EU-Schwellenwerte für alle öffentlichen Auftraggeber i.S.d. § 98 GWB bis zum 31.12.2013. Zu den ab 1.1.2014 geltenden Schwellenwerten s. Rn. 9 ff. sowie § 2 VgV Rn. 6 und 20 ff. Mit Inkrafttreten der „Siebten Verordnung zur Änderung der Verordnung über die Vergabe öffentlicher Aufträge" vom 15.10.2013 (BGBl. I S. 3854) zum 25.10.2013 werden die jeweils geltenden EU-Schwellenwerte im Wege einer dynamischen Verweisung auf Art. 7 der Vergabekoordinierungsrichtlinie (Richtlinie 2004/18/EG) festgelegt (§ 2 Abs. 1 Satz 1 VgV; s. § 2 VgV Rn. 3 ff.). Gesetzliche Grundlage ist die Verordnungsermächtigung gem. § 127 Nr. 1 GWB. Dementsprechend kann die Bundesregierung durch Rechtsverordnung mit Zustimmung des Bundesrates Regelungen zur Umsetzung der vergaberechtlichen Schwellenwerte der Richtlinien der Europäischen Union erlassen.

2. Schwellenwerte für Auftraggeber i.S.d. § 98 Nr. 1 bis 3, 5 und 6 (Abs. 1 Satz 2 Nr. 1)

Gemäß Abs. 1 Satz 2 Nr. 1 ergibt sich der Schwellenwert für Aufträge, die von Auftraggebern i.S.d. § 98 Nr. 1 bis 3, 5 und 6 vergeben werden und nicht unter Nr. 2 oder 3 fallen, aus § 2 VgV. Inhaltlich werden damit sämtliche öffentlichen Auftraggeber mit Ausnahme der sog. Sektorenauftraggeber nach § 98 Nr. 4 erfasst. Der Auftragsgegenstand darf weder sektorspezifisch (Geltung der SektVO) noch verteidigungs- und sicherheitsrelevant (Geltung der VSVgV) sein.

§ 2 Abs. 1 Satz 1 VgV bestimmt den jeweils geltenden EU-Schwellenwert im Wege einer dynamischen Verweisung auf Art. 7 der Richtlinie 2004/18/EG. Demnach betragen die wichtigsten EU-Schwellenwerte **seit dem 1.1.2014**:

– für Liefer- und Dienstleistungsaufträge der obersten oder oberen Bundesbehörden sowie vergleichbarer Bundeseinrichtungen 134.000 €;
– für alle anderen Liefer- und Dienstleistungsaufträge 207.000 €;
– für Bauaufträge 5.186.000 €.

3. Schwellenwerte für Sektorenauftraggeber (Abs. 1 Satz 2 Nr. 2)

Gemäß Abs. 1 Satz Nr. 2 ergibt sich der Schwellenwert für Aufträge, die von öffentlichen Auftraggebern i.S.d. § 98 Nr. 1 bis 4 GWB vergeben werden und Tätigkeiten auf dem Gebiet des Verkehrs, der Trinkwasser- oder Energieversorgung umfassen, aus § 1 SektVO. Aufgrund der dynamischen Verweisung in § 1 SektVO gelten ab dem 1.1.2014:

- 414.000 € für Lieferungen und Dienstleistungen, die von Sektorenauftraggebern nachgefragt werden;
- 5,186 Mio. € für Bauleistungen.

4. Schwellenwerte für verteidigungs- und sicherheitsrelevante Aufträge (Abs. 1 Satz 2 Nr. 3)

11 Gemäß Abs. 1 Satz Nr. 3 ergibt sich der Schwellenwert für Aufträge, die von öffentlichen Auftraggebern i.S.d. § 98 GWB vergeben werden und verteidigungs- oder sicherheitsrelevant sind, aus der VSVgV. Auch die VSVgV enthält in § 1 Abs. 2 eine dynamische Verweisung. Seit dem 1.1.2014 gelten die folgenden Schwellenwerte:

- 414.000 € für verteidigungs- und sicherheitsrelevante Liefer- und Dienstleistungsaufträge;
- 5,186 Mio. € für verteidigungs- und sicherheitsrelevante Bauaufträge.

III. Schätzung der Auftragswerte

12 Im Vorfeld eines Vergabeverfahrens ist zunächst der Auftragswert zu **schätzen**. Anhand dieser **Prognose** wird geprüft, ob der jeweilige Schwellenwert über- oder unterschritten wird. Gemäß § 3 Abs. 1 Satz 1 VgV ist bei der Schätzung des Auftragswertes von der **geschätzten Gesamtvergütung** für die vorgesehene Leistung einschließlich etwaiger Prämien oder Zahlungen an Bewerber oder Bieter auszugehen. Dabei ist auf die Perspektive eines potenziellen Bieters abzustellen, weshalb der geschätzte Auftragswert nicht nur alle Beträge einschließt, die der öffentliche Auftraggeber zu zahlen hat, sondern auch alle Zahlungen von Dritten (EuGH vom 18.1.2007, Rs. C-220/05). Die Schätzung muss den Auftragswert umfassend berücksichtigen. Deshalb sind sowohl Eventualpositionen (VK Baden-Württemberg vom 27.6.2003, 1 VK 29/03) als auch Bedarfspositionen (BayObLG vom 18.6.2002, Verg 08/02) vollumfänglich einzubeziehen.

13 Der Wert wird **ohne Umsatzsteuer** ermittelt (vgl. § 2 Abs. 1 Satz 1 VgV). **Maßgeblicher Zeitpunkt** für die Schätzung des Auftragswertes ist der Tag der Absendung der Bekanntmachung der beabsichtigten Auftragsvergabe oder die sonstige Einleitung des Vergabeverfahrens (BayObLG vom 18.6.2002, Verg 08/02).

14 Die Schätzung des Auftragswertes ist im **Vergabevermerk** zu dokumentieren. Der geschätzte Auftragswert muss auf einer pflichtgemäßen und sorgfältigen Prüfung der Marktlage beruhen. Sie soll die Marktlage widerspiegeln (VK Brandenburg vom 28.2.2007, 2 VK 8/07). An die Schätzung sind jedoch keine übertriebenen Anforderungen zu stellen (BayObLG vom 18.6.2002, Verg 08/02). Die Anforderungen an die Genauigkeit der Wertermittlung eines Auftrags und der entsprechenden Dokumentation steigen aber, je mehr sich der Auftragswert dem relevanten Schwellenwert annähert (OLG Celle vom 12.7.2007, 13 Verg 6/07).

15 **Unterlässt** der Auftraggeber die Schätzung des Auftragswertes, ist die Vergabekammer im Rahmen eines Nachprüfungsverfahrens zur Bestimmung der eigenen Zuständigkeit berechtigt und verpflichtet, die Wertermittlung in eigener Zuständigkeit vorzunehmen (VK Brandenburg vom 11.11.2005, 2 VK 68/05).

16 Mit der Umsetzung der RL 2009/81/EG und der damit einhergehenden Ausschreibungspflicht für verteidigungs- und sicherheitsrelevante Güter werden bestimmte Güter und Dienstleistungen oftmals erstmalig in EU-weiten Vergabeverfahren vergeben. Frühere Aufträge wurden nicht selten ohne formalisierten Wettbewerb beauftragt und dann nach der Verordnung PR Nr. 30/53 über die Preise bei öffentlichen Aufträgen vom 21.11.1953 (BAnz. 1953 Nr. 244) beispielsweise zum sog. **Selbstkostenerstattungspreis** abgerechnet. In dieser Situation kann die Schätzung des Auftragswertes schwierig sein, weil dem Auftraggeber lediglich die alten Selbstkostenerstattungspreise vorliegen und er den Marktpreis der Leistung nicht abschätzen kann. Wurde die Leistung aber noch nicht zu Marktpreiskonditionen vergeben oder hat sich u.U. noch überhaupt kein Markt gebildet, kann der Auftraggeber den Marktpreis, der sich als Ergebnis des Wettbewerbs bilden soll, nur schwer schätzen. In diesem Fall sind die Erfahrungswerte der Vergangenheit, die auf **Selbstkostenerstattungspreisbasis** beruhen, als Anhaltspunkt für die Kostenschätzung tauglich. Schließlich ge-

ben die Selbstkostenerstattungspreise den preisgeprüften Wert einer Leistung wieder (VK Bund vom 25.1.2013, 3. VK 5/13).

IV. Verfahren bei Unterschreitung der Schwellenwerte

Die Auftragsvergabe unterhalb der Schwellenwerte unterliegt haushaltsrechtlichen Bindungen (Rn. 6). Es geht schließlich um die Verwendung öffentlicher Mittel, so dass die Gebote der wirtschaftlichen und sparsamen Mittelverwendung zum Tragen kommen. Die Anwendung der VOB/A bzw. VOL/A ist aufgrund verwaltungsinterner Weisungen vorgeschrieben. Weitere Einschränkungen ergeben sich aus dem Europarecht und dem übrigen nationalen Recht:

1. Europarechtliche Verfahrensanforderungen

In europarechtlicher Hinsicht sind öffentliche Auftraggeber bei der Vergabe öffentlicher Aufträge, die in den Geltungsbereich des EG-Vertrages fallen, an die Vorschriften und Grundsätze dieses Vertrages gebunden. Zu diesen Grundsätzen gehören u.a.

– der freie Warenverkehr (Art. 34 AEUV),
– die Niederlassungsfreiheit (Art. 49 AEUV),
– die Dienstleistungsfreiheit (Art. 56 AEUV),
– die Nichtdiskriminierung und Gleichbehandlung sowie
– die Grundsätze der Transparenz, der Verhältnismäßigkeit und der gegenseitigen Anerkennung.

Der EuGH hat eine Reihe von bei der Auftragsvergabe zu beachtenden Grundanforderungen entwickelt, die sich direkt aus den Vorschriften und Grundsätzen des EG-Vertrages ableiten. Nach der Rechtsprechung des EuGH (vom 7.12.2000, Rs. C-324/98 – „Telaustria" Rn. 62; EuGH vom 21.7.2005, Rs. C-231/03 – „Coname" Rn. 16 bis 19; EuGH vom 13.10.2005, Rs. C-458/03 – „Parking Brixen" Rn. 49) schließen der Gleichbehandlungsgrundsatz und das Verbot der Diskriminierung aus Gründen der Staatsangehörigkeit eine Transparenzpflicht ein, wonach „der Auftraggeber zugunsten potenzieller Bieter einen angemessenen Grad von Öffentlichkeit sicherstellen" muss, „der den Dienstleistungsmarkt dem Wettbewerb öffnet und die Nachprüfung ermöglicht, ob die Vergabeverfahren unparteiisch durchgeführt wurden" (EuGH vom 7.12.2000, Rs. C-324/98 – „Telaustria" Rn. 62; EuGH vom 13.10.2005, Rs. C-458/03 – „Parking Brixen" Rn. 49).

Die EU-Kommission hat in einer sog. **Auslegungsmitteilung** („Mitteilung der Kommission zu Auslegungsfragen in Bezug auf das Gemeinschaftsrecht, das für die Vergabe öffentlicher Aufträge gilt, die nicht oder nur teilweise unter die Vergaberichtlinien fallen", ABl. EU Nr. C 179, S. 2 ff.) aus der Rechtsprechung des EuGH die folgenden **Vergabegrundsätze** abgeleitet:

– **Verpflichtung zur Sicherstellung einer angemessenen Bekanntmachung.** Die Grundsätze der Gleichbehandlung und der Nichtdiskriminierung schlössen eine Verpflichtung zur Transparenz ein, wonach der Auftraggeber zugunsten potenzieller Bieter einen angemessenen Grad von Öffentlichkeit sicherstellen muss. Zweck sei es, den Markt dem Wettbewerb zu öffnen (unter Bezugnahme auf: EuGH vom 7.12.2000, Rs. C-324/98 – „Telaustria" Rn. 62; EuGH vom 13.10.2005, Rs. C-458/03 – „Parking Brixen" Rn. 49). Aus dem Transparenzgebot wird unter Bezugnahme auf die Rechtsprechung des EuGH (vom 21.7.2005, Rs. C-231/03 – „Coname" Rn. 21) gefolgert, dass Unternehmen anderer Mitgliedstaaten vor der Vergabe Zugang zu angemessenen Informationen über den jeweiligen Auftrag haben müssten, um so ggf. ihr Interesse am Erhalt dieses Auftrags bekunden zu können.

– **Durchführung eines unparteiischen Vergabeverfahrens zu fairen Wettbewerbsbedingungen.** Hierzu zählt die Kommission vor allem:
  – die produkt- und herkunftsneutrale Leistungsbeschreibung
  – den gleichen Zugang für Wirtschaftsteilnehmer aus allen Mitgliedstaaten
  – die gegenseitige Anerkennung der Diplome, Prüfungszeugnisse und sonstigen Befähigungsnachweise

- angemessene Fristen
- einen transparenten und objektiven Ansatz (in dem Sinne, dass alle Teilnehmer in der Lage sein müssen, sich im Voraus über die geltenden Verfahrensregeln zu informieren; außerdem müssen sie die Gewissheit haben, dass diese Regeln für jeden gleichermaßen gelten)
- die Entscheidung über die Auftragsvergabe nach vorher festgelegten Verfahrensregeln.

23 Die vorstehenden Grundsätze gelten aufgrund des europarechtlichen Hintergrunds nur für diejenigen Aufträge, die trotz Unterschreitung der vergaberechtlichen Schwellenwerte eine hinreichende **Binnenmarktrelevanz** (Rn. 3) aufweisen. Maßgeblich ist hierbei, ob die Aufträge aufgrund ihrer wirtschaftlichen Bedeutung für Unternehmen aus anderen Mitgliedstaaten von Interesse sein können (EuGH vom 13.11.2007, Rs. C-507/03, Rn. 29). Bei Unterschreitung der Schwellenwerte ist es nach Ansicht des EuGH Sache des öffentlichen Auftraggebers, vor der Bekanntmachung ein etwaiges grenzüberschreitendes Interesse an einem Auftrag zu prüfen. Ausdrücklich verweist das Gericht darauf, dass diese Prüfung der gerichtlichen Kontrolle unterliegt. Weiter führt der EuGH (vom 15.5.2008, Rs. C-147/06 und C-148/06, Rn. 30 und 31) aus:

„Es ist jedoch zulässig, in einer nationalen oder örtlichen Regelung objektive Kriterien aufzustellen, die für ein eindeutiges grenzüberschreitendes Interesse sprechen. Als ein solches Kriterium kommt insbesondere ein Auftragswert von gewisser Bedeutung in Verbindung mit dem Ort der Ausführung der Arbeiten in Betracht. Auch wäre es möglich, ein solches Interesse auszuschließen, wenn der fragliche Auftrag z.B. eine sehr geringe wirtschaftliche Bedeutung hat (vgl. in diesem Sinne Urteil vom 21. Juli 2005, Coname, C-231/03, Slg. 2005, I-7287, Randnr. 20). Allerdings ist zu berücksichtigen, dass die Grenzen manchmal durch Ballungsräume verlaufen, die sich über das Gebiet verschiedener Mitgliedstaaten erstrecken, so dass unter solchen Umständen selbst an Aufträgen mit einem niedrigen Auftragswert ein eindeutiges grenzüberschreitendes Interesse bestehen kann."

24 Zur Feststellung der Binnenmarktrelevanz ist somit – abgesehen von Bagatellaufträgen – eine **Einzelfallprüfung** unter Berücksichtigung der fallspezifischen Umstände entscheidend.

25 Die Auslegungsmitteilung der Kommission zu Vergaben im Unterschwellenbereich wurde von mehreren Mitgliedstaaten kritisiert. Deutschland hat 2006 Klage auf Feststellung der Rechtswidrigkeit der Mitteilung erhoben. Zentraler Vorwurf ist, dass die Kommission mit der Mitteilung ihre Kompetenzen überschreite. Faktisch würden Verfahrensregeln für Auftragsvergaben unterhalb der Schwellenwerte vorgegeben. Damit setze sich die Kommission über die legislative Entscheidung von Rat und Parlament hinweg, solche verbindlichen Regeln nur für Aufträge im Oberschwellenbereich einzuführen (Müller-Wrede/*Krohn*, Kompendium des Vergaberechts, Kap. 24 Rn. 68). Eine Entscheidung des EuGH steht noch aus.

26 Unabhängig davon, wie das Klageverfahren ausgeht, bietet die Auslegungsmitteilung wichtige Hinweise, wie die Kommission Auftragsvergaben unterhalb der Schwellenwerte rechtlich bewertet. Auch der EuGH greift durchaus Fälle auf, deren Auftragswert den Schwellenwert unterschreitet, und äußert sich zu Verfahrensfragen, etwa dem Ausschluss ungewöhnlich niedriger Angebote (EuGH vom 15.5.2008, Rs. C-147/06 und C-148/06). Mit einer weiteren gemeinschaftsrechtlich motivierten „Verrechtlichung" der öffentlichen Auftragsvergaben unterhalb der Schwellenwerte dürfte somit zu rechnen sein.

2. Rechtsbindungen im nationalen Recht

27 Neben den oben beschriebenen haushaltsrechtlichen Bindungen (Rn. 6) kommt die Bindung an die **Grundrechte** in Betracht.

28 Grundsätzlich kann die Verletzung der vergaberechtlichen Bestimmungen zu Ungunsten eines Bieters oder Bewerbers diesen auch in seinem Recht auf **Gleichbehandlung nach Art. 3 GG** betreffen. Das BVerfG (vom 27.2.2008, 1 BvR 437/08) sieht Art. 3 Abs. 1 GG aber erst dann verletzt, „wenn die Rechtsanwendung oder das Vergabeverfahren unter keinem denkbaren Aspekt mehr rechtlich vertretbar sind und sich daher der Schluss aufdrängt, dass sie auf sachfremden und damit

willkürlichen Erwägungen beruhen". Faktisch wird damit die sehr hohe Hürde des „Willkürverbots" errichtet (Müller-Wrede/*Sterner*, GWB-Vergaberecht, § 100 Rn. 14).

Art. 12 Abs. 1 GG begründet grundsätzlich keine Bieterrechte im Vergabeverfahren. Letztlich gewährt die Bestimmung keinen Anspruch auf Erfolg im Wettbewerb und auf Sicherung künftiger Erwerbsmöglichkeiten. Erhält das eigene Angebot in einem Vergabeverfahren den Zuschlag nicht, liegt hierin damit grundsätzlich kein Grundrechtseingriff (Müller-Wrede/*Krohn*, Kompendium des Vergaberechts, Kap. 24 Rn. 20). 29

3. Rechtsschutzmöglichkeiten bei Unterschreiten des Schwellenwertes

Die Zweiteilung des Vergaberechts (Rn. 3 ff.) führt zu einer **Zweiteilung des Rechtsweges**. Während bei Schwellenwertüberschreitung der Bieter grundsätzlich den vergaberechtlichen Rechtsschutz vor den Vergabekammern und Vergabesenaten anrufen kann, steht diese Möglichkeit bei Unterschreitung des Schwellenwertes nicht zur Verfügung. Die zur Anwendung kommenden 1. Abschnitte der VOB/A bzw. VOL/A werden auf der Grundlage bloßen Verwaltungsinnenrechts (Haushaltsrecht) angewendet und vermitteln dem betroffenen Bieter oder Bewerber keine einklagbare Rechtsposition (subjektives Recht). 30

Macht ein Bieter in den engen Grenzen (Rn. 5) die Verletzung einklagbarer Rechte geltend, war bislang umstritten, ob der ordentliche Rechtsweg oder der Zivilrechtsweg zu beschreiten ist (zum Meinungsstand s. Müller-Wrede/*Krohn*, Kompendium des Vergaberechts, Kap. 24 Rn. 45). Diesen Streit hat das BVerwG 2007 dahingehend entschieden, dass 31

– der Verwaltungsrechtsweg bei Auftragsvergaben unterhalb der Schwellenwerte nicht eröffnet sei;

– es sich bei der Vergabe öffentlicher Aufträge nicht um eine öffentlich-rechtliche Streitigkeit (§ 40 Abs. 1 Satz 1 VwGO) handele; vielmehr liege nach der ständigen Rechtsprechung des BVerfG und des BGH eine **bürgerlich-rechtliche Streitigkeit** vor, für die nach § 13 GVG der ordentliche Rechtsweg eröffnet sei;

– sich die öffentliche Hand bei der Vergabe öffentlicher Aufträge in aller Regel auf dem Boden des Privatrechts bewege; dies gelte jedenfalls dann, wenn bei der Entscheidung über die Vergabe eines öffentlichen Auftrags keine gesetzliche Verpflichtung zu bevorzugter Berücksichtigung eines bestimmten Personenkreises zu beachten sei; anderes folge auch nicht aus den haushaltsrechtlichen Bindungen der öffentlichen Hand bei der Vergabe von Aufträgen. Als reines Innenrecht würden sie den öffentlichen Auftraggeber allein im Innenverhältnis, nicht aber im Außenverhältnis gegenüber den Bietern binden. Auch aus der sog. Zweistufentheorie ergebe sich nichts anderes: Es fehle an der Mehrphasigkeit, eine Aufspaltung sei künstlich. Art. 3 GG gelte für jede Handlung der öffentlichen Hand und könne deshalb alleine die Streitigkeit nicht öffentlich-rechtlich machen.

Der Anspruch auf Einhaltung der vergaberechtlichen Bestimmungen kann somit lediglich nur in engen Grenzen vor den ordentlichen Gerichten geltend gemacht werden. Prozessual können diese im laufenden Vergabeverfahren im **einstweiligen Verfügungsverfahren** geltend gemacht werden (§§ 935, 940 ZPO; s. hierzu auch § 102 Rn. 22 ff.). 32

Inhaltlich kommen als Grundlage für **Primäransprüche** vor allem der quasinegatorische Unterlassungsanspruch (§§ 823 Abs. 2, 1004 Abs. 1 BGB analog i.V.m. Art. 3 Abs. 1 GG [Willkürverbot]) und der Verstoß gegen das vorvertragliche Schuldverhältnis (§§ 311 Abs. 2, 241 Abs. 2 BGB) in Betracht. Letztlich dürfte die Durchsetzung der Primäransprüche häufig daran scheitern, dass es bei öffentlichen Auftragsvergaben unterhalb der Schwellenwerte keine § 101a GWB vergleichbare Informations- und Wartepflicht gibt, so dass der Bieter regelmäßig erst nach Vertragsschluss Kenntnis von dem Verstoß erhält. Die Durchsetzung des Primäranspruchs ist dann aber angesichts des geschlossenen Vertrages (pacta sunt servanda) nicht mehr möglich (vgl. § 114 Abs. 2 Satz 1 GWB). 33

Als **Sekundäransprüche** kommt zunächst der Verstoß gegen ein vorvertragliches Schuldverhältnis (§§ 311 Abs. 2, 241 Abs. 2 BGB) in Betracht (s. § 126 Rn. 60 ff.). Daneben wäre in engen Grenzen 34 ein Eingriff in den eingerichteten und ausgeübten Gewerbebetrieb denkbar (§ 823 Abs. 1 BGB; s. § 126 Rn. 108). Dies aber nur dann, wenn beispielsweise im Falle einer Auftragssperre der einzige Kunde, der öffentliche Auftraggeber, wegbrechen würde. Ansprüche aus Amtshaftung (§ 839 BGB i.V.m. Art. 34 GG) scheitern daran, dass die Auftragsvergabe keine hoheitliche Tätigkeit ist.

C. Allgemeiner Verweis auf Ausnahmefälle (Abs. 2)

35 Abs. 2 fasst alle Ausnahmevorschriften, die den in Abs. 1 eröffneten Anwendungsbereich einschränken, zusammen. Darin wird auf die Ausnahmebestimmungen der Abs. 3 bis 6 und 8 sowie die der §§ 100a bis 100c GWB verwiesen. In diesen Fällen ist das Vergaberecht der §§ 97 ff. GWB nicht anwendbar. Die vorgenannte Gesamtheit der Ausnahmevorschriften bildet einen **abschließenden** Katalog.

36 Der Katalog basiert auf der Umsetzung europarechtlicher Vorgaben, die vom nationalen Gesetzgeber nicht erweitert werden dürfen (EuGH vom 17.11.1993, Rs. C-71/92 – „Kommission ./. Spanien"). Insbesondere bleibt auch kein Raum, über landesrechtliche Bestimmungen weitere Ausnahmen von der Anwendung des Vergaberechts zu schaffen (VK Sachsen vom 26.3.2008, 1/SVK/005-08 in Bezug auf Krankentransporte nach dem SächsBRKG).

37 Da die aufgeführten Tatbestände eine **Ausnahme** von der Anwendung des Vergaberechts statuieren, sind die einzelnen Tatbestände grundsätzlich **eng auszulegen** (EuGH vom 4.3.2010, Rs. C-38/06 – „Kommission ./. Portugal" Rn. 63; vgl. OLG Düsseldorf vom 1.8.2012, VII-Verg 10/12).

38 In den Fällen des Abs. 2 beschränkt sich der **Rechtsschutz** durch die Nachprüfungsinstanzen auf eine Prüfung, ob die Auftragsvergabe einem der in Abs. 2 enumerativ aufgeführten Ausnahmetatbestände unterfällt, also die Voraussetzungen des Ausnahmetatbestands von der Vergabebehörde zutreffend angenommen worden sind (OLG Düsseldorf vom 30.3.2005, VII-Verg 101/04). Greift eine Bereichsausnahme, ist der Auftrag insgesamt nicht „nachprüfungsfähig" i.S.d. 4. Teils des GWB (VK Bund vom 12.12.2006, VK 1-136/06). Eine differenzierende Lösung – voller Rechtsschutz in einer sog. Vertragsanbahnungsphase und kein Rechtsschutz lediglich in der „Beauftragungsphase", die mit der Aufforderung zur Angebotsabgabe beginnt – ist weder durch den Wortlaut noch den Zweck der Norm gerechtfertigt oder geboten (OLG Düsseldorf vom 30.3.2005, VII-Verg 101/04).

39 Abs. 2 steht nicht zur Disposition des öffentlichen Auftraggebers, d.h. es ist unerheblich, ob er sich willentlich für die Anwendbarkeit des 4. Teils des GWB entscheidet (VK Bund vom 12.12.2006, VK 1-136/06). Dabei bedeutet die Nichtanwendbarkeit des 4. Teils des GWB keine generelle Rechtsschutzversagung zu Lasten des Antragstellers, ihm ist lediglich der Rechtsschutz vor den Nachprüfungsinstanzen des GWB verwehrt (VK Bund vom 12.12.2006, VK 1-136/06). Daneben bestehen weiterhin Rechtsschutzmöglichkeiten vor den ordentlichen Gerichten.

D. Arbeitsverträge (Abs. 3)

40 Nach Abs. 3 gilt das Vergaberecht nicht für Arbeitsverträge. Die vormals in Abs. 2 Einleitungssatz a.F. geregelte Ausnahme gilt für alle Auftragsvergaben und wurde deswegen in § 100 belassen (BT-Drucks. 17/7275 vom 5.10.2011, S. 14). Mit Abs. 3 wird Art. 16 Buchst. e der Vergabekoordinierungsrichtlinie, Art. 24 Buchst. e der Sektorenkoordinierungsrichtlinie und Art. 13 Buchst. i der Verteidigungsvergaberichtlinie umgesetzt.

41 Der Grund für diese Ausnahme liegt in dem Umstand, dass für Arbeitsverträge andere rechtliche Grundlagen gelten als für öffentliche Aufträge, so dass die Anwendung des Vergaberechts unangemessen ist (Byok/Jaeger/*Hailbronner*, Vergaberecht, § 100 Rn. 26).

42 Der Begriff „**Arbeitsvertrag**" ist nicht legaldefiniert, weder im GWB noch in den o.g. Richtlinien. Es handelt sich nach allgemeiner Ansicht um Verträge, bei denen sich eine natürliche Person gegenüber dem Auftraggeber verpflichtet, unter dessen Leitung und Anweisungen Arbeitsleistungen gegen Entgelt zu erbringen (OLG Naumburg vom 26.7.2012, 2 Verg 2/12; vgl. OLG Düsseldorf vom

8.5.2002, Verg 8-15/01; EuGH vom 21.6.1988, 197/86). Diese Definition eines Arbeitsverhältnisses entspricht in den wesentlichen Punkten dem deutschen zivilrechtlichen Begriffsverständnis (Palandt/ Putzo, Vor § 611 BGB Rn. 7). Danach ist Arbeitnehmer, wer Dienstleistungen in persönlicher Abhängigkeit verrichtet, hierbei in Bezug auf Zeit, Ort und Art der zu verrichtenden Arbeit dem Weisungsrecht des Arbeitgebers unterliegt und in eine fremde Herrschafts- und betriebliche Risikosphäre – nämlich in die des Arbeitgebers – eingegliedert ist. Der Begriff des Arbeitsvertrages erstreckt sich auch auf öffentlich-rechtliche Beschäftigungsverhältnisse, wie etwa Beamte, Richter und Soldaten (vgl. Marx, in: Beck'scher VOB- und Vergaberechts-Kommentar, § 100 GWB Rn. 8). Gleiches gilt für die Bestellung von Organen juristischer Personen, z.B. der Anstellungsvertrag von Geschäftsleitungsmitgliedern (Dreher, in: Immenga/Mestmäcker, Wettbewerbsrecht, Bd. 2, § 100 GWB Rn. 25).

Bei einer Beschäftigung im fremden Betrieb ist zu prüfen, ob der Beschäftigte vom Arbeitgeber persönlich abhängig ist. Dies ist der Fall, wenn der Beschäftigte in den Betrieb eingegliedert ist und dabei einem in Bezug auf Zeit, Dauer, Ort und Art der Ausführung umfassenden Weisungsrecht unterliegt. Das Arbeitsverhältnis hat personalen Charakter. Der Arbeitnehmer als Person findet hierbei rechtliche Berücksichtigung (VK Sachsen-Anhalt vom 2.3.2011, 2 VK LSA 39/10). Dementsprechend unterfallen z.B. Leiharbeitnehmer oder Arbeitnehmer nach dem Arbeitnehmerüberlassungsgesetz (AÜG) nicht dem für Arbeitsverträge geltenden Ausnahmetatbestand. 43

Der **Abgrenzung** der Arbeitsverträge zu den vergaberechtlich relevanten **Dienstverträgen** nach § 99 Abs. 4 GWB liegt die Prüfung zugrunde, ob der Dienstverpflichtete als selbständiger Unternehmer Dienstleistungen weisungsfrei erbringt oder ob er entsprechend den arbeitsrechtlichen Bestimmungen in den Betrieb des Auftraggebers eingegliedert ist. Beispielsweise liegt ein öffentlicher Dienstleistungsauftrag i.S.v. § 99 Abs. 1 und 4 GWB vor, wenn der Auftragnehmer entgeltlich Personal für die Geschäftsführung zur Verfügung stellt und daneben weitere Management- und Beratungsleistungen mit eigenem Personal zu erbringen hat (OLG Naumburg vom 26.7.2012, 2 Verg 2/12). 44

E. Schiedsgerichts- und Schlichtungsleistungen; Forschungs- und Entwicklungsdienstleistungen (Abs. 4)

Die in Abs. 4 Nr. 1 und 2 zusammengefassten Ausnahmevorschriften gelten ebenfalls für alle Auftragsvergaben (BT-Drucks. 17/7275 vom 5.10.2011, S. 14), d.h. auch für sektorspezifische und für Aufträge im Verteidigungs- und Sicherheitsbereich. 45

I. Schiedsgerichts- und Schlichtungsleistungen (Abs. 4 Nr. 1)

Abs. 4 Nr. 1 betrifft **Schiedsgerichts- und Schlichtungsleistungen**. Die Vorschrift übernimmt die frühere Regelung des Abs. 2 Buchst. l a.F. Der Ausnahmetatbestand entspricht Art. 16 Buchst. c der Vergabekoordinierungsrichtlinie, Art. 24 Buchst. b der Sektorenkoordinierungsrichtlinie und Art. 13 Buchst. g der Verteidigungsvergaberichtlinie. 46

Erwägungsgrund 26 der Vergabekoordinierungsrichtlinie begründet die Ausnahme damit, dass derartige Dienste normalerweise von Organisationen oder Personen übernommen werden, deren Bestellung oder Auswahl in einer Art und Weise erfolgt, die sich nicht nach den Vergabevorschriften für öffentliche Aufträge richten kann. Damit wird wohl dem Umstand Rechnung getragen, dass Schlichter und Schiedsrichter aufgrund einer **besonderen Vertrauensstellung** bestimmt werden, um im Streitfall aufwendige Gerichtsverfahren zu vermeiden. Sollte es schon zum Streit gekommen sein, besteht die Möglichkeit, dass sich die Streitparteien einvernehmlich auf einen Schlichter einigen, um den Streit gütlich zu beenden. In beiden Fällen ist das Vertrauen Grundlage der Schlichtung oder des Schiedsspruchs, womit eine Auswahl unter Wettbewerbsgesichtspunkten ausscheidet (Byok/Jaeger/Hailbronner, Vergaberecht, § 100 Rn. 26). Deshalb erstreckt sich die Ausnahmebestimmung auch auf die Erbringung von **Sachverständigenleistungen** im Rahmen eines Schiedsgutachtens (Reidt/Stickler/Glahs/Stickler, Vergaberecht, § 100 Rn. 26). 47

48 Nicht erfasst wird jedoch die Tätigkeit von Rechtsanwälten, die von einer Partei im Rahmen eines Schiedsverfahrens zur Unterstützung eingeschaltet werden. Für diese sog. nachrangigen Dienstleistungen gelten aber ohnehin gelockerte Anforderungen (*Marx*, in: Beck'scher VOB- und Vergaberechts-Kommentar, § 100 GWB Rn. 29).

II. Forschungs- und Entwicklungsdienstleistungen (Abs. 4 Nr. 2)

49 Abs. 4 Nr. 2 regelt die Ausnahme bestimmter **Forschungs- und Entwicklungsdienstleistungen**. Der Ausnahmetatbestand greift aber explizit dann nicht, wenn die Ergebnisse der Forschungs- und Entwicklungsdienstleistungen ausschließlich Eigentum des Auftraggebers für seinen Gebrauch bei der Ausübung seiner eigenen Tätigkeit werden und die Dienstleistung vollständig durch den Auftraggeber vergütet wird. Die Vorschrift übernimmt die frühere Regelung des Abs. 2 Buchst. n a.F. Der Ausnahmetatbestand beruht auf Art. 16 Buchst. f der Vergabekoordinierungsrichtlinie und Art. 16 Buchst. j der Verteidigungsvergaberichtlinie.

50 Erwägungsgrund 23 der Vergabekoordinierungsrichtlinie geht davon aus, dass entsprechend Art. 163 EG-Vertrag die Unterstützung der Forschung und der technischen Entwicklung das Ziel habe, die wissenschaftlichen und technischen Grundlagen der gemeinschaftlichen Industrie zu stärken. Die **Mitfinanzierung von Forschungsprogrammen** soll nicht von der Vergaberichtlinie erfasst werden. Deshalb sollten entsprechende Aufträge über Forschungs- und Entwicklungsdienstleistungen ebenfalls nicht unter die Richtlinie fallen. Weiterhin ist zu beachten, dass Aufträgen im Bereich Forschung und Entwicklung in vielen Fällen die **Gegenseitigkeit fehlt**, die mit dem Begriff „öffentliche Aufträge" untrennbar verbunden ist. Dies ist z.B. der Fall, wenn die Forschungsergebnisse in erster Linie der Forschungsstelle (Unternehmen, Forschungsinstitute oder Universitäten) selbst zur Verfügung stehen und nicht dem Auftraggeber. Die Finanzierung von allgemein bedeutsamer Forschung zum Nutzen der Gesellschaft insgesamt stellt somit keinen öffentlichen Auftrag dar (vgl. BayObLG vom 27.2.2003, Verg 25/02).

51 Aufträge, die nicht vornehmlich diesem allgemeinwohlorientierten Ziel dienen, sind davon nicht erfasst. Die sog. **Auftragsforschung** bleibt somit im Anwendungsbereich des Vergaberechts. Sie ist nach dem Wortlaut der Rückausnahme gegeben, wenn die Ergebnisse der Vorschrift Eigentum des Auftraggebers werden und durch diesen vollständig vergütet werden (vgl. Müller-Wrede/*Sterner*, GWB-Vergaberecht, § 100 Rn. 46).

52 Was unter dem **Begriff der Forschung** zu verstehen ist, wird weder in der Vergabekoordinierungsrichtlinie noch im EG-Vertrag näher bestimmt. Der Begriff der Forschung in Abs. 4 Nr. 2 (Abs. 2 Buchst. n a.F.) umfasst sowohl die **Grundlagenforschung** als auch die **angewandte Forschung** (BayObLG vom 27.2.2003, Verg 25/02).

53 Schwierigkeiten bereitet die genaue Bestimmung des Tatbestandsmerkmals **„ausschließliches Eigentum des Auftraggebers für seinen Gebrauch bei der Ausübung seiner eigenen Tätigkeit"**. Der zivilrechtliche Eigentumsbegriff kann nicht ausschlaggebend sein. Denn zum einen können Forschungs- und Entwicklungsergebnisse eine unkörperliche Form aufweisen, an der zivilrechtlich kein Eigentum begründet werden kann; zum anderen geht die Vorschrift auf eine europäische Norm zurück, die von nicht nur von einer einzigen Zivilrechtsordnung geprägt ist und in verschiedenen Sprachfassungen vorliegt. Die englische Fassung („*where the benefits accrue*") oder die französische Fassung („*dont les fruits appartiennent*") spricht dafür, die Vorschrift sinngemäß als „wem das Ergebnis gehört" oder „wem das Nutzungsrecht zusteht" oder „wem die Verwertung (am Markt) zukommt" zu verstehen (BayObLG vom 27.2.2003, Verg 25/02). Verfügt der Auftraggeber über das vollständige Nutzungsrecht der Ergebnisse, kann er sich nicht durch eine bloße Veröffentlichung der Ergebnisse und damit einer reflexartigen Begünstigung der Allgemeinheit der Anwendung der Rückausnahme entziehen. Insoweit kommt es allein auf das faktische Innehaben der Rechte an. Anders wäre der Fall nur dann zu beurteilen, wenn zu der Veröffentlichung der Ergebnisse auch das Recht der Verwertung treten würde (*Marx*, in: Beck'scher VOB- und Vergaberechts-Kommentar, § 100 GWB Rn. 34).

F. Grundstücksgeschäfte (Abs. 5)

Nach Abs. 5 unterfallen Verträge über **54**

- den **Erwerb** von Grundstücken oder vorhandenen Gebäuden oder anderem unbeweglichen Vermögen (**Nr. 1**),
- **Mietverhältnisse** für Grundstücke oder vorhandene Gebäude oder anderes unbewegliches Vermögen (**Nr. 2**) oder
- **Rechte** an Grundstücken oder vorhandenen Gebäuden oder anderem unbeweglichen Vermögen (**Nr. 3**)

ungeachtet ihrer Finanzierung nicht dem Vergaberecht.

Die Bereichsausnahme wurde früher inhaltlich von Abs. 2 Buchst. h a.F. erfasst. Die Vorgängerbestimmung wurde zur besseren Verständlichkeit in drei Unterfälle gegliedert (BT-Drucks. 17/7275 vom 5.10.2011, S. 14). Die Vorschrift setzt Art. 16 Buchst. a der Vergabekoordinierungsrichtlinie, Art. 24 Buchst. a der Sektorenkoordinierungsrichtlinie und Art. 13 Buchst. e der Verteidigungsvergaberichtlinie um. **55**

Die Vergabekoordinierungsrichtlinie geht davon aus, dass derartige Verträge Merkmale aufweisen, die die Anwendung von Vorschriften über die Vergabe von öffentlichen Aufträgen unangemessen erscheinen lassen (Erwägungsgrund 24). Die Besonderheit der Verträge dürfte darin bestehen, dass oftmals nur wenige Immobilien oder nur eine bestimmte Immobilie in Betracht kommen oder diese aufgrund ihres individuellen Charakters nur schwer vergleichbar sind, so dass eine Ausschreibung unzweckmäßig ist (Byok/Jaeger/*Hailbronner*, Vergaberecht, § 100 Rn. 49; Reidt/Stickler/Glahs/*Stickler*, Vergaberecht, § 100 Rn. 22). **56**

Der Normtext spricht davon, dass sich die Verträge auf **vorhandene** Gebäude beziehen müssen. Nach einer Entscheidung der Vergabekammer Südbayern liegt der Sinn des Freistellungstatbestands und des Wortes „vorhanden" darin, Mietverträge über Immobilien dann dem Vergaberecht zu entziehen, wenn keine Bauleistung vorliegt, da der öffentliche Auftraggeber auf die Planung und Errichtung des Gebäudes keinen Einfluss nimmt. Dementsprechend sei es auch möglich, Verträge über noch zu errichtende Gebäude von dem Anwendungsbereich des Vergaberechts auszunehmen, soweit **57**

- der zukünftige Mieter keinen Einfluss auf die Bauausführung, Planung etc. nimmt,
- der Mietvertrag keine werkvertraglichen Komponenten enthält und
- eine Kaufoption nicht vorgesehen ist (VK Südbayern vom 22.5.2003, 17-04/03).

Der EuGH verfolgt einen ähnlichen Ansatz (EuGH vom 29.10.2009, Rs. C-536/07 – „Kölner Messehallen" Rn. 55 ff.). Er geht vom Begriff „öffentlicher Bauauftrag" der Vergaberichtlinien aus. Dieser schließe sämtliche Vorhaben ein, die auf der Grundlage eines entgeltlichen Vertrages die Errichtung eines Bauwerkes durch den Unternehmer zum Gegenstand haben. Auf die Bezeichnung des Vertrages als Miet- oder Bauauftrag komme es dabei nicht an. Das ausschlaggebende Kriterium sei, dass dieses Bauwerk gemäß den **vom öffentlichen Auftraggeber genannten Erfordernissen** errichtet werde. In dem zu entscheidenden Fall war zum Zeitpunkt des Abschlusses des sog. Mietvertrages mit der Errichtung der anzumietenden Messehalle noch nicht einmal begonnen worden. Der EuGH folgerte aus diesem Umstand, dass der Vertrag nicht unmittelbar die Anmietung von Immobilien zum Ziel haben konnte. Vorrangiges Ziel dieses Vertrages sei vielmehr denknotwendig nur die Errichtung der betreffenden Bauwerke, die anschließend dem „Mieter" im Wege einer als „Mietvertrag" bezeichneten vertraglichen Beziehung zur Verfügung zu stellen waren. Hinzu komme, so der EuGH, dass die betreffenden Bauwerke gemäß den sehr detaillierten und vom Mieter deutlich formulierten Spezifikationen errichtet werden sollten. Die genaue Beschreibung der zu errichtenden Gebäude, ihrer Beschaffenheit und ihrer Ausstattung gehe damit weit über die üblichen Vorgaben eines Mieters für eine neue Immobilie einer gewissen Größe hinaus. Der Vertrag bezwecke somit den Bau der fraglichen Messehallen gemäß den genannten Erfordernissen. Insgesamt enthalte das **58**

Vertragswerk mithin neben Mietelementen einen öffentlichen Bauauftrag als ausschlaggebenden **Hauptgegenstand**, der dem Vergaberegime unterfalle.

59 Der EuGH hat in der dargestellten Entscheidung nicht kategorisch abgelehnt, dass Verträge zur Anmietung noch zu errichtender Gebäude dem in Rede stehenden Ausnahmetatbestand unterfallen könnten. Entsprechend der zitierten Entscheidung der VK Südbayern (Rn. 57) würde dies voraussetzen, dass der zukünftige Mieter **überhaupt keinen Einfluss auf die Planung und Errichtung** nimmt. Gerade bei größeren Immobilien dürfte dies schlichtweg praxisfern sein.

60 Dieser weiten Auslegung ist außerdem aus Gründen der Rechtssicherheit zu widersprechen. Ist das anzumietende oder zu erwerbende Gebäude noch nicht gebaut, dürfte es fernliegend sein, dass sich der Vermieter oder Bauherr nicht nach den Vorstellungen des potenziellen Mieters oder Käufers richtet. In letzter Konsequenz bestünde zumindest die Gefahr, dass dies als Bauleistung eines Dritten gemäß den vom Auftraggeber benannten Erfordernissen angesehen würde. Damit würde ein gemäß § 99 Abs. 3 Alt. 3 GWB eigentlich ausschreibungspflichtiger Bauauftrag umgangen (§ 99 Rn. 117 ff.). Darüber hinaus widerspricht die weite Auslegung dem insoweit eindeutigen Wortlaut des Art. 16 Buchst. a der Vergabekoordinierungsrichtlinie sowie des Abs. 5, die sich explizit auf vorhandene Gebäude beziehen (i.E. ebenso Müller-Wrede/*Sterner*, GWB-Vergaberecht, § 100 Rn. 33; a.A. Müller-Wrede/*Aicher*, Kompendium des Vergaberechts, Kap. 8 Rn. 25). Die Praxis zeigt, dass gerade ein weites Verständnis dieses Ausnahmetatbestands missbrauchsanfällig ist (vgl. *Willenbruch*, in: Willenbruch/Wieddekind, Vergaberecht, S. 134 Rn. 279).

61 Entscheidend ist die Definition des Beschaffungsgegenstands zu Beginn der Beschaffungsmaßnahme; bezieht sich die Beschaffungsmaßnahme nicht auf bestehende Gebäude, ist der Anwendungsbereich der Ausnahmevorschrift nicht eröffnet.

62 Weil Ausnahmebestimmungen grundsätzlich **eng auszulegen** sind (Rn. 37), kann ein Mischvertrag allenfalls nur dann unter die Ausnahmebestimmung des Abs. 5 fallen, wenn es sich um ganz unwesentliche Nebenabreden in Bezug auf den Erwerb, das Mietverhältnis oder die Begründung sonstiger Rechte an der Immobilie handelt (OLG Frankfurt/Main vom 30.8.2011, 11 Verg 3/11).

63 Der Begriff **„vorhandene Gebäude"** erfasst Bauwerke oder Gebäude nicht, die lediglich vorübergehend auf ein Grundstück verbracht werden. Die Anmietung **mobiler Container** für Messen oder Festveranstaltungen fällt somit nicht unter die Ausnahmebestimmung (VK Hessen vom 24.3.2004, 69d-VK-09/2004).

64 Der Ausnahmetatbestand greift **unabhängig von der Art der Finanzierung** (s. Einleitungssatz). Dies gilt aber nicht für die **Finanzierungsdienstleistung** selbst. Art. 16 Buchst. a der Vergabekoordinierungsrichtlinie stellt klar, dass Finanzdienstleistungsverträge jeder Form, die gleichzeitig, vor oder nach dem Kauf- oder Mietvertrag abgeschlossen werden, grundsätzlich unter die Ausschreibungspflicht fallen.

65 Zu den **Rechten an Grundstücken** oder vorhandenen Gebäuden (**Nr. 3**) gehören neben dem Eigentum auch Nutzungsrechte (z.B. Miete, Erbbaurechte, Pacht und Dienstbarkeiten), Erwerbsrechte (z.B. dingliche Vorkaufsrechte) und Verwertungsrechte (z.B. Grundpfandrechte).

G. Schutz der wesentlichen Sicherheitsinteressen der Bundesrepublik Deutschland i.S.d. Art. 346 AEUV (Abs. 6)

I. Verhältnis der staatlichen Sicherheitsinteressen zum EU-Vergaberecht

66 Die Ausnahmetatbestände des Abs. 6 verweisen explizit auf Art. 346 AEUV „**Schutz der wesentlichen Sicherheitsinteresse eines Mitgliedstaates**". Besonders im Hinblick auf die mit **Art. 346 AEUV** in Verbindung stehenden Ausnahmetatbestände ist angesichts des oftmals exzessiven Gebrauchs darauf hinzuweisen, dass die Berufung auf die Ausnahme ein **juristisch und politisch schwerwiegender Akt** ist: Sie führt bei der öffentlichen Vergabe von Aufträgen zur Nichtanwendung der EU-Vergabebestimmungen. Weil sie ihrerseits das juristische Instrument zur Gewährleistung des freien Waren- und Dienstleistungsverkehrs und zum Niederlassungsrecht im Bereich der

öffentlichen Auftragsvergabe darstellen, betrifft dies den Kernbereich der Europäischen Union (Mitteilung zu Auslegungsfragen bzgl. der Anwendung des Art. 296 auf die Beschaffung von Verteidigungsgütern, KOM(2006)779 vom 7.12.2006, Nr. 2). Ebenfalls besteht bei einer nicht sachgemäßen Handhabung der Ausnahmen die Gefahr, dass die **marktöffnende und wettbewerbsfördernde Intention der RL 2009/81/EG unterlaufen** wird.

Dementsprechend verweist der EuGH insbesondere mit Blick auf Art. 346 AEUV bzw. die Vorgängerregelung des Art. 296 EG-Vertrag in ständiger Rechtsprechung darauf, dass es zwar Sache der Mitgliedstaaten sei, die geeigneten Maßnahmen zur Gewährleistung ihrer **inneren und äußeren Sicherheit** zu ergreifen. Dies bedeutet aber nicht, dass solche Maßnahmen der Anwendung des Unionsrechts völlig entzogen wären (EuGH vom 4.3.2010, Rs. C-38/06 – „Kommission ./. Portugal" Rn. 62 m.w.N.). Dem Europarecht lässt sich kein allgemeiner Vorbehalt ableiten, dass jede Maßnahme, die im Interesse der öffentlichen Sicherheit getroffen wird, vom Anwendungsbereich des Unionsrechts ausgenommen ist. Vor diesem Hintergrund sind die **Ausnahmetatbestände** nach ständiger Rechtsprechung des EuGH und der nationalen Nachprüfungsinstanzen **eng auszulegen** (EuGH vom 4.3.2010, Rs. C-38/06 – „Kommission ./. Portugal" Rn. 63; OLG Koblenz vom 15.9.2010, 1 Verg 7/10; OLG Düsseldorf vom 8.6.2011, VII-Verg 49/11; OLG Düsseldorf vom 10.9.2009, VII-Verg 12/09; OLG Düsseldorf vom 16.12.2009, VII-Verg 32/09; OLG Celle vom 3.12.2009, 13 Verg 14/09; OLG Koblenz vom 15.9.2010, 1 Verg 7/10; s. auch die Nachweise bei *Hölzl*, Münchener Kommentar zum Europäischen und Deutschen Wettbewerbsrecht, Bd. 3, 2011, § 10 GWB Rn. 14). Die Ausnahmen müssen auf diejenigen Fälle begrenzt werden, in denen die Mitgliedstaaten keine andere Wahl haben, ihre Sicherheitsinteressen anders zu wahren (Mitteilung zu Auslegungsfragen bzgl. der Anwendung des Art. 296 auf die Beschaffung von Verteidigungsgütern, KOM(2006)779 vom 7.12.2006, Nr. 2).

II. Wesentliche Sicherheitsinteressen i.S.d. Art. 346 Abs. 1 Buchst. a AEUV (Abs. 6 Nr. 1)

Nach Abs. 6 Nr. 1 gilt das Vergaberecht der §§ 97 ff. GWB nicht für die Vergabe öffentlicher Aufträge, bei denen die Anwendung des Vergaberechts den Auftraggeber dazu zwingen würde, im Zusammenhang mit dem Vergabeverfahren oder der Auftragsdurchführung Auskünfte zu erteilen, deren Preisgabe **seiner Ansicht nach wesentlichen Sicherheitsinteressen** der Bundesrepublik Deutschland i.S.d. Art. 346 Abs. 1 Buchst. a AEUV widerspricht.

Die Ausnahmebestimmung wurde im Zuge der Umsetzung der Verteidigungsvergaberichtlinie neu gefasst. Sie greift die frühere Regelung des Abs. 2 Buchst. d dd a.F. („sonstige wesentliche Sicherheitsinteressen") auf und konkretisiert diese durch einen Verweis auf Art. 346 Abs. 1 Buchst. a AEUV. Die Vorschrift setzt gleichzeitig Art. 13 Buchst. a der Verteidigungsvergaberichtlinie um (BT-Drucks. 17/7275 vom 5.10.2011, S. 15).

Art. 346 Abs. 1 Buchst. a AEUV begründet lediglich das Recht, bestimmte sicherheitsrelevante Informationen nicht herauszugeben. Demgegenüber stellt Abs. 6 Nr. 1 die Verknüpfung mit der Nichtanwendbarkeit der vergaberechtlichen Bestimmungen her (Guidance Note, Defence- and security-specific Exclusions, veröffentlicht unter http://ec.europa.eu/internal_market/publicprocurement/docs/defence/guide-exclusions_en.pdf, Ziffer 10). Damit wird dem Umstand Rechnung getragen, dass selbst die speziellen, auf Vergaben im Bereich der Sicherheit und Verteidigung ausgerichteten Verfahrensregeln der RL 2009/81/EG nicht ausreichen könnten, um die wesentlichen Sicherheitsinteressen des jeweiligen Mitgliedstaates zu wahren (Erwägungsgrund 27 der RL 2009/81/EG). Praktische Anwendungsfälle wären beispielsweise dann gegeben, wenn die Weitergabe der Leistungsbeschreibung wegen der darin enthaltenen Informationen gegen wesentliche Sicherheitsinteressen verstoßen würde. Denkbar ist auch, dass schon die Bekanntmachung eines Auftrags gegen wesentliche Sicherheitsinteressen verstößt, weil schon die Tatsache der betreffenden Beschaffungsabsicht eine schützenswerte Information ist.

Wie sich aus der Verwendung der Formulierung „**seines Erachtens**" in Art. 346 Abs. 1 Buchst. a AEUV ergibt, haben die Mitgliedstaaten einen besonders **weiten Ermessensspielraum**, welche Informationen sie zur Wahrung der Sicherheitsinteressen nicht weitergeben wollen. Seitens der Nachprüfungsinstanzen kann die Einhaltung des Ermessensspielraums lediglich im Hinblick auf **Ermessensfehler** überprüft werden (vgl. *Hölzl*, Münchener Kommentar zum Europäischen und Deutschen Wettbewerbsrecht, Bd. 3, 2011, § 100 GWB Rn. 20). Beruft sich die Vergabestelle auf das Vorliegen dieses Ausnahmetatbestands, muss sie die **Gründe hierfür dokumentieren**.

72 Zusätzlich ist bei der Entscheidung, die das Vergabeverfahren von der Geltung des 4. Teils des GWB ausnimmt, das **Gebot der Verhältnismäßigkeit** zu wahren (OLG Düsseldorf vom 8.6.2011, VII-Verg 49/11). Sind nationale Sicherheitsinteressen betroffen, folgt nicht automatisch eine Ausnahme von der Verpflichtung zur Durchführung eines EU-Vergabeverfahrens. Es ist zu prüfen und im Vergabevermerk zu dokumentieren, ob zur Wahrung der Sicherheitsinteressen auch **weniger einschneidende Mittel** zur Verfügung gestanden hätten. Dabei sind die Sicherheitsinteressen des Staates auf der einen Seite und die Belange der Bieter bzw. Unternehmen insbesondere an der Durchführung eines transparenten Vergabeverfahrens auf der anderen Seite **abzuwägen** (OLG Düsseldorf vom 8.6.2011, VII-Verg 49/11; OLG Düsseldorf vom 10.9.2009, VII-Verg 12/09; OLG Düsseldorf vom 16.12.2009, VII-Verg 32/09; OLG Celle vom 3.12.2009, 13 Verg 14/09; OLG Koblenz vom 15.9.2010, 1 Verg 7/10). Der völlige Verzicht auf die wettbewerbliche Vergabe muss **notwendig** sein, um die Sicherheitsinteressen zu wahren (vgl. EuGH vom 4.3.2010, Rs. C-38/06 – „Kommission ./. Portugal" Rn. 68); er ist Ultima ratio. In der Praxis könnte beispielsweise durch die Vorschaltung eines entsprechend ausgestalteten Teilnahmewettbewerbs sichergestellt werden, dass nur Bieter zum eigentlichen Vergabeverfahren zugelassen werden, die der amtlichen **Geheimschutzbetreuung** unterliegen (vgl. OLG Düsseldorf vom 8.6.2011, VII-Verg 49/11). Damit ist im Regelfall sichergestellt, dass diese mit den sensiblen Informationen umgehen dürfen und sachgerecht umgehen. Die VSVgV enthält für diesen Fall eine Erleichterung, indem sie vom Vorrang des offenen Verfahrens absieht und die Wahl des nicht offenen Verfahrens und des Verhandlungsverfahrens mit vorgeschaltetem Teilnahmewettbewerb zulässt, ohne dass dies an besondere Voraussetzungen geknüpft wäre. Sicherheitsbelangen von geringerem Rang kann folglich auch durch ein nicht offenes Verfahren oder durch ein Verhandlungsverfahren mit vorheriger Bekanntmachung hinreichend entsprochen werden (OLG Düsseldorf vom 30.4.2003, VII-Verg 61/02). Dies hat zur Folge, dass ein derartiges Vergabeverfahren der Nachprüfung nach §§ 102 ff. GWB unterliegt (OLG Düsseldorf vom 20.12.2004, VII-Verg 101/04).

73 Abs. 6 Nr. 1 verweist zur **Begriffsbestimmung** der „**wesentlichen Sicherheitsinteressen**" auf Art. 346 Abs. 1 Buchst. b AEUV. Abs. 7 enthält verschiedene Beispielsfälle, bei denen Sicherheitsinteressen betroffen sein können (zum Begriff „wesentliche Sicherheitsinteressen" s. Rn. 74 ff.).

III. Wesentliche Sicherheitsinteressen i.S.d. Art. 346 Abs. 1 Buchst. b AEUV (Abs. 6 Nr. 2)

74 Nach Abs. 6 Nr. 2 entfällt eine Verpflichtung zur Anwendung des Vergaberechts für öffentliche Aufträge, die dem Anwendungsbereich des Art. 346 Abs. 1 Buchst. b AEUV unterliegen. Danach kann jeder Mitgliedstaat die Maßnahmen ergreifen, die seines Erachtens für die Wahrung seiner **wesentlichen Sicherheitsinteressen erforderlich** sind, soweit sie die **Erzeugung von Waffen, Munition und Kriegsmaterial oder den Handel** damit betreffen; diese Maßnahmen dürfen auf dem Binnenmarkt die Wettbewerbsbedingungen hinsichtlich der nicht eigens für militärische Zwecke bestimmten Waren nicht beeinträchtigen.

75 Abs. 6 Nr. 2 übernimmt die frühere Vorschrift des Abs. 2 Buchst. e a.F. Die Ausnahmebestimmung findet keine ausdrückliche Erwähnung in der Verteidigungsvergaberichtlinie, gilt aber dennoch allgemein für alle Vergaben, da sie unmittelbar aus dem AEUV folgt. Diese Bestimmung hat insoweit lediglich klarstellenden Charakter (BT-Drucks. 17/7275 vom 5.10.2011, S. 15).

76 Was unter „**Waffen, Munition und Kriegsmaterial**" zu verstehen ist, wurde gemäß Art. 296 Abs. 2 EG-Vertrag in der sog. **Kriegswaffenliste von 1958** aufgelistet. Diese Kriegswaffenliste wurde seitdem offiziell nicht geändert oder ergänzt und wird deshalb teilweise für technologisch veraltet gehalten (s. *Prieß*, Handbuch des europäischen Vergaberechts, S. 315; a.A. Müller-Wrede/

Trybus, Kompendium des Vergaberechts, Kap. 7 Rn. 23; Auslegung der Kommission zu Art. 296 EG-Vertrag, KOM(2006)0779 endg.: „Mit Blick auf die Technologie scheint die Liste allgemein genug gehalten, um aktuelle und zukünftige Entwicklungen abzudecken"). In der Bundesrepublik wurde diese Liste 1978 durch eine Interpretation nach den (damals) neuesten technologischen Erkenntnissen ergänzt. Diese vom Bundesministerium für Verteidigung vorgenommene Erweiterung der zu Art. 296 Abs. 1 Buchst. b EG-Vertrag erstellten Kriegswaffenliste von 1958 (abgedruckt in: Beck'scher VOB- und Vergaberechts-Kommentar, § 100 GWB Rn. 17) kann aber den Anwendungsbereich des Vergaberechts nicht rechtsverbindlich einschränken. Grund hierfür ist, dass die ursprüngliche Kriegswaffenliste unter dem Änderungsvorbehalt des Rates steht (Art. 346 Abs. 2 AEUV: „Der Rat kann die von ihm am 15. April 1958 festgelegte Liste der Waren, auf die Absatz 1 Buchstabe b Anwendung findet, einstimmig auf Vorschlag der Kommission ändern."). Bei der **Interpretation der Liste** durch das Verteidigungsministerium handelt es sich daher um eine **verwaltungsinterne Anweisung**, die **Dritte nicht bindet** (VK Bund vom 28.2.2000, VK 1-21/00).

Die Kriegswaffenliste enthält folgende Aufzählung: 77

Vom Rat der EWG verabschiedete Liste gemäß Artikel 223 EWG-Vertrag von 1958

1. Handfeuerwaffen, auch automatisch wie

   Gewehre, Karabiner, Revolver, Pistolen, Maschinenpistolen und Maschinengewehre, mit Ausnahme von Jagdwaffen, Kleinkaliberpistolen und anderen Kleinkaliberwaffen mit einen Kaliber unter 7 mm.

2. Artilleristische Waffen, Nebel-, Gas- und Flammenwerfer wie

   a) Kanonen, Haubitzen, Mörser, Geschütze, Panzerabwehrwaffen, Raketenwerfer, Flammenwerfer, rückstoßfreie Kanonen,

   b) Kriegsgerät wie Nebel- und Gaswerfer.

3. Munition für die unter 1. und 2. genannten Waffen.

4. Bomben, Torpedos, Raketen und ferngesteuertes Kriegsgerät:

   a) Bomben, Torpedos, Granaten, einschl. Nebelgranaten, Rauschtöpfe, Raketen, Minen, ferngesteuertes Kriegsgerät, Wasserbomben, Brandbomben,

   b) Apparate und Vorrichtungen für militärische Zwecke, eigens konstruiert für die Handhabung, das Scharfmachen, die Entschärfung, die Detonation und den Nachweis der unter a) aufgeführten Geräte.

5. Feuerleitungsmaterial für militärische Zwecke:

   a) Flugbahnprüfungsgeräte, Infrarot-Zielgeräte und anderes Nachtzielmaterial,

   b) Entfernungsmesser, Ortungsgeräte, Höhenmesser,

   c) Elektronische, gyroskopische, optische und akustische Beobachtungsvorrichtungen,

   d) Visiergeräte für Bombenabwurf und Höhenrichtwerke für Kanonen, Periskope für die in dieser Liste aufgeführten Geräte.

6. Panzerwagen und eigens für militärische Zwecke konstruierte Fahrzeuge:

   a) Panzerwagen,

   b) Militärfahrzeuge, bewaffnet oder gepanzert, einschl. Amphibienfahrzeuge,

   c) Panzerzüge,

   d) Militärfahrzeuge (Halbkettenfahrzeuge),

   e) Militärfahrzeuge zur Reparatur von Panzerwagen,

   f) Besonders für den Transport der unter 3. und 4. aufgeführten Munition konstruierte Anhänger.

7. Toxische oder radioaktive Wirkstoffe:

   a) biologische und chemische toxische Wirkstoffe und radioaktive Wirkstoffe zur Vernichtung von Menschen, Tieren oder Ernten im Kriegsfalle,

   b) militärische Geräte zur Verbreitung, Feststellung und Identifizierung der unter a) aufgeführten Stoffe,

   c) Material zum Schutz gegen die unter a) aufgeführten Stoffe.

8. Pulver, Explosivstoffe und flüssige oder feste Treibmittel:

   a) Pulver und flüssige oder feste Treibmittel, besonders für die unter 3., 4. und 5. aufgeführten Geräte entwickelt oder hergestellt,

   b) Explosivstoffe für militärische Zwecke,

   c) Brandsätze und Geliermittel für militärische Zwecke.

9. Kriegsschiffe und deren Sonderausrüstungen:

   a) Kriegsschiffe aller Art,

   b) Sonderausrüstungen zum Minenlegen, Minensuchen und Minenräumen,

   c) U-Bootnetze.

10. Luftfahrzeuge und ihre Ausrüstungen zu militärischen Zwecken.

11. Elektronenmaterial für militärische Zwecke.

12. Eigens für militärische Zwecke konstruierte Aufnahmeapparate.

13. Sonstige Ausrüstungen und sonstiges Material:

    a) Fallschirme und Fallschirmmaterial,

    b) eigens zu militärischen Zwecken entwickeltes Material zum Überqueren von Wasserläufen,

    c) elektrisch betätigte Scheinwerfer zu militärischen Zwecken.

14. Teile und Einzelteile des in dieser Liste aufgeführten Materials, soweit sie einen militärischen Charakter haben.

15. Ausschließlich für die Entwicklung, Herstellung, Prüfung und Kontrolle der in dieser Liste aufgeführten Waffen, Munition und rein militärischen Geräte entwickelten Maschinen, Ausrüstungen und Werkzeuge.

78 Die Kriegswaffenliste von 1958 zählt die ausgenommenen Gegenstände **abschließend** auf. Außer im vorgesehenen Verfahren kann sie nicht erweitert werden.

79 Sie betrifft explizit nur den **Handel** und die **Erzeugung** der aufgelisteten Güter. Es besteht jedoch Einigkeit darüber, dass auch **Instandsetzungs- und Wartungsarbeiten** an diesen Gütern nach Sinn und Zweck der Vorschrift erfasst sind (*Guckelberger*, ZfBR 1/2005, 34 f.; *Boesen*, Vergaberecht, § 100 GWB Rn. 60). Die Kommission selbst geht davon aus, dass „Artikel 296 Absatz 1 Buchstabe b EGV auch neue, an Fähigkeiten orientierte Beschaffungsmethoden sowie die Beschaffung von Dienstleistungen und Bauarbeiten einschließen, die in direktem Zusammenhang mit den in der Liste aufgeführten Waren stehen, falls die anderen Bedingungen für die Inanspruchnahme des Artikels 296 EGV erfüllt sind" (Auslegung der Kommission zu Art. 296 EG-Vertrag, KOM(2006)0779 endg., Teil 3 Anwendungsbereich).

80 Bei der Frage, ob ein entsprechender Fall der Kriegswaffenliste bei der Beschaffung von Hubschraubern vorliegt, hat der EuGH zunächst im Rahmen der sog. **Augusta-Entscheidung** einen **subjektiven, d.h. an den speziellen Einsatzzweck ausgerichteten, Ansatz** verfolgt. Gefolgert wurde dies aus der Formulierung des Art. 346 Abs. 1 Buchst. b AEUV, wonach die betreffenden Beschaffungsgegenstände eigens für militärische Zwecke „bestimmt" sein müssten. Die Verwendung der Hubschrauber war auf alle Fälle für zivile Zwecke (Zivilkorps) gedacht, wohingegen der Einsatz im Militär ungewiss war. Im Ergebnis konnte sich der Auftraggeber aufgrund des **ungewissen militärischen Verwendungszwecks** nach Ansicht des EuGH nicht auf Art. 346 AEUV berufen (EuGH vom 8.4.2008, Rs. C-337/05 – „Augusta-Hubschrauber" Rn. 48 f.). Diese subjektive, auf den konkreten Einsatzzweck ausgerichtete Betrachtung wurde dennoch insgesamt als Ausweitung des Anwendungsbereichs gesehen, der sich insbesondere im Bereich der **sowohl zivil als auch militärisch verwendbaren Gütern**, den sog. **Dual-Use-Gütern**, auswirkt (*Hölzl*, Praxisanmerkung zu EuGH vom 7.6.2012, Rs. C-615/10, NZBau 2012, 509, 512).

Diesen subjektiven Ansatz hat der EuGH in der neueren **Drehtisch-Entscheidung** geändert. Es ging um einen Auftrag zur Beschaffung von Drehtischanlagen, die zur Verwendung als Träger von Objekten bestimmt waren, an denen elektromagnetische Messungen durchgeführt werden. Die Drehtische wurden zwar aus zivilen Komponenten zusammengesetzt, sind allerdings militärspezifisch abgeändert worden. Unzweifelhaft sollten sie militärischen Zwecken im Bereich der Simulation elektronischer Kriegsführung dienen. Zu entscheiden war, ob diese Drehtische der Kriegswaffenliste zuzuordnen sind. Der EuGH stellte darauf ab, dass aus den Worten „für militärische Zwecke" in Nr. 11 der Kriegswaffenliste sowie den Worten „soweit sie einen militärischen Charakter haben" und „ausschließlich für … entwickelte" in den Nr. 14 und 15 der Liste hervorgehe, dass die dort genannten Produkte **objektiv** einen **spezifisch militärischen Charakter** aufweisen müssten (EuGH vom 7.6.2012, Rs. C-615/10, Rn. 39). Eine spezifisch militärische Zweckbestimmung i.S.v. Art. 346 AEUV könne nur in denjenigen Fällen zuerkannt werden, in denen nicht nur eine militärische Verwendung vorgesehen ist. Zusätzlich muss sich die militärische Verwendung aus den **Eigenschaften eines speziell zu solchen Zwecken konzipierten, entwickelten oder substanziell veränderten Ausrüstungsgegenstands** ergeben (EuGH vom 7.6.2012, Rs. C-615/10, Rn. 40). Gleiches folge aus dem 10. Erwägungsgrund der RL 2009/81. Darin sei klargestellt, dass für die Zwecke dieser Richtlinie der Begriff „Militärausrüstung" auch Produkte einschließen sollte, die zwar ursprünglich für zivile Zwecke konzipiert wurden, später aber für militärische Zwecke angepasst werden, um als Waffen, Munition oder Kriegsmaterial eingesetzt zu werden. Insgesamt stellt der EuGH damit auf die objektive Beschaffenheit und den objektiven Verwendungszweck eines Gegenstands ab (*Hölzl*, Praxisanmerkung zu EuGH vom 7.6.2012, Rs. C-615/10, NZBau 2012, 509, 512). 81

Wie der EuGH in der o.g. Entscheidung konsequent herausgearbeitet hat, war diese **objektive Betrachtungsweise** schon in der Kriegswaffenliste von 1958 angelegt. Diese Betrachtungsweise dürfte bei Großgerät wie Panzern und Kriegsschiffen kaum Auswirkungen haben, anders beispielsweise in folgenden Fällen: 82

– **Ersatzteile und Baugruppen:** Nach Ziffer 14 der Kriegswaffenliste fallen Teile und Einzelteile des in dieser Liste aufgeführten Materials nur dann in den Anwendungsbereich der Liste, soweit sie einen militärischen Charakter haben. Will man sich auf diesen Ausnahmetatbestand berufen, müsste dargelegt werden, worin beispielsweise der **militärische Charakter** eines Motors, Getriebes oder einer elektronischen Schaltanlage besteht.

– **Werkzeuge und Sonderwerkzeuge:** Maschinen, Ausrüstungen und Werkzeuge müssten nach Ziffer 15 der Kriegswaffenliste ausschließlich für die Entwicklung, Herstellung, Prüfung und Kontrolle von hartem Kriegsgerät speziell hergestellt worden sein. Damit scheidet eine parallele zivile Verwendung aus. Gerade im Bereich der Werkzeuge und Sonderwerkzeuge verengt sich durch diese Sichtweise der Anwendungsbereich erheblich. Die Herstellung für diesen besonderen militärischen Zweck müsste ebenfalls in dem Vergabevermerk dokumentiert werden.

– **Dual-Use-Güter:** Können die zu beschaffenden Gegenstände im Wesentlichen bauartgleich sowohl zivil als auch militärisch genutzt werden, **fehlt** ihnen die **objektiv militärische Zweckbestimmung**; sie unterfallen dem **EU-Vergaberecht**. Erst, wenn sie durch eine substanzielle, konzeptionelle oder bauartbedingte Abweichung für militärische Zwecke abgeändert werden, können sie in den Anwendungsbereich der Kriegswaffenliste fallen. Wenn man berücksichtigt, dass in militärischem Gerät oftmals zur Kostensenkung zivil entwickelte Baugruppen (Getriebe, Motoren etc.) verbaut werden, schränkt diese objektive Betrachtungsweise die Berufung auf Art. 346 Abs. 1 Buchst. b AEUV und damit auch letztlich auf Abs. 6 Nr. 2 erheblich ein.

83 Wie bei Abs. 6 Nr. 1 ist auch dem Ausnahmetatbestand nach Abs. 6 Nr. 2 eine **Verhältnismäßigkeitsprüfung** durchzuführen (vgl. Rn. 72). Dementsprechend schränkt die EU-Kommission (Grünbuch „Beschaffung von Verteidigungsgütern" vom 3.9.2004, KOM(2004)608 endg.) die Berufung auf den Ausnahmetatbestand unter Bezugnahme auf die Rechtsprechung des EuGH weiterhin wie folgt ein:

– „Ihre Inanspruchnahme stellt keinen allgemeinen und automatischen Vorbehalt dar, sondern muss fallweise begründet werden. Die Länder haben somit die Möglichkeit, Informationen, die ihre Sicherheit infrage stellen würden, geheim zu halten und die Option, eine Ausnahme von den Binnenmarktvorschriften im Bereich des Rüstungshandels geltend zu machen. Darüber hinaus sind sie verpflichtet, jeden Vertrag dahingehend zu prüfen, ob er von der Ausnahmeregelung betroffen ist oder nicht.

– Die Inanspruchnahme nationaler Ausnahmeregelungen ist nur dann gerechtfertigt, wenn diese notwendig sind, um das Ziel, nämlich den Schutz von geltend gemachten wesentlichen Sicherheitsinteressen, zu erreichen.

– Die Beweislast obliegt dem Mitgliedstaat, der sich auf die Ausnahmeregelung beruft.

– Dieser Beweis ist, wenn notwendig, vor den nationalen Gerichten oder gegebenenfalls vor dem Gerichtshof zu erbringen, der von der Kommission in ihrer Funktion als Hüterin der Verträge angerufen werden kann."

H. Beispielsfälle für wesentliche Sicherheitsinteressen (Abs. 7)

84 Weder Art. 346 AEUV noch Abs. 6 und 7 enthalten eine Definition, was unter dem Begriff „wesentliche Sicherheitsinteressen" eines Staates zu verstehen ist. Allgemein unterstreicht die Verwendung des präzisierenden Begriffs **„wesentlich"** den **Ausnahmecharakter** der Vorschrift und begrenzt zunächst die Anwendung auf besonders **gravierende Fälle** (*Willenbruch*, in: Willenbruch/Wieddekind, Vergaberecht, S. 132 Rn. 20), die für den **Verteidigungs- und Sicherheitsbereich** von **höchster Bedeutung** (Auslegung der Kommission zu Art. 296 EG-Vertrag, KOM(2006)0779 endg., Teil 4, S. 7) sind.

85 Als relevante Sicherheitsinteressen kommen zunächst sowohl die der **äußeren als auch der inneren Sicherheit** in Betracht (*Hölzl*, Münchener Kommentar zum Europäischen und Deutschen Wettbewerbsrecht, Bd. 3, 2011, § 100 GWB Rn. 17 m.w.N.). Hierzu zählen z.B. die militärische Einsatzbereitschaft und Durchhaltefähigkeit, der Schutz der sicherheitssensiblen Infrastruktur des Staates, der Schutz und die Arbeitsfähigkeit der Sicherheitsbehörden und der Verfassungsorgane.

86 **Industrielle und wirtschaftliche Interessen** können für sich allein betrachtet die Inanspruchnahme der Ausnahmeregelung des Art. 346 Abs. 1 Buchst. b AEUV nicht rechtfertigen. Dies gilt auch dann, wenn sie mit der Erzeugung von Waffen, Munition oder Kriegsmaterial in Zusammenhang stehen. Indirekte, nichtmilitärische Kompensationsgeschäfte fallen ebenfalls nicht unter Art. 346 AEUV. Dies ist auch dann der Fall, wenn sie im Zusammenhang mit einem Beschaffungsauftrag getätigt werden, der selbst auf Grundlage des Art. 346 AEUV von den Gemeinschaftsregeln ausgenommen ist (Auslegung der Kommission zu Art. 296 EG-Vertrag, KOM(2006)0779 endg., Teil 4, S. 7). Zu solchen Kompensationsgeschäften zählen z.B. die sog. **Offsets**. Hierunter versteht man Gegenleistungen, die viele Regierungen von ausländischen Anbietern von Verteidigungsgütern als Bedingung für den Kauf militärischer Ausrüstung verlangen. Diese Gegenleistungen können ein weites Feld von Aktivitäten erfassen: Direkte Offsets sind unmittelbar mit dem Auftragsgegenstand der Beschaffungsmaßnahme verbunden, indirekte sind es nicht. Offsets können militärischer oder ziviler Natur sein und lediglich allgemeinen wirtschaftlichen Interessen dienen.

87 Abs. 7 zählt

– den Betrieb oder Einsatz der **Streitkräfte**,

– die Umsetzung von Maßnahmen zur **Terrorismusbekämpfung** oder

– die Beschaffung von **Informationstechnik** und **Telekommunikationsanlagen** als mögliche Auftragsgegenstände auf, in denen die wesentlichen Sicherheitsinteressen betroffen sein können. Die Aufzählung ist **nicht abschließend** und soll der Begriffskonkretisierung dienen.

Der Begriff **„Einsatz der Streitkräfte"** erfasst ein weites Spektrum möglicher Beschaffungsgegenstände. Denkbar sind u.a. Transportleistungen, Neubeschaffungen von Fahrzeugen, Zusatzausstattungen (Klimaanlagen, verstärkter Minenschutz etc.), Aufklärungsmittel, Gerätschaften für die Unterbringung in Feldlagern sowie Waffen und Munition. Oftmals wird es dabei um Kriegsgerät i.S.d. Kriegswaffenliste handeln.

Die Maßnahmen zur **Terrorismusbekämpfung** sind inhaltlich schwer zu fassen. Mögliche Auftragsgegenstände reichen u.a. von der Beschaffung spezieller Aufklärungsmittel über Software bis hin zu Beratungsdienstleistungen.

Bei der Prüfung, ob im Hinblick auf **Informationstechnik oder Telekommunikationsanlagen** sowie bei **IT-Produkten** oder -Dienstleistungen ein Ausnahmetatbestand vorliegt, soll nach der Gesetzesbegründung der „BSI-Leitfaden für die Beschaffung von IT-Sicherheitsprodukten" als Hilfestellung herangezogen werden (BT-Drucks. 16/10117 vom 13.8.2008, S. 19).

Eine ähnliche Aufzählung wie Abs. 7 enthält Erwägungsgrund 27 der RL 2009/81/EG. Demnach können praktische Anwendungsfälle insbesondere im Bereich der Beschaffungen für Nachrichtendienste oder für nachrichtendienstliche Zwecke liegen. Ebenso kann dies bei besonders sensiblen Beschaffungen sein, die ein besonders hohes Maß an Vertraulichkeit erfordern, z.B. im Bereich des Grenzschutzes, der Terrorismusbekämpfung, der Bekämpfung der organisierten Kriminalität, der Verschlüsselungstechnik oder im Bereich der verdeckten Tätigkeit von Polizei und Sicherheitsbehörden.

Prüfungsreihenfolge: Bei der Entscheidung, ob ein Ausnahmefall des Abs. 6 vorliegt, kann die Beantwortung der folgenden Checkliste (Auslegung der Kommission zu Art. 296 EG-Vertrag, KOM(2006)0779 endg., Teil 5, S. 8 f.) helfen, die im Hinblick auf den konkreten Beschaffungsvorgang bearbeitet werden muss:
– Welches wesentliche Sicherheitsinteresse i.S.d. Art. 346 AEUV ist betroffen?
– Worin besteht der Zusammenhang zwischen diesem Sicherheitsinteresse und der speziellen Beschaffungsentscheidung?
– Warum ist die Nichtanwendung der Vergaberichtlinie in diesem speziellen Fall für den Schutz dieses wesentlichen Sicherheitsinteresses notwendig?

I. Verteidigungs- oder sicherheitsrelevante Aufträge i.S.v. § 99 Abs. 7 GWB (Abs. 8)

I. EU-rechtlicher Hintergrund

Abs. 8 fasst Ausnahmevorschriften zusammen, die sich gleichlautend aus den bisherigen Vergabekoordinierungsrichtlinien 2004/18/EG und 2004/17 EG ergeben, aber in der RL 2009/81/EG (Verteidigungsvergaberichtlinie) in dieser Form nicht vorkommen. Daher wird im Einleitungssatz geregelt, dass die hier aufgelisteten Ausnahmen nicht für die Vergabe verteidigungs- oder sicherheitsrelevanter Aufträge i.S.d. § 99 Abs. 7 GWB gelten (BT-Drucks. 17/7275, S. 15). Die Ausnahmetatbestände waren bislang schon in Abs. 2 a.F. enthalten.

II. Geheimschutz (Abs. 8 Nr. 1)

Abs. 8 Nr. 1 erfasst Aufträge, die „in Übereinstimmung mit den inländischen Rechts- und Verwaltungsvorschriften **für geheim erklärt** werden". Er entspricht der Regelung in Art. 14 der Vergabekoordinierungsrichtlinie. Abs. 8 Nr. 1 übernimmt die frühere Vorschrift des Abs. 2 Buchst. d aa a.F.

Auch wenn der Richtlinientext und der GWB-Text von für „geheim" erklärten Aufträgen ausgehen, ist nicht notwendig, dass der Auftrag selbst geheim ist. Vielmehr kann das Vorhaben als solches durchaus öffentlich bekannt sein, wohingegen die **konkrete Ausführung als geheim behandelt** wird (OLG Düsseldorf vom 30.3.2005, VII-Verg 101/04 – „Neubau BND"). Entscheidend ist, dass zentrale Bestandteile des Auftrags **formell für geheim** erklärt wurden und **materiell (inhaltlich) einer Geheimhaltung bedürfen**.

96 Dementsprechend ist eine mehrstufige Prüfung (s. hierzu Ziekow, VergabeR 2007, 711, 714) durchzuführen:
- Prüfungsschritt 1: Vorliegen einer Geheimerklärung
- Prüfungsschritt 2: Übereinstimmung der Geheimerklärung mit den einschlägigen Rechts- und Verwaltungsvorschriften
  - Formelle Einhaltung der Zuständigkeiten und Verfahren
  - Materielle Geheimhaltungsbedürftigkeit

97 Für das Vorliegen einer Geheimerklärung des Auftrags kommt es nicht darauf an, dass der gesamte Auftrag genannt wird. Vielmehr ist es ausreichend, dass der Auftraggeber die einzelnen für geheim erklärten Dokumente bzw. Vorgänge auflistet, auf die es seiner Meinung nach bei Ausführung dieses Auftrags zentral ankommt (VK Bund vom 14.7.2005, VK 3-55/05 – „BOS"). Sind nur einzelne Auftragsbestandteile für geheim erklärt worden, ist zu prüfen, ob eine **Trennung der geheimen Auftragsbestandteile von den übrigen Auftragsteilen möglich** ist, um so wenigstens einen Teilauftrag dem Wettbewerb zuzuführen (s. VK Brandenburg vom 22.3.2004, VK 6/04). Die Vergabestelle ist jedoch zu einer losweisen Vergabe, auch wenn diese technisch möglich wäre, dann nicht verpflichtet, wenn dem ernsthafte technische oder wirtschaftliche Gründe entgegenstehen (VK Bund vom 18.11.2003, VK 2110/03).

98 Was die formelle Seite, insbesondere die Art und Weise ihres Zustandekommens anbelangt, bilden das Gesetz über die Voraussetzungen und das Verfahren von Sicherheitsüberprüfungen des Bundes (**Sicherheitsüberprüfungsgesetz** – SÜG) und die darauf basierende Allgemeine Verwaltungsvorschrift zum materiellen und organisatorischen Schutz von Verschlusssachen (VS-Anweisung – VSA) die entsprechende Grundlage. Beide Normenkomplexe sehen kein bestimmtes Verfahren vor, in welchem die Geheimerklärung zu erfolgen hat. Es wird lediglich geregelt, dass die Einstufung von einer „amtlichen Stelle" oder auf deren Veranlassung erfolgen muss (§ 4 Abs. 1 SÜG, § 5 Abs. 1 VSA).

99 Nach § 4 Abs. 1 Satz 1 SÜG handelt es sich bei **Verschlusssachen** um im öffentlichen Interesse geheimhaltungsbedürftige Tatsachen, Gegenstände oder Erkenntnisse, unabhängig von ihrer Darstellungsform. Sie können für „geheim" erklärt werden, wenn die Kenntnisnahme durch Unbefugte die Sicherheit der Bundesrepublik Deutschland oder ihrer Länder gefährden oder ihren Interessen schweren Schaden zufügen kann. Die gesetzlichen Vorgaben weisen unbestimmte Rechtsbegriffe auf. Deren Anwendung auf einen Lebenssachverhalt setzt somit eine zukunftsgerichtete Risikobewertung voraus, wobei der zuständigen staatlichen Stelle ein Beurteilungsspielraum zusteht. Er kann seitens der Vergabekammer nur daraufhin überprüft werden, ob bei der Entscheidung über die Geheimerklärung die allgemeinen Grenzen des Beurteilungsspielraums überschritten wurden (OLG Düsseldorf vom 30.3.2005, VII-Verg 101/04; VK Bund vom 14.7.2005, VK 3-55/05). Ob dies der Fall ist, ist im Wege einer Gesamtschau der in diesem Zusammenhang relevanten Faktoren zu ermitteln (VK Bund vom 14.7.2005, VK 3-55/05).

100 § 4 Abs. 2 SÜG sieht die Einstufungsgrade „streng geheim", „geheim", „VS-vertraulich" und „VS-nur für den Dienstgebrauch" vor. Ob auch die beiden letztgenannten schwächeren Einstufungsgrade die Berufung auf die Bereichsausnahme „geheim" rechtfertigen, hat die Rechtsprechung – soweit ersichtlich – noch nicht explizit entschieden. Das SÜG geht davon aus, dass auch bei diesen Einstufungsgraden eine Geheimhaltungsbedürftigkeit besteht. Stellt man als Folge dieser Einstufung darauf ab, dass in einem Wettbewerb nicht alle für die Abgabe eines Angebots maßgeblichen Umstände den Bietern mitgeteilt werden können, ließe sich eine Anwendung der Bereichsausnahme rechtfertigen (so Ziekow, VergabeR 2007, 711, 715). Gegen diese Auslegung spricht allerdings, dass die Vergabekoordinierungsrichtlinie von „geheim" erklärten Aufträgen ausgeht. Sollte jedwede Form des Vertraulichkeitsschutzes eine Ausnahme von der Richtliniengeltung rechtferti-

gen, wäre wohl eine schwächere Formulierung gewählt worden. Diese Auslegung stützt auch ein Vergleich mit den anderen Ausnahmetatbeständen: Dabei müssen **"wesentliche"** Sicherheitsinteressen betroffen bzw. **"besondere"** Sicherheitsmaßnahmen erforderlich sein. Ob angesichts der mit der Vergabekoordinierungsrichtlinie bezweckten Öffnung der nationalen Beschaffungsmärkte die bloße Einstufung von Informationen „als für den Dienstgebrauch" die Anwendung des Vergaberechts ausschließt, erscheint daher zweifelhaft. Allerdings geht die Gesetzesbegründung davon aus, dass eine Einstufung als „VS-vertraulich" ausreichend sein kann (BT-Drucks. 17/7275 vom 5.10.2011, S. 15).

Insgesamt dürften die Anwendungsfälle dieser Vorschrift zukünftig nur noch ausgesprochen begrenzt bis nicht mehr vorhanden sein. Zum einen regelt sie nur Fälle, die nicht verteidigungs- oder sicherheitsrelevant i.S.d. § 99 Abs. 7 GWB sind – also auch **kein Verschlusssachenauftrag i.S.d. § 99 Abs. 9 GWB** sein dürfen. Zum anderen ist auch bei diesem Ausnahmetatbestand zu berücksichtigen, dass im Regelfall die Durchführung eines nicht offenen Verfahrens die Möglichkeit eröffnet, den Bieterkreis auf diejenigen Firmen zu begrenzen, die ohnehin der Geheimschutzbetreuung unterliegen. Damit steht im Sinne der **Verhältnismäßigkeit** ein **milderes Mittel** als das Absehen von der Durchführung einer Vergabe nach dem Vergaberecht zur Verfügung.

101

III. Besondere Sicherheitsmaßnahmen (Abs. 8 Nr. 2)

Nach Abs. 8 Nr. 2 findet das Vergaberecht auf öffentliche Aufträge keine Anwendung, wenn „deren Ausführung nach den in Nummer 1 genannten Vorschriften **besondere Sicherheitsmaßnahmen** erfordert". Mit „den in Nummer 1 genannten Vorschriften" sind folglich die dort benannten „inländischen Rechts- und Verwaltungsvorschriften" gemeint. Die Formulierung des Abs. 8 Nr. 2 ist mit der entsprechenden Bestimmung in Art. 14 der Vergabekoordinierungsrichtlinie identisch. Abs. 8 Nr. 2 übernimmt die frühere Vorschrift des Abs. 2 Buchst. d bb a.F.

102

Die Entscheidung, ob die Ausführung eines Auftrags besonderen Sicherheitsanforderungen zu unterwerfen ist, und die Bestimmung der konkret einzuhaltenden Sicherheitsanforderungen obliegen dabei den national zuständigen staatlichen Stellen (EuGH vom 16.10.2003, Rs. C-252/01; VK Bund vom 12.12.2006, VK 1 136/06). Die **Nachprüfung der Vergabekammer** hat sich darauf zu beschränken, ob es sich bei den Vorschriften, die der Ausführung des Auftrags zugrunde liegen, um Sicherheitsvorschriften in diesem Sinne handelt (VK Bund vom 12.12.2006, VK 1 136/06; vgl. OLG Düsseldorf vom 30.3.2005, VII-Verg 101/04).

103

Tatbestandsvoraussetzung ist, dass Rechts- und Verwaltungsvorschriften in der Bundesrepublik Deutschland besondere Sicherheitsmaßnahmen erfordern. Die entsprechenden Bestimmungen müssen **tatsächlich in Kraft getreten** sein. Die Berufung auf den Entwurf einer Rechtsverordnung reicht demnach nicht aus (VK Mecklenburg-Vorpommern vom 11.1.2007, 2 VK 11/06). Ebenso ist nicht ausreichend, dass besondere Sicherheitsmaßnahmen nach den Vorgaben der Vergabestelle zur Anwendung kommen; erforderlich ist vielmehr, dass diese durch Rechts- und Verwaltungsvorschriften in der Bundesrepublik Deutschland vorgegeben werden (VK Bund vom 15.7.2008, VK 3-89/08).

104

Rechts- und Verwaltungsvorschriften, nach denen besondere Sicherheitsmaßnahmen erforderlich sind, sind **sämtliche Bestimmungen, die mittelbar oder unmittelbar dem Schutz staatlicher Sicherheitsinteressen dienen** (*Ziekow*, VergabeR 2007, 711, 716). Hierzu zählt das **Sicherheitsüberprüfungsgesetz** (SÜG) (VK Bund vom 2.2.2006, VK 2-02/06; VK Bund vom 3.2.2006, VK 1-01/06), das dem Schutz staatlicher Geheimhaltungsinteressen bzw. dem Schutz lebenswichtiger Einrichtungen des Staates dient. Bei der Verletzung staatlicher Geheimhaltungsinteressen besteht eine mittelbare Gefahr für Rechtsgüter des Staates, die dann zu einer unmittelbaren Gefahr wird, wenn die zu schützenden Geheimnisse missbräuchlich genutzt werden (VK Bund vom 12.12.2006, VK 1-136/06). Daneben dient das **Luftsicherheitsgesetz** (LuftSiG) dem unmittelbaren Schutz staatlicher Rechtsgüter (vgl. § 1 LuftSiG sowie Gesetzesbegründung hierzu, wonach das LuftSiG den Schutz vor Angriffen auf die zivile Luftfahrt und hier ganz besonders vor terroristischen Angriffen bezweckt). Nach § 7 Abs. 1 Nr. 1 und 2 LuftSiG hat die Luftsicherheitsbehörde die Zuverlässigkeit

105

von Personen zu überprüfen, denen Zugang zu nicht allgemein zugänglichen Bereichen eines Verkehrsflughafens gewährt werden soll (Nr. 1) oder als Versorgungsunternehmen aufgrund seiner Tätigkeit unmittelbaren Einfluss auf die Sicherheit des Luftverkehrs hat (Nr. 2).

106 Zunehmend wird der Anwendungsbereich dieser Vorschrift im Rahmen einer **Verhältnismäßigkeitsprüfung** zurückgedrängt. Ausgangspunkt der Argumentation ist der Grundsatz, wonach Ausnahmetatbestände **immer eng auszulegen** sind. Sie müssen die Ausnahme bleiben und dürfen nicht die Anwendung des Vergaberechts auf null reduzieren. Beispielsweise hat das OLG Koblenz entschieden, dass die Berufung auf den Ausnahmetatbestand nicht dazu führen dürfe, dass ein staatlich beherrschter Flughafenbetreiber zwar theoretisch seinen betriebsbedingten Bedarf in Anwendung des Vergaberechts decken muss, faktisch aber seine gesamte Bautätigkeit und weite Teile des Dienstleistungsbereichs „vergaberechtsfrei" sind, weil im Zusammenhang mit dem Betrieb eines Flughafens immer auch Sicherheitsaspekte eine Rolle spielen (OLG Koblenz vom 15.9.2010, 1 Verg 7/10). Nur eine **objektiv gewichtige Gefährdung** oder Beeinträchtigung der Sicherheitsbelange kann als Rechtfertigung für die Nichtanwendung der Bestimmungen des Vergaberechts angesehen werden (s. auch OLG Düsseldorf vom 10.9.2009, VII-Verg 12/09).

107 Deshalb kann ein Grund, von einem Vergabeverfahren abzusehen, nur dann vorliegen, wenn gerade durch die Anwendung vergaberechtlicher Bestimmungen eine **tatsächliche und hinreichend schwere Gefährdung staatlicher Sicherheitsinteressen droht** (OLG Koblenz vom 15.9.2010, 1 Verg 7/10; OLG Düsseldorf vom 10.9.2009, VII-Verg 12/09; OLG Celle vom 3.12.2009, 13 Verg 14/09). Dies läuft im Ergebnis darauf hinaus, dass sich der Auftraggeber nur dann auf den Ausnahmetatbestand berufen kann, wenn bestimmte Sicherheitsmaßnahmen nur deshalb notwendig werden, weil der Vertragspartner nicht frei gewählt werden darf (OLG Koblenz vom 15.9.2010, 1 Verg 7/10).

108 Liegt objektiv das Erfordernis besonderer Sicherheitsmaßnahmen nach den entsprechenden Bestimmungen vor, ist der 4. Teil des GWB selbst dann nicht anwendbar, wenn sich der Auftraggeber willentlich für dessen Anwendbarkeit entschieden hat (VK Schleswig-Holstein vom 28.11.2006, VK-SH 25/06).

IV. Einsatz der Streitkräfte etc. (Abs. 8 Nr. 3)

109 Nach Abs. 8 Nr. 3 gilt das Vergaberecht nicht für öffentliche Aufträge, bei denen

– ein Einsatz der Streitkräfte oder

– die Umsetzung von Maßnahmen der Terrorismusbekämpfung oder

– wesentliche Sicherheitsinteressen bei der Beschaffung von Informationstechnik oder Telekommunikationsanlagen

die Nichtanwendung des 4. Teil des GWB gebieten (zu den etwaigen Fallgruppen s. Rn. 88 ff.). Diese Regelung wurde mit der GWB-Änderung 1999 aufgenommen und zählt laut Gesetzesbegründung **besondere Beispielsfälle** auf, **um deren besondere Sicherheitsrelevanz zu unterstreichen** (BT-Drucks. 16/10117 vom 13.8.2008, S. 19; ebenso BT-Drucks. 17/7275 vom 5.10.2011, S. 15).

110 Regelungssystematisch benennt Abs. 8 Nr. 3 lediglich Beispielsfälle für die in Abs. 6 allgemein formulierten Fallgruppen für wesentliche Sicherheitsinteressen des Staates (zur Vorgängerregelung des Abs. 2 Buchst. d cc a.F. s. Kulartz/Kus/Portz/*Röwekamp*, GWB-Vergaberecht, § 100 Rn. 33; Müller-Wrede/*Sterner*, GWB-Vergaberecht, § 100 Rn. 21). Der Regelung des Abs. 8 Nr. 3 dürfte jedoch kaum praktische Bedeutung zukommen, da die hier genannten Beispielsfälle bereits von der Aufzählung in Abs. 7 erfasst werden.

111 Die **Gesetzesbegründung** geht davon aus, dass ein eigenständiger Anwendungsbereich verbleibt. Die Ausnahmen des Abs. 8 Nr. 3 würden zukünftig nicht für die Vergabe verteidigungs- und sicherheitsrelevanter Aufträge nach § 99 Abs. 7 GWB gelten. Denn die besonderen Bestimmungen der RL 2009/81/EG für sicherheitsrelevante Beschaffungen trügen gerade der Tatsache Rechnung, dass die hierunter fallenden Aufträge Verschlusssachen beinhalten (vgl. Art. 1 Nr. 7 und 8 der Richtlinie).

Um außerhalb des Anwendungsbereichs der neuen Richtlinie Regelungslücken zu vermeiden, würden die Ausnahmebestimmungen beibehalten. Dies entspreche auch der europäischen Rechtslage, da der mit den Ausnahmevorschriften umgesetzte Art. 14 der RL 2004/18/EG unverändert fortgelte (BT-Drucks. 17/7275 vom 5.10.2011, S. 15).

Die Verwendung des Begriffs „**gebieten**" setzt voraus, dass eine Abwägung zwischen den staatlichen Sicherheitsbelangen und den Interessen der potenziellen Bewerber an der Durchführung eines förmlichen Vergabeverfahrens vorgenommen werden muss (zur Abwägung s. Rn. 72). 112

V. Internationale Abkommen (Abs. 8 Nr. 4)

Gemäß Abs. 8 Nr. 4 findet der 4. Teil des GWB bei Aufträgen keine Anwendung, die auf Grund bestimmter **internationaler Abkommen** vergeben werden. Die Ausnahmebestimmung beruht auf Art. 15 Buchst. a der Vergabekoordinierungsrichtlinie und Art. 22 Buchst. b der Sektorenkoordinierungsrichtlinie und ist inhaltsgleich mit der Vorgängerregelung des Abs. 2 Buchst. b a.F. 113

Voraussetzung ist zunächst, dass die Auftragsvergabe auf Grund eines **zwischen der Bundesrepublik Deutschland und einem oder mehreren Staaten geschlossenen Abkommens** erfolgt. Verträge mit staatlichen Unternehmen genügen diesem Anspruch nicht (Byok/Jaeger/*Hailbronner*, Vergaberecht, § 100 Rn. 29; Reidt/Stickler/Glahs/*Stickler*, Vergaberecht, § 100 Rn. 15). 114

Weiterhin darf der oder die anderen Staaten kein Mitglied des **Europäischen Wirtschaftsraums** (EWR) sein (vgl auch für die verwandte Vorschrift des § 100c Abs. 4 GWB: Guidance Note, Defence- and security-specific Exclusions, Directorate General Internal Market an Services, veröffentlicht unter http://ec.europa.eu/internal_market/publicprocurement/docs/defence/guide-exclusions_en.pdf, S. 2). Vielmehr muss es sich entsprechend dem Richtlinientext um **echte Drittstaaten** handeln (s. hierzu Art. 15 Buchst. a der Vergabekoordinierungsrichtlinie). Der Bezug zu den EWR-Staaten wird teilweise als zu weit kritisiert. Demnach sollen Drittstaaten nur diejenigen Staaten sein, mit denen auf Gemeinschaftsebene noch kein Abkommen im Vergabebereich abgeschlossen wurde. Beispielsweise seien die Vertragsparteien des General Procurement Agreement (GPA) keine Drittsaaten, da im Rahmen der Welthandelsorganisation (WTO) entsprechende Regelungen getroffen wurden (Müller-Wrede/*Aicher*, Kompendium des Vergaberechts, Kap. 8 Rn. 16). 115

Als letzte Voraussetzung müssen die Abkommen selbst **besondere Verfahrensregeln** für die Auftragsvergabe des gemeinsam zu verwirklichenden und zu tragenden Projekts beinhalten. 116

Zweck der Bestimmung ist, dass Drittstaaten im Rahmen von Abkommen mit EU-Mitgliedstaaten nicht gezwungen sein sollen, eine Auftragsvergabe nach dem EU-Vergaberecht zu akzeptieren, wenn ein EU-Mitgliedstaat die Projektdurchführung übernommen hat. Dementsprechend können solche Aufträge in einem dem zwischenstaatlichen Abkommen entsprechenden Verfahren vergeben werden (Müller-Wrede/*Sterner*, GWB-Vergaberecht, § 100 Rn. 14). 117

Die jeweiligen Abkommen müssen entsprechend Art. 15 Buchst. a Hs. 2 der Vergabekoordinierungsrichtlinie der Kommission mitgeteilt werden. Diese kann hierzu den beratenden Ausschuss für öffentliches Auftragswesen anhören. Die Mitteilung hat einzig **informatorischen Charakter**. 118

Praktische Anwendungsfälle sind beispielsweise große Infrastrukturprojekte im Rahmen der Entwicklungshilfe. 119

VI. Truppenstationierungsabkommen (Abs. 8 Nr. 5)

Nach Abs. 8 Nr. 5 findet das Vergaberecht für Aufträge keine Anwendung, die auf Grund eines internationalen Abkommens im Zusammenhang mit der **Stationierung von Truppen** vergeben werden. Die Regelung dient der Umsetzung des Art. 15 Buchst. b der Vergabekoordinierungsrichtlinie sowie des Art. 22 Buchst. b der Sektorenkoordinierungsrichtlinie und ist inhaltsgleich zur früheren Regelung des Abs. 2 Buchst. a a.F. 120

Zweck der Bestimmung ist es, einen möglichen Konflikt zwischen den jeweiligen Verfahrensbestimmungen des internationalen Abkommens und den europäischen Vergaberichtlinien zu vermeiden. Fällt das Vergabeverfahren in den Anwendungsbereich des internationalen Abkommens, finden 121 dessen Beschaffungsregelungen Anwendung (Müller-Wrede/*Aicher*, Kompendium des Vergaberechts, Kap. 8 Rn. 13).

122 Hauptanwendungsfall sind Aufträge, die auf Grundlage der Richtlinien zur Vergabe von Aufträgen für Bauvorhaben des gemeinsam finanzierten **NATO-Sicherheits-Investitionsprogramms** (RiNATO), des **NATO-Truppenstatuts** (BGBl. 1961 II, S. 1190) sowie des Zusatzabkommens zum NATO-Truppenstatut (BGBl. 1961 II, S. 1183, 1218, geändert durch das Abkommen vom 12.10.1971, BGBl. 1971 II, S. 1022) vergeben werden. Entsprechend der Regelung des Art. IX des NATO-Truppenstatuts, ergänzt durch Art. 49 des NATO-Zusatzabkommens, ist danach zu unterscheiden, ob die Beschaffung

– **unmittelbar** durch die Behörden der ausländischen Truppe und des „zivilen Gefolges" oder
– **mittelbar** durch die deutschen Behörden erfolgt.

123 Nur im ersten Fall gilt ein „besonderes Verfahren", womit nur diese Aufträge vom Anwendungsbereich des Vergaberechts ausgenommen sind. Für die mittelbare Durchführung der Baumaßnahme bestimmt Art. 49 Abs. 2 des NATO-Zusatzabkommens: „Baumaßnahmen werden nach Maßgabe der geltenden deutschen Rechts- und Verwaltungsvorschriften und besonderer Verwaltungsabkommen durch die für Bundesbauaufgaben zuständigen deutschen Behörden durchgeführt." Aufgrund des Verweises auf die „geltenden deutschen Rechts- und Verwaltungsvorschriften" sind die deutschen Behörden somit auch an das deutsche Vergaberecht gebunden (VK Bund vom 8.3.2006, VK 1-07/06; VK Bund vom 20.12.2005, VK 2-159/05). Die Auftragsvergabe erfolgt in diesen Fällen durch deutsche Behörden im Namen und für Rechnung der Bundesrepublik Deutschland (ausf. hierzu *Müller*, in: Daub/Eberstein, Kommentar zur VOL/A, § 1 Rn. 44 ff.).

VII. Internationale Organisationen (Abs. 8 Nr. 6)

124 Abs. 8 Nr. 6 nimmt Aufträge vom Anwendungsbereich des Vergaberechts aus, die auf Grund des **besonderen Verfahrens einer internationalen Organisation** vergeben werden. Die Vorschrift beruht auf Art. 15 Buchst. c der Vergabekoordinierungsrichtlinie und Art. 22 Buchst. c der Sektorenkoordinierungsrichtlinie und entspricht der Vorgängerregelung des Abs. 2 Buchst. c a.F.

125 Als internationale Organisationen in diesem Sinne gelten **Organisationen i.S.d. Völkerrechts**, bei denen nur die Staaten selbst und andere internationale Organisationen Mitglieder sein können (etwa die NATO, Europäische Verteidigungsagentur, EuMetSat, EMBL, ESO und die Vereinten Nationen sowie deren Untergliederungen; s. Byok/Jaeger/*Hailbronner*, Vergaberecht, § 100 Rn. 30). Darunter fallen jedoch weder Nichtregierungsorganisationen (NGO) noch die Organisation für Sicherheit und Zusammenarbeit in Europa (OSZE; s. Müller-Wrede/*Aicher*, Kompendium des Vergaberechts, Kap. 8 Rn. 18).

126 **Zweck** des Ausnahmetatbestands ist die Vermeidung eines Konflikts zwischen den Verfahrensbestimmungen auf der Grundlage des internationalen Abkommens und den Bestimmungen des EU-Vergaberechts. Die Ausnahme erfasst die Auftragsvergaben der internationalen Organisationen selbst nicht, da die internationalen Organisationen dem persönlichen Anwendungsbereich der Vergaberichtlinie und den entsprechenden Umsetzungsbestimmungen von vornherein nicht unterliegen. Der schmale Anwendungsbereich erfasst damit nur Aufträge, die für eine in der Bundesrepublik ansässige internationale Organisation erledigt werden. Die Frage, wer hierfür die Kosten trägt (z.B. Bund, Land oder die internationale Organisation), ist dabei unerheblich (Byok/Jaeger/*Hailbronner*, Vergaberecht, § 100 Rn. 15).

127 Wie schon bei den in Nr. 4 und 5 geregelten Ausnahmen muss ein besonderes Verfahren für die Beschaffung der internationalen Organisation bestehen.

§ 100a Besondere Ausnahmen für nicht sektorspezifische und nicht verteidigungs- und sicherheitsrelevante Aufträge

(1) Im Fall des § 100 Absatz 1 Satz 2 Nummer 1 gilt dieser Teil über die in § 100 Absatz 3 bis 6 und 8 genannten Fälle hinaus auch nicht für die in den Absätzen 2 bis 4 genannten Aufträge.

(2) Dieser Teil gilt nicht für die Vergabe von Aufträgen, die Folgendes zum Gegenstand haben:

1. den Kauf, die Entwicklung, die Produktion oder Koproduktion von Programmen, die zur Ausstrahlung durch Rundfunk- oder Fernsehanstalten bestimmt sind, sowie die Ausstrahlung von Sendungen oder
2. finanzielle Dienstleistungen im Zusammenhang mit Ausgabe, Verkauf, Ankauf oder Übertragung von Wertpapieren oder anderen Finanzinstrumenten, insbesondere Geschäfte, die der Geld- oder Kapitalbeschaffung der Auftraggeber dienen, sowie Dienstleistungen der Zentralbanken.

(3) Dieser Teil gilt nicht für die Vergabe von Dienstleistungsaufträgen an eine Person, die ihrerseits Auftraggeber nach § 98 Nummer 1, 2 oder 3 ist und ein auf Gesetz oder Verordnung beruhendes ausschließliches Recht hat, die Leistung zu erbringen.

(4) Dieser Teil gilt nicht für Aufträge, die hauptsächlich den Zweck haben, dem Auftraggeber die Bereitstellung oder den Betrieb öffentlicher Telekommunikationsnetze oder die Bereitstellung eines oder mehrerer Telekommunikationsdienste für die Öffentlichkeit zu ermöglichen.

Übersicht

A. Allgemeines 1	II. Finanzdienstleistungen (Abs. 2 Nr. 2) 9–12
B. Anwendungsbereich (Abs. 1) 2	D. Aufträge an öffentliche Auftraggeber mit Monopol zur Leistungserbringung (Abs. 3) 13–19
C. Rundfunkprogramme und Finanzdienstleistungen (Abs. 2) 3–12	E. Telekommunikationsdienstleistungen (Abs. 4) 20–23
I. Rundfunkprogramme (Abs. 2 Nr. 1) 4–8	

A. Allgemeines

§ 100a wurde durch das Gesetz zur Änderung des Vergaberechts für die Bereiche Verteidigung und Sicherheit vom 7.12.2011 (BGBl. I S. 2570) mit Wirkung zum 14.12.2011 neu in das GWB eingefügt. Gleichzeitig wurden im Zusammenhang mit den erforderlichen Änderungen zum Anwendungsbereich des 4. Teils des GWB die Ausnahmetatbestände des § 100 Abs. 2 GWB a.F. neu strukturiert und in einzelne Paragrafen aufgeteilt. Die Ausnahmen finden sich nunmehr in § 100 Abs. 3 bis 6 und 8 GWB sowie (neu) in den §§ 100a bis 100c GWB (vgl. § 100 Abs. 2 GWB). Durch die neue Trennung insbesondere nach Ausnahmen in den §§ 100a, 100b und 100c GWB wird nach Auffassung des Gesetzgebers deutlich, welche Ausnahmetatbestände für die jeweilige Auftragsvergabe (klassische Aufträge, Sektorentätigkeit, Aufträge in den Bereichen Verteidigung und Sicherheit) einschlägig sind (BT-Drucks. 17/7275 vom 5.10.2011, S. 12, 15). § 100a setzt die Richtlinie 2004/18/EG um.

1

B. Anwendungsbereich (Abs. 1)

Nach Abs. 1 bezieht sich der Anwendungsbereich der in § 100a insgesamt geregelten Ausnahmetatbestände auf nicht sektorspezifische und nicht verteidigungs- oder sicherheitsrelevante Aufträge und richtet sich somit allein an **klassische Auftraggeber**. Regelungstechnisch wird dies in Abs. 1 durch eine Bezugnahme auf § 100 Abs. 1 Satz 2 Nr. 1 GWB umgesetzt.

2

C. Rundfunkprogramme und Finanzdienstleistungen (Abs. 2)

3 Nach Abs. 2 gilt der 4. Teil des GWB nicht für die Vergabe von öffentlichen Aufträgen durch klassische öffentliche Auftraggeber, die Rundfunk- und Fernsehprogramme i.S.v. Abs. 2 Nr. 1 und Finanzdienstleistungen i.S.v. Abs. 2 Nr. 2 betreffen.

I. Rundfunkprogramme (Abs. 2 Nr. 1)

4 Abs. 2 Nr. 1 enthält die Ausnahmevorschrift zu **Rundfunk- und Fernsehprogrammen**, die sich früher in § 100 Abs. 2 Buchst. j GWB a.F. befand. Sie gilt weder für die Vergabe von Sektorentätigkeiten noch für verteidigungs- und sicherheitsrelevante Aufträge und wurde daher entsprechend der gesetzgeberischen Intention (s. Rn. 1) im Zuge der Neustrukturierung der Ausnahmevorschriften der §§ 100 bis 100c GWB an dieser Stelle eingefügt.

5 Die Bestimmung stellt Verträge, die den Kauf, die Entwicklung, die Produktion oder Koproduktion von Programmen zum Gegenstand haben und die zur Ausstrahlung durch Rundfunk- oder Fernsehanstalten bestimmt sind, von der Anwendung des Vergaberechts frei. Dasselbe gilt für die Verträge über die Ausstrahlung von Rundfunk- und Fernsehsendungen.

6 Der Ausnahmetatbestand wird in Erwägungsgrund 25 der Vergabekoordinierungsrichtlinie damit gerechtfertigt, dass bei der Vergabe öffentlicher Aufträge über bestimmte audiovisuelle Dienstleistungen im Fernseh- und Rundfunkbereich **besondere kulturelle und gesellschaftspolitische Erwägungen** berücksichtigt werden können, die die Anwendung von Vergabevorschriften unangemessen erscheinen lassen. Letztlich spiegelt diese Vorschrift denselben Zweck wider, den auch das Grundgesetz zum Ausdruck bringt, nämlich den der Gewährleistung der völlig unabhängigen und unparteilichen Erfüllung der öffentlichen Aufgabe der Rundfunkanstalten (EuGH vom 13.12.2007, Rs. C-337/06 – „Öffentliche Rundfunkanstalten" Rn. 63). Die Reichweite der Ausnahme erstreckt sich damit auf den **sendungsrelevanten Bereich** und damit auf den von Art. 5 GG geschützten Geltungsbereich (Byok/Jaeger/*Hailbronner*, Vergaberecht, § 100 Rn. 29).

7 Ausgehend von diesem inhaltsbezogenen Ansatz ist auch der Begriff „**Produktion oder Koproduktion**" weit zu verstehen. Er umfasst beispielsweise auch Aufträge zur Erstellung der Drehbücher oder die Entwicklung von Sendungsformaten. Unter dem Begriff „**Sendung**" wird die Übertragung und Verbreitung durch jegliches elektronisches Netzwerk verstanden (Erwägungsgrund 25 der Vergabekoordinierungsrichtlinie). Damit werden nicht nur die klassischen Sendemethoden erfasst, sondern auch das Bereitstellen von Sendungen über das Internet.

8 Diese inhaltsbezogenen Aufträge sind jedoch scharf von denjenigen Aufträgen **abzugrenzen**, die in **keinem inhaltlichen Zusammenhang** mit der öffentlichen Aufgabe der öffentlich-rechtlichen Rundfunkanstalten stehen. Deshalb wird in Art. 25 der Vergabekoordinierungsrichtlinie ausdrücklich darauf verwiesen, dass die Ausnahme nicht für die Bereitstellung des für die Produktion, die Koproduktion und die Ausstrahlung dieser Programme erforderlichen technischen Materials gelten solle. Ebenso unterfallen auch Aufträge zur Errichtung von Bauten (VK Bremen vom 1.2.2006, VK 1/06) und Aufträge im Zusammenhang mit der Vermarktung von Werbeträgern voll dem Vergaberecht.

II. Finanzdienstleistungen (Abs. 2 Nr. 2)

9 Nach Abs. 2 Nr. 2 werden finanzielle Dienstleistungen im Zusammenhang mit Ausgabe, Verkauf, Ankauf oder Übertragung von Wertpapieren oder anderen Finanzinstrumenten, insbesondere Geschäfte, die der Geld- oder Kapitalbeschaffung der Auftraggeber dienen, sowie Dienstleistungen der Zentralbanken von der Anwendung des Vergaberechts ausgenommen. Die Vorschrift stimmt wörtlich mit der Vorgängerregelung des § 100 Abs. 2 Buchst. m GWB a.F. überein.

10 Begründet wird der Ausnahmetatbestand mit dem **besonderen Vertrauenstatbestand** zwischen den Beteiligten eines Finanzdienstleistungsgeschäfts sowie mit den Problemen der ständigen Änderung der Verhältnisse an den Kapitalmärkten. Gerade die sich oftmals kurzfristig ändernden Zinssätze stünden im Widerspruch zum Zeitaufwand, der mit der Durchführung eines Vergabeverfah-

rens verbunden ist. Nicht ausschreibungspflichtig sind demnach Finanzdienstleistungen, die wegen ihrer Kapitalmarktbezogenheit kraft Natur der Sache nicht in das Fristensystem des Vergaberechts passen (VK Baden-Württemberg vom 30.11.2001, 1 VK 40/01; *Bechtold*, § 100 GWB Rn. 17). Der in der Ausnahmeregelung zum Ausdruck kommende Vorbehalt umfasst neben den Transaktionsgeschäften mit Wertpapieren und anderen Finanzinstrumenten alle vorbereitenden und begleitenden Dienstleistungen, die mit dem Finanzierungsgeschäft in einem solchen Zusammenhang stehen, dass sie die Durchführung des Geschäfts selbst beeinflussen können (VK Baden-Württemberg vom 30.11.2001, 1 VK 40/01).

Zu den **Zusammenhangsgeschäften** zählen Vermittlungs- und Depotgeschäfte, das Portfoliomanagement und Derivatgeschäfte (Müller-Wrede/*Aicher*, Kompendium des Vergaberechts, Kap. 8 Rn. 25). 11

Die Formulierung „**Geld- oder Kapitalbeschaffung**" stellt klar, dass die **Kreditaufnahme** der öffentlichen Hand nicht unter das Regime des Vergaberechts fällt. 12

D. Aufträge an öffentliche Auftraggeber mit Monopol zur Leistungserbringung (Abs. 3)

Die Regelung des Abs. 3 wurde aus dem früheren § 100 Abs. 2 Buchst. g GWB a.F. wortgleich übernommen. Sie folgt aus Art. 18 der Vergabekoordinierungsrichtlinie. 13

Nach Abs. 3 unterfallen öffentliche Aufträge nicht dem Vergaberecht, die an Auftragnehmer vergeben werden, die 14

– selbst öffentliche Auftraggeber nach § 98 Nr. 1, 2 oder 3 GWB (s. jeweils dort) sind und

– ein auf Gesetz oder Verordnung beruhendes ausschließliches Recht zur Erbringung der Leistung haben.

Der Ausnahmetatbestand setzt somit auf Seiten des Auftragnehmers ein **Monopol zur Leistungserbringung** voraus. In diesem Fall wäre eine Ausschreibungen sinnlos, da ohnehin nur der Monopolist den Zuschlag erhalten kann. In richtlinienkonformer Auslegung ergeben sich hieraus zwei Einschränkungen, die in dem deutschen Gesetzestext nicht explizit enthalten sind: 15

Zum einen müssen die entsprechenden Rechts- oder Verwaltungsvorschriften, die die Rechtsübertragung regeln, mit dem **Europarecht vereinbar** sein (so auch EuGH vom 10.11.1998, Rs. C-360/96 – „Gemeente Arnhem" Rn. 45). In der Praxis dürften hier vor allem mögliche Kollisionen mit dem Beihilferecht und dem Wettbewerbsrecht relevant sein. Kernfrage wird u.a. sein, ob die Einräumung des Monopols sachlich gerechtfertigt ist oder ob Privatunternehmen die entsprechenden Aufgaben ebenfalls erledigen könnten. 16

Zum anderen gilt der Ausnahmetatbestand wegen des insoweit eindeutigen Wortlauts des Art. 18 der Vergabekoordinierungsrichtlinie **ausschließlich** für **Dienstleistungsaufträge**. Art. 18 lautet: „Diese Richtlinie gilt nicht für öffentliche Dienstleistungsaufträge, die von einem öffentlichen Auftraggeber an einen anderen öffentlichen Auftraggeber oder an einen Verband von öffentlichen Auftraggebern aufgrund eines ausschließlichen Rechts vergeben werden, das dieser aufgrund veröffentlichter, mit dem Vertrag übereinstimmender Rechts- und Verwaltungsvorschriften innehat." Der deutsche Gesetzestext enthält zwar keine Beschränkung auf Dienstleistungsaufträge. Der nationale Gesetzgeber darf den Ausnahmekatalog der Richtlinie jedoch nicht erweitern. Die deutsche Vorschrift ist somit richtlinienkonform dahingehend auszulegen, dass der Ausnahmetatbestand sachlich nur bei Dienstleistungsaufträgen gilt (Byok/Jaeger/*Hailbronner*, Vergaberecht, § 100 Rn. 45). Die Ausnahme ist somit bei der Vergabe von **Bauleistungen** oder **Warenlieferungen nicht** anwendbar. 17

Der Gesetzestext bestimmt, dass das ausschließliche Recht zur Leistungserbringung auf einem **Gesetz oder einer Verordnung beruhen** muss. Die Begründung durch einen Rechtsakt anderer Art (z.B. kommunale Satzung, Verwaltungsvorschrift, Verwaltungsakt, Vertrag, öffentlich-rechtliche Vereinbarung oder ordnungsbehördliche Verordnung) genügt diesem Erfordernis nicht (Müller- 18

Wrede/*Aicher*, Kompendium des Vergaberechts, Kap. 8 Rn. 25; für die ordnungsbehördliche Verordnung: OLG Düsseldorf vom 9.4.2003, Verg 66/02; für die öffentlich-rechtliche Vereinbarung: OLG Düsseldorf vom 5.5.2004, VII-Verg 78/03). Hier ist die nationale Umsetzung strenger als der Richtlinientext, wonach jedwede mit dem Europarecht vereinbare Verwaltungsvorschrift ausreichen würde. Die vom deutschen Gesetzgeber bewusst aufgebaute höhere Hürde dient der Rechtssicherheit (*Marx*, in: Beck'scher VOB- und Vergaberechts-Kommentar, § 100 GWB Rn. 21). Ein solches „Recht" beispielsweise auf Abfallüberlassung hat jemand, dem gegenüber ein anderer gemäß § 13 Abs. 1 Satz 2 Krw-/AbfG verpflichtet ist, den Abfall zu überlassen (KG Berlin vom 29.2.2012, Verg 8/11).

19   Eine weitere Einschränkung ergibt sich daraus, dass das Ausschließlichkeitsrecht dem Leistungserbringer schon vor der Auftragserteilung zugestanden haben muss (OLG Düsseldorf vom 5.5.2004, VII-Verg 78/03).

E. Telekommunikationsdienstleistungen (Abs. 4)

20   Nach Abs. 4 gilt der 4. Teil des GWB nicht für Aufträge, die hauptsächlich den Zweck haben, dem Auftraggeber die Bereitstellung oder den Betrieb öffentlicher Telekommunikationsnetze oder die Bereitstellung eines oder mehrerer Telekommunikationsdienste für die Öffentlichkeit zu ermöglichen.

21   Die Ausnahmevorschrift des Abs. 4 befand sich früher in § 100 Abs. 2 Buchst. k GWB a.F. Mit ihr hat der Gesetzgeber Art. 13 der Vergabekoordinierungsrichtlinie umgesetzt.

22   Für die Bestimmung, was unter einem **„Telekommunikationsdienst für die Öffentlichkeit"** zu verstehen ist, ist Art. 13 i.V.m. Art. 1 Abs. 15 Buchst. c und d der Vergabekoordinierungsrichtlinie heranzuziehen, deren Umsetzung § 100 Abs. 2 Buchst. k GWB a.F. dient. Art. 1 Abs. 15 Buchst. c und d der Vergabekoordinierungsrichtlinie übernimmt dabei die Definitionen aus der früheren Sektorenrichtlinie (Art. 1 Nr. 15 der RL 93/38/EWG). Danach sind Telekommunikationsdienste „Dienste, die ganz oder teilweise in der Übertragung und Weiterleitung von Signalen aus dem Telekommunikationsnetz durch Telekommunikationsverfahren bestehen, mit Ausnahme von Rundfunk und Fernsehen (VK Bund vom 2.9.2011, VK 1-108/11).

23   In den engen Anwendungsbereich des Ausnahmetatbestands fällt beispielsweise die Beschaffung von Sendekapazitäten, mit denen der öffentliche Auftraggeber Telekommunikationsdienste für die Öffentlichkeit bereitstellt (Kulartz/Kus/Portz/*Röwekamp*, GWB-Vergaberecht, § 100 Rn. 57). Die Formulierung **„hauptsächlich den Zweck haben"** bedeutet zum einen, dass sich der Auftragsgegenstand unmittelbar auf die Bereitstellung der Netze etc. beziehen muss. Entferntere Hilfsgeschäfte fallen nicht darunter. Außerdem muss die Beschaffung weit überwiegend diesem Zweck dienen. Bei Mischzwecken reicht ein untergeordneter Mitnutzen für die Bereitstellung der Telekommunikationsdienste für die Öffentlichkeit nicht aus.

§ 100b Besondere Ausnahmen im Sektorenbereich

(1) Im Fall des § 100 Absatz 1 Satz 2 Nummer 2 gilt dieser Teil über die in § 100 Absatz 3 bis 6 und 8 genannten Fälle hinaus auch nicht für die in den Absätzen 2 bis 9 genannten Aufträge.

(2) Dieser Teil gilt nicht für die Vergabe von Aufträgen, die Folgendes zum Gegenstand haben:

1. finanzielle Dienstleistungen im Zusammenhang mit Ausgabe, Verkauf, Ankauf oder Übertragung von Wertpapieren oder anderen Finanzinstrumenten, insbesondere Geschäfte, die der Geld- oder Kapitalbeschaffung der Auftraggeber dienen, sowie Dienstleistungen der Zentralbanken,
2. bei Tätigkeiten auf dem Gebiet der Trinkwasserversorgung die Beschaffung von Wasser oder
3. bei Tätigkeiten auf dem Gebiet der Energieversorgung die Beschaffung von Energie oder von Brennstoffen zur Energieerzeugung.

(3) Dieser Teil gilt nicht für die Vergabe von Dienstleistungsaufträgen an eine Person, die ihrerseits Auftraggeber nach § 98 Nummer 1, 2 oder 3 ist und ein auf Gesetz oder Verordnung beruhendes ausschließliches Recht hat, die Leistung zu erbringen.

(4) Dieser Teil gilt nicht für die Vergabe von Aufträgen, die

1. von Auftraggebern nach § 98 Nummer 4 vergeben werden, soweit sie anderen Zwecken dienen als der Sektorentätigkeit,
2. zur Durchführung von Tätigkeiten auf dem Gebiet der Trinkwasser- oder Energieversorgung oder des Verkehrs außerhalb des Gebiets der Europäischen Union vergeben werden, wenn sie nicht mit der tatsächlichen Nutzung eines Netzes oder einer Anlage innerhalb dieses Gebietes verbunden sind,
3. zum Zweck der Weiterveräußerung oder Vermietung an Dritte vergeben werden, wenn
   a) dem Auftraggeber kein besonderes oder ausschließliches Recht zum Verkauf oder zur Vermietung des Auftragsgegenstandes zusteht und
   b) andere Unternehmen die Möglichkeit haben, diese Waren unter gleichen Bedingungen wie der betreffende Auftraggeber zu verkaufen oder zu vermieten, oder
4. der Ausübung einer Tätigkeit auf dem Gebiet der Trinkwasser- oder Energieversorgung oder des Verkehrs dienen, soweit die Europäische Kommission nach Artikel 30 der Richtlinie 2004/17/EG des Europäischen Parlaments und des Rates vom 31. März 2004 zur Koordinierung der Zuschlagserteilung durch Auftraggeber im Bereich der Wasser-, Energie- und Verkehrsversorgung sowie der Postdienste (ABl. L 7 vom 7.1.2005, S. 7) festgestellt hat, dass diese Tätigkeit in Deutschland auf Märkten mit freiem Zugang unmittelbar dem Wettbewerb ausgesetzt ist und dies durch das Bundesministerium für Wirtschaft und Technologie im Bundesanzeiger bekannt gemacht worden ist.

(5) Dieser Teil gilt nicht für die Vergabe von Baukonzessionen zum Zweck der Durchführung von Tätigkeiten auf dem Gebiet der Trinkwasser- oder Energieversorgung oder des Verkehrs.

(6) Dieser Teil gilt vorbehaltlich des Absatzes 7 nicht für die Vergabe von Aufträgen,

1. die an ein Unternehmen, das mit dem Auftraggeber verbunden ist, vergeben werden oder
2. die von einem gemeinsamen Unternehmen, das mehrere Auftraggeber, die auf dem Gebiet der Trinkwasser- oder Energieversorgung oder des Verkehrs tätig sind, ausschließlich zur Durchführung dieser Tätigkeiten gebildet haben, an ein Unternehmen vergeben werden, das mit einem dieser Auftraggeber verbunden ist.

§ 100b GWB

(7) ¹Absatz 6 gilt nur, wenn mindestens 80 Prozent des von dem verbundenen Unternehmen während der letzten drei Jahre in der Europäischen Union erzielten durchschnittlichen Umsatzes im entsprechenden Liefer- oder Bau- oder Dienstleistungssektor aus der Erbringung dieser Lieferungen oder Leistungen für die mit ihm verbundenen Auftraggeber stammen. ²Sofern das Unternehmen noch keine drei Jahre besteht, gilt Absatz 6, wenn zu erwarten ist, dass in den ersten drei Jahren seines Bestehens wahrscheinlich mindestens 80 Prozent erreicht werden. ³Werden die gleichen oder gleichartige Lieferungen oder Bau- oder Dienstleistungen von mehr als einem mit dem Auftraggeber verbundenen Unternehmen erbracht, wird die Prozentzahl unter Berücksichtigung des Gesamtumsatzes errechnet, den diese verbundenen Unternehmen mit der Erbringung der Lieferung oder Leistung erzielen. ⁴§ 36 Absatz 2 und 3 gilt entsprechend.

(8) Dieser Teil gilt vorbehaltlich des Absatzes 9 nicht für die Vergabe von Aufträgen, die

1. ein gemeinsames Unternehmen, das mehrere Auftraggeber, die auf dem Gebiet der Trinkwasser- oder Energieversorgung oder des Verkehrs tätig sind, ausschließlich zur Durchführung von diesen Tätigkeiten gebildet haben, an einen dieser Auftraggeber vergibt, oder
2. ein Auftraggeber an ein gemeinsames Unternehmen im Sinne der Nummer 1, an dem er beteiligt ist, vergibt.

(9) Absatz 8 gilt nur, wenn

1. das gemeinsame Unternehmen errichtet wurde, um die betreffende Tätigkeit während eines Zeitraumes von mindestens drei Jahren durchzuführen, und
2. in dem Gründungsakt festgelegt wird, dass die dieses Unternehmen bildenden Auftraggeber dem Unternehmen zumindest während des gleichen Zeitraumes angehören werden.

Übersicht

A. Allgemeines ... 1	III. Sektorentätigkeit in Drittstaaten (Abs. 4 Nr. 2) ... 18–19
B. Anwendungsbereich (Abs. 1) ... 2–3	IV. Weiterveräußerung oder Weitervermietung (Abs. 4 Nr. 3) ... 20–25
C. Finanzdienstleistungen und Sektorentätigkeit (Abs. 2) ... 4–10	V. Sektorentätigkeiten, die dem Wettbewerb ausgesetzt sind (Abs. 4 Nr. 4) ... 26–28
I. Finanzdienstleistungen (Abs. 2 Nr. 1) ... 4–5	F. Baukonzessionen von Sektorenauftraggebern (Abs. 5) ... 29–30
II. Trinkwasser- und Energieversorgung (Abs. 2 Nr. 2 und 3) ... 6–10	G. Verbundene Unternehmen im Sektorenbereich (Abs. 6 und 7) ... 31–40
D. Aufträge an öffentliche Auftraggeber mit Monopol zur Leistungserbringung (Abs. 3) ... 11–12	H. Gemeinsames Unternehmen im Sektorenbereich (Abs. 8 und 9) ... 41–43
E. Besondere Aufträge im Sektorenbereich (Abs. 4) ... 13–28	
I. Allgemeines ... 13	
II. Aufträge für andere Zwecke (Abs. 4 Nr. 1) ... 14–17	

A. Allgemeines

1 § 100b wurde durch das Gesetz zur Änderung des Vergaberechts für die Bereiche Verteidigung und Sicherheit vom 7.12.2011 (BGBl. I S. 2570) mit Wirkung zum 14.12.2011 neu in das GWB eingefügt. Gleichzeitig wurden im Zusammenhang mit den erforderlichen Änderungen zum Anwendungsbereich des 4. Teils des GWB die Ausnahmetatbestände des § 100 Abs. 2 GWB a.F. neu strukturiert und in einzelne Paragrafen aufgeteilt. Die Ausnahmen finden sich nunmehr in § 100 Abs. 3 bis 6 und 8 GWB sowie (neu) in den §§ 100a bis 100c GWB (vgl. § 100 Abs. 2 GWB). Durch die neue Trennung insbesondere nach Ausnahmen in den §§ 100a, 100b und 100c GWB wird nach Auffassung des Gesetzgebers deutlich, welche Ausnahmetatbestände für die jeweilige Auftragsvergabe (klassische Aufträge, Sektorentätigkeit, Aufträge in den Bereichen Verteidigung und Sicherheit) einschlägig sind (BT-Drucks. 17/7275 vom 5.10.2011, S. 12, 15). § 100b setzt die Richtlinie 2004/17/EG um.

B. Anwendungsbereich (Abs. 1)

Nach Abs. 1 bezieht sich der Anwendungsbereich der in § 100b insgesamt geregelten Ausnahmetatbestände auf Aufträge im Sektorenbereich (Verkehr, Trinkwasser- und Energieversorgung) und richtet sich somit allein an **Auftraggeber i.S.d. § 98 Nr. 1 bis 3 GWB**. Regelungstechnisch wird dies in Abs. 1 durch eine Bezugnahme auf § 100 Abs. 1 Satz 2 Nr. 2 GWB umgesetzt.

Zudem stellt die Vorschrift klar, dass die für alle Aufträge geltenden Ausnahmebestimmungen des § 100 Abs. 3 bis 6 und 8 GWB daneben Anwendung finden.

C. Finanzdienstleistungen und Sektorentätigkeit (Abs. 2)

I. Finanzdienstleistungen (Abs. 2 Nr. 1)

Abs. 2 Nr. 1 nimmt finanzielle Dienstleistungen im Zusammenhang mit Ausgabe, Verkauf, Ankauf oder Übertragung von Wertpapieren oder anderen Finanzinstrumenten, insbesondere Geschäfte, die der Geld- oder Kapitalbeschaffung der Auftraggeber dienen, sowie Dienstleistungen der Zentralbanken von der Anwendung des 4. Teils des GWB aus.

Die Bestimmung war vormals in § 100 Abs. 2 Buchst. m GWB a.F. enthalten und gilt nach den Richtlinien 2004/17/EG und 2004/18/EG sowohl für klassische Auftraggeber (s. dort § 100a Abs. 2 Nr. 2 GWB: § 100a Rn. 9) als auch für Auftragsvergaben im Sektorenbereich. Im Bereich der verteidigungs- und sicherheitsrelevanten Aufträge weicht die verwandte Regelung des § 100c Abs. 2 Nr. 1 GWB leicht ab, weshalb hier in Abs. 2 Nr. 1 eine eigenständige Regelung für den Sektorenbereich verankert wurde. Sie ist inhaltsgleich mit § 100a Abs. 2 Nr. 2 GWB; auf die dortige Kommentierung wird verwiesen (s. § 100a Rn. 9).

II. Trinkwasser- und Energieversorgung (Abs. 2 Nr. 2 und 3)

Nach Abs. 2 unterfallen solche öffentliche Aufträge nicht dem Vergaberecht, die
– bei Tätigkeiten auf dem Gebiet der Trinkwasserversorgung die Beschaffung von Wasser (Nr. 2) oder
– bei Tätigkeiten auf dem Gebiet der Energieversorgung die Beschaffung von Energie oder von Brennstoffen zur Energieerzeugung (Nr. 3)

zum Gegenstand haben.

Diese Regelung befand sich ehemals in § 100 Abs. 2 Buchst. f GWB a.F.; sie wurde ohne Änderung des Wortlauts übernommen. Die beiden Tatbestandsalternativen zur Trinkwasserversorgung einerseits und Energieversorgung andererseits wurden zur besseren Lesbarkeit in zwei Nummern untergliedert (BT-Drucks. 17/7275 vom 5.10.2011, S. 16). Die Ausnahmeregelung setzt Art. 26 der Sektorenkoordinierungsrichtlinie um.

Die Ausnahmevorschriften setzen voraus, dass der jeweilige Sektorenauftraggeber in seinem Geschäftsbereich die genannten Güter zum Zwecke der Weiterverarbeitung beschafft (Müller-Wrede/Sterner, GWB-Vergaberecht, § 100 Rn. 33). Somit sind Beschaffungen zum eigenen Verwendungszweck, beispielsweise der Stromliefervertrag zur Versorgung der städtischen Gaswerke, nicht erfasst. Ebenso ausgeschlossen sind sog. sektorenfremde Beschaffungen, beispielsweise Tätigkeiten zur Bodensanierung und Abbrucharbeiten durch einen Sektorenauftraggeber (VK Schleswig-Holstein vom 13.3.2001, VK-SH 02/01). Die Definition der Begriffe „Trinkwasserversorgung" und „Energieversorgung" enthält die Anlage zu § 98 Nr. 4 GWB.

Im Hinblick auf den sachlichen Grund für die Ausnahmebestimmung ist zu differenzieren: Der Sektorenkoordinierungsrichtlinie ist zu entnehmen, dass es als ungeeignet angesehen wurde, die Beschaffung von Wasser an die Vergabebestimmungen für Lieferaufträge zu binden, weil die Wasserversorgung notwendigerweise aus in der Nähe des Verwendungsortes liegenden Quellen erfolgen müsse (Erwägungsgrund 26 der Sektorenkoordinierungsrichtlinie). Die Beschaffungen auf dem Gebiet der Energieversorgung wurden ausgenommen, weil die Anwendung der Vergaberegeln alleine

§ 100b GWB

nicht zur Überwindung der im Vergabesektor bestehenden Hindernisse führen würde (Müller-Wrede/*Sterner*, GWB-Vergaberecht, § 100 Rn. 33).

10 Die jeweilige Ausnahmebestimmung ist **eng auszulegen**. Für den Bereich der Trinkwasserversorgung geht die Sektorenkoordinierungsrichtlinie explizit davon aus, dass es zweckmäßig sei, den betreffenden Sektorenauftraggeber an die Vergabevorschriften zu binden. Diese Vorschriften sollen auch dann gelten, wenn sie Aufträge für Vorhaben in den Bereichen Wasserbau, Bewässerung, Entwässerung, Ableitung sowie Klärung von Abwässern vergeben (Erwägungsgrund 26 der Sektorenkoordinierungsrichtlinie). Im Hinblick auf die Energieversorgung führt die Vermischung der Energielieferung mit eigentlich ausschreibungspflichtigen Leistungen (z.B. Bau und Betrieb einer Fernwärmeerzeugungsanlage) im Rahmen eines Contracting-Modells zur Nichtanwendbarkeit der Ausnahmebestimmung für den Gesamtauftrag, wenn der ausschreibungspflichtige Teil den ausgenommenen Teilauftrag überwiegt (VK Brandenburg vom 8.3.2007, 2 VK 4/0).

D. Aufträge an öffentliche Auftraggeber mit Monopol zur Leistungserbringung (Abs. 3)

11 Nach Abs. 3 unterfallen öffentliche Aufträge nicht dem Vergaberecht, die an Auftragnehmer vergeben werden, die

– selbst öffentliche Auftraggeber nach § 98 Nr. 1, 2 oder 3 GWB (s. jeweils dort) sind und

– ein auf Gesetz oder Verordnung beruhendes ausschließliches Recht zur Erbringung der Leistung haben.

12 Die Regelung wurde aus dem ehemaligen § 100 Abs. 2 Buchst. g GWB a.F. wortgleich übernommen. Sie folgt aus Art. 18 der Richtlinie 2004/18/EG und Art. 25 der Richtlinie 2004/17/EG und gilt somit für klassische Auftraggeber und für Auftragsvergaben im Bereich der Sektorentätigkeiten, während sie in der neu umzusetzenden Richtlinie 2009/81/EG nicht vorgesehen ist. Aus diesem Grund wurde die Regelung an dieser Stelle und parallel in § 100a Abs. 3 GWB in die neue Gesetzesstruktur eingefügt (BT-Drucks. 17/7275 vom 5.10.2011, S. 16). Hinsichtlich der Einzelheiten kann deshalb auf die Erläuterungen zu § 100a Abs. 3 GWB verwiesen werden (s. § 100a Rn. 13 ff.).

E. Besondere Aufträge im Sektorenbereich (Abs. 4)

I. Allgemeines

13 Sämtliche in Abs. 4 zusammengefassten Ausnahmevorschriften waren früher in § 100 Abs. 2 GWB a.F. enthalten und gelten allein für die Vergabe von Aufträgen im Sektorenbereich. Sie wurden ohne inhaltliche Änderung, aber unter einer neuen Strukturierung zusammengefügt (BT-Drucks. 17/7275 vom 5.10.2011, S. 16).

II. Aufträge für andere Zwecke (Abs. 4 Nr. 1)

14 Nach Abs. 4 Nr. 1 gilt der 4. Teil des GWB nicht für öffentliche Aufträge, die von Auftraggebern nach § 98 Nr. 4 GWB vergeben werden, soweit sie **anderen Zwecken dienen als der Sektorentätigkeit** (Energieversorgung, Trinkwasserversorgung, Verkehrsbereich; s. dazu die Definition in der Anlage zu § 98 Nr. 4 GWB). Die Ausnahmebestimmung wurde wörtlich aus § 100 Abs. 2 Buchst. i GWB a.F. übernommen.

15 Der Ausnahmetatbestand dient der Umsetzung von Art. 20 der Sektorenkoordinierungsrichtlinie. Art. 20 Abs. 1 lautet: „Diese Richtlinie gilt nicht für Aufträge, die die Auftraggeber zu anderen Zwecken als der Durchführung ihrer in den Art. 3 bis 7 beschriebenen Tätigkeiten oder zur Durchführung derartiger Tätigkeiten in einem Drittland in einer Weise vergeben, die nicht mit der physischen Nutzung eines Netzes oder geografischen Gebiets in der Gemeinschaft verbunden ist."

16 Die Anwendung der Vergabebestimmungen soll damit auf die Beschaffungen der jeweiligen Sektorenauftraggeber im eigentlichen Sektorenbereich beschränkt werden. Aufträge stehen in einem

funktionalen Zusammenhang mit der Sektorentätigkeit, wenn sie diese erst ermöglichen, erleichtern oder fördern (Kulartz/Kus/Portz/*Röwekamp*, GWB-Vergaberecht, § 100 Rn. 51 m.w.N.). Aufträge, die von Sektorenauftraggebern vergeben werden, die aber nicht der Sektorentätigkeit dienen, unterfallen somit nicht dem Vergaberecht. Dies gilt aber dann nicht, wenn der Sektorenauftraggeber neben § 98 Nr. 4 GWB noch aus einem anderen Grund als öffentlicher Auftraggeber anzusehen ist (§ 98 Nr. 1 bis 3 GWB). Dann greift der einzig auf Sektorenauftraggeber nach § 98 Nr. 4 GWB abzielende Ausnahmetatbestand nicht, so dass die außerhalb der eigentlichen Sektorentätigkeit liegenden Beschaffungsvorgänge grundsätzlich dem Vergaberecht unterfallen (EuGH vom 10.4.2008, Rs. C-393/06).

Problematisch ist die **Abgrenzung** bei **Mischaufträgen**, die sowohl der Sektorentätigkeit als auch den übrigen wirtschaftlichen Zwecken des Unternehmens dienen. Entsprechend der in § 98 Abs. 8 GWB zum Ausdruck kommenden Grundentscheidung des Gesetzgebers ist in diesen Fällen ebenfalls auf den Hauptgegenstand des Auftrags abzustellen (*Willenbruch*, in: Willenbruch/Wieddekind, Vergaberecht, Los 2 Rn. 27). Entscheidend ist damit, ob der Hauptgegenstand in die Sektorentätigkeit fällt oder nicht. 17

III. Sektorentätigkeit in Drittstaaten (Abs. 4 Nr. 2)

Nach Abs. 4 Nr. 2 unterfallen Aufträge, die zur Durchführung von Sektorentätigkeiten außerhalb des Gebiets der Europäischen Union vergeben werden, nicht dem Vergaberecht, wenn sie nicht mit der tatsächlichen Nutzung eines Netzes oder einer Anlage innerhalb dieses Gebietes verbunden sind. Dieser Ausnahmetatbestand befand sich früher in § 100 Abs. 2 Buchst. q GWB a.F. Er beruht auf Art. 20 Abs. 1 der Sektorenkoordinierungsrichtlinie. 18

Nach Art. 20 Abs. 2 der Sektorenkoordinierungsrichtlinie bestehen aber **Auskunftspflichten**. Die Auftraggeber haben der Kommission auf Verlangen alle Tätigkeiten mitzuteilen, die ihres Erachtens in den Ausnahmetatbestand fallen. Entsprechende Listen der Tätigkeitskategorien kann die Kommission unter Wahrung der Vertraulichkeit sensibler geschäftlicher Angaben im Amtsblatt veröffentlichen. 19

IV. Weiterveräußerung oder Weitervermietung (Abs. 4 Nr. 3)

Schafft ein Sektorenauftraggeber Waren an, um sie an Dritte weiterzuveräußern oder weiterzuvermieten, ist er im Rahmen des Abs. 4 Nr. 3 nicht an das Vergaberecht gebunden. Diese Regelung befand sich bislang in § 100 Abs. 2 Buchst. r GWB a.F. Im Zuge der Neustrukturierung der Ausnahmetatbestände der §§ 100 ff. GWB durch das Gesetz zur Änderung des Vergaberechts für die Bereiche Verteidigung und Sicherheit vom 7.12.2011 (s. Rn. 1) wurde der Wortlaut des Ausnahmetatbestandes gekürzt. Zur besseren Verständlichkeit wurden die Voraussetzungen der Ausnahme betreffend die Weiterveräußerung oder Vermietung an Dritte untergliedert. Der Ausnahmetatbestand beruht auf Art. 19 der Sektorenkoordinierungsrichtlinie. 20

Voraussetzung ist zunächst, dass der Auftraggeber selbst **Sektorenauftraggeber** nach § 98 Nr. 4 GWB ist. 21

Weiterhin müssen die Waren **zum Zwecke der Weiterveräußerung oder Weitervermietung an Dritte** beschafft worden sein. Die Weiterveräußerungsabsicht ist dann nicht mehr gegeben, wenn die Waren durch den Auftraggeber verarbeitet und insbesondere veredelt werden. Die ursprünglich beschaffte Ware ist dann mit der weiterveräußerten bzw. vermieteten Ware nicht mehr identisch. 22

Außerdem darf der Sektorenauftraggeber **kein besonderes oder ausschließliches Recht** zum Verkauf oder zur Vermietung des Auftragsgegenstandes besitzen (Nr. 3 Buchst. a). Was unter einem „besonderen oder ausschließlichen Recht" zu verstehen ist, wird in § 98 Nr. 4 GWB definiert. 23

Schließlich müssen **auch andere Unternehmen** die Möglichkeit haben, diese Waren unter gleichen Bedingungen wie der betreffende Auftraggeber zu verkaufen oder zu vermieten (Nr. 3 Buchst. b). Insgesamt soll mit der Ausnahmebestimmung sichergestellt werden, dass die Ausschrei- 24 bungspflicht nur dann entfällt, wenn auf dem betreffenden Markt ein tatsächlich entwickelter Wettbewerb besteht und die Waren allgemein angeboten werden.

25 Nach Art. 19 Abs. 2 der Sektorenkoordinierungsrichtlinie bestehen auf Verlangen der Kommission wiederum **Berichtspflichten** der Auftraggeber sowie ein entsprechendes Bekanntmachungsrecht der Kommission.

V. Sektorentätigkeiten, die dem Wettbewerb ausgesetzt sind (Abs. 4 Nr. 4)

26 Nach Abs. 4 Nr. 4 unterliegen öffentliche Aufträge, die der Ausübung einer Sektorentätigkeit dienen, nicht dem Vergaberecht, soweit die EU-Kommission festgestellt hat, dass diese Tätigkeit in Deutschland auf Märkten mit freiem Zugang unmittelbar dem freien Wettbewerb ausgesetzt ist und dies durch das Bundesministerium für Wirtschaft und Technologie im Bundesanzeiger bekannt gemacht worden ist.

27 Die Bestimmung war früher in § 100 Abs. 2 Buchst. t GWB a.F. enthalten und dient der Umsetzung von Art. 30 der Sektorenkoordinierungsrichtlinie. Auch hier kommt der ordnungspolitische Grundgedanke der Sektorenkoordinierungsrichtlinie zum Ausdruck, die Sektorenauftraggeber nur bei Fehlen eines echten und entwickelten Wettbewerbs an das EU-Vergaberecht zu binden (*Prieß*, Handbuch des europäischen Vergaberechts, S. 1790).

28 Die Feststellung der Kommission, dass eine Tätigkeit auf Märkten mit freiem Zugang unmittelbar dem Wettbewerb ausgesetzt ist, wird nach einem in Art. 30 der Vergabekoordinierungsrichtlinie genauer bezeichneten Verfahren getroffen. Die näheren Einzelheiten zur Antragstellung sind in § 3 SektVO geregelt (vgl. § 129b Rn. 20 ff.).

F. Baukonzessionen von Sektorenauftraggebern (Abs. 5)

29 Nach Abs. 5 sind öffentliche Aufträge von Sektorenauftraggebern vom Anwendungsbereich des Vergaberechts ausgenommen, soweit sie Baukonzessionen zum Zwecke der Durchführung der Sektorentätigkeit zum Gegenstand haben.

30 Die Bestimmung war früher in § 100 Abs. 2 Buchst. s GWB a.F. identisch geregelt und setzt Art. 18 der Sektorenkoordinierungsrichtlinie um. Der Begriff der **Baukonzession** ist in § 99 Abs. 6 GWB definiert, so dass auf die dortige Kommentierung verwiesen werden kann (s. § 99 Rn. 166 ff.).

G. Verbundene Unternehmen im Sektorenbereich (Abs. 6 und 7)

31 Abs. 6 und 7 enthalten ein **Konzernprivileg für Sektorenauftraggeber**, die innerhalb des Konzernverbundes – ähnlich dem Inhouse-Geschäft – unter bestimmten Voraussetzungen Aufträge erteilen können.

32 Die Bestimmung war früher in § 100 Abs. 2 Buchst. o GWB a.F. enthalten und beruht auf Art. 23 Abs. 2 und 3 der Sektorenkoordinierungsrichtlinie. Die Vorgängerregelung wurde ohne inhaltliche Änderungen übernommen und lediglich zur besseren Lesbarkeit in die Absätze 6 und 7 unterteilt (BT-Drucks. 17/7275 vom 5.10.2011, S. 16).

33 Mit der Ausnahmebestimmung sollte einerseits eine Ausnahme für bestimmte Dienstleistungs-, Liefer- und Bauaufträge gemacht werden, die an ein verbundenes Unternehmen vergeben werden. Voraussetzung ist aber, dass die Haupttätigkeit des Unternehmens darin besteht, diese Dienstleistungen, Lieferungen und Arbeiten der Unternehmensgruppe bereitzustellen, der es angehört, und nicht darin, diese auf dem Markt anzubieten. Ebenfalls soll die Ausnahme für Aufträge gelten, die an ein Joint Venture vergeben werden, an dem der Auftraggeber selbst neben anderen Auftraggebern beteiligt ist und das gegründet wurde, um die von der Sektorenkoordinierungsrichtlinie erfasste Tätigkeit auszuüben. Andererseits soll sichergestellt werden, dass durch diese Ausnahmeregelung keine Wettbewerbsverzerrung zugunsten von Joint Ventures oder Unternehmen entstehen, mit denen der Auftraggeber verbunden ist (Erwägungsgrund 32 der Sektorenkoordinierungsrichtlinie).

Die gemeinschaftsrechtlichen Vorgaben werden mit zwei Varianten umgesetzt, nämlich dem in **Abs. 6 Nr. 1** geregelten Fall der Auftragsvergabe an ein **verbundenes Unternehmen** und dem in **Abs. 6 Nr. 2** geregelten Fall der Auftragsvergabe an ein **gemeinsames Unternehmen**. In beiden Fällen muss der Auftraggeber Sektorenauftraggeber nach § 98 Nr. 4 GWB sein.

Unter einem „verbundenen Unternehmen" ist nach Art. 23 Abs. 1 der Sektorenkoordinierungsrichtlinie zunächst jedes Unternehmen zu verstehen, dessen Jahresabschluss gemäß der Siebenten Richtlinie 83/349/EWG mit demjenigen des Auftraggebers konsolidiert wird (den Fall des konsolidierten Unternehmens [Mutter- und Tochterunternehmen] erfasst § 290 Abs. 1 HGB). Im Fall von Auftraggebern, die nicht unter diese Richtlinie fallen, seien verbundene Unternehmen diejenigen, auf welche der Auftraggeber unmittelbar oder mittelbar einen beherrschenden Einfluss ausüben kann.

Im deutschen Recht wird der Begriff des **verbundenen Unternehmens** über eine Verweisung aus § 36 Abs. 2 GWB durch §§ 17 und 18 AktG näher bestimmt. Demnach sind abhängige Unternehmen rechtlich selbständige Unternehmen, auf die das andere herrschende Unternehmen mittelbar oder unmittelbar einen beherrschenden Einfluss ausüben kann. Nach § 17 Abs. 2 AktG wird von einem im Mehrheitsbesitz stehenden Unternehmen vermutet, dass es von dem an ihm beteiligten Unternehmen abhängig ist. Nach Art. 2 Abs. 1 Buchst. b der Sektorenkoordinierungsrichtlinie wird ein beherrschender Einfluss widerlegbar vermutet, wenn das beherrschende Unternehmen unmittelbar oder mittelbar

– die Mehrheit des gezeichneten Kapitals des Unternehmens hält oder
– über die Mehrheit der mit den Anteilen am Unternehmen verbundenen Stimmen verfügt oder
– mehr als die Hälfte der Mitglieder des Verwaltungs-, Leitungs- oder Aufsichtsorgans des Unternehmens ernennen kann.

Weitere Voraussetzung des Ausnahmetatbestands ist, dass das zu beauftragende Unternehmen zu **mindestens 80 Prozent** für den verbundenen Auftraggeber tätig war. **Abs. 7** unterscheidet hier drei Berechnungsvarianten (zu den Berechnungen s. *Greb*, VergabeR 2009, 140, 143; LG Frankfurt am Main vom 30.8.2011, 11 Verg 3/11):

Existiert das Unternehmen **länger als drei Jahre**, ist Bemessungsgrundlage für das Erreichen der 80-Prozent-Hürde der durchschnittliche in der EU erzielte Umsatz der letzten drei Jahre (**Abs. 7 Satz 1**).

Sofern das Unternehmen **noch keine drei Jahre** existiert oder erst vor kurzem seine Tätigkeit aufgenommen hat, greift der Ausnahmetatbestand nur dann ein, wenn zu erwarten ist, dass die Quote von 80 Prozent in den ersten drei Jahren seines Bestehend erreicht werden wird (**Abs. 7 Satz 2**). Diesbezüglich reicht es aus, dass das Unternehmen v.a. durch Prognosen über die Tätigkeitsentwicklung glaubhaft macht, dass die Erreichung des Umsatzziels von 80 Prozent wahrscheinlich ist (s. Art. 23 Abs. 3 der Sektorenkoordinierungsrichtlinie).

Werden die gleichen oder gleichartige Leistungen **von mehr als einem mit dem Auftraggeber verbundenen Unternehmen** erbracht, wird die Prozentzahl unter Berücksichtigung des Gesamtumsatzes errechnet, den diese verbundenen Unternehmen mit der Erbringung der jeweiligen Lieferung oder Leistung erzielen (**Abs. 7 Satz 3**).

H. Gemeinsames Unternehmen im Sektorenbereich (Abs. 8 und 9)

Der Ausnahmetatbestand für gemeinsame Unternehmen im Sektorenbereich war bislang in § 100 Abs. 2 Buchst. p GWB a.F. geregelt und wurde ohne inhaltliche Änderung in die Abs. 8 und 9 übernommen. Gemeinschaftsrechtliche Grundlage ist Art. 23 Abs. 4 der Sektorenkoordinierungsrichtlinie.

Der Ausnahmetatbestand erfasst die möglichen wechselseitigen Auftragsvergaben im Sektorenbereich zwischen Einzelunternehmen und einem gemeinsamen Unternehmen, welches mehrere Sektorenauftraggeber ausschließlich zur Durchführung von Sektorentätigkeiten gebildet haben. **Abs. 8**

Nr. 1 regelt den Fall der Auftragsvergabe des gemeinsamen Unternehmens an eines der beteiligten Einzelunternehmen. **Abs. 8 Nr. 2** betrifft die Auftragsvergabe eines Sektorenauftraggebers an ein solches gemeinsames Unternehmen.

43 Voraussetzung ist, dass das gemeinsame Unternehmen errichtet wurde, um die betreffende Tätigkeit während eines Zeitraumes von mindestens drei Jahren durchzuführen (**Abs. 9 Nr. 1**). Außerdem muss in dem Gründungsakt festgelegt werden, dass die dieses Unternehmen bildenden Auftraggeber dem Unternehmen zumindest während des gleichen Zeitraumes angehören werden (**Abs. 9 Nr. 2**).

§ 100c Besondere Ausnahmen in den Bereichen Verteidigung und Sicherheit

(1) Im Fall des § 100 Absatz 1 Satz 2 Nummer 3 gilt dieser Teil über die in § 100 Absatz 3 bis 6 genannten Fälle hinaus auch nicht für die in den Absätzen 2 bis 4 genannten Aufträge.

(2) Dieser Teil gilt nicht für die Vergabe von Aufträgen, die

1. Finanzdienstleistungen mit Ausnahme von Versicherungsdienstleistungen zum Gegenstand haben,
2. zum Zweck nachrichtendienstlicher Tätigkeiten vergeben werden,
3. im Rahmen eines Kooperationsprogramms vergeben werden, das
   a) auf Forschung und Entwicklung beruht und
   b) mit mindestens einem anderen EU-Mitgliedstaat für die Entwicklung eines neuen Produkts und gegebenenfalls die späteren Phasen des gesamten oder eines Teils des Lebenszyklus dieses Produkts durchgeführt wird,
4. die Bundesregierung, eine Landesregierung oder eine Gebietskörperschaft an eine andere Regierung oder an eine Gebietskörperschaft eines anderen Staates vergibt und die Folgendes zum Gegenstand haben:
   a) die Lieferung von Militärausrüstung oder die Lieferung von Ausrüstung, die im Rahmen eines Verschlusssachenauftrags im Sinne des § 99 Absatz 9 vergeben wird,
   b) Bau- und Dienstleistungen, die in unmittelbarem Zusammenhang mit dieser Ausrüstung stehen,
   c) Bau- und Dienstleistungen speziell für militärische Zwecke oder
   d) Bau- und Dienstleistungen, die im Rahmen eines Verschlusssachenauftrags im Sinne des § 99 Absatz 9 vergeben werden.

(3) ¹Dieser Teil gilt nicht für die Vergabe von Aufträgen, die in einem Land außerhalb der Europäischen Union vergeben werden; zu diesen Aufträgen gehören auch zivile Beschaffungen im Rahmen des Einsatzes von Streitkräften oder von Polizeien des Bundes oder der Länder außerhalb des Gebiets der Europäischen Union, wenn der Einsatz es erfordert, dass sie mit im Einsatzgebiet ansässigen Unternehmen geschlossen werden. ²Zivile Beschaffungen sind Beschaffungen nicht militärischer Produkte und Bau- oder Dienstleistungen für logistische Zwecke.

(4) Dieser Teil gilt nicht für die Vergabe von Aufträgen, die besonderen Verfahrensregeln unterliegen,

1. die sich aus einem internationalen Abkommen oder einer internationalen Vereinbarung ergeben, das oder die zwischen einem oder mehreren Mitgliedstaaten und einem oder mehreren Drittstaaten, die nicht Vertragsparteien des Übereinkommens über den Europäischen Wirtschaftsraum sind, geschlossenen wurde,
2. die sich aus einem internationalen Abkommen oder einer internationalen Vereinbarung im Zusammenhang mit der Stationierung von Truppen ergeben, das oder die Unternehmen eines Mitgliedstaats oder eines Drittstaates betrifft, oder
3. die für eine internationale Organisation gelten, wenn diese für ihre Zwecke Beschaffungen tätigt oder wenn ein Mitgliedstaat Aufträge nach diesen Regeln vergeben muss.

§ 100c GWB

Übersicht

A. Allgemeines 1	D. Beschaffungen im Einsatzland (Abs. 3) 23–27
B. Anwendungsbereich (Abs. 1) 2	E. Ausnahmetatbestände des Abs. 4 28–40
C. Finanzdienstleistungen, nachrichtendienstliche Tätigkeiten und Kooperationsprogramme (Abs. 2) 3–22	I. Besondere Verfahrensregeln bei internationalen Abkommen u.Ä. 28–31
I. Finanzdienstleistungen (Abs. 2 Nr. 1) 3–5	II. Internationales Abkommen (Abs. 4 Nr. 1) 32–35
II. Zweck nachrichtendienstlicher Tätigkeiten (Abs. 2 Nr. 2) 6–10	III. Truppenstationierungsabkommen (Abs. 4 Nr. 2) 36–37
III. Kooperationsprogramm (Abs. 2 Nr. 3) 11–18	IV. Internationale Organisationen (Abs. 4 Nr. 3) .. 38–40
IV. Intergouvernementale Zusammenarbeit (Abs. 2 Nr. 4) 19–22	

A. Allgemeines

1 § 100c wurde durch das Gesetz zur Änderung des Vergaberechts für die Bereiche Verteidigung und Sicherheit vom 7.12.2011 (BGBl. I S. 2570) mit Wirkung zum 14.12.2011 neu in das GWB eingefügt. Die Vorschrift erfasst diejenigen Ausnahmetatbestände, die ausschließlich in den Bereich der verteidigungs- und sicherheitsrelevanten Aufträge fallen. Sie setzt damit die Ausnahmen um, die erstmals in der Richtlinie 2009/81/EG vorgesehen sind bzw. von denjenigen in den älteren Richtlinien 2004/17/EG und 2004/18/EG abweichen (BT-Drucks. 17/7275 vom 5.10.2011, S. 17).

B. Anwendungsbereich (Abs. 1)

2 Abs. 1 definiert den **Anwendungsbereich** für die in den Abs. 2 bis 4 folgenden Ausnahmetatbestände durch Bezugnahme auf den neuen § 100 Abs. 1 Satz 2 Nr. 3 GWB. Dementsprechend gelten die Ausnahmetatbestände für **klassische Auftraggeber**, die einen verteidigungs- und sicherheitsrelevanten Auftrag i.S.d. § 99 Abs. 7 GWB vergeben, der über den jeweiligen Schwellenwerten liegt.

C. Finanzdienstleistungen, nachrichtendienstliche Tätigkeiten und Kooperationsprogramme (Abs. 2)

I. Finanzdienstleistungen (Abs. 2 Nr. 1)

3 Nach Abs. 2 Nr. 1 findet das Vergaberecht keine Anwendung auf die Vergabe von Aufträgen, die **Finanzdienstleistungen** zum Gegenstand haben.

4 Die Regelung setzt Art. 13 Buchst. h der Richtlinie 2009/81/EG um. Sie entspricht weitgehend § 100a Abs. 2 Nr. 2 GWB, weshalb auf die dortige Kommentierung verwiesen wird (§ 100a Rn. 9 ff.). Ein Unterschied besteht allerdings darin, dass bei Abs. 2 Nr. 1 der Bereich der Finanzdienstleistungen nicht dahingehend eingeschränkt wird, dass ein Zusammenhang mit der Ausgabe, dem Verkauf, dem Ankauf oder der Übertragung von Wertpapieren bestehen muss.

5 Durch die Formulierung des Ausnahmetatbestands wird für den Bereich der verteidigungs- und sicherheitsrelevanten Beschaffungen explizit festgelegt, dass **Versicherungsleistungen** nicht unter den Ausnahmetatbestand der Finanzdienstleistungen fallen. Gemäß Anhang II Kategorie 6 der Richtlinie 2004/18/EG gilt dies ebenso für den Bereich der nicht verteidigungs- und sicherheitsrelevanten Beschaffungen, so dass diese Ergänzung lediglich klarstellenden Charakter hat (BT-Drucks. 17/7275 vom 5.10.2011, S. 17).

II. Zweck nachrichtendienstlicher Tätigkeiten (Abs. 2 Nr. 2)

6 Abs. 2 Nr. 2 nimmt Aufträge vom Anwendungsbereich des Vergaberechts aus, die zum **Zweck nachrichtendienstlicher Tätigkeiten** vergeben werden. Die Vorschrift setzt Art. 13 Buchst. c der Richtlinie 2009/81/EG um.

Dem Ausnahmetatbestand in Abs. 2 Nr. 2 liegt die Annahme zugrunde, dass Aufträge im Bereich der nachrichtendienstlichen Tätigkeiten aufgrund ihrer hohen Sensibilität nicht in einem transparenten Wettbewerb vergeben werden können. Inhaltlich werden zwei Fälle erfasst, nämlich

- die Beschaffung eines Nachrichtendienstes für seine nachrichtendienstliche Zwecke und
- Aufträge, die ein anderer öffentlicher Auftraggeber an einen Nachrichtendienst vergibt.

Die Vorschrift lässt offen, wer die nachrichtendienstliche Tätigkeit ausübt. Abhängig vom nachrichtendienstlichen Verwendungszweck des Beschaffungsgegenstands können z.B. der Bundesnachrichtendienst (BND), das Bundesamt für Verfassungsschutz sowie die entsprechenden Landesämter, der Militärische Abschirmdienst (MAD), aber auch Bundes- und Landeskriminalämter oder das Bundesamt für Ausrüstung, Informationstechnik und Nutzung der Bundeswehr (BAAINBw) und seine Dienststellen darunter fallen. Beschaffungen der Geheim- oder Nachrichtendienste sind nicht per se von der Anwendung des Vergaberechts ausgenommen, sondern nur diejenigen, die auch **sachlich** zu nachrichtendienstlichen Zwecken vorgenommen werden.

Weder die Richtlinie 2009/81/EG noch die deutschen Vergabebestimmungen enthalten eine Definition, was unter **„nachrichtendienstlichen Zwecken"** zu verstehen ist. Der Anwendungsbereich der Bestimmung ist hinsichtlich des Auftragsgegenstands sehr weit. Darunter fällt z.B. die technische Ausstattung, die zum Zwecke der Spionage oder Gegenspionage verwendet wird, oder auch die Verschlüsselungstechnologie. Neben der eigentlichen Tätigkeit der Geheim- oder Nachrichtendienste können darunter auch andere sensible Beschaffungen fallen, die ein hohes Maß an Vertraulichkeit erfordern, z.B. bestimmte Beschaffungen, die für den Grenzschutz oder die Bekämpfung des Terrorismus oder der organisierten Kriminalität bestimmt sind. Hierzu gehören auch Beschaffungen für die verdeckte Tätigkeit der Polizei und der Sicherheitskräfte (s. Erwägungsgrund 27 der Richtlinie 2009/81/EG). Allgemeine Beschaffungen, wie z.B. der Einkauf von Büromaterial oder Auftragsvergaben für die Gebäudeausstattung, sind von dem Ausnahmetatbestand nicht erfasst, weil die nachrichtendienstliche Zweckbestimmung allenfalls mittelbar bejaht werden kann.

Aufgrund der Zielsetzung des Vergaberechts, möglichst alle Beschaffungsvorgänge zu erfassen, ist auch diese Ausnahme grundsätzlich **eng auszulegen**. Aus dem **Verhältnismäßigkeitsgebot** (s. dazu ausf. § 100 Rn. 72) wird auch hier zu folgern sein, dass die Berufung auf die Ausnahme nur dann zulässig ist, wenn die nachrichtendienstlichen Belange bei der Durchführung eines Vergabeverfahrens beeinträchtigt werden. Gerade bei der Beschaffung von IT-Dienstleistungen und technischer Ausstattung könnte in der Durchführung eines vorgeschalteten Teilnahmewettbewerbs eine Möglichkeit liegen, dass nur zuverlässige Unternehmen Kenntnis von den näheren Auftragsinhalten erhalten. Damit stünde ein milderes Mittel als der völlige Verzicht auf die Vergabe zur Verfügung.

III. Kooperationsprogramm (Abs. 2 Nr. 3)

Abs. 2 Nr. 3 begründet einen Ausnahmetatbestand für bestimmte Aufträge, die **im Rahmen eines Kooperationsprogrammes** vergeben werden. Die Regelung setzt Art. 13 Buchst. c der Richtlinie 2009/81/EG um.

Mit diesem Ausnahmetatbestand wird dem Umstand Rechnung getragen, dass die Mitgliedstaaten häufig Kooperationsprogramme durchführen, um eine neue Verteidigungsausrüstung gemeinsam zu entwickeln. Da solche Kooperationsprogramme die Entwicklung neuer Technologien und die Übernahme der hohen Forschungs- und Entwicklungskosten komplexer Waffensysteme erleichtern, kommt ihnen eine besondere Bedeutung zu. Gleichzeitig wird in der verstärkten europäischen Zusammenarbeit auch ein Baustein hin zur Verwirklichung der EDTIB (European Defence Technological an Industrial Base) gesehen (vgl. Guidance Note, Defence- and security-specific Exclusions, Directorate General Internal Market an Services, veröffentlicht unter http://ec.europa.eu/internal_market/publicprocurement/docs/defence/guide-exclusions_en.pdf, S. 6).

Erfasst werden zunächst Aufträge, die im Rahmen eines Kooperationsprogramms vergeben werden, das „auf **Forschung und Entwicklung** beruht" (**Buchst. a**). Art. 1 Nr. 27 der Richtlinie 2009/81/EG fasst unter den Begriff „Forschung und Entwicklung" alle Tätigkeiten, die Grundlagenforschung, angewandte Forschung und experimentelle Entwicklung beinhalten. Die experimentelle Entwicklung kann dabei auch die Herstellung von technologischen Demonstrationssystemen, d.h. von Vorrichtungen zur Demonstration der Leistungen eines neuen Konzepts oder einer neuen Technologie, in einem relevanten oder repräsentativen Umfeld einschließen.

14 Ziel des Kooperationsprogramms muss die Entwicklung eines **neuen Produkts** sein (**Buchst. b**). Hier dürften erhebliche Abgrenzungsschwierigkeiten in der Praxis liegen. Denkbar ist beispielsweise, dass bestehende Produkte technologisch weiterentwickelt werden. Dabei können deren Fähigkeitsspektrum oder ihre Eigenschaften erheblich erweitert werden. Beruht die Aufwertung oder Kampfwertsteigerung auf einer technologisch erheblichen Weiterentwicklung mit einem entsprechenden Innovationsgrad, wird man u.U. auch von einem neuen Produkt sprechen können. Die Beschaffung von sog. Off-the-Shelf-Produkten fällt nicht unter die Ausnahme, selbst wenn sie speziell angepasst werden (vgl. Guidance Note, Defence- and security-specific Exclusions, a.a.O., S. 6).

15 Wird ein neues Produkt in dem aufgezeigten Sinne entwickelt, kann auch die Vergabe von Aufträgen in der späteren Phase des gesamten oder teilweisen **Lebenszyklusses** dieses Produkts ggf. unter die Ausnahme fallen (**Buchst. b**). Darunter fallen üblicherweise Produktion und Instandsetzung, aber auch Ersatzteilversorgung und Technisch-Logistische Betreuung – also die klassischen TLB-Verträge. Voraussetzung ist aber, dass diese Leistungen in dem ursprünglichen Kooperationsabkommen enthalten sind.

16 Erfasst werden nur Kooperationsprojekte, an denen **mindestens zwei Mitgliedstaaten** der EU beteiligt sind (**Buchst. b**). Möglich ist auch, dass über die Beteiligung von zwei Mitgliedstaaten auch ein oder mehrere **Drittstaaten** beteiligt sind (BT-Drucks. 17/7275 vom 5.10.2011, S. 17). Was genau unter dem Begriff „**Kooperationsprojekt**" zu verstehen ist, wird nicht definiert. Abzustellen ist darauf, dass eine Aufteilung der durchzuführenden Forschungs- und Entwicklungsarbeiten vorgenommen wird, die technologischen und finanziellen Risiken sowie die Projektverantwortung geteilt werden und im Projektmanagement zusammengearbeitet wird (vgl. Guidance Note, Defence- and security-specific Exclusions, a.a.O., S. 7).

17 Der Ausnahmetatbestand erfasst die folgenden Konstellationen:
 – Aufträge werden im Rahmen eines Kooperationsprogramms von einem Mitgliedstaat auch im Namen eines anderen Mitgliedstaates vergeben.
 – Aufträge werden von internationalen Organisationen (z.B. OCCAR, NATO oder Agenturen der EU, wie der Europäischen Verteidigungsagentur), die das Kooperationsprojekt verwalten, im Namen der betreffenden Mitgliedstaaten vergeben.

18 Da schon heute komplexe Waffensysteme oftmals in derartigen internationalen Kooperationsprojekten entwickelt werden, dürfte mit einer steigenden Relevanz dieses Ausnahmetatbestands zu rechnen sein.

IV. Intergouvernementale Zusammenarbeit (Abs. 2 Nr. 4)

19 Der Ausnahmetatbestand des Abs. 2 Nr. 4 greift, wenn Regierungen oder Gebietskörperschaften untereinander näher definierte Aufträge im Bereich der Verteidigung und Sicherheit vergeben. Die Regelung setzt Art. 13 Buchst. f der Richtlinie 2009/81/EG um. Nach Erwägungsgrund 30 der Richtlinie 2009/81/EG soll damit den Besonderheiten der Auftragsvergabe zwischen Regierungen im Rüstungsbereich Rechnung getragen werden.

20 Entsprechend der Definition des Art. 1 Nr. 9 der Richtlinie 2009/81/EG gelten als **Regierung** nationale, regionale oder lokale Gebietskörperschaften eines Mitgliedstaates oder eines Drittlandes. Die entsprechenden Verträge müssen also zwischen Staaten oder entsprechenden vorgenannten Stellen geschlossen worden sein. Dabei kann es sich auch um Drittstaaten handeln. Nicht unter die Ausnahme fallen aber z.B. Verträge mit Unternehmen, auch wenn es sich um Staatsunternehmen handelt.

Inhaltlich wird durch die Aufzählung in Nr. 4 Buchst. a bis d jede Beschaffung **militärischer oder sensibler Ausrüstung** erfasst (s. dazu § 99 Rn. 175 f.). 21

Zu beachten ist allerdings, dass die Ausnahme nur den zwischen den Regierungen etc. erteilten Auftrag erfasst. Dies ist unproblematisch, wenn sich die zu beschaffende Leistung oder der Gegenstand im Eigentum des Verkäufers befindet oder er über die entsprechenden Kapazitäten, den Auftrag selbst zu erfüllen, selbst verfügt. Dies ist beispielsweise dann anzunehmen, wenn Überbestände von militärischem Gerät verkauft (etwa bei sog. Länderabgaben) oder Ausbildungsverträge geschlossen werden. Demgegenüber stellt sich die Frage nach der Anwendung des EU-Vergaberechts erneut, wenn der Vertragspartner diese Leistung erst selbst auf dem Markt beschaffen muss. Hierbei kann es sich wieder, wenn keine der anderen Ausnahmen greift, um einen vergabepflichtigen Vorgang handeln. 22

D. Beschaffungen im Einsatzland (Abs. 3)

Abs. 3 begründet einen Ausnahmefall für **Auftragsvergaben im Einsatzland**. Die Bestimmung setzt Art. 13 Buchst. d der Richtlinie 2009/81/EG um. 23

Der Ausnahmetatbestand des Abs. 3 berücksichtigt die stark gestiegene Zahl der Auslandseinsätze der Streitkräfte und der dabei gemachten Erfahrungen. Dementsprechend soll die Auftragsvergabe ohne Anwendung des Vergaberechts gestattet sein, wenn der Auftrag in einem Land außerhalb der EU vergeben wird. Hierzu gehören auch zivile Beschaffungen von Streitkräften oder Polizeien, wenn der Einsatz erfordert, diese Aufträge im Einsatzgebiet ansässigen Unternehmen zukommen zu lassen. Grundsätzlich können dies Liefer-, Bau- und Dienstleistungsaufträge sein. 24

Voraussetzung ist zunächst, dass ein **Einsatz außerhalb der EU** stattfindet und dort ein Auftrag vergeben wird. Neben dem eigentlichen Einsatzgebiet wird davon auch die ggf. in einem anderen Land befindliche Basis, logistische Drehscheibe o.Ä. erfasst. 25

Die Auftragsvergabe an ortsansässige Unternehmen muss einem **Einsatzerfordernis** entsprechen. Damit ist auf die speziellen Gegebenheiten und Bedingungen des konkreten Einsatzes abzustellen. Entscheidend ist, dass es sachliche und nachvollziehbare Gründe gibt, den Auftrag vor Ort zu vergeben. Die Vor-Ort-Vergabe kann z.B. erforderlich sein, um die Transportwege zu verkürzen oder unverhältnismäßige Transportkosten zu vermeiden. Außerdem kann durch die Einbindung der ortsansässigen Bevölkerung der Sicherungsaufwand der Einsatzkräfte reduziert und die Angreifbarkeit vermindert werden, weil keine im Einsatzland ausländischen Unternehmen geschützt werden müssen (vgl. Guidance Note, Defence- and security-specific Exclusions, a.a.O., S. 9). Ob und inwieweit auch „weiche" Einsatzerfordernisse von der Ausnahme erfasst werden, wird ggf. die Rechtsprechung entscheiden. Beispielsweise hat sich im Einsatz herausgestellt, dass es notwendig sein kann, speziellen ortsansässigen Unternehmen oder der ortsansässigen Bevölkerung Aufträge zukommen zu lassen. Neben der Versorgung und Alimentierung der Bevölkerung spielt dabei auch oftmals eine Rolle, über diese Aufträge Kontakt mit der einheimischen Bevölkerung herzustellen und Berührungsängste abzubauen. Keinesfalls darf diese Bestimmung dazu verwendet werden, das Vergaberecht zu umgehen. Dies wäre z.B. der Fall, wenn der Auftrag pro forma einer Firma im Einsatzland vergeben wird, die dann beispielsweise einen Subunternehmer aus der EU beauftragt. In dieser Konstellation wäre die Vergabe im Einsatzland nicht mehr durch Einsatzerfordernisse zu rechtfertigen. 26

Der **Gegenstand des Auftrags**, der unter Berufung auf die Ausnahmetatbestände vergeben werden kann, ist denkbar weit gefasst. Er umfasst explizit neben zivilen auch militärische Beschaffungen. Als zivile Beschaffungen gelten nichtmilitärische Produkte sowie Bau- oder Dienstleistungen für logistische Zwecke. Darunter fallen z.B. Leistungen im Bereich der Lagerung und Lagerhaltung, Transport- und Speditionsleistungen, Reinigungsleistungen, Instandsetzungsleistungen, Unterstützung im medizinischen Bereich, Bauleistungen im Bereich des Straßenbaus oder die Einrichtung von Feldlagern sowie der Einkauf von Waren und Gütern (z.B. Lebensmittel oder Treibstoff). 27

Dippel

E. Ausnahmetatbestände des Abs. 4
I. Besondere Verfahrensregeln bei internationalen Abkommen u.Ä.

28 Mit Abs. 4 werden die drei Ausnahmetatbestände des Art. 12 der Richtlinie 2009/81/EG umgesetzt. Sie sind den Ausnahmetatbeständen des Art. 15 der Richtlinie 2004/18/EG und des Art. 22 der Richtlinie 2004/17/EG ähnlich, wurden aber leicht abgeändert. Dementsprechend unterscheiden sich auch die jeweiligen Ausnahmetatbestände des § 100 Abs. 8 Nr. 4 bis 6 GWB leicht von den ähnlichen Bestimmungen des Abs. 4 Nr. 1 bis 3. Nachfolgend wird schwerpunktmäßig auf die Unterschiede eingegangen; hinsichtlich der grundsätzlichen Ausführungen wird auf die Kommentierung bei § 100 Abs. 8 GWB verwiesen (s. § 100 Rn. 113 ff.).

29 Im Kern wird durch Abs. 4 die Vergabe von Aufträgen außerhalb der Vergaberechts erlaubt, wenn sie aufgrund **besonderer Verfahrensregeln** vergeben werden, die auf einem internationalen Abkommen bzw. einer Vereinbarung beruhen oder durch eine internationale Organisation vergeben werden.

30 Diese Ausnahmetatbestände sind – wie die vergleichbaren Regelungen des § 100 Abs. 8 GWB zeigen – nicht auf den Bereich der Verteidigung und Sicherheit zugeschnitten. Die Aufnahme in den speziellen Katalog des § 100c wird zum einen dadurch gerechtfertigt, dass der Inhalt teilweise von den allgemeinen Ausnahmebestimmungen abweicht (BT-Drucks. 17/7275 vom 5.10.2011, S. 17). Zum anderen unterstreicht dies die besondere Bedeutung der internationalen Zusammenarbeit bei der Durchführung größerer Rüstungsprojekte. Diese soll erleichtert werden, wenn im Rahmen dieser Abkommen oder Vereinbarungen bzw. bei der Vergabe durch internationale Organisationen besondere Verfahrensregeln zur Vergabe der Aufträge vereinbart wurden.

31 Wegen der grundsätzlich gebotenen **engen Auslegung** der Ausnahmetatbestände muss auch der Begriff „**besondere Verfahrensregeln**" (Abs. 4 Einleitungssatz) restriktiv ausgelegt werden. Besondere Verfahrensregeln i.S.d. Abs. 4 setzen voraus, dass es sich um spezielle und detaillierte Verfahrensbestimmungen handelt, die speziell das Vergabeverfahren regeln und zumindest die wesentlichen Prinzipien und den Ablauf des Vergabeverfahrens vorgeben (vgl. Guidance Note, Defence- and security-specific Exclusions, a.a.O., S. 2). Damit ist nicht ausreichend, dass sich beispielsweise im Sinne einer Arbeitsaufteilung in einem Abkommen über die verschiedenen Arbeitspakete und Beschaffungsmaßnahmen geeinigt wird. Soweit nicht das Regularium für die Beschaffung selbst vereinbart wird, ist dies kein Fall der Ausnahmen von Abs. 4. Die Vertragspartner müssen dann – soweit die übrigen Voraussetzungen vorliegen – den Bedarf entsprechend dem Vergaberecht und der VSVgV vergeben.

II. Internationales Abkommen (Abs. 4 Nr. 1)

32 Der Ausnahmetatbestand des Abs. 4 Nr. 1 greift die Grundkonstellation des § 100 Abs. 8 Nr. 4 GWB auf, wonach Vergaben, die im Rahmen internationaler Abkommen auf der Grundlage besonderer Verfahrensregeln vergeben werden, von der Anwendung des Vergaberechts befreit sind (zu den allgemeinen Voraussetzungen s. § 100 Rn. 113). Mit der Vorschrift wird Art. 12 Buchst. a der Richtlinie 2009/81/EG umgesetzt.

33 Die Ausnahmevorschrift des Abs. 4 Nr. 1 enthält – anders als § 100 Abs. 8 Nr. 4 GWB – keine Beschränkung in Bezug auf den **Auftragsgegenstand**. Die Formulierung ist offen und nicht auf ein „von den Unterzeichnerstaaten gemeinsam zu verwirklichendes und zu tragendes Projekt" begrenzt.

34 Darüber hinaus müssen die **besonderen Verfahrensregeln** nach dieser Vorschrift nicht aus einem **internationalen Abkommen** stammen, sondern können sich auch aus einer **internationalen Vereinbarung** ergeben. Damit ist nicht unbedingt nötig, dass nationale Regierungen und Parlamente diese Abkommen ratifizieren. Unter den Begriff der internationalen Vereinbarung fallen z.B. auch Vereinbarungen zwischen den jeweils zuständigen Ministerien (BT-Drucks. 17/7275 vom 5.10.2011, S. 17). Ebenso muss es sich hinsichtlich der Rechtsnatur nicht um einen Vertrag handeln,

weshalb z.B. auch ein Memorandum of Understanding (MoU) umfasst ist (Guidance Note, Defence- and security-specific Exclusions, a.a.O., S. 3).

In jedem Fall muss das internationale Abkommen aber zwischen Staaten oder staatlichen Stellen geschlossen sein. Sind einer oder mehrere der Unterzeichner private oder öffentliche Unternehmen, greift die Ausnahmevorschrift nicht – auch wenn die Parteien des Abkommens als **Staatsunternehmen** durch den entsprechenden Staat kontrolliert werden (vgl. Guidance Note, Defence- and security-specific Exclusions, a.a.O., S. 3).

III. Truppenstationierungsabkommen (Abs. 4 Nr. 2)

Der Ausnahmetatbestand des Abs. 4 Nr. 2 betrifft – wie der für die allgemeinen Beschaffungsgegenstände einschlägige § 100 Abs. 8 Nr. 5 GWB – Aufträge im Zusammenhang mit Stationierungsabkommen. Die Bestimmung setzt Art. 12 Buchst. b der Richtlinie 2009/81/EG um.

Wie bei Abs. 4 Nr. 1 wurde auch hier die für die allgemeine Beschaffung geltende Ausnahmebestimmung dahingehend gelockert, dass bei Aufträgen im Zusammenhang mit Stationierungsabkommen nicht mehr nur ein internationales Abkommen erforderlich ist. Vielmehr genügt im Bereich der verteidigungs- und sicherheitsrelevanten Aufträge eine **internationale Vereinbarung**, womit z.B. ministerielle Vereinbarungen ausreichend sind.

IV. Internationale Organisationen (Abs. 4 Nr. 3)

Die Ausnahmebestimmung des Abs. 4 Nr. 3 greift bei der Vergabe von Aufträgen, die besonderen Verfahrensregeln unterliegen, die für eine internationale Organisation gelten, wenn diese für ihre Zwecke Beschaffungen tätigt oder wenn ein Mitgliedstaat Aufträge nach diesen Regeln vergeben muss. Die Bestimmung setzt Art. 12 Buchst. c der Richtlinie 2009/81/EG um.

Der Begriff „**internationale Organisation**" wird in der Richtlinie 2009/81/EG nicht definiert. Auch hier wird ein völkerrechtliches Begriffsverständnis anzulegen sein. Im Sicherheits- und Verteidigungsbereich fällt z.B. die NATO darunter.

Nach dem Wortlaut der Bestimmung greift sie nur ein, wenn die internationale Organisation den betreffenden Auftrag für ihre Zwecke vergibt. Im Umkehrschluss folgt, dass Vergaben, die eine internationale Organisation für Verwendungszwecke ihrer Mitglieder oder Dritter tätigt, nicht unter diese Ausnahmebestimmung fallen (BT-Drucks. 17/7275 vom 5.10.2011, S. 17). Ebenso kann ein Staat Aufträge nach diesen Regeln vergeben, die von der internationalen Organisation finanziert werden. Auch in diesem Fall muss die Auftragsvergabe zu Zwecken der internationalen Organisation erfolgen (vgl. Guidance Note, Defence- and security-specific Exclusions, a.a.O., S. 4).

§ 101 Arten der Vergabe

(1) Die Vergabe von öffentlichen Liefer-, Bau- und Dienstleistungsaufträgen erfolgt in offenen Verfahren, in nicht offenen Verfahren, in Verhandlungsverfahren oder im wettbewerblichen Dialog.

(2) Offene Verfahren sind Verfahren, in denen eine unbeschränkte Anzahl von Unternehmen öffentlich zur Abgabe von Angeboten aufgefordert wird.

(3) Bei nicht offenen Verfahren wird öffentlich zur Teilnahme, aus dem Bewerberkreis sodann eine beschränkte Anzahl von Unternehmen zur Angebotsabgabe aufgefordert.

(4) ¹Ein wettbewerblicher Dialog ist ein Verfahren zur Vergabe besonders komplexer Aufträge durch Auftraggeber nach § 98 Nummer 1 bis 3, soweit sie nicht auf dem Gebiet der Trinkwasser- oder Energieversorgung oder des Verkehrs tätig sind, und § 98 Nummer 5. ²In diesem Verfahren erfolgen eine Aufforderung zur Teilnahme und anschließend Verhandlungen mit ausgewählten Unternehmen über alle Einzelheiten des Auftrags.

(5) Verhandlungsverfahren sind Verfahren, bei denen sich der Auftraggeber mit oder ohne vorherige öffentliche Aufforderung zur Teilnahme an ausgewählte Unternehmen wendet, um mit einem oder mehreren über die Auftragsbedingungen zu verhandeln.

(6) ¹Eine elektronische Auktion dient der elektronischen Ermittlung des wirtschaftlichsten Angebotes. ²Ein dynamisches elektronisches Verfahren ist ein zeitlich befristetes ausschließlich elektronisches offenes Vergabeverfahren zur Beschaffung marktüblicher Leistungen, bei denen die allgemein auf dem Markt verfügbaren Spezifikationen den Anforderungen des Auftraggebers genügen.

(7) ¹Öffentliche Auftraggeber haben das offene Verfahren anzuwenden, es sei denn, auf Grund dieses Gesetzes ist etwas anderes gestattet. ²Auftraggebern stehen, soweit sie auf dem Gebiet der Trinkwasser- oder Energieversorgung oder des Verkehrs tätig sind, das offene Verfahren, das nicht offene Verfahren und das Verhandlungsverfahren nach ihrer Wahl zur Verfügung. ³Bei der Vergabe von verteidigungs- und sicherheitsrelevanten Aufträgen können öffentliche Auftraggeber zwischen dem nicht offenen Verfahren und dem Verhandlungsverfahren wählen.

Übersicht

A. Allgemeines	1–5
I. Funktion der Regelung	1
II. Inhalt der Regelung	2–5
1. Arten von Vergabeverfahren	2
2. Möglichkeiten zur Ausgestaltung des Verfahrens: Elektronische Auktion und dynamische elektronische Verfahren	3
3. Hierarchie der Vergabeverfahren	4
4. Anspruch auf Einhaltung der Verfahrensvorschriften	5
B. Die Vergabeverfahren	6–76
I. Übersicht	6–16
1. Vergabeverfahrensarten	6–8
2. Elektronische Durchführung von Verfahren	9–13
3. Besonderheiten im Sektoren- sowie im verteidigungs- und sicherheitsrelevanten Bereich	14
4. Wettbewerbsaspekte	15–16
II. Das offene Verfahren (Abs. 2)	17–28
1. Einführung	18–19
2. Verfahrensablauf	20–28
III. Das nicht offene Verfahren (Abs. 3)	29–34
1. Einführung	30
2. Anwendungsvoraussetzungen	31–32
3. Verfahrensablauf	33–34
IV. Der wettbewerbliche Dialog (Abs. 4)	35–62
1. Einführung	36–37
2. Anwendungsbereich	38–41
a) Personeller Anwendungsbereich	38
b) Sachlicher Anwendungsbereich	39–41
3. Konkurrenzen	42–44
a) Wettbewerblicher Dialog und offenes/nicht offenes Verfahren	42
b) Wettbewerblicher Dialog und Verhandlungsverfahren	43–44
4. Verfahrensablauf	45–62
a) Bekanntmachung und Auswahl der Dialogteilnehmer	46–50
b) Dialog	51–54
c) Mehrphasiger Dialog	55–56
d) Beendigung des Dialoges	57–58
e) Wertung, Zuschlag und Information	59–60
f) Kostenerstattung	61–62
V. Das Verhandlungsverfahren (Abs. 5)	63–76
1. Einführung	64–66
2. Anwendungsbereich	67–69
3. Verfahrensablauf	70–76
a) Teilnahmewettbewerb	71
b) Auftragsverhandlungen und Vertragsschluss	72–76
C. Besondere Gestaltungsformen der Vergabeverfahren: Die elektronische Auktion und das dynamische elektronische Verfahren (Abs. 6)	77–87

I. Die elektronische Auktion (Abs. 6 Satz 1) 77–79	2. Definition „dynamisches Beschaffungssystem" 82
1. Definition 77	3. Anwendungsbereich 83
2. Anwendungsbereich 78	4. Dynamische elektronische Beschaffung als besondere Ausgestaltungsform des offenen Verfahrens 84–87
3. Anwendungsmöglichkeiten 79	
II. Das dynamische elektronische Verfahren (Abs. 6 Satz 2) 80–87	
1. Einführung 81	D. Der Vorrang des offenen Verfahrens (Abs. 7) 88–91

A. Allgemeines

I. Funktion der Regelung

Für die Vergabe öffentlicher Aufträge stellt das Vergaberecht Regeln auf. Der öffentlichen Hand kommt bei der Beschaffung nur eine eingeschränkte Privatautonomie zu, sie ist sowohl hinsichtlich der grundsätzlichen Beschaffungsentscheidung als auch hinsichtlich der bei der Beschaffung zu beachtenden Regeln an besondere rechtliche Vorgaben gebunden: Die Beschaffungsentscheidung setzt aus haushaltsrechtlichen Gründen einen konkreten Beschaffungsbedarf voraus, der Ablauf des eigentlichen Beschaffungsvorgangs wiederum ist durch detaillierte Vergabeverfahrensvorschriften geregelt. § 101 kommt insofern insbesondere wegen der **abschließenden** Benennung der **zulässigen Vergabeverfahren** im engeren Sinn eine wegweisende Bedeutung für die weitere inhaltliche Ausgestaltung des Vergabeverfahrens auf Grundlage der Verordnungsermächtigung in § 97 Abs. 6 GWB zu. 1

II. Inhalt der Regelung

1. Arten von Vergabeverfahren

§ 101 enthält zunächst die grundlegenden Bestimmungen über die verschiedenen Verfahren zur Vergabe öffentlicher Aufträge (§ 99 GWB) durch öffentliche Auftraggeber (§ 98 GWB). Einzelheiten über den Verfahrensablauf sind § 101 nicht zu entnehmen, die Vorschrift beschränkt sich auf kurze **Definitionen** der unterschiedlichen Verfahrenstypen „offenes Verfahren", „nicht offenes Verfahren", „Verhandlungsverfahren" und „wettbewerblicher Dialog". Die detaillierten Verfahrensvorschriften, die größtenteils der Richtlinie 2004/18/EG (VKR) und der Richtlinie 2004/17/EG (SKR) entstammen, finden sich erst auf Ebene der Vergabeordnungen VOL/A, VOB/A und VOF (§ 3 EG VOL/A, § 3 EG VOB/A, § 3 VOF) bzw. der SektVO, die seit ihrem Inkrafttreten im Jahr 2009 die früheren Abschnitte 3 und 4 der VOL/A und der VOB/A ersetzt. Mit der Novellierung der Vergabeordnungen im Jahr 2009 und der Änderung der VgV im Jahr 2010 wurden aus Gründen der Vereinfachung und Anwenderfreundlichkeit die Bestimmungen über die Durchführung des wettbewerblichen Dialoges von der VgV (§ 6a VgV a.F.) in die VOL/A (§ 3 EG Abs. 7 VOL/A) und die VOB/A (§ 3a Abs. 4; seit 2012 geregelt in § 3 EG Abs. 7 VOB/A) überführt. In der VgV finden sich seither keine Bestimmungen mehr über das Vergabeverfahren im engeren Sinne, sondern lediglich noch allgemeine Verfahrensbestimmungen wie etwa zu den Schwellenwerten, zur Schätzung der Auftragswerte und zu ausgeschlossenen Personen. 2

2. Möglichkeiten zur Ausgestaltung des Verfahrens: Elektronische Auktion und dynamische elektronische Verfahren

Sowohl die elektronische Auktion als auch das dynamische elektronische Verfahren sind keine eigenständigen Verfahrensarten, sondern lediglich **Ausgestaltungsmöglichkeiten** des offenen Verfahrens, des nicht offenen Verfahrens und des Verhandlungsverfahrens. Die elektronische Auktion kann in alle drei genannten Verfahren integriert werden (s. Art. 54 Abs. 2 VKR, Art. 56 Abs. 2 SKR), wohingegen das dynamische elektronische Verfahren ausschließlich auf Grundlage des offenen Verfahrens durchzuführen ist (Art. 33 Abs. 2 VKR, Art. 15 Abs. 2 SKR). Die elektronische Auktion kann ihrerseits in ein dynamisches elektronisches Verfahren integriert werden (Art. 54 Abs. 2 VKR, Art. 56 Abs. 2 SKR). 3

Die „exklusive" Aufnahme dieser zwei Ausgestaltungsmöglichkeiten in die zentrale Verfahrensvorschrift ist inkonsequent, da es sich – ebenso wie beim Wettbewerb nach Art. 1 Abs. 11 VKR und

Art. 1 Abs. 10 SKR, der sich (ebenfalls systemwidrig) in § 99 Abs. 5 GWB als „Auslobungsverfahren" wiederfindet, oder bei der Rahmenvereinbarung nach § 32 VKR, Art. 14 SKR, die auf Ebene der Vergabeordnungen nur in die VOL/A (§ 4 EG VOL/A) aufgenommen wurde –, um keine eigenständigen Vergabeverfahren, sondern lediglich um gemeinschaftsrechtlich zulässige Ausformungen der in Abs. 1 bis 5 aufgeführten Verfahren handelt. Gleichwohl ist die gesetzliche Normierung dieser Verfahrensmodalitäten prinzipiell erforderlich gewesen, da diese so weit vom bisherigen Ablauf der in VKR und SKR vorgesehenen Vergabeverfahren abweichen, dass auch der Gemeinschaftsgesetzgeber ausdrücklichen Regelungsbedarf gesehen hat. Dementsprechend ist auch in der Rechtsprechung festgestellt worden, dass der Rückgriff auf derartige Verfahrensmodalitäten (hier: die Internet-Auktion) vor Umsetzung der entsprechenden Regelungen aus dem europäischen Sekundärrecht Unternehmen in ihren Rechten aus § 97 Abs. 7 GWB und Abs. 1 verletzt (VK Nordbayern vom 9.9.2008, 21.VK-3194-42/08). Mit der Neufassung des 4. Teils des GWB sind aber auch diese Verfahrensmodalitäten Teil des Vergaberechts geworden.

3. Hierarchie der Vergabeverfahren

4 § 101 übernimmt die im europäischen Vergaberecht für die öffentliche Auftragsvergabe außerhalb des Sektorenbereichs konzipierte Hierarchie der Vergabeverfahren nicht vollständig. Nach Art. 28 VKR vergeben öffentliche Auftraggeber Aufträge im Wege des offenen oder des nicht offenen Verfahrens. Unter besonderen Umständen können diese ihre öffentlichen Aufträge im Wege des wettbewerblichen Dialoges oder im Verhandlungsverfahren mit oder ohne Veröffentlichung einer Bekanntmachung vergeben. Der in **Abs. 7 Satz 1** statuierte **Vorrang des offenen Verfahrens** ist mithin eine Besonderheit des deutschen Rechts, in der VKR stehen sich offenes und nicht offenes Verfahren gleichberechtigt nebeneinander. Der Bundesgesetzgeber hat sich damit für eine besonders wettbewerbsfreundliche Umsetzung des europäischen Sekundärrechts entschieden.

Aber es gibt auch **Ausnahmen** vom Vorrang des offenen Verfahrens: Anders als die VKR erlaubt die SKR eine freie Wahl zwischen offenem Verfahren, nicht offenem Verfahren und Verhandlungsverfahren, s. Art. 40 Abs. 2 SKR. GWB (s. **Abs. 7 Satz 2**) und **SektVO** stehen hier im Gleichklang mit der SKR.

Eine Ausnahme gilt auch für den Bereich **verteidigungs- und sicherheitsrelevanter Vergaben**, wo das offene Verfahren nicht zur Verfügung steht, s. § 11 Abs. 1 VSVgV (für Liefer- und Dienstleistungsaufträge) und § 3 VS Abs. 1 VOB/A (für Bauaufträge). Diese Besonderheit geht darauf zurück, dass der verteidigungs- und sicherheitsrelevante Bereich in einer eigenständigen Richtlinie (Richtlinie 2009/81/EG des Europäischen Parlaments und des Rates vom 13. Juli 2009 über die Koordinierung der Verfahren zur Vergabe bestimmter Bau-, Liefer- und Dienstleistungsaufträge in den Bereichen Verteidigung und Sicherheit und zur Änderung der Richtlinien 2004/17/EG und 2004/18/EG, ABl. L 216 vom 20.8.2009, S. 76) geregelt worden ist, welche das offene Verfahren nicht vorsieht, s. dort Art. 25. Insoweit bestimmt **Abs. 7 Satz 3** die Wahl zwischen dem nicht offenen Verfahren und dem Verhandlungsverfahren.

4. Anspruch auf Einhaltung der Verfahrensvorschriften

5 Gemäß § 97 Abs. 7 GWB haben Unternehmen einen **Anspruch** darauf, dass der Auftraggeber die Bestimmungen über das Vergabeverfahren einhält. Die Vergabe von Aufträgen im Anwendungsbereich des 4. Teils des GWB erfolgt ausschließlich nach Maßgabe der Bestimmungen des § 101 und der in der SektVO, VSVgV sowie den Vergabeordnungen (Abschnitt 2 der VOL/A und VOB/A, VOF) präzisierten Verfahrensvorschriften. Der Anspruch erstreckt sich sowohl auf die Auswahl des richtigen Verfahrenstyps als auch auf die Einhaltung der jeweils anzuwendenden bieterschützenden Verfahrensbestimmungen. Verstöße gegen diese Auftraggeberpflichten können im Nachprüfungsverfahren nach §§ 102 ff. GWB angegriffen und korrigiert werden (s. § 97 Rn. 194 ff.). Voraussetzung für die Überprüfung der Einhaltung der Verfahrensvorschriften ist ein transparentes Vergabeverfahren (s. § 97 Rn. 78 ff.). Entsprechende ausführliche Dokumentationspflichten (s. § 97 Rn. 88 ff.) sind daher immer zwingend zu beachten (s. z.B. § 20 EG VOB/A).

B. Die Vergabeverfahren

I. Übersicht

1. Vergabeverfahrensarten

Die Vergabe von öffentlichen Liefer-, Bau- und Dienstleistungsaufträgen erfolgt gemäß Abs. 1 in offenen Verfahren, in nicht offenen Verfahren, in Verhandlungsverfahren oder im wettbewerblichen Dialog. Notwendige Voraussetzung für die Einleitung eines Vergabeverfahrens ist die vorherige Beschaffungsentscheidung des öffentlichen Auftraggebers sowie die hinreichende Präzisierung des Auftragsgegenstands. Insofern kann im Vorfeld unter Rückgriff auf einen „technischen Dialog" eine Stellungnahme eingeholt werden, die bei der Erstellung der Verdingungsunterlagen verwendet wird, vorausgesetzt, dass diese Stellungnahme den Wettbewerb nicht ausschaltet (s. Erwägungsgründe 15 VKR, 8 SKR). 6

Die Vorschrift des Abs. 1 enthält eine Auflistung der vier in den europäischen Vergaberichtlinien VKR und SKR abschließend aufgeführten Verfahrenstypen; die mit den Richtlinientexten übereinstimmende Begrifflichkeit signalisiert den Willen des Bundesgesetzgebers zur richtlinienkonformen Umsetzung des europäischen Vergaberechts. Sie beschränkt sich auf die Bezeichnung der zugelassenen Verfahren, bringt aber auch zum Ausdruck, dass alternativ denkbare Verfahren für die Vergabe von Aufträgen im Anwendungsbereich des 4. Teils des GWB nicht vorgesehen und damit auch nicht zugelassen sind (zur abschließenden Definition der Vergabeverfahren in § 101 s. RegE VergÄndG, BT-Drucks. 13/9340, S. 15). 7

Die Beschränkung auf formalisierte Vergabeverfahren einschließlich der insoweit bestehenden teilweise restriktiven Anwendungsvorschriften dient in allererster Linie der Gewährleistung der in § 97 GWB aufgeführten Grundsätze des Wettbewerbs, der Transparenz und der Gleichbehandlung und ist aus europäischer Perspektive ein notwendiges Mittel zur Marktöffnung. Freiräume zur Schöpfung neuer Verfahren würden diese Ziele konterkarieren. 8

2. Elektronische Durchführung von Verfahren

Die technische Durchführung von Vergabeverfahren ist in den vergangenen Jahren durch die Möglichkeit der Verwendung elektronischer Kommunikationsmittel erheblich erleichtert worden. Nach der Legaldefinition des Gemeinschaftsgesetzgebers ist ein Verfahren „elektronisch", bei dem elektronische Geräte für die Verarbeitung (einschließlich digitaler Kompression) und Speicherung von Daten zum Einsatz kommen und bei dem Informationen über Kabel, über Funk, mit optischen Verfahren oder mit anderen elektromagnetischen Verfahren übertragen, weitergeleitet und empfangen werden (Art. 1 Abs. 13 VKR). Die Option der elektronischen Durchführung von Vergabeverfahren findet sich mittlerweile in allen Vergabeordnungen (§ 16 EG Abs. 1 VOL/A, § 13 EG Abs. 1 VOB/A, § 8 Abs. 1 VOF); dies gilt auch ausdrücklich hinsichtlich der ausschließlichen Zulassung elektronischer Angebote; dies hat der Gemeinschaftsgesetzgeber durch die Neuregelung der Vorschriften über Mitteilungen in § 42 Abs. 1 VKR ausdrücklich zugelassen. 9

Die Nutzung dieser Technologien ist in allen in Abs. 1 genannten Verfahren zulässig. Die für die elektronische Übermittlung verwendeten Mittel und ihre technischen Merkmale dürfen aber keinen diskriminierenden Charakter haben und müssen allgemein zugänglich sowie mit den allgemein verbreiteten Erzeugnissen der Informations- und Kommunikationstechnologie kompatibel sein. Soweit möglich, sollten das gewählte Mittel und die gewählte Technologie mit den in den anderen Mitgliedstaaten verwendeten Technologien deshalb kompatibel sein (s. hierzu Erwägungsgrund 35 VKR, Art. 42 Abs. 2 VKR). 10

Der Gemeinschaftsgesetzgeber hat aus diesem Grund besondere Anforderungen an die **Geräte** formuliert, die für den elektronischen Empfang der Anträge auf Teilnahme und der Angebote verwendet werden (Anhang X der VKR, umgesetzt z.B. in Anhang II der VOL/A und VOF, Anhang I der VOB/A). Danach müssen die Geräte gewährleisten, dass 11

- für die Angebote eine elektronische Signatur verwendet werden kann,
- Tag und Uhrzeit des Eingangs der Teilnahmeanträge oder Angebote genau bestimmbar sind,
- ein Zugang zu den Daten nicht vor Ablauf des hierfür festgesetzten Termins erfolgt,
- bei einem Verstoß gegen das Zugangsverbot der Verstoß sicher festgestellt werden kann,
- ausschließlich die hierfür bestimmten Personen den Zeitpunkt der Öffnung der Daten festlegen oder ändern können,
- der Zugang zu den übermittelten Daten nur möglich ist, wenn die hierfür bestimmten Personen gleichzeitig und erst nach dem festgesetzten Zeitpunkt tätig werden, und
- die übermittelten Daten ausschließlich den zur Kenntnisnahme bestimmten Personen zugänglich bleiben.

12 Diese Vorgaben gelten auch dann, wenn im Rahmen der vier in Abs. 1 genannten Vergabeverfahren ein per definitionem elektronisches Verfahren wie die elektronische Auktion oder ein elektronisches dynamisches Verfahren durchgeführt wird.

13 Mit der Durchführung der Vergabeverfahren als elektronische Verfahren ergibt sich die Möglichkeit zur Verkürzung der Verfahrensdauer (s. hierzu die Fristkürzungsregelungen in § 12 EG Abs. 6 VOL/A, § 10 EG Abs. 1 Nr. 3 und 4, Abs. 2 Nr. 2 und 5 VOB/A, § 7 Abs. 1 VOF). Damit dient die Nutzung elektronischer Kommunikationsformen nicht nur der Reduzierung des Verfahrensaufwands, sondern auch der Beschleunigung des Beschaffungsverfahrens.

3. Besonderheiten im Sektoren- sowie im verteidigungs- und sicherheitsrelevanten Bereich

14 Der Gemeinschaftsgesetzgeber hat bezüglich der Anwendung der in Abs. 1 genannten Verfahren zwischen Aufträgen im und außerhalb des Sektorenbereichs differenziert. Nach Art. 40 SKR stehen bei der Vergabe von Aufträgen im Sektorenbereich nur das offene Verfahren, das nicht offene Verfahren und das Verhandlungsverfahren zur Verfügung (s. § 6 SektVO). Der wettbewerbliche Dialog steht als Verfahren ausschließlich den in Abs. 4 Satz 1 bezeichneten Auftraggebern zur Verfügung. Im verteidigungs- und sicherheitsrelevanten Bereich, nunmehr in der VSVgV geregelt, sind lediglich das nicht offene Verfahren, das Verhandlungsverfahren und der wettbewerbliche Dialog vorgesehen.

4. Wettbewerbsaspekte

15 Wie den Definitionen der Vergabeverfahren in den dem Abs. 1 nachfolgenden Absätzen zu entnehmen ist, besteht zwischen den Verfahrensarten ein erhebliches Gefälle hinsichtlich der Teilnahmechancen von Unternehmen. Während im offenen Verfahren keine Einschränkungen des potenziellen Bieterkreises bestehen, werden im nicht offenen Verfahren, im wettbewerblichen Dialog und auch im Regelfall des Verhandlungsverfahrens Teilnahmewettbewerbe vorgeschaltet, auf deren Grundlage der Auftraggeber Unternehmen aussucht, die zur Angebotsabgabe aufgefordert werden, bzw. mit denen Auftragsverhandlungen durchgeführt werden. Im Verhandlungsverfahren kann unter bestimmten, in den Vergabeordnungen nach Maßgabe der europäischen Vergaberichtlinien definierten Voraussetzungen sogar gänzlich auf einen Teilnahmewettbewerb verzichtet werden.

16 Dieser **Abstufung des Wettbewerbs durch die Verfahrenswahl** hat der Gemeinschaftsgesetzgeber durch die Schaffung ausgesprochen restriktiver Regeln für die Anwendung des wettbewerblichen Dialoges und des Verhandlungsverfahrens Rechnung getragen, welche sich im deutschen Vergaberecht auf Ebene der Vergabeordnungen wiederfinden. Aus wettbewerblicher Sicht inkonsequent ist die Gleichrangigkeit von offenem und nicht offenem Verfahren in der VKR; diese wurde allerdings vom Bundesgesetzgeber durch die Regelung des Vorrangs des offenen Verfahrens in Abs. 7 korrigiert (Rn. 4, 88 ff.).

II. Das offene Verfahren (Abs. 2)

Offene Verfahren sind nach Abs. 2 Verfahren, in denen eine unbeschränkte Anzahl von Unternehmen öffentlich zur Abgabe von Angeboten aufgefordert wird.

17

1. Einführung

Das in § 101 an erster Stelle angeführte offene Verfahren ist unter Ausnahme des Sektorenbereichs im deutschen Vergaberecht als **Regelverfahren** vorgesehen (s. im Einzelnen Rn. 88 ff.). Es eröffnet einer **unbeschränkten Anzahl von Unternehmen** die Möglichkeit, sich auf öffentlich bekannt gemachte Aufträge durch die Abgabe von Angeboten unmittelbar am Vergabewettbewerb zu beteiligen. Das offene Verfahren entspricht – so formuliert noch § 3a Abs. 1 VOB/A a.F. – der **öffentlichen Ausschreibung**. Dies ist zwar vom Grundsatz her richtig, da die prägenden Charakteristika der Verfahren wie die Fokussierung auf feststehende, nicht mehr verhandelbare Angebote und das Fehlen quantitativer Teilnahmerestriktionen übereinstimmen. Das offene Verfahren unterscheidet sich aber dennoch nicht unerheblich von der öffentlichen Ausschreibung, als Ersteres hinsichtlich der Ausgestaltung und des Ablaufs des Verfahrens abweichenden bzw. zusätzlichen Regeln unterliegt, so etwa hinsichtlich der Bekanntmachung, der Fristen und der Wertung von Angeboten. Die wesentlichen Merkmale des Verfahrens, d.h. die Publizität und der Verzicht auf Beschränkungen hinsichtlich des Teilnehmerkreises, machen es zu dem Verfahren, das den Grundsätzen des Wettbewerbs, der Transparenz und der Gleichbehandlung am nächsten kommt. Die im Jahr 2012 neu gefasste VOB enthält daher diesen irreführenden Hinweis nicht mehr.

18

Die Regelung in Abs. 2 beschränkt sich auf eine Beschreibung der wesentlichen Charakteristika des Verfahrens, die Einzelheiten des Verfahrens sind auf Grundlage der Ermächtigung in § 97 Abs. 6 GWB durch Rechtsverordnung (VgV, SektVO und VSVgV sowie die durch die VgV in Bezug genommenen Vergabeordnungen) geregelt. Auf der Ebene der VgV finden sich allerdings keine auf eine spezielle Verfahrensart bezogenen Regelungskomplexe, so dass die Einzelheiten des Verfahrensablaufs den jeweils einschlägigen Einzelregelungen der VOL/A, VOB/A und SektVO entnommen werden müssen. Das offene Verfahren findet sich in der VOF nicht wieder, da im Hinblick auf die dort adressierten planerischen und konzeptionellen Leistungen von den Teilnehmern keine zuschlagsfähigen Angebote erwartet werden können, weil mit einer derartigen Anforderung die Erfüllung des Auftrags oder doch zumindest die Erbringung einer wesentlichen Teilleistung quasi zur Bedingung der Teilnahme am Vergabeverfahren gemacht würde. Wesentliche gesetzgeberische Ziele des offenen Verfahrens, insbesondere der uneingeschränkte Wettbewerb und die Marktöffnung, finden sich hingegen mittelbar in dem in der VOF vorgesehenen Wettbewerb (§§ 15 ff.) wieder, sofern er als offener Wettbewerb ausgelobt wird. Auch die VSVgV enthält keine Option zur Wahl des offenen Verfahrens. Der häufig sensible Beschaffungsgegenstand sowie die eingeschränkte Zahl an potenziell auf diesem Markt tätigen Unternehmen lassen eine solche Einschränkung zu.

19

2. Verfahrensablauf

Der Ablauf des offenen Verfahrens ist in den europäischen Vergaberichtlinien vorgezeichnet und findet sich inhaltlich übereinstimmend in der VOL/A und der VOB/A sowie der SektVO wieder. Zusätzliche Regelungen entstammen den Verfahrensregeln der öffentlichen Ausschreibung, die sich in Deutschland bereits lange vor Erlass der europäischen Vergaberichtlinien als haushaltsrechtliche Regelung etabliert hat. Die deutschen Vergabevorschriften folgen hinsichtlich der Chronologie der Regelungen – auch in den die Vergabepraxis primär interessierenden Vergabeordnungen – der Chronologie des Vergabeverfahrens nur partiell, so dass der Rechtsanwender sich regelmäßig geeigneter Hilfsmittel bedienen muss, um die für den einzelnen Verfahrensschritt relevanten Regelungen aufzufinden.

20

Das offene Verfahren ist vom Ablauf her das **am stärksten formalisierte Vergabeverfahren**. Dies macht es weniger anfällig für Manipulationen und Korruption, erhöht jedoch zumindest potenziell die Fehleranfälligkeit. Dem hat der Gesetzgeber mit der Einführung von Präqualifikationssystemen

21

und weit effizienter noch mit durch die Zulassung von Eigenerklärungen zum Nachweis der Eignung von Unternehmen entgegengewirkt (s. im Einzelnen § 97 Rn. 176 ff.).

22 Das offene Verfahren lässt sich grob in wenige **Einzelschritte** aufteilen: Mit einer Bekanntmachung des Auftrags werden die interessierten Unternehmen aufgefordert, Angebote abzugeben. Nach Eingang der Angebote werden diese geprüft und gewertet, anschließend erfolgt der Zuschlag.

23 Das förmliche Verfahren **beginnt** mit der **Veröffentlichung einer Ausschreibung** (ggf. nach einer veröffentlichten Vorinformation, § 15 EG VOL/A, § 12 EG Abs. 1 VOB/A. Die insoweit erforderlichen Angaben (zu verwenden sind hierfür die vorgeschriebenen Bekanntmachungsmuster [Standardformulare]; diese können unter http://simap.europa.eu abgerufen und bearbeitet werden) setzen voraus, dass der Auftraggeber bereits vor der Veröffentlichung eine Reihe von Festlegungen nach Maßgabe der einschlägigen vergaberechtlichen Vorschriften getroffen hat: Dies gilt nicht nur hinsichtlich der Auftragsbeschreibung, sondern auch bezüglich der Frage, ob der Auftrag einheitlich oder aufgeteilt in Lose vergeben werden soll (§ 2 EG Abs. 2 VOL/A, § 5 EG VOB/A). Zur Regelung in der VOB/A vgl. die Erläuterung zu § 97 Abs. 3 GWB (§ 97 Rn. 24 ff.) wie auch für die Bestimmung der für den Auftrag erforderlichen Eignungsvoraussetzungen auf Grundlage der entsprechenden Regelungen der Vergabeordnungen (§§ 6, 7 EG VOL/A, § 6 EG VOB/A, §§ 4, 5 VOF) bzw. der SektVO (§§ 20, 21 SektVO), da diese – anders als die Leistungsbeschreibung und die Gewichtung oder Rangfolge der Zuschlagskriterien – bereits in die Bekanntmachung aufgenommen werden müssen; in diesem Verfahrensstadium reicht die Angabe aus, dass der Zuschlag auf das wirtschaftlich günstigste Angebot erteilt wird; eine Zuschlagsentscheidung auf Grundlage des niedrigsten Preises scheidet aufgrund der Regelung in § 97 Abs. 5 GWB aus.

24 Auch die **Vergabeunterlagen** sollten, um Verfahrensverzögerungen zu vermeiden, zum Zeitpunkt der Bekanntmachung fertiggestellt sein. Diese umfassen alle Angaben, die erforderlich sind, um eine Entscheidung zur Teilnahme am Vergabeverfahren oder zur Angebotsabgabe zu ermöglichen (s. § 9 EG VOL/A, § 8 EG VOB/A). Sie bestehen in der Regel aus dem Anschreiben (Aufforderung zur Angebotsabgabe oder Begleitschreiben für die Abgabe der angeforderten Unterlagen), der Beschreibung der Einzelheiten der Durchführung des Verfahrens (Bewerbungsbedingungen), einschließlich der Angabe der Zuschlagskriterien und deren Gewichtung, sofern nicht in der Bekanntmachung bereits genannt, und den Vertragsunterlagen, die aus Leistungsbeschreibung und Vertragsbedingungen bestehen.

25 An die **Leistungsbeschreibung** werden wegen der erforderlichen Vergleichbarkeit der Angebote und der Gleichbehandlung der Bieter besondere Anforderungen gestellt. Insbesondere ist die Leistung **eindeutig und erschöpfend** zu beschreiben, so dass alle Bewerber die Beschreibung im gleichen Sinne verstehen müssen (§ 8 EG Abs. 1 VOL/A, § 7 EG Abs. 1 VOB/A). Zu entscheiden ist, inwieweit eine Aufteilung in Lose geboten ist (s. hierzu § 97 Rn. 121 ff., 131 ff.). Ebenso muss festgelegt werden, ob eine einheitliche Vergabe möglich ist oder ob ausnahmsweise eine funktionale Ausschreibung zweckmäßig ist. In die Leistungsbeschreibung müssen auch, soweit eine Berücksichtigung „vergabefremder" Kriterien beabsichtigt ist, die entsprechenden zusätzlichen Anforderungen an Auftragnehmer aufgenommen werden, die insbesondere soziale, umweltbezogene oder innovative Aspekte betreffen, wenn sie im sachlichen Zusammenhang mit dem Auftragsgegenstand stehen und sich aus der Leistungsbeschreibung ergeben (§ 97 Rn. 164 ff.). Spätestens in den Vergabeunterlagen ist auch eine Aussage zur Zulassung von Nebenangeboten zu treffen, andernfalls sind diese zwingend ausgeschlossen (s. § 9 EG VOL/A, § 8 EG VOB/A). Auf die fortlaufende Verpflichtung zur zeitnahen Dokumentation des Verfahrens ist zu achten (s. § 24 EG VOL/A, § 20 EG VOB/A).

26 Erst **anschließend** erfolgt die **Versendung der Vergabeunterlagen** mit der Aufforderung zur Angebotsabgabe innerhalb der vorgesehenen Fristen.

27 Bei der **nachfolgenden Prüfung und Wertung der eingegangenen Angebote** sind nach **Öffnung der Angebote** im Eröffnungstermin (§ 17 EG VOL/A, § 14 EG VOB/A) und ggf. einer Aufklärung des Angebotsinhalts (§ 18 EG VOL/A, § 15 EG VOB/A) sowohl persönlich bzw. sachlich ungeeignete Bieter (s. § 7 EG VOL/A, § 6 EG VOB/A) als auch Angebote mit inhaltlichen und formellen

Mängeln (s. § 19 EG Abs. 3, 4 VOL/A, § 16 EG Abs. 1 VOB/A) auszuschließen. Anschließend ist zu überprüfen, ob Angebote wegen unangemessen hoher oder niedriger Preise auszuschließen sind (§ 19 EG Abs. 6 VOL/A, § 16 EG Abs. 6 VOB/A). Die verbliebenen Angebote sind anschließend aufgrund der vorab festgelegten Zuschlagskriterien und ihrer Gewichtung zu werten.

Vor Erteilung des Zuschlags sind grundsätzlich zur Erfüllung der in § 101a vorgeschriebenen **Informations- und Wartepflicht** die nicht berücksichtigten Bewerber und Bieter zu informieren, ein Vertrag darf erst 15 Tage nach Absendung der Information geschlossen werden (s. auch die insoweit gleichlautenden Bestimmungen in den Vergabeordnungen, so etwa § 19 EG Abs. 2 VOB/A). Verstöße gegen diese Verpflichtung können im Nachprüfungsverfahren angegriffen werden und zur Unwirksamkeit des Vertrages führen (s. im Einzelnen die Kommentierungen zu § 101a GWB und § 101b GWB).

Anschließend ist grundsätzlich der **Zuschlag** (§ 21 EG VOL/A, § 18 EG VOB/A) – auf das wirtschaftlichste Angebot – zu erteilen. Nach Erteilung des Zuschlags sind nicht berücksichtigte Bieter zu **benachrichtigten** (§ 22 EG VOL/A, § 19 EG VOB/A), die Auftragserteilung ist im Supplement zum EU-Amtsblatt bekannt zu machen (§ 22 EG VOL/A, § 18 EG Abs. 3 VOB/A). 28

Das Verfahren kann ausnahmsweise auch durch **Aufhebung beendet** werden, etwa wenn kein Angebot eingegangen ist, das den Ausschreibungsbedingungen entspricht, die Vergabeunterlagen grundlegend geändert werden müssen oder andere schwerwiegende Gründe bestehen, s. z.B. § 17 EG Abs. 1 VOB/A (vgl. auch § 97 Rn. 117 ff., 187).

III. Das nicht offene Verfahren (Abs. 3)

Bei nicht offenen Verfahren wird gemäß Abs. 3 öffentlich zur Teilnahme, aus dem Bewerberkreis sodann eine beschränkte Anzahl von Unternehmen zur Angebotsabgabe aufgefordert. 29

1. Einführung

Das nicht offene Verfahren unterscheidet sich strukturell ganz erheblich vom offenen Verfahren. Anders als das offene Verfahren ist das nicht offene Verfahren in **zwei Stufen** unterteilt, nämlich in den **Teilnahmewettbewerb** und in das sich anschließende **Angebotsverfahren**. Der Teilnahmewettbewerb dient der Reduzierung der Teilnehmerzahl im anschließenden Angebotsverfahren. Aufgrund des Vorrangs des offenen Verfahrens nach Abs. 7 enthalten VOL/A und VOB/A Einschränkungen in Bezug auf die Anwendbarkeit dieses Verfahrenstyps (Rn. 88 ff.). Das nicht offene Verfahren ist wegen des engen Teilnehmerkreises in der Stufe des Angebotsverfahrens besonders anfällig für Kartellabsprachen und Submissionsbetrug. Der Bundesrechnungshof ist sich deshalb mit den Rechnungshöfen der Länder einig darüber, dass als wesentliche Maßnahme zur Korruptionsabwehr die öffentliche Ausschreibung möglichst auch in den Fällen gewählt werden sollte, in denen eine beschränkte Ausschreibung zulässig wäre (Schriftenreihe des Bundesbeauftragten für Wirtschaftlichkeit in der Verwaltung, Band 7, Hochbau des Bundes – Wirtschaftlichkeit bei Baumaßnahmen, Empfehlungen des Präsidenten des Bundesrechnungshofes als Bundesbeauftragter für Wirtschaftlichkeit in der Verwaltung für die wirtschaftliche Verwendung von Zuwendungen des Bundes für Hochbaumaßnahmen, 2. Aufl. 2003, S. 101). Auch die quantitativ erhebliche Einschränkung des Wettbewerbs verhindert die effiziente Nutzung des Marktpotenzials. Der Bundesrechnungshof hat insofern darauf hingewiesen, dass nur die öffentliche Ausschreibung einen uneingeschränkten Wettbewerb und insoweit eine wirtschaftliche und sparsame Verwendung der Haushaltsmittel aufgrund günstiger Angebotsergebnisse gewährleistet (Bundesrechnungshof, a.a.O., S. 56). 30

2. Anwendungsvoraussetzungen

Die Anwendungsvoraussetzungen des nicht offenen Verfahrens sind auf Ebene der Vergabeordnungen geregelt. Als Ausnahmeverfahren (mit Ausnahme des Sektoren- sowie des verteidigungs- und sicherheitsrelevanten Bereichs nach SektVO und VSVgV) ist es nur unter besonderen Voraussetzungen anwendbar. Ein nicht offenes Verfahren ist beispielsweise nach § 3 EG Abs. 2 VOL/A zulässig, wenn 31

- die Leistung nach ihrer Eigenart nur von einem beschränkten Kreis von Unternehmen in geeigneter Weise ausgeführt werden kann, besonders wenn außergewöhnliche Eignung (§ 2 EG Abs. 1 Satz 1 VOL/A) erforderlich ist,
- das offene Verfahren für den Auftraggeber oder die Bewerber einen Aufwand verursachen würde, der zu dem erreichbaren Vorteil oder dem Wert der Leistung im Missverhältnis stehen würde,
- ein offenes Verfahren kein wirtschaftliches Ergebnis gehabt hat,
- ein offenes Verfahren aus anderen Gründen unzweckmäßig ist.

32 Die Regelung stimmt inhaltlich weitgehend mit § 3 EG Abs. 3 VOB/A überein. Aufgrund der Verpflichtung der öffentlichen Auftraggeber zur wirtschaftlichen Beschaffung, welche sich optimal durch die Anwendung des offenen Verfahrens realisieren lässt, sind die **Ausnahmetatbestände eng auszulegen**. § 2 EG Abs. 1 Satz 2 VOL/A stellt klar, dass es sich um „begründete Ausnahmefälle" handeln muss. Insbesondere an das Vorliegen einer „Unzweckmäßigkeit aus anderen Gründen" sind hohe Anforderungen zu stellen, diese muss sich objektiv aus der Eigenart der Leistung ergeben (*Haach/Reimnitz*, in: Willenbruch/Bischof, Kompaktkommentar Vergaberecht, § 3 VOB/A Rn. 42).

3. Verfahrensablauf

33 Das nicht offene Verfahren unterscheidet sich vom offenen Verfahren hinsichtlich des vorgeschalteten **Teilnahmewettbewerbs**, der der Auswahl der Unternehmen dient, die zur Abgabe eines Angebots aufgefordert werden sollen.

Der Teilnahmewettbewerb **beginnt** mit einer Veröffentlichung. Zu verwenden sind die hierfür vorgeschriebenen Bekanntmachungsmuster (Standardformulare), die unter http://simap.europa.eu abgerufen und bearbeitet werden können. Nach Eingang der Teilnahmeanträge müssen unter den geeigneten Bewerbern diejenigen ausgewählt werden, die zur Abgabe eines Angebots aufgefordert werden sollen. Die Anzahl der zur Angebotsabgabe aufzufordernden Bewerber beträgt hierbei mindestens fünf, soweit eine ausreichende Zahl von Teilnehmern vorhanden ist (§ 3 EG Abs. 5 VOL/A, § 6 EG Abs. 2 VOB/A, Art. 44 Abs. 3 VKR). Grundsätzlich hat der Auftraggeber im nicht offenen Verfahren vorab transparent zu machen, welche Aspekte er bei der Auswahl der Bewerber heranziehen will, damit sich die Bewerber darauf einstellen können (OLG München vom 11.4.2013, Verg 03/13).

Mit der Pflicht des Auftraggebers, die Eignung der am Auftrag interessierten Unternehmen zu prüfen, korrespondiert das Recht, die **Vorlage von Eignungsnachweisen** zu fordern. Der öffentliche Auftraggeber darf von den Bewerbern oder Bietern die Vorlage von Angaben, Bescheinigungen oder Nachweisen verlangen, die durch den Gegenstand des ausgeschriebenen Auftrags gerechtfertigt erscheinen. Entscheidend ist, ob aus verständiger Sicht der Vergabestelle ein berechtigtes Interesse an den in der Ausschreibung aufgestellten Forderungen besteht, so dass diese als sachlich gerechtfertigt und verhältnismäßig erscheinen und den Bieterwettbewerb nicht unnötig einschränken. Ob ein Auftraggeber ein berechtigtes Interesse an einer geforderten Erklärung hat, hängt von seiner für die Vergabekammer nur eingeschränkt überprüfbaren Einschätzungsprärogative ab (VK Südbayern vom 7.2.2013, Z3-3-3194-1-67-12/12; *Weyand*, ibr-online-Kommentar Vergaberecht, Stand 26.11.2012, § 5 VOF Rn. 11 f.).

Erfüllen mehr Bewerber die Eignungsanforderungen als zur Angabe eines Angebots aufgefordert werden sollen, muss der Auftraggeber eine Auswahl treffen, bei der wiederum die Eignung der Bewerber zu beurteilen ist. Dies lässt sich nur durch die Aufstellung einer Rangfolge bewerkstelligen, in der die Eignung bewertet wird. Hierzu wird in der Praxis regelmäßig eine Matrix erstellt, in welche die Bewertung der Eignung der Bewerber im Rahmen einer Punktebewertung oder nach Prozentpunkten aufgenommen wird. Eine Bewertung der Eignungsmerkmale hat zwangsläufig eine subjektive Komponente. Zwar steht dem Auftraggeber deshalb bei der Auswahlentscheidung ein weiter Beurteilungsspielraum zu, der von den Nachprüfungsinstanzen nur eingeschränkt überprüfbar ist. Dieser wird allerdings durch die allgemeinen Grundsätze des Vergaberechts, insbesondere den Transparenzgrundsatz (§ 97 Rn. 78 ff.), begrenzt. Der Beurteilungsspielraum ist dort überschritten, wo der Auftraggeber seine Auswahlentscheidung ohne Berücksichtigung aller bekanntgegebenen Kriterien getroffen hat. Im Hinblick auf einen transparenten und chancengleichen Wettbewerb ist der Auftraggeber an die von ihm bekanntgegebenen Auswahlkriterien gebunden, d.h., er darf hiervon nicht im Nachhinein abweichen, indem er bei seiner Entscheidung andere als die genannten Kriterien berücksichtigt. Dies bedeutet im Umkehrschluss, dass alle bekanntgegebenen Kriterien bei der Auswahlentscheidung zwingend beachtet werden müssen.

Hauptziel der Verfahrensbestimmungen zum Teilnahmewettbewerb ist es, diesen zu **objektivieren** und ihn somit **diskriminierungsfrei** auszugestalten. Eine willkürliche Auswahl der Teilnehmer wäre auch insbesondere mit dem Wettbewerbsgrundsatz (§ 97 Rn. 60 ff.) unvereinbar. Aus diesem Grund sehen die Vergabeordnungen (so z.B. die VOB/A in § 6 EG Abs. 2 Nr. 4) hinsichtlich der Begrenzung der Teilnehmerzahl vor, dass der Auftraggeber in der Bekanntmachung die von ihm vorgesehenen objektiven und nichtdiskriminierenden, auftragsbezogenen Kriterien, die vorgesehene Mindestzahl und ggf. auch die Höchstzahl an einzuladenden Bewerbern angeben muss. Die Entscheidung des Auftraggebers, wie viele und welche Bewerber er zur Angebotsabgabe auffordert, muss auf sachlichen und nachvollziehbaren Erwägungen beruhen. Sind solche Gründe nicht ersichtlich, insbesondere weder im Rahmen eines Vergabevermerks dokumentiert noch im Verfahren dargelegt, hat der Auftraggeber sein Auswahlermessen nicht ordnungsgemäß ausgeübt (BayObLG vom 20.4.2005, Verg 26/04). 34

Die Auftraggeber wählen anhand der mit den **Teilnahmeanträgen** vorgelegten oder durch die Bewerber elektronisch verfügbar gemachten Unterlagen unter den Bewerbern, die den Anforderungen an Fachkunde, Leistungsfähigkeit und Zuverlässigkeit entsprechen, diejenigen aus, die sie gleichzeitig und unter Beifügen der Vergabeunterlagen in Textform auffordern, in einem nicht offenen Verfahren ein Angebot einzureichen (s. etwa § 10 EG VOL/A). Dass bei der Auswahl der Teilnehmer die Grundsätze des Vergaberechts – hier insbesondere der Grundsatz der Nichtdiskriminierung – zu beachten ist, ergibt sich bereits aus § 2 EG VOL/A und § 2 EG VOB/A. Die Einhaltung dieser Vorgaben wird durch die Verpflichtung zur Dokumentation des Verfahrens (§ 24 EG VOL/A, § 20 EG VOB/A) mitabgesichert. Bewerber, deren Bewerbung abgelehnt wurde, sollen unverzüglich unterrichtet werden (s. etwa § 19 EG Abs. 1 VOB/A). Anschließend werden die nicht ausgeschiedenen Bewerber zur **Abgabe von Angeboten aufgefordert**. Von diesem Zeitpunkt an entspricht der Verfahrensablauf dem des offenen Verfahrens (vgl. dazu Rn. 27 f.).

IV. Der wettbewerbliche Dialog (Abs. 4)

Ein wettbewerblicher Dialog ist ein Verfahren zur Vergabe besonders komplexer Aufträge durch Auftraggeber nach § 98 Nr. 1 bis 3 GWB, soweit sie nicht auf dem Gebiet der Trinkwasser- oder Energieversorgung oder des Verkehrs tätig sind, und § 98 Nr. 5 GWB. In diesem Verfahren erfolgen eine Aufforderung zur Teilnahme und anschließend Verhandlungen mit ausgewählten Unternehmen über alle Einzelheiten des Auftrags. 35

1. Einführung

Der wettbewerbliche Dialog ist ein noch relativ neues Vergabeverfahren, das mit der Neufassung der europäischen Vergaberichtlinien als von den EU-Mitgliedstaaten **optional** einzuführendes Verfahren angeboten wurde. Der wettbewerbliche Dialog wurde 2005 durch das ÖPP-Beschleunigungsgesetz (BGBl. I 2005, S. 2676) in das GWB eingeführt. Die detaillierten Verfahrensbestimmungen finden sich seit der Änderung der VgV im Jahr 2010 nicht mehr in § 6a VgV, sondern in den Vergabeordnungen VOL/A (§ 3 Abs. 7 EG VOL/A und § 3 EG Abs. 7 VOB/A). § 13 VSVgV sieht die Anwendung des wettbewerblichen Dialoges für Auftraggeber i.S.d. § 98 Nr. 1 bis 3 GWB vor. Für den Sektorenbereich wurde der wettbewerbliche Dialog nicht eingeführt. 36

Das Erfordernis zur Einführung dieses neuen Verfahrens begründet der Gemeinschaftsgesetzgeber in Erwägungsgrund 31 der VKR folgendermaßen:

„Für öffentliche Auftraggeber, die besonders komplexe Vorhaben durchführen, kann es – ohne dass ihnen dies anzulasten wäre – objektiv unmöglich sein, die Mittel zu bestimmen, die ihren Bedürfnissen gerecht werden können, oder zu beurteilen, was der Markt an technischen bzw. finanziellen/rechtlichen Lösungen bieten kann. Eine derartige Situation kann sich insbesondere bei der Durchführung bedeutender integrierter Verkehrsinfrastrukturprojekte, großer Computernetzwerke oder Vorhaben mit einer komplexen und strukturierten Finanzierung ergeben, deren finanzielle und rechtliche Konstruktion nicht im Voraus vorgeschrieben werden kann. Daher sollte für Fälle, in denen es nicht möglich sein sollte, derartige Aufträge unter Anwendung offener oder nicht offener Verfahren zu vergeben, ein flexibles Verfahren vorgesehen werden, das sowohl den Wettbewerb zwischen Wirtschaftsteilnehmern gewährleistet als auch dem Erfordernis gerecht wird, dass der öffentliche Auftraggeber alle Aspekte des Auftrags mit jedem Bewerber erörtern kann (…)."

37 Zusammenfassend und vereinfacht lässt sich der wettbewerbliche Dialog als ein besonderes Verfahren beschreiben, das Gemeinsamkeiten sowohl mit dem nicht offenen Verfahren als auch mit dem Verhandlungsverfahren mit Veröffentlichung einer Bekanntmachung aufweist. Der wettbewerbliche Dialog unterscheidet sich vom nicht offenen Verfahren vor allem darin, dass **jedes Element des Auftrags verhandelbar** ist, und vom Verhandlungsverfahren darin, dass sich die Verhandlungen im Wesentlichen auf eine bestimmte Phase im Laufe des Verfahrens konzentrieren (Erläuterungen der Europäischen Kommission zum wettbewerblichen Dialog, CC/2005/04_rev1 vom 5.10.2005, S. 10). Der wettbewerbliche Dialog wurde insbesondere mit Blick auf die häufig schwierige Vergabesituation im Bereich öffentlich-privater Partnerschaften (ÖPP) eingeführt.

2. Anwendungsbereich

a) Personeller Anwendungsbereich

38 Allen Auftraggebern, die vom Anwendungsbereich der Vergabekoordinierungsrichtlinie (Richtlinie 2004/18/EG) und der Richtlinie 2009/81/EG des Europäischen Parlaments und des Rates vom 13. Juli 2009 über die Koordinierung der Verfahren zur Vergabe bestimmter Bau-, Liefer- und Dienstleistungsaufträge in den Bereichen Verteidigung und Sicherheit erfasst werden, steht der wettbewerbliche Dialog zur Verfügung.

Die Sektorenkoordinierungsrichtlinie (Richtlinie 2004/17/EG), die für Auftraggeber gilt, die auf dem Gebiet der Trinkwasser- oder Energieversorgung oder des Verkehrs tätig sind, kennt dieses Verfahren nicht. Für diese Auftraggeber ist ein derartiges Verfahren auch nicht erforderlich, da sie – so die Begründung des Bundesgesetzgebers – die Freiheit haben, das Verhandlungsverfahren wie einen wettbewerblichen Dialog auszugestalten (BR-Drucks. 16/10117, S. 20). Auch wenn sich dieses Argument schwerlich mit dem Gesetzestext verifizieren lässt, ändert dies für die Praxis nichts an der klaren gesetzgeberischen Entscheidung. Wird in diesem Bereich dennoch vom wettbewerblichen Dialog Gebrauch gemacht, kann die rechtswidrige Verfahrenswahl jedoch nicht von Amts wegen aufgegriffen werden (VK Niedersachsen vom 26.11.2012, VgK-40/2012).

b) Sachlicher Anwendungsbereich

39 Erste und wesentliche Voraussetzung für die Anwendung des wettbewerblichen Dialoges besteht darin, dass der betreffende Auftrag **„besonders komplex"** ist. Gemäß Art. 1 Abs. 11 Buchst. c UA 2 VKR gelten Aufträge als besonders komplex, sofern Auftraggeber objektiv nicht in der Lage sind, die technischen Mittel anzugeben, mit denen ihre Bedürfnisse und Ziele erfüllt werden können, oder die rechtlichen oder finanziellen Bedingungen des Vorhabens anzugeben (gleichlautend § 3 EG Abs. 7 VOL/A, § 3 EG Abs. 7 VOB/A). Diese Einschränkung des Anwendungsbereichs rührt daher, dass auch der wettbewerbliche Dialog – ebenso wie das Verhandlungsverfahren – im Verhältnis zum offenen und nicht offenen Verfahren in der VKR als **Ausnahmeverfahren** konzipiert ist.

40 Da es sich beim wettbewerblichen Dialog um ein besonderes Verfahren handelt, dessen Anwendung eingeschränkt ist, muss jeder in Frage kommende Auftrag auf seine Art und auch auf die Mög-

lichkeiten des betreffenden öffentlichen Auftraggebers hin geprüft werden, um festzustellen, ob der Rückgriff auf den wettbewerblichen Dialog gerechtfertigt ist.

Der Begriff der **objektiven Unmöglichkeit** ist kein abstrakter Begriff, sondern wird in den Erwägungsgründen der VKR dahingehend erläutert, dass eine Situation gemeint ist, die dem öffentlichen Auftraggeber nicht anzulasten ist (s. Rn. 36). Wäre er mit zumutbarem Aufwand in der Lage, die erforderlichen technischen Mittel bzw. die rechtlich/finanzielle Konstruktion festzulegen, darf er nicht auf den wettbewerblichen Dialog zurückgreifen (Erläuterungen der Europäischen Kommission zum wettbewerblichen Dialog, CC/2005/04_rev1 vom 5.10.2005, S. 2). Es handelt sich damit bei der objektiven Unmöglichkeit im Sinne dieser Vorschrift um ein **qualifiziertes Unvermögen**. Mit der Hilfestellung eines Projektanten könnte nämlich durchaus im Rahmen des vor allen Verfahren zulässigen technischen Dialoges eine (ggf. funktionale) Leistungsbeschreibung entwickelt werden; dies gilt ebenso für die Durchführung eines Wettbewerbs, der auch für komplexe technische Problemstellungen Planungsgrundlagen hervorbringen kann, die den Weg in ein Standardverfahren öffnen. 41

3. Konkurrenzen

a) Wettbewerblicher Dialog und offenes/nicht offenes Verfahren

Nach Art. 28 VKR vergeben öffentliche Auftraggeber Aufträge im Wege des offenen oder des nicht offenen Verfahrens. Unter den besonderen, in Art. 29 VKR ausdrücklich genannten Umständen können die öffentlichen Auftraggeber ihre öffentlichen Aufträge im Wege des wettbewerblichen Dialoges vergeben. In den Fällen und unter den Umständen, die in den Art. 30 und 31 VKR ausdrücklich genannt sind, können sie auf ein Verhandlungsverfahren mit oder ohne Veröffentlichung einer Bekanntmachung zurückgreifen. Eine richtlinienkonforme Auslegung der Anwendungsvorschriften in VOL/A und VOB/A führt zu einem Vorrang des offenen *und* nicht offenen Verfahrens gegenüber dem wettbewerblichen Dialog und geht insofern über die Regelung des Vorrangs des offenen Verfahrens in Abs. 7 hinaus. 42

b) Wettbewerblicher Dialog und Verhandlungsverfahren

Die Anwendungsbereiche von wettbewerblichem Dialog und Verhandlungsverfahren mit Bekanntmachung bzw. Teilnahmewettbewerb überschneiden sich (*Schwabe*, Wettbewerblicher Dialog, Verhandlungsverfahren, Interessenbekundungsverfahren, 2009, S. 132 m.w.N.), so dass im Einzelfall beide Verfahren **alternativ nebeneinander** stehen können. Die Erfüllung der in § 3 EG Abs. 7 VOL/A, § 3 EG Abs. 7 VOB/A definierten Tatbestandsvoraussetzung der **Komplexität des Auftrags** (das qualifizierte Unvermögen, bei einem komplexen Auftrag die technischen Mittel anzugeben, mit denen ihre Bedürfnisse und Ziele erfüllt werden können, oder die rechtlichen oder finanziellen Bedingungen des Vorhabens anzugeben) setzt nämlich eine Sachlage voraus, in der auch häufig eine vorherige Gesamtpreisbildung (§ 3 EG Abs. 3 VOL/A) bzw. einwandfreie Preisermittlung (§ 3 EG Abs. 3 VOB/A) aufgrund einer nicht ausreichenden Beschreibbarkeit der Leistung nicht möglich sein dürfte, womit auch die Tatbestandsvoraussetzungen für die Anwendung des Verhandlungsverfahrens nach VOL/A bzw. VOB/A erfüllt sein können. 43

Gleiches gilt für die für Dienstleistungen gebildete besondere Tatbestandsalternative, dass insbesondere bei **geistig-schöpferischen Dienstleistungen** vertragliche Spezifikationen nicht hinreichend genau festgelegt werden können, um den Auftrag durch die Wahl des besten Angebots in Übereinstimmung mit den Vorschriften über offene und nicht offene Verfahren vergeben zu können. Der parallelen Anwendbarkeit der Verfahren (soweit die einschlägigen Tatbestandsvoraussetzungen erfüllt sind) steht auch nicht entgegen, dass in Art. 30 Abs. 1 Buchst. a VKR das Scheitern des wettbewerblichen Dialoges als einer der möglichen Tatbestände genannt ist, die die Durchführung des Verhandlungsverfahrens mit vorheriger Bekanntmachung ermöglichen. Die in Art. 30 Abs. 1 VKR genannten weiteren Tatbestände stehen nach dem Wortlaut der Richtlinie gleichberechtigt nebeneinander.

44 Diese tatbestandliche Überschneidung hatte vor der Novellierung des Vergaberechts im Jahr 2010 zu der Auffassung geführt, der wettbewerbliche Dialog sei aufgrund der Regelung des § 6a VgV (a.F.) auch im Bereich der **Vergabe freiberuflicher Leistungen** nach der VOF anwendbar, da ihr Anwendungsbereich sich eben über die Tatbestandsalternative der geistig-schöpferischen Dienstleistungen eröffnet. Mit der Streichung der Vorschrift in der VgV und der Neufassung der Vergabeordnungen hat der Verordnungsgeber klargestellt, dass eine Anwendung des wettbewerblichen Dialoges ausschließlich für die von der VOL/A und der VOB/A erfassten Auftragskategorien sowie im Bereich der VSVgV vorgesehen ist.

4. Verfahrensablauf

45 Nach den einschlägigen Regelungen zum Verfahrensablauf in § 3 EG Abs. 7 VOL/A und § 3 EG Abs. 7 VOB/A gehen die Auftraggeber wie folgt vor:

a) Bekanntmachung und Auswahl der Dialogteilnehmer

46 Die Auftraggeber beschreiben und erläutern ihre Bedürfnisse und Anforderungen in der Bekanntmachung (Standardformular unter www.simap.europa.eu) oder in einer Leistungsbeschreibung. In der Bekanntmachung können sie eine Höchstzahl von Unternehmen bestimmen, die zur Teilnahme am Dialog aufgefordert werden und die nicht unter drei liegen darf.

47 Wenn der öffentliche Auftraggeber die Zahl der Teilnehmer am wettbewerblichen Dialog beschränken will, gibt er in der Bekanntmachung außerdem die von ihm vorgesehenen „objektiven und nicht diskriminierenden Kriterien oder Vorschriften, die vorgesehene Mindestzahl und gegebenenfalls auch die Höchstzahl an einzuladenden Bewerbern" an. Die Auswahl der Bewerber erfolgt nach den einschlägigen Bestimmungen der Art. 44 bis 52 VKR (diese betreffen die Vorschriften über die Eignung von Unternehmen, s. §§ 6, 7 EG VOL/A, § 6 EG VOB/A), wobei in der Bekanntmachung die Mindestkriterien für die Leistungsfähigkeit angegeben werden müssen. Ist der Rückgriff auf den wettbewerblichen Dialog durch die technische Komplexität gerechtfertigt, kann der öffentliche Auftraggeber seine Anforderungen hinsichtlich der technischen Leistungsfähigkeit der Bewerber ausgehend von der Beschreibung seiner Bedürfnisse und Anforderungen festlegen. Umfasst der Auftrag z.B. die Errichtung einer integrierten Verkehrsinfrastruktur für ein Gebiet der Größe X mit einer Transportkapazität von Y Personen/Stunde, wobei die Kombination der verschiedenen Verkehrsmittel nicht im Einzelnen vorgeschrieben ist, müssen die Bewerber nachweisen, dass sie fähig sind, solche Transportsysteme einzurichten, und zwar unabhängig von der Kombination der Verkehrsmittel, die sie zu diesem Zweck einsetzen werden (Erläuterungen der Europäischen Kommission zum wettbewerblichen Dialog, CC/2005/04_rev1 vom 5.10.2005, S. 5). Die Auswahl der Dialogteilnehmer erfolgt mithin auf Grundlage der individuellen Eignung in Bezug auf den konkreten Auftragsgegenstand und weist insoweit keine wesentlichen Unterschiede zum Teilnahmewettbewerb im offenen Verfahren auf (s. Rn. 20 ff.).

Nicht berücksichtigte Bewerber sollen unverzüglich unterrichtet werden (§ 22 EG VOL/A, § 19 EG VOB/A).

48 Eine Besonderheit hinsichtlich der **Angaben zu den Zuschlagskriterien** ergibt sich aus der Besonderheit des Verfahrens. Die Gewichtung der Kriterien bzw. unter den in Art. 53 Abs. 2 UA 3 VKR genannten Umständen die Darstellung der Kriterien in der absteigenden Reihenfolge ihrer Bedeutung wird entweder in der Bekanntmachung, in der Beschreibung oder in der Aufforderung zur Teilnahme am Dialog angegeben. Hinsichtlich der **Gewichtung** heißt es in der Richtlinie:

> „Kann nach Ansicht des öffentlichen Auftraggebers die Gewichtung aus nachvollziehbaren Gründen nicht angegeben werden, so gibt der öffentliche Auftraggeber in der Bekanntmachung oder in den Verdingungsunterlagen oder – beim wettbewerblichen Dialog – in der Beschreibung die Kriterien in der absteigenden Reihenfolge ihrer Bedeutung an."

49 Diese Bestimmung ist im Sinne der Erläuterungen des Erwägungsgrunds 46 UA 2 VKR anzuwenden:

> „Die öffentlichen Auftraggeber können in begründeten Ausnahmefällen, die zu rechtfertigen sie in der Lage sein sollten, auf die Angabe der Gewichtung der Zuschlagskriterien verzichten, wenn

diese Gewichtung insbesondere aufgrund der Komplexität des Auftrags nicht im Vorhinein vorgenommen werden kann (...)."

Da die Anwendung des wettbewerblichen Dialoges einen technisch komplexen Auftrag voraussetzt, erübrigt es sich im Grunde genommen, darauf hinzuweisen, dass die Voraussetzungen für einen Verzicht auf die Gewichtung der Zuschlagskriterien und somit für ihre Nennung in der absteigenden Reihenfolge ihrer Bedeutung erfüllt sind, wenn der Auftrag nach diesem Verfahren vergeben wird (Erläuterungen der Europäischen Kommission zum wettbewerblichen Dialog, CC/2005/04_rev1 vom 5.10.2005, S. 6).

b) Dialog

Mit den im Anschluss an die Bekanntmachung ausgewählten Unternehmen eröffnen die Auftraggeber einen Dialog, in dem sie ermitteln und festlegen, wie ihre Bedürfnisse am besten erfüllt werden können. Dabei können sie mit den ausgewählten Unternehmen alle Einzelheiten des Auftrags erörtern. Sie sorgen dafür, dass alle Unternehmen bei dem Dialog gleich behandelt werden, geben Lösungsvorschläge oder vertrauliche Informationen eines Unternehmens nicht ohne dessen Zustimmung an die anderen Unternehmen weiter und verwenden diese nur im Rahmen des Vergabeverfahrens.

Da die Komplexität der im wettbewerblichen Dialog zu vergebenden Aufträge die Erstellung einer präzisen Leistungsbeschreibung nicht ermöglicht, wird zu Beginn des Dialoges nicht die Art von Vergabereife verlangt, die in anderen Fällen der öffentlichen Auftragsvergabe gefordert wird. Es liegt deshalb in der Natur des wettbewerblichen Dialoges, umfangreichere Änderungen zuzulassen als in Vergabeverfahren, denen eine Leistungsbeschreibung zugrunde liegt, denn es existiert in der **Dialogphase** noch **kein Auftragsgegenstand**, dessen Identität gewahrt werden muss. Die Rechtsprechung zur Änderung des Leistungsgegenstandes im Verhandlungsverfahren steht dem nicht entgegen (Rn. 64). Da die Lösung für den komplexen Auftrag im Rahmen des Dialoges erst ermittelt werden soll, können nur **Zielvorgaben** bzw. eine **grobe Umschreibung der Projektaufgabe** Gegenstand der Bedürfnisse des staatlichen Auftraggebers sein. Den Teilnehmern des Dialoges muss deshalb bewusst sein, dass ihre Lösungsvorschläge für das ausgeschriebene Vorhaben zu dem Ergebnis führen können, dass das Projekt so nicht machbar ist. Demzufolge kann kein Bieter im wettbewerblichen Dialog Vertrauen darauf gründen, tatsächlich die Chance einer Angebotsabgabe zu erhalten (*Opitz*, VergabeR 2006, 451, 454). Liegen in der ersten Dialogphase keine den Auftraggeber überzeugenden Lösungsvorschläge vor, wird eine Änderung der Aufgabenbeschreibung zwangsläufig erforderlich, weil die strengen Vorschriften über die Aufhebung der Ausschreibung (§ 17 EG VOB/A) in der Dialogphase keine Anwendung finden (*Opitz*, VergabeR 2006, 451, 454). Darüber hinaus liegen auch noch nicht die Voraussetzungen für den Abschluss des Dialoges vor, weil in diesem frühen Stadium des Verfahrens für den Auftraggeber noch nicht erkennbar ist, dass keine Lösung gefunden werden kann. Um den Dissens über die bekannt gemachten Bedürfnisse des Auftraggebers, der auch in den Lösungsvorschlägen deutlich geworden ist, zu lösen, bleibt ihm nur die Möglichkeit, veränderte Anforderungen an das zu planende Bauvorhaben zu entwickeln, die mit dem Beschaffungszweck allerdings im Einklang stehen müssen (VK Brandenburg vom 22.8.2008, VK 19/08).

Der Dialog kann sich nicht nur auf die „technischen" Aspekte, sondern auch auf wirtschaftliche (Preis, Kosten, Einkünfte usw.) oder rechtliche Aspekte (Risikoverteilung und -begrenzung, Garantien, mögliche Schaffung von „Zweckgesellschaften" usw.) erstrecken. Die VKR regelt nicht die Führung des Dialoges in allen Einzelheiten (ebenso VOL/A und VOB/A), sondern legt lediglich (in Art. 29 Abs. 3 UA 2 und 3) den Rahmen fest. Aufgrund dieser letzten Bestimmungen muss der Dialog mit jedem Bewerber einzeln geführt werden und sich auf die Vorschläge und Lösungen des betreffenden Wirtschaftsteilnehmers stützen. Es besteht also nicht die Gefahr, dass die Teilnehmer untereinander Vorschläge oder Lösungen „abgucken", es sei denn, sie willigen in einen gemeinsamen Dialog ein; die Vertraulichkeit ist durch die allgemeine Bestimmung des Art. 6 VKR geschützt, welche in VOL/A und VOB/A umfassend in Form eines strengen **Verwendungs- und Verwertungsverbots** umgesetzt wurde (§ 3 EG Abs. 7 Buchst. b VOL/A, § 3 EG Abs. 7 Nr. 4 VOB/A). Der wettbewerbliche Dialog ist also das einzige Vergabeverfahren, für das die Richtlinie einen **Schutz der Ideen** anbietet, die nicht unter das Immaterialgüterrecht fallen. Darüber hinaus könnten die Teilnehmer ggf. zusätzlich den Schutz gemeinschaftlicher oder innerstaatlicher Vorschriften des Immaterialgüterrechts (z.B. Schutzvorschriften des UWG und UrhG) in Anspruch nehmen.

54 Im Laufe des Dialoges kann der öffentliche Auftraggeber die Teilnehmer bitten, ihre Lösungsvorschläge schriftlich zu konkretisieren, u.U. in Form von Angeboten, die schrittweise vervollständigt/verbessert werden, wie es Art. 29 Abs. 5 VKR impliziert (vgl. die Erläuterungen der Europäischen Kommission zum wettbewerblichen Dialog, CC/2005/04_rev1 vom 5.10.2005, S. 7 f.). Der **Geheimhaltung** unterliegen insbesondere Fabrikations-, Betriebs- oder Geschäftsgeheimnisse, die Lösungskonzepte, Informationen, die als vertraulich gekennzeichnet sind, oder Unterlagen, die sich für die Anmeldung eines gewerblichen Schutzrechts eignen. Unzulässig ist auch, einzelne Aspekte konzeptioneller oder technischer Lösungen einzelner Dialogpartner herauszunehmen und zustimmungslos in den Dialog einzubringen, sog. *cherry picking* (Heiermann, ZfBR 2005, 766).

c) Mehrphasiger Dialog

55 Die Auftraggeber können vorsehen, dass der Dialog in verschiedenen aufeinander folgenden Phasen abgewickelt wird, um die Zahl der in der Dialogphase zu erörternden Lösungen anhand der Zuschlagskriterien zu verringern. Die Unternehmen, deren Lösungen nicht für die nächstfolgende Dialogphase vorgesehen sind, werden darüber informiert.

56 Macht der Auftraggeber von der Möglichkeit Gebrauch, die Zahl der im Dialog zu erörternden Lösungen schrittweise zu verringern, teilt er dies in der Bekanntmachung oder in der Beschreibung mit. In der Schlussphase müssen noch so viele Angebote vorliegen, dass ein echter Wettbewerb gewährleistet ist (s. Art. 44 Abs. 4 VKR). Diese Regel gilt aber nur, „sofern eine ausreichende Anzahl von Lösungen oder geeigneten Bewerbern vorliegt". Es ist also möglich, dass nach der Reduzierung der Zahl der Lösungen aufgrund der Zuschlagskriterien lediglich *eine* Lösung und *ein* geeigneter Bewerber übrig bleiben, was den Auftraggeber nicht daran hindern würde, das Verfahren fortzusetzen. Bei der Verfahrensart „wettbewerblicher Dialog" bestehen keine grundsätzlichen Bedenken gegen eine Reduzierung des Bewerberkreises in mehreren Dialogphasen. Den Anforderungen des § 6a Abs. 4 VgV, § 3a Nr. 4 Abs. 4 VOB/A (a.F., jetzt § 3 EG Abs. 7 VOB/A) ist Genüge getan, wenn der Auftraggeber bekannt gibt, dass eine **schrittweise Verringerung der Lösungen** und damit auch der **Teilnehmerzahl** anhand der publik gemachten Zuschlagskriterien erfolgen soll. Darüber hinausgehende Informationen sind nicht erforderlich. Weder das Transparenzgebot noch sonstige vergaberechtliche Grundsätze zwingen die Vergabestelle, einem Bieter im Voraus mitzuteilen, warum er Gefahr läuft, die nächste Dialogrunde nicht zu erreichen (OLG Koblenz vom 21.4.2009, 1 Verg 2/09).

d) Beendigung des Dialoges

57 Die Auftraggeber erklären den Dialog für abgeschlossen, wenn eine oder mehrere Lösungen gefunden worden sind, die ihre Bedürfnisse erfüllen, oder erkennbar ist, dass keine Lösung gefunden werden kann. Im letzteren Fall ist es möglich, anschließend ein Verhandlungsverfahren mit vorheriger Bekanntmachung durchzuführen (s. Art. 30 Abs. 1 Buchst. a VKR, § 3 EG Abs. 3 Buchst. a VOL/A). In die VOB/A ist diese Tatbestandsalternative nicht aufgenommen worden, was jedoch – zumindest im Regelfall – nicht zum Ausschluss der Möglichkeit zur Durchführung eines sich anschließenden Verhandlungsverfahrens mit vorheriger Bekanntmachung führen dürfte, da die vom wettbewerblichen Dialog erfassten Fälle komplexer Aufträge grundsätzlich auch nach zumindest einer der beiden weiteren Tatbestandsalternativen möglich ist (Rn. 43 ff.).

58 Im Fall der ersten Alternative – wenn also eine oder mehrere brauchbare Lösungen gefunden worden sind – fordern die Auftraggeber die Unternehmen auf, auf der Grundlage der eingereichten und in der Dialogphase näher ausgeführten Lösungen ihr endgültiges Angebot vorzulegen, das alle zur Ausführung des Projektes erforderlichen Einzelheiten enthalten muss. Die Auftraggeber können verlangen, dass Präzisierungen, Klarstellungen und Ergänzungen zu diesen Angeboten gemacht

werden. Diese Präzisierungen, Klarstellungen oder Ergänzungen dürfen jedoch keine Änderung der grundlegenden Elemente des Angebots oder der Ausschreibung zur Folge haben, die den Wettbewerb verfälschen oder diskriminierend wirken könnte.

e) Wertung, Zuschlag und Information

Die Auftraggeber **bewerten** die Angebote aufgrund der in der Bekanntmachung oder in den Vergabeunterlagen festgelegten Zuschlagskriterien und wählen das wirtschaftlichste Angebot aus. Sie dürfen das Unternehmen, dessen Angebot als das wirtschaftlichste ermittelt wurde, auffordern, bestimmte Einzelheiten des Angebots näher zu erläutern oder im Angebot enthaltene Zusagen zu bestätigen. Dies darf nicht dazu führen, dass wesentliche Aspekte des Angebots oder der Ausschreibung geändert werden und dass der Wettbewerb verzerrt wird oder andere am Verfahren beteiligte Unternehmen diskriminiert werden. 59

Vor Erteilung des Zuschlags sind grundsätzlich zur Erfüllung der in § 101a GWB vorgeschriebenen Informations- und Wartepflicht die nicht berücksichtigten Bewerber und Bieter zu **informieren**, ein Vertrag darf erst 15 Tage nach Absendung der Information geschlossen werden (s. auch die insoweit gleichlautenden Bestimmungen in den Vergabeordnungen, so etwa § 19 EG Abs. 2 VOB/A). Verstöße gegen diese Verpflichtung können im Nachprüfungsverfahren angegriffen werden und zur Unwirksamkeit des Vertrages führen (im Einzelnen s. die Kommentierungen zu §§ 101a und 101b GWB). Nach **Erteilung des Zuschlags** erfolgt die erforderliche Bekanntmachung über die Auftragserteilung. 60

f) Kostenerstattung

Verlangen die Auftraggeber, dass die am wettbewerblichen Dialog teilnehmenden Unternehmen Entwürfe, Pläne, Zeichnungen, Berechnungen oder andere Unterlagen ausarbeiten, müssen sie einheitlich für alle Unternehmen, die die geforderte Unterlage rechtzeitig vorgelegt haben, eine angemessene Kostenerstattung hierfür gewähren. 61

Da dem Gemeinschaftsgesetzgeber bewusst war, dass diese Vorgehensweise bedeutende Investitionen seitens der Wirtschaftsteilnehmer erfordern kann, wollte er darauf hinweisen, dass es beim wettbewerblichen Dialog durchaus sinnvoll sein könnte, für die Teilnehmer am wettbewerblichen Dialog Prämien oder Zahlungen vorzusehen. Die in der Vorschrift genannte **einheitliche angemessene Kostenerstattung** bedeutet zunächst nicht, dass alle teilnehmenden Unternehmen einen gleich hohen Kostenerstattungsanspruch haben; dieser kann durchaus auch nach einheitlichen aufwandsbezogenen Sätzen kalkuliert werden. Der Begriff „Kostenerstattung" legt nahe, dass den Unternehmen keine Vergütung gezahlt werden muss, die Wagnis und Gewinn einschließt. Die Untergrenze dürfte aber bei der Erstattung üblicherweise für den Aufwand erforderlicher Kosten anzusetzen sein. 62

V. Das Verhandlungsverfahren (Abs. 5)

Verhandlungsverfahren sind Verfahren, bei denen sich der Auftraggeber mit oder ohne vorherige öffentliche Aufforderung zur Teilnahme an ausgewählte Unternehmen wendet, um mit einem oder mehreren über die Auftragsbedingungen zu verhandeln. 63

1. Einführung

Das Verhandlungsverfahren zeichnet sich im Vergleich sowohl zum offenen und nicht offenen Verfahren als auch zum wettbewerblichen Dialog durch einen erheblichen Freiraum bei der Verfahrensgestaltung aus. Besteht im offenen und nicht offenen Verfahren ein klares Verhandlungsverbot, ist die **Verhandlung** gerade das **charakteristische Element** dieses Verfahrens. Angebote können im Rahmen der Auftragsverhandlungen abgeändert werden, soweit der Auftragsgegenstand nicht bereits in den Einzelheiten festgelegt ist. Insofern ist zu berücksichtigen, dass im Verhandlungsverfahren der **Leistungsgegenstand** gerade nicht bereits in der Ausschreibung in allen Einzelheiten festgeschrieben werden kann (OLG Celle vom 16.1.2002, 13 Verg 1/02). Gleichwohl ist nach der Rechtsprechung eine Leistung so erschöpfend zu beschreiben, dass alle Bewerber die Beschreibung im 64 gleichen Sinne verstehen müssen und dass miteinander vergleichbare Angebote zu erwarten sind. Selbst in einem Verhandlungsverfahren muss der Auftraggeber klare Vorstellungen über die Funktionen und Ziele der nachgefragten Leistung haben. Der Auftraggeber hat die Pflicht, den Beschaffungsbedarf mit **größtmöglicher Bestimmtheit** festzulegen, ebenso müssen Leistungsziel, Rahmenbedingungen und wesentliche Einzelheiten der Leistung feststehen (VK Nordbayern vom 20.11.2012, 21.VK-3194-26/12 zu § 8 EG Abs. 1 VOL/A).

Damit wird das Verfahren als Grundlage für die Vergabe von Aufträgen zwar nicht volatil, eröffnet aber Spielräume bei der Herbeiführung der Vergabeentscheidung, die nicht mehr in dem Maße objektiviert sind wie in Verfahren, in denen der Zuschlag auf ein präzises Angebot auf eine detaillierte Leistungsbeschreibung erfolgt. Bereits aus diesem Grund ist in der Rechtsprechung regelmäßig darauf hingewiesen worden, dass es sich beim Verhandlungsverfahren um ein **Ausnahmeverfahren** handelt, das nur dann zulässig ist, wenn die vom Gemeinschaftsgesetzgeber abschließend und ausdrücklich definierten Ausnahmefälle vorliegen (EuGH vom 15.10.2009, C-275/08). Für das Vorliegen eines Ausnahmetatbestands trägt der Auftraggeber die **Beweislast** (EuGH vom 2.6.2005, Rs. C-394/02).

Aus dem Transparenzgebot folgt für das Verhandlungsverfahren, dass der Gegenstand der Verhandlungen die ursprünglich ausgeschriebene Leistung bleiben muss. Eine grundlegende Änderung der zu vergebenden Leistung ist nicht zulässig; die Identität des Beschaffungsvorhabens, so wie es der öffentliche Auftraggeber zum Gegenstand der Ausschreibung gemacht hat, muss auch im Verhandlungsverfahren gewahrt bleiben, weil sonst die Ausschreibungsverpflichtung als Ausgangspunkt aller vergaberechtlichen Rechte und Pflichten der Beteiligten ins Leere liefe (OLG Dresden vom 3.12.2003, W Verg 15/03; OLG Celle vom 16.1.2002, 13 Verg 1/02; OLG Naumburg vom 1.9.2004, 1 Verg 11/04).

65 Das Verhandlungsverfahren ist als Verfahren **mit oder ohne vorherige Bekanntmachung** geregelt, im letzteren Fall entfällt der Teilnahmewettbewerb. Für beide Varianten des Verhandlungsverfahrens gilt, dass die Ausnahmevorschriften **eng auszulegen** sind (EuGH vom 15.10.2009, C-275/08; in diesem Sinne bereits EuGH vom 17.11.1993, C-71/92; vom 18.5.1995, C-57/94; vom 10.4.2003, C-385/02; vom 2.10.2008, C-157/06; st. Rspr.).

66 Das Verhandlungsverfahren ist als Verfahrenstyp in allen Vergabeordnungen ausdrücklich vorgesehen.

2. Anwendungsbereich

67 Im Sektorenbereich und bei der Vergabe von Aufträgen im Anwendungsbereich der VSVgV ist das Verhandlungsverfahren mit Bekanntmachung uneingeschränkt anwendbar (§ 6 Abs. 1 SektVO, § 11 Abs. 1 VSVgV). Im Anwendungsbereich der VKR (geregelt jeweils in Abschnitt 2 der VOL/A und der VOB/A sowie in der VOF) ist das Verhandlungsverfahren mit vorheriger Bekanntmachung/mit Teilnahmewettbewerb nur unter bestimmten Voraussetzungen möglich, die in der Richtlinie und auf deren Grundlage in den Vergabeordnungen abschließend festgelegt sind. Die Anwendung des Verhandlungsverfahrens ohne vorherige Bekanntmachung/ohne Teilnahmewettbewerb wird in der VKR und SKR durch inhaltlich weitgehend übereinstimmende Voraussetzungen eingeschränkt. Beide Richtlinien differenzieren bei den Ausnahmetatbeständen, die den Rückgriff auf das Verhandlungsverfahren erlauben, zumindest teilweise zwischen Lieferaufträgen, Bauaufträgen und Dienstleistungsaufträgen, um den Spezifika der jeweiligen Auftragskategorie gerecht zu werden. Dementsprechend weichen die Inhalte der in den Vergabeordnungen geregelten Ausnahmetatbestände teilweise voneinander ab (vgl. § 3 EG Abs. 3 und 4 VOL/A, § 3 EG Abs. 4 VOB/A, § 1 Abs. 1 und § 3 Abs. 1 und 3 VOF).

68 Die Fälle, die das Verhandlungsverfahren **mit Veröffentlichung einer Bekanntmachung** rechtfertigen, regeln § 3 EG Abs. 3 VOL/A, § 3 EG Abs. 4 VOB/A und §§ 2 Abs. 1, 3 Abs. 1 VOF. Die den genannten Vorschriften zugrunde liegende Regelung in Art. 30 VKR ist in den Vergabeordnungen nicht einheitlich, sondern durch teils im Detail abweichende Regelungen umgesetzt worden. Für öffentliche Auftraggeber kommt das Verfahren danach grob typisiert in den Fällen in Betracht, in de-

nen ein vorangegangenes anderes Vergabeverfahren mangels ordnungsgemäßer oder annehmbarer Angebote gescheitert ist, in denen eine vorherige globale Preisgestaltung nicht möglich ist oder bei denen sich die Leistung nicht hinreichend präzisieren lässt, um den Auftrag in einem Angebotsverfahren zu vergeben.

Die Fälle, die das Verhandlungsverfahren **ohne Veröffentlichung einer Bekanntmachung** rechtfertigen, sind nach den abschließenden Vorgaben der europäischen Vergaberichtlinien in § 3 EG Abs. 4 VOL/A, § 3 Abs. 5 VOB/A, §§ 2 Abs. 1, 3 Abs. 4 VOF, § 6 SektVO und § 12 VSVgV übernommen worden. Die Ausnahmeregelungen beziehen sich auf abschließend aufgezählte Sonderfälle (im Einzelnen s. dort). 69

3. Verfahrensablauf

Das Verhandlungsverfahren ist je nach Verfahrensvariante – mit oder ohne vorherige Bekanntmachung – ein- oder zweistufig ausgestaltet. Im Verhandlungsverfahren mit vorheriger Bekanntmachung – dem Regelverfahren – ist in einer ersten Verfahrensstufe ein Teilnahmewettbewerb vorgeschaltet. Zum Teilnahmewettbewerb sind alle Unternehmen zuzulassen, die die veröffentlichten Eignungskriterien erfüllen und nicht ausgeschlossen sind. 70

a) Teilnahmewettbewerb

Die erste Stufe des Verhandlungsverfahrens mit vorherigem Teilnahmewettbewerb ist weitgehend mit der ersten Stufe des nicht offenen Verfahrens vergleichbar (Rn. 33 f.). Besondere Vorgaben gibt es hinsichtlich der Entscheidung über die **Anzahl der Bewerber**, die zu den eigentlichen Auftragsverhandlungen zuzulassen sind. Bei hinreichender Anzahl geeigneter Bewerber darf die Mindestzahl nicht unter drei liegen (§ 3 EG Abs. 5 VOL/A, § 6 EG Abs. 2 VOB/A, § 10 Abs. 4 VOF). Erreicht die Zahl der geeigneten Bewerber die für das betreffende Verfahren festgelegte Mindestgrenze nicht, kann der öffentliche Auftraggeber das Verfahren gleichwohl fortsetzen, indem er den oder die geeigneten Bewerber zur Verhandlung über die Auftragsbedingungen auffordert (EuGH vom 15.10.2009, Rs. C-138/08). 71

b) Auftragsverhandlungen und Vertragsschluss

In der **Verhandlungsphase** hat der öffentliche Auftraggeber dafür Sorge zu tragen, dass alle Bieter bei den Verhandlungen gleich behandelt werden. Er hat sich insbesondere jeder diskriminierenden Weitergabe von Informationen zu enthalten, durch die bestimmte Bieter gegenüber anderen begünstigt werden könnten (s. z.B. § 3 EG Abs. 6 VOB/A). Diese für das Verhandlungsverfahren wichtige Ausprägung des Geheimwettbewerbs und der Gleichbehandlung geht auf Art. 30 Abs. 3 VKR zurück und findet ihre Grundlage für alle im Anwendungsbereich des 4. Abschnitts des GWB durchgeführten Verhandlungsverfahren in den allgemeinen Grundsätzen des § 97 GWB. 72

Zum **Begriff** und **Gegenstand** der **Verhandlungen** ist von der Rechtsprechung (s. nur OLG Celle vom 16.1.2002, 13 Verg 1/02) Folgendes ausgeführt worden: 73

„Das Verhandlungsverfahren unterscheidet sich vom Offenen bzw. Nichtoffenen Verfahren dadurch, dass sowohl der Leistungsgegenstand nicht bereits in der Ausschreibung in allen Einzelheiten festgeschrieben ist als auch Angebote abgeändert werden können, nachdem sie abgegeben worden sind. Nach Ablauf der Angebotsfrist sind die Angebote nicht nur noch nach dem für alle einheitlichen Maßstab zu bewerten; es beginnt vielmehr ein dynamischer Prozess, in dem sich durch Verhandlungen sowohl auf Nachfrage- als auch auf Angebotsseite Veränderungen ergeben können. Diese dürfen nur nicht dazu führen, dass letztlich andere Leistungen beschafft werden als angekündigt. Verhandeln heißt in diesem Zusammenhang, dass Auftraggeber und potentielle Auftragnehmer den Auftragsinhalt und die Auftragsbedingungen so lange besprechen, bis klar ist, wie die Leistung ganz konkret beschaffen sein soll, zu welchen Konditionen der Auftragnehmer diese liefert und grundsätzlich insbesondere auch, zu welchem Preis geliefert wird. Ein Vertrag wird am Ende des Verhandlungsprozesses mit dem Unternehmen geschlossen, das bis zum Schluss übrig geblieben ist. Dabei kann der Verhandlungsprozess in Stadien ablaufen, nach deren jeweiligem Ende Unternehmen ausscheiden, beispielsweise weil sie technisch nicht die gewünschte Leistung erbringen können oder wollen. Der Wettbewerbsgrundsatz gebietet es allerdings, dass der Auftraggeber grundsätzlich mit mehreren Bietern verhandeln muss. Auch im Verhandlungsverfahren ist der Auftraggeber verpflichtet, die Bieter gleich zu behandeln. Er muss also allen Bietern die gleichen Informationen zukommen lassen und ihnen die Chance geben, innerhalb gleicher Fristen und zu gleichen Anforderungen Angebote abzugeben."

74 Der öffentliche Auftraggeber kann vorsehen, dass das Verhandlungsverfahren in verschiedenen aufeinander folgenden Phasen abgewickelt wird, um so die Zahl der Angebote, über die verhandelt wird, anhand der in der Bekanntmachung oder in den Verdingungsunterlagen angegebenen Zuschlagskriterien zu verringern. In der Schlussphase des Verfahrens müssen **so viele Angebote** vorliegen, dass ein **echter Wettbewerb gewährleistet** ist, sofern eine ausreichende Anzahl von geeigneten Bewerbern vorhanden ist (§ 3 EG Abs. 6 VOL/A, § 3 EG Abs. 6 VOB/A). Die sukzessive Reduzierung der Teilnehmer auf ein Unternehmen (*preferred bidder*) ist insofern – anders noch die Rechtslage vor Inkrafttreten der VKR – grundsätzlich nicht mehr zulässig.

75 Auch im Verhandlungsverfahren sind die Auswahlentscheidung und differenzierte Bewertung der Angebote **transparent und nachvollziehbar** zu gestalten. Insoweit muss im Nachgang nachvollziehbar sein, in welcher Hinsicht die Angebote besser oder schlechter zu bewerten waren. Dies kann im Regelfall nur gelingen, wenn der Auftraggeber im Vorfeld einen Bewertungsmaßstab aufstellt. Um sich selbst die Entscheidung bei der Auswahl des späteren Auftragnehmers zu erleichtern und Willkürvorwürfen vorzubeugen, kann es sich für den Auftraggeber auch im Verhandlungsverfahren empfehlen, vorab eine **Bewertungsskala** (Matrix) aufzustellen. Durch eine Punktebewertung der einzelnen Auftragskriterien im Rahmen einer Bewertungsskala mit der jeweiligen Zuordnung zu den Bewerbern wird darüber hinaus auch die Aufnahme in den Vergabevermerk gemäß § 12 VOF (§ 18 VOF a.F.) transparenter und damit letztlich auch nachvollziehbarer. Eine lediglich „vergleichende" Bewertung unabhängig von jedweden fixierten Wertungsmaßstäben ist vergaberechtswidrig (VK Sachsen vom 8.1.2010, 1/SVK/059-09).

Das Verhandlungsverfahren bedarf als Ausnahmeverfahren (Rn. 64) einer besonders **sorgfältigen Dokumentation**. Dabei ist zu beachten, dass der Vergabevermerk einen nachvollziehbaren Überblick über den Stand des Verfahrens, seinen Ablauf und seinen Inhalt darstellen und eine Überprüfung ermöglichen soll; er stellt in erster Linie eine Ausformung des Transparenzgebots dar (OLG München vom 17.1.2008, Verg 15/07).

76 Vor Vertragsschluss sind zur Erfüllung der in § 101a GWB vorgeschriebenen Informations- und Wartepflicht die nicht berücksichtigten Bewerber und Bieter zu **informieren**, ein Vertrag darf erst 15 Tage nach Absendung der Information geschlossen werden (s. auch die insoweit gleichlautenden Bestimmungen in den Vergabeordnungen, so etwa § 19 EG Abs. 2 VOB/A). Verstöße gegen diese Verpflichtung können im Nachprüfungsverfahren angegriffen werden und zur Unwirksamkeit des Vertrages führen (s. im Einzelnen die Kommentierungen zu §§ 101a und 101b GWB).

C. Besondere Gestaltungsformen der Vergabeverfahren: Die elektronische Auktion und das dynamische elektronische Verfahren (Abs. 6)

I. Die elektronische Auktion (Abs. 6 Satz 1)

1. Definition

77 Eine elektronische Auktion dient nach Abs. 6 Satz 1 der **elektronischen Ermittlung des wirtschaftlichsten Angebots**.

Nach der Definition des Gemeinschaftsgesetzgebers (Art. 1 Abs. 7 VKR, Art. 1 Abs. 6 SKR) handelt es sich dabei um „ein iteratives Verfahren, bei dem mittels einer elektronischen Vorrichtung nach einer ersten vollständigen Bewertung der Angebote jeweils neue, nach unten korrigierte Preise und/oder neue, auf bestimmte Komponenten der Angebote abstellende Werte vorgelegt werden, und das eine automatische Klassifizierung dieser Angebote ermöglicht. Folglich dürfen bestimmte Bau- und Dienstleistungsaufträge, bei denen eine geistige Leistung zu erbringen ist – wie z.B. die Konzeption von Bauarbeiten –, nicht Gegenstand von elektronischen Auktionen sein".

Voraussetzung der elektronischen Auktion ist, dass die Spezifikationen des Auftrags hinreichend präzise beschrieben werden können (s. Art. 54 Abs. 2 VKR, Art. 56 Abs. 2 SKR).

2. Anwendungsbereich

Die Einführung der elektronischen Auktion hat der Gemeinschaftsgesetzgeber den Mitgliedstaaten als zulässige Option anheimgestellt (s. Art. 54 Abs. 1 VKR, Art. 56 Abs. 1 SKR). In die auf Grundlage des GWB erlassenen vergaberechtlichen Vorschriften (VgV, SektVO, VSVgV sowie in den Vergabe- und Vertragsordnungen VOB, VOL und VOF) ist die elektronische Auktion nicht aufgenommen worden. Weitere Ausführungen, insbesondere etwa einen Regelungsvorbehalt zugunsten des Verordnungsgebers für eine detaillierte Umsetzung der genauen Vorgaben des Art. 54 VKR zu den Voraussetzungen und zum Ablauf der elektronischen Auktion, enthält das GWB nicht. 78

Gleichwohl ist von der Rechtsprechung eine Nutzung des Instruments der elektronischen Auktion bei der Vergabe von Lieferleistungen nach der VOL/A zugelassen worden. Nach dieser Auffassung – die von großen Teilen der Literatur gestützt wird – ist Abs. 6 Satz 1 europarechtskonform dahingehend auszulegen, dass der Gesetzgeber den öffentlichen Auftraggebern die Möglichkeit einräumen wollte, das wirtschaftlichste Angebot im Rahmen eines offenen oder nicht offenen Verfahrens sowie eines Verhandlungsverfahrens im Wege einer elektronischen Auktion zu ermitteln, sofern die Spezifikationen des Auftrags hinreichend präzise beschrieben werden können. Wenn sich der Auftraggeber für die Durchführung einer elektronischen Auktion entscheidet, so ist er dabei dann allerdings an sämtliche Vorgaben des Art. 54 VKR gebunden. Art. 54 VKR modifiziert dann die Vorgaben der VOL/A-EG (VK Niedersachsen vom 10.5.2011, VgK-11/2011). Danach scheidet die Anwendung der elektronischen Auktion grundsätzlich nur noch im Anwendungsbereich der VOF und bei Vergaben nach VOB, die Planungsleistungen einschließen, aus, da deren wesentliche Anwendungsvoraussetzung gerade die mangelnde Beschreibbarkeit der Leistung ist.

3. Anwendungsmöglichkeiten

In Betracht kommt die elektronische Auktion für die **Vergabepraxis** allenfalls dann, wenn es in einem offenen oder nicht offenen Verfahren nur noch darum geht, den Preis für ein standardisiertes oder zumindest hinsichtlich aller Qualitätsmerkmale klar definierbares marktgängiges Produkt zu optimieren. 79

II. Das dynamische elektronische Verfahren (Abs. 6 Satz 2)

Ein dynamisches elektronisches Verfahren ist nach Abs. 6 Satz 2 ein zeitlich befristetes ausschließlich elektronisches offenes Vergabeverfahren zur Beschaffung marktüblicher Leistungen, bei denen die allgemein auf dem Markt verfügbaren Spezifikationen den Anforderungen des Auftraggebers genügen. 80

1. Einführung

Der Gemeinschaftsgesetzgeber wollte mit Einführung der Möglichkeit zur Nutzung dynamischer Beschaffungssysteme (trotz der unterschiedlichen Terminologie entspricht dies dem dynamischen elektronischen Verfahren nach Abs. 6 Satz 2) dem Umstand gerecht werden, dass sich Online-Beschaffungssysteme rasch verbreiten. Aus diesem Grund sollten geeignete Vorschriften erlassen werden, die es den Auftraggebern ermöglichen, die durch diese Systeme gebotenen Möglichkeiten umfassend zu nutzen. Deshalb sollte ein vollelektronisch arbeitendes dynamisches Beschaffungssystem für Beschaffungen marktüblicher Leistungen definiert und präzise Vorschriften für die Einrichtung und die Arbeitsweise eines solchen Systems festgelegt werden, um sicherzustellen, dass jeder Wirtschaftsteilnehmer, der sich daran beteiligen möchte, gerecht behandelt wird. Jeder Wirtschaftsteilnehmer sollte sich an einem solchen System beteiligen können, sofern er ein vorläufiges Angebot im Einklang mit den Verdingungsunterlagen einreicht und die Eignungskriterien erfüllt. Dieses Be- 81 schaffungsverfahren ermöglicht es nach Auffassung des Gemeinschaftsgesetzgebers den Auftraggebern, durch die Einrichtung eines Verzeichnisses von bereits ausgewählten Bietern und die neuen Bietern eingeräumte Möglichkeit, sich daran zu beteiligen, dank der eingesetzten elektronischen Mittel über ein besonders breites Spektrum von Angeboten zu verfügen, und somit durch Ausweitung des Wettbewerbs eine optimale Verwendung der Mittel zu gewährleisten (s. Erwägungsgrund 13 der VKR).

2. Definition „dynamisches Beschaffungssystem"

82 Nach Art. 1 Abs. 6 VKR, Art. 1 Abs. 5 SKR ist ein „dynamisches Beschaffungssystem" ein vollelektronisches Verfahren für Beschaffungen von marktüblichen Leistungen, bei denen die allgemein auf dem Markt verfügbaren Merkmale den Anforderungen des öffentlichen Auftraggebers genügen; dieses Verfahren ist zeitlich befristet und steht während der gesamten Verfahrensdauer jedem Wirtschaftsteilnehmer offen, der die Eignungskriterien erfüllt und ein erstes Angebot im Einklang mit den Verdingungsunterlagen unterbreitet hat.

3. Anwendungsbereich

83 Der Bundesgesetzgeber hat die dynamische elektronische Beschaffung lediglich in die VOL/A (dort § 5 EG) sowie in die SektVO aufgenommen. VOB/A und VOF wurden ausgenommen. Dies ist mit Blick auf die Definition des Verfahrens nachvollziehbar, weil es sich bei den dort geregelten Auftragskategorien regelmäßig nicht um marktübliche Leistungen handelt, bei denen die die allgemein auf dem Markt verfügbaren Merkmale den Anforderungen des öffentlichen Auftraggebers genügen, sondern um individuell zu definierende „prototypische" Einzelleistungen. Das Verfahren dient demgegenüber der Rationalisierung der Beschaffung gleichartiger oder standardisierter Leistungen.

4. Dynamische elektronische Beschaffung als besondere Ausgestaltungsform des offenen Verfahrens

84 Präziser als die Formulierung in Abs. 6 Satz 2 bringen die Vergaberichtlinien zum Ausdruck, dass das dynamische elektronische Verfahren komplett in das offene Verfahren eingebettet ist. Nach Art. 33 Abs. 2 VKR, Art. 15 Abs. 2 SKR befolgen die öffentlichen Auftraggeber zur Einrichtung eines dynamischen Beschaffungssystems die Vorschriften des offenen Verfahrens in allen Phasen bis zur Erteilung des Zuschlags auf den im Rahmen dieses Systems zu vergebenden Auftrag. Entsprechend dieser Vorgabe ist das Verfahren in der VOL/A (und inhaltlich weitgehend übereinstimmend in der SektVO, dort § 10) wie folgt ausgestaltet worden:

85 Die Auftraggeber verwenden bei der Einrichtung des dynamischen elektronischen Verfahrens und bei der Vergabe der Aufträge dabei ausschließlich elektronische Mittel. Sie haben dieses Verfahren als offenes Vergabeverfahren in allen Phasen von der Einrichtung bis zur Vergabe des zu vergebenden Auftrags durchzuführen. Alle Unternehmen, die die Eignungskriterien erfüllen und ein erstes vorläufiges Angebot im Einklang mit den Vergabeunterlagen und den etwaigen zusätzlichen Dokumenten vorgelegt haben, werden zur Teilnahme zugelassen. Die Unternehmen können jederzeit ihre vorläufigen Angebote nachbessern, sofern die Angebote mit den Vergabeunterlagen vereinbar bleiben.

86 Beim dynamischen elektronischen Verfahren ist Folgendes zu berücksichtigen:

a) In der Bekanntmachung ist anzugeben, dass es sich um ein dynamisches elektronisches Verfahren handelt.

b) In den Vergabeunterlagen sind insbesondere der Gegenstand der beabsichtigten Beschaffungen sowie alle erforderlichen Informationen zum dynamischen elektronischen Verfahren, zur verwendeten elektronischen Ausrüstung des Auftraggebers, zu den Datenformaten und zu den technischen Vorkehrungen und Merkmalen der elektronischen Verbindung zu präzisieren.

c) Es ist auf elektronischem Wege ab dem Zeitpunkt der Veröffentlichung der Bekanntmachung und bis zur Beendigung des dynamischen elektronischen Verfahrens ein freier, unmittelbarer und uneingeschränkter Zugang zu den Vergabeunterlagen und den zusätzlichen Dokumenten zu gewähren und in der Bekanntmachung die Internet-Adresse anzugeben, unter der diese Dokumente abgerufen werden können.

d) Die Auftraggeber ermöglichen während der gesamten Laufzeit des dynamischen elektronischen Verfahrens jedem Unternehmen, ein vorläufiges Angebot zu unterbreiten, um zur Teilnahme am dynamischen elektronischen Verfahren zugelassen zu werden. Sie prüfen dieses Angebot innerhalb einer Frist von höchstens 15 Kalendertagen ab dem Zeitpunkt der Vorlage des Angebots. Sie können die Frist zur Angebotswertung verlängern, sofern nicht zwischenzeitlich ein Aufruf zum Wettbewerb erfolgt. Die Auftraggeber unterrichten das Unternehmen unverzüglich darüber, ob das Unternehmen zur Teilnahme am dynamischen elektronischen Verfahren zugelassen ist oder sein vorläufiges Angebot abgelehnt wurde.

e) Für jeden Einzelauftrag hat ein gesonderter Aufruf zum Wettbewerb zu erfolgen. Vor diesem Aufruf zum Wettbewerb veröffentlichen die Auftraggeber eine vereinfachte Bekanntmachung nach Anhang IX der Verordnung (EG) zur Einführung von Standardformularen für die Veröffentlichung von Vergabebekanntmachungen auf dem Gebiet der öffentlichen Aufträge in der jeweils geltenden Fassung, in der alle interessierten Unternehmen aufgefordert werden, innerhalb einer Frist von mindestens 15 Kalendertagen ab dem Versand der vereinfachten Bekanntmachung ein vorläufiges Angebot abzugeben. Die Auftraggeber nehmen den Aufruf zum Wettbewerb erst dann vor, wenn alle fristgerecht eingegangenen vorläufigen Angebote ausgewertet wurden.

f) Die Auftraggeber fordern alle zugelassenen Unternehmen auf, endgültige Angebote für die zu vergebenden Aufträge einzureichen. Für die Einreichung der Angebote legen sie eine angemessene Frist fest. Sie vergeben den Auftrag an das Unternehmen, das nach den in der Bekanntmachung für die Einrichtung des dynamischen elektronischen Verfahrens aufgestellten Zuschlagskriterien das wirtschaftlichste Angebot vorgelegt hat. Die Zuschlagskriterien können in der Aufforderung zur Abgabe eines endgültigen Angebots präzisiert werden.

g) Die Laufzeit eines dynamischen elektronischen Verfahrens darf grundsätzlich vier Jahre nicht überschreiten. Eine Überschreitung der Laufzeit ist nur in besonders zu begründenden Fällen zulässig.

Eine Entscheidung der Auftraggeber, auf ein eingeleitetes dynamisches elektronisches Verfahren zu verzichten, ist den zugelassenen Unternehmen unverzüglich mitzuteilen. Im Übrigen gelten die allgemeinen Vorschriften wie die Bekanntmachung der Auftragsvergabe und der Dokumentation des Verfahrens (s. §§ 23, 24 VOL/A-EG, §§ 15, 32 SektVO). 87

D. Der Vorrang des offenen Verfahrens (Abs. 7)

Öffentliche Auftraggeber haben gemäß Abs. 7 Satz 1 das offene Verfahren anzuwenden, es sei denn, aufgrund dieses Gesetzes (des GWB) ist etwas anderes gestattet. Auftraggebern stehen demgegenüber, soweit sie auf dem Gebiet der Trinkwasser- oder Energieversorgung oder des Verkehrs (Sektorenbereich) tätig sind, das offene Verfahren, das nicht offene Verfahren und das Verhandlungsverfahren nach ihrer Wahl zur Verfügung (Abs. 7 Satz 2). Bei der Vergabe von verteidigungs- und sicherheitsrelevanten Aufträgen können öffentliche Auftraggeber zwischen dem nicht offenen Verfahren und dem Verhandlungsverfahren wählen (Abs. 7 Satz 3). 88

Abs. 7 Satz 3 ist durch das Gesetz zur Änderung des Vergaberechts für die Bereiche Verteidigung und Sicherheit vom 7.12.2011 (BGBl. I S. 2570) mit Wirkung zum 14.12.2011 neu aufgenommen worden. Diese Ergänzung dient der Umsetzung von Art. 25 der Richtlinie 2009/81/EG. Aufgrund der Sensibilität dieser Bereiche ist für die Vergabe verteidigungs- und sicherheitsrelevanter Aufträge kein offenes Verfahren vorgesehen. Nicht offenes Verfahren und Verhandlungsverfahren mit Veröffentlichung einer Bekanntmachung stehen gleichberechtigt nebeneinander. Die Wahl eines Verhandlungsverfahrens ohne vorherige europaweite Bekanntmachung ist nur bei Vorliegen bestimmter Voraussetzungen zulässig. Bei komplexen Vergaben kann auch der wettbewerbliche Dialog gewählt werden (BT-Drucks. 17/7275, S. 18).

§ 101 GWB

89 Abs. 7 ist eine Sonderregelung des Verhältnisses der Vergabeverfahrensarten. Der dort angeordnete **Vorrang des offenen Verfahrens** geht auf die im Haushaltsrecht verankerte Entscheidung des Gesetzgebers für besonders wettbewerbseffektive Beschaffungsverfahren zurück. Nach § 55 BHO und den Parallelvorschriften in den Haushaltsordnungen der Länder muss dem Abschluss von Verträgen über Lieferungen und Leistungen eine öffentliche Ausschreibung vorausgehen, sofern nicht die Natur des Geschäfts oder besondere Umstände eine Ausnahme rechtfertigen. Der Bundesgesetzgeber hat an dieser Entscheidung auch in der jüngsten Novellierung des GWB im Jahr 2009 festgehalten und zur Begründung Folgendes ausgeführt:

> „Es bleibt beim Vorrang des offenen Verfahrens für Vergaben oberhalb der EG-Schwellenwerte. Das EG-Recht würde eine freie Wahl des offenen oder nicht offenen Verfahrens für die sog. klassischen öffentlichen Auftraggeber und damit den Wegfall der Regelung von besonderen Voraussetzungen zur Wahl des nicht offenen Verfahrens ermöglichen (Artikel 28 Satz 2 der Richtlinie 2004/18/EG). Das Ziel einer wirtschaftlichen Beschaffung kann für Vergaben oberhalb der EG-Schwellenwerte besser erreicht werden, wenn das offene Verfahren weiterhin als Regelverfahren vorgegeben wird; zusätzliche Bürokratie für die gerechtfertigten Fälle des Abweichens von diesem Grundsatz ist unter diesem Gesichtspunkt hinzunehmen." (BT-Drucks. 16/10117, S. 20)

> „Die Auftraggeber in den Sektorenbereichen haben (gemäß Artikel 40 Abs. 2 der Richtlinie 2004/17/EG) die freie Wahl des Vergabeverfahrens.

> Die Vergabeverfahren sind auch transparent, da ihnen in jedem Fall eine europaweite Bekanntmachung vorausgehen muss. Die Wahl eines Verhandlungsverfahrens ohne eine vorherige europaweite Bekanntmachung ist nur beim Vorliegen bestimmter Voraussetzungen zulässig.

> Die Streichung des Bezuges auf § 98 Nr. 4 bedeutet, dass es für die Sektorenbereiche keine Unterscheidung mehr zwischen öffentlichen Einrichtungen (§ 98 Nr. 2), öffentlichen Unternehmen und privaten Unternehmen (§ 98 Nr. 4) diesen Bereichen geben soll. Auch dies entspricht einer Eins-zu-Eins-Umsetzung von EG-Recht und erleichtert die Abwicklung der Vergabeverfahren. Soweit es im Einzelfall für erforderlich gehalten wird, können Empfänger öffentlicher Mittel darüber hinaus auch mit der Finanzierung zur Anwendung strengerer Vorgaben verpflichtet werden (z.B. Deutsche Bahn AG – DB AG bei Infrastrukturprojekten, die vom Bund finanziert werden). Derartige Einzelfälle rechtfertigen jedoch nicht eine strengere gesetzliche Vorgabe für Sektorenbereiche in Gänze." (BT-Drucks. 16/10117, S. 20 f.)

90 Der Bundesrechnungshof weist regelmäßig auf den Vorrang der öffentlichen Ausschreibung und die damit verbundenen **Vorteile** hin:

– Nur die öffentliche Ausschreibung gewährleistet einen uneingeschränkten Wettbewerb und insoweit eine wirtschaftliche und sparsame Verwendung der Haushaltsmittel aufgrund günstiger Angebotsergebnisse.

– Bei öffentlichen Ausschreibungen liegen in der Regel mehr Angebote vor als bei beschränkten Ausschreibungen.

– Bei öffentlicher Ausschreibung sind in der Regel günstigere Angebotsergebnisse zu erwarten als bei einer beschränkten Ausschreibung.

– Die öffentliche Ausschreibung ist am ehesten geeignet, Preisabsprachen und Manipulationen bei der Vergabe von Bauleistungen entgegenzuwirken, da durch den unbegrenzten Bieterkreis entsprechende Versuche erheblich erschwert werden (Schriftenreihe des Bundesbeauftragten für Wirtschaftlichkeit in der Verwaltung, Band 11, Bundesfernstraßen Planen, Bauen und Betreiben, Empfehlungen des Präsidenten des Bundesrechnungshofs als Bundesbeauftragter für Wirtschaftlichkeit in der Verwaltung für das wirtschaftliche Planen, Bauen und Betreiben von Bundesfernstraßen, 2004, S. 56). Der Bundesrechnungshof und die Rechnungshöfe der Länder sind sich deshalb darüber einig, dass eine öffentliche Ausschreibung möglichst auch in den Fällen durchgeführt werden sollte, in denen eine beschränkte Ausschreibung zulässig wäre (Schriftenreihe des Bundesbeauftragten für Wirtschaftlichkeit in der Verwaltung, Band 7, Hochbau des Bundes Wirtschaftlichkeit bei Baumaßnahmen, Empfehlungen des Präsidenten des Bundesrechnungshofes als

Bundesbeauftragter für Wirtschaftlichkeit in der Verwaltung für die wirtschaftliche Verwendung von Zuwendungen des Bundes für Hochbaumaßnahmen, 2. Aufl. 2003, S. 101).

Vor diesem Hintergrund ist die Sonderbehandlung des Sektorenbereichs kritisch zu sehen. Dies gilt insbesondere hinsichtlich der Streichung der bisherigen Abschnitte 3 der VOL/A und VOB/A, mit der erfahrungsgemäß besonders korruptionsanfällige Unternehmen aus den strengen vergaberechtlichen Bindungen entlassen worden sind. Ob dies durch die Möglichkeit einer Verpflichtung der Empfänger finanzieller Zuwendungen der öffentlichen Hand zur Anwendung strengerer Vorgaben kompensiert werden wird (BT-Drucks. 16/10117, S. 20 f.), bleibt abzuwarten. 91

§ 101a Informations- und Wartepflicht

(1) ¹Der Auftraggeber hat die betroffenen Bieter, deren Angebote nicht berücksichtigt werden sollen, über den Namen des Unternehmens, dessen Angebot angenommen werden soll, über die Gründe der vorgesehenen Nichtberücksichtigung ihres Angebots und über den frühesten Zeitpunkt des Vertragsschlusses unverzüglich in Textform zu informieren. ²Dies gilt auch für Bewerber, denen keine Information über die Ablehnung ihrer Bewerbung zur Verfügung gestellt wurde, bevor die Mitteilung über die Zuschlagsentscheidung an die betroffenen Bieter ergangen ist. ³Ein Vertrag darf erst 15 Kalendertage nach Absendung der Information nach den Sätzen 1 und 2 geschlossen werden. ⁴Wird die Information per Fax oder auf elektronischem Weg versendet, verkürzt sich die Frist auf zehn Kalendertage. ⁵Die Frist beginnt am Tag nach der Absendung der Information durch den Auftraggeber; auf den Tag des Zugangs beim betroffenen Bieter und Bewerber kommt es nicht an.

(2) Die Informationspflicht entfällt in Fällen, in denen das Verhandlungsverfahren ohne vorherige Bekanntmachung wegen besonderer Dringlichkeit gerechtfertigt ist.

Literatur: *Bulla/Schneider*, Das novellierte Vergaberecht zwischen Beschleunigungsgrundsatz und effektivem Bieterschutz, VergabeR 2011, 664; *Dreher/Hoffmann*, Die Informations- und Wartepflicht sowie die Unwirksamkeitsfolge nach den neuen §§ 101a und 101b GWB, NZBau 2009, 219; *Höß*, Die Informationspflicht des Auftraggebers, VergabeR 2002, 443; *Krämer*, Nicht immer leicht zu handhaben – Die Vorabinformation nach § 101a GWB kann durchaus Probleme bereiten, VergabeNavigator 3/13, S. 7 ff.

Übersicht

A. Allgemeines 1–13	3. Betroffene Bewerber i.S.v. Abs. 1 Satz 2 ... 37–43
I. Regelungsgehalt 1	III. Inhalt der Bieterinformation 44–61
II. Rechtsschutzfunktion der Informations- und Wartepflicht 2–4	1. Allgemeines 44–48
III. Die Informationspflicht in § 101a im Überblick 5–10	2. Name des (voraussichtlich) erfolgreichen Bieters 49–51
IV. Ausnahme von der Informationspflicht nach Abs. 2 11–13	3. Gründe für die vorgesehene Nichtberücksichtigung des eigenen Angebots .. 52–57
B. Informations- und Wartepflicht nach Abs. 1 14–80	4. Der „früheste Zeitpunkt des Vertragsschlusses" 58–60
I. Sachlicher Geltungsbereich 14–24	5. Weiterer (fakultativer) Inhalt der Information 61
1. Vergabeverfahren ober- und unterhalb der Schwellenwerte 14–16	IV. Form und Frist der Bieterinformation 62–67
2. De-facto-Vergaben 17–18	V. Sperr- bzw. Stillhaltefrist (Abs. 1 Satz 3 und 4) 68–80
3. Aufhebung des Vergabeverfahrens und Interimsbeauftragung 19	1. Schutzzweck 68–71
4. Wiederholung oder Änderung der Angebotswertung 20–22	2. Fristbeginn 72–77
5. Rahmenvereinbarungen bzw. dynamische Beschaffungssysteme 23	3. Fristende 78
6. Vertragsänderungen und Vertragsverlängerungen 24	4. Rechtsfolgen des Fristablaufs 79–80
II. Adressaten der Vorabinformation 25–43	C. Ausnahmen von der Informationspflicht 81–88
1. Allgemeines 25	I. Verhandlungsverfahren ohne Bekanntmachung wegen besonderer Dringlichkeit (Abs. 2) 81–86
2. Betroffene Bieter i.S.v. Abs. 1 Satz 1 26–36	II. Weitere Ausnahmen 87–88
	D. Rechtsschutz 89–91

A. Allgemeines

I. Regelungsgehalt

1 Mit § 101a ist die **zentrale Informationspflicht des Auftraggebers** im Vergabeverfahren im Zuge der letzten Vergaberechtsnovelle im Jahr 2009 in das GWB selbst aufgenommen worden. Hiernach muss der Auftraggeber die Unternehmen, deren Angebote bei der Auftragsvergabe nicht berücksichtigt werden sollen, über den Namen des erfolgreichen Bieters, über die Gründe für die Nichtberücksichtigung ihres Angebots und über den beabsichtigten frühesten Zeitpunkt des Vertragsschlusses unverzüglich in Textform informieren (Abs. 1 Satz 1). Mit Versenden dieser Vorabinformation gilt eine Sperr- bzw. „Stillhaltefrist" von 10 bzw. 15 Kalendertagen (Abs. 1 Satz 3 und 4).

Während dieses Zeitraumes darf der Zuschlag nicht erteilt werden. Ein vor Ablauf der Frist, nach unvollständiger oder gänzlich ohne Vorabinformation geschlossener Vertrag ist nach § 101b Abs. 1 Nr. 1 GWB von Anfang an unwirksam. Die Informationspflicht gilt in allen Vergabeverfahren nach § 101 Abs. 1 GWB. Nach Abs. 2 entfällt sie lediglich in den Fällen, in denen das Verhandlungsverfahren ohne vorherige Bekanntmachung wegen besonderer Dringlichkeit gerechtfertigt ist.

II. Rechtsschutzfunktion der Informations- und Wartepflicht

Die **Vorabinformation** der Bieter über das (voraussichtliche) Ergebnis des Vergabeverfahrens ist **unerlässlicher Bestandteil des vergaberechtlichen Rechtsschutzsystems**. Die Informationspflicht trägt zugleich dem **Transparenzgrundsatz** (§ 97 Abs. 1 GWB) Rechnung (Dreher, in: Beck'scher Vergaberechtskommentar, § 101a Rn. 2). Sie war früher in § 13 VgV a.F. geregelt. Nach § 13 Satz 6 VgV a.F. waren Verträge, die vor Ablauf der Stillhaltefrist von 14 Kalendertagen oder ohne Information geschlossen wurden, (automatisch) nichtig. Die Pflicht zur Vorabinformation über das beabsichtigte Ergebnis des Vergabeverfahrens sichert den wirksamen, weil lückenlosen Rechtsschutz unterlegener Bieter. Sie ist erforderlich, da im deutschen Vergaberecht Zuschlag und Vertragsschluss zusammenfallen, nach Vertragsschluss aber kein spezifisch vergaberechtlicher Rechtsschutz mehr besteht (vgl. § 114 Abs. 2 Satz 1 GWB). Ist der (vergaberechtswidrig geschlossene) Vertrag einmal unterzeichnet, können unterlegene Bieter nicht mehr in das laufende Vergabeverfahren im Wege des sog. Primärrechtsschutzes eingreifen, sondern müssen entsprechende Schadensersatzansprüche vor den Zivilgerichten im Rahmen des sog. Sekundärrechtsschutzes geltend machen, der in der Praxis jedoch häufig nur schwer durchsetzbar ist. Ein etwaiger Schadensersatz ist zudem grundsätzlich auf das sog. negative Interesse (vgl. hierzu § 126 Rn. 47, 90 ff.) begrenzt, so dass ein vergaberechtswidrig unberücksichtigt gebliebener Bieter über eine Schadensersatzklage regelmäßig allein die Sach- und Personalkosten verlangen kann, die zur Vorbereitung und Abgabe des Angebots erforderlich waren.

Die Informationspflicht des Auftraggebers nach § 101a verhindert vor diesem Hintergrund vor allem, dass die Bieter durch einen Vertragsschluss vor vollendete Tatsachen gestellt und so der Möglichkeit beraubt werden, die Zuschlagsentscheidungen des Auftraggebers überprüfen zu lassen (BGH vom 22.2.2005, KZR 36/03 zu § 13 VgV a.F.). Mit der Bieterinformation sollen die nicht berücksichtigten Unternehmen über den bevorstehenden Zuschlag/Vertragsschluss ausreichend zeitlich in Kenntnis gesetzt werden, um innerhalb der Stillhaltefrist ggf. ein Nachprüfungsverfahren gegen die beabsichtigte Auftragsvergabe an einen Konkurrenten einzuleiten, um auf diese Weise das laufende Vergabeverfahren zu stoppen und um so ihre (letzte) Chance auf den Auftrag zu wahren. Dieser Ansatz geht zurück auf die **„Euro-Münzplättchen II"-Entscheidung** der Vergabekammer des Bundes vom 29.4.1999 (VK 1-7/99) sowie das Urteil des EuGH in Sachen **„Alcatel Austria"** (vom 28.10.1999, Rs. C-81/99). In der Münzplättchen-Entscheidung hatte die Vergabekammer des Bundes vor Geltung einer § 13 VgV a.F. bzw. § 101a vergleichbaren Benachrichtigungspflicht die Informationspflichten aus § 27a VOL/A entsprechend ausgelegt (vgl. VK Bund vom 29.4.1999, VK 1-7/99). Diese Auslegung verstieß jedoch gegen den eindeutigen Wortlaut der herangezogenen Vorschrift und konnte auch aus anderen Gründen ein gesetzgeberisches Handeln nicht ersetzen (im Einzelnen hierzu Dreher, in: Beck'scher Vergaberechtskommentar, § 101a Rn. 7), so dass die Informationspflicht in dem daraufhin neu geschaffenen § 13 VgV (a.F.) auf eine (unter-)gesetzliche Grundlage gestellt werden musste. Erst dadurch verwirklichte das deutsche Rechtsschutzsystem im Vergaberecht die gemeinschaftsrechtlich vorgesehenen Rechtsschutzgarantien in vollem Umfang. Denn diese verlangen – wie der EuGH in einem Verfahren zum spanischen Vergaberecht, in dem Zuschlag und Vertragsschluss ebenfalls zusammenfallen, ausdrücklich bestätigt hat (EuGH vom 3.4.2008, Rs. C-444/06) –, dass für einen ausgeschlossenen Bieter die Möglichkeit vorgesehen werden muss, die Gültigkeit der Zuschlagsentscheidung rechtzeitig überprüfen zu lassen. Hieraus folgt, so der EuGH, dass ein angemessener Zeitraum zwischen dem Zeitpunkt, zu dem die Zuschlagsentscheidung den ausgeschlossenen Bietern mitgeteilt wird, und dem Vertragsschluss liegen muss, damit die nichtberücksichtigen Bieter insbesondere einen Antrag auf Erlass vorläufiger Maßnahmen bis zum Vertragsschluss stellen können.

4 Die früher in § 13 Satz 6 VgV a.F. angeordnete Nichtigkeit bzw. die heute gesetzlich in § 101b Abs. 1 Nr. 1 GWB angeordnete **Unwirksamkeit des Vertrages sichert die Einhaltung** der Informationspflicht sowie der **Stillhalte- oder Wartefrist**. Unterlegene Bieter werden vor unwiderruflichen Rechtsfolgen geschützt. Auf diese Weise wird zugleich das gemeinschaftsrechtliche Gebot verwirklicht, dass die dem Vertragsschluss vorangehende Entscheidung des Auftraggebers darüber, mit welchem Bieter eines Vergabeverfahrens er den Vertrag schließt, in jedem Fall einem Nachprüfungsverfahren zugänglich zu machen ist (BGH vom 22.2.2005, KZR 36/03 zu § 13 VgV a.F.; OLG Naumburg vom 3.9.2009, 1 Verg 4/09). Wegen der in § 13 VgV a.F. angeordneten Nichtigkeit des abgeschlossenen Vertrages half der Umweg über diese Regelung auch in den Fällen, in denen Auftraggeber öffentliche Aufträge rechtswidrig unmittelbar an ein bestimmtes Unternehmen vergaben, ohne eine Ausschreibung und ein förmliches Vergabeverfahren durchzuführen (sog. **De-facto-Vergabe**). Naturgemäß wurden Konkurrenten des Auftragnehmers von einer solchen Direktvergabe häufig nicht unterrichtet, so dass der dennoch abgeschlossene Vertrag wegen § 13 VgV a.F. – dessen Anwendbarkeit vorausgesetzt – nichtig war. Der schwerste Verstoß gegen das Vergaberecht konnte auf diese Weise zwar unter bestimmten Voraussetzungen korrigiert werden, die Rechtsunsicherheit war dennoch erheblich (vgl. § 101b Rn. 18 ff.). Diesem untragbaren Zustand hat der Gesetzgeber mit § 101b GWB ein Ende gesetzt. Ein Vertrag ist hiernach nunmehr von Anfang an unwirksam, wenn der Auftraggeber den Auftrag unmittelbar an ein Unternehmen vergeben hat, ohne andere Unternehmen am Vergabeverfahren zu beteiligen und ohne dass dies aufgrund Gesetzes zulässig war. § 101a und § 101b sind damit insgesamt als eine Einheit zur Gewährleistung effektiven Rechtsschutzes zu betrachten (*Dreher*, in: Beck'scher Vergaberechtskommentar, § 101a Rn. 2).

III. Die Informationspflicht in § 101a im Überblick

5 Die früher in § 13 VgV a.F. enthaltene Regelung ist durch das Gesetz zur Modernisierung des Vergaberechts vom 20.4.2009 (BGBl. I S. 790) mit etwas abweichendem Wortlaut in Abs. 1 übernommen worden (Begr. RegE, BT-Drucks. 16/10117, S. 20). Neu in § 101a aufgenommen wurden dabei die Verpflichtung des Auftraggebers, den frühesten Zeitpunkt des Vertragsschlusses zu benennen (Rn. 58) und – abhängig von dem gewählten Kommunikationsmittel – unterschiedliche Stillhaltefristen vor Zuschlagserteilung abzuwarten. Der Inhalt der Informations- und Wartepflicht ist dagegen im Wesentlichen gleichgeblieben. Die Rechtsfolgen eines Verstoßes gegen die Pflichten des § 101a sind in § 101b Abs. 1 Nr. 1 und Abs. 2 GWB geregelt. Die Übernahme der Informationspflicht aus der VgV in das GWB durch das Gesetz zur Modernisierung des Vergaberechts vom 20.4.2009 (BGBl. I S. 790) entspricht dem hiermit verfolgten gesetzgeberischen Ziel, für mehr Rechtsklarheit und -sicherheit im Vergaberecht zu sorgen und hierzu die Regeln des Rechtsschutzes im Gesetz selbst zu konzentrieren (vgl. Begr. RegE, BT-Drucks. 16/10117, S. 13 f.). Die VgV wurde dagegen im Zuge der Novellierung weitgehend von verfahrensrechtlichen Vorgaben entkleidet und stattdessen in ihrer Funktion als Scharnier zu den Vergabe- und Vertragsordnungen betont; mittlerweile finden sich in der VgV jedoch wieder systemwidrige Regelungen, z.B. zur Leistungsbeschreibung oder zu den Zuschlagskriterien in § 4 Abs. 4 bis 10 VgV; vgl. auch die Änderungen durch die 7. VgV-ÄnderungsVO vom 15.10.2013 (BGBl. I S. 3854) in § 4 Abs. 2 VgV.

6 Die mit der Aufnahme der Informationspflicht in das GWB verbundenen **inhaltlichen Änderungen** gehen wesentlich auf die durch die Richtlinie 2007/66/EG vom 11.12.2007 **novellierte Rechtsmittelrichtlinie** (Richtlinie 89/665/EWG vom 30.12.1989) zurück. Die Novelle der Rechtsmittelrichtlinie sollte von der EU-Kommission identifizierte Schwachstellen des vergaberechtlichen Rechtsschutzes in den Mitgliedstaaten beheben und die Wirksamkeit der Nachprüfungsverfahren stärken, die in ihrer vorherigen Ausgestaltung nach Auffassung der Kommission die Beachtung der Gemeinschaftsvorschriften nicht immer gewährleisten konnten – zumal in einem Stadium, in dem Vergaberechtsverstöße noch beseitigt werden könnten (vgl. Erwägungsgrund 4 der Richtlinie 2007/66/EG). Zu den von der Kommission ermittelten Schwächen des Rechtsschutzes zählte insbesondere das Fehlen einer Frist, die eine wirksame Nachprüfung zwischen der Zuschlagsentscheidung und dem Abschluss des jeweiligen Vertrages ermöglicht. Das führe bisweilen dazu, so die Kommission, dass öffentliche Auftraggeber und Auftragnehmer sehr rasch die Vertragsunterzeichnung vornehmen (*race to the* *signature*), um die Folgen einer strittigen Zuschlagsentscheidung unumkehrbar zu machen. Vor diesem Hintergrund sieht die Rechtsmittelrichtlinie seither auch auf EU-Ebene eine Mindest-Stillhaltefrist in Art. 2a vor, um einen wirksamen Rechtsschutz der betroffenen Bieter, also derjenigen Bieter, die noch nicht endgültig vom Vergabeverfahren ausgeschlossen wurden, zu ermöglichen.

Die **Neufassung der Informationspflicht** durch das **Gesetz zur Modernisierung des Vergaberechts** in § 101a orientierte sich an den Vorgaben in Art. 2a der novellierten Rechtsmittelrichtlinie. Nach Art. 2a Abs. 2 Unterabsatz 2 und 3 der Rechtsmittelrichtlinie sind **Adressaten** der Information die „betroffenen Bieter und Bewerber", während sich die Informationspflicht in § 13 VgV a.F. früher nur an „Bieter" richtete. Entsprechend den Vorgaben der Rechtsmittelrichtlinie ist der Gesetzeswortlaut in Abs. 1 Satz 1 und 2 auszulegen, auch wenn Satz 2 anstelle „betroffener Bewerber" nur „Bewerber" nennt. Wann Bieter und Bewerber als „betroffen" gelten, regelt Art. 2a Abs. 2 Unterabsatz 2 und 3 der Rechtsmittelrichtlinie. Hinsichtlich der betroffenen Bewerber ist die gemeinschaftsrechtliche Definition der „Betroffenheit" unmittelbar in Abs. 1 Satz 2 übernommen worden. Bieter gelten als „betroffen", wenn sie noch nicht endgültig vom Vergabeverfahren ausgeschlossen wurden (Begr. RegE, BT-Drucks. 16/10117, S. 21). 7

Beginn und Dauer der „Informations- und Wartepflicht" entsprechen ebenfalls den gemeinschaftsrechtlichen Vorgaben in Art. 2a Abs. 2 der Rechtsmittelrichtlinie: Während der öffentliche Auftraggeber nach § 13 VgV a.F. den Vertrag erst nach Ablauf einer Frist von 14 Kalendertagen nach Versenden der Vorabinformation schließen durfte, gilt nach Abs. 1 Satz 3 und 4 je nach gewähltem Übermittlungsweg für die Information eine Frist von zehn bzw. 15 Kalendertagen. Die Möglichkeit der Fristverkürzung bei der Nutzung bestimmter Kommunikationsmittel hat der Bundesrat im Gesetzgebungsverfahren für das Gesetz zur Modernisierung des Vergaberechts durchgesetzt. Der Gesetzesentwurf der Bundesregierung sah zunächst eine einheitliche Frist von 15 Kalendertagen für sämtliche Kommunikationsmittel vor (Begr. RegE, BT-Drucks. 16/10117, S. 21). Dem entgegnete der Bundesrat, dass – angesichts der formal sehr aufwendigen und wegen der vorgegebenen Fristen sehr langwierigen Vergabeverfahren – auf die in der Richtlinie geschaffene Möglichkeit einer „gewissen Verkürzung" und damit einer Beschleunigung des Vergabeverfahrens nicht ohne Not verzichtet werden solle. Ohnehin greife die Verkürzung der Informationsfrist nur bei der Nutzung moderner und schneller Übertragungswege wie Fax und elektronischer Nachricht (BR-Drucks. 349/08 (B), S. 10). Aus „Gründen der Verfahrensvereinfachung" wollte die Bundesregierung zunächst dennoch an der Festlegung einer einheitlichen Frist festhalten. Dies stehe durchaus in Übereinklang mit den Gestaltungsmöglichkeiten der Rechtsmittelrichtlinie, die in Art. 2a Abs. 2 lediglich Mindestanforderungen enthalte (vgl. Gegenäußerung der BReg, BT-Drucks. 16/10117, Anlage 4, zu Nr. 11 – Art. 1 Nr. 7 [§ 101a Abs. 1 Satz 3 GWB], S. 41). Der Bundesrat hat sich aber in dieser Frage zugunsten einer größeren Flexibilität und zur Beschleunigung der Vergabeverfahren zu Recht beharrlich gezeigt. 8

Auch die in der Vorabinformation aufzunehmende **Angabe über den frühesten Zeitpunkt des Vertragsschlusses** geht auf gemeinschaftsrechtliche Vorgaben zurück. Art. 2a Abs. 2 Unterabsatz 4 der Rechtsmittelrichtlinie bestimmt nämlich, dass der Mitteilung über die Zuschlagsentscheidung eine „genaue Angabe der konkreten Stillhaltefrist" beizufügen ist. 9

In der geltenden Fassung der Informationspflicht muss die Mitteilung an das unterlegene Unternehmen zudem **„die Gründe der vorgesehenen Nichtberücksichtigung ihres Angebots"** nennen, während sie nach § 13 Satz 1 VgV a.F. den Bietern (lediglich) „den Grund" der vorgesehenen Nichtberücksichtigung mitteilen musste. Die Pluralform („Gründe") geht zurück auf Art. 2a Abs. 2 Unterabsatz 4 erster Spiegelstrich der Rechtsmittelrichtlinie, wonach die „Mitteilung über die Zuschlagsentscheidung" eine Zusammenfassung der einschlägigen Gründe gemäß Art. 41 Abs. 2 der Vergabekoordinierungsrichtlinie (Richtlinie 2004/18/EG) beizufügen ist. 10

IV. Ausnahme von der Informationspflicht nach Abs. 2

11 Nach **Abs. 2** entfällt die Informationspflicht des Abs. 1 bei Auftragsvergaben, für die das **Verhandlungsverfahren ohne vorherige Bekanntmachung wegen besonderer Dringlichkeit** gerechtfertigt ist. Das ist sachgerecht, weil auf das Verhandlungsverfahren ohne vorherige Bekanntmachung wegen besonderer Dringlichkeit ohnehin nur in Fällen zurückgegriffen werden darf, in denen aus unvorhersehbaren, objektiv nachprüfbaren dringlichen, zwingenden Gründen außerhalb der Einflusssphäre des öffentlichen Auftraggebers, also vor allem zur Beseitigung von Schäden und akuten Gefahren bei Naturkatastrophen u.Ä., ein schnelles Handeln geboten ist. In diesen und vergleichbaren Notsituationen muss der Auftraggeber in der Lage sein, die erforderlichen Aufträge sofort vergeben zu können, ohne eine Wartefrist einhalten zu müssen (vgl. Begr. RegE, BT-Drucks. 16/10117, S. 21).

12 Auch die Ausnahmeregelung in Abs. 2 beruht auf entsprechenden **Vorgaben** in Art. 2b Abs. 1 Buchst. a) **der Rechtsmittelrichtlinie** i.V.m. Art. 31 Ziff. 1 Buchst. c) der Vergabekoordinierungsrichtlinie. Hiernach dürfen Aufträge in Fällen besonderer Dringlichkeit im Verhandlungsverfahren ohne eine vorherige Vergabebekanntmachung vergeben werden und die Mitgliedstaaten können vorsehen, dass die Stillhaltefrist nach Art. 2a Abs. 2 der Rechtsmittelrichtlinie in diesem Fall nicht angewendet wird. Von den weiteren in Art. 2b der Rechtsmittelrichtlinie genannten Ausnahmen von der Stillhaltefrist hat der deutsche Gesetzgeber keinen Gebrauch gemacht. Nach Art. 2b Buchst. b) der Rechtsmittelrichtlinie können Mitgliedstaaten Ausnahmen von der Stillhaltefrist auch dann vorsehen, wenn der einzig betroffene Bieter i.S.d. Art. 2a Abs. 2 der Rechtsmittelrichtlinie der Bieter ist, dem der Zuschlag erteilt wird, und wenn es keine betroffenen Bewerber gibt. Diese Ausnahmebestimmung betrifft Fälle, in denen der Auftraggeber zulässigerweise – sei es aus rechtlichen oder technischen Gründen – nur mit einem einzigen Bieter über den Auftrag verhandelt hat, weitere Bewerber oder Bieter also nicht existieren, so dass die Informationspflicht nach Abs. 1 mangels tatsächlicher Adressaten entfällt. Da in diesen Fällen die Informationspflicht nach Abs. 1 aus nahe liegenden Gründen nicht zur Anwendung kommen kann (vgl. Rn. 87 f.), bedurfte es insoweit auch keiner ausdrücklichen Umsetzung der Ausnahme in nationales Recht. Darüber hinaus sieht Art. 2b Buchst. c) der Rechtsmittelrichtlinie vor, dass die Mitgliedstaaten eine Ausnahme von der Stillhaltefrist auch bei einem Auftrag vorsehen können, dem eine Rahmenvereinbarung gemäß Art. 32 der Vergabekoordinierungsrichtlinie zugrunde liegt, bzw. bei einem Einzelauftrag, der auf einem dynamischen Beschaffungssystem gemäß Art. 33 der Richtlinie beruht. Diese Ausnahmebestimmungen sind nicht in das deutsche Recht übernommen worden.

13 Im **Gesetzgebungsverfahren zum Gesetz zur Modernisierung des Vergaberechts** hatte sich der Bundesrat gegen die Ausnahmeregelung gewandt, da sie den Rechtsschutz für die Bieter beseitige, die den Zuschlag nicht erhalten sollten. Die vorgesehene Regelung sei mit dem Gebot des effektiven Rechtsschutzes daher nur schwer zu vereinbaren. Eine Notwendigkeit für die Regelung in dieser Form bestehe nicht. Auch in den seltenen Fällen, in denen die Bestimmung zur Anwendung kommen könnte, könne vom Auftraggeber verlangt werden, die betroffenen Bieter zu informieren (BR-Drucks. 349/08 (B), S. 10). Allerdings sollte der Auftraggeber bei besonderer Dringlichkeit der Vergabe nach den Vorstellungen des Bundesrates von der Wartepflicht befreit werden; wenn die Informationspflicht bestehen bleibe, erhielte der Bieter immerhin die Chance, im Nachprüfungsverfahren einen Zuschlag zu verhindern. Dieser Anregung folgte die Bundesregierung zu Recht nicht. Sie hat insoweit auf die gemeinschaftsrechtlichen Vorgaben in Art. 2b der Rechtsmittelrichtlinie hingewiesen, mit denen die Regelung in Abs. 2 in Einklang stehe. Vor allem sprachen nach Auffassung der Bundesregierung aber tatsächliche Gründe für die Ausnahmeregelung, da in Fällen besonderer Dringlichkeit aus vorheriger Vergabebekanntmachung andere als das ausgewählte Unternehmen von der Auftragsvergabe tatsächlich nicht in Kenntnis gesetzt sind. Das Erfordernis einer individuellen Information über das durchgeführte Verhandlungsverfahren würde daher schlicht ins Leere laufen, so dass die Ausnahmeregelung sachgerecht ist (vgl. Gegenäußerung der BReg, BT-Drucks. 16/10117, Anlage 4, zu Nr. 12 – Art. 1 Nr. 7 [§ 101a Abs. 2 GWB], S. 41).

B. Informations- und Wartepflicht nach Abs. 1
I. Sachlicher Geltungsbereich
1. Vergabeverfahren ober- und unterhalb der Schwellenwerte

Die Informationspflicht nach Abs. 1 gilt **oberhalb der Schwellenwerte** für **alle** im Anwendungsbereich des 4. Teils des GWB erfassten **Verfahren zur Vergabe öffentlicher Aufträge** i.S.v. § 101 GWB. Die Informations- und Wartepflicht gilt auch für Auftragsvergaben im **Sektorenbereich** (vgl. § 29 Abs. 5 SektVO) und bei Auftragsvergaben im **Bereich Verteidigung und Sicherheit** (§ 36 Abs. 1 VSVgV). Nicht entscheidend ist, ob dem öffentlichen Auftraggeber die Pflicht zur Anwendung des Vergaberechts der §§ 97 ff. GWB bewusst war. Verkennt die Vergabestelle ihre Pflicht zur europaweiten Ausschreibung und führt sie lediglich ein Verfahren nach den Vorschriften über nationale Auftragsvergaben durch, findet § 101a dennoch Anwendung. Vorausgesetzt wird lediglich ein „wettbewerbliches Verfahren", in dem es mehrere Bewerber oder Bieter und Angebote gegeben hat und der Einholung der Angebote ein konkretes Beschaffungsvorhaben zugrunde liegt (BGH vom 1.2.2005, X ZB 27/04). Allein die **objektive Rechtslage** ist **maßgeblich** (OLG Düsseldorf vom 18.10.2006, VII-Verg 35/06; OLG Düsseldorf vom 12.3.2003, Verg 49/02 zu § 13 VgV a.F.), so dass umgekehrt eine trotz Unterschreitens der EU-Schwellenwerte durchgeführte europaweite Ausschreibung nicht die Anwendbarkeit des § 101a zur Folge hat (OLG Stuttgart vom 12.8.2002, 2 Verg 2/09 zu § 13 VgV a.F.).

14

Die Informations- und Wartepflicht gilt für **alle Vergabearten i.S.d. § 101** und damit grundsätzlich auch im Verhandlungsverfahren nach § 101 Abs. 5 GWB (s. nur OLG Düsseldorf vom 24.2.2005, Verg 88/04 zu § 13 VgV a.F.; vgl. aber Abs. 2, der eine Ausnahme für Verhandlungsverfahren ohne vorherige Bekanntmachung wegen besonderer Dringlichkeit statuiert), im wettbewerblichen Dialog nach § 101 Abs. 4 GWB und bei der – durch die Novelle der VOL/A 2009 aus mittelstandspolitischen Gründen nicht eingeführten – elektronischen Auktion oder dem elektronisch dynamischen Verfahren i.S.v. § 101 Abs. 6 GWB und § 5 VOL/A, § 5 EG VOL/A. Eine bloße **Markterkundung** oder Marktbeobachtung, der noch kein konkretes Beschaffungsvorhaben zugrunde liegt, löst die Informationspflicht des § 101a nicht aus (OLG Düsseldorf vom 27.10.2004, VII-Verg 41/04; zum Überschreiten der Schwelle von der bloßen Markterkundung zum Beginn eines Vergabeverfahrens vgl. auch OLG München vom 19.7.2012, Verg 8/12).

Oberhalb der Schwellenwerte gilt die **Ausnahme des Abs. 2** für Fälle, in denen das Verhandlungsverfahren ohne Bekanntmachung bei besonderer Dringlichkeit gerechtfertigt ist. Daneben muss die Informationspflicht aber auch in den sonstigen Fällen entfallen, in denen sich die Vergabestelle zulässigerweise nur an ein Unternehmen gewandt und allein mit diesem verhandelt hat (so schon zur alten Rechtslage VK Bund vom 20.10.2004, VK 1-183/04). Das gilt jedenfalls dann, wenn tatsächlich keine Bewerber oder Bieter, die zu informieren wären, vorhanden sind, z.B. wenn der Auftrag nach § 3 EG Abs. 4 Buchst. c) VOL/A wegen seiner technischen oder künstlerischen Besonderheiten oder aufgrund des Schutzes eines Ausschließlichkeitsrechts nur von einem bestimmten Unternehmen durchgeführt werden kann (vgl. Erwägungsgrund 8 zur Richtlinie 2007/66/EG; s. auch Rn. 87 f.). Wird ein konkreter Auftrag nach einem abgeschlossenen Vergabeverfahren z.B. infolge einer Insolvenz des bisherigen Auftragnehmers nachträglich in einem Verhandlungsverfahren ohne Bekanntmachung oder im Wege der Direktvergabe vergeben, sind die Bieter des vorausgegangenen Vergabeverfahrens zu informieren (OLG Naumburg vom 15.3.2007, 1 Verg 14/06; OLG Düsseldorf vom 23.2.2005, VII-Verg 85/04). Das gilt auch in Fällen, in denen ein Bieter ein Angebot auf eine später aufgehobene Ausschreibung abgegeben hat, wenn in einem formal neuen Verfahren die ursprünglich ausgeschriebene Leistung vergeben werden soll, ohne dass für den ursprünglichen Bieter die Möglichkeit bestand, sich an dem formal neuen Verfahren zu beteiligen (*Dreher*, in: Beck'scher Vergaberechtskommentar, § 101a Rn. 14). Zur Informationspflicht in einem **Wettbewerbsverfahren** (z.B. nach §§ 20, 25 VOF) s. Rn. 29.

15

Eine analoge Anwendung des § 13 VgV a.F. bzw. des § 101a für Vergabeverfahren **unterhalb der Schwellenwerte** hat die Rechtsprechung bislang überwiegend abgelehnt (vgl. nur VG Neustadt

16

a.d. Weinstraße vom 19.10.2005, 4 L 1715/05). Diese Auffassung entspricht der eindeutigen Gesetzeslage im deutschen Recht. Aus gemeinschaftsrechtlicher Perspektive ist sie indes nicht unproblematisch, da nach Auffassung der EU-Kommission Unternehmen auch bei Aufträgen unterhalb der EU-Schwellenwerte effektiven gerichtlichen Schutz der Rechte in Anspruch nehmen können müssen, die sich aus der Gemeinschaftsrechtsordnung ergeben (vgl. Mitteilung der Kommission zu Auslegungsfragen in Bezug auf das Gemeinschaftsrecht, das für die Vergabe öffentlicher Aufträge gilt, die nicht oder nur teilweise unter die Vergaberichtlinien fallen, 2006/C 179/02, Ziff. 2.3.3.). Da eine Informationspflicht, wie sie § 101a vorsieht, bei Auftragsvergaben unterhalb der Schwellenwerte jedoch – jedenfalls bundeseinheitlich – gerade fehlt, führt dies in der Praxis häufig dazu, dass Unternehmen von der Auftragsvergabe an einen Konkurrenten nichts erfahren, ihnen so keine Möglichkeit bleibt, im Wege einer einstweiligen Verfügung in das laufende Vergabeverfahren einzugreifen, und sie stattdessen auf Schadensersatzansprüche beschränkt sind. Mittlerweile sehen jedoch die Bundesländer in ihren Vergabegesetzen entsprechende Informationspflichten vor (vgl. z.B. für Mecklenburg-Vorpommern: § 12 Vgg M-V; für Sachsen: § 8 SächsVergabeG; für Sachsen-Anhalt: § 19 LVG LSA; für Thüringen: § 19 ThürVgG).

2. De-facto-Vergaben

17 Bei De-facto-Vergaben ist zu differenzieren: Bei Auftragsvergaben, bei denen der Auftrag rechtswidrig direkt an ein Unternehmen vergeben wird, **ohne** dass dem ein wie auch immer ausgestaltetes **wettbewerbliches Verfahren** vorangeht, ist für eine Information nach § 101a kein Raum. In diesen Konstellationen existieren weder mehrere Bewerbern oder Bieter, noch hat der Auftraggeber überhaupt die Auswahl unter mehreren Angeboten. Der Auftraggeber verhandelt nämlich von vornherein und ausschließlich nur mit demjenigen Unternehmen, das letztlich auch den Auftrag erhält. Es fehlt damit an nichtberücksichtigten Bietern oder Bewerbern, weshalb eine direkte Anwendung des § 101a ausscheidet. Effektiver Rechtsschutz wird durch die Regelung in § 101b Abs. 1 Nr. 2 GWB sichergestellt, wonach ein Vertrag, der auf eine rechtswidrige Direktvergabe folgt, von Anfang an unwirksam ist, wenn dieser Verstoß im Nachprüfungsverfahren gemäß § 101b Abs. 2 GWB festgestellt worden ist (*Dreher*, in: Beck'scher Vergaberechtskommentar, § 101a Rn. 41).

18 In Fällen, in denen es zwar an einem förmlichen Vergabeverfahren fehlt, jedoch ein **wettbewerbliches Verfahren durchgeführt** wurde, findet § 101a dagegen direkte Anwendung (vgl. VK Sachsen vom 8.4.2011, 1/SVK/002-11). Auch diese Konstellationen werden verbreitet als De-facto-Vergaben bezeichnet (vgl. die Nachweise bei *Dreher*, in: Beck'scher Vergaberechtskommentar, § 101a Rn. 43 Fn. 136). Als De-facto-Vergabe i.S.d. § 101b Abs. 1 Nr. 2 GWB sind sie dann anzusehen, wenn es der Auftraggeber vergaberechtswidrig unterlässt, eine in den Anwendungsbereich des GWB-Vergaberechts fallende Auftragsvergabe ohne vorherige EU-weite Bekanntmachung zu vollziehen – auch wenn der Auftraggeber dabei mit mehreren Unternehmen verhandelt (§ 101b Rn. 23 f., 27; OLG Düsseldorf vom 3.8.2011, Verg 33/11). Unternehmen, die ein Interesse am Erhalt des rechtswidrig im Wege einer De-facto-Vergabe vergebenen Auftrags haben und daher an einer Beteiligung des rechtswidrig unterlassenen Vergabeverfahrens mitgewirkt haben, sind nicht gemäß § 101a zu informieren, können aber aufgrund von § 101b Abs. 1 Nr. 2 GWB die Unwirksamkeit der Vertrages herbeiführen.

3. Aufhebung des Vergabeverfahrens und Interimsbeauftragung

19 Für die beabsichtigte **Aufhebung des Vergabeverfahrens** gilt § 101a angesichts seines eindeutigen Wortlauts nicht. § 101a soll den Bieter vor vollendeten Tatsachen schützen, die einen effektiven Rechtsschutz verhindern. Da bei einer Aufhebung kein Zuschlag erteilt wird, braucht § 101a nicht herangezogen zu werden, um dessen Unaufhebbarkeit gemäß § 114 Abs. 2 GWB zu verhindern (*Dreher*, in: Beck'scher Vergaberechtskommentar, § 101a Rn. 117). Eine entsprechende Benachrichtigungspflicht des Auftraggebers ergibt sich allein aus den Vergabe- und Vertragsordnungen (vgl. § 17 EG Abs. 2 VOB/A, § 20 EG Abs. 2 VOL/A). Auch gegen eine Aufhebung des Vergabeverfahrens steht den Bietern das Nachprüfungsverfahren offen, um ggf. eine Aufhebung der Aufhebung zu erreichen. Vor einer sich an die Aufhebung des ursprünglichen Vergabeverfahrens anschließenden

Auftragsvergabe im Wege des Verhandlungsverfahrens muss der Auftraggeber jedoch die Bieter des aufgehobenen Vergabeverfahrens nach § 101a informieren und die Wartefrist einhalten. Das gilt sogar für eine **Interimsbeauftragung** (OLG Dresden vom 25.1.2008, WVerg 10/07 zu § 13 VgV a.F.); eine entsprechende Bereichsausnahme für solche Aufträge kennt weder das EU-Vergaberecht noch das GWB (OLG Düsseldorf vom 25.9.2008, VII-Verg 57/08 zu § 13 VgV a.F.).

4. Wiederholung oder Änderung der Angebotswertung

Eine Pflicht zur (erneuten) Vorabinformation der Bieter kann auch in Fällen bestehen, in denen es **nach Erteilung der Information** aufgrund einer Rüge, eines Nachprüfungsverfahrens oder eines Vergleichs zu einer **Wiederholung oder Änderung der Angebotswertung** kommt. Hier ist zu differenzieren (vgl. auch *Krämer*, VergabeNavigator 3/13, S. 7 ff.): Modifiziert der Auftraggeber die Angebotswertung mit der Folge, dass entweder einem anderen Bieter der Zuschlag erteilt werden soll oder sich die tragende Begründung für die beabsichtigte Zuschlagserteilung ändert, ändern sich also die Gründe, die der Auftraggeber den Bewerbern und Bietern in der ursprünglichen Information genannt hat, ist er zur **erneuten Information** gegenüber allen Bietern und Bewerbern verpflichtet (vgl. z.B. VK Thüringen vom 27.2.2003, 216-4002.20-041/02-GS). Dies folgt schon aus dem Zweck der Information, nichtberücksichtigte Bieter in die Lage zu versetzen, die Erfolgsaussichten eines Nachprüfungsverfahrens abzuschätzen (Rn. 45, 89; s. auch *Dreher*, in: Beck'scher Vergaberechtskommentar, § 101a Rn. 39). Denn gerade in der Person des für den Zuschlag ausgewählten Bieters kann der Vergabefehler etwa wegen fehlender Eignung liegen (VK Baden-Württemberg vom 23.1.2012, 1 VK 67/68/69/11). Der Auftraggeber kann sogar dann zu einer neuen Information verpflichtet sein, wenn er nach wiederholter Angebotswertung sowohl in der Begründung als auch in der Person des für den Zuschlag ausersehenen Bieters zu dem gleichen Ergebnis kommt wie bei der ersten Angebotswertung (*Dreher*, in: Beck'scher Vergaberechtskommentar, § 101a Rn. 39). Das gilt jedenfalls dann, wenn – z.B. aufgrund einer berechtigten Rüge oder eines Nachprüfungsverfahrens – eine Pflicht zur Neubewertung bestand (*Krämer*, VergabeNavigator 3/2013, S. 7 f.). Andernfalls kann der rügende Bieter nicht überprüfen, ob der Auftraggeber z.B. einer entsprechenden Anweisung der Nachprüfungsinstanz Folge geleistet hat (*Kühnen*, in: Byok/Jaeger, 2. Aufl. 2005, § 13 VgV Rn. 1572).

Auch das **Nennen zusätzlicher Gründe** kann die Informationspflicht erneut auslösen, denn der Auftraggeber ist nach Abs. 1 Satz 1 verpflichtet, alle Gründe für die Nichtberücksichtigung in der Information zu nennen (Rn. 53; vgl. auch *Krämer*, VergabeNavigator 3/2013, S. 7, 8).

Kommt der Auftraggeber jedoch zu dem Ergebnis, dass **keine Neubewertung** veranlasst ist, geht dies letztlich nicht über einen rein internen Vorgang hinaus, der nur eine Überprüfung mit anschließender vollumfänglicher Bestätigung des ersten Wertungsergebnisses darstellt. Eine erneute Informationspflicht wird hierdurch nicht ausgelöst (OLG Düsseldorf vom 23.5.2007, Verg 14/07; OLG Jena vom 14.2.2005, Verg 1/05). Hier genügt, die Mitteilung an das rügende Unternehmen, dass der Rüge nicht abgeholfen werde. Die Informationspflicht kann jedoch gegenüber dem Rügenden neu entstehen, wenn die Vergabestelle ihm gegenüber vor Prüfung der Rüge erklärt hat, die Vergabeentscheidung zu überprüfen und den Zuschlag nicht vor erneuter Information gegenüber dem Rügenden zu erteilen (*Höß*, in: Heuvels/Höß/Kuß/Wagner, Gesamtkommentar, § 101a GWB Rn. 10, 62).

5. Rahmenvereinbarungen bzw. dynamische Beschaffungssysteme

Bei Rahmenvereinbarungen oder der Einrichtung eines dynamischen Beschaffungssystems gilt die Informationsverpflichtung des § 101a zunächst vor Auswahl der Partner für die Rahmenvereinbarung bzw. des dynamischen Beschaffungssystems selbst. Sie ist eine Voraussetzung für die **vergaberechtskonforme Auftragsvergabe auf der ersten Stufe**.

Virulent kann die Frage der Informationspflicht gemäß § 101a für den **Abruf der Einzelaufträge** auf der zweiten Stufe werden. Hier ist zu unterscheiden: Soweit eine Rahmenvereinbarung mit nur einem Unternehmen i.S.v. § 4 EG Abs. 3 VOL/A geschlossen wurde und der Auftraggeber den Einzelauftrag unter dem Dach der Rahmenvereinbarung vergibt – dieser also sachlich-gegenständlich von der Rahmenvereinbarung erfasst wird und entsprechend den Bedingungen der Rahmenvereinbarung vergeben wird –, ist für die Informationspflicht des § 101a kein Raum (vgl. Erwägungsgrund 8 zur Rechtsmittelrichtlinie). Die Informationspflicht greift dagegen bei Rahmenvereinbarungen mit mehreren Unternehmen, in denen für die Vergabe ein **erneuter Aufruf zum Wettbewerb** erforderlich ist (vgl. Erwägungsgrund 8 zur Rechtsmittelrichtlinie). Das betrifft Rahmenvereinbarungen i.S.v. § 4 EG Abs. 5b und 6 VOL/A, in denen noch nicht alle Bedingungen in der Rahmenvereinbarung festgelegt sind, die Einzelaufträge daher nach einem erneuten Aufruf zum Wettbewerb im sog. **Mini-Wettbewerb unter den Partnern der Rahmenvereinbarung** vergeben werden. Diese – und nur diese – sind dann gemäß § 101a vor Vergabe des Einzelauftrags zu informieren.

6. Vertragsänderungen und Vertragsverlängerungen

24   Bei Vertragsänderungen und Vertragsverlängerungen ist nach vergaberechtskonformen und vergaberechtswidrigen Verlängerungen bzw. Änderungen zu differenzieren: Macht der Auftraggeber lediglich von einer Option zur Vertragsverlängerung oder Auftragserweiterung Gebrauch, die bereits Gegenstand der ursprünglichen Ausschreibung war, besteht keine Informationspflicht nach § 101a. Vergaberechtswidrige Vertragsverlängerungen fallen dagegen in den Anwendungsbereich des § 101b Abs. 1 Nr. 2 GWB (§ 101b Rn. 23). Dasselbe gilt an sich in Fällen, in denen die Änderung eines bestehenden Vertrages der Vergabe eines neuen öffentlichen Auftrags gleichkommt, die Änderungen also nach der Grundregel der **„pressetext"-Entscheidung** des EuGH (vom 19.6.2008, Rs. C-454/06) wesentlich andere Merkmale aufweisen als der ursprüngliche Auftrag und damit den Willen der Parteien zur Neuverhandlung wesentlicher Bestimmungen des Vertrages erkennen lassen. Diese Fälle sind indes als unzulässige De-facto-Vergabe anzusehen und fallen damit unter § 101b Satz 1 Abs. 2 und Satz 2 GWB (§ 101b Rn. 23 ff.; vgl. *Greb/Stenzel*, NZBau 2012, 404, 408 f.). Denn bei der **Änderung wesentlicher Bestimmungen** handelt es sich aus vergaberechtlicher Sicht um die Aushandlung eines neuen Vertrages ohne die Beteiligung anderer (potenzieller) Bieter.

II. Adressaten der Vorabinformation

1. Allgemeines

25   Nach der geltenden Fassung der Vorabinformation in Abs. 1 muss der Auftraggeber die „betroffenen Bieter" (Abs. 1 Satz 1) sowie – unter bestimmten Voraussetzungen – auch die (abgelehnten) Bewerber (Abs. 1 Satz 2) über die bevorstehende Zuschlagsentscheidung informieren. Abs. 1 Satz 1 und 2 erweitert damit den früher von § 13 VgV a.F. erfassten Adressatenkreis in der Bieterinformation. Nach dem ausdrücklichen Wortlaut des § 13 VgV a.F. musste der Auftraggeber nur „die Bieter, deren Angebote nicht berücksichtigt werden sollen", über das bevorstehende Wettbewerbsergebnis informieren. Die Neuausrichtung der Vorschrift auf die betroffenen Bieter und Bewerber geht zurück auf Art. 2a Abs. 2 Unterabsatz 2 und 3 der Rechtsmittelrichtlinie (vgl. Begr. RegE, BT-Drucks. 16/10117, S. 21). Handwerklich ist die Umsetzung der EU-Vorgaben dabei nur bedingt geglückt.

2. Betroffene Bieter i.S.v. Abs. 1 Satz 1

26   Adressaten der Vorabinformation sind nach dem Wortlaut des Abs. 1 Satz 1 zunächst die „**betroffenen Bieter**, deren Angebote nicht berücksichtigt werden sollen".

27   Als „**Bieter**" (zum Begriff s. eingehend OLG Naumburg vom 3.9.2009, 1 Verg 4/09) in diesem Sinne sind zunächst all diejenigen Unternehmen zu verstehen, die sich am Vergabeverfahren durch die **Abgabe eines Angebots** beteiligt haben, auf das der Zuschlag nicht oder nur zum Teil erteilt werden soll.

28   Unerheblich ist dabei, auf welcher Wertungsstufe ein **Angebot auszuschließen** war. Auch ein Bieter, dessen Angebot schon ausgeschlossen werden musste, weil es verspätet eingereicht wurde, ist nach § 101a zu informieren (OLG Naumburg vom 3.9.2009, 1 Verg 4/09). Die Abgabe eines ersten **unverbindlichen („indikativen") Angebots** in einem Verhandlungsverfahren reicht aus, so dass die Informationspflicht nicht auf diejenigen Bieter begrenzt ist, die bis zum Schluss an den Verhand-

lungen teilgenommen und ein letztes verbindliches Angebot abgegeben haben (VK Schleswig-Holstein vom 14.5.2008, VK-SH 6/08 zu § 13 VgV a.F.).

Auch die nicht zum Zuge gekommenen **Preisträger eines Architekturwettbewerbs** sind als „Bieter" nach Abs. 1 zu informieren. Das gilt jedenfalls dann, wenn nicht schon zuvor (z.B. in der Wettbewerbsbekanntmachung) eine abschließende Festlegung getroffen wurde, dass der Zuschlag zwingend und automatisch an den Sieger des Wettbewerbs gehen soll, sondern auch nach Bekanntgabe der Preisgerichtsentscheidung nach den vom Auftraggeber festgelegten Bedingungen die Möglichkeit der Einleitung eines Verhandlungsverfahrens mit den übrigen Preisträgern besteht. Die Stellung der Preisträger geht dann über das Interesse eines (sonstigen) Bewerbers, sich durch Unterbreitung eines Angebotes am Wettbewerb beteiligen zu können, hinaus (OLG Düsseldorf vom 2.12.2009, VII-Verg 39/09; vgl. aber OLG Düsseldorf vom 31.3.2004, Verg 4/04 sowie VK Sachsen vom 19.8.2005, 1/SVK/096-05, jeweils zu § 13 VgV a.F.). **29**

In Fällen, in denen ein Bewerber oder Bieter von der Abgabe eines Teilnahmeantrags oder eines Angebots durch ein vergaberechtswidriges Verhalten des Auftraggebers abgehalten wird, das nicht an die Schwelle einer De-facto-Vergabe heranreicht, sondern in der **rechtswidrigen Gestaltung der Ausschreibungsbedingungen** (z.B. bei unzulässiger Produktvorgabe) liegt, kann das betroffene Unternehmen die Ausschreibungsbedingungen rügen und ein Nachprüfungsverfahren einleiten. Unterlässt das Unternehmen dies und gibt auch kein Angebot ab, besteht kein Bedarf für eine Information nach § 101a in Verbindung mit der drohenden Unwirksamkeitsfolge (*Dreher*, in: Beck'scher Vergaberechtskommentar, § 101a Rn. 17; a.A. wohl OLG Naumburg vom 4.11.2010, 1 Verg 10/10). **30**

Mit Blick auf den Normzweck des § 101a müssen auch diejenigen Bieter, die zwar zunächst ein **Angebot** abgegeben, dieses aber zwischenzeitlich **zurückgezogen** haben, nicht über die beabsichtigte Zuschlagserteilung informiert werden, da sie von sich aus dokumentiert haben, dass sie kein Interesse an dem ausgeschriebenen Auftrag mehr besitzen (vgl. VK Bund vom 23.3.2011, VK-12/11). Als „unbeteiligte Dritte" fallen **potenziell interessierte Unternehmen**, deren Interesse an dem konkreten Auftrag gegenüber dem Auftraggeber jedoch nicht hervorgetreten ist, ohnehin nicht unter die Reichweite der Informationspflicht des § 101 GWB (OLG Hamburg vom 25.1.2007, 1 Verg 5/06; OLG Düsseldorf vom 24.2.2005, VII-Verg 88/04). **31**

Als **„betroffen"** i.S.d. Abs. 1 Satz 1 gelten Bieter, die noch nicht endgültig vom Vergabeverfahren ausgeschlossen wurden. Ein **Ausschluss** in diesem Sinne ist **endgültig**, wenn er dem betroffenen Bieter mitgeteilt wurde und entweder vor der Vergabekammer als rechtmäßig anerkannt wurde oder keinem Nachprüfungsverfahren mehr unterzogen werden kann (vgl. Art. 2a Abs. 2 Unterabsatz 2 der Rechtsmittelrichtlinie; s. auch Begr. RegE, BT-Drucks. 16/10117, S. 21). In der erstgenannten Alternative kommt es allein auf die erstinstanzliche Bestätigung des Angebotsausschlusses durch die Vergabekammer an; ein ggf. nachfolgender Beschluss des Vergabesenats ist irrelevant. Dies ergibt sich aus Art. 2a Abs. 2 Unterabsatz 2 der Rechtsmittelrichtlinie, wonach ein „endgültiger" Ausschluss in diesem Sinne vorliegt, wenn er von einer „unabhängigen Nachprüfungsstelle" als rechtmäßig anerkannt wurde. Ein Ausschluss kann dann nicht mehr einem Nachprüfungsverfahren im Sinne der zweitgenannten Alternative unterzogen werden, wenn ein Bieter vor der Vorabinformation von dem Ausschluss seines Angebots durch den Auftraggeber informiert wurde oder davon auf anderem Wege erfahren, diesen aber entweder nicht oder nicht rechtzeitig nach § 107 Abs. 3 Satz 1 Nr. 1 GWB gerügt hat, oder wenn die mit „Eingang" einer entsprechenden Nichtabhilfe-Mitteilung des Auftraggebers beginnende Frist des § 107 Abs. 3 Satz 1 Nr. 4 GWB bereits verstrichen ist, so dass kein Nachprüfungsverfahren mehr eingeleitet werden kann – diese Bieter müssen dann nicht mehr mit einer Information nach § 101a über den Ausgang des Vergabeverfahrens unterrichtet werden. Steht dagegen noch nicht fest, dass der Bieter endgültig aus dem weiteren Vergabeverfahren ausgeschieden ist, weil er z.B. den ihm mitgeteilten Ausschluss gerügt hat und ein Nachprüfungsverfahren noch einleiten könnte, darf der Auftraggeber auf eine förmliche Unterrichtung nach § 101a Abs. 1 Satz 1 GWB nicht verzichten (VK Berlin vom 26.10.2009, VK-B2-28/09). Dies kann auch gelten, wenn der Bieter zwar über seinen Ausschluss informiert wurde, aber erst durch die Vorinformation über einen damit verbundenen Vergaberechtsverstoß erfährt, z.B. weil der **32** für den Zuschlag ausgewählte Bieter aus dem gleichen Grund ausgeschlossen werden müsste (vgl. *Dreher*, in: Beck'scher Vergaberechtskommentar, § 101a Rn. 11).

33 Rein praktisch dürfte sich mit der Änderung des Empfängerkreises der Vorabinformation auf „betroffene Bieter" wenig ändern, da Bieter von dem Ausschluss ihres Angebots regelmäßig erst durch die Information nach Abs. 1 selbst erfahren und diesen daher nur in seltenen Fällen vorher rügen (müssen) bzw. im Wege eines Nachprüfungsverfahrens angreifen können, so dass zum Zeitpunkt der Bieterinformation nach Abs. 1 weder die Ausschlusswirkung des § 107 Abs. 3 Satz 1 Nr. 1 bzw. Nr. 4 GWB eingetreten sein dürfte, noch ein Beschluss der Vergabekammer vorliegen wird, der den Angebotsausschluss bestätigt.

34 Als „betroffen" sind aber auch Bieter eines abgeschlossenen Vergabeverfahrens anzusehen, wenn der konkrete Auftrag infolge einer **Kündigung des Auftragnehmers** im Verhandlungsverfahren ohne Bekanntmachung oder im Wege der Direktvergabe vergeben werden soll. Denn diese Unternehmen haben in dem (ursprünglichen) Vergabeverfahren ihr Interesse an dem betroffenen Auftrag durch Abgabe eines Angebots bekundet und sind damit zu informieren.

35 Um unnötige Risiken (namentlich die Unwirksamkeitsfolge des § 101b Abs. 1 Nr. 1 GWB) zu vermeiden, ist es den Vergabestellen ohnehin zu empfehlen, jeden nicht zum Zuge kommenden Bieter nach Abs. 1 zu unterrichten. Das gilt auch in den Fällen, in denen ein Bieter von seiner Nichtberücksichtigung bereits vor Abschluss der Angebotswertung erfahren hat, sich dagegen aber nicht unverzüglich mit einer Rüge zur Wehr gesetzt hat. Eine solche Konstellation ist für den Auftraggeber stets mit erheblichen Unsicherheiten verbunden, da er nicht mit der erforderlichen Gewissheit abschätzen kann, ob und ggf. welchem Bieter gegenüber er mit Blick auf die Ausschlusswirkung in § 107 Abs. 1 GWB gefahrlos von einer Unterrichtung nach Abs. 1 absehen kann.

36 **Nicht zu informieren** ist nach Abs. 1 derjenige **Bieter, der den Zuschlag erhalten soll**, da dieser nicht in den Schutzbereich der Vorschrift fällt (vgl. OLG Düsseldorf vom 25.6.2003, U (KART) 36/02) zu § 13 VgV a.F.). Nach dem Wortlaut der Vorschrift sind eben nur Bieter zu informieren, deren Angebot nicht berücksichtigt werden soll. Der erfolgreiche Bieter kann sich damit nicht auf § 101b Abs. 1 Nr. 1 GWB berufen, um sich von einem missliebigen Vertrag lösen zu können.

In der Praxis wird selbstverständlich auch das erfolgreiche Unternehmen über das Ergebnis des Vergabeverfahrens informiert. Das Schreiben, in dem einem erfolgreichen Bieter mitgeteilt wird, dass er den Zuschlag erhalten soll, sollte so formuliert werden („… ist beabsichtigt, Ihnen auf Ihr Angebot vom … den Zuschlag zu erteilen"), dass jeder Anschein einer verbindlichen Zusage oder gar eines Vorvertrages vermieden wird. Dem Auftraggeber muss nämlich noch möglich sein, nach einer berechtigten Rüge oder einem Nachprüfungsverfahren eine zunächst beabsichtigte Zuschlagserteilung zu korrigieren.

3. Betroffene Bewerber i.S.v. Abs. 1 Satz 2

37 Abs. 1 Satz 2 erstreckt die Informationspflicht auch auf Bewerber, denen keine Information über die Ablehnung ihrer Bewerbung zur Verfügung gestellt wurde, bevor die Mitteilung über die Zuschlagsentscheidung an die betroffenen Bieter nach Abs. 1 ergangen ist. Abs. 1 Satz 2 übernimmt damit die Definition aus Art. 2a Abs. 2 Unterabsatz 3 der Rechtsmittelrichtlinie für „**betroffene Bewerber**", ohne selbst den Begriff „betroffen" zu verwenden.

38 „**Bewerber**" sind alle diejenigen Unternehmen, die sich in einem dem eigentlichen Angebotsverfahren – z.B. beim nichtoffenen oder Verhandlungsverfahren – vorgeschalteten Teilnahmewettbewerb mit einem Teilnahmeantrag darum bemühen, zur Abgabe eines Angebots im späteren Angebotsverfahren aufgefordert zu werden. Der dem eigentlichen Angebotsverfahren vorgeschaltete **Teilnahmewettbewerb** dient vor allem dazu, die Eignungsvoraussetzungen der Fachkunde, Leistungsfähigkeit und Zuverlässigkeit bei den Bewerbern zu ermitteln. Er schließt ab mit einer Überprüfung und Bewertung der durch die Bewerber mit dem Teilnahmeantrag vorgelegten Eignungsnach-

weise und der Auswahl derjenigen Unternehmen durch den Auftraggeber, die in einem nichtoffenen Verfahren oder Verhandlungsverfahren ein Angebot einreichen sollen. Die Bejahung der Eignung eines Bewerbers durch den Auftraggeber ist hiernach im nichtoffenen Verfahren und Verhandlungsverfahren mit vorgeschaltetem Teilnahmewettbewerb eine notwendige Voraussetzung dafür, dass ein Bewerber zur Einreichung eines Angebots aufgefordert wird (OLG Düsseldorf vom 24.9.2002, Verg 48/02; VK Münster vom 12.5.2009, VK 5/09). Der Teilnahmewettbewerb bildet damit zusammen mit dem späteren eigentlichen Angebotsverfahren in der Vergabeart des offenen Verfahrens bzw. Verhandlungsverfahrens das Vergabeverfahren im Rechtssinne (VK Münster vom 12.5.2009, VK 5/09).

Nach Abs. 1 Satz 2 sind solche Bewerber mit einer den Vorgaben des Satzes 1 entsprechenden Mitteilung zu informieren, die bis dahin – also nach Abschluss des Teilnahmewettbewerbs und der Auswahl derjenigen Unternehmen, die ein Angebot abgeben sollen – nicht über die Ablehnung ihrer Bewerbung, z.B. mangels Eignung, informiert worden sind. Die Rechtsprechung hat teilweise auch schon bislang einen Anspruch auf Information auch für solche Beteiligte am Vergabeverfahren anerkannt, die nur deshalb keine Bieterstellung erlangen konnten, weil sie von der Vergabestelle rechtswidrig vom Vergabeverfahren ausgeschlossen wurden, aber für den Auftraggeber erkennbar am Auftrag interessiert waren (vgl. auch OLG Düsseldorf vom 2.12.2009, VII Verg 39/09 zu § 13 VgV a.F.). Zu informieren waren demnach auch schon nach § 13 VgV a.F. diejenigen Bewerber, die zu Unrecht von der Vergabestelle nicht als Bieter ausgewählt worden sind. Denn die Informationspflicht der Vergabestelle liefe leer, wenn sie es in der Hand hätte, ein Unternehmen auszuschließen, das gerade infolge ihres vergaberechtswidrigen Verhaltens gehindert worden ist, überhaupt eine Bieterstellung zu erlangen (OLG Dresden vom 16.10.2001, WVerg 0007/01; VK Baden-Württemberg vom 23.1.2003, 1 VK 70/02). Diese Ansicht widersprach jedoch dem eindeutigen Wortlaut des § 13 VgV a.F. (vgl. OLG Karlsruhe vom 18.3.2008, 17 Verg 8/07). **39**

Dem Auftraggeber ist es nach der geltenden Fassung der Informationspflicht in Abs. 1 **freigestellt** (vgl. aber § 10 Abs. 5 VOF), **nicht ausgewählte Bewerber** bereits **unmittelbar nach Abschluss des Teilnahmewettbewerbs über ihre Nichtberücksichtigung** zu **informieren** oder die Mitteilung über die Nichtberücksichtigung einer Bewerbung erst nach Auswahl des wirtschaftlichsten Angebots in einer den Vorgaben des § 101a entsprechenden Information nachzuholen bzw. nochmals vorzunehmen. Erst letztere Information löst die Frist nach Abs. 1 Satz 3 und 4 aus (vgl. EuGH vom 28.1.2010, Rs. C-456/08). Sind die abgelehnten Bewerber bereits von ihrer Nichtberücksichtigung z.B. unmittelbar nach Abschluss des Teilnahmewettbewerbs informiert worden, erübrigt sich eine nochmalige Information nach § 101a (so auch *Macht/Städler*, NZBau 2012, 143 ff. zu § 10 Abs. 5 VOF). Das gilt jedenfalls dann, wenn die Ablehnung rügelos hingenommen wurde oder wenn die Wirksamkeit der Ablehnung rechtskräftig festgestellt wurde (VK Berlin vom 26.10.2009, VK-B228/29). Ebenso entfällt die Informationspflicht, wenn der Bewerber seinen Teilnahmeantrag zurückzieht oder auf andere Weise zu erkennen gibt, dass er kein Interesse mehr an dem Auftrag hat (OLG Düsseldorf vom 24.2.2005, VII-Verg 88/04). **40**

In einer **Information unmittelbar nach Abschluss des Teilnahmewettbewerbs** kann der Auftraggeber auch ggf. diejenigen **Unternehmen benennen, die zum weiteren Angebotsverfahren zugelassen** werden; eine **Pflicht** des Auftraggebers hierzu besteht jedoch **nicht**. Ausdrücklich sieht § 101a dies nicht vor und auch der Wortlaut („Informationen über die Ablehnung ihrer Bewerbung") spricht gegen eine solche Annahme. Ebenso wenig zwingen Gründe des Rechtsschutzes, dem die Informationspflicht des § 101a vornehmlich dient (Rn. 2 ff.), zur Nennung der zur Angebotsabgabe ausgewählten Unternehmen in der Mitteilung an einen Bewerber über seine Nichtberücksichtigung. Seine eigene Nichtberücksichtigung kann ein Bewerber nach § 107 Abs. 3 GWB rügen und hiergegen ein Nachprüfungsverfahren einleiten – nur seine rechtswidrige Nichtberücksichtigung verschafft ihm überhaupt einen Anspruch, am eigentlichen Angebotsverfahren beteiligt zu werden. Auf die – ggf. rechtswidrige – Berücksichtigung anderer Unternehmen kommt es grundsätzlich nicht an, so dass ein nichtberücksichtigter Bewerber Rechtsschutz grundsätzlich nicht darauf stützen kann, dass andere Bewerber ungeeignet sind oder unvollständige Teilnahmeanträge **41** vorgelegt haben etc. Eine Ausnahme besteht nur in dem seltenen Fall, dass die von der Vergabestelle im Teilnahmewettbewerb geforderten Nachweise (z.B. Referenzen) von keinem Bewerber erfüllt werden können. Dann muss ein nichtberücksichtigter Bewerber die objektiv nicht zu erfüllende Vorgabe rügen und ggf. im Nachprüfungsverfahren angreifen. Auch in diesem Fall muss er hierzu aber nicht die Identität der übrigen Bewerber kennen.

42 Abgesehen von der genannten Ausnahmekonstellation (s. Rn. 41) spielen damit Umstände, die in der Person eines Konkurrenten liegen, für die eigene Nichtberücksichtigung grundsätzlich keine Rolle, so dass ein Bewerber entsprechende Angaben – über die in der Mitteilung stets anzugebenden **Gründe für die eigene Nichtberücksichtigung** (vgl. Rn. 52 ff. sowie EuGH vom 28.1.2010, Rs. C-456/08) hinaus – auch nicht in der Mitteilung über seine Nichtberücksichtigung erhalten muss. Zudem ist in der Rechtsprechung anerkannt, dass die in einem Teilnahmewettbewerb erfolgte Auswahl einzelner Teilnehmer von nichtberücksichtigten Konkurrenten auch im nachfolgenden Angebotsverfahren jedenfalls dann noch angegriffen werden kann, wenn die Vergabestelle den Bietern die Namen der anderen Teilnehmer nicht bekannt gegeben und auch nicht darüber informiert hat, inwieweit deren Eignung zuvor geprüft worden ist (VK Münster vom 12.5.2009, VK 5/09; OLG Schleswig vom 20.3.2008, 1 Verg 6/07).

43  Bei Zweifeln über die Reichweite der Informationspflicht des § 101a sollten Auftraggeber Bewerber sowohl über ihre Ablehnung als Bewerber als auch über den beabsichtigten Zuschlag informieren. Es ist zudem zu empfehlen, die Bewerber in der Information über ihre Nichtberücksichtigung darauf hinzuweisen, dass sie keine weitere Information nach § 101a mehr erhalten (so auch *Dreher*, in: Beck'scher Vergaberechtskommentar, § 101a Rn. 25).

III. Inhalt der Bieterinformation

1. Allgemeines

44 Nach Abs. 1 Satz 1 muss die Vorabmitteilung über die beabsichtigte Zuschlagserteilung die nichtberücksichtigten „betroffenen" Bieter (und nach Satz 2 ggf. auch die Bewerber) unverzüglich in Textform informieren über

– den Namen des Unternehmens, dessen Angebot angenommen werden soll,

– die Gründe der vorgesehenen Nichtberücksichtigung des eigenen Angebots und

– den frühesten Zeitpunkt des Vertragsschlusses.

45 Erst dieser **gesetzliche vorgegebene Mindestinhalt** macht eine Mitteilung des Auftraggebers zu einer Information nach § 101a und grenzt diese Information von anderen Mitteilungen des Auftraggebers – z.B. nach § 19 Abs. 1 VOB/A – ab (OLG Düsseldorf vom 19.3.2008, VII-Verg 13/08). Der Mindestinhalt der Vorabinformation soll ein bei der Auftragsvergabe nicht berücksichtigtes Unternehmen insgesamt in die Lage versetzen, die Vergabeentscheidung des Auftraggebers zu beurteilen und die Erfolgsaussichten eines etwaigen Nachprüfungsverfahrens zuverlässig abschätzen zu können. Umfang und Inhalt der Bieterinformation müssen sich an diesem **Zweck** orientieren, ohne dass Abs. 1 hierzu konkrete Vorgaben macht (vgl. zuletzt VK Bund vom 30.7.2013, VK 3-61/13; s. auch § 101b Rn. 9 ff.).

46 Der notwendige Inhalt der Information hängt von den **Umständen des Einzelfalles** ab. Allgemeingültige, für alle denkbaren Fälle erschöpfende Aussagen über den notwendigen Inhalt der Information an die Bieter, die nach der Vorentscheidung des Auftraggebers nicht zum Zuge kommen sollen, können daher nicht getroffen werden. Bei der Bewertung, ob eine Vorabmitteilung ausreichende Informationen i.S.d. Abs. 1 enthält, ist auch der **Verständnishorizont des jeweils unterlegenen Bieters** als Empfänger der Mitteilung nach §§ 133, 157 BGB einzubeziehen. Da ein Bieter die Mitteilung erst nach dem (vorläufigen) Abschluss eines regelmäßig länger dauernden Vergabeverfahrens erhält, darf die Vergabestelle die Kenntnis der veröffentlichten Wettbewerbsbedingungen, des eigenen (Neben-)Angebots sowie des Verhaltens der Vergabestelle während des Vergabeverfahrens

bei der Abfassung der Vorabinformation voraussetzen (vgl. VK Sachsen vom 13.5.2002, 1/SVK/043-02 zu § 13 VgV a.F.).

Die **Mitteilung des Grundes/der Gründe** für die Nichtberücksichtigung eines Bieters kann im Einzelfall **auch kurz** ausfallen (OLG Schleswig vom 30.5.2012, 1 Verg 2/12), z.B. in Form einer knappen Information in einem Standardformular (VK Nordbayern vom 18.11.2011, 21.VK-3194-36/11). § 101a verlangt nicht, dass das Informationsschreiben mit Gründen zu versehen ist, die dem Vergabevermerk oder der Begründung eines schriftlichen Verwaltungsakts entsprechen (VK Baden-Württemberg vom 10.1.2011, 1 VK 69/10; VK Baden-Württemberg vom 7.9.2010, 1 VK 42/10). Es dürfen insgesamt **keine übersteigerten Anforderungen** an den Inhalt der Informationspflicht gestellt werden (vgl. nur zuletzt VK Bund vom 30.7.2013, VK 361/13; VK Südbayern vom 19.1.2009, Z3-3-3194-1-41-11-08 zu § 13 VgV a.F.). Auch wenn die Vorabmitteilung knapp gefasst wird, muss sie aber in jedem Fall **vollständige** (vgl. z.B. Rn. 53), für den Bieter **aussagekräftige, präzise und verständlich formulierte** (sowie selbstverständlich **wahrheitsgemäße**) **Informationen** zu seiner Wettbewerbsposition und der Sinnhaftigkeit eines eventuellen Nachprüfungsverfahrens enthalten. 47

Zu den **Rechtsfolgen** einer nicht die Mindestbestandteile enthaltenen Information oder sonst unvollständigen oder falschen Informationen s. § 101b Rn. 8 ff. 48

2. Name des (voraussichtlich) erfolgreichen Bieters

Nach Abs. 1 Satz 1 hat der Auftraggeber in der Mitteilung ausdrücklich zunächst über den **Namen des (voraussichtlich) erfolgreichen Bieters** zu informieren (vgl. VK Südbayern vom 10.11.2003, 49-10/03 zu § 13 VgV a.F.). Ebenso wie in § 13 VgV a.F. hält der Gesetzgeber die Nennung des Namens mithin für grundsätzlich notwendig. Fehlt in der Mitteilung der Name des Bieters, dessen Angebot vom Auftraggeber angenommen werden soll, ist ein (dennoch) abgeschlossener Vertrag nach § 101b Abs. 1 Nr. 1 GWB von Anfang an unwirksam, weil die unterlegenen Bieter nicht ordnungsgemäß nach Abs. 1 über den beabsichtigten Vertragsabschluss informiert wurden. Anders ausgedrückt: Eine Bieterinformation, die den Namen des erfolgreichen Bieters nicht nennt, setzt die Wartefrist des Abs. 1 Satz 3 nicht in Gang (vgl. OLG Düsseldorf vom 19.3.2008, Verg 13/08 zu § 13 VgV a.F.). Für einen unterlegenen Bieter erschöpft sich der Mitteilungswert des Namens des erfolgreichen Bieters nicht nur darin, dass er auf diese Weise erfährt, dass nicht er selbst, sondern ein Konkurrent den ausgeschriebenen Auftrag erhalten soll. Die beabsichtigte Zuschlagsentscheidung kann vielmehr für den unterlegenen Bieter gerade aus Gründen, die in der Person des erfolgreichen Bieters liegen (z.B. dass dieser nicht geeignet ist), rechtsfehlerhaft sein bzw. er kann eine allgemeine Begünstigung gerade dieses Bieters befürchten. Schon mit Blick auf einen wirksamen Rechtsschutz, der durch die Vorabinformation gerade ermöglicht werden soll, darf daher auf die Bekanntgabe des Namens des erfolgreichen Bieters nicht verzichtet werden. Angesichts der Unwirksamkeit eines Vertrages bei einem Verstoß gegen Abs. 1 (vgl. § 101b Abs. 1 Nr. 1 GWB) bedarf es überdies aus Gründen der Rechtssicherheit einer klaren Regel, nach der eine den Anforderungen des Abs. 1 Satz 1 genügende Bieterinformation vorliegt, welche die 10- bzw. 15-Tages-Frist in Gang setzt. Ausnahmen von diesem Erfordernis sind nicht zuzulassen, auch dann nicht, wenn ein unterlegener Bieter die **Identität des erfolgreichen Konkurrenten aus anderen Quellen** als der Bieterinformation erfährt (vgl. OLG Naumburg vom 26.4.2004, 1 Verg 2/04 zu § 13 VgV a.F.). 49

Daraus ergibt sich, dass der **Name** des erfolgreichen Bieters in der Bieterinformation **so vollständig und präzise wie möglich** inklusive etwaiger Firmenzusätze etc. anzugeben ist, um dessen **eindeutige Identifizierung** durch die unterlegenen Bieter zu ermöglichen und Verwechselungen von vornherein auszuschließen. Es ist insoweit zu berücksichtigen, dass die unterlegenen Bieter – gerade bei weniger „medienwirksamen" Verfahren – ansonsten regelmäßig nicht die Möglichkeit haben, die Person des für den Zuschlag vorgesehenen Bieters zu erfahren. Erst die genaue Angabe des Namens des erfolgreichen Bieters in der Vorabmitteilung versetzt sie in die Lage, dessen Eignung zu reflektieren oder dessen Angebot einzuschätzen und somit Gedanken dahingehend anzustellen, ob das für den Zuschlag vorgesehene Angebot dem Ausschreibungsgegenstand entspricht (VK Schleswig-Holstein vom 14.5.2008, VK-SH 06/08 zu § 13 VgV a.F.). 50

51 **Betroffene Bieter** muss der Auftraggeber in jedem Fall entsprechend den Anforderungen des Abs. 1 Satz 1 von der bevorstehenden Zuschlagserteilung an einen namentlich genannten Konkurrenten unterrichten. Das gilt auch für solche Bieter, denen der Auftraggeber den Ausschluss ihres Angebots bereits zuvor im laufenden Vergabeverfahren mitgeteilt hat, aber der Ausschluss noch nicht endgültig ist. Hinsichtlich **betroffener Bewerber** stehen dem Auftraggeber **zwei Möglichkeiten** offen: Er kann, muss aber nicht (Rn. 40 f.; vgl. aber § 10 Abs. 5 VOF), die Bewerber, die er nach Abschluss des Teilnahmewettbewerbs nicht zur Abgabe eines Angebots auffordern will, hierüber unmittelbar nach dem Ende des Teilnahmewettbewerbs informieren; in dieser Information muss er den Grund für die Ablehnung der jeweiligen Bewerbung (vgl. EuGH vom 28.1.2010, Rs. C-456/08), nicht aber den Namen der erfolgreichen Bewerber angeben (vgl. Rn. 40 und Art. 2a Abs. 2 Unterabsatz 4 der Rechtsmittelrichtlinie i.V.m. Art. 41 Abs. 2 erster Spiegelstrich der Vergabekoordinierungsrichtlinie). Eine (spätere) Mitteilung nach Abs. 1 dieser Bewerber ist dann nicht mehr zwingend. Hat der Auftraggeber die betroffenen Bewerber im Vergabeverfahren – also unmittelbar nach Abschluss des Teilnahmewettbewerbs – (noch) nicht über die Nichtberücksichtigung ihrer Bewerbung informiert, muss er sie gemäß Abs. 1 Satz 2 mit einer Bieterinformation, die den Vorgaben des Abs. 1 Satz 1 entspricht, über die bevorstehende Zuschlagsentscheidung informieren.

3. Gründe für die vorgesehene Nichtberücksichtigung des eigenen Angebots

52 Entgegen den Anforderungen in § 13 VgV a.F. („Grund der vorgesehenen Nichtberücksichtigung") verlangt Abs. 1 Satz 1 ausdrücklich, dass der Auftraggeber in der Bieterinformation über „die Gründe" der vorgesehenen Nichtberücksichtigung des Angebots eines unterlegenen Bieters informieren muss. Die **Pluralform** („Gründe") geht in erster Linie zurück auf eine entsprechende Anpassung an Art. 2a Abs. 2 Unterabsatz 4 der Rechtsmittelrichtlinie i.V.m. Art. 41 Abs. 2 der Vergabekoordinierungsrichtlinie. Nach Art. 2a Abs. 2 Unterabsatz 4 der Rechtsmittelrichtlinie ist der Mitteilung über die Zuschlagsentscheidung jedoch lediglich eine „Zusammenfassung der einschlägigen Gründe gemäß Art. 41 Abs. 2 der Vergaberichtlinie" beizufügen. Die von Abs. 1 Satz 1 geforderte Angabe der „Gründe für die Nichtberücksichtigung" eines Angebots bedeutet damit durchaus eine Verschärfung der gemeinschaftsrechtlichen Vorgaben. Mit ihr dürfte **tendenziell** eine **Ausweitung der Darlegungspflichten des Auftraggebers** hinsichtlich der Gründe für die Nichtberücksichtigung eines Angebots verbunden sein.

53 Der Wortlaut der Vorschrift („die Gründe") verpflichtet den Auftraggeber, **sämtliche Gründe** für die Nichtberücksichtigung eines Angebots zu nennen (so z.B. auch *Höß*, in: Heuvels/Höß/Kuß/Wagner, Gesamtkommentar, § 101a GWB Rn. 18 sowie *Bulla/Schneider*, VergabeR 2011, 664, 666). Die Information darf sich also nicht auf einen (maßgeblichen) Grund für die Ablehnung eines Angebots konzentrieren (wie das teilweise zu § 13 VgV a.F vertreten wurde, vgl. VK Baden-Württemberg vom 13.2.2006, 1 VK 1/06). Existiert dagegen rein tatsächlich nur ein einziger Grund für die Ablehnung eines Angebots, so ist auch nur dieser anzugeben, z.B. wenn der niedrigste Preis einziges Zuschlagskriterium war. **Fehlen** in der Mitteilung **einzelne Gründe** für die Nichtberücksichtigung eines Angebots oder enthält sie überhaupt **keinen Grund**, entspricht sie nicht den Mindestanforderungen des Abs. 1 Satz 1; zur Möglichkeit von Schadensersatzansprüchen in diesen Fällen s. *Höß*, in: Heuvels/Höß/Kuß/Wagner, Gesamtkommentar, § 101a GWB Rn. 18). Ein dennoch abgeschlossener Vertrag ist nach § 101b Abs. 1 Nr. 1 GWB von Anfang an unwirksam. Zu den **Rechtsfolgen** von **unvollständigen oder falschen Informationen** s. § 101b Rn. 8 ff.

54 Auch nach § 101a reicht es jedoch aus, wenn der Auftraggeber in dem Informationsschreiben Bezug auf sämtliche Wertungskriterien nimmt und darauf verweist, dass ein Unternehmen in allen Punkten schlechtere **Wertungsergebnisse** als das für den Zuschlag ausersehene Unternehmen erzielt hat – weiter ins Detail gehen muss die Begründung der Wertungsentscheidung nicht (OLG Dresden vom 7.5.2010, WVerg 0006/10).

55 Es ist notwendig, aber auch ausreichend, dass die Gründe für die Nichtberücksichtigung so präzise mitgeteilt werden, dass ein Bieter die Chancen eines Nachprüfungsantrags einschätzen kann. Bei der Formulierung ist der Auftraggeber daher auch nicht an den Wortlaut der **Vergabeunterlagen** gebunden (VK Bund vom 30.7.2013, VK 3-61/13).

Vor dem Hintergrund des Geheimwettbewerbs verbieten sich zudem Informationen, mit denen die unterlegenen Bieter über **Einzelheiten des Konkurrenzangebots** informiert werden sollen (VK Sachsen vom 30.8.2011, 1/SVK/028-11). Informationen aus einem Vergabeverfahren, die den unterlegenen Mitbewerbern nach § 101a mitzuteilen sind, können jedoch nicht vom Geheimhaltungsinteresse des Arbeitgebers (= Auftraggeber) erfasst sein (LAG Köln vom 11.4.2011, 5 Sa 1388/10). 56

Ein nach Abs. 1 Satz 1 informierter Bieter muss aufgrund der Mitteilung nachvollziehen können, welche **konkreten Erwägungen** für die Vergabestelle **für die Nichtberücksichtigung des Angebots** den **Ausschlag gegeben** haben. Formelhafte Formulierungen, ohne eigentlichen Bezug zum konkreten Vergabeverfahren („… weil Ihr Angebot nicht das wirtschaftlichste war …") reichen nicht aus; es ist eine **aussagekräftige Begründung** zu erteilen, die auf die konkreten Umstände des Einzelfalles eingeht (vgl. OLG Karlsruhe vom 29.8.2008, 15 Verg 8/08 zu § 13 VgV a.F.; OLG Schleswig vom 30.5.2012, 1 Verg 2/12; OLG Dresden vom 7.5.2010, WVerg 0006/10). Hierauf weist die amtliche Begründung der Bundesregierung ausdrücklich hin (Begr. RegE, BT-Drucks. 16/10117, S. 21). Auch pauschale Begründungen, etwa „das Fehlen der geforderten Leistungsfähigkeit" habe zur Nichtberücksichtigung des Angebots geführt, genügen der Informationspflicht nicht. Die Information muss vielmehr auf den konkreten Inhalt des jeweiligen Angebots bezogen werden. Bei fehlender Eignung eines Bieters sind daher z.B. die Gründe anzugeben (mangelhaft qualifiziertes Personal, ungeeignete Subunternehmer, fehlende Sachausstattung etc.), die den Auftraggeber zu dem Schluss bewogen haben, dass der Bieter nicht leistungsfähig ist (VK Südbayern vom 12.5.2001, 20-06/01 zu § 13 VgV a.F.). Die Begründung für die Ablehnung des Angebots hat auch die **Komplexität des Auftrags** und den damit verbundenen **Aufwand für die Angebotserstellung** zu berücksichtigen (Begr. RegE, BT-Drucks. 16/10117, S. 21). Ist der **niedrigste Preis** das alleinige Zuschlagskriterium, reicht die Mitteilung, dass das eigene Angebot nicht das niedrigste war (VK Saarland vom 30.8.2010, 1 VK 11/2010). Höhere Anforderungen an die Begründung gelten z.B. schon dann, wenn neben dem Preis auch andere Zuschlagskriterien über die Auswahl des wirtschaftlich günstigsten Angebots entschieden oder eine Vielzahl von Nebenangeboten eine Rolle gespielt haben (VK Thüringen vom 12.1.2009, 250-4003.20-6372/2008-007-IK zu § 13 VgV a.F.). Eine **Grenze** dürfte jedoch dann erreicht sein, wenn der Auftraggeber die Anforderungen an die Information nicht mehr mit vernünftigem Aufwand erfüllen kann (vgl. OLG Düsseldorf vom 6.8.2001, Verg 28/00 zu § 13 VgV a.F.). In diese Richtung deutet auch der Hinweis der Bundesregierung in der Gesetzesbegründung, dass eine „Durchplatzierung" der Angebote zu einem unverhältnismäßigen bürokratischen Aufwand für den Auftraggeber führen würde (Begr. RegE, BT-Drucks. 16/10117, S. 21). 57

4. Der „früheste Zeitpunkt des Vertragsschlusses"

Im Unterschied zu § 13 VgV a.F. muss der Auftraggeber in der Vorabinformation auch über den „frühesten Zeitpunkt des Vertragsschlusses" informieren. Auch diese Änderung geht auf die novellierte Rechtsmittelrichtlinie zurück (Rn. 9). In der Praxis sahen die einschlägigen Formblätter schon zuvor die Angabe des Zeitpunkts vor, zu dem der Auftraggeber beabsichtigte, den Zuschlag zu erteilen. Diese Angabe gehört nunmehr zum Mindestinhalt der Bieterinformation. 58

Der früheste Zeitpunkt des Vertragsschlusses in diesem Sinne tritt unmittelbar dann ein, wenn die 10- bzw. 15-Tagesfrist nach Abs. 1 Satz 1 (zur Fristberechnung s. Rn. 72 ff.) endet. Damit ist in der Bieterinformation für den „frühesten Zeitpunkt des Vertragsschlusses" der Tag anzugeben, der auf den Tag folgt, an dem die Wartefrist nach Abs. 1 Satz 3 und 4 abläuft (so auch *Höß*, in: Heuvels/Höß/Kuß/Wagner, Gesamtkommentar, § 101a GWB Rn. 22), wobei ein bestehendes Zuschlagsverbot zu berücksichtigen ist (VK Niedersachsen vom 16.9.2011, VgK 35/2011). 59

Informiert der Auftraggeber in der Mitteilung nicht über den (rechtlich möglichen) frühesten Zeitpunkt des Vertragsschlusses, ist der Vertrag nach § 101b Abs. 1 Nr. 1 GWB von Anfang an **unwirksam**. Das gilt auch dann, wenn er eine von den gesetzlichen Fristen des Abs. 1 abweichende Angabe macht. Gibt der Auftraggeber eine **zu kurze Frist** in der Information an, bleibt ihm nur, die 60

Information erneut mit der zutreffenden längeren Frist zu versenden. Insbesondere ist es dem Auftraggeber verwehrt, in der Information einen angeblich beabsichtigten späteren Zuschlagstermin zu nennen, um dann den Zuschlag unmittelbar nach Ablauf der Wartefrist zu erteilen. Gibt der Auftraggeber (versehentlich) eine **längere Frist** an, so muss er ebenfalls eine neue Information mit der zutreffenden kürzeren Frist versenden. Dies ergibt sich aus dem eindeutigen Wortlaut des Abs. 1 Satz 1, wonach ausdrücklich der „früheste" Zeitpunkt des Vertragsschlusses zu nennen ist (so zu Recht Höß, in: Heuvels/Höß/Kuß/Wagner, Gesamtkommentar, § 101a GWB Rn. 61). Aus Treu und Glauben kann der Auftraggeber jedoch zugleich an die verlängerte Frist gebunden sein (Rn. 71).

5. Weiterer (fakultativer) Inhalt der Information

61 Was den **Inhalt der Vorabinformation im Übrigen** anbelangt, ist es dem öffentlichen Auftraggeber über die in § 101a genannten Mindestanforderungen hinaus **freigestellt**, den Bietern in der Mitteilung auch andere nützliche Informationen an die Hand zu geben. So kann bei umfangreichen Verhandlungsverfahren einzelne Etappen und der Gang des Verfahrens insgesamt zusammengefasst werden (vgl. z.B. *Willenbruch*, NZBau 2003, 422, 425). In der Praxis hat sich im Übrigen etwa gezeigt, dass die Angabe der **Platzierung des jeweiligen Angebots** hilfreich sein kann. Denn aus der Angabe der Platzierung kann das betroffene Unternehmen Rückschlüsse für die Zulässigkeit eines Nachprüfungsantrags ziehen. Nachprüfungsanträge von Bietern, die wegen schlechter Platzierung ihres Angebots im Wettbewerb ohnehin keine Chance auf einen Zuschlag haben, sind in der Regel wegen der fehlenden Antragsbefugnis (OLG Saarbrücken vom 6.4.2005, 1 Verg 1/05; OLG Jena vom 15.7.2003, 6 Verg 7/03; vgl. aber § 107 Rn. 53 a.E.) unzulässig, so dass die Angabe der Platzierung einen unterlegenen Bieter von vornherein von der Einleitung eines Nachprüfungsverfahrens abhalten kann. Auf diese Weise werden bei der Auftragsvergabe unterlegene Unternehmen vor Kosten von Nachprüfungsverfahren geschützt, die sie in Kenntnis ihrer Platzierung gar nicht erst angestrengt hätten. Auf diese Gesichtspunkte hat der Bundesrat im Gesetzgebungsverfahren ausdrücklich hingewiesen (vgl. BR-Drucks. 349/08 (B), S. 9). Es verstoße gegen den Grundsatz der Transparenz und Gleichbehandlung, wenn Bieter nicht mit der Vorabinformation nach § 101a, sondern erstmalig durch die Prüfung der Vergabekammer in Gestattungsverfahren nach § 115 Abs. 2 Satz 2 GWB-E – wie das die Bundesregierung in ihrem Gesetzesentwurf zunächst beabsichtigt hatte – erfahren, an welcher Stelle ihr Angebot liege. Dies treibe einen Bieter ohne Not ins Nachprüfungsverfahren und verlängere damit das Vergabeverfahren. Mit dem Blick auf die ansonsten drohende Rechtsfolge der Unwirksamkeit eines Vertrages nach § 101b GWB hatte die Bundesregierung schon in ihrem Gesetzesentwurf von einer Angabe der Platzierung der jeweiligen Angebote der Unternehmen abgesehen (vgl. Begr. RegE, BT-Drucks. 16/10117, S. 21). Bei dieser Auffassung blieb sie.

IV. Form und Frist der Bieterinformation

62 Ebenso wie früher nach § 13 VgV a.F. muss der Auftraggeber die betroffenen Bewerber und Bieter „**in Textform**" über die bevorstehende Zuschlagsentscheidung informieren. Mündliche oder telefonische Mitteilungen sind demnach unzulässig und führen zur Unwirksamkeit des Vertrages gemäß § 101b Abs. 1 Nr. 1 GWB (s. § 101b Rn. 14). Auch die Verbreitung der Information über die Auftragserteilung auf der Internetseite des Auftraggebers bzw. die Veröffentlichung im Amtsblatt der EU kann eine Information nach § 101a nicht adäquat ersetzen (EuGH vom 28.1.2010, Rs. C-456/08).

63 Nach § 126 BGB fallen unter den **Begriff** der **Textform** alle schriftlichen Urkunden, aber auch jede andere lesbare Form, sofern die dauerhafte Wiedergabe in Schriftzeichen gewährleistet ist und die Person des Erklärenden genannt wird. Die Bieterinformation kann demnach als Text mit allen modernen Medien (insbesondere per **Telefax, E-Mail** etc.) versandt werden.

 Bei der gängigen Informationsversendung per Fax stellt der „**OK-Vermerk**" zwar weder einen vollen Beweis noch einen Anscheinsbeweis des Zugangs dar. Durch ihn werden dem Bieter aber höhere Anforderungen an das substantiierte Bestreiten auferlegt (OLG Thüringen vom 9.9.2002, 6 Verg 4/02). Zu empfehlen ist, dass die Information per E-Mail oder per Fax gegen eine von den Bietern unverzüglich zu unterschreibende Empfangsbestätigung versandt wird. Diese Empfangsbestätigung sollte vorformuliert am Ende der Information aufgeführt werden.

Die Rechtsprechung zu § 13 VgV a.F. hielt es für zulässig, dass Auftraggeber für die Bieterinformation auch **vorformulierte Schreiben** (vgl. z.B. BayObLG vom 18.6.2002, Verg 8/02) oder **Formulare** (z.B. aus den Vergabehandbüchern, vgl. VK Brandenburg vom 24.2.2005, VK 1/05) verwandte. Für Abs. 1 Satz 1 kann diese Rechtsprechung wegen des im Vergleich zu § 13 VgV a.F. geänderten Wortlauts und der Pluralform („Gründe") nicht ohne Weiteres übernommen werden. Wenn ein Bewerber schon unmissverständlich, eindeutig und abschließend mündlich informiert wird und er diese **mündliche Information** so ernst nimmt, dass er den vermeintlichen Vergabefehler formgerecht rügt, soll die Textform nicht mehr erforderlich sein, um den Rechtsschutz des Bieters sicherzustellen. Der unzureichend informierte Bewerber soll in diesen Fällen auch ohne die Unwirksamkeitsfolge des § 101b Abs. 1 Nr. 1 GWB ausreichend gesichert sein, da er bei rechtzeitiger Rüge einen Nachprüfungsantrag mit dem Ziel stellen könne, die Vergabestelle zu verpflichten, ihm eine schriftliche Begründung zu erteilen (OLG Schleswig-Holstein vom 28.11.2005, 6 Verg 7/05). Auch diese Rechtsprechung ist aber angesichts des Zusammenhangs zwischen § 101a und der Rechtsfolge der Vertragsunwirksamkeit nach § 101b GWB zumindest mit Vorsicht zu genießen. Hinzu kommt, dass die Vorschrift ausdrücklich die „Textform" vorgibt und den Beginn der Wartefrist explizit an die „Absendung" der Information anknüpft. Eine mündliche Mitteilung kann daher die Wartefrist nicht in Gang setzen (§ 101b Rn. 14; s. z.B. *Höß*, in: Heuvels/Höß/Kuß/Wagner, Gesamtkommentar, § 101a GWB Rn. 34).

Generell trägt der Auftraggeber die **Beweislast** für den **Zugang** der Information (vgl. z.B. VK Südbayern vom 6.5.2009, Z3-3-3/94-1-14-04/09).

Auftraggeber sollten – schon um jeden Zweifel an der Gültigkeit des geschlossenen Vertrages zu vermeiden – der Informationspflicht des § 101a stets – und daher auch in den in Rn. 64 genannten Konstellationen einer vorher eindeutigen und abschließenden mündlichen Information – nachkommen.

Durch das Gesetz zur Modernisierung des Vergaberechts 2009 wurde in Satz 1 a.E. eine Fristbestimmung für die Bieterinformation aufgenommen, die als Ausdruck des Beschleunigungsgrundsatzes zu verstehen ist. Hiernach muss der Auftraggeber die betroffenen Bieter und Bewerber „**unverzüglich**", also sobald wie es ihm nach der Entscheidungsfindung über den Zuschlag möglich und zumutbar ist, informieren. Da der Auftraggeber alle wesentlichen Entscheidungen des Vergabeverfahrens – und insbesondere die Zuschlagsentscheidung – selbst zu treffen hat, kommt es insoweit nicht auf einen Vergabevorschlag eines Beraters an. Entscheidend ist vielmehr der abgeschlossene Entscheidungsprozess beim öffentlichen Auftraggeber selbst – unter Einbeziehung der zuständigen Gremien. Ein Verstoß gegen die Unverzüglichkeit der Information in diesem Sinne führt jedoch nicht zur Unwirksamkeit des Vertrages gemäß § 101b Abs. 1 Nr. 1 GWB (s. § 101b Rn. 15 f.).

V. Sperr- bzw. Stillhaltefrist (Abs. 1 Satz 3 und 4)

1. Schutzzweck

Nach Abs. 1 Satz 3 darf ein Vertrag erst 15 Kalendertage nach Absendung der Information über die bevorstehende Zuschlagserteilung geschlossen werden. Bei der Versendung der Information per Fax oder auf elektronischem Weg gewährt Abs. 1 Satz 4 eine Verkürzung der Frist von 15 auf zehn Kalendertage. Die sog. **Stillhalte- oder Wartefrist** dient der Rechtssicherheit insgesamt, nicht nur dem Schutz der Bieter oder Bewerber (vgl. Erwägungsgrund 6 und Art. 2a Abs. 1 der Rechtsmittelrichtlinie), sondern auch den Interessen der Vergabestelle, die davon ausgehen darf, dass nach Ablauf der Frist einer Zuschlagserteilung nichts mehr im Wege steht (OLG Naumburg vom 25.1.2005, 1 Verg 22/04 zu § 13 VgV a.F.). Für diesen Schutzzweck zugunsten des Auftraggebers spricht auch der Umstand, dass es nach dem Willen des Gesetzgebers für den Fristbeginn nicht auf den Zeitpunkt

69 Dem Schutzzweck der Norm entspricht es, dass **jedem Unternehmen** die **gleiche Wartefrist** zur Verfügung stehen muss. Sendet der Auftraggeber die Information an verschiedenen Tagen ab, hat er deshalb nur dann die Sicherheit, dass der Zuschlag/Vertragsschluss nicht mehr angreifbar ist, wenn die jeweilige – dann ggf. individuell zu berechnende – Wartefrist gegenüber allen Unternehmen abgelaufen ist, an welche die Information versandt wurde (BGH vom 9.2.2004, X ZB 44/03). Bei **Auslandszustellungen** ist die Übermittlungsform zu wählen, die einen möglichst gleichzeitigen Zugang ermöglicht (*Kühnen*, in: Byok/Jaeger, 2. Aufl. 2005, § 13 VgV Rn. 1584), also z.B. eine Zustellung per Fax oder E-Mail veranlasst (*Dreher*, in: Beck'scher Vergaberechtskommentar, § 101a Rn. 67). Nutzt der Auftraggeber **verschiedene Kommunikationsmittel gleichzeitig**, um die Information **am gleichen Tag** zu übersenden, ist aus Gründen der Rechtssicherheit und des Bieterschutzes davon auszugehen, dass die längere Wartefrist gilt (so zutr. *Höß*, in: Heuvels/Höß/Kuß/Wagner, Gesamtkommentar, § 101a GWB Rn. 59; *Dreher/Hoffmann*, NZBau 2009, 216, 218). Schließlich hat es der Auftraggeber selbst in der Hand, welchen Übertragungsweg er wählt bzw. welche Wartefrist gelten soll. Wird die inhaltsgleiche Information an ein Unternehmen an verschiedenen Tagen mit mehreren unterschiedlichen Kommunikationsmitteln versendet, gilt aus Gründen der Rechtssicherheit die Wartefrist, die durch das zuerst gewählte Kommunikationsmittel ausgelöst wird, so dass es bei einer Wartefrist von zehn Kalendertagen bleibt, wenn die Information „vorab" per Fax und tags darauf per Einschreiben verschickt wird (*Höß*, in: Heuvels/Höß/Kuß/Wagner, Gesamtkommentar, § 101a GWB Rn. 60; a.A. *Dreher/Hoffmann*, NZBau 2009, 216, 218).

70 Bei der **Wartefrist** nach § 101a handelt es sich **nicht** um eine vom Antragsteller einzuhaltende **Rechtsmittelfrist**. Um Rechtsschutz zu erlangen, ist der Nachprüfungsantrag lediglich rein tatsächlich so rechtzeitig einzureichen, dass noch während der Wartefrist die Antragszustellung an den Antragsgegner (Auftraggeber) durch die Vergabekammer bewirkt werden kann, so dass das Zuschlagsverbot des § 115 Abs. 1 GWB eingreift. Bis zur Zuschlagserteilung nach Ablauf der Wartefrist kann der Antragsteller durch einen Nachprüfungsantrag einen Vertragsschluss verhindern. So muss er die Zurückweisung seiner Rüge durch den Auftraggeber nicht abwarten, sondern kann den Nachprüfungsantrag schon kurzfristig nach Eingang des Rügeschreibens beim Auftraggeber einreichen (vgl. OLG Düsseldorf vom 14.5.2008, VII-Verg 11/08 zu § 13 VgV a.F.). Rügt der Bieter nach Erhalt der Vorabinformation einen vermeintlichen Vergaberechtsverstoß und erhält er noch während der Wartefrist des Abs. 1 Satz 3 und 4 eine **„Nichtabhilfe-Mitteilung" i.S.d. § 107 Abs. 3 Satz 1 Nr. 4 GWB**, so ändert sich an dieser Rechtslage nichts. Keinesfalls ist der in § 107 Abs. 3 Satz 1 Nr. 4 GWB geregelte Zeitraum als stets zu gewährende Mindestfrist zu verstehen. Maßgeblich für den rechtlich zulässigen frühesten Zeitpunkt der Zuschlagserteilung bleibt allein der Ablauf der Wartefrist nach Abs. 1 Satz 3 und 4 (s. § 107 Rn. 181 ff.).

71 Eine bloße **Absichtserklärung des Auftraggebers**, den **Zuschlag zu einem späteren Zeitpunkt** als unmittelbar nach Ablauf der Wartefrist zu **erteilen**, kann die gesetzliche Wartefrist nicht verlängern (OLG Düsseldorf vom 23.5.2007, Verg 14/07 m.w.N.). Das wird durch die Neufassung der Informationspflicht in Abs. 1 Satz 1 und der demnach zwingend mitzuteilenden Angabe über den „frühesten Zeitpunkt des Vertragsschlusses" bekräftigt (Rn. 60). Schon früher war jedoch in der Rechtsprechung anerkannt, dass etwas anderes dann gilt, wenn der **Auftraggeber verbindlich zusagt**, dass er den **Vertrag zu einem späteren Zeitpunkt** als dem frühestmöglichen schließen wird und auf diese Weise einen entsprechenden Rechtsschein setzt; dann ist er an diesen **Vertrauenstatbestand** gebunden (vgl. VK Bund vom 27.9.2002, VK 1-63/02; VK Bund vom 16.7.2002, VK 2-50/02, jeweils zu § 13 VgV a.F.; *Dreher*, in: Beck'scher Vergaberechtskommentar, § 101a Rn. 63). Eine – insbesondere einvernehmlich mit den Bietern vereinbarte – **Verkürzung der Frist** ist dagegen stets unzulässig (*Dreher*, in: Beck'scher Vergaberechtskommentar, § 101a Rn. 63).

2. Fristbeginn

Die Wartefrist wird nur durch eine Information des Auftraggebers in Gang gesetzt, die dem gesetzlich festgelegten Mindestinhalt (s. dazu Rn. 44 ff.) entspricht. Eine Information, die **nicht den gesetzlich vorgesehenen Mindestinhalt** aufweist, kann die Wartefrist erst gar nicht in Gang setzen. Dies betrifft z.B. Fälle, in denen der Name des Unternehmens, dessen Angebot angenommen werden soll, nicht genannt wird (s. dazu Rn. 49; OLG Düsseldorf vom 19.3.2008, VII-Verg 13/08) oder die Information nicht der gesetzlich vorgesehenen Textform entspricht (s. dazu Rn. 62 ff.).

72

Die **Wartefrist** von 15 bzw. zehn Kalendertagen **beginnt** – ein Einzelfall im deutschen Recht – mit dem Tag nach Absendung der Information durch den Auftraggeber und endet am 15. bzw. zehnten Kalendertag um 24:00 Uhr. Für den Fristbeginn kommt es also auf den Tag des Zugangs der Information nicht an. Dieser gesetzgeberischen Entscheidung liegen praktische Erwägungen zugrunde. Würde der Tag des Zugangs für den Fristbeginn maßgeblich sein, würde der öffentliche Auftraggeber, der ggf. mehrere Vergabeverfahren mit zahlreichen Bietern betreuen muss, vor die unlösbare Aufgabe gestellt, die Frist für jeden einzelnen Bieter gesondert zu berechnen und zu berücksichtigen. Den Unternehmen (auch den ausländischen) lässt diese Regelung ausreichend Zeit, sich mit der vorgesehenen Vergabeentscheidung, so wie sie sich aus der Information ergibt, zu befassen, hierin einen Vergaberechtsverstoß zu erkennen und rechtzeitig vor Ablauf der Wartefrist die Vergabekammer anzurufen bzw. angesichts der diese treffenden Pflicht zur Beschleunigung des Verfahrens (§ 113 Abs. 1 GWB) eine Zustellung des Nachprüfungsantrags so rechtzeitig zu erreichen, dass das Zuschlagsverbot eingreift (BGH vom 9.2.2004, X ZB 44/03 zu § 13 VgV a.F.).

73

Entscheidend für die Einhaltung der Frist ist, wann die Information **an den letzten Bieter abgesendet** wurde; erst dann beginnt einheitlich die Frist zu laufen (BGH vom 9.2.2004, X ZB 44/03 zu § 13 VgV a.F.; vgl. auch VK Südbayern vom 16.5.2011, Z3-3-3194-09-03/11). Der Zuschlag kann nach Ablauf der Wartefrist damit auch erteilt werden, wenn einem Unternehmen die Information noch nicht zugegangen ist (VK Hessen vom 22.12.2009, 69d-VK-49/2009). Das **Übermittlungsrisiko**, ob und wann die Bierinformation zugegangen ist, liegt demnach bei den abgelehnten Bewerbern und Bietern. Allerdings trifft den Auftraggeber die **Beweislast** dafür, dass die Information tatsächlich und ordnungsgemäß abgesendet wurde. Auch bei nachweisbar erfolgter Versendung der Information wird man einem Unternehmen jedoch keinen Verstoß gegen die Rügepflicht nach § 107 Abs. 3 GWB anlasten können, wenn es – von der Vergabestelle nicht widerlegbar – behauptet, die Information nicht oder zu einem späteren Zeitpunkt bekommen zu haben (OLG München vom 23.6.2009, Verg 8/09; VK Südbayern vom 6.5.2009, Z3-3-3194-1-14-04-09).

74

Abgesendet ist die Information, wenn sich der Auftraggeber der Vorabinformation an die betroffenen Unternehmen „entäußert", sie also aus seinem Herrschaftsbereich so herausgegeben hat, dass sie bei bestimmungsgemäßem weiteren Verlauf der Dinge die Unternehmen erreichen, deren Angebote oder Teilnahmeanträge nicht berücksichtigt werden sollen (BGH vom 9.2.2004, X ZB 44/03). Die Übergabe an die hauseigene Poststelle stellt noch keine Absendung im Sinne der Vorschrift dar, die Übergabe an einen Boten jedoch sehr wohl.

75

Der Fristbeginn kann auch auf einem **Feiertag** liegen (vgl. *Höß*, in: Heuvels/Höß/Kuß/Wagner, Gesamtkommentar, § 101a GWB Rn. 58).

76

Die Information muss auch rein **tatsächlich zugegangen** sein. Der fehlende Zugang führt dazu, dass schon keine ordnungsgemäße Information vorliegt, welche die Frist in Gang setzen würde (vgl. die Nachweise bei *Dreher*, in: Beck'scher Vergaberechtskommentar, § 101b Rn. 68). Ohne tatsächlichen Zugang kann die Information ihren Zweck, den betroffenen Bietern und Bewerbern effektiven Rechtsschutz zu ermöglichen, von vornherein nicht erfüllen.

77

3. Fristende

Nach § 188 Abs. 1 BGB endet eine nach Tagen bestimmte Frist mit dem vollständigen Ablauf des letzten Tages der Frist. Der Auftraggeber darf den Zuschlag also – je nach Übermittlungsweg – mit Beginn des elften bzw. 16. Kalendertages nach erfolgter Absendung erteilen. Wird die Information z.B. am 10.12.2013 abgesendet, beginnt die 15-Tages-Frist am 11.12.2013, 0:00 Uhr, und endet

78

§ 101a GWB

am 25.12.2013, 24:00 Uhr (vgl. auch VK Bund vom 28.1.2008, VK 2-162/07). § 193 BGB ist für die Wartefrist nicht einschlägig, so dass der Begriff „**Kalendertag**" alle Tage des Kalenders erfasst, und zwar unabhängig davon, ob es sich um Werktage oder Feiertage, Sonnabende und Sonntage handelt. Der letzte Tag der Frist kann damit selbstverständlich auch auf einen Feiertag, Sonnabend oder Sonntag fallen (vgl. im Einzelnen OLG Düsseldorf vom 14.5.2008, VII Verg 11/08 zu § 13 VgV a.F.).

4. Rechtsfolgen des Fristablaufs

79 Der Ablauf der Frist selbst bewirkt **keine Beendigung des Vergabeverfahrens unmittelbar** oder ein Ausscheiden der betroffenen Bieter aus diesem Verfahren. Er bewirkt nur, dass der Auftraggeber jederzeit die von ihm beabsichtigte Vergabeentscheidung treffen kann und dass rügewillige Bieter mit der Gefahr rechnen müssen, dass ein zulässiges Nachprüfungsverfahren nicht mehr eingeleitet werden kann, wenn der Auftraggeber von den ihm durch den Fristablauf eröffneten Möglichkeiten zur Zuschlagserteilung rechtzeitig Gebrauch gemacht hat (OLG Dresden vom 11.4.2005, WVerg 5/05 zu § 13 VgV a.F.). Eine **Rüge** nach § 107 Abs. 3 GWB hat keine aufschiebende Wirkung (§ 107 Rn. 125 f.), sie führt also weder zur Hemmung, Unterbrechung oder Verlängerung der Wartefrist (vgl. OLG Jena vom 29.5.2002, 6 Verg 2/02). Das Gleiche gilt grundsätzlich für eine „**Nichtabhilfe-Mitteilung" des Auftraggebers** i.S.d. § 107 Abs. 3 Satz 1 Nr. 4 GWB. Enthält die Nichtabhilfe-Mitteilung aber im Vergleich zur Bieterinformation nach Abs. 1 Satz 1 eine ergänzende Begründung, macht dies die ursprüngliche Bieterinformation gegenstandslos, denn Abs. 1 Satz 1 verlangt – im Unterschied zu § 13 VgV a.F. – eine vollständige Aufzählung aller Gründe für die Nichtberücksichtigung eines Bieters; sie lässt nicht mehr bloß die Nennung eines Grundes ausreichen (Rn. 52 f.). Wird die in der Bieterinformation gegebene Begründung für die Nichtberücksichtigung eines Angebots daher später ergänzt, liegt hierin die **Korrektur einer fehlerhaften Bieterinformation** (vgl. auch Rn. 20 ff.), so dass der Lauf der 15- bzw. 10-Tages-Frist neu in Gang gesetzt wird (vgl. aber VK Bund vom 24.4.2007, VK 2-21/07 zu § 13 VgV a.F.).

80 Entsprechendes dürfte gelten, wenn der Auftraggeber auf eine Rüge hin mitteilt, die **Wertung** der Angebote **wiederholen** zu wollen. Der rügende Bieter hat dann selbstverständlich ein schützenswertes Interesse daran, über das Ergebnis der erneuten Wertung informiert zu werden; die Wiederholung der Angebotswertung als entscheidende Phase des Vergabeverfahrens kann zudem zu völlig neuen Ergebnissen führen, so dass die bisher erfolgte Mitteilung gegenstandslos wird und nach Abs. 1 Satz 1 eine neue Mitteilung erforderlich wird (s. hierzu im Einzelnen Rn. 20 ff.).

C. Ausnahmen von der Informationspflicht

I. Verhandlungsverfahren ohne Bekanntmachung wegen besonderer Dringlichkeit (Abs. 2)

81 In Fällen, in denen das **Verhandlungsverfahren ohne vorherige Vergabebekanntmachung wegen besonderer Dringlichkeit** gerechtfertigt ist, ist der Auftraggeber nach Abs. 2 von der Informationspflicht befreit. „**Besonders dringliche**" Situationen in diesem Sinne setzen Umstände außerhalb der Einflusssphäre des öffentlichen Auftraggebers voraus (z.B. Naturkatastrophen) und verlangen ein zügiges, flexibles und wirksames Eingreifen der zuständigen Behörden, so dass diese in solchen Fällen in der Lage sein muss, die erforderlichen Aufträge sofort zu vergeben, ohne eine Wartefrist einhalten zu müssen (vgl. auch Begr. RegE, BT-Drucks. 16/10117, S. 21). Zur Bemessung der besonderen Dringlichkeit kann daher als Maßstab herangezogen werden, ob ein Abwarten der Zehn-Tages-Frist angesichts der besonderen Eilbedürftigkeit der Auftragsvergabe untunlich oder unzumutbar wäre (VK Berlin vom 26.10.2009, VK-B2-28/29).

82 Den vorgegebenen gemeinschaftsrechtlichen Rahmen in Art. 2b der Rechtsmittelrichtlinie hat der deutsche Gesetzgeber damit noch nicht einmal ausgeschöpft. Nach Art. 2b der Rechtsmittelrichtlinie können die Mitgliedstaaten vorsehen, dass die Wartefrist nicht angewendet wird, wenn mit der Vergabekoordinierungsrichtlinie (Richtlinie 2004/18/EG) keine vorherige Veröffentlichung einer Bekanntmachung im Amtsblatt der Europäischen Union erforderlich ist (Buchst. a), wenn der einzig

betroffene Bieter i.S.d. Art. 2a Abs. 2 der Rechtsmittelrichtlinie derjenige Bieter ist, dem der Zuschlag erteilt wird, und wenn es keine betroffenen Bewerber gibt (Buchst. b), und schließlich bei einem Auftrag, dem eine Rahmenvereinbarung zugrunde liegt, bzw. bei einem Einzelauftrag, der auf einem dynamischen Beschaffungssystem beruht. In den Fällen, in denen der einzig zu informierende betroffene Bieter der Bieter ist, dem der Zuschlag erteilt wird, und es keine betroffenen Bewerber gibt, greift die Informations- und Wartepflicht jedoch ohnehin nicht (Rn. 87 f.). Das bedeutet indes nicht – ebenso wenig wie in der von Abs. 2 erfassten Situation –, dass der Auftraggeber in diesem Fall und in den von Abs. 2 erfassten Fällen von der Durchführung eines förmlichen Verhandlungsverfahrens absehen und eine **De-facto-Vergabe** einleiten dürfte (OLG Düsseldorf vom 1.10.2009, Verg 31/09).

Das **EU-Vergaberecht** erlaubt die Anwendung des Verhandlungsverfahrens ohne Vergabebekanntmachung wegen besonderer Dringlichkeit nur dann, wenn **kumulativ drei Voraussetzungen** erfüllt sind: Es müssen 83

– erstens ein unvorhersehbares Ereignis,

– zweitens dringliche und zwingende Gründe, welche die Einhaltung der in den anderen Vergabeverfahren vorgeschriebenen Fristen nicht zulassen, und

– drittens ein Kausalzusammenhang zwischen dem unvorhersehbarem Ereignis und den sich daraus ergebenden dringlichen, zwingenden Gründen gegeben sein (EuGH vom 2.6.2005, Rs. C-394/02; EuGH vom 18.11.2004, Rs. C-126/03).

Das **Bundesministerium für Wirtschaft und Technologie** hat mit der Europäischen Kommission auf Basis eines konkreten EU-Pilotverfahrens, ein dem Vertragsverletzungsverfahren vorhergehendes informelles Verfahren, intensiv die Voraussetzungen der EU-weiten Bekanntmachung von Vergabeverfahren erörtert. Insbesondere wurde dabei die Frage aufgeworfen, ob die Regelungen, die die Ausnahme von der EU-weiten Bekanntmachungspflicht ermöglichen, möglicherweise zu großzügig angewendet werden. Hierauf macht das Ministerium in einem **Rundschreiben vom 16.8.2013** (I B 6 – 270100/14 u 2707100/15) aufmerksam und weist ausdrücklich auf den **engen Anwendungsbereich der entsprechenden Ausnahmevorschriften** (§ 3 EG Abs. 4 Buchst. d) VOL/A, § 3 Abs. 4 Buchst. c) VOF und § 6 Abs. 2 Nr. 4 SektVO) hin. Das Ministerium gibt in dem Rundschreiben des Weiteren folgende Hinweise: **Unvorhersehbar sind Ereignisse**, die nichts mit dem üblichen wirtschaftlichen oder sozialen Leben zu tun haben. Nur Umstände, mit denen bei der Planung unter Berücksichtigung der allgemeinen Sorgfaltspflicht nicht gerechnet werden konnte, sind erfasst. Das ist etwa dann nicht der Fall, wenn unter Rückgriff auf bestehende Statistiken ein zukünftiger Beschaffungsbedarf aus objektiver Sichtweise frühzeitig erkennbar ist. Ebenfalls nicht unter den entsprechenden Ausnahmetatbestand fallen regelmäßig Konstellationen, in denen der Beschaffungsbedarf die Folge einer Nicht- oder Schlechtleistung eines Vertragspartners ist und dem durch rechtzeitige Aufnahme von Vertragsstrafen oder Streitschlichtungsmechanismen hätte begegnet werden können (so Rundschreiben des BMWi vom 16.8.2013, I B 6 – 270100/14 u 2707100/15). **Dringlichkeit** ist regelmäßig nur bei unaufschiebbaren, nicht durch den Auftraggeber verursachten Ereignissen anzunehmen, bei denen eine gravierende Beeinträchtigung für die Allgemeinheit und die staatliche Aufgabenerfüllung droht, etwa durch einen schweren, nicht wiedergutzumachenden Schaden (vgl. Rn. 81, 86). Wenn selbst bei Einhaltung der Bekanntmachungsfristen nur geringe Verzögerungen eintreten, wird meistens keine gravierende Beeinträchtigung drohen. Gleiches gilt, wenn bei anderen Vergabeverfahren Fristverkürzungen denkbar gewesen wären, etwa durch ein beschleunigtes Vergabeverfahren. Wenn der Auftraggeber bei sorgfältiger Beobachtung des relevanten Marktes und zu erwartender Entwicklungen seinen Beschaffungsbedarf frühzeitig hätte erkennen können, ist Dringlichkeit zu verneinen. Dringlichkeit kann regelmäßig nicht mit bloßen wirtschaftlichen Erwägungen begründet werden (so Rundschreiben des BMWi vom 16.8.2013, I B 6 – 270100/14 u 2707100/15). 84

Die **Beweislast** dafür, dass die außergewöhnlichen Umstände, welche die Ausnahme rechtfertigen sollen, tatsächlich vorliegen, trifft denjenigen, der sich auf sie berufen will (EuGH vom 18.11.2004, 85

Rs. C 126/03), also in der Regel den öffentlichen Auftraggeber. **§ 3 EG Abs. 5 Nr. 4 VOB/A**, **§ 3 EG Abs. 4 Buchst. d) VOL/A und § 3 Abs. 4 Buchst. c) VOF** setzen die gemeinschaftsrechtlichen Vorgaben in deutsches Vergaberecht um. Nach § 3 EG Abs. 5 Nr. 4 VOB/A ist ein Verhandlungsverfahren ohne vorherige Vergabebekanntmachung zulässig, wenn wegen der Dringlichkeit der Leistung aus zwingenden Gründen infolge von Ereignissen, die der Auftraggeber nicht verursacht hat und nicht voraussehen konnte, die in § 10 EG Abs. 1, 2 und 3 VOB/A vorgeschriebenen Fristen nicht eingehalten werden können. Eine vergleichbare Regelung enthalten § 3 EG Abs. 4 Buchst. d) VOL/A und § 3 Abs. 4 Buchst. c) VOF. Hiernach ist das Verhandlungsverfahren ohne Bekanntmachung zulässig, soweit dies unbedingt erforderlich ist, wenn aus dringlichen zwingenden Gründen, die der Auftraggeber nicht voraussehen konnte, die vorgeschriebenen Fristen nicht eingehalten werden können. Die Vorschrift bestimmt damit ausdrücklich, dass die Umstände, welche die zwingende Dringlichkeit begründen, auf keinen Fall dem Verhalten des Auftraggebers bzw. dessen Sphäre zuzuschreiben sein dürfen. Verzögerungen, die sich aus der Abhängigkeit von Entscheidungen anderer Behörden ergeben, zahlen zum Einflussbereich des Auftraggebers (VK Düsseldorf vom 15.8.2003, VK-23/2003-L).

86 Das Verhandlungsverfahren ohne vorherige Bekanntmachung darf demnach wegen besonderer Dringlichkeit nur Anwendung finden bei **Naturkatastrophen** und ähnlich gelagerten unvorhersehbaren und vom Auftraggeber nicht beeinflussbaren Umständen (z.B. in **akuten Gefahrensituationen** und bei **höherer Gewalt**), die zur Vermeidung von Schäden an Individualrechtsgütern ein schnelles, die Einhaltung der Fristen der anderen Vergabeverfahren ausschließendes Handeln erfordern. Latente oder durch regelmäßige Wiederkehr (z.B. Frühlingshochwasser) **vorhersehbare Gefahren** sind daher in der Regel keine zwingenden Gründe. Nach diesen Maßstäben kann der Auftraggeber bei **dringenden, unaufschiebbaren Dienstleistungen** wie **Krankentransporte** oder **BSE-Tests** berechtigt und ggf. sogar gezwungen sein, sie zeitlich befristet bis zum rechtskräftigen Abschluss eines Nachprüfungsverfahrens im Verhandlungsverfahren ohne vorherige öffentliche Vergabebekanntmachung zu vergeben (VK Brandenburg vom 1.2.2007, 2 VK 56/06; VK Lüneburg vom 27.6.2003, 203-VdR-14/2003; vgl. auch EuGH vom 14.6.2007, Rs. C-6/05 zur Beschaffung von Medizinprodukten durch ein Krankenhaus). Auch wenn ein Auftraggeber einen Bauvertrag wegen Beantragung eines Insolvenzverfahrens kündigt, kann das Verhandlungsverfahren ohne Bekanntmachung wegen besonderer Dringlichkeit zulässig sein (VK Bund vom 29.6.2005, VK 3-52/05).

II. Weitere Ausnahmen

87 Über die von Abs. 2 erfassten Fälle hinaus besteht die Informations- und Wartepflicht auch in den Fällen nicht, in denen der **Auftraggeber zulässigerweise nur mit einem einzigen Unternehmen verhandelt** hat und keine weiteren Unternehmen mehr Interesse an dem Auftrag bekundet haben, so dass allein der erfolgreiche Bieter nach Abs. 1 Satz 1 zu informieren wäre. In diesen Fällen greift die Informationspflicht im Sinne einer teleologischen Reduktion nach Abs. 1 nicht (vgl. auch Erwägungsgrund 8 zur Richtlinie 2007/66/EG). Denn die Informationspflicht setzt stets voraus, dass es innerhalb des Vergabeverfahrens zur Beteiligung mehrerer Unternehmen, zu verschiedenen Angeboten und schließlich zu einer Auswahl eines Angebots durch den öffentlichen Auftraggeber gekommen ist bzw. zumindest mehrere Unternehmen dem Auftraggeber gegenüber ein Interesse am Auftrag – nicht notwendig durch Einreichen eines Angebots – angezeigt oder sich um eine Auftragserteilung beworben haben (vgl. Rn. 14; s. auch BGH vom 1.2.2005, X ZB 27/04; OLG Hamburg vom 25.1.2007, 1 Verg 5/06, jeweils zu § 13 VgV a.F.).

88 Die Informationspflicht greift damit z.B. bei **Nachlieferungen** i.S.d. § 3 EG Abs. 4 Buchst. e) VOL/A nicht. Diese Vorschrift erlaubt die Beauftragung des ursprünglichen Auftragnehmers, wenn ein Wechsel des Lieferanten dazu führen würde, dass der dann notwendige Erwerb von Waren mit unterschiedlichen technischen Merkmalen unverhältnismäßige technische Schwierigkeiten mit sich bringen würde. In diesen Fällen kann der bisherige Auftragnehmer auch ohne vorherigen Vergleich mit anderen Angeboten unmittelbar beauftragt werden, wodurch das Wettbewerbsprinzip für diesen – im auszulegenden – Ausnahmefall faktisch hinten angestellt wird. Wenn in einer solchen Konstellation schon aus technischen Gründen von vornherein nur ein einziger Bieter in Betracht

kommt, laufen die Verfahrensrechte der (potenziellen) anderen Bieter aus dem Vergaberecht ins Leere (VK Bund vom 11.4.2003, VK 2-10/03). Auch in den Fällen des § 3 EG Abs. 5 Nr. 3, 5, 6 und 7 VOB/A bzw. § 3 EG Abs. 4 Buchst. c), f) und g) VOL/A darf der Auftraggeber zulässigerweise nur mit einem einzigen Unternehmen verhandeln und sind andere Bewerber/Bieter nicht vorhanden, so dass die Informationspflicht nach Abs. 1 entfällt.

D. Rechtsschutz

§ 101a dient – wie zuvor § 13 VgV a.F. – der Gewährung des (Primär-)Rechtsschutzes in Vergabeverfahren (Rn. 2 ff.). Die mit der Unwirksamkeit des Vertrages gemäß § 101b Abs. 1 Nr. 1 GWB sanktionierte Informations- und Wartepflicht dient keinem Selbstzweck, noch soll sie einen allgemeinen Gerechtigkeitsgedanken absichern (OLG Celle vom 8.12.2005, 13 Verg 2/05). Vielmehr garantiert sie, dass die Bieter ihr in § 97 Abs. 7 GWB garantiertes Recht, verletzte vergaberechtliche Ansprüche im Nachprüfungsverfahren durchzusetzen, auch tatsächlich geltend machen können. Die Informations- und Wartepflicht hat damit – wie z.B. auch die Vorschriften über die Dokumentationspflichten im Vergabeverfahren – vor allem **instrumentellen Charakter** für den Rechtsschutz eines Bieters. Wie die Entstehungsgeschichte des § 13 VgV a.F. belegt, verfolgte der Verordnungsgeber schon mit der damaligen Regelung den Zweck, einen betroffenen Bieter die zur rechtzeitigen Geltendmachung eines Nachprüfungsverfahrens erforderlichen Informationen von dem beabsichtigten Abschluss des Vergabeverfahrens zu verschaffen und ihm damit den Zugang zum Nachprüfungsverfahren offen zu halten, bevor endgültige und rechtsvernichtende Tatsachen zu seinen Lasten eintreten. Primäres Ziel der nachträglich eingeführten Vorinformation vor Zuschlagserteilung war und ist es, die in § 114 Abs. 1 GWB vorgesehene, zivilrechtlichen Grundsätzen folgende Unumkehrbarkeit eines einmal erteilten Zuschlags im Sinne eines effektiven Rechtsschutzes dadurch zu relativieren, dass die nichtberücksichtigten Bieter im Vorfeld von dem beabsichtigten Zuschlag und dem hierfür ausgewählten Unternehmen erfahren und die individuellen Gründe für ihre Nichtberücksichtigung bei der Zuschlagsentscheidung mitgeteilt bekommen. Die Vorinformation dient somit keinem eigenständigen vergaberechtlichen Ziel. Auf einen **Verstoß gegen die Informationspflicht** des Abs. 1 **allein** kann ein Bieter einen **Nachprüfungsantrag** somit **nicht stützen** (§ 101b Rn. 41; vgl. z.B. OLG Karlsruhe vom 9.10.2012, 15 Verg 12/11 m.w.N.).

89

Hieraus ergeben sich **zwei Konsequenzen für den Rechtsschutz**. Zum einen kann ein Bieter, der **vor** der **Zuschlagserteilung** von dem (vermeintlichen) Vergaberechtsverstoß erfahren und daraufhin ein Nachprüfungsverfahren eingeleitet hat, sich nicht mehr auf die Unwirksamkeitsfolge nach § 101b Abs. 1 Nr. 2 GWB berufen (§ 101b Rn. 41; vgl. OLG Celle vom 8.12.2005, 13 Verg 2/05; OLG Schleswig-Holstein vom 28.11.2005, 6 Verg 7/05, jeweils zu § 13 VgV a.F.). Mängel der Information können noch vor Einleitung eines Nachprüfungsverfahrens oder auch erst im Laufe dessen geheilt werden (VK Südbayern vom 31.5.2011, Z3-3-3194-11-03/11). Der Auftraggeber kann die ordnungsgemäße Information i.S.d. § 101a auch dann noch nachholen; diese ist nicht unheilbar unwirksam; soweit der Antragsteller durch die Information Kenntnis von weiteren Vergabeverstößen erhält, kann er diese nachträglich in das Nachprüfungsverfahren einführen (OLG Karlsruhe vom 16.6.2010, 15 Verg 4/10).

90

Zum anderen muss neben dem gerügten Verstoß gegen die Informationspflicht stets ein **(weiteres) vergaberechtliches Fehlverhalten des Auftraggebers in der Sache** hinzutreten, damit das Nachprüfungsverfahren Erfolg haben kann (vgl. OLG Karlsruhe vom 9.10.2012, 15 Verg 12/11 m.w.N.). Dies setzt schon die in § 107 Abs. 2 Satz 2 GWB geregelte **Antragsbefugnis** voraus, wonach ein Antragsteller stets darlegen muss, dass ihm durch das Verhalten des Auftraggebers ein Schaden entstanden ist oder zu entstehen droht. Ein Schaden in diesem Sinne liegt vor allem dann vor, wenn die Chance auf den Zuschlag des Unternehmens durch das Verhalten des Auftraggebers beeinträchtigt wurde. Allein durch einen Verstoß gegen die Informationspflicht des Abs. 1 Satz 1 tritt ein solcher Schaden nicht ein (§ 101b Rn. 41). Kann eine über den Verstoß gegen § 101a GWB hinausgehende Rechtsverletzung nicht festgestellt werden, bleibt der Nachprüfungsantrag trotz Verstoßes gegen die Informationspflicht im Ergebnis erfolglos (§ 101b Rn. 41). Wegen § 101b

91

Abs. 2 GWB ist es aber nunmehr in Ausnahmekonstellationen denkbar, dass ein Nachprüfungsantrag allein die Feststellung begehrt, dass ein Verstoß gegen § 101a vorliegt und der dennoch abgeschlossene Vertrag daher unwirksam ist (vgl. § 101b Rn. 41 a.E.). Dass der Auftraggeber zwischenzeitlich bereits den Zuschlag an einen Konkurrenten erteilt hat, steht der Statthaftigkeit eines solchen Nachprüfungsantrags nicht entgegen. Der mit dem Zuschlag zustande gekommene Vertrag ist nach § 101b Abs. 1 Nr. 1 GWB von Anfang an unwirksam, wenn es tatsächlich an einer ordnungsgemäßen Vorabinformation fehlt. Nach § 101b Abs. 2 Satz 1 GWB muss die Unwirksamkeit des Vertrages in einem Nachprüfungsverfahren innerhalb von 30 Kalendertagen ab Kenntnis des Verstoßes, jedoch nicht später als sechs Monate nach Vertragsschluss geltend gemacht werden. Hat der Auftraggeber die Auftragsvergabe im Amtsblatt der Europäischen Union bekannt gemacht, endet die Frist zur Geltendmachung der Unwirksamkeit 30 Kalendertage nach der Veröffentlichung (§ 101b Abs. 2 Satz 2 GWB).

§ 101b Unwirksamkeit

(1) Ein Vertrag ist von Anfang an unwirksam, wenn der Auftraggeber

1. gegen § 101a verstoßen hat oder
2. einen öffentlichen Auftrag unmittelbar an ein Unternehmen erteilt, ohne andere Unternehmen am Vergabeverfahren zu beteiligen und ohne dass dies aufgrund Gesetzes gestattet ist

und dieser Verstoß in einem Nachprüfungsverfahren nach Absatz 2 festgestellt worden ist.

(2) ¹Die Unwirksamkeit nach Absatz 1 kann nur festgestellt werden, wenn sie im Nachprüfungsverfahren innerhalb von 30 Kalendertagen ab Kenntnis des Verstoßes, jedoch nicht später als sechs Monate nach Vertragsschluss geltend gemacht worden ist. ²Hat der Auftraggeber die Auftragsvergabe im Amtsblatt der Europäischen Union bekannt gemacht, endet die Frist zur Geltendmachung der Unwirksamkeit 30 Kalendertage nach Veröffentlichung der Bekanntmachung der Auftragsvergabe im Amtsblatt der Europäischen Union.

Literatur: *Brauer*, Das Verfahren vor der Vergabekammer, NZBau 2009, 297; *Bulla/Schneider*, Das novellierte Vergaberecht zwischen Beschleunigungsgrundsatz und effektiven Bieterschutz, VergabeR 2011, 664; *Dreher/Hoffmann*, Die Informations- und Wartepflicht sowie die Unwirksamkeitsfolge nach den neuen §§ 101a und 101b GWB, NZBau 2009, 219; *dies.*, Die schwebende Wirksamkeit nach § 101b I GWB, NZBau 2010, 201; *Höß*, Die Informationspflicht des Auftraggebers, VergabeR 2002, 443; *Krämer*, Nicht immer leicht zu handhaben – Die Vorabinformation nach § 101a GWB kann durchaus Probleme bereiten, VergabeNavigator 3/13, S. 7 ff.

Übersicht

A. Allgemeines 1–5	c) Verstoß i.S.d. Abs. 1 Nr. 2 42–43
B. Unwirksamkeitstatbestände (Abs. 1) 6–34	2. Rügeobliegenheit nach § 107 Abs. 3 GWB 44–47
I. Verstoß i.S.d. Abs. 1 Nr. 1 7–16	III. Begründetheit des Nachprüfungsantrags 48
1. Normzweck 7	IV. Fristen zur Geltendmachung der Unwirksamkeit (Abs. 2) 49–69
2. Verstoß gegen § 101a GWB 8–16	1. Ausschlussfristen 49–51
a) Fehlende oder nach § 101a Abs. 1 Satz 1 GWB unvollständige Information 9	2. 30 Kalendertage ab Kenntnis des Verstoßes (Abs. 2 Satz 1) 52–60
b) Inhaltlich mangelhaftes Informationsschreiben 10–13	3. Sechs Monate nach Vertragsschluss (Abs. 2 Satz 1) 61–64
c) In sonstiger Weise mangelhafte Information 14–16	4. 30 Kalendertage nach Bekanntmachung im Amtsblatt der Europäischen Union (Fristverkürzung gemäß Abs. 2 Satz 2) 65–69
II. De-facto-Vergabe (Abs. 1 Nr. 2) 17–34	a) Allgemeines 65–66
1. Legaldefinition 17	b) Form und Inhalt der Bekanntmachung 67–69
2. Die Bedeutung des § 13 VgV a.F. 18–21	D. Rechtsfolgen der Unwirksamkeit des Vertrages ... 70–72
3. Die Regelung in Abs. 1 Nr. 2 22–34	E. Weitere Unwirksamkeitstatbestände 73–75
a) Allgemeines 22	I. Allgemeines 73
b) „Unmittelbare" Auftragserteilung 23–30	II. § 134 BGB 74
c) Direktvergabe nicht „aufgrund Gesetzes" gestattet 31–34	III. § 138 BGB 75
C. Feststellung der Unwirksamkeit des Vertrages (Abs. 1 a.E.) 35–69	F. Exkurs: Vertragsverletzungsverfahren vor der Europäischen Kommission 76–85
I. Nachprüfungsverfahren 35–37	I. Überblick 77
II. Zulässigkeitsvoraussetzungen 38–47	II. Rechtsfolgen eines festgestellten Verstoßes gegen EU-Vergaberecht 78–80
1. Antragsbefugnis nach § 107 Abs. 2 Satz 1 GWB 39–43	III. Kündigung vergaberechtswidriger Verträge .. 81–85
a) Geschützter Personenkreis 39–40	
b) Verstoß i.S.d. Abs. 1 Nr. 1 41	

A. Allgemeines

§ 101b sanktioniert in Abs. 1 Nr. 1 die Verletzung der Informations- und Wartepflicht nach § 101a GWB und in Abs. 1 Nr. 2 die rechtswidrige Direktvergabe eines Auftrags. Beide Verstöße führen zur Unwirksamkeit des Vertrages über den jeweiligen Auftrag, wenn sie in einem nach den Vorgaben des Abs. 2 rechtzeitig eingeleiteten Nachprüfungsverfahren festgestellt werden. Nur die Rechtsfolge der Unwirksamkeit des nach einem der beiden Verstöße geschlossenen Vertrages stellt den europarechtlich gebotenen Primärrechtsschutz sicher, da gemäß § 114 Abs. 2 Satz 1 GWB der einmal erteilte Zuschlag nicht aufgehoben werden kann und für den Vertrag der Grundsatz „pacta sunt servanda" gilt (§ 101a Rn. 2). § 101b ist wegen dieser gemeinsamen Zielsetzung gemeinsam mit § 101a GWB als Einheit zur Gewährleistung wirksamen Rechtsschutzes zu sehen (*Dreher*, in: Beck'scher Vergaberechtskommentar, § 101b Rn. 2). Sinn des § 101b ist es, nach einer gewissen Zeit für Rechtssicherheit zu sorgen, indem ein vergaberechtliches Vorgehen gegen bereits abgeschlossene Verträge nach Ablauf einer gewissen Zeit untersagt wird, so dass die Verträge wirksam sind (OLG München vom 19.7.2010, Verg 8/12).

2 Zum einen übernimmt § 101b hierzu – wenn auch unter erheblichen Modifikationen – die frühere **Regelung des § 13 VgV a.F.** bei Verstößen gegen die Informationspflicht: Anders als bisher führen diese Verstöße nicht zur Nichtigkeit, sondern jetzt zur nachträglichen Unwirksamkeit des jeweiligen Vertrages „von Anfang an"; dies erschien dem Gesetzgeber sachgerechter (Begr. RegE, BT-Drucks. 16/10117, S. 21).

3 Zum anderen stellt § 101b erstmals ausdrücklich klar, dass rechtswidrige Direktvergaben, für die sich der ungenaue Begriff **„De-facto-Vergabe"** durchgesetzt hat, zur Unwirksamkeit des Vertrages führen (können). Allgemein versteht man unter De-facto-Vergaben Konstellationen, in denen ein Auftraggeber einen öffentlichen Auftrag ohne Ausschreibung und förmliches Vergabeverfahren vergibt, obwohl er an sich hierzu vergaberechtlich verpflichtet wäre. Ein derartiges Vorgehen stellt zwar an sich den schwersten Verstoß gegen das Vergaberecht dar. Den unter Umgehung des Vergaberechts direkt mit einem Unternehmen geschlossenen Verträgen war früher dennoch schwer beizukommen. Nachdem der Vertrag einmal wirksam geschlossen ist, existierte kein vergaberechtlicher Rechtsschutz mehr (vgl. § 114 Abs. 2 Satz 1 GWB). Die leer ausgegangenen Konkurrenten des Auftragnehmers waren – wenn sie von der Auftragsvergabe überhaupt erfuhren – bislang auf vor den Zivilgerichten durchzusetzende Schadensersatzansprüche verwiesen. Um die auf diese Weise entstehende eklatante Lücke im Rechtsschutz der Bieter zu schließen, hatte es in der Rechtsprechung schon in der Vergangenheit verschiedene Bemühungen gegeben, die Nichtigkeitsfolge des § 13 Satz 6 VgV a.F. auch bei völliger Missachtung der Ausschreibungspflicht anzuwenden (vgl. hierzu Rn. 18 ff.).

4 § 101b kommt entsprechenden **gemeinschaftsrechtlichen Vorgaben** nach. Nach der früheren deutschen Rechtsprechung war ein Unternehmen, das sein Interesse an einem Auftrag nur allgemein und abstrakt bekundet, bevor der konkrete Beschaffungsbedarf etwa überhaupt entstanden war, nicht in den Schutzbereich des § 13 VgV a.F. einbezogen und konnte sich daher auch nicht auf die Nichtigkeit des Vertrages bei einer unzulässigen Direktvergabe berufen. Ob dies den gemeinschaftsrechtlichen Vorgaben in der Auslegung durch den EuGH (vgl. EuGH vom 11.1.2005, C-26/03) entsprach, war zweifelhaft. Eine gesetzgeberische Klarstellung zur Unwirksamkeit von De-facto-Vergaben war daher unerlässlich. Die Rechtsmittelrichtlinie verpflichtet in Art. 2d Abs. 1 in diesen Fällen die Mitgliedstaaten, dafür Sorge zu tragen, dass ein Vertrag durch eine von dem öffentlichen Auftraggeber unabhängige Nachprüfungsstelle für unwirksam erklärt wird oder dass sich seine Unwirksamkeit aus der Entscheidung einer solchen Stelle ergibt. Dem hat der deutsche Gesetzgeber mit der durch das Gesetz zur Modernisierung des Vergaberechts 2009 in das GWB aufgenommenen Regelung in § 101b entsprochen. Von der in der Rechtsmittelrichtlinie darüber hinaus vorgesehenen Möglichkeit, in Form einer freiwilligen „Ex-ante-Transparenz" bereits die Absicht bekannt zu machen, einen Auftrag ohne Veröffentlichung vergeben zu wollen, hat der deutsche Gesetzgeber dagegen keinen Gebrauch gemacht. Auch wenn ein entsprechendes EU-Standardformular in der Verordnung (EG) Nr. 1150/32009 vom 10.11.2009 vorgesehen ist, können deutsche Auftraggeber die mit der Veröffentlichung der Vergabeabsicht verbundene Rechtswirkung also nicht nutzen, nach Einhalten einer Mindestfrist von zehn Kalendertagen den Zuschlag ohne förmliches Vergabeverfahren erteilen zu können.

5 Trotz der von der Nichtigkeit des Vertrages zu dessen Unwirksamkeit „gemilderten" Sanktion fügt sich die Vorschrift an der Schnittstelle von Rechtssicherheit einerseits und Bieterrechtsschutz andererseits nicht gänzlich harmonisch in die deutsche Zivilrechtssystematik ein (vgl. hierzu Rn. 70 ff.). Ohnehin dürfte auch die Neuregelung in Abs. 1 Nr. 2 den Einsatz rechtsmissbräuchlicher Direktver-

gaben bei Beschaffungsvorhaben der öffentlichen Hand nicht gänzlich stoppen können. Die Fristenregelungen in Abs. 2 (Rn. 49 ff.) erhöhen zwar die Rechtssicherheit, bedeuten für potenzielle Bieter aber zugleich eine empfindliche Einschränkung ihres Rechtsschutzes (*Dreher*, in: Beck'scher Vergaberechtskommentar, § 101b Rn. 6). Die Befristung kann Auftraggeber und ihre Vertragspartner dazu verleiten, sich in den ersten sechs Monaten nach Vertragsschluss möglichst „bedeckt" zu halten und den Beginn der Leistungserbringung erst nach Ablauf der Sechs-Monats-Frist zu vereinbaren, um so die Kenntnis eines Konkurrenten vom Vertragsschluss zu verhindern und die Durchführung eines Nachprüfungsverfahrens zumindest zu erschweren (von der Gefahr „kaum mehr zu sanktionierender Geheimvergaben" spricht auch *Dreher*, in: Beck'scher Vergaberechtskommentar, § 101b Rn. 6). Indes droht in diesen – schwer nachweisbaren – Fällen ggf. die Nichtigkeit des Vertrages nach § 138 BGB (s. Rn. 75; vgl. Stellungnahme des Bundesrates, BT-Drucks. 16/10117, Anlage 3, S. 32). Der Gefahr, dass Auftraggeber einen Vertragsabschluss bewusst in Kenntnis von dessen Vergaberechtswidrigkeit im Amtsblatt der EU nach Abs. 2 Satz 2 veröffentlichen, um darauf zu hoffen, dass niemand innerhalb der 30-Tages-Frist Notiz von der Veröffentlichung nimmt (vgl. *Greb/Stenzel*, NZBau 2012, 404, 408), kann zumindest dadurch etwas gemindert werden, dass man einen strengen Maßstab an den Inhalt der Bekanntmachung anlegt; diese muss wahrheitsgemäß und so aussagekräftig sein, dass ein Konkurrent in der Lage ist, ggf. ein Nachprüfungsverfahren gegen die Direktvergabe des Auftrags einzuleiten (Rn. 67 ff.).

B. Unwirksamkeitstatbestände (Abs. 1)

Nach Abs. 1 ist ein Vertrag von Anfang an unwirksam, wenn der Auftraggeber gegen die Informations- und Wartepflicht nach § 101a GWB verstoßen hat (Nr. 1) oder einen öffentlichen Auftrag unmittelbar an ein Unternehmen erteilt hat, ohne andere Unternehmen am Vergabeverfahren zu beteiligen und ohne dass dies aufgrund Gesetzes gestattet ist (Nr. 2). In beiden Fällen muss der Verstoß in einem Nachprüfungsverfahren nach den Vorgaben des Abs. 2 festgestellt werden. Nur unter dieser zusätzlichen Voraussetzung kann der zunächst („schwebend") wirksame Vertrag nachträglich „von Anfang an" unwirksam werden. Es kommt dabei allein darauf an, ob **objektiv** ein **Verstoß gegen Abs. 1 Nr. 1 oder Nr. 2 vorliegt**, ohne dass ein subjektives Element – sprich die Kenntnis des Verstoßes auf Seiten des öffentlichen Auftraggebers oder des erfolgreichen Bieters – erforderlich wäre (*Dreher*, in: Beck'scher Vergaberechtskommentar, § 101b Rn. 11).

6

I. Verstoß i.S.d. Abs. 1 Nr. 1

1. Normzweck

Nach Abs. 1 Nr. 1 ist der Vertrag von Anfang an unwirksam, wenn der Auftraggeber gegen die Informations- und Wartepflicht des § 101a GWB verstoßen hat. Die Unwirksamkeitsfolge sichert – ebenso wie die früher in § 13 Satz 6 VgV a.F. angeordnete Nichtigkeit des Vertrages – die Einhaltung der in § 101a Abs. 1 Satz 3 und 4 GWB festgelegten Wartefrist von 15 bzw. zehn Kalendertagen. Sie schützt den unterlegenen Bieter, indem sie verhindert, dass durch die Erteilung des Zuschlags unumkehrbare Rechtsfolgen eintreten. Damit entspricht die Regelung dem gemeinschaftsrechtlichen Gebot, die dem Vertragsschluss vorangehende Entscheidung des Auftraggebers darüber, mit welchem Bieter eines Vergabeverfahrens er den Vertrag schließt, in jedem Fall einem Nachprüfungsverfahren zugänglich zu machen (vgl. auch BGH vom 22.2.2005, KZR 36/03 zu § 13 VgV a.F.). § 101a GWB gilt für sämtliche Vergabeverfahren i.S.d. § 101 GWB, auch für De-facto-Vergaben unter der Voraussetzung, dass ein wettbewerbliches Verfahren durchgeführt wurde (§ 101a Rn. 14; OLG Düsseldorf vom 1.10.2009, Verg 31/09).

7

2. Verstoß gegen § 101a GWB

Nach Abs. 1 Nr. 1 ist ein Vertrag von Anfang an unwirksam, wenn der Auftraggeber „gegen § 101a verstoßen" hat (und dies in einem Nachprüfungsverfahren entsprechend den Vorgaben in Abs. 2 festgestellt wird). Der Wortlaut der Vorschrift legt damit nahe, dass die Unwirksamkeitsfolge nicht

8

von der Art des Verstoßes gegen § 101a GWB abhängig ist, sondern dass **jeder festgestellte Verstoß gegen § 101a GWB** zur Unwirksamkeit des Vertrages führt. Es ist jedoch zu differenzieren:

a) Fehlende oder nach § 101a Abs. 1 Satz 1 GWB unvollständige Information

9 Zweifellos tritt die Rechtsfolge der Unwirksamkeit des Vertrages von Anfang an in Fällen ein, in denen der Auftraggeber die Wartefrist oder die Informationspflicht gänzlich missachtet hat, also z.B. **überhaupt keine Information** gemäß § 101a GWB vor Zuschlagserteilung versandt hat. Die Unwirksamkeitssanktion muss immer auch dann greifen, wenn einzelne der in § 101a GWB **gesetzlich ausdrücklich geforderten Angaben** (Name des erfolgreichen Bieters, Gründe für die eigene Nichtberücksichtigung, frühester Zeitpunkt des Vertragsschlusses) in der Information **fehlen** (vgl. OLG Karlsruhe vom 9.10.2012, 15 Verg 12/11; OLG Koblenz vom 25.9.2012, 1 Verg 5/12; OLG Thüringen vom 9.9.2010, 9 Verg 4/10; OLG Düsseldorf vom 3.3.2010, VII-Verg 11/10). Allein dieses Verständnis folgt aus der gebotenen europarechtskonformen Auslegung des § 101a Abs. 1 Nr. 1 GWB (vgl. *Dreher*, in: Beck'scher Vergaberechtskommentar, § 101b Rn. 13). Als Verstoß i.S.d. Abs. 1 Nr. 1 sind stets auch die Fälle zu zählen, in denen der Auftraggeber **nicht alle Gründe** für die Nichtberücksichtigung eines Bewerbers oder Bieters in der Information nennt (§ 101a Rn. 53). Ansonsten führte die Regelung des § 101a GWB – wie auch sonst beim Fehlen einer der gesetzlich vorgeschriebenen Angaben – ins Leere, da ein Bieter seine Position im Vergabeverfahren und die Chancen eines Nachprüfungsverfahrens nicht mehr verlässlich abschätzen könnte. Gerade Umstände, die etwa in der Person des erfolgreichen Bieters liegen (z.B. dessen fragliche Fachkunde, Leistungsfähigkeit oder Zuverlässigkeit), bzw. die mitgeteilten Gründe für die Nichtberücksichtigung des eigenen Angebots können einem nichtberücksichtigten Bieter Anlass geben, ein Nachprüfungsverfahren anzustrengen. Ohne die gesetzlich geforderten Angaben in der Bieterinformation wäre damit ein wirksamer Rechtsschutz, den § 101a GWB gerade sicherstellen will, dann in Frage gestellt. Fehlt eine solche Angabe bzw. werden nicht alle Gründe für die Nichtberücksichtigung genannt, liegt daher immer ein Verstoß gegen § 101a Abs. 1 Satz 1 GWB vor und ist die erste Voraussetzung für die Unwirksamkeit des Vertrages gegeben. Gibt der Auftraggeber in dem Informationsschreiben (versehentlich) **eine längere Frist für den frühestmöglichen Vertragsschluss** an, so kann er hieran nach Treu und Glauben gebunden sein, zugleich führt dies jedoch stets zu einem Verstoß gegen § 101a GWB i.S.d. Abs. 1 Nr. 1 (§ 101a Rn. 60, 71); eine **kürzere Frist** ist ohnehin unzulässig.

b) Inhaltlich mangelhaftes Informationsschreiben

10 Trotz des scheinbar eindeutigen Wortlauts in Abs. 1 Nr. 1 ist fraglich, ob ein Vertrag auch dann nachträglich unwirksam wird, wenn der Auftraggeber der Informationspflicht des § 101a GWB als solcher zwar Genüge getan hat, das **Informationsschreiben** selbst auch die gesetzlich geforderten Angaben enthält, diese aber **unzutreffend, unzureichend oder unvollständig** sind bzw. das Schreiben ansonsten inhaltlich fehlerhaft ist. Nach dem Wortlaut des Abs. 1 Nr. 1 führt auch eine solcherart **mangelhafte** Bieterinformation zur Unwirksamkeit des Vertrages. Denn auch in diesen Fällen hat der Auftraggeber „gegen § 101a verstoßen", da die Vorschrift so auszulegen ist, dass die Bieterinformation der Wahrheit entsprechen muss und die gesetzlich geforderten Angaben vollständig, zutreffend und jedenfalls so konkret sein müssen, dass ein Bieter seine Stellung im Wettbewerb und die Chancen eines Nachprüfungsverfahrens belastbar einschätzen kann. Allein diese Auslegung entspricht dem Ziel des § 101a GWB, einen wirksamen Bieterrechtsschutz sicherzustellen (vgl. auch *Dreher*, in: Beck'scher Vergaberechtskommentar, § 101b Rn. 13).

11 Im Übrigen ist jedoch zu differenzieren. Unter **Rechtsschutzgesichtspunkten** besteht in diesen Fällen nicht stets Anlass, den unzureichend informierten Bieter zusätzlich über den Eintritt der Unwirksamkeitsfolge abzusichern. Denn auch ohne die Unwirksamkeit des Vertrages ist er ausreichend gegen unwiderruflich geschaffene Tatsachen gesichert: Er kann ein Nachprüfungsverfahren mit dem Ziel einleiten, die Vergabestelle zu verpflichten, ihm eine ausreichende Begründung zu erteilen. Bis zur Entscheidung der Vergabekammer und dem Ablauf der Beschwerdefrist bleibt er durch das Zuschlagsverbot des § 115 GWB vor einem Rechtsverlust geschützt. Damit liegt es allein bei ihm, seine Rechte im Rahmen des ihm tatsächlich eröffneten Nachprüfungsverfahrens durchzusetzen

(vgl. z.B. OLG Thüringen vom 14.2.2005, 9 Verg 1/05; OLG Dresden vom 14.2.2003, WVerg 11/01, jeweils zu § 13 VgV a.F.). Zu § 13 VgV a.F. hatte sich daher die Auffassung durchgesetzt, dass nicht jede falsche oder unvollständige Information die Nichtigkeitsfolge auszulösen vermochte. § 13 VgV a.F. sei vielmehr im Sinne einer teleologischen Reduktion so auszulegen, dass auch eine unvollständige oder falsche Mitteilung eine „Information" i.S.d. § 13 VgV a.F. darstelle und daher nicht die Nichtigkeitsfolge auslöse. Dies gelte jedenfalls dann, wenn der Auftraggeber nicht bewusst unzutreffende Angaben mache oder der Verstoß sonst als so schwerwiegend zu qualifizieren ist, dass nicht mehr von einer „Information" gesprochen werden kann, auf deren Grundlage ein Bieter die Erfolgsaussichten eines Nachprüfungsantrags einschätzen kann (vgl. die Streitdarstellung bei *Kühnen*, in: Byok/Jaeger, Vergaberecht, 2. Aufl. 2005, § 13 VgV Rn. 1587 ff.). Hieran ist auch nach der Neufassung der Vorabinformation des § 13 VgV a.F. in § 101a GWB im Grundsatz festzuhalten (vgl. auch *Dreher*, in: Beck'scher Vergaberechtskommentar, § 101b Rn. 13). Wie sich aus der Gesetzesbegründung (vgl. Begr. RegE, BT-Drucks. 16/10117, S. 21) ergibt, soll § 101b vor allem zu mehr Rechtssicherheit führen, wie auch die Aufnahme der Fristenregelung in Abs. 2 zeigt. Das setzt voraus, dass die Sanktion des § 101b nur in Fällen greift, in denen dies sachgerecht ist. Abgesehen von gesetzlichen Regelungen der De-facto-Vergabe war damit eine Ausdehnung des Anwendungsbereichs des § 13 VgV a.F. vom Gesetzgeber gerade nicht beabsichtigt.

Durch diese **teleologische Reduktion des Anwendungsbereichs von § 101b** darf der **wirksame Bieterrechtsschutz** jedoch **keinesfalls gefährdet** werden. Bei der Frage, ob § 101b bei unzureichend oder unzutreffenden Vorabinformationen eingreift, ist stets der Zweck der zum Schutze des Bieters bestehenden Begründungspflicht nach § 101a GWB zu berücksichtigen, diesen über die tatsächlichen und rechtlichen Umstände seiner Nichtberücksichtigung aufzuklären und ihm so die Möglichkeit zu verschaffen, auf dieser Grundlage die Aussichten eines Nachprüfungsverfahrens einzuschätzen (OLG Dresden vom 14.2.2003, WVerg 11/01 zu § 13 VgV a.F.; *Dreher*, in: Beck'scher Vergaberechtskommentar, § 101b Rn. 13, 17). Es kommt also entscheidend darauf an, ob durch die fehlerhafte Information der effektive Rechtsschutz des nicht berücksichtigten Bieters vereitelt wurde (*Dreher*, in: Beck'scher Vergaberechtskommentar, § 101b Rn. 17). **12**

Sind die **Fehler** der Information für den Adressaten **nicht erkennbar**, wird er durch die Information nach § 101a GWB gerade nicht in die Lage versetzt, die Erfolgsaussichten eines etwaigen Nachprüfungsverfahrens verlässlich einzuschätzen, so dass in einer solchen Konstellation ein Verstoß gegen § 101a GWB i.S.d. § 101b Abs. 1 Nr. 1 vorliegt (*Dreher*, in: Beck'scher Vergaberechtskommentar, § 101b Rn. 17; zu § 13 VgV a.F *Kühnen*, in: Byok/Jaeger, Vergaberecht, 2. Aufl. 2005, § 13 VgV Rn. 1590). Das gilt namentlich für eine nicht den Tatsachen entsprechende Begründung der eigenen Nichtberücksichtigung. Kein Verstoß gegen § 101a GWB i.S.d. § 101b Abs. 1 Nr. 1 liegt dagegen vor, wenn ein Bieter trotz der fehlerhaften Information nicht daran gehindert wird, die Chancen eines Nachprüfungsverfahrens realistisch einzuschätzen. Damit sind Fälle angesprochen, in denen die Information **erkennbare Fehler** aufweist. Das kann z.B. der Fall sein, wenn ein Bieter den für den Zuschlag ausgewählten Konkurrenten trotz falsch geschriebenen Namens oder fehlerhafter Angabe der Adresse etc. zweifelsfrei identifizieren kann. Ebenso zu behandeln sind für den Informationsadressaten erkennbare Zahlendreher und Ähnliches (*Dreher*, in: Beck'scher Vergaberechtskommentar, § 101b Rn. 17). **13**

c) In sonstiger Weise mangelhafte Information

Es stellt sich schließlich die Frage, ob ein „Verstoß gegen § 101a GWB" i.S.d. § 101b Abs. 1 Nr. 1 auch dann vorliegt, wenn der Auftraggeber die **Information nicht in Textform** versendet, sie also lediglich mündlich erteilt. In diesen Fällen liegt schon keine Information i.S.d. § 101a GWB vor. Sie sind daher so zu behandeln, als wenn überhaupt keine Information erteilt worden wäre. Denn § 101a Abs. 1 Satz 2 GWB sieht die Textform mit guten Gründen ausdrücklich vor. Hierdurch wird der gebotenen Rechtsklarheit Rechnung getragen und Beweisschwierigkeiten werden verhindert. Wird die Information nicht in Textform, sondern lediglich mündlich erteilt, liegt stets ein Verstoß gegen § 101a GWB i.S.d. § 101b Abs. 1 Nr. 1 und damit eine Voraussetzung für die Unwirksamkeit des Vertrages vor (so auch *Dreher*, in: Beck'scher Vergaberechtskommentar, § 101b Rn. 18). **14**

§ 101b GWB Abschnitt 1 · Vergabeverfahren

15 Informiert der Auftraggeber dagegen die betroffenen Bewerber und Bieter entgegen § 101a Abs. 1 Satz 1 GWB **nicht unverzüglich**, liegt an sich zwar ebenfalls ein Verstoß gegen § 101a GWB vor. Mit Blick auf den Normzweck des § 101b, effektiven Rechtsschutz zu gewährleisten, liegt hierin jedoch kein Verstoß i.S.d. Abs. 1 Nr. 1, der die Unwirksamkeit des Vertrages rechtfertigen könnte (so auch *Dreher*, in: Beck'scher Vergaberechtskommentar, § 101b Rn. 20; vgl. auch *Höß*, in: Heuvels/Höß/Kuß/Wagner, Gesamtkommentar, § 101b GWB Rn. 8 m.w.N., der von einer bloßen „Obliegenheitsverletzung" des Auftraggebers spricht).

16 Liegt kein sonstiger Verstoß gegen § 101a GWB vor, können die betroffenen Bewerber und Bieter in diesen Fällen während der Wartefrist des § 101a GWB, die ihnen auch dann voll zur Verfügung steht, effektiven Rechtsschutz erlangen. In diesen Fällen sind allenfalls Schadensersatzansprüche gegen den Auftraggeber denkbar (vgl. *Höß*, in: Heuvels/Höß/Kuß/Wagner, Gesamtkommentar, § 101b GWB Rn. 8).

II. De-facto-Vergabe (Abs. 1 Nr. 2)

1. Legaldefinition

17 Abs. 1 Nr. 2 enthält eine Legaldefinition der sog. **Direkt- oder De-facto-Vergabe**, die gesetzlich mit der Unwirksamkeit des hierauf geschlossenen Vertrages belegt wird, soweit dies in einem Nachprüfungsverfahren unter den Voraussetzungen des Abs. 2 geltend gemacht wird. Nach Abs. 1 Nr. 2 ist demnach ein Vertrag von Anfang an unwirksam, wenn der Auftraggeber einen öffentlichen Auftrag unmittelbar an ein Unternehmen erteilt, ohne andere Unternehmen am Vergabeverfahren zu beteiligen und ohne dass dies aufgrund Gesetzes gestattet ist (und dieser Verstoß in einem Nachprüfungsverfahren nach Abs. 2 festgestellt wird).

2. Die Bedeutung des § 13 VgV a.F.

18 Unter welchen Voraussetzungen die **Nichtigkeitsfolge des § 13 Satz 6 VgV a.F. auch auf De-facto-Vergaben** anzuwenden sind, gehörte früher zu den umstrittensten Problemkreisen im deutschen Vergaberecht. § 13 VgV a.F. nannte allein „Bieter" als Adressaten der Vorabinformation. Demnach konnten also nur „Bieter" beanspruchen, über das Ergebnis des Vergabeverfahrens eigens in einer Information unterrichtet zu werden. Bei einer Direkt- oder De-facto-Vergabe fehlte es aber gerade an einem förmlichen Verfahren, es fehlt an Angeboten und damit auch an „Bietern" im vergaberechtlichen Sinne (zum Begriff s. eingehend OLG Naumburg vom 3.9.2009, 1 Verg 4/09).

19 Vor diesem Hintergrund hat der BGH in gemeinschaftsrechtskonformer Auslegung der Vorschrift eine entsprechende Anwendung von § 13 VgV a.F. auf De-facto-Vergaben, bei denen vor Vertragsschluss kein förmliches Vergabeverfahren stattfindet, zwar grundsätzlich befürwortet (BGH vom 1.2.2005, X ZB 27/04; vgl. z.B. auch OLG Naumburg vom 15.3.2007, 1 Verg 14/06). Die analoge Anwendung blieb aber auf Fälle beschränkt, in denen ein Beschaffungsvorgang zu einer Beteiligung mehrerer Bieter und zu verschiedenen Angeboten und schließlich zu einer Auswahlentscheidung durch den Auftraggeber führt, also eine Art **wettbewerbliches Verfahren** stattgefunden hatte (s. zuletzt OLG Brandenburg vom 15.7.2010, Verg W 4/09). In einer solchen Konstellation sind mehrere außenstehende Dritte als Bieter aufgetreten, deren Angebote aber nicht berücksichtigt werden sollen, so dass es auch Gründe für ihre Nichtberücksichtigung gibt, die mitgeteilt werden können (vgl. § 101a Rn. 14; BGH vom 1.2.2005, X ZB 27/04).

20 Eine Informationspflicht nach § 13 VgV a.F. sollte dagegen dann nicht existieren, wenn der Auftraggeber nur mit einem Unternehmen Verhandlungen führt und diesem auch den Auftrag erteilte; die hierdurch entstehende eklatante Rechtsschutzlücke konnte allenfalls in Ausnahmefällen über § 138 BGB (Rn. 75) geschlossen werden. Um über den Ausgang eines Verfahrens informiert zu werden, musste ein Unternehmen der Vergabestelle – in welcher Form auch immer – demnach mitgeteilt haben, dass es sich für den Auftrag interessiert (vgl. OLG Düsseldorf vom 25.1.2005, Verg 93/04; vom 2.12.2009, VII-Verg 39/09). Ein bloß potenzielles Interesse eines Unternehmens an einer Auftragserteilung, das dem Auftraggeber gegenüber jedoch nicht hervorgetreten ist, sollte demgegenüber unbeachtlich sein (vgl. z.B. OLG Thüringen vom 28.1.2004, 6 Verg 11/03; OLG Hamburg vom

25.1.2007, 1 Verg 5/06). In der Begründung wurde darauf verwiesen, dass bei De-facto-Vergaben ansonsten die Möglichkeit bestünde, dass jeder beliebige Marktteilnehmer, der – womöglich erst nach geraumer Zeit – von der Vergabe eines zu seinem Leistungssortiment zählenden Auftrags zugunsten eines Dritten erfährt, ein Nachprüfungsverfahren einleiten könnte. Eine Eröffnung des Nachprüfungsverfahrens für den gesamten Markt widerspräche der subjektiven und bieterbezogenen Ausrichtung der Regeln über das Nachprüfungsverfahren, liefe aber auch dem Sinn und Zweck der Informationspflicht zuwider (vgl. OLG Dresden vom 14.2.2003, WVerg 0011/01).

Ausgehend von der Frage, ob einem Unternehmen ein „**Bieterstatus**" bzw. eine „**bieterähnliche Stellung**" einzuräumen war, musste die Rechtsprechung auch nach der zitierten Grundsatzentscheidung des BGH in zahlreichen Einzelfällen der Frage nachgehen, ob § 13 Satz 6 VgV a.F. in Fällen einer De-facto-Vergabe anzuwenden war (vgl. etwa OLG Naumburg vom 3.9.2009, 1 Verg 4/09 zur Bietereigenschaft eines Unternehmens bei fehlendem eigenen bzw. nicht fristgerecht eingereichtem Angebot; VK Brandenburg vom 17.6.2008, VK 13/08 zur Anzeige einer gewerblichen Altpapiersammlung als Interessenbekundung hinsichtlich einer dauernden Altpapierentsorgung; VK Münster vom 6.5.2008, VK 4/08 zu Mitgliedern einer Bietergemeinschaft und Nachunternehmern und einer Interessensbekundung für wesentliche Teilleistungen; VK Düsseldorf vom 12.3.2008, VK-03/2008-B: bei einer Wiederaufnahme der Bemühungen zur Veräußerung eines Grundstücks nach etlichen Jahren und grundlegend geänderter Nutzung; nach Aufhebung des förmlichen Vergabeverfahrens und anschließender freihändiger Vergabe z.B. OLG Düsseldorf vom 25.9.2008, VII-Verg 57/08; OLG Dresden vom 25.1.2008, WVerg 10/07 bei einer Interimsbeauftragung). Die hiermit verbundene erhebliche Rechtsunsicherheit sucht die Vorschrift des § 101b, die durch das Gesetz zur Modernisierung des Vergaberechts vom 20.4.2009 (BGBl. I S. 790) in das GWB eingefügt wurde, zu beseitigen. 21

3. Die Regelung in Abs. 1 Nr. 2

a) Allgemeines

Nach der Regelung in Abs. 1 Nr. 2 kommt es auf eine „bieterähnliche Stellung" oder ein durchgeführtes „wettbewerbliches Verfahren" zunächst nicht mehr an. Allein maßgeblich ist, ob ein objektiver Verstoß i.S.d. Abs. 1 Nr. 2 vorliegt (so auch VK Münster vom 18.3.2010, VK 2/10). Ein **Vertrag** zwischen einem öffentlichen Auftraggeber und einem Unternehmen kann demnach unter **zwei Voraussetzungen** von der Vergabekammer für **unwirksam** erklärt werden: Erstens muss der öffentliche Auftraggeber einen öffentlichen Auftrag „unmittelbar" an ein Unternehmen erteilt haben, und dies durfte zweitens nicht „aufgrund Gesetzes" gestattet sein. Ebenso wie bei einem Verstoß nach Abs. 1 Nr. 1 muss die auf eine Direktvergabe nach Abs. 1 Nr. 2 gestützte Unwirksamkeit des Vertrages nach Abs. 2 in einem Nachprüfungsverfahren vor der Vergabekammer festgestellt werden. Abs. 1 Nr. 2 hat damit die Antwort auf die bereits unter Geltung des § 13 VgV a.F. virulente Frage, welche Unternehmen sich auf die nachträgliche Ungültigkeit eines Vertrages berufen können, nicht überflüssig gemacht; sie muss jetzt im Rahmen der Antragsbefugnis eines Unternehmens nach § 107 Abs. 2 GWB und insbesondere dem Tatbestandsmerkmal „Interesse am Auftrag" gefunden werden (vgl. hierzu Rn. 38 ff. sowie § 107 Rn. 29 ff.). 22

b) „Unmittelbare" Auftragserteilung

Die „unmittelbare" oder „direkte" Auftragserteilung an ein Unternehmen bedeutet – so legt es der Wortlaut in Nr. 2 zunächst nahe –, dass neben dem von der Vergabestelle ausgewählten Auftragnehmer keine weiteren Unternehmen am Vergabeverfahren beteiligt worden sind. „**Vergabeverfahren**" meint in diesem Zusammenhang zunächst alle faktischen Beschaffungsvorgänge, die zur Vergabe eines öffentlichen Auftrags i.S.d. § 99 GWB führen, deren Wert oberhalb des jeweiligen Schwellenwertes liegt und die nicht unter einen gesetzlichen Ausnahmetatbestand (§ 100 Abs. 2, 3 bis 6 und 8 sowie §§ 100a bis 100c GWB) fällt. Tatbestandlich nicht erfasst werden damit von Abs. 1 Nr. 2 etwa Inhouse-Vergaben bzw. andere Handlungen des Auftraggebers, die zwar zu einer Beschaffung führen können, deren Wert über den Schwellenwerten liegt, die aber begrifflich keinen öffentlichen Auftrag darstellen, wie z.B. das Nichtausüben eines Kündigungsrechts (vgl. OLG Celle vom 4.5.2001, 13 Verg 5/00) oder der Gebrauch einer Option zur Laufzeitverlängerung des jeweili- 23

§ 101b GWB

gen Vertrages, für die der Wettbewerb bereits geöffnet wurde (zu vergaberechtlich erheblichen Änderungen des ursprünglichen Vertrages s. EuGH vom 19.6.2008, C-454/06; vgl. z.B. auch VK Baden-Württemberg vom 16.11.2004, 1 VK 69/04; zu einem Änderungsvertrag OLG Düsseldorf vom 6.2.2008, VII-Verg 37/07).

24 Namentlich die **wesentliche Änderung eines bestehenden Vertrages** (vgl. hierzu § 99 Rn. 20 ff.; OLG Brandenburg vom 15.7.2010, Verg W 4/09; *Greb/Stenzel*, NZBau 2012, 404 ff.) löst die Ausschreibungspflicht aus und kann daher eine unzulässige Direktvergabe i.S.d. Abs. 1 Nr. 2 darstellen, wenn gegen die Pflicht zur EU-weiten Bekanntmachung der als Vergabe eines neuen Auftrags gleichkommenden Anpassung des Vertrages verstoßen wird. Hierzu haben sich in der Rechtsprechung des EuGH verschiedene Fallgruppen herausgebildet, die sich teilweise überschneiden, jedoch jede für sich eine Ausschreibungspflicht begründen kann. Eine Änderung des bestehenden Vertrages ist erstens dann als **wesentlich** anzusehen, wenn sie das wirtschaftliche Gleichgewicht des Vertrages in einer im ursprünglichen Auftrag nicht vorgesehenen Weise zu Gunsten des Auftragnehmers ändert und die Abänderung bei wirtschaftlicher Betrachtung einer Neuvergabe gleichkommt (EuGH vom 19.6.2008, Rs. C-454/06, „pressetext").

25 Eine Änderung kann zweitens unter der Voraussetzung als **wesentlich** angesehen werden, dass sie Bedingungen einführt, welche die Zulassung anderer als der ursprünglich zum Vergabeverfahren zugelassenen Bieter oder die Annahme eines anderen als des ursprünglich angenommenen Angebots erlaubt hätten, falls sie Gegenstand des ursprünglichen Vergabeverfahrens gewesen wären (EuGH vom 13.4.2010, Rs. C-91/08). Auch die Erweiterung eines bestehenden Auftrags in großem Umfang kann eine wesentliche Vertragsänderung darstellen (EuGH vom 29.4.2010, Rs. C-160/08). In diesen Fällen ist jedoch stets zu prüfen, ob die Vertragsanpassung nicht durch eine der Ausnahmetatbestände in den Vergabe- und Vertragsordnungen „aufgrund Gesetzes" gerechtfertigt ist (s. dazu Rn. 31 ff.). Das kann z.B. der Fall sein bei zusätzlichen Lieferungen oder Leistungen des ursprünglichen Auftragnehmers i.S.d. § 3 EG Abs. 4 Buchst. e) VOL/A bzw. § 3 EG Abs. 4 Nr. 5 VOB/A. Die **Unwirksamkeitsfolge von Vertragsanpassungen** kann je nach Einzelfall lediglich die entsprechende Ergänzungsvereinbarung (vgl. BGH vom 8.2.2011, X ZB 4/10; OLG Düsseldorf vom 21.7.2010, VII-Verg 19/10; VK Köln vom 20.2.2004, VK VOL 40/2003) oder den gesamten Vertrag erfassen, wenn durch die Änderung der ursprüngliche Auftrag derart umgestaltet wird, dass die Änderung nicht isoliert rückgängig gemacht werden kann (dies befürwortend: *Wagner/Jürschik*, VergabeR 2012, 401, 406 m.w.N.). Das ist z.B. bei einem **Wechsel des Vertragspartners** der Fall (EuGH vom 19.6.2008, Rs. C-454/06). Auch die **einvernehmliche Rücknahme einer Kündigung** eines öffentlichen Auftrags kann eine unzulässige De-facto-Vergabe darstellen (vgl. OLG Naumburg vom 26.7.2012, 2 Verg 2/12).

26 Eine unzulässige Direktvergabe setzt des Weiteren die **„Nichtbeteiligung" anderer Unternehmen als das des Auftragnehmers** voraus. Diese liegt zunächst dann vor, wenn ausschließlich der spätere Vertragspartner der Vergabestelle von der anstehenden Auftragsvergabe wusste bzw. allein mit diesem über den Auftrag verhandelt und ein Vertrag geschlossen wurde. Die Vorschrift erfasst also zunächst Situationen, in denen der Auftraggeber andere Unternehmen nicht über die geplante Auftragsvergabe – auf welchem Wege auch immer – informiert hat und sie daher tatsächlich nicht in die Lage versetzt wurden, einen Teilnahmeantrag oder ein Angebot abzugeben bzw. überhaupt die Vergabeunterlagen anzufordern und ihr Interesse an dem fraglichen Auftrag zu bekunden und sie daher auch rein tatsächlich nicht bei der Auftragsvergabe berücksichtigt wurden. Ausgehend vom Wortlaut der Vorschrift könnte man annehmen, dass eine unzulässige Direktvergabe nur dann vorliegt, wenn **überhaupt keine anderen Unternehmen** als das des Auftragnehmers am Vergabeverfahren beteiligt wurden. Hat der Auftraggeber die Auftragsvergabe dem Wettbewerb – in welcher Form auch immer – unterstellt, könnte eine Unwirksamkeit des Vertrages dann allein über Abs. 1 Nr. 1 erreicht werden (hierauf weist auch *Dreher*, in: Beck'scher Vergaberechtskommentar, § 101b Rn. 23 hin).

27 Von einem ungültigen Vertrag wegen einer unzulässigen Direktvergabe des Auftrags allein in den Fällen auszugehen, in denen überhaupt kein Wettbewerb um den Auftrag stattgefunden hat, widerspricht jedoch den gemeinschaftsrechtlichen Vorgaben (so z.B. auch *Bulla/Schneider*, VergabeR 2011, 664, 670). Es war erklärtes Ziel der neu gefassten Rechtsmittelrichtlinie, gegen die rechtswidrige freihändige Vergabe von Aufträgen vorzugehen, die der EuGH als die schwerwiegendste Verletzung des Gemeinschaftsrechts im Bereich des öffentlichen Auftragswesens durch öffentliche Auftraggeber oder Auftragnehmer bezeichnet hat (vgl. Erwägungsgrund 13 der Richtlinie 2007/66/EG). Die Unwirksamkeit eines Vertrages sieht der Richtliniengeber dabei als das beste Mittel an, den Wettbewerb wiederherzustellen und neue Geschäftsmöglichkeiten für die Wirtschaftsteilnehmer zu schaffen, in denen rechtswidrig Wettbewerbsmöglichkeiten vorenthalten wurden. Nach Auffassung des Richtliniengebers soll daher eine freihändige Vergabe i.S.d. Richtlinie 2007/66/EG alle Auftragsvergaben ohne vorherige Veröffentlichung einer Bekanntmachung im Amtsblatt der Europäischen Union umfassen (Erwägungsgrund 14 der Richtlinie 2007/66/EG). Nach Art. 2d Abs. 1 Buchst. a) der geänderten Rechtsmittelrichtlinie haben die Mitgliedstaaten demnach dafür Sorge zu tragen, dass ein Vertrag unwirksam ist, falls der öffentliche Auftraggeber einen Auftrag ohne vorherige Veröffentlichung einer Bekanntmachung im Amtsblatt der Europäischen Union vergeben hat, ohne dass dies nach der Richtlinie 2004/18/EG zulässig ist (hierauf weisen auch *Bulla/Schneider*, VergabeR 2011, 664, 670 hin; OLG Düsseldorf vom 21.7.2010, VII-Verg 19/10). Vor diesem Hintergrund reicht es gerade nicht aus, dass der Auftraggeber mehrere Unternehmen irgendwie am Vergabeverfahren beteiligt hat. Eine Nichtbeteiligung anderer Unternehmen liegt bei richtlinienkonformer Auslegung des Abs. 1 Nr. 2 bereits dann vor, wenn der Vergabe eines den §§ 97 ff. GWB unterfallenden öffentlichen Auftrags **keine EU-weite Bekanntmachung und** entgegen § 101 GWB **kein wettbewerbliches Verfahren** (OLG Dresden vom 12.10.2010, WVerg 9/10) vorangegangen ist und dies nicht aufgrund Gesetzes gestattet ist (vgl. *Höß*, in: Heuvels/Höß/Kuß/Wagner, Gesamtkommentar, § 101b GWB Rn. 11; OLG Dresden vom 12.10.2010, WVerg 0009/10; OLG Düsseldorf vom 28.3.2012, Verg 37/11; OLG Düsseldorf vom 11.1.2012, VII-Verg 67/11; OLG Düsseldorf vom 3.8.2011, VII-Verg 33/11; OLG Düsseldorf vom 21.7.2010, VII-Verg 19/10; a.A. OLG München vom 31.1.2013, Verg 31/12 [ohne nähere Begründung]; VK Bund vom 23.2.2011, VK 1-12/11; VK Bund vom 1.12.2009, VK-3 205/09).

Eine rechtswidrige freihändige Vergabe i.S.d. Rechtsmittelrichtlinie liegt demnach auch dann vor, wenn Wirtschaftsteilnehmern dadurch rechtswidrig Wettbewerbsmöglichkeiten vorenthalten werden, wenn der Auftraggeber einen öffentlichen **Auftrag lediglich national, trotz vorliegender Voraussetzungen aber nicht EU-weit ausgeschrieben** hat. Auch dann liegt eine **unzulässige „Nichtbeteiligung" anderer Unternehmen** i.S.d. Vorschrift vor (VK Niedersachsen vom 1.2.2011, VgK-75/2010; i.E. auch VK Baden-Württemberg vom 21.10.2009, 1 VK 51/09); anders ist eine Konstellation zu beurteilen, in der es dem Auftraggeber gerade gestattet war, den Auftrag im nationalen Vergabeverfahren zu vergeben (VK Bund vom 1.12.2009, VK 3-205/09).

Aus welchen **subjektiven Beweggründen** der Auftraggeber eine EU-weite Bekanntmachung unterlassen hat, spielt keine Rolle. Allein entscheidend ist, ob der Anwendungsbereich des GWB-Vergaberechts nach den §§ 98, 99 und 100 GWB eröffnet ist (*Dreher*, in: Beck'scher Vergaberechtskommentar, § 101b Rn. 22). Unterbleibt die Bekanntmachung einer Ausschreibung im EU-Amtsblatt vergaberechtswidrig und konnte ein Unternehmen sich deshalb nicht bewerben und ein Angebot abgeben, kann es sich auf eine Verletzung des Abs. 1 Nr. 2 berufen (Rn. 39).

Sonstige Vergaberechtsverstöße, die nicht in der rechtswidrig unterlassenen EU-weiten Bekanntmachung der Auftragsvergabe liegen, führen dagegen nicht zur Unwirksamkeit des Vertrages nach Abs. 1 Nr. 2, mögen sie auch den Kreis der potenziellen Auftragnehmer rechtswidrig begrenzen (z.B. die unzulässige Nichtberücksichtigung eines Angebots). Ein Verstoß gegen Abs. 1 Nr. 2 scheidet dann aus, wenn der Auftraggeber die Vergabe dem europaweiten Wettbewerb durch die Veröffentlichung einer EU-weiten Bekanntmachung bzw. durch ein gebotenes wettbewerbliches Verfahren unterstellt hat. Für Abs. 1 Nr. 2 ist es also unerheblich, ob sich rein tatsächlich nur ein Unternehmen am Vergabeverfahren beteiligt und den Zuschlag erhalten hat, nachdem der Auftraggeber die Unternehmen über die anstehende Auftragsvergabe in Form einer EU-weiten Bekanntmachung informiert hat.

c) Direktvergabe nicht „aufgrund Gesetzes" gestattet

31 Die Unwirksamkeit des Vertrages nach Abs. 1 Nr. 2 setzt schließlich voraus, dass die „unmittelbare" Auftragserteilung an ein Unternehmen, ohne andere Unternehmen am Vergabeverfahren zu beteiligen, nicht „aufgrund Gesetzes" gestattet war. Eine unzulässige Direktvergabe i.S.d. Abs. 1 Nr. 2 liegt damit dann nicht vor, wenn die jeweils einschlägigen **Ausnahmebestimmungen** in § 6 Abs. 2 SektVO und § 12 VSVgV bzw. in den über § 127 Nr. 1 GWB i.V.m. §§ 4 bis 6 VgV zu beachtenden **Vergabe- und Vertragsordnungen** Verhandlungsverfahren ohne vorherige EU-weite Bekanntmachung (§ 3 Abs. 5 VOB/A, § 3 EG Abs. 4 VOL/A, § 3 Abs. 4 VOF) bzw. sogar das Verhandeln mit nur einem einzigen Unternehmen zulassen. So ist es z.B. nach § 3 EG Abs. 4 Buchst. c) VOL/A bzw. § 3 EG Abs. 5 Nr. 4 VOB/A und § 3 Abs. 4 Buchst. a) VOF zulässig, ein Verhandlungsverfahren ohne öffentliche Vergabebekanntmachung durchzuführen, wenn der Auftrag aus technischen oder künstlerischen Gründen oder aufgrund des Schutzes von Ausschließlichkeitsrechten nur von einem bestimmten Unternehmen ausgeführt werden kann (vgl. hierzu zuletzt VK Bund vom 24.7.2013, VK 3-62/139).

32 Um die Unwirksamkeitsfolge des Abs. 1 Nr. 2 zu vermeiden, muss die Vergabestelle jedoch **für jeden Einzelfall genau prüfen**, ob sie auf die Ausnahmebestimmungen zurückgreifen darf bzw. tatsächlich sogar nur mit einem einzigen Unternehmen ohne vorherige Veröffentlichung einer Bekanntmachung verhandeln darf. Eine De-facto-Vergabe i.S.d. Abs. 1 Nr. 2 liegt zunächst dann vor, wenn das Unterlassen einer EU-weiten Bekanntmachung durch keine der Tatbestände des § 6 Abs. 2 SektVO, § 12 VSVgV und § 3 Abs. 5 VOB/A, § 3 EG Abs. 4 VOL/A, § 3 Abs. 4 VOF gedeckt ist. Selbst wenn ein Ausnahmetatbestand gegeben ist, ist zu beachten, dass keinesfalls sämtliche Ausnahmebestimmungen in den Vergabe- und Vertragsordnungen, die zur Zulässigkeit des Verhandlungsverfahrens ohne Bekanntmachung führen, den öffentlichen Auftraggeber davon befreien, mit mehreren Unternehmen über den Auftrag zu verhandeln. Er muss vielmehr Angebote im Wettbewerb einholen, also zumindest **mit mehreren Bietern verhandeln**, soweit dies im Verfahren zumutbar ist (OLG Düsseldorf vom 5.7.2006, Verg 21/06). Nur wenn es an einer hinreichenden Anzahl geeigneter Bewerber mangelt, weil sich nur zwei oder sogar nur ein Bewerber um die Teilnahme am Verhandlungsverfahren beworben haben oder in der Lage waren, ihre Eignung nachzuweisen, kann die Verhandlung mit **weniger als drei Bewerbern** ein ordnungsgemäßes Verfahren darstellen (OLG Düsseldorf vom 1.10.2009, Verg 31/09). Es ist also grundsätzlich nicht zulässig, ein Verhandlungsverfahren ohne vorherige Bekanntmachung nur mit **einem** möglichen Vertragspartner durchzuführen. Zwar nennt etwa § 6 EG Abs. 2 Nr. 3 VOB/A keine konkrete Zahl der bei einem Verhandlungsverfahren ohne öffentliche Vergabebekanntmachung zur Teilnahme aufzufordernden Unternehmen. Hieraus kann jedoch nicht geschlossen werden, dass der Auftraggeber frei bestimmen könnte, ob und wie viele Unternehmen er zu Vertragsverhandlungen auffordert. Maßstab ist auch hier der Grundsatz des Wettbewerbs, dessen Bedeutung z.B. auch in der Generalklausel des § 2 EG Abs. 1 Nr. 2 VOB/A hervorgehoben wird. Im Umkehrschluss bedeutet dies, dass auch im Verhandlungsverfahren ohne Vergabebekanntmachung grundsätzlich mehrere Unternehmen zu beteiligen sind. Wird diesem Prinzip nicht entsprochen, kann ein solches Verhalten nicht mehr dem Begriff eines Verhandlungsverfahrens zugeordnet werden (vgl. VK Sachsen-Anhalt vom 12.7.2007, 1 VK LVwA 13/07).

33 Das **ausschließliche Verhandeln mit einem einzigen Unternehmen** ist „aufgrund Gesetzes" i.S.d. Abs. 1 Nr. 2 im Bereich der VOB/A überhaupt nur in den Fällen von **§ 3 EG Abs. 5 Nr. 3, 5 und 6 VOB/A** zulässig; für die Vergabe von Liefer- und Dienstleistungen erlaubt **§ 3 EG Abs. 4 Buchst. d), e), f) und g) VOL/A** und für die Vergabe von freiberuflichen Leistungen **§ 3 Abs. 4 Buchst. a), d) und e) VOF** – ebenso wie **§ 6 Abs. 2 Nr. 3, 5, 6, 7, 10 bis 12 SektVO** bzw. **§ 12 Abs. 1 Nr. 2 und 3 VSVgV** – ausdrücklich das alleinige Verhandeln mit nur einem Unternehmen. Als Ausnahmetatbestände sind die genannten Vorschriften indes eng auszulegen.

34 Der Beweis dafür, dass die jeweils erforderlichen, außergewöhnlichen Umstände vorliegen, ist in der Regel vom Auftraggeber zu erbringen. Er kommt dieser **Beweislast** nicht bereits dadurch nach, indem er beweist, dass ein bestimmter Anbieter den Auftrag am besten ausführen kann; die Vergabestelle muss vielmehr beweisen, dass alleine dieser Anbieter für die Ausführung des Auftrags in Betracht kommt (vgl. EuGH vom 2.6.2005, Rs. C-394/02; VK Brandenburg vom 22.5.2008, VK 11/08; VK Bund vom 20.5.2003, VK 1-35/03). Der Auftraggeber ist z.B. hinsichtlich § 3 EG Abs. 5 Nr. 3 VOB/A gehalten, mittels einer sorgfältigen Markterforschung vorab festzustellen, dass ausschließlich nur ein Unternehmen zur Auftragsdurchführung in der Lage ist. Hierfür muss er sich eine Übersicht über den europaweiten Markt verschaffen. Die **Markterforschung** muss zu dem Ergebnis kommen, dass ein Unternehmen gleichsam Monopolist für die Erbringung der nachgefragten Leistung ist (vgl. zuletzt z.B. VK Bund vom 24.7.2013, VK 3-62/13 zu § 3 EG Abs. 4 Buchst. c) VOL/A). Nicht ausreichend ist, wenn der Auftraggeber lediglich subjektiv zu der Auffassung gelangt, dass nur ein bestimmtes Unternehmen die wirtschaftlichste Leistungserbringung erwarten lässt (VK Hessen vom 27.4.2007, 69d-VK-11/2007; VK Brandenburg vom 22.5.2008, VK 11/08). Strenge Anforderungen gelten z.B. auch, wenn der Auftrag wegen „besonderer Dringlichkeit" im Verhandlungsverfahren ohne vorherige öffentliche Bekanntmachung vergeben werden soll (vgl. hierzu § 101a Rn. 81 ff. sowie allgemein oben Rn. 32). Sind die Gründe für einen der genannten Ausnahmetatbestände nicht ausreichend dokumentiert, kann dieser **Dokumentationsmangel** die Bestimmung des Abs. 1 Nr. 2 verwirklichen und zur Unwirksamkeit des Vertrages führen (OLG Karlsruhe vom 21.7.2010, 15 Verg 6/10).

C. Feststellung der Unwirksamkeit des Vertrages (Abs. 1 a.E.)

I. Nachprüfungsverfahren

Neben einem Verstoß gegen Abs. 1 Nr. 1 oder 2 bestimmt Abs. 1 a.E. als weitere Voraussetzung für die Unwirksamkeit eines Vertrages „von Anfang an", dass der jeweilige Verstoß in einem Nachprüfungsverfahren „festgestellt" worden ist. Für dieses Nachprüfungsverfahren gelten die besonderen Regeln des Abs. 2. Die Unwirksamkeit des Vertrages infolge eines Verstoßes i.S.d. Abs. 1 kann daher nur im Wege eines **Nachprüfungsverfahrens nach §§ 102 ff. GWB** geltend gemacht werden (VK Südbayern vom 14.7.2010, Z 3-3-3194-1-29-05/10; vgl. OLG Naumburg vom 26.7.2012, 2 Verg 2/12). Die Unwirksamkeit eines Vertrages kann auch dann zum Gegenstand eines neuen Nachprüfungsverfahrens gemacht werden, wenn ein Beschluss der Vergabekammer bereits bestandskräftig geworden ist, der den Auftraggeber für den Fall fortbestehender Beschaffungsabsicht zur Neuausschreibung verpflichtet (OLG Naumburg vom 26.7.2012, 2 Verg 2/12). 35

Ist in einem Nachprüfungsverfahren kein Vergabeverstoß i.S.d. Abs. 1 festgestellt worden, kein entsprechendes Nachprüfungsverfahren mehr anhängig und sind die Fristen des Abs. 2 (Rn. 49 ff.) abgelaufen, wird der **bis dahin schwebend wirksame** Vertrag (Rn. 71) **endgültig wirksam**. Schon vorher hat der Vertrag jedoch seine Wirkung vollumfänglich entfaltet, ein Leistungsverweigerungsrecht eines Vertragspartners während des Schwebezustandes besteht nicht, so dass ggf. auch der auf einen evtl. Verzögerungsschaden gerichtete Ersatzanspruch nach allgemeinem Zivilrecht geltend gemacht werden kann, sollte ein Vertragspartner während des Schwebezustands seinen vertraglichen Verpflichtungen nicht nachkommen. 36

Nach wie vor ist jedoch die **Nichtigkeit des Vertrages**, wie z.B. bei einer nach § 138 BGB sittenwidrigen Auftragsvergabe (Rn. 75), möglich (vgl. Stellungnahme des Bundesrates, BT-Drucks. 16/10117, Anlage 3, S. 32 bzw. BReg, Gegenäußerung, BT-Drucks. 16/10117, Anlage 4, S. 41). 37

II. Zulässigkeitsvoraussetzungen

Für das Nachprüfungsverfahren, das auf die Feststellung der Unwirksamkeit eines Vertrags gerichtet ist, gelten – unabhängig von den weiteren Erfordernissen in Abs. 2 – zunächst die in den §§ 107 ff. GWB geregelten **allgemeinen Zulässigkeitsvoraussetzungen**. Die Feststellung des Verstoßes in einem Nachprüfungsverfahren setzt zudem ein **schutzwürdiges Feststellungsinteresse** des Antragstellers voraus (vgl. OLG Düsseldorf vom 18.4.2012, VII-Verg 93/11). Der Antragsteller muss insbesondere **antragsbefugt** i.S.v. § 107 Abs. 2 Satz 1 GWB sein und den **Rügeerfordernissen** 38

(§ 107 Abs. 3 GWB) entsprochen haben (VK Niedersachsen vom 1.2.2011, VgK 75-2010; VK Schleswig-Holstein vom 26.5.2010, VK-SH 01/10).

1. Antragsbefugnis nach § 107 Abs. 2 Satz 1 GWB

a) Geschützter Personenkreis

39 Die bei Anwendung der Regelung des § 13 VgV a.F. früher höchst umstrittene Frage, ob die Nichtigkeitsfolge des § 13 Satz 6 VgV a.F. **absolut oder nur für einen bestimmten Personenkreis** gelte („Bieter"; vgl. hierzu OLG Naumburg vom 3.9.2009, 1 Verg 4/09), löst § 101b gewissermaßen indirekt. Hinsichtlich eines Verstoßes gegen Abs. 1 Nr. 1 legt die Vorschrift selbst nicht fest, wer in den **Schutzbereich** der Informations- und Wartepflicht des § 101a GWB fällt. Ebenso wie bei Abs. 1 Nr. 2 zählt für die Unwirksamkeit des Vertrages insoweit allein der objektive Verstoß gegen die (Informations-, Warte- bzw.) Bekanntmachungspflicht. An sich würde das bedeuten, dass sich auch außenstehende Dritte darauf berufen können, dass der Auftraggeber die Information betroffener Bewerber und Bieter nach § 101a GWB unterlassen hat und so die Unwirksamkeit eines Vertrages geltend machen. Das gilt auch im Falle einer unzulässigen Direktvergabe nach Abs. 1 Nr. 2. Dadurch, dass ein Verstoß gegen Abs. 1 Nr. 1 oder 2 in einem Nachprüfungsverfahren geltend gemacht werden muss, wird der Personenkreis, der sich auf die Unwirksamkeit des Vertrages berufen kann, indessen stark eingegrenzt. Wie die Gesetzesbegründung klarstellt (vgl. Begr. RegE, BT-Drucks. 16/10117, S. 21), bedeutet dies letztlich, dass die Unwirksamkeit des Vertrages durch Einleitung eines Nachprüfungsverfahrens nur durch ein **antragsbefugtes** Unternehmen vor der Vergabekammer geltend gemacht werden kann (vgl. OLG Naumburg vom 26.7.2012, 2 Verg 2/12; OLG Naumburg vom 3.9.2009, 1 Verg 4/09; VK Münster vom 18.3.2010, VK 2/10). Das setzt eine **materielle Beschwer** des Antragstellers voraus (OLG Brandenburg vom 15.7.2010, Verg W 4/09). Diese kann schon in der Rechtsunsicherheit bestehen, dass ein Vertrag mit der Unwirksamkeitsfolge des Abs. 1 Nr. 2 behaftet sein könnte, so dass darin eine für die Antragsbefugnis ausreichende Beschwer für das an einer unzulässigen De-facto-Vergabe beteiligte Unternehmen liegen kann (VK Bund vom 10.6.2011, VK-3 59/11; vgl. auch OLG Naumburg vom 26.7.2012, 2 Verg 2/12). Weder der öffentliche Auftraggeber selbst noch der Bieter, der den Zuschlag erhalten hat, können sich jedoch auf die Unwirksamkeitsfolge berufen.

40 Die **Antragsbefugnis** richtet sich nach **§ 107 Abs. 2 Satz 1 GWB**. Danach ist jedes Unternehmen antragsbefugt, das ein Interesse an dem Auftrag nachweisen kann und durch die Nichtbeachtung der Vergabevorschriften eine Rechtsverletzung sowie einen (drohenden) Schaden erlitten hat. Das **Interesse am Auftrag** muss allgemein dadurch nachgewiesen werden, dass ein Unternehmen ein Angebot abgegeben oder zumindest sein Interesse an dem ausgeschriebenen Auftrag bekundet hat.

b) Verstoß i.S.d. Abs. 1 Nr. 1

41 Bei Verletzung der Informations- und Wartepflicht nach § 101a GWB als einem **Verstoß i.S.d. Abs. 1 Nr. 1** dürfte dies rein tatsächlich zunächst weniger ein Problem darstellen, als der nichtberücksichtigte Bewerber oder Bieter in der Regel ein Angebot abgegeben oder sonst wie sein Interesse an dem ausgeschriebenen Auftrag bekundet haben wird. Gemäß § 107 Abs. 2 Satz 2 GWB ist jedoch auch der **entstandene oder drohende Schaden** darzulegen. Als Schaden in diesem Sinne ist allgemein die Verschlechterung der Zuschlagsaussichten durch den beanstandeten Vergaberechtsverstoß anzusehen (BGH vom 10.11.2009, X ZB 8/09). Es ist jedoch zu berücksichtigen, dass die Vorgaben des § 101a GWB lediglich das Ziel verfolgen, den Einstieg in den Primärrechtsschutz im Wege eines Nachprüfungsverfahrens zu ermöglichen (zuletzt VK Bund vom 30.7.2013, VK-3 61/13). Ein Verstoß gegen die Informations- und Wartepflicht allein ist demnach nicht geeignet, einen Schaden i.S.d. § 107 Abs. 2 Satz 2 GWB zu begründen, die Zuschlagschancen oder sonstigen Erfolgsaussichten der Bieter zu verbessern (vgl. z.B. VK Schleswig-Holstein vom 11.2.2010, VK SH-29/09 sowie die Nachweise bei *Bulla/Schneider*, VergabeR 2011, 664, 669 Fn. 32 f.). War ein Bieter trotz der unzureichenden Information also nicht gehindert, einen Nachprüfungsantrag zu stellen, der nach Zustellung das gesetzliche Zuschlagsverbot nach § 115 Abs. 1 GWB auslöst, ist der

Primärrechtsschutz eröffnet und damit das Ziel des § 101a GWB erreicht. Deshalb kommt einem Bieter, der ein Nachprüfungsverfahren eingeleitet hat, kein schützenswertes Interesse im Hinblick auf die Einhaltung der Vorschrift des § 101a GWB mehr zu (§ 101a Rn. 90; z.B. VK Brandenburg vom 12.11.2008, VK 35/08). Ein über die Verletzung des § 101a GWB nicht hinausgehender Verstoß ist damit letztlich ohne Belang. Es bedarf einer **Rechtsverletzung** des Antragstellers durch die Nichtbeachtung von anderen Bestimmungen des Vergaberechts (OLG München vom 12.5.2011, Verg 26/10). Ein Antragsteller kann den potenziellen Schaden jedoch zunächst allein auf die (zuvor gerügte) unzureichende Information stützen, wenn es möglich erscheint, dass sich ein Vergaberechtsverstoß erst aus den fehlenden Informationsbestandteilen ergibt (OLG Naumburg vom 27.5.2010, 1 Verg 1/10). Werden die fehlenden Inhalte erst während des Nachprüfungsverfahrens nachgereicht und geht aus ihnen kein möglicher Vergaberechtsverstoß hervor, hat sich das Nachprüfungsverfahren erledigt (zu den Kostenfolgen in diesen Fällen s. *Dreher*, in: Beck'scher Vergaberechtskommentar, § 101b Rn. 28).

c) Verstoß i.S.d. Abs. 1 Nr. 2

Schwieriger ist die Antragsbefugnis bei einem **Verstoß i.S.d. Abs. 1 Nr. 2** zu beurteilen, da ein Bieter bei einer unzulässigen Direktvergabe in der Regel weder überhaupt von dem konkreten Beschaffungsbedarf noch von den wettbewerblichen Rahmenbedingungen wusste und daher kein Angebot abgeben noch sein Interesse am Auftrag in anderer Weise bekunden kann. In Fallgestaltungen, in denen dem Antragsteller die Vergabeabsicht des Auftraggebers nicht bekannt war und er sich am Vergabeverfahren von vornherein nicht beteiligen konnte, muss er jedoch eine formale Bieter- oder Bewerbereigenschaft gerade nicht innehaben, um antragsbefugt zu sein (vgl. EuGH vom 11.1.2005, Rs. C-26/03 Rn. 40). Im Übrigen ist in der Rechtsprechung anerkannt, dass ein Nichtbieter gleichwohl sein Interesse am Auftrag hinreichend bekundet hat, wenn er berechtigt geltend machen kann, an der Abgabe eines aussichtsreichen Angebots durch die – von ihm als vergaberechtswidrig angesehenen – Bedingungen des Vergabeverfahrens gehindert worden zu sein (OLG Düsseldorf vom 29.9.2008, VII-Verg 35/08; OLG München vom 2.8.2007, Verg 7/07; OLG Thüringen vom 6.6.2007, 9 Verg 3/07). Im Fall einer De-facto-Vergabe kann ein Unternehmen in der Regel nachvollziehbar darlegen, an der Abgabe eines Angebots nachvollziehbar gehindert worden zu sein, weil der Beschaffungsbedarf des Auftraggebers sowie z.B. die Zuschlagskriterien, die Unterkriterien sowie deren jeweilige Gewichtung nicht transparent waren (OLG Naumburg vom 3.9.2009, 1 Verg 4/09). Für die Darlegung eines **Interesses am Auftrag** i.S.d. § 107 Abs. 2 GWB bei einer rechtswidrigen Direktvergabe dürfte damit ausreichend sein, wenn ein Unternehmen darlegt bzw. glaubhaft macht, zur Erbringung des fraglichen Auftrags willens und in der Lage, also geeignet zu sein (vgl. zuletzt VK Bund vom 24.7.2013, VK 3-62/13; OLG Jena vom 19.10.2010, 9 Verg 5/10; VK Schleswig-Holstein vom 2.12.2009, VK-SH 21/09). Den tatsächlichen Nachweis der Eignung kann ein Unternehmen in einer solchen Situation – ohne ordnungsgemäßes Vergabeverfahren – jedoch nicht erbringen und das kann auch von der Vergabekammer nicht beurteilt werden; andernfalls würde ein Unternehmen in diesen Fällen gleichsam mit einer präventiven Vertragssperre belegt (VK Bund vom 2.12.2009, VK 1-2/2/09; vgl. auch OLG Naumburg vom 26.7.2012, 2 Verg 2/12).

Der potenzielle **Schaden** i.S.d. § 107 Abs. 2 Satz 2 GWB liegt in den Fällen des Abs. 1 Nr. 2 darin, dass der Antragsteller in vergaberechtswidriger Weise nicht am Vergabeverfahren beteiligt wurde und hierdurch seine Zuschlagschancen nicht nur verschlechtert, sondern vollständig vereitelt werden (vgl. OLG Naumburg vom 26.7.2012, 2 Verg 2/12).

2. Rügeobliegenheit nach § 107 Abs. 3 GWB

Im Übrigen ist fraglich, ob betroffene Bieter vor der Einreichung eines Nachprüfungsantrags zur Geltendmachung der Unwirksamkeit nach Abs. 1 eine **Rüge nach § 107 Abs. 3 GWB** erheben müssen. Bei einem **Verstoß gegen § 101a GWB** i.S.d. Abs. 1 Nr. 1 ist eine Rüge nach § 107 Abs. 3 GWB jedenfalls dann denkbar, wenn der betroffene Bieter an einem Vergabeverfahren beteiligt war, jedoch keine oder nur eine unvollständige oder unrichtige Bieterinformation erhalten hat und von diesem Umstand noch vor Vertragsschluss Kenntnis erlangt. In einem solchen Fall ist er gemäß § 107

Abs. 3 GWB verpflichtet, den fraglichen Verstoß gegen § 101a GWB unverzüglich gegenüber dem Auftraggeber zu beanstanden (vgl. z.B. OLG München vom 31.1.2013, Verg 31/12). Bei drohender Zuschlagserteilung kann die Rüge auch zusammen mit dem Nachprüfungsantrag erhoben werden (§ 107 Rn. 174, 180).

45 Ist ein Bieter in der Lage, die gänzlich unterlassene oder (erkannte) fehlerhafte Information nach § 101a GWB zu rügen bzw. in einem Nachprüfungsverfahren noch **vor Vertragsschluss** zu beanstanden, ist er durch die Einleitung des Nachprüfungsverfahrens und das hierdurch ausgelöste Zuschlagsverbot ausreichend geschützt; unter Rechtsschutzgesichtspunkten besteht daher kein Anlass, ihn mit der Unwirksamkeit des Vertrages zusätzlich abzusichern (Rn. 11 ff. sowie § 101a Rn. 89 f.). Die Ausschlussfristen des § 107 Abs. 3 GWB und des § 101b Abs. 2 stehen in diesen Fällen nebeneinander und gelten parallel (§ 107 Rn. 174; *Dreher*, in: Beck'scher Vergaberechtskommentar, § 101b Rn. 34; OLG Rostock vom 20.10.2010, 17 Verg 5/10). Eine Rügeobliegenheit kommt jedoch von vornherein nur dann in Betracht, wenn die Vorabinformation als solche erkennbar ist (OLG Düsseldorf vom 1.10.2009, VII-Verg 31/09; hierzu und zum Erfordernis einer erneuten Rüge wegen eines aus der ergänzten Information erkannten Verstoßes vgl. OLG Frankfurt vom 8.12.2009, 11 Verg 6/09).

46 Erfährt ein Bieter von der gänzlich unterlassenen bzw. fehlerhaften Information erst **nach Vertragsschluss**, greift die Rügeobliegenheit des § 107 Abs. 3 GWB dagegen nicht, da der Sinn und Zweck einer Rüge, dem Auftraggeber die Möglichkeit zu geben, sein Verhalten selbst zu korrigieren, dann nicht mehr erreicht werden kann. Ist ein Vertrag entgegen § 101a GWB geschlossen worden, ohne dass die betroffenen Bieter informiert wurden, kann der Auftraggeber diesen nicht mehr von sich aus für unwirksam erklären und wird regelmäßig auch selbst an dem Vertrag festhalten wollen. Die Rügeobliegenheit greift damit insbesondere nicht in den Fällen ein, in denen der Auftraggeber gegen die Wartepflicht des § 101a GWB verstoßen und den Zuschlag zu früh erteilt hat. Eine Rügeobliegenheit besteht dann nicht (so auch *Dreher*, in: Beck'scher Vergaberechtskommentar, § 101b Rn. 36 ff.).

47 Das Gleiche gilt bei einem **Verstoß nach Abs. 1 Nr. 2** im Falle einer unzulässigen Direktvergabe, für den die Vorschrift selbst voraussetzt, dass der Auftrag bereits erteilt, der Vertrag also geschlossen ist. Auch dann erschöpft sich die Erfüllung der Rügeobliegenheit letztlich in einer bloßen Förmelei, die den Auftraggeber ohnehin nicht zur Selbstkorrektur veranlassen kann (vgl. § 107 Rn. 170). Aus diesem Grund stellt § 107 Abs. 3 Satz 2 GWB klar, dass die Rügeobliegenheit nicht bei einem Antrag auf Feststellung der Unwirksamkeit des Vertrages nach Abs. 1 Nr. 2 gilt.

III. Begründetheit des Nachprüfungsantrags

48 Für eine Feststellung des Verstoßes und der Unwirksamkeit des Vertrages durch die Vergabekammer muss der Nachprüfungsantrag schließlich begründet sein (OLG Brandenburg vom 14.9.2010, WVerg 8/10). Ein Feststellungsantrag eines Bieters kann nur dann begründet sein, wenn sich der Verstoß auch zu seinen Lasten ausgewirkt hat, er also **kausal** in seinen Rechten verletzt wird oder dies zumindest nicht auszuschließen ist. Das Nachprüfungsverfahren dient auch in den durch § 101b angesprochenen Fallkonstellationen nicht einer allgemeinen Rechtmäßigkeitskontrolle, sondern dem Individualrechtsschutz des einzelnen Bieters. Hat sich der Vergaberechtsverstoß nicht kausal für den Bieter ausgewirkt, ist also sein Angebot auch bei ordnungsgemäßem Ablauf des Vergabeverfahrens aus anderen Gründen zu Recht nicht berücksichtigt worden, ist er im Endergebnis in seiner Rechtsposition nicht beeinträchtigt, er hat weder einen Anspruch auf eine Wiederholung oder Neudurchführung des Ausschreibungsverfahrens noch auf eine Feststellung nach Abs. 2 (OLG München vom 31.1.2013, Verg 31/12). Allein ein Verstoß gegen § 101a GWB i.S.d. Abs. 1 kann dabei nicht zum Erfolg des Nachprüfungsantrags und damit zur Feststellung der Unwirksamkeit des Vertrages führen (§ 101a Rn. 91). Für die Begründetheit des Nachprüfungsantrags bedarf es eines über den Verstoß gegen § 101a GWB hinausgehenden, weiteren Verstoßes (vgl. OLG Karlsruhe vom 16.6.2010, 15 Verg 4/109).

IV. Fristen zur Geltendmachung der Unwirksamkeit (Abs. 2)

1. Ausschlussfristen

Abs. 2 Satz 1 sieht eine Fristbindung zur Geltendmachung der Unwirksamkeit des Vertrages vor. Danach kann die Unwirksamkeit des Vertrages nach Abs. 1 nur festgestellt werden, wenn ein Verstoß gegen Abs. 1 Nr. 1 oder 2 im Nachprüfungsverfahren innerhalb von 30 Kalendertagen ab Kenntnis des Verstoßes (relative Ausschlussfrist), jedoch nicht später als sechs Monate nach Vertragsschluss (absolute Ausschlussfrist), geltend gemacht worden ist.

49

Hat der Auftraggeber die Auftragsvergabe im Amtsblatt der Europäischen Union bekannt gemacht, endet die Frist (absolute Ausschlussfrist) zur Geltendmachung eines Verstoßes gegen Abs. 1 Nr. 1 und 2 mit der Folge der Unwirksamkeit des Vertrages nach **Abs. 2 Satz 2** 30 Kalendertage nach Veröffentlichung der Bekanntmachung der Auftragsvergabe im Amtsblatt der Europäischen Union.

50

Bei den Fristen des Abs. 2 handelt es sich um formelle **Ausschlussfristen**, deren Ablauf ohne Hemmung, Unterbrechung oder Wiedereinsetzungsmöglichkeit im Interesse der Rechtssicherheit zum Rechtsverlust des betroffenen Unternehmens führt (vgl. OLG Brandenburg vom 22.12.2011, Verg W 14/11; OLG München vom 10.3.2011, Verg 1/11; VK Sachsen vom 8.4.2011, 1/SVK/002-11). Mit der Befristung beseitigt Abs. 2 einen wesentlichen Kritikpunkt an der früheren Regelung in § 13 VgV a.F., da dort keinerlei Heilung der nach § 13 Satz 6 VgV a.F. angeordneten Nichtigkeit des Vertrages möglich war. Die Unwirksamkeitsfolge des Abs. 1 kann demnach nicht mehr eintreten, wenn bis zum Ablauf der Fristen in Abs. 2 der Verstoß gegen Abs. 1 Nr. 1 oder 2 nicht geltend gemacht worden ist. Gerade bei Anpassungen bestehender Verträge, welche die Vertragsparteien unter sich aushandeln, ohne dass potenzielle Wettbewerber hiervon in der Regel etwas erfahren, dürfte die Fristbindung in der Praxis eine gewisse Hürde für vergaberechtlichen Primärrechtsschutz bedeuten (*Greb/Stenzel*, NZBau 2012, 404, 408).

51

2. 30 Kalendertage ab Kenntnis des Verstoßes (Abs. 2 Satz 1)

Voraussetzung für die Feststellung der Unwirksamkeit des Vertrages in einem Nachprüfungsverfahren ist zunächst, dass die Unwirksamkeit „im Nachprüfungsverfahren innerhalb von 30 Kalendertagen ab Kenntnis" des jeweiligen Verstoßes eingeleitet wird.

52

Das bedeutet zunächst, dass ein Nachprüfungsverfahren vor Ablauf der 30 Kalendertage durch **Stellen eines Antrags** i.S.v. § 107 Abs. 1 GWB eingeleitet sein muss und hierin die Unwirksamkeit des abgeschlossenen Vertrages entsprechend den Anforderungen des § 107 Abs. 2 GWB und des § 108 Abs. 2 GWB geltend gemacht werden muss. Voraussetzung ist, dass der Nachprüfungsantrag bei der Vergabekammer eingegangen ist; auf die Übermittlung des Antrags an den Auftraggeber (§ 100 Abs. 2 Satz 2 GWB) kommt es nicht an (*Höß*, in: Heuvels/Höß/Kuß/Wagner, Gesamtkommentar, § 101b GWB Rn. 38; vgl. z.B. auch OLG Naumburg vom 26.7.2012, 2 Verg 2/12). Zu einer atypischen Fallkonstellation, die vom Normzweck des § 101b abweicht und in der es gegen Treu und Glauben verstoßen würde, wenn der Antragsteller erst längere Zeit nach dem auch ihm bekannten Abschluss des Planungswettbewerbs gegen die Wirksamkeit des Vertrages vorgehen könnte, s. OLG München vom 13.6.2013 (Verg 1/13).

53

Die Fristverkürzung tritt nach Abs. 2 Satz 1 ein ab „**Kenntnis des Verstoßes**". Mit „**Verstoß**" kann der Verstoß gegen die Pflicht zur europaweiten Ausschreibung des öffentlichen Auftrags oder die fehlerhafte unmittelbare Vergabe des Auftrags an ein Unternehmen gemeint sein. Für eine Auslegung in Richtung fehlender europaweiter Ausschreibung spricht, dass in Abs. 1 Nr. 2 davon die Rede ist, dass andere Unternehmen nicht am Vergabeverfahren beteiligt worden sind. Daraus könnte man schließen, dass dann, wenn in irgendeiner Art und Weise andere Unternehmen an der geplanten Vergabe beteiligt worden sind, der Verstoß nur in der fehlenden europaweiten Ausschreibung liegt (Rn. 27 f.; s. auch OLG München vom 13.6.2013, Verg 1/13). Die h.M. steht auf dem Standpunkt, dass mit „Verstoß" der **Vertragsschluss ohne die vorher notwendige EU-weite Auftrags-Bekanntmachung** gemeint ist (vgl. z.B. OLG Düsseldorf vom 3.8.2011, Verg 33/11). Die Frist von 30 Kalendertagen ab Kenntnis des Verstoßes in Abs. 2 Satz 1 1. Hs. geht zurück auf Art. 2f

54

Abs. 1 Buchst. a) der Rechtsmittelrichtlinie. Hiernach ist es den Mitgliedstaaten erlaubt, die Ausschlussfrist beginnen zu lassen, wenn „der öffentliche Auftraggeber die betroffenen Bieter und Bewerber über den Abschluss des Vertrags informiert hat, sofern diese Information eine Zusammenfassung der einschlägigen Gründe … enthält" (2. Spiegelstrich). Eine mehr oder minder zufällige Kenntnisnahme der nichtberücksichtigten Bieter vom Vergaberechtsverstoß genügt damit nicht. Notwendig ist vielmehr eine aktive Information durch die Vergabestelle unter Beifügung der zusammengefassten Entscheidungsgründe. Abs. 2 Satz 1 ist daher wie folgt **europarechtskonform auszulegen**:

55 Die **Kenntnis** des Antragstellers von dem als vergaberechtswidrig beanstandeten Vertragsschluss **beginnt frühestens** mit **Vertragsschluss** (OLG Düsseldorf vom 3.8.2011, VII-Verg 33/1). Zudem muss die Kenntnis **auf einer Information des Auftraggebers beruhen**. Das kann entweder eine **Auftragsbekanntgabe i.S.d. Abs. 2 Satz 2** oder eine **Information nach § 101a Abs. 1 Sätze 1 und 2** sein (OLG Düsseldorf vom 1.8.2012, Verg 15/12; ausdrücklich offen gelassen von OLG München vom 21.2.2013, Verg 21/12). Eine Kenntniserlangung aufgrund **eigener Recherchen** des Antragstellers oder ihm von dritter Seite zugetragener Informationen genügt demnach nicht.

56 Im Übrigen kann zur Beantwortung der Frage, wann der Antragsteller **Kenntnis** von einem Verstoß i.S.d. Abs. 1 Nr. 1 oder 2 erlangt hat, auf die Rechtsprechung zurückgegriffen werden, die sich zum gleichlautenden Begriff in § 107 Abs. 3 Satz 1 Nr. 1 GWB herausgebildet hat. Da die Kenntnis des betroffenen Bieters oder Bewerbers vom Verstoß zu einer Verkürzung der Frist auf 30 Kalendertage führt und der Auftraggeber diese als Antragsgegner für ein Fristversäumnis des Antragstellers anführen wird, trifft den Auftraggeber hierfür die **Beweislast bzw. Feststellungslast** (OLG Naumburg vom 26.7.2012, 2 Verg 2/12; *Dreher*, in: Beck'scher Vergaberechtskommentar, § 101b Rn. 41). Zur „Kenntnis" in diesem Sinne gehört zum einen das Wissen von denjenigen Tatsachen, aus denen sich der geltend gemachte Vergabefehler – hier also der Verstoß gegen § 101a GWB oder gegen das Verbot unzulässiger Direktvergabe – ergibt; notwendig ist außerdem die zumindest laienhafte rechtliche Wertung, dass es sich in dem betreffenden Punkt um ein rechtlich zu beanstandendes Vergabeverfahren handelt (OLG München vom 21.2.2013, Verg 21/12; OLG Düsseldorf vom 3.8.2011, Verg 33/11).

57 Weder **Vermutungen** noch ein **bloßer Verdacht** begründen eine „Kenntnis" in diesem Sinne (vgl. OLG München vom 21.2.2013, Verg 21/12). Derartige Spekulationen vermögen die nach Abs. 2 erforderliche Kenntnis über die relevanten Tatsachen nicht zu ersetzen. Erst wenn der Antragsteller die wesentlichen Fakten kennt und die hieraus – ggf. nach anwaltlicher Beratung – zu ziehenden rechtlichen Schlussfolgerungen zur Frage der Vergaberechtswidrigkeit des Vorgehens ziehen konnte und gezogen hat, liegt Kenntnis i.S.d. Abs. 2 Satz 1 1. Hs. vor.

58 Auf eine **Erkennbarkeit des Verstoßes** kommt es – anders als in § 107 Abs. 3 Satz 1 Nr. 2 und 3 GWB – gerade nicht an, so dass auch eine grob fahrlässige Unkenntnis unerheblich ist. Im Übrigen gilt jedoch auch hier – ebenso wie bei § 107 Abs. 3 GWB – die Ausnahme, dass die maßgebliche Kenntnis des Vergaberechtsverstoßes bei einem Bieter auch dann gegeben ist, wenn dessen Kenntnis in tatsächlicher oder rechtlicher Hinsicht einen solchen Grad erreicht hat, dass ein weiteres „**Verharren in Unkenntnis**" nur so gewertet werden kann, dass hierin ein mutwilliges Sich-Verschließen vor der Kenntnis eines Vergaberechtsverstoßes gesehen werden muss (vgl. nur BGH vom 26.9.2006, X ZB 14/06; OLG Düsseldorf vom 19.7.2006, Verg 27/06). Hieran sind strenge und vom Auftraggeber darzulegende Anforderungen zu richten (OLG Düsseldorf vom 19.7.2006, Verg 27/06).

59 Die **Beweislast** für die Umstände, welche die Fristverkürzung begründen, einschließlich der Tatsachen, die im Fall der Unterrichtung eines Mitarbeiters dazu Anlass geben, dessen Wissen dem Antragsteller zuzurechnen, trifft den Auftraggeber (Rn. 56; vgl. OLG Karlsruhe vom 21.7.2010, 15 Verg 6/10).

60 Die **Berechnung der Frist** richtet sich nach § 31 VwVfG i.V.m. § 187 Abs. 1 BGB. Dieses Verständnis trägt auch den Vorgaben der Rechtsmittelrichtlinie Rechnung, die in Art. 2f Abs. 1 ebenfalls davon

ausgeht, dass das Nachprüfungsverfahren innerhalb der Frist lediglich beantragt sein muss. Die Frist **beginnt** damit mit dem Tag, der auf den Tag folgt, an dem der Antragsteller Kenntnis von einem möglichen Verstoß i.S.d. Abs. 1 erlangt hat. Dies folgt den Vorgaben der Rechtsmittelrichtlinie (vgl. Art. 2f Abs. 1 Buchst. a). Das Fristende ist nach § 188 BGB zu berechnen. Die Frist **endet** mit Ablauf von 30 vollen Kalendertagen nach dem Tag, an dem der Antragsteller Kenntnis von einem möglichen Verstoß i.S.d. Abs. 1 Nr. 1 oder 2 erlangt hat. Fällt der letzte Tag der Frist auf einen Sonnabend, Sonntag oder gesetzlichen Feiertag, verschiebt sich das Fristende entsprechend § 193 BGB auf den nächsten Werktag (vgl. hierzu im Einzelnen *Dreher*, in: Beck'scher Vergaberechtskommentar, § 101b Rn. 40).

3. Sechs Monate nach Vertragsschluss (Abs. 2 Satz 1)

61 Der Betroffene muss innerhalb von 30 Tagen ab Kenntnis des Vergaberechtsverstoßes ein Nachprüfungsverfahren i.S.v. § 107 Abs. 1 GWB eingeleitet haben, der Vergabekammer muss also innerhalb der Frist ein Nachprüfungsantrag i.S.d. §§ 107, 108 GWB zugegangen sein (Rn. 53), in dem die Unwirksamkeit des Vertrages aus den Gründen des Abs. 1 Nr. 1 oder 2 geltend gemacht wird. Dies ist längstens innerhalb eines Zeitraumes von **sechs Monaten ab Vertragsschluss** möglich. Die sechs Monate markieren eine **absolute zeitliche Grenze** (so auch VK Brandenburg vom 18.10.2011, VK 41/11; VK Münster vom 20.1.2011, VK 7/10), vor deren Ablauf in jedem Fall ein Nachprüfungsverfahren beantragt sein muss.

62 Ungeachtet des uneindeutigen Wortlauts (vgl. *Dreher*, in: Beck'scher Vergaberechtskommentar, § 101b Rn. 42) gilt die Sechs-Monats-Frist unterschiedslos in allen Fallkonstellationen und unabhängig davon, ob der Antragsteller Kenntnis von dem Verstoß hat oder nicht (OLG Brandenburg vom 22.12.2011, Verg 14/11; vgl. auch Art. 2f Abs. 1 Buchst. b) der Rechtsmittelrichtlinie).

63 Mit **Ablauf der Sechs-Monats-Frist** ab Vertragsschluss ist der Vertrag **endgültig wirksam**. Das hat zur Folge, dass der Vertrag der vergaberechtlichen Nachprüfung nicht mehr unterliegt. Rein tatsächlich kann sich die Sechs-Monats-Frist dadurch verkürzen, dass der Antragsteller erst einige Zeit nach Vertragsschluss Kenntnis von der unzulässigen De-facto-Vergabe erhält; daneben kann der Auftraggeber die Frist durch eine Bekanntmachung gemäß Abs. 2 Satz 2 **verkürzen** (Rn. 65 ff.). Eine **Verlängerung** der Sechs-Monatsfrist ist in jedem Fall ausgeschlossen. Sechs Monate nach Vertragsschluss bleibt der Vertrag damit endgültig wirksam, so dass insoweit Rechtssicherheit eintritt. Dies ist sachgerecht, da nach sechs Monaten eine Vielzahl von Verträgen über öffentliche Aufträge bereits vollständig erfüllt sein wird, so dass eine Rückabwicklung nach §§ 812 ff. BGB erheblichen tatsächlichen Schwierigkeiten begegnet. Zudem soll auch das Unternehmen, das den Auftrag erhalten hat, zugleich jedoch nicht zwingend von dem Verstoß des Auftraggebers Kenntnis haben muss, zu einem bestimmten Zeitpunkt nicht mehr mit der Unwirksamkeit nach § 101b rechnen müssen. Von der Frist des § 101b unbenommen bleibt aber die Befugnis der EU-Kommission, im Rahmen eines Vertragsverletzungsverfahren (Rn. 76 ff.) die Beendigung eines vergaberechtswidrigen Vertrages zu fordern (vgl. EuGH vom 18.7.2007, Rs. C-503/04).

64 Die Sechs-Monats-Frist **beginnt** gemäß § 187 Abs. 1 BGB an dem Tag, der auf den Tag folgt, an dem der Vertrag geschlossen wurde. Sie **endet** gemäß § 188 Abs. 2 BGB nach Ablauf von sechs Monaten, genauer: im sechsten Monat mit dem Ablauf des Tages, der in seiner Zahl dem Tag des Vertragsschlusses entspricht. Fehlt diese Zahl im letzten Monat, gilt § 188 Abs. 3 BGB, so dass die Frist mit dem Ablauf des letzten Tages dieses Monats endet (*Dreher*, in: Beck'scher Vergaberechtskommentar, § 101b Rn. 42). Diese Berechnung entspricht den Vorgaben der Rechtsmittelrichtlinie (Art. 2f Abs. 1 Buchst. b). Fällt der letzte Tag der Frist auf einen Sonnabend, Sonntag oder gesetzlichen Feiertag, verschiebt sich das Fristende entsprechend § 193 BGB auf den nächsten Werktag.

4. 30 Kalendertage nach Bekanntmachung im Amtsblatt der Europäischen Union (Fristverkürzung gemäß Abs. 2 Satz 2)

a) Allgemeines

65 Hat der Auftraggeber die Auftragsvergabe **im Amtsblatt der Europäischen Union bekannt gemacht**, verkürzt sich die Frist zur Feststellung der Unwirksamkeit des Vertrages auf **30 Tage nach Veröffentlichung** dieser Bekanntmachung über die Auftragsvergabe. Der Gesetzgeber geht insoweit davon aus, dass die Unternehmen wegen der Veröffentlichung der Auftragsvergabe im Amtsblatt der Europäischen Union die Möglichkeit haben, vom Vertragsabschluss Kenntnis zu erlangen und daher ggf. innerhalb von 30 Kalendertagen einen Nachprüfungsantrag stellen können. Allgemein geht die Rechtsprechung davon aus, dass Unternehmen, die sich um öffentliche Aufträge bewerben, regelmäßig die maßgeblichen Veröffentlichungsorgane beobachten müssen (vgl. OLG Saarbrücken vom 25.7.2007, 1 Verg 1/07). Mit der Bekanntmachung wird dem öffentlichen Auftraggeber die Möglichkeit gegeben, schnell Rechtssicherheit über die Auftragsvergabe zu erlangen. Nach Ablauf von 30 Kalendertagen nach Veröffentlichung der Bekanntmachung in dem EU-Amtsblatt kann der Vertrag nicht mehr wegen Verstoßes gegen Abs. 1 angegriffen werden.

66 Auch hier genügt der Antragsteller der Frist, wenn sein Nachprüfungsantrag der Vergabekammer innerhalb der 30 Kalendertage zugeht. Für den Lauf der Frist kommt es allein auf den Zeitpunkt der Veröffentlichung der Bekanntmachung und nicht darauf an, ob ein Dritter auch tatsächlich von der Bekanntmachung Kenntnis genommen hat. Potenzielle Bieter müssen durch die Bekanntmachung zumindest aber der Möglichkeit nach in die Lage versetzt werden, erkennen zu können, ob ein Verstoß gegen Abs. 1 Nr. 1 oder 2 vorliegt (s. dazu Rn. 68). Der Tag der Veröffentlichung der Bekanntmachung zählt schon nach dem Wortlaut der Vorschrift bei der Bestimmung des Fristbeginns nicht mit. Die **Frist beginnt** damit am Tag nach der Veröffentlichung der Bekanntmachung im EU-Amtsblatt und **endet** mit Ablauf der 30 vollen Kalendertage. Dies entspricht den Vorgaben der Rechtsmittelrichtlinie (Art. 2f). Auf das Fristende finden § 193 BGB, § 31 Abs. 3 VwVfG und § 222 ZPO Anwendung.

b) Form und Inhalt der Bekanntmachung

67 Die **Formulare zur Bekanntmachung vergebener Aufträge** (http://simap-europa.eu/buyer/forms-standard.index_de.htm) nach der Verordnung (EG) Nr. 1150/2009 (ABl. L 313/3), welche die Formularverordnung (EG) 1564/2005 aktualisiert, enthalten in **Anhang D** die Rubrik „Der Auftrag fällt nicht in den Anwendungsbereich der Richtlinie." Die Rubrik sieht eine sehr **ausführliche Begründungspflicht** für Auftragsvergaben ohne vorherige Veröffentlichung einer Bekanntmachung im Amtsblatt der EU vor. Gefordert wird in dem Formular, dass die Begründung den einschlägigen Artikeln der Richtlinie 2004/18/EG bzw. 2004/17/EG entsprechen muss. Hierzu sind jeweils konkrete Angaben zu machen, z.B. ist anzukreuzen „keine oder keine geeigneten Angebote nach einem offenen Verfahren" oder „Die Bauleistungen/Lieferungen/Dienstleistungen können nur von einem bestimmten Bieter ausgeführt werden, und zwar aus technischen Gründen, aus künstlerischen Gründen (bzw.) aufgrund des Schutzes von Ausschließlichkeitsrechten". Zusätzlich zu dem/den jeweils angekreuzten Kästchen muss in dem Formular zudem „klar und ausführlich", jedoch in maximal 500 Wörtern erläutert werden, warum die Auftragsvergabe ohne vorherige Bekanntmachung rechtmäßig ist. Dabei sind die vorliegenden Fakten und ggf. die rechtlichen Schlussfolgerungen im Sinne der Artikel der jeweiligen Richtlinie anzuführen.

68 Wegen der gemäß Abs. 2 Satz 2 eintretenden Rechtsfolgen einer vorzeitigen „Bestandskraft" des nach einer **Direktvergabe** geschlossenen Vertrages gilt für die **Bekanntmachung über einen vergebenen Auftrag** i.S.d. Abs. 2 Satz 2 inhaltlich ein **strenger Maßstab**. Die relevanten Fakten müssen vollständig und zutreffend dargestellt werden und jedenfalls so aussagekräftig sein, dass ein an dem Auftrag interessiertes Unternehmen in die Lage versetzt wird, ein Nachprüfungsverfahren einzuleiten. Alle in dem Formular abgefragten Pflichtangaben sind daher vom Auftraggeber anzugeben; **fehlen** diese **Mindestinhalte**, tritt die **Fristverkürzung nicht** ein und es bleibt bei der Frist des Abs. 2 Satz 2. Das Gleiche gilt für **bewusst irreführende Angaben** oder solche, die auf die

Entscheidung eines Interessenten, ein Nachprüfungsverfahren einzuleiten, sonst wie Einfluss zu nehmen suchen (so auch *Gass/Willenbruch*, BehördenSpiegel 2/2010, S. 21).

Erst diese Auslegung wird den **europarechtlichen Vorgaben** gerecht (vgl. hierzu im Einzelnen *Dreher*, in: Beck'scher Vergaberechtskommentar, § 101b Rn. 44; *Bulla/Schneider*, VergabeR 2011, 664, 668; OLG Düsseldorf vom 21.4.2010, Verg 55/09). Denn nach Art. 2f Abs. 1 Buchst. a) Spiegelstrich 1 der Rechtsmittelrichtlinie besteht die Möglichkeit der Fristverkürzung nur, sofern in der Bekanntmachung „die Entscheidung des öffentlichen Auftraggebers begründet wird, einen Auftrag ohne vorherige Veröffentlichung einer Bekanntmachung im Amtsblatt der Europäischen Union zu vergeben". Die Verordnung (EG) Nr. 1150/2009 zur Änderung der Standardformulare nimmt in Erwägungsgrund 1 und in den Standardformularen des Anhangs D hierauf Bezug. In den Standardformularen wird ausdrücklich darauf hingewiesen, dass der Auftraggeber, „um von dem (…) beschränkten Zeitraum profitieren zu können, klar und ausführlich zu erläutern hat, „warum die Auftragsvergabe ohne vorherige Veröffentlichung einer Bekanntmachung im Amtsblatt der Europäischen Union rechtmäßig ist". In der Bekanntmachung sind nach den Anhängen III und IV der Verordnung (EG) Nr. 1564/2005 als **weitere notwendige Bestandteile** auch Angaben zu den Rechtsbehelfs- bzw. Nachprüfungsverfahren zu machen; dabei ist die zuständige Stelle für Nachprüfungsverfahren ebenso anzugeben wie die Fristen für die Einlegung von Rechtsbehelfen (VK Sachsen vom 8.4.2011, 1/SVK/002-11; a.A. OLG Schleswig vom 1.4.2010, 1 Verg 5/09). **Fehlen diese Bestandteile** oder enthalten die Angaben **Fehler**, die den wirksamen Rechtsschutz betroffener Unternehmen vereiteln, tritt mangels Veröffentlichung einer ordnungsgemäßen Bekanntmachung keine Fristverkürzung nach Abs. 2 Satz 2 ein (*Dreher*, in: Beck'scher Vergaberechtskommentar, § 101b Rn. 49). 69

D. Rechtsfolgen der Unwirksamkeit des Vertrages

Der Vertrag, der unter einem nach Abs. 2 festgestellten Verstoß gegen § 101a GWB zustande gekommen ist oder das Ergebnis einer nach Abs. 2 festgestellten De-facto-Vergabe war, wird nach Abs. 1 **von Anfang an unwirksam**. Die nach § 13 Satz 6 VgV a.F. angeordnete Nichtigkeitsfolge wird damit durch die „schwebende Unwirksamkeit des Vertrages" (so die unzutreffende – vgl. sogleich Rn. 71 – Begr. RegE, BT-Drucks. 16/10117, S. 21) ersetzt, da eine „aufschiebende oder auflösende Bedingung" von dem Gesetzgeber als sachgerecht erachtet wird (Begr. RegE, BT-Drucks. 16/10117, S. 21). Europarechtlich war der Gesetzgeber zu dieser Änderung nicht gezwungen. Zwar sieht die geänderte Rechtsmittelrichtlinie in Art. 2d die Unwirksamkeit als Rechtsfolge vor. Da aber auch die Nichtigkeit eine Unwirksamkeit des Vertrages zur Folge hätte und sich nach Art. 2d Abs. 2 Unterabsatz 1 der Rechtsmittelrichtlinie die Folgen der Unwirksamkeit nach einzelstaatlichem Recht richtet, wäre auch die Beibehaltung der Nichtigkeitsfolge möglich gewesen (vgl. auch *Dreher/Hoffmann*, NZBau 2009, 216, 219). 70

Obwohl die Gesetzesbegründung von der Einführung einer „schwebenden Unwirksamkeit" des Vertrages bzw. einer „aufschiebenden Bedingung", unter der der Vertrag stehe, spricht (Begr. RegE, BT-Drucks. 16/10117, S. 21), enthält die Neuregelung derartige Rechtsfolgen nicht. Trotz des Verstoßes gegen Abs. 1 Nr. 1 oder 2 ist der zwischen einem öffentlichen Auftraggeber und einem Unternehmen geschlossene Vertrag **(zunächst) wirksam**; ein Leistungsverweigerungsrecht eines Vertragspartners o.Ä. während des Schwebezustandes besteht also nicht; kommt ein Vertragspartner seinen vertraglichen Pflichten während des Schwebezustandes nicht nach, sind Schadensersatzansprüche o.Ä. denkbar (Rn. 36). Erst die Feststellung des Verstoßes gegen Abs. 1 Nr. 1 oder Nr. 2 in einem Nachprüfungsverfahren macht ihn von Anfang an (ex tunc) unwirksam. Mit Blick auf die Neuregelung in § 101b kann man somit allenfalls von **vorläufiger oder schwebender Wirksamkeit des Vertrages**, nicht aber von dessen schwebender Unwirksamkeit sprechen. Nach der Empfehlung des Bundesrates vom 4.7.2008 (BR-Drucks. 349/08 (B), S. 11 f.), den Begriff „schwebend" vor dem Wort „unwirksam" einzufügen, hat die Bundesregierung dementsprechend versucht, den von ihr gebrauchten Begriff der „schwebenden Unwirksamkeit" zu korrigieren. „Schwebende Unwirksamkeit" bedeute, dass die Wirksamkeit eines geschlossenen Vertrages davon abhängig sei, dass 71 nachträglich dafür eine weitere Voraussetzung erbracht werde. So hänge gemäß § 108 Abs. 1 BGB die Wirksamkeit eines von einem Minderjährigen geschlossenen Vertrages von der Genehmigung des gesetzlichen Vertreters ab. Im Rahmen des § 101b (neu) gehe es dagegen um einen Umstand, nämlich die Feststellung des vergaberechtlichen Verstoßes in einem Nachprüfungsverfahren, der den wirksam geschlossenen Vertrag von Anfang an unwirksam werden lasse (Gegenäußerung der Bundesregierung zur Stellungnahme des Bundesrates, BT-Drucks. 16/10117, Anlage 4, S. 41; für die „schwebende Wirksamkeit" des Vertrages mit dezidierter Begründung auch *Dreher*, in: Beck'scher Vergaberechtskommentar, § 101b Rn. 51 sowie vorher schon *Dreher/Hoffmann*, NZBau 2009, 216, 218 ff. sowie dezidert *dies.*, NZBau 2010, 201 ff.). Der Sache nach ist der Vertrag also „schwebend wirksam" und steht unter dem Vorbehalt (wenn auch nicht unter einer auflösenden Bedingung i.S.d. § 158 Abs. 2 BGB, vgl. *Dreher/Hoffmann*, NZBau 2010, 201, 206), dass ein Verstoß i.S.d. Abs. 1 in einem Nachprüfungsverfahren entsprechend den Vorgaben des Abs. 2 festgestellt wird. Eine solche „schwebende Wirksamkeit" kennt das allgemeine deutsche Zivilrecht durchaus; so kann auch eine Anfechtung eines zunächst wirksamen Vertrages nach § 119 BGB dazu führen, dass dessen anfängliche Wirksamkeit nach § 142 Abs. 1 BGB ex tunc entfällt. Im Unterschied zur Anfechtungssituation können im Fall des Abs. 1 ausschließlich nichtberücksichtigte Bieter und damit Dritte die Unwirksamkeit eines Vertrages geltend machen. Für die Zeit des „Schwebezustandes" des Vertrages kann dies zu erheblichen Problemen innerhalb der Leistungsbeziehungen zwischen dem öffentlichen Auftraggeber und seinem Vertragspartner, dem erfolgreichen Bieter, führen. Denn die durch den Vertrag begründeten beiderseitigen Leistungsverpflichtungen bestehen trotz der möglicherweise drohenden Unwirksamkeit des Vertrages von Anfang an in vollem Umfang.

72 Ist der Verstoß gegen Abs. 1 Nr. 1 oder 2 in einem Nachprüfungsverfahren festgestellt worden, ist der Vertrag „von Anfang an unwirksam". Die Unwirksamkeit des Vertrages führt dazu, dass die während der schwebenden Wirksamkeit vorgenommenen Leistungen ohne Rechtsgrund erbracht wurden und der geschlossene Vertrag vollständig nach den **Grundsätzen der ungerechtfertigten Bereicherung (§§ 812 ff. BGB)** – in concreto: wegen einer Leistungskondiktion nach § 812 Abs. 1 Satz 1 1. Alt BGB – abzuwickeln ist (so auch *Dreher/Hoffmann*, NZBau 2010, 201, 206; vgl. im Einzelnen auch *Dreher*, in: Beck'scher Vergaberechtskommentar, § 101b Rn. 59). Der **Auftraggeber** ist zur **Rückabwicklung des Vertrages verpflichtet**; dieses Ergebnis folgt schon aus der gebotenen richtlinienkonformen Auslegung (s. hierzu im Einzelnen *Dreher*, in: Beck'scher Vergaberechtskommentar, § 101b Rn. 60). Da es dem Auftraggeber zumeist nicht möglich sein wird, das Erlangte in natura herauszugeben, hat er gemäß § 818 Abs. 2 BGB dessen Wert zu ersetzen. Der Wertersatz bemisst sich nach der üblichen, hilfsweise nach der angemessenen, vom Auftraggeber ersparten, höchstens jedoch nach der vereinbarten Vergütung (BGH vom 31.5.1990, VII ZR 336/89; vom 25.6.1962, VII ZR 120/61; vom 19.12.1996, III ZR 9/95). Gegebenenfalls ist dem erfolgreichen Bieter auch Schadensersatz aus culpa in contrahendo (§ 311 Abs. 2 BGB; s. hierzu § 126 Rn. 60 ff.) zu gewähren. Besteht der Beschaffensbedarf beim öffentlichen Auftraggeber weiterhin, muss der konkrete Auftrag unter Beachtung des Vergaberechts im Wettbewerb und in einem formellen Vergabeverfahren erneut vergeben werden.

E. Weitere Unwirksamkeitstatbestände

I. Allgemeines

73 Durch Abs. 1 Nr. 2 wurde die noch unter Geltung des § 13 VgV a.F. bestehende eklatante Lücke im Rechtsschutz der Bieter (Rn. 18 ff., 21) geschlossen. Andere Nichtigkeits- und Unwirksamkeitstatbestände müssen daher nicht mehr herangezogen werden, um die völlige Missachtung der Bekanntmachungspflicht zu sanktionieren. Auch nach der heutigen Rechtslage haben (sonstige) Nichtigkeitsgründe ihre Bedeutung in diesem Zusammenhang jedoch nicht völlig verloren. Im Unterschied zu § 101b ist die **Nichtigkeit** nämlich nicht von deren Geltendmachung und damit auch nicht von der Einhaltung einer Frist abhängig. Die Nichtigkeit wirkt – anders als die in § 101b als Rechtsfolge angeordnete Unwirksamkeit des Vertrages – grundsätzlich **für und gegen jedermann** und ist im Prozess **von Amts wegen** zu berücksichtigen.

II. § 134 BGB

Vor der Einführung des § 101b wurde in der Rechtsprechung und Literatur diskutiert, ob sich die Unwirksamkeit eines Vertrages neben § 13 Satz 6 VgV a.F., der nur in seltenen Fällen zur Anwendung kam, auch auf § 134 BGB stützen lässt, wenn der Vertrag vergaberechtswidrig auf einer direkten Auftragserteilung an ein Unternehmen beruht. Voraussetzung wäre insoweit, dass man die vergaberechtlichen Vorschriften als **gesetzliche Gebote** ansieht, deren Fälle einem gesetzlichen Verbot gleichkämen. Dies wurde jedoch von der Rechtsprechung mehrheitlich abgelehnt (vgl. z.B. OLG Hamburg vom 25.1.2007, 1 Verg 5/06 m.w.N.). Hiernach löst die Missachtung der Vergaberegeln als solche noch kein Zuschlagsverbot aus. Nach § 115 Abs. 1 GWB entsteht ein solches Zuschlagsverbot vielmehr erst mit der Zustellung eines Nachprüfungsantrags an den Auftraggeber. Dieses Zuschlagsverbot gilt ganz unabhängig davon, ob das Verfahren zur Auftragsvergabe vergaberechtlich zu beanstanden ist oder nicht. Die hiermit zum Ausdruck gekommene gesetzgeberische Entscheidung sei zu respektieren, ohne dass es darauf ankomme, ob gegen einzelne Vorschriften oder das Vergaberecht insgesamt verstoßen werde. Ein anderer Ansatz verweist darauf, dass § 97 Abs. 1 GWB nicht gegen den geschlossenen Vertrag als solchen gerichtet sei, sondern das Verfahren, das zu seinem Abschluss führe, betreffe. Eine Vorschrift, die sich nicht gegen das Rechtsgeschäft als solches, sondern nur gegen sein Zustandekommen richte, sei jedoch als reine Ordnungsvorschrift kein Verbotsgesetz. Der Verstoß gegen § 97 Abs. 1 GWB führt daher auch unter diesem Aspekt nicht zur Nichtigkeit des geschlossenen Vertrages gemäß § 134 BGB (vgl. die Nachweise bei *Dreher*, in: Beck'scher Vergaberechtskommentar, § 101b Rn. 62).

74

III. § 138 BGB

Im Einzelfall kann sich die Nichtigkeit eines Vertrages auch daraus ergeben, dass er nach Würdigung der Gesamtumstände, die zum Vertragsschluss geführt haben, als sittenwidrig i.S.v. § 138 Abs. 1 BGB anzusehen ist. Umstände, die einen Vertrag mit dem Makel der Sittenwidrigkeit behaftet, liegen nur in ganz besonderen Ausnahmefällen vor, z.B. bei Bestechungsfällen. Eine Nichtigkeit nach § 138 Abs. 1 BGB setzt voraus, dass der öffentliche Auftraggeber in bewusster Missachtung des Vergaberechts gehandelt, er also entweder weiß, dass der betreffende Auftrag dem GWB-Vergaberecht unterfällt, oder er sich einer solchen Kenntnis mutwillig verschließt (OLG Celle vom 25.8.2005, 13 Verg 8/05), und überdies **kollusiv**, also zum Nachteil eines Dritten, etwa eines Konkurrenten des Auftragnehmers, mit dem Auftragnehmer zusammengewirkt hat (vgl. OLG Düsseldorf vom 3.12.2003, VII-Verg 37/03); ein einseitiges sittenwidriges Verhalten der Vergabestelle alleine reicht dafür nicht aus (OLG Hamburg vom 25.1.2007, 1 Verg 5/06; OLG Brandenburg vom 29.1.2002, Verg W 8/01; OLG Celle vom 25.8.2005, 13 Verg 8/05). Umstände, die einen sittenwidrig geschlossenen Vertrag nahelegen, können z.B. vorliegen, wenn die Vertragsparteien einen Vertrag in beiderseitiger Kenntnis von dessen Unwirtschaftlichkeit schließen, welche durch einen Wettbewerb offenkundig werden könnte (VK Düsseldorf vom 20.11.2006, VK 46/2006-L). Auch gemeinsame wirtschaftliche Interessen und Verflechtungen der Vergabestelle mit einem Bieter sollen ein kollusives Zusammenwirken des Auftraggebers mit dem Auftragnehmer nach der Rechtsprechung ebenso nahelegen (vgl. VK Arnsberg vom 17.6.2004, VK 2-06/2004) wie die Aufspaltung der Beschaffungsvorgänge zum Nachteil eines potenziellen Bieters (vgl. OLG Düsseldorf vom 25.1.2005, Verg 93/04).

75

F. Exkurs: Vertragsverletzungsverfahren vor der Europäischen Kommission

Außerhalb des § 101b und unabhängig von den Ausschlussfristen in Abs. 2 bleibt es Bietern, die bei der öffentlichen Auftragsvergabe nicht berücksichtigt wurden, unbenommen, sich auch im Wege einer **Beschwerde** an die Europäische Kommission zu wenden und geltend zu machen, dass die konkrete öffentliche Auftragsvergabe gegen das EU-Vergaberecht verstößt. Aufgrund einer solchen Beschwerde kann die Europäische Kommission ein sog. Vertragsverletzungsverfahren nach Art. 258

76

AEUV einleiten, an dessen Ende sie die Beendigung eines vergaberechtswidrigen Vertrages fordern kann (EuGH vom 18.7.2007, Rs. C-503/04).

I. Überblick

77 Das Vertragsverletzungsverfahren ist ein eigenständiges Sanktionsinstrument der Kommission gegenüber den EU-Mitgliedstaaten, um für die einheitliche Beachtung und Durchsetzung des EG-Rechts Sorge zu tragen. Im Rahmen eines derartigen Verfahrens kann die **Kommission** – nachdem sie dem betroffenen Mitgliedstaat in einem mehrstufigen Verfahren Gelegenheit zur Stellungnahme bzw. zur Abhilfe gegeben hat – die **gerichtliche Feststellung durch den EuGH beantragen**, dass ein **Mitgliedstaat gegen das EU-(Vergabe-)Recht verstoßen** habe. Als Urheber einer solchen Verletzungshandlung kommen sämtliche Einrichtungen der Mitgliedstaaten in Betracht, die an der Ausübung staatlicher Gewalt beteiligt sind, also auch öffentliche Auftraggeber i.S.d. § 98 GWB. Am Ende eines derartigen Vertragsverletzungsverfahrens kann der EuGH wegen eines Vergaberechtsverstoßes eines öffentlichen Auftraggebers feststellen, dass die Bundesrepublik Deutschland gegen eine Verpflichtung aus dem EG-Vertrag verstoßen hat (Art. 260 Abs. 1 AEUV). Diese Feststellung kommt nicht nur in Betracht, wenn eine Vorgabe der insoweit geltenden EG-Vergaberichtlinie missachtet worden ist, sondern auch dann, wenn Grundregeln des AEUV durch den betreffenden Auftraggeber verletzt worden sind. Die nunmehr von Abs. 1 Nr. 2 erfassten Fälle der unzulässigen Direktvergabe oder De-facto-Vergabe waren bislang schon mehrfach Gegenstand von derartigen Vertragsverletzungsverfahren (vgl. die Gesamtübersicht unter http//:ec.europa.eu/internal_market/publicprocurement/infringements_de.htm). Im Wege eines Vertragsverletzungsverfahrens können aber keineswegs nur diese schwerwiegenden Verstöße gegen das EU-Vergaberecht geltend gemacht werden.

II. Rechtsfolgen eines festgestellten Verstoßes gegen EU-Vergaberecht

78 Stellt der EuGH fest, dass die Bundesrepublik Deutschland gegen eine Verpflichtung aus dem EG-Vertrag verstoßen hat, weil ein deutscher öffentlicher Auftraggeber sich nicht dem EU-Vergaberecht entsprechend verhalten hat, führt dies für sich genommen ebenso wenig wie der Vergabeverstoß des öffentlichen Auftraggebers zur Unwirksamkeit des hierauf geschlossenen Vertrages (vgl. EuGH vom 18.7.2007, C-503/04). Ein Mitgliedstaat, dessen hoheitliche Einrichtungen gegen das EU-Vergaberecht verstoßen hat, muss jedoch die Maßnahmen ergreifen, die sich aus dem Urteil des Gerichtshofs ergeben (Art. 260 Abs. 1 AEUV). Dies bedeutet letztlich bei noch anhaltenden Verletzungen des EU-Vergaberechts, dass der **Mitgliedstaat** (bzw. der betreffende nationale Auftraggeber) **vergaberechtswidrige Verträge** für die Zukunft beenden, also **kündigen** muss (Rn. 81 ff.), jedenfalls, soweit diese Wirkungen für die Zukunft besitzen, also in der Regel bei Dauerschuldverhältnissen. Denn Verträge, die ohne Ausschreibung und förmliches Vergabeverfahren geschlossen wurden, verletzen das EU-Vergaberecht fortdauernd. Der Verstoß dauert so lange an, bis die unter Verletzung des EU-Vergaberechts geschlossenen Verträge vollständig erfüllt sind. Der Verstoß gegen das Vergaberecht setzt sich im Ergebnis also auf der Vertragsebene fort, der Zuschlag bildet keine Zäsur für die Pflicht eines Mitgliedstaates, den europarechtswidrigen Zustand für die Zukunft zu beenden. Der in der deutschen Rechtspraxis geltende Grundsatz „pacta sunt servanda" besitzt also insoweit keine Gültigkeit (EuGH vom 18.7.2007, Rs. C-503/04).

79 Gibt die Bundesrepublik Deutschland nach Auffassung der EU-Kommission den sich aus dem Urteil ergebenden Maßnahmen – hier in der Regel die Kündigung der entsprechenden Verträge (vgl. Rn. 81 ff.) – nicht nach, so gibt sie ihr erneut Gelegenheit zur **Stellungnahme** (vgl. Art. 260 Abs. 2 Satz 1 AEUV). Führt diese Stellungnahme nicht zu einer Beendigung des Verfahrens, gibt die Kommission eine mit Gründen versehene Stellungnahme ab, in der sie aufführt, in welchen Punkten der betreffende Mitgliedstaat dem Urteil des Gerichtshofs nicht nachgekommen ist.

80 Ergreift der Mitgliedstaat ab einer bestimmten, von der Kommission gesetzten Frist die Maßnahmen nicht, die sich nach Auffassung der Kommission aus dem Urteil des Gerichtshofs ergeben, so kann **die Kommission den EuGH erneut anrufen**. Gegenstand dieses zweiten Verfahrens nach

Art. 260 Abs. 2 AEUV ist dann also letztlich der Vorwurf, dass der auf einen Verstoß gegen das EU-Vergaberecht beruhende Vertrag nicht als Folge des Feststellungsurteils des EuGH, entweder im Einvernehmen der Vertragsparteien oder wirksam durch einseitige Erklärung des öffentlichen Auftraggebers, beendet worden ist. Stellt der EuGH fest, dass der Mitgliedstaat nicht den Maßnahmen, die sich aus dem ersten Urteil ergeben, nachgekommen ist, wird der Mitgliedstaat durch **Festsetzung eines Pauschalbetrages oder von Zwangsgeldern** hierzu angehalten (Art. 260 Abs. 2 UA 2 AEUV). In ihrer Klage benennt die Kommission die Höhe des von dem betreffenden Mitgliedstaat zu zahlenden Pauschalbetrages oder des Zwangsgeldes, die sie den Umständen nach für angemessen hält. Spätestens mit der Verhängung des Zwangsgeldes oder des Pauschalbetrages soll die gemeinschaftsrechtliche Verpflichtung der Bundesrepublik Deutschland durchgesetzt werden, dass ein gemeinschaftsrechtswidrig zustande gekommener Beschaffungsvertrag beendet wird, wenn nur so der rechtswidrige Zustand beseitigt werden kann. Diese Handlungspflicht betrifft zunächst nur die Bundesrepublik Deutschland als EU-Mitgliedstaat selbst. Sie ist jedoch der Gemeinschaft gegenüber unabhängig davon zu erfüllen, welche Probleme sich bei der Befolgung aufgrund der Bestimmungen, Übungen oder Umstände der internen deutschen Rechtsordnung einschließlich des bundesstaatlichen Aufbaus der Bundesrepublik Deutschland ergeben (st. Rspr., vgl. z.B. EuGH vom 14.5.2002, C-383/00).

III. Kündigung vergaberechtswidriger Verträge

In den Fällen, in denen der EuGH nach einem entsprechenden Vertragsverletzungsverfahren der EU-Kommission die Gemeinschaftsrechtswidrigkeit eines Vertrages festgestellt hat, bleibt dem Auftraggeber daher nur die Möglichkeit, den Vertrag mit Wirkung für die Zukunft zu beenden, also in der Regel durch Kündigung aufzulösen, um auf diese Weise den Verstoß gegen das EU-Vergaberecht zu beseitigen. Ein **vertragliches Sonderkündigungsrecht** für den Fall, dass der Abschluss des Vertrages EU-Vergaberecht verletzt, vereinbaren die Parteien in der Praxis bislang nur selten.

Wegen der Rechtsprechung des EuGH (vom 18.7.2007, C-503/04) ist den Vergabestellen jedoch auch nach Einführung des § 101b die Vereinbarung eines derartigen Sonderkündigungsrechts anzuraten, um im Streitfall einen gemeinschaftsrechtskonformen Zustand herstellen zu können, ohne sich schadensersatzpflichtig zu machen.

Außerhalb eines vertraglichen Kündigungsrechts könnten die §§ 313, 314 BGB, welche die Möglichkeit eines **gesetzlichen Kündigungsrechts** einräumen, unmittelbar einschlägig sein. **§ 313 BGB** kodifiziert die bisherige Rechtsprechung zur Störung bzw. zum Wegfall der Geschäftsgrundlage. Geht es jedoch um die Beendigung eines Vertrages, werden die Regeln zum Wegfall bzw. zur Störung der Geschäftsgrundlage mit dem in **§ 314 BGB** normierten Kündigungsrecht aus wichtigem Grund verdrängt (st. Rspr., vgl. z.B. BGH vom 23.5.1991, III ZR 338/89). Nach § 314 BGB können Schuldverhältnisse von jedem Vertragsteil aus wichtigem Grund ohne Einhaltung einer Kündigungsfrist gekündigt werden. Ein **wichtiger Grund** liegt hiernach vor, wenn dem kündigenden Teil unter Berücksichtigung aller Umstände des Einzelfalles und unter Abwägung der beiderseitigen Interessen die Fortsetzung des Vertragsverhältnisses bis zur vereinbarten Beendigung oder bis zum Ablauf einer Kündigungsfrist nicht zugemutet werden kann. Zu den insoweit zu berücksichtigenden Umständen gehört auch, in wessen Verantwortungs- oder Risikobereich der Umstand fällt, der den „wichtigen Grund" i.S.d. § 314 BGB darstellt, also der Umstand, der zu einem Vertragsverletzungsverfahren der EU-Kommission und zur Unwirksamkeit des Vertrages geführt hat. Verantwortlich hierfür wird in aller Regel der öffentliche Auftraggeber selbst sein, wenn er z.B. bereits vor dem Abschluss des Beschaffungsvertrages weiß, dass ihm ein Vergabefehler unterlaufen ist, der in dem Vertrag sozusagen fortwirkt. Auch ansonsten wird regelmäßig dem öffentlichen Auftraggeber ein Vergabeverstoß zuzurechnen sein, da er Adressat des Vergaberechts ist und ihn daher letztlich die Rechtspflicht trifft, das Vergaberecht zu kennen und ordnungsgemäß anzuwenden. Es ist damit dem **Risikobereich des öffentlichen Auftraggebers** zuzurechnen, wenn es zu einem EuGH-Urteil nach einem Vertragsverletzungsverfahren der EU-Kommission und eventuellen Zwangsmaßnahmen gegenüber der Bundesrepublik Deutschland als Adressatin des EU-Vergaberechts gekommen ist. Eine außerordentliche Kündigung aus wichtigem Grund kann im Allgemeinen jedoch nicht auf Umstände gestützt werden, die allein im Risikobereich des Kündigenden liegen (st. Rspr., vgl. z.B. BGH vom 7.10.2004, I ZR 18/02), so dass der öffentliche Auftraggeber den unter Verstoß gegen das EU-Vergaberecht zustande gekommenen Vertrag kaum einmal nach § 314 BGB rechtmäßig kündigen kann, ohne sich schadensersatzpflichtig zu machen. Die – nicht rechtskräftige – Entscheidung des LG München I (vom 20.12.2005, 33 O 16465/05), in der die Anwendbarkeit des § 314 BGB bejaht wird, ist zu Recht eine Einzelfallentscheidung geblieben.

83 Vor diesem Hintergrund wollte der **Bundesrat** im Gesetzgebungsverfahren zum Gesetz zur Modernisierung des Vergaberechts vom 20.4.2009 (BGBl. I S. 790) einen **neuen Abs. 3** in die Vorschrift des § 101b einfügen (BR-Drucks. 349/08 (B), S. 12 f.). Danach sollte dem Auftraggeber die Möglichkeit gegeben werden, einen Vertrag aus wichtigem Grund zu kündigen, wenn der Europäische Gerichtshof feststellt, dass durch eine Auftragsvergabe gegen die Gemeinschaftsvorschrift über die Vergabe öffentlicher Aufträge verstoßen wurde. Zudem sollte ausdrücklich gesetzlich klargestellt werden, dass § 314 Abs. 4 BGB und § 649 Abs. 2 BGB für diese Fälle entsprechend gelten. Der Vorschlag des Bundesrates sah darüber hinaus die Beschränkung der Schadensersatzpflicht auf die Zeit bis zum nächsten ordentlichen Kündigungstermin bei einem zeitlich unbefristeten Vertrag vor. Mit einem zeitlich befristeten Vertrag sollte sich die Ersatzpflicht nach dem Vorschlag des Bundesrates auf fünf Jahre, insgesamt jedoch auf die Hälfte der Restlaufzeit des Vertrages beschränken (vgl. BR-Drucks. 349/08 (B), S. 12 f.). Nach Auffassung des Bundesrates sollte ein derartiges außerordentliches Kündigungsrecht dem Auftraggeber auch deswegen zur Verfügung stehen, um weitere Vertragsverletzungsverfahren zu vermeiden. Wenn den Auftragnehmer das Risiko des vergaberechtswidrig zustande gekommenen Vertrages treffe, würde dieser nicht schutzlos gestellt werden. Es seien daher zudem die für die Vertragsabwicklung (Schadensersatzforderungen) erforderlichen Regelungen zu treffen. Problematisch für die Vergabestellen seien insbesondere Schadensersatzforderungen aus Verträgen mit mehrjährigen Vertragslaufzeiten, Dauerschuldverhältnissen, Rahmenvereinbarungen oder Bauprojekten mit mehrjähriger Bauzeit. Die zeitlich befristete Ersatzpflicht des Auftraggebers beschränke das Risiko der Vergabestellen und werde als angemessen für den Auftragnehmer angesehen. Bei Verträgen mit kürzerer Laufzeit sei es erforderlich, eine Einschränkung auf die Hälfte der noch offenen Laufzeit des Vertrages vorzunehmen.

84 Dem Vorschlag des Bundesrates ist die **Bundesregierung** im Gesetzgebungsverfahren nicht gefolgt. In ihrer Stellungnahme verweist sie darauf, dass die Frage der Anwendbarkeit der zivilrechtlichen Vorschriften – wie beispielsweise §§ 313 f. BGB – nach den tatsächlichen Umständen des jeweiligen Einzelfalles zu beantworten sei. Dazu zähle insbesondere die Klärung des Umstandes, ob der Verstoß der Auftragsvergabe gegen das Europäische Gemeinschaftsrecht im Einzelfall der Risikosphäre des Auftraggebers zuzuordnen sei, so dass ein Leistungsforderungsrecht des Unternehmers nach § 649 Satz 2 BGB interessengerecht wäre. Eine pauschale Betrachtung durch gesetzliche Verweisung würde vertragliche Lösungen ausschließen und könnte sachgerechte Lösungen im Einzelfall nicht gleichermaßen sicherstellen (vgl. Gegenäußerung der Bundesregierung zur Stellungnahme des Bundesrates, BT-Drucks. 16/10117, Anlage 4, S. 41).

85 Letztere Argumentation ist überzeugend. Gleichwohl ist das Problem steigender Vertragsverletzungsverfahren damit nicht gelöst. Es greifen in den hier interessierenden Konstellationen jedoch weder § 313 BGB (Wegfall der Geschäftsgrundlage), der zudem nur in Ausnahmefällen ein Rücktrittsrecht, vorrangig aber die Anpassung des Vertrages vorsieht (vgl. auch *Frenz*, VergabeR 2009, 1, 5 ff.), noch § 314 BGB (Rn. 82), so dass eine Beendigung des Vertrages letztlich nur durch eine Aufhebungsvereinbarung der Parteien erreicht werden kann.

Zweiter Abschnitt
Nachprüfungsverfahren

I. Nachprüfungsbehörden

§ 102 Grundsatz

Unbeschadet der Prüfungsmöglichkeiten von Aufsichtsbehörden unterliegt die Vergabe öffentlicher Aufträge der Nachprüfung durch die Vergabekammern.

Literatur: *Andre/Sailer*, Zwischen Stillstand und Erneuerung – vergabespezifischer Unterschwellenrechtsschutz in der rechtspolitischen Debatte, NZBau 2011, 394; *Antweiler*, Chancen des Primärrechtsschutzes unterhalb der Schwellenwerte, VergabeR 2008, 352; *Antweiler*, Bieterrechtsschutz unter Zumutbarkeitsvorbehalt?, VergabeR 2011, 306; *Bitterich*, Einschränkung der Abschlussfreiheit öffentlicher Auftraggeber nach Einleitung eines Vergabeverfahrens, NZBau 2006, 757; *Bitterich*, Rechtsschutz bei Verletzung aus dem EG-Vertrag abgeleiteten „Grundanforderungen" an die Vergabe öffentlicher Aufträge, NVwZ 2007, 890; *Brauer*, Das Verfahren vor der Vergabekammer, NZBau 2009, 297; *Braun*, Europarechtlicher Vergaberechtsschutz unterhalb der Schwellenwerte, VergabeR 2007, 17; *Braun*, Sekundärrechtsschutz unterhalb der Schwellenwerte?, VergabeR 2008, 360; *Braun*, Zivilrechtlicher Rechtsschutz bei Vergaben unterhalb der Schwellenwerte, NZBau 2008, 160; *Burbulla*, Aufhebung der Ausschreibung und Vergabenachprüfungsverfahren, ZfBR 2009, 134; *Conrad*, Der Rechtsschutz gegen die Aufhebung eines Vergabeverfahrens bei Fortfall des Vergabewillens, NZBau 2007, 287; *Deling*, Kriterien der Binnenmarktrelevanz und ihre Konsequenzen unterhalb der Schwellenwerte, NZBau 2012, 17; *Dicks*, Nochmals: Primärrechtsschutz bei Aufträgen unterhalb der Schwellenwerte, VergabeR 2012, 531; *Diemon-Wies/Hesse*, Präzisierte Kriterien für die Abgrenzung von Dienstleistungsauftrag und -konzession, NZBau 2012, 341; *Emme/Schrotz*, Mehr Rechtsschutz bei Vergaben außerhalb des Kartellvergaberechts, NZBau 2012, 216; *Fett*, Rechtsschutz unterhalb der Schwellenwerte, VergabeR 2007, 298; *Frenz*, Unterschwellenvergaben, VergabeR 2007, 1; *Grams*, Glaubhaftmachung des Anordnungsanspruches im einstweiligen Verfügungsverfahren bei unterschwelligen Vergaben, VergabeR 2008, 474; *Gyulai-Schmidt*, Entwicklung der europäischen Rechtsprechung zum Vergaberecht im Bereich der Dienstleistungen von allgemeinem wirtschaftlichem Interesse, VergabeR 2012, 809; *Hormanns*, Zur Rechtsnatur des Vergaberechts, VergabeR 2007, 431; *Kallerhoff*, Zur Begründetheit von Rechtsschutzbegehren unterhalb der vergaberechtlichen Schwellenwerte, NZBau 2008, 97; *Knauff*, Die Vergabe von Dienstleistungskonzessionen: Aktuelle Rechtslage und zukünftige Entwicklungen, VergabeR 2013, 157; *Krist*, Vergaberechtsschutz unterhalb der Schwellenwerte, VergabeR 2011, 163; *Krohn*, Ende des Rechtswirrwarrs: Kein Verwaltungsrechtsschutz unterhalb der Schwellenwerte, NZBau 2007, 493; *Losch*, Brennpunkt „Rechtsschutz unterhalb der Schwellenwerte" – Der Status quo, VergabeR 2006, 298; *Lutz*, Vergaberegime außerhalb des Vergaberechts? – Die Mitteilung der Europäischen Kommission zur Vergabe öffentlicher Aufträge, die nicht oder nur teilweise unter die Vergaberichtlinien fallen, WuW 2006, 890; *Scharen*, Rechtsschutz unterhalb der Schwellenwerte, VergabeR 2011, 653; *Spießhofer/Sellmann*, Rechtsschutz im „Unterschwellenbereich" – zur begrenzten Tragweite der Entscheidung des Bundesverfassungsgerichts, VergabeR 2007, 159; *Stelkens*, Primärrechtsschutz trotz Zuschlagserteilung?, NZBau 2003, 654; *Stoye/von Münchhausen*, Primärrechtsschutz in der GWB-Novelle – Kleine Vergaberechtsreform mit großen Einschnitten im Rechtsschutz, VergabeR 2008, 871; *Summa*, Primärrechtsschutz im Unterschwellenbereich – quo vadis?, VergabeNews 2010, 26; *Vavra*, Binnenmarktrelevanz öffentlicher Aufträge, VergabeR 2013, 384.

Übersicht

A. Allgemeines 1–8	II. Zuständigkeit der Zivilgerichte 21
I. Nachprüfungsmöglichkeiten 1–6	III. Einstweiliges Verfügungsverfahren
II. Primär- und Sekundärrechtsschutz 7–8	nach §§ 935 ff. ZPO 22–29
B. Rechtsschutz oberhalb der Schwellenwerte/ Nachprüfungsverfahren 9–17	IV. Vorgaben des EU-Rechts für den Rechtsschutz unterhalb der Schwellenwerte .. 30–36
I. Zuständigkeit, Verfahrensgegenstand und Antragsbefugnis 9–12	1. EU-Primärrecht in der Auslegung durch den EuGH 30–31
II. Verfahrensgrundsätze und Verfahrensablauf 13–17	2. Insbesondere: Auslegungsmitteilungen der Europäischen Kommission 32–33
C. Rechtsschutz unterhalb der Schwellenwerte ... 18–39	3. Bewertung des deutschen Primärrechtsschutzsystems 34–36
I. Ausgangslage 18–20	

V. Verbleibende Zuständigkeit der Verwaltungsgerichte 37–39	F. Verhältnis der Nachprüfungsmöglichkeiten zueinander 53–55
D. Überprüfung durch die Aufsichtsbehörden 40–50	I. Kein Rangverhältnis 53–54
I. Gegenstand der Aufsicht 40–42	II. Divergierende Entscheidungen 55
II. Zuständigkeit der Aufsichtsbehörde 43–46	G. Weitere Überprüfungsmöglichkeiten 56–62
III. Unterschiede zum Nachprüfungsverfahren .. 47–50	I. Vertragsverletzungsverfahren 57–59
E. Überprüfung durch die Vergabeprüfstellen 51–52	II. Prüfungsmöglichkeiten der Kartellbehörden .. 60–62

A. Allgemeines

I. Nachprüfungsmöglichkeiten

1 § 102 steht zu Beginn des Zweiten Abschnitts des 4. Teils des GWB „Vergabe öffentlicher Aufträge". Während der Erste Abschnitt (§§ 97 bis 101b GWB) die Grundsätze des Vergabeverfahrens regelt, betrifft der Zweite Abschnitt (§§ 102 bis 124 GWB) das **besondere Rechtsschutzsystem des Vergaberechts**, das **Nachprüfungsverfahren**. Es sieht eine **zweistufige Überprüfung** der Vergabe öffentlicher Aufträge vor – mit der Vergabekammer als Eingangsinstanz und der Möglichkeit der sofortigen Beschwerde gegen die Entscheidung der Vergabekammer zu den Vergabesenaten der Oberlandesgerichte.

2 § 102 enthält dabei zunächst nur den „Grundsatz", dass die Vergabe öffentlicher Aufträge (vor allem) der Nachprüfung durch die **Vergabekammern** unterliegt. Wie das Verfahren zur Nachprüfung der Vergabe öffentlicher Aufträge im Einzelnen ausgestaltet ist, ergibt sich aus den nachfolgenden Vorschriften.

3 Dass die Nachprüfung öffentlicher Aufträge grundsätzlich bei den Vergabekammern gebündelt werden soll, erfährt in § 102 selbst eine Einschränkung. Danach besteht weiterhin die Möglichkeit, dass auch die **Aufsichtsbehörden** (Rn. 5) die Vergabe öffentlicher Aufträge prüfen. Ohnehin bleiben nach § 104 Abs. 2 GWB die Zuständigkeit der Zivilgerichte für die Geltendmachung von Schadensersatzansprüchen und die Befugnisse der Kartellbehörden unberührt (Rn. 60).

4 Durch die Formulierung in § 102 „Unbeschadet der Prüfungsmöglichkeiten ..." wird klargestellt, dass es neben der Prüfung durch die Vergabekammern auch noch die Kontrolle durch die Aufsichtsbehörden gibt. Da die Nachprüfung durch **Vergabeprüfstellen** kaum eine Rolle gespielt hat, sind die Worte „und Vergabeprüfstellen" durch das Gesetz zur Modernisierung des Vergaberechts vom 20.4.2009 (BGBl. I S. 790) in § 102 gestrichen worden; gleichzeitig wurde auch auf die Regelung in § 103 GWB (Vergabeprüfstellen) komplett verzichtet. Streng genommen enthält § 102 damit keine abschließende Aufzählung aller „Nachprüfungsbehörden" mehr, wie es die Zwischenüberschrift zu §§ 102 bis 106a GWB nahe legt. Die grundsätzliche Prüfungsmöglichkeit durch die Vergabeprüfstellen soll nach Auffassung des Gesetzgebers bestehen bleiben, auch wenn diese nicht mehr ausdrücklich im GWB erwähnt werden (vgl. Gegenäußerung der BReg zur Stellungnahme des BR, BT-Drucks. 16/10117, Anlage 4, S. 41 f.). Es bleibt letztlich dem Bund und den Ländern überlassen, ob sie weiterhin Vergabeprüfstellen und ein entsprechendes Prüfverfahren vorhalten. Die Bundesregierung geht offensichtlich von einer Notwendigkeit der Vergabeprüfstellen allein auf Länderebene aus (vgl. Gegenäußerung der BReg zur Stellungnahme des BR, BT-Drucks. 16/10117, Anlage 4, S. 41 f.).

Damit stehen einem Bieter, der sich bei einem Vergabeverfahren oberhalb der EU-Schwellenwerte gegen ein vergaberechtswidriges Verhalten des öffentlichen Auftraggebers wenden will, **nebeneinander drei Überprüfungsmöglichkeiten** zur Verfügung. Formal besteht im Verhältnis dieser drei Überprüfungsmöglichkeiten **keine Rangfolge**; die Vergabekammern werden unabhängig davon tätig, ob zeitgleich die Aufsichtsbehörden oder die Vergabeprüfstellen angerufen werden. Allein das Nachprüfungsverfahren vor der **Vergabekammer** gewährleistet aber einen **wirksamen Rechtsschutz für die unterlegenen Bieter**, weil allein die Vergabekammer gemäß § 115 Abs. 1 GWB durch die Übermittlung einer Antragsschrift an die Vergabestelle das **Zuschlagsverbot** auslösen kann. Eine vergleichbare (aufschiebende) Wirkung kommt den anderen Kontrollverfahren durch die Aufsichtsbehörden oder den Vergabeprüfstellen nicht zu, so dass die Vergabestelle ungeachtet der behördlichen Überprüfung den Zuschlag erteilen und damit vollendete Tatsachen zu Lasten des betroffenen Bieters schaffen kann. Denn nach wirksamer Erteilung des Zuschlags ist dieser auf Schadensersatzansprüche verwiesen, die in der Praxis nur schwer durchzusetzen sind und zudem primär den nutzlosen Aufwand ersetzen, der durch die Teilnahme an einem rechtswidrigen Vergabeverfahren entstanden ist. Der Gewinn, der dadurch verloren geht, dass der unterlegene Bieter den Auftrag nicht erhält, kann dagegen nur unter sehr hohen Anforderungen als Schadensersatz geltend gemacht werden (vgl. § 126 GWB).

In der Praxis spielen die Kontrollverfahren durch die **Aufsichtsbehörden** oder die **Vergabeprüfstellen**, auch wegen der engen Fristen im Nachprüfungsverfahren, eine **untergeordnete Rolle**, mögen sie auch im Vergleich zu dem Nachprüfungsverfahren kostengünstiger sein, weil keine oder nur geringfügige Gebühren anfallen. Zudem haben viele Bundesländer überhaupt keine Vergabeprüfstellen eingerichtet, sondern ermöglichen den Rechtsschutz allein durch die Vergabekammern. 5

Ein Verfahren vor einer **Vergabekammer** muss schließlich zwingend durchlaufen werden, wenn die Auftragsvergabe einer gerichtlichen Überprüfung durch ein Oberlandesgericht nach §§ 116 ff. GWB unterzogen werden soll. Die Vergabekammern sind somit die **primären Kontrollinstanzen** für die Vergabeverfahren. Dies war vom Gesetzgeber mit der Einführung des Vergaberechtsschutzes am 1.1.1999 so vorgesehen und hat sich in der Praxis auch bewährt (Bericht der BReg zum VgRÄG, S. 3 ff.; s. auch das Gutachten für das BMWi, S. 6, abrufbar unter http://www.bmwi.de/DE/Themen/Wirtschaft/Wettbewerbspolitik/oeffentliche-auftraege.html). Die dominante Rolle der Vergabekammern zeigt sich auch in der Statistik des Bundeswirtschaftsministeriums, die jedes Jahr veröffentlicht wird (s. http://www.bmwi.de/DE/Themen/Wirtschaft/Wettbewerbspolitik/oeffentliche-auftraege, did=190910.html). 6

II. Primär- und Sekundärrechtsschutz

Die in § 102 genannten Vergabekammern und Aufsichtsbehörden wie auch die Vergabeprüfstellen und die Oberlandesgerichte gewährleisten insgesamt den **Primärrechtsschutz für die unterlegenen Bieter**, werden also in der Regel vor Erteilung des Zuschlags auf Antrag tätig und sollen eine Auftragsvergabe an einen anderen Bieter verhindern. Zum Primärrechtsschutz gehören auch die Überprüfung der Aufhebungsentscheidung der Vergabestelle gemäß § 17 EG VOB/A, § 20 EG VOL/A und die Fälle, in denen überhaupt kein Vergabeverfahren durchgeführt wurde (sogenannte Direkt- oder De-facto-Vergaben, vgl. § 101b Abs. 1 Nr. 2 GWB). Damit einhergehend hat der Bieter die Möglichkeit, durch die Vergabekammer gemäß § 101b GWB u.a. die Unwirksamkeit eines nach einer Direkt- oder De-facto-Vergabe geschlossenen Vertrages feststellen zu lassen. Hat sich das Nachprüfungsverfahren erledigt (§ 114 Abs. 2 GWB), so hat der Bieter unter bestimmten Voraussetzungen in einem Nachprüfungsverfahren vor einer Vergabekammer auch einen Anspruch auf Feststellung, ob eine Rechtsverletzung vorgelegen hat. Ein solches Verfahren kann insbesondere der Vorbereitung eines Schadensersatzprozesses dienen (vgl. § 124 Rn. 3 f.). 7

Demgegenüber richtet sich der **Sekundärrechtsschutz** nach § 126 Satz 1 GWB auf **Schadensersatzansprüche**, die einem in einem Vergabeverfahren übergangenen Bieter ggf. zustehen können, wenn seine echte Chance auf den Zuschlag durch einen Verstoß des Auftraggebers gegen eine bieterschützende Vorschrift beeinträchtigt wurde. Nach § 126 Satz 1 GWB kann der Bieter unter diesen Voraussetzungen ggf. Schadensersatz für die Kosten der Vorbereitung seines Angebots oder der Teilnahme an dem Vergabeverfahren geltend machen. Weitere Ansprüche, wie beispielsweise der Ersatz des entgangenen Gewinns, bleiben gemäß § 126 Satz 2 GWB unberührt; zu den Schwierigkeiten, diese zu realisieren, vgl. aber Rn. 35 und § 126 Rn. 89 ff. Für den Sekundärrechtsschutz sind die Zivilgerichte zuständig. 8

B. Rechtsschutz oberhalb der Schwellenwerte/Nachprüfungsverfahren

I. Zuständigkeit, Verfahrensgegenstand und Antragsbefugnis

9   Wegen der Sonderzuweisung in den §§ 102 ff. GWB sind für die rechtliche Überprüfung der Auftragsvergaben oberhalb der Schwellenwerte gemäß § 2 VgV ausschließlich die **Vergabekammern** und die **Oberlandesgerichte zuständig** (BVerwG vom 2.5.2007, 6 B 10.07). Eine Klage gegen den öffentlichen Auftraggeber vor einem Verwaltungs- oder Zivilgericht kommt daher in diesem Bereich nicht in Betracht.

10 Die **Einrichtung der Vergabekammern als Nachprüfungsinstanzen** ist vor dem Hintergrund des EU-Rechts erfolgt. Art. 2 Abs. 8 der Richtlinie 89/665/EWG des Rates vom 21.12.1989 (ABl. EG Nr. L 395 vom 30.12.1989, S. 33) räumt den Mitgliedstaaten zunächst die Möglichkeit ein, die Zuständigkeit für Nachprüfungen den nationalen Gerichten zu übertragen. Zuständig für die Nachprüfung der Vergabe öffentlicher Aufträge können daneben aber auch Instanzen sein, die keine Gerichte sind, wenn deren Entscheidungen zum Gegenstand einer Klage oder einer Nachprüfung bei einer anderen Instanz, die ein Gericht ist, gemacht werden können. In der Bundesrepublik Deutschland hat man sich für die zweite Möglichkeit entschieden, indem man **Vergabekammern** einrichtete und die Überprüfung der Vergabekammerbeschlüsse den **Oberlandesgerichten** übertrug. Die Richtlinie 89/665/EWG ist durch die Rechtsmittelrichtlinie 2007/66/EG vom 11.12.2007 (ABl. EG Nr. L 335 vom 20.12.2007, S. 31) ersetzt worden, die mit dem Gesetz zur Modernisierung des Vergaberechts vom 20.4.2009 (BGBl. I S. 790) in deutsches Recht umgesetzt worden ist.

11 Dem Nachprüfungsverfahren vor der Vergabekammer (und den Vergabesenaten) unterliegt nur die Vergabe solcher öffentlicher Aufträge, die in den Anwendungsbereich des Vergaberechts der §§ 97 ff. GWB fallen. Ihr Wert muss also insbesondere die EU-Schwellenwerte erreichen oder überschreiten. Dies ergibt sich aus § 100 Abs. 1 GWB i.V.m. § 127 Nr. 1 GWB, § 2 VgV. Die Vergabekammern überprüfen im Nachprüfungsverfahren also allein die Auftragsvergaben oberhalb der EU-Schwellenwerte. Die Vergabekammern und Oberlandesgerichte sind auch für die Überprüfung der **Vergaben im Bereich der Verteidigung und Sicherheit** und für die **Auftragsvergaben nach der Sektorenverordnung** zuständig. § 100 Abs. 1 Satz 2 Nr. 1 bis 3 GWB verweist hinsichtlich der für diese Bereiche geltenden Schwellenwerte auf die VSVgV vom 12.7.2012 (BGBl. I S. 1509) und § 1 SektVO. Der Rechtsschutz lässt sich infolgedessen formal in den Rechtsschutz unterhalb und oberhalb der Schwellenwerte gliedern. Die Beschränkung des Rechtsschutzes durch die Nachprüfungsinstanzen auf Auftragsvergaben oberhalb der Schwellenwerte geht auf entsprechende Regelungen der Vergaberichtlinien und der Rechtsmittelrichtlinie zurück. Die Rechtsmittelrichtlinie 2007/66/EG vom 11.12.2007, die einen wirksamen Rechtsschutz zugunsten der Bieter verlangt, gilt nur bei Auftragsvergaben, die in den Anwendungsbereich der Richtlinie 2004/18/EG und deren Vorgänger fallen. Inhaltlich sind jedoch kaum Unterschiede bei der Auslegung und Anwendung der Vorschriften aus den Vergabeordnungen feststellbar. Wenn nicht gerade besondere Vorschriften, die nur für die europaweiten Vergaben gelten, zur Anwendung kommen, kann auch bei den Vergaben unterhalb der Schwellenwerte die Vergaberechtsprechung zur Auslegung einer Norm aus den Vergabeordnungen herangezogen werden. **Aufträge unterhalb der Schwellenwerte** unterliegen nicht der Nachprüfung durch die Vergabekammern. Das gilt auch für die **Vergabe von Dienstleistungskonzessionen**, da diese (weiterhin) nicht in den Anwendungsbereich des 4. Teils des GWB fallen (BGH vom 23.1.2012, X ZB 5/11). Wenn jedoch unzulässigerweise eine Dienstleistungskonzession vom öffentlichen Auftraggeber als Vertragsart gewählt wurde, dann ist dies einer vergaberechtswidrigen De-facto-Vergabe gleichzusetzen. Diese unterliegt wiederum dem Anwendungsbereich des 4. Teils des GWB und somit der Kontrolle der Nachprüfungsinstanzen (BGH vom 18.6.2012, X ZB 9/11; OLG Düsseldorf vom 19.10.2011, Verg 51/11). Insofern ist es auch weiterhin von Belang, Dienstleistungsaufträge von Dienstleistungskonzessionen abzugrenzen (*Diemon-Wies/Hesse*, NZBau 2012, 341). Ein **irrtümlich oder freiwillig durchgeführtes europaweites Vergabeverfahren** (OLG Jena vom 11.12.2009, 9 Verg 2/08) begründet die Zuständigkeit der Vergabe-

kammer ebenso wenig wie die **unzutreffende Benennung der Vergabekammer** als zuständige Nachprüfungsbehörde (OLG München vom 28.9.2005, Verg 19/05), wenn der zu überprüfende Auftrag die Schwellenwerte objektiv nicht erreicht.

Das Verfahren vor der Vergabekammer können nur **antragsbefugte Bieter oder Bewerber** i.S.v. § 107 Abs. 2 GWB einleiten, die eine zuvor gegenüber der Vergabestelle gerügte Verletzung ihres Rechts aus § 97 Abs. 7 GWB und einen hierdurch (drohenden) Schaden geltend machen. Prinzipiell kann auf der Grundlage subjektiver Bieterrechte i.S.d. § 97 Abs. 7 GWB Rechtsschutz vor den Vergabekammern gegen jede Entscheidung der Vergabestelle in einem Vergabeverfahren erlangt werden, z.B. auch gegen die Aufhebung einer Ausschreibung oder die (drohende) Vergabe eines Auftrags ohne jedes formale Ausschreibungsverfahren, also im Falle von sogenannten De-facto-Vergaben (vgl. § 101b Abs. 1 Nr. 2 GWB). 12

II. Verfahrensgrundsätze und Verfahrensablauf

Die Vergabekammern sind zwar keine Gerichte i.S.v. Art. 92 GG, aber sie erlassen in grundsätzlich kontradiktorisch ausgetragenen Verfahren streitentscheidende Verwaltungsakte, die funktional gerichtlichen Entscheidungen entsprechen und auch wie solche – vor einem Rechtsmittelgericht – anzufechten sind (BGH vom 25.10.2011, X ZB 5/10). Den Vorgaben der Rechtsmittelrichtlinie 2007/66/EG entsprechend stellt das **Nachprüfungsverfahren** ein **kontradiktorisches Verfahren** dar, also ein Verfahren, in dem **beide Seiten gehört** werden. Wegen des **Zuschlagsverbots**, das gemäß § 115 Abs. 1 GWB durch die Übermittlung des Antrags an den Auftraggeber entsteht, gewährleistet es gemeinsam mit der Stillhaltefrist aus § 101a GWB einen effektiven Rechtsschutz für die Bieter, der sie davor schützt, dass der Auftraggeber durch die Zuschlagserteilung vollendete Tatsachen schafft. Das Nachprüfungsverfahren vor der Vergabekammer ist in §§ 107 bis 115a GWB geregelt, das sich anschließende Verfahren der sofortigen Beschwerde vor dem Oberlandesgericht in §§ 116 ff. GWB. 13

Im Nachprüfungsverfahren ist die Vergabekammer wegen des **Untersuchungsgrundsatzes** (§ 110 GWB) gehalten, eine umfassende Prüfung der Sach- und Rechtslage anhand der Originalausschreibungsunterlagen durchzuführen. Dies beinhaltet ggf. auch solche Rechtsverletzungen, die der Antragsteller nicht geltend gemacht hat. Den Bietern wird gemäß § 111 GWB **Akteneinsicht** gewährt und die Beanstandungen werden gemäß § 112 GWB in einer **mündlichen Verhandlung** mit allen Beteiligten erörtert. 14

Die Vergabekammer muss ihre **abschließende Entscheidung**, die in Form eines Verwaltungsakts ergeht (§ 114 Abs. 3 Satz 1 GWB), gemäß § 113 Abs. 1 GWB grundsätzlich innerhalb einer **Frist von fünf Wochen** treffen und **begründen**. Dem Anspruch des Bieters auf effektiven Rechtsschutz wird damit Genüge getan, ohne dass die Vergabeverfahren unnötig in die Länge gezogen werden. In ihrer Entscheidung legt die Vergabekammer dar, ob der Antragsteller tatsächlich in seinen Rechten verletzt ist und ordnet ggf. geeignete Maßnahmen an, um die Rechtsverletzung zu beseitigen und eine Schädigung der betroffenen Interessen zu verhindern (§ 114 Abs. 1 Satz 1 GWB). 15

Die Vergabekammern entscheiden durch **Beschluss in der Form eines Verwaltungsakts** (§ 114 Abs. 3 Satz 1 GWB), der zwingend zu beachten ist und ggf. zwangsweise durchgesetzt (vollstreckt) werden kann (vgl. § 114 Abs. 3 Satz 2 GWB). 16

Gegen die Entscheidung der Vergabekammer kann die unterliegende Partei gemäß § 116 Abs. 1 GWB sofortige Beschwerde beim zuständigen Oberlandesgericht einlegen. 17

C. Rechtsschutz unterhalb der Schwellenwerte

I. Ausgangslage

Bei Auftragsvergaben unterhalb der Schwellenwerte nach § 2 VgV steht einem interessierten Bewerber oder Bieter allein die Möglichkeit einer **Klage vor den Verwaltungs- oder Zivilgerichten** zur Überprüfung eines Vergabeverfahrens offen. Die §§ 102 ff. GWB enthalten eine Sonderzuwei- 18 sung zu den Vergabekammern und den Oberlandesgerichten allein für die Aufträge öffentlicher Auftraggeber, welche die EU-Schwellenwerte erreichen oder überschreiten (OVG Rheinland-Pfalz vom 25.5.2005, 7 B 10356/05; OVG Nordrhein-Westfalen vom 20.9.2005, 15 E 1188/05). Die Vergabe öffentlicher Aufträge unterhalb der Schwellenwerte unterliegt also nicht der Überprüfung durch die Vergabekammern (vgl. nur BGH vom 1.2.2005, X ZB 27/04).

19 Die sich hieraus ergebende Zweiteilung des vergaberechtlichen Rechtsschutzes ist verfassungsrechtlich nicht zu beanstanden. Der **Gesetzgeber** ist nach Auffassung des BVerfG (vom 13.6.2006, 1 BvR 1160/03) verfassungsrechtlich **nicht verpflichtet, gesonderte Regelungen für ein Rechtsschutzverfahren unterhalb der Schwellenwerte** und damit eine auch tatsächlich realisierbare Möglichkeit eines Primärrechtsschutzes im Vergaberecht zu schaffen. Es liegt im Hinblick auf Vergabeentscheidungen im Gestaltungsspielraum des Gesetzgebers, das Interesse des Auftraggebers an einer zügigen Auftragsvergabe und das des erfolgreichen Bewerbers an rascher Rechtssicherheit dem Rechtsschutzinteresse des erfolglosen Bieters vorzuziehen und Letzteren regelmäßig auf Schadensersatzansprüche zu beschränken. Davon zu unterscheiden ist aber die Frage, ob die Gerichte in der Zivilgerichtsbarkeit tatsächlich damit befasst werden können.

20 Innerhalb seines vom BVerfG ausdrücklich betonten Gestaltungsspielraums hat der Gesetzgeber auch bei der Neufassung des Vergaberechts durch das **Gesetz zur Modernisierung des Vergaberechts** vom 20.4.2009 (BGBl. I S. 790) an seiner Entscheidung festgehalten, für die Vergabe von Aufträgen unterhalb der EG-Schwellenwerte keinen speziellen Primärrechtsschutz zur Verfügung zu stellen. Der Rechtsschutz soll in der bewährten Form fortbestehen und nicht auf Aufträge unterhalb der EG-Auftragswerte ausgedehnt werden. Die Vergaberegeln bleiben in diesem Bereich im Haushaltsrecht verankert, das den Staat als Auftraggeber verpflichtet, mit Haushaltsmitteln wirtschaftlich und sparsam umzugehen (vgl. § 55 BHO, § 55 LHO). Wettbewerb ist nach Auffassung des Gesetzgebers Mittel, aber nicht Zweck der Normen. Unternehmen haben deshalb lediglich einen Anspruch auf Gleichbehandlung nach Art. 3 Abs. 1 GG, wie das bei jedem anderen Handeln des Staates auch der Fall ist. Soweit es zu einer Verletzung kommt, ist der Rechtsschutz durch die allgemeinen Regeln des Zivilrechts und des Zivilprozessrechts gewährleistet.

II. Zuständigkeit der Zivilgerichte

21 Erfährt ein Bieter rechtzeitig, dass der Zuschlag an einen Mitkonkurrenten erteilt werden soll, und hält er dies für nicht gerechtfertigt, so kann er bei öffentlichen Auftragsvergaben unterhalb der Schwellenwerte gerichtlichen Rechtsschutz in Anspruch nehmen. Für diesen Rechtsschutz sind nach der Grundsatzentscheidung des BVerwG (vom 2.5.2007, 6 B 10.07) nicht die Verwaltungsgerichte, sondern die **Zivilgerichte zuständig**. Zuvor hatte etwa das OVG Nordrhein-Westfalen (vom 12.1.2007, 15 E 1/07), das OVG Rheinland-Pfalz (vom 25.5.2005, 7 B 10356/05) oder das OVG Sachsen (vom 13.4.2006, 2 E 270/05) den Rechtsweg zu den Verwaltungsgerichten bejaht, während das OVG Niedersachsen (vom 19.1.2006, 7 OA 168/059) und das OVG Berlin-Brandenburg (vom 28.7.2006, 1 L 69/06) den Rechtsweg zu den Zivilgerichten als gegeben ansahen. Nach der Entscheidung des BVerwG steht fest, dass in den allermeisten Fällen (zu verbleibenden Ausnahmen s. Rn. 37 ff.) die Verwaltungsgerichte für die gerichtliche Kontrolle von Auftragsvergaben unterhalb der Schwellenwerte nicht zuständig sind. Die zuvor ergangenen Entscheidungen der Verwaltungsgerichtsbarkeit sind somit gegenstandslos geworden. Vielmehr können bei der Auftragsvergabe unterhalb der Schwellenwerte unterlegene Bieter nunmehr nur um Rechtsschutz vor den Zivilgerichten nachsuchen.

III. Einstweiliges Verfügungsverfahren nach §§ 935 ff. ZPO

22 Wegen der typischerweise hohen Eilbedürftigkeit kommt für den Rechtsschutz unterhalb der Schwellenwerte die Durchführung eines zeitraubenden Hauptsacheverfahrens praktisch nicht in Betracht. Stattdessen muss der Rechtsschutz im Wege des **einstweiligen Verfügungsverfahrens nach §§ 935 ff. ZPO** realisiert werden (zu den zivilprozessualen Besonderheiten eines solchen einstweiligen Verfügungsverfahrens s. OLG Düsseldorf vom 13.1.2010, 27 U 1/09). Im Vergleich zum

Nachprüfungsverfahren ist das einstweilige Rechtsschutzverfahren nach §§ 935 ff. ZPO von erheblichen **Nachteilen für Bieter** geprägt. Zum einen wird der Sachverhalt nicht von Amts wegen durch die Vergabekammer erforscht, sondern es gilt der zivilprozessuale Beibringungsgrundsatz (OLG Brandenburg vom 17.12.2007, 13 W 79/07), so dass ein Bieter den relevanten Tatsachenstoff selbst dem Gericht unterbreiten muss, ohne dass ein dem § 111 GWB vergleichbares Akteneinsichtsrecht existiert. Darüber hinaus ist das Gericht im Zivilprozess an die Anträge gebunden. Es kann – anders als im Nachprüfungsverfahren (vgl. § 114 Abs. 1 Satz 2 GWB) – nicht über die geeigneten Maßnahmen zur Beseitigung der geltend gemachten Rechtsverletzung selbst ohne einen entsprechenden Antrag befinden (vgl. OLG Naumburg vom 29.4.2008, 1 W 14/08). Eine praktische Erleichterung liegt für die Bieter allenfalls darin, dass ein Antrag auf einstweiligen Rechtsschutz – anders als nach § 107 Abs. 3 GWB – nicht die vorherige Rüge des behaupteten Vergaberechtsverstoßes voraussetzt (vgl. aber LG Berlin vom 5.12.2011, 52 O 254/11 und LG Wiesbaden vom 12.7.2012, 4 O 17/12, die eine Rügeobliegenheit aus den wechselseitigen vorvertraglichen Rücksichtnahmepflichten herleiten; demnach fehle es an einem Verfügungsgrund, wenn der Bieter bei Auftragsvergabe unterhalb der EU-Schwellenwerte Vergabeverstöße nicht unverzüglich rügt, s. hierzu § 107 Rn. 107 ff.).

Der Erlass einer einstweiligen Verfügung ist – bedingt durch die Auftragswerte – bei den **Landgerichten** zu beantragen, da diese für alle Verfahren mit einem Streitwert ab 5.000 € sachlich zuständig sind. 23

Um einen einstweiligen Zuschlagsstopp zu erwirken, muss ein bei der Auftragsvergabe nicht berücksichtigter Bieter einen Verfügungsanspruch und einen Verfügungsgrund glaubhaft machen. 24

Ein **Verfügungsgrund** ist immer dann gegeben, wenn die objektiv begründete Besorgnis besteht, dass durch eine Veränderung des bestehenden Zustandes die Verwirklichung eines Rechts des Antragstellers vereitelt oder wesentlich erschwert werden könnte. Das ist in einem Vergabeverfahren vor allem der Fall, wenn der Zuschlag auf das Angebot eines bestimmten Bieters unmittelbar bevorsteht und ein nichtberücksichtigter Bieter befürchtet, dass die beabsichtigte Zuschlagsentscheidung rechtswidrig ist. Insofern sind im Wege des einstweiligen Rechtsschutzes die Interessen der Vergabestelle an einer möglichst schnellen Auftragserteilung und die Interessen des erfolglosen Bieters, der durch die Zuschlagserteilung endgültig den Auftrag nicht erhält, abzuwägen. 25

Der **Verfügungsanspruch** bezieht sich auf eine konkrete Anspruchsgrundlage. Der Bieter muss gegenüber dem Zivilgericht darlegen, dass eine bestimmte Rechtsnorm durch die Vergabestelle verletzt wurde, und er muss darlegen, dass dadurch seine Rechte in einem Vergabeverfahren beeinträchtigt sind. Als solche Rechtsnormen könnten die Regelungen aus den Vergabeordnungen in Betracht kommen oder aber insbesondere Art. 3 Abs. 1 GG, der von den Landgerichten durchaus unterschiedlich im Sinne eines reinen Willkürverbotes oder aber zugunsten einer echten Verhältnismäßigkeitsprüfung ausgelegt wird. Nach Art. 3 Abs. 1 GG haben Unternehmen einen Anspruch auf Gleichbehandlung gegenüber dem Staat. 26

Bisher haben viele Landgerichte die Auffassung vertreten, dass ein Bieter durchaus im einstweiligen Rechtsschutzverfahren **Primärrechtsschutz** erreichen kann und ihm nicht nur **Schadensersatzansprüche** (Sekundärrechtsschutz) zustehen. Allerdings kommt ein Anspruch auf **Unterlassung der Zuschlagserteilung** gegenüber der Vergabestelle aus Art. 3 Abs. 1 GG nur dann in Betracht, wenn der öffentliche Auftraggeber vorsätzlich rechtswidrig, sonst in unredlicher Absicht oder jedenfalls in Bezug auf das Verfahren oder die Kriterien der Vergabe willkürlich gehandelt hat (OLG Hamm vom 12.2.2008, 4 U 190/07). Auch das BVerfG (vom 27.2.2008, 1 BvR 437/08) betont, dass **Art. 3 Abs. 1 GG** erst dann verletzt ist, wenn „die Rechtsanwendung oder das Verfahren unter keinem denkbaren Aspekt mehr rechtlich vertretbar sind und sich daher der Schluss aufdrängt, dass sie auf sachfremden und damit willkürlichen Erwägungen beruhen". Es muss mithin eine **„krasse Fehlentscheidung"** vorliegen. Demzufolge reicht nach diesen Gerichtsentscheidungen allein ein **Verstoß der Vergabestelle gegen eine Regelung aus den Vergabeordnungen** (VOB/A, VOL/A) nicht aus. Vielmehr muss die Vergabestelle **willkürlich** gehandelt haben oder es muss sich um eine krasse Fehlentscheidung handeln. Dies wird in den meisten Fällen nicht vorliegen. 27

28 Mittlerweile hat sich aber die Auffassung durchgesetzt, dass Anspruchsgrundlage in einem einstweiligen Verfügungsverfahren **Rücksichtnahmepflichten aus vorvertraglichen Schuldverhältnissen** sein können. Nach Auffassung des OLG Düsseldorf (vom 15.10.2008, 27 W 2/08 und vom 31.1.2010, 27 U 1/09, zuletzt vom 19.10.2011, 27 W 1/11) können nicht berücksichtigte Bieter hieraus bei Auftragsvergaben unterhalb der Schwellenwerte die Untersagung des geplanten Zuschlags an einen anderen Bieter verlangen. Der Unterlassungsanspruch ist dabei nicht auf Fälle von Willkür oder bewusst diskriminierendem Verhalten des öffentlichen Auftraggebers beschränkt (so auch OLG Saarbrücken vom 13.6.2012, 1 U 357/11). Die Eröffnung eines Ausschreibungsverfahrens begründet zwischen den Bietern und dem ausschreibenden Auftraggeber, der bestimmten Vergaberegeln kraft Gesetzes unterliegt oder sich bestimmten Vergaberegeln unterworfen hat, ein vorvertragliches Schuldverhältnis, das u.a. wechselseitige Rücksichtnahmepflichten zum Gegenstand hat. Diese Rücksichtnahmepflichten bei der Vertragsanbahnung, die früher unter der Rechtsfigur der „culpa in contrahendo" bekannt waren und sich nunmehr aus § 241 Abs. 2 BGB ergeben, sind auch im Bereich unterhalb der Schwellenwerte zu beachten (BGH vom 9.6.2011, X ZR 143/10; BGH vom 3.4.2007, X ZR 19/06). Das gilt auch gegenüber privaten Auftraggebern, wie beispielsweise Zuwendungsempfängern, wenn diese die Einhaltung der VOB/A oder VOL/A zugesagt haben, wobei aus Gründen der Effektivität – ansonsten wäre Primärrechtsschutz nicht mehr erreichbar – dem Auftraggeber zunächst durch eine Zwischenverfügung der Vertragsabschluss zu untersagen sein wird (OLG Düsseldorf vom 15.8.2011, 27 W 1/11). Wenn somit ein öffentlicher Auftraggeber eine Ausschreibung nach der VOB/A oder VOL/A durchführt, so unterwirft er sich den Vorgaben dieser Regelungen. Der Bieter hat dann einen Anspruch darauf, dass im Vergabeverfahren diese Regelungen auch beachtet werden, wobei sich dieser Rechtsschutz nicht auf die Überprüfung von Willkürmaßnahmen (Art. 3 Abs. 1 GG) beschränkt. Verspricht der Auftraggeber die Einhaltung bestimmter Vergaberegeln (VOB/A, VOL/A), haben die Bieter einen Anspruch auf Einhaltung dieser Regeln und ggf. einen Anspruch auf Unterlassung eines Regelverstoßes, der im Zuschlag an einen Bieter läge, auf dessen Angebot der Zuschlag nach den Vergaberegeln nicht erteilt werden darf (OLG Düsseldorf vom 13.1.2010, 27 U 1/09).

29 Das bedeutet, dass ein Bieter gegen eine Vergabestelle, die eine Ausschreibung unterhalb der Schwellenwerte nach den Regeln der VOB/A oder VOL/A durchführt, bereits dann, wenn gegen eine **Regelung aus den Vergabeordnungen** verstoßen wurde, einen Anspruch auf Unterlassung des Zuschlags hat. Folgt man dieser Rechtsauffassung, dann können allein Verstöße gegen Vergabevorschriften als **Anspruchsgrundlage** dienen, um eine Auftragsvergabe vor Erteilung des Zuschlags von den Zivilgerichten überprüfen zu lassen. Dann kommt es in der Regel nicht mehr darauf an, ob der Auftrag auch noch **Binnenmarktrelevanz** (Rn. 32) hat. Das Kriterium der Binnenmarktrelevanz hat der EuGH für den Rechtsschutz unterhalb der Schwellenwerte aus den Regelungen des Art. 49 AEUV (Niederlassungsfreiheit) und Art. 56 AEUV (Dienstleistungsfreiheit) hergeleitet. Diese Vorschriften können aber als weitere Rechtsgrundlagen für einen Verfügungsanspruch dienen. Im Übrigen sind diese Bestimmungen dann entscheidend, wenn es um die Vergabe von Dienstleistungskonzessionen geht, auf die weder die nationalen Vergabevorschriften noch die Richtlinien 2004/17/EG und 2004/18/EG Anwendung finden. Allerdings hat die EU-Kommission Generaldirektion Binnenmarkt diesbezüglich eine Dienstleistungskonzessionsrichtlinie im Entwurf (Stand 20.12.2011) vorgelegt, die aber noch nicht in Kraft getreten ist.

IV. Vorgaben des EU-Rechts für den Rechtsschutz unterhalb der Schwellenwerte

1. EU-Primärrecht in der Auslegung durch den EuGH

30 Auch wenn die Vergaberichtlinien und die Rechtsmittelrichtlinie keine Anwendung auf die Vergabe öffentlicher Aufträge unterhalb der Schwellenwerte finden, enthält das Gemeinschaftsrecht wichtige Vorgaben für den Rechtsschutz der Bieter außerhalb des GWB. Vergabestellen müssen auch unterhalb der Schwellenwerte die Vorgaben des Gemeinschaftsrechts beachten. Der EuGH hat schon Ende 2000 im Fall **„Telaustria"** klargestellt, dass etwa bei der **Vergabe von Dienstleistungskonzessionen**, die nicht den Vergaberichtlinien unterfällt, bestimmte Vorgaben des EG-Vertrages, na-

mentlich das **Verbot der Diskriminierung aufgrund der Staatsangehörigkeit**, zu beachten sind. Hieraus leitet der EuGH ab, dass die Vergabestellen bei der Vergabe von Dienstleistungskonzessionen für einen **angemessenen Grad an Öffentlichkeit** sorgen müssen, damit alle potenziellen Bieter eine faire Chance erhalten, an dem jeweiligen Vergabeverfahren teilnehmen zu können. Nur so kann zudem überhaupt kontrolliert werden, ob das **Diskriminierungsverbot** beachtet wurde (EuGH vom 7.12.2000, Rs. C-324/98). Diese Rechtsprechung hat der EuGH in der Folgezeit weiter präzisiert. Wenn ein Auftrag unterhalb der Schwellenwerte grenzüberschreitende Bedeutung hat, liegt in seiner ohne jede Transparenz erfolgenden Vergabe an ein im Mitgliedstaat des öffentlichen Auftraggebers niedergelassenes Unternehmen eine Ungleichbehandlung zum Nachteil der in einem anderen Mitgliedstaat niedergelassenen Unternehmen, die an diesem Auftrag interessiert sein könnten. Eine solche Ungleichbehandlung stellt eine nach Art. 43 EG-Vertrag (nunmehr Art. 49 AEUV; Niederlassungsfreiheit) und Art. 49 EG-Vertrag (nunmehr Art. 56 AEUV; Dienstleistungsfreiheit) verbotene **mittelbare Diskriminierung aufgrund der Staatsangehörigkeit** dar, sofern sie nicht durch objektive Umstände gerechtfertigt ist (EuGH vom 21.2.2008, Rs. C-412/04). Allerdings stellt der EuGH klar, dass die Mitgliedstaaten nicht verpflichtet sind, Bestimmungen in ihren nationalen Vorschriften aufzunehmen, die auf die Pflicht zur Beachtung des Art. 43 EG-Vertrag und Art. 49 EG-Vertrag hinweisen. Ein Mitgliedstaat ist somit nicht verpflichtet, beispielsweise in einer gesetzlichen Regelung wie dem GWB auf diese Grundregeln aus dem EG-Vertrag hinzuweisen.

Die vom EuGH aus den Grundfreiheiten abgeleiteten Anforderungen an Auftragsvergaben von Dienstleistungskonzessionen und Aufträgen unterhalb der Schwellenwerte gelten indes nur, wenn an einem Auftrag ein **eindeutiges grenzüberschreitendes Interesse** besteht (EuGH vom 23.12.2009, Rs. C-376/08). Das grenzüberschreitende Interesse muss eindeutig sein (OLG Düsseldorf vom 21.4.2010, Verg 55/09). Von einem grenzüberschreitenden Interesse (Binnenmarktrelevanz) kann nach Auffassung des EuGH (vom 15.5.2008, Rs. C-147/06 und C-148/06) ausgegangen werden, wenn ein Auftragswert von gewisser Bedeutung vorliegt und auch der Ort der Ausführung der Arbeiten ein solches Interesse nicht ausschließt. Hierzu verweist der EuGH auf grenzüberschreitende Ballungsräume, die sich über das Gebiet verschiedener Mitgliedstaaten erstrecken, so dass unter solchen Umständen selbst an Aufträgen mit einem niedrigen Auftragswert ein eindeutiges grenzüberschreitendes Interesse bestehen kann. Es ist somit eine **Einzelfallprüfung** vorzunehmen, ob ein solches Interesse feststellbar ist. Dabei geht der EuGH (vom 13.11.2007, Rs. C-507/03) davon aus, dass es in einem Vertragsverletzungsverfahren der Europäischen Kommission obliegt, die Umstände und Anhaltspunkte nachzuweisen, aus denen sich ein eindeutiges grenzüberschreitendes Interesse folgern lässt.

Der BGH (vom 30.8.2011, X ZR 55/10) hat diese Rechtsprechung des EuGH aufgenommen und ausgeführt, dass es zunächst Sache des nationalen Gerichts ist, alle maßgeblichen Gegebenheiten, die den fraglichen Auftrag betreffen, zu würdigen, um festzustellen, ob im Einzelfall ein eindeutiges grenzüberschreitendes Interesse besteht. Nach Auffassung des BGH bietet es sich an, in Anlehnung an die für Vergabeverfahren außerhalb der Vergaberichtlinien ergangene Mitteilung der Kommission (ABl. EG Nr. C 179 vom 1.8.2006, S. 2 ff. unter 1.3; s. dazu Rn. 32) eine Prognose darüber anzustellen, ob der Auftrag nach den konkreten Marktverhältnissen auch für ausländische Anbieter interessant sein kann. Es ist demnach also in jedem Einzelfall zu untersuchen, ob die Bereitschaft der durch die Auftragsvergabe angesprochenen Branche bestehen könnte, den konkreten Auftrag in Anbetracht des Auftragsvolumens und des Ortes der Auftragsdurchführung auch grenzüberschreitend auszuführen. Konkret ging es in dem Fall des BGH (vom 30.8.2011, X ZR 55/10) um die Frage, ob auch im Bereich unterhalb der Schwellenwerte für die Berücksichtigung von Nebenangeboten der Auftraggeber zunächst Mindestanforderungen für Nebenangebote benennen muss. Das konnte der BGH dem 1. Abschnitt der VOB/A nicht entnehmen (keine Pflichtverletzung durch regelwidrige Anwendung dieser Vorschriften), so dass er überprüfte, ob eine solche „Vorgabe" sich denn möglicherweise aus dem Primärrecht der Europäischen Union ergeben könnte, was im Einzelfall vom BGH aber verneint wurde.

§ 102 GWB

Diese Kriterien zur „Binnenmarktrelevanz" haben auch Eingang gefunden in **§ 3 Abs. 3 TVgG NRW**. Trotz der „Unterschwellenmitteilung" der Europäischen Kommission und der Rechtsprechungsgrundsätze bestehen aber nach wie vor erhebliche Rechtsunsicherheiten hinsichtlich der tatsächlichen und rechtlichen Voraussetzungen und Wirkungen des Primärrechts bei der Beurteilung des Vorliegens von Binnenmarktrelevanz bei Unterschwellenvergaben (*Deling*, NZBau 2012, 17).

2. Insbesondere: Auslegungsmitteilungen der Europäischen Kommission

32 Welche Konsequenzen die Rechtsprechung des EuGH für die Praxis hat, hat die Europäische Kommission in sogenannten **Auslegungsmitteilungen** zu verdeutlichen gesucht. Nachdem sie bereits im Jahr 2001 eine Auslegungsmitteilung zur Vergabe von Konzessionen (Mitteilung der Kommission zu Auslegungsfragen im Bereich Konzessionen im Gemeinschaftsrecht, ABl. EG Nr. C 121 vom 29.4.2000, S. 2 ff.) veröffentlicht hatte, folgte im Juni 2006 eine weitere **„Mitteilung der Kommission zu Auslegungsfragen in Bezug auf das Gemeinschaftsrecht, das für die Vergabe öffentlicher Aufträge gilt, die nicht oder nur teilweise unter die Vergaberichtlinien fallen"** (ABl. EG Nr. C 179 vom 1.8.2006, S. 2 ff.; zur Entscheidung des EuG vom 20.5.2010, T-258/06 zu der Auslegungsmitteilung s. § 97 Rn. 25 ff.). Mit dieser Mitteilung verfolgt die Kommission ausdrücklich das Ziel, ihr Verständnis der EuGH-Rechtsprechung zu erläutern und den Mitgliedstaaten auf dieser Grundlage „bewährte Verfahren" an die Hand zu geben, um die „Möglichkeiten des Binnenmarktes voll ausschöpfen zu können". Hierzu leitet sie aus der Rechtsprechung des EuGH zu Vergaben im Dienstleistungsbereich (EuGH vom 21.7.2005, Rs. C-231/03 – „Coname"; EuGH vom 13.10.2005, Rs. C-458/03 – „Parking Brixen"; EuGH vom 6.4.2006, Rs. C-410/04) bestimmte verfahrensrechtliche Mindeststandards auch für Auftragsvergaben unterhalb der Schwellenwerte ab. Sie präzisiert dabei neben den Anforderungen an Form und Inhalt der Bekanntmachung, an die Veröffentlichungsmedien, die Auswahl der Wettbewerbsteilnehmer auch die in diesem Bereich zu gewährleistenden Rechtsschutzmöglichkeiten. Voraussetzung ist jeweils eine hinreichende Bedeutung des Auftrags für den europäischen Binnenmarkt. Diese **Binnenmarktrelevanz** richtet sich vor allem nach dem wirtschaftlichen Wert des Auftrags, den Besonderheiten des betreffenden Sektors (z.B. Größe und Struktur des Marktes) sowie der geographischen Lage des Orts der Leistungserbringung.

33 Die Auslegungsmitteilung der Kommission ist für die Vergabestellen jedoch **nicht verbindlich**, sondern stellt lediglich eine Auswertung und Zusammenfassung von Entscheidungen des EuGH dar. Die EU-Kommission kann keine verbindlichen Regelungen für den Bereich unterhalb der Schwellenwerte erlassen, weil ihr dafür als Exekutivgewalt die Rechtsetzungskompetenz fehlt. Die Mitteilung liest sich allerdings wie ein eigenes Vergaberegime für Aufträge unterhalb der Schwellenwerte. Auch wenn die Kommission ihre Vorschläge als reine Auslegungshilfe betrachtet, ist eine **faktische Bindungswirkung** der Vergabestellen dennoch nicht auszuschließen (vgl. auch BGH vom 30.8.2011, X ZR 55/10). Die Bundesregierung hatte Klage gegen die Auslegungsmitteilung der Kommission beim EuG erhoben, die der EuG mit Urteil vom 20.5.2010 (T-258/06) zurückgewiesen hat. Das Gericht vertritt die Auffassung, dass eine Mitteilung der Kommission zu Auslegungsfragen in Bezug auf das Gemeinschaftsrecht, welche lediglich das aktuelle Gemeinschaftsrecht wiedergibt, nicht als Akt der Rechtsetzung angegriffen werden könne. Es sah die Klage daher als nicht zulässig an.

3. Bewertung des deutschen Primärrechtsschutzsystems

34 Hinsichtlich der Rechtsschutzmöglichkeiten bei Auftragsvergaben unterhalb der Schwellenwerte (und für die Vergabe von Konzessionen) ist die Rechtsprechung des EuGH in ihrer Auslegung durch die Kommission von nicht zu unterschätzender Bedeutung. In der Auslegungsmitteilung (Rn. 32 f.) hält die Kommission zunächst allgemein fest, dass „ohne ein angemessenes Nachprüfungssystem die Einhaltung der Grundanforderungen der Fairness und der Transparenz nicht wirklich zu gewährleisten ist". Sie betont zudem, dass der Einzelne nach der Rechtsprechung des EuGH einen effektiven gerichtlichen Schutz der Rechte in Anspruch nehmen können muss, die sich aus der Gemeinschaftsordnung herleiten (Auslegungsmitteilung 2006, S. 6). Die Kommission folgert daraus, dass

allen Personen, die ein Interesse am Erhalt eines konkreten öffentlichen Auftrags haben oder hatten, die Möglichkeit eingeräumt werden muss, für sie ungünstige Entscheidungen in einem Vergabeverfahren nachprüfen zu können. Prüfungsgegenstand sind dabei etwaige Verstöße gegen die aus dem gemeinschaftlichen Primärrecht abgeleiteten Grundanforderungen. Die Kommission weist darauf hin, dass der Rechtsschutz zudem nicht weniger wirksam sein dürfe als bei entsprechenden Ansprüchen, die auf nationales Recht gestützt sind (**Äquivalenzgrundsatz**). Die zur Verfügung stehenden Rechtsbehelfe dürften zudem keinesfalls so ausgestaltet sein, dass der Rechtsschutz praktisch unmöglich oder übermäßig erschwert wird (**Effektivitätsgebot**).

Ob das deutsche Primärrechtsschutzsystem unterhalb der Schwellenwerte den gemeinschaftsrechtlichen Vorgaben genügt, muss bezweifelt werden (vgl. dazu *Scharen*, VergabeR 2011, 653 ff.; *Dicks*, VergabeR 2012, 531 ff.). Denn bei den Vergaben unterhalb der Schwellenwerte werden zwar die Vergabeordnungen angewandt, und zwar die Paragraphen im 1. Abschnitt der VOB/A bzw. der VOL/A, aber es wird keine effektive gerichtliche Kontrolle festgeschrieben. Den Bietern bleibt nur eine Klage im einstweiligen Verfügungsverfahren vor den Zivilgerichten, die davon abhängig ist, ob ein Bieter rechtzeitig in Erfahrung bringt, ob der Zuschlag bevorsteht. Da dies nur in Ausnahmefällen geschieht – eine dem § 101a Abs. 1 GWB entsprechende Informationspflicht existiert bei Auftragsvergaben unterhalb der Schwellenwerte nicht (OLG Dresden vom 25.4.2006, 20 U 467/06 zu § 13 VgV a.F.) –, besteht die **Möglichkeit**, einen möglicherweise **rechtswidrigen Zuschlag im Wege des einstweiligen Rechtsschutzes zu verhindern, „regelmäßig nur theoretisch"**, wie das BVerfG hervorhebt (BVerfG vom 13.6.2006, 1 BvR 1160/03; vgl. auch OLG Saarbrücken vom 13.6.2012, 1 U 357/11). Das deutsche Primärrechtsschutzsystem leidet daher unter einem Effektivitätsdefizit. Die Aussagen des EuGH können zwar im Rahmen von Schadensersatzklagen oder bei Vertragsverletzungsverfahren berücksichtigt werden, führen aber ebenfalls nicht zu einem effektiven Rechtsschutz unterhalb der Schwellenwerte vor Erteilung des Zuschlags.

35

Allerdings ist in der Rechtsprechung des BGH (vom 9.6.2011, X ZR 143/10 und vom 3.4.2007, X ZR 19/06) die Tendenz erkennbar, dass der Maßstab für die Beurteilung der Auftragsvergabe sich zukünftig nicht aus Art. 3 Abs. 1 GG ergeben muss, sondern es auf ein regelwidriges Verhalten vor Vertragsschluss (vorvertragliche Sorgfalts- und Rücksichtnahmepflichten) zwischen Bieter und Auftraggeber ankommen wird.

36

V. Verbleibende Zuständigkeit der Verwaltungsgerichte

In der Rechtsprechung sind noch nicht die Fallkonstellationen geklärt, in denen die Vergabevorschriften nur inzident zu prüfen sind, wie beispielsweise im **Zuwendungsrecht** oder im Falle von **Gebührenbescheiden**. In diesen Konstellationen geht es nicht um die Überprüfung einer Ausschreibung, sondern um die Rechtmäßigkeit eines Verwaltungsakts, wofür die **Verwaltungsgerichte** zuständig sind.

37

Ein Sonderfall war die Entscheidung des BGH vom 17.11.2011 (III ZR 234/10), die sich mit der Rückforderung eines auf privatrechtlicher Grundlage gewährten Investitionszuschusses (Zuwendung) befasste. Der „Bewilligungsbescheid" wurde vom BGH als ein privatrechtlicher Vertrag eingeordnet, woraus er dann folgerte, dass die Zivilgerichte zuständig waren. Dabei handelte es sich aber um eine Ausnahme im Zusammenhang mit der mittelbewilligenden Behörde. Der Regelfall ist, dass die Zuwendungen durch Bewilligungsbescheid, der ein Verwaltungsakt ist, erfolgen.

Allerdings haben die Klagen vor den Verwaltungsgerichten, in denen es um die Rechtmäßigkeit eines Zuwendungsbescheides oder eines **Gebührenbescheides** geht, keine unmittelbare Auswirkung auf ein Vergabeverfahren oder die Zuschlagserteilung. Vielmehr fordert der Kläger, der in der Regel kein Mitkonkurrent oder Bieter ist, dass der gegen ihn ergangene Verwaltungsakt, beispielsweise der Gebührenbescheid über Abfallentsorgungsleistungen, überprüft wird. Gegenstand der Überprüfung durch das Verwaltungsgericht kann dann auch die Frage sein, ob eine unangemessene Höhe der Gebühr u.a. mit einem Verstoß gegen das Vergaberecht zusammenhängt. Letztlich geht es hier somit nicht um das Rechtsverhältnis zwischen dem öffentlichen Auftraggeber und einem Bieter.

38

39 Für Rechtsstreitigkeiten zwischen einem Bieter und einer Gemeinde um die **Vergabe einer Dienstleistungskonzession** (im konkreten Fall der Verpachtung eines gemeindlichen Grundstücks und Gebäudes mit der vertraglichen Verpflichtung, öffentliche Parkeinrichtungen zu betreiben) hält das OVG Nordrhein-Westfalen (vom 4.5.2006, 15 E 453/06) nach wie vor den Verwaltungsrechtsweg für eröffnet.

Für die Überprüfung von **Konzessionen nach § 46 EnWG** sind gemäß § 13 GVG dagegen die Zivilgerichte zuständig. Es handelt sich nach Auffassung des OVG NRW vom 10.2.2012 (11 B 1187/11) nicht um eine öffentlich-rechtliche Streitigkeit. Dass das OVG NRW im konkreten Einzelfall eine rechtliche Überprüfung vorgenommen hat, lag lediglich daran, dass der Senat über ein Rechtsmittel gegen eine Entscheidung in der Hauptsache zu entscheiden hatte und daher nach § 173 Satz 1 VwGO i.V.m. § 17a Abs. 5 GVG nicht mehr prüfen konnte, ob der beschrittene Rechtsweg überhaupt zulässig war.

D. Überprüfung durch die Aufsichtsbehörden

I. Gegenstand der Aufsicht

40 Die Aufsichtsbehörden überprüfen sowohl Auftragsvergaben unterhalb als auch oberhalb der EU-Schwellenwerte. Unter **„Aufsicht"** ist die **Überprüfung staatlichen Handelns auf seine Recht- und/oder Zweckmäßigkeit** zu verstehen. Die damit korrespondierenden Befugnisse der Aufsichtsbehörden geben diesen die Möglichkeit, bei fehlerhaften Vergabeverhalten der ihrer Aufsicht unterstehenden Behörden einzuschreiten. Durch kommunalaufsichtsrechtliche Weisungen sollen die Vergabestellen zu vergaberechtskonformen Verhalten angehalten werden. Dieses Einschreiten einer Aufsichtsbehörde, das in Bezug auf Vergaben oberhalb und unterhalb der Schwellenwerte möglich ist, kann aber von einem Bieter oder Beschwerdeführer **nicht gerichtlich** eingeklagt werden. Denn die staatliche Aufsicht hat **keine individualschützende Funktion**, sondern dient **ausschließlich dem öffentlichen Interesse** an einem ordnungsgemäßen Gesetzesvollzug.

41 Die staatliche Aufsicht, der die Tätigkeit von Verwaltungsbehörden – wozu auch die Vergabestellen gehören – unterliegt, kann nach den jeweils einschlägigen Kommunal- und Fachgesetzen als **Rechts- oder Fachaufsicht** ausgestaltet sein. Die **Rechtsaufsicht** beschränkt sich auf die Kontrolle, ob Recht und Gesetz eingehalten worden sind, ohne Einfluss auf die Zweckmäßigkeit unternehmerischer und wirtschaftlicher Entscheidungen (BayObLG vom 24.5.2004, Verg 6/04). Im Gegensatz zur Fachaufsicht greift die Rechtsaufsicht nicht in die unternehmerischen Entscheidungen des betreffenden Rechtsträgers ein; auch die präventive Rechtsaufsicht dient nur dem Zweck, rechtswidrige Handlungen zu verhindern (BayObLG vom 10.9.2002, Verg 23/02). Daher kann sich jeder Bieter oder Bewerber – unabhängig davon, ob der Auftragswert die EU-Schwellenwerte erreicht oder übersteigt – an die Aufsichtsbehörde eines öffentlichen Auftraggebers mit der Begründung wenden, der öffentliche Auftraggeber habe gegen vergaberechtliche Bestimmungen verstoßen. Ziel einer solchen Beschwerde kann es somit sein, die Aufsichtsbehörde zu veranlassen, von ihren Aufsichts- und Weisungsbefugnissen gegenüber der Vergabestelle Gebrauch zu machen. Allerdings haben die Bieter weder einen Anspruch auf Tätigwerden der Aufsichtsbehörden, noch führt die Überprüfung zu einer Aussetzung des Vergabeverfahrens oder einem Zuschlagsverbot.

42 Eine **Dienstaufsichtsbeschwerde** adressiert hingegen keine sachlichen Beanstandungen im Zusammenhang mit der Ausschreibung, sondern beanstandet das konkrete dienstliche Verhalten desjenigen Beamten oder Angestellten, der die Vergabe durchführt. Inhaltlich geht es um die Amtsführung und die in den Beamtengesetzen des Bundes und der Länder normierten allgemeinen Beamtenpflichten, wie z.B. die Pflicht, das Amt uneigennützig und nach bestem Gewissen zu verwalten, wobei das Verhalten des Beamten innerhalb und außerhalb des Dienstes der Achtung und dem Vertrauen gerecht werden muss, die sein Beruf erfordert (vgl. z.B. §§ 55, 56 und 57 LBG NRW).

II. Zuständigkeit der Aufsichtsbehörde

Gemäß § 14 Abs. 1 VgV sind die Vergabestellen verpflichtet, den Bietern in der Vergabebekanntmachung und den Vergabeunterlagen die Anschrift der zuständigen Vergabekammer mitzuteilen. **43**

Angaben zu den Aufsichtsbehörden sind hingegen im Bereich oberhalb der Schwellenwerte fakultativ. **44**

In der Regel führt die nächsthöhere Behörde die Aufsicht über die ihr nachgeordneten Behörden. Dies kann – da die Verwaltungsstrukturen in den Bundesländern unterschiedlich sind – im Einzelfall anhand von Landesorganisationsgesetzen ermittelt werden. In Nordrhein-Westfalen führen z.B. die Kreise die Aufsicht über die kreisangehörigen Gemeinden, während die Bezirksregierungen die Vergaben der Kreise und kreisfreien Städte im Wege der Aufsicht überprüfen. Die Aufsicht über die Landesbetriebe liegt bei den Landesministerien. **45**

Zu berücksichtigen ist auch, dass es eine Reihe von öffentlichen **Auftraggebern** (vgl. dazu § 98 Nr. 2 und 4 GWB) gibt, die **keiner Aufsicht unterliegen**. Meistens handelt es sich um privatrechtlich organisierte Auftraggeber oder auch um Zuwendungsempfänger, die als Dritte über öffentliche Mittel verfügen und durch Zuwendungsbescheid zur Anwendung des Vergaberechts verpflichtet wurden. Hier bleibt dann nur die Möglichkeit, um Rechtsschutz vor den Vergabekammern nachzusuchen oder im Bereich des Zuwendungsrechts die mittelbewilligende Behörde auf den vermeintlichen Vergaberechtsverstoß des Zuwendungsempfängers hinzuweisen, was im Einzelfall zur Rückforderung der Zuwendung führen kann. **46**

> **Beispiel:** Einer GmbH wurden für den Bau eines Blockheizkraftwerks Subventionen bewilligt. Im Zuwendungsbescheid wurde die GmbH zur Ausschreibung nach den Vergaberegeln verpflichtet. Nachdem die GmbH Teilleistungen ohne Ausschreibung vergeben hatte, forderte die Bewilligungsbehörde die Fördermittel von ihr zurück. In einem sich anschließenden Zivilprozess forderte die GmbH von ihrem Geschäftsführer Schadensersatz in Höhe der Rückforderungssumme. Das LG Münster (vom 18.5.2006, 12 O 484/05) gab der Klage unter dem Gesichtspunkt der Geschäftsführerhaftung nach § 43 GmbHG statt, weil es der Auffassung war, dass ein Geschäftsführer die in einem Zuwendungsbescheid genannten Anforderungen vollumfänglich umsetzen und einhalten muss.

III. Unterschiede zum Nachprüfungsverfahren

Im Vergleich zu den Nachprüfungsverfahren weist eine Überprüfung von Auftragsvergaben durch die Aufsichtsbehörde folgende wesentliche Unterschiede auf: **47**
- Die Überprüfung durch die Aufsichtsbehörde ist kein individuelles Beschwerdeverfahren und kann auch von Personen verlangt werden, die weder Bieter noch Bewerber in einem Vergabeverfahren sind.
- Es wird lediglich eine behördliche Überprüfung durch die Aufsichtsbehörde veranlasst. Auf die Intensität und den Fortgang dieser Prüfung hat der Beschwerdeführer keinen Einfluss. Der Beschwerdeführer hat weder ein Recht auf aufsichtsbehördliches Einschreiten noch einen Anspruch auf Entscheidung in seinem Sinne.
- Die Aufsichtsbeschwerde führt nicht zu einem Zuschlagsverbot i.S.v. § 115 Abs. 1 GWB. Die Vergabestelle kann damit den Zuschlag jederzeit – unabhängig vom Stand der Prüfung – erteilen.
- Dafür sind diese Verfahren aber in der Regel gebührenfrei.

Bei Aufsichtsbeschwerde und Dienstaufsichtsbeschwerde handelt es sich somit letztlich um **formlose Rechtsbehelfe**, die weder einen Suspensiv- noch einen Devolutiveffekt entfalten. Der **fehlende Suspensiveffekt** bedeutet, dass eine Überprüfung durch die Aufsichtsbehörde die (Zuschlags-)Entscheidung der Vergabestelle nicht aussetzen, aufschieben oder sonst wie verhindern kann. Fordert die Aufsichtsbehörde die Vergabestelle zu einer Stellungnahme auf, so kann die Vergabestelle, auch bei Vergaben oberhalb der Schwellenwerte, trotz Kenntnis von einer Beanstandung oder einer Vergabebeschwerde den Zuschlag erteilen. Der **fehlende Devolutiveffekt** einer **48**

Maßnahme der Aufsichtsbehörde führt dazu, dass die Aufforderung der Aufsichtsbehörde zur Stellungnahme gerade nicht die Befassung der Sache durch die nächsthöhere Behörde zur Folge hat. Im Ergebnis kann ein Bieter durch die Erhebung einer Aufsichtsbeschwerde den Fortgang eines Vergabeverfahrens also nicht verhindern und er verliert ggf. seinen Primärrechtsschutz, weil die Vergabestellen weiterhin befugt sind, den Zuschlag zu erteilen.

49 Wenig Beachtung findet in der Praxis aber, dass die **Aufsichtsbehörden** auch **von Amts wegen** tätig werden können, wenn sie der Auffassung sind, dass eine nachgeordnete Behörde gegen Vergaberecht verstößt. Spätestens dann, wenn die EU-Kommission in Gestalt der Generaldirektion Binnenmarkt ein **Vertragsverletzungsverfahren** (s. hierzu Rn. 57 ff. und § 101b Rn. 76 ff.) wegen eines vermeintlichen Vergaberechtsverstoßes einleitet, wird eine Überprüfung umgehend – unabhängig von der Erhebung einer Beschwerde – von der Aufsichtsbehörde durchgeführt.

50 Von den vorstehenden **Rechtsschutzmöglichkeiten** eines Bieters sind diejenigen der **Vergabestelle gegen** eine kommunalaufsichtsrechtliche Beanstandungsverfügung einer **Aufsichtsbehörde** nach der Gemeindeordnung, wie z.B. § 123 GO NRW, zu unterscheiden. Die zu einem bestimmten Verhalten angewiesene Vergabestelle kann gegen eine entsprechende Beanstandung vor den Verwaltungsgerichten klagen (vgl. hierzu VG Gera vom 19.7.2000, 2 E 653/00 GE; VG Meiningen vom 12.12.2000, 2 E 834/00 Me; OVG Thüringen vom 26.10.1999, 2 KO 822/96). Wird in einer Weisung ein Vergaberechtsverstoß durch eine Aufsichtsbehörde festgestellt, so kann dies für eine Vergabestelle beispielsweise die Auswirkung haben, dass sie für die im Streit stehende geplante Baumaßnahme keine Zuwendungen mehr erhält bzw. Zuwendungen zurückgefordert werden.

E. Überprüfung durch die Vergabeprüfstellen

51 Die Vergabeprüfstellen sollten nach den Vorstellungen des Gesetzgebers bei den Fach- und Rechtsaufsichtsbehörden angesiedelt werden und auf Antrag oder von Amts wegen die Einhaltung der von den Auftraggebern anzuwendenden Vergabevorschriften prüfen. Zwingend war dies allerdings nicht, sondern die Vergabeprüfstellen konnten auch außerhalb der Aufsicht als selbständige Organisationseinheiten innerhalb der Behörde eingerichtet werden. Nach dem Bericht der Bundesregierung zum Vergaberechtsänderungsgesetz 1998 (S. 4) hatten 2003 lediglich der Bund (BMF, BMU, die Bundestagsverwaltung und das BMWA) sowie die Bundesländer Brandenburg, Bremen, Rheinland-Pfalz, Sachsen und Schleswig-Holstein von der Befugnis zur Einrichtung von Vergabeprüfstellen Gebrauch gemacht. Die anderen Bundesländer haben keine Vergabeprüfstellen eingerichtet und auch die vor dem Vergaberechtsänderungsgesetz im Jahre 1998 vorhandenen Vergabeüberwachungsausschüsse mit der Einführung des Vergabekammersystems abgeschafft.

52 Die Vergabeprüfstellen wirken **streitschlichtend** und **beratend** (vgl. Begr. RegE zum VgRÄG vom 29.1.1998, BT-Drucks. 13/9340, S. 16). Sie prüfen als Nachprüfungsinstanzen im Gegensatz zu den Vergabekammern auf Antrag oder von Amts wegen eine Ausschreibung. Allerdings haben sie nicht derart weit reichende Befugnisse wie die Vergabekammern und können insbesondere die Zuschlagserteilung nicht verhindern. Eine maßgebliche Bedeutung für den Rechtsschutz oberhalb der Schwellenwerte kommt ihnen daher nicht zu, wie schon der Bericht der Bundesregierung zum Vergaberechtsänderungsgesetz ausdrücklich festhält. Daran hat sich auch in der Folgezeit nichts geändert.

F. Verhältnis der Nachprüfungsmöglichkeiten zueinander

I. Kein Rangverhältnis

53 Die Prüfungsmöglichkeiten von Aufsichtsbehörden und Vergabeprüfstellen bestehen unabhängig von der Nachprüfung durch die Vergabekammern. Daraus folgt, dass ein Bieter nicht erst die Aufsichtsbehörden oder Vergabeprüfstellen einschalten muss, bevor er eine Vergabekammer anruft.

54 Der Formulierung „Unbeschadet ..." in § 102 kann entnommen werden, dass die Überprüfung eines konkreten Vergabeverfahrens auch parallel durch verschiedene Nachprüfungsbehörden mög-

lich ist (vgl. schon Begr. RegE zum VgRÄG vom 29.1.1998, BT-Drucks. 13/9340, S. 16). Es gibt somit kein Rangverhältnis zwischen diesen Überprüfungsmöglichkeiten. Vielmehr bleibt es dem Bieter oder Antragsteller überlassen, welche Nachprüfungsinstanzen er anrufen möchte. Für die Vergabenachprüfstellen ergibt sich dies ausdrücklich aus dem Regierungsentwurf.

II. Divergierende Entscheidungen

Da nach § 102 unterschiedliche Behörden zur Nachprüfung berufen sind, ist es zumindest denkbar, dass eine Ausschreibung einer parallelen Prüfung unterzogen wird, wobei sich dann die Frage stellt, wie bei widersprüchlichen Entscheidungen zu verfahren ist. Hält die Rechts- oder Fachaufsichtsbehörde ein bestimmtes Vergabeverhalten des öffentlichen Auftraggebers für rechtmäßig, während die Vergabekammer dieses Verhalten beanstandet, so wird in der Regel die weiterreichende Entscheidung maßgebend sein (Reidt/Stickler/Glahs/*Reidt*, Vergaberecht, § 102 GWB Rn. 13).

G. Weitere Überprüfungsmöglichkeiten

Neben den in § 102 genannten Überprüfungsinstanzen gibt es im Zusammenhang mit Vergaberechtsverstößen bei öffentlichen Auftragsvergaben aber noch andere Überprüfungsverfahren.

I. Vertragsverletzungsverfahren

Auf der Grundlage von Art. 258 AEUV (ex-Art. 226 EG-Vertrag) hat die EU-Kommission die Möglichkeit, im Rahmen eines **Vertragsverletzungsverfahrens** die Mitgliedstaaten zur Beachtung von Gemeinschaftsrecht, also auch der Grundregeln aus dem AEUV bzw. EG-Vertrag im Allgemeinen und dem Verbot der Diskriminierung aus Gründen der Staatsangehörigkeit im Besonderen, anzuhalten. Das Vertragsverletzungsverfahren (s. näher § 101b Rn. 76 ff.) ist **mehrstufig** ausgestaltet. Ob die Kommission den EuGH anruft, liegt in ihrem pflichtgemäßen Ermessen; zwingende Folge des förmlich eingeleiteten Verfahrens ist das nicht. Dabei unterscheidet die Kommission nicht nach Vergabeverfahren oberhalb und unterhalb der EU-Schwellenwerte.

Führt das Vertragsverletzungsverfahren nicht dazu, dass der Vorwurf des Verstoßes gegen EU-Vergaberecht ausgeräumt wird, kann die Kommission ein **Klageverfahren vor dem EuGH** einleiten (EuGH vom 2.6.2005, Rs. C-394/04). Die Klage richtet sich regelmäßig auf die Feststellung, dass der Mitgliedstaat das EU-Vergaberecht verletzt hat. Stellt der EuGH fest, dass ein Mitgliedstaat gegen das EU-Vergaberecht verstoßen hat, muss dieser Staat die Maßnahmen ergreifen, die sich aus dem Urteil des Gerichtshofes ergeben (Art. 260 AEUV; EuGH vom 18.11.2004, Rs. C-126/03). Dies bedeutet bei noch anhaltenden Verletzungen des EU-Vergaberechts, dass der Mitgliedstaat die vergaberechtswidrigen Verträge **kündigen** muss (EuGH vom 18.7.2007, Rs. C-503/04; s. § 101b Rn. 78, 81 ff.).

Die Feststellung, ob die beanstandete Vertragsverletzung vorliegt oder nicht, ist ausschließlich Sache des EuGH (vom 9.9.2004, Rs. C-125/03); anderenfalls könnten die Mitgliedstaaten allein dadurch, dass sie die Vertragsverletzung einräumen und die sich daraus möglicherweise ergebende Haftung anerkennen, ein beim Gerichtshof anhängiges Vertragsverletzungsverfahren jederzeit beenden, ohne dass das Vorliegen der Vertragsverletzung und der Grund für ihre Haftung jemals gerichtlich festgestellt worden wären (EuGH vom 9.9.2004, Rs. C-125/03).

In einem Vertragsverletzungsverfahren kann der EuGH **Zwangsmittel** verhängen, aber auch Sanktionen in der Form eines Pauschalbetrages anordnen (vgl. EuGH vom 12.7.2005, Rs. C-304/02), und zwar so lange, bis der Verstoß gegen Gemeinschaftsrecht abgestellt ist. Wenn der betreffende Mitgliedstaat nach Auffassung der Kommission die Maßnahmen, die sich aus dem Urteil des EuGH (in der Regel Kündigung der Verträge) ergeben, nicht ergriffen hat, so gibt sie ihm zunächst wiederum Gelegenheit zur Stellungnahme. Führt diese Stellungnahme nicht zu einer Beendigung des Verfahrens, gibt die Kommission eine mit Gründen versehene Stellungnahme ab, die im Einzelnen darlegt, in welchen Punkten der betreffende Mitgliedstaat dem Urteil des Gerichtshofes nicht nachgekommen ist. Trifft der betreffende Mitgliedstaat die Maßnahmen, die sich aus dem Urteil des Gerichtshofes ergeben, nicht innerhalb der von der Kommission gesetzten Frist, so kann die Kommission erneut den EuGH anrufen.

II. Prüfungsmöglichkeiten der Kartellbehörden

60 Die Überprüfung des Vergabeverhaltens eines öffentlichen Auftraggebers durch die allgemeinen Kartellbehörden ist von den Prüfungsmöglichkeiten des § 102 getrennt zu betrachten. § 104 Abs. 3 GWB stellt ausdrücklich klar, dass die Befugnisse der Kartellbehörden zur Verfolgung von Verstößen insbesondere gegen §§ 19 und 20 GWB unberührt bleiben. Dies spielt insbesondere dann eine Rolle, wenn es um Fragen aus dem Kartellrecht geht, die keinen unmittelbaren Bezug zu einem konkreten Vergabeverfahren haben. So können sich beispielsweise öffentliche Auftraggeber zu **Einkaufskooperationen** zusammenschließen, deren Überprüfung dem Kartellrecht, nicht aber dem Vergaberecht nach dem 4. Teil des GWB unterliegt (BGH vom 12.11.2002, KZR 11/01).

61 Die Vergabekammern können grundsätzlich nur Verstöße gegen Vergabevorschriften in den Nachprüfungsverfahren aufgreifen. Dabei handelt es sich um Bestimmungen aus den Vergabeordnungen, die durch den Anwendungsbefehl in der Vergabeverordnung bzw. über §§ 97 Abs. 6 und 7 und 127 GWB Rechtssatzqualität erlangt haben. Ferner sind als Prüfungsmaßstab zu berücksichtigen die das Verfahren betreffenden Gebote des Wettbewerbs, der Transparenz und der Gleichbehandlung sowie bestimmte ungeschriebene Vergaberegeln, wie z.B. das Gebot der Fairness in Vergabeverfahren (§ 104 Rn. 23). Darüber hinaus können Verstöße gegen andere Vorschriften im Nachprüfungsverfahren aber inzident von einer Vergabekammer überprüft werden, wenn diese Bestimmungen sich bei der Vergabe des Auftrags auswirken (s. dazu § 104 Rn. 25 ff.).

62 Kommt es beispielsweise zu Verstößen gegen Vorschriften aus dem Kartellrecht, so haben lediglich die Kartellbehörden die Möglichkeit, diesen Verstößen nachzugehen, nicht aber die Nachprüfungsinstanzen. Allerdings kann es dann zu Überschneidungen mit den Nachprüfungsverfahren kommen, wenn sich der Kartellrechtsverstoß auch in einem Vergabeverfahren auswirkt (OLG Düsseldorf vom 27.6.2012, Verg 7/12; VK Münster vom 8.6.2012, VK 6/12; s. dazu auch § 104 Rn. 27).

§ 103 (weggefallen)

§ 104 Vergabekammern

(1) Die Nachprüfung der Vergabe öffentlicher Aufträge nehmen die Vergabekammern des Bundes für die dem Bund zuzurechnenden Aufträge, die Vergabekammern der Länder für die diesen zuzurechnenden Aufträge wahr.

(2) Rechte aus § 97 Absatz 7 sowie sonstige Ansprüche gegen öffentliche Auftraggeber, die auf die Vornahme oder das Unterlassen einer Handlung in einem Vergabeverfahren gerichtet sind, können nur vor den Vergabekammern und dem Beschwerdegericht geltend gemacht werden.

(3) Die Zuständigkeit der ordentlichen Gerichte für die Geltendmachung von Schadensersatzansprüchen und die Befugnisse der Kartellbehörden zur Verfolgung von Verstößen insbesondere gegen §§ 19 und 20 bleiben unberührt.

Übersicht

A. Allgemeines 1–4	I. Ausschließliche und abschließende Rechtswegzuweisung 20–21
B. Abgrenzung der Zuständigkeit der Vergabekammern des Bundes und der Länder (Abs. 1) 5–19	II. Rechte aus § 97 Abs. 7 GWB 22–24
I. Abgrenzungskriterium 5–6	III. „Sonstige Ansprüche" i.S.v. Abs. 2 ... 25–28
II. Besondere Zuständigkeitsfragen 7–15	IV. Sonderfälle 29–32
1. Öffentliche Auftraggeber mit Doppelfunktionen 7	1. Berücksichtigung des § 107 GO NRW 29
2. Zusammenschluss mehrerer öffentlicher Auftraggeber 8–15	2. Rechtsbeziehungen nach § 69 SGB V 30
a) Einkaufs- oder Beschaffungsgemeinschaften 8	3. Verstoß gegen § 17 UWG 31
b) Länderübergreifende Beschaffungen mehrerer beteiligter Auftraggeber 9–12	4. Verstoß gegen § 1 GWB – Bietergemeinschaft 32
c) Nachprüfung nach der Verordnung (EG) Nr. 1370/2007 vom 23.10.2007 .. 13–15	V. Verstöße im laufenden Vergabeverfahren ... 33–40
III. Vergabekammern der Länder und des Bundes 16–17	1. Problemaufriss 33
IV. Verweisung bei Unzuständigkeit 18–19	2. Beginn eines Vergabeverfahrens 34–37
C. Ausschließliche Rechtswegzuweisung (Abs. 2) 20–40	3. Abschluss eines Vergabeverfahrens 38–40
	D. Abgrenzung zu den ordentlichen Gerichten und den Kartellbehörden (Abs. 3) 41–43
	I. Geltendmachung von Schadensersatzansprüchen 41
	II. Befugnisse der Kartellbehörden 42–43

A. Allgemeines

Abs. 1 regelt die Zuständigkeit der Vergabekammern des Bundes und der Länder und grenzt diese gegenüber der Zuständigkeit der ordentlichen Gerichte und der Kartellbehörden ab. Ergänzt wird die Vorschrift durch § 106a GWB, der nähere Regelungen zur Verteilung der Zuständigkeit der Vergabekammern des Bundes und der Länder enthält. Demgegenüber machen die §§ 105 und 106 GWB nähere Vorgaben zu der Besetzung, der Einrichtung und der internen Organisation der Vergabekammern. 1

Abs. 1 enthält nur eine **grobe Abgrenzungsregelung**. Demnach unterliegen öffentliche Aufträge, die dem Bund zugerechnet werden, der Nachprüfung durch die Vergabekammern des Bundes. Für Aufträge, die den Ländern zugerechnet werden, sind die Vergabekammern des jeweiligen Landes zuständig. Die Detailbestimmungen zur sachlichen Abgrenzung der Zuständigkeiten der Vergabekammern finden sich in **§ 106a GWB**, der dem durch das Gesetz zur Modernisierung des Vergaberechts vom 20.4.2009 (BGBl. I S. 790, 797) aufgehobenen § 18 VgV a.F. weitgehend entspricht. Die Übernahme der Zuständigkeitsregeln in das Gesetz selbst entspricht dem Ziel des Gesetzgebers, mit dem Gesetz zur Modernisierung des Vergaberechts die VgV von Regelungen zu entfrachten, die eigentlich zum Nachprüfungsverfahren und somit in den 4. Teil des GWB gehören (vgl. Begr. RegE, BT-Drucks. 16/10117, S. 1). 2

Abs. 2 sieht eine **ausschließliche Rechtswegzuweisung zu den Vergabekammern und den Beschwerdegerichten** für die Durchsetzung von Rechten i.S.d. § 97 Abs. 7 GWB und sonstigen Ansprüchen gegen öffentliche Auftraggeber vor. Redaktionell hat der Gesetzgeber auch bei den Be- 3

§ 104 GWB

schwerdegerichten den Plural gewählt, da nicht nur ein Oberlandesgericht zuständig ist, sondern innerhalb jedes Bundeslandes ein Oberlandesgericht für zuständig erklärt wird.

4 Für die **Geltendmachung von Schadensersatzansprüchen** sind weiterhin die **ordentlichen Gerichte** zuständig. Durch den Verweis auf §§ 19 und 20 GWB in **Abs. 3** soll klargestellt werden, dass die Novellierung durch das Gesetz zur Modernisierung des Vergaberechts von 2009 nichts an der Befugnis der Kartellbehörden hinsichtlich eines unzulässigen Verhaltens eines marktstarken öffentlichen Auftraggebers geändert hat. Es ist aber eine zunehmende Tendenz in der vergaberechtlichen Rechtsprechung festzustellen, kartellrechtliche Verstöße des Auftraggebers auch zum Gegenstand eines Nachprüfungsverfahrens zu machen (OLG Düsseldorf vom 27.6.2012, Verg 7/12; VK Münster vom 8.6.2012, VK 6/12).

B. Abgrenzung der Zuständigkeit der Vergabekammern des Bundes und der Länder (Abs. 1)

I. Abgrenzungskriterium

5 Die **Abgrenzung der sachlichen Zuständigkeit** zwischen den Vergabekammern des Bundes und der Länder erfolgt durch die **Zurechnung des Auftrags**: Ist der Auftrag dem Bund zuzurechnen, nehmen die Vergabekammern des Bundes die Nachprüfung der Auftragsvergabe wahr, während die Vergabekammern der Länder die Nachprüfung der diesen zuzurechnenden Auftragsvergaben wahrnehmen. Ob ein Auftrag dem Bund oder den Ländern zuzurechnen ist, richtet sich danach, welcher öffentliche Auftraggeber den Auftrag vergibt und ob der Bund oder ein Land Träger dieses Auftraggebers ist. Alle öffentlichen Auftraggeber, die dem Bund zugeordnet werden, unterliegen der Nachprüfung durch die Vergabekammern des Bundes. Demgegenüber sind für öffentliche Aufträge, die von einer Landesbehörde oder einer Kommunalbehörde vergeben werden, die Vergabekammern der Länder sachlich zuständig.

6 **Einzelheiten** der Zuständigkeitsverteilung hat der Bundesgesetzgeber in § 106a GWB geregelt. **§ 106a Abs. 1 GWB konkretisiert** die Zuständigkeit der Vergabekammern des Bundes, während die Landesvergabegesetze Regelungen zur Zuständigkeit der Vergabekammern der Länder enthalten. § 106a Abs. 2 GWB bestimmt, dass für Vergabeverfahren von Ländern, die im Rahmen der Auftragsvergabe für den Bund durchgeführt werden, die Vergabekammer des jeweiligen Landes zuständig sein soll. Denn die **Bundesauftragsverwaltung** ist eine spezielle Form der Landesverwaltung, nicht der Bundesverwaltung. Bekanntestes Beispiel ist die **Bundesstraßenbauverwaltung**.

II. Besondere Zuständigkeitsfragen

1. Öffentliche Auftraggeber mit Doppelfunktionen

7 Bei Behörden mit Doppelfunktionen, die sowohl der Bundesebene, aber auch den Landesebenen zugeordnet werden können, gibt es durchaus **Abgrenzungsprobleme**. Als **Beispiel** sei hier auf die Rechtsprechung zu den Ausschreibungsverfahren zum Abschluss von **Rabattvereinbarungen** gemäß § 130a Abs. 8 SGB V der gesetzlichen Krankenkassen hingewiesen (s. näher § 106a Rn. 10 ff., 34). Nachdem die Vergabekammern des Bundes (vom 14.11.2007, VK 3-124/07 und vom 15.11.2007, VK 2-102/07) die Bundeskammern insoweit für zuständig gehalten hatten, die Vergabekammer Düsseldorf (vom 31.10.2007, VK-31/2007-L) ihrerseits aber die Zuständigkeit der Landeskammern für die Auftragsvergaben von gesetzlichen Krankenkassen begründet gesehen hatte, führte die nach § 18 Abs. 1 VgV a.F. vorzunehmende Abgrenzung nach Auffassung des OLG Düsseldorf (vom 19.12.2007, Verg 51/07) sowohl zur Zuständigkeit der Vergabekammern des Bundes als auch der Vergabekammern der Länder. Letztlich müsse sich die **Lösung aus allgemeinen verfahrensrechtlichen Grundsätzen** ergeben, konkret aus der Vorschrift des **§ 35 ZPO** („Unter mehreren zuständigen Gerichten hat der Kläger die Wahl."). Es kommt somit darauf an, wo der Antragsteller seinen Antrag stellt (vgl. auch § 106a Rn. 10, 28 ff.).

2. Zusammenschluss mehrerer öffentlicher Auftraggeber
a) Einkaufs- oder Beschaffungsgemeinschaften

Von den öffentlichen Auftraggebern mit Doppelfunktion sind die Fälle zu unterscheiden, in denen nicht nur eine Behörde – mit Doppelfunktion – tätig wird, sondern **mehrere Behörden als öffentliche Auftraggeber** beteiligt sind, die sich zu einer **Einkaufs- oder Beschaffungsgemeinschaft** zusammen geschlossen haben. Im Bereich des **Schienenpersonennahverkehrs** schließen sich z.B. häufig mehrere Zweckverbände eines Landes oder auch mehrerer Länder zusammen, um gemeinsam einen Auftrag auszuschreiben. In der Regel wird in diesen Fällen eine der beteiligten Behörden von den anderen öffentlichen Auftraggebern zur Durchführung der Ausschreibung verpflichtet, übernimmt also die Federführung bei der Vergabe, während die einzelnen Verträge anschließend ggf. wiederum separat geschlossen werden. Auch in diesen Fällen können mehrere Vergabekammern innerhalb eines Landes oder auch länderübergreifend sachlich zuständig sein. 8

b) Länderübergreifende Beschaffungen mehrerer beteiligter Auftraggeber

Handeln mehrere öffentliche Auftraggeber gemeinsam und unterliegt jeder für sich genommen einer anderen Nachprüfungsinstanz, so ließ sich bislang nicht ohne weiteres bestimmen, welche Vergabekammer zuständig ist. 9

Das OLG Koblenz (vom 5.9.2002, 1 Verg 2/02) vertrat zum vor der Novellierung des Vergaberechts im GWB geltenden Recht die Auffassung, dass ihm **keine ausdrückliche Zuständigkeitsregelung** für den Fall gemeinsamer Ausschreibung durch in verschiedenen Bundesländern ansässige Auftraggeber entnommen werden könne. Eine Zuständigkeitsbestimmung nach dem Schwergewicht der Maßnahme sei bei Eingang eines Nachprüfungsverfahrens in der Regel noch nicht möglich. Solange der Verordnungsgeber den in § 127 Nr. 5 GWB a.F. normierten Auftrag, Regelungen über die genaue Abgrenzung der Zuständigkeiten der Vergabekammern der Länder voneinander zu treffen, nicht erfüllt, sei § 18 Abs. 8 VgV a.F. (jetzt: § 106a Abs. 3 Satz 1 GWB) auch zur Gewährung eines effektiven Rechtsschutzes so auszulegen, dass im Falle gemeinsamer Ausschreibung durch in verschiedenen Bundesländern ansässige Auftraggeber die Vergabekammer eines jeden in Frage kommenden Landes zuständig ist (so auch OLG Düsseldorf vom 19.12.2007, Verg 51/07). 10

Für den Fall einer **Vereinbarung** der öffentlichen Auftraggeber **über die Zuständigkeit einer bestimmten Vergabekammer** lässt das OLG Düsseldorf (vom 19.12.2007, Verg 51/07) die Frage ausdrücklich offen, ob § 18 Abs. 1 Satz 2 VgV a.F. (jetzt: **§ 106a GWB**) auf das Verhältnis mehrerer zuständiger Vergabekammern oder ob insoweit gar **§ 3 Abs. 2 Satz 4 VwVfG** („Fehlt eine gemeinsame Aufsichtsbehörde, so treffen die fachlich zuständigen Aufsichtsbehörden die Entscheidung gemeinsam.") analog anzuwenden sei. Die VK Münster (vom 24.9.2004, VK 24/04 und vom 10.2.2005, VK 35/04) vertrat dagegen die Auffassung, dass sich in einem solchen Fall ihre örtliche Zuständigkeit aus § 1 Abs. 2 Buchst. b ZuStVO NpV NRW ergebe, vorausgesetzt, dass sich die Vergabestellen anderer Bundesländer mit den im Zuständigkeitsbereich der Vergabekammer ansässigen Vergabestellen schriftlich über deren Zuständigkeit geeinigt haben. 11

Die **Regelungslücke** wurde durch **§ 106a Abs. 3 Satz 2 GWB** geschlossen. Bei **länderübergreifenden Beschaffungen**, an denen **mehrere öffentliche Auftraggeber beteiligt** sind, dürfen diese Auftraggeber in der Vergabebekanntmachung ausdrücklich nur **eine** Vergabekammer benennen, die somit im Falle eines Nachprüfungsverfahrens für die Überprüfung der Vergabe zuständig wird. 12

Beispiel: Der Landesbetrieb Straßenbau NRW schrieb die Lieferung von Salzlösung für mehrere Gebietslose aus, wobei ein Gebietslos sich auf Sachsen-Anhalt bezog. Da die Vergabestelle ihren Sitz im Zuständigkeitsbereich der VK Münster hat, wurde diese in der Bekanntmachung als Nachprüfungsinstanz angegeben, was zur Zuständigkeit der VK Münster für sämtliche Gebietslose führte (VK Münster vom 21.10.2011, VK 16/11 und VK 17/11).

c) Nachprüfung nach der Verordnung (EG) Nr. 1370/2007 vom 23.10.2007

13 Die Verordnung (EG) Nr. 1370/2007 des Europäischen Parlaments und des Rates vom 23.10.2007 über **öffentliche Personenverkehrsdienste auf Schiene und Straße** (ABl. EU Nr. L 315 vom 3.12.2007, S. 1–13) dient der Umsetzung der Dienstleistungsfreiheit und dem Verbot staatlicher Beihilfen im Bereich des öffentlichen Personennahverkehrs. Nach Art. 5 VO (EG) Nr. 1370/2007 ist die Vergabe öffentlicher Dienstleistungsaufträge im Bereich des öffentlichen Personennahverkehrs an diverse Vorgaben gebunden, wobei davon auszugehen ist, dass EU-Verordnungen – anders als EU-Richtlinien – unmittelbar geltendes Recht enthalten. Direktvergaben an sogenannte interne Betreiber oder an Schienenpersonennahverkehrsunternehmen sind unter bestimmten Voraussetzungen zulässig. Gemäß Art. 5 Abs. 7 VO (EG) Nr. 1370/2007 müssen die Mitgliedstaaten die erforderlichen Maßnahmen treffen, damit die gemäß den Abs. 2 bis 6 getroffenen Entscheidungen (Vergaben im Bereich der öffentlichen Personennahverkehrsdienste) wirksam und rasch auf Antrag einer Person überprüft werden können, die ein Interesse daran hat bzw. hatte, einen bestimmten Auftrag zu erhalten.

14 In Deutschland ist ein solches Rechtsschutzverfahren noch nicht eingeführt worden, so dass fraglich ist, ob hier auch die Vergabekammern für die Nachprüfung solcher Vergaben zuständig sind. Das OLG Düsseldorf (vom 2.3.2011, Verg 48/10) war für den Bereich von **Busdienstleistungen** der Auffassung, dass diese Lücke durch eine analoge Anwendung des § 102 GWB zu schließen sei, so dass damit die Vergaben nach der VO (EG) Nr. 1370/2007 der **Nachprüfung durch die Vergabekammern** unterliegen. Eine Zuweisung an die Verwaltungsgerichte nach § 40 Abs. 1 VwGO komme demgegenüber nicht in Betracht. Denn die durch Art. 5 Abs. 7 VO (EG) Nr. 1370/2007 geforderten Rechtsschutzmöglichkeiten seien bewusst stark denjenigen angenähert worden, die sich bereits aus der in Deutschland umgesetzten Rechtsmittelrichtlinie ergeben würden. Demgegenüber wird aber auch die Auffassung vertreten (Ziekow/Völlink/*Zuck*, Vergaberecht, Art. 5 VO (EG) Nr. 1370/2007 Rn. 53), dass die Behörden in diesen Bereichen hoheitlich handeln würden, was dann zur Folge hat, dass Rechtsschutz gemäß § 40 Abs. 1 VwGO durch die **Verwaltungsgerichte** erfolgen muss.

15 Für den Bereich von **Schienenpersonennahverkehrsleistungen** war der BGH (vom 8.2.2011, X ZB 4/10) der Auffassung, dass **öffentliche Dienstleistungsaufträge** im Eisenbahnverkehr auch nach Art. 5 Abs. 6 VO (EG) Nr. 1370/2007 nicht direkt vergeben werden können, da einer solchen „Direktvergabe" nationales Recht entgegensteht (Art. 5 Abs. 6 VO (EG) Nr. 1370/2007 bestimmt: „Sofern dies nicht nach nationalem Recht untersagt ist, ..."). Im deutschen Recht existierten aber Regelungen für die Vergabe von Dienstleistungsaufträgen, die sich im 4. Teil des GWB befinden. Das durch die Verordnung geschaffene Recht würde eine vergaberechtlich geprägte Sicherstellung – also die Anwendung der Vergabeverordnungen und des GWB – der Verkehrsbedienung nicht ausschließen. Außerdem vertrat der BGH die Auffassung, dass die Dienstleistungen im Schienenpersonennahverkehr nicht infolge der Regelung in **§ 15 Abs. 2 AEG** vom Geltungsbereich des 4. Teils des GWB ausgeschlossen sind. § 15 Abs. 2 AEG hat gegenüber dem GWB keinen Vorrang unter dem Gesichtspunkt der Spezialität, so der BGH mit Entscheidung vom 8.2.2011 (X ZB 4/10). Im Ergebnis gelten für die Vergabe von Dienstleistungsaufträgen im Bereich des Schienenpersonennahverkehrs – trotz der VO (EG) Nr. 1370/2007 – weiterhin die in Deutschland geltenden Vergabebestimmungen. Damit sind für die Nachprüfung solcher Vergaben die **Vergabekammern** zuständig. Etwas anderes kann nur gelten, wenn statt eines Dienstleistungsauftrags eine **Dienstleistungskonzession** vergeben wird (zur Abgrenzung s. BGH vom 8.2.2011, X ZB 4/11; *Diemon-Wies/Hesse*, NZBau 2012, 341). Für Dienstleistungskonzessionen existiert bislang kein Rechtsschutz vor den Vergabekammern. Ob sich das durch die geplante neue Richtlinie der Europäischen Kommission zur Konzessionsvergabe (Stand: 20.12.2011) ändert, die im Entwurf vorgelegt wurde und sich derzeit im Gesetzgebungsverfahren befindet, bleibt abzuwarten.

15a Darüber hinaus ist aber auch zu beachten, dass der Begriff des „Dienstleistungsauftrags" i.S.d. VO (EG) Nr. 1370/2007 ein anderer ist als im 4. Teil des GWB und insbesondere auch Dienstleistungskonzessionen und Inhouse-Vergaben im Anwendungsbereich der VO (EG) Nr. 1370/2007 damit der

Nachprüfung durch die Vergabekammern unterzogen werden können (OLG Düsseldorf vom 2.3.2011, Verg 48/10).

Mittlerweile hat der Bundesgesetzgeber die Vorschriften des Personenbeförderungsgesetzes (PBefG) geändert. Die Änderung des PBefG dient der Umsetzung der VO (EG) Nr. 1370/2007 und ist am 1.1.2013 in Kraft getreten. Gemäß § 8a Abs. 7 Satz 1 PBefG unterliegt die Vergabe eines öffentlichen Dienstleistungsauftrags nach Art. 5 Abs. 2 bis 5 VO (EG) Nr. 1370/2007 für den Verkehr mit Straßenbahnen, Obussen oder Kraftfahrzeugen der Nachprüfung nach dem Zweiten und Dritten Abschnitt des 4. Teils des GWB. Damit wird die **Vergabe von Busdienstleistungen** nach Art. 5 Abs. 2 bis 5 VO (EG) Nr. 1370/2007 (Sondervergaberecht) nunmehr dem 4. Teil des GWB unterworfen und die Zuständigkeit der Vergabekammern begründet. Da § 8a Abs. 7 Satz 1 PBefG nicht weiter differenziert, wird die Nachprüfung vor den Vergabekammern auch für die Vergabe von Busdienstleistungen im Bereich **unterhalb der Schwellenwerte** eröffnet. Daneben ist im Bereich der Busdienstleistungen Art. 5 Abs. 1 VO (EG) Nr. 1370/2007 zu beachten. Für den Fall, dass der öffentliche Auftraggeber einen öffentlichen Auftrag i.S.v. § 99 Abs. 4 GWB vergeben will, gilt ebenfalls der 4. Teil des GWB. Vergaben nach der Verordnung, also nach Art. 5 und Vergaben nach dem GWB, fallen somit insgesamt in die Zuständigkeit der Vergabenachprüfungsinstanzen (vgl. dazu VK Münster vom 29.5.2013, VK 5/13).

III. Vergabekammern der Länder und des Bundes

Die **örtliche Zuständigkeit** einer Vergabekammer innerhalb eines Landes ergibt sich aus Vorschriften außerhalb des GWB. In den Ländern sind Rechtsverordnungen erlassen worden, die Bestimmungen über die Anzahl, den Sitz und die örtliche Zuständigkeit der Vergabekammern enthalten.

In den einzelnen Bundesländern ist die Einrichtung von Vergabekammern sehr unterschiedlich gehandhabt worden. In Nordrhein-Westfalen sind insgesamt fünf Vergabekammern, jeweils bei den Bezirksregierungen, eingerichtet worden, in Bayern gibt es beispielsweise zwei Vergabekammern und der Bund verfügt über insgesamt drei Vergabekammern, die ihren Sitz beim Bundeskartellamt in Bonn haben.

IV. Verweisung bei Unzuständigkeit

Nachprüfungsanträge, die nicht bei der sachlich oder örtlich zuständigen Vergabekammer eingelegt wurden, werden in der Regel an die zuständige Vergabekammer verwiesen oder der Antragsteller wird aufgefordert, seinen Nachprüfungsantrag unmittelbar bei der zuständigen Vergabekammer neu zu stellen. Die Frage einer **zuständigkeitsbedingten Verweisung zwischen den Vergabekammern des Bundes und der Länder** ist gesetzlich nicht geregelt. Das OLG Jena (vom 16.7.2007, 9 Verg 4/07) hielt gleichwohl die entsprechende Anwendung der § 83 Satz 1 VwGO, § 17a Abs. 2 Satz 2 GVG für geboten, wonach der Beschluss für das Gericht, an das der Rechtsstreit verwiesen wird, bindend ist. Die VK Baden-Württemberg (vom 16.5.2013, 1 VK 12/13) meinte, dass bei länderübergreifenden Beschaffungen die Vergabekammer zuständig sei, in deren Land der Schwerpunkt der Maßnahme liege. Lässt sich ein Schwerpunkt nicht feststellen, kann die Vergabekammer eines jeden in Betracht kommenden Landes angerufen werden, wenn in der Bekanntmachung keine Vergabekammer genannt wurde.

Bei der die Verweisung des Nachprüfungsverfahrens an eine andere Vergabekammer betreffenden Entscheidung handelt es sich um eine **Zwischenentscheidung** der Vergabekammer, gegen die die **sofortige Beschwerde nicht statthaft** ist (OLG Düsseldorf vom 18.1.2005, Verg 104/04).

C. Ausschließliche Rechtswegzuweisung (Abs. 2)

I. Ausschließliche und abschließende Rechtswegzuweisung

Nach Abs. 2 können die **Rechte aus § 97 Abs. 7 GWB** und **sonstige Ansprüche** gegen öffentliche Auftraggeber **nur vor den Nachprüfungsinstanzen**, also den Vergabekammern und den Beschwerdegerichten, geltend gemacht werden. Für den Primärrechtsschutz in einem Vergabeverfahren enthält die Vorschrift somit eine **ausschließliche und abschließende Rechtswegzuweisung**. Daraus folgt, dass für Vergabeverfahren oberhalb der EU-Schwellenwerte der Rechtsweg zu den Verwaltungs- oder Zivilgerichten ausdrücklich ausgeschlossen ist. Entgegen dem eindeutigen Wortlaut der Vorschrift bleiben neben den Vergabekammern und Beschwerdegerichten die Vergabeprüfstellen und Aufsichtsbehörden für den Rechtsschutz in Vergabeverfahren jedoch weiterhin zuständig. Während sich das für die Aufsichtsbehörden bereits aus § 102 GWB ergibt, entspricht es auch nach Streichung des Verweises in Abs. 2 Satz 1 auf die Vergabeprüfstellen dem ausdrücklichen gesetzgeberischen Willen, dass die Vergabeprüfstellen auch weiterhin für die Nachprüfung von Auftragsvergaben in Anspruch genommen werden können (vgl. Begr. RegE, BT-Drucks. 16/10117, S. 22).

21 Zunehmend ist in der Rechtsprechung die Tendenz erkennbar, dass nicht nur die originär dem Vergaberecht zuzuordnenden Vorschriften (GWB, VOB/A, VOL/A, VOF, SektVO, VSVgV) der Nachprüfung durch die Vergabekammern unterliegen, sondern darüber hinaus auch Regelungen aus anderen Rechtsgebieten, wie beispielsweise dem Kartellrecht (OLG Düsseldorf vom 27.6.2012, Verg 7/12), dem EnWG (OLG Düsseldorf vom 9.1.2013, Verg 26/12) oder dem KrW-/AbfG (BGH vom 18.6.2012, X ZB 9/11; OLG Düsseldorf vom 1.8.2012, Verg 105/11; OLG Düsseldorf vom 7.12.2012, Verg 69/11), inzident zu prüfen sind. Insofern ist zunächst zu unterscheiden, ob es sich um Rechte aus § 97 Abs. 7 GWB (s. Rn. 22 ff.) handelt oder um „sonstige Ansprüche" (s. Rn. 25 ff.).

II. Rechte aus § 97 Abs. 7 GWB

22 Der ausschließlichen Rechtswegzuweisung unterfallen nach Abs. 2 Satz 1 insbesondere die Rechte aus § 97 Abs. 7 GWB, die allein vor den vergaberechtlichen Nachprüfungsinstanzen, den Vergabekammern und den Beschwerdegerichten, geltend gemacht werden können. Nach § 97 Abs. 7 GWB haben die Unternehmen, die sich um öffentliche Aufträge bewerben, einen Anspruch darauf, dass der Auftraggeber die Bestimmungen über das Vergabeverfahren einhält. Erste Voraussetzung für die Rechtswegzuständigkeit der Vergabekammern ist somit, dass der Anspruchsteller eine Verletzung einer ihn schützenden Bestimmung über das Vergabeverfahren geltend macht.

23 **Bestimmungen über das Vergabeverfahren** sind die Vorschriften der Vergabeordnungen, die durch Verweisung in der VgV und die §§ 97 Abs. 6 und 7 und 127 GWB Rechtssatzqualität erlangt haben, ferner die das Verfahren betreffenden Gebote des Wettbewerbs, der Transparenz und der Gleichbehandlung (§ 97 Abs. 1 und 2 GWB) sowie bestimmte ungeschriebene Vergaberegeln, wie z.B. das Gebot der Fairness in Vergabeverfahren (VK Münster vom 8.6.2012, VK 6/12; OLG Düsseldorf vom 22.5.2002, Verg 6/02; OLG Düsseldorf vom 26.7.2002, Verg 22/02). Daneben sind auch unmittelbar anzuwendende Richtlinienregelungen als Bestimmungen über das Vergabeverfahren anzusehen. Gemeint sind somit die originär anzuwendenden Regelungen aus dem Vergaberecht.

24 **Beispiel:** Aufgrund dieser Abgrenzung hat das OLG Düsseldorf (vom 22.5.2002, Verg 6/02) z.B. die Bildung einer **Einkaufskooperation** mehrerer öffentlicher Auftraggeber, die sachlich und zeitlich vor Beginn des Vergabeverfahrens lag, als nicht prüffähig im Rahmen eines Nachprüfungsverfahrens angesehen. Das Kartellverbot (§ 1 GWB) und das Verbot von Vereinbarungen über die Preisgestaltung und Geschäftsbedingungen (§ 14 GWB a.F.) stellen jedenfalls keine Bestimmungen über das Vergabeverfahren dar. Hierbei handele es sich, so das OLG Düsseldorf, um selbständige Verbotsnormen materiell-rechtlichen Inhalts, nicht aber um Bestimmungen, die in irgendeiner Weise ein Vergabeverfahren, seine nähere Ausgestaltung oder die Rechtsstellung der am Verfahren Beteiligten regeln. Ihre Verletzung sei in einem Abwehrprozess vor den Kartellgerichten zu rügen und ggf. festzustellen (vgl. auch OLG Düsseldorf vom 26.7.2002, Verg 22/02). Entscheidend war jedoch, dass die vermeintliche Verletzung dieser Vorschriften (§§ 1 und 14 GWB) ganz sicher keine Auswirkungen auf den Wettbewerb im konkreten Vergabeverfahren hatte. Etwas anderes kann gelten, wenn beispielsweise eine Bietergemeinschaft zwischen gleichartigen Unternehmen gebildet wird (s. dazu Rn. 32).

III. „Sonstige Ansprüche" i.S.v. Abs. 2

Nach Abs. 2 unterliegen auch „**sonstige Ansprüche**" gegen **öffentliche Auftraggeber**, die auf die Vornahme oder das Unterlassen einer Handlung „**in einem Vergabeverfahren**" gerichtet sind, der Nachprüfung durch die Vergabekammern und den Beschwerdegerichten. Ansprüche, die sich nicht gegen den (öffentlichen) Auftraggeber oder gegen seine Entscheidungen richten, die außerhalb eines Vergabeverfahrens getroffen wurden, sind also keine „sonstigen Ansprüche" im Sinne der Vorschrift.

25

Der BGH (vom 3.7.2008, I ZR 145/05) führt dazu an, dass das Kartellvergaberecht die zivilrechtlichen Ansprüche, die im Falle von Vergabeverstößen geltend gemacht werden können, nicht abschließend regelt. Das GWB enthält für das Kartellvergaberecht kein in sich abgeschlossenes Rechtsschutzsystem, das eine Verfolgung von Rechtsverstößen nach § 4 Nr. 11 UWG (so der Fall des BGH) ausschließt. Daraus lässt sich zunächst folgern, dass auch Rechtsvorschriften aus anderen Rechtsgebieten, wie beispielsweise dem **KrW-/AbfG** (OLG Düsseldorf vom 1.8.2012, Verg 105/11) oder dem **EnWG** (VK Münster vom 8.6.2012, VK 6/12), inhaltlich von einer Vergabekammer zu prüfen sind. Auch der BGH (vom 18.6.2012, X ZB 9/11) vertritt zur Zuständigkeit der Vergabekammern gemäß Abs. 2 die Auffassung, dass im Rahmen von Nachprüfungsverfahren Vorschriften, die selbst nicht unmittelbar zu den Bestimmungen über das Vergabeverfahren i.S.v. § 97 Abs. 7 GWB zu rechnen sind, **inzident** von den Vergabekammern zu prüfen sind. Im konkreten Fall ging es um die Auslegung und Anwendung des § 16 Abs. 1 KrW-/AbfG und die Frage, ob Dienstleistungskonzessionen nach dieser Bestimmung überhaupt zulässig sind.

26

Abs. 2 geht davon aus, dass neben den Vergabeverstößen i.S.v. § 97 Abs. 7 GWB auch andere sonstige Ansprüche auf Beseitigung und Unterlassung einer Handlung in einem Vergabeverfahren gegen öffentliche Auftraggeber bestehen können. Die Vorschrift des Abs. 2 begründet somit als **Spezialregelung** für den Bereich des Vergaberechts eine ausschließliche Zuständigkeit der Vergabekammern für den Primärrechtsschutz gegen den (öffentlichen) Auftraggeber. Einen allgemeinen Rechtssatz des Inhalts, wonach außervergaberechtliche (im konkreten Fall waren es entsorgungsrechtliche) Normen im Nachprüfungsverfahren nicht zu prüfen sind, gibt es demnach nicht (OLG Düsseldorf vom 1.8.2012, Verg 105/11; vgl. auch OLG Düsseldorf vom 7.12.2012, Verg 69/11). Nach Auffassung des OLG Düsseldorf (vom 27.6.2012, Verg 7/12) könnte einiges dafür sprechen, kartellrechtliche Verstöße des Auftraggebers, die ohne zeitaufwändige Untersuchung einwandfrei festzustellen sind, in einem Nachprüfungsverfahren zu berücksichtigen. Vergabekammern wären dann – neben den Kartellbehörden, die für solche Rechtsverstöße gemäß Abs. 3 zuständig sind – ebenfalls zuständig (**parallele Zuständigkeit**).

26a

Soweit ein Bieter aber gegen einen **Mitbewerber** vorgehen will, hat er **Abs. 3** zu beachten, d.h., solche Rechtsverletzungen sind entweder vor den Zivilgerichten oder den Kartellbehörden geltend zu machen (BGH vom 3.7.2008, I ZR 145/05), aber nicht vor den Vergabekammern. Geht der Bieter hingegen gegen den öffentlichen Auftraggeber vor und beanstandet er die Verletzung einer Rechtsvorschrift durch den öffentlichen Auftraggeber, die nicht den originären Vergaberechtsbestimmungen unterfällt, ist eine Vergabekammer grundsätzlich zuständig, soweit feststellbar ist, dass diese Rechtsverletzung Auswirkungen in dem konkreten Vergabeverfahren hat.

27

Nach Auffassung der VK Münster (vom 8.6.2012, VK 6/12) darf der Zweck der Rechtswegkonzentration in Abs. 2 aber nicht konterkariert werden, so dass der Begriff „**in einem Vergabeverfahren**" als Einschränkung zu verstehen ist. In dem konkreten Fall der VK Münster ging es u.a. um die Berücksichtigung des § 46 EnWG (Konzessionen für die Nutzung der Strom- und Gasnetze im Gemeindegebiet) bei der Vergabe eines Beratungsvertrages, der mit einem Anteilserwerb an einer neu gegründeten Gesellschaft gekoppelt war. Die „Vergabe" von Konzessionen nach dem EnWG unterfällt nicht dem 4. Teil des GWB, da es sich nicht um Dienstleistungsaufträge, sondern um Dienstleistungskonzessionen handelt. Wenn aber gleichzeitig eine Verknüpfung mit der konkreten Vergabe (Beratungsvertrag) vorliegt, unterliegen diese Regelungen auch der Nachprüfung durch Vergabekammern in einem Nachprüfungsverfahren. Denn damit wird gleichzeitig der Wettbewerb beeinträchtigt. Das OLG Düsseldorf (vom 9.1.2013, Verg 26/12) führte dazu aus: „Bei einer Beschaffung

28

sogenannter strategischer Partnerschaften (ÖPP) durch kommunale Netzunternehmen besteht eine Ausschreibungspflicht nach GWB, wenn – ungeachtet des gewählten Beteiligungsmodells – der Vertrag jedenfalls (auch) Dienstleistungen zum Gegenstand hat, die wertmäßig den maßgebenden Schwellenwert erreichen oder übersteigen."

28a Als „**sonstige Ansprüche**" außerhalb des originären Vergaberechts sind solche zu prüfen, die einen Bezug zum Vergabeverfahren haben, was anzunehmen ist, soweit sie zeitlich mit der Vergabe zusammentreffen und sie Auswirkungen auf den Wettbewerb haben (OLG Düsseldorf vom 13.8.2008, Verg 42/07). Im konkreten Fall des OLG Düsseldorf ging es um die Anwendung und Berücksichtigung des § 107 GO NRW bei der Vergabe eines öffentlichen Auftrags.

28b Als **Faustregel** kann somit gelten, dass ein **zeitlicher Zusammenhang** mit den außervergaberechtlichen Rechtsnormen feststellbar ist, wenn der Wettbewerb ohne Beantwortung dieser Frage nicht entschieden werden kann und der Umfang der Prüfung zumutbar erscheint.

IV. Sonderfälle

1. Berücksichtigung des § 107 GO NRW

29 Zu § 107 GO NRW, der die Zulässigkeit der wirtschaftlichen Betätigung einer Kommune regelt, hat das OLG Düsseldorf in mehreren Beschlüssen (vom 2.1.2000, Verg 3/99 und vom 17.6.2002, Verg 18/02) den Rechtsweg zu den Nachprüfungsinstanzen gemäß Abs. 2 als eröffnet angesehen, obwohl sich auf § 107 GO NRW an sich keine Ansprüche gegen einen Auftraggeber in einem Vergabeverfahren stützen lassen. Das OLG Düsseldorf hat die Rechtswegzuständigkeit der vergaberechtlichen Nachprüfungsinstanzen in diesen Fällen dennoch bejaht, da es in der Sache stets um einen Verstoß gegen das Wettbewerbsgebot (§ 97 Abs. 1 GWB und § 2 Nr. 1 VOL/A) gehe (vgl. OLG Düsseldorf vom 13.8.2008, Verg 42/07; VK Münster vom 4.10.2004, VK 21/04; VK Münster vom 31.10.2007, VK 22/07; VK Münster vom 31.10.2007, VK 23/07; VK Saarland vom 12.12.2005, 3 VK 03/2005 und 04/2005). Das wird man auch nach Aufhebung des § 2 Nr. 1 Abs. 2 VOL/A 2006 weiterhin annehmen können, denn das nach früherem Rechtszustand an den Auftraggeber gerichtete Gebot, wettbewerbsbeschränkende Verhaltensweisen zu unterbinden, geht im Wettbewerbsgrundsatz des § 97 Abs. 1 GWB auf, so das OLG Düsseldorf (vom 9.11.2011, Verg 35/11).

Demgegenüber betont das OVG Nordrhein-Westfalen (vom 1.4.2008, 15 B 122/08) in einem Eilverfahren, dass sich die wettbewerbsrechtliche Beurteilung und der korrespondierende vergaberechtliche Rechtsschutz nach §§ 97 ff. GWB nur auf die **Art und Weise** der Beteiligung der öffentlichen Hand am Wettbewerb beziehe. Davon sei aber die Frage zu trennen, ob sich die öffentliche Hand **überhaupt** wirtschaftlich oder nichtwirtschaftlich betätigen darf und welche Grenzen ihr insoweit gesetzt sind oder gesetzt werden sollten. Für den Rechtsstreit um den Marktzutritt eines kommunalwirtschaftlichen Unternehmens sei allein der Rechtsweg zu den Verwaltungsgerichten (§ 40 VwGO), nicht aber zu den Nachprüfungsinstanzen des Vergaberechts eröffnet. Das OLG Düsseldorf hält in der Entscheidung vom 13.8.2008 (Verg 42/07) an seinem Standpunkt fest. Die öffentlichen Auftraggeber seien verpflichtet, bei der Vergabe eines Auftrags jede nur denkbare Wettbewerbsbeschränkung zu unterbinden. Dies sei ein **Normanwendungsbefehl** und nicht nur ein Programmsatz. Dabei sei der Wettbewerb umfassend zu schützen. Es stelle eine Wettbewerbsverfälschung und -verzerrung dar, wenn ein Unternehmen der öffentlichen Hand kraft eines gesetzlichen Verbots (§ 107 GO NRW) eine für den Wettbewerb relevante Tätigkeit auf einem bestimmten Markt gar nicht aufnehmen darf, dies aber dennoch unternimmt und darin vom öffentlichen Auftraggeber durch die Auftragsvergabe auch noch unterstützt wird.

2. Rechtsbeziehungen nach § 69 SGB V

30 Der zwischen dem BGH und dem BSG entstandene Streit über den **Rechtsweg im Falle von Rechtsbeziehungen nach § 69 SGB V** zwischen den gesetzlichen Krankenkassen und ihrer Verbände zu den Ärzten, Zahnärzten, Psychotherapeuten, Apotheken oder sonstigen Leistungserbringern und ihren Verbänden hatte der Gesetzgeber zunächst mit dem Gesetz zur Weiterentwicklung der Organisationsstrukturen in der gesetzlichen Krankenversicherung (GKV-OrgWG) vom

15.12.2008 (BGBl. I S. 2426), das am 19.12.2008 in Kraft getreten ist, zugunsten der Sozialgerichte entschieden. Die sofortige Beschwerde gegen eine Entscheidung der Vergabekammer sollte in diesen Fällen vor den Landessozialgerichten einzulegen sein (vgl. § 116 Abs. 3 Satz 1 Hs. 2 GWB a.F.). Mittlerweile liegt die Zuständigkeit wieder bei den Vergabesenaten der Oberlandesgerichte, weil der Gesetzgeber durch Art. 3 des Gesetzes zur Neuordnung des Arzneimittelmarktes in der gesetzlichen Krankenversicherung (Arzneimittelmarktneuordnungsgesetz – AMNOG) vom 22.12.2010 (BGBl. I S. 2262, 2271) den in Satz 1 von § 116 Abs. 3 GWB eingefügten zweiten Halbsatz wieder gestrichen hat. Zuvor hatten die Ausschreibungen einiger Allgemeiner Ortskrankenkassen über den Bezug von verschiedenen arzneilichen Wirkstoffen (**Arzneimittel-Rabattverträge**) zu einem Streit zwischen dem BGH (vom 15.7.2008, X ZB 17/08) und dem BSG (vom 22.4.2008, B 1 SF 1/08 R) geführt. Die ausgeschriebenen **Rabattvereinbarungen** i.S.v. § 130a Abs. 8 SGB V waren bis dato nicht in einem förmlichen Verfahren nach dem 4. Teil des GWB vergeben worden, so dass die Zuständigkeit für die Nachprüfung nicht abschließend geklärt war.

Der BGH vertrat unter Verweis auf die Zuständigkeitsregelungen in §§ 104 Abs. 2, 116 GWB die Auffassung, dass allein die Oberlandesgerichte als ausschließlich zuständige Beschwerdegerichte gegen Entscheidungen der Vergabekammern anzusehen seien. Demgegenüber meinte das BSG, dass bei Anfechtungsklagen gegen Verwaltungsakte der Vergabekammern in Angelegenheiten des Sozialrechts keine ausschließliche Zuständigkeit der Beschwerdegerichte nach § 116 GWB bestehe, sondern auch die Sozialgerichte nach § 51 SGG, § 130a Abs. 9 SGB V grundsätzlich zuständig seien.

3. Verstoß gegen § 17 UWG

Aus den allgemeinen Vorgaben, dass **wettbewerbsbeschränkende und unlautere Verhaltensweisen** bei öffentlichen Auftragsvergaben zu bekämpfen sind (so z.B. § 2 EG Abs. 1 Nr. 2 VOB/A), hat das OLG Brandenburg (vom 6.10.2005, Verg W 7/05) den Schluss gezogen, dass auch Verstöße gegen § 17 UWG der Nachprüfung durch die Vergabekammern und Oberlandesgerichte unterliegen können. Nach § 17 Abs. 2 UWG ist es unzulässig und sogar strafbewehrt, wenn sich jemand zu Zwecken des Wettbewerbs ein Geschäfts- oder Betriebsgeheimnis unbefugt beschafft und verwendet. Konkret lag dem OLG Brandenburg der Fall vor, in dem sich der Antragsteller eines Nachprüfungsverfahrens das Angebot eines Konkurrenten beschafft hatte und zu eigenen Gunsten auswertete. Das Verhalten des Antragstellers stellte sich nach Auffassung des OLG Brandenburg als unlauter dar, was zur Folge hatte, dass das Angebot nach § 19 EG Abs. 3 Buchst. f VOL/A (vorher: § 25 Nr. 1 Buchst. f VOL/A) auszuschließen war. Einen vergleichbaren Fall entschied das OLG Jena (vom 16.7.2007, 9 Verg 4/07).

31

In Abgrenzung zu § 17 UWG wird aber im Einzelfall eine Vergabekammer sorgfältig zu prüfen haben, ob die Voraussetzungen der Regelung tatsächlich und auch nachweislich vorliegen oder ob lediglich Nachforschungen durch den Unternehmer angestellt wurden, die sich im Rahmen der üblichen Geschäftspraxis bewegen (VK Münster vom 12.9.2012, VK 18/12; OLG Naumburg vom 3.8.2012, 2 Verg 3/12).

4. Verstoß gegen § 1 GWB – Bietergemeinschaft

Das OLG Düsseldorf (vom 9.11.2011, Verg 35/11) hat auch die Entstehung und Teilnahme einer Bietergemeinschaft an der Vergabe eines öffentlichen Auftrags kritisch gesehen. Zwar gibt es im 2. Abschnitt der EG VOL/A keine dem § 2 Nr. 1 Abs. 2 VOL/A (2006) vergleichbare Bestimmung mehr, wonach wettbewerbsbeschränkende und unlautere Verhaltensweisen von den Auftraggebern zu bekämpfen sind. Doch ist nach § 19 EG Abs. 3 Buchst. f) VOL/A weiterhin der Ausschluss solcher Angebote geboten, denen in Bezug auf die Vergabe eine **wettbewerbsbeschränkende Abrede unter Bietern** zugrunde liegt. Auch geht das nach früherem Rechtszustand an den Auftraggeber gerichtete ausdrückliche Gebot, wettbewerbsbeschränkende Verhaltensweisen zu unterbinden, im Wettbewerbsgrundsatz des § 97 Abs. 1 GWB auf. Diese Vorschrift stellt nach Auffassung des OLG Düsseldorf auch die vergaberechtliche Anknüpfungsnorm dar, aus der für das Vergabeverfahren konkrete wettbewerbliche Anforderungen abzuleiten sind. Ein Wettbewerbsverstoß, der in der Regel in das Vergabeverfahren hineinwirkt, kann generell nur dadurch behoben werden, dass das be-

32

treffende Angebot von der Wertung ausgeschlossen wird. Die Begründung einer **Bietergemeinschaft zwischen gleichartigen Unternehmen** stellt grundsätzlich einen **Verstoß gegen § 1 GWB** dar.

Allerdings werden Bietergemeinschaften zwischen gleichartigen Unternehmen dann für wettbewerbsunschädlich gehalten, sofern – objektiv – von den beteiligten Unternehmen ein jedes für sich zu einer Teilnahme an der Ausschreibung mit einem eigenständigen Angebot aufgrund ihrer betrieblichen oder geschäftlichen Verhältnisse (z.B. mit Blick auf die Kapazitäten, technischen Einrichtungen und/oder fachlichen Kenntnisse) nicht leistungsfähig ist und erst der Zusammenschluss zu einer Bietergemeinschaft es in die Lage versetzt, sich daran zu beteiligen. In subjektiver Hinsicht ist außerdem darauf abzustellen, ob die Zusammenarbeit eine im Rahmen wirtschaftlich zweckmäßigen und kaufmännisch vernünftigen Handelns liegende Unternehmensentscheidung darstellt. Demzufolge haben die öffentlichen Auftraggeber Angebote von Bietergemeinschaften auch anhand von § 1 GWB zu prüfen (so auch VK Münster vom 22.3.2013, VK 3/13).

V. Verstöße im laufenden Vergabeverfahren

1. Problemaufriss

33 Die Zuständigkeit der vergaberechtlichen Nachprüfungsinstanzen ist nach dem Wortlaut von Abs. 2 („in einem Vergabeverfahren") an die weitere Voraussetzung gebunden, dass es sich bei dem **Gegenstand des Rechtsstreits** um **Verstöße in einem laufenden Vergabeverfahren** handelt (OLG Düsseldorf vom 22.5.2002, Verg 6/02). Rechtsverstöße, die zeitlich vor der Einleitung eines Vergabeverfahrens oder nach dem Abschluss eines Vergabeverfahrens liegen, werden von Abs. 2 nicht erfasst. Damit unterliegen diese Rechtsverstöße nicht der Nachprüfungskompetenz der Vergabekammern und der Beschwerdegerichte. Die Festlegung des zeitlichen Rahmens ist für die Bieter und Antragsteller deshalb von entscheidender Bedeutung.

2. Beginn eines Vergabeverfahrens

34 Der **Begriff (und Beginn) des „Vergabeverfahrens"** ist inhaltlich (materiell) zu verstehen. Hiernach befindet sich der öffentliche Auftraggeber in einem Vergabeverfahren, wenn er zur Deckung eines fälligen oder demnächst fälligen Bedarfs an Waren, Bau- oder Dienstleistungen entschlossen ist und mit organisatorischen und/oder planenden Maßnahmen begonnen hat zu regeln, auf welche Weise und mit welchen gegenständlichen Leistungsanforderungen das Beschaffungsvorhaben eingeleitet und durchgeführt und wie die Person oder der Personenkreis des oder der Leistenden ermittelt und mit dem Endziel des Abschlusses eines entgeltlichen und verbindlichen Vertrages ausgewählt werden soll (OLG Düsseldorf vom 20.6.2001, Verg 3/01; BayObLG vom 22.1.2002, Verg 18/01; OLG Düsseldorf vom 11.3.2002, Verg 43/01). Es kommt also nicht darauf an, dass der öffentliche Auftraggeber formal, z.B. durch die Veröffentlichung der Bekanntmachung, ein Vergabeverfahren eingeleitet hat. Denn gerade in dem Unterlassen derartiger Formalia kann ein besonders schwerwiegender Vergaberechtsverstoß liegen, so dass eine formale Betrachtungsweise letztlich dazu führen kann, dass Bietern der Rechtsschutz gänzlich versagt bleibt.

35 Noch nicht einem materiellen Vergabeverfahren zuzurechnen sind jedoch Kontaktaufnahmen mit potenziellen Vertragspartnern, welche sich **ohne konkrete Beschaffungsinitiative** auf **Marktsondierung** oder **Marktbeobachtung** beschränken oder der Vorbereitung eines politischen Willensbildungsprozesses dienen (OLG Düsseldorf vom 20.6.2001, Verg 3/01; OLG Naumburg vom 8.10.2009, 1 Verg 9/09). Ein Nachprüfungsverfahren kann auch nicht schon dann mit Erfolg eingeleitet werden, wenn allein die **Gefahr** droht, dass der öffentliche Auftraggeber einen öffentlichen Auftrag ohne ein nach dem 4. Teil des GWB vorgeschriebenes Vergabeverfahren vergeben werde. Für einen **vorbeugenden Rechtsschutz** ist das Nachprüfungsverfahren nicht geschaffen (OLG Düsseldorf vom 19.7.2006, Verg 26/06). Die **Zulässigkeit eines Nachprüfungsantrags** setzt ein **materiell schon begonnenes Vergabeverfahren** voraus. Dies erfordert einerseits einen internen Beschaffungsentschluss des öffentlichen Auftraggebers, andererseits aber auch schon eine externe Umsetzung jener Entscheidung, die darin bestehen muss, dass der Auftraggeber in einer Weise, die

geeignet ist, nach außen wahrgenommen zu werden, bestimmte Maßnahmen ergreift, um das leistende Unternehmen mit dem Ziel eines Vertragsschlusses zu ermitteln und auszuwählen (OLG Düsseldorf vom 29.10.2008, Verg 35/08). Bei **Auftragsvergaben ohne geregeltes Vergabeverfahren** ist auf die nach außen wahrnehmbar hervorgetretenen Anstalten des öffentlichen Auftraggebers abzustellen, einen Auftragnehmer mit dem Ziel eines Vertragsschlusses auszuwählen (OLG Düsseldorf vom 21.7.2010, Verg 19/10). In **förmlichen Verfahren** mit Bekanntmachung ist die erste Maßnahme, zu deren Vornahme die Vergabestelle in einem Vergabeverfahren verpflichtet ist, die Absendung der Bekanntmachung an das Amtsblatt der EU (OLG Naumburg vom 8.10.2009, 1 Verg 9/09; OLG München vom 12.11.2010, Verg 21/10). Von dem Beginn eines Vergabeverfahrens i.S.d. § 97 GWB kann aber nur dann die Rede sein, wenn hinreichend sicher ist, dass Gegenstand des zu vergebenden Auftrags ein solcher i.S.d. § 99 GWB sein wird (OLG Düsseldorf vom 4.3.2009, Verg 67/08).

Nachprüfbar sind damit jedenfalls **alle Willensäußerungen** des öffentlichen Auftraggebers im Zusammenhang mit einem Auftrag, die auf irgendeine Weise den interessierten Personen zur Kenntnis gelangen, sofern sie **über das Stadium der Vorbereitung und Sondierung hinausgegangen** sind und Rechtswirkungen entfalten können (EuGH vom 11.1.2005, Rs. C-26/03). Schon die **Aufnahme konkreter Vertragsverhandlungen** mit einem Interessenten stellt eine solche Willensäußerung dar (EuGH vom 1.11.2005, Rs. C-26/03; OLG Düsseldorf vom 23.2.2005, Verg 78/04; OLG Düsseldorf vom 11.3.2002, Verg 43/01). Ein Vergabeverfahren kann auch dadurch begonnen werden, dass die Vertragsentwürfe abgestimmt werden, die Beschlussempfehlungen der intern zuständigen Organe jedoch noch ausstehen (OLG Düsseldorf vom 2.3.2011, Verg 48/10). 36

Ausgehend von einem materiellen Verständnis des Vergaberechts (Rn. 34 f.) unterliegt darüber hinaus auch schon die (interne) Entscheidung des öffentlichen Auftraggebers, kein förmliches Vergabeverfahren einzuleiten, der Nachprüfung durch die Nachprüfungsinstanzen (EuGH vom 2.6.2005, Rs. C-15/04; EuGH vom 11.1.2005, Rs. C-26/03; BGH vom 1.2.2005, X ZB 27/04; OLG Düsseldorf vom 12.1.2004, Verg 71/03; OLG Düsseldorf vom 19.7.2006, Verg 26/06; OLG Düsseldorf vom 18.10.2006, Verg 35/06; OLG Düsseldorf vom 13.6.2007, Verg 2/07). Andernfalls wären gerade besonders schwere Vergabeverstöße – wie z.B. das rechtswidrige Unterbleiben einer Ausschreibung – der Nachprüfung durch die Vergabekammern entzogen (vgl. nur OLG Düsseldorf vom 20.6.2001, Verg 3/01). 37

Beispiel: Ein „Vergabeverfahren" i.S.d. Abs. 2 liegt daher auch dann vor, wenn der öffentliche Auftraggeber meint, dass er überhaupt nicht zu einer Ausschreibung verpflichtet ist. In einem Fall des OLG Naumburg (vom 3.11.2005, 1 Verg 9/05) fasste ein Kreistag eines Landes den Grundsatzbeschluss, mit einem anderen Kreis eine Zweckvereinbarung über eine Zusammenarbeit im Bereich der Abfallwirtschaft einzugehen, und beschloss die Aufnahme von Verhandlungen mit dem Nachbarkreis. Der Antragsteller erfuhr aus der Presse von diesem Vorhaben und beantragte die Nachprüfung. Das OLG Naumburg hielt die Einleitung eines Nachprüfungsverfahrens bereits zu diesem Zeitpunkt für zulässig.

3. Abschluss eines Vergabeverfahrens

Die Formulierung in Abs. 2 **„in einem Vergabeverfahren"** macht deutlich, dass der Rechtsschutz vor der Vergabekammer grundsätzlich nur **während eines laufenden Vergabeverfahrens** zu gewähren ist. Der Rechtsschutz endet also mit dem Abschluss eines Vergabeverfahrens. Ein Vergabeverfahren wird durch die Erteilung des – wirksamen – Zuschlags auf das Angebot eines Bieters beendet (§ 18 EG VOB/A, § 21 EG VOL/A). Ein wirksam erteilter Zuschlag kann nicht aufgehoben werden (§ 114 Abs. 2 Satz 1 GWB). Ist der Zuschlag erteilt, führt ein Antrag auf Nachprüfung nicht mehr zur Einleitung eines Nachprüfungsverfahrens. Der Antrag ist unzulässig. Nach Zuschlagserteilung können Rechtsverletzungen allein in Form von Schadensersatzansprüchen vor den Zivilgerichten geltend gemacht werden. Nach Zuschlagserteilung kann jedoch die Rechtmäßigkeit einer Aufhebung des Vergabeverfahrens bzw. einer Wiederaufnahme des Vergabeverfahrens Gegenstand eines 38

Nachprüfungsverfahrens sein (vgl. EuGH vom 2.6.2005, Rs. C-15/04; BGH vom 18.12.2003, X ZB 43/02).

39 Die Unwirksamkeit eines Vertrages tritt nach § 101b Abs. 1 GWB ein, wenn der Auftraggeber gegen die Informations- und Wartepflicht des § 101a GWB verstoßen hat (Nr. 1) oder einen öffentlichen Auftrag im Wege einer unzulässigen Direktvergabe unmittelbar an ein Unternehmen erteilt, ohne andere Unternehmen am Vergabeverfahren zu beteiligen (Nr. 2). Weitere Voraussetzung für die Unwirksamkeit des Vertrages ist nach § 101b Abs. 1 GWB a.E., dass der fragliche Verstoß in einem Nachprüfungsverfahren festgestellt wird. Liegen Anhaltspunkte für Verstöße i.S.d. § 101b GWB vor, kann ein nichtberücksichtigter Bieter die Einleitung eines Nachprüfungsverfahrens nicht nur beanspruchen, sondern muss die **Unwirksamkeit der Zuschlagserteilung** in einem Nachprüfungsverfahren feststellen lassen, um seine Rechte aus § 97 Abs. 7 GWB zu wahren. § 114 Abs. 2 Satz 1 GWB steht dem nicht entgegen. Ein Vertrag gilt z.B. als von Anfang an unwirksam gemäß § 101b Abs. 1 Nr. 1 GWB, wenn eine Bieterinformation i.S.d. § 101a Abs. 1 GWB den Namen des erfolgreichen Bieters nicht enthält (OLG Düsseldorf vom 19.3.2008, Verg 13/08).

40 **Nach Vertragsschluss** kann ein wirksam erteilter Zuschlag nicht mehr aufgehoben werden (§ 114 Abs. 2 Satz 1 GWB), Rechtsschutz vor den vergaberechtlichen Nachprüfungsinstanzen ist dann also nicht mehr zu erlangen. Hat der EuGH jedoch wegen eines **Vertragsverletzungsverfahrens** der Europäischen Kommission nach Art. 258 AEUV (ex-Art. 226 EG-Vertrag) festgestellt, dass ein Vertrag gegen das Gemeinschaftsrecht über die Vergabe öffentlicher Aufträge verstößt, muss der Verstoß beseitigt und der jeweilige vergaberechtswidrige Vertrag gekündigt werden (EuGH vom 18.7.2007, Rs. C-503/04; vgl. hierzu § 102 Rn. 58, § 101b Rn. 78, 81 ff.). Ein hiermit korrespondierender Anspruch eines Bieters auf die Auflösung des Vertrages, den er in einem Nachprüfungsverfahren durchsetzen könnte, besteht jedoch nicht. Aus der zitierten Entscheidung des EuGH folgt nicht, dass ein geschlossener wirksamer Vertrag im Nachprüfungsverfahren unbeachtlich wäre. Wie das OLG Düsseldorf (vom 18.6.2008, Verg 23/08) zutreffend betont, trifft die Verpflichtung zur Aufhebung des Vertrages allein den jeweiligen Mitgliedstaat und besteht allein primär-rechtlich gegenüber der Europäischen Gemeinschaft, so dass sich ein übergangener Bieter gegenüber einem Auftraggeber nicht auf das vergaberechtswidrige Zustandekommen des Vertrages mit dem Ziel der Aufhebung/Beendigung des Vertrages berufen kann.

D. Abgrenzung zu den ordentlichen Gerichten und den Kartellbehörden (Abs. 3)

I. Geltendmachung von Schadensersatzansprüchen

41 Nach Abs. 3 bleibt die Zuständigkeit der ordentlichen Gerichte für die Geltendmachung von Schadensersatzansprüchen uneingeschränkt bestehen. Schadensersatzansprüche von Bietern können sich aus der Haftung aus Verschulden bei Vertragsschluss (culpa in contrahendo, §§ 311, 280, 241 BGB), aus unerlaubter Handlung (§ 823 Abs. 1 und 2 BGB), aus der Verletzung von Sonderrechten (UWG) bzw. aus kartellrechtlichen Anspruchsgrundlagen ergeben. Für Schadensersatzansprüche nach §§ 125, 126 GWB sind ebenfalls die ordentlichen Gerichte ausschließlich zuständig. Nach § 124 Abs. 1 GWB sind die Zivilgerichte in einem nachfolgenden Schadensersatzprozess an die bestandskräftige Feststellung der Vergabekammern, dass ein Verstoß gegen Vergabevorschriften bestand, gebunden.

II. Befugnisse der Kartellbehörden

42 Von dem Grundsatz, dass der primäre Vergaberechtsschutz bei den Vergabekammern und den Beschwerdegerichten konzentriert werden soll, lässt Abs. 3 eine Ausnahme zu. Danach sollen die Befugnisse der Kartellbehörden nach §§ 1 bis 96 GWB unberührt bleiben. Die in § 48 GWB näher bezeichneten Kartellbehörden bleiben damit befugt, nach § 54 Abs. 1 Satz 1 GWB auf Antrag oder von Amts wegen tätig zu werden. Die Verletzung der kartellrechtlichen Vorschriften, insbesondere der §§ 19 und 20 GWB, ist grundsätzlich in einem Abwehrprozess vor den Kartellgerichten zu rügen und ggf. festzustellen. Bei Vergaberechtsverstößen, die sich gleichzeitig als kartellrechtliche Verstöße qualifizieren lassen, kann die parallele Zuständigkeit der Kartellbehörden und der Vergabekammern gegeben sein (OLG Düsseldorf vom 27.6.2012, Verg 7/12). Als **Faustformel** für die **Abgrenzung** ist darauf abzustellen, ob sich der Verstoß (des öffentlichen Auftraggebers) gegen die kartellrechtlichen Bestimmungen, beispielsweise den §§ 19 und 20 GWB, auch auf ein konkretes Vergabeverfahren auswirkt (so VK Münster vom 8.6.2012, VK 6/12) oder nicht. Nur wenn eine **Auswirkung auf eine konkrete Vergabe** feststellbar ist, sind die Vergabekammern für die Sicherstellung des Primärrechtsschutzes zuständig.

Durch das Gesetz zur Modernisierung des Vergaberechts von 2009 wurde in Abs. 3 der ausdrückliche Verweis auf die §§ 19 und 20 GWB aufgenommen und somit klargestellt, dass sich trotz der Regelungen der 7. GWB-Novelle an den Befugnissen der Kartellbehörden im Falle eines unzulässigen Verhaltens eines marktstarken öffentlichen Auftraggebers nichts ändert (Begr. RegE, BT-Drucks. 16/10117, S. 22). **43**

§ 105 Besetzung, Unabhängigkeit

(1) Die Vergabekammern üben ihre Tätigkeit im Rahmen der Gesetze unabhängig und in eigener Verantwortung aus.

(2) ¹Die Vergabekammern entscheiden in der Besetzung mit einem Vorsitzenden und zwei Beisitzern, von denen einer ein ehrenamtlicher Beisitzer ist. ²Der Vorsitzende und der hauptamtliche Beisitzer müssen Beamte auf Lebenszeit mit der Befähigung zum höheren Verwaltungsdienst oder vergleichbar fachkundige Angestellte sein. ³Der Vorsitzende oder der hauptamtliche Beisitzer müssen die Befähigung zum Richteramt haben; in der Regel soll dies der Vorsitzende sein. ⁴Die Beisitzer sollen über gründliche Kenntnisse des Vergabewesens, die ehrenamtlichen Beisitzer auch über mehrjährige praktische Erfahrungen auf dem Gebiet des Vergabewesens verfügen. ⁵Bei der Überprüfung der Vergabe von verteidigungs- und sicherheitsrelevanten Aufträgen im Sinne des § 99 Absatz 7 können die Vergabekammern abweichend von Satz 1 auch in der Besetzung mit einem Vorsitzenden und zwei hauptamtlichen Beisitzern entscheiden.

(3) ¹Die Kammer kann das Verfahren dem Vorsitzenden oder dem hauptamtlichen Beisitzer ohne mündliche Verhandlung durch unanfechtbaren Beschluss zur alleinigen Entscheidung übertragen. ²Diese Übertragung ist nur möglich, sofern die Sache keine wesentlichen Schwierigkeiten in tatsächlicher oder rechtlicher Hinsicht aufweist und die Entscheidung nicht von grundsätzlicher Bedeutung sein wird.

(4) ¹Die Mitglieder der Kammer werden für eine Amtszeit von fünf Jahren bestellt. ²Sie entscheiden unabhängig und sind nur dem Gesetz unterworfen.

Übersicht

A. Allgemeines ... 1	III. Voraussetzungen für die Übertragung (Abs. 3 Satz 2) ... 26–30
B. Rechtliche Stellung der Vergabekammer (Abs. 1) ... 2–10	1. Ausgangslage ... 26
I. Unabhängigkeit der Vergabekammern ... 2–5	2. Keine wesentlichen Schwierigkeiten in tatsächlicher oder rechtlicher Hinsicht ... 27–29
II. Gesetzesbindung ... 6	3. Keine grundsätzliche Bedeutung ... 30
III. Keine Aussetzungs- oder Verwerfungskompetenz ... 7	IV. Zeitpunkt der Übertragung ... 31–32
IV. Spruchrichterprivileg ... 8–10	E. Amtszeit und Unabhängigkeit der Mitglieder der Vergabekammern (Abs. 4) ... 33–51
C. Besetzung der Vergabekammern (Abs. 2) ... 11–19	I. Amtszeit (Abs. 4 Satz 1) ... 33–34
I. Allgemeines (Abs. 2 Satz 1 und 5) ... 11–14	II. Individuelle sachliche Unabhängigkeit der Mitglieder der Vergabekammer (Abs. 4 Satz 2) ... 35–36
II. Qualifikation der Mitglieder der Vergabekammern ... 15–19	III. Ausschluss wegen Befangenheit ... 37–51
1. Vorsitzender und hauptamtlicher Beisitzer (Abs. 2 Satz 2 und 3) ... 15–17	1. Rechtsgrundlagen ... 37–42
2. Besondere Anforderungen an die Beisitzer (Abs. 2 Satz 4) ... 18–19	2. Kammerbesetzung ... 43–44
D. Übertragung der Entscheidungsbefugnis (Abs. 3) ... 20–32	3. Besorgnis der Befangenheit ... 45–47
I. Allgemeines ... 20–21	4. Rechtsschutz gegen die Entscheidung ... 48–51
II. Übertragung durch Beschluss (Abs. 3 Satz 1) ... 22–25	

A. Allgemeines

1 § 105 enthält wichtige Grundsätze zur rechtlichen Stellung der Mitglieder der Vergabekammer und zur Struktur und Besetzung der Vergabekammern. Neben der sachlichen, in Abs. 1 festgeschriebenen Unabhängigkeit der Vergabekammern als Spruchkörper wird in Abs. 4 die persönliche Unabhängigkeit sämtlicher Mitglieder der Vergabekammer geregelt. Abs. 2 enthält die Anforderungen an die Qualifikation der Mitglieder einer Vergabekammer. Abs. 3 enthält Verfahrensregelungen über die Befugnis zur Übertragung des Verfahrens auf den Vorsitzenden oder den hauptamtlichen Beisitzer zur alleinigen Entscheidung. Abs. 2 Satz 5 enthält eine Verfahrensvereinfachung für die Überprüfung von Vergaben im verteidigungs- und sicherheitsrelevanten Bereich.

B. Rechtliche Stellung der Vergabekammer (Abs. 1)

I. Unabhängigkeit der Vergabekammern

Die Vergabekammern sind keine Gerichte, sondern **Verwaltungsbehörden**. Verwaltungsbehörden sind Teil der Exekutive und unterliegen als solche nach den Landesorganisationsgesetzen der Fach- und Rechtsaufsicht anderer, in der Regel den übergeordneten Behörden. Nach Abs. 1 üben die Vergabekammern aber ihre Tätigkeit „im Rahmen der Gesetze unabhängig und in eigener Verantwortung" aus. Abs. 4 Satz 2 bestimmt zudem, dass die Mitglieder der Kammer „unabhängig" entscheiden und „nur dem Gesetz unterworfen" sind. Das Gesetz garantiert also Unabhängigkeit für die Tätigkeit der Vergabekammer insgesamt wie auch für jedes Mitglied der Vergabekammer.

Der **Begriff der Unabhängigkeit** in Abs. 1 ist dahingehend zu verstehen, dass die Vergabekammern, obwohl sie der Exekutive zuzurechnen sind, im Rahmen ihrer Tätigkeit nicht der Aufsicht durch übergeordnete Behörden unterliegen. Die Vergabekammer als Institution ist unabhängig von Anordnungen innerhalb der Behörde, aber auch von Weisungen der übergeordneten Behörden, wie beispielsweise den Ministerien, soweit sie sich auf den Inhalt der innerhalb des Nachprüfungsverfahrens ergehenden Entscheidungen auswirken können. Dies gilt unabhängig vom Charakter der Entscheidung. Durch den Zusatz, wonach die Vergabekammern ihre Tätigkeit „in eigener Verantwortung" ausüben, wird die Unabhängigkeit der Vergabekammer als Spruchkörper oder Institution noch zusätzlich unterstrichen.

Über die sachliche Unabhängigkeit der Vergabekammer als Spruchkörper in der Hierarchie der Verwaltungsstruktur hinaus garantiert Abs. 4 Satz 2 zudem die unabhängige individuelle Entscheidung jedes einzelnen Mitglieds der Kammer.

Die Unabhängigkeit der Vergabekammern ist damit zumindest vergleichbar mit der Unabhängigkeit der Gerichte. Auch im Übrigen sind die Vergabekammern als **gerichtsähnliche Instanzen** anzusehen, da sie in grundsätzlich kontradiktorisch ausgetragenen Verfahren streitentscheidende Verwaltungsakte erlassen, die funktional gerichtlichen Entscheidungen entsprechen und auch wie solche – vor einem Rechtsmittelgericht – anzufechten sind (BGH vom 25.10.2011, X ZB 5/10). Die **richterähnliche Unabhängigkeit** der Mitglieder der Vergabekammer ist erforderlich, weil in Art. 2 Abs. 9 der Richtlinie 2007/66/EG vom 11.12.2007 eine Nachprüfung der Vergabeverfahren durch ein Gericht oder durch eine „unabhängige Stelle" verlangt wird. Wenn sich ein Mitgliedstaat wie z.B. die Bundesrepublik Deutschland entscheidet, den Rechtsweg zur Nachprüfung der Vergabe öffentlicher Aufträge in der Weise auszugestalten, dass die Nachprüfung in erster Instanz durch eine Verwaltungsbehörde erfolgt, so muss die Unabhängigkeit dieses Spruchkörpers gewährleistet sein. Dem trägt die Regelung des Abs. 1 Rechnung.

II. Gesetzesbindung

Nach Abs. 1 üben die Vergabekammern ihre Tätigkeit „im Rahmen der Gesetze" aus. Hierdurch wird lediglich die Selbstverständlichkeit wiederholt, dass die Vergabekammern das verfassungsrechtliche Prinzip der **Gesetzmäßigkeit der Verwaltung** i.S.v. Art. 20 Abs. 3 GG zu beachten haben. Die Vergabekammern sind also bei ihren Entscheidungen an die Gesetze, insbesondere an die vergaberechtlichen Vorschriften einschließlich des Verfassungs- und Europarechts, gebunden. Aus der Gesetzesbindung folgt auch die Pflicht der Vergabekammern zur **verfassungskonformen und richtlinienkonformen Auslegung** der vergaberechtlichen Normen.

III. Keine Aussetzungs- oder Verwerfungskompetenz

Die Vergabekammern werden zwar als gerichtsähnliche Instanzen angesehen und üben ihre Tätigkeit in der Verwaltungshierarchie als unabhängige Stellen aus. Dennoch sind sie **keine Gerichte i.S.v. Art. 92 GG, Art. 100 Abs. 1 GG**. Daraus folgt, dass sie bei Zweifeln an der Verfassungsmäßigkeit einer Rechtsnorm nicht die Befugnisse eines Gerichts haben. Die Vergabekammern haben **keine Aussetzungs- oder Verwerfungskompetenz**, sondern sie müssen entscheiden (VK Münster vom 6.4.2005, VK 7/05).

Beispiel: In einem Nachprüfungsverfahren vor der VK Münster (vom 31.10.2007, VK 23/07) ging es um die Anwendbarkeit des § 107 GO NRW. Die Antragsgegnerin hielt die Neufassung dieser Regelung für verfassungswidrig, was – vor Anwendung der Norm – zu überprüfen sei. Dem folgte die Vergabekammer nicht, weil sie die Auffassung vertrat, dass ihr die Befugnisse aus Art. 100 Abs. 1 GG nicht zustehen würden.

IV. Spruchrichterprivileg

8   Nach dem **richterlichen Haftungsprivileg gemäß § 839 Abs. 2 BGB** ist ein Beamter, wenn er bei dem Urteil in einer Rechtssache seine Amtspflicht verletzt, für den daraus entstehenden Schaden nur dann verantwortlich, wenn die Pflichtverletzung in einer Straftat besteht. Ob den Mitgliedern der Vergabekammern das richterliche Haftungsprivileg (Spruchrichterprivileg) zusteht, ist nicht zweifelsfrei, weil die Tätigkeit der Vergabekammern nicht Rechtsprechung i.S.v. Art. 92 GG, sondern Verwaltungstätigkeit ist. Ihre Entscheidungen sind Verwaltungsakte, aber keine Urteile.

9   Die Vergabekammern entsprechen nicht den Anforderungen, die an ein staatliches Gericht i.S.v. Art. 92 GG zu stellen sind. Die **Kammermitglieder** sind lediglich in **sachlicher**, nicht aber in persönlicher und organisatorischer Hinsicht **unabhängig** (*Horn/Graef*, NZBau 2002, 142). Auch der Gesetzgeber hat die Vergabekammern organisatorisch den Verwaltungsbehörden zugeordnet und damit zum Ausdruck gebracht, dass die Vergabekammern Organe der Exekutive sind. Aus dem europäischen Gemeinschaftsrecht (vgl. Art. 2 Abs. 9 der Rechtsmittelrichtlinie) folgt nichts anderes. Art. 267 AEUV enthält einen autonomen gemeinschaftlichen Gerichtsbegriff, der aber keinen Bezug zum nationalen Gerichtsbegriff in Art. 92 GG aufweist. Beide Gerichtsbegriffe stehen eigenständig nebeneinander und sind nicht deckungsgleich. Das richterliche Haftungsprivileg des § 839 Abs. 2 BGB gilt mithin für die Mitglieder der Vergabekammer nicht.

10 In tatsächlicher Hinsicht hat dies aber keine weit reichenden Auswirkungen, weil nach **§ 839 Abs. 3 BGB** die Ersatzpflicht infolge eines Rechtsurteils, bei dem ein Beamter seine Amtspflicht verletzt, jedenfalls dann nicht eintritt, wenn der Verletzte es vorsätzlich oder fahrlässig unterlassen hat, den Schaden durch **Gebrauch eines Rechtsmittels** abzuwenden. Den Verfahrensbeteiligten eines Nachprüfungsverfahrens vor einer Vergabekammer steht die Möglichkeit der sofortigen Beschwerde zum Oberlandesgericht zu, von der sie dann auch zunächst Gebrauch machen müssen.

C. Besetzung der Vergabekammern (Abs. 2)

I. Allgemeines (Abs. 2 Satz 1 und 5)

11 Abs. 2 Satz 1 regelt die Besetzung der Vergabekammern in personeller Hinsicht und enthält Qualifikationsvoraussetzungen für die Mitglieder der Vergabekammern. Hierbei gilt Abs. 2 nur für die Besetzung der Vergabekammern des Bundes unmittelbar, da die Länder durch § 106 Abs. 2 Satz 1 GWB eigene Regelungen hinsichtlich der Einrichtung, Organisation und der Besetzung treffen können.

12 Die **Vergabekammer entscheidet als Dreiergremium**, das sich aus einem Vorsitzenden und zwei Beisitzern, und zwar einem hauptamtlichen und einem ehrenamtlichen Beisitzer, zusammensetzt (**Abs. 2 Satz 1**). Dabei kann eine Vergabekammer grundsätzlich über mehr als drei Mitglieder verfügen, die beispielsweise nach einem in einem Geschäftsverteilungsplan vorgegebenen Turnus eingesetzt werden.

Bei der Überprüfung der Vergabe von **verteidigungs- und sicherheitsrelevanten Aufträgen** i.S.d. § 99 Abs. 7 GWB können die Vergabekammern abweichend von Satz 1 auch in der Besetzung mit einem Vorsitzenden und zwei hauptamtlichen Beisitzern entscheiden (**Abs. 2 Satz 5**). Die Einbindung eines ehrenamtlichen Beisitzers ist in diesen Bereichen fakultativ und kann deshalb vom Vorsitzenden abgeändert werden.

13 Die **Mitwirkung von ehrenamtlichen Beisitzern** rechtfertigt sich aus der Erkenntnis des Gesetzgebers, dass ehrenamtliche Beisitzer durch ihre praktische Erfahrung auf technischen und betriebs-

wirtschaftlichen Gebieten dazu beitragen, rechtlich zutreffende und praktisch sachgerechte Entscheidungen zu treffen. Die ehrenamtlichen Beisitzer verfügen in der Regel, bedingt durch ihre Berufstätigkeit, über praktische Erfahrungen im Zusammenhang mit Vergaben, die sie in die Entscheidungen der Vergabekammern einbringen sollen. Insbesondere führen ehrenamtliche Beisitzer häufig selbst Auftragsvergaben durch und können die dadurch gewonnenen praktischen Erkenntnisse in das Nachprüfungsverfahren sachdienlich einbringen.

Die **Auswahl der Vergabekammermitglieder** erfolgt für die Bundeskammern, die beim Bundeskartellamt eingerichtet wurden, nach § 106 Abs. 1 GWB i.V.m. der Geschäftsordnung. Für die Vergabekammern der Länder gilt § 106 Abs. 2 GWB i.V.m. der jeweiligen Landesverordnung. Die Länder können über die Qualifikation der Mitglieder ihrer Vergabekammern selbst befinden und auch von den Vorgaben in Abs. 2 Satz 2 bis 4 abweichen. Das bezieht sich aber immer nur auf Merkmale, die nicht durch die Rechtsmittelrichtlinie vorgegeben sind, wie beispielsweise dem Erfordernis, ob der Vorsitzende und der hauptamtliche Beisitzer Beamte auf Lebenszeit sein müssen. 14

II. Qualifikation der Mitglieder der Vergabekammern

1. Vorsitzender und hauptamtlicher Beisitzer (Abs. 2 Satz 2 und 3)

Der Vorsitzende und der hauptamtliche Beisitzer müssen **Beamte auf Lebenszeit mit der Befähigung zum höheren Verwaltungsdienst** sein (Abs. 2 Satz 2). Es dürfen auch **vergleichbare fachkundige Angestellte** in einer Vergabekammer als Vorsitzende oder hauptamtliche Beisitzer eingesetzt werden. Die vergleichbare Fachkunde setzt einen durch nachgewiesene Verwaltungserfahrung inhaltlich erworbenen gleichen Kenntnisstand voraus, ohne dass diese Personen formal die Befähigung zum höheren Verwaltungsdienst vorweisen können. Es handelt sich häufig um Bedienstete, die entweder über eine entsprechende technische oder betriebswirtschaftliche Ausbildung verfügen und/oder über einen langen Zeitraum mit der Vergabepraxis zu tun hatten, so dass sie vergleichbar fachkundig sind. Da der Gesetzgeber die Befähigung zum höheren Verwaltungsdienst nicht wiederholt, kann davon ausgegangen werden, dass formal die Befähigung zum höheren Verwaltungsdienst von diesen fachkundigen Angestellten nicht erfüllt werden muss. 15

Zudem müssen entweder der **Vorsitzende oder der hauptamtliche Beisitzer** die **Befähigung zum Richteramt** i.S.d. § 5 DRiG haben, wobei in der Regel der Vorsitzende diese Befähigung nachweisen soll (Abs. 2 Satz 3). Diese Voraussetzung ist zwingend und kann nicht durch vergleichbare Fachkunde ersetzt werden. Diese Vorgabe ergibt sich unmittelbar aus der Rechtsmittelrichtlinie für das öffentliche Auftragswesen. In Art. 2 Abs. 9 der Richtlinie 2007/66/EG vom 11.12.2007 wird bestimmt: „Zumindest der Vorsitzende der unabhängigen Stelle muss die juristischen und beruflichen Qualifikationen eines Richters besitzen." Sinn und Zweck dieser Regelung ist es, den juristischen Sachverstand des Spruchkörpers zu gewährleisten. Denn die Tatsache, dass die Vergabekammern als erste Nachprüfungsinstanz tätig werden und ihre Entscheidungen von den Oberlandesgerichten als zweite Nachprüfungsinstanz überprüft werden, führt unweigerlich dazu, dass bereits die Ausgangsentscheidung formal als Urteile gefertigt werden und die Verfahren, insbesondere die mündlichen Verhandlungen, wie Gerichtsverfahren durchgeführt werden. Schon aus diesen Gründen ist juristischer Sachverstand zumindest des Vorsitzenden und/oder des hauptamtlichen Beisitzers zwingend erforderlich. 16

Aus der Formulierung „Vorsitzender" und „hauptamtlicher Beisitzer" kann geschlossen werden, dass das Gesetz davon ausgeht, dass diese Personen ihre Tätigkeit überwiegend für die Vergabekammer ausüben, auch wenn damit nicht ausgeschlossen wird, dass sie weiteren Tätigkeiten in der Behörde nachgehen, die nicht im Zusammenhang mit der Vergabekammer stehen. Durch die überwiegende Befassung mit dem Kartellvergaberecht wird auch eine kontinuierliche Rechtsprechung und Rechtsanwendung auf einem bestimmten Niveau gewährleistet. 17

2. Besondere Anforderungen an die Beisitzer (Abs. 2 Satz 4)

18 Die Anforderungen an die Beisitzer, egal ob hauptamtlich oder ehrenamtlich, werden in Abs. 2 als Soll-Vorschrift formuliert, sind also nicht zwingend. Demnach sollen die Beisitzer über gründliche Kenntnisse des Vergabewesens, die ehrenamtlichen Beisitzer auch über mehrjährige praktische Erfahrungen auf dem Gebiet des Vergabewesens verfügen. **Gründliche Kenntnisse des Vergabewesens** werden in der Regel durch längere Tätigkeiten im Vergabebereich erworben. Konsequenterweise wird deshalb von den ehrenamtlichen Beisitzern ausdrücklich verlangt, dass sie über **mehrjährige praktische Erfahrungen auf dem Gebiet des Vergabewesens** verfügen sollen, um so den notwendigen Praxisbezug des Spruchkörpers herzustellen. Die praktischen Erfahrungen können vielfältig erworben sein, beispielsweise in einer Vergabestelle, einem Justitiariat eines öffentlichen Auftraggebers, in einem Unternehmen oder aufgrund von Verbandstätigkeit.

19 Da es sich um eine Soll-Vorschrift handelt, sind Ausnahmen hinsichtlich der Fachkenntnisse und Erfahrungen der Beisitzer im begrenzten Umfang denkbar und zulässig.

D. Übertragung der Entscheidungsbefugnis (Abs. 3)

I. Allgemeines

20 Abs. 3 regelt die Voraussetzungen, unter denen die Kammer das Verfahren dem Vorsitzenden oder dem hauptamtlichen Beisitzer zur alleinigen Entscheidung übertragen kann. Die Vorschrift geht auf einen Vorschlag des Bundesrates zurück. Sie ist an die entsprechenden Vorschriften des Zivil- und Verwaltungsrechts angelehnt, die im Interesse der Verfahrensbeschleunigung eine Vereinfachung des Verfahrens in einfach gelagerten Fällen vorsehen.

21 Sinn und Zweck der Regelung ist die **Beschleunigung des Verfahrens**. Da die Entscheidungen der Vergabekammern innerhalb der fünfwöchigen Frist des § 113 Abs. 1 GWB zu treffen sind, kann die Durchführung von mündlichen Verhandlungen, Beratungen sowie die Beschlussfassung erhebliche organisatorische Probleme aufwerfen. Um diese aufzufangen, kann ein einzelnes Mitglied der Vergabekammer, und zwar entweder der Vorsitzende oder der hauptamtliche Beisitzer, in einem Nachprüfungsverfahren, das ihm übertragen wurde, allein entscheiden.

II. Übertragung durch Beschluss (Abs. 3 Satz 1)

22 Die **Übertragung des Verfahrens** auf den Vorsitzenden oder dem hauptamtlichen Beisitzer liegt im **pflichtgemäßen Ermessen der Vergabekammer**. Sie kann das Verfahren übertragen, soweit die Voraussetzungen vorliegen; zwingend erforderlich ist das nicht, und zwar auch dann nicht, wenn wegen der gleichzeitigen Anhängigkeit von mehreren Nachprüfungsverfahren die Frist des § 113 Abs. 1 GWB nicht eingehalten werden kann. Es handelt sich um eine **Ausnahmeregelung**, die eng auszulegen ist. Die **Verfahrensbeteiligten** haben **keinen rechtlichen Anspruch** auf die Übertragung des Verfahrens an den Vorsitzenden oder den ehrenamtlichen Beisitzer zur alleinigen Entscheidung.

23 Formal ist ein **Übertragungsbeschluss** der gesamten Vergabekammer in der durch Abs. 2 vorgegebenen Besetzung erforderlich. Der Beschluss sollte schriftlich abgefasst und den Beteiligten bekannt gegeben werden. Eine mündliche Verhandlung vor Übertragung der Sache auf das einzelne Kammermitglied ist nicht erforderlich. Eine **Begründung** des Beschlusses wird jedenfalls nach dem Gesetz nicht gefordert. Insofern wird ein Hinweis auf die Voraussetzungen für die Übertragung, so wie in Satz 2 des Abs. 3 formuliert, ausreichend sein.

24 Dieser Beschluss ist **unanfechtbar**, d.h., es gibt keine Rechtsmittel gegen diese Übertragung. Eine sofortige Beschwerde zum Oberlandesgericht ist damit ausgeschlossen. Die Parteien müssen vielmehr diese Übertragung einfach akzeptieren. Das gilt selbst bei offensichtlicher Verkennung der Schwierigkeit oder der Bedeutung der Sache durch die Kammermitglieder. Durch die Übertragung tritt das einzelne Mitglied vollumfänglich an die Stelle der Vergabekammer und darf deshalb deren Befugnisse umfassend allein ausüben.

Ob ein **Beschluss** durch die Kammermitglieder selbst rückgängig gemacht werden kann, ergibt sich jedenfalls nicht aus dem Gesetz. Der Beschleunigungs- und Entlastungsgrundsatz (Rn. 31) rechtfertigt eine Rückgängigmachung dieser Übertragung wohl **nur unter ganz engen Voraussetzungen**. Im Verlauf eines Nachprüfungsverfahrens können z.B. neue, geänderte oder erst im Verlauf des Verfahrens bekannt gewordene tatsächliche Umstände dazu führen, dass sich die anfängliche Einschätzung der Sach- und Rechtslage durch die Kammer grundlegend ändert. Das spricht dafür, dass es der Kammer gestattet ist, den Übertragungsbeschluss jedenfalls dann aufheben zu dürfen, wenn auch das (zunächst) zur alleinigen Entscheidung bestimmte Kammermitglied keine Einwände erhebt.

III. Voraussetzungen für die Übertragung (Abs. 3 Satz 2)

1. Ausgangslage

Die Übertragung ist nur möglich, wenn die Sache **in tatsächlicher oder rechtlicher Hinsicht keine wesentlichen Schwierigkeiten** aufweist und die **Entscheidung nicht von grundsätzlicher Bedeutung** ist (Abs. 3 Satz 2). Dies ist bei vielen Nachprüfungsverfahren zu Beginn eines Verfahrens, wenn also zunächst nur der Nachprüfungsantrag und ggf. eine Stellungnahme der Vergabestelle vorliegen, kaum überschaubar. Die tatsächlichen oder rechtlichen Schwierigkeiten ergeben sich häufig erst durch Auswertung der Ausschreibungsunterlagen. Zu dem Zeitpunkt ist ein Nachprüfungsverfahren aber häufig schon zeitlich so weit fortgeschritten, dass die Übertragung auf den Vorsitzenden oder hauptamtlichen Beisitzer zur alleinigen Entscheidung keinen wesentlichen Beschleunigungseffekt mehr bedeutet. Außerdem bestimmt Abs. 3 Satz 2, dass **kumulativ** zu prüfen ist, ob die Sache in tatsächlicher oder rechtlicher Hinsicht schwierig ist und eine grundsätzliche Bedeutung hat. Im Übrigen sind von Abs. 3 Satz 2 die Fälle zu unterscheiden, in denen der Vorsitzende oder ein hauptamtlicher Beisitzer die Verfahrensführung in einem Nachprüfungsverfahren übernimmt, ohne dass dieses Mitglied die alleinige Entscheidungsbefugnis erhält.

2. Keine wesentlichen Schwierigkeiten in tatsächlicher oder rechtlicher Hinsicht

Der Terminus „keine besonderen Schwierigkeiten in tatsächlicher und rechtlicher Hinsicht" wird in zahlreichen Vorschriften aus dem Prozessrecht verwandt, wie beispielsweise in § 348 Abs. 1 Nr. 1 ZPO oder in § 84 Abs. 1 VwGO. Im Unterschied zu diesen Vorschriften wird in Abs. 3 nicht auf „besondere" Schwierigkeiten, sondern auf „wesentliche" Schwierigkeiten abgestellt. Gemeint sind damit aber in beiden Fällen **überdurchschnittliche Schwierigkeiten**, und zwar nicht unbedingt in quantitativer, sondern vielmehr **in qualitativer Hinsicht**. Insofern meinen beide Begriffe das Gleiche.

In **tatsächlicher Hinsicht** treten insbesondere dann Schwierigkeiten auf, wenn die Vergabestelle kein formal ordnungsgemäßes Vergabeverfahren nach dem 4. Teil des GWB durchgeführt hat. Die Ermittlung des tatsächlichen Sachverhalts anhand der Ausschreibungsunterlagen ist in solchen Fällen schwierig und beansprucht viel Zeit. Aber auch Ausschreibungen, die einen hohen technischen, wirtschaftlichen oder fachlichen Standard haben, können in tatsächlicher Hinsicht schwierig sein, und zwar insbesondere dann, wenn durch eine Beweisaufnahme noch Tatsachenfragen zu klären sind oder der Sachverhalt aufgrund seiner Komplexität schwer verständlich ist. Demgegenüber können insbesondere Nachprüfungsverfahren in wiederkehrenden Bereichen, wie die Schulbuchvergaben oder Vergaben von Aufträgen im Schülerspezialverkehr, in tatsächlicher Hinsicht einfach gelagert sein.

In **rechtlicher Hinsicht** bedeuten häufig außergewöhnliche Fragestellungen wesentliche Schwierigkeiten, die eine Vergabekammer als Ganzes entscheiden sollte. Demgegenüber bieten sich die Fälle, in denen der Nachprüfungsantrag offensichtlich unzulässig oder unbegründet ist, als einfach gelagerte Sachverhalte zur Übertragung auf ein einzelnes Kammermitglied an.

3. Keine grundsätzliche Bedeutung

30 Nach Abs. 3 Satz 2 letzter Hs. ist eine Übertragung nur möglich, wenn „die Entscheidung nicht von grundsätzlicher Bedeutung sein wird". Berührt der anhängige Rechtsstreit Grundsatzfragen oder ist eine Rechtsfortbildung von allgemeinem Interesse erforderlich, kann eine Übertragung auf ein einzelnes Kammermitglied nicht erfolgen. Gleichfalls gibt es Nachprüfungsverfahren, in denen es um grundlegende wirtschaftliche Interessen für ein Wirtschaftsunternehmen geht, die für dieses Unternehmen grundsätzliche Bedeutung haben. Auch dann ist die Vergabekammer nach Abs. 3 Satz 2 letzter Hs. gehalten, von einer Übertragung auf ein Mitglied zur alleinigen Entscheidung abzusehen.

IV. Zeitpunkt der Übertragung

31 Abs. 3 enthält keine Regelung über den Zeitpunkt der Übertragung. Dem Beschleunigungseffekt dienlich ist eigentlich nur eine **möglichst frühe Übertragung zu Beginn des Nachprüfungsverfahrens**, um dadurch die Einhaltung der Frist in § 113 Abs. 1 GWB zu gewährleisten. Zu diesem Zeitpunkt sind allerdings häufig die tatsächlichen oder rechtlichen Schwierigkeiten eines Verfahrens nicht unbedingt erkennbar. Erst die intensivere Befassung mit dem Streitgegenstand führt in der Regel erst zu einer Einschätzung des Schwierigkeitsgrades sowie zu Erkenntnissen über die Bedeutung der Sache. Da kein Zeitpunkt für eine Übertragung im Gesetz bestimmt ist, ist aber auch eine Übertragung nach einer mündlichen Verhandlung noch zulässig, wenn sich herausstellt, dass noch eine weitere Verhandlung erforderlich ist, die aber keine besonderen Schwierigkeiten aufweisen wird.

32 Letztlich muss man sich bei der in § 113 Abs. 1 GWB genannten Frist von fünf Wochen vergegenwärtigen, dass eine weitergehende Beschleunigung schon allein aufgrund der erforderlichen Verfahrensabläufe in einem Nachprüfungsverfahren nicht möglich ist. Auch die Übertragung auf ein Mitglied der Vergabekammer ändert daran nichts. Vielmehr muss auch in einem solchen Verfahren die Beiladung erfolgen, die Akteneinsicht vorbereitet und durchgeführt und der Austausch der Schriftsätze für alle Verfahrensbeteiligten ermöglicht werden. Die Regelung in **Abs. 3** hat vor diesem Hintergrund **kaum praktische Relevanz**.

E. Amtszeit und Unabhängigkeit der Mitglieder der Vergabekammern (Abs. 4)

I. Amtszeit (Abs. 4 Satz 1)

33 Die Mitglieder der Vergabekammer werden jeweils für eine **feste Amtszeit von fünf Jahren** bestellt (Abs. 4 Satz 1). Während dieser Zeit sind sie gegen ihren Willen nicht abrufbar. Diese Frist ergibt sich unmittelbar aus dem Gesetz und kann deshalb nur im Einvernehmen mit dem Kammermitglied verkürzt werden. Diese einheitliche Amtszeit gilt sowohl für die hauptamtlichen als auch für die ehrenamtlichen Mitglieder der Vergabekammer. Dies lässt sich auch aus Art. 2 Abs. 9 der Richtlinie 2007/66/EG vom 11.12.2007 herleiten, wonach für die Ernennung und das Ende der Amtszeit der Mitglieder dieser unabhängigen Stellen die gleichen Bedingungen wie für Richter gelten.

34 Durch diese gesetzliche Festlegung einer Amtszeit sollte einerseits die **Unabhängigkeit** des Spruchkörpers „Vergabekammer" gestärkt und die **Kontinuität der Spruchpraxis** gewährleistet werden. Entscheidend ist aber auch, dass insbesondere über die hauptamtlichen Mitglieder einer Vergabekammer im Rahmen von Organisationsmaßnahmen innerhalb der Behörden nicht einfach gegen deren Willen eine Umsetzung erfolgen kann. Damit wird eine hohe personelle Fluktuation auf diesen Arbeitsplätzen verhindert. Diese Fluktuation würde für den Rechtsschutz vor den Vergabekammern erhebliche nachteilige Folgen mit sich bringen und damit der Rechtssicherheit im Vergabewesen entgegenwirken.

II. Individuelle sachliche Unabhängigkeit der Mitglieder der Vergabekammer (Abs. 4 Satz 2)

Während Abs. 1 die institutionelle Unabhängigkeit und Weisungsfreiheit der Vergabekammern als Spruchkörper garantiert, ist die individuelle sachliche Unabhängigkeit der einzelnen Mitglieder der Vergabekammern in Abs. 4 Satz 2 noch zusätzlich abgesichert. Im Ergebnis ist damit die Unabhängigkeit der Mitglieder der Vergabekammer mit der richterlichen Unabhängigkeit i.S.d. Art. 97 Abs. 1 GG vergleichbar, auch wenn die Vergabekammern keine Gerichte sind. Die individuelle sachliche Unabhängigkeit schließt die Beeinflussung der Kammermitglieder durch andere Kammermitglieder, etwa durch den Vorsitzenden der Kammer, aus, soll aber insbesondere sicherstellen, dass keine Weisungen oder Anordnungen von Vorgesetzten in der Sache erfolgen. Die **Kammermitglieder** sind insofern **nur dem Gesetz unterworfen**.

Die individuelle sachliche Unabhängigkeit jedes Kammermitglieds bezieht sich lediglich auf **Entscheidungen im Zusammenhang mit den Nachprüfungsverfahren**. Demgegenüber unterliegen die Kammermitglieder, soweit andere, außerhalb der Nachprüfungsverfahren stehende dienstliche Belange betroffen sind, weiterhin der Weisungsbefugnis ihrer Vorgesetzten.

III. Ausschluss wegen Befangenheit

1. Rechtsgrundlagen

Mit der Unabhängigkeit der Mitglieder der Vergabekammer ist die Frage des Ausschlusses wegen Befangenheit verbunden. Zu der Frage, nach welchen Vorschriften Befangenheitsanträge gegen Mitglieder der Vergabekammern zu behandeln sind, bestehen in Rechtsprechung und Literatur unterschiedliche Auffassungen. Überwiegend wird die **entsprechende Anwendung der Regelungen der Verwaltungsverfahrensgesetze** bei Ablehnungsgesuchen gegen Ausschussmitglieder für sachgerecht gehalten (OLG Naumburg vom 31.1.2011, 2 Verg 1/11; OLG Frankfurt vom 2.3.2007, 11 Verg 15/06).

Das OLG Jena (vom 22.12.1999, 6 Verg 3/99) vertritt die Auffassung, dass der Gesetzgeber sich bei der Neuregelung des 4. Teils des GWB bewusst dafür entschieden habe, die erste Stufe des Nachprüfungsverfahrens als Verwaltungsverfahren auszugestalten. Anders als die früheren Vergabeüberwachungsausschüsse seien die Vergabekammern mithin keine Gerichte oder gerichtsähnlichen Einrichtungen. Soweit das Verfahren der Vergabekammern in den §§ 107 ff. GWB nicht ausdrücklich geregelt ist, biete es sich daher an, die Bestimmungen des Verwaltungsverfahrensgesetzes, nicht aber diejenigen der für das gerichtliche Verfahren geltenden Prozessordnungen (ZPO bzw. VwGO) anzuwenden (so auch BayObLG vom 29.9.1999, Verg 4/99). Hinsichtlich der Entscheidung über Ablehnungsgesuche gegen Mitglieder der Vergabekammer erscheine dabei eine entsprechende Anwendung der Regelungen des Verwaltungsverfahrensgesetzes bei Ablehnungsgesuchen gegen Ausschussmitglieder als sachgerecht.

Demgegenüber vertritt das OLG Düsseldorf (vom 23.1.2006, Verg 96/05) die Auffassung, dass die einschlägigen **Vorschriften der VwGO** und nicht der des Verwaltungsverfahrensgesetzes anzuwenden sind. Dem nicht nur rechtsstaatlich ausgestalteten, sondern sogar gerichtsähnlich erstinstanzlichen Vergabenachprüfungsverfahren liege die Vorstellung eines fairen Verfahrens zugrunde, bei dem die Nachprüfung von unbeteiligten, nicht vorbefassten Dritten vorgenommen wird. Obgleich die Vergabekammern organisatorisch in der Exekutive angesiedelt sind und Ähnlichkeiten zum Verwaltungsverfahren bestehen, hält der Senat für den Fall der Ablehnung von Vergabekammermitgliedern – abweichend von der in dem Beschluss des OLG Jena zum Ausdruck gebrachten Auffassung – die analoge Anwendung der einschlägigen Vorschriften der VwGO für angemessen.

Zur weiteren Begründung führt das OLG Düsseldorf aus, dass § 21 VwVfG den Beteiligten zwar das Recht einräume, Befangenheitsgründe geltend zu machen, aber diese Vorschrift vermittle kein förmliches Ablehnungsrecht. Die Regelung sähe vielmehr ein behördeninternes Prüfungsverfahren vor, wodurch der Amtsträger lediglich veranlasst werde, die Entscheidung des Behördenleiters einzuholen. Mit dem gerichtsähnlichen Charakter des Nachprüfungsverfahrens sei das Fehlen eines förmlichen Ablehnungsrechts der Beteiligten wegen Besorgnis der Befangenheit im Hinblick auf die zentrale Bedeutung der Unvoreingenommenheit der Mitglieder der Vergabekammer für den Inhalt der Entscheidung aber nicht vereinbar. Für die Anwendung der Regelungen der VwGO spreche zudem der Status der Mitglieder der Vergabekammer. Ihnen werde durch die Garantie der Unabhängigkeit gemäß Abs. 1 und der fünfjährigen Unabsetzbarkeit gemäß Abs. 4 Satz 1 eine richterähnliche Unabhängigkeit eingeräumt.

41 Folgt man der Auffassung des OLG Düsseldorf, so gilt gemäß **§ 54 Abs. 1 VwGO analog i.V.m. § 45 Abs. 1 ZPO**, dass ebenfalls die Vergabekammer als „Gericht" über das Ablehnungsgesuch entscheidet. Dabei wird das abgelehnte Mitglied gemäß Geschäftsverteilungsplan vertreten. Demzufolge hat bei dieser Entscheidung ein stellvertretendes Mitglied mitzuwirken.

42 Konsequenz dieser Auffassung ist jedenfalls, dass entsprechend **§ 44a VwGO** die **Entscheidung** der Vergabekammer über ein gegen eines ihrer Mitglieder gerichtetes **Ablehnungsgesuch nicht isoliert anfechtbar** ist. Dessen fehlerhafte Behandlung bleibt also ohne Konsequenzen, wenn keine Beschwerde in der Hauptsache eingelegt wird oder das Beschwerdegericht eine eigene, das Nachprüfungsverfahren abschließende Sachentscheidung trifft.

2. Kammerbesetzung

43 Unterschiede können sich aus den jeweiligen Verfahrensordnungen auch bei der Frage ergeben, in welcher **Besetzung** die Kammer über Ablehnungsgesuche entscheidet. Gemäß §§ 45 ff. ZPO, § 54 VwGO tritt bei der Entscheidung über ein Ablehnungsgesuch an Stelle des Abgelehnten dessen Vertreter. Gemäß §§ 20 Abs. 4, 21 HVwVfG entscheidet der Ausschuss ohne sein abgelehntes Mitglied; eine Vertretung des Abgelehnten ist hier nicht vorgesehen (OLG Frankfurt vom 2.3.2007, 11 Verg 15/06). Nach § 20 Abs. 4 ThürVwVfG entscheidet über ein solches Ablehnungsgesuch der Ausschuss ohne das betroffene Mitglied. Anders als in den Verfahrensordnungen für das gerichtliche Verfahren ist die Mitwirkung eines Vertreters nicht vorgesehen (im Ergebnis so auch OLG Schleswig-Holstein vom 4.5.2001, 6 Verg 2/2001).

44 Folgt man der Auffassung des OLG Jena (Rn. 38), so haben die nicht als befangen erklärten Mitglieder der Vergabekammer als Gremium oder Ausschuss darüber zu befinden, ob der Antrag gegen eines ihrer Mitglieder gerechtfertigt ist; das betroffene Mitglied der Vergabekammer darf an dieser Entscheidung nicht mitwirken. Das OLG Naumburg (vom 31.1.2011, 2 Verg 1/11), das ebenfalls die Vorschriften der einschlägigen Verwaltungsverfahrensgesetze in diesen Fällen für anwendbar erachtet (Rn. 37), verlangt allerdings, dass die Vergabekammern über einen Befangenheitsvorwurf bzw. eine Selbstanzeige wegen der vorrangigen Spezialregelung des Abs. 2 Satz 1 stets in einer Besetzung mit drei Mitgliedern unter Ausschluss des betroffenen Mitglieds entscheiden müsse. Ist die behördliche Vertretungskette erschöpft, so hat nach Auffassung des OLG Naumburg das für die Einsetzung des Ausschusses zuständige Organ (vorliegend war das der Präsident des Landesverwaltungsamts) über die Besorgnis der Befangenheit sowie – im Falle der Begründetheit des Ablehnungsgesuchs und der Selbstanzeigen – über die Besetzung der Vergabekammer zu entscheiden.

3. Besorgnis der Befangenheit

45 Die Besorgnis der Befangenheit entsteht, wenn ein Grund vorliegt, der geeignet ist, an der **unparteiischen Amtsausübung** eines Amtsträgers zu zweifeln. Diese Voraussetzung ist gegeben, wenn aufgrund objektiv feststellbarer Tatsachen die subjektiv vernünftigerweise mögliche Besorgnis nicht auszuschließen ist, ein bestimmter **Amtsträger** werde in der Sache **nicht unparteiisch, unvoreingenommen oder unbefangen** entscheiden (OLG Jena vom 22.12.1999, 6 Verg 3/99; OLG Frankfurt vom 2.3.2007, 11 Verg 15/06). Geeignet, Misstrauen gegen eine unparteiische Amtsausübung des Richters zu rechtfertigen, sind nur objektive Gründe, die vom Standpunkt des Ablehnenden aus bei vernünftiger Betrachtung die Befürchtung wecken können, der Richter stehe der Sache nicht unvoreingenommen und damit nicht unparteiisch gegenüber (OLG Frankfurt vom 26.8.2008, 11 Verg 8/08). Ein im Rahmen der richterlichen Aufklärung gebotenes richterliches Verhalten begründet niemals einen Ablehnungsgrund, selbst wenn dadurch die Prozesschancen einer Partei ver-

ringert werden. Auch vorläufige Meinungsäußerungen, durch die sich der Richter noch nicht abschließend festgelegt hat, bilden in der Regel keinen Ablehnungsgrund (OLG Frankfurt vom 26.8.2008, 11 Verg 8/08). Im Kern gelten damit die gleichen Voraussetzungen wie für die Ablehnung eines Richters nach § 42 Abs. 2 ZPO.

Beispiele: Verfahrensverstöße im Rahmen der Verfahrensleitung oder fehlerhafte Entscheidungen stellen grundsätzlich keinen Ablehnungsgrund dar. Auch die Entscheidung über ein Gesuch zur Akteneinsicht kann nicht einfach als Vorwurf für eine Befangenheit herangezogen werden. Wenn der Antragsteller – sachlich berechtigt – auf Zweifel an der Zulässigkeit des Nachprüfungsantrags hingewiesen wird und ggf. zur Rücknahme des Antrags durch ein Kammermitglied aufgefordert wird, vermag dies die Besorgnis der Befangenheit deshalb nicht zu begründen, weil es sich um einen verfahrensleitenden sachdienlichen Hinweis handelt.

Im Fall des OLG Düsseldorf vom 14.11.2012 (Verg 42/12) ging es um einen Befangenheitsantrag gegen eine ehrenamtliche Beisitzerin. Diesbezüglich war das OLG Düsseldorf der Auffassung, dass auch ein kollegiales Verhältnis eines Mitglieds des Spruchkörpers, wie beispielsweise zu einem von einem Verfahrensbeteiligten eingeschalteten Privatsachverständigen, nur dann ein Grund sei, an der Objektivität zu zweifeln, wenn über dieses bloße kollegiale Verhältnis hinaus ein enges persönliches Verhältnis des zur Entscheidung berufenen Mitglieds zum gegnerischen Verfahrensbeteiligten oder zu den von ihm zugezogenen Hilfspersonen, wie einem Sachverständigen, bestehen würde. Ein solches **persönliches Näheverhältnis** wurde im konkreten Fall nicht angenommen. 46

Die VK Münster (vom 21.3.2005, VK 7/05) hat demgegenüber einem Ablehnungsersuchen eines ihrer ehrenamtlichen Beisitzer stattgegeben. Der ehrenamtliche Beisitzer, ein Vertreter der Handwerkskammer, war zunächst als Beisitzer für das konkrete Nachprüfungsverfahren bestellt worden, stellte dann aber fest, dass ein Unternehmen beigeladen werden sollte, das in der Handwerksrolle der **Handwerkskammer** als Unternehmen eingetragen war. Allein die Eintragung der Beigeladenen in der Handwerksrolle mag zwar objektiv nicht geeignet sein, ein Mitglied der Handwerkskammer eine unvoreingenommene Amtsausübung zu unterstellen. Allerdings meinte die VK Münster, dass bereits dem „bösen Anschein" entgegengewirkt werden sollte.

Das KG betont in seiner Entscheidung (KG vom 4.4.2002, KartVerg 5/02), dass eine Vergabekammer als eine gerichtsähnliche Nachprüfungsinstanz allen Beteiligten gegenüber zur Neutralität verpflichtet sei. Eine Vergabekammer, die einen Nachprüfungsantrag nicht zustellt, sondern telefonisch mit einer Vergabestelle Kontakt aufnimmt, verhält sich zumindest fragwürdig. Unterrichtet die Vergabekammer die Vergabestelle in einer Phase, in der der Vertragsschluss kurz bevorsteht, vom Eingang eines Nachprüfungsantrags, kann dies möglicherweise die Entschließung der Vergabestelle insbesondere in zeitlicher Hinsicht beeinflussen. Aus der Sicht eines Bieters können derartige interne Korrespondenzen zwischen Vergabekammer und Vergabestelle deshalb geeignet sein, Zweifel an der Unvoreingenommenheit der Nachprüfungsbehörde zu wecken. 47

4. Rechtsschutz gegen die Entscheidung

Die Entschließung der Vergabekammer im Falle der Ablehnung eines ihrer Mitglieder wegen Besorgnis der Befangenheit kann nicht mit der sofortigen Beschwerde angefochten werden (OLG Düsseldorf vom 23.1.2006, Verg 96/05). Nach Auffassung des OLG Düsseldorf (vom 28.4.2008, Verg 24/08) ist die **selbständige Anfechtung** eines solchen Beschlusses **nicht** möglich. Die Entscheidung über die Ablehnung des Befangenheitsgesuchs sei kein Verwaltungsakt und damit auch nicht selbständig anfechtbar. Auch als Zwischenentscheidung der Vergabekammer unterliege sie nicht der selbständigen Anfechtbarkeit. Als eine für einen Verfahrensbeteiligten nachteilige Endentscheidung der Vergabekammer könne sie noch mit der Beschwerde angegriffen werden. 48

Diese Auffassung vertreten auch das OLG Jena (vom 22.12.1999, 6 Verg 3/99 mit Verweis auf § 97 Nr. 2 ThürVwVfG und § 44a VwGO) und das OLG Naumburg (vom 31.1.2011, 2 Verg 1/11). Die Entscheidung über das Ablehnungsgesuch ist damit nur zusammen mit der in der Hauptsache ergangenen Entscheidung angreifbar. Der Gesetzgeber hat für die Arten von Zwischenentscheidungen, für 49 die sich die Unstatthaftigkeit der isolierten Beschwerde möglicherweise nicht von selbst verstanden hätte, die ausdrückliche Hervorhebung gewählt. Abgesehen von dem Sonderfall der Kostenentscheidung können alle anderen Entscheidungen der Vergabekammer, die nicht Endentscheidungen i.S.d. § 114 GWB sind, nicht mit der sofortigen Beschwerde angegriffen werden (OLG Düsseldorf vom 23.1.2006, Verg 96/05).

50 Von diesem Grundsatz hat das OLG Düsseldorf (vom 28.12.2007, Verg 40/07) lediglich hinsichtlich des Akteneinsichtsrechts eine Ausnahme gemacht (§ 111 Rn. 44), weil in einem solchen Fall ein Verfahrensbeteiligter irreparabel durch die Verfahrenshandlung in seinen Rechten verletzt worden wäre. Die Ablehnung eines Befangenheitsgesuchs verursacht nach Auffassung des OLG Düsseldorf (vom 28.4.2008, Verg 24/08) jedoch keine irreversible Rechtsverletzung, weil der Betroffene gegen die Endentscheidung der Vergabekammer Beschwerde einlegen und zugleich geltend machen kann, dass die Vergabekammer nicht ordnungsgemäß besetzt gewesen sei.

51 Wegen der teilweise abweichenden Entscheidungen der Oberlandesgerichte ist aber eine Vorlage an den BGH gemäß § 124 Abs. 2 GWB in der Regel nicht geboten, weil das **Ablehnungsverfahren** kein Hauptverfahren ist, sondern lediglich eine **Zwischenentscheidung**. § 124 Abs. 2 GWB bezieht sich hingegen auf Endentscheidungen einer Nachprüfungsinstanz (OLG Naumburg vom 31.1.2011, 2 Verg 1/11; OLG Düsseldorf vom 28.4.2008, Verg 24/08).

§ 106 Einrichtung, Organisation

(1) ¹Der Bund richtet die erforderliche Anzahl von Vergabekammern beim Bundeskartellamt ein. ²Einrichtung und Besetzung der Vergabekammern sowie die Geschäftsverteilung bestimmt der Präsident des Bundeskartellamts. ³Ehrenamtliche Beisitzer und deren Stellvertreter ernennt er auf Vorschlag der Spitzenorganisationen der öffentlich-rechtlichen Kammern. ⁴Der Präsident des Bundeskartellamts erlässt nach Genehmigung durch das Bundesministerium für Wirtschaft und Technologie eine Geschäftsordnung und veröffentlicht diese im Bundesanzeiger.

(2) ¹Die Einrichtung, Organisation und Besetzung der in diesem Abschnitt genannten Stellen (Nachprüfungsbehörden) der Länder bestimmen die nach Landesrecht zuständigen Stellen, mangels einer solchen Bestimmung die Landesregierung, die die Ermächtigung weiter übertragen kann. ²Die Länder können gemeinsame Nachprüfungsbehörden einrichten.

Übersicht

A. Allgemeines 1–3	C. Vergabekammern der Länder (Abs. 2) 11–16
B. Vergabekammern des Bundes (Abs. 1) 4–10	I. Einrichtung und Organisation (Abs. 2 Satz 1) 11–15
I. Anzahl und Sitz der Vergabekammern (Abs. 1 Satz 1) 4–5	II. Gemeinsame Vergabekammern der Länder (Abs. 2 Satz 2) 16
II. Geschäftsverteilung und Geschäftsordnung (Abs. 1 Satz 2 und 4) 6–7	
III. Ernennung der ehrenamtlichen Mitglieder (Abs. 1 Satz 3) 8–10	

A. Allgemeines

Abs. 1 regelt die Einrichtung und die Organisation der Vergabekammern des Bundes, während Abs. 2 Regelungen für die Einrichtung und Organisation von Vergabekammern in den Bundesländern enthält. In der Begründung zum VgRÄG aus dem Jahre 1998 (Begr. RegE zum VgRÄG, BT-Drucks. 13/9340, S. 17 zu § 116 GWB-E [Vorgängerregelung zu § 106]) wurde ausgeführt, dass mit der organisatorischen Ansiedlung der Vergabekammern des Bundes beim Bundeskartellamt an den dort verankerten Vergabeüberwachungsausschuss angeknüpft werden sollte. Der Gesetzgeber hatte somit die Vorstellung, die Vergabekammern ähnlich den Vergabeüberwachungsausschüssen auszugestalten. 1

In § 106 wird die grundsätzliche Einrichtung und Organisation von Vergabekammern dem Bund und den Ländern als Verpflichtung auferlegt, während sich § 105 GWB mit der internen Besetzung der Vergabekammern sowie deren Stellung als unabhängiger Spruchkörper beschäftigt. Die Zuständigkeiten zwischen den Vergabekammern auf Bundes- und Landesebene werden nach §§ 104, 106a GWB abgegrenzt. 2

Durch das Gesetz zur Modernisierung des Vergaberechts vom 20.4.2009 (BGBl. I S. 790) ist der bis dahin geltende § 106 Abs. 2 Satz 2 GWB aufgehoben worden. Damit werden nunmehr auch für die Vergabekammern der Länder die Anforderungen des § 105 Abs. 2 Satz 2 bis 4 GWB an die Besetzung der Vergabekammern einheitlich vorgegeben. Die Gesetzesänderung zielt darauf ab, die Qualität der Kammerentscheidungen (noch) zu verbessern (Begr. RegE, BT-Drucks. 16/10117, S. 23). 3

B. Vergabekammern des Bundes (Abs. 1)

I. Anzahl und Sitz der Vergabekammern (Abs. 1 Satz 1)

Der Bund hat mittlerweile **drei Vergabekammern** eingerichtet, die beim Bundeskartellamt in Bonn angesiedelt sind, und deren örtliche Zuständigkeit für die Nachprüfung von öffentlichen Aufträgen des Bundes begründen. Die erforderliche Anzahl der Vergabekammern bestimmt sich nach der Anzahl der Nachprüfungsverfahren. Zunächst gab es nur zwei Vergabekammern des Bundes, während 4 die dritte Vergabekammer lediglich die Altfälle bis Ende Januar 2001 abwickelte. Aufgrund der steigenden Anzahl der Nachprüfungsverfahren wurde im Frühjahr 2004 erneut eine dritte Vergabekammer eingerichtet. Dies war zur Gewährleistung eines effektiven Rechtsschutzes innerhalb der in § 113 Abs. 1 GWB genannten Entscheidungsfristen unumgänglich.

5 Die Anzahl der Verfahren zur Nachprüfung der Vergabe von öffentlichen Aufträgen in Deutschland hat sich seit einigen Jahren auf einem durchschnittlichen Niveau von ca. 1.000 Nachprüfungsverfahren pro Jahr eingependelt. Nach der Statistik des Bundeswirtschaftsministeriums zu den Verfahren vor den Vergabekammern und den Oberlandesgerichten waren es im Jahre 2008 insgesamt 1.158 Verfahren, im Jahre 2009 waren es 1.275, im Jahre 2010 waren es 1.065 und im Jahre 2011 insgesamt 989 Verfahren. Die Anzahl der Beschwerdeverfahren vor den Oberlandesgerichten liegt bei ca. 200 Verfahren pro Jahr. Nach 227 Verfahren im Jahre 2008 sind es 2009 noch 197 Verfahren gewesen, im Jahre 2010 waren es 226 Verfahren, während es im Jahre 2011 insgesamt 241 Beschwerdeverfahren gab.

II. Geschäftsverteilung und Geschäftsordnung (Abs. 1 Satz 2 und 4)

6 Die Einrichtung und die Besetzung der Vergabekammern des Bundes sowie deren **Geschäftsverteilung** bestimmt der Präsident des Bundeskartellamts (Abs. 1 Satz 2). Die hauptamtlichen Kammermitglieder werden folglich durch den Präsidenten ausgesucht und bestimmt.

7 Weiterhin erlässt der Präsident die **Geschäftsordnung** der Bundeskammern (Abs. 1 Satz 4). In der Geschäftsordnung werden die Organisation, die Grundsätze der Geschäftsverteilung, der Geschäftsgang und die Verfahren der Vergabekammer geregelt. Daraus ergibt sich beispielsweise die interne Aufteilung bzw. Zuteilung der eingehenden Anträge auf die jeweilige Vergabekammer sowie die interne Bearbeitung der Nachprüfungsverfahren. Die Geschäftsordnung ist durch das Bundesministerium für Wirtschaft zu **genehmigen** und wird im Bundesanzeiger **veröffentlicht** (Geschäftsordnung der Vergabekammern des Bundes vom 15.7.2005 i.d.F. der Bekanntmachung vom 12.8.2005, BAnz. Nr. 151 S. 12296; die Geschäftsordnung ist im Anhang 4 abgedruckt). Da die Vergabekammern organisatorisch von den Beschlussabteilungen des Bundeskartellamtes getrennt sind, wird in der Präambel der Geschäftsordnung bestimmt, dass die Geschäftsordnung des Bundeskartellamts unberührt bleibt, soweit nichts anderes bestimmt ist.

III. Ernennung der ehrenamtlichen Mitglieder (Abs. 1 Satz 3)

8 Die ehrenamtlichen Mitglieder der Bundeskammern und deren Stellvertreter werden auf Vorschlag der Spitzenorganisationen der öffentlich-rechtlichen Kammern vom Präsidenten des Bundeskartellamts ernannt (Abs. 1 Satz 3). Zu den Spitzenorganisationen gehören insbesondere der Deutsche Industrie- und Handelstag, der Zentralverband des Deutschen Handwerks, die Bundesarchitektenkammer, die Bundesingenieurkammer sowie vergleichbare Institutionen. Der Sinn und Zweck des **Vorschlagsrechts** besteht darin, dass bei der Besetzung der Bundesvergabekammern neben dem juristischen Sachverstand, der durch die hauptamtlichen Mitglieder eingebracht wird, auch der wirtschaftliche Sachverstand des Spruchkörpers gewährleistet werden soll.

9 Da die Mitglieder der Vergabekammer für fünf Jahre (§ 105 Abs. 4 Satz 1 GWB) ernannt werden, ist in diesen Abständen ein entsprechendes Vorschlagsverfahren durchzuführen. Dabei ist auch § 105 Abs. 2 Satz 4 GWB zu beachten, wonach die ehrenamtlichen Beisitzer über mehrjährige praktische Erfahrungen auf dem Gebiet des Vergaberechts verfügen sollen.

10 Die Zahl der ehrenamtlichen Mitglieder muss gewährleisten, dass die Vergabekammern ordnungsgemäß und effektiv, möglichst innerhalb der Zeitvorgaben des § 113 Abs. 1 GWB, die Nachprüfungsverfahren abarbeiten können. Insofern ist die Benennung eines Stellvertreters für die ehrenamtlichen Beisitzer sinnvoll.

C. Vergabekammern der Länder (Abs. 2)

I. Einrichtung und Organisation (Abs. 2 Satz 1)

Die Einrichtung und Organisation der Vergabekammern in den Bundesländern obliegt entweder den nach Landesrecht zuständigen Stellen oder – soweit das Landesrecht keine diesbezügliche Zuständigkeitsregelung enthält – der jeweiligen Landesregierung, wobei die Landesregierung diese Ermächtigung weiterdelegieren kann (Abs. 2 Satz 1). Durch die Bezeichnung **„Nachprüfungsbehörden"** sollten auch die vormals in § 103 GWB genannten Vergabeprüfstellen einbezogen werden. Den Ländern wurde damit die Möglichkeit gegeben, neben den Vergabekammern auch Nachprüfstellen in ihren Zuständigkeitsbereichen einzurichten.

Abs. 2 enthält eine **Sonderregelung** für die Länder, die ansonsten das Verwaltungsverfahren ihrer Behörden selbst bestimmen können (Art. 83 und 84 Abs. 1 GG). Die Länder führen die für das Nachprüfungsverfahren maßgeblichen bundesrechtlichen Bestimmungen als eigene Angelegenheiten aus. Sie sind aber hinsichtlich der weiteren Ausgestaltung nicht gebunden. Die Länder können somit durch eigenes Landesrecht die Einrichtung, die Organisation sowie die Besetzung der Vergabekammern bestimmen, wobei die grundsätzlichen Vorgaben des Bundesrechts, beispielsweise die fachliche Qualifikation der Vergabekammermitglieder gemäß § 105 Abs. 2 GWB, einzuhalten sind. Die Bundesländer haben aufgrund des Abs. 2 durch Verordnungen oder Erlasse für ihren Zuständigkeitsbereich die erforderliche Anzahl von Vergabekammern eingerichtet. Abs. 2 Satz 1 regelt lediglich eine Auffangzuständigkeit für die jeweilige Landesregierung.

Die Länder sind nicht berechtigt, von den Bestimmungen im Unterabschnitt I „Nachprüfungsverfahren" (§§ 102 bis 106a GWB) abzuweichen, da diese Vorschriften aufgrund der konkurrierenden Gesetzgebungskompetenz des Bundes gemäß Art. 74 Abs. 1 Nr. 11 GG (Recht der Wirtschaft) erlassen wurden, so dass abweichende Landesregelungen nach Art. 72 Abs. 1 GG nicht möglich sind.

In **Nordrhein-Westfalen** wurden aufgrund von Abs. 2 Satz 1 insgesamt fünf Vergabekammern mit der Verordnung über Einrichtung und Zuständigkeit der Vergabekammern im Nachprüfungsverfahren für die Vergabe öffentlicher Aufträge (**Zuständigkeitsverordnung Nachprüfungsverfahren** – ZuStVO NpV NRW) vom 23.2.1999 eingerichtet und organisatorisch den jeweiligen Bezirksregierungen zugeordnet. In **Bayern** wurden z.B. zwei Vergabekammern – ansässig bei den Regierungen in Mittelfranken und Oberbayern – durch Verordnung eingerichtet. In den meisten Bundesländern sind die Vergabekammern entweder bei den Mittelinstanzen, also den Behörden, die auf der Ebene zwischen den Ministerien und den Kommunen angesiedelt sind (Bezirksregierung, Regierungspräsidium, Landesverwaltungsamt), soweit vorhanden, oder in den Ministerien eingerichtet worden.

In den Zuständigkeitsverordnungen wird in der Regel bestimmt, welche Stelle für den Erlass der **Geschäftsordnung** zuständig ist. In Nordrhein-Westfalen haben die Vergabekammern sich im Einvernehmen mit dem Ministerium für Wirtschaft, Mittelstand und Energie eine Gemeinsame Geschäftsordnung vom 26.11.1999 (MBl. NRW 2000, S. 105, zuletzt geändert durch Bek. vom 27.5.2002, MBl. NRW S. 652) gegeben. Dort sind dann die Grundsätze für die **Geschäftsverteilung** innerhalb der Vergabekammer und für die Verfahren vor den Vergabekammern geregelt.

Hinsichtlich des anzuwendenden **Verfahrensrechts** bestimmt § 115a GWB, dass durch Landesrecht hiervon nicht abgewichen werden darf. § 115a GWB bezieht sich aber nur auf den Unterabschnitt II „Verfahren vor der Vergabekammer" (§§ 107 bis 115a GWB). Die wesentlichen Verfahrensgrundsätze, wie z.B. die Antragsbefugnis i.S.v. § 107 GWB oder die Vorgabe in § 113 Abs. 1 GWB, innerhalb einer Frist von fünf Wochen zu entscheiden, sind somit im Unterabschnitt II bundeseinheitlich für alle Vergabekammern einheitlich vorgegeben; Landesrecht darf diesbezüglich nichts anderes bestimmen, um Abweichungen mit der Folge von Rechtsunsicherheiten für bundesweit tätige Unternehmen zu vermeiden. Allerdings können die Länder bei der weiteren Ausgestaltung dieser Verfahrensgrundsätze Details regeln, wie beispielsweise den Ablauf der mündlichen Verhandlung oder die grundsätzliche Geschäftsverteilung innerhalb der Vergabekammer. Innerhalb dieses Rahmens besteht bei der **Ausgestaltung der Verfahrensregeln** ein nicht unbeträchtlicher **Spiel-**

raum. Der BGH (vom 12.6.2001, X ZB 10/01) hat es beispielsweise nicht beanstandet, dass in der Geschäftsordnung der Vergabekammer Thüringen bestimmt ist, dass der Beschluss nicht vom ehrenamtlichen Beisitzer unterschrieben werden muss.

II. Gemeinsame Vergabekammern der Länder (Abs. 2 Satz 2)

16 In Abs. 2 Satz 2 wird den Ländern die Möglichkeit eröffnet, gemeinsame Nachprüfungsbehörden einzurichten. Dies bezieht sich sowohl auf Vergabeprüfstellen als auch auf Vergabekammern. Bei einer Zusammenfassung kann der Sachverstand gebündelt und die Kosten minimiert werden. Aufgrund der stark föderalen Struktur in Deutschland ist aber bislang von dieser Möglichkeit kein Gebrauch gemacht worden.

§ 106a Abgrenzung der Zuständigkeit der Vergabekammern

(1) Die Vergabekammer des Bundes ist zuständig für die Nachprüfung der Vergabeverfahren

1. des Bundes;
2. von Auftraggebern im Sinne des § 98 Nummer 2, sofern der Bund die Beteiligung überwiegend verwaltet oder die sonstige Finanzierung überwiegend gewährt hat oder über die Leitung überwiegend die Aufsicht ausübt oder die Mitglieder des zur Geschäftsführung oder zur Aufsicht berufenen Organs überwiegend bestimmt hat, es sei denn, die an dem Auftraggeber Beteiligten haben sich auf die Zuständigkeit einer anderen Vergabekammer geeinigt;
3. von Auftraggebern im Sinne des § 98 Nummer 4, sofern der Bund auf sie einen beherrschenden Einfluss ausübt; ein beherrschender Einfluss liegt vor, wenn der Bund unmittelbar oder mittelbar die Mehrheit des gezeichneten Kapitals des Auftraggebers besitzt oder über die Mehrheit der mit den Anteilen des Auftraggebers verbundenen Stimmrechte verfügt oder mehr als die Hälfte der Mitglieder des Verwaltungs-, Leitungs- oder Aufsichtsorgans des Auftraggebers bestellen kann;
4. von Auftraggebern im Sinne des § 98 Nummer 5, sofern der Bund die Mittel überwiegend bewilligt hat;
5. von Auftraggebern nach § 98 Nummer 6, sofern die unter § 98 Nummer 1 bis 3 fallende Stelle dem Bund zuzuordnen ist;
6. die im Rahmen der Organleihe für den Bund durchgeführt werden.

(2) ¹Wird das Vergabeverfahren von einem Land im Rahmen der Auftragsverwaltung für den Bund durchgeführt, ist die Vergabekammer dieses Landes zuständig. ²Ist in entsprechender Anwendung des Absatzes 1 Nummer 2 bis 6 ein Auftraggeber einem Land zuzuordnen, ist die Vergabekammer des jeweiligen Landes zuständig.

(3) ¹In allen anderen Fällen wird die Zuständigkeit der Vergabekammern nach dem Sitz des Auftraggebers bestimmt. ²Bei länderübergreifenden Beschaffungen benennen die Auftraggeber in der Vergabebekanntmachung nur eine zuständige Vergabekammer.

Übersicht

A. Allgemeines	1–3
B. Zuständigkeiten der Bundeskammern (Abs. 1)	4–21
I. Grundsatz	4
II. Zuständigkeiten im Einzelnen	5–21
1. Bund als Auftraggeber (Nr. 1)	6
2. Auftraggeber i.S.d. § 98 Nr. 2 GWB (Nr. 2)	7–14
3. Auftraggeber i.S.v. § 98 Nr. 4 GWB (Nr. 3)	15–16
4. Auftraggeber i.S.v. § 98 Nr. 5 GWB (Nr. 4)	17–19
5. Auftraggeber i.S.d. § 98 Nr. 6 GWB (Nr. 5)	20
6. Organleihe für den Bund (Nr. 6)	21
C. Zuständigkeit der Vergabekammern der Länder (Abs. 2)	22–24
I. Auftragsverwaltung für den Bund (Abs. 2 Satz 1)	23
II. Generalklausel für die Abgrenzung (Abs. 2 Satz 2)	24
D. Zuständigkeit nach dem Sitz des Auftraggebers (Abs. 3 Satz 1)	25–31
I. Auffangzuständigkeit	25
II. Einzelfälle	26–31
1. Ein öffentlicher Auftraggeber	26
2. Mehrere öffentliche Auftraggeber	27
a) Keine eindeutige Zuordnung zu einer Vergabekammer möglich	27
b) Zuständigkeit der Vergabekammer nach allgemeinem Prozessrecht	28–30
c) Bestimmung der internationalen Zuständigkeit	31
E. Zuständigkeit bei länderübergreifenden Beschaffungen (Abs. 3 Satz 2)	32–41
I. Länderübergreifende Beschaffungen	32–34
II. Benennung einer zuständigen Vergabekammer durch den Auftraggeber	35–38
III. Vereinbarung über die Zuständigkeit	39–41

A. Allgemeines

1 Die Vorschrift des § 106a ist mit dem Gesetz zur Modernisierung des Vergaberechts vom 20.4.2009 (BGBl. I S. 790) neu in das GWB aufgenommen worden und gleicht im Wesentlichen der Regelung in § 18 VgV a.F., die im Zuge der Novelle aufgehoben wurde. Die Änderung hat keinen eigentlich rechtsdogmatischen Hintergrund, sondern entspricht dem Anliegen des Gesetzgebers, die Vergabeverordnung von Regelungen, die zum Nachprüfungsverfahren gehören, zugunsten einer höheren Rechtsklarheit zu entfrachten (BT-Drucks. 16/10117, S. 1). Gleichzeitig ist die frühere Regelung des § 18 VgV klarer strukturiert worden.

2 § 106a ergänzt § 104 Abs. 1 GWB in der Weise, dass hier weitergehende Regelungen zur Abgrenzung der Zuständigkeiten der Vergabekammern des Bundes und der Länder enthalten sind. Nach § 104 Abs. 1 GWB ist die **Abgrenzung** der **Zuständigkeit** im Grundsatz nach der **Zuordnung des öffentlichen Auftrags** vorzunehmen: Wird der öffentliche Auftrag von einem öffentlichen Auftraggeber vergeben, der dem Bund zuzurechnen ist, begründet dies die Zuständigkeit der Bundeskammern. Für öffentliche Auftragsvergaben, die den Ländern zuzurechnen sind, sind die Vergabekammern des jeweiligen Landes zuständig. Damit unterliegen auch alle Aufträge von Gebietskörperschaften des Landes – wozu in quantitativer Hinsicht vor allem die Kommunen gehören – der Überprüfung durch die Vergabekammern der Länder.

3 Da die öffentlichen Auftraggeber aber nicht immer eindeutig und ohne weitere Ermittlungen dem Bund oder einem Land zugeordnet werden können, sind die ergänzenden Regelungen erforderlich. Denn ein öffentlicher Auftraggeber kann vom Bund und einem Land oder mehreren Ländern beherrscht oder finanziert werden. Eine klare Zuordnung der Zuständigkeit entspricht letztlich auch dem Interesse der Auftraggeber selbst. Bei **länderübergreifenden Beschaffungen** müssen sie nach Abs. 3 Satz 2 in der Vergabebekanntmachung eine zuständige Vergabekammer benennen (Rn. 32 ff.). Diese Regelung, die auf Vorschlag des Bundesrates eingefügt wurde, soll die Zuständigkeitsprobleme in diesem Bereich, z.B. bei Auftragsvergaben im Schienenpersonennahverkehr, lösen. Bislang wurden in diesen Fällen häufig die Vergabekammern aller beteiligten Länder in der Vergabebekanntmachung genannt (vgl. Stellungnahme des Bundesrates zum Entwurf eines Gesetzes zur Modernisierung des Vergaberechts, BR-Drucks. 349/08 (B) vom 4.7.2008, S. 16).

B. Zuständigkeiten der Bundeskammern (Abs. 1)

I. Grundsatz

4 Abs. 1 Nr. 1 bis 6 befasst sich ausschließlich mit der Zuständigkeit der Bundeskammern und bestimmt unter Rückgriff auf die in § 98 GWB genannten öffentlichen Auftraggeber, in welchen Fällen den Bundeskammern die Nachprüfung obliegt. Demgegenüber bezieht sich Abs. 2 auf die Zuständigkeiten der Vergabekammern der Länder.

II. Zuständigkeiten im Einzelnen

5 Abs. 1 legt zunächst die zuständige Vergabekammer für alle Aufträge fest, die vom Bund als öffentlichen Auftraggeber vergeben werden, und regelt zudem Besonderheiten im etwaigen Einzelfall. Insbesondere, wenn eine Vergabestelle nicht eindeutig dem Bund zugerechnet werden kann, stellt sich die Frage, nach welchen weiteren Parametern die Zuständigkeit der Bundeskammern zu ermitteln ist.

1. Bund als Auftraggeber (Nr. 1)

6 Die Vergabekammern des Bundes sind für alle Nachprüfungen von Vergabeverfahren des Bundes zuständig, also für diejenigen öffentlichen Aufträge, die von einer Bundesbehörde oder den Bundesministerien unmittelbar vergeben werden oder von nachgeordneten Bundesbehörden, wie z.B. dem Bundesamt für Wehrtechnik und Beschaffung, der Bundeswehrverwaltung, dem Bundesverwaltungsamt, dem Bundesamt für Bauwesen und Raumordnung, dem Bundesbeschaffungsamt oder der Wasser- und Schifffahrtverwaltung des Bundes.

2. Auftraggeber i.S.d. § 98 Nr. 2 GWB (Nr. 2)

Die Vergabe von öffentlichen Aufträgen durch juristische Personen des öffentlichen oder privaten Rechts, die in § 98 Nr. 2 GWB genannt sind (§ 98 Rn. 22 ff.), unterliegt ebenfalls der Nachprüfung durch die Vergabekammern des Bundes, wenn der Bund

– die Beteiligung überwiegend verwaltet oder die sonstige Finanzierung überwiegend gewährt hat *oder*

– über die Leitung überwiegend die Aufsicht ausübt *oder*

– die Mitglieder des zur Geschäftsführung oder zur Aufsicht berufenen Organs überwiegend bestimmt hat.

Allen genannten Bedingungen ist gemeinsam, dass der Bund **überwiegend**, also zu **mehr als 50 %**, an dem jeweiligen Auftraggeber beteiligt sein muss. Die Beteiligung des Bundes kann sich in zwei Varianten verwirklichen: In der ersten Variante **verwaltet** der Bund **die Beteiligung am öffentlichen Auftraggeber** überwiegend oder gewährt überwiegend die Finanzierung des betroffenen öffentlichen Auftraggebers. Damit befinden sich alle öffentlichen Auftraggeber nach § 98 Nr. 2 GWB, an denen der Bund durch Halten einer Einlage oder von Stammkapital von mehr als 50 % beteiligt ist oder die laufende Finanzierung zu mehr als 50 % gewährleistet, im Zuständigkeitsbereich der Vergabekammern des Bundes. Aufgrund der fehlenden vollständigen oder überwiegenden Finanzierung durch eine Gebietskörperschaft i.S.d. § 98 Nr. 2 GWB hat das BayObLG (vom 10.9.2002, Verg 23/02) beispielsweise auch die öffentliche Auftraggebereigenschaft des Bayerischen Roten Kreuzes konsequent verneint.

Die zweite Variante betrifft die Beteiligung des Bundes durch **Aufsicht über die Leitung des öffentlichen Auftraggebers** nach § 98 Nr. 2 GWB. Übt der Bund über die Leitung des Auftraggebers oder über dessen geschäftsführende Mitglieder die überwiegende Aufsicht aus, ist bei Vergabeverfahren dieser öffentlichen Auftraggeber die Vergabekammer des Bundes für die Nachprüfung zuständig. Auch wenn der Bund überwiegend die Mitglieder des satzungsmäßigen Aufsichtsorgans stellt, ist die Zuständigkeit der Vergabekammer des Bundes begründet. Das OLG Düsseldorf (vom 30.4.2003, Verg 67/02) hat etwa die mit Beschaffungsaufgaben betraute privatrechtliche LH Bundeswehr-Bekleidungsgesellschaft mbH als öffentliche Auftraggeberin i.S.d. § 98 Nr. 2 GWB angesehen. Diese GmbH ist eine Eigengesellschaft des Bundes und weiterer privater Anteilseigner und soll das Bekleidungsmanagement für die Bundeswehr übernehmen. Für das Merkmal „über ihre Leitung Aufsicht ausübt" reicht es nach Auffassung des OLG Düsseldorf demnach aus, wenn die Aufsicht durch den Bund in einem Ausmaß besteht, die es dem Bund ermöglicht, die Entscheidungen der Gesellschaft auch in Bezug auf öffentliche Aufträge zu beeinflussen. Mit einer ähnlichen Begründung hat das OLG Düsseldorf (vom 6.7.2005, Verg 22/05) auch die Träger der gesetzlichen Unfallversicherung als öffentliche Auftraggeber definiert, die der Aufsicht staatlicher Stellen – im konkreten Fall der Aufsicht eines Landes – unterliege.

Dass auch diese **Abgrenzung** nicht immer zu eindeutigen Ergebnissen führen muss, zeigt die **Rechtsprechung zu den Rabattverträgen der gesetzlichen Krankenkassen**. Das OLG Düsseldorf (vom 19.12.2007, Verg 51/07) ist der Auffassung, dass das Abgrenzungskriterium in § 18 Abs. 1 VgV a.F. sowohl eine Zuständigkeit der Vergabekammern des Bundes als auch eine Zuständigkeit der Vergabekammern der Länder im Bereich der gesetzlichen Krankenkassen begründe. Eine Schwerpunktbildung danach, ob die Finanzierung oder die Beaufsichtigung im Vordergrund steht, sei nicht vorzunehmen. Für eine derartige Abgrenzung gebe der Wortlaut des § 18 Abs. 1 Satz 1 VgV (a.F.) nichts her. Vielmehr nenne er die Kriterien der überwiegenden Finanzierung und der überwiegenden Beaufsichtigung gleichrangig nebeneinander. Das Attribut „überwiegend" beziehe sich allein auf das – quantitativ gut überprüfbare – jeweilige Unterkriterium der Finanzierung bzw. der Beaufsichtigung, ihm lasse sich jedoch nicht entnehmen, welches Kriterium ggf. im Vordergrund stehe. Weitere Regelungen für die Abgrenzung der Zuständigkeit von Bundes- und Landesvergabekammern enthalte § 18 VgV (a.F.) nicht. Insbesondere lasse sich auch aus § 18 Abs. 7 VgV (a.F.) kein Kriterium für die Abgrenzung zwischen den Vergabekammern der Länder für den Fall entnehmen, dass mehrere Auftraggeber beteiligt sind, die jeweils anderen Ländern zuzuordnen sind. Die **Abgrenzung** in diesen und vergleichbaren Fällen sei daher nach **allgemeinen verfahrensrechtlichen Grundsätzen** vorzunehmen, wie sie konkret ihren Niederschlag in **§ 35 ZPO** gefunden haben. Nach dieser Norm obliegt dem Kläger oder Antragsteller die Wahl, seinen Antrag bei dem aus seiner Sicht zuständigen Gericht (Vergabekammer) zu stellen. Es kommt somit darauf an, wo der Antragsteller seinen Antrag stellt. Die durch Anrufung verschiedener Vergabekammern entstehenden praktischen Unzulänglichkeiten müssen hingenommen werden, solange der Gesetzgeber keine umfassende Regelung getroffen hat.

11   In dem konkreten Fall hatten die Allgemeinen Ortskrankenkassen in einem Rundschreiben und im elektronischen Bundesanzeiger eine Ausschreibung von Arzneimittel-Rabattverträgen veröffentlicht. Vertragspartner sollten sämtliche Allgemeine Ortskrankenkassen werden, wobei eine AOK federführend handelte. Mehrere unberücksichtigte Unternehmen riefen die Vergabekammern und die Sozialgerichte an und machten Vergaberechtsverstöße geltend. Die **Vergabekammern des Bundes** (vom 14.11.2007, VK 3-124/07; vom 15.11.2007, VK 2-102/07) hatten ihre **Zuständigkeit** angenommen, weil sie der Auffassung waren, dass die **überwiegende Finanzierung** der gesetzlichen Krankenkassen durch den Bund aufgrund der bundesgesetzlichen Regelungen in §§ 3, 5, 220 ff. SGB V gewährt wird. Diese überwiegende Finanzierung durch den Bund begründe die Zuständigkeit der Bundeskammern. Demgegenüber vertrat die VK Düsseldorf (vom 31.10.2007, VK 31/07) die Auffassung, dass der Bund nur den gesetzlichen Rahmen aufstelle und die direkte Finanzierung durch den Bund nur ein Ausgleich für versicherungsfremde Leistungen sei, während die Länder nach Art. 87 Abs. 2 Satz 2 GG, § 90 Abs. 2 und 3 SGB IV die **Aufsicht** über die gesetzlichen Krankenkassen ausübten und sich aus der Gesamtschau der Zuständigkeiten der gesetzlichen Krankenkassen schließen lasse, dass sie Landes- und nicht Bundesstellen seien, so dass danach die Vergabekammern der Länder zuständig sein müssten.

12   Auch durch die Neufassung des § 106a ist diese Abgrenzungsproblematik bei der Ausschreibung von Rabattverträgen der öffentlichen Krankenkassen vom Gesetzgeber nicht gelöst worden. Klarheit soll jedoch im Falle von länderübergreifenden Beschaffungen der eingefügte Abs. 3 Satz 2 bringen. Hiernach haben die öffentlichen Auftraggeber in der Vergabebekanntmachung (ausschließlich) eine zuständige Vergabekammer für eine länderübergreifende Beschaffung zu benennen (s. dazu Rn. 35 ff.).

13   Die an dem Auftraggeber **Beteiligten können sich** nach Nr. 2 aber auch **intern auf die Zuständigkeit einer anderen Vergabekammer einigen**. Dies stellt der Gesetzgeber den an einer juristischen Person des öffentlichen oder privaten Rechts i.S.d. § 98 Nr. 2 GWB Beteiligten frei. Auch bei einer überwiegenden Beteiligung des Bundes kann ein öffentlicher Auftraggeber i.S.d. § 98 Nr. 2 GWB also die Zuständigkeit einer anderen Vergabekammer, auch einer Vergabekammer eines Landes, möglicherweise auch nur für eine ganz konkrete Ausschreibung, bestimmen. Allerdings muss es sich um eine an sich zuständige Vergabekammer handeln.

14   In diesen Fällen geht es nicht um eine Vereinbarung zwischen mehreren öffentlichen Auftraggebern, sondern um eine **interne Entscheidung** eines öffentlichen Auftraggebers, also beispielsweise eine Verständigung zwischen Gesellschaftern einer GmbH, im Falle einer Nachprüfung eine zuvor bekannt gegebene Vergabekammer als Nachprüfungsinstanz zu wählen. Letztlich sind solche Vereinbarungen, die Auswirkungen auf die Zuständigkeit von Behörden haben, nicht unproblematisch. Denn die Vergabekammern als Behörden werden zunächst nur im Rahmen ihrer Zuständigkeiten tätig. Die Zuständigkeiten von Behörden sind gesetzlich geregelt und können nicht im Außenverhältnis, also von Beteiligten eines öffentlichen Auftraggebers, bestimmt werden. Ein **Wechsel in der Zuständigkeit** oder die **Erweiterung von Zuständigkeiten** ist **in der Regel nur durch Rechtsverordnung** möglich, nicht aber durch eine interne Absprache eines öffentlichen Auftraggebers.

3. Auftraggeber i.S.v. § 98 Nr. 4 GWB (Nr. 3)

Die Regelung bezieht sich auf **Sektorenauftraggeber**, also Auftraggeber, die im Bereich des Verkehrs, der Trinkwasserversorgung und der Energieversorgung Aufträge vergeben, vgl. dazu die Anlage zu § 98 Nr. 4 GWB (§ 98 Rn. 131 ff.). Ausschreibungen in diesen Bereichen unterfallen der Nachprüfung durch die Vergabekammern des Bundes, wenn der **Bund** auf den Sektorenauftraggeber einen **beherrschenden Einfluss** ausübt. Wann dies konkret der Fall ist, ist in Nr. 3 geregelt. Entweder muss der Bund die Mehrheit des Kapitals, die Mehrheit der Stimmrechte oder mehr als die Hälfte der Mitglieder der Aufsichtsgremien bestellen. Der Bund ist in diesen Fällen unmittelbar Anteilseigner an dem Sektorenauftraggeber und hat die Möglichkeit, über diese Stellung direkt Einfluss zu nehmen. Insofern ist in diesen Fällen ggf. auch eine Auswertung des Gesellschaftsvertrages erforderlich.

15

Der **Einfluss durch Kapitalbeteiligung, über die Mehrheit der Stimmrechte oder durch Aufsicht**, indem der Bund die Anteile und die Stimmrechte an der Gesellschaft selbst hält oder die Bestellung der Mitglieder der Aufsichtsgremien selbst vornimmt, ist nicht zwingend erforderlich. Ausreichend ist die Möglichkeit einer **mittelbaren Einflussnahme**. Damit sollen auch die sogenannten **Auftraggeberketten**, die durch Ausgliederungen oder Beteiligungsgesellschaften entstehen, aber weiterhin vom Bund i.S.d. § 98 Nr. 2 GWB beherrscht werden, von Nr. 3 erfasst werden. Demzufolge wird man auch diejenigen Sektorenauftraggeber im Zuständigkeitsbereich der Vergabekammern des Bundes einordnen, bei denen der Bund nicht direkt, sondern lediglich durch Muttergesellschaften oder Dritte an der Kapitalbeteiligung usw. beteiligt ist.

16

4. Auftraggeber i.S.v. § 98 Nr. 5 GWB (Nr. 4)

Diese Regelung bezieht sich auf **Subventionsempfänger**, die im Rahmen von Förderprogrammen Mittel vom Bund erhalten (§ 98 Rn. 189 ff.). Erhalten diese Subventionsempfänger die Zuwendungen überwiegend, also mehr als 50 % (§ 98 Rn. 205 ff.), vom Bund, so begründet dies die Zuständigkeit der Vergabekammern des Bundes.

17

Nach § 98 Nr. 5 GWB können dies natürliche oder juristische Personen des privaten Rechts, aber auch des öffentlichen Rechts sein, die für bestimmte Projekte Zuwendungen erhalten. Diese Mittel können für Tiefbaumaßnahmen, für die Errichtung von Krankenhäusern, Sport-, Erholungs- oder Freizeiteinrichtungen, von Schul-, Hochschul- oder Verwaltungsgebäuden oder für damit in Verbindung stehende Dienstleistungen und Auslobungsverfahren gezahlt werden.

18

Die Mittel können aber auch von einem Auftraggeber, der unter § 98 Nr. 1 bis 3 GWB fällt, zur Verfügung gestellt werden. Entscheidend ist dann, ob es sich dabei um einen Auftraggeber handelt, der wiederum dem Bund zuzurechnen ist. Zudem findet die Nachprüfung nur bezogen auf das konkret geförderte Projekt statt.

19

5. Auftraggeber i.S.d. § 98 Nr. 6 GWB (Nr. 5)

Die Vorschrift bezieht sich auf die **Baukonzessionäre**, die Aufträge an Dritte vergeben und deren Vergabeverfahren ebenfalls der Nachprüfung unterliegen (§ 98 Rn. 214 ff.). Die Aufträge der Baukonzessionäre unterliegen der Nachprüfung durch die Bundeskammern, wenn der Konzessionsgeber entweder der Bund ist (§ 98 Nr. 1 GWB) oder es sich dabei um eine dem Bund zuzuordnende Institution handelt (§ 98 Nr. 2 oder 3 GWB).

20

6. Organleihe für den Bund (Nr. 6)

Die Regelung stellt klar, dass dann, wenn eine Organleihe für den Bund vorliegt, das Land also im Namen des Bundes handelt, diese Vergabeverfahren ebenfalls der Nachprüfung durch die Vergabekammern des Bundes unterliegen. Eine **Organleihe** liegt vor, wenn das Land im Namen des Bundes die Aufgaben erledigt, aber nicht selbst verantwortlich wird, sondern nur in Vertretung für den Bund handelt. Der Bund ist dann weiterhin als öffentlicher Auftraggeber verantwortlich. Für Nachprüfungen in diesen Bereichen bleibt es somit bei der Zuständigkeit der Bundeskammern, auch wenn Landesbehörden handeln.

21

C. Zuständigkeit der Vergabekammern der Länder (Abs. 2)

22 In Abgrenzung zu Abs. 1 befasst sich der zweite Absatz dieser Vorschrift mit den Zuständigkeiten der Vergabekammern der Länder.

I. Auftragsverwaltung für den Bund (Abs. 2 Satz 1)

23 Im Bereich der Auftragsverwaltung für den Bund handeln die Länder selbst als Auftraggeber, was dazu führt, dass sie bei Vergabeverfahren der Nachprüfung durch die Vergabekammern des Landes unterliegen. Die **Auftragsverwaltung** (Art. 85 GG) ist eine Form der Landesverwaltung. Auch wenn die Landesverwaltung im Innenverhältnis zum Bund nur im Rahmen ihrer Zuweisung handeln darf, handelt es sich im Außenverhältnis um eine **eigenständige Verwaltung des Landes**. Das Land handelt im eigenen Namen und übt damit Landesstaatsgewalt aus, und zwar unabhängig davon, ob das Land das Auftragsverhältnis zum Bund offenlegt (VK Baden-Württemberg vom 21.11.2002, 1 VK K 59/02). Demzufolge vertritt das Land in vermögensrechtlichen Angelegenheiten den Bund gerichtlich und außergerichtlich. Bekanntestes Beispiel ist die **Bundesstraßenbauverwaltung**. Die Aufträge, die im Bereich der Bundesstraßenbauverwaltung von Landesbehörden erteilt werden, unterliegen somit der Nachprüfung durch die Vergabekammern der Länder (vgl. OLG Düsseldorf vom 14.9.2009, Verg 20/09; OLG Düsseldorf vom 25.11.2007, Verg 25/09; OLG Brandenburg vom 19.2.2008, Verg W 22/07; OLG Celle vom 6.6.2011, 13 Verg 2/11).

Demgegenüber erklärte das OLG München (vom 31.5.2012, Verg 4/12) die zivilrechtlichen Vertragsbeziehungen für maßgeblich. Diese zivilrechtlichen Ansprüche würden sich gegen den Rechtsträger richten, mit dem der öffentliche Auftrag zustande gekommen ist bzw. bei ordnungsgemäßer Vorgehensweise zustande gekommen wäre. Diesem Rechtsträger ist das Handeln der Stellen zuzurechnen, die bei der Ausschreibung und der Zuschlagsentscheidung für ihn tätig sind. Berechtigt und verpflichtet aus einem solchen Vertrag wäre somit der Bund und nicht das Land. Das OLG München meinte deshalb, dass bei der Ausschreibung von Bauleistungen für Autobahnen bzw. Bundesfernstraßen durch Behörden eines Landes der Bund der richtige Antragsgegner im Nachprüfungsverfahren wäre, weil mit diesem Rechtsträger der öffentliche Auftrag zustande kommt. Dem Bund sei das Handeln der Stellen zuzurechnen, die bei der Ausschreibung und der Zuschlagserteilung für ihn tätig sind. Aus Abs. 2 lasse sich in dieser Frage ebenfalls nichts Entscheidendes ableiten, so das OLG München. Denn die Vorschrift bestimme nur, dass für Nachprüfungsverfahren in Angelegenheiten der Bundesauftragsverwaltung die Vergabekammern der Länder zuständig sind. Ob damit das Land oder der Bund der richtige Antragsgegner im Nachprüfungsverfahren ist, bliebe offen. Auch die Gesetzesmaterialien zu § 106a enthielten hierzu keinerlei Erwägungen.

Etwas anderes gilt wiederum nach Auffassung der VK Sachsen (vom 12.2.2010, 1/SVK/002-10), wenn im Rahmen der Auftragsverwaltung **länderübergreifende Gebietslose** gebildet werden, ohne dass die Gebietslose derart verknüpft werden, dass sie einen einheitlichen Beschaffungsvorgang bilden. In diesen Fällen kann nach Auffassung der VK Sachsen eine Vergabekammer nur dann zuständig i.S.d. Abs. 3 sein, wenn der Sitz eines im jeweiligen Gebietslos belegenen öffentlichen Auftraggebers die Zuständigkeit dieser Vergabekammer begründet. Im konkreten Fall ging es um die Beschaffung von Messsystemen an Bundesautobahnen, und zwar sowohl für das Land Sachsen, aber auch für andere Länder. Das Land Sachsen war vorliegend vom Bund mit der Beschaffung beauftragt worden und hatte diesbezüglich die **Federführung** übernommen. Die Beauftragung durch den Bund, so die VK Sachsen, begründe aber keine „eigene" Zuständigkeit der Länderkammer und könne auch nicht durch ein schlichtes Schreiben des zuständigen Bundesministeriums herbeiführt werden. Auch die Federführung würde somit keine eigene Zuständigkeit begründen.

II. Generalklausel für die Abgrenzung (Abs. 2 Satz 2)

24 Abs. 2 Satz 2 enthält überdies den Grundsatz, dass die Vergabekammern der Länder in allen Fällen zuständig sind, in denen nach Anwendung des Abs. 1 nicht festgestellt werden kann, dass der Auftrag dem Bund oder einer dem Bund zuzuordnenden Institution zuzurechnen ist. Ist somit ein Auf-

traggeber unter Anwendung der Regelungen in Abs. 1 Nr. 2 bis 5 einem Land zuzuordnen, weil beispielsweise die Einflussnahme auf den Auftraggeber oder die Mittelbewilligung an den Auftraggeber überwiegend durch ein Land erfolgt, so ist die Vergabekammer dieses Landes für die Nachprüfung zuständig. Dabei bildet die Organleihe einen Sonderfall, weil in diesen Fällen keine wertende Einordnung vorgenommen wird, sondern hier immer eine Landesbehörde handelt; dennoch verbleibt es bei der Zuständigkeit der Bundeskammern.

D. Zuständigkeit nach dem Sitz des Auftraggebers (Abs. 3 Satz 1)

I. Auffangzuständigkeit

Abs. 3 Satz 1 legt die zuständige Vergabekammer für Sachverhalte fest, in denen die zuständige Vergabekammer weder nach Abs. 1 noch nach Abs. 2 ermittelt werden kann (**Auffangzuständigkeit**). Hiernach gilt in diesen Fällen der Grundsatz, dass die Vergabekammer zuständig ist, in deren Zuständigkeitsbereich sich der **Sitz des Auftraggebers** befindet. Inhaltlich wird damit die frühere Regelung des § 18 Abs. 8 VgV (a.F.) übernommen. 25

Diese Auffangzuständigkeit gilt für die Fälle, in denen ein öffentlicher Auftraggeber tätig geworden ist, man aber anhand der übrigen Zuweisungsregeln in Abs. 1 und 2 nicht ermitteln kann, ob dieser dem Bund oder einem Land zuzuordnen ist.

II. Einzelfälle

1. Ein öffentlicher Auftraggeber

Selbst dann, wenn nur **ein** öffentlicher Auftraggeber ein Vergabeverfahren durchführt, kann es Schwierigkeiten bereiten, den **Sitz dieses Auftraggebers** eindeutig zu bestimmen, weil für ihn z.B. auch Tochtergesellschaften handeln können. In Bundesländern wie z.B. im Saarland, in Sachsen, in Schleswig-Holstein oder Thüringen, in denen einzig eine Vergabekammer für sämtliche Auftragsvergaben in dem jeweiligen Land zuständig ist, ist dies unproblematisch, wenn alle **Tochtergesellschaften eines öffentlichen Auftraggebers** in diesem Land ansässig sind. In anderen Bundesländern, in denen mehrere Vergabekammern vorhanden sind, ist sorgfältig zu unterscheiden, welche „Niederlassung" tätig geworden ist. So befindet sich der Sitz der Straßenbauverwaltung in Nordrhein-Westfalen im Zuständigkeitsbereich der Vergabekammer Münster, so dass zentral für das gesamte Land durchgeführte Ausschreibungen, wie z.B. die Beschaffung von Streusalz oder Anschaffungen für die Autobahnmeistereien, in deren Zuständigkeit fällt. Werden hingegen Straßenbauarbeiten durch eine der jeweiligen Niederlassungen vergeben, so entscheidet diejenige Vergabekammer, in deren Bezirk sich der Sitz dieser Niederlassung befindet. Entscheidendes Abgrenzungskriterium ist in der Regel die Frage, welche Niederlassung des öffentlichen Auftraggebers tatsächlich den Vertrag nach erfolgter Ausschreibung mit dem Bieter abschließt. 26

2. Mehrere öffentliche Auftraggeber

a) Keine eindeutige Zuordnung zu einer Vergabekammer möglich

Problematisch sind daneben auch immer noch die Fälle, in denen es **mehrere** öffentliche Auftraggeber gibt, diese aber nicht eindeutig einer bestimmten Vergabekammer zugeordnet werden konnten. Nach den Zuständigkeitsregelungen waren somit **mehrere Vergabekammern örtlich zuständig**. Dabei kann es sich um mehrere öffentliche Auftraggeber handeln, die alle dem Bund oder einem Land zugerechnet werden, aber auch um einen Zusammenschluss von öffentlichen Auftraggebern des Bundes und der Länder bzw. mehrerer Bundesländer. Diese öffentlichen Auftraggeber können ihren Sitz in unterschiedlichen Ländern haben, so dass allein aus der Regelung des § 106a GWB nicht entnommen werden kann, welche Vergabekammer zuständig ist. Es erfolgt auch kein interner Zusammenschluss dieser öffentlichen Auftraggeber, sondern sie agieren lediglich für die Zeit des Vergabeverfahrens gemeinsam, indem einem dieser öffentlichen Auftraggeber die Federführung übertragen wird. Der Vertragsabschluss erfolgt dann aber wiederum durch den jeweiligen beteiligten Auftraggeber. Bekanntestes **Beispiel** hierfür sind **Ausschreibungen im Schienenpersonen-** 27

§ 106a GWB

nahverkehr, die in der Regel von mehreren Zweckverbänden eines Landes oder von Zweckverbänden mehrerer Länder durchgeführt werden, wobei üblicherweise ein Zweckverband mit der Federführung beauftragt wird.

b) Zuständigkeit der Vergabekammer nach allgemeinem Prozessrecht

28 Führen mehrere öffentliche Auftraggeber aus unterschiedlichen Ländern gemeinsam ein Vergabeverfahren durch, so war bis zur Novellierung des GWB-Vergaberechts im Jahre 2009 in der Rechtsprechung nicht eindeutig geklärt, welche Vergabekammer zuständig ist. Dies ergab sich auch nicht unmittelbar aus § 18 Abs. 8 VgV (a.F.). Eine **ausdrückliche Zuständigkeitsregelung** für den Fall gemeinsamer Ausschreibung durch in verschiedenen Bundesländern ansässige Auftraggeber war dem bis dahin geltenden Recht jedenfalls nicht zu entnehmen (vgl. OLG Koblenz vom 5.9.2002, 1 Verg 2/02; OLG Düsseldorf vom 19.12.2007, Verg 51/07).

29 Zur Begründung führten die Oberlandesgerichte aus: Solange der Verordnungsgeber dem in § 127 Nr. 5 GWB (a.F.) normierten Auftrag nicht nachkomme und keine genau abgrenzbaren Voraussetzungen für die Zuständigkeit der Vergabekammern der Länder regelt, sei § 18 Abs. 8 VgV (a.F.) (jetzt: § 106a Abs. 3 Satz 1 GWB) – auch zur Gewährung eines effektiven Rechtsschutzes – so auszulegen, dass im Falle gemeinsamer Ausschreibung durch in verschiedenen Bundesländern ansässige Auftraggeber die Vergabekammer eines jeden in Frage kommenden Landes zuständig ist (OLG Koblenz vom 5.9.2002, 1 Verg 2/02; OLG Düsseldorf vom 19.12.2007, Verg 51/07).

30 Eine Zuständigkeitsbestimmung nach dem Schwergewicht der Maßnahme ist bei Eingang eines Nachprüfungsverfahrens in der Regel noch nicht möglich. Bei der **Abgrenzung der Zuständigkeiten der verschiedenen Vergabekammern** nach § 104 Abs. 1 GWB, § 18 VgV (a.F.) handele es sich jeweils im Verhältnis von Bund und Ländern **nicht** um eine Frage der **örtlichen Zuständigkeit** (OLG Düsseldorf vom 19.12.2007, Verg 51/07). Die Abgrenzung könne daher **nicht** nach Merkmalen wie **„Verhandlungsführerschaft", „größter Auftraggeber"** oder **„Schwerpunkt der Leistungserbringung"** erfolgen (OLG Düsseldorf vom 19.12.2007, Verg 51/07). Da es an einer konkreten gesetzlichen Regelung im bisherigen Recht fehlte, hat die Rechtsprechung die Frage der Zuständigkeit nach den **allgemeinen prozessualen Grundsätzen** bestimmt (Rn. 10). Gemäß **§ 35 ZPO** hat der Kläger unter mehreren zuständigen Gerichten die Wahl und trifft diese durch die Erhebung der Klage. Dass der Antragsteller es damit selbst in der Hand hat, das zuständige „Gericht" festzulegen, sah die Rechtsprechung bislang als unvermeidliche Folge der bisherigen (unzureichenden) gesetzlichen Regelung an.

c) Bestimmung der internationalen Zuständigkeit

31 Eine ähnliche Auffassung vertrat auch das OLG München (vom 12.5.2011, Verg 26/10) in einem Fall, in dem **mehrere europäische Staaten** an der Beschaffung beteiligt waren. Es ging um die Lieferung von Leittechnik für die Zentralwarte von Kraftwerken, die von einem Unternehmen (Antragsgegner) betrieben wurde, welches aufgrund eines Staatsvertrages zwischen dem Freistaat Bayern und der Republik Österreich gegründet worden war. Das OLG München vertrat die Ansicht, dass auch bei **echten grenzüberschreitenden Aufträgen** weder nach dem **Schwerpunkt der Leistung** noch nach dem **Schwerpunkt der Produktkapazitäten** entschieden werden kann. Auch eine entsprechend Abs. 3 Satz 2 mögliche Auswahl der Nachprüfungsinstanz war nicht erfolgt. Das OLG München meinte deshalb, dass die Zuständigkeit der deutschen Nachprüfungsinstanz nach den **allgemeinen Prozessgrundsätzen** zu bestimmen sei. Das Vergabeverfahren sei dem **Zivilrecht** zugeordnet, es handele sich um ein **vorvertragliches Auswahlverfahren eigener Art**, dessen Rechtmäßigkeit sich nach dem Vergaberecht richte. Als Rechtsgrundlage für die Bestimmung der **internationalen Zuständigkeit** hat das OLG München auf die Regelung des EuGVVO zurückgegriffen, wonach der Sitz der Antragsgegnerin in Bayern sowohl die internationale als auch die örtliche Zuständigkeit der Vergabekammer Südbayern begründete. Zugleich folgerte das OLG München daraus, dass der Nachprüfungsantrag den Zulässigkeitsanforderungen des deutschen GWB entsprechen müsse.

E. Zuständigkeit bei länderübergreifenden Beschaffungen (Abs. 3 Satz 2)

I. Länderübergreifende Beschaffungen

Mit der Regelung in Abs. 3 Satz 2, wonach bei länderübergreifenden Beschaffungen die Auftraggeber in der Vergabebekanntmachung nur eine zuständige Vergabekammer benennen, wollte der Gesetzgeber eine Regelungslücke schließen; eine vergleichbare Regelung enthielt § 18 VgV a.F. nicht. 32

Die Vorschrift bezieht sich auf **länderübergreifende Beschaffungen**, also Beschaffungen, die **Auswirkungen auf mehrere Länder** haben bzw. **von denen mehrere Länder betroffen** sind **und an denen mehrere Auftraggeber beteiligt** sind.

Im Bereich des **Schienenpersonennahverkehrs** werden beispielsweise in der Regel verschiedene Streckenführungen ausgeschrieben, die mehrere Länder betreffen können. In dem Fall der VK Münster (vom 24.9.2004, VK 24/04) ging es etwa um Strecken in Nordrhein-Westfalen und in Niedersachsen. Damit hätte die Überprüfung auch durch eine Vergabekammer des Landes Niedersachsen erfolgen können. 33

Auch im Bereich der **Rabattverträge** (Rn. 10) kann es sich um länderübergreifende Beschaffungen handeln. Eine gesetzliche Krankenkasse kann beispielsweise federführend für viele andere gesetzliche Krankenkassen mit Sitz in anderen Bundesländern eine öffentliche Ausschreibung durchführen. Stellt man überwiegend auf die Aufsicht über die gesetzliche Krankenkasse (Art. 87 Abs. 2 GG) ab, so sind nach Abs. 1 Nr. 2 nicht zwingend die Bundesvergabekammern zuständig, sondern es fällt die Nachprüfung in die Zuständigkeit einer Vergabekammer eines Landes. Sind wiederum mehrere gesetzliche Krankenkassen in verschiedenen Bundesländern beteiligt, dann greift die Regelung in Abs. 3 Satz 2 auch für diese Fälle. 34

Die Regelung in Abs. 3 Satz 2 kommt aber nach Auffassung des OLG Dresden (vom 26.6.2012, Verg 0004/12) auch entsprechend bei einer Überschneidung der Zuständigkeiten von Länderkammer und Bundeskammer zur Anwendung. In dem konkreten Fall ging es um Rabattvereinbarungen zwischen gesetzlichen Krankenkassen. Die VK Sachsen (vom 25.5.2011, 1/SVK/014-12) hatte einen Nachprüfungsantrag an die Bundeskammer verwiesen. Die dagegen eingelegte Beschwerde hat das OLG Dresden zurückgewiesen. Das OLG Dresden war der Auffassung, dass die öffentlichen Auftraggeber in der Ausschreibung ihr Wahlrecht hinsichtlich der Zuständigkeit einer Vergabekammer ordnungsgemäß ausgeübt hätten. Der Wortlaut der Vorschrift, so das OLG Dresden, sehe zwar ein Recht zur Bestimmung der zuständigen Kammer nur bei länderübergreifenden Beschaffungen vor. Indes sei die Interessenlage bei einer Überschneidung der Zuständigkeit der Vergabekammer eines Landes und der Vergabekammer des Bundes mit der Interessenlage bei nur länderübergreifenden Zuständigkeiten vergleichbar. Nur so könne dem dem § 106a innewohnenden Willen Rechnung getragen werden, von vornherein Klarheit über die zuständige Vergabekammer zu schaffen.

II. Benennung einer zuständigen Vergabekammer durch den Auftraggeber

Liegt eine ausschließlich länderübergreifende Beschaffung vor und soll im Anschluss daran der Vertragsschluss mit unterschiedlichen öffentlichen Auftraggebern erfolgen, die in mehreren Bundesländern ansässig sind, dürfen (müssen) die beteiligten Auftraggeber nach Abs. 3 Satz 2 nur eine Vergabekammer als zuständig für die Nachprüfung benennen. Diese Benennung einer für die Nachprüfung zuständigen Vergabekammer muss in der **Vergabebekanntmachung** erfolgen, so dass diese Zuständigkeit bereits zu Beginn der Ausschreibung feststeht. Diesbezüglich wird es wohl ausreichend sein, wenn die (federführende) Vergabestelle die zuständige Vergabekammer in dem jeweiligen EU-Bekanntmachungsformular an der dafür vorgesehenen Stelle einträgt. Mit der Benennung einer Vergabekammer in der Bekanntmachung trifft die (federführende) Vergabestelle eine Auswahl unter den (tatsächlich) zuständigen Vergabekammern einer länderübergreifenden Beschaffung. Mit der Benennung in der Bekanntmachung trifft der Auftraggeber also eine Auswahl unter mehreren jeweils zuständigen Vergabekammern. Die Zuständigkeit einer an sich unzuständigen Vergabekam- 35 mer kann die (dann fehlerhafte) Benennung jedoch nicht begründen. Die Benennung ist also nicht konstitutiv für die Zuständigkeit der genannten Vergabekammer. Das war bislang schon für § 17 VgV a.F. (§ 14 VgV n.F.) anerkannt, wonach die Auftraggeber ohnehin eine zuständige Vergabekammer in der Bekanntmachung benennen mussten (*Brauer*, NZBau 2009, 297, 299 m.w.N.).

36 Benennt der Auftraggeber eine tatsächlich **unzuständige** Vergabekammer, muss die angerufene Vergabekammer den Rechtsstreit an die tatsächlich zuständige Vergabekammer verweisen (zu dieser Möglichkeit s. § 104 Rn. 18).

37 Die Neuregelung löst das Zuständigkeitsproblem nur bedingt (so auch *Brauer*, NZBau 2009, 297, 299). Sie hilft zunächst in den Fällen nicht weiter, in denen die **Beschaffungsmaßnahme nicht ordnungsgemäß ausgeschrieben** wird, weil beispielsweise zu Unrecht eine Ausschreibung im Bereich unterhalb der Schwellenwerte erfolgt oder sogar eine unzulässige **De-facto-Vergabe** (§ 101b Rn. 17 ff.) vom öffentlichen Auftraggeber durchgeführt wird (*Brauer*, NZBau 2009, 297, 298). In diesen Fällen, in denen es mangels ordnungsgemäßer Vergabebekanntmachung auch an einer Benennung der zuständigen Vergabekammer durch den Auftraggeber fehlt, wird man wiederum auf die bisherige Rechtsprechung zurückgreifen müssen, wonach die Vergabekammer eines jeden in Frage kommenden Landes zuständig ist. Nach der zitierten Rechtsprechung (Rn. 33 f.) hat der Antragsteller dann entsprechend § 35 ZPO die Wahl, bei welcher Vergabekammer er seinen Nachprüfungsantrag einreicht.

38 Abs. 3 Satz 2 trifft auch keine Regelung für den Fall, dass der **Bund und mehrere Länder** an einem Vergabeverfahren beteiligt sind (bund-/länderübergreifendes Vergabeverfahren) oder sogar **mehrere europäische Staaten** involviert sind. Auch in diesen Fällen stellt sich nach wie vor die Frage, ob der Antragsteller ein Wahlrecht zwischen der Vergabekammer des Bundes oder eines Landes haben soll (vgl. *Brauer*, NZBau 2009, 297, 298).

III. Vereinbarung über die Zuständigkeit

39 Abs. 3 Satz 2 ermöglicht den öffentlichen Auftraggebern, eine **Vereinbarung über die Zuständigkeit einer Vergabekammer** zu treffen. In Abgrenzung zu Abs. 1 Nr. 2 letzter Hs. können nicht nur die dort genannten juristischen Personen des privaten oder öffentlichen Rechts sich auf die Zuständigkeit einer Vergabekammer verständigen; eine derartige Vereinbarung steht grundsätzlich auch anderen öffentlichen Auftraggebern, wie z.B. Behörden oder öffentlichen Körperschaften und Anstalten, zur Verfügung.

40 Zur Möglichkeit mehrerer öffentlicher Auftraggeber, die Zuständigkeit einer bestimmten Vergabekammer zu vereinbaren, hat sich bislang noch keine eindeutige Linie in der **Rechtsprechung** gebildet. Die VK Münster (vom 10.2.2005, VK 35/04) hat ihre örtliche Zuständigkeit aus § 1 Abs. 2 Buchst. b) ZuStVO NpV NRW z.B. für den Fall angenommen, dass die Vergabestellen anderer Bundesländer sich mit den im Regierungsbezirk Münster ansässigen Vergabestellen entsprechend schriftlich geeinigt haben. Das OLG Düsseldorf (vom 19.12.2007, Verg 51/07) lässt ausdrücklich offen, ob eine analoge Anwendung des § 18 Abs. 1 Satz 2 VgV a.F. auf das Verhältnis mehrerer zuständiger Vergabekammern der Länder untereinander in Frage kommt oder ob insoweit gar § 3 Abs. 2 Satz 4 VwVfG („Fehlt eine gemeinsame Aufsichtsbehörde, so treffen die fachlich zuständigen Aufsichtsbehörden die Entscheidung gemeinsam") analog maßgeblich ist.

41 Abs. 3 Satz 2 ermöglicht zwar die Benennung lediglich einer zuständigen Vergabekammer. Diese Benennung ist aber erst möglich, wenn sich die beteiligten öffentlichen Auftraggeber **intern** auf eine Vergabekammer geeinigt haben. Insofern muss zumindest intern eine Vereinbarung erfolgen, die dann nach außen in der Vergabebekanntmachung dokumentiert wird. Ob eine solche Vereinbarung ohne weiteres zulässig ist, entscheidet Abs. 3 Satz 2 nicht. Dafür sind möglicherweise die Verwaltungsverfahrensgesetze der Länder heranzuziehen oder andere Regelungen, die die Verteilung der Zuständigkeiten von Behörden betreffen.

II. Verfahren vor der Vergabekammer

§ 107 Einleitung, Antrag

(1) Die Vergabekammer leitet ein Nachprüfungsverfahren nur auf Antrag ein.

(2) ¹Antragsbefugt ist jedes Unternehmen, das ein Interesse am Auftrag hat und eine Verletzung in seinen Rechten nach § 97 Absatz 7 durch Nichtbeachtung von Vergabevorschriften geltend macht. ²Dabei ist darzulegen, dass dem Unternehmen durch die behauptete Verletzung der Vergabevorschriften ein Schaden entstanden ist oder zu entstehen droht.

(3) ¹Der Antrag ist unzulässig, soweit

1. der Antragsteller den gerügten Verstoß gegen Vergabevorschriften im Vergabeverfahren erkannt und gegenüber dem Auftraggeber nicht unverzüglich gerügt hat,
2. Verstöße gegen Vergabevorschriften, die aufgrund der Bekanntmachung erkennbar sind, nicht spätestens bis Ablauf der in der Bekanntmachung benannten Frist zur Angebotsabgabe oder zur Bewerbung gegenüber dem Auftraggeber gerügt werden,
3. Verstöße gegen Vergabevorschriften, die erst in den Vergabeunterlagen erkennbar sind, nicht spätestens bis zum Ablauf der in der Bekanntmachung benannten Frist zur Angebotsabgabe oder zur Bewerbung gegenüber dem Auftraggeber gerügt werden,
4. mehr als 15 Kalendertage nach Eingang der Mitteilung des Auftraggebers, einer Rüge nicht abhelfen zu wollen, vergangen sind.

²Satz 1 gilt nicht bei einem Antrag auf Feststellung der Unwirksamkeit des Vertrages nach § 101b Absatz 1 Nummer 2. ³§ 101a Absatz 1 Satz 2 bleibt unberührt.

Literatur: *Antweiler*, Antragsbefugnis und Antragsfrist für Nachprüfungsanträge von Nichtbewerbern und Nichtbietern, VergabeR 2004, 702; *Boesen/Upleger*, Die Antragsbefugnis eines Antragstellers bei zwingendem Ausschlussgrund, NZBau 2005, 672; *Bultmann/Hölzl*, Die Entfesselung der Antragsbefugnis zum effektiven Rechtsschutz im Vergaberecht, NZBau 2004, 651; *Czaudema*, Erledigung des Nachprüfungsantrags im Verfahren vor der Vergabekammer und Kostenentscheidung, VergabeR 2011, 421; *Dirksen*, Fristablauf nach § 107 Abs. 3 Satz 1 Nr. 4 GWB, VergabeR 2013, 410; *Franßen/Pottschmidt*, Wider dem amtswegigen „Rechtsschutz" gegen den rechtsschutzsuchenden Bieter, NZBau 2004, 587; *Glahs*, Die Antragsbefugnis im Vergabenachprüfungsverfahren, NZBau 2004, 544; *Herrmann*, Zur Notwendigkeit der Kausalität von Vergaberechtsverstößen und (drohendem) Schaden für den Erfolg des Nachprüfungsantrags, VergabeR 2011, 2; *Krämer*, Nicht immer leicht zu handhaben, VergabeNavigator 3/2013, 7; *Kühnen*, Die Rügeobliegenheit, NZBau 2004, 427; *Maier*, Bedarf es einer Frist zwischen Rüge und Nachprüfungsantrag?, NZBau 2004, 196; *Maier*, Zur Frage des Nachweises der positiven Kenntnis bzw. der Erkennbarkeit von Verfahrensverstößen als Bedingung des Entstehens der Rügeobliegenheit nach § 107 Abs. 3 GWB, VergabeR 2004, 176; *Müller-Wrede*, Kausalität des Vergaberechtsverstoßes als Voraussetzung für den Rechtsschutz, NZBau 2011, 650; *Noch*, Unkalkulierbares Rechtsschutz-Risiko, VergabeNavigator 3/2013, 21; *Schabel*, Vergaberechtskontrolle außerhalb der Nachprüfung nach §§ 102 ff. GWB, VergabeR 2012, 333; *Schröder*, Die Rügepflicht nach § 107 Abs. 3 S. 1 GWB, VergabeR 2002, 229.

Übersicht

A. Allgemeines 1–2	2. Bewerber-/Bietergemeinschaften 23–27
B. Verfahrenseinleitung auf Antrag (Abs. 1) 3–16	3. Lieferanten und Nachunternehmer 28
I. Antragsverfahren 3	IV. Interesse am Auftrag 29–41
II. Formale Anforderungen 4	1. Abgabe eines eigenen Angebots 29–30
III. Zuständigkeit 5	2. Interesse am Auftrag auch ohne
IV. Verfahrensgegenstand 6–7	eigenes Angebot 31–32
V. Beginn des Nachprüfungsverfahrens 8–10	3. Unterlassene Ausschreibung 33–36
VI. Mehrere Nachprüfungsanträge 11–16	4. Bindefristablauf 37–38
C. Antragsbefugnis (Abs. 2) 17–62	5. Änderung des Beschaffungs-
I. Überblick 17–18	gegenstands 39
II. Rechtsschutzfreundliche Auslegung 19–21	6. Verhinderung des Vergabeverfah-
III. Unternehmensbegriff 22–28	rens 40–41
1. Unternehmen i.S.v. Abs. 2 Satz 1 22	

V. Geltendmachung einer Rechtsverletzung	42–46
VI. Verwirkung	47–49
VII. Drohender Schaden (Abs. 2 Satz 2)	50–62
1. Schadensbegriff	51–52
2. Darlegungslast	53–54
3. Mängel im Angebot des Antragstellers	55–56
4. Abschluss der Angebotsprüfung	57
5. Mängel aller Angebote	58
6. Keine Angebotsabgabe	59–62
D. Rügeobliegenheit (Abs. 3 Satz 1)	**63–169**
I. Normzweck und praktische Relevanz	63–65
II. Neufassung der Rügeobliegenheit durch das Gesetz zur Modernisierung des Vergaberechts 2009	66–69
III. Vereinbarkeit der Rügeobliegenheit mit EU-Recht	70–79
IV. Rechtsnatur und Bedeutung der Rüge für das Nachprüfungsverfahren	80–83
V. Form und Inhalte der Rüge	84–97
1. Formvorgaben	84–86
2. Person des Rügenden	87
3. Inhaltliche Anforderungen	88–94
4. Adressat der Rüge	95–97
VI. Rüge bei „positiver Kenntnis" des Vergabefehlers (Abs. 3 Satz 1 Nr. 1)	98–112
1. Geltung im gesamten Vergabeverfahren	98
2. Entstehen der Rügeobliegenheit bei „positiver Kenntnis" des Vergabefehlers	99–106
3. Unverzügliche Rüge	107–112
VII. Rüge bei Erkennbarkeit des Fehlers aufgrund der Bekanntmachung (Abs. 3 Satz 1 Nr. 2)	113–126
1. Überblick	113–114
2. Begriff der Bekanntmachung	115–116
3. „Erkennbare" Vergaberechtsverstöße	117–121
4. Rügeausschlussfrist	122–126
VIII. Rüge bei Erkennbarkeit des Fehlers in den Vergabeunterlagen (Abs. 3 Satz 1 Nr. 3)	127–146
1. Normzweck	127–128
2. Begriff der Vergabeunterlagen	129–138
3. „Erkennbare" Vergaberechtsverstöße	139–140
4. Rügeausschlussfrist	141–146
IX. Antragsfrist nach Nichtabhilfemitteilung (Abs. 3 Satz 1 Nr. 4)	147–169
1. Normzweck und praktische Bedeutung im Nachprüfungsverfahren (Antragsfrist)	147–149
2. Nichtabhilfemitteilung des Auftraggebers	150–154
3. Antragsfrist i.S.v. Abs. 3 Satz 1 Nr. 4	155–160
4. Frühere Rechtslage	161–164
5. Verwirkung	165–169
E. Ausnahme von der Rügeobliegenheit bei Direktvergaben (Abs. 3 Satz 2)	**170–174**
I. Allgemeines	170
II. Begriff der De-facto-Vergabe	171–174
F. Weitere Ausnahmen von der Rügeobliegenheit	**175–180**
I. Erst im Nachprüfungsverfahren erkannte Vergaberechtsverstöße	176–177
II. Ernsthafte und endgültige Verweigerung der Fehlerkorrektur	178–179
III. Drohender Verlust des Primärrechtsschutzes	180
G. Keine Suspensivwirkung der Rüge (Abs. 3 Satz 3)	**181–183**
H. Darlegungs- und Beweislast zur Erfüllung der Rügeobliegenheit	**184–187**

A. Allgemeines

1 § 107 setzt die Vorgabe der Rechtsmittelkoordinierungsrichtlinien um, wonach die Mitgliedstaaten gewährleisten müssen, dass jedem, der ein Interesse an einem öffentlichen Auftrag hat und dem durch einen behaupteten Rechtsverstoß ein Schaden entstanden ist oder zu entstehen droht, das Nachprüfungsverfahren zur Verfügung steht (BT-Drucks. 13/9340, S. 17). Die Vorschrift bestimmt die Zulässigkeitsvoraussetzungen, die für die Einleitung eines Nachprüfungsverfahrens vor der Vergabekammer auf Seiten des jeweiligen Antragstellers erfüllt sein müssen. Dass es sich hierbei um keine geringen Anforderungen handelt, zeigt die hohe Anzahl an Beschlüssen der Vergabekammern, die die Abweisung eines Nachprüfungsantrags mit dem Fehlen der materiellen Antragsvoraussetzungen begründen. Neben den formalen Anforderungen nach § 108 GWB muss ein Antragsteller insbesondere die inhaltlichen Vorgaben des § 107 umfassend berücksichtigen. Sowohl die Antragsbefugnis nach Abs. 2 als auch das Erfüllen der Rügeobliegenheiten nach Abs. 3 müssen im Nachprüfungsantrag dargestellt werden. Auch wenn das BVerfG und der BGH die hinsichtlich der Antragsbefugnis bestehenden rechtlichen Anforderungen zu Gunsten der antragstellenden Unternehmen dahingehend präzisiert haben, dass **keine allzu hohen Anforderungen** gestellt werden dürfen, ist die Hürde der Zulässigkeit bei Einleitung eines Nachprüfungsverfahrens nach wie vor stets zu beachten.

 Insbesondere zur Antragsbefugnis nach Abs. 2 und zu den Rügeobliegenheiten nach Abs. 3 sind in einem Nachprüfungsantrag Ausführungen erforderlich. Fehlen diese, kann der Antrag als unzulässig bewertet werden, so dass die Vergabekammer bereits von einer Zustellung an den Auftraggeber absehen kann. In diesem Fall tritt kein Zuschlagsverbot ein. Der Auftraggeber ist bei fehlender Zustellung nicht gehindert, nach Ablauf der Frist zur Vorabinformation gemäß § 101 GWB einen Zuschlag zu erteilen (§ 115 Abs. 1 GWB).

Die Vergabekammer leitet ein Nachprüfungsverfahren nur auf Antrag ein (Abs. 1), wobei der jeweilige Antragsteller darzulegen hat, dass er über die erforderliche Antragsbefugnis verfügt (Abs. 2). Darüber hinaus muss der Antragsteller den Rügeerfordernissen nach Abs. 3 genügt haben, was gleichsam bereits im Nachprüfungsantrag darzustellen ist.

B. Verfahrenseinleitung auf Antrag (Abs. 1)

I. Antragsverfahren

Die Vergabekammer wird nur auf **Antrag** tätig. Beginn und Gegenstand dieses Antragsverfahrens unterliegen der Disposition des jeweiligen Antragstellers. Zwar ist die Vergabekammer gemäß § 110 Abs. 1 GWB zur Untersuchung des Sachverhalts von Amts wegen verpflichtet. Als subjektives Rechtsschutzverfahren wird der Amtsermittlungsgrundsatz aber grundsätzlich durch das Begehren des jeweiligen Antragstellers und den hiergegen gerichteten Vortrag der anderen Verfahrensbeteiligten begrenzt. Eine **allgemeine Rechtmäßigkeitskontrolle** findet auch in einem eingeleiteten Nachprüfungsverfahren **nicht** statt. Die Nachprüfungsinstanzen sind nicht gehalten, von sich aus alle nur denkbaren Rechtsverstöße in Erwägung zu ziehen und zu überprüfen (§ 120 Rn. 9 ff.), auch wenn eine strikte Bindung an die Anträge in einem einmal eingeleiteten Verfahren nicht besteht. Soweit es der Rechtsschutz zu Gunsten des Antragstellers gebietet, kann eine Vergabekammer – und in der zweiten Instanz ein Beschwerdesenat beim Oberlandesgericht – über die gestellten Anträge hinausgehen (§ 114 GWB; § 123 Rn. 11 f.).

II. Formale Anforderungen

Der Antrag selbst muss die **Formerfordernisse des § 108** erfüllen, also insbesondere **schriftlich** bei der Vergabekammer eingereicht werden. Die bloße mündliche/telefonische Information einer Vergabekammer darüber, dass ein Vergabeverfahren als fehlerhaft beanstandet wird, reicht dementsprechend für die Einleitung eines Nachprüfungsverfahrens nicht aus.

III. Zuständigkeit

Der Nachprüfungsantrag ist bei der gemäß §§ 104 Abs. 1, 106, 106a GWB **zuständigen Vergabekammer** zu stellen, deren Ermittlung Sache des jeweiligen Antragstellers ist. Der Auftraggeber ist aber verpflichtet, die zuständige Vergabekammer in der Vergabebekanntmachung anzugeben. Ein **fälschlich angerufenes Zivilgericht** kann dem Begehren des Antragstellers nicht durch Abgabe oder Verweisung der Sache an die zuständige Vergabekammer nachkommen. Eine bereits nach den gesetzlichen Vorgaben **nicht zulässige Verweisung** einer Sache von einem Gericht an eine Vergabekammer steht einer Einreichung des Nachprüfungsantrags bei der Vergabekammer keinesfalls gleich und kann daher auch nicht den Beginn der Entscheidungsfrist nach § 113 Abs. 1 GWB auslösen. Verweist etwa ein fälschlich angerufenes Landgericht die Angelegenheit zur Vergabekammer, beginnt der Lauf der Entscheidungsfrist erst, wenn der Antragsteller selbst im Verfahren vor der Vergabekammer – etwa durch eine Stellungnahme zur Verweisung – Anträge stellt (OLG Düsseldorf vom 11.3.2002, Verg 43/01).

IV. Verfahrensgegenstand

Gegenstand der Nachprüfung muss jeweils der **Verstoß eines öffentlichen Auftraggebers** gegen die Bestimmung über das Vergabeverfahren gemäß § 97 Abs. 7 GWB sein. **Verstöße anderer Verfahrensbeteiligter**, insbesondere konkurrierender Wettbewerber, können nur insoweit Grundlage eines Nachprüfungsverfahrens sein, als der öffentliche Auftraggeber aus der Missachtung von Verfahrensanforderungen durch diese anderen Beteiligten nicht die richtigen Konsequenzen gezogen und hierdurch seinerseits gegen die Verfahrensvorschriften verstoßen hat. Gegner des Nachprüfungsantrags ist daher stets der jeweilige öffentliche Auftraggeber, wobei andere am Auftrag interessierte Unternehmen ggf. als Beigeladene auch am Verfahren vor der Vergabekammer mit eigenen prozessualen Rechten teilnehmen (zu den Verfahrensbeteiligten s. näher § 109 GWB).

7   Zu berücksichtigen ist, dass dann, wenn sich das Beschaffungsziel bzw. der Beschaffungsgegenstand des Auftraggebers ändert, **unterschiedliche Verfahrensgegenstände** gegeben sein können, die jeweils mit selbständigen Nachprüfungsverfahren angegriffen werden müssen. Ist Gegenstand eines Vergabeverfahrens etwa die betriebliche Altersvorsorge für Mitarbeiter, die in einem bestimmten Zeitraum neu eingestellt werden, und ordnet die Vergabekammer hier ein Zuschlagsverbot an, erfasst dieses nicht eine spätere Interimsvergabe über die vom Arbeitgeber finanzierte Altvorsorge im Wege der Direktversicherung für einen kurzen Zeitraum von 6 Monaten. Da unterschiedliche Verfahrensgegenstände betroffen sind, gilt das Zuschlagsverbot für das erste Verfahren nicht für die Interimsbeauftragung (OLG Brandenburg vom 6.3.2012, Verg W 16/11). Der Verfahrensgegenstand ergibt sich dabei aus dem Begehren des Antragstellers, wie es aus dem Nachprüfungsantrag folgt, und dem zu dessen Begründung vorgetragenen Lebenssachverhalt (VK Bund vom 28.10.2010, VK 3-93/10).

V. Beginn des Nachprüfungsverfahrens

8   Das vergaberechtliche Nachprüfungsverfahren beginnt formal bereits mit dem **Eingang des Nachprüfungsantrags bei der Vergabekammer**. Es ist auf den Eingang des Nachprüfungsantrags bei der Kammer abzustellen, denn bereits mit dem Eingang wird das Nachprüfungsverfahren rechtshängig, wie es auch für andere zur Fristwahrung einzureichende Schriftsätze anerkannt ist (BGH vom 9.2.2004, X ZB 44/03). Dies gilt auch, wenn der Nachprüfungsantrag bei einer **unzuständigen** Vergabekammer eingeht, da sonst unzumutbare Rechtsunsicherheiten die Folge wären (VK Bund vom 17.8.2010, VK 1-70/10).

9   Auf diese Frage kommt es immer dann an, wenn der Auftraggeber vor Zustellung des Nachprüfungsantrags durch die Vergabekammer einen wirksamen Zuschlag erteilt hat, so dass zu prüfen ist, ob überhaupt ein zulässiger Nachprüfungsantrag vorgelegen hat. Nach § 114 Abs. 2 Satz 1 GWB kann ein **bereits erteilter Zuschlag** nicht aufgehoben werden. Nur wenn sich das Nachprüfungsverfahren nach seiner Einleitung erledigt, kann die Vergabekammer auf Antrag eines Beteiligten feststellen, ob eine Rechtsverletzung vorgelegen hat (§ 114 Abs. 2 Satz 2 GWB). Dementsprechend ist **Gegenstand der Nachprüfung** allein ein **noch nicht abgeschlossenes Vergabeverfahren** (BT-Drucks. 13/9340, S. 17). Hieraus folgt, dass ein Nachprüfungsantrag nach Abschluss des Vergabeverfahrens durch einen wirksamen Zuschlag zu spät kommt. Es fehlt an einem der Nachprüfung zugänglichen Vergabeverfahren.

10 Nur wenn der Nachprüfungsantrag vor der Zuschlagserteilung bei der Vergabekammer eingegangen ist, kann sich das Nachprüfungsverfahren i.S.v. § 114 Abs. 2 Satz 2 GWB erledigen und auf einen **Feststellungsantrag** im laufenden Verfahren umgestellt werden. Ist der Zuschlag hingegen bereits vor Zugang des Nachprüfungsantrags bei der Vergabekammer wirksam erteilt worden, ist ein Nachprüfungsantrag von vornherein unzulässig, da das Vergabeverfahren bereits beendet und keiner Nachprüfung mehr zugänglich ist (OLG Naumburg vom 30.5.2002, 1 Verg 14/01).

> Erteilt ein Auftraggeber nach Eingang des Nachprüfungsantrags bei der Vergabekammer, aber vor Zustellung an ihn einen Zuschlag, kann der Vertrag wirksam geschlossen worden sein. Da das Nachprüfungsverfahren eingeleitet war, ist in diesem Fall vom Antragsteller auf einen Feststellungsantrag gemäß § 114 Abs. 2 GWB umzustellen.
> Hat der Auftraggeber hingegen bereits vor Einleitung des Nachprüfungsverfahrens einen wirksamen Zuschlag erteilt, kann ein möglicherweise benachteiligter Bieter von vornherein allein Schadensersatzansprüche geltend machen. Ein Nachprüfungsantrag ist nicht mehr zulässig.

VI. Mehrere Nachprüfungsanträge

11 Mit Einleitung des Nachprüfungsverfahrens tritt im Übrigen **keine „Rechtshängigkeitssperre" zu Lasten anderer Verfahrensbeteiligter** ein. So bewirkt die Beiladung eines Unternehmens zu einem Nachprüfungsverfahren keine Antragssperre zu dessen Lasten. Da es sich bei der Vergabekam-

mer um eine Verwaltungsbehörde handelt und das Nachprüfungsverfahren dementsprechend ein Verwaltungsverfahren darstellt, besteht eine Bindungswirkung der Rechtshängigkeit des ersten Nachprüfungsverfahrens nicht (OLG München vom 28.8.2012, Verg 11/12). Daher steht es einem zu einem Nachprüfungsverfahren beigeladenen Unternehmen frei, seinerseits ein weiteres Nachprüfungsverfahren anzustrengen, etwa wenn es aufgrund der im Rahmen der Akteneinsicht erhaltenen Informationen eine Verletzung in eigenen Rechten erkennt. Insoweit besteht kein Verwertungsverbot. Die Einleitung eines Nachprüfungsverfahrens auf Basis von im Rahmen der Akteneinsicht in einem anderen Nachprüfungsverfahren erhaltenen Kenntnisse ist auch nicht rechtsmissbräuchlich (OLG Frankfurt vom 20.12.2000, 11 Verg 1/00).

Die Sperrwirkung eines Nachprüfungsverfahrens besteht lediglich insoweit, als ein späteres Beschwerdeverfahren vor dem Senat regelmäßig nur dann eröffnet ist, wenn eine für den Beschwerdeführer nachteilige Entscheidung der Vergabekammer vorangegangen ist. Ist aber etwa ein beigeladenes Unternehmen dem Feststellungsantrag des Antragstellers vor der Vergabekammer beigetreten, kann es durch den abweisenden Beschluss der Vergabekammer ebenso wie der Antragsteller selbst beschwert sein (OLG München vom 28.8.2012, Verg 11/12). **12**

Eine Rechtshängigkeitssperre zu Lasten anderer Verfahrensbeteiligter kann im Übrigen auch schon deswegen nicht eintreten, weil es an der sachlichen Identität des Streitgegenstands fehlt. Den Verfahrensbeteiligten stehen jeweils individuell subjektive Rechte zu, deren Verletzung Gegenstand eines Nachprüfungsverfahrens sein kann. Bei verschiedenen Antragstellern kann es sich nicht um die Verletzung desselben subjektiven Rechts handeln, auch wenn letztlich von der Sache her gleiche Ziele verfolgt werden (VK Münster vom 26.10.2007, VK 25/07). **13**

Möglich ist auch, dass **ein und derselbe Antragsteller** in einem Vergabeverfahren bis zur Zuschlagserteilung zeitlich gestaffelt **mehrere Nachprüfungsanträge** stellt. Dies ist insbesondere bedeutsam, wenn einer Vergabestelle in einem ersten Nachprüfungsverfahren aufgegeben wurde, das Vergabeverfahren unter Berücksichtigung der Rechtsauffassung der Vergabekammer fortzuführen, und sich der Antragsteller bei der Fortführung wiederum in seinen Rechten verletzt sieht. Die dreimalige Anrufung der Vergabekammer bei zweimaliger Einbindung auch des zuständigen Oberlandesgerichts durch Erhebung einer sofortigen Beschwerde in einem Vergabeverfahren durch ein Unternehmen, dessen Beanstandungen überwiegend jeweils Erfolg hatten, ist in der Praxis schon vorgekommen (OLG Frankfurt vom 9.8.2007, 11 Verg 6/07). **14**

Allerdings ist ein Nachprüfungsantrag unzulässig, wenn die Vergabekammer bereits über denselben Streitgegenstand **bestandskräftig** entschieden hat. Insoweit sind die entsprechenden Verfahrensvorschriften aus ZPO und VwGO entsprechend anzuwenden (VK Bund vom 28.10.2010, VK 3-93/10). **15**

Stützt sich die Entscheidung der Vergabekammer in der Sache allein darauf, dass die streitgegenständliche Aufhebung der ursprünglichen Ausschreibung wirksam und rechtmäßig war, so liegt damit keine Entscheidung wegen etwaiger weiterer Mängel der Ausschreibung vor, so dass diese ggf. Gegenstand eines weiteren Nachprüfungsverfahrens sein können (VK Bund vom 30.7.2010, VK 2-56/10). **16**

C. Antragsbefugnis (Abs. 2)

I. Überblick

Die erfolgreiche Einleitung eines Nachprüfungsverfahrens setzt voraus, dass das antragstellende Unternehmen gemäß Abs. 2 antragsbefugt ist. Das Unternehmen muss ein Interesse an dem Auftrag haben und geltend machen, in eigenen Rechten nach § 97 Abs. 7 GWB verletzt zu sein, wodurch ihm ein Schaden entstanden ist oder zu entstehen droht, was im Nachprüfungsantrag darzulegen ist. Die Antragsbefugnis ist Ausdruck des notwendigen allgemeinen Rechtsschutzinteresses. Es handelt sich um eine **von Amts wegen** zu prüfende Zulässigkeitsvoraussetzung (VK Baden-Württemberg vom 25.1.2011, 1 VK 73/10; VK Bund vom 4.5.2012, VK 3-30/12). **17**

Antragsbefugt ist
- jedes Unternehmen,
- das ein Interesse am Auftrag hat,
- eine Verletzung in Rechten nach § 97 Abs. 7 GWB geltend macht und
- darlegt, dass ihm hierdurch ein Schaden entstanden ist oder zu entstehen droht.

18 Diese einzelnen Tatbestandsmerkmale müssen sämtlich **(kumulativ)** erfüllt sein, um die Antragsbefugnis bejahen zu können. Jeder einzelne Aspekt kann im Nachprüfungsverfahren problematisch sein, auch wenn keine überspannten Anforderungen gestellt werden dürfen.

II. Rechtsschutzfreundliche Auslegung

19 In den ersten Jahren des Bestehens des vergaberechtlichen Rechtsschutzsystems tendierten insbesondere die Vergabekammern dazu, Nachprüfungsanträge vorschnell durch die Annahme sehr hoher Anforderungen an die Antragsbefugnis als unzulässig zurückzuweisen. Dem hatten sich die Vergabesenate bei den Oberlandesgerichten teilweise angeschlossen. Dieser Praxis schob aber das BVerfG einen Riegel vor. Das verfassungsrechtliche Erfordernis eines effektiven Rechtsschutzes enthält in Verfahren, in denen ein Primärrechtsschutz zur Abwendung von Gefahren und möglichen Nachteilen begehrt wird, auch das Gebot, durch den gerichtlichen Rechtsschutz vollendeten Tatsachen zuvorzukommen. **Überspannte Anforderungen** an die Voraussetzungen der Gewährung rechtlichen Rechtsschutzes dürfen daher **nicht** gestellt werden, was auch bei der Auslegung der Voraussetzungen der Antragsbefugnis nach Abs. 2 zu beachten ist. Da bei einer Versagung der Antragsbefugnis einem betroffenen Unternehmer nur noch der Weg verbleibt, Sekundäransprüche – also Schadensersatz – vor den ordentlichen Gerichten einzuklagen, müssen die in Abs. 2 genannten Anforderungen so ausgelegt werden, dass ein **effektiver Rechtsschutz** für die betroffenen Unternehmen gewährleistet ist (BVerfG vom 29.7.2004, 2 BvR 2248/03; OLG Brandenburg vom 14.9.2010, Verg W 8/10; OLG Hamburg vom 14.11.2010, 1 Verg 5/10). Es sind keine allzu hohen Anforderungen an die Voraussetzungen zu stellen (VK Bund vom 12.1.2012, VK 1-165/11). So reicht es grundsätzlich aus, dass nach der Darstellung des das Nachprüfungsverfahren betreibenden Unternehmens eine **Verletzung in eigenen Rechten möglich** erscheint. Zur Gewährleistung eines effektiven Rechtsschutzes kann die Antragsbefugnis nur einem Unternehmen abgesprochen werden, bei dem offensichtlich eine Rechtsbeeinträchtigung nicht vorliegt (BGH vom 26.9.2006, X ZB 14/06).

20 Zu jedem einzelnen Tatbestandsmerkmal der Antragsbefugnis ist im Nachprüfungsantrag Stellung zu nehmen, damit die Vergabekammer ggf. die Zulässigkeit des Antrags rasch feststellen kann. Hierauf kommt es für eine Zustellung und den Eintritt des Zuschlagsverbots nach § 115 Abs. 1 GWB maßgeblich an.

21  Im Rahmen der Zulässigkeit des Nachprüfungsantrags reicht schon die Möglichkeit einer Rechtsverletzung aus. Die Frage, ob eine Rechtsverletzung tatsächlich gegeben ist, ist erst für die Begründetheit und damit für die von der Vergabekammer in der Hauptsache zu treffenden Entscheidung maßgeblich.

III. Unternehmensbegriff

1. Unternehmen i.S.v. Abs. 2 Satz 1

22 Nach Abs. 2 Satz 1 können „Unternehmen" ein Nachprüfungsverfahren einleiten. Dies meint sowohl natürliche oder juristische Personen als auch Personenvereinigungen, die durch Betätigung in der Erzeugung oder im Geschäftsverkehr aktiv am Wirtschaftsleben teilnehmen und sich gewerbsmäßig mit der Ausübung von Leistungen der ausgeschriebenen Art befassen (VK Schleswig-Holstein vom 16.9.2005, VK-SH 22/05). Der vergaberechtliche Unternehmensbegriff ist **weit auszulegen**. Eine bestimmte Rechtsform ist nicht Voraussetzung. Es kommt lediglich darauf an, dass eine Einheit

gegeben ist, die als Vertragspartner für die Erbringung der ausgeschriebenen Leistungen in Betracht kommt. Dies können unter eigenem Namen tätige Einzelhändler ebenso gut sein wie etwa eine Aktiengesellschaft. Abzustellen ist darauf, ob der jeweilige Antragsteller unmittelbar Beteiligter am Vergabeverfahren ist oder bei einer unterbliebenen Bewerbung/Angebotseinreichung sein könnte. Hieran fehlt es, wenn ein Unternehmen zum Zeitpunkt der Verletzung einer Vergabevorschrift noch nicht gegründet war, sodass dem Unternehmen insoweit die Antragsbefugnis fehlt (VK Brandenburg vom 25.8.2011, VK 35/11; VK Münster vom 18.3.2010, VK 2/10). Dementsprechend scheidet eine Verletzung in eigenen Rechten aus, wenn der Antragsteller etwa zum Zeitpunkt einer Direktvergabe noch nicht existierte (OLG Düsseldorf vom 21.7.2010, VII Verg 21/10).

2. Bewerber-/Bietergemeinschaften

Regelmäßig antragsbefugt sind die an dem Vergabeverfahren teilnehmenden Bewerber oder Bieter, auch wenn diese die Form einer Bewerber- oder Bietergemeinschaft einnehmen. Solche Zusammenschlüsse verschiedener Unternehmen erfolgen regelmäßig in Form einer **Gesellschaft bürgerlichen Rechts**. Eine solche ist als Teilnehmerin am Rechtsverkehr selbst Trägerin von Rechten und Pflichten und in diesem Rahmen rechtsfähig, auch ohne juristische Person zu sein (grundlegend BGH vom 29.1.2001, II ZR 331/00). Dementsprechend steht das vergaberechtliche Rechtsschutzsystem auch einer Bewerber- oder Bietergemeinschaft offen. Auch derartige Zusammenschlüsse in der Form von Gesellschaften bürgerlichen Rechts können einen Nachprüfungsantrag stellen. Bietergemeinschaften nehmen am Vergabeverfahren als Einheit teil. Sie sind daher auch für das Nachprüfungsverfahren beteiligungsfähige Unternehmen (BayObLG vom 21.5.1999, Verg 1/99).

Bewerber- oder Bietergemeinschaften stehen als Gesellschaften bürgerlichen Rechts selbst in einer vergaberechtlichen Rechtsbeziehung mit dem Auftraggeber, wenn sie am Vergabewettbewerb teilnehmen. Das bedeutet: Teilnehmer am Vergabeverfahren ist die Gesellschaft bürgerlichen Rechts als solche und nicht ihre einzelnen Gesellschafter. Hieraus folgt, dass eine Bewerber- oder Bietergemeinschaft rechtlich zunächst losgelöst von ihren Mitgliedern Teilnehmerin am Vergabeverfahren ist und ggf. ein Nachprüfungsverfahren einleiten kann. Dies gilt auch in dem Fall, dass ein Mitglied wegen Insolvenz aus der Gesellschaft bürgerlichen Rechts ausscheidet und die Gesellschaft aufgrund einer Fortführungsklausel als solche formalrechtlich unverändert fortbesteht (OLG Celle vom 5.9.2007, 13 Verg 9/07).

Demgegenüber ist ein **einzelnes Mitglied** der Bietergemeinschaft **im Regelfall** nicht befugt, einen Nachprüfungsantrag zu stellen (OLG Düsseldorf vom 20.12.2004, Verg 101/04; OLG Düsseldorf vom 18.11.2009, VII Verg 10/09; VK Berlin vom 15.11.2010, VK B 2-25/10). Das erforderliche Interesse am Auftrag steht grundsätzlich nur der Bewerber- oder Bietergemeinschaft als solcher und nicht ihren einzelnen Gesellschaftern zu. Auch die europarechtlichen Anforderungen stehen einer nationalen Regelung nicht entgegen, nach der nur die Gesamtheit der Mitglieder von Bietergemeinschaften die Vergabeentscheidung nachprüfen lassen kann, aber nicht lediglich eines ihrer Mitglieder (EuGH vom 8.9.2005, Rs. C-129/04; vom 4.10.2007, Rs. C-492/06).

 Bewerber-/Bietergemeinschaften müssen ggf. ein Nachprüfungsverfahren im eigenen Namen einleiten. Einzelne Gesellschafter sind demgegenüber grundsätzlich nicht antragsbefugt.

Von dem Grundsatz, dass ein **einzelnes Mitglied** einer Bietergemeinschaft nicht berechtigt ist, ein Nachprüfungsverfahren einzuleiten, sind aber **Ausnahmen** zuzulassen. Dem im Prozessrecht anerkannten **Institut der gewillkürten Prozessstandschaft** entsprechend kann auch im Nachprüfungsverfahren ein einzelnes Mitglied einer Bietergemeinschaft befugt sein, die Verletzung der Rechte der Bietergemeinschaft im eigenen Namen geltend zu machen, wenn es hierzu vom Berechtigten ermächtigt worden ist und ein eigenes schutzwürdiges Interesse an der Durchführung des Nachprüfungsverfahrens im eigenen Namen hat (OLG Düsseldorf vom 18.11.2009, VII-Verg 19/09). Von einem derartigen **schutzwürdigen Eigeninteresse** am Nachprüfungsverfahren ist auszugehen, wenn die Entscheidung der Vergabekammer Einfluss auf die eigene Rechtslage des antragstellenden Unternehmens hat. Hiervon ist auszugehen, wenn die angegriffene Entscheidung des Auftraggebers zugleich auch die Rechtsstellung des antragstellenden Unternehmens als Mitglied der Bietergemeinschaft betrifft (OLG Düsseldorf vom 30.3.2005, VII Verg 101/04). Dementsprechend kann die Antragsbefugnis auch gegeben sein, wenn sich lediglich ein Mitglied einer Bietergemeinschaft nicht am Nachprüfungsverfahren beteiligt und es zugleich aber deutlich macht, dass es sich weiterhin als Mitglied der Bietergemeinschaft betrachtet und an der Auftragserteilung interessiert ist. In einem solchen Fall würde es eine reine Förmelei darstellen, die Antragsbefugnis zu verneinen (OLG Hamburg vom 10.10.2003, 1 Verg 2/03).

Antragsbefugt ist grundsätzlich nur eine Bewerber- oder Bietergemeinschaft als solche. Einzelnen Mitgliedern derartiger Zusammenschlüsse kann ggf. die Antragsbefugnis nach den Grundsätzen der gewillkürten Prozessstandschaft zuerkannt werden, was die Ermächtigung der anderen Gesellschafter zur Durchführung des Nachprüfungsverfahrens und ein schutzwürdiges Eigeninteresse des antragstellenden Unternehmens erfordert.

27 Von der Antragsbefugnis einer Bewerber-/Bietergemeinschaft als solche ist die Frage der **Stellvertretung durch eines ihrer Mitglieder** im Nachprüfungsverfahren zu unterscheiden. Die einem Mitglied einer Bietergemeinschaft erteilte Vollmacht, ein anderes Mitglied im Rahmen der Ausschreibung zu vertreten, wird regelmäßig dahingehend auszulegen sein, dass sich diese Vollmacht auf alle mit dem Ausschreibungsverfahren zusammenhängenden Angelegenheiten erstreckt. Hierzu gehört auch die Einleitung eines Nachprüfungsverfahrens (BayObLG vom 21.5.1999, Verg 1/99). Es ist daher regelmäßig davon auszugehen, dass der Federführer einer Bewerber- oder Bietergemeinschaft diese auch im Nachprüfungsverfahren ordnungsgemäß vertritt. Die Auffassung, dass sich die Bevollmächtigung eines Mitglieds einer Bietergemeinschaft für die Durchführung des Vergabeverfahrens nicht zugleich auch auf die Vertretung im Nachprüfungsverfahren erstreckt, ist auch vor dem Hintergrund von Sinn und Zweck einer entsprechenden Bevollmächtigung kritisch zu hinterfragen (so aber VK Berlin vom 15.11.2010, VK B 2-25/10). So ist die Bevollmächtigung auch Ausdruck des Interesses der Mitglieder der Bietergemeinschaft am betroffenen Auftrag, sodass grundsätzlich davon auszugehen ist, dass alle Mitglieder an der Durchführung eines Nachprüfungsverfahrens zur Wahrung der Chance auf den Auftrag interessiert sind.

Eine Bewerber-/Bietergemeinschaft wird in der Regel im Nachprüfungsverfahren durch das für das Vergabeverfahren bevollmächtigte federführende Unternehmen vertreten.

3. Lieferanten und Nachunternehmer

28 Keine unmittelbaren Teilnehmer am Vergabewettbewerb und damit auch nicht antragsbefugt sind **Nachunternehmer und/oder Lieferanten** von Wettbewerbsteilnehmern. Antragsteller im Nachprüfungsverfahren kann lediglich der potenzielle Auftragnehmer und Vertragspartner des Auftraggebers selbst sein. Lediglich mittelbar am Auftrag interessierte Unternehmen, wie etwa **Subunternehmer und Berater**, sind demgegenüber nicht antragsberechtigt (OLG Düsseldorf vom 30.4.2008, Verg 23/08; OLG Rostock vom 10.5.2000, 17 W 4/00; VK Münster vom 18.3.2010, VK 1/10; VK Münster vom 27.1.2010, VK 25/09). Dementsprechend besteht auch für **Verbände**, auch soweit ihnen einzelne Bieter angehören, kein Antragsrecht.

IV. Interesse am Auftrag

1. Abgabe eines eigenen Angebots

29 Die Antragsbefugnis nach Abs. 2 setzt ein „Interesse am Auftrag" voraus. Diese Vorgabe ist **weit auszulegen** und regelmäßig erfüllt, wenn das antragstellende Unternehmen vor Einleitung des Nachprüfungsverfahrens am Vergabeverfahren als Bewerber oder Bieter teilgenommen hat (BVerfG vom 29.7.2004, 2 BvR 2248/03). Ist das antragstellende Unternehmen Bieter im eingeleiteten Vergabeverfahren, wird das erforderliche Interesse am Auftrag bereits durch die **Angebotsabgabe** belegt und bedarf keiner weiteren Darlegung (BGH vom 26.9.2006, X ZB 14/06). Bei Beteiligung am

Vergabeverfahren und ordnungsgemäßer Rüge ist grundsätzlich von einem Interesse am Auftrag auszugehen (BGH vom 10.11.2009, X ZB 8/09; OLG Karlsruhe vom 20.7.2011, 15 Verg 6/11; OLG München vom 12.10.2012, Verg 16/12). Entsprechendes gilt auch im Teilnahmewettbewerb, wenn ein Bewerber seinen **Teilnahmeantrag** eingereicht hat. Auch ein gekündigtes Unternehmen, welches als Antragsteller das Ziel verfolgt, den Zuschlag erneut zu erhalten, ist damit grundsätzlich antragsbefugt (OLG Brandenburg vom 14.9.2010, Verg W 8/10).

> Das Interesse am Auftrag ist unproblematisch gegeben, wenn ein Bewerber durch Einreichung seines Teilnahmeantrags oder ein Bieter durch Legung seines Angebots bereits aktiv am Vergabeverfahren teilgenommen hat.

Dem Interesse am Auftrag und damit der Antragsbefugnis steht es auch nicht entgegen, wenn ein Antragsteller von anderweitigen Rechtsschutzmöglichkeiten abgesehen hat. Kann die Leistungserbringung etwa nur auf der Grundlage einer öffentlich-rechtlichen Genehmigung erfolgen, ist die Einschaltung des Verwaltungsgerichts gegen die einen Konkurrenten gewährte Genehmigung nicht erforderlich, um als Antragsteller im Nachprüfungsverfahren sein Rechtsschutzinteresse nachzuweisen. Dies gilt jedenfalls, wenn die Genehmigung kein Ausschließlichkeitsrecht gewährt und die Genehmigung ohne Abschluss des dem Vergaberecht unterfallenden Vertrages keine eigene wirtschaftliche Bedeutung hat (VK Sachsen vom 23.6.2010, 1 VK LVwA 69/09).

2. Interesse am Auftrag auch ohne eigenes Angebot

Allerdings ist die Einreichung eines Angebots oder eines Teilnahmeantrags nicht zwingend Voraussetzung dafür, dass das Interesse am Auftrag nach Abs. 2 gegeben ist. Macht ein antragstellendes Unternehmen geltend, gerade durch den beanstandeten Vergaberechtsverstoß an einer Teilnahme, insbesondere an der Einreichung eines Angebots oder der Bekundung eines Interesses an diesem Auftrag, gehindert worden zu sein, ist die Antragsbefugnis gleichsam gegeben (OLG Düsseldorf vom 25.1.2005, Verg 93/04; VK Münster vom 27.1.2010, VK 25/09). Allerdings fehlt die Antragsbefugnis von vornherein, wenn es einem Antragsteller darum geht, den Beschaffungsvorgang zu verhindern, etwa wenn es ihm darum geht, die Errichtung eines großflächigen Lebensmitteleinzelhandels zu stören (VK Münster vom 27.1.2010, VK 25/09).

Am Auftrag interessierte Unternehmen sind daher nicht gehalten, für sie **sinnlose Teilnahmeanträge** zu stellen. Es reicht aus, wenn ein Unternehmen etwa den vom Auftraggeber vorgenommenen Loszuschnitt beanstandet und vorträgt, aufgrund der fehlerhaften Losaufteilung sich nicht sinnvoll am Vergabeverfahren beteiligen zu können (OLG Düsseldorf vom 8.9.2004, Verg 38/04). Ein Bieter kann ferner antragsbefugt sein, wenn er bei der rechtswidrigen Ausschreibung eines Leitfabrikats zwar in der Lage gewesen wäre, dieses zu liefern, er faktisch aber gehindert war, ein wirtschaftlicheres Konkurrenzprodukt anzubieten (OLG München vom 2.8.2007, Verg 7/07). Im Übrigen wird in der Regel ein Interesse am Auftrag auch bereits durch die Verfahrensrügen eines Unternehmens dokumentiert und durch den Nachprüfungsantrag selbst bestätigt (OLG Düsseldorf vom 8.9.2004, Verg 38/04; OLG Düsseldorf vom 29.2.2012, VII Verg 75/11). Von Teilen der Rechtsprechung werden bei **Nichtabgabe eines Angebots** aber **besondere Anforderungen** an die Darlegung eines Schadens gestellt (Rn. 59 ff.).

> Hat sich der Antragsteller nicht durch einen Teilnahmeantrag oder ein Angebot am Vergabeverfahren beteiligt, ist im Nachprüfungsantrag darzulegen, dass sich das Unternehmen hieran gerade durch das zur Überprüfung gestellte Verhalten des Auftraggeber gehindert gesehen hat.
> Unterbleibt eine Angebotslegung und ist das Nachprüfungsverfahren nicht erfolgreich, hat das Unternehmen keine Chance mehr auf Verfahrensteilnahme. Dieses Risiko ist zu berücksichtigen, wenn auf eine Verfahrensteilnahme verzichtet wird.

3. Unterlassene Ausschreibung

33 Eine Rechtsverletzung kann bereits nach der Gesetzesbegründung auch darin bestehen, dass die Ausschreibung einer Vergabe rechtswidrig durch den Auftraggeber unterblieben ist (BT-Drucks. 13/9340, S. 17). Dies bestätigt, dass eine Angebotsabgabe oder die Einreichung eines Teilnahmeantrags keinesfalls Voraussetzung für die Einleitung eines Nachprüfungsverfahrens sein kann. Abzustellen ist auf die Begebenheiten in jedem Einzelfall. Der Darlegung eines subjektiven Interesses am Auftrag wird grundsätzlich Genüge getan, wenn etwa eine fehlende Vergabebekanntmachung dem im Markt tätigen Unternehmen die Möglichkeit einer Wettbewerbsteilnahme nimmt (OLG Jena vom 28.1.2004, 6 Verg 11/03). Sofern rechtswidrig kein Vergabeverfahren durchgeführt wurde, besteht ein **Interesse an dem Auftrag bei jedem Unternehmen, das an dem an sich durchzuführenden Vergabeverfahren teilgenommen hätte** (VK Südbayern vom 23.10.2001, 32-09/01).

34 Bei einem unterlassenen Vergabeverfahren ist die Antragsbefugnis gegeben, wenn geltend gemacht und vorgetragen wird, gerade durch diesen Vergabeverstoß an einer Teilnahme, insbesondere an der Einreichung eines Angebots oder der Bekundung eines Interesses an dem Auftrag, gehindert worden zu sein (OLG Düsseldorf vom 25.1.2005, Verg 93/04). Das Interesse am Auftrag besteht, wenn der Antragsteller bei einem rechtswidrig unterlassenen Vergabeverfahren vorträgt, den Vertrag auch abschließen und durchführen zu wollen (VK Lüneburg vom 1.2.2011, VgK-75/2010).

35 Allerdings führt allein ein **Verstoß gegen die Pflicht zur europaweiten Ausschreibung** nicht ohne weiteres dazu, dass ein am Auftrag interessiertes Unternehmen in seinen Rechten verletzt wird. Hat der Auftraggeber fälschlich ein rein nationales Vergabeverfahren durchgeführt, an dem das den Nachprüfungsantrag stellende Unternehmen erfolglos teilgenommen hat, so kann dieses die Aufhebung des Verfahrens und die Durchführung einer eigentlich erforderlichen europaweiten Ausschreibung nicht erzwingen, wenn es nicht darlegt, dass gerade das unterbliebene europaweite Vergabeverfahren seine Chancen auf den Auftrag gemindert hat (OLG Koblenz vom 8.12.2008, 1 Verg 4/08).

36 Mit dem Gesetz zur Modernisierung des Vergaberechts vom 20.4.2009 (BGBl. I S. 790) hat der Gesetzgeber auch in **§ 101b Abs. 1 Nr. 2 GWB** klargestellt, dass ein unter Missachtung der Ausschreibungspflichten geschlossener Vertrag (sog. **De-facto-Vergabe**; s. § 101b Rn. 17 ff.) unwirksam ist, wenn der hierin liegende Verstoß gegen Vergabevorschriften in einem Nachprüfungsverfahren festgestellt wurde. Das Gesetz bestätigt damit ausdrücklich, dass der schwerwiegendste Verstoß gegen Vergaberecht – das vollständige Unterlassen eines wettbewerblichen Vergabeverfahrens – in einem Nachprüfungsverfahren selbst noch nach einem Vertragsschluss angreifbar ist. Allerdings muss die Unwirksamkeit des Vertrages innerhalb von 30 Kalendertagen ab Kenntnis des Verstoßes gegen Vergaberecht, spätestens jedoch innerhalb von sechs Monaten nach Vertragsschluss, geltend gemacht werden (§ 101b Abs. 2 Satz 1 GWB). Hat der Auftraggeber den vergaberechtswidrigen Vertragsschluss im Amtsblatt der Europäischen Union bekannt gegeben, endet die Frist zu Geltendmachung der Unwirksamkeit 30 Kalendertage nach der Veröffentlichung der Bekanntmachung der Auftragsvergabe im Amtsblatt der Europäischen Union (§ 101b Abs. 2 Satz 2 GWB).

4. Bindefristablauf

37 Ein Interesse am Auftrag kann grundsätzlich auch nicht deshalb verneint werden, weil das antragstellende Unternehmen **nicht rechtzeitig sein Einverständnis zu einer Verlängerung der Bindefrist erklärt** hat. Es reicht vielmehr aus, dass durch die Einreichung eines Angebots, das Erheben von Rügen und schließlich die Einleitung eines Nachprüfungsverfahrens das Interesse am Auftrag bekundet wurde, was auch der Fall sein kann, wenn die Bindefrist bereits abgelaufen ist (OLG Düsseldorf vom 25.4.2007, Verg 3/07). So zeigt die Einreichung eines Nachprüfungsantrags selbst, dass der betroffene Antragsteller grundsätzlich am Auftrag weiterhin interessiert ist (VK Bund vom 5.7.2010, VK 3-60/10).

38 Daraus, dass ein Unternehmen einer Verlängerung der Zuschlagsfrist nicht zugestimmt hat, ergibt sich per se kein Verzicht auf die Rechte im Verfahren. Dies muss insbesondere gelten, wenn das an-

tragstellende Unternehmen die **Fristverlängerung** deshalb **abgelehnt** hat, weil diese nach seiner Auffassung **auf sachfremden Erwägungen beruht und unzulässig** war. Lässt das Unternehmen keinen Zweifel daran, dass es nach wie vor an der Erteilung des Zuschlags interessiert ist, was sich nicht zuletzt aus einem vor Ablauf der Bindefrist gestellten Nachprüfungsantrag ergeben kann, ist ein Interesse am Auftrag nicht abzusprechen (OLG Naumburg vom 13.5.2003, 1 Verg 2/03). Auch die Erklärung, die Bindefrist „zunächst" nicht über einen bestimmten Termin hinaus zu verlängern, führt nicht dazu, dass nach Ablauf des genannten Termins das Interesse am Auftrag entfällt (OLG Jena vom 30.10.2006, 9 Verg 4/06). Insbesondere wenn das antragstellende Unternehmen den Zuschlag auf das eigene Angebot im Nachprüfungsverfahren durchsetzen will, erklärt es zugleich konkludent – also durch schlüssiges Verhalten –, sein Angebot weiterhin als bindend zu betrachten. Die Bindefrist ist damit der Sache nach für die Dauer des Nachprüfungs- und ggf. auch des Beschwerdeverfahrens verlängert, auch wenn eine diesbezügliche Anfrage für eine Bindefristverlängerung von Seiten des Auftraggebers unbeantwortet geblieben ist (OLG Schleswig vom 8.5.2007, 1 Verg 2/07).

Der Ablauf der ursprünglichen Bindefrist und eine fehlende Einverständniserklärung mit einer Verlängerung nimmt einem Unternehmen nicht zwingend die Antragsbefugnis. Dennoch empfiehlt es sich grundsätzlich, eine vom Auftraggeber formularmäßig verlangte Erklärung zur Verlängerung der Bindefrist wie gefordert abzugeben. Die Erklärung sollte aber keine erweiternden oder einschränkenden Zusätze haben, da jedwede Angebotsänderung im offenen und nichtoffenen Verfahren zum Ausschluss führt (OLG Dresden vom 8.11.2002, WVerg 19/02).

5. Änderung des Beschaffungsgegenstands

Rügt ein Bieter, dass Gegenstand der beabsichtigten Auftragserteilung nicht der ursprünglich ausgeschriebene Vertragsgegenstand, sondern etwas anderes – ein **aliud** – darstellt, hängt die Antragsbefugnis nicht davon ab, dass der Bieter auch auf den **geänderten Verfahrensgegenstand** hin ein **konkurrenzfähiges Angebot** abgegeben hat. Bei der **Rüge der Identitätsabweichung** geht es darum, dass der Bieter ein anderes Angebot abgegeben hätte, wenn das Vorhaben von Anfang an so ausgeschrieben worden wäre, wie es jetzt in Auftrag gegeben werden soll. Eine Beteiligungsabsicht ist daher jedenfalls bei Bietern, die auf den zunächst ausgeschriebenen Auftragsgegenstand geboten haben, mangels entgegenstehender Anhaltspunkte ohne weiteres anzunehmen (OLG Dresden vom 3.12.2003, W Verg 15/03).

6. Verhinderung des Vergabeverfahrens

Ein Interesse am Auftrag und damit die Antragsbefugnis gemäß Abs. 2 soll fehlen, wenn ein Unternehmen, welches meint, mit den ausgeschriebenen Leistungen bereits beauftragt zu sein, **ausschließlich** die **Aufhebung der Ausschreibung** begehrt. In einem solchen Fall besteht kein Interesse an dem ausgeschriebenen Auftrag und der Zugang zum Nachprüfungsverfahren ist nicht eröffnet. Gegen die möglicherweise durch die Neuausschreibung gegebene Vertragsverletzung ist der Rechtsschutz vor den Zivilgerichten geltend zu machen (OLG Brandenburg vom 5.10.2004, Verg W 12/04). Alleine eine Auftragsvergabe verhindern zu wollen, stellt kein zulässiges Ziel eines Nachprüfungsantrags nach dem Kartellvergaberecht dar. Es fehlt bereits die Antragsbefugnis (OLG Brandenburg vom 3.11.2011, Verg W 4/11).

Hat allerdings die Vergabestelle ein erstes Vergabeverfahren nach Auffassung des antragstellenden Unternehmens zu Unrecht aufgehoben und eine neue Ausschreibung über den identischen Auftragsgegenstand eingeleitet, kann in der erneuten Ausschreibung eine **unzulässige Doppelausschreibung** liegen, wenn das ursprüngliche Verfahren fortzuführen ist. Kann die ausgeschriebene Leistung nur einmal erbracht werden, benachteiligt eine Doppelausschreibung dieser Leistung alle Bieter, die in einem der Vergabeverfahren ein zuschlagsfähiges Angebot abgegeben haben (OLG Naumburg vom 13.10.2006, 1 Verg 12/06). Einem Interesse am Auftrag steht bei einer solchen Konstellation nicht entgegen, dass die Aufhebung oder Aussetzung des angegriffenen zweiten Ver-

V. Geltendmachung einer Rechtsverletzung

42 Im Nachprüfungsverfahren ist vom Antragsteller des Weiteren eine „Verletzung in seinen Rechten nach § 97 Abs. 7 GWB durch Nichtbeachtung von Vergabevorschriften" geltend zu machen. Für die Antragsbefugnis und die Bejahung der Zulässigkeit des Nachprüfungsantrags reicht es dabei aus, dass nach der Darstellung des das Nachprüfungsverfahren betreibenden Unternehmens eine **Verletzung in eigenen Rechten möglich** erscheint.

43 Da das Nachprüfungsverfahren nicht der Klärung abstrakter Rechtsfragen oder der Durchsetzung von Rechten Dritter dient, muss die als verletzt gerügte Vorschrift **bieterschützenden Charakter** aufweisen (VK Bund vom 21.10.2011, VK 3-128/11). Im Vergaberecht gibt es keinen allgemeinen rechtlichen Überprüfungsanspruch, sodass eine Verletzung in den eigenen Rechten auch nicht bei einer Missachtung von Normen gegeben ist, die lediglich Ordnungsfunktionen haben oder nur den Interessen der Allgemeinheit dienen (OLG Karlsruhe vom 22.7.2011, 15 Verg 8/11). Dementsprechend besteht eine Antragsbefugnis auch nicht bezüglich einer Vergaberechtsverletzung, deren Korrektur lediglich die Rechtsposition eines Dritten verbessert (OLG Düsseldorf vom 19.10.2011, VII Verg 54/11).

44 Die Antragsbefugnis kann zur Gewährleistung eines effektiven Rechtsschutzes ausnahmsweise nur dann fehlen, wenn eine **Rechtsbeeinträchtigung offensichtlich nicht** vorliegt. Die Geltendmachung einer Rechtsverletzung ist daher regelmäßig gegeben, wenn sich das antragstellende Unternehmen auf die Verletzung von subjektiven Rechten mit der Behauptung beruft, dass der öffentliche Auftraggeber die Bestimmung über das Vergabeverfahren nicht eingehalten hat oder nicht einhält. Begehrt der Antragsteller mit der schlüssigen Behauptung einer Missachtung der Bestimmungen über das Vergabeverfahren eine Nachprüfung der Auftragsvergabe, bedarf es mithin keiner besonderen Darlegung mehr für eine Verletzung in Rechten nach § 97 Abs. 7 GWB.

> Für die Zulässigkeit des Nachprüfungsantrags ist die schlüssige Behauptung erforderlich und in der Regel ausreichend, dass und welche vergaberechtlichen Vorschriften im Verlaufe des Vergabeverfahrens zu Lasten des Antragstellers missachtet worden sein sollen (BGH vom 26.9.2006, X ZB 14/06).
> Eine Rechtsverletzung ist im Nachprüfungsantrag lediglich geltend zu machen. Hierfür genügt grundsätzlich der schlüssige Vortrag eines Verstoßes des Auftraggebers gegen bieterschützende Verfahrensvorschriften. Ob die geltend gemachte Rechtsverletzung tatsächlich gegeben ist, ist demgegenüber eine Frage der Begründetheit des Nachprüfungsantrags und nicht der Antragsbefugnis.

45 Um Zugang zum Nachprüfungsverfahren zu erhalten, bedarf es aber der **konkreten Darlegung mindestens eines Vergaberechtsverstoßes**. Eine völlig vage und pauschale Behauptung einer Rechtsverletzung reicht insoweit nicht aus (OLG Düsseldorf vom 19.7.2006, Verg 27/06; OLG Jena vom 26.3.2007, 9 Verg 2/07; s. näher auch § 108 Rn. 35 ff.). So genügt etwa die bloße Behauptung, dass der für den Zuschlag vorgesehene Bieter die Anforderungen der Ausschreibungen nach der Einschätzung des Antragstellers nicht erfülle, nicht (VK Berlin vom 14.6.2012, VK-B 1-11/12).

46 Maßgeblich ist insoweit die **subjektive Sicht** des Antragstellers, dem lediglich kein willkürlicher oder ins Blaue hinein gebrachter Vortrag vorgeworfen werden können darf (OLG Karlsruhe vom 13.6.2010, 15 Verg 4/10). Hat der Antragsteller dem aber Genüge getan, so können **später** auch noch andere Vergaberechtsverletzungen zum Gegenstand desselben Nachprüfungsverfahrens gemacht werden, auch wenn diese bis dahin gar nicht im Streit gewesen sind und erst im Verlaufe des Nachprüfungsverfahrens zu Tage getreten sind (OLG Düsseldorf vom 19.7.2006, Verg 27/06).

Die schlüssige Behauptung einer Vergaberechtsverletzung setzt einen konkreten Tatsachenvortrag voraus, aus dem sich der geltend gemachte Rechtsverstoß tatbestandlich ergibt. Die Behauptung, dass der Auftraggeber eine bestimmte Vorschrift missachtet habe, reicht als solche ohne stützenden Sachverhalt nicht.

VI. Verwirkung

Das Recht, ein Nachprüfungsverfahren einzuleiten, kann grundsätzlich nach den Grundsätzen von Treu und Glauben verwirkt werden (VK Baden-Württemberg vom 31.1.2012, 1 VK 66/11; VK Bund vom 15.6.2011, VK 3-65/11). Vor dem Inkrafttreten des Gesetzes zur Modernisierung des Vergaberechts im Jahr 2009 gab es keine Frist, innerhalb derer ein Nachprüfungsantrag nach rechtzeitiger Rüge bei der Vergabekammer anzubringen war. Es war aber anerkannt, dass trotz des Fehlens einer förmlichen Frist die Anrufung der Vergabekammer den Grundsätzen von Treu und Glauben widersprechen kann, wenn zwischen einer Rüge und der späteren Einleitung des Nachprüfungsverfahrens vor der Vergabekammer **längere Zeit verstrichen** ist (**Zeitmoment**) und der Auftraggeber den Schluss ziehen durfte, dass die Beanstandungen **nicht weiterverfolgt** werden (**Umstandsmoment**). Erforderlich ist, dass das betroffene Unternehmen keine Maßnahmen ergreift, obwohl ihm dies möglich war, und durch sein langes Abwarten mit der Weiterverfolgung der Rüge bei der Vergabestelle das Vertrauen erweckt, dass es keine Schritte mehr unternehmen werde (OLG Düsseldorf vom 30.4.2008, Verg 23/08). Allein der Ablauf eines längeren Zeitraumes zwischen der Rüge und dem Nachprüfungsantrag reicht für eine Verwirkung nicht aus (VK Bund vom 1.2.2007, VK 1-154/06).

47

Eine Verwirkung haben die Gerichte nur bei **erheblichen Zeitabständen** angenommen, so etwa, wenn mehr als 14 Monate zwischen den Verfahrensrügen und dem Nachprüfungsantrag lagen (OLG Dresden vom 11.9.2003, WVerg 0007/03). Auch wenn nach dem letzten Kontakt des Antragstellers mit dem Auftraggeber mehrere Jahre verstrichen sind, kann ein Angriff gegen das Vergabeverfahren ausgeschlossen sein (OLG Düsseldorf vom 30.4.2008, Verg 23/08). Ein Zeitabstand von zwei Monaten zwischen Rüge und Anrufung der Vergabekammer hat hingegen nach der alten Rechtslage das Antragsrecht grundsätzlich unberührt gelassen (OLG Düsseldorf vom 19.7.2006, Verg 26/06).

48

Nunmehr sieht allerdings der mit dem Gesetz zur Modernisierung des Vergaberechts neu geschaffene Abs. 3 Satz 1 Nr. 4 vor, dass ein Nachprüfungsantrag unzulässig ist, der mehr als 15 Tage nach Eingang der Mitteilung des Auftraggebers, einer Rüge nicht abhelfen zu wollen, eingelegt wird. Diese enge Fristvorgabe haben antragstellende Unternehmen zwingend zu beachten (Rn. 147 ff.). Für das Rechtsinstitut der Verwirkung verbleibt damit nur noch Raum, wenn ein Auftraggeber eine Rüge nicht bescheidet.

49

Ein Nachprüfungsantrag ist fristgebunden innerhalb von 15 Kalendertagen nach Eingang eines ablehnenden Rügeantwortschreibens zu erheben (Abs. 3 Satz 1 Nr. 4). Eine Verwirkung wird damit nur noch selten relevant sein.

VII. Drohender Schaden (Abs. 2 Satz 2)

Weitere Voraussetzung für die Zulässigkeit eines Nachprüfungsantrags ist, dass der jeweilige Antragsteller darlegt, dass ihm durch die behauptete Verletzung der Vergabevorschriften ein Schaden entstanden ist oder zu entstehen droht (Abs. 2 Satz 2). Europarechtliche Bedenken gegen dieses zusätzliche Erfordernis für die Antragsbefugnis greifen nicht durch. Die Mitgliedstaaten sind nicht verpflichtet, ein Nachprüfungsverfahren jedem zur Verfügung zu stellen, der nur einen bestimmten öffentlichen Auftrag erhalten will. Es kann vielmehr zusätzlich verlangt werden, dass der betreffenden Person durch den behaupteten Vergaberechtsverstoß ein Schaden entstanden ist oder zu entstehen droht (EuGH vom 19.6.2003, Rs. C-249/01).

50

1. Schadensbegriff

51 Der in Abs. 2 Satz 2 verwendete **Begriff** des **Schadens** ist unter dem Gesichtspunkt des im Vergaberecht zu gewährleistenden Primärrechtsschutzes zu betrachten und auszulegen. Es muss also das Ziel eines Nachprüfungsverfahrens beachtet werden, vollendete Tatsachen durch einen wirksamen Vertragsschluss zu verhindern, in dessen Folge nur noch Schadensersatzansprüche als sekundärer Rechtsschutz durchsetzbar wären. Der von einem Bieter darzulegende Schaden besteht daher darin, dass durch den beanstandeten Vergaberechtsverstoß seine **Aussichten auf den Zuschlag zumindest verschlechtert** sein können. Der gerügte Vergaberechtsverstoß muss also geeignet sein, eine solche Chancenbeeinträchtigung begründen zu können (OLG Karlsruhe vom 21.7.2010, 15 Verg 6/10; OLG München vom 21.5.2010, Verg 02/10; OLG Thüringen vom 19.10.2010, 9 Verg 5/10). Nicht erforderlich ist hingegen, dass der Antragsteller im Sinne einer darzulegenden Kausalität nachweist, dass er den Auftrag erhalten hätte, wenn der beanstandete Verstoß hinweggedacht wird (grundlegend aus der Rechtsprechung: BVerfG vom 29.7.2004, 2 BvR 2248/03; OLG München vom 23.12.2010, Verg 21/10; OLG Thüringen vom 19.10.2010, 9 Verg 5/10).

52 Es sind mithin **keine sehr hohen Anforderungen an die Darlegung eines entstandenen oder drohenden Schadens** zu stellen (OLG Düsseldorf vom 1.10.2012, VII Verg 34/12; OLG Brandenburg vom 13.9.2011, Verg W 10/11; OLG München vom 12.10.2012, Verg 16/12). Es reicht aus, dass ein Schadenseintritt nicht offensichtlich ausgeschlossen wird (OLG München vom 12.10.2012, Verg 16/12; OLG Düsseldorf vom 3.8.2011, VII Verg 6/11). Dies wird auch durch die Entstehungsgeschichte des Abs. 2 Satz 2 belegt. Mit der Aufnahme dieser Vorschrift auf Vorschlag des Bundesrates sollte verhindert werden, dass ein Bieter, der auch bei einem ordnungsgemäß durchgeführten Vergabeverfahren keine Aussicht auf Berücksichtigung seines Angebots hat, ein investitionshemmendes Nachprüfungsverfahren einleiten kann (BT-Drucks. 13/9314, S. 40). Nur ein Unternehmen, bei dem offensichtlich eine Rechtsbeeinträchtigung nicht vorliegt, soll demnach keinen Zugang zum vergaberechtlichen Rechtsschutzsystem erhalten (BVerfG vom 29.7.2004, 2 BvR 2248/03). Dies kann etwa auch der Fall sein, wenn ein Bieter das Fehlen von ausreichenden Mindestbedingungen für technische Nebenangebote beanstandet, sein Nebenangebot aber tatsächlich teurer als sein Hauptangebot ist. Die fehlende Wertbarkeit des Nebenangebots kann dann keine nachteiligen Folgen für den betroffenen Bieter haben (OLG Düsseldorf vom 8.12.2009, VII Verg 52/09). Hat der geltend gemachte Vergaberechtsverstoß die Bieterchancen des Antragstellers im Ergebnis nicht beeinträchtigt, kann ein Nachprüfungsantrag allerdings auch als unbegründet und nicht bereits als unzulässig zurückgewiesen werden (OLG Düsseldorf vom 25.4.2012, VII Verg 107/11).

2. Darlegungslast

53 Der Darlegung eines Schadens ist im Nachprüfungsantrag Genüge getan, wenn **schlüssig vorgetragen** wird, dass dem **Antragsteller infolge der behaupteten Rechtsverletzung ein Schaden entstanden ist oder zu entstehen droht**. Nicht notwendig ist demgegenüber, dass bereits festgestellt werden kann, ob der behauptete Verstoß gegen vergaberechtliche Vorschriften tatsächlich gegeben und einen Schaden ausgelöst hat oder auszulösen droht; dies ist eine Frage allein der Begründetheit des Nachprüfungsantrags. Für die Zulässigkeit des Nachprüfungsantrags ist vielmehr die schlüssige Behauptung des antragstellenden Bieters, dass und welche vergaberechtlichen Vorschriften durch den Auftraggeber im Vergabeverfahren verletzt worden sein sollen und dass er ohne die geltend gemachte Rechtsverletzung eine Chance auf Erteilung des Zuschlags hätte, erforderlich und auch ausreichend. Der behauptete Schaden muss danach auf die Verletzung der vergaberechtlichen Vorschriften zurückzuführen sein (BGH vom 18.5.2004, XZB 7/04).

Ein Schaden droht bereits dann, wenn das beanstandete Verhalten auf Seiten des Auftraggebers die Chancen des Antragstellers auf den Auftrag vermindern kann. Auch einem aufgrund seines Angebotspreises im Mittelfeld oder schlechter platzierten Bieter wird damit regelmäßig die Antragsbefugnis nicht abgesprochen werden können, da nicht ausgeschlossen ist, dass sich die Rangfolge im Zuge der Angebotswertung noch ändert. Die Darlegung, dass der Antragsteller den Auftrag erhalten müsste, ist nicht erforderlich.

Wendet sich der Antragsteller etwa gegen den seiner Auffassung nach zu Unrecht erfolgten Ausschluss vom Vergabeverfahren, kann ein Nachprüfungsantrag nicht deshalb als unzulässig abgewiesen werden, weil der Antragsteller keine Aussicht hat, den Zuschlag zu erhalten. Diese Prüfung ist vielmehr grundsätzlich bei der Erörterung der Begründetheit des Nachprüfungsantrags vorzunehmen (KG vom 22.8.2001, KartVerg 03/01). Die Antragsbefugnis fehlt auch nicht, wenn ein Bieter im Vorfeld der Angebotsabgabe die Ausschreibungsbedingungen gerügt, aber dann dennoch ein Angebot eingereicht hat. Dies schließt nicht aus, dass sich die beanstandeten Vergaberegeln zu Lasten des Bieters ausgewirkt haben.

3. Mängel im Angebot des Antragstellers

Vom Auftraggeber **bislang nicht geltend gemachte Mängel** im Angebot des Antragstellers stehen der Zulässigkeit des Nachprüfungsantrags grundsätzlich nicht entgegen. Im Rahmen der Zulässigkeit ist zunächst allein die schlüssige Darstellung eines Schadens durch den jeweiligen Antragsteller maßgeblich. Demgegenüber darf der Zugang zum Nachprüfungsverfahren nicht mit der Begründung verwehrt werden, dass das Angebot des antragstellenden Unternehmens bereits aus anderen als von ihm zur Überprüfung gestellten Gründen vom Auftraggeber auszuscheiden gewesen wäre und ihm daher durch die behaupteten Vergaberechtsverstöße kein Schaden entstanden ist oder zu entstehen droht. Es muss dem Antragsteller im Nachprüfungsverfahren vielmehr ermöglicht werden, die Stichhaltigkeit des Ausschlussgrundes anzuzweifeln. Dies folgt bereits aus den europarechtlichen Vorgaben der Rechtsmittelkoordinierungsrichtlinie.

Der Zweck der Rechtsmittelkoordinierungsrichtlinie wäre gefährdet, wenn es einer Nachprüfungsinstanz freistünde, einem Antragsteller den Zugang zum Nachprüfungsverfahren mit der Begründung zu verwehren, dass es der Auftraggeber fälschlich unterlassen hat, sein Angebot bereits im Vorfeld vom Vergabeverfahren auszuschließen. Hätte der Auftraggeber nämlich einen solchen von der Nachprüfungsinstanz angenommenen Angebotsausschluss vorgenommen, so wäre es dem betroffenen Bieter möglich gewesen, die Rechtmäßigkeit dieser Entscheidung in einem Nachprüfungsverfahren überprüfen zu lassen. Ist keine Entscheidung des Auftraggebers über den Ausschluss des betroffenen Angebots in einem vorherigen Stadium des Vergabeverfahrens erfolgt, so muss die Stichhaltigkeit dieses Ausschlussgrundes im Nachprüfungsverfahren vom Antragsteller angezweifelt werden können (EuGH vom 19.6.2003, Rs. C-249/01). Diese Erörterung muss im Rahmen der Begründetheit des Nachprüfungsantrags erfolgen.

 Mängel im Angebot des antragstellenden Unternehmens, auf die sich der Auftraggeber diesem gegenüber für einen Ausschluss nicht beruft und zu denen sich das antragstellende Unternehmen dementsprechend auch nicht bereits im Nachprüfungsantrag äußern konnte, stehen der Zulässigkeit eines Nachprüfungsantrags nicht entgegen. Dies ist insbesondere bei der Entscheidung über die Zustellung des Nachprüfungsantrags durch die Vergabekammer gemäß § 110 Abs. 2 GWB und bei der Frage, ob ohne Zustimmung der Beteiligten auf eine mündliche Verhandlung gemäß § 112 Abs. 1 Satz 3 GWB verzichtet werden kann, relevant.

4. Abschluss der Angebotsprüfung

Für eine ausreichende Darlegung eines Schadens ist nicht zwingend erforderlich, dass der öffentliche Auftraggeber die Wertung der Angebote bereits abschließend durchgeführt hat. Teilt der Auftraggeber unmissverständlich mit, dass er nach vorläufiger Wertung dem antragstellenden Bieter auf keinen Fall den Zuschlag erteilen wird, ist der für die Antragsbefugnis notwendige drohende Schaden ausreichend vorgetragen (OLG München vom 19.12.2007, Verg 12/07). Zu beachten ist allerdings, dass Rügen und Nachprüfungsanträge nur hinsichtlich tatsächlich vorliegender Vergaberechtsverstöße möglich sind. Die Einleitung eines **„vorsorglichen" Nachprüfungsverfahrens** ist **nicht** statthaft (OLG Koblenz vom 18.9.2003, 1 Verg 4/03). Das Nachprüfungsrecht und die Rügepflicht sind auf solche Rechtsverletzungen beschränkt, die bereits vorliegen oder zumindest formell angekündigt wurden (OLG Naumburg vom 3.11.2005, 1 Verg 9/05).

Mit dem Nachprüfungsverfahren angreifbar sind grundsätzlich nur bereits getroffene Entschließungen des Auftraggebers, nicht aber Verhaltensweisen, die als möglich für die Zukunft angekündigt werden. Eine Ausnahme wird insoweit aber zuzulassen sein, wenn nach Vollzug der angekündigten Maßnahme ein effektiver Primärrechtsschutz nicht mehr möglich ist.

5. Mängel aller Angebote

58 Der Darlegung eines Schadens kann auch dadurch Genüge getan werden, dass aufgrund der **Mangelhaftigkeit aller eingegangenen Angebote** die Aufhebung des Vergabeverfahrens in Betracht kommt. Nachdem diese Frage in der Rechtsprechung der Vergabesenate lange umstritten war, hat der BGH klargestellt, dass es in einem solchen Fall auch ohne weitere Darlegung auf der Hand liegt, dass bei einer vergaberechtswidrigen Fortführung des Vergabeverfahrens dem Bieter ein Schaden zu entstehen droht. Denn die Aufhebung der Ausschreibung kann zu einem erneuten Vergabeverfahren über die nachgefragten Leistungen führen. So ist die Neuausschreibung eine konsequente Folge der Verfahrensaufhebung, wenn der Beschaffungsbedarf beim öffentlichen Auftraggeber fortbesteht. Dann erhält das antragstellende Unternehmen aber die **Chance, sich an der erneuten Ausschreibung mit einem konkurrenzfähigen Angebot zu beteiligen**. Dieser Chance steht die Fortführung des Vergabeverfahrens entgegen. Insoweit genügt, dass sich aus dem Vortrag des antragstellenden Unternehmens ergibt, dass es im Fall eines ordnungsgemäßen Vergabeverfahrens bessere Chancen auf den Zuschlag haben könnte als in dem ursprünglichen Verfahren. Eine Verschlechterung der Chancen auf den Auftrag ist nicht nur gegeben, wenn dies den Zuschlag in dem angefochtenen Vergabeverfahren betrifft. Es genügt vielmehr, wenn es nach dem Vortrag des Bieters, der das Nachprüfungsverfahren betreibt, möglich erscheint, dass er bei einer **rechtmäßigen Durchführung des Verfahrens den Beschaffungsbedarf des Auftraggebers gegen Entgelt befriedigen** kann. Dies ist gegeben, wenn das eingeleitete Vergabeverfahren nicht durch Zuschlag beendet werden darf und eine Neuausschreibung in Erwägung zu ziehen ist. Ob das antragstellende Unternehmen auch den Auftrag bekommt, ist demgegenüber nicht relevant, da schon die Möglichkeit einer Verschlechterung der Aussichten für die Zulässigkeit des Nachprüfungsantrags ausreicht (BGH vom 26.9.2006, X ZB 14/06; OLG Brandenburg vom 16.2.2012, Verg W 1/12; OLG Frankfurt vom 26.10.2011, 11 Verg 7/11; anders noch OLG Jena vom 20.6.2005, 9 Verg 03/05; OLG Naumburg vom 26.10.2005, 1 Verg 12/05). Dies gilt auch, wenn der Auftraggeber tatsächlich ein Verhandlungsverfahren durchgeführt hat, an dem sich der Antragsteller beteiligte (BGH vom 10.11.2009, X ZB 8/09), und auch bereits im Teilnahmewettbewerb, wenn alle Teilnahmeanträge auszuschließen sind (VK Halle vom 8.9.2011, 1 VK LvwA 49/09). Verbleibt allerdings ein Angebot ausschreibungskonform zuschlagsfähig, kann ein anderer Bieter nicht den Zuschlag an einen anderen Konkurrenten unterbinden (VK Rheinland-Pfalz vom 10.6.2010, VK 1-17/10).

6. Keine Angebotsabgabe

59 Hat ein antragstellendes Unternehmen von der Einreichung eines Angebots abgesehen, kann die **Darlegung eines Schadens** zur Begründung der Antragsbefugnis **problematisch** sein. So wird vereinzelt die Antragsbefugnis in einer solchen Konstellation abgelehnt, wenn nicht dargelegt wird, welches Angebot von dem antragstellenden Unternehmen hätte abgegeben werden können, so dass sich nicht abschätzen lässt, ob es überhaupt eine Chance auf den Zuschlag gehabt hätte. Ein Antragsteller soll dann vortragen müssen, welches Angebot er in einem fehlerfrei durchgeführten Vergabeverfahren abgegeben hätte (OLG Saarbrücken vom 7.5.2008, 1 Verg 5/07). Nur dann sei absehbar, ob das Unternehmen in der Lage und bereit gewesen wäre, ein wirtschaftliches und zuschlagsfähiges Angebot abzugeben (OLG Rostock vom 24.9.2001, 17 W 11/01). Im Ergebnis wird damit für die Darlegung der Antragsbefugnis die Erläuterung eines fiktiven Angebots verlangt.

60 Hohe Anforderungen kann man aber insoweit nicht stellen. Wie das BVerfG entschieden hat, muss der Antragsteller hinsichtlich seiner Antragsbefugnis nicht nachweisen, dass er bei korrekter Anwendung der Vergabevorschriften den Auftrag erhalten hätte (BVerfG vom 29.7.2004, 2 BvR 2248/03). Ausreichend ist bereits die Darlegung, dass die Aussichten auf die Erteilung des Auftrags

verschlechtert worden sein können (BGH vom 26.9.2006, X ZB 14/06). Dementsprechend bedarf es auch keiner Abgabe eines Angebots, wenn der Antragsteller im Nachprüfungsverfahren Mängel der Ausschreibungsbedingungen dahingehend rügt, dass sich die **zur Angebotserstellung erforderlichen Aufwendungen** bei einer berechtigten Beanstandung als **nutzlos vertan** erweisen würden (OLG Düsseldorf vom 28.2.2002, Verg 40/01). Macht ein Unternehmen geltend, dass es gerade durch die beanstandeten vergaberechtswidrigen Bedingungen der Ausschreibung von der Abgabe eines zuschlagsfähigen Angebots abgehalten worden ist, muss es auch ohne Einreichung eines Angebots als antragsbefugt angesehen werden. Es ist nicht zumutbar, nur zur Erlangung der Antragsbefugnis um jeden Preis ein Angebot abzugeben (OLG Düsseldorf vom 29.2.2012, VII Verg 75/11; OLG Frankfurt vom 29.5.2007, 11 Verg 12/06).

Dementsprechend ist es aber auch überzogen und mit den auch verfassungsrechtlichen Vorgaben an den Nachweis der Antragsbefugnis nicht zu vereinbaren, bei einer fehlenden Angebotsabgabe eine substantiierte Darlegung zu fordern, inwieweit Eignungsnachweise hätten erbracht werden können und die Leistung zu einem angemessenen Preis hätte angeboten werden können (so aber VK Berlin vom 13.5.2011, VK B 2-17/11). Weder ist die Einreichung eines Angebots noch die Darlegung eines hypothetischen, tatsächlich aber nicht eingereichten Angebots erforderlich, um die Antragsbefugnis darzulegen. Allerdings ist bei einer fehlenden Angebotsabgabe die vergaberechtliche Überprüfung auf diejenigen Verstöße beschränkt, die sich auf die Behinderung bei der Erstellung und Abgabe eines Angebots beziehen. Eine Prüfung der Wertung der Angebote von Mitbewerbern ist in dieser Konstellation grundsätzlich nicht möglich (VK Bund vom 21.6.2012, VK 3-57/12; VK Düsseldorf vom 14.7.2011, VK-02/2011-L; OLG Karlsruhe vom 6.4.2011, 15 Verg 3/11). 61

Nach richtiger Auffassung ist ein Angebot nicht um jeden Preis erforderlich, wenn sich ein Bieter an der Ausarbeitung eines chancenreichen Angebots gerade durch die seiner Auffassung nach vergaberechtswidrigen Vergabebedingungen gehindert sieht. Der Schaden i.S.d. Abs. 2 Satz 2 liegt in einem solchen Fall darin, dass dem betroffenen Unternehmen von vornherein die Chance auf den Zuschlag genommen wird. Die Darlegung, dass ohne die beanstandete Vorgabe die Zuschlagschancen des Antragstellers höher gewesen wären, reicht daher grundsätzlich aus.

Entsprechendes gilt auch im Teilnahmewettbewerb. Rügt der Antragsteller die aus seiner Sicht vergaberechtlich unzulässige Art und Weise der Ausschreibung, die es an der Abgabe eines Teilnahmeantrags gehindert haben soll, ist die Antragsbefugnis nicht abzulehnen. Ein Antragsteller ist nicht gehalten, einen aus seiner Sicht sinnlosen Teilnahmeantrag zu stellen (OLG Jena vom 6.6.2007, 9 Verg 3/07). 62

D. Rügeobliegenheit (Abs. 3 Satz 1)

I. Normzweck und praktische Relevanz

Die vorherige rechtzeitige Rüge von Rechtsverstößen im Vergabeverfahren ist zwingende **Zulässigkeitsvoraussetzung** für einen Nachprüfungsantrag. Sie wurde durch das Vergaberechtsänderungsgesetz 1999 (VgRÄG) eingeführt und zählt seither zu den spezifischen Besonderheiten des deutschen Rechtsschutzsystems im Vergaberecht. Von Anfang an beinhaltete sie die Obliegenheit der Bieter und Bewerber, „erkannte" (§ 107 Abs. 3 Satz 1 GWB a.F.) oder aufgrund der Bekanntmachung „erkennbare" (§ 107 Abs. 3 Satz 2 GWB a.F.) Verstöße gegen die Vergabevorschriften zunächst gegenüber dem Auftraggeber zu beanstanden, bevor sie zum Gegenstand eines Nachprüfungsverfahrens gemacht werden können. Dem Auftraggeber wird so die Möglichkeit eröffnet, sich ggf. selbst zu korrigieren und das Vergabeverfahren durch frühzeitige eigene Beseitigung von Fehlern so wenig wie möglich zu verzögern oder zu behindern (OLG München vom 17.9.2007, Verg 10/07). Die Regelung dient also auch der Verfahrensbeschleunigung (OLG Düsseldorf vom 9.4.2003, Verg 66/02). Zudem soll sie verhindern, dass Bieter und Bewerber mit erkannten Fehlern spekulieren und sie erst dann, wenn diese sich im Ergebnis zu ihren Lasten oder nicht mit dem ge- 63 wünschten Erfolg ausgewirkt haben, vor der Vergabekammer geltend machen (vgl. bereits BT-Drucks. 13/9340, S. 17; OLG Stuttgart vom 16.9.2002, 6 Verg 7/01). Die Unternehmen werden auf diese Weise zu einem kooperativen Verhalten gegenüber der Vergabestelle angehalten, da sie erkannte Fehler nicht erst zur Sprache bringen dürfen, wenn ein (subjektiv) ungünstiges Ergebnis des Vergabeverfahrens droht. Für nicht oder verspätet gerügte bzw. geltend gemachte Vergaberechtsverstöße beinhaltet die Rügeobliegenheit daher als Konsequenz eine Ausschlussregel (**Präklusionsregel**, vgl. aber Rn. 80), um so unnötige Nachprüfungsverfahren zu vermeiden. Die Regelung im heutigen Abs. 3 Satz 1 Nr. 1 wurde im Gesetzgebungsverfahren zum Vergaberechtsänderungsgesetz auf Vorschlag des Bundesrates durch den jetzigen Abs. 3 Satz 1 Nr. 2 ergänzt (kritisch hierzu insbesondere im Hinblick auf Abs. 3 Satz 1 Nr. 3 *Jaeger*, NZBau 2009, 558, 559).

64 Ihre allgemeine Rechtfertigung findet die Rügeobliegenheit in dem besonderen **vorvertraglichen Vertrauensverhältnis** zwischen Auftraggeber und Bietern/Bewerbern (Sonderrechtsbeziehung), das (spätestens) mit der Anforderung der Ausschreibungsunterlagen entsteht und durch wechselseitige Rechte und Pflichten und insbesondere den Grundsatz von Treu und Glauben geprägt ist (vgl. nur BGH vom 7.6.2005, X ZR 19/02). Es verpflichtet beide Seiten des Ausschreibungsverhältnisses zur Rücksichtnahme auf die schutzwürdigen Interessen des (künftigen) Geschäftspartners sowie allgemein zu redlichem und loyalem Verhalten (vgl. z.B. OLG Thüringen vom 20.6.2005, 9 Verg 3/05).

Die Rüge ist – jedenfalls ihrer Idee nach – auch Ausdruck eines partnerschaftlichen Verständnisses der Beziehung zwischen Auftraggeber und Bieter. Denn sie soll gewährleisten, dass die Bieter zunächst mit der Vergabestelle gemeinsam eine Problemlösung suchen und erst bei Scheitern dieser Bemühungen erwägen, konfrontativ im Rahmen eines Nachprüfungsverfahrens gegen den vermeintlichen Vergaberechtsverstoß vorzugehen (OLG Naumburg vom 5.12.2008, 1 Verg 9/08). Diese Aufgabe der Rüge übersehen Unternehmen, die auch weit mehr als zehn Jahre nach Inkrafttreten des Vergaberechtsänderungsgesetzes fürchten, eine Rüge könnte die Geschäftsbeziehung mit einem öffentlichen Auftraggeber nachhaltig gefährden. Die Rüge entspricht nicht nur dem guten Recht des Bieters, sich die Möglichkeit eines späteren Nachprüfungsverfahrens offen zu halten, richtig verstanden bewahrt sie auch den Auftraggeber frühzeitig vor nachteiligen Folgen von Verfahrensfehlern. Zu Unrecht befürchten Unternehmen daher, sich durch eine Rüge im Vorfeld beim Auftraggeber unbeliebt zu machen. Wenn eine Rüge entsprechend verbindlich formuliert ist, entsteht ein Imageschaden nicht. Eine fachkundige und professionell gestaltete Rüge kann den Bieter vielmehr durchaus auch als leistungsfähigen und kompetenten Anbieter präsentieren.

65 Wie die hohe Zahl der Kammer- und Gerichtsentscheidungen, vor allem zur Frage der „Unverzüglichkeit" der Rüge, zeigt, ist das „Nadelöhr" Rügeobliegenheit die **praktisch bedeutsamste Zulässigkeitshürde** der Nachprüfungsverfahren. Einzelfragen der Rügepflicht sind wegen ihrer Bedeutung für den Rechtsschutz zu einem zentralen Thema in der Rechtsprechung und Literatur geworden (so schon der Bericht der BReg zum VgRÄG vom 11.11.2003, BT-Drucks. 15/2034, S. 4; vgl. auch Gutachten im Auftrag des BMWi zum VgRÄG vom 17.4.2003, S. 24 ff.).

II. Neufassung der Rügeobliegenheit durch das Gesetz zur Modernisierung des Vergaberechts 2009

66 Nach Auffassung der Bundesregierung hat sich die Rügepflicht grundsätzlich als **zweckmäßig** erwiesen (Bericht der BReg zum VgRÄG vom 11.11.2003, BT-Drucks. 15/2034, S. 4; vgl. auch Gutachten im Auftrag des BMWi zum VgRÄG vom 17.4.2003, S. 26, 28). Das **Gesetz zur Modernisierung des Vergaberechts** vom 20.4.2009 (BGBl. I S. 790) hat vor diesem Hintergrund an der Rügeobliegenheit in ihrer Ausgestaltung in Abs. 3 a.F. (jetzt: Abs. 3 Satz 1 Nr. 1 und 2) grundsätzlich festgehalten, sie aber zugleich erheblich erweitert. Hierdurch hat Abs. 3 insgesamt eine nicht unerhebliche Verschärfung zu Lasten der Bieter erfahren (*Herlemann/Thiele*, in: Beck'scher Vergaberechtskommentar, § 107 Rn. 35). Zu Recht nicht aufgegriffen hat der Gesetzgeber dabei an sich den

Vorschlag des Bundesrates, den unbestimmten **Begriff „unverzügliche" Rüge** durch eine konkrete Rügefrist von einer Woche nach positiver Kenntnis des Vergaberechtsverstoßes zu ersetzen. Wegen der unterschiedlichen Auslegung des Begriffs der Unverzüglichkeit durch die (Vergabekammern und) Oberlandesgerichte (vgl. hierzu Rn. 107 ff.) hielt der Bundesrat eine eindeutige Vorgabe für sinnvoll, um eine einzelfallabhängige Interpretation der Rügefrist zu vermeiden. Eine einheitliche Rügefrist würde zwar für mehr Rechtsklarheit und Rechtssicherheit sorgen. Den von Vergabeverfahren zu Vergabeverfahren stark variierenden tatsächlichen wie rechtlichen Gegebenheiten trüge sie jedoch kaum angemessen Rechnung. Bei komplexen Auftragsvergaben könnte die Ein-Wochen-Frist so durchaus zu kurz, bei einfach gelagerten Sachverhalten aber auch zu lang sein. Eine starre Rügefrist würde dem Ziel einer weiteren Beschleunigung des Vergabeverfahrens damit unter Umständen nur unzureichend Rechnung tragen. Letztlich wird es der Vielgestaltigkeit der Vergabeverfahren allein gerecht, wenn die näheren Umstände des Einzelfalles entscheiden, was „unverzüglich" für den jeweiligen Sachverhalt bedeutet. Aus diesen Gründen erscheint eine strikte zahlenmäßige Konkretisierung des Begriffs „unverzüglich" nicht sachgerecht (vgl. auch Gegenäußerung der BReg, BT-Drucks. 16/10117, Anlage 4, S. 42). In Abs. 3 Satz 1 Nr. 1 ist es daher zu Recht bei dem unbestimmten Rechtsbegriff „unverzüglich" geblieben. Durch die Rechtsprechung des EuGH (Rn. 72) hat der Vorschlag des Bundesrates jedoch unerwartet wieder an Aktualität gewonnen.

Die durch das Gesetz zur Modernisierung des Vergaberechts neu eingeführte **Regelung in Abs. 3 Satz 1 Nr. 3** erweitert die Rügeobliegenheit über die schon bis dahin bestehenden Obliegenheiten in Nr. 1 und 2 hinaus (krit. *Jaeger*, NZBau 2009, 558 ff.). Hiernach ist ein Nachprüfungsantrag auch dann unzulässig, wenn aufgrund der Vergabeunterlagen erkennbare Verstöße nicht spätestens bis zum Ablauf der Angebots- bzw. Bewerbungsfrist gerügt worden sind. Auf diese Weise soll der öffentliche Auftraggeber auch in diesen Fällen eher die Gelegenheit bekommen, etwaige Verfahrensfehler zu beheben, um so im Interesse aller Beteiligten unnötige Nachprüfungsverfahren zu vermeiden (Begr. RegE, BT-Drucks. 16/10117, S. 22). Die gesetzliche Regelung in Abs. 3 Satz 1 Nr. 3 stellt eine stark entschärfte Fassung des ursprünglichen Entwurfes der Bundesregierung dar. Dieser sah vor, dass aufgrund der Vergabeunterlagen erkennbare Fehler unverzüglich nach Erhalt der Verdingungsunterlagen, spätestens aber bis zum Ablauf der Angebotsfrist, gerügt werden müssen. Eine solche Regelung hätte die Bieter zu vorsorglichen Rügen gezwungen, um so ihre Rechtsposition wahren zu können. Mehr Rechtssicherheit für die Auftraggeber wäre durch diese Regelung nicht erzielt worden, worauf der Bundesrat in seiner Stellungnahme (BR-Drucks. 349/08 (B), S. 16 f.) zu Recht hingewiesen hat. Die von der Bundesregierung vorgeschlagene Regelung hätte letztlich dazu geführt, dass Bieter die Vergabeunterlagen immer sofort nach Erhalt durchsehen müssten und Rügen bis maximal 14 Tage nach Erhalt der Vergabeunterlagen möglich gewesen wären. Die hierin liegende erhebliche Verschärfung der Rügepflicht hätte nicht nur der bisherigen Rechtsprechung widersprochen, die von den Bietern die sofortige Durchsicht der Vergabeunterlagen auf Fehler gerade nicht verlangt (Rn. 144). Die Unternehmen wären auch gezwungen worden, ihre innerbetriebliche Organisation an die gesetzliche Vorgabe anzupassen, was gerade für mittelständische Unternehmen ohne eigene Fachabteilung für Auftragsvergaben eine unangemessene Benachteiligung hätte bedeuten können (BR-Drucks. 349/08 (B), S. 16 f.). In der endgültigen Fassung des Gesetzes wurde damit aus guten Gründen von dieser weiteren Verschärfung abgesehen. Neu ist seither demnach nur, dass neben Vergaberechtsverstößen, die aufgrund der Bekanntmachung (Abs. 3 Satz 1 Nr. 2) auch solche Fehler, die (erst) in den Vergabeunterlagen „erkennbar" sind, spätestens bis zum Ablauf der Angebots- bzw. Bewerbungsfrist zu rügen sind.

Die ebenfalls durch das Gesetz zur Modernisierung des Vergaberechts **in den Kanon der Rügeobliegenheiten eingefügte Regelung in Abs. 3 Satz 1 Nr. 4** begrenzt darüber hinaus den Zugang zum Nachprüfungsverfahren in zeitlicher Hinsicht. Sie führt eine generelle Frist von 15 Tagen zur Einreichung eines Nachprüfungsantrags in den Fällen ein, in denen der Auftraggeber dem Unternehmen mitgeteilt hat, dass er der Rüge des Unternehmens nicht abhelfen werde **(Nichtabhilfemitteilung)**. Von der systematischen Einordnung her passt die Regelung nur bedingt in den Kontext von § 107 Abs. 3 GWB. Nr. 4 normiert schließlich keinen Rügetatbestand, sondern statuiert eine Antragsfrist für Nachprüfungsanträge nach einer entsprechenden Nichtabhilfemitteilung des Auftraggebers (so zu Recht *Herlemann/Thiele*, in: Beck'scher Vergaberechtskommentar, § 107 Rn. 51). Auch mit dieser Regelung soll frühzeitig Klarheit über die Rechtmäßigkeit des Vergabeverfahrens geschaffen werden (Begr. RegE, BT-Drucks. 16/10117, S. 22). Maßgeblicher Zeitpunkt für den Beginn der 15-Tages-Frist ist nach dem ausdrücklichen Wortlaut der „Eingang" (vgl. aber Rn. 155 ff.) der Nichtabhilfemitteilung des Auftraggebers beim Bieter. Der Bieter, dessen Rüge zurückgewiesen wurde, muss den gerügten Verstoß also sofort, jedenfalls innerhalb der genannten Frist, zum Gegenstand eines Nachprüfungsantrags machen. Tut er das nicht, ist er mit der Beanstandung des gerügten und vom Auftraggeber unverändert beibehaltenen Fehlers im Verfahren vor der Vergabekammer ausgeschlossen. Auch wenn die Regelung, isoliert betrachtet, dem Auftraggeber damit eine gewisse Sicherheit gibt, dass das Vergabeverfahren nicht mehr wegen des strittigen Punktes angegriffen werden kann, wenn die genannte Frist einmal verstrichen ist, muss die weitere Praxis erst zeigen, ob der „Aktions-/Reaktions-Automatismus" nicht mehr Probleme schafft, als er löst (s. hierzu auch Rn. 149).

69 Bei den sog. **De-facto-Vergaben** (§ 101b Abs. 1 Nr. 2 GWB) hält der Gesetzgeber es für nicht sachgerecht, den Unternehmen eine Rügeverpflichtung aufzuerlegen. In diesen Fällen kann nach **Abs. 3 Satz 2** ein Nachprüfungsantrag sofort bei der Vergabekammer gestellt werden. Diese Auffassung war schon zuvor von der überwiegenden Rechtsprechung vertreten worden (vgl. z.B. OLG Düsseldorf vom 19.7.2006, VII-Verg 26/06). Es gelten dann die Ausschlussfristen des § 101b Abs. 2 GWB (§ 101b Rn. 49 ff.). **Abs. 3 Satz 3** will, richtig verstanden, klarstellen, dass die Stillhaltefrist des § 101a Abs. 1 Satz 3 und 4 GWB durch eine Rüge weder verlängert noch unterbrochen wird (vgl. Rn. 181 ff.).

III. Vereinbarkeit der Rügeobliegenheit mit EU-Recht

70 Das EU-Recht steht der Rügeobliegenheit in Form des Abs. 3 Satz 1 Nr. 1, 2 und 3 und die an ihr Unterlassen geknüpfte **Ausschlusswirkung** insgesamt nicht entgegen (a.A. hinsichtlich Abs. 3 Satz 1 Nr. 2 und 3 *Jaeger*, NZBau 2009, 558; vgl. auch sogleich Rn. 71 ff. zur Rechtsprechung des EuGH). Nach Art. 1 Abs. 4 der Rechtsmittelrichtlinie sind Regelungen der Mitgliedstaaten zulässig, die den Zugang zum Nachprüfungsverfahren davon abhängig machen, dass der Antragsteller zunächst den öffentlichen Auftraggeber von dem Rechtsverstoß und der beabsichtigten Nachprüfung der Auftragsvergabe unterrichtet. Die – in der Rechtsmittelrichtlinie selbst zwar nicht vorgesehenen – Sanktionen für das Unterlassen der Rüge sind von dieser Ermächtigung eingeschlossen. Die **Rügeobliegenheit** in Gestalt des **Abs. 3 Satz 1 Nr. 1, 2 und 3** ist daher **mit** dem **EU-Vergaberecht grundsätzlich vereinba**r (für § 107 Abs. 3 Satz 1 GWB a.F. OLG Naumburg vom 4.1.2005, 1 Verg 25/04; für § 107 Abs. 3 Satz 2 GWB vgl. EuGH vom 11.10.2007, C-241/06; OLG Bremen vom 18.5.2006, Verg 3/2005; vgl. aber zur aktuellen Rechtsprechung des EuGH Rn. 72).

71 Der EuGH hat zudem mehrfach betont, dass die Festsetzung angemessener Ausschlussfristen durch den nationalen Gesetzgeber der Rechtssicherheit dient und gemeinschaftsrechtlich zulässig ist (vgl. nur EuGH vom 11.10.2007, C-241/06 Rn. 50 ff. m.w.N. sowie zuletzt EuGH vom 28.1.2010, C-456/08). Soweit die deutsche Rechtsprechung im Hinblick auf die „**Unverzüglichkeit**" der Rüge i.S.d. Abs. 3 Satz 1 Nr. 1 teilweise verlangt, dass Bieter Vergaberechtsverstöße innerhalb von 1 bis 3 Tagen nach entsprechender Kenntnis gegenüber der Vergabestelle rügen müssen (vgl. Rn. 110), ist es zwar durchaus zweifelhaft, ob dieser Zeitraum für sich genommen noch eine „angemessene Ausschlussfrist" darstellt. Es ist insoweit jedoch auch zu berücksichtigen, dass Abs. 3 Satz 1 Nr. 1 von sich aus keine verbindlichen Ausschlussfristen vorgibt, sondern die Zulässigkeit der Nachprüfung eines Vergaberechtsverstoßes an eine Handlungspflicht des Bieters knüpft, die an den Umständen des Einzelfalles ausgerichtet ist (vgl. OLG Koblenz vom 18.9.2003, 1 Verg 4/039). Vor diesem Hintergrund kann nach wie vor allgemein nicht davon ausgegangen werden, dass die Rügeobliegenheit in Gestalt des Abs. 3 Satz 1 Nr. 1 das Recht der betroffenen Bieter zur Nachprüfung der Auftragsvergabe praktisch unmöglich macht oder übermäßig erschwert – erst dann wäre sie aber gemeinschaftsrechtlich unzulässig (sog. **Effektivitätsgrundsatz**, EuGH vom 11.10.2007, C-241/06 Rn. 52). Maßgeblich sind insoweit stets die Umstände des Einzelfalles. Beispielsweise fordert das Gemeinschafts-

recht keinen Hinweis auf die Folgen einer unterlassenen Rüge in der Bekanntmachung (OLG München vom 4.4.2008, Verg 4/089). Wegen ihrer u.U. rechtsschutzbegrenzenden Wirkung ist die Rügeobliegenheit aus gemeinschafts- und verfassungsrechtlichen Gründen insgesamt restriktiv auszulegen (Rn. 111; so auch *Steiff*, in: Heuvels/Höß/Kuß/Wagner, Gesamtkommentar, § 107 GWB Rn. 77).

Zweifel an der europarechtlichen Vereinbarkeit der Regelung in Abs. 3 Satz 1 Nr. 1 und insbesondere dem Erfordernis der „unverzüglichen" Rüge erkannter Vergaberechtsverstöße sind durch die **Rechtsprechung des EuGH** in Sachen „**Uniplex**" (Urteile vom 28.1.2010, C-406/08 und C-456/08) aufgetreten. Dort hat der Gerichtshof eine britische bzw. irische Regelung für nicht mit dem Gemeinschaftsrecht vereinbar erklärt, wonach die Einleitung eines Nachprüfungsverfahrens nur zulässig ist, wenn das Verfahren „unverzüglich, (...) spätestens jedoch innerhalb von drei Monaten" nach dem ersten Eintreten des Grundes für die Einleitung des Verfahrens eingeleitet wird bzw. ein Nachprüfungsverfahren „so früh wie möglich und jedenfalls innerhalb von drei Monaten" einzuleiten ist. Zwar dürfen die Mitgliedstaaten Rechtsbehelfsfristen vorsehen, um sicherzustellen, dass die Entscheidungen der Vergabebehörden wirksam und möglichst rasch nachgeprüft werden können. Das mit der Rechtsmittelrichtlinie verfolgte Ziel der raschen und wirksamen Nachprüfung von Entscheidungen der Vergabestellen muss jedoch im nationalen Recht unter **Beachtung der Erfordernisse der Rechtssicherheit** verwirklicht werden. Zu diesem Zweck müssen die Mitgliedstaaten **Fristenregelungen** schaffen, die **hinreichend genau, klar und vorhersehbar** sind, damit der Einzelne seine Rechte und Pflichten kennen kann. Außerdem dürfen die Mitgliedstaaten den in der Rechtsmittelrichtlinie verankerten Effektivitätsgrundsatz (Rn. 71) nicht außer Acht lassen. Eine nationale Bestimmung, nach der die Einleitung eines Nachprüfungsverfahrens nur zulässig ist, wenn das Verfahren „unverzüglich" bzw. „so früh wie möglich", spätestens jedoch innerhalb von drei Monaten, eingeleitet wird, stellt die wirksame Umsetzung der Rechtsmittelrichtlinie indes nicht sicher. Es kann nämlich nicht ausgeschlossen werden, dass die nationalen Gerichte auf der Grundlage einer solchen Bestimmung einen Nachprüfungsantrag bereits vor Ablauf der Drei-Monats-Frist wegen Fristversäumnis zurückweisen können, wenn sie der Ansicht sind, dass der Antrag nicht „unverzüglich" im Sinne dieser Bestimmung gestellt worden war. Eine Ausschlussfrist, deren Dauer in das freie Ermessen des zuständigen Richters gestellt sei, ist in ihrer Dauer aber nicht vorhersehbar und somit mit dem Gemeinschaftsrecht nicht vereinbar (EuGH vom 28.1.2010, Rs. C-406/08 und C-456-08).

72

Wegen dieser Rechtsprechung des EuGH haben sich in der Folgezeit einige **Vergabekammern gehindert** gesehen, die **Vorschrift des Abs. 3 Satz Nr. 1 anzuwenden** (VK Hamburg vom 7.4.2010, VK BSU 2/10 und VK BSU 3/10; VK Rheinland-Pfalz vom 20.4.2010, VK 2-7/10; VK Arnsberg vom 25.8.2010, VK 15/10; VK Saarland vom 8.3.2010, 1 VK 03/2010; zuletzt OLG Koblenz vom 16.9.2013, 1 Verg 5/13; tendenziell wohl auch OLG München vom 15.3.2012, Verg 2/12, wonach die Pflicht zur unverzüglichen Rüge nur noch für (vermeintliche) Vergaberechtsverstöße, die durch die Vorabinformation nach § 101a GWB zu Tage treten, bzw für (vermeintliche) Vergaberechtsverstöße gelten soll, die den Bietern im Vergabeverfahren – außerhalb der Bekanntmachung und den Vergabeunterlagen – mitgeteilt oder bekannt werden; offen gelassen von OLG Celle vom 11.2.2010, 13 Verg 16/09, VK Baden-Württemberg vom 2.2.2010, 1 VK 75/09 und VK Nordbayern vom 10.2.2010, 21.VK-3194-01/10). Zur Begründung verweisen die Kammern darauf, dass die Regelung in Abs. 3 Satz Nr. 1 letztlich der vom EuGH beanstandeten britischen Regelung entspreche (für eine Unanwendbarkeit des Abs. 3 Satz 1 Nr. 1 infolge der EuGH-Rechtsprechung auch *Bulla/Schneider*, VergabeR 2011, 664, 672; *Hübner*, VergabeR 2010, 414 ff. und *Krohn*, NZBau 2010, 186 ff.). Das gelte umso mehr, als die vom EuGH beanstandete Bestimmung eine Höchstfrist von drei Monaten enthielt, welche die Unsicherheit der Bieter in gewisser Weise begrenze. Abs. 3 Satz 1 Nr. 1 sehe ein derartiges Korrektiv aber nicht einmal vor, so dass der Vorwurf der Rechtsunsicherheit dort erst recht gelten müsse. Raum für eine europarechtskonforme Auslegung des Begriffs der Unverzüglichkeit bestehe im Übrigen nicht (VK Hamburg vom 7.4.2010, VK BSU 2/10 und VK BSU 3/10).

73

74 Auch wenn sich die Regelung in Abs. 3 Satz 1 Nr. 1 und die vom EuGH beanstandeten Regelungen auf den ersten Blick ähneln, kann die **Rechtsprechung des EuGH** – der im Übrigen in den jeweiligen Ausgangsverfahren Schadensersatzklagen zugrunde lagen, also Sachverhalte des Sekundärrechtsschutzes – **nicht ohne Weiteres auf die deutsche Rechtslage übertragen** werden (ablehnend auch OLG Brandenburg vom 30.4.2013, Verg W 3/13; OLG Dresden vom 7.5.2010, WVerg 0006/10; OLG Rostock vom 20.10.2010, 17 Verg 5/10; OLG Hamburg vom 2.10.2012, 1 Verg 2/12 und Verg 3/12; VK Lüneburg vom 2.8.2012, VgK 24/2012; VK Bund vom 5.3.2010, VK 1-16/10; VK Sachsen-Anhalt vom 7.4.2011, VK LSA 57/10; *Pooth*, VergabeR 2011, 358, 358 ff.). Anders als im britischen „case law", in dem das freie Einzelfallermessen des Richters entscheidet und Rückschlüsse auf ähnliche Fallkonstellationen nur schwer möglich sind, ist der Begriff „unverzüglich" in § 121 Abs. 1 BGB als „ohne schuldhaftes Zögern" legaldefiniert und von der vergaberechtlichen Rechtsprechung konkretisiert worden (s. im Einzelnen Rn. 110 ff.).

75 Danach beinhaltet der Begriff „**Unverzüglichkeit**" eine an den Umständen des Einzelfalles orientierte (Rüge-)Frist, beginnend mit der (positiven) „Kenntnis" eines Bieters von einem Vergaberechtsverstoß. Die Rüge muss demnach so rechtzeitig erfolgen, wie dies mit Blick auf für die Prüfung des Rechtsverstoßes und für die Begründung der Rüge notwendige Vorbereitungszeit einschließlich einer angemessenen Überlegungsfrist im einzelnen Fall möglich und zumutbar ist (etwa VK Bund vom 5.3.2010, VK 1-16/10).

76 Mit diesem durch die Rechtsprechung präzisierten Gehalt dürfte für jeden Bieter ausreichend genau, klar und vorhersehbar sein, dass die Rüge „so schnell wie möglich" zu erheben ist und sich die Frage, wie rasch eine Rüge im Einzelfall zu erheben ist, damit vor allem nach der rechtlichen und tatsächlichen Schwierigkeit des betroffenen Sachverhalts beantworten, den Bietern jeweils aber auch eine Überlegungs-, Prüfungs- und Bearbeitungs-/Begründungsfrist eingeräumt wird (vgl. auch OLG Dresden vom 7.5.2010, WVerg 0006/10: die zeitliche Dimension der Frist sei in über 100-jähriger Rechtsprechungstradition in einer Weise konkretisiert worden, die rechtsstaatlichen Bedenken nicht, zumindest nicht mehr, begegne). „Unverzüglich" kann eine Rüge demnach je nach Einzelfall innerhalb von ein bis drei Tagen, binnen einer Woche oder auch erst nach (maximal) zwei Wochen nach Kenntnis des Verstoßes sein (Rn. 110 ff.).

77 Die zwar von Fall zu Fall variierende Zeitspanne bedeutet jedoch noch nicht, dass allgemein nicht vorhersehbar wäre, wann eine Rüge zu erheben ist, da die betroffenen Bieter und Bewerber selbst die jeweils maßgeblichen Umstände kennen, nach denen sie sich zu richten haben, und der Begriff „unverzüglich" schon nach allgemeinem Sprachgebrauch schnellstmögliches Handeln unter den gegebenen Umständen bedeutet. Hinzu kommt, dass sich Abs. 3 Satz 1 Nr. 1 auf den Zeitpunkt der erforderlichen Rüge bezieht und gerade nicht – wie die vom EuGH beanstandeten Regelungen – eine eigenständige Ausschlussfrist für das Nachprüfungsverfahren selbst enthält. Ihrer Aufgabe nach soll die Rügeobliegenheit Bieter zu kooperativem Verhalten gegenüber der Vergabestelle anhalten, um dieser eine letzte Chance zu geben, eigene Fehler zu korrigieren und ein Nachprüfungsverfahren zu vermeiden (Rn. 63). Die Rügeobliegenheit verfolgt so eine wesentlich andere Funktion als die von dem EuGH beanstandeten Regelungen, denen eher die Vorschrift des Abs. 3 Satz 1 Nr. 4 entspricht (dies betonend auch OLG Dresden vom 7.5.2010, WVerg 0006/10 sowie *Jasper/Neven-Daroussis*, BehördenSpiegel 3/2010, S. 20).

78 Aus den genannten Gründen kann insgesamt keine Rede davon sein, dass die Regelung in Abs. 3 Satz 1 Nr. 1 eine vergleichbare Rechtsunsicherheit herbeiführt wie die vom EuGH beanstandeten Regelungen, die dadurch charakterisiert ist, dass „die betroffenen Bieter und Bewerber im Ungewissen darüber (sind), wie viel Zeit sie haben, um ihre Anträge auf Nachprüfung in zumutbarer Weise vorzubereiten, und die Erfolgsaussichten solcher Rechtsbehelfe (...) kaum abschätzen (können)" (so GA beim EuGH *Kokott*, Schlussanträge vom 29.10.2009, Rs. C-406/08 Rn. 69 und Rs. C-456/08 Rn. 71). Endgültige Klarheit in dieser Frage wird jedoch entweder erst eine Entscheidung des BGH oder des EuGH (nach einem Vorabentscheidungsersuchen durch einen Vergabesenat bzw. nach einem Vertragsverletzungsverfahren der EU-Kommission [§ 101b Rn. 76 ff.] gegen die BRD) bzw. – was eher unwahrscheinlich ist – ein Handeln des Gesetzgebers bringen, das ggf. den Vorschlag des Bundesra-

tes wieder aufgreift, die Rügefrist zahlenmäßig zu konkretisieren (Rn. 66); auch bei der letzten GWB-Novelle ist dies jedoch nicht geschehen.

 Auftraggebern ist zu empfehlen, den Begriff „unverzügliche Rüge" in der Bekanntmachung bzw. in den Vergabeunterlagen selbst zu konkretisieren und Bewerbern und Bietern eine angemessene Frist in Kalendertagen vorzugeben, innerhalb derer ein erkannter Vergaberechtsverstoß zu rügen ist (ablehnend: VK Lüneburg vom 31.5.2011, VgK-14/2011). Hierin liegt keine unzulässige Verschärfung der Zugangsregeln zum Nachprüfungsverfahren (vgl. dazu OLG Düsseldorf vom 21.11.2007, Verg 32/07), da von dem Grundgedanken der gesetzlichen Regelung nicht abgewichen und der Zugang zum Nachprüfungsverfahren nicht unzulässig verengt wird, sondern eine europarechtskonforme Ausgestaltung des Begriffs „Unverzüglichkeit" vorgenommen wird. In jedem Fall stellt die in der Rechtsprechung anerkannte Maximalfrist für die Rüge von 14 Kalendertagen ab Kenntnis des Verstoßes eine rechtssichere Konkretisierung dar (so auch *Krohn*, NZBau 2010, 186). Auch eine Rügefrist von einer Woche ab Kenntnis des Vergaberechtsverstoßes dürfte im Regelfall angemessen sein (vgl. Rn. 111). Kürzere Fristen (etwa von lediglich ein bis drei Tagen, vgl. Rn. 110 f.) sind dagegen europarechtlich bedenklich, weil sie keine angemessene Ausschlussfrist mehr darstellen dürften (Rn. 71). Bieter sollten sich indes nicht darauf verlassen, dass Abs. 3 Satz 1 Nr. 1 keine Anwendung mehr findet – die aktuelle Rechtsprechung ist uneinheitlich (Rn. 73 f.) –, sondern sollten erkannte Vergaberechtsverstöße nach wie vor so schnell wie möglich rügen.

An der **gemeinschaftsrechtlichen Zulässigkeit der Regelung in Abs. 3 Satz 1 Nr. 4** ist nicht zu zweifeln (vgl. EuGH vom 12.12.2002, Rs. C-470/99 Rn. 77 bis 79). Nach Art. 2c der Rechtsmittelrichtlinie können die Mitgliedstaaten festlegen, dass alle Nachprüfungsverfahren gegen Entscheidungen eines Auftraggebers in Zusammenhang mit der Vergabe eines Auftrags nur binnen einer bestimmten Frist zulässig sind. Die Dauer dieser Frist ist identisch mit derjenigen der sog. Stillhaltefrist zwischen der Vorabinformation der Bieter und der Zuschlagserteilung (§ 101a Abs. 1 Satz 3 bis 5 GWB), beträgt also je nach Übermittlungsform der betreffenden Entscheidung (hier: der Rüge nicht abhelfen zu wollen) zehn Kalendertage bei Übermittlung per Fax oder auf elektronischem Wege und 15 Kalendertage bei Übermittlung auf sonstigem Wege. Die Regelung in Abs. 3 Satz 1 Nr. 4 bleibt innerhalb dieses gemeinschaftsrechtlich vorgegebenen Rahmens.

IV. Rechtsnatur und Bedeutung der Rüge für das Nachprüfungsverfahren

Ihrer Rechtsnatur nach stellt die Rüge eine **Obliegenheit** dar (OLG Saarbrücken vom 9.11.2005, 1 Verg 4/05). Mit der rechtzeitigen Rüge der im Vergabeverfahren erkannten oder erkennbaren Verstöße erfüllt der Bieter damit eine Verhaltensanforderung im eigenen Interesse, deren Nichteinhaltung das Entstehen eines Vorteils (hier: die Korrektur des gerügten Fehlers durch den Auftraggeber bzw. den Zugang zum Nachprüfungsverfahren) verhindert. Erfolgt die Rüge eines vermeintlichen Verstoßes nicht oder nicht rechtzeitig, wird der darauf bezogene Antrag als unzulässig zurückgewiesen, d.h., der Anspruch des Bieters auf Nachprüfung der Auftragsvergabe geht in diesem Punkt verloren (OLG Saarbrücken vom 9.11.2005, 1 Verg 4/05). Die Regelung in Abs. 3 Satz 1 Nr. 1 bis 4 hat damit nach in der Rechtsprechung teilweise vertretener Auffassung einen **Doppelcharakter:** Sie beinhalte einerseits eine **Zulässigkeitsvoraussetzung für den Nachprüfungsantrag** und enthalte andererseits eine **Ausschlussregel (materielle Präklusionsregel**; vgl. nur VK Südbayern vom 18.6.2008, Z3-3-3194-1-17-04/08). Zum einen können nicht (rechtzeitig) gerügte (Nr. 1 bis 3) bzw. nicht rechtzeitig geltend gemachte (Nr. 4) Vergaberechtsfehler nicht zulässigerweise zum Gegenstand eines Nachprüfungsverfahrens gemacht werden und dürfen daher von den Nachprüfungsinstanzen auch nicht zum Anlass genommen werden, auf das Vergabeverfahren über eine Anordnung nach § 114 Abs. 1 Satz 2 GWB einzuwirken (Zulässigkeitsvoraussetzung). Unterbleibt die (rechtzeitige bzw. rechtzeitig geltend gemachte) Rüge, so führt die Regelung in Abs. 3 nach teilweise in der Rechtsprechung vertretener Auffassung zum anderen dazu, dass der Bieter seinen Anspruch auf Nachprüfung der Auftragsvergabe in diesem Punkt verliert (OLG Saarbrücken vom 9.11.2005, 1 Verg 4/05). Bezogen auf die nicht (rechtzeitig) gerügten bzw. geltend gemachten Verstöße stehe dem Bieter insoweit kein Primärrechtsschutz zu (materielle Präklusionsregel; krit. hierzu *Herlemann/Thiele*, in: Beck'scher Vergaberechtskommentar, § 107 Rn. 76); auf die präkludierten Verstöße könne er weder ein Nachprüfungsverfahren noch einen Feststellungsantrag nach §§ 114 Abs. 2 Satz 2, 123 Satz 4 GWB stützen. Etwaige Schadensersatzansprüche bleiben hiervon zwar unberührt. Jedoch tritt auch die Bindungswirkung des § 124 GWB der Entscheidung der Vergabekammer für die Zivilgerichte nicht ein, da es insoweit an einer Sachentscheidungsvoraussetzung fehlt, die allein die Bindungswirkung auslöst (vgl. § 124 Rn. 7).

81 Die Rüge ist eine **verfahrensrechtliche Erklärung** (vgl. schon OLG Düsseldorf vom 22.8.2000, Verg 9/00; VK Münster vom 19.9.2006, VK 12/06; s. auch Rn. 155) und eine von der Vergabekammer **von Amts wegen zu beachtende Zugangsvoraussetzung** für ein auf den gerügten Verstoß gestütztes **Nachprüfungsverfahren** (VK Münster vom 19.9.2006, VK 12/06). Ihr Fehlen muss also nicht vom Antragsgegner geltend gemacht werden.

Die Rügeobliegenheit muss **bei Einreichen des Nachprüfungsantrags erfüllt** sein, die Rüge kann nicht während des Nachprüfungsverfahrens nachgeholt werden. Fehlt sie, so ist der Antrag insoweit unzulässig.

82 Die Unzulässigkeit des Antrags gilt selbstverständlich nicht für sonstige, von dem **präkludierten Verstoß in rechtlicher wie tatsächlicher Hinsicht abtrennbare Verstöße**, die rechtzeitig gerügt bzw. geltend gemacht wurden. Denn nach Abs. 3 Satz 1 (Einleitungssatz) ist der Nachprüfungsantrag unzulässig, „soweit" der Antragsteller den vermeintlichen Verstoß gegen das Vergaberecht im Vergabeverfahren erkannt, diesen aber nicht entsprechend den Vorgaben der Nr. 1 bis 3 gegenüber dem Auftraggeber gerügt bzw. nicht rechtzeitig nach Nr. 4 geltend gemacht hat. Der Anspruch auf Nachprüfung der betreffenden Auftragsvergabe geht also nur hinsichtlich desjenigen Verstoßes verloren, der nicht oder nicht unverzüglich gerügt bzw. geltend gemacht wurde. Für andere Verstöße, die entsprechend Nr. 1 gerügt wurden, bleibt der Anspruch hingegen bestehen. Das bedeutet zugleich, dass ein Bieter, der sich die Möglichkeit der umfassenden Nachprüfung der Auftragsvergabe vorbehalten will, jedes einzelne als vergaberechtswidrig bekannte Verhalten des Auftraggebers rügen muss. Werden mehrere Rügen erhoben, müssen die Voraussetzungen des Abs. 3 insgesamt **für jeden einzelnen gerügten** Vergaberechtsverstoß erfüllt sein (vgl. z.B. VK Brandenburg vom 17.10.2011, VK 39/11; VK Brandenburg vom 6.12.2011, VK 52/11; VK Schleswig-Holstein vom 8.1.2009, VK-SH 14/08). Die Erfüllung der Rügeobliegenheit wird im Nachprüfungsverfahren für jede erhobene Rüge einzeln geprüft, so dass die Beurteilung der Zulässigkeit des Nachprüfungsverfahrens unter diesem Aspekt stets eine geteilte, aus mehreren Einzelentscheidungen zusammengesetzte Entscheidung der Vergabekammer oder des Vergabesenats ist (OLG Naumburg vom 5.12.2008, 1 Verg 9/08).

83 Da die gesetzlich geforderte „Unverzüglichkeit" einer Rüge (Abs. 3 Satz 1 Nr. 1) von dem tatsächlichen („positiven") Erkennen eines vermeintlichen Verstoßes abhängt, können für das Entstehen und die Rechtzeitigkeit der Rüge für jeden individuellen Verstoß unterschiedliche **Zeitpunkte** gelten. Verstöße, die aufgrund der Bekanntmachung oder in den Vergabeunterlagen erkennbar sind, müssen jedoch spätestens bis zum Ablauf der Bewerbungs- oder Angebotsfrist gerügt werden (Abs. 3 Satz 1 Nr. 2 und 3).

V. Form und Inhalte der Rüge

1. Formvorgaben

84 Eine besondere Form für die Erhebung der Rüge sieht das Gesetz nicht vor. **Mündliche** (OLG Brandenburg vom 13.9.2011, Verg W 10/11; OLG Celle vom 30.9.2010, 13 Verg 20/10; OLG Düsseldorf vom 6.3.2008, VII-Verg 53/07; VK Bund vom 8.1.2010, VK 3-229/08) und **telefonische** Rügen (OLG Celle vom 30.9.2010, 13 Verg 10/10; OLG München vom 10.12.2009, Verg 16/09; OLG Düsseldorf vom 29.3.2006, Verg 77/05), Rügen **per Fax** (BGH vom 9.2.2004, X ZB 44/031; VK Bund

vom 12.2.2003, VK 1-03/03), **per E-Mail** (OLG Jena vom 31.8.2009, 9 Verg 6/09; VK Münster vom 19.9.2006, VK 12/06) oder sogar **per SMS** (vgl. VK Bund vom 19.7.2005, VK 3-58/05) sind **zulässig**.

Für die Übermittlung der Rüge ist angesichts des im Nachprüfungsverfahren geltenden Beschleunigungsgrundsatzes diejenige Form zu wählen, die den Interessen der am Vergabeverfahren Beteiligten Rechnung trägt, möglichst schnell die Klärung der angeblichen Vergaberechtsfehler herbeizuführen. In der **Praxis** wird die Rüge meist **per Fax und/oder E-Mail** versandt. Dies ist aus Beweisgründen auch zu empfehlen. Zum einen wird hierdurch die schnellstmögliche Übermittlung gewährleistet; zum anderen indiziert die Sendebestätigung den ordnungsgemäßen Zugang per Fax.

Mit einer **Unterschrift** muss die Rüge nicht zwingend versehen sein, der Urheber der Rüge muss aber erkennbar sein (Rn. 87).

2. Person des Rügenden

Die Rüge als Zugangsvoraussetzung des späteren Nachprüfungsverfahrens muss die Person des Rügenden erkennen lassen (OLG Brandenburg vom 28.11.2002, Verg W 8/02). **Anonyme** Rügen sind unzulässig, sie widersprechen schon den Grundanforderungen an ein rechtsstaatlich geordnetes Verfahren (OLG Celle vom 25.8.2005, 13 Verg 8/05). Bei Rügen **juristischer Personen** ist es zweckmäßig, sofern nicht ohnehin die gesetzlichen Vertreter handeln, eine Vollmacht beizufügen (vgl. § 14 Abs. 1 VwVfG). Das gilt auch bei Erhebung der Rüge durch einen **Rechtsanwalt**. Zwingend ist die Vorlage einer Vollmacht jedoch nicht (OLG Düsseldorf vom 5.12.2001, Verg 32/01; vgl. auch VK Sachsen-Anhalt vom 16.5.2011, 1 VK LSA 04/11). Bei **Bietergemeinschaften** muss das Rügeschreiben von dem gesetzlich oder sonst wie bevollmächtigten Vertreter aller Mitglieder der Bietergemeinschaft unterzeichnet werden, durch das hierzu eigens bevollmächtigte Mitglied der Bietergemeinschaft oder durch alle Mitglieder der Bietergemeinschaft (VK Sachsen vom 1.6.2006, 1/SVK/045-06; vgl. VK Baden-Württemberg vom 11.8.2009, 1 VK 36/09).

3. Inhaltliche Anforderungen

An den Inhalt der Rüge dürfen insgesamt **keine überzogenen Anforderungen** gestellt werden. Entscheidend ist, dass die Rüge objektiv eine **konkrete** (vergaberechtliche) **Beanstandung** des Vergabeverfahrens zum Ausdruck bringt und deutlich macht, dass eine **Abhilfe** des beanstandeten Verstoßes **begehrt** wird. Bitten um Aufklärung zu einzelnen Aspekten der Ausschreibung (OLG Frankfurt vom 8.12.2009, 11 Verg 6/09) oder reine Vorwürfe gegenüber der Vergabestelle reichen daher ebenso wenig aus (OLG Naumburg vom 14.12.2004, 1 Verg 17/04) wie wenn ein Bieter lediglich allgemein erklärt, er vertrete eine andere Rechtsauffassung als die Vergabestelle, nur Fragen stellt, Hinweise gibt, generelles Unverständnis oder grobe Kritik über den Inhalt der Ausschreibung, Verfahrensabläufe u.Ä. ausdrückt etc. Der **Begriff „Rüge"** muss dabei nicht einmal ausdrücklich gebraucht werden; es reicht aus, wenn der missbilligende Charakter – etwa durch den Begriff der „Beanstandung" o.Ä. – zum Ausdruck kommt (OLG Düsseldorf vom 7.12.2011, VII Verg 81/11).

Damit die Vergabestelle in die Lage versetzt wird, den gerügten Mangel abzustellen, muss die Rüge zum Ausdruck bringen, welcher **Sachverhalt** ihr konkret zugrunde gelegt und woraus im Einzelnen ein **Vergabeverstoß** abgeleitet wird (OLG München vom 2.8.2007, Verg 7/07 m.w.N.). Nur so kann die Rüge überhaupt ihren Sinn und Zweck einer Selbstkorrektur der Vergabestelle erfüllen. Die Rüge muss aber **keine detaillierte rechtliche Würdigung** des beanstandeten Sachverhalts enthalten; es genügen laienhafte Ausführungen. Doch muss die Rüge jedenfalls konkrete Tatsachen nennen, die den Vergaberechtsverstoß begründen oder aus denen sich zumindest der Verdacht eines solchen Verstoßes ergibt (OLG München vom 26.6.2007, Verg 6/07).

Pauschale Rügen oder **Rügen ohne Substanz** genügen diesen Anforderungen ebenso wenig (OLG Düsseldorf vom 23.1.2008, Verg 36/07; OLG Jena vom 6.12.2006, 9 Verg 8/06) wie Rügen „ins Blaue hinein" (OLG Brandenburg vom 16.2.2012, Verg W 1/12; etwa: es sei kein Aspekt vorstellbar, unter dem das Angebot des Rügenden nicht das wirtschaftlich Günstigste sei, vgl. OLG München vom 7.8.2007, Verg 8/07). Ein Mindestmaß an Substantiierung ist einzuhalten.

91 Eine Rüge i.S.d. Abs. 3 besteht aus **drei Elementen:**
1. Die Rüge muss so konkret wie möglich erkennen lassen, welcher **Sachverhalt** ihr zugrunde liegt, den sie vergaberechtlich beanstandet – sei es eine Vorgabe in der Vergabebekanntmachung oder in den Vergabeunterlagen, sei es ein Verhalten des Auftraggebers während des laufenden Vergabeverfahrens.
2. Die Rüge muss eine vergaberechtliche **Beanstandung** des in Ziffer 1. genannten Sachverhalts zum Ausdruck bringen. Hierfür müssen keine Paragraphen, keine Rechtsprechung oder Literaturansichten genannt werden; ausreichend sind Formulierungen wie „einseitige Bevorzugung bestimmter Bieter", „übertriebene", „überzogene", „unerfüllbare", „unkalkulierbare" Anforderungen oder „fehlende", „unklare" bzw. „undurchsichtige" Angaben etc. Der Rügende kann auch Vorschläge machen, wie der Rüge abzuhelfen ist – gebunden ist der Auftraggeber hieran aber nicht.
3. Schließlich muss die Rüge deutlich machen, dass der Rügende die Abhilfe der beanstandeten Vorwürfe von der Vergabestelle begehrt (**Abhilfeverlangen**). Der Vergabestelle sollte hierzu eine Frist zur Stellungnahme gesetzt werden, um schnellstmöglich Klarheit über das weitere Vorgehen zu gewinnen.

92 Die Rüge darf auch nicht unter eine **Bedingung** gestellt werden (z.B. dass der Auftraggeber zunächst Fragen beantwortet oder aus der Sicht des Bieters offene Punkte klärt, VK Hessen vom 5.11.2009, 69d-VK-39/2009). Ebenso ist eine **in sich widersprüchliche Rüge** unzulässig, wenn die Rüge also z.B. Beanstandungen enthält, deren Behebung zu einander ausschließenden Ergebnissen führen würde, so dass der Auftraggeber keine Klarheit darüber gewinnen kann, welche konkreten Maßnahmen er ergreifen muss, um die Rechtmäßigkeit des Verfahrens herzustellen (OLG Brandenburg vom 16.3.2010, WVerg 6/19).

93 Der Inhalt der Rüge ist je nach den Umständen des Einzelfalles **abhängig von den Informationen, die die Vergabestelle den Bietern zur Verfügung** stellt. Sind diese völlig undifferenziert („Ihr Angebot hat auf der Grundlage der bekannt gegebenen Auftragskriterien nicht die höchste Punktzahl erreicht"), können vom Bieter keine weitergehenden Darlegungen in der Rüge erwartet werden (OLG Naumburg vom 31.3.2008, 1 Verg 1/08). Es ist zudem zu berücksichtigen, dass insbesondere im Bereich der VOL/A, die eine Beteiligung der Bieter bei der Angebotsöffnung nicht vorsieht, die Rügeobliegenheiten bei Vergaberechtsverstößen, die sich ausschließlich in der Sphäre der Vergabestelle abspielen oder das Angebot eines Mitbewerbers betreffen, nicht so hoch angesetzt werden können. Denn von solchen Umständen hat der Bieter typischerweise keine Kenntnis und kann sie bei gewöhnlichem Verfahrensverlauf auch nicht erlangen. Es kann ihm daher nicht generell abverlangt werden, hierzu konkrete Behauptungen aufzustellen – ein sachgerechter Rechtsschutz wäre sonst in Frage gestellt (VK Sachsen vom 25.11.2009, 1/SVK/05-09).

94 Ob mit der Rüge für den Fall der Nichtabhilfe des beanstandeten Vergaberechtsverstoßes schon weitere rechtliche Schritte angedroht werden müssen, die Rüge also zum Ausdruck bringen muss, dass sie gewissermaßen die „**letzte Chance**" des Auftraggebers darstellt, seine Fehler zu korrigieren, ist in der Rechtsprechung umstritten (dafür: z.B. OLG Brandenburg vom 17.2.2005, Verg W 11/04; dagegen: z.B. VK Sachsen vom 10.4.2002, 1/SVK/23-02); Entstehungsgeschichte und vor allem der Wortlaut des Abs. 3 Satz 1 Nr. 1 stützen ein solches Erfordernis nicht, es ist daher abzulehnen. Ebenso wenig ist zu fordern, dass der Rügende die **Anrufung der Vergabekammer** androht (OLG München vom 5.11.2009, Verg 15/09).

4. Adressat der Rüge

95 Nr. 1 des Abs. 3 Satz 1 setzt ebenso wie Nr. 2 und 3 voraus, dass der erkannte Verstoß gegen Vergabevorschriften „**gegenüber dem Auftraggeber**" zu rügen ist – Adressat der Rüge muss demnach der Auftraggeber sein. Bereits aus diesem Grunde kann der Nachprüfungsantrag, der nach Abs. 1 bei der Vergabekammer eingereicht werden muss, selbst nicht als Rüge angesehen oder in eine sol-

che umgedeutet werden (OLG Düsseldorf vom 5.12.2006, Verg 56/06; vgl. aber OLG München vom 7.8.2007, Verg 8/07).

Ob auch dann von einer Rüge „gegenüber dem Auftraggeber" gesprochen werden kann, wenn die Rüge gegenüber einem vom Auftraggeber beauftragten Dritten (z.B. einem Ingenieurbüro, VK Brandenburg vom 7.5.2002, VK 14/02) ausgesprochen wurde, hängt entscheidend davon ab, ob ein fachkundiges Bieterunternehmen aus der Bekanntmachung, den Vergabeunterlagen und/oder den sonstigen Umständen entnehmen durfte, dass der **Dritte zur Entgegennahme einer Rüge befugt** ist (VK Südbayern vom 6.5.2002, 1204/02), z.B. dadurch, dass der Dritte ausdrücklich – etwa in der Bekanntmachung – als „Ansprechpartner" benannt ist oder wiederholt an Stelle des Auftraggebers gegenüber den Bietern aufgetreten ist (VK Sachsen vom 1.4.2010, 1/SVK/007-10; VK Baden-Württemberg vom 29.6.2009, 1 VK 27/09; VK Sachsen vom 16.2.2003, 1/SVK/054-03). Von einer solchen Befugnis darf ein Unternehmen zumindest dann nicht ohne Weiteres ausgehen, wenn die Rüge die Beauftragung des Dritten mit der Durchführung des Vergabeverfahrens selbst betrifft. 96

Wendet sich die Rüge nicht gegen die Einschaltung des Dritten an sich, entscheidet der Einzelfall. Geben die Vergabeunterlagen eindeutig den Auftraggeber als Ansprechpartner an, muss die Rüge auch gegenüber dem Auftraggeber ausgesprochen werden. Arbeiten mehrere Dritte für den Auftraggeber, ist zu klären, wer die mit der Durchführung des Vergabeverfahrens betraute Stelle sein soll. Gibt es hier keine eindeutige Zuordnung, kann die Rüge gegenüber den übrigen Dritten nicht wirksam erhoben werden. 97

Bestehen Unsicherheiten, ob auch ein vom Auftraggeber beauftragtes Ingenieurbüro, eine Anwaltskanzlei o.Ä. zur Entgegennahme der Rüge befugt ist bzw. welcher beauftragte Dritte die Rüge entgegennehmen darf, sollte die Rüge am besten an den Auftraggeber und an (alle) durch ihn beauftragte Dritte gesandt werden.

VI. Rüge bei „positiver Kenntnis" des Vergabefehlers (Abs. 3 Satz 1 Nr. 1)

1. Geltung im gesamten Vergabeverfahren

Nach Abs. 3 Satz 1 Nr. 1 ist der Nachprüfungsantrag unzulässig, soweit der Antragsteller den vermeintlichen Verstoß gegen das Vergaberecht im Vergabeverfahren erkannt, diesen aber nicht unverzüglich gegenüber dem Auftraggeber gerügt hat. Die Pflicht zur unverzüglichen Rüge besteht nach dem Wortlaut der Vorschrift allgemein „im Vergabeverfahren". Sie gilt also **generell über das gesamte Vergabeverfahren** hindurch und damit auch in den Fällen des Abs. 3 Satz 1 Nr. 2 und 3 (Rn. 126 und 144; so auch *Herlemann/Thiele*, in: Beck'scher Vergaberechtskommentar, § 107 Rn. 50: Die Rügeobliegenheit in Satz 1 Nr. 1 sei ein „allumfassender Grundtatbestand"). Nr. 2 und 3 stellen also keine Spezialregelungen zu Nr. 1 dar. Die dort geregelten Rügepflichten treten neben die Rügepflicht in Nr. 1, diese Rügepflichten gelten also kumulativ (so auch *Steiff*, in: Heuvels/Höß/Kuß/Wagner, Gesamtkommentar, § 107 GWB Rn. 77; *Herlemann/Thiele*, in: Beck'scher Vergaberechtskommentar, § 107 Rn. 50). 98

2. Entstehen der Rügeobliegenheit bei „positiver Kenntnis" des Vergabefehlers

Nach Nr. 1 erstreckt sich die Obliegenheit zur unverzüglichen Rüge als eine **Zugangsvoraussetzung** zum Nachprüfungsverfahren (Rn. 80 f.) nur auf solche Vergaberechtsverstöße, die ein Bieter zuvor im Vergabeverfahren **erkannt** hat. Eine bloße Erkennbarkeit eines Vergaberechtsverstoßes reicht damit gerade nicht aus. Das tatsächliche Erkennen, die **„positive Kenntnis"** eines Vergaberechtsverstoßes, hat eine faktische und eine normative (wertende) Dimension. Zur Kenntnis in diesem Sinne gehört zum einen das Wissen von denjenigen Tatsachen, aus denen sich der geltend gemachte Vergaberechtsverstoß ergibt (OLG Düsseldorf vom 25.4.2012, Verg 100/11). Es kommt darauf an, dass aus subjektiver Sicht des Bieters der Sachverhalt den Schluss auf einen Vergaberechtsverstoß erlaubt und es bei vernünftiger Betrachtung als gerechtfertigt erscheinen lässt, das Vergabeverfahren als fehlerhaft zu beanstanden (OLG Celle vom 5.7.2007, 13 Verg 8/07). 99

§ 107 GWB

100 Notwendig ist außerdem die zumindest laienhafte rechtliche Wertung, dass das Vergabeverfahren in dem betreffenden Punkt rechtlich zu beanstanden ist (s. nur BGH vom 26.9.2006, X ZB 14/06). Hat ein Unternehmen den Verfahrensverstoß nicht erkannt, und sei es auch aufgrund leichter oder grober Fahrlässigkeit, greift Nr. 1 nicht ein (OLG Naumburg vom 18.7.2006, 1 Verg 4/06). Auch bei **Zweifeln** an der Rechtslage ist positive Kenntnis im dargestellten Sinne bereits ausgeschlossen (OLG Düsseldorf vom 16.12.2009, VII-Verg 32/09; OLG Celle vom 13.12.2007, 13 Verg 10/07), ebenso wenig wie der bloße **Verdacht** oder die **Vermutung** eines Vergaberechtsverstoßes die Rügeobliegenheit entstehen lässt. Auch einer „**Rüge ins Blaue hinein**" bedarf es nicht; dem Bieter soll nicht zugemutet werden, in jedem Verfahrensstadium das Verhältnis zur Vergabestelle durch Verdachtsrügen zu belasten (OLG Düsseldorf vom 30.4.2002, Verg 3/02). Um Vermutungen aufzuklären, kann der Bieter die Vergabestelle um entsprechende Informationen bitten, bis zu deren Beantwortung er abwarten darf, ohne dass die Rügeobliegenheit bereits besteht (OLG Frankfurt vom 5.10.2010, 11 Verg 7/10). Auch **vorsorglich erhobene Rügen**, mit denen ein Bieter ein für die Zukunft erwartetes, fehlerhaftes Handeln der Vergabestelle – etwa die Berücksichtigung eines unvollständigen Konkurrenzangebots – rügt, verlangt das Vergaberecht nicht; sie würden dem situationsbezogenen Interessensausgleich, den die Rüge zwischen Auftraggeber und Bieter schafft, nicht entsprechen (OLG Koblenz vom 18.9.2003, 1 Verg 4/03).

101 Das vergaberechtliche Rechtsschutzsystem ist zudem grundsätzlich nur für begangene Vergaberechtsverstöße geschaffen und gewährt **keinen vorbeugenden Rechtsschutz** (OLG Düsseldorf vom 4.5.2009, VII-Verg 68/08). Die Rügeobliegenheit ist daher auf solche Rechtsverletzungen beschränkt, die bereits vorliegen oder zumindest formell angekündigt wurden (OLG Naumburg vom 3.11.2005, 1 Verg 9/05).

102 Gerügt werden kann ein Verhalten des Auftraggebers grundsätzlich erst dann, wenn dadurch ein Wille geäußert wird, der Rechtswirkungen entfalten kann (OLG Naumburg vom 2.3.2006, 1 Verg 1/06; vgl. aber VK Baden-Württemberg vom 2.2.2010, 1 VK 75/09); eine entsprechende Auslegung ist nach den Urteilen des EuGH vom 28.1.2010 (Rs. C-406/08 und C-456/08) auch gemeinschaftsrechtlich geboten (*Hübner*, VergabeR 2010, 414, 418). Interne **Vorüberlegungen**, interne alternative Konzepte oder vergleichende Betrachtungen usw. stellen noch keinen rügefähigen Vergaberechtsverstoß dar (VK Münster vom 5.4.2006, VK 5/06).

103 Grundsätzlich ist ein Bieter, der einen Vergaberechtsverstoß lediglich **vermutet**, nicht gehalten, seine in tatsächlicher oder rechtlicher Hinsicht ungenügenden Kenntnisse zu vervollständigen, insbesondere Nachforschungen anzustellen oder **rechtlichen Rat** einzuholen (OLG München vom 23.6.2009, Verg 08/09; OLG Dresden vom 23.4.2009, WVerg 0011/08; OLG Düsseldorf vom 8.12.2008, VII-Verg 55/08). Die Rügeobliegenheit besteht jedoch nicht erst von dem Zeitpunkt an, in dem der Bieter Kenntnis von einem völlig zweifelsfreien und in jeder Beziehung nachweisbaren Vergabefehler erlangt. Ausreichend ist vielmehr das **Wissen um einen Sachverhalt, der** aus subjektiver Sicht des Bieters **den Schluss auf einen Vergaberechtsverstoß erlaubt**, der es bei vernünftiger Betrachtung als gerechtfertigt erscheinen lässt, das Vergabeverfahren als fehlerhaft zu beanstanden (OLG Düsseldorf vom 4.3.2004, Verg 8/04).

104 „Positive Kenntnis" eines Vergaberechtsverstoßes i.S.v. Nr. 1 wird deshalb auch ausnahmsweise im Sinne eines „**Kennen-Müssens**" angenommen, wenn der Kenntnisstand des Betroffenen in tatsächlicher oder rechtlicher Hinsicht einen solchen Grad erreicht hat, dass ein weiteres Verharren in Unkenntnis als ein mutwilliges Sich-Verschließen vor der Erkenntnis eines Vergaberechtsverstoßes gewertet werden muss (BGH vom 26.9.2006, X ZB 14/06; OLG Dresden vom 23.4.2009, WVerg 0011/08; OLG Düsseldorf vom 16.12.2009, VII-Verg 32/09; OLG Jena vom 30.3.2009, 9 Verg 12/08). Hieran sind strenge und vom Auftraggeber darzulegende Anforderungen zu stellen (OLG Düsseldorf vom 19.7.2006, Verg 27/06). Dem Bieter müssen die ihm bekannten Tatsachen einen Vergaberechtsverstoß geradezu aufdrängen, also so offensichtlich einen Mangel des Vergabeverfahrens darstellen, dass der Bieter sich dieser Überzeugung schlechterdings nicht verschließen kann (OLG Naumburg vom 14.12.2004, 1 Verg 17/04). Gefordert wird insoweit stets, dass die Rechtslage eindeutig ist.

Kenntnis in diesem Sinne setzt nicht zwingend externe rechtliche Beratung voraus, wenn bereits die (erste) Kenntnis der Bekanntmachung oder der Vergabeunterlagen ohne weiteres auch dem **juristischen Laien** den Rückschluss auf einen sich aus ihnen ergebenden Vergabefehler nahelegt, weil die Rechtslage eindeutig ist. Dies kann z.B. der Fall sein bei nicht hinreichend transparent formulierten Zuschlagskriterien in der Bekanntmachung oder bei unbestimmten Vorgaben des Leistungsverzeichnisses (OLG Naumburg vom 13.5.2008, 1 Verg 3/08) oder bei einem Verstoß gegen den Grundsatz der produktneutralen Ausschreibung (OLG Jena vom 30.3.2009, Verg 12/08). **105**

Für die in Abs. 3 Satz 1 Nr. 1 vorausgesetzte Kenntnis gilt allgemein ein **subjektiver Maßstab**. Der Bieter selbst muss aufgrund einer Wertung in der Laiensphäre subjektiv zu der Erkenntnis erlangt sein, dass der jeweilige Sachverhalt einen vergaberechtlichen Verstoß beinhaltet (*Herlemann/Thiele*, in: Beck'scher Vergaberechtskommentar, § 107 Rn. 39). Dabei reicht es nicht, wenn irgendein **Mitarbeiter** Kenntnis hatte. Es kommt auf die Kenntnis des späteren Antragstellers selbst an. Handelt es sich dabei um ein Unternehmen in der Rechtsform einer juristischen Person, muss es sich um das vertretungsberechtigte Organ der Gesellschaft oder um einen für die Zwecke der Teilnahme an dem konkreten Vergabeverfahren insoweit handlungs- und damit vertretungsbefugten Mitarbeiter handeln (*Herlemann/Thiele*, in: Beck'scher Vergaberechtskommentar, § 107 Rn. 39 m.w.N.). Dazu zählen insbesondere diejenigen Personen in dem Unternehmen, die ein Angebot rechtsverbindlich unterschreiben können (VK Baden-Württemberg vom 20.5.2009, 1 VK 18/09; OLG Koblenz vom 6.9.2006, 1 Verg 6/06). Andernfalls ist die Kenntnis dem Antragsteller nicht zuzurechnen (BayObLG vom 22.1.2002, Verg 18/01). **106**

3. Unverzügliche Rüge

Hat ein Bewerber oder Bieter einen Vergaberechtsverstoß erkannt, muss er ihn „unverzüglich" rügen. „**Unverzüglich**" heißt nach der Legaldefinition in § 121 Abs. 1 BGB „ohne schuldhaftes (vorwerfbares) Zögern". Entsprechend ist dieser Begriff auch in Nr. 1 auszulegen (z.B. OLG Düsseldorf vom 4.5.2009, VII-Verg 68/08). Dabei ist auch zu berücksichtigen, dass das gesamte Nachprüfungsrecht vom Gebot der besonderen Beschleunigung beherrscht wird (OLG Jena vom 30.3.2009, 9 Verg 12/08). Grundsätzlich ist die Rüge demnach sobald zu erklären, wie es dem betroffenen Unternehmen unter Berücksichtigung der für die Prüfung und Begründung der Rüge notwendigen Zeit möglich und zumutbar ist (OLG Celle vom 10.1.2008, 13 Verg 11/07; OLG Düsseldorf vom 5.9.2007, VII-Verg 19/07). Hierbei ist dem Unternehmen eine **angemessene Prüfungs- und Überlegungsfrist** zuzugestehen, innerhalb derer es die Qualität seiner Argumente überprüfen, eine Chancen-Risiko-Abwägung vornehmen und – auch bei einfach gelagerten tatsächlich oder rechtlichen Beanstandungen – abwägen kann, ob es taktisch gegen den Auftraggeber überhaupt vorgehen will oder nicht (z.B. VK Sachsen vom 5.4.2006, 1/SVK/027-06). Zu berücksichtigen ist dabei insbesondere auch die Schwierigkeit der jeweiligen Sach- und Rechtslage (OLG Düsseldorf vom 2.5.2007, Verg 1/07). **107**

Die **Einholung von Rechtsrat** kann die Rügefrist um den Zeitaufwand für die Beratung verlängern (OLG München vom 23.6.2009, Verg 8/09). **108**

Im Übrigen gilt ein **individueller Maßstab**: Bei einem fachkundigen Unternehmen, das über Erfahrung in Vergabeverfahren und Nachprüfungsverfahren verfügt, kann eine schnellere Reaktion erwartet werden als bei unerfahrenen Unternehmen (Rn. 112). **109**

Als **absolute Obergrenze** im Sinne einer **Maximalfrist** wird in der Rechtsprechung seit Einführung der Rügeobliegenheit ein **Zeitraum von 14 Tagen** für die Rügefrist anerkannt (OLG Düsseldorf vom 13.4.1999, Verg 1/99; zuletzt OLG Jena vom 30.3.2009, 9 Verg 12/08). Die Maximalfrist darf allenfalls ausgeschöpft werden, wenn umfangreiche Unterlagen zu prüfen sind und eine schwierige Sach- und Rechtslage gegeben ist, welche die Inanspruchnahme fachkundiger Hilfe oder die Abstimmung verschiedener Abteilungen des Unternehmens erfordert (OLG Celle vom 8.3.2007, 13 Verg 2/07; OLG Dresden vom 11.9.2006, WVerg 13/06). Umgekehrt soll bei einfach gelagerten Sachverhalten – insbesondere nach Erhalt der Bieterinformation nach § 101a GWB – sogar eine Frist von lediglich 1 bis 3 Tagen gelten (OLG München vom 13.4.2007, Verg 1/07; OLG Koblenz vom **110**

18.9.2003, 1 Verg 4/03; ausdrücklich a.A. OLG Jena vom 30.3.2009, 8 Verg 12/08); eine ausreichende Bieterinformation nach § 101a Abs. 1 GWB soll sogar noch am Tage ihres Zugangs, spätestens jedoch am Folgetag, gerügt werden müssen (vgl. VK Nordbayern vom 28.1.2009, 21.VK-3194-63/08 zu § 13 VgV a.F.).

111 Die in der Rechtsprechung zu beobachtende Tendenz zu immer kürzeren Rügefristen deutet die gesetzlich geforderte „unverzügliche" Rüge zunehmend in eine „sofortige" Rüge nach Kenntnis eines Vergaberechtsverstoßes um. Nicht immer wird dabei ausreichend beachtet, dass der Begriff der Unverzüglichkeit eine an den Umständen des Einzelfalles orientierte Prüfungs- und Überlegungsfrist beinhaltet (vgl. BGH vom 15.3.2005, VI ZB 74/04). Eine **bietergünstige Auslegung** der Rügeobliegenheit ist auch aus gemeinschafts- und verfassungsrechtlichen Gründen geboten. Das Gemeinschaftsrecht verlangt grundsätzlich, dass dem Bieter ein wirksamer Rechtsschutz zur Seite stehen muss, der weder übermäßig erschwert noch unmöglich gemacht werden darf (vgl. nur EuGH vom 27.2.2003, Rs. C-327/00). Da das vergaberechtliche Nachprüfungsverfahren im Anwendungsbereich des § 100 Abs. 1 GWB eben diesen effektiven Rechtsschutz ermöglichen soll, dürfen die Zugangsvoraussetzungen nicht zu restriktiv gehandhabt werden (vgl. BVerfG vom 29.7.2004, 2 BvR 2248/03). In Fällen, die eine durchschnittliche tatsächliche und/oder rechtliche Schwierigkeit aufweisen und bei denen ein Rechtsanwalt eingeschaltet wird, dürfte eine Rüge innerhalb einer **Regelfrist von einer Arbeitswoche** (5 Werktage) nach Kenntnis eines Vergaberechtsverstoßes generell noch als „unverzüglich" anzusehen sein (vgl. VK Bund vom 30.9.2005, VK 1-122/05; VK Münster vom 25.9.2007, VK 20/07; vgl. z.B. auch OLG Dresden vom 7.5.2010, WVerg 0006/10, wonach die Rügefrist in der Regel eine Woche beträgt). Selbst bei einem einfachen Sachverhalt dürfe den Unternehmen eine **Mindestfrist von drei Werktagen** zur Erhebung der Rüge zuzugestehen sein, noch kürzere Fristen dürften weder einen angemessenen Prüfungs- und Überlegungszeitraum darstellen, noch praktikabel sein (vgl. OLG Jena vom 31.8.2009, 9 Verg 6/09; VK Düsseldorf vom 27.4.2006, VK-12/2006-L; VK Brandenburg vom 9.2.2009, VK 5/09). In der jüngeren Rechtsprechung ist vor diesem Hintergrund die **Tendenz** zu beobachten, den Begriff „unverzüglich" **nicht zu kleinlich** auszulegen (vgl. OLG München vom 15.3.2012, Verg 2/12; OLG München vom 3.11.2011, Verg 14/11).

112 Entscheidend sind letztlich die **Umstände im Einzelfall** (OLG Düsseldorf vom 5.9.2007, Verg 19/07). Tendenziell kürzere Fristen gelten z.B. bei fach- und sachkundigen Unternehmen, die an vielen Ausschreibungen teilnehmen, oder bei eindeutiger Sach- und Rechtslage. Widersprüchliches Verhalten des Auftraggebers während des Vergabeverfahrens kann dazu führen, dass sich die Frist für die Erhebung der Rüge verlängert. Ein zwischen der Kenntnis des Vergaberechtsverstoßes und der Rüge liegendes **Wochenende** ist dabei ebenso fristverlängernd zu berücksichtigen wie **Sonn- und Feiertage** (vgl. OLG Düsseldorf vom 20.10.2008, Verg 41/08; OLG Frankfurt a.M. vom 8.2.2005, 11 Verg 24/04; VK Münster vom 28.6.2007, VK 10/07; VK Schleswig-Holstein vom 17.3.2006, VK-SH 2/06; a.A. VK Brandenburg vom 30.1.2008, VK 56/07; für eine Differenzierung nach einfachen Sachverhalten und komplexeren Situationen: *Steiff*, in: Heuvels/Höß/Kuß/Wagner, Gesamtkommentar, § 107 GWB Rn. 117; eine solche Differenzierung würde die Rechtsunsicherheit rund um den Begriff der Unverzüglichkeit jedoch noch anwachsen lassen).

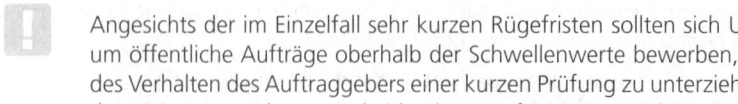

Angesichts der im Einzelfall sehr kurzen Rügefristen sollten sich Unternehmen, die sich um öffentliche Aufträge oberhalb der Schwellenwerte bewerben, daran gewöhnen, jedes Verhalten des Auftraggebers einer kurzen Prüfung zu unterziehen, bei Zweifeln, über das weitere Vorgehen entscheiden bzw. ggf. einen spezialisierten Rechtsanwalt zu Rate zu ziehen.

VII. Rüge bei Erkennbarkeit des Fehlers aufgrund der Bekanntmachung (Abs. 3 Satz 1 Nr. 2)

1. Überblick

Stützt sich ein Nachprüfungsantrag auf Vergaberechtsverstöße, die **aufgrund der Bekanntmachung „erkennbar"** sind, müssen diese nach Abs. 3 Satz 1 Nr. 2 spätestens bis zum Ablauf der in der Bekanntmachung benannten Frist zur Angebotsabgabe (Angebotsfrist) oder zur Bewerbung (Bewerbungsfrist) gegenüber dem Auftraggeber gerügt werden. Das bedeutet, dass die Rüge bis zu diesem Zeitpunkt dem Auftraggeber zugegangen sein muss; das bloße Absenden innerhalb der Frist ist nicht ausreichend (Rn. 123). Anders als in Nr. 1 kommt es nach Nr. 2 nicht darauf an, ob ein Unternehmen die Verstöße tatsächlich erkannt hat. Waren etwaige Verstöße aus der Bekanntmachung „erkennbar", müssen diese spätestens bis zum Ablauf der Angebots- bzw. Bewerbungsfrist beanstandet werden. Nr. 2 schränkt damit den Zugang zum Nachprüfungsverfahren dadurch ein, dass **neben** die **Obliegenheit zur unverzüglichen Rüge** (Rn. 98 ff.) nach Nr. 1 eine **absolute Rügeausschlussfrist** für solche Vergabeverstöße tritt, die sich bereits aus der Bekanntmachung ergeben und allein hieraus erkennbar sind. Hierin liegt durchaus eine empfindliche Verschärfung der Rügepflichten der Bieter. Die Regelung ist – wie § 107 insgesamt – vom Gesetzgeber als besondere **Ausprägung des Grundsatzes von Treu und Glauben** konzipiert worden und soll das öffentliche Interesse an einem raschen Abschluss des Vergabeverfahrens schützen (Beschleunigungsgebot, vgl. Rn. 63). 113

Wesentliche Entscheidungen des Auftraggebers zu den wettbewerblichen Rahmenbedingungen der Auftragsvergabe, wie z.B. die Unterteilung des Auftrags in Lose, sind bereits aus der Bekanntmachung erkennbar. Da sich die Bieter oder Bewerber jedenfalls bis zum Ablauf der Bewerbungs- bzw. Angebotsfrist mit dem Inhalt der Bekanntmachung auseinandersetzen müssen, hielt der Gesetzgeber eine Präklusion (Ausschluss) der Rüge mit Ablauf dieser Frist für zumutbar (vgl. BT-Drucks. 13/9340, S. 40; VK Brandenburg vom 24.9.2004, VK 49/04). Bewerber und Bieter hält die Regelung im eigenen Interesse dazu an, die Bekanntmachung jedenfalls vor Ablauf der Bewerbungs- bzw. Angebotsfrist auf etwaige Vergabefehler hin zu untersuchen (OLG Naumburg vom 5.12.2008, 1 Verg 9/08; im Sinne einer „auf den Bekanntmachungstext beschränkten Prüfungsobliegenheit" versteht auch *Jaeger*, NZBau 2009, 558, 559 die auf Vorschlag des Bundesrates eingeführte Regelung). 114

2. Begriff der Bekanntmachung

Unter „Bekanntmachung" ist nicht nur die Bekanntmachung im Supplement zum Amtsblatt der Europäischen Gemeinschaft zu verstehen, sondern jede Bekanntgabe einer öffentlichen Ausschreibung in Tageszeitungen oder in einem amtlichen Veröffentlichungsblatt (KG Berlin vom 17.10.2002, 2 KartVerg 13/02) sowie in Fachzeitschriften oder Internetportalen (VK Bund vom 15.9.2008, VK 2-94/08). Nach Nr. 2 sollen gerade diejenigen Fälle erfasst werden, in denen die Vergabestelle nicht europaweit ausschreiben wollte und – etwa wegen einer falschen Bestimmung des Schwellenwertes und der Wahl der falschen Vergabeart als typische aus der Bekanntmachung erkennbare Verstöße – nicht ausgeschrieben hat. 115

Für das **Entstehen** der Rügeobliegenheit nach Nr. 2 ist der **konkrete Text** der Bekanntmachung **und was sich hieraus bei Beachtung der gebotenen Sorgfalt erschließen lässt**, entscheidend. Das begründet die Pflicht der Bewerber und Bieter, sich von der Bekanntmachung Kenntnis zu verschaffen, auch wenn sie von einer Ausschreibung aus einer anderen Quelle, etwa eines „Newsletters", erfahren haben (OLG Celle vom 31.7.2008, 13 Verg 3/08). Lässt sich ein Vergaberechtsverstoß aus der Bekanntmachung noch nicht zwingend erkennen, etwa weil sie zu den Zuschlagskriterien nur allgemeine Angaben enthält, die in den Vergabeunterlagen noch konkretisiert werden können, entsteht die Rügeobliegenheit nicht (OLG Düsseldorf vom 28.4.2008, Verg 1/08). 116

3. „Erkennbare" Vergaberechtsverstöße

117 „**Erkennbar**" sind Vergaberechtsverstöße, die bei üblicher Sorgfalt und den üblichen Kenntnissen eines durchschnittlichen Unternehmens erkannt werden können (**objektiver Maßstab**; VK Sachsen vom 25.1.2008, 1/SVK/088-07). Bei der Konkretisierung dieses Maßstabes, also bei der Frage, welche Sorgfalt man insoweit von einem verständigen Bieter oder Bewerber erwarten muss, sind jedoch durchaus die individuellen Verhältnisse des Antragstellers zu berücksichtigen, **letztlich gilt** also ein **subjektiver Maßstab** (OLG Düsseldorf vom 2.5.2007, Verg 1/07; OLG Düsseldorf vom 18.10.2006, Verg 35/06 mit überzeugender Begründung; z.B. VK Bund vom 8.1.2010, VK 3-129/09; zust. auch *Herlemann/Thiele*, in: Beck'scher Vergaberechtskommentar, § 107 Rn. 46; a.A. *Jaeger*, NZBau 2009, 558, 561). Es kann also für die Frage der Erkennbarkeit auch darauf ankommen, ob ein Unternehmen schon erhebliche **Erfahrungen** mit der Vergabe von öffentlichen Aufträgen hat und daher gewisse Rechtskenntnisse vorausgesetzt werden können, die bei einem unerfahrenen Unternehmen nicht vorhanden sind (VK Bund vom 31.7.2007, VK 1-65/07), oder ob das Unternehmen über eine eigene Rechtsabteilung verfügt (VK Düsseldorf vom 2.3.2007, VK-05/2007-L). So soll es einem erfahrenen Unternehmen etwa möglich sein, aus der beschriebenen Art und dem Umfang der Arbeiten sowie den sog. CPV-Code-Nummern, aus denen sich konkret der Auftragsgegenstand ergibt, zu erkennen, was im Einzelnen geliefert und eingebaut werden soll (VK Bund vom 26.9.2005, VK 3-118/05). Andererseits kann auch ein bei Ausschreibungen langjährig erfahrenes Unternehmen einwenden, dass es über den erforderlichen rechtlichen Sachverstand nicht verfügte und der Verstoß für ihn daher nicht zu erkennen gewesen sei (vgl. OLG Düsseldorf vom 2.5.2007, Verg 1/07). Sowohl der objektive als auch der subjektive Maßstab dürften in der Praxis zu dem gleichen Ergebnis kommen (*Herlemann/Thiele*, in: Beck'scher Vergaberechtskommentar, § 107 Rn. 46). Insgesamt ist ein **realistischer Maßstab** anzulegen. So darf der subjektivierte Maßstab nicht dazu führen, dass er im Ergebnis in einer Weise interpretiert wird, dass er der positiven Kenntnis des Abs. 3 Satz 1 Nr. 1 nahe kommt (*Herlemann/Thiele*, in: Beck'scher Vergaberechtskommentar, § 107 Rn. 46).

118 Maßgeblich ist im Ergebnis, ob die Nichtfeststellung eines Vergaberechtsverstoßes aufgrund der Bekanntmachung dem Antragsteller **(individuell) vorwerfbar** ist (vgl. OLG Frankfurt vom 15.7.2008, 11 Verg 4/08; OLG Düsseldorf vom 18.10.2006, Verg 35/06). Erkennbar ist das, was sich bei der Beachtung der gebotenen Sorgfalt bereits aus dem Inhalt der Ausschreibung als vergaberechtswidrig erschließt (VK Bund vom 24.4.2012, VK 1-25/12). Hierbei ist nicht auf den Vergaberechtsexperten abzustellen, sondern auf die fachkundigen Bieter als Adressaten der Bekanntmachung (OLG Thüringen vom 16.9.2013, 9 Verg 3/13). Der Verstoß muss so offensichtlich sein, dass er einem durchschnittlich erfahrenen Bieter bei der Vorbereitung seines Angebots bzw. seiner Bewerbung auffallen muss (OLG Düsseldorf vom 3.8.2011, VII-Verg 16/11). Erkennbarkeit dürfte demnach nicht durchweg für jeden Rechtsverstoß anzunehmen sein, der mit dem Wortlaut der Bekanntmachung in Zusammenhang steht. Das gilt insbesondere für solche Verstöße, die erst aufgrund eines – bei dem Antragsteller nicht vorhandenen – **vergaberechtlichen Sachverstands** zu erkennen sind (VK Sachsen vom 25.1.2008, 1/SVK/088-07; vgl. auch VK Bund vom 20.11.2009, VK 3-202/98); dies ist von der Rechtsprechung beispielsweise zunächst angenommen worden für das Verbot, ein „Mehr an Eignung" auf der vierten Wertungsstufe bei der Ermittlung des wirtschaftlichsten Angebots zu berücksichtigen (vgl. etwa OLG München vom 29.7.2010, Verg 9/10; i.E. auch OLG Karlsruhe vom 20.7.2011, 15 Verg 6/11 sowie VK Baden-Württemberg vom 27.6.2011, 1 VK 31/11; anders aber zuletzt OLG München vom 25.7.2013, Verg 7/13; VK Bund vom 30.8.2013, VK 2-70/13) oder für die Frage der Zulässigkeit von „Tariftreue"-Vorgaben (OLG Düsseldorf vom 30.12.2010, VII-Verg 24/10) oder für die Unzulässigkeit von Nebenangeboten bei Auftragsvergaben allein nach dem Preis als einziges Zuschlagskriterium (OLG Düsseldorf vom 18.10.2010, VII-Verg 39/10).

119 „Erkennbar" dürften jedoch solche Verstöße sein, die unmittelbar aus dem Text der Bekanntmachung selbst zu erkennen sind (OLG Celle vom 31.7.2008, 13 Verg 3/08) bzw. die bereits aus dem bloßen Wesen der einschlägigen vergaberechtlichen Normen und einem Vergleich mit dem Text der

Bekanntmachung ohne Weiteres feststellbar sind (vgl. OLG Koblenz vom 7.11.2007, 1 Verg 6/07; VK Düsseldorf vom 21.10.2008, VK-34/2008-B).

Ob der vermeintliche Verstoß für den jeweiligen Bieter erkennbar war, ist jedoch insgesamt stark **von den Gegebenheiten des Einzelfalles abhängig**. Als Beispiele für erkennbare Verstöße werden Gesichtspunkte benannt, die eher fachlich-technischer Natur sind und entsprechende Branchenkenntnis voraussetzen. Auch vermeintliche Verstöße gegen „weitbekannte Prinzipien des Vergaberechts" (*Steiff*, in: Heuvels/Höß/Kuß/Wagner, Gesamtkommentar, § 107 GWB Rn. 121) bzw. bei auf allgemeiner Überzeugung der Vergabepraxis beruhenden und ins Auge fallenden Rechtsverstößen (OLG Düsseldorf vom 3.8.2011, VII-Verg 16/11), wie etwa die Verpflichtung zur Losaufteilung, werden als erkennbar eingestuft. Auch der diskriminierende Charakter von geforderten (Eignungs-)Nachweisen oder deren (individuelle oder allgemeine) Unerfüllbarkeit dürften stets erkennbar sein. Nicht erkennbar sollen dagegen „rechtlich anspruchsvolle Thematiken" (*Steiff*, a.a.O.) sein wie z.B. die rechtlich anspruchsvolle Frage, ob ausreichende Mindestbedingungen für Nebenangebote festgelegt wurden und den gemeinschaftsrechtlichen Anforderungen entsprechen (OLG Düsseldorf vom 10.12.2008, VII-Verg 51/08). Fachwissenschaftliche Diskurse muss ein durchschnittlicher Bieter nicht kennen (OLG Jena vom 16.9.2013, 9 Verg 3/13). **120**

Beispiele: **121**
Nach der Rechtsprechung können Vergaberechtsverstöße, die bereits aufgrund der Bekanntmachung „erkennbar" sind, z.B. folgende Verfahrensfehler sein:
- Wahl des „falschen" Vergabeverfahrens (vgl. VK Südbayern vom 12.11.2012, Z3-3-3194-1-36-07712; VK Bund vom 21.9.2011, VK 1-117/11; VK Bund vom 20.11.2009, VK 3-202/09; VK Nordbayern vom 4.11.2010, 21.VK-3194-36/10; VK Berlin vom 26.4.2011, VK B 2-3/11 (öffentliche Ausschreibung anstelle eines offenen Verfahrens);
- Wahl der „falschen" Vergabeordnung (VOB/A anstatt VOL/A) bzw. die fehlerhafte Abgrenzung zwischen Bau- und Dienstleistungsverträgen (VK Brandenburg vom 18.1.2011, VK 66/10; VK Bund vom 31.7.2006, VK 2-65/06);
- die bereits aus der Bekanntmachung ersichtliche Nichtaufteilung in Lose (vgl. VK Bund vom 6.5.2010, VK 2-26/10; VK Arnsberg vom 18.1.2008, VK 1/08; VK Sachsen vom 17.6.2004, 1/SVK/038-04, 1/SVK/038-04B); dies soll nicht gelten, wenn die genauen Bedingungen der ausgeschriebenen Leistung nur in der mit den Vergabeunterlagen anzufordernden Leistungsbeschreibung niedergelegt sind (VK Bund vom 6.6.2007, VK 1-38/07; VK Düsseldorf vom 2.3.2007, VK-05/2007-L);
- Diskriminierung durch einseitige Kriterien (Erfahrungen mit der Vergabestelle oder Ortsansässigkeit als Eignungsvoraussetzungen);
- inhaltliche Mängel (OLG Koblenz vom 7.11.2007, 1 Verg 6/07) bzw. Unklarheiten im Text der Bekanntmachung selbst (OLG Celle vom 31.7.2008, 13 Verg 3/08);
- intransparente Wertungskriterien (OLG Naumburg vom 8.10.2009, 1 Verg 9/09);
- ein falsch bestimmter Ablauf der Angebotsfrist (VK Düsseldorf vom 21.10.2008, VK-34/2008-B);
- unerfüllbare Bedingungen (VK Thüringen vom 16.2.2007, 360-4003.20-402/2007-001-UH);
- Nennung der Eignungskriterien nicht in der Bekanntmachung, sondern erst in den Vergabeunterlagen (OLG Celle vom 16.6.2011, 13 Verg 3/11; OLG Koblenz vom 7.11.2007, 1 Verg 6/07);
- fehlende Angabe der Höhe der Sicherheitsleistung und der geforderten Bürgschaften (VK Sachsen vom 21.7.2004, 1/SVK/050-04).

4. Rügeausschlussfrist

Nach Nr. 2 müssen aufgrund der Bekanntmachung erkennbare Vergaberechtsverstöße spätestens bis zum Ablauf der Angebots- bzw. Bewerbungsfrist gerügt werden. Mit „Ablauf der mit der **Bekanntmachung benannten Frist zur Bewerbung**" ist der in der Vergabebekanntmachung ausdrücklich gesetzte Schlusstermin für den Eingang der Teilnahmeanträge im nichtoffenen und Ver- **122** handlungsverfahren gemeint (VK Lüneburg vom 25.2.2004, 203-VwK-02/2004; VK Schleswig-Holstein vom 18.12.2007, VK-SH 25/07). Die in der **„Bekanntmachung benannte Frist zur Angebotsabgabe"** ist die Angebotsfrist nach § 12 EG VOL/A bzw. §§ 10, 10 EG VOB/A. Gemeint ist also der Zeitraum, der den Bietern zur Verfügung steht, um ihr Angebot für den ausgeschriebenen Auftrag zu erarbeiten und bei der Vergabestelle einzureichen. Eine Rüge i.S.v. Abs. 3 Satz 1 Nr. 2 muss also bis zum in der Bekanntmachung (s. aber Rn. 124) angegebenen Schlusstermin für den Eingang der Angebote erhoben worden sein (vgl. OLG Celle vom 4.3.2010, 13 Verg 1/10).

123 Die Rüge muss auch innerhalb der Rügefrist **tatsächlich zugehen** (OLG Thüringen vom 31.8.2009, 9 Verg 6/09). Die Rüge ist als geschäftsähnliche Handlung anzusehen. Für sie gilt deshalb u.a. § 130 BGB entsprechend. Zugang liegt vor, wenn das Rügeschreiben so in den Bereich des Empfängers gelangt ist, dass dieser unter normalen Umständen die Möglichkeit hat, von dessen Inhalt Kenntnis zu nehmen (OLG Düsseldorf vom 7.12.2011, Verg 81/11). Das ist nicht nur dann nicht der Fall, wenn die Rüge im Leistungsverzeichnis „versteckt" wird (OLG Thüringen vom 31.8.2009, 9 Verg 6/09), sondern auch immer dann, wenn die Rüge dem Auftraggeber **zusammen mit dem Angebot** in demselben verschlossenen Briefumschlag vorgelegt wird. Die Rüge ist in diesen Fällen verfristet erhoben worden, da der Auftraggeber erst nach Submission und damit nach Ablauf der Angebotsfrist von der Rüge Kenntnis nehmen kann (VK Hessen vom 25.6.2013, 69d-VK-13/2013).

124 Voraussetzung für das Entstehen der Rügeobliegenheit nach Nr. 2 ist in jedem Fall, dass die **Angebots- und Bewerbungsfrist in der Bekanntmachung veröffentlicht** wurde (vgl. auch VK Schleswig-Holstein vom 22.1.2010, VK S-H 26/09 mit zweifelhafter Begründung). Dies gilt indessen regelmäßig nur für die Angebotsfrist im offene Verfahren. Beim nicht offenen Verfahren (und beim Verhandlungsverfahren bzw. beim wettbewerblichen Dialog) ist Nr. 2 jedoch entsprechend anzuwenden (OLG Brandenburg vom 20.9.2011, Verg W 11/11; OLG Naumburg vom 18.8.2011, 2 Verg 3/11 für das Verhandlungsverfahren ohne vorherige Bekanntmachung). In diesen Fällen ist die **in der Angebotsaufforderung genannte Angebotsfrist** maßgeblich (OLG Brandenburg vom 20.9.2011, Verg W 11/11; OLG Naumburg vom 18.8.2011, 2 Verg 3/11; VK Schleswig-Holstein vom 22.1.2010, VK-SH 26/09).

125 Ist es zu einer **Verlängerung der ursprünglichen Angebotsfrist** aus Gründen gekommen, die im Bereich des Auftraggebers liegen, ist eine Rüge rechtzeitig nach Nr. 2 erhoben, wenn sie innerhalb der verlängerten Frist erhoben wird (OLG Düsseldorf vom 29.4.2009, VII-Verg 76/08; VK Düsseldorf vom 14.6.2011, 16/2011-B; a.A VK Baden-Württemberg vom 14.10.2011, 1 VK 51/11; VK Hessen vom 30.7.2009, 69d VK 25/09). Eine andere Sichtweise ist mit dem Grundsatz von Treu und Glauben nicht vereinbar. Außerdem wäre der Auftraggeber in diesen Fällen streng genommen verpflichtet, eine Änderungsbekanntmachung zu veranlassen; unterlässt er diese, darf er hieraus keinen Vorteil ziehen (so zu Recht *Steiff*, in: Heuvels/Höß/Kuß/Wagner, Gesamtkommentar, § 107 GWB Rn. 123).

126 Mit dem Abgabetermin für die Bewerbung im nichtoffenen bzw. im Verhandlungsverfahren mit Teilnahmewettbewerb bzw. mit dem Ablauf der in der Bekanntmachung benannten Frist zur Angebotsabgabe im offenen bzw. im Verhandlungsverfahren ohne Teilnahmewettbewerb ist indes nur der **letzte zulässige Zeitpunkt einer Rüge** nach Nr. 2 benannt. Zwar kann weder aus dem Zusatz „spätestens" noch aus Nr. 2 insgesamt auf eine gesetzliche Frist zur sofortigen und intensiven Prüfung des Inhalts der Bekanntmachung hinsichtlich etwaiger vergaberechtlicher Verstöße geschlossen werden (VK Baden-Württemberg vom 15.1.2003, 1 VK 71/02 zu § 107 Abs. 3 Satz 2 a.F.). Die Rügeobliegenheit nach Nr. 2 unterliegt aber dem **Beschleunigungsgebot** ebenso wie die Rügeobliegenheit aus Nr. 1. Wird ein erkennbarer Fehler positiv erkannt, darf auch hier nicht aus spekulativen Gründen mit der Rüge abgewartet werden. Bereits aus der Vergabebekanntmachung „erkennbare" Verstöße gegen Vergabevorschriften, die tatsächlich („positiv") erkannt wurden, sind immer auch gleichzeitig als „erkannte" Verstöße i.S.d. Nr. 1 zu betrachten und damit „unverzüglich" zu rügen. Die Rügeobliegenheiten der Nr. 1 und Nr. 2 gelten also **nebeneinander** (Rn. 98). Liegt bereits tatsächliche („positive") Kenntnis eines Vergaberechtsverstoßes vor, bedarf es also keines Rückgriffs auf dessen „Erkennbarkeit" mehr. Letztlich bedeutet das, dass bei Vergaberechtsverstößen,

die sowohl in den Anwendungsbereich der Nr. 1 als auch der Nr. 2 fallen, die **Regelung in Nr. 1 der Regelung in Nr. 2 vorgeht** (so auch VK Bund vom 6.5.2011, VK 2 22/11; VK Bund vom 20.1.2010, VK 1 230/09). Das entspricht auch dem Sinn und Zweck der Rügeobliegenheit, vermeintliche Vergaberechtsverstöße schnellstmöglich korrigieren zu können (VK Schleswig-Holstein vom 14.3.2012, VK-SH 3/2012).

VIII. Rüge bei Erkennbarkeit des Fehlers in den Vergabeunterlagen (Abs. 3 Satz 1 Nr. 3)

1. Normzweck

Die durch das Gesetz zur Modernisierung des Vergaberechts 2009 als Abs. 3 Satz 1 Nr. 3 eingefügte Regelung legt als **weitere Zugangsvoraussetzung** zum Nachprüfungsverfahren neben Nr. 1 und 2 fest, dass auch **Verstöße gegen Vergabevorschriften, die (erst) aus den Vergabeunterlagen erkennbar** sind, spätestens bis zum Ablauf der Bewerbungs- bzw. Angebotsfrist gegenüber dem Auftraggeber **gerügt werden**. Eine erweiternde Auslegung des § 107 Abs. 3 Satz 2 GWB a.F. auf Vergaberechtsverstöße, die aus den Vergabeunterlagen erkennbar waren, hatte die Rechtsprechung vorher zu Recht abgelehnt (OLG Düsseldorf vom 18.10.2006, Verg 35/06). Für Auftraggeber kann die Regelung mehr Rechtssicherheit im Vergleich zur früheren Regelung bedeuten. Da für Vergaberechtsfehler in den Vergabeunterlagen vorher ausschließlich § 107 Abs. 3 Satz 1 GWB a.F. galt, der vorausssetzte, dass ein Vergaberechtsverstoß „im Vergabeverfahren erkannt" wurde, führte dies in der Praxis häufig dazu, dass solche Fehler erst nach Erhalt der Mitteilung nach § 13 Satz 1 VgV a.F. gerügt und im Nachprüfungsverfahren angefochten wurden, also nachdem die Angebotswertung abgeschlossen war und der betroffene Bieter seine Chancen auf den Auftrag verlässlich einschätzen konnte. Die durch Nr. 3 vorgeschriebene Rüge von Vergaberechtsfehlern in den Vergabeunterlagen bis zum Ablauf der Bewerbungs- bzw. Angebotsfrist soll die Vergabestelle in die Lage versetzen, etwaige Fehler frühzeitig zu korrigieren und entsprechend dem gesetzlichen Ziel der Rügepflicht, unnötige Nachprüfungsverfahren „zur Unzeit" vermeiden. Will sie einer Rüge dagegen nicht abhelfen und teilt diese dem Bieter mit, ist dieser nach Nr. 4 gezwungen, innerhalb von 15 Tagen ein Nachprüfungsverfahren nach Eingang der „Nichtabhilfemitteilung" des Auftraggebers einzuleiten. Auf diese Weise soll frühzeitig Klarheit über einen strittigen Punkt zwischen Auftraggebern und Bietern herrschen. Die Vorschrift will im Ergebnis verhindern bzw. zumindest erschweren, an sich frühzeitig zu erkennende Vergaberechtsfehler erst kurz vor Ende des Vergabeverfahrens zu thematisieren und damit ein ggf. schon weit fortgeschrittenes Vergabeverfahren insgesamt in Frage zu stellen. Diese Problematik konnte Abs. 3 Satz 1 Nr. 1 vorher nicht lösen (*Herlemann/Thiele*, in: Beck'scher Vergaberechtskommentar, § 107 Rn. 49). Letztlich ist die Regelung in Nr. 3 daher als Korrektur der Nr. 1 und der hierzu gehörenden Beweislastverteilung (Rn. 186) zu sehen, nach der der Auftraggeber nachweisen muss, ob und wann ein Bieter „Kenntnis" des beanstandeten Verstoßes i.S.v. Nr. 1 erlangt hatte – in der Praxis häufig ein Ding der Unmöglichkeit. Von dieser Beweislast wird der öffentliche Auftraggeber durch die Regelung in Nr. 3 befreit (*Jaeger*, NZBau 2009, 558, 559 f. m.w.N.). Für die Bieter, bei denen es nicht mehr auf das individuelle tatsächliche Erkennen eines Vergaberechtsverstoßes, sondern auf dessen abstrakte Erkennbarkeit ankommt, bedeutet dies eine durchaus empfindliche Einschränkung des Rechtsschutzes.

127

Wie sich aus der amtlichen Begründung des Gesetzes zur Modernisierung des Vergaberechts ergibt, zielte der Gesetzgeber mit der Regelung in Nr. 3 vor allem auf **erkennbare Verstöße aus der Leistungsbeschreibung** (Begr. RegE, BT-Drucks. 16/10117, S. 24). Mit der Erweiterung der Rügeobliegenheit soll dem Auftraggeber auch in gewissen Fällen eher die Gelegenheit gegeben werden, etwaige Verfahrensfehler zu beheben, um so im Interesse aller Beteiligten unnötige Nachprüfungsverfahren zu vermeiden. Ob es hierzu indes der Regelung wirklich bedurfte, ist zweifelhaft (s. auch *Jaeger*, NZBau 2009, 558, 559). Denn schon zuvor mussten nach der Rechtsprechung Fehler, die bei der Bearbeitung der Angebote in den Vergabeunterlagen festgestellt werden, unverzüglich, also vor Abgabe des Angebots, gerügt werden (VK Sachsen vom 9.11.2006, 1/SVK/095-06; VK Nordbayern vom 16.1.2007, 21.VK-3194-43/06). „Positive" Kenntnis von (vermeintlichen) Vergabefehlern i.S.d.

128

Nr. 1 hat die Rechtsprechung auch schon bislang insbesondere dann angenommen, wenn beim Durcharbeiten der Leistungsbeschreibung Ungenauigkeiten festgestellt werden (VK Schleswig-Holstein vom 12.6.2006, VK-SH 12/06; VK Sachsen-Anhalt vom 23.8.2005, 1 VK LVwA 31/05; VK Düsseldorf vom 10.7.2003, VK-18/2003-L; VK Lüneburg vom 28.8.2001, 203-VwK-17/2001), beispielsweise bei behaupteter nicht produktneutraler Ausschreibung (OLG München vom 28.2.2007, Verg 1/07). Erkennt ein Bieter den gleichwohl „erkennbaren" Mangel in den Vergabeunterlagen jedoch nicht, kommt es auch nicht zu einer früheren Rüge und der damit verbundenen Gelegenheit für den Auftraggeber, sich selbst zu korrigieren.

2. Begriff der Vergabeunterlagen

129 Die Vergabeunterlagen enthalten alle Angaben für die Entscheidung eines Bieters, an einem Vergabeverfahren teilzunehmen (vgl. § 9 EG Abs. 1 Satz 1 VOL/A; § 8 EG VOB/A). Sie umfassen letztlich alle Unterlagen, die der Auftraggeber den Bietern im Vergabeverfahren zur Verfügung stellt, also auch sonstige Mitteilungen und Informationen der Vergabestelle, welche die Bieter vor Angebotsabgabe erreichen und die für die Angebotsbearbeitung relevant sind (VK Rheinland-Pfalz vom 10.6.2010, VK 1-17/10).

130 Bestandteile der Vergabeunterlagen sind das **Anschreiben** (Aufforderung zur Angebotsabgabe) bzw. das Begleitschreiben für die Abgabe der angeforderten Unterlagen, die **Bewerbungsbedingungen**, die **Leistungsbeschreibung** und die **Vertragsbedingungen**. In den Vergabeunterlagen sind etwa auch die **Zuschlagskriterien** (inklusive etwaiger sie ausfüllender Unterkriterien und ihre Gewichtung) anzugeben, sofern diese nicht bereits in der Vergabebekanntmachung genannt werden.

131 Für den Entschluss der Bieter zur Angebotsabgabe ist zudem bedeutsam, ob der Auftraggeber **Nebenangebote** im Verfahren zulässt oder nicht; auch hierüber müssen die Vergabeunterlagen ausdrücklich Auskunft geben und **Mindestanforderungen** für Nebenangebote festlegen (vgl. z.B. § 9 EG Abs. 5 VOL/A).

132 Schließlich ist der Auftraggeber gemäß § 9 EG Abs. 4 VOL/A etwa auch verpflichtet, alle verlangten **Nachweise** an einer Stelle der Vergabeunterlagen zusammenzufassen. Insgesamt konkretisieren und vertiefen die Vergabeunterlagen das in der vorausgegangenen Vergabebekanntmachung nur zusammenfassend dargestellte **Beschaffungsvorhaben** und die geltenden **Wettbewerbsbedingungen**.

133 Die Vergabeunterlagen sind – auch gegenüber der Bekanntmachung – **vorrangige Richtschnur** für das Verständnis der Vergabebedingungen insgesamt (VK Düsseldorf vom 22.7.2002, VK-19/2002-L).

134 Die Vergabeunterlagen sind gemäß §§ 133, 157 BGB nach dem objektiven Empfängerhorizont auszulegen, wenn sich ihr Inhalt z.B. bei Widersprüchlichkeiten nicht ohne weiteres ergibt (BGH vom 10.6.2008, X ZR 78/07). Eine **Auslegung** der Vergabeunterlagen hat aus der objektiven Sicht eines verständigen und mit Leistungen der ausgeschriebenen Art vertrauten, also sach- und fachkundigen, Bieters zu erfolgen (VK Münster vom 17.11.2005, VK 21/05). Maßgeblich ist damit, welche Verständnismöglichkeiten die potenziellen Bieter, also der durch die Ausschreibung abstrakt angesprochene Empfängerkreis, hat (BGH vom 10.6.2008, X ZR 78/07); das tatsächliche Verständnis der Bieter hat demgegenüber nur indizielle Bedeutung (OLG Düsseldorf vom 20.10.2008, Verg 41/08). Die Auslegung hat sich vor allem am Wortlaut der Vergabeunterlagen zu orientieren (VK Münster vom 25.9.2007, VK 20/07), daneben sind aber auch die sonstigen Umstände des Einzelfalles, der Verkehrssitte sowie Treu und Glauben heranzuziehen (VK Schleswig-Holstein vom 7.5.2008, VK-SH 5/08).

135 Das **Anschreiben (Aufforderung zur Angebotsabgabe)** enthält die Vorgaben des Auftraggebers für die Angebotserstellung. Mit ihnen werden die Unternehmen aufgefordert, ein Angebot zu der ausgeschriebenen Leistung abzugeben. Zu diesem Zweck soll es dem Unternehmen in einer Art Kurzfassung der Ausschreibung alle Informationen übermitteln, die für den Entschluss, ein Angebot abzugeben, von Bedeutung sind. Das Anschreiben wiederholt im Wesentlichen die Informationen

über den Auftrag, die bereits in der Bekanntmachung veröffentlicht wurden, z.B. Angaben zum Auftraggeber, Art und zu Ort und Umfang der ausgeschriebenen Leistung, zur Art des Verfahrens, zu den maßgeblichen Fristen, zu den Eignungsnachweisen und Zuschlagskriterien oder zum Umgang mit Nebenangeboten sowie zu den Vertragsbedingungen, die Bedeutung für die Angebotskalkulation haben können, wie z.B. verlangte Sicherheitsleistungen.

Die **Bewerbungsbedingungen** enthalten Verfahrensvorgaben (Fristen, Vorgaben für die Form der Angebote, Umgang mit unvollständigen Angeboten, Muster und Proben, Patentrechte etc.), die die Bieter bei der Erarbeitung und Abgabe der Angebote beachten müssen. In den Bewerbungsbedingungen können Auftraggeber, die regelmäßig Leistungen vergeben, wiederkehrende Verfahrenserfordernisse vereinheitlichen. Sie stellen reine Verfahrensregeln und damit keine Vertragsbedingungen dar. Mit den Bewerbungsbedingungen lassen sich die Erarbeitung und die Prüfung der Vergabeunterlagen rationalisieren: Mit ihnen können ständig verwendete Standardvorgaben anstatt in die Aufforderung zur Angabe eines Angebots in die allgemeinen Bewerbungsbedingungen aufgenommen werden. Dabei ist es allein Sache des Auftraggebers, zu entscheiden, welche Bestimmungen er in diesen Bedingungen zusammenfasst. Diese müssen die Bieter in gleicher Weise beachten wie die Bedingungen des Anschreibens selbst (OLG Koblenz vom 7.7.2004, 1 Verg 1 und 2/04). Eine Einschränkung der Gültigkeit von Bewerbungsbedingungen ergibt sich lediglich aus ihrem Rechtscharakter als Allgemeine Geschäftsbedingungen. Den Bewerbungsbedingungen wird häufig auch ein von den Bietern auszufüllendes Angebotsschreiben beigefügt. 136

Die **Leistungsbeschreibung** legt Inhalt und Umfang des ausgeschriebenen Auftrags fest und bildet damit die gegenständliche Grundlage der Angebote und des Vertrages. Die Leistungsbeschreibung ist Voraussetzung für die zuverlässige Bearbeitung der Angebote durch die Bieter, für die zutreffende Angebotswertung und die richtige Vergabeentscheidung, für eine reibungslose und technisch einwandfreie Ausführung der Leistung und die vertragsgemäße und regelgerechte Abrechnung. Der Auftraggeber ist verpflichtet, die Leistung (also den Auftrag, der beschafft werden soll) eindeutig und erschöpfend zu beschreiben. **Eindeutig beschrieben** ist eine Leistung dann, wenn alle Bieter den Angaben der Leistungsbeschreibung den gleichen Erklärungsgehalt beimessen müssen und die Angaben miteinander vergleichen können. **Erschöpfend** ist die Leistungsbeschreibung, wenn sie alle geforderten Leistungsbereiche lückenlos erfasst, also keine Restbereiche unbeschrieben bleiben. Beide Anforderungen dienen der Gewährleistung einer exakten Preisermittlung sowie der Vergleichbarkeit der Angebote. Die hohen Anforderungen an die Gestaltung der Leistungsbeschreibung bilden die Grundlage dafür, dass alle potenziellen Bieter die Leistung im gleichen Sinne verstehen und qualifizierte bzw. vergleichbare Angebote unterbreiten können. Der Leistungsbeschreibung kommt daher eine Schlüsselfunktion für ein erfolgreiches Vergabeverfahren zu. Sie muss im Hinblick auf ein möglichst eindeutiges Verständnis des Empfängerkreises formuliert werden und allgemein eine gleiche und faire Wettbewerbssituation für die Bieter gewährleisten. 137

In den **Vertragsbedingungen** legt der Auftraggeber die rechtlichen Bedingungen fest, die Bestandteil des durch den Zuschlag zu schließenden Vertrages werden. Zwingender Vertragsbestandteil sind die Vorschriften der VOL/B bzw. der VOB/B. Auf diese Weise soll die inhaltliche Ausgewogenheit des Vertrages sichergestellt werden. Die Vertragsbedingungen regeln die Anforderungen an die Beschaffenheit der vertragsgegenständlichen Leistungen und ganz allgemein die vertraglichen Rechte und Pflichten der Parteien. Die Vertragsbedingungen werden durch den Auftraggeber in den Vergabeunterlagen abschließend festgelegt. Der Inhalt des Vertrages steht also mit der Erstellung der Vergabeunterlagen bereits fest. Sie werden mit dem Zuschlag des Auftraggebers auf das Angebot des erfolgreichen Bieters wirksam. Die Bieter haben keinen Einfluss auf die Vertragsbedingungen. Vertragsverhandlungen finden in offenen und nichtoffenen Verfahren nicht statt. Die weit verbreitete Praxis, im Anschluss an das Vorliegen der Angebote mit dem Bestbieter einen Vertrag auszuhandeln, verstößt gegen das Nachverhandlungsverbot. Eine Änderung der zwingend vorgegebenen Vertragsbedingungen durch einen Bieter im Angebot ist immer eine unzulässige Änderung der Vergabeunterlagen und führt zwingend zum Ausschluss des Angebots. 138

Hattig

3. „Erkennbare" Vergaberechtsverstöße

139 Zum **Begriff** der **Erkennbarkeit** s. Rn. 117 ff. Erkennbar sind Verstöße aus den Vergabeunterlagen dann, wenn sich ihre Rechtswidrigkeit bei Beachtung der gebotenen Sorgfalt bereits aus den Vergabeunterlagen selbst ergibt. Aus den Vergabeunterlagen „erkennbar" sind vor allem diejenigen Umstände, deren unmittelbare Bedeutung für die Angebotsausarbeitung die Bieter ohne besondere Rechtskenntnisse erkennen können. Das gilt z.B. für zu knapp bemessene Angebotsfristen und Fristen zur Vorlage von Unterlagen, für missverständliche oder widersprüchliche Anforderungen oder für aus der Sicht eines Bieters unsinnige Nachweisforderungen (vgl. VK Baden-Württemberg vom 5.7.2010, 1 VK 29/10) oder wenn Angaben gefordert werden, die aus Sicht des Bieters objektiv nicht möglich und daher vergaberechtswidrig sind (vgl. OLG Dresden vom 11.9.2006, WVerg 13/06). Das kann im Einzelfall auch für die Wahl der Vergabeart gelten. So hat das OLG Brandenburg (vom 20.9.2011, Verg W 11/11) zur Wahl eines Verhandlungsverfahrens ohne vorherigen Teilnahmewettbewerb entschieden, dass eine freihändige Vergabe bei Auftragsvergaben oberhalb der EU-Schwellenwerte ein so außergewöhnlicher Vorgang sei, dass ein Bieter schon allein deshalb Zweifel haben müsse, ob der Auftraggeber damit nicht das Vergaberecht umgehen wolle. Dass sich ein öffentlicher Auftraggeber bei einer Auftragsvergabe oberhalb der EU-Schwellenwerte direkt an ausgesuchte Unternehmen wende und sie zur Angebotsabgabe auffordere, könne für die Antragstellerin kein alltäglicher Vorgang sein.

140 Setzt das Erkennen eines Vergaberechtsverstoßes aus den Vergabeunterlagen dagegen **vergaberechtliche Spezialkenntnisse** voraus, ist eine Erkennbarkeit i.S.d. Nr. 3 nicht gegeben. Das gilt z.B. für die etwaige Bewertung von Optionen sowie für eine (vermeintlich) unzureichende Regelung in den Vergabeunterlagen zu formal fehlerhaften oder unvollständigen Angeboten bzw. für die rechtlich gebotene Durchführung einer Teststellung (zu allem: VK Bund vom 22.12.2009, 2-204/09) oder etwa für die Frage der rechtlichen Zulässigkeit ungewöhnlicher Wagnisse in den Vergabeunterlagen (VK Bund vom 25.7.2011, VK 3 92/11).

4. Rügeausschlussfrist

141 Wie Nr. 2 legt auch Nr. 3 eine Rügeausschlussfrist als Zugangsvoraussetzung zum Nachprüfungsverfahren fest (Rn. 122 ff.). „Erkennbare" Vergaberechtsverstöße in den Vergabeunterlagen müssen „spätestens" bis zum Ablauf der Bewerbungs- bzw. Angebotsfrist (Rn. 122 ff.) gerügt werden. Der Ablauf der Bewerbungs- bzw. Angebotsfrist stellt – wie bei Nr. 2 – indes nur den letztmöglichen Zeitpunkt für das Erfüllen der Rügeobliegenheit nach Nr. 3 dar.

142 Während im offenen Verfahren die Angebotsfrist regelmäßig in der Bekanntmachung genannt wird, wird sie beim **nicht offenen Verfahren**, beim **Verhandlungsverfahren** oder beim **wettbewerblichen Dialog** regelmäßig in der Aufforderung zur Angebotsabgabe genannt. Auf diese Verfahren ist Nr. 3 entsprechend anzuwenden (Rn. 124). Den beiden in Nr. 3 genannten Ausschlussfristen steht in einem Verhandlungsverfahren ohne Vergabebekanntmachung diejenige Frist gleich, die als Ausschlussfrist für die Einreichung der – indikativen – Angebote benannt worden ist (OLG Naumburg vom 18.8.2011, 2 Verg 3/11; OLG Brandenburg vom 20.9.2011, Verg W 11/11).

143 Zur **Verlängerung** der Angebotsfrist s. Rn. 125.

144 Auch bei Nr. 3 ist das **Zusammenspiel mit der Obliegenheit zur Rüge „erkannter" Fehler nach Nr. 1** zu beachten, wonach der Antragsteller im Vergabeverfahren „erkannte" Vergaberechtsverstöße „unverzüglich" gegenüber dem Auftraggeber rügen muss (vgl. Rn. 98, 126). Das bedeutet jedoch nicht, dass ein Bieter etwaige Fehler der Vergabeunterlagen (sogleich) nach deren Übersendung rügen muss (OLG Schleswig-Holstein vom 30.6.2005, 6 Verg 5/05). Die ursprünglich im Regierungsentwurf noch enthaltene Verschärfung, wonach solche Verstöße „unverzüglich nach Erhalt" der Vergabeunterlagen zu rügen waren, was auf eine Obliegenheit der Bieter zur sofortigen Durchsicht der übersandten Vergabeunterlagen hinausgelaufen wäre (Stellungnahme des Bundesrates, BT-Drucks. 16/10117, Anlage 3, S. 34), ist im Gesetzgebungsverfahren zu Recht wieder abgeschwächt worden (Rn. 67). Denn die gesetzliche Regelung will weder denjenigen Bieter bevorzugen, der sich die Vergabeunterlagen erst sehr spät zusenden lässt, noch generell das Risiko einer unzutreffenden Ausschreibung auf den Bieter verlagern. In erster Linie ist der Auftraggeber aufgerufen, die Vergabeunterlagen rechtmäßig auszugestalten. Der Bieter ist nicht der Kontrolleur des Auftraggebers (BayObLG vom 15.9.2004, Verg 26/03). Von einem sachkundigen Bieter ist jedoch nach Auffassung der Rechtsprechung zu erwarten, dass er innerhalb einer, höchstens aber **zwei Wochen nach Eingang der Vergabeunterlagen** diese auf **Verständlichkeit und Vollständigkeit geprüft** hat. Der Bieter muss sich aus den Vergabeunterlagen ergebende Zweifelsfragen rechtzeitig vor Abgabe seines Angebots klären, notfalls auch durch Hinzuziehung rechtlichen Beistandes. Er hat Erkundigungen einzuholen und ggf. den öffentlichen Auftraggeber aufzufordern, notwendige Konkretisierungen vorzunehmen. Diese Verpflichtung der rechtzeitigen Kontaktaufnahme zur Vergabestelle bei Ungereimtheiten in den Verdingungsunterlagen ist zwingend geboten, da nur so etwaige Unklarheiten unmittelbar aufgeklärt und korrigiert werden können (OLG Rostock vom 6.3.2009, 17 Verg 1/09 m.w.N.).

Sind etwaige, sich aus den Vergabeunterlagen ergebende Zweifelsfragen geklärt und beginnt ein Bieter auf der Grundlage des nunmehr eindeutig feststehenden Inhalts der Wettbewerbsbedingungen mit der **Ausarbeitung seines Angebots**, so **entsteht** in diesem Zeitpunkt auch die **Rügeobliegenheit** nach Nr. 3 (OLG Dresden vom 11.9.2006, WVerg 13/06). Denn jedenfalls zu diesem Zeitpunkt hat ein Bieter den aus seiner Sicht rügebedürftigen Inhalt der Ausschreibung festgestellt und darf ihn dann gegenüber dem Auftraggeber auch nicht mehr unbeanstandet lassen (VK Sachsen vom 30.4.2008, 1/SVK/020-08). Nach Zugang der Vergabeunterlagen steht dem Bieter also durchaus ein gewisser Zeitraum zu, innerhalb dessen er die Unterlagen in formaler Hinsicht auf Vollständigkeit der Formulare und Eindeutigkeit der Wettbewerbsbedingungen durchsehen und überprüfen kann, ohne dass insoweit schon die Rügeobliegenheit nach Nr. 1 entsteht (vgl. OLG Naumburg vom 5.12.2008, 1 Verg 9/08; OLG Rostock vom 6.3.2009, 17 Verg 1/09). Maßgeblich für das Entstehen der Rügeobliegenheit ist die **inhaltliche Auseinandersetzung mit den Vergabeunterlagen**, insbesondere der Leistungsbeschreibung, zur Erarbeitung des eigenen Angebots (vgl. z.B. OLG Celle vom 4.3.2010, 13 Verg 1/10) bzw. des Nebenangebots (OLG Celle vom 11.2.2010, 13 Verg 16/09). Entscheidend sind insoweit jeweils die **Umstände des Einzelfalles**, so dass – je nach den internen Organisationsabläufen eines Bieters – der Zeitpunkt für die Erarbeitung des eigenen Angebots und damit der Zeitpunkt für das Entstehen der Rügeobliegenheit nach Nr. 1 durchaus individuell verschieden sein kann (vgl. VK Sachsen vom 30.4.2008, 1/SVK/020-08; VK Schleswig-Holstein vom 3.12.2008, VK-SH 12/08).

Beispiele:
Aus den Vergabeunterlagen „erkennbare" Vergaberechtsverstöße können insbesondere sein:
– Ungenauigkeiten/Ungereimtheiten in der Leistungsbeschreibung (vgl. VK Schleswig-Holstein vom 12.6.2006, VK-SH 12/06; VK Sachsen-Anhalt vom 23.8.2005, 1 VK LVwA 31/05; VK Düsseldorf vom 10.7.2003, VK 18/2003-L; VK Lüneburg vom 28.8.2001, 203-VwK-17/2001), wenn es also z.B. für einen Bieter unklar ist, auf welche Elemente einer Position sich die geforderte Fabrikats- oder Typenabfrage bezieht, oder wenn der Bieter der Auffassung ist, es gäbe kein Fabrikat, das man dort eintragen könne, oder dass die ausgeschriebene Leistung zum Teil technisch nicht durchführbar sei (VK Bund vom 30.5.2008, VK 2-55/08);
– vergaberechtswidrige Forderungen in den Vergabeunterlagen, z.B. nach Abgabe eines Prüfzertifikates (vgl. VK Thüringen vom 27.3.2008, 360-4003.20-641/2008-002-UH), zur erstmaligen Kenntnis von einer zu beanstandenden Auslegungsvariante der Leistungsbeschreibung nach Ablauf der Angebotsfrist (VK Münster vom 14.1.2010, VK 26/09);
– ein Verstoß gegen das Verbot der Produktneutralität der Ausschreibung, der ohne Weiteres aus dem Leistungsverzeichnis erkennbar ist (VK Rheinland-Pfalz vom 19.10.2010, VK 2 36/10; VK Niedersachsen vom 16.3.2009, VgK-04/2009; vgl. aber auch VK Münster vom 24.6.2011, VK 06/11 bei objektiv mehrdeutigen Vergabeunterlagen);
– Fehler bei der Berücksichtigung von Bedarfspositionen, insbesondere unklare oder unzulässige Zuschlags-/Bewertungskriterien (vgl. VK Lüneburg vom 4.3.2005, VwK-03/2005; VK Branden-

burg vom 13.3.2007, 1 VK 7/07), deren fehlerhafte Gewichtung und überhaupt ein zweifelhaftes Bewertungssystem (vgl. OLG Naumburg vom 13.5.2008, 1 Verg 3/08);
- fehlende Mindestbedingungen für Nebenangebote (z.B. OLG Celle vom 11.2.2010, 13 Verg 16/09);
- widersprüchliche Angaben in den Bewerbungsbedingungen (vgl. VK Thüringen vom 11.1.2007, 360-4002.20-024/06-HIG);
- objektiv unerfüllbare Anforderungen in den Vergabeunterlagen (OLG Dresden vom 11.9.2006, WVerg 13/06).

IX. Antragsfrist nach Nichtabhilfemitteilung (Abs. 3 Satz 1 Nr. 4)

1. Normzweck und praktische Bedeutung im Nachprüfungsverfahren (Antragsfrist)

147 Abs. 3 Satz 1 Nr. 4 sieht eine generelle Frist von 15 Kalendertagen zur Einreichung eines Nachprüfungsantrags in den Fällen vor, in denen der Auftraggeber dem Unternehmen mitgeteilt hat, dass er der Rüge des Unternehmens nicht abhelfen werde (**Nichtabhilfemitteilung**). Die Vorschrift regelt also keine weitere Rügeobliegenheit, sondern statuiert eine **Antragsfrist** (Rn. 68). Sofern sich das Fristversäumnis von der Vergabekammer eindeutig ermitteln lässt, führt dies sogar zur offensichtlichen Unzulässigkeit des Nachprüfungsantrags mit der Folge, dass er überhaupt nicht zugestellt zu werden braucht (VK Baden-Württemberg vom 4.1.2010, 1 VK 74/09).

148 So wie sich eine Rüge immer auf den jeweiligen Vergabeverstoß bezieht, also nicht pauschal zur Zulässigkeit oder Unzulässigkeit eines Nachprüfungsantrags führt (Rn. 82), erstreckt sich Nr. 4 immer nur auf den jeweiligen Vergaberechtsverstoß und die betreffende Erklärung des Auftraggebers (OLG Karlsruhe vom 8.1.2010, 15 Verg 1/10). Bei mehreren Rügen ist daher für jeden einzelnen Verstoß gesondert festzustellen, ob und wann der öffentliche Auftraggeber mitgeteilt hat, der Rüge nicht abhelfen zu wollen. Reagiert der Auftraggeber auf unterschiedliche Verstöße mit unterschiedlichen Nichtabhilfemitteilungen, können ggf. unterschiedliche Fristen gelten (*Reidt*, in: Reidt/Stickler/Glahs, § 107 GWB Rn. 83). In **Fällen, in denen es keiner Rüge bedarf** (Rn. 170 ff., 175 ff.), insbesondere bei einer unzulässigen Direktvergabe i.S.d. § 101b GWB, ist die Regelung der Nr. 4 nicht einschlägig. Gemäß Abs. 3 Satz 2 gilt in diesen Fällen die Regelung des Abs. 3 Satz 1 nicht; zu Satz 1 zählen sämtliche Regelungen in Nr. 1 bis 4, also auch die Antragsfrist in Nr. 4. Die Vorschrift gilt selbst dann nicht, wenn ein Bieter eine Rüge erhebt und eine Nichtabhilfemitteilung des Auftraggebers erhält (*Steiff*, in: Heuvels/Höß/Kuß/Wagner, Gesamtkommentar, § 107 GWB Rn. 130). Maßgeblich ist in diesen Fällen allein § 101b Abs. 2 GWB, mithin eine Frist von 30 Tagen ab Kenntnis des Vertragsschlusses ohne Vergabeverfahren (OLG Naumburg vom 22.12.2011, 2 Verg 10/11; OLG München vom 22.6.2011, Verg 6/11).

149 Ausweislich der amtlichen Begründung des Gesetzes zur Modernisierung des Vergaberechts erblickte der Gesetzgeber in der Regelung offenbar die Chance, dass frühzeitig Klarheit über die Rechtmäßigkeit des Vergabeverfahrens geschaffen werden kann (Begr. RegE, BT-Drucks. 16/10117, S. 22). Gerade bei erkennbaren Fehlern aus den Vergabeunterlagen, für die § 107 Abs. 3 Satz 2 GWB a.F. nicht galt, hatte die frühere Rechtslage häufig dazu geführt, dass solche Fehler von den Bietern erst spät im laufenden Vergabeverfahren gerügt werden konnten, da der genaue Zeitpunkt der positiven Kenntnis eines Fehlers häufig nur schwer nachzuweisen ist. Das ermöglichte den Bietern in der Praxis, darauf zu spekulieren, ob sich ein Fehler zu ihren Lasten auswirkt. Dem legitimen Kalkül von Bietern entsprach es, entsprechende Rügen erst nach Erhalt der Mitteilung der Information nach § 13 Satz 1 VgV a.F zu erheben, wenn sie also verlässlich abschätzen konnten, wie es um ihre Chance auf den Auftrag bestellt war. Dem will der Gesetzgeber mit der Einführung einer **echten Rechtsbehelfsfrist** (VK Bund vom 30.9.2009, VK 2-180/09 m.w.N.; s. auch Rn. 151) entgegenwirken. In der Tat gibt die Regelung – gerade im Zusammenspiel mit Nr. 3 – dem Auftraggeber eine gewisse Sicherheit, dass das Vergabeverfahren nicht mehr wegen des gerügten strittigen Punktes angegriffen werden kann. Die Bieter setzt die Regelung dagegen durchaus unter Zugzwang: Sie müssen ggf. schon in einem sehr frühen Stadium der Ausschreibung – bei Fehlern, die aufgrund der Bekanntmachung oder in den Vergabeunterlagen „erkennbar" sind, unter Umständen schon vor

Ablauf der Angebotsfrist – einen Nachprüfungsantrag stellen, was sie nach der früheren Rechtslage selten getan hätten. Denn zu diesem Zeitpunkt ist überhaupt nicht absehbar, ob es eines Nachprüfungsverfahrens bedarf, um die Chance auf den Zuschlag zu wahren. Zudem ist eine nahe liegende Folge der Regelung, dass es zu (mehreren sukzessiven) Nachprüfungsverfahren wegen (verschiedener) Vergaberechtsverstöße aus den Vergabeunterlagen und später zu weiteren Nachprüfungsverfahren wegen Vergaberechtsverstößen aufgrund der Bieterinformation nach § 101a GWB kommen wird. Der geschaffene „Aktions-/Reaktions-Automatismus" zwingt ggf. dazu, jede Nichtabhilfemitteilung mit einem Nachprüfungsantrag zu „beantworten". Auch für Auftraggeber kann die Regelung daher durchaus ein zweischneidiges Schwert bedeuten.

2. Nichtabhilfemitteilung des Auftraggebers

Die Antragsfrist der Nr. 4 wird durch die Nichtabhilfemitteilung des Auftraggebers in Gang gesetzt. An den näheren **Inhalt** der Nichtabhilfemitteilung des Auftraggebers stellt Nr. 4 keine besonderen Anforderungen. Die Mitteilung muss also an sich nicht mehr als den an den betroffenen Bieter adressierten Satz enthalten, dass der jeweiligen (durch Datum etc. näher zu identifizierenden) Rüge nicht abgeholfen werde. Eine solche, auf die bloße Nichtabhilfe reduzierte Mitteilung löst die 15-Tages-Frist aus, nachdem sie beim Auftraggeber „eingegangen" ist (Rn. 155 ff.). Nähere Gründe oder überhaupt eine Begründung für die Nichtabhilfe muss der Auftraggeber also rein rechtlich nicht nennen. Tatsächlich ist es aber anzuraten, die Gründe für die Nichtabhilfe (knapp) zu erläutern, um so bei dem Bieter ggf. die Einsicht durchzusetzen, dass ein Nachprüfungsverfahren keine Aussicht auf Erfolg verspricht. Dadurch, dass mit Abs. 3 Satz 1 Nr. 4 eine Antragsfrist geschaffen wurde, die den Primärrechtsschutz der Bieter zeitlich begrenzt, sind an die **Eindeutigkeit** der Nichtabhilfeerklärung hohe Anforderungen zu stellen (OLG Celle vom 4.3.2010, 13 Verg 1/10). Die Frist der Nr. 4 wird dementsprechend nicht ausgelöst, wenn Unklarheiten verbleiben oder es sich nur um eine Eingangsbestätigung bzw. einen Zwischenbescheid des Auftraggebers handelt (*Reidt*, in: Reidt/Stickler/Glahs, § 107 GWB Rn. 85). **150**

Im Hinblick auf Treu und Glauben und aus Gründen der Verfahrenstransparenz ist der Auftraggeber zudem gehalten, in der Nichtabhilfemitteilung auf die **Ausschlusswirkung** der Nr. 4 **hinzuweisen** und deutlich zu machen, dass 15 Kalendertage nach Eingang der Mitteilung der Rechtsbehelf des Nachprüfungsantrags ausgeschlossen ist. Eine gesetzliche Verpflichtung zur Aufnahme einer entsprechenden **Rechtsbehelfsbelehrung** enthält das deutsche Recht jedoch nicht (so auch *Dirksen*, VergabeR 2013, 410, 413 ff.). Weil es sich bei der Frist zwischen Nichtabhilfe und der Einreichung des Nachprüfungsantrags um eine **Rechtsbehelfsfrist** handelt (eingehend VK Bund vom 30.10.2009, VK 2-180/09; OLG Celle vom 4.3.2010, 13 Verg 1/10 m.w.N.; zuletzt OLG Celle vom 12.5.2010, 13 Verg 3/10; befürwortend auch *Dirksen*, VergabeR 2013, 410, 412; vgl. auch *Jaeger*, NZBau 2009, 558, 562; *Leinemann*, Das neue Vergaberecht, Rn. 739), muss auf diese jedoch gemäß Anhang VII Teil A, Bekanntmachung Nr. 24 zur Vergabekoordinierungsrichtlinie (Richtlinie 2004/18/EG) bereits **in der Bekanntmachung** (Ziffer VI.4.2 „Einlegung von Rechtsbehelfen") hingewiesen werden. Gleiches folgt aus § 15 EG Abs. 1 VOL/A bzw. aus § 12 EG Abs. 2 Nr. 2 VOL/A und der dort angeordneten Verpflichtung, die Bekanntmachung nach dem in Anhang II der Verordnung (EG) Nr. 1564/2005 enthaltenen Muster zu erstellen. Hiernach muss der Auftraggeber genaue Angaben zu den vom Bieter zu beachtenden Fristen für die Einlegung von Rechtsbehelfen machen oder zumindest eine Stelle benennen, bei der Auskünfte über die Einlegung von Rechtsbehelfen erhältlich sind (VK Südbayern vom 5.2.2010, Z3-3-3194-1-66-12/09). **151**

Enthält die Bekanntmachung **keine** derartige **Rechtsbehelfsbelehrung**, ist Abs. 3 Satz 1 Nr. 4 nicht anzuwenden, mit der **Folge**, dass die Ausschlusswirkung auch bei Nachprüfungsanträgen, die nach Ablauf der Frist in Nr. 4 erhoben worden sind, nicht eintritt (OLG Düsseldorf vom 7.3.2012, VII-Verg 91/11; OLG Brandenburg vom 13.9.2011, Verg W 10/11; OLG Celle vom 12.5.2010, 13 Verg 13; a.A. *Dirksen*, VergabeR 2013, 410, 413, der in diesen Fällen auf § 58 VwGO zurückgreifen will). **152**

153 Auftraggebern ist zumindest zu empfehlen, auf sämtliche Rügetatbestände des Abs. 3 in der betreffenden Rubrik des EU-Bekanntmachungsformulars über mögliche Rechtsbehelfe und -fristen – z.B. durch Abdrucken des Wortlauts des Abs. 3 – hinzuweisen (so auch *Dirksen*, VergabeR 2013, 410, 412). Schließlich sind auch die übrigen Rügetatbestände in Abs. 3 mit dem Ausschluss des Rechtsschutzes sanktioniert und haben eine gleichermaßen rechtsschutzbegrenzende Wirkung wie Nr. 4. In der Literatur wird vor diesem Hintergrund der **Hinweis** auf **sämtliche Tatbestände des Abs. 3 in der Bekanntmachung** befürwortet (vgl. *Reidt*, in: Reidt/Stickler/Glahs, § 107 GWB Rn. 86).

154 Die Regelung in Nr. 4 begründet keine Pflicht des Auftraggebers, auf die Rüge zu reagieren. Um frühzeitig zumindest punktuelle Rechtssicherheit zu erlangen, ist den Auftraggebern jedoch mit der Regelung in Nr. 4 noch stärker als bisher zu empfehlen, zu Bieterrügen, denen sie nicht abhelfen wollen, inhaltlich Stellung zu nehmen. Die Antwort sollte möglichst nachvollziehbar die konkreten Gründe nennen, aus denen der Auftraggeber an der gerügten Regelung festhalten will. Mehr noch als bisher kann ein sorgfältig formuliertes Antwortschreiben auf eine Rüge etwaige Nachprüfungsverfahren verhindern.

3. Antragsfrist i.S.v. Abs. 3 Satz 1 Nr. 4

155 Die Antragsfrist von 15 Kalendertagen beginnt mit „Eingang" der Nichtabhilfemitteilung des Auftraggebers beim Bieter. Ausgehend vom Wortlaut der Vorschrift könnte man daher der Auffassung sein, dass der maßgebliche Zeitpunkt für den **Fristbeginn** der tatsächliche Eingang der Nichtabhilfemitteilung ist. Die Antwort auf ein Rügeschreiben ist jedenfalls kein Verwaltungsakt, da es sich hierbei nicht um eine Maßnahme handelt, die auf die unmittelbare Herbeiführung einer Rechtsfolge gerichtet ist. Auch als schlichtes Verwaltungshandeln (so aber für eine Antwort auf die Rüge nach § 107 Abs. 3 GWB a.F.: VK Bund vom 26.3.2003, VK 2-06/03) wird man die Nichtabhilfemitteilung wegen des hierdurch ausgelösten Fristenlaufs nicht einordnen können. Unabhängig davon, ob man in der **Nichtabhilfemitteilung** eine empfangsbedürftige Willenserklärung (so für die Rüge: OLG München vom 26.6.2007, Verg 6/07; VK Sachsen vom 16.11.2006, 1/SVK/0790/06 in st. Rspr. jeweils ohne nähere Begründung) oder eine verfahrensrechtliche Erklärung ansieht – wobei für letztere Einordnung die besseren Argumente sprechen dürften, da die Nichtabhilfemitteilung ebenso wie die Rüge selbst keinen rechtsgeschäftlichen, sondern einen verfahrensrechtlichen Charakter hat (vgl. schon OLG Düsseldorf vom 22.8.2000, Verg 9/00; VK Münster vom 19.9.2006, VK 12/06; s. auch Rn. 81) –, bestimmt sich ihre **Wirksamkeit** jedenfalls nach **§ 130 BGB** (entsprechend) (vgl. zur Mitteilung nach § 13 VgV a.F. OLG Naumburg vom 17.2.2004, 1 Verg 15/03). Neben Gründen des Verkehrsschutzes spricht hierfür auch der Charakter der Nichtabhilfemitteilung als geschäftsähnliche Handlung, also einer auf einen tatsächlichen Erfolg gerichteten Erklärung, deren Rechtsfolgen kraft Gesetzes eintreten (hier der Beginn der Frist der Nr. 4). Auf die Mehrzahl der geschäftsähnlichen Handlungen sind die Vorschriften über Willenserklärungen (jedenfalls) aber entsprechend anwendbar, das gilt auch für das Wirksamwerden nach §§ 130 ff. BGB (vgl. Palandt/*Heinrichs*, Überblick vor § 104 BGB Rn. 6).

156 Auch wenn Nr. 4 für die Nichtabhilfemitteilung keine besondere **Form** voraussetzt, geht der Gesetzeswortlaut ersichtlich von einer (schriftlich) verkörperten Erklärung aus („Eingang der Mitteilung"). Für die Wirksamkeit der Nichtabhilfemitteilung nach § 130 BGB ist damit festzuhalten: Gibt die Vergabestelle die **Nichtabhilfemitteilung in Abwesenheit des rügenden Bieters** ab, was regelmäßig der Fall sein wird, so wird sie in dem Zeitpunkt wirksam, in welchem sie dem Bieter zugeht. **Zugegangen** ist die Nichtabhilfemitteilung dann, wenn sie so in den Bereich des Empfängers gelangt ist, dass dieser unter normalem Verhältnis die Möglichkeit hat, vom Inhalt der Erklärung Kenntnis zu nehmen. Beendet ist der Zugang dann, wenn die Kenntnisnahme durch den Bieter als Empfänger möglich und nach der Verkehrsanschauung zu erwarten ist (vgl. für die Rüge: VK Sachsen vom 16.11.2006, 1/SVK/097-06). Eine Kenntnisnahme ist nach der Verkehrsanschauung nicht zu erwarten, wenn die Nichtabhilfemitteilung außerhalb der üblichen Bürozeiten zugeht (VK Sachsen vom

16.11.2006, 1/SVK/097-06). Der Zeitpunkt des zivilrechtlichen Zugangs der Nichtabhilfemitteilung kann also durchaus dem Zeitpunkt des tatsächlichen Eingangs der Mitteilung nachfolgen. In den (seltenen) Fällen, in denen die Vergabestelle einem **anwesenden Bieter** die Nichtabhilfe seiner Rüge mitteilt, ist nach dem Grundgedanken des § 130 BGB wiederum wie folgt zu unterscheiden: Bei einer verkörperten Erklärung ist auf den Zugang abzustellen; in diesem Fall wird die Nichtabhilfemitteilung durch Übergabe wirksam (allg.M., vgl. BGH vom 15.6.1998, II ZR 40/97). Teilt die Vergabestelle einem anwesenden Bieter die Nichtabhilfe seiner Rüge lediglich mündlich mit, so wird sie wirksam, wenn sie der Empfänger wahrnimmt (h.M.; z.B. BAG vom 27.8.1982, 7 AZR 30/80).

Die (schriftlich verkörperte) Nichtabhilfemitteilung wird damit erst nach ihrem Zugang i.S.d. § 130 BGB bei dem betroffenen Bieter wirksam (so auch *Jaeger*, NZBau 2009, 558). Erst zu diesem Zeitpunkt (des Zugangs) beginnt daher auch die Frist der Nr. 4 – wie sonst auch im deutschen Recht – zu laufen, so dass es auf den tatsächlichen Eingang der Mitteilung – entgegen dem Wortlaut in Nr. 4 – nicht ankommt. Die **Frist** der Nr. 4 **beginnt** damit gemäß § 31 Abs. 1 und 3 VwVfG i.V.m. § 187 Abs. 1 BGB **mit dem Tag nach dem Zugang** der Nichtabhilfemitteilung beim Bieter, so dass der Tag des Eingangs selbst nicht mitzählt (VK Sachsen vom 19.4.2012, 1/SVK/009-12). Die Frist **endet** gemäß § 188 Abs. 1 BGB mit dem **Ablauf des 15. Kalendertages** (OLG Karlsruhe vom 8.1.2010, 15 Verg 1/10). Geht die Nichtabhilfemitteilung z.B. am 8.7.2013 beim Bieter zu, beginnt die Frist am 9.7.2013 (0.00 Uhr) und endet am 23.7.2013 um 24.00 Uhr. **157**

Der Begriff „**Kalendertag**" erfasst alle Tage des Kalenders, und zwar unabhängig davon, ob es sich um Werktage oder Feiertage, Sonnabende und Sonntage handelt. **158**

Wegen ihres Charakters als Rechtsmittelfrist (Rn. 151) ist auf die Frist der Nr. 4 die Auslegungsregel des § 31 Abs. 3 VwVfG, § 222 Abs. 2 ZPO bzw. die Auslegungsregel des Art. 3 Abs. 4 der Verordnung (EWG, EURATOM) Nr. 1182/71 des Rates vom 3.6.1971 zur Festlegung der Regeln für die Fristen, Daten und Termine (ABl. EG Nr. C 51 vom 29.4.1970, S. 25) anzuwenden. Fällt das **Ende der 15-Tages-Frist** also auf einen **Sonntag**, einen **allgemeinen Feiertag oder einen Sonnabend**, so endet die Frist mit Ablauf des nächsten Werktages (vgl. OLG Düsseldorf vom 14.5.2008, VII-Verg 11/08). **159**

Eine **Verlängerung** der Frist – und sei sie auch einvernehmlich zwischen Auftraggeber und Rügendem vereinbart – ist nicht möglich, da es sich bei der Frist in Abs. 3 Satz 1 Nr. 4 um eine gesetzlich bestimmte Rechtsmittelfrist handelt, die nicht zur Disposition von Auftraggeber und Bieter steht. **160**

4. Frühere Rechtslage

Vor der Novellierung durch das Gesetz zur Modernisierung des Vergaberechts vom 20.4.2009 unterlag der Nachprüfungsantrag an die Vergabekammer im Gegensatz zur Rüge aus guten Gründen keiner zeitlichen Ausschlussfrist. An sich bedarf es einer solchen zeitlichen Ausschlussfrist nicht, weil die tatsächlichen Gegebenheiten eines Vergabeverfahrens, insbesondere die Gefahr des anderweitigen Zuschlags, einen auf Vergaberechtsschutz angewiesenen Bieter ohnehin zur Eile drängen (OLG Frankfurt vom 5.5.2008, 11 Verg 1/08; OLG Dresden vom 25.1.2008, WVerg 10/07). Mit den Regelungen in **§ 107 Abs. 3 GWB a.F.** und **§ 113 Abs. 2 GWB a.F.** hatte der Gesetzgeber die „erforderlichen Maßnahmen" ergriffen, um sicherzustellen, dass das Verfahren zur Vergabe öffentlicher Aufträge möglichst rasch auf Vergaberechtsverstöße nachgeprüft werden kann (vgl. Art. 1 Abs. 1 der Rechtsmittelrichtlinie). Die Annahme einer Frist zur Einreichung des Nachprüfungsantrags zur weiteren Beschleunigung hielt die Rechtsprechung daher früher nicht für unabweisbar geboten. Bei zögerlicher Einreichung des Nachprüfungsantrags riskiere der Bieter ohnehin den zwischenzeitlichen Zuschlag des Auftraggebers und damit den endgültigen Verlust des Auftrags. Das im nationalen Vergaberecht bereits an mehreren Stellen verankerte Beschleunigungsprinzip müsse daher nicht unbedingt um das zusätzliche Fristerfordernis erweitert werden (OLG Düsseldorf vom 8.9.2004, Verg 38/04; VK Sachsen vom 7.1.2008, 1/SVK/077-07; VK Düsseldorf vom 19.3.2007, VK-07/2007-B). Zudem führe eine solche Fristbestimmung einerseits zu einer Beschränkung des (späteren) Zugangs zum Nachprüfungsverfahren und damit zum vergaberechtlichen Primärrechtsschutz. Sie könne andererseits aber auch dazu beitragen, dass Nachprüfungsverfahren „höchst vorsorglich" bzw. „frist- **161** wahrend" eingeleitet werden, um sich der Möglichkeit der Nachprüfung einer öffentlichen Auftragsvergabe nicht vorzeitig zu begeben. In diesem letztgenannten Nachteil sieht das OLG Naumburg (vom 5.12.2008, 1 Verg 9/08) den ausschlaggebenden Beweggrund für die frühere Regelung, die eine gesetzliche Antragsfrist gerade nicht vorsah.

162 Auch eine **analoge Anwendung** des für die Rüge geltenden **§ 107 Abs. 3 GWB a.F.** lehnte die Rechtsprechung früher wegen des das Vergaberecht insgesamt prägenden Beschleunigungsprinzips zu Recht ab (OLG Düsseldorf vom 8.9.2004, Verg 38/04; im Ergebnis ebenso: OLG Thüringen vom 8.5.2008, 9 Verg 2/08; VK Münster vom 6.5.2008, VK 4/08).

163 Ebenso schob die Rechtsprechung Versuchen einzelner Vergabestellen, eine **Ausschlussfrist** für das Einreichen eines Nachprüfungsantrags **über die Vergabeunterlagen als Allgemeine Geschäftsbedingung** zu konstituieren, einen Riegel vor. So war eine Regelung in den Vergabeunterlagen nach § 307 Abs. 1, 2 Nr. 1 BGB i.V.m. § 107 Abs. 3 GWB a.F. unwirksam, die vorsah, dass ein Nachprüfungsverfahren innerhalb von vier Wochen eingeleitet werden muss, nachdem die Vergabestelle der Rüge widersprochen hatte (OLG Düsseldorf vom 21.11.2007, Verg 230/07). Eine derartige Präklusionsklausel benachteiligte die Bieter unangemessen, da sie die materiellen und prozessualen Zugangsvoraussetzungen zum Nachprüfungsverfahren verschärfte. In der mit der Regelung verbundenen Verkürzung des Vergaberechtsschutzes sah die Rechtsprechung eine wesentliche Abweichung von dem Grundgedanken der (bis dahin) geltenden gesetzlichen Regelung. § 107 Abs. 3 GWB a.F. stelle Mindeststandards für die Gewährung von Rechtsschutz in Vergabeverfahren oberhalb der Schwellenwerte auf, die nicht abdingbar seien und deren Verschärfung durch entsprechende Allgemeine Geschäftsbedingungen dem Auftraggeber verwehrt sei. Unzulässig und damit unwirksam ist auch eine Klausel in den Vergabeunterlagen, wonach jeder Bieter mit der Abgabe seines Angebots die Bewerbungs-, Vergabe- und Vertragsbedingungen anerkenne und damit eine Teilnahme am Wettbewerb davon abhängig macht, dass der Bewerber/Bieter hinsichtlich der Ausgestaltung der Vergabeunterlagen auf die Inanspruchnahme von Rechtsschutz verzichtet. Eine derartige Verknüpfung von Wettbewerbsteilnahme und Rechtsschutzverzicht ist „von der Rechtsordnung nicht hinnehmbar" (OLG Naumburg vom 5.12.2008, 1 Verg 9/08).

164 Früher hing die Zulässigkeit eines Nachprüfungsantrags demnach nicht davon ab, wie viel Zeit zwischen der Rüge und der Einreichung des Antrags lag. Ein Nachprüfungsantrag konnte grundsätzlich solange eingereicht werden, wie das Vergabeverfahren noch nicht beendet war; teilweise war sogar die Wirksamkeit der Beendigung des Vergabeverfahrens, z.B. die Nichtigkeit eines Vertragsschlusses wegen Verstoßes gegen ein Zuschlagsverbot oder die fehlende sachliche Rechtfertigung einer Aufhebung, noch einer Nachprüfung zugänglich (OLG Naumburg vom 5.12.2008, 1 Verg 9/08). Regelt Nr. 4 zwar eine Frist für den maximalen Zeitabstand zwischen Rüge und Nachprüfungsantrag, enthält das GWB nach wie vor **keine gesetzliche Minimalfrist zwischen Rüge und Nachprüfungsverfahren**; Sinn und Zweck der Rüge gebieten es, dem Auftraggeber die Chance zur Selbstkorrektur zu geben und eine kurze Frist zwischen Rüge und Nachprüfungsantrag abzuwarten (vgl. VK Bund vom 9.4.2001, VK 1-7/01). Dies kann jedoch – wenn überhaupt – nur in Fällen gelten, in denen nicht die unmittelbare Zuschlagserteilung droht (s. hierzu auch Rn. 180).

5. Verwirkung

165 Nach der früheren Rechtslage konnte ein Nachprüfungsverfahren mithin nicht allein wegen des zwischenzeitlich eingetretenen Zeitablaufs nach Erhebung einer Rüge für unzulässig erklärt werden (OLG Frankfurt vom 5.5.2008, 11 Verg 1/08; OLG Dresden vom 25.1.2008, WVerg 10/07). Hiervon ausgenommen war die **rechtsmissbräuchliche Verwirkung** des Nachprüfungsrechts; dies gilt auch nach der jetzigen Rechtslage: Unabhängig von der Frist in Nr. 4 und in § 101b Abs. 2 GWB bei Unwirksamkeit des Vertrages kann das Nachprüfungsrecht unter bestimmten Voraussetzungen nach wie vor verwirkt werden.

166 Der Gesichtspunkt der Verwirkung hat jedoch erheblich an praktischer Bedeutung verloren, nachdem mit Nr. 4 und § 101b Abs. 2 GWB entsprechende Rechtsmittelfristen eingeführt worden sind, die dem Antragsteller zu einer frühzeitigen Geltendmachung seiner Bieterrechte veranlassen. Die

Verwirkung dürfte daher nur noch bei **Altfällen** eine Rolle spielen (Steiff, in: Heuvels/Höß/Kuß/Wagner, Gesamtkommentar, § 107 GWB Rn. 138).

Ein Recht ist nach dem allgemeinen Grundsatz von Treu und Glauben (**§ 242 BGB**) grundsätzlich dann **verwirkt**, wenn der Berechtigte es über längere Zeit nicht geltend gemacht hat und der Verpflichtete sich darauf eingerichtet hat und nach dem gesamten Verhalten des Berechtigten sich auch darauf einrichten durfte, dass dieser das ihm an sich zustehende Recht auch in Zukunft nicht geltend machen werde. Die Frage, ob ein Recht verwirkt ist, richtet sich nach den Umständen des Einzelfalles, wobei der Art und Bedeutung des Anspruchs, der Intensität des vom Berechtigten geschaffenen Vertrauenstatbestandes und dem Ausmaß der Schutzbedürftigkeit des Verpflichteten besondere Bedeutung zukommt.

167

Dieser allgemeine aus § 242 BGB abgeleitete Grundsatz gilt auch im Vergaberecht (OLG Karlsruhe vom 13.6.2008, 15 Verg 3/08). Ein Nachprüfungsbegehren kann demnach unter dem Gesichtspunkt der Verwirkung unzulässig sein, wenn zwischen einer Rüge und der späteren Einleitung des Nachprüfungsverfahrens längere Zeit (z.B. mehr als 14 Monate) verstreicht, der Auftraggeber hieraus nach Treu und Glauben den Schluss ziehen durfte, die Beanstandung werde nicht weiterverfolgt, und sich im weiteren Verlauf des Vergabeverfahrens darauf eingerichtet hat (OLG Dresden vom 11.9.2003, WVerg 7/03). Das setzt zum einen voraus, dass ein Antragsteller zwischen dem vermeintlichen Vergaberechtsverstoß und dem später eingelegten Nachprüfungsantrag längere Zeit verstreichen lässt **(Zeitmoment)** und außerdem die Vergabestelle aus diesem Verhalten den Schluss ziehen durfte, dass mit möglichen Einwänden des späteren Antragstellers nicht mehr gerechnet werden müsse, sie darauf vertraut und sich im Weiteren darauf eingerichtet hat (**Umstandsmoment**; VK Köln vom 1.4.2008, VK VOB 3/2008; vgl. auch OLG Düsseldorf vom 18.6.2008, Verg 23/08). Ausschlaggebend ist, inwieweit der Rechtsschutzsuchende die zur Begründung seines Rechtsmittels angeführten Tatsachen kennt und ob Rechte Dritter durch dieses Verfahren betroffen sind; darüber hinaus ist das zwischenzeitliche Verhalten der Beteiligten zu berücksichtigen (VK Brandenburg vom 21.11.2005, 1 VK 67/05).

168

Bei einem Zeitraum von **zwei oder drei Monaten** fehlt es bereits an dem erforderlichen Zeitmoment (vgl. z.B. OLG Düsseldorf vom 19.7.2006, Verg 26/06; OLG Frankfurt vom 7.9.2004, 11 Verg 11/04 und 12/04; OLG Jena vom 8.5.2008, 9 Verg 2/08).

169

Früher konnten Bieter (vermeintliche) Vergaberechtsverstöße zulässigerweise in einem frühen Stadium des Vergabeverfahrens rügen, über die Einleitung eines Nachprüfungsverfahrens aber erst nach Erhalt der Mitteilung nach § 13 VgV a.F. (heute: § 101a GWB) entscheiden. In Fällen, in denen der Auftraggeber den Bietern mitteilt, dass er einer erhobenen Rüge nicht abhelfen werde, ist dies nunmehr nicht möglich. Die Bieter werden damit ggf. gezwungen, zu einem sehr frühen Zeitpunkt des Vergabeverfahrens ein Nachprüfungsverfahren anzustrengen. Für die Vergabestelle mag hierin eine gewisse Rechtssicherheit liegen, gleichzeitig droht aber ein signifikanter Anstieg der Nachprüfungsverfahren durch die Neuregelung (Rn. 68, 149).

E. Ausnahme von der Rügeobliegenheit bei Direktvergaben (Abs. 3 Satz 2)

I. Allgemeines

Nach Abs. 3 Satz 2 gilt die Rügeobliegenheit nach Abs. 3 Satz 1 ausdrücklich nicht bei einem **Antrag auf Feststellung der Unwirksamkeit des Vertrages nach § 101b Abs. 1 Nr. 2 GWB**. Damit sind Fälle gemeint, in denen der Auftraggeber einen öffentlichen Auftrag unmittelbar an ein Unternehmen erteilt hat, ohne andere Unternehmen am Vergabeverfahren zu beteiligen und ohne dass dies aufgrund Gesetzes gestattet ist **(De-facto-Vergabe, Direktvergabe)**. Der Gesetzgeber hat mit der Regelung in Abs. 3 Satz 2 die Rechtsprechung kodifiziert, die sich zu dieser Frage zuvor schon überwiegend herausgebildet hatte (vgl. nur OLG Düsseldorf vom 6.2.2008, VII-Verg 37/07 m.w.N.). In

170

diesen Fällen fehlt es nicht nur an einem von Abs. 3 vorausgesetzten Vergabeverfahren im Sinne eines Auswahlprozesses aus mehreren Angeboten und dem vorvertraglichen Vertrauensverhältnis zwischen Bietern und Auftraggebern. Bei einer Direktvergabe kann auch der Zweck der Rüge, die Selbstkorrektur der Vergabestelle, von vornherein nicht realisiert werden (VK Baden-Württemberg vom 7.3.2008, 1 VK 1/08). Eine Ausnahme soll im Einzelfall allenfalls dann gelten, wenn der Auftraggeber rechtswidrig kein Vergabeverfahren durchführt, das Unternehmen aber im Einzelfall über diesen Umstand seit langem fortlaufend unterrichtet ist (OLG Naumburg vom 2.3.2006, 1 Verg 1/06).

II. Begriff der De-facto-Vergabe

171 Maßgeblich für die Anerkennung einer Ausnahme von der Rügeobliegenheit ist jetzt die **Legaldefinition** der De-facto-Vergabe in **§ 101b Abs. 1 Nr. 2 GWB**, auf die Abs. 3 Satz 2 ausdrücklich Bezug nimmt. Hiernach liegt eine De-facto-Vergabe vor, wenn der Auftraggeber einen öffentlichen Auftrag unmittelbar an ein Unternehmen erteilt, ohne andere Unternehmen am Vergabeverfahren zu beteiligen und ohne dass dies aufgrund des GWB gestattet ist. Die Rügeobliegenheit entfällt demnach allein dann, wenn der Auftraggeber eine nach den Vergaberegeln gebotene EU-weite Bekanntmachung unterlassen und kein wettbewerbliches Verfahren durchgeführt, sondern nur ein Unternehmen überhaupt zur Abgabe eines Angebots aufgefordert hat. Die Konkurrenten dieses Unternehmens müssen also hinsichtlich der Vergabeentscheidung vor vollendete Tatsachen gestellt werden, ohne dass sie am Vergabeverfahren beteiligt wurden (vgl. OLG Düsseldorf vom 2.10.2008, Verg 25/08).

172 Die Regelung des Abs. 3 Satz 2 gilt nach ihrem Sinn und Zweck auch in Konstellationen, in denen der Vertrag noch nicht geschlossen wurde, eine **unzulässige Direktvergabe** jedoch **unmittelbar bevorsteht**. Auch dann muss es einem nicht berücksichtigten Bieter möglich sein, unmittelbar ein Nachprüfungsverfahren einzuleiten, ohne dass es einer vorhergehenden Rüge bedarf (OLG Hamburg vom 14.12.2010, 1 Verg 5/10).

173 Gemäß Abs. 3 Satz 2 gilt das Rügeerfordernis in Satz 1 jedoch nur bei einem **Antrag auf Feststellung der Unwirksamkeit des Vertrages nach § 101b Abs. 1 Nr. 2 GWB** nicht. Um ein solches Verfahren handelt es sich jedoch dann nicht, wenn der Auftraggeber mehrere Unternehmen an dem Vergabeverfahren beteiligt hat, die ein Angebot abgeben durften, ohne das Vergabeverfahren jedoch EU-weit bekannt zu machen (z.B. bei einem Verhandlungsverfahren ohne vorherigen Teilnahmewettbewerb). In diesem Fall muss sich das Unternehmen, das ein Angebot abgeben konnte und sich benachteiligt fühlt, die Wahl der Vergabeart rechtzeitig rügen, wenn es mit seinem Nachprüfungsantrag hinsichtlich dieses Vergaberechtsverstoßes nicht präkludiert sein möchte (OLG Brandenburg vom 20.9.2011, Verg W 11/11; OLG Düsseldorf vom 14.4.2010, Verg 60/09; VK Südbayern vom 12.11.2012, Z3-3-3194-1-36-07/12; VK Bund vom 14.11.2007, VK 3-124/07), obwohl an sich auch ein derartiges Vorgehen des Auftraggebers als De-facto-Vergabe i.S.d. § 101b Abs. 1 Nr. 2 GWB anzusehen ist (§ 101b Rn. 27). Die Rüge ist dagegen entbehrlich, wenn der Auftraggeber mehrere Verträge geschlossen hat (OLG Naumburg vom 22.12.2011, 2 Verg 10/11).

174 Während in Abs. 3 Satz 2 eine Ausnahme von der Rügeobliegenheit bei einem Antrag auf Feststellung der Unwirksamkeit des Vertrages wegen einer De-facto-Vergabe gemäß § 101b Abs. 1 Nr. 2 GWB vorgesehen ist, wird § 101b Abs. 1 Nr. 1 GWB nicht erwähnt. Dies könnte auf den ersten Blick für eine Rügeobliegenheit bei einem **Verstoß gegen die Informations- und Wartepflicht i.S.d. § 101b Abs. 1 Nr. 1 GWB** sprechen. Hier ist jedoch zu differenzieren, ob der Bieter einen Informationsmangel vor oder nach Zuschlagserteilung erkennt (§ 101b Rn. 11 ff., 44 ff.). Vor Zuschlagserteilung stehen die Ausschlussfristen des Abs. 3 und des § 101b Abs. 2 GWB nebeneinander und schließen ihre parallele Anwendbarkeit nicht aus (OLG Rostock vom 20.10.2010, 17 Verg 5/10; OLG München vom 13.8.2010, Verg 10/10). Bieter und Bewerber, die einen Informationsmangel erkannt haben, müssen diesen also rügen (§ 101b Rn. 44 ff; vgl. OLG Düsseldorf vom 1.10.2009, VII-Verg 31/09: ein zu rügender Informationsmangel kommt von vorneherein nur in Betracht, wenn die Vorabinformation als solche erkennbar ist). Droht der Ablauf der Wartefrist, kann die Rüge auch parallel

zur Stellung des Nachprüfungsantrags erfolgen (§ 101b Rn. 44, s. auch Rn. 180). Nach Zuschlagserteilung widerspricht die Annahme der Rügeobliegenheit ihrem Sinn und Zweck (§ 101b Rn. 46).

F. Weitere Ausnahmen von der Rügeobliegenheit

Die Rechtsprechung hat weitere Ausnahmen von der Rügeobliegenheit nach Abs. 3 Satz 1 anerkannt. Dabei geht es vor allem um Situationen, in denen der Zweck der Rüge, die Selbstkorrektur der Vergabestelle zur Vermeidung eines Nachprüfungsverfahrens, nicht mehr erreicht werden kann bzw. sich die Rüge als überflüssige Förmelei darstellt, weil der Auftraggeber zu erkennen gegeben hat, dass er unter keinen Umständen bereit ist, einen Verfahrensverstoß abzustellen. Über eine Ausnahme von der Rügeobliegenheit entscheiden stets die **Gesamtumstände eines Einzelfalles** (vgl. OLG Koblenz vom 18.9.2003, 1 Verg 4/03). Angesichts des Zwecks des Abs. 3 sind Ausnahmen von der Rügeobliegenheit allgemein nur unter engen Voraussetzungen zuzugestehen (VK Schleswig-Holstein vom 14.11.2008, VK SH 13/08).

I. Erst im Nachprüfungsverfahren erkannte Vergaberechtsverstöße

Vergabefehler, die **erst im laufenden Nachprüfungsverfahren**, insbesondere solche, die erstmals durch Akteneinsicht gemäß § 111 GWB **bekannt werden**, führen nicht zur Rügeobliegenheit nach Abs. 3, weil dann deren Zweck, ein Nachprüfungsverfahren nach Möglichkeit zu vermeiden, nicht mehr erreicht werden kann (BGH vom 26.9.2006, X ZB 14/06; OLG Düsseldorf vom 9.2.2009, VII Verg 66/08; OLG Frankfurt vom 8.12.2009, 11 Verg 6/09). Nach ihrem Wortlaut („im Vergabeverfahren erkannt") und ihrem Sinn greift die Vorschrift des Abs. 3 Satz 1 Nr. 1 in diesen Fällen nicht. Das gilt auch, wenn ein Antragsteller erst im Laufe eines Nachprüfungsverfahrens „positive Kenntnis" von einem Vergaberechtsverstoß erlangt, und sei es, dass er erst im Nachprüfungsverfahren (z.B. aufgrund einer aktuellen Entscheidung des EuGH) zu der rechtlichen Wertung kommt, dass ein Verstoß gegen das Vergaberecht vorliegt (OLG Düsseldorf vom 8.12.2008, VII-Verg 55/08). In diesen Fällen reicht es, wenn der erkannte Vergabeverstoß unmittelbar gegenüber der Vergabekammer bzw. dem Vergabesenat geltend gemacht wird und der Schriftsatz an die Vergabestelle weitergeleitet wird (OLG Schleswig-Holstein vom 5.4.2005, 6 Verg 1/05).

Teile der Rechtsprechung vertreten die Auffassung, dass auch erst im Nachprüfungsverfahren erkannte Verstöße gegen Vergabevorschriften nicht nur so rechtzeitig vorgetragen werden müssen, dass sie nicht zu einer Verzögerung des Nachprüfungsverfahrens führten, sondern diese seien vom Antragsteller in entsprechender Anwendung des Abs. 3 Satz 1 Nr. 1 – unverzüglich – vor der Vergabekammer bzw. dem Vergabesenat zu beanstanden (OLG Brandenburg vom 10.1.2012, Verg W 18/11; OLG Frankfurt vom 10.6.2011, 11 Verg 4/11; OLG Celle vom 8.3.2007, 13 Verg 11/07). Auch hinsichtlich dieser Verstöße müsse der Auftraggeber die Gelegenheit erhalten, sie im frühestmöglichen Stadium zu korrigieren. Für eine Rüge gegenüber dem Auftraggeber bestehe in diesen Fällen daher nur deshalb keine Notwendigkeit, weil der Auftraggeber im Nachprüfungsverfahren ohnehin davon Kenntnis erhalte. Beseitige der Auftraggeber die Rechtsverletzung, könne sich das Nachprüfungsverfahren deshalb unter Umständen aufgrund der „nachgeschobenen" Rügen erledigen (OLG Celle vom 8.3.2007, 13 Verg 2/07). Diese Auffassung entbehrt einer eindeutigen gesetzlichen Grundlage, da sie weder vom Wortlaut noch vom Sinn und Zweck des Abs. 3 Satz 1 Nr. 1 gedeckt wird, so dass sie – auch aus verfassungsrechtlichen Gründen – abzulehnen ist (OLG Düsseldorf vom 10.9.2009, VII-Verg 12/09; OLG Düsseldorf vom 9.2.2009, VII-Verg 66/08). Die Geltendmachung im Nachprüfungsverfahren erkannter Vergaberechtsverstöße unterliegt nur der in § 113 Abs. 2 Satz 1 GWB normierten Verfahrensförderungspflicht und einer danach in Betracht kommenden Präklusion (vgl. OLG Düsseldorf vom 19.11.2003, Verg 22/03). Erkennt der Antragsteller während des Nachprüfungsverfahrens weitere mögliche Vergaberechtsverstöße, kann er diese also unmittelbar zum Gegenstand seines Nachprüfungsantrags machen – unabhängig davon, ob das Nachprüfungsverfahren wegen einer verspäteten Rüge zunächst unzulässig ist (OLG Frankfurt a.M. vom 8.12.2009, 11 Verg 6/09).

II. Ernsthafte und endgültige Verweigerung der Fehlerkorrektur

178 Eine Rüge ist ausnahmsweise auch dann entbehrlich, wenn die **Vergabestelle eindeutig und unmissverständlich zu erkennen gibt, an ihrer Entscheidung unter allen Umständen festhalten zu wollen** und auch auf die Rüge hin nicht gewillt zu sein, den betreffenden Vergabefehler zu beheben (OLG Dresden vom 21.10.2005, WVerg 5/05; vgl. auch OLG Brandenburg vom 15.9.2009, Verg W 13/08). An die Feststellung einer ernsthaften und endgültigen Verweigerung des Auftraggebers, der Rüge abzuhelfen, sind jedoch **strenge Anforderungen** zu stellen – allein die Tatsache, dass eine bestimmte Entscheidung getroffen wurde, macht diese nicht unumstößlich (krit. zu dieser Fallgruppe auch *Herlemann/Thiele*, in: Beck'scher Vergaberechtskommentar, § 107 Rn. 56). Es reicht also z.B. nicht aus, wenn die Vergabestelle ihre Entscheidung mit guten Gründen verteidigt (vgl. OLG Dresden vom 21.10.2005, WVerg 5/05; VK Nordbayern vom 4.10.2007, 21.VK-3194-41/07). Die Anforderungen liegen hoch. In der Rechtsprechung wird eine endgültige Abhilfeverweigerung z.B. angenommen, wenn eine Vergabestelle zu erkennen gibt, dass umstrittene Vorgaben der Leistungsbeschreibung bis zu einer rechtskräftigen verwaltungsgerichtlichen Entscheidung bestehen bleiben und sie erst Konsequenzen aus einer gerichtlich festgestellten Nichtigkeit der Vorgaben (in concreto: der Tarifbindung) ziehen werde; existiert demgegenüber schon eine entgegenstehende verwaltungsgerichtliche Entscheidung und sind die rechtlichen Bedenken gegen die betreffende Vorgabe durch entsprechende Bieterfragen artikuliert und „auf den Punkt" gebracht worden, ohne dass die Vergabestelle zu einer Änderung ihrer Forderung zu bewegen gewesen wäre, so kann man ausschließen, dass eine Rüge die Vergabestelle zu Änderungen der Vergabebedingungen hätte bewegen können (vgl. OLG Düsseldorf vom 29.4.2009, 7 Verg 76/08).

179 Die Rüge ist kein bloßer Selbstzweck. So stellt es eine „**unnötige Förmelei**" dar, wenn ein Antragsteller lediglich die ihm bekannte und von der Vergabestelle bereits abgelehnte Beanstandung eines Konkurrenten gegen ein und denselben Vergaberechtsverstoß wiederholen müsste. Zur Selbstkorrektur kann sich die Vergabestelle schließlich auch durch die Rüge eines Dritten veranlasst sehen, so dass die der gesetzlich zugedachten Funktion erfüllt ist (OLG Celle vom 15.12.2005, 13 Verg 14/05).

III. Drohender Verlust des Primärrechtsschutzes

180 Auf die Rüge darf allgemein nicht verzichtet werden, wenn die Wartefrist des § 101a GWB abläuft und die Zuschlagserteilung droht. Auch in diesen Fällen – wenige Tage vor der Zuschlagserteilung – ist eine Rüge erforderlich (VK Brandenburg vom 21.12.2005, 1VK 79/05). Etwas anderes kann aber bei **drohendem Verlust des Primärrechtsschutzes** gelten, wenn also zu besorgen ist, dass die Möglichkeit, über einen Nachprüfungsantrag in das laufende Vergabeverfahren eingreifen zu können, endgültig verloren geht. In derartigen Fällen soll eine Rüge unter Umständen unterbleiben dürfen. Das kann z.B. gelten, wenn ein Bieter erst einen Tag vor der möglichen Zuschlagserteilung Kenntnis von dem möglichen Vergaberechtsverstoß erhält (VK Nordbayern vom 30.9.2010, 21. VK-3194-33/10; VK Rheinland-Pfalz vom 14.6.2005, VK 16/05). Entscheidend sind aber auch hier jeweils die Umstände des Einzelfalles (vgl. VK Brandenburg vom 21.12.2005, 1 VK 79/05). Keinesfalls darf ein Unternehmen bis zum letzten Tag der Frist des § 101a Abs. 1 Satz 3 und 4 GWB warten, bevor er einen Nachprüfungsantrag erhebt, um so die Rügeobliegenheit umgehen zu können (vgl. VK Bund vom 26.8.2004, VK 1-165/04).

G. Keine Suspensivwirkung der Rüge (Abs. 3 Satz 3)

181 Nach dem Wortlaut des Abs. 3 Satz 3 bleibt „§ 101a Abs. 1 Satz 2 unberührt". Die Vorschrift des § 101a Abs. 1 Satz 2 GWB, auf die Abs. 3 Satz 3 verweist, erstreckt die Informationspflicht nach § 101a Abs. 1 GWB auch auf Bewerber, denen keine Information über die Ablehnung ihrer Bewerbung zur Verfügung gestellt wurde, bevor die Mitteilung über die Zuschlagsentscheidung an die betroffenen Bieter ergangen ist. Zur Rügeobliegenheit verhält sich § 101a Abs. 1 Satz 2 GWB nicht. Zum einen könnte man annehmen, dass die Vorschrift die sich von selbst verstehende Regelung tref-

fen will, dass der Auftraggeber der ihm in § 101a Abs. 1 Satz 2 GWB auferlegten Informationspflicht unabhängig von einer etwaigen Rügeobliegenheit der dort bezeichneten Bewerber und deren etwaigen Erfüllung nachkommen muss (so *Jaeger*, NZBau 2009, 558, 562).

Eher ist jedoch davon auszugehen, dass der Verweis in Abs. 3 Satz 3 auf einem **Redaktionsversehen** beruht und stattdessen auf § 101a Abs. 1 Satz 3 (und 4) GWB verweisen und so wiederum entsprechende Vorgaben aus Art. 1 Abs. 4 der Rechtsmittelrichtlinie in deutsches Recht umsetzen sollte. Art. 1 Abs. 4 der Rechtsmittelrichtlinie gestattet, dass die Mitgliedstaaten den Zugang zum Nachprüfungsverfahren von der vorherigen Erfüllung einer Rügeobliegenheit (bzw. in der Formulierung der Richtlinie von der Unterrichtung des Auftraggebers durch den Bieter „über den behaupteten Verstoß und die beabsichtigte Nachprüfung") abhängig machen dürfen, wenn davon die Stillhaltefrist nach Art. 2a Abs. 2 der Richtlinie unberührt bleibt. Die in Art. 2a Abs. 2 der Rechtsmittelrichtlinie geregelte Stillhaltefrist ist durch § 101a Abs. 1 Satz 3 (und 4) GWB in das deutsche Vergaberecht übernommen worden. Hiernach darf ein Vertrag erst 10 bzw. 15 Kalendertage nach Absendung der Mitteilung über die Zuschlagsentscheidung geschlossen werden; diese Frist soll durch die Regelungen in Abs. 3 und insbesondere Abs. 3 Satz 1 Nr. 4 nicht beeinflusst werden, so dass Abs. 3 Satz 3 richtig lauten muss: „§ 101a Abs. 1 Satz 3 bleibt unberührt." Im Ergebnis wird damit klargestellt, dass der Rüge – im Gegensatz zum Nachprüfungsverfahren – keine aufschiebende Wirkung zukommt, welche die Erteilung des Zuschlags über die in § 101a Abs. 1 Satz 3 GWB angeordnete Stillhaltefrist suspendieren könnte. Insbesondere Abs. 3 Satz 1 Nr. 4 darf also nicht so ausgelegt werden, dass dem Bieter nach „Eingang" der Nichtabhilfemitteilung durch den Auftraggeber eine (Mindest-)Frist von 15 Kalendertagen zur Verfügung stünde, um den gerügten, aber durch den Auftraggeber beibehaltenen Verstoß im Wege eines Nachprüfungsantrags anzugreifen. Eine **Rüge** führt nach dem richtig verstandenen Inhalt des Abs. 3 Satz 3 i.V.m Art. 1 Abs. 4 der Rechtsmittelrichtlinie **grundsätzlich nicht** zur **Unterbrechung oder Verlängerung der Stillhaltefrist des § 101a Abs. 1 Satz 3 und 4 GWB** (vgl. VK Brandenburg vom 27.1.2005, VK 79/04 zu § 13 VgV a.F.).

Mit anderen Worten: Steht bei „Eingang" der Nichtabhilfemitteilung des Auftraggebers nach Abs. 3 Satz 1 Nr. 4 wegen des nahenden Ablaufs der Stillhaltefrist nach § 101a Abs. 1 Satz 3 und 4 GWB die Erteilung des Zuschlags unmittelbar bevor, muss der Bieter schnellstmöglich ein Nachprüfungsverfahren einleiten, um den gerügten, aber durch die Vergabestelle beibehaltenen (vermeintlichen) Verstoß durch die Vergabekammer überprüfen lassen zu können.

Der Nachprüfungsantrag sollte so rechtzeitig innerhalb der Informations- und Wartepflicht nach § 101a GWB an die Vergabekammer übermittelt werden, dass diese den Antrag auf seine offensichtliche Unzulässigkeit bzw. Unbegründetheit (§ 110 Abs. 2 GWB) prüfen und dem Auftraggeber noch vor Ablauf dieser Frist übermitteln kann. Das gesetzliche Zuschlagsverbot (§ 115 Abs. 1 GWB) wird erst mit der Übermittlung des Nachprüfungsantrags in Textform an den öffentlichen Auftraggeber ausgelöst.

H. Darlegungs- und Beweislast zur Erfüllung der Rügeobliegenheit

Ungeachtet der Formulierung des Abs. 3 Satz 1 liegt die Beweislast hinsichtlich des **Zugangs des Rügeschreibens** beim Antragsteller. Dieser beruft sich in der Regel auf den Zugang der Rüge und hat es als Einziger in der Hand, durch entsprechende Vorkehrungen, wie z.B. der Versendung per Einschreiben mit Rückschein oder der Übermittlung per Boten, den Erhalt des Rügeschreibens zu beweisen, während es der Auftraggeberseite grundsätzlich unmöglich sein dürfte, den Gegenbeweis anzutreten (VK Sachsen-Anhalt vom 31.3.2005, 1 VK LVwA 4/05).

Nach § 108 Abs. 2 GWB muss der **Antragsteller im Nachprüfungsantrag darlegen**, dass die **erforderliche Rüge nach Abs. 3 erfolgte** und wann diese konkret erfolgte. Die Ausführungen müssen diesbezüglich so präzise sein, dass die Vergabekammer insofern die Zulässigkeit des Nachprüfungsantrags feststellen und dementsprechend auch klären kann, ob das Antragsbegehren auf bestimmte gerügte Verstöße gestützt werden kann oder nicht (VK Bund vom 12.12.2001, VK

1-45/01). Der Antragsteller hat hierbei also nicht nur darzulegen, dass die Rüge überhaupt erfolgt ist, sondern auch, dass sie unverzüglich erfolgt ist. Er muss vortragen, durch Tatsachen belegt, dass er den Sachverhalt unverzüglich i.S.d. Abs. 3 Satz 1 Nr. 1 gerügt hat. Fehlt diese Darstellung, so ist der Antrag unzulässig (VK Baden-Württemberg vom 18.6.2003, 1 VK-25/03).

186 Wie sich aus dem Wortlaut des Abs. 3 Satz 1 Nr. 1 ergibt, muss im Streitfall der **Auftraggeber nachweisen**, dass der **Rügeobliegenheit nicht Genüge getan** wurde (BGH vom 1.2.2005, X ZB 27/04). Denn die Vorschrift macht die Zulässigkeit eines Nachprüfungsantrags nicht von einer entsprechenden Darlegung durch den Antragsteller abhängig. Sie verlangt von diesem auch nicht, einen etwaigen Verdacht auszuräumen, verspätet gerügt zu haben. Der Antragsteller muss sich hierzu lediglich im Rahmen der Mitwirkungs- und Wahrheitspflicht äußern, die jede Partei in einem förmlichen Streitverfahren trifft. Die Unzulässigkeit eines ansonsten zulässigen Nachprüfungsantrags kann deshalb nur angenommen werden, wenn dem Antragsteller nachgewiesen ist, dass er den behaupteten Vergaberechtsverstoß erkannt und diesen gleichwohl nicht unverzüglich gerügt hat. Einem öffentlichen Auftraggeber obliegt daher insgesamt die Beweislast für die Verletzung der Rügeobliegenheit durch den Antragsteller (vgl. auch OLG Naumburg vom 18.7.2006, 1 Verg 4/06). Der Antragsteller hat sich hierzu allerdings im Rahmen seiner allgemeinen Mitwirkungs- und Wahrheitspflichten zu äußern (BGH vom 1.2.2005, X ZB 27/2004; OLG Düsseldorf vom 29.12.2001, Verg 22/01).

187 Die Tatsache, dass die Frage nach der Erfüllung der Rügeobliegenheit an Umstände aus der Sphäre des rügenden Unternehmens anknüpft, steht dieser Verteilung der Darlegungs- und Beweislast nicht entgegen. Sie hat aber zur Folge, dass das Unternehmen den Vorwurf des Auftraggebers, den gerügten Vergabefehler zu einem bestimmten (früheren) Zeitpunkt erkannt zu haben, substantiiert widerlegen und angeben muss, wann es stattdessen Kenntnis von dem Vergaberechtsverstoß erlangt haben will (VK Mecklenburg-Vorpommern vom 25.1.2008, 2 VK 5/07). Da es sich bei der Kenntnis um eine innere Tatsache handelt, stellen sich hier regelmäßig Nachweisprobleme. Der Antragsgegner wird hierzu in der Regel kaum mehr als Indizien vortragen können, welche die positive Kenntnis nahe legen. In der Praxis ist einem Antragsteller die positive Kenntnis eines Verfahrensverstoßes kaum nachzuweisen (*Brauer*, NZBau 2009, 297, 299). Die Antwort auf die Frage, zu welchem Zeitpunkt ein Unternehmen „Kenntnis" von einem vermeintlichen Vergaberechtsverstoß hatte, kann dabei an die objektive Tatsachenlage anknüpfen. Spricht z.B. eine eindeutige Faktenlage für die Kenntnis des Vergaberechtsverstoßes zu einem bestimmten Zeitpunkt und bleibt offen, ob die von dem Unternehmen dagegen vorgebrachten Tatsachen zutreffen oder nicht, ist von einer Verletzung der Rügeobliegenheit auszugehen (OLG Naumburg vom 18.7.2006, 1 Verg 4/06).

§ 108 Form

(1) ¹Der Antrag ist schriftlich bei der Vergabekammer einzureichen und unverzüglich zu begründen. ²Er soll ein bestimmtes Begehren enthalten. ³Ein Antragsteller ohne Wohnsitz oder gewöhnlichen Aufenthalt, Sitz oder Geschäftsleitung im Geltungsbereich dieses Gesetzes hat einen Empfangsbevollmächtigten im Geltungsbereich dieses Gesetzes zu benennen.

(2) Die Begründung muss die Bezeichnung des Antragsgegners, eine Beschreibung der behaupteten Rechtsverletzung mit Sachverhaltsdarstellung und die Bezeichnung der verfügbaren Beweismittel enthalten sowie darlegen, dass die Rüge gegenüber dem Auftraggeber erfolgt ist; sie soll, soweit bekannt, die sonstigen Beteiligten benennen.

Übersicht

A. Regelungsinhalt 1–5	C. Inhaltliche Anforderungen an die Begründung des Antrags (Abs. 2) 24–52
B. Formelle Voraussetzungen des Antrags (Abs. 1) ... 6–23	I. Mindestinhalt der Begründung (Abs. 2 Hs. 1) 24–26
I. Antragsteller 6	II. Bezeichnung des Antragsgegners 27–34
II. Schriftform des Antrags (Abs. 1 Satz 1), insbesondere Unterschriftserfordernis 7–13	III. Beschreibung der behaupteten Rechtsverletzung mit Sachverhaltsdarstellung ... 35–40
III. Einreichung des Antrags bei der Vergabekammer (Abs. 1 Satz 1) 14–15	IV. Bezeichnung der verfügbaren Beweismittel .. 41–47
IV. Unverzügliche Begründung des Antrags (Abs. 1 Satz 1) 16–20	V. Darlegung der Rüge 48–50
V. Bestimmtes Begehren (Abs. 1 Satz 2) 21	VI. Benennung der sonstigen Beteiligten (Abs. 2 Hs. 2) 51–52
VI. Ausländischer Antragsteller (Abs. 1 Satz 3) ... 22–23	

A. Regelungsinhalt

Die Vorschrift legt neben der **Schriftform** (Abs. 1 Satz 1) vor allem den **Mindestinhalt** des Nachprüfungsantrags (Abs. 2) fest. Sie orientiert sich an den entsprechenden Regelungen für den Inhalt von Klageschriften (vgl. § 253 Abs. 2 ZPO, § 82 VwGO). Die Festlegung des Mindestinhalts der Begründung der Antragsschrift dient der Beschleunigung des Nachprüfungsverfahrens (Begr. RegE zum VgRÄG, BT-Drucks. 13/9340, S. 18). Genügt der Antrag den Anforderungen an seinen Mindestinhalt nicht, ist der Antrag **unzulässig**, soweit es nicht nur um Soll-Bestimmungen geht. Darunter fällt nach Abs. 2 Hs. 2 die Benennung der sonstigen Beteiligten, die erfolgen „soll", um möglicherweise gegenläufige Interessen anderer Beteiligter, insbesondere eines ggf. beizuladenden Unternehmens, so früh wie möglich zu berücksichtigen und die Beiladung veranlassen zu können (vgl. Begr. RegE zum VgRÄG, BT-Drucks. 13/9340, S. 18). Verzögerungen des Vergabeverfahrens durch ein mögliches weiteres Nachprüfungsverfahren werden damit vermieden. 1

Abs. 1 Satz 3 enthält abweichend von § 5 VwVfG für den ausländischen Antragsteller die gesetzliche Verpflichtung, einen **inländischen Empfangsbevollmächtigten** zu bestellen. Dies dient der Beschleunigung des Verfahrens (Begr. RegE zum VgRÄG, BT-Drucks. 13/9340, S. 18). 2

§ 108 ist damit, wie aus der Gesetzesbegründung bereits deutlich wird, eine Ausprägung des Beschleunigungsgrundsatzes und hier insbesondere der **Verfahrensförderungspflicht der Beteiligten** (§ 113 Abs. 2 GWB). Es soll von Anfang an ein sachlich fundiertes Verfahren in Gang kommen. 3

§ 108 regelt im Gegensatz zur Überschrift („Form") nicht nur die reine Form des Nachprüfungsantrags, sondern legt des Weiteren die inhaltlichen Mindestanforderungen an einen Antrag fest. Praktisch bedeutsam ist die Vorschrift vor allem, weil sowohl **Verstöße** gegen die **Form** als auch gegen die **Nichteinhaltung der Mindestanforderungen** den **Antrag unzulässig** machen können (Rn. 9, 24, 50). Soweit ein die Unzulässigkeit des Nachprüfungsantrags begründender Verstoß wegen der unzureichenden Form des Nachprüfungsantrags oder gegen die für den Nachprüfungsantrag einzuhaltenden Mindestanforderungen vorliegt, dürfte es sich regelmäßig auch um einen offensichtlichen Verstoß i.S.d. § 110 Abs. 2 Satz 1 GWB handeln, so dass die Vergabekammer in diesen Fällen bereits von einer Übermittlung des Antrags absehen wird. 4

§ 108 GWB

5 Auch wenn sich § 108 in Bezug auf Form und Inhalt des Nachprüfungsantrags an zivil- bzw. verwaltungsgerichtlichen Klageschriften orientiert, ist der Antrag dennoch an die Verwaltung gerichtet und das **Nachprüfungsverfahren vor der Vergabekammer** ein **Verwaltungsverfahren** (BGH vom 9.12.2003, X ZB 14/03). Dementsprechend gelten für den Antrag, soweit der Vierte Teil des GWB nicht ausdrücklich abweichende Regelungen trifft, die Regelungen der Verwaltungsverfahrensgesetze des Bundes und der Länder.

B. Formelle Voraussetzungen des Antrags (Abs. 1)

I. Antragsteller

6 Grundsätzlich kann ein Nachprüfungsantrag von jedem **Unternehmen im kartellrechtlichen Sinn** gestellt werden, das als **Bieter** in einem Vergabeverfahren in Betracht kommt. Maßgeblich für die Unternehmenseigenschaft ist der durch die ständige Rechtsprechung des BGH geprägte funktionale Unternehmensbegriff, der „jedwede Tätigkeit im geschäftlichen Verkehr" erfasst, wobei Gewinnerzielungsabsicht und Rechtsform ohne Bedeutung sind (vgl. BGH vom 22.3.1976, GSZ 2/75). Ob das betreffende Unternehmen in dem konkreten Vergabeverfahren, das den Gegenstand des Nachprüfungsantrags bildet, als Bieter aufgetreten ist, ist für die bei § 108 allein maßgebliche Frage von Form und Mindestinhalt des Nachprüfungsantrags unerheblich; die Rolle des Antragstellers im streitgegenständlichen Vergabeverfahren ist vielmehr eine Frage der Antragsbefugnis (§ 107 Abs. 2 GWB) und dementsprechend dort relevant.

II. Schriftform des Antrags (Abs. 1 Satz 1), insbesondere Unterschriftserfordernis

7 Nach Abs. 1 muss der Nachprüfungsantrag der **Schriftform** genügen. Ein mündlich oder fernmündlich gestellter Antrag ist unzulässig. Der Antrag muss als körperliches Schriftstück bei der Vergabekammer eingehen. Ein per **Telefax** eingereichter Nachprüfungsantrag erfüllt das Schriftformerfordernis des Abs. 1 Satz 1 (VK Bund vom 15.12.2011, VK 3-155/11; VK Sachsen vom 23.4.2004, 1/SVK/026-04).

8 Der Nachprüfungsantrag ist gemäß § 23 VwVfG in **deutscher Sprache** einzureichen (zur vorrangigen Geltung von Vorschriften des VwVfG s. Rn. 5). Die Einreichung des Nachprüfungsantrags in einer **anderen Sprache** führt jedoch nicht automatisch zur Unzulässigkeit des Nachprüfungsantrags. Vielmehr ist gemäß § 23 Abs. 2 VwVfG von der Vergabekammer unverzüglich die Vorlage einer **Übersetzung** zu verlangen. Bis zur Vorlage der Übersetzung kann der Nachprüfungsantrag nicht übermittelt werden. Soweit die Übersetzung nicht unverzüglich – ggf. innerhalb einer von der Vergabekammer hierfür gesetzten Frist – vorliegt, ist der Antrag als offensichtlich unzulässig zurückzuweisen.

9 Weitere Voraussetzung für die Erfüllung des Schriftformerfordernisses ist, dass der Nachprüfungsantrag vom Antragsteller oder seinem Bevollmächtigten **eigenhändig unterschrieben** ist. Das **Fehlen der Unterschrift** macht den Antrag grundsätzlich unzulässig, da das Schriftformerfordernis eine zwingende Regelung über den Mindestinhalt des Nachprüfungsantrags darstellt. Nur durch das Unterschriftserfordernis wird sichergestellt, dass der Antrag vom Antragsteller oder seinem Bevollmächtigten autorisiert ist und es sich um einen ernst gemeinten Antrag handelt, der nicht lediglich einen Entwurf darstellt.

10 Würde die Vergabekammer in diesem Fall allerdings den Nachprüfungsantrag wegen fehlender Unterschrift als unzulässig verwerfen, könnte der Antragsteller unverzüglich nach Verwerfung seines Antrags den inhaltsgleichen, diesmal unterschriebenen Antrag erneut stellen. Zur Vermeidung dieser Förmelei wird es daher der Vergabekammer im Rahmen ihrer Amtsermittlungspflicht (§ 110 Abs. 1 GWB) in der Regel obliegen, den Antragsteller auf die fehlende Unterschrift hinzuweisen und ihm die (kurzfristige) Möglichkeit zur Nachholung einzuräumen. Bis zur **Nachholung der Unterschrift** hat jedoch die Übermittlung des Nachprüfungsantrags zu unterbleiben, da ein dem Schriftformerfordernis genügender Antrag nicht vorliegt. Wird die Unterschrift innerhalb der von der Ver-

gabekammer gesetzten Frist nachgeholt, steht der Übermittlung wegen mangelnder Schriftform nichts mehr im Wege. Wird die Unterschrift innerhalb der gesetzten Frist nicht nachgeholt, ist der Antrag als offensichtlich unzulässig i.S.d. § 110 Abs. 2 GWB zu verwerfen.

Auch das OLG Dresden (vom 16.10.2001, WVerg 7/01) vertritt die Auffassung, dass ohne Unterschrift kein zulässiges Nachprüfungsverfahren in Gang kommen könne, sieht die Unterschrift aber bis zur Entscheidung der Vergabekammer als nachholbar an. Ausdrücklich offen lässt das OLG Dresden dabei die Frage, ob die Vergabekammer den Antrag wegen fehlender Unterschrift als offensichtlich unzulässig i.S.d. § 110 Abs. 2 GWB hätte verwerfen können. 11

Kein Fall der Nichteinhaltung des Unterschriftserfordernisses und damit auch kein unzulässiger Antrag liegen hingegen vor, wenn der Antrag als solcher zwar nicht unterschrieben ist, sich aber aus der Antragsschrift oder aus den beigefügten Unterlagen **eindeutig und unmissverständlich** ergibt, dass der **Antrag vom Antragsteller herrührt** (Urheberschaft) **und mit dessen Willen an die Vergabekammer** gelangt ist (Verkehrswille). Dies kann etwa dann der Fall sein, wenn ein dem Antrag beigefügtes Anschreiben oder Begleitschreiben handschriftlich unterzeichnet ist. 12

Die Wahrung des Unterschriftserfordernisses kann zudem im Fall der **Bietergemeinschaft** problematisch sein, wenn der Nachprüfungsantrag ausdrücklich im Namen der Bietergemeinschaft gestellt wird, aber nicht von allen Mitgliedern der Bietergemeinschaft autorisiert ist. In der Rechtsprechung wird diese Problematik im Rahmen der Antragsbefugnis (§ 107 Abs. 2 GWB) behandelt (OLG Düsseldorf vom 30.3.2005, VII-Verg 101/04; OLG Düsseldorf vom 20.12.2004, Verg 101/04; OLG Hamburg vom 10.10.2003, 1 Verg 2/03). Streng genommen kann sich die Zulässigkeitsfrage hier aber auch im Rahmen des Unterschriftserfordernisses stellen. Denn ein Unternehmen kann einen Nachprüfungsantrag nicht mit Wirkung für oder gegen die übrigen Mitglieder der Bietergemeinschaft unterzeichnen, wenn es hierzu nicht ausdrücklich von den übrigen Mitgliedern der Bietergemeinschaft ermächtigt ist. Dabei ist es grundsätzlich **nicht erforderlich**, dass **alle Mitglieder der Bietergemeinschaft** den Nachprüfungsantrag **unterzeichnen**. Es ist vielmehr als ausreichend anzusehen, wenn das vertragliche Innenverhältnis der Bietergemeinschaft den Antragsteller auch zur Durchführung eines vergaberechtlichen Nachprüfungsverfahrens im Namen der Bietergemeinschaft ermächtigt. Dies ist jedoch oft nicht der Fall, da sich das vertragliche Innenverhältnis der Bietergemeinschaft häufig nur auf die Abgabe von das Vergabeverfahren betreffenden Erklärungen gegenüber der Vergabestelle erstreckt. Soweit also für die Vergabekammer aus dem Nachprüfungsantrag ersichtlich ist, dass der Antrag für die Bietergemeinschaft gestellt werden soll, aber nicht von allen Mitgliedern der Bietergemeinschaft unterzeichnet wurde, kann die Vergabekammer vor Übermittlung des Antrags klären, ob der Antragsteller von den übrigen Mitgliedern der Bietergemeinschaft **zur Antragstellung ermächtigt** wurde. Bei unmittelbar bevorstehender Zuschlagserteilung empfiehlt es sich allerdings, den Antrag zur Auslösung des Zuschlagsverbots (§ 115 Abs. 1 GWB) zunächst zu übermitteln und erst nach Aufklärung der Frage, ob eine Ermächtigung seitens der übrigen Mitglieder der Bietergemeinschaft vorliegt, über die Zulässigkeitsfrage zu entscheiden. Wird hingegen der Antrag nicht für die Bietergemeinschaft gestellt, sondern **ausdrücklich nur von bestimmten, (aber nicht allen) Mitgliedern** der Bietergemeinschaft, ist zumindest das Unterschriftserfordernis gewahrt; die Zulässigkeit des Nachprüfungsantrags ist dann im Rahmen der Antragsbefugnis zu klären (für den Fall der Bietergemeinschaft s. § 107 Rn. 23 ff.). 13

III. Einreichung des Antrags bei der Vergabekammer (Abs. 1 Satz 1)

Der Nachprüfungsantrag muss gemäß Abs. 1 Satz 1 bei der **Vergabekammer** gestellt werden. Ein beim Auftraggeber oder bei einer für diesen als Vertreterin agierenden Vergabestelle eingereichter Nachprüfungsantrag vermag dementsprechend keinerlei Rechtswirkungen zugunsten des Antragstellers zu entfalten. In einem solchen Fall besteht insbesondere kein Anspruch des Antragstellers auf Weiterleitung seines Antrags an die zuständige Vergabekammer. Der für die Durchführung des Nachprüfungsverfahrens **unzuständige Auftraggeber bzw. die unzuständige Vergabestelle** können in diesem Fall jedoch gehalten sein, im Rahmen der **Beratungs- und Auskunftspflicht** 14

(**§ 25 VwVfG**) den Antragsteller auf die zuständige Vergabekammer als richtige Adressatin des Nachprüfungsantrags **hinzuweisen**.

15   Das Stellen des Nachprüfungsantrags bei der für die Nachprüfung zuständigen Vergabekammer wird an sich für den Antragsteller kein Problem darstellen, da die für die Nachprüfung zuständige Vergabekammer gemäß § 14 Abs. 1 VgV in der Vergabebekanntmachung und in den Vergabeunterlagen zu benennen ist. Dennoch kann es, z.B. bei falscher Benennung der zuständigen Vergabekammer in der Bekanntmachung oder den Vergabeunterlagen, vorkommen, dass ein **Nachprüfungsantrag bei einer unzuständigen Vergabekammer** eingereicht wird. In diesem Fall ist die unzuständige Vergabekammer nach dem allgemeinen Rechtsgedanken des § 17a Abs. 2 GVG i.V.m. dem Beschleunigungsgrundsatz (§ 113 Abs. 1 GWB) verpflichtet, das Nachprüfungsverfahren an die zuständige Vergabekammer zu **verweisen** (OLG Düsseldorf vom 18.1.2005, Verg 104/04), wobei auch im Falle der Übermittlung des Antrags durch die unzuständige Kammer das Zuschlagsverbot gemäß § 115 Abs. 1 GWB ausgelöst wird und auch nach Verweisung bestehen bleibt (VK Sachsen vom 1.9.2004, 1/SVK/066-04; VK Münster vom 9.8.2001, VK 19/01; OLG Bremen vom 17.8.2000, Verg 2/00). Die **Auslösung des Zuschlagsverbots durch die unzuständige Vergabekammer** ist sachgerecht, da andernfalls die Rechtsschutzmöglichkeiten des antragstellenden Bieters unzumutbar eingeschränkt würden, wenn im Verlauf der rechtlichen Auseinandersetzung über die zuständige Vergabekammer der Zuschlag wirksam erteilt werden könnte.

IV. Unverzügliche Begründung des Antrags (Abs. 1 Satz 1)

16   Abs. 1 Satz 1 eröffnet dem Antragsteller die Möglichkeit, seinen Nachprüfungsantrag erst **nach dessen Einreichung** zu **begründen**, und betrifft somit den Zeithorizont für die Vorlage einer Begründung bei der Vergabekammer, während der erforderliche Inhalt der Begründung in Abs. 2 geregelt ist (zum Inhalt der Begründung s. Rn. 24 ff.). Die Vorschrift nimmt Rücksicht auf Belange des Antragstellers, dem in der Regel nur kurze Überlegungsfristen über das „Ob" und „Wie" der Einleitung eines Nachprüfungsverfahrens zur Verfügung stehen. Sie betrifft vor allem jene Fallkonstellationen, in denen ein Antrag unvollständig eingereicht wird oder gemäß Abs. 2 erforderliche Begründungsinhalte fehlen. Hat z.B. ein Antragsteller seinen Antrag vorab per Fax ohne Anlagen an die Vergabekammer gesandt, so soll dies nicht dazu führen, dass der Antrag wegen offensichtlicher Unzulässigkeit nicht dem Auftraggeber übermittelt und kostenpflichtig verworfen wird. Vielmehr hat es der Antragsteller in der Hand, die fehlenden Anlagen nachzureichen oder Darlegungen nachzuholen. Er muss dies jedoch i.S.d. Beschleunigungsgrundsatzes (§ 113 GWB) unverzüglich tun (VK Bund vom 15.12.2011, VK 3-155/11; VK Sachsen vom 8.11.2001, 1/SVK/104-01).

17   Das **Fehlen** einer den Anforderungen des Abs. 2 **genügenden Antragsbegründung** kann die Vergabekammer nicht ohne weiteres zum Anlass einer Antragszurückweisung nehmen. Zwar dient Abs. 2 dem besonderen Beschleunigungsprinzip des Nachprüfungsverfahrens (vgl. § 113 Abs. 1 GWB). Dennoch ist es der Vergabekammer verwehrt, einen Nachprüfungsantrag ohne weiteres wegen formaler Mängel zu verwerfen, wenn es nach der gegebenen Sachlage nicht ausgeschlossen ist, dass der formale Mangel umgehend behoben wird. In einem solchen Fall obliegt es der Vergabekammer, den Antragsteller auf den formalen Fehler hinzuweisen und ihm **Gelegenheit zur kurzfristigen Abhilfe** einzuräumen (OLG Jena vom 23.1.2003, 6 Verg 11/02).

> In der Praxis wird von dieser Möglichkeit jedoch nicht allzu häufig Gebrauch gemacht, da die Nachprüfungsanträge in den meisten Fällen bereits mit Begründung eingereicht werden. Dies ist schon deshalb empfehlenswert, da die Vergabekammer die für die Übermittlung des Antrags erforderliche Prüfung gemäß § 110 Abs. 2 GWB (Übermittlung des Antrags nur, wenn dieser nicht offensichtlich unzulässig oder unbegründet ist) in aller Regel nur auf der Grundlage einer umfassenden Antragsbegründung durchführen kann. Lediglich für den Fall des Fehlens von Anlagen oder der fehlenden Bezeichnung von verfügbaren Beweismitteln kann die Vergabekammer möglicherweise in der Lage sein, die Prü-

fung nach § 110 Abs. 2 GWB vorzunehmen und den Antrag trotz unvollständiger Begründung übermitteln. Dies hängt aber immer vom Einzelfall ab.

Die **Begründung** des Nachprüfungsantrags hat, soweit sie nicht bereits mit der Einreichung erfolgt ist, **unverzüglich** zu erfolgen. Diese Voraussetzung ist erfüllt, wenn die Begründung **ohne schuldhaftes Zögern** (§ 121 BGB) nachgereicht wird (VK Sachsen vom 8.11.2001, 1/SVK/104-01). Angesichts des das Nachprüfungsverfahren beherrschenden Beschleunigungsgrundsatzes und der damit verbundenen kurzen Entscheidungsfristen der Vergabekammer sind an die Unverzüglichkeit **strenge Maßstäbe** anzulegen. Was noch als „unverzüglich" i.S.d. Abs. 1 Satz 1 gelten kann, hängt von den Umständen des Einzelfalles ab, wie etwa der erforderlichen Einholung von Rechtsrat oder einer sich schwierig gestaltenden Sachverhaltsrecherche. Deutlich überschritten ist die Grenze der Unverzüglichkeit jedenfalls 21 Tage nach Einreichung des Nachprüfungsantrags bei der Vergabekammer (VK Baden-Württemberg vom 2.12.2004, 1 VK 74/04). In Anlehnung an die Rechtsprechung zur Unverzüglichkeit der Rüge (§ 107 Rn. 107 ff.) dürfte eine zeitliche Obergrenze bei **maximal zwei Wochen** anzusetzen sein, wobei sich diese Frist – je nach den Umständen des Einzelfalles – bis **auf wenige Tage verkürzen** kann. 18

Der Antragsteller wird in Fällen einer Antragstellung ohne oder mit unvollständiger Begründung allerdings immer zu überlegen haben, ob er überhaupt einen (in der Regel nicht übermittlungsfähigen) Nachprüfungsantrag stellt oder besser abwartet, bis er die rechtlichen und tatsächlichen Grundlagen für den Nachprüfungsantrag geklärt hat. Dabei sollte allerdings stets ein drohender Zuschlag nach Ablauf der Frist des § 101a GWB beachtet werden.

Der Fall der unzureichenden Begründung eines Nachprüfungsantrags ist von den Fällen zu unterscheiden, in denen der Antragsteller aufgrund seines **begrenzten** (und nicht mehr erweiterbaren) **Informationsstandes** nicht mehr vortragen kann. Bei einer derartigen Sachverhaltskonstellation darf der Antragsteller im Nachprüfungsverfahren behaupten, was er auf der Grundlage seines – oft nur beschränkten – Informationsstandes redlicherweise für wahrscheinlich oder möglich halten darf (vgl. BGH vom 26.9.2006, X ZB 14/06). 19

Ebenfalls keine Frage der unverzüglichen Begründung ist die Fallkonstellation, dass ein Unternehmen einen Antrag nebst Begründung stellt, der sich auf verschiedene Vergabeverstöße stützt, nachträglich jedoch weitere Vergabeverstöße in das Nachprüfungsverfahren eingeführt und begründet werden. Diese **nachträglich** in das Nachprüfungsverfahren **eingeführten Vergabeverstöße** können unproblematisch in das Verfahren eingeführt werden, wenn sie dem Antragsteller vorher nicht bekannt oder erkennbar waren und nach Bekanntwerden unverzüglich im Rahmen des laufenden Nachprüfungsverfahrens geltend gemacht werden (OLG Stuttgart vom 24.3.2000, 2 Verg 2/99; OLG Jena vom 22.12.1999, 6 Verg 3/99; OLG Celle vom 30.4.1999, 13 Verg 1/99). Andernfalls kann die Zulässigkeit der Einführung solcher Verstöße in das Nachprüfungsverfahren unter dem Aspekt der Verfahrensförderungspflicht der Beteiligten gemäß § 113 Abs. 2 GWB (§ 113 Rn. 35 ff.) u.U. problematisch sein. 20

V. Bestimmtes Begehren (Abs. 1 Satz 2)

Die Vorschrift des Abs. 1 Satz 2 regelt, dass der Nachprüfungsantrag ein bestimmtes Begehren enthalten soll. Es handelt sich hier um eine **Sollvorschrift**, also um kein für die Zulässigkeit des Antrags zwingendes Erfordernis. Die Antragsschrift muss lediglich klar erkennen lassen, worin das Verfahrensziel des Antragstellers besteht; der Formulierung eines bestimmten Antrags bedarf es nicht (OLG Düsseldorf vom 18.7.2001, Verg 16/01). Insbesondere der Stellung bestimmter oder gar tenorierungsfähiger Anträge, also solcher Anträge, die die Entscheidungsformel (Tenor) des Beschlusses der Vergabekammer schon vorgeben, bedarf es nicht. Dies ergibt sich bereits aus § 114 Abs. 1 Satz 2 GWB, wonach die **Vergabekammer an Anträge nicht gebunden** ist und unabhängig von etwaigen Anträgen auf die Rechtmäßigkeit des Vergabeverfahrens einwirken kann. Auch wenn sich so- 21 mit aus dem Sachvortrag des Antragstellers nicht ergeben muss, durch welche Maßnahmen der Vergabekammer die geltend gemachte Rechtsverletzung beseitigt werden soll, muss dem Nachprüfungsantrag zumindest zu entnehmen sein, **welche Rechtsverletzungen** den **Gegenstand der Nachprüfung** durch die Vergabekammer bilden sollen. Dies ergibt sich aus der Vorschrift des Abs. 2, die den Antragsteller zur Beschreibung der behaupteten Rechtsverletzung verpflichtet (Rn. 35 ff.).

Trotz fehlender Verpflichtung des Antragstellers, ein bestimmtes Begehren im Nachprüfungsantrag zu benennen, kann es für den Antragsteller ratsam sein, möglichst konkrete Maßnahmen zu beantragen, damit sich die Vergabekammer im Rahmen der Anordnung geeigneter Maßnahmen i.S.d. § 114 Abs. 1 GWB hieran zumindest orientieren kann. Welche Maßnahmen konkret beantragt werden, hängt von der durch den Antragsteller geltend gemachten Rechtsverletzung, seinem Rechtsschutzziel und dem Stadium des Vergabeverfahrens ab. So kann der Antragsteller beispielsweise die Aufhebung der Ausschreibung oder eine Untersagung der Zuschlagserteilung, die Änderung der Leistungsbeschreibung, die Wiederholung der Wertung unter Berücksichtigung seines Angebots, eine neuerliche Wertung unter Beachtung der bekannt gemachten Zuschlagskriterien, die Feststellung der Unwirksamkeit der Zuschlagserteilung oder die Feststellung einer Rechtsverletzung beantragen.

VI. Ausländischer Antragsteller (Abs. 1 Satz 3)

22 Nach Abs. 1 Satz 3 muss ein ausländischer Antragsteller, der im Geltungsbereich des GWB weder über einen Wohnsitz noch einen gewöhnlichen Aufenthalt, einen Sitz oder eine Geschäftsleitung verfügt, einen **Empfangsbevollmächtigten im Geltungsbereich des GWB benennen**. Diese gesetzliche Festlegung ist dem Beschleunigungsgrundsatz (§ 113 GWB) geschuldet: Denn angesichts der kurzen Entscheidungsfristen der Vergabekammer sollen verfahrensverzögernde Auswirkungen, die sich im Zusammenhang mit erforderlichen Zustellungen oder der Erreichbarkeit eines ausländischen Antragstellers ergeben können, von vornherein ausgeschlossen werden (VK Sachsen-Anhalt vom 7.7.2004, 1 VK LVwA 38/04). Die Vorschrift ist auf das gemäß § 109 GWB **beizuladende Unternehmen** entsprechend anzuwenden.

23 Der Empfangsbevollmächtigte muss in der Lage sein, Mitteilungen und Erklärungen, die das Nachprüfungsverfahren betreffen, mit Wirkung für und gegen den Antragsteller entgegen zu nehmen. Die **Nichtbenennung eines Bevollmächtigten** führt grundsätzlich zur Unzulässigkeit des Antrags. In diesem Fall wird man jedoch die Vergabekammer vor der Verwerfung des Nachprüfungsantrags, jedenfalls wenn der ausländische Antragsteller erreichbar ist, für verpflichtet halten müssen, den Antragsteller auf diese Bestimmung **hinzuweisen**, um ihm die **Gelegenheit zur Benennung** eines Bevollmächtigten zu geben. Ist der ausländische Antragsteller hingegen nicht erreichbar, reagiert er auf den Hinweis der Vergabekammer nicht oder verweigert er die Benennung, ist der Nachprüfungsantrag als offensichtlich unzulässig zu verwerfen (VK Sachsen-Anhalt vom 7.7.2004, 1 VK LVwA 38/04).

Soweit ein **beigeladenes Unternehmen** keinen Sitz im Geltungsbereich des GWB hat, kann es zur Beschleunigung des Verfahrens, und hier insbesondere der Bewirkung von Zustellungen, ebenfalls zweckmäßig sein, Abs. 1 Satz 3 analog anzuwenden, also auch insoweit die Benennung eines Empfangsbevollmächtigten zu verlangen.

C. Inhaltliche Anforderungen an die Begründung des Antrags (Abs. 2)

I. Mindestinhalt der Begründung (Abs. 2 Hs. 1)

24 Abs. 2 Hs. 1 legt i.V.m. § 107 Abs. 2 und 3 GWB fest, welchen **Mindestanforderungen** die Antragsbegründung genügen muss. Es handelt sich hier um eine **zwingende Vorschrift**, deren Nichteinhaltung den Nachprüfungsantrag unzulässig macht (Begr. RegE zum VgRÄG, BT-Drucks.

13/9340, S. 18). Diese Konsequenz entspricht dem Willen des Gesetzgebers, das Nachprüfungsverfahren so schnell wie möglich entscheidungsreif zu machen. Die Begründung des Nachprüfungsantrags dient der Festlegung des Verfahrensgegenstandes vor der Vergabekammer und der Eingrenzung des aus der Sicht des Antragstellers entscheidungserheblichen Streitstoffes.

Für den Antragsteller ist der **Begründungsinhalt** des von ihm eingereichten Nachprüfungsantrags deshalb bedeutsam, weil die Begründung des Nachprüfungsantrags die **Grundlage für die Entscheidung der Vergabekammer über die Übermittlung des Nachprüfungsantrags** bildet. Denn nur wenn der Nachprüfungsantrag nicht offensichtlich unzulässig oder unbegründet ist, wird die Vergabekammer gemäß § 110 Abs. 2 Satz 1 GWB die Übermittlung veranlassen.

Maßstab für den Mindestinhalt der Begründung ist § 107 Abs. 2 und 3 GWB. Aus der Antragsbegründung des Antragstellers muss somit für die Vergabekammer zumindest implizit erkennbar sein, dass der Antragsteller

- ein **Interesse am Auftrag** hat,
- durch die Nichtbeachtung von Vergabevorschriften **in seinen Rechten verletzt** ist,
- ihm hierdurch ein **Schaden** entstanden ist oder zumindest droht und
- er den Vergabeverstoß unverzüglich gerügt hat (VK Sachsen vom 25.11.2004, 1/SVK/110-04).

Dieser notwendige Begründungsumfang ist in Abs. 2 zwar nur zum Teil explizit dargelegt, er ergibt sich aber aus Sinn und Zweck des Gesetzes, da ein Antrag, dem es an einem der vorgenannten Merkmale fehlt, von der Vergabekammer als offensichtlich unzulässig zurückzuweisen wäre. Im Hinblick darauf, dass im Verfahren vor der Vergabekammer kein Anwaltszwang besteht und wegen Art. 19 Abs. 4 GG der Zugang zu den Gerichten nicht unbillig erschwert werden darf, sind an die Antragsbegründung aber **keine allzu hohen Anforderungen** zu stellen. Vielmehr ist auch eine **laienhafte Darstellung des Begehrens** als ausreichend anzusehen (OLG München vom 29.9.2009, Verg 12/09).

II. Bezeichnung des Antragsgegners

§ 107 Abs. 2 GWB spricht von der Bezeichnung des Antragsgegners. Hierbei handelt es sich um den **Auftraggeber**, da sich der Nachprüfungsantrag gegen ihn als Verfahrensbeteiligten (§ 109 GWB) richtet. Ebenso ist es zulässig, wenn sich der Antrag gegen eine vom Auftraggeber **mit der Durchführung des Vergabeverfahrens betraute Vergabestelle** richtet (s. hierzu OLG Naumburg vom 16.10.2007, Verg 6/07).

Es empfiehlt sich, den **Antragsgegner möglichst präzise** mit Adresse und, soweit möglich, mit Telefon- und Telefaxnummer zu bezeichnen, damit die Vergabekammer möglichst unverzüglich und ohne eigene Ermittlungen die Übermittlung des Antrags veranlassen kann.

Ein Antrag, der den **Antragsgegner** (Auftraggeber) **nicht bezeichnet**, ist unzulässig, da ihm die Verbindlichkeit fehlt. Die lediglich fehlerhafte Bezeichnung des Auftraggebers führt hingegen nicht zur Unzulässigkeit des Antrags (OLG Brandenburg vom 19.12.2002, Verg W 12/02). Die **Falschbezeichnung** kann jedoch dazu führen, dass die Vergabekammer den Nachprüfungsantrag an den fehlerhaft bezeichneten Auftraggeber übermittelt und somit das Zuschlagsverbot des § 115 Abs. 1 GWB nicht in Kraft tritt (BayObLG vom 1.7.2003, Verg 3/03).

Bedient sich der **Auftraggeber** hingegen eines von ihm hierzu **bevollmächtigten Dritten als Vergabestelle** und benennt der Antragsteller in seinem Nachprüfungsantrag die Vergabestelle als Auftraggeber, hat dies keine Auswirkungen auf Verfahrenshandlungen, die durch die Vergabekammer oder den Antragsteller gegenüber der Vergabestelle vorgenommen wurden. In diesem Fall ist lediglich das **Rubrum** des Nachprüfungsantrags durch die Vergabekammer oder das Beschwerdegericht von Amts wegen zu **berichtigen** (OLG Brandenburg vom 7.12.2010, Verg W 16/10; OLG Naumburg vom 16.10.2007, 1 Verg 6/07). Das OLG Naumburg nimmt die Rubrumberichtigung dergestalt vor, dass Antragsgegner ausschließlich die Vergabestelle ist. Es spricht jedoch auch nichts gegen eine Rubrumberichtigung, die als Antragsgegner den Auftraggeber und die für ihn handelnde Vergabestelle ausdrücklich benennt.

30   Der Nachprüfungsantrag ist auch nicht zwingend wegen **fehlender Passivlegitimation** unzulässig, wenn der Auftraggeber dort falsch bezeichnet ist. In derartigen Fällen kann die Vergabekammer das Rubrum des Nachprüfungsantrags (und damit auch das Rubrum der Hauptsacheentscheidung) **von Amts wegen** jedenfalls dann berichtigen, soweit aus dem Nachprüfungsantrag klar ersichtlich ist, gegen wen sich der Nachprüfungsantrag materiell richtet, wer also Auftraggeber ist. In diesem Fall ist die Vergabekammer gehalten, das Rubrum des Nachprüfungsantrags **auszulegen**, und hat dementsprechend die Übermittlung an den richtigen Auftraggeber zu veranlassen (VK Bund vom 28.9.2005, VK 2-120/05; VK Bund vom 6.7.2006, VK 3-54/06; VK Bund vom 26.1.2005, VK 3-224/04; OLG Brandenburg vom 19.12.2002, Verg W 12/02). Zu den Grenzen der Auslegung bei der Benennung des Antragsgegners im Nachprüfungsantrag und einer Berichtigung des Rubrums von Amts wegen s. auch OLG Naumburg vom 6.12.2012 (2 Verg 5/12) sowie OLG Celle vom 8.11.2012 (13 Verg 7).

31   Eine **entsprechende Auslegung** des Nachprüfungsantrags ist allerdings nur dann möglich, wenn sich der richtige Antragsgegner unzweifelhaft aus dem Nachprüfungsantrag ergibt. Andernfalls ist die Vergabekammer im Rahmen ihrer Amtsermittlungspflicht (§ 110 Abs. 1 GWB) lediglich gehalten, den Antragsteller auf die fehlerhafte oder unklare Bezeichnung des Antragsgegners hinzuweisen; die Übermittlung kann die Vergabekammer in diesem Fall erst veranlassen, wenn der Auftraggeber vom Antragsteller eindeutig bezeichnet wurde. Die zur Aufklärung verpflichtende Amtsermittlungspflicht der Vergabekammer setzt aber erst ein, wenn der Antragsgegner für die Vergabekammer offensichtlich fehlerhaft oder unklar bezeichnet wurde. Soweit die Vergabekammer die Falschbezeichnung nicht als solche zu erkennen vermag, wird sie den Antrag schlicht dem falschen Antragsgegner übermitteln, ohne dass das Zuschlagsverbot des § 115 Abs. 1 GWB gegenüber dem tatsächlichen Auftraggeber in Kraft treten kann.

32   Es ist einem Bieter, der einen Nachprüfungsantrag stellen will, hingegen nicht zumutbar, Ungewissheiten hinsichtlich des öffentlichen Auftraggebers aufzuklären, wenn der **Auftraggeber diese Ungewissheiten selbst verschuldet** hat. Kann mithin ein Antragsteller den Antragsgegner nicht mit letzter Sicherheit benennen, weil die Bekanntmachung und die Aufforderung zur Angebotsabgabe diesbezüglich widersprüchliche Angaben enthalten, gehen insoweit unklare oder widersprüchliche Angaben zu Lasten des Auftraggebers (VK Bund vom 20.6.2007, VK 3-55/07).

33   Handelt es sich hingegen um eine **Falschbezeichnung des Auftraggebers**, die nicht durch Auslegung von Amts wegen zu korrigieren ist, und ändert bzw. erweitert der Antragsteller daraufhin in einem späteren Verfahrensstadium den Antragsgegner, so liegt hierin eine **Parteiänderung** oder eine **Parteierweiterung** und nicht lediglich eine Berichtigung der Antragsgegnerbezeichnung. In einem solchen Falle gelten vor der Änderung bzw. Erweiterung vorgenommene Verfahrenshandlungen nicht gegenüber dem neuen Antragsgegner (BayObLG vom 1.7.2003, Verg 3/03; das BayObLG spricht zwar von Prozesshandlungen, das Gleiche muss aber auch für Verfahrenshandlungen im Rahmen des Vergabekammerverfahrens gelten). Dies betrifft insbesondere das durch Übermittlung des Nachprüfungsantrags gemäß § 115 Abs. 1 GWB ausgelöste Zuschlagsverbot. Insoweit betont das BayObLG in seiner Entscheidung ausdrücklich, dass das Zuschlagsverbot nur bei wirksamer Übermittlung des Nachprüfungsantrags an den richtigen Auftraggeber ausgelöst werden kann.

34   Die Parteiänderung oder Parteierweiterung kann insbesondere dann problematisch sein, wenn der Vergabeverstoß gegenüber dem neuen Antragsgegner nicht gerügt wurde und es somit an einem Zulässigkeitserfordernis (§ 107 Abs. 3 GWB) fehlt. Hier stellt sich die Frage, ob eine Rüge ausnahmsweise entbehrlich ist. Letztlich wird die Entscheidung über die **Entbehrlichkeit der Rüge** immer von den Umständen des Einzelfalles abhängen. Im Falle der Parteiänderung oder Parteierweiterung wird man die Entbehrlichkeit zumindest dann bejahen können, wenn dem neuen Antragsgegner

das Nachprüfungsverfahren bekannt war und er bereits hat erkennen lassen, dass eine Abhilfe für ihn nicht in Betracht kommt.

III. Beschreibung der behaupteten Rechtsverletzung mit Sachverhaltsdarstellung

Die **Sachverhaltsdarstellung** darf in dem Antrag nicht völlig fehlen und muss zumindest so erfolgen, dass sich aus ihr die **konkrete Möglichkeit einer Rechtsverletzung** zum Nachteil des Antragstellers ergibt (OLG Jena vom 16.1.2002, 6 Verg 7/01). Der Antragsteller muss also deutlich machen, welche Handlung oder Unterlassung des Auftraggebers einen Verstoß gegen Vergabevorschriften darstellt. Die Darlegungspflicht des Antragstellers erstreckt sich jedoch nur auf solche Tatsachen, die dem Antragsteller bekannt sind. Insoweit ist zu berücksichtigen, dass der Antragsteller bestimmte Sachverhaltselemente gar nicht vortragen kann, weil sie sich auf interne Vorgänge der Vergabestelle beziehen, die dem Antragsteller in aller Regel nicht bekannt sind (s. hierzu auch Rn. 37).

35

Das OLG Koblenz (vom 22.3.2001, Verg 9/00 und vom 10.8.2000, 1 Verg 2/00) hält eine Antragsbegründung bereits für **unzureichend** i.S.d. Abs. 2 und damit den Nachprüfungsantrag für unzulässig, wenn sich aus der Begründung keine konkrete Rechtsverletzung ergibt, sondern nur die **abstrakte Möglichkeit eines Verstoßes gegen das Vergaberecht** in den Raum gestellt wird. Dabei ist nach Ansicht des OLG Koblenz insbesondere auch schlüssig darzulegen, dass aus der Rechtsverletzung ein Schaden entstanden ist oder droht (§ 107 Abs. 2 Satz 2 GWB). Auch das Fehlen einer verständlichen Sachverhaltsschilderung und der fehlende Vortrag von Tatsachen, aus denen sich die Einhaltung der Rügeobliegenheit (§ 107 Abs. 3 GWB) ergibt, führt nach Ansicht des OLG Koblenz ohne weiteres zur Unzulässigkeit des Nachprüfungsantrags.

36

Dem OLG Koblenz ist in den grundlegenden Aussagen zu den Anforderungen an die Begründung des Nachprüfungsantrags zuzustimmen. Vor dem Hintergrund der geringen inhaltlichen Anforderungen an die Bieterinformation nach § 101a GWB (vgl. zu den geringen inhaltlichen Anforderungen nach der alten, aber im Wesentlichen unveränderten Rechtslage BayObLG vom 22.4.2004, Verg 8/02; OLG Koblenz vom 25.3.2002, 1 Verg 1/02; vgl. auch § 101a Rn. 44 ff.) sowie des Umstands, dass sich Vergabeverstöße oft in der Sphäre der Vergabestelle abspielen und somit dem Bieter oft erst nach Akteneinsicht bekannt werden, dürfen die **Anforderungen** an die **Darlegungslast des Antragstellers** allerdings auch **nicht überspannt** werden (s. hierzu OLG Düsseldorf vom 13.4.2011, Verg 58/10). So wird der Antragsteller z.B. Einzelheiten der Angebotswertung, die ihm zumeist erst durch Akteneinsicht im Verlauf des Nachprüfungsverfahrens zur Kenntnis gelangen, in der Regel nicht zum Gegenstand eines substantiierten Sachverhaltsvortrags bei Einreichung des Nachprüfungsantrags machen können (VK Lüneburg vom 20.8.2002, 203-VgK-12/2002). Dennoch kann der Antragsteller auch im vorgenannten Fall, insbesondere wenn sich seine Beanstandung auf Fehler der Angebotswertung beschränkt, auf eine **Sachverhaltsdarstellung nicht völlig verzichten** und sich nur auf **pauschale Behauptungen** – einen sog. „Antrag ins Blaue" – beschränken (VK Sachsen vom 24.3.2003, 1/SVK/018-03; zu der insoweit vergleichbaren Situation bei der Rüge s. OLG Frankfurt vom 7.8.2007, 11Verg 3/07). Der Antragsteller muss daher auch in diesem Fall zumindest diejenigen tatsächlichen Anhaltspunkte vorbringen, aus denen er ein vergaberechtswidriges Verhalten der Vergabestelle ableitet.

37

Vom Antragsteller kann und muss zudem verlangt werden, dass er ihm **bekannte Tatsachen** (z.B. bestimmte Inhalte der Bekanntmachung oder der Leistungsbeschreibung) zur **Grundlage seiner Antragsbegründung** macht, wenn er aus diesen Tatsachen die Verletzung seiner Rechte ableitet. Denn es ist nicht Aufgabe der Vergabekammer, ohne einen konkreten Hinweis des Antragstellers eine mit dem Nachprüfungsantrag allgemein mitgeteilte Tatsache auf ihre Vergaberechtskonformität zu untersuchen, wenn sich der Antragsteller zur Begründung der von ihm geltend gemachten Rechtsverletzung nicht konkret auf diese Tatsache beruft (so für den Fall der Leistungsbeschreibung OLG Koblenz vom 10.8.2000, 1 Verg 2/00). So dürfte z.B. eine Antragsbegründung nicht den Anforderungen des Abs. 2 Hs. 1 entsprechen, wenn sich die Begründung abstrakt darauf beruft, die

38

Leistungsbeschreibung sei nicht eindeutig und erschöpfend i.S.d. § 7 EG VOB/A bzw. § 8 EG VOL/A, ohne konkret zu benennen, welche Bestandteile der Leistungsbeschreibung gemeint sind. Diese Anforderung an den Begründungsinhalt begegnet auch vor dem Hintergrund des im Nachprüfungsverfahren vor der Vergabekammer grundsätzlich geltenden Untersuchungsgrundsatzes (§ 110 Abs. 1 GWB) keinen Bedenken, da im Nachprüfungsverfahren seitens der Vergabekammer **keine allgemeine und umfassende Rechtmäßigkeitskontrolle des Vergabeverfahrens** stattfindet (§ 110 Rn. 27 ff.).

39   Eine Verpflichtung der Vergabekammer, dem Antragsteller eine **Frist zur Beseitigung** einer **unzureichenden Beschreibung der Rechtsverletzung oder einer mangelhaften Sachverhaltsdarstellung** zu setzen, kann nur im Ausnahmefall angenommen werden. Eine solche Verpflichtung kommt nur in Betracht, wenn es sich um einen formalen Mangel handelt (z.B. keine Darlegung der erfolgten Rüge) und sich aus dem Nachprüfungsantrag bereits Anhaltspunkte dafür ergeben, dass der Mangel umgehend behoben werden kann (so für den Fall der fehlenden Rügedarlegung OLG Jena vom 23.1.2003, 6 Verg 11/02). Für den Fall einer lediglich ungenügenden Bezeichnung der verfügbaren Beweismittel wird man von der Vergabekammer allerdings verlangen können, dennoch auf solche Beweismittel zurückzugreifen (Rn. 41 ff.).

40   Eine **allgemeine Pflicht der Vergabekammer**, den Antragsteller vor Zurückweisung des Antrags wegen offensichtlicher Unzulässigkeit **auf das Fehlen einer unzureichenden Beschreibung der Rechtsverletzung oder einer mangelhaften Sachverhaltsdarstellung hinzuweisen**, besteht auch vor dem Hintergrund der Rechtsprechung des EuGH nicht (EuGH vom 19.6.2003, Rs. C-249/01 – „Hackermüller"). Die Entscheidung des EuGH stellt lediglich fest, dass ein Verstoß gegen die EU-Rechtsmittelrichtlinie (Richtlinie 89/665/EWG des Rates vom 21. Dezember 1989 zur Koordinierung der Rechts- und Verwaltungsvorschriften für die Anwendung der Nachprüfungsverfahren im Rahmen der Vergabe öffentlicher Liefer- und Bauaufträge) vorliegt, wenn einem Bieter aufgrund einer Entscheidung der Nachprüfungsinstanz der Zugang zum Nachprüfungsverfahren wegen des zwingenden Ausschlusses seines Angebots verwehrt wird, ohne ihm rechtliches Gehör zu dem der Entscheidung zugrunde liegenden Ausschlussgrund zu gewähren. Die Entscheidung des EuGH betrifft somit materielle Fragen des Vergabeverfahrens, nicht aber formelle Fragen der Einleitung eines Nachprüfungsverfahrens. Die Formvorschrift des Abs. 2 würde ausgehöhlt, wenn jeder Antragsteller vor Zurückweisung seines Antrags auf das Fehlen gemäß Abs. 2 zwingender Begründungsinhalte seines Antrags hingewiesen werden müsste und ihm Gelegenheit zur Abhilfe einzuräumen wäre. Die Annahme einer solchen Verpflichtung stünde im Übrigen auch in Widerspruch zu dem das Nachprüfungsverfahren beherrschenden Beschleunigungsgrundsatz (§ 113 GWB).

IV. Bezeichnung der verfügbaren Beweismittel

41   Die nach Abs. 2 bestehende Verpflichtung des Antragstellers, in der Antragsbegründung die verfügbaren Beweismittel zu bezeichnen, ist Ausdruck der allgemeinen Mitwirkungspflicht der Beteiligten (§ 113 Abs. 2 GWB) und dient der Beschleunigung des Nachprüfungsverfahrens (§ 113 Abs. 1 GWB). Bereits mit der Antragsbegründung soll die Vergabekammer beurteilen können, welche entscheidungserheblichen Tatsachen nachgewiesen werden müssen und wie dieser Nachweis erfolgen kann. Die Vergabekammer wird damit bereits in einem frühen Stadium des Verfahrens in die Lage versetzt, den entscheidungserheblichen Sachverhalt gezielt aufzuklären.

42   Der Antragsteller hat allerdings nur die ihm tatsächlich **verfügbaren Beweismittel** zu bezeichnen. Beweismittel, die der Antragsteller nicht kennt, sind nicht verfügbar i.S.d. Abs. 2 und können daher auch nicht bezeichnet werden. Der Antragsteller muss auch **keine Aktivitäten** entfalten, um die **Beweismittel erst noch zu erlangen**. Soweit es sich um schriftliche Beweismittel handelt, über die der Antragsteller die körperliche Verfügungsgewalt besitzt (z.B. den Bekanntmachungstext, die Leistungsbeschreibung, schriftliche Äußerungen der Vergabestelle), empfiehlt es sich, diese Schriftstücke bereits mit dem Nachprüfungsantrag nicht nur zu bezeichnen, sondern auch einzureichen.

43   Unter den **Begriff** der **Beweismittel** fällt alles, was geeignet ist, die vom Antragsteller geltend gemachte Rechtsverletzung und den hierzu vorgetragenen Sachverhalt zu beweisen. Eine diesbezüg-

lich nicht abschließende Aufzählung enthält § 26 Abs. 1 VwVfG (Einholung von Auskünften, Anhörung von Beteiligten, Vernehmung von Zeugen und Sachverständigen, Beiziehung von Urkunden und Akten, Augenschein).

Die in der Praxis bedeutsamsten Beweismittel sind die **Beiziehung der Vergabeakte**, die gemäß § 110 Abs. 2 GWB durch die Vergabekammer von Amts wegen veranlasst wird, die **Anhörung der Beteiligten**, die über Schriftsätze und im Rahmen der mündlichen Verhandlung erfolgt, sowie sehr selten die **Vernehmung von Zeugen und Sachverständigen**.

Im Rahmen des Abs. 2 kommen Beweismittel nicht in Betracht, die entweder ungeeignet sind, weil sie der Logik und der aktuellen wissenschaftlichen Erkenntnis widersprechen, oder die durch eine **Straftat erlangt** wurden. Die erstgenannten ungeeigneten Beweismittel sind schon keine Beweismittel im materiellen Sinn, weil durch sie nichts bewiesen werden kann, während die letztgenannten Beweismittel zwar materiell zur Beweisführung geeignet wären, aber einem **Verwertungsverbot** unterliegen. 44

Streitig ist hingegen, ob auch Beweismittel ungeeignet und damit nicht verwertbar sind, die durch den Verstoß gegen Rechtsvorschriften erlangt wurden (z.B. **Verstoß eines Mitarbeiters der Vergabestelle gegen die Verschwiegenheitspflicht**) oder deren „Veröffentlichung" im Nachprüfungsverfahren eine rechtswidrige Verletzung von Betriebs- oder Geschäftsgeheimnissen bedeuten würde. Insbesondere für den Fall der Verletzung der Verschwiegenheitspflicht eines Mitarbeiters der Vergabestelle träte für den Antragsteller eine unzumutbare Rechtsschutzverkürzung ein, wenn die (rechtswidrig) erteilte Information eines Mitarbeiters der Vergabestelle im Nachprüfungsverfahren nicht verwertet werden dürfte. Zudem hätte es die Vergabestelle so in der Hand, ihr zum Nachteil gereichende Tatsachen dem Nachprüfungsverfahren zu entziehen. Anderer Auffassung ist das OLG Brandenburg, wonach dem Antragsteller durch die Vergabestelle zugespielte Teile der Angebote anderer Bieter im Nachprüfungsverfahren nicht berücksichtigt werden dürfen (OLG Brandenburg vom 6.10.2005, Verg W 7/05). 45

Des Weiteren stellt sich die Frage, wie Beweismittel zu behandeln sind, die für die Aufklärung des entscheidungserheblichen Sachverhalts erforderlich sind und dem Antragsteller bekannt waren, gleichwohl von ihm aber im Nachprüfungsantrag nicht bezeichnet wurden. In diesem Fall stellt sich für die Vergabekammer die Frage, ob sie die entsprechenden Beweise erheben darf oder sogar erheben muss. In der Regel wird diese Frage aber nicht bereits mit Einreichung des Nachprüfungsantrags aufgeworfen, sondern erst im weiteren Verlauf des Nachprüfungsverfahrens, da erst dann offensichtlich werden kann, dass der **Antragsteller bekannte Beweismittel nicht benannt** hat. Da es hier – anders als bei der Sachverhaltsdarstellung – nicht um die Tatsachen als solche geht, sondern lediglich um ihren Beweis, wird man in diesem Fall (anders als bei der mangelhaften Beschreibung der Rechtsverletzung oder der mangelhaften Sachverhaltsdarstellung) von der Vergabekammer verlangen können, auf diese Beweismittel zuzugreifen. Dies folgt aus dem Untersuchungsgrundsatz (§ 110 Abs. 1 GWB), welcher der Vergabekammer grundsätzlich abverlangt, zur Erforschung des Sachverhalts auch auf nicht benannte Beweismittel zurückzugreifen. Dabei ist aber zu berücksichtigen, dass der Amtsermittlungsgrundsatz durch die teilweise Novellierung des GWB im Jahr 2009 eingeschränkt wurde und sich die Vergabekammer bei der Erforschung des Sachverhalts nunmehr auf Umstände beschränken kann, die von den Beteiligten vorgebracht wurden oder der Vergabekammer „sonst bekannt sein" müssen (§ 110 Abs. 1 Satz 2 GWB). 46

Die Verpflichtung der Kammer zur Erforschung des Sachverhalts hat jedenfalls dort ihre Grenzen, wo die **Mitwirkungs- und Verfahrensförderungspflicht der Beteiligten** (§ 113 Abs. 2 GWB) einsetzt. Dementsprechend ist die Vergabekammer nicht gehalten, Beweismittel heranzuziehen, die sich ihr aufgrund des vorgetragenen Sachverhalts nicht aufdrängen. 47

V. Darlegung der Rüge

48 Nach Abs. 2 muss der Antragsteller in seiner Begründung auch darlegen, dass die Rüge gegenüber dem Auftraggeber erfolgt ist. Die **Darlegung der Rüge** ist erforderlich, damit die Vergabekammer die **Zulässigkeit des Nachprüfungsantrags** feststellen kann. Denn ein Antragsteller, der die Rügeobliegenheit gemäß § 107 Abs. 3 GWB nicht eingehalten hat, vermag keinen zulässigen Nachprüfungsantrag zu stellen. Zudem grenzt die Rüge den Streitgegenstand ein, da vom Antragsteller mit seinem Nachprüfungsantrag nur solche Vergabeverstöße – vorausgesetzt, die Vergabeverstöße waren bekannt bzw. erkennbar i.S.d. § 107 Abs. 3 GWB – geltend gemacht werden können, die zuvor gegenüber der Vergabestelle gerügt wurden. Macht der Antragsteller folglich mit der Einreichung des Nachprüfungsantrags Vergabeverstöße geltend, die er trotz bestehender Rügeobliegenheit gemäß § 107 Abs. 3 GWB zuvor nicht gegenüber der Vergabestelle gerügt hat, ist der Antrag insoweit unzulässig (zu weiteren Einzelheiten der Rügeobliegenheit s. § 107 Rn. 63 ff.).

49 Ob der Antragsteller neben der Tatsache, dass er die von ihm geltend gemachten Vergabeverstöße gerügt hat, auch die **Unverzüglichkeit der Rüge darlegen** muss, wird man jedenfalls bei Sachverhaltskonstellation annehmen müssen, die berechtigte Zweifel an der Unverzüglichkeit der Rüge aufkommen lassen. So hat der Antragsteller in den Fällen des § 107 Abs. 3 Nr. 2, 3 GWB (aufgrund der Bekanntmachung oder aus den Vergabeunterlagen erkennbare Verstöße) darzulegen, dass er die Rüge innerhalb der dort festgelegten Fristen (Bewerbungsfrist, Angebotsfrist) erhoben hat. Rügt der Antragsteller einen Vergabeverstoß im Rahmen der Angebotswertung erst nach Erhalt des Informationsschreibens nach § 101a GWB, wird die Vergabekammer, wenn die Rüge unverzüglich nach Erhalt des Schreibens erhoben wurde, annehmen dürfen, dass der Antragsteller diesen Vergabeverstoß nicht bereits vorher gekannt hat. Gleichwohl kann den Antragsteller hierzu im weiteren Verlauf des Nachprüfungsverfahrens eine **Darlegungslast** treffen, wenn der Zeitpunkt der Kenntniserlangung im Nachprüfungsverfahren streitig gestellt wird.

50 Ob bei **vollständig fehlender Darlegung zur Rüge** die Vergabekammer den Nachprüfungsantrag als offensichtlich unzulässig verwerfen kann, wird unterschiedlich beurteilt (in diese Richtung tendierend OLG Koblenz vom 10.8.2000, 1 Verg 2/00; VK Bund vom 7.6.2004, VK 1-69/04; VK Bund vom 9.7.2003, VK 1-67/03). Andererseits spricht der Wortlaut des Abs. 1 Satz 1 („unverzüglich zu begründen") dafür, dass es der Vergabekammer verwehrt ist, einen Nachprüfungsantrag ohne weiteres wegen formaler Mängel zu verwerfen. Dies gilt jedenfalls dann, wenn nach der bestehenden Sachlage nicht ausgeschlossen werden kann, dass der formale Mangel umgehend behoben wird. In einem solchen Fall obliegt es der Vergabekammer, den Antragsteller auf den formalen Fehler **hinzuweisen** und ihm **Gelegenheit zur kurzfristigen Abhilfe** in Gestalt einer „unverzüglichen Begründung" einzuräumen (OLG Jena vom 23.1.2003, 6 Verg 11/02).

VI. Benennung der sonstigen Beteiligten (Abs. 2 Hs. 2)

51 Schließlich regelt Abs. 2 Hs. 2, dass in der Antragsbegründung auch die sonstigen Beteiligten benannt werden sollen, soweit sie dem Antragsteller bekannt sind. Die gesetzliche Aufforderung an den Antragsteller zur Benennung der sonstigen Beteiligten ist als **Sollvorschrift** formuliert, d.h., eine unterlassene Benennung bleibt für den Antragsteller ohne unmittelbare rechtliche Konsequenzen und kann damit insbesondere nicht die Unzulässigkeit des Nachprüfungsantrags zur Folge haben. **Mittelbar nachteilige Rechtsfolgen** für den Antragsteller, der die Benennung der sonstigen Beteiligten unterlässt, könnten allenfalls aus der **Verletzung der Verfahrensförderungspflicht** (§ 113 Abs. 2 GWB) entstehen. Solche mittelbar nachteiligen Rechtsfolgen dürften aber im Einzelfall selten eintreten, da die Vergabekammer die Informationen zu den sonstigen Beteiligten auch der (unverzüglich vorzulegenden) Vergabeakte entnehmen kann und sich insbesondere für eine Beiladung nicht auf die Angaben des Antragstellers, sondern in der Regel auf den Akteninhalt stützen wird.

52 Der **Begriff** der **sonstigen Beteiligten** wird in Abs. 2 Hs. 2 nicht näher erläutert. Hiermit ist jedenfalls nicht der Antragsgegner bzw. Auftraggeber gemeint, da dessen Benennung gemäß Abs. 2 Hs. 1 obligatorisch ist (Rn. 27 ff.). Aus der Gesetzesbegründung ergibt sich aber, dass mit den sonsti-

gen Beteiligten jene **Unternehmen** gemeint sind, **deren Interessen durch die Vergabekammerentscheidung schwerwiegend berührt werden können** und die dementsprechend gemäß § 109 GWB durch die Vergabekammer beizuladen sind.

 In der Praxis empfiehlt es sich, die Beiladung nicht bereits aufgrund der Angaben des Antragstellers in seinem Nachprüfungsantrag vorzunehmen. Denn sowohl der Grund für die Beiladung als auch die genaue Bezeichnung des oder der Beizuladenden (Name, Anschrift) können seitens der Vergabekammer erst durch die Vorlage der Vergabeakte verifiziert werden. Eine Beiladung allein auf der Grundlage von Angaben des Antragstellers beinhaltet daher das Risiko einer fehlerhaften Beiladung, deren Korrektur vor dem Hintergrund des Beschleunigungsgrundsatzes (§ 113 GWB) nicht wünschenswert ist und daher vermieden werden sollte.

§ 109 Verfahrensbeteiligte, Beiladung

¹Verfahrensbeteiligte sind der Antragsteller, der Auftraggeber und die Unternehmen, deren Interessen durch die Entscheidung schwerwiegend berührt werden und die deswegen von der Vergabekammer beigeladen worden sind. ²Die Entscheidung über die Beiladung ist unanfechtbar.

Literatur: *Freund*, Sonstige Verfahrensbeteiligte und ihre Rechtsstellung, NZBau 2005, 266; *Lausen*, Die Beiladung im Nachprüfungsverfahren, VergabeR 2002, 117.

Übersicht

A. Allgemeines 1–3	2. Beiladung von Amts wegen oder auf Antrag 24–29
B. Verfahrensbeteiligte kraft Gesetzes ... 4–10	3. Stellung von Anträgen; Kosten 30
I. Allgemeine Regelungen im VwVfG ... 4–6	4. Einlegen der sofortigen Beschwerde ... 31–33
II. Antragsteller 7	a) Beschwerdebefugnis 31–32
III. Auftraggeber 8–10	b) Notwendige Streitgenossenschaft i.S.v. § 62 ZPO 33
C. Verfahrensbeteiligte durch Beiladung ... 11–36	5. Antrag auf vorzeitige Gestattung des Zuschlags 34
I. Weitere Unternehmen 12–13	6. Weitere Auswirkungen 35–36
II. Form und Zeitpunkt der Beiladung ... 14–21	D. Voraussetzungen für die Beiladung ... 37–44
1. Form der Beiladung 14	E. Unanfechtbarkeit der Entscheidung (Satz 2) ... 45–47
2. Zeitpunkt der Beiladung 15–17	
3. Wechsel der Prozessstellung 18–21	
III. Rechte der Beigeladenen 22–36	
1. Wahrung eigener Rechte und Interessen .. 22–23	

A. Allgemeines

1 § 109 legt den Kreis der Beteiligten an dem Nachprüfungsverfahren vor der Vergabekammer fest. Hierzu können neben dem Antragsteller und dem öffentlichen Auftraggeber (dem Antragsgegner) auch Unternehmen gehören, deren Interessen durch die Entscheidung schwerwiegend berührt werden. Dies sind in der Regel diejenigen Bieter, auf deren Angebot der Zuschlag erteilt werden soll und die sich in unmittelbarer Konkurrenz zum Antragsteller befinden. Die Beiladung dieser Unternehmen dient vor allem der **Beschleunigung** des Vergabeverfahrens. Soweit die Interessen von Unternehmen durch die Entscheidung der Vergabekammer schwerwiegend berührt sind, so dass sie ein eigenes zusätzliches Nachprüfungsverfahren anstrengen könnten, sollen sie so früh wie möglich an dem bereits anhängigen Nachprüfungsverfahren beteiligt werden, damit ihnen rechtliches Gehör verschafft und sie ihre Rechte in dem Nachprüfungsverfahren selbständig wahrnehmen können. Zusätzliche Nachprüfungsverfahren werden auf diese Weise vermieden.

2 Bedeutung hat die Verfahrensbeteiligung vor allem für den **Rechtsschutz**. Die Verfahrensbeteiligten sind mit **eigenen Verfahrensrechten** ausgestattet. Sie können Einsicht in die Vergabeakten nach § 111 GWB nehmen, dürfen an der mündlichen Verhandlung teilnehmen und die Entscheidung der Vergabekammer wird ihnen förmlich zugestellt. Außerdem können die am Verfahren Beteiligten sofortige Beschwerde gemäß § 116 Abs. 1 Satz 2 GWB gegen die Entscheidung der Vergabekammer einlegen.

3 Die Beteiligung an dem Verfahren bewirkt aber auch, dass die **bestandskräftigen Entscheidungen** der Vergabekammer **bindend** für diese Personen sind und sie die Umsetzung (Vollstreckung) dieser Entscheidungen gegen sich gelten lassen müssen.

Formell erwachsen die Entscheidungen der Vergabekammern durch Ablauf der Beschwerdefrist in **Bestandskraft**. Materiell (inhaltlich) umfasst die Bestandskraft den Entscheidungsgegenstand, also die Inhalte, mit denen sich die Entscheidung der Vergabekammer befasst hat. Maßgeblich ist, ob der Sachverhalt, über den entschieden wurde, bereits vollumfänglich bekannt war und keine Sachverhaltsänderungen nach Bekanntgabe des Beschlusses vorliegen, die Anlass zu einer erneuten Überprüfung geben könnten. Das bedeutet, dass nicht nur der Tenor, sondern auch die Entscheidungsgründe, also die tatsächlichen Feststellungen zum behaupteten Verstoß sowie die rechtliche

Würdigung zu der Frage, ob ein Vergaberechtsverstoß vorliegt, von der Bindungswirkung erfasst werden (VK Münster vom 13.3.2012, VK 2/12).

Der zitierten Entscheidung der VK Münster lag ein Fall zugrunde, in dem es um die Beschaffung eines Weitverkehrsnetzwerkes ging. Die Antragstellerin in dem Verfahren war in dem ersten Verfahren zu dieser Beschaffung (VK Münster vom 14.10.2011, VK 14/11) beigeladen worden und hatte – obwohl der Auftraggeber zur Wiederholung der Wertung verpflichtet wurde – keine Beschwerde eingelegt. Erst als sie nach Wiederholung der Wertung ausgeschlossen wurde, beantragte sie die Einleitung eines neuen Nachprüfungsverfahrens, indem sie aus dem unverändert gebliebenen Sachverhalt mit anwaltlicher Hilfe andere rechtliche Schlussfolgerungen gezogen hatte. Der Nachprüfungsantrag wurde wegen der **Bindungswirkung der Erstentscheidung** zurückgewiesen.

B. Verfahrensbeteiligte kraft Gesetzes

I. Allgemeine Regelungen im VwVfG

Zu den Verfahrensbeteiligten kraft Gesetzes gehören der Antragsteller und der Auftraggeber. Für deren Beteiligungsfähigkeit, Handlungsfähigkeit und Einschaltung von Bevollmächtigten und Beiständen gelten die allgemeinen Regelungen im Verwaltungsverfahrensgesetz (VwVfG).

So regelt § 11 VwVfG die **Beteiligungsfähigkeit** an einem Verwaltungsverfahren, d.h. die Frage, welche Personen am Verfahren mit eigenen Rechten beteiligt sein können. Neben den natürlichen Personen können dies auch juristische Personen des öffentlichen oder privaten Rechts sein.

Aus § 12 VwVfG ergibt sich, wer Verfahrenshandlungen vornehmen darf (**Handlungsfähigkeit**), also wer beispielsweise Schriftsätze vorlegen und Zustellungen entgegennehmen darf. Ist der öffentliche Auftraggeber eine Behörde, so handelt diese durch ihren Leiter, deren Vertreter oder den Beauftragten. Juristische Personen oder Vereinigungen handeln durch ihre gesetzlichen Vertreter oder durch besonders Beauftragte. Natürliche Personen sind ebenfalls handlungsfähig, wobei sich hier die Frage der Geschäftsfähigkeit stellen könnte, wofür die Vorschriften des BGB maßgeblich sind.

Werden von den Verfahrensbeteiligten **Bevollmächtigte** oder **Beistände** eingeschaltet, so gilt § 14 VwVfG. Ist beispielsweise in einem Nachprüfungsverfahren ein Bevollmächtigter bestellt, so soll sich die Behörde bzw. die Vergabekammer auch an ihn wenden.

II. Antragsteller

Wer „Antragsteller" in einem Nachprüfungsverfahren ist, bestimmt sich nach rein **tatsächlichen** Gesichtspunkten: Antragsteller ist dasjenige Unternehmen, das formal einen Nachprüfungsantrag bei der Vergabekammer stellt – und zwar unabhängig davon, ob es die Formvorschriften des § 108 GWB beachtet hat. Der Zugang des Nachprüfungsantrags ist damit entscheidend für die Begründung der Antragstellerposition. Demgegenüber haben alle inhaltlichen Gesichtspunkte, wie beispielsweise die hinreichende Darlegung mindestens eines Vergaberechtsverstoßes oder die Vollständigkeit des Angebots des Antragstellers, keine Auswirkungen auf die Stellung des Antragstellers als Partei des Nachprüfungsverfahrens i.S.v. § 109. Diese Gesichtspunkte sind allein im Rahmen der Zulässigkeit des Nachprüfungsverfahrens zu beachten.

III. Auftraggeber

Der Begriff des Auftraggebers ist ebenfalls **formal** zu verstehen. Damit sind die öffentlichen Auftraggeber i.S.d. § 98 GWB gemeint, in deren Namen das angefochtene Vergabeverfahren durchgeführt wird. Sie sind ebenfalls kraft Gesetzes verfahrensbeteiligt und werden in der Regel im Nachprüfungsverfahren als **Antragsgegner** bezeichnet. An den im Nachprüfungsantrag genannten Auftraggeber wird der Antrag mit der Wirkung des § 115 Abs. 1 GWB als Kopie übermittelt.

9 Ob es sich dabei tatsächlich um den richtigen, d.h. **passivlegitimierten** Auftraggeber handelt, also denjenigen Auftraggeber, der für die Ausschreibung rechtlich verantwortlich ist, ist unerheblich. **Maßgeblich** ist allein die **Bezeichnung im Nachprüfungsantrag**. Es fällt nicht in die Entscheidungskompetenz der Vergabekammer, von den Vorgaben im Antrag abzuweichen. Fallen Auftraggeber und Vergabestelle formal auseinander, dann ist zwar insbesondere für die Frage der Anwendbarkeit des Vergaberechts oder des Zugangs zum Rechtsschutz in funktionaler Sichtweise auf den Auftraggeber selbst abzustellen. Dabei ist der Umstand, dass der Auftraggeber sich eines Dritten als Vergabestelle bedient und diesen Dritten statt seiner selbst als Verfahrensbeteiligten bezeichnet hat, im Nachprüfungsverfahren zu beachten, und zwar ungeachtet der vergaberechtlichen Zulässigkeit (OLG Naumburg vom 16.10.2007, 1 Verg 6/07). **Antragsgegner** im vergaberechtlichen Nachprüfungsverfahren ist somit **regelmäßig die als Vergabestelle nach außen in Erscheinung getretene Einrichtung** und nicht der tatsächliche öffentliche Auftraggeber, soweit der Nachprüfungsantrag keine entgegenstehenden Anhaltspunkte enthält. Bei **objektiv unrichtiger oder auch mehrdeutiger Bezeichnung** ist grundsätzlich diejenige Person als Partei anzusprechen, die erkennbar durch die Parteibezeichnung betroffen werden soll (OLG Celle vom 6.6.2011, 13 Verg 2/11).

10 Zu den Verfahrensbeteiligten gehören **nicht** die **Interessenvertretungen**, wie Handwerkskammern, Industrie- und Handelskammern oder Berufsverbände der Unternehmer. Diese können nicht Verfahrensbeteiligte i.S.d. § 109 sein, weil sie durch die Entscheidung der Vergabekammer nicht unmittelbar in eigenen Rechten betroffen sein werden. Dass diese Institutionen möglicherweise in Vertretung für ein einzelnes Mitglied handeln können, für das sie eine Rüge erheben und einen Nachprüfungsantrag stellen (vgl. OLG Brandenburg vom 28.11.2002, Verg W 8/02; OLG Düsseldorf vom 5.12.2001, Verg 32/01), macht sie nicht zu Verfahrensbeteiligten i.S.d. § 109. Sie werden dadurch nicht zur Partei eines Nachprüfungsverfahrens, sondern hier kommt lediglich eine Stellvertretung i.S.d. §§ 164 ff. BGB in Betracht.

C. Verfahrensbeteiligte durch Beiladung

11 Neben dem Antragsteller und dem Auftraggeber können weitere Unternehmen zu dem Verfahren **beigeladen** werden. Diese Beiladung erfolgt aus Gründen der Prozessökonomie und Rechtssicherheit. Dadurch sollen sich widersprechende Entscheidungen der Vergabekammer zu einer öffentlichen Ausschreibung vermieden und eine verbindliche, den Streit abschließende Entscheidung mit Wirkung gegenüber allen Verfahrensbeteiligten erreicht werden. Außerdem dient dies dem Beschleunigungsgrundsatz, weil über eine Ausschreibung umfassend nur einmal im Rahmen eines Nachprüfungsverfahrens entschieden wird.

I. Weitere Unternehmen

12 Als weitere Unternehmen kommen zunächst der oder auch – bei der Losvergabe – die **Bieter** in Betracht, der bzw. die ebenfalls ein Angebot/Angebote eingereicht hat/haben und **dem/denen der Zuschlag erteilt werden soll**. Diese Unternehmen stehen in der Regel in unmittelbarer Konkurrenz zum Antragsteller.

13 Aber auch **sonstige Dritte** können beigeladen werden, wenn sie rechtsgestaltend von der Entscheidung betroffen sein werden. So wurde beispielsweise im Rahmen von Investorenwettbewerben eine **Kommune** beigeladen, die einen städtebaulichen Vertrag schließen wollte, aber nicht Vergabestelle war (OLG Düsseldorf vom 13.2.2007, Verg 2/07). Auch **Generalunternehmer**, die von dem Verfahren mittelbar betroffen sind, weil sie einen Vertrag mit einem anderen Verfahrensbeteiligten haben, können in entsprechender Anwendung des § 109 beigeladen werden (OLG Düsseldorf vom 30.4.2008, Verg 23/08). Unter Umständen können auch diese sonstigen Dritten rechtsgestaltend betroffen sein und sind dann beizuladen. Nach Auffassung des OLG Düsseldorf liegt jedenfalls für atypische Fallkonstellationen eine Regelungslücke vor, die vom Gesetzgeber übersehen wurde.

II. Form und Zeitpunkt der Beiladung

1. Form der Beiladung

Die Beiladung setzt nach dem Gesetzeswortlaut **keine besondere Form** voraus. Aus Beweissicherungsgründen sollten verfahrensleitende Entscheidungen der Vergabekammer aber schriftlich erfolgen. Da die Entscheidung über die Beiladung erst mit der Bekanntgabe wirksam wird, ist die Zustellung dieser Entscheidung an sämtliche Verfahrensbeteiligte aus Gründen der Rechtssicherheit sinnvoll. Ob diese Entscheidung durch Beschluss der Vergabekammer ergeht oder durch eine verfahrensleitende Verfügung, ist ohne Belang, weil diese Entscheidung unanfechtbar ist.

Vor der Beiladung sollte aber den anderen Verfahrensbeteiligten, also dem Antragsteller und der Vergabestelle, **rechtliches Gehör** i.S.v. Art. 103 Abs. 1 GG gewährt werden. Denn die Beiladung kann wegen der Kostenfolge aus § 128 Abs. 4 GWB, aber auch wegen der Einsicht in die Vergabeakten, weitreichende Folgen haben.

2. Zeitpunkt der Beiladung

Eine Beiladung erfolgt zunächst durch die Vergabekammer im Rahmen des Nachprüfungsverfahrens. Dabei ist zu beachten, dass aus Gründen der Beschleunigung des Verfahrens die Beiladung zu einem **möglichst frühen Zeitpunkt** erfolgen sollte. Damit erhält auch das beigeladene Unternehmen innerhalb der fünfwöchigen Entscheidungsfrist ausreichend Gelegenheit zum Sach- und Rechtsvortrag.

Auch wenn noch nicht absehbar ist, ob der Antragsteller das Verfahren tatsächlich bis zum Ende durchführen wird, hat eine Beiladung zu erfolgen. Denn den Beteiligten – wozu auch der Beigeladene gehört – ist gemäß § 111 Abs. 3 GWB die Möglichkeit zu eröffnen, eigene Akten und Stellungnahmen hinsichtlich Geschäftsgeheimnisse kenntlich zu machen. Die Nachprüfungsinstanz muss dem betroffenen Wirtschaftsteilnehmer die Möglichkeit geben, sich auf die Vertraulichkeit oder das Geschäftsgeheimnis zu berufen, bevor sie diese Informationen an einen am Rechtsstreit Beteiligten weitergibt (EuGH vom 14.2.2008, Rs. C-450/06). Bevor somit einem Antragsteller Akteneinsicht gewährt wird – was in der Regel zeitnah nach Vorlage der Ausschreibungsunterlagen durch die Vergabestelle erfolgt –, sollten auch die Beigeladenen als Verfahrensbeteiligte ihre Rechte aus § 111 Abs. 3 GWB wahrnehmen können.

Eine Beiladung kann **erstmalig** – entgegen dem Wortlaut in § 119 GWB – auch noch durch das Oberlandesgericht **in der Beschwerdeinstanz** erfolgen. Die analoge Anwendung des § 109 ist in der vergaberechtlichen Rechtsprechung der Oberlandesgerichte mittlerweile anerkannt (KG vom 7.12.2009, 2 Verg 10/09; OLG Rostock vom 9.9.2003, 17 Verg 11/03). Wird ein nicht beigeladener Bieter durch die Entscheidung der Vergabekammer erstmalig beschwert oder besteht die Möglichkeit, dass er durch die Beschwerdeentscheidung materiell beschwert wird, so muss ihm in einem förmlichen Verfahren rechtliches Gehör gewährt werden. Dies geht nur durch Beiladung im Beschwerdeverfahren (OLG Koblenz vom 23.11.2004, 1 Verg 6/04; OLG Naumburg vom 9.12.2004, 1 Verg 21/04; OLG Düsseldorf vom 26.6.2002, Verg 24/02). Für die analoge Anwendung des § 109 im Beschwerdeverfahren spricht auch, dass die Entscheidung des Oberlandesgerichts im Beschwerdeverfahren rechtsgestaltend zu Lasten Dritter – namentlich zu Lasten dritter Bieter – wirken kann (KG vom 7.12.2009, 2 Verg 10/09).

3. Wechsel der Prozessstellung

Ein Beigeladener kann auch in einem laufenden Nachprüfungsverfahren seine Rechtsstellung noch ändern, indem er einen eigenen Nachprüfungsantrag stellt und damit Antragsteller wird. Denn ein Beigeladener kann selbst ein Rechtsschutzinteresse an der **Einleitung eines eigenen, parallelen Nachprüfungsverfahrens** haben und deshalb einen eigenen Antrag auf Einleitung eines Verfahrens bezüglich derselben Ausschreibung stellen. Einem solchen Antrag steht die Rechtshängigkeit des bereits eingeleiteten Nachprüfungsverfahrens nicht entgegen (OLG Frankfurt vom 20.12.2000, 11 Verg 1/00; OLG München vom 7.4.2006, Verg 5/06). Die Rechtshängigkeit setzt die Identität des Streitgegenstands voraus. Bei verschiedenen Nachprüfungsverfahren von mehreren Bietern fehlt jedenfalls die sachliche Identität, weil jeder Bieter seine subjektiven Rechte verfolgt, und zwar die Erteilung des Zuschlags auf sein Angebot (VK Münster vom 26.10.2007, VK 25/07).

19 Der Antrag eines Beigeladenen auf Einleitung eines eigenen Nachprüfungsverfahrens kann durchaus sinnvoll sein. Denn ein Beigeladener ist von den Verfahrenshandlungen des Antragstellers bzw. des Beschwerdeführers abhängig. Sein Rechtsschutzbegehren geht nicht über das Rechtsschutzbegehren des Antragstellers hinaus. Nimmt beispielsweise der Antragsteller die Beschwerde zurück, kann der Beigeladene, der selbst kein Rechtsmittel eingelegt hat, sein Begehren im Beschwerdeverfahren nicht weiterverfolgen (OLG München vom 7.4.2006, Verg 5/06). Er läuft auch Gefahr, dass der öffentliche Auftraggeber nach Rücknahme des Antrags in der Beschwerdeinstanz durch den Antragsteller den Auftrag an einen weiteren Beigeladenen vergibt. Eine Einwilligung des Beigeladenen zur Antragsrücknahme oder Erledigung ist nicht erforderlich (OLG Frankfurt vom 20.12.2000, 11 Verg 1/00).

Ein eigener Nachprüfungsantrag eines Beigeladenen kommt vor allen in Fällen in Betracht, in denen mehrere Beigeladene beteiligt sind, die ihrerseits eigene Interessen verfolgen. In einem Fall, den das OLG München (vom 7.4.2006, Verg 5/06) zu entscheiden hatte, ging es z.B. um die Vergabe eines Auftrags zur Einrichtung von Fachklassen in einer Schule. Der Antragsteller meinte, dass der Beigeladene zu 1), der den Zuschlag erhalten sollte, kein vollständiges Angebot vorgelegt habe. Im Verfahren wurde festgestellt, dass das Angebot des Antragstellers wegen eines nicht vollständig ausgefüllten Formblattes zwingend auszuschließen war. Demgegenüber war das Angebot eines weiteren Beigeladenen, des Beigeladenen zu 2), das unmittelbar hinter dem Angebot des Beigeladenen zu 1) platziert war, nicht zu beanstanden, was dieser durch Akteneinsicht in Erfahrung gebracht hatte. Wenn der Antragsteller in solchen Fällen seinen Antrag zurücknimmt, weil er keinen Erfolg mehr haben kann, dann kann der Beigeladene zu 2) das Nachprüfungsverfahren in der Stellung eines Beigeladenen nicht fortsetzen. Die Rücknahme des Antrags durch den Antragsteller bewirkt die Beendigung des Verfahrens. Einer Einwilligung des Beigeladenen zur Rücknahme bedarf es nicht; so dass sie häufig erst nach erfolgter Antragsrücknahme erfahren, dass das Verfahren beendet wurde.

20 Ein Beigeladener muss deshalb auch innerhalb eines Nachprüfungsverfahrens die Möglichkeit haben, seine **Prozessstellung** zu **wechseln**, wenn er **andere Beanstandungen als der Antragsteller verfolgen will** (VK Münster vom 19.6.2007, VK 12/07). Ermittelt er beispielsweise durch Akteneinsicht, dass es mögliche Vergaberechtsfehler gibt, die allein seine Position betreffen, so kann er diese Beanstandungen nicht in dem bereits eingeleiteten Nachprüfungsverfahren verfolgen, sondern ist gezwungen, selbst einen Antrag zu stellen. In dem konkreten Fall beanstandete der Antragsteller den Ausschluss seines Angebots durch die Vergabestelle, weil dieses angeblich nicht vollständig gewesen sei. Der auf dem dritten Rang liegende Beigeladene war der Ansicht, dass das Angebot des Antragstellers wegen Unvollständigkeit auszuschließen sei. Zudem sei das Angebot des zweitplatzierten Beigeladenen auszuschließen, weil es nicht den Verdingungsunterlagen entsprochen habe. Mit einem derartigen Vorbringen kann ein Beigeladener in der vom Antragsteller beantragten Nachprüfung nicht gehört werden, so dass er auf ein eigenes Nachprüfungsverfahren verwiesen ist.

21 Soweit der Beigeladene einen **eigenen Antrag** stellt, muss dieser auch **zulässig** sein. Insbesondere muss der Beigeladene den geltend gemachten Vergaberechtsverstoß zuvor gemäß § 107 Abs. 3 GWB gerügt haben und antragsbefugt i.S.v. § 107 Abs. 2 GWB sein.

III. Rechte der Beigeladenen

1. Wahrung eigener Rechte und Interessen

22 Die Beiladung ermöglicht den Beigeladenen, ihre Rechte oder rechtlichen Interessen in Bezug auf den Verfahrensgegenstand zu wahren. Zugleich sollen aber auch – durch Erstreckung der Bindungswirkung der Entscheidung auf sie – weitere Verfahren vermieden werden. Die Beigeladenen haben

das **Recht auf Akteneinsicht** nach § 111 GWB und auf Erhalt der eingereichten **Schriftsätze**, sie können selbst Schriftsätze einreichen und auch an der **mündlichen Verhandlung** teilnehmen. Durch die Beiladung erhalten sie die Möglichkeit, ihre Rechte unmittelbar und umfassend in dem Nachprüfungsverfahren vor der Vergabekammer geltend zu machen. Die Rechtsstellung des Beigeladenen setzt sich in der Beschwerdeinstanz fort. Ein Beigeladener kann allerdings **keine verfahrensbeendenden Maßnahmen**, wie die Rücknahme des Antrags oder die Erledigung in der Hauptsache, herbeiführen. Denn er ist nicht Partei – diese Stellung haben in einem Nachprüfungsverfahren allein der Antragsteller und der Antragsgegner inne –, sondern lediglich Dritter in einem fremden Rechtsstreit. Über Inhalt, Ablauf und Beendigung des Rechtsstreits entscheiden also allein Antragsteller und Antragsgegner.

In den Verfahren vor der Vergabekammer zeigt sich immer wieder, wie wichtig es zur Wahrung der Rechte von nicht anwaltlich vertretenen Beigeladenen ist, dass der Umfang der Akteneinsicht, insbesondere die Frage der Einsicht in das eigene Angebot, sorgfältig geklärt wird. Gerade nicht anwaltlich vertretene Beigeladene haben häufig keine Vorstellungen davon, wie Vergabeakten geführt werden und welche Unterlagen – neben dem eigenen Angebot – sie enthalten. Insbesondere Schreiben der Beigeladenen an den Auftraggeber, die Geschäftsgeheimnisse enthalten könnten, dürfen nicht ohne weiteres von der Vergabekammer zur Akteneinsicht freigegeben werden. Hier sind zunächst die Interessen der Beigeladenen zu ermitteln. Auch die Gelegenheit, an der mündlichen Verhandlung teilzunehmen, ist für viele Beigeladene sehr bedeutsam, weil sie dort ihren eigenen Interessen Gehör verschaffen können.

Die Beiladung als solche verpflichtet im Übrigen **nicht** zu einer **aktiven Teilnahme**. Vielmehr bleibt es dem Beigeladenen überlassen, ob er überhaupt nicht oder nur als passiver Beobachter vor der Vergabekammer auftritt (OLG Jena vom 4.4.2003, 6 Verg 4/03). 23

2. Beiladung von Amts wegen oder auf Antrag

Die Beiladung kann sowohl auf Antrag des Unternehmens als auch von Amts wegen erfolgen (BayObLG vom 21.5.1999, Verg 1/99). Dabei steht die Entscheidung über die Beiladung im **pflichtgemäßen Ermessen** der Vergabekammer, wobei u.U. eine Pflicht zur Beiladung bzw. ein Anspruch auf Beiladung bestehen kann. Für die Vorschrift des § 54 Abs. 2 Nr. 3 GWB, der die Norm des § 109 jedenfalls teilweise nachgebildet ist, wird eine solche Pflicht bejaht, wenn der Verfahrensausgang für den Betroffenen rechtsgestaltende Wirkung hat (BayObLG vom 21.5.1999, Verg 1/99). Dies wird insbesondere bejaht, wenn der Verfahrensausgang in die verfahrensrechtliche Stellung einzelner Bieter eingreift oder deren rechtliche Chance auf den Zuschlag beeinträchtigen kann, was beispielsweise angenommen werden kann, wenn der Antragsteller den Ausschluss eines Mitbewerbers mit seinem Nachprüfungsantrag anstrebt. In diesen Fällen wird auch von einer **notwendigen Beiladung** gesprochen. 24

Aber auch bei einer **einfachen Beiladung** müssen die Voraussetzungen des § 109 vorliegen, d.h., die Interessen des Beizuladenden müssen s**chwerwiegend berührt** sein. Letztlich setzt dies immer eine Einzelfallprüfung voraus. Es gibt durchaus Fallkonstellationen, in denen sich das Vergabeverfahren noch in einem Stadium befindet, in dem die Interessen weiterer Bieter durch die Entscheidung der Vergabekammer eben nicht schwerwiegend berührt werden (VK Schleswig-Holstein vom 20.4.2010, VK-SH 3/10). Das kann man beispielsweise annehmen, wenn es im Nachprüfungsverfahren nur um die Rechtmäßigkeit der Vergabeunterlagen geht, die ein Bieter beanstandet, oder wenn die Wertung der Angebote noch nicht abgeschlossen ist und insbesondere noch keine Prüfung der Wirtschaftlichkeit der Angebote vorgenommen wurde, so dass noch keine Bieterreihenfolge feststeht. 25

Ob eine Pflicht der Vergabekammer zur Beiladung **von Amts wegen** besteht oder sie lediglich den betroffenen Unternehmer **benachrichtigt**, damit dieser ggf. einen Antrag auf Beiladung stellt, ist 26 gesetzlich nicht geregelt. Auch ein Unternehmer kann seine Beiladung durch die Vergabekammer nicht erzwingen.

27 Im Falle einer notwendigen Beiladung ist aber zu berücksichtigen, dass die Entscheidung der Vergabekammer eine **Bindungswirkung** auch in Bezug auf den Beigeladenen entfaltet, so dass damit weiteren Nachprüfungsanträgen vorgebeugt wird.

28 Letztlich sollte aus Gründen der Verfahrensökonomie die Beiladung im Regelfall bereits von Amts wegen so früh wie möglich erfolgen. Schließlich kann am Anfang eines Nachprüfungsverfahrens noch nicht sicher beurteilt werden, ob die Entscheidung tatsächlich rechtsgestaltende Auswirkungen auf sonstige Unternehmer haben wird und der Unternehmer tatsächlich in seinen Interessen schwerwiegend berührt sein wird.

29 Weiterhin kann eine Vergabekammer in Anbetracht der Fünf-Wochen-Frist kaum abwarten, ob und zu welchem Zeitpunkt ein aus ihrer Sicht betroffener Unternehmer einen Antrag auf Beiladung stellt. Zudem führt eine Beiladung zu einem späten Zeitpunkt auch zur Verkürzung des Rechtsschutzes des Beigeladenen. Dieser hat ebenfalls einen Anspruch darauf, dass sein Angebot nicht einfach aus der Wertung genommen wird, ohne dass er dazu gehört wird.

Beispiel: Auch im Falle eines unvollständigen Angebots des Antragstellers kann der Nachprüfungsantrag begründet sein kann, wenn die Angebote aller anderen Bieter unter einem vergleichbaren Mangel leiden (BGH vom 26.9.2006, X ZB 14/06).

3. Stellung von Anträgen; Kosten

30 Die Beigeladenen sind nicht verpflichtet, selbst Anträge (Prozessanträge) in einem Nachprüfungsverfahren zu stellen. Nehmen sie aber diese Möglichkeit wahr und stellen sie Anträge im Nachprüfungsverfahren vor der Vergabekammer, so werden sie im Falle des Unterliegens auch zu den **Kosten** des Verfahrens – in der Regel gemeinsam mit der Vergabestelle – herangezogen (§ 128 Rn. 17). Demgegenüber erhalten sie im Falle des Obsiegens ihre für die Rechtsverteidigung zweckentsprechenden Aufwendungen, also die Kosten für eine anwaltliche Vertretung, vom Antragsteller erstattet. Stellen Beigeladene keine Anträge in einem Nachprüfungsverfahren vor der Vergabekammer – was im Übrigen sehr häufig der Fall ist –, so nehmen sie im Regelfall an einer Kostenverteilung nicht teil. Die ihnen entstandenen Kosten haben sie allerdings selbst zu tragen.

4. Einlegen der sofortigen Beschwerde

a) Beschwerdebefugnis

31 Ein Beigeladener kann gegen die erstinstanzliche Entscheidung der Vergabekammer auch selbständig **Beschwerde einlegen**. Die Zulässigkeit der Beschwerde durch den Beigeladenen setzt eine „Beschwer" voraus. Die **Beschwerdebefugnis** des Beigeladenen hängt nicht davon ab, ob dieser in dem Nachprüfungsverfahren vor der Vergabekammer einen (prozessualen) Antrag gestellt hat, der sich im Tenor des Beschlusses der Vergabekammer wiederfindet. Auch dann, wenn er keinen formalen Antrag gestellt hat, kann die Entscheidung der Vergabekammer den Beigeladenen inhaltlich beeinträchtigen. Der Beigeladene im Nachprüfungsverfahren muss aber jedenfalls materiell in seinen Rechten verletzt sein, um Beschwerde einlegen zu können (OLG Düsseldorf vom 20.12.2006, Verg 109/04; OLG Düsseldorf vom 5.7.2010, Verg 30/10; OLG Naumburg vom 5.5.2004, 1 Verg 7/04; OLG Jena vom 5.12.2001, 6 Verg 4/01; OLG Saarbrücken vom 29.5.2002, 5 Verg 1/01). Ein Beigeladener ist aufgrund der angefochtenen Entscheidung dann **materiell beschwert**, wenn er geltend machen kann, dadurch **unmittelbar in seinen subjektiven Rechten** – also nicht lediglich in seinen wirtschaftlichen Interessen – verletzt zu sein (OLG Naumburg vom 21.6.2010, 1 Verg 12/09). Eine materielle Beschwer ist auch zu bejahen, wenn der Beschwerdeführer (Beigeladener) damit rechnen muss, den Zuschlag nicht mehr zu erhalten, den er ohne Entscheidung der Vergabekammer mit hinreichender Wahrscheinlichkeit erhalten hätte (OLG München vom 10.12.2009, Verg 16/09).

Der Beschwerdebefugnis eines Beigeladenen steht nicht entgegen, dass der Antragsteller Gründe für den Ausschluss des Beigeladenen vorbringt, über die die Vergabekammer nicht entschieden hat (OLG München vom 21.5.2010, Verg 2/10). Denn für die Zulässigkeit einer Beschwerde reicht es – egal, ob diese vom Antragsteller oder vom Beigeladenen eingelegt wird –, dass der Bieter schlüssig geltend macht, sein Angebot sei wertbar, Ausschlussgründe bestünden nicht und er habe bei ordnungsgemäßer Durchführung des Verfahrens Anspruch (oder zumindest die konkrete Chance) auf den Zuschlag.

b) Notwendige Streitgenossenschaft i.S.v. § 62 ZPO

Hat die Vergabekammer auf Nachprüfungsantrag eines Bieters eine Wiederholung des Vergabeverfahrens für **mehrere Lose** einer Ausschreibung angeordnet und legt nur ein Beigeladener sofortige Beschwerde ein, wird die Entscheidung der Vergabekammer bezüglich der Lose bestandskräftig, für die der beigeladene Beschwerdeführer kein Angebot abgegeben hat. Der Antragsteller kann nicht im Wege einer unselbständigen Anschlussbeschwerde den Ausschluss anderer Beigeladener erreichen (OLG München vom 21.5.2010, Verg 2/10). In einer solchen Konstellation sind die Bieter nicht immer als **notwendige Streitgenossen i.S.v. § 62 ZPO** anzusehen. Hiernach liegt eine notwendige Streitgenossenschaft dann vor, wenn ein streitiges Rechtsverhältnis – aus prozessualen Gründen – nur einheitlich festgestellt werden kann. Sind aber weder prozessuale Vorschriften ersichtlich, wonach sich die Rechts- oder Bestandskraft einer Entscheidung zu einem Los auf weitere Lose erstrecken würde, oder lässt sich nicht feststellen, dass der Nachprüfungsantrag oder die Entscheidung der Vergabekammer einen untrennbaren Lebenssachverhalt für alle oder einzelne Lose begründen könnte, dann liegt kein Fall einer notwendigen Streitgenossenschaft vor. Es besteht keineswegs eine zwingende rechtliche Notwendigkeit, alle Lose der streitgegenständlichen Ausschreibung nach einheitlichen Rechtsgrundsätzen zu vergeben, wie bereits die Tatsache zeigt, dass für die Lose, für die kein Nachprüfungsantrag gestellt wurde, der Zuschlag mittlerweile wirksam erteilt wurde (OLG München vom 21.5.2010, Verg 2/10). In dem konkreten Fall ging es um Straßenreinigungs- und Winterdienstarbeiten für 48 Einsatzgebiete, die in Losen aufgeteilt waren. Letztlich muss die Frage, ob eine notwendige Streitgenossenschaft anzunehmen ist, im **Einzelfall** entschieden werden.

5. Antrag auf vorzeitige Gestattung des Zuschlags

Darüber hinaus hat ein **Unternehmen**, das nach § 101a GWB vom Auftraggeber als das Unternehmen benannt ist, das den **Zuschlag erhalten soll**, auch die Möglichkeit, einen Antrag gemäß § 115 Abs. 2 GWB auf **vorzeitige Gestattung des Zuschlags** (auf das eigene Angebot) zu stellen. Eine solche vorzeitige Gestattung ist nach Interessenabwägung möglich. § 115 Abs. 2 GWB verlangt nicht, dass dieses Unternehmen bereits formal von der Vergabekammer beigeladen wurde (Reidt/Stickler/Glahs/*Reidt*, Vergaberecht, § 115 Rn. 42). Allerdings muss die Vorabinformation bereits verschickt worden sein. Voraussetzung ist weiterhin, dass überhaupt ein Nachprüfungsverfahren eingeleitet wurde.

6. Weitere Auswirkungen

Das beigeladene Unternehmen tritt in das Nachprüfungsverfahren zu dem Zeitpunkt ein, zu dem die Beiladung erfolgt. Der Beigeladene hat keinen Anspruch auf Wiederholung bestimmter Verfahrenshandlungen und auf Übersendung aller bislang zur Vergabekammerakte eingereichten Schriftsätze der anderen Verfahrensbeteiligten. Dies kann aber durchaus sachdienlich sein, damit auch der Beigeladene die erforderlichen Angriffs- und Verteidigungsmittel geltend machen kann.

Das beigeladene Unternehmen kann sich der Beiladung durch die Vergabekammer auch nicht entziehen. Einen Verzicht auf die Stellung als Beigeladener kann das Unternehmen nicht geltend machen, weil damit die Bindungswirkung der Entscheidung der Vergabekammer – gerade auch gegenüber dem Beigeladenen – unterlaufen werden könnte.

D. Voraussetzungen für die Beiladung

37 Eine Beiladung setzt voraus, dass der Unternehmer oder ein sonstiger Dritter in seinen Interessen durch die Entscheidung schwerwiegend berührt wird. Zum Zeitpunkt der Beiladung kann dies nicht immer sicher beurteilt werden. Insofern kann es nur auf die **Möglichkeit einer Interessenverletzung** ankommen. Die Interessen eines Bieters sind schon dann schwerwiegend berührt, wenn die Entscheidung im Nachprüfungsverfahren abstrakt geeignet ist, die beabsichtigte Zuschlagserteilung auf das Angebot des Bieters zu verhindern (OLG Naumburg vom 9.12.2004, 1 Verg 21/04). Es reicht demnach aus, dass die Entscheidung der Vergabekammer der Möglichkeit nach geeignet ist, die Rechtsstellung eines Wettbewerbers im Vergabeverfahren unmittelbar zu verbessern oder zu verschlechtern.

38 Die Abgrenzung des Beteiligtenkreises durch das **Merkmal „schwerwiegend berührt"** erfolgte, da die im GWB sonst gebrauchte Bezeichnung „erheblich betroffen" bereits durch die Rechtsprechung in einem bestimmten Sinne geprägt ist. Das Tatbestandsmerkmal sollte der künftigen Rechtsprechung den für den Einzelfall erforderlichen Spielraum geben (BT-Drucks. 13/9340, S. 18).

39 Mit dem **Begriff „schwerwiegende Interessenberührung"** hat der Gesetzgeber ein qualitatives Tatbestandsmerkmal normiert. Es ist verwirklicht, wenn durch den Gegenstand des Nachprüfungsverfahrens (oder durch die Entscheidung der Vergabekammer) unter Berücksichtigung der Stellung des betreffenden Unternehmens im Vergabeverfahren dessen rechtliche oder wirtschaftliche Belange in besonderer Weise betroffen sind (OLG Düsseldorf vom 26.6.2002, Verg 24/02).

40 Geht es z.B. um eine Neuvornahme der Angebotswertung nach Maßgabe bestimmter Kriterien, sind die Interessen all derjenigen Bieter schwerwiegend berührt, die schon nach der bisherigen Wertung der Angebote zum engeren Kreis der Kandidaten für den Zuschlag zählen oder die aufgrund der festgelegten Wertungskriterien erstmals oder nicht mehr für einen Zuschlag in Betracht kommen (OLG Düsseldorf vom 26.6.2002, Verg 24/02).

41 Steht die Aufhebung des Vergabeverfahrens in Rede, sind diejenigen Unternehmen schwerwiegend in ihren Interessen berührt, die bereits bislang zum engeren Kreis der Bieter gehörten, sowie ferner die Firmen, die im Falle einer Neuausschreibung jetzt neu oder nicht mehr zum Kreis der aussichtsreichen Bieter zählen würden (OLG Düsseldorf vom 26.6.2002, Verg 24/02).

42 Letztlich ist die Frage, wann Interessen schwerwiegend berührt sind, im **Einzelfall** durch die Vergabekammer zu entscheiden. Liegt keine notwendige Beiladung vor, kann also nicht mit der erforderlichen Sicherheit beurteilt werden, dass die Interessen des beizuladenden Unternehmers tatsächlich berührt sind, so **empfiehlt** sich aufgrund des Beschleunigungsgrundsatzes dennoch eine **Beiladung**. In der Praxis führt die Einleitung eines Nachprüfungsverfahrens in der Regel dazu, dass die zuvor von der Vergabestelle informierten Bieter Kenntnis vom Verfahrensstand haben möchten. Durch die Beiladung erhalten sie durch ihre formale Stellung als Verfahrensbeteiligte diese Informationen genau so wie der Antragsteller und der Auftraggeber.

43 Gibt aber ein Bieter kein ausschreibungskonformes Angebot ab, so hat er keinen Anspruch auf Beiladung in einem Nachprüfungsverfahren (OLG Rostock vom 9.9.2003, 17 Verg 11/03). In einem solchen Fall ist das Unternehmen nicht schwerwiegend in seinen Rechten verletzt.

44 Durch die Beiladung steigt aber das **Kostenrisiko** beim Antragsteller, weil er im Falle des Unterliegens auch die Aufwendungen für den Anwalt des Beigeladenen zu übernehmen hat, soweit dieser einen entsprechenden Antrag stellt.

E. Unanfechtbarkeit der Entscheidung (Satz 2)

45 Nach Satz 2 ist die Entscheidung über die Beiladung **unanfechtbar**. Damit sollen Zwischenstreitigkeiten, die zu einer Verlängerung des Hauptsacheverfahrens führen können, vermieden werden. Verfahrensleitende Zwischenentscheidungen wie die Beiladung können nicht angefochten werden

(OLG Düsseldorf vom 18.1.2005, Verg 104/04; vgl. auch OLG Frankfurt vom 28.6.2005, 11 Verg 9/06). Ob in den seltenen Ausnahmefällen, in denen die Entscheidung der Vergabekammer sich als eine „greifbare Gesetzeswidrigkeit" darstellt, die Anfechtung möglich ist (so OLG Dresden vom 13.7.2000, WVerg 3/00), muss im Einzelfall sehr sorgfältig geprüft und begründet werden. Allgemein gilt, dass Beschwerden gegen Zwischenentscheidungen der Vergabekammer unzulässig sind (OLG Düsseldorf vom 28.12.2007, Verg 40/07; OLG Düsseldorf vom 28.4.2008, Verg 24/08; OLG Düsseldorf vom 10.6.2009, Verg 17/09). Der Vergabesenat hat dabei auf die Regelung in § 44a VwGO verwiesen und daraus den allgemeinen Schluss gezogen, dass Verfahrenshandlungen der Vergabekammer im Regelfall nicht gesondert anfechtbar sind. Entsprechend den zu § 44a VwGO anerkannten Grundsätzen hat das OLG Düsseldorf lediglich in der Entscheidung Verg 40/07 (Akteneinsichtsrecht) davon eine Ausnahme gemacht, weil ein Verfahrensbeteiligter durch die Verfahrenshandlung **irreparabel** in seinen Rechten verletzt worden wäre.

46 Satz 2 ist nicht nur auf Entscheidungen der Vergabekammer anwendbar, mit der die Beiladung **angeordnet** wird, sondern auch auf die eine Beiladung **ablehnende** Entscheidung (KG vom 8.10.2007, 2 Verg 14/07). Dies folgt aus dem Interesse an einem raschen Abschluss des Vergabeverfahrens, das durch eine Beschwerde über die unterlassene Beiladung behindert würde, und aus dem Wortlaut der Vorschrift des Satzes 2, der die Unanfechtbarkeit der Entscheidung über die Beiladung bestimmt und damit eine Beschränkung der Unanfechtbarkeit auf den Fall der Anordnung der Beiladung nicht vornimmt (KG vom 8.10.2007, 2 Verg 14/07).

47 Ein anderes Verständnis des Satzes 2 ist auch nicht im Hinblick auf die in Art. 19 Abs. 4 GG verbürgte **Garantie eines effektiven Rechtsschutzes** geboten. Denn ein Beigeladener verliert durch die Ablehnung eines Beiladungsgesuchs nicht seinen Rechtsschutz. Er kann gegen die Entscheidung der Vergabekammer einerseits Beschwerde einlegen oder wäre in einem sich anschließenden Beschwerdeverfahren noch analog § 109 vom Oberlandesgericht beizuladen (OLG Karlsruhe vom 25.11.2008, 15 Verg 13/08).

§ 110 Untersuchungsgrundsatz

(1) ¹Die Vergabekammer erforscht den Sachverhalt von Amts wegen. ²Sie kann sich dabei auf das beschränken, was von den Beteiligten vorgebracht wird oder ihr sonst bekannt sein muss. ³Zu einer umfassenden Rechtmäßigkeitskontrolle ist die Vergabekammer nicht verpflichtet. ⁴Sie achtet bei ihrer gesamten Tätigkeit darauf, dass der Ablauf des Vergabeverfahrens nicht unangemessen beeinträchtigt wird.

(2) ¹Die Vergabekammer prüft den Antrag darauf, ob er offensichtlich unzulässig oder unbegründet ist. ²Dabei berücksichtigt die Vergabekammer auch einen vorsorglich hinterlegten Schriftsatz (Schutzschrift) des Auftraggebers. ³Sofern der Antrag nicht offensichtlich unzulässig oder unbegründet ist, übermittelt die Vergabekammer dem Auftraggeber eine Kopie des Antrags und fordert bei ihm die Akten an, die das Vergabeverfahren dokumentieren (Vergabeakten). ⁴Der Auftraggeber hat die Vergabeakten der Kammer sofort zur Verfügung zu stellen. ⁵Die §§ 57 bis 59 Absatz 1 bis 5 sowie § 61 gelten entsprechend.

Literatur: *Erdl*, Rechtsschutz für öffentliche Auftraggeber: Die Schutzschrift im Vergaberecht?, VergabeR 2001, 270; *Gröning*, Rechtsschutz gegen die Nichtzustellung des Nachprüfungsantrags? – Zugleich Anmerkung zum Beschluss des OLG Dresden vom 4.7.2002, WVerg 11/02, VergabeR 2002, 435; *Ramm*, Akteneinsicht und Untersuchungsgrundsatz im Vergabeverfahren, VergabeR 2007, 739.

Übersicht

A. Allgemeines	1–2
B. Ermittlung des Sachverhalts durch die Vergabekammer (Abs. 1)	3–33
I. Untersuchungsgrundsatz (Abs. 1 Satz 1)	3–26
1. Überblick	3–5
2. Art und Umfang der Sachverhaltserforschung	6–9
3. Vorbringen der Beteiligten und sonstige Umstände (Abs. 1 Satz 2)	10–26
a) Umfang der Nachforschungen	10–12
b) Vortrag der Beteiligten	13
c) Vergabeakte	14–23
aa) Primäre Erkenntnisquelle	14–20
bb) Insbesondere: Berücksichtigung von geheimhaltungsbedürftigen Tatsachen	21–23
d) „Sonstige bekannte Umstände"	24–26
II. Keine allgemeine Rechtmäßigkeitskontrolle (Abs. 1 Satz 3)	27–31
III. Keine unangemessene Beeinträchtigung des Vergabeverfahrens (Abs. 1 Satz 4)	32–33
C. Behandlung des Nachprüfungsantrags (Abs. 2)	34–65
I. Prüfung des Antrags	35–46
1. Beschleunigungsgrundsatz	35–36
2. Offensichtliche Unzulässigkeit oder Unbegründetheit (Abs. 2 Satz 1)	37–39
3. Berücksichtigung von Schutzschriften (Abs. 2 Satz 2)	40–43
4. Form der Entscheidung	44–46
II. Übermittlung des Antrags (Abs. 2 Satz 3)	47–52
III. Vorlage der Vergabeakten (Abs. 2 Satz 4)	53–55
IV. Verweis auf die §§ 57 bis 59 Abs. 1 und 5 GWB sowie § 61 GWB (Abs. 2 Satz 5)	56–65
1. Beweiserhebung; Beschlagnahme; Auskunftsverlangen	56–61
2. Verfahrensabschluss, Begründung, Zustellung	62–65

A. Allgemeines

1 Nach **Abs. 1 Satz 1** ist die Vergabekammer zur Ermittlung des Sachverhalts von Amts wegen verpflichtet (**Untersuchungsgrundsatz**). Die Ermittlung des dem Nachprüfungsverfahren zugrunde liegenden Sachverhalts von Amts wegen durch die Vergabekammer ist eng mit der Regelung in § 114 Abs. 1 Satz 2 GWB verbunden, wonach die Vergabekammer nicht an die Anträge gebunden ist und auch unabhängig davon auf die Rechtmäßigkeit des Vergabeverfahrens einwirken kann. Abs. 1 gilt für das gesamte Nachprüfungsverfahren und verpflichtet die Vergabekammern, ihren Entscheidungen einen ordnungsgemäß ermittelten Sachverhalt zugrunde zu legen. Mit dem Gesetz zur Modernisierung des Vergaberechts vom 20.4.2009 (BGBl. I S. 790) sind die **Sätze 2 und 3** in den ersten Absatz eingefügt worden, sie konkretisieren die Reichweite der Amtsermittlung durch die Vergabekammer.

2 **Abs. 2** regelt zunächst das Verfahren nach Eingang des Nachprüfungsantrags bei der Vergabekammer und vor Übermittlung des Antrags an die Vergabestelle. Statt der ehemals erforderlichen Zustellung reicht seit dem Gesetz zur Modernisierung des Vergaberechts vom 20.4.2009 nunmehr die Übermittlung der Kopie des Antrags an den Auftraggeber aus, um ein Nachprüfungsverfahren einzuleiten (vgl. Abs. 2 Satz 3). Der Auftraggeber hat auch die Möglichkeit, eine Schutzschrift bei der

Vergabekammer zu hinterlegen (vgl. Abs. 2 Satz 2), um so der Übermittlung eines Nachprüfungsantrags vorzubeugen. Wegen der Aufhebung des § 103 GWB a.F. wurde die früher vorgesehene verfahrensmäßige Einbeziehung der Vergabeprüfstellen gestrichen (Begr. RegE, BT-Drucks. 16/10117, S. 23). Nach wie vor enthält Abs. 2 (in Satz 5) einen Verweis auf die Ermittlungsbefugnisse in §§ 57 bis 59 Abs. 1 bis 5 GWB sowie zum Verfahrensabschluss, zur Begründung der Entscheidung sowie deren Zustellung gemäß § 61 GWB.

B. Ermittlung des Sachverhalts durch die Vergabekammer (Abs. 1)

I. Untersuchungsgrundsatz (Abs. 1 Satz 1)

1. Überblick

Die Vergabekammer hat den Sachverhalt nach **Abs. 1 Satz 1 von Amts wegen** zu ermitteln und zu erforschen. Das bedeutet, dass eine Vergabekammer die Vergabeakten zunächst selbständig und unabhängig vom Vortrag der Verfahrensbeteiligten auszuwerten hat und anhand dieser Unterlagen ermittelt, welcher Lebenssachverhalt dem Nachprüfungsverfahren zugrunde liegt. Die Vergabekammer muss dabei in tatsächlicher Hinsicht herausarbeiten, welche Fakten unstreitig zwischen den Verfahrensbeteiligten sind und über welche Sach- und Rechtsfragen sich die Beteiligten streiten. Nach **Abs. 1 Satz 2** kann sie sich dabei auf das beschränken, was von den Verfahrensbeteiligten vorgebracht wird oder ihr sonst bekannt sein muss. Erst wenn der dem Nachprüfungsverfahren zugrunde liegende Lebenssachverhalt feststeht, kann die Vergabekammer den von ihr herausgefilterten maßgeblichen Streitstoff einer vergaberechtlichen Bewertung unterziehen. Der **Amtsermittlungsgrundsatz** gilt auch im behördlichen Verwaltungsverfahren (§ 24 Abs. 1 VwVfG) und in den Verfahren vor den Verwaltungsgerichten (§ 86 Abs. 1 VwGO).

Der Untersuchungsgrundsatz oder Amtsermittlungsgrundsatz steht im Gegensatz zum **Beibringungsgrundsatz** (Verhandlungsmaxime), der im Zivilprozess gilt. Danach sind die Verfahrensbeteiligten verpflichtet, die für die Entscheidung relevanten Tatsachen selbst dem Gericht vorzutragen und hierfür ggf. die entsprechenden Beweise zu erbringen.

Im Nachprüfungsverfahren gilt aber auch die sogenannte **Dispositionsmaxime**, wonach die Verfahrensparteien – der Antragsteller und der Auftraggeber – den Gang des (Nachprüfungs-)Verfahrens, dessen Gegenstand, Einleitung und Ende bestimmen. Ausdruck der Dispositionsmaxime ist beispielsweise, dass ein Nachprüfungsverfahren vor den Vergabekammern nur auf Antrag eingeleitet wird. Aus der Dispositionsmaxime folgt auch, dass das Nachprüfungsverfahren beendet werden muss, wenn der Antragsteller seinen Nachprüfungsantrag zurücknimmt. Die Vergabekammer darf das Verfahren bei Antragsrücknahme selbst dann nicht fortsetzen, wenn die Auftragsvergabe an schwerwiegenden Vergaberechtsverstößen leidet, die sich möglicherweise bereits aus den Vergabeakten ersehen lassen. Die Einleitung oder Fortsetzung eines Verfahrens von Amts wegen durch die Vergabekammer (**Offizialmaxime**) ist nicht zulässig.

2. Art und Umfang der Sachverhaltserforschung

Art und Umfang der Erforschung des Sachverhalts durch die Vergabekammer werden in Abs. 1 Satz 1 zunächst nicht näher konkretisiert. Abs. 1 Satz 2 bestimmt insoweit, dass sich die Vergabekammer bei der Ermittlung des Sachverhalts auf den Vortrag der Beteiligten bzw. auf sonstige Umstände, die ihr bekannt sein müssen, beschränken darf. Zu einer umfassenden Rechtmäßigkeitskontrolle des Vergabeverfahrens ist die Vergabekammer keinesfalls verpflichtet, wie Abs. 1 Satz 3 ausdrücklich klarstellt. Schließlich dürfen nach Abs. 1 Satz 4 die Sachverhaltsermittlungen das Vergabeverfahren nicht unangemessen beeinträchtigen.

Grundlegende Aussagen zu Art und Umfang der Sachverhaltsermittlung enthält die Entwurfsbegründung (Begr. RegE, BT-Drucks. 16/10117, S. 22):

„Die Pflicht zur Erforschung des Sachverhaltes von Amts wegen bedeutet, dass die Kammer alle Tatsachen aufzuklären hat, die für ihre Entscheidung objektiv erforderlich sind. Die Vergabekammer bestimmt dabei nach pflichtgemäßem Ermessen die Art und den Umfang der Ermittlungen und hat alle in der von § 113 Abs. 1 Satz 1 GWB vorgegebenen Frist zur Verfügung stehenden, rechtlich zulässigen Möglichkeiten einer Aufklärung des relevanten Sachverhaltes auszuschöpfen. Absatz 1 Satz 2 konkretisiert, inwieweit die Vergabekammer dabei über das Vorbringen der Beteiligten hinaus verpflichtet ist, Nachforschungen anzustellen. Die Vergabekammer darf sich auf die Vergabeakten oder sonstige Umstände beschränken, die dem sorgfältig ermittelnden Beamten zur Kenntnis gelangt wären. Zu solchen sonstigen Umständen zählen beispielsweise Indizien wie Pressemeldungen darüber, dass der öffentliche Auftraggeber mit dem obsiegenden Bieter Nachverhandlungen geführt hat, ohne dass diese zum Bestandteil der Vergabeakte wurden. Der Gesetzgeber stellt nunmehr weiterhin klar, dass die Vergabekammer nicht zu einer umfassenden Rechtmäßigkeitskontrolle verpflichtet ist. Auch im Nachprüfungsverfahren ist nicht allen denkbaren Möglichkeiten zur Aufklärung des Sachverhalts von Amts wegen nachzugehen ..."

8   Die umfassende Erforschung des Sachverhalts ist notwendige Voraussetzung, um zu einer sachgerechten und begründeten Entscheidung im Nachprüfungsverfahren zu kommen. Vor dem Hintergrund der Rechtsprechung im Vergaberecht, insbesondere den Entscheidungen zur Vollständigkeit der Angebote, sowie der zum Teil reduzierten Möglichkeit (Geheimhaltung) einer Akteneinsicht ist es für einen Antragsteller durchaus bedeutsam, dass eine Vergabekammer nicht nur dem Vortrag der Beteiligten folgt, sondern darüber hinaus – ggf. nur ihr – bekannte Erkenntnisse aus der Vergabeakte, etwa aus den Angeboten der anderen Bieter, bei der Entscheidungsfindung berücksichtigt. Klarer als aus dem Gesetzeswortlaut ergibt sich daher aus der Entwurfsbegründung, dass die Vergabeakte – soweit vorhanden – primäre Erkenntnisquelle der Vergabekammer ist, auf die sie ihre Ermittlungen daher – über das Vorbringen der Verfahrensbeteiligten hinaus – ebenso beschränken darf wie auf sonstige Umstände, die dem sorgfältig ermittelnden Beamten zur Kenntnis gelangt wären. Zu solchen sonstigen Umständen gehören aus Sicht des Gesetzgebers insbesondere Pressemeldungen (vgl. Begr. RegE, BT-Drucks. 16/10117, S. 22).

9   Der der Vergabekammer obliegende Umfang der Sachverhaltsermittlung ist auch vom **Verhalten der Verfahrensbeteiligten** abhängig. Die Obliegenheit der Beteiligten zur Verfahrensförderung und die Verpflichtung der Nachprüfungsinstanzen, den relevanten Sachverhalt von Amts wegen zu ermitteln, stehen in einem **Verhältnis der Wechselwirkung** zueinander (OLG Düsseldorf vom 23.2.2005, Verg 92/04). Kommt ein Verfahrensbeteiligter der Pflicht zur Verfahrensförderung nicht nach, reduziert sich auch die Aufklärungspflicht der Kontrollinstanzen. Wie sich jetzt ausdrücklich auch aus Abs. 1 Satz 3 ergibt, haben die vergaberechtlichen Nachprüfungsinstanzen nicht von sich aus alle nur denkbaren Rechtsverstöße in Erwägung zu ziehen und in tatsächlicher und rechtlicher Hinsicht zu überprüfen. Umgekehrt bedeutet dies: Gibt schon der Vortrag der Beteiligten oder der sonstige Tatsachenstoff den Kontrollinstanzen hinreichenden Anlass zur Prüfung, sind sie zur weiteren amtswegigen Ermittlung und Rechtsprüfung verpflichtet. Sind die Kontrollinstanzen sodann imstande, die behaupteten Vergaberechtsverletzungen ohne besondere Schwierigkeiten zu beurteilen, kann der Bieter nicht darauf verwiesen werden, einen (ihm oftmals unbekannten) Sachverhalt erst noch „substantiierter" darzulegen. Anderenfalls würde ihm eine Mitwirkung auferlegt, derer die Nachprüfungsinstanz nicht bedarf (OLG Düsseldorf vom 23.2.2005, Verg 92/04).

3. Vorbringen der Beteiligten und sonstige Umstände (Abs. 1 Satz 2)

a) Umfang der Nachforschungen

10 Durch Abs. 1 Satz 2 wird den Vergabekammern die Möglichkeit eröffnet, sich bei der Sachverhaltsermittlung auf den Vortrag der Verfahrensbeteiligten oder auf die Tatsachen, die ihr sonst bekannt sein müssen, zu beschränken. Wie sich bereits aus der Gesetzesbegründung ergibt, konkretisiert Abs. 1 Satz 2 die Verpflichtung der Vergabekammer, über das Vorbringen der Beteiligten hinaus **Nachforschungen** anzustellen. Die Vergabekammer verfügt insoweit über keine Wahlmöglichkeit, sondern muss zunächst den Vortrag der Beteiligten auswerten und berücksichtigen und darüber hinaus auch diejenigen Tatsachen berücksichtigen, die ihr sonst bekannt sind. Die in der Regelung genannten Möglichkeiten sind **kumulativ** zu verstehen und anzuwenden.

Dabei bezieht sich das Wort **„kann"** nur auf die Alternativen in Abs. 1 Satz 2, die jedenfalls bei der Ermittlung des Sachverhalts kumulativ auszuschöpfen sind. Auch die Neuregelung stellt es damit der Vergabekammer keineswegs frei, entweder nur auf den Vortrag der Beteiligten abzustellen oder nur das zu berücksichtigen, was ihr sonst bekannt ist.

Hinsichtlich der sonstigen Umstände, die einem sorgfältig ermittelnden Beamten zur Kenntnis gelangt wären, stellt sich die Frage, welche Umstände dies – neben den Informationen aus der Vergabeakte – sein könnten, woher eine Vergabekammer diese Erkenntnisse nimmt (Presse etc.) und was einer Vergabekammer herkömmlicherweise bekannt sein muss. Müssen beispielsweise alle Unterlagen und Angebote, die von der Vergabestelle in einem Nachprüfungsverfahren vorgelegt werden, einer Vergabekammer bekannt sein, weil sie diese lesen und auswerten kann? Das kann innerhalb der Fünf-Wochen-Frist des § 113 Abs. 1 Satz 1 GWB so kaum geleistet werden, so dass der Untersuchungsgrundsatz nicht in einem derart umfassenden Sinne zu verstehen sein dürfte.

Das OLG München (vom 9.8.2010, Verg 13/10) führte dazu aus, dass der in § 110 niedergelegte Untersuchungsgrundsatz in erster Linie bezwecke, dass die Vergabekammer nicht vom Vorbringen der Beteiligten abhängig sei, sondern vor dem Hintergrund des § 114 Abs. 1 GWB eine umfassende Sachverhaltsermittlung durchführen könne und dadurch nicht nur möglichen Anträgen der Beteiligten entsprechen, sondern auch auf die objektive Rechtmäßigkeit des Vergabeverfahrens hinwirken könne. Abgesehen davon, dass Abs. 1 keine allgemeine Prüfungspflicht normiere, finde der Untersuchungsgrundsatz seine Grenzen in dem vom Antragsteller vorgegebenen Rechtsschutzziel. Die Vergabekammer habe nicht von sich aus alle nur denkbaren Rechtsverstöße in Erwägung zu ziehen und in tatsächlicher und rechtlicher Hinsicht zu prüfen. Das Nachprüfungsverfahren diene der Verwirklichung subjektiver Bieterrechte und nicht einer hiervon losgelösten abstrakten Sicherstellung der Rechtmäßigkeit des Vergabeverfahrens (vgl. auch OLG München vom 10.12.2009, Verg 16/09).

Die Vergabekammer hat sich somit nicht auf eine **„ungefragte Fehlersuche"** zu begeben. Sie muss nicht alle denkbaren Vergaberechtsverstöße klären, sondern sich auf das konzentrieren, was dem rechtsschutzbegehrenden Antragsteller effektiv nützt.

b) Vortrag der Beteiligten

Aus der Antragsschrift ergeben sich in der Regel schon die wesentlichen tatsächlichen Anhaltspunkte für den entscheidungserheblichen Tatsachenstoff. Der Antragsteller ist nach § 108 GWB zu einer Begründung und einer Sachverhaltsdarstellung seines Nachprüfungsantrags verpflichtet. Daneben muss die Vergabekammer selbstverständlich auch das Vorbringen der anderen Verfahrensbeteiligten, also des öffentlichen Auftraggebers und etwaiger Beigeladener, bei der Ermittlung des maßgeblichen Sachverhalts berücksichtigen.

c) Vergabeakte

aa) Primäre Erkenntnisquelle

Wie sich auch aus der zitierten Gesetzesbegründung (Rn. 7) ergibt, ist die **Vergabeakte** der Vergabestelle – soweit vorhanden – neben dem Vorbringen der Verfahrensbeteiligten die primäre Erkenntnisquelle der Vergabekammer zur Ermittlung des Sachverhalts. Informationen aus der Vergabeakte zählen damit zu dem, was der Vergabekammer **„sonst bekannt sein muss"**, wie es Abs. 1 Satz 2 formuliert.

Erste Aufgabe der Vergabekammer ist es somit, die Vergabeakte sorgfältig auf den entscheidungsrelevanten Tatsachenstoff durchzusehen. Es bleibt den Beteiligten insoweit unbenommen, die Vergabekammer – etwa im Wege eines entsprechenden Antrags – auf Umstände hinzuweisen, die aus ihrer Sicht entscheidungsrelevant sind und daher einer näheren Überprüfung durch die Vergabekammer bedürfen. Ein solcher Antrag, soweit er nicht völlig fern liegend ist, muss für die Vergabekammer Anlass sein, die Vergabeakte im Hinblick auf den behaupteten Sachverhalt näher zu überprüfen, zumal dann, wenn sie dem Antragsteller nur beschränkte Akteneinsicht gewährt hat. Allgemein gilt, dass **Vergaberechtsverstöße**, die vom Antragsteller nicht erkannt und nicht geltend gemacht wurden, und zwar unabhängig vom Umfang der gewährten Akteneinsicht, **von Amts wegen aufzugreifen** sind, wenn sich solche Erkenntnisse anlässlich des Vortrags und bei Durchsicht der Vergabeakten bzw. aus den Angeboten der anderen Bieter aufdrängen (OLG Düsseldorf vom 5.5.2008, Verg 5/08).

16 Es gibt eine Reihe von **Form- und Verfahrensfehlern**, die sich einem mit der Auswertung von Vergabeakten vertrauten Vergabekammermitglied – auch ohne entsprechenden Vortrag des Antragstellers – normalerweise sofort als Vergaberechtsverstöße aufdrängen und unschwer zu erkennen sind. Dazu zählen beispielsweise die unterlassene ordnungsgemäße Kennzeichnung der Angebote, aber auch das Fehlen oder die verspätete Vorlage von ausdrücklich geforderten Eignungsnachweisen.

17 Demgegenüber sind **inhaltliche Auswertungsfehler** der Vergabestellen oftmals nicht unmittelbar erkennbar. Fordert die Vergabestelle beispielsweise Angaben zum Umsatz und konkretisiert sie dies auf den Umsatz mit Sonderabfällen, dann ist ein Angebot, das grundsätzlich Angaben zum Umsatz macht, nicht sofort als formal fehlerhaft erkennbar. Stellt sich dann erst bei der inhaltlichen Prüfung heraus, dass sich die vom Bieter angegebenen Umsatzzahlen generell auf den Bereich abfallwirtschaftlicher Dienstleistungen beziehen, aber Angaben zum Umsatz mit Sonderabfällen fehlen, so ist dies ein Umstand, der sich nicht sofort aufdrängt (OLG Düsseldorf vom 13.8.2008, Verg 43/07).

18 Gleiches gilt für **andere Eignungsnachweise**, die der **inhaltlichen Beurteilung** der Vergabestellen unterliegen, wie beispielsweise die Forderung nach **Versicherungsnachweisen**, die eine bestimmte Deckungssumme für Personen- und Sachschäden belegen sollen. Der Entscheidung der VK Münster vom 13.7.2006 (VK 9/06) lag der Fall zugrunde, dass die Vergabestelle den Nachweis einer Betriebshaftpflichtversicherung über mindestens 3 Mio. € für Personenschäden und Sachschäden sowie über 200.000 € für Vermögensschäden forderte, wobei dies entweder durch eine Originalbescheinigung der Versicherung oder eine beglaubigte Kopie mit dem Angebot nachzuweisen war. Das Angebot der Antragstellerin wurde aus der Wertung genommen, weil diese nicht die geforderte Form (Originalbescheinigung, beglaubigte Kopie) beachtet hatte, sondern lediglich eine Kopie beilegte. Demgegenüber hatte die Beigeladene alle Formalien beachtet, aber ihr Nachweis enthielt nicht die geforderten Deckungssummen. Es ist nicht Sache einer Vergabekammer und kann auch von einem sorgfältig ermittelnden Vergabekammermitglied nicht verlangt werden, sämtliche Angebote auf derartige Details zu überprüfen, es sei denn, es kommt im Einzelfall tatsächlich darauf an.

19 Vor dem Hintergrund der Rechtsprechung zu **fehlenden Angaben in den Angeboten der Bieter** (BGH vom 18.2.2003, X ZB 43/02) ist es für den Antragsteller in einem Nachprüfungsverfahren oft von entscheidender Bedeutung zu erfahren, welche konkreten Angaben im Angebot seines unmittelbaren Konkurrenten gemacht wurden und ob die Vergabestelle diese Angaben zu Recht als vollständig und eindeutig gewertet hat. Angebote, die unklare Eintragungen aufweisen, können mit den übrigen Angeboten per se nicht verglichen werden (OLG Düsseldorf vom 13.8.2008, Verg 42/07). Der Auftraggeber ist grundsätzlich zur Auslegung eines Angebots berechtigt und verpflichtet. Dabei ist der dem Angebot zugrunde liegende wahre Bieterwille zu erforschen. Aus dem Untersuchungsgrundsatz folgt für eine sorgfältig ermittelnde Vergabekammer hinsichtlich etwaiger inhaltlicher Auswertungsfehler als **Faustregel**, dass sie die **Angebote hinsichtlich der in Streit stehenden Beanstandungen genau miteinander vergleichen** muss und hier auch im Detail zu erforschen hat, ob die Beurteilung der Angebote durch die Vergabestelle hinsichtlich dieser Aspekte ordnungsgemäß erfolgte. In diesen Fällen kann es auch sachdienlich sein, solche Teile aus den Angeboten im Einvernehmen mit allen am Verfahren beteiligten Bietern offenzulegen.

20 Es gibt auch Verfahrenskonstellationen, die Anlass zu einer **detaillierten inhaltlichen Prüfung von Angeboten** geben. Wird im Angebot des Antragstellers ein Mangel festgestellt, so darf in den noch in der Wertung verbliebenen Angeboten der anderen Bieter kein (gleichartiger) Mangel erkennbar sein (§ 107 Rn. 58). Eine sorgfältig ermittelnde Vergabekammer wird deshalb bei einer derartigen Verfahrenskonstellation die Angebote der anderen Bieter, die noch in der Wertung sind, konkret auf diesen Mangel hin zu prüfen haben. Denn ihr muss bekannt sein, dass eine Verletzung

des Gleichbehandlungsgrundsatzes in Betracht kommen kann, der zu einer für den Antragsteller günstigen Entscheidung führen könnte.

bb) Insbesondere: Berücksichtigung von geheimhaltungsbedürftigen Tatsachen

Im Übrigen kommt es bei der Ermittlung entscheidungsrelevanter Umstände aus der Vergabeakte nicht darauf an, ob es sich um **geheimhaltungsbedürftige Tatsachen** handelt oder um Fakten, die im Rahmen der Akteneinsicht offengelegt wurden. Auch die Angebote der anderen Bieter, die im Rahmen der Akteneinsicht in der Regel nicht offengelegt werden, enthalten oftmals Erkenntnisse, die für die Entscheidungsfindung relevant sind, wie beispielsweise die „Vollständigkeit" desjenigen Angebots, auf das der Zuschlag erteilt werden soll. Auch nach Einführung der Bestimmungen, wonach fehlende Nachweise in Angeboten nachgefordert werden können, ist die Vollständigkeit der Angebote von der Vergabekammer ggf. zu prüfen, wobei sich diese Prüfpflichten dann auch auf die Nachweisanforderungen der Vergabestelle erstrecken (vgl. u.a. VK Münster vom 17.1.2013, VK 22/12). 21

Insbesondere zählen zu den (geheimhaltungsbedürftigen) **Informationen aus der Vergabeakte** die **Angebote sämtlicher Bieter** sowie behördeninterne Vermerke oder **Protokolle aus Ausschuss- oder Ratssitzungen**. Auch die **Prüfprotokolle der Rechnungsprüfungsämter** oder die Erfassung des Bedarfs beim öffentlichen Auftraggeber gehören dazu. Häufig werden **Aufklärungsgespräche** mit einzelnen Bietern geführt und als Aktenvermerke zur Vergabeakte gegeben, oder in Vergabevermerken finden sich Ausführungen zu den Angeboten und Nebenangeboten beteiligter Bieter, die ebenfalls dem Antragsteller nicht zwingend offengelegt werden. Auch diese Informationen gelangen den Bietern regelmäßig nicht zur Kenntnis und können deshalb auch nicht vorgetragen werden, sind aber Teil der Vergabeakte und müssen der Vergabekammer bekannt i.S.v. Abs. 1 Satz 1 sein. 22

Die ordnungsgemäße Erforschung des Sachverhalts durch die Vergabekammer stellt sich hinsichtlich geheimer Tatsachen zuweilen als Gratwanderung dar, etwa wenn **Tatsachen** aus Angeboten anderer Bieter betroffen sind, die **eindeutig der Geheimhaltung unterliegen** und nicht in einem ausschließlichen Zusammenhang mit der konkreten Ausschreibung stehen. Beispielsweise stellt die Ankündigung eines Bieters in seinem Angebot, dass er sich in einer Unternehmensumwandlung befindet, auf jeden Fall einen Umstand dar, der einerseits geheimhaltungsbedürftig ist und geheim bleiben soll, andererseits aber Anlass für weitere Ermittlungen in einem Nachprüfungsverfahren gibt (VK Münster vom 21.8.2007, VK 14/07 und 15/07; OLG Düsseldorf vom 12.12.2007, Verg 34/07). Die Vergabekammer sollte möglichst darauf hinwirken, dass auch diese besonderen Umstände zum Gegenstand des Nachprüfungsverfahrens gemacht werden, wobei der Umfang der Offenlegung dieser Erkenntnisse sorgfältig mit dem betroffenen Verfahrensbeteiligten abzustimmen ist. 23

> **Beispiel:** Gegebenenfalls muss die Vergabekammer über den Umfang der Akteneinsicht auch in einem rechtsmittelfähigen Beschluss entscheiden (VK Münster vom 6.11.2008, VK 17/08), wenn eine Offenlegung nicht möglich ist. In dem Verfahren ging es um die Offenlegung eines Nebenangebots der Beigeladenen sowie den Ausführungen der Vergabestelle zu diesem Nebenangebot im Vergabevermerk. Beides war geheimhaltungsbedürftig, weil dort Geschäftsgeheimnisse enthalten waren. Der Antragsteller erhielt diesbezüglich keine Akteneinsicht und wusste somit nicht, welchen Inhalt das Nebenangebot der Beigeladenen hatte, obwohl der Antragsteller in Bezug auf dieses Nebenangebot eigene Rechtsverletzungen geltend machte. Für den Fall, dass diese Rechtsverletzungen zutreffend gewesen wären, hätte das Nebenangebot der Beigeladenen aus der Wertung genommen werden müssen. Damit wäre der Antragsteller auf den ersten Rang vorgerückt und hätte bei einer Wiederholung der Wertung gute Chancen auf Erhalt des Zuschlags gehabt. Der Vergabekammer war dieses Nebenangebot inhaltlich bekannt und sie musste es letztlich im Rahmen des Untersuchungsgrundsatzes ihrer Entscheidung zugrunde legen, weil es darauf auch ankam. Dabei durften aber keine Geschäftsgeheimnisse offengelegt werden.

d) „Sonstige bekannte Umstände"

24 Bei der Erforschung des Sachverhalts sind nach der ausdrücklichen Neufassung des Abs. 1 Satz 2 aber auch diejenigen Tatsachen und Umstände zu berücksichtigen, die nicht von einer Partei vorgetragen wurden, die der Vergabekammer aber sonst – z.B. aus der Vergabeakte (Rn. 14 ff.) – bekannt sein müssen. Die Neuregelung folgt damit der Rechtsprechung des EuGH, der bereits zuvor klargestellt hat, dass die für die Nachprüfung zuständige Instanz von Amts wegen die rechtswidrigen Aspekte einer anderen Auftraggeberentscheidung als der vom Bieter angefochtenen aufzugreifen hat, wenn auch durch diesen Verstoß subjektive Rechte des Antragstellers verletzt werden (EuGH vom 19.6.2003, Rs. C-315/01). Wie die Gesetzesbegründung konkretisiert (Rn. 7), muss die Vergabekammer solche (sonstigen) Umstände berücksichtigen, die sich nicht aus dem Vorbringen der Beteiligten und der Vergabeakte ergeben, wenn sie einem sorgfältig ermittelnden Beamten zur Kenntnis gelangt wären.

25 Der **Begriff der sonstigen bekannten Umstände** ist weit auszulegen. Damit sind alle Erkenntnisse und Informationen gemeint, die – aus welchen Gründen auch immer – von keinem der Verfahrensbeteiligten vorgetragen wurden, sich aber aus der **Vergabeakte** (Rn. 14 ff.) oder aus anderen **allgemein zugänglichen Quellen**, wie z.B. der **Presseberichterstattung** (vgl. Begr. RegE, BT-Drucks. 16/10117, S. 22; s. auch Rn. 8, 12) ergeben. Das können Tatsachen sein, die dem Antragsteller oder anderen Verfahrensbeteiligten nicht bekannt oder für den Antragsteller nicht erkennbar sind und deshalb auch nicht von ihm gerügt wurden. Es können aber auch Umstände sein, die der Antragsteller trotz Akteneinsicht nicht erkannt hat und die auch von der Vergabestelle nicht als Vergaberechtsverstoß erkannt wurden. Solche Erkenntnisse müssen, soweit sie der Vergabekammer bekannt sind, bei der Entscheidung berücksichtigt werden.

> **Beispiel:** Die von der Gesetzesentwurfsbegründung exemplarisch als eine Erkenntnisquelle der Vergabekammer genannten **Pressemeldungen** hat die Rechtsprechung schon bislang zur Erforschung des relevanten Sachverhalts eines Nachprüfungsverfahrens herangezogen. So stellt das OLG Düsseldorf (vom 30.4.2008, Verg 23/08) in einem Fall, in dem es u.a. um die Frage der Verwirkung der Antragsbefugnis ging, darauf ab, dass der öffentliche Auftraggeber bestimmte städtebauliche Konzepte und Planungen verfolgte und darüber auch in der **Presse** an prominenter Stelle berichtet wurde. Die Presseberichterstattung könne auch der Antragstellerin nicht verborgen geblieben sein; bliebe die Antragstellerin dennoch jahrelang untätig, so sei nunmehr ihr Recht auf Nachprüfung verwirkt.

26 Maßstab für die Frage, was der Vergabekammer „sonst bekannt sein muss", wie es Abs. 1 Satz 2 formuliert, sind nach der Entwurfsbegründung (Rn. 7) der **sorgfältig ermittelnde Beamte**. Abs. 1 a.F. enthielt hinsichtlich solcher Umstände, die sich weder aus dem Vorbringen der Beteiligten noch aus der Vergabeakte ergeben, bislang keine konkreten Vorgaben. Gerade wegen der relativ kurzen Entscheidungsfrist darf der **Maßstab des sorgfältig ermittelnden Beamten** nicht überspannt werden. Als **Faustregel** kann gelten, dass jedenfalls alle Erkenntnisse, die sich gelegentlich der Überprüfung der Angebotswertung ohne größeren inhaltlichen Prüfaufwand erkennen lassen, von der Vergabekammer aufzugreifen sind. Grundsätzlich ist eine Vergabekammer nicht verpflichtet, sowohl die Vergabeakten und die Wertungsentscheidung der Vergabestelle als auch die Angebote der anderen Bieter in allen Einzelheiten in dem Sinne zu erforschen, dass sie gezielt nach Erkenntnissen sucht, die einen Vergaberechtsverstoß begründen könnten. Dies ergibt sich auch aus Abs. 1 Satz 3, wonach die Vergabekammer zu einer umfassenden Rechtmäßigkeitskontrolle gerade nicht verpflichtet ist.

II. Keine allgemeine Rechtmäßigkeitskontrolle (Abs. 1 Satz 3)

27 Das Nachprüfungsverfahren vor der Vergabekammer ist kein objektives Verfahren zur Überprüfung, ob das Vergabeverfahren in jeder Hinsicht rechtmäßig abgelaufen ist. Das Verfahren vor der Vergabekammer bezweckt in erster Linie den **individuellen Rechtsschutz des Bieters**, soll aber nicht zu einer allgemeinen Rechtsaufsicht oder Rechtskontrolle führen (OLG Düsseldorf vom 30.6.2011,

Verg 25/11; OLG München vom 9.8.2010, Verg 13/10; OLG Karlsruhe vom 24.7.2007, 17 Verg 6/07; OLG Rostock vom 16.1.2008, 17 Verg 3/07; OLG Koblenz vom 4.2.2009, 1 Verg 4/08). Abs. 1 Satz 3 stellt ausdrücklich klar, dass die Vergabekammer **nicht** zu einer **umfassenden Rechtmäßigkeitskontrolle** der zur Überprüfung gestellten Auftragsvergabe verpflichtet ist. Anders als bei der Kontrolle eines „normalen" Verwaltungsverfahrens (vgl. § 24 VwVfG) muss die Vergabekammer im Nachprüfungsverfahren damit nicht „allen denkbaren Möglichkeiten zur Aufklärung des Sachverhalts von Amts wegen" nachgehen (Begr. RegE, BT-Drucks. 16/10117, S. 22; s. auch Rn. 7). Der Untersuchungsgrundsatz in § 24 VwVfG verpflichtet die Behörden zu einer umfassenden Aufklärung des Sachverhalts; alle für die Entscheidung maßgeblichen Umstände sind von der Behörde zu ermitteln; der umfassend ermittelte Sachverhalt ist Grundlage für die allgemeine Rechtmäßigkeitskontrolle, die dann zu erfolgen hat. Demgegenüber hat eine Vergabekammer – obwohl Behörde – nur diejenigen Erkenntnisse bei der Entscheidung zu berücksichtigen, die den Antragsteller tatsächlich in seinen **subjektiven Rechten als Bieter** i.S.v. § 114 Abs. 1 GWB verletzen. Die Vergabekammer muss sich also nicht auf eine **„ungefragte" Fehlersuche** begeben. Es ist nicht ihre Aufgabe, alle denkbaren Vergaberechtsverstöße zu klären, vielmehr kann sie sich auf das konzentrieren, was aus der Sicht des rechtsschutzbegehrenden Antragstellers effektiv erforderlich erscheint (Ziekow/Völlink/*Dicks*, Vergaberecht, § 110 GWB Rn. 7).

Darüber hinaus gibt es Vergaberechtsverstöße der Vergabestelle, die **keine Auswirkungen** auf den Antragsteller oder andere Bieter haben oder die – obwohl erkannt oder erkennbar i.S.v. § 107 Abs. 3 Nr. 1 bis 3 GWB – **nicht rechtzeitig gerügt** wurden. Diese Vergaberechtsverstöße können eine Vergabeentscheidung als „rechtswidrig" erscheinen lassen, sie können aber nicht mehr in einem Nachprüfungsverfahren berücksichtigt werden, weil sie keine Auswirkungen auf den antragstellenden Bieter haben (§ 114 Rn. 10). 28

Eine Vergabekammer wird deshalb die sich aus dem Vorbringen der Beteiligten und den Vergabeakten ergebenden Erkenntnisse daraufhin überprüfen, ob diese Umstände **tatsächlich Auswirkungen auf die Rechtsstellung des Antragstellers** haben. Eine Rechtsverletzung ist nicht schon bei bloßer Rechtswidrigkeit des Vergabehandelns gegeben, sondern setzt voraus, dass der Antragsteller – korrespondierend mit der Antragsbefugnis nach § 107 Abs. 2 GWB – **in seiner Rechtsstellung im Vergabeverfahren beeinträchtigt worden ist oder beeinträchtigt zu werden droht** (OLG Düsseldorf vom 24.5.2007, Verg 12/07; OLG Düsseldorf vom 16.3.2005 und 15.6.2005, Verg 5/05). Diejenigen Vergabefehler, die – z.B. mangels Antragsbefugnis oder wegen der unterbliebenen rechtzeitigen Rüge – nicht mehr zulässigerweise zum Gegenstand eines Nachprüfungsverfahrens gemacht werden können, sind einer Sachentscheidung durch die Vergabekammer entzogen (OLG Düsseldorf vom 26.7.2002, Verg 22/02).

Hinzu kommt, dass die behaupteten Vergabeverstöße, wie das OLG Düsseldorf wiederholt entschieden hat, **kausal für die Beeinträchtigung** der Rechte des Antragstellers sein müssen (OLG Düsseldorf vom 15.6.2010, Verg 10/10). Fehlt es an einer solchen Beeinträchtigung (kein Schaden), besteht für die Nachprüfungsinstanzen auch kein rechtfertigender Grund, das Vergabeverfahren anzuhalten und auf diese Weise den vom Gesetz angestrebten möglichst raschen Abschluss des Beschaffungsvorhabens zu verzögern (OLG Düsseldorf vom 3.8.2011, Verg 6/11). Das OLG Düsseldorf verweist in seiner Entscheidung vom 3.8.2011 insoweit darauf, dass auch bei einem verwaltungsgerichtlichen Verfahren neben die Klagebefugnis nach § 42 Abs. 2 VwGO (vergleichbar mit der Antragsbefugnis nach § 107 Abs. 2 GWB) die **Rechtsverletzung** zu Lasten des Klägers nach § 113 Abs. 1 VwGO (vergleichbar den zum Schutze der Rechte und der Bieterchancen des Antragstellers notwendigen Maßnahmen nach § 114 Abs. 1 GWB) treten muss. Insofern stellt sich in diesen Fällen die Frage, ob ein Antragsteller überhaupt antragsbefugt i.S.v. § 107 Abs. 2 GWB (§ 107 Rn. 17 ff.) ist. 29

Beispiel: Der VK Münster vom 20.10.2011 (VK 13/11) lag ein Fall vor, in dem ein Antragsteller beanstandete, dass der Auftraggeber unzulässigerweise Referenzen als Zuschlagskriterien benannt hatte. Gleichzeitig konnte dieser Antragsteller aber die in der Bekanntmachung geforderten Mindestvorgaben für die Referenzen nicht erfüllen. Der Antragsteller war somit nicht geeignet und konnte es in naher Zukunft auch nicht werden. Der Vergaberechtsverstoß (Referenzen können keine Zuschlagskriterien sein) war somit nicht kausal für die Beeinträchtigung der Rechte des Antragstellers. Der Antrag wurde nach einem Hinweis der Vergabekammer vom Antragsteller zurückgenommen.

In diesem Sinne auch die VK Münster vom 27.7.2012 (VK 13/12 und VK 14–16/12). Problematisch wird diese Rechtsprechung, wenn die **Kausalität** zwischen dem Vergaberechtsverstoß und der Rechtsverletzung nicht mit der erforderlichen Sicherheit und Gewissheit feststellbar ist. Es muss vielmehr **eindeutig feststehen**, dass auch bei Vermeidung des Vergabefehlers der Bieter keinerlei Aussicht auf den Zuschlag hat (OLG München vom 21.5.2010, Verg 2/10; VK Münster vom 29.5.2013, VK 5/13).

30 Auch eine allgemeine Rechtmäßigkeitskontrolle durch die Vergabekammer jenseits möglicher Rechtsverletzungen **zum Nachteil** gerade des Antragstellers wäre mit dem Charakter des auf den Schutz subjektiver Rechte ausgerichteten Nachprüfungsverfahrens nicht vereinbar. Insbesondere darf durch die Entscheidung der Vergabekammer **keine amtswegige Verschlechterung des Antragstellers** verursacht werden (OLG Rostock vom 5.7.2006, 17 Verg 7/06). Eine Vergabekammer überschreitet ihre Befugnisse, wenn sie losgelöst von jeglichem Vorbringen der Verfahrensbeteiligten und trotz der Feststellung, dass der Antragsteller den Zuschlag aus Rechtsgründen nicht erhalten kann, in Bezug auf die Abwicklung des Vergabeverfahrens Anordnungen trifft (OLG München vom 9.8.2010, Verg 13/10). Die Einbeziehung nicht wertungsfähiger Konkurrenzangebote in eine Vergabeentscheidung ist aber stets geeignet, subjektive Bieterrechte zu verletzen (OLG Dresden vom 8.11.2002, WVerg 19/02).

Die Rechtsprechung gibt insoweit zwar zu bedenken, dass mit einem Eingreifen der Vergabekammer von Amts wegen die Rügepflicht des § 107 Abs. 3 GWB unterlaufen werden könnte (vgl. OLG München vom 9.8.2010, Verg 13/10), hält andererseits aber mittlerweile vereinzelt ein Einschreiten der Nachprüfungsinstanz **von Amts wegen** für den Fall geboten, dass ein **nicht hinnehmbarer (besonders schwerwiegender) Vergaberechtsverstoß** vorliegt (OLG München vom 10.12.2009, Verg 16/09; OLG München vom 9.8.2010, Verg 13/10: Als Ausnahme zu dem Grundsatz, dass Aufgabe der Vergabekammer die Sicherstellung der Bieterrechte der Verfahrensbeteiligten sei und nicht die allgemeine Wahrung der Interessen am Nachprüfungsverfahren nicht beteiligter dritter Unternehmen oder der Allgemeinheit, sei die Fallkonstellation anerkannt, dass besonders schwerwiegende Verstöße vorliegen). Die Verstöße müssen letztlich derart schwerwiegend sein, dass eine Fortsetzung des Verfahrens ohne Korrektur schlechterdings unvertretbar wäre (OLG München vom 10.12.2009, Verg 16/09). Als einen solchen schwerwiegenden Grund hat das OLG München (vom 29.9.2009, Verg 12/09) beispielsweise die Zuschlagserteilung durch ein beauftragtes Projektsteuerungsbüro statt durch den Auftraggeber selbst angesehen, nicht aber einen Verstoß gegen die produktneutrale Ausschreibung (OLG München vom10.12.2009, Verg 18/09).

Schwere Vergaberechtsverstöße können auch ohne ausdrückliche Beanstandung aufgegriffen werden, wenn sie aufgrund des zur Prüfung gestellten Sachverhalts **offenkundig** sind (OLG Frankfurt vom 5.5.2008, 11 Verg 1/08).

Das OLG Schleswig-Holstein (vom15.4.2011, 1 Verg 10/10) geht noch weiter. Es vertritt die Auffassung, dass **nicht mehr rügefähige (präkludierte) Vergaberechtsverstöße** nicht mehr vom Verfahrensbeteiligten, also beispielsweise vom Antragsteller, geltend gemacht werden können. Das würde jedoch nicht bedeuten, dass ein Nachprüfungsantrag von Seiten der Beteiligten auf diese Verstöße nicht mehr zulässigerweise gestützt werden könne. Ein davon betroffener Bieter verliert in diesem Umfang seinen individuellen Rechtsschutzanspruch. Aber auch präkludierte Rechtsverstöße seien damit nicht gleichsam „aus der Welt" geschafft. Zum einen kann eine Vergabestelle von sich heraus solche Vergaberechtsverstöße aufgreifen und diese während des Nachprüfungsverfahrens korrigieren. Zum anderen – so das OLG Schleswig-Holstein – kann auch eine Vergabekammer im Rahmen ihres „Einwirkens" auf die Rechtmäßigkeit des Vergabeverfahrens gemäß § 114 Abs. 1 Satz 2 GWB präkludierte Vergabeverstöße korrigieren.

Demgegenüber meinte das OLG Düsseldorf (vom 23.6.2010, Verg 18/10), dass Vergaberechtsfehler nicht von Amts wegen berücksichtigt werden können, wenn eine entsprechende **Rüge nach § 107 Abs. 3 GWB ausgeschlossen (präkludiert)** wäre; ein Rügeausschluss verlöre seinen Sinn, wenn der Mangel dennoch von Amts wegen eingeführt werden könnte. Der BGH hat die Frage, ob die Wahl der Vergabeart als Vergaberechtsverstoß auch ohne eine Beanstandung durch den Antragsteller gemäß § 114 Abs. 1 Satz 2 GWB von Amts wegen zu beachten sei, in dem Beschluss vom 10.11.2009 (X ZB 8/09) ausdrücklich offen gelassen.

Innerhalb eines Nachprüfungsverfahrens ist eine Vergabekammer verpflichtet, diese entscheidungsrelevanten Erkenntnisse den Verfahrensbeteiligten möglichst **frühzeitig mitzuteilen**. Denn bevor eine Entscheidung der Vergabekammer ergeht, die in Rechte der Verfahrensbeteiligten eingreift, ist den Beteiligten i.S.d. § 28 VwVfG Gelegenheit zu geben, sich zu den für die Entscheidung erheblichen Tatsachen zu äußern. Von der **Anhörung oder der Gewährung des rechtlichen Gehörs** kann nur bei besonders gelagerten Einzelfällen abgesehen werden, wozu jedenfalls nicht pauschal die Einhaltung der in § 113 Abs. 1 GWB vorgegebenen Entscheidungsfrist zählt.

III. Keine unangemessene Beeinträchtigung des Vergabeverfahrens (Abs. 1 Satz 4)

Die Regelung in Abs. 1 Satz 4 verpflichtet die Vergabekammern, den Ablauf eines Vergabeverfahrens nicht unangemessen zu beeinträchtigen. Die Vergabekammern haben die Nachprüfungsverfahren im Interesse einer zügigen Durchführung der Auftragsvergabe und zur Vermeidung von wirtschaftlichen Schäden möglichst innerhalb der in § 113 Abs. 1 GWB vorgegebenen Frist durchzuführen. Eine Vergabekammer ist somit bei der Ermittlung des Sachverhalts auch unter diesem Gesichtspunkt nicht verpflichtet, allen denkbaren Möglichkeiten von Vergaberechtsverstößen und insbesondere keinen Behauptungen des Antragstellers, die ins Blaue hinein gemacht wurden, nachzugehen, sondern kann sich auf die entscheidungsrelevanten Tatsachen beschränken.

Eine zeitliche Verzögerung des Vergabeverfahrens kann zu Beginn des Nachprüfungsverfahrens schon darin liegen, dass viele Vergabestellen die Vergabeakten nicht umgehend vorlegen. Häufig werden die Vergabeakten komplett kopiert oder dienen noch der Vorbereitung auf das Nachprüfungsverfahren. Um diesem Umstand gerecht zu werden, aber dennoch keine unangemessene Verzögerung zu verursachen, ist es sinnvoll, angemessene Fristen für die Vorlage der Vergabeakten bereits mit der Übermittlung des Nachprüfungsantrags zu verfügen – auch wenn an sich in Abs. 2 Satz 4 gesetzlich angeordnet wird, dass die Vergabeakten nach Zustellung des Nachprüfungsantrags „sofort" der Vergabekammer zur Verfügung zu stellen sind und es daher an sich gerade nicht im Ermessen der Vergabestelle liegt, zu welchem Zeitpunkt sie die Vergabeakte an die Vergabekammer übersendet.

C. Behandlung des Nachprüfungsantrags (Abs. 2)

Abs. 2 erläutert, welche Verfahrensschritte zu Beginn eines Nachprüfungsverfahrens bis zur Übermittlung des Antrags an die Vergabestelle zu erfolgen haben. Bei der Vergabekammer eingehende Anträge werden darauf überprüft, ob sie offensichtlich unzulässig oder unbegründet sind, wobei mit der Regelung des Abs. 2 die Vergabekammern ausdrücklich zur Berücksichtigung von sogenannten Schutzschriften aufgefordert werden. Der Antrag ist nach erfolgter Prüfung der Vergabestelle als Kopie zu übermitteln und die Vergabeakten sind umgehend von der Vergabestelle bei der Vergabekammer vorzulegen.

I. Prüfung des Antrags

1. Beschleunigungsgrundsatz

Bevor ein Antrag an eine Vergabestelle übermittelt wird, verpflichtet Abs. 2 Satz 1 die Vergabekammern, diesen Antrag auf offensichtliche Unzulässigkeit oder Unbegründetheit hin zu prüfen. Nur diejenigen Anträge, die nicht offensichtlich unzulässig oder unbegründet erscheinen, werden dem

Auftraggeber übermittelt und lösen das Zuschlagsverbot nach § 115 Abs. 1 GWB aus (vgl. z.B. OLG Karlsruhe vom 8.1.2010, 15 Verg 1/10). Nach § 108 GWB ist ein Nachprüfungsantrag schriftlich einzureichen und muss eine Beschreibung der behaupteten Rechtsverletzung mit Sachverhaltsdarstellung enthalten. Außerdem muss dargelegt werden, dass die Rügeobliegenheit nach § 107 Abs. 3 GWB erfüllt wurde.

36   In der Praxis verfügt die Vergabekammer nicht über viel Zeit, um die Prüfung der offensichtlichen Unzulässigkeit bzw. Unbegründetheit des Antrags durchzuführen. Einerseits beginnt das Nachprüfungsverfahren mit dem Eingang des Antrags bei der Vergabekammer und nicht erst mit der Übermittlung des Antrags an die Vergabestelle. Denn bereits damit war das Nachprüfungsverfahren rechtshängig, um das – nicht anders als es für andere zur Fristwahrung schriftlich einzureichende Schriftsätze anerkannt ist – auch **per Telefax** nachgesucht werden kann. Ein zum Zugang der Antragsschrift hinzutretender, die Einleitung des Nachprüfungsverfahrens dokumentierender Schritt der Vergabekammer oder gar die von dieser im Regelfall zu bewirkende Übermittlung der Antragsschrift ist hierfür nicht erforderlich. Denn bereits der Eingang des Nachprüfungsantrags bei der Vergabekammer löst nach § 113 Abs. 1 GWB die Frist aus, die der Gesetzgeber zur Beschleunigung des Nachprüfungsverfahrens für notwendig erachtet hat (BGH vom 9.2.2004, X ZB 44/03). Andererseits werden die meisten Nachprüfungsanträge kurz vor Zuschlagserteilung eingereicht, weil die Bieter erst dann von den Vergabestellen über die Nichtberücksichtigung ihres Angebots informiert wurden. Insofern ist auch diesbezüglich Eile geboten, damit der Zuschlag nicht vor Übermittlung des Antrags erteilt wird.

2. Offensichtliche Unzulässigkeit oder Unbegründetheit (Abs. 2 Satz 1)

37   Eingegangene Anträge prüft eine Vergabekammer darauf, ob diese **offensichtlich unzulässig oder unbegründet** sind. Da die Übermittlung eines Antrags in der Regel unter Zeitdruck erfolgt, weil der Zuschlag droht, und möglichst innerhalb weniger Stunden oder Tage nach Antragseingang erfolgen sollte, wird vor der Übermittlung des Antrags lediglich summarisch die Zulässigkeit und Begründetheit des Antrags geprüft.

 Bei einer derartigen **summarischen Prüfung** kann eine Vergabekammer die tatsächlich vorhandenen Zulässigkeitsfragen in der Regel überhaupt nicht klären. Fehlt aber die sichere Kenntnis darüber, ob ein Antrag zulässig oder unzulässig ist, dann sollte die Übermittlung erfolgen, um zunächst das Zuschlagsverbot nach § 115 Abs. 1 GWB auszulösen. Anschließend kann dann im Verfahren anhand der Originalunterlagen die Zulässigkeit und Begründetheit umfassend geprüft werden.

38   Die der Vergabekammer obliegende **summarische Prüfung** beschränkt sich im Wesentlichen auf unschwer zu erkennende Form- oder Verfahrensfehler. Hat ein Antragsteller beispielsweise vor Stellung des Antrags keine Rüge ausgesprochen, so ist der Antrag offensichtlich unzulässig. Auch Anträge von Personen, die nicht Verfahrensbeteiligte i.S.v. § 109 GWB sein können, sind offensichtlich unzulässig. Gleiches gilt für Nachprüfungsbegehren, die sich auf öffentliche Aufträge beziehen, die eindeutig unterhalb der Schwellenwerte liegen. Offensichtlich unzulässig ist ein Antrag auch dann, wenn erkennbar der Zuschlag schon erteilt wurde und dessen Wirksamkeit nicht bestritten wird (OLG Düsseldorf vom 3.12.2003, Verg 37/03). Ist ein Nachprüfungsantrag offensichtlich unzulässig bzw. unbegründet, stellt die Vergabekammer den Nachprüfungsantrag nicht zu (OLG Karlsruhe vom 8.1.2010, 15 Verg 1/10).

Beispiel: Allein das **Fehlen von zwingend vorzulegenden Nachweisen im Angebot** des Antragstellers führt nicht ohne weiteres zur Unzulässigkeit des Antrags. Gemäß § 107 Abs. 2 GWB könnte dem Antragsteller dann zwar die Antragsbefugnis fehlen, weil auf sein Angebot zunächst nicht der Zuschlag erteilt werden kann, so dass der weitere Fortgang des Vergabeverfahrens weder die Interessen des Antragstellers berühren noch ihn eine etwaige Nichtbeachtung vergaberechtlicher Bestimmungen in seinen Rechten nach § 97 Abs. 7 GWB verletzen kann (OLG Düsseldorf vom 15.12.2004, VII-Verg 47/04). In einem solchen Fall ist der Nachprüfungsantrag also grundsätzlich unzulässig, jedenfalls aber unbegründet. Dies ist jedoch dann ohne Belang, wenn auch alle übrigen noch in der Wertung verbliebenen Angebote unter (vergleichbaren oder gleichwertigen) Mängeln leiden. Unter Berücksichtigung des Gleichbehandlungsgrundsatzes führt das unvollständige Angebot des Antragstellers also nicht zur Unzulässigkeit des Nachprüfungsantrags, wenn die Angebote der anderen Bieter wegen eines Mangels ebenfalls auszuschließen wären. Die fehlende Zulässigkeit des Nachprüfungsantrags hat dann keine Ausschlusswirkung; diese Frage kann die Vergabekammer vor Übermittlung des Nachprüfungsantrags nicht abschließend beurteilen.

Weiteres Beispiel: Auch die Frage, ob ein Antragsteller **ordnungsgemäß gerügt** hat, kann häufig bei summarischer Prüfung des Nachprüfungsantrags vor Übermittlung nicht abschließend geklärt werden. Die VK Münster (vom 28.6.2007, VK 10/07) hatte in einem Fall zu entscheiden, ob eine **Rüge noch rechtzeitig** erfolgte. Der Antragsteller hatte zunächst einen Antrag gestellt, ohne zuvor schriftlich gerügt zu haben. Diese Rüge hat er vor Zustellung auf einen entsprechenden Hinweis der Vergabekammer hin nachgeholt. Hinsichtlich dieser schriftlichen Rüge stellte sich die Frage der Unverzüglichkeit. Nach Zustellung des Nachprüfungsantrags führte der Antragsteller dann aus, dass es neben der schriftlichen Rüge, die nicht unbedingt unverzüglich erfolgte, auch noch eine mündliche Rüge gab, und zwar ein Gespräch mit dem Bürgermeister der ausschreibenden Kommune, welches von der Vergabestelle nicht bestritten wurde und unmittelbar nach Erhalt der Vergabeinformation erfolgte. Im Nachprüfungsverfahren stellte sich somit heraus, dass der Antragsteller seiner Rügeobliegenheit sehr wohl unverzüglich nachgekommen war.

Der Maßstab der Offensichtlichkeit bezieht sich nicht nur auf die Unzulässigkeit, sondern auch auf die Begründetheit des Nachprüfungsantrags, da ansonsten im Vorfeld von der Kammer die Begründetheit des Antrags umfassender zu prüfen wäre als die Zulässigkeit, was regelmäßig ohne Kenntnis der Vergabeakten nicht möglich sein dürfte (Kulartz/Kus/Portz/*Portz*, GWB-Vergaberecht, § 110 GWB Rn. 18).

In der Praxis werden häufig Anträge eingereicht, die **unvollständig** sind und somit nicht übermittelt werden können. Oftmals sind sich Antragsteller auch nicht über den Umfang und die Kosten eines förmlichen Nachprüfungsverfahrens bewusst. Vor einer endgültigen Abstandnahme der Übermittlung des Antrags ist es verfahrensökonomisch sinnvoll, beim Antragsteller nachzufragen und ihm die Möglichkeit zu geben, seinen Antrag entsprechend zu ergänzen, und erst danach abschließend als Kammer in der Sache zu entscheiden.

3. Berücksichtigung von Schutzschriften (Abs. 2 Satz 2)

Der Gesetzgeber hat in Abs. 2 Satz 2 die Berücksichtigung von **Schutzschriften** vor der Übermittlung eines Nachprüfungsantrags ausdrücklich geregelt. Schutzschriften enthalten Sachverhaltsdarstellungen, die die Übermittlung eines Nachprüfungsantrags verhindern sollen, so dass kein Zuschlagsverbot ausgelöst wird. In der Gesetzesbegründung zu Abs. 2 Satz 2 (BT-Drucks. 16/10117, S. 22) heißt es:

„Das Instrument der Schutzschrift wurde von der Praxis entwickelt und hat sich im Bereich des allgemeinen Wirtschaftsrechts bewährt. Dort hat derjenige, der wegen des Vorwurfs eines Wettbewerbsverstoßes den Erlass einer einstweiligen Verfügung erwartet, die Möglichkeit, bei Gericht mittels Schutzschrift zu beantragen, dem Antrag nicht zu entsprechen oder nicht ohne mündliche Verhandlung zu entscheiden. Auch in der Praxis des Vergaberechts kommt es bereits in Einzelfällen zur Hinterlegung von Schutzschriften durch den öffentlichen Auftraggeber. Mit der vorsorglichen Hinterlegung einer Schutzschrift zielt der öffentliche Auftraggeber darauf, die Zustellung des Nachprüfungsantrags und damit den Eintritt des automatischen Suspensiveffektes gemäß § 115 Abs. 1 GWB zu verhindern."

41 Die Schutzschrift enthält eine **vorbeugende „Gegenvorstellung"** des Auftraggebers zu dem erwarteten und ggf. schon aus entsprechenden Rügen bekannten Vortrag des Antragstellers und sucht die von ihm beanstandeten Verstöße von vornherein zu entkräften, um auf diese Weise eine Übermittlung des Antrags an die Vergabestelle zu verhindern. Die Kammer entscheidet zum Nachteil des Antragstellers, der möglicherweise die Schutzschrift überhaupt nicht kennt, und leitet kein förmliches Nachprüfungsverfahren ein, wenn sie die Sachverhaltsdarstellung in der Schutzschrift für zutreffend hält. Diese Entscheidung muss die Kammer begründen und in der Form eines Beschlusses absetzen. Damit wird aber auch die Beschwerdemöglichkeit nach § 116 Abs. 1 GWB eröffnet, die innerhalb von zwei Wochen ab Zustellung der Entscheidung eingelegt werden kann.

42 Die Vergabekammern sind zwar nach der Regelung zur **Berücksichtigung einer vorsorglich hinterlegten Schutzschrift** verpflichtet. Dieser gesetzlich vorgesehenen Pflicht wird aber vor dem Hintergrund der tatsächlichen Gegebenheiten, die dem Nachprüfungsverfahren wie allen kontradiktorischen Verfahren immanent sind, nur eine **geringe praktische Relevanz** zukommen. Denn aus der Sicht einer Vergabekammer ist entscheidend, dass ein rechtzeitig eingereichter Nachprüfungsantrag nur vor der beabsichtigten Zuschlagsentscheidung (vgl. § 101a Abs. 1 Satz 1 GWB) die Rechtsposition des Antragstellers zu sichern in der Lage ist, so dass er kurzfristig vor Ablauf der 15- bzw. 10-Tages-Frist nach § 101a Abs. 1 GWB zu übermitteln ist. Erfolgt diese Übermittlung nicht, so ist der Primärrechtsschutz unwiederbringlich verloren, weil der Zuschlag nach Ablauf der Frist von der Vergabestelle erteilt werden kann.

> In der Praxis werden die Nachprüfungsanträge häufig erst kurzfristig vor Ablauf dieser Frist gestellt, weil zuvor die Rügeschreiben abgesetzt werden und eine Reaktion der Vergabestelle abgewartet wird. Unter Berücksichtigung dieser zeitlichen Vorgaben wird die Entscheidung, den Antrag nicht zu übermitteln, eher die Ausnahme sein. Im Unterschied zu einem Wettbewerbsverstoß, der eingestellt oder unterlassen werden soll, bewirkt die Übermittlung eines Nachprüfungsantrags ein Zuschlagsverbot nach § 115 Abs. 1 GWB. Die Vergabestellen können somit nach Übermittlung keinen Vertrag mehr schließen. Wird der Antrag erst nach Zuschlagserteilung übermittelt, dann läuft der Rechtsschutz des Bieters ins Leere, weil bestehende Verträge nicht aufgehoben werden können.

43 Auch kann die Entscheidung, den Nachprüfungsantrag nicht zu übermitteln, allein anhand der Ausführungen in der Schutzschrift in den meisten Fällen nicht begründet werden, weil diese Ausführungen in der Regel konträr zu den Ausführungen in der Antragsschrift sind. Zudem sind die Vergabekammern in der Regel gar nicht in der Lage, den Tatsachenvortrag aus einer Schutzschrift und einer Antragsschrift in der kurzen Zeitspanne bis zum bevorstehenden Zuschlag rechtlich ordnungsgemäß zu beurteilen.

4. Form der Entscheidung

44 Stellt die Vergabekammer nach summarischer Prüfung die offensichtliche Unzulässigkeit oder Unbegründetheit des Nachprüfungsantrags fest, so hat sie diese Entscheidung in der Form eines **Beschlusses** zu treffen, der dem Antragsteller und auch der Vergabestelle zuzustellen ist. Dies ergibt sich aus **Abs. 2 Satz 5**, wonach § 61 GWB entsprechend gilt. Danach sind Entscheidungen (Verfügungen) der Vergabekammern zu **begründen** und mit einer Belehrung über das zulässige Rechtsmittel den Beteiligten zuzustellen. Da die Kammer als solche inhaltlich über die Zulässigkeit oder Begründetheit entscheidet, muss dies durch Kammerbeschluss, der der **sofortigen Beschwerde** unterliegt, erfolgen. Denn es handelt sich letztlich um eine die erste Instanz abschließende Endentscheidung der Vergabekammer (OLG Düsseldorf vom 18.1.2000, Verg 2/00).

45 Die Ablehnung der Übermittlung eines Nachprüfungsantrags hat für einen Antragsteller weit reichende Auswirkungen, so dass vor dieser Entscheidung auch eine **Anhörung** des Antragstellers nach § 28 Abs. 1 VwVfG erfolgen sollte. Allerdings ist gemäß § 112 Abs. 1 Satz 3 GWB eine mündliche Verhandlung nicht erforderlich.

Wird hingegen dem Antrag auf Übermittlung entsprochen, wird also der Antrag der Vergabestelle übersandt, so wird allein durch die Übermittlung der Kopie das Zuschlagsverbot in § 115 Abs. 1 GWB bei Eingang ausgelöst. Die **Übermittlung** ist eine **nicht selbständig anfechtbare Zwischenentscheidung** der Vergabekammer, die auch nicht begründet werden muss (OLG Düsseldorf vom 18.1.2000, Verg 2/00).

II. Übermittlung des Antrags (Abs. 2 Satz 3)

Nach Abs. 2 Satz 3 übermittelt die Vergabekammer dem Auftraggeber eine Kopie des Antrags und fordert bei ihm die Akten an, die das Vergabeverfahren dokumentieren (Vergabeakten). Im Unterschied zur früheren Regelung in Abs. 2 wird nunmehr nicht mehr die Zustellung des Antrags verlangt, sondern es soll lediglich eine **Kopie** des eingegangenen Antrags übermittelt werden. Korrespondierend dazu wird in § 115 Abs. 1 GWB für das Zuschlagsverbot der Eingang dieser Kopie beim öffentlichen Auftraggeber für ausreichend angesehen. Dadurch wird die Herbeiführung des Suspensiveffektes vereinfacht, da eine rechtlich ordnungsgemäße, den Anforderungen der Verwaltungszustellungsgesetze entsprechende Zustellung aufgrund der knappen Zeitvorgaben bislang kaum möglich war.

Die Zustellung des Nachprüfungsantrags ist für die Rechtshängigkeit eines Nachprüfungsverfahrens nicht erforderlich. Die **Rechtshängigkeit** wird vielmehr – vergleichbar derjenigen der Klage im Verwaltungsprozess – bereits durch Eingang der Antragsschrift bei der Vergabekammer begründet. Gleiches wird man im Falle der Übermittlung annehmen können.

Die **Übermittlung der Kopie des Antrags** kann **auch durch Telefax** erfolgen; die Übergabe eines schriftlichen oder elektronischen Dokuments an den Empfänger ist – da keine Zustellung mehr verlangt wird – nicht erforderlich. § 61 Abs. 1 GWB, der über Abs. 2 Satz 5 entsprechend anwendbar ist, steht dem nicht entgegen. Denn dort wird die Zustellung von Verfügungen, d.h. Entscheidungen, verlangt, die rechtsmittelfähig sind. Das Begleitschreiben der Vergabekammer zum Nachprüfungsantrag stellt hingegen keine Entscheidung dar, sondern ist lediglich deklaratorisch. Dies ergibt sich aus § 115 Abs. 1 GWB, wonach allein der Eingang der Kopie beim Auftraggeber das Zuschlagsverbot auslöst. Einer ausdrücklichen Anordnung oder Entscheidung der Kammer bedarf es dazu nicht.

In der Regel wird der Nachprüfungsantrag als **Telefax gegen Empfangsbekenntnis** an die Vergabestelle übersandt, und zwar auch unabhängig von der Rechtsform des Antragsgegners. Das Empfangsbekenntnis belegt nur den Zugang der Antragsschrift, sollte also aus Beweisgründen beigefügt werden.

Dabei muss eine Vergabekammer vor Übermittlung des Antrags nicht erforschen, welcher öffentliche Auftraggeber tatsächlich den Auftrag erteilen wird, also **Adressat der Übermittlung** ist. **Antragsgegnerin** im vergaberechtlichen Nachprüfungsverfahren ist regelmäßig die als Vergabestelle nach außen in Erscheinung getretene Einrichtung und nicht der tatsächliche öffentliche Auftraggeber, soweit der Nachprüfungsantrag keine entgegenstehenden Anhaltspunkte enthält (OLG Naumburg vom 16.10.2007, 1 Verg 6/07). Nach Auffassung der VK Nordbayern (vom 24.5.2013, 21.VK-3194-17/13) kommt es aber auf die konkrete Bezeichnung der Vergabestelle im Nachprüfungsantrag nicht an. Solange sich aus dem Antrag und den Anlagen zweifelsfrei ergibt, welcher konkrete Beschaffungsgegenstand bzw. welche Ausschreibung zur Überprüfung gestellt wird, kann die Vergabekammer das Rubrum mithin von Amts wegen berichtigen (so auch OLG München vom 31.5.2012, Verg 4/12).

Schreiben **mehrere öffentliche Auftraggeber** den Auftrag gemeinsam aus, ohne dass eine dieser Vergabestellen intern mit der Erteilung des Zuschlags beauftragt und bevollmächtigt wurde, so ist der Antrag an alle Vergabestellen zuzustellen, um die Wirkung des § 115 Abs. 1 GWB zu erzielen. Denn trotz der gemeinsamen Ausschreibung unter der Federführung einer Vergabestelle bleiben die öffentlichen Auftraggeber eigenständig und können selbständig einen Zuschlag erteilen.

III. Vorlage der Vergabeakten (Abs. 2 Satz 4)

53 Gleichzeitig mit der Übermittlung des Nachprüfungsantrags werden die **Vergabeakten** beim öffentlichen Auftraggeber angefordert. Sie sind vom Auftraggeber gemäß Abs. 2 Satz 4 der Vergabekammer **sofort zur Verfügung zu stellen**. Unabhängig von dieser gesetzlichen Vorgabe muss ein öffentlicher Auftraggeber selbst ein Interesse daran haben, die Vergabeakten möglichst umgehend vorzulegen, um so das Verfahren vor der Vergabekammer nicht unnötig in die Länge zu ziehen. Gerade zu Beginn eines Nachprüfungsverfahrens können durch eine umgehende Vorlage der Vergabeakten Zeiten eingespart werden. Denn bevor die Vergabeakten nicht bei der Vergabekammer sind, kann keine Akteneinsicht gewährt und der Antrag nicht weiter konkretisiert werden. **„Sofort"** bedeutet in der Regel, dass die Vergabeakten innerhalb von **drei bis (höchstens) fünf Werktagen** vorgelegt werden müssen.

54 Der öffentliche Auftraggeber hat die Vergabeakten vorzulegen, also sämtliche bei ihm vorhandenen Unterlagen, die das bisherige Vergabeverfahren dokumentieren. Der **Begriff „Vergabeakte"** ist umfassend zu verstehen. Damit ist nicht nur der von der Vergabestelle angelegte Verwaltungsvorgang gemeint, sondern auch die Angebote der Bieter. Zum Verwaltungsvorgang des öffentlichen Auftraggebers gehören beispielsweise die Verdingungsunterlagen sowie die Bekanntmachung. Aber auch jeglicher Schriftverkehr mit einzelnen Bietern sowie der Vergabevermerk sind Inhalt dieses Vorgangs. Auch interne Aktenvermerke, die Bedarfsermittlung, die Protokolle aus Ratssitzungen oder die Vermerke der Rechnungsprüfung sind Bestandteil einer Vergabeakte. Darüber hinaus gehören auch die von den Bietern vorgelegten Angebote zur Vergabeakte.

55 Die Vergabeakte ist **im Original** vorzulegen, weil nur so sichergestellt ist, dass alle Urkunden und Schriftstücke auf Echtheit und Vollständigkeit überprüft werden können und insbesondere auch die Kennzeichnung der Angebote überprüfbar wird.

IV. Verweis auf die §§ 57 bis 59 Abs. 1 und 5 GWB sowie § 61 GWB (Abs. 2 Satz 5)

1. Beweiserhebung; Beschlagnahme; Auskunftsverlangen

56 Durch den Verweis auf die **§§ 57 bis 59 Abs. 1 und 5 GWB** wird den Vergabekammern ermöglicht, zur Sachverhaltsermittlung **Beweis** zu erheben.

57 Sie kann Beweis durch **Augenschein, Zeugen und Sachverständige** erheben, wobei hier sinngemäß die Vorschriften der Zivilprozessordnung anzuwenden sind. Da **§ 57 Abs. 2 GWB** keinen abschließenden Charakter hat, kommen auch **darüber hinausgehende Erkenntnisquellen** (z.B. Urkundenbeweis, Befragung der Verfahrensbeteiligten, Auskünfte jeder Art, Briefwechsel, sonstige Schriftstücke, Inhalt von Telefonvermerken, Nachforschungen im Internet, eidesstattliche Versicherungen) in Betracht (Ziekow/Völlink/*Dicks*, Vergaberecht, § 110 GWB Rn. 2).

58 Eine Vergabekammer hat aber auch die Möglichkeit, gemäß **§ 58 GWB** eine **Beschlagnahme** vorzunehmen, wobei damit einhergehend in der Regel der Erlass eines **Durchsuchungsbeschlusses** durch das zuständige Amtsgericht nach § 59 Abs. 4 GWB notwendig sein wird. Demgegenüber ist das OLG Düsseldorf (vom 10.8.2011, Verg 37/11) der Auffassung, dass ein Beschwerdegericht die Beschlagnahme von Unterlagen nicht anordnen darf. Denn § 58 GWB, der die Beschlagnahme regelt, sei in den Beschwerdeverfahren nicht anwendbar. Dies folge aus § 120 Abs. 2 GWB, der die im Beschwerdeverfahren entsprechend anzuwendenden Vorschriften bezeichne, aber § 58 GWB nicht nenne.

59 Im Nachprüfungsverfahren hat die Vergabekammer, soweit es zur Erfüllung der ihr im Rahmen der Untersuchungsmaxime (Abs. 1) übertragenen Aufgaben erforderlich ist, genauso wie die Kartellbehörde das **Auskunfts- und Prüfungsrecht des § 59 GWB**. Die Vergabekammer kann also nach § 59 Abs. 1 GWB von Unternehmen und Vereinigungen auch bestimmte Auskünfte oder die **Herausgabe von Unterlagen** verlangen, allerdings können die zur Auskunft Verpflichteten die Auskunft auf bestimmte Fragen gemäß § 59 Abs. 5 GWB verweigern. Bei der Ausgestaltung des Auskunfts- und Prüfungsrechts hat die Vergabekammer einen weiten, nur auf die Einhaltung seiner Grenzen kontrollierbaren Ermessensspielraum, in den das Beschwerdegericht nicht in der Weise ein-

greifen kann, dass es der Vergabekammer die Durchführung bestimmter Ermittlungen vorgibt oder untersagt. Zur Annahme der Erforderlichkeit eines Auskunftsverlangens genügt, wenn ein **vertretbares Ermittlungskonzept** vorliegt (OLG Düsseldorf vom 16.2.2012, Verg 2/12).

Im Übrigen herrscht der **Grundsatz der freien Beweiswürdigung** (§ 286 ZPO, § 173 VwGO). Die Vergabekammer entscheidet also nach ihrer freien, aus dem Gesamtergebnis des Verfahrens gewonnenen Überzeugung, d.h., sie ist bei der Wertung der Tatsachen, die sie ihrer Entscheidung zugrunde legen will, nur an die Denkgesetze sowie anerkannte Erfahrungssätze und Auslegungsgrundsätze gebunden, aber nicht an die Beweisregeln. Sie kann sich somit grundsätzlich aller Erkenntnismittel bedienen und nach den Grundsätzen der Logik und der allgemeinen Erfahrung bei der Wertung der Tatsachen vorgehen. 60

Insgesamt haben die Vorschriften der §§ 57 bis 59 Abs. 1 bis 5 GWB im Nachprüfungsverfahren nur eine **geringe praktische Bedeutung**. Denn der Sachverhalt ergibt sich in der Regel aus den Vergabeakten und muss in den überwiegenden Fällen nicht in tatsächlicher Hinsicht geklärt werden. Streitentscheidend sind oftmals Auslegungsfragen und die rechtliche Einordnung bestimmter – unstreitiger – Fakten. 61

2. Verfahrensabschluss, Begründung, Zustellung

Mit dem Gesetz zur Modernisierung des Vergaberechts vom 20.4.2009 (BGBl. I S. 790) wurde der **Verweis auf § 61 GWB** neu in die Regelung aufgenommen. § 61 GWB bezieht sich auf den Verfahrensabschluss in einem Kartellverfahren und soll durch den Verweis nunmehr auch für das Nachprüfungsverfahren vor der Vergabekammer gelten. 62

Nach **§ 61 Abs. 1 Satz 1 GWB** sind Verfügungen der Kartellbehörden zu **begründen** und mit einer **Belehrung** über das zulässige Rechtsmittel den Beteiligten nach den Vorschriften des Verwaltungszustellungsgesetzes **zuzustellen**. Mit den „Verfügungen der Vergabekammer", die mit den „Verfügungen der Kartellbehörden" vergleichbar sind, sind die **Kammerbeschlüsse** gemeint, die gemäß § 114 Abs. 3 Satz 1 GWB rechtlich in der Form eines Verwaltungsakts ergehen. Der Begriff der Verfügung i.S.d. §§ 61 Abs. 1, 63 Abs. 1 GWB ist identisch mit dem Begriff des in § 35 Satz 1 VwVfG definierten Verwaltungsaktes, also eine auf unmittelbare Rechtswirkung gerichtete materiell- oder verfahrensrechtliche Regelung eines einzelnen Falles, der dem Betroffenen verbindlich eine zur Rechtsbeständigkeit führende Regelung vorgibt (OLG Düsseldorf vom 1.2.2012, VI-Kart 6/11). Soweit also die Vergabekammer einen Antrag als offensichtlich unzulässig oder unbegründet vor Übermittlung an die Vergabestelle verbindlich zurückweist, ist dabei § 61 Abs. 1 Satz 1 GWB zu beachten. 63

Weiterhin sind nach **§ 61 Abs. 1 Satz 2 GWB** § 5 Abs. 4 des Verwaltungszustellungsgesetzes (VwZG) und § 178 Abs. 1 Nr. 2 der Zivilprozessordnung (ZPO) auf Unternehmen und Vereinigungen von Unternehmen sowie auf Auftraggeber i.S.v. § 98 GWB entsprechend anwendbar. § 2 Abs. 1 VwZG bestimmt: „Zustellung ist die Bekanntgabe eines schriftlichen oder elektronischen Dokuments in der in diesem Gesetz bestimmten Form." Dabei kann nach § 5 Abs. 4 VwZG das Dokument an Behörden, Körperschaften, Anstalten und Stiftungen des öffentlichen Rechts, an Rechtsanwälte, Patentanwälte, Notare, Steuerberater, Steuerbevollmächtigte, Wirtschaftsprüfer, vereidigte Buchprüfer, Steuerberatungsgesellschaften, Wirtschaftsprüfungsgesellschaften und Buchprüfungsgesellschaften auch auf andere Weise, auch elektronisch, gegen Empfangsbekenntnis zugestellt werden. In § 61 Abs. 1 Satz 2 GWB wird dieser Kreis der Empfangsberechtigten, an denen durch **Empfangsbekenntnis** zugestellt werden kann, auf die in § 98 GWB genannten Auftraggeber erweitert. § 178 Abs. 1 Nr. 2 ZPO bezieht sich auf **Ersatzzustellungen** an beschäftigte Personen in den Geschäftsräumen derjenigen Person, an die zugestellt werden soll. 64

Wird ein Verfahren nicht mit einer Entscheidung der Vergabekammer abgeschlossen, sondern einfach nur beendet, so sind die Beteiligten hierüber **schriftlich** zu informieren. 65

§ 110a Aufbewahrung vertraulicher Unterlagen

(1) Die Vergabekammer stellt die Vertraulichkeit von Verschlusssachen und anderen vertraulichen Informationen sicher, die in den von den Parteien übermittelten Unterlagen enthalten sind.

(2) Die Mitglieder der Vergabekammern sind zur Geheimhaltung verpflichtet; die Entscheidungsgründe dürfen Art und Inhalt der geheim gehaltenen Urkunden, Akten, elektronischen Dokumente und Auskünfte nicht erkennen lassen.

Übersicht

A. Allgemeines 1–3	II. Verpflichtung zur Geheimhaltung bei der
B. Praktische Anwendung 4–14	Abfassung der Entscheidungsgründe
I. Sicherstellung der Vertraulichkeit von Verschlusssachen und anderen vertraulichen Informationen (Abs. 1) 4–9	(Abs. 2) 10–14

A. Allgemeines

1 Die Vorschrift des § 110a wurde im Zuge der innerstaatlichen Umsetzung der Richtlinie 2009/81/EG des Europäischen Parlaments und des Rates vom 13. Juli 2009 über die Koordinierung der Verfahren zur Vergabe bestimmter Bau-, Liefer- und Dienstleistungsaufträge in den Bereichen Verteidigung und Sicherheit und zur Änderung der Richtlinien 2004/17/EG und 2004/18/EG (ABl. EU Nr. L 216 vom 20.8.2009, S. 76) in das GWB aufgenommen. In der Gesetzesbegründung der Bundesregierung heißt es hierzu (vgl. BT-Drucks. 17/7275 vom 5.10.2011, S. 18):

„Die Neuregelung in § 110a soll die Vertraulichkeit von Verschlusssachen während eines Nachprüfungsverfahrens sicherstellen.

Absatz 1 entspricht Artikel 56 Absatz 10 der Richtlinie 2009/81/EG.

Absatz 2 übernimmt eine Regelung zur Geheimhaltung aus § 99 Absatz 2 Satz 10 VwGO. Hierdurch wird ausdrücklich klargestellt, dass auch in der Entscheidung der Vergabekammer keine Informationen über Verschlusssachen veröffentlicht werden dürfen."

2 Der Gesetzgeber geht somit offenbar davon aus, dass gerade im Rahmen der unter die Richtlinie 2009/81/EG fallenden Beschaffungen in den Bereichen Verteidigung und Sicherheit nicht nur im Verlauf des Vergabeverfahrens, sondern auch während des Nachprüfungsverfahrens Verschlusssachen und sonstige vertrauliche Informationen anfallen, deren Vertraulichkeit in besonderem Maße sicherzustellen ist. Dies wird durch die bisher vorliegenden praktischen Erfahrungen in den Nachprüfungsverfahren vor den Vergabekammern bestätigt. Insbesondere im Bereich der unter die Richtlinie 2009/81/EG fallenden Beschaffungen sind häufig zur Vergabeakte gehörende Dokumente mit einem Geheimhaltungsgrad i.S.d. Gesetzes über die Voraussetzungen und das Verfahren von Sicherheitsüberprüfungen des Bundes (SÜG) sowie der hierzu ergangenen Allgemeinen Verwaltungsvorschrift des Bundesministeriums des Innern zum materiellen Schutz von Verschlusssachen (VS-Anweisung) vom 31.3.2006 versehen (s. hierzu im Einzelnen Rn. 5 f.).

3 Abs. 2 übernimmt eine Regelung zur Geheimhaltung aus § 99 Abs. 2 Satz 10 VwGO. Dies wirft allerdings insoweit Fragen auf, als die in Bezug genommene Vorschrift einen anderen Sachverhalt regelt, nämlich das gerichtliche Überprüfungsverfahren bei Weigerung einer Behörde, Unterlagen vorzulegen, die nach ihrer Ansicht geheimhaltungsbedürftig sind. Lediglich im Rahmen dieses Überprüfungsverfahrens sind die **Mitglieder des über die Rechtmäßigkeit der behördlichen Weigerung entscheidenden Verwaltungsgerichtssenats zur Geheimhaltung verpflichtet**, während die Verwertung dieser Unterlagen im Hauptsacheverfahren allein vom Ausgang des Überprüfungsverfahrens abhängt (*Kopp/Schenke*, VwGO, 18. Aufl. 2012, § 99 Rn. 3). Dabei lässt die Vorschrift des § 99 Abs. 2 Satz 10 VwGO im Rahmen des Überprüfungsverfahrens eine **„in camera"-Verwertung der geheimhaltungsbedürftigen Unterlagen** ausdrücklich zu (*Kopp/*

Schenke, VwGO, § 99 Rn. 2). Ein vergleichbares Überprüfungsverfahren, das über die Verwertbarkeit von Dokumenten befindet, die dem SÜG i.V.m. der VS-Anweisung unterfallen, existiert im vor der Vergabekammer anhängigen Hauptsacheverfahren nicht. Lediglich soweit sich ein Auftraggeber außerhalb des Anwendungsbereichs des SÜG hinsichtlich bestimmter Aktenbestandteile auf ein allgemeines Geheimhaltungsinteresse nach § 111 GWB beruft, kann die Vergabekammer mittels einer durch das OLG überprüfbaren Zwischenentscheidung diese Aktenbestandteile für eine Einsicht freigeben (§ 111 Rn. 44).

B. Praktische Anwendung

I. Sicherstellung der Vertraulichkeit von Verschlusssachen und anderen vertraulichen Informationen (Abs. 1)

Die Vorschrift richtet sich ihrem Wortlaut nach ausschließlich an die Vergabekammern. Diese haben zunächst die Vertraulichkeit von Verschlusssachen und anderen vertraulichen Informationen sicherzustellen, die in den von den Parteien übermittelten Unterlagen enthalten sind. Insoweit trifft die Mitglieder der Vergabekammer – unabhängig von der besonderen Verpflichtung für den Umgang mit Verschlusssachen (Rn. 6) – zunächst die allgemeine Verpflichtung, **als vertraulich bezeichnete Inhalte** von Schriftsätzen (nebst Anlagen) sowie aus der Vergabeakte zunächst **nicht an die übrigen Verfahrensbeteiligten weiterzugeben**. Dies setzt allerdings voraus, dass der Schriftsatz einen ausdrücklichen Hinweis in Bezug auf den Umfang seiner Geheimhaltungsbedürftigkeit enthält. Eine entsprechende Obliegenheit der Verfahrensbeteiligten ist in § 111 Abs. 3 GWB normiert. 4

Darüber hinaus müssen die Mitglieder der Vergabekammer beim **Umgang mit Verschlusssachen von Amts wegen** die besonderen Regelungen des **SÜG** und der hierzu ergangenen **VS-Anweisung** beachten. Die Voraussetzungen für das Vorliegen einer Verschlusssache sind in § 4 SÜG geregelt. Demnach sind **Verschlusssachen** im öffentlichen Interesse geheimhaltungsbedürftige Tatsachen, Gegenstände oder Erkenntnisse, unabhängig von ihrer Darstellungsform (§ 4 Abs. 1 Satz 1 SÜG). Sie werden entsprechend ihrer Schutzbedürftigkeit von einer amtlichen Stelle oder auf deren Veranlassung eingestuft (§ 4 Abs. 1 Satz 2 SÜG). Nach dem Grad ihrer Geheimhaltungsbedürftigkeit gibt es die Einstufungen „STRENG GEHEIM", „GEHEIM", „VS-VERTRAULICH" und „VS-NUR FÜR DEN DIENSTGEBRAUCH" (§ 4 Abs. 2 SÜG). 5

Für den **Umgang mit Verschlusssachen** sind die Anforderungen in personeller Hinsicht **(„wer")** im SÜG normiert, während die VS-Anweisung in erster Linie den materiellen Umgang mit Verschlusssachen **(„wie")** regelt. Für die Mitglieder der Vergabekammer sowie aller übrigen Mitarbeiter innerhalb des Kammerapparats (z.B. Referenten, Sachbearbeiter, Mitarbeiter der Geschäftsstelle) bedeutet dies, dass dieser Personenkreis, soweit die betreffenden Personen Zugang zu Verschlusssachen erhalten oder sich diesen verschaffen können, gemäß § 2 SÜG einer **Sicherheitsüberprüfung** zu unterziehen ist. Die Art der Sicherheitsüberprüfung (einfach, erweitert oder erweitert mit Sicherheitsermittlungen; s. § 7 Abs. 1 SÜG) richtet sich dabei danach, zu welcher Art von Verschlusssachen die betreffende Person Zugang hat oder sich verschaffen kann (s. hierzu §§ 8, 9, 10 SÜG). Was den tatsächlichen Umgang mit Verschlusssachen anbelangt, haben die Mitglieder der Vergabekammer sowie die übrigen Mitarbeiter der Vergabekammer die **VS-Anweisung** zu beachten. Diese regelt in erster Linie die Aufbewahrung der Verschlusssachen und die Übermittlung dieser Unterlagen im laufenden Nachprüfungsverfahren an die Verfahrensbeteiligten (Rn. 8). 6

Die **Art der Aufbewahrung** von Verschlusssachen durch die Vergabekammer richtet sich nach dem Einstufungsgrad der Verschlusssache (vgl. im Einzelnen hierzu § 17 der VS-Anweisung). Auch für die **Übermittlung** von Verschlusssachen (z.B. wenn diese Anlage von Schriftsätzen sind, die an die anderen Verfahrensbeteiligten weiterzuleiten sind oder im Rahmen der Akteneinsicht nach § 111 GWB an den Antragsteller weitergegeben werden sollen) gelten besondere Anforderungen. Insbesondere ist § 21 der VS-Anweisung zu beachten, der in Abs. 1 regelt, dass der Empfänger – also derjenige, an den die Vergabekammer einen Schriftsatz oder Aktenauszüge weiterleiten will – zur Annahme oder Kenntnisnahme der Verschlusssache ermächtigt sein muss. Dabei ist zu berück- 7 sichtigen, dass selbst bei Vorliegen eines **Einverständnisses** des Urhebers der Verschlusssache eine Weiterleitung an andere Verfahrensbeteiligte nur unter Beachtung der Vorschriften des SÜG und der hierzu ergangenen VS-Anweisung erfolgen darf. Dies gilt auch für die Weiterleitung an etwaige Verfahrensbevollmächtigte.

8   Eine Übermittlung von Verschlusssachen an Verfahrensbeteiligte im Nachprüfungsverfahren (insbesondere an den Antragsteller) kann unter Umständen dadurch **erleichtert** werden, dass die am Nachprüfungsverfahren beteiligten Unternehmen (einschließlich bestimmter Mitarbeiter) der **Geheimschutzbetreuung durch das Bundesministerium für Wirtschaft** unterliegen und somit bei Vorliegen der entsprechenden Voraussetzungen grundsätzlich Einsicht in bestimmte unter die VS-Anweisung fallende Unterlagen – und hier insbesondere in die häufig streitbefangenen Vergabeunterlagen – nehmen dürfen bzw. im Rahmen des Vergabeverfahrens bereits erhalten haben (zur Verpflichtung der Unternehmen, entsprechende Maßnahmen einzuleiten, s. auch § 7 VSVgV, § 2 Abs. 6 VOB/A 3. Abschnitt). Erleichterungen für den Zugang und die Weitergabe von Verschlusssachen mit der Kennzeichnung „VS-NUR FÜR DEN DIENSTGEBRAUCH" sind zudem auch in Anlage 7 der VS-Anweisung („Merkblatt zur Behandlung von Verschlusssachen (VS) des Geheimschutzgrades VS-NUR FÜR DEN DIENSTGEBRAUCH") geregelt. In diesen Fällen ist allerdings durch die Vergabekammer im **Einzelfall** stets zu prüfen, **welche Unterlagen an welche Personen weitergegeben** werden dürfen, damit keinesfalls eine Einsicht in Unterlagen gewährt wird, die durch das SÜG und die hierzu ergangene VS-Anweisung möglicherweise nicht mehr gedeckt ist. Dabei sollte, soweit die Vergabekammer eine Weiterleitung von Verschlusssachen beabsichtigt, der Auftraggeber im Vorhinein konsultiert werden.

9   Sollte der Auftraggeber trotz **nicht entgegenstehender Regelungen des SÜG** sowie der hierzu ergangenen VS-Anweisung dennoch eine **Einsicht unter allgemeinen Geheimschutzerwägungen i.S.d. § 111 GWB verweigern**, kann dieser Streit über eine rechtsmittelfähige **Zwischenentscheidung** der Vergabekammer, die die Einsicht in diese Unterlagen freigibt, abschießend durch das OLG geklärt werden (Rn. 3). Sollte das OLG die Freigabeentscheidung der Vergabekammer aufheben, können die Unterlagen nicht weitergeleitet und damit auch im Beschluss nicht verwertet werden (§ 111 Rn. 32, 36). Wird gegen die Zwischenentscheidung der Vergabekammer kein Rechtsmittel eingelegt, sind die Unterlagen im Rahmen der Akteneinsicht freizugeben; ihrer Verwertung im Beschluss dürfte dann ebenfalls nichts entgegenstehen.

II. Verpflichtung zur Geheimhaltung bei der Abfassung der Entscheidungsgründe (Abs. 2)

10   Die Anwendung der Regelung in Abs. 2 kann in der Praxis durchaus Schwierigkeiten bereiten und beinhaltet zugleich die Gefahr, die Effektivität des Rechtsschutzes zu Lasten des Antragstellers im Nachprüfungsverfahren zu verkürzen. Denn bereits aufgrund der bisher noch jungen Erfahrungen mit Nachprüfungsverfahren, die in den Anwendungsbereich der Richtlinie 2009/81/EG fallen, zeigt sich, dass es sich bei den nach dem SÜG und der hierzu ergangenen VS-Anweisung eingestuften Dokumenten (Verschlusssachen) oft um wesentliche Teile der Angebotsunterlagen (z.B. Leistungsbeschreibung) oder wesentliche Bestandteile der Vergabeakte (z.B. Unterlagen zur Bewertung der Angebote) handelt und sich in diesem Zusammenhang die Frage stellt, wie ein **substantiell begründeter Hauptsachebeschluss** der Vergabekammer **ohne Berücksichtigung dieser Unterlagen** überhaupt gefasst werden kann.

11   Eine Verwertung des Inhalts von Verschlusssachen auch in den Entscheidungsgründen sollte allerdings – trotz des ausdrücklichen Wortlauts des Norm – dann in Betracht gezogen werden, wenn dieser **Inhalt den Verfahrensbeteiligten bereits bekannt** ist, sei es durch eine zulässige Übermittlung im Rahmen des Nachprüfungsverfahrens oder dadurch, dass das betreffende Dokument bereits im Rahmen des Vergabeverfahrens zulässigerweise an die am Nachprüfungsverfahren Beteiligten übermittelt wurde. In diesen Fällen spricht viel für eine **Zulässigkeit der Verwertung im Hauptsachebeschluss**. Denn trotz ihres ausdrücklichen Wortlauts soll die Vorschrift des Abs. 2 in erster Linie verhindern, dass nicht autorisierte Personen Kenntnis von geheimhaltungsbedürftigen

Unterlagen erhalten, was nicht der Falle ist, soweit diese Personen entsprechend ermächtigt sind (z.B. nach den Vorschriften des SÜG) oder die Vorschriften des SÜG sowie der hierzu ergangenen VS-Anweisung einer Kenntnisnahme jedenfalls nicht entgegenstehen. Eine **Veröffentlichung** des Hauptsachebeschlusses der Vergabekammer sollte in diesen Fällen allerdings **unterbleiben**, wenn der Beschluss auch in anonymisierter Fassung Ausführungen enthält, die Rückschlüsse auf den Inhalt geheimhaltungsbedürftiger Unterlagen zulassen. Des Weiteren wird die Vergabekammer darüber zu befinden haben, soweit die Entscheidungsgründe des Hauptsachebeschlusses zulässigerweise auf den Inhalt von Verschlusssachen Bezug nehmen oder diese wiedergeben, ob der **Beschluss selbst als Verschlusssache** mit einem entsprechenden Geheimhaltungsgrad nach dem SÜG einzustufen ist.

Liegt indes eine Sachverhaltskonstellation vor, bei der es für die Entscheidung in der Hauptsache auf den **Inhalt einer Verschlusssache ankommt**, Bestimmungen des SÜG oder der hierzu ergangenen VS-Anweisung einer Weitergabe an den Antragsteller des Nachprüfungsverfahrens aber entgegenstehen, darf nach dem Wortlaut des Abs. 2 der Beschluss grundsätzlich **keine Hinweise auf Art oder Inhalt der Verschlusssachen** enthalten. Dies kommt insbesondere bei höher eingestuften Verschlusssachen (ab „VS-VERTAULICH") in Betracht, da hier gemäß § 10 Abs. 3 der VS-Anweisung strengere Maßstäbe anzulegen sind. In diesen Fällen darf auch der Hauptsachebeschluss der Vergabekammer keine Rückschlüsse auf Art und Inhalt der Verschlusssache erkennen lassen. 12

Soweit der Hauptsachebeschluss der Vergabekammer **keine Rückschlüsse auf Art und Inhalt** von Verschlusssachen erkenn lassen darf, stellt sich die Frage, ob in diesen Fällen zumindest eine **„in camera"-Beurteilung** durch die Vergabekammer in Betracht kommt. Diese ist jedenfalls im Rahmen des Überprüfungsverfahrens nach § 99 Abs. 2 VwGO, auf den die Gesetzesbegründung rekurriert, ausdrücklich zulässig. Allerdings handelt es sich bei dem Verfahren nach § 99 Abs. 2 VwGO um ein Zwischenverfahren (Rn. 3), während die Regelung in § 110a das Hauptsacheverfahren betrifft. Zudem stößt das in camera-Verfahren im vergaberechtlichen Nachprüfungsverfahren ohnehin auf grundlegende Bedenken (OLG Düsseldorf vom 28.12.2007, Verg 40/07) und auch das Bundesverfassungsgericht führt in seinem Beschluss vom 14.3.2006 (1 BvR 2087/03) aus, dass es für die Zulässigkeit des in camera-Verfahrens grundsätzlich einer besonderen gesetzlichen Ermächtigung bedarf. 13

Soweit nach den vorangegangenen Ausführungen (Rn. 13) eine in camera-Verwertung der **zulässigerweise nicht offengelegten Verschlusssachen** nicht in Betracht kommt, stellt sich mithin die Frage, wie diese nicht erfolgte Offenlegung im Nachprüfungsverfahren vor der Vergabekammer bei der Entscheidung über die Hauptsache zu berücksichtigen ist. Da insoweit eine Parallele zu der Berücksichtigung nicht gerichtsverwertbarer Tatsachen besteht, liegt es nahe, die hierfür geltenden Grundsätze entsprechend heranzuziehen. Das heißt, diese Tatsachen müssen als solche bei der Entscheidung über die Hauptsache **unberücksichtigt** bleiben (*Geiger*, in: Eyermann, VwGO, 13. Aufl. 2010, § 99 Rn 22 m.w.N. zur verwaltungsgerichtlichen Rechtsprechung). 14

§ 111 Akteneinsicht

(1) Die Beteiligten können die Akten bei der Vergabekammer einsehen und sich durch die Geschäftsstelle auf ihre Kosten Ausfertigungen, Auszüge oder Abschriften erteilen lassen.

(2) Die Vergabekammer hat die Einsicht in die Unterlagen zu versagen, soweit dies aus wichtigen Gründen, insbesondere des Geheimschutzes oder zur Wahrung von Betriebs- oder Geschäftsgeheimnissen geboten ist.

(3) ¹Jeder Beteiligte hat mit Übersendung seiner Akten oder Stellungnahmen auf die in Absatz 2 genannten Geheimnisse hinzuweisen und diese in den Unterlagen entsprechend kenntlich zu machen. ²Erfolgt dies nicht, kann die Vergabekammer von seiner Zustimmung auf Einsicht ausgehen.

(4) Die Versagung der Akteneinsicht kann nur im Zusammenhang mit der sofortigen Beschwerde in der Hauptsache angegriffen werden.

Literatur: *Düsterdiek*, Das Akteneinsichtsrecht (§ 111 GWB), NZBau 2004, „605; *Gröning*, Das vergaberechtliche Akteneinsichtsrecht, NZBau 2000, 366 ff.; *Jäger*, Die Rechtsprechung der OLG Vergabesenate im Jahr 2000, NZBau 2001, 289; *Kus*, Akteneinsichtsrecht: Darlegungslasten der Beteiligten und Begründungszwänge der Nachprüfungsinstanzen, VergabeR 2003, 129; *Ramm*, Akteneinsicht und Untersuchungsgrundsatz im Vergabeverfahren, VergabeR 2007, 739.

Übersicht

A. Allgemeines ... 1–3	1. Normzweck und Normadressat ... 21–22
B. Das grundsätzliche Recht auf Akteneinsicht (Abs. 1) ... 4–14	2. Entscheidungsmaßstab der Vergabekammer ... 23–24
I. Gegenstand des Rechts auf Akteneinsicht ... 4–7	3. Die „wichtigen Gründe" des Abs. 2 ... 25–30
II. Grundlegende Voraussetzungen des Rechts auf Akteneinsicht ... 8–11	a) Versagungsgrund „Geheimschutz" ... 26–27
1. Antragsberechtigung ... 8	b) Versagungsgrund „Betriebs- oder Geschäftsgeheimnisse" ... 28–30
2. Antragstellung ... 9	4. Entscheidung der Vergabekammer über den Antrag auf Akteneinsicht ... 31–36
3. Voraussetzung der Gewährung von Akteneinsicht ... 10–11	D. Hinweispflichten der Verfahrensbeteiligten (Abs. 3) ... 37–42
III. Praktische Durchführung der Akteneinsicht ... 12–14	E. Rechtsmittel gegen Entscheidungen der Vergabekammer über die Akteneinsicht (Abs. 4) ... 43–46
C. Umfang und Grenzen des Rechts auf Akteneinsicht (Abs. 2) ... 15–36	I. Rechtsmittel gegen die Versagung der Akteneinsicht ... 43
I. Grundlagen ... 15–16	II. Rechtsmittel gegen die Stattgabe der Akteneinsicht ... 44–46
II. Allgemeine Einschränkungen des Rechts auf Akteneinsicht ... 17–20	
III. Versagung der Akteneinsicht aus wichtigen Gründen (Abs. 2) ... 21–36	

A. Allgemeines

1 Das **Recht auf Akteneinsicht** ist von zentraler Bedeutung für einen **effektiven Rechtsschutz** und die Durchsetzung der Bieterrechte im öffentlichen Auftragswesen. Das Recht auf Akteneinsicht dient zudem der **Verfahrenstransparenz**, da den am Vergabeverfahren beteiligten Bietern die das Vergabeverfahren betreffenden Unterlagen des Auftraggebers grundsätzlich nicht bekannt sind (Begr. RegE zum VgRÄG, BT-Drucks. 13/9340, S. 18). Oft wird der Antragsteller im Nachprüfungsverfahren erst nach erfolgter Akteneinsicht in die Lage versetzt, die mit seinem Nachprüfungsantrag geltend gemachten Vergaberechtsverstöße substantiiert vorzutragen (OLG Celle vom 10.9.2001, 13 Verg 12/01). Das Recht auf Akteneinsicht ist aber nicht nur für den Antragsteller im Nachprüfungsverfahren, sondern auch für die gemäß § 109 GWB beigeladenen Unternehmen von Bedeutung. Für beigeladene Unternehmen kann eine Akteneinsicht geboten sein, um sich gegen das Vorbringen des Antragstellers auf der gleichen Tatsachengrundlage verteidigen zu können.

2 Die Akteneinsicht wird durch die **Vergabekammer** gewährt und kann sich, soweit die Einsichtnahme in die Vergabeakten betroffen ist, nur auf jene Akten erstrecken, die der Vergabekammer nach Zustellung des Nachprüfungsantrags vom Auftraggeber gemäß § 110 Abs. 2 Satz 3 GWB zur Verfügung gestellt wurden (zum Gesamtumfang der vom Einsichtsrecht betroffenen Akten siehe

Rn. 5 ff.). Soweit Akten der Vergabekammer **nicht** oder **unvollständig** vorgelegt werden, hat die Vergabekammer durch entsprechende Maßnahmen eine vollständige Vorlage zu erwirken (§ 110 Rn. 59).

Große praktische Bedeutung erlangt das Recht auf Akteneinsicht zudem auch im Hinblick auf **Vergabefehler**, die **mit dem Nachprüfungsantrag noch nicht geltend gemacht** wurden, weil diese Vergabefehler auf Vorgängen innerhalb der Sphäre der Vergabestelle beruhen, deren Kenntnis sich dem Bieter regelmäßig entzieht. Eine **Kenntnis dieser Vergabefehler** erlangt der Bieter in diesen Fällen erst durch Akteneinsicht. Die auf diesem Wege erkannten Vergabefehler kann der antragstellende Bieter in das bereits anhängige Nachprüfungsverfahren einbringen, ohne dass es hierfür einer Rüge bedürfte. Denn die Rügeobliegenheit gilt nur für bis zur Einleitung des Nachprüfungsverfahrens erkannte Vergabeverstöße (BGH vom 26.9.2006, X ZB 14/06; OLG Düsseldorf vom 9.4.2003, Verg 66/02 m.w.N.).

Die Akteneinsicht im **Beschwerdeverfahren** richtet sich nach § 120 Abs. 2 i.V.m. §§ 111 Abs. 1 und 2, 72 Satz 4 GWB (OLG Naumburg vom 1.6.2011, 2 Verg 3/11).

B. Das grundsätzliche Recht auf Akteneinsicht (Abs. 1)

I. Gegenstand des Rechts auf Akteneinsicht

Dem Gesetzeswortlaut nach können die Beteiligten die Akten bei der Vergabekammer einsehen und sich durch die Geschäftsstelle auf ihre Kosten Ausfertigungen, Auszüge oder Abschriften erteilen lassen. Dabei spricht § 111 allgemein von einem Recht auf Akteneinsicht der Beteiligten, ohne die dem Einsichtsrecht unterliegenden Akten näher zu definieren.

Aus der allgemeinen Bezugnahme der Vorschrift auf **„die Akten"** ergibt sich aber, dass die vom Einsichtsrecht umfassten Unterlagen zum einen die von der Vergabestelle übermittelten **Vergabeakten** i.S.d. § 110 Abs. 2 Satz 1 GWB umfassen, also die **Dokumentation aller Vorgänge im Rahmen eines Vergabeverfahrens**, die notwendig sind, um die Rechtmäßigkeit des Verfahrens beurteilen zu können. Damit gehören zu den Vergabeakten alle Bestandteile einer ordnungsgemäßen Dokumentation im Sinne der Vergabe- und Vertragsordnungen (siehe hierzu § 20 EG VOB/A, § 24 EG VOL/A, § 12 VOF, § 32 SektVO, § 43 VSVgV). Zum anderen umfasst der Begriff „die Akten" aber auch die bei der Vergabekammer geführten **Verfahrensakten** sowie alle anderen bei der Vergabekammer im Rahmen des konkreten Nachprüfungsverfahrens vorhandenen Unterlagen, wie z.B. beigezogene Akten anderer Behörden, Gutachten, Fotos, Karten usw.

Kein Einsichtsrecht besteht, soweit es sich um **Entwürfe von Beschlüssen, Vorbereitungsarbeiten** oder **Abstimmungspapiere** der Vergabekammer handelt.

Das Einsichtsrecht in die **bei der Vergabekammer geführten Verfahrensakten** ist allerdings in der Praxis von geringer Bedeutung, da die Verfahrensakten im Wesentlichen den Nachprüfungsantrag sowie die Schriftsätze der Verfahrensbeteiligten enthalten, also Schriftstücke, die den Verfahrensbeteiligten ohnehin durch die Vergabekammer übermittelt werden. Dementsprechend ist ein Antrag auf Einsicht in die Verfahrensakten in der Praxis eher selten. Praktische Bedeutung kann eine Einsicht in die Verfahrensakten dann erlangen, wenn es um die Wahrung von Fristen geht, wie z.B. die Fünf-Wochen-Frist des § 113 Abs. 1 Satz 1 GWB, die Ausschlussfrist des § 113 Abs. 2 Satz 2 GWB oder die Frist für die Einlegung der sofortigen Beschwerde gemäß § 117 Abs. 1 Satz 1 GWB.

II. Grundlegende Voraussetzungen des Rechts auf Akteneinsicht

1. Antragsberechtigung

Das Recht auf Akteneinsicht besteht zugunsten der am Nachprüfungsverfahren **Beteiligten**. Dies sind gemäß § 109 GWB der Antragsteller, der Antragsgegner und die Beigeladenen. Dritte, die (noch) nicht beigeladen sind, haben kein Recht auf Akteneinsicht.

2. Antragstellung

9 Die Gewährung von Akteneinsicht durch die Vergabekammer ist kein Automatismus, sondern setzt immer ein entsprechend vorgetragenes Begehren in Gestalt eines **Antrags des jeweiligen Verfahrensbeteiligten** voraus. In der Praxis wird die Gewährung von Akteneinsicht in der Regel bereits mit Einreichung des Nachprüfungsantrags oder im weiteren Verlauf des Nachprüfungsverfahrens beantragt. Für die Beantragung von Akteneinsicht gelten **keine Formvorschriften**, es empfiehlt sich aber die Schriftform.

3. Voraussetzung der Gewährung von Akteneinsicht

10 Die Gewährung von Akteneinsicht durch die Vergabekammer setzt voraus, dass die Kammer ein Nachprüfungsverfahren überhaupt eröffnet hat, den Antrag also nicht als offensichtlich unzulässig oder unbegründet einstuft (§ 110 Abs. 2 Satz 1 GWB), ihn im Anschluss an diese Prüfung an den Auftraggeber oder seinen Vertreter übermittelt und dabei zugleich die Akten gemäß § 110 Abs. 2 anfordert (VK Bund vom 10.7.2002, VK 2-24/02). Wird der **Nachprüfungsantrag** aus vorgenannten Gründen **nicht übermittelt**, kann der Antragsteller **kein Rechtsschutzinteresse** in Bezug auf die Akteneinsicht geltend machen, so dass ein Recht auf Akteneinsicht in diesem Fall nicht besteht (VK Brandenburg vom 27.3.2008, VK 5/08).

11 Dem Antrag auf Akteneinsicht ist seitens der Vergabekammer grundsätzlich auch dann stattzugeben, wenn er in einem **späten Verfahrensstadium** gestellt wird. Es wird aber in diesem Fall durch die Vergabekammer zu prüfen sein, ob ein daraufhin erfolgter Vortrag des Beteiligten nach § 113 Abs. 2 Satz 2 GWB unberücksichtigt zu bleiben hat. Dies kann z.B. der Fall sein, wenn sich der Antragsteller trotz durch die Vergabekammer gesetzter Fristen nicht zu einem Sachvortrag der Vergabestelle eingelassen hat, auf den er sich (fristgerecht) hätte einlassen können, wenn er auf den Sachvortrag hin unverzüglich die Gewährung von Akteneinsicht begehrt hätte. Andererseits kann keinem Beteiligten abverlangt werden, die Akteneinsicht präventiv zu beantragen, wenn aufgrund des bisher im Nachprüfungsverfahren erfolgten Sachvortrags kein Anlass für eine Akteneinsicht bestand. In diesem Fall begegnen auch ein in einem späten Verfahrensstadium gestellter Antrag auf Akteneinsicht und ein daraufhin erfolgter Sachvortrag keinen Bedenken im Hinblick auf § 113 Abs. 2 Satz 2 GWB.

III. Praktische Durchführung der Akteneinsicht

12 Dem Gesetzeswortlaut entsprechend können die Beteiligten die **Akten bei der Vergabekammer einsehen**. Das Gesetz beschränkt somit das Recht auf Akteneinsicht der Beteiligten in örtlicher Hinsicht auf die Geschäftsstelle der Vergabekammer. Es besteht insbesondere **kein Anspruch** der Beteiligten auf die **Mitnahme oder Übersendung von Akten oder Aktenbestandteilen**.

13 Der Gesetzeswortlaut legt zudem den Schluss nahe, eine Akteneinsicht könne ausschließlich in den **Räumlichkeiten der Vergabekammer** stattfinden. Dem ist aber lediglich für den Fall zuzustimmen, dass der den Antrag auf Akteneinsicht stellende Beteiligte ausdrücklich verlangt, die Akteneinsicht bei der Vergabekammer vorzunehmen. Ein Einverständnis des jeweils betroffenen Beteiligten vorausgesetzt, ist es der Vergabekammer, unabhängig von der gesetzlichen Festlegung eines Mindestanspruchs im Hinblick auf die praktische Durchführung der Akteneinsicht, nicht verwehrt, auch andere Wege zu beschreiten, die dem Recht auf Akteneinsicht gleichermaßen Geltung verschaffen.

In der **Praxis** der Vergabekammern hat es sich bewährt, den Beteiligten auf ihre Kosten **Kopien der Akten**, soweit darin keine Geheimnisse i.S.d. Abs. 2 enthalten sind, per **Post oder Telefax** zu übermitteln. Diese Vorgehensweise trägt einerseits dem Beschleunigungsgrundsatz (§ 113 GWB) Rechnung und spart andererseits Auslagen, die durch die Anreise zum Sitz der Vergabekammer entstehen würden und gemäß § 128 GWB durch den (oder die) unterliegenden Beteiligten zu tragen wären.

Anders ist zu verfahren, wenn die Akten Dokumente enthalten, die durch ihren Urheber als **Verschlusssache** gekennzeichnet und dementsprechend mit einem Geheimhaltungsgrad versehen wurden. In diesen Fällen ist bei einer Weitergabe dieser Dokumente die Allgemeine Verwaltungsvorschrift des Bundesministeriums des Innern zum materiellen Schutz von Verschlusssachen (**VS-Anweisung – VSA**) vom 31.3.2006 zu beachten. Zur Sicherstellung der Vertraulichkeit von Verschlusssachen und anderer vertraulicher Informationen durch die Vergabekammer siehe des Weiteren die Kommentierung zu § 110a GWB.

Aktenbestandteile, die dem Einsichtsrecht nicht unterliegen – entweder weil es bereits an den grundlegenden Voraussetzungen für eine Akteneinsicht fehlt (Rn. 17 ff.) oder ein Versagungsgrund i.S.d. Abs. 2 vorliegt (Rn. 21 ff.) –, kann die Vergabekammer den Akten entnehmen oder aber durch **Schwärzungen** in zuvor angefertigten Aktenkopien unkenntlich machen.

C. Umfang und Grenzen des Rechts auf Akteneinsicht (Abs. 2)

I. Grundlagen

Der Umfang des Rechts auf Akteneinsicht orientiert sich am **Zweck des Nachprüfungsverfahrens**, das für sämtliche Teilnehmer eines Vergabeverfahrens eine wettbewerbliche, transparente und diskriminierungsfreie Vergabeentscheidung gewährleisten soll (so grundlegend OLG Jena vom 26.10.1999, 6 Verg 3/99). Das OLG Jena leitet aus dieser grundlegenden Zweckbestimmung des § 111 weit reichende Einsichtsrechte für die Beteiligten ab und erstreckt das Einsichtsrecht auf sämtliche Aktenbestandteile, aus denen inhaltliche Aussagen zur Wertung der im Einzelfall noch konkurrierenden Angebote herzuleiten sind. Dementsprechend soll ein Bieter, um die Nachvollziehbarkeit eines von der Vergabestelle als vorzugswürdig erklärten Angebots inhaltlich überprüfen zu können, auch Einsicht in solche Aktenbestandteile erhalten, die Rückschlüsse auf die Kalkulation und ggf. auf andere Betriebsinterna erlauben.

Die sehr weitgehende Ansicht des OLG Jena ist in Rechtsprechung und Literatur auf Kritik gestoßen, da sie den Interessen des Antragstellers im Nachprüfungsverfahren einen deutlichen Vorrang gegenüber den Interessen der übrigen am Nachprüfungsverfahren und am Vergabeverfahren Beteiligten einräumt (vgl. z.B. OLG Naumburg vom 11.10.1999, 10 Verg 1/99). Im Nachgang zur Entscheidung des OLG Jena, die auf die Zeit kurz nach Einführung des Nachprüfungsverfahrens auf der Grundlage des 4. Teils des GWB zum 1.1.1999 datiert, sind zahlreiche Beschlüsse der Vergabekammern des Bundes und der Länder sowie der Vergabesenate der Oberlandesgerichte ergangen, die dem Recht auf Akteneinsicht zusätzliche Konturen verliehen haben und den Umfang des Rechts auf Akteneinsicht in allgemeiner und spezieller Hinsicht konkretisieren (Rn. 17 ff.). Allgemein hat sich dabei folgender Grundsatz herausgebildet: Das Akteneinsichtsrecht besteht nur in dem **Umfang**, wie es zur **Durchsetzung der subjektiven Rechte des betreffenden Verfahrensbeteiligten erforderlich** ist (so jetzt auch OLG Jena vom 11.1.2007, 9 Verg 9/06; s.a. OLG Naumburg vom 1.6.2011, 2 Verg 3/11). So hat z.B. ein Bieter, der mangels Eignung vom Vergabeverfahren ausgeschlossen wurde und diesen Ausschluss im Rahmen eines Nachprüfungsverfahrens angreift, keinen Anspruch auf Einsicht in die Wirtschaftlichkeitsbewertung der übrigen Angebote (vgl. VK Bund vom 7.12.2005, VK 1-146/05).

II. Allgemeine Einschränkungen des Rechts auf Akteneinsicht

Eine grundlegend allgemeine Einschränkung des Rechts auf Akteneinsicht ergibt sich aus der bieterschützenden (subjektiven) Ausrichtung des Nachprüfungsverfahrens. Demnach ist der Rechtsschutz des antragstellenden Bieters auf die Geltendmachung der Verletzung eigener Rechte begrenzt (vgl. § 107 Abs. 2 GWB). Für die übrigen Verfahrensbeteiligten, insbesondere die gemäß § 109 GWB beigeladenen Unternehmen, besteht das Recht auf Akteneinsicht in dem Umfang, wie es zur Verteidigung der eigenen, durch das Nachprüfungsverfahren berührten Interessen erforderlich ist. Das Akteneinsichtsrecht reicht demnach nur soweit, wie es zur Durchsetzung der **subjektiven Rechte** des betreffenden Verfahrensbeteiligten erforderlich ist. Der **Gegenstand des Nachprüfungsverfahrens** bildet somit den **Maßstab für den Umfang der zu gewährenden Akteneinsicht** (OLG Naumburg vom 1.6.2011, 2 Verg 3/11; OLG Jena vom 11.1.2007, 9 Verg 9/06; OLG Stuttgart vom 12.4.2000, 2 Verg 3/00; VK Bund vom 23.1.2004, VK 2-132/03).

18 Aus dem Korrespondenzverhältnis zwischen subjektiven Bieterrechten und dem Recht auf Akteneinsicht folgt zudem, dass dem Antragsteller bei **unzulässigem Nachprüfungsantrag** mangels Rechtsschutzbedürfnisses grundsätzlich kein Recht auf Akteneinsicht zusteht (BayObLG vom 19.12.2000, Verg 7/00; VK Bund vom 1.7.2002, VK 1-33/02). Das Gesetz will ein Akteneinsichtsrecht nicht demjenigen einräumen, dem das Nachprüfungsverfahren verwehrt ist. Gleiches gilt auch bei einem offensichtlich unbegründeten Antrag (VK Schleswig-Holstein vom 17.3.2006, VK-SH 02/06).

19 Eine Versagung der Akteneinsicht im Fall der Unzulässigkeit des Nachprüfungsantrags geht allerdings dann zu weit, wenn gerade die **Vergabeakten zur Klärung der Zulässigkeitsfrage** beitragen können. In diesem Fall steht dem Antragsteller ein Akteneinsichtsrecht jedenfalls insoweit zu, als die Vergabeakten die Unzulässigkeit des Nachprüfungsantrags dokumentieren (OLG München vom 8.11.2010, Verg 20/10). Auch im Falle eines wegen **wirksamer Zuschlagserteilung** auf den ersten Blick unzulässigen Nachprüfungsantrags wird die Vergabekammer in der Regel eine Übermittlung des Nachprüfungsantrags an den Auftraggeber oder seinen Vertreter vornehmen und die Vergabeakten (zumindest in den relevanten Teilen) anfordern, weil sich die Frage der wirksamen Zuschlagserteilung erst aufgrund einer Einsichtnahme der Kammer in die Vergabeakten zuverlässig beantworten lässt. In diesem Fall ist die Vergabekammer gehalten, soweit entsprechende Akteneinsicht beantragt wurde, auch dem Antragsteller die relevanten Aktenbestandteile zu übermitteln.

20 Dementsprechend bestehen auch keine Bedenken, einem Antragsteller Einsicht in die den **Zuschlag dokumentierenden Aktenbestandteile** zu gewähren, wenn die Vergabestelle geltend macht, der Nachprüfungsantrag sei aufgrund vor Stellung des Nachprüfungsantrags erfolgter Zuschlagserteilung unzulässig, der Antragsteller dies hingegen bestreitet. Andererseits ist die Akteneinsicht zu versagen, wenn die Vergabekammer zu dem Ergebnis kommt, der **Nachprüfungsantrag** ist **aus Gründen unzulässig**, die gegenüber dem Antragsteller bereits dokumentiert sind und demnach **dem Antragsteller auch ohne Akteneinsicht bereits bekannt** sind. Dies kann z.B. bei Nichteinhaltung der Rügeobliegenheit (§ 107 Abs. 3 GWB) der Fall sein oder wenn mit dem Nachprüfungsantrag ausschließlich die Verletzung nicht bieterschützender Normen geltend gemacht wird und es somit an der Antragsbefugnis (§ 107 Abs. 2 GWB) fehlt.

III. Versagung der Akteneinsicht aus wichtigen Gründen (Abs. 2)

1. Normzweck und Normadressat

21 Gemäß Abs. 2 hat die Vergabekammer die Einsicht in Unterlagen zu versagen, soweit dies aus wichtigen Gründen, insbesondere des Geheimschutzes oder zur Wahrung von Betriebs- oder Geschäftsgeheimnissen geboten ist. Diese Einschränkung des Akteneinsichtsrechts ist notwendig, um berechtigte Interessen des Auftraggebers oder eines am Vergabeverfahren Beteiligten zu schützen und um Rechtsmissbrauch zu verhindern (Begr. RegE zum VgRÄG, BT-Drucks. 13/9340, S. 18).

22 **Normadressat** des Abs. 2 ist die **Vergabekammer**, d.h., die Vergabekammer hat über das Vorliegen oder Nichtvorliegen eines wichtigen Grundes zu entscheiden und dementsprechend dem Antrag auf Akteneinsicht (vollumfänglich oder partiell) stattzugeben oder abzulehnen. Dabei hat die Vergabekammer nicht nur etwaige Geheimhaltungsinteressen der am Nachprüfungsverfahren Beteiligten, namentlich der Vergabestelle, des Antragstellers und der Beigeladenen, zu berücksichtigen, sondern darüber hinaus auch die Geheimhaltungsinteressen aller anderen am Vergabeverfahren beteiligten Bieter.

2. Entscheidungsmaßstab der Vergabekammer

23 Allgemeiner Maßstab für die Entscheidungsfindung der Vergabekammer und damit für den Umfang des Akteneinsichtsrechts sind die **Umstände des konkreten Vergabeverfahrens**. Innerhalb des zur Nachprüfung bei der Vergabekammer anhängigen Vergabeverfahrens ist eine **Abwägung zwischen den Geheimhaltungsinteressen der Vergabestelle und den teilnehmenden Bietern** einerseits und dem **Interesse des Antragstellers an einem effektiven Rechtsschutz** andererseits vorzunehmen. Dass es hierbei zu Interessenkollisionen kommt, liegt auf der Hand. Der antrag-

stellende Bieter hat in der Regel ein Interesse daran, Einblick in sämtliche Aktenbestandteile zu erhalten, die im Zusammenhang mit der ihn benachteiligenden Entscheidung der Vergabestelle stehen, um die von ihm mit dem Nachprüfungsantrag geltend gemachten Rechtsverletzungen zu konkretisieren oder zusätzliche, erst aufgrund der Akteneinsicht erkennbare Rechtsverletzungen in das Verfahren einzubringen. Dem stehen etwaige Geheimhaltungsinteressen der Vergabestelle oder der anderen Bieter hinsichtlich ihrer angebots- und unternehmensbezogenen Daten entgegen. Die anderen Bieter können ein berechtigtes Interesse daran haben, dass diese Daten dem Antragsteller, der gleichzeitig auch Wettbewerber ist, nicht zugänglich gemacht werden.

Bei diesen Daten, an denen andere Bieter ein Geheimhaltungsinteresse haben, handelt es sich zumeist um Angebotsbestandteile, wie z.B. Preis- oder Produktangaben, Kalkulationsgrundlagen, Lösungsvorschläge bei funktionalen Ausschreibungen, Inhalte von Nebenangeboten oder Änderungsvorschlägen, technische Ausstattung von Unternehmen u.Ä. 24

3. Die „wichtigen Gründe" des Abs. 2

Im Rahmen der Abwägungsentscheidung der Vergabekammer über Vorliegen oder Nichtvorliegen eines wichtigen Grundes nennt Abs. 2 beispielhaft einige wichtige Gründe, die jeweils Geheimhaltungsinteressen der Vergabestelle und der am Vergabeverfahren teilnehmenden Bieter betreffen. 25

a) Versagungsgrund „Geheimschutz"

Der erste in Abs. 2 genannte Beispielsfall ist der Geheimschutz. Hier handelt es sich in aller Regel um **Akteninhalte, an deren Geheimhaltung der Auftraggeber** ein **berechtigtes Interesse** hat (vgl. Begr. RegE zum VgRÄG, BT-Drucks. 13/9340, S. 18). Entscheidend hierfür ist, ob das Geheimhaltungsinteresse des Auftraggebers durch berechtigte und für die Vergabekammer nachvollziehbare Gründe gedeckt ist. Dies kann z.B. in Bezug auf bestimmte interne Vorgänge des Auftraggebers (Haushaltsansätze, zukünftige Einkaufsstrategien o.Ä.) der Fall sein. In der Praxis spielen die vorgenannten Beispiele allerdings kaum eine Rolle, da derartige Interna des Auftraggebers in der Regel keinen Bezug zu möglichen Rechtsverletzungen eines Bieters aufweisen und daher für eine Einsicht in diese Aktenbestandteile ohnehin kein Rechtsschutzbedürfnis besteht. Von größerer Bedeutung in der Praxis ist hingegen die Konstellation, dass ein Auftraggeber seine Angebotswertung als geheimhaltungsbedürftig kennzeichnet, weil sie Geschäftsgeheimnisse anderer Bieter enthält. In diesem Fall handelt es sich jedoch in erster Linie um Geheimhaltungsinteressen der Bieter (Rn. 28 ff.) und allenfalls mittelbar um Geheimschutzinteressen des Auftraggebers. 26

Daneben wird man unter dem Begriff des Geheimschutzes in Abs. 2 auch Interna des Auftraggebers zu verstehen haben, die von ihm mit einem Geheimhaltungsgrad im Sinne der Allgemeinen Verwaltungsvorschrift des Bundesministeriums des Innern zum materiellen Schutz von Verschlusssachen **(VS-Anweisung – VSA)** vom 31.3.2006 versehen wurden. In diesen Fällen scheidet eine Akteneinsicht nicht per se aus, sondern unterliegt hinsichtlich ihrer Gewährung demselben Abwägungsprozess der auch für alle anderen Aktenbestandteile gilt, die für eine Akteneinsicht in Betracht kommen (siehe hierzu Rn. 31 ff.). Wenn im Rahmen der Akteneinsicht indes Dokumente übermittelt werden sollen, die unter die VS-Anweisung fallen, sind die hierfür geltenden besonderen Regelungen der VS-Anweisung zu beachten (siehe hierzu auch Rn. 13 a.E.). Zur Sicherstellung der Vertraulichkeit von Verschlusssachen und anderer vertraulicher Informationen durch die Vergabekammer siehe des Weiteren die Kommentierung zu § 110a GWB.

Ebenfalls kein Fall von Geheimschutzinteressen des Auftraggebers sind **die in § 100 Abs. 8 GWB genannten Aufträge**, die z.B. in Übereinstimmung mit den Rechts- und Verwaltungsvorschriften der Bundesrepublik Deutschland für geheim erklärt werden (§ 100 Abs. 8 Nr. 1 GWB) oder deren Ausführung nach diesen Vorschriften besondere Sicherheitsmaßnahmen erfordert (§ 100 Abs. 8 Nr. 2 GWB). Denn hier handelt es sich um Fälle, in denen das Nachprüfungsverfahren von vornherein nicht statthaft ist und somit ein Anspruch auf Akteneinsicht gar nicht erst entsteht. In Betracht kommt hier allerdings – soweit die Anwendung des § 100 Abs. 8 GWB durch den Antragsteller mit dem Nachprüfungsantrag angegriffen wird – ein Einsichtsrecht in jene Aktenbestandteile, in denen der Auftraggeber die Gründe für die Anwendung des § 100 Abs. 8 GWB dokumentiert. 27

Sinngemäß gilt dies auch für **unter § 100 Abs. 6 GWB fallende Aufträge** sowie alle weiteren durch die **§§ 100, 100a, 100b und 100c GWB** erfassten **Ausnahmebereiche**. Ein Einsichtsrecht in Aktenbestandteile kommt also grundsätzlich in Betracht, soweit es gerade um die Dokumentation der Gründe für die Nichtanwendung des 4. Teils des GWB geht.

b) Versagungsgrund „Betriebs- oder Geschäftsgeheimnisse"

28 Die zweite in Abs. 2 genannte Beispielsgruppe, nämlich die Wahrung von Betriebs- oder Geschäftsgeheimnissen, spielt in der Praxis eine weitaus größere Rolle als die Geheimschutzinteressen des Auftraggebers. Bei dieser Beispielsgruppe handelt es sich in aller Regel um Aktenbestandteile, an deren Geheimhaltung in erster Linie ein **berechtigtes Interesse der am Vergabeverfahren teilnehmenden Bieter oder Bewerber** besteht. Maßgeblich ist insoweit die Frage, ob die fraglichen Aktenbestandteile dem **betriebsbezogenen Vertraulichkeitsbereich eines am Vergabeverfahren Beteiligten zuzuordnen** sind und nach dessen erkennbarem Willen geheim gehalten werden sollen (OLG Düsseldorf vom 28.12.2007, Verg 40/07; OLG Jena vom 26.10.1999, 6 Verg 3/99). In Rn. 24 ist beispielhaft eine Reihe von Angebotsbestandteilen genannt, die ein entsprechendes Geheimhaltungsinteresse der am Vergabeverfahren teilnehmenden Bieter zu begründen vermögen.

29 Bei Betriebs- oder Geschäftsgeheimnissen handelt es sich um alle **auf ein Unternehmen bezogenen Tatsachen**, Umstände und Vorgänge, die nicht offenkundig, sondern nur einem begrenzten Personenkreis zugänglich sind und an deren **Nichtverbreitung** das Unternehmen ein **schutzwürdiges wirtschaftliches Interesse** hat.

> Unter den Begriff der Betriebsgeheimnisse fallen jene Tatsachen, welche die technische Seite des Unternehmens betreffen, also das allgemeine technische Know-how, wie z.B. Produktionsmethoden und Verfahrensabläufe. Der Begriff der Geschäftsgeheimnisse umfasst hingegen den kaufmännischen Bereich des Unternehmens, wie z.B. Kalkulationen, Marktstrategien und Kundenlisten.

30 Soweit eine **Tatsache offenkundig**, also nicht nur einem beschränkten Personenkreis bekannt ist, kann sie kein Geheimnis i.S.d. Abs. 2 sein, da es dann am notwendigen Geheimhaltungsinteresse mangelt. Dies trifft z.B. auf sogenannte **marktbekannte Umstände** zu, also das Unternehmen betreffende Tatsachen, die jedenfalls im Marktumfeld des Unternehmens bekannt sind.

4. Entscheidung der Vergabekammer über den Antrag auf Akteneinsicht

31 Um der Vergabekammer zumindest erste Anhaltspunkte für etwaige Geheimhaltungsinteressen der am Nachprüfungsverfahren Beteiligten zu geben, regelt Abs. 3 Satz 1, dass bereits mit Übersendung der Akten auf die in Abs. 2 genannten Geheimnisse hinzuweisen ist. Diese Hinweise der Vergabestelle entheben die Vergabekammer jedoch nicht von der Verpflichtung, eine **eigene Prüfung** dahingehend vorzunehmen, ob im konkreten Fall **Geheimhaltungsinteressen der am Vergabeverfahren Beteiligten**, namentlich der Vergabestelle und sämtlicher Bieter, **verletzt** werden können. Da die Vergabeakten in weiten Bereichen Geheimnisse der Bieter enthalten (z.B. technische Inhalte bei Nebenangeboten, Preise), die nicht ohne weiteres zur Disposition der Vergabestelle stehen, hat die Vergabekammer hier im Rahmen einer Abwägungsentscheidung besonders zu prüfen, ob die von der Vergabestelle als geheimhaltungsbedürftig bezeichneten Tatsachen zu erweitern oder einzuschränken sind. Bei **Zweifeln über die Geheimhaltungsbedürftigkeit** hat die Vergabekammer eine **Stellungnahme des Geheimnisträgers**, also der Vergabestelle oder des Bieters, einzuholen. Soweit sich dieser in seiner Stellungnahme auf die Geheimhaltungsbedürftigkeit beruft, ist dies gegenüber der Vergabekammer nachvollziehbar zu begründen.

32 Gelangt die Vergabekammer trotz gegenteiliger Einlassung des Geheimnisträgers zu der Auffassung, dass Geheimhaltungsinteressen nicht verletzt werden, und beruft sich der Geheimnisträger weiterhin auf sein Geheimhaltungsinteresse, kann die Vergabekammer insoweit zunächst keine Akteneinsicht gewähren. Die Vergabekammer hat, soweit sie an ihrer Auffassung festhalten will, in diesem Fall zunächst eine rechtsmittelfähige Zwischenentscheidung zu treffen und kann Aktenein-

sicht erst nach Ablauf der Rechtsmittelfrist bzw. abschließender bestätigender Entscheidung des Beschwerdegerichts gewähren oder muss – soweit das Beschwerdegericht die Zwischenentscheidung der Vergabekammer aufhebt – die Akteneinsicht versagen (OLG Düsseldorf vom 28.12.2007, Verg 40/07; siehe auch Rn. 44 ff.). Gelangt die Vergabekammer zu dem Schluss, dass durch Einsicht in bestimmte Aktenbestandteile Geheimhaltungsinteressen verletzt werden, hat die Vergabekammer, wie sich aus dem Begriff „geboten" ergibt, abzuwägen, ob eine Akteneinsicht dennoch in Betracht kommt. Dabei besteht allerdings **kein Regel-Ausnahme-Verhältnis zugunsten der Akteneinsicht** und zu Lasten schützenswerter Geheimnisse. Denn durch das Nachprüfungsverfahren darf der Geheimwettbewerb nicht eingeschränkt werden, ansonsten bestünde die **Gefahr des Missbrauchs von Nachprüfungsverfahren** mit dem Ziel der Ausforschung der Konkurrenz (VK Bund vom 20.12.1999, VK 1-29/99; a.A. *Kus*, VergabeR 2003, 129 ff.).

Für die von ihr zu treffende Abwägungsentscheidung hat die Vergabekammer zu prüfen, ob das Geheimhaltungsinteresse des Betroffenen hinter noch wichtigeren Interessen des Akteneinsicht begehrenden Beteiligten zurückzutreten hat. Dabei ist insbesondere maßgeblich, welche **Bedeutung** die Kenntnis grundsätzlich **geheimhaltungsbedürftiger Tatsachen für die Geltendmachung von Vergaberechtsverstößen** hat, insbesondere ob die geltend gemachten Verstöße entscheidungserheblich sind. Außerdem ist bei der Abwägung auch zu berücksichtigen, ob ein effektiver Rechtsschutz des Akteneinsicht Begehrenden durch andere, das Geheimhaltungsinteresse des Betroffenen ganz oder zumindest teilweise wahrende Art und Weise gewährleistet werden kann (OLG Naumburg vom 1.6.2011, 2 Verg 3/11). 33

Bei der Entscheidung über Ablehnung oder Stattgabe eines Antrags auf Akteneinsicht steht der Vergabekammer **kein Ermessens- oder Beurteilungsspielraum** zu (OLG Düsseldorf vom 28.12.2007, Verg 40/07). Maßstab der Vergabekammer für Stattgabe oder Ablehnung eines Akteneinsichtsantrags ist somit ausschließlich das Ergebnis der Interessenabwägung. 34

Vor dem Hintergrund der **Gewährung effektiven Rechtsschutzes** (Art. 19 Abs. 4 GG) und rechtlichem Gehör (Art. 103 Abs. 1 GG) sowie der **Transparenz des Vergabeverfahrens** (§ 97 Abs. 2 GWB) darf die **Versagung** der Akteneinsicht in der Regel aber nicht so weit gehen, dass den Beteiligten nur noch formale Bestandteile der Akte (z.B. Vergabebekanntmachung, Verdingungsunterlagen) zugänglich gemacht werden, die der Bieter ohnehin zumeist kennt und die für die von ihm geltend gemachten Rechtsverletzungen ohne Bedeutung sind. 35

Grundsätzlich sollte die Vergabekammer daher zumindest die für die geltend gemachte Rechtsverletzung des Antragstellers maßgeblichen Aktenbestandteile, in aller Regel also die seitens der Vergabestelle vorgenommene Angebotswertung, im Rahmen der Akteneinsicht zur Verfügung stellen. Soweit diese Aktenbestandteile schützenswerte Geheimnisse anderer Bieter (z.B. Preise, technische Details) enthalten, was oft der Fall ist, hat die Vergabekammer durch entsprechende Schwärzungen in den Aktenkopien den berechtigten Schutzinteressen der betroffenen Beteiligten Rechnung zu tragen. Entscheidend für den rechtsschutzsuchenden Antragsteller ist letztlich, dass er erkennen kann, auf welchen Erwägungen die ihn benachteiligende Entscheidung der Vergabestelle basiert.

Soweit eine Akteneinsicht auch in **entscheidungserhebliche Aktenbestandteile** aus **berechtigten Gründen ganz oder teilweise versagt** wird, ist die Vergabekammer gehindert, diese Aktenbestandteile ihrer Entscheidung zugrunde zu legen. In diesem Fall ist es der Vergabekammer auch nicht möglich, diese Aktenbestandteile im sogenannten **„in camera"-Verfahren** (siehe hierzu BVerfG vom 27.10.1999, 1 BvR 385/90 zu § 99 VwGO) zu verwerten und der Entscheidung zugrunde zu legen. Denn wegen der entsprechend anzuwendenden Sonderregelung des § 72 Abs. 2 Satz 3 GWB, der auch im Nachprüfungsverfahren vor der Vergabekammer gilt, dürfen, sofern eine Akteneinsicht abgelehnt wird oder unzulässig ist, Unterlagen der Entscheidung nur insoweit zugrunde gelegt werden, als ihr Inhalt vorgetragen worden ist (OLG Düsseldorf vom 28.12.2007, Verg 40/07; a.A. *Ramm*, VergabeR 2007, 739 ff.; offen gelassen in EuGH vom 14.2.2008, Rs. C-450/06). Die Ablehnung der „in camera"-Verwertung bedeutet, dass bei einer Versagung der Akteneinsicht 36 die Vergabekammer ihre Entscheidung nur auf der Grundlage von Tatsachen treffen darf, die allen Verfahrensbeteiligten bekannt sind.

D. Hinweispflichten der Verfahrensbeteiligten (Abs. 3)

37   Gemäß **Abs. 3 Satz 1** hat jeder Verfahrensbeteiligte, also Antragsteller, Antragsgegner und Beigeladene, mit Übersendung seiner Akten oder Stellungnahmen auf die in Abs. 2 genannten Geheimnisse hinzuweisen und diese in den Unterlagen entsprechend kenntlich zu machen. Da die Verfahrensbeteiligten bei den von ihnen eingereichten Unterlagen am besten deren schutzbedürftige Bestandteile beurteilen können, trifft sie auch die Obliegenheit, diese Bestandteile entsprechend zu kennzeichnen (Begr. RegE zum VgRÄG, BT-Drucks. 13/9340, S. 19). Bei **nicht** erfolgter **Kenntlichmachung** kann die Vergabekammer nach **Abs. 3 Satz 2** von einer **Zustimmung** des betroffenen Beteiligten zur uneingeschränkten Einsicht durch alle weiteren Verfahrensbeteiligten ausgehen. Die Obliegenheit der Verfahrensbeteiligten zur Kennzeichnung der sie betreffenden Geheimnisse umfasst jedoch nicht die Befugnis, der Vergabekammer diese Unterlagen von vornherein vorzuenthalten, zumal die Vergabekammer die Möglichkeit haben muss, auf eine Freigabe möglicherweise entscheidungserheblicher „Sperrvermerke" der Verfahrensbeteiligten hinzuwirken. Dies kann ggf. auch durch den Erlass einer auf die Freigabe der als geheimhaltungsbedürftig gekennzeichneten Bestandteile gerichteten (rechtsmittelfähigen) Zwischenentscheidung der Vergabekammer erfolgen (siehe hierzu Rn. 32).

38   Die Verfahrensbeteiligten erleichtern durch die Kennzeichnung die der Vergabekammer gemäß Abs. 2 obliegende Prüfpflicht. Denn Inhalte, die schon von den Verfahrensbeteiligten als nicht geheimhaltungsbedürftig eingeschätzt werden, können grundsätzlich auch kein Geheimnis dieser Beteiligten sein. Etwas anderes gilt allerdings dann, wenn die Geheimhaltung zwar nicht im Interesse des Beteiligten liegt, dafür aber ein öffentliches Interesse an der Geheimhaltung besteht.

39   Im Rahmen der **Kennzeichnungsobliegenheit** des Abs. 3 ist jedoch zu berücksichtigen, dass **jeder Verfahrensbeteiligte nur über die ihn selbst betreffenden Geheimnisse disponieren** kann. Relevant ist dies vor allem bei der Übermittlung der Vergabeakten durch den Auftraggeber. Wenn hier Geheimnisse anderer Bieter (z.B. bestimmte Angebotsinhalte) durch den Auftraggeber nicht gekennzeichnet wurden, kann die Zustimmungsfiktion des Abs. 3 Satz 2 nicht greifen. Die Vergabekammer hat hier in **Zweifelsfällen** eine **Stellungnahme des betroffenen Beteiligten** einzuholen, wenn sie nicht bereits von sich aus über Vorliegen oder Nichtvorliegen eines Geschäftsgeheimnisses entscheiden kann. Dabei kann die Vergabekammer bei bestimmten Angebotsinhalten (z.B. Preise bei Lieferaufträgen, konkrete technische Inhalte von Nebenangeboten oder Änderungsvorschlägen, Fabrikate und Preise für Produkte, die zur Erbringung der Leistung eingesetzt werden sollen) in aller Regel von deren Geheimhaltungsbedürftigkeit ausgehen, so dass sich eine Nachfrage der Vergabekammer bei dem betroffenen Beteiligten u.U. erübrigt. Wegen der Unzulässigkeit einer „in camera"-Verwertung (siehe hierzu Rn. 36) empfiehlt sich eine Nachfrage aber dann, wenn die Vergabekammer bei ihrer Entscheidung die (möglicherweise) geheimhaltungsbedürftigen Inhalte zugrunde legen will.

40   Denkbar ist auch, dass die Vergabeakten **Geheimnisse von nicht am Nachprüfungsverfahren beteiligten Dritten** enthalten (z.B. Geschäftsgeheimnisse eines Nachunternehmers). Auch in diesem Fall kann die Vergabekammer nicht ohne weiteres von der Zustimmung des Betroffenen zur Akteneinsicht ausgehen, sondern muss, soweit es sich um (potenziell) entscheidungserhebliche Tatsachen handelt, die Geheimhaltungsbedürftigkeit eigenständig prüfen und ggf. eine **Stellungnahme des Betroffenen** einholen.

41   An die Kennzeichnung dürfen **keine überzogenen Anforderungen** gestellt werden. Bei umfangreichen Unterlagen muss nicht jedes einzelne Blatt gekennzeichnet werden, es reicht vielmehr ein allgemeiner Hinweis auf die Geheimhaltungsbedürftigkeit der Unterlagen insgesamt oder bestimmter Teile der Unterlagen (a.A. wohl OLG Celle vom 10.9.2001, 13 Verg 12/01).

In Anbetracht des Wortlauts der Vorschrift kann von den Verfahrensbeteiligten nicht verlangt werden, bereits im Rahmen der von ihnen vorgenommenen Kennzeichnung auch eine **nachvollziehbare Darlegung und Begründung für die Geheimhaltungsbedürftigkeit** zu verlangen (a.A. OLG Celle vom 10.9.2001, 13 Verg 12/01; OLG Jena vom 12.12.2001, 6 Verg 5/01). Es wäre wenig praktikabel, von den Beteiligten bereits im vorhinein Darlegungen und Begründungen für das Vorliegen eines schützenswerten Geheimnisses zu verlangen, obwohl noch nicht absehbar ist, inwieweit eine Einsicht in diese Unterlagen zur Durchsetzung subjektiver Rechte der Beteiligten überhaupt erforderlich ist. Wenn eine Einsichtnahme aus den vorgenannten Gründen erforderlich sein sollte, kann die Vergabekammer, soweit sie überhaupt Zweifel an der Geheimhaltungsbedürftigkeit hat, innerhalb kurzer Fristen von dem betroffenen Beteiligten eine Begründung anfordern und auf dieser Grundlage eine Entscheidung über die Gewährung der Akteneinsicht treffen.

42

E. Rechtsmittel gegen Entscheidungen der Vergabekammer über die Akteneinsicht (Abs. 4)

I. Rechtsmittel gegen die Versagung der Akteneinsicht

Die Versagung der Akteneinsicht durch die Vergabekammer ist nicht isoliert anfechtbar. Dies gilt sowohl für die teilweise als auch für die vollständige Versagung. Die Versagung der Akteneinsicht kann gemäß Abs. 4 **nur im Zusammenhang mit der sofortigen Beschwerde in der Hauptsache** angegriffen werden. Die Beteiligten müssen folglich, wenn sie die ablehnende Entscheidung der Vergabekammer angreifen wollen, die Hauptsacheentscheidung abwarten und die Versagung der Akteneinsicht zunächst hinnehmen (BayObLG vom 10.10.2000, Verg 5/00). Diese durch den Gesetzgeber gezogene Konsequenz ist sachgerecht, denn letztlich wird nur der Verfahrensbeteiligte die Verweigerung der Akteneinsicht angreifen wollen (und vor dem Beschwerdegericht die erforderliche Beschwer geltend machen können), der in der Hauptsache ganz oder teilweise unterlegen ist. Die Vorschrift des Abs. 4 vermeidet damit eine **Zersplitterung des Nachprüfungsverfahrens** und dient zugleich der Verfahrensbeschleunigung (Begr. RegE zum VgRÄG, BT-Drucks. 13/9340, S. 19). Des Weiteren entspricht Abs. 4 dem allgemeinen verwaltungsgerichtlichen Grundsatz, dass behördliche Entscheidungen nicht isoliert, sondern nur mit dem gegen die Sachentscheidung zulässigen Rechtsbehelf angegriffen werden können (vgl. § 44a VwGO).

43

II. Rechtsmittel gegen die Stattgabe der Akteneinsicht

Um einen durch das Gesetz nicht geregelten Fall handelt es sich hingegen, wenn die Vergabekammer **dem Antrag auf Akteneinsicht stattgeben will**, obwohl sich ein Verfahrensbeteiligter auf Geheimschutzinteressen beruft. Bei dieser Konstellation kann die Gewährung der Akteneinsicht für den betroffenen Beteiligten zu einem endgültigen Rechtsverlust führen, da seine Geheimnisse bekannt gegeben werden. Diese Konsequenz wäre mit der Rechtsschutzgarantie des Art. 19 Abs. 4 GG schwerlich vereinbar. Dementsprechend lässt die Rechtsprechung auch bei § 44a VwGO, dessen Rechtsgedanken Abs. 4 abbildet, Ausnahmen zu, wenn die nachträgliche Geltendmachung von Rechtsverletzungen durch behördliche Verfahrensverhandlungen zu irreversiblen Schäden führt (BVerfG vom 24.10.1990, 1 BvR 1028/90).

44

Auch die einem Akteneinsichtsantrag stattgebende Entscheidung der Vergabekammer muss daher einer **eigenständigen gerichtlichen Überprüfung** zugänglich sein, da eine lediglich im Zusammenhang mit der Hauptsache zulässige Überprüfung einen effektiven Rechtsschutz des betroffenen Beteiligten vereiteln würde, sofern durch einen Vollzug, namentlich durch eine faktisch gestattete Einsichtnahme in die Akten, Rechte des von der Akteneinsicht Betroffenen in einer durch die Hauptsacheentscheidung nicht wiedergutzumachenden Weise beeinträchtigt werden können. Dementsprechend hat die Vergabekammer eine **Zwischenentscheidung** zu treffen. Der betroffene Beteiligte kann in diesem Fall gegen die der Akteneinsicht stattgebende Zwischenentscheidung der Vergabekammer die **sofortige Beschwerde** gemäß § 116 Abs. 1 GWB einlegen (OLG Düsseldorf vom

45

28.12.2007, Verg 40/07 m.w.N.). Die Vergabekammer ist dann bis zu einer abschließenden Entscheidung des Beschwerdegerichts gehindert, dem Akteneinsichtsantrag stattzugeben.

46 Die Vergabekammer ist hingegen nicht gehindert, das Nachprüfungsverfahren in der Hauptsache trotz des anhängigen Rechtsstreits über die Akteneinsicht fortzusetzen. Aufgrund des im Nachprüfungsverfahren geltenden Beschleunigungsgrundsatzes (§ 113 GWB) dürfte es für die Vergabekammer sogar geboten sein, das Nachprüfungsverfahren – zunächst ohne Gewährung von Akteneinsicht in Bezug auf die streitigen Unterlagen – fortzuführen. Die unter Geheimschutzaspekten streitigen Aktenbestandteile können von der Kammer dann allerdings zunächst nicht im Rahmen einer abschließenden Entscheidung „in camera" verwertet werden (zur Unzulässigkeit dieser Verwertungsmethode vgl. OLG Düsseldorf vom 28.12.2007, Verg 40/07; siehe auch Rn. 36). Kommt es bei einer solchen Fallkonstellation auf die streitbefangenen Aktenbestandteile an, wird die Vergabekammer zunächst keine **Hauptsacheentscheidung** treffen und die **Entscheidungsfrist** gemäß § 113 Abs. 1 Satz 2 GWB **verlängern**, bis das zuständige Oberlandesgericht über das Rechtsmittel gegen die der Akteneinsicht stattgebende Zwischenentscheidung der Vergabekammer entschieden hat.

§ 112 Mündliche Verhandlung

(1) ¹Die Vergabekammer entscheidet auf Grund einer mündlichen Verhandlung, die sich auf einen Termin beschränken soll. ²Alle Beteiligten haben Gelegenheit zur Stellungnahme. ³Mit Zustimmung der Beteiligten oder bei Unzulässigkeit oder bei offensichtlicher Unbegründetheit des Antrags kann nach Lage der Akten entschieden werden.

(2) Auch wenn die Beteiligten in dem Verhandlungstermin nicht erschienen oder nicht ordnungsgemäß vertreten sind, kann in der Sache verhandelt und entschieden werden.

Übersicht

A. Allgemeines	1–8
I. Normzweck	1–4
II. Anwendbares Verfahrensrecht	5–8
B. Mündliche Verhandlung (Abs. 1 Satz 1 und 2)	9–28
I. Vorbereitung der mündlichen Verhandlung durch die Vergabekammer	10–13
1. Vorbereitungshandlungen im Überblick	10
2. Ladung	11–13
a) Erforderlichkeit der Ladung	11
b) Ladungsfrist	12
c) Terminsfestlegung	13
II. Durchführung der mündlichen Verhandlung	14–28
1. Ablauf der mündlichen Verhandlung	14–15
2. Mündlichkeitsgrundsatz und Unmittelbarkeitsgrundsatz	16–17
3. Gewährung rechtlichen Gehörs (Abs. 1 Satz 2)	18–20
4. Beschränkung auf einen Termin (Konzentrationsgrundsatz)	21–22
5. Weitere Einzelheiten des Verfahrensablaufs	23–28
a) Protokollierung	23–24
b) Beweisaufnahme	25–26
c) Öffentlichkeit	27
d) Kein Anwaltszwang	28
C. Entscheidung nach Lage der Akten (Abs. 1 Satz 3)	29–43
I. Allgemeines	29–31
II. Zustimmung der Beteiligten (Alt. 1)	32–35
III. Unzulässigkeit des Nachprüfungsantrags (Alt. 2)	36–38
IV. Offensichtliche Unbegründetheit des Nachprüfungsantrags (Alt. 3)	39–40
V. Rechtliches Gehör	41–42
VI. Weitere Fälle	43
D. Abwesenheit von Beteiligten (Abs. 2)	44–46

A. Allgemeines

I. Normzweck

Die Vorschrift des § 112 legt den 1

– Mündlichkeitsgrundsatz (Abs. 1 Satz 1 Hs. 1),

– Konzentrations- und Beschleunigungsgrundsatz (Abs. 1 Satz 1 Hs. 2, Satz 3 und Abs. 2) sowie

– Grundsatz des rechtlichen Gehörs (Abs. 1 Satz 2)

als Verfahrensgrundsätze für die Durchführung der mündlichen Verhandlung fest und hebt das Nachprüfungsverfahren insoweit auf die Ebene eines gerichtsähnlichen Verfahrens.

Die Festschreibung dieser Grundsätze – insbesondere die Durchführung der nicht öffentlichen (vgl. dazu Rn. 27) mündlichen Verhandlung und die Beschränkung auf einen Termin (der mündlichen Verhandlung) mit der dazu erforderlichen Vorbereitung durch die Vergabekammer und den Verfahrensbeteiligten – bezweckt die erforderliche **Beschleunigung des Verfahrens**, um hierdurch ausgelöste Investitionshemmnisse zeitlich zu begrenzen: Die mündliche Verhandlung ermöglicht den Parteien, den in den Schriftsätzen vorgetragenen Streitstoff zu erörtern und zu ergänzen, Missverständnisse und offene Fragen aufzuklären und eine Entscheidungsreife oder die Grundlage für eine abschließende Stellungnahme herbeizuführen (Kulartz/Kus/Portz/*Kus*, GWB-Vergaberecht, § 112 GWB Rn. 1). 2

Eine Ausprägung des Beschleunigungsgrundsatzes stellt auch die in Abs. 1 Satz 3 eröffnete Ausnahme einer Entscheidung nach Lage der Akten sowie einer Entscheidung in Abwesenheit der Beteiligten oder bei fehlender ordnungsgemäßer Vertretung derselben (Abs. 2); es besteht weder eine Anwesenheitspflicht der Verfahrensbeteiligten noch müssen diese sich durch einen Rechtsanwalt vertreten lassen. Anders verhält es sich beim Beschwerdeverfahren vor dem Oberlandesgericht (§ 120 GWB). Juristische Personen des öffentlichen Rechts hingegen können sich im Beschwerdever- 3 fahren auch durch Beamte oder Angestellte mit Befähigung zum Richteramt vertreten lassen (§ 120 Abs. 1 Satz 2 GWB).

4 Die den Verfahrensbeteiligten eröffnete Gelegenheit zur Stellungnahme (Abs. 1 Satz 2) – da der Vergabekammer lediglich eine gerichtsähnliche Bedeutung zukommt, hat der Gesetzgeber die Formulierung „Gelegenheit zur Stellungnahme" gewählt (*Gröning*, in: Motzke/Pietzcker/Prieß, Vergaberecht, § 112 GWB Rn. 5) – wird dem Anspruch auf rechtliches Gehör gerecht. Dabei muss aber auch berücksichtigt werden, dass neben der Vergabekammer selbst gerade auch die Verfahrensbeteiligten zur Vorbereitung auf die mündliche Verhandlung verpflichtet sind, an der Aufklärung des Sachverhalts mitzuwirken und die mündliche Verhandlung so mit vorzubereiten, dass deren Abschluss in einem Termin möglich wird (§ 113 Abs. 2 GWB).

II. Anwendbares Verfahrensrecht

5 § 112 enthält weder Regelungen über den Verfahrensablauf der mündlichen Verhandlung noch lassen sich solche durch eine ausdrückliche Verweisung auf Verfahrensvorschriften des VwVfG, der VwGO oder der ZPO herleiten.

6 Beim Nachprüfungsverfahren vor der Vergabekammer handelt es sich – obwohl gerichtsähnlich strukturiert – um ein **Verwaltungsverfahren**, dessen Entscheidung gemäß § 114 Abs. 1 Satz 1 GWB durch Verwaltungsakt getroffen wird. Auf dieses Verfahren ist – soweit in den Vorschriften der §§ 107 ff. GWB nichts anderes geregelt – das **VwVfG** des Bundes und der Länder anwendbar (Kulartz/Kus/Portz/*Kus*, GWB-Vergaberecht, § 112 GWB Rn. 6 ff.). Darüber hinaus werden aus Gründen der Sachnähe auch die Vorschriften der **VwGO** zu berücksichtigen sein. Die Anwendung von Regelungen der **ZPO** lässt sich lediglich über die Verweisungsnorm des § 173 VwGO rechtfertigen (Ingenstau/Korbion/*Müller-Wrede*, VOB, Teile A und B, § 112 GWB Rn. 2; Kulartz/Kus/Portz/*Kus*, GWB-Vergaberecht, § 112 GWB Rn. 11). *Gröning* (in: Motzke/Pietzcker/Prieß, Vergaberecht, § 112 GWB Rn. 2) empfiehlt, stets einzelfallbezogen zu analysieren, welche Prozessordnung die Regelung bereithält, die am besten für die Bedürfnisse der Nachprüfung geeignet ist.

7 Somit gelten folgende **Verfahrensvorschriften:**
   – Die Regelungen der §§ 107 bis 115 GWB über das Verfahren vor der Vergabekammer mit ihren Sonderverweisungen in § 110 Abs. 2 Satz 4 GWB und § 114 Abs. 3 GWB auf die §§ 57 bis 59 Abs. 1 bis 5 GWB und § 61 GWB;
   – die Regelungen des förmlichen Verwaltungsverfahrensrechts der §§ 9 ff. und 61 ff. VwVfG bzw. die der entsprechenden Länderregelungen;
   – die VwGO sowie über § 173 VwGO die entsprechenden Regelungen der ZPO.

8 Ergänzt bzw. konkretisiert werden die Verfahrensregelungen durch **Geschäftsordnungen**, welche sich die Vergabekammern, wie z.B. die Vergabekammern des Bundes mit der Geschäftsordnung vom 15.7.2005 i.d.F. der Bekanntmachung vom 12.8.2005 (BAnz. Nr. 151 vom 12.8.2005, S. 12 296), gegeben haben. Zur mündlichen Verhandlung wird in der Geschäftsordnung der Vergabekammern des Bundes (Ziffer III.) in §§ 6 und 7 ausgeführt:

III. Mündliche Verhandlung

§ 6

(1) Die Kammern entscheiden, sofern nicht die Voraussetzungen des § 112 Abs. 1 Satz 3 oder des § 112 Abs. 2 GWB vorliegen oder es sich um eine Entscheidung nach § 115 Abs. 2 Satz 1 oder 3 oder nach § 115 Abs. 3 Satz 1 GWB handelt, aufgrund mündlicher, nicht öffentlicher Verhandlung. Der Vorsitzende stimmt den Termin mit dem ehrenamtlichen Beisitzer ab und lädt die Verfahrensbeteiligten.

(2) Die Ladungsfrist beträgt mindestens drei Tage nach Eingang bei den Verfahrensbeteiligten.

§ 7

(1) Der Vorsitzende leitet die mündliche Verhandlung.

(2) Über die mündliche Verhandlung wird eine Niederschrift aufgenommen, die folgenden Inhalt hat:
- Ort und Tag der Verhandlung,
- Bezeichnung der entscheidenden Kammer,
- Namen des Vorsitzenden und der Beisitzer,
- Bezeichnung des Nachprüfungsverfahrens,
- Namen der erschienenen Verfahrensbeteiligten, ihrer gesetzlichen Vertreter und Bevollmächtigten sowie sonstiger Personen,
- Rücknahme des Antrags,
- Feststellung, dass die Verfahrensbeteiligten Gelegenheit zum Vortrag hatten,
- bei Entscheidung im Anschluss an die mündliche Verhandlung die Beschlussformel,
- die Unterschrift des Vorsitzenden.

(3) Die Verfahrensbeteiligten erhalten eine Abschrift der Niederschrift.

B. Mündliche Verhandlung (Abs. 1 Satz 1 und 2)

Gemäß **Abs. 1 Satz 1** fällt die Vergabekammer ihre Entscheidung in der Hauptsache – vorbehaltlich der in Abs. 1 Satz 3 geregelten Ausnahme für eine Entscheidung nach Lage der Akten – in einem förmlichen Verfahren aufgrund einer mündlichen Verhandlung, die nicht öffentlich ist. Die mündliche Verhandlung soll sich möglichst auf einen Termin beschränken (Abs. 1 Satz 1). Unter Berücksichtigung des § 112 VwGO trifft die Vergabekammer die Entscheidung in der Hauptsache in der Besetzung, in der die mündliche Verhandlung durchgeführt worden ist. Dieser Grundsatz gilt nicht für isolierte Kostenentscheidungen und Eilverfahren (§ 115 Abs. 2 und 3 GWB), im Falle der Entscheidung nach Lage der Akten mit Zustimmung der Beteiligten sowie bei Unzulässigkeit oder offensichtlicher Unbegründetheit des Antrags (BayObLG vom 26.11.2002, Verg 24/02). In der mündlichen Verhandlung ist allen Beteiligten Gelegenheit zur Stellungnahme zu geben (**Abs. 1 Satz 2**).

I. Vorbereitung der mündlichen Verhandlung durch die Vergabekammer

1. Vorbereitungshandlungen im Überblick

Zu den Vorbereitungshandlungen für die Durchführung einer abschließenden mündlichen Verhandlung gehören:
- die **Ermittlung des Sachverhalts** (§ 110 GWB) sowie die Klärung einer erforderlichen **Beiladung** (§ 109 GWB),
- die Feststellung der für notwendig erachteten **Aufklärungsmittel** (z.B. Urkunden, Zeugen, Sachverständigen),
- die **Bestimmung eines Verhandlungstermins** von Amts wegen (§ 101 Abs. 1 VwGO) sowie
- die **Ladung der Beteiligten** und vorsorgliche **Ladung von Zeugen** und Sachverständigen zum Termin. Von der vorsorglichen Ladung von Zeugen und Sachverständigen sollte – wie *Gröning* (in: Motzke/Pietzcker/Prieß, Vergaberecht, § 112 GWB Rn. 8) zu Recht ausführt – aus Gründen der Fürsorgepflicht gegenüber dieser Personengruppe zurückhaltend Gebrauch gemacht werden. Denn regelmäßig ist die Wahrnehmung des Termin mit besonderem Aufwand (Anreise etc.) verbunden. Daneben ist auch das Kosteninteresse der Beteiligten zu berücksichtigen. Zeugen und Sachverständige sollten daher nur dann vorsorglich geladen werden, wenn mit großer Wahrscheinlichkeit anzunehmen ist, dass sie auch angehört werden müssen.

2. Ladung

a) Erforderlichkeit der Ladung

11 Die Beteiligten sind zum Termin zu laden. Die Form der Ladung und die Ladungsfrist sind nicht geregelt. Hinsichtlich der Folgen für das Verfahren werden unterschiedliche Ansichten vertreten. Einerseits soll eine förmliche Ladung nicht erforderlich sein, vielmehr soll jede Form der Mitteilung, die eine Gewähr dafür bietet, dass sie den Empfänger erreicht, ausreichend sein. Nach dieser Auffassung soll insbesondere bei größeren Anwaltskanzleien regelmäßig eine Mitteilung per E-Mail, verbunden mit einer Eingangsbestätigung, genügen (*Summa*, in: jurisPK-VergabeR, § 112 GWB Rn. 13). Andere verlangen eine förmliche Ladung unter Hinweis auf § 67 Abs. 1 VwVfG und die insoweit funktionale Gleichheit zwischen einem gerichtlichen Verfahren und dem Nachprüfungsverfahren (vgl. *Gröning*, in: Motzke/Pietzcker/Prieß, Vergaberecht, § 112 GWB Rn. 6). Letztere Meinung verdient insbesondere unter Berücksichtigung der für das Vergabekammerverfahren heranzuziehenden Rechtsvorschriften – insbesondere des Verwaltungsverfahrensrechts – den Vorzug: Eine **einfache Mitteilung** ist im Hinblick auf die Vergleichbarkeit des Nachprüfungsverfahrens mit einem förmlichen Verwaltungsverfahren (§ 67 Abs. 1 VwVfG) **nicht ausreichend**. Zwar ist eine Zustellung der Ladung nicht vorgeschrieben. Zumindest bedarf es aber einer schriftlichen Ladung.

b) Ladungsfrist

12 Gemäß § 67 Abs. 2 Satz 1 VwVfG muss die Ladung in angemessener Frist erfolgen. § 6 Abs. 2 der Geschäftsordnung der Vergabekammern des Bundes bestimmt eine Ladungsfrist von **mindestens drei Tagen** nach Eingang bei den Verfahrensbeteiligten. Dies erscheint im Hinblick auf die trotz des zu berücksichtigenden Beschleunigungsgrundsatzes unter Berücksichtigung der Dispositionsmöglichkeiten der Verfahrensbeteiligten und insbesondere der Verfahrensbevollmächtigten, also in der Regel der Rechtsanwälte, durch die sich die Verfahrensbeteiligten zumeist vertreten lassen werden, als zu kurz bemessen, zumal die Vergabekammer bereits zu einem sehr frühen Zeitpunkt den Verhandlungstermin festzulegen in der Lage ist. Eine Ladungsfrist von **einer Woche** wird man dagegen als ausreichend ansehen müssen (*Summa*, in: jurisPK-VergabeR, § 112 GWB Rn. 14), zumal sogar die Regelladungsfrist von mindestens zwei Wochen (§ 102 Abs. 1 VwGO), wenn dies unter Berücksichtigung des Beschleunigungsgrundsatzes (§ 113 GWB) erforderlich erscheint, verkürzt werden darf (Ingenstau/Korbion/*Müller-Wrede*, VOB, Teile A und B, § 112 GWB Rn. 2; Kulartz/Kus/Portz/ *Kus*, GWB-Vergaberecht, § 112 GWB Rn. 16 mit Hinweis auf § 67 Abs. 1 Satz 2 VwVfG und § 102 Abs. 2 Satz 2 VwGO). Ob dies auf eine analoge Anwendung des § 217 ZPO gestützt wird (*Gröning*, in: Motzke/Pietzcker/Prieß, Vergaberecht, § 112 GWB Rn. 6) oder auf die Möglichkeit der Verkürzung der Ladungsfrist in dringenden Fällen (§ 102 Abs. 1 VwGO), kann dahinstehen. Das das Nachprüfungsverfahren beherrschende Beschleunigungsgebot rechtfertigt jedenfalls den „dringenden Fall" i.S.d. § 102 VwGO.

c) Terminsfestlegung

13 Der Termin für die mündliche Verhandlung muss so gewählt sein, dass vor der mündlichen Verhandlung allen Beteiligten Akteneinsicht und rechtliches Gehör gewährt werden kann und die Vergabekammer eventuell notwendige Ermittlungsmaßnahmen durchführen konnte. Nach dem Termin für die mündliche Verhandlung muss zudem noch genügend Zeit für die Vergabekammer sein, ihre Entscheidung abzufassen und den Beteiligten zuzustellen. Die Frist des § 113 Abs. 1 GWB lässt in der Regel eine Terminsabstimmung mit den Beteiligten nicht zu. Auch besteht kein Anspruch der Beteiligten auf **Terminsverlegung** (so zutreffend *Summa*, in: jurisPK-VergabeR, § 112 GWB Rn. 16 unter Hinweis auf die Beachtung des Beschleunigungsgrundsatzes).

II. Durchführung der mündlichen Verhandlung

1. Ablauf der mündlichen Verhandlung

14 Den formalen Ablauf der mündlichen Verhandlung kann die Vergabekammer mangels entsprechender Regelungen und unbeschadet der Beachtung der zwingenden Verhandlungsgrundsätze – wie

die den Verfahrensbeteiligten einzuräumende Stellungnahmemöglichkeit – frei festlegen. So ist es z.B. nicht erforderlich, dass der Vorsitzende oder der Bericht erstattende Beisitzer in den Sach- und Streitstand einführt – auch wenn das bei den meisten Vergabekammern üblich ist – oder dies von der Zustimmung der Verfahrensbeteiligten abhängig macht. In der Praxis folgt der Ablauf der mündlichen Verhandlung jedoch im Wesentlichen dem **Ablauf einer normalen Gerichtsverhandlung** (Feststellung der Anwesenheit der Beteiligten; Einführung in den Sach- und Streitstand; Erörterung desselben und Gelegenheit zur Stellungnahme der verschiedenen Beteiligten; Stellen der Anträge, aber keine Verkündung des Entscheidungstenors; kein Verkündungstermin, stattdessen Zustellung der kompletten Entscheidung).

Die mündliche Verhandlung wird von folgenden prozessualen Grundsätzen geprägt: 15

2. Mündlichkeitsgrundsatz und Unmittelbarkeitsgrundsatz

Die Entscheidung der Vergabekammer darf sich einerseits nur auf solche **Tatsachen und Beweise** 16
stützen, die **Gegenstand der mündlichen Verhandlung** waren (**Grundsatz der Mündlichkeit**). Solche Tatsachen sind neben den Schriftsätzen der Verfahrensbeteiligten auch Sachverständigengutachten, Urkunden oder die Ergebnisse externer Beweisaufnahmen. Diese sind zum Gegenstand der mündlichen Verhandlung zu machen. Andererseits hat die Vergabekammer sämtliche während der mündlichen Verhandlung vorgetragenen und entscheidungserheblichen Tatsachen auch in die Entscheidung einzubeziehen.

Mit dem Grundsatz der Mündlichkeit korrespondiert der **Unmittelbarkeitsgrundsatz:** Die mündli- 17
che Verhandlung sowie die Beweisaufnahme müssen unmittelbar vor der Vergabekammer stattfinden, so dass die Kammer die Entscheidung aus eigener Anschauung und nicht aufgrund zwischengeschalteter Dritter, wie z.B. eines Berichterstatters, zu treffen in der Lage ist (*Boesen*, Vergaberecht, § 112 GWB Rn. 8).

3. Gewährung rechtlichen Gehörs (Abs. 1 Satz 2)

In Ausprägung des in Art. 103 Abs. 1 GG verfassungsrechtlich verankerten Grundsatzes des rechtli- 18
chen Gehörs bestimmt Abs. 1 Satz 2, dass allen Beteiligten (Antragsteller, Antragsgegner und Beigeladene, § 109 GWB) zwingend **„Gelegenheit zur Stellungnahme"** zu geben ist. Die Beteiligten erhalten dadurch das Recht und die Möglichkeit, ihre Standpunkte zu dem die Entscheidung beeinflussenden Streitstand darzustellen sowie die insoweit erforderlichen und sachdienlichen Anträge zu stellen (OLG Düsseldorf vom 2.3.2005, VII Verg 70/04) und insoweit Einfluss auf das Nachprüfungsverfahren und die Entscheidung zu nehmen. Die Vergabekammer muss das Vorbringen der Verfahrensbeteiligten in die Entscheidungsfindung und die Entscheidung einbeziehen (OLG Koblenz vom 22.3.2001, 1 Verg 9/00). Die Beteiligten können in der mündlichen Verhandlung ihre Schriftsätze und die lediglich angekündigten **Anträge ändern** oder präzisieren. Sofern ein **neuer Sachvortrag** erfolgt, ist den übrigen Beteiligten die Möglichkeit zur Stellungnahme zu geben. Entsprechendes gilt für das Ergebnis einer Beweisaufnahme.

Grundsätzlich erfolgt die Stellungnahme in der mündlichen Verhandlung, erforderlichenfalls ist den 19
Beteiligten eine **Erklärungsfrist** zu gewähren, innerhalb derer sie **per Schriftsatz** auf das in der mündlichen Verhandlung vorgetragene neue Vorbringen reagieren können. Die Stellungnahme ist auf das neue Vorbringen zu beschränken, um den Anspruch auf rechtliches Gehör desjenigen, der den neuen Sachverhalt in der mündlichen Verhandlung vorgetragen hat, nicht zu verletzen. Resultieren aus der nachgelassenen Schriftsatzerklärung neue Gesichtspunkte, hat die Vergabekammer unter Ausübung des pflichtgemäßen Ermessens eine Entscheidung darüber zu treffen, ob sie wieder in eine mündliche Verhandlung eintritt (*Gröning*, in: Motzke/Pietzcker/Prieß, Vergaberecht, § 112 GWB Rn. 22). Kommt es wegen der Einräumung der Erklärungsfrist zu einer **Überschreitung des Entscheidungszeitraumes** i.S.d. § 113 Abs. 1 Satz 1 GWB, verlängert der Vorsitzende gleichzeitig (so *Gröning*, in: Motzke/Pietzcker/Prieß, Vergaberecht, § 112 GWB Rn. 22), zumindest aber rechtzeitig vor Ablauf der Frist, die Entscheidungsfrist (§ 113 Abs. 1 Satz 2 GWB). Davon unberührt bleibt die Möglichkeit der Fristverlängerung bei besonderen tatsächlichen oder rechtlichen Schwierigkeiten (§ 113 Abs. 1 Satz 2 GWB).

20 Wird der Grundsatz des rechtlichen Gehörs **verletzt**, führt dies im Falle der Beschwerde zu einer Aufhebung der Entscheidung und einer Zurückweisung an die Vergabekammer (OLG Düsseldorf vom 2.3.2005, VII Verg 70/04 in entsprechender Anwendung des § 538 Abs. 2 Nr. 3 ZPO bzw. § 130 Abs. 2 Nr. 2 VwGO).

4. Beschränkung auf einen Termin (Konzentrationsgrundsatz)

21 Neben der Vorgabe des § 113 Abs. 1 Satz 1 GWB, nach der die begründete Entscheidung der Vergabekammer innerhalb von fünf Wochen ab Eingang des Nachprüfungsantrags getroffen sein soll, ist die **Beschränkung der mündlichen Verhandlung auf einen Termin** – in Anlehnung an § 87 Abs. 1 Satz 1 VwGO – Ausdruck des Beschleunigungs- bzw. Konzentrationsgrundsatzes. Voraussetzung für die Umsetzung dieser Zielvorgabe ist eine umfassende tatsächliche und rechtliche Aufarbeitung des Sach- und Streitstandes zur Vorbereitung der mündlichen Verhandlung durch die Vergabekammer auf der Grundlage der vorgelegten Schriftsätze und Vergabeunterlagen und die damit korrespondierenden Verfahrensförderungspflichten der Beteiligten (§ 113 Abs. 2 GWB).

22 Die als „Soll"-Vorschrift ausgestaltete Regelung des Abs. 1 Satz 1 schließt allerdings die **Durchführung eines weiteren Termins oder weiterer Termine** nicht aus, wenngleich ein solcher Ausnahmefall sich richtigerweise erst aufgrund neuer Erkenntnisse im Zusammenhang mit der Durchführung der mündlichen Verhandlung oder der sich daran anschließenden Entscheidungsfindung ergeben darf (so zutreffend Kulartz/Kus/Portz/*Kus*, GWB-Vergaberecht, § 112 GWB Rn. 14). Wird der Ausnahmecharakter der unbedingten Durchführung einer solchen mündlichen Verhandlung über zwei oder mehrere Tage beachtet, läuft dies dem Beschleunigungsgedanken nicht zuwider.

5. Weitere Einzelheiten des Verfahrensablaufs

a) Protokollierung

23 Das Erfordernis der Ausfertigung eines den Verlauf der mündlichen Verhandlung wiedergebenden Protokolls ergibt sich – unbeschadet dessen, dass es den Anforderungen jeden förmlichen Verfahrens entspricht (*Gröning*, in: Motzke/Pietzcker/Prieß, Vergaberecht, § 112 GWB Rn. 13) – bereits aus dem der Entscheidung zugrunde zu legenden Mündlichkeitsgrundsatz.

24 Als **wesentliche Bestandteile** eines solchen Protokolls werden insbesondere dokumentiert:
– Prozesshandlungen (z.B. die Feststellung der Anwesenheit der Beteiligten, verfahrensleitende Beschlüsse, z.B. die Einvernahme von Zeugen, oder Anregungen bzw. Vorschläge zur unstreitigen Verfahrensbeendigung sowie etwaige Schriftsatznachlässe),
– modifizierende oder ergänzende Erklärungen zum Schriftsatzvortrag,
– neue tatsächliche und rechtliche Einlassungen,
– das Ergebnis der Zeugenvernehmung und der Sachverständigenerklärungen,
– die vorgelegten Beweismittel sowie die Anträge der Beteiligten.

b) Beweisaufnahme

25 Sofern die Klärung von Tatsachen für die Entscheidung von Bedeutung ist, ist in der mündlichen Verhandlung eine Beweisaufnahme durchzuführen (OLG Düsseldorf vom 29.4.2009, VII Verg 73/08; vom 20.1.2006, VII Verg 98/05); insoweit gelten die §§ 110 Abs. 2 Satz 4, 57 GWB entsprechend. **Zeugen** sind vor der Vernehmung zur Wahrheit zu ermahnen und können darauf hingewiesen werden, dass die Vergabekammer das Amtsgericht um die **Beeidigung** von Zeugenaussagen ersuchen kann, wenn sie die Beeidigung zur Herbeiführung einer wahrheitsgemäßen Aussage für notwendig erachtet.

26 Die für das Verfahren vorgeschriebene Feststellung der Zeugenaussagen (§ 57 Abs. 3 GWB) geschieht zweckmäßigerweise durch Aufnahme der Aussagen in der Sitzungsniederschrift in direkter Rede und inhaltlich möglichst gedrängter Wiedergabe (BayObLG vom 28.8.2001, Verg 11/01–12). Bei der **Protokollierung** der Aussage von Zeugen und Sachverständigen ist mit *Gröning* (in: Motzke/Pietzcker/Prieß, Vergaberecht, § 112 GWB Rn. 13) im Hinblick darauf, dass diese Aussagen

im Rahmen einer gerichtsähnlichen Verhandlung aufgenommen werden, eine eingeschränkte Anwendung des § 57 Abs. 4 GWB (i.V.m. § 110 GWB) angezeigt: Die dem Zeugen zur Genehmigung vorzulesende Aussage kann durch die Genehmigung des laut Diktierten ersetzt werden. Nicht erforderlich ist dagegen die nach § 57 Abs. 4 Satz 2 GWB vorgesehene Unterschrift des Zeugen oder Sachverständigen unter seine Genehmigung.

c) Öffentlichkeit

Die Verhandlung vor der Vergabekammer ist nicht öffentlich (§ 68 Abs. 1 Satz 1 VwVfG). 27

d) Kein Anwaltszwang

Im Gegensatz zum Beschwerdeverfahren vor dem Oberlandesgericht (§ 120 Abs. 1 Satz 1 GWB) besteht für das Verfahren vor der Vergabekammer kein Anwaltszwang. Für die Bestimmung der ordnungsgemäßen Vertretung der Beteiligten sind die Vorschriften des VwVfG des Bundes bzw. der Länder heranzuziehen (Heiermann/Riedl/Rusam/*Kullack*, Handkommentar zur VOB, § 112 GWB Rn. 7). 28

C. Entscheidung nach Lage der Akten (Abs. 1 Satz 3)

I. Allgemeines

Als Ausnahme vom Mündlichkeits- und Unmittelbarkeitsgrundsatz eröffnet Abs. 1 Satz 3 die Möglichkeit, unter drei gesetzlich normierten Voraussetzungen eine Entscheidung ohne mündliche Verhandlung nach Lage der Akten – also in einem schriftlichen Verfahren – zu treffen. Eine Entscheidung nach Lage der Akten **setzt** danach **voraus:** 29

– die Zustimmung der Beteiligten oder
– die Unzulässigkeit des Nachprüfungsantrags oder
– die offensichtliche Unbegründetheit des Nachprüfungsantrags.

Liegt keine dieser alternativen Voraussetzungen vor, würde eine gleichwohl ergehende Entscheidung nach Lage der Akten eine Verletzung des Anspruchs der Beteiligten auf rechtliches Gehör und auf ein faires Verfahren mit sich bringen (OLG Thüringen vom 9.9.2002, 6 Verg 4/02). 30

Die Vergabekammer „**kann**" eine Entscheidung nach Lage der Akten herbeiführen, sie muss es aber nicht. Sie entscheidet hierüber nach eigenem Ermessen (BayObLG vom 20.8.2001, Verg 11/01). Bei der Ausübung ihres Ermessens muss sie die sie treffende Pflicht aus § 110 Abs. 1 GWB berücksichtigen, den Sachverhalt umfassend aufzuklären. Zudem muss sie einerseits die mögliche Verzögerung des Verfahrens berücksichtigen, die durch die mündliche Verhandlung entstehen würde; andererseits muss sie abschätzen, ob durch eine mündliche Verhandlung neue Erkenntnisse erwartet werden können (*Weyand*, ibr-online-Kommentar Vergaberecht, § 112 GWB Rn. 2142 m.w.N.). 31

II. Zustimmung der Beteiligten (Alt. 1)

Stimmen sämtliche Beteiligte (§ 109 GWB) einer „**Entscheidung nach Lage der Akten**" (VK Sachsen vom 21.4.2008, 1/SVK/021-08-G; Kulartz/Kus/Portz/*Kus*, GWB-Vergaberecht, § 112 GWB Rn. 22, dem darin zuzustimmen ist, dass die entsprechende Aufforderung durch die Vergabekammer aufgrund des eindeutigen Gesetzeswortlauts diesen Wortlaut enthalten sollte) zu, kann die Vergabekammer ohne mündliche Verhandlung im schriftlichen Verfahren entscheiden. In diesem Fall ist weder unter dem Gesichtspunkt des Mündlichkeits- und Unmittelbarkeitsgrundsatzes noch des rechtlichen Gehörs ein Erfordernis bzw. Bedürfnis zur Durchführung einer mündlichen Verhandlung vorhanden. Ein solches Verfahren wird vielmehr dem Beschleunigungsgrundsatz unmittelbar gerecht und erspart den kostenpflichtigen Verfahrensbeteiligten weitergehende Aufwendungen. 32

Die **Zustimmung** muss durch die Beteiligten erfolgen. Hierzu **fordert** sie die Vergabekammer entweder bei der Zustellung des Antrags oder zu einem späteren **Zeitpunkt auf** (Ingenstau/Korbion/*Müller-Wrede*, VOB, Teile A und B, § 112 GWB Rn. 6). Die Zustimmung ist an keine Form gebunden 33 (vgl. § 10 VwVfG). Sie kann mündlich, schriftlich oder in sonstiger Weise gegenüber der Vergabekammer erklärt werden.

34 Die Zustimmung muss inhaltlich klar und **eindeutig** sein. Sie darf nicht unter einer Bedingung stehen (*Boesen*, Vergaberecht, § 112 GWB Rn. 21). Die ausdrückliche Zustimmung kann nicht dadurch ersetzt werden, dass die Vergabekammer eine Erklärungsfrist setzt und darauf hinweist, dass – im Sinne einer Zustimmungsfiktion – nach Ablauf der Frist von einer Zustimmung ausgegangen werde (Kulartz/Kus/Portz/*Kus*, GWB-Vergaberecht, § 112 GWB Rn. 23).

35 Die Zustimmung ist als Prozesshandlung **unwiderruflich**, **bindet** die Vergabekammer aber **nicht**. Trotz erfolgter Zustimmung aller Beteiligten ist es der Vergabekammer allerdings unbenommen – etwa im Falle neuer Gesichtspunkte –, eine mündliche Verhandlung anzuberaumen und durchzuführen und auf dieser Grundlage eine Entscheidung zu treffen (*Boesen*, Vergaberecht, § 112 GWB Rn. 18; *Gröning*, in: Motzke/Pietzcker/Prieß, Vergaberecht, § 112 GWB Rn. 24).

III. Unzulässigkeit des Nachprüfungsantrags (Alt. 2)

36 Eine weitere alternative Voraussetzung für die Möglichkeit einer Entscheidung nach Lage der Akten ist die Unzulässigkeit des Nachprüfungsantrags. Diese liegt vor, wenn die Voraussetzungen der §§ 107, 108 GWB nicht eingehalten wurden, z.B. bei einer unterlassenen (rechtzeitigen) Rüge des behaupteten Vergaberechtsverstoßes.

37 Stellt die Vergabekammer fest, dass der behauptete Vergaberechtsverstoß nicht rechtzeitig gemäß § 107 Abs. 3 GWB gerügt worden ist und insoweit die Antragsbefugnis fehlt, kann sie ohne mündliche Verhandlung nach Lage der Akten entscheiden (VK Baden-Württemberg vom 13.2.2006, 1 VK 1/06). Ein Nachprüfungsantrag ist auch dann unzulässig, wenn sich aus der Begründung keine konkrete Rechtsverletzung ergibt, sondern nur die Möglichkeit eines Verstoßes gegen das Vergaberecht in den Raum gestellt wird (OLG Koblenz vom 22.3.2001, Verg 9/00).

38 Die Unzulässigkeit muss **nicht** – anders als im Falle des § 110 Abs. 2 Satz 1 GWB, nach dessen Inhalt bei offensichtlicher Unzulässigkeit die Zustellung des Nachprüfungsantrags unterbleibt – **offensichtlich** sein (OLG Brandenburg vom 5.10.2004, Verg W 12/04; VK Sachsen vom 8.7.2011, 1/SVK7027-11). Die Vergabekammer kann deshalb auch in den Fällen ohne mündliche Verhandlung entscheiden, in denen sie den Nachprüfungsantrag zwar mangels Bejahung einer offensichtlichen Unzulässigkeit zugestellt, im Rahmen der Prüfung aber die Unzulässigkeit des Antrags festgestellt hat (BayObLG vom 20.8.2001, Verg 11/01). Entsprechendes gilt, wenn die Vergabekammer nach Prüfung der Vergabeunterlagen keinen Zweifel daran hat, dass die behaupteten Rechtsverletzungen nicht bestehen (*Summa*, in: jurisPK-VergabeR, § 112 GWB Rn. 9), oder – etwa nach Rücknahme des Antrags auf Nachprüfung – lediglich eine Kostenentscheidung erforderlich wird (BayObLG vom 29.9.1999, Verg 5/99).

IV. Offensichtliche Unbegründetheit des Nachprüfungsantrags (Alt. 3)

39 Dritte Alternative für eine Entscheidung nach Lage der Akten ist die offensichtliche Unbegründetheit des Nachprüfungsantrags (vgl. dazu § 110 Rn. 37 ff.). Während sich die offensichtliche Unbegründetheit i.S.d. § 110 Abs. 1 GWB bereits aus der Antragsschrift mit der Folge des Absehens von einer Zustellung des Antrags ergeben muss, kann die Entscheidung für eine Entscheidung nach Lage der Akten erst aus weiteren Erkenntnissen der Vergabekammer über den Inhalt der Antragsschrift hinaus resultieren (Kulartz/Kus/Portz/*Kus*, GWB-Vergaberecht, § 112 GWB Rn. 27). Eine offensichtliche Unbegründetheit liegt vor, wenn der Antrag nach vollständiger Ermittlung und Bewertung des Sachverhalts nach Überzeugung der Vergabekammer unter keinem rechtlichen Gesichtspunkt und unter keiner möglichen Betrachtungsweise Erfolg verspricht (*Gröning*, in: Motzke/Pietzcker/Prieß, Vergaberecht, § 112 GWB Rn. 28) und die Durchführung einer mündlichen Verhandlung keine andere Bewertung nach sich ziehen würde, die Zurückweisung des Antrags sich also geradezu aufdrängt (*Boesen*, Vergaberecht, § 112 GWB Rn. 25). Entsprechendes gilt, wenn nach vollständiger Ermittlung des Sachverhalts aus der Sicht der Vergabekammer mit hinreichender Wahrscheinlichkeit kein substantiierter Vortrag zu tatsächlichen oder rechtlichen Fragen mehr erfolgen wird, der eine

andere Entscheidung nach sich ziehen würde, und die Rechtslage eindeutig ist (VK Schleswig-Holstein vom 17.3.2006, VK-SH 2/06).

Eine Entscheidung nach Lage der Akten kommt ebenfalls in Betracht, wenn 40
- sich die Unbegründetheit des Antrags unmittelbar aus dem Inhalt des Angebots ergibt (VK Brandenburg vom 20.9.2010, VK 45/10 für den Fall, dass das Angebot einen zwingenden Ausschlussgrund beinhaltet; VK Brandenburg vom 12.8.2009, VK 28/09; VK Bund vom 18.11.2004, VK 2-169/04);
- die Vergabekammer nicht zuständig ist (VK Brandenburg vom 10.2.2003, VK 80/02);
- der Nachprüfungsantrag nach Ansicht der Vergabekammer unter keinem rechtlichen Gesichtspunkt Aussicht auf Erfolg hat (VK Bund vom 6.10.2003, VK 2-94/03);
- für die Vergabekammer erkennbar wird, dass die Durchführung einer mündlichen Verhandlung keine rechtliche Verbesserung auf Seiten des Antragstellers nach sich ziehen wird (VK Schleswig-Holstein vom 28.11.2006, VK-SH 25/06);
- der Sachverhalt unstreitig und hinreichend aufgeklärt ist (VK Schleswig-Holstein vom 17.3.2006, VK-SH 2/06; VK Sachsen vom 14.2.2006, 1/SVK/005-06, 1/SVK/005-06G; VK Rheinland-Pfalz vom 4.5.2005, VK 8/05).

V. Rechtliches Gehör

Eine Entscheidung nach Lage der Akten wegen Unzulässigkeit oder offensichtlicher Unbegründetheit des Nachprüfungsantrags zieht unvermeidlich die Frage nach der **Behandlung des Grundsatzes der Gewährung rechtlichen Gehörs** nach sich. Einerseits wird insoweit vertreten, dass bei einer Abweichung vom Grundsatz der mündlichen Verhandlung der Grundsatz des rechtlichen Gehörs zu beachten und dem Antragsteller aus diesem Grunde zur Vermeidung einer Überraschungsentscheidung Gelegenheit zur Stellungnahme zu geben sei, um den bis dahin unzulässigen Antrag „nachzubessern" oder die Antragsbegründung ergänzen zu können (*Boesen*, Vergaberecht, § 112 GWB Rn. 29). Andererseits wird eine solche **Hinweispflicht** zwar unter dem Gesichtspunkt des rechtlichen Gehörs verneint, gleichwohl unter dem Gesichtspunkt der Verfahrensfairness für die Fälle in Erwägung gezogen, dass Anhaltspunkte für eine andere Beurteilung der Unzulässigkeit bzw. Unbegründetheit bei ergänzendem Vortrag bestehen. Das soll etwa dann der Fall sein, wenn hinreichende Ausführungen ersichtlich aus Versehen unterblieben sind und der Antragsteller anderenfalls trotz des Rechtsmittels der sofortigen Beschwerde erheblich benachteiligt werde (*Gröning*, in: Motzke/Pietzcker/Prieß, Vergaberecht, § 112 GWB Rn. 29).

41

Richtigerweise besteht eine solche Hinweispflicht nicht. Dies würde nämlich einerseits dem Beschleunigungseffekt, der mit einer Entscheidung nach Lage der Akten erzielt werden soll, zuwiderlaufen, da im Falle eines solchen Hinweises den Verfahrensbeteiligten nämlich zwangsläufig auch die Möglichkeit zur Stellungnahme eröffnet werden müsste (so zu Recht *Summa*, in: jurisPK-VergabeR, § 112 GWB Rn. 10). Andererseits hat es der Gesetzgeber mit dem Ziel der Verfahrensbeschleunigung gerade in das Ermessen der Vergabekammer gestellt, unter den engen und abschließenden Voraussetzungen des Abs. 1 Satz 3 eine Entscheidung nach Lage der Akten treffen zu dürfen, ohne dass dies an eine vorherige Anhörung geknüpft worden ist.

42

VI. Weitere Fälle

Die mündliche Verhandlung ist grundsätzlich nur im Hauptsacheverfahren durchzuführen (*Gröning*, in: Motzke/Pietzcker/Prieß, Vergaberecht, § 112 GWB Rn. 30). Über die nachfolgenden Verfahrenshandlungen kann daher nach Lage der Akten im schriftlichen Verfahren entschieden werden:
- Die **Kostenentscheidung nach übereinstimmender Erledigungserklärung des Hauptsacheverfahrens** durch die Beteiligten oder **Antragsrücknahme** sowie die **Auslegung** einer bereits getroffenen Kostenentscheidung (VK Schleswig-Holstein vom 10.5.2004, VK-SH 19/02); setzt die Vergabekammer die von einem Beteiligten im Verfahren vor der Vergabekammer zu erstattenden Aufwendungen fest und wird dagegen Beschwerde eingelegt, kann das Beschwerde-

43

gericht hierüber ohne mündliche Verhandlung entscheiden. Dies gilt darüber hinaus grundsätzlich für Entscheidungen der Vergabekammer über Kosten, wenn diese allein Gegenstand der sofortigen Beschwerde ist;
- die **Zwischenentscheidung** über die Gestattung der **Akteneinsicht** sowie eines **Beweisbeschlusses**;
- der Antrag auf **Vorabgestattung des Zuschlags** nach § 115 Abs. 2 Satz 1 GWB;
- der Antrag des Antragstellers auf **Vornahme weiterer vorläufiger Maßnahmen** zur Sicherung seiner Rechte aus § 97 Abs. 7 (§ 115 Abs. 3 Satz 1 GWB).

D. Abwesenheit von Beteiligten (Abs. 2)

44   Die Regelung des Abs. 2 ist eine Ausprägung des Beschleunigungsgrundsatzes. Abs. 2 legt fest, dass die Vergabekammer auch dann in der Sache verhandeln und entscheiden kann, wenn die Beteiligten im Verhandlungstermin nicht erschienen sind, also ein oder mehrere Verfahrensbeteiligte nicht zum Termin gekommen sind, oder nicht ordnungsgemäß gesetzlich oder rechtsgeschäftlich vertreten sind (VK Hessen vom 14.12.2009, 69d-VK-50/2009). Eine Verletzung des rechtlichen Gehörs liegt in diesem Falle nicht vor. Voraussetzung dafür ist, dass die Beteiligten ordnungsgemäß geladen worden sind und ihnen durch die Beachtung einer angemessenen Ladungsfrist die Teilnahme am Termin ermöglicht worden ist und die Vergabekammer die Beteiligten in der Ladung auf diese Möglichkeit hingewiesen hat (h.M., Kularz/Kus/Portz/*Kus*, GWB-Vergaberecht, § 112 GWB Rn. 33; Ingenstau/Korbion/*Müller-Wrede*, VOB, Teile A und B, § 112 GWB Rn. 8).

45   Bei der Ausübung ihres **Ermessens** wird die Vergabekammer zu berücksichtigen haben, dass eine erneute Terminierung zu einer dem Beschleunigungsgrundsatz widersprechenden Verfahrensverzögerung führt und die Regelung des Abs. 2 dem gerade entgegenwirken soll. Auch im Hinblick auf das der Vergabekammer obliegende Erfordernis der Sachverhaltsaufklärung (Untersuchungsgrundsatz, § 110 GWB) wird in der Regel die Anberaumung eines neuen Termins nicht erforderlich sein. Zwar erforscht die Vergabekammer den Sachverhalt von Amts wegen. Sie kann sich dabei aber auf das beschränken, was von den Beteiligten vorgebracht wird oder ihr sonst bekannt sein muss. Insoweit bestimmt die Vergabekammer die Art und den Umfang der Ermittlungen und hat dabei alle in der ihr durch § 113 Abs. 1 GWB vorgegebenen Frist zur Verfügung stehenden Möglichkeiten einer Aufklärung des relevanten Sachverhalts auszuschöpfen. Insoweit wird insbesondere auch im Hinblick auf die bestehende Möglichkeit i.S.d. § 113 Abs. 2 GWB für die Anberaumung eines neuen Termins zur Ermittlung weiterer entscheidungsrelevanter Sachverhalte in der Regel weder ein Erfordernis noch Raum bestehen.

46   Erscheinen lediglich **einige** der geladenen Beteiligten, kann ebenfalls eine Entscheidung i.S.d. Abs. 2 ergehen. Ob mit den Erschienenen verhandelt wird, entscheidet die Vergabekammer nach pflichtgemäßem Ermessen (*Boesen*, Vergaberecht, § 112 GWB Rn. 33; a.A. *Bechtold*, GWB, § 112 Rn. 3); in der Regel wird eine Verhandlung in der Sache erfolgen. Diese sowie der schriftsätzliche Vortrag aller Beteiligten bilden dann die Grundlage für die Entscheidung.

§ 113 Beschleunigung

(1) ¹Die Vergabekammer trifft und begründet ihre Entscheidung schriftlich innerhalb einer Frist von fünf Wochen ab Eingang des Antrags. ²Bei besonderen tatsächlichen oder rechtlichen Schwierigkeiten kann der Vorsitzende im Ausnahmefall die Frist durch Mitteilung an die Beteiligten um den erforderlichen Zeitraum verlängern. ³Dieser Zeitraum soll nicht länger als zwei Wochen dauern. ⁴Er begründet diese Verfügung schriftlich.

(2) ¹Die Beteiligten haben an der Aufklärung des Sachverhalts mitzuwirken, wie es einem auf Förderung und raschen Abschluss des Verfahrens bedachten Vorgehen entspricht. ²Den Beteiligten können Fristen gesetzt werden, nach deren Ablauf weiterer Vortrag unbeachtet bleiben kann.

Übersicht

A. Normzweck 1	4. Verlängerungsentscheidung 30–33
B. Anwendungsbereich 2	a) Entscheidungsfrist 30
C. Entscheidungsfrist (Abs. 1) 3–34	b) Form und Inhalt der Entscheidung (Mitteilung) 31–32
I. Entscheidungs- und Begründungsfrist (Abs. 1 Satz 1) 3–22	c) Rechtsschutz gegen die Entscheidung 33
1. Allgemeines 3	5. Aussetzung des Nachprüfungsverfahrens 34
2. Form und Inhalt der Entscheidung 4–9	D. Beteiligtenpflichten (Abs. 2) 35–45
3. Fristbeginn und Fristdauer 10–12	I. Verfahrensfördernde Mitwirkung 35–37
4. Nichteinhaltung der Entscheidungsfrist 13–22	II. Einzelne Verfahrensförderungspflichten (Abs. 2 Satz 1) 38–40
a) Ablehnungsfiktion 13	III. Ausschluss verspäteten Vorbringens (Abs. 2 Satz 2) 41–45
b) Besondere tatsächliche oder rechtliche Schwierigkeiten 14–15	1. Fristsetzung 41
c) Entscheidung nach Ablauf der Entscheidungsfrist 16–22	2. Nichtberücksichtigung verspäteten Vortrags 42–45
II. Fristverlängerung (Abs. 1 Satz 2 bis 4) 23–34	a) Ermessen der Vergabekammer 42–43
1. Allgemeines 23	b) Rechtsschutz 44–45
2. Besondere tatsächliche und rechtliche Schwierigkeiten 24–25	
3. Verlängerungszeitraum 26–29	

A. Normzweck

§ 113 stellt ebenso wie § 112 GWB eine Ausprägung des dem Nachprüfungsverfahren zugrunde liegenden **Beschleunigungsgebotes** dar. Die Vorschrift ist ausgestaltet als „die zentrale Regelung für die zügige Durchführung des Nachprüfungsverfahrens" vor der Vergabekammer, um zu gewährleisten, dass „innerhalb von maximal fünf Wochen grundsätzlich jeder Vergaberechtsstreit durch die Vergabekammer entschieden" ist und „Investitionsblockaden so nicht entstehen können" (Begr. RegE zum VgRÄG, BT-Drucks. 13/9340, S. 19 zu § 123 GWB-E). Ausgehend vom Suspensiveffekt des § 115 Abs. 1 GWB, nach dessen Inhalt der Auftraggeber den Zuschlag nicht erteilen darf, nachdem die Vergabekammer ihn über den Nachprüfungsantrag informiert hat, sollen die Entscheidungsfrist (Abs. 1) und der mögliche Ausschluss verspäteten Vorbringens (Abs. 2) neben den weiteren dem Zwecke der Verfahrensbeschleunigung dienenden Vorschriften (vgl. z.B. § 107 Abs. 3 GWB – unverzügliche Rüge; § 108 GWB – unverzügliche Antragsbegründung und Benennung aller Beweismittel; § 112 GWB – Konzentration der mündlichen Verhandlung auf einen Termin) die mit der Gewährung des Primärrechtsschutzes vorübergehend einhergehende Blockade von Investitionen der öffentlichen Hand so kurz wie möglich halten. Damit korrespondieren die Regelung, dass die Entscheidungsfrist nur ausnahmsweise in Fällen besonderer tatsächlicher oder rechtlicher Schwierigkeiten um einen insoweit notwendigen Zeitraum – allerdings nicht länger als zwei Wochen (Abs. 1 Satz 3) - verlängerbar ist, sowie die Ablehnungsfiktion des § 116 Abs. 2 Hs. 2 GWB.

B. Anwendungsbereich

Die durch den Gesetzgeber vorgegebene Beschleunigungsfrist gilt allerdings nur für die **Verfahren vor der Vergabekammer**. Für die Durchführung des Beschwerdeverfahrens vor dem Oberlandesgericht fehlt eine entsprechende Regelung; das Gericht ist somit nicht an eine Entscheidungsfrist gebunden. Während der Gesetzgeber das Verfahren vor der Vergabekammer, da es nur gerichtsähnlich ausgestaltet ist, einer besonderen Beschleunigung unterwerfen konnte, ist dies für das gerichtliche Beschwerdeverfahren aufgrund der Unabhängigkeit des Gerichts und der Richter nicht möglich. Somit können sich die Beschwerdeverfahren über einen längeren Zeitraum (in der Praxis ca. drei bis sechs Monate) erstrecken, was allerdings durch die Möglichkeit der Antragstellung auf die Vorabgestattung des Zuschlags (§§ 115 Abs. 2, 121 GWB) im Einzelfall kompensiert werden kann.

C. Entscheidungsfrist (Abs. 1)
I. Entscheidungs- und Begründungsfrist (Abs. 1 Satz 1)
1. Allgemeines

3   Die Vergabekammer hat innerhalb von fünf Wochen ab Eingang des Nachprüfungsantrags bei der Vergabekammer (OLG Düsseldorf vom 11.3.2003, Verg 43/01; bei der Fristberechnung wird der Tag des fristauslösenden Ereignisses gemäß § 31 Abs. 1 VwVfG i.V.m. § 187 Abs. 1 BGB nicht mitgerechnet: OLG Dresden vom 17.6.2005, WVerg 8/05) nicht nur eine abschließende Entscheidung herbeizuführen, sondern diese auch zu treffen und zu begründen. Geschieht dies nicht und ist die Frist nicht verlängert worden (Abs. 1 Satz 2), gilt der Nachprüfungsantrag als abgelehnt (§ 116 Abs. 2; OLG Dresden vom 5.4.2002, WVerg 0008/00).

Die Zustellung der Entscheidung muss dagegen nicht innerhalb der Frist bewirkt werden, da die der Vergabekammer gesetzlich eingeräumte kurze Entscheidungsfrist nicht zusätzlich mit den Unwägbarkeiten und dem Zeitaufwand im Hinblick auf die Zustellung befrachtet werden soll (OLG Frankfurt/Main vom 25.9.2000, 11 Verg 2/99; OLG Düsseldorf vom 8.5.2002, Verg 8-15/01).

2. Form und Inhalt der Entscheidung

4   Die Fünf-Wochen-Entscheidungsfrist betrifft den bei der Vergabekammer eingereichten Nachprüfungsantrag (§ 107 GWB), mit dem der Antragsteller sein Interesse an der Auftragserteilung verfolgt. Nur in diesem Umfang kann das Beschleunigungsinteresse im Hinblick auf das anderweitige Auftrags- und damit verbundene Investitionshemmnis von Bedeutung sein. Erfasst werden neben der Entscheidung in der Sache deshalb ebenfalls

– die Entscheidung über die Nichtzustellung (§ 110 Abs. 2 Satz 1 GWB) sowie

– die Entscheidung über einen offensichtlich unzulässigen Antrag (*Marx*, in: Motzke/Pietzcker/Prieß, Vergaberecht, § 113 GWB Rn. 4), den die Vergabekammer nach § 110 Abs. 2 Satz 1 GWB entweder erst gar nicht dem Auftraggeber übermittelt oder über den sie ohne mündliche Verhandlung gemäß § 112 Abs. 1 Satz 2 GWB entscheidet, weil er nicht ordnungsgemäß i.S.d. § 108 GWB gestellt, also z.B. nicht unverzüglich begründet worden ist; in der Regel wird die Vergabekammer eine solche Entscheidung allerdings zu einem früheren Zeitpunkt treffen.

5   Die Entscheidung über einen Feststellungsantrag nach Erledigung des Nachprüfungsverfahrens (§ 114 Abs. 2 Satz 3 GWB) unterliegt der Fünf-Wochen-Frist dagegen nicht, denn dem Beschleunigungsgebot kann in diesem Falle keine Bedeutung mehr zukommen (Kulartz/Kus/Portz/*Kus*, GWB-Vergaberecht, § 113 GWB Rn. 8).

6   Die Entscheidung der Vergabekammer muss mit Gründen innerhalb der Frist schriftlich abgefasst und unterschrieben werden. Eine **mangelhafte Unterschriftsleistung** führt dazu, dass die Entscheidung formell nicht existiert, und somit zur Ablehnungsfiktion (zum Begriff s. § 116 Rn. 8; OLG Düsseldorf vom 5.10.2001, Verg 18/01). Eine nach dem Eintritt der Ablehnungsfiktion ergangene Entscheidung entfaltet keine Wirkung mehr (OLG Düsseldorf vom 22.1.2001, Verg 24/00 (LS); a.A. OLG Rostock vom 17.10.2001, 17 W 18/90 und KG vom 7.11.2001, KartVerg 8/01). Nicht erforderlich ist – vorbehaltlich der Regelungen in den jeweiligen Geschäftsordnungen der Vergabekammern – die Unterschrift der ehrenamtlichen Beisitzer (BGH vom 12.6.2001, X ZB 10/01).

Ebenfalls **nicht** erforderlich ist die **Zustellung innerhalb der Fünf-Wochen-Frist**; diese ist im Gesetz nicht vorgesehen (OLG Frankfurt/Main vom 25.9.2000, 11 Verg 2/99; OLG Düsseldorf vom 8.5.2002, Verg 8-15/01). Soweit ein solches Zustellungserfordernis darauf gestützt wird, dass nur dadurch für den Antragsteller die Ablehnungsfiktion des § 116 Abs. 2 GWB eindeutig erkennbar werde (so Reidt/Stickler/Glahs/*Reidt*, Vergaberecht, § 113 GWB Rn. 5), lässt sich dies ohne Überdehnung des Gesetzeswortlauts durch eine **Wiedereinsetzung in den vorherigen Stand** kompensieren. Versäumt ein Antragsteller die Frist zur Einlegung einer sofortigen Beschwerde, weil die Vergabekammer nicht innerhalb der Fünf-Wochen-Frist entschieden hat, kann er einen Antrag auf Wiedereinsetzung in den vorherigen Stand stellen. Mit einer großzügigen Handhabung dieses Rechtsinstituts kann somit unbilligen Ergebnissen begegnet werden (OLG Düsseldorf vom 5.9.2001, Verg 18/01). Außerdem ist zu bedenken, dass dem Antragsteller als Folge einer anderenfalls eintretenden Ablehnungsfiktion eine Tatsacheninstanz, nämlich die Entscheidung der Vergabekammer, verloren ginge (so zu Recht *Summa*, in: jurisPK-VergabeR, § 113 GWB Rn. 22). 7

Ausreichend ist vielmehr sowohl im Hinblick auf die Erfüllung des Beschleunigungsgebotes als auch unter Berücksichtigung der Interessenlage der Beteiligten lediglich die **Einleitung des Zustellungsverfahrens am letzten Tag der Frist** (so zu Recht Kularz/Kus/Portz/*Kus*, GWB-Vergaberecht, § 113 GWB Rn. 7; *Boesen*, Vergaberecht, § 113 GWB Rn. 7, der ebenfall richtigerweise davon ausgeht, dass die Zustellung nicht mehr im Einflussbereich der Vergabekammer liege und diese nur für den von ihr kontrollierten Bereich verpflichtet werden könne). Als Voraussetzung dafür wird gefordert, dass die Entscheidung schriftlich abgefasst worden ist, die erforderlichen Unterschriften enthält, von einem Kammermitglied der Tag der Niederlegung in der Akte vermerkt wird und die Akte innerhalb der Entscheidungsfrist nachweislich bei der Geschäftsstelle der Vergabekammer eingeht (Heiermann/Riedl/Rusam/*Kullack*, Handkommentar zur VOB, § 113 GWB Rn. 9 mit weiteren Hinweisen auf die Rspr.). Teilweise wird sogar das Absetzen der Entscheidung mit den Unterschriften und der Verkündung oder Bekanntgabe bzw. sogar allein die aktenkundige Zuleitung des Beschlusses an die Geschäftsstelle als ausreichend angesehen (OLG Naumburg vom 13.10.2006, 1 Verg 6/06). 8

Die Entscheidung der Vergabekammer wird als schriftlicher Verwaltungsakt durch Zustellung bekannt gegeben (§ 41 VwVfG). Sie muss den Tenor, also die eigentliche Entscheidungsformel, beinhalten. Darin wird zum einen die Entscheidung in der Hauptsache ausgesprochen, also etwa die Zurückweisung des Antrags oder die Verpflichtung, das Angebot erneut zu werten. Weiterhin enthält sie die Kostengrundentscheidung und die Festsetzung der Verfahrenskosten sowie die Feststellung der Notwendigkeit der Zuziehung der Verfahrensbevollmächtigten. Die Entscheidung muss zwingend auch eine Begründung enthalten, da diese notwendiger Bestandteil eines schriftlich zu erlassenden Verwaltungsakts ist; zum Inhalt und zu den Voraussetzungen für eine wirksame Entscheidung s. § 114 GWB. 9

3. Fristbeginn und Fristdauer

Fristbeginn ist der Eingang des Nachprüfungsantrags. Wird der Nachprüfungsantrag **vorab per Fax** eingereicht und das Original per Post nachgereicht, ist das Datum des Faxeingangs maßgeblich (*Summa*, in: jurisPK-VergabeR, § 113 GWB Rn. 6). 10

Zu der Frage, ob ein solcher Antrag außerdem **zulässig und begründet** sein muss, gibt es keine einheitliche Meinung: Einerseits wird lediglich auf einen ordnungsgemäßen Antrag i.S.d. § 108 GWB abgestellt; werde die Begründung nicht unverzüglich nachgereicht, beginne die Frist erst ab Eingang der Begründung zu laufen, da es der Vergabekammer nicht möglich sei, über einen unbegründeten Antrag eine sinnvolle Entscheidung zu treffen, und der Antragsteller es in der Hand habe, das Verfahren unnötig zu verzögern und die ohnehin kurz bemessene Frist unangemessen zu verkürzen (Ingenstau/Korbion/*Müller-Wrede*, VOB, Teile A und B, § 113 GWB Rn. 2; *Boesen*, Vergaberecht, § 112 GWB Rn. 8; *Bechtold*, GWB, § 113 Rn. 1). Andererseits wird ausschließlich auf den Zugang eines als Nachprüfungsantrag erkennbaren Antrags bei der Vergabekammer abgestellt (OLG Düsseldorf vom 13.4.1999, Verg 1/99). Der auf den Antragseingang abstellenden Ansicht ist der 11

Vorzug zu geben. Auch ein unzulässiger Antrag ist ein gestellter Antrag i.S.d. § 113 GWB, mit dem nach dieser Vorschrift Verfahren, also die Prüfungsfrist, in Gang gesetzt werden muss (so zu Recht Reidt/Stickler/Glahs/*Reidt*, Vergaberecht, § 113 GWB Rn. 7; Kulartz/Kus/Portz/*Kus*, GWB-Vergaberecht, § 113 GWB Rn. 5).

12 Für die **Fristberechnung** ist § 31 Abs. 1 VwVfG i.V.m. §§ 187 bis 193 BGB analog anzuwenden. Die Frist beginnt am Tage nach dem Eingang des Nachprüfungsantrags bei der Vergabekammer zu laufen (§ 187 Abs. 1 BGB). Sie ende – als Wochenfrist – gemäß § 188 Abs. 2 BGB mit dem Ende des Tages, welcher der Bezeichnung des Fristbeginns entspricht.

Beispiel: Geht der Nachprüfungsantrag an einem Dienstag ein, so beginnt die Frist am darauf folgenden Tag, also am Mittwoch, zu laufen und endet am Mittwoch (24:00 Uhr) fünf Wochen später. Fällt das Fristende auf einen Samstag, Sonn- oder Feiertag, gilt § 193 BGB: Das Fristende ist in diesem Falle der nachfolgende Werktag. Im optimalen Fall hat die Vergabekammer daher 25 Werktage Zeit, ihre Entscheidung zu treffen. Diese Frist wird durch Feiertage entsprechend verkürzt.

4. Nichteinhaltung der Entscheidungsfrist

a) Ablehnungsfiktion

13 Wird die Entscheidung nicht innerhalb der Fünf-Wochen-Frist getroffen und begründet und ist die Frist auch nicht gemäß Abs. 1 Satz 2 verlängert worden, so gilt der Nachprüfungsantrag als abgelehnt (§ 116 Abs. 2 GWB). Der Antragsteller kann gegen diese Ablehnungsfiktion sofortige Beschwerde einlegen (§ 116 Abs. 2 GWB) mit der Folge, dass sein Antrag damit ausschließlich durch das Beschwerdegericht überprüft wird.

b) Besondere tatsächliche oder rechtliche Schwierigkeiten

14 Wird die Entscheidungsfrist wegen besonderer tatsächlicher oder rechtlicher Schwierigkeiten gemäß Abs. 1 Satz 2 verlängert (Rn. 24 f.), knüpft die Ablehnungsfiktion ausschließlich an die Verlängerung der Frist an, unabhängig davon, ob die Voraussetzungen für eine solche Verlängerung formell oder materiell vorgelegen haben (OLG Koblenz vom 31.8.2001, 1 Verg 3/03). Dies ist deshalb folgerichtig, weil im Falle einer Überprüfung der Rechtmäßigkeit der Verlängerung ein Bieter vorsorglich Beschwerde einlegen müsste, um keinen Rechtsverlust im Sinne des Wegfalls einer zweiten Tatsacheninstanz zu erleiden (OLG Naumburg vom 13.8.2007, 1 Verg 8/07).

15 Die Ablehnungsfiktion des § 116 Abs. 2 GWB muss der Antragsteller bei Weiterverfolgung seines Nachprüfungsantrags mit der sofortigen Beschwerde beim Oberlandesgericht angreifen (vgl. § 116 Abs. 2 GWB).

c) Entscheidung nach Ablauf der Entscheidungsfrist

16 Nicht geregelt sind die Rechtsfolgen für den Fall, dass die Vergabekammer nach Ablauf der Entscheidungsfrist gleichwohl eine Entscheidung trifft. Es stellt sich nämlich die Frage, ob die Fiktion des § 116 Abs. 2 GWB durch die Vergabekammer mittels einer nachfolgenden Entscheidung in der Hauptsache wieder aufgehoben oder geändert werden kann.

17 Teilweise wird die Ansicht vertreten, dass der Eintritt der Fiktion keine Ausschlussfrist darstelle, so dass der Fristablauf die Entscheidung der Vergabekammer jedenfalls nicht unzulässig mache (OLG Rostock vom 17.10.2001, 17 W 18/00) Eine Entscheidung der Vergabekammer in der Sache wäre damit auch nach Fristablauf nicht ausgeschlossen, sondern als Aufhebung der Ablehnungsfiktion zu qualifizieren (*Bechtold*, GWB, § 113 Rn. 3).

18 Nach anderer Ansicht kann die Vergabekammer nach Ablauf der Entscheidungsfrist nicht mehr tätig werden, sondern ist an die Ablehnungsfiktion des Nachprüfungsantrags gemäß § 116 Abs. 2 Hs. 2 GWB gebunden (OLG Düsseldorf vom 20.6.2001, Verg 3/01).

19 Für diese Ansicht spricht zum einen die gesetzlichen Regelungen der §§ 116, 117 Abs. 1, 124 Abs. 1 GWB: Nur das Beschwerdegericht kann Entscheidungen der Vergabekammer aufheben oder abän-

dern, die Vergabekammer ihrerseits ist an ihre Entscheidungen – und damit auch an die von ihr herbeigeführte Ablehnungsfiktion – gebunden. Dafür, dass die durch das Gesetz angeordnete Fiktion nur bedingt wirksam sein und zur Disposition der Vergabekammer stehen könnte, fehlt es an der erforderlichen gesetzlichen Grundlage.

Darüber hinaus entspricht die **Bindung der Vergabekammer an die eingetretene Ablehnungsfiktion** dem Beschleunigungsgrundsatz und damit den Gesetzeszweck des § 116 Abs. 2 GWB. Die Regelung dient dazu, dem in Abs. 1 zum Ausdruck kommenden Beschleunigungsgebot besonderen Nachdruck zu verleihen und stellt zu diesem Zweck strenge Sanktionen für die Nichtberücksichtigung dieser Verpflichtung dar, welche durch die der Vergabekammer eröffneten Möglichkeit, das Verfahren trotz Fristversäumung fortsetzen zu dürfen, entkräftet würden (OLG Düsseldorf vom 20.6.2001, Verg 3/01 unter Hinweis auf die Begr. RegE zum VgRÄG, BT-Drucks. 13/9340, S. 20, wonach § 116 Abs. 2 GWB die Verzögerung des gerichtlichen Rechtsschutzes durch Untätigkeit oder Langsamkeit der Vergabekammer verhindern solle). Schließlich würde sich die Vergabekammer durch eine nachfolgende Entscheidung auch in Widerspruch zu der Ablehnungsfiktion, also einer der Vergabekammer zuzurechnenden ablehnenden Entscheidung, setzen. Wendet man insoweit die Regelung des Verwaltungsverfahrensrechts an, wäre eine solche Entscheidung gemäß § 44 VwVfG nichtig (so zutreffend *Summa*, in: jurisPK-VergabeR, § 113 GWB Rn. 31 f., der darauf hinweist, dass die Vorschrift des § 114 Abs. 3 Satz 1 GWB der Entscheidung Verwaltungsaktsqualität zuweist; a.A. KG vom 7.11.2001, KartVerg 8/01). 20

Lehnt die Vergabekammer den **Antrag nach Eintritt der Ablehnungsfiktion ab** und bestätigt sie damit im Ergebnis lediglich die bereits eingetretene Fiktion, ist entscheidend, ob der Antragsteller gegen die bereits eingetretene Ablehnungsfiktion sofortige Beschwerde gemäß § 116 Abs. 2 GWB eingelegt hat. Ist dies der Fall, hat das Oberlandesgericht eine abschließende Entscheidung zu treffen (*Summa*, in: jurisPK-VergabeR, § 113 GWB Rn. 35 weist gleichzeitig darauf hin, dass das Beschwerdegericht zur Klarstellung die Entscheidung der Vergabekammer in seinen Entscheidungsgründen für gegenstandslos erklären könne). Legt der Antragsteller keine Beschwerde ein, ist das Nachprüfungsverfahren nach Fristablauf i.S.d. §§ 116 Abs. 2, 117 Abs. 2 Alt. 2 – nach Ablauf der Entscheidungsfrist – abgelehnt. 21

Gibt die Vergabekammer dem **Antrag nach Eintritt der Ablehnungsfiktion statt**, ist diese Entscheidung nach der vorstehend dargestellten Ansicht nichtig. Zwar wird durch die Entscheidung objektiv der Anschein eines vollstreckbaren Verwaltungsakts erzeugt (OLG Düsseldorf vom 22.1.2001, Verg 24/00). Dieser Anschein soll allerdings weder vollstreckbar noch Grundlage für eine Schadensersatzforderung gemäß § 124 Abs. 1 GWB sein (*Summa*, in: jurisPK-VergabeR, § 113 GWB Rn. 35). 22

II. Fristverlängerung (Abs. 1 Satz 2 bis 4)

1. Allgemeines

Bei besonderen tatsächlichen oder rechtlichen Schwierigkeiten kann der Vorsitzende der Vergabekammer die Fünf-Wochen-Frist um den erforderlichen Zeitraum verlängern (Abs. 1 Satz 2). Er muss den Beteiligten dies durch Verfügung mitteilen und diese begründen. Die als **Ausnahme** konzipierte **Verlängerungsmöglichkeit** setzt voraus, dass der der Entscheidung zugrunde liegende Sachverhalt **besondere tatsächliche oder rechtliche Schwierigkeiten** aufweist. 23

2. Besondere tatsächliche und rechtliche Schwierigkeiten

Rechtliche Schwierigkeiten liegen bei umstrittenen Rechtsfragen (*Boesen*, Vergaberecht, § 113 GWB Rn. 23), komplexen Vergabevorgaben oder eher selten stattfindenden Vergaben, wie z.B. die Vergabe von Baukonzessionen (Reidt/Stickler/Glahs/*Reidt*, Vergaberecht, § 113 GWB Rn. 9), vor. Dass weitere Schwierigkeiten hinzutreten müssen, ist ebenso wenig durch den Gesetzeswortlaut bedingt wie die Einschränkung, dass es nicht auf die Klärungskompetenz einer einzelnen Person, sondern darauf ankommt, ob die Klärung schwieriger rechtlicher Fragen innerhalb der Fünf-Wochen-Frist durch die Vergabekammer als Kollegialorgan möglich ist. Dabei schließt auch die qualifizierte Kammerbesetzung mit der dahinter stehenden gesetzgeberischen Intention, den Vergabe- 24 kammern ein so hohes Ansehen zu verschaffen, dass wegen der damit zu erwartenden hohen Qualität der Entscheidung die Anrufung des Vergabesenats in der Regel entbehrlich sein werde, eine Verlängerung wegen rechtlicher Schwierigkeiten nicht aus, kann doch gerade dies die Möglichkeit einer „beschwerderesistenten" Entscheidung durch die insoweit zur Verfügung stehende längere Frist und die Möglichkeit, sich intensiver mit der Angelegenheit zu befassen, erst eröffnen.

25 **Tatsächliche Schwierigkeiten** werden beispielsweise angenommen, wenn der Sachverhalt durch eine Beweisaufnahme oder ein Sachverständigengutachten geklärt werden muss (Kulartz/Kus/Portz/*Kus*, GWB-Vergaberecht, § 113 GWB Rn. 13; Ingenstau/Korbion/*Müller-Wrede*, VOB, Teile A und B, § 113 GWB Rn. 3). Auch eine außergewöhnlich umfangreiche Vergabeakte (Kulartz/Kus/Portz/*Kus*, GWB-Vergaberecht, § 113 GWB Rn. 13) bzw. eine besondere Komplexität des Falles stellen besondere tatsächliche Schwierigkeiten dar, ebenso die Erkrankung von Mitgliedern der Vergabekammer (1. VK Sachsen 13.6.2002, 1/SVK/042/02) und urlaubsbedingte Abwesenheit der Vertreter der Vergabestelle (VK Südbayern vom 15.11.2002, 216-403.20-032/02 G-S). Auch weitere behördeninterne Gesichtspunkte, z.B. personelle Unterbesetzung (*Bechtold*, GWB, § 113 Rn. 2), können tatsächliche Schwierigkeiten bedeuten. Die Ansicht, dass lediglich verfahrensspezifische Gründe in der Lage seien, eine Fristverlängerung zu rechtfertigen, nicht aber Umstände wie Überlastungen oder Urlaub von Kammermitgliedern (so *Summa*, in: jurisPK-VergabeR, § 113 GWB Rn. 40), überzeugt nicht, da einer Fristverlängerung im Hinblick auf den gleichmäßigen Informationsstand der Kammermitglieder der Vorzug zu geben ist. Etwas anderes kann allenfalls dann gelten, wenn ein Urlaub geplant ist und insoweit ein anderes Mitglied der Vergabekammer benannt werden kann sowie bei gleichzeitiger Anhängigkeit mehrerer Verfahren bei der Vergabekammer (*Noch*, in: Müller-Wrede, VOL/A, § 113 GWB Rn. 3) sowie bei einer Zusammenlegung unterschiedlich begründeter, zu unterschiedlichen Zeiten eingegangener Anträge zum gleichen Vorhaben (VK Thüringen vom 15.11.2002, 216-403.20-032/02-G-S).

3. Verlängerungszeitraum

26 Die Fristverlängerung darf unter Beachtung des Beschleunigungsgrundsatzes nur um den **erforderlichen Zeitraum** verlängert werden, welcher für die Klärung der rechtlichen bzw. tatsächlichen Schwierigkeiten erforderlich ist.

27 Dieser Zeitraum lässt sich nicht im Sinne einer vorweggenommenen Obergrenze festlegen, weder als im Regelfall „wenige Tage" (so *Bechtold*, GWB, § 113 Rn. 2) noch als Ausschluss der Verdoppelung der Fünf-Wochen-Frist (so Reidt/Stickler/Glahs/*Reidt*, Vergaberecht, § 113 GWB Rn. 14). Zwar hat der Gesetzgeber mit dem Ziel der Verfahrensbeschleunigung einen Verlängerungszeitraum von zwei Wochen vorgegeben (**Abs. 1 Satz 3**). Diese „Soll"-Vorschrift lässt aber in ausdrücklich begründeten Ausnahmefällen Abweichungen zu. Auch insoweit kann und muss somit die **Bestimmung des Zeitraumes** nur **vom konkreten Einzelfall abhängig** gemacht werden. Einerseits ist sie vom Beschleunigungsgedanken, andererseits aber auch von der Intention des Gesetzgebers geprägt, die Entscheidung der Vergabekammer aufgrund ihres von den Beteiligten akzeptierten Inhalts von Beschwerdeverfahren freizuhalten, zumal entsprechende Entscheidungsfristen dort nicht gelten.

28 Ist insoweit aber ein Zeitraum erforderlich, der einer Verdoppelung der Fünf-Wochen-Frist entspräche, so wäre dies nicht zu beanstanden; dies muss auch unter Berücksichtigung der „Soll"-Vorgabe des Abs. 1 Satz 3 von zwei Wochen gelten, da insoweit eine Ausnahme von der durch die „Soll"-Vorschrift geprägten Regel vorhanden wäre: Von einer „Soll"-Vorschrift darf nämlich dann abgewichen werden, wenn dafür nachvollziehbare Gründe vorliegen. Zur Vermeidung unnötig langer Verlängerungsfristen ist es allerdings sinnvoll, zunächst eine kurze Frist festzulegen und erforderlichenfalls eine weitere oder auch mehrmalige Verlängerung vorzunehmen (OLG Düsseldorf vom 9.6.2010, VII Verg 9/10; OLG Saarbrücken vom 5.7.2006, 1 Verg 6/05).

29 In diesem Zusammenhang ist allerdings auch zu berücksichtigen, dass eine Fristverlängerung zu einer Antragstellung auf Gestattung des Zuschlags durch den Auftraggeber oder den Beigeladenen führen kann. Die Verlängerung um einen bestimmten Zeitraum bedeutet nicht, dass die Frist nur um eine bestimmte Zeitspanne verlängert werden darf; erforderlich ist vielmehr, dass ein bestimmter

Zeitpunkt festgelegt wird, weil nur so im Hinblick auf die Ablehnungsfiktion eindeutig klar wird, wann die Frist zur Einlegung der sofortigen Beschwerde nach § 117 Abs. 1 GWB beginnt und endet (so zu Recht *Summa*, in: jurisPK-VergabeR, § 113 GWB Rn. 42).

4. Verlängerungsentscheidung

a) Entscheidungsfrist

Die Verlängerungsentscheidung muss **rechtzeitig innerhalb der Fünf-Wochen-Frist** erfolgen. Dafür ist es ausreichend, dass der Vorsitzende die Entscheidung innerhalb dieses Zeitraumes trifft; der Zugang bei den Verfahrensbeteiligten ist aber nicht von Bedeutung (*Summa*, in: jurisPK-VergabeR, § 113 GWB Rn. 45 m.w.N.). — 30

b) Form und Inhalt der Entscheidung (Mitteilung)

Die Verlängerungsentscheidung wird innerhalb der Fünf-Wochen-Frist **allein** durch den **Vorsitzenden** und nicht durch die Vergabekammer getroffen. Die Entscheidung ist allen Beteiligten mitzuteilen und schriftlich zu begründen. Die **Begründung**, die sich nicht auf eine formelhafte Wiedergabe des Gesetzeswortlauts oder auf allgemeine Ausführungen beschränken darf, muss zur Information der Verfahrensbeteiligten und Selbstkontrolle der Vergabekammer sowohl das **Vorliegen der entsprechenden Voraussetzungen** als auch die **Erforderlichkeit des Verlängerungszeitraumes** darlegen. Keine Auswirkung auf die Ablehnungsfiktion hat es, wenn die Gründe der Verlängerungsentscheidung nicht tragen; die Ablehnungsfiktion knüpft lediglich an die Fristüberschreitung, nicht aber an eine mögliche Unrichtigkeit der Verlängerungsentscheidung an (OLG Koblenz vom 31.8.2001, Verg 3/011). — 31

Fehlt die **schriftliche Begründung**, führt dies allerdings nicht zur Unwirksamkeit der Fristverlängerung (so Ingenstau/Korbion/*Müller-Wrede*, VOB, Teile A und B, § 113 GWB Rn. 4). Anderenfalls müsste – obwohl eine inhaltliche Überprüfung der Verlängerungsverfügung im Hinblick auf eine rechtmäßige Begründung im Wege der sofortigen Beschwerde nicht stattfindet (OLG Brandenburg vom 9.9.2004; Verg W 9/04) – der Antragsteller vorsorglich sofortige Beschwerde einlegen, um einer möglichen Ablehnungsfiktion zu begegnen. Die Wirksamkeit der Fristverlängerung richtet sich ausschließlich danach, dass die formellen Voraussetzungen – insbesondere die schriftliche Mitteilung an die Beteiligten – erfüllt sind; die Begründung dient ausschließlich der internen Kontrolle der Vergabekammer im Hinblick auf die Notwendigkeit der Verlängerung unter Berücksichtigung des Beschleunigungsgrundsatzes (Kulartz/Kus/Portz/*Maier*, GWB-Vergaberecht, § 113 GWB Rn. 22). — 32

c) Rechtsschutz gegen die Entscheidung

Die Mitteilung über die Fristverlängerung ist als bloße Verfahrenshandlung **nicht selbständig anfechtbar:** Weder sind Rechtsbehelfe oder Rechtsmittel gesetzlich vorgesehen, noch sind die Beteiligten dadurch formell oder materiell beschwert (Kulartz/Kus/Portz/*Kus*, GWB-Vergaberecht, § 113 GWB Rn. 19; Reidt/Stickler/Glahs/*Reidt*, Vergaberecht, § 113 GWB Rn. 20; *Marx*, in: Motzke/Pietzcker/Prieß, Vergaberecht, § 113 GWB Rn. 8; OLG Düsseldorf vom 7.3.2012, VII Verg 82/11 für eine Untätigkeitsbeschwerde bei überlanger Verfahrensdauer). Die Entscheidung erzeugt eine unmittelbare Auswirkung lediglich im Hinblick auf die Verschiebung des Zeitpunktes der Vergabeentscheidung und betrifft unter dem Gesichtspunkt des Investitionshemmnisses ausschließlich den Auftraggeber, welchem seinerseits aber der Antrag auf Zuschlagsgestattung i.S.d. § 117 Abs. 2 Satz 1 GWB eröffnet ist. — 33

5. Aussetzung des Nachprüfungsverfahrens

Die Vergabekammer ist nicht befugt, das Nachprüfungsverfahren auszusetzen, um eine entscheidungserhebliche Rechtsfrage beispielsweise dem EuGH vorzulegen. Sie muss vielmehr, sofern diese Frage streitig ist, eine eigene Beurteilung treffen. Es besteht weder eine Vorlagepflicht noch eine Vorlageberechtigung. Eine solche Aussetzungsbefugnis würde dem Beschleunigungsgrundsatz zuwiderlaufen (VK Brandenburg vom 23.7.2007, 1 VK 26/07; VK Bund vom 26.7.2005, VK 3-73/05; VK Hessen vom 21.4.2008, 69d-VK-15/2008; VK Düsseldorf vom 31.10.2007, VK-31/2007-L). — 34

D. Beteiligtenpflichten (Abs. 2)

I. Verfahrensfördernde Mitwirkung

35 Die der Vergabekammer für die Entscheidung eingeräumte Frist von fünf Wochen ist unter Berücksichtigung der nicht unerheblichen Vorbereitungsmaßnahmen für die mündliche Verhandlung, also

- Ermittlung des Sachverhalts,
- Ermittlung und Bewertung der rechtlichen Grundlagen aus dem Vortrag der Beteiligten und den Vergabeunterlagen,
- eventuelle Hinzuziehung eines Sachverständigen,
- Gewährung der Akteneinsicht sowie
- Entscheidungen im Zusammenhang mit der Beiladung,

36 sehr knapp bemessen. Aus diesem Grunde ist es folgerichtig, wenn den Verfahrensbeteiligten Pflichten auferlegt werden, die dem Beschleunigungsgedanken Rechnung tragen. Sie werden deshalb zwingend und eigeninitiativ zur **verfahrensfördernden Mitwirkung** insbesondere im Hinblick auf die Sachverhaltsaufklärung verpflichtet und haben ihre Angriffs- und Verteidigungsmittel so schnell wie möglich vorzutragen (Abs. 2 Satz 1).

37 Für den Fall, dass sie dagegen **verstoßen**, ist die Vergabekammer befugt, zur Erreichung dieses Zwecks den Beteiligten **Fristen** zu setzen und nach deren Ablauf **Vorträge unberücksichtigt** zu lassen (Abs. 2 Satz 2). Dies betrifft aber ausschließlich den Tatsachenvortrag sowie die Beweismittel, nicht die Rechtsauffassungen, also die Darstellung der rechtlichen Einschätzung. Einerseits ist ausschließlich der Tatsachen- und Beweismittelvortrag für die Vorbereitung der Vergabekammer unter dem Gesichtspunkt des Beschleunigungsgrundsatzes und hinsichtlich des erforderlichen Zeitaufwands von Bedeutung. Andererseits obliegt die rechtliche Durchdringung des Sachvortrags der Vergabekammer selbst und würde dem Grundsatz der mündlichen Verhandlung zuwiderlaufen. Insbesondere dort ist die Darlegung der Rechtseinschätzung durch die Verfahrensbeteiligten von Bedeutung und bildet die Grundlage für die abschließende Entscheidung der Vergabekammer.

II. Einzelne Verfahrensförderungspflichten (Abs. 2 Satz 1)

38 Die Verfahrensförderungspflicht der Beteiligten geht dahin, zur Sachverhaltsaufklärung alles vorzutragen, was die Nachprüfung in kurzer Zeit ermöglicht (*Marx*, in: Motzke/Pietzcker/Prieß, Vergaberecht, § 113 GWB Rn. 9). Insbesondere im Hinblick auf die in § 110 Abs. 1 Satz 2 und 3 GWB durch den Gesetzgeber vorgenommene Einschränkung des Untersuchungsgrundsatzes ist dies seitens der Beteiligten zur Vermeidung von Rechtsverlusten unbedingt zu beachten.

39 Das erfordert auf Seiten des Antragstellers, des Antragsgegners (Auftraggeber) sowie des Beigeladenen

- die rechtzeitige und vollständige Vorlage aller Akten und Unterlagen, die für die Entscheidung der Vergabekammer von Interesse sein könnten (erkennt ein Auftraggeber im Nachhinein, dass er die Unterlagen nicht vollständig übergeben hat, ist er von sich aus verpflichtet, diese unverzüglich nachzureichen);
- rechtzeitigen Sachvortrag;
- die rechtzeitige Benennung von Beweismitteln und Darlegung der erhobenen Rüge (OLG Frankfurt vom 7.8.2007, 11 Verg 3/07);
- die rechtzeitige Mitteilung und schlüssige Begründung eines Verfahrensbeteiligten darüber, dass er an der Verhandlung nicht teilnehmen kann; erklärt ein Verfahrensbeteiligter trotz rechtzeitiger Terminsladung einen Werktag vor dem anberaumten Verhandlungstermin, an diesem nicht teilnehmen zu können, weil er sich mit seinem Rechtsanwalt besprechen müsse, handelt er rechtsmissbräuchlich dem Beschleunigungsgebot des § 113 zuwider (VK Schleswig-Holstein vom 13.12.2004, VK-SH 33/04).

Abgesehen von der Präklusionsfolge des Abs. 2 Satz 2, nach dessen Inhalt den Verfahrensbeteiligten für ihr Vorbringen Fristen gesetzt werden können mit der Folge, dass nach Ablauf einer solchen Frist Vorgetragenes unberücksichtigt bleiben kann, das Vorbringen also insoweit ausgeschlossen (präkludiert) ist, ist eine **Verletzung** der Mitwirkungspflicht nach Abs. 2 Satz 1 nicht gesetzlich sanktioniert. Das bedeutet allerdings nicht, dass das Unterlassen der Verfahrensförderungspflicht keine Folgen hat (OLG Düsseldorf vom 19.11.2003, VII Verg 22/03). Das Unterlassen der Verfahrensförderungspflicht durch einen Beteiligten reduziert einerseits die Untersuchungspflichten der Vergabekammer (vgl. z.B. OLG Frankfurt vom 7.8.2007, 11 Verg 3/07, 4/07; OLG Düsseldorf vom 23.2.2005, Verg 92/04; OLG Düsseldorf vom 19.11.2003, Verg 22/03; VK Düsseldorf vom 15.8.2008, VK-18/2008-L; VK Bund vom 29.7.2008, VK 1-81/08; VK Sachsen vom 28.10.2008, 1/SVK/054-8). Werden beispielsweise Konkretisierungen des Sachverhalts oder weitere Beweismittel angekündigt und wird dies in der Folgezeit jedoch unterlassen, muss die Vergabekammer in der Regel nicht selbst vertiefende Untersuchungen veranlassen, sondern kann den entsprechenden Vortrag unberücksichtigt lassen (BGH vom 19.12.2000, X ZB 14/00; OLG Düsseldorf vom 19.12.2001, Verg 22/01). Ein Verfahrensbeteiligter, der die Verfahrensförderungspflicht nicht beachtet, muss aber andererseits insgesamt Verfahrensnachteile über die Nichtberücksichtigung hinaus in Kauf nehmen; es ist nicht Aufgabe der Vergabekammer, dies zu kompensieren (OLG Frankfurt/Main vom 7.8.2007, 11 Verg 3/07). 40

III. Ausschluss verspäteten Vorbringens (Abs. 2 Satz 2)

1. Fristsetzung

Die Vergabekammer – bzw. im Falle des § 105 Abs. 3 GWB der hauptamtliche Beisitzer – kann den Beteiligten für deren Vorbringen Fristen setzen und nach Ablauf der jeweiligen Frist weiteren Sachvortrag unbeachtet lassen. Voraussetzung für diese, den Anspruch auf rechtliches Gehör einschränkende Verfahrensweise ist eine **angemessene Fristsetzung**. Die Frist muss angemessen sein, um einerseits den Beteiligten den Sach- und Rechtsvortrag zu ermöglichen und andererseits es der Vergabekammer zu ermöglichen, innerhalb der Fünf-Wochen-Frist den Vortrag zu erfassen, zu würdigen, zu verhandeln und zu einem Ergebnis zu bringen (*Boesen*, Vergaberecht, § 113 GWB Rn. 46, 49). Nach dieser zutreffenden Ansicht ist es auch erforderlich, dass die Vergabekammer in ihrer Verfügung zur Fristsetzung auf die möglichen Rechtsfolgen des nicht fristgerechten Vortrags (abschließende Entscheidung der Vergabekammer ohne Berücksichtigung des nach Fristablauf eingehenden Beteiligtenvortrags) hinweist. Beteiligten, die nicht anwaltlich vertreten oder anderweitig juristisch beraten werden, wird diese weit reichende Konsequenz nämlich nicht bewusst sein. Darüber hinaus dient gerade ein solcher **Hinweis** auch dem Zweck, die Beteiligten zur Mitwirkung der Verfahrensbeschleunigung zu bewegen und ihrer Verfahrensförderungspflicht nachzukommen. 41

2. Nichtberücksichtigung verspäteten Vortrags

a) Ermessen der Vergabekammer

Die Entscheidung der Vergabekammer, eine trotz Fristsetzung verspätete Stellungnahme eines Beteiligten nicht zu berücksichtigen, steht in deren freien **Ermessen**. Das bedeutet nicht nur, dass sie den Vortrag zurückweisen darf, sie darf auch solche Gesichtspunkte, die einer schnellen Sachentscheidung dienlich sind, berücksichtigen (Kulartz/Kus/Portz/*Kus*, GWB-Vergaberecht, § 113 GWB Rn. 245; *Marx*, in: Motzke/Pietzcker/Prieß, Vergaberecht, § 113 GWB Rn. 10; *Boesen*, Vergaberecht, § 113 GWB Rn. 56), beispielsweise dann, wenn die Fristüberschreitung nur unwesentlich ist und für die übrigen Verfahrensbeteiligten sowie die Vergabekammer noch ausreichend Zeit für Erwiderung bzw. Einbeziehung in die Entscheidung verbleibt (*Weyand*, ibr-online-Kommentar Vergaberecht, § 113 GWB Rn. 2172). 42

Eine Nichtberücksichtigung ist aber sicherlich dann geboten, wenn der ergänzende Vortrag zu Verzögerungen führen würde (so zu Recht Reidt/Stickler/Glahs/*Reidt*, Vergaberecht, § 113 GWB Rn. 29). Allein die Tatsache, dass die Fristversäumung nicht entschuldigt ist, führt jedoch nicht zu einer Nichtberücksichtigung. Zwar sehen Verfahrensvorschriften, wie etwa § 296 Abs. 1 ZPO, vor, 43 dass ein verspäteter Vortrag nur berücksichtigt werden kann, wenn dies ausreichend entschuldigt ist. Die spezielle Regelung des Abs. 2 Satz 2 macht aber die Zulassung eines Vortrags nicht von einer solchen Entlastung abhängig (VK Hessen vom 16.1.2004, 69d-VK-72/2003).

b) Rechtsschutz

44 Die Nichtberücksichtigung verspäteten Vorbringens ist **nicht isoliert anfechtbar**, sondern nur im Rahmen einer sofortigen Beschwerde im Hauptsacheverfahren überprüfbar (Kulartz/Kus/Portz/*Kus*, GWB-Vergaberecht, § 113 GWB Rn. 25 mit Hinweis auf die Begr. RegE zum VgRÄG, BT-Drucks. 13/9340, S. 19 zu § 123 Abs. 2 GWB). Ob das Beschwerdegericht ein Vorbringen eines Beteiligten berücksichtigen muss, wenn dieses durch die Vergabekammer zu Unrecht ausgeschlossen worden ist, ist umstritten: Einerseits (so *Bechtold*, GWB, § 113 Rn. 5 und *Boesen*, Vergaberecht, § 113 GWB Rn. 65) soll ein insoweit präkludierter Sachvortrag ohne weiteres im Beschwerdeverfahren Berücksichtigung finden können. Nach a.A. (Kulartz/Kus/Portz/*Kus*, GWB-Vergaberecht, § 113 GWB Rn. 26; Ingenstau/Korbion/*Müller-Wrede*, VOB, Teile A und B, § 113 GWB Rn. 8) wird dies zu Recht mit der Begründung abgelehnt, dass anderenfalls die Disziplinierungsfunktion des Abs. 2 beeinträchtigt werde.

45 Ebenfalls nicht anfechtbar – weder isoliert noch im Rahmen einer sofortigen Beschwerde – ist die **Berücksichtigung eines Vorbringens**, obwohl die Voraussetzungen für eine Nichtberücksichtigung vorgelegen haben, da es sich – wie *Boesen* (in: Vergaberecht, § 113 GWB Rn. 60) zu Recht ausführt – insoweit um eine Entscheidung innerhalb des eigenen Ermessens der Vergabekammer handelt, der alle verfügbaren Tatsachen zugrunde gelegt worden sind und die damit objektiv richtig ist.

§ 114 Entscheidung der Vergabekammer

(1) ¹Die Vergabekammer entscheidet, ob der Antragsteller in seinen Rechten verletzt ist und trifft die geeigneten Maßnahmen, um eine Rechtsverletzung zu beseitigen und eine Schädigung der betroffenen Interessen zu verhindern. ²Sie ist an die Anträge nicht gebunden und kann auch unabhängig davon auf die Rechtmäßigkeit des Vergabeverfahrens einwirken.

(2) ¹Ein wirksam erteilter Zuschlag kann nicht aufgehoben werden. ²Hat sich das Nachprüfungsverfahren durch Erteilung des Zuschlags, durch Aufhebung oder durch Einstellung des Vergabeverfahrens oder in sonstiger Weise erledigt, stellt die Vergabekammer auf Antrag eines Beteiligten fest, ob eine Rechtsverletzung vorgelegen hat. ³§ 113 Absatz 1 gilt in diesem Fall nicht.

(3) ¹Die Entscheidung der Vergabekammer ergeht durch Verwaltungsakt. ²Die Vollstreckung richtet sich, auch gegen einen Hoheitsträger, nach den Verwaltungsvollstreckungsgesetzen des Bundes und der Länder. ³Die §§ 61 und 86a Satz 2 gelten entsprechend.

Literatur: *Antweiler*, Erledigung des Nachprüfungsverfahrens i.S.v. § 114 Abs. 2 GWB, NZBau 2005, 35; *Antweiler*, Bieterrechtsschutz unter Zumutbarkeitsvorbehalt?, VergabeR 2011, 306; *Bischoff*, Vollstreckung von Vergabekammerentscheidungen und Rechtsschutz gegen Vollstreckungsentscheidungen, VergabeR 2009, 433; *Bitterich*, Einschränkung der Abschlussfreiheit öffentlicher Auftraggeber nach Einleitung eines Vergabeverfahrens, NZBau 2006, 757; *Brauer*, Das Verfahren vor der Vergabekammer, NZBau 2009, 297; *Burbulla*, Aufhebung der Ausschreibung und Vergabenachprüfungsverfahren, ZfBR 2009, 134; *Byok*, Die Vollstreckung von Entscheidungen der Vergabekammern, NJW 2003, 2642; *Conrad*, Der Rechtsschutz gegen die Aufhebung eines Vergabeverfahrens bei Fortfall des Vergabewillens, NZBau 2007, 287; *Czauderna*, Erledigung des Nachprüfungsantrags im Verfahren vor der Vergabekammer und Kostenentscheidung, VergabeR 2011, 421; *Dieck-Bogatzke*, Probleme der Aufhebung der Ausschreibung – Ein Überblick über die aktuelle Rechtsprechung des OLG Düsseldorf, VergabeR 2008, 392; *Fett*, Die Hauptsacheentscheidung durch die Vergabekammer, NZBau 2005,141; *Herrmann*, Zur Notwendigkeit der Kausalität von Vergaberechtsverstoß und (drohendem) Schaden für den Erfolg des Nachprüfungsantrages, VergabeR 2011, 2; *Müller-Wrede*, Kausalität des Vergaberechtsverstoßes als Voraussetzung für den Rechtsschutz, NZBau 2011, 650; *Rittwage*, Vergleichsvereinbarungen bei der Vergabe öffentlicher Aufträge, NZBau 2007, 484; *Scharen*, Aufhebung der Ausschreibung und Vergaberechtsschutz, NZBau 2003, 585; *Stelkens*, Primärrechtsschutz trotz Zuschlagserteilung?, NZBau 2003, 654.

Übersicht

A. Allgemeines	1–2
B. Entscheidung der Vergabekammer (Abs. 1)	3–15
I. Prüfung des Vorliegens einer Rechtsverletzung	3
II. Zulässigkeit des Nachprüfungsantrags	4–5
III. Begründetheit des Nachprüfungsantrags	6–15
1. Feststellung eines Vergaberechtsverstoßes	7–9
2. Verletzung in eigenen Rechten	10–15
a) Kontrolldichte	10–11
b) Bieterschützende Vorschriften	12–13
c) Keine rechtlichen Auswirkungen auf die Position des Antragstellers	14–15
C. Befugnisse der Vergabekammer (Abs. 1 Satz 1)	16–25
D. Keine Bindung an die Anträge (Abs. 1 Satz 2)	26–31
E. Erledigung und Antrag auf Feststellung einer Rechtsverletzung (Abs. 2)	32–62
I. Erledigung durch wirksame Zuschlagserteilung (Abs. 2 Satz 2 Alt. 1)	33–36
1. Wirksamer Zuschlag	33–35
2. Feststellung der Nichtigkeit	36
II. Anderweitige Erledigung (Abs. 2 Satz 2 Alt. 2)	37–57
1. Allgemeines	37
2. Aufhebung oder Einstellung des Vergabeverfahrens	38–43
3. Erledigung in sonstiger Weise	44–57
a) Erledigung des Vergabeverfahrens	44–49
b) Erledigung des anhängigen Nachprüfungsverfahrens	50–57
aa) Erledigung kraft Gesetzes	50–51
bb) Rücknahme des Nachprüfungsantrags	52–53
cc) Übereinstimmende Erledigungserklärung	54
dd) Vergleich	55–57
III. Feststellungsverfahren (Abs. 2 Satz 2)	58–62
1. Allgemeines	58
2. Antrag auf Feststellung	59
3. Feststellungsinteresse	60
4. Feststellungsbeschluss	61
5. Keine Geltung des Beschleunigungsgrundsatzes (Abs. 2 Satz 3)	62
F. Form der Entscheidung und Vollstreckung (Abs. 3)	63–102
I. Form der Entscheidung (Abs. 3 Satz 1)	64–83
1. Verwaltungsakt/Begründungspflicht	64–67
2. Unterschriften	68–69
3. Berichtigung	70
4. Wirksamkeit und Bestandskraft	71–73
a) Allgemeines	71–72
b) Rücknahme des Antrags	73
5. Rechtsmittelbelehrung	74–77

6. Zustellung	78–83
II. Vollstreckung der Entscheidung der Vergabekammer (Abs. 3 Satz 2 und 3)	84–102
1. Allgemeine Grundsätze	84–86
2. Anzuwendendes Verwaltungsvollstreckungsgesetz	87
3. Voraussetzungen	88–100
a) Antragserfordernis	88–90
b) Verfahrensablauf	91–98
aa) Bestandskraft oder aufschiebende Wirkung	92–94
bb) Konkrete Vollstreckungsmaßnahmen	95–98
c) Verweisung auf § 86a Satz 2 GWB ..	99
d) Einstellung	100
4. Rechtsschutz im Vollstreckungsverfahren	101–102

A. Allgemeines

1 Die Vorschrift regelt Inhalt und Form der abschließenden Entscheidung der Vergabekammer im Nachprüfungsverfahren. Entsprechend der Funktion des Nachprüfungsverfahrens als subjektives Rechtsschutzverfahren entscheidet die Vergabekammer, ob der Antragsteller in seinen Rechten verletzt ist und trifft die geeigneten Maßnahmen, um eine Rechtsverletzung zu beseitigen und eine Schädigung der betroffenen Interessen zu verhindern (**Abs. 1 Satz 1**). Darüber hinaus kann die Vergabekammer unabhängig von dem gestellten Antrag auf die Rechtmäßigkeit des Vergabeverfahrens hinwirken (vgl. **Abs. 1 Satz 2**).

2 Das Nachprüfungsverfahren ist primär darauf ausgerichtet, in einem noch laufenden Vergabeverfahren eine Rechtsverletzung des Antragstellers zu verhindern oder zu beseitigen. **Abs. 2 Satz 1** hält den Grundsatz fest, dass ein wirksam erteilter Zuschlag nicht aufgehoben werden kann. Nach wirksamer Erteilung des Zuschlags, nach Aufhebung des Vergabeverfahrens, dessen Einstellung oder nach sonstiger Erledigung kann die Vergabekammer auf Antrag eines Beteiligten das Nachprüfungsverfahren in ein Feststellungsverfahren überführen, in dem die Frage untersucht wird, ob das beendete Vergabeverfahren rechtswidrig war und den Antragsteller in seinen Rechten verletzt hat (vgl. **Abs. 2 Satz 2**). **Abs. 3 Satz 1** legt fest, dass die Entscheidung der Vergabekammer durch Verwaltungsakt ergeht. Die Vollstreckung richtet sich nach den Verwaltungsvollstreckungsgesetzen des Bundes und der Länder (**Abs. 3 Satz 2**). Es gelten die §§ 61 und 86a Satz 2 GWB entsprechend (**Abs. 3 Satz 3**).

B. Entscheidung der Vergabekammer (Abs. 1)

I. Prüfung des Vorliegens einer Rechtsverletzung

3 Die Entscheidung der Vergabekammer stellt nach **Abs. 1 Satz 1** zunächst fest, „ob der Antragsteller in seinen Rechten verletzt ist". Eine **Rechtsverletzung** in diesem Sinne ist bei einem Verstoß gegen § 97 Abs. 7 GWB gegeben, wenn also der Auftraggeber die Bestimmungen über das Vergabeverfahren nicht eingehalten hat und das Unternehmen seinen Anspruch hierauf durchsetzen kann. Für die Feststellung, ob eine solche Rechtsverletzung vorliegt, prüft die Vergabekammer die Rechtmäßigkeit der Vergabe – das stellt § 110 Abs. 1 Satz 3 GWB ausdrücklich klar – nicht in einem umfassenden Sinne, wie etwa eine Behörde die Rechtslage in einem Verwaltungsverfahren vor Erlass eines Verwaltungsakts prüft. Vielmehr geht die Vergabekammer vorrangig den Beanstandungen des Antragstellers nach und ermittelt dann, wenn ein Vergaberechtsverstoß tatsächlich vorliegt, ob auch der Antragsteller dadurch in seinen (subjektiven) Rechten verletzt ist. Allein die (objektive) Feststellung eines Vergaberechtsverstoßes – mag dieser auch noch so gravierend sein – reicht deshalb nicht aus. Die Frage, ob ein Verstoß gegen das Vergaberecht vorliegt, der den Antragsteller in seinen subjektiven Rechten verletzt, ist Gegenstand der Prüfung der Begründetheit des Nachprüfungsantrags. Die Begründetheitsprüfung setzt voraus, dass der Nachprüfungsantrag zulässig ist.

II. Zulässigkeit des Nachprüfungsantrags

4 Die Vergabekammer prüft nach der Übermittlung des Nachprüfungsantrags an den Auftraggeber in der Regel folgende **Zulässigkeitsvoraussetzungen:**
– Der Antrag muss sich gegen einen öffentlichen Auftraggeber i.S.v. § 98 GWB richten.
– Es muss ein öffentlicher Auftrag i.S.v. § 99 GWB vorliegen.

- Der maßgebliche Schwellenwert nach § 100 Abs. 1 GWB i.V.m. § 127 Nr. 1 GWB, § 2 VgV, § 1 Abs. 2 SektVO, § 1 Abs. 2 VSVgV muss erreicht oder überschritten sein.
- Der Antragsteller muss antragsbefugt i.S.v. § 107 Abs. 2 GWB sein.
- Der Antragsteller muss vor Einleitung des Verfahrens seine Rügeobliegenheit gemäß § 107 Abs. 3 GWB erfüllt haben.

Häufig kann die Zulässigkeit eines Nachprüfungsantrags nicht abschließend bei Eingang des Antrags festgestellt werden. Vielmehr gibt es eine Reihe von Fällen, in denen sich erst im Nachprüfungsverfahren sicher ermitteln lässt, ob die Voraussetzungen der Zulässigkeitsnorm tatsächlich vorliegen. So hat beispielsweise das OLG Düsseldorf im Beschluss vom 13.6.2007 (Verg 2/07) umfangreiche Ausführungen zu der Frage gemacht, ob Grundstückskaufverträge mit Bauverpflichtungen überhaupt als öffentliche Bauaufträge i.S.v. § 99 Abs. 3 GWB angesehen werden können. Erst nachdem diese Rechtsfrage durch das OLG Düsseldorf geklärt war, konnte die Zulässigkeit des Nachprüfungsantrags festgestellt werden.

III. Begründetheit des Nachprüfungsantrags

Der Nachprüfungsantrag ist begründet, wenn ein Verstoß gegen § 97 Abs. 7 GWB vorliegt und der Antragsteller hierdurch tatsächlich in seinen Rechten verletzt ist. Eine entsprechende Feststellung hierüber trifft die Vergabekammer in ihrer Entscheidung jedoch nur dann, wenn der Nachprüfungsantrag zulässig ist. Ist das Nachprüfungsverfahren unzulässig, so findet eine Rechtmäßigkeitskontrolle des Vergabeverfahrens nicht mehr statt (OLG Jena vom 30.5.2002, 6 Verg 3/02). Eine Entscheidung in der Sache ist dann nicht mehr möglich, weil die Nachprüfungsverfahren nicht die Funktion haben, das Vergabeverfahren von Amts wegen oder auf Anregung eines beliebigen Dritten umfassend auf seine Rechtmäßigkeit hin von den Vergabekammern überprüfen zu lassen.

1. Feststellung eines Vergaberechtsverstoßes

Ist der Nachprüfungsantrag zulässig, prüft die Vergabekammer im Rahmen der Begründetheit zunächst, ob die Vergabestelle gegen eine vergaberechtliche Regelung verstoßen hat, auf deren Einhaltung der Bieter gemäß § 97 Abs. 7 GWB einen Anspruch hat. In der Regel hat der Antragsteller diesen Vergaberechtsverstoß zuvor gerügt und hierauf die in seinem Antrag nach §§ 107 Abs. 1 und 2, 108 GWB behauptete Verletzung seiner Rechte gestützt. Die geltend gemachten Verstöße können ganz unterschiedliche Bestimmungen aus den Vergabeordnungen betreffen. Häufig beanstanden Bieter beispielsweise, dass die Vergabestellen die Angebotswertung nicht entsprechend § 19 EG VOL/A oder § 16 VOB/A durchgeführt haben. Aber auch Fragen im Zusammenhang mit dem Einsatz von Nachunternehmern oder der Vorlage von Nebenangeboten führen oftmals zum Streit.

Entscheidender **Zeitpunkt** für die Frage eines Vergaberechtsverstoßes ist die **Sach- und Rechtslage zum Zeitpunkt der Entscheidung der Vergabekammer** (OLG Düsseldorf vom 15.12.2004, VII-Verg 47/04). Insofern ist es einer Vergabestelle im Verlauf eines Nachprüfungsverfahrens nicht verwehrt, bestimmte Überprüfungen nachzuholen. Eine Vergabestelle muss nicht erst warten, bis sie von der Vergabekammer verpflichtet wird, außerhalb des Nachprüfungsverfahrens die Wertung der Zuverlässigkeit eines Bieters zu wiederholen (OLG Düsseldorf vom 15.8.2003, Verg 34/03; OLG Düsseldorf vom 26.11.2008, Verg 54/08). Vielmehr kann sie solche Erwägungen beispielsweise im Rahmen ihrer Schriftsätze gegenüber den Vergabenachprüfungsinstanzen äußern. Dann kann eine von der Vergabestelle nachgeholte Beurteilung der Leistungsfähigkeit innerhalb des Nachprüfungsverfahrens sogleich einer Überprüfung durch die Nachprüfungsinstanz unterzogen werden (VK Münster vom 13.2.2007, VK 17/06; vom 28.6.2007, VK 10/07; vom 12.9.2012, VK 18/12). Allerdings ist unter Berücksichtigung der Wettbewerbsgrundsätze darauf zu achten, dass keine **Manipulationsmöglichkeiten** eröffnet werden.

Der BGH (vom 8.2.2011, X ZB 4/10) hat unter dem Gesichtspunkt **unzureichender Dokumentation** überprüft, ob eine **nachträgliche** – zeitversetzte, also erst im Nachprüfungsverfahren dargelegte – **Begründung** der Vergabestelle vergaberechtlichen Bedenken ausgesetzt ist. Dazu führt der BGH aus, dass der Auftraggeber auch im Nachprüfungsverfahren nicht kategorisch mit allen Aspekten und Argumenten präkludiert ist, die nicht im Vergabevermerk zeitnah niedergelegt worden sind. Vielmehr ist, soweit es die Frage der Heilung von Dokumentationsmängeln im Vergabevermerk betrifft, einerseits zu berücksichtigen, dass insbesondere die zeitnahe Führung des Vergabevermerks die Transparenz des Vergabeverfahrens schützen und Manipulationsmöglichkeiten entgegenwirken soll. Andererseits gibt das Gesetz der Vergabekammer vor, bei ihrer gesamten Tätigkeit darauf zu achten, dass der Ablauf des Vergabeverfahrens nicht unangemessen beeinträchtigt wird. Mit dieser dem vergaberechtlichen Beschleunigungsgrundsatz verpflichteten Regelung wäre es nicht vereinbar, bei Mängeln der Dokumentation im Vergabevermerk generell und unabhängig von deren Gewicht und Stellenwert von einer Berücksichtigung im Nachprüfungsverfahren abzusehen und stattdessen eine Wiederholung der betroffenen Abschnitte des Vergabeverfahrens anzuordnen. Dieser Schritt sollte vielmehr Fällen vorbehalten bleiben, in denen zu besorgen ist, dass die Berücksichtigung der nachgeschobenen Dokumentation lediglich im Nachprüfungsverfahren nicht ausreichen könnte, um eine **wettbewerbskonforme Auftragserteilung** zu gewährleisten.

Darüber hinaus hat eine Vergabekammer – so VK Münster (vom 12.9.2012, VK 18/12) – während des bereits eingeleiteten Nachprüfungsverfahrens auch alle weiteren **Entscheidungen** der Vergabestelle zu prüfen, die im Zusammenhang mit der Auftragsvergabe stehen und erst **nach Einleitung der Nachprüfung** erfolgt sind. Im konkreten Fall hatte die Vergabestelle dem Antragsteller während des laufenden Nachprüfungsverfahrens nachträglich die Eignung abgesprochen, weil sie der Auffassung war, dass der Antragsteller sich Teile aus dem Angebot der Beigeladenen beschafft habe, was die Vergabestelle als unlautere und wettbewerbswidrige Verhaltensweise einstufte. Falls diese Entscheidung der Vergabestelle zutreffend gewesen wäre, hätte dem Antragsteller die Antragsbefugnis gefehlt.

9   Bei der Frage, ob eine **Vergabestelle** vor der Einleitung eines Nachprüfungsverfahrens, aber auch nach Einleitung eines solchen Verfahrens, **bestimmte eigene Entscheidungen korrigieren** kann, sollte man von folgenden Überlegungen ausgehen: Ob die Vergabestelle ein Angebot, das bereits in die Wirtschaftlichkeitsprüfung gelangt ist, nachträglich wegen fehlender Zuverlässigkeit, fachlicher Eignung oder Leistungsfähigkeit des Bieters ausschließen darf, wird in der Rechtsprechung der Oberlandesgerichte einhellig dahin beantwortet, dass zwischen einem zwingenden Ausschlussgrund und einer Ermessensentscheidung der Vergabestelle zu unterscheiden ist. Ist der öffentliche Auftraggeber von Gesetzes wegen zum Angebotsausschluss verpflichtet, kann ein rechtlich schützenswertes Vertrauen des betreffenden Bieters, sein Angebot werde nicht von der Wertung ausgeschlossen werden, nicht entstehen. In diesem Fall ist es der Vergabestelle folglich nicht verwehrt, auch noch in einem späteren Stadium der Angebotswertung auf den **zwingenden Ausschlussgrund** zurückzugreifen. Steht der Vergabestelle bei der Entscheidung ein **Beurteilungsspielraum** zu und hat sie in Ausübung dieses Spielraums die Zuverlässigkeit, fachliche Eignung oder Leistungsfähigkeit des Bieters bejaht, ist sie daran grundsätzlich gebunden. Sie ist nach Treu und Glauben im Allgemeinen gehindert, im weiteren Verlauf des Vergabeverfahrens von ihrer ursprünglichen Beurteilung abzurücken und bei **unveränderter Sachlage** die Zuverlässigkeit, fachliche Eignung oder Leistungsfähigkeit des Bieters nunmehr zu verneinen (OLG Düsseldorf vom 5.5.2003, Verg 20/03; OLG Düsseldorf vom 28.5.2003, Verg 16/03; OLG Düsseldorf vom 5.7.2006, Verg 25/06).

> **Beispiele:** Sehen die Vergabeunterlagen zwingend vor, dass die Bieter bestimmte Genehmigungen oder Zertifikate mit dem Angebot vorzulegen haben, dann führt das **Fehlen dieser Eignungsnachweise** zum Ausschluss der unvollständigen Angebote. Wird in einem Nachprüfungsverfahren festgestellt, dass das Angebot eines Bieters, auf das der Zuschlag erteilt werden soll, wegen Unvollständigkeit zwingend auszuschließen ist, dann genießt er kein schützenswertes Vertrauen. Es spielt keine Rolle, dass sein Angebot bereits in die Wirtschaftlichkeitsprüfung gelangt war. Hat eine Vergabestelle hingegen eingeforderte Referenzen im Rahmen ihres Beurteilungsspielraums als zutreffend beurteilt, also die **Eignung des Bieters festgestellt**, dann kann sie davon im weiteren Verlauf der Ausschreibung nur noch abweichen, also ihre eigene Entscheidung rückgängig machen, wenn sich die Sachlage nachträglich geändert hat. Sie kann aber die gleichen Aussagen zu den Referenzen nicht einfach anders werten.

2. Verletzung in eigenen Rechten

a) Kontrolldichte

Das Nachprüfungsverfahren dient nicht der allgemeinen Rechtmäßigkeitskontrolle, sondern dem subjektiven Rechtsschutz des antragstellenden Bieters (OLG Düsseldorf vom 12.3.2003, Verg 49/02; OLG Düsseldorf vom 5.5.2008, Verg 5/08; OLG Karlsruhe vom 24.7.2007, 17 Verg 6/07; OLG Koblenz vom 4.2.2009, 1 Verg 4/08; OLG Brandenburg vom 3.11.2011, Verg W 4/11; OLG München vom 9.8.2010, Verg 13/10; OLG Naumburg vom 12.4.2012, 2 Verg 1/12). Dies folgt bereits aus § 97 Abs. 7 GWB. § 110 Abs. 1 Satz 3 GWB stellt ausdrücklich klar, dass gerade keine umfassende Rechtmäßigkeitskontrolle durch die Vergabekammer stattfindet. Die Nachprüfung der öffentlichen Auftragsvergabe ist vielmehr auf solche Vergaberechtsverstöße beschränkt, durch die der Antragsteller in seinen eigenen Rechten verletzt ist. Stellt die Vergabekammer einen Vergaberechtsverstoß fest, so muss der Antragsteller dadurch auch tatsächlich in seinen Rechten verletzt sein (vgl. OLG Düsseldorf vom 16.3.2005 und 15.6.2005, VII-Verg 5/05; OLG Düsseldorf vom 24.5.2007, Verg 12/07). In der Regel führen die festgestellten Vergaberechtsverstöße auch zu einer Beeinträchtigung der Rechte des Antragstellers. Allerdings ist dieser Rückschluss nicht zwingend. Abs. 1 ermächtigt die Vergabekammern jedoch nicht, **Vergaberechtsverstöße, durch die der Antragsteller** in eigenen Bieterrechten **nicht betroffen ist**, selbst, also von Amts wegen, aufzugreifen und auf die Rechtmäßigkeit des Verfahrens zu Lasten des Antragstellers hinzuwirken (OLG Rostock vom 5.7.2006, 17 Verg 7/06). Vielmehr müssen diejenigen Vergaberechtsverstöße, welche die Vergabekammer zum Anlass nimmt, unabhängig von den Anträgen des Antragstellers, mithin amtswegig, die Rechtmäßigkeit des Vergabeverfahrens sicherzustellen, **zugleich den Antragsteller betreffen** und ihn in seinen Rechten verletzen. Deshalb prüft die Vergabekammer die Verletzung des Antragstellers in eigenen Rechten i.S.v. § 97 Abs. 7 GWB in jedem Einzelfall.

Das OLG Düsseldorf hat mittlerweile wiederholt entschieden, dass die behaupteten Vergaberechtsverstöße **kausal für die Beeinträchtigung** der Rechte des Antragstellers sein müssen (OLG Düsseldorf vom 15.6.2010, Verg 10/10). Fehlt es an einer solchen Beeinträchtigung (kein Schaden), besteht für die Vergabenachprüfungsinstanzen auch kein rechtfertigender Grund, das Vergabeverfahren anzuhalten und auf diese Weise den vom Gesetz angestrebten möglichst raschen Abschluss des Beschaffungsvorhabens zu verzögern (OLG Düsseldorf vom 3.8.2011, Verg 6/11). Das OLG Düsseldorf (vom 30.6.2011, Verg 25/11) ist der Auffassung, dass das Nachprüfungsverfahren kein objektives Verfahren zur Überprüfung ist, ob das Vergabeverfahren in jeder Hinsicht rechtmäßig abgelaufen ist. Es dient vielmehr lediglich dem Schutz der Bieterchancen des Antragstellers. Auch bei einem verwaltungsgerichtlichen Verfahren tritt neben die Klagebefugnis nach § 42 Abs. 2 VwGO (vergleichbar mit der Antragsbefugnis nach § 107 Abs. 2 GWB) die Rechtsverletzung zu Lasten des Klägers nach § 113 Abs. 1 VwGO (vergleichbar den zum Schutze der Rechte und der Bieterchancen des Antragstellers notwendigen Maßnahmen nach § 114 Abs. 1 GWB). Insofern stellt sich in diesen Fällen die Frage, ob ein Antragsteller überhaupt antragsbefugt i.S.v. § 107 Abs. 2 GWB ist.

Im Ergebnis prüft eine Vergabekammer demnach immer, ob der Antragsteller – trotz eines Vergaberechtsverstoßes – in seinen Rechten **tatsächlich verletzt** ist. Das ist nicht der Fall, wenn

– die verletzte Vorschrift gerade nicht dem Schutz der Bieter dient oder
– keine rechtlichen Auswirkungen auf die Position des Antragstellers feststellbar sind, was auch dann gilt, wenn das Vergabeverfahren an besonders schwerwiegenden Vergaberechtsverstößen leidet.

b) Bieterschützende Vorschriften

Die meisten Vorschriften in den Vergabeordnungen haben **bieterschützenden Charakte**r (vgl. hierzu § 126 Rn. 16 ff.), d.h., ihre Verletzung hat Auswirkungen auf die Position der Bieter. Besonders umstritten ist die bieterschützende Wirkung des § 19 EG Abs. 6 VOL/A (ungewöhnlich niedrige Angebote). Eine vermittelnde Auffassung vertritt insoweit das OLG Düsseldorf (vom 17.6.2002, Verg 18/02; vom 28.9.2006, Verg 49/06; vom 25.2.2009, Verg 6/09). Zwar könne der genannten

Norm grundsätzlich keine dem Schutz des Mitbewerbers gegen den **Billigbewerber** dienende Wirkung zugemessen werden, da die Vorschrift in erster Linie dem Schutz des öffentlichen Auftraggebers diene. Immerhin könne aber der vom Ausschluss seines Angebots wegen Unauskömmlichkeit bedrohte Bieter verlangen, dass die Vergabestelle eine **Prüfung der Auskömmlichkeit** der Einzelpreise des Angebots vornimmt (OLG Düsseldorf vom 2.5.2007, Verg 1/07; OLG Düsseldorf vom 6.3.2008, Verg 53/07; OLG Düsseldorf vom 14.10.2009, Verg 40/09; OLG München vom 11.5.2007, Verg 4/07). Der Vorschrift kommt zudem auch dann bieterschützende Wirkung zu, wenn es für den Auftraggeber aus seiner Verpflichtung aus § 2 Nr. 1 Abs. 2 VOL/A a.F. heraus – wettbewerbsbeschränkende und unlautere Verhaltensweisen zu bekämpfen – geboten ist, das Angebot auszuschließen (OLG Düsseldorf vom 25.2.2009, Verg 6/09).

Ob die „Auskömmlichkeitsprüfung" zukünftig doch als bieterschützendes Recht vom konkurrierenden Bieter verlangt werden kann, ist nach der Entscheidung des EuGH (vom 29.3.2012, Rs. C-599/10) noch nicht abschließend geklärt. Der EuGH hat sich damit beschäftigt, ob ein öffentlicher Auftraggeber verpflichtet ist, Aufklärung hinsichtlich Angebote mit ungewöhnlich niedrigen Angebotspreisen zu betreiben. Diese Aufklärung steht nach Auffassung des Gerichts nicht „im Ermessen" des Auftraggebers, sondern er ist gezwungen, schriftlich Aufklärung über Einzelposten des Angebots zu verlangen, wenn er dies für angezeigt hält. Vor dem Hintergrund dieser Entscheidung des EuGH meinte das OLG Düsseldorf (vom 31.10.2012, Verg 17/12): „Ob das Urteil des EuGH vom 29.3.2012 – C-599/10 dahin verstanden werden kann oder muss, dass der im Lichte des Art. 55 der Richtlinie 2004/18/EG zu lesende § 19 Abs. 6 EG VOL/A nicht nur dem vom Ausschluss bedrohten Bieter, sondern auch seinem konkurrierenden Mitbewerber subjektive Rechte in Bezug auf die Durchführung eines Zwischenverfahrens und eine sich daran anschließende Entscheidung über einen etwaigen Ausschluss des betroffenen Bieters einräumt und dem Senat Anlass gibt, seine bisherige Rechtsprechung aufzugeben, bedarf hier (im konkreten Fall) keiner näheren Erörterung."

13 Auch die Geltendmachung einer für sich genommen möglicherweise zutreffenden Vergaberechtsverletzung, die lediglich die Rechtsposition eines Dritten zu verbessern geeignet ist, stellt eine Form unzulässiger – materiell-rechtlicher – Rechtsausübung dar, die einem Bieter nach dem die gesamte Rechtsordnung beherrschenden Wertungsgedanken des § 242 BGB versagt ist und einen gleichwohl eingelegten Nachprüfungsantrag an der mangelnden Begründetheit scheitern lässt (OLG Jena vom 6.12.2006, 9 Verg 8/06).

c) Keine rechtlichen Auswirkungen auf die Position des Antragstellers

14 Die Vergabekammer muss auch eine Feststellung darüber treffen, ob eine mindestens nicht ausschließbare Beeinträchtigung der Auftragschancen des Antragstellers – neben der Feststellung eines Vergaberechtsverstoßes – vorliegt. Nach Abs. 1 haben die Nachprüfungsinstanzen geeignete Maßnahmen zu treffen, um eine Rechtsverletzung des Antragstellers zu beseitigen oder eine Schädigung der betroffenen Interessen zu verhindern. Droht wegen einer Rechtsverletzung (Vergaberechtsverstoß) kein Schaden, ist ein Antragsteller auch nicht in seinen Bieterrechten beeinträchtigt (OLG Düsseldorf vom 3.8.2011, Verg 6/11).

In dem konkreten Fall des OLG Düsseldorf ging es um den Abschluss einer hausarztzentrierten Versorgung. Die Vergabestelle hatte keine objektiven Auswahlkriterien bekannt gegeben, was aber die Antragstellerin nicht daran gehindert hat, an den Verhandlungen über die Beschaffung teilzunehmen und konkrete Vergütungsanforderungen in ihrem Angebot zu benennen.

In einem Fall der VK Münster (vom 20.10.2011, VK 13/11) hatte die Vergabestelle in der Bekanntmachung Referenzen als Zuschlagskriterien aufgenommen, was vergaberechtlich unzulässig ist. Weiterhin hatte die Vergabestelle eine Mindestanzahl von Referenzen als Eignungsnachweise gefordert. Der Antragsteller beanstandete den Vergaberechtsverstoß (keine Trennung von Eignungs- und Zuschlagskriterien), konnte aber die ansonsten vergaberechtmäßig geforderte Anzahl von Mindestreferenzen nicht nachweisen. Auch bei einer Korrektur des Vergaberechtsverstoßes hätte der Antragsteller sich somit nicht an der erneuten Ausschreibung beteiligen können; ihm fehlte die Antragsbefugnis. Nach einem Hinweis der Vergabekammer nahm der Antragsteller den Nachprüfungsantrag zurück.

Auch in den Fällen, in denen das Vergabeverfahren an **besonders schwerwiegenden Mängeln** leidet, findet keine allgemeine Rechtmäßigkeitskontrolle durch die Vergabekammer statt. Wenn unzulässigerweise nicht europaweit ausgeschrieben wird, dann reicht dieser Vergaberechtsverstoß allein nicht aus. Die Vergabekammern können allein das Unterlassen einer europaweiten Ausschreibung nicht zum Anlass für eine Rechtmäßigkeitskontrolle nehmen. Vielmehr muss der Antragsteller darlegen, dass er durch einen Vergaberechtsverstoß tatsächlich in seinen Rechten gemäß Abs. 1 verletzt ist.

Beispiel: Die Vergabestelle forderte einige Unternehmen zur Abgabe von Angeboten für Wäschedienstleistungen auf, machte aber keine Angaben zu Umfang und Laufzeit des Vertrages und nannte weder Eignungs- noch Zuschlagskriterien, weil sie kein förmliches Verfahren nach dem 4. Teil des GWB durchführte. Die Bieter legten Angebote vor. Nach Zuschlagserteilung beantragte einer der Bieter die Nachprüfung dieser Vergabe. Das OLG Düsseldorf (vom 19.7.2006, VII-Verg 26/06) meinte, dass die Antragstellerin zwar nicht durch die fehlende europaweite Bekanntmachung in ihren Rechten verletzt worden sei, aber die Vergabestelle habe wesentliche Prinzipien des geregelten Vergabeverfahrens, die auf die Eignung der beteiligten Unternehmen und die Bewertung der Angebote Einfluss haben konnten, nicht angewendet. Denn die Angebotsunterlagen enthielten keine Zuschlagskriterien und Eignungsanforderungen und auch die Leistungsbeschreibung sei nicht eindeutig gewesen. Daher fehle es in nahezu jeder Hinsicht an einer Vergleichbarkeit der Angebote, wie sie ein transparentes Vergabeverfahren nach den Vorgaben des europäischen und deutschen Vergaberechts sicherstellen solle. Dadurch sei auch die Antragstellerin in ihren Zuschlagschancen beeinträchtigt.

Der BGH (vom 10.11.2009, X ZB 8/09) war der Auffassung, dass auch einem Bieter, der sich an dem beanstandeten Vergabeverfahren durch die Abgabe eines Angebots beteiligt hatte, ein Schaden droht, wenn zu Unrecht das Verhandlungsverfahren statt des offenen Verfahrens gewählt wurde. Der BGH meinte, dass einem solchen Bieter – obwohl er sich durch Abgabe eines Angebots beteiligte – ein Schaden droht, weil seine Aussichten auf die Erteilung des Zuschlags zumindest verschlechtert worden sein könnten. Denn das Verhandlungsverfahren und das offene Verfahren unterscheiden sich grundsätzlich, weil im offenen Verfahren der Auftrag gemäß dem Inhalt des Angebots erteilt wird, während im Verhandlungsverfahren die Inhalte der Angebote verhandelbar sind. Wird das Verhandlungsverfahren zu Unrecht gewählt, ist deshalb jeder Bieter der ansonsten nicht gegebenen Gefahr ausgesetzt, im Rahmen von Nachverhandlungen von einem Mitbewerber unterboten zu werden.

Auch in den Fällen, in denen das **Vergabeverfahren von vornherein nicht zu einer vergaberechtlich ordnungsgemäßen Entscheidung** führen kann, weil es bereits von seiner Anlage her an so schwerwiegenden Mängeln leidet, dass es aufgehoben werden muss, kommt es auf die Frage, ob der Antragsteller ein **unzureichendes Angebot** abgegeben hat, nicht mehr an (KG vom 15.4.2004, 2 Verg 22/03; OLG Düsseldorf vom 24.3.2004, Verg 7/04; OLG Düsseldorf vom 16.2.2005, Verg 74/04). Dennoch muss auch bei diesen Fallkonstellationen eine Verletzung der Rechte des Antragstellers feststellbar sein. Die Frage, ob der Antrag zulässig ist, bleibt hier dahingestellt, weil die Ausschreibung an sich nicht zu einer ordnungsgemäßen Vergabeentscheidung führen wird, weil weder auf das (unzureichende) Angebot des Antragstellers noch auf irgendein anderes Angebot der Zuschlag vergaberechtskonform erteilt werden kann. Der Nachprüfungsantrag ist in diesen Fällen aber auf jeden Fall begründet.

15

Beispiel: Die Vergabestelle schrieb die Sanierung einer Rathausfassade aus und hatte im Leistungsverzeichnis eine Vielzahl von Wahlpositionen aufgenommen. Das Angebot des Antragstellers war unvollständig, weil er den geforderten Nachweis einer Haftpflichtversicherung nicht beigefügt hatte. Das OLG Düsseldorf (vom 24.3.2004, Verg 7/04) meinte, der genannte Vergaberechtsverstoß – also die unzulässige Verwendung von umfangreichen Wahlpositionen im Leistungsverzeichnis – betreffe die Ordnungsgemäßheit der Ausschreibungsbedingungen und könne damit unabhängig von der Zulässigkeit des Nachprüfungsantrags beanstandet werden. Durch die Vielzahl der Wahlpositionen sei die Transparenz des Vergabeverfahrens nicht mehr gewährleistet und es sei somit nicht ausgeschlossen, dass die Zuschlagsentscheidung mit Hilfe der Wahlpositionen manipuliert werden könnte. Damit stellte das OLG Düsseldorf zugleich eine Verletzung der Bieterrechte des Antragstellers und auch der anderen Bieter im Rahmen der Begründetheit fest, was zu einem Obsiegen im Nachprüfungsverfahren führte.

C. Befugnisse der Vergabekammer (Abs. 1 Satz 1)

16   Die Vergabekammer muss nach einer festgestellten Rechtsverletzung nach Abs. 1 Satz 1 die **geeigneten Maßnahmen** treffen, um eine Rechtsverletzung zu beseitigen und eine Schädigung der betroffenen Interessen zu verhindern. Die Vergabekammer hat auf das Vergabeverfahren so einzuwirken, dass dadurch die beim Antragsteller festgestellte Rechtsverletzung behoben wird. In der Regel ordnet die Vergabekammer die Wiederholung bestimmter Verfahrensabschnitte, z.B. der Angebotswertung, unter Berücksichtigung ihrer Rechtsauffassung an, wobei möglicherweise auch der Ausschluss eines Angebots, beispielsweise des Angebots der Beigeladenen, verfügt wird. Eine Vergabekammer kann auch die Zurücksetzung der Vergabe oder die Aufhebung der gesamten Ausschreibung anordnen, wenn die Vergabestelle ihre Zuschlagskriterien nicht gewichtet hat oder diese mit den Eignungsanforderungen vermengt hat (vgl. aber jetzt § 4 Abs. 2 Sätze 2 bis 4 VgV und § 5 Abs. 1 Sätze 2 bis 4 VgV). Regelmäßig wird durch diese Maßnahmen auch die Rechtmäßigkeit des Vergabeverfahrens wiederhergestellt und gleichzeitig die Verletzung der in § 97 Abs. 1 und 2 GWB genannten Vergaberechtsgrundsätze behoben. Dabei erfasst Abs. 1 nur die abschließenden Entscheidungen der Vergabekammer. Daneben kommen auch Zwischenentscheidungen in der Sache nach § 115 Abs. 2 und 3 GWB in Betracht.

17   In der Begründung zum VgRÄG (BT-Drucks. 13/9340, S. 19) zu § 124 GWB-E [Vorgängerregelung zu § 114] wird ausgeführt:

> „Der Kammer wird eine weitreichende Entscheidungskompetenz eingeräumt, um eine flexible Reaktion zu ermöglichen, die einerseits in einer effektiven Weise die Belange des Bieters schützt, andererseits auch dem öffentlichen Interesse an einer möglichst zügigen Auftragsvergabe gerecht wird."

18   Die Vergabekammern haben demzufolge bei der Gestaltung ihrer Entscheidungen einen **weit reichenden Spielraum**. Dieser Spielraum bezieht sich auf die Auswahl und Gestaltung der Maßnahme, nicht hingegen auf die Frage, ob überhaupt eine Maßnahme angeordnet wird. So kann die Vergabekammer anordnen, bestimmte Bieter am Verhandlungsverfahren zu beteiligen oder einen Mitbieter vom Vergabeverfahren auszuschließen. Das Ermessen der Vergabekammer wird durch den Grundsatz der **Verhältnismäßigkeit** eingegrenzt. Die angeordnete Maßnahme muss also zur Beseitigung der beanstandeten Rechtsverletzung und zur Abwendung der Schädigung betroffener Interessen geeignet, erforderlich und angemessen sein. Kommen mehrere Möglichkeiten in Betracht, den Rechtsverstoß zu beseitigen, muss die Vergabekammer diejenige auswählen, welche die Interessen der Beteiligten möglichst wenig beeinträchtigt (OLG Düsseldorf vom 15.11.2000, Verg 15/00; OLG Naumburg vom 13.10.2006, 1 Verg 12/06).

19   Die geeignete Maßnahme zur Behebung der Rechtsverletzung muss nicht im Nachprüfungsantrag genannt sein. Auch insofern gilt, dass die Vergabekammer an die Anträge nicht gebunden ist und unabhängig davon auf die Rechtmäßigkeit des Vergabeverfahrens einwirken kann (vgl. Abs. 1 Satz 2). Beantragt ein Bieter die Wiederholung der Angebotswertung, hält aber die Vergabekammer die Zurückversetzung des Vergabeverfahrens in den Stand vor der Versendung der Verdingungsunterlagen für erforderlich, so kann sie diese Maßnahme ungeachtet des Vortrags des Antragstellers anordnen (OLG Düsseldorf vom 14.11.2007, VII-Verg 23/07; OLG Düsseldorf vom 5.9.2007,

VII-Verg 19/07). Letztlich tritt dann im Nachprüfungsverfahren eine „Verböserung" für den Antragsteller ein.

Eine **geeignete Maßnahme** i.S.d. Abs. 1 Satz 1 kann insbesondere die **Zurückversetzung des Vergabeverfahrens** in einen bestimmten Verfahrensstand sein, beispielsweise in den Stand nach Vergabebekanntmachung (vgl. OLG Düsseldorf vom 16.2.2005, Verg 74/04) oder in das Stadium vor Versendung der Angebotsaufforderung (vgl. OLG Düsseldorf vom 21.12.2005, Verg 75/05; OLG Düsseldorf vom 19.7.2006, VII-Verg 26/06). Dies gilt auch in den Fällen, in denen bereits ein Submissionstermin stattfand, also die Preise bekannt gegeben wurden (OLG Düsseldorf vom 5.1.2011, Verg 46/10; VK Münster vom 2.5.2012, VK 5/12). In Fällen, in denen die Vergabekammer einen Vergaberechtsverstoß und eine Beeinträchtigung der subjektiven Rechte des Antragstellers festgestellt hat, verpflichtet sie in der Regel die Vergabestelle zur **Neuwertung der Angebote** unter Beachtung der Rechtsauffassung der Vergabekammer, wobei ggf. das Angebot eines Beigeladenen außer Betracht bleiben muss. Anderenfalls wird der Nachprüfungsantrag von der Vergabekammer zurückgewiesen. 20

Eine Vergabekammer darf allerdings nicht losgelöst von jeglichem Vorbringen der Verfahrensbeteiligten und trotz der Feststellung, dass der Antragsteller den Zuschlag aus Rechtsgründen nicht erhalten kann, in Bezug auf die Abwicklung des Vergabeverfahrens Anordnungen treffen (OLG München vom 9.8.2010, Verg 13/10; OLG München vom 21.5.2010, Verg 2/10). Die Vergabekammer darf sich **nicht** als **allgemeine Kontrollinstanz** verstehen, die unabhängig von der Verletzung subjektiver Rechte des Antragstellers abstrakt für die Aufrechterhaltung oder Wiederherstellung der objektiven Rechtmäßigkeit des Vergabeverfahrens sorgt.

Bei **ausgeschlossenen Angeboten** prüft die Vergabekammer den von der Vergabestelle vorgebrachten Ausschlussgrund. Sie ist jedoch daran gehindert, den Antragsteller ungeachtet dessen Verletzung in eigenen Rechten aus anderen als vom Auftraggeber genannten Gründen auszuschließen. Denn die Vergabekammer hat Maßnahmen zu treffen, die geeignet sind, eine Rechtsverletzung zu beseitigen. Ihr Einwirken dient nicht dazu, die Ausschlussentscheidung zu Lasten des Antragstellers auf neue Gründe zu stellen (OLG Frankfurt vom 24.10.2006, 11 Verg 8 und 9/06; OLG Rostock vom 8.3.2006, 17 Verg 16/05). Es sei denn, die Vergabestelle macht sich ggf. nach einem entsprechenden Hinweis der Vergabekammer den neuen Ausschlussgrund im Nachprüfungsverfahren zu eigen (so OLG Düsseldorf vom 28.6.2006, Verg 18/06). 21

Die Vergabekammer darf sich grundsätzlich nicht an die Stelle der Vergabestelle setzen und diese anweisen, den Zuschlag an einen bestimmten Bieter, insbesondere den Antragsteller, zu erteilen. Denn die Vergabestelle hat die ihr zustehenden Wertungs- und Ermessensspielräume bei der Erteilung des Zuschlags selbst auszuüben. Grundsätzlich muss die **Anordnung der Vergabekammer zur Erteilung des Zuschlags** an einen bestimmten Bieter die **absolute Ausnahme** darstellen (BGH vom 5.11.2002, X ZR 232/00). Die Zuschlagserteilung ist nur dann anzuordnen, wenn die Beendigung des Verfahrens unter Beachtung der Wertungsspielräume der Vergabestelle auf andere Weise als durch Erteilung des Zuschlags an einen Bieter nicht in Betracht kommt (BayObLG vom 5.11.2002, Verg 22/02; BayObLG vom 23.10.2003, Verg 13/03; OLG Düsseldorf vom 10.5.2000, Verg 5/00; OLG Düsseldorf vom 27.4.2005, Verg 10/05). Dies gilt auch in den Fällen, in denen der Antragsteller mit seinem Hauptantrag die Erteilung des Zuschlags auf sein allein noch in der Wertung befindliches Angebot begehrt (OLG Düsseldorf vom 13.7.2005, VII-Verg 19/05; EuGH vom 16.9.1999, Rs. C-27/98). Die Vergabekammer kann auch nicht die Vergabestelle verpflichten, eine Auftragsvergabe durch Aufhebung der Ausschreibung endgültig zu verhindern (OLG Brandenburg vom 3.11.2011, Verg W 4/11). 22

Es gibt aber auch Fallkonstellationen, in denen keine konkrete Anweisung hinsichtlich der weiteren Vorgehensweise von der Vergabekammer erteilt wird. Der Vergabestelle wird dann untersagt, auf der Grundlage des bisherigen Verfahrens den Zuschlag zu erteilen. Dies ist in der Regel dann der Fall, wenn ein Vergaberechtsverstoß festgestellt wurde, aber der Vergabestelle mehrere Optionen offen stehen, um diesen zu beseitigen. So kann eine Vergabestelle ihre Leistungsbeschreibung diskriminierungsfrei ändern oder die Ausschreibung vollständig aufheben und eine Neuausschreibung veranlassen. Möglicherweise ist auch der Übergang in ein Verhandlungsverfahren eine Alternative oder die Vergabestelle muss sich grundsätzlich überlegen, ob eine förmliche Ausschreibung zum gegenwärtigen Zeitpunkt erfolgen soll (BGH vom 8.2.2011, X ZB 4/10). In all diesen Fällen hat der öffentliche Auftraggeber ein Ermessen, das von der Vergabekammer nicht ersetzt oder vorweggenommen werden darf (BGH vom 1.8.2006, X ZR 115/04; OLG Düsseldorf vom 15.12.2004, Verg 47/04; OLG Düsseldorf vom 29.7.2009, Verg 18/09; OLG Düsseldorf vom 8.12.2008, Verg 55/08; VK Münster vom 14.1.2010, VK 26/09; VK Münster vom 18.3.2010, VK 1/10).

23 Die Vergabekammer kann aber auch die **Aufhebung des Vergabeverfahrens** anordnen, wenn der Vergaberechtsverstoß nicht anders behoben werden kann. Da diese Maßnahme einer möglichst zügigen Auftragsvergabe entgegensteht, ist die **Verhältnismäßigkeit** besonders sorgfältig zu prüfen (OLG Düsseldorf vom 14.3.2001, Verg 19/00; VK Münster vom 13.12.2005, VK 24/05) und kommt als Maßnahme nur in Betracht, wenn kein milderes Mittel zur Verfügung steht und das Ermessen der Vergabestelle auf Null reduziert ist (OLG Naumburg vom 17.2.2004, 1 Verg 15/03; OLG Schleswig vom 15.4.2011, 1 Verg 10/10). Insbesondere darf nicht die Möglichkeit bestehen, noch eine Korrektur im laufenden Verfahren vorzunehmen (OLG Koblenz vom 4.7.2007, 1 Verg 3/07; OLG Schleswig-Holstein vom 30.6.2005, 6 Verg 5/05). Eine Aufhebung kommt regelmäßig nicht in Betracht, wenn lediglich die Angebotswertung fehlerhaft durchgeführt wurde (OLG Düsseldorf vom 30.4.2003, Verg 64/02; OLG Koblenz vom 26.10.2005, 1 Verg 4/05).

> In den Fällen, in denen die Ausschreibungsunterlagen von den Bietern schon unterschiedlich verstanden wurden und deshalb keine vergleichbaren Angebote vorliegen und darüber hinaus auch die Fehler in den Ausschreibungsunterlagen nicht ohne Beeinträchtigung der Vergaberechtsgrundsätze geheilt werden können, bleibt als geeignete Maßnahme häufig nur noch die Aufhebung des Vergabeverfahrens, wozu die Vergabestelle dann durch Beschluss der Vergabekammer verpflichtet wird. Gibt der öffentliche Auftraggeber vorbehaltlos zu erkennen, dass er das Vergabeverfahren aufheben will, so kann ausnahmsweise mit unmittelbarer Wirkung die Aufhebung des Vergabeverfahrens auch vom Gericht angeordnet werden (OLG Düsseldorf vom 14.10.2005, Verg 40/05).

24 Die Vergabekammern sind Behörden und keine Gerichte. Trotz seiner gerichtsähnlichen Ausgestaltung handelt es sich demnach bei dem **Nachprüfungsverfahren** vor der Vergabekammer um ein **Verwaltungsverfahren** (BGH vom 9.12.2003, X ZB 14/03; BGH vom 25.10.2011, X ZB 5/10). Die **nationale Rechtsprechung** erkennt den Vergabekammern daher **keine Aussetzungs- oder Verwerfungskompetenz** i.S.v. Art. 100 Abs. 1 GG zu, d.h. die Vergabekammern dürfen das Nachprüfungsverfahren nicht aussetzen, um einem Verfassungsgericht des Landes oder des Bundes die Frage vorzulegen, ob eine bestimmte entscheidungsrelevante Vorschrift verfassungsgemäß ist (VK Münster vom 6.4.2005, VK 7/05; VK Düsseldorf vom 31.10.2007, VK-31/2007-L; VK Brandenburg vom 29.11.2001, 2 VK 44/00). Als Behörden und Teil der Exekutiven sind die Vergabekammern zur Anwendung der bestehenden Gesetze verpflichtet. Nur ein Gericht hat die Möglichkeit, ein Verfahren auszusetzen, um die Verfassungsmäßigkeit einer Norm prüfen zu lassen. Die Vergabekammern können daher, anders als die Oberlandesgerichte (vgl. OLG Düsseldorf vom 21.7.2006, VII-Verg 13/06; OLG Bremen vom 18.5.2006, Verg 3/2005), auch nicht ein Nachprüfungsverfahren aussetzen, um die Anwendung und Auslegung des Gemeinschaftsrechts im Hinblick auf entscheidungsrelevante Rechtsfragen durch den EuGH klären zu lassen.

25 Der EuGH (vom 19.6.2003, Rs. C-315/01) hat hingegen den Gerichtscharakter des österreichischen Bundesvergabeamtes wegen der Verbindlichkeit seiner Entscheidungen bejaht und infolgedessen auch ein Vorlageersuchen des Bundesvergabeamtes akzeptiert. Da die Entscheidungsbefugnisse des österreichischen Bundesvergabeamtes durchaus denen der Vergabekammern entsprechen, muss davon ausgegangen werden, dass der EuGH auch den Vergabekammern trotz ihrer Behördeneigenschaften wegen der Verbindlichkeit ihrer Entscheidungen Gerichtscharakter zuerkennen und sich für eine entsprechenden Vorlage durch eine Vergabekammer für zuständig erklären würde.

D. Keine Bindung an die Anträge (Abs. 1 Satz 2)

Die Vergabekammern sind nicht an die Anträge im Nachprüfungsantrag gebunden. In der Begründung zum VgRÄG (BT-Drucks. 13/9340, S. 19) wird zu § 124 GWB-E [Vorgängerregelung zu § 114] u.a. ausgeführt: 26

„Ob ein festgestellter Mangel eines Vergabeverfahrens die Verletzung eines subjektiven Rechts des Bewerbers beinhaltet oder nur einen Verstoß gegen eine Ordnungsvorschrift darstellt, kann nur durch die Kammer oder das Gericht im Einzelfall entschieden werden. Kammer und Gericht sind bei der Prüfung dieser Frage nicht an die vom Antragsteller geltend gemachten Verstöße gebunden. Der Entscheidung können auch andere, nicht gerügte Verstöße zugrunde gelegt werden, durch welche Schutzgesetze verletzt worden sind."

Die Vergabekammern überprüfen primär die im Nachprüfungsantrag vom Antragsteller behaupteten Rechtsverletzungen. Zu einer umfassenden Rechtmäßigkeitskontrolle sind die Vergabekammern grundsätzlich nicht verpflichtet (§ 110 Abs. 1 Satz 3 GWB); sie müssen also nicht allen denkbaren Möglichkeiten zur Aufklärung des Sachverhalts von Amts wegen nachgehen. Ergänzende Ermittlungen der Vergabekammern im Rahmen des Amtsermittlungsgrundsatzes nach § 110 Abs. 1 GWB sind in der Regel erst angezeigt, wenn das Vorbringen des Antragstellers den Nachprüfungsinstanzen Anlass zu ergänzenden Ermittlungen bietet (OLG Düsseldorf vom 25.10.2005, Verg 67/05). 27

Allerdings können die Vergabekammern **unabhängig von den Anträgen andere Vergaberechtsverstöße** aufgreifen, die entweder vom Antragsteller nicht erkannt wurden oder nicht erkannt werden konnten (OLG Düsseldorf vom 14.11.2007, Verg 23/07; OLG Düsseldorf vom 28.4.2008, Verg 1/08; OLG Frankfurt vom 5.5.2008, 11 Verg 1/08; OLG München vom 23.6.2009, Verg 8/09). Hiervon sind insbesondere die Vergaberechtsverstöße betroffen, die ein Bieter überhaupt nicht erkennen kann, weil ihm beispielsweise auch im Rahmen der Akteneinsicht die Angebote der anderen Bieter oder Teile aus der Vergabeakte nicht offengelegt wurden. Eine entsprechende Verpflichtung der Vergabekammer ergibt sich im Umkehrschluss aus § 110 Abs. 1 Satz 2 GWB: Nicht nur das Vorbringen der Beteiligten, sondern auch die Tatsachen, die einer Vergabekammer sonst bekannt sein müssen, sind hiernach im Rahmen des Untersuchungsgrundsatzes zu berücksichtigen. Solche Erkenntnisse, die sich aus Anlass der Prüfung behaupteter Rechtsverstöße aufdrängen, dürfen, sofern damit eine Rechtsverletzung des Antragstellers verbunden ist, die Nachprüfungsinstanzen nicht unberücksichtigt lassen (OLG Düsseldorf vom 5.5.2008, Verg 5/08). Die Vergabekammern haben dann – unabhängig von den im Antrag vorgetragenen Rechtsverletzungen – auch diesen Vergaberechtsverstoß aufzugreifen und im Beschluss auf Abhilfe hinzuwirken. Das ist aber nur zulässig, wenn der Antragsteller durch diesen Verstoß auch tatsächlich in eigenen Rechten verletzt wird (kausale Beeinträchtigung der Rechte des Antragstellers). 28

Der gemeinschaftsrechtliche Grundsatz einer wirksamen Überprüfung von Vergabeverfahren steht einer Berücksichtigung von Vergabefehlern ohne entsprechenden Antrag von Verfahrensbeteiligten nicht entgegen (EuGH vom 19.6.2003, Rs. C-315/01). **Gemeinschaftsrechtlich** ist nur erforderlich, dass die Verfahrensbeteiligten zu Vergabefehlern, welche von der Nachprüfungsinstanz von Amts wegen aufgegriffen werden, vor Erlass einer Entscheidung gehört werden (EuGH vom 19.6.2003, Rs. C-315/01). Die Vergabekammer wird somit im Laufe des Nachprüfungsverfahrens einen **rechtlichen Hinweis** erteilen, bevor sie diesen Vergabeverstoß zum Gegenstand eines Nachprüfungsverfahrens macht. 29

Hinsichtlich des Aufgreifens von Vergaberechtsverstößen, die der Antragsteller nicht zum Gegenstand seines Nachprüfungsverfahrens gemacht hat, besteht ein **Spannungsverhältnis zu § 107 Abs. 3 GWB**. Von der Vergabekammer selbst aufgegriffene Vergaberechtsverstöße dürfen nicht nach § 107 Abs. 3 Nr. 1 bis 4 GWB präkludiert sein (vgl. hierzu § 107 Rn. 75 ff.). Zudem müssen sie den Antragsteller auch tatsächlich in seinen subjektiven Rechten verletzen. Die fehlende oder verspätete Rüge eines Verstoßes gegen bieterschützende Vorschriften führt dazu, dass die **präkludierte Beanstandung** auch von Amts wegen nicht wieder aufgegriffen werden darf und auch nicht unmittelbar berücksichtigt werden kann (OLG Koblenz vom 15.5.2003, 1 Verg 3/03; OLG 30

Celle vom 11.2.2010, 13 Verg 16/09; OLG München vom 10.12.2009, Verg 18/09; OLG Frankfurt vom 16.10.2012, 11 Verg 9/11). Denn der Vergabekammer sind Sachentscheidungen über Vergabeverstöße, für die eine materielle Präklusionswirkung i.S.v. § 107 Abs. 3 GWB eingetreten ist und die deswegen nicht mehr in zulässiger Weise zum Gegenstand des Nachprüfungsverfahrens gemacht werden können, grundsätzlich entzogen (OLG Naumburg vom 23.7.2001, Verg 3/01). Dieses ergibt sich zum einen aus der dem Nachprüfungsverfahren innewohnenden Dispositionsmaxime (vgl. § 110 Rn. 5), wonach es der Entscheidungsbefugnis des antragstellenden Bieters unterliegt, welche Beanstandungen er zum Gegenstand eines Nachprüfungsverfahrens macht, und zum anderen wäre der Normzweck des § 107 Abs. 3 GWB in vollem Umfang vereitelt (OLG Düsseldorf vom 15.6.2005, Verg 5/05; OLG Düsseldorf vom 12.3.2003, Verg 49/02; BayObLG vom 24.10.2000, Verg 6/00). Präkludierte Vergaberechtsverstöße können dementsprechend grundsätzlich auch nicht Anlass für Anordnungen der Vergabekammer nach Abs. 1 Satz 2 sein (OLG Düsseldorf vom 16.3.2005, Verg 5/05).

Demgegenüber meinte das OLG Schleswig (vom 15.4.2011, 1 Verg 10/10), dass die Möglichkeit des Einwirkens auf ein rechtmäßiges Vergabeverfahren auch die Berücksichtigung von Umständen einschließe, die die Verfahrensbeteiligten infolge der Präklusion gemäß § 107 Abs. 3 GWB nicht mehr geltend machen könnten. Ein von der Präklusion betroffener Bieter würde in diesem Umfang seinen individuellen Rechtsschutzanspruch verlieren, aber daraus könnte nicht abgeleitet werden, dass der von der Präklusion betroffene Rechtsverstoß für das weitere Nachprüfungsverfahren gleichsam „aus der Welt" ist. Denn die Vergabestelle könnte selbst diesen Vergaberechtsverstoß aufgreifen und unter Beachtung der Gleichbehandlung und Transparenz auch noch während des Nachprüfungsverfahrens korrigieren. Zum anderen könne die Vergabekammer im Rahmen einer (ansonsten) nach § 107 Abs. 3 GWB zulässigen Nachprüfung einem Vergabefehler aber gleichwohl – auf der Rechtsfolgenseite – dadurch abhelfen, dass sie (auch) nicht „thematisierte" oder gerügte Umstände einbezieht. Das OLG Schleswig schränkt diese Rechtsauffassung aber ein, indem es darauf hinweist, dass die Korrektur präkludierter Fehler sich nicht einseitig zu Lasten bestimmter Wettbewerbsteilnehmer auswirken darf.

31 Soweit eine Vergabekammer also Vergaberechtsverstöße aufgreifen möchte, die vom Antragsteller nicht vorgetragen wurden, sondern sich lediglich aus den Vergabeakten und insbesondere aus der Kenntnis der Angebote der anderen Bieter ergeben, muss sie sicher sein, dass diese Verstöße auch jetzt noch gerügt werden könnten. Steht fest, dass Präklusion eingetreten ist, bleibt dieser Vergaberechtsverstoß unberücksichtigt. Dann darf auch eine Vergabekammer diesen Verstoß nicht im Rahmen ihres Untersuchungsgrundsatzes zum Gegenstand des Nachprüfungsverfahrens machen. Dabei ist allerdings zu bedenken, dass Präklusion nur hinsichtlich derjenigen Vergaberechtsverstöße eintreten kann, die bereits aufgrund der Bekanntmachung bzw. der Vergabeunterlagen „erkennbar" waren oder die ein Bieter vor Einleitung des Verfahrens tatsächlich erkannt hat (§ 107 Rn. 99 ff., 117 ff., 127 ff.). In der Praxis sind hingegen die Fälle weitaus häufiger, in denen der von der Vergabekammer festgestellte Vergabeverstoß vom Bieter übersehen wurde bzw. von ihm nicht erkannt werden konnte.

Beispiel: Die VK Münster (vom 13.7.2006, VK 9/06) entschied einen Fall, in dem es um die Durchführung von Schülerspezialverkehr ging. Die Vergabestelle verlangte hinsichtlich der Betriebshaftpflichtversicherung von den Bietern eine Originalbescheinigung von der Versicherung oder eine amtlich beglaubigte Kopie, wobei die Deckungssumme mindestens 3 Mio. € betragen musste. Das Angebot des Antragstellers schloss die Vergabestelle aus, weil dieser formal die verlangten Anforderungen nicht erfüllte, sondern lediglich eine unbeglaubigte Kopie vorlegte. Der Zuschlag sollte auf das Angebot des Beigeladenen erfolgen, der zwar die Formalien erfüllte, aber die verlangte Deckungssumme nicht nachwies. Dies konnte der Antragsteller auch nicht durch Akteneinsicht ermitteln, weil die Angebote der Konkurrenten in der Regel nicht offengelegt werden. Da außer diesen beiden Angeboten keine weiteren Angebote mehr vorhanden waren, durfte die Vergabestelle den Zuschlag aus Gründen der Gleichbehandlung (vgl. BGH vom 26.9.2006, X ZB 14/06) auch nicht auf das Angebot des Beigeladenen erteilen. Vielmehr beinhalteten die Angebote des Antragstellers und des Beigeladenen einen gleichartigen Mangel im Zusammenhang mit der verlangten Betriebshaftpflichtversicherung. Dem Nachprüfungsantrag wurde stattgegeben. Ohne einen entsprechenden Hinweis durch die Vergabekammer, wozu diese gemäß § 110 Abs. 1 GWB aufgrund des Untersuchungsgrundsatzes verpflichtet war, hätte der Antragsteller diesen Vergaberechtsverstoß nicht erkennen und nicht zum Gegenstand seines Sachvortrags machen können.

E. Erledigung und Antrag auf Feststellung einer Rechtsverletzung (Abs. 2)

Abs. 2 befasst sich mit dem **Rechtsschutz nach Zuschlagserteilung**. Der Zuschlag stellt den Abschluss des Vergabeverfahrens dar. Durch Zuschlagserteilung kommt zwischen der Vergabestelle und dem Bieter ein verbindlicher Vertrag zustande.

I. Erledigung durch wirksame Zuschlagserteilung (Abs. 2 Satz 2 Alt. 1)

1. Wirksamer Zuschlag

Nach Abs. 2 Satz 1 kann ein wirksam erteilter Zuschlag nicht aufgehoben werden. Als **Zuschlag** wird der Vertragsschluss zwischen der Vergabestelle und dem Bieter bezeichnet, der den Auftrag auf sein Angebot hin erhält. Bestehende Verträge können nicht einfach wieder aufgehoben werden, sondern sie behalten grundsätzlich bis zum Ende der vereinbarten Vertragsdauer Gültigkeit – es sei denn, sie werden im Einvernehmen der Vertragsparteien aufgehoben oder werden von einer Vertragspartei gekündigt. Verträge sind einzuhalten („pacta sunt servanda"). Wegen dieses allgemeinen Rechtsgrundsatzes ist auch die Vergabekammer gemäß Abs. 2 Satz 1 daran gehindert, einen **wirksam erteilten Zuschlag, also einen wirksamen Vertragsschluss**, wieder rückgängig zu machen. Allerdings ist das Zusammenfallen von Zuschlag und Vertragsschluss unter dem Gesichtspunkt des effektiven Rechtsschutzes nicht unproblematisch. Insofern hat der deutsche Gesetzgeber den Vergabestellen gemäß **§§ 101a und 101b GWB** auferlegt, die nicht berücksichtigten Bieter 10 bzw. 15 Kalendertage vor Zuschlagserteilung zu informieren. Die Bieter erhalten damit Gelegenheit, gegen die anderweitige Auftragsvergabe um Rechtsschutz vor den Nachprüfungsinstanzen nachzusuchen.

Ein nach Zuschlagserteilung vor der Vergabekammer beantragtes Nachprüfungsverfahren ist unzulässig. Denn ein Nachprüfungsantrag ist unstatthaft, wenn er sich gegen ein bei seiner Einreichung schon beendetes Vergabeverfahren richtet (OLG Düsseldorf vom 3.12.2003, VII-Verg 37/03).

Das durch Zuschlag entstandene zivilrechtliche Vertragsverhältnis muss aber, um diese Rechtsfolgen zu haben, **wirksam** zustande gekommen sein. Damit wird praktisch verhindert, dass die Vergabestellen zu Lasten eines effektiven Rechtsschutzes mit Zuschlagserteilung verbindliche Verträge zum Nachteil anderer Bieter schließen. Der Einleitung eines Nachprüfungsverfahrens steht Abs. 2 Satz 1 nicht entgegen, wenn der **Zuschlag nicht wirksam** erteilt wurde. Dies kommt in Betracht, wenn die Vergabestelle nach Zustellung des Nachprüfungsantrags das Zuschlagsverbot aus § 115 Abs. 1 GWB missachtet oder die Bieter vor Zuschlagserteilung nicht informiert, aber auch dann, wenn die Vergabestelle die Bieter nicht nach den Vorgaben des § 101a Abs. 1 GWB informiert oder den Zuschlag vor Ablauf der in § 101a GWB genannten Wartefrist von 10 bzw. 15 Kalendertagen erteilt hat (vgl. § 101b Abs. 1 Nr. 1 GWB). Auch ein Vertragsschluss nach einer unzulässigen Direktvergabe i.S.v. § 101b Abs. 1 Nr. 2 GWB ist von Anfang an unwirksam. Gründe für die Nichtigkeit können sich auch aus **§ 138 BGB und § 134 BGB** ergeben (vgl. dazu VK Münster vom 26.9.2007, VK 17/07; VK Münster vom 6.5.2008, VK 4/08).

2. Feststellung der Nichtigkeit

36 Nach Auffassung des KG Berlin (vom 4.4.2002, KartVerg 5/02) ist die Nichtigkeit (bzw. jetzt die Unwirksamkeit) des Vertrages unbeschadet des Umstands, dass es sich dabei um eine bürgerlich-rechtliche Frage handelt, **im Nachprüfungsverfahren** von der Vergabekammer festzustellen (so auch OLG Düsseldorf vom 6.2.2008, Verg 37/07; OLG Düsseldorf vom 12.3.2003, Verg 49/02; OLG Düsseldorf vom 21.7.2010, Verg 19/10; BGH vom 8.2.2011, X ZB 4/10; VK Münster vom 18.3.2010, VK 1/10; VK Münster vom 6.5.2008, VK 4/08; VK Düsseldorf vom 27.4.2006, VK-12/2006). Die Vergabekammer hat in diesen Fällen die Nichtigkeit bzw. Unwirksamkeit des Vertrages regelmäßig im Tenor ihrer Entscheidung festzustellen. Auch ein Verstoß gegen § 101b Abs. 1 Nr. 1 und 2 GWB, der zur Unwirksamkeit des Vertrages von Anfang an führt, muss nach § 101b Abs. 1 GWB a.E. ausdrücklich in einem Nachprüfungsverfahren, das den besonderen Vorgaben des § 101b Abs. 2 GWB unterliegt, festgestellt werden (vgl. dazu VK Münster vom 18.3.2010, VK 1/10).

II. Anderweitige Erledigung (Abs. 2 Satz 2 Alt. 2)

1. Allgemeines

37 Abs. 2 Satz 1 nennt mit der Aufhebung und Einstellung des Vergabeverfahrens bzw. mit der Erledigung in sonstiger Weise weitere Fallkonstellationen, in denen sich das Vergabeverfahren erledigt und daher nur noch die Feststellung von der Vergabekammer begehrt werden kann, dass eine Rechtsverletzung ursprünglich vorgelegen hat. In diesen Fällen ist Primärrechtsschutz nicht mehr zu erreichen, weil sich entweder das Nachprüfungsverfahren oder das Vergabeverfahren erledigt hat und das Ziel des Verfahrens, auf das Vergabeverfahren einzuwirken und dieses zu einem rechtmäßigen Abschluss zu bringen, nicht mehr erreicht werden kann (OLG Frankfurt vom 16.5.2000, 11 Verg 1/99). Die Erledigung des Nachprüfungsverfahrens kann unterschiedliche Gründe haben. Beispielsweise kann die Vergabestelle – ohne eine Anordnung der Vergabekammer abzuwarten – selbst die erforderlichen Maßnahmen zur Beseitigung des gerügten Vergaberechtsverstoßes ergreifen oder ihr beanstandetes Verhalten korrigieren (vgl. Rn. 9). Die Heilung des Vergaberechtsverstoßes müsste dann aber zur Beseitigung der Rechtsbeeinträchtigung beim Antragsteller führen. Damit erledigt sich das Verfahren in sonstiger Weise (VK Münster vom 22.9.2009, VK 13/09).

2. Aufhebung oder Einstellung des Vergabeverfahrens

38 Der Primärrechtsschutz entfällt, wenn die Vergabestelle während eines laufenden Nachprüfungsverfahrens ihre Ausschreibung aufhebt oder das Vergabeverfahren einstellt. Die Begriffe **„Aufhebung"** und **„Einstellung"** sind nicht trennscharf zu differenzieren, der BGH (vom 18.2.2003, X ZB 43/02) stellt vielmehr darauf ab, ob die Aufhebung des Verfahrens rechtmäßig oder rechtswidrig erfolgt ist. Stellt die Vergabestelle das Vergabeverfahren endgültig ein, weil sie kein Interesse mehr an der Beschaffung der gegenständlichen Leistung hat, so erledigt sich damit auch das auf Primärrechtsschutz ausgerichtete Nachprüfungsverfahren. Der BGH (vom 5.11.2002, X ZR 232/00) hat in diesem Zusammenhang klargestellt, dass eine Vergabestelle auch dann, wenn kein Aufhebungsgrund nach § 17 Abs. 1 Nr. 1 bis 3 VOB/A (§ 20 EG Abs. 1 Buchst. a bis d VOL/A) besteht, nicht gezwungen werden kann, einen der Ausschreibung entsprechenden Auftrag zu erteilen.

39 Hebt die Vergabestelle nach § 17 VOB/A bzw. § 20 EG VOL/A die Ausschreibung zwar auf, um dann jedoch den identischen Beschaffungsbedarf erneut auszuschreiben, besteht also der **Wille, die Leistung zu beschaffen, unverändert fort**, so kann der Antragsteller im laufenden Nachprüfungsverfahren zunächst die **Aufhebung überprüfen** lassen. Ausgehend von der Rechtsprechung des EuGH und des BGH besteht für die Bieter zumindest im Bereich oberhalb der Schwellenwerte die Möglichkeit, gegen die Aufhebung der Ausschreibung vorzugehen. Die Entscheidung des öffentlichen Auftraggebers, die Ausschreibung eines Dienstleistungsauftrags zu widerrufen, ist in einem Nachprüfungsverfahren auf Verstöße gegen das Gemeinschaftsrecht zu überprüfen und ggf. aufzuheben (EuGH vom 18.6.2002, Rs. C-92/00; EuGH vom 2.6.2005, Rs. C-15/04). Dem folgte der BGH (vom 18.2.2003, X ZB 43/02): Auch wenn ein öffentlicher Auftraggeber die Ausschreibung für einen öffentlichen Bauauftrag bereits aufgehoben hat, kann ein Bewerber noch in zulässiger Weise

die Vergabekammer anrufen und geltend machen, durch **Nichtbeachtung der die Aufhebung der Ausschreibung betreffenden Vergabevorschriften** in seinen Rechten nach § 97 Abs. 7 GWB verletzt zu sein. Der Einleitung eines Nachprüfungsverfahrens stehe nicht Abs. 2 Satz 2 entgegen. Diese Vorschrift ordnet nicht an, dass durch die Aufhebung der Ausschreibung das eingeleitete Vergabeverfahren endgültig beendet ist. Eine solche Regel wäre auch sachfremd. Denn die Aufhebung der Ausschreibung kann ohne Zustimmung Dritter rückgängig gemacht werden, indem der Ausschreibende das Verfahren wieder aufnimmt und fortführt. Auch vom Tatsächlichen her müsse eine Aufhebung der Ausschreibung nicht zwangsläufig zur Erledigung des bereits anhängigen Nachprüfungsverfahrens führen, wenn dies auch häufig der Fall sein wird. Dem hat sich auch das OLG Düsseldorf (vom 19.11.2003, Verg 59/03) angeschlossen und damit seine zuvor noch im Jahre 2000 vertretene Auffassung revidiert (OLG Düsseldorf vom 15.3.2000, Verg 4/00; vgl. auch OLG Frankfurt am Main vom 20.7.2004, 11 Verg 6/04).

Die vorstehende Auffassung in der Rechtsprechung gilt auch für die **Aufhebung** einer Ausschreibung **während eines laufenden Nachprüfungsverfahrens**. Die Aufhebung der Ausschreibung durch die Vergabestelle führt nicht zwangsläufig zur Erledigung des Nachprüfungsverfahrens, vielmehr kann der Antragsteller sich zum Fortgang des von ihm beantragten Nachprüfungsverfahrens äußern und ggf. seinen Antrag ergänzen. — 40

Beantragt ein Antragsteller die **Überprüfung der Aufhebungsentscheidung**, so gilt: Stellt die Vergabekammer die **Rechtswidrigkeit der Aufhebung** bei fortbestehendem Vergabewillen fest, so wird sie die Rückgängigmachung der Aufhebung anordnen und die bereits gerügten Vergaberechtsverstöße überprüfen. Eine Erledigung in der Hauptsache i.S.v. Abs. 2 Satz 2 ist dann nicht eingetreten. Das Nachprüfungsverfahren wird fortgesetzt und die bereits gerügten Vergaberechtsverstöße werden überprüft. Im Beschluss wird die Vergabekammer die Vergabestelle verpflichten, die Aufhebung rückgängig zu machen und unter Beachtung der Rechtsauffassung der Vergabekammer das ursprüngliche Vergabeverfahren in einem bestimmten Verfahrensstadium fortzusetzen. — 41

Stellt die Vergabekammer hingegen die **Rechtmäßigkeit der Aufhebung** fest, so liegt tatsächlich eine Erledigung i.S.v. Abs. 2 vor. Damit werden die bereits vor Einleitung gerügten Vergaberechtsverstöße gegenstandslos und der Antragsteller kann dann nur noch einen Feststellungsantrag stellen. — 42

Beabsichtigt ein öffentlicher Auftraggeber, ein formell bereits abgeschlossenes Vergabeverfahren wieder aufzugreifen, so ist er gehalten, diese Absicht in unmissverständlicher Art und Weise zumindest den Bietern dieses Verfahrens bekannt zu geben. Dies gilt umso mehr, als ein Wiederaufgreifen des beendeten Vergabeverfahrens allenfalls ausnahmsweise in Betracht kommen kann, etwa bei vergaberechtswidriger Aufhebung der Ausschreibung (OLG Naumburg vom 18.7.2006, 1 Verg 4/06). — 43

3. Erledigung in sonstiger Weise

a) Erledigung des Vergabeverfahrens

Der über die in Abs. 2 Satz 2 ausdrücklich genannten Fälle (Erteilung des Zuschlags, Aufhebung oder Einstellung des Vergabeverfahrens) hinaus gegebene **Auffangtatbestand** einer **Erledigung in sonstiger Weise** ist vor allem dann anzunehmen, wenn der öffentliche Auftraggeber vor Beendigung des Nachprüfungsverfahrens die Entscheidung der Vergabekammer umgesetzt hat oder den vom Antragsteller gerügten Vergaberechtsverstoß beseitigt hat, also eine Heilung des Vergabefehlers durch den Auftraggeber während der Nachprüfung erfolgt ist (OLG Naumburg vom 21.6.2010, 1 Verg 12/09). — 44

Auch der Fall, dass der öffentliche Auftraggeber die von dem Antragsteller begehrte **Wiederholung der Angebotswertung** durchführt, ist als ein das Nachprüfungsverfahren erledigender Tatbestand zu behandeln. Unabhängig von einer entsprechenden prozessualen Erklärung der Verfahrensbeteiligten hat sich das Nachprüfungsverfahren allein durch die vom Auftraggeber vorgenommene Neubewertung kraft Gesetzes erledigt. Da der Antragsteller durch die Wiederholung der Wertung bereits klaglos gestellt ist, kann die Vergabeentscheidung im Nachprüfungsverfahren nicht mehr zu seinen Gunsten korrigiert werden, sondern dem Antragsteller ist in beiden Nachprüfungsinstanzen nur noch der Antrag, eine Rechtsverletzung durch den Auftraggeber festzustellen, eröffnet (OLG Düsseldorf vom 22.1.2007, Verg 46/06).

Eine Erledigung tritt bereits mit einem Ereignis ein, welches den Gegenstand des Nachprüfungsantrags beseitigt (OLG Düsseldorf vom 12.5.2011, Verg 32/11; OLG Düsseldorf vom 11.5.2011, Verg 64/10). Dabei kommt es nicht darauf an, ob der ursprüngliche Nachprüfungsantrag zulässig und begründet war. Der Wortlaut des Abs. 2 Satz 2 geht erkennbar von diesem Verständnis aus. Läge eine Erledigung nur dann vor, wenn der Nachprüfungsantrag ursprünglich zulässig und begründet gewesen wäre, wäre der das Ergebnis offen lassende Wortlaut „ob eine Rechtsverletzung vorgelegen hat", nicht verständlich, weil dann bei einer Erledigung immer eine Rechtsverletzung vorläge (OLG Düsseldorf vom 11.5.2011, Verg 10/11).

Eine Erledigung in sonstiger Weise kommt auch in Betracht, wenn der beanstandete Vertragsschluss rechtlich keine Wirkungen mehr entfaltet, z.B. wegen zwischenzeitlicher Beendigung des Vertragsverhältnisses, wenn der ursprüngliche Beschaffungsbedarf des öffentlichen Auftraggebers endgültig weggefallen ist und dieser seine **Beschaffungsabsicht dauerhaft aufgegeben** hat (OLG Naumburg vom 26.7.2012, 2 Verg 2/12).

45 Die Vergabestelle kann während eines laufenden Nachprüfungsverfahrens den Vergaberechtsverstoß beheben, indem sie beispielsweise die Beurteilung der Leistungsfähigkeit eines Bieters nachholt und diese sogleich einer Überprüfung durch die Nachprüfungsinstanzen unterzogen wird (OLG Düsseldorf vom 15.8.2003, Verg 34/03). **Gegen die neue Wertung** kann der Antragsteller unmittelbar vorgehen. Dies stellt sich als **zulässige Antragsänderung (§§ 263, 264 ZPO)** dar. Wenn schon während des Nachprüfungsverfahrens eine Wertung nachgeholt wird, wäre es nach Erledigung der ursprünglichen Rüge im Allgemeinen eine unnötige Förmelei, einen Antragsteller deswegen auf ein neues Nachprüfungsverfahren zu verweisen (BayObLG vom 20.9.2004, Verg 21/04). In diesen Fällen wird das eingeleitete Nachprüfungsverfahren mit einem veränderten Streitgegenstand fortgesetzt. Eine Erledigung in sonstiger Weise ist nicht eingetreten.

46 Die Beendigung des zwischen den Hauptparteien des Verfahrens bestehenden Streitverhältnisses und die dadurch eintretende Erledigung des Nachprüfungsverfahrens des Antragstellers lässt trotz der nur unselbständigen, von den Hauptparteien abgeleiteten Rechtsstellung des Beigeladenen sein Rechtsschutzbedürfnis für die sofortige Beschwerde jedenfalls dann nicht entfallen, wenn er durch die Umsetzung der Vergabekammerentscheidung, d.h. durch die Wiederholung der Angebotswertung, beschwert wird (OLG Düsseldorf vom 22.1.2007, Verg 46/06).

47 Die Vergabestelle kann mit einem Antrag in einem Eilverfahren nach § 115 Abs. 2 GWB erfolgreich sein. Diese Möglichkeit besteht auch in einem Beschwerdeverfahren (vgl. § 121 Abs. 1 GWB). Obsiegt die Vergabestelle, so wird ihr gestattet, während des laufenden Nachprüfungsverfahrens den Zuschlag zu erteilen. Macht sie davon Gebrauch, so tritt Erledigung in der Hauptsache ein, so dass dem Antragsteller nur noch ein Feststellungsantrag bleibt.

48 Dagegen führt der **bloße Ablauf der Zuschlags- oder Bindefrist** nicht zur Erledigung des Vergabeverfahrens in sonstiger Weise, weil die Vergabestelle den Zuschlag auch noch nach Fristablauf erteilen kann (OLG Jena vom 13.10.1999, 6 Verg 1/99). Die Zuschlags- und Bindefrist kann in einem Vergabeverfahren auch nachträglich im Einvernehmen mit den Bietern verlängert werden (OLG Düsseldorf vom 20.2.2007, Verg 3/07; OLG Naumburg vom 16.10.2007, 1 Verg 6/07). Dies ergibt sich aus § 18 Abs. 2 VOB/A, wonach der Zuschlag auch noch nach Ablauf der Zuschlags- und Bindefrist erteilt werden kann, wenn das Angebot unverändert bleibt. Aber auch das Betreiben eines Nachprüfungsverfahrens durch einen Bieter kann als eine stillschweigende Verlängerung der Bindefrist angesehen werden, weil er sich damit konkludent weiter an sein Angebot bindet (VK Bund vom 26.2.2007, VK 2-9/0; OLG Schleswig vom 8.5.2007, 1 Verg 2/07).

Verliert der Antragsteller hingegen das Interesse am Auftrag oder gibt er nach erfolgter Akteneinsicht wegen fehlender Erfolgsaussicht auf, so stellt dies keine Erledigung in sonstiger Weise dar.

Denn der bei der Vergabekammer anhängig gemachte Nachprüfungsantrag wird damit nicht automatisch gegenstandslos und läuft auch nicht ins Leere.

Eine Erledigung in sonstiger Weise kann im Übrigen nur angenommen werden, wenn **Primärrechtsschutz in dem streitigen Vergabeverfahren nicht mehr** erlangt werden kann. Der VK Münster (vom 21.10.2011, VK 17/11) lag ein Fall vor, in dem die Vergabestelle in mehreren Teillosen die Beschaffung von Tausalz für den Straßendienst ausgeschrieben hatte. Während des Nachprüfungsverfahrens hat die Vergabestelle hinsichtlich der Lose B und C die Ausschreibung zunächst aufgehoben, um wegen der fortgeschrittenen Zeit eine Interimsvergabe vornehmen zu können. Zwischen den Verfahrensbeteiligten war aber weiterhin streitig, ob die Leistungsbeschreibung vergaberechtmäßig war. Die geplante Interimsvergabe führte nur zwischenzeitlich zu einer Auftragsvergabe; da die Vergabestelle an ihrer Leistungsbeschreibung zu den Losen B und C festhalten wollte, konnte auch der Antragsteller weiterhin in seinen Rechten verletzt sein. Schließlich hätte die Vergabestelle jederzeit die Aufhebung der Vergabe zu den Losen B und C ohne Zustimmung Dritter wieder rückgängig machen können. Eine endgültige Abstandnahme der Vergabestelle in Bezug auf die konkrete Vergabe lag nicht vor. Primärrechtsschutz hinsichtlich der konkreten Vergabe dieser Teillose blieb somit möglich, so dass keine (tatsächliche) Erledigung vorlag.

b) Erledigung des anhängigen Nachprüfungsverfahrens

aa) Erledigung kraft Gesetzes

Der Vorschrift des Abs. 2 Satz 2 ist zu entnehmen, dass die Erledigung der Hauptsache einschließlich des Erledigungsfalls in sonstiger Weise **kraft Gesetzes** eintritt. Es bedarf also für den Eintritt der Erledigung der Hauptsache – auch in der prozessualen Behandlung – **keiner ausdrücklichen Erklärung** der Beteiligten (OLG Düsseldorf vom 30.5.2001, Verg 23/00). Bei einem Streit der Beteiligten, ob die Erledigung der Hauptsache eingetreten ist, muss die Vergabekammer die Erledigung zumindest dann feststellen, wenn das von einem Beteiligten beantragt wird. Wenn kein Feststellungsantrag gestellt wird, ist nur noch über die Kosten des Verfahrens zu entscheiden (§ 128 Rn. 31 f.).

Davon zu unterscheiden ist aber die **prozessuale Behandlung des Nachprüfungsverfahrens**. Entsprechend § 61 Abs. 2 GWB ist den Beteiligten die Beendigung des Verfahrens mitzuteilen, wenn das Verfahren nicht durch eine Verfügung abgeschlossen wird. Da es sich bei dem Nachprüfungsverfahren um ein Antragsverfahren (vgl. § 107 Abs. 1 GWB) i.S.d. § 22 VwVfG handelt, kann die Vergabekammer das Nachprüfungsverfahren nicht einfach einstellen, solange der Antrag aufrechterhalten bleibt. Da Abs. 2 an den Wortlaut des § 113 Abs. 1 Satz 4 VwGO anknüpft, hat der Eintritt eines erledigenden Ereignisses ebenso wie im Verwaltungsgerichtsprozess eine verfahrensbeendende Wirkung erst dann, wenn entsprechende übereinstimmende Erklärungen der Verfahrensbeteiligten vorliegen und der Antragsteller keinen Feststellungsantrag stellt (OLG Düsseldorf vom 12.5.2011, Verg 32/11). Solange ein Antragsteller sein Primärbegehren aufrechterhält, hat die Vergabekammer darüber innerhalb der Entscheidungsfrist zu entscheiden (OLG Düsseldorf vom 28.3.2011, Verg 37/11). Eine Erledigungserklärung des Beigeladenen ist nach Auffassung des OLG Naumburg (vom 12.7.2010, 1 Verg 9/10) dafür nicht erforderlich. Der Antragsteller muss entweder den Antrag zurücknehmen oder auf Feststellung umstellen. Nimmt der Antragsteller seinen Nachprüfungsantrag zurück, so darf die Vergabekammer das Nachprüfungsverfahren nicht weiterführen. Das Nachprüfungsverfahren hat sich damit in sonstiger Weise erledigt und wird in der Regel wegen der damit zusammenhängenden Kostenentscheidung mit Beschluss eingestellt. Zur Kostenentscheidung in diesen Fällen s. § 128 Rn. 30.

bb) Rücknahme des Nachprüfungsantrags

Der Antragsteller kann seinen Antrag jederzeit zurücknehmen oder gemeinsam mit der Vergabestelle die Erledigung erklären und damit das Nachprüfungsverfahren in sonstiger Weise beenden. Dabei kommt es nicht darauf an, ob die Rücknahme vor oder nach mündlicher Verhandlung vor der Vergabekammer, vor oder nach Zustellung einer Entscheidung oder während der Beschwerdefrist erfolgt (OLG Düsseldorf vom 9.11.2009, Verg 35/09). Die **Rücknahme eines Nachprüfungsan-**

trags kann **bis zur Bestandskraft des Beschlusses der Vergabekammer** erfolgen, also auch noch in der Beschwerdeinstanz (OLG Düsseldorf vom 29.4.2003, Verg 47/02; OLG Düsseldorf vom 9.11.2009, Verg 35/09; OLG Düsseldorf vom 9.12.2002, Verg 35/02). In diesen Fällen stellt das Oberlandesgericht das Verfahren ein. Der Antragsteller hat im Falle einer für ihn ungünstigen Entscheidung der Vergabekammer also die Möglichkeit, **erst in der Beschwerdeinstanz** den Antrag zurückzunehmen. Demgegenüber ist er nicht verpflichtet, eine von ihm eingelegte Beschwerde zurückzunehmen. Dies kann Auswirkungen auf die Verteilung der Kosten haben (OLG Düsseldorf vom 11.5.2011, Verg 10/11) (§ 128 Rn. 48).

53 Die **Rücknahme** des Nachprüfungsantrags ist **auch nach mündlicher Verhandlung** im Beschwerdeverfahren ohne Einwilligung des Antragsgegners und eines etwaigen Beigeladenen wirksam. Für eine **analoge Anwendung von § 269 Abs. 1 ZPO**, wonach eine Klage ohne Einwilligung des Beklagten nur bis zum Beginn der mündlichen Verhandlung zurückgenommen werden kann, besteht kein Bedürfnis (OLG Naumburg vom 17.8.2007, 1 Verg 5/07; OLG Frankfurt vom 20.12.2000, 11 Verg 1/00). Die verfahrensrechtlichen Vorschriften des GWB sehen eine solche Einschränkung auch nicht vor (BGH vom 24.3.2009, X ZB 29/08).

cc) Übereinstimmende Erledigungserklärung

54 Antragsteller und Vergabestelle können das Nachprüfungsverfahren auch **übereinstimmend** in der Hauptsache für **erledigt erklären**. Auch dies ist eine Form der Beendigung, die den Abschluss des Nachprüfungsverfahrens bewirkt. Eine Erledigungserklärung des Beigeladenen ist nicht erforderlich (OLG Naumburg vom 12.7.2010, 1 Verg 9/10).

dd) Vergleich

55 Antragsteller und Vergabestelle können das Nachprüfungsverfahrens auch durch einen **Vergleich** beenden. Das Vergaberecht ist nicht generell vergleichsfeindlich (VK Düsseldorf vom 15.10.2003, VK 28/2003). Wird der Vergleich nicht vor der Vergabekammer geschlossen, sondern einigen sich die Beteiligten **außergerichtlich**, so muss noch das Nachprüfungsverfahren durch eine entsprechende Erklärung, in der Regel durch die Rücknahme des Nachprüfungsantrags, beendet werden. Die Vergabekammer erlässt dann einen förmlichen Einstellungsbeschluss, ohne dass eine Entscheidung zur Sache ergeht, und bestimmt, wer die Verfahrensgebühren der Kammer zu tragen hat.

56 Ob die Parteien auch einen **gerichtlichen Vergleich analog zu § 106 VwGO** vor einer Vergabekammer schließen können, wird von den Vergabekammern unterschiedlich gehandhabt. Dieser Fall ist in Abs. 2 nicht ausdrücklich geregelt, kann aber aus dem Begriff in Satz 2 „Erledigung in sonstiger Weise" hergeleitet werden. Dazu verpflichtet sind die Vergabekammern nicht, weil es diesbezüglich keine eindeutigen rechtlichen Vorgaben im GWB gibt und diese Vergleiche auch nicht unproblematisch sind (in diesem Sinne auch *Rittwage*, NZBau 2007, 484).

57 Wird ein entsprechender Vergleich von der Vergabekammer zu Protokoll genommen, so ist insbesondere auf die **Rechte Dritter** zu achten. Auch die öffentlichen Auftraggeber können, da sie grundsätzlich zum rechtmäßigen Verwaltungshandeln verpflichtet sind, nicht in jedem Fall und ohne weiteres sich auf einen „gerichtlichen" Vergleich einlassen. Eine Vereinbarung, die in Rechte anderer Bieter im Vergabeverfahren oder deren Chancen auf Erhalt des Zuschlags eingreift, ist nicht zulässig. Nach Auffassung des OLG Brandenburg (vom 18.5.2004, Verg W 3/04) sind jedenfalls vor einem Vergabesenat derartige Vergleiche als normale Prozessvergleiche zulässig und bindend.

Ein von den Beteiligten geschlossener und von der Vergabekammer protokollierter Vergleich ist hinsichtlich seiner Bindungswirkung nicht mit einem Beschluss der Vergabekammer vergleichbar, da er lediglich Bindungswirkung zwischen den beiden am Vergleich beteiligten Parteien entfaltet, nicht aber Dritte bindet. Stellen sich im weiteren Verlauf eines Vergabeverfahrens weitere vergaberechtliche Unregelmäßigkeiten heraus, die in dem nach Vergleichsschluss beendeten Nachprüfungsverfahren noch keine Rolle gespielt hatten, gleichwohl aber nicht unberücksichtigt bleiben durften, und führten diese letztlich zur Entscheidung des Auftraggebers, entgegen dem Wortlaut des Vergleichs weiter zurückzugehen und zu einer Abgabe völlig neuer Angebote aufzufordern, kann dies in einem neuen Nachprüfungsverfahren, das von einer seinerzeit nicht am Vergleich beteiligten Partei beantragt wird, überprüft werden (VK Hessen vom 25.2.2011, 69d VK-02/2011).

Nach Auffassung des OLG Frankfurt (vom 16.10.2012, 11 Verg 9/11) ist auch im vergaberechtlichen Nachprüfungsverfahren eine Verfahrensbeendigung durch Vergleich geläufig und jedenfalls dann unbedenklich, wenn über die Interessen der am Vergleichsabschluss beteiligten Bieter hinaus keine Interessen unbeteiligter Dritter tangiert werden können. Durch den Vergleich binden sich die am Vergleichsschluss Beteiligten, nicht berührt sind unbeteiligte Dritte.

III. Feststellungsverfahren (Abs. 2 Satz 2)

1. Allgemeines

Hat sich das Nachprüfungsverfahren gemäß Abs. 2 tatsächlich erledigt, stellt die Vergabekammer **auf Antrag eines Beteiligten** fest, ob eine Rechtsverletzung vorgelegen hat. Wird kein Feststellungsantrag gestellt, beendet die Vergabekammer das Verfahren mit einem Einstellungsbeschluss und befindet über die Kosten des Verfahrens (§ 128 Rn. 30 ff.).

58

Da der Feststellungsantrag nach § 123 Satz 4 i.V.m. § 114 Abs. 2 Satz 2 GWB ein Fall der Fortsetzung der sofortigen Beschwerde auf einen erfolglos gebliebenen Nachprüfungsantrag ist, muss für den erledigten Nachprüfungsantrag auch die Antragsbefugnis i.S.v. § 107 Abs. 2 GWB vorgelegen haben und es muss die gemäß § 107 Abs. 3 GWB bestehende Rügeobliegenheit erfüllt worden sein (OLG Frankfurt vom 2.11.2004, 11 Verg 16/04). Denn die Rechtswidrigkeitsfeststellung stellt die Fortsetzung des Primärrechtsschutzes dar. Hätte der Nachprüfungsantrag als unbegründet zurückgewiesen werden müssen, kann ein Antragsteller nicht in seinen Rechten nach § 97 Abs. 7 GWB verletzt worden sein (BayObLG vom 8.12.2004, Verg 19/04).

2. Antrag auf Feststellung

Die Fortsetzung des Nachprüfungsverfahrens erfolgt nach dem eindeutigen Wortlaut des Abs. 2 Satz 2 nur **auf Antrag eines Beteiligten**. Eine Entscheidung von Amts wegen kommt nicht in Betracht. Beteiligte sind die in § 109 GWB genannten, also der Antragsteller, der Beigeladene, aber auch die Vergabestelle. Der Feststellungsantrag kann auch als Hilfsantrag gestellt werden (OLG Düsseldorf vom 23.3.2005, Verg 76/04). Die Vergabekammer ist verpflichtet, darüber zu entscheiden (OLG Düsseldorf vom 13.4.1999, Verg 1/99). Ein entsprechender Antrag setzt allerdings voraus, dass der Nachprüfungsantrag vor Eintritt der Erledigung zulässig war (BayObLG vom 1.7.2003, Verg 3/03; OLG Frankfurt vom 2.11.2004, 11 Verg 16/04; OLG München vom 28.9.2005, Verg 19/05).

59

3. Feststellungsinteresse

Die in Abs. 2 Satz 2 vorgesehene Möglichkeit eines Feststellungsantrags ist der verwaltungsgerichtlichen Fortsetzungsfeststellungsklage nach § 113 Abs. 1 Satz 4 VwGO nachgebildet. Für die Zulässigkeit eines solchen Antrags ist auf die zu § 113 Abs. 1 VwGO entwickelten Grundsätze zurückzugreifen (OLG Düsseldorf vom 2.3.2005, VII-Verg 70/04). Es bedarf hiernach als Sachentscheidungsvoraussetzung eines Feststellungsinteresses; dieses ist vom Antragsteller darzulegen.

60

Ein Feststellungsinteresse rechtfertigt sich durch jedes nach vernünftigen Erwägungen und Lage des Falles anzuerkennende Interesse rechtlicher, wirtschaftlicher oder auch ideeller Art, wobei die beantragte Feststellung geeignet sein muss, die Rechtsposition des Antragstellers in einem der genannten Bereiche zu verbessern und eine Beeinträchtigung seiner Rechte auszugleichen oder wenigstens zu mildern (OLG Düsseldorf vom 4.5.2009, Verg 68/08; OLG Düsseldorf vom 11.5.2011, Verg 64/10). Ein solches Feststellungsinteresse kann insbesondere gegeben sein, wenn der Antrag der Vorbereitung einer Schadensersatzforderung dient (OLG Düsseldorf vom 2.3.2005, VII-Verg 70/04; OLG Düsseldorf vom 8.3.2005, Verg 40/03; OLG Düsseldorf vom 2.5.2012, Verg 68/11; OLG Celle vom 8.12.2005, 13 Verg 2/05; OLG Jena vom 30.3.2009, 9 Verg 12/08; OLG München vom 28.9.2005, Verg 19/05).

Das Feststellungsinteresse ist vom Antragsteller in jedem Fall ausdrücklich zu begründen; der Antragsteller muss aber lediglich darlegen, dass er beabsichtigt, Schadensersatzansprüche geltend zu machen. Etwas anderes kann nur gelten, wenn eine entsprechende Klage von vornherein aussichtslos wäre (OLG Koblenz vom 4.2.2009, 1 Verg 4/08). In geeigneten Fällen kann mit einem Feststellungsantrag auch der **Gefahr einer Wiederholung des beanstandeten Verstoßes** begegnet werden (OLG Düsseldorf vom 22.5.2002, Verg 6/02). Es soll dadurch sichergestellt werden, dass dem Antragsteller die Früchte des von ihm angestrengten Nachprüfungsverfahrens nicht verloren gehen (OLG Düsseldorf vom 11.5.2011, Verg 8/11; vom 8.6.2011, Verg 2/11).

Ob ein Feststellungsinteresse des Antragstellers auch darin begründet sein kann, dass er im Falle einer Sachentscheidung eine für ihn günstige Kostenentscheidung erreichen könnte (vgl. dazu VK Münster vom 22.9.2009, VK 13/09), ist wegen § 128 Abs. 3 GWB ohne Belang. Denn durch die Billigkeitsprüfung gemäß § 128 Abs. 3 GWB können solche Gesichtspunkte auch im Einstellungsbeschluss zugunsten des Antragstellers berücksichtigt werden.

4. Feststellungsbeschluss

61 Ist der Antrag auf Feststellung zulässig und begründet, stellt die Vergabekammer im **Beschluss** fest, dass durch ein bestimmtes Handeln oder Unterlassen der Vergabestelle der Antragsteller in seinen Rechten verletzt wurde. In diesem Beschluss sollte dargelegt werden, welche bieterschützenden Vorschriften die Vergabestelle nicht beachtet hat und ob der Antragsteller dadurch auch tatsächlich in seinen Rechten verletzt wurde. Der bestandskräftige Beschluss entfaltet nach § 124 Abs. 1 GWB bei Schadensersatzklagen bindende Wirkung für die ordentlichen Gerichte (OLG Düsseldorf vom 22.1.2001, Verg 24/00).

5. Keine Geltung des Beschleunigungsgrundsatzes (Abs. 2 Satz 3)

62 Für die Fälle der Erledigung stellt Abs. 2 Satz 3 klar, dass der Beschleunigungsgrundsatz nach § 113 Abs. 1 GWB nicht gilt (vgl. dazu OLG Düsseldorf vom 9.11.2011, Verg 35/11). Denn entweder ist der Zuschlag bereits erteilt, wird überhaupt nicht mehr erteilt oder der Antragsteller verfolgt sein Rechtsbegehren nicht weiter, indem er den Antrag zurücknimmt. Ein Interesse der Vergabestelle an einer möglichst schnellen Beendigung des Vergabeverfahrens existiert nicht mehr, weil das Vergabeverfahren entweder sich endgültig erledigt hat oder fortgesetzt werden kann. Eine Entscheidung einer Vergabekammer innerhalb der Fünf-Wochen-Frist i.S.v. § 113 Abs. 1 GWB ist damit nicht mehr erforderlich.

F. Form der Entscheidung und Vollstreckung (Abs. 3)

63 Der Abschluss eines Nachprüfungsverfahrens erfolgt gemäß Abs. 3 in der Form eines Verwaltungsakts, der mit einer Rechtsmittelbelehrung zu versehen und den Beteiligten nach den Vorschriften des Verwaltungszustellungsgesetzes zuzustellen ist.

I. Form der Entscheidung (Abs. 3 Satz 1)

1. Verwaltungsakt/Begründungspflicht

64 Die Entscheidung der Vergabekammer stellt rechtlich einen **Verwaltungsakt** dar, auch wenn sie in Anlehnung an die kartellrechtlichen Verfahren als **Beschluss** bezeichnet wird. Dieser Beschluss wird bestandskräftig, wenn nicht innerhalb von zwei Wochen nach Zustellung sofortige Beschwerde eingelegt wird.

65 Durch die Verweisung in Abs. 3 Satz 3 auf **§ 61 GWB** werden weitere Anforderungen an den notwendigen Inhalt der Entscheidung gestellt und die Zustellung der Entscheidung geregelt.

> § 61 GWB Verfahrensabschluss, Begründung der Verfügung, Zustellung
>
> (1) Verfügungen der Kartellbehörde sind zu begründen und mit einer Belehrung über das zulässige Rechtsmittel den Beteiligten nach den Vorschriften des Verwaltungszustellungsgesetzes zuzustellen. § 5 Absatz 4 des Verwaltungszustellungsgesetzes und § 178 Absatz 1 Nummer 2 der Zivilprozessordnung sind auf Unternehmen und Vereinigungen von Unternehmen sowie auf Auftraggeber im Sinn von § 98 entsprechend anzuwenden. Verfügungen, die gegenüber einem

Unternehmen mit Sitz außerhalb des Geltungsbereichs dieses Gesetzes ergehen, stellt die Kartellbehörde der Person zu, die das Unternehmen dem Bundeskartellamt als zustellungsbevollmächtigt benannt hat. Hat das Unternehmen keine zustellungsbevollmächtigte Person benannt, so stellt die Kartellbehörde die Verfügungen durch Bekanntmachung im Bundesanzeiger zu.

(2) Soweit ein Verfahren nicht mit einer Verfügung abgeschlossen wird, die den Beteiligten nach Absatz 1 zugestellt wird, ist seine Beendigung den Beteiligten schriftlich mitzuteilen.

Der Begriff der Verfügung i.S.d. §§ 61 Abs.1, 63 GWB ist identisch mit dem Begriff des in § 35 VwVfG definierten Verwaltungsakts, also eine auf unmittelbare Rechtswirkung gerichtete materiell- oder verfahrensrechtliche Regelung eines einzelnen Falles (OLG Düsseldorf vom 1.2.2012, VI Kart 6/11). Die Entscheidungen der Vergabekammern sind zu begründen, und zwar möglichst innerhalb der Fünf-Wochen-Frist des § 113 Abs. 1 GWB. Damit wird auch der europarechtlichen Vorgabe Rechnung getragen, wonach Nachprüfungsinstanzen, die keine Gerichte sind, ihre Entscheidungen zu begründen haben.

Sinn des Begründungserfordernisses ist es, die Beteiligten in die Lage zu versetzen, die Entscheidung in tatsächlicher und rechtlicher Hinsicht zu überprüfen und sich so Klarheit darüber zu verschaffen, ob sie die Entscheidung hinnehmen oder dagegen vorgehen wollen. Bei diesem **Begründungserfordernis** handelt sich um eine Spezialregelung zu § 39 VwVfG. Die Entscheidungen der Vergabekammern sind überwiegend wie zivilgerichtliche Urteile gegliedert. Die Vergabekammer stellt zunächst den Sachverhalt dar und klärt, welche Standpunkte unstreitig und welche streitig sind. Gibt es Streit über den Sachverhalt, muss ggf. nach einer Beweisaufnahme die Beweiswürdigung im Beschluss nachvollziehbar dargelegt werden. Anschließend nimmt die Vergabekammer eine rechtliche Würdigung vor und stellt fest, ob durch den ggf. festgestellten Vergaberechtsverstoß auch der Antragsteller in seinen Rechten verletzt ist. Weiterhin muss die Vergabekammer die von ihr angeordnete Maßnahme nachvollziehbar begründen. Abschließend entscheidet sie über die Kosten, wobei die Kostenentscheidungen auch in gesonderten Beschlüssen ergehen können.

2. Unterschriften

Die Beschlüsse müssen entweder von allen drei Mitgliedern der Vergabekammer eigenhändig unterzeichnet sein oder zumindest von dem Vorsitzenden und einem Beisitzer. Dies ergibt sich aus den jeweiligen Geschäftsordnungen der Vergabekammern. Das Unterschriftserfordernis unter Vergabekammerbeschlüsse ist somit grundsätzlich der landesrechtlichen Organisationsgewalt vorbehalten (BayObLG vom 6.2.2004, Verg 24/03). In Nordrhein-Westfalen ist in § 5 Abs. 2 der Gemeinsamen Geschäftsordnung der Vergabekammern bei den Bezirksregierungen in der Fassung vom 27.5.2002 bestimmt, dass die Beschlüsse zwingend von den hauptamtlichen Mitgliedern zu unterzeichnen sind (grundlegend BGH vom 12.6.2001, X ZB 10/01).

Die Unterzeichnung kann nur durch die **Mitglieder** erfolgen, die **an der mündlichen Verhandlung und der Entscheidungsfindung mitgewirkt** haben (OLG Düsseldorf vom 22.1.2001, Verg 24/00). Die Entscheidungen stellen von ihrer Wirkung her urteilsvertretende Erkenntnisse dar. Für Urteile schreiben die geltenden Prozessordnungen ausdrücklich vor, dass sie von den mitwirkenden Richtern zu unterschreiben sind. Verhinderungsvermerke dürfen deshalb auch nur von denjenigen Mitgliedern erfolgen, die an der mündlichen Verhandlung mitgewirkt haben und als solche die Verantwortung für die Übereinstimmung der schriftlichen Entscheidung mit dem Ergebnis der mündlichen Verhandlung und dem Beratungsergebnis zu übernehmen in der Lage sind (OLG Düsseldorf vom 5.9.2001, Verg 18/01; OLG Düsseldorf vom 12.3.2003, Verg 49/02).

3. Berichtigung

Bei **offenbaren Unrichtigkeiten** kann § 42 VwVfG herangezogen und der Beschluss entsprechend korrigiert werden. Damit sind Schreibfehler, Rechenfehler oder ähnliche offenbare Unrichtigkeiten gemeint. Die Vergabekammer kann eine Berichtigung an ihrem Beschluss auch in entsprechender Anwendung von § 118 VwGO, § 319 ZPO wegen einer offenbaren Unrichtigkeit vornehmen. Der Berichtigungsbeschluss eröffnet dem Antragsteller indes keine neue Beschwerdemöglichkeit gegen den berichtigten Beschluss. Vielmehr wirkt die Berichtigung in unmittelbarer oder entsprechender Anwendung von § 118 VwGO, § 319 ZPO auf den Erlass oder die Verkündung der Entscheidung zurück. Eine andere rechtliche Beurteilung ist nur veranlasst, sofern sich erst aus der berichtigten Fassung der Entscheidung eine Beschwer der Partei oder der Verfahrensbeteiligten ergibt (OLG Düsseldorf vom 17.3.2009, Verg 1/09). Eine Änderung des Rubrums ist beispielsweise auch noch in der Beschwerdeinstanz von Amts wegen möglich (OLG Düsseldorf vom 14.9.2009, Verg 20/09). Die vorstehende Rechtsprechung gilt aber nur bei offenbaren Unrichtigkeiten. Erfolgen inhaltliche Veränderungen an dem bereits den Parteien zugestellten Vergabekammerbeschluss, so ist eine Vergabekammer dazu nicht ohne weiteres berechtigt (vgl. dazu OLG Düsseldorf vom 12.5.2011, Verg 32/11).

4. Wirksamkeit und Bestandskraft

a) Allgemeines

71 Wirksamkeit erlangt die Entscheidung der Vergabekammer gemäß § 43 Abs. 1 VwVfG erst mit der Bekanntgabe an die Beteiligten, wobei entsprechend § 61 Abs. 1 GWB der Beschluss (Verfügung) den Beteiligten zuzustellen ist. Behördliche Entscheidungen, die nach Gesetz zuzustellen sind, werden auch erst mit der **Zustellung** an die Beteiligten verbindlich, d.h. wirksam (§ 41 Abs. 5 VwVfG). Allein die Bekanntgabe reicht bei Vergabekammerbeschlüssen nicht aus. Dies lässt sich auch dem § 117 Abs. 1 GWB entnehmen, wonach die Frist für die sofortige Beschwerde mit der Zustellung des Beschlusses und nicht etwa mit der Bekanntgabe beginnt.

72 Wirksamkeit ist nicht gleichzusetzen mit **Bestandskraft** oder **Unanfechtbarkeit**. Ein Verwaltungsakt wird erst unanfechtbar, d.h. bestandskräftig, wenn er nicht mehr mit Rechtsbehelfen angreifbar ist (vgl. § 79 VwVfG i.V.m. § 58 VwGO). Im Nachprüfungsverfahren ergibt sich dies aus § 116 Abs. 1 GWB und § 117 Abs. 1 GWB. Gegen Beschlüsse der Vergabekammer ist binnen einer Notfrist von zwei Wochen nach Zustellung die sofortige Beschwerde möglich. Nach Ablauf dieser Frist ist der Beschluss der Vergabekammer unanfechtbar und damit bestandskräftig.

Die Beschlüsse der Vergabekammern können als streitentscheidende Verwaltungsakte angesehen werden, die formell in Bestandskraft erwachsen, wenn die Beschwerdefrist abgelaufen ist. Die materielle Bestandskraft umfasst den Tenor, die tatbestandlichen Feststellungen und die tragenden Entscheidungsgründe. Denn die Beschlüsse sind grundlegend für etwaige Schadensersatzansprüche (VK Münster vom 13.3.2012, VK 2/12). Eine solche Rechtskraftwirkung kann aber nur den am vorangegangenen Verfahren beteiligten Parteien entgegengehalten werden (OLG Düsseldorf vom 22.9.2005, Verg 48/05; OLG Celle vom 5.9.2003, 13 Verg 19/03).

b) Rücknahme des Antrags

73 Von der Wirksamkeit bzw. Bestandskraft des Beschlusses der Vergabekammer ist die Frage zu unterscheiden, ob und bis zu welchem Zeitpunkt die **Rücknahme eines Nachprüfungsantrags** durch den Antragsteller (s. hierzu schon Rn. 52 f.) möglich ist. Dies hat wegen der Kostenregelung in § 128 GWB weit reichende Auswirkungen. In der Regel ist die Rücknahme eines Nachprüfungsantrags auch noch in der Beschwerdeinstanz möglich. Über die Kosten des Verfahrens hat die Vergabekammer dann in einem weiteren Beschluss zu entscheiden. Gegen diese Gebührenentscheidung der Vergabekammer findet die sofortige Beschwerde statt, wobei die Entscheidung des Beschwerdegerichts gerichtsgebührenfrei ergeht (BGH vom 25.10.2011, X ZB 5/10).

5. Rechtsmittelbelehrung

74 Die Entscheidung der Vergabekammer ist – dies ergibt sich aus dem Verweis auf § 61 GWB – mit einer Rechtsmittelbelehrung zu versehen, und nicht etwa mit einer Rechtsbehelfsbelehrung i.S.v. § 79 VwVfG.

75 Die Rechtsmittelbelehrung informiert die Beteiligten über das gegen die Entscheidung gegebene Rechtsmittel und sollte beschreiben, bei welcher Stelle und unter Beachtung welcher gesetzlicher

Anforderungen dieses Rechtsmittel anzubringen ist. Die Belehrung sollte daher den Inhalt der Vorschriften der §§ 116 und 117 GWB wiedergeben.

Im Vergabeverfahren muss die Belehrung über das Rechtsmittel der sofortigen Beschwerde sich auch auf den **Anwaltszwang** erstrecken. Der Wortlaut des § 61 GWB über das zulässige Rechtsmittel legt nahe, dass sich die Belehrung auf alle Umstände zu erstrecken hat, die Voraussetzung für ein zulässiges Rechtsmittel sind. Hierzu gehört auch das Vertretungserfordernis aus § 117 Abs. 3 GWB (OLG Celle vom 31.5.2007, 13 Verg 1/07).

Für den unmittelbaren Anwendungsbereich des § 61 GWB ist anerkannt, dass eine **fehlerhafte Rechtsmittelbelehrung** in analoger Anwendung des § 58 VwGO zur Folge hat, dass die Frist zur Einlegung der Beschwerde nicht zu laufen beginnt und allenfalls eine Frist von einem Jahr für die Einlegung der Beschwerde gilt (*Bechtold*, Kartellgesetz, GWB, § 61 GWB Rn. 3). Die entsprechende Anwendbarkeit des § 58 VwGO erscheint wegen der Eilbedürftigkeit im Nachprüfungsverfahren nicht angemessen zu sein, andererseits wird aber vom Gesetzgeber ausdrücklich auf die Regelung in § 61 GWB Bezug genommen. Dennoch wird in Anbetracht der Tatsache, dass die Beschwerdefrist in § 117 GWB als Notfrist ausgestaltet ist, vielfach angenommen, dass die Frist unabänderlich und damit nicht verlängerbar ist. Auch im Falle einer unterbliebenen oder fehlerhaften Rechtsmittelbelehrung soll somit nicht die Jahresfrist in § 58 Abs. 2 VwGO gelten (*Boesen*, Vergaberecht, § 114 GWB Rn. 95; Reidt/Stickler/Glahs/*Reidt*, Vergaberecht, § 114 GWB Rn. 73 m.w.N.).

6. Zustellung

Aus der Verweisung in Abs. 3 Satz 3 auf § 61 GWB ergibt sich weiterhin, dass die Entscheidung der Vergabekammer zuzustellen ist. Die **Zustellung** ist **Wirksamkeitsvoraussetzung**. Sie hat gegenüber allen am Nachprüfungsverfahren Beteiligten zu erfolgen. Der Kreis der Beteiligten richtet sich nach § 109 GWB, umfasst also nicht nur den Antragsteller und den Auftraggeber, sondern auch den Beigeladenen.

Kraft der Verweisung in § 61 Abs. 1 GWB hat die Zustellung nach den Vorschriften des Verwaltungszustellungsgesetzes des Bundes zu erfolgen. Durch die Geltung des Verwaltungszustellungsgesetzes wird gleichzeitig angeordnet, dass die abweichende Regelung des § 41 VwVfG (Bekanntgabe eines Verwaltungsakts) nicht anwendbar ist.

§ 2 Abs. 1 VwZG bestimmt: „Die Zustellung ist die Bekanntgabe eines schriftlichen oder elektronischen Dokuments in der in diesem Gesetz bestimmten Form." Gemäß § 2 Abs. 2 und 3 VwZG wird die Zustellung durch einen Erbringer von Postdienstleistungen (Post) oder durch die Behörde ausgeführt, wobei die Behörde die Wahl zwischen den einzelnen Zustellungsarten hat. Daneben gibt es noch Sonderarten der Zustellung.

Die **Übermittlung des Beschlusses per Telefax** stellt keine Zustellung im Sinne des Verwaltungszustellungsgesetzes dar (BGH vom 10.11.2009, X ZB 8/09; OLG Saarbrücken vom 7.5.2008, 1 Verg 5/07; OLG Celle vom 17.7.2009, 13 Verg 3/09). Zwar sei denkbar, so das OLG Stuttgart (vom 11.7.2000, 2 Verg 5/00), dass die Übersendung per Telefax bereits die Bekanntgabe eines Verwaltungsakts darstellen kann. Sie soll aber schon dann keine Bekanntgabe sein, wenn auch eine andere Form der Mitteilung durchgeführt wird. Denn dann fehle bei der Vorabübersendung der Bekanntgabewille. So auch das BayObLG (vom 10.10.2000, Verg 5/00), wonach dann, wenn ein Zustellungswille fehle, vorab nur ein Entwurf übermittelt wird und das Original des Beschlusses noch förmlich zuzustellen ist.

Nach § 61 Abs. 1 Satz 2 GWB sind § 5 Abs. 4 VwZG und § 178 Abs. 1 Nr. 2 ZPO auch auf Unternehmen und Vereinigungen von Unternehmen sowie auf Auftraggeber i.S.v. § 98 GWB entsprechend anzuwenden. § 5 Abs. 4 VwZG bestimmt:

> „Das Dokument kann an Behörden, Körperschaften, Anstalten und Stiftungen des öffentlichen Rechts, an Rechtsanwälte, Patentanwälte, Notare, Steuerberater, Steuerbevollmächtigte, Wirtschaftsprüfer, vereidigte Buchprüfer, Steuerberatungsgesellschaften, Wirtschaftsprüfungsgesell-

schaften und Buchprüfungsgesellschaften auch auf andere Weise, auch elektronisch, gegen Empfangsbekenntnis zugestellt werden."

Zum Nachweis der Zustellung genügt das mit Datum und Unterschrift versehene Empfangsbekenntnis, das an die Behörde durch die Post oder elektronisch zurückzusenden ist (§ 5 Abs. 7 Satz 1 VwZG).

83 Damit wird der Kreis derjenigen, an die mittels Empfangsbekenntnis zugestellt werden kann, auf die in § 98 GWB genannten öffentlichen Auftraggeber, wozu beispielsweise auch juristische Personen des Privatrechts gehören, erweitert. Grundsätzlich lassen sich formelle Zustellungsmängel nach § 8 VwZG heilen, wenn das Schriftstück nachweislich zugegangen ist.

II. Vollstreckung der Entscheidung der Vergabekammer (Abs. 3 Satz 2 und 3)

1. Allgemeine Grundsätze

84 Abs. 3 Satz 1 legt fest, dass sich die Vollstreckung der Entscheidung der Vergabekammer nach den Verwaltungsvollstreckungsgesetzen des Bundes und der Länder richtet. Das gilt auch bei der Vollstreckung gegen einen Hoheitsträger. Das **Vollstreckungsverfahren** ist **kein neues Nachprüfungsverfahren** i.S.v. §§ 107 ff. GWB, sondern es findet in jedem Nachprüfungsverfahren statt, in welchem die zu vollstreckende Entscheidung der Vergabekammer ergangen ist (OLG Düsseldorf vom 29.12.2000, Verg 31/00). Es kommt auch nicht darauf an, ob der Schwellenwert erreicht wird oder ob der Antragsteller antragsbefugt i.S.v. § 107 Abs. 2 GWB ist. Diese Sachentscheidungsvoraussetzungen sind nur im Nachprüfungsverfahren, nicht aber in einem Vollstreckungsverfahren zu prüfen (OLG Düsseldorf vom 9.10.2002, Verg 44/01). Insofern gibt es auch **keine mündliche Verhandlung** i.S.v. § 112 Abs. 1 GWB oder eine Entscheidungsfrist, wie dies § 113 Abs. 1 GWB für die Nachprüfungsverfahren vorsieht. Die Regelung der Kostentragungspflicht des § 128 GWB kommt nicht nur im eigentlichen Nachprüfungsverfahren nach §§ 104 ff. GWB zur Anwendung, sondern gilt gleichermaßen auch für das nachfolgende Vollstreckungsverfahren (OLG Naumburg vom 27.4.2005, 1 Verg 3/05; OLG Düsseldorf vom 27.10.2003, Verg 23/03). Auch wenn der **Beschluss der Vergabekammer in der Beschwerdeinstanz** vom Beschwerdegericht **bestätigt** wird, erfolgt die Vollstreckung durch die Vergabekammer, die insoweit den eigenen Beschluss in der Fassung des Senatsbeschlusses zu vollstrecken hat (OLG Düsseldorf vom 28.1.2002, Verg 23/01). Die Verwaltungsvollstreckung kann im Falle von Unterlassungen eingeleitet werden, wenn konkrete Anhaltspunkte für einen gegenwärtigen oder künftigen Verstoß gegen die durchsetzbare Unterlassungspflicht vorliegen (BGH vom 29.6.2010, X ZB 15/08).

85 Der Verweis auf die Regelungen der Verwaltungsvollstreckungsgesetze des Bundes und der Länder ist zwar konsequent, da der Beschluss der Vergabekammer nach Abs. 3 Satz 1 in Form eines Verwaltungsakts ergeht, führt aber nicht zu sachgerechten Ergebnissen. Die Vollstreckung nach den Verwaltungsvollstreckungsgesetzen des Bundes oder der Länder ist ein Beugemittel, keine Sanktion. Wesentlich für die Verwaltungsvollstreckung ist, dass sie von der Behörde, die den Verwaltungsakt erlassen hat, selbst vorgenommen wird (Grundsatz der Selbstvollstreckung) und dass kein Gericht und auch keine andere Vollstreckungsinstanz wie ein Gerichtsvollzieher oder ein Vollstreckungsgericht eingeschaltet werden müssen. Die Behörde verschafft sich selbst den Vollstreckungstitel durch Erlass des Verwaltungsakts und vollstreckt diesen auch ohne Einschaltung Dritter. Diese Grundsätze widersprechen dem Charakter des Nachprüfungsverfahrens als kontradiktorischem Verfahren. Zum Antragserfordernis bei der Vollstreckung eines Vergabekammerbeschlusses s. Rn. 88 ff.

86 In Abs. 3 Satz 2 wird zudem ausdrücklich bestimmt, dass sich die **Vollstreckung auch gegen Hoheitsträger** richten kann. Damit sind die Vorschriften in den Verwaltungsvollstreckungsgesetzen, wonach eine Vollstreckung sich nicht gegen einen Hoheitsträger, wie beispielsweise eine andere Behörde, richten darf, nicht anwendbar, vgl. z.B. § 76 VwVG NRW.

2. Anzuwendendes Verwaltungsvollstreckungsgesetz

Welches Verwaltungsvollstreckungsgesetz anwendbar ist, richtet sich danach, welche Vergabekammer entschieden hat. Für Vergabeverfahren, die dem Bund zuzurechnen sind, ist daher das Verwaltungsvollstreckungsgesetz des Bundes anwendbar, bei einem öffentlichen Auftrag, der einem Land zuzurechnen ist, ist das Verwaltungsvollstreckungsgesetz des jeweiligen Landes anwendbar. Da sich diese Einordnung nach der **Zuständigkeit der Vergabekammer** richtet, kommen diejenigen Regeln zur Anwendung, die die Zuständigkeiten der Vergabekammern nach § 104 Abs. 1 GWB untereinander abgrenzen.

3. Voraussetzungen

a) Antragserfordernis

Ob dem Verweis in Abs. 3 Satz 2 auf die Vollstreckungsgesetze des Bundes und der Länder entnommen werden kann, dass eine Vollstreckung auch ohne Antrag möglich ist, hat das OLG Düsseldorf (vom 27.10.2003, Verg 23/03) offen gelassen. Aus der Tatsache, dass es sich bei den Nachprüfungsverfahren um kontradiktorische Verfahren handelt, die dem subjektiven Rechtsschutz einzelner Bieter dienen, lässt sich eher schlussfolgern, dass der in einem Nachprüfungsverfahren obsiegende Antragsteller einen Antrag auf Vollstreckung bei der Vergabekammer stellen muss. Eine Vollstreckung von Amts wegen – also ohne Antrag – kommt eher nicht in Betracht.

Die VK Magdeburg (vom 3.2.2003, VK 5/02) und auch das OLG Naumburg (vom 27.4.2005, 1 Verg 3/05) vertreten daher die Auffassung, dass die Vollstreckung der Entscheidungen der Vergabenachprüfungsinstanzen nur auf Antrag erfolgen können (so auch *Byok*, NJW 2003, 2642). Der vergaberechtliche Rechtsschutz sei als Individualrechtsschutz ausgestaltet. Auch die Vollstreckung der Entscheidungen der Nachprüfungsinstanzen diene vorrangig dem Schutz subjektiver Interessen der Unternehmen am Auftrag. Fehle es an einem zulässigen Antrag bzw. werde der Antrag auf Anordnung von Vollstreckungsmaßnahmen zurückgenommen, so fehle es an einer formellen Voraussetzung für die Fortführung des Vollstreckungsverfahrens, das dann einzustellen sei.

Da es sich bei dem Nachprüfungsverfahren um ein kontradiktorisches Streitverfahren handelt, sollte eine Vollstreckung – genauso wie in einem Zivilprozess – erst auf Antrag eines Beteiligten durchgeführt werden. Zwingend ist dies aber nicht.

Weiterhin kann ein Antragsteller gleichzeitig mit der Einlegung eines Nachprüfungsantrags auch den **Antrag auf Androhung und Festsetzung von Zwangsgeld** gemäß Abs. 3 Satz 2 stellen. Gemäß § 63 Abs. 2 VwVG NRW kann mit dem Verwaltungsakt bereits die Androhung eines Zwangsgeldes verbunden werden. Die Androhung **soll** damit verbunden werden, wenn ein Rechtsmittel keine aufschiebende Wirkung mehr hat. Gibt die Vergabekammer dem Nachprüfungsantrag statt, so würde die sofortige Beschwerde gemäß § 118 Abs. 1 GWB aufschiebende Wirkung haben. Insofern kommt die gleichzeitige Androhung eines Zwangsgeldes dann nicht in Betracht (VK Münster vom 6.5.2008, VK 4/08). Wird der Nachprüfungsantrag zurückgewiesen, so läuft die beantragte Zwangsgeldandrohung des Antragstellers ins Leere, weil er in der Sache keinen Erfolg hat, also keinen gegen die Vergabestelle vollstreckbaren Verwaltungsakt erhält.

b) Verfahrensablauf

Beschlüsse der Vergabekammern, die auf die Vornahme einer Handlung, Duldung oder auf Unterlassung gerichtet sind, können durchgesetzt werden, wenn sie unanfechtbar sind oder ein Rechtsmittel keine aufschiebende Wirkung hat, so z.B. § 55 Abs. 1 VwVG NRW.

aa) Bestandskraft oder aufschiebende Wirkung

Grundlage der Vollstreckung ist der Beschluss der Vergabekammer. Dieser Beschluss muss nicht bestandskräftig sein, sondern kann durchaus auch dann vollstreckt werden, wenn sofortige Beschwerde eingelegt wurde. Eine Vollstreckung findet nicht nur aus rechtskräftigen Verwaltungsentscheidungen statt, sondern ein Verwaltungsakt kann mit Zwangsmitteln u.a. dann durchgesetzt werden, wenn das Rechtsmittel keine aufschiebende Wirkung hat. Im Falle des § 118 Abs. 3 GWB, der für den Fall der Stattgabe eines Nachprüfungsantrags durch Untersagung des Zuschlags bestimmt, dass der Zuschlag unterbleibt, solange nicht das Beschwerdegericht die Entscheidung der Vergabekammer in dem Verfahren nach § 121 GWB oder nach § 123 GWB aufhebt, hat die sofortige Beschwerde keine aufschiebende Wirkung (OLG Düsseldorf vom 29.12.2000, Verg 31/00; nicht ganz eindeutig OLG Düsseldorf vom 8.11.2004, Verg 75/04, wonach die fehlende Bestandskraft des Vergabekammerbeschlusses der Vollstreckung entgegenstand).

93 Auch die **Aufhebung des Vergabeverfahrens** nach erfolgter Entscheidung der Vergabekammer durch die Vergabestelle **führt nicht aus der Vollstreckung** heraus. Nach Auffassung des OLG Düsseldorf (vom 30.4.2008, Verg 57/07) ist ein Verstoß auch dann noch möglich, nachdem das Vergabeverfahren aufgehoben wurde. Denn es besteht die Möglichkeit, dass die Antragsgegner, ohne dass die von der Vergabekammer gerügten Vergaberechtsverstöße zuvor abgestellt worden sind, Aufträge ohne Beachtung des Vergaberechts vergeben. Auf die von der Entscheidung der Vergabekammer ausgesprochene Unterlassungsverpflichtung dürfte vielmehr zur Vermeidung von Umgehungen die von der Rechtsprechung in Wettbewerbssachen entwickelte **Kerntheorie** Anwendung finden. Danach führt eine Änderung der Sachlage in unwesentlichen Punkten noch nicht aus dem Unterlassungstitel hinaus.

94 Weiterhin führte das OLG Düsseldorf (vom 30.4.2008, Verg 57/07) aus, dass eine Gefahr, die Vergabestelle würde sich rechtswidrig über den Beschluss einer Vergabekammer hinwegsetzen, nicht festgestellt werden muss. Eine derartige Gefahr sei nämlich nicht Voraussetzung für die Androhung eines Zwangsmittels.

bb) Konkrete Vollstreckungsmaßnahmen

95 Soweit die Vergabestelle dem Beschluss der Vergabekammer zuwiderhandelt, indem sie die dort angeordneten Maßnahmen, wie die Wiederholung der Wertung oder die Zurückversetzung in einen bestimmten Verfahrensstand, nicht vornimmt oder die bereits erfolgte Beauftragung eines Unternehmers nicht rückgängig macht (VK Düsseldorf vom 10.6.2002, VK-6/2001-F), sind die in den Verwaltungsvollstreckungsgesetzen genannten Zwangsmittel, wie **Ersatzvornahme, Zwangsgeld oder unmittelbarer Zwang**, anzuwenden. Geeignetes Zwangsmittel ist in der Regel das Zwangsgeld.

96 Zunächst muss der Tatbestand einer **Umgehung** erfüllt sein. Dabei sind alle Handlungen oder Unterlassungen zu berücksichtigen, die auf eine Umgehung der titulierten Verpflichtung hinauslaufen. Dies ist ggf. durch Auslegung des Vergabekammerbeschlusses zu ermitteln (OLG Düsseldorf vom 25.7.2002, Verg 33/02).

97 Entsprechend den Verwaltungsvollstreckungsgesetzen erfolgt dann die **Androhung** eines Zwangsgeldes (VK Münster vom 6.12.2001, VK 1/01-8/01 Vs) und anschließend die **Festsetzung** des Zwangsgeldes (VK Münster vom 15.1.2003, VK 1/01-8/01 Vs), falls der Vollstreckungsschuldner (Vergabestelle) nach der Androhung weiterhin dem Beschluss zuwiderhandelt. Werden auch trotz Festsetzung eines Zwangsgeldes die Maßnahmen durch den Vollstreckungsschuldner nicht ausgeführt, wird das festgesetzte Zwangsgeld beigetrieben.

98 In § 115 Abs. 3 GWB wird nunmehr auch ermöglicht, dass vorläufige Maßnahmen der Vergabekammern mit den Mitteln der Verwaltungsvollstreckungsgesetze des Bundes und der Länder durchgesetzt werden. Kritisch dazu hat sich bereits das OLG Düsseldorf (vom 30.4.2008, Verg 23/08) geäußert, soweit damit auch die Vollstreckung von gerichtlichen Anordnungen erfasst werden sollte. Denn diese würden nach der ZPO vollstreckt, wobei insbesondere Unterlassungsverpflichtungen der Vollstreckung nach § 890 ZPO unterliegen, weil § 172 VwGO nicht eingreife.

c) Verweisung auf § 86a Satz 2 GWB

99 Nach § 11 Abs. 3 des Verwaltungsvollstreckungsgesetzes des Bundes können Zwangsgelder lediglich in einer Spanne von 1,50 € bis höchstens 1.000 € verhängt werden. Ein solcher Zwangsgeldrahmen ist angesichts der Auftragsvolumina, die den Gegenstand eines Nachprüfungsverfahrens bilden

können, kein effektives Zwangsinstrumentarium. In Bezug auf kartellbehördliche Verfügungen, die ebenso wie das öffentliche Auftragswesen Sachverhalte von erheblicher Bedeutung betreffen, sind die niedrigen Zwangsgelder im Rahmen der 7. GWB-Novelle auf eine Spanne von 1.000 € bis 10 Mio. € erhöht worden. Deswegen ist der Hinweis auf § 86a Satz 2 GWB aufgenommen worden. Für die Vergabekammern der Länder hat dies hingegen kaum Bedeutung, weil nach den Vollstreckungsgesetzen der Länder höhere Zwangsgelder festgesetzt werden konnten. § 60 VwVG NRW ermöglicht beispielsweise die Festsetzung eines Zwangsgeldes bis zu 100.000 €, in Bayern können bis zu 50.000 € festgesetzt werden.

d) Einstellung

Zur Rechtsklarheit sollten eingeleitete Vollstreckungsverfahren mit Beschluss eingestellt werden, soweit sich das Verfahren aus tatsächlichen oder rechtlichen Gründen erledigt hat (VK Thüringen vom 19.7.2004, 360-4003.20-003/03-ABG-V). 100

4. Rechtsschutz im Vollstreckungsverfahren

Die Androhung und Festsetzung des Zwangsmittels durch die Vergabekammer sind Verwaltungsakte, gegen die der Vollstreckungsschuldner **sofortige Beschwerde** einlegen kann. Rechtsbehelfe, die sich gegen Maßnahmen der Vollstreckungsbehörde in der Verwaltungsvollstreckung richten, haben **keine aufschiebende Wirkung** (vgl. z.B. § 8 AGVwGO NRW). § 8 AGVwGO NRW ordnet in Satz 2 zugleich die analoge Geltung des § 80 Abs. 5 VwGO an. Das bedeutet, dass gegen derartige Zwangsvollstreckungsmaßnahmen um **vorläufigen Rechtsschutz** bei den Oberlandesgerichten nachgesucht werden kann, und zwar mit dem Antrag, die aufschiebende Wirkung einer Beschwerde gegen die Vollstreckungsmaßnahme anzuordnen (OLG Düsseldorf vom 25.7.2002, Verg 33/02). 101

Der Vollstreckungsschuldner kann somit einerseits gegen die Vollstreckungsmaßnahme sofortige **Beschwerde beim Oberlandesgericht** einlegen und gleichzeitig einen **Eilantrag entsprechend § 80 Abs. 5 VwGO** stellen, um die aufschiebende Wirkung der Beschwerde, die durch § 8 AGVwGO NRW oder vergleichbare Bundes- oder Landesvorschriften unterbunden wird, wiederherstellen zu lassen. Das Oberlandesgericht prüft dann, ob das Interesse an der unmittelbaren Vollziehung der Entscheidung der Vergabekammer ausnahmsweise bis zur Entscheidung über die sofortige Beschwerde ausgesetzt wird, weil das Interesse des Vollstreckungsschuldners an einem effektiven Rechtsschutz überwiegt (OLG Naumburg vom 17.3.2005, 1 Verg 3/05). 102

§ 115 Aussetzung des Vergabeverfahrens

(1) Informiert die Vergabekammer den öffentlichen Auftraggeber in Textform über den Antrag auf Nachprüfung, darf dieser vor einer Entscheidung der Vergabekammer und dem Ablauf der Beschwerdefrist nach § 117 Absatz 1 den Zuschlag nicht erteilen.

(2) ¹Die Vergabekammer kann dem Auftraggeber auf seinen Antrag oder auf Antrag des Unternehmens, das nach § 101a vom Auftraggeber als das Unternehmen benannt ist, das den Zuschlag erhalten soll, gestatten, den Zuschlag nach Ablauf von zwei Wochen seit Bekanntgabe dieser Entscheidung zu erteilen, wenn unter Berücksichtigung aller möglicherweise geschädigten Interessen sowie des Interesses der Allgemeinheit an einem raschen Abschluss des Vergabeverfahrens die nachteiligen Folgen einer Verzögerung der Vergabe bis zum Abschluss der Nachprüfung die damit verbundenen Vorteile überwiegen. ²Bei der Abwägung ist das Interesse der Allgemeinheit an einer wirtschaftlichen Erfüllung der Aufgaben des Auftraggebers zu berücksichtigen; bei verteidigungs- oder sicherheitsrelevanten Aufträgen im Sinne des § 99 Absatz 7 sind zusätzlich besondere Verteidigungs- und Sicherheitsinteressen zu berücksichtigen. ³Die Vergabekammer berücksichtigt dabei auch die allgemeinen Aussichten des Antragstellers im Vergabeverfahren, den Auftrag zu erhalten. ⁴Die Erfolgsaussichten des Nachprüfungsantrags müssen nicht in jedem Falle Gegenstand der Abwägung sein. ⁵Das Beschwerdegericht kann auf Antrag das Verbot des Zuschlags nach Absatz 1 wiederherstellen; § 114 Absatz 2 Satz 1 bleibt unberührt. ⁶Wenn die Vergabekammer den Zuschlag nicht gestattet, kann das Beschwerdegericht auf Antrag des Auftraggebers unter den Voraussetzungen der Sätze 1 bis 4 den sofortigen Zuschlag gestatten. ⁷Für das Verfahren vor dem Beschwerdegericht gilt § 121 Absatz 2 Satz 1 und 2 und Absatz 3 entsprechend. ⁸Eine sofortige Beschwerde nach § 116 Absatz 1 ist gegen Entscheidungen der Vergabekammer nach diesem Absatz nicht zulässig.

(3) ¹Sind Rechte des Antragstellers aus § 97 Absatz 7 im Vergabeverfahren auf andere Weise als durch den drohenden Zuschlag gefährdet, kann die Kammer auf besonderen Antrag mit weiteren vorläufigen Maßnahmen in das Vergabeverfahren eingreifen. ²Sie legt dabei den Beurteilungsmaßstab des Absatzes 2 Satz 1 zugrunde. ³Diese Entscheidung ist nicht selbständig anfechtbar. ⁴Die Vergabekammer kann die von ihr getroffenen weiteren vorläufigen Maßnahmen nach den Verwaltungsvollstreckungsgesetzen des Bundes und der Länder durchsetzen; die Maßnahmen sind sofort vollziehbar. ⁵§ 86a Satz 2 gilt entsprechend.

(4) ¹Macht der Auftraggeber das Vorliegen der Voraussetzungen nach § 100 Absatz 8 Nummer 1 bis 3 geltend, entfällt das Verbot des Zuschlages nach Absatz 1 fünf Werktage nach Zustellung eines entsprechenden Schriftsatzes an den Antragsteller; die Zustellung ist durch die Vergabekammer unverzüglich nach Eingang des Schriftsatzes vorzunehmen. ²Auf Antrag kann das Beschwerdegericht das Verbot des Zuschlages wiederherstellen. ³§ 121 Absatz 1 Satz 1, Absatz 2 Satz 1 sowie Absatz 3 und 4 finden entsprechende Anwendung.

Übersicht

A. **Allgemeines** 1–7	II. Wirkung des Zuschlagsverbots 13–14
I. Bedeutung und Voraussetzungen des Zuschlagsverbots (Abs. 1) 1–2	C. **Gestattung vorzeitiger Zuschlagserteilung durch die Vergabekammer (Abs. 2)** 15–39
II. Vertragsschluss durch Zuschlagserteilung ... 3	I. Eilverfahren vor der Vergabekammer 15
III. Antrag auf vorzeitige Zuschlagserteilung 4	II. Antrag auf vorzeitige Gestattung der Zuschlagserteilung 16–18
IV. Weitere vorläufige Maßnahmen der Vergabekammer über das Zuschlagsverbot hinaus (Abs. 3) 5–6	III. Entscheidungsgrundlagen und -inhalt (Abs. 2 Satz 1 bis 4) 19–33
V. Besonderes Antragsrecht bei Maßnahmen von sicherheitsrelevanter Bedeutung (Abs. 4) 7	1. Verfahrensrechtlicher Überblick 19
	2. Abwägen der Beteiligteninteressen 20–28
B. **Zuschlagsverbot (Abs. 1)** 8–14	a) Prüfungsschritte 20
I. Beginn und Dauer des Zuschlagsverbots ... 8–12	b) Ermittlung der Interessen 21–22
	c) Interessensabwägung 23–28

3. Erfolgsaussichten des Nachprüfungsantrags (Abs. 2 Satz 4) 29–30	2. Gestattung des Zuschlags durch das Beschwerdegericht 37–39
4. Entscheidungsinhalt 31–33	D. Weitere vorläufige Maßnahmen der Vergabekammer zur Gewährung vorläufigen Rechtsschutzes (Abs. 3) 40–42
IV. Rechtsschutz (Abs. 2 Satz 5 bis 8) 34–39	
1. Wiederherstellung des Zuschlagsverbots durch das Beschwerdegericht 35–36	E. Zuschlagsverbot im Zusammenhang mit sicherheitsrelevanten Maßnahmen nach § 100 Abs. 8 Nr. 1 bis 3 GWB (Abs. 4) 43

A. Allgemeines

I. Bedeutung und Voraussetzungen des Zuschlagsverbots (Abs. 1)

Abs. 1 enthält ein **gesetzliches Zuschlagsverbot**, wonach der Auftraggeber den Zuschlag nach Eingang einer Mitteilung über einen Nachprüfungsantrag in Textform (§ 126b BGB: darunter fällt auch die Übermittlung durch Telefax oder E-Mail) durch die Vergabekammer nicht (mehr) erteilen darf. Ein entgegen dem Zuschlagsverbot geschlossener Vertrag verstößt gegen ein gesetzliches Verbot und ist nach § 134 BGB nichtig. Das Zuschlagsverbot sichert den effektiven Rechtsschutz. Es soll verhindern, dass während eines laufenden Nachprüfungsverfahrens vor der Vergabekammer vollendete Tatsachen durch eine Zuschlagserteilung geschaffen werden können und damit der Primärrechtsschutz leer liefe und der Antragsteller um seine letzte Chance auf eine Zuschlagserteilung gebracht würde. Zugleich dient die Vorschrift aber auch dem Ausgleich der beteiligten Interessen durch die Möglichkeit, den Zuschlag vorzeitig erteilen zu können. Das früher geltende Erfordernis, dass der Nachprüfungsantrag dem Auftraggeber zugestellt worden sein musste, hat der Gesetzgeber aus Gründen der Vereinfachung des Nachprüfungsverfahrens durch das Gesetz zur Modernisierung des Vergaberechts vom 20.4.2009 (BGBl. I S. 790) aufgegeben; seither reicht der Eingang der Information der Vergabekammer über den Antrag auf Nachprüfung in Textform beim Auftraggeber. Rein tatsächlich wird das jedoch kaum zu einer Verfahrensbeschleunigung führen, da der Eingang des Nachprüfungsantrags beim Auftraggeber im Streitfall nach wie vor eines Nachweises bedarf. 1

Da das **Erfordernis** einer **förmlichen Zustellung entfallen** ist, bedurfte es zur Klarstellung der zusätzlichen Regelung, dass der Eingang des Nachprüfungsantrags durch die Vergabekammer erfolgen muss. Eine Übersendung der Kopie eines Nachprüfungsantrags durch den Antragsteller an den Auftraggeber reicht für ein Zuschlagsverbot damit ebenso wenig aus (VK Brandenburg vom 12.8.2002, VK 43/02; auch VK Bund vom 17.8.2010, VK 1-70/10) wie eine unterlassene Übermittlung des Antrags durch die Vergabekammer, etwa im Fall offensichtlicher Unzulässigkeit oder Unbegründetheit des Antrags oder aus anderen Gründen. Ebenfalls nicht ausreichend ist die Einreichung des Antrags bei der Vergabekammer (VK Baden-Württemberg vom 24.3.2004, 1 VK 14/04). 2

Übersicht 1: Voraussetzungen für ein Zuschlagsverbot

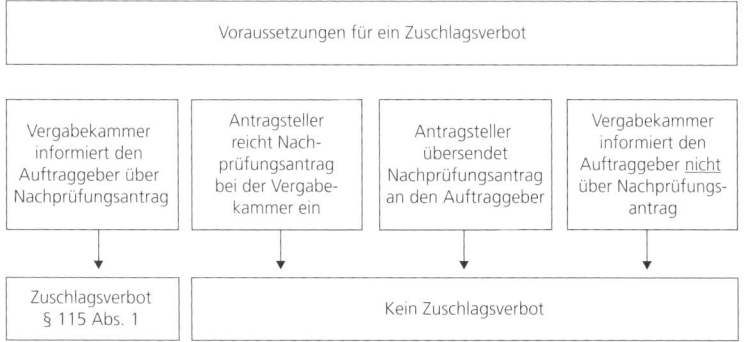

II. Vertragsschluss durch Zuschlagserteilung

3 Mit der **Erteilung des Zuschlags** ist die nach außen tretende Willenserklärung des Auftraggebers gegenüber dem Bieter gemeint, mit der er das Angebot des Bieters annimmt. Ein Vertrag kommt dadurch zustande, dass die eine Partei (der Auftraggeber) das Angebot der anderen Partei (des jeweiligen Bieters) rechtzeitig im Rahmen der Bindefrist (§§ 147, 148 BGB) und ohne Erweiterungen, Einschränkungen oder sonstigen Änderungen (ohne „Wenn und Aber") annimmt, dies gegenüber dem Bieter erklärt und die Annahmeerklärung rechtzeitig in den Machtbereich des Bieters gelangt.

Übersicht 2: Vertragsabschluss durch Zuschlagserteilung

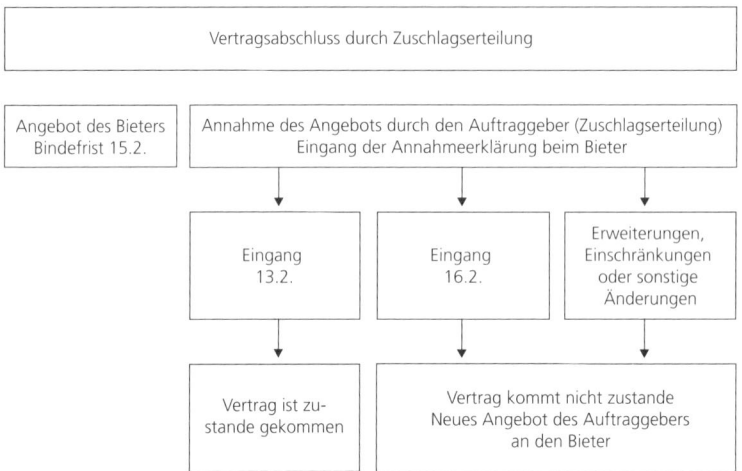

III. Antrag auf vorzeitige Zuschlagserteilung

4 Das Zuschlagsverbot und die daraus resultierende investitionshemmende Wirkung wird durch die Möglichkeit des Auftraggebers und des Unternehmens, welches den Zuschlag erhalten soll, mittels eines Eilverfahrens, in kurzer Zeit ausnahmsweise eine vorzeitige Zuschlagserteilung zu erwirken, relativiert (**Abs. 2 Satz 1 und 2**). Diese Eilentscheidung ist durch das Beschwerdegericht überprüfbar (**Abs. 2 Satz 3 ff.**) und unabhängig vom Nachprüfungsverfahren in der Hauptsache entweder auf die Herstellung des von der Vergabekammer ausgesprochenen Zuschlagsverbots oder auf eine Zuschlagserteilung durch das Beschwerdegericht gerichtet.

Übersicht 3: Antrag des Auftraggebers und des Beigeladenen auf vorzeitige Zuschlagserteilung durch die Vergabekammer

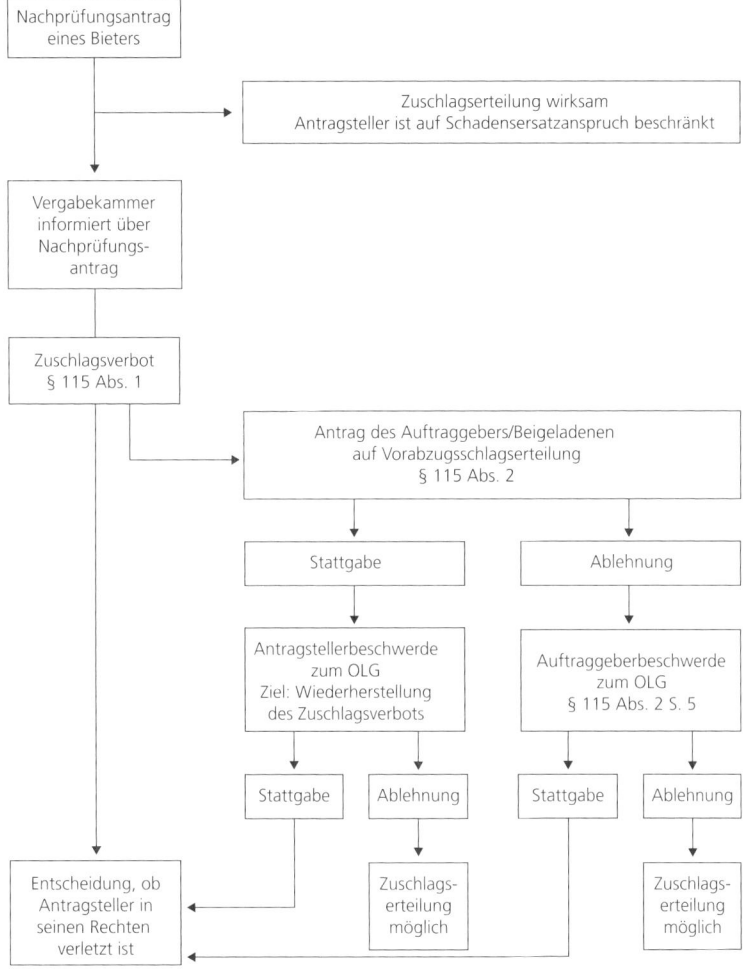

IV. Weitere vorläufige Maßnahmen der Vergabekammer über das Zuschlagsverbot hinaus (Abs. 3)

Abs. 3 ermöglicht es der Vergabekammer, auf Antrag Maßnahmen in den Fällen zu ergreifen, in denen trotz eines Zuschlagsverbots Rechte des Antragstellers aus § 97 Abs. 7 GWB auf andere Weise als durch eine drohende Zuschlagserteilung gefährdet werden. Die Regelung ergänzt das Zuschlagsverbot des Abs. 1 in Fällen, in denen der Auftraggeber Verfahrenshandlungen – die Zuschlagserteilung ausgenommen – vornimmt, die missbräuchlich darauf gerichtet sind, die Chancen des Antragstellers, den Zuschlag zu erhalten, weiter zu beeinträchtigen. Für diese Fälle enthält Abs. 3 einen speziellen Rechtsbehelf zugunsten des Antragstellers. Die weiteren vorläufigen Maßnahmen der Vergabekammer dürfen nicht weiter gehen als eine nach § 114 GWB mögliche endgültige Entscheidung. Inhaltlich muss sich die Entscheidung der Vergabekammer nach den Kriterien des Abs. 2 Satz 1 richten. Die Entscheidung ist nicht selbständig anfechtbar.

5

§ 115 GWB Abschnitt 2 · Nachprüfungsverfahren

6 Die Vergabekammer kann die von ihr getroffenen weiteren vorläufigen Maßnahmen mit den Mitteln der Verwaltungsvollstreckung durchsetzen. Das wird nunmehr in Abs. 3 Satz 4 ausdrücklich klargestellt. Nach Abs. 3 Satz 5 gilt insoweit der Zwangsgeldrahmen des § 86a Satz 2 GWB.

V. Besonderes Antragsrecht bei Maßnahmen von sicherheitsrelevanter Bedeutung (Abs. 4)

7 Abs. 4 enthält eine besondere Regelung zur Zeitdauer des Zuschlagsverbots bei Maßnahmen von sicherheitsrelevanter Bedeutung. Die Regelung ist durch das Gesetz zur Modernisierung des Vergaberechts vom 20.4.2009 (BGBl. I S. 790) neu aufgenommen worden, da der automatische Suspensiveffekt nach Abs. 1 bei Sachverhalten, in denen streitig ist, ob eine Ausnahme nach § 100 Abs. 8 Nr. 1 bis 3 GWB vorliegt, zu unangemessenen Zeitverzögerungen zu Lasten der wesentlichen Sicherheitsinteressen des Staates führen kann (Begr. RegE, BT-Drucks. 16/10117, S. 24). Vor diesem Hintergrund sieht Abs. 4 vor, dass der automatische Suspensiveffekt in diesen Fällen nicht eintritt. Stattdessen erhält der Antragsteller ein sofortiges Antragsrecht auf Wiederherstellung des Zuschlagsverbots vor dem Beschwerdegericht.

B. Zuschlagsverbot (Abs. 1)

I. Beginn und Dauer des Zuschlagsverbots

8 Das zu Lasten des Auftraggebers wirkende **Zuschlagsverbot** beginnt **automatisch** und **unabhängig von der Zulässigkeit oder Begründetheit des Antrags** nach dem Eingang der Information über einen Nachprüfungsantrag durch die Vergabekammer beim Auftraggeber; dies gilt auch dann, wenn dem Auftraggeber die Information durch eine unzuständige Vergabekammer zugeht (VK Bund vom 18.9.2008, VK 3-119/08). Bei einer Übersendung der Mitteilung durch Telefax kommt es nach Ansicht der Vergabekammer des Bundes (VK Bund vom 5.3.2010, VK 1-16/10) für die Bestimmung des Zugangszeitpunktes nicht auf den Zeitpunkt des Ausdrucks, sondern den vollständigen Empfang (Speicherung) des Datensatzes an. Ist der Antrag offensichtlich unzulässig oder unbegründet, übermittelt ihn die Vergabekammer gemäß § 110 Abs. 2 GWB nicht; er kann deshalb das Zuschlagsverbot nicht bewirken. Der Auftraggeber ist allerdings nicht gehindert, das Vergabeverfahren trotz eines eingetretenen Zuschlagsverbots weiterzubetreiben und beispielsweise mit der Wertung der Angebote fortzufahren (BayObLG vom 20.9.2004, Verg 21/04; VK Münster vom 9.7.2010, VK 3/10).

9 Das Zuschlagsverbot gilt **nicht unbefristet**. Es ist im Hauptsacheverfahren zunächst beschränkt auf die Entscheidungsfrist der Vergabekammer und die Beschwerdefrist des § 117 Abs. 1 GWB. Das Zuschlagsverbot besteht also nach der Zustellung der abschließenden Entscheidung durch die Vergabekammer gemäß § 114 GWB noch für eine Beschwerdefrist von **zwei Wochen**. Insgesamt gilt es damit zunächst für **sieben Wochen**. Im Übrigen richtet sich die Dauer des Zuschlagsverbots bis zur Entscheidung der Vergabekammer und zum Ablauf der Beschwerdefrist i.S.d. § 117 Abs. 1 GWB nach dem weiteren Verlauf des Nachprüfungsverfahrens und insbesondere nach dem Verhalten der Beteiligten im Hauptsache- und/oder im Vorabgestattungsverfahren.

10 Stellt der Auftraggeber oder der Beigeladene einen **Antrag** auf die **vorzeitige Gestattung des Zuschlags** nach Abs. 2, gilt Folgendes:

– **Gibt die Vergabekammer dem Antrag statt**, kann der Antragsteller Beschwerde beim Oberlandesgericht einlegen. Wird der Beschwerde stattgegeben, darf der Zuschlag nicht erteilt werden. Wird der Beschwerde nicht stattgegeben, kann eine Zuschlagserteilung erfolgen.

– **Lehnt die Vergabekammer den Antrag ab**, kann der Auftraggeber dagegen beim Oberlandesgericht Beschwerde einlegen. Wird der Beschwerde stattgegeben, ist eine Zuschlagserteilung möglich. Im Falle einer Ablehnung darf der Zuschlag nicht erteilt werden.

Stellt der Auftraggeber **keinen Antrag auf Vorabgestattung des Zuschlags**, gilt Folgendes: 11
- **Lehnt die Vergabekammer den Nachprüfungsantrag ab**, endet das Zuschlagsverbot mit Ablauf der Beschwerdefrist (Abs. 1: Beschwerdefrist für den Antragsteller) und somit zwei Wochen nach Zustellung der Entscheidung der Vergabekammer (§ 117 Abs. 1 GWB). Wird gegen die ablehnende Entscheidung sofortige Beschwerde eingelegt, verlängert sich das Zuschlagsverbot automatisch um zwei weitere Wochen (§ 118 Abs. 1 Satz 2 GWB). Um dies zu vermeiden und das Zuschlagsverbot darüber hinaus zu verlängern, muss der Beschwerdeführer beim Beschwerdegericht ausdrücklich beantragen, die Frist zu verlängern (§ 118 Abs. 1 Satz 3 GWB). Das Beschwerdegericht entscheidet über diesen Antrag im Rahmen einer Interessenabwägung, in die die Erfolgsaussichten der Beschwerde eingehen (§ 118 Abs. 2 GWB). Ist der Antragsteller mit seinem Antrag erfolgreich, endet das Zuschlagsverbot erst mit der Entscheidung des Beschwerdegerichts.
- **Hat die Vergabekammer dem Nachprüfungsantrag stattgegeben**, darf der Auftraggeber den Zuschlag unter Berücksichtigung des Inhalts der Entscheidung erteilen, es sei denn, die Vergabekammer hat ausdrücklich entschieden, dass der Zuschlag im laufenden Verfahren nicht erteilt werden darf (§ 118 Abs. 3 GWB); in diesem Falle darf der Zuschlag erst erteilt werden, wenn das Beschwerdegericht die Entscheidung der Vergabekammer nach § 121 GWB oder § 123 GWB aufgehoben hat.

Eine Modifizierung des Suspensiveffekts, also des Verbots der Zuschlagserteilung, ergibt sich aus **Abs. 4** für den Fall, dass der Auftraggeber behauptet, es handele sich bei der beabsichtigten Maßnahme um eine solche von **sicherheitsrelevanter Bedeutung** im Sinne der Voraussetzungen des § 100 Abs. 8 Nr. 1 bis 3 GWB, mit der Folge, dass die §§ 97 ff. GWB keine Anwendung finden würden. In einem solchen Fall entfällt das Zuschlagsverbot **fünf Werktage** nach Zustellung eines entsprechenden Schriftsatzes durch die Vergabekammer an den Antragsteller. Grund für diese Modifizierung ist die Überlegung, dass das automatische Zuschlagsverbot für solche Sachverhalte zu unangemessenen Zeitverzögerungen zu Lasten der wesentlichen Sicherheitsinteressen des Staates führen kann. Aus diesem Grunde hat der Gesetzgeber eine Regelung getroffen, nach der die Automatik des Suspensiveffekts zu Gunsten eines sofortigen Antragsrechts auf Wiederherstellung des Zuschlagsverbots vor dem Beschwerdegericht entfällt. 12

II. Wirkung des Zuschlagsverbots

Für die Dauer des Zuschlagsverbots darf der Vertrag nicht geschlossen werden. Der Verstoß gegen das Zuschlagsverbot führt zudem, da Abs. 1 ein Verbotsgesetz i.S.d. § 134 BGB darstellt, zur automatischen **Nichtigkeit des durch den Zuschlag geschlossenen Vertrags**, ohne dass dem eine weitere Entscheidung einer Prüfungsinstanz vorausgehen müsste. Dies gilt nach h.M. (so *Marx*, in: Motzke/Pietzcker/Prieß, Vergaberecht, § 115 GWB Rn. 8 m.w.N.) auch dann, wenn die Vergabekammer in ihrer Entscheidung ausdrücklich ein Zuschlagsverbot ausgesprochen hat oder wenn das gesetzliche Verbot der Fortführung des Verfahrens nach § 122 GWB eingetreten ist. Auch Vertragsschlüsse unter Vorbehalt oder unter der Bedingung, dass der Nachprüfungsantrag zurückgewiesen wird, sind unzulässig (VK Münster vom 3.8.1999, VK 1/99). Nicht gehindert ist der Auftraggeber allerdings, das Vergabeverfahren weiter zu betreiben und beispielsweise mit der Wertung der Angebote fortzufahren oder Verhandlungen zu führen (BayObLG vom 20.9.2004, Verg 21/04), weil dadurch keine rechtsvernichtenden Tatsachen zu Lasten des Antragstellers getroffen werden. 13

Die Dauer des Zuschlagsverbots hat Auswirkungen auf die **Zuschlags- und Bindefrist**. Nach *Müller-Wrede* (in: Ingenstau/Korbion, VOB, Teile A und B, § 115 GWB Rn. 2) soll die Zuschlagsfrist während der Zeit des gesetzlichen Zuschlagsverbots gehemmt sein. Die h.M. verneint zu Recht eine solche gesetzlich nicht vorgesehene Verlängerung. Um ein Ablaufen der Zuschlags- und Bindefrist als Folge einer längeren Verfahrensdauer zu verhindern, kann der Auftraggeber entweder bei der Festlegung der Fristen einen Zeitraum für ein eventuelles Nachprüfungsverfahren einbeziehen oder eine Zustimmung zur Fristverlängerung von den Beteiligten einholen, deren Angebote für eine Wertung in Betracht kommen (*Marx*, in: Motzke/Pietzcker/Prieß, Vergaberecht, § 115 GWB Rn. 9; Reidt/Stickler/Glahs/*Reidt*, Vergaberecht, § 115 GWB Rn. 22). Teilweise wird die Ansicht vertreten, dass 14 der Bieter, der ein Nachprüfungsverfahren einleitet und beantragt, den Zuschlag auf sein Angebot zu erteilen, dadurch stillschweigend (konkludent) erkläre, sein Angebot weiter aufrechtzuerhalten und sich daran gebunden zu fühlen (OLG Schleswig vom 8.5.2007, 1 Verg 2/07).

C. Gestattung vorzeitiger Zuschlagserteilung durch die Vergabekammer (Abs. 2)

I. Eilverfahren vor der Vergabekammer

15 Abs. 2 regelt das Eilverfahren vor der Vergabekammer, welches das Ziel verfolgt, dem Auftraggeber zu gestatten, den Zuschlag bereits vor Ablauf der Entscheidung der Vergabekammer im Hauptsacheverfahren erteilen zu dürfen. Die Möglichkeit, eine Vorabzuschlagserteilung im Rahmen des Beschwerdeverfahrens vor dem Oberlandesgericht nach einer erfolgten Entscheidung der Vergabekammer in der Hauptsache zu erwirken, richtet sich nach den Vorschriften der §§ 121, 122 GWB. Für das Verfahren vor der Vergabekammer regelt **Abs. 2** im Einzelnen:

- **Sätze 1 bis 4** bestimmen die Voraussetzungen für die vorzeitige **Gestattung der Zuschlagserteilung (Vorabzuschlagserteilung)** durch die Vergabekammer; **Satz 2** wurde durch Art. 1 Nr. 7 Buchst. a) des Gesetzes zur Änderung des Vergaberechts für die Bereiche Verteidigung und Sicherheit vom 7.12.2011 (BGBl. S. I 2570, 2574) dahingehend erweitert, dass – begründet durch Art. 56 Abs. 5 der EU-Richtlinie 2009/81/EG – verteidigungs- und sicherheitsrelevante Interessen in die Abwägung einfließen;
- **Satz 5** beinhaltet bei stattgegebener Entscheidung durch die Vergabekammer die Möglichkeit der **Wiederherstellung des Zuschlagsverbots** durch das Beschwerdegericht;
- **Satz 6** beinhaltet bei ablehnender Entscheidung durch die Vergabekammer die Möglichkeit der erstmaligen Gestattung der vorzeitigen Erteilung des Zuschlags durch das Beschwerdegericht.

II. Antrag auf vorzeitige Gestattung der Zuschlagserteilung

16 Die Entscheidung der Vergabekammer über die vorzeitige Gestattung der Zuschlagserteilung – nach Ablauf von zwei Wochen nach Bekanntgabe einer solchen Entscheidung – setzt einen Antrag des Auftraggebers oder des Unternehmens, welches den Zuschlag erhalten soll (§ 101a GWB) – also des Beigeladenen – voraus. Der Antrag bedarf **keiner besonderen Form**; die Ansicht, welche dazu eine schriftliche Erklärung fordert (Ingenstau/Korbion/*Müller-Wrede*, VOB, Teile A und B, § 115 GWB Rn. 2), ist abzulehnen. Voraussetzung ist allerdings, dass das Nachprüfungsverfahren nicht durch die Entscheidung der Vergabekammer beendet worden ist; nach Zustellung der Entscheidung muss auf § 121 GWB zurückgegriffen werden.

17 Der Antrag ist zu **begründen**. Im Hinblick auf die seitens der Vergabekammer vorzunehmende Interessenabwägung müssen die insoweit relevanten und für den jeweiligen Antragsteller sprechenden Fakten von diesem vorgetragen werden, da es anderenfalls an einer Entscheidungsgrundlage für die Vergabekammer fehlt (so auch Kulartz/Kus/Portz/*Kus*, GWB-Vergaberecht, § 115 GWB Rn. 23).

18 Eines besonderen **Rechtsschutzinteresses** bedarf es **nicht**, da sich dieses bereits unmittelbar aus dem gesetzlichen Zuschlagsverbot (Abs. 1) herleitet (h.H., Kulartz/Kus/Portz/*Kus*, GWB-Vergaberecht, § 115 GWB Rn. 24; *Marx*, in: Motzke/Pietzcker/Prieß, Vergaberecht, § 115 GWB Rn. 11).

III. Entscheidungsgrundlagen und -inhalt (Abs. 2 Satz 1 bis 4)

1. Verfahrensrechtlicher Überblick

19 Die Entscheidung der Vergabekammer ergeht aufgrund einer **summarischen Prüfung**. Die Gestaltung des Verfahrens liegt weitgehend im **Ermessen** der Vergabekammer. Den Beteiligten ist unter Berücksichtigung der Eilbedürftigkeit **rechtliches Gehör** zu gewähren, welches auch aus § 28 Abs. 1 VwVfG hergeleitet werden kann (Reidt/Stickler/Glahs/*Reidt*, Vergaberecht, § 115 GWB Rn. 30). Eine **mündliche Verhandlung** ist **nicht** erforderlich (OLG Düsseldorf vom 9.5.2011, VII

Verg 42/11). Ebenfalls nicht erforderlich ist eine erneute **Beiladung** (VK Schleswig-Holstein vom 11.9.2009, VK-SH 14/09), weil es sich um ein mit dem Hauptsacheverfahren zusammenhängendes einheitliches Verfahren handelt, bei dem die im Hauptsacheverfahren erfolgte Beiladung sich auf das auf die vorläufige Zuschlagsgestattung gerichtete Eilverfahren auswirkt (Reidt/Stickler/Glahs/ *Reidt*, Vergaberecht, § 115 GWB Rn. 31).

2. Abwägen der Beteiligteninteressen

a) Prüfungsschritte

Die Entscheidung der Vergabekammer über die vorzeitige Zuschlagsgestattung ist das Ergebnis einer Interessenabwägung zwischen dem Interesse der Allgemeinheit an der vorzeitigen Zuschlagserteilung vor Abschluss des Nachprüfungsverfahrens und den geschädigten Interessen der im Nachprüfungsverfahren Beteiligten. Die **Abwägung** erfolgt in **zwei Schritten:** 20

– Schritt 1: Ermittlung der Interessen des Antragstellers, des Auftraggebers sowie des für die Zuschlagserteilung vorgesehenen Unternehmens, dessen Interessen schwerwiegend berührt werden.

– Schritt 2: Abwägen der vorteilhaften und nachteiligen Folgen der Entscheidung im Hinblick auf die betroffenen Interessen unter Berücksichtigung des Interesses der Allgemeinheit an einem raschen Abschluss des Vergabeverfahrens und einer wirtschaftlichen Erfüllung der Aufgaben des Auftraggebers.

b) Ermittlung der Interessen

Maßgebend sind die **konkreten Interessen des Einzelfalls**. Auf Seiten des **Antragstellers** sind dies in erster Linie die Rechtsschutzinteressen, die er mit seinem Nachprüfungsantrag zur Durchsetzung seiner in § 97 Abs. 7 GWB normierten subjektiven Rechte verfolgt und die bei einer Zuschlagsgestattung leer laufen würden (VK Bund vom 30.6.1999, VK 2-14/99). Das Interesse an einer Zuschlagserteilung liegt auch auf Seiten des **Beigeladenen** vor. Beim **Auftraggeber** betroffene Interessen können des Weiteren z.B. wirtschaftliche Interessen im Zusammenhang mit Bauvorhaben erheblicher Dimension oder die Erhaltung von Arbeitsplätzen bzw. die Vermeidung betrieblicher Schäden sein (Kulartz/Kus/Portz/*Kus*, GWB-Vergaberecht, § 115 GWB Rn. 31). Mögliche erhebliche, aus dem Suspensiveffekt resultierende Pflichtverletzungen des Auftraggebers gegenüber Dritten können ebenfalls von Bedeutung sein. Voraussetzung ist hier aber, dass die Auftragsdurchführung anderenfalls unmöglich oder die Verzögerung unzumutbar wäre und die Funktionsfähigkeit des Auftraggebers hinreichend wahrscheinlich und spürbar beeinträchtigt würde oder wenn eine Verzögerung die Interessen der Allgemeinheit beeinträchtigen könnte, weil sie zu unabsehbaren Schäden für eine ganze Region führen könnte (Ingenstau/Korbion/*Müller-Wrede*, VOB, Teile A und B, § 115 GWB Rn. 3 m.w.N.). 21

Gründe für ein **Interesse der Allgemeinheit** an einer vorzeitigen Zuschlagserteilung können auch die Aufrechterhaltung und Funktionsfähigkeit des Verkehrs, die Versorgung der Bevölkerung oder der Schutz der Gesundheit sein (Kulartz/Kus/Portz/*Kus*, GWB-Vergaberecht, § 115 GWB Rn. 35). 22

c) Interessensabwägung

Voraussetzung für die Gestattung, den Zuschlag vorab erteilen zu dürfen, ist, dass die Vorteile einer Zuschlagserteilung die Nachteile einer Verzögerung der Vergabe bis zum Abschluss des Nachprüfungsverfahrens überwiegen. In eine solche Interessenabwägung fließen somit die aus einer weiteren Verzögerung der Zuschlagserteilung entstehenden insbesondere wirtschaftlichen Nachteile auf Seiten des öffentlichen Auftraggebers und der Allgemeinheit sowie die mögliche (wirtschaftliche) Benachteiligung des Antragstellers durch eine vorzeitige Zuschlagserteilung ein sowie der daraus resultierende Verlust des Auftrags, der allerdings auch den Beigeladenen zu treffen droht. Die **Hürden liegen** allerdings **sehr hoch**; die Gestattung des Zuschlags ist – als Ausnahme von der Gewähr des Primärrechtsschutzes – daran zu messen, dass das Interesse des Auftraggebers und der Allgemein- 23

§ 115 GWB

24 **Finanzielle Vermögenseinbußen** sind nicht grundsätzlich geeignet, eine Zuschlagserteilung zu rechtfertigen, es sei denn, es handelt sich um sehr außergewöhnliche wirtschaftliche Belastungen (OLG Dresden vom 14.6.2001, W Verg 0004/01), wie z.B. um den Verlust von nicht rechtzeitig abrufbaren Fördermitteln (VK Sachsen vom 4.10.2001, 1/SVK/98-01). Durch die Dauer des Nachprüfungsverfahrens auf Seiten des Auftraggebers entstehende Mehrkosten können eine Zuschlagserteilung nur rechtfertigen, wenn sie eine erhebliche Höhe erreichen (VK Südbayern vom 27.7.2010, Z 3-3-3194-1-39-06/10).

25 Soweit sich der Auftraggeber für die vorzeitige Zuschlagserteilung auf ansonsten durch das Nachprüfungsverfahren eintretende Verzögerungen der Auftragsvergabe beruft, ist zu berücksichtigen, dass der Auftraggeber solche Verzögerungen ohnehin bei der Planung des Vergabeverfahrens einzubeziehen hat (OLG Dresden vom 14.6.2001, WVerg 0004/01). Überdies ist die voraussichtliche Verzögerung des Nachprüfungsverfahrens in das Verhältnis zur bisherigen Dauer des Vergabeverfahrens und des zeitlichen Rahmens des Gesamtprojekts zu setzen. Sind die mit dem Verfahren eintretenden Verzögerungen im Verhältnis zur beabsichtigen Dauer des angestrebten Projekts gering, ist eine vorzeitige Gestattung des Zuschlags nicht gerechtfertigt (OLG Celle vom 21.3.2001, 13 Verg 4/01). Bei **langfristigen Dienstleistungsaufträgen** ist auch die Möglichkeit einer **Interimslösung** zu berücksichtigen. Insgesamt ist aber das Interesse an einem zügigen Abschluss des Vergabeverfahrens in Verbindung mit einem Durchführungszeitplan ein zu berücksichtigendes Interesse sowohl auf Seiten des Auftraggebers als auch der Allgemeinheit (*Marx*, in: Motzke/Pietzcker/Prieß, Vergaberecht, § 115 GWB Rn. 13 m.w.N.). Hat der Auftraggeber den Zeitdruck allerdings selbst herbeigeführt, muss er dieses Risiko – wie *Weyand* (ibr-online-Kommentar Vergaberecht, § 115 GWB Rn. 47 m.w.N.) zu Recht ausführt – tragen.

Insbesondere im Allgemeininteresse liegende Aufgaben wie die Sicherstellung der Abwasserentsorgung (VK Brandenburg vom 28.11.2001, 1 VK 113/01), die Abfallentsorgung (VK Brandenburg vom 12.4.2004, VK 15/02), die Klärschlammverwertung (VK Hessen vom 19.9.2002, 69d-VK-46/2002), die Unterbindung von Verkehrsproblemen (VK Hamburg vom 27.10.2005, VK 3 SSU-3/05) bzw. die Sicherstellung der Durchführung von bedeutenden Veranstaltungen (VK Bund vom 30.9.2005, VK 3-130/05; VK Hessen vom 27.4.2009, 69d-VK-10/2009) oder die medizinische Versorgung (VK Hessen vom 11.2.2002, 69d-VK-48/2001) können ein vorrangiges Interesse des Auftraggebers bzw. der Allgemeinheit begründen. Ebenso kann ein durch eine Vorabzuschlagsgestattung verhinderbarer Fördermittelverlust ein überwiegendes öffentliches Interesse darstellen (VK Sachsen vom 4.10.2001, 1/SVK/98-01).

26 Wird die Aufgabenerfüllung auf Seiten des Auftraggebers – insbesondere bei der Durchführung von im Interesse der Allgemeinheit liegenden Vorhaben – konkret beeinträchtigt, kann dies ein Grund für eine vorzeitige Erteilung des Zuschlags sein. Entsprechendes gilt, wenn ohne eine solche Gestaltung eine erforderliche **Koordinierung mit anderen Vorhaben** unmöglich würde (Ingenstau/Korbion/*Müller-Wrede*, VOB, Teile A und B, § 115 GWB Rn. 3).

27 Für eine vorzeitige Gestattung des Zuschlags kann auch sprechen, dass damit für eine ganze Region Vorteile verbunden sind und das Interesse des Antragstellers durch einen Schadensersatzanspruch hinreichend geschützt wird (VK Brandenburg vom 29.11.1999, 1 VK 41/99). Ebenso ist zu berücksichtigen, ob eine zügige Zuschlagserteilung dazu führt, **Arbeitsplätze** zu erhalten bzw. zu schaffen (*Marx*, in: Motzke/Pietzcker/Prieß, Vergaberecht, § 115 GWB Rn. 13). Zeitbedingte naturschutzrechtliche Vorgaben (VK Münster vom 22.1.2010, VK 29/09) oder gefahrenabwehrrechtliche Maßnahmen (OLG Celle vom 31.1.2011, 13 Verg 21/10) können eine Vorabgestattung ebenfalls rechtfertigen.

28 Mit der **Neufassung des Abs. 2 Satz 2 und 3** durch das Gesetz zur Modernisierung des Vergaberechts vom 20.4.2009 (BGBl. I S. 790) wird das **überwiegende Interesse** an der schnellen Zuschlagserteilung näher konkretisiert. Es liegt danach insbesondere auch dann vor, wenn die wirt-

schaftliche Erfüllung der Aufgaben des Auftraggebers gefährdet ist (vgl. Abs. 2 Satz 2). Damit wird sowohl der **zeitlichen** als auch der **wirtschaftlichen Komponente** zu Gunsten einer Vorabgestattung der Zuschlagserteilung **Priorität** eingeräumt. Mit der Erweiterung des Beispielkatalogs für das überwiegende Interesse des Auftraggebers beabsichtigt der Gesetzgeber, das Interesse des öffentlichen Auftraggebers an der Erfüllung seiner öffentlichen Aufgaben in wirtschaftlicher und verzögerungsfreier Weise zu stärken. Gerade bei großen Bauvorhaben könne ein Nachprüfungsverfahren zu Zeitverlusten führen, die das Vorhaben erheblich verteuerten. In einem solchen Fall könne die Interessenabwägung ergeben, dass das Interesse des Bieters an der Verhinderung des Zuschlags und seiner Beauftragung gegenüber dem öffentlichen Interesse des Auftraggebers an der zügigen Fertigstellung unter Einhaltung des Kostenrahmens zurückstehen müsse.

3. Erfolgsaussichten des Nachprüfungsantrags (Abs. 2 Satz 4)

Der Streit bezüglich der Berücksichtigung der **Erfolgsaussichten in der Hauptsache** hat sich durch den Inhalt des Abs. 2 Satz 4 relativiert. Zwar hat die Vergabekammer bei ihrer Entscheidung auch die Erfolgsaussichten des Antragstellers auf die Erteilung des Auftrags und damit die Erfolgsaussichten des Verfahrens zu beachten. Bei der Neufassung des Abs. 2 Satz 4 durch das Gesetz zur Modernisierung des Vergaberechts vom 20.4.2009 (BGBl. I S. 790) hat sich der Gesetzgeber von der Überlegung leiten lassen, dass Konstellationen denkbar seien, in denen die summarische Prüfung der Erfolgsaussichten im Nachprüfungsverfahren die Erteilung eines Zuschlags ungewöhnlich verzögern und damit dem überwiegenden Interesse der Allgemeinheit an einem raschen Abschluss des Vergabeverfahrens nicht ausreichend Rechnung getragen würde. Abs. 2 Satz 4 soll daher klarstellen, dass die Vergabekammer die Erfolgsaussichten des Nachprüfungsverfahrens berücksichtigen kann, hierzu allerdings nicht verpflichtet ist. Sie darf deshalb die vorzeitige Erteilung des Zuschlags (allein) auf der Grundlage der Interessensabwägung gestatten (VK Münster vom 22.1.2010, VK 29/09). Die Durchsetzung des subjektiv-öffentlichen Rechts auf Einhaltung der Vergabevorschriften zu Gunsten des Antragstellers i.S.d. § 97 Abs. 7 GWB bzw. zu Gunsten des Antragsgegners und des Beigeladenen sieht der Gesetzgeber in diesem Zusammenhang durch die Möglichkeit der Beschwerde zum Oberlandesgericht gemäß Abs. 2 Satz 5 einerseits (Beschwerderecht des Antragsgegners/Auftraggebers) und gemäß Abs. 2 Satz 6 andererseits (Beschwerderecht des Antragstellers) sichergestellt. 29

Will die Vergabekammer die Erfolgsaussichten des Nachprüfungsantrags berücksichtigen, so wird sich dies, will man der Intention des Gesetzgebers an einem raschen Abschluss des Verfahrens gerecht werden, in der Regel auf diejenigen Fälle beschränken müssen, in denen die Erfolgsaussichten bereits einer vertieften Prüfung unterzogen worden sind bzw. festgestellt worden ist, dass der Nachprüfungsantrag offensichtlich oder überwiegend wahrscheinlich unbegründet oder begründet ist (so zu Recht Reidt/Stickler/Glahs/*Reidt*, Vergaberecht, § 115 GWB Rn. 37 ff.). Bei offenen Erfolgsaussichten dürfte lediglich die vom Gesetz nunmehr vorrangig zu berücksichtigende Interessenabwägung von Bedeutung sein. 30

4. Entscheidungsinhalt

Die Entscheidung ergeht als **Verwaltungsakt**. 31

Gestattet die Vergabekammer dem Auftraggeber die **vorzeitige Zuschlagserteilung**, so darf er den Zuschlag nach Ablauf von zwei Wochen seit der Bekanntgabe der Eilentscheidung erteilen. Der Antragsteller muss zur Wahrung seiner Rechte innerhalb der Frist eine Entscheidung des Beschwerdegerichts über die Wiederherstellung des Zuschlagsverbots erwirken. 32

Lehnt die Vergabekammer die **vorzeitige Zuschlagserteilung ab**, bleibt es beim Zuschlagsverbot. Dem Auftraggeber stehen dann die in Abs. 2 Satz 5 geregelten Möglichkeiten mit dem Ziel der Zuschlagsgestattung durch das Beschwerdegericht zu. 33

IV. Rechtsschutz (Abs. 2 Satz 5 bis 8)

34 Der Rechtsschutz gegen die Entscheidung der Vergabekammer hängt vom Inhalt der Entscheidung und somit davon ab, ob dem Antrag auf vorzeitige Erteilung des Zuschlags stattgegeben oder dieser abgelehnt worden ist. Eine sofortige Beschwerde ist nicht zulässig (Abs. 2 Satz 8). Die Rechtsschutzmöglichkeiten der Beteiligten sind vielmehr abschließend in Abs. 2 Satz 5 bis 7 geregelt.

1. Wiederherstellung des Zuschlagsverbots durch das Beschwerdegericht

35 Hat die Vergabekammer dem Antrag auf vorzeitige Erteilung des Zuschlags **stattgegeben**, kann das Beschwerdegericht (i.S.d. § 116 Abs. 3 GWB) das **Zuschlagsverbot** auf Antrag des Antragstellers wie auch anderer Verfahrensbeteiligter, die durch die Entscheidung beschwert sind (Reidt/Stickler/Glahs/*Reidt*, Vergaberecht, § 115 GWB Rn. 48), **wiederherstellen**. Der Antrag ist beim Beschwerdegericht schriftlich zu stellen und zu begründen (Abs. 2 Satz 7 i.V.m. § 121 Abs. 2 GWB). Zwar ist der Antrag an keine Frist gebunden. Im Hinblick auf den fehlenden Suspensiveffekt des Antrags und das Zuschlagsverbot von zwei Wochen nach Bekanntgabe der Entscheidung über die vorzeitige Gestattung des Zuschlags muss der **Antrag schnellstmöglich** und unter Hinweis auf die Zuschlagserteilungsgefahr gestellt werden. Erforderlichenfalls muss das Beschwerdegericht, sofern innerhalb der Zwei-Wochen-Frist keine Entscheidung getroffen wird, eine Zwischenverfügung mit dem Inhalt eines weiteren Zuschlagsverbots treffen (dazu näher Reidt/Stickler/Glahs/*Reidt*, Vergaberecht, § 115 GWB Rn. 49; *Boesen*, Vergaberecht, § 115 GWB Rn. 50).

36 **Lehnt** das Beschwerdegericht den **Antrag auf Wiederherstellung des Zuschlagsverbots ab**, ist eine Zuschlagserteilung möglich. Die Entscheidungsgrundlage für die Interessenabwägung durch das Beschwerdegericht entspricht derjenigen, welche die Vergabekammer anwendet (*Boesen*, Vergaberecht, § 115 GWB Rn. 49; Reidt/Stickler/Glahs/*Reidt*, Vergaberecht, § 115 GWB Rn. 51; *Marx*, in: Motzke/Pietzcker/Prieß, Vergaberecht, § 115 GWB Rn. 18). Die Entscheidung ist nicht mit Rechtsmitteln anfechtbar.

2. Gestattung des Zuschlags durch das Beschwerdegericht

37 Hat die Vergabekammer den Antrag auf vorzeitige Gestattung des Zuschlags abgelehnt, kann der Auftraggeber gemäß Abs. 2 Satz 6 einen Antrag auf Zuschlagserteilung an das Beschwerdegericht richten. Das Beschwerdegericht legt für seine Entscheidung den Entscheidungsmaßstab, den die Vergabekammer anzuwenden hat, zugrunde. Dies ergibt sich aus der ausdrücklichen Verweisung in Abs. 2 Satz 7 auf § 121 Abs. 2 Satz 1 und 2 GWB.

38 Wird dem Antrag stattgegeben, kann der Zuschlag sofort erteilt werden. Eine Frist, wie sie bei der Entscheidung der Vergabekammer vorgegeben wird, ist hier nicht zu beachten. Voraussetzung ist jedoch, dass zwischenzeitlich keine Hauptsachentscheidung durch die Vergabekammer ergangen ist, die einer Zuschlagserteilung entgegensteht. In einem solchen Fall ist es erforderlich, dass der Auftraggeber gegen die Hauptsacheentscheidung sofortige Beschwerde einlegt (§ 116 GWB) und ggf. gemäß § 121 GWB eine Entscheidung über die vorzeitige Gestattung des Zuschlags nach § 121 GWB herbeiführt.

39 Wird der Antrag abgelehnt, darf der Auftraggeber den Zuschlag nicht erteilen und die Vergabekammer entscheidet im Hauptsacheverfahren, ob der Antragsteller in seinen Rechten verletzt ist.

D. Weitere vorläufige Maßnahmen der Vergabekammer zur Gewährung vorläufigen Rechtsschutzes (Abs. 3)

40 Abs. 3 eröffnet der Vergabekammer die Möglichkeit, durch weitere vorläufige Maßnahmen in das Verfahren einzugreifen, wenn Rechte des Antragstellers i.S.d. § 97 Abs. 7 GWB auf andere Weise als durch eine drohende Zuschlagserteilung gefährdet werden. Diese im Rahmen einer Interessenabwägung (Abs. 2 Satz 1 und 2) zu treffenden Maßnahmen können auch das einstweilige Ruhen des Vergabeverfahrens anordnen.

Die Regelung ist erforderlich, weil das Zuschlagsverbot den Auftraggeber lediglich an einer Zuschlagserteilung, nicht aber daran hindert, das Verfahren im Übrigen fortzuführen, was zur Verletzung subjektiver Rechte des Antragstellers i.S.d. § 97 Abs. 7 GWB führen kann. So kann die Chance des Bieters auf Zuschlagserteilung beeinträchtigt werden, wenn – worauf *Boesen* (in: Vergaberecht, § 115 GWB Rn. 56) und *Kus* (in: Kulartz/Kus/Portz, GWB-Vergaberecht, § 115 GWB Rn. 65) zu Recht hinweisen – der Auftraggeber die Ausschreibung mit dem Ziel aufhebt, anschließend ein Verhandlungsverfahren einzuleiten oder den Auftrag an ein Unternehmen zu vergeben, welches am laufenden Verfahren nicht teilgenommen hat. Auch eine Wertung unter Verletzung der vergaberechtlichen Wertungsvorschriften mit dem Ziel des Ausschlusses des Antragstellerangebots kann solche vorläufigen Maßnahmen erforderlich machen. 41

Die Vergabekammer kann die getroffenen Maßnahmen mit Mitteln der **Verwaltungsvollstreckung** durchsetzen. Da die durch die Verwaltungsvollstreckungsgesetze festgelegten Zwangsgelder dem Gesetzgeber angesichts der Volumina, die den Gegenstand eines Nachprüfungsverfahrens bilden können, als effektives Zwangsinstrumentarium wirkungslos erscheinen, hat er – wie in § 114 Abs. 3 GWB – auch hier den Zwangsgeldrahmen des § 86a GWB übernommen und damit die Festsetzung von Zwangsgeldern in einer Spanne von 1.000 € bis 10 Mio. € eröffnet. 42

E. Zuschlagsverbot im Zusammenhang mit sicherheitsrelevanten Maßnahmen nach § 100 Abs. 8 Nr. 1 bis 3 GWB (Abs. 4)

Behauptet der Auftraggeber, dass es sich bei der Maßnahme um eine solche mit sicherheitsrelevanter Bedeutung im Sinne der Voraussetzungen des § 100 Abs. 8 Nr. 1 bis 3 GWB handelt (§ 100 Rn. 94 ff.), entfällt das Zuschlagsverbot nach Abs. 1 fünf Werktage nach Zustellung eines entsprechenden Schriftsatzes des Auftraggebers durch die Vergabekammer an den Antragsteller zugunsten eines sofortigen Antragsrechts auf Wiederherstellung des Zuschlagsverbots vor dem Beschwerdegericht. 43

§ 115a Ausschluss von abweichendem Landesrecht

Soweit dieser Unterabschnitt Regelungen zum Verwaltungsverfahren enthält, darf hiervon durch Landesrecht nicht abgewichen werden.

Übersicht

A. Allgemeines 1–2	C. Verbot abweichenden Landesrechts 4–5
B. Anwendungsbereich 3	

A. Allgemeines

1 Die Vorschrift ist durch das Gesetz zur Modernisierung des Vergaberechts vom 20.4.2009 (BGBl. I S. 790) in das GWB aufgenommen worden und seither unverändert geblieben. Mit ihr hat der Gesetzgeber von der Möglichkeit nach Art. 84 Abs. 1 Satz 5 GG Gebrauch gemacht, das Nachprüfungsverfahren vor der Vergabekammer („Regelungen zum Verwaltungsverfahren") bundeseinheitlich zu regeln. Abweichungen von den §§ 107 bis 115 GWB („dieser Unterabschnitt") durch Landesrecht schließt § 115a aus.

Die Vorschrift des § 115a dient der Rechtssicherheit und trägt den tatsächlichen Gegebenheiten bei Vergabeverfahren der öffentlichen Hand Rechnung, indem sie verhindert, dass sich die Bewerber und Bieter einem landesrechtlichen Flickenteppich unterschiedlicher Ausgestaltungen des Nachprüfungsverfahrens vor den Vergabekammern ausgesetzt sehen. § 115a entspricht damit dem maßgeblichen Ziel des Gesetzes zur Modernisierung des Vergaberechts, für **mehr Rechtsklarheit** und mehr **Rechtssicherheit** zu sorgen, und berücksichtigt zudem die Belange der (insbesondere mittelständischen) Unternehmen. Hätten die Länder die Möglichkeit, eigene Regelungen zum Nachprüfungsverfahren zu treffen, würde dies für die rechtsschutzsuchenden Bewerber- und Bieterunternehmen ein hohes Maß an Rechtsunsicherheit zur Folge haben. Denn ohne eine § 115a vergleichbare Sperrklausel wären unterschiedliche Ausgestaltungen des Nachprüfungsverfahrens in 16 Bundesländern und beim Bund selbst denkbar – nicht ausgeschlossen, dass ein solcher Rechtsschutz-Partikularismus Bewerber und Bieter davon abhalten würde, den vergaberechtlichen Rechtsschutz überhaupt in Anspruch zu nehmen.

2 Der Regierungsentwurf des Gesetzes zur Modernisierung des Vergaberechts hatte die Regelung zunächst als § 132 GWB im Sechsten Teil des GWB verortet (Begr. RegE, BT-Drucks. 16/10117, S. 26). Im **Gesetzgebungsverfahren** wurde sie auf Anregung des Bundesrates direkt am Ende des Zweiten Unterabschnitts des Vierten Teils des GWB („Verfahren vor der Vergabekammer", §§ 107 bis 115a GWB) aufgenommen. Der ursprünglich vorgesehene Regelungsstandort hätte den unzutreffenden und nicht beabsichtigten Schluss zugelassen, dass in den sonstigen Fällen, in denen das GWB Regeln zum Verwaltungsverfahren enthält, die Länder hiervon durch eigene Landesregelungen abweichen dürften (Stellungnahme des Bundesrates, BT-Drucks. 16/10117, Anlage 3, S. 36). Mit der endgültigen Festlegung ihres Standortes wurde zugleich der Wortlaut der Vorschrift klarer gefasst, um ihren Anwendungsbereich unmissverständlich zum Ausdruck zu bringen (Stellungnahme des Bundesrates, BT-Drucks. 16/10117, Anlage 3, S. 36).

B. Anwendungsbereich

3 Das Verbot in § 115a, abweichende Regelungen durch Landesrecht zu treffen, erstreckt sich allein auf das **Nachprüfungsverfahren vor der Vergabekammer**. Dies ergibt sich aus dem Wortlaut der Vorschrift („dieser Unterabschnitt") und aus ihrer Stellung im Gesetz. Der in § 115a in Bezug genommene Zweite Unterabschnitt, die §§ 107 bis 115a GWB, betrifft ausweislich seiner Überschrift das „Verfahren vor der Vergabekammer". Nichts anderes folgt aus der Wortwahl der Vorschrift „Regelungen zum Verwaltungsverfahren", da es sich bei dem Nachprüfungsverfahren nach §§ 102 ff. GWB um ein Verwaltungsverfahren i.S.d. § 9 VwVfG handelt (vgl. BGH vom 9.12.2003, X ZB 14/03), das mit der Entscheidung der – wenn auch gerichtsähnlich eingerichteten (§ 105 Rn. 5) –

Vergabekammern in Form eines Verwaltungsakts (§ 114 Abs. 3 GWB) beendet wird (§ 112 Rn. 6). Dementsprechend haben die Vergabekammern neben den Vorschriften des GWB nachrangig auch die Vorschriften des VwVfG des Bundes bzw. des jeweiligen Landes zu beachten (§ 112 Rn. 6).

C. Verbot abweichenden Landesrechts

§ 115a untersagt den Bundesländern, abweichende Regelungen in Bezug auf das Nachprüfungsverfahren vor der Vergabekammer, z.B. hinsichtlich der Antragsbefugnis (§ 107 Abs. 2 GWB), der Rügeobliegenheit (§ 107 Abs. 3 GWB), der Form des Nachprüfungsantrags (§ 108 GWB), der Akteneinsicht (§ 111 GWB) oder der mündlichen Verhandlung vor der Vergabekammer (§ 112 GWB), zu treffen. **Rechtliche Grundlage** hierfür stellt, wie die Bundesregierung ausdrücklich erwähnt (Begr. RegE, BT-Drucks. 16/10117, S. 26), der durch die Föderalismusreform 2006 neu geschaffene **Art. 84 Abs. 1 Satz 5 GG** dar. Diese Regelung räumt dem Bundesgesetzgeber die Befugnis ein, das Verwaltungsverfahren im Bereich des Landesvollzugs von Bundesrecht unter Ausschluss eines Abweichungsrechts der Länder zu regeln. Von dieser „**Sperrklausel**" kann der Bundesgesetzgeber unter drei Voraussetzungen Gebrauch machen: Erstens ist ein Ausschluss des Abweichungsrechts nur „in Ausnahmefällen" statthaft; zweitens muss für den Ausschluss des Abweichungsrechts ein besonderes Bedürfnis nach bundeseinheitlicher Regelung bestehen, und drittens setzt der Erlass abweichungsfesten Bundesverwaltungsverfahrensrechts gemäß Art. 84 Abs. 1 Satz 6 GG die Zustimmung durch den Bundesrat voraus (vgl. auch Begr. RegE, BT-Drucks. 16/10117, S. 26).

Grundsätzlich führen die Länder Bundesgesetze als eigene Angelegenheiten aus und regeln dabei gemäß Art. 84 Abs. 1 Satz 1 GG auch die Einrichtung der Behörden und das Verwaltungsverfahren. Es wäre also an sich Sache der Länder, das Nachprüfungsverfahren vor der Vergabekammer auszugestalten, da dies ein – wenn auch gerichtsähnliches – Verwaltungsverfahren darstellt (s. nur BGH vom 29.9.2009, X ZB 1/09). Der Gesetzgeber hat jedoch in § 115a von der in Art. 84 Abs. 1 Satz 5 GG vorgesehenen Ausnahme Gebrauch gemacht, da er das dort geforderte besondere Bedürfnis nach einer bundeseinheitlichen Regelung hinsichtlich der Ausgestaltung des Nachprüfungsverfahrens vor den Vergabekammern der Länder aus folgenden Gründen als gegeben angesehen hat (Begr. RegE, BT-Drucks. 16/10117, S. 26): An öffentlichen Aufträgen interessierte Unternehmen bewerben sich in der Regel länderübergreifend bei öffentlichen Auftraggebern auf Landesebene und auf kommunaler Ebene um entsprechende Aufträge. Ohne die Regelung in § 115a bestünde vor diesem Hintergrund die Gefahr, dass sich die Unternehmen auf eine Vielzahl unterschiedlicher Regelungen zum Nachprüfungsverfahren einstellen müssten. Gerade für kleinere und mittlere Unternehmen könnte das eine erhebliche wirtschaftliche Belastung bedeuten. Faktisch würden abweichende Landesregelungen den Zugang zum Nachprüfungsverfahren damit erschweren und die Wahrnehmung der Rechte aus § 97 Abs. 7 GWB zumindest rein tatsächlich behindern. Den insoweit durchaus drohenden **Gefahren einer Rechtszersplitterung und faktischer Rechtsschutzverkürzungen** kann mit der Regelung in § 115a wirksam begegnet werden.

III. Sofortige Beschwerde

§ 116 Zulässigkeit, Zuständigkeit

(1) ¹Gegen Entscheidungen der Vergabekammer ist die sofortige Beschwerde zulässig. ²Sie steht den am Verfahren vor der Vergabekammer Beteiligten zu.

(2) Die sofortige Beschwerde ist auch zulässig, wenn die Vergabekammer über einen Antrag auf Nachprüfung nicht innerhalb der Frist des § 113 Absatz 1 entschieden hat; in diesem Fall gilt der Antrag als abgelehnt.

(3) ¹Über die sofortige Beschwerde entscheidet ausschließlich das für den Sitz der Vergabekammer zuständige Oberlandesgericht. ²Bei den Oberlandesgerichten wird ein Vergabesenat gebildet.

(4) ¹Rechtssachen nach den Absätzen 1 und 2 können von den Landesregierungen durch Rechtsverordnung anderen Oberlandesgerichten oder dem Obersten Landesgericht zugewiesen werden. ²Die Landesregierungen können die Ermächtigung auf die Landesjustizverwaltungen übertragen.

Literatur: *André*, Von Anfechtungslawinen und Beschwerdewellen – Rechtsempirische Befunde zur Inanspruchnahme vergabespezifischer Rechtsschutzmechanismen unterhalb der unionsrechtlichen Schwellenwerte, ZfBR 2011, 330; *André/Sailer*, Zwischen Stillstand und Erneuerung – Vergabespezifischer Unterschwellenrechtsschutz in der rechtspolitischen Debatte, NZBau 2011, 394; *Antweiler*, Bieterrechtsschutz unter Zumutbarkeitsvorbehalt?, VergabeR 2011, 306; *Boesen*, Der Rechtsschutz des Bieters bei der Vergabe öffentlicher Aufträge, NJW 1997, 345; *Boesen*, Die Antragsbefugnis eines Antragstellers bei zwingendem Ausschlussgrund, NZBau 2005, 672; *Braun*, Europarechtlicher Vergaberechtsschutz unterhalb der Schwellenwerte, VergabeR 2007, 17; *Braun*, Nachprüfung der Vergabe öffentlicher Aufträge, BB 1999, 1069; *Bulla/Schneider*, Das novellierte Vergaberecht zwischen Beschleunigungsgrundsatz und effektivem Bieterschutz, VergabeR 2011, 664; *Czauderna*, Erledigung des Nachprüfungsantrags im Verfahren vor der Vergabekammer und Kostenentscheidung, VergabeR 2011, 421; *Dabringhausen/Sroka*, Vergaberechtlicher Primärrechtsschutz auch unterhalb der EU-Schwellenwerte durch die Eröffnung des Verwaltungsrechtsweges?, VergabeR 2006, 462; *Dieckmann*, Effektiver Primärrechtsschutz durch Zuschlagsverbote im Deutschen Vergaberecht – Reichweite und Regelungsdefizite im Lichte praktischer Erfahrungen, VergabeR 2005, 10; *Diecks*, Nochmals: Primärrechtsschutz bei Aufträgen unterhalb der Schwellenwerte, VergabeR 2012, 531; *Dreher*, Die Neugestaltung des Vergaberechtsschutzes, NVwZ 1997, 343; *Emme/Schrotz*, Mehr Rechtsschutz bei Vergaben außerhalb des Kartellvergaberechts, NZBau 2012, 216; *Erdl*, Der neue Vergaberechtsschutz 1999; *Franz*, Rechtsmitteländerungsrichtlinie und Folgen einer Vergaberechtswidrigkeit, VergabeR 2009, 1; *Giedinghausen/Schoop*, Zwingendes Ende vor dem Oberlandesgericht, VergabeR 2007, 32; *Gröning*, Rechtsschutzqualität und Verfahrensbeschleunigung – ein Entwurf für ein Vergaberechtsänderungsgesetz, ZIP 1998, 370; *Gröning*, Das Beschwerdeverfahren im neuen Vergaberecht, ZIP 1999, 181; *Hardraht*, Die Kosten des Nachprüfungsverfahrens und der sofortigen Beschwerde, NZBau 2004, 189; *Herrmann*, Zur Notwendigkeit der Kausalität von Vergaberechtsverstoß und (drohendem) Schaden für den Erfolg des Nachprüfungsantrages, VergabeR 2011, 2; *Irmer*, Ausschluss vom Vergabeverfahren, Antragsbefugnis im Nachprüfungsverfahren und Pflicht zur Beteiligung des ausgeschlossenen Bieters im neuen Vergabeverfahren, VergabeR 2007, 141; *Irmer*, Eröffnung des Verwaltungsrechtswegs bei Vergaben außerhalb des Anwendungsbereichs von § 100 GWB oder Aufgabe der Zweiteilung und Neuordnung des Vergaberechts, VergabeR 2006, 159; *Jaeger*, Die Rechtsprechung der OLG-Vergabesenate im Jahre 2000 – Teil 2: Beschwerdeverfahren und Kostenfragen, NZBau 2001, 366; *Köster*, Primärrechtsschutzschwellen und Rechtswegwirrwarr, NZBau 2006, 540; *Krist*, Vergaberechtsschutz unterhalb der Schwellenwerte, VergabeR 2011, 163; *Lausen*, Kosten im Nachprüfungsverfahren, NZBau 2005, 440; *Leinemann*, Das neue Vergaberecht, Erläuterung des GWB, der SektVO und VgV 2009, Kommentar, 2010; *Losch*, Brennpunkt „Rechtsschutz unterhalb der Schwellenwerte" – Der Status quo, VergabeR 2006, 298; *Meyer*, Vergaberechtsschutz nach der Erteilung des Zuschlags, WuW 1999, 567; *Müller-Wrede*, Kausalität des Vergaberechtsverstoßes als Voraussetzung für den Rechtsschutz, NZBau 2011, 650; *Opitz*, Das Eilverfahren, NZBau 2005, 213; *Petersen*, Rechtsschutzlücken im Vergaberecht?, BauR 2000, 1574; *Prieß*, Das Ende des rechtsfreien Raumes: Der verwaltungsgerichtliche Rechtsschutz bei der Rüstungsbeschaffung, NZBau 2005, 367; *Prieß/Gabriel*, Die Reform der Rechtsmittelrichtlinien: Nach dem Legislativpaket ein „Judikativpaket", VergabeR 2005, 707; *Ramm*, Akteneinsicht und Untersuchungsgrundsatz im

Vergabeverfahren, VergabeR 2007, 739; *Renner/Rubach-Larsen/Sterner*, Rechtsschutz bei der Vergabe von Rüstungsaufträgen, NZBau 2007, 407; *Rittwage*, Vergleichsvereinbarung bei der Vergabe öffentlicher Aufträge, NZBau 2007, 484; *Ruthig*, Verwaltungsrechtsschutz bei der staatlichen Auftragsvergabe?, NZBau 2005, 497; *Schabel*, Vergaberechtskontrolle außerhalb der Nachprüfung nach §§ 102 ff. GWB, VergabeR 2012, 333; *Scharen*, Rechtsschutz bei Vergaben unterhalb der Schwellenwerte, VergabeR 2011, 653; *Schwab/Seidel*, Revision der Rechtsmittelrichtlinien im öffentlichen Auftragswesen: Was bringt die weitere Koordinierung der Klagerechte im Binnenmarkt?, VergabeR 2007, 699; *Spießhofer/Sellmann*, Rechtsschutz im „Unterschwellenbereich" – zur begrenzten Tragweite der Entscheidung des Bundesverfassungsgerichts, VergabeR 2007, 159; *Stoye/Münchhausen*, Primärrechtsschutz in der GWB-Novelle – Kleine Vergaberechtsreform mit großen Einschnitten im Rechtsschutz, VergabeR 2008, 871; *Tomerius/Kieser*, Verwaltungsrechtlicher Rechtsschutz bei nationalen Auftragsvergaben – auf dem Weg zur „unterschwelligen" Rechtswegspaltung, VergabeR 2005, 551; *Wanninger/Stolze/Kratzenberg*, Auswirkungen von Vergabenachprüfungsverfahren auf die Kosten öffentlicher Baumaßnahmen, NZBau 2006, 481; *Wiedemann*, Geplante Neuerungen im Nachprüfungsverfahren, VergabeR 2009, 302; *Wilke*, Das Beschwerdeverfahren vor dem Vergabesenat beim OLG, NZBau 2005, 326; *Wilke*, Die Beschwerdeentscheidung im Vergaberecht, NZBau 2005, 380.

Übersicht

A Allgemeines 1–7	bb) Entscheidung über Befangenheit ... 25
I. Grundsätzliche Zuständigkeit der Vergabesenate 1–5	cc) Verweisung wegen örtlicher Unzuständigkeit 26
1. Die sofortige Beschwerde 1–2	dd) Gestattung der Akteneinsicht 27
2. Systematische Verortung des Vergaberechts 3	ee) Verfahrensaussetzung bei Vorlage an den EuGH 28
3. Gerichtlicher Rechtsschutz 4	5. Verspätete Entscheidungen 29–34
4. Regelungsgehalt des § 116 5	a) Untätigkeitsbeschwerde 29–31
II. Wegfall der Sonderzuweisung im Bereich der gesetzlichen Krankenversicherungen 6–7	b) Eintritt der Ablehnungsfiktion 32
B. Statthaftigkeit und Beschwerdebefugnis 8–51	c) Nachträgliche Entscheidungen und nachträgliche Entscheidungsfristverlängerungen 33–34
I. Statthaftigkeit (Abs. 1 und 2) 8–42	6. Unwirksame Entscheidungen 35
1. Fingierte Entscheidungen (Abs. 2) 8	7. Entscheidungen im Vollstreckungsverfahren 36
2. Hauptsacheentscheidungen 9	8. Erhebung einer Anschlussbeschwerde 37–42
3. Nebenentscheidungen 10–13	a) Statthaftigkeit 37–38
a) Kosten- und Gebührenentscheidungen 11–12	b) Frist und Form 39–40
b) Ausspruch zur erforderlichen Hinzuziehung eines Bevollmächtigten 13	c) Beschwerdebefugnis 41
4. Zwischenentscheidungen 14–28	d) Innerprozessuale Bedingung 42
a) Grundsätzlich keine Anfechtbarkeit 15–16	II. Beschwerdebefugnis (Abs. 1 Satz 2) 43–51
b) Gesetzlicher Ausschluss der Anfechtbarkeit 17–18	1. Verfahrensbeteiligte 43–47
c) Gesetzlich nicht geregelte Fälle des Ausschlusses der Anfechtbarkeit 19–21	2. Beschwer 48–51
d) Weitere Einzelfälle 22–28	C. Zuständigkeit der Vergabesenate der Oberlandesgerichte 52–55
aa) Unterbliebene Zustellung, Zustellung des Nachprüfungsantrags 22–24	I. Ausschließliche Zuständigkeit (Abs. 3) 52–54
	II. Zuständigkeit, Zuweisung nach Landesrecht (Abs. 4) 55

A Allgemeines

I. Grundsätzliche Zuständigkeit der Vergabesenate

1. Die sofortige Beschwerde

Die §§ 116 bis 124 GWB regeln das Verfahren der sofortigen Beschwerde im Vergaberecht. Es handelt sich bei der sofortigen Beschwerde um das **Rechtsmittel gegen Entscheidungen der Vergabekammern in Nachprüfungsverfahren**. Obgleich das Rechtsschutzsystem des Vergaberechts mit den Nachprüfungsverfahren vor den Vergabekammern und der sofortigen Beschwerde bei den Oberlandesgerichten zweistufig ausgestaltet ist, befasst sich erstmals im Verfahren der sofortigen Beschwerde ein Gericht mit dem beanstandeten Vergabeverfahren. Die Vergabekammern sind lediglich gerichtsähnlich ausgestaltet und entscheiden durch Verwaltungsakt. Die gesetzliche Zuordnung der Überprüfung dieser Entscheidungen zu den Oberlandesgerichten stellt eine Sonderzuweisung i.S.v. § 40 Abs. 1 Satz 1 VwGO dar. Eine Zuständigkeit der Verwaltungsgerichte ist nicht gegeben.

2 Der Rechtsweg zu den Oberlandesgerichten als gerichtliche Kontrollinstanz im Vergaberecht ist dem Beschwerdeverfahren des allgemeinen Kartellrechts nachgebildet. Gegen Verfügungen der originären Kartellbehörden, also insbesondere des Bundeskartellamts und der Landeskartellämter, ist im Regelfall das Rechtsmittel der Beschwerde zu den Oberlandesgerichten gegeben (§§ 63 ff. GWB). Dieser Rechtsweg hat sich nach Auffassung des Gesetzgebers bewährt, so dass schon aufgrund der Tatsache, dass das Vergaberecht im GWB geregelt ist, die Zuständigkeit der Oberlandesgerichte als folgerichtig betrachtet wird. Auch sollen sich nach der Regierungsbegründung zum Entwurf des Vergaberechtsänderungsgesetzes von 1998 die Auftraggeber bei der Vergabe von Aufträgen zivilrechtlich betätigen, so dass eine Zuständigkeit der Verwaltungsgerichte „ganz und gar nicht" passen würde (BT-Drucks. 13/9340, S. 20).

2. Systematische Verortung des Vergaberechts

3 Die Auffassung, dass Streitigkeiten in Vergabeverfahren zivilrechtlich zu beurteilen sind, findet sich in der Rechtsprechung des BVerwG bestätigt. Die **Vergabe öffentlicher Aufträge** wird danach als einheitlicher Vorgang insgesamt dem **Privatrecht** zugeordnet (BVerwG vom 2.5.2007, 6 B 10.07). Die Entscheidung des Gesetzgebers, die Oberlandesgerichte für die Überprüfung der Beschlüsse der Vergabekammern vorzusehen, erscheint aus dieser Warte sachlich zutreffend. Zweifel sind indes angebracht: Die Verfahrensregelungen des Vergaberechts binden zunächst allein die öffentliche Hand, so dass auch das sich hieraus ergebene Rechtsverhältnis zu den Bietern als öffentlich-rechtlicher Natur begriffen werden kann. Es erscheint daher inhaltlich überzeugender, das dem zivilrechtlichen Vertragsschluss vorgelagerte Vergabeverfahren als selbständige Verfahrensstufe dem öffentlichen Recht zuzuordnen (OVG Nordrhein-Westfalen vom 12.1.2007, 15 E 1/07; OVG Rheinland-Pfalz vom 14.9.2006, 2 B 11024/06; OVG Sachsen vom 13.4.2006, 2 E 270/05). Es bleibt abzuwarten, ob sich zu dieser Frage noch einmal der Gemeinsame Senat der obersten Gerichtshöfe des Bundes klarstellend äußern muss. Nachdem die **Zivilgerichte** in jüngerer Zeit den **einstweiligen Rechtsschutz** unterlegener Bieter **außerhalb des Anwendungsbereichs des Kartell-/GWB-Vergaberechts** durch den Erlass **einstweiliger Verfügungen** zunehmend für **zulässig** erachtet haben (LG Landshut vom 11.12.2007, 73 O 2576/07; LG Frankfurt/Oder vom 14.11.2007, 13 O 360/07; LG Cottbus vom 24.10.2007, 5 O 99/07; OLG Brandenburg vom 9.5.2008, 12 U 235/07; OLG Brandenburg vom 17.12.2007, 13 W 79/07; s. auch OLG Jena vom 8.12.2008, 9 U 431/08; a.A. OLG Oldenburg vom 2.9.2008, 8 W 117/08), ist die Klärung der Frage, ob das Vergaberecht dem öffentlichen Recht oder dem Zivilrecht zuzuordnen ist, nahezu nur noch von theoretischem Interesse. Angesichts der praxisrelevanten Frage der Rechtswegzuständigkeit außerhalb des Kartell-/GWB-Vergaberechts ist die Rechtsentwicklung hierzu aber weiterhin aufmerksam zu beobachten.

3. Gerichtlicher Rechtsschutz

4 Im Anwendungsbereich des Vergaberechts ist der Rechtsschutz mit der sofortigen Beschwerde **auf eine gerichtliche Instanz beschränkt**. Hintergrund ist, dass Verzögerungen des Vergabeverfahrens durch einen weitergehenden Instanzenzug vermieden werden sollen. Die Beschränkung auf die gerichtliche Zuständigkeit der Oberlandesgerichte betrachtet der Gesetzgeber aufgrund der vorgelagerten Entscheidung der Vergabekammern als gerechtfertigt. Dem Ziel, Verzögerungen von Vergabeverfahren durch die rechtliche Nachprüfung entgegenzuwirken, sind auch die kurzen Fristen der sofortigen Beschwerde geschuldet. Diese sind aufgrund der besonderen Eilbedürftigkeit von Vergabesachen eingeführt worden (BT-Drucks. 13/9340, S. 20). Dem entspricht es, dass auch im Beschwerdeverfahren das Gebot der Verfahrensbeschleunigung gemäß § 113 Abs. 2 Satz 1 GWB zu beachten ist.

4. Regelungsgehalt des § 116

5 Die Regelung des § 116 betrifft die **örtliche und sachliche Zuständigkeit der Oberlandesgerichte** für das Verfahren der sofortigen Beschwerde. Darüber hinaus regelt die Vorschrift, in welchen Fällen eine **sofortige Beschwerde** überhaupt **statthaft** ist. Bei § 116 handelt es sich insoweit um die Grundnorm für den Zugang zur gerichtlichen Stufe des Nachprüfungsverfahrens (OLG Düsseldorf vom 18.1.2000, Verg 2/00; OLG Düsseldorf vom 23.1.2006, Verg 96/05). Die Bestimmung ist als Ergänzung zu den formalen Zulässigkeitsvoraussetzungen für eine sofortige Beschwerde nach § 117 GWB zu lesen und zu verstehen.

II. Wegfall der Sonderzuweisung im Bereich der gesetzlichen Krankenversicherungen

Mit Inkrafttreten des Gesetzes zur Weiterentwicklung der Organisationsstrukturen in der gesetzlichen Krankenversicherung (GKV-OrgWG) vom 15.12.2008 (BGBl. I S. 2426) am 18.12.2008 hatte der Gesetzgeber den Rechtsweg für den vergaberechtlichen Rechtsschutz für bestimmte Verfahrensgegenstände ursprünglich geteilt: Betrifft das Nachprüfungsverfahren **Beschaffungsvorhaben gesetzlicher Krankenkassen und deren Rechtsbeziehungen zu Ärzten, Zahnärzten, Psychotherapeuten, Apotheken oder anderen Leistungserbringern und deren Verbänden**, war eine Zuständigkeit der Oberlandesgerichte zunächst nicht gegeben. Dies war insbesondere beim Abschluss von **Arzneimittelrabattverträgen** praxisrelevant. Während in der **ersten Instanz** die **Vergabekammern** für eine Überprüfung entsprechender Vergabevorgänge oberhalb der Schwellenwerte zuständig sein sollten (§ 29 Abs. 5 SGG a.F.), wurde der Vergaberechtsstreit in der **zweiten Instanz** nicht den Vergabesenaten bei den Oberlandesgerichten, sondern den **Landessozialgerichten** in einem einstufigen gerichtlichen Verfahren zugewiesen (Abs. 5 Satz 1 Hs. 2 a.F.). Das gerichtliche Verfahren richtete sich gemäß der Verweisung in § 142a Abs. 1 SGG a.F. nach den maßgeblichen Regelungen für die sofortige Beschwerde im Vergaberecht.

6

Hintergrund dieser gesetzlich begründeten Sonderzuständigkeit war ein Streit zwischen dem BSG und dem BGH über die **Rechtswegfrage**, die der Gesetzgeber mit dem GKV-OrgWG zunächst zu Gunsten der Auffassung des BSG entschieden hat. Das BSG vertrat noch im Frühjahr 2008 die Auffassung, dass der vergaberechtliche Rechtsschutz bei Streitigkeiten über die Vergabe von Rabattverträgen durch die gesetzlichen Krankenkassen in der ersten Instanz vor den Vergabekammern und in den nächsten Instanzen vor den Gerichten der Sozialgerichtsbarkeit gewährleistet sei (BSG vom 22.4.2008, B 1 SF 1/08 R). Dieser Auffassung ist der X. Zivilsenat des BGH dann ausdrücklich entgegengetreten. Im konkreten Fall sah sich dieses Gericht aber an einer korrigierenden Entscheidung aus rein formalen Gründen gehindert (BGH vom 15.7.2008, X ZB 17/08). Die ursprüngliche gesetzgeberische Entscheidung bestätigte zunächst die **Rechtswegzersplitterung**, die die Landessozialgerichte mit neuen Aufgaben belastete, auf die sie nicht eingerichtet waren. Auch das mit der Schaffung des Vergaberechts verfolgte gesetzgeberische Ziel, dass im Rahmen der sofortigen Beschwerde im Vergaberecht Spruchkörper tätig werden, die aufgrund ihrer Spezialisierung eine rasche und qualifizierte Entscheidungspraxis sicherstellen, wurde hierdurch konterkariert. Es ist daher ausdrücklich zu begrüßen, dass der Gesetzgeber seine Fehlentscheidung korrigiert hat: Mit dem Gesetz zur Neuordnung des Arzneimittelmarktes in der gesetzlichen Krankenversicherung (Arzneimittelmarktneuordnungsgesetz – AMNOG) vom 22.12.2010 (BGBl. I S. 2262), das am 1.1.2011 in Kraft getreten ist, ist die vergaberechtliche Überprüfung von Streitigkeiten über Einzelvertragsbeziehungen zwischen öffentlich-rechtlichen Krankenkassen und Leistungserbringern allein in die Zuständigkeit der hierzu der Sache nach berufenen **Vergabekammern** und in der **zweiten Instanz** den **Vergabesenaten** zugewiesen (§ 69 Abs. 2 Satz 4 SGB V).

7

B. Statthaftigkeit und Beschwerdebefugnis
I. Statthaftigkeit (Abs. 1 und 2)
1. Fingierte Entscheidungen (Abs. 2)

Gegenstand der sofortigen Beschwerde sind nach Abs. 1 Satz 1 Entscheidungen der Vergabekammer, wozu nach Abs. 2 auch fingierte Entscheidungen zählen. Die Entscheidung der Vergabekammer wird in Fällen **fingiert**, in denen eine Vergabekammer nicht innerhalb der gesetzlich normierten und ggf. von der Vergabekammer verlängerten Entscheidungsfrist des § 113 Abs. 1 GWB über den

8

Nachprüfungsantrag entscheidet. Der Nachprüfungsantrag gilt dann als abgelehnt und kann gleichfalls mit dem Rechtsmittel der sofortigen Beschwerde angegriffen werden (Rn. 29 ff.).

2. Hauptsacheentscheidungen

9 Der sofortigen Beschwerde unterliegen alle das Nachprüfungsverfahren beendende Hauptsacheentscheidungen der Vergabekammern. Das ergibt sich bereits aus der Funktion des § 116 als Grundnorm für den Zugang zur gerichtlichen Stufe des Nachprüfungsverfahrens. Statthaft ist die sofortige Beschwerde hiernach gegen alle das **Verfahren abschließende Entscheidungen nach § 114 Abs. 1 und 3 GWB**, die in Form eines Verwaltungsakts ergehen und mit denen die Vergabekammer die erste Instanz des Nachprüfungsverfahrens abschließt (OLG Düsseldorf vom 23.1.2006, Verg 96/05). Hierzu gehören auch die Entscheidungen, die einen Nachprüfungsantrag als offensichtlich unzulässig oder offensichtlich unbegründet gemäß § 110 Abs. 2 Satz 1 GWB zurückweisen (OLG Düsseldorf vom 18.1.2000, Verg 2/00). Angreifbar sind damit alle Endentscheidungen einer Vergabekammer, mit denen diese das Nachprüfungsverfahren in der ersten Instanz beendet.

3. Nebenentscheidungen

10 Auch die mit der Hauptsache verbundenen Nebenentscheidungen einer Vergabekammer können mit der sofortigen Beschwerde angegriffen werden. Dies betrifft die Kostenentscheidung und den Ausspruch dazu, ob die Hinzuziehung eines Bevollmächtigten erforderlich war.

a) Kosten- und Gebührenentscheidungen

11 Die mit der Hauptsacheentscheidung verbundene **Kostengrundentscheidung** kann mit der sofortigen Beschwerde ggf. isoliert angegriffen werden, auch wenn sie nur Teil der Hauptsacheentscheidung ist (z.B. BGH vom 25.10.2011, X ZB 5/10; BGH vom 25.10.2005, X ZB 26/05; OLG München vom 10.9.2012, Verg 17/12; OLG Frankfurt vom 11.4.2012, 11 Verg 10/11). Ebenso ist es zulässig, den Beschwerdegegenstand nachträglich auf die Überprüfung der Kostenentscheidung zu beschränken (OLG Brandenburg vom 29.3.2012, Verg W 2/12). Dies folgt bereits aus der Verweisung von § 128 Abs. 1 Satz 2 GWB auf das Verwaltungskostengesetz (VwKostG). Nach § 22 VwKostG erstreckt sich der Rechtsbehelf gegen die Hauptsacheentscheidung auch auf die Kostenentscheidung, die zusammen mit der Sachentscheidung oder selbständig angefochten werden kann. In letzterem Fall ist das Verfahren kostenrechtlich als selbständiges Verfahren zu betrachten. Der Streitwert bemisst sich dann nach dem geltend gemachten Kosteninteresse, also der Differenz zwischen dem Kostenausspruch der Vergabekammer und dem, was der Beschwerdeführer im Beschwerdeverfahren als richtig geltend macht. Einer mündlichen Verhandlung bedarf es in diesen Fällen nicht (OLG Düsseldorf vom 28.1.2011, VII-Verg 60/10; OLG Düsseldorf vom 11.1.2010, VII-Verg 49/09; OLG Brandenburg vom 29.3.2012, Verg W 2/12).

Im Übrigen war die sofortige Beschwerde auch gegen die auf Basis der Kostengrundentscheidung gefassten **Kostenfestsetzungsbeschlüsse** der Vergabekammer statthaft (OLG München vom 16.11.2006, Verg 14/06; OLG München vom 13.11.2006, Verg 13/06). Dieses Problem hat sich mit der Modernisierung des Vergaberechts im Jahr 2009 jedoch erledigt. Nach § 128 Abs. 4 Satz 5 GWB findet im Nachprüfungsverfahren vor der Vergabekammer ein gesondertes Kostenfestsetzungsverfahren nicht mehr statt.

12 Zu den mit der sofortigen Beschwerde angreifbaren Entscheidungen gehören auch die Beschlüsse der Vergabekammern über die von ihnen nach § 128 Abs. 1, 2 GWB i.V.m. dem VwKostG zu erhebenden Gebühren. Hieran ist angesichts der Vorschrift des § 22 VwKostG, die von einem Gleichlauf des Rechtsschutzes gegen die Hauptsache- und die Kostenentscheidung ausgeht, festzuhalten. Die Alternative, Beschlüsse der Vergabekammer „in eigenen Angelegenheiten" dem Verwaltungsrechtsschutz zu unterwerfen, ist bereits wegen der fehlenden Sachnähe der Verwaltungsgerichte nicht zu bevorzugen. Allgemein wird Rechtsschutz in Gerichtskostensachen durch das mit der Hauptsache befasste Gericht gewährt. Jedoch weist das Verfahren der Beschwerde gegen Gebührenfestsetzungsbeschlüsse der Vergabekammern gegenüber sonstigen Beschwerdeverfahren Besonderheiten auf, da die Vergabekammer nicht als neutrale Dritte über die Rechte und Pflichten der

Verfahrensbeteiligten untereinander entschieden hat. Sie entscheidet vielmehr über eigene Ansprüche gegen den Kostenschuldner, so dass sie bzw. ihr Rechtsträger an dem weiteren Verfahren zu beteiligen ist. Ihr ist im Beschwerdeverfahren rechtliches Gehör zu gewähren (OLG Düsseldorf vom 12.7.2010, Verg 17/10).

b) Ausspruch zur erforderlichen Hinzuziehung eines Bevollmächtigten

Auch der zur Kostengrundentscheidung gehörende Ausspruch, mit dem die Hinzuziehung eines Bevollmächtigten für nicht notwendig erklärt wird, kann einzeln mit der sofortigen Beschwerde angegriffen werden (OLG Düsseldorf vom 11.1.2010, VII-Verg 49/09; OLG Düsseldorf vom 29.10.2003, Verg 1/03; OLG Düsseldorf vom 20.7.2000, Verg 1/00). Gleiches gilt, wenn die Hinzuziehung für notwendig erachtet wird und die unterlegene Partei dies nicht billigen will. Diese Problematik kann sich vor allem stellen, wenn sich der öffentliche Auftraggeber im Verfahren vor der Vergabekammer hat anwaltlich vertreten lassen. Grundsätzlich muss der öffentliche Auftraggeber die erforderliche Sachkunde und Rechtskenntnis in seinem originären Aufgabenkreis ohnehin organisieren. Er bedarf daher in einem Nachprüfungsverfahren nicht notwendigerweise einer anwaltlichen Vertretung, wenn sich das Nachprüfungsverfahren auf auftragsbezogene Sach- und Rechtsfragen einschließlich der dazugehörigen Vergaberegeln bezieht. Kommen aber weitere Rechtsprobleme und gerade auch solche des prozessualen Vergaberechts hinzu, wird es oft sachgerecht sein, auch dem öffentlichen Auftraggeber die Zuziehung eines Rechtsanwalts als notwendig nicht zu verwehren (OLG Düsseldorf vom 29.10.2003, Verg 1/03). Maßgeblich ist darauf abzustellen, ob der jeweilige Beteiligte unter den Umständen des Falles auch selbst in der Lage gewesen wäre, aufgrund der bekannten oder erkennbaren Tatsachen den Sachverhalt zu erfassen, hieraus die für eine sinnvolle Rechtsverteidigung nötigen Schlüsse zu ziehen und entsprechend gegenüber der Vergabekammer vorzutragen (BGH vom 26.9.2006, X ZB 14/06; OLG Brandenburg vom 11.12.2007, Verg W 6/07).

4. Zwischenentscheidungen

Alle anderen Entscheidungen der Vergabekammern, die keine Endentscheidung gemäß § 114 GWB, sondern lediglich sogenannte Zwischenentscheidungen darstellen, sind regelmäßig nicht mit der sofortigen Beschwerde anfechtbar (OLG Düsseldorf vom 18.1.2000, Verg 2/00; OLG München vom 18.10.2012, Verg 13/12; OLG Celle vom 25.5.2010, 13 Verg 7/10; für andere als Verweisungsbeschlüsse zweifelnd OLG Dresden vom 26.6.2012, Verg 3/12).

a) Grundsätzlich keine Anfechtbarkeit

Zwischenentscheidungen sind Verfahrenshandlungen, die **keine Endentscheidung** darstellen, sondern diese nur vorbereiten sollen. Diese müssen nach Abschluss des Verfahrens grundsätzlich mit dem gegen die Sachentscheidung zulässigen Rechtsbehelf angegriffen werden und unterliegen keiner eigenen sofortigen Beschwerde (OLG Düsseldorf vom 28.12.2007, Verg 40/07). Erfasst sind damit vor allem die verfahrensleitenden Verfügungen der Vergabekammer, wie etwa Entscheidungen zur **Beiladung**, Gewährung von **Akteneinsicht** oder auch über die **Zustellung des Nachprüfungsantrags**.

Zwar spricht der Wortlaut von Abs. 1 Satz 1 im Plural von „Entscheidungen" der Vergabekammer, was zunächst gegen eine Beschränkung der Beschwerdemöglichkeit auf die Hauptsacheentscheidung spricht. Bei systematischer Betrachtung im Zusammenhang mit § 118 Abs. 1 GWB und § 123 GWB zeigt sich aber, dass sich die Möglichkeit der sofortigen Beschwerde nach dem Gesetz **allein** auf die **Hauptsache- und Endentscheidungen** der Vergabekammern bezieht (Immenga/Mestmäcker/*Stockmann*, § 116 GWB Rn. 5). Ein restriktiver Umgang mit isolierten Beschwerden gegen Zwischenentscheidungen ist schon dem Beschleunigungsgebot geschuldet (OLG München vom 18.10.2012, Verg 13/12; OLG Celle vom 25.5.2010, 13 Verg 7/10). Allein dieses Verständnis entspricht auch dem zweistufigen Vergaberechtsschutz durch Vergabekammern und Oberlandesgerichte. Es gibt aber Ausnahmen (Rn. 20 f.).

b) Gesetzlicher Ausschluss der Anfechtbarkeit

17 Für einzelne Verfahrensschritte ist im Gesetz bereits ausdrücklich normiert, dass diese nicht selbständig angreifbar sind. So ist die **Entscheidung über die Beiladung** gemäß § 109 Satz 2 GWB unanfechtbar. Auch die Versagung der Akteneinsicht kann nur im Zusammenhang mit der sofortigen Beschwerde in der Hauptsache angegriffen werden, wie § 111 Abs. 4 GWB klarstellt. Gleiches gilt für etwaige **vorläufige Maßnahmen** einer Vergabekammer gemäß **§ 115 Abs. 3 GWB**. Ist ein Antragsteller durch das mit der Einleitung des Nachprüfungsverfahrens entstehende gesetzliche Zuschlagsverbot nicht ausreichend geschützt, so können die diesbezüglich von einer Vergabekammer angeordneten weiteren Maßnahmen erst zusammen mit der Hauptsacheentscheidung der Vergabekammer angefochten werden.

18 Rechtssystematisch nicht mit der sofortigen Beschwerde angreifbar ist auch die Entscheidung der Vergabekammer über die **Vorabgestattung des Zuschlags gemäß § 115 Abs. 2 GWB**. Eine sofortige Beschwerde ist gegen die entsprechende Entscheidung der Vergabekammer nicht zulässig, wie das Gesetz ausdrücklich in § 115 Abs. 2 Satz 5 GWB klarstellt. Allerdings ist in den Sätzen 5 und 6 dieser Bestimmung ein besonderer Rechtsbehelf zu den Beschwerdegerichten vorgesehen (OLG Düsseldorf vom 18.1.2000, Verg 2/00). Sowohl die Vorabgestattung des Zuschlags als auch die Bestätigung des gesetzlichen Zuschlagsverbots durch die Vergabekammer kann vor den Vergabesenaten unmittelbar beanstandet werden, wobei einem entsprechenden Antrag – anders als der sofortigen Beschwerde – keine aufschiebende Wirkung zukommt. Gestattet die Vergabekammer im laufenden Nachprüfungsverfahren die Zuschlagserteilung und wird dieser nach Ablauf von zwei Wochen seit Bekanntgabe dieser Entscheidung erteilt, muss sich der jeweilige Antragsteller auf Schadensersatzansprüche verweisen lassen, wenn das Beschwerdegericht nicht vor Zuschlagserteilung das Verbot des Zuschlags wiederhergestellt hatte.

In den angeführten Fällen ist eine sofortige Beschwerde bereits vom Gesetz her ausgeschlossen. Entscheidet eine Vergabekammer gemäß § 115 Abs. 2 GWB auf Antrag vorab über die Gestattung des Zuschlags im laufenden Nachprüfungsverfahren, so kann diese Zwischenentscheidung mit einem eigenen Rechtsbehelf vor den Beschwerdegerichten angefochten werden. Zu beachten ist, dass diesem Rechtsbehelf keine aufschiebende Wirkung zukommt.

c) Gesetzlich nicht geregelte Fälle des Ausschlusses der Anfechtbarkeit

19 Auch nicht vom Gesetz ausdrücklich erwähnte verfahrensleitende Verfügungen und Zwischenentscheidungen der Vergabekammern sind grundsätzlich nicht isoliert mit einer sofortigen Beschwerde angreifbar. Geschuldet ist dies dem mit besonderer Geltungskraft ausgestatteten Beschleunigungsgebot gemäß § 113 GWB (OLG Düsseldorf vom 28.12.2007, Verg 40/07). Wären auch Zwischenentscheidungen mit der sofortigen Beschwerde angreifbar, wäre die Entscheidungsfrist von regelmäßig fünf Wochen durch die Vergabekammern kaum je einzuhalten (OLG Düsseldorf vom 23.1.2006, Verg 96/05). Dass ein gegen Zwischenentscheidungen gerichtetes Rechtsmittel unstatthaft ist, ist gerechtfertigt, um die Verfahrensdauer zu begrenzen, und beruht auf dem allgemeinen Rechtssatz, dass einer Anfechtung grundsätzlich nur die die Instanz abschließenden Endentscheidungen unterliegen (OLG Düsseldorf vom 18.1.2005, Verg 104/04).

20 Allerdings ist der Grundsatz der Unzulässigkeit von Rechtsbehelfen gegen Zwischenentscheidungen nicht frei von **Ausnahmen**. So gilt etwa nach der funktional auf das Verfahren vor der Vergabekammer übertragbaren Verwaltungsgerichtsordnung, dass eine Beschwerde gegen Zwischenentscheidungen statthaft ist, wenn diese vollstreckt werden können oder gegen einen Nichtbeteiligten ergehen und damit **vollendete Tatsachen** drohen (§ 44a Satz 2 VwGO). Dementsprechend hat das OLG Düsseldorf für die Entscheidung einer Vergabekammer, einem Antragsteller **Akteneinsicht** zu gewähren, anerkannt, dass gegen diese Entscheidung die sofortige Beschwerde zuzulassen ist, wenn hierdurch Geheimhaltungsinteressen unwiederbringlich verloren zu gehen drohen. Denn der Grundsatz, nach dem belastende Verfahrenshandlungen nicht selbständig angegriffen werden kön-

nen, steht unter dem Vorbehalt, dass durch eine spätere Sachentscheidung ein hinreichend effektiver Rechtsschutz erlangt werden kann und keine rechtlichen oder tatsächlichen Nachteile verbleiben, die auch durch eine erfolgreiche Hauptsacheentscheidung nicht rückgängig gemacht oder beseitigt werden können. Die von der Vergabekammer verfügte Erteilung der Akteneinsicht ist daher selbständig anfechtbar, wenn durch den faktischen Vollzug der Akteneinsicht Rechte des hiervon Betroffenen in einer durch die Hauptsache nicht wieder gutzumachenden Weise beeinträchtigt werden können (OLG Düsseldorf vom 28.12.2007, Verg 40/07).

Parallel hierzu hat auch das OLG Jena eine sofortige Beschwerde gegen eine **Zwischenentscheidung** der Vergabekammer zugelassen, mit der diese die **Erledigung des Nachprüfungsverfahrens durch wirksamen Zuschlag** erklärt hatte. Damit hatte die Vergabekammer den Nachprüfungsantrag faktisch abgewiesen, soweit er auf den Erhalt des Zuschlags gerichtet war, so dass es sich nicht lediglich um eine das Verfahren nur vorbereitende Handlung handelte (OLG Jena vom 9.9.2002, 6 Verg 4/02). Auch die Aussetzung eines Nachprüfungsverfahrens durch die Vergabekammer wurde bereits für mit der sofortigen Beschwerde angreifbar gehalten (OLG Düsseldorf vom 11.3.2002, Verg 43/01). Zwar haben die Gerichte in den angeführten Beschlüssen die angegriffenen Entscheidungen der Vergabekammer aufgrund ihrer Auswirkungen nicht als Zwischenentscheidungen qualifiziert. Wie auch im vom OLG Düsseldorf zur Gewährung der Akteneinsicht entschiedenen Fall (OLG Düsseldorf vom 28.12.2007, Verg 40/07) haben die Vergabesenate aber die sofortigen Beschwerden jeweils wegen drohender schwerwiegender Rechtsnachteile zugelassen. 21

Auch wenn die Vergabekammer das **Ersuchen auf Ablehnung eines Sachverständigen** für unbegründet hält, ist dies ein gesetzlich nicht geregelter Fall einer Zwischenentscheidung, der ausnahmsweise isoliert mit der sofortigen Beschwerde anfechtbar ist (OLG Celle vom 25.5.2010, 13 Verg 7/10).

Zwischenentscheidungen der Vergabekammern können nur in Ausnahmefällen isoliert durch die Oberlandesgerichte überprüft werden. Erforderlich ist, dass durch die Maßnahme der Vergabekammer ein Rechtsverlust des Betroffenen droht, der durch die spätere Hauptsacheentscheidung und die hiergegen mögliche sofortige Beschwerde nicht wiedergutgemacht werden kann. Es muss ein unwiederbringlicher Rechtsverlust in Aussicht stehen, wobei die Rechtsverletzung für die Zulässigkeit der sofortigen Beschwerde nicht nachzuweisen ist. Eine Beschwerdebefugnis ist bereits dann gegeben, wenn nach der Darlegung des Betroffenen ein Schluss auf die geltend gemachte Rechtsverletzung möglich ist (OLG Düsseldorf vom 28.12.2007, Verg 40/07).

d) Weitere Einzelfälle

aa) Unterbliebene Zustellung, Zustellung des Nachprüfungsantrags

Der Eintritt des in Nachprüfungsverfahren vorgesehenen gesetzlichen Zuschlagsverbots nach § 115 Abs. 1 GWB hängt davon ab, dass der Nachprüfungsantrag in Kopie an den Auftraggeber übermittelt wird (§ 115 Abs. 1 GWB). Sieht eine Vergabekammer gemäß § 110 Abs. 2 GWB von einer Zustellung des Nachprüfungsantrags ab, weil sie ihn für offensichtlich unzulässig oder unbegründet hält, steht einem Zuschlag daher nichts entgegen. Obgleich damit die **Entscheidung der Vergabekammer, einen Nachprüfungsantrag nicht zuzustellen**, in der Regel dazu führt, dass der Antragsteller kaum mehr den Zuschlag an sich beanspruchen kann, soll es sich um eine **bloße Zwischenentscheidung** handeln, die nicht selbständig anfechtbar ist (OLG Dresden vom 4.7.2002, WVerg 0011/02). Es soll einem Antragsteller zuzumuten sein, die Entscheidung der Vergabekammer in der Hauptsache abzuwarten und dann gegen diese vorzugehen. Dies soll jedenfalls dann gelten, wenn die Vergabekammer ihre Entscheidung nicht sachwidrig verzögert (KG vom 29.3.2007, 2 Verg 6/07). 22

Ob dem zu folgen ist, ist kritisch zu hinterfragen. Auch bei einer zügigen Entscheidung durch die Vergabekammer in der Hauptsache wird der Auftrag nach Ablauf der Wartefrist nach der Vorabinformation gemäß § 101a Abs. 1 Satz 3 GWB bei **unterbliebener vorheriger Zustellung des** 23

Nachprüfungsantrags regelmäßig bereits erteilt sein. Mit der Nichtzustellung des Nachprüfungsantrags gehen daher in der Regel die Rechte des jeweils betroffenen Antragstellers auf einen effektiven Rechtsschutz unwiederbringlich verloren. Die unterbliebene Zustellung des Vergabenachprüfungsantrags steht insoweit einer **Abweisung des Nachprüfungsantrags** gleich, so dass zur Verhinderung vollendeter Tatsachen die Einleitung eines sofortigen Beschwerdeverfahrens möglich sein muss. Sonst bleibt vor der Vergabekammer nur die Umstellung auf einen Feststellungsantrag gemäß § 114 Abs. 2 GWB. Dementsprechend bestätigt die Rechtsprechung des OLG Schleswig-Holstein, dass die sofortige Beschwerde jedenfalls gegen die endgültige Entscheidung der Vergabekammer über die Nichtzustellung durch Beschluss (mit Begründung) möglich ist. Es handelt sich dann nicht um eine Zwischenentscheidung, sondern um einen die erste Instanz verfahrensbeendenden Beschluss. Obwohl das GWB diesen Fall nicht ausdrücklich regelt, besteht ein Anspruch auf Rechtsschutz (OLG Schleswig-Holstein vom 7.10.2011, 1 Verg 1/11). Auch wenn die Vergabekammer die Übermittlung des Nachprüfungsantrags von der Einzahlung eines bestimmten **Kostenvorschusses** abhängig macht, drohen vollendete Tatsachen, so dass eine sofortige Beschwerde gegen die entsprechende Zwischenentscheidung möglich ist (OLG Düsseldorf vom 18.2.2010, VII Verg 18/10).

24 Demgegenüber ist die **Entscheidung** einer Vergabekammer, den **Nachprüfungsantrag zuzustellen, nicht selbständig anfechtbar** (OLG Düsseldorf vom 18.1.2000, Verg 2/00). Da durch eine Zustellung kein endgültiger Rechtsverlust droht, ist dies nicht zu beanstanden. Eine andere Betrachtung liefe auch darauf hinaus, die Hauptsacheentscheidung der Vergabekammer vorwegzunehmen und auf das Oberlandesgericht zu übertragen.

bb) Entscheidung über Befangenheit

25 Auch die Entscheidung einer Vergabekammer über den Ausschluss eines ihrer Mitglieder wegen der Besorgnis der Befangenheit stellt eine Zwischenentscheidung dar, die nur gleichzeitig mit dem gegen die Sachentscheidung zulässigen Rechtsbehelfs angegriffen werden kann. Der Umstand, dass ein Antragsteller bereits durch die Zurückweisung seines Ablehnungsgesuchs beschwert wird, vermag eine Statthaftigkeit der sofortigen Beschwerde nicht zu begründen. Dass Verfahrensbeteiligte in gerichtlichen oder gerichtsähnlichen Verfahren Beschwerlichkeiten ausgesetzt werden, ohne dass sie sich gegen jede einzelne Maßnahme zur Wehr setzen könnten, ist derartigen Verfahren immanent. Die **Ablehnung eines Befangenheitsgesuchs** kann daher nicht isoliert vor den Beschwerdegerichten angefochten werden (OLG Düsseldorf vom 23.1.2006, Verg 96/05; VK Düsseldorf vom 8.3.2011, VK-45/2010-F).

cc) Verweisung wegen örtlicher Unzuständigkeit

26 Erklärt sich eine Vergabekammer für örtlich unzuständig und verweist den Nachprüfungsantrag an die ihrer Auffassung nach zuständige Vergabekammer ist dies nicht mit der sofortigen Beschwerde angreifbar. Dies wird auch durch die gesetzlichen Regelungen in vergleichbaren Verfahrensordnungen bestätigt. Sowohl nach der Verwaltungsgerichtsordnung (§ 83 Satz 2 VwGO) als auch nach der Zivilprozessordnung (§ 281 Abs. 2 Satz 2 ZPO) sind **Verweisungsbeschlüsse** nicht isoliert anfechtbar (OLG Düsseldorf vom 18.1.2005, Verg 104/04). Ausnahmsweise hält zwar das OLG Dresden (vom 26.6.2012, Verg 3/12) eine gesonderte Anfechtung des Verweisungsbeschlusses für zulässig, wenn die Entscheidung auf der Verletzung wesentlicher Verfahrensvorschriften basiert oder sich auf nicht vertretbare rechtliche Überlegungen stützt. Diese Ausnahme für schwerwiegende Rechtsfehler erscheint wegen der notwendigen wertenden Betrachtung aber zumindest wenig praktikabel.

dd) Gestattung der Akteneinsicht

27 Eine isolierte sofortige Beschwerde gegen die Versagung der Akteneinsicht durch die Vergabekammer ist bereits vom Gesetz her ausgeschlossen, wie § 111 Abs. 4 GWB bestimmt. Hieraus lässt sich aber nicht schon der Umkehrschluss ziehen, dass gegen eine Akteneinsicht gewährende Entscheidung der Vergabekammer eine selbständige Beschwerde zulässig wäre. So ist die Zulässigkeit einer sofortigen Beschwerde gegen die **Gewährung von Akteneinsicht** im Vergaberecht nicht ausdrücklich geregelt (OLG Düsseldorf vom 28.12.2007, Verg 40/07).

Betrifft die von der Vergabekammer gewährte Akteneinsicht Geheimhaltungsbelange, so dass vom Standpunkt des Betroffenen die faktische Gewährung der Akteneinsicht vollendete Tatsachen schaffen würde, so ist eine sofortige Beschwerde zuzulassen. Würde entgegen vordringlichen Geheimhaltungsinteressen die Akteneinsicht gewährt, träte eine Rechtsverletzung unwiderruflich ein, so dass hier eine Ausnahme hinsichtlich der Zulässigkeit der sofortigen Beschwerde gegen Zwischenentscheidungen zuzulassen ist (OLG Düsseldorf vom 28.12.2007, Verg 40/07; a.A. OLG Hamburg vom 2.12.2004, 1 Verg 2/04).

ee) Verfahrensaussetzung bei Vorlage an den EuGH

Im Fall eines Vorabentscheidungsersuchens an den EuGH ist die Entscheidung, den betroffenen Prozess bis zur Entscheidung durch den EuGH auszusetzen, im Zivilprozess nicht anfechtbar. Eine unabhängige und fundierte Entscheidung ist für ein Instanzgericht nur dann möglich und zumutbar, wenn es zur Klärung einer von ihm für entscheidungserheblich angesehenen Frage von seinem Recht Gebrauch machen kann, den EuGH anzurufen, ohne dass eine der Prozessparteien dies über die Anfechtung des Aussetzungsbeschlusses verhindern kann. Daher ist weder der Aussetzungsbeschluss als solcher noch der Vorlagebeschluss durch das übergeordnete Gericht überprüfbar. Dies ist auf das Nachprüfungsverfahren zu übertragen, wenn die Vergabekammern als Gerichte im europarechtlichen Sinn anzusehen wären. Nach nationalem Recht haben die **Vergabekammern** zwar eine **gerichtsähnliche Stellung**, sind aber **keine Gerichte**. Die Auslegung des Begriffs „Gericht" i.S.v. Art. 267 AEUV obliegt allerdings nur dem EuGH, der bei einer Befassung mit dem gegenwärtigen Vorabentscheidungsersuchen inzident darüber zu befinden hätte, ob eine deutsche Vergabekammer – im Gefüge des deutschen Gerichts- und Rechtsmittelsystems – ein Gericht i.S.d. Art. 267 AEUV ist. Wäre der Aussetzungsbeschluss anfechtbar, würde dem EuGH die Entscheidungsbefugnis über diese Frage genommen. Daher kann zumindest für den Fall, dass mit der Aussetzung letztlich auch die Befugnis von Vergabekammern zur Vorlage von Vorabentscheidungsersuchen an den EuGH geklärt werden soll, eine Anfechtung eines solchen Aussetzungsbeschlusses nicht als statthaft angesehen werden (OLG München vom 18.10.2012, Verg 13/12).

5. Verspätete Entscheidungen

a) Untätigkeitsbeschwerde

Hat eine Vergabekammer über einen Nachprüfungsantrag nicht innerhalb der Entscheidungsfrist nach § 113 Abs. 1 GWB entschieden, gilt der Nachprüfungsantrag als abgelehnt (Abs. 2 Hs. 2). Auch ohne Sachentscheidung der Vergabekammer bleibt der **Nachprüfungsantrag** in einem solchen Fall allein aufgrund des **Zeitablaufs ohne Erfolg**. Sinn dieser Regelung ist es, Beschaffungsvorhaben nicht länger als notwendig durch das Nachprüfungsverfahren zu blockieren (OLG Dresden vom 14.3.2005, WVerg 3/05). Gegen eine derart fingierte Ablehnung ist die sofortige Beschwerde möglich, die dann vielfach als **Untätigkeitsbeschwerde** bezeichnet wird. Da sich die Beschwerde aber nicht gegen die Untätigkeit der Vergabekammer richtet, sondern gegen die Rechtswirkung der Ablehnungsfiktion, ist diese Bezeichnung zumindest missverständlich. Eine gegen die längere Untätigkeit der Vergabekammer gerichtete **(echte) Untätigkeitsbeschwerde** ist im Vergaberecht nicht vorgesehen. Sie könnte allenfalls als letztes Mittel in Betracht kommen, wenn sämtliche andere Mittel, die Vergabekammer zu einer Fortführung des Verfahrens zu bewegen, ausgeschöpft wurden. Bei bloßer Untätigkeit ist ggf. auch an die Erhebung einer **Dienstaufsichtsbeschwerde** zu denken (OLG Bremen vom 12.3.2007, Verg 3/06). Demgegenüber ist die sofortige Beschwerde gegen die Rechtswirkungen einer versäumten Entscheidung der Vergabekammer nicht nur möglich, wenn die Kammer nicht innerhalb der gesetzlichen Regelfrist von fünf Wochen entscheidet, sondern auch, wenn sie nicht innerhalb einer gemäß § 113 Abs. 1 Satz 2 GWB verlängerten Entscheidungsfrist ihren Beschluss fasst (OLG Frankfurt vom 6.3.2006, 11 Verg 11/05).

Erledigt sich ein Nachprüfungsantrag im laufenden Nachprüfungsverfahren – etwa durch eine vor Zustellung des Nachprüfungsantrags erfolgte wirksame Zuschlagserteilung –, kann die Vergabekammer keinen wirksamen Primärrechtsschutz mehr gewähren. Ein bereits erteilter Zuschlag kann gemäß § 114 Abs. 1 GWB nicht aufgehoben werden. Anstelle einer Korrektur des Vergabeverfahrens kann die Vergabekammer aber auf Antrag feststellen, ob eine Rechtsverletzung vorgelegen hat. Da das erledigte Vergabeverfahren zeitlich nicht mehr durch das Rechtsschutzverfahren verzögert werden kann, entfällt bei einer derartigen Antragsumstellung gemäß § 114 Abs. 2 Satz 3 GWB die Entscheidungsfrist. Wird das Nachprüfungsverfahren vor Ablauf der ursprünglichen Entscheidungsfrist als **Feststellungsverfahren** fortgeführt, ist damit auch für die Ablehnungsfiktion kein Raum. Im Fortsetzungsfeststellungsverfahren ist die zeitlich enge Regelung zur Entscheidungsfindung nach § 113 Abs. 1 GWB außer Kraft gesetzt, so dass die zu ihrer Durchsetzung geschaffene Fiktion der Antragsablehnung nicht greift (OLG Naumburg vom 4.9.2001, 1 Verg 8/01). Bleibt die Vergabekammer im Feststellungsverfahren längere Zeit untätig, ist eine „Untätigkeitsbeschwerde" grundsätzlich nicht zulässig (OLG Bremen vom 12.3.2007, Verg 3/06).

Erledigt sich das Nachprüfungsverfahren und wird rechtzeitig auf einen Feststellungsantrag umgestellt, ist eine weitere Überwachung der Entscheidungsfrist und der sich anschließenden Frist für eine sofortige Beschwerde für den Fall der Untätigkeit der Vergabekammer nicht länger erforderlich.

31 Sofortige Beschwerden, die sich gegen nicht innerhalb der ggf. verlängerten Entscheidungsfrist ergangene Entscheidungen der Vergabekammer richten, sind im Übrigen auf Fälle beschränkt, in denen die Vergabekammer zum Nachprüfungsbegehren selbst nicht abschließend Stellung genommen hat. In Kostensachen – etwa in einem Kostenfestsetzungsverfahren nach Antragsrücknahme – findet Abs. 2 keine Anwendung (OLG Dresden vom 14.3.2005, WVerg 3/05).

b) Eintritt der Ablehnungsfiktion

32 Die Ablehnungsfiktion tritt ein, wenn die Vergabekammer nicht innerhalb der ggf. verlängerten Entscheidungsfrist entschieden hat. Hierzu hat die Rechtsprechung klargestellt, dass es auf eine Zustellung der Entscheidung an den/die Beteiligten innerhalb der Entscheidungsfrist nicht ankommen kann (OLG Frankfurt vom 25.9.2000, 11 Verg 2/99). Ein Antrag ist von der Vergabekammer bereits rechtzeitig beschieden, wenn der instanzbeendende Beschluss vorliegt und von dem letzten zur Unterzeichnung berufenen Kammermitglied auf den Weg zur für die weitere Bearbeitung zuständigen Dienststelle gebracht worden ist (OLG Saarbrücken vom 29.4.2003, 5 Verg 4/02). Für die **Wahrung der Entscheidungsfrist** genügt es, dass die Entscheidung mit den erforderlichen Unterschriften aktenkundig an die Geschäftsstelle der Vergabekammer **geleitet** wird. Auf einen **Zugang** oder eine Bekanntgabe gegenüber den Verfahrensbeteiligten kommt es entgegen dem allgemeinen Grundsatz, dass ein Verwaltungsakt der Bekanntgabe bedarf, für die Wahrung der Entscheidungsfrist nicht an. Gerade wenn mehrere Personen an einem Nachprüfungsverfahren beteiligt sind, ließe sich aus dem Erfordernis einer Bekanntgabe keine Rechtssicherheit ableiten, da ein Betroffener allein aus der Mitteilung der Entscheidung der Vergabekammer ihm gegenüber nicht schließen kann, wann die Bekanntgabe gegenüber den anderen erfolgte. Demgegenüber lässt sich durch eine autonome Auslegung der vergaberechtlichen Ablehnungsfiktion ohne Rückgriff auf die verwaltungsrechtlichen Grundsätze über die Bekanntgabe von Verwaltungsakten auch der Gefahr von manipulierten Empfangsbekenntnissen begegnen: Indem auf die tatsächliche interne Unterzeichnung und Weiterleitung des schriftlichen Beschlusses durch die Vergabekammer abgestellt wird, ist die Frage, ob ein Beschluss rechtzeitig vorliegt, in keiner Weise durch Handlungen der Verfahrensbeteiligten beeinflussbar, so dass Manipulationen nicht zu befürchten sind. Dass es auf die Absetzung der Entscheidung und nicht auf deren Zugang ankommt, rechtfertigt sich schließlich auch durch die knappe Entscheidungsfrist nach § 113 Abs. 1 GWB (OLG Naumburg vom 13.10.2006, 1 Verg 7/06; a.A. etwa Reidt/Stickler/Glahs/*Stickler*, § 116 GWB Rn. 9a). Parallel hierzu reicht es allerdings auch aus, wenn die Entscheidungsfrist von der Vergabekammer vor deren Ablauf durch Beschluss verlängert wurde. Für die Wirksamkeit dieser Verlängerung kommt es auf eine Wahrnehmung durch die Beteiligten vor Fristablauf nicht an (VK Düsseldorf vom 28.1.2010, VK-37/2009-B).

Um über den Eintritt der Ablehnungsfiktion Sicherheit zu erlangen, sollte die Vergabekammer ggf. am Tag des Fristablaufs kontaktiert werden. Wird mitgeteilt, dass sich der spätestens am Tag des Ablaufs der Entscheidungsfrist unterzeichnete Beschluss im weiteren Geschäftsgang zur Übersendung befindet, ist der Eingang des Beschlusses abzuwarten. Schon um die knapp bemessene Beschwerdefrist nicht weiter zu verkürzen, sollte die Praxis der meisten Vergabekammern, den gefassten Beschluss den Verfahrensbeteiligten vorab per Telefax zukommen zu lassen, einheitlich übernommen werden.

c) Nachträgliche Entscheidungen und nachträgliche Entscheidungsfristverlängerungen

Eine nachträglich **nach Ablauf der Entscheidungsfrist** ergangene Entscheidung einer Vergabekammer oder eine **verspätete Verlängerung der Entscheidungsfrist** lässt den Eintritt der Ablehnungsfiktion unberührt. Hat die Vergabekammer keinen Beschluss gefasst, beginnt mit Ablauf der Entscheidungsfrist die zweiwöchige Beschwerdefrist. Verrinnt diese, ohne dass eine sofortige Beschwerde eingelegt worden ist, wird die fingierte Ablehnung des Nachprüfungsantrags bestandskräftig, so dass der Nachprüfungsantrag als endgültig gescheitert zu betrachten ist. Eine erst innerhalb der Beschwerdefrist durch die Vergabekammer erklärte Verlängerung der Entscheidungsfrist vermag hieran nichts zu ändern und bleibt unbeachtlich (OLG Düsseldorf vom 20.6.2001, Verg 3/01). Dies gilt jedenfalls auch für eine verspätete Sachentscheidung der Vergabekammer, die der Antragstellerin erst nach Bestandskraft der Ablehnungsfiktion übermittelt wird (OLG Dresden vom 17.6.2005, WVerg 8/05). Eine nachträgliche Heilung eines innerhalb der Entscheidungsfrist nicht wirksam ergangenen Beschlusses ist wegen der gesetzlich zwingenden Rechtsfolge – der Nachprüfungsantrag gilt mit Fristablauf als abgelehnt – nicht möglich (OLG Düsseldorf vom 22.1.2001, Verg 24/00). Die demgegenüber vom Kammergericht vertretene Auffassung, dass die Ablehnungsfiktion dazu dienen soll, dass sich ein Antragsteller gegen eine Untätigkeit der Vergabekammer effektiv soll zur Wehr setzten können, ohne dass die unterbliebene Entscheidung einem existierenden Verwaltungsakt gleichgesetzt werden könnte, überzeugt nicht (KG vom 7.11.2001, KartVerg 8/01). Die nach Eintritt der Ablehnungsfiktion ergangene Entscheidung einer Vergabekammer ist rechtswidrig, da über einen Streitgegenstand nicht mehrere Entscheidungen getroffen werden dürfen (OLG München vom 4.4.2008, Verg 4/08).

Dementsprechend ist auch eine sofortige Beschwerde **nach Ablauf der Beschwerdefrist im Anschluss an den Eintritt der Ablehnungsfiktion** nicht mehr zulässig. Für die Auffassung, dass nach einer unterbliebenen Entscheidung der Vergabekammer eine sofortige Beschwerde auch nach Ablauf der Beschwerdefrist noch möglich sein soll, spricht zwar, dass der im Nachprüfungsverfahren nicht notwendig anwaltlich vertretene Antragsteller den Fristenlauf nicht kennen muss, so dass eine Ausschlusswirkung rechtsstaatlich bedenklich ist (OLG Rostock vom 17.10.2001, 17 W 18/90). Zu beachten ist aber auch das gesetzgeberische Ziel, längere Investitionsblockaden durch die knapp bemessene Entscheidungsfrist zu verhindern. Nicht nur dieses Ziel würde konterkariert, wenn eine verspätete Beschwerde gegen eine fingierte Antragsablehnung für möglich gehalten wird. Auch im Interesse der Rechtssicherheit sprechen gute Gründe dafür, dass eine nachträgliche Entscheidung einer Vergabekammer nach Ablauf der Entscheidungsfrist nicht mehr möglich ist. Läuft die Beschwerdefrist ab, nachdem die Vergabekammer nicht fristgerecht entschieden hat, ist eine sofortige Beschwerde unzulässig (OLG Düsseldorf vom 5.10.2001, Verg 18/01).

Die Entscheidungsfrist ist vom Antragsteller und seinen Verfahrensbevollmächtigten zu überwachen. Mit Ablauf der Entscheidungsfrist ist ggf. eine sofortige Beschwerde nach Abs. 2 zu erheben. Spätere Fristverlängerungen oder verspätet abgesetzte Beschlüsse der Vergabekammer stehen dem Eintritt der gesetzlichen Ablehnungsfiktion nicht entgegen. Eine Wiedereinsetzung in den vorherigen Stand wird bei Versäumung einer rechtzeitigen sofortigen Beschwerde als Untätigkeitsbeschwerde in der Regel nicht möglich sein, da der Fristenlauf vom jeweiligen Antragsteller unschwer selbst ermittelt werden kann (OLG Dresden vom 17.6.2005, WVerg 8/05; OLG Düsseldorf vom 5.10.2003, Verg 18/01).

6. Unwirksame Entscheidungen

35 Trifft eine Vergabekammer eine unwirksame Entscheidung – etwa, weil nicht alle erforderlichen Unterschriften vorliegen –, ist diese formal nicht existent, so dass der **Nachprüfungsantrag** mit Ablauf der Entscheidungsfrist als **abgelehnt gilt**. Gegen die inhaltlich anders lautende Entscheidung der Vergabekammer steht dem Auftraggeber aber dennoch die sofortige Beschwerde zu, auch wenn deren Ziel rechtlich bereits durch die Ablehnungsfiktion erreicht ist. Durch die Zustellung eines aufgrund eines schwerwiegenden Verfahrensfehlers unwirksamen Beschlusses entsteht bei den Beteiligten jedenfalls der Anschein einer verbindlichen Vergabekammerentscheidung, an dessen Beseitigung dem Auftraggeber ein schützenswertes Interesse zuzugestehen ist (BayObLG vom 30.3.2001, Verg 3/01; OLG Düsseldorf vom 22.1.2001, Verg 24/00; ohne Begründung ebenso OLG Jena vom 28.2.2001, 6 Verg 8/00).

Die angeführten Entscheidungen betreffen Fälle, in denen der Beschluss der Vergabekammer nicht von allen Mitgliedern der Vergabekammer unterzeichnet worden ist. Wer die Entscheidung der Vergabekammer unterzeichnen muss, ergibt sich aus der jeweils maßgeblichen Geschäftsordnung (BGH vom 12.6.2001, X ZB 10/01). Danach ist in der Regel nicht erforderlich, dass auch der ehrenamtliche Beisitzer den Beschluss unterschreibt.

Übersicht: Geschäftsordnungen der Vergabekammern

Geschäftsordnung	Quelle	Anforderungen an erforderliche Unterschriften
Geschäftsordnung der Vergabekammern des Bundes vom 15.7.2005 i.d.F. der Bekanntmachung vom 12.8.2005	Bekanntmachung Nr. 41/2005 vom 12.8.2005, BAnz. Nr. 151, S. 12 296	§ 8 Abs. 1 Satz 4 die Unterschriften des Vorsitzenden und des hauptamtlichen Beisitzers. Ist ein Kammermitglied verhindert, seine Unterschrift beizufügen, so wird dies mit dem Hinderungsgrund vom Vorsitzenden oder, wenn er verhindert ist, vom hauptamtlichen Beisitzer unter dem Beschluss vermerkt. Der Unterschrift des ehrenamtlichen Beisitzers bedarf es nicht.
Geschäftsordnung der Vergabekammer Baden-Württemberg beim Regierungspräsidium Karlsruhe vom 26.5.1999 i.d.F. vom 17.7.2007	GABl. 1999, S. 395, geändert durch GABl. 2007, S. 505	§ 7 Abs. 1 (Beschlüsse nach mündlicher Verhandlung) zumindest die Unterschrift des Vorsitzenden. Bei Verhinderung des Vorsitzenden ist der Beschluss von einem Beisitzer unter Beifügen eines Verhinderungsvermerks zu unterschreiben. § 7 Abs. 3 (Sonstige Beschlüsse) zumindest die Unterschrift des Vorsitzenden oder dessen Vertreter.
Geschäftsordnung der Vergabekammer Nordbayern vom 14.4.1999, geändert wg. Euro-Einführung am 10.1.2002	StAnz. 1999, Nr. 17, S. 1	§ 4 Abs. 1 die Unterschriften des Vorsitzenden und des hauptamtlichen Beisitzers

Geschäftsordnung	Quelle	Anforderungen an erforderliche Unterschriften
Geschäftsordnung der Vergabekammer Südbayern vom 12.2.1999	StAnz. 1999, Nr. 15, S. 1	§ 4 Abs. 1 die Unterschrift(en) mindestens des Vorsitzenden
Geschäftsordnung der Vergabekammer des Landes Berlin vom 30.5.2008	Nicht veröffentlicht (einsehbar im Internet)	§ 10 Abs. 1 die Unterschrift des Vorsitzenden Mitglieds oder seiner Vertretung
Geschäftsordnung der Vergabekammer des Landes Brandenburg i.d.F. der Bekanntmachung vom 26.5.2009	ABl. Nr. 25 vom 1.7.2009, S. 1225	§ 6 Abs. 1 die Unterschriften des Vorsitzenden und des hauptamtlichen Beisitzers. Ist ein Kammermitglied verhindert, seine Unterschrift beizufügen, wird dies mit dem Hinderungsgrund vom Vorsitzenden oder, wenn er verhindert ist, vom hauptamtlichen Beisitzer unter dem Beschluss vermerkt. Der Unterschrift des ehrenamtlichen Beisitzers bedarf es nicht.
Geschäftsordnung der Vergabekammer der Freien Hansestadt Bremen (Stand: 1.7.2009)	Nicht veröffentlicht	IV.1. die Unterschriften des Vorsitzenden und der Beisitzer
Geschäftsordnung der Vergabekammern der Freien und Hansestadt Hamburg vom 20.5.1999, zuletzt geändert am 9.12.2002	AAnz. 1999, S. 1492	§ 8 Abs. 1 die Unterschriften der Mitglieder der Kammer, die bei der Entscheidung mitgewirkt haben; die Beisitzerinnen bzw. Beisitzer können auf die Unterschrift verzichten
Geschäftsordnung der Vergabekammern des Landes Hessen vom 1.8.2011	StAnz. 2011, S. 957	§ 9 Abs. 2 Die Unterschriften der oder des Vorsitzenden und der hauptamtlichen Beisitzerin oder des hauptamtlichen Beisitzers. Ist von diesen eine oder einer verhindert, die Unterschrift beizufügen, so wird dies mit dem Hinderungsgrund von der/dem Vorsitzenden oder bzw. der hauptamtlichen Beisitzerin oder dem hauptamtlichen Beisitzer unter dem Beschluss vermerkt. Der Unterschrift der ehrenamtlichen Beisitzerin oder des ehrenamtlichen Beisitzers bedarf es nicht.
Geschäftsordnung der Vergabekammern bei dem Wirtschaftsministerium Mecklenburg-Vorpommern vom 17.8.1999, geändert am 12.1.2000	ABl. 1999, S. 842, geändert durch ABl. 2000, S. 269	§ 11 Abs. 1 die Unterschriften des Vorsitzenden und der Beisitzer. Beschlüsse, die ohne mündliche Verhandlung ergehen, werden nur vom Vorsitzenden und vom hauptamtlichen Beisitzer unterschrieben.

Geschäftsordnung	Quelle	Anforderungen an erforderliche Unterschriften
Geschäftsordnung der Vergabekammer beim Niedersächsischen Ministerium für Wirtschaft, Arbeit und Verkehr, Regierungsvertretung Lüneburg, i.d.F. vom 1.1.2011	Nicht veröffentlicht	§ 8 Abs. 1 mindestens Unterschriften des/der Vorsitzenden und des/der hauptamtlichen Beisitzers/in. Ist ein Kammermitglied verhindert, seine Unterschrift beizufügen, so wird dies mit dem Hinderungsgrund vom/von der Vorsitzenden oder, wenn er/sie verhindert ist, vom/von der hauptamtlichen Beisitzer/in unter dem Beschluss vermerkt. Der Unterschrift des/der ehrenamtlichen Beisitzers/in bedarf es nicht. Die Möglichkeit der alleinigen Entscheidung des/der Vorsitzenden gemäß § 105 Abs. 3 GWB bleibt davon unberührt.
Gemeinsame Geschäftsordnung der Vergabekammern bei den Bezirksregierungen des Landes Nordrhein-Westfalen vom 26.11.1999, geändert durch Bek. vom 27.5.2002 (I C 2-84-15)	MBl. NRW 2000, S. 105, MBl. NRW 2002, S. 652	§ 5 Abs. 2 die Unterschriften der hauptamtlichen Mitglieder
Geschäftsordnung der Vergabekammer Rheinland-Pfalz vom 16.4.2004	MBl. 2004, S. 181	4.3. Der Beschluss ist von dem vorsitzenden Mitglied [der Kammer] zu unterzeichnen. Die […] beisitzenden Mitglieder […] zeichnen den Beschluss mit […]. Ist das vorsitzende Mitglied an der Unterschrift verhindert, so unterzeichnet für es unter Hinweis auf die Verhinderung das hauptamtlich beisitzende Mitglied. Ist ein beisitzendes Mitglied an der Unterschrift verhindert, unterzeichnet für es das vorsitzende Mitglied unter Hinweis auf die Verhinderung.
Geschäftsordnung der Vergabekammer des Saarlandes vom 22.9.1999	GMBl. 2000, S. 56	§ 7 Abs. 1 die Unterschriften des Vorsitzenden und der Beisitzer
Geschäftsordnung der 1. Vergabekammer des Freistaates Sachsen beim Regierungspräsidium Leipzig vom 23.7.1999	ABl. 1999, S. 733	§ 5 Nr. 1 die Unterschrift mindestens des Vorsitzenden

Geschäftsordnung	Quelle	Anforderungen an erforderliche Unterschriften
Gemeinsame Geschäftsordnung der Vergabekammern des Landes Sachsen-Anhalt vom 5.8.2009	MBl. 2009, S. 691	§ 8 Abs. 1 die Unterschriften des Vorsitzenden und des hauptamtlichen Beisitzers. Ist ein Kammermitglied verhindert, seine Unterschrift beizufügen, so wird dies mit dem Hinderungsgrund vom Vorsitzenden oder, wenn er verhindert ist, vom hauptamtlichen Beisitzer unter dem Beschluss vermerkt. Der Unterschrift des ehrenamtlichen Beisitzers bedarf es nicht.
Geschäftsordnung der Vergabekammer Schleswig-Holstein vom 21.7.1999	ABl. 1999, S. 193	§ 7 Abs. 2 die Unterschriften des vorsitzenden Mitglieds sowie der beisitzenden Mitglieder
Geschäftsordnung der Vergabekammer Freistaat Thüringen vom 20.9.1999	StAnz. 1999, S. 2347	§ 4 Abs. 1 die Unterschriften des Vorsitzenden und des hauptamtlichen Beisitzers

7. Entscheidungen im Vollstreckungsverfahren

Statthaft ist eine sofortige Beschwerde auch gegen die Entscheidung einer Vergabekammer, **keine Vollstreckungsmaßnahmen gegen einen Auftraggeber** auf Basis eines bereits ergangenen Beschlusses **anzuordnen**. Hat die Vergabekammer entschieden, dass eine Neuwertung der Angebote zu erfolgen hat, und lässt der Auftraggeber dementgegen Teile der Leistungen ausführen, kann gegen den Auftraggeber ein Zwangsgeld angedroht und festgesetzt werden. Grundlage dieser Vollstreckungsmaßnahme ist der bereits ergangene Beschluss der Vergabekammer, die grundsätzlich selbst im Vollstreckungsverfahren zuständig ist. Weist sie einen entsprechenden Antrag aber ab, ist hiergegen die sofortige Beschwerde möglich (OLG Düsseldorf vom 29.12.2000, Verg 31/00; KG vom 24.10.2001, KartVerg 10/01).

8. Erhebung einer Anschlussbeschwerde

a) Statthaftigkeit

Erhebt ein Verfahrensbeteiligter gegen die Entscheidung der Vergabekammer eine sofortige Beschwerde, kann ein anderer Beteiligter mit einer sogenannten unselbständigen **Anschlussbeschwerde** die Entscheidung auch zu seinen Gunsten überprüfen lassen. Dies gilt auch, wenn die 14-tägige Beschwerdefrist gemäß § 117 Abs. 1 GWB bereits abgelaufen ist und die Anschlussbeschwerde innerhalb von 14 Tagen nach Zugang des Beschwerdeschriftsatzes erhoben wird. Die Möglichkeit, nach Ablauf der eigentlichen Beschwerdefrist auf die von einem anderen Verfahrensbeteiligten erhobene sofortige Beschwerde hin eine eigene unselbständige Anschlussbeschwerde bei Gericht einzulegen, ist im Vergaberecht nicht ausdrücklich geregelt. Die Statthaftigkeit dieses Vorgehens ist **im Grundsatz** in der Rechtsprechung der Oberlandesgerichte aber **unumstritten** (OLG Celle vom 5.9.2007, 13 Verg 9/07; OLG München vom 9.8.2012, Verg 10/12; OLG Naumburg vom 18.8.2011, 2 Verg 3/11; OLG Schleswig-Holstein vom 15.4.2011, 1 Verg 10/10). Sie geht zurück auf § 567 Abs. 3 ZPO. Diese Bestimmung ist auch im Verfahren der sofortigen Beschwerde nach dem Vergaberecht anzuwenden (OLG Frankfurt vom 16.5.2000, 11 Verg 1/99 – noch zur ZPO a.F.).

Die unselbständige Anschlussbeschwerde ist insbesondere relevant, wenn die Entscheidung einer Vergabekammer für alle Verfahrensbeteiligten belastende Elemente enthält und ein Betroffener von der Einlegung des Rechtsmittels der sofortigen Beschwerde zunächst abgesehen hat. Auf eine Beschwer kommt es für die Erhebung einer unselbständigen Anschlussbeschwerde allerdings nicht an (OLG Frankfurt vom 28.2.2003, 11 Verg 15 und 16/05). Greift ein anderer Beteiligter die Vergabekammerentscheidung an, kann jeder andere Beteiligte gleichfalls versuchen, den ohnehin angefochtenen Beschluss zu seinen Gunsten abzuändern. Die **Anschlussbeschwerde** ist daher vom **Schicksal der Hauptbeschwerde abhängig**. Sie verliert ihre Wirkung, wenn diese zurückgenommen wurde oder sich bereits als unzulässig erweist. Diese Wirkung lässt sich nur vermeiden, indem die Anschlussbeschwerde innerhalb der eigentlichen Beschwerdefrist als selbständiges Rechtsmittel eingelegt wird (Zöller/*Gummer*, ZPO, § 567 Rn. 60).

b) Frist und Form

39 Die unselbständige Anschlussbeschwerde ist fristgebunden grundsätzlich innerhalb von **zwei Wochen** nach Zustellung der Beschwerdebegründung zu erheben (BayObLG vom 5.11.2002, Verg 22/02; BayObLG vom 9.8.2004, Verg 15/04). In entsprechender Anwendung von § 524 Abs. 2 Satz 2 ZPO ist die Anschlussbeschwerde jedenfalls spätestens bis zum Ablauf der dem Beschwerdegegner gesetzten Frist zur Beschwerdeerwiderung vorzubringen (OLG Naumburg vom 26.2.2004, 1 Verg 17/03; OLG Dresden vom 4.7.2008, WVerg 3/08). Fehlt es an einer Fristsetzung zur Stellungnahme, gilt die Zwei-Wochen-Frist ab Zustellung, sonst die Frist zur Stellungnahme (OLG Düsseldorf vom 22.10.2008, VII-Verg 48/08).

40 Eine Anschlussbeschwerde ist **nicht notwendigerweise als solche** zu **bezeichnen**. Stellt ein am Verfahren Beteiligter Anträge, die über die bloße Zurückweisung der sofortigen Beschwerde hinausgehen und auf eine Abänderung der Entscheidung der Vergabekammer zu seinen Gunsten abzielen, sind diese als unselbständige Anschlussbeschwerden auszulegen (BayObLG vom 5.11.2002, Verg 22/02). Über sie kann nur entschieden werden, wenn sie fristgerecht eingelegt worden sind. Entsprechendes gilt, wenn ein am Verfahren Beteiligter eine unzulässige sofortige **Beschwerde** einlegt, die **in eine Anschlussbeschwerde umgedeutet** werden kann. Gibt etwa die Vergabekammer dem Antrag, den Zuschlag nur unter Berücksichtigung des Angebots der Antragstellerin zu erteilen, vollumfänglich statt und beantragt die Antragstellerin erstmals in der Beschwerdeinstanz den Ausschluss des Angebots der Beigeladenen, kann dies als Anschlussbeschwerde anzusehen sein (OLG Frankfurt vom 28.2.2006, 11 Verg 15 und 16/05).

c) Beschwerdebefugnis

41 Eine unselbständige Anschlussbeschwerde steht **allen am Nachprüfungsverfahren Beteiligten** zu. Dies gilt auch für den zum Verfahren beigeladenen Bieter. Insoweit kommt es nicht darauf an, dass Ansprüche eines Bieters auf Einhaltung der vergaberechtlichen Bestimmung nur gegen den öffentlichen Auftraggeber und nicht gegen ein anderes am Auftrag interessiertes Unternehmen bestehen. Abzustellen ist insoweit darauf, dass Antragsteller und Beigeladene gegenläufige Rechtsschutzziele verfolgen (OLG Celle vom 5.9.2007, 13 Verg 9/07). Allerdings ist zu beachten, dass die Anschlussbeschwerde eine Antragstellung innerhalb eines fremden Rechtsmittels darstellt und sich deshalb nur gegen den Rechtsmittelführer richten kann, nicht gegen Dritte. Aufgrund der Besonderheiten des Vergabeverfahrens eröffnet zwar sowohl die Beschwerde des Beigeladenen als auch die des Antragsgegners für den Antragsteller die Möglichkeit einer Anschlussbeschwerde. Erforderlich sind aber stets gegenläufige Interessen zwischen dem Beschwerdeführer einerseits und dem Anschlussbeschwerdeführer andererseits (OLG München vom 21.5.2010, Verg 2/10). Verfolgt etwa die Antragsgegnerin dasselbe Rechtsschutzziel wie die Beigeladene, liegt grundsätzlich keine Erweiterung des Gegenstands des Beschwerdeverfahrens vor, so dass die Fristen für die Erhebung einer Anschlussbeschwerde nicht einschlägig sind (OLG Naumburg vom 18.8.2011, 2 Verg 3/11). Eine eigene Beschwer ist im Übrigen nicht erforderlich, da die Anschlussbeschwerde nicht als Rechtsmittel angesehen wird (OLG Düsseldorf vom 16.11.2011, VII-Verg 60/11).

d) Innerprozessuale Bedingung

42 Anerkannt ist schließlich auch, dass eine Anschlussbeschwerde unter einer innerprozessualen Bedingung gestellt werden kann. Es ist zulässig, eine Anschlussbeschwerde für den Fall zu erheben, dass dem Antrag auf Zurückweisung der sofortigen Beschwerde nicht entsprochen wird (OLG Frankfurt

vom 19.12.2006, 11 Verg 7/06; BayObLG vom 9.8.2004, Verg 15/04; OLG Schleswig-Holstein vom 15.4.2011, 1 Verg 10/10).

II. Beschwerdebefugnis (Abs. 1 Satz 2)

1. Verfahrensbeteiligte

Die Möglichkeit, gegen eine Entscheidung der Vergabekammer eine sofortige Beschwerde zu erheben, steht den **am Verfahren vor der Vergabekammer Beteiligten** zu. Dies sind das bzw. die antragstellenden Unternehmen, die das Nachprüfungsverfahren eingeleitet haben, der Auftraggeber als Antragsgegner und etwaige zum Verfahren von der Vergabekammer gemäß § 109 GWB beigeladene Unternehmen. Der Kreis der Beschwerdeberechtigten entspricht dem Kreis der am Verfahren vor dem Beschwerdegericht Beteiligten gemäß § 119 GWB. Zwar ist es europarechtlich nicht zwingend, gerichtlichen Rechtsschutz auch zu Gunsten der öffentlichen Auftraggeber vorzusehen. Die Mitgliedstaaten sind aber auch nicht daran gehindert, so dass gegen die Beschwerdebefugnis auch des betroffenen Auftraggebers europarechtlich keine Bedenken bestehen (EuGH vom 21.10.2010, Rs. C-570/08; OLG Thüringen vom 19.10.2010, 9 Verg 5/10).

43

Neben den jeweiligen Antragstellern und dem Antragsgegner sind nach dem Wortlaut von Abs. 1 nur solche Unternehmen beschwerdeberechtigt, die durch Beiladung bereits Beteiligte des Verfahrens vor der Vergabekammer sind. Die Beigeladenen haben ein eigenes Beschwerderecht (OLG Naumburg vom 2.8.2012, 2 Verg 3/12; OLG Naumburg vom 18.8.2011, 2 Verg 3/11; OLG Saarland vom 27.4.2011, 1 Verg 5/10).

44

Andere Unternehmen, die sich als Bewerber oder Bieter am jeweils streitgegenständlichen Vergabeverfahren beteiligt haben, oder **sonstige Dritte**, die auch ein Interesse an dem zu vergebenden Auftrag haben, steht das Rechtsmittel nicht zu. Dies gilt auch, wenn sich aus der Entscheidung der Vergabekammer für nicht am dortigen Verfahren Beteiligte eine belastende Wirkung ergibt. Insoweit ist nicht nur der Wortlaut eindeutig, der die **Beschwerdeberechtigung** von der **formalen Stellung als Beteiligter** im Verfahren vor der Vergabekammer abhängig macht. Auch die grundsätzliche Eilbedürftigkeit des Vergabeverfahrens spricht dagegen, anderen Dritten eine Beschwerdeberechtigung zuzusprechen. Da diesen die Entscheidung der Vergabekammer nicht zugestellt wird, käme sonst in Betracht, dass in entsprechender Anwendung der diesbezüglichen verwaltungsrechtlichen Grundsätze die Entscheidung der Vergabekammer ein Jahr lang nicht in Bestandskraft erwächst, so dass ein rechtswirksamer Zuschlag in diesem Zeitraum nicht möglich wäre (Byok/Jaeger/*Jaeger*, § 116 GWB Rn. 1135). Darüber hinaus würde den Betroffenen, die am Verfahren vor der Vergabekammer nicht beteiligt waren, die erste Instanz vollständig verlustig gehen, ohne dass sie auch nur die Möglichkeit gehabt hätten, sich am Verfahren aktiv zu beteiligen.

45

Damit werden Unternehmen, die am Verfahren vor der Vergabekammer nicht beteiligt waren, aber keinesfalls rechtsschutzlos gestellt. Entscheidungen der Vergabekammer sind vom jeweiligen öffentlichen Auftraggeber im Vergabeverfahren umzusetzen. Hält ein Bieter die von einem öffentlichen Auftraggeber getroffene Maßnahme für vergaberechtswidrig und sieht er sich hierdurch in seinen Rechten verletzt, kann er dies selbständig rügen und anschließend in einem eigenen Nachprüfungsverfahren zur Überprüfung stellen.

46

Ein nicht am Verfahren vor der Vergabekammer beteiligtes Unternehmen, das möglicherweise hätte beigeladen werden müssen, ist demnach zur Einlegung einer sofortigen Beschwerde nicht berechtigt. Hiervon zu unterscheiden ist die Möglichkeit des jeweiligen Oberlandesgerichts, im Verfahren der sofortigen Beschwerde selbst noch Beiladungen auszusprechen. Schon aus Gründen der Verfahrensbeschleunigung und der Prozessökonomie kann das **Beschwerdegericht selbständig bislang unterbliebene Beiladungen aussprechen**. Eine Zurückverweisung an die Vergabekammer ist demgegenüber in der Regel nicht angezeigt.

47

2. Beschwer

48 Die sofortige Beschwerde setzt als Rechtsmittel voraus, dass der Beschwerdeführer, der die Entscheidung der Vergabekammer angreift, durch diese „beschwert" – also belastet – ist. Es wird grundsätzlich zwischen der sogenannten **formellen** und der **materiellen Beschwer** unterschieden. Während ein Betroffener materiell bereits beschwert ist, wenn die Entscheidung für ihn ungünstig ist, setzt die formelle Beschwer voraus, dass die Entscheidung anders als von ihm beantragt zu seinen Ungunsten lautet. Zugrunde gelegt wird insoweit eine Differenzbetrachtung zwischen den gestellten Anträgen und der angegriffenen Entscheidung (Baumbach/Lauterbach/*Hartmann*, ZPO, § 511 Rn. 14).

49 Soweit ein Beschluss einer Vergabekammer den Antragsteller oder den Antragsgegner materiell beschwert, wird in der Regel unproblematisch auch eine formelle Beschwer gegeben sein. Der Beschluss wird dann hinter den von dem jeweiligen Betroffenen gestellten Anträgen zurückbleiben. Für ein beigeladenes Unternehmen kann das **Vorliegen einer formellen Beschwer** allerdings problematisch zu ermitteln sein. Beteiligt sich ein beigeladenes Unternehmer am Verfahren vor der Vergabekammer nicht oder stellt es keine Anträge, soll nach Auffassung eines Teils der Literatur eine sofortige Beschwerde des Betroffenen bereits unzulässig sein (so Immenga/Mestmäcker/*Stockmann*, § 116 GWB Rn. 21). Allerdings setzen weder Wortlaut noch Sinn und Zweck des Abs. 1 Satz 2 voraus, dass auch die formelle Beschwer eines Beigeladenen gegeben sein muss, solange dieser jedenfalls in seiner Eigenschaft als Verfahrensbeteiligter durch die Entscheidung der Vergabekammer benachteiligt und damit materiell beschwert ist.

50 Für ein zum Verfahren vor der Vergabekammer beigeladenes Unternehmen kommt es für die Beschwerdeberechtigung dementsprechend nicht darauf an, dass das Unternehmen eigene Anträge vor der Vergabekammer gestellt hat und sich auch eine förmliche Beschwer feststellen lässt. Ausreichend ist, dass die **Beigeladene** im Verfahren vor der Vergabekammer beteiligt war und durch die angegriffene Entscheidung materiell beschwert wird (OLG Jena vom 16.7.2003, 6 Verg 3/03; OLG Naumburg vom 5.5.2004, 1 Verg 7/04). Maßgeblich ist, dass eine materielle Rechtsverletzung zumindest geltend gemacht wird (OLG München vom 3.11.2011, Verg 14/11; OLG Naumburg vom 2.8.2012, 2 Verg 3/12). Eine **materielle Beschwer** ist daher gegeben, wenn das beigeladene Unternehmen damit rechnen muss, den Zuschlag nach der Entscheidung der Vergabekammer nicht (mehr) zu erhalten (OLG München vom 21.5.2010, Verg 2/10). Ist im Nachprüfungsverfahren für ein beigeladenes Unternehmen erkennbar, dass die Vergabekammer beabsichtigt, dem Nachprüfungsantrag stattzugeben, kann es damit von einer Antragstellung zur Vermeidung der Kostenlast absehen, ohne hierdurch das Rechtsmittel der sofortigen Beschwerde zu verlieren. Nach allgemeiner Auffassung trägt ein beigeladenes Unternehmen als unterliegender Beteiligter gemeinsam mit der Antragsgegnerin das monetäre Verfahrensrisiko, wenn das beigeladene Unternehmen sich aktiv am Verfahren vor der Vergabekammer beteiligt und eigene Sachanträge gestellt hat (OLG Jena vom 4.4.2003, 6 Verg 4/03). Beide Voraussetzungen – **aktive Verfahrensbeteiligung und Antragstellung** – werden von der Rechtsprechung meist zusammen geprüft. Allerdings soll es nach Auffassung des OLG Düsseldorf auf eine Antragstellung nicht ankommen, wenn der Beigeladene das Nachprüfungsverfahren aktiv in seinem Sinn und im Widerspruch zum Rechtsschutzziel der Antragstellerin verfolgt hat (OLG Düsseldorf vom 27.6.2007, Verg 15/07). Allein durch den Verzicht auf eine Antragstellung kann sich ein beigeladenes Unternehmen, welches im Übrigen aber seine Rechte in Widerspruch zum Antragsteller im Nachprüfungsverfahren verteidigt, nicht sicher des Kostenrisikos entziehen. Jedenfalls wenn in der Hauptsache gegen den Antrag des beigeladenen Unternehmens entschieden wird, hat dieses die Kosten des Nachprüfungsverfahrens mitzutragen (§ 128 Rn. 46).

> Zum Verfahren von der Vergabekammer beigeladene Unternehmen können eine sofortige Beschwerde auch dann erheben, wenn sie keine Anträge vor der Vergabekammer gestellt haben. Zur Vermeidung oder zumindest Reduzierung des Kostenrisikos kann ein Verzicht auf eine Antragstellung geboten sein, wenn bei einer absehbar dem Vergabe-

nachprüfungsantrag stattgebenden Entscheidung der Vergabekammer noch keine unternehmerische Entscheidung über das Erheben der sofortigen Beschwerde getroffen wurde.

Wenn sich ein Verfahrensbeteiligter gegen eine für ihn nachteilige Entscheidung der Vergabekammer wendet, ist unproblematisch auch das für die Einlegung eines Rechtsmittels erforderliche **Rechtsschutzbedürfnis** gegeben. Dieses wird nur dann und insoweit fehlen, als die Inanspruchnahme des Gerichts sinnlos ist, also wenn der Betroffene durch eine Entscheidung keinen schutzwürdigen Vorteil erlangen kann. Ein solcher Fall wird etwa gegeben sein, wenn ein Bieter, der sich bei einer losweisen Vergabe nur für ein bestimmtes Los interessiert und beworben hat, Ausschreibungsmängel bei den anderen Losen beanstandet, die ihn und seine Rechtsstellung in keiner Weise berühren. 51

C. Zuständigkeit der Vergabesenate der Oberlandesgerichte

I. Ausschließliche Zuständigkeit (Abs. 3)

Für die Überprüfung der Entscheidungen der Vergabekammern sind sachlich und örtlich allein die jeweiligen Oberlandesgerichte zuständig (**Abs. 3 Satz 1**). 52

Die Regelung zur örtlichen Zuständigkeit in **Abs. 3** entspricht der für die allgemeinen Kartellsachen getroffenen Regelungen in § 62 Abs. 4 Satz 1 GWB. Die Zuständigkeit des Oberlandesgerichts richtet sich nach dem Sitz der Vergabekammer. 53

Innerhalb des jeweils zuständigen Oberlandesgerichts werden die Vergabesachen von einem hierzu gebildeten **Vergabesenat** behandelt (**Abs. 3 Satz 2**). Auch diese Konstellation entspricht den Vorgaben des Allgemeinen Kartellrechts. Hierdurch sollen die Spezialisierung und die Zügigkeit der Entscheidung gefördert werden (BT-Drucks. 13/9340, S. 20). Diese Vorgabe hat sich angesichts der Komplexität und Eigenart des Vergaberechts in der Praxis bewährt. 54

II. Zuständigkeit, Zuweisung nach Landesrecht (Abs. 4)

Nach Abs. 4 können die Länder die Zuständigkeit in Vergabesachen jeweils bei einem Oberlandesgericht konzentrieren. Hiervon haben alle Länder Gebrauch gemacht, so dass jeweils nur **ein Vergabesenat pro Land** zuständig ist. 55

§ 117 Frist, Form

(1) Die sofortige Beschwerde ist binnen einer Notfrist von zwei Wochen, die mit der Zustellung der Entscheidung, im Fall des § 116 Absatz 2 mit dem Ablauf der Frist beginnt, schriftlich bei dem Beschwerdegericht einzulegen.

(2) ¹Die sofortige Beschwerde ist zugleich mit ihrer Einlegung zu begründen. ²Die Beschwerdebegründung muss enthalten:

1. die Erklärung, inwieweit die Entscheidung der Vergabekammer angefochten und eine abweichende Entscheidung beantragt wird,
2. die Angabe der Tatsachen und Beweismittel, auf die sich die Beschwerde stützt.

(3) ¹Die Beschwerdeschrift muss durch einen Rechtsanwalt unterzeichnet sein. ²Dies gilt nicht für Beschwerden von juristischen Personen des öffentlichen Rechts.

(4) Mit der Einlegung der Beschwerde sind die anderen Beteiligten des Verfahrens vor der Vergabekammer vom Beschwerdeführer durch Übermittlung einer Ausfertigung der Beschwerdeschrift zu unterrichten.

Literatur: Siehe die Literaturangaben bei § 116 GWB.

Übersicht

A. Allgemeines 1	III. Angabe der Tatsachen und Beweismittel
B. Beschwerdefrist (Abs. 1) 2–14	(Abs. 2 Satz 2 Nr. 2) 19–23
I. Beginn der Frist 2–10	IV. Maßgeblicher Zeitpunkt 24–30
1. Fristdauer 2	1. Begründung der Beschwerde innerhalb der Beschwerdefrist 24–27
2. Fristbeginn bei rechtzeitiger Entscheidung der Vergabekammer 3–6	2. Berücksichtigung des in der ersten Instanz verspäteten Sachvortrags 28–30
3. Beschwerdefrist bei verspäteter Entscheidung der Vergabekammer 7–10	D. Rechtsanwaltliche Vertretung (Abs. 3) 31–33
II. Fristwahrender Beschwerdeschriftsatz 11–14	E. Unterrichtspflicht gegenüber den anderen Verfahrensbeteiligten (Abs. 4) 34–39
1. Schriftliche Beschwerdeeinlegung 11	I. Allgemeines 34–35
2. Bedeutung der Notfrist 12	II. Bedeutung der Unterrichtspflicht 36–39
3. Konkrete Fristberechnung 13–14	1. Keine Zulässigkeitsvoraussetzungen 36–37
C. Begründungspflicht (Abs. 2) 15–30	2. Keine Voraussetzungen für Verlängerung des Zuschlagsverbots 38–39
I. Normzweck 15	
II. Erklärung zum Umfang der Anfechtung (Abs. 2 Satz 2 Nr. 1) 16–18	

A. Allgemeines

1 Die Bestimmung enthält die grundlegenden formalen Zulässigkeitsanforderungen, die eine sofortige Beschwerde erfüllen muss, wenn sie Aussichten auf Erfolg haben will. Erforderlich ist nicht nur, dass ein Angriff gegen die Entscheidung einer Vergabekammer innerhalb der gesetzlich vorgegebenen Fristen mit Begründung in schriftlicher Form erfolgt. Die Beschwerde muss grundsätzlich auch durch einen bei einem deutschen Gericht zugelassenen Rechtsanwalt eingelegt werden. Sofortige Beschwerden, die dem nicht entsprechen, müssen bereits aus formalen Gründen zurückgewiesen werden.

B. Beschwerdefrist (Abs. 1)

I. Beginn der Frist

1. Fristdauer

2 Eine sofortige Beschwerde gegen einen Beschluss der Vergabekammer oder eine unterbliebene/verspätete Entscheidung ist innerhalb einer Notfrist (zum Begriff s. Rn. 12) von **zwei Wochen** beim zuständigen Oberlandesgericht als Beschwerdegericht einzulegen (§ 116 Rn. 55). Fehlt die Rechtsmittelbelehrung in der Entscheidung der Vergabekammer, so beträgt die Beschwerdefrist analog § 58 Abs. 2 VwGO ein Jahr (OLG Düsseldorf vom 2.11.2011, VII-Verg 76/11).

2. Fristbeginn bei rechtzeitiger Entscheidung der Vergabekammer

In dem Regelfall, dass eine Vergabekammer ihre Entscheidung innerhalb der Entscheidungsfrist nach § 113 Abs. 1 GWB absetzt, beginnt die Beschwerdefrist mit der Zustellung der Entscheidung. Das Rechtsmittel ist innerhalb von zwei Wochen ab Zustellung der angefochtenen Entscheidung der Vergabekammer einzulegen (OLG Koblenz vom 15.3.2001, 1 Verg 1/01). Dies gilt auch, wenn die rechtzeitig ergangene Entscheidung erst nach Ablauf der Entscheidungsfrist dem Beschwerdeführer zugestellt wird (KG vom 20.8.2009, 2 Verg 4/09).

Abs. 1 stellt nach dem Wortlaut auf die **Zustellung der Entscheidung** ab, was die Bekanntgaben eines schriftlichen Dokuments in einem förmlichen Zustellungsverfahren meint. Der Gesetzgeber billigt den Verfahrensbeteiligten nach Zustellung der Entscheidung der Vergabekammer zwei Wochen Zeit zu, eine sofortige Beschwerde einzulegen (BT-Drucks. 13/9340, S. 21). Da die Vergabekammer als Verwaltungsbehörde ihre Entscheidung in Form eines Verwaltungsakts erlässt, ist insoweit auf eine förmliche Zustellung i.S.d. Verwaltungszustellungsgesetzes abzustellen. Dies ergibt sich auch ausdrücklich aus § 114 Abs. 3 Satz 3 GWB, der auf die Zustellungsregelungen im Allgemeinen Kartellrecht nach § 61 GWB verweist. Der Akt der förmlichen Zustellung ist damit Voraussetzung für den Lauf der Rechtsmittelfrist.

Allein eine formlose Übermittlung des Beschlusses der Vergabekammer ohne Zustellungswillen per Telefax reicht damit für den Lauf der Beschwerdefrist nicht aus (OLG Celle vom 17.7.2009, 13 Verg 3/09; OLG Koblenz vom 15.5.2003, 1 Verg 3/03). Eine **förmliche Zustellung** hat vielmehr durch Postzustellungsurkunde oder mittels Einschreiben zu erfolgen. Gegenüber Behörden, Körperschaften, Anstalten und Stiftungen des öffentlichen Rechts sowie an Rechtsanwälte kann eine Zustellung aber **auch auf andere Weise, etwa per Telefax gegen Empfangsbekenntnis**, erfolgen. Bei der Zustellung per Telefax muss aber eindeutig sein, dass die Faxsendung zum Zwecke der Zustellung erfolgt (BGH vom 10.11.2009, X ZB 8/09). Maßgeblich ist in einem solchen Fall das mit Datum und Unterschrift versehene Empfangsbekenntnis, das an die Behörde zurückgesendet wurde (s. § 5 Abs. 4 VwZG). Grundsätzlich nicht entscheidend ist demgegenüber der Zeitpunkt des Zugangs des Telefaxes. Es reicht nicht aus, dass der Beschluss der Vergabekammer etwa in den Bereich der Kanzlei der Verfahrensbevollmächtigten eines Beteiligten am Nachprüfungsverfahren gelangt ist. Erforderlich ist, dass er von dem zuständigen Sachbearbeiter als zugestellt angenommen und in Empfang genommen wird (BFA NVwZ 2000, 356). Lediglich im Fall nachweislich falscher Empfangsbekenntnisse kann auf den Zeitpunkt des tatsächlichen Eingangs des Beschlusses abgestellt werden (VGH Kassel DVBl. 1989, 894). Solange eine förmliche Zustellung noch nicht bewirkt ist, läuft die Beschwerdefrist gegenüber dem jeweils Betroffenen nicht.

Mängel einer formgerechten Zustellung eines Dokuments sind aber gemäß § 8 VwZG heilbar. Danach gilt ein Dokument bei **Zustellungsfehlern** grundsätzlich in dem Zeitpunkt als zugestellt, in dem es dem Empfangsberechtigten tatsächlich zugegangen ist.

3. Beschwerdefrist bei verspäteter Entscheidung der Vergabekammer

Entscheidet eine Vergabekammer nicht innerhalb der ggf. verlängerten Entscheidungsfrist nach § 113 Abs. 1 GWB, so gilt der Nachprüfungsantrag als abgelehnt. Zur Vermeidung dieser Rechtsfolge ist die Erhebung einer sofortigen Beschwerde durch den Antragsteller möglich und regelmäßig auch erforderlich (§ 116 Rn. 29 ff.). In einem solchen Fall läuft die 2-wöchige Frist zur Einlegung und Begründung der sofortigen Beschwerde mit dem Ablauf der Entscheidungsfrist nach § 113 Abs. 1 GWB (KG vom 4.4.2002, KartVerg 5/02). Die Frist **beginnt mit dem Zeitpunkt, zudem die Entscheidung** auch unter Berücksichtigung einer Verlängerung der Entscheidungsfrist durch den Vorsitzenden **spätestens hätte ergehen müssen** (BT-Drucks. 13/9340, S. 21).

Die Rechtsmittelfrist des Abs. 1 ist auch auf die sofortige Beschwerde gegen die Ablehnung eines Nachprüfungsantrags von Gesetzes wegen gemäß § 116 Abs. 2 GWB anzuwenden. Wegen der gebotenen Verfahrensbeschleunigung ist kein Grund zu erkennen, in einem solchen Fall die Beschwerde von der kurzen Beschwerdefrist zu entbinden (OLG Düsseldorf vom 5.9.2001, Verg 18/01).

9 In den ersten Jahren nach Inkrafttreten des Vergaberechtsänderungsgesetzes wurde diskutiert, ob dieser Fristenlauf **von einer Rechtsmittelbelehrung abhängig** sein kann, da die Konsequenz der Verwirkung im Gesetz nicht deutlich hervorgehoben ist. Diese Frage hat die Rechtsprechung zutreffend unter Berücksichtigung der im Gesetz verankerten Verfahrensbeschleunigung **verneint**. Wäre der Fristenlauf von einer Rechtsmittelbelehrung abhängig, liefe die gesetzliche Regelung faktisch ins Leere. Ergeht eine Vergabekammerentscheidung nicht innerhalb der Entscheidungsfrist, wird regelmäßig auch keine Rechtsmittelbelehrung erfolgen, da gerade keine Entscheidung getroffen wird (OLG Celle vom 20.4.2001, 13 Verg 07/01). Eine sofortige Beschwerde wäre in Anwendung zumindest des Rechtsgedankens aus § 58 Abs. 2 VwGO noch bis Ablauf eines Jahres möglich, was mit den Zielen eines effektiven und straffen Vergaberechtsschutzes nicht vereinbar wäre.

10 Wird bei einer unterbliebenen Entscheidung der Vergabekammer die Frist zur Einlegung der sofortigen Beschwerde **versäumt**, ist ein hierdurch beschwerter Beteiligter nicht gänzlich rechtsschutzlos gestellt. Es bleibt die Möglichkeit, einen Antrag auf Wiedereinsetzung in den vorherigen Stand zu stellen (OLG Düsseldorf vom 5.9.2001, Verg 18/01). Der Erfolg eines solchen Antrags wird regelmäßig aber negativ zu beurteilen sein (§ 116 Rn. 34). Dies wird vor allem zu gelten haben, wenn der Betroffene bereits im Nachprüfungsverfahren anwaltlich vertreten war.

II. Fristwahrender Beschwerdeschriftsatz

1. Schriftliche Beschwerdeeinlegung

11 Die sofortige Beschwerde ist innerhalb der Beschwerdefrist schriftlich beim Beschwerdegericht einzulegen. Der **Eingang des unterschriebenen Beschwerdeschriftsatzes per Telefax** innerhalb der Frist des Abs. 1 reicht dabei zur Fristwahrung aus (BayObLG vom 19.12.2000, Verg 7/00). Dies entspricht der allgemeinen Auffassung, dass bestimmende Schriftsätze prozessual wirksam und fristwahrend durch Fax übermittelt werden können (GemS-OGB vom 5.4.2000, GemS-OGB 1/98). Eine entsprechende Gerichts- und Entscheidungspraxis für Übermittlungen per **E-Mail** gibt es bislang nicht. Von einem entsprechenden Vorgehen ist daher abzusehen. Hier bleibt die weitere Rechtsentwicklung abzuwarten.

2. Bedeutung der Notfrist

12 Die Beschwerdefrist des Abs. 1 von zwei Wochen ist als gesetzliche Notfrist ausgestaltet. Sie soll damit nach dem Willen des Gesetzgebers unabänderlich sein (BT-Drucks. 13/9340, S. 21). Bei Notfristen ist eine Verkürzung oder Verlängerung ausgeschlossen. Sie sind entsprechenden Parteivereinbarungen entzogen. Eine Wiedereinsetzung in den vorherigen Stand ist zwar grundsätzlich möglich (s. nur Zöller/*Stöber*, ZPO, § 225 Rn. 3). Eine Fristversäumung wird aber in der Regel dem Betroffenen anzulasten sein.

> Über die Einlegung einer sofortigen Beschwerde sollte frühzeitig entschieden werden, um genügend Zeit für die Ausarbeitung eines entsprechenden Schriftsatzes einschließlich Begründung zu haben. Bei komplexen Vorhaben sind ggf. die Vorbereitungen für die Ausarbeitung der sofortigen Beschwerde bereits aufzunehmen, bevor die endgültige Entscheidung über die Einlegung des Rechtsmittels getroffen wurde.

3. Konkrete Fristberechnung

13 Über die Verweisungskette § 120 Abs. 2 GWB, § 73 Nr. 2 GWB, § 222 Abs. 1 ZPO sind für die Fristberechnung die Vorgaben des BGB zu beachten. Der Beginn der Beschwerdefrist knüpft an die Zustellung der Entscheidung der Vergabekammer oder den Ablauf der Entscheidungsfrist nach § 113 Abs. 1 GWB an. Es handelt sich damit um eine sogenannte **Ereignisfrist** gemäß § 187 Abs. 1 BGB. Bei der Berechnung der Frist wird der Tag, in welchen das Ereignis fällt, nicht mitgerechnet. Die Frist läuft erst ab dem folgenden Tag und endet gemäß § 188 Abs. 2 BGB in der übernächsten Woche mit Ablauf des Tages, der dem Tag entspricht, an dem die Zustellung des Beschlusses erfolgte oder an dem eine Zustellung bei einer verspäteten Entscheidung der Vergabekammer hätte spätestens erfolgen müssen.

Dies bedeutet: Ist einem Verfahrensbeteiligten der Beschluss der Vergabekammer an einem Donnerstag zugestellt worden, muss die Beschwerde spätestens 14 Tage später gleichsam am Donnerstag bis 24:00 Uhr bei Gericht eingehen, um nicht verspätet zu sein. Eine Übermittlung per Telefax oder ein Einwurf in den Gerichtsbriefkasten um 00:01 Uhr am Freitag wäre grundsätzlich verfristet. 14

C. Begründungspflicht (Abs. 2)

I. Normzweck

Die Beschwerdeschrift muss bereits die Begründung enthalten (Abs. 2 Satz 1) und einen bestimmten Mindestinhalt (Abs. 2 Satz 2) aufweisen, damit über sie nach Einlegung zügig entschieden werden kann. Der Streitstoff soll so weit wie möglich und in einer Weise aufbereitet werden, dass eine rasche Entscheidung getroffen werden kann (BT-Drucks. 13/9340, S. 21). Sinn und Zweck der Begründungspflichten ist die Beschleunigung des Beschwerdeverfahrens. Die Begründungspflichten sind Ausdruck der Verfahrensförderungspflichten des Beschwerdeführers und dienen der Klarstellung des Streitstoffs (OLG Koblenz vom 3.4.2008, 1 Verg 1/08). Konkrete Anforderungen hierzu lassen sich der Normierung des Abs. 2 bereits unmittelbar entnehmen. Diese Vorgaben sind zwingend zu beachten. 15

II. Erklärung zum Umfang der Anfechtung (Abs. 2 Satz 2 Nr. 1)

Die Begründung der sofortigen Beschwerde muss die Erklärung enthalten, inwieweit die Entscheidung der Vergabekammer angefochten und eine abweichende Entscheidung beantragt wird (Nr. 1). Das Beschwerdebegehren muss sich seinem Umfang nach hinreichend bestimmt aus der Beschwerdebegründung ergeben, was ggf. durch eine eindeutige Auslegung zu ermitteln ist (OLG Frankfurt vom 18.4.2006, 11 Verg 1/06). 16

Es dürfen **keine zu strengen Anforderungen an die Bestimmtheit** des Beschwerdeantrags gestellt werden. Ein Antrag mit tenorierungsfähigem Inhalt – also mit einem Inhalt, der zugleich vom Gericht als Entscheidungsformel angeordnet werden könnte – muss nicht ausformuliert werden, wenn das Rechtsmittelziel aus der Beschwerdebegründung erkennbar wird (OLG Frankfurt vom 18.4.2006, 11 Verg 1/06). Ein fehlender förmlicher Sachantrag muss nicht zwingend schaden (KG vom 28.9.2009, 2 Verg 8/09). Die Zulässigkeit einer sofortigen Beschwerde hängt in einem solchen Fall nicht von einem formellen Beschwerdeantrag ab (BayObLG vom 12.9.2000, Verg 4/00). Es sind bei der Anwendung des § 117 keine strengeren Anforderungen zu stellen, als sie im allgemeinen Kartellverfahren zu § 66 Abs. 4 Nr. 1 GWB entwickelt worden sind. Danach **genügt** es, dass das **Rechtsschutzziel vermittelt** wird, was ggf. auch durch Bezugnahme auf einen hinreichend bestimmten Antrag vor der Vergabekammer geschehen kann. Ein auf die Aufhebung und Zurückverweisung gerichteter Antrag wird in der Regel als Rechtsmittelziel die Weiterverfolgung des in der Vorinstanz gestellten Sachantrags erkennen lassen (OLG Jena vom 22.12.1999, 6 Verg 3/99; OLG Naumburg vom 16.9.2002, 1 Verg 2/02; BayObLG vom 12.9.2000, Verg 4/00). Das Beschwerdebegehren muss sich aber hinreichend bestimmt aus der Beschwerdebegründung ergeben (OLG Dresden vom 12.10.2010, WVerg 9/10). 17

Sind eine **eindeutige Auslegung** des Beschwerdeschriftsatzes **und** eine entsprechend **klare Ermittlung des Rechtsschutzziels nicht möglich**, ist die sofortige Beschwerde **mangels ausreichender Begründung** bereits als **unzulässig** abzuweisen. Dies kann etwa der Fall sein, wenn sich auch unter Berücksichtigung der Beschwerdebegründung nicht zweifelsfrei feststellen lässt, ob es sich bei einem Antrag, mit dem die Aufhebung der Entscheidung der Vergabekammer und eine Änderung der erstinstanzlichen Kostenentscheidung begehrt wird, um einen versehentlich unvollständigen Antrag handelt oder tatsächlich allein die Kostenentscheidung angegriffen werden soll. Die Beschwerde ist dann mangels widerspruchsfreier Angaben zur Reichweite der Anfechtung der Entscheidung der Vergabekammer unzulässig (OLG Frankfurt vom 18.4.2006, 11 Verg 1/06). 18

Auch ohne entsprechende Verpflichtung empfiehlt es sich, bereits die Beschwerdeanträge so zu formulieren, dass sie letztlich vom Beschwerdegericht in der Entscheidung übernommen werden können. Bereits aus den Anträgen sollte sich unmittelbar ergeben, inwieweit eine Abänderung der angegriffenen Entscheidung der Vergabekammer begehrt wird.

III. Angabe der Tatsachen und Beweismittel (Abs. 2 Satz 2 Nr. 2)

19 Als weitere inhaltliche Mindestanforderung muss der Beschwerdeschriftsatz die Angabe der Tatsachen und Beweismittel enthalten, auf die sich die Beschwerde stützt (Nr. 2). Erforderlich ist damit wenigstens eine zusammengefasste Darstellung des **tatsächlichen Hintergrunds des Sach- und Streitstandes**, damit sich der angerufene Vergabesenat bis zum Eingang der Akten der Vergabekammer zumindest ein grobes Bild vom zugrunde liegenden Sachverhalt machen kann (OLG Frankfurt vom 18.4.2006, 11 Verg 1/06).

20 Die Vorschrift ist gleichlautend mit dem die Kartellbeschwerde betreffenden § 66 Abs. 4 Nr. 2 GWB, so dass auf die zu dieser Bestimmung entwickelten Grundsätze zurückgegriffen werden kann. Die Vorgabe ist Ausdruck der Verfahrensförderungspflicht der Beteiligten und dient neben der Klarstellung des Streitstoffes auch der Beschleunigung des Beschwerdeverfahrens. Die Begründung einer sofortigen Beschwerde, in der die **Tatsachen und Beweismittel gänzlich fehlen**, führt in jedem Fall zur Unzulässigkeit des Rechtsmittels, auch wenn das Erfordernis, die Tatsachen und Beweismittel, auf die sich die Beschwerde stützt, anzugeben, nicht zu einem rechtsschutzschmälernden Formalismus erstarren soll (OLG Koblenz vom 13.2.2006, 1 Verg 1/06).

21 Eine Beschwerdebegründung **ohne jeglichen Tatsachenvortrag** reicht nicht aus. Die pauschale Bezugnahme auf den erstinstanzlichen Vortrag genügt den gesetzlichen Begründungsanforderungen nicht (OLG Koblenz vom 13.2.2006, 1 Verg 1/06). Die Beschwerdebegründung kann nicht durch einen pauschalen Hinweis auf die Schriftsätze aus dem Verfahren vor der Vergabekammer ersetzt werden. Gerade wenn eine Mehrheit von Ansprüchen auch im Hilfsverhältnis geltend gemacht wird, ist für jeden dieser Ansprüche eine Begründung zu liefern (OLG Brandenburg vom 5.1.2006, Verg W 12/05). Es sind auch nicht bloß neue Tatsachen und Beweismittel anzuführen, sondern alle, die der Beschwerdeführer im Beschwerdeverfahren als kontrovers erachtet (OLG Koblenz vom 15.3.2001, 1 Verg 1/01; OLG Koblenz vom 3.4.2008, 1 Verg 1/08). Hintergrund ist, dass andernfalls das Beschwerdegericht den Streitstoff nicht bereits anhand des Beschwerdeschriftsatzes erkennen kann.

22 Die Beschwerdebegründung kann sich aber auf eine knappe Auseinandersetzung mit den Feststellungen und Rechtsausführungen der Vergabekammer zu den geltend gemachten Vergaberechtsverstößen beschränken (OLG Jena vom 22.12.1999, 6 Verg 3/99). Nicht erforderlich ist, alle für das Nachprüfungsverfahren maßgeblichen Schriftstücke erneut vorzulegen. Eine solche Auffassung wird von § 117 GWB nicht gestützt (BGH vom 18.5.2004, X ZB 7/04). Der Beschwerdeführer muss sich lediglich vollständig darüber erklären, mit welchen Tatsachen und Beweismitteln er die von ihm behaupteten Rechtsverletzungen der Vergabekammer belegt. Eine komplette Darstellung des Verfahrensverlaufs ist nicht notwendig (OLG Naumburg vom 2.8.2012, 2 Verg 3/12). So kann etwa eine Bezugnahme auf den von der Vergabekammer festgestellten Sachverhalt ausreichen, wenn dieser Grundlage der Beschwerdebegründung ist (LSG Nordrhein-Westfalen vom 10.9.2009, L 21 KR 53/09 SFB). Ist der Sachverhalt unstreitig, reicht es aus, wenn der Beschwerdeführer darlegt, inwieweit er die Rechtsfragen abweichend von der Vergabekammer beurteilt (OLG Düsseldorf vom 11.1.2012, VII-Verg 67/11; OLG Frankfurt vom 26.6.2012, 11 Verg 12/11).

 Das Beschwerdegericht muss anhand des Beschwerdeschriftsatzes einen Überblick über den Sach- und Rechtsstreit erhalten, soweit er vom Beschwerdeführer der sofortigen Beschwerde zugrunde gelegt wird. Neben der Darstellung des Verfahrensgegenstands und der Verfahrensgeschichte sind auch Ausführungen dazu erforderlich, in welchen Punkten und aus welchen Gründen der Beschluss der Vergabekammer angegriffen wird. Auf die Beweisantritte im Verfahren vor der Vergabekammer kann konkret Bezug genommen werden.

Die Beifügung einer **Abschrift** des angefochtenen Vergabekammerbeschlusses ist nach Abs. 2 nicht ausdrücklich gefordert. Das Fehlen einer Kopie der Entscheidung der Vergabekammer führt damit nicht zur Unzulässigkeit der sofortigen Beschwerde. Andere, sich aus dem Fehlen ergebende Nachteile, wie etwa die Frage der rechtzeitigen Entscheidung des Beschwerdegerichts über die Fortdauer der aufschiebenden Wirkung, sind aber nicht auszuschließen (OLG Düsseldorf vom 28.1.2004, Verg 35 /03).

Schon im Interesse des Beschwerdeführers sollte entsprechend § 519 Abs. 3 ZPO an die Vorlage des angegriffenen Beschlusses mit dem Beschwerdeschriftsatz gedacht werden. Verzögerungen, die sich aus der fehlenden Unterrichtung des Beschwerdegerichts durch Übersendung des Beschlusses ergeben, wird sich ein Beschwerdeführer sonst möglicherweise vorhalten lassen müssen.

IV. Maßgeblicher Zeitpunkt

1. Begründung der Beschwerde innerhalb der Beschwerdefrist

Die sofortige Beschwerde ist **mit** ihrer **Einlegung** zu **begründen**. Die Mindestanforderungen an den Beschwerdeinhalt müssen innerhalb der Beschwerdefrist erfüllt sein. Hieraus folgt, dass grundsätzlich ein **Nachschieben von Beanstandungen** erst im Laufe des Beschwerdeverfahrens nicht möglich ist, da die Beschwerdebegründung den Verfahrensstoff eingrenzt (OLG Karlsruhe vom 6.2.2007, 17 Verg 7/06). Inhaltliche Mängel der Beschwerdebegründung können also nicht durch Angaben oder Erkenntnisse, die sich erst aus der später übersandten Entscheidung der Vergabekammer und deren Akten ergeben, geheilt werden (OLG Frankfurt vom 18.4.2006, 11 Verg 1/06).

Allerdings soll der Streitstoff nur so weit wie möglich in der Beschwerdeschrift aufbereitet sein (BT-Drucks. 13/9340, S. 21). **Neue Erkenntnisse und Einschätzungen**, die sich erst im Laufe des Beschwerdeverfahrens ergeben, können auch noch nach Ablauf der Beschwerdefrist in das Verfahren eingeführt werden. So kann das Gericht den Beteiligten aufgeben, sich innerhalb einer Frist unter anderem zu aufklärungsbedürftigen Punkten zu äußern und Beweismittel beizubringen. Erst nach Ablauf dieser vom Gericht gesetzten Frist kann nach Lage der Sache ohne Berücksichtigung der fehlenden Beweismittel entschieden werden (§§ 120 Abs. 2, 70 Abs. 3 GWB).

Auch Gründe der Prozessökonomie sprechen dafür, dass es dem Beschwerdeführer freistehen muss, erst im Laufe des Beschwerdeverfahrens erkannte Rechtsverstöße noch in das laufende Beschwerdeverfahren einzubringen, ohne dass es der erneuten Anrufung der Vergabekammer bedarf. Dies wird auch dadurch bestätigt, dass eine Rüge für erst im laufenden Nachprüfungs- oder Beschwerdeverfahren erkannte Vergaberechtsverstöße gegenüber dem Auftraggeber nach zutreffender herrschender Auffassung nicht erforderlich ist (OLG Düsseldorf vom 21.5.2008, Verg 19/08 m.w.N.; einschränkend OLG Celle vom 10.1.2008, 13 Verg 11/07; s. hierzu näher § 107 Rn. 176 f.).

Genügt eine Beschwerdeschrift nicht den inhaltlichen Anforderungen, kann eine **ausreichende Begründung** nur innerhalb der Beschwerdefrist **nachgereicht** werden. Darin wird jedenfalls eine zulässige, erneute sofortigen Beschwerde mit ordnungsgemäßer Begründung zu sehen sein (OLG Brandenburg vom 2.12.2003, Verg W 6/03). Naheliegender ist es indes, hierin lediglich eine Ergänzung der zunächst unzureichenden Beschwerde zu sehen. Hierdurch lassen sich auch unangemessene Kostenfolgen – die ursprüngliche Beschwerde wäre durch Beschluss zurückzuweisen und erst in der Form, die sie durch die ergänzende Begründung erhält, materiell-inhaltlich durch den Vergabesenat zu überprüfen – vermeiden. Schon im Interesse eines fairen Verfahrens sollte ein Beschwerdeführer ggf. durch den Vergabesenat darauf hingewiesen werden, wenn der Beschwerdeschriftsatz offensichtlich nicht den inhaltlichen Anforderungen genügt.

2. Berücksichtigung des in der ersten Instanz verspäteten Sachvortrags

28 Umstritten ist, ob im Beschwerdeverfahren der Sachvortrag einer Partei zu berücksichtigen ist, den die Vergabekammer im angegriffenen Nachprüfungsverfahren **zu Recht als verspätet zurückgewiesen** hat. Gemäß § 113 Abs. 2 Satz 2 GWB können den Verfahrensbeteiligten Fristen gesetzt werden, nach deren Ablauf weiterer Vortrag unbeachtet bleiben kann. Macht eine Vergabekammer hiervon Gebrauch und weist ein Vorbringen zu Recht als verspätet zurück, stellt sich die Frage, ob der Betroffene diesen Vortrag mit Erfolg in das Beschwerdeverfahren einbringen kann.

29 Dem wird entgegengehalten, dass etwas, was rechtmäßig nicht Gegenstand der Auseinandersetzung vor der Vergabekammer war, auch nicht zulässiger Gegenstand der sofortigen Beschwerde sein könne (Kulartz/Kus/Portz/*Hunger*, § 117 GWB Rn. 44; Heiermann/Riedl/Rusam/*Kullack*, § 117 GWB Rn. 14).

30 Nach zutreffender Auffassung ist ein bei der Vergabekammer verspätetes Vorbringen im Beschwerdeverfahren aber zu berücksichtigen, wenn es hier wieder aufgegriffen wird. Es fehlt an einer entsprechenden gesetzlichen Präklusionsregelung – also einer **Bestimmung, die den Ausschluss derartigen Vorbringens auch in der Beschwerdeinstanz anordnet** –, die für einen derartigen Eingriff in den Anspruch auf rechtliches Gehör gemäß Art. 103 Abs. 1 GG erforderlich wäre. Der Gesetzgeber kann das Recht auf rechtliches Gehör im Interesse der Verfahrensbeschleunigung durch entsprechende Ausschlusstatbestände (Präklusionsvorschriften), die strengen Ausnahmecharakter haben müssen, begrenzen. Dies gilt etwa im Beschwerdeverfahren für nicht fristgerecht beigebrachte Beweismittel gemäß §§ 120 Abs. 2, 70 Abs. 3 GWB. Eine mit § 531 Abs. 1 ZPO, § 128a Abs. 2 VwGO vergleichbare Vorschrift, derzufolge in der ersten Instanz zu Recht zurückgewiesene Angriffs- und Verteidigungsmittel auch im Berufungsverfahren unberücksichtigt bleiben müssten, gibt es hingegen im Vergaberecht nicht. Ursache hierfür kann sein, dass das unter großem Zeitdruck stehende Verfahren vor der Vergabekammer kein gerichtliches Verfahren und das Beschwerdegericht die erste und letzte Gerichtsinstanz darstellt. An einer vergleichbaren Ausgangssituation wie in dem Berufungsverfahren nach der ZPO und der VwGO fehlt es damit. Eine entsprechende Anwendung der dortigen Präklusionsvorschriften kommt auch schon wegen des Verbots der Analogie von Ausnahmevorschriften nicht in Betracht (OLG Koblenz vom 10.8.2000, 1 Verg 2/00).

D. Rechtsanwaltliche Vertretung (Abs. 3)

31 Erst im Verfahren vor dem Beschwerdegericht gilt gemäß § 120 Abs. 1 GWB grundsätzlich **Anwaltszwang**. Dies entspricht nicht nur dem sonstigen Prozessrecht vor den zuständigen Oberlandesgerichten in zivilrechtlichen Streitigkeiten, sondern dient auch der rechtlichen Aufbereitung des Prozessstoffes (BT-Drucks. 13/9340, S. 21). Dementsprechend ist bereits die sofortige Beschwerde durch einen bei einem deutschen Gericht zugelassenen Rechtsanwalt zu unterzeichnen (**Abs. 3 Satz 1**), wenn nicht die Beschwerde von einer juristischen Person des öffentlichen Rechts erhoben wird (**Abs. 3 Satz 2**). Im letztgenannten Fall richtet sich die Unterzeichnung nach den allgemeinen Vertretungsregelungen des jeweiligen Auftraggebers, wobei die Vertretung nach § 120 Abs. 1 GWB durch einen Volljuristen zu erfolgen hat.

32 Im Gleichlauf mit den verwaltungsprozessualen Vorgaben nach § 125 Abs. 1 Satz 1 VwGO i.V.m. § 67 Abs. 4 Satz 4 besteht für **öffentliche Auftraggeber** in der Rechtsform einer Person des öffentlichen Rechts auch im laufenden Beschwerdeverfahren kein Zwang, auf eine **rechtsanwaltliche Vertretung** zurückzugreifen. Allerdings müssen sich solche Auftraggeber nach § 120 Abs. 1 GWB wenigstens durch Beamte oder Angestellte mit Befähigung zum Richteramt – also Volljuristen – vertreten lassen, wenn nicht auf externen anwaltlichen Rechtsbeistand zurückgegriffen wird. Erfasst von dieser Verfahrenserleichterung sind etwa der Bund, die Länder, die Gemeinden und auch öffentliche Auftraggeber in Form einer Anstalt des öffentlichen Rechts oder einer anderen öffentlich-rechtlichen Rechtsform.

33 Für die nicht § 120 Abs. 1 Satz 2 GWB unterfallenden Beteiligten ist hingegen die Hinzuziehung eines Rechtsanwalts im Beschwerdeverfahren immer notwendig (BayObLG vom 24.10.2001, Verg

14/01). Eine Beschwerde, die diesen Anforderungen nicht genügt, wird bereits mangels Postulationsfähigkeit – der Fähigkeit, in eigenem Namen rechtswirksame Handlungen vor Gericht vornehmen zu können – keinen Erfolg haben können. Das Rechtsmittel wäre als nicht eingelegt zu betrachten.

E. Unterrichtungspflicht gegenüber den anderen Verfahrensbeteiligten (Abs. 4)

I. Allgemeines

Die anderen Beteiligten des Verfahrens vor der Vergabekammer sind vom Beschwerdeführer mit der Einlegung der Beschwerde durch Übermittlung einer Ausfertigung der Beschwerdeschrift über diesen Verfahrensschritt zu unterrichten (Abs. 4). Ziel dieser Vorgabe ist die Verfahrensbeschleunigung und die Konzentration des Streitstoffs. Alle Verfahrensbeteiligten sollen frühzeitig ihre Interessen vertreten und sich zur Sach- und Rechtslage äußern können (BT-Drucks. 13/9340, S. 21). Aus der Formulierung „mit der Einlegung" folgt, dass die Unterrichtung zeitgleich zu erfolgen hat, was auch aus dem Beschleunigungsgrundsatz folgt. Es handelt sich um eine **Obliegenheit** des jeweiligen Beschwerdeführers (OLG Naumburg vom 16.7.2002, 1 Verg 10/02). 34

Die Unterrichtung erfolgt in der Praxis regelmäßig durch nachrichtliche Übersendung einer Faxkopie des Beschwerdeschriftsatzes an die Verfahrensbeteiligten. Waren diese schon im Verfahren vor der Vergabekammer anwaltlich vertreten, erfolgt die Unterrichtung von Anwalt zu Anwalt. 35

II. Bedeutung der Unterrichtungspflicht

1. Keine Zulässigkeitsvoraussetzungen

Bei der Unterrichtung handelt es sich nicht um eine Zulässigkeitsvoraussetzung der sofortigen Beschwerde. Der Zulässigkeit einer sofortigen Beschwerde steht nicht entgegen, dass es ein Beschwerdeführer versäumt, die anderen Verfahrensbeteiligten durch Übermittlung einer Ausfertigung der Beschwerdeschrift über die Einlegung zu unterrichten. Eine **fehlende Unterrichtung** bleibt **folgenlos** (OLG Düsseldorf vom 5.7.2012, VII-Verg 13/12; OLG Naumburg vom 2.8.2012, 2 Verg 3/12). Es handelt sich bei der Unterrichtungsverpflichtung um eine formale Ordnungsvorschrift, die der Beschleunigung des Beschwerdeverfahrens dient, ohne insoweit konstitutive Bedeutung zu erlangen (OLG Dresden vom 17.6.2005, W Verg 8/05). 36

Dementsprechend erübrigt sich auch nicht die amtliche Zustellung der Beschwerdeschrift durch das Beschwerdegericht, auch wenn ein Beschwerdeführer seiner Unterrichtungsverpflichtung nachgekommen ist (BayObLG vom 22.1.2002, Verg 18/01). Das **Beschwerdegericht** muss die Beschwerdeschrift entsprechend § 521 ZPO den anderen Beteiligten **zustellen**. 37

2. Keine Voraussetzungen für Verlängerung des Zuschlagsverbots

Die sofortige Beschwerde hat gegenüber der Entscheidung der Vergabekammer zunächst auf zwei Wochen befristet aufschiebende Wirkung (§ 118 Abs. 1 Satz 1 und 2 GWB). Hat die Vergabekammer den Nachprüfungsantrag zurückgewiesen, ist ein Zuschlag damit erst einmal nicht möglich. Dieser sogenannte **Suspensiveffekt** ist nicht davon abhängig, dass die **Gegenseite von dem eingelegten Rechtsmittel Kenntnis** hat. Es gibt keinen Anhaltspunkt im GWB dafür, dass die aufschiebende Wirkung von der Erfüllung der Unterrichtungspflicht des Beschwerdeführers gegenüber den übrigen Verfahrensbeteiligten abhängig sein sollte. Die kraft Gesetzes mit Einlegung der Beschwerde eintretende Aufrechterhaltung des Zuschlagsverbots bleibt von der Unterrichtung der anderen Verfahrensbeteiligten unberührt (OLG Dresden vom 17.6.2005, W Verg 8/05). 38

Der Auffassung, dass das Zuschlagsverbot mit Ablauf der Beschwerdefrist erlischt, wenn die Vergabestelle bis dahin keine Kenntnis von dem rechtzeitig eingelegten Rechtsmittel des Beschwerdeführers hat, ist abzulehnen (so aber OLG Naumburg vom 16.7.2002, 1 Verg 10/02). Eine entsprechende Bedeutung kommt der Unterrichtung nach Abs. 4 weder nach dem Wortlaut dieser Bestimmung zu, 39 noch gibt es Anhaltspunkte für einen entsprechenden gesetzgeberischen Willen (s. BT-Drucks. 13/9340, S. 21). Auch § 118 Abs. 1 Satz 1 GWB stellt allein auf die sofortige Beschwerde und nicht auf die Unterrichtung der übrigen Verfahrensbeteiligten ab. Eine andere Betrachtung würde auch zu Schwierigkeiten führen, etwa wenn ein Beschwerdeführer die Rechtsmittelfrist ausschöpft und nach Einlegung der sofortigen Beschwerde unmittelbar vor Fristablauf um 24:00 Uhr die anderen Verfahrensbeteiligten erst nach Mitternacht unterrichtet.

 Die Unterrichtungspflicht gegenüber den anderen Verfahrensbeteiligten ist ernst zu nehmen. Die sofortige Beschwerde sollte daher zur Kenntnisnahme per Fax an die anderen Verfahrensbeteiligten versandt werden.

§ 118 Wirkung

(1) ¹Die sofortige Beschwerde hat aufschiebende Wirkung gegenüber der Entscheidung der Vergabekammer. ²Die aufschiebende Wirkung entfällt zwei Wochen nach Ablauf der Beschwerdefrist. ³Hat die Vergabekammer den Antrag auf Nachprüfung abgelehnt, so kann das Beschwerdegericht auf Antrag des Beschwerdeführers die aufschiebende Wirkung bis zur Entscheidung über die Beschwerde verlängern.

(2) ¹Das Gericht lehnt den Antrag nach Absatz 1 Satz 3 ab, wenn unter Berücksichtigung aller möglicherweise geschädigten Interessen die nachteiligen Folgen einer Verzögerung der Vergabe bis zur Entscheidung über die Beschwerde die damit verbundenen Vorteile überwiegen. ²Bei der Abwägung ist das Interesse der Allgemeinheit an einer wirtschaftlichen Erfüllung der Aufgaben des Auftraggebers zu berücksichtigen; bei verteidigungs- oder sicherheitsrelevanten Aufträgen im Sinne des § 99 Absatz 7 sind zusätzlich besondere Verteidigungs- und Sicherheitsinteressen zu berücksichtigen. ³Das Gericht berücksichtigt bei seiner Entscheidung auch die Erfolgsaussichten der Beschwerde, die allgemeinen Aussichten des Antragstellers im Vergabeverfahren, den Auftrag zu erhalten, und das Interesse der Allgemeinheit an einem raschen Abschluss des Vergabeverfahrens.

(3) Hat die Vergabekammer dem Antrag auf Nachprüfung durch Untersagung des Zuschlags stattgegeben, so unterbleibt dieser, solange nicht das Beschwerdegericht die Entscheidung der Vergabekammer nach § 121 oder § 123 aufhebt.

Literatur: Siehe die Literaturangaben bei § 116 GWB.

Übersicht

A. Allgemeines 1–9	II. Die zu berücksichtigenden Interessen (Abs. 2 Satz 2 und 3) 39–58
I. Wirkungen der sofortigen Beschwerde 1–2	1. Abwägung der betroffenen Interessen im Einzelfall 39–40
II. Das Gesetzgebungsverfahren zum Vergaberechtsänderungsgesetz 1998 3	2. Die Erfolgsaussichten der sofortigen Beschwerde 41–44
III. Das Gesetzgebungsverfahren zur Modernisierung des Vergaberechts 2009 4–9	a) Keine vorrangige Bedeutung 41
B. Aufschiebende Wirkung der sofortigen Beschwerde (Abs. 1) 10–37	b) Abweisung des Eilantrags, wenn die sofortige Beschwerde keine Aussicht auf Erfolg hat 42–43
I. Die aufschiebende Wirkung 10–14	c) Abwägung aller berührten Interessen, wenn die sofortige Beschwerde Aussicht auf Erfolg hat 44
1. Gesetzliche Anordnung des Suspensiveffekts (Abs. 1 Satz 1) 10–13	3. Wirtschaftliche Aufgabenerfüllung des Auftraggebers 45–50
2. Dauer der aufschiebenden Wirkung (Abs. 1 Satz 2) 14	4. Aussichten des Antragstellers im Vergabeverfahren, den Zuschlag zu erhalten 51–53
II. Antrag auf Verlängerung der aufschiebenden Wirkung (Abs. 1 Satz 3) 15–37	5. Interesse der Allgemeinheit an einem raschen Abschluss des Vergabeverfahrens 54–56
1. Einstweiliges Rechtsschutzverfahren ... 15–16	6. Schwerwiegende Interessen im Einzelfall .. 57–58
2. Zweck des Eilantrags 17	III. Beendigung des Beschwerdeverfahrens ohne Hauptsacheentscheidung 59
3. Zulässigkeit 18–29	D. Zuschlagsverbot bei Untersagung des sofortigen Zuschlags durch die Vergabekammer (Abs. 3) 60–61
a) Antragsvoraussetzungen 18	E. Erlass anderer vorläufiger Rechtsschutzmaßnahmen 62–64
b) Fallkonstellationen 19–29	F. Kosten 65–67
aa) (Umstrittene) Zuschlagserteilung ... 19–20	
bb) Wiederholung der Angebotswertung 21–26	
cc) Aufhebung des Vergabeverfahrens 27–29	
4. Zeitpunkt der Antragstellung 30–31	
5. Antragsberechtigte 32–37	
C. Maßstab für die Entscheidung (Abs. 2) 38–59	
I. Die Grundstruktur der Abwägungsentscheidung (Abs. 2 Satz 1) 38	

A. Allgemeines

I. Wirkungen der sofortigen Beschwerde

Die Einlegung einer sofortigen Beschwerde bewirkt, dass zunächst vollendete Tatsachen zu Lasten eines Verfahrensbeteiligten nicht geschaffen werden können. Das Vergabeverfahren ist vorläufig –

1

wie im Nachprüfungsverfahren vor der Vergabekammer nach Zustellung des Nachprüfungsantrags – gehemmt. Eine wirksame Zuschlagserteilung ist daher nach Einlegung der sofortigen Beschwerde nicht möglich, selbst wenn ein gegen die beabsichtigte Zuschlagserteilung eingelegter Nachprüfungsantrag vor der Vergabekammer erfolglos geblieben ist. Das Rechtsmittel führt dazu, dass die Entscheidung der Vergabekammer unabhängig davon, wie sie ausgefallen ist, nicht sofort vollzogen werden kann. § 118 gibt der sofortigen Beschwerde damit einen adäquaten sogenannten Suspensiveffekt und sorgt dafür, dass der gerichtliche Rechtsschutz nicht zu spät kommt (BT-Drucks. 13/9340, S. 21).

2   Die **Wirkung** der sofortigen Beschwerde unterscheidet sich dabei **je nachdem,** ob die Vergabekammer den **Antrag auf Nachprüfung abgelehnt oder durch Untersagung des Zuschlags stattgegeben** hat. Ist ein Nachprüfungsantrag in der ersten Instanz negativ beschieden worden, entfällt die mit der sofortigen Beschwerde verbundene aufschiebende Wirkung zwei Wochen nach Ablauf der Beschwerdefrist, wenn nicht das Beschwerdegericht zuvor auf gesonderten Antrag die aufschiebende Wirkung bis zur Hauptsacheentscheidung verlängert (**Abs. 1**). Hat die Vergabekammer dem Nachprüfungsantrag durch Untersagung des Zuschlags stattgegeben, kommt der Einlegung des Rechtsmittels der sofortigen Beschwerde insoweit aufschiebende Wirkung zu, als ein Zuschlag bis zum Abschluss des Beschwerdeverfahrens oder bis zu einer Vorabentscheidung über den Zuschlag zu unterbleiben hat (**Abs. 3**).

Hat die Vergabekammer einen Antrag auf Nachprüfung abgelehnt, entfällt die aufschiebende Wirkung der sofortigen Beschwerde zwei Wochen nach Ablauf der Beschwerdefrist, so dass ein Antrag auf Verlängerung der aufschiebenden Wirkung gemäß Abs. 1 Satz 3 erforderlich ist.
Demgegenüber ist eine Zuschlagserteilung grundsätzlich nicht möglich, wenn die Vergabekammer dem Auftraggeber die Erteilung eines Zuschlags untersagt hat. Der öffentliche Auftraggeber hat den Abschluss des Beschwerdeverfahrens abzuwarten oder einen Antrag auf Vorabentscheidung über den Zuschlag gemäß § 121 GWB zu stellen.

II. Das Gesetzgebungsverfahren zum Vergaberechtsänderungsgesetz 1998

3   Die Wirkung der sofortigen Beschwerde war im Gesetzgebungsverfahren zum Vergaberechtsänderungsgesetz 1998 umstritten. Während der **Regierungsentwurf** zunächst von einer umfassenden aufschiebenden Wirkung bis zu einer etwaigen Entscheidung über einen Antrag auf Vorabgestattung, sonst bis zur Entscheidung in der Hauptsache ausging (s. § 128 des Gesetzentwurfs, BT-Drucks. 13/9340, S. 8), schlug der **Bundesrat** vor, dass jedenfalls dann, wenn die Vergabekammer die sofortige Gestattung des Zuschlags gewährt hat, das Rechtsmittel keine aufschiebende Wirkung haben soll (BR-Drucks. 647/97, S. 16 f.). Die schließlich **Gesetz gewordene Bestimmung**, welche die aufschiebende Wirkung der sofortigen Beschwerde bei einem zurückweisenden Beschluss der Vergabekammer zunächst auf zwei Wochen begrenzt, stellt einen **Kompromiss** dar. Ein automatischer Suspensiveffekt wurde als für die Auftraggeber zu belastend empfunden. Die Regelung soll beschleunigend wirken und dennoch einen effektiven Rechtsschutz für die Unternehmen gewähren (BT-Drucks. 13/10328, S. 29).

III. Das Gesetzgebungsverfahren zur Modernisierung des Vergaberechts 2009

4   Im Rahmen des Gesetzgebungsverfahrens zur Modernisierung des Vergaberechts sind zwei maßgebliche Änderungen der Regelungen in § 118 intensiv diskutiert worden. Zum einen stand eine erhebliche Verkürzung der Dauer der mit einer sofortigen Beschwerde verbundenen aufschiebenden Wirkung gegenüber einer abweisenden Entscheidung der Vergabekammer im Raum. Der **Gesetzentwurf der Bundesregierung** für das Gesetz zur Modernisierung des Vergaberechts sah vor, dass die Dauer der aufschiebenden Wirkung der sofortigen Beschwerde aus Gründen der Verfahrensbeschleunigung von zwei Wochen auf eine Woche halbiert wird (BR-Drucks. 349/08, S. 11, 45). Allerdings wäre eine Prüfung der sofortigen Beschwerde durch die Oberlandesgerichte innerhalb dieser

kurzen Frist nicht mehr sichergestellt gewesen. Der Bundesrat wandte sich daher im Ergebnis erfolgreich gegen die vorgesehene, nicht mehr praktikable Fristverkürzung (BR-Drucks. 16/11428, S. 22, 51). Es ist deshalb dabei geblieben, dass die aufschiebende Wirkung der sofortigen Beschwerde zwei Wochen nach Ablauf der Beschwerdefrist entfällt.

Zum anderen sollten die Interessen öffentlicher Auftraggeber an einem raschen Abschluss des Vergabeverfahrens bei einer gerichtlichen Entscheidung über die Verlängerung des Zuschlagsverbots gemäß Abs. 1 Satz 3 stärker berücksichtigt werden. Die bisherige Vorgabe, nach der den Erfolgsaussichten der Beschwerde besondere Berücksichtigung zu schenken war, hat der Gesetzgeber geändert. Der von den Beschwerdegerichten zu beachtende Prüfungsmaßstab wurde umfassend neu gestaltet. Während nach den Regelungen des Vergaberechtsänderungsgesetzes 1998 vor allem die Erfolgsaussichten der sofortigen Beschwerde für die Frage maßgeblich waren, ob das Beschwerdegericht einem Antrag auf Verlängerung der aufschiebenden Wirkung stattgibt, stehen nunmehr **alle berührten Interessen** bei der Entscheidung **gleichrangig nebeneinander**. Im Gesetz selbst ausdrücklich benannt sind neben den **Erfolgsaussichten der Beschwerde** auch die **allgemeinen Aussichten des Antragstellers, den Auftrag im Vergabeverfahren zu erhalten**, und das **Interesse der Allgemeinheit an einem raschen Abschluss des Vergabeverfahrens (Abs. 2 Satz 3)**. Das Gesetz wurde ferner um den ausdrücklichen Hinweis ergänzt, dass bei der erforderlichen Abwägung auch die Interessen der Allgemeinheit an einer wirtschaftlichen Erfüllung der Aufgaben des Auftraggebers zu berücksichtigen sind (**Abs. 2 Satz 2**).

Nach dem **Regierungsentwurf** sollte allerdings ein **überwiegendes Interesse der Allgemeinheit** bereits dann vorliegen, wenn die **wirtschaftliche Aufgabenerfüllung durch den Auftraggeber** aufgrund der mit dem Beschwerdeverfahren verbundenen Vergabeverzögerung **gefährdet** ist. Dies entsprach den Kriterien für die Entscheidung über die Gestattung der Zuschlagserteilung nach § 115 Abs. 2 GWB gemäß den Vorschlägen der Bundesregierung (BR-Drucks. 349/08, S. 11, 45). Zur Begründung stützt sich der Regierungsentwurf darauf, dass gerade bei großen Bauvorhaben Nachprüfungsverfahren zu Zeitverlusten führen, die das Vorhaben erheblich verteuern. In einem solchen Fall solle eine Interessenabwägung ergeben, dass das Interesse des Bieters an der Verhinderung des Zuschlags und seiner Beauftragung gegenüber dem öffentlichen Interesse des Auftraggebers an einer zügigen Fertigstellung unter Einhaltung des Kostenrahmens zurückstehen müsse (BR-Drucks. 349/08, S. 44).

Dem ist der **Bundesrat** im Gesetzgebungsverfahren zu Recht entgegengetreten, da die **überwiegende Berücksichtigung rein wirtschaftlicher Interessen** des Auftraggebers gegen die europarechtlichen Vorgaben verstoßen dürfte. So können nach der neuen Rechtsmittelrichtlinie 2007/66/EG wirtschaftliche Gründe für die Wirksamkeit eines Vertrages nur dann als zwingende Gründe gelten, wenn die Unwirksamkeit in Ausnahmesituationen unverhältnismäßige Folgen hätte. Auch dürfen die wirtschaftlichen Interessen in unmittelbarem Zusammenhang mit dem betreffenden Vertrag nicht als zwingende Gründe eines Allgemeininteresses gelten, da die Kosten einer Verschiebung der Ausführungszeit nach dem Vorschlag der Bundesregierung sonst nahezu immer einen Zuschlag ermöglichen würden (BR-Drucks. 349/08 (B), S. 19).

Darüber hinaus waren auch die **Vorgaben des Bundesverfassungsgerichts** für den vergaberechtlichen Rechtsschutz zu beachten. Demnach ist bereits aufgrund der **europarechtlichen Vorgaben** sicherzustellen, dass rechtswidrige Entscheidungen der Vergabebehörden möglichst rasch wirksam nachgeprüft werden können. Dies gibt auch der nunmehrige Art. 1 Abs. 1 Satz 3 der Rechtsmittelrichtlinie 2007/66/EG vor. Zutreffend hat der Bundesrat im Ergebnis festgestellt, dass die von der Bundesregierung beabsichtigte Stärkung der Interessen des öffentlichen Auftraggebers an der Erfüllung seiner öffentlichen Aufgabe in wirtschaftlicher und verzögerungsfreier Weise als unzulässige Schwächung der Rechte der Bieter auf Einhaltung der europäischen Vergaberechtsbestimmungen und deren wirksamer Durchsetzung auf der Grundlage der zu beachtenden Rechtsmittelrichtlinie abzielt und auch von den verfassungsrechtlichen Vorgaben nicht mehr gedeckt ist (BR-Drucks. 349/08 (B), S. 23 ff.).

9 In einer öffentlichen Anhörung im Gesetzgebungsverfahren hatten auch Sachverständige vorgebracht, dass eine Vorwegnahme des Ergebnisses der durch das Beschwerdegericht vorzunehmenden Abwägung bei einer Gefährdung der wirtschaftlichen Aufgabenerfüllung bedenklich wäre. Dem hat der Gesetzgeber mit der Gesetz gewordenen Neufassung schließlich Rechnung getragen (BT-Drucks. 16/11428 vom 17.12.2008, S. 51).

B. Aufschiebende Wirkung der sofortigen Beschwerde (Abs. 1)
I. Die aufschiebende Wirkung
1. Gesetzliche Anordnung des Suspensiveffekts (Abs. 1 Satz 1)

10 Die sofortige Beschwerde hat aufschiebende Wirkung gegenüber der Entscheidung der Vergabekammer, wie aus Abs. 1 Satz 1 folgt. Dies bedeutet, dass eine Vollziehung der Entscheidung der Vergabekammer, die in Form eines Verwaltungsakts ergeht, zunächst **gehemmt** ist. Dieser **Suspensiveffekt** erfasst nach dem Gesetzeswortlaut sowohl **stattgebende** als auch **abweisende Entscheidungen der Vergabekammer**. Dies führt aber nicht dazu, dass ein vor der Vergabekammer erfolgreicher Antragsteller durch die Einlegung des Rechtsmittels der sofortigen Beschwerde durch den öffentlichen Auftraggeber befürchten müsste, dass dieser die aufschiebende Wirkung für eine Zuschlagsentscheidung nutzt. Abs. 3 stellt klar, dass ein Zuschlag grundsätzlich bis zur Entscheidung des Beschwerdegerichts zu unterbleiben hat, wenn die Vergabekammer dem Nachprüfungsantrag durch Untersagung des Zuschlags stattgegeben hat.

11 Nach dem Wortlaut des Abs. 1 Satz 1 tritt die aufschiebende Wirkung **kraft Gesetzes** mit der sofortigen Beschwerde ein. Auf die **Erfolgsaussichten des Rechtsmittels** kommt es **nicht** an, was auch gilt, wenn es offensichtlich unbegründet ist. Hierfür spricht nicht nur die zeitliche Befristung der gesetzlich vorgesehenen aufschiebenden Wirkung, so dass es einem Auftraggeber zuzumuten ist, ggf. die Entscheidung des Beschwerdegerichts über einen Antrag auf Verlängerung der aufschiebenden Wirkung abzuwarten (Immenga/Mestmäcker/*Stockmann*, § 118 GWB Rn. 4). Auch aus Gründen der Rechtssicherheit kann die aufschiebende Wirkung nicht davon abhängig gemacht werden, dass das Rechtsmittel nicht bereits offensichtlich unzulässig ist. Ein öffentlicher Auftraggeber würde hier möglicherweise aufgrund seiner Interessen als Verfahrensbeteiligter nicht nur vorschnell zu falschen Ergebnissen kommen. Da beispielsweise die Frist für die Einlegung der sofortigen Beschwerde von den individuellen Zustellungszeitpunkten gegenüber den Verfahrensbeteiligten abhängt, kann bei immer möglichen unterschiedlichen Zustellungszeitpunkten auch nicht ohne weiteres von einem bereits verfristeten Rechtsmittel ausgegangen werden. Da auch dem Gesetzeswortlaut keine Einschränkung dahingehend zu entnehmen ist, dass die aufschiebende Wirkung davon abhängen soll, dass das Rechtsmittel nicht offensichtlich unzulässig ist, kann es hierauf demnach nicht ankommen.

12 Der mit der sofortigen Beschwerde verbundene **Suspensiveffekt** hängt **nicht** von einer **Zustellung der Beschwerdeschrift** ab. Das im Nachprüfungsverfahren geltende gesetzliche Zuschlagsverbot nach § 115 Abs. 1 GWB dauert bis zum Ablauf der Beschwerdefrist an und verlängert sich im Fall einer rechtzeitigen Beschwerdeeinlegung durch den erstinstanzlich unterlegenen Antragsteller von Gesetzes wegen um weitere zwei Wochen (OLG Düsseldorf vom 6.8.2001, Verg 28/01). Es ist dementsprechend nach richtiger Auffassung nicht relevant, dass der Beschwerdegegner von der Einlegung des Rechtsmittels – etwa durch Unterrichtung gemäß § 117 Abs. 4 GWB – weiß. Der demgegenüber vom OLG Naumburg vertretenen Auffassung, dass die Verlängerung des Zuschlagsverbots des § 115 Abs. 1 GWB gemäß Abs. 1 Satz 1 daran gebunden sei, dass die jeweilige Vergabestelle rechtzeitig über die Einlegung des Rechtsmittels unterrichtet wird, ist nicht zu folgen (OLG Naumburg vom 16.7.2002, 1 Verg 10/02; OLG Naumburg vom 16.1.2003, 1 Verg 10/02). Zwar ist es zutreffend, dass sich ein Bieter eigenverantwortlich um den effektiven Schutz seiner Rechte bemühen muss. Hieraus kann aber nicht gefolgert werden, dass einem öffentlichen Auftraggeber ein Zuschlag möglich sein soll, wenn ein beschwerdeführendes Unternehmen seinen Obliegenheiten zur Unterrichtung über die Einlegung des Rechtsmittels gemäß § 117 Abs. 4 GWB nicht nachgekommen ist. Bereits der Gesetzeswortlaut bietet für ein derartiges Verständnis keine Stütze. Der Gesetzgeber hat auch im Zuge des Gesetzes zur Modernisierung des Vergaberechts auf eine klarstellende Anpassung im Sinne der Rechtsprechung des OLG Naumburg verzichtet. Dies ist auch sachgerecht, da es anderenfalls ein Auftraggeber durch Bestreiten der Übermittlung des Beschwerdeschriftsatzes per Telefax oder gar durch Zugangsvereitelung in der Hand hätte, den Eintritt der aufschiebenden Wirkung zu verhindern. Ob und wann eine Vergabestelle von der Einlegung des Rechtsmittels vor förmlicher Zustellung durch das Beschwerdegericht durch eine Faxübermittlung durch den Beschwerdeführer Kenntnis nimmt, ist vielfach ungewiss und wird in der Regel durch den Beschwerdeführer nicht nachweisbar sein. Auch angesichts der Bestätigung der bisherigen Rechtslage durch die letzten Änderungen des Vergaberechts dürfte die vom OLG Naumburg vertretene andere Auffassung kaum mehr haltbar sein. Eine diesbezüglich klarstellende Entscheidung dieses Vergabesenats bleibt allerdings noch abzuwarten.

Die aufschiebende Wirkung der sofortigen Beschwerde **verlängert** das gesetzliche **Zuschlagsverbot** nach § 115 Abs. 1 GWB. Der Suspensiveffekt der sofortigen Beschwerde ist vom Vorliegen des vorherigen gesetzlichen Zuschlagsverbots im Nachprüfungsverfahren abhängig und setzt damit die **Zustellung des Nachprüfungsantrags** durch die Vergabekammer voraus (OLG Naumburg vom 16.1.2003, 1 Verg 10/02). Ein Suspensiveffekt kommt nur dann in Betracht, wenn zuvor durch Zustellung des Nachprüfungsantrags das Zuschlagsverbot gemäß § 115 Abs. 1 GWB ausgelöst wurde. Ist der **Nachprüfungsantrag** von der Vergabekammer ohne dessen Zustellung an die Vergabestelle als **offensichtlich unzulässig** verworfen worden, ist **kein Zuschlagsverbot** eingetreten, das in der Beschwerdeinstanz verlängert werden könnte. In einem solchen Fall ist vorläufiger Rechtsschutz nur durch die erstmalige Inkraftsetzung des Zuschlagsverbots entsprechend § 115 Abs. 1 GWB durch Nachholung der Zustellung des Nachprüfungsantrags durch das Beschwerdegericht möglich (OLG Koblenz vom 25.3.2002, 1 Verg 1/02; KG vom 10.12.2002, KartVerg 16/02). Ein Antrag auf Verlängerung der aufschiebenden Wirkung gemäß Abs. 1 Satz 3 ist für sich selbst genommen bei einer **unterbliebenen Zustellung** des Nachprüfungsantrags nicht geeignet, die Rechte eines in erster Instanz unterlegenen Bieters bis zu einer Entscheidung über die Beschwerde in der Hauptsache zu wahren, weil diese Maßnahme an das durch die Zustellung des Nachprüfungsantrags bewirkte Zuschlagsverbot anknüpft. Ist eine solche unterblieben, entspricht es dem Gebot effektiven Rechtsschutzes, die Zustellung nachzuholen, wenn die Entscheidung der Vergabekammer der Korrektur bedarf (KG vom 10.12.2002, KartVerg 16/02). Ist eine Zustellung des Nachprüfungsantrags in der ersten Instanz unterblieben, ist ein **Antrag auf Verlängerung der aufschiebenden Wirkung** dahingehend **auszulegen**, dass der **Nachprüfungsantrag durch das Beschwerdegericht zugestellt** wird (OLG Koblenz vom 25.3.2002, 1 Verg 1/02).

 Hat die Vergabekammer von einer Zustellung des Nachprüfungsantrags als offensichtlich unzulässig oder unbegründet abgesehen, muss das gesetzliche Zuschlagsverbot des § 115 Abs. 1 GWB zunächst durch eine Zustellung des Nachprüfungsantrags durch das Beschwerdegericht bewirkt werden. In einem solchen Fall ist die Zustellung für das Entstehen des Zuschlagsverbots konstitutiv.

2. Dauer der aufschiebenden Wirkung (Abs. 1 Satz 2)

Zwei Wochen nach Ablauf der Beschwerdefrist entfällt die aufschiebende Wirkung, wie Abs. 1 Satz 2 klarstellt. Wird rechtzeitig ein Rechtsmittel gegen die Entscheidung der Vergabekammer eingelegt, ist demnach unter Berücksichtigung der Beschwerdefrist ein **Zuschlag bis Ablauf von vier Wochen nach Zustellung der Entscheidung der Vergabekammer** nicht möglich. Für den Fristenlauf ist auf den Beginn der Beschwerdefrist durch Zustellung der Entscheidung der Vergabekammer beim Beschwerdeführer abzustellen. Für die Berücksichtigung einer länger laufenden Frist, wenn den anderen Verfahrensbeteiligten die Entscheidung der Vergabekammer erst zu einem späteren Zeitpunkt zugestellt wurde, gibt es keinen Anlass (so aber Immenga/Mestmäcker/*Stockmann*, § 118 GWB Rn. 9). Ein unter Verstoß gegen die mit der sofortigen Beschwerde verbundene aufschiebende Wirkung erteilter Zuschlag wäre nach § 134 BGB wegen Verstoßes gegen ein gesetzliches Verbot nichtig.

II. Antrag auf Verlängerung der aufschiebenden Wirkung (Abs. 1 Satz 3)

1. Einstweiliges Rechtsschutzverfahren

15 Auf Antrag des Beschwerdeführers kann die aufschiebende Wirkung der sofortigen Beschwerde bis zur Entscheidung in der Hauptsache verlängert werden, wenn die Vergabekammer den Antrag auf Nachprüfung abgelehnt hat. Eine weitere **Verlängerung des Zuschlagsverbots nach § 115 Abs. 1 GWB** kann damit vom Beschwerdegericht **nicht von Amts wegen** ausgesprochen werden. Bei der Entscheidung über einen entsprechenden Antrag ist der in Abs. 2 vorgegebene Entscheidungsmaßstab zu berücksichtigen. Eine entsprechende Anordnung bewirkt ein prozessuales, bis zum Abschluss des Beschwerdeverfahrens ohne weiteres Zutun des Antragstellers bestehendes Zuschlagsverbot, um die Effektivität des vom Antragsteller nachgesuchten Rechtsschutzes zu sichern (OLG Naumburg vom 7.3.2008, 1 Verg 1/08).

16 Ein Antrag auf Verlängerung der aufschiebenden Wirkung stellt einen **Eilantrag** dar, über den das Beschwerdegericht innerhalb der Frist des gesetzlich einstweilen verlängerten Zuschlagsverbots nach Abs. 1 Satz 2 zu entscheiden hat. Ergeht eine Entscheidung erst später, ist der Zuschlag frei, so dass der jeweilige Beschwerdeführer seinen Anspruch auf effektiven Primärrechtsschutz nicht mehr realisieren kann, wenn der Auftraggeber den Auftrag unmittelbar nach Ablauf der zunächst nur zweiwöchigen Zuschlagssperre erteilt hat. Nach einem wirksamen Zuschlag könnte er nur noch die Rechtswidrigkeit der Zuschlagsentscheidung durch das Beschwerdegericht feststellen lassen, um ggf. in einem weiteren Schritt gegenüber dem Auftraggeber Schadensersatz geltend zu machen. Das Verfahren zur Entscheidung über die Verlängerung des Zuschlagsverbots stellt sich damit als ein Verfahren des einstweiligen Rechtsschutzes dar, mit welchem der Status quo bis zur Hauptsacheentscheidung gesichert wird (OLG Düsseldorf vom 13.1.2003, Verg 67/02). Das angerufene Oberlandesgericht trifft seine Entscheidung dementsprechend lediglich auf Basis einer **vorläufigen rechtlichen Beurteilung nach summarischer Prüfung der Rechts- und Tatsachenlage**, wie sie sich im **Zeitpunkt der Entscheidung** darstellt (OLG Düsseldorf vom 5.10.2000, Verg 14/00). Die Durchführung einer mündlichen Verhandlung über den Eilantrag ist nicht erforderlich (so etwa OLG Jena vom 28.6.2000, 6 Verg 2/00). Bei einer hohen Komplexität des zu überprüfenden Sachverhalts mit einer Vielzahl von schwierigen und erörterungsbedürftigen Rechtsfragen sollte allerdings nicht ohne mündliche Verhandlung entschieden werden (OLG Düsseldorf vom 19.9.2012, VII-Verg 31/12).

2. Zweck des Eilantrags

17 Ziel eines beim Beschwerdegericht zu stellenden Antrags auf Verlängerung der aufschiebenden Wirkung ist es, die durch die Zustellung des Nachprüfungsantrags bewirkte **Zuschlagssperre über den** in Abs. 1 Satz 2 bezeichneten **Zeitraum von zwei Wochen hinaus** für die Dauer des Beschwerdeverfahrens aufrechtzuerhalten. Nach der Intention des Gesetzgebers bei Schaffung des § 118 bezweckt die Anordnung der Verlängerung der aufschiebenden Wirkung generell eine allgemeine Zuschlagssperre (OLG Naumburg vom 3.4.2012, 2 Verg 3/12). Durch die Verlängerung der aufschiebenden Wirkung soll verhindert werden, dass eine Vergabestelle nach Ablauf der Frist des Abs. 1 Satz 2 durch Erteilung des Zuschlags an einen anderen Bieter vollendete Tatsachen schafft. Da ein wirksam erteilter Zuschlag nach § 114 Abs. 2 GWB nicht mehr aufgehoben werden kann, bliebe ein Antragsteller und Beschwerdeführer sonst auf Schadensersatzansprüche im Wege des sogenannten Sekundärrechtsschutzes (zum Begriff s. Rn. 19) angewiesen (OLG München vom 5.11.2007, Verg 12/07). Dementsprechend ist der Normzweck des Abs. 1 Satz 3 in engem Zusammenhang mit dem gesetzlichen Zuschlagsverbot nach § 115 Abs. 1 GWB zu sehen. Eine Verlängerung des Zuschlagsverbots kann über die Beschwerdefrist und die zunächst auf zwei Wochen befristete aufschiebende Wirkung des Rechtsmittels hinaus nur durch eine gerichtliche Entscheidung auf Antrag des Beschwerdeführers bewirkt werden (OLG Düsseldorf vom 16.11.2010, VII-Verg 50/10; OLG Düsseldorf vom 6.8.2001, Verg 28/01).

3. Zulässigkeit

a) Antragsvoraussetzungen

Ein Antrag auf Verlängerung der aufschiebenden Wirkung kann nur dann gestellt werden, wenn die Vergabekammer den **Nachprüfungsantrag abgelehnt** hat (OLG Düsseldorf vom 27.7.2006, Verg 33/06). Bei der Zulässigkeitsprüfung des Eilantrags kommt es dann nicht auf die Zulässigkeit oder Begründetheit des Rechtsmittels der Beschwerde als solche an, da die Erfolgsaussichten der sofortigen Beschwerde in die Begründetheitsprüfung und die Abwägung der Interessen einfließt (OLG Naumburg vom 3.4.2012, 2 Verg 3/12). Wurde dem Nachprüfungsantrag stattgegeben, besteht durch die Entscheidung der Vergabekammer die Zuschlagssperre bereits gemäß Abs. 3 fort. Eine Zuschlagsgestattung ist dann nur über einen Antrag nach § 121 GWB durch Vorabentscheidung über den Zuschlag möglich, wobei dieses Rechtsmittel nach dem Wortlaut dieser Bestimmung dem Auftraggeber und dem für den Zuschlag vorgesehenen Unternehmen zusteht.

b) Fallkonstellationen

aa) (Umstrittene) Zuschlagserteilung

Ein Antrag gemäß Abs. 1 Satz 3 ist nicht mehr statthaft, wenn das **Vergabeverfahren zwischenzeitlich durch (wirksamen) Zuschlag abgeschlossen** wurde (OLG Naumburg vom 16.7.2002, 1 Verg 10/02; OLG Düsseldorf vom 6.8.2001, Verg 28/01). Das Rechtsschutzziel einer Verlängerung des Zuschlagsverbots kann schon objektiv nicht mehr erreicht werden. Das Beschwerdeverfahren ist dann gemäß § 123 Satz 2 GWB als Feststellungsverfahren entsprechend § 114 Abs. 2 GWB fortzuführen. Das Gericht kann nur noch prüfen und entscheiden, ob die Zuschlagserteilung vergaberechtswidrig erfolgte und den Beschwerdeführer in seinen Rechten verletzt. Etwaige Schadensersatzansprüche sind dann ggf. in einem eigenen zivilprozessualen Verfahren durchzusetzen (**sekundärer Rechtsschutz**). Wird die sofortige Beschwerde oder ein Antrag auf Verlängerung des Zuschlagsverbots zu spät gestellt, geht dies zu Lasten des Beschwerdeführers.

Für einen Eilantrag gemäß Abs. 1 Satz 3 ist aber Raum, wenn es in dem Nachprüfungsverfahren um die **Frage** geht, ob ein **bereits erteilter Zuschlag wirksam** ist (OLG Jena vom 8.6.2000, 6 Verg 2/00). Anderenfalls könnte der Auftraggeber das Auslaufen der aufschiebenden Wirkung der sofortigen Beschwerde dazu nutzen, zum Nachteil des Antragstellers durch eine Zuschlagswiederholung vollendete Fakten zu schaffen (a.A. OLG Düsseldorf vom 30.5.2012, VII-Verg 15/12).

Ist unklar, ob der Zuschlag wirksam ist, kann ein schützenswertes Interesse des Beschwerdeführers bestehen, dass auch die Nachholung eines dann wirksamen Zuschlags mit Auslaufen der aufschiebenden Wirkung gemäß Abs. 1 Satz 2 unterbleibt.

bb) Wiederholung der Angebotswertung

Gibt die Vergabekammer der Vergabestelle auf, die Angebotswertung unter Berücksichtigung der Rechtsauffassung der Vergabekammer zu wiederholen, besteht das Zuschlagsverbot bereits kraft Gesetzes gemäß Abs. 3 fort, wie die weit überwiegende Rechtsprechung der Vergabesenate bestätigt. Nach dieser Vorschrift gilt dann, wenn die Vergabekammer dem Nachprüfungsantrag durch Untersagung des Zuschlags stattgegeben hat, das Zuschlagsverbot des § 115 Abs. 1 GWB so lange, bis das Beschwerdegericht die Entscheidung der Vergabekammer aufhebt (§ 123 GWB) oder dem öffentlichen Auftraggeber auf seinen Antrag hin den Zuschlag gemäß § 121 gestattet. Dieses Zuschlagsverbot besteht gleichermaßen auch, wenn die Vergabekammer dem öffentlichen Auftraggeber eine erneute Wertung unter Beachtung ihrer Rechtsauffassung aufgegeben hat. Denn durch diesen Ausspruch wird **inzident die Erteilung des Zuschlags auf Grundlage der bisherigen Angebotswertung untersagt**, so dass ein Antrag auf Verlängerung der aufschiebenden Wirkung nicht erforderlich ist. Es besteht kein Rechtsschutzinteresse für den Eilantrag. Dies gilt auch im Fall einer sofortigen Beschwerde durch das ursprünglich für den Zuschlag vorgesehene, zum Nachprüfungsverfahren beigeladene Unternehmen. Ein Auftraggeber kann während eines laufenden Beschwerdeverfahrens die Angebotswertung rechtswirksam nur für den Fall wiederholen, dass die Beschwerde – in einer solchen Konstellation: der Beigeladenen – zurückgewiesen wird. Hat die Beschwerde der Beigeladenen hingegen Erfolg, verliert eine vom Auftraggeber nach Maßgabe der Kammerentscheidung durchgeführte erneute Angebotswertung ihre Wirksamkeit. Durch die Beschwerdeentscheidung wird dann das Vergabeverfahren in das Stadium vor Einleitung des Nachprüfungsverfahrens – und damit zugleich in den Stand der zugunsten der Beigeladenen getroffenen Zuschlagsentscheidung – zurückversetzt (OLG Düsseldorf vom 12.7.2004, Verg 39/04).

22 Insoweit ist auch zu berücksichtigen, dass dann, wenn die Vergabekammer eine Neuwertung der Angebote angeordnet hat, eine **erneute Vorabinformation** der am Verfahren beteiligten Bieter gemäß § 101a GWB zu erfolgen hat (OLG Düsseldorf vom 5.7.2010, VII-Verg 31/10; OLG München vom 17.5.2005, Verg 9/05 zu § 13 VgV a.F.). Auch deshalb bedarf es bei einer solchen Anordnung der Vergabekammer nicht des Schutzes durch eine Verlängerung der aufschiebenden Wirkung gemäß Abs. 1 Satz 3. Der jeweils streitgegenständliche Auftrag kann nicht durch einen Zuschlag an einen anderen Bieter verloren gehen, weil die erneute Angebotswertung ihrerseits mit einem Nachprüfungsverfahren angegriffen werden kann und die Zustellung des Nachprüfungsantrags das Zuschlagsverbot nach § 115 Abs. 1 GWB auslöst (OLG Düsseldorf vom 5.7.2010, VII-Verg 31/10; OLG Düsseldorf vom 27.7.2006, Verg 33/06). Ein Auftrag, der unter Missachtung der Vorabinformation nach Durchführung der von der Vergabekammer aufgegebenen erneuten Angebotswertung erteilt würde, wäre nach § 101a GWB unwirksam und könnte einer Überprüfung durch die Nachprüfungsinstanzen nicht entgegenstehen. Daher ist für eine analoge Anwendung von Abs. 1 Satz 3 auch bei einer Antragstellung durch ein beigeladenes Unternehmen kein Raum, wenn bereits ein Zuschlagsverbot nach Abs. 3 besteht, weil dem Nachprüfungsantrag stattgegeben wurde (OLG München vom 17.5.2005, Verg 9/05). Ein Beigeladener ist grundsätzlich wegen der notwendigen Mitteilung nach § 101a GWB geschützt. Wenn aber nur zwei Bieter Angebote eingereicht haben und mit der Neuwertung die Antragstellerin den Zuschlag erhalten soll, könnte der Auftraggeber eine Information der Beigeladenen nicht für notwendig halten, weshalb ein Rechtsschutzbedürfnis für einen Antrag auf Verlängerung der aufschiebenden Wirkung bestehen kann (OLG Düsseldorf vom 22.12.2010, VII-Verg 57/10).

23 Demgegenüber vertritt allerdings das OLG Naumburg die Auffassung, dass die Anordnung der Wiederholung der Wertung und auch der Umstand, dass ein Zuschlag nicht auf absehbare Zeit erteilt werden kann, kein generelles Zuschlagsverbot gemäß Abs. 3 darstellt, sondern einen Zuschlag lediglich von weiteren Voraussetzungen abhängig macht. Da eine Wertungswiederholung auch im laufenden Rechtsschutzverfahren erfolgen könne, bejaht dieses Gericht eine prozessuale Absicherung der Effektivität des Rechtsschutzes durch **Verlängerung des Zuschlagsverbots auf Antrag** nach Abs. 1 Satz 3. Der Antragsteller hätte bei einer späteren Änderung der Sachlage keine Möglichkeit, Eilrechtsschutz zu erlangen. Dieser stelle einen **wesentlich einfacheren Weg** für einen effektiven Rechtsschutz dar, als gegen eine neue Vorabinformation gemäß § 101a GWB mit einem eigenen Nachprüfungsverfahren vorzugehen, was mit dem Risiko eines wirksamen Vertragsschlusses belastet sei (OLG Naumburg vom 7.3.2008, 1 Verg 1/08; OLG Naumburg vom 5.5.2004, 1 Verg 7/04). Ähnlich argumentiert auch das OLG München, das einen Antrag nach Abs. 1 Satz 3 für **zulässig** hält, wenn die Vergabekammer zuvor die **Aufhebung des Verfahrens** anordnet. Ein „freihändiger Vertragsschluss" sei nicht auszuschließen und der Antragsteller müsse sich nicht auf eine Auseinandersetzung über die Wirksamkeit eines solchen Vertragsschlusses verweisen lassen (OLG München vom 24.5.2006, Verg 12/06).

24 Für diese Auffassungen scheint zunächst zu sprechen, dass sie einen effektiven Rechtsschutz des antragstellenden Unternehmens bereits zu einem sehr frühen Zeitpunkt umfassend sicherstellen. Allerdings stellt sich die auch mit Verfahrenskosten verbundene Eilentscheidung des Beschwerdegerichts als eine **rein präventive Maßnahme** dar, die sich nicht auf unmittelbar drohende Gefahren für den Antragsteller bezieht. Es bedarf noch konkreter Maßnahmen des öffentlichen Auftraggebers, auf deren Grundlagen erst ein wirksamer Zuschlag möglich wäre. Bei einer derartigen Konstellation handelt es sich bei einer Verlängerung der aufschiebenden Wirkung daher schon von vornherein um eine rein vorsorgliche Maßnahme, für die ein im Eilrechtsschutz zu forderndes **Rechts-**

schutzinteresse kaum zu erkennen ist. Ein **Anordnungsgrund wegen Eilbedürftigkeit** besteht grundsätzlich (noch) **nicht**, da ein wirksamer Zuschlag zum einen erst nach erneuter Mitteilung nach § 101a GWB möglich ist. Zum anderen ist aber vorrangig auch ohnehin zu beachten, dass selbst eine erneute Vorabinformation der Entscheidung des Beschwerdegerichts nicht vorgreifen kann. Nach Abs. 3 hat ein Zuschlag vielmehr bis zum Abschluss des Beschwerdeverfahrens zu unterbleiben. Die **Anordnung einer Neuwertung** bedeutet, dass die **im Nachprüfungsverfahren streitgegenständliche Zuschlagsabsicht** des Auftraggebers **nicht realisiert** werden kann, was der Untersagung des Zuschlags gleichsteht. Eine der Entscheidung des Beschwerdegerichts vorgreifende Vergabeentscheidung ist einem öffentlichen Auftraggeber im laufenden Vergabeverfahren nicht möglich, so dass mit der überwiegenden Auffassung der Vergabesenate ein Rechtsschutzbedürfnis für einen Antrag nach Abs. 1 Satz 3 in einer solchen Konstellation abzulehnen ist.

Dies gilt auch, wenn die Vergabekammer den Auftraggeber **nach** einer mit dem Nachprüfungsverfahren angegriffenen **Aufhebungsentscheidung** zur **Fortführung des Vergabeverfahrens** verpflichtet. Auch in dieser Situation ist vor einer wirksamen Auftragserteilung eine Mitteilung nach § 101a GWB erforderlich. Im Anschluss ist ggf. durch Einleitung eines Nachprüfungsverfahrens ein Zuschlagsverbot nach § 115 Abs. 1 GWB zu realisieren, selbst wenn die Vergabekammer mit derselben Entscheidung die Verpflichtung zum Ausschluss des Angebots eines beigeladenen Unternehmens ausgesprochen hat und dieses hiergegen sofortige Beschwerde erhebt. Infolge der Beschwerde ist die von der Vergabekammer ausgesprochene Verpflichtung nicht bestandskräftig geworden (OLG Schleswig vom 1.12.2005, 6 Verg 9/05). 25

Dementsprechend ist auch im Rahmen einer **unselbständigen Anschlussbeschwerde** ein Antrag auf Verlängerung der aufschiebenden Wirkung unzulässig, wenn die Interessen der jeweiligen Antragstellerin bereits durch eine Anordnung der Vergabekammer gemäß Abs. 3 geschützt sind (OLG Jena vom 4.5.2005, 9 Verg 3/05). 26

cc) Aufhebung des Vergabeverfahrens

Ist ein Vergabeverfahren vom Auftraggeber aufgehoben worden, kann ein Zuschlag in diesem Verfahren nicht ohne **Rückgängigmachung der Aufhebung** erteilt werden. Einer gerichtlichen Verlängerung des Zuschlagsverbots bedarf es in einer solchen Situation nicht, wenn keine Bedenken gegen die Wirksamkeit der Aufhebungsentscheidung vorgebracht werden und solche auch nicht ersichtlich sind. Ein Vertragsschluss setzt die Einleitung eines neuen Vergabeverfahrens voraus (OLG Düsseldorf vom 16.11.2010, VII-Verg 50/10; OLG Düsseldorf vom 6.8.2001, Verg 28/01). Die Gefahr einer überraschenden wirksamen Zuschlagserteilung bei einer Fortführung des Vergabeverfahrens besteht nicht, da ein Vertragsschluss nicht ohne erneute Vorabinformation erfolgen kann. In der **Aufhebungsentscheidung** liegt die zumindest konkludente **Rücknahme einer bereits mitgeteilten Zuschlagsankündigung**, so dass es einer erneuten Vorabinformation bedarf, auf deren Basis erneut ein Nachprüfungsverfahren eingeleitet werden kann. 27

> Das für einen Antrag nach Abs. 1 Satz 3 erforderliche Rechtsschutzinteresse ist regelmäßig nicht gegeben, wenn die Vergabekammer die Aufhebung des Vergabeverfahrens anordnet oder ein Auftraggeber nach Abschluss des erstinstanzlichen Nachprüfungsverfahrens freiwillig zur Aufhebung greift. Ist die Aufhebung im letztgenannten Fall nach Auffassung eines Bieters rechtswidrig, ist dies gegenüber dem Auftraggeber zu rügen und ggf. in einem eigenen Nachprüfungsverfahren angreifbar.

Ein Rechtsschutzinteresse für einen Antrag auf Verlängerung der aufschiebenden Wirkung wird sich auch nicht unter Hinweis auf einen etwaigen **Suspensiveffekt** gegenüber einer bereits **eingeleiteten Neuausschreibung** begründen lassen (so aber KG vom 10.12.2002, KartVerg 16/02). Gegenstand des in der sofortigen Beschwerde zu sichernden Primärrechtsschutzes ist stets ein laufendes Vergabeverfahren. Dieser Primärrechtsschutz bezieht sich aber nicht auf etwaige künftige Vergabeverfahren (OLG Jena vom 4.5.2005, 9 Verg 3/05). Die Verlängerung der aufschiebenden Wirkung betrifft allein das im aufgehobenen Verfahren bereits eingetretene Zuschlagsverbot, während ein 28 neues Vergabeverfahren ggf. mit einem eigenen Nachprüfungsantrag anzugreifen ist. Hier ist der **Grundsatz der Akzessorietät zwischen Vergabeverfahren und Nachprüfungsverfahren** zu beachten. Gegenstand eines Nachprüfungsverfahrens ist jeweils ein konkretes formelles Vergabeverfahren. Die Eingriffsbefugnisse der Nachprüfungsinstanzen beziehen sich grundsätzlich nur auf die Maßnahmen der Vergabestelle in diesem Verfahren. Hiervon abzuweichen besteht kein zwingendes Erfordernis, wenn ein Auftraggeber nach einer mit einem Nachprüfungsverfahren angegriffenen Aufhebungsentscheidung dasselbe Vorhaben parallel bereits erneut ausschreibt (OLG Naumburg vom 31.7.2006, 1 Verg 6/06). Angesichts des ungewissen Ausgangs des Angriffs gegen die Verfahrensaufhebung ist dem antragstellenden Unternehmen zu raten, sich an der erneuten Ausschreibung gleichsam zu beteiligen. Nach der Vorabinformation gemäß § 101a GWB kann ein vorgesehener rechtswidriger Zuschlag dann in einem eigenen Nachprüfungsverfahren überprüft werden.

29 Entsprechendes gilt, wenn ein Auftraggeber das **Vergabeverfahren vor Versendung einer Vorabinformation gestoppt** hat. Befindet sich das Vergabeverfahren in einem Stadium, in welchem es nicht oder nicht ohne vorherige Unterrichtung nach § 101a GWB zu einem wirksamen Zuschlag kommen kann, verliert eine Verlängerung der aufschiebenden Wirkung als Zuschlagsverbot ihren Sinn. Für einen entsprechenden Antrag fehlt das Rechtsschutzbedürfnis (OLG Celle vom 26.4.2010, 13 Verg 4/10; OLG München vom 5.11.2007, Verg 12/07). Das OLG München scheint damit nicht mehr daran festzuhalten, dass ein effektiver Rechtsschutz nach einer Verfahrensaufhebung wegen der Gefahr einer freihändigen Vergabe durch Verlängerung der aufschiebenden Wirkung zu gewährleisten sei, ohne dass es auf die Frage der Wirksamkeit des Vertragsschlusses ankäme (so noch OLG München vom 24.5.2006, Verg 12/06).

4. Zeitpunkt der Antragstellung

30 Der Antrag gemäß Abs. 1 Satz 3 ist nicht an die Frist des § 117 Abs. 1 Satz 1 GWB gebunden, muss also nicht zwingend bereits mit der sofortigen Beschwerde erhoben werden. Er wäre aber **unzulässig**, wenn er zwei Wochen nach Ablauf der Beschwerdefrist, also **nach Ende der aufschiebenden Wirkung der sofortigen Beschwerde**, gestellt wird (OLG Schleswig vom 8.5.2007, 1 Verg 2/07). Wird der Antrag zu einem erheblich späteren Zeitpunkt gestellt, ist eine Verlängerung des Zuschlagsverbots schon aus diesem Grund nicht mehr möglich.

31 Hiervon unberührt sollte ein **Antrag auf Verlängerung der aufschiebenden Wirkung bereits mit der Einlegung der sofortigen Beschwerde** gestellt und begründet werden, wenn eine Verlängerung des Zuschlagsverbots zum Schutz der Rechte des Beschwerdeführers erforderlich ist. Eine spätere Antragstellung führt zwangsläufig dazu, dass sich die dem Gericht zur Verfügung stehende Zeit bis zum Ablauf der mit der sofortigen Beschwerde verbundenen aufschiebenden Wirkung und damit die Zeit, innerhalb derer über den Antrag nach Abs. 1 Satz 3 zu entscheiden ist, verkürzt. Dies geht zu Lasten des Beschwerdeführers. Ein Beschwerdeführer muss grundsätzlich damit rechnen, dass nach Wegfall des gesetzlichen Zuschlagsverbots der sofortige Zuschlag erfolgt, so dass eine Antragstellung gemeinsam mit der sofortigen Beschwerde zweckmäßig ist. Erfolgt die Antragstellung erst kurz vor Ablauf der aufschiebenden Wirkung und war der Beschwerdeführer nicht gehindert, den Eilantrag früher zu stellen, besteht kein Grund für das Beschwerdegericht, über den Antrag zu entscheiden, ohne der Vergabestelle zuvor rechtliches Gehör zu gewähren. Bei einer unverständlich späten Antragseinreichung gibt es keinen Anlass, einseitig die Interessen des Beschwerdeführers zu bevorzugen (OLG Düsseldorf vom 6.8.2001, Verg 28/01; BayObLG vom 4.2.2002, Verg 1/02).

Zur Vermeidung von Nachteilen durch das zeitliche Ende der mit der sofortigen Beschwerde verbundenen aufschiebenden Wirkung ist ein entsprechender Antrag zeitgleich mit der Einlegung der sofortigen Beschwerde zu stellen, wenn nach Abweisung des Nachprüfungsantrags ein Zuschlag droht.

5. Antragsberechtigte

Nach dem Wortlaut von Abs. 1 Satz 3 kann ein Verlängerungsantrag nur von einem vor der Vergabekammer unterlegenen Bieter gestellt werden. Antragsbefugt sind deshalb lediglich der **Antragsteller** nach § 107 Abs. 1 GWB oder ein nach § 109 Satz 1 GWB **beigeladenes Unternehmen**, dessen Interessen durch die Entscheidung schwerwiegend berührt werden. Eine Antragstellung durch den Auftraggeber ist hingegen nicht möglich, da seine Belange durch die Bestimmungen der §§ 118 Abs. 1 Satz 1 und 121 Abs. 1 Satz 1 GWB geschützt sind. Ein Auftraggeber kann einen Antrag daher nicht auf die allein bieterschützende Bestimmung des Abs. 1 Satz 3 stützen (OLG Stuttgart vom 28.6.2001, 2 Verg 2/01). 32

Auch einem beigeladenen Unternehmen steht grundsätzlich das Recht zu, einstweiligen Rechtsschutz durch Verlängerung der aufschiebenden Wirkung zu beantragen. **Beigeladene** können wie jeder andere Bieter ein Interesse daran haben, die Erteilung des Zuschlags zu verhindern, da sie selbst den Auftrag auf ihr Angebot begehren, wie die Rechtsprechung zutreffend bejaht (OLG München vom 17.5.2005, Verg 9/05; OLG Naumburg vom 5.5.2004, 1 Verg 7/04). Ein Antrag des beigeladenen Bieters ist dabei auch zulässig, wenn er sich gleich einem streitgenössischen Nebenintervenienten dem Nachprüfungsantrag des Antragstellers angeschlossen hat (OLG Naumburg vom 3.4.2012, 2 Verg 3/12). Ein Interesse an der Verhinderung der Zuschlagserteilung ist auch einem anderen Bieter als dem jeweiligen Antragsteller im Nachprüfungsverfahren zuzuerkennen, wenn dessen Rechtsstellung und insbesondere seine Zuschlagschancen durch die Entscheidung der Vergabekammer beeinträchtigt werden. Wird ein beigeladenes Unternehmen durch die Entscheidung der Vergabekammer materiell beschwert, kann ein Antrag auf Verlängerung der aufschiebenden Wirkung zulässig sein (OLG Naumburg vom 5.2.2007, 1 Verg 1/07; OLG Naumburg vom 5.4.2004, 1 Verg 7/04). 33

Für einen Antrag nach Abs. 1 Satz 3 wird einem beigeladenen Unternehmen aber vielfach das **Rechtsschutzbedürfnis** fehlen, da es als Beschwerdeführer in der Regel bereits über Abs. 3 vor einem Zuschlag geschützt ist. Legt ein beigeladenes Unternehmen sofortige Beschwerde ein, so bedeutet dies meist, dass die Vergabekammer dem Nachprüfungsantrag zumindest teilweise stattgegeben hat, so dass ein wirksamer Zuschlag nicht ohne weiteres möglich ist. Dies gilt auch, wenn die Vergabekammer die Neuwertung der Angebote angeordnet hat, da es dann vor einer Zuschlagserteilung einer erneuten Vorabinformation bedarf, die dann Gegenstand einer eigenen Rüge und eines eigenen Nachprüfungsverfahrens sein kann (OLG Düsseldorf vom 9.3.2007, Verg 5/07). 34

Entgegen der Auffassung des OLG Naumburg reicht daher allein die **Beschwer eines beigeladenen Unternehmens für die Zulässigkeit eines Verlängerungsantrags** noch nicht aus (OLG Naumburg vom 5.2.2007, 1 Verg 1/07; OLG Naumburg vom 5.4.2004, 1 Verg 7/04). Hinzukommen muss weiter, dass ein Zuschlag mit Ablauf der aufschiebenden Wirkung der sofortigen Beschwerde auch wirksam möglich wäre. Hieran wird es in der Regel fehlen, wenn die Vergabekammer zum Nachteil der Beigeladenen die Neuwertung der Angebote oder gar den Ausschluss des Angebots der Beigeladenen ausgesprochen hat. Ein Zuschlag wäre erst nach erneuter Vorabinformation, auf deren Basis das nachteilig betroffene Unternehmen dann Rechtsschutz erlangen könnte, möglich (s. auch Rn. 21 ff.). 35

Anders liegt der Fall aber, wenn die Vergabekammer der Vergabestelle aufgibt, den Zuschlag im Fall der Fortführung des Vergabeverfahrens an die Antragstellerin zu erteilen. In einer solchen Situation hat ein beigeladenes Unternehmen keine Möglichkeit, den Zuschlag durch ein weiteres Nachprüfungsverfahren zu verhindern, so dass es zur Sicherung des Rechtsschutzes dieses Unternehmens geboten ist, das Rechtsschutzbedürfnis für einen Antrag auf Verlängerung der aufschiebenden Wirkung zu bejahen (OLG Düsseldorf vom 9.3.2007, Verg 5/07). 36

Eine Ausnahmesituation kann ferner gegeben sein, wenn neben dem erstplatzierten Unternehmen auch der **zweitplatzierte Bieter** zum Nachprüfungsverfahren beigeladen wurde und gegen die Abweisung des Nachprüfungsantrags mit der sofortigen Beschwerde vorgeht, da er meint, dass dem anderen Beigeladenen der Auftrag nicht erteilt werden dürfe. In einem solchen Fall wäre ein Zuschlag mit dem zeitlichen Ende der mit der sofortigen Beschwerde verbundenen aufschiebenden 37

§ 118 GWB   Abschnitt 2 · Nachprüfungsverfahren

Wirkung zum Nachteil des Beschwerdeführers möglich, so dass ein Antrag auf Verlängerung des Zuschlagsverbots zur Wahrung der Zuschlagschancen des zweitplatzierten Bieters erforderlich ist.

Nur am Nachprüfungsverfahren beteiligte Bieter, also der Antragsteller und beigeladene Unternehmen, können einen Eilantrag auf Verlängerung der aufschiebenden Wirkung stellen. Für Beigeladene ist aber in jedem Einzelfall sorgfältig zu prüfen, ob das erforderliche Rechtsschutzbedürfnis gegeben ist.

C. Maßstab für die Entscheidung (Abs. 2)

I. Die Grundstruktur der Abwägungsentscheidung (Abs. 2 Satz 1)

38   Ein Antrag auf Verlängerung der aufschiebenden Wirkung der sofortigen Beschwerde ist zurückzuweisen, wenn die nachteiligen Folgen einer Verzögerung der Vergabe bis zur gerichtlichen Entscheidung in der Hauptsache die damit verbundenen Vorteile überwiegen (Abs. 2 Satz 1). Dies bedeutet, dass das Beschwerdegericht **alle möglicherweise geschädigten Interessen** im Rahmen einer **prognostischen Folgenabschätzung gegeneinander abzuwägen** hat. Die absehbaren Folgen einer dem Verlängerungsantrag stattgebenden wie auch einer zurückweisenden Entscheidung sind zu ermitteln und zueinander in Verhältnis zu setzen. Das Gericht hat die Folgen seiner Entscheidungsalternativen als Szenarien durchzuspielen. Nur wenn im Ergebnis festgestellt wird, dass die Nachteile einer weiteren Verzögerung des Vergabeverfahrens die Vorteile einer abschließenden Überprüfung der sofortigen Beschwerde vor Zuschlagserteilung durch das Beschwerdegericht überwiegen, ist der Antrag auf Verlängerung der aufschiebenden Wirkung zurückzuweisen. Sind keine durchgreifenden Gründe erkennbar, warum ein weiteres Abwarten des Auftraggebers für diesen unerträglich sein sollte, ist dem Antrag stattzugeben (KG vom 21.12.2009, 2 Verg 11/09). Aus dem Wortlaut von Abs. 2 Satz 1 („überwiegen") folgt, dass bereits dann, wenn sich Nachteile und Vorteile der Folgen der Entscheidungsalternativen **gleichrangig** gegenüberstehen, dem Verlängerungsantrag stattzugeben ist.

Lässt sich nicht feststellen, dass die Nachteile einer Verlängerung der aufschiebenden Wirkung der sofortigen Beschwerde bis zum Abschluss des Verfahrens die Vorteile für den Beschwerdeführer überwiegen, ist dem Antrag stattzugeben.

II. Die zu berücksichtigenden Interessen (Abs. 2 Satz 2 und 3)

1. Abwägung der betroffenen Interessen im Einzelfall

39   Abzuwägen sind die nachteiligen Folgen einer Verzögerung der Vergabe bis zur Entscheidung des Beschwerdegerichts in der Hauptsache mit den damit verbundenen Vorteilen. Zu den mit einer Verlängerungsentscheidung verbundenen Vorteilen gehören nicht nur die **Interessen des jeweiligen Beschwerdeführers** an einer Überprüfung der beanstandeten Handlung des Auftraggebers, bevor durch einen wirksamen Vertragsschluss Fakten geschaffen werden (Primärrechtsschutz), sondern auch das **Interesse der Allgemeinheit** an einem rechtmäßigen Vergabeverfahren und der Vermeidung von Schadensersatzansprüchen. Weist ein Beschwerdegericht einen Antrag auf Verlängerung der aufschiebenden Wirkung zurück, ist der Auftraggeber frei, den Zuschlag zu erteilen. Da die Entscheidung auf einer lediglich summarischen Prüfung der Tatsachen- und Rechtslage basiert und das Beschwerdegericht erst mit der Hauptsacheentscheidung den jeweiligen Fall abschließend beurteilt, besteht bei einer einen Eilantrag nach Abs. 1 Satz 3 abweisenden Entscheidung damit die Gefahr, dass eine im Ergebnis rechtswidrige Vergabeentscheidung durch einen Zuschlag vollzogen wird. In einem solchen Fall ist nicht nur der jeweilige Beschwerdeführer zu Unrecht um seine Chancen auf den Auftrag gebracht worden. Der jeweilige Auftraggeber hat auch objektiv gegen das geltende Recht verstoßen und sich damit möglicherweise schadensersatzpflichtig gemacht, was auch nicht im Interesse der Allgemeinheit liegt.

Das Interesse des Antragstellers an einer Überprüfung des gerügten Verhaltens des Auftraggebers liegt zugleich auch im Interesse der Allgemeinheit an einem ordnungsgemäßen Verfahrensgang und einer Vermeidung späterer Schadensersatzansprüche.

Im Rahmen der erforderlichen Abwägungsentscheidung sind alle möglicherweise geschädigten Interessen zu berücksichtigen. Hierzu gehört nicht nur das mit dem Gesetz zur Modernisierung der Vergaberechts vom 20.4.2009 (BGBl. I S. 790) in **Abs. 2 Satz 2** angeführte **Interesse der Allgemeinheit an einer wirtschaftlichen Erfüllung** der Aufgaben des Auftraggebers. Exemplarisch angeführt sind in **Abs. 2 Satz 3** des Weiteren die **Erfolgsaussichten der Beschwerde**, die allgemeinen **Aussichten** des Antragstellers im Vergabeverfahren, den **Auftrag zu erhalten**, und das **Interesse der Allgemeinheit an einem raschen Abschluss des Vergabeverfahrens**. Nach dem Gesetz zur Änderung des Vergaberechts für die Bereiche Verteidigung und Sicherheit vom 7.12.2011 (BGBl. I S. 2570) sind des Weiteren nach Abs. 2 Satz 2 Hs. 2 bei verteidigungs- oder sicherheitsrelevanten Aufträgen zusätzlich besondere **Verteidigungs- und Sicherheitsinteressen** zu berücksichtigen.

Aus Wortlaut und Systematik der Regelung folgt, dass diese Belange **lediglich beispielhaft** im Gesetz benannt sind, da nach Abs. 2 Satz 1 „alle(r) möglicherweise geschädigten Interessen" in die Abwägung einfließen müssen.

Das Beschwerdegericht hat alle möglicherweise berührten Interessen in seiner Abwägungsentscheidung zu berücksichtigen (Abs. 2 Satz 1). Welche dies sind, ist abhängig vom Einzelfall. Die in Abs. 2 Satz 2 und 3 ausdrücklich angeführten Belange sind standardmäßig zu prüfen.

2. Die Erfolgsaussichten der sofortigen Beschwerde

a) Keine vorrangige Bedeutung

Nach der Rechtslage bis zum Inkrafttreten des Gesetzes zur Modernisierung des Vergaberechts war einem Antrag auf Verlängerung der aufschiebenden Wirkung in der Regel bereits stattzugeben, wenn die sofortige Beschwerde nicht offensichtlich unzulässig oder unbegründet ist. Das Zuschlagsverbot war zu verlängern, wenn die Beschwerde nicht offenkundig keinerlei Erfolgsaussichten hat (OLG Frankfurt vom 23.12.2005, 11 Verg 13/05). Hieran kann nicht länger festgehalten werden. Nach der Neufassung des Abs. 2 stellen die Erfolgsaussichten der Beschwerde nur noch einen im Rahmen einer umfassenden Interessenabwägung zu berücksichtigenden Aspekt dar, dem nach dem Gesetzeswortlaut keine Vorrangstellung zukommt (vgl. Abs. 2 Satz 3). Die frühere zweistufige Prüfung ist nach dem jetzigen Wortlaut von Abs. 2 nicht mehr möglich. Der Vergabesenat ist verpflichtet, schon im ersten Schritt eine Abwägungsentscheidung unter Berücksichtigung der Erfolgsaussichten zu treffen. Vor diesem Hintergrund ist eine umfassende Interessenabwägung durchzuführen (OLG Frankfurt vom 10.6.2011, 11 Verg 4/11).

b) Abweisung des Eilantrags, wenn die sofortige Beschwerde keine Aussicht auf Erfolg hat

Bei der Entscheidung über die Verlängerung der aufschiebenden Wirkung sind zunächst die Erfolgsaussichten der Beschwerde zu berücksichtigen (OLG Frankfurt vom 6.3.2006, 11 Verg 11/05; OLG Naumburg vom 26.10.2005, Verg 12/05). Nur wenn ein **möglicher Erfolg der sofortigen Beschwerde** bejaht werden kann, ist **Raum für eine weitere Abwägung aller beteiligten Interessen** (OLG Düsseldorf vom 24.5.2005, Verg 28/05; s. auch OLG Stuttgart vom 9.8.2001, 2 Verg 3/01). An dieser zur Rechtslage vor Inkrafttreten des Gesetzes zur Modernisierung des Vergaberechts ergangenen Rechtsprechung ist auch unter Berücksichtigung der Neufassung von Abs. 2 zumindest im Ergebnis weiter festzuhalten. Muss das Rechtsmittel nach Einschätzung des Beschwerdegerichts ohne Erfolg bleiben, besteht kein Anlass, das Vergabeverfahren bis zum Abschluss des Beschwerdeverfahrens aufzuhalten. Für eine Abwägung aller berührten Interessen ist dann regelmäßig kein Raum.

43 Einem Antrag nach Abs. 1 Satz 3 wird daher grundsätzlich dann nicht entsprochen werden können, wenn sich das Rechtsmittel nach vorläufiger Prüfung aller Wahrscheinlichkeit nach als unzulässig oder unbegründet erweisen wird. Bestehen bei summarischer, vorläufiger Prüfung **keine Erfolgsaussichten der sofortigen Beschwerde**, ist die aufschiebende Wirkung nicht zu verlängern (OLG Koblenz vom 5.12.2007, 1 Verg 7/07; OLG Koblenz vom 9.6.2004, 1 Verg 4/04). In einem solchen Fall ist für eine **weitergehende Interessenabwägung kein Raum** (OLG Naumburg vom 26.10.2005, 1 Verg 12/05; OLG Naumburg vom 5.5.2004, 1 Verg 7/04). Ergibt die Prüfung des Beschwerdegerichts, dass das Rechtsmittel voraussichtlich unzulässig oder unbegründet ist, bleibt dem Antrag schon aus diesem Grund der Erfolg versagt (OLG Düsseldorf vom 24.5.2005, Verg 28/05; OLG Düsseldorf vom 8.2.2005, Verg 100/04). Es sind dabei keine besonderen Anforderungen an den wahrscheinlichen Erfolg des Rechtsmittels zu stellen. Das Obsiegen muss keine höhere Wahrscheinlichkeit als das Unterliegen aufweisen, um die Erfolgsaussichten zu bejahen (OLG Frankfurt vom 5.3.2012, 11 Verg 3/12; OLG Schleswig-Holstein vom 30.10.2012, 1 Verg 5/12). Schon bei offenem Verfahrensausgang wegen der Komplexität der Sach- und Rechtsfragen ist das Interesse des Antragstellers vorrangig (OLG Düsseldorf vom 16.6.2011, VII-Verg 34/11; OLG Düsseldorf vom 13.1.2011, VII-Verg 4/11).

Ist eine sofortige Beschwerde erkennbar aussichtslos, wird ein Antrag auf Verlängerung der aufschiebenden Wirkung keinen Erfolg haben, ohne dass eine Abwägung der berührten Interessen in der Regel erforderlich wäre.

c) Abwägung aller berührten Interessen, wenn die sofortige Beschwerde Aussicht auf Erfolg hat

44 Hat eine sofortige Beschwerde nach einer vorläufigen Einschätzung des Beschwerdegerichts Aussicht auf Erfolg, ist eine Abweisung des Eilantrags und eine damit verbundene Freigabe des Zuschlags nur möglich, wenn überwiegende Interessen einer weiteren Verzögerung und der Gewährleistung eines ordnungsgemäßen Vergabeverfahrens entgegenstehen. Eine entsprechende Abwägung ist in jedem Einzelfall vom Beschwerdegericht vorzunehmen. Der **Gewährleistung** eines **effektiven Rechtsschutzes** kommt nach der Neufassung des Abs. 2 ein **grundsätzlicher Vorrang nicht (mehr)** zu (s. noch zur alten Rechtslage etwa: OLG Naumburg vom 5.2.2007, 1 Verg 1/07; OLG Jena vom 17.3.2003, 6 Verg 2/03; OLG Frankfurt vom 6.3.2006, 11 Verg 11/05). Allerdings besteht von vornherein kaum ein überwiegendes Interesse der Auftraggeberin, wenn der zu vergebende Auftrag aufgrund eines fortbestehenden Vertrages weiter ausgeführt wird (OLG Brandenburg vom 16.11.2012, Verg W 19/11). Der Antrag auf Verlängerung des Zuschlagsverbotes ist abzulehnen, wenn unter Berücksichtigung aller möglicherweise geschädigten Interessen die nachteiligen Folgen die Vorteile überwiegen (OLG Schleswig-Holstein vom 30.10.2012, 1 Verg 5/12).

Hat das Rechtsmittel Aussichten auf Erfolg, sind die berührten Interessen gegeneinander abzuwägen. Nur wenn überwiegende Interessen gegen eine Verlängerung der aufschiebenden Wirkung sprechen, kann ein Eilantrag zurückgewiesen werden.

3. Wirtschaftliche Aufgabenerfüllung des Auftraggebers

45 Die Berücksichtigung der wirtschaftlichen Interessen des Auftraggebers an einem raschen Abschluss des Vergabeverfahrens durch Zuschlag war bereits im Regierungsentwurf zum Gesetz zur Modernisierung des Vergaberechts enthalten. Da gerade bei großen Bauvorhaben Nachprüfungsverfahren möglicherweise zu Zeitverlusten führen, die das Vorhaben erheblich verteuern, könne das Interesse des beschwerdeführenden Bieters an einer Verhinderung des Zuschlags und seiner Beauftragung gegenüber dem öffentlichen Interesse des Auftraggebers an einer zügigen Fertigstellung unter Einhaltung des Kostenrahmens zurückstehen (BT-Drucks. 16/10117, S. 27).

Hintergrund ist, dass öffentliche Auftraggeber die Folgen von Vergabeverzögerungen – das sog. **Vergabeverfahrensrisiko** – zu tragen haben. Ein Angebot wird stets auf Basis der mitgeteilten Zuschlagsfrist kalkuliert und eingereicht, ohne dass darüber hinausgehende Risiken einer verzögerten

Zuschlagserteilung berücksichtigt oder gar übernommen werden würden (vgl. OLG Hamm vom 26.6.2008, 21 U 17/08). Die in den Vergabeunterlagen mitgeteilte Bindefrist stellt insoweit den von den Bietern zu beachtenden zeitlichen Kalkulationshorizont dar. Mögliche Marktrisiken, wie etwa gestiegene oder steigende Materialpreise oder Lohn- und Energiekosten, müssen die Bieter bei der Erarbeitung ihres Angebots nur insoweit berücksichtigen, als sie innerhalb der ursprünglich mitgeteilten Bindefrist das Preisrisiko ihres Angebots vollumfänglich tragen (OLG Hamm vom 5.12.2006, 24 U 58/05). Es würde daher ein vergaberechtlich unzulässiges ungewöhnliches Wagnis darstellen, die Bieter mit dem Risiko einer nominalen Preisbindung bei Verlängerung der Bindefrist zu belasten (OLG Hamm vom 26.6.2008, 21 U 17/08).

Verschieben sich in einem förmlichen Vergabeverfahren aufgrund einer **Vergabeverzögerung** die **Ausführungsfristen**, sind diese wie auch die Vergütung nach Vertragsschluss zwischen den Parteien an die tatsächlich veränderten Umstände **anzupassen**. Besonderheiten, wie etwa Bauerschwernisse oder -erleichterungen durch jahreszeitliche Verschiebungen, sind dabei zu berücksichtigen. Ausgangspunkt ist eine **ergänzende Vertragsauslegung**. Der vertragliche Vergütungsanspruch ist bei Bauvorhaben in Anlehnung an die Grundsätze des § 2 Nr. 5 VOB/B zu modifizieren (BGH vom 11.5.2009, VII ZR 11/08). Eine Preisanpassung auf dieser Grundlage soll indes nicht in Betracht kommen, wenn sich zwar der Zuschlag verzögert, die Ausführungsfristen aber hiervon noch unberührt bleiben. Muss die vertragliche Bauzeit aufgrund einer Vergabeverzögerung nicht an veränderte Umstände angepasst werden, ist für eine ergänzende Vertragsauslegung kein Raum. Eine Preisanpassung kommt dann auch nicht nach § 2 Nr. 5 VOB/B in Betracht, da diese Regelung nur auf solche Änderungen anwendbar ist, die den geschlossenen Vertrag abändern. Dies soll noch nicht der Fall sein, wenn der Auftraggeber eine bloße Bindefristverlängerung erbittet, da hiervon der Leistungsinhalt des Vertrages nicht berührt wird (BGH vom 10.9.2009, VII ZR 82/08).

46

Bei Vergabeverzögerungen soll es nach dem BGH nur dann zu einer Anpassung der Ausführungsfristen und auch der vereinbarten Vergütung kommen, wenn der Zuschlag derart spät erteilt wird, dass die ursprünglich vorgesehenen Ausführungsfristen nicht mehr eingehalten werden können.

Dies ist durchaus kritisch zu sehen, da unabhängig von einer Verschiebung der Ausführungsfristen die Bieter Preisrisiken mit ihrer Angebotskalkulation grundsätzlich nur im Rahmen der ursprünglich mitgeteilten Bindefrist übernehmen. Um einen fairen und transparenten Vergabewettbewerb zu wahren, muss Ausgangspunkt eines Preisanpassungsanspruchs daher der Ablauf der ursprünglichen Bindefrist als Kalkulationshorizont der Bieter sein. Sonst besteht die Gefahr, dass der ursprünglich wirtschaftlichste Bieter im Fall einer „einfachen" Bindefristverlängerung, die die Ausführungsfristen noch nicht berührt, aus dem Vergabeverfahren ausscheiden muss. Dies würde dem Gebot des effektiven Primärrechtsschutzes zuwiderlaufen. Zu beachten ist, dass ein entsprechender Vertragsanpassungsanspruch nur in förmlichen Vergabeverfahren gegeben ist, die von einem strikten Verhandlungsverbot geprägt sind. Im Verhandlungsverfahren sollte demgegenüber bereits vor Zuschlagserteilung bzw. Vertragsschluss mit dem Auftraggeber Einvernehmen über die zeitlichen und monetären Folgen einer etwaigen Verzögerung erzielt werden (BGH vom 1.9.2009, VII ZR 255/08).

Bei Bauvorhaben ist in Fällen der Vergabeverzögerung eine neue Vergütung in Anlehnung an die Grundsätze des § 2 Nr. 5 VOB/B zu ermitteln. Ein Auftragnehmer hat Anspruch darauf, die Mehrkosten vergütet zu erhalten, die ursächlich auf die Verschiebung der Bauzeit zurückzuführen sind. Ausgangspunkt ist dabei die Differenz zwischen den Kosten, die bei der Ausführung tatsächlich angefallen sind, und den Kosten, die bei der Erbringung der Leistung im ursprünglichen vorgesehenen Zeitraum hätten aufgewendet werden müssen. Insoweit kann, wenn andere Anhaltspunkte nicht zur Verfügung stehen, auf die Marktpreise im Zeitpunkt des ursprünglich geplanten Baubeginns zurückzukommen sein. Kann ein Auftragnehmer darlegen, dass er etwa aufgrund besonderer Umstände im konkreten Einzelfall Baustoffe, Material und/oder Nachunternehmerleistungen zu anderen Preisen eingekauft hätte, ist dies maßgeblich (BGH vom 10.9.2009, VII ZR 152/08).

Ausgangspunkt von Mehrvergütungsansprüchen eines Auftragnehmers bei Vergabeverzögerungen ist ein Vergleich der tatsächlich angefallenen Kosten mit denen, die bei Einhaltung der ursprünglich vorgegebenen Ausführungsfristen angefallen wären. Für die hypothetischen „Soll-Kosten" der ursprünglichen Ausführungszeit sind besondere Vorkehrungen und individuelle Möglichkeiten des Auftragnehmers voll umfänglich zu berücksichtigen. Auf die ehemaligen Marktpreise wird nur ausnahmsweise abgestellt werden können.

47 Über die ursprünglich mitgeteilte Bindefrist hinausgehende Vergabeverzögerungen, die die ursprünglichen Ausführungsfristen hinfällig werden lassen, und die sich hieraus ergebenen (preislichen) Folgen fallen daher in die Risikosphäre des jeweiligen Auftraggebers als Veranstalter des Vergabeverfahrens. Bei einer anderen Betrachtung hätte es anderenfalls ein nachrangiger Bieter in der Hand, sich möglicherweise allein mittels des Zeitmoments eines von ihm eingeleiteten Nachprüfungsverfahrens noch an die erste Stelle bei der Zuschlagswertung zu schieben. Gerade wettbewerblich attraktive, knapp kalkulierte Angebote würden durch die Vergabeverzögerung gefährdet, wenn die betroffenen Bieter aufgrund einer Bindefristverlängerung durchschlagende Preissteigerungen zu tragen hätten. Dem steht bereits entgegen, dass der Bieter mit dem annehmbarsten Angebot auch mit Blick auf die ihm entstandenen Kosten bei der Angebotsbearbeitung zu Recht erwarten darf, dass seine Aufwendungen nicht von vornherein nutzlos waren. Auch soll das im Kartellvergaberecht vorgesehene Rechtsschutzsystem die Rechtsstellung der Bieter gegenüber dem öffentlichen Auftraggeber stärken und nicht schwächen. Vergabeverzögerungen, die durch die Inanspruchnahme der vergaberechtlichen Rechtsschutzmöglichkeiten entstehen, können daher nicht dazu führen, dass ein anderer Bieter hierdurch schlechter gestellt wird. Die **Verzögerungen eines Vergabeverfahrens** dürfen daher **nicht zu Lasten des im Wettbewerb wirtschaftlichsten Bieters** gehen (BGH vom 5.10.2009, VII ZR 11/08; OLG Jena vom 22.3.2005, 8 U 318/04; OLG Hamm vom 5.12.2006, 24 U 58/05; OLG Hamm vom 26.6.2008, 21 U 17/08; s. auch BayObLG vom 15.7.2002, Verg 15/02).

48 Dem steht auch nicht entgegen, dass ein **Bieter** die **Bindefrist** für sein Angebot **verlängert**. Insoweit ist zu berücksichtigen, dass Änderungen der Angebote oder Preise in einem förmlichen Vergabeverfahren strikt untersagt sind. Eine inhaltliche Änderung des ursprünglich eingereichten Angebots würde vielmehr zum Verlust jeder Zuschlagschance führen. Nutzt etwa ein Bieter den Ablauf der Ablaufbindefrist dazu, sein Angebot zu verändern, liegt ein neues Angebot vor, welches schon deshalb nicht gewertet werden darf, weil es erst nach Ablauf der Angebotsfrist vorgelegt worden ist (OLG Dresden vom 8.11.2002, WVerg 19/02; BayObLG vom 21.8.2002, Verg 21/02). Die Zustimmung zu einer Verlängerung der Bindefrist bedeutet daher keine Bestätigung der angebotenen Preise im Hinblick auf die von den Bietern nicht kalkulierten und auch nicht kalkulierbaren Umstände, die sich nach Ablauf der ursprünglichen Zuschlagsfrist realisieren. Eine Erklärung zur Verlängerung der Bindefrist verhält sich lediglich zur Dauer der Angebotsfrist, ohne das Angebot im Übrigen zu berühren (BGH vom 11.5.2009, VII ZR 11/08; OLG Hamm vom 26.6.2008, 21 U 17/08). Auch nach einer Verlängerung der Bindefrist bleibt das Ursprungsangebot des Bieters bei auch im Übrigen unveränderten Umständen für die Zuschlagserteilung maßgeblich, selbst wenn die Ausführungsfristen bereits zeitlich überholt sind (BayObLG vom 15.7.2002, Verg 15/02; OLG Hamm vom 5.12.2006, 24 U 58/05).

49 Damit können bei einer **Verlängerung der aufschiebenden Wirkung** der sofortigen Beschwerde für den Auftraggeber **Mehrkosten** anfallen, wenn hierdurch die **ursprüngliche Zuschlagsfrist nicht mehr eingehalten** werden kann. Hieraus ergibt sich aber nicht, dass dann, wenn die durch ein Nachprüfungsverfahren eingetretenen Verzögerungen aufgrund von zwischenzeitlich gestiegenen Kalkulationspreisen zu Mehrkosten bei der Erbringung der ausgeschriebenen Leistungen führen, eine wirtschaftliche Aufgabenerfüllung des Auftraggebers nicht mehr möglich oder gefährdet wäre. Der Anspruch des Bieters, der für den Zuschlag ausersehen wurde, die Angebotspreise entsprechend den Folgen der Vergabeverzögerung anpassen zu dürfen, spiegelt regelmäßig die tat-

sächliche Entwicklung der Marktpreise wider. Ein **neuer Preis** ist grundsätzlich nach Zuschlagserteilung unter Berücksichtigung der Mehr- oder Minderkosten der Folgen der Vergabeverzögerungen zu vereinbaren. Lediglich dann, wenn ein Auftraggeber einen Zuschlag unter Abänderungen erteilt, wird ein Bieter bereits im Rahmen des Vertragsschlusses auf die Mehrkosten hinweisen müssen (hierzu OLG Hamm vom 5.12.2006, 24 U 58/05). Ein entsprechender **Anspruch auf Preisanpassung** besteht bereits, wenn die ursprüngliche Bindefrist lediglich einmalig verlängert wurde und sich mit der verspäteten Zuschlagserteilung von den Bietern nicht zu tragende Risiken realisieren. Wenn eine Verlängerung der Bindefrist im Nachprüfungsverfahren vor der Vergabekammer notwendig geworden ist, müssen die preislichen Folgen der Vergabeverzögerung bereits vom Auftraggeber getragen werden. Die **Freigabe des Zuschlags** durch Zurückweisung des Eilantrags gemäß Abs. 1 Satz 3 stellt dann schon **keine geeignete Maßnahme** mehr dar, um den Auftraggeber vor etwaigen **Mehrkosten** zu **schützen**. Eine **Verkürzung des Rechtsschutzes** zu Lasten des Beschwerdeführers mit dem Argument, dass dies aus Gründen einer wirtschaftlichen Aufgabenerledigung erforderlich sei, wird in einem solchen Fall in der Regel **nicht möglich** sein. Insbesondere kann hier keine Berücksichtigung finden, dass etwa der für den Zuschlag vorgesehene Bieter in einem förmlichen Vergabeverfahren erklärt, dass er trotz der Vergabeverzögerung seine Preise bestätigt. Damit würde er sein Angebot entgegen dem Verhandlungsverbot gemäß § 24 VOL/A bzw. § 24 VOB/A an die veränderten Umstände der Zuschlagserteilung und die neu aufgetretenen Marktrisiken anpassen. Dies würde eine unzulässige Nachverhandlung des Angebots darstellen.

Endet die ursprüngliche Bindefrist vor der gerichtlichen Entscheidung über den Antrag auf Verlängerung der aufschiebenden Wirkung der sofortigen Beschwerde, können Mehrkosten aufgrund von Marktpreissteigerungen auf den Auftraggeber durchschlagen, wenn die Ausführungsfristen faktisch hinfällig werden. In einem solchen Fall können die Mehrkosten wegen der Vergabeverzögerung die Entscheidung über den Eilantrag in der Regel nicht zu Lasten des Antragstellers beeinflussen, da ein Zuschlag vor Abschluss des Beschwerdeverfahrens diese Mehrkosten nicht mehr verhindern kann.

Zu den berücksichtigungsfähigen Interessen der Allgemeinheit an einer wirtschaftlichen Aufgabenerledigung des Auftraggebers zählt auch die **Gefahr**, dass eine im Ergebnis **rechtswidrige Zuschlagserteilung Schadensersatzansprüche** auslösen kann. So kann allen Bietern, die eine echte Chance auf den Zuschlag hatten, Schadensersatz in Höhe der **Kosten für die Angebotsbearbeitung** gemäß § 128 GWB zu leisten sein, wenn ein Auftraggeber nach Freigabe des Zuschlags im Beschwerdeverfahren im Ergebnis rechtswidrig einen Zuschlag erteilt. Hätte einem bestimmten Unternehmen der Auftrag erteilt werden müssen, umfasst der Schadensersatz auch den **entgangenen Gewinn**. Eine einseitige Betrachtung allein der Folgen von Markpreisentwicklungen nach Ablauf der ursprünglichen Bindefrist verbietet sich daher. Erforderlich ist vielmehr eine umfassende Ermittlung und Abwägung der wirtschaftlichen Folgen je nachdem, ob die aufschiebende Wirkung der sofortigen Beschwerde verlängert wird oder nicht. Nur wenn eine wirtschaftliche Aufgabenerfüllung bei einer Verlängerung der aufschiebenden Wirkung nicht mehr möglich ist, wird dies ausschlaggebend berücksichtigt werden können.

Das Interesse der Allgemeinheit an einer wirtschaftlichen Aufgabenerfüllung kann nur dann eine entscheidende Rolle in der Abwägung spielen, wenn eine solche insgesamt bei einer weiteren Verzögerung des Zuschlags vereitelt wird.

4. Aussichten des Antragstellers im Vergabeverfahren, den Zuschlag zu erhalten

Die allgemeinen Aussichten des Antragstellers im Vergabeverfahren, den Zuschlag zu erhalten, sollen ein **wichtiges Indiz** für die Entscheidung über den Antrag auf Verlängerung der aufschiebenden Wirkung darstellen. Nach dem Willen des Gesetzgebers geht es dabei z.B. um die Platzierung und die Chance des unterlegenen Bieters, den Zuschlag zu erhalten (BT-Drucks. 16/10117, S. 27). Die **Platzierung eines Bieters** kann aber etwa dann keine besondere Rolle spielen, wenn der Antragsteller vorträgt, dass alle besser platzierten Angebote auszuschließen sind. Sonst käme es zu dem Widerspruch, dass möglicherweise die Aussicht auf den Zuschlag verneint würde, obgleich die Erfolgsaussichten des Nachprüfungsverfahrens als hoch zu bewerten sind.

Die Platzierung eines Bieters im Feld der Wettbewerber ist für sich betrachtet wenig aussagekräftig hinsichtlich der Aussichten, den Zuschlag zu erhalten. Zu berücksichtigen sind stets auch der Streitgegenstand und das Rechtsschutzziel des Antragstellers.

52 Zu beachten ist ferner, dass auch ein Bieter, dessen **Angebot zu Recht** von einem Vergabeverfahren **ausgeschlossen** werden kann oder sogar ausgeschlossen werden muss, in seinen Rechten nach § 97 Abs. 7 GWB verletzt sein kann. So etwa, wenn ein anderes Angebot vergaberechtswidrig nicht vom Vergabewettbewerb ausgeschlossen wurde und den Zuschlag erhalten soll oder wenn sich der beabsichtigte Zuschlag aus einem anderen Grund verbietet. Ein Mangel im eigenen Angebot nimmt einem Antragsteller nicht das sich aus § 97 Abs. 7 GWB ergebene Recht darauf, dass auch die vergaberechtswidrige Auftragsvergabe an einen anderen Bieter unterbleibt. Auch dann, wenn ein Bieter wegen eines Fehlers in seinem Angebot keine Aussicht hat, den Zuschlag zu erhalten, besteht ein **Anspruch auf Gleichbehandlung**. Dem Unternehmen ist ggf. die Chance zu geben, nach Aufhebung und bei Neuausschreibung oder nach einer Änderung der Vergabeanforderungen im laufenden Wettbewerb den Auftrag zu erhalten (BGH vom 26.9.2006, X ZB 14/06; BGH vom 10.11.2009, X ZB 8/09).

Ist einem Antragsteller ggf. die Gelegenheit zu geben, sich nach Aufhebung und Neuausschreibung erneut zu bewerben oder auf Grundlage von überarbeiteten Vergabeunterlagen ein neues Angebot einzureichen, kann eine Aussicht auf den Zuschlag – unabhängig von der Platzierung im streitgegenständlichen Vergabeverfahren – nicht verneint werden.

53 Darüber hinaus werden die Aussichten des Antragstellers, den Zuschlag zu erhalten, dann nicht in Abrede gestellt werden können, wenn im Fall des Erfolgs des Nachprüfungsverfahrens eine **Neuwertung der Angebote vom Auftraggeber** vorzunehmen ist. Da die entsprechenden Wertungsentscheidungen in die originäre Zuständigkeit des Auftraggebers fallen, ist eine Prognose über einen möglichen Ausgang des weiteren Verfahrens grundsätzlich nicht möglich. Nicht berücksichtigungsfähig sind auch vorgezogene **Erklärungen des Auftraggebers**, dass er etwa bei einer Fortführung oder teilweisen Wiederholung des Verfahrens an einer zu Lasten des Antragstellers getroffenen Ermessens- oder Beurteilungsentscheidung weiter festhalten werde. Eine solche Aussage in einem laufenden Nachprüfungsverfahren entspricht nicht einer von äußeren Sachzwängen befreiten Entscheidungsposition, sondern kann dem verständlichen Wunsch geschuldet sein, auf eine möglichst zügige Beendigung des Nachprüfungsverfahrens hinzuwirken (OLG Jena vom 26.6.2006, 9 Verg 2/06). Schon um diskriminierende Wertungsentscheidungen zu Lasten des Antragstellers zu verhindern, ist ein vorgreifliches Tätigwerden des Auftraggebers im laufenden Nachprüfungs- oder Beschwerdeverfahren nicht statthaft.

Ist der Ausgang des Vergabeverfahrens noch offen, kann dies nicht zu Lasten des Antragstellers berücksichtigt werden.

5. Interesse der Allgemeinheit an einem raschen Abschluss des Vergabeverfahrens

54 Nach der Neufassung von Abs. 2 sind im Rahmen der Abwägung auch die Interessen der Allgemeinheit an einem raschen Abschluss des Vergabeverfahrens zu berücksichtigen (Abs. 2 Satz 3 a.E.). Allerdings sind die durch die Nachprüfungs- und Beschwerdeverfahren eintretenden **Verzögerungen** dem vergaberechtlichen Rechtsschutzsystem von vornherein immanent, so dass diese **nur ausnahmsweise** einer Verlängerung der aufschiebenden Wirkung der sofortigen Beschwerde entgegengehalten werden können. Die Effektivität des vergaberechtlichen Rechtsschutzes kann nicht unter Hinweis darauf in Frage gestellt werden, dass die Inanspruchnahme der gesetzlich eingeräumten Rechtsschutzmöglichkeiten zu Verzögerungen führt. Ein einer Verlängerung des Zuschlagsverbots entgegenstehendes schwerwiegendes Interesse wird sich daher regelmäßig nicht aus der **Verzöge-**

rung eines ausgeschriebenen Bauvorhabens herleiten lassen. Verzögerungen aufgrund eines Rechtsschutzverfahrens können eine Ablehnung des Verlängerungsantrags meist nicht rechtfertigen, wenn ein möglicher Erfolg der sofortigen Beschwerde nicht von der Hand gewiesen werden kann. Der schwer vorhersehbaren Dauer eines Nachprüfungsverfahrens muss grundsätzlich durch entsprechend zeitige Ausschreibung des Bauvorhabens Rechnung getragen werden. **Weitere Nachteile für das Allgemeinwohl**, etwa durch das Eintreten von Versorgungsengpässen infolge der Bauverzögerung, müssen ggf. vom Beschwerdegegner geltend gemacht werden (zur alten Rechtslage: OLG Koblenz vom 3.4.2008, 1 Verg 1/08; s. auch OLG München vom 18.7.2008, Verg 13/08). Ein besonderes Eilbedürfnis erfordert Umstände, die über die Verzögerung der Auftragserteilung hinausgehen (OLG Frankfurt vom 26.10.2011, 11 Verg 7/11). Wenn der Auftraggeber selbst sofortige Beschwerde einlegt, gibt er zu erkennen, dass er kein Interesse an einem raschen Abschluss des Vergabeverfahrens hat, so dass dies bereits für die Verlängerung der aufschiebenden Wirkung sprechen kann (OLG Naumburg vom 3.4.2012, 2 Verg 3/12).

Auch **zeitliche Dringlichkeit** wegen terminlicher Abstimmungen mit anderen Baumaßnahmen wird meist die Abwägung nicht zu Gunsten eines Zuschlags beeinflussen können. Insbesondere wenn eine solche Dringlichkeit aus der von Anfang an äußerst engen Zeitplanung des Auftraggebers folgt, kann sich dieser hierauf nicht im Rahmen der Entscheidung über einen Antrag nach Abs. 1 Satz 3 berufen, da es sonst öffentliche Auftraggeber stets in der Hand hätten, einen effektiven Rechtsschutz der Bieter durch eine zeitlich knappe Planung zu verhindern. Dies widerspräche der Intention, effektiven Rechtsschutz zu gewähren (zur alten Rechtslage: OLG Koblenz vom 23.11.2004, 1 Verg 6/04; OLG Naumburg vom 5.8.2005, 1 Verg 7/05; OLG Naumburg vom 17.6.2003, 1 Verg 9/03). Ein relevantes Interesse am raschen Abschluss des Verfahrens ist daher nicht anzuerkennen, wenn die Tatsachen, aus denen sich die Eilbedürftigkeit ergibt, dem Auftraggeber schon seit geraumer Zeit bekannt waren und er das Vergabeverfahren entsprechend früher hätte einleiten können (KG vom 21.12.2009, 2 Verg 11/09). 55

> Gerade bei komplexen, ineinander greifenden Maßnahmen, die in mehreren Losen ausgeschrieben werden, sollten zeitliche Puffer für mögliche Nachprüfungsverfahren ins Auge gefasst werden. Allerdings wird allein das stets gegebene Risiko einer Nachprüfung keine besonders lange Zuschlagsfrist rechtfertigen, da diese nicht länger bemessen werden darf, als für eine zügige Prüfung und Wertung der Angebote benötigt wird (§ 10 Abs. 6 VOB/A bzw. § 10 Abs. 6 VOL/A).

Keinesfalls ausreichend für eine Versagung der Verlängerung der aufschiebenden Wirkung ist auch das zu erwartende **Auslaufen der Bindefristen**. Eine Verlängerung wird in der Regel zumindest für die aussichtsreichen Angebote möglich sein (OLG Naumburg vom 5.8.2005, 1 Verg 7/05). Darüber hinaus stellt selbst das Auslaufen der Bindefristen keinen Grund dar, wegen dessen ein Vertragsschluss im Vergabeverfahren nicht mehr möglich wäre (OLG Düsseldorf vom 20.2.2007, Verg 3/07; OLG Düsseldorf vom 29.12.2001, Verg 22/01; a.A. OLG Jena vom 30.10.2006, 9 Verg 4/06). 56

6. Schwerwiegende Interessen im Einzelfall

Der Weg zu einer Zuschlagserteilung durch Abweisung eines Eilantrags ist nur eröffnet, wenn die nachteiligen Folgen einer Verzögerung der Vergabe schwerwiegendes Gewicht haben (noch zur alten Rechtslage: OLG Naumburg vom 5.8.2005, 1 Verg 7/05). Schwerwiegende Allgemeinwohlbelange können einen Zuschlag vor Abschluss des Beschwerdeverfahrens begründen. Es müssen erhebliche Interessen gegeben sein, die die Belange des Antragstellers auf Gewährung eines effektiven Primärrechtsschutzes überwiegen (OLG Düsseldorf vom 25.11.2002, Verg 56/02). Hier kann etwa an Situationen gedacht werden, bei denen ein **sofortiges Handeln zum Schutze von bedeutenden Rechtsgütern** wie Leib und Leben erforderlich ist. Im Zweifel, wenn keine überwiegenden Nachteile bei einer Verlängerung des Zuschlagsverbots festgestellt werden können, ist aber zu Gunsten der Effektivität des Primärrechtsschutzes zu entscheiden. 57

58 **Schwerwiegende Interessen**, die eine Abweisung eines Antrags nach Abs. 1 Satz 3 gebieten, sind vom öffentlichen Auftraggeber im Einzelnen und nachvollziehbar darzulegen. Da durch einen Zuschlag irreversible Zustände geschaffen werden, reicht die Angabe allgemeiner Belange nicht aus. Die **besonderen Nachteile**, die eine Versagung der Verlängerung der aufschiebenden Wirkung gebieten, müssen vielmehr **konkret belegt** werden **und die möglichen Nachteile für den Bieter deutlich überwiegen** (OLG Frankfurt vom 6.3.2006, 11 Verg 11/05). So reicht etwa allein das pauschale Behaupten von Nachteilen der Bevölkerung bei der medizinischen Versorgung bei Verzögerungen eines Krankenhausbaus durch die sofortige Beschwerde nicht. Dies gilt auch für angebliche Kostensteigerungen bei Überschreitung eines geplanten Fertigstellungstermins, wenn nicht ersichtlich ist, ob dieser überhaupt realistisch war (OLG Frankfurt vom 23.12.2005, 11 Verg 13/05). Weitere Nachteile für das Allgemeinwohl, etwa durch das Eintreten von Versorgungsengpässen infolge der Bauverzögerung, müssen ggf. vom Beschwerdegegner geltend gemacht werden (OLG Koblenz vom 3.4.2008, 1 Verg 1/08; s. auch OLG München vom 18.7.2008, Verg 13/08). Allerdings kann die **Sicherung eines funktionierenden, flächendeckenden Rettungsdienstes** Priorität gegenüber den Rechtsschutzinteressen eines Bieters haben. Die Gefahr, dass zu einem bestimmten Zeitpunkt wegen des Rechtsmittelverfahrens kein voll funktionsfähiger Rettungsdienst mehr besteht, muss nicht hingenommen werden (OLG Naumburg vom 15.7.2008, 1 Verg 5/08).

 Wendet sich ein Auftraggeber gegen den Antrag auf Verlängerung der aufschiebenden Wirkung unter Hinweis auf entgegenstehende überwiegende Interessen, so muss er besondere Nachteile aufzeigen, die einen Zuschlag zu Lasten des Primärrechtsschutzanspruchs des Beschwerdeführers rechtfertigen. Allgemeine, dem Rechtsschutzverfahren immanente Belange reichen für sich betrachtet nicht aus, wenn nicht schwerwiegende Konsequenzen bei einer verspäteten Auftragsvergabe drohen. Die Darlegungslast liegt beim Beschwerdegegner.

III. Beendigung des Beschwerdeverfahrens ohne Hauptsacheentscheidung

59 Hat das Gericht einem Antrag auf Verlängerung des Zuschlagsverbots bereits stattgegeben und kommt es nicht mehr zu einer Hauptsacheentscheidung, stellt sich das Problem, dass der im einstweiligen Rechtsschutz ergangene Beschluss scheinbar fortbesteht. Nimmt der Beschwerdeführer das Rechtsmittel oder den Nachprüfungsantrag zurück, nachdem das Beschwerdegericht seinen Antrag auf Verlängerung der aufschiebenden Wirkung bereits positiv beschieden hat, ist daher auf Antrag des Auftraggebers deklaratorisch (klarstellend) die **Wirkungslosigkeit der Zwischenentscheidung** festzustellen (OLG Jena vom 22.8.2002, 6 Verg 3/02). Hierdurch wird sichergestellt, dass die Verlängerungsentscheidung dem Zuschlag nicht entgegengehalten werden kann, wenn sich das Beschwerdeverfahren durch Antragsrücknahme bereits erledigt hat.

D. Zuschlagsverbot bei Untersagung des sofortigen Zuschlags durch die Vergabekammer (Abs. 3)

60 Hat die Vergabekammer dem Nachprüfungsantrag durch Untersagung des Zuschlags stattgegeben, so muss der Zuschlag so lange unterbleiben, bis das Beschwerdegericht in der Hauptsache entscheidet oder durch Vorabentscheidung über den Zuschlag den Beschluss der Vergabekammer insoweit aufhebt. Die Wirkungen einer stattgebenden Entscheidung der Vergabekammer werden damit bis zu einer anderen Entscheidung des in der Beschwerde angerufenen Vergabesenats gesetzlich fortgeschrieben. Hierdurch werden die Interessen des im Nachprüfungsverfahren vor der Vergabekammer erfolgreichen Antragstellers umfassend geschützt.

61 Nach dem Wortlaut dieser Bestimmung muss ein **Zuschlag bis zu einer entgegenstehenden Entscheidung des Beschwerdegerichts unterbleiben**, wenn die Vergabekammer eine Zuschlagserteilung untersagt hat. Dem steht nach überwiegender Auffassung der Rechtsprechung der Vergabesenate die **Anordnung** gleich, die **eingegangenen Angebote** neu zu bewerten. Durch einen solchen Ausspruch der Vergabekammer wird der Vergabestelle inzident untersagt, einen Zu-

schlag auf Basis der in der Regel bereits versandten Vorabinformation gemäß § 101a GWB zu erteilen. Wird gegen eine solche Entscheidung der Vergabekammer sofortige Beschwerde eingelegt, kann ein öffentlicher Auftraggeber der Entscheidung des Beschwerdegerichts nicht durch eine eilige Neuwertung der Angebote vorgreifen und vollendete Tatsachen schaffen, sondern muss den Ausgang des Beschwerdeverfahrens abwarten (s. näher Rn. 21 ff.). Bei einem dennoch erteilten Zuschlag ist der Vertrag nach § 134 BGB nichtig (VK Niedersachsen vom 16.9.2011, VgK-35/2011).

E. Erlass anderer vorläufiger Rechtsschutzmaßnahmen

Die mit der Einlegung der sofortigen Beschwerde verbundene aufschiebende Wirkung und die auf Antrag erfolgende Verlängerung des Zuschlagsverbots stellen im Beschwerdeverfahren sicher, dass ein Auftrag nicht wirksam erteilt werden kann, bevor nicht das Gericht in der Hauptsache entschieden oder einem Antrag auf Vorabgestattung des Zuschlags stattgegeben hat. Neben einem drohenden Zuschlag können die **Interessen eines Unternehmens** aber auch **auf andere Weise** im Vergabeverfahren **beeinträchtigt** werden. Für derartige Situationen stellt § 115 Abs. 3 GWB für das Verfahren vor der Vergabekammer klar, dass die Kammer auf besonderen Antrag hin mit weiteren vorläufigen Maßnahmen in das Vergabeverfahren eingreifen kann, wenn dies zur Wahrung der Rechte des Antragstellers erforderlich ist. In der Rechtsprechung ist anerkannt, dass derartige **Eingriffsbefugnisse auch im Beschwerdeverfahren** für das jeweilige Beschwerdegericht bestehen, auch wenn diesbezüglich eine ausdrücklich klarstellende Regelung im Vergaberecht fehlt. Es wäre aber widersprüchlich und mit den Zielen eines effektiven Rechtsschutzes nicht zu vereinbaren, wenn ein antragstellendes Unternehmen vor der Vergabekammer weitergehende Rechtsschutzmöglichkeiten hätte als im Verfahren der sofortigen Beschwerde.

62

Auch im Beschwerdeverfahren ist ein **Antrag auf Anordnung anderer vorläufiger Maßnahmen als die Verlängerung des Zuschlagsverbots** gemäß Abs. 1 Satz 2 zur Sicherung eines effektiven Rechtsschutzes des Bieters im Nachprüfungsverfahren **statthaft**. Ein Beschwerdegericht ist mit denselben Befugnissen wie die Vergabekammer im Hinblick auf die Anordnung vorläufiger Maßnahmen gemäß § 115 Abs. 3 Satz 1 GWB ausgestattet. Dem steht nicht entgegen, dass sich diese Vorschrift nach ihrem Wortlaut und auch ihrer systematischen Stellung allein auf das Verfahren vor der Vergabekammer bezieht, so dass sie nicht unmittelbar anwendbar ist. Sie ist jedoch im Beschwerdeverfahren entsprechend zu berücksichtigen, da sie der Umsetzung des gemeinschaftsrechtlichen Gebots der Gewährung effektiven Rechtsschutzes dient. So erfordert die **Rechtsmittelkoordinierungs-Richtlinie** 89/665/EWG des Rates vom 21.12.1989 auch in der Neufassung durch die Richtlinie 2007/66/EG, dass die Mitgliedstaaten die Nachprüfungsinstanzen mit der **Befugnis zur Anordnung vorläufiger rechtssichernder Maßnahmen** versehen. Das Fehlen einer entsprechenden Regelung für das Beschwerdeverfahren erscheint planwidrig, da das Gebot der Gewährung eines effektiven Rechtsschutzes für die Instanzen unterschiedslos gilt. Da sich auch im Beschwerdeverfahren die Notwendigkeit der Anordnung vorläufiger Maßnahmen ergeben kann, müssen solche auch vom Beschwerdegericht angeordnet werden können (OLG Naumburg vom 31.7.2006, 1 Verg 6/06; OLG Naumburg vom 9.8.2006, 1 Verg 11/06; OLG Düsseldorf vom 30.4.2008, Verg 23/08).

63

Zu den Befugnissen des Vergabesenats gehört dabei auch, notfalls **Anordnungen gegen das unwirksam von einem Auftraggeber beauftragte Unternehmen** zu richten, wenn dies für einen effektiven Rechtsschutz erforderlich ist. Entsprechende Anträge, die sich gegen den jeweiligen Beauftragten richten, sind nach Auffassung des OLG Düsseldorf statthaft, da die Nachprüfungsinstanzen nach den europarechtlichen Vorgaben einen wirksamen einstweiligen Rechtsschutz gewähren müssen. Soweit dieser nur durch den Erlass von Anordnungen auch gegen den nicht wirksam Beauftragten erreicht werden kann, lässt dies der Wortlaut des § 115 Abs. 3 GWB zu. Ein solcher Verfahrensweg ist **effektiver als die bloße Anordnung gegenüber der Vergabestelle**, ihrerseits Maßnahmen gegen den scheinbaren Vertragspartner zu ergreifen. Ein solches Vorgehen könnte zu **Rechtsstreitigkeiten im Verhältnis zwischen dem Auftraggeber und dem unwirksam Beauftragten** führen, wobei vom Vergabesenat dann auch inzident zu prüfen wäre, ob und inwieweit

64

überhaupt Möglichkeiten des Auftraggebers bestehen, Maßnahmen gegenüber dem Beauftragten zu ergreifen (OLG Düsseldorf vom 30.4.2008, Verg 23/08).

F. Kosten

65 Ein Antrag auf Verlängerung der aufschiebenden Wirkung und die entsprechende Entscheidung des Beschwerdegerichts sind mit **eigenen Kosten** im Beschwerdeverfahren verbunden. Es handelt sich kostenrechtlich um eine gegenüber dem Hauptsacheverfahren verschiedene Angelegenheit i.S.d. § 16 RVG. Zwar wird das Verfahren nicht ausdrücklich in den Katalogen der §§ 16 bis 19 RVG angeführt. Allerdings behandeln die Bestimmungen des Kostenverzeichnisses zum GKG und des Vergütungsverzeichnisses zum RVG das Hauptsacheverfahren der sofortigen Beschwerde nach § 116 GWB und das Eilverfahren nach Abs. 1 Satz 3 als verschiedene Verfahren. Das Kostenverzeichnis und das Vergütungsverzeichnis enthalten jeweils eigene Kostenregelungen für die sofortige Beschwerde und ein Verfahren über einen Antrag auf Verlängerung der aufschiebenden Wirkung. Hieraus ergibt sich der gesetzgeberische Wille einer gesonderten kostenrechtlichen Betrachtung dieser Verfahren (OLG Brandenburg vom 8.8.2006, Verg W 7/05; OLG Naumburg vom 26.6.2006, 1 Verg 7/05).

66 Eine **gesonderte Kostenentscheidung** im Rahmen der Entscheidung des Beschwerdegerichts über den Eilantrag ist aber nicht angezeigt. Es handelt sich bei den Kosten des Verfahrens nach Abs. 1 Satz 3 um Kosten des Beschwerdeverfahrens, über die erst im Rahmen der Endentscheidung zu befinden ist (OLG München vom 11.8.2008, Verg 16/08). Eine Kostenentscheidung ist im Eilverfahren nicht veranlasst (OLG Düsseldorf vom 5.7.2010, VII-Verg 31/10; OLG Düsseldorf vom 5.6.2008, VII Verg 36/08; OLG München vom 17.1.2011, Verg 2/11; a.A. OLG Stuttgart vom 16.9.2002, 2 Verg 12/02; s. auch KG vom 21.12.2009, 2 Verg 11/09).

67 Der **gerichtliche Gebührensatz** beläuft sich auf 3,0 gemäß Nr. 1640 KV GKG. Die **anwaltliche Verfahrensgebühr** für ein Verfahren über einen Antrag nach Abs. 1 Satz 3 hat einen Gebührensatz von 1,3 gemäß § 13 RVG i.V.m. Vorbemerkung 3.2 Abs. 2 Satz 3, Nr. 3100 VV RVG. Der entsprechende Verweis auf diesen Gebührensatz in der Vorbemerkung 3.2 Abs. 2 Satz 3 VV RVG ist aufgenommen worden, nachdem vormals die Gebührenregelungen nach Nr. 3300, 3301 VV RVG mit einem Gebührensatz von 2,3 bzw. 1,8 einschlägig waren. Dies hatte dazu geführt, dass die anfallende Gebühr für das Eilverfahren die der Hauptsache sogar überstieg. Es handelte sich hierbei aber um ein gesetzgeberisches Versehen, da verkannt wurde, dass es sich beim Eilverfahren nach Abs. 1 Satz 3 kostenrechtlich um eine eigene Angelegenheit handelt. Die überwiegende Rechtsprechung der Vergabesenate hat daher in der Vergangenheit die entsprechenden, nunmehr überholten Gebührentatbestände berichtigend dahingehend ausgelegt, dass für das **Eilverfahren** lediglich eine **0,7-fache Gebühr** anfallen soll. Zur Begründung führten die Gerichte u.a. an, dass zwischen den vormaligen Gebührentatbeständen nach Nr. 3200 VV RVG und Nr. 3300 VV RVG ein erheblicher Wertungswiderspruch bestand. Denn es sei sachlich nicht zu rechtfertigen sei, einem Eilverfahren, welches lediglich die Erfolgsaussichten der Beschwerde summarisch prüft und dabei die ggf. betroffenen Interessen gegeneinander abwägt, einen um mehr als 40 Prozent höheren Gebührensatz zuzusprechen als dem Hauptsacheverfahren selbst. Diesen Wertungswiderspruch haben die Beschwerdegerichte meist durch eine Auslegung der Gebührenbestimmungen entgegen deren ausdrücklichen Wortlaut aufgelöst (OLG Brandenburg vom 8.8.2006, Verg W 7/05; OLG Naumburg vom 26.6.2006, 1 Verg 7/05; KG vom 14.2.2005, 2 Verg 13/04). Das BayObLG vertrat hierzu sogar die Auffassung, dass die Verfahrensgebühr der Hauptsache auf die Gebühr für das Eilverfahren anzurechnen sei (BayObLG vom 19.1.2006, Verg 22/04), während sich wohl nur das OLG Düsseldorf am eindeutigen Wortlaut der Verfahrensvorschriften festgehalten hat (OLG Düsseldorf vom 29.5.2006, Verg 79/04). Mit der Neufassung der Gebührenregelungen im Vergütungsverzeichnis des RVG durch Art. 20 Nr. 7 Buchst. f des 2. Justizmodernisierungsgesetzes vom 22.12.2006 (BGBl. I S. 3429) ist dieser Rechtsstreit hinfällig geworden.

§ 119 Beteiligte am Beschwerdeverfahren

An dem Verfahren vor dem Beschwerdegericht beteiligt sind die an dem Verfahren vor der Vergabekammer Beteiligten.

Literatur: Siehe die Literaturangaben bei § 116 GWB.

Übersicht

A. Allgemeines 1–3
B. Beiladung durch das Beschwerdegericht 4–7
C. Stellung der Beteiligten im Beschwerdeverfahren ... 8

A. Allgemeines

Die Regelung bestimmt den **Kreis der Beteiligten**, die in das Verfahren vor dem Beschwerdegericht einbezogen sind. Die Beteiligten im Verfahren der sofortigen Beschwerde sind grundsätzlich identisch mit den Beteiligten im Verfahren vor der Vergabekammer (OLG Naumburg vom 23.2.2012, 2 Verg 15/11). Dies sind der jeweilige Antragsteller, der betroffene Auftraggeber und diejenigen Unternehmen, die gemäß § 109 GWB von der Vergabekammer zum Verfahren beigeladen worden sind. Einer Wiederholung der Beiladung bedarf es durch das Beschwerdegericht nicht. Die Gründe für die Beteiligung sind vielmehr die gleichen wie im Verfahren vor der Vergabekammer (so amtl. Begr., BT-Drucks. 13/9340, S. 21).

Verbindet das Beschwerdegericht zwei von der Vergabekammer unabhängig voneinander behandelte Nachprüfungsverfahren in der sofortigen Beschwerde zu einem Verfahren, so sind die an den jeweiligen Ausgangsverfahren Beteiligten auch umfassend am Beschwerdeverfahren beteiligt. Einer förmlichen Beiladung eines Unternehmens, welches nur an einem der Ausgangsverfahren nicht beteiligt war, bedarf es in einer solchen Situation nicht, da es durch die Verbindung der Verfahren insgesamt am Beschwerdeverfahren teilnimmt (OLG Jena vom 2.8.2000, 6 Verg 4/00).

Legt nur ein zum Verfahren vor der Vergabekammer beigeladenes Unternehmen, aber nicht der von der Entscheidung durch die Vergabekammer gleichfalls betroffene Auftraggeber das Rechtsmittel ein, so ist der Auftraggeber im Beschwerdeverfahren nicht als Beschwerdegegner, sondern nur als weiterer Beteiligter zu behandeln. Als solcher kann er seine rechtlichen Interessen wahrnehmen und die gleichen Rechte geltend machen wie die übrigen am Beschwerdeverfahren Beteiligten auch (OLG Frankfurt vom 8.2.2005, 11 Verg 24/04).

B. Beiladung durch das Beschwerdegericht

§ 119 zielt ausdrücklich auf die an dem Verfahren vor der Vergabekammer Beteiligten ab. Nicht am Nachprüfungsverfahren vor der Vergabekammer beteiligte Unternehmen nehmen damit nach dieser Bestimmung auch nicht am Beschwerdeverfahren teil. Am Auftrag interessierte Wettbewerber, die aufgrund einer Beiladung durch die Vergabekammer keine **formale Beteiligtenstellung** erhalten haben, sind nicht bereits kraft der Rechtswirkung des § 119 am Beschwerdeverfahren beteiligt, auch wenn ihre Interessen durch das Verfahren schwerwiegend berührt werden. Zugrunde zu legen ist insoweit eine **rein formale Betrachtung**. Dies schließt es allerdings nicht aus, dass das **Beschwerdegericht selbst noch Beiladungen ausspricht** und hierdurch den Kreis der Beteiligten über den von § 119 unmittelbar erfassten Personenkreis hinaus erweitert.

Eine Regelung über die **erstmalige Beteiligung von Unternehmen im Beschwerdeverfahren**, die von der Vergabekammer nicht beigeladen worden sind, deren schützenswerte Interessen aber durch eine Entscheidung des Beschwerdegerichts berührt sein können, enthält das GWB nicht. Die Vorgabe der §§ 109, 119 GWB sind aber nicht dahingehend auszulegen, dass sie einen geschlossenen, im Beschwerdeverfahren nicht mehr erweiterbaren Kreis der Verfahrensbeteiligten definieren. So wäre es aus rechtsstaatlicher Sicht bedenklich, ein Unternehmen, welches zu Unrecht nicht am Verfahren vor der Vergabekammer beteiligt wurde, von der Beteiligung auch am Beschwerdeverfahren auszuschließen. Wird ein nicht beigeladenes **Unternehmen** durch die Entscheidung der Vergabekammer **erstmalig beschwert** oder besteht die Möglichkeit, dass es durch die Beschwerdeentscheidung beschwert werden würde, so ist ihm in einem förmlichen Verfahren **rechtliches Gehör** zu gewähren, was **im Beschwerdeverfahren** nur durch eine **noch erfolgende Beiladung** geschehen kann (OLG Koblenz vom 23.11.2004, 1 Verg 6/04). Eine beim Verfahren vor der Vergabekammer unterbliebene, nach Auffassung des Beschwerdegerichts jedoch gebotene Beiladung ist daher vom Beschwerdegericht selbst vorzunehmen (OLG Naumburg vom 9.12.2004, 1 Verg 21/04; KG vom 18.10.2012, Verg 8/11; KG vom 15.4.2002, KartVerg 2/02).

6   Das Beschwerdegericht **kann und muss** dementsprechend ggf. gemäß § 109 GWB noch **Beiladungen** gegenüber denjenigen Unternehmen aussprechen, deren Interessen durch die Entscheidung des Beschwerdegerichts **schwerwiegend berührt** werden. Eine Beiladung ist erforderlich, wenn die Nachprüfungen der Wertungsentscheidung abstrakt geeignet sind, die beabsichtigte Zuschlagserteilung auf das Angebot des betroffenen Unternehmens zu verhindern (OLG Naumburg vom 9.12.2004, 1 Verg 21/04). Das Beschwerdegericht kann Beiladung dann in entsprechender Anwendung des § 109 GWB anordnen (OLG Brandenburg vom 21.1.2003, Verg W 15/02). Eine Zurückverweisung an die Vergabekammer, um die unterbliebenen Beiladungen noch nachzuholen, ist demgegenüber aus Gründen der Verfahrensbeschleunigung und Prozessökonomie nicht angezeigt (OLG Düsseldorf vom 13.2.2007, Verg 2/07; a.A. aus der Literatur etwa Immenga/Mestmäcker/*Stockmann*, § 119 GWB Rn. 3 m.w.N.).

7   Die **Interessen der am Vergabeverfahren teilnehmenden Unternehmen** werden insbesondere dann durch ein Nachprüfungsverfahren **schwerwiegend berührt**, wenn ihre Angebote nach der bisherigen Wertung des Auftraggebers dem Angebot des Antragstellers vorgehen. Dieser Maßstab ist ggf. auch vom Beschwerdegericht hinsichtlich der Frage weiterer Beiladungen zu berücksichtigen. Eine vergleichbare Sachlage ist auch gegeben, wenn die Verpflichtung der Vergabestelle im Raum steht, erneut darüber zu entscheiden, wer nach dem Teilnahmewettbewerb an einem Verhandlungsverfahren beteiligt werden soll. Die Teilnahme der bereits aufgeforderten Unternehmen wäre wieder ungewiss und hierdurch ihre Rechtsposition beeinträchtigt. Dies gilt auch, wenn die betroffenen Unternehmen zwar weiter am Verhandlungsverfahren beteiligt werden, die Antragstellerin jedoch aufgrund der Entscheidung über ihren Nachprüfungsantrag durch das Beschwerdegericht gleichfalls noch zu berücksichtigen wäre. Auch wenn ein am Verfahren beteiligtes Unternehmen mit seinem Ausschluss aus dem weiteren Verfahren rechnen muss, ist es in seinen Interessen schwerwiegend berührt und ggf. noch im Beschwerdeverfahren beizuladen (OLG Brandenburg vom 21.1.2003, Verg W 15/02).

> Ein von der Vergabekammer nicht beigeladenes Unternehmen kann seine Beiladung auch noch vor dem Beschwerdegericht beantragen. Es muss dann darlegen, dass und warum seine Interessen durch die vom Beschwerdegericht zu treffende Entscheidung schwerwiegend berührt sein können. Ein Antrag auf Beiladung ist nicht bindend. Das Gericht muss über etwaig noch vorzunehmende Beiladungen vielmehr von Amts wegen befinden.

C. Stellung der Beteiligten im Beschwerdeverfahren

8   Den in einem Nachprüfungsverfahren vor der Vergabekammer Beteiligten kommen im Beschwerdeverfahren grundsätzlich **identische prozessuale Rechte** zu. Jeder der Beteiligten des Nachprüfungsverfahrens kann selbständig eine sofortige Beschwerde erheben oder bei Einlegung der sofortigen Beschwerde durch einen anderen Beteiligten sich hiergegen mit einer unselbständigen Anschlussbeschwerde zur Wehr setzen (§ 116 Rn. 37 ff.). Dementsprechend kann sich ein beschwerdeführendes beigeladenes Unternehmen im Verfahren auch darauf berufen, dass neben dem eigenen auch das Angebot der Antragstellerin auszuschließen sei. Ein **eigenes Nachprüfungsverfahren** soll aber nach Auffassung des OLG München dann eingeleitet werden müssen, wenn der Antrag auf Ausschluss von einem Beigeladenen gestellt wird, der selbst keine Beschwerde

eingelegt hat. In einer solchen Konstellation soll das Rechtsschutzbegehren nicht über das des Rechtsmittelführers hinausgehen, da der Antrag der Beigeladenen gegenstandslos werden würde, wenn der Rechtsmittelführer seine Beschwerde zurück nimmt (OLG München vom 29.11.2007, Verg 13/07). Gegebenenfalls ist daher zu berücksichtigen, dass **eigene Anträge**, die über eine Zurückweisung der sofortigen Beschwerde hinausgehen, von einem Verfahrensbeteiligten fristgerecht **als selbständige Anschlussbeschwerde** geltend zu machen sind.

§ 120 Verfahrensvorschriften

(1) ¹Vor dem Beschwerdegericht müssen sich die Beteiligten durch einen Rechtsanwalt als Bevollmächtigten vertreten lassen. ²Juristische Personen des öffentlichen Rechts können sich durch Beamte oder Angestellte mit Befähigung zum Richteramt vertreten lassen.

(2) Die §§ 69, 70 Absatz 1 bis 3, § 71 Absatz 1 und 6, §§ 71a, 72, 73 mit Ausnahme der Verweisung auf § 227 Absatz 3 der Zivilprozessordnung, die §§ 78, 111 und 113 Absatz 2 Satz 1 finden entsprechende Anwendung.

Literatur: Siehe die Literaturangaben bei § 116 GWB.

Übersicht

A. Anwaltszwang (Abs. 1) 1	III. Hinweispflichten, § 70 Abs. 2 GWB 15–16
B. Anwendbare Verfahrensvorschriften (Abs. 2) 2–31	IV. Fristsetzung zur Verfahrensförderung, § 70 Abs. 3 GWB 17–18
I. Grundsatz der mündlichen Verhandlung, § 69 GWB 3–8	V. Beweiswürdigung, rechtliches Gehör und Akteneinsicht, § 71 Abs. 1 GWB 19–30
1. Ungeschriebene Ausnahmefälle 4–5	1. Beweiswürdigung durch das Beschwerdegericht 19
2. Keine mündliche Verhandlung bei sofortigen Beschwerden gegen Nebenentscheidungen 6–7	2. Rechtliches Gehör, § 71 Abs. 1 Satz 2 GWB; Gehörsrüge, § 71a GWB 20–23
3. Mündliche Verhandlung bei Nichterscheinen 8	3. Akteneinsicht, §§ 111, 72 GWB 24–30
II. Zum Untersuchungsgrundsatz, § 70 Abs. 1 GWB 9–14	VI. Verfahrensverbindung 31
	C. Zum Umgang mit Lücken im Verfahrensrecht 32–35

A. Anwaltszwang (Abs. 1)

1 Im Verfahren der sofortigen Beschwerde besteht grundsätzlich Anwaltszwang (**Abs. 1 Satz 1**). Lediglich juristische Personen des öffentlichen Rechts können sich nach **Abs. 1 Satz 2** durch Beamte oder Angestellte mit Befähigung zum Richteramt – also Volljuristen – vertreten lassen (§ 117 Rn. 31 ff.).

B. Anwendbare Verfahrensvorschriften (Abs. 2)

2 Abs. 2 stellt klar, welche Regelungen des GWB im Verfahren der sofortigen Beschwerde von Gesetzes wegen entsprechende Anwendung finden. Dies betrifft zum einen die **Grundsätze aus den allgemeinen Kartellbeschwerdeverfahren** gemäß §§ 69 ff. GWB. Zum anderen sind auch **einzelne Regelungen zum Nachprüfungsverfahren vor der Vergabekammer** ausdrücklich vom Beschwerdegericht zu beachten. Im Folgenden werden die praktisch bedeutsamsten Verfahrensanforderungen, die sich hieraus ergeben, nach ihrer Stellung im Gesetz vorgestellt.

I. Grundsatz der mündlichen Verhandlung, § 69 GWB

3 Auch im Verfahren der sofortigen Beschwerde gilt über die Verweisungskette § 120 Abs. 2 i.V.m. § 69 GWB der Grundsatz, dass die gerichtliche Entscheidung aufgrund einer mündlichen Verhandlung zu treffen ist.

1. Ungeschriebene Ausnahmefälle

4 Grundsätzlich kann lediglich **im Einverständnis mit allen Beteiligten** auf die Durchführung einer **mündlichen Verhandlung verzichtet** werden, wobei in der Regel eine ausdrückliche Erklärung zu fordern sein wird. Nur im Einzelfall kann auch dem Verhalten der Beteiligten deren Einverständnis zur Entscheidung ohne mündliche Erörterung der Sache entnommen werden. So etwa, wenn das Beschwerdegericht in einer ersten mündlichen Verhandlung ankündigt, eine ausstehende Entscheidung des Bundesgerichtshofs noch abzuwarten, um sodann ohne erneute mündliche Verhandlung zu entscheiden. Wenden sich die Beteiligten hiergegen nicht, kann von deren Einverständnis mit dem vorgeschlagenen Vorgehen ausgegangen werden (BayObLG vom 1.10.2001, Verg 6/01).

Kündigt das Beschwerdegericht an, ohne mündliche Verhandlung entscheiden zu wollen, müssen die Beteiligten dem widersprechen, wenn sie auf eine mündliche Verhandlung nicht verzichten wollen.

Die Rechtsprechung sieht mitunter auch von der Durchführung einer vorherigen mündlichen Verhandlung ab, wenn eine **sofortige Beschwerde bereits** als **unzulässig** verworfen wird. Es soll sich insoweit um eine reine Prozessentscheidung handeln, bei der es einer vorherigen mündlichen Verhandlung nicht bedarf (OLG München vom 4.5.2012, Verg 05/12; OLG Koblenz vom 22.4.2002, 1 Verg 1/02). Auch im allgemeinen Kartellverwaltungsverfahrensrecht ist anerkannt, dass das Beschwerdegericht befugt ist, über die Frage, ob die Beschwerde an sich statthaft und in der gesetzlichen Form und Frist eingelegt und begründet worden ist, **ohne vorherige mündliche Verhandlung** entscheiden kann. Daher sollen keine Bedenken bestehen, entsprechend auch im Beschwerdeverfahren nach §§ 116 ff. GWB vorzugehen. Allerdings kann dem nur zugestimmt werden, wenn den Beteiligten zuvor in geeigneter Form und in hinreichender Weise **rechtliches Gehör** gewährt worden ist (OLG Düsseldorf vom 18.1.2000, Verg 2/00). Insbesondere wenn etwaige Zulässigkeitsmängel noch behoben werden können, wird der Beschwerdeführer nicht von einer abweisenden Entscheidung des Beschwerdegerichts ohne vorherigen Hinweis überrascht werden dürfen.

5

2. Keine mündliche Verhandlung bei sofortigen Beschwerden gegen Nebenentscheidungen

Das Erfordernis zur Durchführung einer mündlichen Verhandlung besteht nach allgemeiner Auffassung aber nur in einem Beschwerdeverfahren, das sich gegen eine von der Vergabekammer in der Sache getroffene Entscheidung richtet. Eine **mündliche Verhandlung** ist **nur** bei einer **Entscheidung in der Hauptsache obligatorisch** (OLG Jena vom 4.4.2003, 6 Verg 4/03). Bei **Beschwerden gegen Nebenentscheidungen** der Vergabekammer, wie etwa gegen Entscheidungen über die Kosten und die Auslagen, kann **generell ohne mündliche Verhandlung** entschieden werden (OLG Saarbrücken vom 17.8.2006, 1 Verg 2/06 m.w.N.). In einem solchen Fall ist die Durchführung einer mündlichen Verhandlung in der Regel nicht geboten (OLG München vom 10.9.2012, Verg 17/12; OLG Düsseldorf vom 3.1.2011, VII-Verg 42/10; OLG Karlsruhe vom 11.7.2011, 15 Verg 5/11; OLG Düsseldorf vom 27.7.2005, Verg 20/05). Steht eine Entscheidung des Beschwerdegerichts allein über den mit diesem Rechtsmittel angegriffenen **Kostenfestsetzungsbeschluss** der Vergabekammer an, kann dementsprechend von einer mündlichen Verhandlung auch ohne Zustimmung der Beteiligten abgesehen werden. Gleiches gilt, wenn sich die Beschwerde gegen den **Ausspruch** der Vergabekammer **zur Hinzuziehung von Verfahrensbevollmächtigten** durch die Gegenseite bezieht (OLG Karlsruhe vom 11.7.2011, 15 Verg 5/11).

6

Auch über einen **Antrag auf Akteneinsicht** im Verfahren der sofortigen Beschwerde sowie über die **Anordnung der Fortdauer der aufschiebenden Wirkung** gemäß § 118 Abs. 1 Satz 3 GWB kann das Beschwerdegericht ohne mündliche Verhandlung entscheiden, da der Grundsatz der Durchführung einer mündlichen Verhandlung auch nicht für diese im Vorfeld zu treffenden Entscheidung gilt (OLG Jena vom 28.6.2000, 6 Verg 2/00).

7

Eine mündliche Verhandlung ist nur für Hauptsacheentscheidungen des Beschwerdegerichts erforderlich.

3. Mündliche Verhandlung bei Nichterscheinen

Entsprechend § 69 Abs. 2 GWB kann das Beschwerdegericht in der Sache verhandeln und auch entscheiden, wenn die Beteiligten zum Verhandlungstermin trotz rechtzeitiger Benachrichtigung nicht erscheinen oder gehörig – also in der Regel anwaltlich – vertreten sind. **Erscheint** ein **ordnungsgemäß** zum Termin zur mündlichen Verhandlung geladener Beteiligter **gar nicht oder ohne entsprechend Abs. 1 ausreichend vertreten** zu sein, kann das Gericht gleichwohl die **mündliche Verhandlung durchführen und entscheiden** (OLG Brandenburg vom 17.6.2003, Verg W 2/03). Dies gilt auch, wenn ein erschienener Beteiligter seinen schriftsätzlich angekündigten Antrag nicht verlesen hat, jedenfalls dann, wenn sich Gegenstand und Ziel des Begehrens aus den Schriftsätzen hinrei-

8

chend klar ergeben (OLG Brandenburg vom 15.3.2011, Verg W 5/11). Zu prüfen ist im Falle des Nichterscheinens aber, ob die Terminsladung ordnungsgemäß und mit ausreichender Vorlaufzeit durch das Gericht erfolgt ist.

II. Zum Untersuchungsgrundsatz, § 70 Abs. 1 GWB

9   Das Beschwerdegericht hat wie die Vergabekammer den Sachverhalt von Amts wegen zu erforschen, wie sich für die zweite Instanz der Vergabenachprüfung aus § 120 Abs. 2 i.V.m. § 70 Abs. 1 GWB ergibt. Während einerseits der Gegenstand des Beschwerdeverfahrens von der Disposition insbesondere des Beschwerdeführers abhängt (s. § 117 Abs. 2 Satz 2 Nr. 1 GWB), sind andererseits die zugrunde liegenden **Tatsachen vom Beschwerdegericht von Amts wegen zu erforschen**. Soweit der Beschwerdeführer den Beschluss der Vergabekammer angreift oder sich ein anderer Verfahrensbeteiligter mit einer Anschlussbeschwerde gegen die Entscheidung wendet, trifft das Gericht grundsätzlich die **Pflicht zur Aufklärung des relevanten Sachverhalts von Amts wegen**.

10 Der **Prüfungsumfang** des Beschwerdegerichts wird grundsätzlich vom jeweiligen Beschwerdeführer vorgegeben und unterliegt dessen Disposition. Nur mögliche Pflichtverletzungen sind daher nicht Gegenstand der Prüfung von Amts wegen, die auf diejenigen Rechtsverletzungen beschränkt ist, auf die sich der Beschwerdeführer beruft. Eine weitergehende Prüfungskompetenz hinsichtlich gerügter Vergaberechtsverstöße verstieße gegen die insoweit zu beachtende Dispositionsmaxime (OLG Frankfurt vom 8.2.2005, 11 Verg 24/04). Es ist zwischen den vom jeweiligen Beschwerdeführer geltend gemachten und damit zur Überprüfung gestellten Rechtsverletzungen und der Ermittlung und Untersuchung des dem tatsächlich zugrunde liegenden Sachverhalts durch das Beschwerdegericht von Amts wegen zu unterscheiden. So reicht es aus, dass die Tatsachen, auf die sich die Beschwerde stützt, erkennbar sind. Wird etwa deutlich, wer als Zeuge in Betracht kommt, bedarf es eines formellen Beweisantritts aufgrund des vom Beschwerdegericht zu beachtenden Untersuchungsgrundsatzes nicht mehr (OLG Rostock vom 25.10.2000, 17 W 3/99).

Der Amtsermittlungsgrundsatz führt zur gerichtlichen Sachverhaltsaufklärung grundsätzlich nur innerhalb des vom Beschwerdeführer vorgegebenen Beschwerdegegenstands. Ein Beschwerdegericht kann etwa nicht von Amts wegen aus seiner Sicht fehlerhaft aufgestellte Wertungskriterien prüfen und beanstanden, wenn ein Antragsteller diese in keiner Weise zum Gegenstand seines Nachprüfungsbegehrens gemacht hat.

11 Dies bedeutet aber nicht, dass im Verfahren der sofortigen Beschwerde die Sachverhaltsaufklärung allein dem Beschwerdegericht obläge. **Andere als die vorgetragenen Tatsachen und Beweismittel** muss das Gericht vielmehr nur berücksichtigen, wenn es hierfür einen **sachverhaltlich begründeten Anlass** gibt (BGH vom 12.6.2001, X ZB 10/01). Eine Aufklärungs- und Ermittlungspflicht ist lediglich insoweit gegeben, als der **Vortrag der Beteiligten oder der erkennbare Sachverhalt** als solcher aufgrund sich aufdrängender Gestaltungsmöglichkeiten hierfür Veranlassung bietet, was nach dem jeweiligen Stand des Verfahrens zu klären ist. Weder muss im Beschwerdeverfahren das angerufene Gericht jede vorgetragene Tatsache in Zweifel ziehen, noch muss das Gericht von Amts wegen Nachforschungen im Hinblick auf mögliche Unvollständigkeiten des Vortrags eines Beteiligten anstellen. Hier sind die **Mitwirkungsobliegenheiten der Verfahrensbeteiligten** zu berücksichtigen. Das Beschwerdegericht ist nicht von Amts wegen verpflichtet, die fehlende Substantiierung und Konkretisierung eines pauschal erhobenen Vorwurfs durch eigene Ermittlungen herbeizuführen (OLG Saarbrücken vom 6.4.2005, 1 Verg 1/05).

12 Die Verpflichtungen der Nachprüfungsinstanzen, den maßgeblichen Sachverhalt von Amts wegen zu ermitteln, stehen mit den Obliegenheiten der Beteiligten, das Verfahren zu fördern, in einem Verhältnis der Wechselwirkung. Die Aufklärungspflichten reduzieren sich, wenn ein Verfahrensbeteiligter seiner **Pflicht zur Verfahrensförderung nicht** nachkommt. Gibt aber schon der Vortrag eines Beteiligten oder der weitere Tatsachenstoff hinreichend Anlass für eine weitere Prüfung, sind die Kontrollinstanzen im Vergaberecht zu einer weiteren Ermittlung und Rechtsprüfung von Amts wegen verpflichtet. Kann aufgrund dessen dann eine Vergaberechtsverletzung beurteilt werden, kann

ein Bieter nicht darauf verwiesen werden, dass er einen ihm in der Regel unbekannten Sachverhalt erst noch näher darzulegen hätte (OLG Düsseldorf vom 23.2.2005, Verg 92/04).

Eine Verpflichtung zur Ermittlung des Sachverhalts von Amts wegen ist anzunehmen, wenn ein Beschwerdeführer objektive Anhaltspunkte für ein Fehlverhalten auf Seiten des Auftraggebers vorträgt. Dem wird das Beschwerdegericht anhand des Vergabevermerks und der Vergabeakte von Amts wegen nachzugehen haben, da einem Beschwerdeführer selbst eine genaue Kenntnis der Vorgänge auf Seiten des Auftraggebers verwehrt ist. Die Verfahrensdokumentation dient gerade dazu, im Nachhinein die Prüfung zu ermöglichen, ob das Vergabeverfahren ordnungsgemäß durchgeführt wurde.

Keinesfalls sind die **Nachprüfungsinstanzen** gehalten, **von sich aus alle nur denkbaren Rechtsverstöße in Erwägung zu ziehen und zu überprüfen**. Dem steht bereits entgegen, dass das Nachprüfungsverfahren nicht zu einer allgemeinen Rechtmäßigkeitskontrolle durch die Nachprüfungsorgane ermächtigt. Von Amts wegen kann nur auf die Ordnungsmäßigkeit des Vergabeverfahrens eingewirkt werden, soweit zugleich der Antragsteller durch die Rechtsverletzung betroffen und in seinen Rechten verletzt ist, wie die Rechtsprechung für das Nachprüfungsverfahren vor der Vergabekammer entschieden hat (OLG Düsseldorf vom 15.6.2005, Verg 5/05). Für das gleichfalls dem subjektiven Rechtsschutz dienende Verfahren der sofortigen Beschwerde kann aus systematischen Erwägungen heraus nichts anderes gelten. Eine über den subjektiven Rechtsschutz hinausgehende Korrektur des Vergabeverfahrens von Amts wegen ist nicht möglich. Insbesondere ist eine **Verschlechterung der Stellung des Beschwerdeführers** nicht statthaft, wenn nicht fristgerecht Anschlussbeschwerde vom Auftraggeber oder einem Beigeladenen erhoben wurde. So ist für das Nachprüfungsverfahren anerkannt, dass eine Verschlechterung der Position des Antragstellers durch die Entscheidung der Vergabekammer von Amts wegen nicht bewirkt werden darf (OLG Rostock vom 5.7.2006, 17 Verg 7/06). 13

Nachprüfungsanträge „ins Blaue", bei denen ohne jeden tatsächlichen Anhaltspunkt ein Vergaberechtsverstoß lediglich spekulativ behauptet wird, sind bereits unzulässig und können gleichsam eine **Pflicht zur Amtsermittlung nicht** auslösen (§ 108 Rn. 37). Behauptet ein Antragsteller ohne greifbare Anhaltspunkte etwa, dass nicht nur sein Angebot, sondern auch die aller anderen Bieter auszuschließen seien, so dass ein Zuschlag zunächst nicht erteilt werden dürfe, ist dem nicht von Amts wegen durch das Beschwerdegericht nachzugehen. 14

III. Hinweispflichten, § 70 Abs. 2 GWB

Auch im Verfahren der sofortigen Beschwerde hat der Vorsitzende des Beschwerdegerichts darauf hinzuwirken, dass **Formfehler** beseitigt, **unklare Anträge** erläutert, **sachdienliche Anträge** gestellt, **ungenügende Sach- und tatsächliche Angaben** ergänzt und schließlich alle für die Feststellung und Beurteilung des Sachverhalts **wesentlichen Erklärungen** abgegeben werden (§ 70 Abs. 2 GWB). Diese Vorgabe ist Teil der **allgemeinen Fürsorgepflicht des Gerichts** und ist verknüpft mit den Mitwirkungsobliegenheiten der Beteiligten. 15

Wie die zivilprozessualen Fürsorgepflichten nach § 139 ZPO dient auch die Hinweispflicht im Beschwerdeverfahren einer sachgemäßen Verfahrensführung und letztlich einer fairen Entscheidung. Weder sollen Verfahrensbeteiligte von der vom Gericht zu treffenden Entscheidung überrascht werden noch soll sich die Entscheidung auf einen Verfahrensmangel stützen, der ggf. leicht behebbar wäre (Immenga/Mestmäcker/*Schmidt*, § 70 GWB Rn. 11). 16

IV. Fristsetzung zur Verfahrensförderung, § 70 Abs. 3 GWB

Das Beschwerdegericht kann den Verfahrensbeteiligten aufgeben, sich innerhalb einer vom Gericht zu bestimmenden **Frist** zu **aufklärungsbedürftigen Punkten** zu äußern, **Beweismittel** zu **bezeichnen und in ihren Händen befindliche Urkunden sowie andere Beweismittel vorzulegen** (§ 120 Abs. 2 i.V.m. § 70 Abs. 3 GWB). Dies entspricht im Wesentlichen den Befugnissen, die 17 auch der Vergabekammer gemäß § 113 Abs. 2 Satz 2 GWB zukommen. Bei Versäumung der Frist kann auch das Beschwerdegericht nach Lage der Sache und ohne Berücksichtigung der nicht rechtzeitig beigebrachten Beweismittel entscheiden. Allerdings darf ein Vorbringen nicht einfach als verspätet zurückgewiesen werden, wenn eine zeitliche Verzögerung des Verfahrens nicht zu befürchten ist. Auch muss die vom Gericht gesetzte Frist im Hinblick auf die geforderte Mitwirkungshandlung angemessen sein, damit im Falle der Fristversäumung negative Folgen für den Betroffenen entstehen können (Immenga/Mestmäcker/*Schmidt*, § 70 GWB Rn. 12). Wenn so spät zur Sache vorgetragen wird, dass eine Erwiderung unter zumutbaren Bedingungen nicht mehr möglich ist, bleibt das Vorbringen unberücksichtigt (VK Baden-Württemberg vom 1.4.2010, 1 VK 13/10).

18 Im Übrigen hat das Beschwerdegericht auch ohne Fristsetzung Vorbringen nur insoweit zu berücksichtigen, als es Gegenstand der mündlichen Verhandlung war. **Neuer Tatsachenvortrag nach Schluss der mündlichen Verhandlung** ist grundsätzlich nicht möglich, wenn dem Betroffenen in der mündlichen Verhandlung Gelegenheit gegeben war, sich zu den streitgegenständlichen Tatsachen zu erklären und kein Schriftsatznachlass beantragt wurde (OLG Saarbrücken vom 6.4.2005, 1 Verg 1/05; zur Nichtberücksichtigung verspäteten Vortrags auch OLG Düsseldorf vom 28.6.2006, Verg 18/06; VK Baden-Württemberg vom 1.4.2010, 1 VK 13/10).

V. Beweiswürdigung, rechtliches Gehör und Akteneinsicht, § 71 Abs. 1 GWB

1. Beweiswürdigung durch das Beschwerdegericht

19 Das Beschwerdegericht entscheidet durch Beschluss nach seiner freien, aus dem Gesamtergebnis des Verfahrens gewonnenen Überzeugung, wie § 120 Abs. 2 i.V.m. § 71 Abs. 1 Satz 1 GWB bestimmt. Dieser **Grundsatz der freien Beweiswürdigung** meint, dass das Gericht nicht auf bestimmte Beweisregeln abzustellen hat. Entscheidend ist vielmehr, ob das Gericht nach seiner Überzeugung einen bestimmten Sachverhalt als wahr annehmen kann. Eine **volle Gewissheit des Gerichts** ist insoweit **nicht** erforderlich. Eine bloße Wahrscheinlichkeit reicht allerdings ebenfalls nicht, um eine beweisbedürftige Tatsache als bewiesen ansehen zu können (BGH vom 29.1.1975, KRB 4/74).

2. Rechtliches Gehör, § 71 Abs. 1 Satz 2 GWB; Gehörsrüge, § 71a GWB

20 Wie aus § 71 Abs. 1 Satz 2 GWB folgt, darf die Beschwerdeentscheidung nur auf Tatsachen und Beweismittel gestützt werden, zu denen die Beteiligten sich äußern konnten. Sie müssen Gegenstand der mündlichen Verhandlung gewesen sein, wie aus dem Grundsatz des rechtlichen Gehörs folgt (OLG Saarbrücken vom 6.4.2005, 1 Verg 1/05).

21 Daraus folgt, dass **nach Schluss der mündlichen Verhandlung** grundsätzlich **keine Schriftsätze** mehr nachgereicht werden können. Sieht sich ein Verfahrensbeteiligter im Termin zur mündlichen Verhandlung nicht in der Lage, zu einem Sachverhaltsaspekt Stellung zu nehmen, ist ggf. hierauf hinzuweisen und Vertagung zu beantragen. Geschieht dies nicht, besteht keine Veranlassung zur Wiedereröffnung der mündlichen Verhandlung von Amts wegen (OLG Saarbrücken vom 6.4.2005, 1 Verg 1/05).

Trägt ein Verfahrensbeteiligter in oder kurz vor der mündlichen Verhandlung neuen Tatsachenstoff vor, auf den in der mündlichen Verhandlung nicht angemessen reagiert werden kann, ist Schriftsatznachlass, also die Möglichkeit, zu dem neuen Streitstoff noch im Wege eines Schriftsatzes zu reagieren, zu beantragen. Zu beachten ist allerdings, dass ein derartig später Vortrag als Verstoß gegen die Verfahrensförderungspflicht vom Beschwerdegericht auch unberücksichtigt gelassen werden kann, wenn den anderen Verfahrensbeteiligten bis zum Schluss der mündlichen Verhandlung eine Erwiderung nicht möglich ist (OLG Düsseldorf vom 28.6.2006, Verg 18/06).

22 Die auch nach Art. 103 Abs. 1 GG garantierte Gewährung rechtlichen Gehörs sichert den Beteiligten eines gerichtlichen Verfahrens ihren Einfluss auf dieses und das Ergebnis. Der **Grundsatz des recht-**

lichen Gehörs gewährleistet, dass die Verfahrensbeteiligten **Gelegenheit** erhalten**, sich vor der Entscheidung zum der Entscheidung zugrunde liegenden Sachverhalt zu äußern und sachdienliche Anträge anbringen zu können** (OLG Düsseldorf vom 2.3.2005, Verg 70/04). Die Beteiligten müssen sich zum Gegenstand des Verfahrens, zum Verfahren selbst und insbesondere zu den entscheidungserheblichen Tatsachen sachangemessen, zweckentsprechend und erschöpfend erklären können, was grundsätzlich im Rahmen einer mündlichen Verhandlung geschieht. Kann eine Entscheidung im schriftlichen Verfahren getroffen werden, ist das rechtliche Gehör entsprechend schriftlich zu gewähren (OLG Düsseldorf vom 21.12.2005, Verg 69/05). Auch wenn keine mündliche Verhandlung durchgeführt wird, muss den Beteiligten Gelegenheit gegeben werden, sich zu allen relevanten Aspekten des Falles äußern zu können.

Ein **Verstoß gegen den Grundsatz des rechtlichen Gehörs** spielt insbesondere dann eine Rolle, wenn die ohne hinreichende Gewährung rechtlichen Gehörs getroffene Entscheidung nicht mehr in der Rechtsmittelinstanz anfechtbar und damit eine Heilung des Verfahrensfehlers nicht mehr möglich ist. Da das Beschwerdegericht den Sachverhalt in eigener Zuständigkeit aufzuklären und rechtlich zu würdigen hat, kann eine Gehörsverletzung **im Verfahren vor der Vergabekammer** im Beschwerdeverfahren **geheilt** werden (OLG Brandenburg vom 12.1.2010, Verg W 5/09; OLG Jena vom 14.10.2003, 6 Verg 8/03). Da es im vergaberechtlichen Rechtsschutzsystem aber keine weitere Instanz gegenüber den in der sofortigen Beschwerde zuständigen Oberlandesgerichten gibt, ist hier ein Verstoß gegen den Grundsatz des rechtlichen Gehörs problematisch. In einem solchen Fall ist eine Abhilfe nur durch eine **Anhörungsrüge** gemäß § 71a GWB möglich. Diese Regelung ist auch im Beschwerdeverfahren zu beachten (BVerfG vom 26.2.2008, 1 BvR 2327/07; s. auch OLG Naumburg vom 30.8.2012, 2 Verg 3/12). Sinn und Zweck der Anhörungsrüge ist es, den Beteiligten die Möglichkeit zur Stellungnahme zu eröffnen, um so das verfassungsrechtliche Gebot des rechtlichen Gehörs zu verwirklichen (OLG München vom 19.3.2012, Verg 14/11). Die **mündliche Verhandlung** ist **wiederzueröffnen**, wenn das Gericht eine Verletzung des rechtlichen Gehörs feststellt. Hiervon ist aber abzusehen, wenn die mündliche Verhandlung ohne Verfahrensfehler geschlossen wurde und wenn erst nach Schluss der mündlichen Verhandlung neue Tatsachen vorgetragen und Beanstandungen hinsichtlich des streitgegenständlichen Vergabeverfahrens geltend gemacht werden, die bisher nicht Gegenstand der mündlichen Verhandlung waren (OLG Saarbrücken vom 6.4.2005, 1 Verg 1/05).

Bei einem Verstoß des Beschwerdegerichts gegen den Grundsatz des rechtlichen Gehörs ist eine Anhörungsrüge nach § 71a GWB möglich. Soll das Bundesverfassungsgericht mit der Angelegenheit befasst werden, ist das Erheben der Anhörungsrüge für die Erschöpfung des Rechtsweges als Zulässigkeitsvoraussetzung für eine Verfassungsbeschwerde erforderlich.

3. Akteneinsicht, §§ 111, 72 GWB

Den Beteiligten eines Nachprüfungsverfahrens steht gemäß § 111 GWB bereits im Verfahren vor der Vergabekammer ein Akteneinsichtsrecht zu. Dies gilt auch im Verfahren der sofortigen Beschwerde. Für die Akteneinsicht der Beteiligten stellt § 100 Abs. 2 GWB gleich doppelt sowohl auf § 111 GWB als auch auf das Akteneinsichtsrecht im allgemeinen Kartellverfahren gemäß § 72 GWB ab. Auch im Beschwerdeverfahren kann damit den Beteiligten Akteneinsicht zu gewähren sein, etwa wenn die Vergabekammer einem Akteneinsichtsersuchen nicht vollumfänglich entsprochen hat und **erweiterte Akteneinsicht im Beschwerdeverfahren** beantragt wurde. Darüber hinaus ist insbesondere dann, wenn eine Beiladung erstmalig durch das Beschwerdegericht erfolgt, daran zu denken, dass die **Akteneinsicht erstmals im Beschwerdeverfahren** vorgenommen wird. Auch bei einer Fortschreibung des Vergabevermerks im laufenden Nachprüfungsverfahren können die **Aktualisierungen im Beschwerdeverfahren** zum Gegenstand einer Akteneinsicht gemacht werden.

Das OLG Düsseldorf geht insoweit zu Recht davon aus, dass die **Gewährung der Akteneinsicht durch die Vergabekammer und das Beschwerdegericht denselben rechtlichen Regeln** zu folgen hat. Hierfür spricht schon, dass eine bereits erfolgte Akteneinsicht im Verfahren vor der Vergabekammer im Beschwerdeverfahren nicht mehr rückgängig gemacht werden kann. Auch wäre es widersprüchlich, wenn die Rechte der Beteiligten in den Nachprüfungsinstanzen unterschiedlich ausgestaltet wären. Die Beschränkung des Akteneinsichtsrechts nach § 111 Abs. 2 GWB ist daher im Lichte der Bestimmung des § 72 Abs. 2 Satz 4 GWB auszulegen und zu verstehen. Die Vorgaben dieser Regelung sind zur Ausfüllung der im § 111 GWB bestehenden Lücke entsprechend heranzuziehen und dort hineinzulesen (OLG Düsseldorf vom 28.12.2007, Verg 40/07).

26   Das danach bestehende Akteneinsichtsrecht der Verfahrensbeteiligten ist bei einem zulässigen Nachprüfungsantrag nach richtiger Auffassung grundsätzlich umfassend. Es erstreckt sich auf alle materiellen Bestandteile der Vergabeakten, wozu auch die vom Auftraggeber erstellte Kostenschätzung gehört (OLG Düsseldorf vom 28.12.2007, Verg 40/07). Das Akteneinsichtsrecht besteht jedenfalls in dem **Umfang**, wie es zur Durchsetzung der subjektiven Rechte von Verfahrensbeteiligten erforderlich ist. Es ist demnach durch den Gegenstand des Beschwerdeverfahrens begrenzt (OLG Jena vom 4.5.2005, 9 Verg 3/05).

27   Das Akteneinsichtsrecht wird jedenfalls begrenzt durch **entgegenstehende Interessen Dritter**, insbesondere in Bezug auf den Schutz von Betriebs- oder Geschäftsgeheimnissen. Als Betriebs- und Geschäftsgeheimnisse sind Tatsachen zu verstehen, die nach dem erkennbaren Willen des Trägers geheim gehalten werden sollen und nur einem begrenzten Personenkreis bekannt und daher nicht offenkundig sind. Der Geheimnisträger wird daher ein sachlich berechtigtes Geheimhaltungsinteresse haben, weil eine Aufdeckung der Tatsachen ihm wirtschaftlich Schaden zufügen könnte (s. näher auch § 111 Rn. 28 ff.).

> Geschäftsgeheimnisse beziehen sich auf den kaufmännischen Bereich, während Betriebsgeheimnisse die betrieblich-technischen Vorgänge und Erkenntnisse betreffen.

28   Allerdings besagt das Vorliegen von Geheimnissen für sich noch nichts darüber, ob diese sich auch gegenüber dem Recht anderer Verfahrensbeteiligter auf Akteneinsicht durchsetzen können. Unter Berücksichtigung der Vorgaben von § 72 Abs. 2 Satz 4 GWB bedarf es vielmehr einer **Abwägung der berührten Interessen**. Das Gebot eines effektiven Rechtsschutzes, dem das Recht auf Akteneinsicht dient, ist mit den jeweils in Rede stehenden Geheimhaltungsinteressen des von der Akteneinsicht Betroffenen abzuwägen. Bei der Abwägung setzen sich diejenigen Belange durch, die das konkurrierende Interesse überwiegen (OLG Düsseldorf vom 28.12.2007, Verg 40/07). Der Umfang des Akteneinsichtsrechts im Beschwerdeverfahren ergibt sich aus einer umfassenden Abwägung der berührten Interessen unter Berücksichtigung auch des Transparenzgebotes im Vergabeverfahren und der Grundrechte der Verfahrensbeteiligten auf rechtliches Gehör.

29   Nach § 72 Abs. 2 Satz 3 GWB dürfen **Unterlagen, die von der Akteneinsicht ausgenommen** waren, der gerichtlichen Entscheidung nur insoweit zugrunde gelegt werden, als ihr Inhalt vorgetragen worden ist. Dementsprechend ist die Rechtsprechung zum Vergaberecht unter Hinweis auf den Grundsatz des rechtlichen Gehörs teilweise davon ausgegangen, dass der Umstand, dass etwa der Antragsteller den genauen Inhalt eines von ihm abgegebenen Nebenangebots gegenüber einem beigeladenen Konkurrenzunternehmen nicht offenlegen wollte, dazu führt, dass über die **Wertbarkeit des Nebenangebots** auch keine Entscheidung im Interesse des Antragstellers getroffen werden konnte (VK Bund vom 26.6.2006, VK 2-26/06). Nach dieser Betrachtung wäre vergaberechtlicher Rechtsschutz nur insoweit möglich, als nicht Betriebs- oder Geschäftsgeheimnisse eines Antragstellers betroffen sind, die dieser keinesfalls gegenüber etwaigen beigeladenen Unternehmen offenlegen möchte. Ein Antragsteller müsste zwischen seinem Geheimnisschutz und einem effektiven Rechtsschutz wählen. Ein solches Vorgehen ist aber mit den europarechtlichen Vorgaben, wie sie von der Rechtsprechung des EuGH bestätigt worden sind, nicht vereinbar. So hat der EuGH klargestellt, dass die Vergabenachprüfungsinstanzen zwar die Vertraulichkeit und das Recht auf Wahrung der Geschäftsgeheimnisse im Hinblick auf den Inhalt der ihnen von den Verfahrensbeteiligten übergebenen Unterlagen gewährleisten müssen. Eine Nachprüfungsinstanz selbst darf aber Kenntnis von solchen Angaben haben und diese auch bei ihrer Entscheidung berücksichtigen. Es ist da-

nach Angelegenheit des jeweiligen Nachprüfungsorgans zu entscheiden, inwieweit und nach welchen Modalitäten die Vertraulichkeit und die Geheimhaltung im Hinblick auf die Erfordernisse eines wirksamen Rechtsschutzes und der Wahrung der Verteidigungsrechte der am Rechtsstreit Beteiligten zu gewährleisten sind, damit in dem Rechtsstreit insgesamt das Recht auf ein faires Verfahren beachtet wird (EuGH vom 14.2.2008, Rs. C-450/06).

Die Gewährleistung des freien Dienstleistungsverkehrs und die Öffnung für einen unverfälschten Wettbewerb in allen Mitgliedstaaten ist das Hauptziel der europarechtlichen Vorgaben für das öffentliche Auftragswesen. Zur Gewährleistung dieser Ziele dürfen die **Auftraggeber keine das Vergabeverfahren betreffenden Informationen preisgeben**, deren Inhalt letztlich **den Wettbewerb im laufenden Vergabeverfahren oder in einem späteren Vergabeverfahren zu verfälschen geeignet** wäre. Die am Vergabeverfahren teilnehmenden Unternehmen müssen den öffentlichen Auftraggebern vielmehr alle im Rahmen des Verfahrens zweckdienlichen Informationen mitteilen können, ohne befürchten zu müssen, dass diese an Dritte weitergegeben werden. Auch die **Nachprüfungsinstanz** hat daher die erforderlichen Maßnahmen zu ergreifen, um den **Geheimnisschutz zur Sicherung eines lauteren Wettbewerbs sowie zum Schutz der legitimen Interessen der betroffenen Wirtschaftsteilnehmer sicherzustellen**. Es obliegt dem Nachprüfungsorgan zu entscheiden, dass Informationen aus der Verfahrensdokumentation nicht an die Verfahrensbeteiligten weitergegeben werden, wenn dies zum Schutz des lauteren Wettbewerbs und der Belange der Wirtschaftsteilnehmer erforderlich ist. Der **Informationsanspruch der in einem Nachprüfungsverfahren Beteiligten** ist daher mit dem **Recht der anderen Wirtschaftsteilnehmer auf Schutz ihrer vertraulichen Angaben und Geschäftsgeheimnisse abzuwägen** (EuGH vom 14.2.2008, Rs. C-450/06). Hieraus folgt, dass die im Einzelfall für die Sachentscheidung einer Nachprüfungsinstanz relevanten Angaben anderen Verfahrensbeteiligten durchaus vorenthalten werden können, solange die Fairness im Verfahren insgesamt hergestellt ist. Das Beschwerdegericht kann daher seine Entscheidung nach entsprechender Abwägung im Einzelfall auch auf Informationen stützen, die als Geschäfts- und Betriebsgeheimnisse nicht allen Beteiligten offen gelegt worden sind. Allerdings werden die relevanten Tatsachen wenigstens insoweit zu erörtern sein, als hierdurch eine Verfälschung des Wettbewerbs nicht zu besorgen ist.

VI. Verfahrensverbindung

Das Beschwerdegericht kann von der Vergabekammer noch getrennt behandelte Nachprüfungsverfahren nach den §§ 120 Abs. 2, 73 Nr. 2 GWB, § 147 ZPO aus Gründen der Prozessökonomie zur **gemeinsamen Verhandlung und Entscheidung** miteinander verbinden, wenn es um dasselbe Vergabeverfahren und auch um dieselben Vergabeverstöße geht. Es ist in der Regel geboten, auch dann ein einheitliches Vergabeüberprüfungsverfahren durchzuführen, wenn mehrere Bieter in einem identischen Vergabeverfahren Vergaberechtsverstöße – ggf. auch unterschiedliche – vor der Vergabekammer geltend machen. Aus Effizienzgründen mag etwas anderes gelten, wenn einer der Anträge bereits unzulässig oder offensichtlich unbegründet ist. Nach der Verfahrensverbindung bedarf es keiner förmlichen Beiladung der Beteiligten des jeweils anderen Verfahrens mehr (OLG Jena vom 2.8.2000, 6 Verg 4/00).

C. Zum Umgang mit Lücken im Verfahrensrecht

Es ist anerkannt, dass die in Abs. 2 enthaltenen Verweisungen unvollständig sind. Bestehende Lücken müssen daher **einzelfallbezogen durch analoge Anwendung anderer Verfahrensregeln ergänzt** werden (BVerfG vom 26.2.2008, 1 BvR 2327/07; OLG Naumburg vom 22.4.2010, 1 Verg 11/09). Zurückzugreifen ist insbesondere auf die Vorgaben der Zivilprozessordnung (ZPO) und der Verwaltungsgerichtsordnung (VwGO).

Umstritten ist, ob eines dieser Regelungswerke grundsätzlich vorzuziehen ist. Aufgrund der Geltung des Untersuchungsgrundsatzes steht das Beschwerdeverfahren einem verwaltungsgerichtlichen Verfahren näher als einem Zivilprozess. Der Zivilprozess wird von der Beibringungsmaxime beherrscht. Eine Sachverhaltsaufklärung von Amts wegen, also durch das Gericht, gibt es hier grundsätzlich nicht. Für die Schließung der Lücken der §§ 116 ff. GWB wird sich daher vielfach eine **Analogie zur VwGO** eher anbieten als eine solche zur ZPO, zumal das Beschwerdeverfahren dem Recht des Kartellverwaltungsverfahrens nachgebildet worden ist (OLG Düsseldorf vom 20.7.2000, Verg 2/99; OLG Düsseldorf vom 30.4.2008, Verg 23/08 zum Verfahren vor der Vergabekammer).

34 Da allerdings die Regelungen der ZPO und der VwGO meist zu identischen Ergebnissen kommen, wird die Frage, welches Prozessrecht zur Lückenschließung in entsprechender Anwendung heranzuziehen ist, vielfach offenbleiben können. Soweit es Regelungsunterschiede gibt, ist **im Einzelfall** die **sachgerechtere Vorgabe** unter Berücksichtigung der Besonderheiten des vergaberechtlichen Beschwerdeverfahrens heranzuziehen. Nicht nur der Grundsatz der Amtsermittlung, auch die Maxime der Verfahrensbeschleunigung ist zu beachten (für eine problembezogene Lückenschließung auch etwa Immenga/Mestmäcker/*Stockmann*, § 120 GWB Rn. 25; Byok/Jaeger/*Jaeger*, § 120 GWB Rn. 1207).

35 Hinsichtlich der **anwendbaren Kostenvorschriften** hat der BGH klargestellt, dass das Beschwerdeverfahren als streitiges Verfahren vor einem ordentlichen Gericht zu betrachten ist, so dass **§ 97 Abs. 1 ZPO entsprechend** anzuwenden ist. Für eine Billigkeitsentscheidung, wie sie § 162 Abs. 3 VwGO bei außergerichtlichen Kosten eines im Verwaltungsprozess Beigeladenen vorsieht, ist damit kein Raum, wenn sich ein beigeladenes Unternehmen aktiv am Beschwerdeverfahren beteiligt (BGH vom 9.2.2004, X ZB 44/03).

§ 121 Vorabentscheidung über den Zuschlag

(1) ¹Auf Antrag des Auftraggebers oder auf Antrag des Unternehmens, das nach § 101a vom Auftraggeber als das Unternehmen benannt ist, das den Zuschlag erhalten soll, kann das Gericht den weiteren Fortgang des Vergabeverfahrens und den Zuschlag gestatten, wenn unter Berücksichtigung aller möglicherweise geschädigten Interessen die nachteiligen Folgen einer Verzögerung der Vergabe bis zur Entscheidung über die Beschwerde die damit verbundenen Vorteile überwiegen. ²Bei der Abwägung ist das Interesse der Allgemeinheit an einer wirtschaftlichen Erfüllung der Aufgaben des Auftraggebers zu berücksichtigen; bei verteidigungs- oder sicherheitsrelevanten Aufträgen im Sinne des § 99 Absatz 7 sind zusätzlich besondere Verteidigungs- und Sicherheitsinteressen zu berücksichtigen. ³Das Gericht berücksichtigt bei seiner Entscheidung auch die Erfolgsaussichten der sofortigen Beschwerde, die allgemeinen Aussichten des Antragstellers im Vergabeverfahren, den Auftrag zu erhalten, und das Interesse der Allgemeinheit an einem raschen Abschluss des Vergabeverfahrens.

(2) ¹Der Antrag ist schriftlich zu stellen und gleichzeitig zu begründen. ²Die zur Begründung des Antrags vorzutragenden Tatsachen sowie der Grund für die Eilbedürftigkeit sind glaubhaft zu machen. ³Bis zur Entscheidung über den Antrag kann das Verfahren über die Beschwerde ausgesetzt werden.

(3) ¹Die Entscheidung ist unverzüglich längstens innerhalb von fünf Wochen nach Eingang des Antrags zu treffen und zu begründen; bei besonderen tatsächlichen oder rechtlichen Schwierigkeiten kann der Vorsitzende im Ausnahmefall die Frist durch begründete Mitteilung an die Beteiligten um den erforderlichen Zeitraum verlängern. ²Die Entscheidung kann ohne mündliche Verhandlung ergehen. ³Ihre Begründung erläutert Rechtmäßigkeit oder Rechtswidrigkeit des Vergabeverfahrens. ⁴§ 120 findet Anwendung.

(4) Gegen eine Entscheidung nach dieser Vorschrift ist ein Rechtsmittel nicht zulässig.

Übersicht

A. Vorzeitige Gestattung des Zuschlags durch das Beschwerdegericht (Abs. 1) ... 1–11	B. Verfahrensablauf ... 12–20
I. Anwendungsbereich ... 1–4	I. Antragsinhalt und Aussetzung des Beschwerdeverfahrens (Abs. 2) ... 12–16
II. Prüfungsmaßstab (Abs. 1) und Entscheidung (Abs. 3) ... 5–11	II. Entscheidungsfrist (Abs. 3 Satz 1) ... 17–20
1. Prüfungsmaßstab ... 5–8	C. Rechtsmittel (Abs. 4) und Rechtsfolgen der Entscheidung ... 21
2. Entscheidung (Abs. 3 Satz 3 und 4) ... 9–11	

A. Vorzeitige Gestattung des Zuschlags durch das Beschwerdegericht (Abs. 1)

I. Anwendungsbereich

Abs. 1 normiert das Verfahren über die vorzeitige Gestattung des Zuschlags durch das Beschwerdegericht. Die Vorschrift ermöglicht dem Auftraggeber und dem für den Zuschlag vorgesehenen Unternehmen (Beigeladenen), im Beschwerdeverfahren eine schnelle Entscheidung mit dem Ziel der Zuschlagserteilung herbeizuführen. Hiergegen kann sich der Antragsteller seinerseits mit den Mitteln des vorläufigen Rechtsschutzes nach § 118 Abs. 1 Satz 3 GWB wehren. 1

Voraussetzung für die vorzeitige Gestattung des Zuschlags ist zunächst, dass die Vergabekammer dem Nachprüfungsantrag des Antragstellers stattgegeben und eine Verletzung seiner Rechte festgestellt sowie geeignete Maßnahmen zur Beseitigung der Rechtsverletzung getroffen hat (§ 114 Abs. 1 Satz 1 GWB). Darüber hinaus muss der Auftraggeber ein Interesse daran haben, das Vergabeverfahren fortzuführen und durch eine Zuschlagserteilung zu beenden, ohne die seitens der Vergabekammer in ihrer Entscheidung getroffenen Anordnungen zu erfüllen (BayObLG vom 1.10.2001, Verg 6/01). Legt der Auftraggeber gegen die für ihn nachteilige Entscheidung der Vergabekammer 2 sofortige Beschwerde gemäß § 118 Abs. 1 Satz 1 GWB ein, so entfaltet diese zwar zunächst aufschiebende Wirkung. Die aufschiebende Wirkung entfällt aber zwei Wochen nach Ablauf der Beschwerdefrist (§ 118 Abs. 1 Satz 2 GWB). Der damit wieder eintretenden Verpflichtung des Auftraggebers, den Anordnungen der Vergabekammer nachzukommen, kann er nur entgehen, wenn er einen Antrag auf vorzeitige Gestattung des Zuschlags nach Abs. 1 stellt.

3   Hat die Vergabekammer außerdem die Zuschlagserteilung untersagt, muss der Auftraggeber bzw. der Beigeladene ebenfalls nach § 121 vorgehen: Der Zuschlag darf, weil die Einlegung der Beschwerde durch den Auftraggeber keine aufschiebende Wirkung erzeugt (OLG Düsseldorf vom 29.12.2001, Verg 31/00), in diesem Falle nämlich so lange nicht erteilt werden, bis der Auftraggeber oder das Beschwerdegericht die Entscheidung der Vergabekammer im Verfahren nach § 121 oder im Hauptsacheverfahren (§ 123 GWB) aufgehoben hat (§ 118 Abs. 3 GWB).

4   Das Verfahren über die Vorabgestattung des Zuschlags ist zwar als an § 940 ZPO bzw. § 123 VwGO angelehntes Eilverfahren ausgestaltet. Die Entscheidung des Beschwerdegerichts ist aber endgültig: Entweder wird dem Auftraggeber gestattet, den Zuschlag zu erteilen oder das Verfahren fortzuführen (Abs. 1 Satz 1); diese Entscheidung ist unanfechtbar (Abs. 4). Oder das Beschwerdegericht lehnt den Antrag des Auftraggebers ab. Dann gilt das Verfahren nach Ablauf von zehn Tagen nach Zustellung der Entscheidung als beendet, sofern der Auftraggeber nicht die Maßnahmen zu Herstellung der Rechtmäßigkeit des Verfahrens ergreift, die sich aus der Entscheidung des Beschwerdegerichts ergeben (§ 122 GWB).

II. Prüfungsmaßstab (Abs. 1) und Entscheidung (Abs. 3)

1. Prüfungsmaßstab

5   Die Struktur des Prüfungsmaßstabs entspricht im Wesentlichen der des § 115 Abs. 2 GWB (Vorabzuschlagserteilung durch die Vergabekammer).

6   Nach dem früheren Wortlaut des Abs. 2 war die **Prüfung der Erfolgsaussichten der sofortigen Beschwerde vorrangig**. Die Bejahung dieser Erfolgsaussichten führte bereits dazu, dass das Gericht dem Antrag stattzugeben hatte, ohne dass die Interessenabwägung unter Berücksichtigung aller möglichen geschädigten Interessen sowie des Interesses der Allgemeinheit an einem raschen Abschluss des Vergabeverfahrens einerseits und der Bewertung der nachteiligen Folgen der Verfahrensverzögerung im Vergleich mit den damit verbundenen Vorteilen erforderlich gewesen wäre. War eine abschließende Beurteilung der Erfolgsaussichten nicht mit der erforderlichen Wahrscheinlichkeit möglich, durfte das Gericht die Vorabzuschlagsgestattung auch unter Berücksichtigung des Ergebnisses der Interessenabwägung vornehmen.

7   Mit der **Neufassung des Abs. 1** durch das Gesetz zur Modernisierung des Vergaberechts vom 20.4.2009 (BGBl. I S. 790) hat der Gesetzgeber – wie sich aus der amtlichen Begründung (BT-Drucks. 16/10117, S. 24) ergibt – die Kriterien für die vorzeitige Erteilung des Zuschlags im Verfahren vor dem Beschwerdegericht ausdrücklich derjenigen für die Entscheidung der Vergabekammer über die Gestattung der Vorabzuschlagserteilung (§ 115 Abs. 2 GWB) gleichgesetzt und Abs. 1 an den Wortlaut des § 115 Abs. 2 GWB angepasst. Zwar ist die beabsichtigte Anpassung nicht gänzlich gelungen: Während nach § 115 Abs. 2 GWB die Erfolgsaussichten des Nachprüfungsantrags nicht in jedem Falle Gegenstand der Abwägung sein müssen, bestimmt Abs. 1 Satz 3, dass das Beschwerdegericht bei seiner Entscheidung auch die Erfolgsaussichten der sofortigen Beschwerde berücksichtigt. Das Beschwerdegericht hat allerdings gleichrangig die Aussichten des Antragstellers, den Zuschlag zu erhalten, bzw. das Interesse der Allgemeinheit an einem raschen Abschluss des Vergabeverfahrens zu berücksichtigen. Diese durch den Gesetzgeber beabsichtigte und insbesondere mit dem Ziel der Verfahrensbeschleunigung begründete **ausdrückliche Gleichstellung von Abs. 1 und § 115 Abs. 2 GWB** bedeutet aber, dass hier wie dort der **Prüfung der Erfolgsaussichten keine vorrangige Bedeutung** zukommt, sondern das Beschwerdegericht – wie auch die Vergabekammer im Rahmen des § 115 Abs. 2 GWB – diese als einen Gesichtspunkt berücksichtigen kann.

Im Hinblick auf den **Prüfungsmaßstab und -umfang** kann insoweit auf die Ausführungen in § 115 GWB (§ 115 Rn. 19 ff.) verwiesen werden. 8

2. Entscheidung (Abs. 3 Satz 3 und 4)

Die Vorabentscheidung des Beschwerdegerichts ergeht durch **Beschluss** (Abs. 3 Satz 4 i.V.m. § 120 GWB). Sie kann **ohne mündliche Verhandlung** ergehen (Abs. 3 Satz 2). Da Abs. 4 Rechtsmittel nicht zulässt, entfällt zwangsläufig die Verpflichtung, die Entscheidung mit einer Rechtsmittelbelehrung zu versehen (§§ 120 Abs. 2, 71 Abs. 6 GWB). 9

Die Entscheidung ist zu **begründen**. Die Entscheidung muss, obwohl sie unanfechtbar ist (Abs. 4), **zur Rechtmäßigkeit oder Rechtswidrigkeit des Vergabeverfahrens Stellung nehmen** (**Abs. 3 Satz 3**). Diese Forderung ist nur im Hinblick auf die mit dem Verfahren verbundene abschließende Rechtsfolge des § 122 GWB verständlich und gewinnt nur im Zusammenhang mit der Zurückweisung des Antrags auf die Vorabzuschlagserteilung an Bedeutung. In diesem Falle obliegt es nämlich dem Auftraggeber, die Maßnahmen zur Herstellung der Rechtmäßigkeit des Verfahrens zu ergreifen, die sich aus der Entscheidung ergeben (§ 122 Hs. 1 GWB). 10

Problematisch erscheint insoweit der Fall, dass das Beschwerdegericht seine Entscheidung lediglich aufgrund einer Interessenabwägung trifft und die Entscheidung deshalb keinen Hinweis zu Rechtmäßigkeit bzw. Rechtswidrigkeit des Vergabeverfahrens enthält. Da diese Pflicht allerdings lediglich im Zusammenhang mit § 122 GWB Bedeutung erlangt, ist dieser Fall im Ergebnis nicht von Bedeutung: § 121 GWB zielt auf die Möglichkeit einer beschleunigten Vorabentscheidung hin. Wird diese durch das Beschwerdegericht gestattet, kann der Zuschlag erteilt werden; einer Erläuterung der Rechtmäßigkeit oder Rechtswidrigkeit des Vergabeverfahrens bedarf es nicht, weil § 122 GWB, der ein Unterliegen des Auftraggebers voraussetzt, in diesem Fall nicht einschlägig ist. Lehnt das Gericht den Antrag auf eine Vorabzuschlagsgestattung ab, ist § 122 GWB dagegen einschlägig. Der Auftraggeber kann der Beendigung des Vergabeverfahrens nur dadurch entgehen, dass er die zur Herstellung der Rechtmäßigkeit des Verfahrens erforderlichen Maßnahmen, die sich aus der Entscheidung ergeben, trifft. In diesem Falle ist also Voraussetzung, dass sich die entsprechenden Maßnahmen aus der Entscheidung des Gerichts ergeben. Legt man den gesetzgeberischen Willen zugrunde, das Vergabeverfahren durch Zuschlagserteilung möglichst schnell zu beenden, wird man das in Abs. 3 Satz 3 erhobene Postulat als Verpflichtung des Gerichts ansehen müssen, in die Begründung diejenigen Voraussetzungen einzubeziehen, die es dem Auftraggeber ermöglichen, die Rechtmäßigkeit des Vergabeverfahrens herstellen zu können. Ohne einen solchen Hinweis muss das Beschwerdeverfahren nämlich fortgeführt werden (vgl. dazu § 122 Rn. 7). 11

B. Verfahrensablauf

I. Antragsinhalt und Aussetzung des Beschwerdeverfahrens (Abs. 2)

Der auf die Vorabentscheidung gerichtete **Antrag** ist **schriftlich** zu stellen (Abs. 2 Satz 1) und muss durch einen Rechtsanwalt unterzeichnet werden; juristische Personen des öffentlichen Rechts können sich durch Beamte oder Angestellte mit Befähigung zum Richteramt vertreten lassen. 12

Gleichzeitig mit der Stellung des Antrags ist dieser zu **begründen** (Abs. 2 Satz 1). Geschieht dies nicht, führt dies nach h.M. zur Unzulässigkeit des Antrags (Reidt/Stickler/Glahs/*Stickler*, Vergaberecht, § 121 GWB Rn. 7 m.w.N. und der Begründung, dass anderenfalls durch eine aufgrund des Nachschiebens bedingte Verkürzung der Entscheidungsfrist gegen den Beschleunigungsgrundsatz verstoßen würde). Nach a.A. (*Bechtold*, GWB, § 121 Rn. 3) soll ein solcher Antrag lediglich als nicht existent zu behandeln sein. Dies widerspricht allerdings dem Beschleunigungsgebot sowie sämtlichen prozessualen Verfahrensgrundsätzen (so zu Recht Ingenstau/Korbion/*Müller-Wrede*, VOB, Teile A und B, § 121 GWB Rn. 4 m.w.N.). 13

Die zur Begründung des Antrags vorzutragenden Tatsachen sowie der Grund für die Eilbedürftigkeit sind **glaubhaft zu machen** (Abs. 2 Satz 2). Dazu können sämtliche Beweismittel herangezogen werden, wie die Versicherung an Eides statt, der Zeugen- und Sachverständigenbeweis, die Vorlage 14 von Urkunden, die Inaugenscheinnahme, Zeugenauskünfte in schriftlicher Art und amtlicher Auskünfte (*Gröning*, in: Motzke/Pietzcker/Prieß, Vergaberecht, § 121 GWB Rn. 37 unter Hinweis auf § 294 ZPO).

15 Die Entscheidung kann **ohne mündliche Verhandlung** ergehen (Abs. 3 Satz 2). Das ist dann sinnvoll, wenn die Durchführung einer mündlichen Verhandlung keine weitere Verfahrensförderung erwarten lässt (Reidt/Stickler/Glahs/*Stickler*, Vergaberecht, § 121 GWB Rn. 10 mit dem Hinweis, dass die Entscheidung des Gerichts in vielen Fällen zur endgültigen Beendigung des Beschwerdeverfahrens führt).

16 Gemäß Abs. 2 Satz 3 kann das Hauptsacheverfahren bis zur Entscheidung über den Antrag auf Vorabgestattung über den Zuschlag – unanfechtbar (Abs. 4) – **ausgesetzt** werden.

II. Entscheidungsfrist (Abs. 3 Satz 1)

17 Die Entscheidung ist unverzüglich, längstens innerhalb von fünf Wochen nach Eingang des Antrags zu treffen und zu begründen (Abs. 3 Satz 1 Hs. 1). Die Frist kann aber bei besonderen tatsächlichen oder rechtlichen Schwierigkeiten durch den Vorsitzenden im Ausnahmefall um den erforderlichen Zeitraum verlängert werden (Abs. 3 Satz 1 Hs. 2).

18 Zwar knüpft die **Verlängerungsmöglichkeit** daran an, dass nicht nur **tatsächliche und rechtliche Schwierigkeiten** vorliegen müssen, sondern sich diese vielmehr als **„besondere" Schwierigkeiten** darstellen müssen. Damit wird der Ausnahmecharakter der Verlängerung verdeutlicht; die Verlängerung soll nicht den Regelfall darstellen.

19 Tatsächliche Schwierigkeiten können nach überwiegender Ansicht auch auf gerichtsinterne Ursachen, z.B. anderweitige Entscheidungserfordernisse in parallelen Verfahren, personelle Unterbesetzungen oder Urlaub, zurückzuführen sein (*Gröning*, in: Motzke/Pietzcker/Prieß, Vergaberecht, § 121 GWB Rn. 45). Andere lehnen die Beachtung gerichtsinterner Gründe ab (vgl. Nachweise bei Kulartz/Kus/Portz/*Hunger*, GWB-Vergaberecht, § 121 GWB Rn. 21). Selbst wenn die ablehnenden Ansichten sich vordergründig auf das Beschleunigungsgebot stützen können, ist ihnen jedoch nicht zu folgen. Der objektive Wortlaut der Regelung lässt immerhin die Berücksichtigung gerichtsinterner Ursachen ohne weiteres zu. Im Übrigen ist ein Verstoß gegen Abs. 3 ohnehin sanktionslos. Im Hinblick auf die besonderen tatsächlichen Schwierigkeiten wird auf die Ausführungen in § 113 GWB (§ 113 Rn. 25) verwiesen.

20 Die Verlängerung hat sich auf den **erforderlichen Zeitraum** zu beschränken; auf die entsprechenden Ausführungen in § 113 GWB (§ 113 Rn. 26 ff.) kann verwiesen werden.

C. Rechtsmittel (Abs. 4) und Rechtsfolgen der Entscheidung

21 Ein Rechtsmittel ist gegen die Vorabzuschlagsentscheidung des Gerichts nicht zulässig (Abs. 4). Hat der Antrag des Auftraggebers Erfolg, kann er den Zuschlag erteilen; das Beschwerdeverfahren (Hauptsacheverfahren) kann in diesem Falle nur noch als Fortsetzungsfeststellungsverfahren fortgesetzt werden. Wird der Antrag abgelehnt, endet das Vergabeverfahren gemäß § 122 GWB mit Ablauf von zehn Tagen nach Zustellung der Entscheidung, es sei denn, der Auftraggeber ergreift die ihm durch das Gericht vorgegebenen Maßnahmen zur Herstellung der Rechtmäßigkeit des Verfahrens.

§ 122 Ende des Vergabeverfahrens nach Entscheidung des Beschwerdegerichts

Ist der Auftraggeber mit einem Antrag nach § 121 vor dem Beschwerdegericht unterlegen, gilt das Vergabeverfahren nach Ablauf von zehn Tagen nach Zustellung der Entscheidung als beendet, wenn der Auftraggeber nicht die Maßnahmen zur Herstellung der Rechtmäßigkeit des Verfahrens ergreift, die sich aus der Entscheidung ergeben; das Verfahren darf nicht fortgeführt werden.

Übersicht

A. Normzweck ... 1–3	C. Maßnahmen zur Herstellung der Rechtmäßigkeit des Verfahrens ... 6
B. Gesetzliche Beendigungsfiktion des Vergabeverfahrens (Hs. 1) ... 4–5	D. Auswirkungen auf das Nachprüfungsverfahren (Hs. 2) ... 7

A. Normzweck

Die Vorschrift des § 122 knüpft an das Unterliegen mit einem Antrag nach § 121 GWB eine besondere Rechtsfolge: Es gilt das Vergabeverfahren nach Ablauf von zehn Tagen nach Zustellung der Entscheidung als beendet, wenn der Auftraggeber nicht die Maßnahmen zur Herstellung der Rechtmäßigkeit des Verfahrens ergreift, die sich aus der Entscheidung der Vergabekammer ergeben; das Verfahren darf nicht fortgeführt werden. Dem liegt die Erwägung zugrunde, dass es nach Prüfung durch die Vergabekammer und nach einer obergerichtlichen Entscheidung zu Lasten des Auftraggebers im Vorabentscheidungsverfahren über den Zuschlag äußerst unwahrscheinlich ist, dass die zweite Entscheidung des Gerichts anders ausfallen würde und das Beschwerdegericht nach weiterer Prüfung auch in der Hauptsache zu einem für den Auftraggeber günstigen Ergebnis kommt (KG Berlin vom 9.11.1999, KartVerg 12/99). 1

§ 122 legt die Rechtsfolge für den Fall fest, dass der Auftraggeber mit seinem Antrag nach § 121 GWB unterlegen ist, das Verfahren vor Beendigung des Hauptsacheverfahrens fortführen und den Zuschlag erteilen zu dürfen (§ 121 GWB). Die Vorschrift soll – nachdem zwei Instanzen im Eilverfahren Verstöße des Auftraggebers gegen das Vergaberecht festgestellt haben – Klarheit für das zugrunde liegende Vergabeverfahren schaffen und eine unökonomische Weiterverfolgung des Hauptsacheverfahrens hindern (*Marx*, in: Motzke/Pietzcker/Prieß, Vergaberecht, § 122 GWB Rn. 3). Dem liegt die Einschätzung des Gesetzgebers zugrunde, dass es als äußerst unwahrscheinlich anzusehen ist, dass das Beschwerdegericht zu einer für den Auftraggeber günstigen Entscheidung in der Hauptsache kommt, wenn die Vergabekammer und das Oberlandesgericht im Eilverfahren bereits zu Lasten des Auftraggebers entschieden haben (KG vom 9.11.1990, KartVerg 12/89). 2

Das Vergabeverfahren wird unbeschadet des Rechts eines Vorgehens nach § 123 GWB **kraft Gesetzes beendet** (OLG Naumburg vom 4.9.2001, 1 Verg 8/01), sofern der Auftraggeber die vom Gericht in der Entscheidung benannten Vergabeverstöße zur Herstellung der Rechtmäßigkeit des Verfahrens nicht behebt. Das Beschwerdegericht muss also die Rechtmäßigkeit oder Rechtswidrigkeit des Vergabeverfahrens überprüft und dem Auftraggeber in seiner Entscheidung Hinweise zur Herstellung der Rechtmäßigkeit gegeben haben (§ 121 Abs. 3 Satz 3 GWB). Wird der Antrag nur aus formalen Gründen abgelehnt oder erfolgt ausschließlich eine Interessenabwägung nach § 121 Abs. 1 Satz 1 GWB, ist § 122 nicht einschlägig und das Beschwerdeverfahren wird fortgeführt. 3

B. Gesetzliche Beendigungsfiktion des Vergabeverfahrens (Hs. 1)

Die gesetzlich angeordnete Beendigung des Vergabeverfahrens setzt zunächst voraus, dass das Gericht den Antrag des Auftraggebers zur vorzeitigen Erteilung des Zuschlags nach § 121 GWB abgelehnt und eine für ihn nachteilige Sachentscheidung getroffen, also die Rechtswidrigkeit des Vergabeverfahrens festgestellt hat. Des Weiteren erfordert die gesetzlich angeordnete Beendigung des 4

Verfahrens, dass der Auftraggeber es unterlässt, innerhalb von zehn Tagen nach Zustellung der gerichtlichen Entscheidung die Maßnahmen zur Herstellung der Rechtmäßigkeit des Vergabeverfahrens zu ergreifen, die in der Entscheidung benannt werden.

5 Die Beendigung des Vergabeverfahrens bzw. die Aufhebung der Ausschreibung (*Marx*, in: Motzke/Pietzcker/Prieß, Vergaberecht, § 122 GWB Rn. 5) bedeutet, dass **kein Zuschlag mehr erteilt** werden darf. Geschieht dies gleichwohl, ist der Vertrag nichtig (*Marx*, in: Motzke/Pietzcker/Prieß, Vergaberecht, § 122 GWB Rn. 6). Die Rechtsfolge tritt auch dann ein, wenn das Verfahren nicht innerhalb von zehn Tagen im Sinne der gerichtlichen Entscheidung korrigiert wird, sondern dies erst nach Ablauf der zehn Tage geschieht (*Marx*, in: Motzke/Pietzcker/Prieß, Vergaberecht, § 122 GWB Rn. 6). Die Verfahrensbeendigung tritt – mit sofortiger Wirkung – auch dann ein, wenn der festgestellte Mangel des Verfahrens nicht korrigierbar ist, wie z.B. im Falle der Notwendigkeit einer Aufhebung (Reidt/Stickler/Glahs/*Stickler*, Vergaberecht, § 122 GWB Rn. 9 m.w.N. und dem Hinweis darauf, dass ein neues Ausschreibungsverfahren natürlich nicht innerhalb der Zehn-Tages-Frist eingeleitet werden muss).

C. Maßnahmen zur Herstellung der Rechtmäßigkeit des Verfahrens

6 Ergreift der Auftraggeber innerhalb von zehn Tagen die Maßnahmen zur Herstellung der Rechtmäßigkeit des Vergabeverfahrens, welche das Beschwerdegericht in seiner Entscheidung im Entscheidungstenor oder in den Entscheidungsgründen (Reidt/Stickler/Glahs/*Stickler*, Vergaberecht, § 122 GWB Rn. 8; andere Maßnahmen als die durch das Gericht festgelegten zu ergreifen, ist danach nicht zulässig) benannt hat, tritt die Beendigung des Verfahrens nicht ein. Dafür reicht es aus, dass er die umzusetzenden Maßnahmen so einleitet, dass der Erfolgseintritt gesichert ist; nicht notwendig ist es, dass der Erfolg innerhalb der zehn Tage eintritt.

D. Auswirkungen auf das Nachprüfungsverfahren (Hs. 2)

7 Das in Hs. 2 statuierte **Verbot der Fortführung des Verfahrens** betrifft nur das Vergabeverfahren. Insoweit stellt sich aber die Frage nach der weiteren Behandlung des Beschwerdeverfahrens (Hauptsacheverfahrens) nach Beendigung des Vergabeverfahrens. Dieses kann auf einen Feststellungsantrag mit dem Ziel einer nachträglichen Feststellung einer Rechtsverletzung durch den Auftraggeber (§ 123 Satz 3 GWB) umgestellt werden; das Beschwerdeverfahren wird dann als Feststellungsverfahren weitergeführt. Stellt der Auftraggeber einen solchen Feststellungsantrag nicht, führt auch dies zur Erledigung des Beschwerdeverfahrens.

§ 123 Beschwerdeentscheidung

¹Hält das Gericht die Beschwerde für begründet, so hebt es die Entscheidung der Vergabekammer auf. ²In diesem Fall entscheidet das Gericht in der Sache selbst oder spricht die Verpflichtung der Vergabekammer aus, unter Berücksichtigung der Rechtsauffassung des Gerichts über die Sache erneut zu entscheiden. ³Auf Antrag stellt es fest, ob das Unternehmen, das die Nachprüfung beantragt hat, durch den Auftraggeber in seinen Rechten verletzt ist. ⁴§ 114 Absatz 2 gilt entsprechend.

Literatur: Siehe die Literaturangaben bei § 116 GWB.

Übersicht

A. Allgemeines	1–6
I. Normzweck	1
II. Entscheidungsform	2–4
III. Entscheidungsfrist	5–6
B. Aufhebung der Vergabekammerentscheidung (Satz 1 und 2)	7–31
I. Zum Prüfungs- und Entscheidungsmaßstab	8–27
1. Zulässigkeit und Begründetheit der sofortigen Beschwerde	8–10
2. Keine Antragsbindung	11–12
3. Bindung an Ermessensentscheidungen des Auftraggebers	13–14
4. Prüfung neu vorgebrachter Vergaberechtsverstöße	15–17
5. Korrektur im Ergebnis	18–19
6. Aufhebung des Verfahrens	20–21
7. Zurückversetzung des Verfahrens	22–24
8. Mängel aller Angebote	25–27
II. Zurückverweisung an die Vergabekammer oder Entscheidung durch Beschwerdegericht (Satz 2)	28–31
C. Feststellung einer Rechtsverletzung auf Antrag (Satz 3 und 4)	32–39
I. Feststellungsentscheidung	32
II. Zulässigkeit des Feststellungsantrags	33–39
1. Erledigung des Nachprüfungsverfahrens	33–34
2. Zeitpunkt des Feststellungsantrags	35–36
3. Feststellungsinteresse	37–39
D. Vorabentscheidung durch den EuGH	40–47
I. Vorlageverpflichtung	41–45
II. Aussetzung des Beschwerdeverfahrens	46–47
E. Anderweitige Verfahrensbeendigung	48–66
I. Abschluss eines Vergleichs	48–51
II. Beidseitige Erledigungserklärung	52
III. Verfahrensbeendigung durch Antragsrücknahme	53–66
1. Rücknahme der sofortigen Beschwerde	53
2. Rücknahme der sofortigen Beschwerde oder des Nachprüfungsantrags	54–58
3. Voraussetzungen	59–62
4. Kostenfolgen	63–66
a) Kosten des Beschwerdeverfahrens	64
b) Kosten des Nachprüfungsverfahrens	65–66

A. Allgemeines

I. Normzweck

Die Regelung strukturiert die vom Beschwerdegericht zu treffende Entscheidung. Sie bestimmt, dass im Ergebnis falsche Entscheidungen der Vergabekammer aufgehoben werden. Auf Antrag des Unternehmens, das die Nachprüfung beantragt hat, kann das Gericht ferner feststellen, ob dieses in seinen Rechten verletzt worden ist. Bedeutung hat diese Feststellung – wie auch bei § 114 Abs. 2 Satz 2 GWB – vor allem für die anschließende Geltendmachung von Schadensersatzansprüchen gegenüber dem Auftraggeber (BT-Drucks. 13/9314, S. 22). 1

II. Entscheidungsform

Die Beschwerdeentscheidung ergeht durch einen vom Gericht zu fassenden **Beschluss**. Im Nachprüfungsverfahren stellt dabei die sofortige Beschwerde die erste und einzige gerichtliche Kontrollinstanz gegenüber den Handlungen öffentlicher Auftraggeber im Anwendungsbereich des Vergaberechts der §§ 97 ff. GWB dar. Rechtsmittel gegen die Entscheidung des Beschwerdegerichts sind nicht möglich, so dass die Vergabesenate in letzter Instanz endgültig über die aufgeworfenen Streitfragen entscheiden. Dies schließt es aber nicht aus, dass ein **Vergabesenat in demselben Vergabeverfahren mehrmals angerufen** werden kann. Ist etwa ein Auftraggeber in einem Nachprüfungsverfahren erfolgreich oder hat ihm das Beschwerdegericht die Fortführung des Vergabeverfahrens unter Beachtung der Rechtsauffassung des Gerichts aufgegeben, so steht es jedem Verfahrensteilnehmer frei, erneut die Nachprüfungsinstanzen einzuschalten, wenn seiner Auffassung nach weitere Vergaberechtsverstöße in demselben Vergabeverfahren vorliegen. In Betracht kommen insoweit **Verstöße** des Auftraggebers, die **erst nach Abschluss des Beschwerdever-** 2

§ 123 GWB

fahrens eingetreten sind **oder erst dann** von einem Verfahrensbeteiligten **erkannt** werden. Ein früheres Fehlverhalten sollte bereits Gegenstand der ersten Auseinandersetzung im Nachprüfungsverfahren gewesen sein, da eine spätere Berufung auf bereits erkannte Rechtsverstöße aufgrund der Präklusionsregelung des § 107 Abs. 3 GWB kaum möglich sein wird.

3 Insbesondere **Beharrungstendenzen öffentlicher Auftraggeber**, die nach Abschluss eines Nachprüfungsverfahren Wege suchen, die erfolgreich angegriffene Vergabeentscheidung mit anderer Begründung durchzusetzen, können dazu führen, dass die Nachprüfungsinstanzen in einem Vergabeverfahren mehrmals angerufen werden. In einem solchen Fall kann ein Beschwerdegericht die Verhaltensanforderungen für den öffentlichen Auftraggeber abhängig vom Einzelfall weiter konkretisieren und auch ein **Zwangsgeld** androhen, um dem Auftraggeber die Folgen einer weiteren Verzögerung durch unsachgemäße Erwägungen und Entscheidungen aufzuzeigen. So hat etwa das OLG Naumburg die Anordnung, den Auftrag an den Antragsteller zu erteilen, bei Androhung eines Zwangsgelds von bis zu 500.000 € für angezeigt gehalten, nachdem das Beschwerdegericht der Vergabestelle bereits in einem ersten Nachprüfungsverfahren untersagt hatte, das preislich günstigste Angebot der Antragstellerin auszuschließen. Die Vergabestelle wollte daraufhin das Verfahren mit einer konstruierten, nicht tragfähigen Begründung aufheben. Eine derartige **Flucht in die Aufhebung** ist bei fortbestehender Beschaffungsabsicht aber nicht möglich (OLG Naumburg vom 13.10.2006, 1 Verg 7/06).

Der Beschluss eines Beschwerdegerichts kann durch die Androhung und Festsetzung eines Zwangsgelds vollstreckt werden, wenn eine nicht vertretbare Handlung – also eine Handlung, die der Betroffene nur selbst erbringen kann – vorzunehmen ist. Sind Beharrungstendenzen auf Seiten des öffentlichen Auftraggebers erkennbar, kann die erforderliche Androhung bereits mit der Hauptsacheentscheidung ausgesprochen werden.

4 Die Entscheidung des Gerichts bedarf **keiner Rechtsmittelbelehrung**, da es keine Möglichkeit einer Anfechtung durch Anrufung einer weiteren Instanz gibt. Hiervon unberührt kann gegen willkürliche oder unter Verstoß gegen den Grundsatz des rechtlichen Gehörs zustande gekommene Entscheidungen des Beschwerdegerichts eine Verfassungsbeschwerde in Betracht gezogen werden. Zulässigkeitsvoraussetzung hierfür ist, dass zuvor eine fristgebundene Anhörungsrüge gemäß § 120 Abs. 2 GWB i.V.m. § 71a GWB erhoben wird (§ 120 Rn. 23).

III. Entscheidungsfrist

5 Anders als im Verfahren vor der Vergabekammer kennt das GWB für das Beschwerdeverfahren keine Entscheidungsfrist. Die Beschwerdegerichte sind daher nicht gehalten, innerhalb von fünf Wochen ab Eingang der sofortigen Beschwerde über diese zu entscheiden. Allerdings steht das Beschwerdeverfahren gleichsam unter dem **vergaberechtlichen Beschleunigungsgebot** (OLG Schleswig vom 20.3.2008, 1 Verg 6/07; OLG Saarbrücken vom 6.4.2005, 1 Verg 1/05; OLG Jena vom 30.10.2001, 6 Verg 3/01). Auch vor den Vergabesenaten haben die Beteiligten gemäß § 120 Abs. 2 GWB i.V.m. § 113 Abs. 2 GWB am Verfahren so mitzuwirken, wie es einem auf Förderung und raschen Abschluss des Verfahrens bedachten Vorgehen entspricht. Verzögerungen der Vergabe sollen auf das Notwendige reduziert werden.

6 Je nach Auslastung der Gerichte beträgt die **Dauer der Beschwerdeverfahren** vor den Vergabesenaten **in der Praxis** meist zwischen zwei und vier Monaten (s. hierzu Wanninger/Stolze/Kratzenberg, NZBau 2006, 481 ff.). Kommt es allerdings im Verfahren zu einer Vorlage an den BGH oder den EuGH, ist stets mit einer längeren Verfahrensdauer zu rechnen.

B. Aufhebung der Vergabekammerentscheidung (Satz 1 und 2)

7 Das Beschwerdegericht hebt die Entscheidung der Vergabekammer auf, wenn es die sofortige Beschwerde für begründet hält, wie Satz 1 klarstellt. Ändert der Senat die Entscheidung der Vergabekammer inhaltlich ab, so besteht diese nur noch in Form und Inhalt fort, wie vom Senat entschieden.

Wenn dadurch etwa die Kostenentscheidung der Vergabekammer unvollständig wird, so ist die Vergabekammer befugt und verpflichtet, die Kostenentscheidung zu ergänzen (OLG Brandenburg vom 1.3.2010, Verg W 10/10). Eine ausdrückliche Regelung dazu, wie das Gericht mit erfolglosen Beschwerden umzugehen hat, gibt es demgegenüber nicht. Erweist sich eine sofortige Beschwerde als unzulässig oder unbegründet, so ist das Rechtsmittel aber gleichsam durch Beschluss zurückzuweisen.

I. Zum Prüfungs- und Entscheidungsmaßstab

1. Zulässigkeit und Begründetheit der sofortigen Beschwerde

Das Beschwerdegericht hat zu prüfen und zu entscheiden, ob und ggf. inwieweit das eingelegte Rechtsmittel zulässig und begründet ist. 8

Die Frage der **Zulässigkeit der sofortigen Beschwerde** richtet sich dabei nach den prozessualen Vorgaben des Kartellvergaberechts nach dem GWB. Zu prüfen sind hier die Verfahrensvorschriften für das Rechtsmittel selbst, insbesondere die §§ 116 und 117 GWB. 9

Im Rahmen der **Begründetheit der sofortigen Beschwerde** hat das Gericht nach Maßgabe des Beschwerdeführers zu entscheiden, ob und inwieweit der Beschluss der Vergabekammer unter Berücksichtigung des Rechtsschutzziels des Beschwerdeführers zu korrigieren ist. Neben der Frage der Zulässigkeit des Nachprüfungsantrags sind hier insbesondere die inhaltlichen Vorgaben des Vergaberechts für das Vergabeverfahren im Hinblick auf die Begründetheit des Nachprüfungsantrags zu untersuchen. Das Vorliegen von Vergaberechtsverstößen ist unter Berücksichtigung der konkreten Vorgaben der einschlägigen Vorschriften insbesondere des GWB, der VgV und auch der jeweils einschlägigen Vergabeordnung zu prüfen. Über die Verweisungskette vom GWB auf die VgV und von dieser auf die VOB/A und VOL/A mit ihrem jeweiligen Abschnitt 2 und die VOF sind deren konkreten Verfahrensregelungen unmittelbarer Prüfgegenstand auch im Verfahren vor den Vergabesenaten (sogenanntes Kaskadenprinzip). 10

2. Keine Antragsbindung

Das Beschwerdegericht entscheidet in **freier Beweiswürdigung** über den ihm vorgetragenen und ggf. von Amts wegen aufgeklärten Sachverhalt. Obgleich der Prüfungsumfang durch die Beschwerdeanträge der Disposition des jeweiligen Beschwerdeführers unterliegt, besteht eine Bindung an die Anträge nicht (OLG Celle vom 2.7.2002, 13 Verg 6/02). § 114 Abs. 1 Satz 2 GWB gilt vielmehr für die Beschwerdegerichte entsprechend, auch wenn diese Frage in der Literatur umstritten ist. Zwar fehlt es an einer entsprechenden ausdrücklichen gesetzlichen Verweisung in den Regelungen über das Beschwerdeverfahren. Dafür, dass der Vergabekammer ein weitergehender Entscheidungsspielraum zuzugestehen wäre als dem Beschwerdegericht, sind aber keine Sachgründe ersichtlich. Beide Nachprüfungsinstanzen nehmen dieselbe Aufgabe wahr, nämlich den Bieterrechtsschutz zu gewährleisten, indem sie den Anspruch des Antragstellers aus § 97 Abs. 7 GWB durchsetzen. Soweit es der Rechtsschutz der Antragstellerin gebietet, kann ein Vergabesenat daher auch über die gestellten Anträge hinausgehen (OLG Düsseldorf vom 13.6.2007, Verg 2/07 m. Nachw. zum Streitstand). 11

Allerdings hat sich die Anordnung des Vergabesenats auf das zu beschränken, was der jeweilige Antragsteller/Beschwerdeführer in der Sache tatsächlich fordert und zur Eliminierung des Vergaberechtsverstoßes geboten ist (OLG Düsseldorf vom 5.5.2004, Verg 78/03). Das **Beschwerdeverfahren** ermöglicht **keine objektive Rechtskontrolle des Vergabeverfahrens**, sondern dient allein dem Rechtsschutz der Beteiligten (s. näher § 120 Rn. 13). Der Beschwerdeführer entscheidet daher mit dem Inhalt der Begründung, was Gegenstand der Entscheidungsfindung des Beschwerdeverfahrens sein soll (OLG Brandenburg vom 12.1.2010, Verg W 5/09). 12

3. Bindung an Ermessensentscheidungen des Auftraggebers

13 Den Vergabenachprüfungsstellen wird grundsätzlich ein **weiter Entscheidungsspielraum** zugebilligt. Sie können alle notwendigen Maßnahmen ergreifen, die für die Herstellung der Rechtmäßigkeit des Vergabeverfahrens erforderlich sind, soweit sie geeignet sind, die Rechtsverletzungen zu beseitigen und zugleich das mildeste Mittel darstellen. Nicht möglich ist es in der Regel aber, eine **Ermessensentscheidung** eines **öffentlichen Auftraggebers** durch eine eigene Entscheidung des Gerichts zu ersetzen, da die entsprechenden Befugnisse und Entscheidungen in die originäre Zuständigkeit des Auftraggebers fallen. Diesem ist insbesondere grundsätzlich die Wahl zu lassen, einen Auftrag zu erteilen oder von einer Auftragsvergabe – ggf. gegen Schadensersatz – Abstand zu nehmen.

14 Nur **ausnahmsweise** kommt eine Anordnung zur **Erteilung des Zuschlags durch das Beschwerdegericht selbst** in Betracht. Erforderlich ist, dass die Beschaffungsabsicht des Auftraggebers eindeutig fortbesteht und hinsichtlich der Zuschlagserteilung eine Ermessensreduktion auf Null anzunehmen ist (OLG Celle vom 10.1.2008, 13 Verg 11/07; OLG Naumburg vom 13.10.2006, 1 Verg 7/06, 1 Verg 6/06).

4. Prüfung neu vorgebrachter Vergaberechtsverstöße

15 Der Überprüfung durch das Beschwerdegericht unterliegen auch solche **Vergaberechtsverstöße**, die **erstmals im Beschwerdeverfahren** erkennbar waren und dort vorgebracht werden. Der Vergabesenat muss etwa Rügen nachgehen, die erstmals nach der im Beschwerdeverfahren bewilligten Akteneinsicht erhoben werden. Dies gebietet schon der Grundsatz der Verfahrensökonomie, der dagegen spricht, den jeweiligen Verfahrensbeteiligten mit den ergänzenden Rügen auf ein neues Verfahren vor einer Vergabekammer zu verweisen. Dies liefe dem Beschleunigungsgebot zuwider. Dem steht auch nicht entgegen, dass nach § 117 Abs. 2 GWB mit der Beschwerde zu erklären ist, ob und inwieweit die Entscheidung der Vergabekammer angefochten wird, da sich diese Bestimmung allein auf die schon von der Vergabekammer behandelten Verstöße beziehen kann.

16 Es ist nicht ausgeschlossen, den **Verfahrensgegenstand durch neue Rügen** zu **erweitern**, soweit die Verspätungsregeln des § 107 Abs. 3 und § 113 Abs. 2 Satz 2 GWB dies nicht hindern oder soweit sie Verfahrensverstöße der Vergabekammer selbst betreffen (BayObLG vom 28.5.2003, Verg 6/03).

17 Rügen, die auf Tatsachen gestützt werden, die erstmals in Beschwerdeverfahren erkennbar werden, können unmittelbar in das Beschwerdeverfahren eingebracht werden, ohne dass sie zuvor zum Gegenstand eines eigenen Nachprüfungsverfahrens zu machen wären. Allerdings müssen auch diese Rügen den Zulässigkeitskriterien genügen, wie diese in Verfahren vor der Vergabekammer bestehen (OLG Saarbrücken vom 7.5.2008, 1 Verg 5/07). Auf die Unverzüglichkeit der Rüge gegenüber dem Auftraggeber kommt es dabei aber für erst im laufenden Nachprüfungsverfahren erkannte Rechtsverstöße nach richtiger Auffassung nicht an (§ 107 Rn. 176 f.).

5. Korrektur im Ergebnis

18 Eine **Aufhebung** der Entscheidung der Vergabekammer durch das Beschwerdegericht erfolgt nur, wenn sich die **Entscheidung** auch **im Ergebnis** als **falsch**, also als in der Sache unzutreffend, herausstellt. Erweist sich die Entscheidung der Vergabekammer letztlich als richtig, so kommt es nicht darauf an, ob diese auch inhaltlich insgesamt zutreffend ist. Kann die Entscheidung in ihrem erkennenden Teil – also hinsichtlich der von der Vergabekammer getroffenen Anordnungen – aufrechterhalten werden, so ist die hiergegen gerichtete sofortige Beschwerde insgesamt als unbegründet zurückzuweisen. Dies gilt auch, wenn das Beschwerdegericht seine Begründung inhaltlich auf einen anderen Gesichtspunkt stützt als die in der Sache zum gleichen Ergebnis kommende Vergabekammer (OLG Rostock vom 6.6.2001, 17 W 6/01; OLG Schleswig vom 19.2.2007, 1 Verg 14/06).

19 Gegebenenfalls ist der Ausspruch der Vergabekammer nur hinsichtlich der Anordnungen zu korrigieren, die sich nach der Prüfung des Beschwerdegerichts als rechtsfehlerhaft erwiesen haben. Für die Entscheidung des Beschwerdegerichts nicht relevante Aspekte können dahinstehen (OLG Celle

vom 10.1.2008, 13 Verg 11/07). Ist etwa ein Nachprüfungsantrag nur hinsichtlich der beabsichtigten Vergabe einzelner von mehreren ausgeschriebenen Losen im Ergebnis erfolgreich, ist dies bei der Entscheidung des Beschwerdegerichts zu berücksichtigen und dem Antrag nur insoweit zum Erfolg zu verhelfen, als er zulässig und begründet ist (OLG Düsseldorf vom 29.12.2001, Verg 22/01).

6. Aufhebung des Verfahrens

Nach § 17 EG VOB/A bzw. § 20 EG VOL/A steht die **Aufhebung** eines Vergabeverfahrens selbst bei Vorliegen eines der dort genannten Tatbestände **im Ermessen** des jeweiligen **Auftraggebers**. Dennoch kann im Einzelfall auch vom Beschwerdegericht die Verfahrensaufhebung angeordnet werden, wenn diese die einzige Möglichkeit darstellt, um eine Rechtsverletzung zu beseitigen und einen Verfahrensfehler zu korrigieren. Eine **Aufhebungsanordnung** kommt als „ultima ratio" – also als letztes Mittel – in Betracht, wenn eine Fehlerkorrektur im laufenden Verfahren nicht mehr möglich ist, etwa weil die Leistungsbeschreibung grundlegend überarbeitet werden muss (OLG Koblenz vom 26.10.2005, 1 Verg 4/05). Verstößt eine Verfahrensfortführung zu Lasten des Antragstellers oder des Beschwerdeführers gegen die zentralen Grundsätze der Gleichbehandlung der Bieter, des Wettbewerbs und der Verfahrenstransparenz, bleibt nur die Verfahrensaufhebung als allein rechtmäßige Alternative (s. etwa VK Münster vom 17.11.2005, VK 21/05). 20

Voraussetzung für die Aufhebung eines Vergabeverfahrens durch die Nachprüfungsinstanzen ist, dass das Verfahren an schweren Mängeln leidet, die nicht durch eine Nachholung oder Wiederholung einzelner Verfahrensschritte geheilt werden können. Dies kann etwa bei unklaren Leistungsbeschreibungen, Preisermittlungsgrundlagen oder Zuschlagskriterien der Fall sein, auf die von vornherein keine sachgerechten Angebote abgegeben werden können (OLG Schleswig vom 20.3.2008, 1 Verg 6/07). 21

7. Zurückversetzung des Verfahrens

Die Nachprüfungsinstanzen dürfen die Zurückversetzung des Nachprüfungsverfahrens durch die Vergabestelle anordnen. Die Aufhebung eines Vergabeverfahrens wegen Mängeln kann durch die Vergabenachprüfungsinstanzen nur angeordnet werden, wenn andere Möglichkeiten nicht bestehen. Gibt es mildere rechtmäßige Mittel, das Vergabeverfahren zu korrigieren, so sind diese vorzuziehen, da eine Aufhebung nur dann in Betracht kommt, wenn eine Korrektur im laufenden Verfahren nicht mehr möglich ist. 22

Reicht es etwa bei einer **unklaren Leistungsbeschreibung** aus, diese zu einem einzigen Punkt klarzustellen, so ist das Vergabeverfahren lediglich in ein früheres Verfahrensstadium zurückzuversetzen, in dem eine Korrektur des Fehlers noch möglich ist. Dies kommt in Betracht, wenn die Vergabestelle gegen die Pflicht zur eindeutigen und erschöpfenden Leistungsbeschreibung in einem konkreten Punkt verstoßen hat. Den Bietern ist dann Gelegenheit zu geben, ihre Angebote auf Grundlage der ausgebesserten Leistungsbeschreibung zu überarbeiten (OLG Koblenz vom 26.10.2005, 1 Verg 4/05). 23

Bestehen **Unklarheiten in den Ausschreibungsunterlagen**, sind diese zu beseitigen und die Verfahrensteilnehmer zu einer nochmaligen Abgabe ihrer Angebote zu den betroffenen Positionen aufzufordern (VK Bund vom 11.2.2005, VK 2-223/04). Nach einer Überarbeitung der Vergabeunterlagen ist den Bietern Gelegenheit zu geben, ihre Angebote entsprechend zu überprüfen und ggf. anzupassen und/oder zu erneuern (OLG Düsseldorf vom 28.1.2004, Verg 35/03). 24

8. Mängel aller Angebote

In der Rechtsprechung der Vergabesenate war lange umstritten, ob ein Bieter, dessen Angebot zwingend auszuschließen ist, einen Anspruch darauf geltend machen kann, dass der Zuschlag auf ein anderes, gleichfalls mit Mängeln behaftetes Angebot unterbleibt. Während dies insbesondere vom OLG Düsseldorf in ständiger Rechtsprechung in den Fällen bejaht wurde, in denen alle anderen im Vergabewettbewerb eingegangenen Angebote nicht zuschlagsfähig sind, so dass der betroffene Bieter bei einer erforderlichen Neuausschreibung noch die Chance auf den Zuschlag haben kann (etwa OLG Düsseldorf vom 7.3.2006, Verg 23/05), haben sich andere Gerichte dem mit vor allem 25 formalen Argumenten entgegengestellt (OLG Naumburg vom 26.10.2005, 1 Verg 12/05; OLG Jena vom 20.6.2005, 9 Verg 3/05). Diesen Streit hat der BGH zugunsten der Rechtsauffassung des OLG Düsseldorf entschieden. Die **Verletzung eines Bieters in eigenen Rechten nach § 97 Abs. 7 GWB** wird demnach nicht dadurch in Frage gestellt, dass dessen **Angebot wegen einer Abweichung von der Ausschreibung** in jedem Fall **von der Wertung auszuschließen** ist. Dieser Umstand nimmt einem Unternehmen nicht das Recht darauf, dass auch die Auftragsvergabe an einen anderen Bieter unterbleibt, wenn es an einem zuschlagsfähigen Angebot fehlt, da die Chance einer Beteiligung an einer Neuausschreibung besteht.

26 Allerdings muss eine **Verfahrensaufhebung nicht** die **zwangsläufige Folge** einer solchen Konstellation sein. In Fällen, in denen keinem der Bieter der Auftrag erteilt werden darf, können einem Auftraggeber unter Umständen auch andere Möglichkeiten zur Verfügung stehen, wenn diese im Einklang mit den grundlegenden Grundsätzen für die Vergabe öffentlicher Aufträge stehen. Ob derartige Möglichkeiten gegeben sind und ergriffen werden sollen, hat der jeweilige öffentliche Auftraggeber in eigener Verantwortung zu klären, da eine Verfahrensaufhebung im Ermessen der Vergabestelle liegt. So berücksichtigen die Tatbestände von § 17 EG Abs. 1 Nr. 1 VOB/A bzw. § 20 EG Abs. 1 Buchst. a VOL/A bereits ausdrücklich die Situation, dass kein Angebot eingegangen ist, das den Ausschreibungsbedingungen entspricht. Auch in einem solchen Fall liegt die Aufhebungsentscheidung aber im Ermessen des Auftraggebers. Durch das Beschwerdegericht kann daher nur festgestellt werden, dass auf Grundlage der bisherigen Ausschreibungsbedingungen keinem Bieter der Zuschlag erteilt werden darf. Ein entsprechendes Verbot stellt die für die Erledigung des Streits gebotene Maßnahme dar, die für die erforderliche Rechtmäßigkeit des Verfahrens Sorge trägt und eine Rechtsverletzung des jeweiligen Antragstellers verhindert (BGH vom 26.9.2006, X ZB 14/06; s. auch OLG Frankfurt vom 7.8.2007, 11 Verg 3/07; OLG Düsseldorf vom 30.6.2004, Verg 22/04).

Auch wenn alle im Vergabeverfahren eingegangenen Angebote mängelbehaftet und damit formal nicht zuschlagsfähig sind, besteht kein Anspruch auf Verfahrensaufhebung. Der Nachprüfungsantrag sollte darauf abzielen, dass dem jeweiligen Auftraggeber untersagt wird, in dem jeweiligen Vergabeverfahren auf Grundlage der in der Ausschreibung festgelegten Bedingungen einen Zuschlag zu erteilen. Auf Grundlage einer solchen Entscheidung im Nachprüfungsverfahren steht es dem Auftraggeber dann frei, das Verfahren entweder aufzuheben oder unter Berücksichtigung der Grundsätze der Gleichbehandlung der Bieter, des Wettbewerbs und der Verfahrenstransparenz fortzuführen, wenn dies möglich ist.

27 Eine solche Anordnung kommt aber bereits dann nicht in Betracht, wenn auch nur ein wertbares Angebot im Verfahren verbleibt (OLG München vom 29.11.2007, Verg 13/07; OLG Schleswig vom 20.3.2008, 1 Verg 6/07). In einem solchen Fall liegt grundsätzlich schon kein eine Verfahrensaufhebung rechtfertigender Tatbestand vor.

II. Zurückverweisung an die Vergabekammer oder Entscheidung durch Beschwerdegericht (Satz 2)

28 Ist der Beschluss der Vergabekammer im Ergebnis zu korrigieren, entscheidet nach Satz 2 entweder das Beschwerdegericht selbst oder verweist die Sache zur Neubescheidung an die Vergabekammer zurück; das Gericht hat insoweit die Wahl (OLG Brandenburg vom 12.1.2010, Verg W 5/09). In letzterem Fall muss die Vergabekammer erneut unter Beachtung der Rechtsauffassung des Gerichts über die Sache befinden (vgl. Satz 2 a.E.). Eine derartige **Zurückverweisung** kommt grundsätzlich aber nur in Betracht, wenn die **Beschwerde in der Sache begründet** ist. Allerdings muss auch dann eine erneute Befassung der Vergabekammer wegen des damit verbundenen zeitlichen Aufwands auf **Ausnahmefälle** beschränkt bleiben. Bei im Ergebnis erfolgreichen Beschwerden kann der jeweilige Vergabesenat selbst entscheiden – was jedenfalls gilt, wenn die Beschwerde unbegründet ist (OLG Schleswig vom 19.2.2007, 1 Verg 14/06).

Schon wegen der Eilbedürftigkeit von Vergabesachen wird das **Beschwerdegericht in der Regel selbst entscheiden** und von einer Zurückverweisung absehen, wenn die Sache entscheidungsreif ist (OLG Brandenburg vom 12.1.2010, Verg W 5/09). Dies gilt auch, wenn die Entscheidung der Vergabekammer etwa wegen einer falschen Besetzung der Vergabekammer oder wegen eines Verstoßes gegen den Grundsatz der Mündlichkeit oder des rechtlichen Gehörs fehlerhaft ist (BayObLG vom 2.12.2002, Verg 24/02). Die mit einer **Zurückverweisung** an die Vergabekammer verbundene **Verzögerung** ist mit dem im Kartellvergaberecht verankertem Ziel einer raschen Beendigung des Nachprüfungsverfahrens nicht vereinbar, was eine eigene Beschlussfindung des Beschwerdegerichts in der Regel erfordert (OLG Brandenburg vom 12.1.2010, Verg W 5/09; OLG Düsseldorf vom 21.12.2005, Verg 69/05). Das Beschwerdegericht entscheidet über eine mögliche Zurückverweisung in eigener Kompetenz und ggf. auch unabhängig von einem vom Beschwerdeführer gestellten entsprechenden Antrag. 29

Es ist auch dann vom Beschwerdegericht über die Begründetheit des Nachprüfungsantrags zu entscheiden, wenn die Vergabekammer diesen etwa bereits wegen **fälschlich angenommener Unzulässigkeit** zurückgewiesen hat, wenn der entscheidungsrelevante Sachverhalt auch im Übrigen aufgeklärt ist. Dies folgt aus dem Beschleunigungsgebot und dem Grundsatz der Prozessökonomie. Die Beteiligten des Beschwerdeverfahrens sind über eine solche Verfahrensweise zur Wahrung des Anspruchs auf rechtliches Gehör und zur Vermeidung einer Überraschungsentscheidung vorab hinzuweisen (OLG Naumburg vom 7.5.2002, 1 Verg 19/01). 30

Hat eine Vergabekammer den Nachprüfungsantrag aber zu Unrecht als unzulässig verworfen und sich mit zahlreichen verfahrens- und materiell-rechtlichen Fragen des Nachprüfungsverfahrens nicht auseinandergesetzt, kann eine abschließende Sachentscheidung des Beschwerdegerichts untunlich sein. Der Beschluss der Vergabekammer kann dann aufgehoben und die Sache zurückverwiesen werden (OLG Jena vom 23.1.2003, 6 Verg 11/02). Hierfür kann sprechen, dass den Verfahrensbeteiligten faktisch eine Instanz genommen wird, wenn das Beschwerdegericht über Aspekte des Nachprüfungsantrags entscheidet, die von der Vergabekammer noch gar nicht gewürdigt worden sind (OLG Frankfurt vom 5.10.2010, 11 Verg 7/10; LSG Berlin-Brandenburg vom 7.5.2010, L 1 SF 95/10 B Verg). 31

> Im Beschwerdeverfahren ist grundsätzlich davon auszugehen, dass das Gericht die Sache vollends entscheidet und nicht an die Vergabekammer zurückverweist. Dies ist bei der Antragstellung und bei weiteren Stellungnahmen zu berücksichtigen.

C. Feststellung einer Rechtsverletzung auf Antrag (Satz 3 und 4)

I. Feststellungsentscheidung

Nach **Satz 3** stellt das Beschwerdegericht auf Antrag fest, ob das die Vergabenachprüfung betreibende Unternehmen durch den Auftraggeber in seinen Rechten verletzt ist. Da die Zivilgerichte an die Entscheidungen der Vergabekammern oder der Beschwerdegerichte gemäß § 124 Abs. 1 GWB gebunden sind, ergeht die **Feststellungsentscheidung** im Interesse arbeitsteiliger Prozessökonomie im Hinblick auf eine entsprechende nachlaufende zivilrechtliche Auseinandersetzung über Schadensersatzansprüche (KG vom 20.12.2000, KartVerg 14/00). 32

II. Zulässigkeit des Feststellungsantrags

1. Erledigung des Nachprüfungsverfahrens

Für eine Feststellungsentscheidung des Beschwerdegerichts gilt § 114 Abs. 2 Satz 2 GWB entsprechend (**Satz 4**). Nach dieser Regelung für das Verfahren vor der Vergabekammer ist auf Antrag eines Beteiligten festzustellen, ob eine Rechtsverletzung vorgelegen hat, wenn sich das Nachprüfungsverfahren durch Erteilung des Zuschlags, durch Aufhebung, durch Einstellung des Vergabeverfahrens oder in sonstiger Weise erledigt hat. Dementsprechend ist auch im Verfahren vor dem Beschwerdegericht **Voraussetzung** für einen **Feststellungsantrag**, dass der **Nachprüfungsantrag ur-** 33 sprünglich zulässig war **und sich das Nachprüfungsverfahren** entweder im Verfahren vor der Vergabekammer oder während des Beschwerdeverfahrens in der Hauptsache **erledigt** hat. Nur wenn diese Voraussetzungen vorliegen, ist über ein Feststellungsbegehren in der Sache zu entscheiden (OLG Saarbrücken vom 6.4.2005, 1 Verg 1/05).

> Voraussetzung für einen erfolgreichen Feststellungsantrag ist, dass der Nachprüfungsantrag ursprünglich zulässig war und sich das Verfahren nach Einleitung des Nachprüfungsverfahrens erledigt.

34 Entscheidend ist, dass sich das Nachprüfungsverfahren **nach** seiner Einleitung erledigt hat (OLG Dresden vom 14.4.2000, W Verg 1/00; OLG Celle vom 30.4.1999, 13 Verg 1/99). Ein solcher Fall der **Erledigung** liegt insbesondere vor, wenn die Vergabestelle im laufenden Beschwerdeverfahren wirksam den Zuschlag erteilt. Dann ist auf Antrag darüber zu entscheiden, ob der jeweilige Antragsteller hierdurch in seinen Rechten verletzt ist (OLG Düsseldorf vom 7.7.2004, Verg 14/04). Die Voraussetzungen für die Durchführung eines Feststellungsverfahrens liegen auch vor, wenn der Auftraggeber das streitgegenständliche Vergabeverfahren nach Einleitung der Vergabenachprüfung aufhebt, so dass das Nachprüfungsbegehren der Hauptsache gegenstandslos wird (OLG Düsseldorf vom 23.7.2005, Verg 77/04). In einer solchen Situation wird aber auch immer zu prüfen sein, ob die Aufhebung rechtmäßig war und ob ggf. ein durch die Nachprüfungsinstanzen durchsetzbarer Anspruch eines Verfahrensbeteiligten auf Verfahrensfortführung besteht. Die Aufhebung eines Vergabeverfahrens kann grundsätzlich rückgängig gemacht werden (BGH vom 18.2.2003, X ZB 43/02).

> Ein Feststellungsantrag ist als Hilfsantrag zulässig (s. etwa OLG Naumburg vom 11.10.1999, 10 Verg 1/99). An einen solchen kann insbesondere zu denken sein, wenn das Beschwerdegericht einem Antrag auf Verlängerung der aufschiebenden Wirkung der sofortigen Beschwerde nicht stattgegeben hat und/oder unklar ist, ob ein wirksamer Vertragsschluss erfolgt ist.

2. Zeitpunkt des Feststellungsantrags

35 Grundsätzlich unschädlich ist es, wenn ein **Feststellungsbegehren erstmals im Verfahren der sofortigen Beschwerde** geltend gemacht wird und der jeweilige Antragsteller im Verfahren vor der Vergabekammer zuvor ausschließlich die Verpflichtung zur Fortsetzung des aufgehobenen Vergabeverfahrens angestrebt hat. Auch in dem bewussten Nichtstellen eines Fortsetzungsfeststellungsantrags vor der Vergabekammer liegt kein Rechtsverzicht. Ein Antragsteller ist daher nicht gehindert, einen Feststellungsantrag erstmals im Beschwerdeverfahren zum Gegenstand des Rechtsstreits zu machen. Es gibt keinen Grund, einem Unternehmen einen Wechsel zu dem Fortsetzungsfeststellungsbegehren zu versagen, wenn der Streitgegenstand des Nachprüfungsverfahrens in der Beschwerdeinstanz unverändert bleibt und die Beanstandung, die zur Begründung des Fortsetzungsfeststellungsantrags vorgetragen werden, auch bereits Gegenstand des Verfahrens vor der Vergabekammer waren (OLG Düsseldorf vom 28.2.2002, Verg 37/01).

36 Hinsichtlich des Zeitpunkts der Stellung eines Feststellungsantrags wird vereinzelt vertreten, dass dieser in angemessener Frist nach Kenntniserlangung von der Erledigung – insbesondere einer Zuschlagserteilung – gestellt wird. Die Rechtsprechung hat diesen Aspekt bislang offen gelassen (s. OLG Saarbrücken vom 6.4.2005, 1 Verg 1/05). Gründe dafür, dass die **Antragsumstellung nach Erledigung** in einem laufenden Nachprüfungsverfahren befristet sein könnte, sind aber nicht ersichtlich, solange das Beschwerdegericht in der Sache noch nicht entschieden und eine Hauptsacheentscheidung auch noch nicht abschließend vorbereitet hat. Hat sich das Nachprüfungsverfahren erledigt, bedarf es keiner Verfahrensbeschleunigung mehr, da der Feststellungsantrag insbesondere für Schadensersatzansprüche des jeweiligen Unternehmens Bedeutung hat, die ggf. nachlaufend in einem eigenen zivilrechtlichen Verfahren gegenüber dem Auftraggeber durchzusetzen sind. Dementsprechend bestimmt § 114 Abs. 2 Satz 3 GWB, dass die **Vergabekammer in einem Feststellungsverfahren nicht an die Entscheidungsfrist nach § 113 Abs. 1 GWB gebunden** ist. Aus

prozessökonomischen Gründen empfiehlt es sich aber für das Beschwerdegericht, ggf. die Verfahrensbeteiligten ausdrücklich darauf hinzuweisen, dass Erledigung eingetreten ist. Unter Fristsetzung sollte insbesondere das beschwerdeführende Unternehmen aufgefordert werden, sich dazu zu erklären, ob und ggf. wie das Verfahren fortgeführt werden soll. Demgegenüber besteht kein Bedarf, eine im Gesetz nicht vorgesehene Ausschlussfrist für den Übergang in ein Feststellungsverfahren gerichtlich anzuordnen.

3. Feststellungsinteresse

Der **Antrag auf Feststellung einer Rechtsverletzung** ist der in verwaltungsgerichtlichen Prozessen zugelassenen Fortsetzungsfeststellungsklage nach § 113 Abs. 1 Satz 4 VwGO nachgebildet und entspricht seiner prozessualen Natur nach einem Fortsetzungsfeststellungsantrag. Mit einem derartigen Antrag wird die gerichtliche Feststellung der Rechtswidrigkeit eines Verwaltungsakts auch dann noch begehrt, wenn sich der vor den Verwaltungsgerichten angegriffene Verwaltungsakt vor der gerichtlichen Entscheidung durch Rücknahme oder anders erledigt hat. Für die Zulassungsvoraussetzungen eines Feststellungsantrags im Vergaberecht wird dementsprechend auf die insoweit anerkannten verwaltungsprozessualen Grundsätze zurückgegriffen. Danach bedarf es für eine Feststellungsentscheidung eines **berechtigten Interesses** des jeweiligen Antragstellers. Es handelt sich hierbei um eine besondere Ausprägung des allgemeinen Rechtsschutzinteresses als Prozessvoraussetzung, die im Zeitpunkt der gerichtlichen Entscheidung vorliegen muss (OLG Düsseldorf vom 23.3.2005, Verg 77/04). 37

Zwar ist das Erfordernis eines **Feststellungsinteresses** nicht ausdrücklich im Kartellvergaberecht normiert. Hieraus folgt aber nicht, dass es eine Feststellungsentscheidung unabhängig vom Vorliegen dieser besonderen Prozessvoraussetzung geben könnte, da es allgemeinen prozessualen Prinzipien widerspräche, einer Partei Rechtsschutz für eine gerichtliche Entscheidung zuzugestehen, an der sie kein anerkennenswertes Interesse hat. Typischerweise wird das Feststellungsinteresse in Vergabenachprüfungsfällen auch nicht verneint werden können, da bei einer Erledigung des Nachprüfungsverfahrens meist noch nicht beurteilt werden kann, ob ein **Schadensersatzprozess** mit hinreichender Sicherheit zu erwarten ist oder offenkundig aussichtslos sein wird. Anders verhält sich dies, wenn das antragstellende Unternehmen kein Angebot eingereicht hat, da in einem solchen Fall das Unternehmen keine Aussicht hat, Schadensersatzansprüche gegenüber dem Auftraggeber durchzusetzen (KG vom 20.12.2000, KartVerg 14/00). Dies schließt es indes nicht aus, dass ein Feststellungsinteresse ggf. zum Ausschluss einer **Wiederholungsgefahr** gegeben sein kann, wenn damit zu rechnen ist, dass der Auftraggeber auch in der Zukunft vergaberechtswidrige Bedingungen aufstellt, die den Antragsteller von der Einreichung eines Angebots abhalten. 38

Als Feststellungsinteresse ausreichend ist jedes nach vernünftigen Erwägungen und nach Lage des Falles anzuerkennende **Interesse rechtlicher, wirtschaftlicher oder ideeller Art**, wobei die begehrte Feststellung geeignet sein muss, die Rechtsposition des Antragstellers in einem der genannten Bereiche zu verbessern und eine Beeinträchtigung seiner Rechte auszugleichen oder wenigstens zu mildern. Ein Feststellungsinteresse ist daher insbesondere in Fällen gegeben, in denen die begehrte Feststellung präjudiziell für Schadensersatz- oder Entschädigungsansprüche ist. Gegebenenfalls kann mit einem Feststellungsantrag aber auch der Gefahr einer Wiederholung begegnet werden, um sicherzustellen, dass der Antragsteller für künftige Verfahren nicht die Früchte des von ihm angestrengten Nachprüfungsverfahrens verliert. Eine Klärung rein abstrakter Rechtsfragen ist mit einem Feststellungsantrag hingegen nicht möglich (OLG Düsseldorf vom 23.3.2005, Verg 77/04; OLG Düsseldorf vom 10.4.2002, Verg 6/02; KG vom 20.12.2000, KartVerg 14/00). Auch besteht kein anerkennenswertes Interesse des Auftraggebers feststellen zu lassen, dass der Antragsteller die Rechte aus dem Nachprüfungsantrag verloren hat (OLG Brandenburg vom 18.5.2010, Verg W 1/08). 39

D. Vorabentscheidung durch den EuGH

40 Ein Beschwerdegericht kann unter zwei Gesichtspunkten zur Vorlage an ein anderes Gericht verpflichtet sein. Zum einen ist das Beschwerdeverfahren gemäß § 124 Abs. 2 GWB dem Bundesgerichtshof vorzulegen, wenn das Beschwerdegericht von einer Entscheidung eines anderen Oberlandesgerichts oder einer Entscheidung des Bundesgerichtshofs selbst abweichen will (§ 124 Rn. 13 ff.). Darüber hinaus kann aber auch eine Verpflichtung bestehen, den EuGH um Vorabentscheidung zu bitten.

I. Vorlageverpflichtung

41 Nach Art. 267 Abs. 1 AEUV (ex-Art. 234 Abs. 1 EGV) entscheidet der EuGH im Wege der Vorabentscheidung über die Auslegung der Verträge (lit. a) und über die Gültigkeit und die Auslegung der Handlungen der Organe, Einrichtungen oder sonstigen Stellen der Union (lit. b). Dem **EuGH** kommt damit ein **umfassendes Auslegungs- und Verwerfungsmonopol** zu, das allein den Gerichtshof befugt, verbindlich über Auslegung, Anwendung und ggf. auch die Unwirksamkeit europarechtlicher Regelungen zu entscheiden. Das Auslegungs- und Verwerfungsmonopol umfasst nicht nur den AEUV als primäres Gemeinschaftsrecht, sondern auch das abgeleitete, sekundäre Gemeinschaftsrecht, welches insbesondere als Richtlinien und Verordnungen ergeht. Einbezogen ist damit auch das europäische Vergaberecht in Form der Vergabekoordinierungsrichtlinie 2004/18/EG, der Sektorenkoordinierungsrichtlinie 2004/17/EG sowie der Rechtsmittelkoordinierungsrichtlinie.

42 Stellt sich eine europarechtliche **Auslegungs- oder Gültigkeitsfrage** in einem Rechtsstreit vor einem nationalen Gericht und hält das Gericht eine Entscheidung hierüber für **entscheidungserheblich**, so kann diese Frage dem EuGH vorgelegt werden (Art. 267 Abs. 2 AEUV; ex-Art. 234 Abs. 2 EGV). Ist die Entscheidung des Gerichts nicht mehr mit Rechtsmitteln des innerstaatlichen Rechts anfechtbar, besteht sogar eine **Vorlagepflicht** (Art. 267 Abs. 3 AEUV; ex-Art. 234 Abs. 3 EGV). Hierdurch soll eine europaweit einheitliche Auslegung und Anwendung des Europarechts gewährleistet werden.

43 Da Rechtsmittel gegen die Entscheidungen der **Vergabesenate** im vergaberechtlichen Rechtsschutzverfahren nicht gegeben sind, sind diese daher zu einer **Vorlage an den EuGH verpflichtet**, wenn in einer sofortigen Beschwerde eine **Auslegungsfrage des Europarechts streiterheblich** ist. Kommt es für die Entscheidung über den Nachprüfungsantrag darauf an, welche konkreten Anforderungen das Gemeinschaftsrecht insoweit stellt, ist der EuGH um Vorabentscheidung anzurufen. Zuletzt wurde der Gerichtshof etwa zu den Fragen angerufen, ob gesetzliche Krankenkassen zu den öffentlichen Auftraggebern zählen (OLG Düsseldorf vom 23.5.2007, Verg 50/06) und ob kommunale Grundstücksveräußerungen bei einer Verknüpfung mit Bauverpflichtungen des Erwerbers als öffentlicher Auftrag (in Form einer Baukonzession) zu bewerten sind (OLG Düsseldorf vom 2.10.2008, Verg 25/08).

44 Eine **eigene Auslegung durch das Beschwerdegericht** ist **in der Regel nicht möglich**. Ausnahmen bestehen lediglich, wenn zu der Frage bereits eine gesicherte Rechtsprechung des EuGH besteht oder die richtige Anwendung des Gemeinschaftsrechts derart offenkundig ist, dass an der zu treffenden Entscheidung keine vernünftigen Zweifel bestehen (EuGH vom 6.10.1982, Rs. C-283/81; s. auch OLG Brandenburg vom 12.2.2008, Verg W 18/07).

45 Vorzulegen sind **nur für die Entscheidung des Rechtsstreits maßgebliche Auslegungsfragen**. Nach der ständigen Rechtsprechung des EuGH ist es grundsätzlich allein Sache des mit dem Rechtsstreit befassten nationalen Gerichts, sowohl die Erforderlichkeit einer Vorabentscheidung als auch die Erheblichkeit der dem Gerichtshof vorliegenden Fragen zu beurteilen. Eine Entscheidung über eine Vorlagefrage eines nationalen Gerichts kann der EuGH nur dann ablehnen, wenn die erbetene Auslegung des Gemeinschaftsrechts offensichtlich in keinem Zusammenhang mit der Realität oder dem Gegenstand des Ausgangsverfahrens steht, wenn das Problem rein hypothetischer Natur ist oder wenn dem Gericht nicht die erforderlichen tatsächlichen oder rechtlichen Angaben gemacht

werden, die für eine sachdienliche Beantwortung der Vorlagefragen notwendig sind (EuGH vom 16.6.2005, Rs. C-462/03, C-463/03; EuGH vom 2.6.2005, Rs. C-15/04).

Kommt es für die Entscheidung des Beschwerdegerichts auf eine noch nicht entschiedene und nicht eindeutige Auslegung der Vergaberichtlinien an, ist eine Vorlage an den EuGH zwingend. Die Nichtvorlage stellt einen Entzug des gesetzlichen Richters dar, was ggf. die Anrufung des Bundesverfassungsgerichts rechtfertigen kann.

Verstöße gegen die zentralen Grundsätze des Vergaberechts – Gleichbehandlung der Bieter, Transparenz des Verfahrens und Wettbewerb – sind auch europarechtlich relevant. Vermag ein Beschwerdegericht eine Verletzung nicht zu erkennen, kann sich die Frage stellen, ob eine solche Auslegung mit den Vorgaben der Vergabekoordinierungsrichtlinien im Einklang steht. Gegebenenfalls wird die Vorlage an den EuGH erforderlich sein.

II. Aussetzung des Beschwerdeverfahrens

Ruft ein Beschwerdegericht den EuGH für eine Vorabentscheidung über eine streitrelevante Auslegungsfrage zum Europarecht an, wird das Beschwerdeverfahren bis zur Entscheidung über die Vorlage ausgesetzt. Die Verfahrensaussetzung erfolgt entsprechend § 148 ZPO, § 94 VwGO (OLG Brandenburg vom 1.4.2002, Verg W 14/02). Sie hat auch zu erfolgen, wenn in einem parallel gelagerten Sachverhalt eine Vorlage bereits beim EuGH anhängig ist und die Entscheidung des europäischen Gerichts noch aussteht (OLG Düsseldorf vom 19.12.2007; OLG Brandenburg vom 12.2.2008, Verg W 18/07). Die Aussetzung erfolgt, damit die vom EuGH gefundene Antwort auf die Rechtsfrage bei der Entscheidung des konkreten Sachverhalts Berücksichtigung finden kann. 46

Die Aussetzung des Beschwerdeverfahrens wegen einer Vorlage an den EuGH führt zu einer atypischen Verfahrenslage, die bei der Prüfung eines Antrags auf Vorabgestattung des Zuschlags zu berücksichtigen ist. Nicht nur kann die zeitlich nicht absehbare Dauer der Aussetzung und damit auch des Beschwerdeverfahrens bei der erforderlichen Abwägung der Interessen berücksichtigt werden. Auch ist ein entsprechender Antrag von Seiten der im Verfahren vor der Vergabekammer erfolgreichen Vergabestelle ausnahmsweise zulässig (OLG Naumburg vom 28.10.2002, 1 Verg 9/02). 47

Im Fall einer Vorlage an den EuGH erhöhen sich die Chancen der Vergabestelle, dass einem Antrag auf Vorabgestattung des Zuschlags nach § 121 Abs. 1 GWB stattgegeben wird.

E. Anderweitige Verfahrensbeendigung

I. Abschluss eines Vergleichs

Ein Nachprüfungsverfahren kann auch durch einen Vergleich beendet werden, der auch noch in der Rechtsmittelinstanz abgeschlossen werden kann. Schließen die Verfahrensbeteiligten vor dem Vergabesenat einen Vergleich, handelt es sich um einen **Prozessvergleich**, der wie im normalen Zivilprozess zugleich Rechtsgeschäft des bürgerlichen Rechts und Prozesshandlung ist. 48

Die Beteiligten des Vergleichs unterwerfen sich dem Vereinbarten. Dies gilt auch, wenn der Vergleich darauf abzielt, ein zweites Nachprüfungsverfahren auszuschließen. Hieran muss sich ein Vergleichsbeteiligter ggf. festhalten lassen, so dass ein späterer Nachprüfungsantrag bereits als unzulässig zurückzuweisen ist. Haben die Beteiligten etwa vereinbart, dass die erneute Preiswertung durch einen vom Gericht zu bestimmenden Sachverständigen vorgenommen werden soll, kann das Ergebnis dieser Wertung nicht erneut angegriffen werden (OLG Brandenburg vom 18.5.2004, Verg W 3/04). 49

In der Praxis sind häufig Vergleiche dahingehend anzutreffen, dass ein Antragsteller oder Beschwerdeführer den Nachprüfungsantrag oder die sofortige Beschwerde gegen Erstattung der Anwalts- 50 und Angebotsbearbeitungskosten zurücknimmt (s. etwa OLG Schleswig vom 23.7.2007, 1 Verg 11/06).

 Die Beendigung eines Nachprüfungsverfahrens durch Abschluss eines Vergleichs ist zulässig und kann helfen, weitere Verzögerungen der Beauftragung, wie sie etwa bei einer Verfahrenskorrektur zu besorgen sind, zu vermeiden.

51 Einer vergleichsweisen Beendigung der Streitigkeit steht aber oft im Weg, dass die an das Haushaltsrecht gebundenen Vergabestellen keine Möglichkeit sehen, Vergleichszahlungen zu leisten. Eine Lösung dieser Problematik kann in der Einbindung des für den Zuschlag vorgesehenen Unternehmens liegen, welches derartigen Zwängen nicht unterliegt.

II. Beidseitige Erledigungserklärung

52 Erklären die Verfahrensbeteiligten den Nachprüfungsantrag übereinstimmend in der Hauptsache für erledigt, ist insoweit eine **Entscheidung des Beschwerdegerichts nicht mehr** angezeigt. Zur Klarstellung sollte allerdings ausgesprochen werden, dass hierdurch die Entscheidung der Vergabekammer wirkungslos wird (OLG Naumburg vom 25.8.2011, 2 Verg 4/11; KG vom 18.3.2010, 2 Verg 7/09). Der Vergabesenat hat im Übrigen nur noch nach billigem Ermessen über die Kosten des Verfahrens zu entscheiden. Grundlage hierfür ist für das Verfahren vor der Vergabekammer § 161 Abs. 2 VwGO in entsprechender Anwendung. Für das Beschwerdeverfahren greift § 91a ZPO. Die Kosten des Nachprüfungs- und Beschwerdeverfahren hat danach derjenige zu tragen, der bei einer Hauptsacheentscheidung durch das Gericht voraussichtlich unterlegen wäre (OLG Düsseldorf vom 13.8.2007, Verg 16/07).

III. Verfahrensbeendigung durch Antragsrücknahme

1. Rücknahme der sofortigen Beschwerde

53 Eine Entscheidung des Beschwerdegerichts entfällt, wenn der Beschwerdeführer zuvor durch eine wirksame Rücknahme der sofortigen Beschwerde dem Verfahren die Grundlage entzieht. Bei einer Rücknahme der sofortigen Beschwerde erwächst der vorangegangene Beschluss der Vergabekammer in Bestandskraft. Dies gilt auch für die dortige Kostengrundentscheidung (OLG Düsseldorf vom 12.1.2006, Verg 35/03), so dass der Status quo, wie er sich nach der Entscheidung der Vergabekammer darstellt, wieder hergestellt wird.

2. Rücknahme der sofortigen Beschwerde oder des Nachprüfungsantrags

54 Ist der Beschwerdeführer mit dem Antragsteller im Verfahren vor der Vergabekammer identisch, steht diesem ein erweiterter prozessualer Handlungsspielraum zu. Statt der sofortigen Beschwerde kann er grundsätzlich vor dem Beschwerdegericht auch noch den Nachprüfungsantrag zurücknehmen.

55 Das Vergaberecht enthält hierzu **keine ausdrückliche Regelung**. Da die Entscheidung der Vergabekammer als Verwaltungsakt ergeht, kann insoweit auf die allgemeinen Bestimmungen des Verwaltungsverfahrensgesetzes und dessen Rechtsgrundsätze zurückgegriffen werden. Es ist anerkannt, dass ein Antrag auf Erlass eines Verwaltungsakts noch bis zum Abschluss des Verfahrens zurückgenommen werden kann. Dies bedeutet, dass bis zum Eintritt der Unanfechtbarkeit der begehrten Entscheidung eine Antragsrücknahme möglich ist, und zwar auch dann, wenn gegen die bereits ergangene Entscheidung ein Rechtsbehelf eingelegt wurde. Ein bereits ergangener, aber noch nicht bestandskräftiger Verwaltungsakt wird in einem reinen Antragsverfahren – wie es das Nachprüfungsverfahren vor der Vergabekammer darstellt – wirkungslos, was auch für den als Verwaltungsakt ergehenden Beschluss der Vergabekammer gilt.

56 Nimmt der Beschwerdeführer und Antragsteller in der Beschwerdeinstanz den Nachprüfungsantrag zurück, verliert damit der Beschluss der Vergabekammer insgesamt seine Wirkung (OLG Düsseldorf

vom 9.11.2009, Verg 35/09; OLG Düsseldorf vom 29.4.2003, Verg 47/02; OLG Naumburg vom 17.8.2007, 1 Verg 5/07).

 Mit der Rücknahme des Nachprüfungsantrags kann noch in der Beschwerdeinstanz verhindert werden, dass die Entscheidung der Vergabekammer bestandskräftig wird.

Diese Möglichkeit ist insbesondere bedeutsam, wenn der **Antragsteller vor der Vergabekammer vollständig unterlegen** ist. Hat etwa die Vergabekammer entschieden, dass der Antragsteller zu Recht wegen Unzuverlässigkeit vom Vergabeverfahren ausgeschlossen wurde, kann mit der Rücknahme des Nachprüfungsantrag verhindert werden, dass der Beschluss der Vergabekammer bestandskräftig wird. Er verliert mit der Rücknahme seine Rechtswirkungen, so dass der Entscheidung rechtlich dann keine Bindungswirkung mehr zukommt, was aber den der Entscheidung zugrunde liegenden Sachverhalt nicht ungeschehen macht. 57

Hat der **Antragsteller vor der Vergabekammer** hingegen **teilweise obsiegt** und wendet er sich mit der sofortigen Beschwerde lediglich gegen die Entscheidung, soweit der Nachprüfungsantrag keinen Erfolg hatte, führt die Rücknahme des Nachprüfungsantrags zu einer Verschlechterung der Rechtssituation. Dann sollte in der Regel lediglich die sofortige Beschwerde zurückgenommen werden. 58

3. Voraussetzungen

Die Rücknahme wird als Prozesshandlung grundsätzlich mit Eingang der entsprechenden Erklärung bei Gericht wirksam (OLG Naumburg vom 17.8.2007, 1 Verg 5/07). Hierbei ist die **Postulationsfähigkeit des Erklärenden** – also seine Fähigkeit, vor Gericht eine rechtswirksame Handlung vorzunehmen – zu beachten. Die Erklärung muss daher grundsätzlich von einem bei einem **deutschen Gericht zugelassenen Rechtsanwalt** abgegeben werden. 59

Noch nicht höchstrichterlich entschieden ist die Frage, ob es für die Rücknahme der sofortigen Beschwerde oder des Nachprüfungsantrags in bestimmten Situationen der **Zustimmung der Beschwerde- oder Antragsgegnerin** bedarf. Hierfür kann sprechen, dass nach § 269 Abs. 1 ZPO eine Klage ohne Einwilligung der Gegenseite nur bis zum Beginn der mündlichen Verhandlung zurückgenommen werden kann, was entsprechend auch im Verwaltungsprozess gilt (§ 92 Abs. 1 VwGO). In entsprechender Anwendung dieser Bestimmung wäre im Termin zur mündlichen Verhandlung oder im Anschluss hieran eine Antragsrücknahme auch im kartellvergaberechtlichen Beschwerdeverfahren nur noch mit Zustimmung des Beschwerdegegners möglich. Hiervon geht ein Teil der Vergabesenate ausdrücklich aus, wobei die Wirksamkeit der Rücknahme dann vom Eingang der Einwilligung des Antragsgegners abhängig sein soll. Einer **Einwilligung auch eines beigeladenen Unternehmens** bedarf es hingegen **nicht** (BayObLG vom 11.5.2004, Verg 3/04; OLG Koblenz vom 15.8.2006, 1 Verg 7/06; OLG Düsseldorf vom 28.8.2001, Verg 27/01). 60

Einem solchen Zustimmungserfordernis für die Wirksamkeit der Rücknahme des Nachprüfungsantrags ist allerdings das OLG Naumburg entgegengetreten. Der dortige Beschwerdesenat hat die **Rücknahme nicht** für **zustimmungsbedürftig** gehalten, was auch für die isolierte Rücknahme der Beschwerde gelten dürfte. Das Gericht meint, dass die **Voraussetzungen für eine analoge Anwendung des § 269 Abs. 1 ZPO nicht** vorliegen. So scheint zweifelhaft, ob eine planwidrige Regelungslücke als notwendige Voraussetzung für eine entsprechende Anwendung gegeben ist. Da ein Einwilligungsvorbehalt für eine Antragsrücknahme auch im erstinstanzlichen Verfahren vor der Vergabekammer nicht besteht, kann ein entsprechender Gleichlauf vielmehr auch im Beschwerdeverfahren sachgerecht sein. Jedenfalls soll aber die Interessenlage der Verfahrensbeteiligten es nicht gebieten, § 269 Abs. 1 ZPO oder auch nur den darin enthaltenen Rechtsgedanken entsprechend anzuwenden. Im regulären zivilrechtlichen Klageverfahren kann eine zurückgenommene Klage grundsätzlich noch einmal eingereicht werden, so dass eine Klagerücknahme etwa aufgrund einer temporär schlechten Beweissituation auch taktisch motiviert sein kann. Um dies zu verhindern und den Beklagten vor einer möglichen mehrmaligen Belastung durch ein Klageverfahren über denselben Klagegegenstand zu schützen, ist daher nach Eröffnung des streitigen Verfahrens in der mündlichen 61

Verhandlung dessen Zustimmung für eine Rücknahme geboten. Im Nachprüfungsverfahren besteht eine vergleichbare Interessenlage demgegenüber nicht. Erledigt sich das Nachprüfungsverfahren durch Antragsrücknahme, ist der Zuschlag frei, so dass eine Wiederholung nicht zu besorgen ist. Da Nachprüfungsverfahren allein der Verwirklichung der subjektiven Rechte der Beteiligten und nicht der objektiven Rechtskontrolle dienen, kann es insoweit auch nicht darauf ankommen, dass ein Auftraggeber etwa eine streitgegenständliche Frage gerne für die Zukunft geklärt hätte. Auch, dass sich das Nachprüfungsverfahren zeitlich verlängert, wenn es für die Antragsrücknahme auf die Zustimmung des Auftraggebers ankäme, spricht nach Auffassung des OLG Naumburg gegen ein solches Erfordernis (OLG Naumburg vom 17.8.2007, 1 Verg 5/07; ebenso auch OLG Düsseldorf vom 9.11.2009, Verg 35/09).

62 Dem ist zuzustimmen, zumal von Analogien im Prozessrecht nur zurückhaltend Gebrauch zu machen ist, wie das OLG Naumburg gleichfalls hervorhebt. Sollte ein anderes Beschwerdegericht dies anders sehen, wäre es wohl zu einer Vorlage an den BGH nach § 124 Abs. 2 GWB verpflichtet, wenn es bei zu Beginn der mündlichen Verhandlung verweigerter Zustimmung auf diese Frage streiterheblich ankommt.

4. Kostenfolgen

63 Mit einer Antragsrücknahme lassen sich die Kosten des Verfahrens verringern, was in der Regel Anlass ist, bei einem erkennbaren Unterliegen über die Antragsrücknahme nachzudenken. Bei einer Beendigung des Beschwerdeverfahrens durch Antragsrücknahme ist hinsichtlich der Kostenfolgen zwischen den **Kosten des Beschwerdeverfahrens und des Verfahrens vor der Vergabekammer** zu unterscheiden, je nachdem, ob das Rechtsmittel selbst oder der Nachprüfungsantrag zurückgenommen wird.

a) Kosten des Beschwerdeverfahrens

64 Auf das vergaberechtliche Beschwerdeverfahren sind als streitiges Verfahren vor einem ordentlichen Gericht die Kostenregelungen der ZPO entsprechend anzuwenden. **Nimmt** der Beschwerdeführer das **Rechtsmittel** oder – wenn er mit dem Antragsteller vor der Vergabekammer identisch ist – den **Nachprüfungsantrag zurück**, hat er daher in entsprechender Anwendung von § 269 Abs. 3 Satz 2 ZPO die **Gerichtskosten und die im Beschwerdeverfahren entstandenen Kosten der anderen Verfahrensbeteiligten** zu tragen. Er trägt damit die Kostenlast auch für die Aufwendungen des Beschwerdegegners und etwaiger Beigeladener (BGH vom 25.10.2005, X ZB 15/05).

b) Kosten des Nachprüfungsverfahrens

65 **Nimmt** der Beschwerdeführer nur die **sofortige Beschwerde zurück**, erwächst die Kostengrundentscheidung der Vergabekammer in Bestandskraft. Die Frage der Kostentragung für das dortige Verfahren der ersten Instanz richtet sich dann nach dem entsprechenden Ausspruch der Vergabekammer.

66 Bei einer **Rücknahme des Nachprüfungsantrags** richten sich die Kosten für das Nachprüfungsverfahren hingegen nach § 128 Abs. 3 Satz 3 und Abs. 2 Satz 3 GWB. Neben der **hälftigen Gebühr der Vergabekammer** sind die **zur zweckentsprechenden Rechtsverfolgung notwendigen Aufwendungen des Antragsgegners und der Beigeladenen** zu erstatten. Mit dieser Regelung ist die frühere Rechtsprechung, derzufolge bei einer Antragsrücknahme überhaupt keine Kostenerstattung zu Gunsten der anderen Verfahrensbeteiligten möglich war, überholt (BGH vom 25.10.2005, X ZB 15/05; s. auch § 128 Rn. 48).

§ 124 Bindungswirkung und Vorlagepflicht

(1) Wird wegen eines Verstoßes gegen Vergabevorschriften Schadensersatz begehrt und hat ein Verfahren vor der Vergabekammer stattgefunden, ist das ordentliche Gericht an die bestandskräftige Entscheidung der Vergabekammer und die Entscheidung des Oberlandesgerichts sowie gegebenenfalls des nach Absatz 2 angerufenen Bundesgerichtshofs über die Beschwerde gebunden.

(2) ¹Will ein Oberlandesgericht von der Entscheidung eines anderen Oberlandesgerichts oder des Bundesgerichtshofs abweichen, so legt es die Sache dem Bundesgerichtshof vor. ²Der Bundesgerichtshof entscheidet anstelle des Oberlandesgerichts. ³Der Bundesgerichtshof kann sich auf die Entscheidung der Divergenzfrage beschränken und dem Beschwerdegericht die Entscheidung in der Hauptsache übertragen, wenn dies nach dem Sach- und Streitstand des Beschwerdeverfahrens angezeigt erscheint. ⁴Die Vorlagepflicht gilt nicht im Verfahren nach § 118 Absatz 1 Satz 3 und nach § 121.

Übersicht

A. Bindungswirkung (Abs. 1)	1–12
I. Zweck der Vorschrift	1
II. Voraussetzungen für den Eintritt einer Bindung	2–8
1. Schadensersatzklage	3–4
2. Verfahren vor den Nachprüfungsinstanzen	5
3. Bestandskräftige Entscheidung im Nachprüfungsverfahren	6–8
III. Umfang der Bindungswirkung	9–10
IV. Keine Bindungswirkung bei Ansprüchen nach § 125 GWB	11
V. Bedenken	12
B. Divergenzvorlage (Abs. 2)	13–29
I. Zweck der Vorschrift	13–14
II. Voraussetzungen für eine Divergenzvorlage	15–21
1. Übersicht	15–16
2. Abweichung	17–18
3. Gleich gelagerter Sachverhalt	19
4. Entscheidungserheblichkeit	20–21
III. Ausnahmen von der Vorlagepflicht	22–23
1. Eilverfahren	22
2. Streitwertfestsetzung	23
IV. Form der Divergenzvorlage	24
V. Verfahren vor dem Bundesgerichtshof	25–26
VI. Vorlage an den EuGH, Art. 267 AEUV	27–29
1. Vorlagepflicht und Vorlagerecht	27
2. Vorlagerecht der Vergabekammern?	28–29

A. Bindungswirkung (Abs. 1)

I. Zweck der Vorschrift

Dem Bieter stehen zwei Möglichkeiten zur Verfügung, wenn er sich gegen vergaberechtswidrige Handlungen des öffentlichen Auftraggebers wehren will: zum einen das Nachprüfungsverfahren nach §§ 102 ff. GWB, mit welchem er Vergaberechtsfehler mit dem Ziel geltend macht, den Zuschlag zu erhalten (sogenannter **Primärrechtsschutz**). Im Nachprüfungsverfahren überprüfen die Vergabekammern und Vergabesenate die Rechtmäßigkeit bzw. Rechtswidrigkeit des Vergabeverfahrens und ordnen Maßnahmen zur rechtmäßigen Durchführung des Ausschreibungsverfahrens an, § 114 Abs. 1 GWB. Zum anderen kann der Bieter auch Schadensersatz wegen der ihm gegenüber erfolgten Vergaberechtsverstöße verlangen (sogenannter **Sekundärrechtsschutz**), wobei Schadensersatz auch ohne vorherige Durchführung eines Nachprüfungsverfahrens gerichtlich geltend gemacht werden kann (OLG Celle vom 7.6.2007, 4 AR 24/07). Für diese **Schadensersatzansprüche** sind nicht die Vergabekammern und Vergabesenate zuständig, sondern die **ordentlichen Gerichte**. Es besteht folglich ein **zweigleisiger Rechtsweg:** Auch wenn ein Bieter in einem Nachprüfungsverfahren die Feststellung erreicht hat, dass der Auftraggeber vergaberechtswidrig gehandelt hat, muss er noch einen weiteren Prozess führen, wenn er seine finanziellen Verluste ersetzt haben will. Hier greift Abs. 1 ein: Zumindest die Frage der Rechtswidrigkeit einer Vergabehandlung muss nicht mehr neu geprüft werden, weil die ordentlichen Gerichte an die bestandskräftigen Entscheidungen der Vergabekammern und Vergabesenate **gebunden** sind. Die Regelung erleichtert dem Bieter die Durchsetzung seiner Schadensersatzansprüche und erspart den ordentlichen Gerichten eine nochmalige Prüfung der bereits von den Nachprüfungsinstanzen entschiedenen Sach- und Rechtsfragen.

1

II. Voraussetzungen für den Eintritt einer Bindung

2 Damit im Schadensersatzprozess eine Bindung an die Entscheidungen in einem vorangegangenen Nachprüfungsverfahren eintreten kann, müssen folgende Voraussetzungen vorliegen:

1. Schadensersatzklage

3 Es muss sich um eine Schadensersatzklage vor ordentlichen Gerichten handeln, die auf einem Verstoß gegen bieterschützende Vorschriften im Vergabeverfahren beruht. Mögliche **Anspruchsgrundlagen** sind § 126 Satz 1 GWB, §§ 280 Abs. 1 Satz 1, 241 Abs. 2, 311 Abs. 2 Nr. 1 BGB (sog. Pflichtverletzung bei Vertragsverhandlungen, früher: c.i.c.), § 823 Abs. 2 BGB i.V.m. dem verletzten Schutzgesetz – wie z.B. einer bieterschützenden Regelung der betreffenden Vergabeordnung – oder § 826 BGB. Andere Anspruchsgrundlagen kommen nicht in Betracht. Zu den Anspruchsgrundlagen im Einzelnen s. § 126 Rn. 7 ff. und 58 ff.

4 Schadensersatz muss verlangt werden für eine **vergaberechtswidrige Handlung** des öffentlichen Auftraggebers, die Vorschriften zum **Schutz der Bieter** verletzt (s. hierzu § 126 Rn. 16 ff.). Dies ergibt sich aus § 97 Abs. 7 GWB, der dem Bieter einen Anspruch auf Einhaltung der vergaberechtlichen Bestimmungen gegen den öffentlichen Auftraggeber gewährleistet. Da die Nachprüfungsinstanzen nur bei Verstößen gegen diese bieterschützenden Bestimmungen den Nachprüfungsanträgen stattgeben können, kann notwendigerweise keine Bindung eintreten, wenn der Schadensersatzanspruch auf eine andere Rechtsverletzung gestützt wird.

2. Verfahren vor den Nachprüfungsinstanzen

5 Zweite Voraussetzung für die Bindungswirkung ist, dass vor dem Schadensersatzprozess ein Nachprüfungsverfahren vor der Vergabekammer oder dem Vergabesenat stattgefunden hat (OLG Naumburg vom 26.10.2004, 1 U 30/04). Ein anderer Schadensersatzprozess oder ein einstweiliges Verfügungsverfahren genügt nicht, auch wenn Streitgegenstand eine vergaberechtswidrige Handlung des öffentlichen Auftraggebers ist. Es liegt auf der Hand, dass das Nachprüfungsverfahren dasjenige Ausschreibungsverfahren betreffen muss, welches Gegenstand des Schadensersatzprozesses ist.

3. Bestandskräftige Entscheidung im Nachprüfungsverfahren

6 Eine Bindung kann nur dann eintreten, wenn die Entscheidung bestandskräftig ist. Da die Entscheidung der Vergabekammer gemäß § 114 Abs. 3 Satz 1 GWB einen **Verwaltungsakt** darstellt, der im Gegensatz zu den Beschlüssen des Vergabesenats keine Rechtskraft erlangt, ist im Gesetzestext übergreifend von Bestandskraft die Rede. **Bestandskraft** bzw. **Rechtskraft** tritt dann ein, wenn die Entscheidung nicht angefochten worden ist oder nicht mehr angefochten werden kann, weil das letztinstanzliche Gericht abschließend entschieden hat. Die Entscheidung kann von der Vergabekammer, dem Vergabesenat oder dem im Wege der Divergenzvorlage angerufenen Bundesgerichtshof stammen. Nicht aufgeführt ist der EuGH. Dies liegt daran, dass der EuGH lediglich zur Klärung einer Rechtsfrage eingeschaltet wird und nicht zur abschließenden Entscheidung berufen ist. Darum kann auch eine Bindung an eine Entscheidung des Bundesgerichtshofes dann nicht eintreten, wenn dieser nicht selbst in der Sache entscheidet, sondern nur die ihm vorgelegte Rechtsfrage klärt und im Übrigen den Rechtsstreit zur abschließenden Entscheidung an den Vergabesenat zurückverweist.

7 Die bestandskräftige Entscheidung muss eine **Entscheidung in der Sache** sein; eine Bindung an Entscheidungen, die sich lediglich mit der Zulässigkeit des Nachprüfungsantrags befassen, kann schon deshalb nicht eintreten, weil die Zulässigkeit kein Tatbestandsmerkmal der Anspruchsgrundlagen für Schadensersatz (Rn. 3) ist. Dies gilt auch für Kostenentscheidungen. Weiter entfaltet – auch wenn dies dem Gesetzestext nicht entnommen werden kann – eine Entscheidung in den **Eilverfahren** der §§ 115 Abs. 2, 118 Abs. 1 Satz 3 GWB **keine Bindungswirkung**, weil die Eilentscheidung nicht auf einer umfassenden und endgültigen Entscheidung beruht und damit einer „echten" bestandskräftigen Entscheidung nicht gleichgesetzt werden kann.

Die Bindung tritt nur dann ein, wenn die **Parteien des Schadensersatzprozesses identisch mit den Beteiligten im Nachprüfungsverfahren** sind. Unter Beteiligten sind hier nicht nur der antragstellende Bieter und die Vergabestelle zu verstehen, sondern auch die Beigeladenen, §§ 109, 119 GWB. Daher kann sich auch ein Beigeladener, dem gegenüber ein Vergaberechtsverstoß begangen worden ist, im nachfolgenden Schadensersatzprozess auf die entsprechende Feststellung berufen.

Da eine Bindung an die Feststellung der Rechtswidrigkeit eintritt, empfiehlt es sich für den Bieter, vor einem Schadensersatzprozess ein **Nachprüfungsverfahren** einzuleiten. Im Nachprüfungsverfahren kann er feststellen, ob die Nachprüfungsinstanzen seine Ansicht teilen, dass ein Vergaberechtsverstoß vorliegt. Ist dies nicht der Fall, spart er sich die Kosten für einen Schadensersatzprozess. Teilen die Nachprüfungsinstanzen hingegen seine Ansicht, ist der Schadensersatzprozess zwar nicht gewonnen, aber die Erfolgsaussicht leichter abschätzbar, weil in der Regel nur noch die Fragen des Verschuldens und der Kausalität des Vergaberechtsverstoßes für den eingetretenen Schaden zu prüfen sind. Ohne vorherige Durchführung eines Nachprüfungsverfahrens könnte zudem von Auftraggeberseite der Einwand kommen, dass durch die Nichtstellung des Nachprüfungsantrags ein Mitverschulden des Bieters gemäß § 254 Abs. 1 BGB an der Entstehung des Schadens vorliegen könnte, da er mit der Stellung eines Nachprüfungsantrags den Zuschlag auf sein Angebot noch hätte erreichen können.

III. Umfang der Bindungswirkung

Wie der Wortlaut des Abs. 1 zeigt, sind die ordentlichen Gerichte an die **gesamte** bestandskräftige Entscheidung der Vergabekammer bzw. des Vergabesenats bzw. des Bundesgerichtshofes gebunden. Das bedeutet, dass nicht nur der Tenor (die Entscheidungsformel), sondern auch die Entscheidungsgründe samt der zugehörigen tatbestandlichen Feststellungen der Entscheidung der ordentlichen Gerichte über den Schadensersatzanspruch zwingend zugrunde zu legen sind (BGH vom 19.12.2000, X ZB 14/00). Dies gilt aber nur insoweit, als eine Feststellung zur Rechtswidrigkeit einer Handlung der Vergabestelle im Ausschreibungsverfahren sowie zur Frage getroffen worden ist, ob ein im Vergabeverfahren benachteiligtes Unternehmen in bieterschützenden Rechten verletzt wurde (OLG Düsseldorf vom 15.12.2008, 27 U 1/07). Die Bindung umfasst folglich den **Tenor**, insbesondere bei einem Feststellungsbeschluss, **tragende Entscheidungsgründe** und **tatsächliche Feststellungen** zum behaupteten Verstoß sowie die **rechtliche Würdigung** zu der Frage, ob ein **rechtswidriger Verstoß gegen bieterschützende Vorschriften** vorliegt. Weil die doppelte Prüfung der Frage, ob ein Vergaberechtsverstoß vorliegt, vermieden werden soll, ist eine Bindung auch an die Entscheidung der Nachprüfungsinstanzen zu bejahen, dass **kein Vergaberechtsverstoß** gegeben ist.

Die Bindung erstreckt sich aber auch nur auf diese Frage (BGH vom 27.11.2007, X ZR 18/07). Rechtsausführungen zur Wirksamkeit oder Unwirksamkeit des abgeschlossenen Vertrages (KG vom 20.5.2011, 7 U 125/10) oder überhaupt **vertragsrechtliche Ausführungen der Nachprüfungsinstanzen** binden die ordentlichen Gerichte nicht. Das ordentliche Gericht hat seiner Entscheidung zugrunde zu legen, dass ein Verstoß gegen bieterschützende Vorschriften vorliegt. Ob sich aber daraus ein Anspruch auf Schadensersatz gegenüber dem Auftraggeber ergibt, ob also auf Seiten des Auftraggebers z.B. eine **Verletzung von Rücksichtnahmepflichten** durch Missachtung von Vergabevorschriften (BGH vom 9.6.2011, X ZR 143/10) oder ob ein **Verschulden** gegeben ist (BGH vom 20.1.2009, X ZR 113/07: kein Verschulden bei Beratung durch auf Vergaberecht spezialisierten Anwalt) und dadurch kausal ein Schaden verursacht worden ist (BGH vom 16.4.2002, X ZR 67/00; OLG Naumburg vom 29.4.2003, 1 U 1192/03) oder ob **aus anderen Gründen ein Schadensersatzanspruch ausgeschlossen** ist (KG vom 14.8.2003, 27 U 264/02), wird vom ordentlichen Gericht in eigener Verantwortung entschieden. Im Schadensersatzprozess zeigt sich auch, ob die Rechtswidrigkeitsfeststellung ausreichend klar und konkret genug gefasst worden ist, so dass das ordentliche Gericht weiß, welche Handlung als rechtswidrig eingestuft worden ist. Ist das nicht der

Fall, hat das ordentliche Gericht in eigener Zuständigkeit und Verantwortung die Frage zu klären, ob eine Verletzung von Vergaberechtsvorschriften vorgekommen ist.

Ein Vergaberechtsverstoß kann entweder dazu führen, dass der Nachprüfungsantrag Erfolg hat; dann wird sich regelmäßig ein Schadensersatzprozess nicht anschließen, weil der Bieter den Zuschlag noch erhalten kann. In Betracht kommt dann nur ein Schaden in Form von unnötigen Aufwendungen, welche dem Bieter durch die Beteiligung an dem rechtswidrigen Vergabeverfahren entstanden sind. Dies könnte z.B. der Fall sein, wenn sich nach der Aufhebung einer Ausschreibung herausstellt, dass die Aufhebung rechtswidrig war, und der Bieter nach Fortsetzung des Ausschreibungsverfahrens den Zuschlag bekommt. Zu ersetzen sind dann lediglich die unnötig aufgewendeten Kosten. Gleich ist die Sachlage zu beurteilen, wenn die Nachprüfungsinstanzen zwar die Aufhebung der Ausschreibung als rechtswidrig ansehen, der Bieter also mit seinem Nachprüfungsantrag Erfolg hat, der Auftraggeber aber, der zur Fortsetzung des Ausschreibungsverfahrens nicht in allen Fällen (vgl. hierzu OLG München vom 31.10.2012, Verg 19/12) und zur Erteilung des Zuschlags nur in extremen Ausnahmefällen (BayObLG vom 5.11.2002, Verg 22/02) verpflichtet werden kann, dennoch nicht das Ausschreibungsverfahren bis zum Zuschlag fortführt. Gibt der Auftraggeber nach einer rechtswidrigen Aufhebung des Ausschreibungsverfahrens seine Vergabeabsicht nicht auf und erteilt den Zuschlag einem anderen Bieter, kann der Schadensersatz sogar das positive Interesse umfassen. Oder der geltend gemachte Rechtsverstoß führt nicht zum Erfolg im Nachprüfungsverfahren. Liegt dies daran, dass eine Rechtsverletzung verneint wird, erübrigen sich für den Bieter weitere Anträge. Liegt dies aber daran, dass der Zuschlag z.B. aufgrund einer Eilentscheidung erteilt werden durfte, bleibt dem Bieter die **Umstellung** seines Antrags auf die **Feststellung der Rechtswidrigkeit** nach § 114 Abs. 2 Satz 2 GWB. Dieser Antrag ist dringend zu empfehlen, weil die ausgesprochene Rechtswidrigkeitsfeststellung Bindungswirkung erzeugt. Wegen der Rechtsfolgen ist äußerste **Sorgfalt** auf die **Formulierung des Feststellungsantrags** zu legen, da von der konkreten Bezeichnung der vergaberechtswidrigen Handlung der Umfang der Bindungswirkung entscheidend abhängt.

IV. Keine Bindungswirkung bei Ansprüchen nach § 125 GWB

11 § 124 gilt nicht für Schadensersatzansprüche nach § 125 GWB. In den Fällen des § 125 GWB wird nicht Schadensersatz wegen eines Verstoßes gegen Vergabevorschriften begehrt, wie es der Wortlaut des § 124 vorschreibt, sondern weil ein Bieter sein Recht auf Stellung eines Nachprüfungsantrags missbraucht und deshalb der öffentliche Auftraggeber den Bieter in Anspruch nimmt.

V. Bedenken

12 Die Bindung der ordentlichen Gerichte an die Beschlüsse der Vergabekammern ist deshalb bedenklich, weil die Gerichte dadurch an Entscheidungen in Form von Verwaltungsakten gebunden sind, die noch nicht gerichtlich überprüft worden sind. Eine solche Bindung ist in anderen Gesetzen nicht vorgesehen. Weitere Bedenken bestehen gegenüber der Bindung des Bundesgerichtshofes in einer Revisionssache wegen Schadensersatz an Entscheidungen der Oberlandesgerichte, deren Ansicht er nicht teilt. Letztere Konstellation ergibt sich allerdings auch in anderen Fällen, wenn z.B. in einer Amtshaftungssache eine Bindung an eine Entscheidung eines Oberverwaltungsgerichts besteht.

B. Divergenzvorlage (Abs. 2)

I. Zweck der Vorschrift

13 Die Oberlandesgerichte entscheiden als erste und letzte gerichtliche Instanz über die sofortigen Beschwerden gegen Entscheidungen der Vergabekammern. Gegen ihre Entscheidung gibt es kein Rechtsmittel, auch die Zulassung einer weiteren Beschwerde ist nicht möglich. Im vergaberechtlichen Beschwerdeverfahren ist der Rechtsweg zum Bundesgerichtshof nach Abs. 2 nur für die Fälle

der **Divergenz** eröffnet (BGH vom 21.10.2003, X ZB 10/03); die Divergenzvorlage bildet die Ersatzlösung dafür, dass es eine weitere Instanz nicht gibt.

Zweck der Vorschrift ist es, eine **einheitliche Rechtsprechung** sowie **Rechtssicherheit** und **Rechtsklarheit** zu erreichen, wenn die Auffassungen der Oberlandesgerichte voneinander abweichen. Die Beteiligten sollen sich darauf verlassen können, dass in gleich gelagerten Fällen gleich entschieden wird. Die Vorlage steht folglich **nicht im Ermessen** des Oberlandesgerichts, vielmehr ist sie bei Vorliegen der Tatbestandsmerkmale zwingend. Die Divergenzvorlage hat einzig den Zweck, eine Einheitlichkeit der Rechtsprechung sicherzustellen; sie hat nicht den Sinn, im GWB nicht vorgesehene Rechtsbehelfe zu gewähren. Geht daher eine Partei gegen eine Entscheidung des Vergabesenats mit der Rüge vor, es sei das rechtliche Gehör oder ein sonstiges grundlegendes Verfahrensrecht verletzt worden, ist der Rechtsweg zum Bundesgerichtshof nicht gegeben. Die zunächst im GWB versehentlich vergessene **Anhörungsrüge** (BVerfG vom 26.2.2008, 1 BvR 2327/07) ist nun gesetzlich geregelt (§ 120 Abs. 2 i.V.m. § 71a GWB) und eröffnet den Weg zur Korrektur einer Entscheidung innerhalb der Instanz. Die Anhörungsrüge dient jedoch nur der Korrektur, wenn das rechtliche Gehör verletzt worden ist. Sie hat nicht den Sinn, die Entscheidung des Oberlandesgerichts nochmals überprüfen zu lassen, um doch noch eine Entscheidung im Sinne des Antragstellers zu erreichen (OLG München vom 19.3.2012, Verg 10/12).

14

Die **Rechtsbeschwerde nach § 17a Abs. 4 GVG** gegen den Beschluss des Gerichts zur Zulässigkeit des beschrittenen Rechtsweges ist gegenüber der Divergenzvorlage der **speziellere Rechtsbehelf** (OLG München vom 30.6.2011, Verg 5/09; nachfolgend BGH vom 23.1.2012, X ZB 5/11).

II. Voraussetzungen für eine Divergenzvorlage

1. Übersicht

Nach Abs. 2 Satz 1 legt ein Oberlandesgericht, das über eine sofortige Beschwerde gegen eine Entscheidung einer Vergabekammer zu befinden hat, die Sache dem Bundesgerichtshof vor, wenn es von einer Entscheidung eines anderen Oberlandesgerichts oder des Bundesgerichtshofes abweichen will. Das ist der Fall, wenn das vorlegende Gericht als tragende Begründung seiner Entscheidung einen Rechtssatz zugrunde legen will, der mit einem die tragende Begründung eines anderen Oberlandesgerichts oder des Bundesgerichtshofes tragenden Rechtssatz nicht übereinstimmt (BGH vom 18.2.2003, X ZB 44/02; BGH vom 18.5.2004, X ZB 7/04).

15

Die Divergenzvorlage hat also zu erfolgen, wenn folgende drei Voraussetzungen gegeben sind:

16

- **Abweichung** von der Rechtsprechung eines anderen Oberlandesgerichts oder des Bundesgerichtshofes in einem Vergabenachprüfungsverfahren (Rn. 17 f.);
- der **Sachverhalt** muss mit demjenigen, von welchem abgewichen werden soll, **vergleichbar** sein (s. Rn. 19); und
- **Entscheidungserheblichkeit** der abweichenden Rechtsauffassung (s. Rn. 20 f.).

2. Abweichung

In den bisher vorliegenden Entscheidungen zu Divergenzvorlagen ist stets eine Abweichung von einer Entscheidung eines anderen Oberlandesgerichts gegeben. Eine Abweichung von einer Entscheidung des Bundesgerichtshofes liegt bisher keiner Divergenzvorlage zugrunde. Dies liegt daran, dass alle Divergenzentscheidungen des Bundesgerichtshofes zeitlich noch nicht sehr weit zurückliegen. Eine Vorlage wegen einer Abweichung zu einer BGH-Entscheidung erscheint deshalb sinnlos, weil mit einer Änderung der Rechtsprechung nach so kurzer Zeit nicht zu rechnen ist. Dennoch hat bei einer Abweichung eine Vorlage zu erfolgen.

17

Die Abweichung muss sich auf Fragen beziehen, die **Gegenstand eines Nachprüfungsverfahrens** nach §§ 97 ff. GWB sind. Eine Abweichung zu Entscheidungen von ordentlichen Gerichten, die diese in vergaberechtlichen Schadensersatzprozessen treffen, löst keine Vorlagepflicht aus (OLG Hamburg vom 4.11.2002, 1 Verg 3/02). Dies ergibt sich aus der Zusammenschau mit Abs. 1. Danach ist ein Zivilgericht bei der Entscheidung über einen Schadensersatzanspruch an die bestandskräfti-

18

gen Entscheidungen von Vergabekammer und Vergabesenat sowie ggf. des nach Abs. 2 angerufenen Bundesgerichtshofes gebunden. Daraus folgt, dass mit „Entscheidung des Bundesgerichtshofes" i.S.d. Abs. 2 nur eine solche gemeint sein kann, die im Vergabenachprüfungsverfahren ergangen ist. Eine analoge Anwendung von Abs. 2 kann aber bei einer Abweichung von der Entscheidung eines **anderen Bundesgerichts** in Betracht kommen (OLG Rostock vom 2.7.2008, 17 Verg 2/08: hier des Bundessozialgerichts).

3. Gleich gelagerter Sachverhalt

19 Eine Pflicht zur Vorlage besteht weiter nur dann, wenn die frühere Entscheidung, von der abgewichen werden soll, auf einem im Wesentlichen gleichen oder vergleichbaren Sachverhalt beruht (KG vom 15.4.2002, KartVerg 3/02; OLG Düsseldorf vom 23.1.2006, Verg 96/05; OLG Jena vom 7.10.2003, 6 Verg 6/03). Diese Einschränkung ergibt sich aus dem Gesetzeswortlaut nicht. Sie wird aber mit dem Argument begründet, dass eine abstrakte, vom Sachverhalt losgelöste Beantwortung einer Rechtsfrage durch einen anderen Senat keine Bindung begründen kann. Die Frage, ob der Sachverhalt gleich gelagert ist, ist jeweils für den Einzelfall zu prüfen (BGH vom 18.2.2003, X ZB 44/02).

4. Entscheidungserheblichkeit

20 Weiter muss die Abweichung die **tragenden Gründe** der Entscheidung betreffen. Wird von einem obiter dictum (lat. für „nebenbei Gesagtes", also nicht entscheidungserhebliche Rechtsansichten des Gerichts) abgewichen, besteht keine Pflicht zur Vorlage (KG vom 15.4.2002, KartVerg 3/02). Dies gilt ebenso für die Abweichung von bloßen Richtlinien oder Hinweisen des Gerichts im Falle einer Zurückverweisung bzw. von reinen Hilfserwägungen. Die Entscheidung muss von der unterschiedlich beurteilten Rechtsfrage abhängen. Führen unterschiedliche Begründungen zum gleichen Ergebnis, ist eine Vorlage unzulässig, da die Kausalität fehlt. Kann die Rechtsfrage offen bleiben für die Entscheidung, ist eine Divergenzvorlage ebenfalls nicht zulässig (OLG Düsseldorf vom 4.9.2002, Verg 37/02). Betrifft die Divergenz z.B. eine Frage der Zulässigkeit, kann die Vorlage mit der Begründung abgelehnt werden, es fehle jedenfalls an der Begründetheit (vgl. z.B. für das Problem der unverzüglichen Rüge nach § 107 Abs. 3 Satz 1 Nr. 1 GWB OLG Celle vom 4.3.2010, 13 Verg 1/10 einerseits und OLG Rostock vom 20.10.2010, 17 Verg 5/10 andererseits).

> Da es sich bei der Prüfung, ob ein Sachverhalt gleich gelagert ist, um die Beurteilung jeweils eines Einzelfalles handelt, liegt hier das Haupteinfallstor für die Oberlandesgerichte, eine Divergenzvorlage abzulehnen (vgl. z.B. OLG Jena vom 30.10.2006, 9 Verg 4/06 gegen OLG Rostock vom 8.3.2006, 17 Verg 16/05; OLG München vom 2.6.2006, Verg 12/06 gegen OLG Koblenz vom 23.12.2003, 1 Verg 8/03). Ähnliches gilt für die Frage der Entscheidungserheblichkeit (vgl. hierzu OLG Celle vom 1.5.2005 gegen OLG Düsseldorf vom 23.2.2005, Verg 92/04). Wird also auf die Klärung einer Rechtsfrage mittels Divergenzvorlage Wert gelegt, ist besonderes Augenmerk auf die Frage und Darstellung zu richten, ob der Sachverhalt gleich gelagert und die Entscheidungserheblichkeit gegeben ist (Beispiel für eine gelungene Divergenzvorlage: OLG Düsseldorf vom 2.11.2011, Verg 22/11 gegen OLG Schleswig vom 15.4.2011, 1 Verg 10/10).

21 Die Pflicht zur Vorlage erstreckt sich nicht nur auf entscheidungserhebliche Divergenzen in der **Hauptsache**, sondern auch auf **Nebenpunkte**, und zwar gleichgültig, ob sie in der sofortigen Beschwerde die Hauptsache (BGH vom 9.12.2003, X ZB 14/03) darstellen oder nicht. Hier sind zu nennen Kostengrundentscheidungen (BGH vom 25.1.2012, X ZB 3/11 zur Kostenentscheidung bei Erledigung der Hauptsache) oder auch Teile von Kostengrundentscheidungen wie die Frage, ob eine Vertretung durch Rechtsanwälte erforderlich war, oder Fragen der Kostenfestsetzung, wie kostenrechtliche Fragen zum RVG bzw. dem Vergütungsverzeichnis als Anlage zum RVG (BGH vom 23.9.2008, X ZB 19/07). Eine Verpflichtung zur Divergenzvorlage wird noch verneint bei Entscheidungen über **Zwischenverfügungen** (OLG Düsseldorf vom 28.12.2007, Verg 40/07) und bei Ent-

scheidungen über die Ablehnung von Mitgliedern der Vergabekammern wegen **Befangenheit** (OLG Naumburg vom 31.1.2011, 2 Verg 1/11).

III. Ausnahmen von der Vorlagepflicht

1. Eilverfahren

Ausnahmen von der Vorlagepflicht bestehen in den vorläufigen Verfahren nach **§ 118 Abs. 1 Satz 3 GWB** bzw. **§ 121 GWB**. Für diese Verfahren hat der Gesetzgeber im Interesse der Beschleunigung Divergenzen bewusst hingenommen in der Erwartung, dass sie die Ausnahme bleiben und sich durch eine gerichtliche Entscheidung nach § 123 GWB oder durch die Gewährung von Schadensersatz auflösen; dem Beschleunigungsinteresse wurde Vorrang eingeräumt vor dem Interesse an einer einheitlichen Rechtsprechung. Eine Vorlage an den Bundesgerichtshof kommt nach Abs. 2 Satz 4 im Eilverfahren nach § 118 Abs. 1 Satz 3 GWB deshalb nicht in Betracht (OLG München vom 17.5.2005, Verg 9/05). Eine solche Ausnahme liegt aber nicht vor, wenn ein Oberlandesgericht in einem normalen Hauptverfahren von einer Entscheidung eines Oberlandesgerichts in einem Verfahren nach § 118 GWB abweichen will (anders OLG Schleswig vom 8.9.2006, 1 Verg 6/06 und vom 15.4.2011, 1 Verg 10/10). Denn der Zweck der Ausnahmeregelung liegt darin, die Beschleunigung im Eilverfahren nicht zu konterkarieren. Dieser Gedanke scheidet aber im Rahmen eines normalen Verfahrens aus. Diese Ansicht ist umstritten; doch spricht schon der Wortlaut des Abs. 2 Satz 4 davon, dass die Vorlagepflicht *im* Verfahren nach § 118 GWB nicht besteht, und nicht davon, dass sie *für* Verfahren nach § 118 GWB nicht besteht.

22

2. Streitwertfestsetzung

Keine Vorlagepflicht besteht bei unterschiedlichen Streitwertfestsetzungen; hier besteht kein Bedürfnis nach einheitlicher Handhabung. Dies hat der BGH in einem Verfahren, welches allerdings keine Divergenzvorlage war und in welchem der Streitwert für ein Beschwerdeverfahren auf 19.306.966 € festgesetzt worden war, in den Gründen ausgeführt (BGH vom 21.10.2003, X ZB 10/03). Anders ist dies jedoch, wenn es um eine grundsätzliche Entscheidung zu einer generellen Frage bei der Streitwertberechnung geht (Divergenzvorlage des OLG München vom 26.6.2013, Verg 32/12 gegen OLG Naumburg vom 13.2.2012, 2 Verg 14/11).

23

IV. Form der Divergenzvorlage

Der Vergabesenat legt in einem begründeten nicht anfechtbaren Beschluss dem Bundesgerichtshof die streitige Rechtsfrage zur Entscheidung vor. Im Beschluss hat der Senat die Entscheidungserheblichkeit der streitigen Rechtsfrage und die beabsichtigte Abweichung von der Rechtsprechung eines anderen Oberlandesgerichts oder des Bundesgerichtshofes darzulegen. Die Entscheidung, von der abgewichen werden soll, ist zu benennen und die beabsichtigte Abweichung konkret zu bezeichnen. Das heißt, dass das Oberlandesgericht zunächst darstellt, wie es nach seiner Auffassung entscheiden würde, und dann darstellt, wie es nach Auffassung des anderen Oberlandesgerichts oder des Bundesgerichtshofes entscheiden würde. Den Ausführungen zur Abweichung kommt besonderes Gewicht zu, weil der Bundesgerichtshof zu prüfen hat, ob überhaupt ein Fall der Abweichung vorliegt.

24

Die Vorlage ist unzulässig, wenn den Verfahrensbeteiligten vor der Vorlage kein **rechtliches Gehör** gewährt worden ist. Das rechtliche Gehör ist entweder in Form einer **mündlichen Verhandlung** oder **schriftlich** zu gewähren (BGH vom 24.2.2003, X ZB 12 /02). Der Grund liegt in dem einer Divergenzvorlage in der Regel entgegenstehenden Interesse der Verfahrensbeteiligten an einer raschen und beschleunigten Durchführung des Beschwerdeverfahrens. Die Entscheidung über eine Divergenzvorlage benötigt beim Bundesgerichtshof etwa einen Zeitraum von drei bis sechs Monaten. Bei der Anregung einer Divergenzvorlage ist daher stets mit ins Kalkül zu ziehen, dass sich das endgültige Ergebnis des Nachprüfungsverfahrens verzögert und die Verzögerung nicht immer durch Eilanordnungen vermieden werden kann. Anträge nach § 118 GWB bzw. § 121 GWB dürfen keinesfalls vergessen werden.

V. Verfahren vor dem Bundesgerichtshof

25 Ist die **Vorlage unzulässig**, weil entweder die Voraussetzungen für eine Divergenzvorlage nicht gegeben sind oder das rechtliche Gehör nicht gewährt worden ist, lehnt der Bundesgerichtshof die Entscheidung über die Rechtsfrage ab, erklärt die Vorlage für unzulässig und verweist das Verfahren an das Oberlandesgericht zurück. In Einzelfällen ist dennoch ein Hinweis zur weiteren Behandlung der Sache erfolgt (vgl. z.B. BGH vom 18.2.2003, X ZB 43/02). Ist die **Vorlage zulässig**, entscheidet der Bundesgerichtshof über die Rechtsfrage. Er kann sich hierauf beschränken und die Sache zur weiteren Verhandlung und Entscheidung an den vorlegenden Vergabesenat **zurückverweisen** (Abs. 2 Satz 3), er kann aber auch nach Abs. 2 Satz 2 **anstelle des Oberlandesgerichts** entscheiden. In diesem Fall erstreckt sich seine Entscheidungskompetenz nicht nur auf die Divergenzfrage, sondern auf das **gesamte Nachprüfungsverfahren** (BGH vom 25.10.2005, X ZB 15/05; BGH vom 19.12.2000, X ZB 14/00) einschließlich aller Nebenentscheidungen (BGH vom 1.2.2005, X ZB 27/04). Letztere Alternative ist grundsätzlich vorzuziehen, um eine weitere Verzögerung des Verfahrens zu vermeiden. Nach dem Gesetzeswortlaut des Abs. 2 Satz 3 ist die Übertragung der Entscheidung an das Beschwerdegericht nur dann vorgesehen, wenn dies nach dem Sach- und Streitstand angezeigt erscheint. Regelmäßig entscheidet der Bundesgerichtshof auch in der Sache selbst (vgl. z.B. BGH vom 8.2.2011, X ZB 4/10). Wird der Nachprüfungsantrag nach zulässiger Divergenzvorlage zurückgenommen, hat der Bundesgerichtshof die anstelle der Sachentscheidung zu treffende Kostenentscheidung zu fällen.

26 Das Verfahren vor dem Bundesgerichtshof ist gesetzlich nicht geregelt. Eine Verweisung wie in § 120 Abs. 2 GWB auf § 69 GWB findet sich nicht. Aus diesem Umstand schließt der Bundesgerichtshof, dass nicht notwendig eine mündliche Verhandlung stattfinden muss, sondern das Verfahren lediglich unter Beachtung rechtsstaatlicher Grundsätze und unter Heranziehung der ansonsten das Verfahren vor dem Bundesgerichtshof bestimmenden Regeln so zu gestalten ist, dass es dem jeweiligen Streitfall gerecht wird (BGH vom 19.12.2000, X ZB 14/00). Dies überzeugt nicht. Denn wenn, wie schon gezeigt, der Bundesgerichtshof zu anderen Fragen im Rahmen seiner Beschwerdeentscheidung Stellung nehmen kann, sollten die Beteiligten wie vor jedem anderen Beschwerdegericht grundsätzlich in mündlicher Verhandlung ihre Auffassung darstellen können. Es können nicht nur Rechts- und Tatsachenfragen zur Sprache kommen, an welche das Oberlandesgericht und die Beteiligten bei der Verhandlung vor dem Oberlandesgericht möglicherweise nicht gedacht haben, sondern es können sich in einer mündlichen Verhandlung auch technische Fragen ergeben, welche die betroffenen Unternehmen bzw. die öffentlichen Auftraggeber aufgrund ihrer Erfahrung erläutern können.

Der Vergabesenat kann nicht zu einer Divergenzvorlage gezwungen werden. Wenn der Senat trotz offensichtlicher Divergenz der Anregung eines Verfahrensbeteiligten nicht folgt, ist eine Beschwerde gegen diese Entscheidung nicht möglich. Auch eine Anhörungsrüge nach § 321a ZPO analog wird kaum zum Erfolg führen, weil die Nichtvorlage nicht unbedingt ein Zeichen für die Verletzung des rechtlichen Gehörs sein muss; es liegt eher eine rechtsfehlerhafte Entscheidung vor. Gegenvorstellungen sind wegen des Instituts der Anhörungsrüge grundsätzlich ausgeschlossen und ohnehin regelmäßig fruchtlos. Es bleibt nur die **Verfassungsbeschwerde** mit dem Argument, der gesetzliche Richter sei nicht gewahrt, weil statt des vorgesehenen gesetzlichen Richters Bundesgerichtshof das Oberlandesgericht entschieden hat.

VI. Vorlage an den EuGH, Art. 267 AEUV

1. Vorlagepflicht und Vorlagerecht

Gemäß Art. 267 AEUV sind letztinstanzliche nationale Gerichte zur Vorlage an den EuGH verpflichtet und andere Gerichte zur Vorlage berechtigt, wenn zur Entscheidung über Fragen des nationalen Vergaberechts die Auslegung des Gemeinschaftsrechts erforderlich ist und diese Auslegung unklar oder zweifelhaft ist. Auch diese Vorlage dient der Vereinheitlichung der Rechtsprechung innerhalb der Europäischen Gemeinschaft und schafft Rechtssicherheit und Rechtsklarheit. Aus diesem Grund besteht sowohl für die Vergabesenate als auch für den Bundesgerichtshof eine Verpflichtung zur Vorlage. Wird die Vorlagepflicht nicht eingehalten, wird das grundrechtsgleiche Recht auf den gesetzlichen Richter nach Art. 101 Abs. 1 Satz 2 GG verletzt (BVerfG vom 29.7.2004, 2 BvR 2248/03), weil auch der **EuGH** als **gesetzlicher Richter** i.S.d. Art. 101 Abs. 1 Satz 2 GG anzusehen ist. Dem EuGH wird zur Vorabentscheidung nur diejenige Rechtsfrage vorgelegt, welche für die nationale Entscheidung erheblich ist (vgl. z.B. OLG Düsseldorf vom 23.5.2007, Verg 50/06; OLG München vom 2.7.2009, Verg 5/09). Das Beschwerdeverfahren ist auszusetzen; es sind entsprechende einstweilige Regelungen zu treffen. Zu einer eigenen Entscheidung in der Sache ist der EuGH nicht berufen.

27

2. Vorlagerecht der Vergabekammern?

In letzter Zeit ist die Frage aufgeworfen worden, ob die Vergabekammern ebenfalls zur Vorlage an den EuGH berechtigt sind. Nach der Rechtsprechung des EuGH hat die Auslegung des Begriffs „Gericht" i.S.d. Art. 267 AEUV nach europarechtlichen Gesichtspunkten zu erfolgen (EuGH vom 30.5.2002, Rs. C-516/99). Zwar hat der EuGH den deutschen Vorläufer der Vergabekammern, die Vergabeüberwachungsausschüsse (EuGH vom 2.4.1999, Rs. C-54/96), als Gericht im europäischen Sinne angesehen, doch war diese Entscheidung offensichtlich von dem Gedanken geprägt, wegen des Fehlens von Gerichten im Nachprüfungsverfahren überhaupt ein Vorabentscheidungsersuchen zu ermöglichen. Es ist daher nach wie vor davon auszugehen, dass die Vergabekammern **keine vorlageberechtigten Gerichte** sind (OLG München vom 18.10.2012, Verg 13/12).

28

Wenn die Vergabekammer aber ein Vorabentscheidungsersuchen formuliert und das Nachprüfungsverfahren aussetzt, ist gegen einen solchen Aussetzungsbeschluss ein Rechtsmittel dann nicht statthaft, wenn es gerade um die Frage geht, ob eine deutsche Vergabekammer ein Gericht im europarechtlichen Sinn ist (OLG München vom 18.10.2012, Verg 13/12). Ob allerdings die Vergabekammer überhaupt zu einer Aussetzung des Verfahrens befugt ist, ist angesichts der Eilbedürftigkeit und der gesetzlich normierten Fünf-Wochen-Frist zur Entscheidung schon zweifelhaft.

29

Dritter Abschnitt
Sonstige Regelungen

§ 125 Schadensersatz bei Rechtsmissbrauch

(1) Erweist sich der Antrag nach § 107 oder die sofortige Beschwerde nach § 116 als von Anfang an ungerechtfertigt, ist der Antragsteller oder der Beschwerdeführer verpflichtet, dem Gegner und den Beteiligten den Schaden zu ersetzen, der ihnen durch den Missbrauch des Antrags- oder Beschwerderechts entstanden ist.

(2) Ein Missbrauch ist es insbesondere,

1. die Aussetzung oder die weitere Aussetzung des Vergabeverfahrens durch vorsätzlich oder grob fahrlässig vorgetragene falsche Angaben zu erwirken;
2. die Überprüfung mit dem Ziel zu beantragen, das Vergabeverfahren zu behindern oder Konkurrenten zu schädigen;
3. einen Antrag in der Absicht zu stellen, ihn später gegen Geld oder andere Vorteile zurückzunehmen.

(3) Erweisen sich die von der Vergabekammer entsprechend einem besonderen Antrag nach § 115 Absatz 3 getroffenen vorläufigen Maßnahmen als von Anfang an ungerechtfertigt, hat der Antragsteller dem Auftraggeber den aus der Vollziehung der angeordneten Maßnahme entstandenen Schaden zu ersetzen.

Übersicht

A. Allgemeines	1–2
B. Schadensersatzanspruch nach Abs. 1	3–39
I. Anspruchsteller	4–5
II. Anspruchsgegner	6
III. Anspruchsvoraussetzungen	7–22
1. Überblick	7–8
2. Von Anfang an ungerechtfertigtes Rechtsschutzbegehren	9–10
3. Rechtsmissbrauch (Abs. 2)	11–22
a) Regelbeispiele nach Abs. 2 Nr. 1 bis 3 und vergleichbare Missbrauchsfälle ...	11–12
b) „Falsche Angaben" (Abs. 2 Nr. 1)	13–14
c) Behinderungs- und Schädigungsabsicht (Abs. 2 Nr. 2)	15–19
aa) Behinderungsabsicht (Alt. 1)	16–18
bb) Schädigungsabsicht (Alt. 2)	19
d) Antragsrücknahme gegen Geld oder andere Vorteile (Abs. 2 Nr. 3)	20–22
IV. Haftung für Dritte	23
V. Verschulden	24
VI. Rechtsfolge	25–29
1. Schadensersatz	25–27
2. Mitverschulden, § 254 BGB	28
3. Versagung des Rechtsschutzes	29
VII. Verjährung	30–32
VIII. Verfahrensfragen	33–38
1. Zuständigkeit	33–34
2. Darlegungs- und Beweislast	35–38
IX. Sonstige Anspruchsnormen	39
C. Schadensersatzanspruch nach Abs. 3	40–49
I. Verschuldensunabhängige Haftung	40–42
II. Ungerechtfertigtes Begehren	43–44
III. Vollziehung	45
IV. Keine weiteren Anspruchsvoraussetzungen ..	46
V. Rechtsfolge	47
VI. Mitverschulden, Verjährung, Darlegungs- und Beweislast, Zuständigkeit	48–49

A. Allgemeines

1 Die Vorschrift des § 125 sanktioniert den Missbrauch des Nachprüfungsverfahrens. Erweist sich ein Nachprüfungsantrag oder eine sofortige Beschwerde als, wie es das Gesetz formuliert, „von Anfang an ungerechtfertigt", so muss der Antragsteller bzw. der Beschwerdeführer dem Verfahrensgegner bzw. den übrigen Verfahrensbeteiligten den Schaden ersetzen, der ihm/ihnen durch den Rechtsmissbrauch entstanden ist. Einzelne (typische) Beispiele für ein rechtsmissbräuchlich eingesetztes Nachprüfungsverfahren werden in Abs. 2 der Vorschrift genannt. Abs. 3 erweitert den Schadensersatzanspruch auf die Fälle, in denen sich die von der Vergabekammer nach § 115 Abs. 3 GWB getroffenen vorläufigen Maßnahmen, die zur vorübergehenden Aussetzung des Vergabeverfahrens führen, als von Anfang an ungerechtfertigt erweisen.

§ 125 stellt damit eine **eigene vergaberechtliche Anspruchsnorm** für Fälle dar, die – im Falle einer sittenwidrigen Schädigung – bereits von § 826 BGB bzw. bei einem Prozessbetrug von § 823 Abs. 2 BGB i.V.m. § 263 StGB erfasst werden. Für Klagen, mit denen der Anspruch aus § 125 geltend gemacht wird, sind ausschließlich die ordentlichen Gericht (Zivilgerichte) **zuständig** (Rn. 33). Der Gesetzgeber des GWB-Vergaberechts ging offenbar davon aus, dass dem Nachprüfungsverfahren wegen des typischerweise hohen wirtschaftlichen Interesses der konkurrierenden Bieter an öffentlichen Aufträgen eine spezifische Missbrauchsgefahr drohen werde (vgl. Begr. RegE zum VgRÄG vom 29.1.1998, BT-Drucks. 13/9340, S. 22). Die in der Vorschrift statuierte besondere Schadensersatzpflicht sollte demnach dafür sorgen, dass Unternehmen, welche die mit dem Vergaberechtsänderungsgesetz eingeführten Rechtsschutzmöglichkeiten missbrauchen, nicht nur das allgemeine Kostenrisiko eines Nachprüfungsverfahrens, sondern auch nachfolgende hohe Schadensersatzforderungen befürchten müssen. Willkürlichen Nachprüfungsverfahren und der damit verbundenen Gefahr eines missbräuchlichen Blockierens der Auftragsvergabe und notwendiger staatlicher Investitionen sollte auf diese Weise wirksam begegnet werden. Abgesehen von einer möglichen Präventivwirkung hat die Missbrauchssanktion die ihr zugedachte Funktion jedoch bislang nicht erfüllt: In der Rechtsprechung der Zivilgerichte hat die Vorschrift jedenfalls keine Rolle gespielt, reine Schadensersatzurteile nach § 125 sind bislang nicht bekannt geworden. Das mag auch daran liegen, dass die Voraussetzungen des Schadensersatzanspruchs schwer zu beweisen sind. In der vergaberechtlichen Spruchpraxis spielt die Vorschrift aber immerhin insoweit eine Rolle, als die Zulässigkeit eines Nachprüfungsverfahrens von den Vergabekammern und -senaten mit dem Hinweis verneint wird, dass der Nachprüfungsantrag rechtsmissbräuchlich i.S.d. § 125 sei (s. Rn. 29; OLG Düsseldorf vom 14.5.2008, VII-Verg 27/08; VK Baden-Württemberg vom 16.1.2009, 1 VK 64/08).

B. Schadensersatzanspruch nach Abs. 1

Der Anspruch auf Schadensersatz nach Abs. 1 setzt objektiv einen „von Anfang an" erfolglosen vergaberechtlichen Rechtsbehelf und subjektiv die Motivation des Antragstellers bzw. Beschwerdeführers voraus, das Nachprüfungsverfahren nicht – oder zumindest nicht in erster Linie – zur Überprüfung des Vergabeverfahrens einzuleiten wollen, sondern vielmehr um eigennützige, sachfremde und drittschädigende Interessen zu verfolgen.

I. Anspruchsteller

Anspruchsteller gemäß § 125 kann jeweils die andere Seite in einem Nachprüfungsverfahren sein; der gesetzliche Wortlaut spricht insoweit lediglich von „Gegner und den Beteiligten". Bei rechtsmissbräuchlich durch den Antragsteller eingesetztem Nachprüfungsantrag bzw. sofortiger Beschwerde kann Anspruchsteller aus § 125 also der **öffentliche Auftraggeber** und/oder ein **Beigeladener** sein. Beim Missbrauch der sofortigen Beschwerde durch den öffentlichen Auftraggeber können Anspruchsinhaber der Antragsteller und/oder ein Beigeladener sein und beim Missbrauch der sofortigen Beschwerde durch einen Beigeladenen können sich der Antragsteller, der öffentliche Auftraggeber und/oder ein anderer Beigeladener auf einen Anspruch nach § 125 berufen.

Ein Unternehmen, das die Vergabekammer entgegen § 109 GWB nicht zu dem Verfahren beigeladen hat, obwohl seine Interessen durch die beantragte Entscheidung der Vergabekammer schwerwiegend berührt werden können, kommt hingegen als berechtigter Anspruchsteller nicht in Betracht. Abs. 1 weist nach seinem eindeutigen Wortlaut **nur** einem **Verfahrensbeteiligten** den Anspruch zu: Der Begriff des bzw. der „Beteiligten" bezeichnet im 4. Teil des GWB – wie ein Blick auf die §§ 109, 111, 112, 113, 116, 119 und 128 GWB zeigt – die Beteiligten des Nachprüfungs- oder Beschwerdeverfahrens und ist daher in einem streng prozessual-formellen Sinne zu verstehen. Nicht beigeladene Unternehmen können daher keinen Schadensersatz verlangen (für einen weiten Beteiligtenbegriff dagegen neuerdings *Schneider*, in: Heuvels/Höß/Kuß/Wagner, Gesamtkommentar, § 125 GWB Rn. 9).

II. Anspruchsgegner

6   Der Anspruch nach Abs. 1 richtet sich gegen den **Antragsteller**, also gegen denjenigen Bieter, auf dessen Antrag ein Nachprüfungsverfahren eingeleitet wurde, wenn die Zulässigkeit oder Berechtigung dieses Antrags in Frage steht. Geht es um einen Missbrauch des Rechts der sofortigen Beschwerde gegen die Entscheidung der Vergabekammer, ist Anspruchsgegner der **Beschwerdeführer**, also entweder der Antragsteller oder der öffentliche Auftraggeber. Hat (auch) ein von der Vergabekammer **beigeladenes Unternehmen** die sofortige Beschwerde eingelegt, kann der Anspruch auch gegenüber diesem Verfahrensbeteiligten bestehen.

III. Anspruchsvoraussetzungen

1. Überblick

7   Der Schadensersatzanspruch nach Abs. 1 knüpft zunächst daran an, dass sich der Nachprüfungsantrag nach § 107 GWB oder die sofortige Beschwerde nach § 116 GWB als **von Anfang an ungerechtfertigt** erweist. Für sich genommen kann der Umstand, dass das Begehren des Anspruchstellers oder Beschwerdeführers sachlich nicht gerechtfertigt ist und dem Gegner über das Verfahren hinaus Nachteile erwachsen (z.B. dass sich eine Auftragsvergabe und die Durchführung des Auftrags wegen des Nachprüfungsverfahrens verzögert oder dem Auftragnehmer Mehrkosten wegen gestiegener Materialpreise entstehen), grundsätzlich noch keine Schadensersatzpflicht begründen. Auch unter diesen Umständen kann dem Antragsteller bzw. dem Beschwerdeführer bei dessen subjektiver Redlichkeit nicht vorgeworfen werden, das Nachprüfungs- oder Beschwerdeverfahren als staatliches, gesetzlich eingerichtetes und geregeltes Verfahren einzuleiten oder zu betreiben. Für die Folgen einer (nur fahrlässigen) Fehleinschätzung der Rechtslage haftet der Betreffende daher außerhalb der schon im Verfahrensrecht vorgesehenen Sanktionen grundsätzlich nicht. Denn der Schutz des Prozessgegners wird regelmäßig durch das staatliche Verfahren nach Maßgabe seiner gesetzlichen Ausgestaltung gewährleistet (vgl. BGH vom 15.7.2005, GSZ 1/04).

8   Für die vergaberechtlichen Nachprüfungsverfahren muss das umso mehr gelten, weil ein Bieter zu dem Zeitpunkt, zu dem er ein Nachprüfungsverfahren einleitet, oft noch keine sichere Kenntnis von den geltend gemachten Vergaberechtsverstößen besitzt. Diese stellt sich zumeist erst nach der Akteneinsicht gemäß § 111 GWB ein. Wegen dieses **typischen Informationsdefizits zu Beginn eines Nachprüfungsverfahrens** – das insbesondere in VOL-Verfahren auftreten kann, bei denen die Bieter gemäß § 17 EG Abs. 2 Satz 2 VOL/A nicht am Eröffnungstermin teilnehmen dürfen und auch die Preise der anderen Angebote nicht erfahren (vgl. auch VK Sachsen vom 25.11.2009, 1/SVK/051-09) – richten sich die formalen Anforderungen an einen Nachprüfungsantrag im Wesentlichen danach, welche Kenntnisse der Bieter bezüglich der gerügten Vergabeverstöße hat oder haben kann (OLG Dresden vom 6.6.2002, WVerg 4/02). Ein Antragsteller genügt seiner Darlegungslast – ausgenommen bei reinen Vermutungen – daher auch dann, wenn er lediglich Indizien oder aber tatsächliche Anhaltspunkte in seinem Antrag aufzeigt, die ihn zu dem Schluss bewogen haben, dass die Vergabestelle sich rechtswidrig verhalten habe (vgl. OLG München vom 7.8.2007, Verg 8/07). Ist es demnach zulässig, dass der Antragsteller seinen Nachprüfungsantrag zunächst lediglich auf **Indizien** stützt, kann hieraus nicht seine Haftung hergeleitet werden, wenn sie sich im Nachhinein (und sei es sämtlich) als tatsächlich unzutreffend erweisen. Zu der Unzulässigkeit oder Unbegründetheit des Begehrens des Antragstellers müssen daher für den Anspruch aus § 125 **besondere Umstände** hinzukommen. Diese müssen die **Würdigung zulassen**, dass der Antragsteller sein **Nachprüfungsrecht missbräuchlich einsetzt**; denn Abs. 1 sieht einen Ausgleich allein für durch den Missbrauch des Antrags- oder Beschwerderechts verursachte Schäden vor. Die Schwelle liegt damit durchaus hoch: § 125 erfasst allein eine rücksichtslose Ausnutzung einer lediglich formellen Rechtsposition (BayObLG vom 20.12.1999, Verg 8/99). Diese liegt z.B. dann vor, wenn sich ein Antragsteller sachliche oder zeitliche Zwänge der Vergabestelle zu Nutze machen will, um für sich daraus Vorteile zu ziehen.

2. Von Anfang an ungerechtfertigtes Rechtsschutzbegehren

Die **erste Voraussetzung** des Schadensersatzanspruchs nach Abs. 1, wonach der Nachprüfungsantrag oder die sofortige Beschwerde **von Anfang an ungerechtfertigt** gewesen sein muss, ist **objektiver Natur**. „Von Anfang an ungerechtfertigt" ist der Antrag (oder die Beschwerde), wenn er bei richtiger Beurteilung der tatsächlichen und rechtlichen Gegebenheiten des Einzelfalles keinen Erfolg haben konnte, weil die Voraussetzungen hierfür im Zeitpunkt der Antragstellung objektiv nicht vorlagen (vgl. BGH vom 7.6.1988, IX ZR 278/87 zu § 945 ZPO). Dies kann z.B. der Fall sein, weil die Antragsbefugnis des Antragstellers fehlte, weil der behauptete Verstoß gegen das Vergaberecht nicht rechtzeitig gerügt wurde oder weil der mit dem Antrag verfolgte Anspruch bzw. der mit der Beschwerde gerügte Rechtsfehler tatsächlich nicht bestand.

9

Die Frage, ob das mit dem Nachprüfungsantrag oder der sofortigen Beschwerde verfolgte Begehren von Anfang an ungerechtfertigt war, ist anhand der möglichen Erkenntnisse in der letzten möglichen Verhandlung in der Tatsacheninstanz des Schadensersatzprozesses zu beantworten. Sie muss bezogen auf den **Zeitpunkt** beantwortet werden, zu dem der betreffende Antrag vor der Vergabekammer oder die Beschwerde vor dem Oberlandesgericht (bei Antragserweiterung oder -änderung nach einer Vorlage nach § 124 Abs. 2 GWB auch vor dem Bundesgerichtshof) erstmals gestellt wurde. Das ergibt sich aus der gesetzlichen Formulierung („von Anfang an ungerechtfertigt"). Auf **nachträgliche Umstände**, die ein zunächst zulässiges und begründetes Begehren unzulässig oder unbegründet machen, kann die Schadensersatzklage also nicht gestützt werden. Bei **mehreren erhobenen Vorwürfen** kann jedoch ein Anknüpfungspunkt für ein Schadensersatzbegehren bereits dann vorliegen, wenn jedenfalls einer von diesen den gestellten Antrag nicht rechtfertigte. Ein von Anfang an ungerechtfertigter Nachprüfungsantrag liegt auch dann vor, wenn der Antragsteller das Nachprüfungsverfahren mit der Behauptung eines Vergabefehlers einleitet, die sich im weiteren Nachprüfungsverfahren nicht beweisen lässt. Das gilt selbst dann, wenn es dem Antragsteller daraufhin gelingt – etwa aufgrund der wegen seines Nachprüfungsantrags gewährten Akteneinsicht nach § 111 GWB –, einen anderen (begründeten) Vergaberechtsverstoß des öffentlichen Auftraggebers geltend zu machen und damit seinem Antrag zum Erfolg zu verhelfen.

10

3. Rechtsmissbrauch (Abs. 2)

a) Regelbeispiele nach Abs. 2 Nr. 1 bis 3 und vergleichbare Missbrauchsfälle

Die **zweite Voraussetzung** des Schadensersatzanspruchs betrifft die Frage, ob der Anspruchsgegner von seinem Nachprüfungsrecht in missbräuchlicher Weise Gebrauch gemacht hat. § 125 sanktioniert also eine subjektiv verwerfliche Zielrichtung. Was unter **„Missbrauch"** zu verstehen ist, definiert das Gesetz nicht, **Abs. 2** nennt aber einige **typische Beispiele** („insbesondere") für von Abs. 1 erfasste Missbrauchsfälle. Andere **gesetzlich nicht genannte Missbrauchsfälle** müssen mit diesen Beispielen in Qualität und Schwere vergleichbar sein (VK Baden-Württemberg vom 16.1.2009, 1 VK 64/08). Ob dies der Fall ist, muss durch die Auslegung des Wortlauts bzw. von Sinn und Zweck der Vorschrift und einer vergleichenden Wertung mit den in Abs. 2 genannten Beispielen ermittelt werden. Die Grenze zum Rechtsmissbrauch i.S.v. § 125 GWB ist erst dann überschritten, wenn eine **rücksichtslose Ausnutzung einer formellen Rechtsposition** anzunehmen ist (Rn. 8; z.B. VK Baden-Württemberg vom 16.1.2009, 1 VK 64/08). Ein von den gesetzlichen Regelbeispielen nicht erfasster Missbrauchsfall liegt z.B. vor, wenn ein Antragsteller das Nachprüfungsverfahren als Druckmittel einsetzt, um die Vergabestelle in grob eigennütziger Weise zu einer (Geld-)Leistung zu veranlassen, auf die er keinen Anspruch hat und die er billigerweise nicht erheben kann (VK Brandenburg vom 20.12.2005, 1 VK 75/05), oder wenn ein Antragsteller sich das Recht, ein Nachprüfungsverfahren einzuleiten, „abkaufen" lässt (OLG Düsseldorf vom 14.5.2008, VII-Verg 27/08).

11

Die **Missbrauchshandlung** kann schon das Stellen des Nachprüfungsantrags oder das Einreichen der sofortigen Beschwerde selbst sein. Ein Rechtsmissbrauch kann aber auch durch sonstige Verfahrenshandlungen verwirklicht werden, mit denen der Antragsteller oder der Beschwerdeführer auf das (weitere) Verfahren vor der Vergabekammer oder dem Vergabesenat beim Oberlandesgericht Einfluss zu nehmen sucht. Das können beispielsweise sein: Die Begründung des Nachprüfungsan-

12

trags oder der sofortigen Beschwerde, der Tatsachenvortrag und sonstige Angaben, das Bestreiten des gegnerischen Vortrags einschließlich der Nichterklärung hierzu, weitere Sachanträge, insbesondere das nachträgliche „Auffüllen" des Rechtsschutzbegehrens mit der Behauptung weiterer Vergaberechtsverstöße, Beweisantritte, Vertagungsanträge oder die Ablehnung von Mitgliedern der Vergabekammer bzw. des Vergabesenats sowie von Sachverständigen.

b) „Falsche Angaben" (Abs. 2 Nr. 1)

13 Nach Abs. 2 Nr. 1 liegt ein Missbrauch des Nachprüfungsrechts insbesondere darin, die Aussetzung oder die weitere Aussetzung des Vergabeverfahrens durch **vorsätzlich** oder **grob fahrlässig vorgetragene falsche Angaben** zu erwirken. Es muss also zu der Zustellung des Nachprüfungsantrags und des hierdurch bewirkten Zuschlagsverbots nach § 115 Abs. 1 GWB bzw. zur Ablehnung der vorzeitigen Zuschlagserteilung nach § 115 Abs. 2 GWB und § 121 GWB oder zum Fortdauern des Zuschlagsverbots nach § 118 Abs. 1 Satz 3 GWB gekommen sein, weil der Antragsteller oder Beschwerdeführer falsche Angaben gemacht hat. Er muss dabei gewusst haben, dass die Angaben falsch sind (bei vorsätzlichem Missbrauch) oder die objektive Unrichtigkeit der Angaben nicht erkannt haben, weil er die im Verkehr erforderliche Sorgfalt in besonders schwerem Maße außer Acht gelassen hat (bei grob fahrlässigem Missbrauch). Der Antragsteller oder Beschwerdeführer muss demnach diejenige Umsicht und Sorgfalt vernachlässigt haben, die in der konkreten Lage nach dem Urteil besonnener und gewissenhafter Beteiligter an einem Vergabeverfahren der betreffenden Art erwartet werden können (vgl. allgemein nur BGH vom 15.11.1971, VII ZR 62/70). Ein **grob fahrlässiges** Handeln liegt dann vor, wenn schon die einfachsten, ganz nahe liegenden Überlegungen, die hiernach erforderlich sind, nicht angestellt werden und dass nicht beachtet wird, was im gegebenen Fall jedem einleuchten muss, wobei auch subjektive, in der Person des Handelnden begründete Umstände zu berücksichtigen sind (st. Rspr., z.B. BGH vom 13.12.2004, II ZR 17/03). Unerheblich ist dabei, ob der Antragsteller bzw. der Beschwerdeführer bewusst oder grob fahrlässig verkannt hat, dass er rechtswidrig handelt. Gerade vor dem Hintergrund, dass Nachprüfungsanträge sich vor der Akteneinsicht häufig auf Indizien und auf im Markt bekannte, tatsächliche Anhaltspunkte stützen müssen (Rn. 8), darf bedingt vorsätzliches oder grob fahrlässiges Handeln nur nach einer sorgfältigen Gesamtwürdigung sämtlicher Umstände des Einzelfalles angenommen werden.

14 Die falschen Angaben müssen schließlich **ursächlich** für die (weitere) Aussetzung des Vergabeverfahrens im Sinne eines Kausalzusammenhangs gewesen sein. Wäre es ohnehin zu einer (weiteren) Aussetzung des Vergabeverfahrens gekommen, liegt ein Missbrauch nach dem Fallbeispiel des Abs. 2 Nr. 1 nicht vor.

c) Behinderungs- und Schädigungsabsicht (Abs. 2 Nr. 2)

15 Nach Abs. 2 Nr. 2 liegt ein Missbrauch des Antrags- und Beschwerderechts auch insbesondere darin, die Überprüfung einer Auftragsvergabe mit dem **Ziel** zu beantragen, das **Vergabeverfahren zu behindern** oder die **Konkurrenten** um den Auftrag zu **schädigen**. Bei dieser Variante müssen also die Behinderung des Vergabeverfahrens oder die angestrebten Nachteile zu Lasten eines oder mehrerer Konkurrenten nicht tatsächlich eingetreten sein. Es reicht aus, dass der Antragsteller bzw. Beschwerdeführer ein entsprechendes Ziel mit seinem Rechtsbehelf verfolgt.

aa) Behinderungsabsicht (Alt. 1)

16 Unter **„Behinderung"** eines Vergabeverfahrens fallen in erster Linie vor allem durch das Zuschlagsverbot des § 115 Abs. 1 GWB bewirkte **Verzögerungen der Auftragsvergabe**. Erfasst sind aber auch **sonstige**, den Ablauf des Vergabeverfahrens **erschwerende Umstände**, z.B. dass dessen Abwicklung komplizierter, fehleranfälliger oder aufwendiger wird. Eine derartige Behinderung muss gerade das vorrangige Ziel sein, aus dem heraus der Betreffende das Nachprüfungsverfahren eingeleitet, die sofortige Beschwerde erhoben oder eine sonstige Vorgehensweise innerhalb des Nachprüfungsverfahrens gewählt hat. Ein Rechtsmissbrauch i.S.d. § 125 setzt demnach voraus, dass es wegen eines Nachprüfungsantrags nach § 107 GWB oder einer sofortigen Beschwerde nach § 116 GWB zu einem Rechtsschutzverfahren kommt und sich das sanktionierte Verhalten in diesem Ver-

fahren abspielt. Bei einer Entscheidung des Vergabesenats nach § 118 Abs. 1 GWB stellt sich das Problem im Übrigen in vergleichbarer Schärfe nicht, da Ursache der Verfahrensverzögerung die auf einer umfassenden Abwägung beruhende Entscheidung des Gerichts selbst ist; ein Missbrauchsvorwurf kann dann allenfalls auf Abs. 2 Nr. 1 gestützt werden.

Ist die Behinderung des Vergabeverfahrens nach der Vorstellung des Antragsgegners nur eine – wenn auch unvermeidliche – **Nebenfolge** seines Handelns, dürfte das noch nicht die erste Alternative des Abs. 2 Nr. 2 verwirklichen. Es reicht jedoch aus, dass der Anspruchsgegner die Behinderung des Vergabeverfahrens als Erfolg anstrebt, um ein anderes Ziel zu erreichen. Der Anspruchsgegner muss auch nicht als sicher annehmen, dass es zu der gewollten Behinderung des Vergabeverfahrens kommen wird; es reicht aus, wenn er eine Behinderung des Vergabeverfahrens als Folge seines Handelns für möglich hält (vgl. allgemein schon BGH vom 6.2.1963, 3 StR 58/62). 17

Als sog. innere Tatsache, zu denen Beweggründe, Überlegungen und Willensentscheidungen zählen (vgl. z.B. BVerfG vom 30.6.1993, 2 BvR 459/93) ist die **Behinderungsabsicht** einem unmittelbaren **Beweis** kaum zugänglich. Die Missbrauchsabsicht des Antragstellers oder Beschwerdeführers muss sich daher regelmäßig aus objektiven Umständen ergeben, die den Schluss zulassen, dass mit der Einleitung des Nachprüfungsverfahrens, dem Erheben der sofortigen Beschwerde oder sonstiger Verfahrenshandlungen das Ziel verfolgt wurde, den Fortgang des Vergabeverfahrens zu behindern. Dabei muss es sich schon insoweit um ganz besondere Umstände handeln, als der Antragsteller/Beschwerdeführer mit dem Nachprüfungsverfahren regelmäßig das Ziel verfolgt, selbst den Zuschlag zu erhalten (vgl. VK Sachsen vom 22.8.2001, 1 SVK 79/01 zu einer bereits durch Antragstellung und weitere objektive Umstände dokumentierten Behinderungsabsicht). 18

bb) Schädigungsabsicht (Alt. 2)

Auch bei der zweiten Alternative des Abs. 2 Nr. 2 muss eine bestimmte Zielrichtung oder **Absicht** festgestellt werden. Der Anspruchsgegner muss mit seinem Nachprüfungsantrag oder einem sonstigen Antrag im Rahmen des Nachprüfungsverfahrens vor der Vergabekammer oder dem Vergabesenat beabsichtigen, einem oder mehreren **Konkurrenten einen Nachteil zuzufügen**. Der beabsichtigte Nachteil muss nicht auf die Verletzung bestimmter Rechte oder Rechtsgüter zielen; es genügt, dass eine nachteilige Einwirkung auf die Vermögenslage eines Wettbewerbers um den öffentlichen Auftrag (vgl. BGH vom 13.9.2004, II ZR 276/02), einschließlich der Belastung des fremden Vermögens mit einem Verlustrisiko, angestrebt wird. Auf den tatsächlichen Eintritt des erstrebten Erfolges kommt es wie bei der ersten Alternative von Abs. 2 Nr. 2 nicht an. Indizien für eine beabsichtigte Schädigung von Wettbewerbern können z.B. falsche – diffamierende – Angaben über die Eignung eines Konkurrenten sein, wenn daraus ersichtlich wird, dass die Angaben einer tatsächlichen Grundlage entbehren und es einzig darum geht, den Konkurrenten in ein schlechtes Licht zu rücken. 19

d) Antragsrücknahme gegen Geld oder andere Vorteile (Abs. 2 Nr. 3)

Nach Abs. 2 Nr. 3 stellt es schließlich einen Missbrauch des Nachprüfungsrechts dar, einen Antrag in der Absicht zu stellen, ihn später gegen Geld oder andere Vorteile zurückzunehmen. Angesichts des Zwecks der Vorschrift, dem Missbrauch der Rechtsschutzmöglichkeiten umfassend entgegenzuwirken, ist unter **„Antrag"** nicht nur der Nachprüfungsantrag i.S.v. § 107 GWB, sondern auch die sofortige Beschwerde i.S.v. § 116 GWB (so jetzt auch *Antweiler*, in: Beck'scher Vergaberechtskommentar, § 125 Rn. 19) sowie jeder sonstige Antrag im Rahmen des Nachprüfungsverfahrens zu verstehen (a.A. *Schneider*, in: Heuvels/Höß/Kuß/Wagner, Gesamtkommentar, § 125 GWB Rn. 26). Dafür spricht auch der Wortlaut der Vorschrift („einen Antrag") im Gegensatz etwa zu §§ 107 Abs. 3, 108, 110 Abs. 2 („der Antrag"; gemeint ist hier der Antrag auf Nachprüfung nach § 107 Abs. 1 GWB) oder zu § 115 GWB („eines Antrags auf Nachprüfung"). 20

Der Missbrauchstatbestand des Abs. 2 Nr. 3 ist verwirklicht, wenn ein Antrag innerhalb des Nachprüfungsverfahrens in der Absicht gestellt wurde, ihn gegen Geld oder andere Vorteile wieder zurückzunehmen. Die Absicht muss daher schon vorgelegen haben, als der Antrag gestellt wurde. 21

22 Vorausgesetzt wird eine nachweisbare **Kausalität zwischen** der **Antragstellung und seiner Rücknahme aus finanziellem Interesse** („pekuniären Motiven"; VK Sachsen vom 12.7.2000, 1/SVK/52-00; VK Sachsen vom 21.3.2002, 1/SVK/011-02). Davon ist z.B. auszugehen, wenn der Antragsteller der Vergabestelle zunächst anbietet, sich gegen eine unberechtigte und überzogene Geldzahlung (angebliche Anwaltskosten in Höhe von einem Sechstel des voraussichtlichen Gesamthonorars) aus dem Vergabeverfahren endgültig zurückzuziehen und das Nachprüfungsverfahren als Druckmittel benutzt, um dieser Forderung Nachdruck zu verleihen (vgl. VK Brandenburg vom 20.12.2005, 1 VK 75/05). Grundsätzlich steht das GWB-Vergaberecht aber einer Einigung der Verfahrensbeteiligten im Wege des Vergleichs nicht entgegen, auch wenn die Vergleichsmöglichkeit im Nachprüfungsverfahrensrecht nicht ausdrücklich geregelt ist (VK Berlin vom 5.6.2007, VK B2-17/07). Der Versuch einer **einvernehmlichen Einigung** bleibt als solcher damit grundsätzlich unsanktioniert (VK Baden-Württemberg vom 16.1.2009, 1 VK 64/08), so dass darin – und sei es auch gegen Zahlung einer Geldsumme – nicht ohne weiteres ein Missbrauch der Verfahrensrechte gesehen werden kann. Auch § 125 hindert Antragsteller und Auftraggeber nicht daran, das Nachprüfungsverfahren durch einen **Vergleich** zu beenden, der einen Interessensausgleich zwischen beiden Parteien schafft, z.B. indem die Verfahrenskosten gleichmäßig zwischen den Parteien aufgeteilt werden (VK Sachsen vom 12.7.2000, 1/SVK/52-00; VK Sachsen vom 21.3.2002, 1/SVK/011-02; vgl. auch VK Brandenburg vom 20.12.2005, 1 VK 75/05). Aus einem **vor Einleitung eines Nachprüfungsverfahrens** unterbreiteten Vorschlag, von einem Nachprüfungsverfahren gegen Zahlung einer Geldsumme abzusehen, kann daher noch weniger zwingend geschlossen werden, dass der dann doch eingereichte Nachprüfungsantrag nur aus dem Motiv heraus eingereicht wurde, grob eigennützig Geld aus einer Rücknahme des Antrags zu erzielen. Insoweit können erst spezifische Umstände die Annahme rechtfertigen, dass die Schwelle zum Rechtsmissbrauch durch einen Vergleichsvorschlag überschritten ist (VK Baden-Württemberg vom 16.1.2009, 1 VK 64/08).

IV. Haftung für Dritte

23 Abs. 1 sanktioniert der Sache nach eine unerlaubte Handlung i.S.d. § 823 Abs. 1 BGB. Handelt der Anspruchsgegner nicht selbst oder durch seine Organe, für deren Verhalten er nach § 31 BGB einzustehen hat, kann deshalb § 831 BGB zur Anwendung kommen, wenn die Durchführung des Nachprüfungsverfahrens insgesamt oder bestimmte Verfahrenshandlungen Hilfspersonen übertragen worden sind. § 831 BGB verpflichtet denjenigen, der einen anderen zu einer Verrichtung bestellt, zum Ersatz des Schadens, den der andere in Ausführung der Verrichtung einem Dritten widerrechtlich zufügt. Bei den von Abs. 1 erfassten Sachverhalten kommt vor allem in Betracht, dass der prozessbevollmächtigte **Rechtsanwalt** eine **Prozessführung** wählt, die **als Missbrauch des Antrags- oder Beschwerderechts** zu **qualifizieren** ist. Wenn diese mit dem Anspruchsgegner abgesprochen ist oder dieser ihr zugestimmt hat, ist das Absprechen bzw. die Zustimmung bereits eine Handlung des Anspruchsgegners selbst, welche die Schadensersatzpflicht dem Grunde nach auslöst. Anderenfalls haftet der Antragsteller oder Beschwerdeführer für das Handeln seines für ihn tätigen Rechtsanwalts, wenn dieser als „Verrichtungsgehilfe" i.S.d. § 831 BGB anzusehen ist. Das dabei vorausgesetzte Weisungsrecht des Antragstellers oder Beschwerdeführers braucht zwar nicht ins Einzelne zu gehen. Es genügt, dass der Antragsteller/Beschwerdeführer die Tätigkeit des Rechtsanwalts jederzeit beschränken oder entziehen oder nach Zeit und Umfang bestimmen kann (vgl. BGH vom 30.6.1966, VII ZR 23/65). Selbständige Unternehmen fallen aber aus dem Anwendungsbereich des § 831 BGB heraus (BGH vom 12.12.1957, II ZR 88/57), denn sie sind für ihr Verhalten selbst verantwortlich und ihr Vertragspartner darf sich in den Grenzen des Vertrauensgrundsatzes darauf verlassen, dass sie ihren Sorgfaltspflichten nachkommen werden; eine allgemeine Pflicht zur Überwachung und Kontrolle anderer gibt es nicht. Richtiger Ansicht nach lässt sich daher auch die Haftung des Antragstellers/Beschwerdeführers für Handlungen seines Rechtsanwalts nicht über § 831 BGB begründen (*Scharen*, in: Willenbruch/Bischof, Kompaktkommentar Vergaberecht, § 125 GWB Rn. 10). Eine Ersatzpflicht tritt ohnehin nach § 831 Abs. 1 Satz 2 BGB dann nicht ein, wenn der Anspruchsgegner bei der Auswahl der bestellten Person die im Verkehr erforderliche Sorgfalt beobachtet oder wenn der Schaden auch bei Anwendung dieser Sorgfalt entstanden sein würde.

V. Verschulden

Der Schadensersatzanspruch des Abs. 1 setzt ein entsprechendes Verschulden des Anspruchsgegners voraus. Wie vor allem die Beispiele in Abs. 2 Nr. 2 und 3 zeigen, kann der Missbrauch des Antrags- oder Beschwerderechts regelmäßig nur **vorsätzlich** begangen werden. Je nach Sachverhalt kann jedoch **auch grob fahrlässiges Verhalten** ausreichen, wie aus der zweiten Alternative von Abs. 2 Nr. 1 deutlich wird. Der erforderliche Vorsatz ist zudem bereits dann gegeben, wenn der Anspruchsgegner die Umstände kannte, die seine fragliche Handlung als missbräuchlich erscheinen lassen, und wenn er den Schaden wollte, ihn also zumindest in Kauf genommen hat (bedingter Vorsatz). Der Vorsatz braucht sich nicht auf den konkreten Kausalverlauf und den genauen Umfang des Schadens zu erstrecken, er muss lediglich Art und Richtung des Schadens umfassen (vgl. BGH vom 20.11.1991, VI ZR 6/90; BGH vom 14.6.2000, VIII ZR 218/99). Um die Schadensersatzfolge nach Abs. 1 auszulösen, muss der Anspruchsgegner also nicht in dem Bewusstsein gehandelt haben, das Antrags- oder Beschwerderecht zu missbrauchen. Es ist zudem nicht erforderlich, dass der Anspruchsgegner gewusst hat oder hätte wissen können oder müssen, dass der Nachprüfungsantrag oder die sofortige Beschwerde keinen Erfolg haben wird.

24

VI. Rechtsfolge

1. Schadensersatz

Wer das Antrags- und Beschwerderecht missbraucht hat, muss dem Geschädigten den durch den Missbrauch entstandenen **Schaden** bzw. die hierdurch entstandenen **Nachteile ersetzen**. Nach § 249 Abs. 1 BGB ist deshalb an sich der Zustand wiederherzustellen, der bestehen würde, wenn der Anspruchsgegner das Antrags- und Beschwerderecht nicht missbraucht hätte. Eine solche tatsächliche Wiederherstellung wird in der Regel nicht möglich sein. Nach §§ 251 Abs. 1, 253 Abs. 1 BGB wird deshalb regelmäßig **Geldersatz** (nur) für den Vermögensschaden geschuldet, der adäquat kausal auf der betreffenden Handlung beruht.

25

Der **Schaden** wird ermittelt durch einen Vergleich der Vermögenslage (einschließlich der vermögenswerten Aussichten), die auf Seiten des Anspruchstellers vor dem Missbrauch bestand, und derjenigen Vermögenslage, die als Folge des Missbrauchs tatsächlich eingetreten ist. Dieser Schaden muss (zumindest auch) durch den Missbrauch verursacht worden sein. Schäden, die einen Beteiligten durch die Einwirkung Dritter während eines missbräuchlich eingeleiteten Nachprüfungs- oder Beschwerdeverfahrens und ohne das Zutun des sich missbräuchlich verhaltenden Antragstellers oder Beschwerdeführers zugefügt werden, lösen keine Schadensersatzpflicht nach Abs. 1 oder Abs. 2 Nr. 1 aus.

26

Kausal ist der Missbrauch demnach dann, wenn der Missbrauch nicht hinweggedacht werden kann, ohne dass zugleich der konkret eingetretene Schaden entfiele. Nachteile, die bei objektiver nachträglicher Bewertung zwar als Erfolg gelten können, zu denen es aber nicht im Allgemeinen, sondern wegen besonders eigenartiger, unwahrscheinlicher und nach dem gewöhnlichen Verlauf der Dinge außer Betracht zu lassender Umstände gekommen ist, sind jedoch nicht zu ersetzen (vgl. BGH vom 11.1.2005, X ZR 163/02).

27

> **Beispiele für ersatzfähige Schäden:** Mehrkosten bei der Ausführung des Auftrags, wenn dessen Vergabe sich durch den Missbrauch verzögert hat; zusätzliche Finanzierungskosten; Mehrkosten aufgrund von gestiegenen Lohn- oder Materialkosten; Gewinn, der entgangen ist, weil der Missbrauch dazu geführt hat, dass ein anderer Auftrag nicht angenommen oder ausgeführt wurde. Wenn der Missbrauch dazu geführt hat, dass ein Konkurrent den ausgeschriebenen Auftrag nicht erhalten hat, obwohl er ihn hätte erhalten müssen, ist auch der insoweit entgangene Gewinn oder ein entsprechender Deckungsbeitrag zu erstatten.

2. Mitverschulden, § 254 BGB

28 Der Ersatzanspruch kann wie jeder andere Schadensersatzanspruch gemäß § 254 BGB durch ein **Mitverschulden** des Anspruchstellers gemindert sein oder ganz entfallen, wenn der Anspruchsteller die ihn in eigenen Angelegenheiten treffende Sorgfalt nicht beachtet hat und er hierdurch in vorhersehbarer und vermeidbarer Weise zur Entstehung des geltend gemachten Schadens beigetragen hat. Der Einwand, den Anspruchsteller treffe ein Mitverschulden an dem entstandenen Schaden, ist nicht etwa deshalb von vornherein unbeachtlich, weil dem Anspruchsgegner angesichts des Missbrauchs der schwerwiegendere Vorwurf zu machen ist. Für die Haftungsverteilung ist in erster Linie das Maß der Verursachung maßgeblich, in dem die Beteiligten zur Schadensentstehung beigetragen haben; das beiderseitige Verschulden ist nur ein Faktor der bei § 254 BGB vorzunehmenden Abwägung (vgl. schon BGH vom 9.7.1968, VI ZR 171/67; BGH vom 20.1.1998, VI ZR 59/97). Es kommt danach entscheidend darauf an, ob das Verhalten des Schädigers oder das des Geschädigten den Eintritt des Schadens in wesentlich höherem Maße wahrscheinlich gemacht hat (vgl. BGH vom 12.7.1988, VI ZR 283/87). In den von Abs. 1 erfassten Konstellationen kann insbesondere eine Minderung nach § 254 Abs. 2 Satz 1 BGB in Betracht kommen. Hiernach kann ein Mitverschulden auch darin bestehen, dass der Geschädigte es unterlässt, den zu ersetzenden Schaden gering zu halten. Das kann je nach den Umständen des Einzelfalles auch bedeuten, dass der Geschädigte verpflichtet ist, ein Deckungsgeschäft vorzunehmen (BGH vom 17.1.1997, V ZR 285/95).

3. Versagung des Rechtsschutzes

29 Im **Ausnahmefall** kann die missbräuchliche Inanspruchnahme des vergaberechtlichen Rechtsschutzes nicht nur eine Schadensersatzpflicht begründen, sondern sogar dazu führen, dass der vergaberechtliche Rechtsschutz zu versagen ist, also die **Unzulässigkeit des Antrags oder der Beschwerde** zur Folge hat (VK Baden-Württemberg vom 16.1.2009, 1 VK 64/08; OLG Düsseldorf vom 14.5.2008, VII-Verg 27/08). Das soll in Betracht kommen, wenn das Nachprüfungsverfahren dazu verwendet wird, die Vergabestelle in grob eigennütziger Weise zu einer Leistung zu veranlassen, auf die kein Anspruch besteht und billigerweise auch nicht erhoben werden kann (diese Möglichkeit andeutend bereits BayObLG vom 20.12.1999, Verg 8/99). In dem konkreten Fall hatte der Bieter bereits im Vorfeld des später eingeleiteten Nachprüfungsverfahrens angeboten, sich endgültig aus dem Vergabeverfahren zurückzuziehen, wenn die Vergabestelle einen bestimmten Geldbetrag bezahlen würde (vgl. VK Brandenburg vom 20.12.2005, 1 VK 75/05). Ähnlich sind Konstellationen zu beurteilen, in denen ein Antragsteller die Rücknahme seines Nachprüfungsantrags von bestimmten Zusagen, ohne dass er auf diese einen Anspruch hat, oder der Zahlung einer Entschädigungssumme abhängig macht (OLG Düsseldorf vom 14.5.2008, VII-Verg 27/08).

VII. Verjährung

30 Der Schadensersatzanspruch aus Abs. 1 unterliegt der **Verjährung**. Hinsichtlich Dauer, Hemmung, Ablaufhemmung, Neubeginn und Rechtsfolgen der Verjährung gelten die **allgemeinen zivilrechtlichen Vorschriften** der §§ 194 bis 218 BGB. Die regelmäßige Verjährungsfrist beträgt **drei Jahre**. Sie beginnt mit dem Schluss des Jahres, in dem die folgenden zwei Voraussetzungen erfüllt sind: Erstens: Der Anspruch muss entstanden sein. Das ist auch für erst später entstehende Vermögenseinbußen der Fall, sobald dem Anspruchsteller ein erster Schaden entstanden ist und ein erster Teilbetrag im Wege der Leistungsklage geltend gemacht werden kann (vgl. z.B. BGH vom 18.12.1997, IX ZR 180/96). Zweitens muss der Anspruchsteller von allen Umständen Kenntnis erlangt haben, dass die Anspruchsvoraussetzungen erfüllt sind, oder aber es muss dem Anspruchsteller als grobe Fahrlässigkeit vorzuwerfen sein, dass er diese Kenntnis nicht hat (§§ 195, 199 Abs. 1 BGB).

31 Das Gesetz sieht ferner eine zeitliche Höchstgrenze vor, nach deren Ablauf der Anspruch in jedem Fall verjährt ist. Diese zeitliche Grenze beträgt zehn Jahre seit der Entstehung des Anspruchs oder 30 Jahre seit dem Missbrauch (§ 199 Abs. 3 Satz 1 BGB). Nach § 199 Abs. 3 Satz 2 BGB ist die früher endende Frist maßgeblich.

§ 125 Schadensersatz bei Rechtsmissbrauch **GWB § 125**

Der Eintritt der Verjährung berechtigt den Anspruchsgegner, die Erfüllung des Anspruchs gemäß § 214 Abs. 1 BGB zu verweigern. Der Einwand der Verjährung wird im Schadensersatzprozess nur berücksichtigt, wenn der Anspruchsgegner sich darauf beruft oder er ihn dem Anspruchsteller gegenüber bereits früher geltend gemacht hat. **32**

VIII. Verfahrensfragen

1. Zuständigkeit

Eine auf Abs. 1 gestützte Schadensersatzklage ist **vor den Zivilgerichten** zu erheben (vgl. § 104 Abs. 2 Satz 2 GWB und insbesondere § 124 Abs. 1 GWB: „das ordentliche Gericht"); die Vergabekammern und Vergabesenate sind hierfür nicht zuständig. Mit dem Nachprüfungsverfahren kann nur in das laufende Vergabeverfahren eingegriffen bzw. eine Rechtsverletzung des Antragstellers nach § 114 Abs. 1 und 2 GWB (ggf. mit der Folge der Unwirksamkeit eines abgeschlossenen Vertrages gemäß § 101b GWB) festgestellt, nicht aber ein Schadensersatzanspruch geltend gemacht werden. Für eine auf § 125 gestützte Klage ist in erster Instanz **sachlich** ausschließlich das Landgericht zuständig (§ 87 Abs. 1 Satz 1 GWB). **33**

Die Schadensersatzklage kann im **allgemeinen Gerichtsstand des Anspruchsgegners**, also in der Regel vor dem Gericht, in dessen Bezirk der Anspruchsgegner wohnt bzw. seinen Sitz hat, oder – da der Sache nach eine unerlaubte Handlung zu beurteilen ist – vor dem Gericht erhoben werden, in dessen Bezirk nach der Behauptung des Klägers der mit Anlass der Klage ausmachende Missbrauch begangen worden ist (§ 32 ZPO). **34**

2. Darlegungs- und Beweislast

Die Darlegungs- und Beweislast ist im Schadensersatzprozess wie folgt verteilt: Als Anspruchsteller hat der **Kläger** alle streitigen Umstände zu beweisen, aus denen sich ergibt, dass die anspruchsbegründenden Voraussetzungen (Fehlen einer Rechtfertigung für den Nachprüfungsantrag oder für die sofortige Beschwerde von Anfang an, Missbrauch des Antrags- oder Beschwerderechts durch konkret zu benennende Handlung, Verschulden, Vermögensnachteil, Kausalität) vorliegen. Der Anspruchsteller muss grundsätzlich auch die hierfür erforderlichen Tatsachen vortragen. Die Umstände, die den Vorwurf eines Mitverschuldens nach § 254 BGB begründen oder die den Eintritt der Verjährung ergeben, hat dagegen der **Anspruchsgegner** darzulegen und zu beweisen. **35**

Der Anspruchsteller kann von seiner Beweislast teilweise durch **§ 124 Abs. 1 GWB** befreit sein, soweit die Vergabekammer unanfechtbar festgestellt hat, dass ein Verstoß gegen Vergabevorschriften vorliegt bzw. nicht vorliegt. Nach § 124 Abs. 1 GWB ist das Zivilgericht, das über einen Schadensersatzanspruch wegen Verstoßes gegen Vergabevorschriften befinden muss, an diese unanfechtbare Entscheidung der Vergabekammer (bzw. des Vergabesenats oder des nach § 124 Abs. 2 GWB angerufenen Bundesgerichtshofs) gebunden. Dabei ist nicht nur der Tenor (die Entscheidungsformel), sondern es sind auch die Entscheidungsgründe samt der dazugehörigen tatbestandlichen Feststellungen der Entscheidung der ordentlichen Gerichte über den Schadensersatzanspruch zwingend zugrunde zu legen (§ 124 Rn. 9), aber nur insoweit, wie eine Feststellung über die Rechtswidrigkeit einer Handlung der Vergabestelle im Ausschreibungsverfahren getroffen worden ist. Weil die doppelte Prüfung der Frage, ob ein Vergaberechtsverstoß vorliegt, vermieden werden soll, ist eine Bindung auch an die Entscheidung der Nachprüfungsinstanzen zu bejahen, dass **kein Vergaberechtsverstoß** gegeben ist (§ 124 Rn. 9). **36**

Die **Bindung** erstreckt sich aber auch nur auf die Frage eines Verstoßes (§ 124 Rn. 10). Allein in diesem Punkt können sich Nachprüfungsverfahren und Schadensersatzprozess überschneiden. Denn die Entscheidung im Nachprüfungsverfahren dreht sich allein um die Rechtsverletzung. Im Zivilprozess ist der Schadensersatzanspruch aber noch nicht mit der Darlegung eines Vergabeverstoßes abgedeckt, sondern es müssen weitere Anspruchsvoraussetzungen dargelegt werden (VK Südbayern vom 8.2.2002, 41-11/01). Das Zivilgericht, das über einen Schadensersatzanspruch nach § 125 zu befinden hat, muss also seiner Entscheidung zugrunde legen, dass ein Verstoß gegen bieterschützende Vorschriften vorliegt. Ob sich aber daraus ein Anspruch auf Schadensersatz gegenüber dem **37**

Auftraggeber ergibt, ob also auf Seiten des Auftraggebers z.B. ein Verschulden vorliegt und dadurch kausal ein Schaden verursacht worden ist oder ob aus anderen Gründen ein Schadensersatzanspruch ausgeschlossen ist, wird von dem Zivilgericht in eigener Verantwortung entschieden (§ 124 Rn. 10). Im Prozess um einen Anspruch aus § 125 kann die Bindungswirkung eine Rolle spielen, wenn die Entscheidung der Vergabekammer bestandskräftig gewordene Feststellungen zu den Voraussetzungen des Anspruchs nach Abs. 1, also etwa zur fehlenden Rechtfertigung des Nachprüfungsantrags oder der sofortigen Beschwerde, enthält.

38 Im Übrigen hilft die Bindungswirkung des § 124 Abs. 1 GWB dem Anspruchsgläubiger nicht weiter. Denn die Vorschrift ordnet eine Bindungswirkung von bestandskräftigen Entscheidungen im Nachprüfungsverfahren ausdrücklich nur für Schadensersatzklagen an, die auf einen Verstoß des Anspruchsgegners gegen Vergabevorschriften gestützt sind. Eine Entscheidung der Vergabekammer im Nachprüfungsverfahren oder des Oberlandesgerichts im Beschwerdeverfahren ist aber auch in Fällen, in denen ihr keine Bindungswirkung zukommt, ein **tatsächlicher Umstand**, den das Zivilgericht bei der Beweiswürdigung nach § 286 ZPO im Schadensersatzprozess berücksichtigen muss. Ein Kläger in einem Schadensersatzprozess kann sich also zur Rechtfertigung seines Anspruchs in der Sache auf die Ergebnisse eines Vergabekontrollverfahrens berufen, und zwar auch dann, wenn er hieran nicht beteiligt ist (OLG Dresden vom 10.2.2004, 20 U 1697/03).

IX. Sonstige Anspruchsnormen

39 Die Schadensersatzpflicht des Abs. 1 und 2 stellt aus der Sicht des Gesetzgebers eine „spezielle Ausprägung" der sittenwidrigen Schädigung nach **§ 826 BGB** und des Prozessbetrugs nach **§ 823 Abs. 2 BGB i.V.m. § 263 StGB** dar. Zu diesen Normen besteht daher Anspruchskonkurrenz. Ferner können Ansprüche aus **§ 126 GWB** oder aufgrund von **§§ 280 Abs. 1, 241 Abs. 2, 311 Abs. 2 BGB** bestehen.

C. Schadensersatzanspruch nach Abs. 3

I. Verschuldensunabhängige Haftung

40 Nach Abs. 3 muss der Antragsteller dem Auftraggeber den aus der Vollziehung der auf seinen Antrag angeordneten Maßnahmen entstandenen Schaden ersetzen, wenn sich die von der Vergabekammer **nach § 115 Abs. 3 GWB getroffenen vorläufigen Maßnahmen als von Anfang an ungerechtfertigt** erweisen. Die Regelung in Abs. 3 begründet damit ähnlich wie die Regelung des § 945 ZPO eine **verschuldensunabhängige Haftung** für denjenigen, der zunächst nur vorläufige Maßnahmen erwirkt. Er erhält das Risiko eines durch die getroffenen Maßnahmen entstandenen Schadens zugewiesen, wenn sich später herausstellt, dass die einstweiligen Maßnahmen von Anfang an ungerechtfertigt waren. Die Vorschrift ist § 945 ZPO nachgebildet (Begr. zum VgRÄG vom 29.1.1998, BT-Drucks. 13/9340, S. 22) und setzt anders als Abs. 1 **keinen Missbrauchstatbestand** voraus.

41 Mit einem **Antrag nach § 115 Abs. 3 Satz 3 GWB** kann der Antragsteller eines Nachprüfungsverfahrens **vorläufige Maßnahmen** beantragen, wenn er seine Rechte aus § 97 Abs. 7 GWB allein durch das Zuschlagsverbot nach § 115 Abs. 1 GWB nicht ausreichend geschützt sieht, seine Rechtsposition also „in anderer Weise als durch den Zuschlag" (vgl. § 115 Abs. 3 Satz 1 GWB) gefährdet ist. Als derartige vorläufige Maßnahmen kommen hiernach etwa in Betracht: die Verlegung des Termins zur Angebotsabgabe bzw. das Verschieben des Submissionstermins und der Verlängerung der Zuschlagsfrist (vgl. OLG Naumburg vom 9.8.2006, 1 Verg 11/06; VK Sachsen vom 23.4.2004, 1/SVK/026-04); das Verbot, die streitgegenständlichen Leistungen bis zum Abschluss des Nachprüfungsverfahrens weiter fortzuführen (VK Lüneburg vom 29.4.2005, VgK-19/2005); das vorläufige Verbot der Aufhebung eines Vergabeverfahrens (VK Sachsen vom 4.3.2002, 1/SVK/019-02).

42 Die Entscheidung der Vergabekammer über derartige sonstige vorläufige Maßnahmen ist nach § 115 Abs. 3 Satz 3 GWB **nicht selbständig anfechtbar**. Zum Schutz des Antragsgegners ist daher eine anderweitige Regelung für den Fall vonnöten, dass die vorläufige Maßnahme, obwohl sie be-

schlossen wurde, bei vollständiger Berücksichtigung aller tatsächlichen Gegebenheiten nach der bestehenden Rechtslage nicht hätte getroffen werden dürfen – wenn sich also im Hauptverfahren über den Nachprüfungsantrag herausstellt, dass der zusätzliche Stopp einzelner Maßnahmen der Vergabestelle nicht gerechtfertigt war, mit denen der Antragsteller über das automatische Zuschlagsverbot hinaus in das Vergabeverfahren vorläufig bremsend eingegriffen hat. Für diesen Fall hat der Gesetzgeber eine strenge Haftung in Form der Schadensersatzpflicht nach § 115 Abs. 3 GWB konstruiert, die nur den Antragsteller des Nachprüfungsverfahrens trifft und nur zugunsten des öffentlichen Auftraggebers, also nicht auch zugunsten eines Beigeladenen, besteht. Voraussetzung ist dabei, dass die Vergabekammer genau dem Antrag auf Erlass einer vorläufigen Maßnahme entspricht und nicht weitergehende Maßnahmen verhängt hat.

II. Ungerechtfertigtes Begehren

Die Schadensersatzpflicht nach Abs. 3 entsteht dem Grunde nach, wenn die nach § 115 Abs. 3 Satz 1 GWB von der Vergabekammer bzw. – entgegen dem Wortlaut – von dem Vergabesenat (vgl. OLG Naumburg vom 9.8.2006, 1 Verg 11/06; OLG Celle vom 15.7.2004, 13 Verg 11/04) beschlossene Maßnahme **von Anfang an ungerechtfertigt** war. Insoweit gilt das in Rn. 9 ff. Ausgeführte entsprechend. 43

Ausgehend von den Voraussetzungen des § 115 Abs. 3 Satz 1 GWB kann sich die beantragte und beschlossene Maßnahme hier allerdings aus zwei Gründen als von Anfang an ungerechtfertigt erweisen: einmal, weil im Nachprüfungsverfahren die Rechte des Antragstellers aus § 97 Abs. 7 GWB überhaupt nicht betroffen waren, zum anderen, weil – bei feststellender Rechtsverletzung durch den öffentlichen Auftraggeber – die Maßnahme zur vorläufigen Wahrung der Rechte des Antragstellers im Vergabeverfahren nicht geboten war. Das gilt nicht nur in Fällen, in denen sich im Nachhinein herausstellt, dass der Hauptsacheantrag des Bieters von Anfang an unzulässig oder unbegründet war. Die Haftung nach Abs. 3 besteht vielmehr auch dann, wenn sich im Schadensersatzprozess bei objektiver Bewertung der maßgeblichen Tatumstände ergibt, dass die getroffene vorläufige Maßnahme bei zutreffender Beachtung des maßgeblichen Bewertungsmaßstabs nach § 115 Abs. 2 Satz 1 GWB (§ 115 Rn. 20 ff.) nicht hätte getroffen werden dürfen. 44

III. Vollziehung

Der Anspruch nach Abs. 3 setzt darüber hinaus noch die Vollziehung der auf den Antrag des Antragstellers hin beschlossenen vorläufigen Maßnahme voraus. **Vollziehung** meint hier, dass die angeordnete Maßnahme mit Willen des Antragstellers tatsächlich ergriffen bzw. in Gang gesetzt worden ist, wobei der Beginn der hierzu erforderlichen Handlung genügt (vgl. BGH vom 20.7.2006, IX ZR 94/03 zu § 945 ZPO). Hat die Vergabekammer als vorläufige Maßnahme z.B. die Verlängerung der Angebotsfrist angeordnet (vgl. OLG Naumburg vom 9.8.2006, 1 Verg 11/06; OLG Celle vom 15.7.2004, 13 Verg 11/04), ist die Anordnung bereits vollzogen, wenn der öffentliche Auftraggeber die Mitteilung über die Verlängerung der Frist versendet. 45

IV. Keine weiteren Anspruchsvoraussetzungen

Weitere Voraussetzungen existieren nicht. Nach dem eindeutigen Wortlaut der Vorschrift ist insbesondere **kein Verschulden** auf Seiten des Antragstellers bzw. kein Missbrauch des Antragsrechts erforderlich. Das erklärt sich daraus, dass der zum Schadensersatz Verpflichtete auf relativ einfache Art für ihn günstige gerichtliche Maßnahmen erwirken kann, dafür muss er dann das volle und verschuldensunabhängige Risiko tragen, falls sich die erwirkte Maßnahme als unberechtigt herausstellt. 46

V. Rechtsfolge

Nach Abs. 3 muss der Antragsteller dem öffentlichen Auftraggeber den als adäquate Folge der Vollziehung entstandenen Schaden ersetzen. Weil die Vollziehung die Ursache des Schadens sein muss, kann nicht schon Ersatz der Nachteile verlangt werden, die beispielsweise nur deshalb entstanden 47 sind, weil die Anordnung der Vergabekammer bekannt wurde (vgl. BGH vom 7.6.1988, IX ZR 278/87 zu § 945 ZPO).

VI. Mitverschulden, Verjährung, Darlegungs- und Beweislast, Zuständigkeit

48 Auch der Schadensersatzanspruch aus Abs. 3 kann durch ein **Mitverschulden** des öffentlichen Auftraggebers gemindert sein und unter Umständen sogar ganz entfallen. Ein Ausschluss oder eine Minderung ist insbesondere dann in Betracht zu ziehen, wenn ein schuldhaftes Verhalten des öffentlichen Auftraggebers dem Antragsteller Anlass gibt, eine weitere vorläufige Maßnahme zu beantragen (vgl. BGH vom 20.7.2006, IX ZR 94/03 zu § 945 ZPO).

49 Zur **Verjährung** des Anspruchs aus Abs. 3 vgl. Rn. 30 ff. Zur **Darlegungs- und Beweislast** vgl. Rn. 35 ff. Zum sachlich und örtlich **zuständigen** Gericht vgl. Rn. 33 f.

§ 126 Anspruch auf Ersatz des Vertrauensschadens

¹Hat der Auftraggeber gegen eine den Schutz von Unternehmen bezweckende Vorschrift verstoßen und hätte das Unternehmen ohne diesen Verstoß bei der Wertung der Angebote eine echte Chance gehabt, den Zuschlag zu erhalten, die aber durch den Rechtsverstoß beeinträchtigt wurde, so kann das Unternehmen Schadensersatz für die Kosten der Vorbereitung des Angebots oder der Teilnahme an einem Vergabeverfahren verlangen. ²Weiterreichende Ansprüche auf Schadensersatz bleiben unberührt.

Übersicht

A. Allgemeines	1–6
I. EU-rechtliche Vorgaben	1–2
II. Regelungsinhalt	3–6
B. Schadensersatzanspruch nach Satz 1	7–57
I. Geltungsbereich	8–9
II. Anspruchsvoraussetzungen	10–57
1. Anspruchsteller	10–11
2. Anspruchsgegner	12–14
3. Verletzungshandlung	15–33
a) Bieterschutz	16–29
aa) Bieterschützende Vorschriften	16–24
bb) Nicht bieterschützende Vorschriften	25
cc) Insbesondere: Unauskömmliche Angebote	26–29
b) Verletzungshandlung durch Dritte	30–31
c) Kein Verschulden	32–33
4. Notwendige Folge des Verstoßes	34–44
a) „Echte Chance"	35–38
b) Verstoß ursächlich für Beeinträchtigung der echten Chance	39–44
5. Schaden	45–51
a) Erstattungsfähiger Schaden	45–48
b) Mitverschulden, § 254 BGB	49–51
6. Verjährung	52
7. Zuständigkeit	53–54
8. Darlegungs- und Beweislast	55–57
C. Weiterreichende Schadensersatzansprüche nach Satz 2	58–121
I. Anspruchsziel	58–59
II. Culpa in contrahendo, §§ 280 Abs. 1, 241 Abs. 2, 311 Abs. 2 BGB	60–107
1. Anspruchsinhalt im Überblick	60–66
2. Anspruchsvoraussetzungen	67–88
a) Anspruchsteller	67
b) Anspruchsgegner	68
c) Vorvertragliches Schuldverhältnis	69–70
d) Verhaltenspflichten des Auftraggebers und der Bewerber	71–79
e) Verletzungshandlung	80–81
f) Verschulden	82–83
g) Pflichtverletzung/Kausalität	84–88
3. Rechtsfolge	89–107
a) Ersatz des negativen Interesses	90–95
b) Ersatz des positiven Interesses	96–99
c) Rechtmäßiges Alternativverhalten	100
d) Mitverschulden, § 254 BGB	101–102
e) Verjährung	103
f) Zuständigkeit	104–105
g) Darlegungs- und Beweislast	106–107
III. Schadensersatzanspruch aus § 823 BGB	108–116
1. § 823 Abs. 1 BGB	108
2. § 823 Abs. 2 BGB	109–116
a) Schutzgesetz i.S.v. § 823 Abs. 2 BGB	109–115
b) Zurechenbarer Schaden	116
IV. Schadensersatzanspruch aus § 826 BGB	117–118
V. Schadensersatzanspruch aus §§ 33 Abs. 2, 20 GWB	119–120
VI. Schadensersatzanspruch gegen andere Bieter	121

A. Allgemeines

I. EU-rechtliche Vorgaben

Die Vorschrift legt die Voraussetzungen für einen auf das **negative Interesse** gerichteten Schadensersatzanspruch einheitlich für alle Auftragsvergaben (Liefer-, Bau-, Dienstleistungs- und Sektorenaufträge) fest. Damit übernimmt der deutsche Gesetzgeber entsprechende europarechtliche Vorgaben. Hiernach müssen die Mitgliedstaaten Möglichkeiten vorsehen, dass denjenigen Wirtschaftsteilnehmern, die durch einen Verstoß gegen das Vergaberecht geschädigt worden sind, Schadensersatz zuerkannt werden kann (vgl. Art. 2 Abs. 1 Buchst. c) der Rechtsmittelrichtlinie, Art. 2 Abs. 7 der Sektorenrechtsmittelrichtlinie). Zwingend erforderlich war diese Umsetzung an sich nicht (offen gelassen von BGH vom 27.11.2007, X ZR 18/07), da bereits das Haftungsinstitut der culpa in contrahendo (vgl. hierzu Rn. 60 ff.) sicherstellt, dass einem durch einen Vergaberechtsverstoß Geschädigten Schadensersatz zuerkannt werden kann. 1

Bei der Bestimmung in Art. 2 Abs. 1 Buchst. c) der Rechtsmittelrichtlinie (bzw. Art. 2 Abs. 7 der Sektorenrechtsmittelrichtlinie) handelt es sich um eine Konkretisierung des Grundsatzes der Haftung des Staates für Schäden, die dem Einzelnen durch dem Staat zuzurechnende Verstöße gegen das Unionsrecht entstehen (EuGH vom 9.12.2010, Rs. C-568/08). Nach der Rechtsprechung des EuGH hat ein geschädigter Einzelner demnach einen Entschädigungsanspruch, wenn drei Voraussetzun- 2 gen erfüllt sind: 1. Die unionsrechtliche Norm, gegen die verstoßen worden ist, bezweckt die Verleihung von Rechten an den Einzelnen; 2. der Verstoß gegen diese Norm ist hinreichend qualifiziert; und 3. zwischen diesem Verstoß und dem dem Einzelnen entstandenen Schaden besteht ein unmittelbarer Kausalzusammenhang (EuGH vom 9.12.2010, Rs. C-568/08 m.w.N.). Sind diese Voraussetzungen erfüllt, ist es in Ermangelung einschlägiger Unionsvorschriften Sache jedes Mitgliedstaates, in seiner internen Rechtsordnung die Kriterien zu bestimmen, auf deren Grundlage der Schaden aufgrund eines Verstoßes gegen das Unionsrecht im Bereich des öffentlichen Auftragswesens festzustellen und zu bemessen ist (EuGH vom 9.12.2010, Rs. C-568/08 m.w.N.). Dabei sind der Äquivalenz- und der Effektivitätsgrundsatz zu beachten. Die Verfahrensregelungen für Rechtsbehelfe, die den Schutz der den Einzelnen aus dem Gemeinschaftsrecht erwachsenden Rechte gewährleisten sollen, dürfen demnach nicht weniger günstig ausgestaltet sein als die für entsprechende Rechtsbehelfe, die nur innerstaatliches Recht betreffen (**Äquivalenzgrundsatz**). Darüber hinaus darf die Ausübung der durch die Gemeinschaftsrechtsordnung verliehenen Rechte nicht praktisch unmöglich gemacht oder übermäßig erschwert werden (**Effektivitätsgrundsatz**).

II. Regelungsinhalt

3   Satz 1 ist eine **eigenständige Anspruchsgrundlage** (OLG Koblenz vom 15.1.2007, 12 U 1016/05; KG vom 14.8.2003, 27 U 264/02; VK Südbayern vom 8.2.2002, 41-11/01), die grundsätzlich unabhängig von der Durchführung eines Nachprüfungsverfahrens herangezogen werden kann (Braun, in: Müller-Wrede, GWB-Vergaberecht, § 126 Rn. 1 m.w.N.; vgl. aber Rn. 49). Unter den in Satz 1 näher bestimmten Voraussetzungen „kann das Unternehmen Schadensersatz für die Kosten der Vorbereitung des Angebots oder der Teilnahme an einem Vergabeverfahren verlangen". Ihr gemeinschaftsrechtliches Vorbild (Art. 2 Abs. 7 der Sektorenrechtsmittelrichtlinie) sah für Unternehmen, die Schadensersatz für die Kosten der Vorbereitung eines Angebots oder der Teilnahme an einem Vergabeverfahren verlangen, lediglich eine Beweiserleichterung in Form eines vereinfachten Kausalitätsnachweises vor. Hiernach muss ein Anspruchsteller lediglich nachweisen, dass ein Verstoß gegen die Vergabevorschriften vorliegt und dass er eine echte Chance gehabt hätte, den Zuschlag zu erhalten, diese aber durch den Rechtsverstoß beeinträchtigt wurde. Um die Erstattung seiner Kosten für die Teilnahme am Vergabeverfahren zu erlangen, muss der Antragsteller demnach also nicht nachweisen, dass er ohne den Rechtsverstoß den Zuschlag enthalten hätte. § 126 übernimmt den **vereinfachten Kausalitätsnachweis**, der an sich nur für den Sektorenbereich vorgesehen war, für alle Auftragsarten und geht damit auch insoweit über den ursprünglichen gemeinschaftsrechtlichen Rahmen hinaus, innerhalb dessen für Liefer-, Bau- und allgemeine Dienstleistungsaufträgen keine vergleichbare Erleichterung gewährt wurde.

4   Bedenken des Bundesrates, die sich auf das **hohe Haftungsrisiko** für die Auftraggeber durch die Regelung des § 126 stützten, trug die Bundesregierung im **Gesetzgebungsverfahren zum Vergaberechtsänderungsgesetz** vom 26.8.1998 (BGBl. I S. 2512) keine Rechnung: Es solle eine einheitliche Regelung für das gesamte Vergaberecht erfolgen, da ansonsten beispielsweise die Gemeinden ein anderes Haftungsrecht als ihre Stadtwerke (Sektorenauftraggeber) hätten, dies eine Verkomplizierung des Rechts bedeuten würde, die nicht verstanden würde (vgl. BT-Drucks. 13/9340, S. 51 zu Nr. 38). Die **Ausdehnung der Beweiserleichterung auf alle Auftragsarten** verstößt im Übrigen auch nicht gegen Gemeinschaftsrecht. Denn letztlich wird damit der Zielrichtung der Vergaberichtlinien entsprochen, die dem Schutz der Bieter gilt (BGH vom 27.11.2007, X ZR 18/07). Dass die **unveränderte Übernahme des Tatbestandsmerkmals der „echten Chance"** aus der Richtlinie dagegen problematisch ist, wie die zahlreichen Konkretisierungsbemühungen in der Folgezeit beweisen, hat die Bundesregierung im Gesetzgebungsverfahren zum Vergaberechtsänderungsgesetz offenbar jedenfalls im Ansatz gesehen. Nach dem Regierungsentwurf sollte es nämlich ausreichen, dass das Angebot des Bieters, der Schadensersatz begehrt, bei der Wertung der Angebote lediglich „in die engere Wahl" gekommen wäre. Zur Begründung verwies die Bundesregierung darauf, dass das Kriterium der „engeren Wahl" bereits in (dem damaligen) § 25 Nr. 3 Abs. 3 VOB/A eingeführt sei und dem Begriff der echten Chance inhaltlich entspreche (BT-Drucks. 13/9340, S. 22 f.). Hiergegen wandte sich der Bundesrat und schlug stattdessen vor, den Begriff der „engeren Wahl" durch den

der „echten Chance" zu ersetzen, weil das Kriterium der „engeren Wahl" darüber hinausgehe, was Art. 2 Abs. 7 der Sektorenrechtsmittelrichtlinie verlange: Nur wer eine echte Chance gehabt hatte, nicht jedoch auch, wer nur in eine engere Wahl gekommen ist, habe einen gemeinschaftsrechtlichen Anspruch; es lägen insoweit unterschiedliche Grade der Stellung in der Bieterfolge vor (vgl. BT-Drucks. 13/9340, S. 44 zu Nr. 37). In ihrer Gegenäußerung stimmte die Bundesregierung dem zu (vgl. BT-Drucks. 13/9340, S. 51 zu Nr. 37), und mit diesem Inhalt ist der Gesetzentwurf schließlich verabschiedet worden.

Die vom Bundesrat erhoffte Beschränkung der Streitigkeiten ist indes durch die wortgetreue Übernahme der Vorgaben aus der Richtlinie nicht eingetreten. Bis zur Grundsatzentscheidung des BGH vom 27.11.2007 (X ZR 18/07) war hoch umstritten, was unter einer „**echten Zuschlagchance**" – ein Begriff, der im deutschen Vergaberecht ansonsten keine Verwendung findet – zu verstehen war. Die einschlägige Rechtsprechung zeigt aber auch, dass in der Praxis von der Anspruchsgrundlage in § 126 seit ihrer Einführung durchaus Gebrauch gemacht wird. 5

Das **Gesetz zur Modernisierung des Vergaberechts** vom 20.4.2009 (BGBl. I S. 790) hat die Vorschrift unverändert beibehalten, ihr Anwendungsbereich ist nicht auf Auftragsvergaben unterhalb der Schwellenwerte (zu Schadensersatzansprüchen unterhalb der Schwellenwerte s. Rn. 64 und 111 ff.) ausgedehnt worden. Durch das **Gesetz zur Änderung des Vergaberechts für die Bereiche Sicherheit und Verteidigung** vom 7.12.2011 (BGBl. I S. 2570) wurde die Vorschrift ebenfalls nicht geändert. 6

B. Schadensersatzanspruch nach Satz 1

Satz 1 gewährt Unternehmen einen Anspruch auf Ersatz des Schadens, der dadurch entstanden ist, dass der Auftraggeber gegen eine den Schutz von Unternehmen bezweckende Vorschrift verstoßen hat und der Anspruchsteller ohne diesen Verstoß bei der Wertung der Angebote eine echte Chance gehabt hätte, den Zuschlag zu erhalten, die aber durch den Rechtsverstoß beeinträchtigt wurde. 7

I. Geltungsbereich

Wie bei allen Vorschriften des 4. Teils des GWB kommt die Anwendung des § 126 bei allen von § 100 Abs. 1 GWB erfassten Aufträgen in Betracht, welche die maßgeblichen Schwellenwerte (vgl. § 100 Abs. 1 Satz 2 Nr. 1 bis 3 GWB i.V.m. § 127 Nr. 1 GWB i.V.m § 2 VgV sowie § 1 Abs. 2 SektVO und § 1 Abs. 2 VSVgV) erreichen bzw. überschreiten und nicht unter den Ausnahmekatalog des § 100 Abs. 1 Satz 2 Nr. 1 bis 3 GWB i.V.m. § 100 Abs. 3 bis 6 und 8 GWB sowie §§ 100a bis 100c GWB fallen (vgl. OLG Stuttgart vom 30.4.2007, 5 U 4/06; vgl. auch BGH vom 27.11.2007, X ZR 18/07). Bei Auftragsvergaben **unterhalb der Schwellenwerte** bzw. bei den in § 100 Abs. 2 GWB **von der Anwendung des Vergaberechts befreiten Aufträgen** muss Schadensersatz daher ausschließlich nach den allgemeinen zivilrechtlichen Vorschriften (vgl. hierzu Rn. 58 ff.) verlangt werden. 8

Maßgeblich für die Anwendbarkeit des § 126 ist demnach allein, ob der **Anwendungsbereich des EU-Vergaberechts**, das im 4. Teil des GWB in deutsches Recht umgesetzt wurde, **an sich eröffnet** ist, nicht aber, ob der Auftraggeber rein tatsächlich ein europaweites Vergabeverfahren durchgeführt hat. Schon der Wortlaut des Satzes 1 enthält keinen Anhaltspunkt dafür, dass die Vorschrift bei bestimmten Verstößen gegen bieterschützende Vergabebestimmungen nicht eingreifen und dass die Durchführung eines gemeinschaftsweiten Vergabeverfahrens Voraussetzung für ihre Anwendung sein soll (BGH vom 27.11.2007, X ZR 18/07). Auch die Stellung der Vorschrift im Gesetz, die Entstehungsgeschichte der Norm (vgl. hierzu Rn. 3 f.) und ihr Sinn und Zweck bieten für ein derartiges Verständnis keinen Raum. Wäre die Einleitung eines europaweiten Vergabeverfahrens nach den §§ 97 ff. GWB Anwendungsvoraussetzung für Satz 1, würde es überdies im Belieben der Vergabestelle stehen, sich den ihr im 4. Teil des GWB auferlegten Pflichten einschließlich der erweiterten Schadensersatzpflicht zu entziehen. Gerade grundlegende Verfahrensverstöße könnten dann nicht im Lichte der §§ 97 ff. GWB überprüft werden, so dass eine nicht zu tolerierende Rechtsschutzlücke 9 entstünde (vgl. OLG Koblenz vom 15.1.2007, 12 U 1016/05). Die Nichtanwendbarkeit des § 126 in diesen Fällen lässt sich auch nicht, etwa unter Hinweis auf den Wortlaut („bei Wertung der Angebote"), darauf stützen, dass das Vergabeverfahren aufgehoben und die Angebotswertung deshalb gar nicht durchgeführt wurde. Satz 1 setzt nach seinem Wortlaut („… und hätte das Unternehmen ohne diesen Verstoß …") eine hypothetische Ermittlung des Handlungsverlaufs voraus, der sich ohne den beanstandeten Verstoß zugetragen hätte. Unterbleibt ein europaweites Vergabeverfahren, ist dementsprechend darauf abzustellen, ob das abgegebene Gebot in einem hypothetischen Verfahren eine Zuschlagschance gehabt hätte, wenn die Vergabestelle den betreffenden Auftrag bei korrekter Handhabung gemeinschaftsweit ausgeschrieben hätte (BGH vom 27.11.2007, X ZR 18/07). Den Teilnehmern eines nationalen Vergabeverfahrens, das europaweit hätte ausgeschrieben werden müssen, steht damit der Weg offen, über Satz 1 Schadensersatz zu verlangen.

II. Anspruchsvoraussetzungen

1. Anspruchsteller

10   Anspruchsteller aus Satz 1 kann an sich jedes Unternehmen, also jede natürliche oder juristische Person, u.U. auch eine im Vergabeverfahren als Bieterin auftretende Bietergemeinschaft („Gelegenheitsgesellschaft", vgl. EuGH vom 6.6.2010, C-145/08 und C-149/08) sein.

11   Der Schadensersatzanspruch nach Satz 1 besteht jedoch überhaupt nur dann, wenn das benachteiligte Unternehmen eine „echte Chance" gehabt hätte, den Zuschlag zu erhalten. Ob eine derartige **„echte Chance" auf den Zuschlag** bestanden hätte, lässt sich allein durch einen Vergleich der eingereichten Angebote feststellen (vgl. Rn. 37 f.). Der Anspruchsteller muss also überhaupt ein Angebot abgegeben haben, das den Zuschlag hätte erhalten können. Wenn das betroffene Unternehmen nicht in einem eigenen Angebot verbindlich gegenüber dem Auftraggeber erklärt hat, zu welchen Konditionen und Preisen es die nachgefragte Leistung erbringen will, fehlt schließlich jede Grundlage für den durchzuführenden **Vergleich der Angebote**. Im Nachhinein kann jedoch kaum verlässlich ermittelt werden, welchen Inhalt ein hypothetisches Angebot des Anspruchstellers gehabt hätte. Denn echte Wettbewerbsbedingungen kann das Zivilgericht im Schadensersatzprozess nicht wirklichkeitsgerecht nachstellen (KG Berlin vom 20.12.2000, KartVerg 14/00). Anspruchsberechtigt nach Satz 1 sind damit im Ergebnis nur solche **Unternehmen**, die sich **mit einem eigenen Angebot** an dem Vergabeverfahren beteiligt haben (*Scharen*, in: Willenbruch/Bischoff, Vergaberecht, § 126 GWB Rn. 3; a.A. *Schneider*, in: Heuvels/Höß/Kuß/Wagner, Gesamtkommentar, § 126 GWB Rn. 19 für den eher theoretischen Fall, dass der Anspruchsteller die Ausschreibungsunterlagen angefordert und mit der Ausarbeitung seines Angebots begonnen hat, es jedoch nicht zur Abgabe des Angebots kommt: In einem solchen Fall könne ein Sachverständiger auf Einheitspreise, Angebotsendpreise und sonstige Preisangaben schließen und so das Bestehen einer „echten Chance" auch ohne die Abgabe eines eigenen Angebots beurteilen).

2. Anspruchsgegner

12   Anspruchsgegner kann nur ein **öffentlicher Auftraggeber i.S.d. § 98 GWB** sein, also die dort genannten juristischen oder natürlichen Personen, Gebietskörperschaften, Sondervermögen oder Verbände. Nichts anderes meint der Wortlaut des § 126, der verkürzt von „Auftraggeber" spricht. Dass das Attribut „öffentlicher" fehlt, ist als Redaktionsversehen anzusehen, das auch durch nachfolgende Novellen nicht beseitigt wurde. Auch etwa die amtliche Überschrift des § 98 GWB verwendet die Kurzform „Auftraggeber". Im Übrigen folgt auch aus dem Sinnzusammenhang zwischen § 98 GWB und § 100 GWB, dass Anspruchsgegner nur öffentliche Auftraggeber i.S.d. § 98 GWB sein können.

13   **Mehrere Auftraggeber** i.S.d. § 98 GWB können als gemeinschaftliche Auftraggeber bei Vorliegen der Voraussetzungen des Satzes 1 als **Gesamtschuldner** haften (OLG Frankfurt vom 14.4.2000, 10 U 145/99). Das ist dann der Fall, wenn sich verschiedene, von § 98 GWB erfasste juristische Personen als Auftraggeber in den Vergabeunterlagen bezeichnen und die Leistungsbeschreibung für sie alle zusammengefasste Leistungsteile enthält. Um diese Rechtsfolge zu vermeiden, können die gemein-

schaftlichen Auftraggeber indes einen Hinweis in den Vergabeunterlagen aufnehmen, dass eine gesamtschuldnerische Haftung ausgeschlossen ist.

Wer lediglich **als öffentlicher Auftraggeber** i.S.d. § 98 GWB **nach außen auftritt** oder als **mittelbarer Stellvertreter** im Interesse und für Rechnung eines öffentlichen Auftraggebers den Vertrag im eigenen Namen abschließt, ohne selbst die Voraussetzungen des § 98 GWB zu erfüllen, scheidet als Gegner des Anspruchs aus Satz 1 aus. Auch **Hilfspersonen** eines öffentlichen Auftraggebers, etwa von diesem hinzugezogene Planungsbüros, Architekten etc., oder eine interne Vergabestelle, derer sich der Auftraggeber bei der Vergabe bedient, können nicht nach Satz 1 in Anspruch genommen werden. Wegen des eindeutigen Wortlautes des Satzes 1 ist eine Ausweitung der Haftung auf Personen außerhalb des öffentlichen Auftraggebers nicht möglich, auch nicht nach § 311 Abs. 2 bzw. 3 BGB. In die Haftung nach Satz 1 einbezogen sind dagegen diejenigen Stellen, die ihrerseits die Voraussetzungen des § 98 GWB erfüllen, bei der Ausschreibung und/oder Auftragserteilung jedoch nur als **Vertreter** des öffentlichen Auftraggebers auftreten wollten, dieses aber vor oder spätestens bei dem Vertragsabschluss nicht hinreichend deutlich gemacht haben (vgl. § 164 Abs. 2 BGB). 14

3. Verletzungshandlung

Die Verletzungshandlung, die nach § 126 die Rechtsfolge des Schadensersatzes auslöst, besteht darin, dass der öffentliche Auftraggeber oder Dritte, deren Handeln ihm rechtlich zugerechnet wird (Rn. 30 f.), **gegen eine den Schutz von Unternehmen bezweckende Vorschrift verstoßen** hat. 15

a) Bieterschutz

aa) Bieterschützende Vorschriften

Der Schadensersatzanspruch nach Satz 1 setzt damit zunächst voraus, dass der öffentliche Auftraggeber gegen eine Vorschrift verstoßen hat, die „**den Schutz von Unternehmen**" bezweckt. Rein vom Wortlaut der Vorschrift her begründen damit alle Handlungen einen Schadensersatzanspruch nach Satz 1, die eine Rechtsnorm verletzen, die zugunsten von Unternehmen besteht. Der Anspruch setzt jedoch weiter voraus, dass die Verletzungshandlung die Zuschlagschance des betroffenen Unternehmens in einem Vergabeverfahren beeinträchtigt hat. Daraus folgt, dass in Satz 1 als den Schutz von Unternehmen bezweckende Vorschriften die Regelungen des Vergaberechts angesprochen werden, also die Vorschriften des 4. Teils des GWB, der VgV, der SektVO und der VSVgV sowie der jeweils einschlägigen Vergabe- und Vertragsordnung (VOL/A, VOB/A, VOF), die Landesgesetze sowie die Vorschriften der europäischen Vergaberichtlinien, die mangels rechtzeitiger Umsetzung von dem in Anspruch genommenen öffentlichen Auftraggeber zu beachten sind. Da zudem nur solche Unternehmen anspruchsberechtigt nach Satz 1 sind, die in dem betroffenen Wettbewerb mit einem eigenem Angebot hervorgetreten sind (Rn. 11), die also „Bieter" im vergaberechtlichen Sinne sind (zum Begriff vgl. eingehend OLG Naumburg vom 3.9.2009, 1 Verg 4/09), kann sich der Anspruchsteller letztlich nur auf den Verstoß solcher vergaberechtlichen **Vorschriften** berufen, **die den Schutz von Bietern beabsichtigen**. 16

Nicht alle Normen des Vergaberechts sind jedoch als bieterschützend i.S.d. Satzes 1 anzusehen. § 97 Abs. 7 GWB, wonach die Unternehmen einen Anspruch darauf haben, dass der Auftraggeber die Bestimmungen über das Vergabeverfahren einhält, verhält sich zu dieser Frage nicht. Ob eine verletzte Vorschrift den erforderlichen Bieterschutz bezweckt, ist daher in jedem Einzelfall von der Rechtsprechung durch **Auslegung** der jeweiligen Norm zu beantworten, die ihren Inhalt, ihren Zweck und ihre Entstehungsgeschichte berücksichtigen muss. 17

Allgemein bezweckt eine Vorschrift den Schutz eines Betroffenen – hier der Bieter –, wenn sie (zumindest auch) darauf abzielt, den Betroffenen zu begünstigen und es ihm ermöglichen soll, sich auf diese Begünstigung zu berufen, um so einen ihm sonst drohenden Schaden oder sonstigen Nachteil zu verhindern (vgl. VK Baden-Württemberg vom 11.9.2003, 1 VK 52/03). Im Vergaberecht können damit solche Vorschriften als bieterschützend angesehen werden, die nicht allein die Interessen der 18

Allgemeinheit bzw. der öffentlichen Hand schützen, sondern (auch) den wirtschaftlichen Interessen der Unternehmen an einem (fairen, transparenten und allen Bietern formell gleiche Zuschlagschancen eröffnenden) echten Wettbewerb Rechnung tragen. **Bieterschützend** sind demnach vor allem diejenigen Vorschriften, die dem Gebot der Fairness, der Transparenz und der Gleichbehandlung dienen und Ausdruck der in § 97 Abs. 1 bis 5 GWB dargestellten Grundsätze sind (OLG Koblenz vom 15.1.2007, 12 U 1016/05).

19 Vergaberechtliche Vorschriften, die ausschließlich **haushaltsrechtlichen, ordnungsrechtlichen oder gesamtwirtschaftspolitischen Charakter** haben und damit allein Belange der Allgemeinheit schützen, sind **nicht bieterschützend** (OLG Koblenz vom 15.1.2007, 12 U 1016/05). Für den bieterschützenden Charakter einer Vorschrift schadet es jedoch nicht, wenn die betreffende Vorschrift neben den Bieterinteressen auch oder sogar in erster Linie die Interessen der Allgemeinheit schützt. Die meisten vergaberechtlichen Vorschriften sollen zwar den öffentlichen Haushalt in rechtlicher oder wirtschaftlicher Hinsicht schützen, stellen jedoch zugleich zugunsten der hieran interessierten Unternehmen sicher, dass öffentliche Aufträge in einem geordneten Wettbewerb, in förmlichen Verfahren mit transparenten Regeln zu fairen Bedingungen vergeben werden. Dementsprechend kommt den in § 97 Abs. 1 GWB genannten vergaberechtlichen Grundsätzen der Transparenz, des Wettbewerbs sowie der Gleichbehandlung aller Bieter zentrale Bedeutung für den Bieterschutz zu (zu allen drei Prinzipien vgl. BGH vom 1.2.2005, X ZB 27/04). Sie gewährleisten u.a. ein geregeltes Vergabeverfahren (vgl. BGH vom 1.2.2005, X ZB 27/04; VK Bund vom 12.12.2002, VK 1-83/02), die Auswahl der zutreffenden Vergabe- und Vertragsordnung (vgl. VK Düsseldorf vom 30.9.2002, VK-26/2002-L), die Beachtung der Bekanntmachungsvorschriften (vgl. VK Münster vom 21.8.2003, VK 18/03) oder die Einhaltung der vom Auftraggeber aufgestellten Eignungskriterien (vgl. OLG Düsseldorf vom 24.6.2002, Verg 26/02), den Zuschlag auf das wirtschaftlichste Angebot (VK Bund vom 14.4.2004, VK 3-41/04) sowie die Einhaltung der sonstigen wettbewerblichen Rahmenbedingungen einschließlich der Informations- und Dokumentationspflichten des Auftraggebers und stellen damit einen tauglichen Anknüpfungspunkt für eine Schadensersatzklage nach Satz 1 dar.

20 Darüber hinaus sind in der Rechtsprechung z.B. folgende Vorschriften – in aufsteigender Paragrafenfolge – als **bieterschützend** anerkannt worden:

21 **VOB/A:**
- § 2 Abs. 1 Nr. 2 Satz 2 VOB/A (OLG Düsseldorf vom 12.1.2000, Verg 3/99 zu § 2 Nr. 1 Satz 3 VOB/A 2006);
- §§ 3, 3 EG VOB/A (VK Brandenburg vom 23.11.2004, VK 58/04 zu §§ 3, 3a VOB/A 2006);
- § 5 Abs. 2 VOB/A (VK Düsseldorf vom 19.3.2007, VK-07/2007-B zu § 4 Nr. 2 und 3 VOB/A 2006);
- § 4 Abs. 1 Nr. 2 VOB/A (VK Bund vom 26.2.2007, VK 2-09/07 zu § 5 Nr. 1b VOB/A 2006);
- § 6 Abs. 3 Nr. 4 VOB/A (VK Düsseldorf vom 24.1.2001, VK-31/2000-B zu § 8 Nr. 3 Abs. 3 VOB/A 2006);
- § 7 Abs. 1 Nr. 1 VOB/A (Saarländisches OLG vom 23.11.2005, 1 Verg 3/05 zu § 9 Nr. 1 Satz 1 VOB/A 2006);
- § 7 Abs. 1 Nr. 2 VOB/A (VK Düsseldorf vom 24.1.2001, VK-31/2000-B zu § 9 Nr. 2, 3 VOB/A 2006);
- § 7 Abs. 8 VOB/A (VK Südbayern vom 29.1.2007, 39-12/06 zu § 9 Nr. 10 Satz 2 VOB/A 2006);
- § 9 Abs. 1 Nr. 3 VOB/A (VK Brandenburg vom 30.9.2008, VK 30/08 zu § 11 Nr. 1 Abs. 3 VOB/A 2006);
- § 12a VOB/A (BGH vom 27.11.2007, X ZR 18/07 zu § 17a VOB/A 2006);
- § 10 Abs. 1 VOB/A (VK Bund vom 28.9.2005, VK 2-120/05 zu § 18 Nr. 1 VOB/A 2006);
- § 8 Abs. 7 Nr. 1 VOB/A (VK Sachsen vom 12.3.2001, 1/SVK/9-01 zu § 20 Nr. 1 Abs. 1 VOB/A 2006);

- §§ 13, 16 und 17 VOB/A (VK Sachsen vom 5.9.2002, 1/SVK/073-02 zu §§ 21, 25 und 26 VOB/A 2006);
- § 13 Abs. 1 Nr. 2 VOB/A (VK Düsseldorf vom 14.8.2006, VK-32/2006-B zu § 21 Nr. 1 Abs. 2 VOB/A 2006);
- § 14 Abs. 3 Nr. 2 VOB/A (VK Sachsen vom 13.2.2002, 1/SVK/002-02 zu § 22 Nr. 3 Abs. 2 VOB/A 2006);
- § 15 Abs. 3 VOB/A (OLG Düsseldorf vom 14.3.2001, Verg 30/00 zu § 24 Nr. 3 VOB/A 2006);
- § 16 Abs. 1 b) VOB/A (VK Düsseldorf vom 14.8.2006, VK-32/2006-B zu § 25 Nr. 1 Abs. 1b VOB/A 2006);
- § 16 Abs. 6 Nr. 1 VOB/A (Saarländisches OLG vom 29.10.2003, 1 Verg 2/03 zu § 25 Nr. 3 Abs. 1 VOB/A 2006);
- § 16 Abs. 6 Nr. 2 VOB/A (OLG Düsseldorf vom 11.2.2009, VII Verg 69/08 zu § 25 Nr. 3 Abs. 2 VOB/A 2006 – relative Schutzwirkung);
- § 16a Abs. 1 VOB/A (VK Südbayern vom 26.1.2004, 64-12/03 zu § 25a Nr. 1 VOB/A 2006);
- § 17 Abs. 1 VOB/A (BGH vom 18.2.2003, X ZB 43/02 zu § 26 Nr. 1 VOB/A 2006);
- § 20 VOB/A (OLG Düsseldorf vom 26.7.2002, Verg 28/02 zu § 30 VOB/A 2006).

VOL/A: 22
- § 2 EG Abs. 1 VOL/A (OLG Düsseldorf vom 17.6.2002 zu § 2 Nr. 1 VOL/A 2006);
- § 2 EG Abs. 1 Satz 2 VOL/A (VK Bund vom 20.7.2004, VK 1-75/04 zu § 2 Nr. 2 Abs. 1 VOL/A 2006);
- § 2 EG Abs. 1 VOL/A (VK Südbayern vom 6.5.2002, 12-04/02 zu § 2 Nr. 3 VOL/A 2006);
- § 3 EG VOL/A (VK Brandenburg vom 23.11.2004, VK 58/04 zu §§ 3, 3a VOL/A 2006);
- § 3 Abs. 2 Satz 1 VOL/A (VK Bund vom 20.7.2004, VK 1-75/04 zu § 3 Nr. 2 VOL/A 2006);
- § 3 EG VOL/A (VK Saarland vom 24.10.2008, 3 VK 02/2008 zu § 3a VOL/A 2006);
- § 2 EG Abs. 2 VOL/A (VK Hessen vom 27.2.2003, 69d-VK-70/2002 zu § 5 Nr. 1 VOL/A 2006);
- § 8 EG Abs. 1 VOL/A (Saarländisches OLG vom 29.9.2004, 1 Verg 6/04 zu § 8 Nr. 1 Abs. 1 VOL/A 2006);
- § 8 EG Abs. 7 VOL/A (VK Hessen vom 19.10.2006, 69d-VK-51/2006 zu § 8 Nr. 3 Abs. 3 VOL/A 2006);
- § 11 EG Abs. 2 VOL/A (VK Bund vom 7.2.2008, VK 3-169/07 zu § 12 VOL/A 2006);
- § 15 EG Abs. 1 bis 4 VOL/A (OLG Naumburg vom 16.9.2002, 1 Verg 2/02 zu § 17a Nr. 1 VOL/A 2006);
- § 12 EG VOL/A (VK Bund vom 17.4.2003, VK 2-16/03 zu § 18a VOL/A 2006);
- § 16 EG Abs. 1 Satz 2, Abs. 2 VOL/A (VK Sachsen vom 16.6.2005, 1/SVK/056-05 zu § 21 Nr. 1 Abs. 2 VOL/A 2006);
- § 17 EG VOL/A (VK Thüringen vom 26.6.2001, 216-403.20-027/01-J-S zu § 22 VOL/A 2006);
- § 19 EG Abs. 1 VOL/A (VK Münster vom 2.7.2004, VK 13/04 zu § 23 Nr. 2 und 3 VOL/A 2006);
- § 19 EG Abs. 3 Buchst. b) VOL/A (VK Bund vom 26.2.2003, VK 1-07/03 zu § 25 Nr. 1 Abs. 1b VOL/A 2006);
- § 19 EG Abs. 3 Buchst. f) VOL/A (VK Sachsen vom 19.7.2006, 1/SVK/060-06 zu § 25 Nr. 1 Abs. 1f VOL/A 2006);
- § 19 EG Abs. 5 VOL/A (VK Bund vom 7.2.2007, VK 3-07/07 zu § 25 Nr. 2 Abs. 1 VOL/A 2006);
- § 21 EG Abs. 1 VOL/A (VK Bund vom 1.4.2004, VK 1-09/04 zu § 25 Nr. 3 VOL/A 2006);

- § 20 EG VOL/A (VK Brandenburg vom 30.7.2002, VK 38/02 zu § 26 VOL/A 2006);
- § 24 EG VOL/A (OLG Düsseldorf vom 26.7.2002, Verg 28/02 zu § 30 VOL/A 2006).

23 **VOF:**
- § 3 VOF (VK Nordbayern vom 4.10.2007, 21.VK-3194-41/07 zu § 5 VOF 2006);
- § 10 VOF (OLG Düsseldorf vom 29.10.2003, Verg 43/03 zu § 10 VOF 2006);
- § 7 VOF (OLG Düsseldorf vom 1.8.2005, Verg 41/05 zu § 14 VOF 2006);
- § 11 Abs. 4 Satz 1 VOF (VK Schleswig-Holstein vom 11.1.2006, VK-SH 28/05 zu § 16 Abs. 2 Satz 1 VOF 2006);
- § 11 Abs. 5 VOF (VK Schleswig-Holstein vom 11.1.2006, VK-SH 28/05 zu § 16 Abs. 3 VOF 2006);
- § 14 Abs. 5 VOF (VK Brandenburg vom 1.10.2002, VK 53/02 zu § 17 Abs. 4 VOF 2006);
- § 12 VOF (OLG Düsseldorf vom 26.7.2002, Verg 28/02 zu § 18 VOF 2006);
- § 16 Abs. 6 VOF (VK Sachsen vom 10.4.2002, 1/SVK/23-02); § 24 VOF (VK Saarland vom 9.3.2007, 3 VK 1/2007 zu § 20 Abs. 10 VOF 2006).

24 **Sonstige Normen:** z.B. § 107 GO NRW (OLG Düsseldorf vom 17.6.2002, Verg 18/02); § 71 Abs. 4 ThürKO (VK Thüringen vom 13.11.2002, 216-403.20-032/02-G-S); § 108 NDO (VK Lüneburg vom 10.2.2004, 203-VbK-43/2003); § 121 Abs. 1 und 8 HGO (VK Hessen vom 30.5.2005, 69d-VK-10/2005).

bb) Nicht bieterschützende Vorschriften

25 Als **nicht bieterschützend** sind in der Rechtsprechung folgende Normen der Vergabe- und Vertragsordnungen anerkannt worden: § 17 Nr. 3 Abs. 2 Buchst. k) VOL/A 2006 (OLG Düsseldorf vom 2.12.2003, VII-Verg 67/03 zur Angebotssprache); § 28a VOL/A 2006 = § 23 EG VOL/A (LG Leipzig vom 24.1.2007, 06 HK O 1866/062); § 17 Abs. 1 VOF 2006 = § 14 VOF (OLG Thüringen vom 16.1.2002, 6 Verg 7/01).

cc) Insbesondere: Unauskömmliche Angebote

26 **Umstritten** ist in der Rechtsprechung vor allem, ob das **Zuschlagsverbot auf ein Angebot mit einem unangemessen niedrigen Preis** (vgl. § 16 EG Abs. 6 Nr. 1 VOB/A; § 19 EG Abs. 6 Satz 2 VOL/A sowie die **Pflicht zur Überprüfung ungewöhnlich niedriger Angebote** (§ 16 EG Abs. 6 Nr. 2 VOB/A; § 19 EG Abs. 6 Satz 1 VOL/A) neben dem Schutz des öffentlichen Auftraggebers **auch** einen **Bieterschutz** vermittelt.

27 Zum Teil wird Letzteres **bejaht**, da auch die Konkurrenten, die bei einem echten Wettbewerb ihre Preise aufgrund einer ordnungsgemäßen Kalkulation berechnen, geschützt würden (vgl. für § 25 Nr. 3 Abs. 1 VOB/A 2006 [= § 16 EG Abs. 6 Nr. 1 VOB/A]: Saarländisches OLG vom 2.8.2004, Verg 16/04; BayObLG vom 3.7.2002, Verg 13/02; OLG Düsseldorf vom 17.6.2002, Verg 18/02; VK Sachsen vom 1.10.2002, 1/SVK/084-02).

28 Nach der **Gegenauffassung** stellt § 25 Nr. 3 Abs. 1 VOB/A 2006 (= § 16 EG Abs. 6 Nr. 1 VOB/A) ebenso wie die entsprechende Vorschrift des § 25 Nr. 2 Abs. 3 VOL/A 2006 (= § 19 EG Abs. 6 Satz 2 VOL/A) insoweit keine bieterschützenden Vorschriften dar. Es entspreche nicht ihrem Schutzzweck, den an einem Vergabeverfahren beteiligten Bietern auskömmliche Preise zu garantieren. Allein der Auftraggeber solle davor bewahrt werden, einem Angebot den Zuschlag zu erteilen, das die ordnungsgemäße Auftragserfüllung gefährde bzw. eine qualitativ schlechte Leistung oder unberechtigte Nachforderung erwarten lasse, weil der Bieter nicht mehr kostendeckend und somit zuverlässig und vertragsgerecht leistet (vgl. nur OLG Düsseldorf vom 28.9.2006, Verg 49/06; VK Bund vom 21.9.2006, VK 1-100/06; VK Schleswig-Holstein vom 15.5.2006, VK-SH 10/06; VK Düsseldorf vom 2.5.2006, VK-17/2006-B).

29 **Vermittelnd** zwischen den beiden Extrempositionen steht die Auffassung, dass man eine Ausnahme vom grundsätzlich nicht bieterschützenden Charakter des § 25 Nr. 2 Abs. 3 VOL/A 2006

(= § 19 EG Abs. 6 Satz 2 VOL/A) lediglich in eng begrenzten Fällen annehmen kann. Beispielsweise dann, wenn das betreffende Angebot in der zielgerichteten Absicht erfolgt, einen oder mehrere Wettbewerber vom Markt zu verdrängen (zuletzt OLG Düsseldorf vom 14.10.2009, Verg 40/09). Dabei soll die Verdrängung bei einer einzelnen Auftragsvergabe grundsätzlich nicht ausreichend sein. Bieterschützende Wirkung soll die Vorschrift auch in den Fällen entfalten, in denen die Unterangebote den Bieter selbst in solche Schwierigkeiten bringen, dass er einen Auftrag nicht vertragsgemäß durchführen kann (OLG Düsseldorf vom 28.9.2006, Verg 49/06).

b) Verletzungshandlung durch Dritte

Der öffentliche Auftraggeber haftet aus Satz 1 nicht nur für eigenes Fehlverhalten, sondern auch für das **Verhalten Dritter**, deren Handeln ihm rechtlich zugerechnet wird. Ist der öffentliche Auftraggeber eine Gebietskörperschaft (z.B. Kommune) oder eine juristische Person (z.B. städtische GmbH), wird ihm das Handeln seiner **Organe** zugerechnet (§§ 31, 89 BGB, z.B. der Geschäftsführer einer städtischen GmbH). Ausschreibungen und Vergabeverfahren werden jedoch zumeist von hiermit beauftragten Mitarbeitern (Vergabestellen) des öffentlichen Auftraggebers oder von externen Personen, z.B. Architekten oder Planungsbüros, die zur Auftragsvergabe hinzugezogen werden, durchgeführt. Verletzen diese Personen eine den Schutz von Unternehmen bezweckende Werbevorschrift, so wird auch deren Handeln dem öffentlichen Auftraggeber entsprechend dem **Rechtsgedanken des § 278 BGB** zugerechnet. Nach § 278 BGB muss ein Schuldner auch für diejenigen Personen einstehen, deren er sich zur Erfüllung seiner Verbindlichkeiten bedient. § 278 BGB beruht auf dem Gedanken, dass der Schuldner gegenüber dem Gläubiger für seinen Geschäfts- und Gefahrenkreis verantwortlich ist und dass zu diesem auch die von ihm eingesetzten Hilfspersonen gehören (BGH vom 8.2.1974, V ZR 21/72). Die Vorschrift will den Gläubiger vor möglichen haftungsausschließenden Folgen einer arbeitsteiligen Wirtschaft schützen: Wer den Vorteil der Arbeitsteilung in Anspruch nimmt, soll auch deren Nachteil tragen, nämlich das Risiko, dass der an seiner Stelle handelnde Gehilfe schuldhaft rechtlich geschützte Interessen des Gläubigers verletzt (BGH vom 27.6.1985, VII ZR 23/84). § 278 BGB begründet also bei bestehenden Schuldverhältnissen eine Art von Erfolgshaftung für das Handeln für vom Schuldner eingesetzte Dritte. Die von § 278 BGB vorausgesetzte rechtliche **Sonderbeziehung zwischen Schuldner und Gläubiger** entsteht bei öffentlichen Auftragsvergaben spätestens mit der Anforderung der Ausschreibungsunterlagen durch einen Bieter; zwischen diesen und dem Ausschreibenden wird ein vertragliches Vertrauensverhältnis begründet (BGH vom 7.6.2005, X ZR 19/02; s. auch Rn. 69).

§ 831 BGB, der eine Haftung für Hilfspersonen außerhalb bestehender Schuldverhältnisse, also für unerlaubte Handlungen, begründet, ist dagegen nicht einschlägig. Dem öffentlichen Auftraggeber steht daher auch nicht der Entlastungsbeweis aus **§ 831 Satz 2 BGB** zur Seite, er habe die mit der Durchführung und Abwicklung des betreffenden Beschaffungsvorgangs beauftragten Personen sorgfältig ausgewählt. Besteht die Verletzungshandlung schließlich in einer Willenserklärung einer (insoweit) vertretungsberechtigten Person, ergibt sich die Haftung des öffentlichen Auftraggebers aus **§ 164 Abs. 1 BGB**. Hiernach wirkt eine Willenserklärung, die jemand innerhalb der ihm zustehenden Vertretungsmacht im Namen des Vertretenen – des Auftraggebers – abgibt, unmittelbar für und gegen den Vertretenen.

c) Kein Verschulden

Die Haftung des Auftraggebers aus Satz 1 setzt – schon wegen der zu fordernden richtlinienkonformen Umsetzung der Rechtsmittelrichtlinie (vgl. EuGH vom 30.9.2010, Rs. C-314/09) – **kein Verschulden** voraus. Hierfür spricht bereits der Wortlaut der Vorschrift, der ein Verschuldenserfordernis nicht erwähnt. Die Frage eines Verschuldenserfordernisses für eine Haftung nach Satz 1 war dennoch umstritten. Teilweise wurde befürwortet, das Verschuldenserfordernis als ungeschriebenes Tatbestandsmerkmal in Satz 1 hineinzulesen. Die Anhänger dieser Auffassung verwiesen im Wesentlichen darauf, dass der Gesetzgeber eine etwa gewollte verschuldensunabhängige Haftung eindeutig hätte zum Ausdruck bringen müssen. Denn die in einer verschuldensunabhängigen Inanspruchnahme des Auftraggebers liegende Haftungsverschärfung sei weder europarechtlich vorgegeben noch im Gesetzgebungsverfahren auch nur angesprochen worden. Zudem setze eine Schadensersatzhaftung nach deutschem Recht grundsätzlich Verschulden voraus (vgl. z.B. *Gronstedt*, in: Byok/Jaeger, Vergaberecht, § 126 GWB Rn. 1301 f.).

33 In seiner Entscheidung vom 27.11.2007 ist der BGH dieser Auffassung ausdrücklich entgegengetreten. Satz 1 erfordere bereits seinem Wortlaut nach kein Verschulden. Zudem entspreche die vom Gesetzgeber gewählte Formulierung hinsichtlich der Verschuldensunabhängigkeit gesetzlichen Bestimmungen, in denen eine solche Haftungsverschärfung des Schuldners angeordnet sei. Die Entstehungsgeschichte der Norm zeige überdies, dass der Gesetzgeber von Anfang an eine verschuldensunabhängig konzipierte spezialgesetzliche Regelung schaffen wollte. Dass der Nachweis des Verschuldens durch den Auftraggeber in der Vorschrift nicht vorgesehen war, sei während des Gesetzgebungsverfahrens nicht infrage gestellt oder korrigiert worden (BGH vom 27.11.2007, X ZR 18/07; vgl. auch OLG Koblenz vom 15.1.2007, 12 U 1016/05).

4. Notwendige Folge des Verstoßes

34 Weitere Voraussetzung für den Anspruch aus Satz 1 ist, dass der Verstoß des öffentlichen Auftraggebers gegen eine bieterschützende Vorschrift die echte Chance des Anspruchstellers beeinträchtigt haben muss, bei der Wertung der Angebote den Zuschlag für die begehrte Leistung zu erhalten.

a) „Echte Chance"

35 Satz 1 setzt damit mittelbar voraus, dass der Anspruchsteller ohne den Vergaberechtsverstoß des öffentlichen Auftraggebers eine echte Chance gehabt hätte, den Zuschlag zu erhalten. Das setzt zunächst voraus, dass der Anspruchsteller ein **Angebot** abgegeben hat, das **nicht** schon **aus formellen Gründen zwingend auszuschließen** war (OLG Düsseldorf vom 30.1.2003, I-5 U 13/02). Ein Schadensersatzanspruch nach § 126 scheidet – ebenso wie Ansprüche aus §§ 241 Abs. 2, 280 Abs. 1, 311 Abs. 2 BGB, gleichgültig ob sie auf positives oder negatives Interesse gerichtet sind – regelmäßig aus, wenn das Angebot des Schadensersatz begehrenden Bieters zu Recht aus der Wertung genommen wurde, z.B. wegen des Fehlens geforderter Unterlagen und wegen unvollständiger Angaben zu mehreren Leistungspositionen (OLG Koblenz vom 4.2.2009, 1 Verg 4/08). Angebote, die etwa wegen Unvollständigkeit, fehlender fachlicher Eignung oder wegen unangemessen hoher oder niedriger Angebotspreise von der Wertung auszuschließen sind, haben somit von vornherein keine echte Chance auf die Zuschlagserteilung. Im Übrigen müssen die **wettbewerblichen Rahmenbedingungen sicherstellen, dass vergleichbare Angebote eingereicht und gewertet werden können**, das Beschaffungsvorhaben muss z.B. „ausschreibungsreif" sein (KG vom 14.8.2003, 27 U 264/02) und die Leistungsbeschreibung darf keine Fehler enthalten (vgl. BGH vom 1.8.2006, X ZR 146/03; s. auch z.B. LG Magdeburg vom 2.6.2010, 36 O 25/10 sowie sich dessen Begründung zu eigen machend OLG Naumburg vom 28.10.2010, 1 U 52/10). Ist ein Vergabeverfahren überhaupt (noch) nicht durchgeführt worden und rügt ein Bieter den Verstoß gegen die Ausschreibungspflicht bzw. andere Vergaberechtsverstöße im Vorfeld des eigentlichen Vergabeverfahrens, greift Satz 1 nicht (KG vom 27.11.2003, 2 U 174/02).

36 Eine echte Chance auf den Zuschlag kann jedoch nicht schon darin gesehen werden, dass durch die Beachtung der Vergaberegeln eine formelle Chancengleichheit aller Bieter im Vergabeverfahren gewährleistet ist. Die zunächst seinen Konkurrenten in nichts nachstehenden allgemeinen Aussichten eines Bieters auf den Zuschlag müssen sich im Wettbewerb dadurch verdichtet haben, dass sich die Qualität seines Angebots derart von der anderer Bieter abhebt, dass es nach den konkreten Wettbewerbsbedingungen den Zuschlag erhalten kann. In diese Richtung deutet schon der im Regierungsentwurf zum VgRÄG verwendete Begriff der „engeren Wahl" (BT-Drucks. 13/9340, S. 22 f.; vgl. Rn. 4).

37 Nachdem lange Zeit umstritten war, was unter dem Begriff „echte Chance" zu verstehen ist, hat der BGH ihn dahingehend präzisiert, dass insoweit hypothetisch zu ermitteln ist, ob der Auftraggeber auf das fragliche Angebot innerhalb des ihm zustehenden Bewertungsspielraums den Zuschlag hätte erteilen dürfen. Maßgeblich ist dabei die **(ex ante-)Sicht** des Auftraggebers im Zeitpunkt der Zuschlagserteilung (BGH vom 27.11.2007, X ZR 18/07). Der BGH hebt insoweit hervor, dass das Ge-

setz mit dem Attribut „**echt**" zum Ausdruck bringe, dass das betreffende Angebot **besonders qualifizierte Aussichten auf die Zuschlagserteilung** hätte haben müssen. Dafür reicht es nach Auffassung des BGH nicht aus, wenn das fragliche Angebot in die engere Wahl gelangt wäre (so auch OLG Koblenz vom 4.2.2009, 1 Verg 4/08). Das ergebe bereits die historische Auslegung, da im Gesetzgebungsverfahren zum VgRÄG der Begriff der engeren Wahl auf Vorschlag des Bundesrates (zur Entstehungsgeschichte vgl. Rn. 4) gestrichen wurde. Hinzu komme, dass das Kriterium der engeren Wahl sich zwar in § 25 Nr. 3 Abs. 3 VOB/A 2006 (= § 16 EG Abs. 6 Nr. 3 VOB/A) finde, nicht aber in den entsprechenden Regelungen der anderen (damals geltenden) Vergabe- und Vertragsordnungen VOL/A und VOF. Dies hänge ersichtlich damit zusammen, dass es sich nicht überall als eigenständige Bewertungsstufe eignet. Selbst nach der Systematik des Wertungsprozesses nach der VOB/A handelt es sich bei der engeren Wahl erst um eine Vorsichtung, die noch keinen Rückschluss darauf zulasse, ob jedes darin einbezogene Angebot große Aussichten auf den Zuschlag habe. Die Zugehörigkeit zu einer nahe zusammenliegenden Spitzengruppe – dies war ein weiteres, von der Literatur vorgeschlagenes Kriterium – sei generell wenig aussagekräftig dafür, ob tatsächlich die vom Gesetz vorausgesetzten Aussichten auf den Zuschlag bestünden. In Verfahren mit wenigen Teilnehmern sei dieses Kriterium schon von seinen Voraussetzungen her unpassend (diese durchaus restriktive Rechtsprechung ablehnend: *Antweiler*, in: Beck'scher Vergaberechtskommentar, § 126 Rn. 11: Sie werde der Zielsetzung des § 126 Satz 1 GWB nicht gerecht; außerdem sei das strenge Kausalitätserfordernis bei Schadensersatzansprüchen nach culpa in contrahendo ganz bewusst aufgegeben worden. Bieter hätten schon dann eine echte Chance auf die Erteilung des Zuschlags, wenn sie die formellen Kriterien für die Berücksichtigung ihrer Angebote erfüllten).

Ob die **Erteilung des Zuschlags** an den Anspruchsteller innerhalb des dem Auftraggeber eröffneten Wertungsspielraums gelegen hätte, ist eine **Frage des Einzelfalles**, deren Antwort nur unter Berücksichtigung der für die Auftragserteilung vorgesehenen **Wertungskriterien** (§ 16 EG Abs. 7 VOB/A bzw. § 19 EG Abs. 9 VOL/A sowie § 11 Abs. 4, 5 VOF und deren Gewichtung (Marge, Matrix, Punktsystem o.Ä.) hypothetisch ermittelt werden kann. Erst durch die Wertungsmaßstäbe und ihre ermessensfehlerfreie Anwendung kann der wirkliche Rang der einzelnen Angebote bestimmt und zuverlässig festgestellt werden, welches davon eine echte Chance auf den Zuschlag gehabt hätte, hätte sich der fragliche Verstoß nicht zugetragen (BGH vom 27.11.2007, X ZR 18/07; vgl. auch OLG Celle vom 4.3.2010, 13 Verg 1/10: der Anspruche stehe nur demjenigen Bieter zu, der als Sieger aus dem Vergabeverfahren hervorgegangen wäre). Ist z.B. der Angebotspreis alleiniges Zuschlagskriterium, hat ein Bieter, dessen Angebot an zweiter Stelle hinter dem rein preislich gesehen günstigsten Anbieter liegt und damit zur Spitze der Bieterliste zählte, keine echte Chance auf den Zuschlag. Wegen des preislichen Abstands zu dem an erster Stelle liegenden Angebot wäre es in diesem Fall nicht vom Wertungsspielraum der Vergabestelle gedeckt gewesen, dem betreffenden Bieter den Zuschlag zu erteilen (BGH vom 27.11.2007, X ZR 18/07). 38

b) Verstoß ursächlich für Beeinträchtigung der echten Chance

Zwischen dem Verstoß des öffentlichen Auftraggebers und der Beeinträchtigung einer „echten Chance" auf den Zuschlag muss ein **Kausalzusammenhang** bestehen. Der Verstoß des öffentlichen Auftraggebers gegen eine den Schutz von Unternehmen bezweckende Vorschrift muss also ursächlich dafür sein, dass die „echte Zuschlagschance", die das betroffene Unternehmen an sich gehabt hätte, beeinträchtigt worden ist. Ursächlich in diesem Sinne ist der Verstoß nur dann, wenn er nicht hinweggedacht werden kann, ohne dass die Beeinträchtigung der „echten Chance" in ihrer konkreten Gestalt entfiele (allg. M., vgl. nur BGH vom 24.10.1985, IX ZR 91/84; BGH vom 4.7.1994, II ZR 162/93; für vergaberechtliche Sachverhalte z.B. VK Brandenburg vom 9.9.2005, VK 33/05; VK Bund vom 13.10.2004, VK 2-151/04). 39

An der **Kausalität fehlt** es, wenn der amtliche Verstoß des öffentlichen Auftraggebers im Nachprüfungsverfahren beseitigt wird (LG Leipzig vom 24.1.2007, 06 HK O 1866/06). Auch in den Fällen, in denen der öffentliche Auftraggeber zwar gegen eine den Schutz von Unternehmen bezweckende Vorschrift verstoßen, zwischenzeitlich die Ausschreibung jedoch aufgehoben hat, wird die Kausalkette zwischen einer möglichen Verletzung von Rechten der beteiligten Bieter im ursprünglichen 40

Vergabeverfahren und der erforderlichen „echten Chance" unterbrochen. Da die **Aufhebung des Vergabeverfahrens** eine dem Auftraggeber gesetzlich eingeräumte Gestaltungsmöglichkeit darstellt, müssen die Bieter in jedem Vergabeverfahren damit rechnen, dass der Auftraggeber hiervon rechtmäßig Gebrauch macht (BGH vom 8.9.1998, X ZR 99/96); Ansprüche nach Satz 1 entfallen dann (vgl. z.B. VK Brandenburg vom 9.9.2005, 1 VK 33/05). Hebt der Auftraggeber das Verfahren dagegen ohne zureichende Gründe auf, führt dies zu einem Schadensersatzanspruch der Bieter aus culpa in contrahendo (Rn. 60 ff.).

41 Fraglich ist, ob der Kausalzusammenhang bei einer **rechtlich zulässigen, tatsächlich jedoch nicht erfolgten Aufhebung** des Vergabeverfahrens auch dadurch unterbrochen werden kann, dass sich der öffentliche Auftraggeber darauf beruft, dass der Schaden des betroffenen Bieters auch dann entstanden wäre, wenn der Auftraggeber sich rechtmäßig verhalten und die Ausschreibung aufgehoben hätte. Dieser sogenannte **Einwand des rechtmäßigen Alternativverhaltens** ist nach der Rechtsprechung des BGH generell zulässig. Er lässt die Schadensersatzpflicht jedoch nur dann entfallen, wenn die Folge der Pflichtverletzung dem Auftraggeber nicht dennoch wegen des Schutzzwecks der verletzten Norm billigerweise zugerechnet werden muss (so schon BGH vom 24.10.1986, IX ZR 91/84, BGHZ 96, 157 ff.). Dies muss für jeden Einzelfall gesondert entschieden werden.

42 In einem Vergabeverfahren, bei dem ein **vergaberechtswidriges Wertungsschema** verwendet worden ist, greift der Schutz des § 241 Abs. 2 BGB schon dann ein, wenn die Vergabeunterlagen in der Weise fehlerhaft sind, dass eine vergaberechtskonforme Angebotswertung nicht mehr möglich ist. Im Wege einer fiktiven Alternativbetrachtung kann ein solches Vergabeverfahren nicht mit vergaberechtlich unbedenklichen Wertungskriterien gegenübergestellt und die hypothetische Prüfung daran angeschlossen werden, ob die Klägerin auch in einem solchen als korrekt fingierten Fall ihren Prozessbevollmächtigten mit der Prüfung der Vergabeunterlagen beauftragt hätte. Der Auftraggeber (Beklagter) kann gegenüber der Gebührenersatzforderung sich also nicht mit Erfolg darauf berufen, die fraglichen Kosten wären der Klägerin auch entstanden, wenn der Beklagte sich vergaberechtskonform verhalten hätte. Dies wäre mit dem Schutzzweck des § 241 Abs. 2 BGB nicht vereinbar (BGH vom 9.6.2011, X ZR 143/10). Da die meisten vergaberechtlichen Vorschriften (zumindest auch) die haushaltsrechtlichen und wirtschaftlichen Interessen des Auftraggebers schützen, kann der Auftraggeber nämlich in aller Regel einwenden, er hätte bei Kenntnis des Vergaberechtsverstoßes eine tatsächlich bestehende, rechtlich nicht zu beanstandende Handlungsweise gewählt.

43 Für die **Aufhebung** als Hauptanwendungsfall einer nicht genutzten Möglichkeit rechtmäßigen Alternativverhaltens hat der BGH diesen Einwand ausdrücklich durchgreifen lassen (BGH vom 25.11.1992, VIII ZR 170/91). Soweit sich der Rechtsprechung des BGH entnehmen lässt, dass es insoweit ausreichend ist, wenn die Aufhebungsentscheidung von sachlichen und willkürfreien Gründen getragen ist, jedoch kein Aufhebungsgrund nach § 26 Nr. 1c) VOB/A a.F. bzw. § 26 Nr. 1d) VOL/A a.F. vorliegt (vgl. BGH vom 12.6.2001, X ZR 150/99), dürfte dies zu weitgehend sein. Die bloße Möglichkeit einer (potenziell rechtmäßigen) Aufhebung darf nach zutreffender Ansicht nicht dazu führen, dass ein Schadensersatzanspruch nach Satz 1 verneint wird. Ansonsten wäre die Effektivität des Rechtsschutzes gefährdet (vgl. im Einzelnen *Braun*, in: Müller-Wrede, GWB-Vergaberecht, § 126 Rn. 16 ff.; vgl. z.B. auch *Gronstedt*, in: Byok/Jaeger, Vergaberecht, § 126 GWB Rn. 1300). Ist eine Ausschreibung tatsächlich nicht aufgehoben worden, kann der Einwand des rechtmäßigen Alternativverhaltens nur durchgreifen, wenn die Ausschreibung hätte aufgehoben werden müssen, ohne dass dem Auftraggeber insoweit ein Ermessensspielraum zustand (*Braun*, in: Müller-Wrede, GWB-Vergaberecht, § 126 Rn. 19 m.w.N.; a.A. *Scharen*, in: Willenbruch/Bischoff, Vergaberecht, § 126 GWB Rn. 23 sowie *Antweiler*, in: Beck'scher Vergaberechtskommentar, § 126 Rn. 14).

44 Ein Schadensersatzanspruch nach Satz 1 dürfte jedenfalls dann durchgreifen, wenn der Bieter im Vergabeverfahren gerade den Verstoß gerügt hat, auf den eine rechtmäßige Aufhebung hätte gestützt werden dürfen, oder der Auftraggeber in anderer Weise von dem die Aufhebung begründenden Verstoß Kenntnis hatte, die Ausschreibung aber dennoch nicht aufheben wollte. An dieser Ent-

scheidung muss sich der Auftraggeber festhalten lassen (vgl. *Scharen*, in: Willenbruch/Bischoff, Vergaberecht, § 126 GWB Rn. 23 mit Verweis auf BGH vom 3.2.2000, III ZR 296/98).

5. Schaden

a) Erstattungsfähiger Schaden

Schließlich muss dem Anspruchsteller durch die Beeinträchtigung seiner echten Chance auf den Zuschlag ein Schaden in Form bestimmter Kosten entstanden sein. Für die Frage, ob und in welcher Höhe ein ersatzfähiger Schaden entstanden ist, ist in erster Linie ein **Vergleich** anzustellen zwischen der Vermögenslage des Anspruchstellers, die infolge des haftungsbegründenden Ereignisses eingetreten ist, mit derjenigen Vermögenslage, die sich ohne dieses schädigende Ereignis eingestellt hätte (sog. **Differenztheorie**).

45

Für einen bei der Auftragsvergabe nichtberücksichtigten Bieter ist regelmäßig vor allem der Schaden von Interesse, den er dadurch erlitten hat, dass er den mit einer Auftragserteilung verbundenen Gewinn nicht realisieren konnte (sog. **positives Interesse**; vgl. hierzu auch Rn. 96). Der Anspruch aus Satz 1 ist auf das **negative Interesse** (vgl. hierzu Rn. 90 ff.) gerichtet (z.B. OLG Karlsruhe vom 17.4.2008, 8 U 228/06). Im Gegensatz zum allgemeinen Schadensersatzrecht (§ 249 BGB) muss der öffentliche Auftraggeber dem Bieter nach Satz 1 lediglich bestimmte Aufwendungen erstatten, die sich infolge des Vergabeverstoßes als nutzlos gezeigt haben („die Kosten der Vorbereitung des Angebots oder der Teilnahme an einem Vergabeverfahren"). Der Anspruchsteller ist also nicht so zu stellen, als ob er den Zuschlag erhalten hätte. Satz 1 gewährt weder einen Anspruch auf den Ersatz **entgangenen Gewinns** oder sonstiger tatsächlicher oder durch Schätzung bezifferbarer Nachteile, die dem Bieter dadurch entstanden sind, dass er den Zuschlag nicht erhalten hat.

46

Nach Satz 1 sind allein die „**Kosten der Vorbereitung des Angebots oder der Teilnahme an einem Vergabeverfahren**" zu ersetzen. Beide Alternativen überschneiden sich: Bei Auftragsvergaben, die in formellen Verfahren erfolgen, werden die Kosten für die Vorbereitung des Angebots regelmäßig auch Kosten für die Teilnahme an einem Vergabeverfahren sein. Die gesetzliche Formulierung ist daher dahingehend zu verstehen, dass zu den erstattungsfähigen Kosten alle Aufwendungen in Geld gehören, die ein Unternehmen eingesetzt hat, um den betreffenden öffentlichen Auftrag zu erhalten, und die es ansonsten nicht gehabt hätte (vgl. auch OLG Koblenz vom 15.1.2007, 12 U 1016/05: „alle mit der Angebotsabgabe verbundenen Kosten"; s. die Nachweise bei *Prieß/Bonitz*, NZBau 2013, 480 Fn. 20). Hierunter fallen in erster Linie die Kosten für die Erarbeitung des eigenen Angebots (bzw. zuvor des Teilnahmeantrags), einschließlich der Kosten für die Beschaffung von (Eignungs-)Nachweisen oder geforderter Erklärungen, weiterhin die Kosten für die Angebotsübermittlung sowie die Kosten, die im Laufe des Vergabeverfahrens entstehen, um die eigene Chance auf den Zuschlag zu wahren, z.B. Kosten für Ortsbesichtigungen, für die Teilnahme am Eröffnungstermin, für Aufklärungsgespräche und Verhandlungen mit dem Auftraggeber, mit Lieferanten, Nachunternehmern oder Planern.

47

Die sog. **Gemeinkosten**, etwa für die vergebliche Arbeitszeit der von einem Bieter für die Erstellung des Angebots eingesetzten Mitarbeiter, sind dagegen regelmäßig nicht erstattungsfähig. Denn für die angestellten Mitarbeiter musste der Bieter keine Kosten aufwenden, die ihm sonst erspart geblieben wären. Ein Vermögensschaden ist lediglich dann anzunehmen, wenn ein Bieter seine Mitarbeiter alternativ für einen anderen Zweck hätte einsetzen können und in diesem Fall Gewinne erzielt worden wären, die ihm nun entgehen; das muss der betroffene Bieter in dem Schadensersatzprozess entsprechend darlegen (*Scharen*, in: Willenbruch/Bischoff, Vergaberecht, § 126 GWB Rn. 22 mit Verweis auf BGH vom 29.4.1977, V ZR 236/74; OLG Köln vom 8.11.1991, 19 U 50/91; so auch *Alexander*, in: Pünder/Schellenberg, Vergaberecht, § 126 GWB Rn. 48; a.A. mit dezidierter Begründung *Prieß/Bonitz*, NZBau 2013, 477 ff., die maßgeblich auf die Reichweite des Schadensbegriffs aus § 126 abstellen; dieser unterscheide sich von dem zivilrechtlichen Schadensbegriff der §§ 249 ff. BGB. Demnach könne ein Bieter gemäß § 126 auch den Ersatz sämtlicher interner Personalkosten verlangen, die ihm zur Vorbereitung des Angebots angefallen sind). Voraussetzung ist zudem, dass der Bieter den Tätigkeitsbeitrag (Zeitaufwand für welche Tätigkeit) der an der Ausschreibung betei-

48

ligten Mitarbeiter hinsichtlich des Zeitaufwands und die ggf. entstandenen Sachkosten konkret nachweisen muss (KG vom 14.8.2003, 27 U 264/02 für einen Schadensersatzanspruch aus culpa in contrahendo gemäß §§ 280 Abs. 1, 241 Abs. 2, 311 Abs. 2 BGB).

b) Mitverschulden, § 254 BGB

49 Der Schadensersatzanspruch kann durch Mitverschulden des Anspruchstellers gemindert sein oder ganz entfallen (§ 254 BGB). Ein Mitverschulden i.S.d. § 254 BGB liegt vor, wenn der Anspruchsteller die ihm in eigenen Angelegenheiten obliegende Sorgfalt nicht beachtet, hierdurch zur Entstehung der Kosten beigetragen hat und diese Schädigung für ihn vorhersehbar und vermeidbar war. Ein Mitverschulden in diesem Sinne liegt an sich auch vor, wenn es der Antragsteller schuldhaft unterlassen hat, trotz Kenntnis vom Verstoß gegen die bieterschützende Vorschrift durch **rechtzeitige Rüge** oder **Nachprüfungsantrag** seine Zuschlagschance bzw. den Eintritt eines Schadens zu verhindern (so auch *Scharen*, in: Willenbruch/Bischoff, Vergaberecht, § 126 GWB Rn. 24 m.w.N.). Dem wird entgegengehalten, dass sich eine derartige „Pflicht zur Nachprüfung" dem Gesetz ausdrücklich nicht entnehmen lasse (OLG Dresden vom 10.2.2004, 20 U 1697/03 m.w.N; vgl. auch *Antweiler*, in: Beck'scher Vergaberechtskommentar, § 126 Rn. 16 m.w.N.: Es gebe keinen Zwang zum Primärrechtsschutz).

50 Der **Nichtgebrauch von Rechtsbehelfen** kann jedoch gegen § 254 Abs. 2 BGB verstoßen. Der Geschädigte hat grundsätzlich im Rahmen des § 254 BGB geeignete und zumutbare Rechtsbehelfe zu ergreifen, um den ihm drohenden Schaden abzuwenden oder zu mindern (BGH vom 26.1.1984, III ZR 216/82; BGH vom 23.5.1991, III ZR 73/90; BGH vom 20.1.1994, IX ZR 46/93). Eine nicht „unverzüglich" i.S.v. § 107 Abs. 3 Satz 1 Nr. 1 GWB erhobene Rüge kann daher den Einwand des Mitverschuldens begründen, sie kann den Schadensersatzanspruch nach Satz 1 jedoch nicht von vornherein entfallen lassen (so zutreffend *Scharen*, in: Willenbruch/Bischoff, Vergaberecht, § 126 GWB Rn. 24; vgl. auch OLG Karlsruhe vom 17.4.2008, 8 U 228/06; a.A. *Antweiler*, in: Beck'scher Vergaberechtskommentar, § 126 Rn. 16).

51 Eine unterlassene Rüge oder ein unterlassener Nachprüfungsantrag kann den Schadensersatzanspruch jedoch nur dann mindern oder ausschließen, wenn festgestellt werden kann, dass bei rechtzeitigem Vorgehen die Zuschlagschance erhalten geblieben wäre (vgl. OLG München vom 19.10.2000, U (K) 1864/00). Der Anspruchsteller kann daneben insbesondere gegen seine Pflicht aus § 254 Abs. 2 Satz 1 BGB verstoßen haben, den zu ersetzenden Schaden gering zu halten.

6. Verjährung

52 Der Schadensersatzanspruch aus Satz 1 unterliegt der regelmäßigen Verjährungsfrist von drei Jahren. Zu den Einzelheiten s. § 125 Rn. 30 ff.

7. Zuständigkeit

53 Eine auf § 126 gestützte Schadensersatzklage ist vor den Zivilgerichten zu erheben (vgl. § 104 Abs. 2 GWB und § 124 Abs. 1 GWB). **Sachlich zuständig** ist in erster Instanz ausschließlich das Landgericht (§ 87 Abs. 1 Satz 1 GWB). Eine Zuständigkeit der Vergabekammer besteht nicht.

54 Die Klage ist am **allgemeinen Gerichtsstand** des Anspruchsgegners, also in der Regel vor dem Landgericht, in dessen Bezirk der Anspruchsgegner wohnt bzw. seinen Sitz hat (vgl. § 11 ZPO), zu erheben. Der Gerichtsstand der unerlaubten Handlung (§ 32 ZPO) ist nicht gegeben.

8. Darlegungs- und Beweislast

55 Die Darlegungs- und Beweislast ist im Schadensersatzprozess wie folgt verteilt: Als Anspruchsteller hat der Kläger **(Bieter)** alle Umstände zu beweisen, aus denen sich das **Vorliegen der anspruchsbegründenden Voraussetzungen** (Verstoß gegen bieterschützende Vorschrift, Bestehen einer echten Chance auf den Zuschlag, Beeinträchtigung der Zuschlagschance durch den Verstoß, Schaden) ergibt. Insbesondere muss der betroffene Bieter im Rahmen des Anspruchs aus Satz 1 darlegen und beweisen, dass die Zuschlagserteilung an ihn innerhalb des Bewertungsspielraums der Vergabestelle gelegen hätte (BGH vom 27.11.2007, X ZR 18/07). Als Geschädigter trägt der Kläger auch die

volle Beweislast für das Entstehen und die Höhe des Schadens. Das Gericht kann den Schaden auch gemäß § 287 ZPO durch Schätzung ermitteln, wenn hierfür ausreichende Grundlagen vorgetragen werden. Der Bieter hat also darzulegen, welche konkreten Kosten ihm im Zusammenhang mit der Teilnahme an dem Vergabeverfahren und durch die Angebotsvorbereitung entstanden sind.

Der **öffentliche Auftraggeber** muss dagegen die Umstände darlegen und beweisen, die eine Zurechnung des Schadens unter dem Gesichtspunkt des rechtmäßigen Alternativverhaltens (vgl. Rn. 41 ff.) entfallen lassen bzw. die den Vorwurf des Mitverschuldens des Anspruchstellers begründen oder den Eintritt der Verjährung belegen. Hinsichtlich des Bestehens einer „echten Chance" auf den Zuschlag trifft ihn zudem die Pflicht, die zugrunde gelegten Wertungskriterien, sofern sie nicht in der Bekanntmachung oder in den Vergabeunterlagen mitgeteilt worden sind, sowie ggf. deren Gewichtung vorzutragen und ggf. substantiiert darzulegen, warum er dem Angebot des nach Satz 1 Schadensersatz begehrenden Bieters den Zuschlag nicht wertungsfehlerfrei hätte erteilen können (BGH vom 27.11.2007, X ZR 18/07). 56

Hinsichtlich des behaupteten Verstoßes ist der Anspruchsteller gemäß **§ 124 Abs. 1 GWB** seiner Beweislast enthoben, wenn er Beteiligter eines Nachprüfungsverfahrens war, in dem es (u.a.) um denjenigen Verstoß gegen die bieterschützende Vorschrift ging, der Anlass für den Schadensersatzprozess ist, und die Vergabekammer den Verstoß in ihrer vor Schluss der mündlichen Verhandlung des Schadensersatzprozesses bestandskräftig, also unanfechtbar gewordenen Entscheidung festgestellt hat. Nach § 124 GWB bindet die Entscheidung der Vergabekammer das wegen der Schadensersatzforderung angerufene Gericht. Die **Bindungswirkung** greift nicht nur bei einem nach § 114 Abs. 2 Satz 1 GWB ergangenen Beschluss der Vergabekammer oder des Vergabesenats, sondern auch bei einer Entscheidung nach § 114 Abs. 1 GWB, soweit darin bestandskräftig die Feststellung getroffen wurde, dass das Vergabeverfahren wegen des in der Schadensersatzklage geltend gemachten Verstoßes rechtswidrig war und der Anspruchsteller dadurch in seinen Rechten verletzt wurde (vgl. z.B. OLG Naumburg vom 23.4.2007, 1 U 47/06). 57

C. Weiterreichende Schadensersatzansprüche nach Satz 2

I. Anspruchsziel

Nach Satz 2 bleiben Schadensersatzansprüche, die über Satz 1 hinausgehen, unberührt. Hiermit stellt das Gesetz nur bestätigend (deklaratorisch) klar, dass der im Vergabeverfahren benachteiligte Bieter nicht auf die Geltendmachung des negativen Interesses beschränkt ist (BGH vom 27.11.2007, X ZR 18/07; vgl. auch Begr. RegE zum VgRÄG, BT-Drucks. 13/9340, S. 44). Dem Anspruch aus Satz 1 kommt also keine Exklusivität zu, Satz 1 will die Rechtsschutzmöglichkeiten eines Bieters erweitern und eben nicht beschränken. Sonstige Schadensersatzansprüche sind für den betroffenen Bieter vor allem deshalb interessant, weil er auch über die von Satz 1 erfassten Kosten hinausgehende Vermögensnachteile verlangen kann, insbesondere den entgangenen Gewinn, der wegen des Vergabeverstoßes des öffentlichen Auftraggebers nicht erzielt werden konnte. Der Bieter muss dann so gestellt werden, wie er stehen würde, wenn er den Zuschlag erhalten hätte. Als Anspruchsgrundlagen kommen insoweit beispielsweise §§ 280 Abs. 1, 241 Abs. 2, 311 Abs. 2 BGB in Betracht. 58

Ergänzend neben dem Anspruch aus Satz 1 können Ansprüche aus Verschulden bei Vertragsschluss (culpa in contrahendo, vgl. Rn. 60 ff.) nach **§ 311 Abs. 2 BGB** (vgl. BGH vom 1.8.2006, X ZR 146/03), aus **§ 823 Abs. 1 BGB** (Rn. 108) und **§ 823 Abs. 2 BGB** (Rn. 109 ff.) sowie auch aus **§ 826 BGB** (sittenwidrige Schädigung, Rn. 117 f.) zur Anwendung kommen (vgl. im Einzelnen *Scharen*, in: Willenbruch/Bischoff, Vergaberecht, § 126 GWB Rn. 28, 66, 74). 59

II. Culpa in contrahendo, §§ 280 Abs. 1, 241 Abs. 2, 311 Abs. 2 BGB

1. Anspruchsinhalt im Überblick

Neben Satz 1 kann ein Bieter Vermögensnachteile vor allem aus § 311 Abs. 2 BGB ersetzt verlangen, die letztlich aus dem **enttäuschten Vertrauen** herrühren, dass das Vergabeverfahren vergabe- 60 rechtskonform durchgeführt werde. Spätestens mit der Anforderung der Ausschreibungsunterlagen durch die Bieter entsteht zwischen diesen und dem Ausschreiben ein vertragsähnliches **Vertrauensverhältnis** (vgl. hierzu näher Rn. 69 f.). Dieses Vertrauensverhältnis ist gemäß § 241 Abs. 2 BGB durch eine Reihe von Verhaltens-, Schutz-, Rücksichts- und Vertrauenspflichten geprägt. Der Bereich der öffentlichen Auftragsvergabe ist dabei durch die Besonderheit gekennzeichnet, dass der Ablauf der Vertragsverhandlungen und die dem Auftraggeber dabei auferlegten Verhaltenspflichten eingehend geregelt sind. Oberhalb der gemäß § 2 VgV vorgesehenen Schwellenwerte gelten die Bestimmungen des 4. Teils des GWB, der VgV (sowie der SektVO und der VgVSV) sowie der VOB/A, VOL/A und der VOF. Unterhalb dieser Werte sind die Vorschriften (des ersten Abschnitts) der VOB/A und der VOL/A einschlägig, sofern der Auftraggeber – was allgemein üblich ist – ankündigt, die Vergabe auf der Grundlage dieser Vorschriften durchzuführen. Zudem haben die Unternehmen gemäß § 97 Abs. 7 GWB Anspruch darauf, dass der Auftraggeber die Bestimmungen über das Vergabeverfahren einhält. An die daraus resultierenden **Verhaltenspflichten** knüpfen die **Rücksichtnahmepflichten** aus § 241 Abs. 2 BGB an (BGH vom 9.6.2011, X ZR 143/10).

61 Bei **Verletzung dieser Pflichten** durch den Ausschreibenden können nach den Grundsätzen einer Haftung für Verschulden bei Vertragsverhandlungen (culpa in contrahendo) **Schadensersatzansprüche** des interessierten Bieters nach vertragsrechtlichen Grundsätzen entstehen (vgl. BGH vom 5.6.2012, X ZR 161/11). Sie sind auf den Ersatz des Schadens gerichtet, den ein durch die Vergabevorschriften geschützter Bieter dadurch erlitten hat, dass der Auftraggeber durch Missachtung dieser Vorschriften seine Verpflichtung zur Rücksichtnahme auf die Rechte, Rechtsgüter und Interessen der Bieter und potenziellen Bieter verletzt hat (BGH vom 9.6.2011, X ZR 143/10). Die **Inanspruchnahme besonderen Vertrauens** durch den Geschädigten ist damit keine Anspruchsvoraussetzung mehr (Rn. 87 f.).

62 Durch die **Verrechtlichung des Vergaberechts** ist das Verhalten während der Anbahnung eines Vertrages bzw. das Führen der Vertragsverhandlungen durch Bestimmungen mit Normcharakter recht konkret geregelt (so *Gröning*, GRUR 2009, 266, 268). Über § 97 Abs. 6 GWB und das rechtliche Scharnier der VgV kommt den bieterschützenden Regelungen der Vergabe- und Vertragsordnungen Normcharakter zu. Die bieterschützenden Bestimmungen in GWB, VgV, SektVO, VSVgV und den Vergabe- und Vertragsordnungen begründen konkrete rechtliche Pflichten, an deren Verletzung der Anspruch aus § 311 Abs. 2 i.V.m. § 241 Abs. 2 BGB unmittelbar anknüpfen kann (*Gröning*, GRUR 2009, 266, 268).

63 Mit dem Schadensersatzanspruch aus §§ 311 Abs. 2, 280 BGB korrespondiert ein **Unterlassungsanspruch**, soweit die Verletzungshandlung oder der pflichtwidrig geschaffene Zustand **noch andauert** (z.B. OLG Brandenburg vom 29.5.2008, 12 U 235/07 m.w.N.). Hingegen begründet eine solche Pflichtverletzung keinen Unterlassungsanspruch im Hinblick auf die Verletzung **künftiger, noch nicht geschlossener Verträge** (BGH vom 5.6.2012, X ZR 161/11). Ein potenzieller Bieter besitzt also keinen aus bürgerlich-rechtlichen Vorschriften herzuleitenden Anspruch darauf, dass die Verwendung bestimmter, als vergaberechtswidrig erachteter Vertragsbedingungen in etwaigen zukünftigen Vergabeverfahren unterlassen wird (BGH vom 5.6.2012, X ZR 161/11).

64 **Unterhalb der Schwellenwerte** kann ein Bieter Schadensersatz wegen der Verletzung der Rücksichtnahmepflichten durch Missachtung der Vergabevorschriften durch den Auftraggeber nur dann geltend machen, wenn sich der Auftraggeber der jeweiligen Vergabe- und Vertragsordnung ausdrücklich unterworfen und ihr damit Außenwirkung verliehen hat (vgl. Rn. 72, 76; s. auch OLG Thüringen vom 8.12.2008, 9 U 421/08 sowie *Gröning*, GRUR 2009, 266, 268 f.). Rechtsschutzverfahren unterhalb der Schwellenwerte sind jedoch ausdrücklich nicht auf die Überprüfung von Willkürmaßnahmen (vgl. Rn. 112) beschränkt: In einem Ausschreibungsverfahren unterhalb der Schwellenwerte, mit welchem sich der Auftraggeber den Vorgaben einer bestimmten Vergabe- und Vertragsordnung unterwirft, hat der Bieter aus einem vorvertraglichen Schuldverhältnis auch einen im Wege der einstweiligen Verfügung durchsetzbaren Anspruch darauf, dass diese Vorgaben beachtet werden (OLG Düsseldorf vom 13.1.2010, 27 U 1/09 und vom 15.10.2008, 27 W 2/08).

§ 126 Anspruch auf Ersatz des Vertrauensschadens

Ein aus der Verletzung der Ausschreibungsregeln und -bedingungen abgeleiteter Anspruch ist **im Allgemeinen** auf einen Ersatz des sog. **negativen Interesses** (Rn. 90 ff.) beschränkt, also auf den Ersatz der durch die Beteiligung an der Ausschreibung entstandenen Aufwendungen (z.B. für die Erarbeitung des eigenen Angebots, für die Beschaffung von Nachweisen). **In besonderen Fällen** kann der Anspruch aber auch den Ersatz des sog. **positiven Interesses** (Rn. 96 ff.), vor allem den durch die Nichterteilung des Auftrags **entgangenen Gewinn**, erfassen (BGH vom 25.11.1992, VIII ZR 170/91). 65

Die Voraussetzungen, die § 311 Abs. 2 BGB für ein derartiges vorvertragliches Vertrauensverhältnis aufstellt, entsprechen denen, die zuvor in ständiger Rechtsprechung unter dem Begriff „culpa in contrahendo" entwickelt worden waren. Schadensersatzansprüche, die in der Vergangenheit aus dem gewohnheitsrechtlich anerkannten Rechtsinstitut der culpa in contrahendo hergeleitet wurden, sind jetzt auf § 311 Abs. 2 BGB zu stützen, der seit dem 1.1.2002 die normative Grundlage der Haftung aus culpa in contrahendo darstellt (zuletzt etwa BGH vom 5.6.2012, X ZR 161/11; BGH vom 9.6.2011, X ZR 143/10). An der bisherigen Rechtsprechung zur Haftung aus culpa in contrahendo ist festzuhalten, weil § 311 Abs. 2 BGB an dem bisher angewandten Recht inhaltlich nichts ändern wollte (BGH vom 26.1.2010, X ZR 86/08; BGH vom 10.9.2009, VII ZR 82/08; BGH vom 27.6.2007, X ZR 34/04). 66

2. Anspruchsvoraussetzungen

a) Anspruchsteller

Anders als bei der Haftung nach Satz 1 kann Anspruchsteller jeder sein, der an dem ausgeschriebenen Auftrag interessiert ist oder war, ferner jedoch auch der Ausschreibende oder spätere Auftraggeber (vgl. OLG Frankfurt vom 7.11.2006, 11 U 53/03 (Kart) für den Fall einer Submissionsabsprache; OLG Stuttgart vom 23.8.2006, 3 U 103/05 für den Fall eines Kalkulationsirrtums des Auftragnehmers). 67

b) Anspruchsgegner

Dementsprechend kann der Anspruch nicht nur gegen einen öffentlichen Auftraggeber gerichtet werden, der einen öffentlichen Auftrag zu vergeben hat. **Jeder Ausschreibende oder Auftraggeber**, auch ein Privater (vgl. BGH vom 15.4.2008, X ZR 129/06; BGH vom 21.2.2006, X ZR 39/03), kann Anspruchsgegner sein. Bei der Anwendung von §§ 280 Abs. 1, 241 Abs. 2, 311 Abs. 2 BGB kann daher die bisweilen schwierige Prüfung entfallen, ob eine und ggf. welche Alternative des § 98 GWB zu bejahen ist. Werden in den Vergabeunterlagen einer öffentlichen Ausschreibung **verschiedene**, von § 98 GWB erfasste juristische Personen als Auftraggeber bezeichnet und enthält die Leistungsbeschreibung für alle **Auftraggeber** zusammengefasste Leistungsteile, sind alle Ausschreibenden gemeinschaftlich Auftraggeber. Sie haften deshalb im Falle von schuldhaften Vergaberechtsverstößen nach den Grundsätzen der culpa in contrahendo als **Gesamtschuldner** (OLG Frankfurt vom 14.4.2000, 10 U 145/99). Um diese Rechtsfolge zu vermeiden, können die gemeinschaftlichen Auftraggeber indes einen Hinweis in den Vergabeunterlagen aufnehmen, dass eine gesamtschuldnerische Haftung ausgeschlossen ist. Als Anspruchsgegner kommt überdies auch jeder Bieter oder sonstige Interessent an dem ausgeschriebenen Auftrag in Betracht. 68

c) Vorvertragliches Schuldverhältnis

Der Anspruch aus § 311 Abs. 2 BGB setzt voraus, dass zwischen Anspruchsteller und Anspruchsgegner ein **vorvertragliches Schuldverhältnis** besteht. Ein solches Schuldverhältnis entsteht auch durch die **Aufnahme von Vertragsverhandlungen** (§ 311 Abs. 2 Nr. 1 BGB); und darum handelt es sich – in je nach Verfahrensart mehr oder minder stark formalisierter Form – bei der Durchführung eines Verfahrens zur Vergabe öffentlicher Aufträge (so ausdrücklich BGH vom 9.6.2011, X ZR 143/10). Dementsprechend wird die von § 311 Abs. 2 BGB geforderte Sonderrechtsbeziehung spätestens mit der Anforderung der Ausschreibungsunterlagen durch die Bieter zwischen diesen und dem Ausschreibenden begründet (st. Rspr., vgl. BGH vom 7.6.2005, X ZR 19/02). Bei einem nicht offenen Verfahren und einem Verhandlungsverfahren mit vorheriger Bekanntmachung entsteht das 69

Schuldverhältnis bereits mit Einreichung von Teilnahmeanträgen durch die Bewerber. Bei einem Verhandlungsverfahren ohne vorherige Vergabebekanntmachung entsteht das Schuldverhältnis demgegenüber erst mit der Aufnahme von Vertragsverhandlungen auf Einladung des öffentlichen Auftraggebers. Ob schon die bloße Bekanntmachung einer Ausschreibung ausreicht, um ein vorvertragliches Schuldverhältnis zu begründen, ist dagegen bislang höchstrichterlich noch nicht geklärt (dafür: OLG Dresden vom 9.3.2004, 20 U 1544/03).

70 Im Falle einer sog. **De-facto-Vergabe** (vgl. § 101b Abs. 1 Nr. 2 GWB) lässt sich ein Anspruch auf Schadensersatz mangels vorvertraglichen Schuldverhältnisses allerdings nicht auf §§ 311 Abs. 2, 241 Abs. 2, 280 Abs. 1 BGB stützen; in Betracht kommt ein Anspruch aus § 823 Abs. 2 BGB i.V.m. § 97 Abs. 5, 7 GWB.

d) Verhaltenspflichten des Auftraggebers und der Bewerber

71 Das zwischen Ausschreibenden und Bewerbern begründete Vertrauensverhältnis ist für beide Seiten durch zahlreiche Sorgfaltspflichten gekennzeichnet. Dazu gehören insbesondere **Aufklärungs-, Rücksichtnahme- und Mitteilungspflichten** sowie die **Pflicht zur Abwehr von Schäden**. Welche **konkrete Verhaltenspflichten** die Vertragsparteien jeweils beachten müssen, richtet sich nach den **Umständen des Einzelfalles**, insbesondere nach der Natur des jeweiligen Schuldverhältnisses.

72 Im Anwendungsbereich des GWB-Vergaberechts werden die in Betracht kommenden Pflichten in erster Linie durch die Bestimmungen konkretisiert, die der Auftraggeber kraft Gesetzes bei der Durchführung des Vergabeverfahrens zu beachten hat, also die Regeln im **4. Teil des GWB** und die Vorgaben der **VgV**, der **SektVO** und der **VSVgV**. Entsprechende Verhaltenspflichten ergeben sich auch aus den Regeln der jeweils einschlägigen **Vergabe- und Vertragsordnungen (VOB/A, VOL/A, VOF)**, soweit der öffentliche Auftraggeber nach §§ 4 bis 6 VgV zur Anwendung dieses Regelwerks verpflichtet ist (§§ 97 Abs. 6, 100 Abs. 1 GWB). **Unterhalb der Schwellenwerte** sind die Vorschriften der VOB/A und der VOL/A einschlägig, sofern der Auftraggeber – was allgemein üblich ist – ankündigt, die Vergabe auf der Grundlage dieser Vorschriften durchzuführen (BGH vom 9.6.2011, X ZR 143/10).

73 Werden auf diese Weise formalisierte Vertragsverhandlungen auf der Grundlage der vom Auftraggeber ausgearbeiteten und den Bietern zur Teilnahme überlassenen **Vergabeunterlagen** geführt, trifft den öffentlichen Auftraggeber aus § 241 Abs. 2 BGB regelmäßig die Verpflichtung zu einer **vergaberechtskonformen Ausarbeitung** dieser Unterlagen. Dies hat beispielsweise zur Folge, dass keine Wirtschaftlichkeitskriterien aufgestellt werden dürfen, die eine ordnungsgemäße Wertung der Angebote nicht zulassen und deshalb bei der Beanstandung eine Aufhebung des Vergabeverfahrens unausweichlich machen (BGH vom 9.6.2011, X ZR 13/10). Zugleich haben Bieter und Bewerber ein von § 241 Abs. 2 BGB geschütztes Interesse daran, dass der öffentliche Auftraggeber das Vergabeverfahren so anlegt und durchführt, dass der ihnen entstehende teilweise beträchtliche **Ausschreibungsaufwand** entsprechend tatsächlich verwendet werden kann und **nicht durch die Aufhebung zunichte gemacht** wird, ohne dass er seinem eigentlichen Zweck entsprechend für den Wettbewerb um den ausgeschriebenen Auftrag eingesetzt werden kann (BGH vom 9.6.2011, X ZR 13/10). Mit den für den öffentlichen Auftraggeber bestehenden Rücksichtnahmepflichten ist es ebenso unvereinbar, in die **Wirtschaftlichkeitsprüfung Eignungskriterien einfließen** zu lassen (BGH vom 9.6.2011, X ZR 143/10 mit Verweis auf BGH vom 8.9.1998, X ZR 99/96, BGHZ 139, 280, 283; BGH vom 15.4.2008, X ZR 129/06, VergabeR 2008, 641).

74 Auch die Regeln der maßgeblichen **EU-Vergaberichtlinien** prägen das vorvertragliche Schuldverhältnis zwischen Auftraggeber und Unternehmen. Sie binden den öffentlichen Auftraggeber, wenn die fragliche Beschaffungsmaßnahme zu einem Zeitpunkt stattfindet, zu dem die maßgeblichen Richtlinien noch nicht in deutsches Recht umgesetzt sind. Unter der Voraussetzung, dass die einschlägige Vorschrift der Richtlinie in einer für die Anwendung durch nationale Gerichte hinreichend bestimmten Weise formuliert ist, muss der öffentliche Auftraggeber sich in seinem Verhalten nämlich so weit wie möglich an Wortlaut und Zweck der Richtlinie ausrichten, so dass das mit der Richtli-

nie verfolgte Ziel in größtmöglichem Umfang erreicht wird (BGH vom 12.6.2001, X ZR 150/99). Entsprechendes kann gelten, wenn die betreffende Vorschrift der Richtlinie nur fehlerhaft oder unvollständig in deutsches Recht umgesetzt worden ist.

Schließlich verlangt der Vertrag über die Arbeitsweise der Europäischen Union (**AEUV**) von den Mitgliedstaaten die Beachtung bestimmter **Grundfreiheiten**, insbesondere das Diskriminierungsverbot (Art. 18 AEUV), die Warenverkehrs-, Niederlassungs- und die Dienstleistungsfreiheit (Art. 34 ff. AEUV, Art. 49 ff. AEUV und Art. 56 ff. AEUV). Sie bilden die Grundlagen des europäischen Vergaberechts, das in den Gründungsverträgen zur Europäischen Gemeinschaft, einschließlich der Protokolle und der allgemeinen Rechtsgrundsätze der Gemeinschaft (dem sog. Primärrecht), an sich keine besondere Erwähnung findet. Aus ihnen ergibt sich die Verpflichtung der Mitgliedstaaten, echten Wettbewerb um öffentliche Aufträge zuzulassen, unmittelbare oder mittelbare Diskriminierungen bei der Auftragsvergabe zu vermeiden und alle Regelungen oder Praktiken zu beseitigen, die den grenzüberschreitenden EU-weiten Verkehr beschränken. Die Mitgliedstaaten sind damit zugleich gehalten, die Vergabe öffentlicher Aufträge in transparenten Verfahren zu organisieren, die gleiche Zugangschancen für alle interessierten Unternehmen eröffnen und ihre Gleichbehandlung in allen Phasen des Vergabeverfahrens garantieren. Bei Beschaffungen, für die weder GWB noch Vergaberichtlinienvorschriften existieren, also für den praktisch bedeutsamsten Bereich der **Auftragsvergaben unterhalb der Schwellenwerte**, können sich hieraus entsprechende Verhaltenspflichten für die Vergabestellen ergeben (Rn. 113). 75

Verhaltenspflichten des Auftraggebers im Rahmen des vorvertraglichen Schuldverhältnisses können sich aus durch die in der Bekanntmachung oder den Ausschreibungsunterlagen **selbst aufgestellten Bedingungen des Auftraggebers** ergeben. Formuliert der Auftraggeber entsprechende Bedingungen z.B. in der Bekanntmachung, in der Aufforderung zur Angebotsabgabe, in den Vergabeunterlagen oder in der Leistungsbeschreibung, so bindet er sich hierdurch selbst bzw. dürfen die Bieter und andere Unternehmen auf die Einhaltung dieser Bedingungen vertrauen. Auf diese Weise kann der Auftraggeber auch eine bestimmte Vergabe- und Vertragsordnung als rechtlichen Rahmen für das Vergabeverfahren festlegen. Das kann beispielsweise durch die ausdrückliche Erklärung in der Bekanntmachung oder den Vergabeunterlagen geschehen, wonach die Beschaffung nach der einschlägigen Vergabe- und Vertragsordnung erfolge. Unerheblich ist dabei, ob es sich um einen öffentlichen oder privaten Auftraggeber handelt. Erklärt ein privater Auftraggeber ohne Einschränkung, dass er eine Ausschreibung nach den Regeln der Vergabe- und Vertragsordnung führen werde, begründet er in gleicher Weise wie ein öffentlicher Auftraggeber einen Vertrauenstatbestand bei den Teilnehmern der Ausschreibung (BGH vom 21.2.2006, X ZR 39/03). 76

Im Übrigen kann sich die Geltung der betreffenden Vergabe- und Vertragsordnung auch aus tatsächlichem Handeln (durch sog. konkludentes oder **schlüssiges Verhalten**) des Auftraggebers ergeben, wenn dieses dahingehend verstanden werden muss, dass die einschlägige Vergabe- und Vertragsordnung für die entsprechende Beschaffungsmaßnahme gelten soll. Eine Beschaffungsmaßnahme kann sogar dann dem Willen der einschlägigen Vergabe- und Vertragsordnung unterfallen, wenn der Auftraggeber einen ausdrücklichen Hinweis unterlässt, dass diese Regeln nicht gelten sollen. Voraussetzung hierfür ist jedoch, dass der Auftraggeber nach öffentlichem Recht, insbesondere Haushaltsrecht, verpflichtet ist, die Beschaffungsmaßnahme nach den Regeln der einschlägigen Vergabe- und Vertragsordnung durchzuführen, und dies dem Anspruchsteller bekannt ist (vgl. BGH vom 12.6.2001, X ZR 150/99; ferner auch OLG Düsseldorf vom 12.4.2006, VII-Verg 4/06). 77

Auch die **ständige Verwaltungspraxis** des Auftraggebers in der Vergangenheit, seine Beschaffungen stets nach den Regeln der einschlägigen Vergabe- und Vertragsordnung durchzuführen, kann eine entsprechende Selbstbindung bewirken. Aufgrund dieser **Selbstbindung** kann den Vergabe- und Vertragsordnungen und den verwaltungsinternen Regelungen über Verfahren und Kriterien der Vergabe eine mittelbare Außenwirkung zukommen. Verstöße gegen diese Regelungen können generell Ansprüche der Bieter nach den Grundsätzen des Verschuldens bei Vertragsschluss gemäß § 311 Abs. 2 BGB i.V.m. § 280 Abs. 1 BGB sowie Ansprüche aus unerlaubter Handlung begründen (OLG Brandenburg vom 17.12.2007, 13 W 79/02). Der Auftraggeber – will er von der bislang geüb- 78

79 **Erlasse, dienstliche Anweisungen, Zuwendungsbescheide, Vergabehandbücher usw.** und die darin enthaltenen Vorgaben können für das vorvertragliche Schuldverhältnis zwischen Auftraggeber und Unternehmen dann gelten, wenn der Auftraggeber ausdrücklich auf sie hingewiesen oder durch schlüssiges Verhalten kundgetan hat, hiernach verfahren zu wollen. Ein Bieter hat jedoch auch dann Anlass, in die richtige Vergabe durch einen Auftraggeber zu vertrauen, wenn die Aufsichtsbehörde des Auftraggebers diesem bei einem formlosen Beschwerdeverfahren aufgegeben hatte, eine Neubewertung aller nicht ausgeschlossenen Angebote unter Berücksichtigung der Beschwerdebelange vorzunehmen (LG Leipzig vom 30.4.2008, 7 O 915/07).

e) Verletzungshandlung

80 Die Schadensersatzpflicht wird dann ausgelöst, wenn der Anspruchsgegner gegen eine Verhaltenspflicht i.S.d. § 241 Abs. 2 BGB aus dem vorvertraglichen Schuldverhältnis verstößt, also eine Handlung vornimmt, die er nach den über das Schuldverhältnis maßgeblichen Regeln unterlassen müsste, oder ein Handeln unterlässt, das er nach dem Inhalt des Schuldverhältnisses vornehmen müsste.

81 Das Gleiche gilt für ein Handeln oder Unterlassen von Personen, für deren Verhalten der Anspruchsgegner rechtlich einstehen muss. Bei Gebietskörperschaften oder juristischen Personen als öffentlicher Auftraggeber sind das die **Organe** (§§ 31, 89 BGB; vgl. auch Rn. 30 f.). Für das Handeln von **Mitarbeitern** (Vergabestellen), hinzugezogenen **externen Personen** (Architekten o.Ä.) oder sonstigen vertretungsberechtigten **Dritten** hat der Anspruchsgegner nach § 278 Satz 1 BGB einzustehen, wenn er sich der/den betreffenden Person/en bei der Durchführung und Abwicklung der fraglichen Beschaffung bedient hat. Überlassen mehrere gemeinschaftliche Auftraggeber im Innenverhältnis die Durchführung des Vergabeverfahrens, insbesondere die Vergabeentscheidung, einem **Mitauftraggeber**, so müssen sie sich im Rahmen der Haftung nach den Grundsätzen der culpa in contrahendo dessen Verschulden und das Verschulden von dessen Beratern gemäß § 278 BGB wie eigenes Verschulden zurechnen lassen (OLG Frankfurt vom 14.4.2000, 10 U 145/99). Der Hinweis des Auftraggebers, er habe die für ihn tätigen Personen sorgfältig ausgewählt (vgl. § 831 Satz 2 BGB), entlastet ihn nicht. Denn dieser Entlastungsnachweis greift nur ein bei Schadensersatzansprüchen, welche die Folgen einer unerlaubten Handlung ausgleichen wollen. Der Anspruch aus den §§ 280 Abs. 1, 241 Abs. 2, 311 Abs. 2 BGB gleicht aber nicht die Folgen einer unerlaubten Handlung aus, sondern zielt darauf ab, die Folgen einer Pflichtverletzung innerhalb eines vertragsähnlichen Schuldverhältnisses zu kompensieren. Besteht die Verletzungshandlung in einer Willenserklärung einer **vertretungsberechtigten Person**, ergibt sich die Haftung des Anspruchsgegners aus § 164 Abs. 1 BGB.

f) Verschulden

82 Während der Anspruch nach § 126 Satz 1 BGB verschuldensunabhängig ausgestaltet ist (Rn. 32 f.), erfordert der Schadensersatzanspruch gemäß §§ 280 Abs. 1, 241 Abs. 2, 311 Abs. 2 BGB im Allgemeinen ein Verschulden des Auftraggebers. Gemäß § 276 Abs. 1 Satz 1 BGB tritt die Schadensersatzhaftung nur bei **vorsätzlicher** oder **fahrlässiger** Verletzungshandlung ein. Die Zurechnung derjenigen Dritten oder interner Vergabestellen, die der Auftraggeber in die Durchführung des Vergabeverfahrens eingebunden oder hiermit beauftragt hat, erfolgt nach § 278 BGB (OLG Naumburg vom 26.10.2004, 1 U 30/04; vgl. auch Rn. 81). Der Anspruchsgegner kann sich aber auf § 280 Abs. 1 Satz 1 BGB berufen und geltend machen, dass ihm die Verletzungshandlung nicht vorgeworfen werden kann, weil sie für ihn bzw. für den für ihn Handelnden bei Anwendung der gebotenen Sorgfalt nicht voraussehbar und nicht vermeidbar war.

83 Ob an dem Verschuldenserfordernis für den Bereich der öffentlichen Auftragsvergabe **oberhalb der Schwellenwerte** auch nach der neueren Rechtsprechung des EuGH festzuhalten ist, wonach die Richtlinie 89/665/EWG (Rechtsmittelrichtlinie) einer nationalen Regelung entgegensteht, die den Schadensersatzanspruch wegen Verstoßes eines öffentlichen Auftraggebers gegen Vergaberecht von der Schuldhaftigkeit des Verstoßes abhängig macht (vgl. EuGH vom 30.9.2010, Rs. C-314/09),

bleibt abzuwarten. Der BGH jedenfalls hat die Problematik erkannt, musste sich hierzu jedoch bisher nicht äußern (BGH vom 9.6.2011, X ZR 143/10).

g) Pflichtverletzung/Kausalität

Die Verletzungshandlung muss schließlich **ursächlich** für einen Schaden im Sinne eines Vermögensnachteils bei dem Anspruchsteller gewesen sein (**Kausalität**), der als adäquate Folge der Pflichtverletzung angesehen werden kann und dessen Vermeidung die verletzte Pflicht dient. Da die Schadensersatzpflicht nach den Grundsätzen der culpa in contrahendo allgemein ihren Grund in der Gewährung von in Anspruch genommenem Vertrauen („Haftung für enttäuschtes Vertrauen") findet (vgl. Palandt/*Heinrichs*, 61. Aufl. 2002, § 276 a.F. Rn. 65 f.), ging die Rechtsprechung bisher davon aus, dass ein vergaberechtliches Fehlverhalten des öffentlichen Auftraggebers vor Vertragsschluss dessen Haftung nur dann begründen konnte, wenn ein **zusätzliches Vertrauenselement** aufseiten des Schadensersatz verlangenden Bieters vorlag (vgl. etwa BGH vom 8.9.1998, X ZR 99/96). Schadensersatz nach Aufhebung eines Vergabeverfahrens, für die kein vergaberechtlich anerkannter Grund (§ 17 VOL/A, § 20 EG VOL/A, § 17 VOB/A, § 17 EG VOB/A) vorlag, konnte ein Bieter nur dann verlangen, wenn er sich ohne Vertrauen auf die Rechtmäßigkeit des Vergabeverfahrens daran entweder gar nicht oder nicht so wie geschehen beteiligt hätte (vgl. BGH vom 27.11.2007, X ZR 18/07).

84

Nach dieser Rechtsprechung war das **Vertrauen** auf die vergaberechtskonforme Abwicklung des Vergabeverfahrens rechtlich dann **nicht mehr schutzwürdig**, wenn der Bieter bei der ihm im jeweiligen Fall zumutbaren Prüfung erkannt hatte oder hätte erkennen müssen, dass der Auftraggeber von den für ihn geltenden Regeln abweicht (vgl. BGH vom 12.6.2001, X ZR 150/99). War dem Bieter bekannt, dass die Ausschreibung fehlerhaft war, fehlte es nach der damaligen Rechtsprechung jedenfalls an dem notwendigen Vertrauenstatbestand (BGH vom 27.6.2007, X ZR 34/04). Bei einer solchen Kenntnis konnte der Bieter nicht mehr berechtigterweise darauf vertrauen, dass der mit der Erstellung des Angebots und der Teilnahme am Verfahren verbundene Aufwand nicht nutzlos war (BGH vom 1.8.2006, X ZR 146/03; OLG Naumburg vom 28.10.2010, 1 U 52/10). Darüber hinaus verdiente das Vertrauen eines Bieters aber auch dann keinen Schutz, wenn sich ihm die ernsthafte Gefahr eines Regelverstoßes des Auftraggebers aufdrängen muss, ohne dass die Abweichung schon sicher erschien (BGH vom 27.6.2007, X ZR 34/04; BGH vom 1.8.2006, X ZR 146/03; BGH vom 3.6.2004, X ZR 30/03; OLG Stuttgart vom 30.4.2007, 5 U 4/06). Diese rigorose Rechtsprechung höhlte den Schadensersatzanspruch nach Satz 1 zu weitgehend zu Lasten der Bieter aus (zu Recht krit. daher *Braun*, in: Müller-Wrede, GWB-Vergaberecht, § 126 Rn. 31; *Leinemann*, Das neue Vergaberecht, Rn. 672).

85

Ein **Anspruch** auf Schadensersatz sollte demnach schließlich auch **ausscheiden**, wenn bestimmte **Vorgaben** in den Vergabeunterlagen oder ein **Verhalten der Vergabestelle unklar** war, z.B. ob sich die Vergabestelle eine Gesamtvergabe der in Lose aufgeteilten Leistung vorbehalten hatte oder nicht. In einer solchen Konstellation durfte ein Bieter nicht einfach eine von mehreren möglichen Auslegungsvarianten unterstellen, sondern musste sich um Aufklärung durch Einsichtnahme von Unterlagen, Nachfragen, Ortsbesichtigungen etc. bemühen (OLG Naumburg vom 2.7.2009, 1 U 5/09). Unterließ er die gebotenen Aufklärungshandlungen, dann musste er in Kauf nehmen, mit der Vergabeentscheidung in seiner subjektiven Erwartung (nicht in seinem berechtigten Vertrauen) enttäuscht zu werden (OLG Naumburg vom 2.7.2009, 1 U 5/09; vgl. auch OLG Brandenburg vom 20.4.2004, 6 U 116/03). Ein Schadensersatzanspruch aus §§ 280 Abs. 1, 241 Abs. 1, 311 Abs. 2, 3 BGB stand ihm nach der früheren Linie der Rechtsprechung dann nicht zu.

86

Von dieser weitgehend auf dem tatbestandlichen **Erfordernis eines Vertrauenselements** beruhenden Rechtsprechung hat der **BGH** nunmehr für den Bereich des Vergaberechts **ausdrücklich Abstand genommen**. An einem zusätzlichen Vertrauenselement hält der BGH für Schadensersatzansprüche, die auf ein vergaberechtliches Fehlverhalten des öffentlichen Auftraggebers vor Vertragsschluss gestützt sind, nicht fest. Zur Begründung verweist der BGH darauf, dass der aus § 280 Abs. 1 i.V.m. § 241 Abs. 2 und § 311 Abs. 2 Nr. 1 BGB hergeleitete Schadensersatzanspruch nach

87

dem Wortlaut der gesetzlichen Regelung an die Verletzung einer aus dem Schuldverhältnis herrührenden Rücksichtnahmepflicht der Beteiligten anknüpft. Dafür, dass dem Gläubiger nur dann Schadensersatz zustehen solle, wenn er bei Verletzung einer solchen Rücksichtnahmepflicht zusätzlich gewährtes Vertrauen in Anspruch genommen hat, sei der gesetzlichen Regelung nichts zu entnehmen. Für das Recht der öffentlichen Auftragsvergabe bestehe auch kein Bedürfnis dafür, das Vertrauen des Bieters etwa als ungeschriebenes Tatbestandsmerkmal weiter zu fordern. Denn dieses Gebiet sei durch die Besonderheit gekennzeichnet, dass der Ablauf der Vertragsverhandlungen und die dem Auftraggeber dabei auferlegten Verhaltenspflichten eingehend geregelt seien (s. Rn. 60 ff.). An die daraus resultierenden Verhaltenspflichten knüpften die Rücksichtnahmepflichten aus § 241 Abs. 2 BGB an. Der Inanspruchnahme besonderen Vertrauens als eines Tatbestands, an dessen Erfüllung die Haftung wegen Verschuldens bei Vertragsanbahnung überhaupt erst festgemacht werden könnte, bedürfe es deshalb nicht (vgl. BGH vom 9.6.2011, X ZR 143/10; vgl. auch BGH vom 5.6.2012, X ZR 161/11 sowie *Gröning*, GRUR 2009, 266, 268).

88 **Maßgeblich** ist demnach **allein**, ob der Auftraggeber durch **Missachtung von Vergabevorschriften** seine Verpflichtung zur Rücksichtnahme auf die Rechte, Rechtsgüter und Interessen der potenziellen Bieter verletzt und einem durch diese Vorschriften geschützten Unternehmen hierdurch Schaden zugefügt hat. Der vom Bieter geltend gemachte Schadensersatzanspruch kann diesem daher nicht mehr mit dem Argument verweigert werden, er habe die Mangelhaftigkeit der Ausschreibung erkannt oder erkennen müssen, so dass er bei Angebotsabgabe nicht im Vertrauen darauf gehandelt hätte, dass das Vergabeverfahren insoweit nach den einschlägigen Vorschriften des Vergaberechts abgewickelt werden würde (BGH vom 5.6.2012, X ZR 161/11). Hierin liegt eine erhebliche Erleichterung der betroffenen Bieter im Schadensersatzprozess (vgl. Rn. 95 und *Gröning*, GRUR 2009, 266, 269).

3. Rechtsfolge

89 Der Schadensersatzanspruch kann alternativ (nicht kumulativ, OLG Thüringen vom 27.2.2002, 6 U 360/01) auf das sog. negative Interesse, je nach Sachverhalt aber auch auf das sog. positive Interesse gerichtet sein.

a) Ersatz des negativen Interesses

90 Mit dem Begriff „**negatives Interesse**" werden die Nachteile bezeichnet, die der Anspruchsteller infolge der Pflichtverletzung erlitten hat, weil er darauf vertraut hat, dass der Anspruchsgegner sich an die aus dem vorvertraglichen Schuldverhältnis ergebenden Regeln hält. Bei vergaberechtlichen Sachverhalten geht es daher um die Schäden, die aus dem Vertrauen herrühren, dass die Beschaffung nach den Vorschriften des GWB, der VgV, des EU-Vergaberechts, der einschlägigen Vergabe- und Vertragsordnung oder nach den eigenen Vergabebedingungen des Auftraggebers abgewickelt wird. Nach §§ 280 Abs. 1, 241 Abs. 2, 311 Abs. 2 BGB kann ein Bieter daher auch die Nachteile ausgeglichen verlangen, die ihm durch die Teilnahme an einer Ausschreibung entstanden sind. Das sind in erster Linie die bereits in Rn. 47 beispielhaft benannten **Kosten**. Ist dem Bieter wegen seiner Teilnahme am Vergabeverfahren ein anderes Geschäft entgangen, schließt das negative Interesse auch den insoweit **entgangenen Gewinn** ein.

91 Hat der sich übergangen fühlende Bieter wegen der behaupteten Pflichtverletzung einen **Rechtsanwalt** eingeschaltet, können auch dessen Gebühren ersetzt verlangt werden (LG Leipzig vom 19.8.2005, 01 HK O 7069/04). Zur Frage der **Angemessenheit der Rechtsanwaltsgebühr** vgl. neuerdings BGH vom 9.6.2011 (X ZR 143/10), wonach bei vergaberechtlichen Streitigkeiten nicht in jedem Fall pauschal von einer überdurchschnittlichen Schwierigkeit für die anwaltliche Tätigkeit ausgegangen werden könne. Auch vergaberechtliche Streitigkeiten seien hinsichtlich ihres Umfangs und Schwierigkeitsgrads unterschiedlich gelagert. Es erscheine daher nicht angemessen, diesen Fällen pauschal einen Schwierigkeitsgrad beizumessen, dem regelmäßig eine Gebühr im oberen oder obersten Bereich der einschlägigen Rahmengebühr zu entsprechen habe. Das gelte umso mehr mit Blick auf die anwaltliche Spezialisierung. Zweifelhaft könne ferner sein, den Aufwand bei der Vertretung im Vergabeverfahren generell auch daran zu messen, welche Probleme sich im anschließenden

Nachprüfungsverfahren ergeben haben, weil die Auseinandersetzung hinsichtlich des Umfangs und Schwierigkeitsgrads dynamisch verlaufen sein kann.

Das „negative Interesse", also die Kosten der Teilnahme an dem Vergabeverfahren, kann regelmäßig jedoch **nur der Bieter verlangen, der** ohne den behaupteten Verstoß **den Zuschlag erhalten hätte** (BGH vom 27.11.2007, X ZR 18/07 sowie BGH vom 9.6.2011, X ZR 143/10; vgl. auch OLG Celle vom 4.3.2010, 13 Verg 1/10). So hat beispielsweise die VK Schleswig-Holstein (vom 25.1.2012, VK-SH 24/11) entschieden, dass der Anspruch nur demjenigen Bieter zusteht, der als Sieger aus dem Vergabeverfahren hervorgegangen wäre (vgl. auch *Gröning*, GRUR 2009, 266, 268). Das ergibt sich daraus, dass mit der Ausschreibung ein Wettbewerbsverfahren eröffnet wird, bei dem sich die unter Umständen beträchtlichen Aufwendungen der Bieter für die Erstellung der Angebote nur bei dem Gewinner des Verfahrens amortisieren, während die übrigen Teilnehmern in aller Regel auch für beträchtliche Ausgaben zur Vorbereitung ihres Angebots keinen Ersatz erhalten. Ein Verstoß gegen bieterschützende Bestimmungen zum Nachteil eines nachrangigen Bewerbers wird deshalb regelmäßig nicht kausal für den bei ihm durch die Angebotsaufwendungen zu verzeichnenden Vermögensverlust sein (BGH vom 27.6.2007, X ZR 34/04). 92

Das gilt aber nicht ausnahmslos (vgl. etwa BGH vom 9.6.2011, X ZR 143/10 sowie die Nachweise bei *Gröning*, GRUR 2009, 266, 267 Fn 14 sowie S. 269). Einem Bieter, der den Zuschlag nicht erhalten hat, kann gleichwohl ein Anspruch auf Ersatz solcher Aufwendungen zustehen, die er nicht getätigt hätte, wenn er gewusst hätte, dass sich die Vergabestelle über die sie aus dem vorvertraglichen Vertrauensverhältnis treffenden (Aufklärungs-)Pflichten hinwegsetzt, sie es z.B. unterlässt, rechtzeitig bestimmte Informationen zu erteilen (BGH vom 27.11.2007, X ZR 18/07; OLG Koblenz vom 15.1.2007, 12 U 1016/05; OLG Celle vom 4.3.2010, 13 Verg 1/10). Neben den Fällen **unterlassener Aufklärung** kommt eine Schadensersatzverpflichtung des Auftraggebers daher gegenüber diesem Bieter z.B. bei einer **rechtswidrigen Aufhebung des Verfahrens** (vgl. hierzu BGH vom 9.6.2011, X ZR 143/10) oder auch bei einem **Verfahrensfehler**, der die Einleitung des Vergabeverfahrens als solche betrifft (etwa eine fehlerhafte Kostenschätzung), in Betracht. Ein Anspruch aus culpa in contrahendo auf Erstattung der Kosten für die Teilnahme am Vergabeverfahren kann einem Bieter also auch dann zustehen, wenn er sich ohne Vertrauen auf die Rechtmäßigkeit des Vergabeverfahrens nicht oder nicht so, wie geschehen, daran beteiligt hätte (BGH vom 27.11.2007, X ZR 18/07). Dies ist jedoch nur dann der Fall, wenn der Bieter sich in Kenntnis des tatsächlichen Ausschreibungsinhalts mit an Sicherheit grenzender Wahrscheinlichkeit nicht am Vergabeverfahren beteiligt und kein Angebot abgegeben hätte (VK Schleswig-Holstein vom 25.1.2012, VK-SH 24/11; OLG Celle vom 4.3.2010, 13 Verg 1/10). Entsprechende Umstände hat der Anspruchsteller (Kläger) in dem Schadensersatzprozess gesondert darzulegen. Es versteht sich nämlich nicht immer von selbst, dass ein Bieter gänzlich von der Bewerbung um einen Auftrag Abstand nimmt, bloß weil er erkennt, dass dieser z.B. fälschlicherweise nur national ausgeschrieben worden ist anstatt europaweit (vgl. BGH vom 27.11.2007, X ZR 18/07). Zu Fällen, in denen das Ausschreibungsverfahren von Anfang an fehlerbehaftet war und deshalb keine echte Amortisationschance für getätigte Aufwendungen bestand, vgl. OLG Schleswig vom 18.1.2001, 11 U 139/99 sowie OLG Dresden vom 10.2.2004, 20 U 1697/03. Nach der bisherigen Sichtweise mussten die betroffenen Bieter also stets darlegen, dass sie auf die Rechtmäßigkeit des Verfahrens vertraut haben. Daran fehlt es ersichtlich, wenn die den Verstoß gemäß § 107 Abs. 3 GWB gerügt haben (*Gröning*, GRUR 2009, 266, 269). 93

Im **Schadensersatzprozess** musste der betroffene Bieter (Kläger) früher in aller Regel nachweisen, dass er sich in Kenntnis einer bestimmten Information, nämlich des vergaberechtswidrigen Verhaltens des Auftraggebers, nicht am Vergabeverfahren beteiligt bzw. wegen des Verstoßes ein Nachprüfungsverfahren eingeleitet hätte (vgl. BGH vom 27.11.2007, X ZR 18/07). Der Kläger war also u.U. gehalten vorzutragen, dass er sich nicht am Vergabeverfahren solcher Auftraggeber beteilige, die das Vergaberecht nicht beachteten, da er bei solchen Auftraggebern immer damit rechnen müsse, zu Unrecht nicht den Zuschlag zu erhalten, und er keinen konkreten Anlass gesehen habe, an dem rechtmäßigen Verhalten des betreffenden Auftraggebers zu zweifeln (vgl. *Weyand*, IBR 2008, 174). 94

95 Die Rechtsposition des betroffenen Bieters im Schadensersatzprozess dürfte mit der neuen Rechtsprechung des BGH jedoch deutlich komfortabler geworden sein (*Gröning*, GRUR 2009, 266, 269):

Da es nach der aktuellen Rechtsprechung des BGH auf die **Inanspruchnahme von Vertrauen nicht länger ankommt** (Rn. 87), haben die betroffenen Bieter mit dem Nachweis etwa der Fehlerhaftigkeit der Vergabeunterlagen und in Anbetracht des Umstands, dass das Vergabeverfahren deswegen aufgehoben wurde, ihrer Darlegungslast für den Anspruch auf das negative Interesse genügt. Infolge dieser Pflichtverletzung ist die Aufwendung der Kosten für die Erstellung des Angebots fehlgeschlagen. Eine Anspruchskürzung könnte lediglich unter dem Gesichtspunkt des Mitverschuldens (§ 254 BGB) in Betracht kommen. Dabei müsste aber wiederum zu Gunsten des Bieters stets nach der Zumutbarkeit alternativen Verhaltens gefragt werden (zu der gesamten Problematik s. *Gröning*, GRUR 2009, 266, 269).

b) Ersatz des positiven Interesses

96 Der Schadensersatzanspruch kann auch auf das „**positiven Interesse**" oder „Erfüllungsinteresse" gerichtet sein. Mit diesen Begriffen werden diejenigen Vermögensnachteile benannt, die ein Anspruchsteller erleidet, weil er den Zuschlag nicht erhält oder erhalten hat. Der Anspruch zielt dann in erster Linie auf den **entgangenen Gewinn eines nichtberücksichtigten Bieters**, aber auch auf andere Teilaspekte des Entgelts, soweit sie der Anspruchsteller nicht realisieren konnte. Unabhängig davon, ob sich ein Überschuss des Angebotspreises über die aufzuwendenden Kosten feststellen lässt, kann daher ggf. ein Deckungsbeitrag zu den allgemeinen Betriebskosten des Anspruchstellers eingeklagt werden (OLG Schleswig vom 12.10.2004, 6 U 81/01; OLG Stuttgart vom 6.4.2004, 2 Verg 2/04; vgl. auch OLG Dresden vom 27.1.2006, 20 U 1873/05; BGH vom 2.10.2003, III ZR 114/02), der bei Auftragserteilung erzielt worden wäre. Wenn die auftragsbezogenen Verluste höher als die mit dem eingeklagten Betrag abzudeckenden Fixkosten sind, dürfte es jedoch an einem Schaden fehlen (OLG Schleswig vom 12.10.2004, 6 U 81/01).

97 Der Anspruch des bei der Zuschlagserteilung **übergangenen Bieters** auf das positive Interesse setzt zunächst unter Kausalitätsgesichtspunkten voraus, dass ihm **bei ordnungsgemäßen Verlauf** des Vergabeverfahrens der **Auftrag hätte erteilt werden müssen** (vgl. BGH vom 5.6.2012, X ZR 161/11; BGH vom 26.1.2010, X ZR 86/08). Er kann dann Ersatz des Gewinnausfalls (s. Rn. 90) und der Rechtsanwaltskosten (s. Rn. 91) verlangen (st. Rspr., vgl. BGH vom 18.9.2007, X ZR 89/04). Dies bedeutet jedoch nicht, dass der Auftraggeber sich gegenüber dem übergangenen Bieter darauf berufen könnte, ihm hätte wegen der vergaberechtswidrigen Ausgestaltung der Vergabeunterlagen der Zuschlag in einem ordnungsgemäßen Vergabeverfahren überhaupt nicht erteilt werden können. Ansonsten wäre der öffentliche Auftraggeber von jeglicher Haftung für die Verwendung vergaberechtswidriger Unterlagen freigestellt (BGH vom 5.6.2012, X ZR 161/11). Vielmehr soll nach der Rechtsprechung des BGH mit dem Vorbehalt der potenziell möglichen Zuschlagserteilung in erster Linie verhindert werden, dass ein Bieter, dessen Angebot selbst nicht ausschreibungskonform ist und dem deshalb der Auftrag nicht hätte erteilt werden dürfen, Schadensersatz erhält (BGH vom 1.8.2006, X ZR 115/04).

98 Für den Ersatz des positiven Interesses ist weiter erforderlich, dass der betreffende **Auftrag tatsächlich** an einen Konkurrenten des Anspruchstellers **vergeben** worden ist. Denn auch derjenige Bieter, der bei einer Ausschreibung das annehmbarste Angebot abgegeben hat, hat deshalb nicht von vornherein Anlass, darauf zu vertrauen, dass ihm der ausgeschriebene Auftrag erteilt wird und er sein positives Interesse hieraus realisieren kann. Ein sachlich gerechtfertigter Vertrauenstatbestand, der zu einem Ersatz des entgangenen Gewinns führt, kann vielmehr erst dann gegeben sein, wenn der ausgeschriebene Auftrag tatsächlich – wenn auch unter Verstoß gegen die einschlägigen Vergaberegeln – erteilt wurde. Erst dann erweist es sich als berechtigt, dass der betroffene Bieter auf die tatsächliche Durchführung des Auftrags und dem hierdurch zu erlösenden Gewinn vertraut hat. Unterbleibt die Vergabe des Auftrags, kommt hingegen regelmäßig nur eine Entschädigung im Hinblick auf das Vertrauen in Betracht, um im Ergebnis nutzlose Aufwendungen für die Erstellung des

Angebots und die Teilnahme am Ausschreibungsverfahren tätigen zu müssen (BGH vom 5.11.2002, X ZR 232/00; OLG Naumburg vom 26.10.2004, 1 U 30/04; OLG Dresden vom 10.7.2003, WVerg 15/02).

Die demnach erforderliche **tatsächliche Vergabe des Auftrags** an einen Bieter liegt vor, wenn der Auftraggeber mit einem oder mehreren Unternehmen einen Vertrag oder mehrere Verträge abgeschlossen hat und dieser Vertrag bei wirtschaftlicher Betrachtungsweise das gleiche Vorhaben und den gleichen Auftragsgegenstand betrifft (BGH vom 5.11.2002, X ZR 232/00). Daran fehlt es, wenn der **vergebene Auftrag** im Vergleich zu dem ausgeschriebenen Beschaffungsvorhaben **wesentliche Änderungen** aufweist, was nach wirtschaftlichen und technischen Kriterien und nicht nach formalen Aspekten zu beurteilen ist (OLG Dresden vom 9.3.2004, 20 U 1544/03). Ein Anspruch des übergangenen Bieters kann jedoch auch dann bestehen, wenn sich der ausgeschriebene und der tatsächlich erteilte Auftrag nicht decken, der übergangene Bieter aber auf Besonderheiten verweisen kann, die den Auftraggeber hätten veranlassen müssen, ihm – auch – den geänderten Auftrag zu erteilen (BGH vom 5.11.2002, X ZR 232/00). **99**

c) Rechtmäßiges Alternativverhalten

Nach allgemeinem Schadensersatzrecht ist einem Schädiger in der Regel ein Schaden dann nicht zuzurechnen, wenn dieser auch bei rechtmäßigem Verhalten entstanden wäre (BGH vom 5.3.2002, VI ZR 398/00; BGH vom 25.11.1992, VIII ZR 170/91; BGH vom 26.10.1999, X ZR 30/98). Eine Schadensersatzpflicht aus §§ 280 Abs. 1, 241 Abs. 2, 311 Abs. 2 BGB besteht daher in der Regel dann nicht, wenn der Anspruchsgegner darlegen und beweisen kann, dass der Anspruchsteller die pflichtwidrig verursachten Aufwendungen auch dann gehabt oder einen Gewinn nicht gemacht hätte, wenn sich der Anspruchsgegner rechtmäßig verhalten hätte (sog. Einwand des rechtmäßigen Alternativverhaltens). Wegen der Einzelheiten wird auf die Ausführungen in Rn. 41 ff. verwiesen. **100**

d) Mitverschulden, § 254 BGB

Eigenes Mitverschulden kann den Schadensersatzanspruch des Anspruchstellers nach § 254 BGB mindern oder auch ganz entfallen lassen. Grundsätzlich kann der Vorwurf des Mitverschuldens auch darauf gestützt werden, dass es der Anspruchsteller unterlassen hat, eine Rüge gegen den fraglichen Verstoß zu erheben oder insoweit ein Nachprüfungsverfahren anzustrengen (Rn. 49), um so seine Chance auf den Zuschlag zu wahren. Praktisch dürfte eine Anspruchsminderung wegen Mitverschuldens des Anspruchstellers in vergaberechtlichen Konstellationen jedoch nur selten vorkommen. Denn nach der bisherigen Rechtsprechung des BGH fehlt es regelmäßig bereits an einer anspruchsbegründenden Voraussetzung, wenn der Anspruchsteller zu dem Zeitpunkt, zu dem er Aufwendungen für die Erarbeitung des eigenen Angebots getätigt und hierdurch sein Vermögen belastet hat, das **Fehlverhalten des Anspruchsgegners erkennt** oder zumindest hätte erkennen müssen bzw. sich ihm jedenfalls die ernsthafte Gefahr eines Regelverstoßes des Auftraggebers hätte aufdrängen müssen. Eben in diesen Fällen entsteht aber die Rügeobliegenheit des § 107 Abs. 3 GWB (vgl. auch *Leinemann*, IBR 2011, 534). Ohnehin ist in aller Regel der Schadensersatzanspruch nur dann begründet, wenn dem Anspruchsteller bei rechtmäßigem Vorgehen des Anspruchsgegners der Auftrag hätte erteilt werden müssen (Rn. 98), so dass auch unter diesem Aspekt das Unterbleiben einer Rüge oder eines Nachprüfungsantrags kaum Bedeutung haben kann. **101**

Praktisch relevant kann aber **§ 254 Abs. 2 Satz 1 BGB** sein, wonach der Gläubiger eines Schadensersatzanspruchs gehalten ist, den zu ersetzenden Schaden gering zu halten. Die Bieter sollten sich daher auf notwendige Aufwendungen beschränken. Unter dem Gesichtspunkt der **Schadensminderungspflicht** kann es außerdem geboten sein, die durch den entfallenden Auftrag freigewordenen personellen oder maschinellen Produktionskapazitäten anderweitig einzusetzen (Übernahme von sog. Füllaufträgen) oder aber Kosten durch Kündigungen zu vermeiden (OLG Schleswig vom 19.12.2003, 4 U 4/2000). **102**

§ 126 GWB

e) Verjährung

103 Der Schadensersatzanspruch aus §§ 280 Abs. 1, 241 Abs. 2, 311 Abs. 2 BGB unterliegt der regelmäßigen Verjährungsfrist von drei Jahren. Zu den Einzelheiten s. § 125 Rn. 30 ff.

f) Zuständigkeit

104 Eine auf §§ 280 Abs. 1, 241 Abs. 2, 311 Abs. 2 BGB gestützte Schadensersatzklage ist vor den **Zivilgerichten** zu erheben. Soweit es um die Verletzung einer Pflicht geht, die aufgrund des GWB besteht, weil für die konkrete Beschaffungsmaßnahme der Anwendungsbereich des Vergaberechts der §§ 97 ff. GWB eröffnet ist, ist erstinstanzlich ausschließlich das Landgericht sachlich zuständig (§ 87 Abs. 1 Satz 2 i.V.m. Satz 1 GWB). Bei den sonstigen Beschaffungsmaßnahmen ist entweder das Amtsgericht oder das Landgericht erstinstanzlich zuständig; dies richtet sich nach dem jeweiligen Streitwert. Eine Zuständigkeit der Vergabekammern besteht nicht.

105 Die Klage ist im Allgemeinen am Gerichtsstand des Anspruchsgegners, also in der Regel vor dem Gericht, in dessen Bezirk er wohnt bzw. seinen Sitz hat (vgl. §§ 11 ff. ZPO), zu erheben.

g) Darlegungs- und Beweislast

106 Für die Darlegungs- und Beweislast gilt zunächst das insoweit zu Satz 1 Ausgeführte entsprechend (Rn. 55 ff.). Der Anspruchsteller muss hier diejenigen Tatsachen vortragen und beweisen, die das Zustandekommen eines Schuldverhältnisses, eine Verletzung einer dem Schutz des Anspruchstellers dienenden Pflicht, einen Vertrauenstatbestand, einen Schaden und die Kausalität belegen und aus denen sich insbesondere auch ergibt, dass ohne die Pflichtverletzung der Auftrag an den Anspruchsteller hätte erteilt werden müssen (OLG Saarbrücken vom 2.7.2003, 1 U 113/03). **§ 124 Abs. 1 GWB** ist zu beachten (OLG Naumburg vom 26.10.2004, 1 U 30/04). An eine Entscheidung einer Vergabeprüfstelle, eines Vergabeüberwachungsausschusses oder der Aufsichtsbehörde des öffentlichen Auftraggebers ist das Zivilgericht jedoch nicht gebunden (OLG Naumburg vom 26.10.2004, 1 U 30/04).

107 Bei einer Klage auf **Ersatz des positiven Interesses** kann der Anspruchsteller seiner Darlegungs- und Beweislast auf zweierlei Weise nachkommen: Er kann den behaupteten **Schaden konkret** gemäß §§ 249 Abs. 1, 251 Abs. 1 BGB **berechnen**. In diesem Fall muss er alle Einzelheiten darlegen und beweisen, die z.B. den behaupteten Gewinn ergeben (vgl. OLG Naumburg vom 26.10.2004, 1 U 30/04). Nach § 252 Satz 2 BGB gilt aber bereits **derjenige Gewinn** als entgangen, welcher nach dem **gewöhnlichen Lauf der Dinge mit Wahrscheinlichkeit erwartet** werden konnte (vgl. hierzu OLG Dresden vom 2.2.2010, 16 U 1373/09). Der Anspruchsteller braucht daher nur die Umstände darzulegen, aus denen sich die Wahrscheinlichkeit eines entgangenen Gewinns ergibt, wobei an dieser Darlegung keine zu strengen Anforderungen gestellt werden dürfen. Bei der Beweisführung kommt ihm zudem die Erleichterung des § 287 ZPO zugute, die dem Gericht eine Schadensschätzung erlaubt und sie sogar gebietet, wenn feststeht, dass überhaupt ein Schaden entstanden ist, sich der Vollbeweis für die Höhe des Schadens jedoch nicht erbringen lässt. In diesem Zusammenhang darf das Gericht die Schätzung eines Mindestschadens nur dann ablehnen, wenn es hierzu an jeglichen greifbaren Anknüpfungstatsachen fehlt.

III. Schadensersatzanspruch aus § 823 BGB

1. § 823 Abs. 1 BGB

108 Ein Anspruch auf Schadensersatz aus § 823 Abs. 1 BGB kommt in vergaberechtlichen Sachverhalten nur unter dem Gesichtspunkt eines **Eingriffs in den eingerichteten und ausgeübten Gewerbetrieb** in Betracht. Der eingerichtete und ausgeübte Gewerbebetrieb zählt zu den sonstigen Rechten, die durch § 823 Abs. 1 BGB gegen rechtswidrige Eingriffe geschützt werden sollen. Der durch § 823 Abs. 1 BGB vermittelte Schutz des Betriebsinhabers soll jedoch die Fortsetzung der bisher rechtmäßig ausgeübten Tätigkeit sichern; Voraussetzung für den Anspruch ist daher eine unmittelbare Beeinträchtigung des Gewerbebetriebs als solchen (BGH vom 15.11.1982, II ZR 206/81); ein bloßer Vermögensschaden wird dagegen über § 823 Abs. 1 BGB nicht ersetzt, da § 823 BGB das Vermögen

als solches nicht schützt (OLG Düsseldorf vom 30.1.2003, 5 U 13/02). Wegen dieser Anforderungen kommt § 823 Abs. 1 BGB **für vergaberechtliche Sachverhalte praktisch kaum Bedeutung** zu. Betriebsbezogene Eingriffe in den eingerichteten und ausgeübten Gewerbebetrieb können jedoch in der Verhängung einer **Vergabesperre** liegen. Der öffentliche Auftraggeber kann daher dem von der Sperre betroffenen Unternehmen zum Schadensersatz nach § 823 Abs. 1 BGB verpflichtet sein, wenn er selbst oder eine Person, für deren Verhalten er nach § 831 BGB einzustehen hat, zu der Vergabesperre ohne einen rechtfertigenden Grund gegriffen hat (LG Berlin vom 22.3.2006, 23 O 118/04). Eine Vergabesperre ist jedenfalls dann gerechtfertigt, wenn in dem Unternehmen nachweislich schwere Verfehlungen begangen wurden (LG Berlin vom 22.3.2006, 23 O 118/04). Schwere Verfehlungen können vor allem auf den Geschäftsverkehr bezogene Verstöße gegen strafrechtliche Bestimmungen sein oder schwerwiegende Rechtsverstöße gegen Normen, die grundlegende Prinzipien des Vergaberechts schützen (Wettbewerb, Gleichbehandlung etc.). Bloße Meinungsverschiedenheiten hinsichtlich einer ordnungsgemäßen Vertragserfüllung, mögen sie auch Gegenstand eines Rechtsstreites oder eines selbständigen Beweisverfahrens sein, stellen z.B. noch keine schwere Verfehlung in diesem Sinne dar (LG Düsseldorf vom 16.3.2005, 12 O 225/04).

2. § 823 Abs. 2 BGB

a) Schutzgesetz i.S.v. § 823 Abs. 2 BGB

Ein Anspruch auf Schadensersatz aus § 823 Abs. 2 BGB setzt die rechtswidrige und schuldhafte Verletzung eines Schutzgesetzes i.S.v. § 823 BGB voraus. **Schutzgesetz** in diesem Sinne ist jede Rechtsnorm, die zumindest auch dem Schutz des Einzelnen oder eines abgrenzbaren Personenkreises vor einer Verletzung ihrer Rechtsgüter dient. Vorausgesetzt wird die rechtswidrige Verletzung einer in formellen Gesetzen, zu denen auch der Vertrag über die Arbeitsweise der Europäischen Union (AEUV) gehört, in Rechtsverordnungen, in autonomen Satzungen und in Tarifverträgen enthaltenen oder aufgrund Gewohnheitsrechts bestehenden Vorschrift durch den Anspruchsgegner, die zumindest auch den Individualinteressen des Anspruchstellers zu dienen bestimmt ist und den Anspruchsteller (auch) vor den Schäden schützen soll, die dieser im konkreten Fall ersetzt verlangt. 109

Bei Beschaffungsvorgängen, die nach dem 4. Teil des GWB abzuwickeln sind, sind Schutzgesetze i.S.d. § 823 Abs. 2 BGB zunächst die **Vorschriften des 4. Teils des GWB** selbst, die Vorschriften der **VgV** sowie die Vorschriften der einschlägigen **Vergabe- und Vertragsordnung**, soweit sie nicht eine reine Ordnungsfunktion haben oder ausschließlich aus hauswirtschaftlichen oder -rechtlichen Gründen erlassen sind oder nicht ausschließlich gesamtwirtschaftlichen Zielen dienen. Das folgt aus § 97 Abs. 7 GWB i.V.m. §§ 4 ff. VgV, § 97 Abs. 6 GWB. Wegen der Einzelheiten wird auf die Kommentierung zu dem Anspruch aus §§ 280 Abs. 1, 241 Abs. 2, 311 Abs. 2 BGB (Rn. 71 ff.) verwiesen. § 823 Abs. 2 BGB kann insbesondere dann in Betracht kommen, wenn ein notwendiges Vergabeverfahren nicht durchgeführt wurde (KG vom 27.11.2003, 2 U 174/02). An der Notwendigkeit, einen Schaden darzulegen, wird der Anspruch jedoch regelmäßig scheitern. 110

Der Anspruch aus § 823 Abs. 2 BGB kann dagegen nicht darauf gestützt werden – was vor allem bei **Auftragsvergaben unterhalb der Schwellenwerte** von Bedeutung ist –, der Anspruchsgegner habe bei seiner Beschaffungsmaßnahme die einschlägige Haushaltsordnung oder Vorschriften der einschlägigen Vergabe- und Vertragsordnung bzw. sonstige selbst gesetzte eigene Vorgaben missachtet. Die Regeln des **Haushaltsrechts** stellen **keine Schutzgesetze** zugunsten eines am Auftrag interessierten Unternehmens dar; die Vergabe- und Vertragsordnungen als solche enthalten keine Regeln mit Rechtssatzqualität, sondern verwaltungsinterne Regeln (z.B. OLG Thüringen vom 8.12.2008, 9 U 431/08). Die eigenen Vorgaben des Auftraggebers besitzen diese Qualität ebenfalls nicht. 111

Bei **Beschaffungsmaßnahmen außerhalb der Geltung des GWB** haben die öffentlichen Auftraggeber jedoch den Gleichbehandlungsgrundsatz des Art. 3 Abs. 1 GG zu beachten. Einer staatlichen Stelle, die einen öffentlichen Auftrag vergibt, ist es daher verwehrt, das Vergabeverfahren oder die Kriterien der Vergabe willkürlich zu bestimmen (BVerfG vom 13.6.2006, 1 BvR 1160/03). Das Willkürverbot ist verletzt, wenn der Anspruchsteller keine faire Chance bekommen hat, den Auftrag 112 zu erhalten (BVerfG vom 13.6.2006, 1 BvR 1160/03). Dementsprechend kann der Anspruchsteller den Schaden nach § 823 Abs. 2 BGB einklagen, der als adäquate Folge eines **Verstoßes gegen das Willkürverbot** entstanden ist (vgl. OLG Stuttgart vom 11.4.2002, 2 U 240/01). Dabei ist festzustellen, ob die Ungleichbehandlung von Bietern oder Bewerbern noch als sachlich vertretbare Maßnahme angesehen werden kann. Hierbei spielt auch eine Rolle, ob der Anspruchsgegner von seinen selbst festgelegten Gesichtspunkten für die Auswahl des erfolgreichen Angebots ohne sachlichen Grund abgewichen ist. Denn die tatsächliche Vergabepraxis des Auftraggebers führt zu einer Selbstbindung, die den Vergabe- und Vertragsordnungen und den verwaltungsinternen Regelungen über Verfahren und Kriterien der Vergabe eine mittelbare Außenwirkung verleiht, so dass Verstöße hiergegen Ansprüche aus unerlaubter Handlung begründen können (OLG Brandenburg vom 17.12.2007, 13 W 79/07). Die Ungleichbehandlung und der rechtfertigende Grund müssen zudem in einem angemessenen Verhältnis zueinander stehen, was eine **differenzierte Prüfung des Einzelfalles** erfordert. Als Verstoß gegen das Willkürverbot wurde z.B. angesehen, wenn die Leistungsbeschreibung derart lücken- und fehlerhaft ist, dass eine Vergleichbarkeit der auf ihr basierenden Angebote ausgeschlossen ist (LG Frankfurt/Oder vom 14.11.2007, 13 O 360/07; LG Cottbus vom 24.10.2007, 5 O 99/07).

113 Zudem haben öffentliche Auftraggeber i.S.d. EU-Vergaberichtlinien nach der Rechtsprechung des EuGH auch bei der Vergabe von öffentlichen Aufträgen, die den jeweiligen Schwellenwert nicht erreichen oder für die der 4. Teil des GWB aus einem anderen Grund nicht gilt (z.B. wegen § 100 Abs. 2 GWB), die **Grundfreiheiten** zu beachten. Hierzu zählt insbesondere das Verbot der Diskriminierung aus Gründen der Staatsangehörigkeit (Art. 18 AEUV), die Warenverkehrsfreiheit (Art. 34 AEUV), die Niederlassungsfreiheit (Art. 49 AEUV) sowie die Dienstleistungsfreiheit (Art. 56 AEUV). Auf der Grundlage dieser gemeinschaftsrechtlichen Vorgaben sind die öffentlichen Auftraggeber verpflichtet, bei einer Beschaffung zugunsten der potenziellen Bieter einen angemessenen Grad von Öffentlichkeit herzustellen, der den Markt dem Wettbewerb öffnet (EuGH vom 7.12.2000, Rs. C-324/98). Hiervon sind Aufträge ausgenommen, deren „**Binnenmarktrelevanz**" (vgl. hierzu eingehend *Deling*, NZBau 2011, 725 und *dies.*, NZBau 2012, 17) fehlt, die also wegen besonderer Umstände, wie z.B. einer nur sehr geringfügigen wirtschaftlichen Bedeutung für die Wirtschaftsteilnehmer aus anderen Mitgliedstaaten, nicht von Interesse sind, so dass die Auswirkungen auf die Grundfreiheiten zu zufällig und mittelbar werden, als dass auf deren Verletzung geschlossen werden könnte (EuGH vom 21.7.2005, Rs. C-231/03 Rn. 20 m.w.N.; EuGH vom 20.10.2005, Rs. C-264/03 Rn. 32). Ob der fragliche Auftrag, dessen geschätzter Wert unter dem jeweiligen EU-Schwellenwert liegt, für Unternehmen aus anderen Mitgliedstaaten von Interesse, also „binnenmarktrelevant", sein könnte, muss der Auftraggeber in jedem Einzelfall prüfen. Diese Prüfung unterliegt der gerichtlichen Kontrolle (OLG Düsseldorf vom 7.3.2012, VII-Verg 78/11). Der Auftraggeber hat hierzu eine Prognose darüber anzustellen, ob der Auftrag nach den konkreten Marktverhältnissen, d.h. mit Blick auf die angesprochenen Branchenkreise und ihre Bereitschaft, Aufträge gegebenenfalls in Anbetracht ihres Volumens und des Ortes der Auftragsdurchführung auch grenzüberschreitend auszuführen, für ausländische Anbieter interessant sein könnte (BGH vom 30.8.2011, X ZR 55/10; vgl. *Europäische Kommission*, Mitteilung zu Auslegungsfragen in Bezug auf das Gemeinschaftsrecht, das für die Vergabe öffentlicher Aufträge gilt, die nicht oder nur teilweise unter die Vergaberichtlinien fallen, ABl. Nr. C 179 vom 1.8.2006, S. 2; vgl. hierzu EuG vom 20.5.2010, T-258/06). Kommt der Auftraggeber zu dem Schluss, dass dies der Fall ist, muss die Vergabe unter Einhaltung der aus dem Gemeinschaftsrecht abgeleiteten Grundanforderungen erfolgen (OLG Dresden vom 12.10.2010, WVerg 009/10). Ein grenzüberschreitendes Interesse hat die Rechtsprechung z.B. für das Drei-Länder-Eck Passau ohne Weiteres bejaht (OLG München vom 30.6.2011, Verg 5/09).

114 Die genannten gemeinschaftsrechtlichen Vorgaben fordern im Interesse potenzieller Bieter, den jeweiligen Beschaffungsbedarf so bekannt zu machen, dass ein Interesse an dem jeweiligen Auftrag rechtzeitig bekundet werden kann (EuGH vom 21.7.2005, Rs. C-231/03), die bedarfsgerechte Leistung diskriminierungsfrei zu bestimmen (EuGH vom 3.12.2001, Rs. C 59/00), dem tatsächlich Interessierten zu ermöglichen, rechtzeitig ein der Nachfrage gerecht werdendes Angebot abzugeben und über den Zuschlag unparteiisch (EuGH vom 7.12.2000, Rs. C-324/98) und ohne Willkür eine

sachgerechte Entscheidung zu treffen. Aus der Pflicht zur Beachtung dieser Grundsätze bei grenzüberschreitendem Interesse folgt nach ständiger Rechtsprechung des EuGH die **Pflicht zur europaweiten Ausschreibung** (OLG Düsseldorf vom 7.3.2012, VII-Verg 78/11).

Da diese Vorgaben zugunsten von Unternehmen wirken sollen, die an öffentlichen Aufträgen interessiert sein könnten, können auch sie als **Schutzgesetze i.S.v. § 823 Abs. 2 BGB** angesehen werden. Hält sich ein öffentlicher Auftraggeber unter den genannten Voraussetzungen nicht an diese Vorgaben, kann auch ein hierdurch beeinträchtigtes Unternehmen aus § 823 Abs. 2 BGB Schadensersatz verlangen.

115

b) Zurechenbarer Schaden

Hinsichtlich der Voraussetzungen, die die **Kausalität** und den **Schaden** betreffen, wird auf die Ausführungen in Rn. 84 ff. und 89 ff. verwiesen. Das positive Interesse kann auch hier in aller Regel nur dann als ein durch die Verletzung des Schutzgesetzes zurechenbarer Schaden angesehen werden, wenn der Anspruchsteller bei rechtmäßigem Vorgehen des Anspruchsgegners den Auftrag hätte erhalten müssen und der Auftrag tatsächlich anderweitig erteilt worden ist. Hat der Anspruchsteller Kenntnis vom Fehlverhalten des Anspruchsgegners, sind seine Vermögenseinbußen nicht zu ersetzen, weil er sie gewissermaßen auf eigenes Risiko übernommen hat. Ein solches Verhalten ist vom Schutzzweck der hier angesprochenen Schutzgesetze nicht umfasst. Schon bislang war die Rechtsprechung des BGH zum schutzwürdigen Vertrauen des Anspruchstellers nicht ohne Weiteres auf den Anspruch aus § 823 Abs. 2 BGB zu übertragen. Denn die Verletzung von schutzwürdigem Vertrauen zählt gerade nicht zu seinen Anspruchsvoraussetzungen. Nachdem die Inanspruchnahme von Vertrauen keine Anspruchsvoraussetzung mehr ist (Rn. 87), hat sich dieser Ansatz endgültig erübrigt. War der Verstoß des öffentlichen Auftraggebers allerdings für den Anspruchsteller erkennbar, kann der Schadensersatzanspruch aus § 823 Abs. 2 BGB wegen **Mitverschuldens** nach § 254 BGB gemindert sein oder ganz entfallen. Bei § 823 Abs. 2 BGB ist Verschulden auf Seiten des Anspruchsgegners Anspruchsvoraussetzung und daher vom Anspruchsteller vollumfänglich darzulegen und zu beweisen. Ist der Vergaberechtsverstoß durch Mitarbeiter oder sonstige Hilfspersonen gekommen, die der öffentliche Auftraggeber bei der jeweiligen Auftragsvergabe eingesetzt hat, kann er sich nach § 831 BGB entlasten. Hinsichtlich der **Darlegungs- und Beweislast** wird auf die Ausführungen in Rn. 106 f. verwiesen.

116

IV. Schadensersatzanspruch aus § 826 BGB

Ein Anspruch auf Schadensersatz aus § 826 BGB setzt voraus, dass der Auftraggeber einem Bieter in einer gegen die guten Sitten verstoßenden Weise vorsätzlich Schaden zufügt. § 826 BGB kommt damit allein in Ausnahmefällen als Anspruchsgrundlage in Betracht, beispielsweise in Bestechungsfällen bzw. bei sonstigem kollusiven Zusammenwirken zwischen Auftraggeber und Bieter zum Nachteil anderer Bieter oder wenn der für den öffentlichen Auftraggeber tätige Projektsteurer nach Angebotseröffnung das nicht wertbare Nebenangebot eines nachrangig platzierten Bieters in Absprache mit diesem inhaltlich ändert, er das Nebenangebot anschließend wertet und wegen des sich ergebenden Preisvorteils die Zuschlagserteilung an diesen Bieter empfiehlt (LG Köln vom 17.11.2004, 28 O (Kart) 449/04).

117

Grundsätzlich denkbar sind Schadensersatzansprüche nach § 826 BGB auch in Fällen der sog. **De-facto-Vergabe** (§ 101b Abs. 1 Nr. 2 GWB), wenn der Auftraggeber etwa den Vertrag ganz bewusst unter Verzicht auf eine eigentlich erforderliche Ausschreibung abschließt. Da dem potenziellen Bieter hier aber wegen der Umgehung des Vergabeverfahrens durch den Auftraggeber keinerlei Aufwendungen für die Verfahrensteilnahme entstanden sind und es infolge Fehlens einer Ausschreibung auch an einem geeigneten Beurteilungsmaßstab für die Frage fehlen dürfte, welchem potenziellem Bieter bei ordnungsgemäßer Verfahrensdurchführung der Zuschlag hätte erteilt werden müssen, wird der Anspruchsteller hier regelmäßig seinen Schaden wohl weder darlegen noch beweisen können.

118

V. Schadensersatzanspruch aus §§ 33 Abs. 2, 20 GWB

119 Der Schadensersatzanspruch aus § 33 GWB setzt eine marktbeherrschende Stellung eines „Unternehmens" i.S.v. §§ 19 Abs. 2, 20 Abs. 1 GWB voraus. Der öffentliche Auftraggeber ist aufgrund des funktionalen Unternehmensbegriffs der §§ 1, 130 GWB als „Unternehmen" in diesem Sinne anzusehen. Die Frage, ob der öffentliche Auftraggeber eine **marktbeherrschende Stellung** einnimmt, ist in zwei Stufen zu beantworten: Zunächst ist der relevante Markt in sachlicher und räumlicher Hinsicht festzulegen. In einem zweiten Schritt ist dann die Wettbewerbssituation zu bestimmen. Es kommt also auf die Nachfragemacht des Auftraggebers an. Maßgeblich ist, ob und inwieweit aus der Sicht der Anbieter die nachgefragte Leistung ihrer Art nach austauschbar ist und/oder andere Nachfrager existieren, denen sie angeboten werden kann. Für die am Auftrag interessierten Unternehmen wird regelmäßig eine derartige Ausweichmöglichkeit bestehen. Die praktische Bedeutung dieser Anspruchsgrundlage ist daher bei vergaberechtlichen Sachverhalten gering.

120 Auftraggeber, die eine marktbeherrschende Stellung innehaben, dürfen andere Unternehmen weder unbillig behindern noch ohne sachlich gerechtfertigten Grund gegenüber gleichartigen Unternehmen unterschiedlich behandeln. Ob eine derartige **unbillige Behinderung** oder eine **sachlich nicht gerechtfertigte Differenzierung** vorliegt, ist anhand einer Gesamtwürdigung aller Umstände unter Abwägung der Interessen aller Beteiligten und unter Berücksichtigung der auf die Freiheit des Wettbewerbs gerichteten Ziele des GWB zu beurteilen. Aus §§ 33 Abs. 2, 20 GWB soll sich ein Anspruch eines Bieters auf Rücknahme einer ungerechtfertigten Vergabesperre ergeben (LG Düsseldorf vom 16.3.2005, 12 O 225/04).

VI. Schadensersatzanspruch gegen andere Bieter

121 Das Wettbewerbsrecht verbietet in § 3 UWG unlautere geschäftliche Handlungen, die geeignet sind, die Interessen von Mitbewerbern spürbar zu beeinträchtigen. Hierzu gehören nach § 4 Nr. 11 UWG insbesondere Zuwiderhandlungen gegen eine gesetzliche Vorschrift, die auch dazu bestimmt ist, das Marktverhalten im Interesse der Marktteilnehmer zu regeln. Da es sich bei den Vorschriften des Vergaberechts um Rechtsnormen i.S.d. § 4 Nr. 11 UWG handelt (vgl. BGH vom 3.7.2008, I ZR 145/05), können im Einzelfall damit dem unterlegenen Bieter gegen den Bieter, der den Zuschlag erhalten soll, auch Schadensersatzansprüche aus § 9 UWG zustehen, wonach derjenige, der schuldhaft gegen die Vorgaben aus § 3 UWG verstößt, den Mitbewerbern den daraus entstehenden Schaden zu ersetzen hat.

§ 127 Ermächtigungen

Die Bundesregierung kann durch Rechtsverordnung mit Zustimmung des Bundesrates Regelungen erlassen

1. zur Umsetzung der vergaberechtlichen Schwellenwerte der Richtlinien der Europäischen Union in ihrer jeweils geltenden Fassung;
2. über das bei der Vergabe durch Auftraggeber, die auf dem Gebiet der Trinkwasser- oder Energieversorgung oder des Verkehrs tätig sind, einzuhaltende Verfahren, über die Auswahl und die Prüfung der Unternehmen und der Angebote, über den Abschluss des Vertrags und sonstige Regelungen des Vergabeverfahrens;
3. über das bei der Vergabe von verteidigungs- und sicherheitsrelevanten öffentlichen Aufträgen einzuhaltende Verfahren, über die Auswahl und die Prüfung der Unternehmen und der Angebote, über den Ausschluss vom Vergabeverfahren, über den Abschluss des Vertrags, über die Aufhebung von Vergabeverfahren und über sonstige Regelungen des Vergabeverfahrens einschließlich verteidigungs- und sicherheitsrelevanter Anforderungen im Hinblick auf den Geheimschutz, allgemeine Regeln zur Wahrung der Vertraulichkeit, die Versorgungssicherheit sowie besondere Regelungen für die Vergabe von Unteraufträgen;
4. (weggefallen)
5. (weggefallen)
6. über ein Verfahren, nach dem öffentliche Auftraggeber durch unabhängige Prüfer eine Bescheinigung erhalten können, dass ihr Vergabeverhalten mit den Regeln dieses Gesetzes und den auf Grund dieses Gesetzes erlassenen Vorschriften übereinstimmt;
7. über ein freiwilliges Streitschlichtungsverfahren der Europäischen Kommission gemäß Kapitel 4 der Richtlinie 92/13/EWG des Rates der Europäischen Gemeinschaften vom 25. Februar 1992 (ABl. EG Nr. L 76 S. 14);
8. über die Informationen, die von den Auftraggebern dem Bundesministerium für Wirtschaft und Technologie zu übermitteln sind, um Verpflichtungen aus Richtlinien des Rates der Europäischen Gemeinschaft oder der Europäischen Union zu erfüllen;
9. über die Voraussetzungen, nach denen Auftraggeber, die auf dem Gebiet der Trinkwasser- oder der Energieversorgung oder des Verkehrs tätig sind, sowie Auftraggeber nach dem Bundesberggesetz von der Verpflichtung zur Anwendung dieses Teils befreit werden können, sowie über das dabei anzuwendende Verfahren einschließlich der erforderlichen Ermittlungsbefugnisse des Bundeskartellamts.

Übersicht

A. Allgemeines ... 1–3	IV. Bescheinigungsverfahren (Nr. 6) ... 18–19
B. Die einzelnen Ermächtigungstatbestände ... 4–26	V. Freiwilliges Streitschlichtungsverfahren (Nr. 7) ... 20–21
I. Umsetzung der EU-Schwellenwerte (Nr. 1) ... 4–11	VI. Weitergabe von statistischen Daten an das Bundeswirtschaftsministerium (Nr. 8) ... 22
II. Vergabeverfahren im Sektorenbereich (Nr. 2) ... 12–14	VII. Befreiungsverfahren für Sektorenauftraggeber (Nr. 9) ... 23–26
III. Verteidigungs- und sicherheitsrelevante Aufträge (Nr. 3) ... 15–17	

A. Allgemeines

§ 127 ermächtigt neben § 97 Abs. 6 GWB die Bundesregierung, bestimmte Verfahrensfragen des Vergaberechts durch Rechtsverordnung zu regeln. Die Rechtsverordnungen bedürfen jeweils der Zustimmung durch den Bundesrat. Die Vorschrift dient hauptsächlich der Umsetzung europarechtlicher Vorgaben. Diese betreffen zunächst im Wesentlichen gemeinschaftsrechtlich geforderte Detailregelungen, die keine Aufnahme in das GWB selbst gefunden hatten, weil sie es ansonsten über- 1

§ 127 GWB

frachten würden. Zum anderen enthält § 127 in **Nr. 2 und 3** jeweils auch eine Ermächtigung, das Vergabeverfahren für Auftragsvergaben im Sektorenbereich und im Bereich von Sicherheit und Verteidigung durch Rechtsverordnung auszugestalten. Diese Ermächtigungen treten direkt neben die Ermächtigung in § 97 Abs. 6 GWB, so dass sich der Anwendungsbereich beider Ermächtigungsnormen überschneidet. Zusammen mit der Ermächtigung in § 97 Abs. 6 GWB spiegelt § 127 damit insgesamt die Grundentscheidung des Gesetzgebers wider, auf ein einheitliches Vergabegesetz, in dem alle vergaberechtlichen Vorschriften einheitlich kodifiziert sind, zu verzichten und stattdessen im Vierten Teil des GWB lediglich allgemeine Grundsätze des Vergaberechts, die Vergabeverfahren im Überblick und vor allem das Nachprüfungsverfahren zu regeln. Getreu dieser Systementscheidung werden bestimmte Einzelheiten durch § 97 Abs. 6 GWB und durch § 127 der Regelung auf **Verordnungsebene** zugewiesen. Eine gesetzgeberische Entscheidung für das sog. **Kaskadenprinzip** (vgl. hierzu § 1 VgV Rn. 3 ff.) liegt hierin noch nicht; erst über §§ 4 ff. VgV wird mit den Vergabeordnungen eine weitere vergaberechtliche Regelungsebene eingezogen (*Ziekow*, in: Ziekow/Völlink, Vergaberecht, § 127 Rn. 1).

2   Auf der Grundlage von § 127 und § 97 Abs. 6 GWB hat die Bundesregierung am 9.1.2001 die Vergabeverordnung (= **„Verordnung über die Vergabe öffentlicher Aufträge (Vergabeverordnung – VgV)"** (BGBl. I S. 110) und am 23.9.2009 die **SektVO** (s. dazu Rn. 12 ff.) erlassen. Die 2001 erlassene VgV stützte sich auf einen Vorentwurf von 1997 und hat von allen Ermächtigungen des § 127 und des § 97 Abs. 6 GWB Gebrauch gemacht. Die VgV wurde in der Folgezeit mehrfach überarbeitet und ist am 11.2.2003 neu bekannt gemacht worden (BGBl. I S. 169; Anhang B 3). Die Neufassung der VgV wurde in der Folgezeit wiederum mehrfach geändert. Durch das Gesetz zur Modernisierung des Vergaberechts vom 20.4.2009 (BGBl. I S. 790) wurden § 6 Abs. 1 Satz 2, die §§ 8 bis 11, 13, 18, 19, 20, 21 und 22 VgV aufgehoben und in das GWB übernommen (s. §§ 106a, 129, 129a und 129b GWB sowie die Anlage zum GWB). Durch Art. 2 der „Verordnung zur Neuregelung der für die Vergabe von Aufträgen im Bereich des Verkehrs, der Trinkwasserversorgung und der Energieversorgung anzuwendenden Regeln" vom 23.9.2009 (BGBl. I S. 3110) wurden zudem § 2 Nr. 1 VgV a.F. und §§ 7 und 12 VgV a.F. aufgehoben. Mit der „Verordnung zur Anpassung der Verordnung über die Vergabe öffentlicher Aufträge (Vergabeverordnung – VgV) sowie der Verordnung über die Vergabe von Aufträgen im Bereich des Verkehrs, der Trinkwasserversorgung und der Energieversorgung (Sektorenverordnung – SektVO)" vom 7.6.2010 (BGBl. I S. 724) wurde die VgV vollständig neu gefasst. Als Folge dieser Änderungen beschränkt sich die **VgV** nunmehr im Wesentlichen auf eine **Scharnierfunktion** zu den Vergabe- und Vertragsordnungen, aber auch zu den EU-Schwellenwerten (Begr. zur VgV, BR-Drucks. 40/10, S. 15 zu Nr. 1). Zuletzt ist die VgV durch die „Siebte Verordnung zur Änderung der Verordnung über die Vergabe öffentlicher Aufträge" vom 15.10.2013 (BGBl. I S. 3854) (im Folgenden: 7. VgV-ÄnderungsVO) mit Wirkung zum 25.10.2013 geändert worden (s. hierzu § 1 VgV Rn. 7, § 2 VgV Rn. 3 und § 4 VgV Rn. 10 ff.).

3   Die durch das **Gesetz zur Modernisierung des Vergaberechts** vom 20.4.2009 vorgenommenen Änderungen des § 127 folgen aus der Übernahme von einzelnen Regelungen zum Nachprüfungsverfahren und über die Tätigkeiten auf dem Gebiet der Trinkwasser- und Energieversorgung sowie des Verkehrs aus der Vergabeverordnung in das GWB (Begr. RegE, BT-Drucks. 16/10117, S. 24). Zudem wurde in **Nr. 2** eine Ermächtigung für den Erlass einer eigenständigen Verordnung im Sektorenbereich (die neue SektVO, s. Rn. 12 ff.) aufgenommen. **Nr. 9** enthält nunmehr eine neue Ermächtigung zur Regelung der Voraussetzungen für eine Befreiung von der Anwendungsverpflichtung der Vergaberegeln für die Sektorenauftraggeber. Durch das **Gesetz zur Änderung des Vergaberechts für die Bereiche Verteidigung und Sicherheit** vom 7.12.2011 (BGBl. I S. 2570) wurde in **Nr. 3** eine Ermächtigung zur Umsetzung des bei der Vergabe von verteidigungs- und sicherheitsrelevanten öffentlichen Aufträgen einzuhaltenden Verfahrens und die damit in Zusammenhang stehenden Regeln aufgenommen (vgl. BT-Drucks. 17/7275, S. 18, zu Nr. 10). Ferner sind in **Nr. 8** die Worte „oder der Europäischen Union" durch das **Achte Gesetz zur Änderung des Gesetzes gegen Wettbewerbsbeschränkungen** vom 26.6.2013 (BGBl. I S. 1738) eingefügt worden.

B. Die einzelnen Ermächtigungstatbestände

I. Umsetzung der EU-Schwellenwerte (Nr. 1)

Nr. 1 enthält die Ermächtigung, die in den EU-Richtlinien enthaltenen Schwellenwerte durch Rechtsverordnung in nationales Recht umzusetzen. Derzeit bezieht sich diese Ermächtigung in dynamischer Form auf die „jeweils geltende Fassung" der Vergabekoordinierungsrichtlinie (VKR) und der Sektorenkoordinierungsrichtlinie (SKR). Da die Vorschrift von den vergaberechtlichen Schwellenwerten „der Richtlinien der Europäischen Union" spricht, sind auch Schwellenwerte in Richtlinien erfasst, welche die Vergabekoordinierungsrichtlinie und die Sektorenkoordinierungsrichtlinie ggf. zukünftig ersetzen. Die frühere Regelung der **Nr. 1** enthielt die Ermächtigung „zur Umsetzung der Schwellenwerte der Richtlinie der Europäischen Gemeinschaft über die Koordinierung der Verfahren zur Vergabe öffentlicher Aufträge in das deutsche Recht". Hintergrund hierfür ist, dass öffentliche Aufträge i.S.d. § 98 GWB gemäß § 100 Abs. 1 GWB nur dann den vergaberechtlichen Vorschriften des GWB unterfallen, wenn ihr geschätzter Auftragswert bestimmte **Schwellenwerte** erreicht oder überschreitet. Aufträge von geringerem Auftragswert sind für den grenzüberschreitenden Handel und damit für den Wettbewerb im Europäischen Binnenmarkt nicht interessant (vgl. Erwägungsgrund 7 zur Baukoordinierungsrichtlinie, ABl. L 185 vom 16.8.1971 und Erwägungsgrund 10 zur Lieferkoordinierungsrichtlinie, ABl. L 13 vom 15.1.1977), so dass nur oberhalb der Schwellenwerte die Verpflichtung besteht, entsprechende Aufträge EU-weit auszuschreiben. Auch der Rechtsschutz unterlegener Bieter unterscheidet sich unter- und oberhalb der Schwellenwerte erheblich (vgl. hierzu z.B. § 102 Rn. 9 ff., 18 ff.): Oberhalb der Schwellenwerte ist eine Überprüfung der Auftragsvergabe im Nachprüfungsverfahren nach den §§ 102 ff. GWB möglich, während unterhalb der Schwellenwerte hierfür allein – vorbehaltlich landesrechtlicher Ausnahmen – die Zivilgerichte zuständig sind.

Die Schwellenwerte sind in **§ 2 Abs. 1 VgV**, in **§ 1 Abs. 2 SektVO** und in **§ 1 Abs. 2 VSVgV** – jeweils im Wege einer **dynamischen Verweisung** auf die entsprechende Regelung in den EU-Vergaberichtlinien – festgelegt (vgl. § 100 Abs. 1 Satz 2 Nr. 1 bis 3 GWB). Die festgelegten Schwellenwerte beruhen nicht auf der freien Entscheidung des deutschen Gesetzgebers, sondern gehen auf die europarechtlichen Vorgaben der Richtlinien 2004/17/EG und 2004/18/EG sowie der Richtlinie 2009/81/EG zurück (Art. 78 VKR, Art. 69 SKR und Art. 8 der Richtlinie 2009/81/EG). Die Schwellenwerte sind im WTO-Beschaffungsübereinkommen in Sonderziehungsrechten ausgedrückt und müssen daher **alle zwei Jahre** hinsichtlich der Gegenwerte in Euro überprüft und ggf. angepasst werden.

Die Schwellenwerte betrugen bis zum 31.12.2013:

– für Bauaufträge: 5,0 Mio. €;
– für Dienstleistungs- und Lieferaufträge: 200.000 €;
– für Liefer- und Dienstleistungsaufträge der obersten oder oberen Bundesbehörden sowie vergleichbarer Bundeseinrichtungen: 130.000 €.

Zum **1.1.2014** wurden die Schwellenwerte erneut angepasst. Sie betragen:

– für Bauaufträge: 5.186.000 €;
– für Liefer- und Dienstleistungsaufträge: 207.000 €;
– für Liefer- und Dienstleistungsaufträge der obersten oder oberen Bundesbehörden sowie vergleichbarer Bundeseinrichtungen: 134.000 €.

Für **Aufträge im Sektorenbereich** verweist § 1 Abs. 2 SektVO in dynamischer Form auf die den Schwellenwerten zugrunde liegende EU-Verordnung. Demnach gilt die SektVO nur für Aufträge, deren geschätzter Auftragswert die Schwellenwerte gemäß Art. 16 der Richtlinie 2004/17/EG des Europäischen Parlaments und des Rates vom 31.3.2004 zur Koordinierung der Zuschlagserteilung durch Auftraggeber im Bereich der Wasser-, Energie- und Verkehrsversorgung sowie der Postdienste, zuletzt geändert durch die Verordnung (EG) Nr. 1177/2009, überschreiten. Bis zum 31.12.2013 betrug der Schwellenwert für Liefer- und Dienstleistungsaufträge im Sektorenbereich

400.000 €, für Bauaufträge von Sektorenauftraggebern 5 Mio. €. Zum **1.1.2014** ist der Schwellenwert für die Vergabe von Liefer- und Dienstleistungsaufträgen auf 414.000 € und für Bauaufträge auf 5.186.000 € gestiegen.

8   Für **Aufträge im Bereich Verteidigung und Sicherheit** (§ 99 Abs. 7 ff. GWB) verweist § 1 Abs. 2 der auf der Grundlage von Nr. 3 erlassenen VSVgV ebenfalls in dynamischer Form auf die jeweiligen europarechtlichen Vorgaben (Art. 8 der Richtlinie 2009/81/EG des Europäischen Parlaments und des Rates vom 13. Juli 2009 über die Koordinierung der Verfahren zur Vergabe bestimmter Bau-, Liefer- und Dienstleistungsaufträge in den Bereichen Verteidigung und Sicherheit und zur Änderung der Richtlinien 2004/17/EG und 2004/18/EG (ABl. L 216 vom 20.8.2009, S. 76). Bis zum 31.12.2013 betrug hier der maßgebliche Schwellenwert für Liefer- und Dienstleistungsaufträge 400.000 € und für Bauaufträge 5 Mio. €. Zum **1.1.2014** sind die Schwellenwerte in diesem Bereich auf 414.000 € für die Vergabe von Liefer- und Dienstleistungsaufträgen und auf 5.186.000 € für die Vergabe von Bauaufträgen gestiegen.

9   **Rechtstechnisch** erfolgt die **Anpassung** der Schwellenwerte durch die EU-Kommission im Wege einer unmittelbaren Änderung der einschlägigen Bestimmungen der Art. 7, 8, 56, 63 und 67 VKR sowie der Art. 16 und 61 SKR für Aufträge im Sektorenbereich bzw. für Auftragsvergaben im Bereich Sicherheit und Verteidigung durch Änderung des Art. 8 der Richtlinie 2009/81/EG.

10 Um eine leichtere Anpassung des deutschen Rechts an die jeweiligen EU-Schwellenwerte zu ermöglichen, wurde die Ermächtigungsgrundlage in Nr. 1 durch das Gesetz zur Modernisierung des Vergaberechts so geändert, dass der Verordnungsgeber seither „zur Umsetzung der vergaberechtlichen Schwellenwerte der Richtlinien der Europäischen Union in ihrer *jeweils geltenden* Fassung" (durch eine sog. **dynamische Verweisung**) ermächtigt ist (vgl. Begr. RegE, BT-Drucks. 16/10117, S. 24, 29). Eine dynamische Verweisung wurde von vorneherein in § 1 Abs. 2 SektVO und § 1 Abs. 2 VSVgV aufgenommen, bis zur 7. VgV-ÄnderungsVO vom 15.10.2013 (BGBl. I S. 3854) jedoch nicht in die VgV. § 2 VgV a.F. verwies nicht dynamisch auf die jeweils gültigen EU-Verordnungen, sondern bezifferte die Schwellenwerte in statischer Form. § 2 VgV a.F. musste daher nach einer Änderung der Schwellenwerte durch die EU-Kommission jeweils auf den aktuellen Stand gebracht werden. Zuletzt geschah dies durch die 5. VgV-ÄnderungsVO vom 14.3.2012 (BGBl. I S. 488). Mit der 7. VgV-ÄnderungsVO wurde mit Wirkung zum 25.10.2013 eine „dynamische" Verweisung auf die jeweils aktuell gültige EU-Vergaberichtlinie in die VgV aufgenommen. Damit wurde die bisher erforderliche nationale Umsetzung der durch die EU-Kommission alle zwei Jahre neu festgelegten EU-Schwellenwerte obsolet.

11  Die **Schätzung des Auftragswertes** (vgl. § 3 VgV) erfordert eine Prognose zu Beginn des Vergabeverfahrens, welche voraussichtlichen Gesamtkosten für die jeweilige Beschaffungsmaßnahme unter realistischer Einschätzung des Marktes jeweils zu veranschlagen sind. Die Schätzung muss realistisch, vollständig und seriös sein. Schon weil sie dem Auftraggeber einen zuverlässigen Überblick über die zu erwartenden Kosten geben soll, muss die Kostenermittlung so genau, aktuell und vollständig sein, wie dies nach dem jeweiligen Stand der Planungen möglich ist. Die Umsatzsteuer bleibt für die Schätzung außer Betracht. Es gilt das Prinzip der Vollständigkeit der Schätzung Bei Losvergaben ist etwa der Wert aller Lose (bei Lieferleistungen: alle Lose über gleichartige Lieferungen) zugrunde zu legen, bei Rahmenvereinbarungen oder dynamischen elektronischen Beschaffungssystemen ist die größtmögliche Abrufmenge maßgeblich. Optionen oder etwaige Vertragsverlängerungen sind bei der Schätzung zu berücksichtigen. Die Vergabestelle muss in der Vergabeakte festhalten, welche tatsächlichen Umstände sie der Schätzung zugrunde gelegt hat und zu welchem Ergebnis die Schätzung gekommen ist. Die Darlegungslast steigt dabei, je knapper der maßgebliche Schwellenwert unterschritten wird. Die Vergabestelle hat anschließend zu prüfen, ob der ordnungsgemäß geschätzte Auftragswert ober- oder unterhalb der maßgeblichen Schwellenwerte liegt. § 2 VgV unterscheidet hinsichtlich der **Schwellenwerte** für die Dienstleistungs- und Lieferaufträge

nach der Art des Auftraggebers, während der Schwellenwert für Bauaufträge unabhängig von der Vergabestelle festgelegt ist. Des Weiteren werden Regelungen für den Fall der losweisen Vergabe und für die Auslobungsverfahren getroffen.

II. Vergabeverfahren im Sektorenbereich (Nr. 2)

Nr. 2 enthält eine eigenständige Ermächtigung zur Regelung des Vergabeverfahrens in den drei Wirtschaftssektoren **Trinkwasserversorgung, Energieversorgung und Verkehr** (sog. **Sektoren**). Da diese Wirtschaftsbereiche in besonderem Maße durch die öffentliche Hand durchdrungen bzw. durch besondere und ausschließliche Rechte geprägt sind und daher teilweise wirtschaftlich abgeschottete Märkte darstellen, hat der europäische Richtliniengeber für die Sektoren ein **Sondervergaberecht** geschaffen, das diese Strukturen aufbrechen soll (vgl. z.B. Erwägungsgründe 3 und 10 der Richtlinie 2004/17/EG). Nr. 2 in der jetzigen Form ersetzt die früher geltende Ermächtigung in **Nr. 2 a.F.** zum Erlass einer Verordnung über die Definition der Tätigkeiten auf dem Gebiet der Trinkwasser- und Energieversorgung sowie des Verkehrs (sog. Sektoren). Die Definition ist nunmehr in der Anlage 4 zu § 98 Nr. 4 GWB enthalten. Mit der „Verordnung über die Vergabe von Aufträgen im Bereich des Verkehrs, der Trinkwasserversorgung und der Energieversorgung **(Sektorenverordnung – SektVO)**" vom 23.9.2009 (BGBl. I S. 3110) hat der Gesetzgeber von der Ermächtigung in Nr. 2 Gebrauch gemacht. 12

Ziel der SektVO war eine 1:1-Umsetzung der Sektorenrichtlinie (Richtlinie 2004/17/EG). Mit der SektVO wurden die für die Sektorenauftraggeber bis dahin geltenden Sonderregeln in den Abschnitten 3 und 4 der VOL/A und der VOB/A in einer Verordnung zusammengefasst und vereinfacht. Zugleich wurden ergänzende Vorschriften der Sektorenkoordinierungsrichtlinie in der Verordnung umgesetzt. Seither bestimmt sich die Auftragsvergabe in den Sektoren allein nach den §§ 97 ff. GWB und den Regelungen der SektVO. Für Auftragsvergaben in den Sektoren gelten also weder die Vergabeverordnung (VgV) noch die VOB/A oder die VOL/A. Der Gesetzgeber versprach sich davon eine wichtige Erleichterung und zugleich eine Regelungsverschlankung (Begr. zur SektVO, BR-Drucks. 522/09, S. 35). 13

Die **SektVO** hat einen einheitlichen persönlichen und einen einheitlichen sachlichen **Anwendungsbereich** (*Opitz*, in: Eschenbruch/Opitz, SektVO, 2012, Einl. Rn. 23). In persönlicher Hinsicht gilt sie für alle Auftraggeber i.S.d. § 98 Nr. 1 bis 4 GWB bei einer Tätigkeit in den Sektoren (vgl. Erwägungsgrund 10 der Richtlinie 2004/17/EG). In sachlicher Hinsicht gilt die SektVO für die Vergabe von Bauaufträgen ebenso wie für die Vergabe von Liefer- und Dienstleistungsaufträgen. Sonderbestimmungen für freiberufliche Leistungen enthält die SektVO nicht. 14

III. Verteidigungs- und sicherheitsrelevante Aufträge (Nr. 3)

Nr. 3 wurde durch das Gesetz zur Änderung des Vergaberechts für die Bereiche Verteidigung und Sicherheit vom 7.12.2011 (BGBl. I S. 2570) eingeführt. Die Vorschrift ermächtigt die Bundesregierung mit Zustimmung des Bundesrates zum Erlass einer eigenständigen Verordnung über die Vergabe von verteidigungs- und sicherheitsrelevanten Aufträgen (zum Begriff vgl. § 99 Abs. 7 GWB). Die Aufnahme dieser Ermächtigung war erforderlich zur Übernahme der Regelungen zur Vergabe verteidigungs- und sicherheitsrelevanter Aufträge aus der Richtlinie 2009/81/EG (BT-Drucks. 17/7275, S. 18). Durch die Richtlinie, die am 21.8.2009 in Kraft getreten ist, wird ein bereichsspezifisches Vergaberechtsregime für die Vergabe von verteidigungs- und sicherheitsrelevanten Aufträgen geschaffen. Zuvor waren diese Aufträge zum großen Teil gemäß Art. 14 der Richtlinie 2004/18/EG bzw. § 100 Abs. 2 Buchst. d) GWB a.F. vom Vergaberecht ausgenommen. Ziel der Richtlinie 2009/81/EG ist eine bessere Koordinierung der Vergabeverfahren für verteidigungs- und sicherheitsrelevante Aufträge unter Beachtung der besonderen Anforderungen an die Versorgungs- und Informationssicherheit der EU-Mitgliedstaaten. So soll schrittweise ein europäischer Markt für Verteidigungs- und Sicherheitsausrüstungen mit gleichen Wettbewerbsbedingungen für Anbieter aus den EU-Mitgliedstaaten aufgebaut und die nationalen Beschaffungsmärkte zugunsten von Anbietern aus anderen EU-Mitgliedstaaten geöffnet werden. 15

16 Der Ermächtigung in Nr. 3 ist die Bundesregierung mit der „Vergabeverordnung für die Bereiche Verteidigung und Sicherheit zur Umsetzung der Richtlinie 2009/81/EG des Europäischen Parlaments und des Rates vom 13. Juli 2009 über die Koordinierung der Verfahren zur Vergabe bestimmter Bau-, Liefer- und Dienstleistungsaufträge in den Bereichen Verteidigung und Sicherheit und zur Änderung der Richtlinien 2004/17/EG und 2004/18/EG (**Vergabeverordnung Verteidigung und Sicherheit – VSVgV**)" vom 12.7.2012 (BGBl. I S. 1509) nachgekommen. Während die Umsetzung grundlegender Vorgaben der Richtlinie 2009/81/EG – insbesondere zur Abgrenzung gegenüber Art. 346 AEUV, zum Anwendungsbereich und zum Rechtsschutz – im GWB durch das Gesetz zur Änderung des Vergaberechts für die Bereiche Verteidigung und Sicherheit vom 7.12.2011 (BGBl. I S. 2570) erfolgt ist, werden mit der VSVgV die **Verfahrensvorschriften** der Richtlinie 2009/81/EG in das nationale Recht umgesetzt.

17 Die **VSVgV** ist **anwendbar**, soweit der Wert des öffentlichen Auftrags den maßgeblichen EU-Schwellenwert gemäß § 1 Abs. 2 VSVgV erreicht oder überschreitet. Die VSVgV findet uneingeschränkt auf die Vergabe von Liefer- und Dienstleistungsaufträgen durch öffentliche Auftraggeber Anwendung. Für die Vergabe von Bauaufträgen gelten die Allgemeinen Bestimmungen des Teils 1 (mit Ausnahme des § 5) sowie die Teile 3, 4 (mit Ausnahme des § 43) und 5 der VSVgV. Im Übrigen gilt für Bauaufträge der 3. Abschnitt VOB/A – VS. Die VSVgV umfasst insbesondere auch die verteidigungs- und sicherheitsrelevanten Anforderungen z.B. im Hinblick auf das Vergabeverfahren, den Geheimschutz, die Gewährleistung von Informations- und Versorgungssicherheit, und etwaige Besonderheiten bei der Vergabe von Unteraufträgen, wodurch der Wettbewerb in der Zulieferkette des Systemanbieters für Ausrüstungen in den Bereichen Verteidigung und Sicherheit zugunsten kleiner und mittlerer Unternehmen verstärkt werden soll, etc.

IV. Bescheinigungsverfahren (Nr. 6)

18 Die Regelung der Nr. 6 enthält wie bislang eine Ermächtigung für das sog. Bescheinigungsverfahren, das der Sektorenrechtsmittelrichtlinie ("Sektorenüberwachungsrichtlinie") entstammt. Dieses war früher in § 19 VgV a.F. geregelt und eröffnete den Sektorenauftraggebern die Möglichkeit, Vergaberechtsverfahren freiwillig auf deren Rechtmäßigkeit hin überprüfen zu lassen, konkret ob sie im Einklang mit den Vorschriften der §§ 97 bis 101 GWB und der §§ 7 bis 16 VgV a.F. stehen. Mit dem in der Sektorenkoordinierungsrichtlinie vorgesehenen Bescheinigungsverfahren soll die Anwendung der Vergabevorschriften der Sektorenrichtlinie auf freiwilliger Basis sichergestellt werden.

19 Das Bescheinigungsverfahren ist in der Praxis so gut wie nie in Anspruch genommen worden. Seinen Zweck, Verstöße gegen das Gemeinschaftsrecht im Bereich des öffentlichen Auftragswesens in größerer Zahl zu verhindern, konnte es daher nicht erfüllen. Andererseits kann die den Mitgliedstaaten in der Richtlinie 92/13/EWG auferlegte Pflicht, dafür zu sorgen, dass für diese Prüfungen ständig akkreditierte Prüfer zur Verfügung stehen, Verwaltungskosten verursachen, die angesichts des fehlenden Interesses der Auftraggeber nicht mehr zu rechtfertigen sind (so ausdrücklich Erwägungsgrund 29 zur Richtlinie 2007/66/EG). Das Bescheinigungsverfahren wurde daher auf europäischer Ebene mit der Richtlinie 2007/66/EG abgeschafft. Durch die Vergaberechtsnovelle 2009 ist § 19 VgV a.F. ebenso wie der gesamte Zweite Abschnitt „Nachprüfungsbestimmungen" (§§ 17 bis 22 VgV a.F.) in der VgV gestrichen worden (vgl. Art. 2 des Gesetzes zur Modernisierung des Vergaberechts vom 20.4.2009, BGBl. I S. 790, 797). Das Bescheinigungsverfahren ist seither auch im nationalen Recht nicht mehr vorgesehen, da es weder in das GWB übernommen wurde (vgl. Art. 2 des Gesetzes zur Modernisierung des Vergaberechts vom 20.4.2009, BGBl. I S. 790, 797, der § 19 VgV a.F. nicht nennt), noch in die neue SektVO aufgenommen worden ist. Die Ermächtigung in Nr. 6 geht damit letztlich ins Leere.

V. Freiwilliges Streitschlichtungsverfahren (Nr. 7)

20 Nr. 7 enthält eine Verordnungsermächtigung zur Regelung des freiwilligen Streitschlichtungsverfahrens der Europäischen Kommission gemäß Kapitel 4 der Sektorenüberwachungsrichtlinie 92/13/EWG vom 25.2.1992. Ursprünglich enthielt Nr. 7 eine Ermächtigung für eine Regelung über den

Korrekturmechanismus der Europäischen Kommission, der in § 21 VgV a.F. geregelt war. Diese ist durch das Gesetz zur Modernisierung des Vergaberechts vom 20.4.2009 (BGBl. I S. 790) gestrichen worden. Der Korrekturmechanismus (Kapitel 3 der Richtlinie 92/13/EWG) ist seither in § 129 GWB geregelt. Die entsprechende Ermächtigungsgrundlage in § 127 war daher nicht mehr erforderlich (Begr. RegE, BT-Drucks. 16/10117, S. 24).

Nach Art. 9 bis 11 der Sektorenüberwachungsrichtlinie 92/13/EWG a.F. konnten Beteiligte an einem Vergabeverfahren in den Sektorenbereichen auf schriftlichen Antrag ein freiwilliges Schlichtungsverfahren in Anspruch nehmen. In dem Schlichtungsverfahren sollte das Vergabeverfahren auf mögliche Verstöße gegen das Gemeinschaftsrecht oder die nationalen Vorschriften zu dessen Umsetzung untersucht werden. In der Praxis ist das Schlichtungsverfahren bei den Unternehmen nie auf echtes Interesse gestoßen. Dies lag zum einen daran, dass das Verfahren keine verbindlichen vorläufigen Maßnahmen vorsah, die einen rechtswidrigen Vertragsschluss rechtzeitig verhindern könnten (Erwägungsgrund 30 der Richtlinie 2007/66/EWG). Nach Art. 10 Abs. 1 Satz 2 der Richtlinie 92/13/EWG konnte der Auftraggeber ein Ersuchen der Kommission zur Durchführung des Schlichtungsverfahrens sogar einfach mit der Folge ablehnen, dass das Verfahren nicht durchgeführt werden konnte. Selbst wenn der Auftraggeber sich mit dem Schlichtungsverfahren einverstanden erklärte, führte dies nur dazu, dass die Schlichter sich unter Einhaltung des Gemeinschaftsrechts so rasch wie möglich um eine Einigung zwischen den Parteien bemühten. Ein weiterer Grund für das fehlende Interesse an dem Schlichtungsverfahren lag darin, dass es nur schwer mit den besonders kurzen Fristen für Nachprüfungsverfahren zu vereinbaren ist (Erwägungsgrund 30 der Richtlinie 2007/66/EWG). Die potenzielle Wirksamkeit des Schlichtungsverfahrens wurde zusätzlich beeinträchtigt durch die Schwierigkeiten beim Erstellen einer vollständigen, hinreichend langen Liste unabhängiger Schlichter für jeden Mitgliedstaat, die jederzeit zur Verfügung stehen und Schlichtungsanträge sehr kurzfristig bearbeiten können (Erwägungsgrund 30 der Richtlinie 2007/66/EWG). Aus diesen Gründen wurde das Schlichtungsverfahren mit der Richtlinie 2007/66/EWG (Sektorenrechtsmittelrichtlinie) im Jahr 2007 **abgeschafft**. Die deutsche Umsetzung in § 20 VgV a.F. wurde daraufhin durch das Gesetz zur Modernisierung des Vergaberechts 2009 ebenfalls gestrichen. Die Verordnungsermächtigung in Nr. 7 ist damit letztlich bedeutungslos.

VI. Weitergabe von statistischen Daten an das Bundeswirtschaftsministerium (Nr. 8)

Nr. 8 dient der von den EG-Richtlinien geforderten Erhebung und Weitergabe von statistischen Daten über die öffentliche Auftragsvergabe und über die Rechtsschutzverfahren. Durch das Gesetz zur Modernisierung des Vergaberechts wurde die grundsätzliche Verpflichtung zur Unterrichtung der Bundesregierung durch die Nachprüfungsinstanzen in § 129a GWB aufgenommen. § 129a GWB legt fest, dass die Vergabekammern und Oberlandesgerichte das Bundesministerium für Wirtschaft und Technologie bis zum 31. Januar eines jeden Jahres über die Anzahl der Nachprüfungsverfahren des Vorjahres und deren Ergebnisse unterrichten. Die entsprechende Ermächtigungsgrundlage in Nr. 8 a.F. war daher nicht mehr erforderlich (Begr. RegE, BT-Drucks. 16/10117, S. 24). Nr. 8 erfasst jetzt ausschließlich die **Informationspflichten der Auftraggeber** gegenüber dem Bundesministerium für Wirtschaft und Technologie. Die konkreten Berichtspflichten sind in § 17 VgV festgelegt. Die Regelung führt die vormals in den einzelnen Verdingungsordnungen enthaltenen Melde- und Berichtspflichten zusammen.

VII. Befreiungsverfahren für Sektorenauftraggeber (Nr. 9)

Nr. 9 ist durch das Gesetz zur Modernisierung des Vergaberechts vom 20.4.2009 (BGBl. I S. 790) neu in die Vorschrift eingefügt worden. Sie enthält eine Ermächtigung zur Regelung der Voraussetzungen für eine Befreiung von der Anwendungsverpflichtung der Vergaberegeln für die Auftraggeber, die auf dem Gebiet der Trinkwasser- und Energieversorgung sowie des Verkehrs tätig sind (sog. **Sektorenauftraggeber**). Die Regelung geht zurück auf Art. 30 der Richtlinie 2004/17/EG. Hiernach können Mitgliedstaaten im Sektorenbereich eine Befreiung von der Verpflichtung zur Anwendung des EU-Vergaberechts beantragen, wenn die Tätigkeit auf dem Markt in dem Mitgliedstaat mit freiem Zugang unmittelbar dem Wettbewerb ausgesetzt ist (s. hierzu auch § 127a Rn. 6 ff.). Wenn im jeweiligen Sektor also wirksamer Wettbewerb herrscht, sieht es der Richtliniengeber nicht (mehr) für erforderlich an, die Auftragsvergabe im Sektorenbereich der Sektorenkoordinierungsrichtlinie zu unterwerfen. Auf diese Weise soll aktuellen und künftigen Liberalisierungen in den einzelnen Sektoren Rechnung getragen werden (Erwägungsgrund 40 der Richtlinie 2004/17/EG). In einem speziellen Verfahren wird daher nach objektiven Kriterien festgestellt, ob bestimmte Sektorentätigkeiten „auf Märkten ohne Zugangsbeschränkungen dem direkten Wettbewerb ausgesetzt sind" (Erwägungsgrund 40 der Richtlinie 2004/17/EG; Begr. zur SektVO, BR-Drucks. 522/09, S. 39 ff.). Die Umsetzung und Anwendung gemeinschaftlicher Rechtsvorschriften zur Liberalisierung eines bestimmten Sektors oder Teilsektors gelten als hinreichende Vermutung für den freien Zugang zu dem betreffenden Markt. Geht der freie Zugang zu einem Markt nicht auf die Anwendung einschlägigen Gemeinschaftsrechts zurück, sollte dieser freie Zugang nach Ansicht des europäischen Richtliniengebers de jure und de facto nachgewiesen werden (Erwägungsgrund 41 der Richtlinie 2004/17/EG).

24 Die in Nr. 9 aufgenommene Ermächtigung schließt auch die Regelung des Verfahrens ein, mit dem diese Befreiung erreicht werden kann, und die hierfür erforderlichen Ermittlungsbefugnisse des Bundeskartellamts (Begr. RegE, BT-Drucks. 16/10117, S. 25).

25 Von der Ermächtigung in Nr. 9 hat die Bundesregierung mit der Regelung in § 3 SektVO, der ebenfalls Art. 30 der Sektorenkoordinierungsrichtlinie umsetzt, Gebrauch gemacht (s. hierzu § 127a Rn. 6 ff. sowie § 129 Rn. 20).

26 Auftraggeber nach dem **Bundesberggesetz**, die nach § 129b GWB grundsätzlich das Vergaberecht anzuwenden haben, können ebenfalls von der Verpflichtung zur Anwendung des Vergaberechts befreit werden (BT-Drucks. 16/10117, S. 30, Nr. 22); s. hierzu die Kommentierung zu § 129b GWB.

§ 127a Kosten für Gutachten und Stellungnahmen nach der Sektorenverordnung; Verordnungsermächtigung

(1) ¹Für Gutachten und Stellungnahmen, die auf Grund der nach § 127 Nummer 9 erlassenen Rechtsverordnung vorgenommen werden, erhebt das Bundeskartellamt Kosten (Gebühren und Auslagen) zur Deckung des Verwaltungsaufwands. ²§ 80 Absatz 1 Satz 3 und Absatz 2 Satz 1, Satz 2 Nummer 1, Satz 3 und 4, Absatz 5 Satz 1 sowie Absatz 6 Satz 1 Nummer 2, Satz 2 und 3 gilt entsprechend. ³Hinsichtlich der Beschwerdemöglichkeit über die Kostenentscheidung gilt § 63 Absatz 1 und Absatz 4 entsprechend.

(2) ¹Die Bundesregierung kann durch Rechtsverordnung mit Zustimmung des Bundesrates die Einzelheiten der Kostenerhebung bestimmen. ²Vollstreckungserleichterungen dürfen vorgesehen werden.

Übersicht

A. Allgemeines 1–4	III. Kosten (Gebühren und Auslagen) (Satz 1 und 2) 11–11
B. Kosten zur Deckung des Verwaltungsaufwands (Abs. 1) 5–12	IV. Beschwerde (Satz 3) 12–12
I. Freistellungsverfahren gemäß § 3 SektVO und Art. 30 SKR (Satz 1) 6–9	C. Verordnungsermächtigung (Abs. 2) 13–13
II. Gutachten und Stellungnahmen des Bundeskartellamts (Satz 1) 10–10	

A. Allgemeines

§ 127a wurde durch das am 14.12.2011 in Kraft getretene Gesetz zur Änderung des Vergaberechts für die Bereiche Verteidigung und Sicherheit vom 7.12.2011 (BGBl. I S. 2570) neu in das GWB aufgenommen. Zugleich wurde § 3 SektVO um Abs. 5a ergänzt. **Abs. 1 Satz 1** enthält die formelle gesetzliche Grundlage für die Erhebung von Kosten, die durch das Bundeskartellamt für Gutachten und Stellungnahmen im sog. **Freistellungsverfahren nach § 3 SektVO** erhoben werden. Mit dem Freistellungsverfahren nach § 3 SektVO kann die EU-Kommission bestimmte Sektorentätigkeiten auf Märkten mit freiem Zugang, die unmittelbar dem Wettbewerb ausgesetzt sind, von der Anwendung des Vergaberechts befreien (§ 100b Abs. 4 Nr. 4 GWB i.V.m. § 3 SektVO). Für die Freistellung ist gemäß § 3 Abs. 3 Satz 4 und Abs. 4 SektVO eine Stellungnahme des Bundeskartellamts erforderlich. § 127a Abs. 1 wurde speziell für Amtshandlungen im Bereich der Sektorentätigkeiten geschaffen. Abs. 1 Satz 1 ist § 80 Abs. 1 Satz 1 GWB nachgebildet (Begr., BT-Drucks. 17/7275, S. 18 zu Nr. 11). Hinsichtlich der Höhe der Gebühren etc. verweist **Abs. 1 Satz 2** auf die entsprechende Geltung bestimmter Regelungen des § 80 GWB; bislang enthielt § 3 Abs. 5 Satz 5 SektVO diesen Verweis. 1

Abs. 2 Satz 1 ermächtigt die Bundesregierung, **Einzelheiten zur Gebührenerhebung durch das Bundeskartellamt** bei der Fertigung von Stellungnahmen zur Wettbewerbssituation bestimmter Sektorentätigkeiten im Rahmen des Freistellungsverfahrens zu regeln. Damit wird die Gebührenregelung in § 3 SektVO insgesamt auf eine klarere gesetzliche Grundlage gestellt (Begr., BT-Drucks. 17/7275, S. 18 zu Nr. 11). Zuvor wurde die Verfassungsmäßigkeit der Regelungen über die Erhebung von Kosten in § 3 Abs. 5 Satz 4 bis 7 SektVO a.F. bezweifelt. Bemängelt wurde insbesondere das Fehlen einer formellen gesetzlichen Grundlage für die Erhebung von Kosten, die gemäß Art. 80 Abs. 1 Satz 1 und 2 GG Inhalt, Zweck und Ausmaß der erteilten Ermächtigung bestimmen muss (*Zeiss*, NVwZ 2010, 556, 557). Die in § 3 Abs. 5 Satz 4 bis 7 SektVO a.F. enthaltene Kostenregelung wurde daher gestrichen. Eine inhaltliche Änderung der Kostenregelung geht damit nicht einher (Begr., BT-Drucks. 17/7275, S. 18 f. zu Nr. 11). 2

§ 3 SektVO
Ausnahme für Sektorentätigkeiten, die unmittelbar dem Wettbewerb ausgesetzt sind

(1) Aufträge, die die Ausübung einer Sektorentätigkeit ermöglichen sollen, fallen nicht unter diese Verordnung, wenn die Sektorentätigkeit auf Märkten mit freiem Zugang unmittelbar dem Wettbewerb ausgesetzt ist.

(2) Ob eine Sektorentätigkeit auf einem Markt mit freiem Zugang unmittelbar dem Wettbewerb ausgesetzt ist, wird von der Kommission der Europäischen Gemeinschaft in einem Verfahren nach Maßgabe der Absätze 2 bis 4 nach wettbewerblichen Kriterien ermittelt; angewendet wird dabei die Entscheidung der Kommission der Europäischen Gemeinschaft vom 7. Januar 2005 über die Durchführungsmodalitäten für das Verfahren nach Artikel 30 der Richtlinie 2004/17/EG des Europäischen Parlaments und des Rates zur Koordinierung der Zuschlagserteilung durch Auftraggeber im Bereich der Wasser-, Energie- und Verkehrsversorgung sowie der Postdienste (ABl. L 7 vom 7.1.2005, S. 7). Wettbewerbliche Kriterien können sein:

1. Merkmale der betreffenden Waren und Leistungen,
2. das Vorhandensein alternativer Waren und Leistungen,
3. die Preise und
4. das tatsächliche oder mögliche Vorhandensein mehrerer Anbieter der betreffenden Waren und Leistungen.

(3) Das Bundesministerium für Wirtschaft und Technologie kann bei der Kommission der Europäischen Gemeinschaft einen Antrag auf Feststellung stellen, ob die Voraussetzungen des Absatzes 1 vorliegen. Es teilt der Kommission der Europäischen Gemeinschaft alle sachdienlichen Informationen mit, insbesondere Gesetze, Verordnungen, Verwaltungsvorschriften, Vereinbarungen und Absprachen. Es holt zur wettbewerblichen Beurteilung eine Stellungnahme des Bundeskartellamtes ein, die ebenfalls der Europäischen Kommission übermittelt wird. Dies gilt auch für den Fall, dass die Kommission der Europäischen Gemeinschaft auf eigene Veranlassung für eine der Sektorentätigkeiten in Deutschland ein solches Verfahren einleitet.

(4) Auftraggeber können bei der Kommission der Europäischen Gemeinschaft eine Feststellung beantragen, ob die Voraussetzungen des Absatzes 1 vorliegen. Dem Antrag ist eine Stellungnahme des Bundeskartellamtes beizufügen. Die Auftraggeber haben gleichzeitig dem Bundesministerium für Wirtschaft und Technologie eine Kopie des Antrags und der Stellungnahme zu übermitteln. Das Bundeskartellamt soll die Stellungnahme innerhalb von vier Monaten abgeben, nachdem der Antrag eingegangen ist. Der Antrag des Auftraggebers an das Bundeskartellamt muss die in § 39 Absatz 3 Satz 2 Nummer 1 bis 4 des Gesetzes gegen Wettbewerbsbeschränkungen bezeichneten Angaben enthalten. § 39 Absatz 3 Satz 4 und 5 des Gesetzes gegen Wettbewerbsbeschränkungen gilt entsprechend. Der Antrag nach Satz 1 kann auch von einem Verband der Auftraggeber gestellt werden. In diesem Fall gelten für die Verbände die Regelungen für Auftraggeber.

(5) Für die Erarbeitung der Stellungnahme nach den Absätzen 3 und 4 hat das Bundeskartellamt die Ermittlungsbefugnisse nach den §§ 57 bis 59 des Gesetzes gegen Wettbewerbsbeschränkungen. Das Bundeskartellamt holt eine Stellungnahme der Bundesnetzagentur ein. § 50c Absatz 1 des Gesetzes gegen Wettbewerbsbeschränkungen gilt entsprechend.

(5a) Für die Erarbeitung der Stellungnahme nach den Absätzen 3 und 4 erhebt das Bundeskartellamt zur Deckung des Verwaltungsaufwands vom Antragsteller Kosten (Gebühren und Auslagen) gemäß § 127a Absatz 1 des Gesetzes gegen Wettbewerbsbeschränkungen. Wird gegen die Kostenentscheidung Beschwerde eingelegt, so kann die Kostenanforderung auf Antrag des Kostenschuldners gestundet werden, bis die Kostenentscheidung rechtskräftig geworden ist.

(6) Die Stellungnahme des Bundeskartellamtes besitzt keine Bindungswirkung für Entscheidungen des Bundeskartellamtes nach dem Gesetz gegen Wettbewerbsbeschränkungen.

(7) Die Feststellung, dass Sektorentätigkeiten auf Märkten mit freiem Zugang unmittelbar dem Wettbewerb ausgesetzt sind, gilt als getroffen, wenn die Kommission der Europäischen Gemeinschaft dies bestätigt hat oder wenn sie innerhalb der Frist nach Artikel 30 der Richtlinie 2004/17/EG keine Feststellung getroffen hat und das Bundesministerium für Wirtschaft und Technologie die Feststellung oder den Ablauf der Frist im Bundesanzeiger bekannt gemacht hat.

(8) Die Absätze 1 bis 7 gelten für Auftraggeber im Sinne des § 129b des Gesetzes gegen Wettbewerbsbeschränkungen entsprechend.

§ 127a rundet insgesamt den verfahrensrechtlichen Rahmen ab für die Umsetzung der Richtlinie 2009/81/EG des Europäischen Parlamentes und des Rates vom 13. Juli 2009 über die Koordinierung der Verfahren zur Vergabe bestimmter Bau-, Liefer- und Dienstleistungsaufträge in den Bereichen Verteidigung und Sicherheit und zur Änderung der Richtlinie 2004/17/EG und 2004/18/EG (ABl. EU Nr. L 216 vom 20.8.2009). Die Vorschrift ist im engen Zusammenhang mit **§ 127 Nr. 9 GWB** zu sehen, der die Bundesregierung ermächtigt, durch Rechtsverordnung die Voraussetzungen für die Freistellung bestimmter Sektorentätigkeiten vom Vergaberecht, das dabei anzuwendende Verfahren und die Ermittlungsbefugnisse des Bundeskartellamts zu regeln. Von der Ermächtigung hat die Bundesregierung durch die Regelung in **§ 3 SektVO** Gebrauch gemacht. § 127 Nr. 9 GWB, § 127a und § 3 SektVO setzen Art. 30 SKR in nationales Recht um.

B. Kosten zur Deckung des Verwaltungsaufwands (Abs. 1)

Nach Abs. 1 Satz 1 erhebt das Bundeskartellamt für Gutachten und Stellungnahmen, die auf Grund der nach § 127 Nr. 9 GWB erlassenen Rechtsverordnung vorgenommen werden, Kosten (Gebühren und Auslagen) zur Deckung des Verwaltungsaufwands.

I. Freistellungsverfahren gemäß § 3 SektVO und Art. 30 SKR (Satz 1)

Bei der in Abs. 1 Satz 1 in Bezug genommenen Rechtverordnung nach § 127 Nr. 9 GWB handelt es sich um die SektVO. § 3 SektVO überträgt die Einzelheiten des Freistellungsverfahrens in Art. 30 SKR in deutsches Recht. Mit dem Freistellungsverfahren können Aufträge, die der Ausübung einer bestimmten Sektorentätigkeit dienen, gemäß § 100b Abs. 4 GWB i.V.m. § 3 SektVO von der EU-Kommission von der Anwendung des Vergaberechts freigestellt werden. Nach Art. 30 SKR können Mitgliedstaaten im Sektorenbereich eine Befreiung von der Verpflichtung zur Anwendung des EU-Vergaberechts beantragen, wenn die Tätigkeit auf dem Markt in dem Mitgliedstaat mit freiem Zugang unmittelbar dem Wettbewerb ausgesetzt ist. Wenn im jeweiligen Sektor wirksamer Wettbewerb herrscht, sieht es der Richtliniengeber nicht (mehr) für erforderlich an, die Auftragsvergabe im Sektorenbereich der Sektorenkoordinierungsrichtlinie zu unterwerfen. Auf diese Weise soll aktuellen und künftigen Liberalisierungen in den einzelnen Sektoren Rechnung getragen werden (Erwägungsgrund 40 der Richtlinie 2004/17/EG). In einem speziellen Verfahren wird daher nach objektiven Kriterien festgestellt, ob bestimmte Sektorentätigkeiten auf Märkten ohne Zugangsbeschränkungen dem direkten Wettbewerb ausgesetzt sind (Erwägungsgrund 40 der Richtlinie 2004/17/EG; Begr. zur SektVO, BR-Drucks. 522/09, S. 39 ff.). Die Umsetzung und Anwendung gemeinschaftlicher Rechtsvorschriften zur Liberalisierung eines bestimmten Sektors oder Teilsektors gelten als hinreichende Vermutung für den freien Zugang zu dem betreffenden Markt. Geht der freie Zugang zu einem Markt nicht auf die Anwendung einschlägigen Gemeinschaftsrechts zurück, sollte dieser freie Zugang nach Ansicht des europäischen Richtliniengebers de jure und de facto nachgewiesen werden (Erwägungsgrund 41 der Richtlinie 2004/17/EG). Die einzelnen Freistellungskriterien der EU-Kommission ergeben sich aus der Entscheidung 2005/15/EG vom 1.7.2005 über die Durchführungsmodalitäten für das Verfahren nach Art. 30 der Richtlinie 2004/17/EG und aus der bisherigen Entscheidungspraxis der EU-Kommission.

Für eine Freistellung von Aufträgen, die die Ausübung einer Sektorentätigkeit ermöglichen sollen, ist Voraussetzung, dass die jeweilige Tätigkeit auf **Märkten mit freiem Zugang unmittelbar dem Wettbewerb ausgesetzt** ist. Wenn auf dem Markt für die jeweilige Sektorentätigkeit wirksamer Wettbewerb herrscht, hält es der Gesetzgeber nicht (mehr) für erforderlich, entsprechende Aufträge (weiterhin) dem Vergaberecht zu unterwerfen (BR-Drucks. 522/09; Begr. zu § 3 SektVO, S. 39; Erwägungsgrund 40 der Richtlinie 2004/17/EG). Die näheren Einzelheiten des Freistellungsverfahrens regelt § 3 SektVO.

Die Entscheidungen der Kommission finden sich im Internet unter http://ec.europa.eu/internal_market/publicprocurement/rules/exempt_markets/index_de.htm.

9 Bislang musste die EU-Kommission in 28 Verfahren über die Freistellung von Sektorentätigkeiten von Mitgliedstaaten in der EU entscheiden. Für ihre Entscheidung betrachtet die Kommission regelmäßig als wesentliches Kriterium den **Konzentrationsgrad auf dem relevanten Markt**. Als weitere Kriterien zieht sie z.B. die **Verteilung der Marktanteile**, den **Liquiditätsgrad** und die **Import- und Exportrate** heran. Deutschland betraf zuletzt ein Verfahren auf Antrag des Bundesverbandes der Energie- und Wasserwirtschaft im Namen öffentlicher Auftraggeber zur Freistellung des Bereichs der Erzeugung und des Großhandelsverkaufs von Strom in Deutschland vom 26.10.2011. Hierauf erging der Durchführungsbeschluss der EU-Kommission vom 24.4.2012 zur **Freistellung der Erzeugung und des Großhandels von Strom aus konventionellen Quellen** in Deutschland von der Anwendung der Richtlinie 2004/17/EG des Europäischen Parlaments und des Rates zur Koordinierung der Zuschlagserteilung durch Auftraggeber im Bereich der Wasser-, Energie- und Verkehrsversorgung sowie der Postdienste (bekanntgegeben unter Aktenzeichen C(2012) 2426) der EU-Kommission (ABl. L 114/21 vom 26.4.2012). Durch den Beschluss hat die EU-Kommission deutsche Sektorenauftraggeber im Bereich der konventionellen Energien teilweise von der Anwendung des Vergaberechts freigestellt. Demnach gilt die Richtlinie 2004/17/EG nicht für Aufträge, die von Auftraggebern vergeben werden und die Erzeugung und den Erstabsatz von aus konventionellen Quellen erzeugtem Strom in Deutschland ermöglichen sollen. Den weitergehenden Antrag auf **Freistellung auch von Aufträgen für Anlagen, die dem Erneuerbare-Energien-Gesetz (EEG) unterfallen**, lehnte die Kommission dagegen ab. Dies begründet die EU-Kommission damit, dass Anlagen, die in den Anwendungsbereich des EEG fallen, gegenwärtig noch keinem hinreichenden Wettbewerb unterlägen. Durch den Einspeisevorrang und die feste Einspeisevergütung gebe es keine Konkurrenz zu den konventionellen Stromerzeugungsanlagen, so dass es keinen einheitlichen Wettbewerbsmarkt gebe.

II. Gutachten und Stellungnahmen des Bundeskartellamts (Satz 1)

10 Die Antragsteller eines Freistellungsverfahrens i.S.v. § 3 SektVO, Art. 30 SKR müssen dem Antrag eine **Stellungnahme des Bundeskartellamts** i.S.v. Abs. 1 Satz 1 beifügen (vgl. § 3 Abs. 4 SektVO). Leitet die EU-Kommission auf eigene Initiative ein Freistellungsverfahren ein, so holt das Bundesministerium für Wirtschaft und Technologie gemäß § 3 Abs. 3 Satz 4 SektVO ebenfalls eine Stellungnahme des Bundeskartellamts i.S.v. Abs. 1 Satz 1 ein. Zwar bindet die EU-Kommission die Beurteilung des Wettbewerbs durch das Bundeskartellamt nicht, gemäß Art. 30 Abs. 4 UA 3 Satz 1 SKR kann die Kommission eine entsprechende Stellungnahme auch ablehnen. In der Regel wird die Beurteilung der Wettbewerbssituation durch das Bundeskartellamt die Entscheidung der EU-Kommission jedoch in erheblichem Maße beeinflussen (*Greb/Müller*, SektVO, § 3 Rn. 20).

III. Kosten (Gebühren und Auslagen) (Satz 1 und 2)

11 Das Bundeskartellamt erhebt für die Erarbeitung der Stellungnahme gemäß § 3 Abs. 5a SektVO Kosten, also Auslagen und Gebühren. Die formelle gesetzliche Grundlage hierzu schafft Abs. 1 Satz 1; zugleich verweist Abs. 1 Satz 2 auf die entsprechende Geltung bestimmter Regelungen des § 80 GWB. § 80 GWB enthält nähere Bestimmungen zu den gebührenpflichtigen Handlungen und u.a. zur Höhe der Gebühren. In entsprechender Anwendung (vgl. Abs. 1 Satz 2) des § 80 Abs. 2 Satz 1 und Satz 2 Nr. 1 GWB richtet sich die **Höhe der Gebühr** grundsätzlich nach dem personellen und sachlichen Aufwand bei Berücksichtigung der wirtschaftlichen Bedeutung der gebührenpflichtigen Handlung. Die Gebühren für die Erarbeitung einer Stellungnahme im Rahmen eines Freistellungsverfahrens können gemäß § 3 Abs. 5a SektVO i.V.m. § 127a GWB und § 80 Abs. 2 Satz 2 Nr. 1 GWB bis zu 50.000 € betragen. Bei besonders hohem personellen oder sachlichen Aufwand können die Gebühren sogar bis zu 100.000 € betragen. **Kostenschuldner** ist der Antragsteller (§ 80 Abs. 6 Satz 1 Nr. 2 GWB).

IV. Beschwerde (Satz 3)

Nach Abs. 1 Satz 3 gilt für den Rechtsschutz gegen die Kostenentscheidung § 63 Abs. 1 und 4 GWB entsprechend. Hiernach ist die Beschwerde gegen die Kostenentscheidung statthaft. Zuständig ist unter entsprechender Anwendung des § 63 Abs. 4 GWB das für den Sitz der Kartellbehörde zuständige Oberlandesgericht. Für Entscheidungen des Bundeskartellamts in Bonn ist das Oberlandesgericht Düsseldorf zuständig. Frist und Form der Beschwerde richten sich nach § 66 GWB. Wird Beschwerde gegen die Kostenentscheidung eingelegt, so kann die Kostenanforderung auf Antrag des Kostenschuldners gemäß § 3 Abs. 5a Satz 2 SektVO gestundet werden, bis die Kostenentscheidung rechtskräftig geworden ist.

C. Verordnungsermächtigung (Abs. 2)

Abs. 2 Satz 1 ermächtigt die Bundesregierung, **Einzelheiten zur Gebührenerhebung durch das Bundeskartellamt** bei der Fertigung von Stellungnahmen zur Wettbewerbssituation bestimmter Sektorentätigkeiten im Rahmen des Freistellungsverfahrens zu regeln. Nach Abs. 2 Satz 2 dürfen **Vollstreckungserleichterungen** vorgesehen werden. Dem ist die Bundesregierung mit § 3 Abs. 5a SektVO nachgekommen.

§ 128 Kosten des Verfahrens vor der Vergabekammer

(1) ¹Für Amtshandlungen der Vergabekammern werden Kosten (Gebühren und Auslagen) zur Deckung des Verwaltungsaufwandes erhoben. ²Das Verwaltungskostengesetz vom 23. Juni 1970 (BGBl. I S. 821) in der am 14. August 2013 geltenden Fassung findet Anwendung.

(2) ¹Die Gebühr beträgt mindestens 2.500 Euro; dieser Betrag kann aus Gründen der Billigkeit bis auf ein Zehntel ermäßigt werden. ²Die Gebühr soll den Betrag von 50.000 Euro nicht überschreiten; sie kann im Einzelfall, wenn der Aufwand oder die wirtschaftliche Bedeutung außergewöhnlich hoch sind, bis zu einem Betrag von 100.000 Euro erhöht werden.

(3) ¹Soweit ein Beteiligter im Verfahren unterliegt, hat er die Kosten zu tragen. ²Mehrere Kostenschuldner haften als Gesamtschuldner. ³Kosten, die durch Verschulden eines Beteiligten entstanden sind, können diesem auferlegt werden. ⁴Hat sich der Antrag vor Entscheidung der Vergabekammer durch Rücknahme oder anderweitig erledigt, hat der Antragsteller die Hälfte der Gebühr zu entrichten. ⁵Die Entscheidung, wer die Kosten zu tragen hat, erfolgt nach billigem Ermessen. ⁶Aus Gründen der Billigkeit kann von der Erhebung von Gebühren ganz oder teilweise abgesehen werden.

(4) ¹Soweit ein Beteiligter im Nachprüfungsverfahren unterliegt, hat er die zur zweckentsprechenden Rechtsverfolgung oder Rechtsverteidigung notwendigen Aufwendungen des Antragsgegners zu tragen. ²Die Aufwendungen der Beigeladenen sind nur erstattungsfähig, soweit sie die Vergabekammer aus Billigkeit der unterlegenen Partei auferlegt. ³Nimmt der Antragsteller seinen Antrag zurück, hat er die zur zweckentsprechenden Rechtsverfolgung notwendigen Aufwendungen des Antragsgegners und der Beigeladenen zu erstatten. ⁴§ 80 Absatz 1, 2 und 3 Satz 2 des Verwaltungsverfahrensgesetzes und die entsprechenden Vorschriften der Verwaltungsverfahrensgesetze der Länder gelten entsprechend. ⁵Ein gesondertes Kostenfestsetzungsverfahren findet nicht statt.

Übersicht

A. Allgemeines	1–2
B. Kosten vor der Vergabekammer (Abs. 1)	3
C. Höhe der Gebühren (Abs. 2)	4–13
I. Grundsatz	4
II. Höhe	5–13
1. Mindestgebühr (Abs. 2 Satz 1)	5–7
2. Höchstgebühr (Abs. 2 Satz 2)	8
3. Tabelle	9–10
4. Vorschuss	11
5. Eilverfahren	12
6. Überprüfung	13
D. Kostengrundentscheidung (Abs. 3)	14–21
I. Allgemeines	14
II. Grundsatz (Abs. 3 Satz 1 und 2)	15–17
III. Kostentrennung (Abs. 3 Satz 3)	18
IV. Rücknahme und Erledigung (Abs. 3 Satz 4 und 5)	19–20
V. Absehen von Gebühren (Abs. 3 Satz 6)	21
E. Erstattung der Aufwendungen (Abs. 4)	22–53
I. Allgemeines	22
II. Grundsatz (Abs. 4 Satz 1)	23–24
III. Aufwendungen für Rechtsanwalt	25–27
1. Aufwendungen des Antragstellers	25–26
2. Aufwendungen des öffentlichen Auftraggebers	27
IV. Aufwendungen des Beigeladenen (Abs. 4 Satz 2)	28–29
V. Rücknahme des Antrags (Abs. 4 Satz 3)	30
VI. Anderweitige Erledigung und Abs. 4 Satz 4	31–32
VII. Kostenfestsetzung (Abs. 4 Satz 5)	33
VIII. Rechtsanwaltsgebühren	34–37
1. Streitwert	34
2. Berechnung der Geschäftsgebühr	35
3. Vorangegangene Vertretung im Vergabeverfahren	36
4. Versehentliche Falschberechnung	37
IX. Kosten des Beschwerdeverfahrens	38–53
1. Grundsatz	38–40
2. Eilverfahren	41
3. Notwendige Aufwendungen	42
4. Beigeladener	43–46
5. Rücknahme der sofortigen Beschwerde	47
6. Rücknahme des Nachprüfungsantrags	48
7. Erledigung der Hauptsache	49
8. Rechtsanwaltsgebühren	50–51
9. Kostenfestsetzung	52–53

A. Allgemeines

§ 128 enthält nur Regelungen für Kosten und Aufwendungen, die im **Nachprüfungsverfahren vor der Vergabekammer** anfallen; eine Regelung für das Beschwerdeverfahren vor dem Vergabesenat enthält die Vorschrift nicht. Während die Abs. 1 und 2 sich mit der Höhe der bei der Vergabekammer anfallenden Gebühren beschäftigen, ist in Abs. 3 geregelt, welcher der Verfahrensbeteiligten die Kosten i.S.d. Abs. 1 zu tragen hat, also diejenigen Kosten, welche durch die gerichtsähnliche Tätigkeit der Vergabekammer entstanden sind, vergleichbar den gerichtlichen Kosten im Zivilprozess. Abs. 4 hat demgegenüber zum Gegenstand, wer diejenigen Kosten zu tragen hat, welche die Verfahrensbeteiligten in Folge ihrer Beteiligung am Nachprüfungsverfahren aufwenden müssen, vergleichbar den außergerichtlichen Kosten im Zivilprozess. 1

Die Vergabekammer entscheidet in ihrem Beschluss in der sogenannten **Kostengrundentscheidung** sowohl über die Frage, wer die „gerichtlichen" Kosten zu tragen hat, als auch über die Frage, wer die „außergerichtlichen" Kosten trägt. Außerdem stellt die Vergabekammer fest, ob die Zuziehung eines Rechtsanwalts durch einen Beteiligten notwendig war. In der Kostengrundentscheidung wird über die Höhe der angefallenen Kosten und Aufwendungen nichts ausgesagt; diese ist Gegenstand der **Kostenfestsetzung**, die nun aber nicht mehr Aufgabe der Vergabekammer ist (Abs. 4 Satz 5). 2

B. Kosten vor der Vergabekammer (Abs. 1)

Da die Vergabekammern trotz ihrer gerichtsähnlichen Stellung keine Gerichte, sondern Teil der Verwaltung sind und Verwaltungsakte erlassen, werden für ihre Amtshandlungen Kosten (Gebühren und Auslagen) nach dem Verwaltungskostengesetz (VwKostG) erhoben. Die erhobenen Kosten sollen den Verwaltungsaufwand decken; sie sind von Amts wegen durch **Verwaltungsakt** festzusetzen und einzufordern. Während die Gebühren das Äquivalent für die Durchführung des Verfahrens und die Entscheidungen der Vergabekammer im Nachprüfungsverfahren sind, decken die Auslagen die im Zuge dieser Handlungen und Entscheidungen entstandenen Unkosten ab, wie z.B. Auslagen für Zeugen oder Sachverständige. Für die Auslagen gilt das **Kostendeckungsprinzip**, d.h. dass den Beteiligten nur die tatsächlich entstandenen Kosten in Rechnung gestellt werden dürfen. Für die Gebühren der Vergabekammer ist demgegenüber das **Äquivalenzprinzip** zu beachten: Zwischen der Tätigkeit der Vergabekammer und den geforderten Gebühren muss ein angemessenes Verhältnis bestehen. Die in **Abs. 1 Satz 1** aufgeführten Kosten decken aber nur die Tätigkeit der Vergabekammer ab. Die Aufwendungen der Verfahrensbeteiligten, die diesen durch die Teilnahme am Nachprüfungsverfahren entstehen, wie z.B. die Kosten für die von ihnen beauftragten Rechtsanwälte oder Reisekosten, richten sich nach dem RVG bzw. nach § 10 VwKostG. 3

Nach **Abs. 1 Satz 2** findet das Verwaltungskostengesetz vom 23.6.1970 (BGBl. I S. 821) in der am 14.8.2013 geltenden Fassung Anwendung. Bislang enthielt Abs. 1 Satz 2 eine schlichte Verweisung auf das Verwaltungskostengesetz („Das Verwaltungskostengesetz findet Anwendung."). Durch das Gesetz zur Strukturreform des Gebührenrechts des Bundes vom 7.8.2013 (BGBl. I S. 3154) wurde diese Verweisung als starre Verweisung auf die im Zeitpunkt des Inkrafttretens des Bundesgebührengesetzes geltende Fassung des Verwaltungskostengesetzes ausgestaltet („Das Verwaltungskostengesetz vom 23. Juni 1970 (BGBl. I S. 821) in der am 14. August 2013 geltenden Fassung findet Anwendung."). Diese Ergänzung trägt dem Umstand Rechnung, dass Regelungen, die die Gebührenerhebung des Bundeskartellamts betreffen, nicht in den Anwendungsbereich des Bundesgebührengesetzes fallen (Begr. RegE, BT-Drucks. 17/10422, S. 138 zu Art. 2 Abs. 76).

Vor dieser mit Wirkung zum 15.8.2013 in Kraft getretenen Gesetzesänderung war umstritten, ob in Abs. 1 Satz 2 a.F. eine Verweisung auf die jeweiligen Verwaltungskostengesetze der Länder (so OLG Naumburg vom 17.9.2002, 1 Verg 8/02 und OLG Schleswig vom 5.1.2007, 1 Verg 11/05) oder auf das Bundesrecht lag (so VK Sachsen vom 28.10.2008, 1/SVK/054-08). In § 8 der in Abs. 1 Satz 2 in Bezug genommenen Fassung des Verwaltungskostengesetzes des Bundes und in den einzelnen Länderkostengesetzen ist die persönliche Gebührenfreiheit für Bundes- und Landesbehörden unter bestimmten Voraussetzungen vorgesehen. Die unterschiedliche Auffassung zur Rechtsnatur der Verweisung konnte daher zu abweichenden Ergebnissen in Fällen führen, in denen ein Land bei der Ausschreibung im Rahmen der Bundesauftragsverwaltung tätig wurde, weil die Voraussetzungen für die Gebührenfreiheit des Bundes unterschiedlich geregelt sind. Mit der vorgenannten Gesetzesänderung ist dieser Rechtsstreit nunmehr entschieden.

Gemeinden sind im Nachprüfungsverfahren ohnehin von der Zahlung von Auslagen und Gebühren befreit (VK Lüneburg vom 27.8.2010, VgK 38/2010).

C. Höhe der Gebühren (Abs. 2)

I. Grundsatz

4   Im Gegensatz zu früheren Bestimmungen ist nicht mehr die Regel enthalten, dass sich die Höhe der Gebühren nach dem personellen und sachlichen Aufwand der Vergabekammer unter Berücksichtigung der wirtschaftlichen Bedeutung des Vergabeverfahrens bestimmt. Dennoch richtet sich die Gebührenhöhe mangels anderer Anknüpfungspunkte nach wie vor nach diesen Gesichtspunkten, wobei der **wirtschaftlichen Bedeutung** bzw. dem wirtschaftlichen Interesse des Antragstellers an der Erlangung des Auftrags das größte Gewicht für die Bestimmung der angemessenen Gebühren zukommt. Für das gerichtliche Verfahren sieht § 50 Abs. 2 GKG die Anknüpfung an die Bruttoauftragssumme, aus der sich mittelbar das wirtschaftliche Interesse der Verfahrensbeteiligten ergibt, ausdrücklich vor. Diese Norm gilt mittelbar auch für die Streitwertbestimmung eines Nachprüfungsverfahrens, von welcher die Höhe der Rechtsanwaltsgebühren abhängt (vgl. hierzu Rn. 34). Es wäre daher widersprüchlich, wenn dieser Gesichtspunkt für die Berechnung der Tätigkeit der Vergabekammern nicht die ausschlaggebende Rolle spielen würde. Demgegenüber kann der persönliche und sachliche Aufwand der Vergabekammer nur zweitrangig sein: Dieser kann bei einem wirtschaftlich unbedeutenden Fall wesentlich höher liegen als bei einem wirtschaftlich bedeutenden, wenn es z.B. um die Klärung schwieriger und grundlegender Rechtsfragen geht. Im Sinne der Rechtssicherheit und der Rechtsklarheit besteht auch ein allgemeines Bedürfnis dafür, dass ein Antragsteller vor Einleitung eines Nachprüfungsverfahrens weiß, welche Kosten auf ihn zukommen. Wenn die Höhe der Gebühren nach dem Aufwand der Vergabekammer vorrangig zu bemessen wäre, wäre es für einen Antragsteller kaum möglich, die Gebührenhöhe einzuschätzen.

II. Höhe

1. Mindestgebühr (Abs. 2 Satz 1)

5   Nach Abs. 2 Satz 1 Hs. 1 beträgt die Mindesthöhe **2.500 €**. Die zunächst für das Gesetz zur Modernisierung des Vergaberechts vom 20.4.2009 (BGBl. I S. 790) im Gesetzgebungsverfahren angedachte Mindesthöhe von 5.000 € ist mit gutem Grund wieder fallen gelassen worden. Gerade für kleinere Unternehmen des Mittelstands hätte eine derartig hohe Gebühr abschreckend gewirkt und sie von der Inanspruchnahme des ihnen zustehenden Rechtsschutzes abhalten können. Grundsätzlich hat die Höhe der Gebühr dem Verhältnismäßigkeitsgrundsatz zu entsprechen; sie darf den effektiven Rechtsschutz der Bieter nicht vereiteln.

6   Aus **Gründen der Billigkeit** ist es möglich, die Mindestgebühr bis auf ein Zehntel **herabzusetzen**, also bis auf 250 € (Abs. 2 Satz 1 Hs. 2). Eine niedrigere Gebühr gibt es nicht. Eine Herabsetzung kann dann gerechtfertigt sein, wenn das wirtschaftliche Interesse sehr gering ist. Da der Zuschlag nur einmal erteilt werden kann, kann sich die wirtschaftliche Bedeutung trotz der **Beteiligung mehrerer Bieter** am Nachprüfungsverfahren nicht verdoppeln (OLG Naumburg vom 28.6.2004, 1 Verg 5/04); auf die Antragsteller entfällt dann der jeweils errechnete Bruchteil der Gesamtgebühr. Die Gesamtgebühr ist nach dem höchsten geltend gemachten wirtschaftlichen Interesse zu berechnen, also regelmäßig nach der höchsten Bruttoangebotssumme. Anders ist die Sachlage zu beurteilen, wenn in getrennten Verfahren Nachprüfungsanträge bezüglich derselben Ausschreibung gestellt werden. Hier ist Verfahrensgegenstand jeweils der vom Bieter erstrebte Auftrag (BayObLG vom 13.4.2004, Verg 5/04). Das leuchtet vor allem dann ein, wenn die Bieter ihre Nachprüfungsanträge auf verschie-

dene Rügen stützen, weil dann der Aufwand der Vergabekammer unterschiedlich ist. Doch auch bei gleichartigen Rügen besteht schon durch die Führung verschiedener Verfahren ein höherer Aufwand. Hat sich im konkreten Nachprüfungsverfahren praktisch keine Arbeit für die Vergabekammer ergeben, ist auch bei erheblicher wirtschaftlicher Bedeutung eine Reduzierung der Gebühr bis in die Nähe der Mindestgebühr möglich (VK Düsseldorf vom 20.10.2008, VK-42/2008-B).

Von der Frage der Höhe der Gebühr ist allerdings die Frage zu unterscheiden, ob diese Gebühr erhoben oder ganz oder teilweise – etwa bei Antragsrücknahme oder anderweitiger Erledigung des Nachprüfungsverfahrens – erlassen wird. 7

2. Höchstgebühr (Abs. 2 Satz 2)

Das Gesetz sieht als Höchstgebühr **50.000 €** vor (Abs. 2 Satz 2 Hs. 1). Dieser Betrag kann bei einem außergewöhnlich hohen Aufwand oder einer außergewöhnlich hohen wirtschaftlichen Bedeutung bis zu einem Wert von 100.000 € erhöht werden (Abs. 2 Satz 2 Hs. 2). Bei der Erhöhungsmöglichkeit wird nun doch wieder auf die in Abs. 1 nicht erwähnten Gesichtspunkte des Aufwands und der wirtschaftlichen Bedeutung Bezug genommen. Dies ist bezüglich des Anknüpfungspunktes „Aufwand" deshalb verwunderlich, weil es kaum vorstellbar ist, dass der Aufwand der Vergabekammer so hoch sein könnte, dass er mit 50.000 € Mehrkosten verbunden wäre. Bezüglich des Anknüpfungspunktes „wirtschaftliche Bedeutung" ist auch bei größten wirtschaftlichen Aufträgen immer zu bedenken, dass die Gebührenhöhe nicht dazu gedacht ist, Bieter von der Durchsetzung ihrer Rechte abzuhalten. Gerade für mittelständische Unternehmen sind die genannten Beträge in Krisenzeiten, in denen es auf die Hereinholung von Aufträgen verstärkt ankommt, nicht leicht zu entbehren. Deshalb ist bei der Festsetzung der Gebührenhöhe auch bei wirtschaftlich äußerst bedeutsamen Vorgängen Zurückhaltung zu üben, um den effektiven Rechtsschutz des Bieters nicht zu unterlaufen. Die Gebühren im Nachprüfungsverfahren sollten auch in einer gewissen Relation zu den im Beschwerdeverfahren anfallenden Gerichtsgebühren stehen. 8

3. Tabelle

Um eine einheitliche Handhabung zu erzielen, haben die Vergabekammern des Bundes eine **Gebührentabelle** entwickelt, welche in Abhängigkeit von den Ausschreibungssummen, also rein nach der wirtschaftlichen Bedeutung, eine bestimmte Gebühr festlegt. Dies ist sehr zu begrüßen: Ähnlich wie es im Zivilprozess anhand der Tabellen des Gerichtskostengesetzes möglich ist, die Höhe der anfallenden Gerichtskosten vorab einigermaßen verlässlich zu berechnen, kann nun der Bieter vor Einleitung des Nachprüfungsverfahrens anhand dieser Tabelle ermitteln, welche Gebühr in etwa auf ihn zukommen wird. 9

Eine Bindung der Vergabekammer an die vorgeschlagenen Beträge erzeugt diese Tabelle aber selbstverständlich nicht; sie stellt lediglich eine **unverbindliche Richtschnur** dar. Die Festsetzung im konkreten Einzelfall bleibt dem jeweiligen **Ermessen** der Vergabekammer überlassen. In der Praxis richten sich aber die Vergabekammern der Länder ganz überwiegend nach den in der Tabelle enthaltenen Werten; dies ist im Interesse einer bundeseinheitlichen Handhabung auch nicht zu beanstanden, sondern zu begrüßen (OLG Koblenz vom 16.2.2006, 1 Verg 2/06; OLG Brandenburg vom 7.5.2008, VergW 2/08). Die Vergabekammer kann sich auf die Werte der Gebührentabelle verlassen (OLG Hamburg vom 3.11.2008, 1 Verg 3/08). In diesem Zusammenhang ist auch zu bedenken, dass sich eine Annäherung an die Regelung für die Gerichtsverfahren mit ihren genau festgelegten Gebührentabellen für die gerichtsähnlich ausgestalteten Nachprüfungsverfahren eigentlich anbietet. Die aktuelle Gebührentabelle (Stand: März 2013) ist in diesem Kommentar abgedruckt (s. Anhang 3). Die ausführliche Gebührentabelle mit weiteren Zwischenwerten ist im Internet abrufbar. Ganz generell ist eine Interpolation zwischen den in der Tabelle enthaltenen Werten möglich (OLG München vom 15.10.2012, Verg 18/12). 10

4. Vorschuss

11 Damit die Vergabekammer mit ihrer Tätigkeit beginnt, wird üblicherweise die **Mindestgebühr von 2.500 €** als **Vorschuss** angefordert. Unabhängig von der Leistung eines Vorschusses ist allerdings die Zustellung des Nachprüfungsantrags bzw. die formlose Übermittlung nach § 110 Abs. 2 Satz 3 GWB in die Wege zu leiten, weil hiervon der Eintritt des Zuschlagsverbots des § 115 Abs. 1 Satz 1 GWB abhängt. Ein etwaiger Überschuss wird am Ende des Nachprüfungsverfahrens zurückerstattet. Dies kann z.B. der Fall sein, wenn der Nachprüfungsantrag zurückgenommen wird (Abs. 3 Satz 3). Wird der Vorschuss nicht oder nicht fristgerecht bezahlt, darf dieses Verhalten nicht als konkludente Antragsrücknahme behandelt werden (OLG München vom 19.1.2010, Verg 1/10).

5. Eilverfahren

12 Es ist umstritten, ob für ein Eilverfahren vor der Vergabekammer nach § 115 Abs. 2 Satz 1 GWB eine **gesonderte Gebühr** anzusetzen ist (so OLG München vom 28.2.2011, Verg 23/10) oder nicht (OLG Naumburg vom 15.6.2006, 1 Verg 5/06). Auch wenn möglicherweise für den Rechtsanwalt keine gesonderte Gebühr abgerechnet werden kann (vgl. hierzu OLG München vom 28.2.2011, Verg 23/10), ist für die Vergabekammer ein zusätzlicher Aufwand durch den Eilantrag entstanden. Es ist daher nicht einzusehen, warum die Vergabekammer für diese Tätigkeit nicht eine Gebühr erheben soll. Allerdings wird nach gängiger Praxis der Vergabekammern wegen der nur vorläufigen Regelung nicht die volle Gebühr gefordert (VK Sachsen vom 5.10.2004, 1/SVK/092-04(G): die Hälfte; VK Sachsen-Anhalt vom 15.4.2008, 1 VK LVwA 12/08: 25 %). Für einen Antrag nach § 115 Abs. 3 GWB wird keine gesonderte Gebühr angesetzt (VK Sachsen-Anhalt vom 8.9.2009, 1 VK LVwA 49 und 50/09).

6. Überprüfung

13 Die Festsetzung der Gebühren liegt im Ermessen der Vergabekammer und kann von den Vergabesenaten im Falle einer sofortigen Beschwerde nur daraufhin überprüft werden, ob die Festsetzung **ermessensfehlerhaft** war (OLG Karlsruhe vom 15.10.2008, 15 Verg 9/08; OLG München vom 15.11.2007, Verg 10/07; OLG Koblenz vom 16.2.2006, 1 Verg 2/06). Das OLG Brandenburg (vom 7.5.2008, Verg W 2/08) hat eine Gebühr von 50.000 € für einen Fall gebilligt, in welchem der Auftragsumfang knapp 16fach so hoch war wie der für eine Gebühr von 25.000 € vorgesehene Auftragswert.

D. Kostengrundentscheidung (Abs. 3)

I. Allgemeines

14 Abs. 3 regelt die Grundsätze für die **Kostengrundentscheidung**, also die Frage, wer von den Verfahrensbeteiligten im Nachprüfungsverfahren die Kosten zu tragen hat, also die Gebühren und Auslagen der Vergabekammer, und die außergerichtlichen Aufwendungen, also die Kosten für die Einschaltung der Rechtsanwälte, Reisekosten und ähnliche Auslagen. Zur Kostengrundentscheidung gehört auch die Feststellung, ob die Hinzuziehung eines Rechtsanwalts im Verfahren vor der Vergabekammer notwendig war. Über die Höhe der zu erstattenden Kosten sagt Abs. 3 nichts aus. Demgegenüber wird im **Kostenfestsetzungsverfahren** die Höhe der entstandenen Kosten und Aufwendungen festgesetzt und bestimmt, in welcher Höhe ein Verfahrensbeteiligter einem anderen diejenigen Kosten und Aufwendungen zu erstatten hat, welche diesem entstanden sind. Während die Kostengrundentscheidung von Amts wegen im abschließenden Beschluss der Vergabekammer ergeht, wird ein gesondertes Kostenfestsetzungsverfahren von der Vergabekammer nicht durchgeführt (Abs. 4 Satz 5). Die Vergabekammer kann unvollständige Kostengrundentscheidungen auf Antrag ergänzen, z.B. wenn die Entscheidung über die Notwendigkeit einer Anwaltsbestellung vergessen worden ist.

II. Grundsatz (Abs. 3 Satz 1 und 2)

Es entspricht der allgemeinen deutschen prozessrechtlichen Lehre und Rechtsprechung, dass derjenige, der den Rechtsstreit verliert, die gesamten Gerichtskosten einschließlich der außergerichtlichen Kosten des Gegners zu tragen hat. Deshalb spricht auch Abs. 3 Satz 1 aus, dass derjenige, welcher im Nachprüfungsverfahren unterliegt, die Kosten i.S.d. Abs. 1, also die Gebühren und Auslagen der Vergabekammer, trägt. Unterliegen mehrere, tragen sie die Kosten als **Gesamtschuldner** gemäß §§ 421 ff. BGB. Dies kann dann der Fall sein, wenn mehrere Bieter in demselben Ausschreibungsverfahren Nachprüfungsantrag gestellt haben. Auf der anderen Seite kann auch ein Antragsteller bei der Beiladung verschiedener Beteiligter zu einer mehrfachen Tragung der ihnen entstandenen Kosten gezwungen sein. Die Regelung entspricht § 100 Abs. 4 ZPO.

Unterliegt ein Beteiligter nur teilweise, werden die Kosten gequotelt entsprechend dem Umfang des Unterliegens. Im Nachprüfungsverfahren ist ein **teilweises Unterliegen** nicht immer leicht festzustellen. Abzustellen ist auf das Rechtsschutzbegehren des Antragstellers. Mit einem Nachprüfungsantrag will er in der Regel erreichen, dass der Zuschlag nicht an den vorgesehenen Bieter erteilt wird und dass die Wertung der Angebote unter Einschluss seines eigenen Angebots wiederholt wird. Dringt er mit diesem Rechtsschutzziel durch, ist auch dann kein teilweises Unterliegen gegeben, wenn der Antragsteller mehrere Rügen erhoben hatte, aber nur mit einer Rüge Erfolg hat. Anders ist die Sachlage zu beurteilen, wenn der Antragsteller zwei verschiedene Rechtsschutzbegehren verfolgt hat, aber nur mit einem zum Zuge kommt. Dann liegt ein teilweises Unterliegen vor. Dies ist beispielsweise der Fall, wenn der Antragsteller beantragt, dass der Zuschlag auf sein eigenes Angebot erteilt werden soll, er aber lediglich eine erneute Wertung erreicht. Das Gleiche gilt, wenn der Antragsteller in erster Linie eine Aufhebung des Vergabeverfahrens erreichen wollte (vgl. hierzu BGH vom 26.9.2006, X ZB 14/06).

Beteiligter kann auch ein **Beigeladener** sein, wenn er mit seinem Antrag nicht durchdringt. Er trägt dann neben dem Antragsgegner die Kosten als Gesamtschuldner. Voraussetzung ist aber, dass er sich eigenständig am Verfahren beteiligt hat, indem er einen Antrag gestellt hat. Die bloße passive Teilnahme am Nachprüfungsverfahren reicht nicht aus.

Um unnötige belastende Kostengrundentscheidungen zu vermeiden, ist auf die Formulierung der Anträge größter Wert zu legen. Dringend abzuraten ist von dem immer wieder vorgebrachten Antrag, der Zuschlag solle auf das eigene Angebot erteilt werden. Dieser Antrag ist nur in extrem seltenen Ausnahmefällen begründet, weil grundsätzlich von den Nachprüfungsinstanzen nicht in die wirtschaftliche Dispositionsfreiheit der Vergabestelle eingegriffen werden soll (BGH vom 26.9.2006, X ZB 14/06). Der Antrag kann folglich nur dann Erfolg haben, wenn die Vergabeabsicht weiter besteht und es keine andere Möglichkeit gibt, um zu einem rechtmäßigen Abschluss des Vergabeverfahrens zu kommen (BayObLG vom 5.11.2002, Verg 22/02).

III. Kostentrennung (Abs. 3 Satz 3)

Abs. 3 Satz 3 sieht für den Fall, dass ein Beteiligter durch sein Verschulden besondere Kosten verursacht hat, eine gesonderte Auferlegung der Kosten auf diesen Beteiligten vor, unabhängig von seinem Obsiegen. Dies gleicht der Regelung in § 95 ZPO, in welcher einem Verfahrensbeteiligten, der unnötige Fristverlängerungen oder Terminsänderungen veranlasst hat, die Kosten auferlegt werden können. Der Grund für die Kostentrennung ist die Überlegung, dass der Unterliegende für nicht erforderliche und nicht von ihm verursachte Kosten nicht haften soll. Insofern tritt eine Kostentrennung ein. Wären die Kosten auch bei ordnungsgemäßem und korrektem prozessualen Verhalten entstanden, können sie dem betreffenden Beteiligten nicht auferlegt werden, weil sein Fehlverhalten nicht kausal war und deshalb nicht zu besonderen Kosten geführt hat. Bei der Kostenentscheidung ist auch der Rechtsgedanke des § 96 ZPO zu beachten, nach welchem einem Verfahrensbeteiligten trotz seines Obsiegens in der Hauptsache die Kosten für ein erfolgloses Angriffs- oder Verteidigungsmittel auferlegt werden können. Der Gestattungsantrag nach § 115 Abs. 2 GWB stellt solch ein gesondertes Angriffs- bzw. Verteidigungsmittel dar (OLG München vom 28.2.2011, Verg 23/10); die Kosten des Gestattungsverfahrens sind Teil der Kosten des Nachprüfungsverfahrens. **Verschulden** bedeutet Vorwerfbarkeit des Verhaltens, der Beteiligte muss also vorsätzlich oder fahrlässig einen besonderen Aufwand verursacht haben. Nachdem aber in den mündlichen Verhandlungen vor der Vergabekammer kaum jemals eine Beweisaufnahme mit besonderen Kosten stattfindet, hat die Vorschrift kaum praktische Relevanz. In einem Einzelfall ist die Aufstellung eines vergaberechtswidrigen Zuschlagskriteriums als Verschulden des Auftraggebers an der Stellung eines Nachprüfungsantrags durch den Bieter gewertet worden mit der Folge einer Kostenquotelung (VK Schleswig-Holstein vom 14.1.2010, VK-SH 25/09). Diese Entscheidung ist abzulehnen: Der Nachprüfungsantrag ist der Angriff selbst und nicht nur ein Angriffsmittel; die Kostenquotelung kann sich daher nur nach den üblichen Grundsätzen richten (Rn. 16, 20).

IV. Rücknahme und Erledigung (Abs. 3 Satz 4 und 5)

19   Bei Rücknahme des Nachprüfungsantrags oder einer anderweitigen Erledigung der Sache vor einer Entscheidung der Vergabekammer ist nur die **Hälfte der Gebühr** zu entrichten (**Abs. 3 Satz 4**). Diese Regelung will die leichtere Erledigung der Sache privilegieren und einen Anreiz für die Rücknahme des Nachprüfungsantrags bieten. Wenn ein Nachprüfungsantrag zurückgenommen wird, ist eine begründete Entscheidung in der Hauptsache nicht mehr erforderlich. Das Gleiche gilt auch für den Fall, dass sich der Nachprüfungsantrag erledigt hat, etwa durch Erteilung des Zuschlags, die Heilung des Vergaberechtsfehlers oder eine Aufhebung des Vergabeverfahrens. Denn auch dann muss keine Begründung mehr für die Hauptsache erstellt, sondern nur noch über die Kostenfrage entschieden werden. Bei der Erteilung des Zuschlags kann es natürlich auch sein, dass sich das Nachprüfungsverfahren nicht erledigt, sondern in Form eines Feststellungsantrags fortgeführt wird (§ 114 Abs. 2 Satz 2 GWB). Dann greift die Regelung des Abs. 3 Satz 4 nicht ein. Die Reduzierung der Gebühr sagt aber nichts darüber aus, wer diese Gebühr zu tragen hat.

20   Im Fall der Rücknahme des Nachprüfungsantrags oder der anderweitigen Erledigung erfolgt die Entscheidung, wer die Kosten zu tragen hat, nach billigem Ermessen (**Abs. 3 Satz 5**). **Billigem Ermessen** entspricht es grundsätzlich, dass derjenige, der seinen Antrag zurücknimmt, die Kosten für das Verfahren vor der Vergabekammer zu tragen hat (vgl. hierzu OLG München vom 10.8.2010, Verg 7/10). Dieser Gedanke ist vor allem in § 269 ZPO ausgeprägt. Durch die Rücknahme verzichtet der Antragsteller auf seinen Rechtsschutz, er bringt dadurch zum Ausdruck, dass das von ihm verfolgte Rechtsschutzziel nicht mehr gegen die anderen Beteiligten durchgesetzt werden soll. Der Grund hierfür liegt regelmäßig darin, dass die weitere Rechtsverfolgung als nicht mehr erfolgversprechend angesehen wird. Wird der Nachprüfungsantrag nach einer außergerichtlichen Einigung zwischen Antragsteller und Beigeladenem zurückgenommen, werden die entstandenen Kosten und Auslagen der Vergabestelle nicht dem Antragsteller auferlegt, wenn die Vergabestelle die Verfahrensfehler im Ausschreibungsverfahren zu vertreten hat (VK Münster vom 17.12.2009, VK 21/09). Bei einer anderweitigen Erledigung ist – wie bei § 91a ZPO, dessen Gedanken man analog heranziehen kann – nach dem voraussichtlichen Ergebnis des Rechtsstreits zu fragen, wenn das erledigende Ereignis nicht eingetreten wäre; dementsprechend sind die Kosten dann aufzuteilen. Ist das Ergebnis nach der bisherigen Sach- oder Rechtslage offen, bietet sich eine Kostenteilung an, doch kann nach den Umständen des Einzelfalls unter dem Gesichtspunkt der Billigkeit hiervon abgewichen werden (BGH vom 25.1.2012, X ZB 3/11). So kann in diesen Fällen auch anderen Kriterien Gewicht für die Kostenentscheidung eingeräumt werden, wie etwa das Verhalten der Beteiligten, z.B. das Setzen eines Rechtsscheins (BGH vom 25.1.2012, X ZB 3/11), weil eine umfassende Prüfung der Sach- und Rechtslage lediglich zur Begründung einer Kostenentscheidung unzumutbar ist (OLG Naumburg vom 14.4.2011, 2 Verg 2/11). Hat ein Bieter seine Rüge mit einem Nachprüfungsantrag verbunden, so dass der Vergabestelle eine Abhilfe nicht mehr möglich ist, kann es der Billigkeit entsprechen, dem Antragsteller die Kosten auch dann aufzuerlegen, wenn seine Rügen berechtigt waren, die Vergabestelle ihnen abhilft und das Nachprüfungsverfahren infolgedessen in der Hauptsache erledigt ist (OLG Düsseldorf vom 11.5.2011, Verg 10/11). Hat die Vergabestelle eine Frist zur Abhilfe der gerügten Vergaberechtsverstöße ungenutzt verstreichen lassen, entspricht es der Billigkeit, ihr die Kos-

ten aufzuerlegen (VK Baden-Württemberg vom 17.1.2011, 1 VK 75/10). Wäre die Vergabestelle voraussichtlich in der Hauptsache unterlegen, vermeidet sie dieses Ergebnis aber durch Aufhebung der Ausschreibung oder durch eine andere Abhilfeentscheidung, so dass sich das Nachprüfungsverfahren in der Hauptsache erledigt, entspricht es der Billigkeit, der Vergabestelle die Kosten aufzuerlegen (OLG Dresden vom 10.8.2010, WVerg 8/10; VK Bund vom 24.1.2011, VK 2-143/10; vgl. hierzu auch OLG München vom 11.6.2012, Verg 9/12).

V. Absehen von Gebühren (Abs. 3 Satz 6)

Nach Abs. 3 Satz 6 kann aus Gründen der Billigkeit auch ganz oder teilweise von der Erhebung der Kosten abgesehen werden. Das kann dann der Fall sein, wenn der Nachprüfungsantrag kurz nach Einreichung schon wieder zurückgenommen worden ist, so dass bei der Vergabekammer letztlich kein oder nur ein ganz geringer Aufwand entstanden ist. Nimmt der Antragsteller seinen Antrag erst kurz vor der mündlichen Verhandlung zurück, ist für eine Ermäßigung kein Raum (OLG Düsseldorf vom 7.1.2004, Verg 55/02).

E. Erstattung der Aufwendungen (Abs. 4)

I. Allgemeines

Abs. 4 regelt die Erstattung der **„außergerichtlichen" Kosten** der Beteiligten, also alle Kosten, die ihnen – abgesehen von der Gebühr der Vergabekammer – dadurch entstanden sind, dass sie sich am Nachprüfungsverfahren vor der Vergabekammer beteiligt haben, also die Kosten für die Bevollmächtigung eines Rechtsanwalts, die Kosten für die Fahrt zum Termin, die Kosten für die Akteneinsicht usw. Die Vergabekammer hat in ihre Entscheidung als Teil der Kostengrundentscheidung die Feststellung aufzunehmen, dass die Hinzuziehung eines Rechtsanwalts notwendig war (§ 80 Abs. 3 Satz 2 VwVfG).

> Es ist unbedingt darauf zu achten, dass die Vergabekammer in ihren Beschluss die Feststellung aufnimmt, dass die Hinzuziehung eines Anwalts notwendig war. Ohne diese Kostengrundentscheidung ist eine Kostenfestsetzung oder eine Kostenerstattung nicht möglich. Deshalb ist der Feststellungsantrag bereits mit dem Nachprüfungsantrag zu stellen. Hat die Vergabekammer es versehentlich unterlassen, über die von Amts wegen zu treffende Feststellung zu entscheiden, kann allerdings noch nachträglich eine entsprechende Ergänzung herbeigeführt werden (BayObLG vom 27.9.2002, Verg 18/02).

II. Grundsatz (Abs. 4 Satz 1)

Nach Abs. 4 Satz 1 hat derjenige, der im Nachprüfungsverfahren unterliegt, die zur zweckentsprechenden Rechtsverfolgung oder Rechtsverteidigung notwendigen Aufwendungen des Antragsgegners zu tragen. Unter Antragsgegner ist hier derjenige zu verstehen, welcher im Nachprüfungsverfahren auf der gegnerischen Seite gestanden und obsiegt hat. **Antragsgegner** i.S.v. Abs. 4 Satz 1 kann daher der antragstellende Bieter oder die Vergabestelle sein, je nachdem, wer gewonnen hat. Der Beigeladene kann es nicht sein, weil für ihn die Sondervorschriften des Abs. 4 Satz 2 und 3 gelten.

Der Verlierer hat die Aufwendungen des Gewinners zwar zu tragen, wird aber insoweit geschützt, als nicht alle, sondern nur diejenigen Aufwendungen zu erstatten sind, welche zur **zweckentsprechenden Rechtsverfolgung oder Rechtsverteidigung notwendig** waren. Das bedeutet, dass unnötige oder unverhältnismäßige Aufwendungen – wie etwa für Privatsachverständige –, die für die Entscheidung der Vergabekammer eigentlich keine oder nur eine untergeordnete Rolle spielen, nicht ersetzt werden. So kann es nicht erforderlich sein, dass der Bieter den von ihm beauftragten Rechtsanwalt auf der Fahrt zur Akteneinsicht begleitet. Hierfür besteht nur Anlass, wenn es bei der Akteneinsicht mehr um technische Details geht, bei denen der Sachverstand des Bieters gefragt ist. Für die Vergabestelle sind Aufwendungen nicht erstattungsfähig, die ihr im Laufe des Ausschreibungsverfahrens durch die Beantwortung von Rügen entstehen, auch wenn diese sich später als unbegründet herausstellen (OLG München vom 7.10.2005, Verg 7/05). Ebenfalls nicht erstattungsfähig sind Kosten für von der Vergabestelle im Ausschreibungsverfahren herangezogene Projektsteuerungsbüros oder Ingenieurbüros (OLG Düsseldorf vom 15.12.2005, Verg VII 74/05), auch wenn diese noch im Nachprüfungsverfahren beraten. Denn diese Personen hat die Vergabestelle für die Erfüllung von Aufgaben eingeschaltet, die sie eigentlich hätte selbst vornehmen müssen; die Kosten wären ihr sowieso bei der Ausschreibung unabhängig von späteren Rügen entstanden (OLG Düsseldorf vom 8.3.2005, VII Verg 4/05). Dies gilt allgemein für die Aufwendungen für eigenes Personal, zu dessen Dienstpflichten die Betreuung von Ausschreibungsverfahren gehört (OLG München vom 8.6.2005, Verg 3/05); Aufwendungen für Mitarbeiter der eigenen Rechtsabteilung stellen **Sowieso-Kosten** dar und sind deshalb nicht erstattungsfähig (VK Hessen vom 28.11.2008, 69d-VK-17/2007). **Reisekosten** von Mitarbeitern zur mündlichen Verhandlung vor der Vergabekammer sind dann erstattungsfähig, wenn sie zur Sachaufklärung – vor allem in technischen Fragen – beitragen können (OLG Düsseldorf vom 12.1.2005, VII Verg 96/04).

III. Aufwendungen für Rechtsanwalt

1. Aufwendungen des Antragstellers

25 Umstritten ist in diesem Zusammenhang vor allem, in welchem Umfang die Hinzuziehung von Rechtsanwälten im Nachprüfungsverfahren erforderlich ist. Für den antragstellenden Bieter ist wegen der Komplexität und Schwierigkeit des Vergaberechts die **Beauftragung eines Rechtsanwalts regelmäßig erforderlich**. Dies gilt auch für größere Firmen mit Rechtsabteilung. Neben den Kenntnissen im Vergaberecht mit der Ausstrahlung in das Europarecht sind für eine optimale Vertretung im Nachprüfungsverfahren auch Kenntnisse des speziellen Nachprüfungs- und Beschwerdeverfahrens und die Erfahrung im Umgang mit den knappen Fristen sowie den Problemen mit der eingeschränkten Akteneinsicht erforderlich. Nur in Einzelfällen kann deshalb die Hinzuziehung eines Rechtsanwalts durch den Bieter nicht als notwendig angesehen werden.

Wenn sich ein Bieter nach Erhalt der Vorabinformation die Stellung eines Nachprüfungsantrags ernsthaft überlegt, sollte er möglichst schon zu diesem Zeitpunkt einen auf Vergaberecht spezialisierten Rechtsanwalt konsultieren. Dieser weiß nicht nur über die äußerst knappen Rügefristen Bescheid, sondern kann auch die Rügen kompetent formulieren und vertreten. Nach der Rechtsprechung ist dem Bieter auch ein gewisser Zeitraum zur rechtlichen Beratung vor der Erhebung von Rügen und der Stellung des Nachprüfungsantrags einzuräumen. Praktisch sofort aber muss gerügt werden, dass die Vorabinformation nicht in Ordnung ist (vgl. VK Nordbayern vom 28.1.2009, 21.VK-3194-63/08).

26 Hiervon zu trennen ist die Frage, ob der Bieter einen Vergaberechtsanwalt vor Ort zu beauftragen hat oder er bei der Hinzuziehung eines **auswärtigen** Vergaberechtsspezialisten Gefahr läuft, dass ihm die **Mehrkosten**, die durch die Anreise des Rechtsanwalts entstehen, nicht ersetzt werden. Die frühere Rechtsprechung, welche die Beauftragung eines ortsnahen Rechtsanwalts forderte, wenn alle Kosten ersetzt werden sollten (BayObLG vom 16.2.2005, Verg 28/04), dürfte neu zu überdenken sein in Anbetracht dessen, dass freie Anwaltswahl besteht, der Bieter regelmäßig auf einen Spezialisten angewiesen ist und auch im normalen Zivilprozess für Rechtsanwälte nun ein allgemeines Vertretungsrecht vor allen Gerichten im Bundesgebiet besteht. Jedenfalls ist hier eine großzügigere Haltung angezeigt. Bisher ist in der Rechtsprechung lediglich anerkannt, dass ein nicht am Ort der Vergabekammer ansässiger Beteiligter nicht einen Rechtsanwalt beauftragen muss, welcher seine Kanzlei am Ort oder in der Nähe der Vergabekammer betreibt (OLG Dresden vom 3.9.2001, WVerg 7/00).

Solange die Rechtsprechung in diesem Punkt keine großzügigere Tendenz erkennen lässt, ist hilfsweise jedenfalls die Erstattung derjenigen Kosten zu beantragen bzw. zu fordern, welche für einen ortsansässigen oder im OLG-Bezirk ansässigen Rechtsanwalt angefallen wären.

2. Aufwendungen des öffentlichen Auftraggebers

Für den öffentlichen Auftraggeber und Antragsgegner, der das Ausschreibungsverfahren leitet, stellt sich die Sachlage anders dar. Hier kann nicht von dem Grundsatz ausgegangen werden, dass grundsätzlich eine Vertretung durch Rechtsanwälte geboten ist. Vielmehr ist eine **Einzelfallprüfung** vorzunehmen (OLG Koblenz vom 8.6.2006, 1 Verg 4 und 5/06; OLG München vom 31.5.2012, Verg 4/12), die sich nach den objektiv anzuerkennenden Erfordernissen nach einer ex-ante-Prognose richtet. Bei der Abwägung ist zunächst zu berücksichtigen, ob die Problematik des Nachprüfungsverfahrens mehr auf auftragsbezogenen Sach- und Rechtsfragen beruht und ob der öffentliche Auftraggeber über juristisch hinreichend geschultes Personal verfügt (OLG Brandenburg vom 11.12.2007, VergW 6/07). Der öffentliche Auftraggeber hat die Ausschreibung schließlich initiiert und damit nicht nur den Überblick über die in der Ausschreibung enthaltenen technischen Details und Anforderungen, sondern ist auch selbst am besten in der Lage dazu, Zweifelsfragen zu Ausschreibungsdetails oder zur Wertung der Angebote zu beantworten. Außerdem verfügt er meistens auch über eine eigene Rechtsabteilung, die die juristischen Aspekte klären kann. Hat das Nachprüfungsverfahren auftragsbezogene Sach- und Rechtsfragen und die dazu gehörigen Vergaberegeln zum Gegenstand, besteht daher für den öffentlichen Auftraggeber regelmäßig nicht die Notwendigkeit, einen Rechtsanwalt beizuziehen (OLG Düsseldorf vom 28.1.2011, Verg 60/10; OLG Celle vom 9.2.2011, 13 Verg 17/10); anders ist die Sachlage aber zu beurteilen, wenn es sich bei dem öffentlichen Auftraggeber um eine kleinere Gemeinde oder Körperschaft handelt, die wenig Erfahrung mit Ausschreibungen hat und keine juristischen Mitarbeiter beschäftigt: Hier ist die Hinzuziehung eines Rechtsanwalts geboten. Ganz allgemein ist weiter in die Abwägung einzustellen, dass das Vergaberecht nach wie vor eine komplexe Rechtsmaterie mit Vorschriften aus dem nationalen und europäischen Recht darstellt. Sind daher in einem Nachprüfungsverfahren anspruchsvolle und weitreichende Fragen zu klären, die nicht den unmittelbaren Aufgabenbereich der Vergabestelle betreffen (OLG Düsseldorf vom 28.1.2011, Verg 60/10), ist Gegenstand des Nachprüfungsverfahrens eine bisher ungeklärte oder umstrittene Rechtsfrage oder zeichnet sich eine Divergenzvorlage an den BGH oder eine mögliche Vorlage an den EuGH wegen europarechtlicher Fragen ab, ist auch für den öffentlichen Auftraggeber die Einschaltung eines Rechtsanwalts geboten. Weiter ist zu beachten, dass das Nachprüfungsverfahren nicht nur unter einem enormen Zeitdruck steht, sondern auch nach ganz eigenen prozessualen Regeln abgewickelt wird. Unter dem Gesichtspunkt der Waffengleichheit muss daher berücksichtigt werden, ob der öffentliche Auftraggeber über juristisch geschultes Personal verfügt, welches zur Vertretung der eingenommenen Standpunkte vor der Vergabekammer in der Lage ist (OLG Koblenz vom 7.7.2004, 1 Verg 1 und 2/04). Denn die Einzelfallprüfung darf nicht dazu führen, dass sich der öffentliche Auftraggeber im Nachprüfungsverfahren von vornherein in einer schlechteren Ausgangslage befindet als der antragstellende Bieter. Auch staatliche Stellen haben Anspruch auf effektive und chancengleiche Rechtsverfolgung oder Rechtsverteidigung, die auch forensische Erfahrung beinhaltet (OLG München vom 28.2.2011, Verg 23/10). Daher kann die Einschaltung von Rechtsanwälten bei einem außergewöhnlich umfangreichen Auftrag mit großer wirtschaftlicher Bedeutung auch dann gerechtfertigt sein, wenn der öffentliche Auftraggeber über eine gut ausgebaute Rechtsabteilung mit Erfahrung in Nachprüfungsverfahren verfügt (OLG München vom 11.6.2008, Verg 6/08).

27

IV. Aufwendungen des Beigeladenen (Abs. 4 Satz 2)

Abs. 4 Satz 2 regelt die Erstattung der notwendigen Aufwendungen des Beigeladenen. Im Gegensatz zu „normalen" Prozessen sieht sich der Antragsteller im Nachprüfungsverfahren regelmäßig zwei Gegnern gegenüber: zum einen der Vergabestelle und zum anderen demjenigen Bieter, der den Zuschlag erhalten soll. Das bedeutet, dass sich sein Kostenrisiko schon allein wegen dieser Perspektive vergrößert. Darum sollen die Aufwendungen eines Beigeladenen dem Antragsteller nur dann auferlegt werden, wenn die Vergabekammer dies **aus Billigkeit** der unterlegenen Partei auf-

28

erlegt. Unterliegt der öffentliche Auftraggeber, kommt eine Auferlegung der notwendigen Aufwendungen des Beigeladenen auf ihn nicht in Betracht. Die Beigeladenen stehen in seinem Lager, da sie gegen den Antragsteller den vorgesehenen Zuschlag an sich oder die weitere Teilnahme am Ausschreibungsverfahren erreichen wollen. Wenn der Auftraggeber verliert, verlieren sie mittelbar auch, so dass es der Billigkeit entspricht, wenn sie ihre eigenen Aufwendungen tragen genauso wie der Auftraggeber.

29 **Billig** ist die Erstattung der Aufwendungen in der Regel dann, wenn sich der Beigeladene eigenständig am Verfahren beteiligt hat, also entweder selbst einen Antrag gestellt oder das Verfahren sonst wesentlich gefördert hat, z.B. durch Einreichung von Schriftsätzen (OLG München vom 16.7.2012, Verg 6/12; OLG Brandenburg vom 16.5.2008, VergW 11/06). Allein das Vorliegen eines Interessengegensatzes genügt nicht, weil dieser zwangsläufig wegen des gegenläufigen Ziels der Beteiligten, den Zuschlag zu erhalten, gegeben ist (OLG München vom 1.4.2008, Verg 17/07). Nehmen also der Beigeladene und/oder sein Anwalt nur passiv am Nachprüfungsverfahren teil, werden die Aufwendungen nicht erstattet. Begründen kann man dieses Ergebnis entweder damit, dass bei nur rein passiver Beteiligung das Rechtsschutzziel des Beigeladenen nicht erkennbar ist und daher seine Aufwendungen nicht der zweckentsprechenden Rechtsverfolgung dienen (OLG Celle vom 29.6.2010, 13 Verg 4/10), oder damit, dass der Beigeladene durch die fehlende Antragstellung auch kein Kostenrisiko auf sich nimmt. Doch ist auf der anderen Seite zu bedenken, dass er ohne sein Zutun in ein Verfahren hineingezogen wird und sich deshalb verpflichtet fühlen kann, am Termin teilzunehmen, um seine Rechte zu wahren. Immerhin geht es für ihn ja darum, ob er den schon sicher geglaubten Zuschlag wirklich erhält. Er gerät durch den Nachprüfungsantrag in einen Verteidigungsnotstand, dem er zumeist nur durch die Beauftragung eines Rechtskundigen effektiv begegnen kann. Im Regelfall entspricht die Erstattung seiner Aufwendungen daher der Billigkeit. Die Frage, ob für ihn die Hinzuziehung eines Rechtsanwalts geboten war, ist nach den gleichen Überlegungen zu beantworten wie für den Antragsteller.

V. Rücknahme des Antrags (Abs. 4 Satz 3)

30 Bei Antragsrücknahme hat der Antragsteller sowohl dem Antragsgegner als auch dem Beigeladenen die notwendigen Aufwendungen zu erstatten (Abs. 4 Satz 3). Mit dieser gesetzlichen Regelung ist die als unbillig empfundene Rechtsprechung, die bisher für diese Konstellation wegen einer fehlenden ergangenen Sachentscheidung eine Erstattung der Aufwendungen verneint hat, abgelöst worden (BGH vom 25.10.2005, X ZB 22/05). Nun ist es nicht mehr möglich, praktisch in letzter Sekunde, bevor die Vergabekammer den Nachprüfungsantrag zurückweist, den Antrag ohne Kostenrisiko noch zurückzunehmen. Unterstützt der öffentliche Auftraggeber, aus welchen Gründen auch immer, den Nachprüfungsantrag des Antragstellers, hat der Antragsteller wegen des eindeutigen Wortlautes des Abs. 4 Satz 3 bei Antragsrücknahme dennoch die notwendigen Aufwendungen des Antragsgegners zu tragen (OLG München vom 10.8.2010, Verg 7/10). Auch wenn die Stellung des Nachprüfungsantrags durch eine fehlerhafte Information des Auftraggebers verursacht wurde und nach Aufklärung der Antragsteller sofort seinen Nachprüfungsantrag zurückgenommen hat, ist eine analoge Heranziehung der Regelung des Abs. 3 Satz 5 in Anbetracht des klaren Wortlauts des Abs. 4 Satz 3 nicht möglich (OLG München vom 14.6.2013, Verg 6/13).

VI. Anderweitige Erledigung und Abs. 4 Satz 4

31 Es stellt sich nun aber die Frage, ob diese gesetzliche Regelung des Abs. 4 Satz 3 sich auch auf die Fälle einer anderweitigen Erledigung auswirkt. Es würde naheliegen, in diesem Fall die Erstattung der Aufwendungen nach § 91a ZPO analog vorzunehmen, also nach billigem Ermessen unter Berücksichtigung der bisherigen Sach- und Rechtslage. Dann könnte auf die verschiedenen Konstellationen der Erledigung besser Rücksicht genommen werden. Doch hat der BGH (vom 25.1.2012, X ZB 3/11 und ihm jetzt folgend OLG München vom 10.9.2012, Verg 17/12 und OLG Düsseldorf vom 31.10.2012, Verg 14/12) seine bisherige Rechtsprechung (BGH vom 9.12.2003, X ZB 14/03) bestätigt und bei übereinstimmender Erledigungserklärung des Nachprüfungsverfahrens vor der

Vergabekammer die Erstattung notwendiger Aufwendungen der Beteiligten ausgeschlossen. Zu dem ursprünglichen Argument, eine analoge Anwendung der Vorschrift des § 91a ZPO komme nicht in Betracht, weil keine planwidrige Gesetzeslücke vorliege und das Verfahren vor der Vergabekammer zwar gerichtsähnlich sei, aber doch kein gerichtliches Verfahren darstelle, ist als weiteres Argument hinzugekommen, dass in Kenntnis dieser Rechtsprechung der Gesetzgeber für den Fall der Erledigung im Gesetz zur Modernisierung des Vergaberechts vom 20.4.2009 (BGBl. I S. 790) wiederum keine gesetzliche Regelung getroffen hat, so dass offensichtlich eine Erstattung notwendiger Aufwendungen nicht gewollt ist. Die Regelung in Abs. 3 Satz 5 kann nicht herangezogen werden, weil jene die Kosten und nicht die notwendigen Aufwendungen betrifft. Diese Argumentation wird zusätzlich gestützt durch die Regelung in Abs. 4 Satz 4, der auf § 80 Abs. 1, 2 und 3 Satz 2 der Verwaltungsverfahrensgesetze des Bundes und der Länder verweist. Das Verwaltungsverfahrensgesetz des Bundes sieht eine Erstattung von notwendigen Aufwendungen nur für den Fall vor, dass eine Sachentscheidung ergeht. Die Regelungen in den einzelnen Bundesländern sind unterschiedlich ausgestaltet. Während z.B. Bayern und das Saarland vorsehen, dass notwendige Aufwendungen nach Billigkeit ersetzt werden, gibt es in anderen Ländern Regelungen, welche der bundesrechtlichen entsprechen. Doch geht die bundesrechtliche Regelung vor. Für die Erledigung der Hauptsache ist die Rechsprechung des BGH im Ergebnis jedenfalls zutreffend. Denn eine **Erledigung des Nachprüfungsverfahrens** tritt eigentlich nur in den folgenden **drei Fällen** ein:

Die Vergabestelle heilt den gerügten Mangel. Dann trägt sie ihre eigenen Aufwendungen zu Recht, weil sie ihrem Unterliegen im Nachprüfungsverfahren durch die Heilung des Mangels zuvorgekommen ist (VK Köln vom 19.8.2009, VK VOB 11/2009). Dies gilt auch für den Beigeladenen, der mittelbar auch verliert, weil die Wertung zu seinen Gunsten aufgehoben wird. Es wäre dann unbillig, dem Antragsteller die Tragung der notwendigen Aufwendungen aufzuerlegen. Oder das Nachprüfungsverfahren hat sich durch Erteilung des Zuschlags erledigt. Das kann eigentlich nur dann rechtmäßig geschehen, wenn die Vergabekammer den Zuschlag nach § 115 GWB gestattet hat. Verfolgt der Antragsteller in dieser Lage seinen Nachprüfungsantrag nicht in Form eines Rechtswidrigkeitsfeststellungsantrags weiter, verzichtet er praktisch auf seinen weiteren Rechtsschutz, aus welchen Gründen auch immer. Der Beigeladene gewinnt eigentlich, weil der Zuschlag an ihn erteilt wird. Da aber die materiell-rechtliche Seite nicht abschließend geklärt ist und die Gestattung des Zuschlags aus übergeordneten Gesichtspunkten wie dem überwiegenden Interesse der Allgemeinheit erfolgen kann, lässt sich gut vertreten, dass der Antragsteller die Aufwendungen des Beigeladenen nicht zu tragen hat. Als weitere Konstellation wäre daran zu denken, dass das Ausschreibungsverfahren aufgehoben wird. Hier gelten ähnliche Überlegungen wie bei der Heilung des gerügten Mangels: Der Beigeladene verliert praktisch, weil er den Zuschlag jedenfalls im anhängigen Verfahren nicht erhalten kann, und trägt deshalb seine Aufwendungen zu Recht. 32

Nach h.M. und Rechtsprechung ist § 128 **abdingbar**. Es ist also möglich, die Kostentragung vergleichsweise zu regeln. Ein Vergleich, der bei Rücknahme des Nachprüfungsantrags durch den antragstellenden Bieter die Vergabestelle dazu verpflichtet, den Bieter von den Gebühren der Vergabekammer und den Gebühren ihres Verfahrensbevollmächtigten freizustellen, ist daher nicht zu beanstanden (VK Schleswig-Holstein vom 21.2.2007, VK-SH 02/07).

VII. Kostenfestsetzung (Abs. 4 Satz 5)

Nach Abs. 4 Satz 5 findet zur Entlastung der Vergabekammern ein gesondertes Kostenfestsetzungsverfahren nicht statt (OLG Celle vom 8.12.2009, 13 Verg 11/09). Dies widerspricht dem bisherigen Rechtszustand, der sich eigentlich bewährt hatte. Da die Vergabekammer ein gerichtsähnliches Verfahren führt, hätte die Beibehaltung der Kostenfestsetzung auch Sinn gemacht. Auf der anderen Seite hatte auch bisher der Kostenfestsetzungsbeschluss nicht zu einem Vollstreckungstitel geführt, weil er nur einen Verwaltungsakt darstellt. Wird gegen die Entscheidung der Vergabekammer in der Hauptsache oder zu Nebenentscheidungen sofortige Beschwerde eingelegt und trifft der Vergabesenat im Beschwerdeverfahren eine Sachentscheidung, setzte der Kostenbeamte des Oberlandes- 33 gerichts nicht nur die Kosten des Beschwerdeverfahrens, sondern auch des Nachprüfungsverfahrens fest, wenn im Beschwerdeverfahren eine Sachentscheidung ergangen war (OLG Düsseldorf vom 24.11.2004, Verg 80/04; OLG München vom 26.11.2008, Verg 21/08). Zur jetzigen Rechtsprechung s. Rn. 53.

VIII. Rechtsanwaltsgebühren

1. Streitwert

34 Der Rechtsanwalt erhebt seine Gebühren für die Vertretung vor der Vergabekammer nach dem RVG i.V.m. dem Vergütungsverzeichnis (VV). Hierfür hat er zunächst vom Gegenstandswert des Nachprüfungsverfahren auszugehen, den er selbst berechnen muss. Dies ist deshalb nicht immer ganz einfach, weil die Vergabekammer im Gegensatz zum Vergabesenat den Streitwert nicht festsetzt und auch eine mittelbare Festsetzung des Streitwerts im Rahmen der Kostenfestsetzung nicht mehr stattfindet (Abs. 4 Satz 5). Nach § 50 Abs. 2 GKG, der auch für das Verfahren vor der Vergabekammer heranzuziehen ist (OLG München vom 31.3.2008, Verg 14/07), beträgt der Streitwert 5 Prozent der Bruttoauftragssumme. Nach diesem Streitwert wird die Geschäftsgebühr des Rechtsanwalts für die Vertretung im Nachprüfungsverfahren berechnet. Die Geschäftsgebühr deckt auch die Vertretung in einem Verfahren nach § 115 GWB ab.

2. Berechnung der Geschäftsgebühr

35 Die Berechnung im Einzelnen richtet sich danach, wie schwierig die Vertretung war. Das Vergütungsverzeichnis stellt unter Nr. 2300 VV RVG eine Rahmengebühr von 0,5 bis 2,5 zur Verfügung. Der Rechtsanwalt hat bei Rahmengebühren innerhalb dieses Rahmens nach § 14 RVG im Einzelfall unter Berücksichtigung aller Umstände, vor allem des Umfangs und der Schwierigkeit der anwaltlichen Tätigkeit, der Bedeutung der Angelegenheit und der Einkommens- und Vermögensverhältnisse seines Auftraggebers sowie des Haftungsrisikos des Anwalts, die Gebühr festzusetzen (vgl. BGH vom 23.9.2008, X ZB 19/07). Ist die Gebühr von einem Dritten zu ersetzen, ist die festgesetzte Gebühr bei Unbilligkeit nicht verbindlich, wobei dem Rechtsanwalt ein 20%iger Toleranzbereich einzuräumen ist (VK Saarland vom 11.5.2006, 1 VK 6/2005). Eine höhere Gebühr als 1,3 kann nur gefordert werden, wenn die Tätigkeit umfangreich oder schwierig war. In Vergabesachen ist zu bedenken, dass die Materie nach wie vor schwierig und wegen der verschiedenen Regelungen auf nationaler und europäischer Ebene auch unübersichtlich ist; zudem herrscht ein großer Zeitdruck (OLG München vom 16.11.2006, Verg 14/06). In der Rechtsprechung hat sich deshalb als Regel herausgebildet, dass bei einem Nachprüfungsverfahren mit mündlicher Verhandlung eine Geschäftsgebühr von 2,0 angemessen ist (OLG Düsseldorf vom 8.2.2006, VII Verg 85/05), doch ist auch eine 2,3-Geschäftsgebühr bei einem durchschnittlichen Nachprüfungsverfahren mit mündlicher Verhandlung nicht als unbillig angesehen worden (OLG Frankfurt vom 14.5.2012, 11 Verg 4/10). Eine 2,5-Gebühr ist nur bei außerordentlich schwierigen und komplexen Verfahren angezeigt (vgl. hierzu OLG München vom 16.11.2006, Verg 14/06). Doch sollten Widersprüche zwischen der Einschätzung der Vergabekammer, welche einen Fall als besonders schwierig einstuft und deshalb die Entscheidungsfrist mehrfach verlängert, und der Festsetzung einer niedrigen Gebühr vermieden werden (vgl. hierzu VK Sachsen-Anhalt vom 25.2.2008, 1 VK LVwA 24/07).

3. Vorangegangene Vertretung im Vergabeverfahren

36 Die Geschäftsgebühr für die Vertretung im vergaberechtlichen Nachprüfungsverfahren vor der Vergabekammer bemisst sich für den Rechtsanwalt, der bereits im Vergabeverfahren tätig war, nach dem Rahmen der Gebühr Nr. 2301 VV RVG (0,5 bis 1,3), nicht der Gebühr Nr. 2300 VV RVG (0,5 bis 2,5) (BGH vom 23.9.2008, X ZB 19/07 nach Vorlage von OLG Düsseldorf vom 7.5.2007, Verg 7/07). Der BGH schließt aus der Verweisung auf die Verwaltungsverfahrensgesetze der Länder in Abs. 4 Satz 4, dass in dieser Verweisung die entsprechende Anwendung der für das Widerspruchsverfahren geltenden Gebührentatbestände eingeschlossen ist. In Abs. 4 Satz 4 komme die Gleichsetzung des erstinstanzlichen Nachprüfungsverfahrens mit dem Widerspruchsverfahren zum Ausdruck. Diese erstrecke sich auch auf die Anwendung der Kosten- und Gebührenregelungen auf das vor dem Nach-

prüfungsverfahren durchgeführte Vergabeverfahren. Es sei unerheblich, dass im Ausschreibungsverfahren kein Verwaltungsakt ergeht, weil das Ausschreibungsverfahren ja auf einen zivilrechtlichen Abschluss abziele. Der Grundgedanke hinter der Anrechnung ist die Überlegung, dass der Rechtsanwalt durch die vorangegangene Vertretung im Vergabeverfahren in die Vertretung im nachfolgenden Nachprüfungsverfahren weniger Zeit und Arbeit investieren muss. Die Stellungnahme zu einem Rügeschreiben eines Bieters stellt für einen im Auftrag der Vergabestelle tätigen Rechtsanwalt eine Tätigkeit im Ausschreibungsverfahren dar (OLG Frankfurt vom 15.10.2009, 11 Verg 3/09).

4. Versehentliche Falschberechnung

Wenn der Rechtsanwalt versehentlich seine Vergütung nach Nr. 2400 VV RVG berechnet hat, kann er dies korrigieren und die korrekte Vergütung nach Nr. 2300 VV RVG berechnen, weil er einen unzutreffenden Gebührenrahmen angenommen hat (OLG Naumburg vom 23.12.2008, 1 Verg 11/08). Erkennt der Kostenbeamte, dass der Rechtsanwalt von einem falschen Gebührentatbestand ausgegangen ist, hat er dem Antragsteller rechtliches Gehör zu gewähren und ihm Gelegenheit zur Antragsberichtigung zu geben (OLG Naumburg vom 23.12.2008, 1 Verg 11/08).

37

IX. Kosten des Beschwerdeverfahrens

1. Grundsatz

Der Gesetzgeber hat auch im Vergaberechtsmodernisierungsgesetz vom 20.4.2009 (BGBl. I S. 790) eine nicht ganz vollständige Regelung für die im Beschwerdeverfahren vor dem Vergabesenat entstandenen Kosten getroffen. Es besteht nur in § 120 Abs. 2 GWB eine Verweisung auf § 78 GWB, nach dessen Satz 1 das Gericht anordnen kann, dass Kosten, die zur zweckentsprechenden Erledigung der Angelegenheit notwendig waren, nach Billigkeit von einem Beteiligten ganz oder teilweise zu erstatten sind, und nach dessen Satz 2 Kosten, die durch ein unbegründetes Rechtsmittel oder durch grobes Verschulden entstanden sind, dem betreffenden Beteiligten aufzuerlegen sind. Der Wortlaut von § 78 Satz 1 GWB zeigt, dass mit dieser Regelung nur die **außergerichtlichen Kosten** gemeint sein können, auch wenn in der kartellrechtlichen Literatur die Auffassung vertreten wird, § 78 GWB regle sowohl die gerichtlichen als auch die außergerichtlichen Kosten (vgl. hierzu Kulartz/Kus/Portz/*Wiese*, GWB-Vergaberecht, § 128 Rn. 67 ff.). Die gerichtlichen Kosten können nicht gemeint sein, weil diese vom Gericht gegenüber dem Kostenpflichtigen geltend gemacht werden und nur bei Vorleistung, die im Beschwerdeverfahren in der Praxis nicht üblich ist, von einem Verfahrensbeteiligten zu erstatten sind. Ihre endgültige Höhe steht im Übrigen regelmäßig bis zum Schluss des Verfahrens nicht fest; ein Kostenvorschuss wird für das Beschwerdeverfahren wegen der Eilbedürftigkeit ebenfalls in der Regel nicht angefordert. Bei dieser Auslegung entsteht auch ein gewisser Gleichklang mit Abs. 4 Sätze 1 bis 4. Unterschiedliche Formulierungen gibt es allerdings für die Aufwendungen des Antragsgegners, die nach §§ 120 Abs. 2, 78 Satz 1 GWB nun nur nach Billigkeit zu erstatten sein sollen. In der Praxis dürfte sich aber kein Unterschied ergeben, da es der Billigkeit entspricht, dass der unterliegende Teil dem Antragsgegner die außergerichtlichen Kosten erstattet. Es wäre auch widersinnig, wenn der Antragsgegner vor der Vergabekammer bei einem Obsiegen einen Anspruch auf Erstattung hätte, im Beschwerdeverfahren aber nur nach Billigkeitsgesichtspunkten zu einer Erstattung käme.

38

§ 78 Satz 2 GWB regelt demgegenüber unvollständig die Frage, wer die gerichtlichen Kosten zu tragen hat. Fest steht nun, dass die Kosten für ein unbegründetes Rechtsmittel der Unterlegene zu tragen hat. Das entspricht der bisherigen Rechtsprechung, welche diese Rechtsfolge aus § 97 ZPO analog hergeleitet hat (BGH vom 25.10.2005, X ZB 24/05). Weiter steht nun fest, dass Kosten, die durch grobes Verschulden eines Beteiligten veranlasst worden sind, von diesem zu tragen sind. Dies entspricht in Grundzügen dem § 97 Abs. 2 ZPO; doch setzt grobes Verschulden einen besonders gravierenden Verstoß gegen prozessuale Vorschriften voraus, wie z.B. absichtliches Zurückhalten von entscheidungserheblichen Unterlagen.

39

40 Nicht geregelt ist, wer die Gerichtskosten im Falle eines begründeten oder eines unzulässigen Rechtsmittels zu tragen hat, ferner, ob und in welchen Fällen sich ein Beigeladener an den Gerichtskosten zu beteiligen hat. Offen ist gleichfalls, wie die Kostentragung im Falle der Rücknahme der sofortigen Beschwerde oder des Nachprüfungsantrags oder der Erledigung der Hauptsache aussehen soll, denn Abs. 3 Satz 5 regelt die Kostenfolge bezüglich der Rücknahme bzw. Erledigung des Nachprüfungsantrags nur für den **Zeitpunkt vor einer Entscheidung der Vergabekammer**. Der BGH hat in gefestigter Rechtsprechung die Kostenregelung für das Beschwerdeverfahren wegen der Nähe zum Zivilprozess aus den §§ 91 ff. ZPO analog hergeleitet (BGH vom 19.12.2000, X ZB 14/00). Dies leuchtet wegen der Ausgestaltung des Beschwerdeverfahrens mit mündlicher Verhandlung und Anwaltszwang auch ein. Für die in §§ 120 Abs. 2, 78 GWB nicht geregelten Punkte ist daher nach wie vor auf eine analoge Anwendung der ZPO-Vorschriften zurückzugreifen. Hat daher der Beschwerdeführer mit seinem Rechtsmittel Erfolg, trägt der unterlegene Verfahrensbeteiligte nach § 91 ZPO analog die Gerichtskosten. Haben mehrere Verfahrensbeteiligte verloren, haben sie die Kosten als Teilschuldner nach § 100 Abs. 1 ZPO zu tragen. Hat ein Beteiligter teils gewonnen, teils verloren, richtet sich die Kostenfolge nach § 92 ZPO. Zu den Schwierigkeiten, ein teilweises Verlieren festzustellen, s. Rn. 16. Bei einem unzulässigen Rechtsmittel ist § 97 Abs. 1 ZPO analog heranzuziehen. Jedenfalls zeigen die dargestellten Mängel und Lücken, dass die Verweisung auf § 78 GWB ein gesetzgeberischer Missgriff war; es wäre sinnvoller gewesen, spezielle für das Beschwerdeverfahren in Vergabesachen geltende Kostenvorschriften zu formulieren bzw. entsprechend der gefestigten Rechtsprechung des BGH auf die §§ 91 ff. ZPO zu verweisen.

2. Eilverfahren

41 Ein weiteres Problem besteht in der Frage, wer die Kosten für einen Eilantrag nach § 118 GWB oder § 121 GWB trägt, wenn die Hauptsache zu einem gegenteiligen Ergebnis führt. Die Kosten des Eilverfahrens sind nach herrschender Rechtsprechung **Teil der Kosten des Beschwerdeverfahrens**, so dass erst im Rahmen der Beschwerdeentscheidung über die Gesamtkosten zu befinden ist. Wenn nun der Beschwerdeführer zunächst mit seinem Antrag auf Verlängerung der aufschiebenden Wirkung nach § 118 GWB obsiegt, aber später in der Hauptsache mit seinem Beschwerdeantrag verliert, hat er – wie in einem üblichen Zivilprozess – die Kosten auch für das Eilverfahren zu tragen, weil sein Rechtsbegehren insgesamt nicht zum Erfolg geführt hat. Die Verlängerung der aufschiebenden Wirkung beinhaltet lediglich die summarische Einschätzung der Sach- und Rechtslage durch den Senat. Auch kann dem Eilantrag aus anderen Gründen stattgegeben worden sein, z.B. weil der Senat in der zur Verfügung stehenden Zeit nicht endgültig über die aufschiebende Wirkung entscheiden konnte (OLG München vom 16.4.2009, Verg 3/09) oder weil die Vergabeakten nicht rechtzeitig übersandt worden sind. Der BGH hat allerdings entschieden, dass die Vergabestelle nach einem erfolglosen Antrag nach § 121 GWB auf Vorabgestattung des Zuschlags auch dann in entsprechender Anwendung des § 96 ZPO die dadurch entstandenen Kosten zu tragen hat, wenn der Nachprüfungsantrag in der Beschwerdeinstanz zurückgenommen wird (BGH vom 25.10.2005, X ZB 15/05). Dies lässt sich mit der Überlegung rechtfertigen, dass in diesem Fall mit der Vorabgestattung des Zuschlags praktisch die Hauptsache vorweggenommen werden sollte und deshalb bezüglich der Hauptsache ein Angriffsmittel ohne Erfolg geblieben ist. Bei Verlängerungsanträgen nach § 118 GWB geht es demgegenüber nie um eine Vorwegnahme der Hauptsache, sondern nur um eine Sicherstellung des effektiven Rechtsschutzes. Ist allerdings ein Eilantrag aus Gründen, die allein der Antragsteller zu vertreten hat (wie z.B. bei Unzulässigkeit des Antrags), erfolglos, kann eine Auferlegung der Kosten für den Eilantrag auch bei späterem Obsiegen der Billigkeit entsprechen (OLG Celle vom 10.6.2010, 13 Verg 18/09).

3. Notwendige Aufwendungen

42 Auch im Beschwerdeverfahren werden nur diejenigen Aufwendungen ersetzt, welche für die Rechtsverfolgung oder Rechtsverteidigung notwendig waren. Da im Gegensatz zu den Verfahren vor der Vergabekammer vor dem Oberlandesgericht Anwaltszwang herrscht, hat der Senat keine Feststellung zu treffen, ob die Hinzuziehung von Rechtsanwälten erforderlich war; entsprechende

Anträge sind überflüssig. Für die öffentlichen Auftraggeber gibt es zwar die Möglichkeit, sich durch einen Juristen mit Befähigung zum Richteramt vertreten zu lassen (§ 120 Abs. 1 Satz 2 GWB). Hier stellt sich daher die Frage, ob der öffentliche Auftraggeber die Erstattung von Rechtsanwaltskosten trotz der eigenen Vertretungsmöglichkeit verlangen kann. Entscheidend sind die Umstände des Einzelfalls, also die Schwierigkeit und Komplexität der Sach- und Rechtslage sowie die forensische Erfahrung der Mitarbeiter (vgl. hierzu, allerdings für das Verfahren vor der Vergabekammer, OLG München vom 11.6.2008, Verg 6/08). Auch für den öffentlichen Auftraggeber gilt zudem das Gebot der Waffengleichheit. Regelmäßig ist daher von einer Erstattungsfähigkeit auszugehen. In Anbetracht der hohen Spezialisierung und des Grundsatzes der freien Anwaltswahl ist es fraglich, ob sich die Rechtsprechung noch aufrechterhalten lässt, nach welcher Kosten für einen auswärtigen Anwalt dann nicht zu erstatten sein sollen, wenn auf eine große Anzahl spezialisierter Anwälte vor Ort zurückgegriffen werden kann (so aber BayObLG vom 16.2.2005, Verg 28/04). Hier gelten die Ausführungen in Rn. 26.

4. Beigeladener

Schwierig ist die Kostenentscheidung für den Beigeladenen, weil es im Zivilprozess keine Beigeladenen gibt. Doch **ähnelt** die Stellung des Beigeladenen der des **Nebenintervenienten** in der ZPO, wenn der Antragsteller oder der Antragsgegner Beschwerde eingelegt hat, so dass sich eine analoge Anwendung des § 101 ZPO insoweit anbietet, da § 120 Abs. 2 i.V.m. § 78 GWB keine Regelungen trifft. Bei der analogen Anwendung von § 101 ZPO ist zunächst zu klären, auf welcher Seite der Beigeladene steht, also welchen Hauptbeteiligten er unterstützt. Das kann eigentlich nur der Antragsgegner sein, dessen geplante Zuschlagserteilung an den Beigeladenen durch den antragstellenden Bieter im Nachprüfungsverfahren angegriffen wird. Damit ergeben sich folgende Kostenentscheidungen:

43

Hat der **Antragsteller** im Beschwerdeverfahren **verloren**, trägt dieser nicht nur die Gerichtskosten nach §§ 120 Abs. 2, 78 Satz 2 GWB, sondern auch die notwendigen Auslagen des Beigeladenen nach §§ 120 Abs. 2, 78 Satz 1 GWB, soweit dies der Billigkeit entspricht. Für die Billigkeitserwägungen sind die Grundgedanken des Abs. 4 und des § 101 ZPO heranzuziehen. Danach verbleibt es letztlich bei der bisherigen Rechtsprechung. Nimmt daher der Beigeladene lediglich passiv am Beschwerdeverfahren teil, besteht kein Anlass, ihm die Aufwendungen zu ersetzen. Es ist zwar nicht zu fordern, dass sich der Beigeladene mit eigenen Anträgen am Verfahren beteiligt hat (OLG München vom 2.6.2006, Verg 12/06); dann wäre eine Kostenerstattung bei fehlender Beauftragung eines Rechtsanwalts unmöglich. Allerdings hat er seine aktive Beteiligung mindestens durch die Einreichung von verfahrensfördernden Schriftsätzen zu dokumentieren (OLG München vom 22.1.2009, Verg 26/08), möglichst untermauert durch eine aktive Teilnahme an der mündlichen Verhandlung. Weitere Anforderungen sind nicht zu stellen; dies ist deshalb gerechtfertigt, weil der Beigeladene ohne sein Zutun in ein Beschwerdeverfahren hineingezogen werden kann, wodurch ihm ungewollte Kosten entstehen. Die gerichtliche Beiladung zeigt ihm auch in aller Deutlichkeit, dass ein Eingriff in seine Stellung (die Chance auf den Zuschlag) zumindest nicht fernliegend ist. Wenn er sich hiergegen verteidigen will, ist dies sein gutes Recht. Auf der anderen Seite ist allerdings auch zu bedenken, dass für den Beschwerdeführer das Kostenrisiko durch mehrere Beiladungen steigen kann.

44

Hat der **Antragsgegner** im Beschwerdeverfahren **verloren**, greift der Grundgedanke des § 101 ZPO ein, wonach die Kosten eines Nebenintervenienten niemals von der Partei getragen werden, welche dieser unterstützt hat bzw. in deren Lager er steht. Dies liegt daran, dass bei einer solchen Konstellation im Prinzip sowohl der Antragsgegner als auch der Beigeladene verloren haben, weil der beabsichtigte Zuschlag an den Beigeladenen zumindest vorerst nicht zustande kommt. Es entspricht daher der Billigkeit, dass der Beigeladene seine Aufwendungen selbst trägt. Davon zu unterscheiden ist die Frage, ob der Beigeladene sich in diesem Fall an den Gerichtskosten und den notwendigen Aufwendungen des Antragstellers zu beteiligen hat. Hat er selbst auch Beschwerde eingelegt, ergibt sich diese Folge bereits aus §§ 120 Abs. 2, 78 Satz 2 GWB. Hat er keine Beschwerde eingelegt, sondern sich nur auf Seiten des Antragsgegners am Verfahren beteiligt, scheidet nach der

45

analogen Anwendung von § 101 ZPO eine solche Möglichkeit aus; der Beigeladene trägt lediglich seine eigenen Aufwendungen.

46　Hat der **Beigeladene** selbst **Beschwerde eingelegt**, trägt er im Falle seines Unterliegens nach §§ 120 Abs. 2, 78 Satz 2 GWB die Gerichtskosten und nach Billigkeitsgesichtspunkten gemäß §§ 120 Abs. 2, 78 Satz 1 GWB auch die notwendigen Auslagen anderer Verfahrensbeteiligter. Fraglich ist, ob er auch die notwendigen Aufwendungen des Antragsgegners zu tragen hat, wenn dieser, wie es regelmäßig der Fall ist, eigentlich im Lager des Beigeladenen steht. Es liegt hier nahe, die Regelung des § 101 ZPO heranzuziehen, weil der Antragsgegner den Beigeladenen in dieser Konstellation eher wie ein Nebenintervenient unterstützt. Es gibt aber auch Konstellationen im Beschwerdeverfahren, in denen es dem Antragsgegner gleichgültig ist, wer den Zuschlag erhält. Da er dennoch nicht aus dem Beschwerdeverfahren aussteigen kann, weil er eine der Hauptparteien ist, ist es für diesen Fall gerechtfertigt, dass der Beigeladene die notwendigen Aufwendungen des Antragsgegners trägt. Im Gegensatz zum Beigeladenen kann sich der Antragsgegner in diesem Fall nicht frei dafür entscheiden, ob er sich am Beschwerdeverfahren beteiligen will oder nicht. Hat der Beigeladene selbst Beschwerde eingelegt und obsiegt er im Beschwerdeverfahren, trägt der Antragsteller analog § 91 ZPO die Gerichtskosten und nach §§ 120 Abs. 2, 78 Satz 1 GWB die notwendigen Auslagen des Beigeladenen.

5. Rücknahme der sofortigen Beschwerde

47　Nimmt der Beschwerdeführer sein Rechtsmittel zurück, trägt er in analoger Anwendung von § 516 Abs. 3 ZPO (OLG München vom 16.7.2012, Verg 6/12; vom 9.12.2008, Verg 23/08) oder von § 269 Abs. 3 Satz 1 und 2 ZPO (OLG Schleswig vom 15.5.2006, 1 Verg 8/06) die Kosten des Beschwerdeverfahrens. Die analoge Anwendung von § 516 Abs. 3 ZPO ist deshalb gerechtfertigt, weil die sofortige Beschwerde als Rechtsmittel ausgestaltet ist. Auch wenn das Beschwerdeverfahren wegen der lediglich gerichtsähnlichen Stellung der Vergabekammer nicht als erstinstanzliches ordentliches Gerichtsverfahren angesehen wird, dient das Beschwerdeverfahren doch der Überprüfung der Entscheidung der Vergabekammer. Für eine abweichende Billigkeitsentscheidung ist hier kein Raum; zum einen verzichtet der Beschwerdeführer aus freien Stücken auf sein Rechtsmittel, wodurch er zum Ausdruck bringt, dass er die anderen Verfahrensbeteiligten zu Unrecht in das Beschwerdeverfahren hineingezogen hat, und zum anderen würde sich eine kaum erklärbare Diskrepanz zu der vergleichbaren Situation der Antragsrücknahme im Nachprüfungsverfahren ergeben (Abs. 4 Satz 3). Der Beschwerdeführer hat bei einer Rücknahme seiner Beschwerde auch grundsätzlich die notwendigen Aufwendungen der anderen Verfahrensbeteiligten zu tragen, es sei denn, dass der Antragsgegner – also der öffentliche Auftraggeber – Beschwerdeführer ist. Da dieser regelmäßig mit seiner Beschwerde die Position des Beigeladenen, dem der Zuschlag erteilt werden soll, verteidigt, steht er nicht zu diesem in einem verfahrensrechtlichen Gegensatz, so dass es unbillig wäre, ihm die notwendigen Aufwendungen des Beigeladenen aufzuerlegen.

6. Rücknahme des Nachprüfungsantrags

48　Wird der Nachprüfungsantrag im Beschwerdeverfahren zurückgenommen, findet die Vorschrift des § 269 ZPO analog für die Gerichtskosten Anwendung. Für die notwendigen Aufwendungen gilt Abs. 4 Satz 3. Die anders lautende Rechtsprechung des BGH (vom 24.3.2009, X ZB 29/08) ist durch die mit dem Gesetz zur Modernisierung des Vergaberechts vom 20.4.2009 (BGBl. I S. 790) eingefügte Neuregelung überholt, denn es kann keinen Unterschied machen, ob der Nachprüfungsantrag im Nachprüfungsverfahren oder im Beschwerdeverfahren zurückgenommen wird.

7. Erledigung der Hauptsache

49　Erledigt sich das Beschwerdeverfahren in der Hauptsache, z.B. durch Heilung des Mangels durch die Vergabestelle, ist die Kostenentscheidung analog § 91a ZPO zu treffen, und zwar auch für die außergerichtlichen Kosten der Verfahrensbeteiligten (OLG Düsseldorf vom 31.10.2012, Verg 14/12). Diese Vorschrift formt den in § 120 Abs. 2 i.V.m. § 78 Satz 1 GWB ausgesprochenen Gedanken der

Billigkeit in angemessener Weise aus. Eine Beurteilung des bisherigen Sach- und Streitstands dürfte im Beschwerdeverfahren grundsätzlich keine größeren Schwierigkeiten bereiten.

8. Rechtsanwaltsgebühren

Der Vergabesenat setzt von Amts wegen den Streitwert fest. Anhand dieser Festsetzung berechnet der Rechtsanwalt seine Gebühren. Er erhält nach Nr. 3200 VV RVG eine Verfahrensgebühr von 1,6 und nach Nr. 3202 VV RVG eine Terminsgebühr von 1,2. Für die Vertretung in Eilverfahren nach §§ 118, 121 GWB erhält er eine Gebühr nach Vorbem. 3.2 Abs. 2 VV RVG i.V.m. der Regelung nach Abschnitt 1, also einen Gebührensatz von 1,3.

50

Nach der Entscheidung des BGH vom 29.9.2009 (X ZB 1/09) ist die Geschäftsgebühr, die der Rechtsanwalt für seine Tätigkeit im **Nachprüfungsverfahren vor der Vergabekammer** erhält, auf die **Verfahrensgebühr im Beschwerdeverfahren anzurechnen**. Nach Vorbem. 3 Abs. 4 VV RVG wird, soweit wegen desselben Gegenstands eine Geschäftsgebühr nach den Nr. 2300 bis 2303 VV RVG entsteht, diese zur Hälfte, jedoch höchstens mit einem Gebührensatz von 0,75, auf die Verfahrensgebühr des gerichtlichen Verfahrens angerechnet. Die gegenteilige Ansicht wurde mit der Begründung abgelehnt, dass das Verhältnis zwischen Vergabekammer und Vergabesenat sich nicht mit dem Verhältnis von Eingangsgericht zum Rechtsmittelgericht gleichsetzen lasse. Vielmehr entspreche das Verfahren vor der Vergabekammer kostenrechtlich dem verwaltungsrechtlichen Widerspruchsverfahren. Es entspricht ständiger Rechtsprechung des BGH, dass die Geschäftsgebühr auf die Verfahrensgebühr angerechnet wird und nicht umgekehrt (BGH vom 7.3.2007, VIII ZR 86/06). Ob diese Anrechnung auch im Außenverhältnis zum Prozessgegner in der Kostenfestsetzung möglich ist oder ob § 15a RVG auch für Altfälle anzuwenden ist, ist innerhalb des BGH umstritten (vgl. zum Streitstand BGH vom 29.9.2009, X ZB 1/09 m.w.N.). Eine Anrechnung kann aber erfolgen, wenn sich sowohl nach der Auffassung, dass sich die Anrechnung auch im Verhältnis zum Prozessgegner auswirkt, als auch nach der Auffassung, dass § 15a RVG auch auf Altfälle anzuwenden ist, keine Unterschiede ergeben. Dies wird regelmäßig der Fall sein: Denn nach § 15a Abs. 2 Satz 1 RVG könnte sich ein Dritter auf die Anrechnung berufen, weil beide Gebühren – die aus dem Nachprüfungsverfahren und die aus dem Beschwerdeverfahren – in demselben Verfahren, nämlich dem Kostenfestsetzungsverfahren, geltend gemacht werden (vgl. hierzu OLG München vom 11.1.2010, Verg 9/09).

51

9. Kostenfestsetzung

Im Verfahren vor dem Oberlandesgericht findet gemäß §§ 120 Abs. 2, 78 Satz 3 GWB auch nach wie vor ein Kostenfestsetzungsverfahren statt wie in jedem anderen gerichtlichen Verfahren auch (§§ 103 ff. ZPO). Die Entscheidung über die Höhe der den anderen Verfahrensbeteiligten zu erstattenden Kosten und Aufwendungen geschieht in einem Kostenfestsetzungsbeschluss, welchen der zuständige Kostenbeamte beim Oberlandesgericht für das Beschwerdeverfahren erlässt. Der Kostenfestsetzungsbeschluss ist ein **Vollstreckungstitel** (§ 794 Abs. 1 Nr. 1 ZPO).

52

Bisher hatte der Kostenbeamte auch die Kosten für das Verfahren vor der Vergabekammer festzusetzen, wenn im Beschwerdeverfahren eine Sachentscheidung ergangen war (OLG Düsseldorf vom 24.11.2004, Verg 80/04; OLG München vom 26.11.2008, Verg 21/08). Nachdem es nun kein Kostenfestsetzungsverfahren vor der Vergabekammer mehr gibt, ist es umstritten, ob der Kostenbeamte des Oberlandesgerichts nach wie vor zu einer umfassenden Kostenfestsetzung verpflichtet ist. Während das OLG München (Senatsbeschluss vom 12.7.2011, Verg 23/10 und Beschlüsse des Rechtspflegers vom 28.2.2012, Verg 16/11 sowie vom 30.12.2011, Verg 9/11) und das OLG Düsseldorf (vom 2.5.2011, Verg 31/11) davon ausgehen, dass das Beschwerdegericht zu einer Kostenfestsetzung auch der im Nachprüfungsverfahren angefallenen Kosten befugt, aber nicht gesetzlich verpflichtet ist, gehen das OLG Rostock (vom 10.11.2011, 17 Verg 6/11) und das OLG Celle (vom 5.11.2012, 13 Verg 9/11) von einer Verpflichtung aus. Zur Vermeidung unnötiger weiterer Prozesse ist eine Kostenfestsetzung für beide Verfahren jedenfalls sehr sinnvoll. Wenn der Rechtspfleger beim Oberlandesgericht sowohl die Kosten für das Nachprüfungsverfahren als auch für das Beschwerdeverfahren festsetzt, sind auch die Kosten für das Nachprüfungsverfahren ab Eingang des Kostenfest-

53

setzungsantrags zu verzinsen (OLG Celle vom 5.11.2012, 13 Verg 9/11). Wie auch vor der Vergabekammer gilt auch hier, dass ohne Kostengrundentscheidung kein Kostenfestsetzungsbeschluss ergehen darf, weil die Kostengrundentscheidung die Grundlage für die Kostenfestsetzung bildet (BayObLG vom 27.9.2002, Verg 18/02).

§ 129 Korrekturmechanismus der Kommission

(1) Erhält die Bundesregierung im Laufe eines Vergabeverfahrens vor Abschluss des Vertrages eine Mitteilung der Europäischen Kommission, dass diese der Auffassung ist, es liege ein schwerer Verstoß gegen das Recht der Europäischen Union im Bereich der öffentlichen Aufträge vor, der zu beseitigen sei, teilt das Bundesministerium für Wirtschaft und Technologie dies dem Auftraggeber mit.

(2) Der Auftraggeber ist verpflichtet, innerhalb von 14 Kalendertagen nach Eingang dieser Mitteilung dem Bundesministerium für Wirtschaft und Technologie eine umfassende Darstellung des Sachverhaltes zu geben und darzulegen, ob der behauptete Verstoß beseitigt wurde, oder zu begründen, warum er nicht beseitigt wurde, ob das Vergabeverfahren Gegenstand eines Nachprüfungsverfahrens ist oder aus sonstigen Gründen ausgesetzt wurde.

(3) Ist das Vergabeverfahren Gegenstand eines Nachprüfungsverfahrens oder wurde es ausgesetzt, so ist der Auftraggeber verpflichtet, das Bundesministerium für Wirtschaft und Technologie unverzüglich über den Ausgang des Nachprüfungsverfahrens zu informieren.

Übersicht

A. Allgemeines 1–6	II. Stellungnahme des Auftraggebers und Frist (Abs. 2) 11
B. Ablauf des Verfahrens 7–14	III. Nachprüfungsverfahren bzw. Aussetzung des Vergabeverfahrens (Abs. 3) 12–14
I. Beanstandungsmitteilung der Kommission (Abs. 1) 7–10	

A. Allgemeines

Die Vorschrift legt Reaktionspflichten nationaler Auftraggeber gegenüber der Bundesregierung (repräsentiert durch das Bundesministerium für Wirtschaft und Technologie) für den Fall fest, dass die Europäische Kommission gegenüber der Bundesregierung einen schweren Verstoß gegen das EU-Vergaberecht beanstandet. Entgegen der missverständlichen Überschrift wird also eigentlich nicht der „Korrekturmechanismus der Kommission" geregelt. Eine nahezu wortgleiche Regelung enthielt § 21 VgV a.F., während § 129 GWB a.F. bestimmte, welche Kosten für Amtshandlungen der Vergabeprüfstellen erhoben werden konnten. Da die Vorschriften zu den Vergabeprüfstellen aufgehoben wurden, wurde auch die Kostenregelung durch das Gesetz zur Modernisierung des Vergaberechts vom 20.4.2009 (BGBl. I S. 790) gestrichen. Die Aufnahme der Regelung des § 21 VgV a.F. in § 129 entsprach der mit der Novelle des Vergaberechts 2009 verfolgten Zielsetzung, die Vergabeverordnung nicht mehr mit Regelungen über Nachprüfungsmöglichkeiten von Auftragsvergaben zu überfrachten – sie sollten künftig allein im GWB enthalten sein (Begr. RegE, BT-Drucks. 16/10117, S. 25). Durch das Achte Gesetz zur Änderung des Gesetzes gegen Wettbewerbsbeschränkungen vom 26.6.2013 (BGBl. I S. 1738) wurde der Wortlaut des Abs. 1 im Hinblick auf den Sprachgebrauch des Vertrages von Lissabon, der am 1.12.2009 in Kraft getreten ist, redaktionell angepasst (vgl. BT-Drucks. 17/9852, S. 35 zu Nr. 43). 1

Der in den Rechtsmittelrichtlinien vorgesehene **Korrekturmechanismus** befugt die EU-Kommission, gegenüber einem Mitgliedstaat tätig zu werden, wenn sie der Ansicht ist, dass ein schwerer Verstoß gegen die Gemeinschaftsvorschriften über die Vergabe öffentlicher Aufträge vorliegt. Diese auch als **Beanstandungsverfahren** bezeichnete Möglichkeit eines Einschreitens „von Amts wegen" beruht auf Art. 3 der Rechtsmittelrichtlinie und Art. 8 der Sektorenrechtsmittelrichtlinie. Ihre Existenz spiegelt die Bedeutung wider, die dem Vergaberecht für das Ziel der Öffnung der nationalen Beschaffungsmärkte und der Verwirklichung des Binnenmarktes zugemessen wird (*Gröning*, in: Beck'scher Vergaberechtskommentar, § 129 Rn. 3). Es dient dazu, den Mitgliedstaaten Gelegenheit zu geben, absehbare Vergaberechtsverstöße noch vor Abschluss des Vertrages zu beheben, um in rechtlich eindeutigen Fällen das langwierige und schwerfällige Vertragsverletzungsverfahren nach 2

Art. 258 AEUV (vgl. hierzu § 101b Rn. 76 ff.) bzw. Klagen vor dem EuGH zu vermeiden (GA beim EuGH *Trstenjak*, Schlussanträge vom 23.3.2007, Rs. C-503/04 m.w.N.). Der Kommission soll ein schnelles Tätigwerden ermöglicht werden, um nicht wiedergutzumachende Schäden zu verhindern, die sich aus der rechtswidrigen Auftragsvergabe ergeben können (GA beim EuGH *Tesauro*, Schlussanträge vom 24.1.1995, Rs. C-359/93). Es stellt eine **vorbeugende Maßnahme** dar (EuGH vom 4.5.1995, Rs. C-79/94), die nicht mehr greift, wenn ein Vertrag bereits geschlossen ist (Rn. 8). Die Kommission kann dann nur noch nach Art. 258 AEUV vorgehen.

3   Vor Abschluss des Vertrages liegt es im Ermessen der Kommission, ob sie im Wege des **Beanstandungs- oder des Vertragsverletzungsverfahrens** vorgeht. Sie ist aber keinesfalls verpflichtet, in erster Linie auf das Beanstandungsverfahren zurückzugreifen. Als „Hüterin der Verträge" kann sie jederzeit entscheiden, den Gerichtshof anzurufen, wenn ein Mitgliedstaat gegen das EU-Vergaberecht verstoßen hat und einer mit Gründen versehenen Stellungnahme der Kommission nicht nachkommt (GA beim EuGH *Trstenjak*, Schlussanträge vom 23.3.2007, Rs. C-503/04 m.w.N.). Anders als das Beanstandungsverfahren setzt das **Vertragsverletzungsverfahren** keinen klaren und eindeutigen Verstoß, sondern lediglich die bloße Nichtbeachtung des Gemeinschaftsrechts voraus (vgl. EuGH vom 17.12.1998, Rs. C-353/96).

4   Obwohl beide Verfahren Parallelen aufweisen, sind die einzelnen Verfahrensschritte nicht austauschbar. Eine Stellungnahme der Kommission nach Art. 258 AEUV und die Gegenäußerung des Mitgliedstaates können nicht durch das Beanstandungsverfahren ersetzt werden, sondern müssen als Vorstufe für die Anrufung des EuGH gesondert durchgeführt werden (GA beim EuGH *Trstenjak*, Schlussanträge vom 23.3.2007, Rs. C-503/04 m.w.N.). Dies ergibt sich auch daraus, dass das Beanstandungsverfahren gerade nicht ermöglicht, den Gerichtshof anzurufen. Es kann daher nicht an Stelle des Vertragsverletzungsverfahrens eingesetzt werden, da ansonsten die Anwendung des Gemeinschaftsrechts nicht mehr der notwendigen gerichtlichen Kontrolle durch den EuGH unterzogen werden könnte (GA beim EuGH *Trstenjak*, Schlussanträge vom 23.3.2007, Rs. C-503/04 m.w.N.).

5   Bislang hat die Kommission nur in wenigen Fällen Gebrauch von dem Beanstandungsverfahren gemacht. Die Kommission bevorzugt offenbar eindeutig die Möglichkeit, ein Vertragsverletzungsverfahren gegen einen Mitgliedstaat einzuleiten, dessen Vergabestelle gegen das EU-Vergaberecht verstoßen hat. Schätzungsweise ein Drittel der Entscheidungen des EuGH zum Vergaberecht beruhen auf solchen Vertragsverletzungsverfahren.

6   Das Beanstandungsverfahren ist im Übrigen ein **rein bilaterales Verfahren zwischen der EU-Kommission und dem betreffenden Mitgliedstaat** (EuG vom 25.6.2008, Rs. T-185/08 und vom 26.6.2008, Rs. T-185/08 R, bestätigt durch EuGH vom 3.4.2009, Rs. C-387/08 P). Die in Art. 3 der Rechtsmittelrichtlinie vorgesehene Mitteilung der Kommission begründet lediglich die Pflicht des betreffenden Mitgliedstaates, der Kommission innerhalb von 21 Tagen bestimmte Mitteilungen zu machen. Der Korrekturmechanismus des Art. 3 der Rechtsmittelrichtlinie hat also **keine drittschützende Funktion**. Bei einer Auftragsvergabe unterlegene Bieter oder Bewerber können die Kommission also nicht im Wege der Untätigkeitsklage (Art. 263 Abs. 4 AEUV i.V.m. Art. 265 Abs. 3 AEUV) verpflichten, im Rahmen des Korrekturmechanismus einzuschreiten. Denn insoweit fehlt es an der von Art. 263 Abs. 4 AEUV vorausgesetzten unmittelbaren Betroffenheit unterlegener Bieter oder Bewerber (EuG vom 25.6.2008, Rs. T-185/08 und vom 26.6.2008, Rs. T-185/08 R, bestätigt durch EuGH vom 3.4.2009, Rs. C-387/08 P). Die **Initiative zur Einleitung** eines Beanstandungsverfahrens kann demgegenüber auch von einem Bieter oder Bewerber ausgehen. Dies setzt keine besondere Antragsbefugnis voraus, so dass das Beanstandungsverfahren auch für Unternehmer, bloße Lieferanten oder andere am Vergabeverfahren Beteiligte mit mittelbarem Interesse an einem Auftrag von Bedeutung sein kann (*Müller*, in: Byok/Jaeger, Vergaberecht, 2. Aufl. 2005, § 21 VgV Rn. 1762).

 Die Anregung an die Kommission, das Beanstandungsverfahren einzuleiten, kann daher eine kostengünstige Alternative zum Nachprüfungsverfahren darstellen, wenn es um schwerwiegende Verstöße gegen das EU-Vergaberecht geht (so auch *Müller*, in: Byok/

Jaeger, Vergaberecht, 2. Aufl. 2005, § 21 VgV Rn. 1763). Besondere formale oder sonstige Voraussetzungen bestehen insoweit nicht. Die Anregung sollte neben Angaben zu der konkreten Beschaffungsmaßnahme (Auftraggeber etc.) alle verfügbaren Tatsachen enthalten, aus denen sich der behauptete Rechtsverstoß ergibt. Nachteil dieses Vorgehens ist, dass die Kommission nicht befugt ist, in das laufende Vergabeverfahren einzugreifen, eine (rechtswidrige) Zuschlagserteilung kann also auf diesem Wege nicht verhindert werden. Rein praktisch wird der Auftraggeber, schon um ein Vertragsverletzungsverfahren zu vermeiden, gezwungen sein, den von der Kommission beanstandeten Verstoß zu beseitigen. Erteilt er den Zuschlag unter Missachtung der Auffassung der Kommission, sind ggf. Schadensersatzansprüche vergleichsweise leicht durchsetzbar (*Müller*, in: Byok/Jaeger, Vergaberecht, 2. Aufl. 2005, § 21 VgV Rn. 1763).

B. Ablauf des Verfahrens

I. Beanstandungsmitteilung der Kommission (Abs. 1)

Nach Abs. 1 wird das Beanstandungsverfahren durch eine **Beanstandungsmitteilung** der Kommission gegenüber der Bundesregierung eingeleitet. Mit dieser Mitteilung informiert die Kommission die Bundesregierung darüber, dass und aus welchen Gründen nach ihrer Auffassung ein schwerer Verstoß gegen das Gemeinschaftsrecht im Bereich der öffentlichen Aufträge vorliegt und dass sie dessen Beseitigung durch geeignete Maßnahmen fordert. Grundlage hierfür sind Art. 3 Abs. 2 der Rechtsmittelrichtlinie bzw. Art. 8 Abs. 2 der Sektorenrechtsmittelrichtlinie. 7

Die Mitteilung muss „**im Laufe eines Vergabeverfahrens vor Abschluss des Vertrages**" erfolgen. Das bedeutet zunächst, dass das Vergabeverfahren noch nicht durch einen (wirksamen) Vertrag beendet sein darf. Ein Vertragsschluss schafft also auch im Hinblick auf den Korrekturmechanismus vollendete Tatsachen – unabhängig davon, ob die Mitteilung die Bundesregierung noch vor Vertragsschluss erreicht und sogar unabhängig davon, ob der Auftraggeber den Zuschlag erst erteilt, nachdem er von der Bundesregierung über die Mitteilung der Kommission unterrichtet wurde. Weder die Mitteilung der Kommission selbst noch deren Weitergabe an den Auftraggeber lösen ein gesetzliches Zuschlagsverbot aus, wie es durch die Information des Auftraggebers über einen eingegangenen Nachprüfungsantrag durch die Vergabekammer (§ 115 Abs. 1 GWB) in Gang gesetzt wird (vgl. auch *Gröning*, in: Beck'scher Vergaberechtskommentar, § 129 Rn. 4). Die Missachtung des Korrekturmechanismus führt also nicht zur Nichtigkeit des geschlossenen Vertrages. Umgekehrt kann eine derartige Mitteilung der Kommission jedoch schon dann erfolgen, wenn der Auftraggeber die Phase der bloßen Markterkundung oder anderer vorbereitender Tätigkeiten des Vergabeverfahrens verlassen und mit der Absicht, einen Auftrag vergeben zu wollen, nach außen getreten ist (vgl. EuGH vom 11.1.2005, Rs. C-26/03). Die Kommission kann also auch Entscheidungen außerhalb eines förmlichen Vergabeverfahrens und im Vorfeld einer förmlichen Ausschreibung beanstanden, wenn sie hiervon Kenntnis erlangt, insbesondere z.B. die Entscheidung, dass ein bestimmter Auftrag nicht in den persönlichen und sachlichen Anwendungsbereich des EU-Vergaberechts fällt (vgl. EuGH vom 11.1.2005, Rs. C-26/03). 8

Vorausgesetzt wird zudem, dass sich die Mitteilung der Kommission auf einen „**schweren Verstoß**" gegen das Gemeinschaftsrecht bezieht. Damit dürften vor allem Fälle gemeint sein, in denen die Europäische Kommission von der Absicht eines öffentlichen Auftraggebers i.S.d. § 99 GWB Kenntnis erlangt, einen Auftrag ohne förmliches Vergabeverfahren und ohne Ausschreibung (De-facto-Vergabe, s. § 101b Rn. 17 ff.) vergeben zu wollen. Allgemein gesprochen muss der Verstoß in tatsächlicher und rechtlicher Hinsicht klar und eindeutig feststellbar und erheblich sein. Ein schlichter Fehler im Vergabeverfahren kann nicht Gegenstand eines Beanstandungsverfahrens sein. 9

Erhält die Bundesregierung eine Beanstandung der Kommission, leitet das **zuständige Bundesministerium für Wirtschaft und Technologie** diese ohne inhaltliche Prüfung an den Auftraggeber weiter. Nach Art. 3 Abs. 3 der Rechtsmittelrichtlinie bzw. Art. 8 Abs. 3 der Sektorenrechtsmittelrichtlinie muss die Bundesregierung der Kommission innerhalb von 21 Kalendertagen nach Eingang der Beanstandung durch die Kommission die Bestätigung übermitteln, dass der Verstoß beseitigt wurde 10

§ 129 GWB

(1. Var.) bzw. eine Begründung dafür mitteilen, weshalb der Verstoß nicht beseitigt wurde (2. Var., Art. 3 Abs. 3 Buchst. a) und b) der Rechtsmittelrichtlinie bzw. Art. 8 Abs. 3 Buchst. a) und b) der Sektorenrechtsmittelrichtlinie) oder aber (3. Var.) die Kommission darüber informieren, dass das betreffende Vergabeverfahren entweder auf Betreiben des Auftraggebers oder aber nach Art. 2 Abs. 1 Buchst. a) der Rechtsmittelrichtlinie und der Sektorenrechtsmittelrichtlinie ausgesetzt wurde (vgl. § 115 Abs. 3 GWB).

II. Stellungnahme des Auftraggebers und Frist (Abs. 2)

11   Erhält der Auftraggeber eine Mitteilung i.S.v. Abs. 1 und ist das betreffende Vergabeverfahren nicht durch Vertragsschluss beendet, muss dieser dem Bundesministerium für Wirtschaft und Technologie nach Abs. 2 innerhalb einer **Frist von 14 Kalendertagen** eine umfassende Darstellung des Sachverhalts geben. Die **Stellungnahme** muss insbesondere darlegen, ob der behauptete Verstoß inzwischen beseitigt wurde bzw. aus welchen konkreten Gründen der Verstoß nicht beseitigt wurde. Zudem muss die Stellungnahme mitteilen, ob das betreffende Vergabeverfahren Gegenstand eines Nachprüfungsverfahrens ist oder aus sonstigen Gründen ausgesetzt wurde. Abs. 2 der Vorschrift ist durch das Gesetz zur Modernisierung des Vergaberechts vom 20.4.2009 (BGBl. I S. 790) leicht modifiziert worden. Zuvor sah die Regelung vor, dass der Auftraggeber „insbesondere" Angaben zur Beseitigung des Verstoßes bzw. zu den Gründen machen musste, warum der Verstoß nicht beseitigt wurde, die zum Nachprüfungsverfahren oder zur sonstigen Aussetzung des Verfahrens führte. Hierauf ist in der geänderten Fassung verzichtet worden. Inhaltlich hat das keine Auswirkungen, da Abs. 2 – im Gegensatz zur davor geltenden Regelung – eine „**umfassende Darstellung des Sachverhalts**" vom Auftraggeber gegenüber dem Bundesministerium für Wirtschaft und Technologie fordert. Nach wie vor ist der Auftraggeber damit gehalten, die näheren Umstände des Verstoßes, seine Hintergründe etc. sowie alle sonstigen relevanten Informationen in diesem Zusammenhang, die tatsächlich verfügbar und mit zumutbarem Aufwand erlangt werden können, dem Bundesministerium für Wirtschaft und Technologie mitzuteilen. Dies liegt letztlich im eigenen Interesse des Auftraggebers.

III. Nachprüfungsverfahren bzw. Aussetzung des Vergabeverfahrens (Abs. 3)

12   Sofern das Vergabeverfahren Gegenstand eines Nachprüfungsverfahrens ist oder das Vergabeverfahren ausgesetzt wurde, ist der Auftraggeber nach Abs. 3 verpflichtet, das Bundesministerium für Wirtschaft und Technologie unverzüglich über den Ausgang des Nachprüfungsverfahrens zu informieren.

13   Den **gemeinschaftsrechtlichen Hintergrund** für diese Regelung bilden Art. 3 Abs. 4 der Rechtsmittelrichtlinie bzw. Art. 8 Abs. 4 der Sektorenrechtsmittelrichtlinie. Hiernach kann in der der Kommission zu übermittelnden Begründung, weshalb der beanstandete Verstoß nicht beseitigt wurde, insbesondere geltend gemacht werden, dass der Verstoß bereits Gegenstand eines Gerichtsverfahrens oder einer Nachprüfung ist. In diesem Fall muss der Mitgliedstaat nach Art. 3 Abs. 4 Satz 2 der Rechtsmittelrichtlinie bzw. Art. 8 Abs. 4 Satz 2 der Sektorenrechtsmittelrichtlinie die Kommission über den Ausgang dieser Verfahren unterrichten, sobald dieser bekannt ist. Daraus folgt die Verpflichtung des Auftraggebers, das Bundesministerium für Wirtschaft und Technologie **„unverzüglich"** über den Ausgang des betreffenden Nachprüfungsverfahrens zu informieren, also so bald nach Kenntnis vom Ausgang des Nachprüfungsverfahrens, wie es ihm möglich und zumutbar ist.

14   Greift der Auftraggeber ein **ausgesetztes** Vergabeverfahren wieder auf oder eröffnet er ein **neues Vergabeverfahren**, das sich ganz oder teilweise auf das frühere (von der Kommission) beanstandete Vergabeverfahren bezieht, so muss er über den Wortlaut des Abs. 3 hinaus auch dies dem Bundesministerium für Wirtschaft und Technologie mitteilen. Dies ergibt sich aus Art. 3 Abs. 5 der Rechtsmittelrichtlinie bzw. Art. 8 Abs. 5 der Sektorenrechtsmittelrichtlinie, wonach die Bundesregierung zu einer entsprechenden Mitteilung an die Kommission verpflichtet ist. In der neuen Mitteilung ist vom Auftraggeber bzw. von der Bundesregierung auch anzugeben, ob der behauptete Verstoß beseitigt wurde bzw. aus welchen Gründen er nicht beseitigt wurde.

§ 129a Unterrichtungspflichten der Nachprüfungsinstanzen

Die Vergabekammern und die Oberlandesgerichte unterrichten das Bundesministerium für Wirtschaft und Technologie bis zum 31. Januar eines jeden Jahres über die Anzahl der Nachprüfungsverfahren des Vorjahres und deren Ergebnisse.

Die Regelung des § 129a befand sich vormals in § 22 VgV a.F. Die Vorschrift ist durch das Gesetz zur Modernisierung des Vergaberechts vom 20.4.2009 (BGBl. I S. 790) mit kleinen Abwandlungen vollständig in den 4. Teil des GWB übernommen worden, wobei § 22 VgV a.F. zeitgleich aufgehoben wurde. Damit entfällt auch die Regelung in § 127 Nr. 8 GWB. Da die Unterrichtungspflichten der Nachprüfungsinstanzen nunmehr in einem Gesetz geregelt sind, ist eine Ermächtigungsgrundlage dafür – anders, als dies bei § 127 Nr. 8 GWB der Fall war – nicht mehr erforderlich. 1

Die Vorschrift des § 129a dient der Erfüllung von **Statistikpflichten** gegenüber der Europäischen Kommission, die nach Art. 4 der Rechtsmittelrichtlinie 2007/66/EG vom 11.12.2007 (ABl. EU Nr. L 335 vom 20.12.2007, S. 31, 41) vorgesehen sind. Art. 4 Abs. 1 der Richtlinie 2007/66/EG räumt der Europäischen Kommission die Möglichkeit ein, von den Mitgliedstaaten Informationen über das Funktionieren der innerstaatlichen Nachprüfungsverfahren einzuholen. Art. 4 Abs. 2 der Richtlinie 2007/66/EG ordnet zudem eine **jährliche Mitteilungspflicht** für Entscheidungen der Nachprüfungsinstanzen nach Art. 2d Abs. 3 der Richtlinie 2007/66/EG an. 2

Die von den Nachprüfungsinstanzen gemeldeten Daten werden vom Bundesministerium für Wirtschaft und Technologie ausgewertet und in einer Übersichtstabelle zusammengefasst. Diese Tabelle wird jedes Jahr veröffentlicht und kann auf den Internetseiten des zuständigen Bundesministeriums eingesehen werden. 3

Für Auftraggeber und Auftragnehmer hat die Vorschrift keine praktische Bedeutung; alleiniger **Adressat** der Norm sind die Nachprüfungsinstanzen, die Vergabekammern und die Vergabesenate bei den Oberlandesgerichten. 4

§ 129b Regelung für Auftraggeber nach dem Bundesberggesetz

(1) ¹Auftraggeber, die nach dem Bundesberggesetz berechtigt sind, Erdöl, Gas, Kohle oder andere Festbrennstoffe aufzusuchen oder zu gewinnen, müssen bei der Vergabe von Liefer-, Bau- oder Dienstleistungsaufträgen oberhalb der in Artikel 16 der Richtlinie 2004/17/EG des Europäischen Parlaments und des Rates vom 31. März 2004 zur Koordinierung der Zuschlagserteilung durch Auftraggeber im Bereich der Wasser-, Energie- und Verkehrsversorgung sowie der Postdienste (ABl. EU Nr. L 134 S. 1), die zuletzt durch die Verordnung (EG) Nr. 1422/2007 der Kommission vom 4. Dezember 2007 (ABl. EU Nr. L 317 S. 34) geändert worden ist, festgelegten Schwellenwerte zur Durchführung der Aufsuchung oder Gewinnung von Erdöl, Gas, Kohle oder anderen Festbrennstoffen den Grundsatz der Nichtdiskriminierung und der wettbewerbsorientierten Auftragsvergabe beachten. ²Insbesondere müssen sie Unternehmen, die ein Interesse an einem solchen Auftrag haben können, ausreichend informieren und bei der Auftragsvergabe objektive Kriterien zugrunde legen. ³Dies gilt nicht für die Vergabe von Aufträgen, deren Gegenstand die Beschaffung von Energie oder Brennstoffen zur Energieerzeugung ist.

(2) ¹Die Auftraggeber nach Absatz 1 erteilen der Europäischen Kommission über das Bundesministerium für Wirtschaft und Technologie Auskunft über die Vergabe der unter diese Vorschrift fallenden Aufträge nach Maßgabe der Entscheidung 93/327/EWG der Kommission vom 13. Mai 1993 zur Festlegung der Voraussetzungen, unter denen die öffentlichen Auftraggeber, die geographisch abgegrenzte Gebiete zum Zwecke der Aufsuchung oder Förderung von Erdöl, Gas, Kohle oder anderen Festbrennstoffen nutzen, der Kommission Auskunft über die von ihnen vergebenen Aufträge zu erteilen haben (ABl. EG Nr. L 129 S. 25). ²Sie können über das Verfahren gemäß der Rechtsverordnung nach § 127 Nummer 9 unter den dort geregelten Voraussetzungen eine Befreiung von der Pflicht zur Anwendung dieser Bestimmung erreichen.

Literatur: *Rosenkötter/Plantiko*, Die Befreiung der Sektorentätigkeiten vom Vergaberechtsregime, NZBau 2010, 78.

Übersicht

A. Allgemeines 1–5	D. Auskunftspflicht (Abs. 2 Satz 1) 16–19
B. Anwendungsbereich 6–9	E. Verfahren 20–24
I. Persönlicher Anwendungsbereich 6	F. Weitergehende Befreiungsmöglichkeit
II. Sachlicher Anwendungsbereich 7–9	(Abs. 2 Satz 2) 25–27
C. Reichweite der Privilegierung (Abs. 1) 10–15	

A. Allgemeines

1 § 129b **befreit** bergbautreibende Auftraggeber **weitgehend** von der ansonsten bestehenden **Verpflichtung zur Anwendung des EU-Vergaberechts**. Bei der Auftragsvergabe haben Auftraggeber i.S.d. Abs. 1 Satz 1 lediglich den Grundsatz der Nichtdiskriminierung und der wettbewerbsorientierten Auftragsvergabe zu beachten (**Abs. 1 Satz 1 a.E.**). Insbesondere sind an einem entsprechenden Auftrag interessierte Unternehmen zu informieren und bei der Auftragsvergabe objektive Kriterien zugrunde zu legen (**Abs. 1 Satz 2**). Weitergehende Verfahrensregeln (z.B. hinsichtlich der Art der Vergabeverfahren, Vorschriften über einzuhaltende Formen und Fristen) bestehen nicht.

2 § 129b entspricht trotz einiger sprachlicher Änderungen im Wesentlichen der Regelung, die früher in **§ 11 VgV a.F.** enthalten war. Diese wurde durch Art. 2 des Gesetzes zur Modernisierung des Vergaberechts vom 20.4.2009 (BGBl. I S. 790, 797) aufgehoben.

3 § 129b setzt zunächst Art. 27 SKR in deutsches Recht um. Nach Art. 7 Buchst. a) SKR fallen zwar grundsätzlich auch die Tätigkeiten zur Nutzung eines geografisch abgegrenzten Gebietes zum Zwecke des Aufsuchens und der Förderung von Erdöl, Gas, Kohle und anderen festen Brennstoffen in

den Anwendungsbereich der Richtlinie. Jedoch bestand wegen einer auf Art. 3 der Vorgängerrichtlinie 93/38/EWG gestützten Entscheidung der Europäischen Kommission (2004/73/EG vom 15.1.2004, ABl. EU Nr. L 16 vom 23.1.2004, S. 57) eine weitgehende Befreiung des Bergbausektors vom europäischen Vergaberecht. Diese Entscheidung wird offenbar als Folge eines Redaktionsversehens – teilweise von der EU selbst – falsch zitiert und zwar als „Entscheidung 2004/74/EG", vgl. Art. 27 SKR und Erwägungsgrund 38 zur SKR; im Folgenden wird diese Entscheidung aus Gründen der Klarheit korrekt mit „2004/73/EG" zitiert. Art. 27 SKR nimmt auf diese Freistellungsentscheidung Bezug und legt im Übrigen bestimmte Anforderungen an die Auftragsvergabe durch Auftraggeber fest, die in den Bereichen tätig sind, die in der Entscheidung 2004/73/EG genannt werden. Diese Anforderungen werden durch die Regelungen in Abs. 1 und Abs. 2 Satz 1 in deutsches Recht umgesetzt. Abs. 2 Satz 2 setzt gemeinsam mit § 3 SektVO Art. 30 SKR in nationales Recht um.

Bereits unter Geltung der Vorgängerrichtlinie 90/531/EWG hatte die Bundesrepublik einen entsprechenden Antrag auf Freistellung des Bergbausektors an die Kommission gerichtet. Die damalige deutsche Regelung wurde jedoch nicht akzeptiert, da ein ausreichender Rechtsschutz nicht vorgesehen war (Erwägungsgrund 3 der Entscheidung der Kommission 2004/73/EG vom 15.1.2004, ABl. EU Nr. L 16 vom 23.1.2004, S. 57). Erst nachdem die 1992 von der Kommission gerügte deutsche Rechtsschutzregelung durch das Vergaberechtsänderungsgesetz ersetzt worden war, sah die Kommission eine Grundlage für eine positive Entscheidung (Erwägungsgrund 4 der Entscheidung 2004/73/EG). Da durch den Regelungsgehalt des § 11 VgV a.F. alle notwendigen Voraussetzungen geschaffen waren, hat die Kommission mit ihrer Entscheidung 2004/73/EG vom 15.1.2004 die Unternehmen, die in Deutschland in diesem Bereich tätig sind und die sonstigen Anforderungen an öffentliche Auftraggeber erfüllen (§ 98 Nr. 1 bis 3 GWB oder öffentliches Unternehmen oder Tätigkeit aufgrund besonderer und ausschließlicher Rechte), weitgehend von der Anwendungsverpflichtung der Vorgängerrichtlinie befreit.

Da die Freistellungsentscheidung über Art. 27 SKR und § 129b fortwirkt, ist ein neues Antragsverfahren nach Art. 30 SKR bzw. § 3 Abs. 8 SektVO (Rn. 20 ff.) somit für die von der Entscheidung 2004/73/EG erfassten Unternehmen entbehrlich. Das in § 3 Abs. 1 bis 7 SektVO geregelte Verfahren, das nach § 3 Abs. 8 SektVO entsprechend für Auftraggeber i.S.d. § 129b gilt (Rn. 20), ist aber auch hinsichtlich der erweiterten Befreiungsmöglichkeit nach Abs. 2 Satz 2 anzuwenden.

B. Anwendungsbereich

I. Persönlicher Anwendungsbereich

Die Vorschrift gilt nach Abs. 1 Satz 1 zunächst ausschließlich für Auftraggeber, die nach dem Bundesberggesetz (vgl. §§ 6 ff. BbergG) berechtigt sind, Erdöl, Gas, Kohle oder andere Festbrennstoffe aufzusuchen oder zu gewinnen. Aus dem Wortlaut der Vorschrift („Auftraggeber") wird jedoch im Übrigen nicht klar, ob nur solche Unternehmen von der Befreiung erfasst werden, die zugleich öffentliche Auftraggeber i.S.d. § 98 GWB sind. Hieran könnte man zweifeln, weil § 129b nur von „Auftraggebern" – ohne den Zusatz „öffentlich" – spricht und – anders als noch § 11 VgV a.F – nicht ausdrücklich auf § 98 GWB Bezug nimmt. Neben der systematischen Stellung der Vorschrift im 4. Teil des GWB spricht jedoch der gesetzgeberische Wille gegen eine Anwendung des § 129b auch auf Bergbautreibende, die nicht zugleich öffentliche Auftraggeber i.S.d. § 98 GWB sind (so auch *Schellenberg*, in: Pünder/Schellenberg, Vergaberecht, § 129b GWB Rdn. 5). Aus welchen Gründen der Verweis auf § 98 GWB gestrichen wurde, erläutert die Gesetzesbegründung zwar nicht, der Gesetzgeber geht jedoch eindeutig davon aus, dass sich die Regelung allein an bergbautreibende Auftraggeber wendet, die zugleich die „sonstigen Anforderungen an öffentliche Auftraggeber erfüllen (§ 98 Nr. 1 bis 3 oder öffentliches Unternehmen oder Tätigkeit aufgrund besonderer oder ausschließlicher Rechte)" (BT-Drucks. 16/10117, S. 25 zu Ziff. 25; so z.B. auch *Müller-Wrede*, in: Müller-Wrede, GWB-Vergaberecht, § 129b Rn. 3; a.A. wohl VK Arnsberg vom 10.1.2008, VK 42/07 sowie *Wagner*, in: Heuvels/Höß/Kuß/Wagner, Gesamtkommentar, § 129b GWB Rn. 3).

II. Sachlicher Anwendungsbereich

7 Die Vorschrift gilt nur für Auftragsvergaben **oberhalb der EU-Schwellenwerte**. Nur bei diesen Auftragsvergaben ist also der Grundsatz der Nichtdiskriminierung und der wettbewerbsorientierten Auftragsvergabe zu beachten (BReg, BT-Drucks. 16/10117, S. 25). Auf Basis der Verordnung (EU) Nr. 1251/2011 vom 30.11.2011 lauteten die bis zum 31.12.2013 geltenden EU-Schwellenwerte für Sektorenauftraggeber bei der Vergabe von Liefer- und Dienstleistungsaufträgen 400.000 € (Art. 16 Buchst. a) SKR) und bei der Vergabe von Bauaufträgen 5.000.000 € (Art. 16 Buchst. b) SKR). Zum **1.1.2014** wurden die Schwellenwerte leicht erhöht: Im Sektorenbereich stieg der Schwellenwert für die Vergabe von Liefer- und Dienstleistungsaufträge auf 414.000 € und für die Vergabe von Bauaufträgen auf 5.186.000 €. Oberhalb dieser Schwellenwerte werden nicht sämtliche Auftragsvergaben der genannten Unternehmen privilegiert, sondern nur die, die im Zusammenhang mit den beschriebenen Tätigkeiten stehen.

8 Erfasst ein Auftrag **mehrere Tätigkeiten**, erfolgt die Abgrenzung gemäß § 99 Abs. 11 GWB nach dem Hauptgegenstand. Für den Fall, dass der Hauptgegenstand des Auftrags nicht feststellbar ist, enthält § 99 Abs. 12 GWB verbindliche Vorgaben dazu, welchem Rechtsregime der fragliche Auftrag unterfallen soll. Im Zweifel gilt demnach das strengere Regime (§ 99 Rn. 212), wodurch die möglichst breite Anwendung des Vergaberechts sichergestellt wird.

9 Sofern die vom Regelungsgehalt der Vorschrift erfassten Unternehmen jedoch Aufträge vergeben, „deren Gegenstand die Beschaffung von Energie oder Brennstoffen zur Energieerzeugung ist", ist § 129b gemäß **Abs. 1 Satz 3** nicht anzuwenden. Aufträge i.S.d. Abs. 1 Satz 3 sind also vollständig vom Vergaberecht befreit. Die Regelung in Abs. 1 Satz 3 hat ihre Grundlage in Art. 26 Buchst. b) SKR und findet ihre Entsprechung in § 100b Abs. 2 Nr. 3 GWB (vgl. § 100b Rn. 6 ff.; *Müller-Wrede*, in: Müller-Wrede, GWB-Vergaberecht, § 129 Rn. 6).

C. Reichweite der Privilegierung (Abs. 1)

10 Bei Auftragsvergaben i.S.d. Abs. 1 müssen die allgemein in **§ 97 Abs. 1 und 2 GWB** festgelegten **Grundsätze** der Nichtdiskriminierung, der Transparenz und der wettbewerblichen Auftragsvergabe beachtet werden. Für ein Vergabeverfahren bedeutet das „insbesondere" – wie Abs. 1 Satz 2 formuliert –, dass am Auftrag interessierte Unternehmen ausreichend informiert werden und die Vergabe nach objektiven Kriterien erfolgt. Auftragsvergaben nach § 129b genießen damit eine vergaberechtliche Sonderbehandlung und werden einem auf Mindeststandards reduzierten Vergabeverfahren unterworfen. Auch wegen der in Abs. 1 Satz 1 ausdrücklich angeordneten Verpflichtung, an dem jeweiligen Auftrag interessierten Unternehmen **ausreichend** zu **informieren**, besteht zunächst eine grundsätzliche **Verpflichtung zur EU-weiten Bekanntmachung** eines Auftrags i.S.v. Abs. 1. Der **Wettbewerbsgrundsatz** erfordert die Öffnung des Verfahrens für alle potenziellen Bieter und das Unterlassen aller den Wettbewerb einschränkenden Maßnahmen, soweit sie nicht sachlich gerechtfertigt und notwendig sind, um dem Ziel eines transparenten und den Gleichbehandlungsgrundsatz wahrenden Wettbewerb zu stützen (VK Arnsberg vom 11.3.2010, VK 1/10; zu wettbewerbswidrigen Praktiken im Einzelnen s. § 97 Rn. 60 ff.).

11 § 97 Abs. 1 GWB gebietet, dass eine Ausschreibung so **wettbewerbsoffen wie überhaupt möglich** erfolgen muss. Jeder sachlich nicht gerechtfertigte Versuch einer Einschränkung dieses Grundsatzes, um diesen Wettbewerb zu umgehen, ihn einzuschränken oder gar auszuschalten, wäre ein Verstoß gegen das Prinzip des Wettbewerbs (zuletzt VK Sachsen vom 4.2.2013, 1/SVK/039-12).

12 Was das konkrete **Vergabeverfahren** anbetrifft, sind Auftraggeber bei Auftragsvergaben i.S.d. § 129b nicht an die Vergabeordnungen oder die SektVO gebunden (vgl. VK Arnsberg vom 11.3.2010, VK 1/10). Auftraggebern ist anzuraten, die durch § 129b gewährte Flexibilität in einem Verhandlungsverfahren oder einem – für die Veräußerung von kommunalen Grundstücken entwickelten – strukturierten Bieterverfahren zu nutzen (so auch *Willenbruch*, in: Willenbruch/Wieddekind, Kompaktkommentar, § 129b Rn. 5). Der Auftragsgegenstand ist dabei so konkret zu beschrei-

ben, dass auf dieser Grundlage vergleichbare Angebote erstellt werden können. Hierbei müssen faktische Benachteiligungen einzelner Anbieter vermieden werden.

Der Wettbewerbsgrundsatz gebietet auch, den Auftrag grundsätzlich **produktneutral** zu beschreiben (vgl. z.B. OLG Düsseldorf vom 27.6.2012, VII-Verg 7/12; vgl. auch VK Arnsberg vom 10.1.2008, VK 42/07). 13

Die Auftragsvergabe muss nach objektiven Kriterien erfolgen, die im unmittelbaren Zusammenhang mit dem Auftragsgegenstand stehen. Die Kriterien (und ihre Gewichtung) sind – inklusive Unterkriterien – den Bietern vorab bekannt zu machen. Bei der Wahl der **Zuschlagskriterien** können sich Auftraggeber bei Auftragsvergaben i.S.d. Abs. 1 Satz 1 etwa an dem Beispielskatalog in § 29 Abs. 2 SektVO orientieren. 14

Nicht berücksichtigte Bieter sind gemäß § 101a Abs. 1 GWB vor der Zuschlagserteilung zu **informieren**. Bereits zu der früheren Regelung des § 11 VgV a.F. hat die VK Arnsberg entschieden, dass § 13 VgV a.F. Anwendung findet (VK Arnsberg vom 10.1.2008, VK 42/07 sowie vom 11.4.2002, VK 2-06/2002). Es spricht viel dafür, dass dies auch bei den entsprechenden Regelungen in **§§ 101a und 101b GWB** und § 129b der Fall ist (so z.B. auch *Müller-Wrede*, in: Müller-Wrede, GWB-Vergaberecht, § 129b Rn. 9). Denn die Gewährung eines effektiven Rechtsschutzes, dem die Bieterinformation nach § 101a GWB und die Regelung des § 101b GWB vorrangig dienen, war ausdrücklich Voraussetzung für die Entscheidung der Kommission 2004/73/EG (Rn. 3). Auch sieht § 101a Abs. 2 GWB außer in Fällen, in denen das Verhandlungsverfahren ohne vorherige Bekanntmachung wegen besonderer Dringlichkeit gerechtfertigt ist, keine weitere Ausnahme von der Informationspflicht vor. Lediglich diese – der Privilegierung nach § 129b aber nicht zugrunde liegende – Fälle rechtfertigen eine Ausnahme, da der Auftraggeber dann aufgrund besonderer Umstände in der Lage sein muss, den Auftrag ohne Einhaltung einer Wartefrist sofort zu vergeben (z.B. bei Flutkatastrophen, s. Begr. RegE, BT-Drucks. 16/10117, S. 21). Auftraggeber müssen also bei der Vergabe von Aufträgen i.S.v. Abs. 1 die Informations- und Wartepflicht des § 101a GWB erfüllen (a.A. z.B. *Dittmann*, in: Ziekow/Völlink, Vergaberecht, § 129b Rn. 9, die von einer abschließenden Sonderregelung ausgeht; die Vorschrift selbst gibt dafür jedoch nichts her). Da § 129b Aufträge nach dem Bundesberggesetz gerade nicht vom Anwendungsbereich des Vergaberechts der §§ 97 ff. GWB ausnimmt, steht nicht berücksichtigten Bietern das **Nachprüfungsverfahren** vor der Vergabekammer offen, um die Vergabe von Aufträgen i.S.d. Abs. 1 an dem Maßstab von Abs. 1 Satz 2 zu überprüfen (so z.B. auch *Opitz*, in: Eschenbruch/Opitz, SektVO, § 1 Rn. 158; *Willenbruch*, in: Willenbruch/Wieddekind, Kompaktkommentar, § 129b Rn. 7). 15

D. Auskunftspflicht (Abs. 2 Satz 1)

Nach Abs. 2 Satz 1 haben die von Abs. 1 erfassten Auftraggeber (Rn. 6) der Europäischen Kommission über das Bundesministerium für Wirtschaft und Technologie Auskunft über die unter diese Vorschrift fallenden Aufträge zu erteilen. Art und Umfang der Auskunftspflicht bestimmt sich nach der Entscheidung 93/327/EWG der Kommission vom 13.5.1993 (ABl. EG Nr. L 129 vom 27.5.1993, S. 25). 16

Nach Art. 1 dieser Entscheidung haben die Mitgliedstaaten dafür Sorge zu tragen, dass die von der Regelung erfassten Auftraggeber der Kommission für jeden von ihnen vergebenen Auftrag mit einem Wert von über 5 Mio. ECU alle im Anhang genannten **Auskünfte** innerhalb einer Frist von 48 Tagen nach der Vergabe des Auftrags erteilen. Bei Aufträgen, deren Wert zwischen 400.000 ECU und 5 Mio. ECU liegt, müssen die Auftraggeber die in den Punkten 1 bis 9 des Anhangs genannten Angaben für jeden Auftrag mindestens während eines Zeitraumes von vier Jahren nach dem Datum der Auftragsvergabe bereithalten und der Kommission diese Auskünfte für jeden im Laufe eines Kalendervierteljahres vergebenen Auftrag entweder direkt auf deren Ersuchen oder spätestens 48 Tage nach Ablauf jedes Vierteljahres mitteilen (**beschränkte Auskunftspflicht**). 17

Hinsichtlich der **Umrechnung von ECU auf Euro (€)** ist es zunächst nahe liegend, auf Art. 2 Abs. 1 Satz 1 Verordnung (EG) Nr. 1103/97 des Rates vom 17.6.1997 (ABl. EU L 162/1 vom 19.6.1997) zu- 18 rückzugreifen. Hiernach ist jede Bezugnahme in einem Rechtsinstrument auf die ECU durch eine Bezugnahme auf den Euro (€) zum Kurs von 1 € für 1 ECU zu ersetzen. Zu berücksichtigen ist allerdings, dass in der Entscheidung 93/327/EWG mit den genannten Wertgrenzen auf den damaligen Schwellenwert für Bauaufträge in Art. 12 der Richtlinie 90/531/EWG abgestellt wurde. Der entsprechende Schwellenwert ist heute in Art. 16 Buchst. b) SKR festgelegt. Im Sinne einer einheitlichen Rechtsanwendung ist es daher wohl angezeigt, Art. 1 der Entscheidung 93/327/EWG als **dynamische Verweisung** auf den Schwellenwert für Bauaufträge auszulegen (so z.B. *Debus*, in: Ziekow/Völlink, Vergaberecht, § 129b Rn. 10 m.w.N.). Die eingeschränkte Auskunftspflicht gilt damit nur für Aufträge mit einem Volumen zwischen den Schwellenwerten von Art. 16 Buchst. a) und b) SKR (zu den Schwellenwerten s. Rn. 7).

19 Die Auskunftspflicht umfasst folgende **Angaben:**
1. Name und Anschrift des Auftraggebers;
2. Art des Auftrags (Liefer- oder Bauauftrag; falls zweckdienlich, Angabe, ob es sich um einen Rahmenvertrag handelt);
3. genaue Angaben der Art der gelieferten Produkte, Bau- oder Dienstleistungen (z.B. unter Anwendung der CPA-Kennziffern);
4. Angabe darüber, ob und wo (Zeitung/en, Fachzeitschrift/en) auf den zu vergebenden Auftrag hingewiesen wurde. Wie wurde anderenfalls zum Wettbewerb aufgerufen?
5. Anzahl der eingegangenen Angebote;
6. Zeitpunkt der Auftragsvergabe;
7. Name und Anschrift erfolgreicher Auftragnehmer;
8. Wert des Auftrags;
9. voraussichtliche Dauer des Auftrags;
10. Angabe des Teils des Auftrags, der an Zulieferer vergeben wurde bzw. werden kann (nur bei Überschreiten von 10 %);
11. Ursprungsland des Erzeugnisses oder der Dienstleistung;
12. für die Feststellung des wirtschaftlich günstigsten Angebots zugrunde gelegte Hauptvergabekriterien;
13. Wurde der Auftrag an einen Bieter vergeben, der ein von den ursprünglichen Spezifikationen des Auftraggebers abweichendes Angebot vorlegte?

E. Verfahren

20 Hinsichtlich des für die Befreiung von der Anwendungsverpflichtung vorgesehenen Verfahrens verweist § 3 Abs. 8 der Verordnung über die Vergabe von Aufträgen im Bereich des Verkehrs, der Trinkwasserversorgung und der Energieversorgung (**Sektorenverordnung** – SektVO) vom 23.9.2009 (BGBl. I S. 3110) auf die Regelungen für Sektorentätigkeiten, die unmittelbar dem Wettbewerb ausgesetzt sind (§ 3 Abs. 1 bis 7 SektVO).

21 Mit **§ 3 SektVO** wird Art. 30 der Sektorenkoordinierungsrichtlinie umgesetzt (Begr. SektVO, BR-Drucks. 522/09, S. 39). Sektorenauftraggeber können danach von der **Verpflichtung zur Anwendung der Sektorenrichtlinie befreit** werden, wenn freier Marktzugang herrscht und unmittelbarer Wettbewerb besteht (vgl. im Einzelnen *Rosenkötter/Plantiko*, NZBau 2010, 78). Die Entscheidung, ob diese Voraussetzungen vorliegen, obliegt nach Art. 30 der Richtlinie 2004/17/EG der Kommission – wie § 3 Abs. 2 Satz 1 SektVO ausdrücklich klarstellt; die Kommission ermittelt dies in einem Verfahren nach Maßgabe des § 3 Abs. 2 bis 4 SektVO nach wettbewerblichen Kriterien. Nach § 3 Abs. 2 Satz 3 Nr. 1 bis 4 SektVO können derartige **wettbewerbliche Kriterien** sein: Merkmale der betreffenden Waren und Leistungen, das Vorhandensein alternativer Waren und Leistungen, die

Preise und das tatsächliche oder mögliche Vorhandensein mehrerer Anbieter der betreffenden Waren und Leistungen.

Anträge auf Befreiung können nach § 3 Abs. 3 SektVO vom Bundesministerium für Wirtschaft und Technologie, nach § 3 Abs. 4 Satz 1 SektVO von den Sektorenauftraggebern selbst oder nach § 3 Abs. 4 Satz 7 SektVO von deren Verbänden bei der EU-Kommission gestellt werden. 22

Den Angaben ist jeweils nach § 3 Abs. 3 Satz 3 SektVO bzw. § 3 Abs. 4 Satz 2 SektVO (ggf. i.V.m. § 3 Abs. 4 Satz 8 SektVO) eine (unverbindliche) **Stellungnahme des Bundeskartellamts** beizufügen. Für die Erarbeitung der Stellungnahme hat das Bundeskartellamt die Ermittlungsbefugnisse nach §§ 57 bis 59 GWB. Gemäß § 3 Abs. 5 Satz 2 SektVO holt es eine Stellungnahme der Bundesnetzagentur ein. Die Verpflichtung zur Anwendung der Vergaberegeln entfällt erst, wenn die Feststellung durch die Kommission getroffen wurde oder die Frist dafür abgelaufen ist und das Bundesministerium für Wirtschaft und Technologie dies im Bundesanzeiger bekannt gemacht hat. 23

Da die Entscheidung der Kommission 2004/73/EG ihre Gültigkeit behalten hat (Rn. 5), dürften diese Verfahrensvorschriften derzeit insoweit nur eine geringe Bedeutung haben; sie sind jedoch auch anzuwenden, wenn ein Auftraggeber i.S.v. Abs. 1 von der weitergehenden Befreiungsmöglichkeit nach Abs. 2 Satz 2 Gebrauch machen will. 24

F. Weitergehende Befreiungsmöglichkeit (Abs. 2 Satz 2)

Nach der Regelung in Abs. 2 Satz 2 können Auftraggeber i.S.v. Abs. 1 eine „Befreiung von der Pflicht zur Anwendung dieser Bestimmung" erreichen – wie Abs. 2 Satz 2 a.E wörtlich formuliert. Die Einbindung dieser Befreiungsmöglichkeit in den Absatz 2 der Vorschrift könnte den Gedanken nahe legen, dass sie sich auf die Berichtspflicht des Satzes 1 bezieht. Nach der Begründung des Gesetzes soll den Unternehmen jedoch die Möglichkeit gegeben werden, sich **von der Anwendungsverpflichtung der gesamten Vorschrift, also auch des Absatzes 1, befreien** zu lassen (BT-Drucks. 16/10117, S. 25 zu Nr. 25). Die Voraussetzungen und das dafür vorgesehene **Verfahren** wird in der Rechtsverordnung nach § 127 Nr. 9 GWB, also der **SektVO**, geregelt. Nähere Bestimmungen zu dem anzuwendenden Verfahren finden sich in § 3 Abs. 1 bis 7 SektVO, die nach § 3 Abs. 8 SektVO entsprechend für Auftraggeber nach § 129b gelten (Rn. 20 ff.). 25

Es erscheint fraglich, ob damit den **europarechtlichen Erfordernissen** genügt wird. Wie sich aus dem Erwägungsgrund 38 der Richtlinie 2004/17/EG ergibt, wurde die frühere Sonderregelung des Art. 3 der Richtlinie 93/38/EWG durch das allgemeine Verfahren (Art. 30 der Sektorenkoordinierungsrichtlinie) ersetzt, das es ermöglicht, unmittelbar dem Wettbewerb ausgesetzte Sektoren von der Anwendungsverpflichtung der Richtlinien auszunehmen. Die o.a. Entscheidung 2004/73/EG bleibt davon jedoch unberührt. 26

Hierzu hatte die Vergabekammer Arnsberg in zwei Entscheidungen festgestellt, dass die Auftraggeber nach dem Bundesberggesetz der Verpflichtung unterliegen, die Bestimmungen des GWB und der VgV einzuhalten (VK Arnsberg vom 11.4.2002, VK 2-06/2002 zur Anwendungsverpflichtung von § 13 VgV a.F.; VK Arnsberg vom 10.1.2008, VK 42/07 zur Wettbewerbswidrigkeit von produktspezifischer Ausschreibung). Die Kommission hat in ihrer o.a. Entscheidung über den Befreiungsantrag Deutschlands nach der Vorgängerrichtlinie 93/38/EWG darauf hingewiesen, dass eine Befreiung nur erfolgen kann, wenn der erforderliche Rechtsschutz sichergestellt ist. Im bereits erwähnten Erwägungsgrund 4 (Rn. 4) der Entscheidung führt die Kommission aus: „Nachdem die Vergabeverordnung auf § 97 Abs. 6 und § 127 des geänderten Gesetzes gegen Wettbewerbsbeschränkungen gestützt ist, wurden hiermit die von der Kommission in ihrem Schreiben vom 30. November 1992 geäußerten Bedenken beseitigt." Damit hat die Kommission der Befreiung vom Status des öffentlichen Auftraggebers nur unter der Prämisse zugestimmt, dass die Verpflichtung zur Nichtdiskriminierung und der wettbewerbsorientierten Auftragsvergabe einschließlich der dazugehörigen Rechtsschutzfolge gesichert bleibt. Aufgrund dessen könnte man annehmen, dass es eher unwahrscheinlich ist, dass die Kommission einem Antrag auf Befreiung von den bereits sehr stark eingeschränkten Verpflichtungen nach Abs. 1 stattgeben würde (so *Hetman*, in der Vorauflage [1. Aufl. 27

2010], Rn. 18). Bis dato hatten jedoch z.B. Befreiungsverfahren für das Aufsuchen von Erdöl- und Erdgasvorkommen und deren Förderung in Zypern (2013/39/EU vom 18.1.2013), in Dänemark (2011/481/EU vom 28.7.2011), in Italien (2011/372/EU vom 24.6.2011), in den Niederlanden (2009/546/EG vom 8.7.2009) sowie in England, Schottland und Wales (2010/192/EU vom 29.3.2010) bereits Erfolg (http://ec.europa.eu/internal_market/publicprocurement/rules/exempt_markets/index_de.htm).

Anlage (zu § 98 Nr. 4)

Tätigkeiten auf dem Gebiet der Trinkwasser- oder Energieversorgung oder des Verkehrs sind:

1. **Trinkwasserversorgung:**
   Das Bereitstellen und Betreiben fester Netze zur Versorgung der Allgemeinheit im Zusammenhang mit der Gewinnung, dem Transport oder der Verteilung von Trinkwasser sowie die Versorgung dieser Netze mit Trinkwasser; dies gilt auch, wenn diese Tätigkeit mit der Ableitung und Klärung von Abwässern oder mit Wasserbauvorhaben sowie Vorhaben auf dem Gebiet der Bewässerung und der Entwässerung im Zusammenhang steht, sofern die zur Trinkwasserversorgung bestimmte Wassermenge mehr als 20 Prozent der mit dem Vorhaben oder den Bewässerungs- oder Entwässerungsanlagen zur Verfügung gestellten Gesamtwassermenge ausmacht; bei Auftraggebern nach § 98 Nr. 4 ist es keine Tätigkeit der Trinkwasserversorgung, sofern die Gewinnung von Trinkwasser für die Ausübung einer anderen Tätigkeit als der Trinkwasser- oder Energieversorgung oder des Verkehrs erforderlich ist, die Lieferung an das öffentliche Netz nur vom Eigenverbrauch des Auftraggebers nach § 98 Nr. 4 abhängt und unter Zugrundelegung des Mittels der letzten drei Jahre einschließlich des laufenden Jahres nicht mehr als 30 Prozent der gesamten Trinkwassergewinnung des Auftraggebers nach § 98 Nr. 4 ausmacht;

2. **Elektrizitäts- und Gasversorgung:**
   Das Bereitstellen und Betreiben fester Netze zur Versorgung der Allgemeinheit im Zusammenhang mit der Erzeugung, dem Transport oder der Verteilung von Strom oder der Gewinnung von Gas sowie die Versorgung dieser Netze mit Strom oder Gas; die Tätigkeit von Auftraggebern nach § 98 Nr. 4 gilt nicht als eine Tätigkeit der Elektrizitäts- und Gasversorgung, sofern die Erzeugung von Strom oder Gas für die Ausübung einer anderen Tätigkeit als der Trinkwasser- oder Energieversorgung oder des Verkehrs erforderlich ist, die Lieferung von Strom oder Gas an das öffentliche Netz nur vom Eigenverbrauch abhängt, bei der Lieferung von Gas auch nur darauf abzielt, diese Erzeugung wirtschaftlich zu nutzen, wenn unter Zugrundelegung des Mittels der letzten drei Jahre einschließlich des laufenden Jahres bei der Lieferung von Strom nicht mehr als 30 Prozent der gesamten Energieerzeugung des Auftraggebers nach § 98 Nr. 4 ausmacht, bei der Lieferung von Gas nicht mehr als 20 Prozent des Umsatzes des Auftraggebers nach § 98 Nr. 4;

3. **Wärmeversorgung:**
   Das Bereitstellen und Betreiben fester Netze zur Versorgung der Allgemeinheit im Zusammenhang mit der Erzeugung, dem Transport oder der Verteilung von Wärme sowie die Versorgung dieser Netze mit Wärme; die Tätigkeit gilt nicht als eine Tätigkeit der Wärmeversorgung, sofern die Erzeugung von Wärme durch Auftraggeber nach § 98 Nr. 4 sich zwangsläufig aus der Ausübung einer anderen Tätigkeit als auf dem Gebiet der Trinkwasser- oder Energieversorgung oder des Verkehrs ergibt, die Lieferung an das öffentliche Netz nur darauf abzielt, diese Erzeugung wirtschaftlich zu nutzen und unter Zugrundelegung des Mittels der letzten drei Jahre einschließlich des laufenden Jahres nicht mehr als 20 Prozent des Umsatzes des Auftraggebers nach § 98 Nr. 4 ausmacht;

4. **Verkehr:**
   Die Bereitstellung und der Betrieb von Flughäfen zum Zwecke der Versorgung von Beförderungsunternehmen im Luftverkehr durch Flughafenunternehmen, die insbesondere eine Genehmigung nach § 38 Abs. 2 Nr. 1 der Luftverkehrs-Zulassungs-Ordnung in der Fassung der Bekanntmachung vom 10. Juli 2008 (BGBl. I S. 1229) erhalten haben oder einer solchen bedürfen;

   die Bereitstellung und der Betrieb von Häfen oder anderen Verkehrsendeinrichtungen zum Zwecke der Versorgung von Beförderungsunternehmen im See- oder Binnenschiffsverkehr;

   das Erbringen von Verkehrsleistungen, die Bereitstellung oder das Betreiben von Infrastruktureinrichtungen zur Versorgung der Allgemeinheit im Eisenbahn-, Straßenbahn- oder sonstigen Schienenverkehr, mit Seilbahnen sowie mit automatischen Systemen, im öffentlichen Personenverkehr im Sinne des Personenbeförderungsgesetzes auch mit Kraftomnibussen und Oberleitungsbussen.

Verordnung über die Vergabe öffentlicher Aufträge (Vergabeverordnung – VgV)

In der Fassung der Bekanntmachung vom 11.2.2003 (BGBl. I S. 169)

zuletzt geändert durch Siebte Verordnung zur Änderung der Verordnung über die Vergabe öffentlicher Aufträge vom 15.10.2013 (BGBl. I S. 3854)

Abschnitt 1
Vergabebestimmungen

§ 1 Zweck der Verordnung

Diese Verordnung trifft nähere Bestimmungen über das einzuhaltende Verfahren bei der Vergabe öffentlicher Aufträge, die in den Anwendungsbereich nach § 2 dieser Verordnung fallen.

Literatur: *Bulla/Schneider*, Das novellierte Vergaberecht zwischen Beschleunigungsgrundsatz und effektivem Bieterschutz, VergabeR 2011, 664; *Hausmann*, Systematik und Rechtsschutz des Vergaberechts, GewArch 2012, 107; *Just/Sailer*, Die neue Vergabeverordnung 2010, NVwZ 2010, 937; *Polster/Naujok*, Vergaberechtsreform 2009/2010, NVwZ 2011, 786.

A. Allgemeines

I. Stellung und Funktion der VgV im deutschen Vergaberecht

Die aufgrund des § 97 Abs. 6 GWB und des § 127 Nr. 1 GWB mit Zustimmung des Bundesrates erlassene Verordnung ist durch die Sechste Verordnung zur Änderung der Verordnung über die Vergabe öffentlicher Aufträge vom 12.7.2012 (BGBl. I S. 1508) in ihrer „Scharnierfunktion" (Rn. 3, 10) betont und inhaltlicher Regelungen zum Vergabeverfahren weitgehend entkleidet worden (Begr. RegE, Gesetz zur Modernisierung des Vergaberechts, BT-Drucks. 16/10117, S. 14; s. Rn. 4, 6). Vorrangige Sonderregelungen finden sich in der SektVO für den Sektorenbereich und in der VSVgV für den Bereich Verteidigung und Sicherheit. Inzwischen gelten in allen drei Regelwerken durch eine dynamische Verweisung die jeweils durch die Kommission festgesetzten Schwellenwerte. 1

Die VgV dient der Umsetzung der **Richtlinie 2004/18/EG (Vergabekoordinierungsrichtlinie**; ABl. EU Nr. L 134 vom 30.4.2004, S. 114). Darüber hinaus soll die VgV seit der „Verordnung zur Anpassung der Verordnung über die Vergabe öffentlicher Aufträge (Vergabeverordnung – VgV) sowie der Verordnung über die Vergabe von Aufträgen im Bereich des Verkehrs, der Trinkwasserversorgung und der Energieversorgung (Sektorenverordnung – SektVO)" vom 7.6.2010 (BGBl. I S. 724) [im Folgenden: VgV-AnpassungsVO] auch gewährleisten, dass der nach Art. 5 Abs. 1 der EU-Richtlinie 2006/32/EG (Energieeffizienzrichtlinie; ABl. EU Nr. L 114 vom 27.4.2006, S. 64) erforderlichen „Vorbildfunktion" des Staates im Hinblick auf die Wahrung der natürlichen Ressourcen durch Nutzung energieeffizienter Technologien Rechnung getragen wird. Die Aufnahme entsprechender Regelungen in den §§ 4 bis 6 VgV macht es in der Praxis notwendig, neben den Regeln der Vergabe- und Vertragsordnungen auch die Bestimmungen der VgV zu beachten. 2

Im „**Kaskadensystem**" des Vergaberechts, in dem das GWB den grundlegenden Rahmen und den Rechtsschutz regelt, die VgV bestimmte Inhalte konkretisiert, die eigentlichen Vorschriften über die Vergabe öffentlicher Aufträge aber letztlich in den Vergabe- und Vertragsordnungen (VOB/A, VOL/A, VOF) geregelt werden, bildet die VgV die **notwendige Verknüpfung** zwischen dem GWB und den Vergabe- und Vertragsordnungen. 3

Etwas anderes gilt inzwischen jedoch für die **Vergabe im Sektorenbereich:** Dort ist durch die „Verordnung über die Vergabe von Aufträgen im Bereich des Verkehrs, der Trinkwasserversorgung und 4 der Energieversorgung (**Sektorenverordnung – SektVO**)" vom 23.9.2009 (BGBl. I S. 3110) und Aufnahme zahlreicher Vorschriften unmittelbar in das GWB eine nur zweistufige Regelung geschaffen worden, durch welche die Abschnitte 3 und 4 der VOB/A a.F. bzw. VOL/A a.F. für entsprechende Verfahren entbehrlich wurden; die Vergabe- und Vertragsordnungen enthalten keine entsprechenden Regelungen mehr. Die SektVO findet ihre Ermächtigungsgrundlage in § 127 Nr. 2 GWB. Sie entspricht weitgehend der Sektorenkoordinierungsrichtlinie 2004/17/EG (ABl. EU Nr. L 134 vom 30.4.2004, S. 1). Der im Eckpunktebeschluss der damaligen Bundesregierung vom 12.5.2004 avisierte weitreichende Plan, die Vergabe- und Vertragsordnungen insgesamt durch eine ausgebaute Vergabeverordnung zu ersetzen, ist verworfen worden. Selbst eine vom Bundesrat angeregte Integration der VOF in das Regelwerk der VOL/A wurde nicht aufgegriffen.

5 **Übersicht: Das Kaskadensystem im deutschen Vergaberecht**

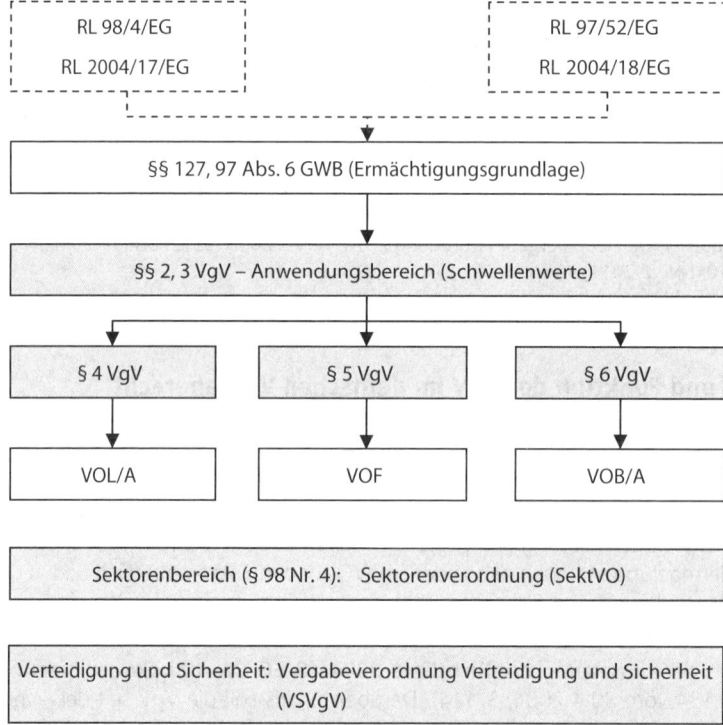

II. Entstehung und Fortentwicklung der VgV

6 Die VgV ist zum 1.2.2001 in Kraft getreten (BGBl. I 2001 S. 110) und wurde in der Folgezeit durch verschiedentliche Änderungsgesetze und -verordnungen vom 16.5.2001 (BGBl. I S. 876), vom 7.11.2002 (BGBl. I S. 4338), vom 11.2.2003 (BGBl. I S. 169), vom 7.7.2005 (BGBl. I S. 1970) sowie vom 1.9.2005 (BGBl. I S. 2676) in Detailfragen reformiert. Die zuvor aufgrund von § 57a HGrG erlassene Vergabeverordnung vom 22.2.1994 (BGBl. I S. 321) war mit den Vorgaben des EuGH hinsichtlich der Auslegung des europäischen Vergaberechts unvereinbar (EuGH vom 11.8.1995, Rs. C-433/93 – Kommission ./. Deutschland) und bereits am 1.1.1999 durch das „Gesetz zur Änderung der Rechtsgrundlagen für die Vergabe öffentlicher Aufträge (Vergaberechtsänderungsgesetz – VgRÄG)" vom 26.8.1998 (BGBl. I S. 2512), welches das Vergaberecht in das GWB verschob, unanwendbar geworden. Insbesondere fehlte damals der Primärrechtsschutz und es wurde nicht zwischen EU-weiter und innerstaatlicher Ausschreibungspflicht unterschieden. Die späteren Reformen haben die VgV an die jeweils geänderten EU-Vergaberichtlinien angepasst. Durch das Gesetz zur Modernisierung des Vergaberechts vom 20.4.2009 (BGBl. I S. 790) wurde jedoch die der Verord-

nung zugrunde liegende Ermächtigungsgrundlage erheblich eingeschränkt, da zahlreiche Fragen nun unmittelbar gesetzlich geregelt wurden. Die VgV selbst wurde hingegen (zunächst) nur im zwingend gebotenen Mindestumfang angepasst. Erst Mitte 2010 erfolgte dann durch die „Verordnung zur Anpassung der Verordnung über die Vergabe öffentlicher Aufträge (Vergabeverordnung – VgV) sowie der Verordnung über die Vergabe von Aufträgen im Bereich des Verkehrs, der Trinkwasserversorgung und der Energieversorgung (Sektorenverordnung – SektVO)" vom 7.6.2010 (BGBl. I S. 724) die Angleichung an die neuen Vergabe- und Vertragsordnungen, wodurch zahlreiche weitere Regelungen gestrichen oder vereinfacht werden konnten.

Durch die „Siebte Verordnung zur Änderung der Verordnung über die Vergabe öffentlicher Aufträge" vom 15.10.2013 (BGBl. I S. 3854) (im Folgenden: **7. VgV-ÄnderungsVO**) werden nunmehr die jeweils geltenden Schwellenwerte durch eine **dynamische Verweisung** auf die entsprechenden Regelungen in der EU-Vergaberichtlinie bestimmt. Ähnliche Regelungen finden sich in § 1 Abs. 2 SektVO und § 1 Abs. 2 VSVgV. Damit wurde die bislang erforderliche Überführung der Änderungen der EU-Schwellenwerte durch die Kommission überflüssig gemacht. Gleichzeitig wurden in den §§ 4 und 5 VgV besondere Regelungen zu den Zuschlagskriterien für nachrangige Dienstleistungen i.S.d. Anhang I Teil B der VgV geschaffen (s. hierzu § 4 Rn. 5 f. und § 5 Rn. 2). Dies stellt eine systemwidrige Durchbrechung der Kaskade dar, da die Zuschlagskriterien für nachrangige Dienstleistungen gemäß § 4 Abs. 2 Satz 1 Nr. 2 VgV bzw. gemäß § 5 Abs. 1 Satz 1 Nr. 2 VgV an sich in § 16 Abs. 8 VOL/A bzw. in § 11 Abs. 5 VOF geregelt sind. Die 7. VgV-ÄnderungsVO wurde am 24.10.2013 im Bundesgesetzblatt verkündet und ist am 25.10.2013 in Kraft getreten (Art. 2 der 7. VgV-ÄnderungsVO). 7

Die VgV konkretisiert die §§ 97 ff. GWB im Hinblick auf das Vergabeverfahren durch einige materiellrechtliche Bestimmungen. Kerninhalt der VgV ist sodann die (statische) Verweisung auf die Vergabe- und Vertragsordnungen (auf Abschnitt 2 der VOB/A in § 6 VgV, auf Abschnitt 2 der VOL/A in § 4 VgV und auf die VOF in § 5 VgV). Abschnitte 3 und 4 der VOB/A und VOL/A sind durch die SektVO abgelöst worden. Darüber hinaus ergänzt die VgV einige Detailregelungen zum Nachprüfungsverfahren (§§ 17, 19 und 20). 8

Durch das Gesetz zur Modernisierung des Vergaberechts 2009, die SektVO und die VgV-AnpassungsVO vom 7.6.2010 wurden zahlreiche Regelungen der VgV aufgehoben und das Vergaberecht weitergehend im GWB gebündelt (Rn. 6). Aufgrund des fortbestehenden Kaskadensystems ist hierdurch freilich nur bedingt Klarheit gewonnen. Eine echte „Kürzung" erfolgte nicht, vielmehr wurde nur der **Regelungsort** bestimmter Sachfragen verschoben. Die früher in der Vergabeverordnung enthaltenen Regelungen über Zuständigkeiten der Vergabekammern (§ 18 VgV a.F. = § 106a GWB), zur Informationspflicht über die beabsichtigte Zuschlagsentscheidung (§ 13 VgV a.F. = § 101a Abs. 1 GWB) und zur Statistik (§ 22 VgV a.F. = § 129a GWB) finden sich seither im GWB. Ebenso wurden die Regelung des § 11 VgV a.F. (Auftraggeber nach dem BBergG) in § 129b GWB und der praktisch irrelevante Korrekturmechanismus der Europäischen Kommission nach § 12 VgV a.F. in § 129 GWB übernommen. Weggefallen ist auch die Definition von Tätigkeiten im Sektorenbereich (§§ 8, 9 VgV a.F., nunmehr Anlage zu § 98 Nr. 4 GWB). Ebenfalls nicht mehr durch die VgV (früher: § 9 Abs. 2, 5 VgV a.F.) geregelt sind privilegierte Tätigkeiten auf dem Gebiet der Trinkwasser- und Energieversorgung sowie des Verkehrs (§ 9 VgV a.F. = § 100 Abs. 2 Buchst. f bzw. i GWB a.F. = § 100b Abs. 2 Nr. 2 und 3 bzw. Abs. 4 Nr. 1 GWB). Die 7. VgV-ÄnderungsVO hat § 1 (a.F.) auf einen einzigen knappen Absatz gekürzt; die bisherigen klarstellenden Vorbehalte in § 1 Abs. 2 und 3 (a.F.) finden sich nun unverändert in § 2 Abs. 2 und 3 VgV. 9

Durch die zahlreichen gestrichenen Vorschriften konnte der Zweck zunächst insoweit konkretisiert werden, als die VgV ausschließlich als **„Scharnier"** zwischen dem GWB und den Vergabe- und Vertragsordnungen wirkte. Über die genannten Änderungen hinaus wurde schließlich der wettbewerbliche Dialog (§ 6a VgV a.F.) in die VOB/A bzw. VOL/A übernommen (§ 3 EG Abs. 7 VOB/A bzw. § 3 EG Abs. 7 VOL/A). Die später erfolgte Aufnahme der Regelungen zur Energieeffizienz in den §§ 4 bis 7 VgV stellt vor diesem Hintergrund einen Systembruch dar, durch den die gewonnene Rechtsklarheit wieder eingetrübt wurde. 10

B. Einzelheiten

I. Schwellenwertabhängige Ausschreibungspflichten

11 Öffentliche Aufträge, die den in § 2 Abs. 1 Satz 1 VgV in Bezug genommenen EU-Schwellenwert erreichen oder übersteigen, sind zwingend europaweit auszuschreiben. Für öffentliche Aufträge unterhalb des Schwellenwertes ist schon wegen des haushaltsrechtlichen Gebotes der Wirtschaftlichkeit und Sparsamkeit grundsätzlich eine bundesweite öffentliche Ausschreibung erforderlich. In Ausnahmefällen kann auf eine beschränkte Ausschreibung oder eine freihändige Vergabe zurückgegriffen werden (vgl. § 55 BHO bzw. § 55 der Landeshaushaltsordnungen).

12 Eine weitergehende europaweite Ausschreibungspflicht besteht, soweit ein Auftrag „**Binnenmarktrelevanz**" erreicht, was in jedem Einzelfall zu prüfen ist (EuGH vom 23.12.2009, Rs. C-376/08 – „Serrantoni"; EuG vom 20.5.2010, T-258/06; BGH vom 30.8.2011, X ZR 55/10 – „Regenentlastung"; OLG Düsseldorf vom 7.3.2012, Verg 78/11; dazu *Schwabe*, IBR 2010, 406; *Knauff*, EuR 2011, 735). Der Auftragswert allein ist dabei nicht maßgeblich, auch bei Aufträgen im Wert von über 1 Mio. € kann die gemeinschaftsweite Relevanz fehlen. Vielmehr kommt es darauf an, ob die Tätigkeit für einen Anbieter aus einem anderen Mitgliedstaat wirtschaftlich interessant sein kann, was je nach Branche durchaus bei niedrigen Werten der Fall sein kann. Eine vor diesem Hintergrund nur klarstellende Regelung findet sich in § 3 Abs. 3 Nr. 1 Satz 2 TVgG NW, wonach bei allen Ausschreibungen Rücksicht auf Bewerber aus anderen EU-Mitgliedstaaten genommen werden soll und eine Veröffentlichung der Beschaffungsabsicht nur dann unterbleiben darf, wenn „der Auftrag für Wirtschaftsteilnehmer aus anderen Mitgliedstaaten der Europäischen Union nicht von Interesse ist".

13 Eine vollständige Freistellung soll nach § 3 Abs. 6 VOL/A für Leistungen bis zu einem voraussichtlichen Auftragswert von 500 € (ohne Umsatzsteuer) gelten. Derartige **Bagatellaufträge** können unter Berücksichtigung der Haushaltsgrundsätze der Wirtschaftlichkeit und Sparsamkeit ohne jegliches Vergabeverfahren beschafft werden (**Direktkauf**). Zum Rechtsschutz bei rein nationaler Ausschreibung s. § 2 Rn. 10 ff.

II. Regelungsgehalt

14 Gemäß § 1 trifft die VgV nähere Bestimmungen über das einzuhaltende Verfahren bei der Vergabe öffentlicher Aufträge, die in den Anwendungsbereich der VgV gem. § 2 fallen. § 1 greift damit die Ermächtigungsgrundlage in § 97 Abs. 6 GWB auf. Die früheren Regelungsinhalte des § 1 Abs. 2 und 3 a.F. wurden unverändert als Abs. 2 und 3 des § 2 VgV übernommen; auf die Erläuterungen in § 2 VgV wird insoweit verwiesen.

§ 2 Anwendungsbereich

(1) ¹Diese Verordnung gilt nur für Aufträge, deren geschätzter Auftragswert ohne Umsatzsteuer die Schwellenwerte erreicht oder überschreitet, die in Artikel 7 der Richtlinie 2004/18/EG des Europäischen Parlaments und des Rates vom 31. März 2004 über die Koordinierung der Verfahren zur Vergabe öffentlicher Bauaufträge, Lieferaufträge und Dienstleistungsaufträge (ABl. L 134 vom 30.4.2004, S. 114, L 351 vom 26.11.2004, S. 44) in der jeweils geltenden Fassung festgelegt werden (EU-Schwellenwerte). ²Der sich hieraus für zentrale Regierungsbehörden ergebende Schwellenwert ist von allen obersten Bundesbehörden sowie allen oberen Bundesbehörden und vergleichbaren Bundeseinrichtungen anzuwenden. ³Das Bundesministerium für Wirtschaft und Technologie gibt die geltenden Schwellenwerte unverzüglich, nachdem sie im Amtsblatt der Europäischen Union veröffentlicht worden sind, im Bundesanzeiger bekannt.

(2) Bei Auftraggebern nach § 98 Nummer 1 bis 4 des Gesetzes gegen Wettbewerbsbeschränkungen gilt für Aufträge, die im Zusammenhang mit Tätigkeiten auf dem Gebiet der Trinkwasser- oder Energieversorgung oder des Verkehrs (Sektorentätigkeiten) vergeben werden, die Sektorenverordnung vom 23. September 2009 (BGBl. I S. 3110).

(3) Diese Verordnung gilt nicht für verteidigungs- oder sicherheitsrelevante Aufträge im Sinne des § 99 Absatz 7 des Gesetzes gegen Wettbewerbsbeschränkungen.

Literatur: *Braun*, Sekundärrechtsschutz unterhalb der Schwellenwerte?, VergabeR 2008, 360; *Braun*, Zivilrechtlicher Rechtsschutz bei Vergabe unterhalb der Schwellenwerte, NZBau 2008, 160; *Burgi*, Vergaberechtsschutz unterhalb der Schwellenwerte aus der Hand des Bundesgesetzgebers?, NVwZ 2011, 1217; *Dicks*, Nochmals: Primärrechtsschutz bei Aufträgen unterhalb der Schwellenwerte, VergabeR 2012, 531–545; *Krist*, Vergaberechtsschutz unterhalb der Schwellenwerte, VergabeR 2011, 163–170; *Scharen*, Rechtsschutz bei Vergaben unterhalb der Schwellenwerte, VergabeR 2011, 653–664.

A. Allgemeines

Die in der Richtlinie 2004/18/EG festgelegten Schwellenwerte werden regelmäßig durch Verordnungen der EU-Kommission geändert. Die europarechtlich vorgegebenen Werte basieren ihrerseits auf den in Anhang 1 der EG-Fassung des **WTO-Beschaffungsübereinkommens** genannten Beträge (http://www.wto.org/english/tratop_e/gproc_e/appendices_e.htm#appendixI), die in sog. **Sonderziehungsrechten** (SDR) ausgedrückt sind. Dabei handelt es sich um eine seit 1969 vom Internationalen Währungsfonds eingesetzte künstliche Währungseinheit. Unter http://www.imf.org/external/np/fin/data/rms_sdrv.aspx kann jederzeit eine tagesaktuelle Umrechnung in Euro abgerufen werden. Die Kommission überprüft **zweijährlich** (zum Ende ungerader Kalenderjahre) die Gegenwerte in Euro und passt diese ggf. durch Verordnungen zur Änderung der Richtlinien 2004/17/EG und 2004/18/EG des Europäischen Parlaments und des Rates im Hinblick auf die Schwellenwerte für die Anwendung auf Verfahren zur Auftragsvergabe an. Vor der letzten Änderung 2013/2014 (s. Rn. 6, 20 ff.) geschah dies durch Verordnung (EU) Nr. 1251/2011 der Kommission vom 30. November 2011 zur Änderung der Richtlinien 2004/17/EG, 2004/18/EG und 2009/81/EG des Europäischen Parlaments und des Rates im Hinblick auf die Schwellenwerte für Auftragsvergabeverfahren (ABl. EU Nr. L 319 vom 2.12.2011, S. 43), davor durch Verordnung (EG) Nr. 1177/2009 vom 30.11.2009 (ABl. EU Nr. L 314 vom 1.12.2009, S. 64) und durch Verordnung (EG) Nr. 1422/2007 der Kommission vom 4.12.2007 und schließlich durch Verordnung (EG) Nr. 2083/2005 der Kommission vom 19.12.2005.

Da § 2 a.F. die Schwellenwerte bisher unmittelbar selbst festlegte, waren bislang regelmäßig Verordnungen zur Änderung der VgV erforderlich, um die Schwellenwerte anzupassen. Die letzte Verordnung, durch welche die EU-Schwellenwerte übernommen wurden, war die 5. VgV-ÄnderungsVO vom 14.3.2012 (BGBl. I S. 488). Diese Rechtslage hinkte jedoch der Entwicklung des GWB hinterher: Denn bereits durch das Gesetz zur Modernisierung des Vergaberechts vom 20.4.2009 (BGBl. I S. 790) wurde § 127 Nr. 1 GWB dahingehend angepasst, dass der Verordnungsgeber „zur Umsetzung der vergaberechtlichen Schwellenwerte der Richtlinien der Europäischen Union in ihrer jeweils geltenden Fassung" (durch eine sog. **dynamische Verweisung**) ermächtigt ist (vgl. Begr. RegE, BT-Drucks. 16/10117, S. 24). Dynamische Verweisungen finden sich auch in § 1 Abs. 2 SektVO und § 1 Abs. 2 VSVgV.

Mit der 7. VgV-ÄnderungsVO vom 15.10.2013 (BGBl. I S. 3854) wurde die Rechtslage harmonisiert: Nunmehr enthält **Abs. 1 Satz 1** zur Bestimmung der Schwellenwerte eine **dynamische Verweisung** auf die EU-Vergaberichtlinien. Von der VgV werden damit Aufträge erfasst, deren geschätzter Auftragswert ohne Umsatzsteuer die Schwellenwerte erreicht oder überschreitet, die in Art. 7 der Richtlinie 2004/18/EG des Europäischen Parlaments und des Rates vom 31. März 2004 über die Koordinierung der Verfahren zur Vergabe öffentlicher Bauaufträge, Lieferaufträge und Dienstleistungsaufträge (ABl. L 134 vom 30.4.2004, S. 114, L 351 vom 26.11.2004, S. 44) in der jeweils geltenden Fassung festgelegt werden (EU-Schwellenwerte). Gemäß **Abs. 1 Satz 3** gibt das Bundesministerium für Wirtschaft und Technologie die geltenden Schwellenwerte unverzüglich im Bundesanzeiger bekannt, nachdem sie im Amtsblatt der Europäischen Union veröffentlicht worden sind.

Die **EU-Schwellenwerte gelten** somit **unmittelbar** als deutsches Recht, selbst dann, wenn die Bekanntmachung nicht oder verspätet erfolgt. Die bislang alle zwei Jahre erforderliche Anpassung der

VgV entfällt damit ebenso wie die daran anknüpfenden Divergenzen zwischen nationalen und europäischen Vorgaben. Nach der bis zum 24.10.2013 geltenden Rechtslage konnten die Schwellenwerte in der VgV und in den europäischen Richtlinien auseinanderfallen. Durch die dynamische Verweisung in Abs. 1 Satz 1 ist dies nun ausgeschlossen. Einer – entgegen Abs. 1 Satz 3 – fehlenden oder verspäteten Bekanntmachung seitens des Bundesministeriums für Wirtschaft und Technologie kommt weder Rechtswirkungen zu, noch begründet sie einen Vertrauenstatbestand auf die unveränderte Fortgeltung der bisherigen Schwellenwerte.

5 Das **Erreichen bzw. Überschreiten der Schwellenwerte** bedeutet v.a. zweierlei:

1. Es muss eine europaweite Ausschreibung nach §§ 4, 5, 6 oder 7 VgV in Verbindung mit den jeweiligen Regelungen der Vergabe- und Vertragsordnungen erfolgen.

2. Eine Überprüfung ist im **Nachprüfungsverfahren** (§§ 102 ff. GWB) möglich. Rechtsfehler können also im Wege des Primärrechtsschutzes korrigiert werden. Dies bedeutet, dass in laufende Vergabeverfahren eingegriffen werden kann und nicht nur Schadensersatzansprüche (Sekundäransprüche) verbleiben. Nur für den Fall, dass das Vergabeverfahren bereits durch wirksame Zuschlagserteilung beendet wurde, beschränken sich die Rechte des zu Unrecht Übergangenen auf Schadensersatzansprüche vor den Zivilgerichten. Das Überschreiten der Schwellenwerte ist als Anwendungsvoraussetzung des vergaberechtlichen Nachprüfungs- und Beschwerdeverfahrens jederzeit von Amts wegen zu überprüfen (OLG Schleswig vom 30.3.2004, 6 Verg 1/03). Zum Nachprüfungsverfahren im Einzelnen s. § 102 GWB Rn. 9 ff.

6 Die letzte Änderung der Schwellenwerte durch die EU-Kommission ist zum Jahreswechsel 2013/2014 erfolgt (s. Verordnung (EU) Nr. 1336/2013 der Kommission vom 13. Dezember 2013, ABl. L 335/17 vom 14.12.2013). Ab **1.1.2014** gelten damit folgende **EU-Schwellenwerte:**

– für Bauaufträge: 5.186.000 € (bis zum 31.12.2013: 5 Mio. €);

– für Liefer- und Dienstleistungsaufträge der obersten oder oberen Bundesbehörden sowie vergleichbarer Bundeseinrichtungen: 134.000 € (bis zum 31.12.2013: 130.000 €);

– für sonstige Liefer- und Dienstleistungsaufträge: 207.000 € (bis zum 31.12.2013: 200.000 €);

– für verteidigungs- und sicherheitsrelevante Liefer- und Dienstleistungsaufträge: 414.000 € (bis zum 31.12.2013: 400.000 €);

– im Sektorenbereich: 414.000 € (bis zum 31.12.2013: 400.000 €).

B. Einzelheiten

I. Rechtsschutz unterhalb der Schwellenwerte

1. Gewährleistung effektiven Rechtsschutzes

7 Soweit die Schwellenwerte unterschritten sind, finden weder die Regelungen des GWB noch diejenigen der VgV Anwendung; ebenso wenig die VOF sowie der 2. Abschnitt von VOB/A und VOL/A bzw. die SektVO. Dies gilt selbst dann, wenn trotzdem (freiwillig) europaweit ausgeschrieben wurde (OLG Düsseldorf vom 31.3.2004, VII-Verg 74/03; OLG Stuttgart vom 12.8.2002, 2 Verg 9/02; OLG Schleswig-Holstein vom 30.3.2004, 6 Verg 1/03; *Hübner*, VergabeR 2003, 103).

8 Dennoch darf die Auftragsvergabe selbstverständlich **nicht willkürlich** erfolgen. Das BVerfG (vom 13.6.2006, 1 BvR 1160/03) führt hierzu aus:

„Der staatlichen Stelle, die einen öffentlichen Auftrag vergibt, ist es daher verwehrt, das Verfahren oder die Kriterien der Vergabe willkürlich zu bestimmen. Darüber hinaus kann die tatsächliche Vergabepraxis zu einer Selbstbindung der Verwaltung führen. Auf Grund dieser Selbstbindung kann den Verdingungsordnungen als den verwaltungsinternen Regelungen über Verfahren und Kriterien der Vergabe eine mittelbare Außenwirkung zukommen (vgl. BVerfGE 73, 280 [299 f.]; BVerfGE 111, 54 [108] = NJW 2005, 126; BVerwGE 35, 159 [161] = NJW 1970, 1563; BVerwGE 104, 220 [223] = NVwZ 1998, 273 = NJW 1998, 2069 L; BGHZ 139, 259 [267] = NJW

1998, 3636; Dörr, DÖV 2001, 1014 [1017]). Jeder Mitbewerber muss eine faire Chance erhalten, nach Maßgabe der für den spezifischen Auftrag wesentlichen Kriterien und des vorgesehenen Verfahrens berücksichtigt zu werden. Eine Abweichung von solchen Vorgaben kann eine Verletzung des Art. 3 I GG bedeuten. Insofern verfügt jeder Mitbewerber über ein subjektives Recht, für das effektiver Rechtsschutz gewährleistet werden muss (vgl. BVerfG NJW 2006, 2613 = BB 2006, 1702 [1703])."

Auch die im Vertrag über die Arbeitsweise der Europäischen Union (AEUV) niedergelegten Grundfreiheiten (Warenverkehrs-, Niederlassungs- und Dienstleistungsfreiheit, Art. 34, 49, 56 AEUV) setzen Mindeststandards im Hinblick auf Aufträge, die „für Anbieter aus anderen Mitgliedstaaten von Interesse sein können" (EuGH vom 7.12.2000, C-324/98 – „Telaustria" Rn. 60 ff.; EuGH vom 21.7.2005, C-231/03 – „Coname" Rn. 16 ff.; EuGH vom 13.10.2005, C-458/03 – „Parking Brixen" Rn. 4 ff.; EuGH vom 27.10.2005, C-234/03 – „Contse" Rn. 23 ff.; EuGH vom 18.7.2007, C-503/04). Schwierig ist dabei allerdings einerseits die Frage, wann ein Auftrag dementsprechend grenzüberschreitend von Interesse ist (vgl. EuGH vom 13.11.2007, C-507/03 – „An Post"; EuGH vom 15.5.2008, Rs. C-147/06 – „SECAP"), andererseits aber, wie das europarechtlich erforderliche Verfahren auszusehen hat. Die Kommission hat versucht, diese Probleme in einer **„Mitteilung der Kommission zu Auslegungsfragen in Bezug auf das Gemeinschaftsrecht, das für die Vergabe öffentlicher Aufträge gilt, die nicht oder nur teilweise unter die Vergaberichtlinien fallen"** (ABl. EG Nr. C 179 vom 1.8.2006, S. 2) vom 24.7.2006 zu konkretisieren, insbesondere Veröffentlichung und Fristen so auszugestalten, dass diese keine faktische Diskriminierung bewirken, sowie Mindeststandards hinsichtlich der Transparenz zu schaffen. Diese Mitteilung wurde von vielen Mitgliedstaaten kritisiert und von Deutschland erfolglos (EuG vom 20.5.2010, T-258/06) mit einer Nichtigkeitsklage angegriffen. Das EuG sah die Klage als unzulässig an, da es sich bei einer Mitteilung um keinen rechtsverbindlichen Akt handele und daher die Nichtigkeitsklage unstatthaft sei. 9

2. Rechtsweg

Die früher höchst umstrittene Frage, wie der erforderliche Rechtsschutz zu gewähren ist, kann mit der Entscheidung des BVerfG vom 13.6.2006 (1 BvR 1160/03), wonach zivilrechtlicher Primärrechtsschutz *nach* Verfahrensabschluss grundsätzlich ausscheidet, sowie des BVerwG vom 2.5.2007 (6 B 10/07), wonach der **Verwaltungsrechtsweg** für Vergabestreitigkeiten unterhalb der Schwellenwerte **nicht** eröffnet ist, als weitgehend geklärt erachtet werden: 10

Der Verwaltungsrechtsweg ist für Vergaberechtsstreitigkeiten unterhalb der Schwellenwerte grundsätzlich nicht gegeben (BVerwG vom 2.5.2007, 6 B 10/07), diese sind vielmehr ausschließlich der **ordentlichen Gerichtsbarkeit** zugewiesen. Entscheidendes Argument hierfür ist, dass der Staat bei der Vergabe öffentlicher Aufträge am Markt tätig sei, um einen Bedarf an bestimmten Gütern und Dienstleistungen zu decken, und sich in dieser Rolle als Nachfrager nicht grundlegend von anderen privaten Marktteilnehmern unterscheidet (BVerfG vom 16.6.2006, 1 BvR 1160/03) und somit kein hoheitlicher Akt in Rede stehe. Insbesondere ist die **Zweistufentheorie** insoweit **nicht** anwendbar, da gerade keine zwei getrennten Phasen (öffentlich-rechtliche Zulassung und privatrechtliche Abwicklung) in Rede stehen. Damit ist eine lange Diskussion in Literatur und Rechtsprechung (zu Nachweisen s. Vorauflage, § 2 VgV Rn. 13) erledigt. 11

Im Hinblick auf **Dienstleistungskonzessionen mit Binnenmarktrelevanz** hat das VG Mainz (vom 30.8.2010, 6 L 849/10) allerdings einstweiligen Rechtsschutz gewährt, das VG Hannover (vom 9.8.2011, 7 A 5683/10) hat in einer solchen Konstellation sogar ein Hauptsacheurteil gefällt. Entscheidend ist, ob die Tätigkeit trotz Übertragung weiterhin der Verantwortung des Staates bzw. des kommunalen Trägers untersteht (*Burgi*, VergabeR 2010, 403, 405). 12

Möglich bleibt selbstverständlich zudem eine **inzidente Prüfung**, etwa als Grundlage für Kosten oder Gebühren, im Kommunalaufsichtsrecht (VGH Mannheim vom 5.8.2002, 1 S 379/01) oder bei Auskunftsansprüchen nach dem Informationsfreiheitsgesetz (IFG) (VG Stuttgart vom 17.5.2011, 13 K 3505/09). 13

3. Rechtsschutzmöglichkeiten

a) Schadensersatzansprüche

14 Praktisch relevant ist jedoch noch immer überwiegend der **Rechtsschutz vor den Zivilgerichten**. Hierzu hat das BVerfG (vom 13.6.2006, 1 BvR 1160/03) zunächst festgestellt, dass grundsätzlich **Sekundärrechtsschutz**, d.h. die Geltendmachung von Ansprüchen auf **Schadensersatz** bzw. Entschädigung vor den Zivilgerichten, genügt. Anspruchsgrundlage hierfür sind die allgemeinen Schadensersatznormen des Zivilrechts (insbesondere § 33 GWB, § 9 UWG, daneben aber auch §§ 280 Abs. 1, 241 Abs. 2, 311 Abs. 2 Nr. 1 bzw. 3 BGB). Das Vergabeverfahren begründet nach der Auffassung des BGH (vom 9.6.2011, X ZR 143/10) ein vorvertragliches Schuldverhältnis i.S.v. § 311 Abs. 2 Nr. 1 BGB, so dass Schutzpflichten zugunsten der Bieter entstehen. Der Kläger kann dabei verlangen, so gestellt zu werden, wie er bei ordnungsgemäßer Durchführung gestanden hätte. Das bedeutet, dass er das positive Interesse nur verlangen kann, wenn ihm der Auftrag erteilt worden wäre (OLG Frankfurt/Main vom 5.6.2007, 11 U 74/06). Soweit der Bieter hingegen ohnehin auszuschließen gewesen wäre, hat er auch keinen Anspruch auf Schadensersatz (LG Frankfurt/Main vom 2.2.2012, 2-03 O 151/11). Etwas anderes gilt allerdings wiederum bei ungerechtfertigter Aufhebung des Vergabeverfahrens (BGH vom 27.11.2007, X ZR 18/07), da dann der ausgeschlossene Bieter schutzwürdig ist.

b) Unterlassungs- und Beseitigungsansprüche

15 Vor dem Hintergrund der Rechtsprechung zum Einfluss des Europarechts auch unterhalb des Schwellenbereichs (§ 1 Rn. 12, § 2 Rn. 9) werden inzwischen überwiegend auch **Unterlassungsansprüche**, d.h. **Primärrechtsschutz** gewährt. In denjenigen Fällen, in denen Europarecht betroffen ist (weil der Sachverhalt Binnenmarktrelevanz aufweist), müssen allerdings auch Unterlassungsansprüche bestehen, selbst wenn der Antragsteller bzw. Kläger ebenfalls Deutscher ist und damit das konkrete Verhältnis keine Zwischenstaatlichkeit aufweist (VG Mainz vom 30.8.2010, 6 L 849/10; VG Hannover vom 9.8.2011, 7 A 5683/10). Vor diesem Hintergrund wird zunehmend ein Anspruch auf Unterlassung bejaht, soweit eine vergaberechtliche Bestimmung verletzt wird, die gerade den konkreten Kläger in seiner Rolle als Bieter schützt (OLG Düsseldorf vom 19.10.2011, I-27 W 1/11; OLG Düsseldorf vom 13.1.2010, 27 U 1/09; OLG Jena vom 8.12.2008, 9 U 431/08; OLG Brandenburg vom 17.12.2007, 13 W 79/07; LG Frankfurt/Main vom 28.1.2008, 2-4 O 201/06) oder jedenfalls befürwortet (OLG Schleswig vom 9.4.2010, 1 U 27/10; *Scharen*, VergabeR 2011, 653, 661). Der Maßstab ist hierbei zwar nicht das Vergaberecht, sondern „allgemeine Regeln"; als Anspruchsgrundlage wird entweder ein aus dem europäischen Primärrecht hergeleiteter Unterlassungsanspruch, ein besonderes vorvertragliches Schuldverhältnis i.S.v. § 311 Abs. 2 BGB (bei dem die Unterlassung als besondere Form des Schadensersatzes greift) oder ein quasinegatorischer Beseitigungsanspruch mit den europarechtlichen Vorgaben als Schutzgesetz herangezogen. Reine Ordnungs- und Verfahrensvorschriften sind dabei regelmäßig keine hinreichenden Schutzgesetze. Dennoch beschränkt sich die Pflicht des Auftraggebers nicht auf ein reines Willkürverbot, er muss sich vielmehr an die von ihm selbst gewählten Regeln halten.

II. Regelungsgehalt im Überblick

16 **Abs. 1 Satz 1** stellt klar, dass es für die Frage, ob die EU-Schwellenwerte erreicht oder überschritten werden, auf den **geschätzten Auftragswert ohne Umsatzsteuer** ankommt. Maßgeblich ist also jeweils der Netto-Auftragswert, da der Steuersatz in den EU-Mitgliedstaaten divergiert. Bei Versicherungsdienstleistungen ist umstritten, ob die Versicherungssteuer einzurechnen ist (vgl. *Weyand*, Vergaberecht, § 3 VgV Rn. 3175 m.w.N.). Es erscheint jedoch sachgerecht, indirekte Steuern generell nicht zu berücksichtigen, um so die Einheitlichkeit der grenzüberschreitenden Ausschreibung zu gewährleisten.

17 Im Übrigen wird in Abs. 1 Satz 1 die Richtlinie 2004/18/EG in Bezug genommen und für die dort vorgegebenen Schwellenwerte der **Begriff „EU-Schwellenwerte"** legaldefiniert. **Abs. 1 Satz 2** legt fest, dass der sich hieraus für zentrale Regierungsbehörden ergebende Schwellenwert von allen

obersten Bundesbehörden sowie allen oberen Bundesbehörden und vergleichbaren Bundeseinrichtungen anzuwenden ist. Schließlich wird das Bundesministerium für Wirtschaft und Technologie in **Abs. 1 Satz 3** zur Bekanntmachung der jeweils geltenden Schwellenwerte im Bundesanzeiger (www.bundesanzeiger.de) verpflichtet. Die Bekanntmachung hat unverzüglich zu erfolgen, nachdem die Schwellenwerte im Amtsblatt der Europäischen Union veröffentlicht worden sind. Sanktionen für Verstöße gegen die Pflicht zur unverzüglichen Bekanntmachung sind allerdings nicht vorgesehen.

Abs. 2 legt fest, dass für Auftraggeber nach § 98 Nr. 1 bis 4 GWB die Regelungen der Sektorenverordnung (SektVO) vom 23.9.2009 (BGBl. I S. 3110) für Aufträge gelten, die im Zusammenhang mit der jeweiligen Sektorentätigkeit vergeben werden. In ihrem Anwendungsbereich verdrängt die SektVO also die VgV. Abs. 2 wurde durch die 7. ÄnderungsVO vom 15.10.2013 (BGBl. I S. 3854) mit Wirkung zum 25.10.2013 eingefügt. Zuvor befand sich die wortgleiche Regelung in § 1 Abs. 2 VgV (a.F.). 18

Gemäß **Abs. 3** gilt die VgV nicht für verteidigungs- oder sicherheitsrelevante Aufträge i.S.d. § 99 Abs. 7 GWB. Eine vergleichbare Regelung findet sich in § 1 Abs. 3 SektVO. Für die Vergabe von verteidigungs- oder sicherheitsrelevanten Aufträgen gilt die speziellere „Vergabeverordnung Verteidigung und Sicherheit – VSVgV" vom 12.7.2012 (BGBl. I S. 1509). Durch die VSVgV werden die besonderen Vorgaben der Richtlinie 2009/81/EG des Europäischen Parlaments und des Rates vom 13. Juli 2009 über die Koordinierung der Verfahren zur Vergabe bestimmter Bau-, Liefer- und Dienstleistungsaufträge in den Bereichen Verteidigung und Sicherheit und zur Änderung der Richtlinien 2004/17/EG und 2004/18/EG (ABl. L 216 vom 20.8.2009, S. 76) umgesetzt (vgl. § 127 Nr. 3 GWB). Abs. 3 wurde durch die 7. ÄnderungsVO vom 15.10.2013 mit Wirkung zum 25.10.2013 angefügt. Die wortgleiche Regelung befand sich vorher in § 1 Abs. 3 VgV (a.F.); dorthin war sie vormals durch das „Gesetz zur Änderung des Vergaberechts für die Bereiche Verteidigung und Sicherheit" vom 7.12.2011 (BGBl. I S. 2570) angefügt worden. 19

III. Die einzelnen Schwellenwerte

1. Gegenüberstellung § 2 VgV a.F./Richtlinie 2004/18/EG

Die jeweils geltenden Schwellenwerte ergeben sich ab dem 25.10.2013 (Inkrafttreten der 7. VgV-ÄnderungsVO vom 15.10.2013) aufgrund der dynamischen Verweisung in Abs. 1 Satz 1 unmittelbar aus Art. 7 der Richtlinie 2004/18/EG. Dabei gilt Folgendes: 20

Rechtslage bis 24.10.2013	Auftragsart	Rechtslage ab 25.10.2013: § 2 Abs. 1 Satz 1 i.V.m. …
§ 2 Nr. 1 VgV a.F.	Liefer- und Dienstleistungsaufträge der obersten oder oberen Bundesbehörden sowie vergleichbarer Bundeseinrichtungen	Art. 7 Buchst. a RL 2004/18/EG
§ 2 Nr. 2 VgV a.F.	sonstige Liefer- und Dienstleistungsaufträge	Art. 7 Buchst. b RL 2004/18/EG
§ 2 Nr. 3 VgV a.F.	Bauaufträge	Art. 7 Buchst. c RL 2004/18/EG
§ 2 Nr. 4 VgV a.F.	Auslobungsverfahren, die zu einem Dienstleistungsauftrag führen sollen	Art. 67 Abs. 1, Abs. 2 UAbs. 2 RL 2004/18/EG
§ 2 Nr. 5 VgV a.F.	sonstige Auslobungsverfahren	Art. 67 Abs. 1, Abs. 2 UAbs. 3 RL 2004/18/EG
§ 2 Nr. 6 VgV a.F.	Lose von Bauaufträgen nach § 2 Nr. 3 a.F.	Art. 9 Abs. 5 Buchst. a, UAbs. 3 RL 2004/18/EG
§ 2 Nr. 7 VgV a.F.	Lose von Dienstleistungsaufträgen nach § 2 Nr. 1 oder 2 a.F.	Art. 9 Abs. 5 Buchst. a, UAbs. 3 RL 2004/18/EG

2. Liefer- und Dienstleistungsaufträge

21 Die VgV findet keine Anwendung auf den **Sektorenbereich** (Abs. 2). Für Tätigkeiten auf dem Gebiet der Trinkwasser- oder Energieversorgung oder des Verkehrs (Sektorentätigkeiten) findet sich dementsprechend eine eigene Regelung in § 1 Abs. 2 SektVO. Wie in Abs. 1 Satz 1 findet sich dort eine dynamische Verweisung auf die jeweils durch die Kommission angepassten Werte (ab 1.1.2014: 414.000 €) i.S.v. Art. 16 Richtlinie 2004/17/EG des Europäischen Parlaments und des Rates vom 31. März 2004 zur Koordinierung der Zuschlagserteilung durch Auftraggeber im Bereich der Wasser-, Energie- und Verkehrsversorgung sowie der Postdienste (ABl. L 134 vom 30.4.2004, S. 1).

22 Für Aufträge im **Bereich Verteidigung und Sicherheit** (§ 99 Abs. 7 GWB) gilt die VgV nicht (Abs. 3), sondern es greift stattdessen § 1 Abs. 2 VSVgV, der (wie die VgV und die SektVO) dynamisch auf die jeweiligen europarechtlichen Vorgaben verweist (hier Art. 8 der Richtlinie 2009/81/EG des Europäischen Parlaments und des Rates vom 13. Juli 2009 über die Koordinierung der Verfahren zur Vergabe bestimmter Bau-, Liefer- und Dienstleistungsaufträge in den Bereichen Verteidigung und Sicherheit und zur Änderung der Richtlinien 2004/17/EG und 2004/18/EG (ABl. L 216 vom 20.8.2009, S. 76); seit dem 1.1.2014 beträgt der Schwellenwert 414.000 €. Zudem beinhaltet § 100c GWB umfangreiche Ausnahmen für den Bereich Verteidigung und Sicherheit, in denen ein Vergabeverfahren nach GWB-Regeln nicht stattfindet.

23 Die Schwellenwerte für **Liefer- und Dienstleistungsaufträge** liegen seit dem 1.1.2014 bei **207.000 €** (Art. 7 Buchst. b RL 2004/18/EG) bzw. bei **134.000 €** für oberste bzw. obere Bundesbehörden und vergleichbare Bundeseinrichtungen (Art. 7 Buchst. a RL 2004/18/EG). Diese seit 1.1.2014 geltenden Werte ersetzen den alten Schwellenwert von 200.000 € bzw. 130.000 € (s. im Einzelnen Rn. 6).

24 Soweit Auftraggeber eine oberste oder obere Bundesbehörde oder vergleichbare Bundeseinrichtung ist, gilt der niedrigere Schwellenwert nach Art. 7 Buchst. a RL 2004/18/EG von 134.000 €. Für sonstige Liefer- und Dienstleistungsaufträge i.S.v. Art. 7 Buchst. b RL 2004/18/EG gilt hingegen der höhere Regelschwellenwert von 207.000 €.

25 **Oberste Bundesbehörden** sind das Bundespräsidialamt, das Bundeskanzleramt, der Bundesrechnungshof, die Deutsche Bundesbank und die Bundesministerien (Bundesministerium für Umwelt, Naturschutz und Reaktorsicherheit, Bundesministerium für Gesundheit, Bundesministerium für Wirtschaft und Technologie, Bundesministerium der Justiz, Bundesministerium der Verteidigung, Bundesministerium für Ernährung, Landwirtschaft und Verbraucherschutz, Bundesministerium für Familie, Senioren, Frauen und Jugend, Bundesministerium für Arbeit und Soziales, Bundesministerium für Verkehr, Bau und Stadtentwicklung, Bundesministerium des Innern, Bundesministerium der Finanzen, Bundesministerium für Bildung und Forschung, Auswärtiges Amt, Bundesministerium für wirtschaftliche Zusammenarbeit und Entwicklung) sowie das Presse- und Informationsamt der Bundesregierung und der Beauftragte der Bundesregierung für Kultur und Medien) – vgl. http://tinyurl.com/yzyznqj. Eine Liste der **oberen Bundesbehörden** findet sich unter http://tinyurl.com/ykkw4vu.

26 Bei der Vergabe eines Auftrags in **Losen** gilt die VgV gemäß § 3 Abs. 7 Satz 4 VgV für die Vergabe jedes Loses, wenn der Gesamtwert des Auftrags den maßgeblichen EU-Schwellenwert erreicht oder überschreitet. Dies gilt nicht, wenn es sich um Lose handelt, deren geschätzter Wert bei Liefer- oder Dienstleistungsaufträgen unter 80.000 € und bei Bauleistungen unter 1 Mio. € liegt, wenn die Summe der Werte dieser Lose 20 % des Gesamtwertes aller Lose nicht übersteigt (§ 3 Abs. 7 Satz 5 VgV). Damit bleibt eine rein nationale Ausschreibung für 20 % der Lose möglich, soweit deren Wert unterhalb von 80.000 € bzw. 1 Mio. € bleibt.

3. Bauaufträge

Seit dem 1.1.2014 gilt für Bauaufträge ein Schwellenwert von 5.186.000 €. Bis zum 31.12.2013 galt ein Schwellenwert von 5.000.000 €.

4. Auslobungsverfahren

Zu unterscheiden sind „unabhängige Auslobungsverfahren" (z.B. Ideenwettbewerbe im Planungsbereich) von Auslobungsverfahren, die zu einem Dienstleistungsauftrag führen sollen. Im ersten Fall ist der **Wert des späteren Dienstleistungsauftrags** maßgeblich (Art. 67 Abs. 2 UAbs. 2 RL 2004/18/EG), im zweiten Fall ist der Wert maßgeblich, der für **Dienstleistungsaufträge** gelten würde.

B. Praxishinweise

Wird der Schwellenwert nicht im Vergabevermerk nach § 20 EG VOB/A, § 20 EG VOL/A bzw. § 12 VOF sowie § 32 SektVO und § 43 VSVgV festgehalten und stellt sich erst nach den Untersuchungen der Vergabekammer und/oder des Vergabesenats dessen **Unterschreitung** heraus, so trifft den Antragsgegner bei einem vergeblich angestrengten Nachprüfungsverfahren die Kostenlast analog § 128 Abs. 3 GWB (vgl. VK Brandenburg vom 19.5.2010, VK 15/10; bereits zuvor OLG Rostock vom 20.9.2006, 17 Verg 8/06; OLG Schleswig vom 23.3.2004, 6 Verg 1/03 m. Anm. *Hänsel*, IBR 2004, 722).

Zu beachten ist, dass bei Unterschreitung der Schwellenwerte auf jeden Fall nur „einfache" Zivilprozesse durchgeführt werden können; insoweit gilt – anders als im Nachprüfungsverfahren – nicht der Amtsermittlungsgrundsatz, sondern der **Beibringungsgrundsatz**. Dies erschwert die Geltendmachung erheblich.

§ 3 Schätzung des Auftragswertes

(1) ¹Bei der Schätzung des Auftragswertes ist von der geschätzten Gesamtvergütung für die vorgesehene Leistung einschließlich etwaiger Prämien oder Zahlungen an Bewerber oder Bieter auszugehen. ²Dabei sind alle Optionen oder etwaige Vertragsverlängerungen zu berücksichtigen.

(2) Der Wert eines beabsichtigten Auftrages darf nicht in der Absicht geschätzt oder aufgeteilt werden, den Auftrag der Anwendung dieser Verordnung zu entziehen.

(3) Bei regelmäßig wiederkehrenden Aufträgen oder Daueraufträgen über Liefer- oder Dienstleistungen ist der Auftragswert zu schätzen

1. entweder auf der Grundlage des tatsächlichen Gesamtwertes entsprechender aufeinander folgender Aufträge aus dem vorangegangenen Haushaltsjahr; dabei sind voraussichtliche Änderungen bei Mengen oder Kosten möglichst zu berücksichtigen, die während der zwölf Monate zu erwarten sind, die auf den ursprünglichen Auftrag folgen, oder

2. auf der Grundlage des geschätzten Gesamtwertes aufeinander folgender Aufträge, die während der auf die erste Lieferung folgenden zwölf Monate oder während des auf die erste Lieferung folgenden Haushaltsjahres, wenn dieses länger als zwölf Monate ist, vergeben werden.

(4) Bei Aufträgen über Liefer- oder Dienstleistungen, für die kein Gesamtpreis angegeben wird, ist Berechnungsgrundlage für den geschätzten Auftragswert

1. bei zeitlich begrenzten Aufträgen mit einer Laufzeit von bis zu 48 Monaten der Gesamtwert für die Laufzeit dieser Aufträge;

2. bei Aufträgen mit unbestimmter Laufzeit oder mit einer Laufzeit von mehr als 48 Monaten der 48-fache Monatswert.

(5) Bei Bauleistungen ist neben dem Auftragswert der Bauaufträge der geschätzte Wert aller Lieferleistungen zu berücksichtigen, die für die Ausführungen der Bauleistungen erforderlich sind und vom Auftraggeber zur Verfügung gestellt werden.

(6) Der Wert einer Rahmenvereinbarung oder eines dynamischen elektronischen Verfahrens wird auf der Grundlage des geschätzten Gesamtwertes aller Einzelaufträge berechnet, die während deren Laufzeit geplant sind.

(7) ¹Besteht die beabsichtigte Beschaffung aus mehreren Losen, für die jeweils ein gesonderter Auftrag vergeben wird, ist der Wert aller Lose zugrunde zu legen. ²Bei Lieferaufträgen gilt dies nur für Lose über gleichartige Lieferungen. ³Soweit eine zu vergebende freiberufliche Leistung nach § 5 in mehrere Teilaufträge derselben freiberuflichen Leistung aufgeteilt wird, müssen die Werte der Teilaufträge zur Berechnung des geschätzten Auftragswertes addiert werden. ⁴Erreicht oder überschreitet der Gesamtwert den maßgeblichen EU-Schwellenwert, gilt diese Verordnung für die Vergabe jedes Loses. ⁵Satz 4 gilt nicht, wenn es sich um Lose handelt, deren geschätzter Wert bei Liefer- oder Dienstleistungsaufträgen unter 80.000 Euro und bei Bauleistungen unter 1 Million Euro liegt, wenn die Summe der Werte dieser Lose 20 Prozent des Gesamtwertes aller Lose nicht übersteigt.

(8) ¹Bei Auslobungsverfahren, die zu einem Dienstleistungsauftrag führen sollen, ist der Wert des Dienstleistungsauftrags zu schätzen zuzüglich etwaiger Preisgelder und Zahlungen an Teilnehmer. ²Bei allen übrigen Auslobungsverfahren entspricht der Wert der Summe aller Preisgelder und sonstigen Zahlungen an Teilnehmer sowie des Wertes des Dienstleistungsauftrags, der vergeben werden könnte, soweit der Auftraggeber dies in der Bekanntmachung des Auslobungsverfahrens nicht ausschließt.

(9) Maßgeblicher Zeitpunkt für die Schätzung des Auftragswertes ist der Tag, an dem die Bekanntmachung der beabsichtigten Auftragsvergabe abgesendet oder das Vergabeverfahren auf andere Weise eingeleitet wird.

(10) (weggefallen)

Literatur: *Fandrey*, Die Anforderungen an eine ordnungsgemäße Schätzung des Auftragswertes, Gemeindehaushalt 2012, 198; *Greb*, Die Berechnung des Auftragswerts, VergabeR 2013, 368; *Kaiser*, Die Berechnung des Gegenstandswerts vor der Vergabekammer, NZBau 2002, 315; *Kokew*, Keine Umgehung des Vergaberechts bei der Beauftragung von Architektenleistungen, NZBau 2012, 749; *Noelle*, Zur Schätzung des Auftragswerts im Vergabeverfahren, VergabeR 2009, 954.

A. Allgemeines

1 Gemäß § 2 Abs. 1 Satz 1 VgV findet die VgV nur Anwendung auf Aufträge, deren „geschätzter" Auftragswert ohne Umsatzsteuer den maßgeblichen Schwellenwert erreicht oder übersteigt. Wie der Auftragswert zu schätzen ist, bestimmt § 3. Da im Zeitpunkt der Einleitung des Vergabeverfahrens (Abs. 9; vgl. auch § 23 Rn. 4) der endgültige Auftragswert noch nicht feststeht (und nach dem Willen des Verordnungsgebers noch keinerlei Angebote vorliegen sollten), sind die vom Auftraggeber vorzunehmenden Schätzungen aus rechtsstaatlichen Gründen zu präzisieren. Abs. 1 bestimmt daher, dass bei der Schätzung des Auftragswertes die Gesamtvergütung einschließlich etwaiger Prämien oder Zahlungen an die Bieter (bzw. Bewerber beim wettbewerblichen Dialog) maßgeblich ist. Bedeutung erlangt der geschätzte Betrag zudem als Grundlage der Streitwertberechnung im Nachprüfungsverfahren (OLG München vom 12.8.2008, Verg 6/08; OLG München vom 15.10.2012, Verg 18/12) sowie bei der Aufhebung des Vergabeverfahrens wegen Unwirtschaftlichkeit.

2 Durch die VgV-AnpassungsVO vom 7.6.2010 (BGBl. I S. 724) wurde die Regelung sprachlich enger an die Richtlinie 2004/18/EG (und die SektVO) angepasst, inhaltlich wurde dadurch aber nichts verändert.

3 Die Schätzung ist im Vergabevermerk gemäß § 20 EG VOB/A, § 20 EG VOL/A bzw. § 12 VOF sowie § 32 SektVO und § 43 VSVgV zu **dokumentieren** (VK Bund vom 6.8.2010, VK 3-72/10; OLG Karls-

ruhe vom 12.11.2008, 15 Verg 4/08; OLG Celle vom 19.8.2009, 13 Verg 4/09; OLG Brandenburg vom 29.1.2013, Verg W 8/12). Im Nachprüfungsverfahren ist sodann zu prüfen, ob die Schätzung nicht in Umgehungsabsicht (Abs. 2) erfolgte; erhebliche Abweichungen zwischen den tatsächlichen Angeboten und der Schätzung deuten regelmäßig auf eine **ermessensfehlerhafte** Schätzung hin. **Fehlt** eine Schätzung, ermittelt die Vergabekammer anhand der in der Vergabeakte befindlichen Dokumente selbst den Auftrags- und Schwellenwert (OLG Karlsruhe vom 16.12.2009, 15 Verg 5/09).

Eine Ausschreibung kann nach § 20 EG Abs. 1 Buchst. c VOL/A wegen eines unwirtschaftlichen Ergebnisses bzw. nach § 17 EG Abs. 1 Nr. 3 VOB/A wegen schwerwiegender Gründe aufgehoben werden, soweit die eingegangenen Angebote erheblich über der Schätzung liegen. Dies gilt allerdings nur, soweit dies für den Auftraggeber – ihm nicht zurechenbar – erst nach Beginn des Vergabeverfahrens erkennbar wurde (vgl. OLG Düsseldorf vom 13.12.2006, VIII-Verg 54/06). Insoweit kann dem Auftraggeber bei **völlig willkürlicher** Schätzung eine entsprechende Aufhebung zu versagen sein. 4

Nach der Rechtsprechung des EuGH ist eine Auftragsbekanntmachung ohne jede Angabe des geschätzten Auftragswertes und ein anschließendes ausweichendes Verhalten des Auftraggebers gegenüber den Anfragen eines möglichen Bieters als Verstoß gegen die europäischen Vergabevorschriften zu werten (EuGH vom 27.2.2003, Rs. C-327/00 – „Santex" Rn. 61). Konkret betont der EuGH (vom 11.10.2007, C-241/06 – „Lämmerzahl" Rn. 64), dass Gesamtmenge bzw. Gesamtumfang des Auftrags stets klar anzugeben sind. 5

B. Einzelheiten

I. Schätzung (Abs. 1, 3 bis 9)

1. Voraussichtliche Gesamtvergütung (Abs. 1 Satz 1)

Maßgeblich ist der Wert, den ein „umsichtiger und sachkundiger öffentlicher Auftraggeber nach sorgfältiger Prüfung des relevanten Marktsegmentes und im Einklang mit den Erfordernissen betriebswirtschaftlicher Finanzplanung bei der Anschaffung der vergabegegenständlichen Sachen veranschlagen würde" (OLG Brandenburg vom 29.1.2013, Verg W 8/12; VK Bund vom 6.8.2010, VK 3-72/10; OLG Celle vom 19.8.2009, 13 Verg 4/09; VK Arnsberg vom 4.11.2008, VK 23/08; VK Düsseldorf vom 10.4.2008, VK-5/2008-B; VK Münster vom 15.11.2006, VK 13/06). Insoweit soll sich der öffentliche Auftraggeber wie ein privatwirtschaftlicher Auftraggeber verhalten und nach sorgfältiger Prüfung des Marktsegments auf betriebswirtschaftlicher Grundlage entscheiden (OLG Naumburg vom 4.10.2007, 1 Verg 7/07; OLG Celle vom 12.7.2007, 13 Verg 6/07; VK Nordbayern vom 27.3.2008, 21.VK-3194-48/07; VK Baden-Württemberg vom 21.6.2005, 1 VK 33/05; VK Schleswig-Holstein vom 22.12.2004, VK-SH 34/04). Allerdings dürfen die Gerichte bei der Überprüfung keine übertriebenen Anforderungen stellen (OLG Dresden vom 24.7.2012, Verg 2/12; VK Südbayern vom 16.6.2010, Z3-3-3194-1-19.03.2010; BayObLG vom 18.6.2002, Verg 8/02; VK Brandenburg vom 25.4.2003, VK 21/03); insbesondere sind **Fehlertoleranzen** zuzugestehen. Es handelt sich um einen **Beurteilungsspielraum**, der primär darauf überprüft wird, ob die Vergabestelle von einem unzutreffenden Sachverhalt ausgegangen ist, ihre Entscheidung nach sachfremden Erwägungen trifft, sich außerhalb der Beurteilungsermächtigung bewegt oder das vorgeschriebene Verfahren verletzt (OLG München vom 31.1.2013, Verg 31/12). Die Anforderungen an die Genauigkeit der Wertermittlung und der Dokumentation steigen allerdings, je mehr sich der Auftragswert an den Schwellenwert annähert (VK Bund vom 6.8.2010, VK 3-72/10; OLG Celle vom 19.8.2009, 13 Verg 4/09). 6

Soweit **mehrere Vorhaben in einer Ausschreibung** zusammengefasst sind, sind die Auftragswerte zur Ermittlung des Schwellenwertes zusammenzurechnen (OLG Stuttgart vom 9.8.2001, 2 Verg 3/01). Ein formal als Einzelauftrag ausgeschriebener Bauauftrag ist vergaberechtlich nicht als „Los" einer Gesamtbaumaßnahme anzusehen, wenn der Bauabschnitt, der Gegenstand des Einzel- 7 auftrags ist, auch ohne die anderen Bauabschnitte eine sinnvolle Funktion erfüllen kann (KG Berlin vom 28.9.2012, Verg 10/12).

8 Zu beachten ist, dass nach § 97 Abs. 3 GWB „mittelständische Interessen" bei der Auftragsvergabe insbesondere durch Aufteilung in **Teillose** (d.h. mengenmäßige Aufteilung) und **Fachlose** (d.h. Aufteilung nach Art bzw. Fachgebiet) gefördert werden sollen. Hierdurch ist abzusehen, dass die Berechnungsvorschriften für die Fach- und Teillosvergabe in Zukunft eine größere Bedeutung gewinnen werden.

9 Entscheidend ist, dass bei der Schätzung des Auftragswertes **allein objektive Kriterien** angelegt wurden (OLG Düsseldorf vom 8.5.2002, Verg 5/02; VK Brandenburg vom 11.11.2005, 2 VK 68/05; VK Düsseldorf vom 30.9.2005, VK-25/2005-L; VK Bund vom 17.8.2005, VK 2-81/05; VK Südbayern vom 29.11.2005, Z3-3-3194-1-46/09/05; VK Südbayern vom 22.7.2005, 27-05/05; VK Südbayern vom 3.8. 2004, 43-06/04). Durch die 3. VgV-ÄnderungsVO zum 1.11.2006 wurde der Wortlaut an Art. 17 Abs. 1 der Richtlinie 2004/17/EG und Art. 9 Abs. 2 der Richtlinie 2004/18/EG angepasst.

10 **Unzulässig** sind Schätzungen allein auf der Grundlage von bloß größenabhängigen Kostenrichtwerten (VK Nordbayern vom 26.7.2005, 320 VK-3194-26/05), da diese allein für Fördermaßnahmen o.Ä. aufgestellt wurden und daher nur einen Anhaltspunkt für die durchschnittlich zu erwartenden Kosten bilden. Sie berücksichtigen nicht die spezifischen projektbezogenen Kostenfaktoren (Verwirklichkeitszeitraum, Erreichbarkeit der Baustelle etc.).

11 **Maßstab** ist der **Verkehrs- bzw. Marktwert** der Leistung im Zeitpunkt der Verfahrenseinleitung (OLG Celle vom 5.2.2004, 13 Verg 26/03) ohne Umsatzsteuer (§ 2 Abs. 1 Satz 1 VgV). Ohne Bedeutung sind Zahlungsmodalitäten. Unbeachtlich ist außerdem, ob der spätere Auftragnehmer einen Teil der Vergütung aus sonstigen Erlösen erhalten soll (OLG Celle vom 5.2.2004, 13 Verg 26/03; VK Lüneburg vom 12.11.2003, 203-VgK-27/2003). Förderungen Dritter können bei der Schätzung nicht in Abzug gebracht werden (*Weyand*, Vergaberecht, § 3 VgV Rn. 3181). Ebenso wenig hat ein Eigenanteil bei der Schätzung eine Bedeutung (VK Thüringen vom 27.2.2002, 216-4003.20-007/02-ESA-S).

12 Die Schätzung muss nach betriebswirtschaftlichen Grundsätzen auch unsichere Positionen (sog. **Eventualpositionen**; vgl. VK Baden-Württemberg vom 27.6.2003, 1 VK 29/03) sowie einen generellen Risikoaufschlag (einschränkend VK Südbayern vom 3.8.2004, 43-06/04) einbeziehen.

Ausgangspunkt der Berechnung ist stets eine realistische Prognose über die erwartete Gesamtvergütung. Dementsprechend ist die Schätzung hinreichend zu dokumentieren und eventuell zu aktualisieren. Maßgeblich sind die aktuellen Werte bei Einleitung des Vergabeverfahrens (insbesondere bei Absendung der Bekanntmachung). Liegt bereits eine Kostenberechnung nach DIN 276 vor, ist diese grundsätzlich zu berücksichtigen (*Lausen*, in: jurisPK-VergabeR, § 3 VgV Rn. 61). Nach allgemeinen haushaltsrechtlichen Grundsätzen ist die Schätzung eher pessimistisch, d.h. hoch, vorzunehmen.
Werden Schwellenwerte nur knapp unterschritten, steigt die **Darlegungslast** des Auftraggebers, denn ansonsten drohen die Vorgaben des europäischen Vergaberechts umgangen zu werden. Dementsprechend ist der größtmögliche Leistungsumfang maßgeblich – bei Losvergabe sind alle Lose zu addieren.

2. Optionsrechte und Verlängerungen (Abs. 1 Satz 2)

13 Soweit der Auftrag Optionsrechte einbezieht, sind auch diese bei der Wertermittlung einzuberechnen, d.h., es muss der größtmögliche Wert zugrunde gelegt werden. Dies gilt nicht nur bei Liefer- und Dienstleistungsaufträgen, sondern auch bei Bauaufträgen (vgl. OLG Stuttgart vom 9.8.2001, 2 Verg 3/01).

14 Unter „**Option**" ist in Ermangelung einer vorrangigen Definition im (deutschen oder europäischen) Vergaberecht das (Gestaltungs-)Recht des Auftraggebers zu verstehen, durch einseitige Erklärung einen Vertrag zustande zu bringen (BayObLG vom 18.6.2002, Verg 8/02); insbesondere die Mög-

lichkeit, den Vertrag zu verlängern (VK Detmold vom 8.4.2011, VK 2-09/10; VK Sachsen-Anhalt vom 5.5.2008, 1 VK LVwA 03/08; VK Schleswig-Holstein vom 17.9.2008, VK-SH 10/08).

Beispiel: Häufig enthalten Verträge Klauseln wie „Der Vertrag verlängert sich bis zu dreimal um ein weiteres Jahr, wenn nicht einer der Vertragsparteien den Vertrag fristgerecht vor Ende der jährlichen Vertragslaufzeit kündigt." In diesem Fall müssen die Leistungen und Preise abschließend bereits im Vorhinein festgesetzt sein, waren also ebenfalls Teil der Ausschreibung und des (bindenden) Angebots der Bieter (vgl. BayObLG vom 18.6.2002, Verg 8/02). Daher bedarf es bei Ausübung der Option keiner erneuten Ausschreibung.

3. Liefer- und Dienstleistungsaufträge (Abs. 3, 4 und 8)

Bei regelmäßig wiederkehrenden Aufträgen bzw. Daueraufträgen über Liefer- oder Dienstleistungen sind nach **Abs. 3 zwei Schätzungsmethoden** zulässig: 15

- Einerseits kann der **tatsächliche Auftragswert** vergleichbarer Aufträge aus den vorangegangenen zwölf Monaten bzw. aus dem Haushaltsjahr unter Anpassung an voraussichtliche Mengen- und Kostenänderungen innerhalb der auf die erste Lieferung und Leistung folgenden zwölf Monate herangezogen werden (**Nr. 1**). **Beispiele:** Lieferung von Kraftfahrzeug- und Stempelplaketten (regelmäßige Aufträge, VK Arnsberg vom 15.2.2002, VK 2-01/2002); Personenbeförderungsleistungen im Linienverkehr mit Omnibussen (Dauerauftrag, VK Hessen vom 30.5.2005, 69d-VK-16/2005), Abschlepp- und Sicherstellungsverträge (regelmäßige Aufträge, VK Münster vom 21.12.2001, VK 22/01), Beseitigung von Ölspuren auf Bundesautobahnen (OLG Karlsruhe vom 16.12.2009, 15 Verg 5/09); Holzernte und Rückung (OLG Brandenburg vom 29.1.2013, Verg W 8/12).

- Andererseits kann der **geschätzte Gesamtwert** der auf die erste Lieferung oder Leistung folgenden zwölf Monate (bei einem befristeten Vertrag bis zu einem Jahr) oder bei längeren Verträgen während der Laufzeit des Vertrages zugrunde gelegt werden (**Nr. 2**). **Beispiele:** Altpapierverwertung (OLG Celle vom 5.2.2004, 13 Verg 26/03; VK Lüneburg vom 12.11.2003, 203-VgK-27/2003), Postdienstleistungen (OLG Brandenburg vom 6.3.2012, Verg W 15/11).

Nach **Abs. 4** ist bei Aufträgen über Liefer- und Dienstleistungen **ohne Angabe eines Gesamtpreises** zwischen zeitlich begrenzten Aufträgen (**Nr. 1**) und zeitlich unbegrenzten Aufträgen (**Nr. 2**) zu unterscheiden: 16

- Bei unbefristeten Verträgen, Verträgen ohne absehbarer Vertragsdauer oder bei Verträgen mit einer Laufzeit von mehr als 48 Monaten ist die 48-fache (d.h. auf vier Jahre hochgerechnete) monatliche Vergütung maßgeblich. Damit wird (anders als in der älteren Fassung der VgV) ausdrücklich Art. 9 Abs. 8 Buchst. b) ii) der Richtlinie 2004/18/EG umgesetzt. Nach richtiger Auffassung des OLG München (vom 12.8.2008, Verg 6/08) war diese Regelung aber auch vorher unmittelbar anwendbar.

- Bei auf bis zu 48 Monaten zeitlich begrenzten Verträgen ist der Gesamtwert für die Laufzeit dieser Aufträge maßgeblich. Eine Umgehung durch Einräumung von Optionsrechten darf nicht zu einer Überschreitung der Höchstgrenze von 48 Monaten führen (OLG München vom 15.10.2012, Verg 18/12). Ansonsten würde die Kappungsgrenze der Nr. 2 für zeitlich unter 48 Monate limitierte Verträge mit Optionsrechten nicht gelten. 48 Monate sind also die absolute Obergrenze für *alle* Dienstleistungsaufträge, für die kein Gesamtpreis angegeben werden kann.

Ein **Auslobungsverfahren** ist ein Verfahren, in dem der Auftraggeber auf Grundlage einer vergleichenden Beurteilung durch ein Preisgericht mit oder ohne Verteilung von Preisen zu einem Plan bzw. einer Dienstleistung gelangen will. Für Auslobungsverfahren, die zu einer Dienstleistung führen sollen, etwa im Bereich des Städtebaus oder im IT-Bereich (§ 99 GWB Rn. 163 ff.), ist eine Schätzung des Wertes des dahinterstehenden Dienstleistungsauftrags maßgeblich (**Abs. 8**). Dabei stellt Abs. 8 ausdrücklich klar, dass auch etwaige Preisgelder oder sonstige Zahlungen an die Teilnehmer einzubeziehen sind. Nähere Vorgaben finden sich in § 15 Abs. 1 VOF und § 3 EG Abs. 8 VOL/A. 17

4. Lose (Abs. 7)

18 Soweit einzelne Leistungen eines Auftrags separat als Lose ausgeschrieben werden, sind zur Ermittlung des Auftragswertes stets **alle Lose** zu addieren. Eine EU-weite Ausschreibung muss gemäß Abs. 7 Satz 4 erfolgen, wenn die **Summe aller Lose** (= Gesamtwert des Auftrags) den maßgeblichen EU-Schwellenwert gemäß § 2 Abs. 1 Satz 1 VgV erreicht oder überschreitet. In einem zweiten Schritt ist dann zu prüfen, ob das einzelne Los gemäß Abs. 7 Satz 5 ausgeschrieben werden muss (Rn. 21 f.).

19 Werden für ein Bauvorhaben nicht nur die Bauleistung, sondern in einem gewissen Umfang auch Planungsleistungen ausdrücklich ausgeschrieben, sind diese – anders als „normale" Baunebenkosten – unmittelbar bei der Schätzung des Gesamtauftragswertes zu berücksichtigen (OLG München vom 31.10.2012, Verg 19/12; VK Saarland vom 14.7.2010, 1 VK 08/2010).

20 Durch die „Verordnung zur Änderung der Vergabeverordnung sowie der Sektorenverordnung" vom 9.5.2011 (BGBl. I S. 800) wurde der jetzige **Satz 3** eingefügt, der vormals in § 3 Abs. 3 Satz 1 VOF a.F. enthalten war. Die Regelung bestimmt, dass die Werte der Teilaufträge zur Berechnung des geschätzten Auftragswertes **addiert** werden, wenn eine zu vergebende freiberufliche Leistung nach § 5 VgV in **mehrere Teilaufträge derselben freiberuflichen Leistung** aufgeteilt wird (OLG Frankfurt vom 8.5.2012, 11 Verg 2/12). Dies gilt selbstverständlich nur, soweit es um eine **gleichartige** freiberufliche Leistung geht. Damit soll auch der vom EuGH bereits festgestellte Verstoß gegen Gemeinschaftsrecht (EuGH vom 15.3.2012, Rs. C-574/10 – „Autalhalle", VergabeR 2012, 593 m. Anm. *Schabel*, VergabeR 2012, 599) ausgeräumt werden, wo die künstliche Trennung mehrerer Architektenleistungen in Rede stand. Möglich bleibt eine Aufteilung, soweit es sich um **verschiedene** freiberufliche Dienstleistungen handelt.

21 Durch die 7. VgV-ÄnderungsVO wurde zum 25.10.2013 die frühere Regelung des § 2 Nr. 6 bzw. 7 VgV (a.F.) zur Losvergabe („**80-20-Regel**") als neuer **Abs. 7 Satz 5** übernommen. Der Wortlaut entspricht § 2 Abs. 7 Satz 2 und 3 SektVO bzw. § 3 Abs. 7 Satz 4 und 5 VSVgV. Abs. 7 Satz 5 betrifft z.B. den Fall, dass der Auftraggeber ein einheitliches Bauvorhaben in mehrere Aufträge („Lose") aufteilt und diese getrennt ausschreibt (VK Nordbayern vom 24.9.2003, 230.VK-3194-30/03). Erfasst sind alle Arten von Losen, also **Teillose** (§ 97 Abs. 3 Satz 2, 1. Var. GWB, § 5 Abs. 2 VOB/A, wonach bei „umfangreichen Bauleistungen" durch Aufteilung der Leistungen in Lose „in der Menge" mittelständische Interessen verstärkt berücksichtigt werden sollen) oder **Fachlose** (§ 97 Abs. 3 Satz 2, 2. Var. GWB, § 5 Abs. 2 VOB/A, wonach Bauleistungen verschiedener Handwerks- und Gewerbezweige i.d.R. nach Fachgebieten bzw. Gewerbezweigen zu trennen sind). Die Anwendbarkeitsprüfung erfolgt dann in zwei Schritten:

– Voraussetzung ist zunächst, dass der **Gesamtauftragswert** den jeweils maßgeblichen Schwellenwert überschreitet (vgl. OLG Stuttgart vom 12.8.2002, 2 Verg 9/02; KG Berlin vom 28.9.2009, Verg 10/12).

– Im zweiten Schritt ist dann zu prüfen, ob entweder das einzelne Los den Schwellenwert von 1 Mio. € (für Bauleistungen) bzw. von 80.000 € (für Liefer- oder Dienstleistungsaufträge) überschreitet oder aber die 20 %-Kontingent-Regelung greift.

22 Der Auftraggeber darf bis zu 20 % jedes Auftrags innerstaatlich ausschreiben, wenn jedes Los unter 1 Mio. € liegt (**Bagatellklausel**), da für derart kleine Aufträge grundsätzlich kein Interesse von Bietern aus anderen Mitgliedstaaten bestehen wird (näher *Höß*, VergabeR 2002, 19 ff.). Erst wenn dieser Anteil überschritten wird, ist eine europaweite Ausschreibung nötig. Welche Lose unter das 20 %-Kontingent fallen, bestimmt der Auftraggeber; insbesondere bedeutet die Regelung nicht, dass zunächst 80 % des Gesamtauftragswertes europaweit auszuschreiben sind, bevor Lose von jeweils unter 1 Mio. €, die 20 % bilden, national ausgeschrieben werden können (BayObLG vom 27.4.2001, Verg 5/01; *Kühnen*, in: Byok/Jaeger, Vergaberecht, § 2 VgV Rn. 1493). Der Auftraggeber muss allerdings in geeigneter Weise dokumentieren, welche Lose unter das 20 %-Kontingent fallen, idealerweise auch nach außen in der Bekanntmachung; ansonsten wären nämlich nachträgliche Manipulationen unvermeidbar (OLG Koblenz vom 15.5.2003, 1 Verg 3/03). Fehlt eine dokumen-

tierte ex-ante-Zuordnung, gelten für alle Lose die Vorschriften der VOB/A und der Rechtsschutz des GWB (BayObLG vom 1.10.2001, Verg 6/01; VK Rheinland-Pfalz vom 11.4.2003, VK 4/03; OLG Koblenz vom 15.5.2003, 1 Verg 3/03; VG Saarland vom 1.3.2005, 1 VK 1/2005; VK Schleswig-Holstein vom 31.1.2006, VK-SH 33/05; VK Sachsen vom 10.5.2006, 1/SVK/037-06). Soweit hingegen ein Verfahren erkennbar dem 20 %-Kontingent zugeordnet und nur national ausgeschrieben wurde, ist es selbst dann nicht dem Nachprüfungsverfahren zugänglich, wenn dies in der Bekanntmachung (fehlerhaft) angegeben wurde (BayObLG vom 23.5.2002, Verg 7/02).

5. Lieferungen bei Bauaufträgen (Abs. 5)

Grundsätzlich hat der Auftragnehmer die für die Baumaßnahme erforderlichen Lieferungen zu beschaffen und Dienstleistungen zu erbringen. Abs. 5 betrifft den Sonderfall, dass der öffentliche Auftraggeber selbst bestimmte Stoffe und Bauteile stellt. Hier ist dann auch deren (nach ortsüblichen Beschaffungspreisen festgestellter) Wert bei der Wertermittlung einzubeziehen. Im Vergleich zur Vorfassung stellt die Regelung seit der VgV-AnpassungsVO vom 7.6.2010 (BGBl. I S. 724) klar, dass dies auch für Dienstleistungen gilt. Dies dürfte aber bereits zuvor angesichts von § 1a Nr. 1 Satz 2 VOB/A a.F. zu bejahen gewesen sein.

6. Rahmenvereinbarungen (Abs. 6)

Abs. 6 enthält Regelungen für die Schätzung des Auftragswertes bei einer Rahmenvereinbarung bzw. einem dynamischen elektronischen Verfahren. Unter **„Rahmenvereinbarungen"** sind Vereinbarungen zu verstehen, in denen Bedingungen für Einzelaufträge festgelegt werden, die im Laufe eines bestimmten Zeitraumes vergeben werden sollen, insbesondere über den in Aussicht genommenen Preis und die ggf. in Aussicht genommene Menge (§ 4 EG VOL/A). Durch die VgV-AnpassungsVO vom 7.6.2010 (BGBl. I S. 724) wurde das **„dynamische elektronische Verfahren"** (ursprünglich: „dynamisches elektronisches Beschaffungssystem") an den Wortlaut des § 101 Abs. 6 GWB und § 5 EG VOL/A angepasst. Bei diesem Verfahren handelt es sich um eine elektronische Rahmenvereinbarung. Dieses ist näher in § 5 EG Abs. 1 Satz 2 VOL/A definiert:

> „Ein dynamisches elektronisches Verfahren ist ein zeitlich befristetes ausschließlich elektronisches offenes Vergabeverfahren zur Beschaffung marktüblicher Leistungen, bei denen die allgemein auf dem Markt verfügbaren Spezifikationen den Anforderungen des Auftraggebers genügen."

Abs. 6 legt fest, dass sowohl bei Rahmenvereinbarungen als auch bei dynamischen elektronischen Verfahren entsprechend dem Prinzip der Vollständigkeit der Schätzung der geschätzte Gesamtwert aller voraussichtlichen Einzelaufträge maßgeblich ist.

II. Umgehungsverbot (Abs. 2)

Das Manipulationsverbot des Abs. 2 statuiert den (eigentlich selbstverständlichen) Grundsatz, dass eine zu niedrige Schätzung (oder Aufspaltung) in der Absicht, den Auftrag dem Vergaberecht zu entziehen, unzulässig ist (OLG Karlsruhe vom 12.11.2008, 15 Verg 4/08; OLG Düsseldorf vom 9.11.2001, Verg 38/01). Dabei ist aber der Ermessensspielraum des Auftraggebers zu berücksichtigen; soweit eine sachliche Rechtfertigung für ein entsprechendes Vorgehen des Auftraggebers besteht, greift das Umgehungsverbot nicht. Im Übrigen setzt das Verbot des Abs. 2 eine besondere **Umgehungsabsicht** voraus, die darauf gerichtet ist, den Auftrag nicht europaweit auszuschreiben und die §§ 97 ff. GWB nicht anwenden zu müssen. Allein die Erwägung, die finanziell aufwändige Ausschreibung vermeiden zu wollen, genügt für die Annahme der Umgehungsabsicht noch nicht (OLG Düsseldorf vom 30.7.2003, Verg 5/03). Ebenso wenig genügt es, dass es möglicherweise wirtschaftlicher wäre, ein Vorhaben für einen größeren Raum auszuschreiben (OLG Karlsruhe vom 16.12.2009, 15 Verg 5/09).

Eine verbotene Aufsplittung i.S.v. Abs. 2 liegt insbesondere dann vor, wenn funktional zusammenhängende Aufträge ohne sachlichen Grund nicht einheitlich als Gesamtauftrag ausgeschrieben, sondern in Einzelaufträge (nicht in Lose) aufgetrennt werden (VK Arnsberg vom 4.11.2008, VK

23/08; OLG Brandenburg vom 20.8.2002, Verg W 4/02). Bei der Vergabe von Bauaufträgen richtet sich dies nach der wirtschaftlichen und technischen Funktion des Ergebnisses der betreffenden Arbeiten (EuGH vom 5.10.2000, C 16/98 – „Sydev"). Eine künstliche Aufteilung liegt nicht vor, wenn nur ein **kurzfristig aufgetretener Zusatzbedarf** gedeckt werden soll (OLG Düsseldorf vom 9.11.2001, Verg 38/01).

28 Allein die **Befristung** eines Auftrags als solche ist noch kein Indiz dafür, dass ein Vorgang dem (europäischen) Vergaberecht entzogen werden soll; anders hingegen der Abschluss befristeter Verträge mit **unüblich kurzen Vertragslaufzeiten**, insbesondere wenn ursprünglich eine längere Laufzeit avisiert war (VK Lüneburg vom 15.11.1999, 203-VgK 12/99; OLG Düsseldorf vom 25.3.2002, Verg 5/02; besonders deutlich VK Detmold vom 8.4.2011, VK 2-09/10, wo sich die Umgehungsabsicht sogar aus einem Aktenvermerk ergab). Regelmäßig wird bei kurzen Fristen ein sachlicher Grund zu fordern sein. Dieser kann etwa darin liegen, dass eine Testphase erforderlich ist (OLG Düsseldorf vom 30.7.2003, Verg 5/03).

III. Fehlen der Schätzung

29 Erfolgt keine Schätzung des Auftraggebers, kann nicht allein aus der europaweiten Ausschreibung die Überschreitung des Schwellenwertes gefolgert werden (VK Brandenburg vom 25.4.2003, VK 21/03). Vielmehr muss die Vergabekammer im Nachprüfungsverfahren die Überschreitung des Schwellenwertes durch eigenständige Wertermittlung prüfen, wobei eine Orientierung am preisgünstigsten Anbieter zulässig ist (VK Brandenburg vom 11.11.2005, 2 VK 68/05; VK Halle vom 16.8.2001, VK 14/01; VK Sachsen vom 25.6.2001, 1/SVK/55-01), aber auch andere Angebote zu berücksichtigen sind (VK Schleswig-Holstein vom 5.1.2006, VK-SH 31/05; VK Brandenburg vom 11.11.2005, 2 VK 68/05; VK Hessen vom 24.3.2004, 69d-VK-09/2004).

IV. Fehlerhafte Schätzung

30 Außerhalb des Missbrauchsverbotes (Abs. 2) sind Fehleinschätzungen in beide Richtungen unbeachtlich. Der (ordnungsgemäß) geschätzte Wert ist also auch dann zugrunde zu legen, wenn sich im weiteren Verlauf des Vergabeverfahrens zeigen sollte, dass der Wert der benötigten Leistung oberhalb oder unterhalb des maßgebenden Schwellenwertes liegt (OLG Düsseldorf vom 22.7.2010, Verg 34/10; OLG München vom 31.10.2012, Verg 19/12). Allerdings kann sich der Auftraggeber, wenn er eine Gesamtbaumaßnahme in mehrere Ausschreibungen unterteilt, jedenfalls dann nicht mehr auf die ursprüngliche Schätzung berufen, wenn sich die Sachlage erheblich geändert hat (OLG München vom 31.1.2013, Verg 31/12). Keine Beachtung finden zudem völlig realitätsferne Fehlbeurteilungen (OLG Dresden vom 24.7.2012, Verg 2/12).

31 Basierte die Schätzung auf einer realistischen, seriösen und nachvollziehbaren Prognose (vgl. Rn. 6, 9), ist es also ohne Bedeutung, dass sich die tatsächlich eingegangenen Angebote über den Schwellenwerten des § 2 VgV bewegen (vgl. VK Südbayern vom 8.2.2011, Z3-3-3194-1-01-01/11; VK Bund vom 12.5.2003, VK 2-20/03; OLG Bremen vom 18.5.2006, Verg 3/2005; VK Südbayern vom 29.11.2005, Z3-3-3194-1-46-09/05; VK Brandenburg vom 11.11.2005, 2 VK 68/05). Etwas anderes gilt aber (zunächst) im Rahmen der Zulässigkeitsprüfung, um den Rechtsschutz des Antragstellers nicht abzuschneiden (VK Bund vom 10.7.2002, VK 2-24/02).

32 Auch umgekehrt spielt es keine Rolle, wenn die tatsächlich eingegangenen Angebote bei einer aufgrund ordnungsgemäßer, jedoch zu hoher Schätzung erfolgten europaweiten Ausschreibung teilweise oder sogar alle unterhalb der Schwellenwerte liegen (VK Bund vom 12.11.2002, VK 2-86/02; OLG Bremen vom 18.5.2006, Verg 3/2005; OLG Naumburg vom 30.5.2002, 1 Verg 14/01; OLG Celle vom 18.12.2003, 13 Verg 22/03; VK Lüneburg vom 18.11.2004, 203-VgK-49/2004; VK Lüneburg vom 12.10.2004, 203-VgK-45/2004).

V. Zeitpunkt der Einleitung des Vergabeverfahrens (Abs. 9)

Abs. 9 bestimmt implizit, dass das Vergabeverfahren grundsätzlich mit **Absendung der Bekanntmachung** der beabsichtigten Auftragsvergabe an das Amt für amtliche Veröffentlichungen der EG eingeleitet wird. Sinn der Regelung ist es, eine möglichst frühzeitige Schätzung zu gewährleisten, um so wettbewerbswidrige Einflüsse (insbesondere durch das Vorliegen von „Referenzangeboten") zu vermeiden (OLG Düsseldorf vom 8.5.2002, Verg 5/02). Nach § 1a Nr. 3 VOB/A ist bei mehreren Ausschreibungen hinsichtlich einer einzelnen baulichen Anlage die Einleitung des ersten Verfahrens maßgeblich.

33

Eine Einleitung des Vergabeverfahrens „auf andere Weise" kommt v.a. bei Verfahren in Betracht, in denen keine Bekanntmachung erfolgt, was bei **Verhandlungsverfahren** möglich ist. Diesbezüglich wird teils auf materielle Erwägungen abgestellt (d.h. der Zeitpunkt, zu dem der öffentliche Auftraggeber mit organisatorischen Maßnahmen beginnt, um zu regeln, wie das Beschaffungsvorhaben durchgeführt und der Leistungsträger ausgewählt werden soll; OLG Celle vom 12.7.2007, 13 Verg 6/07), teils wird rein formell an den Tag der Absendung der ersten Aufforderung zur Angebotsabgabe angeknüpft (*Lausen*, in: jurisPK-VergabeR, § 3 VgV Rn. 59). Im ersteren Fall kann auch bei einem offenen Verfahren die Einleitung des Vergabeverfahrens „auf andere Weise" vor dem Tag der Absendung der beabsichtigten Auftragsvergabe erfolgen (VK Schleswig-Holstein vom 23.7.2007, VK-SH 14/07; *Blaufuß*, in: jurisPK-VergabeR, § 23 VgV Rn. 2). Da die Ermittlung des „materiellen" Verfahrensbeginns praktisch erhebliche Schwierigkeiten bereitet und an den Zeitpunkt erhebliche Folgen geknüpft sind, scheint diese Beurteilung jedoch bedenklich. Aus Gründen der Rechtssicherheit ist daher eine formelle Beurteilung vorzuziehen.

34

§ 4 Vergabe von Liefer- und Dienstleistungsaufträgen

(1) Bei der Vergabe von Lieferaufträgen müssen Auftraggeber nach § 98 Nummer 1 bis 3 des Gesetzes gegen Wettbewerbsbeschränkungen die Bestimmungen des zweiten Abschnitts der Vergabe- und Vertragsordnung für Leistungen (VOL/A) in der Fassung der Bekanntmachung vom 20. November 2009 (BAnz. Nr. 196a vom 29. Dezember 2009; BAnz. 2010 S. 755) anwenden.

(2) ¹Bei der Vergabe von Dienstleistungsaufträgen und bei Auslobungsverfahren, die zu Dienstleistungsaufträgen führen sollen, müssen Auftraggeber nach § 98 Nummer 1 bis 3 und 5 des Gesetzes gegen Wettbewerbsbeschränkungen folgende Bestimmungen der VOL/A anwenden, soweit in § 5 nichts anderes bestimmt ist:

1. bei Aufträgen, die Dienstleistungen nach Anlage 1 Teil A zum Gegenstand haben, die Bestimmungen des zweiten Abschnitts der VOL/A;

2. bei Aufträgen, die Dienstleistungen nach Anlage 1 Teil B zum Gegenstand haben, die Bestimmungen des § 8 EG VOL/A, § 15 EG Absatz 10 VOL/A und § 23 EG VOL/A sowie die Bestimmungen des ersten Abschnitts der VOL/A mit Ausnahme von § 7 VOL/A;

3. bei Aufträgen, die sowohl Dienstleistungen nach Anlage 1 Teil A als auch Dienstleistungen nach Anlage 1 Teil B zum Gegenstand haben, die in Nummer 1 genannten Bestimmungen, wenn der Wert der Dienstleistungen nach Anlage 1 Teil A überwiegt; ansonsten müssen die in Nummer 2 genannten Bestimmungen angewendet werden.

²Wenn im Fall des Satzes 1 Nummer 2 tatsächliche Anhaltspunkte dafür vorliegen, dass die Organisation, die Qualifikation und die Erfahrung des bei der Durchführung des betreffenden Auftrags eingesetzten Personals erheblichen Einfluss auf die Qualität der Auftragsausführung haben können, können diese Kriterien bei der Ermittlung des wirtschaftlichsten Angebots berücksichtigt werden. ³Bei der Bewertung dieser Kriterien können insbesondere der Erfolg und die Qualität bereits erbrachter Leistungen berücksichtigt werden. ⁴Die Gewichtung der Organisation, der Qualifikation und der Erfahrung des mit der Durch-

führung des betreffenden Auftrags betrauten Personals soll zusammen 25 Prozent der Gewichtung aller Zuschlagskriterien nicht überschreiten.

(3) ¹Bei Aufträgen, deren Gegenstand Personennahverkehrsleistungen der Kategorie Eisenbahnen sind, gilt Absatz 2 mit folgenden Maßgaben:

1. Bei Verträgen über einzelne Linien mit einer Laufzeit von bis zu drei Jahren ist einmalig auch eine freihändige Vergabe ohne sonstige Voraussetzungen zulässig.
2. Bei längerfristigen Verträgen ist eine freihändige Vergabe ohne sonstige Voraussetzungen im Rahmen des § 15 Abs. 2 des Allgemeinen Eisenbahngesetzes zulässig, wenn ein wesentlicher Teil der durch den Vertrag bestellten Leistungen während der Vertragslaufzeit ausläuft und anschließend im Wettbewerb vergeben wird. ²Die Laufzeit des Vertrages soll zwölf Jahre nicht überschreiten. ³Der Umfang und die vorgesehenen Modalitäten des Auslaufens des Vertrages sind nach Abschluss des Vertrages in geeigneter Weise öffentlich bekannt zu machen.

(4) Wenn energieverbrauchsrelevante Waren, technische Geräte oder Ausrüstungen Gegenstand einer Lieferleistung nach Absatz 1 oder wesentliche Voraussetzung zur Ausführung einer Dienstleistung nach Absatz 2 sind, müssen die Anforderungen der Absätze 5 bis 6b beachtet werden.

(5) In der Leistungsbeschreibung sollen im Hinblick auf die Energieeffizienz insbesondere folgende Anforderungen gestellt werden:

1. das höchste Leistungsniveau an Energieeffizienz und
2. soweit vorhanden, die höchste Energieeffizienzklasse im Sinne der Energieverbrauchskennzeichnungsverordnung.

(6) In der Leistungsbeschreibung oder an anderer geeigneter Stelle in den Vergabeunterlagen sind von den Bietern folgende Informationen zu fordern:

1. konkrete Angaben zum Energieverbrauch, es sei denn, die auf dem Markt angebotenen Waren, technischen Geräte oder Ausrüstungen unterscheiden sich im zulässigen Energieverbrauch nur geringfügig, und
2. in geeigneten Fällen,
   a) eine Analyse minimierter Lebenszykluskosten oder
   b) die Ergebnisse einer Buchstabe a vergleichbaren Methode zur Überprüfung der Wirtschaftlichkeit.

(6a) Die Auftraggeber dürfen nach Absatz 6 übermittelte Informationen überprüfen und hierzu ergänzende Erläuterungen von den Bietern fordern.

(6b) Im Rahmen der Ermittlung des wirtschaftlichsten Angebotes nach § 97 Absatz 5 des Gesetzes gegen Wettbewerbsbeschränkungen ist die anhand der Informationen nach Absatz 6 oder der Ergebnisse einer Überprüfung nach Absatz 6a zu ermittelnde Energieeffizienz als Zuschlagskriterium angemessen zu berücksichtigen.

(7) ¹Öffentliche Auftraggeber gemäß § 98 Nummer 1 bis 3 des Gesetzes gegen Wettbewerbsbeschränkungen müssen bei der Beschaffung von Straßenfahrzeugen Energieverbrauch und Umweltauswirkungen als Kriterium angemessen berücksichtigen. ²Zumindest müssen folgende Faktoren, jeweils bezogen auf die Lebensdauer des Straßenfahrzeugs im Sinne der Tabelle 3 der Anlage 2, berücksichtigt werden:

1. Energieverbrauch,
2. Kohlendioxid-Emissionen,
3. Emissionen von Stickoxiden,
4. Emissionen von Nichtmethan-Kohlenwasserstoffen und
5. partikelförmige Abgasbestandteile.

(8) Zur Berücksichtigung des Energieverbrauchs und der Umweltauswirkungen nach Absatz 7 ist:

1. § 8 EG VOL/A mit der Maßgabe anzuwenden, dass der Auftraggeber in der Leistungsbeschreibung oder in den technischen Spezifikationen Vorgaben zu Energieverbrauch und Umweltauswirkungen macht, und

2. § 19 EG VOL/A mit der Maßgabe anzuwenden, dass der Auftraggeber den Energieverbrauch und die Umweltauswirkungen von Straßenfahrzeugen als Kriterium angemessen bei der Entscheidung über den Zuschlag berücksichtigt.

(9) ¹Sollen der Energieverbrauch und die Umweltauswirkungen von Straßenfahrzeugen im Rahmen der Entscheidung über den Zuschlag finanziell bewertet werden, ist die in Anlage 3 definierte Methode anzuwenden. ²Soweit die Angaben in Anlage 2 dem Auftraggeber einen Spielraum bei der Beurteilung des Energiegehaltes oder der Emissionskosten einräumen, nutzt der Auftraggeber diesen Spielraum entsprechend den lokalen Bedingungen am Einsatzort des Fahrzeugs.

(10) ¹Von der Anwendung des Absatzes 7 sind Straßenfahrzeuge ausgenommen, die für den Einsatz im Rahmen des hoheitlichen Auftrags der Streitkräfte, des Katastrophenschutzes, der Feuerwehren und der Polizeien des Bundes und der Länder konstruiert und gebaut sind (Einsatzfahrzeuge). ²Bei der Beschaffung von Einsatzfahrzeugen werden die Anforderungen nach Absatz 7 berücksichtigt, soweit es der Stand der Technik zulässt und hierdurch die Einsatzfähigkeit der Einsatzfahrzeuge zur Erfüllung des in Satz 1 genannten hoheitlichen Auftrags nicht beeinträchtigt wird.

Literatur: *Gabriel/Weiner*, Vergaberecht und Energieeffizienz, REE 2011, 213; *Homann/Büdenbender*, Die Beschaffung von Straßenfahrzeugen nach neuem Vergaberecht, VergabeR 2012, 1; *Otting/Scheps*, Direktvergabe von Eisenbahnverkehrsdienstleistungen nach der neuen Verordnung (EG) Nr. 1370/2007, NVwZ 2008, 499; *Schröder/Saxinger*, Die Vergabe von Leistungen im Schienenpersonennahverkehr in neuem Licht?, VergabeR 2011, 553; *Wittig/Schimanek*, Sondervergaberecht für Verkehrsdienstleistungen durch die EU-Verordnung Nr. 1370/2007, IBR 2008, 2539; *Wittig/Schimanek*, Sondervergaberecht für Verkehrsdienstleistungen – Die neue EU-Verordnung über öffentliche Personenverkehrsdienste auf Schiene und Straße, NZBau 2008, 222; *Zeiss*, Energieeffizienz in der Beschaffungspraxis, NZBau 2012, 201.

A. Allgemeines

Die Regelung des § 4 wurde durch die „Verordnung zur Änderung der Vergabeverordnung sowie der Sektorenverordnung" vom 9.5.2011 (BGBl. I S. 800) und durch die 4. VgV-ÄnderungsVO vom 16.8.2011 (BGBl. I S. 1724) nahezu vollständig neu gefasst. Hauptursache ist, dass die Anhänge I Teil A und B von VOL/A und VOF nunmehr in die VgV eingefügt wurden (Anlage 1 zur VgV) und damit eine Stufe höher im Kaskadensystem geregelt werden. Auch weiterhin bilden jedoch Abs. 1 und 2 das Scharnier im Kaskadensystem (zum Begriff s. § 1 Rn. 3, 5, 7) des Vergaberechts, indem sie die Regelungen des GWB mit den Vorgaben der VOL/A verknüpfen. 1

Abs. 1 betrifft **Lieferaufträge** (und gilt nicht für Konzessionäre i.S.v. § 98 Nr. 5 GWB), **Abs. 2** bezieht sich auf **Dienstleistungsaufträge**. Es handelt sich um statische Verweisungen, die den 2. Abschnitt der VOL/A in der jeweils bezeichneten Fassung in den Rang einer Verordnung erhebt. 2

§ 4 ist **subsidiär** gegenüber § 5 VgV und § 6 VgV (vgl. Abs. 1 Satz 1 a.E.), so dass für die Vergabe von freiberuflichen Leistungen die VOF (§ 5 VgV) und für die Vergabe von Bauleistungen die VOB/A (§ 6 VgV) gilt. Für Aufträge im Sektorenbereich gilt nicht der 2. Abschnitt der VOL/A (§ 2 Abs. 2 VgV), sondern die SektVO. Im Sicherheits- und Verteidigungsbereich greift § 5 VSVgV. 3

B. Einzelheiten
I. Anwendungsvoraussetzungen (Abs. 1, 2)

4   Der persönliche Anwendungsbereich von Abs. 1 erfasst nur öffentliche Auftraggeber i.S.v. § 98 Nr. 1, 2 und 3 GWB, während Abs. 2 zusätzlich auch für öffentliche Auftraggeber nach § 98 Nr. 5 GWB (Konzessionäre) gilt. **Abs. 1** regelt **Lieferaufträge**, **Abs. 2** betrifft **Dienstleistungsaufträge**. Im Hinblick auf Letztere ist (in Übereinstimmung mit den europarechtlichen Grundlagen) eine Differenzierung vorgesehen. Die Regelungssystematik entspricht derjenigen von § 5 VgV. Aufgehoben wurde durch die Neufassung im Jahr 2011 (Verordnung zur Änderung der Vergabeverordnung sowie der Sektorenverordnung vom 9.5.2011, BGBl. I S. 800) der besondere Verweis im alten Abs. 4, der nunmehr in Abs. 2 aufgegangen ist.

5   Bestimmte **„nachrangige" (bzw. „nichtprioritäre") Dienstleistungen** sind ausdrücklich vom Anwendungsbereich der Richtlinie 2004/18/EG ausgenommen und unterliegen daher dem durch Richtlinien harmonisierten Vergaberecht ausdrücklich nur hinsichtlich Technischer Spezifikationen und der Bekanntmachung vergebener Aufträge. Der deutsche Gesetzgeber hat vor diesem Hintergrund die Vergabe nichtprioritärer Dienstleistungen unter erleichterten Vorgaben erlaubt, indem die VOL/A in zwei geschlossene und streng voneinander getrennte Abschnitte eingeteilt wurde.

6   Abschnitt 1 der VOL/A regelt die (rein nationale) Vergabe unterhalb der Schwellenwerte, während Abschnitt 2 nähere Regelungen zur (europarechtlich vorgegebenen) Vergabe oberhalb der Schwellenwerte enthält („EG-Paragrafen"). Um die inhaltliche Selbständigkeit der Abschnitte 1 und 2 in der VOL/A nicht innerhalb der Vergabe- und Vertragsordnung zu durchbrechen, bestimmt **Abs. 2 Satz 1 Nr. 2**, dass für die Vergabe von Dienstleistungen nach Anlage 1 Teil B die (ansonsten nur für rein nationale Vergabeverfahren geltenden) Regelungen des Abschnitts 1 der VOL/A (mit Ausnahme des § 7 VOL/A) eingreifen. Ergänzend zu den nach der Richtlinie 2004/18/EG verpflichtend anzuwendenden Vorschriften (Leistungsbeschreibung und Transparenz) muss für nachrangige Dienstleistungen die Stelle, an die sich der Bewerber oder Bieter zur Nachprüfung von Vergabeverstößen wenden kann, in der Bekanntmachung verpflichtend angegeben werden (§ 15 EG Abs. 10 VOL/A). Darüber hinaus gelten die Vorgaben zur Leistungsbeschreibung (§ 8 EG VOL/A) sowie zur Bekanntmachung über die Auftragserteilung (§ 23 EG VOL/A).

7   **Abs. 2 Satz 1 Nr. 3** trifft eine **Abgrenzungsregelung** für Aufträge, die sowohl Dienstleistungen nach Anlage 1 Teil A als auch Dienstleistungen nach Anlage 1 Teil B zum Gegenstand haben. Maßgebliches Abgrenzungskriterium ist der **Schwerpunkt der Tätigkeit**: Die in Abs. 2 Satz 1 Nr. 1 genannten Bestimmungen, also die Bestimmungen des 2. Abschnitts der VOL/A, sind anzuwenden, wenn der Wert der Dienstleistungen nach Anlage 1 Teil A überwiegt; ansonsten kommen die in Abs. 2 Satz 1 Nr. 2 genannten Bestimmungen, also § 8 EG VOL/A, § 15 EG Abs. 10 VOL/A und § 23 EG VOL/A sowie die Bestimmungen des 1. Abschnitts der VOL/A mit Ausnahme von § 7 VOL/A, zur Anwendung.

8   Dementsprechend wurde etwa das **Abschleppen** verkehrswidrig abgestellter oder sonst ordnungswidriger Fahrzeuge als **prioritäre Dienstleistung** i.S.v. Abs. 2 Satz 1 Nr. 1 i.V.m. Anlage 1 Teil A der VgV angesehen (OLG Düsseldorf vom 21.3.2012, Verg 92/11). Selbstverständlich bedeutet die Privilegierung des Abs. 2 aber keine Einschränkung des Nachprüfungsverfahrens (VK Bund vom 22.7.2011, VK 3-83/11; OLG Düsseldorf vom 2.1.2012, Verg 70/11).

9   Nach Ansicht des EuGH (vom 18.11.2010, Rs. C-226/09) kann allerdings auch die Vergabe nichtprioritärer Dienstleistungen nicht frei durch die Mitgliedstaaten ausgestaltet werden, sondern fordert besondere **Transparenz- und Gleichbehandlungspflichten**. Aus diesem Grunde liegt es nahe, auch bei nichtprioritären Dienstleistungen mit Binnenmarktrelevanz die strengeren Vorgaben der EG-Paragrafen der VOL/A anzuwenden und nicht von den Erleichterungen des 1. Abschnitts Gebrauch zu machen.

10 **Abs. 2 Satz 2 bis 4** wurde durch die 7. VgV-ÄnderungsVO zum 25.10.2013 angefügt. In Durchbrechung des Kaskadenprinzips wird hier eine Regelung zu den Zuschlagskriterien für die Vergabe

nachrangiger Dienstleistungen unmittelbar in der VgV statt in § 16 Abs. 8 VOL/A getroffen. Hintergrund ist ein vom Bundestag gerügtes Bedürfnis nach einer Differenzierung anhand der Qualifikation der für die Bieter handelnden Personen, aufgrund dessen man nicht erst die nächste Änderung der VOL/A abwarten wollte. Weitergehend ist (insbesondere auf Drängen von Deutschland, vgl. BT-Drucks. 17/11084) auf europäischer Ebene im Rahmen der Vergaberechtsreform beabsichtigt, generell für Dienstleistungen im Rahmen der Ermittlung des wirtschaftlichsten Angebots die **Organisation**, die **Qualifikation** und die **Erfahrung** des mit der Durchführung des betreffenden Auftrags eingesetzten Personals berücksichtigen zu können, wenn die Qualität des eingesetzten Personals erheblichen Einfluss auf das Niveau der Auftragsausführung haben kann.

Bis zur Änderung des Vergaberechts auf europäischer Ebene dürfen die Qualifikation und die Erfahrung des bei der Durchführung des betreffenden Auftrags eingesetzten Personals im Allgemeinen **ausschließlich im Rahmen der Eignungsprüfung** von Bietern abgefragt werden. Etwas anderes gilt nur für die in Abs. 2 geregelten **nachrangigen Dienstleistungen**, etwa im Gesundheitsbereich oder im Sozialwesen (Aufträge über Dienstleistungen gemäß Anhang I Teil B der VgV = Anhang II Teil B der Richtlinie 2004/18/EG). Für diese gelten gemäß Art. 21 der Richtlinie 2004/18/EG nur wenige ausgewählte Regelungen und es finden auch die Bestimmungen über die Zuschlagskriterien keine Anwendung, so dass der deutsche Gesetzgeber hier unabhängig von der Änderung der Richtlinie tätig werden durfte. Abs. 2 Satz 2 übernimmt den Wortlaut von Art. 66 Abs. 2 des Entwurfs der EU-Kommission für eine novellierte EU-Vergaberichtlinie. Abs. 2 Satz 3 regelt ergänzend, dass bei der Bewertung der Kriterien Organisation, Qualifikation und Erfahrung des eingesetzten Personals insbesondere der Erfolg und die Qualität bereits erbrachter Leistungen berücksichtigt werden können. In der Praxis ist vor diesem Hintergrund zu befürchten, dass etablierte Einrichtungen bevorzugt werden. Daher betont die Begründung der 7. VgV-ÄnderungsVO, dass eine realistische Chance auf den Zuschlag auch für Neu- bzw. Erstanbieter gewährleistet werden muss.

Zu beachten ist schließlich, dass sich die für die Zuschlagsentscheidungen herangezogenen bieterbezogenen Kriterien nicht mit den in der Eignungsprüfung gestellten Kriterien zur Fachkunde, Leistungsfähigkeit und Zuverlässigkeit des Bieters decken dürfen. Nach der Rechtsprechung des EuGH sind Eignungs- und Zuschlagskriterien streng voneinander zu trennen.

II. Eisenbahnleistungen („lex DB AG"; Abs. 3)

Abs. 3 wurde durch die Erste Verordnung zur Änderung der Vergabeverordnung vom 7.11.2002 (BGBl. I S. 4338) eingefügt. Er erlaubt unter bestimmten Voraussetzungen in systemfremder Weise außerhalb von § 3 EG VOL/A den Verzicht auf ein Vergabeverfahren zugunsten einer „freihändigen Vergabe" (gemeint: **Verhandlungsverfahren**) für Eisenbahnleistungen, für die Abweichungen zur allgemeinen VOL/A gelten sollen. Dadurch soll das Vergaberecht an die verkehrspolitischen Erfordernisse des Schienenpersonennahverkehrs angepasst werden. Da dies nur für eine Übergangsphase erforderlich ist, tritt die Regelung am 31.12.2014 außer Kraft.

Am 23.10.2007 wurde die EG-Verordnung 1370/2007 (Verordnung (EG) Nr. 1370/2007 des Europäischen Parlaments und des Rates vom 23.10.2007 über öffentliche Personenverkehrsdienste auf Schiene und Straße und zur Aufhebung der Verordnungen (EWG) Nr. 1191/69 und (EWG) Nr. 1107/70 des Rates) beschlossen und am 3.12.2007 im Amtsblatt der EU veröffentlicht (ABl. EU Nr. L 315, S. 1). Die unmittelbar geltende und die nationalen Regeln verdrängende Verordnung ermöglicht im **Schienenpersonennahverkehr** eine **Direktvergabe**. Darüber hinaus enthält sie Regeln für finanzielle Ausgleichsleistungen von öffentlichen Aufgabenträgern und ordnet das Vergabeverfahren im Verkehrsbereich. Die Verordnung ist in weiten Teilen zum 3.12.2009 in Kraft getreten. Die Vergabe von Aufträgen für den öffentlichen Verkehr auf Schiene und Straße muss allerdings nach der Übergangsregelung des Art. 8 Abs. 2 der Verordnung erst ab dem 3.12.2019 nach den Vorgaben von Art. 5 der Verordnung erfolgen. Während der Übergangszeit sind Maßnahmen zur schrittweisen Anwendung des Art. 5 der Verordnung und zur Vermeidung von ernsten strukturellen Problemen, insbesondere hinsichtlich der Transportkapazität, zu treffen.

§ 4 VgV Abschnitt 1 · Vergabebestimmungen

15 Umstritten ist, inwieweit die Verordnung mit der Ermächtigungsgrundlage in § 97 Abs. 6 GWB und § 127 GWB vereinbar oder wegen deren Überschreitung nichtig ist (VK Brandenburg vom 14.3.2003, VK 14/03; VK Brandenburg vom 10.2.2003, VK 80/02; VK Magdeburg vom 3.2.2003, VK 18/02). Darüber hinaus bestehen auch materiell-rechtliche Bedenken, da das Verhandlungsverfahren eigentlich nur unter besonderen Ausnahmevoraussetzungen möglich ist (zur Rechtslage vor der Änderung: OLG Koblenz vom 5.9.2002, 1 Verg 2/02; s. auch *Weyand*, Vergaberecht, § 4 VgV Rn. 3245; *Zeiss*, in: jurisPK-VergabeR, § 4 VgV Rn. 37 ff.). Für die (öffentlich-rechtlichen) Auftraggeber hat dieser Streit jedoch keine Auswirkungen, da sie keine eigene Verwerfungskompetenz (noch nicht einmal für den Einzelfall) haben (*Bischoff*, in: Willenbruch/Bischoff, Vergaberecht, § 4 GWB Rn. 4).

III. Energieeffizienz (Abs. 4 bis 6b)

16 Durch die „Vierte Verordnung zur Änderung der Verordnung über die Vergabe öffentlicher Aufträge" vom 16.8.2011 (BGBl. I S. 1724) wurden die Absätze 4 bis 6b neu gefasst (s. auch § 8 EG Abs. 5 VOL/A). Die öffentliche Hand soll hinsichtlich Energieeffizienz Vorbild für die Bürger sein. Zudem setzen die Regelungen Art. 5 der Richtlinie 2006/32/EG des Europäischen Parlaments und des Rates vom 5. April 2006 über Energieeffizienz und Energiedienstleistungen und zur Aufhebung der Richtlinie 93/76/EWG des Rates (ABl. L 114 vom 5.4.2006, S. 64) (**Energieeffizienzrichtlinie**) sowie Anhang VI, Buchst. c und d aus der Liste der förderungsfähigen Maßnahmen im Bereich der energieeffizienten öffentlichen Beschaffung und Art. 9 Abs. 1 Satz 1 der Richtlinie 2010/30 des Europäischen Parlaments und des Rates über die Angabe des Verbrauchs an Energie und anderen Ressourcen durch energieverbrauchsrelevante Produkte mittels einheitlicher Etiketten und Produktinformationen (ABl. L 153 vom 18.6.2010, S. 1) um. Eine etwas schwächere Regelung findet sich in § 7 Abs. 4 SektVO für den Sektorenbereich.

17 Energieverbrauchsrelevant sind alle Gegenstände, die unmittelbar selbst Energie verbrauchen oder mittelbar den Energieverbrauch anderer Gegenstände beeinflussen (z.B. Dimmerschaltungen), im Dienstleistungsbereich ist etwa an Thin-Client-Lösungen für EDV-Aufgaben zu denken.

18 Energieeffizienz ist auf zwei Ebenen zu berücksichtigen: einerseits im Rahmen der Leistungsbeschreibung (vgl. Abs. 5 und 6), andererseits bei der Auswahl des Angebots (vgl. Abs. 6b) (s. näher *Stockmann/Rusch*, NZBau 2013, 71; *Zeiss*, Energieeffizienz in der Beschaffungspraxis, NZBau 2012, 201; zur früheren Rechtslage s. *Zeiss*, Weniger Energieverbrauch! – Beschaffung energieeffizienter Geräte und Ausrüstung, NZBau 2011, 658).

19 Zunächst „sollen" die Auftraggeber im Rahmen der **Leistungsbeschreibung** das „höchste Leistungsniveau an Energieeffizienz" verlangen, soweit es keine entsprechenden Effizienzklassen gibt (ansonsten ist die höchste Effizienzklasse zu benennen) (Abs. 5). Ferner muss der Auftraggeber schon auf dieser Stufe von den Bietern Informationen zum Energieverbrauch angebotener Waren fordern (vgl. Abs. 6).

20 Auf der zweiten Stufe ist im Rahmen der **Auswahl der Angebote** die Energieeffizienz als Zuschlagskriterium angemessen zu berücksichtigen (vgl. Abs. 6b), da auch innerhalb einer Effizienzklasse erhebliche Unterschiede hinsichtlich des konkreten Energieverbrauchs bestehen können. Maßgeblich ist dabei selbstverständlich der Energieverbrauch bei Benutzung der Produkte, nicht der Aufwand für deren Herstellung.

21 Allerdings ist hier wohl eine Kompensation durch andere Faktoren, wie etwa Haltbarkeit, Bedeutung und Tendenz in Vergabeverfahren, möglich. So sollten Markterkundung, Unabdingbarkeit und Erforderlichkeit entsprechender Merkmale sowie wirtschaftliche Leitungsfähigkeit des Auftraggebers berücksichtigt werden.

22 Es ist sehr fraglich, ob die Regelung bieterschützend ist (dazu *Zeiss*, Energieeffizienz in der Beschaffungspraxis, NZBau 2012, 201), da im Wesentlichen damit wettbewerbsneutrale Interessen der Allgemeinheit (nämlich der Umweltschutz, Art. 20a GG) verfolgt werden.

IV. Straßenfahrzeuge (Abs. 7 bis 10)

Bei der Beschaffung von **Straßenfahrzeugen** sind Energieverbrauch und Umweltauswirkungen sowohl bei der **Leistungsbeschreibung** als auch bei der **Auswahl des Angebots** in besonderer Weise zu berücksichtigen, wie die Abs. 7 ff. in Umsetzung von Art. 5 Abs. 2 der Richtlinie 2009/33/EG klarstellen. Ausgenommen bleiben **Sondereinsatzfahrzeuge** (**Abs. 10**). Diese sind dann bei der Angebotswertung zu werten. Dennoch verbleibt wie bei anderen Leistungen Spielraum für den Auftraggeber, in welchem Umfang er das Kriterium konkret gewichtet. In **Abs. 7 Satz 2** sind bestimmte Faktoren genannt, die durch Vorgaben in der Leistungsbeschreibung und als Zuschlagskriterien zu berücksichtigen sind. Vergleichbare Regelungen finden sich in § 7 Abs. 5 und 6 SektVO.

Zur finanziellen Bewertung des Energieverbrauchs und der Umweltauswirkungen schreibt **Abs. 9** die Anwendung der in Anlage 3 zur VgV in Umsetzung von Art. 6 der Richtlinie 2009/33/EG vorgesehene Berechnungsmethode vor. Eine Arbeitshilfe ist dazu unter http://www.cleanvehicle.eu abrufbar.

In Umsetzung von Art. 2 der Richtlinie 2009/33/EG sind Einsatzfahrzeuge nach **Abs. 10** von diesen Vorgaben ausgenommen. Besondere Anforderungen an Energieeffizienz und Schadstoffreduktion sollen den besonderen Nutzen nicht beeinträchtigen. Erfasst sind nur Fahrzeuge, die speziell für die genannten Zwecke konstruiert und/oder umgebaut werden. Es ist natürlich durchaus möglich, dass die Vergabestelle Umweltanforderungen auch an diese Fahrzeuge stellt – anders als bei anderen Fahrzeugen ist sie hierzu aber nicht gezwungen.

V. Projektantenproblematik (Abs. 5 a.F.)

Die bis zum Erlass der VgV-AnpassungsVO vom 7.6.2010 (BGBl. I S. 724) in Abs. 5 (a.F.) geregelte „Projektantenproblematik" findet sich nunmehr nur noch in § 6 EG Abs. 7 VOL/A. Die Vorschrift lautet:

> **§ 6 EG VOL/A Teilnehmer am Wettbewerb**
>
> (1)–(6) ...
>
> (7) Hat ein Bieter oder Bewerber vor Einleitung des Vergabeverfahrens den Auftraggeber beraten oder sonst unterstützt, so hat der Auftraggeber sicherzustellen, dass der Wettbewerb durch die Teilnahme des Bieters oder Bewerbers nicht verfälscht wird.

Die Einschaltung von Bietern bereits im Vorfeld des Vergabeverfahrens bietet erhebliche Risiken: Zunächst hat der betroffene Bieter einen (oft erheblichen) Informationsvorsprung, zum anderen kann er den Auftraggeber so beeinflussen, dass faktisch nur er für den Auftrag in Frage kommt. Der EuGH hat jedoch klargestellt, dass der Auftraggeber aufgrund des Verhältnismäßigkeitsgrundsatzes verpflichtet ist, einen Wettbewerbsvorsprung des vorbefassten Bieters bzw. Bewerbers zu verhindern bzw. durch entsprechende Maßnahmen auszugleichen, während ein Ausschluss vom Verfahren nur ausnahmsweise zulässig ist (EuGH vom 3.3.2005, Rs. C-21/03; vom 3.3.2005, Rs. C-34/03). Dafür genügt freilich nicht, dass ein am Vergabeverfahren Beteiligter früherer Auftragnehmer war, da hierdurch kein Informationsvorsprung entsteht (OLG Düsseldorf vom 5.12.2012, VII-Verg 29/12).

Die Beteiligung im Vorfeld führt nur bei Vorliegen einer tatsächlichen (d.h. nicht nur potenziellen) Wettbewerbsverzerrung zu einem Ausschluss vom Vergabeverfahren (zur früheren Rechtslage: OLG Brandenburg vom 22.5.2007, VergW 13/06; VK Bund vom 16.9.2003, VK 2-70/03; OLG Düsseldorf vom 16.10.2003, VII-Verg 57/03; OLG Thüringen vom 8.4.2003, 6 Verg 9/02; zur aktuellen Rechtslage OLG München vom 10.2.2011, Verg 24/10). Der **Angebotsausschluss** ist also **ultima ratio**. Vorrangig ist ein (Informations-)Vorsprung des Vorbefassten zu vermeiden, insbesondere durch Gleichbehandlung in der Informationspolitik. Soweit der Vorbefasste Gutachten o.Ä. erstellt hat, sind diese auch den anderen Bietern/Bewerbern zugänglich zu machen (VK Baden-Württemberg vom 29.11.2002, 1 VK 62/02). Unabdingbar ist wie immer eine umfassende, sorgfältige Dokumentation zum Nachweis des fehlenden Vorsprungs (VK Bund vom 17.7.2000, VK 1-13/00). Die **Beweislast** für den Ausschlussgrund ist umstritten. Ein positiver Nachweis wird im Regelfall nicht gelingen, so dass (um die Transparenz des Verfahrens zu gewährleisten) ein Indizienbeweis zunächst

§ 5 VgV   Abschnitt 1 · Vergabebestimmungen

genügen muss, der dann im Einzelnen vom Bieter/Bewerber widerlegt werden kann (ähnlich *Müller-Wrede/Lux*, ZfBR 2006, 327, 328).

29   In diesem Zusammenhang ist auch **§ 16 VgV** zu beachten, wonach bestimmte Personen auf Seiten des Auftraggebers von der Entscheidung im Vergabeverfahren ausgeschlossen sind. Allerdings fehlt eine ausdrückliche Regelung, wonach auch dem Bieter nahestehende Personen ausgeschlossen werden können. Ebenso ist nicht geregelt, ob ein Angebotsausschluss auch bei verbundenen Unternehmen (insbesondere Konzerne) in Betracht kommt (dazu: *Kleinert/Göres*, KommJur 2006, 361; VK Bund vom 17.4.2000, VK 1-5/00; OLG Naumburg vom 1.9.2004, 1 Verg 11/4; VK Sachsen vom 28.10.2008, 1/SVK/054-08). Wird in diesen Konstellationen ein Wettbewerbsvorteil positiv festgestellt, ist auch dann ein Ausschluss geboten; im Übrigen ist eine Relevanz der Vorbefasstheit für die spätere Auftragsvergabe zu verneinen (ähnlich *Bischoff*, in: Willenbruch/Bischoff, Vergaberecht, § 4 VgV Rn. 20).

§ 5 Vergabe freiberuflicher Leistungen

(1) ¹Bei der Vergabe von Aufträgen für Dienstleistungen, die im Rahmen einer freiberuflichen Tätigkeit erbracht oder im Wettbewerb mit freiberuflichen Tätigkeiten angeboten werden, sowie bei Auslobungsverfahren, die zu solchen Dienstleistungsaufträgen führen sollen, müssen Auftraggeber nach § 98 Nummer 1 bis 3 und 5 des Gesetzes gegen Wettbewerbsbeschränkungen folgende Bestimmungen der Vergabeordnung für freiberufliche Leistungen (VOF) in der Fassung der Bekanntmachung vom 18. November 2009 (BAnz. Nr. 185a vom 8. Dezember 2009) anwenden:

1. bei Aufträgen, die Dienstleistungen nach Anlage 1 Teil A zum Gegenstand haben, alle Bestimmungen der VOF;

2. bei Aufträgen, die Dienstleistungen nach Anlage 1 Teil B zum Gegenstand haben, die Bestimmungen des § 6 Absatz 2 bis 7 VOF und § 14 VOF;

3. bei Aufträgen, die sowohl Dienstleistungen nach Anlage 1 Teil A als auch Dienstleistungen nach Anlage 1 Teil B zum Gegenstand haben, die in Nummer 1 genannten Bestimmungen, wenn der Wert der Dienstleistungen nach Anlage 1 Teil A überwiegt; ansonsten müssen die in Nummer 2 genannten Bestimmungen angewendet werden.

²Wenn im Fall des Satzes 1 Nummer 2 tatsächliche Anhaltspunkte dafür vorliegen, dass die Organisation, die Qualifikation und die Erfahrung des bei der Durchführung des betreffenden Auftrags eingesetzten Personals erheblichen Einfluss auf die Qualität der Auftragsausführung haben können, können diese Kriterien bei der Ermittlung des wirtschaftlichsten Angebots berücksichtigt werden. ³Bei der Bewertung dieser Kriterien können insbesondere der Erfolg und die Qualität bereits erbrachter Leistungen berücksichtigt werden. ⁴Die Gewichtung der Organisation, der Qualifikation und der Erfahrung des mit der Durchführung des betreffenden Auftrags betrauten Personals soll zusammen 25 Prozent der Gewichtung aller Zuschlagskriterien nicht überschreiten.

(2) Absatz 1 gilt nicht für Dienstleistungen, deren Gegenstand eine Aufgabe ist, deren Lösung vorab eindeutig und erschöpfend beschrieben werden kann.

A. Allgemeines

1   Wie § 4 VgV und § 6 VgV ist auch § 5 eine „Verknüpfungsnorm"; Wortlaut und Struktur wurden durch die „Verordnung zur Änderung der Vergabeverordnung sowie der Sektorenverordnung" vom 9.5.2011 (BGBl. I S. 800) an § 4 Abs. 2 VgV angepasst. Im Rahmen des Kaskadensystems (s. § 1 Rn. 3, 5, 7) des Vergaberechts gewährleistet sie die **Anwendung der VOF** für die Vergabe von **freiberuflichen Dienstleistungen** oder Tätigkeiten, die im Wettbewerb mit freiberuflichen Leistungen angeboten werden, sowie für Auslobungsverfahren (§ 99 GWB Rn. 163 ff.), die zu solchen

Dienstleistungen führen sollen (**Abs. 1**). § 5 wird dadurch verkompliziert, dass die **Natur der Auftragstätigkeit** über die jeweils anzuwendende Vergabe- und Vertragsordnung entscheidet. Soweit die Leistung sich bereits ex ante eindeutig und erschöpfend beschreiben lässt, greift die VOL/A (vgl. **Abs. 2**). Insoweit wird die Funktion von § 5 zutreffend als **„Weiche" im Kaskadensystem** beschrieben (Zeiss, in: jurisPK-VergabeR, § 5 VgV Rn. 2; OLG Düsseldorf vom 2.1.2012, Verg 70/11).

Abs. 1 Satz 2 bis 4 wurde durch die 7. VgV-ÄnderungsVO zum 25.10.2013 angefügt. Die Regelungen sind wortgleich mit § 4 Abs. 2 Satz 2 bis 4 VgV (§ 4 Rn. 10) und ermöglichen es, **Organisation, Qualifikation und Erfahrung** des bei der Durchführung des betreffenden Auftrags eingesetzten Personals als Zuschlagskriterium zu berücksichtigen. Bis zur Reform des EU-Vergaberechts gilt dies freilich nur im Rahmen von nachrangigen Dienstleistungen i.S.v. Anhang I Teil B der VgV = Anhang II Teil B der Richtlinie 2004/18/EG, hier insbesondere der Rechtsberatung. Zu den Folgen s. § 4 Rn. 11 f.

Die Wirkung der **statischen Verweisung** in Abs. 1 ist identisch mit derjenigen von § 6 Abs. 1 VgV und § 4 Abs. 1 und 2 VgV: Die VOF erlangt für die genannten Anwendungsfälle Verordnungsrang.

B. Einzelheiten

In persönlicher Hinsicht betrifft die Norm wie § 4 Abs. 2 VgV nur Auftraggeber i.S.v. § 98 Nr. 1 bis 3 und 5 GWB, nicht jedoch Sektorenauftraggeber nach § 98 Nr. 4 GWB (für welche nunmehr ohnehin die SektVO gilt) sowie Baukonzessionäre nach § 98 Nr. 6 GWB.

Freiberufliche Tätigkeiten sind durch § 1 Abs. 1 VOF i.V.m. Anhang I Teil A der VOF definiert. Daneben kann auf die Regelbeispiele in § 18 Abs. 1 Nr. 1 EStG und § 1 Abs. 2 PartGG zurückgegriffen werden, die allerdings nicht abschließend sind. Hierzu gehören insbesondere die Tätigkeiten von **Architekten, Ingenieuren, Rechtsanwälten und Unternehmensberatern**. Entscheidend ist nicht, wer die Tätigkeit ausübt, sondern der Inhalt der Dienstleistung: Selbst wenn die Leistung von einem freiberuflich Tätigen erbracht wird, ist nach den Regeln der VOL/A auszuschreiben, soweit es nicht um eine spezifisch freiberufliche Tätigkeit geht.

Zur **Abgrenzung** der freiberuflichen von der sonstigen Dienstleistung dient v.a. **Abs. 2:** Soweit die Lösung der durch die Dienstleistung zu erbringenden Aufgabe „**vorab eindeutig und erschöpfend**" (§ 8 EG Abs. 1 VOL/A, § 7 Abs. 1 Nr. 1 VOB/A) beschrieben werden kann (Abs. 2), greift nicht die VOF, sondern die VOL/A. Bei einer derartigen Vorgabe ist gewährleistet, dass die Angebote vergleichbar sind, was bei den klassischen freiberuflichen Leistungen (die stets ein kreativ-schöpferisches Element beinhalten) gerade nicht der Fall ist. **Beispiele** für derartige Leistungen sind etwa Inspektionen und Prüfungen, Analysen, Messungen sowie Überwachung von Arbeiten.

Da die VOL/A regelmäßig strenger ist als die VOF, sollte in Zweifelsfällen das Vergabeverfahren nach der VOL/A durchgeführt werden. Wurde einmal ein Verfahren nach einer bestimmten Vergabe- und Vertragsordnung gewählt, kann das Vergabeverfahren nachträglich nicht mehr einer anderen Vergabe- und Vertragsordnung unterstellt werden.

§ 6 Vergabe von Bauleistungen

(1) Auftraggeber nach § 98 Nr. 1 bis 3, 5 und 6 des Gesetzes gegen Wettbewerbsbeschränkungen haben bei der Vergabe von Bauaufträgen und Baukonzessionen die Bestimmungen des 2. Abschnittes des Teiles A der Vergabe- und Vertragsordnung für Bauleistungen (VOB/A) in der Fassung der Bekanntmachung vom 24. Oktober 2011 (BAnz. Nr. 182a vom 2. Dezember 2011; BAnz AT 07.05.2012 B1) anzuwenden; für die in § 98 Nr. 6 des Gesetzes gegen Wettbewerbsbeschränkungen genannten Auftraggeber gilt dies nur hinsichtlich der Bestimmungen, die auf diese Auftraggeber Bezug nehmen.

§ 6 VgV

(2) Wenn die Lieferung von energieverbrauchsrelevanten Waren, technischen Geräten oder Ausrüstungen wesentlicher Bestandteil einer Bauleistung ist, müssen die Anforderungen der Absätze 3 bis 6 beachtet werden.[1]

(3) In der Leistungsbeschreibung sollen im Hinblick auf die Energieeffizienz insbesondere folgende Anforderungen gestellt werden:

1. das höchste Leistungsniveau an Energieeffizienz und

2. soweit vorhanden, die höchste Energieeffizienzklasse im Sinne der Energieverbrauchskennzeichnungsverordnung.

(4) In der Leistungsbeschreibung oder an anderer geeigneter Stelle in den Vergabeunterlagen sind von den Bietern folgende Informationen zu fordern:

1. konkrete Angaben zum Energieverbrauch, es sei denn, die auf dem Markt angebotenen Waren, technischen Geräte oder Ausrüstungen unterscheiden sich im zulässigen Energieverbrauch nur geringfügig, und

2. in geeigneten Fällen,
   a) eine Analyse minimierter Lebenszykluskosten oder
   b) die Ergebnisse einer Buchstabe a vergleichbaren Methode zur Überprüfung der Wirtschaftlichkeit.

(5) Die Auftraggeber dürfen nach Absatz 4 übermittelte Informationen überprüfen und hierzu ergänzende Erläuterungen von den Bietern fordern.

(6) Im Rahmen der Ermittlung des wirtschaftlichsten Angebotes nach § 97 Absatz 5 des Gesetzes gegen Wettbewerbsbeschränkungen ist die anhand der Informationen nach Absatz 4 oder der Ergebnisse einer Überprüfung nach Absatz 5 zu ermittelnde Energieeffizienz als Zuschlagskriterium angemessen zu berücksichtigen.

Literatur: *Berrisch/Tschäpe*, Das DGNB-Zertifikat als Leistungsanforderung – wie nachhaltig muss eine Ausschreibung sein?, ZfBR 2012, 130.

1   Neben § 4 VgV und § 5 VgV ist § 6 die dritte „Scharniernorm" im Kaskadensystem (§ 1 Rn. 3, 5, 7) des Vergaberechts, welche die Anwendung der Vorschriften der Vergabe- und Vertragsordnungen (hier: der **VOB/A**) auf das Vergabeverfahren anordnet. Wie auch in den anderen Normen handelt es sich um einen **statischen Verweis** auf die ausdrücklich genannte Fassung, nicht hingegen um eine dynamische Verweisung auf die jeweils aktuelle Version. Die VOB/A erlangt insoweit Verordnungsrang (BGH vom 18.2.2003, X ZB 43/02; VK Sachsen vom 24.3.2005, 1/SVK/019-05).

   Bauleistungen im vergaberechtlichen Sinne sind Arbeiten jeder Art, durch die eine bauliche Anlage hergestellt, instandgehalten, geändert oder beseitigt wird. Daher sind etwa die Beschaffung eines Planetariumsprojektors und einer digitalen Ganzkuppelvideoprojektionsanlage für ein bestehendes Kuppelplanetarium „Bauleistungen" im vergaberechtlichen Sinne (OLG Brandenburg vom 29.3.2012, Verg W 2/12).

2   Die Vorschrift erklärt in **Abs. 1** den 2. Abschnitt der VOB/A für auf die Vergabe von Bauleistungen (Bauaufträge i.S.v. § 99 Abs. 3 GWB bzw. Baukonzessionen i.S.v. § 99 Abs. 6 GWB bzw. § 22 Abs. 1 VOB/A) durch Auftraggeber i.S.v. § 98 Nr. 1 bis 3, 5 und 6 GWB anwendbar, soweit diese nicht im Sektorenbereich (Anlage zu § 98 Nr. 4 GWB) tätig sind. Nach § 1 Abs. 1 Satz 2 SektVO ist deren Anwendung auf Bau- und Dienstleistungskonzessionen ausgeschlossen. Die früher an dieser Stelle be-

---

1   Amtl. Fußnote: § 6 Absatz 2 der Vergabeverordnung dient der Umsetzung folgender Richtlinien:
   – Richtlinie 2006/32/EG vom 5. April 2006 über Endenergieeffizienz und Energiedienstleistungen und zur Aufhebung der Richtlinie 93/76/EWG des Rates vom 5. April 2006 (ABl. L 114 vom 27.4.2006, S. 64),
   – Richtlinie 2010/30/EU des Europäischen Parlaments und des Rates über die Angabe des Verbrauchs an Energie und anderen Ressourcen durch energieverbrauchsrelevante Produkte mittels einheitlicher Etiketten und Produktinformationen (ABl. L 153 vom 18.6.2010, S. 1).

findliche Einschränkung hinsichtlich Baukonzessionären i.S.v. § 98 Nr. 6 GWB wurde nunmehr in § 22a VOB/A übernommen: Diese müssen bei der Auftragsvergabe nur bestimmte Normen (z.B. hinsichtlich Bekanntmachung, Fristen) anwenden. Mit Wirkung vom 19.7.2012 wurde der Verweis durch die 6. VgV-Änderungsverordnung auf die Neufassung der VOB/A aktualisiert.

Während früher umstritten war, ob für den Sektorenbereich die Regelungen des 4. Teils des GWB insgesamt (d.h. auch das Nachprüfungsverfahren) oder nur die Vorschriften der VOB/A ausgeschlossen wurden (vgl. OLG Thüringen vom 16.1.2002, 6 Verg 7/01 zur VOF), ist dies durch die Übernahme der entsprechenden Ausschlussregelungen in die Anlage zu § 98 Nr. 4 GWB und in § 100 Abs. 2 GWB entschieden. Diese sehr weit reichende Ausnahme ist europarechtlich zulässig (vgl. VK Sachsen vom 24.3.2005, 1/SVK/019-05). 3

Durch die „Vierte Verordnung zur Änderung der Verordnung über die Vergabe öffentlicher Aufträge" vom 16.8.2011 (BGBl. I S. 1724) wurden die Absätze 2 bis 6 neu geschaffen, um die Norm an § 4 Abs. 4 bis 6b VgV anzupassen; die frühere Regelung zur Energieeffizienz in Abs. 2 a.F. wurde dabei aufgehoben. Damit soll sichergestellt werden, dass das Kriterium der **Energieeffizienz** auch bei der Beschaffung von Waren, technischen Geräten und Ausrüstungen im Rahmen der Vergabe von Bauleistungen als wichtiges Kriterium zu berücksichtigen ist. Es sollen stets die Angebote mit den höchsten Leistungsniveaus und Effizienzklassen den Zuschlag erhalten. Allerdings gilt dies nicht für Gegenstände, welche für die Bauleistung unwesentlich sind. Sofern freilich Schwerpunkt des Auftrags die Beschaffung eines Produkts oder die Dienstleistung zur Erstellung eines Bauwerks ist, liegt keine „Vergabe von Bauleistungen" vor, sondern § 4 VgV findet unmittelbare Anwendung. 4

§§ 6a bis 13 (aufgehoben)

Der ehemals in **§ 6a VgV a.F.** geregelte „wettbewerbliche Dialog" findet sich nach seiner Streichung durch die „Verordnung zur Anpassung der Verordnung über die Vergabe öffentlicher Aufträge (Vergabeverordnung – VgV) sowie der Verordnung über die Vergabe von Aufträgen im Bereich des Verkehrs, der Trinkwasserversorgung und der Energieversorgung (Sektorenverordnung – SektVO)" vom 7.6.2010 (BGBl. I S. 724) in den novellierten Abschnitten 2 der VOB/A (§ 3a) und VOL/A (§ 3 EG). Die praktische Bedeutung dieses Verfahrens ist jedoch gering. 1

Die Verweisungsnorm des **§ 7 VgV a.F.** wurde durch Art. 2 der „Verordnung zur Neuregelung der für die Vergabe von Aufträgen im Bereich des Verkehrs, der Trinkwasserversorgung und der Energieversorgung anzuwendenden Regeln" vom 23.9.2009 (BGBl. I S. 3110) aufgehoben. Da nunmehr die entsprechenden Regelungen unmittelbarer Bestandteil der SektVO geworden sind, sind die Abschnitte 3 und 4 der VOB/A bzw. VOL/A sowie der Verweis auf diese Regelungen hinfällig geworden. Damit wurde das „Kaskadensystem" des Vergaberechts für den Sektorenbereich aufgegeben. 2

§§ 8 und 9 VgV a.F. definierten die Tätigkeiten im Sektorenbereich sowie deren Ausnahmen. Aufgrund der hohen praktischen Bedeutung wurde dies durch das Gesetz zur Modernisierung des Vergaberechts vom 20.4.2009 (BGBl. I S. 790) in das GWB überführt, und zwar als Anlage zu § 98 Nr. 4 GWB. 3

§ 10 VgV a.F. betraf die Freistellung von verbundenen Unternehmen von der Ausschreibungspflicht nach § 7 VgV a.F. Diese Regelung wurde durch das Gesetz zur Modernisierung des Vergaberechts in erheblich detaillierterer Form in § 100 Abs. 2 Buchst. o und p GWB a.F. (= § 100b Abs. 6 und 7 GWB) aufgenommen. 4

Die Regelung des **§ 11 VgV a.F.** (Auftraggeber nach dem Bundesberggesetz) findet sich nun (wortgleich) in § 129b GWB. 5

Die „Drittlandsklausel" (**§ 12 VgV a.F.**) findet sich nunmehr in § 28 SektVO. 6

Durch das Gesetz zur Modernisierung des Vergaberechts wurde schließlich die vormals in **§ 13 VgV a.F.** geregelte Informationspflicht des Auftraggebers in § 101a Abs. 1 GWB weitgehend wortgleich übernommen. 7

§ 14 Bekanntmachungen

(1) Die Auftraggeber geben in der Bekanntmachung und den Vergabeunterlagen die Anschrift der Vergabekammer an, der die Nachprüfung obliegt.

(2) Bei Bekanntmachungen im Amtsblatt der Europäischen Union nach diesen Bestimmungen haben die Auftraggeber die Bezeichnungen des Gemeinsamen Vokabulars für das öffentliche Auftragswesen (Common Procurement Vocabulary – CPV) zur Beschreibung des Auftragsgegenstandes zu verwenden.

(3) Das Bundesministerium für Wirtschaft und Technologie gibt im Bundesanzeiger einen Hinweis auf die Rechtsvorschrift zur Änderung der CPV bekannt.

A. Allgemeines

1   § 14 übernimmt lediglich einen kleinen Teil der Bekanntmachungsvorschriften aus den Vergaberichtlinien, deren größter Teil sich in § 12 EG VOB/A, § 15 EG VOL/A sowie in § 9 VOF bzw. § 13 SektVO findet. Demgegenüber gibt Abs. 1 allein die Benennung der zuständigen Vergabekammer vor, und Abs. 2 und 3 regeln die Verwendung des einheitlichen Vokabulars (sog. CPV) im Text der Bekanntmachung. Der neu gefasste Abs. 1 übernimmt den Wortlaut von § 17 Satz 1 VgV (a.F.). Die freiwillige Angabe zur Benennung von Vergabeprüfstellen (gemäß § 17 Satz 2 VgV a.F.) wurde dagegen gestrichen. Neu aufgenommen wurde Abs. 3, wonach Änderungen im CPV-Vokabular im Bundesanzeiger bekannt zu geben sind.

B. Einzelheiten

I. Hinweis auf Vergabekammern (Abs. 1)

2   Um die Effektivität des Rechtsschutzes zu gewährleisten (BR-Drucks. 455/00, S. 20), ist nach Abs. 1 bereits in der Bekanntmachung und den Vergabeunterlagen die zuständige Vergabekammer mit ihrer (Post-)Anschrift anzugeben. Diese Verpflichtung war früher in § 17 Satz 1 VgV a.F. geregelt. Da es sich hierbei jedoch um eine **Bekanntmachungspflicht** des Auftraggebers handelt und nicht um Verfahrensvorschriften zum Nachprüfungsverfahren, wurde diese Regelung aus systematischen Gründen in die Vorschrift des § 14 „Bekanntmachungen" verschoben.

3   Die zuständige Vergabekammer ergibt sich aus §§ 104 Abs. 1, 106, 106a GWB. Anzugeben ist zumindest die **Postanschrift**; andere Kontaktmöglichkeiten (insbesondere **Telefax** und **E-Mail**) können zur Beschleunigung des Verfahrens zusätzlich freiwillig genannt werden.

4   Schwierig sind Fälle, in denen **mehrere Auftraggeber aus verschiedenen Bundesländern** einen gemeinsamen Beschaffungsvorgang ausschreiben. Eine ausdrückliche Zuständigkeitsregelung für derartige Fälle existierte bis zur Novellierung des GWB-Vergaberechts durch das Gesetz zur Modernisierung des Vergaberechts vom 20.4.2009 (BGBl. I S. 790) nicht (OLG Koblenz vom 5.9.2002, 1 Verg 2/02; VK Hamburg vom 21.4.2004, VgK FB 1/04). Bis dahin sollte es bei länderübergreifenden Beschaffungen zulässig sein, **alle** in Betracht kommenden Vergabekammern anzugeben (VK Lüneburg vom 7.12.2001, 2003 VgK-20/2001), da insoweit nach damals vertretener Ansicht der meisten Gerichte (OLG Koblenz vom 5.9.2002, 1 Verg 2/02; VK Sachsen vom 5.2.2007, 1/SVK/125-06) die Vergabekammern eines jeden in Frage kommenden Landes (konkurrierend) zuständig seien. § 106a Abs. 3 Satz 2 GWB bestimmt nunmehr, dass die Auftraggeber bei länderübergreifenden Beschaffungen nur **eine** zuständige Vergabekammer in der Bekanntmachung nennen.

5   **Fehlen** die Angaben nach Abs. 1 völlig, ist dies unverzüglich nach § 107 Abs. 3 Nr. 2 GWB zu **rügen**. Dieser eklatante Verstoß ist für die Bieter problemlos zu erkennen (*Kadenbach*, in: Willenbruch/Bischoff, § 17 VgV Rn. 4).

6   **Unvollständige** oder **fehlerhafte** Angaben begründen ihrerseits einen selbständig rügefähigen Vergaberechtsverstoß (VK Südbayern vom 26.11.2002, 46-11/02). Eine Rüge ist entbehrlich, wenn

der Mangel nicht erkennbar ist. Leitet die Vergabekammer das Nachprüfungsverfahren ein, kann der Antragsteller nicht mehr geltend machen, dass ihm durch unvollständige oder fehlerhafte Angaben ein Schaden entstanden ist (VK Südbayern vom 26.11.2002, 46-11/02).

Durch die Angabe einer **unzuständigen Vergabekammer** wird deren Zuständigkeit nicht begründet (OLG Celle vom 5.9.2002, 13 Verg 9/02, VergR 2003, 91; VK Bund vom 8.6.2006, VK 2-2114/05; a.A. *Kühnen*, in: Byok/Jaeger, § 17 VgV Rn. 1717). Der Antragsteller muss u.U. selbst die zuständige Vergabekammer ermitteln und dort einen Nachprüfungsantrag stellen (OLG Rostock vom 16.5.2001, 17 W 1/01); ob eine obligatorische Verweisung von Amts wegen in Betracht kommt, lässt sich mit guten Gründen bezweifeln. Die unzuständige Vergabekammer soll jedoch zur Sicherung effektiven Rechtsschutzes den Nachprüfungsantrag zustellen, um den Suspensiveffekt des § 115 Abs. 1 GWB auszulösen (VK Münster vom 9.8.2001, VK 19/01). 7

II. Maßgeblichkeit des CPV, Hinweisbekanntmachung (Abs. 2)

Um die europaweite Transparenz des Vergabeverfahrens zu gewährleisten, insbesondere zur Erleichterung der Recherche über die Tenders Electronic Daily (http://ted.publications.eu.int), verpflichtet Abs. 2 die Auftraggeber zur Verwendung einheitlicher Begrifflichkeiten. Ermächtigungsgrundlage hierfür ist § 127 Nr. 8 GWB. 8

Die Regelung hat nur klarstellende Wirkung, da die dementsprechende Pflicht bereits aus den Verordnungen (EG) 2195/2002 sowie (EG) 2151/2003 folgt. Dies galt bereits vor der Änderung des Wortes „soll" in ein „muss" durch die 3. VgV-Änderungsverordnung im Jahre 2006. 9

Der Standardisierung dient weiterhin die Pflicht zur Verwendung der von der EU-Kommission zur Veröffentlichung im Amtsblatt vorgegebenen **Online-Formulare** (http://simap.europa.eu/enotice/changeLanguage.do?language=de). 10

Maßgeblich ist das **„Common Procurement Vocabulary – CPV"** gemäß der Verordnung (EG) Nr. 213/2008 vom 28.11.2007. Das CPV ist seit dem 1.2.2006 für alle Ausschreibungen in der Europäischen Union verbindlich. Es stellt eine Weiterentwicklung der CPA-Nomenklatur und der NACE Rev. 1 speziell für das öffentliche Beschaffungswesen dar. 11

Jede Änderung des CPV musste ursprünglich im Bundesanzeiger bekanntgemacht werden (§ 14 Satz 2 VgV a.F.). Mit der VgV-AnpassungsVO vom 7.6.2010 (BGBl. I S. 724) wurde diese Veröffentlichungspflicht gestrichen. Stattdessen muss lediglich bei Neuregelungen durch die Kommission der Europäischen Gemeinschaft ein **Hinweis** auf die Änderung des CPV-Codes erfolgen (s. Abs. 2). Unabhängig davon gelten aber Änderungen bereits aufgrund der Veröffentlichung durch die EU-Kommission. Die geltende CPV kann online unter http://www.simap.eu.int/codes-and-nomenclatures/codes-cpv_de.html abgerufen werden. 12

Durch das CPV erfolgt die **Terminologie** für die Beschreibung der Auftragsgegenstände in einem einheitlichen Klassifikationssystem: 13

– In einem „Hauptteil" wird der Auftragsgegenstand durch einen aus neun Ziffern bestehenden numerischen Code beschrieben, für den Beschreibungen in allen Amtssprachen vorliegen. Relevant sind dabei nur die ersten acht Ziffern, die neunte Ziffer dient der Überprüfung der vorhergehenden Ziffern. Der Code spiegelt eine Baumstruktur wider: Die beiden ersten Ziffern bezeichnen die Abteilungen (XX000000-Y; z.B. 60000000 Transportdienste); die drei ersten Ziffern bezeichnen die Gruppen (XXX00000-Y; z.B. 60100000 Landtransport); die vier ersten Ziffern bezeichnen die Klassen (XXXX0000-Y; z.B. 60120000 Landgütertransport); die fünf ersten Ziffern bezeichnen die Kategorien (XXXXX000-Y; z.B. 60122000 Güterbeförderung auf der Straße); die letzten drei Ziffern können die Kategorien weiter präzisieren (z.B. 60122100 Güterbeförderung auf der Straße mit Spezialfahrzeugen; 60122160 Sicherheitstransport; 60122161 Beförderung in gepanzerten Personenwagen).

– In einem „Zusatzteil" kann die Beschreibung des Auftragsgegenstandes ergänzt werden. Er besteht aus einem alphanumerischen Code, dem eine Bezeichnung entspricht, mit der die Eigenschaften oder die Zweckbestimmung des zu erwerbenden Gutes weiter präzisiert werden können. Der alphanumerische Code umfasst: eine erste Ebene, die aus einem Buchstaben besteht, der einem Abschnitt entspricht, sowie eine zweite Ebene, die aus vier Ziffern besteht, von denen die drei ersten eine Unterteilung darstellen und die letzte eine Kontrollziffer ist (z.B. X009-9 „Mit Linkssteuerung").

14 Ein **falscher CPV-Code** in einer Bekanntmachung stellt in der Regel einen Verstoß gegen den Transparenzgrundsatz des § 97 Abs. 1 GWB dar.

§ 15 (weggefallen)

1 Die in § 15 VgV a.F. geregelten Anforderungen an die **elektronische Angebotsabgabe** sind in die Vergabe- und Vertragsordnungen aufgenommen worden (wo sie ohnehin aufgrund des Kaskadensystems hingehören), so dass die Regelung durch die 3. VgV-ÄnderungsVO zum 1.11.2006 aufgehoben wurde.

§ 16 Ausgeschlossene Personen

(1) Als Organmitglied oder Mitarbeiter eines Auftraggebers oder als Beauftragter oder als Mitarbeiter eines Beauftragten eines Auftraggebers dürfen bei Entscheidungen in einem Vergabeverfahren für einen Auftraggeber als voreingenommen geltende natürliche Personen nicht mitwirken, soweit sie in diesem Verfahren

1. Bieter oder Bewerber sind,
2. einen Bieter oder Bewerber beraten oder sonst unterstützen oder als gesetzliche Vertreter oder nur in dem Vergabeverfahren vertreten,
3. a) bei einem Bieter oder Bewerber gegen Entgelt beschäftigt oder bei ihm als Mitglied des Vorstandes, Aufsichtsrates oder gleichartigen Organs tätig sind oder
   b) für ein in das Vergabeverfahren eingeschaltetes Unternehmen tätig sind, wenn dieses Unternehmen zugleich geschäftliche Beziehungen zum Auftraggeber und zum Bieter oder Bewerber hat,

es sei denn, dass dadurch für die Personen kein Interessenkonflikt besteht oder sich die Tätigkeiten nicht auf die Entscheidungen in dem Vergabeverfahren auswirken.

(2) ¹Als voreingenommen gelten auch die Personen, deren Angehörige die Voraussetzungen nach Absatz 1 Nr. 1 bis 3 erfüllen. ²Angehörige sind der Verlobte, der Ehegatte, Lebenspartner, Verwandte und Verschwägerte gerader Linie, Geschwister, Kinder der Geschwister, Ehegatten und Lebenspartner der Geschwister und Geschwister der Ehegatten und Lebenspartner, Geschwister der Eltern sowie Pflegeeltern und Pflegekinder.

Literatur: *Berrisch/Nehl*, Doppelmandate, Neutralitätsgebot und „böser Schein", WuW 2001, 944; *Danckwerts*, Widerlegbarkeit der Befangenheitsvermutung: Hat der Bundesrat bei der letzten Änderung des § 16 VgV die Lehren aus der „Flughafen Berlin-Schönefeld"-Entscheidung des OLG Brandenburg schon wieder vergessen?, NZBau 2001, 242; *Hentschke/Geßner*, Vermeidung von Manipulationen bei der Vergabe öffentlicher Aufträge, LKV 2005, 425; *Lange*, Der Begriff des eingeschalteten Unternehmens i.S.d. § 16 I Nr. 3 lit. b VgV, NZBau 2008, 422; *Mager/Recke*, Die Beachtung des Geheimwettbewerbs im Vergabeverfahren bei Parallelangeboten konzernverbundener Unternehmen, NZBau 2011, 541; *Schröder*, Der Ausschluss voreingenommener Personen im Vergabeverfahren nach § 16 VgV, NVwZ 2004, 168; *Quilisch/Fietz*, Die Voreingenommenheit bei der Vergabe öffentlicher Aufträge, NZBau 2001, 540; *Winnes*, Verbietet § 16 VgV die „umgekehrte Befangenheit"?, NZBau 2004, 423.

A. Allgemeines

Generell ist es dem Auftraggeber erlaubt (und oft sogar für die ordnungsgemäße Durchführung des Verfahrens erforderlich), fachkundige Dritte einzuschalten, um sich die notwendigen Kenntnisse zur Vorbereitung oder Durchführung des Vergabeverfahrens zu verschaffen (OLG Celle vom 18.12.2003, 13 Verg 22/03). Jedoch dürfen dadurch keine Verzerrungen durch Diskriminierung einzelner Beteiligter auftreten. Daher gewährleistet § 16 das **vergaberechtliche Gleichbehandlungsgebot**. Allerdings genügt es nicht, dass Anhaltspunkte dafür bestehen, dass eine am Vergabeverfahren beteiligte (Rn. 6 ff.) Person voreingenommen sein könnte. Vielmehr muss eine der drei Tatbestandsvarianten des Abs. 1 erfüllt sein (OLG Celle vom 8.9.2011, 13 Verg 4/11) bzw. ein Angehöriger nach Abs. 2 beteiligt sein (Rn. 2 ff.). Der Konflikt muss im konkreten Verfahren bestehen; irrelevant ist es, wenn ein Bieter und eine am Vergabeverfahren beteiligte Person im Allgemeinen konkurrieren und dadurch in potentiellen künftigen Verfahren eine Interessenkollision auftreten könnte (VK Niedersachsen vom 31.1.2012, VgK-58/2011). 1

B. Einzelheiten

I. „Voreingenommene Personen"

„Voreingenommen" im Sinne der Norm sind unwiderlegbar (VK Lüneburg vom 6.9.2004, 203-VgK-39/2004) der Bieter selbst (**Abs. 1 Nr. 1**) bzw. diesen beratende, vertretende und unterstützende Personen (**Abs. 1 Nr. 2**). Unproblematisch ist dabei die Konstellation, dass im selben Verfahren eine Person auf beiden Seiten tätig ist (VK Sachsen vom 14.4.2008, 1/SVK/013-08; VK Niedersachsen vom 6.9.2004, 203-VgK-39/2004). Es genügt aber auch, wenn die Beratung zwar nicht im selben Verfahren erfolgt, aber in unmittelbarer zeitlicher Nähe (OLG Celle vom 9.4.2009, 13 Verg 7/08). Nicht hinreichend ist umgekehrt die bloße gesellschaftsrechtliche Beteiligung einer Person am Bieter (VK Baden-Württemberg vom 29.10.2010, 1 VK 54/10), eine bereits länger zurückliegende Tätigkeit (OLG Dresden vom 23.7.2002, WVerg 7/02) oder eine Tätigkeit für vom Bieter weit entfernte Unternehmen in einem größeren Unternehmensverbund (OLG Celle vom 8.9.2011, 13 Verg 4/11 – zum Deutschen Roten Kreuz), ebenso wenig genügt eine positive Äußerung über den Bieter in einem Zeitungsinterview (OLG Celle vom 9.4.2009, 13 Verg 7/08). 2

Ausgeschlossen sind außerdem Organmitglieder und Beschäftige von Bietern oder Unternehmen, die „in das Verfahren eingeschaltet sind" und geschäftliche Beziehungen zum Bieter und zum Auftraggeber haben (**Abs. 1 Nr. 3**). Wer durch den Auftraggeber in ein konkretes Vergabeverfahren eingeschaltet wird, darf nicht zugleich geschäftliche Beziehungen zu einem Bieter oder Bewerber unterhalten. Diesbezüglich ist die Vermutung widerlegbar (OLG Koblenz vom 5.9.2002, 1 Verg 2/02). Sinn der Regelung ist es, zu verhindern, dass ein von der Vergabestelle eingeschaltetes Unternehmen durch Weiterleitung konkreter Informationen einem Bieter zu einem Informationsvorsprung und damit Wettbewerbsvorteil gegenüber seinen Konkurrenten verhilft (VK Sachsen vom 26.6.2009, 1/SVK/024-09; VK Münster vom 28.11.2008, VK 19/08). Bei einer Doppelberatung ist eine solche Gefahr indiziert. 3

Darüber hinaus sind nach **Abs. 2 Satz 1** auch alle Angehörigen derartiger Personen i.S.v. Abs. 2 Satz 2 ausgeschlossen (vgl. OLG Koblenz vom 5.9.2002, 1 Verg 2/02: Sohn eines Vorstandsmitglieds der DB AG als Bieter bei Streckenausbau). 4

Die Auflistung wird weitgehend als **abschließend** angesehen (vgl. VK Bund vom 15.8.2006, VK 1-79/06). Soweit also keine der dort genannten Beziehungen zwischen Personen auf Seiten des Auftraggebers und Bietern besteht, scheidet der Einwand der Voreingenommenheit grundsätzlich aus. Allerdings wird eine **analoge** Anwendung in **Konzernkonstellationen** bejaht, soweit am Verfahren beteiligte Personen als Beirats- bzw. Aufsichtsratsmitglied einer Gesellschaft tätig sind, die ihrerseits in erheblichem Umfang als Bieter beteiligt ist, was einem „Beraten" jedenfalls dann gleichkommt, wenn gerade die Beteiligung dieses Gesellschafters im Verfahren hervorgehoben wird (OLG Celle vom 9.4.2009, 13 Verg 7/08). 5

II. Mitwirkung am Vergabeverfahren

6   Die voreingenommene Person muss an einer Entscheidung im Vergabeverfahren **mitgewirkt** haben. Dies ist zu bejahen, wenn ein Anwalt als Kontaktperson benannt wird und bei der Bearbeitung von Rügeschreiben mitwirkt (OLG Celle vom 8.9.2011, 13 Verg 4/11). Die Bescheidung einer Rüge ist in aller Regel eine Entscheidung i.S.d. § 16 (OLG Koblenz vom 5.9.2002, 1 Verg 2/02; OLG Jena vom 8.4.2003, 6 Verg 9/02; abweichend OLG Hamburg vom 4.11.2002, Verg 3/02). Erforderlich ist eine konkrete Beteiligung am Verfahren; es genügt nicht, dass die voreingenommene Person zu einem mit der Vergabeentscheidung befassten Gremium gehört (VK Nordbayern vom 31.8.2011, 21 VK-3194-24/11). Eine unzureichende Dokumentation der (fehlenden) Beteiligung der mutmaßlich voreingenommenen Person geht dabei zu Lasten des Auftraggebers (VK Niedersachsen vom 12.7.2011, VgK-19/2011).

7   Im Stadium der **Vorbereitung** einer Ausschreibung im offenen Verfahren gibt es noch keine um den Auftrag konkurrierenden Unternehmen und folglich mangels Wettbewerbs auch keine Teilnehmer an einem solchen. So führen im Vorfeld erstattete Gutachten nicht zum Ausschluss vom Verfahren (OLG Celle vom 8.9.2011, 13 Verg 4/11). Demnach wird man frühestens Handlungen im Zusammenhang mit der öffentlichen Bekanntmachung der Vergabeunterlagen als relevant erachten können. Die Mitwirkung an der Erstellung der Angebotsunterlage als solche ist daher nicht relevant (VK Niedersachsen vom 20.8.2010, VgK-33/2010).

8   Sehr **eng** ist das Verständnis der VK Nordbayern (vom 27.6.2008, 21.VK-3194-23/08). Danach genügt es zur Wahrung der Neutralität, dass die Ausschreibung durch ein Fachbüro betreut wird und die Entscheidung über die Vergabe durch die Organe der Vergabestelle getroffen wird, während das Angebot von Geschäftsführern unterschrieben wird, die nicht selbst die Ausschreibung vorgenommen haben. Auch die VK Bund (vom 3.7.2006, VK 1-43/06) legt § 16 eher eng aus: Sind keine beratenden oder sonst unterstützenden Beziehungen zwischen den als befangen beanstandeten Personen und einem Bieter bezogen auf das streitgegenständliche Vergabeverfahren erkennbar, liegt keine Mitwirkung i.S.d. § 16 vor. Die VK Niedersachsen (vom 20.8.2010, VgK-33/2010) meint, dass die schlichte Informationserteilung, anders als die Beantwortung von Rügen, ebenfalls nicht zum Ausschluss führt (in diese Richtung auch, wenn auch differenzierend, OLG Düsseldorf vom 9.4.2003, Verg 66/02; VK Bund vom 19.7.2002, VK 1-37/02). Nach VK Südbayern (vom 28.7.2006, Z 3-3-3194-1-17-05/06) greift der Rechtsgedanke des § 16 entsprechend im Rahmen eines Verhandlungsverfahrens.

III. Rechtsfolgen von Verstößen

9   Soweit ein Verstoß gegen § 16 vorliegt, darf die als voreingenommen geltende Person nicht auf Auftraggeberseite an dem Vergabeverfahren mitwirken; eine Mitwirkung auf Bieterseite ist hingegen unproblematisch (OLG Thüringen vom 8.4.2003, 6 Verg 9/02; VK Baden-Württemberg vom 28.12.2009, 1 VK 61/09). Ein Verstoß gegen § 16 führt regelmäßig zur Aufhebung des Vergabeverfahrens (*Dippel*, in: jurisPK-VergabeR, § 16 VgV Rn. 49). Dies gilt hingegen nicht, wenn ausnahmsweise eine gebundene Entscheidung vorlag (also die Voreingenommenheit keinerlei Einfluss haben konnte) oder eine Heilung durch erneute Entscheidung (soweit diese überhaupt möglich ist, OLG Koblenz vom 5.9.2002, 1 Verg 2/02) den Neutralitätsverstoß nachweislich beseitigen konnte (generell kritisch OLG Hamburg vom 4.11.2002, 1 Verg 3/02).

10 Die Bieter und Bewerber können ihren Anspruch (§ 97 Abs. 7 GWB) auf Einhaltung des Mitwirkungsverbotes im Rahmen des Nachprüfungsverfahrens durchsetzen. Dabei genügt jedoch nicht die unwiderlegbare Vermutung als solche, vielmehr muss eine konkrete negative Auswirkung des Verstoßes zu ihren Lasten dargelegt werden (OLG Frankfurt am Main vom 11.5.2004, 11 Verg 8/04, 11 Verg 9/04, 11 Verg 10/04). Erfährt ein Bieter erst während des Beschwerdeverfahrens von einem Verstoß gegen § 16, genügt es für die Unverzüglichkeit der Rüge, wenn der erkannte Vergaberechtsverstoß unmittelbar und unverzüglich gegenüber dem Senat geltend gemacht wird (OLG Frankfurt/Main vom 11.5.2004, 11 Verg 8/04, 9/04, 10/04; OLG Celle vom 23.2.2001, 13 Verg 3/01).

§ 17 Melde- und Berichtspflichten

(1) Die Auftraggeber übermitteln der zuständigen Stelle eine jährliche statistische Aufstellung der im Vorjahr vergebenen Aufträge, und zwar getrennt nach öffentlichen Liefer-, Dienstleistungs- und Bauaufträgen (§§ 4 bis 6).

(2) ¹Für jeden Auftraggeber enthält die statistische Aufstellung mindestens die Anzahl und den Wert der vergebenen Aufträge. ²Die Daten werden soweit möglich wie folgt aufgeschlüsselt:

a) nach den jeweiligen Vergabeverfahren,

b) nach Waren, Dienstleistungen und Bauarbeiten gemäß den Kategorien der CPV-Nomenklatur,

c) nach der Staatsangehörigkeit des Bieters, an den der Auftrag vergeben wurde.

(3) Werden die Aufträge im Verhandlungsverfahren vergeben, so werden die Daten auch nach den in § 3 EG Absatz 3 und 4 VOL/A, § 3 Absatz 1 und 4 VOF und § 3a Absatz 5 und 6 VOB/A genannten Fallgruppen aufgeschlüsselt und enthalten die Anzahl und den Wert der vergebenen Aufträge nach Staatszugehörigkeit der erfolgreichen Bieter zu einem Mitgliedstaat der EU oder einem Drittstaat.

(4) Die Daten enthalten zudem die Anzahl und den Gesamtwert der Aufträge, die auf Grund der Ausnahmeregelungen zum Beschaffungsübereinkommen vergeben wurden.

(5) ¹Die statistischen Aufstellungen für oberste und obere Bundesbehörden und vergleichbare Bundeseinrichtungen enthalten auch den geschätzten Gesamtwert der Aufträge unterhalb der EU-Schwellenwerte sowie nach Anzahl und Gesamtwert der Aufträge, die auf Grund der Ausnahmeregelungen zum Beschaffungsübereinkommen vergeben wurden. ²Sie enthalten keine Angaben über Dienstleistungen der Kategorie 8 des Anhangs I Teil A und über Fernmeldedienstleistungen der Kategorie 5, deren CPC-Referenznummern 7524 (CPV-Referenznummer 64228000-0), 7525 (CPV-Referenznummer 64221000-1) und 7526 (CPV-Referenznummer 64227000-3) lauten, sowie über Dienstleistungen des Anhangs I Teil B, sofern der geschätzte Wert ohne Umsatzsteuer unter 200.000 Euro liegt.

Der durch die „Verordnung zur Anpassung der Verordnung über die Vergabe öffentlicher Aufträge (Vergabeverordnung – VgV) sowie der Verordnung über die Vergabe von Aufträgen im Bereich des Verkehrs, der Trinkwasserversorgung und der Energieversorgung (Sektorenverordnung – SektVO)" vom 7.6.2010 (BGBl. I S. 724) eingeführte § 17 hat inhaltlich nichts mit der früheren Bestimmung gemeinsam. Die Regelung des § 17 Satz 1 a.F. findet sich nun in § 14 Abs. 1 VgV wieder; § 17 Satz 2 a.F. wurde aufgehoben, da auch die Vorschrift des § 103 GWB (a.F.) zu den Vergabeprüfstellen seit dem Gesetz zur Modernisierung des Vergaberechts 2009 nicht mehr existiert.

§ 17 fasst die ehemals in § 30a VOL/A 2006 und § 19 VOF 2006 geregelten **statistischen Pflichten** der öffentlichen Auftraggeber zusammen. Die **Berichtspflichten** sind nicht Gegenstand des Vergabeverfahrens, sondern diesem nachgelagert – daher bot es sich an, diese allgemein in der VgV zu verankern. § 17 ist eng an den Text der Art. 75 und 76 der Richtlinie 2004/18/EG angelehnt. Hierdurch soll die Einhaltung der Vorschriften kontrolliert werden: Im Rahmen der Statistiken soll die CPV-Nomenklatur (vgl. VO (EG) Nr. 213/2008 der Kommission vom 28. November 2007 zur Änderung der Verordnung (EG) Nr. 195/2002 des Europäischen Parlaments und des Rates über das Gemeinsame Vokabular für öffentliche Aufträge (CPV) und der Vergaberichtlinien des Europäischen Parlaments und des Rates 2004/17/EG und 2004/18/EG im Hinblick auf die Überarbeitung des Vokabulars, ABl. EG 2008 L 74, S. 1) verwendet werden (§ 14 Rn. 8 ff.). Die EU kann so analysieren, in welchem Umfang öffentliche Baumaßnahmen dem europäischen Markt zugeführt werden und eventuell weitere Kontroll- oder Sanktionsmaßnahmen einleiten.

Die Berichte sind – je nach Auftrag – dem Wirtschaftsministerium des betroffenen Bundeslandes oder den Bundesministerien als zuständige Stelle zu übermitteln. Die Statistiken werden dann beim Bundesministerium für Wirtschaft und Technologie (BMWi) gesammelt und der EU-Kommission weitergeleitet.

Vordrucke für die Meldung finden sich unter http://www.bmwi.de/DE/Themen/Wirtschaft/Wirtschaftspolitik/oeffentliche-auftraege,did=190910.html.

3 Ein **Verstoß** gegen die statistischen Pflichten hat auf das Vergabeverfahren, insbesondere auf die beteiligten Bieter, keine rechtlichen Auswirkungen (Pünder/Schellenberg/*Mentzinis*, VergabeR, § 17 VgV Rn. 4).

§§ 18 bis 22 (aufgehoben)

1 Bereits mit der Übernahme der Nachprüfungsbestimmungen in das GWB durch Art. 2 des Gesetzes zur Modernisierung des Vergaberechts, der Streichung des § 17 VgV a.F. sowie der Verschiebung des § 17 Satz 1 VgV a.F. in § 14 Abs. 1 VgV sind alle Regelungen des früheren Abschnitts 2 der VgV entfallen. Deshalb wurde der gesamte frühere Abschnitt 2 der VgV („Nachprüfungsbestimmungen") durch die VgV-AnpassungsVO vom 7.6.2010 (BGBl. I S. 724) gestrichen.

2 Die in **§ 18 VgV a.F.** geregelte Zuständigkeit der Vergabekammern findet sich seit dem Gesetz zur Modernisierung des Vergaberechts vom 20.4.2009 (BGBl. I S. 790) in § 106a GWB.

3 **§ 19 VgV a.F.** betraf das durch Art. 3 bis 7 der Richtlinie 92/13/EWG vorgesehene „Bescheinigungsverfahren". Dieses ermöglichte Sektorenauftraggebern, die Anwendung der in der Sektorenrichtlinie enthaltenen Vergaberegeln auf freiwilliger Basis überprüfen zu lassen. Die Regelung wurde (auch wegen Fehlens jeglicher praktischer Bedeutung, da eine entsprechende Bescheinigung keinerlei rechtliche Bindungswirkung insbesondere im Nachprüfungsverfahren mit sich brachte) ersatzlos gestrichen.

4 Das in **§ 20 VgV a.F.** geregelte „Schlichtungsverfahren" setzte (wörtlich) Art. 9 bis 11 der Sektorenrechtsmittelrichtlinie um. Es sollte die möglichst schnelle (§ 20 Abs. 5 Satz 2 VgV a.F.) konsensuale Beilegung von Streitigkeiten im Sektorenbereich durch ein Schlichtungsverfahren vor der EU-Kommission gewährleisten. § 20 Abs. 1 VgV a.F. bestimmte die Voraussetzungen, unter denen das Verfahren zulässig ist, während die Abs. 2 bis 7 dessen Ablauf regelten. Während das Korrekturverfahren des § 21 VgV a.F. in § 129 GWB übernommen worden ist, ist das ähnlichen Zwecken dienende Schlichtungsverfahren ganz gestrichen worden.

5 **§ 21 VgV a.F.** betraf (in Umsetzung von Art. 3 der Richtlinie 89/665/EWG und von Art. 8 der Richtlinie 92/13/EWG) den Korrekturmechanismus der EU-Kommission bei Kenntniserlangung von „klaren und eindeutigen" Vergaberechtsverstößen. Diese Regelung wurde durch das Gesetz zur Modernisierung des Vergaberechts wörtlich identisch in § 129 GWB übernommen.

6 **§ 22 VgV a.F.** regelte die Pflicht der Vergabekammern und Oberlandesgerichte, das Bundesministerium für Wirtschaft und Arbeit über die Zahl der Nachprüfungsverfahren zu statistischen Zwecken zu informieren. Die Regelung findet sich aufgrund des Gesetzes zur Modernisierung des Vergaberechts nunmehr in § 129a GWB.

Abschnitt 2
Übergangs- und Schlussbestimmungen

§ 23 Übergangsbestimmungen

¹Bereits begonnene Vergabeverfahren werden nach dem Recht, das zum Zeitpunkt des Beginns des Verfahrens galt, beendet. ²Bis zu drei Monaten nach Inkrafttreten dieser Verordnung begonnene Vergabeverfahren, bei denen eine elektronische Angebotsabgabe zugelassen ist, können nach den Verfahrensvorschriften, welche vor Inkrafttreten dieser Verordnung galten, abgewickelt werden, wenn dies in der Bekanntmachung festgelegt ist.

A. Allgemeines

Satz 1 wurde ursprünglich für Verfahren geschaffen, die bei Inkrafttreten der neuen VgV (zum 1.2.2001) bereits liefen. Er gilt jedoch auch für alle Änderungen, die nachträglich eingefügt wurden. Bedeutung erlangte die Norm daher insbesondere bei Änderungen der Schwellenwerte (vgl. z.B. VK Saarland vom 23.4.2007, 3 VK 02/2007; VK Saarland vom 23.4.2007, 3 VK 03/2007). Die SektVO enthält in § 34 eine vergleichbare Regelung: Für Vergabeverfahren, die vor deren Inkrafttreten begonnen wurden, gelten über § 7 VgV a.F. die Regelungen der VOB/A bzw. VOL/A. 1

Satz 2 wurde durch die VgV-AnpassungsVO vom 7.6.2010 (BGBl. I S. 724) eingeführt. Hierdurch soll eine angemessene Übergangsfrist für die Um- bzw. Neuprogrammierung elektronischer Vergabesoftware zur Sicherstellung der Rechtskonformität ermöglicht werden. Mit dieser kann praktisch erst nach Inkrafttreten der Änderungen begonnen werden – die Fertigstellung erfolgt also „nach Inkrafttreten". Um trotzdem auch in der Zeit unmittelbar nach Inkrafttreten, aber noch vor der technischen Umstellung, elektronische Vergabeverfahren durchführen zu können, wurde eine **dreimonatige Karenzfrist** geschaffen, in der noch das alte Recht gilt (VK Bund vom 26.11.2010, VK 3-114/10). 2

B. Einzelheiten

§ 23 bringt den Vertrauensschutz zum Ausdruck, der aus dem allgemeinen verfassungsrechtlichen **Verbot echter Rückwirkung** in Bezug auf bereits begonnene Verfahren (Art. 20 GG) folgt. Hiernach gilt das zum Zeitpunkt der Vergabebekanntmachung geltende Recht für das gesamte Vergabeverfahren (VK Brandenburg vom 30.6.2003, VK 34/03). Dies bezieht sich selbstverständlich nicht nur auf die VgV selbst, sondern auch auf die mittelbar einbezogenen Regelungen der VOB/A oder VOL/A (LG Bonn vom 10.8.2010, 1 O 5/10). Die Regelung findet u.U. analoge Anwendung auf andere relevante Rechtsnormen. Eine Rechtsänderung ist daher auch grundsätzlich kein Aufhebungsgrund i.S.v. § 17 Abs. 1 Nr. 3 VOB/A bzw. § 20 EG Abs. 1 Buchst. d VOL/A (vgl. VK Hannover vom 21.8.2003, VK 7/2003 zu § 26 Nr. 1 Buchst. c VOB/A 2006). 3

Es gibt keine eindeutige Regelung, die den **Beginn des Vergabeverfahrens** gemäß § 23 festlegt. Auch die Regierungsbegründung zu § 23 schweigt sich dazu aus. Sinn und Zweck des § 23 fordern jedoch eine kurze und klare Übergangsregelung (VK Sachsen vom 23.5.2001, 1/SVK/34-01). Der Bezugszeitpunkt für das anwendbare Recht richtet sich daher nach dem ersten nach außen erkennbaren Schritt des Auftraggebers zur Beschaffung, der die Schwelle einer bloßen Markterkundung oder anderer Vorbereitungsmaßnahmen überschreitet (OLG Naumburg vom 18.8.2011, 2 Verg 3/11; OLG Düsseldorf vom 8.5.2002, Verg 8-15/01; *Braun*, NZBau 2001, 675; *Schimanek*, ZfBR 2002, 39). Dies ist bei einem offenen Verfahrens jedenfalls die Veröffentlichung der **Ausschreibung im Amtsblatt der Europäischen Gemeinschaften** (OLG Brandenburg vom 2.12.2003, Verg W 6/03). Praktisch dürfte, wie § 3 Abs. 10 VgV zeigt, aber bereits die Absendung der Bekanntmachung der beabsichtigten Auftragsvergabe an das EU-Amtsblatt (OLG München vom 12.11.2010, Verg 21/10; OLG Naumburg vom 8.10.2009, 1 Verg 9/09; *Boesen*, Vergaberecht, § 101 GWB Rn. 16) genügen. Der 4

Beginn des Verfahrens liegt hingegen nicht bereits in der unverbindlichen Vorinformation gemäß § 12 EG Abs. 1 VOB/A und § 15 EG Abs. 6, 7 VOL/A (abweichend VK Saarland vom 23.4.2007, 3 VK 02/2007). Bei zeitlich getrennter Losvergabe ist nicht auf den Beginn des offenen Losverfahrens, sondern auf den Beginn des daran anschließenden Verhandlungsverfahrens abzustellen (VK Hessen vom 28.6.2001, 69d-VK-17/2001).

§ 24 (Inkrafttreten, Außerkrafttreten)

Anlage 1[*]

Teil A[1]

Kategorie	Bezeichnung	CPC-Referenznummern[2]	CPV-Referenznummern
1	Instandhaltung und Reparatur	6112, 6122, 633, 886	Von 50100000-6 bis 50982000-5 (außer 50310000-1 bis 50324200-4 und 50116510-9, 50190000-3, 50229000-6, 50243000-0) und von 51000000-9 bis 51900000-1
2	Landverkehr[3], einschließlich Geldtransport und Kurierdienste, ohne Postverkehr	712 (außer 71235), 7512, 87304	Von 60100000-9 bis 60183000-4 (außer 60121000 bis 60160000-7, 60161000-4, 60220000-6) und von 64120000-3 bis 64121200-2
3	Fracht- und Personenbeförderung im Flugverkehr, ohne Postverkehr	73 (außer 7321)	Von 60410000-5 bis 60424120-3 (außer 60411000-2, 60421000-5) und 60500000-3, von 60440000-4 bis 60445000-9
4	Postbeförderung im Landverkehr[4] sowie Luftpostbeförderung	71235, 7321	60160000-7, 60161000-4, 60411000-2, 60421000-5
5	Fernmeldewesen	752	Von 64200000-8 bis 64228200-2, 72318000-7 und von 72700000-7 bis 72720000-3
6	Finanzielle Dienstleistungen: a) Versicherungsdienstleistungen, b) Bankdienstleistungen und Wertpapiergeschäfte[5]	ex 81, 812, 814	Von 66100000-1 bis 66720000-3
7	Datenverarbeitung und verbundene Tätigkeiten	84	Von 50310000-1 bis 50324200-4, von 72000000-5 bis 72920000-5 (außer 72318000-7 und von 72700000-7 bis 72720000-3), 79342410-4
8	Forschung und Entwicklung[6]	85	Von 73000000-2 bis 73436000-7 (außer 73200000-4, 73210000-7, 73220000-0)

---

[*] Teil A entspricht Anhang VI, Teil B Anhang VII zur Verordnung (EG) Nr. 213/2008 der Kommission vom 28. November 2007 zur Änderung der Verordnung (EG) Nr. 2195/2002 des Europäischen Parlaments und des Rates über das Gemeinsame Vokabular für öffentliche Aufträge (CPV) und der Vergaberichtlinien des Europäischen Parlaments und des Rates 2004/17/EG und 2004/18/EG im Hinblick auf die Überarbeitung des Vokabulars (ABl. L 74 vom 15.3.2008, S. 1).
1 Bei unterschiedlichen Auslegungen zwischen CPV und CPC gilt die CPC-Nomenklatur.
2 CPC-Nomenklatur (vorläufige Fassung), die zur Festlegung des Anwendungsbereichs der Richtlinie 92/50/EWG verwendet wird.
3 Ohne Eisenbahnverkehr der Kategorie 18.
4 Ohne Eisenbahnverkehr der Kategorie 18.
5 Ohne Finanzdienstleistungen im Zusammenhang mit Ausgabe, Verkauf, Ankauf oder Übertragung von Wertpapieren oder anderen Finanzinstrumenten und mit Zentralbankdiensten. Ausgenommen sind ferner Dienstleistungen zum Erwerb oder zur Anmietung – ganz gleich, nach welchen Finanzmodalitäten – von Grundstücken, bestehenden Gebäuden oder anderem unbeweglichen Eigentum oder betreffend Rechte daran; Finanzdienstleistungen, die bei dem Vertrag über den Erwerb oder die Anmietung mit ihm gleichlaufend, ihm vorangehend oder im Anschluss an ihn gleich in welcher Form erbracht werden, fallen jedoch darunter.
6 Ohne Aufträge über Forschungs- und Entwicklungsdienstleistungen, die anderer Art sind als diejenigen, deren Ergebnisse ausschließlich Eigentum des Auftraggebers für seinen Gebrauch bei der Ausübung seiner eigenen Tätigkeit sind, sofern die Dienstleistung vollständig durch den Auftraggeber vergütet wird.

Anlage 1 VgV

Kategorie	Bezeichnung	CPC-Referenz-nummern	CPV-Referenznummern
9	Buchführung, -haltung und -prüfung	862	Von 79210000-9 bis 792230000-3
10	Markt- und Meinungsforschung	864	Von 79300000-7 bis 79330000-6, und 79342310-9, 79342311-6
11	Unternehmensberatung[7] und verbundene Tätigkeiten	865, 866	Von 73200000-4 bis 732200000-0, von 79400000-8 bis 794212000-3 und 793420000-3, 79342100-4, 79342300-6, 79342320-2, 79342321-9, 79910000-6, 79991000-7, 98362000-8
12	Architektur, technische Beratung und Planung, integrierte technische Leistungen, Stadt- und Landschaftsplanung, zugehörige wissenschaftliche und technische Beratung, technische Versuche und Analysen	867	Von 71000000-8 bis 71900000-7 (außer 71550000-8) und 79994000-8
13	Werbung	871	Von 79341000-6 bis 793422200-5 (außer 79342000-3 und 79342100-4)
14	Gebäudereinigung und Hausverwaltung	874, 82201 bis 82206	Von 70300000-4 bis 70340000-6 und von 90900000-6 bis 90924000-0
15	Verlegen und Drucken gegen Vergütung oder auf vertraglicher Grundlage	88442	Von 79800000-2 bis 79824000-6, von 79970000-6 bis 79980000-7
16	Abfall- und Abwasserbeseitigung, sanitäre und ähnliche Dienstleistungen	94	Von 90400000-1 bis 90743200-9 (außer 9071220-3), von 90910000-9 bis 90920000-2 und 50190000-3, 50229000-6, 50243000-0

---

[7] Ohne Schiedsgerichts- und Schlichtungsleistungen.

VgV Anlage 1

Teil B

Kategorie	Bezeichnung	CPC-Referenznummern	CPV-Referenznummern
17	Gaststätten und Beherbergungsgewerbe	64	Von 55100000-1 bis 55524000-9 und von 98340000-8 bis 98341100-6
18	Eisenbahnen	711	60200000-0 bis 60220000-6
19	Schifffahrt	72	Von 60600000-4 bis 60553000-0 und von 63727000-1 bis 63727200-3
20	Neben- und Hilfstätigkeiten des Verkehrs	74	Von 63000000-9 bis 63734000-3 (außer 63711200-8, 63712700-0, 63712710-3 und von 63727000-1 bis 63727200-3) und 98361000-1
21	Rechtsberatung	861	Von 79100000-5 bis 79140000-7
22	Arbeitsvermittlung und Arbeitskräftevermittlung[8]	872	Von 79600000-0 bis 79635000-4 (außer 79611000-0, 79632000-3, 79633000-0) und von 98500000-8 bis 98514000-9
23	Auskunfts- und Schutzdienste, ohne Geldtransport	873 (außer 87304)	Von 79700000-1 bis 797230000-8
24	Unterrichtswesen und Berufsausbildung	92	Von 80100000-5 bis 806600000-8 (außer 80533000-9, 80533100-0, 80533200-1)
25	Gesundheits-, Veterinär- und Sozialwesen	93	79611000-0 und von 85000000-9 bis 85323000-9 (außer 85321000-5 und 85322000-2)
26	Erholung, Kultur und Sport[9]	96	Von 79995000-5 bis 79995200-7 und von 92000000-1 bis 92700000-8 (außer 92230000-2, 922231000-9, 92232000-6)
27	Sonstige Dienstleistungen		

---

8 Mit Ausnahme von Arbeitsverträgen.
9 Mit Ausnahme von Aufträgen über Erwerb, Entwicklung, Produktion oder Koproduktion von Programmen durch Sendeunternehmen und Verträgen über Sendezeit.

Anlage 2 VgV

Anlage 2 Daten zur Berechnung der über die Lebensdauer von Straßenfahrzeugen anfallenden externen Kosten (entspricht dem Anhang zur Richtlinie 2009/33/EG)

Tabelle 1 Energiegehalt von Kraftstoffen

Kraftstoff	Energiegehalt in Megajoule (MJ)/Liter bzw. Megajoule (MJ)/Normkubikmeter (Nm³)
Dieselkraftstoff	36 MJ/Liter
Ottokraftstoff	32 MJ/Liter
Erdgas	33–38 MJ/Nm³
Flüssiggas (LPG)	24 MJ/Liter
Ethanol	21 MJ/Liter
Biodiesel	33 MJ/Liter
Emulsionskraftstoff	32 MJ/Liter
Wasserstoff	11 MJ/Nm³

Tabelle 2 Emissionskosten im Straßenverkehr (Preise von 2007)

Kohlendioxid (CO_2)	Stickoxide (NO_x)	Nichtmethan-Kohlenwasserstoffe	Partikelförmige Abgasbestandteile
0,03–0,04 €/kg	0,0044 €/g	0,001 €/g	0,087 €/g

Tabelle 3 Gesamtkilometerleistung von Straßenfahrzeugen

Fahrzeugklasse (Kategorien M und N gemäß der Richtlinie 2007/46/EG)	Gesamtkilometerleistung
Personenkraftwagen (M_1)	200.000 km
Leichte Nutzfahrzeuge (N_1)	250.000 km
Schwere Nutzfahrzeuge (N_2, N_3)	1.000.000 km
Busse (M_2, M_3)	800.000 km

Anlage 3 Methode zur Berechnung der über die Lebensdauer von Straßenfahrzeugen anfallenden Betriebskosten

1. Für die Zwecke von § 4 Absatz 9 Satz 1 werden die über die Lebensdauer eines Straßenfahrzeugs durch dessen Betrieb verursachten Energieverbrauchs- und Emissionskosten (Betriebskosten) nach der im Folgenden beschriebenen Methode finanziell bewertet und berechnet:

   a) Die Energieverbrauchskosten, die für den Betrieb eines Straßenfahrzeugs über dessen Lebensdauer anfallen, werden wie folgt berechnet:

      aa) Der Kraftstoffverbrauch je Kilometer eines Straßenfahrzeugs gemäß Nummer 2 wird in Energieverbrauch je Kilometer (Megajoule/Kilometer, MJ/km) gerechnet. Soweit der Kraftstoffverbrauch in anderen Einheiten angegeben ist, wird er nach den Umrechnungsfaktoren in Tabelle 1 der Anlage 2 in MJ/km umgerechnet.

      bb) Je Energieeinheit muss im Rahmen der Angebotswertung ein finanzieller Wert festgesetzt werden (€/MJ). Dieser finanzielle Wert wird nach einem Vergleich der Kosten je Energieeinheit von Ottokraftstoff oder Dieselkraftstoff vor Steuern bestimmt. Der jeweils günstigere Kraftstoff bestimmt den in der Angebotswertung zu berücksichtigenden finanziellen Wert je Energieeinheit (€/MJ).

      cc) Zur Berechnung der Energieverbrauchskosten, die für den Betrieb eines Straßenfahrzeugs über dessen Lebensdauer anfallen, werden die Gesamtkilometerleistung gemäß Nummer 3 (gegebenenfalls unter Berücksichtigung der bereits erbrachten Kilometerleistung), der Energieverbrauch je Kilometer (MJ/km) gemäß Doppelbuchstabe aa und die Kosten in Euro je Energieeinheit (€/MJ) gemäß Doppelbuchstabe bb miteinander multipliziert.

   b) Zur Berechnung der Kohlendioxid-Emissionen, die für den Betrieb eines Straßenfahrzeugs über dessen Lebensdauer anfallen, werden die Gesamtkilometerleistung gemäß Nummer 3 (gegebenenfalls unter Berücksichtigung der bereits erbrachten Kilometerleistung), die Kohlendioxid-Emissionen in Kilogramm je Kilometer (kg/km) gemäß Nummer 2 und die Emissionskosten je Kilogramm (€/kg) gemäß Tabelle 2 der Anlage 2 miteinander multipliziert.

   c) Zur Berechnung der in Tabelle 2 der Anlage 2 aufgeführten Kosten für Schadstoffemissionen, die für den Betrieb eines Straßenfahrzeugs über dessen Lebensdauer anfallen, werden die Kosten für Emissionen von Stickoxiden, Nichtmethan-Kohlenwasserstoffen und partikelförmigen Abgasbestandteilen addiert. Zur Berechnung der über die Lebensdauer anfallenden Kosten für jeden einzelnen Schadstoff werden die Gesamtkilometerleistung gemäß Nummer 3 (gegebenenfalls unter Berücksichtigung der bereits erbrachten Kilometerleistung), die Emissionen in Gramm je Kilometer (g/km) gemäß Nummer 2 und die jeweiligen Kosten je Gramm (€/g) miteinander multipliziert.

   d) Auftraggeber dürfen bei der Berechnung der Emissionskosten nach den Buchstaben b und c höhere Werte zugrunde legen als diejenigen, die in Tabelle 2 der Anlage 2 angegeben sind, sofern die Werte in Tabelle 2 der Anlage 2 um nicht mehr als das Doppelte überschritten werden.

2. Die Werte für den Kraftstoffverbrauch je Kilometer sowie für Kohlendioxid-Emissionen und Schadstoffemissionen je Kilometer basieren auf den genormten gemeinschaftlichen Testverfahren der Gemeinschaftsvorschriften über die Typgenehmigung. Für Straßenfahrzeuge, für die keine genormten gemeinschaftlichen Testverfahren bestehen, werden zur Gewährleistung der Vergleichbarkeit verschiedener Angebote allgemein anerkannte Testverfahren, die Ergebnisse von Prüfungen, die für den Auftraggeber durchgeführt wurden, oder die Angaben des Herstellers herangezogen.

3. Die Gesamtkilometerleistung eines Fahrzeugs ist der Tabelle 3 der Anlage 2 zu entnehmen.

Anhang

Anhang 1 Gesetz gegen Wettbewerbsbeschränkungen (GWB)

In der Fassung der Bekanntmachung vom 26.6.2013 (BGBl. I S. 1750, 3245)
zuletzt geändert durch Art. 2 Abs. 78 des Gesetzes zur Strukturreform des Gebührenrechts des Bundes
vom 7.8.2013 (BGBl. I S. 3154, 3175)

– Auszug –

Vierter Teil Vergabe öffentlicher Aufträge

Erster Abschnitt Vergabeverfahren

§ 97 Allgemeine Grundsätze

(1) Öffentliche Auftraggeber beschaffen Waren, Bau- und Dienstleistungen nach Maßgabe der folgenden Vorschriften im Wettbewerb und im Wege transparenter Vergabeverfahren.

(2) Die Teilnehmer an einem Vergabeverfahren sind gleich zu behandeln, es sei denn, eine Benachteiligung ist auf Grund dieses Gesetzes ausdrücklich geboten oder gestattet.

(3) Mittelständische Interessen sind bei der Vergabe öffentlicher Aufträge vornehmlich zu berücksichtigen. Leistungen sind in der Menge aufgeteilt (Teillose) und getrennt nach Art oder Fachgebiet (Fachlose) zu vergeben. Mehrere Teil- oder Fachlose dürfen zusammen vergeben werden, wenn wirtschaftliche oder technische Gründe dies erfordern. Wird ein Unternehmen, das nicht öffentlicher Auftraggeber ist, mit der Wahrnehmung oder Durchführung einer öffentlichen Aufgabe betraut, verpflichtet der Auftraggeber das Unternehmen, sofern es Unteraufträge an Dritte vergibt, nach den Sätzen 1 bis 3 zu verfahren.

(4) Aufträge werden an fachkundige, leistungsfähige sowie gesetzestreue und zuverlässige Unternehmen vergeben. Für die Auftragsausführung können zusätzliche Anforderungen an Auftragnehmer gestellt werden, die insbesondere soziale, umweltbezogene oder innovative Aspekte betreffen, wenn sie im sachlichen Zusammenhang mit dem Auftragsgegenstand stehen und sich aus der Leistungsbeschreibung ergeben. Andere oder weitergehende Anforderungen dürfen an Auftragnehmer nur gestellt werden, wenn dies durch Bundes- oder Landesgesetz vorgesehen ist.

(4a) Auftraggeber können Präqualifikationssysteme einrichten oder zulassen, mit denen die Eignung von Unternehmen nachgewiesen werden kann.

(5) Der Zuschlag wird auf das wirtschaftlichste Angebot erteilt.

(6) Die Bundesregierung wird ermächtigt, durch Rechtsverordnung mit Zustimmung des Bundesrates nähere Bestimmungen über das bei der Vergabe einzuhaltende Verfahren zu treffen, insbesondere über die Bekanntmachung, den Ablauf und die Arten der Vergabe, über die Auswahl und Prüfung der Unternehmen und Angebote, über den Abschluss des Vertrages und sonstige Fragen des Vergabeverfahrens.

(7) Die Unternehmen haben Anspruch darauf, dass der Auftraggeber die Bestimmungen über das Vergabeverfahren einhält.

§ 98 Auftraggeber

Öffentliche Auftraggeber im Sinne dieses Teils sind:

1. Gebietskörperschaften sowie deren Sondervermögen,
2. andere juristische Personen des öffentlichen und des privaten Rechts, die zu dem besonderen Zweck gegründet wurden, im Allgemeininteresse liegende Aufgaben nichtgewerblicher Art zu erfüllen, wenn Stellen, die unter Nummer 1 oder 3 fallen, sie einzeln oder gemeinsam durch Beteiligung oder auf sonstige Weise überwiegend finanzieren oder über ihre Leitung die Aufsicht ausüben oder mehr als die Hälfte der Mitglieder eines ihrer zur Geschäftsführung oder zur Aufsicht berufenen Organe bestimmt haben. Das Gleiche gilt dann, wenn die Stelle, die einzeln oder gemeinsam mit anderen die überwiegende Finanzierung gewährt oder die Mehrheit der Mitglieder eines zur Geschäftsführung oder Aufsicht berufenen Organs bestimmt hat, unter Satz 1 fällt,
3. Verbände, deren Mitglieder unter Nummer 1 oder 2 fallen,
4. natürliche oder juristische Personen des privaten Rechts, die auf dem Gebiet der Trinkwasser- oder Energieversorgung oder des Verkehrs tätig sind, wenn diese Tätigkeiten auf der Grundlage von besonderen oder ausschließlichen Rechten ausgeübt werden, die von einer zuständigen Behörde gewährt wurden, oder wenn Auftraggeber, die unter Nummern 1 bis 3 fallen, auf diese Personen einzeln oder gemeinsam einen beherrschenden Einfluss ausüben können; besondere oder ausschließliche Rechte sind Rechte, die dazu führen, dass die Ausübung dieser Tätigkeiten einem oder mehreren Unternehmen vorbehalten wird und dass

die Möglichkeit anderer Unternehmen, diese Tätigkeit auszuüben, erheblich beeinträchtigt wird. Tätigkeiten auf dem Gebiet der Trinkwasser- und Energieversorgung sowie des Verkehrs sind solche, die in der Anlage aufgeführt sind,

5. natürliche oder juristische Personen des privaten Rechts sowie juristische Personen des öffentlichen Rechts, soweit sie nicht unter Nummer 2 fallen, in den Fällen, in denen sie für Tiefbaumaßnahmen, für die Errichtung von Krankenhäusern, Sport-, Erholungs- oder Freizeiteinrichtungen, Schul-, Hochschul- oder Verwaltungsgebäuden oder für damit in Verbindung stehende Dienstleistungen und Auslobungsverfahren von Stellen, die unter Nummern 1 bis 3 fallen, Mittel erhalten, mit denen diese Vorhaben zu mehr als 50 vom Hundert finanziert werden,

6. natürliche oder juristische Personen des privaten Rechts, die mit Stellen, die unter die Nummern 1 bis 3 fallen, einen Vertrag über eine Baukonzession abgeschlossen haben, hinsichtlich der Aufträge an Dritte.

§ 99 Öffentliche Aufträge

(1) Öffentliche Aufträge sind entgeltliche Verträge von öffentlichen Auftraggebern mit Unternehmen über die Beschaffung von Leistungen, die Liefer-, Bau- oder Dienstleistungen zum Gegenstand haben, Baukonzessionen und Auslobungsverfahren, die zu Dienstleistungsaufträgen führen sollen.

(2) Lieferaufträge sind Verträge zur Beschaffung von Waren, die insbesondere Kauf oder Ratenkauf oder Leasing, Miet- oder Pachtverhältnisse mit oder ohne Kaufoption betreffen. Die Verträge können auch Nebenleistungen umfassen.

(3) Bauaufträge sind Verträge über die Ausführung oder die gleichzeitige Planung und Ausführung eines Bauvorhabens oder eines Bauwerkes für den öffentlichen Auftraggeber, das Ergebnis von Tief- oder Hochbauarbeiten ist und eine wirtschaftliche oder technische Funktion erfüllen soll, oder einer dem Auftraggeber unmittelbar wirtschaftlich zugutekommenden Bauleistung durch Dritte gemäß den vom Auftraggeber genannten Erfordernissen.

(4) Als Dienstleistungsaufträge gelten die Verträge über die Erbringung von Leistungen, die nicht unter Absatz 2 oder Absatz 3 fallen.

(5) Auslobungsverfahren im Sinne dieses Teils sind nur solche Auslobungsverfahren, die dem Auftraggeber auf Grund vergleichender Beurteilung durch ein Preisgericht mit oder ohne Verteilung von Preisen zu einem Plan verhelfen sollen.

(6) Eine Baukonzession ist ein Vertrag über die Durchführung eines Bauauftrags, bei dem die Gegenleistung für die Bauarbeiten statt in einem Entgelt in dem befristeten Recht auf Nutzung der baulichen Anlage, gegebenenfalls zuzüglich der Zahlung eines Preises besteht.

(7) Verteidigungs- oder sicherheitsrelevante Aufträge sind Aufträge, deren Auftragsgegenstand mindestens eine der in den nachfolgenden Nummern 1 bis 4 genannten Leistungen umfasst:

1. die Lieferung von Militärausrüstung im Sinne des Absatzes 8, einschließlich dazugehöriger Teile, Bauteile oder Bausätze;
2. die Lieferung von Ausrüstung, die im Rahmen eines Verschlusssachenauftrags im Sinne des Absatzes 9 vergeben wird, einschließlich der dazugehörigen Teile, Bauteile oder Bausätze;
3. Bauleistungen, Lieferungen und Dienstleistungen in unmittelbarem Zusammenhang mit der in den Nummern 1 und 2 genannten Ausrüstung in allen Phasen des Lebenszyklus der Ausrüstung;
4. Bau- und Dienstleistungen speziell für militärische Zwecke oder Bau- und Dienstleistungen, die im Rahmen eines Verschlusssachenauftrags im Sinne des Absatzes 9 vergeben wird.

(8) Militärausrüstung ist jede Ausrüstung, die eigens zu militärischen Zwecken konzipiert oder für militärische Zwecke angepasst wird und zum Einsatz als Waffe, Munition oder Kriegsmaterial bestimmt ist.

(9) Ein Verschlusssachenauftrag ist ein Auftrag für Sicherheitszwecke,

1. bei dessen Erfüllung oder Erbringung Verschlusssachen nach § 4 des Gesetzes über die Voraussetzungen und das Verfahren von Sicherheitsüberprüfungen des Bundes oder nach den entsprechenden Bestimmungen der Länder verwendet werden oder
2. der Verschlusssachen im Sinne der Nummer 1 erfordert oder beinhaltet.

(10) Ein öffentlicher Auftrag, der sowohl den Einkauf von Waren als auch die Beschaffung von Dienstleistungen zum Gegenstand hat, gilt als Dienstleistungsauftrag, wenn der Wert der Dienstleistungen den Wert der Waren übersteigt. Ein öffentlicher Auftrag, der neben Dienstleistungen Bauleistungen umfasst, die im Verhältnis zum Hauptgegenstand Nebenarbeiten sind, gilt als Dienstleistungsauftrag.

(11) Für einen Auftrag zur Durchführung mehrerer Tätigkeiten gelten die Bestimmungen für die Tätigkeit, die den Hauptgegenstand darstellt.

(12) Ist für einen Auftrag zur Durchführung von Tätigkeiten auf dem Gebiet der Trinkwasser- oder Energieversorgung, des Verkehrs oder des Bereichs der Auftraggeber nach dem Bundesberggesetz und von Tätigkeiten von

Auftraggebern nach § 98 Nummer 1 bis 3 nicht feststellbar, welche Tätigkeit den Hauptgegenstand darstellt, ist der Auftrag nach den Bestimmungen zu vergeben, die für Auftraggeber nach § 98 Nummer 1 bis 3 gelten. Betrifft eine der Tätigkeiten, deren Durchführung der Auftrag bezweckt, sowohl eine Tätigkeit auf dem Gebiet der Trinkwasser- oder Energieversorgung, des Verkehrs oder des Bereichs der Auftraggeber nach dem Bundesberggesetz als auch eine Tätigkeit, die nicht in die Bereiche von Auftraggebern nach § 98 Nummer 1 bis 3 fällt, und ist nicht feststellbar, welche Tätigkeit den Hauptgegenstand darstellt, so ist der Auftrag nach denjenigen Bestimmungen zu vergeben, die für Auftraggeber mit einer Tätigkeit auf dem Gebiet der Trinkwasser- und Energieversorgung sowie des Verkehrs oder des Bundesberggesetzes gelten.

(13) Ist bei einem Auftrag über Bauleistungen, Lieferungen oder Dienstleistungen ein Teil der Leistung verteidigungs- oder sicherheitsrelevant, wird dieser Auftrag einheitlich gemäß den Bestimmungen für verteidigungs- und sicherheitsrelevante Aufträge vergeben, sofern die Beschaffung in Form eines einheitlichen Auftrags aus objektiven Gründen gerechtfertigt ist. Ist bei einem Auftrag über Bauleistungen, Lieferungen oder Dienstleistungen ein Teil der Leistung verteidigungs- oder sicherheitsrelevant und fällt der andere Teil weder in diesen Bereich noch unter die Vergaberegeln der Sektorenverordnung oder der Vergabeverordnung, unterliegt die Vergabe dieses Auftrags nicht dem Vierten Teil dieses Gesetzes, sofern die Beschaffung in Form eines einheitlichen Auftrags aus objektiven Gründen gerechtfertigt ist.

§ 100 Anwendungsbereich

(1) Dieser Teil gilt für Aufträge, deren Auftragswert den jeweils festgelegten Schwellenwert erreicht oder überschreitet. Der Schwellenwert ergibt sich für Aufträge, die

1. von Auftraggebern im Sinne des § 98 Nummer 1 bis 3, 5 und 6 vergeben werden und nicht unter Nummer 2 oder 3 fallen, aus § 2 der Vergabeverordnung,
2. von Auftraggebern im Sinne des § 98 Nummer 1 bis 4 vergeben werden und Tätigkeiten auf dem Gebiet des Verkehrs, der Trinkwasser- oder Energieversorgung umfassen, aus § 1 der Sektorenverordnung,
3. von Auftraggebern im Sinne des § 98 vergeben werden und verteidigungs- oder sicherheitsrelevant im Sinne des § 99 Absatz 7 sind, aus der nach § 127 Nummer 3 erlassenen Verordnung.

(2) Dieser Teil gilt nicht für die in den Absätzen 3 bis 6 und 8 sowie die in den §§ 100a bis 100c genannten Fälle.
(3) Dieser Teil gilt nicht für Arbeitsverträge.
(4) Dieser Teil gilt nicht für die Vergabe von Aufträgen, die Folgendes zum Gegenstand haben:
1. Schiedsgerichts- und Schlichtungsleistungen oder
2. Forschungs- und Entwicklungsdienstleistungen, es sei denn, ihre Ergebnisse werden ausschließlich Eigentum des Auftraggebers für seinen Gebrauch bei der Ausübung seiner eigenen Tätigkeit und die Dienstleistung wird vollständig durch den Auftraggeber vergütet.

(5) Dieser Teil gilt ungeachtet ihrer Finanzierung nicht für Verträge über
1. den Erwerb von Grundstücken oder vorhandenen Gebäuden oder anderem unbeweglichen Vermögen,
2. Mietverhältnisse für Grundstücke oder vorhandene Gebäude oder anderes unbewegliches Vermögen oder
3. Rechte an Grundstücken oder vorhandenen Gebäuden oder anderem unbeweglichen Vermögen.

(6) Dieser Teil gilt nicht für die Vergabe von Aufträgen,
1. bei denen die Anwendung dieses Teils den Auftraggeber dazu zwingen würde, im Zusammenhang mit dem Vergabeverfahren oder der Auftragsausführung Auskünfte zu erteilen, deren Preisgabe seiner Ansicht nach wesentlichen Sicherheitsinteressen der Bundesrepublik Deutschland im Sinne des Artikels 346 Absatz 1 Buchstabe a des Vertrages über die Arbeitsweise der Europäischen Union widerspricht,
2. die dem Anwendungsbereich des Artikels 346 Absatz 1 Buchstabe b des Vertrages über die Arbeitsweise der Europäischen Union unterliegen.

(7) Wesentliche Sicherheitsinteressen im Sinne des Absatzes 6, die die Nichtanwendung dieses Teils rechtfertigen, können betroffen sein beim Betrieb oder Einsatz der Streitkräfte, bei der Umsetzung von Maßnahmen der Terrorismusbekämpfung oder bei der Beschaffung von Informationstechnik oder Telekommunikationsanlagen.
(8) Dieser Teil gilt nicht für die Vergabe von Aufträgen, die nicht nach § 99 Absatz 7 verteidigungs- oder sicherheitsrelevant sind und
1. in Übereinstimmung mit den inländischen Rechts- und Verwaltungsvorschriften für geheim erklärt werden,
2. deren Ausführung nach den in Nummer 1 genannten Vorschriften besondere Sicherheitsmaßnahmen erfordert,
3. bei denen die Nichtanwendung des Vergaberechts geboten ist zum Zweck des Einsatzes der Streitkräfte, zur Umsetzung von Maßnahmen der Terrorismusbekämpfung oder bei der Beschaffung von Informationstechnik oder Telekommunikationsanlagen zum Schutz wesentlicher nationaler Sicherheitsinteressen,

4. die vergeben werden auf Grund eines internationalen Abkommens zwischen der Bundesrepublik Deutschland und einem oder mehreren Staaten, die nicht Vertragsparteien des Übereinkommens über den Europäischen Wirtschaftsraum sind, für ein von den Unterzeichnerstaaten gemeinsam zu verwirklichendes und zu tragendes Projekt, für das andere Verfahrensregeln gelten,
5. die auf Grund eines internationalen Abkommens im Zusammenhang mit der Stationierung von Truppen vergeben werden und für die besondere Verfahrensregeln gelten oder
6. die auf Grund des besonderen Verfahrens einer internationalen Organisation vergeben werden.

§ 100a Besondere Ausnahmen für nicht sektorspezifische und nicht verteidigungs- und sicherheitsrelevante Aufträge

(1) Im Fall des § 100 Absatz 1 Satz 2 Nummer 1 gilt dieser Teil über die in § 100 Absatz 3 bis 6 und 8 genannten Fälle hinaus auch nicht für die in den Absätzen 2 bis 4 genannten Aufträge.
(2) Dieser Teil gilt nicht für die Vergabe von Aufträgen, die Folgendes zum Gegenstand haben:
1. den Kauf, die Entwicklung, die Produktion oder Koproduktion von Programmen, die zur Ausstrahlung durch Rundfunk- oder Fernsehanstalten bestimmt sind, sowie die Ausstrahlung von Sendungen oder
2. finanzielle Dienstleistungen im Zusammenhang mit Ausgabe, Verkauf, Ankauf oder Übertragung von Wertpapieren oder anderen Finanzinstrumenten, insbesondere Geschäfte, die der Geld- oder Kapitalbeschaffung der Auftraggeber dienen, sowie Dienstleistungen der Zentralbanken.

(3) Dieser Teil gilt nicht für die Vergabe von Dienstleistungsaufträgen an eine Person, die ihrerseits Auftraggeber nach § 98 Nummer 1, 2 oder 3 ist und ein auf Gesetz oder Verordnung beruhendes ausschließliches Recht hat, die Leistung zu erbringen.
(4) Dieser Teil gilt nicht für Aufträge, die hauptsächlich den Zweck haben, dem Auftraggeber die Bereitstellung oder den Betrieb öffentlicher Telekommunikationsnetze oder die Bereitstellung eines oder mehrerer Telekommunikationsdienste für die Öffentlichkeit zu ermöglichen.

§ 100b Besondere Ausnahmen im Sektorenbereich

(1) Im Fall des § 100 Absatz 1 Satz 2 Nummer 2 gilt dieser Teil über die in § 100 Absatz 3 bis 6 und 8 genannten Fälle hinaus auch nicht für die in den Absätzen 2 bis 9 genannten Aufträge.
(2) Dieser Teil gilt nicht für die Vergabe von Aufträgen, die Folgendes zum Gegenstand haben:
1. finanzielle Dienstleistungen im Zusammenhang mit Ausgabe, Verkauf, Ankauf oder Übertragung von Wertpapieren oder anderen Finanzinstrumenten, insbesondere Geschäfte, die der Geld- oder Kapitalbeschaffung der Auftraggeber dienen, sowie Dienstleistungen der Zentralbanken,
2. bei Tätigkeiten auf dem Gebiet der Trinkwasserversorgung die Beschaffung von Wasser oder
3. bei Tätigkeiten auf dem Gebiet der Energieversorgung die Beschaffung von Energie oder von Brennstoffen zur Energieerzeugung.

(3) Dieser Teil gilt nicht für die Vergabe von Dienstleistungsaufträgen an eine Person, die ihrerseits Auftraggeber nach § 98 Nummer 1, 2 oder 3 ist und ein auf Gesetz oder Verordnung beruhendes ausschließliches Recht hat, die Leistung zu erbringen.
(4) Dieser Teil gilt nicht für die Vergabe von Aufträgen, die
1. von Auftraggebern nach § 98 Nummer 4 vergeben werden, soweit sie anderen Zwecken dienen als der Sektorentätigkeit,
2. zur Durchführung von Tätigkeiten auf dem Gebiet der Trinkwasser- oder Energieversorgung oder des Verkehrs außerhalb des Gebiets der Europäischen Union vergeben werden, wenn sie nicht mit der tatsächlichen Nutzung eines Netzes oder einer Anlage innerhalb dieses Gebietes verbunden sind,
3. zum Zweck der Weiterveräußerung oder Vermietung an Dritte vergeben werden, wenn
   a) dem Auftraggeber kein besonderes oder ausschließliches Recht zum Verkauf oder zur Vermietung des Auftragsgegenstandes zusteht und
   b) andere Unternehmen die Möglichkeit haben, diese Waren unter gleichen Bedingungen wie der betreffende Auftraggeber zu verkaufen oder zu vermieten, oder
4. der Ausübung einer Tätigkeit auf dem Gebiet der Trinkwasser- oder Energieversorgung oder des Verkehrs dienen, soweit die Europäische Kommission nach Artikel 30 der Richtlinie 2004/17/EG des Europäischen Parlaments und des Rates vom 31. März 2004 zur Koordinierung der Zuschlagserteilung durch Auftraggeber im Bereich der Wasser-, Energie- und Verkehrsversorgung sowie der Postdienste (ABl. L 7 vom 7.1.2005, S. 7) festgestellt hat, dass diese Tätigkeit in Deutschland auf Märkten mit freiem Zugang unmittelbar dem Wettbewerb ausgesetzt ist und dies durch das Bundesministerium für Wirtschaft und Technologie im Bundesanzeiger bekannt gemacht worden ist.

(5) Dieser Teil gilt nicht für die Vergabe von Baukonzessionen zum Zweck der Durchführung von Tätigkeiten auf dem Gebiet der Trinkwasser- oder Energieversorgung oder des Verkehrs.

(6) Dieser Teil gilt vorbehaltlich des Absatzes 7 nicht für die Vergabe von Aufträgen,
1. die an ein Unternehmen, das mit dem Auftraggeber verbunden ist, vergeben werden oder
2. die von einem gemeinsamen Unternehmen, das mehrere Auftraggeber, die auf dem Gebiet der Trinkwasser- oder Energieversorgung oder des Verkehrs tätig sind, ausschließlich zur Durchführung dieser Tätigkeiten gebildet haben, an ein Unternehmen vergeben werden, das mit einem dieser Auftraggeber verbunden ist.

(7) Absatz 6 gilt nur, wenn mindestens 80 Prozent des von dem verbundenen Unternehmen während der letzten drei Jahre in der Europäischen Union erzielten durchschnittlichen Umsatzes im entsprechenden Liefer- oder Bau- oder Dienstleistungssektor aus der Erbringung dieser Lieferungen oder Leistungen für die mit ihm verbundenen Auftraggeber stammen. Sofern das Unternehmen noch keine drei Jahre besteht, gilt Absatz 6, wenn zu erwarten ist, dass in den ersten drei Jahren seines Bestehens wahrscheinlich mindestens 80 Prozent erreicht werden. Werden die gleichen oder gleichartige Lieferungen oder Bau- oder Dienstleistungen von mehr als einem mit dem Auftraggeber verbundenen Unternehmen erbracht, wird die Prozentzahl unter Berücksichtigung des Gesamtumsatzes errechnet, den diese verbundenen Unternehmen mit der Erbringung der Lieferung oder Leistung erzielen. § 36 Absatz 2 und 3 gilt entsprechend.

(8) Dieser Teil gilt vorbehaltlich des Absatzes 9 nicht für die Vergabe von Aufträgen, die
1. ein gemeinsames Unternehmen, das mehrere Auftraggeber, die auf dem Gebiet der Trinkwasser- oder Energieversorgung oder des Verkehrs tätig sind, ausschließlich zur Durchführung von diesen Tätigkeiten gebildet haben, an einen dieser Auftraggeber vergibt, oder
2. ein Auftraggeber an ein gemeinsames Unternehmen im Sinne der Nummer 1, an dem er beteiligt ist, vergibt.

(9) Absatz 8 gilt nur, wenn
1. das gemeinsame Unternehmen errichtet wurde, um die betreffende Tätigkeit während eines Zeitraumes von mindestens drei Jahren durchzuführen, und
2. in dem Gründungsakt festgelegt wird, dass die dieses Unternehmen bildenden Auftraggeber dem Unternehmen zumindest während des gleichen Zeitraumes angehören werden.

§ 100c Besondere Ausnahmen in den Bereichen Verteidigung und Sicherheit

(1) Im Fall des § 100 Absatz 1 Satz 2 Nummer 3 gilt dieser Teil über die in § 100 Absatz 3 bis 6 genannten Fälle hinaus auch nicht für die in den Absätzen 2 bis 4 genannten Aufträge.

(2) Dieser Teil gilt nicht für die Vergabe von Aufträgen, die
1. Finanzdienstleistungen mit Ausnahme von Versicherungsdienstleistungen zum Gegenstand haben,
2. zum Zweck nachrichtendienstlicher Tätigkeiten vergeben werden,
3. im Rahmen eines Kooperationsprogramms vergeben werden, das
    a) auf Forschung und Entwicklung beruht und
    b) mit mindestens einem anderen EU-Mitgliedstaat für die Entwicklung eines neuen Produkts und gegebenenfalls die späteren Phasen des gesamten oder eines Teils des Lebenszyklus dieses Produkts durchgeführt wird,
4. die Bundesregierung, eine Landesregierung oder eine Gebietskörperschaft an eine andere Regierung oder an eine Gebietskörperschaft eines anderen Staates vergibt und die Folgendes zum Gegenstand haben:
    a) die Lieferung von Militärausrüstung oder die Lieferung von Ausrüstung, die im Rahmen eines Verschlusssachenauftrags im Sinne des § 99 Absatz 9 vergeben wird,
    b) Bau- und Dienstleistungen, die in unmittelbarem Zusammenhang mit dieser Ausrüstung stehen,
    c) Bau- und Dienstleistungen speziell für militärische Zwecke oder
    d) Bau- und Dienstleistungen, die im Rahmen eines Verschlusssachenauftrags im Sinne des § 99 Absatz 9 vergeben werden.

(3) Dieser Teil gilt nicht für die Vergabe von Aufträgen, die in einem Land außerhalb der Europäischen Union vergeben werden; zu diesen Aufträgen gehören auch zivile Beschaffungen im Rahmen des Einsatzes von Streitkräften oder von Polizeien des Bundes oder der Länder außerhalb des Gebiets der Europäischen Union, wenn der Einsatz es erfordert, dass sie mit im Einsatzgebiet ansässigen Unternehmen geschlossen werden. Zivile Beschaffungen sind Beschaffungen nicht militärischer Produkte und Bau- oder Dienstleistungen für logistische Zwecke.

(4) Dieser Teil gilt nicht für die Vergabe von Aufträgen, die besonderen Verfahrensregeln unterliegen,
1. die sich aus einem internationalen Abkommen oder einer internationalen Vereinbarung ergeben, das oder die zwischen einem oder mehreren Mitgliedstaaten und einem oder mehreren Drittstaaten, die nicht Vertragsparteien des Übereinkommens über den Europäischen Wirtschaftsraum sind, geschlossenen wurde,
2. die sich aus einem internationalen Abkommen oder einer internationalen Vereinbarung im Zusammenhang mit der Stationierung von Truppen ergeben, das oder die Unternehmen eines Mitgliedstaats oder eines Drittstaates betrifft, oder
3. die für eine internationale Organisation gelten, wenn diese für ihre Zwecke Beschaffungen tätigt oder wenn ein Mitgliedstaat Aufträge nach diesen Regeln vergeben muss.

§ 101 Arten der Vergabe

(1) Die Vergabe von öffentlichen Liefer-, Bau- und Dienstleistungsaufträgen erfolgt in offenen Verfahren, in nicht offenen Verfahren, in Verhandlungsverfahren oder im wettbewerblichen Dialog.
(2) Offene Verfahren sind Verfahren, in denen eine unbeschränkte Anzahl von Unternehmen öffentlich zur Abgabe von Angeboten aufgefordert wird.
(3) Bei nicht offenen Verfahren wird öffentlich zur Teilnahme, aus dem Bewerberkreis sodann eine beschränkte Anzahl von Unternehmen zur Angebotsabgabe aufgefordert.
(4) Ein wettbewerblicher Dialog ist ein Verfahren zur Vergabe besonders komplexer Aufträge durch Auftraggeber nach § 98 Nummer 1 bis 3, soweit sie nicht auf dem Gebiet der Trinkwasser- oder Energieversorgung oder des Verkehrs tätig sind, und § 98 Nummer 5. In diesem Verfahren erfolgen eine Aufforderung zur Teilnahme und anschließend Verhandlungen mit ausgewählten Unternehmen über alle Einzelheiten des Auftrags.
(5) Verhandlungsverfahren sind Verfahren, bei denen sich der Auftraggeber mit oder ohne vorherige öffentliche Aufforderung zur Teilnahme an ausgewählte Unternehmen wendet, um mit einem oder mehreren über die Auftragsbedingungen zu verhandeln.
(6) Eine elektronische Auktion dient der elektronischen Ermittlung des wirtschaftlichsten Angebotes. Ein dynamisches elektronisches Verfahren ist ein zeitlich befristetes ausschließlich elektronisches offenes Vergabeverfahren zur Beschaffung marktüblicher Leistungen, bei denen die allgemein auf dem Markt verfügbaren Spezifikationen den Anforderungen des Auftraggebers genügen.
(7) Öffentliche Auftraggeber haben das offene Verfahren anzuwenden, es sei denn, auf Grund dieses Gesetzes ist etwas anderes gestattet. Auftraggebern stehen, soweit sie auf dem Gebiet der Trinkwasser- oder Energieversorgung oder des Verkehrs tätig sind, das offene Verfahren, das nicht offene Verfahren und das Verhandlungsverfahren nach ihrer Wahl zur Verfügung. Bei der Vergabe von verteidigungs- und sicherheitsrelevanten Aufträgen können öffentliche Auftraggeber zwischen dem nicht offenen Verfahren und dem Verhandlungsverfahren wählen.

§ 101a Informations- und Wartepflicht

(1) Der Auftraggeber hat die betroffenen Bieter, deren Angebote nicht berücksichtigt werden sollen, über den Namen des Unternehmens, dessen Angebot angenommen werden soll, über die Gründe der vorgesehenen Nichtberücksichtigung ihres Angebots und über den frühesten Zeitpunkt des Vertragsschlusses unverzüglich in Textform zu informieren. Dies gilt auch für Bewerber, denen keine Information über die Ablehnung ihrer Bewerbung zur Verfügung gestellt wurde, bevor die Mitteilung über die Zuschlagsentscheidung an die betroffenen Bieter ergangen ist. Ein Vertrag darf erst 15 Kalendertage nach Absendung der Information nach den Sätzen 1 und 2 geschlossen werden. Wird die Information per Fax oder auf elektronischem Weg versendet, verkürzt sich die Frist auf zehn Kalendertage. Die Frist beginnt am Tag nach der Absendung der Information durch den Auftraggeber; auf den Tag des Zugangs beim betroffenen Bieter und Bewerber kommt es nicht an.
(2) Die Informationspflicht entfällt in Fällen, in denen das Verhandlungsverfahren ohne vorherige Bekanntmachung wegen besonderer Dringlichkeit gerechtfertigt ist.

§ 101b Unwirksamkeit

(1) Ein Vertrag ist von Anfang an unwirksam, wenn der Auftraggeber
1. gegen § 101a verstoßen hat oder
2. einen öffentlichen Auftrag unmittelbar an ein Unternehmen erteilt, ohne andere Unternehmen am Vergabeverfahren zu beteiligen und ohne dass dies aufgrund Gesetzes gestattet ist
und dieser Verstoß in einem Nachprüfungsverfahren nach Absatz 2 festgestellt worden ist.
(2) Die Unwirksamkeit nach Absatz 1 kann nur festgestellt werden, wenn sie im Nachprüfungsverfahren innerhalb von 30 Kalendertagen ab Kenntnis des Verstoßes, jedoch nicht später als sechs Monate nach Vertragsschluss geltend gemacht worden ist. Hat der Auftraggeber die Auftragsvergabe im Amtsblatt der Europäischen

Union bekannt gemacht, endet die Frist zur Geltendmachung der Unwirksamkeit 30 Kalendertage nach Veröffentlichung der Bekanntmachung der Auftragsvergabe im Amtsblatt der Europäischen Union.

Zweiter Abschnitt Nachprüfungsverfahren

I. Nachprüfungsbehörden

§ 102 Grundsatz

Unbeschadet der Prüfungsmöglichkeiten von Aufsichtsbehörden unterliegt die Vergabe öffentlicher Aufträge der Nachprüfung durch die Vergabekammern.

§ 103 (weggefallen)

§ 104 Vergabekammern

(1) Die Nachprüfung der Vergabe öffentlicher Aufträge nehmen die Vergabekammern des Bundes für die dem Bund zuzurechnenden Aufträge, die Vergabekammern der Länder für die diesen zuzurechnenden Aufträge wahr.
(2) Rechte aus § 97 Absatz 7 sowie sonstige Ansprüche gegen öffentliche Auftraggeber, die auf die Vornahme oder das Unterlassen einer Handlung in einem Vergabeverfahren gerichtet sind, können nur vor den Vergabekammern und dem Beschwerdegericht geltend gemacht werden.
(3) Die Zuständigkeit der ordentlichen Gerichte für die Geltendmachung von Schadensersatzansprüchen und die Befugnisse der Kartellbehörden zur Verfolgung von Verstößen insbesondere gegen §§ 19 und 20 bleiben unberührt.

§ 105 Besetzung, Unabhängigkeit

(1) Die Vergabekammern üben ihre Tätigkeit im Rahmen der Gesetze unabhängig und in eigener Verantwortung aus.
(2) Die Vergabekammern entscheiden in der Besetzung mit einem Vorsitzenden und zwei Beisitzern, von denen einer ein ehrenamtlicher Beisitzer ist. Der Vorsitzende und der hauptamtliche Beisitzer müssen Beamte auf Lebenszeit mit der Befähigung zum höheren Verwaltungsdienst oder vergleichbar fachkundige Angestellte sein. Der Vorsitzende oder der hauptamtliche Beisitzer müssen die Befähigung zum Richteramt haben; in der Regel soll dies der Vorsitzende sein. Die Beisitzer sollen über gründliche Kenntnisse des Vergabewesens, die ehrenamtlichen Beisitzer auch über mehrjährige praktische Erfahrungen auf dem Gebiet des Vergabewesens verfügen. Bei der Überprüfung der Vergabe von verteidigungs- und sicherheitsrelevanten Aufträgen im Sinne des § 99 Absatz 7 können die Vergabekammern abweichend von Satz 1 auch in der Besetzung mit einem Vorsitzenden und zwei hauptamtlichen Beisitzern entscheiden.
(3) Die Kammer kann das Verfahren dem Vorsitzenden oder dem hauptamtlichen Beisitzer ohne mündliche Verhandlung durch unanfechtbaren Beschluss zur alleinigen Entscheidung übertragen. Diese Übertragung ist nur möglich, sofern die Sache keine wesentlichen Schwierigkeiten in tatsächlicher oder rechtlicher Hinsicht aufweist und die Entscheidung nicht von grundsätzlicher Bedeutung sein wird.
(4) Die Mitglieder der Kammer werden für eine Amtszeit von fünf Jahren bestellt. Sie entscheiden unabhängig und sind nur dem Gesetz unterworfen.

§ 106 Einrichtung, Organisation

(1) Der Bund richtet die erforderliche Anzahl von Vergabekammern beim Bundeskartellamt ein. Einrichtung und Besetzung der Vergabekammern sowie die Geschäftsverteilung bestimmt der Präsident des Bundeskartellamts. Ehrenamtliche Beisitzer und deren Stellvertreter ernennt er auf Vorschlag der Spitzenorganisationen der öffentlich-rechtlichen Kammern. Der Präsident des Bundeskartellamts erlässt nach Genehmigung durch das Bundesministerium für Wirtschaft und Technologie eine Geschäftsordnung und veröffentlicht diese im Bundesanzeiger.
(2) Die Einrichtung, Organisation und Besetzung der in diesem Abschnitt genannten Stellen (Nachprüfungsbehörden) der Länder bestimmen die nach Landesrecht zuständigen Stellen, mangels einer solchen Bestimmung die Landesregierung, die die Ermächtigung weiter übertragen kann. Die Länder können gemeinsame Nachprüfungsbehörden einrichten.

§ 106a Abgrenzung der Zuständigkeit der Vergabekammern

(1) Die Vergabekammer des Bundes ist zuständig für die Nachprüfung der Vergabeverfahren
1. des Bundes;
2. von Auftraggebern im Sinne des § 98 Nummer 2, sofern der Bund die Beteiligung überwiegend verwaltet oder die sonstige Finanzierung überwiegend gewährt hat oder über die Leitung überwiegend die Aufsicht ausübt oder die Mitglieder des zur Geschäftsführung oder zur Aufsicht berufenen Organs überwiegend bestimmt hat, es sei denn, die an dem Auftraggeber Beteiligten haben sich auf die Zuständigkeit einer anderen Vergabekammer geeinigt;
3. von Auftraggebern im Sinne des § 98 Nummer 4, sofern der Bund auf sie einen beherrschenden Einfluss ausübt; ein beherrschender Einfluss liegt vor, wenn der Bund unmittelbar oder mittelbar die Mehrheit des gezeichneten Kapitals des Auftraggebers besitzt oder über die Mehrheit der mit den Anteilen des Auftraggebers verbundenen Stimmrechte verfügt oder mehr als die Hälfte der Mitglieder des Verwaltungs-, Leitungs- oder Aufsichtsorgans des Auftraggebers bestellen kann;
4. von Auftraggebern im Sinne des § 98 Nummer 5, sofern der Bund die Mittel überwiegend bewilligt hat;
5. von Auftraggebern nach § 98 Nummer 6, sofern die unter § 98 Nummer 1 bis 3 fallende Stelle dem Bund zuzuordnen ist;
6. die im Rahmen der Organleihe für den Bund durchgeführt werden.

(2) Wird das Vergabeverfahren von einem Land im Rahmen der Auftragsverwaltung für den Bund durchgeführt, ist die Vergabekammer dieses Landes zuständig. Ist in entsprechender Anwendung des Absatzes 1 Nummer 2 bis 6 ein Auftraggeber einem Land zuzuordnen, ist die Vergabekammer des jeweiligen Landes zuständig.

(3) In allen anderen Fällen wird die Zuständigkeit der Vergabekammern nach dem Sitz des Auftraggebers bestimmt. Bei länderübergreifenden Beschaffungen benennen die Auftraggeber in der Vergabebekanntmachung nur eine zuständige Vergabekammer.

II. Verfahren vor der Vergabekammer

§ 107 Einleitung, Antrag

(1) Die Vergabekammer leitet ein Nachprüfungsverfahren nur auf Antrag ein.

(2) Antragsbefugt ist jedes Unternehmen, das ein Interesse am Auftrag hat und eine Verletzung in seinen Rechten nach § 97 Absatz 7 durch Nichtbeachtung von Vergabevorschriften geltend macht. Dabei ist darzulegen, dass dem Unternehmen durch die behauptete Verletzung der Vergabevorschriften ein Schaden entstanden ist oder zu entstehen droht.

(3) Der Antrag ist unzulässig, soweit
1. der Antragsteller den gerügten Verstoß gegen Vergabevorschriften im Vergabeverfahren erkannt und gegenüber dem Auftraggeber nicht unverzüglich gerügt hat,
2. Verstöße gegen Vergabevorschriften, die aufgrund der Bekanntmachung erkennbar sind, nicht spätestens bis Ablauf der in der Bekanntmachung benannten Frist zur Angebotsabgabe oder zur Bewerbung gegenüber dem Auftraggeber gerügt werden,
3. Verstöße gegen Vergabevorschriften, die erst in den Vergabeunterlagen erkennbar sind, nicht spätestens bis zum Ablauf der in der Bekanntmachung benannten Frist zur Angebotsabgabe oder zur Bewerbung gegenüber dem Auftraggeber gerügt werden,
4. mehr als 15 Kalendertage nach Eingang der Mitteilung des Auftraggebers, einer Rüge nicht abhelfen zu wollen, vergangen sind.

Satz 1 gilt nicht bei einem Antrag auf Feststellung der Unwirksamkeit des Vertrages nach § 101b Absatz 1 Nummer 2. § 101a Absatz 1 Satz 2 bleibt unberührt.

§ 108 Form

(1) Der Antrag ist schriftlich bei der Vergabekammer einzureichen und unverzüglich zu begründen. Er soll ein bestimmtes Begehren enthalten. Ein Antragsteller ohne Wohnsitz oder gewöhnlichen Aufenthalt, Sitz oder Geschäftsleitung im Geltungsbereich dieses Gesetzes hat einen Empfangsbevollmächtigten im Geltungsbereich dieses Gesetzes zu benennen.

(2) Die Begründung muss die Bezeichnung des Antragsgegners, eine Beschreibung der behaupteten Rechtsverletzung mit Sachverhaltsdarstellung und die Bezeichnung der verfügbaren Beweismittel enthalten sowie darlegen, dass die Rüge gegenüber dem Auftraggeber erfolgt ist; sie soll, soweit bekannt, die sonstigen Beteiligten benennen.

§ 109 Verfahrensbeteiligte, Beiladung

Verfahrensbeteiligte sind der Antragsteller, der Auftraggeber und die Unternehmen, deren Interessen durch die Entscheidung schwerwiegend berührt werden und die deswegen von der Vergabekammer beigeladen worden sind. Die Entscheidung über die Beiladung ist unanfechtbar.

§ 110 Untersuchungsgrundsatz

(1) Die Vergabekammer erforscht den Sachverhalt von Amts wegen. Sie kann sich dabei auf das beschränken, was von den Beteiligten vorgebracht wird oder ihr sonst bekannt sein muss. Zu einer umfassenden Rechtmäßigkeitskontrolle ist die Vergabekammer nicht verpflichtet. Sie achtet bei ihrer gesamten Tätigkeit darauf, dass der Ablauf des Vergabeverfahrens nicht unangemessen beeinträchtigt wird.
(2) Die Vergabekammer prüft den Antrag darauf, ob er offensichtlich unzulässig oder unbegründet ist. Dabei berücksichtigt die Vergabekammer auch einen vorsorglich hinterlegten Schriftsatz (Schutzschrift) des Auftraggebers. Sofern der Antrag nicht offensichtlich unzulässig oder unbegründet ist, übermittelt die Vergabekammer dem Auftraggeber eine Kopie des Antrags und fordert bei ihm die Akten an, die das Vergabeverfahren dokumentieren (Vergabeakten). Der Auftraggeber hat die Vergabeakten der Kammer sofort zur Verfügung zu stellen. Die §§ 57 bis 59 Absatz 1 bis 5 sowie § 61 gelten entsprechend.

§ 110a Aufbewahrung vertraulicher Unterlagen

(1) Die Vergabekammer stellt die Vertraulichkeit von Verschlusssachen und anderen vertraulichen Informationen sicher, die in den von den Parteien übermittelten Unterlagen enthalten sind.
(2) Die Mitglieder der Vergabekammern sind zur Geheimhaltung verpflichtet; die Entscheidungsgründe dürfen Art und Inhalt der geheim gehaltenen Urkunden, Akten, elektronischen Dokumente und Auskünfte nicht erkennen lassen.

§ 111 Akteneinsicht

(1) Die Beteiligten können die Akten bei der Vergabekammer einsehen und sich durch die Geschäftsstelle auf ihre Kosten Ausfertigungen, Auszüge oder Abschriften erteilen lassen.
(2) Die Vergabekammer hat die Einsicht in die Unterlagen zu versagen, soweit dies aus wichtigen Gründen, insbesondere des Geheimschutzes oder zur Wahrung von Betriebs- oder Geschäftsgeheimnissen geboten ist.
(3) Jeder Beteiligte hat mit Übersendung seiner Akten oder Stellungnahmen auf die in Absatz 2 genannten Geheimnisse hinzuweisen und diese in den Unterlagen entsprechend kenntlich zu machen. Erfolgt dies nicht, kann die Vergabekammer von seiner Zustimmung auf Einsicht ausgehen.
(4) Die Versagung der Akteneinsicht kann nur im Zusammenhang mit der sofortigen Beschwerde in der Hauptsache angegriffen werden.

§ 112 Mündliche Verhandlung

(1) Die Vergabekammer entscheidet auf Grund einer mündlichen Verhandlung, die sich auf einen Termin beschränken soll. Alle Beteiligten haben Gelegenheit zur Stellungnahme. Mit Zustimmung der Beteiligten oder bei Unzulässigkeit oder bei offensichtlicher Unbegründetheit des Antrags kann nach Lage der Akten entschieden werden.
(2) Auch wenn die Beteiligten in dem Verhandlungstermin nicht erschienen oder nicht ordnungsgemäß vertreten sind, kann in der Sache verhandelt und entschieden werden.

§ 113 Beschleunigung

(1) Die Vergabekammer trifft und begründet ihre Entscheidung schriftlich innerhalb einer Frist von fünf Wochen ab Eingang des Antrags. Bei besonderen tatsächlichen oder rechtlichen Schwierigkeiten kann der Vorsitzende im Ausnahmefall die Frist durch Mitteilung an die Beteiligten um den erforderlichen Zeitraum verlängern. Dieser Zeitraum soll nicht länger als zwei Wochen dauern. Er begründet diese Verfügung schriftlich.
(2) Die Beteiligten haben an der Aufklärung des Sachverhalts mitzuwirken, wie es einem auf Förderung und raschen Abschluss des Verfahrens bedachten Vorgehen entspricht. Den Beteiligten können Fristen gesetzt werden, nach deren Ablauf weiterer Vortrag unbeachtet bleiben kann.

§ 114 Entscheidung der Vergabekammer

(1) Die Vergabekammer entscheidet, ob der Antragsteller in seinen Rechten verletzt ist und trifft die geeigneten Maßnahmen, um eine Rechtsverletzung zu beseitigen und eine Schädigung der betroffenen Interessen zu verhindern. Sie ist an die Anträge nicht gebunden und kann auch unabhängig davon auf die Rechtmäßigkeit des Vergabeverfahrens einwirken.

(2) Ein wirksam erteilter Zuschlag kann nicht aufgehoben werden. Hat sich das Nachprüfungsverfahren durch Erteilung des Zuschlags, durch Aufhebung oder durch Einstellung des Vergabeverfahrens oder in sonstiger Weise erledigt, stellt die Vergabekammer auf Antrag eines Beteiligten fest, ob eine Rechtsverletzung vorgelegen hat. § 113 Absatz 1 gilt in diesem Fall nicht.
(3) Die Entscheidung der Vergabekammer ergeht durch Verwaltungsakt. Die Vollstreckung richtet sich, auch gegen einen Hoheitsträger, nach den Verwaltungsvollstreckungsgesetzen des Bundes und der Länder. Die §§ 61 und 86a Satz 2 gelten entsprechend.

§ 115 Aussetzung des Vergabeverfahrens

(1) Informiert die Vergabekammer den öffentlichen Auftraggeber in Textform über den Antrag auf Nachprüfung, darf dieser vor einer Entscheidung der Vergabekammer und dem Ablauf der Beschwerdefrist nach § 117 Absatz 1 den Zuschlag nicht erteilen.
(2) Die Vergabekammer kann dem Auftraggeber auf seinen Antrag oder auf Antrag des Unternehmens, das nach § 101a vom Auftraggeber als das Unternehmen benannt ist, das den Zuschlag erhalten soll, gestatten, den Zuschlag nach Ablauf von zwei Wochen seit Bekanntgabe dieser Entscheidung zu erteilen, wenn unter Berücksichtigung aller möglicherweise geschädigten Interessen sowie des Interesses der Allgemeinheit an einem raschen Abschluss des Vergabeverfahrens die nachteiligen Folgen einer Verzögerung der Vergabe bis zum Abschluss der Nachprüfung die damit verbundenen Vorteile überwiegen. Bei der Abwägung ist das Interesse der Allgemeinheit an einer wirtschaftlichen Erfüllung der Aufgaben des Auftraggebers zu berücksichtigen; bei verteidigungs- oder sicherheitsrelevanten Aufträgen im Sinne des § 99 Absatz 7 sind zusätzlich besondere Verteidigungs- und Sicherheitsinteressen zu berücksichtigen. Die Vergabekammer berücksichtigt dabei auch die allgemeinen Aussichten des Antragstellers im Vergabeverfahren, den Auftrag zu erhalten. Die Erfolgsaussichten des Nachprüfungsantrags müssen nicht in jedem Falle Gegenstand der Abwägung sein. Das Beschwerdegericht kann auf Antrag das Verbot des Zuschlags nach Absatz 1 wiederherstellen; § 114 Absatz 2 Satz 1 bleibt unberührt. Wenn die Vergabekammer den Zuschlag nicht gestattet, kann das Beschwerdegericht auf Antrag des Auftraggebers unter den Voraussetzungen der Sätze 1 bis 4 den sofortigen Zuschlag gestatten. Für das Verfahren vor dem Beschwerdegericht gilt § 121 Absatz 2 Satz 1 und 2 und Absatz 3 entsprechend. Eine sofortige Beschwerde nach § 116 Absatz 1 ist gegen Entscheidungen der Vergabekammer nach diesem Absatz nicht zulässig.
(3) Sind Rechte des Antragstellers aus § 97 Absatz 7 im Vergabeverfahren auf andere Weise als durch den drohenden Zuschlag gefährdet, kann die Kammer auf besonderen Antrag mit weiteren vorläufigen Maßnahmen in das Vergabeverfahren eingreifen. Sie legt dabei den Beurteilungsmaßstab des Absatzes 2 Satz 1 zugrunde. Diese Entscheidung ist nicht selbständig anfechtbar. Die Vergabekammer kann die von ihr getroffenen weiteren vorläufigen Maßnahmen nach den Verwaltungsvollstreckungsgesetzen des Bundes und der Länder durchsetzen; die Maßnahmen sind sofort vollziehbar. § 86a Satz 2 gilt entsprechend.
(4) Macht der Auftraggeber das Vorliegen der Voraussetzungen nach § 100 Absatz 8 Nummer 1 bis 3 geltend, entfällt das Verbot des Zuschlages nach Absatz 1 fünf Werktage nach Zustellung eines entsprechenden Schriftsatzes an den Antragsteller; die Zustellung ist durch die Vergabekammer unverzüglich nach Eingang des Schriftsatzes vorzunehmen. Auf Antrag kann das Beschwerdegericht das Verbot des Zuschlages wiederherstellen. § 121 Absatz 1 Satz 1, Absatz 2 Satz 1 sowie Absatz 3 und 4 finden entsprechende Anwendung.

§ 115a Ausschluss von abweichendem Landesrecht

Soweit dieser Unterabschnitt Regelungen zum Verwaltungsverfahren enthält, darf hiervon durch Landesrecht nicht abgewichen werden.

III. Sofortige Beschwerde

§ 116 Zulässigkeit, Zuständigkeit

(1) Gegen Entscheidungen der Vergabekammer ist die sofortige Beschwerde zulässig. Sie steht den am Verfahren vor der Vergabekammer Beteiligten zu.
(2) Die sofortige Beschwerde ist auch zulässig, wenn die Vergabekammer über einen Antrag auf Nachprüfung nicht innerhalb der Frist des § 113 Absatz 1 entschieden hat; in diesem Fall gilt der Antrag als abgelehnt.
(3) Über die sofortige Beschwerde entscheidet ausschließlich das für den Sitz der Vergabekammer zuständige Oberlandesgericht. Bei den Oberlandesgerichten wird ein Vergabesenat gebildet.
(4) Rechtssachen nach den Absätzen 1 und 2 können von den Landesregierungen durch Rechtsverordnung anderen Oberlandesgerichten oder dem Obersten Landesgericht zugewiesen werden. Die Landesregierungen können die Ermächtigung auf die Landesjustizverwaltungen übertragen.

§ 117 Frist, Form

(1) Die sofortige Beschwerde ist binnen einer Notfrist von zwei Wochen, die mit der Zustellung der Entscheidung, im Fall des § 116 Absatz 2 mit dem Ablauf der Frist beginnt, schriftlich bei dem Beschwerdegericht einzulegen.

(2) Die sofortige Beschwerde ist zugleich mit ihrer Einlegung zu begründen. Die Beschwerdebegründung muss enthalten:

1. die Erklärung, inwieweit die Entscheidung der Vergabekammer angefochten und eine abweichende Entscheidung beantragt wird,
2. die Angabe der Tatsachen und Beweismittel, auf die sich die Beschwerde stützt.

(3) Die Beschwerdeschrift muss durch einen Rechtsanwalt unterzeichnet sein. Dies gilt nicht für Beschwerden von juristischen Personen des öffentlichen Rechts.

(4) Mit der Einlegung der Beschwerde sind die anderen Beteiligten des Verfahrens vor der Vergabekammer vom Beschwerdeführer durch Übermittlung einer Ausfertigung der Beschwerdeschrift zu unterrichten.

§ 118 Wirkung

(1) Die sofortige Beschwerde hat aufschiebende Wirkung gegenüber der Entscheidung der Vergabekammer. Die aufschiebende Wirkung entfällt zwei Wochen nach Ablauf der Beschwerdefrist. Hat die Vergabekammer den Antrag auf Nachprüfung abgelehnt, so kann das Beschwerdegericht auf Antrag des Beschwerdeführers die aufschiebende Wirkung bis zur Entscheidung über die Beschwerde verlängern.

(2) Das Gericht lehnt den Antrag nach Absatz 1 Satz 3 ab, wenn unter Berücksichtigung aller möglicherweise geschädigten Interessen die nachteiligen Folgen einer Verzögerung der Vergabe bis zur Entscheidung über die Beschwerde die damit verbundenen Vorteile überwiegen. Bei der Abwägung ist das Interesse der Allgemeinheit an einer wirtschaftlichen Erfüllung der Aufgaben des Auftraggebers zu berücksichtigen; bei verteidigungs- oder sicherheitsrelevanten Aufträgen im Sinne des § 99 Absatz 7 sind zusätzlich besondere Verteidigungs- und Sicherheitsinteressen zu berücksichtigen. Das Gericht berücksichtigt bei seiner Entscheidung auch die Erfolgsaussichten der Beschwerde, die allgemeinen Aussichten des Antragstellers im Vergabeverfahren, den Auftrag zu erhalten, und das Interesse der Allgemeinheit an einem raschen Abschluss des Vergabeverfahrens.

(3) Hat die Vergabekammer dem Antrag auf Nachprüfung durch Untersagung des Zuschlags stattgegeben, so unterbleibt dieser, solange nicht das Beschwerdegericht die Entscheidung der Vergabekammer nach § 121 oder § 123 aufhebt.

§ 119 Beteiligte am Beschwerdeverfahren

An dem Verfahren vor dem Beschwerdegericht beteiligt sind die an dem Verfahren vor der Vergabekammer Beteiligten.

§ 120 Verfahrensvorschriften

(1) Vor dem Beschwerdegericht müssen sich die Beteiligten durch einen Rechtsanwalt als Bevollmächtigten vertreten lassen. Juristische Personen des öffentlichen Rechts können sich durch Beamte oder Angestellte mit Befähigung zum Richteramt vertreten lassen.

(2) Die §§ 69, 70 Absatz 1 bis 3, § 71 Absatz 1 und 6, §§ 71a, 72, 73 mit Ausnahme der Verweisung auf § 227 Absatz 3 der Zivilprozessordnung, die §§ 78, 111 und 113 Absatz 2 Satz 1 finden entsprechende Anwendung.

§ 121 Vorabentscheidung über den Zuschlag

(1) Auf Antrag des Auftraggebers oder auf Antrag des Unternehmens, das nach § 101a vom Auftraggeber als das Unternehmen benannt ist, das den Zuschlag erhalten soll, kann das Gericht den weiteren Fortgang des Vergabeverfahrens und den Zuschlag gestatten, wenn unter Berücksichtigung aller möglicherweise geschädigten Interessen die nachteiligen Folgen einer Verzögerung der Vergabe bis zur Entscheidung über die Beschwerde die damit verbundenen Vorteile überwiegen. Bei der Abwägung ist das Interesse der Allgemeinheit an einer wirtschaftlichen Erfüllung der Aufgaben des Auftraggebers zu berücksichtigen; bei verteidigungs- oder sicherheitsrelevanten Aufträgen im Sinne des § 99 Absatz 7 sind zusätzlich besondere Verteidigungs- und Sicherheitsinteressen zu berücksichtigen. Das Gericht berücksichtigt bei seiner Entscheidung auch die Erfolgsaussichten der sofortigen Beschwerde, die allgemeinen Aussichten des Antragstellers im Vergabeverfahren, den Auftrag zu erhalten, und das Interesse der Allgemeinheit an einem raschen Abschluss des Vergabeverfahrens.

(2) Der Antrag ist schriftlich zu stellen und gleichzeitig zu begründen. Die zur Begründung des Antrags vorzutragenden Tatsachen sowie der Grund für die Eilbedürftigkeit sind glaubhaft zu machen. Bis zur Entscheidung über den Antrag kann das Verfahren über die Beschwerde ausgesetzt werden.

(3) Die Entscheidung ist unverzüglich längstens innerhalb von fünf Wochen nach Eingang des Antrags zu treffen und zu begründen; bei besonderen tatsächlichen oder rechtlichen Schwierigkeiten kann der Vorsitzende im Ausnahmefall die Frist durch begründete Mitteilung an die Beteiligten um den erforderlichen Zeitraum verlängern. Die Entscheidung kann ohne mündliche Verhandlung ergehen. Ihre Begründung erläutert Rechtmäßigkeit oder Rechtswidrigkeit des Vergabeverfahrens. § 120 findet Anwendung.
(4) Gegen eine Entscheidung nach dieser Vorschrift ist ein Rechtsmittel nicht zulässig.

§ 122 Ende des Vergabeverfahrens nach Entscheidung des Beschwerdegerichts

Ist der Auftraggeber mit einem Antrag nach § 121 vor dem Beschwerdegericht unterlegen, gilt das Vergabeverfahren nach Ablauf von zehn Tagen nach Zustellung der Entscheidung als beendet, wenn der Auftraggeber nicht die Maßnahmen zur Herstellung der Rechtmäßigkeit des Verfahrens ergreift, die sich aus der Entscheidung ergeben; das Verfahren darf nicht fortgeführt werden.

§ 123 Beschwerdeentscheidung

Hält das Gericht die Beschwerde für begründet, so hebt es die Entscheidung der Vergabekammer auf. In diesem Fall entscheidet das Gericht in der Sache selbst oder spricht die Verpflichtung der Vergabekammer aus, unter Berücksichtigung der Rechtsauffassung des Gerichts über die Sache erneut zu entscheiden. Auf Antrag stellt es fest, ob das Unternehmen, das die Nachprüfung beantragt hat, durch den Auftraggeber in seinen Rechten verletzt ist. § 114 Absatz 2 gilt entsprechend.

§ 124 Bindungswirkung und Vorlagepflicht

(1) Wird wegen eines Verstoßes gegen Vergabevorschriften Schadensersatz begehrt und hat ein Verfahren vor der Vergabekammer stattgefunden, ist das ordentliche Gericht an die bestandskräftige Entscheidung der Vergabekammer und die Entscheidung des Oberlandesgerichts sowie gegebenenfalls des nach Absatz 2 angerufenen Bundesgerichtshofs über die Beschwerde gebunden.
(2) Will ein Oberlandesgericht von einer Entscheidung eines anderen Oberlandesgerichts oder des Bundesgerichtshofs abweichen, so legt es die Sache dem Bundesgerichtshof vor. Der Bundesgerichtshof entscheidet anstelle des Oberlandesgerichts. Der Bundesgerichtshof kann sich auf die Entscheidung der Divergenzfrage beschränken und dem Beschwerdegericht die Entscheidung in der Hauptsache übertragen, wenn dies nach dem Sach- und Streitstand des Beschwerdeverfahrens angezeigt scheint. Die Vorlagepflicht gilt nicht im Verfahren nach § 118 Absatz 1 Satz 3 und nach § 121.

Dritter Abschnitt Sonstige Regelungen

§ 125 Schadensersatz bei Rechtsmissbrauch

(1) Erweist sich der Antrag nach § 107 oder die sofortige Beschwerde nach § 116 als von Anfang an ungerechtfertigt, ist der Antragsteller oder der Beschwerdeführer verpflichtet, dem Gegner und den Beteiligten den Schaden zu ersetzen, der ihnen durch den Missbrauch des Antrags- oder Beschwerderechts entstanden ist.
(2) Ein Missbrauch ist es insbesondere,
1. die Aussetzung oder die weitere Aussetzung des Vergabeverfahrens durch vorsätzlich oder grob fahrlässig vorgetragene falsche Angaben zu erwirken;
2. die Überprüfung mit dem Ziel zu beantragen, das Vergabeverfahren zu behindern oder Konkurrenten zu schädigen;
3. einen Antrag in der Absicht zu stellen, ihn später gegen Geld oder andere Vorteile zurückzunehmen.

(3) Erweisen sich die von der Vergabekammer entsprechend einem besonderen Antrag nach § 115 Absatz 3 getroffenen vorläufigen Maßnahmen als von Anfang an ungerechtfertigt, hat der Antragsteller dem Auftraggeber den aus der Vollziehung der angeordneten Maßnahme entstandenen Schaden zu ersetzen.

§ 126 Anspruch auf Ersatz des Vertrauensschadens

Hat der Auftraggeber gegen eine den Schutz von Unternehmen bezweckende Vorschrift verstoßen und hätte das Unternehmen ohne diesen Verstoß bei der Wertung der Angebote eine echte Chance gehabt, den Zuschlag zu erhalten, die aber durch den Rechtsverstoß beeinträchtigt wurde, so kann das Unternehmen Schadensersatz für die Kosten der Vorbereitung des Angebots oder der Teilnahme an einem Vergabeverfahren verlangen. Weiterreichende Ansprüche auf Schadensersatz bleiben unberührt.

§ 127 Ermächtigungen

Die Bundesregierung kann durch Rechtsverordnung mit Zustimmung des Bundesrates Regelungen erlassen
1. zur Umsetzung der vergaberechtlichen Schwellenwerte der Richtlinien der Europäischen Union in ihrer jeweils geltenden Fassung;
2. über das bei der Vergabe durch Auftraggeber, die auf dem Gebiet der Trinkwasser- oder Energieversorgung oder des Verkehrs tätig sind, einzuhaltende Verfahren, über die Auswahl und die Prüfung der Unternehmen und der Angebote, über den Abschluss des Vertrags und sonstige Regelungen des Vergabeverfahrens;
3. über das bei der Vergabe von verteidigungs- und sicherheitsrelevanten öffentlichen Aufträgen einzuhaltende Verfahren, über die Auswahl und die Prüfung der Unternehmen und der Angebote, über den Ausschluss vom Vergabeverfahren, über den Abschluss des Vertrags, über die Aufhebung von Vergabeverfahren und über sonstige Regelungen des Vergabeverfahrens einschließlich verteidigungs- und sicherheitsrelevanter Anforderungen im Hinblick auf den Geheimschutz, allgemeine Regeln zur Wahrung der Vertraulichkeit, die Versorgungssicherheit sowie besondere Regelungen für die Vergabe von Unteraufträgen;
4. (weggefallen)
5. (weggefallen)
6. über ein Verfahren, nach dem öffentliche Auftraggeber durch unabhängige Prüfer eine Bescheinigung erhalten können, dass ihr Vergabeverhalten mit den Regeln dieses Gesetzes und den auf Grund dieses Gesetzes erlassenen Vorschriften übereinstimmt;
7. über ein freiwilliges Streitschlichtungsverfahren der Europäischen Kommission gemäß Kapitel 4 der Richtlinie 92/13/EWG des Rates der Europäischen Gemeinschaften vom 25. Februar 1992 (ABl. EG Nr. L 76 S. 14);
8. über die Informationen, die von den Auftraggebern dem Bundesministerium für Wirtschaft und Technologie zu übermitteln sind, um Verpflichtungen aus Richtlinien des Rates der Europäischen Gemeinschaft oder der Europäischen Union zu erfüllen;
9. über die Voraussetzungen, nach denen Auftraggeber, die auf dem Gebiet der Trinkwasser- oder der Energieversorgung oder des Verkehrs tätig sind, sowie Auftraggeber nach dem Bundesberggesetz von der Verpflichtung zur Anwendung dieses Teils befreit werden können, sowie über das dabei anzuwendende Verfahren einschließlich der erforderlichen Ermittlungsbefugnisse des Bundeskartellamts.

§ 127a Kosten für Gutachten und Stellungnahmen nach der Sektorenverordnung; Verordnungsermächtigung

(1) Für Gutachten und Stellungnahmen, die auf Grund der nach § 127 Nummer 9 erlassenen Rechtsverordnung vorgenommen werden, erhebt das Bundeskartellamt Kosten (Gebühren und Auslagen) zur Deckung des Verwaltungsaufwands. § 80 Absatz 1 Satz 3 und Absatz 2 Satz 1, Satz 2 Nummer 1, Satz 3 und 4, Absatz 5 Satz 1 sowie Absatz 6 Satz 1 Nummer 2, Satz 2 und 3 gilt entsprechend. Hinsichtlich der Beschwerdemöglichkeit über die Kostenentscheidung gilt § 63 Absatz 1 und Absatz 4 entsprechend.
(2) Die Bundesregierung kann durch Rechtsverordnung mit Zustimmung des Bundesrates die Einzelheiten der Kostenerhebung bestimmen. Vollstreckungserleichterungen dürfen vorgesehen werden.

§ 128 Kosten des Verfahrens vor der Vergabekammer

(1) Für Amtshandlungen der Vergabekammern werden Kosten (Gebühren und Auslagen) zur Deckung des Verwaltungsaufwandes erhoben. Das Verwaltungskostengesetz vom 23. Juni 1970 (BGBl. I S. 821) in der am 14. August 2013 geltenden Fassung findet Anwendung.
(2) Die Gebühr beträgt mindestens 2.500 Euro; dieser Betrag kann aus Gründen der Billigkeit bis auf ein Zehntel ermäßigt werden. Die Gebühr soll den Betrag von 50.000 Euro nicht überschreiten; sie kann im Einzelfall, wenn der Aufwand oder die wirtschaftliche Bedeutung außergewöhnlich hoch sind, bis zu einem Betrag von 100.000 Euro erhöht werden.
(3) Soweit ein Beteiligter im Verfahren unterliegt, hat er die Kosten zu tragen. Mehrere Kostenschuldner haften als Gesamtschuldner. Kosten, die durch Verschulden eines Beteiligten entstanden sind, können diesem auferlegt werden. Hat sich der Antrag vor Entscheidung der Vergabekammer durch Rücknahme oder anderweitig erledigt, hat der Antragsteller die Hälfte der Gebühr zu entrichten. Die Entscheidung, wer die Kosten zu tragen hat, erfolgt nach billigem Ermessen. Aus Gründen der Billigkeit kann von der Erhebung von Gebühren ganz oder teilweise abgesehen werden.
(4) Soweit ein Beteiligter im Nachprüfungsverfahren unterliegt, hat er die zur zweckentsprechenden Rechtsverfolgung oder Rechtsverteidigung notwendigen Aufwendungen des Antragsgegners zu tragen. Die Aufwendungen der Beigeladenen sind nur erstattungsfähig, soweit sie die Vergabekammer aus Billigkeit der unterlegenen Partei auferlegt. Nimmt der Antragsteller seinen Antrag zurück, hat er die zur zweckentsprechenden Rechtsverfolgung notwendigen Aufwendungen des Antragsgegners und der Beigeladenen zu erstatten. § 80 Absatz 1,

2 und 3 Satz 2 des Verwaltungsverfahrensgesetzes und die entsprechenden Vorschriften der Verwaltungsverfahrensgesetze der Länder gelten entsprechend. Ein gesondertes Kostenfestsetzungsverfahren findet nicht statt.

§ 129 Korrekturmechanismus der Kommission

(1) Erhält die Bundesregierung im Laufe eines Vergabeverfahrens vor Abschluss des Vertrages eine Mitteilung der Europäischen Kommission, dass diese der Auffassung ist, es liege ein schwerer Verstoß gegen das Recht der Europäischen Union im Bereich der öffentlichen Aufträge vor, der zu beseitigen sei, teilt das Bundesministerium für Wirtschaft und Technologie dies dem Auftraggeber mit.

(2) Der Auftraggeber ist verpflichtet, innerhalb von 14 Kalendertagen nach Eingang dieser Mitteilung dem Bundesministerium für Wirtschaft und Technologie eine umfassende Darstellung des Sachverhaltes zu geben und darzulegen, ob der behauptete Verstoß beseitigt wurde, oder zu begründen, warum er nicht beseitigt wurde, ob das Vergabeverfahren Gegenstand eines Nachprüfungsverfahrens ist oder aus sonstigen Gründen ausgesetzt wurde.

(3) Ist das Vergabeverfahren Gegenstand eines Nachprüfungsverfahrens oder wurde es ausgesetzt, so ist der Auftraggeber verpflichtet, das Bundesministerium für Wirtschaft und Technologie unverzüglich über den Ausgang des Nachprüfungsverfahrens zu informieren.

§ 129a Unterrichtspflichten der Nachprüfungsinstanzen

Die Vergabekammern und die Oberlandesgerichte unterrichten das Bundesministerium für Wirtschaft und Technologie bis zum 31. Januar eines jeden Jahres über die Anzahl der Nachprüfungsverfahren des Vorjahres und deren Ergebnisse.

§ 129b Regelung für Auftraggeber nach dem Bundesberggesetz

(1) Auftraggeber, die nach dem Bundesberggesetz berechtigt sind, Erdöl, Gas, Kohle oder andere Festbrennstoffe aufzusuchen oder zu gewinnen, müssen bei der Vergabe von Liefer-, Bau- oder Dienstleistungsaufträgen oberhalb der in Artikel 16 der Richtlinie 2004/17/EG des Europäischen Parlaments und des Rates vom 31. März 2004 zur Koordinierung der Zuschlagserteilung durch Auftraggeber im Bereich der Wasser-, Energie- und Verkehrsversorgung sowie der Postdienste (ABl. EU Nr. L 134 S. 1), die zuletzt durch die Verordnung (EG) Nr. 1422/2007 der Kommission vom 4. Dezember 2007 (ABl. EU Nr. L 317 S. 34) geändert worden ist, festgelegten Schwellenwerte zur Durchführung der Aufsuchung oder Gewinnung von Erdöl, Gas, Kohle oder anderen Festbrennstoffen den Grundsatz der Nichtdiskriminierung und der wettbewerbsorientierten Auftragsvergabe beachten. Insbesondere müssen sie Unternehmen, die ein Interesse an einem solchen Auftrag haben können, ausreichend informieren und bei der Auftragsvergabe objektive Kriterien zugrunde legen. Dies gilt nicht für die Vergabe von Aufträgen, deren Gegenstand die Beschaffung von Energie oder Brennstoffen zur Energieerzeugung ist.

(2) Die Auftraggeber nach Absatz 1 erteilen der Europäischen Kommission über das Bundesministerium für Wirtschaft und Technologie Auskunft über die Vergabe der unter diese Vorschrift fallenden Aufträge nach Maßgabe der Entscheidung 93/327/EWG der Kommission vom 13. Mai 1993 zur Festlegung der Voraussetzungen, unter denen die öffentlichen Auftraggeber, die geographisch abgegrenzte Gebiete zum Zwecke der Aufsuchung oder Förderung von Erdöl, Gas, Kohle oder anderen Festbrennstoffen nutzen, der Kommission Auskunft über die von ihnen vergebenen Aufträge zu erteilen haben (ABl. EG Nr. L 129 S. 25). Sie können über das Verfahren gemäß der Rechtsverordnung nach § 127 Nummer 9 unter den dort geregelten Voraussetzungen eine Befreiung von der Pflicht zur Anwendung dieser Bestimmung erreichen.

Anlage (zu § 98 Nr. 4)

Tätigkeiten auf dem Gebiet der Trinkwasser- oder Energieversorgung oder des Verkehrs sind:

1. **Trinkwasserversorgung:**

    Das Bereitstellen und Betreiben fester Netze zur Versorgung der Allgemeinheit im Zusammenhang mit der Gewinnung, dem Transport oder der Verteilung von Trinkwasser sowie die Versorgung dieser Netze mit Trinkwasser; dies gilt auch, wenn diese Tätigkeit mit der Ableitung und Klärung von Abwässern oder mit Wasserbauvorhaben sowie Vorhaben auf dem Gebiet der Bewässerung und der Entwässerung im Zusammenhang steht, sofern die zur Trinkwasserversorgung bestimmte Wassermenge mehr als 20 Prozent der mit dem Vorhaben oder den Bewässerungs- oder Entwässerungsanlagen zur Verfügung gestellten Gesamtwassermenge ausmacht; bei Auftraggebern nach § 98 Nr. 4 ist es keine Tätigkeit der Trinkwasserversorgung, sofern die Gewinnung von Trinkwasser für die Ausübung einer anderen Tätigkeit als der Trinkwasser- oder Energieversorgung oder des Verkehrs erforderlich ist, die Lieferung an das öffentliche Netz nur vom Eigenverbrauch des Auftraggebers nach § 98 Nr. 4 abhängt und unter Zugrundelegung des Mittels der letzten drei Jahre einschließlich des laufenden Jahres nicht mehr als 30 Prozent der gesamten Trinkwassergewinnung des Auftraggebers nach § 98 Nr. 4 ausmacht;

2. **Elektrizitäts- und Gasversorgung:**

Das Bereitstellen und Betreiben fester Netze zur Versorgung der Allgemeinheit im Zusammenhang mit der Erzeugung, dem Transport oder der Verteilung von Strom oder der Gewinnung von Gas sowie die Versorgung dieser Netze mit Strom oder Gas; die Tätigkeit von Auftraggebern nach § 98 Nr. 4 gilt nicht als eine Tätigkeit der Elektrizitäts- und Gasversorgung, sofern die Erzeugung von Strom oder Gas für die Ausübung einer anderen Tätigkeit als der Trinkwasser- oder Energieversorgung oder des Verkehrs erforderlich ist, die Lieferung von Strom oder Gas an das öffentliche Netz nur vom Eigenverbrauch abhängt, bei der Lieferung von Gas auch nur darauf abzielt, diese Erzeugung wirtschaftlich zu nutzen, wenn unter Zugrundelegung des Mittels der letzten drei Jahre einschließlich des laufenden Jahres bei der Lieferung von Strom nicht mehr als 30 Prozent der gesamten Energieerzeugung des Auftraggebers nach § 98 Nr. 4 ausmacht, bei der Lieferung von Gas nicht mehr als 20 Prozent des Umsatzes des Auftraggebers nach § 98 Nr. 4;

3. **Wärmeversorgung:**

Das Bereitstellen und Betreiben fester Netze zur Versorgung der Allgemeinheit im Zusammenhang mit der Erzeugung, dem Transport oder der Verteilung von Wärme sowie die Versorgung dieser Netze mit Wärme; die Tätigkeit gilt nicht als eine Tätigkeit der Wärmeversorgung, sofern die Erzeugung von Wärme durch Auftraggeber nach § 98 Nr. 4 sich zwangsläufig aus der Ausübung einer anderen Tätigkeit als auf dem Gebiet der Trinkwasser- oder Energieversorgung oder des Verkehrs ergibt, die Lieferung an das öffentliche Netz nur darauf abzielt, diese Erzeugung wirtschaftlich zu nutzen und unter Zugrundelegung des Mittels der letzten drei Jahre einschließlich des laufenden Jahres nicht mehr als 20 Prozent des Umsatzes des Auftraggebers nach § 98 Nr. 4 ausmacht;

4. **Verkehr:**

Die Bereitstellung und der Betrieb von Flughäfen zum Zwecke der Versorgung von Beförderungsunternehmen im Luftverkehr durch Flughafenunternehmen, die insbesondere eine Genehmigung nach § 38 Abs. 2 Nr. 1 der Luftverkehrs-Zulassungs-Ordnung in der Fassung der Bekanntmachung vom 10. Juli 2008 (BGBl. I S. 1229) erhalten haben oder einer solchen bedürfen;

die Bereitstellung und der Betrieb von Häfen oder anderen Verkehrsendeinrichtungen zum Zwecke der Versorgung von Beförderungsunternehmen im See- oder Binnenschiffsverkehr;

das Erbringen von Verkehrsleistungen, die Bereitstellung oder das Betreiben von Infrastruktureinrichtungen zur Versorgung der Allgemeinheit im Eisenbahn-, Straßenbahn- oder sonstigen Schienenverkehr, mit Seilbahnen sowie mit automatischen Systemen, im öffentlichen Personenverkehr im Sinne des Personenbeförderungsgesetzes auch mit Kraftomnibussen und Oberleitungsbussen.

Anhang 2 Verordnung über die Vergabe öffentlicher Aufträge (Vergabeverordnung – VgV)

In der Fassung der Bekanntmachung vom 11.2.2003 (BGBl. I S. 169)
zuletzt geändert durch Siebte Verordnung zur Änderung der Verordnung
über die Vergabe öffentlicher Aufträge
vom 15.10.2013 (BGBl. I S. 3854)

Abschnitt 1 Vergabebestimmungen

§ 1 Zweck der Verordnung

Diese Verordnung trifft nähere Bestimmungen über das einzuhaltende Verfahren bei der Vergabe öffentlicher Aufträge, die in den Anwendungsbereich nach § 2 dieser Verordnung fallen.

§ 2 Anwendungsbereich

(1) Diese Verordnung gilt nur für Aufträge, deren geschätzter Auftragswert ohne Umsatzsteuer die Schwellenwerte erreicht oder überschreitet, die in Artikel 7 der Richtlinie 2004/18/EG des Europäischen Parlaments und des Rates vom 31. März 2004 über die Koordinierung der Verfahren zur Vergabe öffentlicher Bauaufträge, Lieferaufträge und Dienstleistungsaufträge (ABl. L 134 vom 30.4.2004, S. 114, L 351 vom 26.11.2004, S. 44) in der jeweils geltenden Fassung festgelegt werden (EU-Schwellenwerte). Der sich hieraus für zentrale Regierungsbehörden ergebende Schwellenwert ist von allen obersten Bundesbehörden sowie allen oberen Bundesbehörden und vergleichbaren Bundeseinrichtungen anzuwenden. Das Bundesministerium für Wirtschaft und Technologie gibt die geltenden Schwellenwerte unverzüglich, nachdem sie im Amtsblatt der Europäischen Union veröffentlicht worden sind, im Bundesanzeiger bekannt.

(2) Bei Auftraggebern nach § 98 Nummer 1 bis 4 des Gesetzes gegen Wettbewerbsbeschränkungen gilt für Aufträge, die im Zusammenhang mit Tätigkeiten auf dem Gebiet der Trinkwasser- oder Energieversorgung oder des Verkehrs (Sektorentätigkeiten) vergeben werden, die Sektorenverordnung vom 23. September 2009 (BGBl. I S. 3110).

(3) Diese Verordnung gilt nicht für verteidigungs- oder sicherheitsrelevante Aufträge im Sinne des § 99 Absatz 7 des Gesetzes gegen Wettbewerbsbeschränkungen.

§ 3 Schätzung des Auftragswertes

(1) Bei der Schätzung des Auftragswertes ist von der geschätzten Gesamtvergütung für die vorgesehene Leistung einschließlich etwaiger Prämien oder Zahlungen an Bewerber oder Bieter auszugehen. Dabei sind alle Optionen oder etwaige Vertragsverlängerungen zu berücksichtigen.

(2) Der Wert eines beabsichtigten Auftrages darf nicht in der Absicht geschätzt oder aufgeteilt werden, den Auftrag der Anwendung dieser Verordnung zu entziehen.

(3) Bei regelmäßig wiederkehrenden Aufträgen oder Daueraufträgen über Liefer- oder Dienstleistungen ist der Auftragswert zu schätzen

1. entweder auf der Grundlage des tatsächlichen Gesamtwertes entsprechender aufeinander folgender Aufträge aus dem vorangegangenen Haushaltsjahr; dabei sind voraussichtliche Änderungen bei Mengen oder Kosten möglichst zu berücksichtigen, die während der zwölf Monate zu erwarten sind, die auf den ursprünglichen Auftrag folgen, oder
2. auf der Grundlage des geschätzten Gesamtwertes aufeinander folgender Aufträge, die während der auf die erste Lieferung folgenden zwölf Monate oder während des auf die erste Lieferung folgenden Haushaltsjahres, wenn dieses länger als zwölf Monate ist, vergeben werden.

(4) Bei Aufträgen über Liefer- oder Dienstleistungen, für die kein Gesamtpreis angegeben wird, ist Berechnungsgrundlage für den geschätzten Auftragswert

1. bei zeitlich begrenzten Aufträgen mit einer Laufzeit von bis zu 48 Monaten der Gesamtwert für die Laufzeit dieser Aufträge;
2. bei Aufträgen mit unbestimmter Laufzeit oder mit einer Laufzeit von mehr als 48 Monaten der 48-fache Monatswert.

(5) Bei Bauleistungen ist neben dem Auftragswert der Bauaufträge der geschätzte Wert aller Lieferleistungen zu berücksichtigen, die für die Ausführungen der Bauleistungen erforderlich sind und vom Auftraggeber zur Verfügung gestellt werden.

(6) Der Wert einer Rahmenvereinbarung oder eines dynamischen elektronischen Verfahrens wird auf der Grundlage des geschätzten Gesamtwertes aller Einzelaufträge berechnet, die während deren Laufzeit geplant sind.

(7) Besteht die beabsichtigte Beschaffung aus mehreren Losen, für die jeweils ein gesonderter Auftrag vergeben wird, ist der Wert aller Lose zugrunde zu legen. Bei Lieferaufträgen gilt dies nur für Lose über gleichartige Lieferungen. Soweit eine zu vergebende freiberufliche Leistung nach § 5 in mehrere Teilaufträge derselben freiberuflichen Leistung aufgeteilt wird, müssen die Werte der Teilaufträge zur Berechnung des geschätzten Auftragswertes addiert werden. Erreicht oder überschreitet der Gesamtwert den maßgeblichen EU-Schwellenwert, gilt diese Verordnung für die Vergabe jedes Loses. Satz 4 gilt nicht, wenn es sich um Lose handelt, deren geschätzter Wert bei Liefer- oder Dienstleistungsaufträgen unter 80.000 Euro und bei Bauleistungen unter 1 Million Euro liegt, wenn die Summe der Werte dieser Lose 20 Prozent des Gesamtwertes aller Lose nicht übersteigt.

(8) Bei Auslobungsverfahren, die zu einem Dienstleistungsauftrag führen sollen, ist der Wert des Dienstleistungsauftrags zu schätzen zuzüglich etwaiger Preisgelder und Zahlungen an Teilnehmer. Bei allen übrigen Auslobungsverfahren entspricht der Wert der Summe aller Preisgelder und sonstigen Zahlungen an Teilnehmer sowie des Wertes des Dienstleistungsauftrags, der vergeben werden könnte, soweit der Auftraggeber dies in der Bekanntmachung des Auslobungsverfahrens nicht ausschließt.

(9) Maßgeblicher Zeitpunkt für die Schätzung des Auftragswertes ist der Tag, an dem die Bekanntmachung der beabsichtigten Auftragsvergabe abgesendet oder das Vergabeverfahren auf andere Weise eingeleitet wird.

(10) (weggefallen)

§ 4 Vergabe von Liefer- und Dienstleistungsaufträgen

(1) Bei der Vergabe von Lieferaufträgen müssen Auftraggeber nach § 98 Nummer 1 bis 3 des Gesetzes gegen Wettbewerbsbeschränkungen die Bestimmungen des zweiten Abschnitts der Vergabe- und Vertragsordnung für Leistungen (VOL/A) in der Fassung der Bekanntmachung vom 20. November 2009 (BAnz. Nr. 196a vom 29. Dezember 2009; BAnz. 2010 S. 755) anwenden.

(2) Bei der Vergabe von Dienstleistungsaufträgen und bei Auslobungsverfahren, die zu Dienstleistungsaufträgen führen sollen, müssen Auftraggeber nach § 98 Nummer 1 bis 3 und 5 des Gesetzes gegen Wettbewerbsbeschränkungen folgende Bestimmungen der VOL/A anwenden, soweit in § 5 nichts anderes bestimmt ist:

1. bei Aufträgen, die Dienstleistungen nach Anlage 1 Teil A zum Gegenstand haben, die Bestimmungen des zweiten Abschnitts der VOL/A;
2. bei Aufträgen, die Dienstleistungen nach Anlage 1 Teil B zum Gegenstand haben, die Bestimmungen des § 8 EG VOL/A, § 15 EG Absatz 10 VOL/A und § 23 EG VOL/A sowie die Bestimmungen des ersten Abschnitts der VOL/A mit Ausnahme von § 7 VOL/A;
3. bei Aufträgen, die sowohl Dienstleistungen nach Anlage 1 Teil A als auch Dienstleistungen nach Anlage 1 Teil B zum Gegenstand haben, die in Nummer 1 genannten Bestimmungen, wenn der Wert der Dienstleistungen nach Anlage 1 Teil A überwiegt; ansonsten müssen die in Nummer 2 genannten Bestimmungen angewendet werden.

Wenn im Fall des Satzes 1 Nummer 2 tatsächliche Anhaltspunkte dafür vorliegen, dass die Organisation, die Qualifikation und die Erfahrung des bei der Durchführung des betreffenden Auftrags eingesetzten Personals erheblichen Einfluss auf die Qualität der Auftragsausführung haben können, können diese Kriterien bei der Ermittlung des wirtschaftlichsten Angebots berücksichtigt werden. Bei der Bewertung dieser Kriterien können insbesondere der Erfolg und die Qualität bereits erbrachter Leistungen berücksichtigt werden. Die Gewichtung der Organisation, der Qualifikation und der Erfahrung des mit der Durchführung des betreffenden Auftrags betrauten Personals soll zusammen 25 Prozent der Gewichtung aller Zuschlagskriterien nicht überschreiten.

(3) Bei Aufträgen, deren Gegenstand Personennahverkehrsleistungen der Kategorie Eisenbahnen sind, gilt Absatz 2 mit folgenden Maßgaben:

1. Bei Verträgen über einzelne Linien mit einer Laufzeit von bis zu drei Jahren ist einmalig auch eine freihändige Vergabe ohne sonstige Voraussetzungen zulässig.
2. Bei längerfristigen Verträgen ist eine freihändige Vergabe ohne sonstige Voraussetzungen im Rahmen des § 15 Abs. 2 des Allgemeinen Eisenbahngesetzes zulässig, wenn ein wesentlicher Teil der durch den Vertrag bestellten Leistungen während der Vertragslaufzeit ausläuft und anschließend im Wettbewerb vergeben wird. Die Laufzeit des Vertrages soll zwölf Jahre nicht überschreiten. Der Umfang und die vorgesehenen Modalitäten des Auslaufens des Vertrages sind nach Abschluss des Vertrages in geeigneter Weise öffentlich bekannt zu machen.

(4) Wenn energieverbrauchsrelevante Waren, technische Geräte oder Ausrüstungen Gegenstand einer Lieferleistung nach Absatz 1 oder wesentliche Voraussetzung zur Ausführung einer Dienstleistung nach Absatz 2 sind, müssen die Anforderungen der Absätze 5 bis 6b beachtet werden.

(5) In der Leistungsbeschreibung sollen im Hinblick auf die Energieeffizienz insbesondere folgende Anforderungen gestellt werden:

1. das höchste Leistungsniveau an Energieeffizienz und
2. soweit vorhanden, die höchste Energieeffizienzklasse im Sinne der Energieverbrauchskennzeichnungsverordnung.

(6) In der Leistungsbeschreibung oder an anderer geeigneter Stelle in den Vergabeunterlagen sind von den Bietern folgende Informationen zu fordern:
1. konkrete Angaben zum Energieverbrauch, es sei denn, die auf dem Markt angebotenen Waren, technischen Geräte oder Ausrüstungen unterscheiden sich im zulässigen Energieverbrauch nur geringfügig, und
2. in geeigneten Fällen,
   a) eine Analyse minimierter Lebenszykluskosten oder
   b) die Ergebnisse einer Buchstabe a vergleichbaren Methode zur Überprüfung der Wirtschaftlichkeit.

(6a) Die Auftraggeber dürfen nach Absatz 6 übermittelte Informationen überprüfen und hierzu ergänzende Erläuterungen von den Bietern fordern.

(6b) Im Rahmen der Ermittlung des wirtschaftlichsten Angebotes nach § 97 Absatz 5 des Gesetzes gegen Wettbewerbsbeschränkungen ist die anhand der Informationen nach Absatz 6 oder der Ergebnisse einer Überprüfung nach Absatz 6a zu ermittelnde Energieeffizienz als Zuschlagskriterium angemessen zu berücksichtigen.

(7) Öffentliche Auftraggeber gemäß § 98 Nummer 1 bis 3 des Gesetzes gegen Wettbewerbsbeschränkungen müssen bei der Beschaffung von Straßenfahrzeugen Energieverbrauch und Umweltauswirkungen als Kriterium angemessen berücksichtigen. Zumindest müssen folgende Faktoren, jeweils bezogen auf die Lebensdauer des Straßenfahrzeugs im Sinne der Tabelle 3 der Anlage 2, berücksichtigt werden:
1. Energieverbrauch,
2. Kohlendioxid-Emissionen,
3. Emissionen von Stickoxiden,
4. Emissionen von Nichtmethan-Kohlenwasserstoffen und
5. partikelförmige Abgasbestandteile.

(8) Zur Berücksichtigung des Energieverbrauchs und der Umweltauswirkungen nach Absatz 7 ist:
1. § 8 EG VOL/A mit der Maßgabe anzuwenden, dass der Auftraggeber in der Leistungsbeschreibung oder in den technischen Spezifikationen Vorgaben zu Energieverbrauch und Umweltauswirkungen macht, und
2. § 19 EG VOL/A mit der Maßgabe anzuwenden, dass der Auftraggeber den Energieverbrauch und die Umweltauswirkungen von Straßenfahrzeugen als Kriterium angemessen bei der Entscheidung über den Zuschlag berücksichtigt.

(9) Sollen der Energieverbrauch und die Umweltauswirkungen von Straßenfahrzeugen im Rahmen der Entscheidung über den Zuschlag finanziell bewertet werden, ist die in Anlage 3 definierte Methode anzuwenden. Soweit die Angaben in Anlage 2 dem Auftraggeber einen Spielraum bei der Beurteilung des Energiegehaltes oder der Emissionskosten einräumen, nutzt der Auftraggeber diesen Spielraum entsprechend den lokalen Bedingungen am Einsatzort des Fahrzeugs.

(10) Von der Anwendung des Absatzes 7 sind Straßenfahrzeuge ausgenommen, die für den Einsatz im Rahmen des hoheitlichen Auftrags der Streitkräfte, des Katastrophenschutzes, der Feuerwehren und der Polizeien des Bundes und der Länder konstruiert und gebaut sind (Einsatzfahrzeuge). Bei der Beschaffung von Einsatzfahrzeugen werden die Anforderungen nach Absatz 7 berücksichtigt, soweit es der Stand der Technik zulässt und hierdurch die Einsatzfähigkeit der Einsatzfahrzeuge zur Erfüllung des in Satz 1 genannten hoheitlichen Auftrags nicht beeinträchtigt wird.

§ 5 Vergabe freiberuflicher Leistungen

(1) Bei der Vergabe von Aufträgen für Dienstleistungen, die im Rahmen einer freiberuflichen Tätigkeit erbracht oder im Wettbewerb mit freiberuflichen Tätigkeiten angeboten werden, sowie bei Auslobungsverfahren, die zu solchen Dienstleistungsaufträgen führen sollen, müssen Auftraggeber nach § 98 Nummer 1 bis 3 und 5 des Gesetzes gegen Wettbewerbsbeschränkungen folgende Bestimmungen der Vergabeordnung für freiberufliche Leistungen (VOF) in der Fassung der Bekanntmachung vom 18. November 2009 (BAnz. Nr. 185a vom 8. Dezember 2009) anwenden:
1. bei Aufträgen, die Dienstleistungen nach Anlage 1 Teil A zum Gegenstand haben, alle Bestimmungen der VOF;
2. bei Aufträgen, die Dienstleistungen nach Anlage 1 Teil B zum Gegenstand haben, die Bestimmungen des § 6 Absatz 2 bis 7 VOF und § 14 VOF;
3. bei Aufträgen, die sowohl Dienstleistungen nach Anlage 1 Teil A als auch Dienstleistungen nach Anlage 1 Teil B zum Gegenstand haben, die in Nummer 1 genannten Bestimmungen, wenn der Wert der Dienstleis-

tungen nach Anlage 1 Teil A überwiegt; ansonsten müssen die in Nummer 2 genannten Bestimmungen angewendet werden.

Wenn im Fall des Satzes 1 Nummer 2 tatsächliche Anhaltspunkte dafür vorliegen, dass die Organisation, die Qualifikation und die Erfahrung des bei der Durchführung des betreffenden Auftrags eingesetzten Personals erheblichen Einfluss auf die Qualität der Auftragsausführung haben können, können diese Kriterien bei der Ermittlung des wirtschaftlichsten Angebots berücksichtigt werden. Bei der Bewertung dieser Kriterien können insbesondere der Erfolg und die Qualität bereits erbrachter Leistungen berücksichtigt werden. Die Gewichtung der Organisation, der Qualifikation und der Erfahrung des mit der Durchführung des betreffenden Auftrags betrauten Personals soll zusammen 25 Prozent der Gewichtung aller Zuschlagskriterien nicht überschreiten.

(2) Absatz 1 gilt nicht für Dienstleistungen, deren Gegenstand eine Aufgabe ist, deren Lösung vorab eindeutig und erschöpfend beschrieben werden kann.

§ 6 Vergabe von Bauleistungen

(1) Auftraggeber nach § 98 Nr. 1 bis 3, 5 und 6 des Gesetzes gegen Wettbewerbsbeschränkungen haben bei der Vergabe von Bauaufträgen und Baukonzessionen die Bestimmungen des 2. Abschnitts des Teiles A der Vergabe- und Vertragsordnung für Bauleistungen (VOB/A) in der Fassung der Bekanntmachung vom 24. Oktober 2011 (BAnz. Nr. 182a vom 2. Dezember 2011; BAnz AT 07.05.2012 B1) anzuwenden; für die in § 98 Nr. 6 des Gesetzes gegen Wettbewerbsbeschränkungen genannten Auftraggeber gilt dies nur hinsichtlich der Bestimmungen, die auf diese Auftraggeber Bezug nehmen.

(2) Wenn die Lieferung von energieverbrauchsrelevanten Waren, technischen Geräten oder Ausrüstungen wesentlicher Bestandteil einer Bauleistung ist, müssen die Anforderungen der Absätze 3 bis 6 beachtet werden.

(3) In der Leistungsbeschreibung sollen im Hinblick auf die Energieeffizienz insbesondere folgende Anforderungen gestellt werden:
1. das höchste Leistungsniveau an Energieeffizienz und
2. soweit vorhanden, die höchste Energieeffizienzklasse im Sinne der Energieverbrauchskennzeichnungsverordnung.

(4) In der Leistungsbeschreibung oder an anderer geeigneter Stelle in den Vergabeunterlagen sind von den Bietern folgende Informationen zu fordern:
1. konkrete Angaben zum Energieverbrauch, es sei denn, die auf dem Markt angebotenen Waren, technischen Geräte oder Ausrüstungen unterscheiden sich im zulässigen Energieverbrauch nur geringfügig, und
2. in geeigneten Fällen,
    a) eine Analyse minimierter Lebenszykluskosten oder
    b) die Ergebnisse einer Buchstabe a vergleichbaren Methode zur Überprüfung der Wirtschaftlichkeit.

(5) Die Auftraggeber dürfen nach Absatz 4 übermittelte Informationen überprüfen und hierzu ergänzende Erläuterungen von den Bietern fordern.

(6) Im Rahmen der Ermittlung des wirtschaftlichsten Angebotes nach § 97 Absatz 5 des Gesetzes gegen Wettbewerbsbeschränkungen ist die anhand der Informationen nach Absatz 4 oder der Ergebnisse einer Überprüfung nach Absatz 5 zu ermittelnde Energieeffizienz als Zuschlagskriterium angemessen zu berücksichtigen.

§§ 6a bis 13 (aufgehoben)

§ 14 Bekanntmachungen

(1) Die Auftraggeber geben in der Bekanntmachung und den Vergabeunterlagen die Anschrift der Vergabekammer an, der die Nachprüfung obliegt.

(2) Bei Bekanntmachungen im Amtsblatt der Europäischen Union nach diesen Bestimmungen haben die Auftraggeber die Bezeichnungen des Gemeinsamen Vokabulars für das öffentliche Auftragswesen (Common Procurement Vocabulary – CPV) zur Beschreibung des Auftragsgegenstandes zu verwenden.

(3) Das Bundesministerium für Wirtschaft und Technologie gibt im Bundesanzeiger einen Hinweis auf die Rechtsvorschrift zur Änderung der CPV bekannt.

§ 15 (weggefallen)

§ 16 Ausgeschlossene Personen

(1) Als Organmitglied oder Mitarbeiter eines Auftraggebers oder als Beauftragter oder als Mitarbeiter eines Beauftragten eines Auftraggebers dürfen bei Entscheidungen in einem Vergabeverfahren für einen Auftraggeber als voreingenommen geltende natürliche Personen nicht mitwirken, soweit sie in diesem Verfahren

1. Bieter oder Bewerber sind,
2. einen Bieter oder Bewerber beraten oder sonst unterstützen oder als gesetzliche Vertreter oder nur in dem Vergabeverfahren vertreten,
3. a) bei einem Bieter oder Bewerber gegen Entgelt beschäftigt oder bei ihm als Mitglied des Vorstandes, Aufsichtsrates oder gleichartigen Organs tätig sind oder
   b) für ein in das Vergabeverfahren eingeschaltetes Unternehmen tätig sind, wenn dieses Unternehmen zugleich geschäftliche Beziehungen zum Auftraggeber und zum Bieter oder Bewerber hat,

es sei denn, dass dadurch für die Personen kein Interessenkonflikt besteht oder sich die Tätigkeiten nicht auf die Entscheidungen in dem Vergabeverfahren auswirken.

(2) Als voreingenommen gelten auch die Personen, deren Angehörige die Voraussetzungen nach Absatz 1 Nr. 1 bis 3 erfüllen. Angehörige sind der Verlobte, der Ehegatte, Lebenspartner, Verwandte und Verschwägerte gerader Linie, Geschwister, Kinder der Geschwister, Ehegatten und Lebenspartner der Geschwister und Geschwister der Ehegatten und Lebenspartner, Geschwister der Eltern sowie Pflegeeltern und Pflegekinder.

§ 17 Melde- und Berichtspflichten

(1) Die Auftraggeber übermitteln der zuständigen Stelle eine jährliche statistische Aufstellung der im Vorjahr vergebenen Aufträge, und zwar getrennt nach öffentlichen Liefer-, Dienstleistungs- und Bauaufträgen (§§ 4 bis 6).

(2) Für jeden Auftraggeber enthält die statistische Aufstellung mindestens die Anzahl und den Wert der vergebenen Aufträge. Die Daten werden soweit möglich wie folgt aufgeschlüsselt:
a) nach den jeweiligen Vergabeverfahren,
b) nach Waren, Dienstleistungen und Bauarbeiten gemäß den Kategorien der CPV-Nomenklatur,
c) nach der Staatsangehörigkeit des Bieters, an den der Auftrag vergeben wurde.

(3) Werden die Aufträge im Verhandlungsverfahren vergeben, so werden die Daten auch nach den in § 3 EG Absatz 3 und 4 VOL/A, § 3 Absatz 1 und 4 VOF und § 3a Absatz 5 und 6 VOB/A genannten Fallgruppen aufgeschlüsselt und enthalten die Anzahl und den Wert der vergebenen Aufträge nach Staatszugehörigkeit der erfolgreichen Bieter zu einem Mitgliedstaat der EU oder einem Drittstaat.

(4) Die Daten enthalten zudem die Anzahl und den Gesamtwert der Aufträge, die auf Grund der Ausnahmeregelungen zum Beschaffungsübereinkommen vergeben wurden.

(5) Die statistischen Aufstellungen für oberste und obere Bundesbehörden und vergleichbare Bundeseinrichtungen enthalten auch den geschätzten Gesamtwert der Aufträge unterhalb der EU-Schwellenwerte sowie nach Anzahl und Gesamtwert der Aufträge, die auf Grund der Ausnahmeregelungen zum Beschaffungsübereinkommen vergeben wurden. Sie enthalten keine Angaben über Dienstleistungen der Kategorie 8 des Anhangs I Teil A und über Fernmeldedienstleistungen der Kategorie 5, deren CPC-Referenznummern 7524 (CPV-Referenznummer 64228000-0), 7525 (CPV-Referenznummer 64221000-1) und 7526 (CPV-Referenznummer 64227000-3) lauten, sowie über Dienstleistungen des Anhangs I Teil B, sofern der geschätzte Wert ohne Umsatzsteuer unter 200.000 Euro liegt.

§§ 18 bis 22 (weggefallen)

Abschnitt 2 Übergangs- und Schlussbestimmungen

§ 23 Übergangsbestimmungen

Bereits begonnene Vergabeverfahren werden nach dem Recht, das zum Zeitpunkt des Beginns des Verfahrens galt, beendet. Bis zu drei Monaten nach Inkrafttreten dieser Verordnung begonnene Vergabeverfahren, bei denen eine elektronische Angebotsabgabe zugelassen ist, können nach den Verfahrensvorschriften, welche vor Inkrafttreten dieser Verordnung galten, abgewickelt werden, wenn dies in der Bekanntmachung festgelegt ist.

§ 24 (Inkrafttreten, Außerkrafttreten)

Verordnung über die Vergabe öffentlicher Aufträge (Vergabeverordnung – VgV) **Anhang 2**

Anlage 1[*]
Teil A[1]

Kategorie	Bezeichnung	CPC-Referenz-nummern[2]	CPV-Referenznummern
1	Instandhaltung und Reparatur	6112, 6122, 633, 886	Von 50100000-6 bis 50982000-5 (außer 50310000-1 bis 50324200-4 und 50116510-9, 50190000-3, 50229000-6, 50243000-0) und von 51000000-9 bis 51900000-1
2	Landverkehr[3], einschließlich Geldtransport und Kurierdienste, ohne Postverkehr	712 (außer 71235), 7512, 87304	Von 60100000-9 bis 60183000-4 (außer 60121000 bis 60160000-7, 60161000-4, 60220000-6) und von 64120000-3 bis 64121200-2
3	Fracht- und Personenbeförderung im Flugverkehr, ohne Postverkehr	73 (außer 7321)	Von 60410000-5 bis 60424120-3 (außer 60411000-2, 60421000-5) und 60500000-3, von 60440000-4 bis 60445000-9
4	Postbeförderung im Landverkehr[4] sowie Luftpostbeförderung	71235, 7321	60160000-7, 60161000-4, 60411000-2, 60421000-5
5	Fernmeldewesen	752	Von 64200000-8 bis 64228200-2, 72318000-7 und von 72700000-7 bis 72720000-3
6	Finanzielle Dienstleistungen: a) Versicherungsdienstleistungen, b) Bankdienstleistungen und Wertpapiergeschäfte[5]	ex 81, 812, 814	Von 66100000-1 bis 66720000-3
7	Datenverarbeitung und verbundene Tätigkeiten	84	Von 50310000-1 bis 50324200-4, von 72000000-5 bis 72920000-5 (außer 72318000-7 und von 72700000-7 bis 72720000-3), 79342410-4
8	Forschung und Entwicklung[6]	85	Von 73000000-2 bis 73436000-7 (außer 73200000-4, 73210000-7, 73220000-0)

---

[*] Teil A entspricht Anhang VI, Teil B Anhang VII zur Verordnung (EG) Nr. 213/2008 der Kommission vom 28. November 2007 zur Änderung der Verordnung (EG) Nr. 2195/2002 des Europäischen Parlaments und des Rates über das Gemeinsame Vokabular für öffentliche Aufträge (CPV) und der Vergaberichtlinien des Europäischen Parlaments und des Rates 2004/17/EG und 2004/18/EG im Hinblick auf die Überarbeitung des Vokabulars (ABl. L 74 vom 15.3.2008, S. 1).
[1] Bei unterschiedlichen Auslegungen zwischen CPV und CPC gilt die CPC-Nomenklatur.
[2] CPC-Nomenklatur (vorläufige Fassung), die zur Festlegung des Anwendungsbereichs der Richtlinie 92/50/EWG verwendet wird.
[3] Ohne Eisenbahnverkehr der Kategorie 18.
[4] Ohne Eisenbahnverkehr der Kategorie 18.
[5] Ohne Finanzdienstleistungen im Zusammenhang mit Ausgabe, Verkauf, Ankauf oder Übertragung von Wertpapieren oder anderen Finanzinstrumenten und mit Zentralbankdiensten. Ausgenommen sind ferner Dienstleistungen zum Erwerb oder zur Anmietung – ganz gleich, nach welchen Finanzmodalitäten – von Grundstücken, bestehenden Gebäuden oder anderem unbeweglichen Eigentum oder betreffend Rechte daran; Finanzdienstleistungen, die bei dem Vertrag über den Erwerb oder die Anmietung mit ihm gleichlaufend, ihm vorangehend oder im Anschluss an ihn gleich in welcher Form erbracht werden, fallen jedoch darunter.
[6] Ohne Aufträge über Forschungs- und Entwicklungsdienstleistungen, die anderer Art sind als diejenigen, deren Ergebnisse ausschließlich Eigentum des Auftraggebers für seinen Gebrauch bei der Ausübung seiner eigenen Tätigkeit sind, sofern die Dienstleistung vollständig durch den Auftraggeber vergütet wird.

Anhang 2   Verordnung über die Vergabe öffentlicher Aufträge (Vergabeverordnung – VgV)

Kategorie	Bezeichnung	CPC-Referenz-nummern	CPV-Referenznummern
9	Buchführung, -haltung und -prüfung	862	Von 79210000-9 bis 792230000-3
10	Markt- und Meinungsforschung	864	Von 79300000-7 bis 79330000-6, und 79342310-9, 79342311-6
11	Unternehmensberatung[7] und verbundene Tätigkeiten	865, 866	Von 73200000-4 bis 732200000-0, von 79400000-8 bis 794212000-3 und 793420000-3, 79342100-4, 79342300-6, 79342320-2, 79342321-9, 79910000-6, 79991000-7, 98362000-8
12	Architektur, technische Beratung und Planung, integrierte technische Leistungen, Stadt- und Landschaftsplanung, zugehörige wissenschaftliche und technische Beratung, technische Versuche und Analysen	867	Von 71000000-8 bis 71900000-7 (außer 71550000-8) und 79994000-8
13	Werbung	871	Von 79341000-6 bis 793422200-5 (außer 79342000-3 und 79342100-4)
14	Gebäudereinigung und Hausverwaltung	874, 82201 bis 82206	Von 70300000-4 bis 70340000-6 und von 90900000-6 bis 90924000-0
15	Verlegen und Drucken gegen Vergütung oder auf vertraglicher Grundlage	88442	Von 79800000-2 bis 79824000-6, von 79970000-6 bis 79980000-7
16	Abfall- und Abwasserbeseitigung, sanitäre und ähnliche Dienstleistungen	94	Von 90400000-1 bis 90743200-9 (außer 9071220-3), von 90910000-9 bis 90920000-2 und 50190000-3, 50229000-6, 50243000-0

---

7 Ohne Schiedsgerichts- und Schlichtungsleistungen.

Verordnung über die Vergabe öffentlicher Aufträge (Vergabeverordnung – VgV) **Anhang 2**

Teil B

Kategorie	Bezeichnung	CPC-Referenz-nummern	CPV-Referenznummern
17	Gaststätten und Beherbergungsgewerbe	64	Von 55100000-1 bis 55524000-9 und von 98340000-8 bis 98341100-6
18	Eisenbahnen	711	60200000-0 bis 60220000-6
19	Schifffahrt	72	Von 60600000-4 bis 60553000-0 und von 63727000-1 bis 63727200-3
20	Neben- und Hilfstätigkeiten des Verkehrs	74	Von 63000000-9 bis 63734000-3 (außer 63711200-8, 63712700-0, 63712710-3 und von 63727000-1 bis 63727200-3) und 98361000-1
21	Rechtsberatung	861	Von 79100000-5 bis 79140000-7
22	Arbeitsvermittlung und Arbeitskräftevermittlung[8]	872	Von 79600000-0 bis 79635000-4 (außer 79611000-0, 79632000-3, 79633000-0) und von 98500000-8 bis 98514000-9
23	Auskunfts- und Schutzdienste, ohne Geldtransport	873 (außer 87304)	Von 79700000-1 bis 797230000-8
24	Unterrichtswesen und Berufsausbildung	92	Von 80100000-5 bis 806600000-8 (außer 80533000-9, 80533100-0, 80533200-1)
25	Gesundheits-, Veterinär- und Sozialwesen	93	79611000-0 und von 85000000-9 bis 85323000-9 (außer 85321000-5 und 85322000-2)
26	Erholung, Kultur und Sport[9]	96	Von 79995000-5 bis 79995200-7 und von 92000000-1 bis 92700000-8 (außer 92230000-2, 922231000-9, 92232000-6)
27	Sonstige Dienstleistungen		

---

8 Mit Ausnahme von Arbeitsverträgen.
9 Mit Ausnahme von Aufträgen über Erwerb, Entwicklung, Produktion oder Koproduktion von Programmen durch Sendeunternehmen und Verträgen über Sendezeit.

Anhang 2 Verordnung über die Vergabe öffentlicher Aufträge (Vergabeverordnung – VgV)

Anlage 2 Daten zur Berechnung der über die Lebensdauer von Straßenfahrzeugen anfallenden externen Kosten (entspricht dem Anhang zur Richtlinie 2009/33/EG)

Tabelle 1 Energiegehalt von Kraftstoffen

Kraftstoff	Energiegehalt in Megajoule (MJ)/Liter bzw. Megajoule (MJ)/Normkubikmeter (Nm^3)
Dieselkraftstoff	36 MJ/Liter
Ottokraftstoff	32 MJ/Liter
Erdgas	33–38 MJ/Nm^3
Flüssiggas (LPG)	24 MJ/Liter
Ethanol	21 MJ/Liter
Biodiesel	33 MJ/Liter
Emulsionskraftstoff	32 MJ/Liter
Wasserstoff	11 MJ/Nm^3

Tabelle 2 Emissionskosten im Straßenverkehr (Preise von 2007)

Kohlendioxid (CO_2)	Stickoxide (NO_x)	Nichtmethan-Kohlenwasserstoffe	Partikelförmige Abgasbestandteile
0,03–0,04 €/kg	0,0044 €/g	0,001 €/g	0,087 €/g

Tabelle 3 Gesamtkilometerleistung von Straßenfahrzeugen

Fahrzeugklasse (Kategorien M und N gemäß der Richtlinie 2007/46/EG)	Gesamtkilometerleistung
Personenkraftwagen (M_1)	200.000 km
Leichte Nutzfahrzeuge (N_1)	250.000 km
Schwere Nutzfahrzeuge (N_2, N_3)	1.000.000 km
Busse (M_2, M_3)	800.000 km

Verordnung über die Vergabe öffentlicher Aufträge (Vergabeverordnung – VgV) **Anhang 2**

Anlage 3 Methode zur Berechnung der über die Lebensdauer von Straßenfahrzeugen anfallenden Betriebskosten

1. Für die Zwecke von § 4 Absatz 9 Satz 1 werden die über die Lebensdauer eines Straßenfahrzeugs durch dessen Betrieb verursachten Energieverbrauchs- und Emissionskosten (Betriebskosten) nach der im Folgenden beschriebenen Methode finanziell bewertet und berechnet:
   a) Die Energieverbrauchskosten, die für den Betrieb eines Straßenfahrzeugs über dessen Lebensdauer anfallen, werden wie folgt berechnet:
      aa) Der Kraftstoffverbrauch je Kilometer eines Straßenfahrzeugs gemäß Nummer 2 wird in Energieverbrauch je Kilometer (Megajoule/Kilometer, MJ/km) gerechnet. Soweit der Kraftstoffverbrauch in anderen Einheiten angegeben ist, wird er nach den Umrechnungsfaktoren in Tabelle 1 der Anlage 2 in MJ/km umgerechnet.
      bb) Je Energieeinheit muss im Rahmen der Angebotswertung ein finanzieller Wert festgesetzt werden (€/MJ). Dieser finanzielle Wert wird nach einem Vergleich der Kosten je Energieeinheit von Ottokraftstoff oder Dieselkraftstoff vor Steuern bestimmt. Der jeweils günstigere Kraftstoff bestimmt den in der Angebotswertung zu berücksichtigenden finanziellen Wert je Energieeinheit (€/MJ).
      cc) Zur Berechnung der Energieverbrauchskosten, die für den Betrieb eines Straßenfahrzeugs über dessen Lebensdauer anfallen, werden die Gesamtkilometerleistung gemäß Nummer 3 (gegebenenfalls unter Berücksichtigung der bereits erbrachten Kilometerleistung), der Energieverbrauch je Kilometer (MJ/km) gemäß Doppelbuchstabe aa und die Kosten in Euro je Energieeinheit (€/MJ) gemäß Doppelbuchstabe bb miteinander multipliziert.
   b) Zur Berechnung der Kohlendioxid-Emissionen, die für den Betrieb eines Straßenfahrzeugs über dessen Lebensdauer anfallen, werden die Gesamtkilometerleistung gemäß Nummer 3 (gegebenenfalls unter Berücksichtigung der bereits erbrachten Kilometerleistung), die Kohlendioxid-Emissionen in Kilogramm je Kilometer (kg/km) gemäß Nummer 2 und die Emissionskosten je Kilogramm (€/kg) gemäß Tabelle 2 der Anlage 2 miteinander multipliziert.
   c) Zur Berechnung der in Tabelle 2 der Anlage 2 aufgeführten Kosten für Schadstoffemissionen, die für den Betrieb eines Straßenfahrzeugs über dessen Lebensdauer anfallen, werden die Kosten für Emissionen von Stickoxiden, Nichtmethan-Kohlenwasserstoffen und partikelförmigen Abgasbestandteilen addiert. Zur Berechnung der über die Lebensdauer anfallenden Kosten für jeden einzelnen Schadstoff werden die Gesamtkilometerleistung gemäß Nummer 3 (gegebenenfalls unter Berücksichtigung der bereits erbrachten Kilometerleistung), die Emissionen in Gramm je Kilometer (g/km) gemäß Nummer 2 und die jeweiligen Kosten je Gramm (€/g) miteinander multipliziert.
   d) Auftraggeber dürfen bei der Berechnung der Emissionskosten nach den Buchstaben b und c höhere Werte zugrunde legen als diejenigen, die in Tabelle 2 der Anlage 2 angegeben sind, sofern die Werte in Tabelle 2 der Anlage 2 um nicht mehr als das Doppelte überschritten werden.
2. Die Werte für den Kraftstoffverbrauch je Kilometer sowie für Kohlendioxid-Emissionen und Schadstoffemissionen je Kilometer basieren auf den genormten gemeinschaftlichen Testverfahren der Gemeinschaftsvorschriften über die Typgenehmigung. Für Straßenfahrzeuge, für die keine genormten gemeinschaftlichen Testverfahren bestehen, werden zur Gewährleistung der Vergleichbarkeit verschiedener Angebote allgemein anerkannte Testverfahren, die Ergebnisse von Prüfungen, die für den Auftraggeber durchgeführt wurden, oder die Angaben des Herstellers herangezogen.
3. Die Gesamtkilometerleistung eines Fahrzeugs ist der Tabelle 3 der Anlage 2 zu entnehmen.

Anhang 3 Kosten des Nachprüfungsverfahrens vor der Vergabekammer[1]

Für die Amtshandlungen der Vergabekammern werden Kosten (Gebühren und Auslagen) zur Deckung des Verwaltungsaufwands erhoben. Die Gebühr beträgt grundsätzlich mindestens 2.500 € und soll den Betrag von 50.000 € nicht überschreiten.

Die Kosten des Verfahrens sind im Grundsatz von dem/den unterliegenden Beteiligten zu tragen (§ 128 Abs. 3 GWB).

Die Höhe der für das Verfahren vor der Vergabekammer zu erhebenden Gebühr orientiert sich grundsätzlich an dem Wert des zur Vergabe vorgesehenen Auftrages (sog. Bruttoauftragswert). Die konkrete Gebührenhöhe ist jedoch abhängig von dem tatsächlichen sachlichen und personellen Aufwand der Vergabekammer für das jeweilige Nachprüfungsverfahren.

Die untenstehende Tabelle liefert einen Anhaltspunkt dafür, welchem Auftragswert welche Gebühr zuzuordnen ist. Diese Zuordnung gilt jedoch lediglich für Nachprüfungsverfahren, die für die Vergabekammer mit einem durchschnittlichen sachlichen und personellen Aufwand verbunden sind.

Auftragswert in €	Basisgebühr in €
< 80.000	2.500
80.000	2.500
200.000	2.575
400.000	2.725
600.000	2.850
800.000	3.000
1.000.000	3.125
2.000.000	3.800
3.000.000	4.475
4.000.000	5.175
5.000.000	5.850
6.000.000	6.525
7.000.000	7.200
8.000.000	7.875
9.000.000	8.575
10.000.000	9.250
11.000.000	9.925
12.000.000	10.600
13.000.000	11.275
14.000.000	11.975
15.000.000	12.650
16.000.000	13.325
17.000.000	14.000
18.000.000	14.675
19.000.000	15.375
20.000.000	16.050

---

[1] Aus: Informationsblatt zum Rechtsschutz bei der Vergabe öffentlicher Aufträge, Bundeskartellamt, Bonn, Stand: März 2013.

Auftragswert in €	Basisgebühr in €
22.000.000	17.400
24.000.000	18.775
26.000.000	20.125
28.000.000	21.475
30.000.000	22.850
32.000.000	24.200
34.000.000	25.575
36.000.000	26.925
38.000.000	28.275
40.000.000	29.650
50.000.000	36.450
60.000.000	43.250
70.000.000	50.000
> 70.000.000	50.000

Anhang 4 Geschäftsordnung der Vergabekammern des Bundes

Vom 15.7.2005
in der Fassung der Bekanntmachung vom 12.8.2005
(Bekanntmachung Nr. 41/2005 vom 12.8.2005, BAnz. Nr. 151 S. 12 296)

Anwendungsbereich

Die Geschäftsordnung regelt Organisation, Grundsätze der Geschäftsverteilung, Geschäftsgang und Verfahren der Vergabekammern des Bundes, sie ist Geschäftsordnung im Sinne von § 106 Abs. 1 Satz 4 des Gesetzes gegen Wettbewerbsbeschränkungen (GWB). Soweit nichts anderes bestimmt ist, bleibt die Geschäftsordnung des Bundeskartellamtes (GO-BKartA) unberührt.

I. Organisation, Geschäftsjahr, Geschäftsverteilung und Vertretung

§ 1

(1) Einer Kammer gehören der Vorsitzende, mindestens zwei hauptamtliche und mindestens vier ehrenamtliche Beisitzer sowie weitere Mitarbeiter an. Die ehrenamtlichen Beisitzer können auch mehreren Kammern angehören.
(2) Für Frauen in einer der in der Geschäftsordnung genannten Funktionen gilt die weibliche Form der Funktionsbezeichnung.
(3) Geschäftsjahr ist das Kalenderjahr.

§ 2

(1) Der Präsident des Bundeskartellamtes regelt vor Beginn des Geschäftsjahres die Verteilung der Geschäfte unter den Kammern. Die Geschäftsverteilung darf während des Geschäftsjahres nur geändert werden, wenn dies wegen Überlastung oder ungenügender Auslastung von Kammern erforderlich wird. Für Anträge, die dasselbe Vergabeverfahren betreffen, ist die Kammer zuständig, in deren Zuständigkeit der erste Antrag fällt.
(2) Der Vorsitzende weist die Verfahren seiner Kammer den Berichterstattern nach einem vor Beginn des Geschäftsjahres von ihm festgelegten Geschäftsverteilungsplan zu.

§ 3

(1) Der Vorsitzende wirkt an allen Entscheidungen seiner Kammer mit, es sei denn, die Kammer hat dem hauptamtlichen Beisitzer das alleinige Entscheidungsrecht übertragen (§ 105 Abs. 3 GWB). Berichterstatter sind nur die hauptamtlichen Beisitzer. Die ehrenamtlichen Beisitzer wirken an den Verfahren aus den ihnen zugeordneten Fachgebieten mit.
(2) Den Vorsitzenden einer Vergabekammer vertritt bei Verhinderung grundsätzlich der anwesende hauptamtliche Beisitzer, dem das höhere Beförderungsamt verliehen ist und der in diesem Amt nach dem allgemeinen Dienstalter der Dienstältere ist. Bei gleichem allgemeinen Dienstalter kommt es auf das höhere Lebensalter an.
(3) Ist einer Vergabekammer die Beschlussfassung im Einzelfall nicht möglich, weil sie gar nicht besetzt ist, übernimmt der Vorsitzende der nach ihrer Bezifferung folgenden Vergabekammer (auf die Vergabekammer mit der höchsten Bezifferung folgt die erste Vergabekammer) den Vorsitz. Zum weiteren hauptamtlichen Beisitzer ist derjenige hauptamtliche Beisitzer aus der nach ihrer Bezifferung folgenden Vergabekammer bestellt, dem von den anwesenden hauptamtlichen Beisitzern das niedrigste Beförderungsamt verliehen ist und der in diesem Amt der Dienstjüngste ist. Bei gleichem allgemeinen Dienstalter kommt es auf das geringere Lebensalter an. Entsprechendes gilt, wenn eine Vergabekammer nur mit einem Vorsitzenden besetzt ist. Die Bestellung lässt die originären Aufgaben des betreffenden Vorsitzenden oder hauptamtlichen Beisitzers unberührt und bleibt in Kraft bis zum Abschluss der Beratung, der Abstimmung, der Zeichnung und der Zustellung der getroffenen Entscheidung an alle Verfahrensbeteiligten.

II. Verfahren zwischen Antragseingang und mündlicher Verhandlung

§ 4

(1) Geht ein nicht offensichtlich unzulässiger oder unbegründeter Antrag ein und ist die Zahlung eines Vorschusses in Höhe der Mindestgebühr von 2.500 € nachgewiesen, so stellt die Kammer dem Auftraggeber den Antrag

zu und fordert ihn zur sofortigen Übergabe der Vergabeakten auf. Der Zahlungsnachweis kann durch Übersendung des Zahlungsbeleges, auch per Telefax, oder durch anwaltliche Versicherung erfolgen.
(2) Ist eine Vergabeprüfstelle eingerichtet, so übermittelt die Kammer dieser den Antrag in Kopie.
(3) Der Vorsitzende unterrichtet den zuständigen ehrenamtlichen Beisitzer, übermittelt ihm eine Abschrift des Antrages und veranlasst, dass ihm Abschriften der Entscheidung der Vergabeprüfstelle und der Schriftsätze so rechtzeitig vor der mündlichen Verhandlung übermittelt werden, dass er sich mit der Sache vertraut machen kann. Ist ein ehrenamtlicher Beisitzer verhindert oder hat er am Vergabeverfahren mitgewirkt, so zeigt er dies dem Vorsitzenden unverzüglich an.

§ 5

(1) Nach Eingang der Akten leitet der Vorsitzende diese dem zuständigen Berichterstatter zu. Die Kammer prüft, ob Beiladungen zu dem Verfahren geboten sind und beschließt diese gegebenenfalls unverzüglich. Der Berichterstatter legt dem Vorsitzenden innerhalb der von diesem gesetzten Frist sein schriftliches Votum vor.
(2) Der Vorsitzende oder der Berichterstatter in den Fällen des § 105 Abs. 3 GWB können den Verfahrensbeteiligten Fristen für die Einreichung von Schriftsätzen setzen. Nach Ablauf der Fristen kann ein weiterer Vortrag unbeachtet bleiben.
(3) Mitteilungen der Kammern, Schriftsätze und Ladungen werden den Verfahrensbeteiligten nach Möglichkeit mit Telefax, ansonsten durch die Post oder einen Kurier übersandt.

III. Mündliche Verhandlung

§ 6

(1) Die Kammern entscheiden, sofern nicht die Voraussetzungen des § 112 Abs. 1 Satz 3 oder des § 112 Abs. 2 GWB vorliegen oder es sich um eine Entscheidung nach § 115 Abs. 2 Satz 1 oder 3 oder nach § 115 Abs. 3 Satz 1 GWB handelt, aufgrund mündlicher, nicht öffentlicher Verhandlung. Der Vorsitzende stimmt den Termin mit dem ehrenamtlichen Beisitzer ab und lädt die Verfahrensbeteiligten.
(2) Die Ladungsfrist beträgt mindestens drei Tage nach Eingang bei den Verfahrensbeteiligten.

§ 7

(1) Der Vorsitzende leitet die mündliche Verhandlung.
(2) Über die mündliche Verhandlung wird eine Niederschrift aufgenommen, die folgenden Inhalt hat:
- Ort und Tag der Verhandlung,
- Bezeichnung der entscheidenden Kammer,
- Namen des Vorsitzenden und der Beisitzer,
- Bezeichnung des Nachprüfungsverfahrens,
- Namen der erschienenen Verfahrensbeteiligten, ihrer gesetzlichen Vertreter und Bevollmächtigten sowie sonstiger Personen,
- Rücknahme des Antrags,
- Feststellung, dass die Verfahrensbeteiligten Gelegenheit zum Vortrag hatten,
- bei Entscheidung im Anschluss an die mündliche Verhandlung die Beschlussformel,
- die Unterschrift des Vorsitzenden.

(3) Die Verfahrensbeteiligten erhalten eine Abschrift der Niederschrift.

IV. Beschluss

§ 8

(1) Die Kammern entscheiden durch Beschluss. Das gilt auch dann, wenn über die Entscheidung einer Vergabeprüfstelle zu befinden ist. Ist die Entscheidung der Vergabeprüfstelle rechtswidrig, so hebt die Kammer diese auf und entscheidet nach § 114 GWB. Der Beschluss enthält:
- die Bezeichnung der entscheidenden Kammer,
- die Bezeichnung des Vorsitzenden und der Beisitzer,
- die Bezeichnung der Verfahrensbeteiligten,
- den Tag, an dem die mündliche Verhandlung abgeschlossen worden ist,
- die Beschlussformel,

- die Gründe,
- die Kostenentscheidung, soweit diese nicht durch gesonderten Beschluss ergeht,
- die Rechtsmittelbelehrung,
- die Unterschriften des Vorsitzenden und des hauptamtlichen Beisitzers. Ist ein Kammermitglied verhindert, seine Unterschrift beizufügen, so wird dies mit dem Hinderungsgrund vom Vorsitzenden oder, wenn er verhindert ist, vom hauptamtlichen Beisitzer unter dem Beschluss vermerkt. Der Unterschrift des ehrenamtlichen Beisitzers bedarf es nicht.

(2) Die begründete Entscheidung der Kammer wird den Verfahrensbeteiligten zugestellt. Ist eine Vergabeprüfstelle eingerichtet, wird ihr auf Anforderung eine Kopie der Entscheidung übersandt.

V. Geschäftsgang

§ 9

Die an die Kammern gerichteten Eingänge werden von der Geschäftsstelle behandelt. Diese erteilt jedem Nachprüfungsverfahren ein Geschäftszeichen gemäß der Registraturanweisung, prüft bei Eingang des Antrags, ob die Zahlung eines Vorschusses in Höhe der Mindestgebühr nachgewiesen ist und leitet den Antrag unverzüglich der zuständigen Kammer zu.

§ 10

Die Aufbewahrungsfrist der Verfahrensakten beträgt grundsätzlich 30 Jahre nach Abschluss des Verfahrens. Die Verfahrensakten der Kammern werden anschließend dem Bundesarchiv übergeben.

§ 11

Die Entscheidungen der Kammern werden in der Geschäftsstelle gesammelt. Sie sind auf der Homepage des Bundeskartellamtes (www.bundeskartellamt.de) regelmäßig abrufbar.

§ 12

Die Kosten (Auslagen und Gebühren) werden von der Kostenstelle des Bundeskartellamtes eingezogen und verbucht.

VI. Inkrafttreten

§ 13

Diese Geschäftsordnung tritt am 15. Juli 2005 in Kraft. Gleichzeitig tritt die Geschäftsordnung der Vergabekammern des Bundes vom 20. Februar 2002 (Bekanntmachung Nr. 111/2002 vom 20. Februar 2002, BAnz. S. 10 432) außer Kraft.

Stichwortverzeichnis

Paragrafen ohne Gesetzesangabe sind solche des GWB. Die mageren Zahlen bezeichnen die Randnummern.

Abfallentsorgung
- als Dienstleistungsauftrag **§ 99** 152

Abfalltransportleistungen
- als Dienstleistungsauftrag **§ 99** 152

Ablehnungsfiktion
- bzgl. Nachprüfungsantrag bei Nichteinhaltung der Entscheidungsfrist **§ 113** 13
- Voraussetzungen **§ 116** 32 ff.

Abschleppen von Kfz
- als Dienstleistungsauftrag **§ 99** 152
- als prioritäre Dienstleistung **§ 4 VgV** 8

Abwasserbeseitigung
- als Dienstleistungskonzession **§ 99** 162

Adressaten der Vorabinformation
- betroffene Bewerber **§ 101a** 37 ff.
- betroffene Bieter **§ 101a** 26 ff.

Ahlhorn-Rechtsprechung **§ 99** 128, 145 f., 167

Akteneinsicht
- im Beschwerdeverfahren **§ 120** 24 ff.
- im Nachprüfungsverfahren **§ 111** 1 ff.
- Rechte der Beigeladenen **§ 109** 22
- Rechtsmittel gegen Stattgabe **§ 116** 20, 27
- Rechtsmittel gegen Versagung **§ 116** 27

Akteneinsicht (Beschwerdeverfahren)
- Voraussetzungen **§ 120** 24 ff.

Akteneinsicht (Nachprüfungsverfahren)
- Antragsberechtigung **§ 111** 8
- Antragstellung **§ 111** 9
- Betriebs- oder Geschäftsgeheimnisse **§ 111** 28 ff.
- Entscheidung der Vergabekammer über Antrag auf Akteneinsicht **§ 111** 31 ff.
- Gegenstand (Vergabeakten und Verfahrensakte) **§ 111** 4 ff.
- Geheimschutz **§ 111** 26 ff.
- Herausnahme von Aktenbestandteilen **§ 111** 14
- Hinweispflichten der Verfahrensbeteiligten **§ 111** 37 ff.
- in camera-Verfahren **§ 111** 36
- Ort der Einsichtnahme **§ 111** 13
- praktische Durchführung **§ 111** 12 ff.
- Rechtsmittel gegen Stattgabe **§ 111** 44 ff.
- Rechtsmittel gegen Versagung **§ 111** 43
- Rechtsschutzinteresse **§ 111** 10 f., 18

- Schwärzen von Aktenbestandteilen **§ 111** 14
- spätes Verfahrensstadium **§ 111** 11
- Transparenzgrundsatz **§ 111** 1
- Umfang und Grenzen **§ 111** 15 ff.
- unzulässiger Nachprüfungsantrag **§ 111** 18 f.
- Versagung „aus wichtigen Gründen" **§ 111** 21 ff.
- Verschlusssachen **§ 111** 13
- Voraussetzungen **§ 111** 8 ff.

Aktiengesellschaft
- öffentlicher Auftraggeber **§ 98** 32 f.

Alcatel Austria-Entscheidung **§ 101a** 3

Allgemeininteresse
- juristische Personen des öffentlichen und des privaten Rechts als öffentlicher Auftraggeber **§ 98** 45 ff.

Altpapierverwertung
- als Dienstleistungsauftrag **§ 99** 152

Alttextilienentsorgung
- als Dienstleistungskonzession **§ 99** 156, 162

Amtsermittlungsgrundsatz; siehe *Untersuchungsgrundsatz*

Amtszeit der Mitglieder der Vergabekammer **§ 105** 33

Änderung einer baulichen Anlage
- als Bauauftrag **§ 99** 120

Angebot
- Änderung der Vergabeunterlagen **§ 97** 110
- Beifügen aller geforderter Angaben **§ 97** 112, 148
- Grundsatz der weitgehend freien Verhandelbarkeit von Angeboten freiberuflicher Leistungen **§ 97** 108
- Preisnachlass **§ 97** 111
- vollständige Preisangabe **§ 97** 109

Angebotsausschluss
- und Gleichbehandlungsgrundsatz **§ 97** 105 ff.

Angebotserstellung
- und Transparenzgrundsatz **§ 97** 86 f.

Angebotsverfahren
- nicht offenes Verfahren **§ 101** 30

Stichwortverzeichnis

Angebotswertung
- Matrix **§ 97** 87
- und Gleichbehandlungsgrundsatz **§ 97** 113 ff.
- und Transparenzgrundsatz **§ 97** 85 ff., 113

Anhörungsrüge
- Zweck **§ 120** 23, **§ 124** 14

Anpassungsklauseln
- und Neuvergabe **§ 99** 37 f.

Anschlussbeschwerde
- Beschwerdebefugnis **§ 116** 41
- Form **§ 116** 40
- Frist **§ 116** 39
- innerprozessuale Bedingung **§ 116** 42
- Statthaftigkeit **§ 116** 37 f.

Anstalt des öffentlichen Rechts
- öffentlicher Auftraggeber **§ 98** 29

Antragsbefugnis, Nachprüfungsverfahren; siehe auch *Schaden (i.R.v. Antragsbefugnis), Nachprüfungsverfahren*
- Abgrenzung zur Stellvertretung **§ 107** 27
- Änderung des Beschaffungsgegenstands **§ 107** 39
- Auslegung **§ 107** 19
- bei Bindefristablauf **§ 107** 37 f.
- bei eigener Angebotsabgabe **§ 107** 29
- bei Nichtabgabe eines Angebots **§ 107** 31 f., 59 ff.
- bei unterlassener Ausschreibung **§ 107** 33 ff.
- Bewerber-/Bietergemeinschaften **§ 107** 23 ff.
- Doppelausschreibung **§ 107** 41
- „entstandener oder drohender Schaden" **§ 107** 50 ff.
- Feststellung des Verstoßes in einem Nachprüfungsverfahren **§ 101b** 39 ff.
- Geltendmachung einer Rechtsverletzung **§ 107** 42 ff.
- „Interesse am Auftrag" **§ 107** 29 ff.
- Lieferanten **§ 107** 28
- Nachprüfungsverfahren **§ 102** 12
- Nachunternehmer **§ 107** 28
- subjektives Recht **§ 97** 195
- Subunternehmer **§ 107** 28
- Unternehmensbegriff **§ 107** 22 ff.
- Verhinderung des Vergabeverfahrens **§ 107** 40 f.
- Voraussetzungen **§ 107** 17 f.

Anwaltszwang
- vor Oberlandesgericht (Vergabesenat) **§ 114** 76, **§ 117** 31 ff., **§ 120** 1

Äquivalenzprinzip **§ 128** 3

Arbeitgeberverbände
- öffentlicher Auftraggeber **§ 98** 127

Arbeitsvertrag
- Abgrenzung zum Dienstvertrag **§ 100** 44
- Begriff **§ 100** 42
- keine Anwendung des Vergaberechts (Bereichsausnahme) **§ 100** 40 ff.

Architektenwettbewerb
- Auslobungsverfahren **§ 99** 164

Arzneimittelrabattvertrag; siehe *Rabattverträge*

Aufbewahrung vertraulicher Unterlagen; siehe *Vertrauliche Unterlagen, Aufbewahrung*

Aufforderung zur Angebotsabgabe
- inhaltliche Anforderungen **§ 107** 135

Aufhebung des Vergabeverfahrens
- durch Entscheidung der Vergabekammer **§ 114** 23
- durch Entscheidung des Beschwerdegerichts **§ 123** 20 ff.
- durch Vergabestelle während eines laufenden Nachprüfungsverfahrens **§ 114** 38 f.
- Informationspflicht des Auftraggebers (Vorabinformation) **§ 101a** 19

Aufschiebende Wirkung der sofortigen Beschwerde; siehe auch *Sofortige Beschwerde*
- bei Ablehnung des Nachprüfungsantrags durch Vergabekammer **§ 118** 10 ff.
- bei Stattgabe des Nachprüfungsantrags durch Vergabekammer durch Zuschlagsverbot **§ 118** 60 f.
- Dauer **§ 118** 14
- Erlass anderer vorläufiger Rechtsschutzmaßnahmen als Verlängerung der Zuschlagssperre **§ 118** 62 ff.
- Suspensiveffekt **§ 118** 10 ff.

Aufschiebende Wirkung der sofortigen Beschwerde, Antrag auf Verlängerung (Eilantrag)
- Abwägung der betroffenen Interessen im Einzelfall **§ 118** 39 f.
- Antragsberechtigung **§ 118** 32 ff.
- Antragsvoraussetzungen **§ 118** 18
- Aufhebung des Vergabeverfahrens (Fallkonstellation) **§ 118** 27 ff.

Stichwortverzeichnis

- Aussichten des Antragstellers im Vergabeverfahren, den Zuschlag zu erhalten **§ 118** 51 ff.
- Beendigung des Beschwerdeverfahrens ohne Hauptsacheentscheidung **§ 118** 59
- Erfolgsaussichten der sofortigen Beschwerde **§ 118** 41 ff.
- Interesse der Allgemeinheit an einem raschen Abschluss des Vergabeverfahrens **§ 118** 54 ff.
- Kosten **§ 118** 65 ff., **§ 128** 41
- Maßstab für Abwägungsentscheidung **§ 118** 38 ff.
- schwerwiegende Interessen im Einzelfall **§ 118** 57 f.
- (umstrittene) Zuschlagserteilung (Fallkonstellation) **§ 118** 19 f.
- Wiederholung der Angebotswertung (Fallkonstellation) **§ 118** 21 ff.
- wirtschaftliche Aufgabenerfüllung des Auftraggebers **§ 118** 45 ff.
- Zeitpunkt der Antragstellung **§ 118** 30 f.
- zu berücksichtigende Interessen **§ 118** 39 ff.
- Zweck des Eilantrags **§ 118** 17

Aufsicht
- Begriff **§ 102** 40

Aufsichtsbehörden
- als Nachprüfungsbehörden **§ 102** 3, 5
- Gegenstand der Aufsicht **§ 102** 40 ff.
- Zuständigkeit **§ 102** 43 ff.

Aufsichtsbeschwerde
- Unterschiede zum Nachprüfungsverfahren **§ 102** 47 ff.

Auftrag; siehe *Öffentlicher Auftrag*

Auftraggeber; siehe *Öffentlicher Auftraggeber*; siehe auch *Juristische Personen des öffentlichen und des privaten Rechts als öffentlicher Auftraggeber*

Auftragsdurchführung
- Änderung der Art und Weise als Neuvergabe? **§ 99** 30 ff.

Auftragserweiterung
- als Neuvergabe? **§ 99** 28

Auftragsreduzierung
- als Neuvergabe? **§ 99** 29

Auftragsvergabe
- „ausführungsbezogene Leistungsanforderungen" **§ 97** 166
- Eignung der Unternehmen **§ 97** 145 ff.
- innovative Aspekte **§ 97** 167
- Privilegierung von Blindenwerkstätten und Werkstätten behinderter Menschen **§ 97** 175
- soziale Aspekte **§ 97** 168 f.
- umweltbezogene Aspekte **§ 97** 167
- Zahlung von Tariflohn **§ 97** 173
- zusätzliche Anforderungen **§ 97** 164 ff.

Auftragsvergabe unterhalb der Schwellenwerte; siehe *Unterschwellenbereich*

Auftragswert; siehe *Schätzung des Auftragswertes*; siehe *Schwellenwerte*; siehe auch *Unterschwellenbereich*
- Schätzung **§ 100** 12 ff., **§ 3 VgV** 6 ff.

Aufwendungen der Beteiligten
- Beigeladener **§ 128** 28 f., 43 ff.
- Grundsätze der Erstattung **§ 128** 23 ff.
- Hinzuziehung eines Rechtsanwalts **§ 128** 25 ff., 42
- Privatsachverständigenkosten **§ 128** 24
- Reisekosten **§ 128** 24
- Sowieso-Kosten **§ 128** 24

Augusta-Entscheidung **§ 100** 80

Auslegungsmitteilung; siehe *Kommissionsmitteilung zu Auslegungsfragen*

Auslobungsverfahren
- Begriff **§ 99** 164
- öffentlicher Auftrag **§ 99** 18, 163 ff.
- Schätzung des Auftragswertes **§ 3 VgV** 17
- Schwellenwerte **§ 2 VgV** 28

Ausnahmetatbestände (Bereichsausnahmen); siehe *Bereichsausnahmen (Ausnahmetatbestände)*

Ausschließliches Recht zur Leistungserbringung
- keine Anwendung des Vergaberechts (Bereichsausnahme) **§ 100a** 13 ff., **§ 100b** 11 f.

Ausschluss von Angeboten
- und Gleichbehandlungsgrundsatz **§ 97** 105 ff.

Ausschluss wegen Befangenheit; siehe *Befangenheit eines Kammermitglieds*

Ausschreibung
- Antragsbefugnis im Nachprüfungsverfahren bei unterlassener A. **§ 107** 33 ff.
- Doppelausschreibung **§ 107** 41
- Parallelausschreibung **§ 97** 39
- Pflicht zur A./„wesentliche Vertragsänderungen" **Einl.** 190
- Scheinausschreibung **§ 97** 38
- und offenes Verfahren **§ 101** 18

773

Stichwortverzeichnis

Ausschreibungspflicht
- Bagatellauftrag **§ 1 VgV** 13
- Binnenmarktrelevanz **§ 1 VgV** 12
- schwellenwertabhängige A. **§ 1 VgV** 11 ff.

Aussetzung
- des Beschwerdeverfahrens **§ 123** 46 f.
- des Nachprüfungsverfahrens **§ 113** 34

Aussetzung des Vergabeverfahrens; siehe *Zuschlagsverbot*

Ausstrahlung von Sendungen
- keine Anwendung des Vergaberechts (Bereichsausnahme) **§ 100a** 4 ff.

Bagatellauftrag
- als Direktkauf **§ 1 VgV** 13

Banken
- öffentlicher Auftraggeber **§ 98** 112 ff.

Bauauftrag
- Abgrenzung zum Dienstleistungsauftrag **§ 99** 187 ff.
- Abgrenzung zum Lieferauftrag **§ 99** 113, 198 ff.
- Änderung einer baulichen Anlage **§ 99** 120
- Anwendung von VOB/A **§ 6 VgV** 1 ff.
- Bauverpflichtung **§ 99** 133 ff.
- Begriff und Merkmale **§ 99** 117 ff.
- Beispiele **§ 99** 125
- Beseitigung einer baulichen Anlage **§ 99** 120
- Grundstücksveräußerung **§ 99** 122 ff.
- Instandsetzung von baulichen Anlagen **§ 99** 120
- Kaufpreisnachlass **§ 99** 130
- Neuerrichtung eines Bauwerks **§ 99** 120
- Planung und Ausführung einer Bauleistung durch Dritte **§ 99** 142 ff.
- Planung und Ausführung eines Bauvorhabens **§ 99** 138 ff.
- Planung und Ausführung eines Bauwerkes **§ 99** 138 ff.
- Schätzung des Auftragswertes bzgl. Lieferungen bei B. **§ 3 VgV** 23
- Schwellenwerte **§ 100** 9, **§ 2 VgV** 27
- Vergabe der Ausführung der Bauleistung gemeinsam mit der Planung **§ 99** 137
- Vertrag **§ 99** 126 f., 129
- Vertragsgegenstand des öffentlichen Auftrags **§ 99** 18
- wirtschaftliches Interesse des Auftraggebers **§ 99** 128 ff.

Baukonzession
- Abgrenzung zur Dienstleistungskonzession **§ 98** 219
- Befristung des Nutzungsrechts **§ 99** 169 f.
- Begriff **§ 98** 215, **§ 99** 166 f.
- Vertragsgegenstand des öffentlichen Auftrags **§ 99** 18 f.

Baukonzessionäre
- als öffentlicher Auftraggeber/Zuständigkeit der Vergabekammern des Bundes **§ 106a** 20
- öffentlicher Auftraggeber **§ 98** 214 ff.

Bauleistungen
- Definition **§ 6 VgV** 1
- Energieeffizienz **§ 6 VgV** 4

Bautätigkeit, Förderung der ganzjährigen
- „Grundsätze" der Vergabe in den Vergabe- und Vertragsordnungen **§ 97** 40

Beanstandungsverfahren (Korrekturmechanismus der EU)
- Beanstandungsmitteilung der Kommission **§ 129** 7 ff.
- bilaterales Verfahren **§ 129** 6
- Informationspflicht des Auftraggebers **§ 129** 12 f.
- Initiative zur Einleitung **§ 129** 6
- Stellungnahme des Auftraggebers und Frist **§ 129** 11
- Verhältnis zum Vertragsverletzungsverfahren **§ 129** 3 f.
- Zweck **§ 129** 1 f.

Befangenheit eines Kammermitglieds
- Besorgnis der Befangenheit **§ 105** 45 ff.
- Rechtsgrundlagen **§ 105** 37 ff.
- Rechtsschutz **§ 105** 48 ff., **§ 116** 25, **§ 124** 21

Beibringungsgrundsatz
- Nachprüfungsverfahren vor Vergabekammer **§ 110** 4

Beihilfen
- Merkmal **§ 99** 17
- und Wettbewerbsgrundsatz **§ 97** 70 f.

Beiladung durch das Beschwerdegericht **§ 119** 4 ff.

Beiladung durch die Vergabekammer
- Antrag auf vorzeitige Gestattung des Zuschlags **§ 109** 34
- einfache **§ 109** 25
- Einlegen der sofortigen Beschwerde **§ 109** 31 ff.
- Erstattung der Aufwendungen **§ 128** 28 f.

Stichwortverzeichnis

- Form **§ 109** 14
- Kosten **§ 109** 30, 44, **§ 128** 17
- notwendige **§ 109** 24
- Rechte der Beigeladenen **§ 109** 22 ff., 31 ff.
- rechtliches Gehör **§ 109** 14
- Rechtsschutz gegen erstinstanzliche Entscheidung der Vergabekammer **§ 109** 31 ff.
- „schwerwiegende Interessenberührung" **§ 109** 38 ff.
- Stellung von (Prozess-)Anträgen durch Beigeladene **§ 109** 30
- Unanfechtbarkeit der Entscheidung über Beiladung **§ 109** 45 ff., **§ 116** 17
- Verhalten des Beigeladenen **§ 109** 22
- Verzicht auf Stellung als Beigeladener **§ 109** 36
- von Amts wegen bzw. auf Antrag **§ 109** 24 ff.
- Voraussetzungen **§ 109** 37 ff.
- Wechsel der Prozessstellung **§ 109** 18 ff.
- weitere Unternehmen **§ 109** 12 f.
- Zeitpunkt **§ 109** 15 ff.
- Zeitpunkt des Eintritts in das Nachprüfungsverfahren **§ 109** 35
- Zweck **§ 109** 11

Beisitzer der Vergabekammer
- Qualifikation **§ 105** 15 ff.

Beistände **§ 109** 6

Bekanntmachung
- Angabe der zuständigen Vergabekammer in den Vergabeunterlagen **§ 14 VgV** 2 ff.
- Rüge bei Erkennbarkeit des Vergabefehlers aufgrund der B. **§ 107** 113 ff.

Bereichsausnahmen (Ausnahmetatbestände); siehe auch *Verteidigung und Sicherheit, Bereichsausnahmen*
- abschließende Aufzählung **§ 100** 35
- Anschaffung von Waren durch Sektorenauftraggeber zur Weiterveräußerung oder Weitervermietung an Dritte **§ 100b** 20 ff.
- Arbeitsvertrag **§ 100** 40 ff.
- Aufträge für andere Zwecke als Sektorentätigkeit **§ 100b** 14 ff.
- Auslegung **§ 100** 37
- ausschließliches Recht zur Leistungserbringung **§ 100a** 13 ff., **§ 100b** 11 f.
- Ausstrahlung von Sendungen **§ 100a** 4 ff.
- Baukonzessionen von Sektorenauftraggebern **§ 100b** 29 f.
- Begriff **§ 100** 1
- Beschaffungen im Einsatzland **§ 100c** 23 ff.
- besondere Sicherheitsmaßnahmen **§ 100** 102 ff.
- Dienstleistungen der Zentralbank **§ 100a** 9
- Einsatz der Streitkräfte **§ 100** 109 ff.
- Energie-/Brennstoffbeschaffung **§ 100b** 6 ff.
- Energieversorgung **§ 100b** 2 ff.
- Erwerb von Grundstücken **§ 100** 54 ff.
- Finanzdienstleistungen **§ 100a** 9 ff., **§ 100b** 4 f., **§ 100c** 3 ff.
- Forschungs- und Entwicklungsleistungen **§ 100** 49 ff.
- Geheimschutz **§ 100** 94 ff.
- gemeinsames Unternehmen im Sektorenbereich **§ 100b** 41 ff.
- intergouvernementale Zusammenarbeit **§ 100c** 19 ff.
- internationale Organisationen **§ 100** 124 ff., **§ 100c** 38 ff.
- internationales Abkommen **§ 100** 113 ff., **§ 100c** 32 ff.
- Kooperationsprogramm **§ 100c** 11 ff.
- Kreditaufnahme **§ 100a** 12
- Kriegswaffenliste von 1958 **§ 100** 76 ff.
- Mietverhältnisse für Grundstücke **§ 100** 54 ff.
- Monopol zur Leistungserbringung **§ 100a** 13 ff., **§ 100b** 11 f.
- Produktion/Koproduktion von Rundfunk-/Fernsehprogrammen **§ 100a** 4 ff.
- Rechte an Grundstücken **§ 100** 54 ff.
- Rechtsschutz **§ 100** 38 f.
- Rundfunkprogramme **§ 100a** 4 ff.
- Schiedsgerichtsleistungen **§ 100** 46 ff.
- Schlichtungsleistungen **§ 100** 46 ff.
- Sektorentätigkeit in Drittstaaten **§ 100b** 18 f.
- Sektorentätigkeiten, die dem Wettbewerb ausgesetzt sind **§ 100b** 26 ff.
- Telekommunikationsleistungen **§ 100a** 20 ff.
- Trinkwasserversorgung **§ 100b** 2 ff.
- Truppenstationierungsabkommen **§ 100** 120 ff., **§ 100c** 36 f.
- unbewegliches Vermögen **§ 100** 54 ff.
- verbundene Unternehmen im Sektorenbereich **§ 100b** 31 ff.
- Verteidigung und Sicherheit **§ 100c** 1 ff.
- Wasserbeschaffung **§ 100b** 6 ff.

Stichwortverzeichnis

- wesentliche Sicherheitsinteressen **§ 100** 68 ff., 84 ff.
- Zweck nachrichtendienstlicher Tätigkeit **§ 100c** 6 ff.

Berufsanfänger/kleinere Büroorganisationen
- angemessene Beteiligung am Vergabeverfahren **§ 97** 44

Berufsausbildung
- als nachrangige Dienstleistung **§ 99** 151

Beschaffungsgemeinschaften
- Zuständigkeit der Vergabekammern **§ 104** 8, 24

Beschaffungszweck
- Einkaufstätigkeit **§ 99** 13
- Subunternehmeraufträge öffentlicher Auftraggeber **§ 99** 14

Bescheinigungsverfahren
- Ermächtigungsgrundlage **§ 127** 18 f.

Beschlagnahme
- Recht der Vergabekammer im Nachprüfungsverfahren **§ 110** 58

Beschleunigungsgrundsatz
- Behandlung des Nachprüfungsantrags **§ 110** 35 f., **§ 113** 1

Beschwerdeverfahren; siehe auch *Entscheidung des Beschwerdegerichts*; siehe auch *Kosten des Beschwerdeverfahrens*; siehe auch *Sofortige Beschwerde*; siehe auch *Vorzeitige Zuschlagserteilung, Gestattung durch Beschwerdegericht (Eilverfahren)*
- Akteneinsicht **§ 120** 24 ff.
- Anwaltszwang **§ 117** 31 ff., **§ 120** 1
- anwendbares Verfahrensrecht **§ 120** 2, 32 ff.
- Beweiswürdigung **§ 120** 19
- Erledigung durch Vergleich **§ 123** 48 ff.
- gesetzliche Beendigungsfiktion des Vergabeverfahrens bei Unterliegen mit Antrag auf Vorabzuschlagserteilung nach § 121 GWB **§ 122** 1 f.
- Hinweispflichten des Beschwerdegerichts **§ 120** 15 f.
- Kosten **§ 120** 35
- mündliche Verhandlung (Ausnahmen) **§ 120** 4 ff.
- mündliche Verhandlung (Grundsatz) **§ 120** 3
- rechtliches Gehör **§ 120** 20 ff.
- Rücknahme der sofortigen Beschwerde **§ 123** 53
- Rücknahme des Nachprüfungsantrags im Beschwerdeverfahren **§ 123** 54 ff.
- Untersuchungsgrundsatz **§ 120** 9 ff.
- Verfahrensverbindung **§ 120** 31

Beseitigung einer baulichen Anlage
- als Bauauftrag **§ 99** 120

Besondere oder ausschließliche Rechte
- Begriff **§ 98** 171 ff.

Besondere Sicherheitsmaßnahmen
- keine Anwendung des Vergaberechts (Bereichsausnahme) **§ 100** 102 ff.
- Zuschlagsverbot **§ 115** 43

Beteiligtenpflichten zur Verfahrensförderung; siehe *Mitwirkungspflichten der Beteiligten zur Verfahrensförderung*

Beteiligungsfähigkeit
- Nachprüfungsverfahren **§ 109** 4

Betriebs- oder Geschäftsgeheimnisse
- Versagung der Akteneinsicht **§ 111** 28 ff.

Betroffene Bewerber als Adressaten der Vorabinformation **§ 101a** 37 ff.

Betroffene Bieter als Adressaten der Vorabinformation **§ 101a** 26 ff.

Bevollmächtigter **§ 109** 6
- Rechtsschutz gegen Ausspruch der Vergabekammer zur erforderlichen Hinzuziehung eines B. **§ 116** 13

Beweisaufnahme
- mündliche Verhandlung vor Vergabekammer **§ 112** 25 f.

Beweiserhebung/-würdigung
- durch Vergabekammer im Nachprüfungsverfahren **§ 110** 56 ff.

Bewerbergemeinschaft
- Antragsbefugnis **§ 107** 23 ff.

Bewerbungsbedingungen
- inhaltliche Anforderungen **§ 107** 136

Bewertungsskala (Matrix) **§ 97** 87, 91

Bietergemeinschaft
- Antragsbefugnis **§ 107** 23 ff.
- Eignungskriterien **§ 97** 146
- Unterschriftserfordernis bei Nachprüfungsantrag **§ 108** 13
- Verstoß gegen § 1 GWB/Nachprüfungsverfahren **§ 104** 32

Bieterinformation; siehe *Informationspflicht des Auftraggebers (Vorabinformation)*

Bieterschützende Vorschriften
- Bedeutung **§ 114** 12 f., **§ 126** 16 ff.
- Übersicht **§ 126** 21 ff.
- unauskömmliche Angebote **§ 126** 26 ff.

Bindungswirkung
- Entscheidung der Vergabekammer **§ 109** 3

Stichwortverzeichnis

- Schadensersatzprozess **§ 125** 37 f., **§ 126** 57
- Umfang **§ 126** 57

Bindungswirkung im Schadensersatzprozess
- keine B. bei Ansprüchen nach § 125 GWB **§ 124** 11, **§ 125** 37 f.
- Umfang **§ 124** 9 f., **§ 125** 37 f.
- Voraussetzungen **§ 124** 2 ff.

Binnenmarktrelevanz
- eindeutiges grenzüberschreitendes Interesse **Einl.** 103, **§ 97** 18 f., **§ 102** 31
- Kommissionsmitteilung zu Auslegungsfragen **§ 97** 23, **§ 100** 23 f., **§ 102** 32 f.
- Rechtsgrundsätze des Gemeinschaftsrechts im Unterschwellenbereich **Einl.** 98, 102, **§ 97** 18 f., **§ 102** 29, 32
- schwellenwertabhängige Ausschreibungspflicht **§ 1 VgV** 12
- Schwellenwerte **§ 100** 3
- Unterschwellenbereich **§ 100** 23 f., **§ 102** 29

Blindenwerkstätten
- Privilegierung bei Auftragsvergabe **§ 97** 175

Breitbandkabelversorgung
- als Dienstleistungskonzession **§ 99** 162

Bundesberggesetz, Auftraggeber nach dem
- Auskunftspflicht **§ 129b** 16 ff.
- persönlicher Anwendungsbereich **§ 129b** 6
- Reichweite der Privilegierung **§ 129b** 10 ff.
- sachlicher Anwendungsbereich **§ 129b** 7 ff.
- Verfahren zur Befreiung von Anwendungsverpflichtung **§ 127** 26, **§ 129b** 20 ff.
- weitergehende Befreiungsmöglichkeiten **§ 129b** 25 ff.

Bundeseisenbahnvermögen **§ 98** 20

Bundeskartellamt
- Kosten für Gutachten und Stellungnahmen bzgl. Freistellungsverfahren im Sektorenbereich **§ 127a** 1 ff.

Bundesländer
- gemeinsame Auftragsvergabe mit Bund **§ 98** 128
- öffentlicher Auftraggeber **§ 98** 18

Bundesrepublik Deutschland
- als öffentlicher Auftraggeber/Zuständigkeit der Vergabekammern des Bundes **§ 106a** 6

- gemeinsame Auftragsvergabe mit Bundesland **§ 98** 128
- öffentlicher Auftraggeber **§ 98** 18

Bundessondervermögen
- öffentlicher Auftraggeber **§ 98** 20

Bundesstraßenbauverwaltung **§ 104** 6, **§ 106a** 23

Busdienstleistungen
- Nachprüfung durch Vergabekammern **§ 104** 14 ff.

Busverkehr
- Sektorenauftraggeber **§ 98** 168

Chancengleichheit; siehe *Gleichbehandlungsgrundsatz*

Common Procurement Vocabulary (CPV)
- Maßgeblichkeit **§ 14 VgV** 8 ff.

CPV-Hinweis
- Maßgeblichkeit des CPV **§ 14 VgV** 8 ff.

Culpa in contrahendo (c.i.c.)
- Anspruchsgegner **§ 126** 68
- Anspruchsteller **§ 126** 67
- Darlegungs- und Beweislast **§ 126** 106 f.
- De-facto-Vergabe **§ 126** 70
- entgangener Gewinn **§ 126** 65, 96
- Ersatz des negativen Interesses **§ 126** 65, 90 ff.
- Ersatz des positiven Interesses **§ 126** 65, 96 ff.
- Geltungsbereich **§ 126** 60 ff.
- Kausalität **§ 126** 84 ff.
- Mitverschulden **§ 126** 101 f.
- positives Interesse **§ 126** 65
- rechtmäßiges Alternativverhalten **§ 126** 100
- Rechtsfolge **§ 126** 89 ff.
- Verhaltenspflichten des Auftraggebers und der Bewerber **§ 126** 71 ff.
- Verjährung **§ 126** 103
- Verletzungshandlung **§ 126** 80 f.
- Verschulden **§ 126** 82 f.
- Vertrauenstatbestand **§ 126** 84 ff.
- Voraussetzungen **§ 126** 67 ff.
- vorvertragliches Schuldverhältnis **§ 126** 69
- Zuständigkeit **§ 126** 104 f.

DB Netz AG
- öffentlicher Auftraggeber **§ 98** 94

De-facto-Vergabe
- Definition **Einl.** 117, **§ 101b** 3, 17, **§ 107** 171

Stichwortverzeichnis

- Direktvergabe „aufgrund Gesetzes" gestattet **§ 101b** 31 ff.
- Informationspflicht des Auftraggebers (Vorabinformation) **§ 101a** 17 f.
- keine Rügeobliegenheit **§ 107** 69, 170 ff.
- Rechtsschutz **Einl.** 117 ff.
- Schadensersatzanspruch aus § 826 BGB **§ 126** 118
- Schadensersatzanspruch aus c.i.c. **§ 126** 70
- Schienenpersonennahverkehr **§ 4 VgV** 14
- „unmittelbare" Auftragserteilung **§ 101b** 23 ff.
- Unwirksamkeit des Vertrages **§ 101b** 22
- Verhandeln mit mehreren Bewerbern (Mindestzahl) **§ 101b** 32
- Verhandeln mit nur einem einzigen Unternehmen **§ 101b** 33
- Zuständigkeit der Vergabekammern **§ 106a** 37

Delegierende Zweckvereinbarungen
- Begriff **§ 99** 74 f.

Deutsche Bahn AG
- öffentlicher Auftraggeber **§ 98** 93 ff., 167

Dienstaufsichtsbeschwerde
- Gegenstand und Wirkung **§ 102** 42, 48
- verspätete Entscheidung der Vergabekammer **§ 116** 29

Dienstleistungsauftrag
- Abgrenzung zum Bauauftrag **§ 99** 187 ff.
- Abgrenzung zum Lieferauftrag **§ 99** 183 ff.
- Abgrenzung zur Dienstleistungskonzession **§ 99** 153 ff.
- Anwendung von VOL/A **§ 4 VgV** 1 ff.
- Begriff **§ 99** 148 f.
- Beispiele **§ 99** 152
- Rechtsschutz **§ 104** 15 f.
- Schätzungsmethode **§ 3 VgV** 15 f.
- Schwellenwerte **§ 100** 9, **§ 2 VgV** 21 ff.
- Vertragsgegenstand des öffentlichen Auftrags **§ 99** 18
- zivilrechtliche Einordnung **§ 99** 150

Dienstleistungskonzession
- Abgrenzung zum Dienstleistungsauftrag **§ 99** 153 ff.
- Abgrenzung zur Baukonzession **§ 98** 219
- Begriff und Merkmale **§ 99** 154 ff.
- Beispiele **§ 99** 162
- einstweiliger Rechtsschutz **§ 2 VgV** 12
- Rechtsschutz **§ 102** 11, **§ 104** 15 f.
- Rettungsdienstleistungen **§ 99** 90 f.
- Übernahme des wirtschaftlichen Risikos **§ 99** 159 ff.
- Unanwendbarkeit des Vergaberechts **§ 99** 19
- Verwaltungsrechtsweg **§ 102** 39, **§ 2 VgV** 12
- Zuzahlung eines Preises **§ 99** 157

Dienstvertrag
- Abgrenzung zum Arbeitsvertrag **§ 100** 44

Direktkauf
- Bagatellauftrag **§ 1 VgV** 13

Direktvergabe; siehe *De-facto-Vergabe*
Diskriminierungsverbot; siehe *Gleichbehandlungsgrundsatz*

Dispositionsmaxime
- Nachprüfungsverfahren vor Vergabekammer **§ 110** 5

Divergenzvorlage
- Ausnahmen von der Vorlagepflicht **§ 124** 22 f.
- Form **§ 124** 24
- Verfahren vor dem BGH **§ 124** 25 f.
- Verhältnis zur Rechtsbeschwerde **§ 124** 14
- Voraussetzungen **§ 124** 15 ff.
- Zweck **§ 124** 13 f.

Dokumentation
- Anforderungen **§ 97** 88 ff.
- fehlende D. wesentlicher Schritte bis Vergabeentscheidung **§ 97** 90
- „fortlaufend"/„zeitnah" **§ 97** 88
- Schätzung des Auftragswertes im Vergabevermerk **§ 3 VgV** 3
- Vergabevermerk **§ 97** 89 f.
- Verhandlungsverfahren **§ 97** 91

Dokumentationspflicht; siehe auch *Vergabevermerk*
- Rechtsprechungsentwicklung **§ 97** 53 ff.
- und Transparenzgrundsatz **§ 97** 88 ff.

Doppelausschreibung
- Antragsbefugnis im Nachprüfungsverfahren **§ 107** 41

Drehtisch-Entscheidung **§ 100** 81

Drittvergabe
- öffentlicher Auftraggeber **§ 98** 216

Dual-Use-Güter **§ 100** 80, 82

Durchsuchungsbeschluss
- für Beschlagnahme im Nachprüfungsverfahren vor der Vergabekammer **§ 110** 58

Dynamische Verweisung
- Anpassung der Schwellenwerte **Einl.** 167, **§ 127** 10, **§ 2 VgV** 2 f.

Stichwortverzeichnis

Dynamisches Beschaffungssystem
- Informationspflicht des Auftraggebers (Vorabinformation) **§ 101a** 23

Dynamisches elektronisches Beschaffungssystem
- Definition **§ 101** 82

Dynamisches elektronisches Verfahren
- als Ausgestaltungsmöglichkeit **§ 101** 3, 84 f.
- Anwendungsbereich **§ 101** 83
- Begriff **§ 101** 80
- Definition **§ 3 VgV** 24
- Schätzung des Auftragswertes **§ 3 VgV** 24
- Verfahrensbesonderheiten **§ 101** 86 f.

„Echte Zuschlagschance"
- Begriff **§ 126** 5, 35 ff.

Effektivitätsgrundsatz
- Rügeobliegenheit **§ 107** 71 f.

Eigenbetriebe
- öffentlicher Auftraggeber **§ 98** 20, 30

Eigenerklärungen
- Bedeutung und Zeitspanne **§ 97** 150 f.
- fehlerhafte Abgabe **§ 97** 151
- Verhältnis zur Präqualifikation **§ 97** 183

Eignung der Unternehmen/Eignungskriterien
- Anforderungen an Formulierung der Eignungskriterien **§ 97** 160
- Bedeutung der Eignungskriterien in der Vergabepraxis **§ 97** 145
- Bietergemeinschaften **§ 97** 146
- Eigenerklärungen **§ 97** 150 f.
- Eignungsnachweis als Formerfordernis **§ 97** 148 f.
- Eignungsprüfung **§ 97** 156 ff.
- Fachkunde **§ 97** 145, 154 f.
- Gesetzestreue **§ 97** 145, 152 f., 161
- Leistungsfähigkeit **§ 97** 145, 154 f.
- Losverfahren **§ 97** 163
- „Mehr an Eignung" **§ 97** 156 ff.
- Nationalität/Herkunft **§ 97** 97 f.
- „Newcomer" **§ 97** 162
- Organisation, Qualifikation und Erfahrung des bei Auftragsabwicklung eingesetzten Personals **Einl.** 187, **§ 97** 157, **§ 4 VgV** 11, **§ 5 VgV** 2
- Rechtsnatur der Eignungskriterien **§ 97** 147
- Tariftreueerklärung **§ 97** 161, 172 f.
- Verhältnismäßigkeitsgrundsatz **§ 97** 154 f.
- Zuverlässigkeit **§ 97** 145

Eignungsnachweise
- Ausschluss vom Vergabeverfahren bei Nichtvorlage geforderter Unterlagen **§ 97** 148 f.
- Bonitätsbewertung von Wirtschaftsauskunftsdateien **§ 97** 149
- „Newcomer" **§ 97** 162
- Präqualifikationssystem **§ 97** 149

Eignungsprüfung
- Abgrenzung zur Wirtschaftlichkeitsprüfung **§ 97** 158
- als unternehmensbezogene Untersuchung **§ 97** 156
- Beurteilungsspielraum **§ 97** 159
- „Mehr an Eignung" **§ 97** 156 ff.

Eilverfahren vor dem Beschwerdegericht; siehe *Aufschiebende Wirkung der sofortigen Beschwerde, Antrag auf Verlängerung (Eilantrag)*; siehe *Vorzeitige Zuschlagserteilung, Gestattung durch Beschwerdegericht (Eilverfahren)*

Eilverfahren vor der Vergabekammer; siehe *Vorzeitige Zuschlagserteilung, Gestattung durch Vergabekammer (Eilverfahren)*

Einbau in ein Werk
- Abgrenzung zwischen Liefer- und Bauauftrag **§ 99** 113

Eindeutiges grenzüberschreitendes Interesse
- Binnenmarktrelevanz **Einl.** 103, **§ 97** 18 f., **§ 102** 31

Eingetragene Genossenschaft
- öffentlicher Auftraggeber **§ 98** 32 f.

Eingetragener Verein (e.V.)
- öffentlicher Auftraggeber **§ 98** 32 f.

Einkaufsgemeinschaften
- Zuständigkeit der Vergabekammern **§ 104** 8, 24

Einkaufskooperationen, Zusammenschluss zu
- Überprüfung nach Kartellrecht **§ 102** 60

Einkaufstätigkeit
- öffentlicher Auftrag **§ 99** 13

Einrichtungen des öffentlichen Rechts
- Auflistung **§ 98** 26 f.
- Auslegung **§ 98** 7

Einsatz der Streitkräfte
- als wesentliche Sicherheitsinteressen **§ 100** 88
- keine Anwendung des Vergaberechts (Bereichsausnahme) **§ 100** 109 ff.

Einstellung der Vollstreckung der Entscheidung der Vergabekammer **§ 114** 100

779

Stichwortverzeichnis

Einstellung des Vergabeverfahrens
- durch Vergabestelle während eines laufenden Nachprüfungsverfahrens **§ 114** 38

Einstweiliges Verfügungsverfahren
- Dienstleistungskonzession **§ 2 VgV** 12
- Rechtsschutz unterhalb der Schwellenwerte **§ 102** 22 ff.

Eisenbahnleistungen
- Vergabeverfahren **§ 4 VgV** 13 ff.

Eisenbahnverkehrsunternehmen
- öffentlicher Auftrag **§ 99** 106

Elektrizitäts- und Gasversorgung
- Sektorentätigkeit **§ 98** 151 ff.

Elektronische Auktion
- als Ausgestaltungsmöglichkeit **Einl.** 72 f., **§ 101** 3
- Anwendungsbereich **§ 101** 78
- Begriff **§ 101** 77

Elektronische Durchführung der Vergabeverfahren **§ 101** 9 ff.

Elektronischer Geschäftsverkehr **Einl.** 68 ff.

E-Mail
- Angabe von zuständiger Vergabekammer mit E-Mail-Adresse in Vergabeunterlagen **§ 14 VgV** 3
- Form der Vorabinformation **§ 101a** 63
- Ladung zur mündlichen Verhandlung **§ 112** 11
- sofortige Beschwerde **§ 117** 11

Energie-/Brennstoffbeschaffung
- keine Anwendung des Vergaberechts (Bereichsausnahme) **§ 100b** 6 ff.

Energieeffizienz, Berücksichtigung bei Vergabe
- energieverbrauchsrelevante Gegenstände **§ 4 VgV** 17 ff.
- Sondereinsatzfahrzeuge **§ 4 VgV** 23 ff.
- Straßenfahrzeuge **Einl.** 165, **§ 4 VgV** 23 ff.
- Vergabe von Bauleistungen **§ 6 VgV** 4

Energieeffizienzrichtlinie **§ 4 VgV** 16

Energieversorgung
- keine Anwendung des Vergaberechts (Bereichsausnahme) **§ 100b** 2 ff.
- Schwellenwerte **§ 100** 10
- Sektorentätigkeit **§ 127** 12

Entgangener Gewinn, Erstattungsfähigkeit
- Anspruch auf Ersatz des Vertrauensschadens **§ 126** 46
- culpa in contrahendo **§ 126** 65, 96

Entgeltlichkeit des Vertrages
- Abgrenzung zu Konzessionen **§ 99** 16, 167
- Abgrenzung zu Zuwendungen und Beihilfen **§ 99** 17
- Begriff **§ 99** 15
- Beschaffung durch Krankenkassen **§ 99** 93

Entscheidung der Vergabekammer; siehe auch *Feststellung einer Rechtsverletzung durch die Vergabekammer*; siehe auch *Nachprüfungsantrag*
- Ablehnungsfiktion bzgl. Nachprüfungsantrag bei Nichteinhaltung der Entscheidungsfrist **§ 113** 13, **§ 116** 32 ff.
- Anfechtbarkeit **§ 102** 13
- Aufhebung des Vergabeverfahrens **§ 114** 23
- Aufhebung durch Beschwerdegericht **§ 123** 18 f.
- Ausschluss verspäteten Vorbringens **§ 113** 41 ff.
- Aussetzung des Nachprüfungsverfahrens **§ 113** 34
- Befugnisse der Vergabekammer **§ 114** 16 ff.
- Begründung **§ 102** 15, **§ 113** 9, **§ 114** 66 f.
- Begründungsfrist **§ 113** 3, 13 ff.
- bei/nach Erledigung des Vergabeverfahrens **§ 114** 32 ff.
- Bekanntgabe **§ 113** 9
- Berichtigung **§ 114** 70
- Beschleunigungsgrundsatz **§ 113** 1
- besondere tatsächliche oder rechtliche Schwierigkeiten **§ 113** 24 f.
- besonders schwerwiegende Verfahrensmängel **§ 114** 14 f.
- Bestandskraft **§ 109** 3
- bieterschützende Vorschriften **§ 114** 12 f.
- Bindungswirkung **§ 109** 3
- durch Beschluss **§ 114** 64
- Entscheidung nach Fristablauf **§ 113** 16 ff., **§ 116** 29, 33
- Entscheidungsfrist **§ 113** 3, 13 ff., **§ 116** 32
- Erledigung des anhängigen Nachprüfungsverfahrens **§ 114** 50 ff.
- Erledigung des Vergabeverfahrens durch Aufhebung oder Einstellung **§ 114** 38 ff.
- Erledigung des Vergabeverfahrens durch wirksame Zuschlagserteilung **§ 114** 33 ff.

Stichwortverzeichnis

- Erledigung des Vergabeverfahrens „in sonstiger Weise" § 114 44 ff.
- Feststellung der Nichtigkeit des Vertrages § 114 36
- Feststellung eines Vergaberechtsverstoßes § 114 7 ff.
- Form der Entscheidung § 113 6, § 114 64 ff.
- Frist § 102 15
- Fristbeginn § 113 10 f.
- Fristberechnung § 113 3, 12
- Fristverlängerung § 113 23 ff., § 116 33
- „geeignete Maßnahmen" der Vergabekammer § 114 16 ff.
- Geheimhaltung § 110a 10 ff.
- Inhalt § 113 4 f., 9
- keine Bindung an Anträge § 114 26 ff.
- keine Entscheidung und Begründung innerhalb der Frist § 113 13, § 116 29
- Kontrolldichte § 114 10 f.
- Prüfung der Begründetheit des Nachprüfungsantrags § 114 6 ff.
- Prüfung der Zulässigkeit des Nachprüfungsantrags § 114 4 f.
- Prüfungszeitpunkt § 114 8
- Rechtsmittelbelehrung § 114 74 ff.
- Rechtsnatur § 102 15 f., § 113 9, § 114 64
- Rechtsschutz § 102 17
- Rechtsschutz des Beigeladenen § 109 31 ff.
- Rechtsschutz gegen verspätete Entscheidung § 116 29
- reformatio in peius § 114 19
- Unterschriftserfordernis § 113 6, § 114 68 f.
- unwirksame § 116 35
- verfahrensfördernde Mitwirkungspflichten der Beteiligten § 113 35 ff.
- Verhältnismäßigkeitsgrundsatz § 114 18, 23
- Verlängerungsentscheidung § 113 30 ff.
- Verlängerungszeitraum § 113 26 ff.
- Verletzung in eigenen Rechten § 114 3, 10 ff.
- Vollstreckung § 102 16, § 114 84 ff.
- Zurückversetzung des Vergabeverfahrens in einen bestimmten Verfahrensstand § 114 20
- Zustellung § 110 64 f., § 113 3, 7 f., § 114 71, 78 ff.

Entscheidung des Beschwerdegerichts; siehe auch *Feststellung einer Rechtsverletzung durch das Beschwerdegericht*
- Aufhebung der Entscheidung der Vergabekammer § 123 7 ff., 18 f.
- Aufhebung des Vergabeverfahrens § 123 20 ff.
- Begründetheit der sofortigen Beschwerde § 123 10
- Bindung an Ermessensentscheidung des Auftraggebers § 123 13 f.
- Entscheidung durch Beschwerdegericht selbst § 123 29 ff.
- Entscheidungsfrist § 123 5 f.
- Feststellung einer Rechtsverletzung auf Antrag § 123 32 ff.
- Flucht in die Aufhebung § 123 3
- Form der Entscheidung § 123 2
- keine Bindung an Antrag § 123 11 f.
- Mängel aller Angebote § 123 25 ff.
- neu vorgebrachte Vergaberechtsverstöße § 123 15 ff.
- Rechtsmittelbelehrung § 123 4
- Rechtsschutz § 123 2
- Vollstreckung § 123 3
- Zulässigkeit der sofortigen Beschwerde § 123 9
- Zurückversetzung des Nachprüfungsverfahrens § 123 22 ff.
- Zurückverweisung an Vergabekammer § 123 28 ff.

Entscheidung nach Lage der Akten
- offensichtliche Unbegründetheit des Nachprüfungsantrags § 112 39 f.
- rechtliches Gehör § 112 41 f.
- Unzulässigkeit des Nachprüfungsantrags § 112 36 ff.
- weitere Fälle § 112 43
- Zustimmung der Beteiligten § 112 32 ff.

Erholungseinrichtungen
- als öffentlich geförderte Projekte § 98 199

„Erkennbare" Vergaberechtsverstöße
- Rügeobliegenheit § 107 117 ff., 139 f.

Ermächtigungen für den Erlass von Rechtsverordnungen
- Befreiungsverfahren für Sektorenauftraggeber § 127 23 ff.
- Bescheinigungsverfahren § 127 18 f.
- Sektorenverordnung (SektVO) § 97 190 f., § 127 12 f.
- Streitschlichtungsverfahren § 127 20 f.

Stichwortverzeichnis

- Umsetzung der EU-Schwellenwerte **§ 127** 4 ff.
- Vergabeverordnung Verteidigung und Sicherheit (VSVgV) **§ 97** 190 f., **§ 127** 16
- Vergabeverordnung (VgV) **§ 97** 190, **§ 127** 2
- Weitergabe von statistischen Daten an das Bundeswirtschaftsministerium **§ 127** 22

Ersatzvornahme
- Vollstreckung der Entscheidung der Vergabekammer **§ 114** 95

Erstattung der Aufwendungen der Beteiligten
- Aufwendungen des Beigeladenen **§ 128** 28 f., 43 ff.
- bei anderweitiger Erledigung **§ 128** 31 f.
- bei Rücknahme des Nachprüfungsantrags **§ 128** 30
- Grundsätze **§ 128** 23 f.
- Hinzuziehung eines Rechtsanwalts **§ 128** 25 ff., 42

Erwerb von Grundstücken
- keine Anwendung des Vergaberechts (Bereichsausnahme) **§ 100** 54 ff.

EU-Richtlinie über die Vergabe von Konzessionen
- Inhalt **Einl.** 191 ff.

EU-Schwellenwerte; siehe auch *Schwellenwerte*
- Legaldefinition **§ 2 VgV** 17

EU-Vergaberichtlinien
- Inhalte **Einl.** 181 ff.
- Ziele **Einl.** 179 f.

e-Vergabe
- EU-Vergaberichtlinien **Einl.** 184

ex-ante-Transparenz **§ 97** 83
ex-post-Transparenz **Einl.** 85

Fachaufsicht
- Gegenstand der Aufsicht **§ 102** 40
- Leitungsaufsicht **§ 98** 82

Fachkunde
- Begriff **§ 97** 154
- Eignungskriterium **§ 97** 145, 154 f.

Fachlose
- Gebot der Fachlosvergabe **§ 97** 43

Fahrplanänderung
- als Neuvergabe? **§ 99** 33

Feststellung einer Rechtsverletzung durch das Beschwerdegericht
- Feststellungsantrag **§ 123** 32
- Feststellungsinteresse **§ 123** 37 ff.
- Zeitpunkt des Feststellungsantrags **§ 123** 35 f.
- Zulässigkeit des Feststellungsantrags **§ 123** 33 ff.

Feststellung einer Rechtsverletzung durch die Vergabekammer
- Feststellungsantrag **§ 114** 59
- Feststellungsbeschluss **§ 114** 61
- Feststellungsinteresse **§ 114** 60
- keine Geltung des Beschleunigungsgrundsatzes **§ 114** 62
- Statthaftigkeit **§ 116** 30

Feststellungsinteresse
- Feststellung einer Rechtsverletzung durch das Beschwerdegericht **§ 123** 37 ff.
- Feststellung einer Rechtsverletzung durch die Vergabekammer **§ 114** 60

Finanzdienstleistungen
- keine Anwendung des Vergaberechts (Bereichsausnahme) **§ 100a** 9 ff., **§ 100b** 4 f., **§ 100c** 3 ff.

Finanzierung
- öffentlich geförderte Projekte **§ 98** 205 ff.

Finanzkontrolle durch Rechnungshöfe
- keine Leitungsaufsicht **§ 98** 82

Fingierte Entscheidungen der Vergabekammer
- Rechtsschutz **§ 116** 8

Flucht in die Aufhebung **§ 123** 3

Flughäfen
- Sektorentätigkeit **§ 98** 161 ff.

Fond Deutsche Einheit **§ 98** 20

Fördermittel
- und Wettbewerbsgrundsatz **§ 97** 70 f.

Förderung der ganzjährigen Bautätigkeit
- „Grundsätze" der Vergabe in den Vergabe- und Vertragsordnungen **§ 97** 40

Forschung
- Begriff **§ 100** 52

Forschungs- und Entwicklungsleistungen
- keine Anwendung des Vergaberechts (Bereichsausnahme) **§ 100** 49 ff.

Freiberufliche Leistungen
- Anwendung der VOF oder VOL/A **§ 5 VgV** 1 ff.
- Definition **§ 5 VgV** 5

Freier Warenverkehr
- Rechtsgrundsätze des Gemeinschaftsrechts im Unterschwellenbereich **§ 100** 18 ff.

Stichwortverzeichnis

Freistellungsverfahren (§ 3 SektVO)
- Kosten für Gutachten und Stellungnahmen **§ 127a** 1 ff.

Freizeiteinrichtungen
- als öffentlich geförderte Projekte **§ 98** 199

Funktionaler Auftraggeberbegriff **§ 98** 6 ff., 33

Ganzjährige Bautätigkeit, Förderung der
- „Grundsätze" der Vergabe in den Vergabe- und Vertragsordnungen **§ 97** 40

Gebäudereinigung
- als Dienstleistungsauftrag **§ 99** 152

Gebietskörperschaften
- öffentlicher Auftraggeber **§ 98** 17 f.
- Zusammenarbeit **§ 99** 73 ff.

Gebühren der Vergabekammer
- Absehen von Gebühren **§ 128** 21
- Eilverfahren **§ 128** 12
- Gebührentabelle **§ 128** 9, **Anh. 3**
- Höchstgebühr **§ 128** 8
- Mindestgebühr **§ 128** 5 ff.
- Rücknahme des Nachprüfungsantrags oder anderweitiger Erledigung **§ 128** 19 f.
- Überprüfung **§ 128** 13
- Vorschuss **§ 128** 11

Gebühren des Vergabesenats; siehe *Kosten des Beschwerdeverfahrens*

Geförderte Projekte; siehe *Öffentlich geförderte Projekte*

Gegenseitige Anerkennung **§ 97** 10
- Rechtsgrundsätze des Gemeinschaftsrechts im Unterschwellenbereich **§ 100** 18 ff.

Geheimhaltung
- Verpflichtung der Vergabekammer zur G. bei Abfassung der Entscheidungsgründe **§ 110a** 10 ff.

Geheimhaltungsbedürftige Tatsachen
- Vergabeakte und Sachverhaltsermittlung durch die Vergabekammern **§ 110** 21 ff.

Geheimschutz
- keine Anwendung des Vergaberechts (Bereichsausnahme) **§ 100** 94 ff.
- Versagung der Akteneinsicht **§ 111** 26 ff.
- Zuschlagsverbot **§ 115** 43

Geheimwettbewerb
- und Wettbewerbsgrundsatz **§ 97** 61 ff.

Gehörsrüge **§ 120** 23

Geld- oder Kapitalbeschaffung
- keine Anwendung des Vergaberechts (Bereichsausnahme) **§ 100a** 12

Gelegenheit zur Stellungnahme
- Verhandlung vor Vergabekammer (Nachprüfungsverfahren) **§ 112** 18 ff.

Gemeinden
- öffentlicher Auftraggeber **§ 98** 18

Gemeinkosten
- erstattungsfähiger Schaden i.R.d. Anspruchs auf Ersatz des Vertrauensschadens **§ 126** 48

Gemeinsames Unternehmen im Sektorenbereich
- keine Anwendung des Vergaberechts (Bereichsausnahme) **§ 100b** 41 ff.

Gemeinschaftsrecht
- Rechtsgrundsätze des Gemeinschaftsrechts im Unterschwellenbereich **§ 97** 16 ff., **§ 102** 30 f.

Gemeinschaftsrechtskonforme Auslegung
- Vergaberechtsgrundsätze **§ 97** 12

Gemischte Verträge
- Abgrenzung zwischen Bau- und Dienstleistungsaufträge (mit Beispielen) **§ 99** 187 ff.
- Abgrenzung zwischen Liefer- und Dienstleistungsaufträge (mit Beispielen) **§ 99** 183 ff.

Genehmigungsmodell
- Rettungsdienstleistungen als öffentlicher Auftrag **§ 99** 92

Geräte im Vergabeverfahren
- Anforderungen an die elektronischen Geräte **§ 101** 11

Gesamtvergabe
- Mittelstandsförderung **§ 97** 140 ff.

Geschäftsgrundlage, Wegfall der
- als Neuvergabe? **§ 99** 36

Geschäftsordnung der Vergabekammern
- Unterschriftserfordernis (Übersicht) **§ 116** 35

Geschäftsordnung der Vergabekammern der Länder
- Zuständigkeit für Erlass **§ 106** 14

Geschäftsordnung der Vergabekammern des Bundes
- Inhalt **§ 106** 7, **§ 112** 8
- Text (Abdruck) **Anh. 4**

Gesellschaft bürgerlichen Rechts
- öffentlicher Auftraggeber **§ 98** 34 f.

Stichwortverzeichnis

Gesetz zur Modernisierung des Vergaberechts
- Gesetzgebungsverfahren und Kritik **Einl.** 126 ff.

Gesetzestreue
- Eignungskriterium **§ 97** 145, 152 f., 161, 172 f.

Gesetzliche Krankenkassen; siehe *Krankenkassen*

Gestattung vorzeitiger Zuschlagserteilung durch Beschwerdegericht; siehe *Vorzeitige Zuschlagserteilung, Gestattung durch Beschwerdegericht (Eilverfahren)*

Gestattung vorzeitiger Zuschlagserteilung durch Vergabekammer; siehe *Vorzeitige Zuschlagserteilung, Gestattung durch Vergabekammer (Eilverfahren)*

Gesundheitswesen
- Beschaffungen im G./öffentlicher Auftrag **§ 99** 93 ff.

Gewerkschaften
- öffentlicher Auftraggeber **§ 98** 127

Gleichbehandlungsgebot
- ausgeschlossene (voreingenommene) Personen **§ 16 VgV** 1

Gleichbehandlungsgrundsatz
- Angebotswertung **§ 97** 113 ff.
- Ausschluss von Angeboten **§ 97** 105 ff.
- EU-rechtliche Grundlagen **§ 97** 6 ff., 92
- Flughafen-Entscheidung **§ 97** 93
- Information der Teilnehmer **§ 97** 104
- Leistungsbeschreibung **§ 97** 99 ff.
- Nationalität **§ 97** 97 f.
- Nebenangebote **§ 97** 101
- Organisation des Wertungsprozesses **§ 97** 116
- Ortsansässigkeit **§ 97** 73 f.
- Produktneutralität **§ 97** 102 f.
- Projektantenbeteiligung **§ 97** 94 f.
- Rechtsgrundsätze des Gemeinschaftsrechts im Unterschwellenbereich **§ 100** 18 ff.
- Regionalpräferenzen **§ 97** 73 f., 96
- Sachverständigenbeteiligung **§ 97** 94 f.
- Scheinaufhebung **§ 97** 117 ff.
- Staatsangehörigkeit **§ 97** 96
- Vergaberechtsgrundsatz **§ 97** 1, 92

GmbH
- öffentlicher Auftraggeber **§ 98** 32 f.

Government Procurement Agreement **Einl.** 14

Grenzüberschreitendes Interesse am Auftrag
- Maßstab **§ 97** 33

Grundsatz der gegenseitigen Anerkennung **§ 97** 10

Grundsätze der Wirtschaftlichkeit und Sparsamkeit **Einl.** 2, **§ 1 VgV** 11

Grundsätze des Vergaberechts; siehe *Vergaberechtsgrundsätze*

„Grundsätze" der Vergabe
- in den Vergabe- und Vertragsordnungen **§ 97** 36 f.

Grundstücksgeschäfte
- keine Anwendung des Vergaberechts (Bereichsausnahme) **§ 100** 54 ff.

Grundstücksveräußerung
- Bauauftrag **§ 99** 122 ff.

Gutachten/Stellungnahmen
- Kosten bzgl. Freistellungsverfahren im Sektorenbereich **§ 127a** 1 ff.

Gütezeichen als technische Spezifikation
- EU-Vergaberichtlinien **Einl.** 185

Häfen
- Sektorentätigkeit **§ 98** 164 ff.

Handlungsfähigkeit
- Nachprüfungsverfahren **§ 109** 5

Hausarztzentrierte Versorgung
- öffentlicher Auftrag **§ 99** 101

Haushaltsmittel
- fehlende H. und Aufhebung der Ausschreibung **§ 97** 120

Haushaltsrecht
- Entwicklung des Vergaberechts **Einl.** 4
- Grundsätze der Wirtschaftlichkeit und Sparsamkeit **Einl.** 2, 4, **§ 1 VgV** 11
- Vergabestreitigkeiten unterhalb der Schwellenwerte **§ 100** 6

Hilfsmittel
- öffentlicher Auftrag **§ 99** 99

Hilfsmittelkoordinator
- Dienstleistung **§ 99** 149

Hinweis auf zuständige Vergabekammer **§ 14 VgV** 2 ff.

Hinweis der Vergabekammer
- Mitwirkungspflichten der Beteiligten zur Verfahrensförderung **§ 113** 41

Hinweispflichten des Beschwerdegerichts **§ 120** 15 f.

Hochschulgebäude
- als öffentlich geförderte Projekte **§ 98** 200

Stichwortverzeichnis

Ideenwettbewerb
- Schwellenwerte **§ 2 VgV** 28

Impfstoffe
- Art und Weise der Auftragsdurchführung **§ 99** 32
- öffentlicher Auftrag **§ 99** 98

in camera-Verfahren **§ 111** 36

Infektionstheorie
- juristische Personen des öffentlichen und des privaten Rechts als öffentlicher Auftraggeber **§ 98** 42 f.

Information der Teilnehmer
- und Gleichbehandlungsgrundsatz **§ 97** 104

Informationspflicht des Auftraggebers (Vorabinformation); siehe auch *Wartefrist (Sperr- bzw. Stillhaltefrist)*
- Adressaten der Vorabinformation **§ 101a** 25 ff.
- Alcatel Austria-Entscheidung **§ 101a** 3
- Anforderungen an die Darlegung der Gründe für die vorgesehene Nichtberücksichtigung des eigenen Angebots **§ 101a** 52 ff.
- Angabe der Platzierung des Angebots **§ 101a** 61
- Aufhebung des Vergabeverfahrens **§ 101a** 19
- Auftragserweiterung **§ 101a** 24
- Ausnahmen **§ 101a** 11 ff.
- Benennung der zum weiteren Angebotsverfahren zugelassenen Unternehmen **§ 101a** 41
- betroffene Bewerber als Adressaten der Vorabinformation **§ 101a** 37 ff.
- betroffene Bieter als Adressaten der Vorabinformation **§ 101a** 26 ff.
- Beweislast für Zugang **§ 101a** 65
- De-facto-Vergabe **§ 101a** 17 f.
- Einrichtung eines dynamischen Beschaffungssystems **§ 101a** 23
- E-Mail **§ 101a** 63
- endgültiger Ausschluss aus Vergabeverfahren **§ 101a** 32
- erneute Informationspflicht **§ 101a** 20 ff.
- fehlende bzw. unvollständige Vorabinformation **§ 101b** 9
- Form **§ 101a** 62 ff., **§ 101b** 14
- frühester Zeitpunkt des Vertragsschlusses **§ 101a** 58 ff.
- gemeinschaftsrechtliche Vorgaben **§ 101a** 6 ff.
- Inhalt der Vorabinformation (fakultativer Inhalt) **§ 101a** 61
- Inhalt der Vorabinformation (Mindestinhalt) **§ 101a** 44 ff.
- inhaltlich mangelhafte Vorabinformation **§ 101b** 10 ff.
- Interimsbeauftragung **§ 101a** 19
- mündliche Information **§ 101a** 64, **§ 101b** 14
- Münzplättchen-Entscheidung **§ 101a** 3
- Name des (voraussichtlich) erfolgreichen Bieters **§ 101a** 49 ff.
- pressetext-Entscheidung des EuGH **§ 101a** 24
- Rahmenvereinbarungen **§ 101a** 23
- Rechtsfolgen bei Verstoß/Rechtsschutz **§ 101a** 2 f., 89 f., **§ 101b** 1, 7 ff.
- rechtswidrige Ausschreibungsbedingungen **§ 101a** 30
- sachlicher Geltungsbereich **§ 101a** 14 ff.
- spätere Ergänzung der Gründe für Nichtberücksichtigung des Angebots **§ 101a** 79
- Sperr- bzw. Stillhaltefrist **§ 101a** 68 ff.
- Teilnahmewettbewerb **§ 101a** 38 ff.
- Telefax **§ 101a** 63
- unverzügliche Information **§ 101a** 67, **§ 101b** 15
- Verhandlungsverfahren ohne Bekanntmachung wegen besonderer Dringlichkeit **§ 101a** 11 ff.
- Vertragsänderung **§ 101a** 24
- Vertragsverlängerung **§ 101a** 24
- vollständige und wahrheitsgemäße Vorabinformation **§ 101a** 47
- von Bieter zurückgezogenes Angebot **§ 101a** 31
- vorformulierte Schreiben/Formulare **§ 101a** 64
- Wiederholung bzw. Änderung der Angebotswertung **§ 101a** 20 ff.

Informationspflicht des Auftraggebers (Vorabinformation), Ausnahmen
- Auftraggeber verhandelt zulässigerweise nur mit einem einzigen Unternehmen **§ 101a** 87 f.
- besondere Dringlichkeit **§ 101a** 81 ff.
- Naturkathastrophen/höhere Gewalt etc. **§ 101a** 86

Stichwortverzeichnis

Informationstechnik/Telekommunikations-
anlagen
- als wesentliche Sicherheitsinteressen **§ 100** 90
- keine Anwendung des Vergaberechts (Bereichsausnahme) **§ 100** 109 ff.

Inhouse-Geschäft
- Beherrschung durch mehrere öffentliche Auftraggeber **§ 99** 51 ff.
- Beteiligungsquote **§ 99** 49 f.
- im Sektorenbereich **§ 99** 72
- Kombination der Grundsätze zur kommunalen Zusammenarbeit mit Inhouse-Geschäft **§ 99** 80
- Konstellation **§ 99** 45
- Kontrolle **§ 99** 55 f.
- Kontrolle im Konzern **§ 99** 57 ff.
- Kontrolle wie über eine eigene Dienststelle **§ 99** 49 ff.
- nach der Verordnung (EG) Nr. 1370/2007 **§ 99** 71, **§ 104** 13 ff.
- Tätigkeit im Wesentlichen für den Auftraggeber **§ 99** 60 ff.
- Umsatzanteile **§ 99** 61 ff.
- Veräußerung von Geschäftsanteilen/Gesellschaftsgründung **§ 99** 67 ff.
- Voraussetzungen für vergaberechtsfreie Inhouse-Beauftragung **§ 99** 47 f.

Innovative Aspekte
- zusätzliche Anforderungen an Auftragnehmer **§ 97** 167

Instandhaltungsarbeiten
- als Dienstleistungsauftrag **§ 99** 152

Instandsetzungsarbeiten
- als Bauauftrag **§ 99** 120

Institutioneller Auftraggeberbegriff **§ 98** 4 f.

Integrierte Versorgung
- öffentlicher Auftrag **§ 99** 102

Interimsbeauftragung
- Informationspflicht des Auftraggebers **§ 101a** 19

Interimsvergabe
- öffentlicher Auftrag **§ 99** 10 ff.

Interkommunale Kooperationen
- öffentlicher Auftraggeber **§ 98** 21

Internationale Organisationen
- keine Anwendung des Vergaberechts (Bereichsausnahme) **§ 100** 124 ff., **§ 100c** 38 ff.

Internationale Zuständigkeit
- Zuständigkeit der Vergabekammern **§ 106a** 31

Internationales Abkommen
- keine Anwendung des Vergaberechts (Bereichsausnahme) **§ 100** 113 ff., **§ 100c** 32 ff.

IT-Sicherheitsprodukte **§ 100** 90

Juristische Personen des öffentlichen und des privaten Rechts als öffentlicher Auftraggeber
- Allgemeininteresse (mit Rspr.-Beispielen) **§ 98** 45 ff.
- Änderung der Zwecksetzung **§ 98** 38 ff.
- Banken **§ 98** 112 ff.
- Bestimmung der Organbesetzung **§ 98** 85 ff.
- Deutsche Bahn AG **§ 98** 93 ff.
- eigene Rechtspersönlichkeit (mit Beispielen) **§ 98** 28 ff.
- gesetzliche Krankenkassen **§ 98** 96 ff.
- Gründungszweck **§ 98** 37 ff.
- Infektionstheorie **§ 98** 42 f.
- Landesversicherungsanstalten **§ 98** 102
- Leitungsaufsicht **§ 98** 80 ff., **§ 106a** 9
- Messegesellschaften **§ 98** 103 ff.
- Mischfunktion **§ 98** 42 ff.
- Nichtgewerblichkeit (mit Rspr.-Beispielen) **§ 98** 56 ff.
- Rotes Kreuz **§ 98** 111
- Rspr.-Beispiele **§ 98** 120
- Rundfunkanstalten (öffentliche-rechtliche) **§ 98** 110
- sonstige staatliche Beherrschung **§ 98** 79 ff.
- Sparkassen **§ 98** 112 ff.
- spezifischer staatlicher Bezug **§ 98** 64
- überwiegende staatliche Finanzierung **§ 98** 65 ff.
- und verbundene Unternehmen **§ 98** 121 ff.
- Verzeichnis von Einrichtungen des öffentlichen Rechts **§ 98** 26 f.
- Wohnungsbaugesellschaften **§ 98** 117 ff.

Kantinenbewirtschaftung
- als Dienstleistungskonzession **§ 99** 162

Kartellbehörden
- Kontrollbefugnisse **§ 102** 60 ff., **§ 104** 42 f.

Kartellvergaberecht
- Entstehung und Inhalt **Einl.** 18 ff.

Kaskadenprinzip
- Bedeutung **Einl.** 26 ff.

Stichwortverzeichnis

- Entstehung **Einl.** 16
- Scharnierfunktion der VgV **§ 1 VgV** 3, 10
- Übersicht **§ 1 VgV** 5

Kauf von Unternehmensanteilen **§ 99** 115

Kaufpreisnachlass
- Bauauftrag **§ 99** 130

Kindergärten
- als öffentlich geförderte Projekte **§ 98** 200

Kleinere Büroorganisationen/Berufsanfänger
- angemessene Beteiligung am Vergabeverfahren **§ 97** 44

Kollusion
- Unwirksamkeit des Vertrages **§ 101b** 75

Kommanditgesellschaft
- öffentlicher Auftraggeber **§ 98** 34 f.

Kommanditgesellschaft auf Aktien
- öffentlicher Auftraggeber **§ 98** 32 f.

Kommissionsmitteilung zu Auslegungsfragen
- Inhalt **Einl.** 102 f., **§ 97** 23, **§ 2 VgV** 9
- Klage der Bundesrepublik Deutschland gegen **Einl.** 102 f., **§ 97** 25 ff., **§ 102** 33, **§ 2 VgV** 9
- Vergaberechtsgrundsätze **§ 100** 20 ff.
- Zielsetzung **§ 97** 22

Kommunale Gemeinschaftsarbeit
- öffentlicher Auftrag **§ 99** 73 ff.

Kommunale Unternehmen als Teilnehmer am Wettbewerb
- und Wettbewerbsgrundsatz **§ 97** 68 f.

Kommunale Zweckverbände
- öffentlicher Auftraggeber **§ 98** 127

Kommunalverbände
- öffentlicher Auftraggeber **§ 98** 127

Konzentrationsgrundsatz
- Verhandlung vor Vergabekammer (Nachprüfungsverfahren) **§ 112** 21 f.

Konzession
- EU-Richtlinie über die Vergabe von Konzessionen **Einl.** 191 ff.
- Merkmal **§ 99** 16

Konzessionsmodell
- Rettungsdienstleistungen als öffentlicher Auftrag **§ 99** 84 ff.

Kooperationsvereinbarungen zwischen Kommunen **§ 99** 73 ff.

Kopie des Nachprüfungsantrags **§ 110** 47 ff.

Körperschaften
- öffentlicher Auftraggeber **§ 98** 29

Korrekturmechanismus der Kommission; siehe *Beanstandungsverfahren (Korrekturmechanismus der EU-Kommission)*

Kosten der Vorbereitung des Angebots oder der Teilnahme an einem Vergabeverfahren
- erstattungsfähiger Schaden i.R.d. Anspruchs auf Ersatz des Vertrauensschadens **§ 126** 47

Kosten des Beschwerdeverfahrens
- Antrag auf Verlängerung der aufschiebenden Wirkung der sofortigen Beschwerde **§ 118** 65 ff., **§ 128** 41
- Beigeladener **§ 128** 43 ff.
- Erledigung der Hauptsache **§ 128** 49
- Grundsatz **§ 120** 35, **§ 128** 38 ff.
- notwendige Aufwendungen **§ 128** 42
- Rücknahme der sofortigen Beschwerde **§ 123** 63 ff., **§ 128** 47
- Rücknahme des Nachprüfungsantrags **§ 123** 63 ff., **§ 128** 48
- vorzeitige Zuschlagserteilung (Eilverfahren) **§ 128** 41

Kosten des Verfahrens vor der Vergabekammer
- Absehen von Gebühren **§ 128** 21
- Äquivalenzprinzip **§ 128** 3
- Beigeladener **§ 109** 30, 44, **§ 128** 17
- Erstattung der Aufwendungen **§ 128** 22 ff.
- Gebühren **§ 128** 4 ff.
- Kostendeckungsprinzip **§ 128** 3
- Rücknahme des Nachprüfungsantrags oder anderweitige Erledigung **§ 123** 63 ff., **§ 128** 19 f.

Kostendeckungsprinzip **§ 128** 3

Kostenentscheidungen der Vergabekammer
- Rechtsschutz **§ 116** 11 f.

Kostenfestsetzungsverfahren
- in Verfahren vor dem OLG **§ 128** 52 f.
- Inhalt **§ 128** 2, 14
- kein gesondertes K. in Verfahren vor der Vergabekammer **§ 128** 33

Kostengrundentscheidung
- Beigeladener **§ 128** 17
- Grundsätze der Kostentragung **§ 128** 15 ff.
- Inhalt **§ 128** 2, 14
- Kostentrennung **§ 128** 18

Krankenhäuser
- als öffentlich geförderte Projekte **§ 98** 198

Krankenkassen; siehe auch *Rabattverträge*
- Beschaffung durch gesetzl. K./öffentlicher Auftrag **§ 99** 13, 93 ff.
- öffentlicher Auftraggeber **§ 98** 96 ff.

Stichwortverzeichnis

- Rechtsweg bei Rechtsbeziehungen nach § 69 SGB V **§ 104** 30, **§ 116** 6 f.

Kreditaufnahme der öffentlichen Hand
- keine Anwendung des Vergaberechts (Bereichsausnahme) **§ 100a** 12

Kredite
- öffentlich geförderte Projekte **§ 98** 212

Kriegsmaterial, Erzeugung/Handel
- keine Anwendung des Vergaberechts (Bereichsausnahme) **§ 100** 74 ff.

Kriegswaffenliste von 1958 **§ 100** 76 ff.

Kündigung vergaberechtswidriger Verträge
- durch Mitgliedstaat bei festgestelltem Verstoß gegen EU-Recht **§ 101b** 78, 81 ff., **§ 102** 58, **§ 104** 40

Ladung zur mündlichen Verhandlung
- Erforderlichkeit **§ 112** 11
- Form **§ 112** 11
- Ladungsfrist **§ 112** 12
- Terminsfestlegung **§ 112** 13

Landessozialgerichte
- Zuständigkeit bei Rechtsbeziehungen nach § 69 SGB V **§ 104** 30, **§ 116** 6 f., 52

Landesversicherungsanstalten
- öffentlicher Auftraggeber **§ 98** 102

Laufzeitverlängerung
- als Neuvergabe? **§ 99** 22 ff.

Leasing
- öffentlich geförderte Projekte **§ 98** 211

Legislativpaket der EU zur Modernisierung des Vergaberechts **Einl.** 54 ff., 174 ff.

Leistungen nach SGB II und SGB III
- Maßnahmeplanung/öffentlicher Auftrag **§ 99** 104

Leistungsbeschreibung
- „eindeutig" und „erschöpfend" **§ 97** 100
- inhaltliche Anforderungen **§ 107** 137
- offenes Verfahren **§ 101** 25
- und Gleichbehandlungsgrundsatz **§ 97** 99 ff.
- und Transparenzgrundsatz **§ 97** 81 ff.
- Verhandlungsverfahren **§ 101** 64
- zusätzliche Anforderungen (umweltbezogene, innovative und soziale Aspekte) **§ 97** 167 ff.

Leistungsfähigkeit
- Begriff **§ 97** 154
- Eignungskriterium **§ 97** 145, 154 f.

Leitungsaufsicht **§ 106a** 9
- Rspr.-Beispiele **§ 98** 80 ff.

Letter of intent **§ 99** 7

lex DB AG
- Vergabeverfahren **§ 4 VgV** 13 ff.

Lieferanten
- Antragsbefugnis **§ 107** 28

Lieferauftrag
- Abgrenzung zum Bauauftrag **§ 99** 113, 198 ff.
- Abgrenzung zum Dienstleistungsauftrag **§ 99** 183 ff.
- Anwendung von VOL/A **§ 4 VgV** 1 ff.
- Begriff **§ 99** 109
- Begriff „Ware" **§ 99** 111
- Beispiele **§ 99** 116
- Nebenleistungen **§ 99** 110
- Schätzungsmethode **§ 3 VgV** 15 f.
- Schwellenwerte **§ 100** 9, **§ 2 VgV** 21 ff.
- Vertragsgegenstand des öffentlichen Auftrags **§ 99** 18
- zivilrechtliche Einordnung **§ 99** 109

Lieferkonzession
- Unanwendbarkeit des Vergaberechts **§ 99** 19

Losverfahren
- Schätzung des Auftragswertes **§ 3 VgV** 18 ff.
- Schwellenwerte **§ 2 VgV** 26

Losvergabe
- Absehen von L. bei Unwirtschaftlichkeit **§ 97** 139
- Atomisierung von Aufträgen **§ 97** 137
- Eignungskriterien **§ 97** 163
- Mittelstandsförderung **§ 97** 125, 131 ff.

Managementleistungen
- als Dienstleistungsauftrag **§ 99** 152

Mandatierende Zweckvereinbarungen
- Begriff **§ 99** 74 f.

Mängel aller Angebote
- Entscheidung des Beschwerdegerichts **§ 123** 25 ff.

Marktbeherrschende Stellung
- Schadensersatzanspruch **§ 126** 119 f.

Markterkundung
- Verbot der Durchführung von Vergabeverfahren zur **§ 97** 38

Marktsondierung/Marktbeobachtung **§ 104** 35

Maßnahmeplanung
- Leistungen nach SGB II und SGB III/öffentlicher Auftrag **§ 99** 104

Stichwortverzeichnis

Matrix
- Angebotswertung **§ 97** 87
- Verhandlungsverfahren **§ 97** 91

„Mehr an Eignung"
- Eignungsprüfung **§ 97** 156 ff.

Mehrfachanbieter
- und Wettbewerbsgrundsatz **§ 97** 61 ff.

Mehrpreisproblem **§ 97** 185

Melde- und Berichtspflicht
- der Nachprüfungsinstanzen **§ 127** 22
- der öffentlichen Auftraggeber **§ 17 VgV** 2 f.

Mengenabweichungen
- und Neuvergabe **§ 99** 41

Messegesellschaften
- öffentlicher Auftraggeber **§ 98** 103 ff.

Miete
- öffentlich geförderte Projekte **§ 98** 211

Mietverhältnisse für Grundstücke
- keine Anwendung des Vergaberechts (Bereichsausnahme) **§ 100** 54 ff.

Militärausrüstung
- Begriff **§ 99** 175 f.

Mindestumsatz
- EU-Vergaberichtlinien **Einl.** 188

Mischfunktion
- juristische Personen des öffentlichen und des privaten Rechts als öffentlicher Auftraggeber **§ 98** 42 ff.

Mitteilung der Kommission zu Auslegungsfragen in Bezug auf das Gemeinschaftsrecht ... vom 23.6.2006; siehe *Kommissionsmitteilung zu Auslegungsfragen*

Mittelstand
- Begriff **§ 97** 134

Mittelständische Interessen (Mittelstandsklausel)
- vergabefremde Aspekte **Einl.** 9, 137 ff., **§ 97** 3

Mittelstandsförderung
- Gesamtvergabe **§ 97** 140 ff.
- gesetzgeberische Zielsetzung **§ 97** 121 ff.
- Grundsatz der Losaufteilung **§ 97** 125, 131 ff.
- Mittelstandsbegriff **§ 97** 134
- Umsetzung in den Vergabe- und Vertragsordnungen **§ 97** 43 f.
- „vornehmliche" Berücksichtigung **§ 97** 125

Mitverschulden
- Anspruch auf Ersatz des Vertrauensschadens **§ 126** 49 ff.
- Schadensersatzanspruch aus c.i.c. **§ 126** 101 f.

Mitwirkungspflichten der Beteiligten zur Verfahrensförderung
- Ausschluss verspäteten Vorbringens **§ 113** 41 ff.
- einzelne Verfahrensförderungspflichten **§ 113** 38 ff.
- Fristsetzung **§ 113** 41, **§ 120** 17
- Untersuchungsgrundsatz **§ 120** 11 f.
- Verstoß **§ 113** 37

Monopol zur Leistungserbringung
- keine Anwendung des Vergaberechts (Bereichsausnahme) **§ 100a** 13 ff., **§ 100b** 11 f.
- öffentlicher Auftraggeber **§ 98** 171 ff.

Müllentsorgung
- öffentlicher Auftraggeber **§ 98** 127

Mündliche Verhandlung vor dem Beschwerdegericht/Vergabesenat
- Ausnahmen **§ 120** 4 ff.
- Grundsatz **§ 120** 3

Mündliche Verhandlung vor der Vergabekammer; siehe auch *Entscheidung nach Lage der Akten*
- Ablauf **§ 112** 14 ff., 23 ff.
- Abwesenheit von Beteiligten **§ 112** 44 ff.
- anwendbares Verfahrensrecht **§ 112** 5 ff.
- Ausnahme (Entscheidung nach Lage der Akten) **§ 112** 29 ff.
- Beweisaufnahme **§ 112** 25 f.
- Gelegenheit zur Stellungnahme (rechtliches Gehör) **§ 112** 18 ff.
- Geschäftsordnung der Vergabekammern **§ 112** 8
- kein Anwaltszwang **§ 112** 28
- Konzentrationsgrundsatz **§ 112** 21 f.
- Ladung **§ 112** 11 ff.
- Mündlichkeitsgrundsatz **§ 112** 16
- Nichtöffentlichkeit **§ 112** 27
- Protokollierung **§ 112** 23 f.
- Unmittelbarkeitsgrundsatz **§ 112** 17
- Vorbereitung **§ 112** 10 ff.

Mündlichkeitsgrundsatz
- Verhandlung vor Vergabekammer (Nachprüfungsverfahren) **§ 112** 16

Munition, Erzeugung/Handel
- keine Anwendung des Vergaberechts (Bereichsausnahme) **§ 100** 74 ff.

Münzplättchen-Entscheidung **§ 101a** 3

Stichwortverzeichnis

Nachprüfungsantrag; siehe auch *Entscheidung der Vergabekammer*; siehe auch *Rügeobliegenheit, Nachprüfungsverfahren*; siehe auch *Zuschlagsverbot*
– Anhörung des Antragstellers **§ 110** 45
– Antrag „ins Blaue" **§ 108** 37, **§ 120** 14
– Antragsbefugnis **§ 107** 17 ff.
– Antragsgegner **§ 109** 8 ff.
– Antragsteller **§ 108** 6, **§ 109** 7
– anwendbare Vorschriften **§ 108** 5
– ausländischer Antragsteller **§ 108** 22 f.
– Benennung der sonstigen Beteiligten **§ 108** 51 f.
– Beschreibung der behaupteten Rechtsverletzung **§ 108** 35 ff.
– bestimmtes Begehren **§ 108** 21
– Bezeichnung der verfügbaren Beweismittel **§ 108** 41 ff.
– Bezeichnung des Antragsgegners **§ 108** 27 ff.
– Darlegung der Rüge **§ 108** 48 ff.
– Einreichung bei Vergabekammer **§ 108** 14 f.
– Einreichung bei Vergabestelle **§ 108** 14
– Falschbezeichnung des Antragsgegners **§ 108** 28 ff.
– Form **§ 107** 4, **§ 108** 7
– Form der Entscheidung über N. **§ 110** 44, 63
– keine Bindung der Vergabekammer an N. **§ 114** 26 ff.
– mehrere **§ 107** 11 ff.
– Mindestinhalt an Begründung **§ 108** 24 ff.
– nach Zuschlagserteilung **§ 114** 34
– Prüfung der Begründetheit durch Vergabekammer **§ 114** 6 ff.
– Prüfung der offensichtlichen Unzulässigkeit oder Unbegründetheit (summarische Prüfung) **§ 110** 37 ff.
– Prüfung der Zulässigkeit durch Vergabekammer **§ 114** 4 f.
– Rechtsfolgen bei Verstoß gegen Form **§ 108** 4
– Rechtsfolgen bei Verstoß gegen Mindestinhalt **§ 108** 4
– Rubrumsberichtigung **§ 108** 29 f.
– Rücknahme **§ 114** 52 f., 73, **§ 128** 19 f.
– Rügeobliegenheit **§ 107** 81
– Sachverhaltsdarstellung **§ 108** 35 ff.
– Schutzschrift **§ 110** 40 ff.
– Sprache **§ 108** 8

– Telefax **§ 108** 7, **§ 110** 36
– Übermittlung der Kopie an Vergabestelle **§ 110** 46, 47 ff.
– Unterschriftserfordernis **§ 108** 9 ff.
– unverzügliche Begründung **§ 108** 16 ff.
– unvollständiger **§ 110** 39
– Verwirkung **§ 107** 47 ff., 165 ff.
Nachprüfungsmöglichkeiten; siehe auch *Vertragsverletzungsverfahren vor der Europäischen Kommission*
– durch Aufsichtsbehörden **§ 102** 3, 40 ff.
– durch Vergabekammern **§ 102** 2, 5 f.
– durch Vergabeprüfstellen **§ 102** 4 f., 51 f.
– Verhältnis der N. zueinander **§ 102** 53 ff.
Nachprüfungsverfahren; siehe auch *Schadensersatz bei rechtsmissbräuchlicher Rechtsmitteleinlegung*
– als kontradiktorisches Verfahren **§ 102** 13
– als Verwaltungsverfahren **§ 108** 5, **§ 112** 6
– ausschließliche Rechtswegzuweisung **§ 104** 20
– Busdienstleistungen **§ 104** 14 ff.
– Schienenpersonennahverkehrsleistungen **§ 104** 15
– Unterschiede zur Aufsichtsbeschwerde **§ 102** 47 ff.
– Untersuchungsgrundsatz **§ 102** 14
– Verfahrensgegenstand **§ 102** 11, **§ 104** 25 ff.
– Verfahrensgrundsätze **§ 102** 14 ff.
– Verletzung einer bieterschützenden Bestimmung des Vergabeverfahrens **§ 104** 22 ff.
– Verstoß gegen § 1 GWB/Bietergemeinschaft **§ 104** 32
– Verstoß gegen § 17 UWG **§ 104** 31
– Zurückversetzung **§ 123** 22 ff.
– Zuständigkeit **§ 102** 9 f.
– Zweistufigkeit **§ 102** 1
Nachprüfungsverfahren vor der Vergabekammer; siehe auch *Antragsbefugnis, Nachprüfungsverfahren*; siehe auch *Kosten des Verfahrens vor der Vergabekammer*; siehe auch *Rügeobliegenheit, Nachprüfungsverfahren*; siehe auch *Schaden (i.R.v. Antragsbefugnis), Nachprüfungsverfahren*; siehe auch *Verfahrensbeteiligte (Nachprüfungsverfahren)*
– Akteneinsicht **§ 111** 4 ff.
– Antragsbefugnis **§ 102** 12, **§ 107** 17 ff.
– Antragsverfahren **§ 107** 3

Stichwortverzeichnis

- Art und Umfang der Sachverhaltserforschung **§ 110** 6 ff.
- Auskunfts- und Prüfungsrecht **§ 110** 59
- Ausschluss verspäteten Vorbringens **§ 113** 41 ff.
- Aussetzung **§ 113** 34
- Begründungspflicht **§ 110** 63
- Beschlagnahme **§ 110** 58
- Beschleunigungsgrundsatz **§ 110** 35 f.
- Beweiserhebung **§ 110** 56 ff.
- bundeseinheitliches Verfahren (Ausschluss von abweichendem Landesrecht) **§ 115a** 1 ff.
- Dispositionsmaxime **§ 110** 5
- „entstandener oder drohender Schaden" **§ 107** 50 ff.
- Erledigung durch Rücknahme des Nachprüfungsantrags **§ 114** 52 f., **§ 128** 19
- Erledigung durch Vergleich **§ 114** 55 ff.
- Erledigung kraft Gesetzes **§ 114** 50 f.
- fälschlich angerufenes Zivilgericht **§ 107** 5
- Geheimhaltungspflicht bei Abfassung der Entscheidungsgründe **§ 110a** 10 ff.
- Geltendmachung einer Rechtsverletzung **§ 107** 42 ff.
- Grundsatz der freien Beweiswürdigung **§ 110** 60
- Herausgabe von Unterlagen **§ 110** 58
- „Interesse am Auftrag" **§ 107** 29 ff.
- keine allgemeine Rechtmäßigkeitskontrolle **§ 107** 3, **§ 110** 27 ff., **§ 114** 14
- mehrere Nachprüfungsanträge **§ 107** 11 ff.
- Offizialmaxime **§ 110** 5
- Prüfungsumfang **§ 107** 3, **§ 110** 27 ff.
- Rechtshängigkeitssperre **§ 107** 11 ff.
- Rechtsmittelbelehrung **§ 110** 63
- Rügeobliegenheit **§ 107** 63 ff., 80 ff.
- Sachverhaltsermittlung **§ 110** 3 ff.
- Sperrwirkung **§ 107** 11 ff.
- übereinstimmende Erledigungserklärung **§ 114** 54
- Übermittlung von Verschlusssachen an Verfahrensbeteiligte **§ 110a** 7 ff.
- Übertragung der alleinigen Entscheidungsbefugnis auf Vorsitzenden oder hauptamtlichen Beisitzer **§ 105** 20 ff., 26 ff.
- Untersuchungsgrundsatz **§ 110** 3
- unzuständige Vergabekammer **§ 107** 8
- Verfahrensabschluss **§ 110** 62 ff.
- Verfahrensbeginn **§ 107** 8 ff.
- Verfahrensbeteiligte durch Beiladung **§ 109** 11 ff.
- Verfahrensbeteiligte kraft Gesetzes **§ 109** 4 ff.
- verfahrensfördernde Mitwirkungspflichten der Beteiligten **§ 113** 35 ff.
- Verfahrensgegenstand **§ 107** 6 f.
- Vergabeakte **§ 110** 14 ff.
- Verstöße im laufenden Vergabeverfahren **§ 104** 33 ff.
- Verwirkung **§ 107** 47 ff.
- Zuständigkeit **§ 107** 5

Nachrangige Dienstleistungen
- Abgrenzung zu prioritärer Dienstleistung **§ 99** 203
- Anwendung der Vergaberechtsgrundsätze auf **§ 97** 14
- Anwendung von VOL/A **§ 4 VgV** 5 ff.
- Beispiele **§ 99** 151
- EU-Vergaberichtlinien **Einl.** 182
- Zuschlagskriterien **§ 4 VgV** 11

Nachrichtendienstliche Tätigkeit
- keine Anwendung des Vergaberechts (Bereichsausnahme) **§ 100c** 6 ff.

Nachunternehmer
- Antragsbefugnis **§ 107** 28
- Wechsel des N. als Neuvergabe? **§ 99** 44

Nationalität
- und Gleichbehandlungsgrundsatz **§ 97** 97 f.

Nebenangebote
- Gleichbehandlungsgrundsatz **§ 97** 101
- Transparenzgrundsatz **§ 97** 84

Nebenentscheidungen der Vergabekammer
- Rechtsschutz **§ 116** 10 ff.

Nebenleistungen
- Lieferauftrag **§ 99** 110

Negatives Interesse; siehe auch *Vertrauensschaden, Anspruch auf Ersatz*
- Anspruch auf Ersatz des Vertrauensschadens **§ 126** 1
- Anspruch aus culpa in contrahendo **§ 126** 65, 90 ff.
- Begriff **§ 126** 46

Nettoauftragswert **§ 100** 13, **§ 2 VgV** 16, **§ 3 VgV** 1

Neuerrichtung eines Bauwerks
- als Bauauftrag **§ 99** 120

Neuvergabe; siehe *Vertragsänderungen als Neuvergabe?*

„Newcomer"
- Eignungsnachweise **§ 97** 162

Stichwortverzeichnis

Nicht offenes Verfahren
- Angebotsverfahren **§ 101** 30
- Anwendungsvoraussetzungen **§ 101** 31 f.
- Begriff **§ 101** 29
- Teilnahmewettbewerb **§ 101** 30, 33
- Verfahrensablauf **§ 101** 33 f.
- Verhältnis zum wettbewerblichen Dialog **§ 101** 42

Nicht rechtsfähige Anstalten
- öffentlicher Auftraggeber **§ 98** 20

Nichtabhilfemitteilung
- Beginn der Antragsfrist **§ 107** 155
- Ende der Antragsfrist **§ 107** 157
- Form **§ 107** 156
- inhaltliche Anforderungen **§ 107** 150 ff.
- Normzweck **§ 107** 68, 147 ff.
- Rechtsnatur **§ 107** 155
- Wirksamkeit **§ 107** 155
- Zugang **§ 107** 156 f.

Nichtdiskriminierung
- Rechtsgrundsätze des Gemeinschaftsrechts im Unterschwellenbereich **§ 100** 18 ff.

Nichtigkeit des Vertrages
- Feststellung durch Vergabekammer **§ 114** 36

Nichtprioritäre Dienstleistungen; siehe *Nachrangige Dienstleistungen*

Niederlassungsfreiheit
- Rechtsgrundsätze des Gemeinschaftsrechts im Unterschwellenbereich **§ 100** 18 ff.

Notfrist
- Beschwerdefrist als N. **§ 117** 12

Obere Bundesbehörden
- Begriff/Aufzählung **§ 2 VgV** 25

Oberlandesgerichte
- Vergabesenate **§ 116** 54 f.
- Zuständigkeit **§ 116** 52 f.

Oberste Bundesbehörde
- Begriff/Aufzählung **§ 2 VgV** 25

Offene Handelsgesellschaft
- öffentlicher Auftraggeber **§ 98** 34 f.

Offenes Verfahren
- Anwendungsbereich **§ 101** 19
- Begriff **§ 101** 17
- Leistungsbeschreibung **§ 101** 25
- Verfahrensablauf **§ 101** 20 ff.
- Verfahrensbeendigung durch Aufhebung **§ 101** 28
- Verfahrensbeginn **§ 101** 23
- Vergabeunterlagen **§ 101** 24
- Verhältnis zum wettbewerblichen Dialog **§ 101** 42
- Vorrang vor den anderen Verfahrensarten **§ 101** 4, 88 ff.
- Zuschlagserteilung **§ 101** 28

Öffentlich geförderte Projekte
- geförderte Baumaßnahmen **§ 98** 193 ff.
- mehr als 50 %-Finanzierung **§ 98** 205 ff.
- öffentlicher Auftraggeber **§ 98** 189 ff., **§ 106a** 17 ff.
- zusammenhängende Dienstleistungen und Auslobungsverfahren **§ 98** 203 f.

Öffentlicher Auftrag; siehe auch *Vertragsänderungen als Neuvergabe?*
- Abgrenzung zu Konzessionen **§ 99** 16, 167
- Abgrenzung zu Zuwendungen und Beihilfen **§ 99** 17
- Änderung der Art und Weise der Auftragsdurchführung **§ 99** 30 ff.
- Änderung der Preisgestaltung **§ 99** 34
- Auftrag, der der Durchführung mehrerer Tätigkeiten dient **§ 99** 204 ff.
- Auftragserweiterung **§ 99** 28
- Auftragsreduzierung **§ 99** 29
- Auslobungsverfahren **§ 99** 163 ff.
- Austausch des Vertragspartners **§ 99** 43 f.
- Bauaufträge **§ 99** 117 ff.
- Baukonzessionen **§ 99** 166 ff.
- Begriff **§ 99** 4 ff.
- Beispiele **§ 99** 84 ff.
- Beschaffung durch Krankenkassen **§ 99** 93 ff.
- Beschaffungszweck **§ 99** 13 ff.
- Bestimmung einer Schiedsperson **§ 99** 103
- Dienstleistungsaufträge **§ 99** 148 ff.
- einheitlicher Auftrag bei teilweiser verteidigungs- oder sicherheitsrelevanter Leistung **§ 99** 214 f.
- Einkaufstätigkeit **§ 99** 13
- Entgeltlichkeit des Vertrages **§ 99** 15 ff., 93
- Form **§ 99** 9
- gemeinschaftsrechtliche Vorgaben **§ 99** 3
- Hauptgegenstand kann nicht festgestellt werden **§ 99** 211 f.
- hausarztzentrierte Versorgung **§ 99** 101
- Hilfsmittel **§ 99** 99
- Impfstoffe **§ 99** 32, 98
- Inhouse-Geschäft **§ 99** 45 ff.

- innerstaatliche Kooperation § 99 73 ff.
- integrierte Versorgung § 99 102
- Interimsvergabe § 99 10 ff.
- kommunale Gemeinschaftsarbeit § 99 73 ff.
- Laufzeitverlängerung § 99 22 ff.
- Leistungen nach SGB II und SGB III (Maßnahmeplanung) § 99 104
- letter of intent § 99 7
- Lieferaufträge § 99 109 ff.
- objektiver Anwendungsbereich des Vergaberechts § 99 1
- öffentlicher Auftraggeber als Vertragspartner § 99 5
- öffentlicher Personennahverkehr § 99 105
- öffentlich-rechtlicher bzw. privatrechtlicher Vertrag § 99 8
- parenterale Zubereitungen § 99 100
- Praxisbedarf § 99 98
- Rabattverträge § 99 94 ff.
- Rahmenvereinbarung § 99 7
- Rekommunalisierung § 99 83
- Rettungsdienstleistungen § 99 84 ff.
- Schienenpersonennahverkehr § 99 108
- Schwellenwerte § 100 9 ff., § 127 5 ff., § 2 VgV 6, 20 ff.
- Subunternehmeraufträge öffentlicher Auftraggeber § 99 14
- Tätigkeit im Sektorenbereich und Tätigkeit, die nicht dem Vergaberecht unterfällt § 99 213
- Unternehmen § 99 6
- Verkehrsfinanzierungsvertrag § 99 107
- Vertrag § 99 7 ff.
- Verträge mit nicht ausschreibungspflichtigen Teilen § 99 202
- Vertragsgegenstand § 99 18 f.
- Vertragspartner § 99 5 f., 43 f., 46
- wesentliche Vertragsänderung § 99 20

Öffentlicher Auftraggeber; siehe auch *Juristische Personen des öffentlichen und des privaten Rechts als öffentlicher Auftraggeber*
- als Vertragspartner § 99 5
- andere juristische Personen des öffentlichen und des privaten Rechts § 98 22 ff., § 106a 7 ff.
- Bundesrepublik Deutschland § 98 18
- Bundesrepublik Deutschland/Zuständigkeit der Vergabekammern des Bundes § 106a 6
- funktionaler Auftraggeberbegriff § 98 6 ff., 33
- Gebietskörperschaften und deren Sondervermögen § 98 16 ff.
- Hochschulgebäude, Errichtung von § 98 200
- interkommunale Kooperationen § 98 21
- Kindergärten, Errichtung von § 98 200
- Krankenhäuser, Errichtung von § 98 198
- Melde- und Berichtspflicht § 17 VgV 2 f.
- natürliche oder juristische Personen des privaten Rechts sowie juristische Personen des öffentlichen Rechts im Bereich öffentlich geförderter Projekte § 98 189 ff., § 106a 17 ff.
- natürliche und juristische Personen des privaten Rechts als Baukonzessionäre § 98 214 ff., § 106a 20
- Schulgebäude, Errichtung von § 98 200
- Sektorenauftraggeber § 98 131 ff., § 106a 15 f.
- Sport-, Erholungs- oder Freizeiteinrichtungen, Errichtung von § 98 199
- subjektiver Anwendungsbereich des Vergaberechts § 98 1
- Tiefbaumaßnahmen § 98 196
- und verbundene Unternehmen § 98 121 ff.
- Verbände, deren Mitglieder unter § 98 Nr. 1 oder 2 GWB fallen § 98 127 ff.
- Verwaltungsgebäude, Errichtung von § 98 201

Öffentlicher Personennahverkehr
- öffentlicher Auftrag § 99 105

Offizialmaxime
- Nachprüfungsverfahren vor Vergabekammer § 110 5

Offsets § 100 86

ÖPP-Beschleunigungsgesetz
- Einführung des wettbewerblichen Dialogs **Einl.** 61

ÖPP-Vertrag
- Einordnung § 99 182

Optionsrechte
- Schätzung des Auftragswertes § 3 VgV 13

Organisation, Qualifikation und Erfahrung des bei Auftragsabwicklung eingesetzten Personals
- Eignungskriterien § 97 157, § 4 VgV 11, § 5 VgV 2
- EU-Vergaberichtlinien **Einl.** 187

Stichwortverzeichnis

Organleihe
- Zuständigkeit der Vergabekammern des Bundes **§ 106a** 21

Ortsansässigkeit
- und Gleichbehandlungsgrundsatz **§ 97** 73 f.
- und Wettbewerbsgrundsatz **§ 97** 73 f.
- vergabefremde Aspekte **§ 97** 73

Ortsbesichtigung/Ortstermin
- und Gleichbehandlungsgrundsatz **§ 97** 104

Parallelausschreibung
- Zulässigkeit **§ 97** 39

Parenterale Zubereitungen
- öffentlicher Auftrag **§ 99** 100

Personennahverkehr, öffentlicher
- öffentlicher Auftrag **§ 99** 105

Personenverkehrsdienste auf Schiene und Straße
- Nachprüfung durch Vergabekammern **§ 104** 13 ff.

Planung
- Vergabe der Ausführung der Bauleistung gemeinsam mit der Planung als Bauauftrag **§ 99** 137

Planungsverbände
- öffentlicher Auftraggeber **§ 98** 127

Positives Interesse
- Anspruch aus culpa in contrahendo **§ 126** 65, 96 ff.

Postdienste
- als Dienstleistungsauftrag **§ 99** 152
- kein Sektorenauftraggeber **Einl.** 145, **§ 98** 135

Präklusion
- Mitwirkungspflichten der Beteiligten zur Verfahrensförderung **§ 113** 41 ff., **§ 120** 18

Präklusionsregel
- Rügeobliegenheit **§ 107** 63, 70, 80

Präqualifikationssystem
- Anforderung an die Zulassuung der Eintragung **§ 97** 12
- Einrichtung eines eigenen P. durch Auftraggeber **§ 97** 181 f.
- Präqualifizierungsstelle **§ 97** 178
- Verhältnis zur Eigenerklärung **§ 97** 183
- Zulassung **§ 97** 180
- Zweck **§ 97** 177

Präsenz vor Ort
- und Wettbewerbsgrundsatz **§ 97** 73 f.

Praxisbedarf
- öffentlicher Auftrag **§ 99** 98

Preisgestaltung
- Änderung als Neuvergabe? **§ 99** 34

Preisnachlass
- und Gleichbehandlungsgrundsatz **§ 97** 111

Presseberichterstattung
- Sachverhaltsermittlung durch die Vergabekammern **§ 110** 25

pressetext-Entscheidung des EuGH **§ 101a** 24

Primäransprüche
- Unterschwellenbereich **Einl.** 97, **§ 100** 33

Primärrechtsschutz
- Bedeutung/Ziel **§ 102** 7, **§ 124** 1
- Vergabestreitigkeiten oberhalb der Schwellenwerte **§ 100** 4
- Vergabestreitigkeiten unterhalb der Schwellenwerte **§ 100** 5 f., **§ 2 VgV** 10 ff.

Produktion/Koproduktion von Rundfunk-/Fernsehprogrammen
- keine Anwendung des Vergaberechts (Bereichsausnahme) **§ 100a** 4 ff.

Produktneutralität
- und Gleichbehandlungsgrundsatz **§ 97** 102 f.

Projektanten
- Beteiligung am Vergabeverfahren und Gleichbehandlungsgrundsatz **§ 97** 94 f., **§ 4 VgV** 26 ff.

Protokollierung
- mündliche Verhandlung vor Vergabekammer **§ 112** 23 f.

Prozessvergleich **§ 123** 48 ff.

Rabattverträge
- Begriff **§ 99** 94
- Lieferauftrag **§ 99** 114
- öffentlicher Auftrag **§ 99** 95 ff.
- Rechtsweg bei Rechtsbeziehungen nach § 69 SGB V **§ 104** 30, **§ 116** 6 f.
- und Wettbewerbsgrundsatz **§ 97** 75 ff.
- Zuständigkeit der Vergabekammern **§ 106a** 10, 34

Rahmenrabattvertrag
- mit nur einem Vertragspartner **§ 97** 76
- und Wettbewerbsgrundsatz **§ 97** 75 ff.

Rahmenvereinbarung
- als öffentlicher Auftrag **§ 99** 7
- Begriff **Einl.** 62 ff., **§ 3 VgV** 24

Stichwortverzeichnis

- Informationspflicht des Auftraggebers (Vorabinformation) **§ 101a** 23
- Laufzeit **§ 99** 26
- Schätzung des Auftragswertes **§ 3 VgV** 24

Rechnungshof, Finanzkontrolle durch
- keine Leitungsaufsicht **§ 98** 82

Rechte an Grundstücken
- keine Anwendung des Vergaberechts (Bereichsausnahme) **§ 100** 54 ff.

Rechtliches Gehör
- Beschwerdeverfahren **§ 120** 20 ff.
- Entscheidung nach Lage der Akten **§ 112** 41 f.
- mündliche Verhandlung vor der Vergabekammer **§ 112** 18 ff.

Rechtmäßigkeitskontrolle
- keine allgemeine R. durch die Vergabekammern **§ 107** 3, **§ 110** 27 ff., **§ 114** 14

Rechtsanwaltsvergütung, Beschwerdeverfahren
- Erstattung **§ 128** 42
- Gebühren **§ 128** 50 f.
- Streitwert **§ 128** 50

Rechtsanwaltsvergütung, Verfahren vor Vergabekammer
- Berechnung der Geschäftsgebühr **§ 128** 35
- Erstattung **§ 128** 25 ff.
- Streitwert **§ 128** 34
- versehentliche Falschberechnung **§ 128** 37
- vorangegangene Vertretung im Vergabeverfahren **§ 128** 36

Rechtsaufsicht
- Gegenstand der Aufsicht **§ 102** 40 f.
- keine Leitungsaufsicht **§ 98** 82

Rechtsberatung
- als nachrangige Dienstleistung **§ 99** 151

Rechtsbeschwerde
- Verhältnis zur Divergenzvorlage **§ 124** 14

Rechtshängigkeitssperre
- Nachprüfungsverfahren **§ 107** 11 ff.

Rechtsmissbrauch; siehe *Schadensersatz bei rechtsmissbräuchlicher Rechtsmitteleinlegung*

Rechtsmittelbelehrung
- Entscheidung der Vergabekammer **§ 110** 63, **§ 114** 74 ff.
- Entscheidung des Beschwerdegerichts **§ 123** 4

Rechtsmittelrichtlinien
- Erlass **Einl.** 13
- Reform **Einl.** 104 ff.

Rechtsschutz oberhalb der Schwellenwerte; siehe *Nachprüfungsverfahren vor der Vergabekammer*

Rechtsschutz unterhalb der Schwellenwerte
- Bewertung des deutschen Primärrechtsschutzsystems **§ 102** 34 ff.
- Diskriminierungsverbot **§ 102** 30
- einstweiliges Verfügungsverfahren **§ 102** 22 ff.
- Vorgaben des EU-Rechts **§ 102** 30 ff.
- Zuständigkeit der Zivilgerichte/Rechtsweg **Einl.** 97, **§ 100** 30 ff., **§ 102** 21, **§ 2 VgV** 10 ff.

Rechtsverletzung
- Beschreibung der behaupteten Rechtsverletzung im Nachprüfungsantrag **§ 108** 35 ff.
- Geltendmachung (Antragsbefugnis) **§ 107** 42 ff.
- Prüfung des Vorliegens einer Rechtsverletzung durch Vergabekammer **§ 114** 3, 10 ff.

Rechtsweg bei Vergabestreitigkeiten unterhalb der Schwellenwerte **Einl.** 97, **§ 100** 30 ff., **§ 102** 21, **§ 2 VgV** 10 ff.

reformatio in peius
- Entscheidung der Vergabekammer **§ 114** 19

Regionalpräferenzen
- und Gleichbehandlungsgrundsatz **§ 97** 73 f., 96
- und Wettbewerbsgrundsatz **§ 97** 73 f.

Reisekosten
- Erstattung **§ 128** 24

Rekommunalisierung **§ 99** 83

Rettungsdienstleistungen
- als Dienstleistungsauftrag **§ 99** 152
- Dienstleistungskonzession **§ 99** 90 f.
- öffentlicher Auftrag **§ 99** 15, 84 ff.

Richtlinie 2004/17/EG **Einl.** 54
Richtlinie 2004/18/EG **Einl.** 54
Richtlinie über die Vergabe von Konzessionen
- Inhalt **Einl.** 191 ff.

Rotes Kreuz
- öffentlicher Auftraggeber **§ 98** 111

Rubrumsberichtigung
- Nachprüfungsantrag **§ 108** 29 f.

Stichwortverzeichnis

Rücknahme
- der sofortigen Beschwerde **§ 123** 53
- des Nachprüfungsantrags **§ 114** 52 f., 73, **§ 128** 19 f.
- des Nachprüfungsantrags im Beschwerdeverfahren **§ 123** 54 ff.
- Kosten bei Antragsrücknahme im Beschwerdeverfahren **§ 123** 63 ff.
- Prozesshandlung/Voraussetzungen **§ 123** 59 ff.

Rüge
- Bedeutung für das Nachprüfungsverfahren und Rechtsnatur **§ 107** 80 ff.
- Darlegung der erfolgten Rüge im Nachprüfungsantrag **§ 108** 48 ff.

Rügeausschlussfrist **§ 107** 122 ff., 141 ff.

Rügeobliegenheit, Nachprüfungsverfahren; siehe auch *Nachprüfungsantrag*
- Adressat der Rüge **§ 107** 71 ff., 95 ff.
- Ausschlusswirkung (Präklusionsregel) **§ 107** 63, 70, 80
- Darlegungs- und Beweislast zur Erfüllung der R. **§ 107** 184 ff.
- drohender Verlust des Primärrechtsschutzes **§ 107** 180
- Effektivitätsgrundsatz **§ 107** 71 f.
- ernsthafte und endgültige Abhilfeverweigerung der Vergabestelle **§ 107** 178 f.
- erst im Nachprüfungsverfahren erkannte Vergaberechtsverstöße **§ 107** 176 f.
- Form **§ 107** 84 ff.
- Geltung im gesamten Vergabeverfahren **§ 107** 98
- inhaltliche Anforderungen **§ 107** 88 ff.
- keine R. bei De-facto-Vergabe **§ 107** 69, 170 ff.
- keine Suspensivwirkung der Rüge **§ 107** 181 ff.
- Neufassung durch Gesetz zur Modernisierung des Vergaberechts 2009 **§ 107** 66 ff.
- Nichtabhilfemitteilung und Antragsfrist **§ 107** 68, 147 ff., 150 ff.
- Normzweck **§ 107** 63 ff.
- Person des Rügenden **§ 107** 87
- Rüge bei Erkennbarkeit des Vergabefehlers aufgrund der Bekanntmachung **§ 107** 113 ff.
- Rüge bei Erkennbarkeit des Vergabefehlers in den Vergabeunterlagen **§ 107** 127 ff.
- Rüge bei „positiver Kenntnis" des Vergabefehlers **§ 107** 99 ff.

- Rügeausschlussfrist **§ 107** 122 ff., 141 ff.
- „Unverzüglichkeit" **§ 107** 75 f., 107 ff.
- Vereinbarkeit mit EU-Recht **§ 107** 70 ff.
- Zeitpunkt **§ 107** 81

Rundfunk-/Fernsehprogramme
- keine Anwendung des Vergaberechts (Bereichsausnahme) **§ 100a** 4 ff.

Rundfunkanstalten
- öffentlicher Auftraggeber **§ 98** 110

Sachverhaltsermittlung durch die Vergabekammern
- Art und Umfang der Sachverhaltsermittlung **§ 110** 6 ff.
- Auskunfts- und Prüfungsrecht **§ 110** 59
- Beschlagnahme/Durchsuchungsbeschluss **§ 110** 58
- Beweiserhebung **§ 110** 56 f.
- eigene Nachforschungen **§ 110** 10 ff.
- Presseberichterstattung **§ 110** 25
- „sonstige bekannte Umstände" **§ 110** 24 ff.
- Vergabeakte **§ 110** 14 ff.
- Vorbringen der Beteiligten **§ 110** 13

Sachverständigenkosten
- Erstattung **§ 128** 24

Sachverständiger
- Beteiligung am Vergabeverfahren und Gleichbehandlungsgrundsatz **§ 97** 94 f.

Schaden (i.R.v. Antragsbefugnis), Nachprüfungsverfahren
- Anforderungen an Darlegung **§ 107** 52
- Begriff **§ 107** 51
- Darlegungslast **§ 107** 53 f.
- und Abschluss der Angebotsprüfung **§ 107** 57
- und Mängel aller Angebote **§ 107** 58
- und Mängel im Angebot des Antragstellers **§ 107** 55 f.
- und Nichtabgabe eines Angebots **§ 107** 59 ff.

Schadensersatz bei rechtsmissbräuchlicher Rechtsmitteleinlegung
- Anspruchsgegner **§ 125** 6
- Anspruchsteller **§ 125** 4 f.
- Antragsrücknahme gegen Geld oder andere Vorteile **§ 125** 20 ff.
- Behinderungsabsicht **§ 125** 16 ff.
- Bindungswirkung **§ 125** 37 f.
- Darlegungs- und Beweislast **§ 125** 35 f.
- „falsche Angaben" **§ 125** 13 f.
- Haftung für Dritte **§ 125** 23

Stichwortverzeichnis

- Kausalität **§ 125** 27
- Konkurrenzen **§ 125** 39
- Mitverschulden **§ 125** 28
- Rechtsfolge **§ 125** 25 ff.
- Rechtsmissbrauch (Regelbeispiele) **§ 125** 11 ff.
- Schaden **§ 125** 25 ff.
- Schädigungsabsicht **§ 125** 19
- Verjährung **§ 125** 30 ff.
- Versagung des Rechtsschutzes **§ 125** 29
- Verschulden **§ 125** 24
- von Anfang an ungerechtfertigtes Rechtsschutzbegehren **§ 125** 9 f.
- Voraussetzungen **§ 125** 7 ff.
- Zuständigkeit **§ 125** 33 f.

Schadensersatz bei ungerechtfertigter Beauftragung vorläufiger Maßnahmen der Vergabekammer
- Darlegungs- und Beweislast **§ 125** 49
- Mitverschulden **§ 125** 48
- Rechtsfolge **§ 125** 47
- ungerechtfertigtes Begehren **§ 125** 43 f.
- Verjährung **§ 125** 49
- verschuldensunabhängige Haftung **§ 125** 40 ff.
- Vollziehung **§ 125** 45
- Zuständigkeit **§ 125** 49

Schadensersatzanspruch; siehe auch *Culpa in contrahendo (c.i.c.)*; siehe auch *Vertrauensschaden, Anspruch auf Ersatz*
- auf Ersatz des Vertrauensschadens ("negatives Interesse") **§ 126** 7 ff.
- aus culpa in contrahendo **§ 126** 60 ff.
- aus § 823 Abs. 1 BGB **§ 126** 108
- aus § 823 Abs. 2 BGB **§ 126** 109 ff.
- aus § 826 BGB **§ 126** 117 f.
- aus §§ 33 Abs. 2, 20 GWB **§ 126** 119 f.
- gegen andere Bieter **§ 126** 121
- Sekundärrechtsschutz **§ 102** 8
- Vergabestreitigkeiten unterhalb der Schwellenwerte **§ 2 VgV** 14
- Zuständigkeit der Zivilgerichte **§ 104** 41

Schadensersatzprozess
- Bindungswirkung **§ 124** 2 ff., **§ 125** 37 f., **§ 126** 57

Scharnierfunktion der VgV **§ 1 VgV** 1, 3, 10, **§ 4 VgV** 1, **§ 6 VgV** 1

Schätzung des Auftragswertes
- Auslobungsverfahren **§ 3 VgV** 17
- Beurteilungsspielraum **§ 3 VgV** 6
- Dienstleistungsaufträge **§ 3 VgV** 15 f.
- Dokumentation im Vergabevermerk **§ 100** 14, **§ 3 VgV** 3
- dynamisches elektronisches Verfahren **§ 3 VgV** 24
- Eventualpositionen **§ 3 VgV** 12
- fehlerhafte **§ 3 VgV** 3, 30 ff.
- Fehlertoleranzen **§ 3 VgV** 6
- geschätzte Gesamtvergütung **§ 100** 12, **§ 3 VgV** 6 ff.
- Lieferaufträge **§ 3 VgV** 15 f.
- Lieferungen bei Bauaufträgen **§ 3 VgV** 23
- Lose **§ 3 VgV** 18 ff.
- Maßstab **§ 3 VgV** 11
- mehrere Vorhaben in einer Ausschreibung **§ 3 VgV** 7
- ohne Umsatzsteuer **§ 100** 13, **§ 2 VgV** 16, **§ 3 VgV** 1
- Optionsrechte **§ 3 VgV** 13 f.
- Rahmenvereinbarungen **§ 3 VgV** 24
- Selbstkostenerstattungspreisbasis **§ 100** 16
- Umgehungsverbot **§ 3 VgV** 26 ff.
- unterlassene Schätzung **§ 100** 15, **§ 3 VgV** 3, 29
- Vertragsverlängerungen **§ 3 VgV** 14
- willkürliche **§ 3 VgV** 4
- Zeitpunkt **§ 100** 13, **§ 127** 11, **§ 3 VgV** 33 f.

Scheinaufhebung (scheinbare Aufhebung der Vergabeabsicht) **§ 97** 117 ff.

Scheinausschreibung **§ 97** 38

Schiedsgerichtsleistungen
- keine Anwendung des Vergaberechts (Bereichsausnahme) **§ 100** 46 ff.

Schiedsperson, Bestimmung einer
- öffentlicher Auftrag **§ 99** 103

Schienenpersonennahverkehr
- Ausschreibung durch Zweckverbände eines Landes/mehrerer Länder **§ 106a** 27
- De-facto-Vergabe **§ 4 VgV** 14
- Nachprüfung durch Vergabekammern **§ 104** 13 ff.
- öffentlicher Auftrag **§ 99** 108
- Zuständigkeit der Vergabekammern **§ 106a** 27, 33

Schienenverkehr
- Sektorentätigkeit **§ 98** 168

Schlichtungsleistungen
- keine Anwendung des Vergaberechts (Bereichsausnahme) **§ 100** 46 ff.

Schubladenprinzip **Einl.** 29

Stichwortverzeichnis

Schulgebäude
- als öffentlich geförderte Projekte **§ 98** 200

Schulverbände
- öffentlicher Auftraggeber **§ 98** 127

Schutzgesetz i.S.v. § 823 Abs. 2 BGB **§ 126** 109 ff.

Schutznormtheorie **§ 97** 196 f.

Schutzschrift
- Zweck und Berücksichtigung i.R.d. Nachprüfungsverfahrens **§ 110** 40 ff.

Schwärzen von Aktenbestandteilen **§ 111** 14

Schwellenwerte; siehe auch *Unterschwellenbereich*
- Änderungsrhythmus **§ 2 VgV** 1, 4
- Anpassung durch dynamische Verweisung **Einl.** 167, **§ 127** 5, 10, **§ 2 VgV** 2 f.
- Auslobungsverfahren **§ 2 VgV** 28
- Bauauftrag **§ 100** 9, **§ 2 VgV** 27
- Binnenmarktrelevanz **§ 100** 3, 23 f.
- Dienstleistungsauftrag **§ 100** 9, **§ 2 VgV** 21 ff.
- Energieversorgung **§ 100** 10
- Festsetzung **§ 100** 8, **§ 127** 4 ff., **§ 2 VgV** 4
- Höhe **§ 127** 6 ff., **§ 2 VgV** 6, 20 ff.
- Lieferauftrag **§ 100** 9, **§ 2 VgV** 21 ff.
- Losverfahren **§ 2 VgV** 26
- Rechtsschutz oberhalb **§ 100** 4, **§ 102** 11, **§ 2 VgV** 5
- Rechtsschutz unterhalb **Einl.** 93 ff., **§ 100** 5 f., 30 ff., **§ 102** 11, 18 ff., **§ 2 VgV** 7 ff.
- Schätzung des Auftragswertes **§ 100** 12 ff., **§ 127** 11, **§ 3 VgV** 1 ff., 6 ff.
- schwellenwertabhängige Ausschreibungspflicht **§ 1 VgV** 11 ff.
- Sektorenbereich **§ 100** 10, **§ 127** 7, **§ 2 VgV** 6, 21 ff.
- Trinkwasserversorgung **§ 100** 10
- Verkehrsbereich **§ 100** 10
- verteidigungs- und sicherheitsrelevante Aufträge **§ 100** 11, **§ 127** 8, **§ 2 VgV** 6, 21 ff.
- Zweiteilung des Vergaberechts **§ 100** 3 ff.

Sektoren
- Begriff **§ 127** 12

Sektorenauftraggeber
- Anschaffung von Waren zur Weiterveräußerung oder Weitervermietung an Dritte/keine Anwendung des Vergaberechts (Bereichsausnahme) **§ 100b** 20 ff.
- Baukonzessionen zur Durchführung der Sektorentätigkeit/keine Anwendung des Vergaberechts (Bereichsausnahme) **§ 100b** 29 f.
- Befreiungsverfahren von Anwendungsverpflichtung der Vergaberegeln **§ 127** 23 ff.
- Begriff **§ 98** 131, **§ 127** 12
- beherrschender Einfluss **§ 98** 180 ff.
- besondere Staatsnähe **§ 98** 169 ff.
- Busverkehr **§ 98** 168
- Elektrizitäts- und Gasversorgung **§ 98** 151 ff.
- Flughäfen **§ 98** 161 ff.
- Gewährung besonderer oder ausschließlicher Rechte **§ 98** 170 ff.
- Häfen **§ 98** 164 ff.
- Konkurrenzen **§ 98** 183 ff.
- natürliche oder juristische Person des privaten Rechts **§ 98** 136 f.
- Schienenverkehr **§ 98** 168
- Trinkwasserversorgung **§ 98** 141 ff.
- Verkehr **§ 98** 160 ff.
- Wärmeversorgung **§ 98** 156 ff.
- Zuständigkeit der Vergabekammern des Bundes **§ 106a** 15 f.

Sektorenbereich
- Aufträge für andere Zwecke als Sektorentätigkeit **§ 100b** 14 ff.
- Inhouse-Geschäft **§ 99** 72
- keine Anwendung des Vergaberechts bei gemeinsamen Unternehmen im S. (Bereichsausnahme) **§ 100b** 41 ff.
- keine Anwendung des Vergaberechts bei verbundenen Unternehmen im S. (Bereichsausnahme) **§ 100b** 31 ff.
- keine Anwendung des Vergaberechts (Bereichsausnahme) **§ 100b** 2 ff.
- Schwellenwerte **§ 100** 10, **§ 127** 7, **§ 2 VgV** 6, 21 ff.
- Sektorentätigkeit in Drittstaaten **§ 100b** 18 f.
- Tätigkeiten, die auch dem S. unterfallen **§ 99** 208 ff.
- Vergabeverfahrensarten **§ 101** 4, 14
- Verhandlungsverfahren **§ 101** 67
- Verordnungsermächtigung **§ 127** 12 f., **§ 1 VgV** 4
- wettbewerblicher Dialog **§ 101** 38

Sektorenkoordinierungsrichtlinie **Einl.** 54, **§ 1 VgV** 4

Stichwortverzeichnis

Sektorentätigkeiten
- abschließender Katalog **§ 98** 140
- Busverkehr **§ 98** 168
- dem Wettbewerb ausgesetzte S./keine Anwendung des Vergaberechts (Bereichsausnahme) **§ 100b** 26 ff.
- Elektrizitäts- und Gasversorgung **§ 98** 151 ff.
- Flughäfen **§ 98** 161 ff.
- Häfen **§ 98** 164 ff.
- in Drittstaaten/keine Anwendung des Vergaberechts (Bereichsausnahme) **§ 100b** 18 f.
- Schienenverkehr **§ 98** 168
- Trinkwasserversorgung **§ 98** 141 ff.
- Verkehr **§ 98** 160 ff.
- Wärmeversorgung **§ 98** 156 ff.

Sektorenverordnung (SektVO)
- Anwendungsbereich **§ 127** 14
- Ermächtigungsgrundlage **§ 97** 190 f., **§ 127** 12, **§ 1 VgV** 4
- Freistellungsverfahren **§ 127a** 1
- Inkrafttreten **Einl.** 151
- Kosten für Gutachten und Stellungnahmen **§ 127a** 1 ff.
- Ziel und Inhalt **Einl.** 142 ff., **§ 127** 13

Sekundäransprüche
- Unterschwellenbereich **Einl.** 98, **§ 100** 34

Sekundärrechtsschutz
- Bedeutung/Ziel **§ 102** 8, **§ 124** 1
- Vergabestreitigkeiten unterhalb der Schwellenwerte **§ 2 VgV** 14 f

Selbstkostenerstattungspreis
- Schätzung des Auftragswertes **§ 100** 16

„Selbstreinigung"
- EU-Vergaberichtlinien **Einl.** 189

Sendung
- Begriff **§ 100a** 7

Sicherheitsinteressen, wesentliche
- Beispielsfälle **§ 100** 84 ff.
- keine Anwendung des Vergaberechts (Bereichsausnahme) **§ 100** 68 ff.

Sicherheitsmaßnahmen, besondere
- keine Anwendung des Vergaberechts (Bereichsausnahme) **§ 100** 102 ff.

Sicherheitsüberprüfungsgesetz (SÜG) **§ 100** 98 ff., 105

Sitz des Auftraggebers
- Zuständigkeit der Vergabekammern **§ 106a** 25 ff.

SMS
- Erhebung der Rüge **§ 107** 84

Sofortige Beschwerde; siehe auch *Aufschiebende Wirkung der sofortigen Beschwerde*; siehe auch *Beschwerdeverfahren*; siehe auch *Entscheidung des Beschwerdegerichts*
- Abschrift des Beschlusses der Vergabekammer **§ 117** 23
- Angabe der Tatsachen und Beweismittel **§ 117** 19 ff.
- Anwaltszwang **§ 117** 31 ff., **§ 120** 1
- aufschiebende Wirkung **§ 118** 10 ff.
- Begründetheit **§ 123** 10
- Begründungspflicht **§ 117** 15 ff.
- Berücksichtigung von in der ersten Instanz verspäteten Sachvortrags **§ 117** 28 ff.
- Beschwer **§ 116** 48 ff.
- Beschwerdebefugnis **§ 116** 43 ff.
- Beschwerdefrist als Notfrist **§ 117** 12
- Erklärung zum Umfang der Anfechtung **§ 117** 16 ff.
- Form **§ 117** 11
- Fristbeginn bei rechtzeitiger Entscheidung der Vergabekammer **§ 117** 3 ff.
- Fristbeginn bei verspäteter Entscheidung der Vergabekammer **§ 117** 7 ff.
- Fristberechnung **§ 117** 13 f.
- Fristdauer **§ 117** 2
- maßgeblicher Zeitpunkt **§ 117** 24 ff.
- Nachschieben von Beanstandungen **§ 117** 24 ff.
- neue Erkenntnisse und Einschätzungen im Laufe des Beschwerdeverfahrens **§ 117** 25
- Rechtsschutz des Beigeladenen gegen erstinstanzliche Entscheidung der Vergabekammer **§ 109** 31 ff.
- Rechtsschutzbedürfnis **§ 116** 51
- Rücknahme **§ 123** 53
- Statthaftigkeit **§ 116** 8 ff.
- Unterrichtungspflicht des Beschwerdeführers ggü. den anderen Verfahrensbeteiligten **§ 117** 34 ff.
- unzureichende Begründung **§ 117** 27
- Verfahrensbeteiligte **§ 116** 43 ff.
- Zulässigkeit **§ 123** 9
- Zuständigkeit **§ 116** 52 ff.

Sondereinsatzfahrzeuge
- Energieeffizienz **§ 4 VgV** 23 ff.

Sondervermögen
- öffentlicher Auftraggeber **§ 98** 19 ff.

Sonderziehungsrechte **§ 2 VgV** 1

Stichwortverzeichnis

Sowieso-Kosten
- Erstattung **§ 128** 24

Soziale Aspekte
- Auftragsbezogenheit **Einl.** 60
- zusätzliche Anforderungen an Auftragnehmer **§ 97** 168 f.

Sparkassen
- öffentlicher Auftraggeber **§ 98** 112 ff.

Sperrfrist; siehe *Wartefrist (Sperr- bzw. Stillhaltefrist)*

Sporteinrichtungen
- als öffentlich geförderte Projekte **§ 98** 199

Staatsangehörigkeit
- und Gleichbehandlungsgrundsatz **§ 97** 96

Städte
- öffentlicher Auftraggeber **§ 98** 18

Stationierung von Truppen, Abkommen bzgl.
- keine Anwendung des Vergaberechts (Bereichsausnahme) **§ 100** 120 ff., **§ 100c** 36 f.

Statistische Daten der Nachprüfungsinstanzen
- Weitergabe an das Bundeswirtschaftsministerium **§ 127** 22

Statistische Pflichten der öffentlichen Auftraggeber **§ 17 VgV** 2 f.

Stellungnahmen/Gutachten
- Kosten bzgl. Freistellungsverfahren im Sektorenbereich **§ 127a** 1 ff.

Stellvertretung
- und Antragsbefugnis **§ 107** 27

Stiftungen
- öffentlicher Auftraggeber **§ 98** 29

Stillhaltefrist; siehe *Wartefrist (Sperr- bzw. Stillhaltefrist)*

Straßenfahrzeuge
- Energieeffizienz **Einl.** 165, **§ 4 VgV** 23 ff.

Streitkräfte, Betrieb/Einsatz
- als wesentliche Sicherheitsinteressen **§ 100** 88
- keine Anwendung des Vergaberechts (Bereichsausnahme) **§ 100** 109 ff.

Streitschlichtungsverfahren
- Ermächtigungsgrundlage **§ 127** 20 f.

Subjektives Recht
- Antragsbefugnis **§ 97** 195
- Einhaltung der Bestimmungen über das Vergabeverfahren **§ 97** 194 ff.

Submissionsmodell
- Rettungsdienstleistungen als öffentlicher Auftrag **§ 99** 85 ff.

Subunternehmer
- Antragsbefugnis **§ 107** 28

Subunternehmeraufträge öffentlicher Auftraggeber
- öffentlicher Auftrag/Beschaffungszweck **§ 99** 14

Subventionierung
- öffentlich geförderte Projekte **§ 98** 205 ff.

Subventionsempfänger
- als öffentlicher Auftraggeber/Zuständigkeit der Vergabekammern des Bundes **§ 106a** 17 ff.
- öffentlicher Auftraggeber **§ 98** 189 ff.

Suspensiveffekt **Einl.** 107, **§ 118** 10 ff.

Tariftreue- und Vergabegesetze
- der Bundesländer **Einl.** 168 ff.

Tariftreueerklärung
- und Eignungskriterium „Gesetzestreue" **§ 97** 161, 172 f.

Technische Spezifikationen **Einl.** 58

Teillosbildung
- quantitative Grenze und Mittelstandsförderung **§ 97** 133

Teilnahmewettbewerb
- Beginn und Ablauf **§ 101** 33 f.
- Benennung der zum weiteren Angebotsverfahren zugelassenen Unternehmen **§ 101a** 38 ff.
- nicht offenes Verfahren **§ 101** 30
- Verhandlungsverfahren **§ 101** 71

Telefax
- Angabe von zuständiger Vergabekammer mit Telefax-Nr. in Vergabeunterlagen **§ 14 VgV** 3
- Durchführung der Akteneinsicht **§ 111** 13
- Entscheidung der Vergabekammer **§ 114** 81
- Erhebung der Rüge **§ 107** 84 f.
- Form der Vorabinformation **§ 101a** 63
- Nachprüfungsantrag **§ 108** 7, **§ 110** 36, 50
- sofortige Beschwerde **§ 117** 11

Telekommunikation
- kein Sektorenauftraggeber **§ 98** 134

Telekommunikationsanlagen/Informationstechnik
- als wesentliche Sicherheitsinteressen **§ 100** 90
- keine Anwendung des Vergaberechts (Bereichsausnahme) **§ 100** 109 ff.

Stichwortverzeichnis

Telekommunikationsleistungen
- keine Anwendung des Vergaberechts (Bereichsausnahme) **§ 100a** 20 ff.

Terrorismusbekämpfung
- als wesentliche Sicherheitsinteressen **§ 100** 89
- keine Anwendung des Vergaberechts (Bereichsausnahme) **§ 100** 109 ff.

Tiefbaumaßnahmen
- als öffentlich geförderte Projekte **§ 98** 196

Tierkörperbeseitigung
- als Dienstleistungskonzession **§ 99** 162

Transparenzgrundsatz
- Akteneinsichtsrecht **§ 111** 1
- Angebotserstellung **§ 97** 86 f.
- Angebotswertung **§ 97** 85 ff., 113
- Dokumentation **§ 97** 88 ff.
- EU-rechtliche Grundlagen **§ 97** 6 ff.
- ex-ante-Transparenz **§ 97** 83
- Leistungsbeschreibung **§ 97** 81 ff.
- Nebenangebote **§ 97** 84
- Rechtsgrundsätze des Gemeinschaftsrechts im Unterschwellenbereich **§ 97** 17, **§ 100** 18 ff.
- Vergaberechtsgrundsatz **§ 97** 1, 78 ff.
- Zuschlagskriterien **§ 97** 85 ff., 114 f.

Trilog-Verfahren **Einl.** 178

Trinkwasserversorgung
- keine Anwendung des Vergaberechts (Bereichsausnahme) **§ 100b** 2 ff.
- Schwellenwerte **§ 100** 10
- Sektorentätigkeit **§ 98** 141 ff., **§ 127** 12

Truppenstationierungsabkommen
- keine Anwendung des Vergaberechts (Bereichsausnahme) **§ 100** 120 ff., **§ 100c** 36 f.

Typengemischte Verträge; siehe *Gemischte Verträge*

Übereinstimmende Erledigungserklärung
- Beschwerdeverfahren **§ 123** 52
- Nachprüfungsverfahren **§ 114** 54

Übergangsrecht
- Vergabeverordnung (VgV) **§ 23 VgV** 1 ff.

Umgehungsverbot
- Schätzung des Auftragswertes **§ 3 VgV** 26 ff.

Umsatzsteuer
- Schätzung des Auftragswertes ohne U. **§ 100** 13, **§ 2 VgV** 16, **§ 3 VgV** 1

Umweltbezogene Aspekte
- Auftragsbezogenheit **Einl.** 60
- zusätzliche Anforderungen an Auftragnehmer **§ 97** 167

Unabhängigkeit der Mitglieder der Vergabekammer **§ 105** 35 f.

Unbewegliches Vermögen
- keine Anwendung des Vergaberechts (Bereichsausnahme) **§ 100** 54 ff.

Uniplex-Entscheidung
- unverzügliche Rügeobliegenheit **§ 107** 72 f.

Unmittelbarer Zwang
- Vollstreckung der Entscheidung der Vergabekammer **§ 114** 95

Unmittelbarkeitsgrundsatz
- Verhandlung vor Vergabekammer (Nachprüfungsverfahren) **§ 112** 17

Untätigkeitsbeschwerde
- Statthaftigkeit **§ 116** 29

Unterlassungsanspruch
- Vergabestreitigkeiten unterhalb der Schwellenwerte **§ 2 VgV** 15

Unternehmen
- als Vertragspartner **§ 99** 6

Unternehmensbegriff
- Antragsbefugnis **§ 107** 22 ff.

Unternehmenskauf **§ 99** 115

Unterrichtswesen
- als nachrangige Dienstleistung **§ 99** 151

Unterrichtspflicht des Beschwerdeführers gegenüber den anderen Verfahrensbeteiligten **§ 117** 34 ff.

Unterrichtspflichten der Nachprüfungsinstanzen **§ 129a** 1 ff.

Unterschrift
- Entscheidung der Vergabekammer **§ 113** 6, **§ 114** 68 f.
- Erhebung der Rüge **§ 107** 86
- Geschäftsordnungen der Vergabekammern (Übersicht) **§ 116** 35
- Nachprüfungsantrag **§ 108** 9 ff.

Unterschwellenbereich
- Beibringungsgrundsatz **§ 2 VgV** 30
- Binnenmarktrelevanz **Einl.** 102 f., **§ 97** 18 f., **§ 100** 23 f., **§ 102** 29, 32
- eingeschränkte Auftraggeberpflichten **§ 97** 20 f.
- europarechtliche Verfahrensanforderungen/Rechtsgrundsätze **§ 100** 18 ff.
- grenzüberschreitendes Interesse am Auftrag **§ 97** 33

801

Stichwortverzeichnis

- Grundrechtsbindung **§ 100** 28 f.
- Informationspflicht des Auftraggebers (Vorabinformation) **§ 101a** 16
- Kommissionsmitteilung zu Auslegungsfragen **Einl.** 102 f., **§ 97** 23, **§ 100** 20 ff., **§ 102** 32 f., **§ 2 VgV** 9
- nationale Rechtsgrundsätze der Auftragsvergabe im **§ 2 VgV** 8
- Primär- oder Sekundärrechtsschutz **§ 100** 5 f., **§ 2 VgV** 14 f
- Primäransprüche **Einl.** 97, **§ 100** 33
- Rechtsbindungen im nationalen Recht **§ 100** 27 ff.
- Rechtsgrundsätze des Gemeinschaftsrechts im U. **§ 97** 16 ff., **§ 102** 30 f., **§ 2 VgV** 9
- Rechtsschutz **Einl.** 93 ff., **§ 100** 5 f., 30 ff., **§ 102** 11, 18 ff., **§ 2 VgV** 7 ff.
- Rechtsschutz durch Landesvergabegesetze **Einl.** 100 f.
- Rechtsweg bei Vergabestreitigkeiten **§ 2 VgV** 10 ff.
- Schadensersatzanspruch **§ 2 VgV** 14
- Sekundäransprüche **Einl.** 98, **§ 100** 34
- Transparenzgrundsatz **§ 97** 17
- Unterlassungsanspruch **§ 2 VgV** 15
- Verfahren der Auftragsvergabe **§ 100** 17 ff.
- Zweiteilung des Vergaberechts **§ 100** 3

Unterschwellenbereich, Rechtsgrundsätze des Gemeinschaftsrechts
- Gleichbehandlungsgrundsatz **§ 100** 18 ff.
- Grundsatz der gegenseitigen Anerkennung **§ 100** 18 ff.
- Nichtdiskriminierung **§ 100** 18 ff.
- Niederlassungsfreiheit **§ 100** 18 ff.
- Transparenzgrundsatz **§ 100** 18 ff.
- Verhältnismäßigkeitsgrundsatz **§ 100** 18 ff.
- Warenverkehrsfreiheit **§ 100** 18 ff.

Untersuchungsgrundsatz
- Beschwerdeverfahren **§ 120** 9 ff.
- Nachprüfungsverfahren vor Vergabekammer **§ 102** 14, **§ 110** 3

„Unverzüglichkeit"
- Rügeobliegenheit **§ 107** 75 f., 107 ff.

Unwirksamkeit des Vertrages
- De-facto-Vergabe **§ 101b** 17 ff.
- fehlende bzw. unvollständige Bieterinformation **§ 101b** 9
- Feststellung des Verstoßes in einem Nachprüfungsverfahren **§ 101b** 35 ff.
- formal mangelhafte Bieterinformation **§ 101b** 14
- inhaltlich mangelhafte Bieterinformation **§ 101b** 10 ff.
- kollusives Zusammenwirken **§ 101b** 75
- Rechtsfolgen **§ 101b** 70 ff.
- Sittenwidrigkeit **§ 101b** 75
- Verstoß gegen ein gesetzliches Verbot (§ 134 BGB) **§ 101b** 74
- Verstoß gegen Informationspflicht (Bieterinformation) **§ 101b** 8 ff.

Unwirksamkeit des Vertrages, Feststellung im Nachprüfungsverfahren
- Antragsbefugnis nach § 107 Abs. 2 Satz 1 GWB **§ 101b** 39 ff.
- Begründetheit des Nachprüfungsantrags **§ 101b** 48
- Rügeobliegenheit nach § 107 Abs. 3 GWB **§ 101b** 44 ff.

Unwirksamkeit des Vertrages, Frist zur Geltendmachung
- 30 Kalendertage ab Kenntnis des Verstoßes **§ 101b** 52 ff.
- 30 Kalendertage nach Bekanntmachung im Amtsblatt der Europäischen Union **§ 101b** 65 ff.
- Ausschlussfristen **§ 101b** 51
- sechs Monate nach Vertragsschluss **§ 101b** 61 ff.

Verbände, deren Mitglieder unter § 98 Nr. 1 oder 2 GWB fallen
- öffentlicher Auftraggeber **§ 98** 127 ff.

Verbundene Unternehmen
- öffentlicher Auftraggeber **§ 98** 121 ff.
- und Wettbewerbsgrundsatz **§ 97** 61 ff.

Verbundene Unternehmen im Sektorenbereich
- keine Anwendung des Vergaberechts (Bereichsausnahme) **§ 100b** 31 ff.

Vereinbarung über Zuständigkeit einer Vergabekammer **§ 106a** 39 ff.

Verfahrensakten
- Gegenstand des Akteneinsichtsrechts **§ 111** 5, 7

Verfahrensbeteiligte (Beschwerdeverfahren)
- Antragsteller **§ 119** 1
- Auftraggeber **§ 119** 1
- durch Beiladung durch das Beschwerdegericht **§ 119** 4 ff.
- Stellung/Rechte der Beteiligten **§ 119** 8
- weitere Unternehmen **§ 119** 1

Stichwortverzeichnis

Verfahrensbeteiligte (Nachprüfungsverfahren); siehe auch *Beiladung durch die Vergabekammer*
- Antragsteller **§ 109** 7
- Auftraggeber **§ 109** 8 ff.
- durch Beiladung durch die Vergabekammer **§ 109** 11 ff.
- kraft Gesetzes **§ 109** 4 ff.
- weitere Unternehmen **§ 109** 12 f.

Verfahrensbeteiligung
- Bindungswirkung der Entscheidung der Vergabekammer **§ 109** 3, 36
- Rechtsschutz und Verfahrensrechte **§ 109** 2
- Zweck **§ 109** 1

Verfahrensförderung; siehe *Mitwirkungspflichten der Beteiligten zur Verfahrensförderung*

Verfahrensverbindung
- durch Beschwerdegericht **§ 120** 31

Vergabeakte
- Anforderung beim Auftraggeber **§ 110** 53 ff.
- Begriff **§ 110** 54
- Gegenstand des Akteneinsichtsrechts **§ 111** 5
- geheimhaltungsbedürftige Tatsachen **§ 110** 21 ff.
- Sachverhaltsermittlung durch die Vergabekammern **§ 110** 14 ff.

Vergabefremde Aspekte
- mittelständische Interessen (Mittelstandsklausel) **Einl.** 9, 137 ff., **§ 97** 3
- Ortsansässigkeit **§ 97** 73
- und Ziel des Vergaberechts **Einl.** 6 ff.

Vergabekammer, Entscheidung der; siehe *Entscheidung der Vergabekammer*

Vergabekammern; siehe auch *Nachprüfungsverfahren vor der Vergabekammer*; siehe auch *Sachverhaltsermittlung durch die Vergabekammern*
- Abgrenzung der Zuständigkeit der V. des Bundes und der Länder **§ 104** 5 ff.
- Amtszeit der Kammermitglieder **§ 105** 33 f.
- Angabe der zuständigen V. in den Vergabeunterlagen **§ 14 VgV** 2 ff.
- Auswahl der Kammermitglieder **§ 105** 14
- Befangenheit eines Kammermitglieds **§ 105** 37 ff., **§ 116** 25
- Besetzung **§ 105** 12
- der Länder **§ 106** 11 ff.
- des Bundes **§ 106** 4 ff.
- ehrenamtlicher Beisitzer **§ 105** 13, 18 f.
- Einreichung des Nachprüfungsantrags bei unzuständiger Vergabekammer **§ 108** 14 f.
- gerichtsähnliche Instanzen **§ 105** 5
- Geschäftsordnung **§ 106** 7, 14, **§ 112** 8, **Anh. 4**
- Gesetzesbindung **§ 105** 6
- Gestattung vorzeitiger Zuschlagserteilung (Eilverfahren) **§ 115** 15 ff.
- Haftung des Kammermitglieds **§ 105** 8 ff.
- hauptamtlicher Beisitzer **§ 105** 15 ff., 18 f.
- keine allgemeine Rechtmäßigkeitskontrolle **§ 107** 3, **§ 110** 27 ff.
- keine Aussetzungs- oder Verwerfungskompetenz **§ 105** 7
- keine unangemessene Beeinträchtigung des Vergabeverfahrens **§ 110** 32 f.
- örtliche Zuständigkeit **§ 104** 16 f., **§ 116** 26
- Qualifikation der Kammermitglieder **§ 105** 15 ff.
- rechtliche Stellung **§ 102** 13, **§ 105** 2 ff.
- Sachverhaltsermittlung **§ 110** 6 ff.
- Übertragung der alleinigen Entscheidungsbefugnis **§ 105** 20 ff., 26 ff.
- Unabhängigkeit der Kammermitglieder **§ 105** 35 f.
- Unabhängigkeit der Vergabekammern als Spruchkörper **§ 105** 2 ff.
- Unterrichtungspflicht an das Bundesministerium für Wirtschaft und Technologie **§ 129a** 1 ff.
- Untersuchungsgrundsatz **§ 102** 14, **§ 110** 3
- unzutreffende Benennung als Nachprüfungsbehörde **§ 102** 11
- Vereinbarung über Zuständigkeit **§ 106a** 39 ff.
- Verhältnis zu anderen Nachprüfungsbehörden **§ 102** 5 f.
- Verweisung bei Unzuständigkeit **§ 104** 18 f., **§ 116** 26
- Vorsitzender **§ 105** 15 ff.
- weitere vorläufige Maßnahmen zur Gewährung vorläufigen Rechtsschutzes **§ 115** 40 ff.
- Zuschlagsverbot **§ 115** 8 ff.

Stichwortverzeichnis

Vergabekammern der Länder
- Abgrenzungskriterium der Zuständigkeit der Vergabekammern des Bundes und der Länder **§ 106a** 2 f.
- anzuwendendes Verfahrensrecht **§ 106** 15
- Einrichtung und Organistaion **§ 106** 11 ff.
- gemeinsame **§ 106** 16
- Geschäftsordnung **§ 106** 14
- Geschäftsverteilung **§ 106** 14
- Zuständigkeit **§ 106a** 22 ff.

Vergabekammern des Bundes
- Abgrenzungskriterium der Zuständigkeit der Vergabekammern des Bundes und der Länder **§ 106a** 2 f.
- Anzahl und Sitz **§ 106** 4 f.
- ehrenamtlicher Beisitzer **§ 106** 8 ff.
- Geschäftsordnung **§ 106** 7, **§ 112** 8, **Anh. 4**
- Geschäftsverteilung **§ 106** 6
- Zuständigkeit **§ 106a** 4 ff.

Vergabekoordinierungsrichtlinie **Einl.** 54
Vergabeprüfstellen **§ 102** 4 f., 51 f.
Vergaberecht
- Begriff **Einl.** 1
- Entwicklung **Einl.** 10 ff.
- Funktion **Einl.** 2, 5
- Kaskadenprinzip **Einl.** 16, 26 ff.
- rechtssystematischer Standort **§ 116** 3
- Schubladenprinzip **Einl.** 29
- Ursprung im Haushaltsrecht **Einl.** 4
- vergabefremde Aspekte **Einl.** 6 ff.

Vergaberechtsgrundsätze
- Anwendung auf nachrangige Dienstleistungen **§ 97** 14
- Anwendungsbereich **§ 97** 5
- Dokumentationspflicht **§ 97** 53 ff.
- EU-rechtliche Grundlagen **§ 97** 6 ff.
- Funktion **§ 97** 11 ff.
- gemeinschaftsrechtskonforme Auslegung **§ 97** 12
- Gleichbehandlungsgrundsatz **§ 97** 92
- in den Vergabe- und Vertragsordnungen **§ 97** 34 ff.
- Inhalte **§ 97** 1 f.
- Transparenzgrundsatz **§ 97** 78 ff.
- Umsetzung im GWB **§ 97** 50
- Umsetzung in den Vergabe- und Vertragsordnungen **§ 97** 46 ff.
- Umsetzung in der SektVO **§ 97** 52
- Umsetzung in der VgV **§ 97** 51
- Umsetzung in der VSVgV **§ 97** 52, **§ 127** 16 f.
- Unterschwellenbereich **§ 100** 20 ff., **§ 2 VgV** 8 f.
- Wettbewerbsgrundsatz **§ 97** 60 ff.

Vergabesenate
- bei dem Oberlandesgericht **§ 116** 54 f.
- Unterrichtungspflicht an das Bundesministerium für Wirtschaft und Technologie **§ 129a** 1 ff.

Vergabestelle
- Einreichung des Nachprüfungsantrags bei **§ 108** 14

Vergabeunterlagen
- Angabe der zuständigen Vergabekammer **§ 14 VgV** 2 ff.
- Auslegung **§ 107** 134
- Begriff **§ 107** 129 ff.
- offenes Verfahren **§ 101** 24
- Rüge bei Erkennbarkeit des Vergabefehlers in den V. **§ 107** 127 ff.

Vergabeverfahren
- Abschluss **§ 104** 38 ff.
- Abschluss durch wirksame Zuschlagserteilung **§ 114** 35
- Abstufung des Wettbewerbs durch Verfahrenswahl **§ 101** 16
- Anforderungen an die elektronischen Geräte **§ 101** 11
- Anordnung der Aufhebung durch Vergabekammer **§ 114** 23
- Anspruch auf Einhaltung der Verfahrensvorschriften **§ 101** 5
- Aufhebung **§ 114** 38
- Ausschluss von Personen wegen Voreingenommenheit **§ 16 VgV** 2 ff.
- Beginn **§ 104** 34 ff.
- Einstellung **§ 114** 38
- elektronische Durchführung **§ 101** 9 ff.
- Erledigung „in sonstiger Weise" **§ 114** 44 ff.
- gesetzliche Beendigungsfiktion des Vergabeverfahrens bei Unterliegen mit Antrag auf Vorabzuschlagserteilung nach § 121 GWB **§ 122** 1 ff.
- Hierarchie **§ 101** 4, 88 ff.
- keine unangemessene Beeinträchtigung des V. durch die Vergabekammern **§ 110** 32 f.
- nicht offenes Verfahren **§ 101** 29 ff.
- offenes Verfahren **§ 101** 17 ff.
- Verfahrensarten **§ 101** 6 ff.

Stichwortverzeichnis

- Verhandlungsverfahren **§ 101** 63 ff.
- wettbewerblicher Dialog **Einl.** 61, **§ 101** 35 ff.
- Zeitpunkt der Einleitung **§ 3 VgV** 33
- Zuschlagserteilung **§ 114** 33 ff.

Vergabevermerk
- Anforderungen an Dokumentation **§ 97** 89 f.
- Dokumentation der Schätzung des Auftragswertes **§ 100** 14, **§ 3 VgV** 3

Vergabeverordnung Verteidigung und Sicherheit (VSVgV)
- Anwendungsbereich **§ 127** 17
- Ermächtigungsgrundlage **§ 97** 190 f., **§ 127** 16

Vergabeverordnung (VgV)
- Entstehung/Fortentwicklung **§ 1 VgV** 6 ff.
- Ermächtigungsgrundlage **§ 97** 190, **§ 127** 2
- Gesetzgebungsverfahren **Einl.** 157 ff.
- Scharnierfunktion **§ 1 VgV** 3, 10
- Übergangsvorschriften **§ 23 VgV** 1 ff.
- Zweck **§ 1 VgV** 14

Vergleich
- Erledigung des Beschwerdeverfahrens **§ 123** 48 ff.
- Erledigung des Nachprüfungsverfahrens vor Vergabekammer **§ 114** 55 ff.

Verhältnismäßigkeitsgrundsatz
- Anforderung von Unterlagen **§ 97** 9
- Aufhebung des Vergabeverfahrens **§ 123** 20 ff.
- Eignungskriterien **§ 97** 154 f.
- Entscheidung der Vergabekammer **§ 114** 18, 23
- Rechtsgrundsätze des Gemeinschaftsrechts im Unterschwellenbereich **§ 100** 18 ff.

Verhandlung vor der Vergabekammer; siehe *Mündliche Verhandlung vor der Vergabekammer*

Verhandlungsverfahren
- Anwendungsbereich **§ 101** 67 ff.
- Begriff **§ 101** 63 f.
- Dokumentation **§ 97** 91
- Eisenbahnleistungen **§ 4 VgV** 13 f.
- EU-Vergaberichtlinien **Einl.** 186
- keine Vorabinformation bei V. ohne Bekanntmachung wegen besonderer Dringlichkeit **§ 101a** 11 ff., 81 ff.
- Leistungsbeschreibung **§ 101** 64
- Matrix **§ 97** 91
- Teilnahmewettbewerb **§ 101** 71
- Verfahrensablauf **§ 101** 70 ff.
- Verhältnis zum wettbewerblichen Dialog **§ 101** 43 f.
- Verhandeln (Begriff und Gegenstand) **§ 101** 73
- Verhandlungsphase **§ 101** 72 ff.
- Zeitpunkt der Einleitung **§ 3 VgV** 34

Verjährung
- Anspruch auf Ersatz des Vertrauensschadens **§ 126** 52
- Schadensersatz bei rechtsmissbräuchlicher Rechtsmitteleinlegung **§ 125** 30 ff.
- Schadensersatz bei ungerechtfertigter Beauftragung vorläufiger Maßnahmen der Vergabekammer **§ 125** 49
- Schadensersatzanspruch aus c.i.c. **§ 126** 103

Verkehr
- Schwellenwerte **§ 100** 10
- Sektorentätigkeit **§ 98** 160 ff., **§ 127** 12

Verkehrsfinanzierungsvertrag
- Begriff **§ 99** 107

Verordnung (EG) Nr. 1370/2007
- Inhouse-Geschäft **§ 99** 71
- Rechtsschutz **§ 104** 13 ff.

Verordnungsermächtigungen; siehe *Ermächtigungen für den Erlass von Rechtsverordnungen*

Verschlusssachen
- Akteneinsicht **§ 111** 13, 26
- Begriff **§ 99** 179, **§ 100** 99
- Sicherstellung der Vertraulichkeit **§ 110a** 4 ff.
- Übermittlung von V. an Verfahrensbeteiligte im Nachprüfungsverfahren **§ 110a** 7 ff.
- Verpflichtung der Vergabekammer zur Geheimhaltung bei Abfassung der Entscheidungsgründe **§ 110a** 10 ff.

Verschlusssachenauftrag
- Begriff **§ 99** 177 ff.

Versicherungsleistungen
- als Dienstleistungsauftrag **§ 99** 152

Versicherungsverein auf Gegenseitigkeit
- öffentlicher Auftraggeber **§ 98** 32 f.

Verteidigung und Sicherheit
- Entwicklung des Vergaberechts **Einl.** 163 ff.
- Ermächtigungsgrundlage für VSVgV **§ 97** 190 f., **§ 127** 16
- Rechtsschutz **§ 102** 11

Stichwortverzeichnis

- Schwellenwerte **§ 100** 11, **§ 127** 8, **§ 2 VgV** 6, 21 ff.
- Vergabeverfahrensarten **§ 101** 4, 14
- Verhandlungsverfahren **§ 101** 67
- wettbewerblicher Dialog **§ 101** 38

Verteidigung und Sicherheit, Bereichsausnahmen
- Beschaffungen im Einsatzland **§ 100c** 23 ff.
- Finanzdienstleistungen **§ 100c** 3 ff.
- intergouvernementale Zusammenarbeit **§ 100c** 19 ff.
- internationale Organisationen **§ 100c** 38 ff.
- internationales Abkommen **§ 100c** 32 ff.
- Kooperationsprogramm **§ 100c** 11 ff.
- Stationierungsabkommen **§ 100c** 36 f.
- Zweck nachrichtendienstlicher Tätigkeit **§ 100c** 6 ff.

Verteidigungs- oder sicherheitsrelevante Aufträge
- Begriff **§ 99** 173 f.
- Besetzung der Vergabekammern **§ 105** 12
- einheitlicher Auftrag bei teilweiser verteidigungs- oder sicherheitsrelevanter Leistung **§ 99** 214 f.
- Militärausrüstung **§ 99** 175 f.
- Verschlusssachenauftrag **§ 99** 177 ff.

Vertrag; siehe auch *Vertragsänderungen als Neuvergabe?*
- Abschluss eines unbefristeten Vertrages **§ 99** 25
- Ausübung vertraglicher Gestaltungsrechte als Neuvergabe? **§ 99** 35
- Beschaffungszweck **§ 99** 13 f.
- Entgeltlichkeit **§ 99** 15 f.
- Form **§ 99** 9
- Vertragsdauer **§ 99** 26
- Vertragspartner **§ 99** 5 f.
- Wegfall der Geschäftsgrundlage **§ 99** 36
- wesentliche Vertragsänderung als Neuvergabe **§ 99** 20 ff.

Vertragsabschluss durch Zuschlagserteilung **§ 114** 32, **§ 115** 3

Vertragsänderungen
- wesentliche **§ 101b** 24 f.

Vertragsänderungen als Neuvergabe?
- Änderung der Preisgestaltung **§ 99** 34
- Änderung des Vertragsinhalts **§ 99** 27 ff.
- Änderungen der Art und Weise der Auftragsdurchführung **§ 99** 30 ff.
- Anpassungsklauseln **§ 99** 37 f.
- Anwendbarkeit des Vergaberechts **§ 99** 20
- Auftragerweiterungen **§ 99** 28
- Auftragsreduzierungen **§ 99** 29
- Austausch des Vertragspartners **§ 99** 43 f.
- Ausübung vertraglicher Gestaltungsrechte **§ 99** 35
- Fahrplanänderung **§ 99** 33
- Laufzeitverlängerung **§ 99** 22 ff.
- Mengenabweichungen **§ 99** 41
- Regelungen in VOB/B und VOL/B **§ 99** 39 ff.
- Wechsel des Nachunternehmers **§ 99** 44
- Wegfall der Geschäftsgrundlage **§ 99** 36
- Wegfall der Inhouse-Fähigkeit **§ 99** 44
- Wert der Vertragsänderung **§ 99** 21
- wesentliche Vertragsänderung **§ 99** 20

Vertragsbedingungen
- inhaltliche Anforderungen **§ 107** 138

Vertragslaufzeiten
- und Wettbewerbsgrundsatz **§ 97** 72

Vertragsverlängerung
- als Neuvergabe? **§ 99** 22 ff.
- Schätzung des Auftragswertes **§ 3 VgV** 14

Vertragsverletzungsverfahren vor der Europäischen Kommission
- Gegenstand **§ 101b** 77, **§ 102** 57
- Kündigung vergaberechtswidriger Verträge **§ 101b** 81 ff., **§ 102** 58, **§ 104** 40
- Rechtsfolgen eines festgestellten Verstoßes gegen EU-Recht **§ 101b** 78, **§ 102** 58 f., **§ 104** 40
- Verhältnis zum Beanstandungsverfahren **§ 129** 3 f.
- Zwangsmittel **§ 102** 59

Vertrauensschaden, Anspruch auf Ersatz
- Anspruchsgegner **§ 126** 12 ff.
- Anspruchsteller **§ 126** 10 f.
- Anwendbarkeit **§ 126** 3
- bieterschützende Vorschriften **§ 126** 16 ff.
- Bindungswirkung **§ 126** 57
- Darlegungs- und Beweislast **§ 126** 55 ff.
- „echte Zuschlagschance" **§ 126** 5, 35 ff.
- entgangener Gewinn **§ 126** 46
- Ersatz des negativen Interesses **§ 126** 1, 46
- Geltungsbereich **§ 126** 8 f.
- Gemeinkosten **§ 126** 48
- Kausalität **§ 126** 39 ff.

Stichwortverzeichnis

- kein Verschulden **§ 126** 32 f.
- Konkurrenzen **§ 126** 58 f.
- Kosten der Vorbereitung des Angebots oder der Teilnahme an einem Vergabeverfahren **§ 126** 47
- Mitverschulden **§ 126** 49 ff.
- Schaden **§ 126** 45 ff.
- Verjährung **§ 126** 52
- Verletzungshandlung **§ 126** 15 ff., 30 f.
- Voraussetzungen **§ 126** 10 ff.
- Zurechnung der Verletzungshandlung Dritter **§ 126** 30 f.
- Zuständigkeit **§ 126** 53 f.

Vertrauliche Unterlagen, Aufbewahrung
- Art der Aufbewahrung **§ 110a** 7
- Sicherstellung der Vertraulichkeit **§ 110a** 4 ff.
- Übermittlung von Verschlusssachen an Verfahrensbeteiligte **§ 110a** 7 ff.

Verwaltungsakt
- Entscheidung der Vergabekammer **§ 113** 9, **§ 114** 64

Verwaltungsgebäude
- als öffentlich gefördertes Projekt **§ 98** 201

Verwaltungsgerichte
- Zuständigkeit **§ 102** 37 ff.

Verwaltungsverfahren
- Nachprüfungsverfahren vor Vergabekammern als **§ 108** 5, **§ 112** 6

Verweisung
- fälschlich angerufenes Zivilgericht **§ 107** 5

Verweisung bei Unzuständigkeit der Vergabekammer **§ 104** 18 f., **§ 116** 26

Verwirkung
- Nachprüfungsantrag **§ 107** 47 ff., 165 ff.

VOB, VOL, VOF
- inhaltliche Neuerungen **Einl.** 152 ff.
- Vergaberechtsgrundsätze **§ 97** 34 ff.

VOL/A
- Anwendung bei Vergabe von Liefer- und Dienstleistungsaufträgen **§ 4 VgV** 1 ff.
- Anwendung bei Vergabe von nachrangigen Dienstleistungen **§ 4 VgV** 5 ff.

Vollstreckung der Entscheidung der Vergabekammer
- allgemeine Grundsätze **§ 114** 84 ff.
- Antragserfordernis **§ 114** 88
- anwendbares VwVG **§ 114** 87
- Einstellung **§ 114** 100
- Rechtsschutz **§ 114** 101 f., **§ 116** 36
- Verfahrensablauf **§ 114** 91 ff.

Vorabentscheidung durch EuGH
- Aussetzung des Beschwerdeverfahrens **§ 123** 46 f.
- Vorlageverpflichtung **§ 123** 41 ff.

Vorabgestattung des Zuschlags; siehe *Vorzeitige Zuschlagserteilung, Gestattung durch Beschwerdegericht (Eilverfahren)*; siehe *Vorzeitige Zuschlagserteilung, Gestattung durch Vergabekammer (Eilverfahren)*

Vorabinformation der Bieter; siehe *Informationspflicht des Auftraggebers (Vorabinformation)*

Vor-AG
- öffentlicher Auftraggeber **§ 98** 33

Voreingenommene Personen
- Begriff **§ 16 VgV** 2 ff.
- Mitwirkung am Vergabeverfahren **§ 16 VgV** 6 ff.
- Rechtsfolge von Verstößen **§ 16 VgV** 9 f.

Vorgründungs-GmbH
- öffentlicher Auftraggeber **§ 98** 33

Vorlage an den EuGH (Art. 267 AEUV)
- Rechtsstellung der Vergabekammer **§ 116** 28, **§ 124** 28 f.
- Verfahrensaussetzung **§ 116** 28
- Vorlagepflicht und Vorlagerecht **§ 124** 27 ff.

Vorlagepflicht; siehe *Divergenzvorlage*; siehe *Vorabentscheidung durch EuGH*

Vorläufige Maßnahmen der Vergabekammer
- Gestattung vorzeitiger Zuschlagserteilung **§ 115** 15 ff.
- Schadensersatzanspruch **§ 125** 40 ff.
- weitere vorläufige Maßnahmen **§ 115** 40 ff.

Vorrang des offenen Verfahrens **§ 101** 4, 88 ff.

Vorschuss für Tätigwerden der Vergabekammer **§ 128** 11

Vorsitzender der Vergabekammer
- Qualifikation **§ 105** 15 ff.

Vorzeitige Zuschlagserteilung, Gestattung durch Beschwerdegericht (Eilverfahren)
- Antrag **§ 121** 12
- Aussetzung des Hauptsacheverfahrens **§ 121** 16
- Begründung der Entscheidung **§ 121** 10 f.
- Begründung des Antrags **§ 121** 13 f.
- Entscheidung durch Beschluss **§ 121** 9
- Entscheidungsfrist **§ 121** 17 ff.
- keine mündliche Verhandlung **§ 121** 9, 15

807

Stichwortverzeichnis

- Kosten **§ 128** 41
- Prüfungsmaßstab **§ 121** 5 ff.
- Rechtsfolge bei Unterliegen mit Antrag **§ 122** 1 ff.
- Rechtsfolgen der Entscheidung **§ 121** 21
- Rechtsschutz **§ 121** 9, 21
- Verfahrensablauf **§ 121** 12 ff.
- Voraussetzungen **§ 121** 2 f.

Vorzeitige Zuschlagserteilung, Gestattung durch Vergabekammer (Eilverfahren)
- Antrag **§ 115** 16
- Begründung des Antrags **§ 115** 17
- Entscheidungsinhalt **§ 115** 31 ff.
- Erfolgsaussichten in der Hauptsache **§ 115** 29 f.
- Gebühren **§ 128** 12
- Interessenabwägung **§ 115** 20 ff.
- Rechtsschutz **§ 115** 34 ff., **§ 116** 18
- Rechtsschutzinteresse **§ 115** 18
- summarische Prüfung durch Vergabekammer **§ 115** 19

Waffen, Erzeugung/Handel
- keine Anwendung des Vergaberechts (Bereichsausnahme) **§ 100** 74 ff.

Ware
- Begriff **§ 99** 111
- Einbau in ein Werk **§ 99** 113

Warenverkehrsfreiheit
- Rechtsgrundsätze des Gemeinschaftsrechts im Unterschwellenbereich **§ 100** 18 ff.

Wärmeversorgung
- Sektorentätigkeit **§ 98** 156 ff.

Wartefrist (Sperr- bzw. Stillhaltefrist); siehe auch *Informationspflicht des Auftraggebers (Vorabinformation)*
- Absendung der Vorabinformation **§ 101a** 74 f.
- Absichtserklärung des Auftraggebers zur Zuschlagserteilung zu einem späteren Zeitpunkt **§ 101a** 71
- Fristbeginn **§ 101a** 72 ff.
- Fristende **§ 101a** 78
- Rechtsfolgen bei Verstoß/Rechtsschutz **§ 101a** 89 f., **§ 101b** 1, 7 ff.
- Rechtsfolgen des Fristablaufs **§ 101a** 79
- Rechtsnatur **§ 101a** 70
- Rechtsschutzfunktion **§ 101a** 4, 68 f.
- spätere Ergänzung der Gründe für Nichtberücksichtigung des Angebots **§ 101a** 79

- Zugang der Vorabinformation **§ 101a** 77

Wasserbeschaffung
- keine Anwendung des Vergaberechts (Bereichsausnahme) **§ 100b** 6 ff.

Wegfall der Geschäftsgrundlage
- als Neuvergabe? **§ 99** 36

Werkstätten behinderter Menschen
- Privilegierung bei Auftragsvergabe **§ 97** 175

Wertgrenzenerlass
- Inhalt und Kritik **§ 97** 31 ff.

Wertpapiergeschäfte
- keine Anwendung des Vergaberechts (Bereichsausnahme) **§ 100a** 9 ff.

Wertung von Angeboten; siehe *Angebotswertung*

Wesentliche Sicherheitsinteressen
- Beispielsfälle **§ 100** 84 ff.
- keine Anwendung des Vergaberechts (Bereichsausnahme) **§ 100** 68 ff.

Wettbewerblicher Dialog
- Auswahl der Dialogteilnehmer **§ 101** 47 ff.
- Beendigung des Dialogs **§ 101** 57 f.
- Begriff **§ 101** 35, 37
- Bekanntmachung **§ 101** 46
- Dialogphase **§ 101** 51 ff.
- Einführung durch ÖPP-Beschleunigungsgesetz **Einl.** 61
- Konkurrenzen **§ 101** 42 ff.
- Kostenerstattung **§ 101** 61 ff
- mehrphasiger Dialog **§ 101** 55 f.
- personeller Anwendungsbereich **§ 101** 38
- sachlicher Anwendungsbereich **§ 101** 39 ff., 44
- Verfahrensablauf **§ 101** 45 ff.
- Verhältnis zum offenen/nicht offenen Verfahren **§ 101** 42
- Verhältnis zum Verhandlungsverfahren **§ 101** 43 f.
- Wertung, Information, Zuschlag **§ 101** 59 f.

Wettbewerbsbeschränkende Abrede
- Inhalt und Bedeutung **§ 97** 61 ff.

Wettbewerbsgrundsatz
- Abweichung vom Grundsatz des Zuschlags auf das wirtschaftlichste Angebot **§ 97** 75 ff.
- Begriffsverständnis **§ 97** 60
- Beihilfen **§ 97** 70 f.
- EU-rechtliche Grundlagen **§ 97** 6 ff.
- Geheimwettbewerb **§ 97** 61 ff.

Stichwortverzeichnis

- kommunale Unternehmen als Teilnehmer am Wettbewerb **§ 97** 68 f.
- Mehrfachanbieter **§ 97** 61 ff.
- Ortsansässigkeit **§ 97** 73 f.
- Rahmenrabattvertrag **§ 97** 75 ff.
- Regionalpräferenzen **§ 97** 73 f.
- verbundene Unternehmen **§ 97** 61 ff.
- Vergaberechtsgrundsatz **§ 97** 1, 60 ff.
- Vertragslaufzeiten **§ 97** 72
- wettbewerbsbeschränkende Abreden **§ 97** 61 ff.
- Wirkung **§ 97** 60

Wiedereinsetzung in den vorigen Stand **§ 113** 7

Wirtschaftlichkeitsprüfung
- Abgrenzung zur Eignungsprüfung **§ 97** 158

Wirtschaftlichstes Angebot (Zuschlagskriterium)
- Anspruch auf Zuschlag? **§ 97** 187 f.
- Wirtschaftlichkeit der Beschaffung **§ 97** 185
- Zuschlagsentscheidung **§ 97** 186

Wirtschaftsteilnehmer
- Begriff **§ 99** 6

Wohnungsbaugesellschaften
- öffentlicher Auftraggeber **§ 98** 117 ff.

WTO-Beschaffungsübereinkommen **§ 2 VgV** 1

Zahlungsmeilensteine **§ 97** 110

Zentralbank
- keine Anwendung des Vergaberechts für Dienstleistungen der Z. (Bereichsausnahme) **§ 100a** 9

Zentrale Beschaffungsstellen **Einl.** 57

Zivilgerichte
- Zuständigkeit **§ 102** 21, **§ 104** 41

Zurückversetzung des Nachprüfungsverfahrens **§ 123** 22 ff.

Zusammenarbeit
- andere staatliche Stellen **§ 99** 81
- Kommunen **§ 99** 73 ff.

Zusammengesetzte Verträge; siehe *Gemischte Verträge*

Zusätzliche Anforderungen an Auftragnehmer
- innovative Aspekte **§ 97** 167
- soziale Aspekte **§ 97** 168 f.
- umweltbezogene Aspekte **§ 97** 167
- Zusammenhang mit Auftragsgegenstand **§ 97** 170 f.

Zuschlag
- Begriff **§ 114** 33, **§ 115** 3

Zuschlagsentscheidung
- und Wettbewerbsgrundsatz **§ 97** 75 ff.
- Zuschlagskriterium des wirtschaftlichsten Angebots **§ 97** 186

Zuschlagserteilung
- Nachprüfungsantrag nach Z. **§ 114** 34
- offenes Verfahren **§ 101** 28
- Wirkung **§ 114** 32 f., **§ 115** 3

Zuschlagskriterien
- Gewichtung **Einl.** 59
- nachrangige Dienstleistungen **§ 4 VgV** 11
- Nationalität/Herkunft **§ 97** 98
- Organisation, Qualifikation und Erfahrung des bei Auftragsabwicklung eingesetzten Personals **Einl.** 187, **§ 4 VgV** 11, **§ 5 VgV** 2
- und Transparenzgrundsatz **§ 97** 85 ff., 114 f.
- wettbewerblicher Dialog **§ 101** 48 f.

Zuschlagsverbot; siehe auch *Aufschiebende Wirkung der sofortigen Beschwerde, Antrag auf Verlängerung (Eilantrag)*; siehe auch *Vorzeitige Zuschlagserteilung, Gestattung durch Beschwerdegericht (Eilverfahren)*; siehe auch *Vorzeitige Zuschlagserteilung, Gestattung durch Vergabekammer (Eilverfahren)*
- Antrag auf vorzeitige Gestattung der Zuschlagserteilung durch Beschwerdegericht **§ 121** 12 ff.
- Antrag auf vorzeitige Gestattung der Zuschlagserteilung durch Vergabekammer **§ 115** 10 f.
- aufschiebende Wirkung der sofortigen Beschwerde bei Stattgabe des Nachprüfungsantrags **§ 118** 60 f.
- Bedeutung **§ 115** 1
- Beginn **§ 115** 8
- bei sicherheitsrelevanten Maßnahmen **§ 115** 43
- Dauer **§ 115** 9
- Wirkung **§ 115** 13 f.

Zuschuss
- öffentlich geförderte Projekte **§ 98** 210

Zustandekommen des Vertrages
- Zuschlagserteilung **§ 114** 32, **§ 115** 3

Zuständigkeit der Aufsichtsbehörden **§ 102** 43 ff.

Zuständigkeit der Kartellbehörden **§ 102** 60 ff., **§ 104** 42 f.

Stichwortverzeichnis

Zuständigkeit der Landessozialgerichte
- Rechtsbeziehungen nach § 69 SGB V
 § 104 30, § 116 6 f., 52

Zuständigkeit der Oberlandesgerichte
 § 116 52 ff.

Zuständigkeit der Vergabekammern
- Abgrenzungskriterium der Zuständigkeit der Vergabekammern des Bundes und der Länder § 104 5 ff., § 106a 2
- Angabe der zuständigen Vergabekammer in den Vergabeunterlagen § 14 VgV 2 ff.
- ausschließliche Rechtswegzuweisung § 104 20 f.
- bei Auftragsverwaltung für den Bund § 106a 23
- bei Baukonzessionären § 106a 20
- bei Bund als Auftraggeber § 106a 6
- bei De-facto-Vergabe § 106a 37
- bei juristischen Personen des öffentlichen und des privaten Rechts mit überwiegender Beteiligung des Bundes § 106a 7 ff.
- bei länderübergreifenden Beschaffungen mehrerer beteiligter Auftraggeber § 104 9 ff., § 106a 3, 32 ff.
- bei mehreren öffentlichen Auftraggebern § 106a 27 ff.
- bei Nachprüfung nach der Verordnung (EG) Nr. 1370/2007 § 104 13 ff.
- bei nicht ordnungsgemäßer Ausschreibung der Beschaffungsmaßnahme § 106a 37
- bei nur einem öffentlichen Auftraggeber § 106a 26
- bei öffentlichen Auftraggebern mit Doppelfunktionen § 104 7
- bei Organleihe für den Bund § 106a 21
- bei Sektorenauftraggebern § 106a 15 f.
- bei Subventionsempfängern § 106a 17 ff.
- bei Zusammenschluss mehrerer öffentlicher Auftraggeber zu Einkaufs-/Beschaffungsgemeinschaften § 104 8 ff., 24
- Benennung einer zuständigen Vergabekammer durch Auftraggeber § 106a 35 ff.
- Busdienstleistungen § 104 14 ff.
- Dienstleistungsauftrag § 104 15 f.
- Dienstleistungskonzession § 104 15 f.
- Eingang des Nachprüfungsantrags bei unzuständiger Vergabekammer § 107 8
- fälschlich angerufenes Zivilgericht § 107 5
- internationale Zuständigkeit § 106a 31
- keine eindeutige Zuordnung des Auftraggebers zu einer Vergabekammer möglich § 106a 27
- nach dem Sitz des Auftraggebers § 106a 25 ff.
- örtliche § 104 16 f., § 116 26
- Rabattverträge § 106a 10, 34
- Rechtsschutz oberhalb der Schwellenwerte § 102 11
- sachliche § 104 5 ff.
- Schienenpersonennahverkehrsleistungen § 104 15, § 106a 27, 33
- „sonstige Ansprüche" in einem Vergabeverfahren § 104 25 ff.
- Vereinbarung über Zuständigkeit § 106a 39 ff.
- Verstoß gegen § 1 GWB/Bietergemeinschaft § 104 32
- Verstoß gegen § 17 UWG § 104 31
- Verweisung bei Unzuständigkeit § 104 18 f., § 116 26

Zuständigkeit der Verwaltungsgerichte § 102 37 ff.

Zuständigkeit der Zivilgerichte
- Anspruch auf Ersatz des Vertrauensschadens § 126 53 f.
- fälschlich angerufenes Zivilgericht § 107 5
- Rechtsschutz unterhalb der Schwellenwerte § 102 21
- Schadensersatz bei rechtsmissbräuchlicher Rechtsmitteleinlegung § 125 33 f.
- Schadensersatz bei ungerechtfertigter Beauftragung vorläufiger Maßnahmen der Vergabekammer § 125 49
- Schadensersatzanspruch aus c.i.c. § 126 104 f.
- Schadensersatzansprüche § 104 41
- Vergabestreitigkeiten unterhalb der Schwellenwerte § 2 VgV 10 ff.

Zustellung
- Entscheidung der Vergabekammer über Nachprüfungsantrag § 110 64 f., § 113 3, 7 f., § 114 71, 78 ff.
- Rechtsschutz gegen unterbliebene Z. der Kopie des Nachprüfungsantrags § 116 22 f.

Zuverlässigkeit
- Eignungskriterium § 97 145

Zuwendungen
- Merkmal § 99 17

Stichwortverzeichnis

Zuzahlung eines Preises
- Merkmal bei Dienstleistungskonzession **§ 99** 157

Zwangsgeld
- Vollstreckung der Entscheidung der Vergabekammer **§ 114** 95 ff.
- Vollstreckung der Entscheidung des Beschwerdegerichts **§ 123** 3

Zwangsmittel
- Vertragsverletzungsverfahren **§ 102** 59

Zweckverband **§ 99** 73

Zweckvereinbarung
- mandatierende/delegierende **§ 99** 73 f.

Zwei-Stufen-Theorie **Einl.** 95

Zweiteilung des Vergaberechts **§ 97** 35, **§ 100** 3

Zwischenentscheidungen der Vergabekammer
- Rechtsschutz **§ 116** 14 ff., 21